2025

SÉTIMA EDIÇÃO

WANDER **GARCIA** E ANA PAULA **DOMPIERI**
COORDENADORES

CONCURSOS
VUNESP
2.000
QUESTÕES COMENTADAS

1.788 QUESTÕES IMPRESSAS
212 QUESTÕES ON-LINE

COMO PASSAR

DISCIPLINAS IMPRESSAS

Direito **Civil** • Direito **Processual Civil**
Direito **Penal** • Direito **Processual Penal**
Direito **Constitucional** • Direito **Administrativo**
Direito **Tributário** • Direito **Empresarial**
Direito do **Trabalho**
Direito **Processual do Trabalho**
Direito do **Consumidor** • Direito **Ambiental** • **ECA**
Direito **Financeiro** • Direito **Previdenciário**
Direitos **Humanos** • Direito **Eleitoral**
Processo **Coletivo**
Direito **Urbanístico**
Direito **Internacional**
Regimento **Interno e Legislação Local**
Língua **Portuguesa**
Informática
Matemática e **Raciocínio Lógico**
Medicina **Legal**

• GABARITO AO FINAL DE CADA QUESTÃO, FACILITANDO O MANUSEIO DO LIVRO

• QUESTÕES COMENTADAS E ALTAMENTE CLASSIFICADAS POR AUTORES ESPECIALISTAS EM APROVAÇÃO

EDITORA FOCO

Dados Internacionais de Catalogação na Publicação (CIP) de acordo com ISBD

C765

Como passar em concursos VUNESP: 2.000 questões comentadas / Wander Garcia ... [et al.] ; organizado por Wander Garcia, Ana Paula Garcia. - 7. ed. - Indaiatuba, SP : Editora Foco, 2025.

616 p. ; 17cm x 24cm.

Inclui bibliografia e índice.

ISBN: 978-65-6120-273-2

1. Metodologia de estudo. 2. Concursos. 3. VUNESP. I. Garcia, Wander. II. Nishiyama, Adolfo Mamoru. III. Barbieri, André. IV. Nascimento, André. V. Wady, Ariane. VI. Vieira, Bruna. VI. Dantas, Cecília. VII. Dompieri, Eduardo. VIII. Garcia, Enildo. IX. Melo, Fabiano. X. Passos, Felipe Pelegrini Bertelli. XI. Penteado, Fernanda Camargo. XII. Signorelli, Filipe Venturini. XII. Flávia Campos. XIII. Egido, Flavia. XIV. Rodrigues, Gabriela. XV. Nicolau, Gustavo. XVI. Satin, Helder. XVII. Sub, Henrique. XVIII. Cramacon, Hermes. XIX. Santos, Luciana Batista. XX. Dellore, Luiz. XXI. Bittar, Neusa. XXII. Bergamasco, Patricia. XXIII. Morishita, Paula. XXIV. Turra, Pedro. XXV. Flumian, Renan. XXVI. Quartim, Ricardo. XXVII. Densa, Roberta. XXVIII. Barreirinhas, Robinson. XXIX. Bordalo, Rodrigo. XXX. Armani, Wagner. XXXI. Garcia, Ana Paula. XXXII. Título.

2025-145

CDD 001.4 CDU 001.8

Elaborado por Vagner Rodolfo da Silva - CRB-8/9410
Índices para Catálogo Sistemático:

1. Metodologia de estudo 001.4   2. Metodologia de estudo 001.8

WANDER **GARCIA** E ANA PAULA **DOMPIERI**
COORDENADORES

SÉTIMA
EDIÇÃO

COMO PASSAR

CONCURSOS
VUNESP
2.000
QUESTÕES COMENTADAS

1.788 QUESTÕES IMPRESSAS
212 QUESTÕES ON-LINE

DISCIPLINAS IMPRESSAS

Direito **Civil** • Direito **Processual Civil**

Direito **Penal** • Direito **Processual Penal**

Direito **Constitucional** • Direito **Administrativo**

Direito **Tributário** • Direito **Empresarial**

Direito do **Trabalho**

Direito **Processual do Trabalho**

Direito do **Consumidor** • Direito **Ambiental** • **ECA**

Direito **Financeiro** • Direito **Previdenciário**

Direitos **Humanos** • Direito **Eleitoral**

Processo **Coletivo**

Direito **Urbanístico**

Direito **Internacional**

Regimento **interno e
Legislação Local**

Língua **Portuguesa**

Informática

Matemática e
Raciocínio Lógico

Medicina **Legal**

• GABARITO AO
FINAL DE CADA QUESTÃO,
FACILITANDO O MANUSEIO
DO LIVRO

• QUESTÕES COMENTADAS
E ALTAMENTE CLASSIFICADAS
POR AUTORES ESPECIALISTAS
EM APROVAÇÃO

2025 © Editora Foco

Coordenadores: Wander Garcia e Ana Paula Dompieri

Autores: Wander Garcia, Adolfo Mamoru Nishiyama, André Barbieri, André Moreira Nascimento, Ariane Wady, Bruna Vieira, Cecília Dantas, Eduardo Dompieri, Enildo Garcia, Fabiano Melo, Felipe Pelegrini Bertelli Passos, Fernanda Camargo Penteado, Filipe Venturini Signorelli, Flávia Campos, Flavia Egido, Gabriela R. Pinheiro, Gustavo Nicolau, Helder Satin, Henrique Subi, Hermes Cramacon, Luciana Batista Santos, Luiz Dellore, Neusa Bittar, Patricia Bergamasco, Paula Morishita, Pedro Turra, Renan Flumian, Ricardo Quartim, Roberta Densa, Robinson Barreirinhas, Rodrigo Bordalo e Wagner Armani

Diretor Acadêmico: Leonardo Pereira

Editor: Roberta Densa

Coordenadora Editorial: Paula Morishita

Revisora Sênior: Georgia Renata Dias

Revisora Júnior: Adriana Souza Lima

Capa Criação: Leonardo Hermano

Diagramação: Ladislau Lima

Impressão miolo e capa: META BRASIL

DIREITOS AUTORAIS: É proibida a reprodução parcial ou total desta publicação, por qualquer forma ou meio, sem a prévia autorização da Editora FOCO, com exceção do teor das questões de concursos públicos que, por serem atos oficiais, não são protegidas como Direitos Autorais, na forma do Artigo 8º, IV, da Lei 9.610/1998. Referida vedação se estende às características gráficas da obra e sua editoração. A punição para a violação dos Direitos Autorais é crime previsto no Artigo 184 do Código Penal e as sanções civis às violações dos Direitos Autorais estão previstas nos Artigos 101 a 110 da Lei 9.610/1998. Os comentários das questões são de responsabilidade dos autores.

NOTAS DA EDITORA:

Atualizações e erratas: A presente obra é vendida como está, atualizada até a data do seu fechamento, informação que consta na página II do livro. Havendo a publicação de legislação de suma relevância, a editora, de forma discricionária, se empenhará em disponibilizar atualização futura.

Bônus ou Capítulo On-line: Excepcionalmente, algumas obras da editora trazem conteúdo no on-line, que é parte integrante do livro, cujo acesso será disponibilizado durante a vigência da edição da obra.

Erratas: A Editora se compromete a disponibilizar no site www.editorafoco.com.br, na seção Atualizações, eventuais erratas por razões de erros técnicos ou de conteúdo. Solicitamos, outrossim, que o leitor faça a gentileza de colaborar com a perfeição da obra, comunicando eventual erro encontrado por meio de mensagem para contato@editorafoco.com.br. O acesso será disponibilizado durante a vigência da edição da obra.

Impresso no Brasil (1.2025) – Data de Fechamento (1.2025)

2025

Todos os direitos reservados à
Editora Foco Jurídico Ltda.
Rua Antonio Brunetti, 593 – Jd. Morada do Sol
CEP 13348-533 – Indaiatuba – SP

E-mail: contato@editorafoco.com.br
www.editorafoco.com.br

Acesse JÁ os conteúdos *ON-LINE*

  ATUALIZAÇÃO em PDF e VÍDEO para complementar seus estudos*

Acesse o link:
www.editorafoco.com.br/atualizacao

www. **CAPÍTULOS ON-LINE**

Acesse o link:
www.editorafoco.com.br/atualizacao

* As atualizações em PDF e Vídeo serão disponibilizadas sempre que houver necessidade, em caso de nova lei ou decisão jurisprudencial relevante.
* Acesso disponível durante a vigência desta edição.

AUTORES

SOBRE OS COORDENADORES

Wander Garcia – @wander_garcia

Doutor (PhD) e Mestre em Direito pela PUC/SP. Mestre em Direito (LLM) pela USC – University of Southern California. Visiting Research Fellow na UCLA (pós--doutorado). É Professor Universitário, de Cursos Preparatórios para OAB e Concursos, de Inglês Jurídico e de Legislação Americana. Foi Diretor do Complexo Jurídico Damásio. É um dos fundadores da Editora Foco. É autor best seller com mais de 50 livros publicados na área jurídica e de concursos. Já vendeu mais de 1,5 milhão de livros, dentre os quais se destacam "Como Passar na OAB", "Exame de Ordem Mapamenta-lizado" e "Concursos: O Guia Definitivo". É advogado há mais de 20 anos e foi procurador do município de São Paulo por mais de 15 anos.

Ana Paula Dompieri

Procuradora do Estado de São Paulo, Pós-graduada em Direito, Professora do IEDI, Escrevente do Tribunal de Justiça por mais de 10 anos e Assistente Jurídico do Tribunal de Justiça. Autora de diversos livros para OAB e concursos

SOBRE OS AUTORES

Adolfo Mamoru Nishiyama

Advogado. Possui graduaçãoem Ciências Jurídicas pela Universidade Presbiteriana Mackenzie (1991) e mestrado em Direito do Estado pela Pontifícia Universidade Católica de São Paulo (1997). Doutorado em Direito do Estado pela Pontifícia Universidade Católica de São Paulo (2016). Atualmente é professor titular da Universidade Paulista

André Barbieri

Mestre em Direito. Professor de Direito Público com mais de dez anos de experiência. Professor em diversos cursos pelo país. Advogado.

André Moreira Nascimento

Advogado e especialista em Regulação de Petróleo e Derivados, Álcool Combustível e Gás Natural na ANP. Graduado em Direito pela Universidade Presbiteriana Mackenzie/SP. Graduado em Geografia pela USP. Coautor do livro Estudos de Direito da Concorrência, publicado pela Editora Mackenzie.

Ariane Wady

Especialista em Direito Processual Civil (PUC-SP). Graduada em Direito pela PUC-SP (2000). Professora de pós-graduação e curso preparatório para concursos - PROORDEM - UNITÁ Educacional e Professora/Tutora de Direito Administrativo e Constitucional - Rede LFG e IOB. Advogada.

Bruna Vieira – @profa_bruna

Advogada. Mestre em Concretização de Direitos Sociais pelo UNISAL. Professora de Direito Constitucional em cursos de pós-graduação, concursos públicos e exame de ordem há 12 anos. Autora de diversas obras jurídicas pelas editoras FOCO e Saraiva. Atuou na coordenação acadêmica dos cursos de Pós-graduação da FGV (GVLAW) e foi aluna especial no Curso de Pós-graduação Stricto Sensu da USP (Faculdade de Direito - Universidade São Paulo), nas disciplinas: "Metodologia do Ensino Jurídico" com o Prof. José Eduardo Campos de Oliveira Faria e "Efetivação do Direito à Saúde em Estados Democráticos de Direito: Fundamentos, Evolução e Desafios do Direito Sanitário, com os professores Fernando Mussa Abujamra Aith e Sueli Dallari.

Cecília Dantas

Advogada em São Paulo. Pós-graduada em Direito Administrativo pelo IDP. Mestranda em Direito Civil pela Universidade Panthéon-Assas em Paris.

Eduardo Dompieri – @eduardodompieri

Pós-graduado em Direito. Professor do IEDI. Autor de diversas obras de preparação para Concursos Públicos e Exame de Ordem.

Enildo Garcia

Especialista em Matemática pura e aplicada (UFSJ). Professor tutor de Pós-graduação em Matemática (UFJS – UAB). Analista de sistemas (PUCRJ).

Fabiano Melo

Professor de cursos de graduação e pós-graduação em Direito e Administração da PUC-MG. Professor da Rede LFG.

Felipe Pelegrini Bertelli Passos

Advogado, Autor de Obras Jurídicas e Consultor. É Especialista em Direito Público e Bacharel em Direito pela Faculdade de Direito Professor Damásio de Jesus. Participou do curso de extensão em Direito Internacional Comparado – Itália – Università degli Studi di Camerino. Professor de Direito e Prática Tributária em Cursos Preparatórios para a OAB, Carreiras Fiscais,

COMO PASSAR VUNESP

Carreiras Jurídicas e de Pós-Graduação em Direito. Sócio na MMAB Business Consulting e na Pelegrini & Alves Advogados Associados.

Fernanda Camargo Penteado

Professora de Direito Ambiental da Fumesc-MG.

Filipe Venturini Signorelli

Mestrado em Direito Administrativo pela Pontifícia Universidade Católica de São Paulo. Pós-graduado em Governança, Gestão Pública e Direito Administrativo. Pós-graduado em Direito Público. Pós-graduado em Ciências criminais e docência superior. Linha de pesquisa na área de Autorregulação e Controle na administração pública. Conselheiro no IPMA Brasil – International Project Management Associate. Gestor Jurídico e Acadêmico. Professor. Advogado e Consultor Jurídico no Bordalo Densa & Venturini Advogados.

Flávia Campos

Consultora Legislativa da Assembleia Legislativa de Minas Gerais, na área de Participação e Interlocução Social. Especialista em Direito Público pela Universidade Cândido Mendes. Graduada em Direito Pela Pontifícia Universidade Católica de Minas Gerais. Professora de Direito Administrativo e de Prática Cível e Administrativa. Professora do SupremoTV.

Flavia Egido

Procuradora do Município de São Paulo. Doutora em Direito do Estado pela Universidade de São Paulo. Mestre em Direito Administrativo pela PUC-SP. Especialista em Direito Administrativo pela PUC-SP/COGEAE. Especialista em Direitos Difusos e Coletivos pela ESMPSP. Coach de Alta Performance pela FEBRACIS. Practioneer e Master em Programação Neurolinguística - PNL. Analista de Perfil Comportamental - DISC Assessment. Professora de Direito Administrativo

Gabriela R. Pinheiro

Pós-Graduada em Direito Civil e Processual Civil pela Escola Paulista de Direito. Professora Universitária e do IEDI Cursos On-line e preparatórios para concursos públicos exame de ordem. Autora de diversas obras jurídicas para concursos públicos e exame de ordem. Advogada

Gustavo Nicolau – @gustavo_nicolau

Mestre e Doutor pela Faculdade de Direito da USP. Professor de Direito Civil da Rede LFG/Praetorium. Advogado.

Helder Satin

Graduado em Ciências da Computação, com MBA em Gestão de TI. Professor do IEDI. Professor de Cursos de Pós-graduação. Desenvolvedor de sistemas Web e gerente de projetos.

Henrique Subi – @henriquesubi

Agente da Fiscalização Financeira do Tribunal de Contas do Estado de São Paulo. Mestrando em Direito Político e Econômico pela Universidade Presbiteriana Mackenzie.

Especialista em Direito Empresarial pela Fundação Getúlio Vargas e em Direito Tributário pela UNISUL. Professor de cursos preparatórios para concursos desde 2006. Coautor de mais de 20 obras voltadas para concursos, todas pela Editora Foco.

Hermes Cramacon – @hermescramacon

Pós-graduado em Direito. Professor do Complexo Damásio de Jesus e do IEDI. Advogado.

Luciana Batista Santos

Graduada em Direito pela Universidade Federal de Minas Gerais. Mestre em Direito Tributário pela Universidade Federal de Minas Gerais. Professora de Direito Tributário. Autora de livros e artigos na área do Direito Tributário. Advogada.

Luiz Dellore – @dellore

Doutor e Mestre em Direito Processual Civil pela USP. Mestre em Direito Constitucional pela PUC/SP. Professor do Mackenzie, EPD, IEDI, IOB/Marcato e outras instituições. Advogado concursado da Caixa Econômica Federal. Ex-assessor de Ministro do STJ. Membro da Comissão de Processo Civil da OAB/SP, do IBDP (Instituto Brasileiro de Direito Processual), do IPDP (Instituto Panamericano de Derecho Procesal) e diretor do CEAPRO (Centro de Estudos Avançados de Processo). Colunista do portal jota. info.Facebook e LinkedIn: Luiz Dellore

Neusa Bittar

Médica, formada em 1973 pela Faculdade de Ciências Médicas de Santos – UNILUS – CRM 20291. Advogada, formada em 2001 pela Faculdade de Direito da Universidade Católica de Santos – UNISANTOS – OAB/SP 196.522. Mestre em Medicina pela Pós-Graduação stricto sensu em Cirurgia de Cabeça e Pescoço do HOSPHEL – Hospital Heliópolis/SP. Especialista em Cirurgia Geral, Coloproctologia e Medicina do Trabalho. Foi professora de Medicina Legal da Faculdade de Direito da Universidade Católica de Santos – UNISANTOS. Foi coordenadora e Professora da Pós-graduação lato sensu em Direito Penal, Direito Processual Penal e Criminologia da Universidade Católica de Santos – UNISANTOS. Professora de Medicina Legal e de Criminologia da Faculdade de Direito da Universidade Metropolitana de Santos – UNIMES – desde 2014. Professora de Medicina Legal e/ou de Criminologia em cursos preparatórios para carreiras jurídicas desde 2007. Preceptora da Liga de Medicina Legal da Faculdade de Medicina da UNIMES.

Patricia Bergamasco

É advogada e revisora das obras Manual de Direito Penal volumes 1, 2 e 3, Execução Penal e Código Penal Interpretado de Julio Fabbrini Mirabete e Renato Nascimento Fabbrini.

Paula Morishita

Editorial jurídico, autora e organizadora de diversas obras na Editora Foco. Bacharel em Direito pela Pontifícia Universidade Católica de Campinas. Especialista em Direito Previdenciário. MBA em Neurociência, Consumo e Marketing. Advogada.

Pedro Turra

Mestre pela PUC-Campinas, Advogado e Professor em cursos de Graduação e Pós-Graduação na Unitá, PUC-Campinas, Mackenzie, Esalq/USP, Proordem Campinas, FACAMP e ESA (Escola Superior da Advocacia - OAB). Cursou extensão em Compliance e Governança Corporativa no Insper. Pós-Graduado (MBA) em Gestão Empresarial e Graduado em Direito (com ênfase em Direito Empresarial) pela FACAMP. Idealizador do grupo de pesquisa sobre Direito Corporativo, iniciativa online que visa transmitir conhecimento presente em artigos acadêmicos para profissionais de todo o país.

Renan Flumian

Mestre em Filosofia do Direito pela Universidade de Alicante. Cursou a Session Annuelle D'enseignement do Institut International des Droits de L'Homme, a Escola de Governo da USP e a Escola de Formação da Sociedade Brasileira de Direito Público. Professor e Coordenador Acadêmico do IEDI. Autor e coordenador de diversas obras de preparação para Concursos Públicos e o Exame de Ordem. Advogado.

Ricardo Quartim

Graduado em direito pela Universidade de São Paulo (USP). Procurador Federal em São Paulo/SP e autor de artigos jurídicos.

Roberta Densa

Doutora em Direitos Difusos e Coletivos pela Pontifícia Universidade Católica de São Paulo (PUC/SP), mestre em Direito Político e Econômico pela Universidade Presbiteriana Mackenzie (2005). Editora Jurídica na Editora Foco. Professora da Universidade São Judas Tadeu. Autora do livro "Direito do Consumidor". Membro da Comissão dos Direitos da Criança e do Adolescente da OAB/SP desde 2007.

Robinson Barreirinhas

Secretário Municipal dos Negócios Jurídicos da Prefeitura de São Paulo. Professor do IEDI. Procurador do Município de São Paulo. Autor e coautor de mais de 20 obras de preparação para concursos e OAB. Ex-Assessor de Ministro do STJ.

Rodrigo Bordalo

Doutor e Mestre em Direito do Estado pela PUC-SP. Bacharel em Direito pela USP. Procurador do Município de São Paulo. Advogado. Professor da Universidade Presbiteriana Mackenzie (pós-graduação lato sensu), do CPJUR (Centro Preparatório Jurídico), da Escola Superior da Advocacia (OAB/SP) e do Damásio Educacional, entre outras instituições. É membro da Comissão de Direito Urbanístico da OAB/SP.

Wagner Armani

Doutor em Direito Comercial pela Pontifícia Universidade Católica de São Paulo. Mestre em Direito Civil pela Universidade Metodista de Piracicaba. Professor de Direito Comercial, Processual Civil e Prática Jurídica pela Pontifícia Universidade Católica de Campinas. Escolhido como um dos advogados mais admirados pela Revista Análise: Advocacia 500 – ano 2017 e 2019, 2020, 2021, 2022 e 2023. Advogado.

SUMÁRIO

AUTORES	**VII**
COMO USAR O LIVRO?	**XXIII**

1. DIREITO CIVIL 1

1. LINDB 1
2. GERAL 2
3. OBRIGAÇÕES 13
4. CONTRATOS 17
5. RESPONSABILIDADE CIVIL 26
6. COISAS 28
7. FAMÍLIA 36
8. SUCESSÕES 40
9. QUESTÕES COMBINADAS 43
10. LEIS ESPARSAS 44

2. DIREITO PROCESSUAL CIVIL www. 47

I – PARTE GERAL 47
1. PRINCÍPIOS DO PROCESSO CIVIL 47
2. JURISDIÇÃO E COMPETÊNCIA 47
3. PARTES, PROCURADORES, SUCUMBÊNCIA, MINISTÉRIO PÚBLICO E JUIZ 49
4. PRAZOS PROCESSUAIS E ATOS PROCESSUAIS 51
5. LITISCONSÓRCIO E INTERVENÇÃO DE TERCEIROS 52
6. PRESSUPOSTOS PROCESSUAIS, ELEMENTOS DA AÇÃO E CONDIÇÕES DA AÇÃO 53
7. FORMAÇÃO, SUSPENSÃO E EXTINÇÃO DO PROCESSO. NULIDADES 54
8. TUTELA PROVISÓRIA 55
II – PROCESSO DE CONHECIMENTO 57
9. PETIÇÃO INICIAL 57
10. CONTESTAÇÃO E REVELIA 58

---

www. Acesse o conteúdo on-line. Siga as orientações disponíveis na página III.

XII COMO PASSAR VUNESP

11. PROVAS 58

12. SENTENÇA, COISA JULGADA E AÇÃO RESCISÓRIA 60

III – CUMPRIMENTO DE SENTENÇA E EXECUÇÃO 63

13. CUMPRIMENTO DE SENTENÇA 63

14. IMPUGNAÇÃO AO CUMPRIMENTO DE SENTENÇA 64

15. PROCESSO DE EXECUÇÃO E EXPROPRIAÇÃO DE BENS 65

16. EMBARGOS DO DEVEDOR / À EXECUÇÃO 67

17. EXECUÇÃO FISCAL 67

IV – RECURSOS 67

18. TEORIA GERAL DOS RECURSOS 67

19. RECURSOS EM ESPÉCIE 70

V – PROCEDIMENTOS ESPECIAIS 75

20. PROCEDIMENTOS ESPECIAIS PREVISTOS NO CPC 75

21. PROCEDIMENTOS ESPECIAIS PREVISTOS EM LEGISLAÇÃO EXTRAVAGANTE 77

22. TEMAS COMBINADOS 85

3. DIREITO PENAL — 87

1. CONCEITO, FONTES E PRINCÍPIOS 87

2. APLICAÇÃO DA LEI NO TEMPO 89

3. CONCEITO E CLASSIFICAÇÃO DOS CRIMES 90

4. FATO TÍPICO E TIPO PENAL 90

5. ERRO DE TIPO, DE PROIBIÇÃO E DEMAIS ERROS 92

6. TENTATIVA, CONSUMAÇÃO, DESISTÊNCIA, ARREPENDIMENTO E CRIME IMPOSSÍVEL 93

7. ANTIJURIDICIDADE E CAUSAS EXCLUDENTES 94

8. CONCURSO DE PESSOAS 95

9. CULPABILIDADE E CAUSAS EXCLUDENTES 97

10. PENAS E SEUS EFEITOS 98

11. APLICAÇÃO DA PENA 99

12. *SURSIS*, LIVRAMENTO CONDICIONAL, REABILITAÇÃO E MEDIDAS DE SEGURANÇA 101

13. AÇÃO PENAL 102

14. EXTINÇÃO DA PUNIBILIDADE EM GERAL 102

15. PRESCRIÇÃO 103

16. CRIMES CONTRA A PESSOA 104

17. CRIMES CONTRA O PATRIMÔNIO 107

SUMÁRIO XIII

18. CRIMES CONTRA A DIGNIDADE SEXUAL 110

19. CRIMES CONTRA A FÉ PÚBLICA 112

20. CRIMES CONTRA A ADMINISTRAÇÃO PÚBLICA 116

21. OUTROS CRIMES DO CÓDIGO PENAL 123

22. CRIMES DA LEI DE DROGAS 123

23. CRIMES CONTRA O MEIO AMBIENTE 124

24. CRIMES DE TRÂNSITO 125

25. CRIME DE TORTURA 126

26. OUTROS CRIMES DO CÓDIGO PENAL E DA LEGISLAÇÃO EXTRAVAGANTE 126

27. EXECUÇÃO PENAL 135

28. TEMAS COMBINADOS DE DIREITO PENAL 135

4. PROCESSO PENAL — 137

1. FONTES, PRINCÍPIOS GERAIS E EFICÁCIA DA LEI PROCESSUAL NO TEMPO E NO ESPAÇO 137

2. INQUÉRITO POLICIAL E OUTRAS FORMAS DE INVESTIGAÇÃO CRIMINAL 140

3. AÇÃO PENAL 143

5. JURISDIÇÃO E COMPETÊNCIA. CONEXÃO E CONTINÊNCIA 147

6. PROVAS 149

7. SUJEITOS PROCESSUAIS 154

8. CITAÇÃO, INTIMAÇÃO E PRAZOS 156

9. PRISÃO, MEDIDAS CAUTELARES E LIBERDADE PROVISÓRIA 158

10. PROCESSO E PROCEDIMENTOS 164

11. PROCESSO DE COMPETÊNCIA DO JÚRI 167

12. JUIZADOS ESPECIAIS 170

13. SENTENÇA, PRECLUSÃO E COISA JULGADA 173

14. NULIDADES 174

15. RECURSOS 175

16. *HABEAS CORPUS*, MANDADO DE SEGURANÇA E REVISÃO CRIMINAL 177

17. EXECUÇÃO PENAL 178

18. LEGISLAÇÃO EXTRAVAGANTE 184

5. DIREITO CONSTITUCIONAL — 193

1. PODER CONSTITUINTE 193

2. TEORIA DA CONSTITUIÇÃO E PRINCÍPIOS FUNDAMENTAIS 194

3. HERMENÊUTICA CONSTITUCIONAL E EFICÁCIA DAS NORMAS CONSTITUCIONAIS 195

COMO PASSAR VUNESP

4. DO CONTROLE DE CONSTITUCIONALIDADE 198

5. DOS DIREITOS E GARANTIAS FUNDAMENTAIS...204

6. DIREITOS SOCIAIS...214

7. NACIONALIDADE...214

8. DIREITOS POLÍTICOS..215

9. ORGANIZAÇÃO DO ESTADO...219

10. ORGANIZAÇÃO DO PODER EXECUTIVO..224

11. ORGANIZAÇÃO DO PODER LEGISLATIVO. PROCESSO LEGISLATIVO..226

12. DA ORGANIZAÇÃO DO PODER JUDICIÁRIO 229

13. DAS FUNÇÕES ESSENCIAIS À JUSTIÇA...233

14. DEFESA DO ESTADO..234

15. TRIBUTAÇÃO E ORÇAMENTO 235

16. ORDEM ECONÔMICA E FINANCEIRA...235

17. ORDEM SOCIAL 236

18. QUESTÕES COMBINADAS E OUTROS TEMAS..239

6. DIREITO ADMINISTRATIVO — 243

1. REGIME JURÍDICO ADMINISTRATIVO E PRINCÍPIOS DO DIREITO ADMINISTRATIVO.........................243

2. PODERES DA ADMINISTRAÇÃO PÚBLICA 245

3. ATOS ADMINISTRATIVOS 246

4. ORGANIZAÇÃO ADMINISTRATIVA...249

5. SERVIDORES PÚBLICOS 252

6. IMPROBIDADE ADMINISTRATIVA..256

7. BENS PÚBLICOS..263

8. INTERVENÇÃO DO ESTADO NA PROPRIEDADE 265

9. RESPONSABILIDADE DO ESTADO...268

10. LICITAÇÃO 272

11. CONTRATOS ADMINISTRATIVOS 274

12. SERVIÇOS PÚBLICOS..276

13. PROCESSO ADMINISTRATIVO...279

14. CONTROLE DA ADMINISTRAÇÃO PÚBLICA 279

15. LEI ANTICORRUPÇÃO..281

16. LEI DE ACESSO À INFORMAÇÃO..283

17. OUTROS TEMAS...284

7. DIREITO TRIBUTÁRIO

1. COMPETÊNCIA TRIBUTÁRIA 285
2. PRINCÍPIOS 287
3. IMUNIDADES 287
4. DEFINIÇÃO DE TRIBUTO E ESPÉCIES TRIBUTÁRIAS 289
5. LEGISLAÇÃO TRIBUTÁRIA – FONTES 289
6. VIGÊNCIA, APLICAÇÃO, INTERPRETAÇÃO E INTEGRAÇÃO 290
7. FATO GERADOR E OBRIGAÇÃO TRIBUTÁRIA 290
8. LANÇAMENTO E CRÉDITO TRIBUTÁRIO 291
9. SUJEIÇÃO PASSIVA, CAPACIDADE E DOMICÍLIO 291
10. SUSPENSÃO, EXTINÇÃO E EXCLUSÃO DO CRÉDITO 293
11. IMPOSTOS E CONTRIBUIÇÕES EM ESPÉCIE 298
12. GARANTIAS E PRIVILÉGIOS DO CRÉDITO 305
13. ADMINISTRAÇÃO TRIBUTÁRIA, FISCALIZAÇÃO 306
14. DÍVIDA ATIVA, INSCRIÇÃO, CERTIDÕES 306
15. REPARTIÇÃO DE RECEITAS 307
16. AÇÕES TRIBUTÁRIAS 307
17. CRIMES CONTRA A ORDEM TRIBUTÁRIA 310
18. TEMAS COMBINADOS E OUTRAS MATÉRIAS 311

8. DIREITO EMPRESARIAL

1. TEORIA GERAL 313
2. DIREITO SOCIETÁRIO 317
3. DIREITO CAMBIÁRIO 321
4. DIREITO CONCURSAL – FALÊNCIA E RECUPERAÇÃO 322
5. CONTRATOS EMPRESARIAIS 323
6. PROPRIEDADE INDUSTRIAL 326
7. TEMAS COMBINADOS E OUTROS TEMAS 327

9. DIREITO DO TRABALHO

1. INTRODUÇÃO, FONTES E PRINCÍPIOS 329
2. CONTRATO INDIVIDUAL DE TRABALHO E ESPÉCIES DE EMPREGADOS E TRABALHADORES 329
3. CONTRATO DE TRABALHO COM PRAZO DETERMINADO 331
4. TRABALHO DA MULHER, DO MENOR E DOMÉSTICO 331
5. ALTERAÇÃO, INTERRUPÇÃO E SUSPENSÃO DO CONTRATO DE TRABALHO 332

COMO PASSAR VUNESP

6. REMUNERAÇÃO E SALÁRIO 333

7. JORNADA DE TRABALHO 334

8. AVISO-PRÉVIO, EXTINÇÃO DO CONTRATO DE TRABALHO E HAVERES RESCISÓRIOS 334

9. ESTABILIDADE 337

10. SEGURANÇA E MEDICINA DO TRABALHO 338

11. DIREITO COLETIVO DO TRABALHO 338

12. TEMAS COMBINADOS 342

10. PROCESSO DO TRABALHO — 345

1. PRINCÍPIOS, ORGANIZAÇÃO DA JUSTIÇA DO TRABALHO, COMPETÊNCIA E NULIDADES
   PROCESSUAIS 345

2. PRESCRIÇÃO 346

3. RESPOSTAS E INSTRUÇÃO PROCESSUAL 346

4. EXECUÇÃO 346

5. COISA JULGADA E AÇÃO RESCISÓRIA 348

6. RECURSOS 348

7. TEMAS COMBINADOS 351

11. DIREITO DO CONSUMIDOR — 353

1. PRINCÍPIOS E DIREITOS BÁSICOS 353

2. RESPONSABILIDADE PELO FATO DO PRODUTO OU DO SERVIÇO E PRESCRIÇÃO 355

3. RESPONSABILIDADE POR VÍCIO DO PRODUTO OU DO SERVIÇO E DECADÊNCIA 356

4. PRÁTICAS COMERCIAIS 358

5. PROTEÇÃO CONTRATUAL 359

6. RESPONSABILIDADE ADMINISTRATIVA 361

7. DEFESA DO CONSUMIDOR EM JUÍZO 362

8. SNDC E CONVENÇÃO COLETIVA 363

9. OUTRAS TEMAS E QUESTÕES COMBINADAS 364

12. DIREITO AMBIENTAL — 369

1. CONCEITOS BÁSICOS 369

2. PATRIMÔNIO CULTURAL BRASILEIRO 369

3. DIREITO AMBIENTAL CONSTITUCIONAL 370

4. PRINCÍPIOS DO DIREITO AMBIENTAL 371

5. COMPETÊNCIA EM MATÉRIA AMBIENTAL 372

6. POLÍTICA NACIONAL DO MEIO AMBIENTE 373

7. INSTRUMENTOS DE PROTEÇÃO DO MEIO AMBIENTE...374

8. PROTEÇÃO DA FAUNA...380

9. PROTEÇÃO DA FLORA. CÓDIGO FLORESTAL...381

10. RESPONSABILIDADE CIVIL AMBIENTAL E PROTEÇÃO JUDICIAL DO MEIO AMBIENTE..........384

11. RESPONSABILIDADE ADMINISTRATIVA AMBIENTAL..388

12. RESPONSABILIDADE PENAL AMBIENTAL...389

13. BIOMA MATA ATLÂNTICA...390

14. RESÍDUOS SÓLIDOS...391

15. DIREITO AMBIENTAL INTERNACIONAL..393

16. TEMAS COMBINADOS E LEGISLAÇÕES ESPECÍFICAS...395

17. RECURSOS HÍDRICOS...398

13. ESTATUTO DA CRIANÇA E DO ADOLESCENTE — 401

1. DIREITOS FUNDAMENTAIS..401

2. MEDIDAS DE PROTEÇÃO...404

3. MEDIDAS SOCIOEDUCATIVAS E ATO INFRACIONAL – DIREITO MATERIAL..........................405

4. ATO INFRACIONAL – DIREITO PROCESSUAL..408

5. CONSELHO TUTELAR..409

6. ACESSO À JUSTIÇA...409

7. TEMAS COMBINADOS...409

14. DIREITO FINANCEIRO — 415

1. PRINCÍPIOS E NORMAS GERAIS..415

2. LEI DE DIRETRIZES ORÇAMENTÁRIAS – LDO, LEI ORÇAMENTÁRIA ANUAL – LOA E PLANO PLURIANUAL – PPA..417

3. LEI DE RESPONSABILIDADE FISCAL – LRF...418

4. RECEITAS...419

5. DESPESAS..421

6. DESPESAS COM PESSOAL...422

7. EXECUÇÃO ORÇAMENTÁRIA, CRÉDITOS ADICIONAIS...423

8. OPERAÇÕES DE CRÉDITO, DÍVIDA PÚBLICA...424

9. OUTROS TEMAS E COMBINADOS..424

15. DIREITO PREVIDENCIÁRIO — 427

1. PREVIDÊNCIA DOS SERVIDORES PÚBLICOS...427

2. OUTROS TEMAS...434

16. DIREITOS HUMANOS — 435

1. GERAÇÕES OU DIMENSÕES DOS DIREITOS HUMANOS 435

2. TRIBUNAL PENAL INTERNACIONAL 435

3. SISTEMA GLOBAL DE PROTEÇÃO DOS DIREITOS HUMANOS 436

4. SISTEMA REGIONAL DE PROTEÇÃO DOS DIREITOS HUMANOS 437

5. SISTEMA GLOBAL DE PROTEÇÃO ESPECÍFICA DOS DIREITOS HUMANOS 442

6. DIREITOS HUMANOS NO BRASIL 442

7. DIREITO DOS REFUGIADOS 444

8. QUESTÕES COMBINADAS E OUTROS TEMAS 444

17. DIREITO URBANÍSTICO — 447

1. PARCELAMENTO DO SOLO URBANO 447

2. ESTATUTO DAS CIDADES E INSTRUMENTOS DA POLÍTICA URBANA 448

18. DIREITO INTERNACIONAL — 449

19. MATEMÁTICA E RACIOCÍNIO LÓGICO — 451

1. RACIOCÍNIO LÓGICO 451

2. MATEMÁTICA BÁSICA 463

3. MATEMÁTICA FINANCEIRA 474

20. LÍNGUA PORTUGUESA — 475

1. INTERPRETAÇÃO DE TEXTOS 475

2. SEMÂNTICA 495

3. PONTUAÇÃO 501

4. CONCORDÂNCIA VERBAL E NOMINAL 505

5. REGÊNCIA 510

6. CONJUNÇÃO 514

7. PRONOMES E COLOCAÇÃO PRONOMINAL 517

8. VERBO 521

9. CRASE 527

10. QUESTÕES COMBINADAS E OUTROS TEMAS 528

21. DIREITO ELEITORAL — 541

1. INELEGIBILIDADE 541

2. PARTIDOS POLÍTICOS, CANDIDATOS 541

3. PROPAGANDA ELEITORAL E RESTRIÇÕES NO PERÍODO ELEITORAL 542

4.	JUSTIÇA ELEITORAL	542
5.	TEMAS COMBINADOS E OUTRAS MATÉRIAS	543

22. INFORMÁTICA — 545

1.	*HARDWARE*	545
2.	*OFFICE*	545
3.	INTERNET	557
4.	SISTEMAS OPERACIONAIS	564
5.	REDES	571
6.	SEGURANÇA	571

23. ESTATUTO DA PESSOA COM DEFICIÊNCIA, REGIMENTO INTERNO E LEGISLAÇÃO LOCAL — 573

1.	ESTATUTO DA PESSOA COM DEFICIÊNCIA	573
2.	ESTATUTO DOS FUNCIONÁRIOS PÚBLICOS CIVIS DO ESTADO DE SÃO PAULO (LEI N.º 10.261/68)	574
3.	CONSTITUIÇÃO ESTADUAL	578
4.	OUTRAS LEGISLAÇÕES	580

24. MEDICINA LEGAL — 583

25. PROCESSO COLETIVO — 585

1.	AÇÃO CIVIL PÚBLICA	585
2.	COMPROMISSO DE AJUSTAMENTO	586
3.	INQUÉRITO CIVIL E RECOMENDAÇÃO	587
4.	AÇÃO POPULAR	589
5.	MANDADO DE SEGURANÇA E *HABEAS DATA*	589
6.	TEMAS COMBINADOS	590

COMO USAR O LIVRO?

Para que você consiga um ótimo aproveitamento deste livro, atente para as seguintes orientações:

1º Tenha em mãos um *vademecum* ou **um computador** no qual você possa acessar os textos de lei citados.

2º Se você estiver estudando a teoria (fazendo um curso preparatório ou lendo resumos, livros ou apostilas), faça as questões correspondentes deste livro na medida em que for avançando no estudo da parte teórica.

3º Se você já avançou bem no estudo da teoria, leia cada capítulo deste livro até o final, e só passe para o novo capítulo quando acabar o anterior; vai mais uma dica: alterne capítulos de acordo com suas preferências; leia um capítulo de uma disciplina que você gosta e, depois, de uma que você não gosta ou não sabe muito, e assim sucessivamente.

4º Iniciada a resolução das questões, tome o cuidado de ler cada uma delas **sem olhar para o gabarito e para os comentários**; se a curiosidade for muito grande e você não conseguir controlar os olhos, tampe os comentários e os gabaritos com uma régua ou um papel; na primeira tentativa, é fundamental que resolva a questão sozinho; só assim você vai identificar suas deficiências e "pegar o jeito" de resolver as questões; marque com um lápis a resposta que entender correta, e só depois olhe o gabarito e os comentários.

5º **Leia com muita atenção o enunciado das questões.** Ele deve ser lido, no mínimo, duas vezes. Da segunda leitura em diante, começam a aparecer os detalhes, os pontos que não percebemos na primeira leitura.

6º **Grife as palavras-chave, as afirmações e a pergunta formulada.** Ao grifar as palavras importantes e as afirmações você fixará mais os pontos-chave e não se perderá no enunciado como um todo. Tenha atenção especial com as palavras "correto", "incorreto", "certo", "errado", "prescindível" e "imprescindível".

7º Leia os comentários e **leia também cada dispositivo legal** neles mencionados; não tenha preguiça; abra o *vademecum* e leia os textos de leis citados, tanto os que explicam as alternativas corretas, como os que explicam o porquê de ser incorreta dada alternativa; você tem que conhecer bem a letra da lei, já que mais de 90% das respostas estão nela; mesmo que você já tenha entendido determinada questão, reforce sua memória e leia o texto legal indicado nos comentários.

8º Leia também os **textos legais que estão em volta** do dispositivo; por exemplo, se aparecer, em Direito Penal, uma questão cujo comentário remete ao dispositivo que trata de falsidade ideológica, aproveite para ler também os dispositivos que tratam dos outros crimes de falsidade; outro exemplo: se aparecer uma questão, em Direito Constitucional, que trate da composição do Conselho Nacional de Justiça, leia também as outras regras que regulamentam esse conselho.

9º Depois de resolver sozinho a questão e de ler cada comentário, você deve fazer uma **anotação ao lado da questão**, deixando claro o motivo de eventual erro que você tenha cometido; conheça os motivos mais comuns de erros na resolução das questões:

DL – "desconhecimento da lei"; quando a questão puder ser resolvida apenas com o conhecimento do texto de lei;

DD – "desconhecimento da doutrina"; quando a questão só puder ser resolvida com o conhecimento da doutrina;

DJ – "desconhecimento da jurisprudência"; quando a questão só puder ser resolvida com o conhecimento da jurisprudência;

FA – "falta de atenção"; quando você tiver errado a questão por não ter lido com cuidado o enunciado e as alternativas;

NUT - "não uso das técnicas"; quando você tiver se esquecido de usar as técnicas de resolução de questões objetivas, tais como as da **repetição de elementos** ("quanto mais elementos repetidos existirem, maior a chance de a alternativa ser correta"), das **afirmações generalizantes** ("afirmações generalizantes tendem a ser incorretas" - reconhece-se afirmações generalizantes pelas palavras *sempre, nunca, qualquer, absolutamente, apenas, só, somente exclusivamente* etc.), dos **conceitos compridos** ("os conceitos de maior extensão tendem a ser corretos"), entre outras.

10º Confie no **bom-senso**. Normalmente, a resposta correta é a que tem mais a ver com o bom-senso e com a ética. Não ache que todas as perguntas contêm uma pegadinha. Se aparecer um instituto que você não conhece, repare bem no seu nome e tente imaginar o seu significado.

11º Faça um levantamento do **percentual de acertos de cada disciplina** e dos **principais motivos que levaram aos erros cometidos**; de posse da primeira informação, verifique quais disciplinas merecem um reforço no estudo; e de posse da segunda informação, fique atento aos erros que você mais comete, para que eles não se repitam.

12º Uma semana antes da prova, faça uma **leitura dinâmica** de todas as anotações que você fez e leia de novo os dispositivos legais (e seu entorno) das questões em que você marcar "DL", ou seja, desconhecimento da lei.

13º Para que você consiga ler o livro inteiro, faça um bom **planejamento**. Por exemplo, se você tiver 30 dias para ler a obra, divida o número de páginas do livro pelo número de dias que você tem, e cumpra, diariamente, o número de páginas necessárias para chegar até o fim. Se tiver sono ou preguiça, levante um pouco, beba água, masque chiclete ou leia em voz alta por algum tempo.

14º Desejo a você, também, muita **energia**, **disposição**, **foco**, **organização**, **disciplina**, **perseverança**, **amor** e **ética**!

Wander Garcia e Ana Paula Dompieri

Coordenadores

1. DIREITO CIVIL

Gabriela Rodrigues e Gustavo Nicolau

1. LINDB

1.1. EFICÁCIA DA LEI NO TEMPO

1.1.1. VACATIO LEGIS

(Procurador – SP – VUNESP – 2015) De acordo com o artigo 1º da Lei de Introdução às Normas de Direito Brasileiro (Decreto-lei 4.657 de 1942), "salvo disposição contrária, a lei começa a vigorar em todo o país quarenta e cinco dias depois de oficialmente publicada". Se, antes de entrar a lei em vigor, ocorrer nova publicação de seu texto, destinada à correção, a *vacatio legis* será

(A) igualmente de 45 (quarenta e cinco) dias e começará a correr da publicação do novo texto, qualquer que seja a alteração.

(B) de 90 (noventa) dias, a contar da publicação do texto original, se a alteração for substancial.

(C) igualmente de 45 (quarenta e cinco) dias e começará a correr da publicação do texto original, qualquer que seja a alteração.

(D) de 90 (noventa) dias, a contar da publicação do novo texto, se a alteração for substancial.

(E) de 90 (noventa) dias, a contar da publicação do novo texto, qualquer que seja a alteração.

Quem responde é o § 3º 3º do próprio art. 1º da Lei de Introdução. O dispositivo estabelece que "*se, antes de entrar a lei em vigor, ocorrer nova publicação de seu texto, destinada a correção, o prazo deste artigo e dos parágrafos anteriores começará a correr da nova publicação*". Logo, o prazo de quarenta e cinco dias será reiniciado a partir da publicação do novo texto. **GN**
Gabarito "A".

1.1.2. VIGÊNCIA DA LEI NO TEMPO

(Escrevente Técnico – TJM/SP – VUNESP – 2017) Quanto à vigência das leis, assinale a alternativa correta.

(A) Uma lei é revogada somente quando lei posterior declare expressamente sua revogação.

(B) Lei nova, que estabeleça disposições gerais ou especiais a par das já existentes, não revoga nem modifica a lei anterior.

(C) A lei revogada se restaura por ter a lei revogadora perdido a vigência.

(D) As correções a texto de lei já em vigor consideram-se a mesma lei.

(E) É expressamente proibida a revogação de uma lei repristinada.

A: incorreta, pois não é "somente" nesse caso. A lei posterior também revoga a anterior quando seja com ela incompatível ou quando regule inteiramente a matéria de que tratava a lei anterior (Lei de introdução, art. 2º § 1º); **B:** correta, pois disposições "a par" são disposições paralelas, não contrárias e, portanto, não revogam a anterior (Lei de

introdução, art. 2º § 2º); **C:** incorreta, pois tal fenômeno, conhecido como repristinação, só ocorre se a lei que revogou a revogadora expressamente determinar o retorno da primeira lei revogada (Lei de introdução, art. 2º § 3º); **D:** incorreta, pois as correções a texto de lei já em vigor consideram-se lei nova (Lei de introdução, art. 1º, § 4º). **GN**
Gabarito "B".

1.2. INTERPRETAÇÃO DA LEI

(Procurador do Estado/SP – 2018 – VUNESP) A ausência de norma justa, caracterizada pela existência de um preceito normativo, que, se aplicado, resultará solução insatisfatória ou injusta, caracteriza lacuna

(A) ontológica ou *iure condendo*.
(B) axiológica ou *iure condendo*.
(C) axiológica ou *iure condito*.
(D) ideológica ou *iure condito*.
(E) ontológica ou *iure condito*.

A tradicional noção de lacuna do Direito envolve a ausência de norma para solucionar uma situação fática, o que é comum tendo em vista que as relações sociais são mais ágeis do que o processo de criação de leis. Sob as luzes da doutrina de Norberto Bobbio e Maria Helena Diniz, a lacuna axiológica não é rigorosamente uma lacuna nesse sentido. A lacuna axiológica envolve a ideia de que existe uma norma, mas a sua aplicação ao caso concreto levaria a uma solução insatisfatória ou injusta. Ainda sob a mesma doutrina, a lacuna ontológica envolve a ideia da existência de uma norma, mas que já se encontra obsoleta em vista do dinâmico progresso das relações sociais e avanço tecnológico. A lacuna ideológica consiste na falta de uma norma justa, que enseje uma solução satisfatória ao caso concreto. O "iure condito" é o Direito já constituído, já em vigor numa sociedade, significando que a solução do caso se daria com o Direito em vigor. Já a expressão "iure condendo" refere-se ao Direito ainda a ser construído.**GN**
Gabarito "B".

(Procurador Federal – AGU – 2023 – CEBRASPE) Quando o juiz, por permissão legal, julga um processo conforme seus ditames, ocorre o chamado julgamento por

(A) analogia.
(B) equidade.
(C) integração.
(D) costumes.
(E) princípios gerais do direito.

A: incorreta, pois a analogia é técnica de integração de lacuna legal, com a aplicação de um dispositivo legal previsto para uma situação para resolver outra que tenha algum ponto de semelhança. O art. 4º da Lei de Introdução às Normas do Direito traz que a analogia será aplicada para suprir lacuna legal; nestes termos: "Quando a lei for omissa, o juiz decidirá o caso de acordo com a analogia, os costumes e os princípios gerais de direito". Logo, não se refere à fonte descrita no enunciado; **B:** correta, pois no julgamento por equidade é permitido ao juiz utilizar de seu "senso de justiça" para julgamento de causas nos casos expressamente autorizados pela lei, conforme o que expressamente prevê o art. 140, parágrafo único, do CPC: "O juiz só decidirá por equidade nos casos previstos em lei"; **C:** incorreta, pois integração não é fonte do direito, mas técnica de preenchimento de lacunas com o uso de fontes secundárias, tais como a jurisprudência. Logo, não se refere à fonte descrita no enunciado; **D:** incorreta, pois os costumes são regras de conduta criadas espontaneamente pela consciência comum do povo, que a observa por modo constante e uniforme e sob a convicção de corresponder a uma necessidade jurídica. Os costumes são fonte supletiva do direito, conforme art. 4º, da LINDB, e fonte interpretativa; **E:** incorreta, pois os princípios gerais do direito são normas gerais, com alto grau de abstração, extraídas diretamente do texto da lei (como o princípio do contraditório, expressamente previsto no art. 5º, LV, da CF/88), ou inferidos a partir de sua interpretação (como, por exemplo, o princípio do duplo grau de jurisdição, extraído do princípio da ampla defesa e da competência recursal dos tribunais). **GR**

Gabarito "B".

2. GERAL

2.1. PESSOAS NATURAIS

(Defensor Público/RO – 2017 – VUNESP) Recentemente, em São Paulo/SP, instalouse enorme discussão sobre a ação das autoridades públicas na denominada "Cracolândia". Em suma, a pretensão do Estado era internar, compulsoriamente, pessoas que estavam vagando aleatoriamente nas ruas, sob o efeito de entorpecentes.

Sobre a internação compulsória, de acordo com as disposições legais, é correto afirmar que

(A) termina com a solicitação escrita de algum familiar ou responsável legal.

(B) é aquela que se dá sem o consentimento do usuário e a pedido de terceiro.

(C) deve ser comunicada, pelo responsável técnico do estabelecimento no qual tenha ocorrido, ao Ministério Público, em até 24 (vinte e quatro) horas da internação.

(D) é aquela que se dá sem o consentimento do usuário, por recomendação de médico devidamente registrado no Conselho Regional de Medicina (CRM) do Estado onde se localize o estabelecimento.

(E) é determinada pela justiça e levará em conta as condições de segurança do estabelecimento quanto à salvaguarda do paciente, demais internados e funcionários.

A: incorreta, pois é a internação involuntária (que não se confunde com a internação compulsória) que termina desta forma (Lei 10.216/2001, art. 8º § 2º); **B:** incorreta, pois a internação compulsória é determinada pelo juiz, *"que levará em conta as condições de segurança do estabelecimento, quanto à salvaguarda do paciente, dos demais internados e funcionários"*; **C:** incorreta, pois tal prazo é de 72 horas e limitado aos casos de internação voluntária ou involuntária (Lei 10.216 art. 8º, § 1º), que não se confundem com a internação compulsória; **D:** incorreta, pois a autorização do médico registrado no CRM ocorre nos casos de internação voluntária ou involuntária e não na compulsória; **E:** correta, pois de pleno acordo com a definição de internação compulsória determinada pelo art. 9º da Lei 10.216/2001. **GN**

Gabarito "E".

(Juiz de Direito – TJ/RS – 2018 – VUNESP) Joaquina nasceu com o diagnóstico de síndrome de Down; aos 18 anos, conheceu Raimundo e decidiu casar. Os pais de Joaquina declararam que somente autorizam o casamento se o mesmo for celebrado sob o regime da separação convencional de bens, tendo em vista que a família é possuidora de uma grande fortuna e Raimundo é de origem humilde. Joaquina, que tem plena capacidade de comunicação, não aceitou a sugestão dos pais e deseja casar sob o regime legal (comunhão parcial de bens). Assinale a alternativa correta.

(A) Para que possa casar sob o regime da comunhão parcial de bens, deverá Joaquina ser submetida, mesmo contra sua vontade, ao procedimento de tomada de decisão apoiada.

(B) Joaquina poderá casar sob o regime de bens que melhor entender, tendo em vista que é dotada de plena capacidade civil.

(C) O juiz deverá nomear um curador para que possa analisar as pretensões do noivo em relação a Joaquina e decidir acerca do melhor regime patrimonial para o casal.

(D) Joaquina é relativamente incapaz e deve ser assistida no ato do casamento que somente pode ser celebrado sob o regime da separação legal.

(E) Joaquina somente poderá casar se obtiver autorização dos pais que poderá ser suprida pelo juiz, ouvido o Ministério Público.

A questão trata da capacidade das pessoas com deficiência, assunto que sofreu verdadeira revolução legislativa com o advento da Lei 13.146/2015. Referido diploma revogou o art. 3º, II do Código Civil, que determinava a incapacidade absoluta para os que, "por enfermidade ou deficiência mental", não tivessem o necessário discernimento para a prática dos atos da vida civil. Com isso, as pessoas com algum tipo de deficiência passaram a ser consideradas capazes, inclusive com o direito de casar, constituir união estável e exercer direitos sexuais e reprodutivos, exercendo também o direito à família e à convivência familiar e comunitária. Para manter o sistema coeso, a referida Lei revogou o art. 1.548, I do Código Civil, que tornava nulo o casamento contraído pelo enfermo mental sem o necessário discernimento para os atos da vida civil. Logo, Joaquina poderá casar sob o regime de bens que escolher. **GN**

Gabarito "B".

(Juiz de Direito – TJM/SP – VUNESP – 2016) Quanto à capacidade civil, assinale a alternativa correta.

(A) A incapacidade civil se presume, em se tratando de negócios jurídicos, levando à sua anulação.

(B) A emancipação do menor impúbere deve ocorrer por sentença judicial, transcrita no Registro Civil.

(C) Os viciados em tóxicos são incapazes absolutamente aos atos relativos à sua pessoa.

(D) A deficiência mental afeta a plena capacidade civil da pessoa para os atos da vida civil.

(E) Aquele que, por causa permanente, não puder exprimir sua vontade, é relativamente incapaz.

A: incorreta, pois a capacidade é que se presume; **B:** incorreta, pois a emancipação por sentença judicial se dá apenas nos casos em que o emancipado está sob regime de tutela e apenas quando já tiver dezesseis anos (CC, art. 5º parágrafo único, I); **C:** incorreta, pois tais pessoas são relativamente incapazes (CC, art. 4º, II); **D:** incorreta, pois o Estatuto da Pessoa com deficiência (Lei 13.146/2015) alterou esse cenário, retirando tais pessoas da condição de incapacidade; **E:** correta, pois de pleno acordo com o disposto no art. 4º, II, I do CC. **GN**

Gabarito "E".

2.2. PESSOAS JURÍDICAS

(Procurador Federal – AGU – 2023 – CEBRASPE) As decisões tomadas pela pessoa jurídica que tiver administração coletiva, por maioria de votos, poderão ser anuladas se decorrerem de

I. violação do estatuto da pessoa jurídica.

II. erro.

III. dolo.
IV. simulação.
V. fraude.
Assinale a opção correta.

(A) Apenas os itens I e II estão certos.
(B) Apenas os itens II e IV estão certos.
(C) Apenas os itens III e V estão certos.
(D) Apenas os itens I, III, IV e V estão certos.
(E) Todos os itens estão certos.

Nos termos do art. 48 CC: "Se a pessoa jurídica tiver administração coletiva, as decisões se tomarão pela maioria de votos dos presentes, salvo se o ato constitutivo dispuser de modo diverso. Parágrafo único. Decai em três anos o direito de anular as decisões a que se refere este artigo, quando violarem a lei ou estatuto, ou forem eivadas de erro, dolo, simulação ou fraude". Logo as alternativas **A**, **B**, **C**, **D** estão incorretas e a alternativa **E** está certa [GR]
Gabarito "E".

(Procurador – AL/PR – 2024 – FGV) O Restaurante Le Candle Ltda., famoso na cidade de Canasvieiras, é de propriedade de dois sócios unidos somente pelo empreendimento comum: Sérgio e André. Liderado por um chef francês, os clientes chegavam a esperar dias para ter a chance de jantar nesse renomado espaço. Mas tudo começou a dar errado quando o sócio majoritário, Sérgio, começou a ter várias condutas que, ao final, impossibilitaram o pagamento dos credores.

Entre elas, Sérgio:

I. empregou o dinheiro reservado para o pagamento de impostos do restaurante para pagar a festa de quinze anos de sua filha, Natália.
II. pagou repetidamente as contas de luz e água de sua residência com valores retirados da conta-corrente da pessoa jurídica;
III. utilizou os recursos financeiros do restaurante para patrocinar uma viagem ao Caribe para si e para André, sócio minoritário do Le Candle, sem que houvesse qualquer tipo de contraprestação à pessoa jurídica.

Examinadas as medidas tomadas por Sérgio, configura ato que pode gerar eventual decisão judicial de desconsideração da personalidade jurídica requerida pelos credores, de forma a atingir o patrimônio pessoal de ambos os sócios o que está descrito em

(A) I, apenas.
(B) II, apenas.
(C) III, apenas.
(D) I e II, apenas.
(E) I, II e III.

I: errada, pois embora com essa conduta tenha havido abuso de personalidade na modalidade confusão patrimonial (art. 50, § 2º, III CC), a desconsideração da personalidade não atingirá o patrimônio de ambos os sócios, mas apenas de Sergio, pois somente ele se beneficiou da conduta; **II:** errada (idem item I com fundamento no art. 50, §2º, I CC; III). **III:** certa, pois foram transferidos ativos de grande monta da pessoa jurídica para a pessoa física sem contraprestação e ambos os sócios foram beneficiados (art. 50, § 2º, II CC). Logo, a alternativa correta é a letra C. [GR]
Gabarito "C".

(Procurador Municipal – Sertãozinho/SP – VUNESP – 2016) É correto afirmar que

(A) as pessoas jurídicas de direito público interno não respondem objetivamente pelos danos causados por atos de seus agentes, no exercício de suas funções.

(B) a existência legal das pessoas jurídicas inicia-se, em regra, com o início de suas atividades.
(C) o sistema brasileiro admite a constituição de empresa individual de responsabilidade limitada.
(D) para a desconsideração da personalidade jurídica, o Código Civil de 2002 adotou a denominada teoria menor, pela qual haverá desconsideração sempre que a personalidade jurídica representar empecilho para saldar o crédito de terceiros.
(E) as fundações são pessoas jurídicas de direito privado, constituídas pela união de pessoas que se organizem para fins não econômicos.

A: incorreta, pois contrária aos termos do art. 37, § 6º, da Constituição Federal, segundo o qual: "*As pessoas jurídicas de direito público e as de direito privado prestadoras de serviços públicos responderão pelos danos que seus agentes, nessa qualidade, causarem a terceiros, assegurado o direito de regresso contra o responsável nos casos de dolo ou culpa*"; **B:** incorreta, pois a existência da pessoa jurídica inicia-se, em regra, "com a inscrição do ato constitutivo no respectivo registro" (CC, art. 45); **C:** correta, pois tal possibilidade surgiu no ano de 2011, com a publicação da Lei 12.441/2011; **D:** incorreta, pois o art. 50 do CC limitou a desconsideração da personalidade jurídica aos casos de desvio de finalidade ou confusão patrimonial; **E:** incorreta, pois a fundação é a reunião de bens organizados para uma finalidade. [GN]
Gabarito "C".

2.2.1. FUNDAÇÕES

(Juiz de Direito – TJ/RJ – 2019 – VUNESP) Pedro é sócio, juntamente com sua esposa Maria, da pessoa jurídica "PM LTDA". Maria, sem o conhecimento de Pedro, começou a desviar valores dos cofres da empresa, mediante a emissão de notas fiscais frias, para Ricardo, seu concubino. Em razão dos desvios realizados por Maria, a empresa "PM LTDA" parou de pagar seus fornecedores, que ajuizaram demanda visando receber os valores devidos. Pedro descobriu a traição e divorciou-se de Maria, que foi viver com seu concubino com todos os valores desviados da "PM LTDA". Os fornecedores requereram a desconsideração da personalidade jurídica, para que pudessem satisfazer seus créditos com o patrimônio pessoal de Maria e de Pedro.

Assinale a alternativa correta.

(A) Pode haver a desconsideração da personalidade jurídica e os bens de Pedro e Maria irão responder pelas dívidas da empresa, em razão do desvio de finalidade.
(B) Os bens pessoais de Pedro não podem responder pelas dívidas da empresa, tendo em vista que não houve ato doloso de sua parte, bem como ele não se beneficiou direta ou indiretamente dos desvios.
(C) Apenas os bens de Ricardo podem ser alcançados pela desconsideração da personalidade jurídica, pois, apesar de não ser sócio, praticou atos dolosos de confusão patrimonial.
(D) Apenas se for comprovada a culpa grave de Pedro na administração da pessoa jurídica é que poderá ser realizada a desconsideração da personalidade jurídica e seus bens pessoais responderem pelas dívidas da "PM LTDA".
(E) A desconsideração da personalidade jurídica apenas pode ocorrer em caso de confusão patrimonial e, como não houve a transferência de valores para os sócios e sim para um terceiro, não podem os bens

pessoais de Pedro e Maria responderem pelas obrigações da sociedade.

A: incorreta, pois embora o art. 50 CC preveja que no caso de abuso da personalidade jurídica, caracterizado pelo desvio de finalidade ou pela confusão patrimonial pode o juiz desconsiderá-la para que os efeitos de certas e determinadas relações de obrigações sejam estendidos aos bens particulares de administradores ou de sócios da pessoa jurídica beneficiados direta ou indiretamente pelo abuso, a interpretação mais recente do STJ é que "A desconsideração da personalidade jurídica, em regra, deve atingir somente os sócios administradores ou que comprovadamente contribuíram para a prática dos atos caracterizadores do abuso da personalidade jurídica" (REsp 1861306 – DECISÃO 25/02/2021). Logo, o patrimônio de Pedro não deve ser atingido; **B:** correta, nos termos da justificativa da letra A; **C:** incorreta, pois Ricardo não faz parte do quadro social, logo não há que se falar em desconsideração de personalidade jurídica frente a ele. A desconsideração apenas atingirá os sócios e no caso em específico alcançará Maria, pois apenas ela foi a diretamente beneficiada (art. 50 CC); **D:** incorreta, pois a lei não exige a comprovação de culpa grave de um dos sócios para que haja a desconsideração. Basta ficar provado o abuso da personalidade jurídica, caracterizado pelo desvio de finalidade ou pela confusão patrimonial com vantagem direta ou indireta para um dos sócios (art. 50 CC); **E:** incorreta, pois a desconsideração não se restringe a confusão patrimonial, mas também pode ocorrer quando há desvio de finalidade e ainda que haja desvio de bens para terceiros a personalidade pode ser desconsiderada, afinal houve benefício direto para a sócia Maria. GR

Gabarito "B".

2.3. DOMICÍLIO

(Procurador Municipal – Sertãozinho/SP – VUNESP – 2016) Sobre as regras de domicílio, é correto afirmar que

(A) se considera como domicílio da União todas as capitais dos Estados da federação.

(B) as sociedades empresárias possuem domicílio no endereço de qualquer de seus sócios.

(C) o marítimo e o militar, em razão de suas atribuições, possuem domicílio itinerante.

(D) o servidor público possui domicílio necessário.

(E) o domicilio do Município é eleito pelo seu prefeito.

A: incorreta, pois o domicílio da União é o Distrito Federal (CC, art. 75, I); **B:** incorreta, pois o domicílio das sociedades empresárias é "o lugar onde funcionarem as respectivas diretorias e administrações, ou onde elegerem domicílio especial no seu estatuto ou atos constitutivos" (CC, art. 75, IV); **C:** incorreta, pois o domicílio do marítimo é o local onde o navio estiver matriculado e o domicílio do militar é o local no qual servir (CC, art. 76, parágrafo único); **D:** correta, pois de acordo com a previsão do CC, art. 76; **E:** incorreta, pois o domicílio do Município é o local onde funciona a administração municipal (CC, art. 75, III). GN

Gabarito "D".

2.4. DIREITOS DA PERSONALIDADE E NOME

(Juiz – TJ/SP – VUNESP – 2015) No que tange aos direitos da personalidade, assinale a alternativa correta.

(A) A transmissão da palavra de determinada pessoa poderá, sempre e em qualquer circunstância, ser proibida a seu requerimento e sem prejuízo da indenização que couber, se lhe atingir a honra ou se destinada a fins comerciais.

(B) O pseudônimo licitamente utilizado goza da proteção que se dá ao nome.

(C) A proteção dos direitos da personalidade aplica-se igualmente às pessoas jurídicas.

(D) É garantia legal a irrestrita liberdade de disposição do próprio corpo.

A: incorreta, pois tal transmissão pode ser autorizada ou ainda "necessária à administração da justiça ou à manutenção da ordem pública", hipóteses nas quais é admitida e não ensejará indenização (CC, art. 20); **B:** correta. O pseudônimo é um nome alternativo, normalmente utilizado por escritores, autores de obras, artistas e poetas que não querem se identificar. Chico Buarque utilizava, por exemplo, o pseudônimo Julinho da Adelaide. Alexander Hamilton, James Madison e John Jay escreveram o famoso "O Federalista" sob o pseudônimo de Plubius. Desde que adotado para fins lícitos, o pseudônimo recebe da lei a mesma proteção dada ao nome (CC, art. 19); **C:** incorreta, pois a proteção dos direitos da personalidade aplica-se "no que couber" às pessoas jurídicas (CC, art. 52); **D:** incorreta, pois salvo por exigência médica, é proibido: "o *ato de disposição do próprio corpo, quando importar diminuição permanente da integridade física, ou contrariar os bons costumes*" (CC, art. 13). GN

Gabarito "B".

(Procurador Municipal/SP – VUNESP – 2016) Sobre o direito do autor, assinale a alternativa correta.

(A) Os direitos autorais reputam-se, para os efeitos legais, bens imóveis.

(B) Interpretam-se restritivamente os negócios jurídicos sobre os direitos autorais.

(C) Somente os estrangeiros domiciliados no Brasil gozarão da proteção assegurada nos acordos, convenções e tratados em vigor no Brasil.

(D) Não é titular de direitos de autor quem adapta, traduz, arranja ou orquestra obra caída no domínio público.

(E) Compete ao particular a defesa da integridade e autoria da obra caída em domínio público.

A: incorreta, pois os direitos autorais reputam-se, para os efeitos legais, bens móveis (Lei 9.610/1998, art. 3º); **B:** correta, pois de pleno acordo com o art. 4º da Lei 9.610/1998; **C:** incorreta, pois a lei de direitos autorais também protege "*os nacionais ou pessoas domiciliadas em país que assegure aos brasileiros ou pessoas domiciliadas no Brasil a reciprocidade na proteção aos direitos autorais ou equivalentes*" (Lei 9.610/1998, art. 2º, parágrafo único); **D:** incorreta, pois contrária aos termos do art. 14 da mencionada lei; **E:** incorreta, pois tal atribuição compete ao Estado (art. 24, § 2º, da Lei 9.610/1998). GN

Gabarito "B".

(Procurador Municipal – Sertãozinho/SP – VUNESP – 2016) Em regra, são objeto de proteção como direitos autorais, de acordo com a Lei 9.610/98,

(A) o aproveitamento industrial ou comercial das ideias contidas nas obras.

(B) os projetos concernentes à topografia.

(C) os esquemas, planos ou regras para realizar jogos ou negócios.

(D) os textos de tratados ou convenções, leis, decretos e regulamentos.

(E) os nomes e títulos isolados.

O art. 8º da Lei 9.610/1998 traz um rol de institutos que não estão protegidos como direitos autorais, aí incluindo-se: "*o aproveitamento industrial ou comercial das ideias contidas nas obras*" (inciso VII); os "*esquemas, planos ou regras para realizar atos mentais, jogos ou negócios*" (inciso II); os "*textos de tratados ou convenções, leis, decretos, regulamentos, decisões judiciais e demais atos oficiais (inciso IV)*" e os "*nomes e títulos isolados*" (inciso VI). Por sua vez, os "*projetos concernentes à topografia*" estão expressamente protegidos como direitos autorais (art. 7º, X). GN

Gabarito "B".

2.5. BENS

(Procurador – SP – VUNESP – 2015) Sobre a prescrição aquisitiva de bens públicos, é correto afirmar que

(A) todos os bens públicos estão sujeitos à prescrição aquisitiva.

(B) apenas os bens de uso especial estão sujeitos à prescrição aquisitiva.

(C) nenhum bem público está sujeito à prescrição aquisitiva.

(D) apenas os bens dominicais estão sujeitos à prescrição aquisitiva.

(E) apenas os bens de uso especial e os dominicais estão sujeitos à prescrição aquisitiva.

O Estado não teria condições de proteger e zelar por todos os bens de que é proprietário. Assim, a consumação de usucapião de bens públicos seria algo extremamente comum e prejudicial à sociedade de um modo geral. Por conta disso, a lei não deixou dúvidas e previu duas vezes na Constituição Federal que os bens públicos não estariam sujeitos à usucapião (CF, art. 183, § 3º e art. 191, parágrafo único). Como se ainda precisasse, o Código Civil repetiu a regra no art. 102. Vale, contudo, uma ressalva. O STJ consolidou entendimento no sentido da possibilidade de usucapião extraordinária do domínio útil de imóvel sob o regime da enfiteuse (com prazo de 15 anos). Nesse sentido foi o julgado no AgInt no AREsp 358.081/PE, Rel. Ministro Benedito Gonçalves, Primeira Turma, julgado em 20/09/2016, DJe 05/10/2016). GN

Gabarito "C".

(Procurador Municipal – Sertãozinho/SP – VUNESP – 2016) Sobre os bens dominicais, é correto afirmar que

(A) podem ser adquiridos por particulares, por meio da prescrição aquisitiva extraordinária.

(B) são aqueles destinados a serviço ou estabelecimento da Administração Pública, inclusive autarquias.

(C) não podem ser utilizados por particular, com exclusividade, por meio de institutos típicos de direito privado.

(D) constituem o patrimônio das pessoas jurídicas de direito público e podem ser alienados.

(E) são aqueles pertencentes às pessoas jurídicas de direito privado que prestam serviços de interesse público.

A: incorreta, pois os bens dominicais são públicos e, portanto, não sujeitos a usucapião (CC, art. 102, CF, art. 183, § 3º, art. 191, parágrafo único, CF); **B:** incorreta, pois a definição dada refere-se aos bens de uso especial (CC, art. 99, II); **C:** incorreta, pois os bens públicos dominicais são bens disponíveis, alienáveis, que constituem o patrimônio das pessoas jurídicas de Direito Público e, portanto, são mais flexíveis do que os demais bens públicos; **D:** correta, pois de pleno acordo com a previsão estabelecida pelo CC, art. 99, III; **E:** incorreta, pois traz conceito diverso do estabelecido em lei. GN

Gabarito "D".

(Juiz de Direito – TJ/RJ – 2019 – VUNESP) Foi registrado um loteamento que, entretanto, nunca foi implantado. Judas e sua família construíram e começaram a morar numa área que seria destinada a ser um logradouro público. Após 10 anos de ocupação mansa e pacífica, mediante moradia com sua família, Judas ajuizou uma ação de usucapião.

É correto afirmar que a usucapião

(A) não poderá ser reconhecida, tendo em vista que não decorreu o prazo de 15 anos da usucapião extraordinária, quando então poderá ser reconhecida.

(B) poderá ser reconhecida, independentemente da dimensão da área ocupada, tendo em vista que se presume o justo título e boa-fé, em razão da longevidade da posse e da sua função social.

(C) poderá ser reconhecida, desde que o imóvel tenha dimensão inferior a 250 m2 e Judas não seja proprietário de outro imóvel urbano ou rural.

(D) somente poderá ser reconhecida a usucapião se houver a citação de todos os confrontantes e ausência de oposição do loteador e da Municipalidade.

(E) não poderá ser reconhecida, pois os bens públicos são imprescritíveis.

A: incorreta, pois ainda que o loteamento não tenha sido implantado a área já estava destinada a ser logradouro público, logo se trata de área pública. Assim, nos termos da Súmula 340 do STF os bens dominicais, como os demais bens públicos, não podem ser adquiridos por usucapião (art. 102 CC). Logo a ação será julgada improcedente por esse motivo; **B:** incorreta, pois trata-se de bem público que não pode ser adquirido por usucapião (Súmula 340 STF e art. 102 CC); **C:** incorreta, pois neste caso não se aplica as regras da usucapião urbana, uma vez que que o bem não pode ser adquirido por usucapião, afinal é bem público (Súmula 340 STF e art. 102 CC); **D:** incorreta, pois a citação dos confrontantes não é relevante neste caso, pois se trata de bem público que não pode ser usucapido (Súmula 340 STF e art. 102 CC); **E:** correta (Súmula 340 STF e art. 102 CC). GR

Gabarito "E".

2.6. FATOS JURÍDICOS

(Procurador Fazenda Nacional – AGU – 2023 – CEBRASPE) O negócio concluído pelo representante em conflito de interesses com o representado, quando o fato deveria ser conhecido por quem tratou com o representante, será

(A) válido.

(B) nulo.

(C) inexistente.

(D) ineficaz.

(E) anulável.

Trata-se de hipótese literal prevista no art. 119 CC: "É anulável o negócio concluído pelo representante em conflito de interesses com o representado, se tal fato era ou devia ser do conhecimento de quem com aquele tratou". Logo, a alternativa correta é a letra E. GR

Gabarito "E".

(Procurador – AL/PR – 2024 – FGV) Leandro celebrou contrato com Márcia, para que ela, representando-o, vendesse seu apartamento localizado em Taubaté, repassando-lhe o dinheiro e prestando-lhe contas após a venda. Para a venda, Leandro fixou um preço mínimo, que deveria ser pago em no máximo dez prestações.

Durante a divulgação do imóvel em várias plataformas de compra e venda, diversas pessoas procuraram Márcia interessadas em adquirir o imóvel pelo preço anunciado. Dentre elas, algumas chegaram até a oferecer valor superior ao qual Leandro exigia pelo imóvel. A despeito disso, Márcia aproveitou a chance para ela própria comprar o imóvel, que sempre a interessou.

Nesse caso, a compra e venda é

GABRIELA RODRIGUES E GUSTAVO NICOLAU

(A) válida, pois Márcia adquiriu o imóvel pelo preço autorizado.

(B) anulável, porque não havia autorização da lei ou de Leandro para a compra do imóvel por Márcia.

(C) nula, porque o negócio foi concluído pelo representante em conflito de interesses com o representado.

(D) válida, pois ao outorgar o mandato à Márcia, por si só, Leandro tacitamente a autorizou a adquiri-lo.

(E) inexistente, pois a aquisição do imóvel por Márcia não era e não tinha como ser do conhecimento de Leandro quando foi celebrada.

A: incorreta, pois salvo se o permitir a lei ou o representado, é anulável o negócio jurídico que o representante, no seu interesse ou por conta de outrem, celebrar consigo mesmo (art. 117, *caput* CC). Ainda que Márcia tenha adquirido o imóvel pelo valor autorizado, ela tinha um vínculo regido por contrato de representação com Leandro, logo, deverá se submeter às regras previstas nos arts. 115 a 120 CC; **B:** correta, pois para a aquisição do imóvel de fato seria necessário autorização de Lei ou de Leandro (art. 117 CC), o que não aconteceu. Portanto, o contrato é anulável; **C:** incorreta, pois é anulável o negócio concluído pelo representante em conflito de interesses com o representado, se tal fato era ou devia ser do conhecimento de quem com aquele tratou (art. 119 CC); **D:** incorreta, pois não existe autorização tácita de Leandro apenas pelo fato de ter outorgado o mandado à Márcia. A autorização deveria ser expressa (art. 117 CC); **E:** incorreta, pois os requisitos de existência (agente, objeto e forma) estão presentes no negócio jurídico. O problema está no âmbito da validade. Por isso o negócio é anulável, nos termos do art. 117 CC. **GR**

Gabarito "B".

2.6.1. CONDIÇÃO, TERMO E ENCARGO

(Procurador – AL/PR – 2024 – FGV) Sociedade Divino Ltda. celebrou contrato com André e Bernardo, sócios de Gala Restaurante Ltda. pelo qual se comprometeu a, dali a um ano, adquirir todas as cotas sociais daquele restaurante, desde que nenhum restaurante do mesmo gênero alimentício fosse inaugurado no complexo empresarial onde o Gala funciona nesse período.

Dali a dois meses, contudo, os sócios da Sociedade Divino se arrependeram do negócio celebrado, não desejando mais adquirir o Gala Restaurante, por terem encontrado oportunidade muito mais lucrativa. Por isso, pouco antes do final do prazo, os sócios da Sociedade Divino abriram um pequeno restaurante do mesmo gênero alimentício, no próprio complexo empresarial do Gala, inviabilizando, assim, a compra do restaurante.

Diante disso, é possível afirmar que a condição presente no caso deve ser considerada

(A) anulável.

(B) inexistente.

(C) nula.

(D) verificada.

(E) pendente.

A e C: incorretas, pois os casos de invalidades das condições estão previstos nos artigos 122, segunda parte e 123 CC e não as hipóteses do caso em tela; **B:** incorreta, pois no caso de condição suspensiva tem-se por inexistente as condições impossíveis (art. 124, 1ª parte CC), o que não é a hipótese em questão; **D:** correta, pois reputa-se verificada, quanto aos efeitos jurídicos, a condição cujo implemento for maliciosamente obstado pela parte a quem desfavorecer (art. 129, 1ª parte CC); **E:** incorreta, pois de condição pendente ela passou a ser

verificada a partir do momento que a Sociedade Divino agiu maliciosamente para se eximir do negócio e prejudicar André e Bernardo (art. 129, 1ª parte CC). **GR**

Gabarito "D".

(Procurador – PGE/SP – 2024 –VUNESP) A cláusula "se constituíres sociedade empresarial com João, dar-te-ei a quantia de R$ 1.000.000,00 (um milhão de reais)" pode ser classificada como uma condição

(A) puramente potestativa.

(B) promíscua.

(C) mista.

(D) simplesmente potestativa.

(E) perplexa.

A: incorreta, pois condição puramente potestativa é aquela que depende de uma vontade unilateral, sujeitando-se ao puro arbítrio de uma das partes (art. 122 do CC, parte final). É uma condição ilícita. Ex: "Dou-lhe a fazenda se eu quiser"; **B:** incorreta. Maria Helena Diniz conceitua a condição promíscua como aquela "que se caracteriza no momento inicial como potestativa, vindo a perder tal característica por fato superveniente, alheio à vontade do agente, que venha a dificultar sua realização. Por exemplo, 'dar-lhe-ei um carro se você, campeão de futebol, jogar no próximo torneio'. Essa condição potestativa passará a ser promíscua se o jogador vier a se machucar"; **C:** correta, pois na condição mista, conjuga-se a vontade de um dos agentes (dar-te-ei a quantia de R$ 1.000.000,00) e outra circunstância externa (se constituíres sociedade); **D:** incorreta, pois condição simplesmente potestativa é aquela que depende das vontades intercaladas de duas pessoas, sendo totalmente lícitas. Exemplo: alguém institui uma liberalidade a favor de outrem, dependente de um desempenho artístico (cantar em um espetáculo – art. 122 parte final CC); **E:** incorreta, pois condições perplexas ocorrem quando "a própria condição inserida no negócio jurídico é incompreensível ou contraditória de tal forma que priva todo o efeito do negócio jurídico". **GR**

Gabarito "C".

(Procurador – SP – VUNESP – 2015) Assinale a alternativa correta sobre o instituto da condição, considerado como elemento acidental do negócio jurídico.

(A) No negócio jurídico, celebrado com vigência de condição suspensiva, a realização desta implica na ineficácia do negócio.

(B) Aposta condição resolutiva a um negócio jurídico de execução continuada ou periódica, a sua realização, em regra, tem eficácia sobre os atos já praticados.

(C) A incerteza não é elemento essencial da condição, mas o evento deve ser necessariamente futuro.

(D) São ilícitas as condições puramente potestativas, seja a condição de natureza suspensiva ou resolutiva.

(E) A condição incompreensível ou contraditória não implica na invalidade do negócio jurídico.

A: incorreta, pois a ocorrência da condição suspensiva gera a eficácia do negócio jurídico. É o que ocorre, por exemplo, quando o vendedor estabelece que o "negócio só será efetivado caso o comprador manifeste seu agrado em relação ao bem no prazo de 10 dias" (CC, art. 509); **B:** incorreta, pois o negócio perde seus efeitos a partir da ocorrência do evento futuro e incerto; **C:** incorreta, pois a incerteza é essencial para configurar a condição; **D:** correta, pois a condição puramente potestativa é considerada ilícita. Trata-se da condição que se verificará a depender puramente do arbítrio de uma das partes (CC, art. 122); **E:** incorreta, pois o art. 123 do Código Civil estabelece a invalidade do negócio jurídico quando a condição for incompreensível ou contraditória. **GN**

Gabarito "D".

1. DIREITO CIVIL

2.6.2. *DEFEITOS DO NEGÓCIO JURÍDICO*

(Procurador Federal – AGU – 2023 – CEBRASPE) De acordo com o que dispõe o Código Civil acerca dos defeitos do negócio jurídico, se o devedor, ao perdoar uma dívida, for reduzido à insolvência, o ato de perdão da dívida poderá ser anulado sob a alegação de

(A) erro.
(B) dolo.
(C) abuso de direito.
(D) lesão.
(E) fraude contra credores.

A: incorreta, pois o erro é o vício de consentimento que se forma sem induzimento intencional de pessoa interessada. É o próprio declarante quem interpreta equivocadamente uma situação fática ou a lei e, fundado em sua cognição falsa, manifesta a vontade, criando, modificando ou extinguindo vínculos jurídicos (arts. 138 a 144 CC); **B:** incorreta, pois o dolo é a conduta maliciosa praticada por um dos negociantes ou por terceiro com o objetivo de levar o outro negociante a erro sobre as circunstâncias reais do negócio, de modo a manifestar vontade que lhe seja desfavorável, e que ele não manifestaria, não fosse o comportamento ilícito de que foi vítima (arts. 145 a 150 CC); **C:** incorreta, pois o abuso de direito é o ato ilícito que o titular de um direito, ao exercê-lo, excede manifestamente os limites impostos pelo seu fim econômico ou social, pela boa-fé ou pelos bons costumes (art. 187 CC); **D:** incorreta, pois ocorre a lesão quando uma pessoa, sob premente necessidade, ou por inexperiência, se obriga a prestação manifestamente desproporcional ao valor da prestação oposta (art. 157 CC); **E:** correta, nos termos do art. 158 CC: "Os negócios de transmissão gratuita de bens ou remissão de dívida, se os praticar o devedor já insolvente, ou por eles reduzido à insolvência, ainda quando o ignore, poderão ser anulados pelos credores quirografários, como lesivos dos seus direitos". **GR**
Gabarito "E".

(Juiz de Direito – TJ/SP – 2023 – VUNESP) O Banco do Brasil S/A emprestou R$ 494.000,00 para Caio comprar um imóvel no litoral de São Paulo, com garantia hipotecária. Além dessa dívida com o Banco do Brasil, Caio deve R$ 206.000,00 para Tício, R$ 320.000,00 para a empresa fornecedora de gêneros alimentícios e R$ 55.000,00 para Mirtes. Caio, em razão da pandemia do Covid-19, não conseguiu pagar as dívidas. O Banco do Brasil já ingressou com ação de execução hipotecária. Os outros credores já avisaram que ingressarão com ações para cobrar os seus créditos. Diante dessa situação, Caio resolveu doar ao seu único filho Benites o terreno que adquiriu em São Paulo quando sua situação financeira era equilibrada, ou seja, bem antes das dívidas e logo após a morte da sua esposa Brenda. A escritura pública de doação foi lavrada em 10 de janeiro de 2023. O terreno doado foi avaliado em R$ 1.300.000,00. Um dos credores quer discutir a doação em juízo, pois Caio não tem outros bens para a satisfação dos créditos. Considerando as informações, assinale a alternativa correta.

(A) Os negócios de transmissão gratuita de bens ou remissão de dívida, se os praticar o devedor já insolvente, ou por eles reduzido à insolvência, ainda quando o ignore, poderão ser anulados pelos credores, como lesivos dos seus direitos. O Código Civil autoriza a utilização da ação pauliana por credor quirografário e por credor cujo crédito esteja munido de garantia real, ainda que esta seja suficiente para o cumprimento da obrigação.

(B) Os negócios de transmissão gratuita de bens ou remissão de dívida, se os praticar o devedor já insolvente, ou por eles reduzido à insolvência, ainda quando o ignore, poderão ser anulados pelos credores quirografários, como lesivos dos seus direitos. Nesses casos, não se exige a intenção de fraudar (o *consilium fraudis*). A causa do reconhecimento da fraude contra credores deixa de ser subjetiva (manifestação de vontade com o intuito de fraudar), para ser objetiva (redução do devedor à insolvência).

(C) A ação para anular negócio jurídico praticado em fraude contra credores, segundo o regime jurídico estabelecido no Código Civil de 2002, é desconstitutiva (constitutiva negativa), sujeitando-se a prazo decadencial de 4 (quatro) anos para o seu ajuizamento. O prazo decadencial deve ser contado do dia em que o credor lesado tomou conhecimento do negócio jurídico, independentemente de eventual presunção decorrente do registro de imóveis.

(D) Parcela significativa da doutrina tem sustentado que o negócio jurídico em fraude contra credores é apenas ineficaz para o credor. No entanto, mesmo adotado esse entendimento doutrinário, o reconhecimento da fraude promoverá o retorno do bem ao acervo do devedor, permitindo que outros credores possam também obter a satisfação dos seus créditos.

A: incorreta, pois a ação pauliana é reservada para os credores quirografários (art. 158 CC); **B:** correta, pois a fraude contra credores ou fraude pauliana consiste na hipótese em que o devedor insolvente ou próximo a essa situação realiza negócios gratuitos ou onerosos, causando prejuízo aos seus credores. São requisitos para a fraude contra credores: (1) objetivo, que consiste no evento danoso (*eventus damni*), isto é, na hipótese de efetivo prejuízo aos credores; e (2) subjetivo, que consiste no conluio entre as partes do negócio jurídico (*consilium fraudis*). A necessidade de prova dos requisitos dependerá da hipótese de fraude. No caso da transmissão gratuita de bens e remissão de dívidas (art. 158, *caput* CC), bastará a presença do requisito objetivo, não importando a análise do requisito subjetivo, vale dizer, pouco importa se o beneficiado pelo ato tinha ciência ou não da situação de insolvência ou da vontade de prejudicar terceiros; **C:** incorreta, pois o prazo decadencial de 4 anos será contado do dia em que se realizou o negócio jurídico (art. 178, II CC); **D:** incorreta, pois o negócio jurídico em fraude contra credores é anulável, e não ineficaz. Neste passo, anulados os negócios fraudulentos, a vantagem resultante reverterá em proveito do acervo sobre que se tenha de efetuar o concurso de credores (art. 165 *caput* CC) **GR**
Gabarito "B".

(Delegado – PC/BA – 2018 – VUNESP) De acordo com a disciplina constante do Código Civil acerca dos vícios de vontade dos negócios jurídicos, assinale a alternativa correta.

(A) O erro de indicação da pessoa ou da coisa a que se referir a declaração de vontade viciará o negócio, mesmo se, por seu contexto e pelas circunstâncias, for possível identificar a coisa ou pessoa cogitada.

(B) O silêncio intencional de uma das partes a respeito de fato ou qualidade que a outra parte haja ignorado, nos negócios jurídicos bilaterais, constitui omissão culposa, provando-se que, sem ela, o negócio não teria sido celebrado, ou o seria de outro modo.

(C) A coação, para viciar o negócio jurídico, deve incutir ao paciente temor de dano iminente à sua pessoa, à sua família, aos seus bens ou a terceiros, devendo ser levados em conta o sexo, a idade, a condição, a saúde e, no temor referencial, o grau de parentesco.

(D) Configura-se o estado de perigo quando alguém, premido da necessidade de salvar-se, ou a pessoa pertencente ou não à sua família, de grave dano conhecido ou não pela outra parte, assume obrigação excessivamente onerosa.

(E) Se for oferecido suplemento suficiente, ou se a parte favorecida concordar com a redução do proveito, segundo os valores vigentes ao tempo em que foi celebrado o negócio jurídico, não se decretará a anulação do negócio, nos casos de lesão.

A: incorreta, pois tal erro de indicação da pessoa ou da coisa não viciará o negócio jurídico quando "por seu contexto e pelas circunstâncias, se puder identificar a coisa ou pessoa cogitada" (CC, art. 142); **B:** incorreta, pois tal silêncio intencional constitui omissão dolosa, configurando o dolo negativo (CC, art. 147); **C:** incorreta, pois o temor reverencial não vicia o negócio jurídico (CC, art. 153). Considera-se temor reverencial o exagerado respeito que se tem em relação a uma determinada pessoa e que conduz uma pessoa a praticar ato que não praticaria em condições normais. Ex: empregado em relação ao patrão, aluno em relação ao professor; **D:** incorreta, pois a lei exige que a outra parte tenha conhecimento da situação aflitiva pela qual passa a vítima (CC, art. 156); **E:** correta, pois – adotando o princípio da conservação do negócio jurídico – o § 2º do art. 157 estabelece que o negócio poderá ser mantido se "*a parte favorecida concordar com a redução do proveito*". Essa regra – da manutenção do negócio pela redução do proveito – também deve ser aplicada aos casos de Estado de Perigo, conforme o Enunciado 148 do Conselho da Justiça Federal.**GN**
Gabarito "E"

(Procurador do Estado/SP – 2018 – VUNESP) O ato de assumir obrigação excessivamente onerosa, premido pela necessidade de salvar-se ou a pessoa de sua família, de grave dano conhecido pela outra parte, caracteriza:

(A) lesão, sujeita ao prazo prescricional de 4 anos para declaração da sua nulidade, contado da cessação do risco.

(B) lesão, sujeita ao prazo decadencial de 4 anos para sua desconstituição, contado da data da celebração do negócio jurídico.

(C) lesão, que torna o negócio jurídico ineficaz enquanto não promovido o reequilíbrio econômico do contrato em sede judicial.

(D) estado de perigo, sujeito ao prazo decadencial de 4 anos para declaração da sua nulidade, contado da cessação do risco.

(E) estado de perigo, sujeito ao prazo decadencial de 4 anos para sua desconstituição, contado da data da celebração do negócio jurídico.

O enunciado da questão repete o disposto no art. 156 do Código Civil, que prevê o vício do consentimento denominado Estado de Perigo. O vício da lesão, por outro lado, ocorre quando "*uma pessoa, sob premente necessidade, ou por inexperiência, se obriga a prestação manifestamente desproporcional ao valor da prestação oposta*" (CC, art. 157). No que se refere ao prazo, sua natureza é decadencial (para todos os vícios do consentimento). O termo inicial do prazo decadencial para se pleitear a anulação do negócio nos casos de vícios do consentimento é a "*data da celebração do negócio jurídico*" (salvo na coação, quando o prazo só se inicia com a cessação da ameaça). CC, art. 178, I e II.**GN**
Gabarito "E"

(Juiz de Direito – TJ/RS – 2018 – VUNESP) Egídio descobre que sua esposa Joana está com um câncer. Ao iniciar o tratamento, o plano de saúde de Joana se recusa a cobrir as despesas, em razão da doença ser preexistente à contratação. Em razão disso, o casal coloca à venda um imóvel de propriedade do casal com valor de mercado de R$ 1.000.000,00 (um milhão de reais) por R$ 150.000,00 (cento e cinquenta mil reais), visando obter, de forma rápida, valores necessários para o pagamento do tratamento de saúde de Joana. Raimundo, tomando ciência da oferta da venda do imóvel de Egídio e Joana, não tendo qualquer intenção de auferir um ganho exagerado na compra e nem causar prejuízo aos vendedores, apenas aproveitando o que considera um excelente negócio, compra o imóvel em 01.01.2015. Em 02.01.2018, Egídio e Joana ajuízam uma ação judicial contra Raimundo, na qual questionam a validade do negócio jurídico.

Assinale a alternativa correta.

(A) O negócio jurídico é anulável. Em razão da doença de Joana, o casal estava numa situação que os levou à conclusão de um negócio jurídico eivado pelo vício da lesão que poderia ser decretada para restituir as partes à situação anterior, mas que não poderá ser realizada em razão do decurso do prazo decadencial de 3 (três) anos.

(B) O negócio jurídico é anulável. Em razão da doença de Joana, o casal estava numa situação que os levou à conclusão de um negócio jurídico eivado pelo vício do estado de perigo que, entretanto, não pode ser reconhecido em razão do decurso do prazo decadencial de 2 (dois) anos.

(C) O negócio jurídico é válido e eficaz. Não há qualquer norma que impeça um vendedor, por livre e espontânea vontade, de alienar um bem por valores abaixo dos praticados no mercado, em razão do princípio da autonomia da vontade que prevalece, principalmente no presente caso, onde não se verifica que uma das partes seja hipossuficiente em relação à outra.

(D) O negócio jurídico é nulo de pleno direito por ilicitude do objeto. Não existe uma contraprestação válida, tendo em vista o valor da prestação, comparada ao preço real do bem adquirido, bem como pela ausência de vontade válida, podendo a nulidade ser declarada a qualquer tempo.

(E) O negócio jurídico é anulável. Em razão da doença de Joana, o casal estava numa situação que os levou à conclusão de um negócio jurídico eivado pelo vício da lesão que pode ser desconstituído; caso Raimundo concorde em suplementar o valor anteriormente pago, o negócio pode ser mantido.

A questão envolve claramente situação de lesão, vício do consentimento previsto no art. 157 do Código Civil, segundo o qual: "*Ocorre a lesão quando uma pessoa, sob premente necessidade, ou por inexperiência, se obriga a prestação manifestamente desproporcional ao valor da prestação oposta*". Para sua configuração, a lei não exige que a outra parte (a que se beneficiou com a desproporção) soubesse da situação de necessidade alheia. Ademais, em consonância com o princípio da conservação do contrato, o parágrafo único do art. 157 estabelece que o negócio poderá ser mantido se "*a parte favorecida concordar com a redução do proveito*". Essa regra (da manutenção do negócio pela redução do proveito) também deve ser aplicada aos casos de Estado de Perigo, conforme o Enunciado 148 do Conselho da Justiça Federal.**GN**
Gabarito "E"

(Procurador – SP – VUNESP – 2015) Assinale a alternativa correta sobre os defeitos do negócio jurídico.

(A) Agindo o representante convencional com dolo, responderá o representado, solidariamente, por perdas e danos.

(B) O negócio jurídico celebrado com manifesta desproporção entre o valor da prestação e da contraprestação, por inexperiência de uma das partes, não enseja a possibilidade de anulação do negócio jurídico.

(C) No sistema brasileiro, é ineficaz o negócio jurídico praticado com a finalidade de fraudar credores, dispensando a necessidade de pleitear a anulação do negócio fraudulento.

(D) Nos casos de coação, erro, dolo e estado de perigo, o prazo decadencial para pleitear a anulação inicia-se da data em que foi celebrado o negócio jurídico.

(E) Não se configura a coação quando a ameaça de dano iminente é sobre os bens do coagido, e não sobre sua pessoa ou pessoas de sua família.

A: correta. No que se refere ao dolo praticado pelo representante, o Código Civil ofereceu duas soluções distintas. Se o dolo provier do representante legal, o representado só responde até a importância do proveito que teve. Se, por outro lado, o dolo for do representante convencional, o representado responderá solidariamente com ele por perdas e danos (CC, art. 149); **B:** incorreta, pois essa é justamente a hipótese da lesão, prevista no art. 157 do CC; **C:** incorreta, pois o Código Civil prevê que o negócio fraudulento é anulável (CC, arts. 158 e 171, II); **D:** incorreta, pois no caso de coação o prazo só começa quando cessar a ameaça (CC, art. 178, I); **E:** incorreta, pois o temor de dano pode recair sobre a pessoa da vítima, sua família, ou aos seus bens (CC, art. 151). GN

Gabarito "A".

(Procurador Municipal/SP – VUNESP – 2016) Quanto ao defeito dos atos jurídicos, está correta a afirmativa apresentada na alternativa:

(A) Se ambas as partes procederem com dolo, nenhuma pode alegá-lo para anular o negócio, ou reclamar indenização.

(B) Considera-se coação a ameaça do exercício normal de um direito e o temor reverencial.

(C) Ocorre a lesão quando uma pessoa, sob premente necessidade, ou por inexperiência, obriga-se a prestação que não pretendia.

(D) É anulável negócio jurídico quando não revestir a forma prescrita em lei ou o seu objeto for indeterminável.

(E) São os negócios jurídicos considerados nulos por dolo, quando este for a sua causa.

A: correta, pois a assertiva refere-se ao dolo bilateral, que ocorre quando ambas as partes agiram com dolo. Nessa hipótese, o negócio jurídico não poderá ser anulado, visto que ninguém pode alegar, em seu favor, a própria torpeza (CC, art. 150); **B:** incorreta, pois tanto a ameaça de exercício normal de direito quanto o temor reverencial não são considerados coação (CC, art. 153); **C:** incorreta, pois na lesão a pessoa se obriga – por premente necessidade ou inexperiência – a prestação manifestamente desproporcional (CC, art. 157); **D:** incorreta, pois a hipótese é de nulidade absoluta e não de mera anulabilidade (CC, art. 166, IV); **E:** incorreta, pois o dolo gera a anulabilidade do negócio jurídico (CC, art. 171, II). GN

Gabarito "A".

2.6.3. INVALIDADE DO NEGÓCIO JURÍDICO

(Procurador Municipal – Sertãozinho/SP – VUNESP – 2016) Em 2 de janeiro de 2016, por meio de instrumento particular de confissão de dívida, Robson confessou dever a Rafael cinquenta mil reais, referente a um negócio jurídico celebrado entre eles. Ajustou-se que o pagamento seria realizado em 26 de fevereiro do mesmo ano. Robson, passando por grave dificuldade financeira, não possui patrimônio suficiente para saldar a dívida com Rafael, mas possui um crédito de trezentos mil reais com Júlio, que vencerá em 10 de fevereiro do mesmo ano, circunstância que é de conhecimento de Rafael. Na data do pagamento (10 de fevereiro), Robson combina com Júlio que o pagamento será feito direto para um terceiro (que também é credor de Robson, por dívida já vencida), como de fato ocorre. No entanto, Robson e Júlio assinam um documento que indica que Robson remiu a dívida de Júlio, sem qualquer participação do terceiro que efetivamente recebeu o valor. Em 26 de fevereiro, Rafael procura Robson para receber seu crédito e este informa que não tem condições de pagar. Ao questionar Robson sobre o crédito que este tinha com Júlio, Robson apresenta o documento que dispõe sobre a remissão. Nesse cenário, assinale a alternativa correta.

(A) A remissão é negócio jurídico anulável, em razão da fraude contra credores praticada por Robson.

(B) A remissão representa negócio jurídico nulo, pois houve o pagamento do crédito para um terceiro, indicado por Robson.

(C) O terceiro, que recebeu o crédito que pertencia originalmente a Robson, torna-se civilmente responsável pelo pagamento do crédito de Rafael.

(D) A remissão é negócio jurídico anulável, pois presente o dolo no comportamento de Robson e Júlio, viciando o negócio jurídico.

(E) Não há qualquer nulidade, absoluta ou relativa, na remissão praticada por Robson e no pagamento realizado por Júlio ao terceiro indicado por Robson.

O ato que realmente ocorreu na vida prática foi o pagamento praticado entre Júlio e o terceiro (também credor de Robson). O documento diz que houve um perdão de dívida praticado por Robson. Sempre que houver uma divergência entre o ato realmente praticado e o negócio jurídico apresentado, estaremos diante de uma simulação, o que torna o ato nulo (CC, art. 167). Nessa hipótese, ocorreu uma simulação relativa pois – para esconder o pagamento a terceiro – simulou-se um perdão de dívida. A simulação é absoluta quando ela não esconde um ato verdadeiramente praticado. Ela é puramente a declaração de um ato que simplesmente não ocorreu na prática. Ex: para pagar menos na partilha, marido finge dívida com um amigo. GN

Gabarito "B".

2.7. ATOS ILÍCITOS

(Juiz – TJ/SP – VUNESP – 2015) Em matéria de ilicitude dos atos jurídicos, é correto afirmar que

(A) o termo *a quo* da correção monetária na indenização por ato ilícito é a data do efetivo prejuízo, enquanto que na indenização por dano moral é a data do seu arbitramento.

(B) o descumprimento da prática convencional da pós-datação não retira a obrigação do sacado de efetuar o pagamento de título de crédito à vista e não gera indenização por responsabilidade civil do beneficiário.

(C) a pessoa jurídica de direito público não tem direito à indenização por dano moral.

(D) depende de prova do prejuízo a indenização pela publicação não autorizada de imagem de pessoa com fins econômicos ou comerciais.

A: correta, pois a assertiva segue a orientação jurisprudencial quanto à incidência de correção monetária. A súmula 43 do STJ determina que: "Incide correção monetária sobre dívida por ato ilícito a partir da data do efetivo prejuízo", ao passo que a Súmula 362 do mesmo Tribunal impõe que: "A correção monetária do valor da indenização do dano moral incide desde a data do arbitramento"; **B:** incorreta, pois a apresentação antecipada do cheque pré-datado caracteriza dano moral, segundo a Súmula 370 do STJ; **C:** correta, pois de acordo com a orientação do STJ, ao menos no que se refere à violação de honra ou imagem. Nesse sentido: "A pessoa jurídica de direito público não tem direito à indenização por danos morais relacionados à violação da honra ou da imagem". REsp 1.258.389-PB, Rel. Min. Luis Felipe Salomão, julgado em 17/12/2013; **D:** incorreta, pois: "Independe de prova do prejuízo a indenização pela publicação não autorizada de imagem de pessoa com fins econômicos ou comerciais" (STJ, Súmula 403). **GN**

Gabarito "A e C".

2.8. PRESCRIÇÃO E DECADÊNCIA

(Procurador – PGE/SP – 2024 – VUNESP) Assinale a alternativa correta sobre prazos prescricionais, tendo em vista o entendimento do Superior Tribunal de Justiça.

(A) Aplica-se o prazo prescricional trienal — previsto no Código Civil de 2002 — às ações indenizatórias ajuizadas contra a Fazenda Pública, em detrimento do prazo quinquenal contido no Decreto nº 20.910/32.

(B) É trienal o prazo prescricional para que o condomínio geral ou edilício (vertical ou horizontal) exerça a pretensão de cobrança de taxa condominial ordinária ou extraordinária, constante em instrumento público ou particular, a contar do dia seguinte ao vencimento da prestação.

(C) É ânuo o prazo prescricional para exercício de qualquer pretensão do segurado em face do segurador — e vice-versa — baseada em suposto inadimplemento de deveres.

(D) A pretensão de reparação civil lastreada na responsabilidade contratual submete-se ao prazo quinquenal.

(E) A pretensão de repetição de indébito de contrato de cédula de crédito rural prescreve no prazo de cinco anos.

A: incorreta, pois aplica-se o prazo quinquenal (Decreto 20.910/32) às ações indenizatórias ajuizadas contra a Fazenda Pública. De acordo com a tese firmada pelo STJ no Tema Repetitivo 553: "Aplica-se o prazo prescricional quinquenal – previsto do Decreto 20.910/32 – nas ações indenizatórias ajuizadas contra a Fazenda Pública, em detrimento do prazo trienal contido do Código Civil de 2002"; **B:** incorreta, pois o prazo é quinquenal. De acordo com a tese firmada pelo STJ no Tema Repetitivo 949: "Na vigência do Código Civil de 2002, é quinquenal o prazo prescricional para que o condomínio geral ou edifício (horizontal ou vertical) exerça a pretensão de cobrança da taxa condominial ordinária ou extraordinária constante em instrumento público ou particular, a contar do dia seguinte ao vencimento da prestação"; **C:** correta, nos termos da tese fixada pelo STJ no Tema/IAC 2: "É ânuo o prazo prescricional para exercício de qualquer

pretensão do segurado em face do segurador – e vice-versa – baseada em suposto inadimplemento de deveres (principais, secundários ou anexos) derivados do contrato de seguro, *ex vi* do disposto no artigo 206, § 1º, II, "b", do Código Civil de 2002 (artigo 178, § 6º, II, do Código Civil de 1916); **D:** incorreta, pois a pretensão de reparação civil lastreada na responsabilidade contratual submete-se ao prazo de 10 (dez) anos, nos termos do art. 205 do Código Civil. A Corte Especial do STJ definiu que, nas pretensões relacionadas à responsabilidade contratual, aplica-se a regra geral (art. 205 do CC/02), que prevê 10 anos de prazo prescricional e, nas demandas que versarem sobre responsabilidade extracontratual, aplica-se o disposto no art. 206, § 3º, V, do mesmo diploma, com prazo prescricional de 3 anos. Nesse sentido, destaca-se trecho do seguinte julgado proferido no EREsp n. 1.280.825/RJ: "4. O instituto da prescrição tem por finalidade conferir certeza às relações jurídicas, na busca de estabilidade, porquanto não seria possível suportar uma perpétua situação de insegurança. 5. Nas controvérsias relacionadas à responsabilidade contratual, aplica-se a regra geral (art. 205 CC/02) que prevê dez anos de prazo prescricional e, quando se tratar de responsabilidade extracontratual, aplica-se o disposto no art. 206, § 3º, V, do CC/02, com prazo de três anos; **E:** incorreta, de acordo com a tese firmada pelo STJ no Tema Repetitivo 919: "I – A pretensão de repetição de indébito de contrato de cédula de crédito rural prescreve no prazo de vinte anos, sob a égide do art. 177 do Código Civil de 1916, e de três anos, sob o amparo do art. 206, § 3º, IV, do Código Civil de 2002, observada a norma de transição do art. 2.028 desse último Diploma Legal; II – O termo inicial da prescrição da pretensão de repetição de indébito de contrato de cédula de crédito rural é a data da efetiva lesão, ou seja, do pagamento. **GR**

Gabarito "C".

(Delegado – PC/BA – 2018 – VUNESP)A respeito da prescrição e decadência, assinale a alternativa correta.

(A) Violado o direito, nasce para o titular a pretensão, a qual se extingue pela prescrição; a exceção prescreve nos prazos processuais previstos em lei especial, não havendo coincidência com os prazos da pretensão, em razão da sua disciplina própria.

(B) A renúncia à prescrição pode ser expressa ou tácita, e só valerá, sendo feita, sem prejuízo de terceiro, antes de a prescrição se consumar; tácita é a renúncia quando se presume de fatos do interessado, incompatíveis com a prescrição.

(C) Os prazos de prescrição podem ser alterados por acordo das partes; a prescrição pode ser alegada em qualquer grau de jurisdição pela parte a quem aproveita e, iniciada contra uma pessoa, continua a correr contra o seu sucessor.

(D) A interrupção da prescrição pode se dar por qualquer interessado, somente poderá ocorrer uma vez e, após interrompida, recomeça a correr da data do ato que a interrompeu, ou do último ato do processo para a interromper.

(E) Não corre a prescrição entre os cônjuges e/ou companheiros, na constância da sociedade conjugal, entre ascendentes e descendentes, durante o poder familiar, bem como contra os relativamente incapazes.

A: incorreta, pois de acordo com o art. 190, a exceção (o direito de se defender com base num crédito alegando, por exemplo, compensação) prescreve junto com a pretensão. Ou seja, no momento em que prescreve o prazo, o credor não só perde a pretensão (o ataque), como também a exceção (a defesa). Aquele crédito prescrito não vale nem para cobrar, nem para se defender (alegando compensação, por exemplo); **B:** incorreta, pois a renúncia da prescrição (seja expressa ou tácita) só poderá ser feita após a consumação da prescrição (CC, art. 191). Caso fosse permitida a renúncia da prescrição antes de

1. DIREITO CIVIL   11

sua consumação, isso se tornaria uma cláusula de estilo, contida em todos os contratos de mútuo, por exemplo, eliminando a segurança jurídica, que é justamente o objetivo maior do instituto da prescrição; **C:** incorreta, pois os prazos de prescrição não podem ser alterados por acordo entre as partes. Nem para aumentar, nem para diminuir. Trata-se de norma de ordem pública visando a segurança jurídica. Permitir a alteração geraria imensa insegurança jurídica nas relações privadas; **D:** correta, pois de pleno acordo com as regras estabelecidas pelo art. 202 e seu parágrafo único; **E:** incorreta, pois a proteção legal que impede ou suspende a prescrição beneficia apenas o absolutamente incapaz (CC, art. 198, I).🔳

Gabarito "D".

(Defensor Público/RO – 2017 – VUNESP) Há anos Fábio mantém apólice de seguros em que uma das coberturas era a ocorrência de invalidez total e permanente por doença. No início do ano de 2015, Fábio começou a enfrentar diversos problemas de saúde, de índole psiquiátrica. Em 15 de julho de 2015, uma junta médica avaliou o paciente e constatou que a doença causou em Fábio consequências que o tornaram total e permanentemente inválido para toda e qualquer atividade laborativa. Do ponto de vista da capacidade civil, foi considerado relativamente incapaz, por não conseguir exprimir sua vontade de forma plena durante todo o tempo.

Em 1º de julho de 2016, Fábio reuniu e encaminhou à seguradora toda a documentação exigida pela apólice. De acordo com as condições contratuais, o prazo da seguradora para avaliar a documentação e efetuar o pagamento da indenização era de 30 (trinta) dias. Assim, no dia 29 de julho de 2016 a seguradora confeccionou e entregou carta ao segurado, informando que deixaria de pagar a indenização, na medida em que a pretensão do segurado estaria prescrita. Nesse contexto, é correto que

(A) a prescrição é ânua, a contar da data em que o segurado teve ciência da negativa de indenização (29 de julho de 2016).

(B) a prescrição é trienal, portanto a pretensão de Fábio não está prescrita.

(C) a prescrição é ânua e a pretensão de Fábio não está prescrita, pois o pedido de indenização à seguradora suspendeu o prazo prescricional.

(D) a prescrição é ânua e a pretensão de Fábio está prescrita, pois decorreu mais de um ano entre 15 de julho de 2015 e 29 de julho de 2016.

(E) não corre prazo prescricional em desfavor de Fábio, na medida em que foi constatada sua relativa incapacidade para exercer os atos da vida civil.

A questão envolve dois conceitos básicos de prescrição no contrato de seguro. O primeiro é o lapso prescricional em si, que é de um ano, conforme o artigo 206 § 1º, II, do Código Civil. O segundo conceito envolvido na questão é o momento no qual o prazo prescricional deixa de correr, em virtude de um comportamento solerte do segurado. Nesse sentido, a Súmula 229 do STJ preceitua que o "*O pedido do pagamento de indenização à seguradora suspende o prazo de prescrição até que o segurado tenha ciência da decisão*". No caso em questão, tal pedido ocorreu no dia 1º de julho de 2016.

Importante ressaltar ainda que a incapacidade relativa do segurado não gera qualquer interferência em relação à fluência do prazo prescricional. A incapacidade absoluta (CC, art. 3º) sim, é uma das causas de impedimento da prescrição (CC, art. 198, I).🔳

Gabarito "C".

(Juiz de Direito – TJ/RS – 2018 – VUNESP) Sobre a prescrição e a decadência, é correto afirmar:

(A) contra os ébrios habituais, os viciados em tóxico e aqueles que, por causa transitória ou permanente, não puderem exprimir sua vontade, a prescrição e a decadência correm normalmente.

(B) antes de sua consumação, a interrupção da prescrição pode ocorrer mais de uma vez; aplicam-se à decadência as normas que impedem, suspendem ou interrompem a prescrição, salvo disposição legal em contrário.

(C) a prescrição e a decadência legal e convencional podem ser alegadas em qualquer grau de jurisdição, podendo o juiz conhecê-las de ofício, não havendo necessidade de pedido das partes.

(D) é válida a renúncia à prescrição e à decadência fixada em lei, desde que não versem sobre direitos indisponíveis ou sobre questões de ordem pública ou interesse social.

(E) os relativamente incapazes e as pessoas jurídicas têm ação contra os seus assistentes ou representantes legais que derem causa à prescrição ou não a alegarem oportunamente; no que se refere à decadência, a lei não prevê a referida ação regressiva.

A: correta, pois os ébrios habituais, os viciados em tóxico e aqueles que – por causa transitória ou permanente –não puderem exprimir sua vontade são considerados relativamente incapazes (CC, art. 4º, II). A proteção legal que impede ou suspende a prescrição beneficia apenas o absolutamente incapaz (CC, art. 198, I); **B:** incorreta, pois – ao menos pela letra fria da lei – a interrupção da prescrição, somente poderá ocorrer uma vez (CC, art. 202). Ademais, salvo disposição em contrário, as normas que impedem, suspendem ou interrompem a prescrição não se aplicam à decadência (CC, art. 207); **C:** incorreta, pois o juiz – de ofício – só pode conhecer da decadência legal (CC, art. 210). Ademais, "*Se a decadência for convencional, a parte a quem aproveita pode alegá-la em qualquer grau de jurisdição, mas o juiz não pode suprir a alegação*" (CC, art. 211); **D:** incorreta, pois "*É nula a renúncia à decadência fixada em lei*" (CC, art. 209); **E:** incorreta, pois referido mandamento, previsto no art. 195, tem sua aplicação estendida para os casos de decadência (CC, art. 208).🔳

Gabarito "A".

(Juiz – TJ/RJ – VUNESP – 2016) Kleber, renomado médico ortopedista, atendeu Bruno em uma emergência médica decorrente de um abalroamento de veículos. Bruno chegou ao hospital com grave fratura em sua perna e foi submetido a uma cirurgia capitaneada pelo ortopedista. Em consequência da natureza e extensão da fratura, após o período de convalescença, constatou-se que Bruno teria sua mobilidade reduzida. Inconformado com sua condição, acreditando ter ocorrido erro médico, Bruno voltou ao hospital em fevereiro de 2009 e desferiu 2 disparos de arma de fogo contra Kleber, um em seu peito e outro em seu rosto. Kleber foi prontamente atendido e sobreviveu ao atentado, permanecendo até fevereiro de 2010 em convalescença, sem poder trabalhar neste período. Sua recuperação foi integral, mas restou com grande e incômoda cicatriz em seu rosto. Em decorrência dos fatos, uma ação penal foi ajuizada em face de Bruno em março de 2011, sobrevindo definitiva sentença criminal condenatória em dezembro de 2012. Kleber relutou em buscar reparação pelos danos suportados, mas, em abril de 2015, ajuizou ação indenizatória em face de Bruno, que foi citado no mesmo mês. Sua pretensão consiste, em suma, nos cumulativos pedidos de reembolso das despesas com tratamento médico, de lucros cessantes, de danos morais e de dano estético.

Nesse cenário, é correto afirmar que a pretensão de Kleber

(A) está prescrita em relação aos danos materiais, mas não em relação aos danos imateriais.

(B) não está prescrita e deverá englobar todos os pedidos formulados.

(C) está integralmente prescrita.

(D) não está prescrita, mas os danos estéticos são quantificados a título de danos morais, não comportando cumulação desses pedidos.

(E) está prescrita em relação aos danos imateriais, mas não em relação aos danos materiais.

No caso concreto ocorreu uma causa impeditiva de fluência de prazo prescricional, prevista no art. 200 do CC. O ato ilícito praticado por Bruno também tem consequência penal e – por conta disso – o prazo para o Direito Civil só começa a correr a partir da sentença penal definitiva, a qual foi proferida em dezembro de 2012. É a partir daí que começa a contar o prazo de três anos para o ajuizamento da ação civil (CC, art. 206 § 3º, V). Assim, a vítima poderia ajuizar a ação até dezembro de 2015, mas decidiu fazê-lo em abril de 2015, razão pela qual o fez oportunamente. A cumulação de danos estéticos com danos morais é autorizada pela Súmula 385 do STJ. GN

Gabarito "B".

(Juiz – TJ/RJ – VUNESP – 2016) Mark e Christina divorciaram-se consensualmente, estabelecendo a guarda unilateral para a mãe do único filho, Piero, em razão de sua tenra idade (3 anos). Estabeleceram, ainda, que o pai pagaria R$ 2.000,00 por mês a título de alimentos. Mark, aproveitando-se da boa situação financeira da ex-cônjuge, jamais pagou os alimentos ajustados, mas cumpria os demais deveres decorrentes da paternidade. Quando Piero completou 18 anos, ajuizou execução de alimentos em face de Mark.

Nesse cenário, é correto afirmar que

(A) Piero poderá executar apenas os últimos 5 anos das prestações alimentares.

(B) a inércia durante o longo período acarretou na exoneração de Mark, ressalvada a possibilidade de Piero ajuizar ação para constituir nova obrigação alimentar.

(C) Piero poderá executar as prestações alimentares devidas desde quando tinha 3 anos de idade.

(D) Piero poderá executar apenas os últimos 2 anos das prestações alimentares.

(E) estão prescritas as prestações alimentares, ressalvada a possibilidade de Piero pleitear perdas e danos de sua mãe, que detinha sua guarda e manteve-se inerte no período.

No caso concreto operou-se uma causa impeditiva de fluência de prazo prescricional. O fato de haver uma relação de poder familiar entre devedor e credor faz com que o prazo fique parado (CC, art. 197, II) até a extinção desse poder, o qual se dá aos dezoito anos (CC, art. 1.635, III). Desse modo, a prescrição (prazo de dois anos) das prestações alimentares devidas desde os três anos de idade até os dezoito anos só vai começar a correr quando Piero completar dezoito anos. Assim, ele teria até os 20 anos para executar tais prestações alimentares. Como ele propôs a execução logo que completou dezoito anos, nenhuma prestação está prescrita. GN

Gabarito "C".

(Procurador – SP – VUNESP – 2015) O envio de notificação extrajudicial do credor ao devedor, com o objetivo de cobrar dívida constante de instrumento particular de confissão de dívida,

(A) é causa de suspensão da prescrição, estendendo-se até que haja resposta por parte do devedor.

(B) não é causa de suspensão ou interrupção da prescrição.

(C) interrompe o prazo prescricional, independentemente da forma de envio.

(D) é causa de suspensão da prescrição, pelo prazo máximo de 30 (trinta) dias.

(E) interrompe o prazo prescricional, desde que a notificação tenha sido enviada por meio de cartório de títulos e documentos.

A: O art. 202 do Código Civil estabelece seis hipóteses nas quais o prazo de prescrição é interrompido, ou seja, retorna ao zero. São cinco condutas do credor que demonstram seu interesse e atenção em relação ao seu crédito (exs: protesto judicial, protesto cambial, ato judicial que constitua em mora o devedor, etc.) e, por isso, a lei considerou adequado premiá-lo com um novo prazo integral de prescrição. Há ainda uma atitude do próprio devedor que é capaz de interromper a prescrição, que é o reconhecimento do direito pelo devedor. O envio de notificação extrajudicial do credor ao devedor não é conduta suficiente para interromper a prescrição. GN

Gabarito "B".

(Juiz – TJ/SP – VUNESP – 2015) Assinale a alternativa correta.

(A) A interrupção da prescrição por um credor aproveita aos outros.

(B) A exceção possui prazo autônomo e diverso que a pretensão.

(C) A decadência convencional não é suprível por declaração judicial não provocada.

(D) A suspensão da prescrição em favor de um dos credores solidários aproveita incondicionalmente aos demais.

A: incorreta. A interrupção da prescrição por um credor somente aproveitará aos outros quando houver solidariedade ativa (CC, art. 204, § 1º); B: incorreta, pois "a exceção prescreve no mesmo prazo em que a pretensão (CC, art. 190). Isso significa que – uma vez consumada a prescrição – o credor perde não só a pretensão, como também eventual direito de se defender com base no direito prescrito; C: correta, pois o juiz não pode suprir a alegação de decadência convencional (CC, art. 211); D: incorreta, pois tal efeito suspensivo só ocorre se a obrigação – além de solidária – for também indivisível (CC, art. 204, § 2º). GN

Gabarito "C".

(Procurador Municipal – Sertãozinho/SP – VUNESP – 2016) Sobre os institutos da prescrição e da decadência, assinale a alternativa correta.

(A) Admite-se a renúncia à decadência fixada em lei, desde que expressa, não traga prejuízo a terceiros e realizada após a decadência consumar-se.

(B) Em regra, aplica-se à decadência as normas que impedem, suspendem ou interrompem a prescrição.

(C) Não corre o prazo prescricional contra os absolutamente incapazes, mas contra eles corre normalmente o prazo decadencial.

(D) Quando a lei não fixar prazo menor, a prescrição ocorre em 20 (vinte) anos.

(E) É lícito às partes convencionar a decadência do direito objeto da relação jurídica que celebram.

1. DIREITO CIVIL   13

A: incorreta, pois é nula a renúncia à decadência fixada em lei (CC, art. 209); **B:** incorreta, pois *"salvo disposição legal em contrário, não se aplicam à decadência as normas que impedem, suspendem ou interrompem a prescrição"* (CC, art. 207). Vale mencionar que o art. 208 é uma "disposição legal em contrário"; **C:** incorreta, pois não corre decadência contra o absolutamente incapaz (CC, art. 208 combinado com 198, I); **D:** incorreta, pois o prazo geral de prescrição é de dez anos (CC, art. 205); **E:** correta, pois a decadência convencional tem previsão no art. 211 do Código Civil. **GN**

Gabarito "E".

(Juiz de Direito – TJM/SP – VUNESP – 2016) Sobre a decadência, assinale a alternativa correta.

(A) Não corre a decadência contra os que se acharem servindo nas Forças Armadas, em tempo de guerra.

(B) Deve o juiz, de ofício, conhecer da decadência convencional, desde que existam nos autos elementos para conhecê-la.

(C) Salvo disposição legal em contrário, não se aplicam à decadência as normas que impedem, suspendem ou interrompem a prescrição.

(D) Se a decadência for legal, a parte a quem aproveita deve alegá-la em qualquer grau de jurisdição, mas o juiz não pode suprir a alegação, em razão de renúncia tácita.

(E) A decadência fixada em lei poderá ser renunciada por sujeito maior e com plena capacidade.

A: incorreta, pois *"salvo disposição legal em contrário, não se aplicam à decadência as normas que impedem, suspendem ou interrompem a prescrição"* (CC, art. 207). Vale mencionar, todavia, que o art. 208 é uma *"disposição legal em contrário"*. Vide art. 197, III, do CC; **B:** incorreta, pois o juiz só deve conhecer de ofício a decadência legal (CC, art. 210); **C:** correta, pois de acordo com a previsão estabelecida pelo art. 207 do CC; **D:** incorreta, pois o juiz deve conhecer de ofício a decadência estabelecida em lei (CC, art. 210), sendo ademais nula a renúncia à decadência legal (CC, art. 209); **E:** incorreta, pois é nula a renúncia à decadência prevista em lei (CC, art. 209). **GN**

Gabarito "C".

(Advogado – Pref. São Roque/SP – 2020 – VUNESP) Foi celebrado um negócio (jurídico bilateral no qual uma das partes, intencionalmente, silenciou a respeito de fato que a outra parte ignorou e que, se fosse conhecido, não se teria celebrado o negócio jurídico. Constou no instrumento contratual que as partes renunciam ao prazo para pleitear a anulação do negócio por vício do consentimento.

Pode-se corretamente afirmar que

(A) em regra, aplicam-se à decadência as normas que impedem, suspendem ou interrompem a prescrição.

(B) é nula a renúncia ao prazo decadencial previsto em lei.

(C) não pode o juiz, em eventual litígio, conhecer de ofício da decadência, em razão da renúncia realizada no negócio jurídico.

(D) a decadência prevista em lei deve ser alegada na primeira oportunidade que falar nos autos, sob pena de preclusão.

(E) o prazo decadencial para se pleitear a anulação do negócio jurídico por vícios do consentimento é de 3 anos.

A: incorreta, pois salvo disposição legal em contrário, não se aplicam à decadência as normas que impedem, suspendem ou interrompem a prescrição (art. 207 CC); **B:** correta (art. 209 CC); **C:** incorreta, pois o

negócio está eivado de dolo (art. 147 CC) e a lei prevê prazo legal de decadência de 4 anos para que o negócio seja anulado (art. 178, II CC). Por se tratar de prazo legal não está sujeito a renúncia pela vontade das partes (art. 209 CC) e juiz pode reconhecer de ofício (art. 210 CC); **D:** incorreta, pois pelo fato da decadência ser matéria de ordem pública não está sujeita a preclusão (art. 210 CC); **E:** incorreta, pois o prazo é de 4 anos (art. 178, *caput* CC). **GR**

Gabarito "B".

2.9. DA PROVA

(Juiz de Direito – TJM/SP – VUNESP – 2016) A escritura pública, lavrada em notas de tabelião, é documento dotado de fé pública, fazendo prova plena. Diante desta afirmação, assinale a alternativa correta.

(A) No sentido jurídico, a prova demonstrada por instrumento público é direta e recai sobre o fato nela estipulado, permitindo uma conclusão direta e objetiva, que não admite ser contrariada.

(B) As informações contidas em escritura pública, por se tratar de direito disponível, geram presunção absoluta quanto à declaração de vontade estipulada no instrumento.

(C) Independentemente dos negócios jurídicos representados por escritura pública, por ser instrumento dotado de fé pública, as consequências dela extraídas geram presunção absoluta de veracidade.

(D) A quitação dada em escritura pública gera presunção relativa do pagamento, admitindo prova em contrário que evidencie a invalidade do instrumento eivado de vício que o torne falso.

(E) Não há presunção relativa sobre os elementos constitutivos de uma escritura pública, exceto os que forem eivados de nulidade absoluta, tais como os elementos essenciais de sua formação válida.

A: incorreta, pois em que pese a escritura ostentar fé pública, existe a possibilidade de se provar contrariedade aos termos descritos; **B e C:** incorretas, pois tal presunção absoluta de veracidade não encontra previsão legal; **D:** correta, pois a ocorrência do vício pode gerar a invalidade do ato, como em qualquer outro negócio jurídico praticado; **E:** incorreta, pois sobre os elementos constitutivos existe presunção relativa. **GN**

Gabarito "D".

3. OBRIGAÇÕES

3.1. INTRODUÇÃO, CLASSIFICAÇÃO E MODALIDADES DAS OBRIGAÇÕES

(Procurador – PGE/SP – 2024 – VUNESP) José, em razão de contrato oneroso, era devedor da obrigação alternativa de dar a João o veículo modelo Mustang Fastback 1967 ou o veículo modelo Landau V8 1970. Não foi previsto no instrumento de contrato a quem caberia a escolha da prestação. Antes da data prevista para a entrega, em razão de um incêndio na garagem de José, causado por uma instalação elétrica inadequada por ele feita, o veículo modelo Mustang Fastback 1967 foi totalmente destruído. Uma semana depois, ainda antes da data prevista para a entrega, em razão de um acidente provocado por inadequada manutenção do sistema de freios realizada por José, o modelo Landau V8 1970 também foi totalmente destruído.

Tendo em vista o caso hipotético narrado, assinale a alternativa correta.

(A) A prerrogativa da escolha da prestação era de José, estando ele obrigado a pagar a João indenização equivalente ao valor do Landau V8 1970, mais as perdas e os danos que o caso determinar.

(B) Independentemente de quem tinha a prerrogativa da escolha da prestação, José deverá pagar o valor do veículo mais valioso, acrescido de perdas e danos que o caso determinar.

(C) Independentemente de quem tinha a prerrogativa da escolha da prestação, José deverá pagar o valor do veículo menos valioso, acrescido de perdas e danos que o caso determinar.

(D) A prerrogativa da escolha da prestação era de João, podendo este escolher o valor de quaisquer dos veículos que se perderam, mais as perdas e os danos que o caso determinar.

(E) Não tendo ocorrido dolo na perda dos veículos, mas apenas culpa indireta, independentemente de quem tinha a prerrogativa da escolha da prestação, a obrigação estará extinta, devendo José pagar a João o equivalente à metade do valor do veículo que por último se perdeu.

A: correta, nos termos dos arts. 252 e 254 CC. *In verbis:* "Nas obrigações alternativas, a escolha cabe ao devedor, se outra coisa não se estipulou". "Se, por culpa do devedor, não se puder cumprir nenhuma das prestações, não competindo ao credor a escolha, ficará aquele obrigado a pagar o valor da que por último se impossibilitou, mais as perdas e danos que o caso determinar"; **B e C:** incorretas, pois como a prerrogativa de escolha ficou por conta do devedor (art. 252 CC), se por culpa dele não se puder cumprir nenhuma das prestações ele ficará obrigado a pagar o valor da que por último se impossibilitou, mais as perdas e danos que o caso determinar (art. 254 CC); **D:** incorreta, pois como não foi previsto no instrumento de contrato a quem caberia a escolha da prestação, a Lei define que a escolha cabe ao devedor (art. 252 CC), e neste caso ele deverá indenizar o valor do veículo que se perdeu por último (art. 254 CC); **E:** incorreta, pois a impossibilidade de cumprimento das prestações decorreu de culpa de José, pois o veículo modelo Mustang foi totalmente destruído em razão de um incêndio na garagem de José, causado por uma instalação elétrica inadequada por ele feita, além disso o modelo Landau V8 1970 também foi totalmente destruído em razão de um acidente provocado por inadequada manutenção do sistema de freios realizada por José. Nesse contexto, considerando que a escolha cabia ao devedor (José), este ficará obrigado a pagar o valor da prestação que por último se impossibilitou (art. 254 CC) **GR**

Gabarito "A".

(Procurador – AL/PR – 2024 – FGV) Juliana doou, a Thiago, um livro de Direito Civil, e, a Lucas, um livro de Direito Penal. Ocorre que, por coincidência, na véspera da data combinada para a entrega, Juliana esqueceu o livro de Direito Civil em um carro de aplicativo, e vendeu o livro de Direito Penal para Luísa, entregando-o de imediato.

Nesse caso, é correto afirmar que

(A) podem tanto Thiago quanto Lucas cobrar de Juliana o equivalente de cada um dos livros, mais perdas e danos.

(B) apenas Lucas pode cobrar de Juliana o equivalente do livro de Direito Penal, mais perdas e danos.

(C) apenas Thiago pode cobrar de Juliana o equivalente do livro de Direito Civil, mais perdas e danos.

(D) nem Thiago nem Lucas podem cobrar de Juliana o que quer que seja em razão do inadimplemento das obrigações.

(E) podem tanto Thiago quanto Lucas cobrar de Juliana o equivalente de cada um dos livros; porém, apenas Lucas pode cobrar perdas e danos.

A: incorreta, pois no caso de Thiago a coisa se perdeu antes da tradição sem culpa do devedor. Nesta situação fica resolvida a obrigação para ambas as partes (art. 234, 1ª parte CC); **B:** correta, pois no caso de Lucas a coisa se perdeu antes da tradição por culpa do devedor. Neste caso Juliana deverá pagar o equivalente mais perdas e danos (art. 234, 2ª parte CC); **C:** incorreta, pois Thiago não poderá cobrá-la nos termos da justificativa da alternativa "A" e Lucas poderá cobrá-la nos termos da justificativa da alternativa "B"; **D:** incorreta, pois Lucas poderá cobrar, nos termos do art. 234, 2º parte CC; **E:** incorreta, pois Thiago não poderá cobrar nada de Juliana, uma vez que em seu caso a obrigação ficará resolvida para ambas as partes e no caso de Lucas ele poderá cobrar o equivalente mais perdas e danos (art. 234 CC). **GR**

Gabarito "B".

(Juiz de Direito – TJ/RS – 2018 – VUNESP) João emprestou a José, Joaquim e Manuel o valor de R$ 300.000,00 (trezentos mil reais); foi previsto no instrumento contratual a solidariedade passiva. Manuel faleceu, deixando dois herdeiros, Paulo e André. É possível afirmar que João poderá

(A) cobrar de Paulo e André, reunidos, somente até o valor da parte relativa a Manuel, ou seja, R$ 100.000,00 (cem mil reais), tendo em vista que o falecimento de um dos devedores extingue a solidariedade em relação aos herdeiros do falecido.

(B) cobrar a totalidade da dívida somente se acionar conjuntamente todos os devedores, tendo em vista que o falecimento de um dos devedores solidários ocasiona a extinção da solidariedade em relação a toda a obrigação.

(C) cobrar de Paulo e André a totalidade da dívida, tendo em vista que ambos, reunidos, são considerados como um devedor solidário em relação aos demais devedores; porém, isoladamente, somente podem ser demandados pelo valor correspondente ao seu quinhão hereditário.

(D) cobrar o valor da totalidade da dívida de José, Joaquim, Paulo ou André, isolada ou conjuntamente, tendo em vista que, após o falecimento de Manuel, resultou numa obrigação solidária passiva com 4 (quatro) devedores.

(E) cobrar de Paulo ou André, isoladamente, a importância de R$ 100.000,00 (cem mil reais) tendo em vista que o quinhão hereditário de Manuel é uma prestação indivisível em relação aos herdeiros.

A questão aborda um dos temas mais difíceis dentro da solidariedade passiva e que é solucionado pelo art. 276 do CC. Iniciemos com a regra básica e fundamental da solidariedade passiva, que é a possibilidade de o credor cobrar qualquer um dos vários devedores pela dívida toda, ainda que cada um deles seja devedor de apenas uma fração. Em outras palavras, o devedor pode dever 1/3 da dívida, mas ele é responsável pelo todo perante o credor. No caso apresentado, um dos devedores faleceu deixando herdeiros. Se o credor quiser cobrar os herdeiros isoladamente, ele deverá se limitar não somente à quota devida pelo finado devedor, mas também ao quinhão hereditário daquele específico herdeiro cobrado. Assim, por exemplo, imagine uma dívida cujo valor total da dívida seja de R$ 600, com três devedores solidários e um deles faleça deixando apenas dois filhos. Se o credor pretender cobrar um filho do falecido devedor, ele só poderá cobrar R$ 100 (pois a dívida do pai era R$ 200 e o quinhão do filho é metade disso). Se, contudo, o credor optar por cobrar conjuntamente de todos os herdeiros do falecido devedor, ele pode cobrar o valor integral da dívida, ou seja, R$ 600. Isso porque a lei entende que esses herdeiros cobrados conjuntamente são considerados como um devedor solidário em relação aos demais. 🔳

Gabarito "C".

(Juiz de Direito – TJ/RJ – 2019 – VUNESP) Uma dívida prescrita, o penhor oferecido por terceiro, uma dívida de jogo e a fiança representam, respectivamente, obrigação:

(A) com *Schuld* sem *Haftung*, com *Haftung* sem *Schuld* próprio, com *Schuld* sem *Haftung* e com *Haftung* sem *Schuld* atual.

(B) sem *Schuld* e sem *Haftung*, com *Haftung* sem *Schuld* próprio, com *Schuld* sem *Haftung* e com *Haftung* sem *Schuld* atual.

(C) com *Schuld* sem *Haftung*, com *Haftung* sem *Schuld* próprio, sem *Schuld* e sem *Haftung* e com *Haftung* sem *Schuld* atual.

(D) com *Haftung* sem *Schuld*, com *Haftung* sem *Schuld* atual, com *Schuld* sem *Haftung* e com *Haftung* sem *Schuld* próprio.

(E) com *Haftung* sem *Schuld*, com *Schuld* sem *Haftung*, com *Haftung* sem *Schuld* atual, e com *Haftung* sem *Schuld* próprio.

Primeiramente é importante definir os conceitos de Schuld e Haftung. O Schuld é o débito em si, a dívida. O Haftung é a responsabilização, a consequência pelo não cumprimento do Schuld.
A: correta, pois na dívida prescrita o débito (Schuld) ainda existe, mas não há obrigação de pagar (Haftung) – art. 882 CC; no penhor oferecido por terceiro existe a obrigação de pagar (Haftung), mas o débito (Schuld) não é do terceiro – art. 305 CC; na dívida de jogo existe o débito (Schuld), mas não há obrigação de pagar (Haftung) – art. 814 CC e na fiança há a obrigação de pagar (Haftung), mas sem débito (Schuld) atual – arts. 818 seguintes CC; **B:** incorreta, pois na dívida prescrita existe o Schuld (o débito); **C:** incorreta, pois na dívida de jogo existe o Schuld (débito); **D:** incorreta, no caso da dívida prescrita existe o débito (Schuld), mas não há a obrigação de pagar (Haftung); no penhor oferecido por terceiro existe a obrigação de pagar (Haftung) e existe o débito (Schuld), porém ele não é do terceiro e sim do devedor original e no caso da fiança o débito (Schuld) ele não é atual; **E:** incorreta, pois no caso de dívida prescrita não há obrigação de pagar (Haftung), mas o débito ainda existe (Schuld); no penhor oferecido por terceiro há obrigação de pagar (Haftung) e há débito (Schuld), mas ele não é próprio; na dívida de jogo há o débito (Schuld), mas não há a obrigação de pagar (Haftung), nem atual nem futura e na fiança há a obrigação de pagar (Haftung), há o débito (Haftung), mas ele não é atual. (GR)

Gabarito "A".

3.2. TRANSMISSÃO, ADIMPLEMENTO E EXTINÇÃO DAS OBRIGAÇÕES

(Procurador – AL/PR – 2024 – FGV) Em julho de 2021, René Kant celebrou contrato de mútuo com o Banco Königsberg S.A. no valor de dez mil reais, que deveria ser pago em 60 (sessenta) prestações de R$ 350,00 (trezentos e cinquenta reais). A cláusula terceira do contrato prevê que na hipótese de 03 (três) meses de inadimplência, o MUTUANTE fica autorizado a promover a cobrança judicial da totalidade dos valores concedidos a título de mútuo, como também a incluir o nome do MUTUÁRIO nos órgãos de proteção ao crédito.

Em setembro de 2023, o Banco Königsberg S.A. transferiu onerosamente o crédito do contrato com René para o Fundo de Investimento de Direitos Creditórios Metafísica, sendo silente a respeito da responsabilidade do cedente em caso de inadimplemento da obrigação cedida. Por força do desemprego, no ano de 2024, o mutuário tornou-se inadimplente de três parcelas consecutivas do empréstimo, levando o Fundo a incluir o nome de René nos órgãos de proteção ao crédito.

Diante da situação hipotética, com base no tema transmissão das obrigações, assinale a afirmativa correta.

(A) A cessão do crédito do Banco Königsberg para o Fundo de Investimento é válida e eficaz, desde que haja o consentimento expresso de René.

(B) A jurisprudência consolidada do Superior Tribunal de Justiça compreende que a ausência de notificação do devedor torna inexequível e ineficaz a cessão de crédito.

(C) Salvo se tiver procedido de má-fé, o Banco Königsberg S.A. não fica responsável perante o Fundo de Investimento pela existência do crédito ao tempo em que lhe cedeu.

(D) Na situação hipotética narrada, o Banco Königsberg S.A. não responde perante o Fundo de Investimento pela insolvência de René Kant.

(E) De acordo com o entendimento consolidado do Superior Tribunal de Justiça, para que o cessionário pratique os atos necessários à preservação do crédito é necessária a ciência do devedor.

A: incorreta, pois não há necessidade do consentimento do devedor para a cessão ser válida e eficaz. A lei autoriza a cessão se a isso não se opuser a natureza da obrigação, a lei, ou a convenção com o devedor (art. 286 CC). No caso, não havia convenção com o devedor que proibisse a cessão, nem havia proibição legal e a natureza da obrigação permitia a cessão; **B:** incorreta, pois de acordo com a jurisprudência do STJ a citação na ação de cobrança é suficiente para cumprir a exigência – fixada no **artigo 290 do Código Civil** – de dar ciência ao devedor sobre a cessão do crédito, não havendo necessidade de que o credor cessionário o notifique formalmente antes de acionar o Judiciário para receber a dívida. A finalidade do artigo 290 do Código Civil é informar ao devedor quem é seu novo credor. De acordo com o dispositivo, "a cessão do crédito não tem eficácia em relação ao devedor, senão quando a este notificada; mas por notificado se tem o devedor que, em escrito público ou particular, se declarou ciente da cessão feita". A falta de notificação do devedor sobre a cessão do crédito não torna a dívida inexigível. Se a ausência de comunicação da cessão de crédito não afasta a exigibilidade da dívida, o correto é considerar suficiente, para atender o artigo 290 do CC/2002, a citação do devedor na ação de cobrança ajuizada pelo credor cessionário. A partir da citação, o devedor toma ciência inequívoca sobre a cessão de crédito e, por conseguinte, a quem deve pagar. Assim, a citação revela-se suficiente para cumprir a exigência de cientificar o devedor da transferência do crédito (EAREsp 1125139); **C:** incorreta, pois como a cessão foi a título oneroso, o Banco Königsberg S.A fica responsável pela existência do crédito, ainda que não tenha agido de má-fé (art. 295 CC); **D:** correta, pois como se trata de cessão onerosa, o banco não responde pela solvência do devedor, mas apenas pela existência do crédito (art. 295 CC); **E:** incorreta, pois independentemente do conhecimento da cessão pelo devedor, pode o cessionário exercer os atos conservatórios do direito cedido (art. 293 CC). De acordo com jurisprudência do STJ são desnecessários os avisos de recebimento do devedor em casos de cessão de créditos. Seja em uma relação de direito civil puramente considerada, seja em uma relação consumerista, a ausência da notificação do cedido não impede o cessionário de cobrar a dívida ou de promover os atos necessários à conservação dessa mesma dívida, como a inscrição do devedor inadimplente nos cadastros de proteção ao crédito. O aviso de recebimento não tem nenhuma repercussão prática relevante. Se a cobrança da dívida e a prática dos atos necessários a sua conservação não estão condicionadas nem mesmo à existência de notificação prévia, despiciendo acrescentar o fato de essa notificação carecer de formalismo ou pessoalidade tampouco cerceia a liberdade do credor em promover a cobrança da dívida ou os atos que repute necessários à satisfação do seu crédito (REsp 1.604.899). GR

Gabarito "D".

(Juiz de Direito – TJ/RS – 2018 –VUNESP) André devia a quantia de R$ 50.000,00 (cinquenta mil reais) em dinheiro a Mateus. Maria era fiadora de André. Mateus aceitou receber em pagamento pela dívida um imóvel urbano de propriedade de André, avaliado em R$ 60.000,00 (sessenta mil reais) com área de 200 m² e deu regular quitação. Entretanto, o imóvel estava ocupado por Pedro, que o habitava há mais de cinco anos, nele estabelecendo sua moradia. Pedro ajuizou ação de usucapião para obter a declaração de propriedade do imóvel que foi julgada procedente. Na época em que se evenceu, o imóvel foi avaliado em R$ 65.000,00 (sessenta e cinco mil reais). A respeito dos efeitos da evicção sobre a obrigação originária, é possível afirmar que a obrigação originária

(A) foi extinta com a dação em pagamento. André será responsável perante Mateus pelo valor correspondente ao bem imóvel perdido, na época em que se evenceu. Maria está liberada da fiança anteriormente prestada.

(B) foi extinta com a dação em pagamento. André será responsável perante Mateus pelo valor correspondente ao bem imóvel perdido, na época em que houve a dação em pagamento. Maria está liberada da fiança anteriormente prestada.

(C) é restabelecida, mas não contará mais com a garantia pessoal prestada por Maria. Em razão da evicção, a obrigação repristinada terá por objeto o valor equivalente ao bem na época em que se evenceu.

(D) é restabelecida, pelo seu valor original, em razão da evicção da coisa dada em pagamento, mas sem a garantia pessoal prestada por Maria, tendo em vista que o credor aceitou receber objeto diverso do constante na obrigação originária.

(E) é restabelecida, em razão da evicção da coisa dada em pagamento, inclusive com a garantia pessoal prestada por Maria. Contudo, em razão da evicção, a obrigação repristinada terá por objeto o valor equivalente ao bem na época em que se evenceu.

A questão envolve a extinção de uma obrigação pela dação em pagamento. Visando adimplir uma obrigação, o credor aceita coisa diversa da que foi combinada. No caso apresentado, contudo, a coisa dada em pagamento se perdeu pela evicção. Em termos simples, quem *deu em pagamento não tinha condições jurídicas para tanto*, pois o imóvel dado já pertencia a terceiro (no caso Pedro, que a adquiriu pela usucapião). Com isso, a obrigação original ressurge ficando sem efeito a quitação dada (CC, art. 359). Contudo, nesse caso, o fiador não "ressurge", ou seja, ele continuará desobrigado, por força do art. 838, III, do Código Civil. GN

Gabarito "D".

(Juiz – TJ/MS – VUNESP – 2015) Considerando a cessão de créditos e de direitos, no contexto da transmissão das obrigações, de acordo com as disposições do Código Civil de 2002, é correto afirmar que

(A) se admite a cessão de direitos hereditários, por instrumento público ou particular, desde que registrado em cartório.

(B) é nula a cláusula que dispõe que o cedente não responde pela solvência do devedor.

(C) é dispensada a notificação da cessão ao devedor que declara, por escrito, ciência da cessão realizada.

(D) é vedada a realização de mais de uma cessão, tendo por objeto o mesmo crédito.

(E) os créditos de alimentos podem ser objeto de cessão.

A: incorreta, pois a lei exige escritura pública para tal cessão (CC, art. 1.793); **B:** incorreta, pois tal cláusula é válida. Ademais, no Direito Civil, como regra, o cedente não responde pela solvência do devedor (CC, art. 296); **C:** correta, pois de acordo com o disposto no art. 290 do Código Civil; **D:** incorreta, pois o Código admite diversas cessões do mesmo crédito, prevalecendo nesse caso a que se completar com a tradição do título do crédito cedido (CC, art. 291); **E:** incorreta, devido à sua natureza de subsistência (CC, art. 286). GN

Gabarito "C".

(Procurador Municipal – Sertãozinho/SP – VUNESP – 2016) Assinale a alternativa correta sobre novação, como forma de extinção das obrigações.

(A) Em regra, havendo novação, as garantias da dívida não são conservadas.

(B) A expromissão não representa modalidade de novação.

(C) As obrigações anuláveis não podem ser objeto de novação.

(D) A prorrogação do prazo de vencimento da dívida é hipótese de novação.

(E) Não se admite a novação tácita.

A: correta, pois: "*A novação extingue os acessórios e garantias da dívida, sempre que não houver estipulação em* contrário" (CC, art. 364); **B:** incorreta, pois a novação por expromissão é uma modalidade de novação subjetiva passiva. Ocorre quando o devedor original não participa da extinção da primeira obrigação, nem da criação da segunda (CC, art. 362); **C:** incorreta, pois as obrigações anuláveis podem ser objeto de novação (CC, art. 367); **D:** incorreta, pois a intenção de novar, ainda que tácita, é fundamental para a caracterização da novação (CC, art. 361); **E:** incorreta, pois a lei admite a novação tácita (CC, art. 361). GN

Gabarito "A".

(Advogado – Pref. São Roque/SP – 2020 –VUNESP) Acerca do pagamento das obrigações, assinale a alternativa correta.

(A) O terceiro não interessado pode pagar a dívida se o fizer em nome e à conta do devedor, salvo oposição deste, e se pagar a dívida em seu próprio nome, tem direito a reembolsar-se do que pagar, mas não se sub-roga nos direitos do credor.

(B) O pagamento feito de boa-fé ao credor putativo é válido, salvo se provado depois que não era credor; se o devedor pagar ao credor, apesar de intimado da penhora feita sobre o crédito, ou da impugnação a ele oposta por terceiros, o pagamento não valerá contra estes, que poderão constranger o devedor a pagar de novo, ficando-lhe ressalvado o regresso contra o credor.

1. DIREITO CIVIL

(C) É ilícito convencionar o aumento progressivo de prestações sucessivas e são nulas as convenções de pagamento em ouro ou em moeda estrangeira, bem como para compensar a diferença entre o valor desta e o da moeda nacional, excetuados os casos previstos na legislação especial.

(D) Efetuar-se-á o pagamento no domicílio do devedor, salvo se as partes convencionarem diversamente, ou se o contrário resultar da lei, da natureza da obrigação ou das circunstâncias, e, se designados dois ou mais lugares, cabe ao devedor escolher entre eles.

(E) Ao credor assistirá o direito de cobrar a dívida antes de vencido o prazo estipulado no contrato, no caso de falência do devedor, recuperação judicial ou estado notório de insolvência.

A: correta (arts. 304, parágrafo único e art. 305 *caput* CC); **B:** incorreta, pois o pagamento feito de boa-fé ao credor putativo é válido, *ainda* provado depois que não era credor (art. 309 CC); **C:** incorreta, pois é lícito convencionar o aumento progressivo de prestações sucessivas (art. 316 CC); **D:** incorreta, pois se designados dois ou mais lugares cabe ao credor escolher entre eles (art. 327 parágrafo único CC); **E:** incorreta, pois a lei não autoriza a cobrança da dívida antes do prazo no caso de recuperação judicial do devedor ou notória insolvência. Ela autoriza apenas no caso de falência e em outras hipóteses previstas no art. 333 CC. **GR**

Gabarito "A".

3.3. INADIMPLEMENTO DAS OBRIGAÇÕES

(Procurador do Estado/SP – 2018 – VUNESP) Quanto à proteção aos direitos do consumidor em contratos bancários, assinale a alternativa correta.

(A) A estipulação de juros remuneratórios superiores a 12% ao ano, por si só, não indica exigência de vantagem econômica excessiva pela instituição financeira.

(B) Os juros moratórios nos contratos bancários não regulados por legislação especial poderão ser pactuados livremente pelas partes, não caracterizando exigência de vantagem econômica excessiva.

(C) Propositura de ação revisional de contrato bancário, a pretexto de conter cláusulas contratuais abusivas, suspende os efeitos da mora do devedor, por revelar exercício regular do direito básico do consumidor à facilitação da defesa dos seus direitos em juízo, inclusive com inversão do ônus da prova.

(D) Pode o magistrado, de ofício, reconhecer a nulidade de cláusulas contratuais abusivas inseridas em contrato de mútuo bancário submetido ao seu exame.

(E) Exigência de pagamento de comissão de permanência, calculada pela taxa média do mercado apurada pelo Banco Central do Brasil, limitada à taxa do contrato, caracteriza exigência de vantagem econômica excessiva.

A: correta, pois de acordo com o entendimento pacífico do Superior Tribunal de Justiça, segundo o qual: "*A estipulação de juros remuneratórios superiores a 12% ao ano por si só, não indica abusividade*" (Súmula 382 do STJ; tese julgada sob o rito do artigo 543-C do CPC — tema 25); **B:** incorreta, pois a Súmula 379 do STJ estabelece um limite para tais juros, ao preceituar que: "*Nos contratos bancários não regidos por legislação específica, os juros moratórios poderão ser convencionados até o limite de 1% ao mês*"; **C:** incorreta, pois o STJ entende que: "*Não descaracteriza a mora o ajuizamento isolado de ação revisional, nem mesmo quando o reconhecimento de abusividade incidir sobre*

os encargos inerentes ao período de inadimplência contratual" (REsp 1061530 / RS RECURSO ESPECIAL 2008/0119992-4); **D:** incorreta, pois contrária ao enunciado da Súmula 381 do STJ que dispõe: "*Nos contratos bancários, é vedado ao julgador conhecer, de ofício, da abusividade das cláusulas*"; **E:** incorreta, pois o STJ entende que: "*É possível a cobrança de comissão de permanência durante o período de inadimplemento contratual, à taxa média dos juros de mercado, limitada ao percentual fixado no contrato (Súmula 294/STJ), desde que não cumulada com a correção monetária (Súmula 30/STJ), com os juros remuneratórios (Súmula 296/STJ) e moratórios e multa contratual*" (REsp n. 1.058.114/RS, recurso representativo de controvérsia, Relator p/ Acórdão Ministro João Otávio de Noronha, Segunda Seção, julgado em 12/8/2009, DJe 16/11/2010). **GN**

Gabarito "A".

(Juiz – TJ/MS – VUNESP – 2015) É correto afirmar, a respeito do instituto da cláusula penal, que

(A) não se admite a cumulação de cláusula penal moratória e compensatória.

(B) nos contratos de locação de bem imóvel, em caso de devolução antecipada pelo locatário, a multa pactuada será proporcional ao período de cumprimento do contrato.

(C) a pena convencional exige a demonstração de prejuízo pelo credor.

(D) deve ser estipulada simultaneamente com a obrigação, não se admitindo estipulação em ato posterior.

(E) quando a obrigação principal tiver sido cumprida em parte, a penalidade ajustada pelas partes não poderá ser equitativamente reduzida pelo magistrado.

A: incorreta, tendo em vista que cada cláusula penal refere-se a uma espécie de inadimplemento; **B:** correta, pois de pleno acordo com o disposto no art. 4º da Lei de Locação (Lei 8.245/1991); **C:** incorreta, pois: "*para exigir a pena convencional, não é necessário que o credor alegue prejuízo*" (CC, art. 416); **D:** incorreta, pois a lei admite a convenção da cláusula penal em ato posterior (CC, art. 409); **E:** incorreta, pois a penalidade deve ser reduzida equitativamente pelo juiz se a obrigação principal tiver sido cumprida em parte (CC, art. 413). **GN**

Gabarito "B".

4. CONTRATOS

4.1. CONCEITO, PRESSUPOSTOS, FORMAÇÃO E PRINCÍPIOS DOS CONTRATOS

(Procurador Federal – AGU – 2023 – CEBRASPE) Consoante a jurisprudência do STJ acerca do direito das obrigações, no que se refere aos atos unilaterais, caracteriza enriquecimento sem causa

(A) a exploração ilícita de parte do patrimônio público imaterial.

(B) a estipulação contratual de multa cominatória com valor elevado.

(C) a rescisão de promessa de compra e venda por iniciativa do promitente-comprador no caso de terreno não edificado.

(D) a existência de causas jurídicas distintas para a resolução contratual e para a indenização por lucros cessantes.

(E) o aumento, determinado pelo juiz, da multa coercitiva destinada ao cumprimento de decisão judicial.

A: correta, conforme jurisprudência do Superior Tribunal de Justiça que fixou o seguinte entendimento: "[...] 3. Nos termos do art. 884

do Código Civil, caracteriza enriquecimento sem causa ocupar, usar, fruir ou explorar ilicitamente a totalidade ou parte do patrimônio público, material e imaterial. À luz do princípio da indisponibilidade do interesse público, eventual omissão do Estado no exercício do seu poder de polícia – ao deixar de fiscalizar e adotar medidas cabíveis para se opor ou reagir à apropriação irregular de bem público – não transforma o errado em certo, irrelevante ademais que a injuricidade ocorra às vistas do Administrador ou com a sua inércia, conivência ou mesmo (inconcebível) aceitação tácita. Tolerância administrativa não converte em boa-fé aquilo que a lei qualifica como má-fé, pois admitir--se o contrário seria o mesmo que reconhecer a servidores públicos a possibilidade de, por meio de um simples fechar de olhos, rasgarem a norma e a vontade do legislador. 4. Recurso Especial provido. (REsp n. 1.986.143/DF, relator Ministro Herman Benjamin, Segunda Turma, julgado em 6/12/2022, DJe de 19/12/2022.); **B**, **C**, **D**, **E**: todas estão incorretas, com fundamento da alternativa A. **GR**

Gabarito "A".

(Juiz de Direito – TJ/SP – 2023 – VUNESP) Assinale a alternativa correta sobre os contratos bilaterais.

(A) As perdas e danos não dependem da imputabilidade da causa da resolução por inadimplemento.

(B) Se a prestação de uma das partes se tornar excessivamente onerosa, na hipótese de execução continuada ou diferida, com extrema vantagem para a outra, em razão de acontecimentos extraordinários e imprevisíveis, poderá o devedor pedir a resolução do contrato. A onerosidade excessiva, no Código Civil, enseja apenas a resolução, não se autorizando que se peça a revisão do contrato.

(C) Nenhum dos contratantes, antes de cumprida a sua obrigação, pode exigir o implemento da do outro. Não se admite, porém, que o devedor exerça a exceção de contrato não cumprido por antecipação, ou seja, antes do termo da prestação. Vale dizer, não existe, em hipótese alguma, exceção por antecipação.

(D) A parte lesada pelo inadimplemento pode pedir a resolução do contrato, se não preferir exigir-lhe o cumprimento, cabendo, em qualquer dos casos, indenização por perdas e danos. Apesar da literalidade do Código Civil de 2002, em harmonia com a função social do contrato e em atendimento ao princípio da boa-fé objetiva, a teoria do substancial adimplemento do contrato, quando aplicável, visa a impedir o uso potestativo do direito de resolução por parte do credor.

A: incorreta, de acordo com o enunciado 31 do CJF: As perdas e danos mencionados no art. 475 do novo Código Civil dependem da imputabilidade da causa da possível resolução; **B:** incorreta, pois embora o art. 478 CC preveja apenas a hipótese de resolução do contrato, o Enunciado 365 do CJF amplia a interpretação para a possibilidade de revisão: "A extrema vantagem do art. 478 deve ser interpretada como elemento acidental da alteração das circunstâncias, que comporta a incidência da resolução ou revisão do negócio por onerosidade excessiva, independentemente de sua demonstração plena". Neste sentido é também o artigo 479 CC; **C:** incorreta, pois é possível a exceção do contrato não cumprido por antecipação se sobrevier a uma das partes contratantes diminuição em seu patrimônio capaz de comprometer ou tornar duvidosa a prestação pela qual se obrigou (art. 477 CC); **D:** correta (art. 475 CC c/c Enunciado 361 CJF). **GR**

Gabarito "D".

(Juiz de Direito – TJ/RS – 2018 – VUNESP) Sobre os vícios redibitórios, assinale a alternativa correta.

(A) O adquirente que já estava na posse do bem decai do direito de obter a redibição ou abatimento no preço no prazo de trinta dias se a coisa for móvel, e de um ano se for imóvel.

(B) No caso de bens móveis, quando o vício, por sua natureza, só puder ser conhecido mais tarde, se ele aparecer em até 180 dias, terá o comprador mais 30 dias para requerer a redibição ou abatimento no preço.

(C) Somente existe o direito de obter a redibição se a coisa foi adquirida em razão de contrato comutativo, não se aplicando aos casos em que a aquisição decorreu de doação, mesmo onerosa.

(D) O prazo para postular a redibição ou abatimento no preço, quando o vício, por sua natureza, só puder ser conhecido mais tarde, somente começa a correr a partir do aparecimento do vício, o que pode ocorrer a qualquer tempo.

(E) No caso de bens imóveis, quando o vício, por sua natureza, só puder ser conhecido mais tarde, o prazo é de um ano para que o vício apareça, tendo o comprador, a partir disso, mais 180 dias para postular a redibição ou abatimento no preço.

A: incorreta, pois – quando o adquirente já está na posse do bem – o prazo mencionado na assertiva é reduzido à metade (CC, art. 445) e conta-se a partir da alienação. Vale adicionar que a hipótese é de *traditio brevi manus*, que se verifica quando a pessoa possuía em nome alheio e passa então a possuir em nome próprio (comodatário comprou o bem, por exemplo);**B:** correta, pois de pleno acordo com o disposto no art. 445, § 1º, do Código Civil; **C:** incorreta, pois as regras dos vícios redibitórios aplicam-se também às doações onerosas (CC, art. 441, parágrafo único); **D** e **E:** incorretas, pois – para os casos de vício que só se pode conhecer mais tarde – "*o prazo contar-se-á do momento em que dele tiver ciência, até o prazo máximo de cento e oitenta dias, em se tratando de bens móveis; e de um ano, para os imóveis*" (CC, art. 445, § 1º).**GN**

Gabarito "B".

(Juiz – TJ/RJ – VUNESP – 2016) Assinale a alternativa correta sobre o direito contratual e os princípios que regem a matéria.

(A) Em caso de revisão judicial de disposições contratuais, em razão de onerosidade excessiva decorrente de acontecimentos extraordinários e imprevisíveis, a eficácia da decisão será *ex tunc*, retroagindo à data da celebração do negócio jurídico.

(B) Na relação cível empresarial, é vedado ao Estado intervir nos negócios jurídicos celebrados entre particulares, disciplinando e/ou limitando a liberdade contratual e as consequências de determinadas previsões contratuais.

(C) É vedada na legislação brasileira a estipulação de cláusula limitativa do dever de indenizar, por violação ao princípio da reparação integral.

(D) A prolongada omissão de um dos contratantes em exigir da parte contrária o cumprimento de determinada cláusula contratual, que não vinha sendo cumprida ou respeitada, pode configurar motivo idôneo para tornar a cláusula juridicamente inexigível.

(E) Em contrato que versa sobre coisa futura, é nula a disposição contratual pela qual o alienante terá

1. DIREITO CIVIL   19

direito à integralidade do preço mesmo que o objeto da alienação venha a existir em quantidade inferior à esperada.

A: incorreta, pois nos termos do art. 478 do Código Civil, os efeitos da sentença que decretar a resolução do contrato pela onerosidade excessiva "retroagirão à data da citação"; **B:** incorreta, pois em alguns contratos o Estado precisa intervir, para evitar, por exemplo, a formação de grandes conglomerados econômicos que inviabilizem a livre concorrência; **C:** incorreta, pois tal estipulação não é vedada *a priori*. Há hipóteses específicas nas quais ela não será admitida, como é o caso da Súmula 302 do STJ, por exemplo: "*É abusiva a cláusula contratual de plano de saúde que limita no tempo a internação hospitalar do segurado*"; **D:** correta, pois a *supressio* é a perda da eficácia de um direito em virtude de sua não utilização por um prolongado período. Tal instituto é admitido e utilizado amplamente pela jurisprudência. Nesse sentido, decidiu o STJ, no REsp 1520995/SP, Rel. Ministro Paulo De Tarso Sanseverino, Terceira Turma, julgado em 13/06/2017, DJe 22/06/2017; **E:** incorreta, pois na compra e venda aleatória, da modalidade *emptio spei* é permitida a cláusula que estabeleça que – ainda que nada venha a existir – o vendedor terá direito à integralidade do preço (CC, art. 458). 🅶🅽

Gabarito "D".

(Juiz – TJ/MS – VUNESP – 2015) A respeito do direito contratual e os princípios que regem a matéria, afirma-se corretamente que

(A) nos contratos paritários, em relação diversa da relação de consumo, não se admite a declaração judicial de abusividade de cláusula contratual.

(B) a aplicação do instituto da *supressio* é vedada no direito brasileiro, sobrepondo-se o princípio da segurança jurídica.

(C) o dirigismo contratual é vedado pela legislação brasileira, como forma de preservação ao princípio da liberdade contratual.

(D) o credor tem o dever de evitar o agravamento do prejuízo que lhe causou o devedor.

(E) o adimplemento incompleto, mas significativo, das obrigações contratuais por uma das partes, não impede que a parte contrária resolva o contrato, com fundamento em descumprimento contratual.

A: incorreta, pois a declaração de nulidade absoluta não se limita aos contratos de consumo; **B:** incorreta, pois a *supressio* é a perda da eficácia de um direito em virtude de sua não utilização por um prolongado período. Tal instituto é admitido e utilizado amplamente pela jurisprudência. Nesse sentido, decidiu o STJ, no REsp 1520995/SP, Rel. Ministro Paulo De Tarso Sanseverino, Terceira Turma, julgado em 13/06/2017, DJe 22/06/2017; **C:** incorreta, pois em algumas hipóteses o Estado intervém em contratos visando evitar injustiças e abusos contraparte vulnerável. Isso ocorre, por exemplo, nos contratos de locação, relações de trabalho, Código do Consumidor, etc.; **D:** correta, pois tal dever decorre da boa-fé objetiva. Nesse sentido foi o Enunciado 169 da III Jornada de Direito Civil "*O princípio da boa-fé objetiva deve levar o credor a evitar o agravamento do próprio prejuízo*"; **E:** incorreta, pois para esses casos adota-se a consagrada teoria do adimplemento substancial, pela qual a parte credora pode cobrar o que lhe é devido, mas sem o direito de extinguir o contrato. 🅶🅽

Gabarito "D".

(Procurador – IPSMI/SP – VUNESP – 2016) Nos contratos bilaterais, nenhum dos contratantes, antes de cumprida a sua obrigação, pode exigir o implemento da do outro. Tal disposição trata de

(A) resolução por onerosidade excessiva.

(B) cláusula resolutiva.

(C) extinção do contrato por distrato.

(D) exceção de contrato não cumprido.

(E) princípio que veda o enriquecimento ilícito.

A exceção do contrato não cumprido (CC, art. 476) é uma defesa atribuída a ambos os contratantes que celebram um contrato bilateral. Significa que – na hipótese de uma das partes descumprir suas obrigações contratuais – a outra está liberada de cumprir as suas. Caso a parte culpada acionar judicialmente a parte inocente, esta última terá uma defesa (exceção), cujo argumento central será o descumprimento do contrato pela outra parte. É o típico exemplo de uma defesa indireta, pois o réu não negará o fato alegado pelo autor, mas apenas alegará um fato impeditivo do direito alegado. 🅶🅽

Gabarito "D".

(Procurador Municipal – Sertãozinho/SP – VUNESP – 2016) Assinale a alternativa correta sobre direito contratual, conforme disposições do Código Civil de 2002.

(A) Nos contratos de adesão, são nulas as cláusulas ambíguas ou contraditórias, ainda que possível adotar interpretação mais favorável ao aderente.

(B) É nula a cláusula que dispõe que o evicto não tem direito à indenização dos frutos que tiver sido obrigado a restituir.

(C) Admite-se, nas doações com encargo, a rescisão contratual com fundamento na existência de vício redibitório.

(D) A resolução do contrato por onerosidade excessiva é possível nos contratos de execução imediata ou continuada, retroagindo os efeitos da sentença à data da citação.

(E) A proposta de contrato não obriga o proponente, se o contrário não resultar dos termos dela, da natureza do negócio, ou das circunstâncias do caso.

A: incorreta, pois a ambiguidade ou contradição não são causas de nulidade do contrato (CC, art. 423); **B:** incorreta, pois a lei admite estipulação em contrário no que se refere ao direito de indenização dos frutos (CC, art. 450); **C:** correta, pois as doações com encargo estão protegidas contra os vícios redibitórios (CC, art. 441, parágrafo único); **D:** incorreta, pois não se admite aplicação do instituto nos contratos de execução imediata; **E:** incorreta, pois a proposta de contrato obriga o proponente (CC, art. 427). 🅶🅽

Gabarito "C".

(Juiz de Direito – TJM/SP – VUNESP – 2016) A empresa Alegria Ltda., visando parceria comercial com a empresa Felicidade Ltda. na comercialização de produtos para festas, iniciou tratativas pré-contratuais, exigindo da segunda que comprasse equipamento para a produção desses produtos. O negócio não foi concluído, razão pela qual a empresa Felicidade Ltda., entendendo ter sofrido prejuízo, ingressou com ação de reparação de danos morais, materiais e lucros cessantes, assim como na obrigação de contratar, ante a expectativa criada pela empresa Alegria Ltda. Diante deste caso hipotético, assinale a alternativa correta.

(A) Quem negocia com outrem para conclusão de um contrato deve proceder segundo as regras da boa-fé, sob pena de responder apenas pelos danos que dolosamente causar à outra parte.

(B) A boa-fé a ser observada na responsabilidade pré-contratual é a objetiva, haja vista que esta diz respeito ao dever de conduta que as partes possuem, podendo a empresa desistente arcar com a reparação dos danos, se comprovados, sem qualquer obrigação de contratar.

(C) É assegurado o direito à contratação, em razão da boa-fé objetiva, e deverá a empresa que pretendia desistir arcar com os danos comprovados, mas em razão da contratação, estes poderão ser mitigados, principalmente quanto aos lucros cessantes.

(D) Em razão de conveniência e oportunidade, podem as contratantes desistir do negócio, por qualquer razão, considerando o princípio da liberdade contratual, o qual assegura às partes a desistência, motivo pelo qual não há que se falar em indenização.

(E) Não existe no direito brasileiro uma cláusula geral que discipline a responsabilidade pré-contratual, de modo que não há que se falar em quebra de expectativa, vigorando o princípio da livre contratação.

O problema das "tratativas" é bastante antigo no Direito. Por um lado, é normal e saudável que as partes – antes de assinar um contrato – passem por uma fase de maturação e compreensão geral dos ônus e bônus advindos daquela potencial avença. É nessa fase que as partes antecipam, negociam e estabelecem concessões recíprocas a fim de chegar a um denominador comum. Em princípio, não há obrigação contratual daí decorrente. Todavia, há dois aspectos que merecem ser destacados. O primeiro é que a boa-fé objetiva deve vigorar antes, durante e depois do contrato (vide Enunciado 25 do Conselho da Justiça Federal) e o segundo é que o direito de desistir das tratativas (como qualquer outro direito) deve ser exercido de forma razoável e equilibrado (CC, art. 187). No caso em questão, todavia, há um elemento adicional, pois a empresa Alegria Ltda. exigiu a aquisição de equipamento, o que sem dúvida gera o dever de reparar, ainda que sem a obrigação de contratar. **GN**

Gabarito "B".

(Juiz de Direito – TJM/SP – VUNESP – 2016) Buscando estabelecer a adequação e a aplicação do direito tal como previsto ao caso concreto, às circunstâncias do negócio jurídico no plano econômico e no plano de um determinado grupo social atingido pelo negócio jurídico concreto, o Código Civil privilegiou, com mais ênfase, o princípio norteador da

(A) operabilidade.

(B) eticidade.

(C) boa-fé objetiva.

(D) sociabilidade.

(E) autonomia privada.

A: correta, pois é justamente o princípio da operabilidade que busca tornar o Código Civil uma lei mais simples e de aplicação mais eficaz e concreta; **B:** incorreta, pois tal princípio busca estabelecer um comportamento ético entre as partes, tal qual ocorre na boa-fé objetiva (CC, art. 422); **C:** incorreta, pois o princípio da boa-fé objetiva é princípio contratual, voltado para o comportamento ético entre as partes; **D:** incorreta, pois a sociabilidade é princípio que busca o exercício de direitos de acordo com o melhor interesse social (CC, art. 421, 1.228, § 1º e 2.035 parágrafo único); **E:** incorreta, pois o princípio da autonomia privada destaca a liberdade que as partes têm de estabelecer contratos, cláusulas e formas de execução. **GN**

Gabarito "A".

4.2. EVICÇÃO

(Procurador – SP – VUNESP – 2015) Sobre o instituto da evicção, assinale a alternativa correta.

(A) A evicção parcial não garante ao adquirente direito à indenização ou à rescisão do contrato.

(B) O adquirente perde os direitos decorrentes da evicção, se a aquisição se deu em hasta pública.

(C) Admite-se a estipulação de cláusula contratual excluindo a responsabilidade pela evicção.

(D) Se houver dolo por parte do alienante, deverá restituir em dobro o valor recebido pela alienação.

(E) O adquirente pode demandar pela evicção, ainda que soubesse que a coisa era alheia ou litigiosa.

A: incorreta, pois quando a evicção é parcial, o Código prevê duas soluções. Se a evicção parcial foi considerável, o evicto poderá optar entre a rescisão do contrato e a restituição de parte do preço. Já se foi não considerável, caberá somente direito a indenização (CC, art. 455); **B:** incorreta, pois o art. 447 do Código Civil mantém a garantia contra a evicção, mesmo nas aquisições realizadas em hasta pública; **C:** correta, pois as partes podem, "por cláusula expressa, reforçar, diminuir ou excluir a responsabilidade pela evicção" (CC, art. 448); **D:** incorreta, pois não existe tal previsão legal; **E:** incorreta, pois nesse caso não assiste direito ao evicto de demandar pela evicção (CC, art. 457). **GN**

Gabarito "C".

(Procurador Municipal/SP – VUNESP – 2016) Quanto à evicção, é correto afirmar que

(A) é necessária a comprovação do trânsito em julgado da sentença que reconhece a evicção para que o evicto possa exercer os direitos dela resultantes.

(B) o direito do evicto de recobrar o preço que pagou pela coisa evicta depende do alienante participar na ação em que terceiro reivindique a coisa.

(C) para o exercício do direito de evicção, é suficiente que a parte fique privada do bem em decorrência de ato administrativo.

(D) as restrições decorrentes de tombamento do imóvel alienado ensejam evicção, mesmo que a adquirente tenha conhecimento do ato administrativo.

(E) nos contratos onerosos e gratuitos, o alienante responde pela evicção. Subsiste essa garantia ainda que a aquisição se tenha realizado em hasta pública.

A: incorreta. O STJ já pacificou o entendimento de que o evicto não precisa aguardar até o trânsito em julgado da sentença que reconhece a evicção a fim de que possa exercer os direitos daí resultantes (REsp 1332112/GO, Rel. Ministro Luis Felipe Salomão, Quarta Turma, julgado em 21/03/2013, DJe 17/04/2013); **B:** incorreta. Há muito se pacificou o entendimento de que – mesmo sem a denunciação da lide – o evicto mantém o direito de ajuizar ação autônoma contra o alienante do imóvel. Nesse sentido, o STJ decidiu que: *"O exercício do direito oriundo da evicção independe da denunciação da lide ao alienante na ação em que terceiro reivindica a coisa"* (REsp 1332112/GO, Rel. Ministro Luis Felipe Salomão, Quarta Turma, julgado em 21/03/2013, DJe 17/04/2013); **C:** correta, pois a privação administrativa do bem também proporciona ao adquirente uma perda suficiente para lhe conceder os direitos decorrentes da evicção; **D:** incorreta, pois *"Não pode o adquirente demandar pela evicção, se sabia que a coisa era alheia ou litigiosa"* (CC, art. 457); **E:** incorreta, pois as garantias contra a evicção limitam-se aos contratos onerosos. **GN**

Gabarito "C".

4.3. COMPRA E VENDA E TROCA

(Juiz de Direito – TJ/SP – 2023 – VUNESP) Assinale a alternativa correta sobre os contratos de com- pra e venda.

(A) Da mesma forma que o Código Civil de 1916, o Código Civil de 2002 considera nula a venda de ascendente a descendente, salvo se os outros descendentes e o cônjuge do alienante expressamente houverem consentido. Em ambos os casos, dispensa-

1. DIREITO CIVIL   21

-se o consentimento do cônjuge se o regime de bens for o da separação obrigatória.

(B) Sob pena de anulação, não podem ser comprados, ainda que em hasta pública, pelos juízes, secretários de tribunais, arbitradores, peritos e outros serventuários ou auxiliares da justiça, os bens ou direitos que estejam sob a sua esfera administrativa imediata.

(C) Anula-se a venda de ascendente a descendente, salvo se os outros descendentes e o cônjuge do alienante expressamente consentirem. Engloba-se nessa regra qualquer relação na linha reta. A anuência de netos e bisnetos será exigível apenas quando tiverem interesse sucessório direto. Desse modo, os netos devem consentir com a venda de um imóvel pelo avô ao seu tio se o pai já faleceu. Se os filhos estiverem vivos, os netos não serão chamados.

(D) As despesas de escritura e registro ficarão sempre a cargo do comprador; e a cargo do vendedor, as da tradição.

A: incorreta, neste caso a compra e venda é anulável, e não nula (art. 496 CC); **B:** incorreta, pois essa compra e venda é nula, e não anulável (art. 497, III CC); **C:** correta (art. 496 CC); **D:** incorreta, pois essa regra admite convenção diversa entre as partes (art. 490 CC). Portanto a palavra "sempre" está inadequada nessa contexto. GR
Gabarito "C".

(Juiz – TJ/SP – VUNESP – 2015) No capítulo relativo ao contrato de compra e venda, é correta a seguinte hipótese:

(A) a fixação do preço pode ser deixada ao arbítrio de terceiro, à taxa de mercado ou de bolsa, em função de índices de subjetiva determinação, mas não ao arbítrio exclusivo de uma das partes.

(B) de regra, ficarão as despesas de escritura e registro a cargo do vendedor, mas as da tradição caberão ao comprador.

(C) juízes, serventuários e auxiliares da justiça não podem comprar bens sobre que se litigar em tribunal, juízo ou conselho, no lugar onde servirem, ou a que se estender a sua autoridade, sob pena de nulidade, hipótese inextensível à cessão de crédito.

(D) a venda realizada diretamente pelo mandante ao mandatário não é maculada de nulidade.

A: incorreta, pois os índices devem ser de objetiva determinação (CC, art. 487); **B:** incorreta, pois contrária ao disposto no art. 490 do Código Civil; **C:** incorreta, pois a cessão de crédito não se encaixa na referida limitação (CC, art. 497); **D:** correta, pois tal possibilidade é prevista no mandato com cláusula "em causa própria", pelo qual o comprador paga o valor do imóvel e – ao invés de receber a propriedade do bem – recebe um mandato com o poder de vender o bem para terceiros *ou para si próprio*. Há algumas vantagens práticas e de desburocratização negocial nesse ato, pois o comprador, por exemplo, poderá vender esse bem diretamente do comprador para o terceiro adquirente. Para que esse mandato funcione na prática, ele obviamente não pode ser revogado pelo mandante, não há prestação de contas e ele não se extinguirá com a morte do mandante (CC, art. 685). GN
Gabarito "D".

(Procurador – SP – VUNESP – 2015) É correto afirmar que a venda a contento

(A) é realizada sob condição resolutiva, atribuindo-se ao comprador a possibilidade de resolver o contrato, no prazo estabelecido, restituindo-se a coisa ao vendedor.

(B) é nula se o instrumento contratual não apresentar prazo para que o comprador declare sua aceitação.

(C) atribui ao comprador a condição de locatário, enquanto não declarar a aceitação da coisa.

(D) exige que o comprador preste caução idônea ao vendedor, caso haja perecimento da coisa durante o prazo em que é avaliada.

(E) atribui ao comprador a condição de comodatário, enquanto não declarar a aceitação da coisa.

A: incorreta, pois a venda a contento "*entende-se realizada sob condição suspensiva*", ainda que a coisa tenha sido entregue ao comprador (CC, art. 509). A ideia é que o contrato de compra e venda só produzirá seus regulares efeitos quando o e se o possível comprador manifestar seu agrado quanto ao bem que lhe foi entregue; **B:** incorreta, pois a falta de prazo não anula o contrato. Ao contrário, o Código estabelece que caso não haja prazo estipulado, o vendedor terá direito de intimar o comprador para que se manifeste (CC, art. 512); **C:** incorreta, pois o Código (art. 511) é expresso ao equiparar o comprador ao comodatário enquanto não manifestar sua aceitação; **D:** incorreta, pois a lei não impõe esta exigência ao comprador; **E:** correta, pois de pleno acordo com o disposto no art. 511 do Código Civil. Vale ressaltar que – por conta dessa equiparação – eventual perda da coisa sem culpa resolve a obrigação, não havendo nenhuma responsabilidade para o comprador (CC, art. 238). GN
Gabarito "E".

(Procurador Municipal/SP – VUNESP – 2016) Sobre o contrato de compra e venda, assinale a alternativa correta.

(A) É válido contrato de compra e venda quando se deixa ao arbítrio exclusivo de uma das partes a fixação do preço.

(B) Até o momento da tradição, os riscos da coisa correm por conta do comprador, e os do preço, por conta do vendedor.

(C) A tradição da coisa vendida, na falta de estipulação expressa, dar-se-á no lugar do domicílio do comprador ao tempo da venda.

(D) É considerada inexistente a venda de ascendente a descendente, salvo se os outros descendentes e o cônjuge do alienante expressamente houverem consentido.

(E) Salvo cláusula em contrário, ficarão as despesas de escritura e de registro a cargo do comprador, e, a cargo do vendedor, as da tradição.

A: incorreta, pois a lei considera tal avença como nula de pleno direito (CC, art. 489); **B:** incorreta, pois a assertiva inverte os riscos legalmente estabelecidos (CC, art. 492); **C:** incorreta, pois "*a tradição da coisa vendida, na falta de estipulação expressa, dar-se-á no lugar onde ela se encontrava, ao tempo da venda*" (CC, art. 493); **D:** incorreta, pois tal venda é apenas anulável (CC, art. 496); **E:** correta, pois de pleno acordo com a previsão do art. 490 do Código Civil. GN
Gabarito "E".

4.4. DOAÇÃO

(Procurador – AL/PR – 2024 – FGV) Rodrigo doou a seu neto Carlos um de seus imóveis, mas, como estratégia de planejamento patrimonial, por ser Carlos, casado, estipulou cláusulas de reversão, uma em benefício próprio, e outra em benefício de sua neta, Vitória. Ocorre que Rodrigo faleceu poucos dias antes de Carlos.

Nesse caso, é correto afirmar que

(A) é válida a cláusula estipulada em favor de Vitória na doação de Rodrigo a Carlos, razão pela qual o imóvel doado passa a Vitória.

(B) a viúva de Carlos tem prazo decadencial para pleitear a anulação da cláusula de reversão em favor de Vitória na doação de Rodrigo a Carlos.

(C) é válida a cláusula de reversão em favor de Rodrigo estipulada na doação dele a Carlos, mas nula a cláusula estipulada em favor de Vitória.

(D) são nulas ambas as cláusulas de reversão estipuladas na doação de Rodrigo a Carlos.

(E) a viúva de Carlos tem prazo prescricional para pleitear a anulação da cláusula de reversão em favor de Vitória na doação de Rodrigo a Carlos.

A: incorreta, pois não prevalece cláusula de reversão em favor de terceiro (art. 547, parágrafo único CC). Logo, o imóvel doado não passará a Vitória; B: incorreta, pois a cláusula é nula e não anulável (art. 547, parágrafo único CC). Daí não há que se falar em prazo decadencial para anulação; C: correta (art. 547 CC); D: incorreta, pois é válida a cláusula de reversão em favor de Rodrigo estipulada na doação dele a Carlos, pois o doador pode estipular que os bens doados voltem ao seu patrimônio, se sobreviver ao donatário (art. 547 *caput* CC). É nula, porém a cláusula de reversão em favor de Vitória, pois não prevalece cláusula de reversão em favor de terceiro (art. 547, parágrafo único CC); E: incorreta, pois a cláusula é nula e não anulável. Então não há que se falar em prazo prescricional para anulação (art. 547, parágrafo único CC). GR

Gabarito "C".

(Procurador – IPSMI/SP – VUNESP – 2016) Sobre a doação, assinale a alternativa correta.

(A) A doação em forma de subvenção periódica ao beneficiado permanece como obrigação dos herdeiros, morrendo o doador.

(B) A doação de um cônjuge a outro importa adiantamento do que lhes cabe por herança.

(C) Não é possível a doação feita a nascituro, ainda que aceita por seu representante legal.

(D) A doação é sempre pura, ou seja, não é possível a estipulação de cláusula que onere o donatário.

(E) A doação far-se-á sempre por escritura pública, por ser uma liberalidade que transfere um patrimônio.

A: incorreta, pois tal doação *"extingue-se morrendo o doador"'* (CC, art. 545); B: correta, pois de pleno acordo com a regra estabelecida no art. 544 do Código Civil; C: incorreta, pois o Código Civil (art. 542) permite a doação ao nascituro, exigindo apenas a aceitação pelo representante legal; D: incorreta, pois é possível estabelecer a doação com encargo (CC, art. 553); E: incorreta, pois a lei não exige tal forma especial em todas as doações. GN

Gabarito "B".

4.5. LOCAÇÃO

(Juiz de Direito – TJ/SP – 2023 – VUNESP) João alugou ao amigo Marcelo o imóvel residencial situado no Município de Santos, no Estado de São Paulo. O contrato escrito foi firmado em 8 de janeiro de 2019, com prazo de duração de 24 (vinte e quatro) meses. Ao término do prazo, o contrato foi prorrogado por tempo indeterminado, mantidas as mesmas condições e cláusulas do contrato findo. Após 4 (quatro) anos da celebração da locação, não havendo mais interesse na manutenção do contrato, sem qualquer motivo específico, João telefonou para o locatário Marcelo. O locatário, informalmente, deixou claro que não iria desocupar o imóvel, pois não estava com tempo para fazer sua mudança. Diante da recusa verbal do locatário, o que deverá fazer João para compelir Marcelo a desocupar o imóvel?

(A) Denunciar a locação somente depois de 5 (cinco) anos da celebração do contrato. Após, caso o imóvel não seja desocupado, deverá ingressar com ação de despejo (denúncia vazia).

(B) Denunciar a locação, encaminhando notificação com concessão de prazo de 30 (trinta) dias para a desocupação do imóvel. Após, caso o imóvel não seja desocupado, deverá ingressar com ação de despejo (denúncia vazia).

(C) Denunciar a locação, encaminhando notificação para desocupação imediata do imóvel. Não havendo desocupação, deverá ingressar com ação de despejo (denúncia vazia).

(D) Considerar denunciada a locação em razão do contato telefônico e, imediatamente, ingressar com ação de despejo.

A: correta (art. 47, V da Lei 8.245/91). Nestes termos a Lei prevê que quando ajustada verbalmente ou por escrito e como prazo inferior a trinta meses, findo o prazo estabelecido, a locação prorroga – se automaticamente, por prazo indeterminado, somente podendo ser retomado o imóvel nos casos especificados em Lei, sendo que um deles é a vigência ininterrupta da locação ultrapassar cinco anos. Segundo o STJ, o termo inicial de contagem do prazo para a denúncia vazia, nas hipóteses de que trata o inciso V do artigo 47 da Lei de Locações (Lei 8.245/1991), coincide com a formação do vínculo contratual (REsp 1511978); B: incorreta, pois a locação apenas pode ser denunciada após 5 anos de vidência ininterrupta do contrato (art. 47, V da Lei 8,245/91); C: incorreta, pois o prazo para denúncia vazia apenas ocorrerá após 5 anos de contrato ininterrupto (art. 47, V da Lei 8.245/91). Os contratos firmados com prazo inferior a 30 meses, só podem ser desfeitos por denúncia cheia, nos casos previstos nos incisos do art. 47 da Lei de Locações. No caso, João não deu nenhum motivo específico para o término; D: incorreta, pois não é possível considerar denunciada a locação, pois não se preencheram os requisitos nem para denúncia cheia (art. 47, I, II, III, IV da Lei 8.245/91) nem para denúncia vazia (art. 47, V da Lei 8,245/91). GR

Gabarito "A".

(Procurador do Estado/SP – 2018 – VUNESP) O Estado de São Paulo celebrou contrato de locação de bem imóvel de propriedade de Marcos, casado sob o regime da comunhão universal de bens com Luiza, pelo prazo de 5 anos e com o escopo de ali instalar uma unidade policial. O contrato contém cláusula de vigência e foi averbado junto à matrícula do imóvel. A minuta do contrato indica como locador apenas Marcos, com menção ao fato de ser casado com Luiza, que não subscreveu o instrumento e vem a falecer doze meses após sua celebração, deixando dois filhos maiores e capazes. Nesse caso,

(A) por serem adquirentes *causa mortis*, os herdeiros de Luiza poderão denunciar o contrato no prazo de 90 dias, contados da abertura da sucessão.

(B) tratando-se de negócio jurídico que recai sobre patrimônio do casal, o prosseguimento válido da locação dependerá da inserção, via aditamento contratual, dos herdeiros de Luiza como locadores.

(C) o contrato deve ser declarado nulo por falta de legitimação originária, pois tratando-se de ato de alienação do uso e gozo de bem de propriedade do casal, imprescindível era a prévia autorização de Luiza.

(D) o contrato é válido, mas dependerá da ratificação expressa dos herdeiros de Luiza para conservar sua eficácia.

1. DIREITO CIVIL

(E) é desnecessário, sob o prisma da validade, o aditamento do contrato para inserção dos herdeiros de Luiza como locadores.

A questão envolve dois conceitos do contrato de locação de imóvel urbano. O primeiro refere-se à necessidade de vênia conjugal. O art. 3º da Lei 8.245/1991 estabelece que: "*O contrato de locação pode ser ajustado por qualquer prazo, dependendo de vênia conjugal, se igual ou superior a dez anos*". Ausente a vênia conjugal, "*o cônjuge não estará obrigado a observar o prazo excedente*". Assim, em sua origem, o contrato de locação é válido. Ademais, não há necessidade de aditamento do contrato para inserir os herdeiros de Luiz como locadores. O referido bem será inventariado normalmente e – após a atribuição da meação para cada cônjuge – os direitos hereditários serão transferidos e assegurados. O art. 10 da Lei 8.245/91 ainda salienta que: "*Morrendo o locador, a locação transmite-se aos herdeiros*". **GN**

Gabarito "E".

(Juiz – TJ/RJ – VUNESP – 2016) Nos contratos de locação não residencial em que há "construção sob medida", amplamente conhecidos pela expressão inglesa *built-to-suit* ou *build-to-suit*, é correto afirmar que

(A) o contrato deverá ser firmado por escrito e com prazo determinado, não podendo ser inferior a 5 (cinco) anos.

(B) a vigência da locação, em caso de alienação do imóvel pelo locador, independe de cláusula de vigência e averbação do instrumento contratual na matrícula do imóvel.

(C) é vedada a estipulação de mais de uma modalidade de garantia em benefício do locador.

(D) é nula a estipulação de cláusula de renúncia ao direito de revisão do valor dos aluguéis durante o prazo de vigência do contrato de locação.

(E) a cláusula penal estabelecida por denúncia antecipada do locatário poderá alcançar a soma dos valores dos aluguéis a receber até o termo final da locação.

A: incorreta, pois a lei de locação não impõe esse prazo mínimo de contrato; **B:** incorreta, pois – para alcançar esse relevante efeito de vigência da locação na hipótese de alienação – deve-se observar os requisitos do art. 8º da Lei 8.245/1991; **C:** incorreta, pois nessa espécie de locação "*prevalecerão as condições livremente pactuadas no contrato respectivo*" (Lei 8.245/91, art. 54-A); **D:** incorreta, pois tal renúncia poderá ser convencionada entre as partes (Lei 8.245/1991, art. 54-A § 1º); **E:** correta, pois "*Em caso de denúncia antecipada do vínculo locatício pelo locatário, compromete-se este a cumprir a multa convencionada, que não excederá, porém, a soma dos valores dos aluguéis a receber até o termo final da locação*" (Lei 8.245/1991, art. 54-A, § 2º). **GN**

Gabarito "E".

(Procurador – IPSMI/SP – VUNESP – 2016) Considerando um contrato de locação urbana, assinale a alternativa correta.

(A) Morrendo o locador, a locação é extinta, estipulando-se prazo de 90 dias para o locatário desocupar o imóvel.

(B) Em caso de dissolução da união estável, a locação residencial prosseguirá automaticamente com o companheiro que permanecer no imóvel.

(C) É livre a convenção do aluguel, podendo ser estipulado em moeda estrangeira quando o locador for pessoa jurídica sediada fora do país.

(D) O locatário poderá exercer o direito de preferência na aquisição do imóvel no caso de venda por decisão judicial.

(E) No contrato de locação, pode o locador exigir do locatário uma ou duas modalidades de garantia.

A: incorreta, pois morrendo o locador, a locação transmite-se aos herdeiros (Lei 8.245/1991, art. 10); **B:** correta, pois de pleno acordo com o teor do art. 12 da Lei 8.245/1991; **C:** incorreta, pois o art. 17 da Lei 8.245/1991 proíbe a estipulação em moeda estrangeira; **D:** incorreta, pois "o direito de preferência não alcança os casos de perda da propriedade ou venda por decisão judicial" (Lei 8.245/1991, art. 32); **E:** incorreta, pois "*é vedada, sob pena de nulidade, mais de uma das modalidades de garantia num mesmo contrato de locação*" (Lei 8.24519/91, art. 37, parágrafo único). **GN**

Gabarito "B".

4.6. MANDATO

(Procurador – IPSMI/SP – VUNESP – 2016) Antonio outorgou mandato a João para a compra de uma casa. No entanto, Antonio foi interditado depois dessa outorga. Diante desse fato, assinale a alternativa correta.

(A) O mandato permanece válido, por ter sido outorgado quando Antonio era capaz.

(B) O curador de Antonio deverá revogar o mandato por instrumento público.

(C) O juiz da interdição deverá revogar o mandato.

(D) A interdição equivale à renúncia do mandato.

(E) Cessa o mandato com a interdição, como ocorreria com a morte do mandatário.

No que se refere ao contrato de mandato, o Código Civil traz regra bastante clara e direta. A morte ou interdição de qualquer uma das partes extingue o contrato automaticamente (CC, art. 682, II), sem necessidade de intervenção judicial ou qualquer comportamento de eventual curador. **GN**

Gabarito "E".

4.7. SEGURO

(Juiz de Direito – TJ/SP – 2023 – VUNESP) Sobre o contrato de seguro, segundo a jurisprudência dominante e atual do Superior Tribunal de Justiça, é correto afirmar:

(A) a embriaguez do segurado exime a seguradora do pagamento da indenização prevista em contrato de seguro, inclusive em se tratando de seguro de vida.

(B) a seguradora, não havendo prova da premeditação da morte, está obrigada a indenizar o suicídio mesmo antes dos 2 (dois) anos do contrato.

(C) a cobertura, no seguro de vida, deve abranger os casos de sinistros ou acidentes decorrentes de atos praticados pelo segurado em estado de insanidade mental, de alcoolismo ou sob efeito de substâncias tóxicas, salvo em se tratando de suicídio ocorrido dentro dos 2 (dois) primeiros anos do contrato.

(D) a correção monetária sobre a indenização securitária, nos contratos regidos pelo Código Civil, incide a partir do sinistro até o efetivo pagamento.

A: incorreta, pois a Súmula 620 do STJ prevê que: "A embriaguez do segurado não exime a seguradora do pagamento da indenização prevista em contrato de seguro de vida". Nestes termos junta-se o seguinte julgado: RECURSO ESPECIAL. SEGURO DE VIDA ACIDENTE DE TRÂNSITO. MORTE DO CONDUTOR SEGURADO. EMBRIAGUEZ. NEGATIVA DE COBERTURA PELA SEGURADORA. ALEGAÇÃO DE AGRAVAMENTO DE RISCO. INGESTÃO DE BEBIDA ALCOÓLICA. SÚMULA 620/STJ. CONFIRMAÇÃO. NEGADO PROVIMENTO AO RECURSO

ESPECIAL. 1. A jurisprudência desta Corte e a do egrégio Supremo Tribunal Federal, firmada ainda sob a vigência do Código Civil de 1916 e mantida sob a vigência do novo Código Civil, é consolidada no sentido de que o seguro de vida cobre até mesmo os casos de suicídio, desde que não tenha havido premeditação (Súmulas 61/STJ e 105/STF). 2. Já em consonância com o novo Código Civil, a Segunda Seção desta Corte consolidou seu entendimento para preconizar que "o legislador estabeleceu critério objetivo para regular a matéria, tornando irrelevante a discussão a respeito da premeditação da morte" e que a seguradora não está obrigada a indenizar apenas o suicídio ocorrido dentro dos dois primeiros anos do contrato" (AgRg nos EDcl nos EREsp 1.076.942/PR, Segunda Seção, Rel. p/ acórdão Ministro JOÃO OTÁVIO DE NORONHA). 3. Na mesma esteira, a jurisprudência da eg. Segunda Seção, inclusive arrimada em significativo precedente da eg. Terceira Turma (REsp 1.665.701/RS, Rel. Ministro RICARDO VILLAS BÔAS CUEVA), assentou que, "com mais razão, a cobertura do contrato de seguro de vida deve abranger os casos de sinistros ou acidentes decorrentes de atos praticados pelo segurado em estado de insanidade mental, de alcoolismo ou sob efeito de substâncias tóxicas, ressalvado o suicídio ocorrido dentro dos dois primeiros anos do contrato" (EREsp 973.725/SP, Relator Ministro LÁZARO GUIMARÃES). 4. Em função do julgamento dos EREsp 973.725/SP, a eg. Segunda Seção editou a Súmula 620/STJ com a seguinte redação: "A embriaguez do segurado não exime a seguradora do pagamento da indenização prevista em contrato de seguro de vida." 5. Recurso especial desprovido; **B**: incorreta, nos termos do julgado colacionado na alternativa "A" e Súmula 610 do STJ que prevê que : "O suicídio não é coberto nos dois primeiros anos de vigência do contrato de seguro de vida, ressalvado o direito do beneficiário à devolução do montante da reserva técnica formada"; **C**: correta (vide julgado da alternativa "A" e Súmulas 620 e 610 do STJ); **D**: incorreta, pois de acordo com a Súmula 632 do STJ: "Nos contratos de seguro regidos pelo Código Civil, a correção monetária sobre a indenização securitária incide a partir da contratação até o efetivo pagamento". **GR**
Gabarito "C".

(Juiz de Direito – TJ/DFT – 2023 – CEBRASPE) De acordo com o disposto no Código Civil e o entendimento jurisprudencial do STJ acerca dos contratos de seguro, assinale a opção correta.

(A) No seguro de vida, é permitida a exclusão de cobertura na hipótese de sinistros ou acidentes decorrentes de atos praticados pelo segurado em estado de insanidade mental ou sob efeito de bebida alcoólica ou substâncias tóxicas.

(B) Em regra, a embriaguez do segurado não pode eximir a seguradora do pagamento da indenização prevista em contrato de seguro de vida.

(C) Como a legislação estabelece critério objetivo para regular os seguros de vida, o segurador está obrigado ao pagamento de indenização em caso de suicídio do segurado dentro dos dois primeiros anos do contrato.

(D) No seguro de vida ou de acidentes pessoais para o caso de morte, o capital estipulado é considerado herança para todos os efeitos de direito e está sujeito às dívidas do segurado.

(E) Na falta de indicação do beneficiário do seguro de vida, ou, se por qualquer motivo, não prevalecer a indicação feita, metade do capital segurado será pago ao cônjuge sobrevivente, e o restante, às pessoas que provarem que a morte do segurado os privou dos meios necessários à subsistência.

A: incorreta, pois no seguro de vida é vedada a exclusão de cobertura na hipótese de sinistros ou acidentes decorrentes de atos praticados pelo segurado em estado de insanidade mental, de alcoolismo ou sob efeito de substâncias tóxicas" (REsp 1665701/RS, julgado em 09/05/2017,

DJe 31/05/2017); **B**: correta, de acordo com a Súmula 620/STJ: "A embriaguez do segurado não exime a seguradora do pagamento da indenização prevista em contrato de seguro de vida"; **C**: incorreta, pois o legislador estabeleceu critério objetivo para regular a matéria, tornando irrelevante a discussão a respeito da premeditação da morte e que, assim, a seguradora não está obrigada a indenizar apenas o suicídio ocorrido dentro dos dois primeiros anos do contrato (AgRg nos EDcl nos EREsp 1.076.942/PR); **D**: incorreta, pois no seguro de vida ou de acidentes pessoais para o caso de morte, o capital estipulado não está sujeito às dívidas do segurado, nem se considera herança para todos os efeitos de direito (art. 794 CC); **E**: incorreta, pois na falta de indicação da pessoa ou beneficiário, ou se por qualquer motivo não prevalecer a que for feita, o capital segurado será pago por metade ao cônjuge não separado judicialmente, e o restante aos herdeiros do segurado, obedecida a ordem da vocação hereditária (art. 792 CC). **GR**
Gabarito "B".

(Advogado – Pref. São Roque/SP – 2020 – VUNESP) Considerando o entendimento da Jurisprudência sumulada do Superior Tribunal de Justiça sobre o contrato de seguro, pode-se corretamente afirmar:

(A) A embriaguez do segurado exime a seguradora do pagamento da indenização prevista em contrato de seguro de vida.

(B) O suicídio não é coberto nos dois primeiros anos de vigência do contrato de seguro de vida, não havendo o direito do beneficiário à devolução do montante da reserva técnica formada.

(C) Ressalvada a hipótese de efetivo agravamento do risco, a seguradora não se exime do dever de indenizar em razão da transferência do veículo sem a sua prévia comunicação.

(D) No seguro de responsabilidade civil facultativo, cabe o ajuizamento de ação pelo terceiro prejudicado direta e exclusivamente em face da seguradora do apontado causador do dano.

(E) Nas ações de indenização decorrente de seguro DPVAT, a ciência inequívoca do caráter permanente da invalidez, para fins de contagem do prazo prescricional, depende de laudo médico, mesmo nos casos em que o conhecimento anterior resulte comprovado na fase de instrução.

A: incorreta, pois a embriaguez do segurado *não* exime a seguradora do pagamento da indenização prevista em contrato de seguro de vida (Súmula 620 STJ); **B**: incorreta, pois o suicídio não é coberto nos dois primeiros anos de vigência do contrato de seguro de vida, *ressalvado* o direito do beneficiário à devolução do montante da reserva técnica formada (Súmula 610 STJ); **C**: correta (Súmula 465 STJ); **D**: incorreta, pois no seguro de responsabilidade civil facultativo, *não* cabe o ajuizamento de ação pelo terceiro prejudicado direta e exclusivamente em face da seguradora do apontado causador do dano (Súmula 529 STJ); **E**: incorreta, pois nas ações de indenização decorrente de seguro DPVAT, a ciência inequívoca do caráter permanente da invalidez, para fins de contagem do prazo prescricional, depende de laudo médico, *exceto* nos casos de invalidez permanente notória ou naqueles em que o conhecimento anterior resulte comprovado na fase de instrução (Súmula 573 STJ). **GR**
Gabarito "C".

4.8. FIANÇA

(Advogado – Pref. São Roque/SP – 2020 – VUNESP) Judas alugou uma casa de Pedro. José, casado sob o regime da comunhão universal de bens, foi o fiador do contrato de locação, sem a participação de sua esposa. Em razão de ter sido

1. DIREITO CIVIL

despedido de seu emprego, Judas deixou de pagar o aluguel. Após 12 meses sem pagamento, Judas e Pedro assinaram um aditamento do contrato, sem a participação de José, por meio do qual foram os valores em atraso perdoados e o aluguel aumentado em 50%. Judas continuou a não pagar o aluguel, e Pedro ajuizou uma ação de despejo contra Judas, cumulada com cobrança dos valores devidos. A ação foi julgada procedente e foi iniciado o cumprimento de sentença contra Judas e contra José, tendo sido penhorada a única casa deste, onde residia com sua família.

Pode-se corretamente afirmar que

(A) a fiança prestada sem autorização de um dos cônjuges implica a ineficácia total da garantia, mesmo no regime da comunhão universal de bens.

(B) o fiador que não integrou a relação processual na ação de despejo responde pela execução do julgado, visto que sua responsabilidade decorre do contrato.

(C) o fiador, na locação, responde por obrigações resultantes de aditamento ao qual não anuiu, visto que o dever de pagar decorre do contrato aditado.

(D) a interrupção da prescrição para a cobrança dos aluguéis e acessórios atinge o fiador, que não participou da ação de despejo.

(E) não é válida a penhora de bem de família pertencente a fiador de contrato de locação.

A: correta, pois para que a fiança tenha efeito no caso do regime da comunhão universal de bens é indispensável a anuência do cônjuge (art. 1.647, III CC); **B:** incorreta, pois o fiador que não integrou a relação processual na ação de despejo por falta de pagamento não responde pela execução do julgado (Súmula 268 STJ); **C:** incorreta, pois o fiador na locação não responde por obrigações resultantes de aditamento ao qual não anuiu (Súmula 214 STJ); **D:** incorreta, pois se o fiador não participou da ação de despejo, a interrupção da prescrição para a cobrança dos aluguéis e acessórios não o atinge (edição 104 da Jurisprudência em Teses do STJ); **E:** incorreta, pois é válida a penhora de bem de família pertencente a fiador de contrato de locação (Súmula 549 STJ). Gabarito "A".

4.9. OUTROS CONTRATOS E TEMAS COMBINADOS

(Procurador – AL/PR – 2024 – FGV) A sociedade empresária Kitchara, especializada na produção de itens para casa, celebrou com a varejista Casa Bela, contrato pelo qual a Kitchara disponibilizou um conjunto de itens de sua nova coleção para a Casa Bela. Foi acertado que após três meses, a Casa Bela poderia vender os itens para terceiros pelo preço que entendesse aplicável e que findo o prazo, deveria pagar a Kitchara o valor estabelecido no contrato entre elas celebrado ou devolver as mercadorias em perfeito estado.

Na vigência do contrato, após a entrega dos itens pela Kitchara à Casa Bela, o depósito de propriedade da Casa Bela, no qual os bens haviam sido guardados, é destruído por um incêndio provocado por um curto-circuito na via pública e que alcançou o depósito. Diante do fato, da Casa Bela notifica Kitchara, informando o ocorrido, bem como que não poderia efetuar o pagamento e nem devolver as mercadorias.

Diante da situação hipotética, assinale a análise coerente com o Código Civil.

(A) Kitchara nada poderá exigir de Casa Bela, pois as mercadorias se perderam sem culpa da devedora, resolvendo a obrigação para ambas as partes.

(B) Pelo contrato celebrado entre as partes, estimatório, os riscos da perda ou deterioração da coisa, são do consignatário, razão pela qual a Casa Bela deverá pagar a integralidade do valor previsto no contrato.

(C) No caso, aplica-se a regra *res perit domino*, razão pela qual, inexistindo culpa da Casa Bela, a Kitchara suportará a perda das mercadorias, mas terá direito a receber os valores proporcionais aos itens que já haviam sido comercializados.

(D) Pelo contrato de agência celebrado, Casa Bela só seria obrigada a pagar o valor integral das mercadorias se restasse demonstrada a sua culpa pela perda da coisa.

(E) No contrato celebrado entre as partes, a propriedade das mercadorias foi transferida para a Casa Bela que suportará a perda dos itens e deverá o pagar integral para Kitchara.

A: incorreta, pois ainda que as mercadorias tenham se perdido sem culpa da devedora, Kitchara poderá exigir reparação de Casa Bela, pois a responsabilidade pela perda da coisa ainda existe neste caso para o consignatário (art. 535 CC); **B:** correta (art. 535 CC); **C:** incorreta, pois neste caso não se aplica a regra do *res perit domino*, pois há previsão legal expressa diferente: o consignatário não se exonera da obrigação de pagar o preço, se a restituição da coisa, em sua integridade, se tornar impossível, ainda que por fato a ele não imputável (art. 535 CC); **D:** incorreta, pois não se trata de contrato de agência (art. 710 a 721 CC), mas sim contrato estimatório (art. 534 a 537 CC). Por ser contrato estimatório, Casa Bela é responsável pela perda da coisa mesmo que não reste demonstrada sua culpa; **E:** incorreta, pois a propriedade não foi transferida para Casa Bela. No contrato estimatório ocorre apenas a entrega da coisa do consignante para o consignatário para que este possa vendê-la em determinado prazo (art. 534 CC). Tanto é verdade que não ocorre transferência da propriedade, que essas coisas em poder do consignatário não podem ser objeto de penhora ou sequestro pelos credores do consignatário, enquanto não pago integralmente o preço (art. 536 CC), afinal, as coisas não são suas. Gabarito "B".

(Juiz de Direito – TJ/SP – 2023 – VUNESP) Basílio emprestou R$ 30.000,00 para Marcela. Exigiu garantia fidejussória. O contrato foi assinado por Marcela e pelo fiador Joaquim. Marcela não pagou a dívida. Basílio ingressou com ação em face da devedora principal e do fiador. Considerando que Joaquim, no momento da contratação, omitiu que era casado com Maria, assinale a alternativa correta sobre o contrato de fiança, segundo a jurisprudência dominante e atual do Superior Tribunal de Justiça.

(A) A fiança sem autorização do companheiro em união estável implica a ineficácia parcial da garantia. Não há, nesse caso, diferença de tratamento entre casamento e união estável.

(B) A responsabilidade do fiador pode exceder a dívida principal atribuída ao afiançado e ser contraída em condições mais onerosas. E, não sendo limitada, compreenderá todos os acessórios da dívida principal, inclusive as despesas judiciais, desde a citação do devedor.

(C) O fiador pode exonerar-se da fiança que tiver assinado sem limitação de tempo, sempre que lhe convier, ficando obrigado por todos os efeitos da sentença, durante 60 (sessenta) dias após a notificação do credor. Assim, dispensa-se o processo judicial, exigindo-se apenas a notificação. Essa regra do Código Civil se aplica igualmente às locações residenciais e não residenciais de imóveis urbanos, inclusive no que tange ao prazo para a exoneração da fiança.

(D) A fiança prestada sem autorização de um dos cônjuges implica a ineficácia total da garantia, salvo se o fiador emitir declaração falsa para ocultar seu estado civil de casado.

A: incorreta, pois em se tratando de união estável não se exige o consentimento do companheiro para a prática dos atos previstos no art. 1.647 do CC. O STJ considera que a fiança prestada sem a autorização do companheiro é válida porque é impossível ao credor saber se o fiador vive ou não em união estável com alguém. Como para a caracterização da união estável não se exige um ato formal, solene e público, como no casamento, fica difícil ao credor se proteger de eventuais prejuízos porque ele nunca terá plena certeza se o fiador possui ou não um companheiro (Resp 1299894/DF); **B:** incorreta, pois quando a fiança exceder o valor da dívida, ou for mais onerosa que ela, não valerá senão até ao limite da obrigação afiançada (art. 823 CC); **C:** incorreta, pois fiador poderá exonerar-se da fiança que tiver assinado sem limitação de tempo, sempre que lhe convier, ficando obrigado por todos os efeitos da *fiança (e não da sentença)*, durante sessenta dias após a notificação do credor (art. 835 CC). Ademais, referente às locações residenciais e não residenciais de imóveis urbanos, de acordo com o art. 12, § 2º da Lei 8.245/9, o fiador poderá exonerar-se das suas responsabilidades no prazo de 30 (trinta) dias contado do recebimento da comunicação oferecida pelo sub-rogado, ficando responsável pelos efeitos da fiança durante 120 (cento e vinte) dias após a notificação ao locador; **D:** correta, nos termos da Súmula 332 do STJ: "A fiança prestada sem autorização de um dos cônjuges implica a ineficácia total da garantia". **GR**

Gabarito "D".

5. RESPONSABILIDADE CIVIL
5.1. OBRIGAÇÃO DE INDENIZAR

(Procurador – AL/PR – 2024 – FGV) Anne Silva moveu ação em face de Ubirajara Pereira, requerendo indenização por danos morais no montante de R$150.000,00, em decorrência do homicídio praticado pelo réu contra seu pai, Getúlio Silva. Conforme sentença criminal transitada em julgado, juntada aos autos, Ubirajara Pereira, aos dias 15/01/2021, desferiu 2 tiros com arma de fogo contra o pai da Autora, causando-lhe a morte.

Em contestação, Ubirajara Pereira alega que atuou em legítima defesa de sua honra, razão pela qual não tem o dever de indenizar. Informa que Getúlio Silva, abusando de sua confiança, se aproximou da sua esposa e com ela manteve uma relação amorosa, tendo sido essa traição a causa dos tiros.

Considerando a situação hipotética narrada, a legislação vigente e o entendimento do STJ, analise as afirmativas a seguir.

I. A responsabilidade civil é independente da criminal, razão pela qual, o juízo cível não está vinculado à sentença criminal, podendo decidir pela inexistência do dever de indenizar, no caso hipotético narrado.

II. Entre os juízos cível e criminal há independência relativa, de sorte que, no caso hipotético narrado, há incontornável dever de indenizar

III. A alegação de legítima defesa da honra é razão justificadora para diminuição ou exclusão do dever de indenizar.

IV. No caso hipotético, a conduta da vítima configura causa concorrente, ainda que não preponderante, para o dano, influindo no *quantum* indenizatório.

Está correto o que se afirma em

(A) I, apenas.
(B) II, apenas.
(C) III, apenas.
(D) I e III, apenas.
(E) III e IV, apenas.

I: errada, pois apesar da responsabilidade civil ser independente da criminal, uma vez que que o juízo criminal reconheceu a existência do fato e de seu autor essas questões não podem mais ser discutidas no juízo cível. Logo, essa independência é relativa (art. 935 CC); **II:** certa, nos termos do art. 935 CC e REsp 1829682 que prevê que " o artigo 935 do Código Civil adotou o sistema da independência entre as esferas cível e criminal, mas que tal independência é relativa, pois, uma vez reconhecida a existência do fato e da autoria no juízo criminal, essas questões não poderão mais ser analisadas pelo juízo cível. No caso de sentença condenatória com trânsito em julgado, o dever de indenizar é incontornável; no caso de sentença absolutória em virtude do reconhecimento de inexistência do fato ou da negativa de autoria, não há o dever de indenizar"; **III:** errada, pois a alegação de legítima defesa da honra no juízo cível não é razão justificadora para diminuição ou exclusão do dever de indenizar, pois essa excludente de ilicitude precisa ser reconhecida anteriormente no juízo criminal, esfera que, em regra, analisa de forma mais aprofundada as circunstâncias que envolveram a prática do delito. Porém, mesmo o eventual reconhecimento da legítima defesa na sentença penal não impediria o juízo cível de avaliar a culpabilidade do réu (REsp 1829682); **IV:** errada, pois no caso hipotético a reação de Ubirajara foi completamente desproporcional à conduta da vítima, não se podendo alegar que houve causa concorrente da vítima que justificaria a diminuição do *quantum* indenizatório. Neste passo, o STJ autoriza a diminuição do *quantum* indenizatório quando evidenciada agressão da vítima, luta corporal , conforme se extrai do REsp 1829682: "Após seu filho ser vítima de homicídio, uma mulher ajuizou ação de danos morais contra o acusado, e o juízo cível fixou a indenização em R$ 100 mil (...).Não se pode negar a existência do dano sofrido pela mãe nem a acentuada reprovabilidade da conduta do réu. Mesmo que a vítima tenha demonstrado comportamento agressivo e tenha havido luta corporal, conforme sustentado pela defesa esses elementos não afastam a obrigação de indenizar, especialmente quando todas as circunstâncias relacionadas ao crime foram minuciosamente examinadas no tribunal criminal, resultando em sua condenação. No entanto, levando em conta a agressividade da vítima, especialmente nos atos praticados contra a filha e outros familiares do réu determina-se que indenização seja reduzida para R$ 50 mil". Logo, a alternativa correta é a letra B. **GR**

Gabarito "B".

(Juiz de Direito – TJ/SP – 2023 – VUNESP) Sobre a responsabilidade civil, segundo o entendimento dominante e atual do Superior Tribunal de Justiça, assinale a alternativa correta.

(A) A vítima, ainda que se trate de família de baixa renda, deve provar a dependência econômica para ter direito à pensão por ato ilícito. Não há que se falar nesse caso em presunção relativa de necessidade.

(B) A indenização é medida pela extensão do dano, mas havendo excessiva desproporção entre a gravidade da culpa e o prejuízo causado, pode haver a redução equitativa do montante indenizatório. Em outras palavras, a redução equitativa da indenização prevista no Código Civil tem caráter excepcional e somente será realizada quando a amplitude do dano extrapolar os efeitos razoavelmente imputáveis à conduta do agente.

(C) A prisão civil decretada por descumprimento de obrigação alimentar decorrente de ato ilícito é legal, pois a exceção prevista na Constituição Federal sobre o tema não exige obrigação de pagar alimentos decorrente do Direito de Família.

(D) A responsabilidade civil do dono ou detentor de animal é objetiva, não se admitindo a excludente do fato exclusivo de terceiro.

A: incorreta, pois a jurisprudência do Superior Tribunal de Justiça é no sentido de que, "em se tratando de famílias de baixa renda, existe presunção relativa de dependência econômica entre os membros, sendo devido, a título de dano material, o pensionamento mensal aos genitores da vítima." EDcl no AgInt no REsp 1880254/MT, Rel. Ministro Ricardo Villas Bôas Cueva, Terceira Turma, julgado em 20/09/2021, DJe; **B:** correta (art. 944 CC e Enunciado 457 CJF); **C:** incorreta, pois não é cabível prisão civil fundada no descumprimento de ação de alimentos de caráter indenizatório. Segundo posicionamento do STJ "a prisão civil, autorizada de forma excepcional pelo inciso LXVII do artigo 5º da Constituição Federal e pelo artigo 7º da Convenção Americana de Direitos Humanos, é restrita tão somente ao inadimplemento voluntário e inescusável da obrigação alimentar decorrente de relação familiar (HC 708634); **D:** incorreta, pois o dono ou detentor do animal ressarcirá o dano por este causado, se não provar culpa da vítima ou força maior (art. 936 CC). Logo, é cabível excludente de fato exclusivo de terceiro. GR

Gabarito "B".

(Delegado – PC/BA – 2018 – VUNESP) A respeito da responsabilidade civil, assinale a alternativa correta.

(A) A indenização mede-se pela extensão do dano, não podendo ser reduzida pelo juiz, mesmo na existência de excessiva desproporção entre a gravidade da culpa e o dano; se a vítima tiver concorrido culposamente para o evento danoso, a sua indenização será fixada tendo-se em conta a gravidade de sua culpa em confronto com a do autor do dano.

(B) A indenização por ofensa à liberdade pessoal consistirá no pagamento das perdas e danos que sobrevierem ao ofendido; se o ofendido não puder provar prejuízo material, caberá ao juiz fixar, equitativamente, o valor da indenização, na conformidade das circunstâncias do caso; considera-se ofensiva da liberdade pessoal a denúncia falsa e de má-fé.

(C) No caso de homicídio, a indenização consiste, sem excluir outras reparações, no pagamento das despesas com o tratamento da vítima, seu funeral e o luto da família e na prestação de alimentos às pessoas a quem o morto os devia, levando-se em conta a duração provável da vida do alimentado.

(D) No caso de lesão ou outra ofensa à saúde, o ofensor indenizará o ofendido das despesas do tratamento e dos danos emergentes, além de algum outro prejuízo que o ofendido prove haver sofrido, não sendo devidos lucros cessantes.

(E) Se da ofensa resultar defeito pelo qual o ofendido não possa exercer o seu ofício ou profissão, a indenização, além das despesas do tratamento e lucros cessantes até ao fim da convalescença, incluirá pensão correspondente à importância do trabalho para que se inabilitou, não podendo a indenização ser arbitrada e paga de uma só vez.

A: incorreta, pois o Código Civil admite a redução da indenização em virtude da "desproporção entre a gravidade da culpa e o dano" (art. 944, parágrafo único); **B:** correta, pois de pleno acordo com o disposto nos arts. 953, parágrafo único e 954 do Código Civil; **C:** incorreta, pois a prestação de alimentos às pessoas a quem o morto os devia levará em

conta a duração provável da vida da vítima e não do alimentado (CC, art. 948, II); **D:** incorreta, pois a indenização pelos lucros cessantes está expressamente estabelecida no art. 949 do Código Civil; **E:** incorreta. Apesar de o cálculo da indenização estar correto, o parágrafo único do art. 950 permite que o prejudicado, se preferir, exija "*que a indenização seja arbitrada e paga de uma só vez*". GN

Gabarito "B".

(Procurador do Estado/SP – 2018 – VUNESP) Assinale a alternativa correta.

(A) Decisão criminal absolutória por insuficiência de provas impede rediscussão, em âmbito civil, de pretensão de reparação de danos.

(B) O incapaz responderá pelos danos que causar, se as pessoas por ele responsáveis não tiverem a obrigação de fazê-lo ou não dispuserem de meios suficientes.

(C) O magistrado, em caso de excessiva desproporção entre a gravidade da culpa e o dano, poderá reduzir o valor da indenização em até 2/3 do valor originalmente fixado.

(D) Pai que ressarce o dano causado por filho relativamente capaz pode buscar reembolso no prazo de 3 anos, contados da cessação da menoridade.

(E) Em caso de concurso de agentes causadores de dano, cada qual responde na medida da sua culpabilidade.

A: incorreta, pois a discussão no âmbito civil apenas é obstada quando a decisão criminal versar sobre existência do fato ou autoria (CC, art. 935). Assim, a decisão absolutória por falta de provas não impede a rediscussão no âmbito civil; **B:** correta, pois o enunciado repete a previsão do art. 928 do Código Civil, que estabelece a responsabilidade civil direta do incapaz; **C:** incorreta, pois – apesar de o Código Civil permitir a redução da indenização nesse caso – não existe a limitação de 2/3 na referida diminuição do valor indenizatório; **D:** incorreta, pois – na hipótese de responsabilização dos pais por atos ilícitos praticados pelos filhos incapazes – não haverá direito de regresso (CC, art. 934); **E:** incorreta, pois "*se a ofensa tiver mais de um autor, todos responderão solidariamente pela reparação*" (CC, art. 942). GN

Gabarito "B".

(Procurador – SP – VUNESP – 2015) Suprime-se o seguinte elemento, em casos de responsabilidade civil objetiva:

(A) ação ou omissão voluntária.

(B) nexo de causalidade.

(C) dano.

(D) culpa.

(E) ato ilícito.

A configuração da responsabilidade civil objetiva dispensa o requisito da culpa, que é justamente o elemento subjetivo normalmente exigido. A culpa, vale lembrar, é aqui tratada no sentido amplo, englobando tanto o dolo, quanto a culpa em sentido estrito, verificada por um comportamento negligente ou imprudente. Além dos casos especificados em lei, haverá responsabilidade objetiva quando a atividade normalmente desempenhada pelo autor do dano for de risco (CC, art. 927, parágrafo único). GN

Gabarito "D".

(Juiz – TJ/MS – VUNESP – 2015) De acordo com o Código Civil de 2002, é responsável pela reparação civil, independentemente de culpa, o

(A) que houver gratuitamente participado no produto de crime, até a concorrente quantia.

(B) síndico, pelos atos praticados pelo condômino.

(C) comandante de aeronave ou embarcação, pelos atos praticados pelos tripulantes.

(D) militar, pelos atos praticados pelos seus subordinados.
(E) relativamente incapaz, pelos atos praticados pelo absolutamente incapaz em sua companhia.

A responsabilidade civil subjetiva é a grande regra geral em nosso ordenamento. A responsabilidade civil será objetiva (independentemente de culpa) quando a lei expressamente determinar ou quando a atividade normalmente desenvolvida pelo autor do dano for de risco (CC, art. 927, parágrafo único). Dentre as hipóteses mencionadas, apenas a assertiva A é mencionada na lei como sendo de responsabilidade objetiva (CC, art. 932, V). **GN**
Gabarito "A".

(Juiz de Direito – TJM/SP – VUNESP – 2016) Considere o caso hipotético. Antonio e Maria contrataram a prestação de serviço de um laboratório particular para coletar células-tronco embrionárias do cordão umbilical de seu filho que iria nascer, pagando previamente pelo serviço de coleta. Por ocasião do parto, o laboratório foi avisado pelo casal, mas nenhum representante compareceu, deixando de coletar o material genético que poderia ser usado, no futuro, em eventual tratamento da saúde do nascituro. Proposta ação indenizatória pelos pais e a criança, assinale a alternativa que melhor soluciona a questão.

(A) Os pais têm direito à indenização por danos materiais e os três a danos morais, não se falando na perda de uma chance, ou dano hipotético, que só ocorreria se a criança fosse vir a necessitar do material coletado no futuro.
(B) Os pais têm direito à indenização por danos morais e materiais e a criança a ser reparada pela perda de uma chance de obter um proveito determinado ou de evitar uma perda, por ser a beneficiária do contrato celebrado.
(C) Apenas os pais são legitimados a receber indenização por danos morais, materiais e pela perda de uma chance, uma vez que a criança não participou do contrato, tratando-se de mero dano hipotético.
(D) Os três são legitimados a receber indenização por danos materiais, morais e pela perda de uma chance, em razão da potencialização do dano.
(E) Os pais têm direito apenas a serem reparados por danos materiais e a criança pelos danos morais ou pela perda de uma chance, que se confundem, evidenciada por um dano certo, por evitar determinado prejuízo.

É inegável que os pais da criança sofreram um abalo psicológico e emocional, que merece ser atenuado pela via dos danos morais. O dano material também é evidente, visto que houve pagamento prévio pelo serviço. Quanto ao nascituro, não houve um dano moral, muito menos material, mas apenas a perda de um possível tratamento no futuro, diante de um quadro que não é possível assegurar no momento atual. Esta é a principal característica da "perda de uma chance". A vítima não sofre um prejuízo líquido e certo, mas lhe é retirada uma potencialidade, uma possibilidade futura. O exemplo clássico é o do advogado que perde o prazo para ajuizar uma ação com alta probabilidade de êxito. O cliente não pode assegurar que teve um dano ou um prejuízo líquido e certo, mas certamente pode alegar que perdeu a chance de conquistar um ganho. **GN**
Gabarito "B".

(Advogado – Pref. São Roque/SP – 2020 – VUNESP) De acordo com a Jurisprudência sumulada, acerca do dano moral, pode-se corretamente afirmar que

(A) a simples devolução indevida de cheque caracteriza dano moral, mas não a apresentação antecipada de cheque pré-datado.

(B) são civilmente responsáveis pelo ressarcimento de dano, decorrente de publicação pela imprensa, o autor do escrito e subsidiariamente o proprietário do veículo de divulgação, caso demonstrada a existência de dolo ou culpa deste.
(C) a pessoa jurídica não pode sofrer dano moral.
(D) é lícita a cumulação das indenizações de dano estético e dano moral, mas não são cumuláveis as indenizações por dano moral e material oriundos do mesmo fato.
(E) da anotação irregular em cadastro de proteção ao crédito não cabe indenização por dano moral quando preexistente legítima inscrição, ressalvado o direito ao cancelamento.

A: incorreta, pois caracteriza dano moral a apresentação antecipada de cheque pré-datado (Súmula 370 STJ); **B:** incorreta, pois são civilmente responsáveis pelo ressarcimento de dano, decorrente de publicação pela imprensa, tanto o autor do escrito quanto o proprietário do veículo de divulgação (Súmula 221 STJ); **C:** incorreta, pois a pessoa jurídica pode sofrer dano moral (Súmula 227 STJ); **D:** incorreta, pois são cumuláveis as indenizações por dano material e dano moral oriundos do mesmo fato (Súmula 37 STJ); **E:** correta (Súmula 385 STJ). **GR**
Gabarito "E".

6. COISAS

6.1. POSSE

(Delegado – PC/BA – 2018 – VUNESP) Com relação à posse, assinale a alternativa correta.

(A) A posse direta, de pessoa que tem a coisa em seu poder, temporariamente, em virtude de direito pessoal, ou real, não anula a indireta, de quem aquela foi havida, podendo o possuidor direto defender a sua posse contra o possuidor indireto.
(B) Tendo em vista que a posse somente é defendida por ser um indício de propriedade, obsta à manutenção ou reintegração na posse a alegação de propriedade, ou de outro direito sobre a coisa.
(C) Não autorizam a aquisição da posse justa os atos violentos, senão depois de cessar a violência; entretanto, se a coisa obtida por violência for transferida, o adquirente terá posse justa e de boa-fé, mesmo ciente da violência anteriormente praticada.
(D) É de boa-fé a posse, se o possuidor ignora o vício, ou o obstáculo que impede a aquisição da coisa. O possuidor com justo título tem por si a presunção de boa-fé, mesmo após a ciência inequívoca que possui indevidamente.
(E) O possuidor turbado, ou esbulhado, poderá manter-se ou restituir-se por sua própria força, a qualquer tempo; os atos de defesa, ou de desforço, não podem ir além do indispensável à manutenção, ou restituição da posse.

A: correta, pois a alternativa reproduz o disposto no art. 1.197 do Código Civil. Esse desmembramento é muito comum e útil para o comércio jurídico. Assim, por exemplo, na locação, o locador mantém a posse indireta do bem, enquanto o locatário tem a posse direta, o mesmo ocorrendo respectivamente com o comodante e o comodatário. O desmembramento também ocorre nos direitos reais sobre coisa alheia. Assim, por exemplo, o nu-proprietário mantém a posse indireta do bem, enquanto o usufrutuário tem a posse direta. Vale lembrar que a proteção possessória (incluindo as ações possessórias) é conferida a ambos, tanto em face de terceiros, como um em relação ao outro; **B:** incorreta. A ação possessória foi concebida exatamente para ser uma ação rápida, dinâmica e de simples solução. Se fosse permitida a discussão sobre quem é o dono, as ações possessórias perderiam todo esse dinamismo. É por conta disso que o art. 557, parágrafo único, do Código de Processo Civil diz que: "*Não obsta à manutenção ou à reintegração de posse a alegação de propriedade ou de outro direito sobre a coisa*". O art. 1.210, § 1º, do CC repete o enunciado; **C:** incorreta, pois se o adquirente souber da violência com a qual a coisa foi obtida, ele é considerado um possuidor de má-fé, pois tem ciência do vício que macula a posse (CC, art. 1.201); **D:** incorreta, pois a presunção de boa-fé que o justo título cria é relativa, admitindo prova em contrário. É por isso que o parágrafo único do art. 1.201 preceitua: "*O possuidor com justo título tem por si a presunção de boa-fé, salvo prova em contrário, ou quando a lei expressamente não admite esta presunção*"; **E:** incorreta, pois a vítima pode se defender desde que "*o faça logo*" (art. 1.210, § 1º). A ideia é que a defesa ocorra no "*calor dos acontecimentos*". **GN**

Gabarito "A".

6.1.1. EFEITOS DA POSSE

(Procurador Municipal – Sertãozinho/SP – VUNESP – 2016) Assinale a alternativa correta sobre o instituto da posse e seus efeitos.

(A) Em regra, o possuidor com justo título tem em seu benefício a presunção *juris tantum* de posse de boa-fé.

(B) A posse é um direito real, considerando-se possuidor todo aquele que tem de fato o exercício de algum dos poderes inerentes à propriedade.

(C) O direito civil brasileiro não admite o desdobramento da posse como forma de atribuir a alguém a posse direta e a outro a posse indireta sobre determinado bem.

(D) Para aquisição de imóvel por meio da usucapião extraordinária é dispensado o exercício da posse *ad usucapionem*.

(E) Ao possuidor de má-fé não serão ressarcidas as benfeitorias por ele realizadas, seja de natureza necessária, útil ou voluptuária.

A: correta. O justo título é o documento que aparenta ter aptidão para transmitir a posse (ou mesmo a propriedade) mas que – por algum vício intrínseco – não carrega tal aptidão. A serventia dele é conceder ao portador uma presunção de boa-fé na posse, o que acarreta variadas consequências jurídicas benéficas, como prazo reduzido de usucapião (CC, art. 1.201, parágrafo único); **B:** incorreta, pois a posse não é direito real; **C:** incorreta, pois o Código Civil (art. 1.197) admite o desdobramento da posse em *direta e indireta*. Assim, por exemplo, tem posse direta o locatário, o usufrutuário, o comodatário, enquanto o locador, o nu-proprietário e o comodante mantém apenas a posse indireta; **D:** incorreta, porquanto tal requisito é essencial em qualquer espécie de usucapião; **E:** incorreta, pois o possuidor de má-fé tem direito à indenização pelas benfeitorias necessárias, sem retenção (CC, art. 1.220). **GN**

Gabarito "A".

6.2. PROPRIEDADE IMÓVEL

(Procurador – PGE/SP – 2024 – VUNESP) Um terreno onde cada um dos proprietários tem a propriedade exclusiva sobre o seu lote, havendo partes de propriedade comuns dos condôminos, bem como outras partes onde foram instituídos direitos reais sobre coisa alheia em benefício do poder público, da população em geral e da proteção da paisagem urbana, denomina-se condomínio

(A) de lotes.

(B) de acesso controlado.

(C) misto.

(D) em multipropriedade.

(E) urbano simples.

A: correta, nos termos do art. 1.358-A CC: "Pode haver, em terrenos, partes designadas de lotes que são propriedade exclusiva e partes que são propriedade comum dos condôminos"; **B:** incorreta, pois dispõe o art. 2º, §§ 1º e 8º, da Lei nº 6.766/79: "Art. 2º. O parcelamento do solo urbano poderá ser feito mediante loteamento ou desmembramento, observadas as disposições desta Lei e as das legislações estaduais e municipais pertinentes. § 1º Considera-se loteamento a subdivisão de gleba em lotes destinados a edificação, com abertura de novas vias de circulação, de logradouros públicos ou prolongamento, modificação ou ampliação das vias existentes. § 8º Constitui loteamento de acesso controlado a modalidade de loteamento, definida nos termos do § 1º deste artigo, cujo controle de acesso será regulamentado por ato do poder público Municipal, sendo vedado o impedimento de acesso a pedestres ou a condutores de veículos, não residentes, devidamente identificados ou cadastrados; **C:** incorreta, pois condomínios mistos são empreendimentos imobiliários que combinam diferentes tipos de uso dentro de um mesmo complexo ou área. Geralmente, esses condomínios incluem apartamentos residenciais na parte superior da torre, enquanto o térreo se destina para fins comerciais diversos. Tudo dentro de um mesmo espaço físico. Logo, não se configuram no conceito do enunciado na questão (art. 1.358-A CC); **D:** incorreta, pois segundo o art. 1.358-C CC: "Multipropriedade é o regime de condomínio em que cada um dos proprietários de um mesmo imóvel é titular de uma fração de tempo, à qual corresponde a faculdade de uso e gozo, com exclusividade, da totalidade do imóvel, a ser exercida pelos proprietários de forma alternada"; **E:** incorreta, pois o condomínio urbano simples está previsto no art. 61 da Lei nº 13.465/17, segundo o qual: "art. 61. Quando um mesmo imóvel contiver construções de casas ou cômodos, poderá ser instituído, inclusive para fins de Reurb, condomínio urbano simples, respeitados os parâmetros urbanísticos locais, e serão discriminadas, na matrícula, a parte do terreno ocupada pelas edificações, as partes de utilização exclusiva e as áreas que constituem passagem para as vias públicas ou para as unidades entre si. Parágrafo único. O condomínio urbano simples será regido por esta Lei, aplicando-se, no que couber, o disposto na legislação civil, tal como os arts. 1.331 a 1.358 da Lei nº 10.406, de 10 de janeiro de 2002 (Código Civil)". **GR**

Gabarito "A".

(Procurador do Estado/SP – 2018 – VUNESP) Desde novembro de 2007, Tício exerce posse mansa, pacífica, ininterrupta e com fim de moradia sobre imóvel urbano com área de 260 m², baseado em compromisso de compra e venda quitado, mas não registrado, celebrado com Caio.

Mévio, de boa-fé, adquiriu o mesmo imóvel de Caio em fevereiro de 2018, mediante pagamento à vista, seguido de posterior registro da escritura pública de compra e venda no Cartório de Imóveis.

Em seguida, Mévio move ação de imissão na posse em face de Tício. Nesse caso,

(A) mesmo ausentes os requisitos da usucapião ordinária, Tício poderá alegar a usucapião especial urbana como matéria de defesa, para impedir a procedência do pedido.

(B) se acolhida a usucapião como matéria de defesa, Tício deverá indenizar Mévio, pois este não teria adquirido o imóvel de Caio caso o compromisso de compra e venda tivesse sido levado a prévio registro.

(C) Tício não poderá invocar a usucapião como matéria de defesa, ante a vedação à *exceptio proprietatis* prescrita no art. 1.210, parágrafo 2º do Código Civil e o fato de Mévio ser adquirente de boa-fé.

(D) Tício poderá alegar a usucapião ordinária como matéria de defesa para impedir a procedência do pedido, mediante prova da existência de compromisso de compra e venda quitado, ainda que não registrado, e da posse prolongada exercida com boa-fé.

(E) a alegação de usucapião ordinária formulada por Tício, como matéria de defesa, não impedirá a procedência do pedido, por falta de prévio registro do compromisso de compra e venda, condição indispensável para torná-lo oponível *erga omnes*, em especial a Mévio, adquirente de boa-fé.

A questão trata da usucapião ordinária, prevista no art. 1.242 do Código Civil. Tício exerceu a posse sobre o imóvel de forma contínua, inconteste e de boa-fé. O prazo para a consumação de tal usucapião é de dez anos e o compromisso de compra e venda caracteriza a existência do justo título. O STJ já firmou entendimento segundo o qual: "*reconhece como justo título, hábil a demonstrar a posse, o instrumento particular de compromisso de comprae venda, ainda que desprovido de registro*" (AgInt no AREsp 202871/MS Agravo Interno no Agravo em Recurso Especial 2012/0144045-5). Desta forma, ele tornou-se legítimo proprietário do bem em novembro de 2017, quando o prazo se consumou e tal direito real de propriedade pode ser utilizado em sede de defesa (STF, súmula 237). No que se refere a Mévio, ele poderá se voltar contra Caio, que vendeu coisa que já não era sua. Para tanto, ele utilizará as regras legais da garantia contra a evicção (CC, arts. 447 e seguintes).GN

Gabarito "D".

(Juiz de Direito – TJ/RS – 2018 – VUNESP) José era proprietário de uma extensa área urbana não edificada, com mais de 50.000 m². Essa área não era vigiada e nem utilizada para qualquer finalidade. O imóvel foi ocupado, no mês de janeiro de 2010, por um considerável número de pessoas, que construíram suas moradias. Os ocupantes, por sua própria conta, em mutirão, além de construírem suas casas, realizaram a abertura de viários posteriormente reconhecidos pelo poder público municipal, bem como construíram espaços destinados a escolas e creches que estão em pleno funcionamento. Cada moradia tem área superior a 350 m². Em março de 2016, José ajuizou uma ação reivindicatória que deverá ser julgada

(A) improcedente, tendo em vista que o juiz deverá declarar que o proprietário perdeu o imóvel reivindicado, em razão das obras de interesse social realizadas pelos moradores, fixando a justa indenização devida ao proprietário; pago o preço, valerá a sentença como título para o registro do imóvel em nome dos possuidores.

(B) procedente, tendo em vista que ainda não houve o prazo para a aquisição mediante usucapião. Dessa forma, os moradores deverão ser retirados, sem qualquer direito a indenizações por benfeitorias e acessões, tendo em vista a posse de má-fé.

(C) procedente, tendo em vista que ainda não houve o prazo para a aquisição mediante usucapião constitucional. Dessa forma, os moradores deverão ser retirados, mas terão direito à retenção do imóvel até serem indenizados pelas benfeitorias e acessões, tendo em vista a posse de boa-fé.

(D) improcedente, tendo em vista que o imóvel foi adquirido por usucapião especial coletivo; José, assim, foi penalizado pelo não cumprimento da função social

da propriedade, bem como em razão da preponderância do direito social à moradia sobre o direito de propriedade.

(E) improcedente, tendo em vista que o juiz deverá declarar que o proprietário perdeu o imóvel reivindicado, em razão das obras de interesse social realizadas pelos moradores, não havendo qualquer direito à indenização, tendo em vista o não cumprimento da função social da propriedade e a preponderância do direito social à moradia sobre o direito de propriedade.

A questão versa sobre o art. 1.228, §§ 4º e 5º, que trouxe para o ordenamento jurídico brasileiro uma modalidade específica de perda da propriedade, totalmente alicerçada na função social da propriedade. A ideia é que a utilização prolongada do bem (durante cinco anos) por um "*considerável número de pessoas*" que ali realizaram "obras e serviços [...] de interesse social e econômico relevante "se sobrepõe ao direito individual de propriedade do terreno. Nesse caso, a lei permite que o juiz prive o proprietário do direito de propriedade, fixando o pagamento de "*justa indenização*".GN

Gabarito "A".

(Juiz – TJ/RJ – VUNESP – 2016) Rony, há 6 (seis) anos ininterruptos e sem oposição, possui como sua uma pequena casa de 90 m², em área urbana, onde reside com sua família. Não é proprietário de outro imóvel, urbano ou rural. Anteriormente à sua posse, a casa era ocupada por um amigo seu que se mudou para outro Estado, mas Rony não sabe a que título seu amigo ocupava o imóvel. Dois anos após a ocupação por Rony, foi averbada na matrícula do imóvel uma certidão de distribuição de uma ação de execução em face do formal proprietário do bem. Rony não recebeu notícia da averbação realizada.

Diante dessas circunstâncias, é correto afirmar que

(A) se operou a prescrição aquisitiva em favor de Rony, pela denominada usucapião especial urbana residencial individual.

(B) Rony não usucapiu o imóvel na medida em que a averbação da certidão de distribuição da execução implica na impossibilidade de usucapir por modalidade diversa da usucapião extraordinária.

(C) não se operou a prescrição aquisitiva, por falta de lapso temporal suficiente.

(D) a averbação da certidão de distribuição da execução interrompeu o prazo para prescrição aquisitiva.

(E) a averbação da certidão de distribuição da execução suspende o prazo para prescrição aquisitiva, até que seja cancelada a averbação por algum motivo.

A hipótese encaixa-se com perfeição na hipótese prevista no art. 183 da Constituição Federal, segundo a qual: "Aquele que possuir como sua área urbana de até duzentos e cinquenta metros quadrados, por cinco anos, ininterruptamente e sem oposição, utilizando-a para sua moradia ou de sua família, adquirir-lhe-á o domínio, desde que não seja proprietário de outro imóvel urbano ou rural". A averbação da distribuição não é fato suficiente para interromper o prazo de usucapião. Nesse sentido, o STJ consolidou o entendimento segundo o qual: "*Num processo de usucapião tradicional, o prazo de prescrição aquisitiva só é interrompido pela atitude do proprietário que torne inequívoca sua intenção de retomar o bem*". (REsp 1133451/SP, Rel. Ministra Nancy Andrighi, Terceira Turma, julgado em 27/03/2012, DJe 18/04/2012).GN

Gabarito "A".

1. DIREITO CIVIL

(Procurador – SP – VUNESP – 2015) Assinale a alternativa correta sobre a propriedade imóvel, seu uso e transmissão.

(A) O direito à aquisição da propriedade imóvel, pela usucapião extraordinária, não será reconhecido ao mesmo possuidor mais de uma vez.

(B) O proprietário causador de interferências prejudiciais ao sossego da vizinhança, com respaldo no interesse público, fica isento do pagamento de indenização aos vizinhos atingidos.

(C) A propriedade do solo abrange as jazidas, as minas e os demais recursos minerais nele existentes.

(D) De acordo com a sistemática adotada pelo direito brasileiro, em regra, transfere-se a propriedade imóvel no ato da assinatura da escritura pública de venda e compra.

(E) O abandono é uma das formas de perda da propriedade e, preenchidos os requisitos legais, poderá o imóvel ser arrecadado como bem vago.

A: incorreta, pois o requisito de "*não ser reconhecido ao mesmo possuidor mais de uma vez*" não se aplica à hipótese de usucapião extraordinária (CC, art. 1.238); **B:** incorreta, pois mesmo nesse caso o proprietário deverá pagar "indenização cabal" ao vizinho (CC, art. 1.278); **C:** incorreta, pois a propriedade do solo não abrange as jazidas, as minas e os demais recursos minerais nele existentes (CC, art. 1.230); **D:** incorreta, pois em nosso sistema, o que transfere a propriedade é o registro (bens imóveis) e a tradição (bens móveis) como estabelecido pelos artigos 1.245 e 1.267; **E:** correta, pois de acordo com a previsão do art. 1.276 do Código Civil. **GN**

Gabarito "E".

(Juiz – TJ/MS – VUNESP – 2015) Assinale a alternativa correta sobre a posse e o direito real de propriedade.

(A) A renúncia à propriedade de bem imóvel independe do registro do ato renunciativo no competente Registro de Imóveis.

(B) O credor hipotecário é possuidor indireto do bem objeto da garantia.

(C) Os bens públicos dominicais não estão sujeitos à prescrição aquisitiva.

(D) Não se admite a aquisição da posse por meio do constituto possessório.

(E) Na alienação fiduciária de bem imóvel, o fiduciário é titular da propriedade e o fiduciante é pleno possuidor do imóvel.

A: incorreta, pois a renúncia à propriedade imóvel está subordinada ao registro do título transmissivo ou do ato renunciativo no Registro de Imóveis (CC, art. 1.275, parágrafo único); **B:** incorreta, pois o devedor hipotecário permanece na posse do bem, não ocorrendo o fenômeno do desdobramento da posse; **C:** correta, pois os bens públicos não estão sujeitos à usucapião (CF, art. 183, § 3º e art. 191, parágrafo único e Código Civil art. 102); **D:** incorreta, pois o constituto possessório é admitido no Brasil. Ele pressupõe a realização de dois negócios simultâneos. Um de transferência de propriedade (ex: compra e venda, uma doação...) e simultaneamente um negócio que resulta no desmembramento da posse. Isso ocorre, por exemplo, quando o doador se reserva ao direito de usufruto. Ele transfere a propriedade, mas permanece como possuidor direto; **E:** incorreta, pois o fiduciante detém apenas a posse direta do bem. **GN**

Gabarito "C".

(Procurador – IPSMI/SP – VUNESP – 2016) João exerceu posse de uma propriedade imóvel, como se sua fosse, por quinze anos, sem interrupção, nem oposição. Consta no Registro de Imóveis que o imóvel pertence a Antonio e está hipotecado para o Banco X. Diante desse fato, assinale a alternativa correta.

(A) Prevalece a usucapião sobre a hipoteca, como modo de aquisição originária da propriedade.

(B) O Banco X tem o direito de executar a hipoteca, caso não paga, imitindo-se na posse.

(C) O Banco X tem o direito de excutir a propriedade, independentemente de quem seja o titular de sua posse.

(D) A hipoteca está cancelada desde o momento em que João passou a exercer a posse como se a propriedade fosse sua.

(E) Não há causa para a extinção da hipoteca, por falta de disposição legal que abranja a situação fática apresentada.

A usucapião é forma originária de aquisição de propriedade. Isso significa que eventual direito real de garantia estabelecido anteriormente não prevalece. Esse é o entendimento consolidado pelo STJ. Nesse sentido: "*A usucapião é forma de aquisição originária da propriedade, de modo que não permanecem os ônus que gravavam o imóvel antes da sua declaração*" (AgRg no REsp 647.240/DF, Rel. Ministro Ricardo Villas Bôas Cueva, Terceira Turma, julgado em 07/02/2013, DJe 18/02/2013). **GN**

Gabarito "A".

(Procurador Municipal/SP – VUNESP – 2016) Sobre a possibilidade de instituir-se a hipoteca e a usucapião, assinale a alternativa correta.

(A) A decisão que reconhece a aquisição da propriedade de bem imóvel por usucapião prevalece sobre a hipoteca que anteriormente tenha gravado o referido bem.

(B) É plenamente eficaz gravar o bem com hipoteca pelo proprietário que assim consta no registro de domínio, independentemente do tempo da posse *ad usucapionem* de terceiro.

(C) A prescrição aquisitiva – usucapião –, não poderá ser reconhecida se houver gravame hipotecário, ou outro direito real que importe em garantia, sobre o imóvel em que se exerce a posse *ad usucapionem*.

(D) A hipoteca, por dar o bem em garantia, e a usucapião, pela natureza jurídica da posse e de seu titular, não podem recair sobre imóvel considerado como bem de família.

(E) O direito a adquirir a propriedade por meio da prescrição aquisitiva é interrompido pela execução da hipoteca constituída sobre o imóvel em benefício do agente financeiro, por empréstimo contraído pelo promitente vendedor.

A: correta, pois a usucapião é forma originária de aquisição de propriedade. Isso significa que eventual direito real de garantia estabelecido anteriormente não prevalece. Esse é o entendimento consolidado pelo STJ. Nesse sentido: "*A usucapião é forma de aquisição originária da propriedade, de modo que não permanecem os ônus que gravavam o imóvel antes da sua declaração*" (AgRg no REsp 647.240/DF, Rel. Ministro Ricardo Villas Bôas Cueva, Terceira Turma, julgado em 07/02/2013, DJe 18/02/2013); **B:** incorreta, pois caso o prazo de usucapião já tenha se consumado, a garantia real será inócua; **C:** incorreta, pois a usucapião é forma originária de aquisição de propriedade e prevalecerá sobre eventual hipoteca; **D:** incorreta, pois nada impede hipoteca ou usucapião sobre bem de família; **E:** incorreta, pois a usucapião prevalece sobre a hipoteca. **GN**

Gabarito "A".

(Procurador Municipal – Sertãozinho/SP – VUNESP – 2016) Com relação à propriedade imóvel, é correto afirmar que

(A) não se admite a renúncia à propriedade imóvel quando há débitos de natureza *propter rem* perante a municipalidade.

(B) no caso de abandono do imóvel urbano pelo proprietário, havendo sua arrecadação como bem vago, o domínio passará ao Estado ou ao Distrito Federal, se achar-se nas respectivas circunscrições.

(C) a aquisição pelo registro do título somente tem eficácia a partir do efetivo registro pelo oficial do cartório competente, que não poderá ultrapassar o prazo de 30 (trinta) dias.

(D) na aquisição por usucapião, em regra não se admite que o possuidor acrescente à sua posse a dos seus antecessores, com o objetivo de cumprir o requisito temporal.

(E) a prescrição aquisitiva é forma originária de aquisição da propriedade.

A: incorreta, pois a renúncia à propriedade imóvel é válida, ainda que haja débitos de natureza *propter rem* perante a municipalidade, como é o caso típico do IPTU; **B:** incorreta, pois no caso de abandono, o bem poderá ser arrecadado e passará, após três anos, à propriedade do Município ou Distrito Federal onde localizado (CC, art. 1.276); **C:** incorreta, pois *"O registro é eficaz desde o momento em que se apresentar o título ao oficial do registro, e este o prenotar no protocolo"* (CC, art. 1.246); **D:** incorreta, pois o sucessor universal (ex: herdeiro único) continua de direito a posse do seu antecessor. Já o sucessor singular (ex: herdeiro legatário, a quem se deixou um terreno) tem a opção de unir sua posse à do antecessor (CC, art. 1.207); **E:** correta, pois a usucapião é forma originária de aquisição de propriedade. Isso significa que eventual direito real de garantia estabelecido anteriormente não prevalece. Esse é o entendimento consolidado pelo STJ. Nesse sentido: *"A usucapião é forma de aquisição originária da propriedade, de modo que não permanecem os ônus que gravavam o imóvel antes da sua declaração"* (AgRg no REsp 647.240/DF, Rel. Ministro Ricardo Villas Bôas Cueva, Terceira Turma, julgado em 07/02/2013, DJe 18/02/2013). **GN**

Gabarito "E".

6.3. LEI DE REGISTROS PÚBLICOS

(Juiz de Direito – TJ/RS – 2018 – VUNESP) Sobre o registro de imóveis, assinale a alternativa correta.

(A) Apresentado título de segunda hipoteca, com referência expressa à existência de outra anterior, o oficial, depois de prenotá-lo, aguardará durante 15 (quinze) dias que os interessados na primeira promovam a inscrição.

(B) Se forem apresentadas no mesmo dia para registro duas escrituras públicas realizadas no mesmo dia, em que conste a hora da sua lavratura, prevalecerá, para efeito de prioridade, a que foi apresentada ao registro em primeiro lugar.

(C) Se o imóvel não estiver matriculado ou registrado em nome do outorgante, o oficial exigirá a prévia matrícula e o registro do título anterior, qualquer que seja a sua natureza, para manter a continuidade do registro.

(D) São admitidos a registro escritos particulares autorizados em lei, assinados pelas partes e testemunhas, tais como os atos praticados por entidades vinculadas ao Sistema Financeiro da Habitação, desde que com as firmas reconhecidas.

(E) Para o desmembramento, parcelamento ou remembramento de imóveis rurais, bem como para qualquer ato de transferência, o georreferenciamento do imóvel rural é facultativo.

A: incorreta, pois – para essa hipótese – o art. 189 da Lei de Registros Públicos (Lei 6.015/1973) estabelece o prazo de 30 dias; **B:** incorreta, pois nessa situação, a lei proíbe o registro (art. 190 da Lei 6.015/1973); **C:** correta, pois o enunciado da alternativa repete o disposto no art. 195 da referida Lei; **D:** incorreta, pois – no caso das entidades vinculadas ao Sistema Financeiro da Habitação – o reconhecimento de firma é dispensado (art. 221, V, da Lei 6.015/1973); **E:** incorreta, pois nesses casos, o art. 176, § 3º, da Lei 6.015/1973 apenas garante: *"isenção de custos financeiros aos proprietários de imóveis rurais cuja somatória da área não exceda a quatro módulos fiscais"*. Não há dispensa de georreferenciamento. **GR**

Gabarito "C".

(Procurador Municipal/SP – VUNESP – 2016) Considerando a necessidade de retificação do registro ou da averbação, que vise à indicação de rumos, ângulos de deflexão ou inserção de coordenadas georreferenciadas, em que não haja alteração das medidas perimetrais, em escritura pública, esta poderá ser feita somente

(A) a pedido do proprietário, por ação judicial.

(B) a pedido de qualquer interessado, por ação judicial.

(C) a pedido do Cartório, por ação judicial.

(D) de ofício ou a requerimento do interessado, por procedimento administrativo ou por ação judicial.

(E) a requerimento da municipalidade, por procedimento administrativo ou ação judicial.

Desde a publicação da Medida Provisória 759/2016, a retificação de registro que vise: *"indicação de rumos, ângulos de deflexão ou inserção de coordenadas georreferenciadas, em que não haja alteração das medidas perimetrais ou de área"* poderá ser feita de ofício ou a requerimento do interessado (Lei 6.015/1973, art. 213, I, *d*). **GN**

Gabarito "D".

(Advogado – Pref. São Roque/SP – 2020 – VUNESP) O Município ocupa um imóvel de propriedade particular, onde funciona, há mais de 50 anos, um posto de saúde municipal. Foi apresentado pelo Município um pedido de usucapião extrajudicial para que fosse reconhecida a aquisição da propriedade pela prescrição aquisitiva.

A respeito do caso hipotético que trata da usucapião extrajudicial, é possível afirmar que

(A) o pedido será processado diretamente no Tabelião de Notas da Comarca em que estiver situado o imóvel usucapiendo.

(B) se a planta do imóvel não contiver a assinatura de qualquer um dos titulares de direitos registrados ou averbados na matrícula do imóvel usucapiendo, o titular será notificado pelo registrador competente e seu silêncio será interpretado como discordância.

(C) em caso de impugnação do pedido, o oficial de registro de imóveis remeterá os autos ao juízo competente da comarca da situação do imóvel, cabendo ao Município emendar a petição inicial para adequá-la ao procedimento comum.

(D) a rejeição do pedido extrajudicial impede o ajuizamento de ação de usucapião se for expressamente reconhecida a inexistência dos requisitos para a aquisição da propriedade pela prescrição aquisitiva.

(E) o oficial de registro de imóveis promoverá a publicação de edital em jornal de grande circulação, onde houver, para a ciência de terceiros eventualmente interessa- dos, que poderão se manifestar em 30 (trinta) dias.

A: incorreta, pois o pedido será processado diretamente no cartório de Registro de Imóveis em que estiver situado o imóvel usucapiendo (art. 216-A *caput* da Lei 6.015/73); **B:** incorreta, pois o silêncio será interpretado como concordância (art. 216-A, § 2º da Lei 6.015/73); **C:** correta (art. 216-A, § 10 da Lei 6.015/73); **D:** incorreta, pois a rejeição do pedido extrajudicial não impede o ajuizamento de ação de usucapião (art. 216-A, § 9º da Lei 6.015/73); **E:** incorreta, pois o prazo de manifestação é de 15 dias (art. 216-A, § 4º da Lei 6.015/73). 🔲
Gabarito "C".

(Juiz de Direito – TJ/RJ – 2019 – VUNESP) O município tem um projeto de implantação de um conjunto habitacional popular que irá ocupar três áreas distintas e contíguas: i) matrícula X, de propriedade do Município; ii) matrícula Y, de propriedade particular, mas com imissão provisória na posse deferida em processo de desapropriação ajuizada pelo município e registrada a imissão na posse no Cartório de Registro de Imóveis; iii) área Z, destinada a edifícios públicos de um loteamento urbano. O município requereu a abertura de uma matrícula abrangendo as três áreas (X, Y e Z). Houve negativa do Cartório de Registro de Imóveis. Foi suscitada dúvida pelo Registrador de Imóveis que deverá ser julgada:

(A) procedente, pois poderia haver a unificação das glebas X e Y, mas não com a Gleba Z que deveria ser previamente discriminada, por não estar ainda registrada.

(B) improcedente, tendo em vista que não é possível a fusão de matrículas que não estão registradas em nome do mesmo proprietário, mesmo com o registro da imissão provisória na posse em nome do Município.

(C) improcedente, pois poderia haver a unificação das glebas Y e Z, mas não com a Gleba X, que somente poderia ser unificada àquelas após o registro da carta de adjudicação expedida na desapropriação referente à Gleba X.

(D) improcedente, tendo em vista que a unificação das matrículas poderá abranger um ou mais imóveis de domínio público que sejam contíguos à área objeto da imissão provisória na posse.

(E) procedente, tendo em vista que somente seria possível a abertura de uma matrícula única das três áreas após a finalização da desapropriação e o registro das áreas Y e Z no nome do Município.

A: incorreta, pois as três glebas podem ser unificadas (art. 235, III e §§ 2º e 3º da Lei 6.015/73); **B:** incorreta, pois a Lei apenas exige que os imóveis sejam de domínio público, mas não necessariamente da mesma pessoa (art. 235, III da Lei 6.015/73); **C:** incorreta, pois pode haver a unificação de um ou mais imóveis de domínio público que sejam contíguos a área de imissão na posse (art. 235, III e §§ 2º e 3º da Lei 6.015/73); **D:** correta (art. 235, § 3º da Lei 6.015/73); **E:** incorreta, não é necessária a finalização da desapropriação e o registro das áreas no nome do Município para a unificação (art. 235, III e §§ 2º e 3º da Lei 6.015/73). 🔲
Gabarito "D".

6.4. CONDOMÍNIO

(Juiz de Direito – TJ/RJ – 2019 – VUNESP) Assinale a alternativa correta, tendo em vista o entendimento sumulado vigente do Tribunal de Justiça do Rio de Janeiro sobre condomínios edilícios e incorporação imobiliária.

(A) O desconto por pagamento antecipado da cota condominial embute multa, que não admite aplicação de outra, e, muito menos, de percentual acima de 20% como previsto na Lei 4.591/64.

(B) Nas dívidas relativas a cotas condominiais, deliberadas em assembleia, incide o condômino em mora a partir da sua efetiva notificação, independentemente da utilização de meios de cobrança.

(C) O pagamento de despesas com decoração das áreas comuns, em incorporações imobiliárias, é de responsabilidade do incorporador, salvo se pactuada a transferência ao adquirente.

(D) Nos contratos de promessa de compra e venda decorrentes de incorporação imobiliária, é nula a cláusula de tolerância de prorrogação de 180 dias para a entrega do imóvel.

(E) A despesa pelo serviço de transporte coletivo prestado a condomínio pode ser objeto de rateio obrigatório entre os condôminos, desde que aprovado em assembleia, na forma da convenção.

A: incorreta, pois embora essa fosse a redação da Súmula 36 do TJRJ, ela foi cancelada em 15/04/2019 em acórdão do processo 0061605-49.2017.8.19.0000; **B:** incorreta, pois incide o condômino em mora a partir do seu *vencimento* (Súmula 372 TJRJ); **C:** incorreta, pois a responsabilidade é do incorporador sendo *vedada* sua transferência ao adquirente (Súmula 351 TJRJ); **D:** incorreta, pois nos contratos de promessa de compra e venda decorrentes de incorporação imobiliária, é *válida* a cláusula de tolerância de prorrogação de 180 dias para a entrega do imóvel (Súmula 350 TJRJ); **E:** correta (Súmula 346 TJRJ). 🔲
Gabarito "E".

6.5. DIREITOS REAIS NA COISA ALHEIA – FRUIÇÃO

(Procurador Federal – AGU – 2023 – CEBRASPE) Fernanda concedeu a Marcos, mediante escritura pública registrada em cartório de imóveis, o direito de ele plantar em terreno de propriedade dela, durante dez anos.

Nessa situação hipotética, Marcos adquiriu

(A) concessão por avulsão.

(B) direito de uso e usufruto de propriedade alheia.

(C) direito de superfície.

(D) concessão de uso especial.

(E) direito de usufruto limitado.

A: incorreta, pois a avulsão tem conceito diverso previsto no art. 1.251 CC: "Quando, por força natural violenta, uma porção de terra se destacar de um prédio e se juntar a outro, o dono deste adquirirá a propriedade do acréscimo, se indenizar o dono do primeiro ou, sem indenização, se, em um ano, ninguém houver reclamado"; **B:** incorreta, pois quanto ao direito de uso prevê o art. 1.412 CC "O usuário usará da coisa e a perceberá os seus frutos, quanto o exigirem as necessidades suas e de sua família." Já o usufruto está previsto no art. 1.390 e seguintes do CC e também não é hipótese do caso em tela; **C:** correta, pois dispõe o Art. 1.369, do Código Civil quanto ao direito de superfície: "O proprietário pode conceder a outrem o direito de construir ou de plantar em seu terreno, por tempo determinado, mediante escritura pública devidamente regis-

trada no Cartório de Registro de Imóveis"; **D:** incorreta, pois o instituto da concessão de uso especial, previsto no art. 1º da Medida Provisória no 2.220/01 não reflete o comando da questão; **E:** incorreta, pois o conceito não é de usufruto limitado, pois não se encaixa em nenhuma das hipóteses dos arts. 1.390 e seguintes CC, mas se configura direito de superfície como mencionado na alternativa C. **GR**
Gabarito "C".

(Juiz de Direito – TJ/SP – 2023 – VUNESP) Assinale a alternativa correta sobre a hipoteca.

(A) A hipoteca convencional, que decorre do ajuste das partes, terá duração máxima de 30 (trinta) anos. Decorrido esse prazo, a hipoteca é extinta, independentemente do vencimento da dívida que ela assegura. A constituição de nova hipoteca depende de novo título e de novo registro. Essa sistemática prevista na lei civil também se aplica para a hipoteca legal.

(B) A arrematação ou adjudicação do imóvel hipotecado é causa extintiva da hipoteca, devidamente registrada, desde que o credor hipotecário tenha sido previamente intimado nos autos da execução.

(C) A hipoteca judiciária está prevista no Código Civil e no Código de Processo Civil. Pode-se dizer que se trata de um efeito anexo da sentença que condena o réu ao pagamento de prestações em dinheiro e a que determina a conversão da prestação de fazer, de não fazer ou de dar coisa em prestação pecuniária. A sentença valerá como título constitutivo da hipoteca judiciária, independentemente do requerimento da parte no processo judicial, ainda que exista recurso recebido com efeito suspensivo.

(D) A hipoteca pode ser constituída para garantia de dívida futura ou condicionada, desde que determinado o valor máximo do crédito a ser garantido. Nesse caso, a execução da hipoteca não dependerá de prévia e expressa concordância do devedor quanto à verificação da condição ou ao montante da dívida.

A: incorreta, pois a quanto à hipoteca legal ela será válida enquanto a obrigação perdurar. Apesar de ser ilimitada no tempo, deve ser renovada após 20 anos de eficácia (art. 1.498 CC); **B:** correta, além das causas extintivas da hipoteca estão listadas no art. 1.499 CC, a arrematação ou adjudicação do imóvel hipotecado extinguirão a hipoteca desde que tenham sido notificados judicialmente os respectivos credores hipotecários, que não forem de qualquer modo parte na execução (art. 1.501 CC); **C:** incorreta, pois a hipoteca judiciária está prevista no Código de Processo Civil (art. 495 CPC), e não no Código Civil. Trata-se de uma ferramenta hábil para assegurar futura execução de sentença condenatória, denominado pela doutrina de "efeito condenatório da sentença", pois decorre automaticamente da própria lei processual. Por meio da hipoteca judiciária, é gravado bem imóvel de propriedade da parte condenada ao pagamento de dinheiro ou entrega de coisa, estabelecendo-se, em prol do juízo e do vencedor, um instrumento que ajuda a tornar eficaz a sentença; **D:** incorreta, pois neste caso a execução da hipoteca dependerá de prévia e expressa concordância do devedor quanto à verificação da condição, ou ao montante da dívida (art. 1.487, § 1º CC). **GR**
Gabarito "B".

(Procurador do Estado/SP – 2018 – VUNESP) Sobre o direito real de laje, é correto afirmar:

(A) pressupõe a coexistência de unidades imobiliárias, autônomas ou não, de titularidades distintas e situadas na mesma área, de modo a permitir que o proprietário ceda a superfície de sua construção a outrem para que

ali construa unidade distinta daquela originalmente construída sobre o solo.

(B) a ruína da construção-base não implica extinção do direito real de laje se houver sua reconstrução no prazo de 10 anos.

(C) as unidades autônomas constituídas em matrícula própria poderão ser alienadas por seu titular sem necessidade de prévia anuência do proprietário da construção-base.

(D) confere ao seu titular o direito de sobrelevações sucessivas, mediante autorização expressa ou tácita do proprietário da construção-base, desde que observadas as posturas edilícias e urbanísticas vigentes.

(E) contempla espaço aéreo e subsolo, tomados em projeção vertical, atribuindo ao seu titular fração ideal de terreno que comporte construção.

A: incorreta, pois a unidade deve ser autônoma (CC, art. 1.510-A, §1º); **B:** incorreta, pois – nesse caso – a ruína da construção base somente não implicará extinção do direito real de laje se houver sua reconstrução no prazo de 5 anos (CC, art. 1.510-E); **C:** correta, pois o Código Civil não exige anuência, mas apenas confere direito de preferência ao titular da construção base e, na sequência, ao titular de outra laje. A consequência da não concessão de tal preferência é a possibilidade de o preterido depositar o respectivo preço e haver para si a parte alienada, desde que o requeira no prazo decadencial de cento e oitenta dias, contado da data de alienação (CC, art. 1.510-D); **D:** incorreta, pois o Código exige "*autorização expressa dos titulares da construção-base e das demais lajes*" (CC, art. 1.510-A § 6º); **E:** incorreta, pois não se atribui ao titular de direito real de laje fração ideal do terreno (CC, art. 1.510-A, § 4º). **GN**
Gabarito "C".

(Defensor Público/RO – 2017 – VUNESP) A Medida Provisória 759/2016, convertida para a Lei 13.465/2017, instituiu o direito real de laje, que consiste

(A) na concessão a outrem do direito de usar o pavimento superior de sua construção, por tempo determinado, averbandose tal prerrogativa na matrícula do imóvel.

(B) na possibilidade de coexistência de unidades imobiliárias autônomas de titularidades distintas situadas em uma mesma área, de maneira a permitir que o proprietário ceda a superfície de sua construção a fim de que terceiro edifique unidade distinta daquela originalmente construída sobre o solo.

(C) na concessão a outrem do direito de construir em seu terreno, por tempo determinado, utilizandose a construção especificamente para fins de moradia.

(D) na possibilidade de divisão de unidades autônomas integrantes de condomínio edilício, desde que todas as unidades possuam isolamento funcional e acesso independente, devendo ser aberta matrícula própria para cada uma das referidas unidades.

(E) na possibilidade de construção de unidade imobiliária autônoma sobre a superfície de imóvel de outrem, com ou sem a autorização do proprietário da edificação originalmente construída sobre o solo, desde que não prejudique a construção original.

A: incorreta, pois o direito real de laje é mais amplo. Através dele, o dono da construção-base pode "*ceder a superfície superior ou inferior de sua construção a fim de que o titular da laje mantenha unidade distinta daquela originalmente construída sobre o solo*" (CC, art. 1.510-A); **B:** correta, pois o enunciado define de forma adequada o instituto do direito real de laje, previsto no art. 1.510-A do Código Civil; **C:** incorreta, pois o escopo não é apenas construir no terreno, mas sim sobre a "*superfície*

1. DIREITO CIVIL

superior ou inferior" da construção base. Ademais, a lei não limitou a utilização da laje apenas para fins de moradia; **D**: incorreta, pois o direito de laje não se confunde com a divisão de unidades autônomas de condomínio edilício; **E**: incorreta, pois o consentimento do proprietário da construção base é elementar para a noção do direito real de laje.

Gabarito "B".

6.6. DIREITOS REAIS NA COISA ALHEIA – GARANTIA

(Defensor Público/RO – 2017 – VUNESP) José Roberto visitou o *stand* de vendas de uma construtora, em Porto Velho/RO, e adquiriu um dos apartamentos do empreendimento que seria construído. Assinou, portanto, um compromisso de venda e compra, pagando parte do valor à vista e o restante em 36 (trinta e seis) meses. Ao final do 36º mês, José Roberto quitou a última parcela, recebeu o termo de quitação e também recebeu as chaves do imóvel. Prometeu a construtora que outorgaria a escritura em até 30 (trinta) dias. Passado o prazo, José Roberto enviou notificação extrajudicial à construtora para requerer a outorga da escritura, recebendo como resposta que a construtora ainda não poderia outorgá-la, na medida em que o apartamento permanecia servindo de garantia (hipoteca) à instituição que financiou o empreendimento. O compromisso de venda e compra firmado entre a construtora e José Roberto não está registrado na matrícula do imóvel. Nesse panorama, assinale a alternativa correta.

(A) José Roberto não reúne todas as condições necessárias para pleitear judicialmente a adjudicação compulsória do imóvel, mas preenche os requisitos para prescrição aquisitiva originária.

(B) Para pleitear a adjudicação compulsória do imóvel, José Roberto primeiro deverá exercer a posse durante 1 (um) ano.

(C) José Roberto poderá pleitear judicialmente a adjudicação compulsória do imóvel, desde que proceda ao prévio registro do compromisso de venda e compra na matrícula.

(D) A existência de garantia hipotecária, em favor de terceiro, ilide a pretensão de José Roberto de pleitear a adjudicação compulsória em face da construtora.

(E) José Roberto já reúne todas as condições necessárias para pleitear judicialmente a adjudicação compulsória do imóvel.

A questão envolve o conhecimento de algumas regras básicas sobre hipoteca, adjudicação compulsória e compromisso de compra e venda. Em primeiro lugar, não prospera a alegação da construtora de que ainda pendia hipoteca em favor do agente financeiro, visto que a mesma não tem eficácia perante adquirentes do imóvel (Súmula 308 do STJ). Logo, José Roberto não é afetado pela existência deste direito real de garantia que – de resto – vincula apenas a construtora e o agente financeiro. Em virtude da quitação de sua dívida com a construtora, José Roberto tem direito à adjudicação compulsória do imóvel. Segundo entendimento sumulado do STJ, tal direito não se "*condiciona ao registro do compromisso de compra e venda no cartório de imóveis*" (Súmula 239 do STJ).

Gabarito "E".

(Defensor Público/RO – 2017 – VUNESP) Em janeiro de 2017, Robson adquiriu um imóvel de R$ 300.000,00, pagando R$ 50.000,00 ao vendedor e financiando R$ 250.000,00 perante determinada instituição financeira. A operação de financiamento se deu por alienação fiduciária em garantia e o pagamento seria realizado em 10 anos.

Em maio de 2017, Robson foi desligado da empresa onde trabalhava, razão pela qual começou a passar por dificuldades financeiras. Assim, tomou emprestado de Clécio, seu amigo, R$ 80.000,00, que seriam pagos em 80 parcelas iguais, sem juros. O mútuo foi documentado por instrumento particular de confissão de dívida (assinado por duas testemunhas), prevendo o vencimento antecipado das parcelas vincendas em caso de inadimplemento de qualquer das parcelas. Robson honrou as 12 primeiras parcelas, mas, sem conseguir novo emprego, não teve mais condições de honrar as subsequentes. Com a inadimplência de Robson, Clécio ajuizou ação de execução em face do devedor para cobrar o valor. Nesse contexto, é correto afirmar que

(A) Clécio tem a prerrogativa legal de assumir a condição de fiduciante, em contrapartida da dívida, ressarcindo Robson caso o valor já pago pelo financiamento seja superior ao valor das parcelas inadimplidas do mútuo.

(B) a propriedade do imóvel é da instituição financeira, razão pela qual eventual penhora recairá sobre os direitos de Robson sobre o imóvel.

(C) na operação de alienação fiduciária em garantia, a propriedade é resguardada ao comprador, razão pela qual poderá ser objeto de regular penhora, em benefício de Clécio.

(D) no caso de alienação extrajudicial do imóvel, em hasta pública promovida pela instituição financeira, o produto servirá prioritariamente para saldar a dívida de Clécio e, o que sobejar, para adimplir o crédito da fiduciária.

(E) para saldar sua dívida com Clécio, Robson pode ceder a ele seus direitos decorrentes da venda e compra com instituição de alienação fiduciária em garantia, sem a necessidade de anuência por parte da instituição financeira.

A: incorreta, pois inexiste tal prerrogativa na Lei de Alienação Fiduciária. A própria cessão dos direitos do devedor a terceiros dependeria de anuência do credor (art. 29 da Lei 9.514/97); **B**: correta, pois na alienação fiduciária em garantia, o credor (fiduciário) é dono do imóvel. Tal propriedade, contudo, está sujeita a condição resolutiva. Significa que um evento futuro (a saber, o pagamento total da dívida) extinguirá o direito de propriedade em favor do devedor fiduciante. Logo, eventual penhora só pode recair sobre eventuais direitos que Robson tenha sobre o imóvel (ex: eventual saldo credor que Robson tenha após a alienação extrajudicial do imóvel); **C**: incorreta, pois a propriedade (ainda que resolúvel) pertence ao credor (fiduciário) e não ao devedor (fiduciante); **D**: incorreta, pois o produto advindo da hasta pública servirá prioritariamente para pagar a instituição financeira; **E**: incorreta, pois o art. 29 da Lei 9.514/1997 exige anuência expressa do fiduciário para tal cessão.

Gabarito "B".

(Juiz – TJ/MS – VUNESP – 2015) De acordo com a legislação aplicável e interpretação do Superior Tribunal de Justiça sobre a matéria, é possível ao fiduciante, em alienação fiduciária de bem imóvel, purgar a mora

(A) até a outorga da escritura pública de venda e compra ao arrematante, quando houver arrematação.

(B) até a concessão de decisão judicial que determine a imissão na posse pelo fiduciário ou pelo arrematante, conforme o caso.

(C) no prazo de 15 (quinze) dias após a intimação promovida pelo cartório, impreterivelmente.

(D) até que haja a arrematação do bem em hasta pública.

(E) até a averbação da consolidação da propriedade na matrícula do imóvel.

O STJ já consolidou o entendimento segundo o qual "*O devedor pode purgar a mora em 15 (quinze) dias após a intimação prevista no art. 26, § 1°, da Lei 9.514/1997, ou a qualquer momento, até a assinatura do auto de arrematação*" (AgInt no REsp 1567195/SP, Rel. Ministro Paulo De Tarso Sanseverino, Terceira Turma, julgado em 13/06/2017, DJe 30/06/2017).

(Juiz – TJ/RJ – VUNESP – 2016) Em 2010, no auge de um "*boom* imobiliário", Luciano adquiriu de uma construtora um apartamento já construído. Deu pequena entrada de R$ 20.000,00 e o saldo financiou junto à própria construtora, subscrevendo escritura pública de compra e venda com pacto de alienação fiduciária em garantia. Em 2015, com a crise financeira que assolou o país, Luciano deixou de pagar as parcelas junto à fiduciária. A esta altura, Luciano já havia pago valor equivalente a 50% do preço, faltando pagar R$ 250.000,00. Assim, a construtora intimou Luciano, via cartório, para que purgasse a mora no prazo legal. Sem meios para tanto, Luciano não pôde purgar a mora. Assim, a fiduciária procedeu à consolidação da propriedade em seu nome e promoveu o público leilão do imóvel, que foi arrematado por Mounir, em primeira hasta, por R$ 650.000,00, lavrando-se imediatamente o auto de arrematação. No dia seguinte, Luciano compareceu à sede da construtora para quitar integralmente sua dívida, mas a fiduciária recusou-se a receber, argumentando que já havia se encerrado o prazo para purgação da mora.

Nesse panorama fático, assinale a alternativa correta, de acordo com a legislação aplicável e jurisprudência sobre a matéria.

(A) O estágio do procedimento extrajudicial não mais admite que o fiduciante purgue a mora ou quite a dívida, assegurado seu direito de receber o valor que superar a dívida, acrescida de eventuais outras despesas e encargos.

(B) Não havendo desocupação voluntária por Luciano, Mounir poderá ajuizar ação de imissão na posse, não se admitindo a concessão de liminar, em razão do tempo de exercício da posse pelo fiduciante.

(C) Luciano pode requerer judicialmente a anulação da consolidação da propriedade, com fundamento da teoria do adimplemento substancial.

(D) É nula a alienação fiduciária em garantia avençada, na medida em que é modalidade de contratação privativa das entidades autorizadas a operar no Sistema de Financiamento Imobiliário – SFI.

(E) Luciano pode purgar a mora ou quitar sua dívida antes que haja determinação judicial para imissão do arrematante na posse do imóvel, assegurado ao arrematante a devolução do valor pago.

A: correta, pois o STJ já consolidou o entendimento segundo o qual o devedor só pode purgar a mora até a assinatura do auto de arrematação (AgInt no REsp 1567195/SP, Rel. Ministro Paulo De Tarso Sanseverino, Terceira Turma, julgado em 13/06/2017, DJe 30/06/2017); **B:** incorreta, pois a concessão de liminar na ação dominial de imissão na posse não sofre limitação em virtude do tempo de posse do adquirente; **C:** incorreta, pois o pagamento de metade do bem não é suficiente para aplicação da teoria do adimplemento substancial; **D:** incorreta, pois contrária ao permissivo legal previsto no art. 2° da Lei 9.514/1997; **E:** incorreta, pois a purgação da mora só é permitida até a assinatura do auto de arrematação.

7. FAMÍLIA

7.1. CASAMENTO

7.1.1. DISPOSIÇÕES GERAIS, CAPACIDADE, IMPEDIMENTOS, CAUSAS SUSPENSIVAS, HABILITAÇÃO, CELEBRAÇÃO E PROVA DO CASAMENTO

(Juiz – TJ/MS – VUNESP – 2015) Márcio e Caroline, ambos com 16 (dezesseis) anos de idade, decidiram que se casariam, considerando a gravidez de Caroline. Noticiaram sua decisão aos pais de ambos, mas o pai de Caroline recusou-se a autorizar o matrimônio, apesar da aquiescência da mãe de Caroline e dos pais de Márcio. Assim, foi ajuizada ação para solução do impasse, e, após regular tramitação, sobreveio sentença autorizando o casamento. Em relação ao caso concreto apresentado, assinale a alternativa correta.

(A) Judicialmente autorizado o casamento entre Márcio e Caroline, será obrigatório o regime legal da separação de bens.

(B) Não corriam prazos prescricionais em desfavor de Márcio e Caroline, em razão de sua idade, mas, com a celebração do casamento, cessará a causa impeditiva.

(C) Com o suprimento judicial, Márcio e Caroline poderão casar-se, vigorando condição suspensiva consistente no nascimento com vida do filho do casal.

(D) Com o suprimento judicial, Márcio e Caroline poderão casar-se, mas o casamento não fará cessar a incapacidade civil de ambos.

(E) A sentença é nula, na medida em que não se admite suprimento judicial em caso de falta de anuência de qualquer dos pais.

A: correta, pois o casal necessita de autorização dos pais para se casar e – sendo essa negada – o juiz poderá supri-la (CC, art. 1.519). Toda vez que um casamento for autorizado pelo juiz, vigorará o regime de separação obrigatória de bens (CC, art. 1.641, III); **B:** incorreta, pois os prazos começam a correr aos dezesseis anos, quando a pessoa se torna relativamente incapaz (CC, art. 198, I); **C:** incorreta, pois não há condição (no sentido de evento futuro e incerto que suspende os efeitos) que possa ser aposta a um casamento. A insegurança da condição não se coaduna com a estabilidade necessária do matrimônio; **D:** incorreta, pois o casamento gera emancipação, a qual traz capacidade de exercício para ambos (CC, art. 5°, parágrafo único, II); **E:** incorreta, pois a possibilidade de suprimento judicial está expressamente prevista no art. 1.519 do Código Civil.

7.1.2. REGIME DE BENS

(Juiz – TJ/SP – VUNESP – 2015) É correto afirmar que

(A) salvo no regime da separação, os cônjuges são obrigados a concorrer, na proporção de seus bens e rendimentos, para o sustento da família e a educação dos filhos.

(B) as causas suspensivas do casamento podem ser opostas por qualquer pessoa.

1. DIREITO CIVIL

(C) se excluem da comunhão parcial de bens os proventos do trabalho pessoal de cada cônjuge.

(D) é obrigatório o regime da separação de bens aos que contraírem matrimônio com inobservância das cláusulas de impedimento da celebração do casamento.

A: incorreta, pois tal obrigação conjunta ocorre em qualquer regime de bens (CC, art. 1.568); **B:** incorreta, pois tal titularidade se confere apenas "aos parentes em linha reta de um dos nubentes, sejam consanguíneos ou afins, e pelos colaterais em segundo grau, sejam também consanguíneos ou afins" (CC, art. 1.524); **C:** correta. Pela letra fria da lei, os "proventos do trabalho pessoal de cada cônjuge" não se comunicam no regime da comunhão parcial de bens. A aplicação irrestrita desse dispositivo fulminaria de morte o regime, que se propõe a dividir as conquistas patrimoniais pós-matrimônio. Foi por isso que a jurisprudência atenuou o alcance do dispositivo, para dar limitada aplicação prática; **D:** incorreta, pois tal hipótese gera nulidade absoluta do matrimônio (CC, art. 1.548, II). **GN**
Gabarito "C".

(Juiz – TJ/SP – VUNESP – 2015) Em tema de outorga marital ou uxória, é correto afirmar que

(A) é válida a fiança prestada durante união estável sem anuência do companheiro, conforme entendimento do Superior Tribunal de Justiça.

(B) o fiador tem legitimidade para arguir a invalidade da garantia fidejussória independentemente de tal consentimento.

(C) a assinatura do cônjuge, na qualidade de testemunha instrumental do contrato, supre a outorga exigida na garantia fidejussória, conforme o entendimento do Superior Tribunal de Justiça.

(D) é exigível em todos os regimes de bens, e sua ausência implica ineficácia total do contrato.

A: correta. O STJ pacificou o entendimento de que "não é nula, nem anulável, a fiança prestada por fiador convivente em união estável sem a outorga uxória do outro companheiro" (AgInt no AREsp 841.104/DF, Rel. Ministro Ricardo Villas Bôas Cueva, Terceira Turma, julgado em 16/06/2016, DJe 27/06/2016). Essa orientação do STJ baseia-se no fato de que o terceiro (com quem se contrata) não tem um mecanismo seguro e eficaz para ter ciência da união estável do seu contratante. Se a hipótese fosse de casamento, uma simples consulta no Cartório de Registro Civil seria suficiente para tomar ciência do estado civil; **B:** incorreta, pois se houve a outorga uxória, não há base para a alegação de nulidade por parte do fiador; **C:** incorreta, pois o STJ entende que "A assinatura das testemunhas instrumentárias somente expressa a regularidade formal do instrumento particular, mas não evidencia sua ciência acerca do conteúdo do negócio jurídico" (REsp 1185982/PE, Rel. Ministra Nancy Andrighi, Terceira Turma, julgado em 14/12/2010, DJe 02/02/2011). Tal orientação decorre do fato de que a fiança "não admite interpretação extensiva" (CC, art. 819); **D:** incorreta, pois não se exige outorga uxória quando o regime de bens for o da separação absoluta (CC, art. 1.647). **GN**
Gabarito "A".

7.2. PODER FAMILIAR, ADOÇÃO, TUTELA E GUARDA

(Defensor Público/RO – 2017 – VUNESP) Sobre a tutela de menores, é correto afirmar que

(A) é possível a nomeação de tutor, pelos pais, via testamento.

(B) podem escusarse da tutela aqueles que já tiverem, sob sua autoridade, algum filho.

(C) ao tutor são concedidas as mesmas prerrogativas inerentes ao poder familiar.

(D) não podem ser tutores aqueles que já foram condenados pelo crime de furto ou roubo, salvo se já houverem cumprido a pena.

(E) o menor, com 16 (dezesseis) anos completos, sob tutela, não pode ser emancipado.

A: correta, pois os pais podem se valer do testamento como meio hábil para a nomeação de tutor (CC, art. 1.729, parágrafo único); **B:** incorreta. A alegação de filhos como escusa de tutela só é admitida quando houver mais de três (CC, art. 1. 736, III); **C:** incorreta, pois o poder familiar tem abrangência e autonomia muito superior ao exercício da tutela (CC, art. 1.630); **D:** incorreta, pois tais condenados não podem servir como tutores, "tenham ou não cumprido pena" (CC, art. 1.735, IV); **E:** incorreta, pois tal emancipação é permitida exigindo-se, todavia, autorização judicial (CC, art. 5º, parágrafo único, I). **GN**
Gabarito "A".

(Defensor Público/RO – 2017 – VUNESP) Assinale a alternativa correta sobre a alienação parental, de acordo com as disposições da Lei 12.318/2010.

(A) A mudança de Estado, pelo genitor que detém a guarda da criança ou do adolescente, gera presunção juris tantum de alienação parental.

(B) A utilização de terceiros, pelo genitor, para praticar ato considerado alienação parental, não descaracteriza esta, sujeitando o genitor às penalidades legais.

(C) A lei apresenta, em rol exaustivo, os atos que são considerados como prática de alienação parental.

(D) Para configurar alienação parental, o ato deve ser praticado pelos genitores ou avós, não abrangendo atos praticados por pessoas que tenham a criança apenas sob sua vigilância.

(E) A penalidade de inversão da guarda não poderá ser aplicada cumulativamente com outras penalidades.

A: incorreta, pois não existe na lei a previsão de que – a mudança de Estado por si só – seja fato que acarrete a presunção de alienação parental; **B:** correta, pois a alienação parental pode ser praticada pelo próprio genitor ou por terceiros (Lei 12.138/2010, art. 2º, parágrafo único); **C:** incorreta, pois o rol apresentado pelo art. 2º da mencionada lei é meramente exemplificativo; **D:** incorreta, pois o ato também pode ter sido praticado pelas pessoas que "tenham a criança apenas sob sua vigilância" (Lei 12.138/10, art. 2º); **E:** incorreta, pois tal punição pode ser cumulada com outras previstas na mencionada lei (art. 6º). **GN**
Gabarito "B".

(Juiz de Direito – TJ/RJ – 2019 – VUNESP) Pedro, criança de 4 anos, com pais desconhecidos, vive em uma instituição de menores abandonados. Em razão de sua aparência física (branco e de olhos claros) despertou o interesse na adoção por um casal alemão. Entretanto, outro casal brasileiro, regularmente cadastrado para adoção na forma da lei, também manifestou interesse em adotar Pedro. Acerca do caso hipotético, assinale a alternativa correta.

(A) Deverá ser dada preferência ao casal estrangeiro, tendo em vista que a adoção irá representar a Pedro a possibilidade de ser cidadão da comunidade europeia, o que significa uma manifesta vantagem em seu interesse.

(B) Deverá ser deferida a adoção ao casal que melhor apresentar condições de satisfazer os interesses da criança.

38 GABRIELA RODRIGUES E GUSTAVO NICOLAU

(C) Deverá ser dada preferência ao casal brasileiro, se este apresentar perfil compatível com a criança.

(D) Pedro deverá previamente ser inserido no programa de apadrinhamento e, apenas no caso de insucesso deste, poderá ser deferida a adoção, com preferência ao casal brasileiro.

(E) Caso seja deferida a adoção ao casal alemão, a saída de Pedro do território nacional somente poderá ocorrer a partir da publicação da decisão proferida pelo juiz em primeira instância, mesmo sem o trânsito em julgado, vedada a concessão de tutela provisória.

A: incorreta, pois a preferência é de casais brasileiros (art. Art. 51, § 1º, II da Lei 8.069/90), independentemente deste tipo de vantagem; **B:** incorreta, pois o casal brasileiro terá preferência ao casal estrangeiro, sendo autorizada a adoção por este último apenas quando não houver possibilidade de colocar a criança ou adolescente em família adotiva brasileira. Portanto a adoção por estrangeiro é sempre em último caso (art. Art. 51, § 1º, II da Lei 8.069/90; **C:** correta, pois para colocar em família estrangeira devem ter sido esgotadas todas as possibilidades de colocação da criança ou adolescente em família adotiva brasileira (art. Art. 51, § 1º, II da Lei 8.069/90); **D:** incorreta, pois o apadrinhamento consiste em programa para estabelecer vínculos fora da instituição onde a criança está, mas não é permanente, não interferindo na adoção (art. 19-B, § 1º da Lei 8.069/90); **E:** incorreta, pois a adoção só produz efeito a partir do transito em julgado da sentença constitutiva (art. 47, § 7º da Lei 8.069/90). Ademais é necessário que o casal tenha passado pelo estágio de convivência, que para casais estrangeiros é de 30 a 45 dias no máximo (art. 46, § 3º da Lei 8.069/90). **GR**
Gabarito "C".

7.3. ALIMENTOS

(Juiz de Direito – TJ/SP – 2023 – VUNESP) Sobre os alimentos, nos termos da jurisprudência dominante e atual do Superior Tribunal de Justiça, é correto afirmar:

(A) o Código Civil prevê o dever de solidariedade alimentar decorrente do parentesco, facultando-se ao alimentado a possibilidade de formular novo pedido de alimentos direcionado a seus familiares, caso necessário.

(B) os alimentos gravídicos visam a auxiliar a mulher gestante nas despesas decorrentes da gravidez, da concepção ao parto. A gestante é a beneficiária direta dos alimentos gravídicos, resguardando-se, assim, ainda que indiretamente, os direitos do próprio nascituro. Contudo, com o nascimento com vida da criança, esses alimentos são extintos ou perdem seu objeto, isto é, não podem ser convertidos automaticamente em pensão alimentícia.

(C) a obrigação alimentar do pai em relação aos filhos cessa automaticamente com o advento da maioridade.

(D) é irrenunciável o direito aos alimentos presentes e futuros, mas pode o credor renunciar aos alimentos pretéritos devidos e não prestados. A irrenunciabilidade atinge o direito e o seu exercício.

A: correta (arts. 1.694 e 1.695 CC). Neste passo, "o ordenamento pátrio prevê o dever de solidariedade alimentos decorrentes do parentesco, facultando-se à alimentanda a possibilidade de formular novo pedido de alimentos direcionado a seus familiares caso necessário. Resp nº 1.688.619 – MG". Ressalte-se que apesar de se falar em solidariedade, isso não se confunde com obrigação solidária, mas em dever de solidariedade; **B:** incorreta, pois com o nascimento com vida os alimentos gravídicos ficam convertidos em pensão alimentícia em favor do menor

até que uma das partes solicite a sua revisão (art. 6º, parágrafo único da Lei 11.804/08); **C:** incorreta, nos termos da Súmula 358 do STJ: "O cancelamento de pensão alimentícia de filho que atingiu a maioridade está sujeito à decisão judicial, mediante contraditório, ainda que nos próprios autos"; **D:** incorreta, pois é irrenunciável o direito aos alimentos presentes e futuros (art. 1.707 do Código Civil), mas pode o credor renunciar aos alimentos pretéritos devidos e não prestados, isso porque a *irrenunciabilidade atinge o direito, e não o seu exercício*. Resp nº 1.529.532 – DF. **GR**
Gabarito "A".

(Defensor Público/RO – 2017 – VUNESP) Assinale a alternativa correta sobre o direito de alimentos.

(A) Sendo várias as pessoas obrigadas a prestar alimentos, a obrigação é, em regra, solidária.

(B) Constatado que o suposto genitor não guarda relação de parentesco com aquele que, de boa fé, recebeu verbas alimentares, os valores pagos devem ser devolvidos.

(C) Havendo incapacidade ou insuficiência financeira do futuro pai, o dever de prestar alimentos gravídicos não pode se estender aos avós paternos.

(D) Durante o exercício do poder familiar não corre o prazo prescricional para exigir o pagamento de verba de natureza alimentar.

(E) A legislação traz a presunção *juris tantum* de que o valor correspondente a 30% (trinta por cento) dos rendimentos líquidos do alimentante não traz desfalque ao sustento deste.

A: incorreta, pois "*sendo várias as pessoas obrigadas a prestar alimentos, todas devem concorrer na proporção dos respectivos recursos*" (CC, art. 1.698); **B:** incorreta, pois a ideia central dos valores pagos a título de alimentos é sua utilização para fins de subsistência. Assim, por construção doutrinária e jurisprudencial, estabeleceu-se a regra da irrepetibilidade em caso de boa-fé de quem pleiteia. Foi nesse sentido, por exemplo, a decisão do STJ no AgInt no REsp 1689450/SP (Agravo Interno no Recurso Especial 2017/0189266-5, julgado em 2/8/2018); **C:** incorreta, pois "O direito à prestação de alimentos é recíproco entre pais e filhos, e extensivo a todos os ascendentes, recaindo a obrigação nos mais próximos em grau, uns em falta de outros" (CC, art. 1.696); **D:** correta, pois "*não corre prescrição entre ascendente e descendente durante o poder familiar*" (CC, art. 197, II). Trata-se, portanto, de causa impeditiva de fluência de prazo prescricional; **E:** incorreta, pois a fixação de 30% dos rendimentos líquidos do alimentante não está prevista em lei, sendo uma construção jurisprudencial. **GN**
Gabarito "D".

(Juiz – TJ/SP – VUNESP – 2015) Acerca dos alimentos, é correto afirmar que

(A) considerando que se extingue o poder familiar pela maioridade (art. 1.635 do Código Civil), cessa desde logo o dever de prestar alimentos, dispensada decisão judicial a esse respeito.

(B) a obrigação alimentar dos ascendentes é subsidiária à obrigação alimentar entre irmãos, germanos ou unilaterais.

(C) o débito alimentar que autoriza a prisão civil do alimentante é o que compreende as prestações que se vencerem no curso do processo.

(D) se o cônjuge declarado culpado pela separação judicial vier a necessitar de alimentos e não tiver aptidão para o trabalho, o outro cônjuge será obrigado a assegurá-los, desde que inexistam parentes na condição de prestá-los, limitados ao *quantum* indispensável à sobrevivência.

A: incorreta, pois de acordo com a Súmula 358 do STJ, "*O cancelamento de pensão alimentícia de filho que atingiu a maioridade está sujeito à decisão judicial, mediante contraditório, ainda que nos próprios autos*"; **B:** incorreta, pois os irmãos só serão chamados a prestar alimentos na falta de ascendentes e descendentes (CC, art. 1.697); **C:** incorreta, pois segundo a Súmula 309 do STJ, "*O débito alimentar que autoriza a prisão civil do alimentante é o que compreende as três prestações anteriores ao ajuizamento da execução e as que vencerem no curso do processo*"; **D:** correta, pois a assertiva repete o disposto no art. 1.704 parágrafo único do Código Civil. CM

Gabarito "D".

7.4. UNIÃO ESTÁVEL

(Procurador – PGE/SP – 2024 – VUNESP) João vivia em união estável com Maria, tendo com ela uma relação pública, contínua e duradoura, formalizada por meio de escritura pública, com o objetivo de constituir família. Entretanto, João conheceu Pedro e, após alguns meses de amizade, iniciaram uma relação amorosa homoafetiva. A relação entre João e Maria manteve o caráter de continuidade. Por vários anos, João manteve-se em união estável com Maria e, concomitantemente, em relação amorosa homoafetiva com Pedro. João faleceu e, na data da sua morte, permanecia em união estável com Maria e em relação amorosa homoafetiva com Pedro. Este pretende ingressar com uma ação judicial visando ao reconhecimento da sua relação amorosa homoafetiva com João como união estável, para fins sucessórios e previdenciários.

Acerca do caso hipotético, tendo em vista o entendimento do Supremo Tribunal Federal, assinale a alternativa correta.

(A) É possível o reconhecimento da relação amorosa homoafetiva como união estável apenas para fins previdenciários, devendo o valor do benefício ser dividido igualmente entre Maria e Pedro.

(B) É possível o reconhecimento da relação amorosa homoafetiva como união estável, não sendo óbice a existência de relação heteroafetiva anterior, por se configurar relação de gênero diverso da que se busca reconhecer.

(C) É possível o reconhecimento da relação amorosa homoafetiva como união estável, para fins sucessórios, desde que seja provado que Pedro contribuiu para a aquisição onerosa de bens durante a relação amorosa.

(D) Deve ser reconhecida como união estável apenas a relação que melhor representava, na data da morte de João, o desejo deste de constituir família, tendo em vista o princípio da dignidade da pessoa humana e da autonomia privada.

(E) A preexistência da união estável com Maria impede o reconhecimento de novo vínculo com Pedro, inclusive para fins previdenciários, em virtude da consagração do dever de fidelidade e da monogamia pelo ordenamento jurídico-constitucional brasileiro.

De acordo com a tese fixada pelo Supremo Tribunal Federal no julgamento do processo paradigma do Tema nº 529 sob a sistemática da repercussão geral, *in verbis*: "A preexistência de casamento ou de união estável de um dos conviventes, ressalvada a exceção do artigo 1.723, § 1º, do Código Civil, impede o reconhecimento de novo vínculo

referente ao mesmo período, inclusive para fins previdenciários, em virtude da consagração do dever de fidelidade e da monogamia pelo ordenamento jurídico-constitucional brasileiro". Neste passo, cumpre destacar a seguinte tese de repercussão geral fixada pelo STF no RE 883168: "É incompatível com a Constituição Federal o reconhecimento de direitos previdenciários (pensão por morte) à pessoa que manteve, durante longo período e com aparência familiar, união com outra casada, porquanto o concubinato não se equipara, para fins de proteção estatal, às uniões afetivas resultantes do casamento e da união estável". Logo: **A:** incorreta, pois é não é possível o reconhecimento da relação amorosa homoafetiva como união estável e o benefício previdenciário não será dividido; **B:** incorreta, pois não é possível o reconhecimento da relação amorosa homoafetiva como união estável, uma vez que a união estável com Maria configura óbice; **C:** incorreta, pois não é possível o reconhecimento da relação amorosa homoafetiva como união estável, logo, Pedro não terá nenhum direito sucessório; **D:** incorreta, pois apenas a união estável com Maria deve ser reconhecida, porque a relação era pública, contínua e duradoura, formalizada por meio de escritura pública, com o objetivo de constituir família. GR

Gabarito "E".

7.5. BEM DE FAMÍLIA

(Procurador Federal – AGU – 2023 – CEBRASPE) Acerca do bem de família, assinale a opção correta, considerando o entendimento jurisprudencial do Superior Tribunal de Justiça (STJ).

(A) É penhorável o bem de família oferecido por pessoa física como garantia em contrato de mútuo em benefício de pessoa jurídica.

(B) É impenhorável o bem de família quando os únicos sócios da empresa devedora são os titulares do imóvel hipotecado.

(C) Vaga de garagem que possua matrícula própria no registro de imóveis constitui bem de família para efeito de penhora.

(D) A impenhorabilidade legal tem o objetivo de proteger o devedor contra suas dívidas.

(E) O benefício da impenhorabilidade não alcança o casal que tenha mais de um bem imóvel.

A: correta, nos termos da ementa: "[...]. Nos termos da orientação firmada nos autos do REsp. 1.559.348/DF, com o propósito de vedar a ocorrência de comportamento contraditório, prestigiando o princípio da boa-fé contratual, este Superior Tribunal de Justiça passou a reconhecer a possibilidade de penhora incidente sobre bem de família oferecido por pessoa física como garantia em contrato de mútuo em benefício de pessoa jurídica. 2. Agravo interno desprovido. (AgInt nos EDcl no AREsp n. 1.507.594/MG, relator Ministro Marco Buzzi, Quarta Turma, julgado em 30/3/2020, DJe de 1/4/2020.)"; **B:** incorreta, pois a jurisprudência fixada pelo STJ é no sentido de que o bem de família é penhorável quando únicos sócios da empresa devedora são donos do imóvel hipotecado (EAREsp 848498); **C:** incorreta, pois conforme entendimento da Súmula 449 do STJ: "A vaga de garagem que possui matrícula própria no registro de imóveis não constitui bem de família para efeito de penhora."; **D:** incorreta, pois sobre o tema, a jurisprudência do STJ é no sentido de que a Lei n. 8.009/1990 destina-se a proteger, não o devedor, mas a sua família. (REsp 169.239-SP); **E:** incorreta, consoante teor do parágrafo único do art. 5º, da Lei 8.009/90: "Na hipótese de o casal, ou entidade familiar, ser possuidor de vários imóveis utilizados como residência, a impenhorabilidade recairá sobre o de menor valor, salvo se outro tiver sido registrado, para esse fim, no Registro de Imóveis e na forma do art. 70 do Código Civil". GR

Gabarito "A".

8. SUCESSÕES

8.1. SUCESSÃO EM GERAL

(Juiz de Direito – TJ/SP – 2023 – VUNESP) Sobre o direito sucessório, é correto afirmar:

(A) com a morte do autor da herança, o legatário torna-se titular do domínio da coisa certa existente no acervo hereditário, ainda que o legado esteja sujeito a condição suspensiva. Contudo, a posse da coisa legada não é deferida de imediato quando da abertura da sucessão, diferentemente do que se aplica com a posse do acervo hereditário.

(B) a renúncia abdicativa da herança deve constar expressamente de instrumento público ou termo judicial. Para que se caracterize a renúncia, o renunciante deve renunciar indistintamente em favor de todos os coerdeiros. A renúncia feita sem observância da forma prescrita no Código Civil pode ser anulada.

(C) aberta a sucessão, a herança transmite-se, desde logo, aos herdeiros legítimos e testamentários. O princípio da saisine não se aplica ao Poder Público, pois este não é considerado herdeiro no Código Civil de 2002. Sendo jacente a herança, somente depois da declaração expressa da vacância, decorrido o prazo de 5 (cinco) anos da abertura da sucessão, é que estes bens passarão ao domínio do Município ou do Distrito Federal, se localizados nas respectivas circunscrições, ou incorporados ao domínio da União quando situados em território federal.

(D) o Código Civil protege o cônjuge, qualquer que seja o regime de bens, garantindo-lhe direito real de habitação relativamente ao imóvel destinado à residência da família, ainda que não seja o único daquela natureza a inventariar.

A: incorreta, pois desde a abertura da sucessão, pertence ao legatário a coisa certa, existente no acervo, salvo se o legado estiver sob condição suspensiva (art. 1.923, "caput" CC); B: incorreta, pois a renúncia é ato solene, devendo sempre constar expressamente de instrumento público ou termo judicial. Sendo assim, se for feita de forma diversa da prescrita em Lei será nula, e não anulável (art. 166, IV CC); C: correta (arts. 1.784, 1.844, 1.819 e 1.822 CC); D: incorreta, pois ao cônjuge sobrevivente, qualquer que seja o regime de bens, será assegurado, sem prejuízo da participação que lhe caiba na herança, o direito real de habitação relativamente ao imóvel destinado à residência da família, *desde que seja o único daquela natureza a inventariar* (art. 1.831 CC). **GR**

Gabarito "C".

(Procurador do Estado/SP – 2018 – VUNESP) Em razão de morte de policial militar, o Estado de São Paulo, por força de lei estadual, inicia processo administrativo para pagamento de indenização, no valor de R$ 200.000,00, aos "herdeiros na forma da lei". O extinto, solteiro, foi morto por um de seus dois filhos, a mando do crime organizado. O homicida, que teve sua indignidade declarada por sentença transitada em julgado, tem 1 filho menor. Nesse caso, a indenização é devida

(A) ao filho inocente, na proporção da metade do valor da indenização, podendo a Administração reter a outra metade por ausência de credor legítimo.

(B) ao filho inocente do falecido e ao filho do indigno, que recebe por cabeça.

(C) exclusivamente ao filho inocente do falecido, pois a cota-parte do indigno acresce à do outro herdeiro de mesma classe.

(D) ao filho inocente do falecido e ao filho do indigno, que recebe por estirpe.

(E) aos dois filhos do falecido, depositando-se a cota-parte do indigno em conta judicial, para posterior levantamento por seu filho quando completar a maioridade.

A questão trata exclusivamente do direito de herança e do instituto da indignidade, que afasta da herança o herdeiro que praticar um dos atos previstos no art. 1.814 do Código Civil, dentre eles o homicídio do *de cujus*. Assim, o filho que matou o pai estaria afastado da sucessão. Contudo, o filho do homicida (neto do *de cujus*) tem o direito de representação assegurado pelo art. 1.816 do Código Civil. Logo, a quantia oferecida pelo Estado será dividida em dois. Uma parte ao filho inocente e outra parte ao neto (filho do homicida). Ainda que não mencionado na questão, vale a ressalva de que o homicida não tem usufruto sobre os bens do filho menor, nem o direito à sucessão eventual desse valor herdado. Significa, portanto, que se o filho menor falecer antes do pai homicida, o valor não será herdado por este (CC, art. 1.816, parágrafo único). **GN**

Gabarito "D".

(Juiz – TJ/SP – VUNESP – 2015) Acerca do Direito das Sucessões, assinale a alternativa correta.

(A) Considera-se imóvel o direito à sucessão aberta, exigindo-se escritura pública para sua cessão, não se admitindo que a renúncia da herança conste de termo judicial.

(B) A morte do responsável cambiário é modalidade de transferência anômala da obrigação, repassável aos herdeiros, salvo se o óbito tiver ocorrido antes do vencimento do título.

(C) É eficaz a cessão, pelo coerdeiro, de seu direito hereditário sobre bem da herança singularmente considerado.

(D) É intransferível ao cessionário de direitos hereditários o direito de preferência inerente à qualidade de herdeiro.

A: incorreta. O direito à sucessão aberta é, de fato, um bem imóvel (CC, art. 80, II), a sua cessão exige escritura pública, mas a renúncia pode ser feita mediante termo judicial (CC, art. 1.806); B: incorreta. O responsável cambiário é o avalista, pessoa que garante o pagamento de um título de crédito. A sua morte (mesmo que antes do vencimento) simplesmente transfere aos herdeiros a responsabilidade pelo pagamento do título. Nesse sentido decidiu o STJ (REsp 260.004/SP, Rel. Ministro Castro Filho, Terceira Turma, julgado em 28/11/2006, DJ 18/12/2006, p. 358); C: incorreta, pois tal cessão é ineficaz por expressa determinação de lei (CC, art. 1.793, § 2º); D: correta, pois a cessão transfere as vantagens econômicas patrimoniais decorrentes da condição de herdeiro, mas não transfere as prerrogativas personalíssimas daí decorrentes, como, por exemplo, a preferência. **GN**

Gabarito "D".

8.2. SUCESSÃO LEGÍTIMA

(Procurador – PGE/SP – 2024 – VUNESP) Tendo em vista o entendimento do Superior Tribunal de Justiça, o cônjuge sobrevivente, casado sob o regime da comunhão parcial de bens, é herdeiro necessário do cônjuge falecido, concorrendo com os descendentes deste, em relação

(A) a todo o conjunto dos bens deixados pelo falecido.

(B) a todos os bens adquiridos onerosamente na constância do casamento, excluída a meação do cônjuge sobrevivente.

(C) à metade de todos os bens adquiridos onerosamente na constância do casamento, sem prejuízo da meação.

(D) aos bens adquiridos antes do casamento e aos bens adquiridos após o casamento que não estejam, por qualquer motivo, sujeitos à comunhão.

(E) a um terço de todo o conjunto de bens deixados pelo falecido.

A Segunda Seção do STJ consolidou a posição majoritária da doutrina no sentido de que a concorrência do cônjuge, no regime da comunhão parcial de bens, diz respeito aos bens particulares, isto é, aqueles que não fazem parte da meação. Vejamos trecho da ementa do julgado: "2. Nos termos do art. 1.829, I, do Código Civil de 2002, o cônjuge sobrevivente, casado no regime de comunhão parcial de bens, concorrerá com os descendentes do cônjuge falecido somente quando este tiver deixado bens particulares. 3. A referida concorrência dar-se-á exclusivamente quanto aos bens particulares constantes do acervo hereditário do *de cujus*. 4. Recurso especial provido. (REsp n. 1.368.123/SP, relator Ministro Sidnei Beneti, relator para acórdão Ministro Raul Araújo, Segunda Seção, julgado em 22/4/2015, DJe de 8/6/2015.)". Nos termos do art. 1.829, I, do Código Civil: "Art. 1.829. A sucessão legítima defere-se na ordem seguinte: I – aos descendentes, em concorrência com o cônjuge sobrevivente, salvo se casado este com o falecido no regime da comunhão universal, ou no da separação obrigatória de bens (art. 1.640, parágrafo único); ou se, no regime da comunhão parcial, o autor da herança não houver deixado bens particulares". De acordo com Flávio Tartuce: "no regime da comunhão parcial de bens, a concorrência sucessória somente se refere aos bens particulares. Nesse sentido o Enunciado n. 270 do CJF/STJ, da III Jornada de Direito Civil: o art. 1.829, inc. I, só assegura ao cônjuge sobrevivente o direito de concorrência com os descendentes do autor da herança quando casados no regime da separação convencional de bens ou, se casados nos regimes da comunhão parcial ou participação final nos aquestos, o falecido possuísse bens particulares, hipóteses em que a concorrência se restringe a tais bens, devendo os bens comuns (meação) ser partilhados exclusivamente entre os descendentes". Portanto: **A:** incorreta, pois a concorrência se dará apenas quanto aos bens particulares; **B:** incorreta, pois não haverá concorrência no que diz respeito a todos os bens adquiridos onerosamente na constância do casamento; **C:** incorreta, pois não haverá concorrência nem quanto a metade de todos os bens adquiridos onerosamente na constância do casamento; **E:** incorreta, pois a concorrência será apenas sobre bens particulares. **GR**

Gabarito "D".

(Defensor Público/RO – 2017 – VUNESP) Dispõe o artigo 1.790 do Código Civil de 2002:

Art. 1.790. A companheira ou o companheiro participará da sucessão do outro, quanto aos bens adquiridos onerosamente na vigência da união estável, nas condições seguintes:

I. se concorrer com filhos comuns, terá direito a uma quota equivalente à que por lei for atribuída ao filho;

II. se concorrer com descendentes só do autor da herança, tocarlheá a metade do que couber a cada um daqueles;

III. se concorrer com outros parentes sucessíveis, terá direito a um terço da herança;

IV. não havendo parentes sucessíveis, terá direito à totalidade da herança.

A constitucionalidade do dispositivo legal foi objeto de recente análise pelo Supremo Tribunal Federal, que decidiu pela

(A) inconstitucionalidade, declarando que o companheiro não possui quaisquer direitos sucessórios.

(B) parcial inconstitucionalidade, que atinge apenas os incisos I, II e III do dispositivo legal.

(C) constitucionalidade, reconhecendo que o sistema jurídico vigente permite a diferenciação entre cônjuge e companheiro para fins sucessórios.

(D) inconstitucionalidade, reconhecendo que a sucessão do companheiro deve seguir a mesma regra estabelecida para o cônjuge.

(E) parcial inconstitucionalidade, que atinge apenas o inciso III do dispositivo legal.

Após anos de imensa insegurança jurídica, o STF concluiu, em maio de 2017, o julgamento do Recurso Extraordinário 878.694/MG. A partir desta decisão (que declarou inconstitucional o art. 1.790 do Código Civil) o convivente da união estável passou a titularizar os mesmos direitos hereditários previstos para o cônjuge, no art. 1.829 do Código Civil. Desta forma (na hipótese mais frequente) a companheira, que fora unida em comunhão parcial (CC, art. 1.725) e que disputa a herança com filhos do falecido, herdará apenas sobre os bens particulares do falecido. Sua quota será a mesma atribuída aos filhos, tendo direito no mínimo a ¼ dessa massa patrimonial, se concorrer com filhos comuns (CC, art. 1.832). Ainda que não abordado pela questão, vale mencionar que – devido ao regime de bens – a companheira terá também direito de meação sobre os bens adquiridos onerosamente na vigência da união estável (direito denominado de meação). Terá ainda direito real de habitação sobre o "*imóvel destinado à residência da família*" (CC, art. 1.831). **GN**

Gabarito "D".

(Juiz de Direito – TJ/RS – 2018 – VUNESP) Maria vivia em união estável com José, sob o regime da comunhão parcial de bens. Este possuía dois filhos decorrentes de relacionamento anterior e três filhos com Maria. José faleceu. Considerando a disciplina constante do Código Civil, bem como o entendimento do STF proferido em Repercussão Geral sobre o tema, podemos afirmar que caberá a Maria, na sucessão dos bens particulares de José,

(A) um sexto da herança.

(B) um terço da herança.

(C) metade do que couber a cada um dos filhos de José.

(D) um quarto da herança.

(E) metade da herança.

De acordo com a decisão proferida pelo STF no Recurso Extraordinário 878.694/MG, deve-se conceder à companheira de união estável os mesmos direitos previstos para a esposa no art. 1.829 e seguintes do Código Civil. Desta forma, os direitos sucessórios de Maria estão limitados aos bens particulares do seu marido (CC, art. 1.829, I), disputando com os filhos de José (cinco, no total). Aplicando a quota prevista no art. 1.832, Maria terá direito a 1/6 desse patrimônio. Vale mencionar que a hipótese é de filiação híbrida, pois há filhos comuns e filhos só do *de cujus*. Para essa situação, o Enunciado 527 do Conselho da Justiça Federal concluiu que: "Na concorrência entre o cônjuge e os herdeiros do de cujus, não será reservada a quarta parte da herança para o sobrevivente no caso de filiação híbrida".
Ainda que não abordado pela questão, vale mencionar que – devido ao regime de bens – Maria terá também direito de meação sobre os bens adquiridos onerosamente na vigência da união estável (direito denominado de meação).Terá ainda direito real de habitação sobre o "*imóvel destinado à residência da família*" (CC, art. 1.831). **GN**

Gabarito "A".

(Juiz de Direito – TJ/RS – 2018 – VUNESP) José e Maria (grávida de 9 meses) sofreram um acidente automobilístico. José faleceu no acidente. Maria foi levada com vida ao hospital e o filho que estava em seu ventre faleceu alguns minutos após o nascimento, tendo respirado.

Na manhã seguinte, Maria também faleceu em decorrência dos ferimentos causados pelo acidente. José e Maria não tinham outros filhos. O casal tinha uma fortuna de R$ 50.000.000,00 (cinquenta milhões de reais) em aplicações financeiras, numa conta conjunta, valores acumulados exclusivamente durante o período do casamento, sob o regime legal de bens (comunhão parcial). Os pais de José (Josefa e João) e os pais de Maria (Ana e Paulo) ingressaram em juízo postulando seus direitos hereditários. Assinale a alternativa correta.

(A) Os pais de Maria têm direito a 75% do valor da herança e os pais de José ao restante.

(B) Os pais de José têm direito a 75% do valor da herança e os pais de Maria ao restante.

(C) A herança deve ser atribuída totalmente aos pais de José, nada cabendo aos pais de Maria.

(D) A herança deve ser atribuída totalmente aos pais de Maria, nada cabendo aos pais de José.

(E) Os pais de José e os pais de Maria têm direito, cada um deles, à metade da herança.

Para a solução da questão sucessória em análise é imprescindível saber a sequência cronológica dos falecimentos. O primeiro a falecer foi o pai, seguido do filho e por último a mãe. É fundamental também separar patrimônios. O patrimônio do pai (25 milhões de reais) passou para o filho (quando casada em comunhão parcial a esposa não herda nos bens comuns) e – com a morte do filho – passou para sua mãe, Maria. Na manhã seguinte, Maria faleceu, passando o patrimônio para seus ascendentes (Ana e Paulo). O patrimônio de Maria passou diretamente para os seus ascendentes, porque – no momento que ela faleceu – ela já não tinha marido, nem filho. Assim, toda a herança será atribuída aos pais de Maria. **GN**
Gabarito "D".

(Juiz – TJ/MS – VUNESP – 2015) É correto que no direito de representação, considerado como instituto do direito das sucessões,

(A) o descendente do herdeiro excluído da sucessão não poderá herdar representando o excluído.

(B) não há direito de representação na linha transversal.

(C) o renunciante à herança de uma pessoa não poderá representá-la na sucessão de outra.

(D) quando houver mais de um representante concorrendo à sucessão por estirpe, a herança caberá ao mais velho.

(E) há direito de representação na linha reta descendente, mas nunca na ascendente.

A: incorreta, pois "os descendentes do herdeiro excluído sucedem, como se ele morto fosse antes da abertura da sucessão" (CC, art. 1.816); **B:** incorreta, pois existe uma hipótese de representação na linha transversal, que é conferida ao sobrinho (CC, art. 1.853); **C:** incorreta, pois o renunciante à herança de uma pessoa poderá representá-la na sucessão de outra (CC, art. 1.856); **D:** incorreta, pois nessa hipótese a quota divide-se em partes iguais entre os representantes; **E:** correta, pois de pleno acordo com o disposto no art. 1.852 do CC. **GN**
Gabarito "E".

(Juiz – TJ/SP – VUNESP – 2015) Assinale a alternativa correta, no que tange ao direito real de habitação, assegurado ao cônjuge sobrevivente.

(A) É irrenunciável.

(B) Não dá direito aos frutos.

(C) Exige registro imobiliário para a sua constituição.

(D) Não é extensível o regime da separação de bens.

A: incorreta, pois é permitido ao cônjuge sobrevivente renunciar ao direito real de habitação; **B:** correta, pois o direito real de habitação limita-se a proporcionar moradia ao titular, não lhe possibilitando fazer seus os frutos daí decorrentes (CC, art. 1.414); **C:** incorreta, pois o próprio juiz do inventário pode estabelecer; **D:** incorreta, pois referido direito é concedido independentemente dos direitos sucessórios do cônjuge (CC, art. 1.831). **GN**
Gabarito "B".

(Juiz de Direito – TJ/RJ – 2019 – VUNESP) João e Maria viviam em união estável, formalizada mediante escritura pública, em que elegeram o regime da comunhão parcial de bens. Da relação entre João e Maria, resultaram duas filhas, Madalena e Sara. João também tinha outros dois filhos, Mateus e Paulo, decorrentes de relações eventuais que manteve. João faleceu. Na data da sua morte, João possuía um patrimônio adquirido totalmente antes da constituição da união estável com Maria.

É correto afirmar que o patrimônio de João será dividido da seguinte forma:

(A) um quarto (1/4) para cada um dos filhos de João.

(B) um quarto (1/4) da herança para Maria e o restante dividido igualmente entre todos os filhos de João.

(C) Maria e todos os filhos de João receberão, cada um, um quinto (1/5) da herança.

(D) um terço (1/3) para Maria e o restante dividido igualmente entre todos os filhos de João.

(E) 10% para Maria e 15% para cada um dos filhos de João.

No caso em tela Maria não é meeira, mas apenas herdeira, tendo em vista que os bens de João foram adquiridos antes da constituição da união estável, portanto eram bens particulares, logo não se comunicam (art. 1.658 e art. 1.659, I primeira parte CC). Neste passo vale ressaltar a equiparação sucessória feita pelo Supremo Tribunal Federal, em julgamento encerrado no ano de 2017 que reconheceu a inconstitucionalidade do art. 1.790 do Código Civil (*decisum* publicado no Informativo n. 840 do STF), o que acarreta a aplicação dos mesmos direitos do cônjuge ao companheiro. Na hipótese em questão tem-se a sucessão híbrida, em que o *de cujus* deixou filhos com a companheira sobrevivente e filhos de outros relacionamentos. Neste caso entende-se que não se aplica a reserva da quarta parte prevista no art. 1.832 CC, nos termos do Enunciado 527 CJF: "na concorrência entre o cônjuge e os herdeiros do *de cujus*, não será reservada a quarta parte da herança para o sobrevivente no caso de filiação híbrida". Portanto, cada um receberá a mesma cota da herança, isto é 1/5. Logo, a alternativa correta é a letra C. **GR**
Gabarito "C".

8.3. SUCESSÃO TESTAMENTÁRIA

(Procurador – PGE/SP – 2024 – VUNESP) Assinale a alternativa que contém ato ou negócio jurídico, válido e eficaz, realizado por menor relativamente incapaz, com idade de 17 anos, não emancipado e sem assistência de seus pais ou responsáveis ou posterior aprovação destes.

(A) Pacto antenupcial feito pelo menor no qual é previsto o regime da separação convencional de bens.

(B) Mútuo feito pelo credor ciente da menoridade do devedor, para alimentos deste, em razão da pessoa

1. DIREITO CIVIL

responsável pela guarda do menor, apesar de presente, não possuir recursos suficientes.

(C) Obrigação contraída pelo menor que não declarou sua idade por não ter sido inquirido pela outra parte.

(D) Testamento feito pelo menor, por instrumento particular.

(E) Quitação dada pelo credor menor ao devedor que conhecia a idade daquele, tendo em vista a presunção legal de que o valor reverteu em benefício do menor.

A: incorreta, pois o pacto antenupcial celebrado pelo menor, com previsão do regime da separação convencional de bens, tem a sua eficácia condicionada à aprovação de seu representante legal. Nos termos do art. 1.654 do Código Civil: "A eficácia do pacto antenupcial, realizado por menor, fica condicionada à aprovação de seu representante legal, salvo as hipóteses de regime obrigatório de separação de bens"; **B:** incorreta, nos termos do art. 588 do Código Civil: "O mútuo feito a pessoa menor, sem prévia autorização daquele sob cuja guarda estiver, não pode ser reavido nem do mutuário, nem de seus fiadores"; **C:** incorreta, pois ainda que não tenha sido inquirido pela outra parte, o negócio será eficaz se dolosamente omitiu sua idade para se beneficiar. Neste passo dispõe o art. 180: "O menor, entre dezesseis e dezoito anos, não pode, para eximir-se de uma obrigação, invocar a sua idade se dolosamente a ocultou quando inquirido pela outra parte, ou se, no ato de obrigar-se, declarou-se maior". No mesmo sentido afirma Flávio Tartuce: "Também no que concerne ao menor púbere (de 16 a 18 anos), não pode este valer-se da própria torpeza, beneficiando-se de ato malicioso (a malícia supre a idade). Não pode, portanto, para eximir-se de uma obrigação, invocar a sua idade se dolosamente a ocultou quando inquirido pela outra parte, ou se, no ato de obrigar-se, declarou-se maior. O negócio jurídico reputa-se válido e gera efeitos, afastando-se qualquer anulabilidade (art. 180 do CC)"; **D:** correta (art. 1.860, parágrafo único CC); **E:** incorreta, pois a quitação dada pelo credor menor, com 17 anos, somente será válida se houver a assistência de seus pais ou responsáveis, tendo em vista que é relativamente incapaz, nos termos do art. 4º, I, do Código Civil: "São incapazes, relativamente a certos atos ou à maneira de os exercer: I – os maiores de dezesseis e menores de dezoito anos". Cumpre destacar que a quitação consiste em um negócio jurídico unilateral, portanto, deve observar o regramento civilista no que diz respeito aos requisitos de validade do negócio jurídico previstos no art. 104 do Código Civil. **GR**
Gabarito "D".

(Procurador – IPSMI/SP – VUNESP – 2016) No que diz respeito ao testamento, é correto afirmar que

(A) podem testar os maiores de dezesseis anos.

(B) a incapacidade superveniente do testador invalida o testamento.

(C) os absolutamente incapazes podem testar com anuência de seu representante legal e mediante instrumento público.

(D) o testamento conjuntivo é válido desde que testado por marido e mulher.

(E) o testamento do incapaz se valida com a superveniência da capacidade.

A: correta, pois a lei prevê capacidade plena para testar a partir dos dezesseis anos (CC, art. 1.860 parágrafo único); **B:** incorreta, pois: "*a incapacidade superveniente do testador não invalida o testamento*" (CC, art. 1.861); **C:** incorreta, pois não há tal permissivo legal; **D:** incorreta, pois o testamento conjuntivo não é permitido pela lei (CC, art. 1.863); **E:** incorreta, pois o testamento do incapaz não se valida com a superveniência da capacidade (CC, art. 1.861). **GN**
Gabarito "A".

9. QUESTÕES COMBINADAS

(Juiz – TJ/SP – VUNESP – 2015) Assinale a alternativa correta.

(A) Os direitos autorais não podem ser objeto de proteção por meio de interdito proibitório, dada a impossibilidade do exercício da posse sobre coisas incorpóreas.

(B) A via adequada para fazer cessar o esbulho é a ação de manutenção de posse, enquanto que o remédio para a turbação é a de reintegração de posse, conquanto as ações possessórias sejam fungíveis.

(C) É também possuidor aquele que, mesmo achando-se em situação de dependência para com o outro, conserva a posse em nome deste, sob suas instruções.

(D) De regra, a posse do imóvel não faz presumir a das coisas móveis que nele estiverem.

A: correta, pois o STJ já pacificou o entendimento segundo o qual "não se admite o interdito proibitório para a defesa dos direitos autorais" (REsp 222.941/SP, Rel. Ministro Carlos Alberto Menezes Direito, Terceira Turma, julgado em 28/03/2000, DJ 24/04/2000, p. 52); **B:** incorreta, pois a via correta para fazer cessar o esbulho é a reintegração de posse, enquanto a via adequada para cessar a turbação é a manutenção de posse; **C:** incorreta, pois a assertiva trata do fâmulo da posse, que é o possuidor que conserva a posse em nome de alguém com quem ele mantém situação de dependência. É o caso do caseiro em relação ao sítio e do motorista em relação ao carro (CC, art. 1.198); **D:** incorreta, pois "*A posse do imóvel faz presumir, até prova contrária, a das coisas móveis que nele estiverem*" (CC, art. 1.209). **GN**
Gabarito "A".

(Juiz de Direito – TJM/SP – VUNESP – 2016) Tem privilégio creditório quem

(A) era titular da coisa vendida anteriormente à insolvência.

(B) alegar fraude, simulação ou falsidade das dívidas e contratos.

(C) apresentar crédito real de qualquer espécie, em relação ao pessoal.

(D) ajuizou ação judicial primeiro.

(E) requereu penhora em primeiro lugar.

A ordem de privilégio creditório obedece a algumas regras básicas, dentre as quais apenas a letra c se enquadra. Nesse sentido, é claro o art. 961 do Código Civil: "O crédito real prefere ao pessoal de qualquer espécie; o crédito pessoal privilegiado, ao simples; e o privilégio especial, ao geral". **GN**
Gabarito "C".

(Advogado – Pref. São Roque/SP – 2020 – VUNESP) Os espaços livres de uso comum, as ruas e praças

(A) são de propriedade do loteador até a venda de todos os lotes, quando então passarão a pertencer a todos os adquirentes, em condomínio indiviso.

(B) poderão ser de propriedade dos adquirentes ou do município, a depender da vontade do loteador.

(C) mesmo após a aprovação do loteamento, podem ser alterados e transformados em lotes, desde que sejam previstas medidas compensatórias.

(D) não poderão ter sua destinação alterada pelo loteador, desde a aprovação do loteamento, salvo as hipóteses de caducidade da licença ou desistência do loteador.

(E) não podem integrar patrimônio do município, nos casos em que decorrem de parcelamento do solo implantado e não registrado.

A: incorreta, pois são de propriedade de Município desde a data do registro do loteamento (art. 22 da Lei 6.766/79); **B:** incorreta, pois a lei não abre a possibilidade de essas áreas serem de propriedade do adquirente, mas afirma que a propriedade é apenas do Município (art. 22 da Lei 6.766/79); **C:** incorreta, pois desde a aprovação do loteamento, não é permitido que sua destinação seja alterada pelo loteador, salvo as hipóteses de caducidade da licença ou desistência do loteador; **D:** correta (art. 17 da Lei 6.766/79); **E:** incorreta, pois na hipótese de parcelamento do solo implantado e não registrado, o Município poderá requerer, por meio da apresentação de planta de parcelamento elaborada pelo loteador ou aprovada pelo Município e de declaração de que o parcelamento se encontra implantado, o registro das áreas destinadas a uso público, que passarão dessa forma a integrar o seu domínio (art. 22, parágrafo único da Lei 6.766/79). GR
Gabarito "D".

10. LEIS ESPARSAS

(Procurador Fazenda Nacional – AGU – 2023 – CEBRASPE) Nos termos da Lei n.º 9.610/1998, que versa sobre direitos autorais, são obras intelectuais protegidas

I. esboços concernentes à topografia.

II. conferências.

III. sermões.

IV. programas de computador.

V. alocuções.

Assinale a opção correta.

(A) Apenas os itens I e V estão certos.

(B) Apenas os itens II e III estão certos.

(C) Apenas os itens I, IV e V estão certos.

(D) Apenas os itens II, III e IV estão certos.

(E) Todos os itens estão certos.

I: certa. Art. 7º, inc. X, da Lei nº 9.610/1998: "São obras intelectuais protegidas as criações do espírito, expressas por qualquer meio ou fixadas em qualquer suporte, tangível ou intangível, conhecido ou que se invente no futuro, tais como: (...) X – os projetos, esboços e obras plásticas concernentes à geografia, engenharia, topografia, arquitetura, paisagismo, cenografia e ciência"; **II:** certa. Art. 7º, inc. II, da Lei nº 9.610/1998: "São obras intelectuais protegidas as criações do espírito, expressas por qualquer meio ou fixadas em qualquer suporte, tangível ou intangível, conhecido ou que se invente no futuro, tais como: (...) II – as conferências, alocuções, sermões e outras obras da mesma natureza"; **III:** certa. Art. 7º, inc. II, da Lei nº 9.610/1998: "São obras intelectuais protegidas as criações do espírito, expressas por qualquer meio ou fixadas em qualquer suporte, tangível ou intangível, conhecido ou que se invente no futuro, tais como: (...) II – as conferências, alocuções, sermões e outras obras da mesma natureza"; **IV:** certa. Art. 7º, inc. XII, da Lei nº 9.610/1998: "São obras intelectuais protegidas as criações do espírito, expressas por qualquer meio ou fixadas em qualquer suporte, tangível ou intangível, conhecido ou que se invente no futuro, tais como: (...) XII – os programas de computador"; **V:** certa. art. 7º, inc. II, da Lei nº 9.610/1998: "São obras intelectuais protegidas as criações do espírito, expressas por qualquer meio ou fixadas em qualquer suporte, tangível ou intangível, conhecido ou que se invente no futuro, tais como: (...) II – as conferências, alocuções, sermões e outras obras da mesma natureza". Logo, a alternativa correta é a letra E. GR
Gabarito "E".

(Procurador – PGE/SP – 2024 – VUNESP) Acerca da Regularização Fundiária Urbana (Reurb) incidente sobre bens públicos, assinale a alternativa correta.

(A) Na Reurb-E, promovida sobre bem público, havendo solução consensual, a aquisição de direitos reais pelo particular ficará condicionada ao pagamento do justo valor da unidade imobiliária regularizada, mediante apuração do valor da terra, das acessões e das benfeitorias do ocupante, bem como da valorização decorrente da implantação dessas acessões e benfeitorias.

(B) As áreas de propriedade do poder público registradas no Registro de Imóveis que sejam objeto de ação judicial versando sobre a sua titularidade não poderão ser objeto da Reurb, salvo por meio de acordo judicial ou extrajudicial, dispensada a homologação deste.

(C) Para as terras de sua propriedade, os órgãos da administração direta e as entidades da administração indireta da União, dos Estados, do Distrito Federal e dos Municípios ficam autorizados a instaurar, processar e aprovar a Reurb-S ou a Reurb-E.

(D) Fica facultado aos Estados, aos Municípios e ao Distrito Federal utilizar a prerrogativa de venda direta aos ocupantes de suas áreas públicas objeto da Reurb-E, dispensada a licitação, desde que a ocupação tenha ocorrido até 11 de julho de 2017.

(E) A Reurb sobre áreas públicas deve ser instrumentalizada mediante legitimação de posse, vedado o uso da legitimação fundiária.

A: incorreta, pois na Reurb-E, promovida sobre bem público, havendo solução consensual, a aquisição de direitos reais pelo particular ficará condicionada ao pagamento do justo valor da unidade imobiliária regularizada, a ser apurado na forma estabelecida em ato do Poder Executivo titular do domínio, sem considerar o valor das acessões e benfeitorias do ocupante e a valorização decorrente da implantação dessas acessões e benfeitorias (art. 16 da Lei nº 13.465/17). Logo, não devem ser considerados os valores das acessões e das benfeitorias do ocupante, tampouco a valorização decorrente da implantação dessas acessões e benfeitorias; **B:** incorreta, pois as áreas de propriedade do poder público registradas no Registro de Imóveis, que sejam objeto de ação judicial versando sobre a sua titularidade, poderão ser objeto da Reurb, desde que celebrado acordo judicial ou extrajudicial, na forma desta Lei, homologado pelo juiz (art. 16, parágrafo único, da Lei nº 13.465/17); **C:** correta (art. 30, § 4º, da Lei nº 13.465/17); **D:** incorreta, pois de acordo com a lei, os imóveis devem se encontrar ocupados até 22 de dezembro de 2016. Dispõe o art. 98 da Lei nº 13.465/17: "Fica facultado aos Estados, aos Municípios e ao Distrito Federal utilizar a prerrogativa de venda direta aos ocupantes de suas áreas públicas objeto da Reurb-E, dispensados os procedimentos exigidos pela Lei nº 8.666, de 21 de junho de 1993, e desde que os imóveis se encontrem ocupados até 22 de dezembro de 2016, devendo regulamentar o processo em legislação própria nos moldes do disposto no art. 84 desta Lei"; **E:** incorreta, pois "Poderão ser empregados, no âmbito da Reurb, sem prejuízo de outros que se apresentem adequados, os seguintes institutos jurídicos: I – a legitimação fundiária e a legitimação de posse, nos termos desta Lei" (art. art. 15 da Lei nº 13.465/17). GR
Gabarito "C".

(Procurador – PGE/SP – 2024 – VUNESP) O Estado da Federação X, após regular trâmite de processo judicial de desapropriação por utilidade pública, obteve carta de adjudicação expedida pelo juiz que foi encaminhada para registro ao Cartório de Registro de Imóveis. A carta de adjudicação descrevia um polígono de 2 000 m2. Foi constatado pelo Cartório de Registro de Imóveis que o polígono descrito na carta de adjudicação era formado pela Transcrição A, de 1 600 m2, e pela Transcrição B, de 390 m2. Ademais, foi constatado pelo Cartório de Registro de Imóveis que a descrição constante da carta de adjudicação era divergente das descrições contidas nas Transcrições A e B. Tendo em vista o caso hipotético, em relação ao pedido de registro da carta de adjudicação, o Oficial de Registro de Imóveis deverá

(A) negar o registro, pois a descrição divergente dos registros anteriores constante da carta de adjudicação ofende os princípios da especialidade objetiva e da disponibilidade.

(B) realizar o registro e proceder à abertura de nova matrícula, devendo a informação sobre a diferença apurada ser averbada na matrícula aberta.

(C) condicionar o registro da carta de adjudicação à prévia retificação dela para adequação da sua descrição às descrições constantes das Transcrições A e B.

(D) averbar, nas Transcrições A e B, a aquisição derivada da propriedade pelo Estado X, devendo desconsiderar a diferença da área, pois inferior a um vigésimo da área registrada, condicionando a abertura de nova matrícula ao prévio procedimento administrativo de retificação de área.

(E) negar o registro da carta de adjudicação, tendo em vista que a área nela descrita é maior que as áreas registradas, resultando em ofensa ao princípio da especialidade objetiva.

A: incorreta, pois eventuais divergências entre a descrição do imóvel constante do registro e aquela apresentada pelo requerente não obstarão o registro. Logo, o registro deve ser feito ainda que haja divergência (art. 176-A, § 4º-A da Lei 6.015/73). Neste passo, se a área adquirida em caráter originário for maior do que a constante do registro existente, a informação sobre a diferença apurada será averbada na matrícula aberta (art. 176-A, § 4º da Lei 6.015/73); **B:** correta, nos termos do fundamento da alternativa A e ressalta-se que essas disposições, sem prejuízo de outras, aplica-se ao registro de carta de adjudicação, em procedimento judicial de desapropriação (art. 176-A, § 5º, II da Lei 6.015/73); **C:** incorreta, pois o registro não estará condiciona a retificação. Eventuais divergências entre a descrição do imóvel constante do registro e aquela apresentada pelo requerente não obstarão o registro (art. 176-A, § 4º-A da Lei 6.015/73); **D:** incorreta, pois no que diz respeito a diferença de área, considerando que a metragem constante na carta é um pouco maior daquelas dos registros já existentes, a informação sobre a diferença apurada será averbada na matrícula aberta (art. 176-A, § 4º da Lei 6.015/73). A abertura de nova matrícula não está condicionada ao prévio procedimento administrativo de retificação de área; **E:** incorreta, pois a matrícula deverá ser realizada nos termos dos arts. 176-A, § 4º-A, § 5º II da Lei 6.015/73.

Gabarito "B".

2. DIREITO PROCESSUAL CIVIL

Luiz Dellore

I – PARTE GERAL

1. PRINCÍPIOS DO PROCESSO CIVIL

(Delegado – PC/BA – 2018 – VUNESP) O Poder Judiciário é um dos poderes constituídos da República Federativa do Brasil, cujo regime jurídico vem tratado nos artigos 92 e seguintes da Constituição Federal e assevera que

(A) os servidores receberão delegação para a prática de atos de mero expediente sem caráter decisório.

(B) a atividade jurisdicional será ininterrupta, sendo vedadas férias coletivas nos juízos de duplo grau de jurisdição e tribunais superiores, funcionando, nos dias em que não houver expediente forense normal, juízes em plantão permanente.

(C) todos os julgamentos dos órgãos do Poder Judiciário serão públicos, e as decisões judiciais fundamentadas, quando necessário.

(D) a distribuição de processos será imediata, em todos os graus de jurisdição, salvo se o jurisdicionado assim não o requerer.

(E) pelo voto da maioria simples dos membros do respectivo órgão especial poderão os tribunais declarar a inconstitucionalidade de lei ou ato normativo do Poder Público.

A: correta (CF, art. 93, XIV e CPC, art. 203, § 4º); **B:** incorreta, porque a vedação às férias coletivas aplica-se aos juízos e tribunais de segundo grau e não aos tribunais superiores (CF, art. 93, XII); **C:** incorreta, considerando que todas as decisões judiciais devem ser fundamentadas, sob pena de nulidade (CF, art. 93, IX e CPC, art. 11) e considerando ainda o próprio conteúdo da sentença (CPC, art. 489, § 1º); **D:** incorreta, porque o jurisdicionado não possui o referido poder de decidir a distribuição dos processos (CF, art. 93, XV); **E:** incorreta, tendo em vista que a denominada "cláusula de reserva de plenário" exige a declaração da *maioria absoluta* dos membros do respectivo órgão especial (CF, art. 97 e Súmula Vinculante 10).

Gabarito "A".

(Juiz de Direito – TJM/SP – VUNESP – 2016) Assinale a alternativa correta.

(A) A garantia do contraditório participativo impede que se profira decisão ou se conceda tutela antecipada contra uma das partes sem que ela seja previamente ouvida (decisão surpresa).

(B) A boa-fé no processo tem a função de estabelecer comportamentos probos e éticos aos diversos personagens do processo e restringir ou proibir a prática de atos atentatórios à dignidade da justiça.

(C) O princípio da cooperação atinge somente as partes do processo que devem cooperar entre si para que se obtenha, em tempo razoável, decisão de mérito justa e efetiva.

(D) Ao aplicar o ordenamento jurídico, o juiz atenderá aos fins sociais e econômicos e às exigências do bem público, resguardando e promovendo a dignidade da pessoa humana.

(E) Será possível, em qualquer grau de jurisdição, a prolação de decisão sem que se dê às partes oportunidade de se manifestar, se for matéria da qual o juiz deva decidir de ofício.

A: Incorreta. Ainda que se preveja, no CPC, o contraditório participativo ou efetivo (em que deve haver efetiva participação, sendo vedadas as decisões surpresa – arts. 9º e 10), isso não impede a concessão de liminares sem que se ouça o réu (CPC, art. 9º, parágrafo único); **B:** Correta (at. 5º do CPC); **C:** Incorreta, pois o princípio da cooperação a todos atinge, inclusive juízes (art. 6º do CPC); **D:** Incorreta para a banca, pois a redação da alternativa não reproduz o art. 8º do CPC ("Ao aplicar o ordenamento jurídico, o juiz atenderá aos fins sociais e às exigências do bem comum, resguardando e promovendo a dignidade da pessoa humana e observando a proporcionalidade, a razoabilidade, a legalidade, a publicidade e a eficiência"); **E:** Incorreta, exatamente pelo já mencionado princípio da vedação às decisões surpresa – art. 10 do CPC).

Gabarito "B".

2. JURISDIÇÃO E COMPETÊNCIA

(Procurador – PGE/SP – 2024 – VUNESP) Acerca do deslocamento de competência para a Justiça Federal em ação judicial em que a Fazenda Estadual faz parte da relação processual, é correto afirmar que:

I. A participação da União desloca obrigatoriamente o processo para Justiça Federal.

II. Nos casos de falência, a competência é deslocada, mas não nos casos de recuperação judicial.

III. A competência não é deslocada nos casos de insolvência civil.

IV. A competência não é deslocada nos casos de acidente do trabalho.

Está correto somente o contido em:

(A) IV.

(B) III e IV.

(C) II e IV.

(D) I.

(E) II e III.

I: Incorreto, pois não se trata de "obrigatoriamente", considerando que há algumas exceções – como, por exemplo, nos casos trabalhistas e de recuperação judicial e falência, em que mesmo com a presença da União, a competência não será deslocada para Justiça Federal (CPC, art. 45 do e art. 109 da CF). **II:** incorreto, pois seja RJ ou falência, a presença de ente federal não desloca para a Federal, permanecendo a causa na Estadual (CPC, art. 45, I e CF, art. 109). **III:** correta, considerando o exposto em II (CPC, art. 45, I). **IV:** correta, pois nos casos de acidente do trabalho fundado na legislação de seguridade (em face do INSS), competência é da justiça estadual, não da Federal (CPC, art. 45, I e CF, art. 109). Se fosse acidente do trabalho em face do empregador, seria da justiça do trabalho. Assim, a alternativa B deve ser assinalada. **LD**

Gabarito "B".

48 LUIZ DELLORE

(Procurador do Estado/SP – 2018 – VUNESP) Em relação aos diversos meios de solução de conflitos com a Administração Pública, é correto afirmar que

(A) é facultado aos Estados, ao Distrito Federal e aos Municípios suas autarquias e fundações públicas, bem como às empresas públicas e sociedade de economia mista federais, submeter seus litígios com órgãos ou entidades da Administração Pública federal à Advocacia-Geral da União, para fins de composição extrajudicial do conflito.

(B) mesmo as controvérsias que somente possam ser resolvidas por atos ou concessão de direitos sujeitos a autorização do Poder Legislativo estão incluídas na competência das câmaras de prevenção e resolução administrativa de conflitos.

(C) os conflitos que envolvem equilíbrio econômico-financeiro de contratos celebrados pela Administração Pública com particulares não podem ser submetidos às câmaras de prevenção e resolução administrativa de litígios, exceto quando versarem sobre valores inferiores a quinhentos salários-mínimos.

(D) a instauração de procedimento administrativo para resolução consensual de conflito no âmbito da Administração Pública interrompe a prescrição, exceto se se tratar de matéria tributária.

(E) o procedimento de mediação coletiva, para solução negociada de conflitos, no âmbito da Administração Pública estadual, não pode versar sobre conflitos que envolvem prestação de serviços públicos, salvo se esses serviços públicos forem relacionados a transporte urbano.

A: Correta (Lei 13.140/2015, art. 37); **B:** Incorreta, porque a Lei de Mediação dispõe expressamente o contrário (Lei 13.140/15, art. 32, § 4º); **C:** Incorreta, considerando que conflitos dessa natureza poderão ser submetidos às câmaras de prevenção, não havendo restrição quanto ao valor inicial envolvido (Lei 13.140/15, art. 32, § 5º); **D:** Incorreta, porque a instauração do procedimento administrativo tem o condão de suspender a prescrição (ou seja, de cessar a fluência do prazo prescricional) e não de interrompê-la (Lei 13.140/16, art. 34); **E:** Incorreta, porque a Lei de Mediação possibilita que os procedimentos de mediação coletiva envolvam conflitos relacionados à prestação de serviços públicos em geral, inclusive para a Administração Pública Estadual (Lei 13.140/15, art. 33, parágrafo único).
Gabarito "A".

(Delegado – PC/BA – 2018 – VUNESP) As causas cíveis serão processadas e decididas pelo juiz nos limites de sua competência, ressalvado às partes o direito de instituir juízo arbitral, na forma da lei. A respeito do instituto da competência, é correto afirmar que

(A) as suas regras são exclusivamente determinadas pelas normas previstas no Código de Processo Civil ou em legislação especial.

(B) tramitando o processo perante outro juízo, os autos serão remetidos ao juízo federal competente se nele intervier a União, excluindo-se dessa regra, dentre outras, as ações de insolvência civil.

(C) a ação possessória imobiliária será proposta no foro de situação da coisa, cujo juízo tem competência relativa para sua análise.

(D) se o autor da herança não possuía domicílio certo, é competente o foro do domicílio do inventariante para análise do inventário.

(E) a ação em que o incapaz for réu será proposta no foro de seu domicílio.

A: Incorreta, porque a competência é regida, além das normas mencionadas, também pela Constituição Federal, pelas normas de organização judiciária e pelas Constituições Estaduais, no que couber (CPC, art. 44); **B:** Correta, pois a regra é a competência da Justiça Federal para julgar as ações envolvendo a União, sendo que a presença desse ente acarreta a remessa dos autos para a JF (CPC, art. 45); mas existem algumas exceções na própria CF, em que mesmo presente a União não será da competência da JF – como no caso de falência ou trabalhista (CF, art. 109, I, parte final); **C:** Incorreta, uma vez que a competência para apreciação da ação possessória imobiliária, por força de exceção expressamente prevista em lei, não permite o foro de eleição (CPC, art. 47, § 2º); **D:** Incorreta, tendo em vista que, na hipótese, o foro competente será o da situação dos bens imóveis ou, não havendo bens imóveis, o foro do local de qualquer dos bens do espólio (CPC, art. 48, parágrafo único); **E:** Incorreta, porque, no caso de réu incapaz, a ação deve ser proposta no foro do domicílio de seu representante ou assistente (CPC, art. 50).
Gabarito "B".

(Delegado – PC/BA – 2018 – VUNESP) A respeito dos critérios para a modificação da competência do juízo cível, é correto afirmar que

(A) a competência absoluta poderá modificar-se pela conexão ou pela continência.

(B) reputam-se continentes 2 (duas) ou mais ações quando lhes for comum o pedido ou a causa de pedir.

(C) antes da citação, a cláusula de eleição de foro, se abusiva, pode ser reputada ineficaz de ofício pelo juiz, que determinará a remessa dos autos ao juízo do foro de domicílio do réu.

(D) se dá a conexão entre 2 (duas) ou mais ações quando houver identidade quanto às partes e à causa de pedir, mas o pedido de uma, por ser mais amplo, abrange o das demais.

(E) a citação do réu torna prevento o juízo.

A: Incorreta, considerando que apenas a competência *relativa* pode modificar-se pela conexão ou continência (CPC, art. 54); **B:** Incorreta, porque a definição trazida pela alternativa aplica-se à conexão (CPC, art. 55); **C:** Correta, sendo uma situação excepcional de incompetência relativa conhecida de ofício (CPC, art. 63, § 3º); **D:** Incorreta, tendo em vista que a definição trazida pela alternativa aplica-se à continência (CPC, art. 56); **E:** Incorreta, porque a prevenção do juízo é fixada pelo registro ou distribuição da petição inicial (CPC, art. 59).
Gabarito "C".

(Juiz de Direito – TJ/SP – VUNESP – 2017) Em matéria de competência, assinale a alternativa correta.

(A) A prevenção é efeito da citação válida.

(B) A competência determinada por critério territorial é sempre relativa.

(C) Compete à autoridade judiciária brasileira julgar as ações em que as partes se submetam à jurisdição nacional, desde que o façam expressamente.

(D) No caso de continência, as demandas devem ser reunidas para julgamento conjunto, salvo se a ação continente preceder a propositura da ação contida, caso em que essa última terá seu processo extinto sem resolução do mérito.

A: Incorreta, pois a prevenção decorre da distribuição (CPC, art. 59); **B:** Incorreta, pois a competência territorial no caso de alguns direitos reais imobiliários não pode ser alterada, de modo que não é relativa

2. DIREITO PROCESSUAL CIVIL

(CPC, art. 47, § 1º); C: Incorreta (CPC, art. Art. 22. Compete, ainda, à autoridade judiciária brasileira processar e julgar as ações: (...) III – em que as partes, expressa ou *tacitamente*, se submeterem à jurisdição nacional); **D:** Correta, sendo essa uma expressa previsão de extinção prevista no CPC (art. 57).
Gabarito "D".

(Procurador Municipal/SP – VUNESP – 2016) Compreende-se pelo princípio da *perpetuatio iurisdictionis*:

(A) o mandamento constitucional que veda a instituição de tribunais para julgamento de fatos e condutas específicas.

(B) a regra geral que veda a modificação da competência, que é fixada no momento da propositura da ação.

(C) a extraordinária possibilidade de estabilização da competência em juízo absolutamente incompetente.

(D) a vedação à extinção de órgão judiciário em que ainda haja processos em trâmite.

(E) a vinculação do processo à pessoa física do magistrado, fixada no momento da distribuição da ação.

A: Incorreta. Isso está inserido no princípio do juiz natural (CF, art. 5º, XXXVII). **B:** Correta, sendo esse o comando decorrente da *perpetuatio jurisdictionis* (CPC, art. 43). **C:** Incorreta. O juiz incompetente passar a ser o juiz competente é a denominada prorrogação da competência (CPC, art. 64, §1º). **D:** Incorreta. Haverá neste caso a redistribuição do processo, tratando-se de uma exceção à *perpetuatio* (CPC, art. 43, parte final). **E:** Incorreta. A vinculação do juiz ao processo decorre da identidade física do juiz – que, inclusive, não consta do atual CPC (esse princípio constava do Código anterior).
Gabarito "B".

(Juiz de Direito – TJ/RJ – VUNESP – 2016) O Ministério Público ingressou com ação civil pública em face da Administração Pública estadual perante uma das Varas da Fazenda Pública, para o cumprimento de obrigação de fazer no âmbito estadual. Conselho de Classe, considerado autarquia federal, requereu o ingresso no feito como litisconsorte ativo facultativo.

Diante desse fato, assinale a alternativa correta.

(A) O juiz estadual pode decidir pelo ingresso, mas remeter os autos à Justiça Federal, exceto nos casos de litisconsorte facultativo.

(B) A mera intervenção do órgão de classe não justifica o deslocamento do feito para a Justiça Federal, sendo competente a Justiça Estadual para julgar a ação.

(C) Considerando tratar-se de autarquia federal, compete à Justiça Federal processar e julgar o feito, ainda que na condição de litisconsorte facultativo.

(D) O juiz estadual pode decidir pelo ingresso e considerando a natureza jurídica do direito tutelado, julgar a ação.

(E) Eventual conflito de competência será dirimido pelo Tribunal Regional Federal, pois trata-se de litisconsórcio facultativo.

A: Incorreta. Compete a Justiça Federal apreciar a pertinência da participação de ente federal, ainda que no caso de litisconsórcio facultativo (CPC, art. 45). **B:** Incorreta, considerando o exposto em "A". **C:** Correta, sendo essa a previsão legal. (CPC, art. 45). **D:** Incorreta. A competência é da justiça federal (CPC, art. 45). **E:** Incorreta. A competência para julgamento de eventual conflito de competência é do STJ (CF, art. 105, I, "d").
Gabarito "C".

(Juiz de Direito – TJ/MS – VUNESP – 2015) Nas Comarcas que não sejam sede de Vara da Justiça Federal, é competente para processar e julgar ação civil pública, objetivando a proteção ao meio ambiente em que a União figure no processo,

(A) o juiz federal da Seção Judiciária Federal que tenha jurisdição sobre a área territorial onde ocorreu o dano.

(B) o juiz estadual da Comarca.

(C) o juiz federal designado pelo Tribunal Regional Federal.

(D) o juízo em que ocorreu o dano, mas não havendo juízo federal instalado, ao Tribunal Regional Federal.

(E) o juiz federal mais próximo, ainda que referente à Justiça do Trabalho.

Se a União é parte, deve a causa ser julgada pela Justiça Federal – salvo nas exceções da parte final do art. 109, I da CF, dentre as quais não está a ACP por dano ambiental. Sendo assim, a alternativa correta é a "A".
Gabarito "A".

3. PARTES, PROCURADORES, SUCUMBÊNCIA, MINISTÉRIO PÚBLICO E JUIZ

(Escrevente – TJ/SP – VUNESP – 2023) A empresa X, representada pelo escritório de advocacia Y, propôs ação de obrigação de fazer em face do Município de Vila Verde. A ação foi distribuída por sorteio para a 5ª Vara da Fazenda Pública da Comarca de Vila Verde que tem como escrivão Eduardo. O Município foi devidamente citado e na contestação apresentou a alegação de que, dez dias após a propositura da petição inicial, um primo distante de Eduardo foi contratado, como advogado, pelo escritório de advocacia Y, fazendo com que Eduardo seja impedido de exercer suas funções no processo. Diante da situação hipotética, é correto afirmar que a alegação apresentada em contestação está

(A) incorreta, uma vez que não se trata de impedimento e sim de suspeição.

(B) correta, desde que o primo de Eduardo intervenha diretamente no processo.

(C) incorreta, uma vez que não há qualquer tipo de impedimento na atuação de Eduardo como escrivão em um processo no qual seu primo seja advogado.

(D) incorreta, uma vez que os motivos de impedimento e suspeição se aplicam apenas aos Juízes, membros do Ministério Público e demais sujeitos imparciais do processo.

(E) incorreta, uma vez que o impedimento só se verificaria se o primo de Eduardo já integrasse o processo antes do início da atividade de Eduardo.

A: Incorreta, pois a hipótese narrada no enunciado não se enquadra nem nas situações objetivas do art. 144 do CPC (impedimento) ou subjetivas do art. 145 do CPC (suspeição); **B:** Incorreta, considerando a explicação anterior; **C:** Correta, pois não se trata de impedimento (como visto em "A") – e não se aplica a previsão do inciso III do art. 144 do CPC, vez que Eduardo não é parente, consanguíneos ou afim, em linha reta ou colateral, até o terceiro grau; **D:** Incorreta, vez que os motivos de suspeição e impedimento também se aplicam ao escrevente, Ministério Público, perito, oficial de justiça, dentre outros (CPC, art. 148); **E:** Incorreta, vide justificativa da letra "A".
Gabarito "C".

(Escrevente – TJ/SP – 2021 – VUNESP) Mariana estava voltando para casa com um carro dirigido por um motorista de aplicativo. No trajeto para casa, o carro capotou em uma curva e, como consequência, Mariana ficou internada por três semanas experimentando diversos gastos médicos. Buscando ressarcir seus gastos, Mariana propõe ação de indenização por danos materiais em face de Cleber, o motorista, alegando que ele foi imprudente e estava trafegando acima da velocidade permitida na via. A ação foi proposta perante a 5ª Vara Cível da Comarca de Santa Madalena, cujo Chefe de Secretaria era amigo íntimo de Cleber. No momento de produção de provas, o juiz nomeou perito para averiguar se Cleber estava trafegando ou não acima da velocidade permitida na via. Cleber nomeou assistente técnico para auxiliar na perícia. O assistente técnico, no entanto, era proprietário do imóvel que Mariana locava e autor da ação de despejo que estava em fase de recurso perante a 2ª Vara Cível da Comarca de Santa Madalena.

Diante da situação hipotética, Mariana poderá alegar que, em relação do processo de indenização,

(A) o chefe de Secretaria é impedido.

(B) o assistente técnico é impedido.

(C) tanto o chefe de Secretaria como o assistente técnico são suspeitos.

(D) o chefe de Secretaria é suspeito.

(E) o assistente técnico é suspeito.

A: Errada, vez que o impedimento se refere a situações objetivas, previstas no art. 144 do CPC; **B:** Errada, vez que os assistentes técnicos não estão sujeitos a impedimento ou suspeição (CPC, art. 466, § 1º; **C:** Errada, considerando a explicação anterior; **D:** Correta, conforme arts. 145, inciso I, e 148 do CPC, o fato de Cleber ser amigo íntimo do chefe de Secretaria configura hipótese que suspeição; **E:** Errada, vide justificativa da Letra "B".
Gabarito "D".

(Advogado – Pref. São Roque/SP – 2020 – VUNESP) Assinale a alternativa correta sobre a Advocacia Pública.

(A) O Município goza de prazo em dobro para todas as suas manifestações processuais, nos casos em que a lei estabelecer, de forma expressa, prazo próprio para o ente público, cuja contagem terá início a partir da intimação pessoal.

(B) A intimação do Município será realizada perante o órgão de Advocacia Pública responsável por sua representação judicial.

(C) O membro da Advocacia Pública será civil e regressivamente responsável quando agir com dolo, fraude ou culpa, em qualquer de suas modalidades, no exercício de suas funções.

(D) A intimação pessoal da Advocacia Pública far-se-á apenas por carga ou remessa.

(E) O instrumento de transação referendado pela Advocacia Pública é título executivo judicial.

A: incorreta, pois o Município goza de prazo em dobro para todas as suas manifestações, *salvo* quando a lei estabelecer, de forma expressa, prazo próprio para o ente público (CPC, art. 183, § 2º); **B:** correta, por expressa previsão legal (CPC, art. 269, § 3º); **C:** incorreta, porque não haverá responsabilização do membro da Advocacia Pública em caso de culpa (CPC, art. 184); **D:** incorreta, já que a afirmação está *incompleta* – a intimação pessoal será feita por carga, remessa ou meio eletrônico (CPC, art. 183, § 1º); **E:** incorreta, tendo em vista que o instrumento de transação referendado pela Advocacia Pública é título executivo *extrajudicial* (CPC, art. 784, IV).
Gabarito "B".

(Juiz de Direito – TJ/RS – 2018 – VUNESP) São devidos honorários advocatícios, nos termos do Código de Processo Civil:

(A) por quem deu causa à extinção, nos casos de perda de objeto.

(B) nos procedimentos de jurisdição voluntária.

(C) na apelação de sentença denegatória de mandado de segurança.

(D) pelo Fundo Público, no caso do vencido ser beneficiário da justiça gratuita.

(E) no cumprimento provisório de sentença.

A: Incorreta, porque nesse caso os honorários serão devidos por quem deu causa ao processo e não por quem deu causa à sua extinção (CPC, art. 85, § 10); **B:** Incorreta, visto que nos procedimentos não contenciosos (de jurisdição voluntária) as despesas processuais serão rateadas pelos interessados e não haverá condenação em honorários advocatícios, considerando a ausência de lide (CPC, art. 88); **C:** Incorreta, porque no mandado de segurança não há condenação ao pagamento de honorários advocatícios (Lei Federal n. 12.016/2009, art. 25); **D:** Incorreta. No caso de concessão de gratuidade de justiça, as obrigações decorrentes da sucumbência ficarão sob condição suspensiva de exigibilidade por 5 anos e findo este período serão extintas (CPC, art. 98, § 3º); **E:** Correta, sendo conveniente desatacar que o atual Código regulou em sentido contrário ao que era a jurisprudência do STJ quando do Código anterior (CPC, art. 85, § 1º).
Gabarito "E".

(Escrevente – TJ/SP – 2018 – VUNESP) Legalmente, incumbe ao escrivão ou ao chefe de secretaria:

(A) efetuar avaliações, quando for o caso.

(B) certificar proposta de autocomposição apresentada por qualquer das partes, na ocasião de realização de ato de comunicação que lhe couber.

(C) manter sob sua guarda e responsabilidade os bens móveis de pequeno valor penhorados.

(D) auxiliar o juiz na manutenção da ordem.

(E) comparecer às audiências ou, não podendo fazê-lo, designar servidor para substituí-lo.

A: Incorreta, porque essa atribuição cabe ao oficial de justiça (CPC, art. 154, V); **B:** Incorreta, também sendo essa atividade do oficial de justiça (CPC, art. 154, VI); **C:** Incorreta, porque incumbe ao escrivão ou chefe de cartório a guarda dos autos (CPC, art. 152, IV). Já a guarda de bens e conservação de bens penhorados incumbe ao depositário ou ao administrador (CPC, art. 159); **D:** Incorreta, sendo essa atividade do oficial de justiça (CPC, art. 154, IV); **E:** Correta (CPC, art. 152, III).
Gabarito "E".

(Juiz de Direito – TJ/RS – 2018 – VUNESP) O ente sem personalidade jurídica

(A) poderá ingressar em juízo por possuir personalidade judiciária.

(B) não poderá ingressar em juízo sem representação especial.

(C) não poderá ingressar em juízo em nome próprio.

(D) não poderá ingressar em juízo por não responder patrimonialmente.

(E) poderá ingressar em juízo desde que autorizado em seus estatutos.

Existem entes – como o espólio, condomínio, massa falida – que não têm personalidade jurídica. Sendo assim, em regra, esses entes não poderiam ser parte em processo judicial – considerando que a capacidade de ser parte é conceito ligado à personalidade jurídica. Porém, para resolver problemas de ordem prática, o legislador excepciona a regra e permite que alguns desses entes ingressem em juízo, como

2. DIREITO PROCESSUAL CIVIL   51

se vê de alguns incisos do art. 75 do CPC (incisos V, VII, XI). Isso é denominado, por alguns, de personalidade judiciária. **A**: Correta, considerando o acima exposto; **B**: Incorreta, pois não há essa figura de "representação especial", mas simplesmente, no art. 75, a pessoa de quem representará em juízo a entidade sem personalidade; **C**: incorreta, pois há o ingresso em juízo pelo próprio ente; **D**: incorreta, pois há a responsabilidade com o patrimônio que existir; **E**: Incorreta, pois isso decorre da lei, não dos estatutos.
Gabarito "A".

4. PRAZOS PROCESSUAIS E ATOS PROCESSUAIS

(Escrevente – TJ/SP – VUNESP – 2023) Quando a citação for realizada por meio eletrônico em um processo no qual não se admite a autocomposição, considera-se dia do começo do prazo:

(A) o dia útil seguinte ao da data de ocorrência da citação.

(B) o quinto dia útil seguinte à confirmação do seu recebimento, na forma prevista na mensagem de citação.

(C) a data de juntada aos autos do mandado cumprido.

(D) a data de juntada aos autos do aviso de recebimento.

(E) o dia útil seguinte ao da data de juntada aos autos do mandado cumprido.

A: Incorreta, por não ser a previsão legal; **B**: Correta. Tratando-se de citação por meio eletrônico e não havendo designação de audiência, o termo inicial do prazo para contestação (CPC, art. 335, III) observará a regra geral do art. 231, IX, ou seja, o quinto dia útil seguinte à confirmação do recebimento da citação; **C**: Incorreta, vez que a data de juntada aos autos do mandado cumprido é o termo inicial do prazo da citação realizada por oficial de justiça (CPC, art. 231, II). No mais, conforme previsão do art. 224 do CPC, o dia do começo do prazo é excluído da contagem dos prazos processuais; **D**: Incorreta. Esse é o termo inicial do prazo da citação realizada por correio (CPC, art. 231, I). No mais, conforme previsão do art. 224 do CPC, o dia do começo do prazo é excluído da contagem dos prazos processuais; **E**: Incorreta, pois esse será o termo inicial do prazo da citação realizada por oficial de justiça (CPC, art. 231, II).
Gabarito "B".

(Escrevente – TJ/SP – 2021 – VUNESP) A citação poderá ser feita em qualquer lugar em que se encontre o réu, o executado ou o interessado. No entanto, não se fará a citação, salvo para evitar o perecimento do direito

(A) de doente, enquanto grave o seu estado.

(B) de noivos, nos 5 (cinco) primeiros dias seguintes ao casamento.

(C) de cônjuge, de companheiro ou de qualquer parente do morto, consanguíneo ou afim, em linha reta ou na linha colateral em terceiro grau, no dia do falecimento e nos 7 (sete) dias seguintes.

(D) de quem estiver participando de ato de culto religioso, desde que aos domingos.

(E) quando se verificar que o citando é mentalmente incapaz ou está impossibilitado de recebê-la.

A: Correta, sendo essa a previsão do art. 244, IV do CPC; **B**: Incorreta, estabelece o CPC que não se fará a citação de noivos nos três primeiros dias seguintes ao casamento (CPC, art. 244, III); **C**: Incorreta, a vedação se aplica na hipótese de falecimento de qualquer parente do morto, consanguíneo ou afim, em linha reta ou na linha colateral em segundo grau (CPC, art. 244, II); **D**: Incorreta, pois a legislação processual não estabelece que a vedação se aplica apenas aos cultos religiosos realizados aos domingos (CPC, art. 244, I); **E**: Incorreta. Quando o citando é

mentalmente incapaz ou está impossibilitado de recebê-la, não se fará a citação, mesmo na hipótese de perecimento do direito (CPC, art. 245).
Gabarito "A".

(Escrevente – TJ/SP – 2018 – VUNESP) Processa(m)-se durante as férias forenses, onde as houver, e não se suspendem pela superveniência delas:

(A) a homologação de desistência de ação.

(B) os procedimentos de jurisdição voluntária e os necessários à conservação de direitos, quando puderem ser prejudicados pelo adiamento.

(C) os processos que versem sobre arbitragem, inclusive sobre cumprimento de carta arbitral.

(D) o registro de ato processual eletrônico e a respectiva intimação eletrônica da parte.

(E) a realização de audiência cujas datas tiverem sido designadas.

A: Incorreta, porque a hipótese não se encontra no rol de atos processuais que são praticados durante as férias forenses (CPC, art. 215); **B**: Correta (CPC, art. 215, I); **C**: Incorreta, tendo em vista que os processos que versem sobre arbitragem correrão sob segredo de justiça, mas não se encontram no rol de atos processuais que são praticados durante as férias forenses (CPC, art. 189, IV e art. 215); **D**: Incorreta, porque a hipótese não se encontra no rol de atos processuais que são praticados durante as férias forenses (CPC, art. 215); **E**: Incorreta, porque, em regra, não serão designadas audiências durante o período de recesso forense (CPC, art. 215).
Gabarito "B".

(Escrevente Técnico – TJM/SP – VUNESP – 2017) Quanto aos prazos processuais, é correto afirmar que

(A) a Defensoria Pública terá prazo em dobro para todas as suas manifestações processuais.

(B) as fundações de direito público terão prazo em quádruplo para contestar as ações.

(C) a União terá prazo quádruplo para contestar e em dobro para recorrer.

(D) os Estados terão prazo em dobro para recorrer e simples para responder a recursos.

(E) o beneficiário da justiça gratuita terá prazo em dobro para contestar e recorrer.

A: Correta (art. 186 do CPC). **B**: Incorreta. As fundações de direito público, como os entes públicos em geral, terão prazo em dobro, e não em quadruplo (art. 183 do CPC). **C**: Incorreta. A União goza de prazo em dobro, para qualquer manifestação (art. 183 do CPC). **D**: Incorreta. Os Estados, assim como a União, gozam de prazo em dobro, e não em quadruplo (art. 183 do CPC). **E**: Incorreta. O benefício da justiça gratuita em nada altera o prazo processual para a parte, vez que não há qualquer previsão legal (não confundir com o prazo em dobro da Defensoria, e não dos beneficiários da justiça gratuita.
Gabarito "A".

(Escrevente Técnico – TJM/SP – VUNESP – 2017) Sobre a gratuidade dos atos processuais, assinale a alternativa correta.

(A) As multas processuais impostas ao beneficiário estão afastadas pela gratuidade concedida.

(B) Vencido o beneficiário na ação, este não será condenado nas obrigações decorrentes da sucumbência.

(C) A assistência de advogado particular impede a concessão do benefício da gratuidade.

(D) O direito à gratuidade se estende ao sucessor do beneficiário em caso de seu falecimento.

(E) A gratuidade poderá ser concedida em relação a algum ou a todos os atos processuais.

A: Incorreta. O beneficiário da justiça gratuita arcará ao final do processo com as multas que lhe forem impostas (art. 98, § 4º do CPC). **B:** Incorreta, pois haverá a condenação nas verbas sucumbenciais, porém ficará suspensa a exigibilidade; podendo ser exigidas caso o credor, nos 5 anos seguintes, comprove não ser o devedor mais hipossuficiente (art. 98, § 3º do CPC). **C:** Incorreta. Não há impedimento para a concessão de gratuidade à parte que estiver assistida por advogado particular (art. 99, § 4º do CPC). **D:** Incorreta. A gratuidade não se estende ao sucessor do beneficiário, mas isso não significa que o sucessor não pode ser beneficiário da gratuidade. Para tanto basta requerer e comprovar a sua necessidade de gratuidade (art. 99, § 6º do CPC). **E:** Correta. Pelo Código, não há obrigatoriedade de que a gratuidade se estenda a todos os atos do processo, podendo o juiz concedê-la apenas para alguns atos (art. 98, § 5º do CPC).

Gabarito "E".

(Escrevente Técnico – TJ/SP – VUNESP – 2015) Quanto aos atos do juiz, assinale a alternativa correta.

(A) São atos meramente ordinatórios, forma pela qual o juiz resolve questão incidente, quando praticados em decorrência de juntada de documento essencial para o deslinde da causa.

(B) Os atos meramente ordinatórios, como a juntada e a vista obrigatória, independem de despacho, devendo ser praticados de ofício pelo servidor e revistos pelo juiz quando necessários.

(C) Decisão interlocutória é o ato pelo qual o juiz, no curso do feito, põe fim ao processo, resolvendo todas as questões que deram causa à propositura da ação.

(D) Decisão interlocutória compreende todos os demais atos do juiz praticados no processo, de ofício ou a requerimento da parte, a cujo respeito a lei não estabelece outra forma.

(E) Recebe a denominação de acórdão o julgamento proferido pelos tribunais, desde que julguem o mérito da demanda e reformem a sentença.

A: incorreta, pois a hipótese é de decisão interlocutória; **B:** correta, pois se trata de transcrição literal do art. 203, § 4º, do CPC; **C:** incorreta, pois o fim ao processo é caso de sentença; **D:** incorreta, pois esse seria despacho; **E:** incorreta, pois o acórdão não depende de seu conteúdo, tratando-se de decisão colegiada, seja para manter ou reformar a sentença, seja de mérito ou processual.

Gabarito "B".

(Escrevente Técnico – TJ/SP – VUNESP – 2015) Incumbe ao escrivão

(A) dar certidão de qualquer ato ou termo do processo, desde que determinado por despacho exarado por juiz competente.

(B) fazer pessoalmente as penhoras e arrestos.

(C) estar presente às audiências e coadjuvar o juiz na manutenção da ordem.

(D) efetuar avaliações e executar as ordens do juiz a que estiver subordinado.

(E) redigir, em forma legal, os ofícios, mandados, cartas precatórias e mais atos que pertencem ao seu ofício.

A: Incorreta. Nos termos do art. 152, V, do CPC, o escrivão deverá fornecer certidão de qualquer ato ou termo do processo, independentemente de despacho, observadas as disposições referentes ao segredo de justiça; **B:** Incorreta, pois é atribuição do oficial de justiça, nos termos do art. 154 do CPC; **C:** Incorreta, pois é atribuição do oficial de justiça, nos termos do art. 154, IV, do CPC; **D:** Incorreta, pois é atribuição do Oficial de Justiça, nos termos do art. 154, V, do CPC; **E:** Correta, nos termos do art. 152, I, do CPC.

Gabarito "E".

(Escrevente Técnico – TJ/SP – VUNESP – 2015) Os atos processuais são atos das partes, do juiz e dos auxiliares da Justiça, e a eles são assinalados prazos para cumprimento. Nesse caso, assinale a alternativa correta.

(A) A parte não poderá renunciar ao prazo estabelecido exclusivamente em seu favor.

(B) Não havendo preceito legal nem assinação pelo juiz, será de cinco dias o prazo para a prática de ato processual a cargo da parte.

(C) Salvo disposição em contrário, computar-se-ão os prazos, incluindo-se o dia do começo e o do vencimento.

(D) Decorrido o prazo, extingue-se, mediante declaração judicial, o direito de praticar o ato.

(E) Os atos processuais realizar-se-ão nos prazos prescritos em lei. Quando esta for omissa, o juiz determinará que os prazos se cumpram em cinco dias.

A: Incorreta, nos termos do art. 225 do CPC; **B:** Correta, nos termos do art. 218, § 3º, do CPC; **C:** Incorreta, salvo disposição em contrário, os prazos serão contados excluindo o dia do começo e incluindo o dia do vencimento, nos termos do art. 224 do CPC; **D:** incorreta, pois decorrido o prazo, extingue-se o direito de praticar ou de emendar o ato processual, independentemente de declaração judicial, ficando assegurado, porém, à parte provar que não o realizou por justa causa, nos termos do art. 223 do CPC; **E:** Incorreta, pois quando a lei for omissa, o juiz fixará o prazo com base na complexidade do ato (art. 218, § 1º, do CPC).

Gabarito "B".

5. LITISCONSÓRCIO E INTERVENÇÃO DE TERCEIROS

(Juiz de Direito – TJ/SP – 2023 – VUNESP) Sobre a denunciação da lide, considerando a jurisprudência dominante e atual do Superior Tribunal de Justiça, é correto afirmar:

(A) a denunciação pode ser promovida de ofício pelo juiz.

(B) a denunciação deve ser admitida se o denunciante busca eximir-se da responsabilidade pelo evento danoso, atribuindo-o com exclusividade a terceiro.

(C) o Código de Processo Civil em vigor prevê a obrigatoriedade da denunciação da lide nos casos de evicção.

(D) o estado avançado do processo não recomenda o deferimento do pedido de denunciação da lide, sob pena de afronta aos mesmos princípios que o instituto busca preservar.

A: Incorreta, a denunciação da lide deve ser proposta pelas partes (CPC, art. 125). Nesse mesmo sentido, é o entendimento do STJ (AREsp 1.992.131/SP). **B:** Incorreta. A denunciação deve ser utilizada na hipótese de ação de regresso; ou seja, se houver a condenação do réu, vai-se verificar se o terceiro deve ressarcir (CPC, art. 125). Sendo assim – e conforme entendimento do STJ (AgInt no AREsp 1.910.169/ ES) – não é cabível a denunciação da lide quando o denunciante buscar apenas eximir-se da responsabilidade pelo evento danoso. **C:** Incorreta, não existindo, no atual sistema, obrigatoriedade na denunciação, pois é possível exercer o direito regressivo por *ação autônoma* quando a denunciação da lide for indeferida, deixar de ser promovida ou não for permitida (CPC, art. 125, § 1º). **D:** Correta, considerando que, pelo princípio da economia processual, se o processo já avançou, não se justifica que haja a denunciação com a consequente necessidade de atrasar a marcha processual. Nesse sentido, o REsp 1713096/SP.

Gabarito "D".

(Juiz de Direito – TJ/RS – 2018 – VUNESP) Sobre o incidente de desconsideração da personalidade jurídica, é correto afirmar que

2. DIREITO PROCESSUAL CIVIL

(A) como efeito do acolhimento do pedido de desconsideração, passarão a estar sujeitos à execução os bens do responsável limitado a sua cota social.

(B) é uma forma de intervenção de terceiros, podendo criar-se um litisconsórcio passivo facultativo.

(C) instaurado na petição inicial, ocorrerá a suspensão do processo, independentemente do requerimento do interessado.

(D) resolvido o incidente em sentença, que julgar o mérito da demanda, caberá agravo de instrumento quanto a esta questão.

(E) o Ministério Público poderá requerer o incidente, podendo ser instaurado de ofício pelo juiz, se o caso.

A: Incorreta. O acolhimento do pedido de desconsideração da personalidade jurídica permite que sejam atingidos os bens em geral dos sócios (CPC, art. 133 e seguintes; CC, art. 50); **B:** Correta, pois se o sócio ingressar ele passa a ser parte (CPC, art. 133 e seguintes); **C:** Incorreta, porque quando o pedido é feito na própria petição inicial não acarretará a suspensão do processo (CPC, art. 134, §§ 2º e 3º); **D:** Incorreta, porque a decisão que resolve o incidente tem natureza interlocutória e é recorrível via agravo de instrumento (CPC, art. 136 e art. 1.015, IV); **E:** Incorreta, uma vez que o incidente não poderá ser instaurado de ofício pelo magistrado (CPC, art. 133).
Gabarito "B".

(Juiz de Direito – TJ/SP – VUNESP – 2017) Haverá litisconsórcio necessário

(A) ativo, entre os cônjuges, na ação que verse sobre direito real imobiliário, salvo se casados sob regime de separação absoluta de bens.

(B) passivo, entre os cônjuges, na ação fundada em obrigação contraída por um deles, em proveito da família.

(C) entre alienante e adquirente quando ocorrer a alienação de coisa ou de direito litigioso.

(D) sempre que ele for unitário.

A: Incorreta, porque nesse caso não há obrigatoriedade de litisconsórcio ativo, mas sim de autorização do cônjuge (CPC, art. 73); **B:** Correta, pois obrigação em proveito da família acarreta litisconsórcio necessário (CPC, art. 73, § 1º); **C:** Incorreta, pois no caso de alienação de bem litigioso, o que ocorre é a sucessão das partes, e não necessariamente litisconsórcio (CPC, art. 109, § 2º); **D:** Incorreta, pois nem sempre o litisconsórcio necessário é unitário.
Gabarito "B".

(Juiz de Direito – TJ/SP – VUNESP – 2017) Considerando a denunciação da lide, assinale a alternativa correta.

(A) O direito regressivo poderá ser objeto de ação autônoma apenas no caso de não ser permitida pela lei ou no caso de ter sido indeferida pelo juiz.

(B) Pode ser determinada de ofício pelo juiz, nos casos em que a obrigação de indenizar decorra expressamente da lei.

(C) Considerando-se a cadeia dominial, a denunciação da lide sucessiva é admitida ao originariamente denunciado, mas vedada ao sucessivo denunciado, ressalvada a propositura de ação autônoma.

(D) Pode ser requerida e deferida originariamente em grau de apelação, nos casos em que seja dado ao tribunal examinar o mérito desde logo, por estar o processo em condições de julgamento.

A: Incorreta, pois sempre será possível ação autônoma no lugar da denunciação (CPC, art. 125, § 1º); **B:** Incorreta, porque descabe a denunciação de ofício (CPC, art. 125, *caput* – que menciona as partes);

C: Correta, pois a denunciação sucessiva é admitida, mas apenas uma única vez (CPC, art. 125, § 2º); **D:** Incorreta, pois descabe denunciação no âmbito do tribunal.
Gabarito "C".

(Juiz de Direito – TJM/SP – VUNESP – 2016) A respeito do *amicus curiae*, é correto afirmar que

(A) passou a ser modalidade de intervenção de terceiro no processo, com poder de interpor recurso de decisão que julgar o incidente de resolução de demandas repetitivas.

(B) é terceiro admitido no processo para fornecer subsídios instrutórios à solução de causa revestida de especial relevância ou complexidade, passando a titularizar posições subjetivas relativas às partes, como o assistente simples.

(C) é um auxiliar do juízo, equiparável a terceiros que prestam colaboração instrutória pontual no processo.

(D) assume papel de fiscal da lei ou do interesse público no curso do processo, ficando investido das prerrogativas processuais conferidas ao Ministério Público.

(E) sua admissibilidade não é pautada por seu interesse jurídico ou extrajurídico na solução da causa, sendo por este motivo vedado o ingresso quando houver interesse no resultado do processo.

A: Correta. – Há legitimidade recursal do *amicus curiae* somente via embargos de declaração ou no IRDR. (CPC, art. 138, § 3º). **B:** Incorreta. Não há interesse jurídico do *amicus curiae*, mas apenas interesse institucional (assim, não há posição subjetiva). **C:** Incorreta. Apesar de não ter interesse jurídico, não se equipara a perito ou tradutor (que apenas esclarecem um ponto), pois se manifesta nos autos e defende opinião (assim, não necessariamente há imparcialidade – como no caso do Procon se manifestar a favor dos consumidores). **D:** Incorreta. O *amicus curiae* não é fiscal da lei, como exposto na alternativa anterior. **E:** Incorreta. Como exposto em "C", pode ser que o *amicus curiae* tenha claramente uma posição pela improcedência ou procedência do pedido.
Gabarito "A".

6. PRESSUPOSTOS PROCESSUAIS, ELEMENTOS DA AÇÃO E CONDIÇÕES DA AÇÃO

(Magistratura/SP – VUNESP – 2013) Acerca dos pressupostos processuais relativos às partes, é acertado dizer que

(A) a capacidade de ser parte depende da personalidade jurídica e dela é decorrente, de sorte que somente as pessoas naturais e as pessoas jurídicas dispõem de capacidade de ser parte.

(B) os incapazes dispõem de capacidade postulatória se devidamente representados ou assistidos por seus pais, tutores ou curadores.

(C) não obstante tenha capacidade de ser parte, faltará legitimidade processual àquele que intentar, sem consentimento do cônjuge, ações que versem sobre direitos reais de qualquer natureza.

(D) o nascituro tem capacidade de ser parte, mas se nascer morto, o processo se extinguirá.

A questão trata das três capacidades: de ser parte, processual e postulatória. **A:** incorreta. Em regra, correto – porém, há entes despersonalizados também dotados de capacidade de postular em juízo (capacidade processual) e, portanto, de ser parte (CPC, art. 75, V, VII e IX, por exemplo); **B:** incorreta, pois os incapazes têm suprida sua incapacidade processual quando representados ou assistidos (CPC, art. 71); **C:** incorreta, pois nesse caso haverá falta de autorização, não de capacidade (CPC, art. 73); **D:** correta, para a banca. Há um debate doutrinário quanto ao tema (se o nascituro tem capacidade de ser parte), mas algumas decisões admitem que o feto, antes do nascimento, poderá ser parte (inclusive acolhido pelo TJSP, em conhecido caso de indenização de cantora e seu bebê contra comediante por declaração em programa de TV). De qualquer forma, no caso, como erradas as demais alternativas, a alternativa seria esta. De qualquer forma, a lei apenas prevê a capacidade de ser parte para o bebê que nasce com vida (CC, art. 1º), mas a banca não adotou o expressamente previsto em lei. *Gabarito "D".*

7. FORMAÇÃO, SUSPENSÃO E EXTINÇÃO DO PROCESSO. NULIDADES

(Juiz de Direito – TJ/SP – 2023 – VUNESP) Mário ingressou com ação de conhecimento com pedido condenatório em face de Josefina. Aduziu, em síntese, que emprestou R$ 60.000,00 para pagamento em 20 parcelas de R$ 3.000,00 e teria recebido apenas a primeira parcela. Pediu a condenação da ré ao pagamento das três parcelas vencidas, com correção monetária e juros. Estando em ordem a inicial, o juiz de direito designou a audiência de tentativa de conciliação. A ré foi citada. Na audiência não houve acordo. No prazo legal, por intermédio de advogado regularmente constituído, Josefina contestou a ação. Afirmou que está passando por dificuldades financeiras por estar desempregada e que não tem condições de pagar o empréstimo. Pugnou pela improcedência do pedido. Juntada a contestação sem documentos, os autos foram encaminhados à conclusão. Considerando isso, qual deverá ser a decisão do juiz?

(A) o juiz, em decisão saneadora, delimitará as questões de fato sobre as quais recairá a atividade probatória, especificando os meios de prova admitidos; definirá a distribuição do ônus da prova; delimitará as questões de direito relevantes para a decisão de mérito; designará audiência de instrução e julgamento.

(B) o juiz determinará a intimação do autor para, em 15 dias, manifestar-se sobre a contestação.

(C) o juiz julgará antecipadamente o mérito, proferindo sentença com condenação da ré ao pagamento apenas das parcelas vencidas, pois não houve pedido para inclusão das parcelas vincendas. Condenará a ré ainda ao pagamento da verba de sucumbência.

(D) o juiz julgará antecipadamente o mérito, proferindo sentença com condenação da ré ao pagamento (i) das parcelas vencidas e (ii) das parcelas vincendas (cumprimento de obrigação em prestações sucessivas), mesmo sem pedido, enquanto durar a obrigação. Condenará a ré ainda ao pagamento da verba de sucumbência.

A: Incorreta, vida justificativa para alternativa "D". **B:** Incorreta, pois de acordo com o CPC, apenas quando o réu alegar fato impeditivo, modificativo ou extintivo do direito do autor, este deverá ser intimado para se manifestar em réplica, no prazo de 15 (quinze) dias (CPC, arts. 350 e 351). No caso, só houve defesa direta, sem fato novo, de modo que não é obrigatória a réplica – ainda que, no cotidiano forense, essa previsão legal seja pouco observada. **C:** Incorreta. Nos termos do art. 323 do CPC, na ação que tiver por objeto cumprimento de obrigação em prestações sucessivas, essas serão consideradas incluídas no pedido, independentemente de declaração expressa do autor. **D: Correta.** O enunciado retrata hipótese de julgamento antecipado de mérito (CPC,

art. 355, I), considerando que a demanda não depende de instrução probatória (pois não houve impugnação quanto à existência da dívida). Além disso, o art. 323 do CPC prevê expressamente que as prestações vincendas serão consideradas incluídas no pedido, independentemente de existir pedido expresso do autor e serão incluídas na condenação. *Gabarito "D".*

(Juiz de Direito – TJ/SP – 2023 – VUNESP) O pronunciamento judicial que não resolve o mérito não obsta que a parte proponha de novo a ação, ressalvando-se apenas ser necessário comprovar o pagamento ou o depósito das custas e dos honorários de advogado. Sobre a sentença terminativa, indique a alternativa correta que englobe apenas casos que a propositura da nova ação dependa da correção do vício que levou à sentença de extinção sem resolução do mérito.

(A) Extinção por abandono da causa pelo autor, contumácia das partes e indeferimento da petição inicial.

(B) Indeferimento da petição inicial, ausência de pressupostos de constituição e de desenvolvimento regular do processo e ausência de legitimidade ou de interesse processual.

(C) Contumácia das partes, ausência de legitimidade e interesse processual.

(D) Extinção por abandono pelo autor, ausência de pressupostos de constituição e de desenvolvimento regular do processo.

As decisões que não apreciam o mérito não produzem coisa julgada material e, portanto, como regra, não impedem que a parte proponha nova ação (CPC, art. 486). Porém, o art. 486, § 1º do CPC traz situações que, embora a decisão não seja de mérito, a propositura de nova ação dependerá da correção do vício: "§ 1º No caso de extinção em razão de litispendência e nos casos dos incisos I, IV, VI e VII do art. 485, a propositura da nova ação depende da correção do vício que levou à sentença sem resolução do mérito". Assim, a única alternativa que compreende as exceções previstas no dispositivo legal mencionado é a letra "B": indeferimento (inciso I), pressupostos (inciso IV) e condições da ação (inciso VI). *Gabarito "B".*

(Juiz de Direito – TJ/RJ – 2019 – VUNESP) No que diz respeito ao julgamento antecipado parcial de mérito, é correto afirmar que o respectivo pronunciamento judicial

(A) deve ser objeto de confirmação quando da prolação da futura sentença, por se tratar de decisão de natureza provisória.

(B) configura-se em sentença, sendo, portanto, apelável.

(C) é passível de cumprimento provisório, mesmo que tenha sido julgado em definitivo o recurso dele interposto.

(D) pode ser executado, independentemente de caução, ainda que esteja pendente de julgamento recurso contra ele interposto.

(E) deve reconhecer a existência de obrigação líquida, não sendo cabível sua prévia liquidação.

A: incorreta, tendo em vista que a decisão é definitiva e proferida sob cognição exauriente, não se sujeitando a confirmação em futura sentença (CPC, art. 356); **B:** incorreta, considerando que, pelo Código, o julgamento antecipado parcial do mérito tem natureza de decisão interlocutória, por ser impugnável por agravo de instrumento (CPC, art. 356, § 5º); **C:** incorreta, porque, se houver o trânsito em julgado da decisão, o cumprimento de sentença será *definitivo* (CPC, art. 356, § 3º); **D: correta**, por expressa previsão legal (CPC, art. 356, § 2º); **E:**

2. DIREITO PROCESSUAL CIVIL

incorreta, pois é possível que o julgamento antecipado parcial reconheça a existência de obrigação *ilíquida* (CPC, art. 356, § 1º).

Gabarito "D".

(Procurador – IPSMI/SP – VUNESP – 2016) Analise as assertivas a seguir e assinale a correta.

(A) Quando a lei prescrever determinada forma, sob pena de nulidade, a decretação desta pode ser requerida pela parte que lhe deu causa.

(B) Se o processo tiver corrido, sem conhecimento do Ministério Público, quando este tiver obrigatoriedade de intervir, o juiz tornará nulo todo o procedimento.

(C) O erro de forma do processo acarreta sua nulidade total não podendo ser aproveitados quaisquer atos praticados nos autos a fim de se observarem as prescrições legais, mantendo-se intacto o princípio do devido processo legal.

(D) A nulidade dos atos deve ser alegada na primeira oportunidade em que couber à parte falar nos autos, sob pena de preclusão, não se aplicando, porém, às nulidades que o juiz deva decretar de ofício, nem prevalece a preclusão, provando a parte legítimo impedimento.

(E) Mesmo quando puder decidir do mérito a favor da parte a quem aproveite a declaração da nulidade, o juiz deve se pronunciar sobre ela, mandando repetir o ato, ou suprir-lhe a falta, dependendo do caso.

A: incorreta, pois isso seria "alegar a própria torpeza", e é expressamente vedado pela lei (CPC, art. 276); **B:** incorreta, pois a nulidade vai depender de requerimento do MP e demonstração de prejuízo (CPC, art. 279, § 2º); **C:** incorreta. Considerando o princípio da instrumentalidade das formas, sendo possível, serão aproveitados atos processuais (CPC, art. 283. O erro de forma do processo acarreta unicamente a anulação dos atos que não possam ser aproveitados, devendo ser praticados os que forem necessários a fim de se observarem as prescrições legais); **D:** Correta. O enunciado reproduz o caput e parágrafo único do art. 278 do CPC; **E:** incorreta, pois se o juiz puder decidir o mérito a favor de quem aproveita a nulidade, a nulidade será desconsiderada (CPC, art. 282, § 2º Quando puder decidir o mérito a favor da parte a quem aproveite a decretação da nulidade, o juiz não a pronunciará nem mandará repetir o ato ou suprir-lhe a falta).

Gabarito "D".

(Juiz de Direito – TJ/RJ – VUNESP – 2016) A citação válida interrompe todos os prazos extintivos previstos em lei, exceto se a ação for extinta

(A) por inépcia da inicial.

(B) por perempção.

(C) pela ausência de pressupostos processuais.

(D) pela confusão entre autor e réu.

(E) pela desistência da ação.

Todas as hipóteses indicadas são de extinção sem resolução de mérito, previstas nos incisos do art. 485 do CPC – apenas não há, no atual Código, previsão específica de confusão, que se insere na falta de interesse superveniente. Assim, a resposta à questão não passa pela lei, mas sim pela jurisprudência. E o STJ já decidiu assim, à luz do CPC/1973: "Modernamente, a citação válida interrompe, não só a prescrição, mas "todos os prazos extintivos previstos em lei" (CPC, art. 220). Apenas em raros casos isso não será possível. Um deles é a perempção, fenômeno processual resultante da extinção do processo, por três vezes, por negligência do autor que, não promovendo os atos e diligências que lhe competirem, abandonar a causa por mais de trinta dias (CPC, art. 267, III, c/c art. 268, § 1º)." (REsp 1513244,

DJ 25/03/2015). Questão que demandava um conhecimento muito específico desse julgado, o que não é adequado para uma prova teste.

Gabarito "B".

8. TUTELA PROVISÓRIA

(Escrevente – TJ/SP – VUNESP – 2023) Juliete propôs ação de indenização por danos morais alegando que sofreu ofensas verbais e constrangimento em razão da conduta de um funcionário da loja Z. Considerando a situação hipotética, assinale a alternativa correta acerca da possibilidade de concessão de tutela provisória para o caso.

(A) A tutela provisória só pode ser concedida após a apresentação de contestação pela loja Z, para que esta seja ouvida antes da decisão.

(B) A tutela provisória de urgência pode ser concedida em caráter antecedente ou incidental, desde que presentes os requisitos legais, podendo ser exigida ainda caução real ou fidejussória idônea.

(C) A tutela de urgência só pode ser concedida se Juliete demonstrar que há risco de dano irreparável ou de difícil reparação.

(D) O pedido de tutela provisória só pode ser deferido se Juliete apresentar prova documental que comprove os danos sofridos.

(E) Não é possível conceder tutela antecipada antecedente em ações de indenização por danos morais pois não há urgência que justifique a medida.

A: Incorreta, permite-se a concessão da tutela provisória de urgência ou evidência sem prévia manifestação da parte contrária (CPC, art. 9º, parágrafo único, I e II); **B:** Correta, porque a tutela provisória de urgência poderá ser concedida em caráter antecedente ou incidental (CPC, art. 294, parágrafo único). Os requisitos estão previstos no art. 300 "caput" e § 3º, quais sejam: probabilidade do direito, perigo de dano ou o risco ao resultado útil do processo e reversibilidade da medida. Conforme o caso, o juiz poderá exigir caução real ou fidejussória idônea (CPC, art. 300, § 1º); **C:** Incorreta, pois para a tutela da urgência, além da situação de urgência (perigo de dano ou risco ao resultado útil do processo), necessário também a probabilidade do direito (CPC, art. 300); **D:** Incorreta, pois a tutela provisória pode ser concedida também com base em prova em audiência; **E:** Incorreta, pois mesmo em ações indenizatórias é possível se falar em tutela de urgência, a depender da situação concreta (CPC, art. 300).

Gabarito "B".

(Escrevente – TJ/SP – 2021 – VUNESP) A petição inicial da ação, que visa à prestação de tutela cautelar em caráter antecedente, indicará a lide e seu fundamento, a exposição sumária do direito que se objetiva assegurar e o perigo de dano ou o risco ao resultado útil do processo. No que diz respeito ao procedimento da tutela cautelar requerida em caráter antecedente, é correto afirmar:

(A) o pedido principal deverá ser formulado em separado do pedido de tutela cautelar.

(B) a causa de pedir poderá ser aditada no momento de formulação do pedido principal.

(C) apresentado o pedido principal, as partes serão intimadas para a audiência de conciliação ou de mediação, sendo necessária nova citação do réu.

(D) efetivada a tutela cautelar, o pedido principal terá de ser formulado pelo autor no prazo de 30 (trinta) dias, caso em que será apresentado nos mesmos autos em que deduzido o pedido de tutela cautelar, dependendo de novas custas processuais.

(E) se por qualquer motivo cessar a eficácia da tutela cautelar, é permitido à parte renovar o pedido, sob o mesmo fundamento, no prazo de 30 (trinta) dias.

A: Incorreta, o pedido principal deverá ser apresentado nos mesmos autos em que deduzido o pedido cautelar (CPC, art. 308); **B:** Correta, sendo essa a previsão legal do artigo 308, § 2º do CPC; **C:** Incorreta, vez que o CPC dispensa, expressamente, nova citação do réu após a apresentação do pedido principal (CPC, art. 308, § 3º); **D:** Incorreta, pois conforme previsão do art. 308 do CPC, não é necessário o pagamento de novas custas para apresentação do pedido principal; **E:** Incorreta. Se cessar a eficácia da medida, é vedado à parte renovar o pedido, sob o mesmo fundamento (CPC, art. 309, parágrafo único).
Gabarito "B".

(Advogado – Pref. São Roque/SP – 2020 – VUNESP) Foi decretada, liminarmente, a ordem de entrega do objeto custodiado, sob cominação de multa, em ação reipersecutória fundada em prova documental adequada de contrato de depósito. Essa decisão liminar tem natureza de

(A) tutela antecipada incidente.
(B) tutela antecipada antecedente.
(C) tutela de evidência.
(D) tutela cautelar antecedente.
(E) tutela cautelar incidente.

A questão trata das espécies de tutela provisória: urgência e evidência. O caso narrado é, literalmente, uma das hipóteses de concessão de tutela de evidência (CPC, art. 311, III). E se trata de tutela de evidência em ação de depósito (da qual não mais cabe prisão, conforme Súmula Vinculante 25/STF). Vale lembrar que a concessão da tutela de evidência independe da demonstração do perigo de dano ou risco ao resultado útil do processo.
Gabarito "C".

(Delegado – PC/BA – 2018 – VUNESP) As tutelas requeridas ao Poder Judiciário podem ter caráter definitivo ou provisório. No que diz respeito à tutela provisória de urgência, é correto afirmar que

(A) a tutela antecipada e a de evidência são suas espécies.
(B) quando requerida em caráter incidental, exige o pagamento de custas.
(C) a sua efetivação observará as normas referentes ao cumprimento definitivo da sentença.
(D) pode ser concedida liminarmente ou após justificação prévia.
(E) quando antecedente, como regra, será requerida ao juiz do foro do domicílio do autor.

A: Incorreta, tendo em vista que (i) o gênero é a tutela provisória, que (ii) se subdivide em duas espécies: tutela de urgência e evidência (CPC, art. 294), sendo que (iii) a tutela de urgência de divide nas subespécies tutela antecipada e a tutela cautelar (CPC, art. 294, parágrafo único); **B:** Incorreta, porque a tutela provisória, requerida em caráter incidental, independe do recolhimento de custas (CPC, art. 295); **C:** Incorreta, considerando o caráter precário da tutela provisória, sua efetivação observará as normas para cumprimento provisório de sentença (CPC, art. 297, parágrafo único); **D:** Correta (CPC, art. 300, § 2º); **E:** Incorreta, porque, quando antecedente, deve ser requerida perante o juízo competente para apreciação do pedido principal (CPC, art. 299).
Gabarito "D".

(Escrevente – TJ/SP – 2018 – VUNESP) Se a tutela antecipada for concedida nos casos em que a urgência for contemporânea à propositura da ação e a petição inicial limitar-se ao requerimento da tutela antecipada e à indicação do pedido de tutela final, com a exposição da lide, do

direito que se busca realizar e do perigo de dano ou do risco ao resultado útil do processo, e a decisão se tornar estável, o juiz deverá

(A) mandar emendar a inicial.
(B) suspender a ação até seu efetivo cumprimento.
(C) julgar extinto o processo.
(D) determinar a contestação da ação.
(E) sanear o feito.

A: Incorreta, porque a estabilização da tutela pressupõe (i) que não haja a emenda da inicial para o pedido final e (ii) que o réu não tenha recorrido da decisão via agravo de instrumento (CPC, art. 304); **B:** Incorreta, considerando que a estabilização da tutela acarreta a extinção do feito e não sua suspensão (CPC, art. 304, § 1º); **C:** Correta, pois com a estabilização há a extinção do processo com acolhimento do pedido de tutela antecipada (CPC, art. 304, § 1º); **D:** Incorreta, porque, com a estabilização da tutela, não será oportunizado o oferecimento de contestação, pois o processo será extinto (CPC, art. 304); **E:** Incorreta, vide justificativa para a alternativa "B" (CPC, art. 304, § 1º).
Gabarito "C".

(Juiz de Direito – TJ/SP – VUNESP – 2017) A tutela provisória de urgência:

(A) não pode ser concedida na sentença porque, do contrário, a tutela perderia a natureza de provisória.
(B) só pode ser determinada pelo juiz estatal e não pelo árbitro, uma vez que falta a esse último poder de coerção para efetivar a medida.
(C) exige, além do perigo da demora, prova pré-constituída das alegações de fato em que se funda o autor.
(D) quando requerida na forma de tutela cautelar antecedente, poderá ser apreciada como tutela antecipada, caso o juiz entenda que essa é sua verdadeira natureza.

A: incorreta, pois a tutela de urgência pode ser proferida a qualquer momento, desde que presentes seus requisitos (CPC, art. 300); **B:** incorreta, pois se entende que árbitro pode conceder tutela de urgência – mas a efetivação é realizada pelo juiz estatal; **C:** incorreta, pois é possível que haja audiência de justificação quanto à probabilidade do direito (CPC, art. 300, § 2º); **D:** correta, pois o sistema prevê a fungibilidade entre cautelar e tutela antecipada (CPC, art. 305, parágrafo único).
Gabarito "D".

(Procurador – SP – VUNESP – 2015) O juiz poderá, a requerimento da parte, antecipar, total ou parcialmente, os efeitos da tutela pretendida no pedido inicial. Nesse caso, assinale a alternativa correta.

(A) Após concedida, a tutela antecipada não poderá ser revogada ou modificada, exceto se a parte interessada recorrer da decisão.
(B) Ainda que a antecipação de tutela seja deferida na sentença de mérito, a apelação será recebida no efeito devolutivo e suspensivo.
(C) O autor da ação não responde pelos danos sofridos pela parte adversa decorrentes da antecipação de tutela que não for confirmada em sentença.
(D) No caso de ação em face da Fazenda Pública, só haverá antecipação de tutela se ficar caracterizado o abuso de direito de defesa.
(E) É possível a antecipação da tutela em sede de recurso, desde que presentes os requisitos legais.

A: Incorreta, pois a TA pode ser revogada ou modificada a qualquer tempo, pelo juiz (CPC, art. 296); **B:** incorreta, pois nesse caso a ape-

2. DIREITO PROCESSUAL CIVIL

lação será recebida apenas no efeito devolutivo (CPC, art. 1.012, § 1º, V); **C:** incorreta, existindo responsabilidade caso a TA seja concedida e depois revogada (CPC, art. 302); **D:** incorreta, pois apesar de existir limitação à concessão de TA contra a Fazenda (Lei 9.494/1997), não há vedação; **E:** Correta, pois não há limitação, na lei, ao momento de concessão de TA (CPC, art. 300) e a jurisprudência se firmou no sentido dessa possibilidade.
Gabarito "E".

II – PROCESSO DE CONHECIMENTO

9. PETIÇÃO INICIAL

(Juiz de Direito – TJ/SP – 2023 – VUNESP) O processo começa por iniciativa da parte e se desenvolve por impulso oficial, salvo as disposições previstas em lei. A petição inicial, assim, é considerada a peça inaugural do processo. Por meio dela o autor busca a prestação da tutela jurisdicional em face do réu. Acerca do tema, indique a alternativa correta.

(A) O autor na petição inicial indicará o fato e os fundamentos do pedido. A lei, em outras palavras, exige o detalhamento da causa de pedir. Adotou o nosso Código de Processo Civil a teoria da substanciação da ação.

(B) Na petição inicial o autor deve detalhar o pedido com as suas especificações. Com isso, o pedido deverá ser sempre certo. Não há, dessa forma, qualquer possibilidade de apreciação de pedidos implícitos.

(C) Na petição inicial o autor indicará o valor da causa. Na ação que tiver por objeto a existência, a validade, o cumprimento, a modificação, a resolução, a resilição ou a resolução de ato jurídico, o valor da causa será sempre o valor do ato.

(D) A petição inicial deverá ser indeferida quando for inepta, ou seja, quando (i) faltar pedido ou causa de pedir; (ii) o pedido for indeterminado, ressalvadas as hipóteses autorizadas na lei; (iii) contiver pedidos incompatíveis entre si; (iv) da narração dos fatos não decorrer logicamente a conclusão; (v) o autor carecer de interesse processual.

A: Correta, o autor deve indicar na petição inicial os fatos e os fundamentos jurídicos do pedido (CPC, art. 319, III), ou seja, a causa de pedir da demanda. Do ponto de vista doutrinário, afirma-se que o CPC positivou a teoria da substanciação, em que se considera as especificidades de fato. A outra teoria (individuação) considera a relação jurídica como um todo, com quaisquer fatos. **B:** Incorreta. O pedido deve ser certo, ou seja, deve ser formulada a pretensão jurisdicional pretendida (condenação, declaração ou constituição). Entretanto, o Código traz hipóteses de pedido implícito, como por exemplo juros e correção monetária (CPC, arts. 322, § 1º e 323). **C:** Incorreta. Conforme previsão do art. 292, II, o valor da causa, na ação que tiver por objeto a existência, a validade, o cumprimento, a modificação, a resolução, a resilição ou a rescisão de ato jurídico, será o valor do ato ou o de sua parte controvertida. **D:** Incorreta. A extinção do processo sem mérito se dá por vários motivos, dentre eles o indeferimento da inicial (CPC, art. 485, I e 330). Dentre as hipóteses de indeferimento, está a inépcia (CPC, art. 330, § 1º). Assim, nos termos desse dispositivo legal, são hipóteses de inépcia as 4 primeiras possibilidades, mas não está incluída como inépcia a falta de interesse (que é hipótese de indeferimento da inicial, mas não de inépcia).
Gabarito "A".

(Escrevente – TJ/SP – 2021 – VUNESP) Joana assinou um contrato de prestação de serviços com Pedro, no valor de R$ 200,00 (duzentos reais mensais) no qual restou estabelecido que ele entregaria, mensalmente, em sua casa de campo, uma cesta de alimentos ou de bebidas. Passados oito meses, Pedro não entregou nenhuma cesta e, por isso, Joana decidiu propor ação de obrigação de fazer em face de Pedro para que ele cumprisse o contratado.

Diante da situação hipotética, considerando que

(A) a ação que tem por objeto cumprimento de obrigação em prestações sucessivas, deverá haver declaração expressa do autor para que sejam incluídas na condenação, enquanto durar a obrigação.

(B) o pedido é cumulativo, é lícito formular mais de um pedido em ordem subsidiária, a fim de que o juiz conheça do posterior, quando não acolher o anterior.

(C) o pedido deve ser certo e determinado, compreendem-se no principal os juros legais, a correção monetária, devendo ser especificado, de forma apartada, as verbas de sucumbência, inclusive os honorários advocatícios.

(D) Pedro ainda não foi citado, Joana poderá, até o saneamento do processo, alterar o pedido, independentemente de consentimento do réu.

(E) o pedido é alternativo, o juiz assegurará ao devedor o direito de cumprir a prestação de um ou de outro modo, ainda que o autor não tenha formulado pedido alternativo.

A: Incorreta, conforme previsão do art. 323 do CPC as prestações sucessivas serão incluídas no pedido, bem como na condenação, independentemente de declaração expressa (ou seja, mesmo que o vencimento ocorra na fase de conhecimento ou execução das parcelas anteriores); **B:** Incorreta. A definição de pedido cumulativo está correta (CPC, art. 326), todavia, não retrata o pedido formulado na situação hipotética narrada; **C:** Incorreta. Como regra, o pedido deve ser certo e determinado (CPC, arts. 322 e 324). Todavia existem exceções que autorizam o pedido genérico, como por exemplo, nos casos em que não for possível determinar, desde logo, as consequências do ato ou do fato (CPC, art. 324, § 1º, inciso I). No mais, nos termos do art. 322, § 1º, da mesma forma que os juros legais e correção monetária, as verbas sucumbenciais e os honorários advocatícios também são considerados pedidos implícitos (compreende-se no principal); **D:** Incorreta. Conforme previsão do art. 329, I do CPC, até a citação o autor poderá alterar a petição inicial (incluindo o pedido, causa de pedir e partes). Entre a citação e o saneamento do processo, o pedido somente poderá ser alterado com o consentimento do réu, mesmo que tenha havido revelia (CPC, art. 329, II); **E:** Correta, sendo essa a previsão legal (CPC, art. 325).
Gabarito "E".

(Juiz de Direito – TJ/SP – VUNESP – 2017) Quanto à petição inicial, no procedimento comum,

(A) o autor tem o ônus de alegar eventual desinteresse na designação de audiência de conciliação ou mediação, sob pena de ser presumido seu interesse na tentativa de autocomposição.

(B) ela será inepta e, como tal, deverá ser indeferida se o juiz verificar desde logo a ocorrência de prescrição ou decadência.

(C) o autor, depois da citação, poderá aditar ou alterar o pedido ou causa de pedir, hipótese em que, desde que assegurado o contraditório mediante a possibilidade de manifestação no prazo mínimo de quinze (15) dias, não será exigido consentimento do demandado.

(D) o autor poderá cumular pedidos, desde que haja conexão entre eles.

A: Correta, pois existe a presunção de interesse na audiência, considerando que a lei prevê a não realização do ato apenas se "ambas as partes manifestarem expressamente" (CPC, art. 334, § 4º); **B:** Incorreta, pois o Código prevê, no caso de prescrição, a improcedência liminar do pedido (CPC, art. 332, § 1º); **C:** Incorreta, porque para alterar a causa de pedir, necessário o consentimento do réu (CPC, art. 329, II); **D:** Incorreta, pois cabe cumulação de pedidos mesmo sem conexão entre eles (CPC, art. 327). Gabarito "A".

(Escrevente Técnico – TJ/SP – VUNESP – 2015) Quanto ao pedido feito pelo autor na petição inicial, assinale a alternativa correta.

(A) É ilícito formular mais de um pedido em ordem sucessiva, por não ser possível ao juiz conhecê-los de modo contínuo.

(B) Os pedidos são interpretados extensivamente, devendo haver pedido explícito para o pagamento do principal e dos juros legais.

(C) Não é possível a formulação de mais de um pedido, quando cada um corresponder a tipo diverso de procedimento.

(D) Antes da sentença, o autor poderá aditar o pedido, correndo à sua conta as custas acrescidas em razão dessa iniciativa.

(E) É permitida a cumulação, num único processo, contra o mesmo réu, de vários pedidos, ainda que entre eles não haja conexão.

A: Incorreta, pois nesse caso é lícito formular mais de um pedido em *ordem subsidiária* (art. 326 do CPC); **B:** incorreta, pois o pedido deve ser interpretado de acordo com o "conjunto da postulação e a boa-fé (art. 322, § 2º do CPC); **C:** Incorreta, pois é possível a cumulação de pedidos em tipos diversos de procedimento (art. 327, § 2º, do CPC); **D:** Incorreta. O autor poderá aditar ou alterar o pedido até a citação, nos termos do art. 329, I, do CPC; **E:** Correta, nos termos do art. 327, § 2º, do CPC. Gabarito "E".

10. CONTESTAÇÃO E REVELIA

(Juiz de Direito – TJ/SP – 2023 – VUNESP) Incumbe ao réu alegar na contestação, antes de discutir o mérito:

(A) perempção, prescrição, litispendência, coisa julgada e conexão.

(B) incompetência absoluta e relativa, coisa julgada, decadência, convenção de arbitragem e ausência de interesse processual.

(C) inexistência ou nulidade de citação, ausência de legitimidade ou interesse processual, prescrição e decadência.

(D) litispendência, incorreção do valor da causa, perempção, conexão e convenção de arbitragem.

A: Incorreta, pois a prescrição é matéria de mérito (CPC, art. 487, II). As demais são preliminares (CPC, art. 337, V, VI, VII e VIII). **B:** Incorreta, considerando que decadência é matéria de mérito (CPC, art. 487, II). As demais matérias são alegas em preliminar (CPC, art. 337, II, VII, X e XI). **C:** Incorreta, pois prescrição e decadência são matérias de mérito (CPC, art. 487, II). As demais são preliminares (CPC, art. 337, I e XI). **D:** Correta, uma vez que a alternativa elenca apenas matérias preliminares (CPC, art. 337, VI, III, V, VIII e X). Gabarito "D".

(Defensor Público/RO – 2017 – VUNESP) O valor da causa poderá ser impugnado

(A) como preliminar de contestação.

(B) por meio de exceção.

(C) por meio de incidente processual.

(D) com recurso.

(E) a qualquer tempo, por se tratar de requisito essencial da petição inicial.

A: Correta, por expressa previsão legal (CPC, art. 293); **B:** Incorreta, considerando o exposto em "A". Vale destacar que no atual CPC não mais existe a figura da exceção; **C:** Incorreta. Na vigência do CPC/73, a impugnação ao valor da causa era processada em autos em apenso via incidente processual. No entanto, essa previsão deixou de existir no atual CPC (art. 293); **D:** Incorreta. O réu deve apresentar sua impugnação na própria peça da contestação, sob pena de preclusão. Vale frisar que a decisão sobre a impugnação ao valor da causa *não* se encontra no rol do art. 1.015, razão pela qual seria possível suscitar a pretensão apenas em sede de preliminar de eventual recurso de apelação (CPC, art. 293 e art. 1.015); **E:** Incorreta, considerando que a matéria se sujeita à preclusão, se não for apresentada em preliminar de contestação (CPC, 293). Gabarito "A".

(Juiz de Direito – TJM/SP – VUNESP – 2016) No tocante ao tema resposta do réu, assinale a alternativa correta.

(A) O termo inicial para oferecimento de contestação será sempre a data da audiência de conciliação ou de mediação, ou da última sessão de conciliação, quando qualquer parte não comparecer ou, comparecendo, não houver autocomposição.

(B) Deve necessariamente ser alegado no bojo da contestação a denunciação da lide, o chamamento do processo, a incompetência relativa, a impugnação ao valor da causa e a arguição de impedimento ou suspeição.

(C) Os litisconsortes passivos sempre têm o mesmo prazo para apresentar contestação.

(D) O réu pode ser condenado a arcar com as despesas processuais e indenizar o autor pelos prejuízos decorrentes da falta de indicação do sujeito passivo, quando alegar sua ilegitimidade e não indicar o sujeito passivo, tendo conhecimento de quem o seja.

(E) A existência de convenção de arbitragem pode ser alegada a qualquer tempo pelo réu.

A: Incorreta. O termo inicial poderá se dar a partir do protocolo do pedido de cancelamento da audiência de conciliação ou da citação, caso não realizada a audiência (CPC, art. 335). **B:** Incorreta. A arguição de impedimento e suspeição deverá ocorrer no prazo de 15 dias do conhecimento do fato, em peça apartada (CPC, art. 146) – as demais alegações, de fato, são feitas em preliminar de contestação (art. 337). **C:** Incorreta. O prazo de cada litisconsorte será contado de forma separada (CPC, art. 335, §§ 1º e 2º). **D:** Correta, sendo essa a previsão legal (CPC, art. 339). **E:** Incorreta. O momento para o réu alegar a convenção de arbitragem é a preliminar de contestação, sob pena de renúncia à convenção arbitral (CPC, art. 337, § 6º). Gabarito "D".

11. PROVAS

(Procurador – PGE/SP – 2024 – VUNESP) Fornecedor contratado pela Administração Pública propõe ação de cobrança em face da Fazenda Estadual, instruída com recibo de entrega de mercadoria de forma a comprovar a obrigação inadimplida. Em âmbito administrativo verificou-se a inautenticidade do documento.

2. DIREITO PROCESSUAL CIVIL

Nesse caso, é correto afirmar que

(A) a Fazenda Pública não poderá requerer ao juiz que decida a alegação de falsidade como questão principal, eis que se trata de mero incidente.

(B) a arguição de falsidade somente deve ser apresentada na fase probatória.

(C) a falsidade deve ser obrigatoriamente alegada em incidente autônomo, a fim de que seja apreciada como questão prejudicial à contestação.

(D) a falsidade deve ser suscitada na contestação fazendária.

(E) não cabe a alegação de falsidade.

A: Incorreta. Nos termos do art. 430, parágrafo único, do CPC, a Fazenda Pública poderá requer que o juiz decida a arguição de falsidade como questão principal. **B:** Incorreta. A arguição de falsidade deve ser suscitada na contestação, na réplica ou no prazo de 15 dias, contado a partir da intimação da juntada do documento aos autos (CPC, art. 430). **C:** Incorreta, uma vez que a arguição de falsidade será alegada nos próprios autos, como visto na alternativa "B" e, ainda, poderá ser decidida como questão principal, como visto na alternativa "A". **D:** Correta, sendo essa a previsão do art. 430 do CPC e mencionado na alternativa "B". **E:** Incorreta. Os arts. 19, II e 430 do CPC expressamente admitem a alegação de falsidade. 🔟

Gabarito "D".

(Juiz de Direito – TJ/SP – 2023 – VUNESP) Sobre a prova no processo civil, assinale a alternativa correta.

(A) Incumbe o ônus da prova à parte que produziu o documento e não quem arguiu a falsidade, quando se tratar de impugnação da autenticidade.

(B) O juiz deve determinar, a requerimento da parte, as provas necessárias ao julgamento do mérito. O indeferimento das diligências inúteis e meramente protelatórias deve ocorrer em decisão fundamentada, sendo que o juiz não pode determinar de ofício a produção de provas, pois o ônus de provar é sempre da parte.

(C) As partes podem convencionar, somente antes do processo, a distribuição diversa do ônus da prova, salvo quando recair em direito indisponível da parte ou tornar excessivamente difícil a uma parte o exercício do direito.

(D) A produção antecipada de prova previne a competência do juízo para a ação que venha a ser proposta.

A: Correta, conforme previsão do art. 429, II. Em se tratando de impugnação da autenticidade, o ônus da prova cabe à parte que *produziu* o documento. **B:** Incorreta, pois o juiz também poderá determinar a produção de provas de ofício (CPC, art. 370, p. único). **C:** Incorreta, uma vez que a distribuição do ônus da prova por vontade das partes também pode ocorrer durante o processo (CPC, art. 373, § 4°). **D:** Incorreta, a produção antecipada de prova *não* previne a competência do juízo para ação que venha a ser proposta (CPC, art. 381, § 3°); ou seja, haverá livre distribuição.

Gabarito "A".

(Escrevente – TJ/SP – VUNESP – 2023) A produção antecipada de provas será admitida nos casos em que haja fundado receio de que venha a tornar-se impossível ou muito difícil a verificação de certos fatos na pendência da ação. Acerca do tema, assinale a alternativa correta.

(A) Os interessados poderão requerer a produção de qualquer prova no mesmo procedimento, relacionada ao mesmo fato ou a outro deste decorrente, desde

que a sua produção conjunta não acarrete excessiva demora.

(B) A produção antecipada da prova previne a competência do juízo para a ação que venha a ser proposta.

(C) No procedimento de produção antecipada de provas admite-se defesa ou recurso contra decisão que indeferir total ou parcialmente a produção de prova pleiteada pelo requerente originário.

(D) O juiz não se pronunciará sobre a ocorrência ou a inocorrência do fato, nem sobre as respectivas consequências jurídicas.

(E) O juiz determinará, de ofício ou a requerimento da parte, a citação de interessados na produção da prova ou no fato a ser provado, salvo se existente caráter contencioso.

A: Incorreta, pois no mesmo procedimento é possível apenas a produção de provas relacionadas ao *mesmo fato*, não abrangendo outros fatos (CPC, art. 382, § 3°); **B:** Incorreta, a produção antecipada de provas *não previne* a competência do juízo para a ação que venha a ser proposta, por expressa previsão legal (CPC, art. 381, § 3°); **C:** Incorreta. Como regra, não se admite defesa ou recurso no procedimento, salvo contra a decisão que indeferir totalmente a produção de prova (CPC, art. 382, § 4°) – tema esse objeto de debate na doutrina e jurisprudência; **D:** Correta, por expressa previsão legal (CPC, art. 382, § 2°); **E:** Incorreta, porque a alternativa é exatamente o oposto à previsão do art. 382, § 1° do CPC.

Gabarito "D".

(Procurador do Estado/SP – 2018 – VUNESP) No caso de recusa injustificada de exibição de documento, na fase de conhecimento de um processo, é correto afirmar que o juiz pode impor multa

(A) às partes, de ofício, mas, se o documento ou coisa estiver em poder de terceiros, o juiz poderá, também de ofício ou a requerimento das partes, ordenar a citação deles, com prazo de quinze dias para resposta, para que exibam o documento, sob pena de multa, dentre outras providências.

(B) de até 2% (dois por cento) do valor da causa apenas aos terceiros, quando verificar que eles não estão colaborando com o Poder Judiciário ao deixar de exibir determinado documento.

(C) às partes, aos terceiros e aos advogados privados, inclusive quando se tratar da Fazenda Pública, desde que assegure a todos ampla defesa e contraditório, mediante prévia intimação pessoal de todos, com prazo de cinco dias para resposta.

(D) às partes, aos terceiros e também aos advogados ou procuradores que estiverem atuando no processo, de ofício, salvo se uma das partes for a Fazenda Pública, porque o valor dessas multas processuais é sempre revertido para ela mesma.

(E) somente aos terceiros, de ofício, mediante intimação por mandado, com prazo de dez dias para a resposta, visto que, em relação às partes, o juiz deverá aplicar a "confissão" quanto aos fatos que o documento poderia provar.

A: Correta, pois todas essas condutas estão no Código (CPC, art. 401 e 403, parágrafo único); **B:** Incorreta, pois a multa não é apenas aos terceiros, como visto em "A" (CPC, art. 403, parágrafo único); **C:** Incorreta, considerando que não há previsão de multa ao advogado (CPC, art. 401); **D:** Incorreta, considerando o exposto em "C"; **E:** Incorreta, pois o Código prevê expressamente multa às partes (CPC, art. 401), diferentemente do que estava sedimentado na jurisprudência anterior

(a Súmula 372/STJ, editada à luz do Código anterior, proíbe multa pela exibição de documento – a súmula, ainda que superada pela redação do CPC15, ainda não foi revogada e por vezes é aplicada).
Gabarito "A".

(Juiz de Direito – TJ/SP – VUNESP – 2017) Em matéria de prova, é **incorreto** afirmar:

(A) na audiência de instrução, as perguntas serão formuladas pelas partes (por seus advogados) diretamente à testemunha, mas o juiz poderá inquirir a testemunha tanto antes quanto depois da inquirição feita pelas partes.

(B) a falsidade de documento será resolvida como questão incidental e sobre a decisão não incidirá a autoridade da coisa julgada, salvo se a parte requerer que o juiz decida a falsidade como questão principal.

(C) desde que sejam capazes, e que a controvérsia comporte autocomposição, as partes podem escolher o perito, e a perícia, assim produzida, substituirá, para todos os efeitos, a que seria realizada por perito nomeado pelo juiz, sem prejuízo do convencimento motivado do magistrado.

(D) a parte pode requerer o depoimento pessoal da parte adversária, do litisconsorte e eventualmente dela própria.

A: Correta, considerando que a partir do atual CPC, são os advogados das partes que fazem as perguntas à testemunha (art. 459, *caput* e § 1º); **B:** Correta, pois a falsidade incidental pode vir a ser coberta pela coisa julgada, se houver pedido da parte e for decidida como questão principal (CPC, art. 19, II e 430, parágrafo único); **C:** Correta, trata-se da denominada perícia consensual (CPC, art. 471); **D:** incorreta, devendo esta ser assinalada. Não se pode requerer o depoimento pessoal da própria parte, mas apenas da outra (CPC, art. 385).
Gabarito "D".

(Juiz de Direito – TJM/SP – VUNESP – 2016) Quanto à audiência de instrução e julgamento em procedimento comum, assinale a alternativa correta.

(A) Será possível a gravação da audiência em imagem e em áudio pelas partes, em meio digital ou analógico, somente se houver autorização judicial.

(B) Enquanto depuserem o perito, os assistentes técnicos, as partes e as testemunhas, poderão os advogados e o Ministério Púbico intervir ou apartear, independentemente de licença do juiz.

(C) O juiz poderá dispensar a produção de provas requerida pelo Ministério Público ou pelo defensor público, se o promotor de justiça ou o defensor público não comparecerem à audiência.

(D) Nas provas orais produzidas em audiência, devem ser ouvidos, obrigatoriamente, nesta ordem: o perito e os assistentes técnicos; o autor e o réu que prestarem depoimentos pessoais; as testemunhas arroladas pelo autor e, por último, as testemunhas arroladas pelo réu.

(E) Instalada a audiência, o juiz pode deixar de tentar conciliar as partes se já tiver empregado anteriormente outros métodos de solução consensual de conflitos.

A: Incorreta. A gravação poderá ocorrer independente de autorização judicial (CPC, art. 367, § 6º). **B:** Incorreta. A intervenção só poderá ocorrer com a licença do juiz (CPC, art. 361, parágrafo único). **C:** Correta. (CPC, art. 362, § 2º). **D:** Incorreta. A ordem disposta no art. 361 do CPC é preferencial, e não obrigatória. **E:** Incorreta. O juiz tentará conciliar as

partes, independentemente de outros métodos de autocomposição já terem sido utilizados entre as partes (CPC, art. 359).
Gabarito "C".

12. SENTENÇA, COISA JULGADA E AÇÃO RESCISÓRIA

(Procurador – PGE/SP – 2024 – VUNESP) Acerca da ação rescisória, é correto afirmar que

(A) se os fatos alegados pelas partes dependerem de prova, somente o tribunal competente para a ação rescisória poderá conduzir a instrução processual.

(B) pode ser proposta exclusivamente por quem foi parte no processo ou o seu sucessor a título universal ou singular.

(C) a Fazenda Pública deve depositar a importância de 5% (cinco por cento) sobre o valor da causa, como requisito essencial da petição inicial.

(D) reconhecida a incompetência do tribunal para julgar a ação rescisória, o autor será intimado para emendar a petição inicial, a fim de adequar o seu objeto, quando a decisão apontada como rescindenda tiver sido substituída por decisão posterior.

(E) julgando o pedido procedente, o tribunal rescindirá a decisão, proferirá, se for o caso, novo julgamento e determinará que o valor originalmente depositado seja utilizado como custas judiciais.

A: Incorreta, o relator poderá delegar a competência para produção de provas ao órgão que proferiu a decisão rescindenda (CPC, art. 972); **B:** Incorreta, a ação rescisória poderá ser proposta também pelo terceiro juridicamente interessado, pelo Ministério Público ou por aquele que não foi ouvido no processo em que lhe era obrigatória a intervenção (CPC, art. 967, I, II, III e IV); **C:** Incorreta, pois, nos termos do art. 968, § 1º do CPC, a exigência de efetuar o deposito da importância de 5% sobre o valor da causa não se aplica à Fazenda Pública; **D:** Correta, sendo essa a previsão legal – uma hipótese de emenda, não de extinção (CPC, art. 968, § 5º, II); **E:** Incorreta. No caso de procedência, o Tribunal determinará a restituição da importância do depósito (CPC, art. 974). **LD**
Gabarito "D".

(Juiz de Direito – TJ/RJ – 2019 – VUNESP) Denomina-se coisa julgada material a autoridade que torna imutável e indiscutível a decisão de mérito não mais sujeita a recurso.

No que pertine ao instituto da coisa julgada, segundo o regime estabelecido pelo diploma processual vigente, assinale a alternativa correta.

(A) O regime da formação de coisa julgada sobre questões prejudiciais somente é aplicável aos processos iniciados após a vigência do Código de Processo Civil de 2015.

(B) A sentença faz coisa julgada às partes entre as quais é dada, não prejudicando nem beneficiando terceiros.

(C) A tutela antecipada antecedente, se não for afastada por decisão que a revir, reformar ou invalidar, proferida em ação ajuizada por uma das partes no prazo de dois anos, faz coisa julgada, vez que se torna imutável e indiscutível.

(D) A coisa julgada aplica-se à resolução de questão preliminar, decidida expressa e incidentemente no processo, desde que a mesma conste do dispositivo da sentença.

2. DIREITO PROCESSUAL CIVIL

(E) Fazem coisa julgada os motivos da sentença desde que importantes para determinar o alcance da parte dispositiva do pronunciamento judicial.

A: correta, por expressa previsão legal nas disposições finais e transitória do Código (CPC, arts. 1.054 e 503, § 1º); **B:** incorreta, pois pelo Código apenas há menção ao fato de a sentença não poder *prejudicar* terceiros (CPC, art. 506); **C:** incorreta, pois o Código expressamente afirma que a estabilização dos efeitos da tutela não equivale à coisa julgada (CPC, art. 304, § 6º) – o que é debatido por parte da doutrina; **D:** incorreta, porque o enunciado seria correto se houvesse a troca de *preliminar* por *prejudicial* – no que se se refere aos limites objetivos da coisa julgada (CPC, art. 503); **E:** incorreta, visto que não fazem coisa julgada os motivos, *ainda que* importantes para determinar o alcance da parte dispositiva da sentença (CPC, art. 504, I).
Gabarito "A".

(Juiz de Direito – TJ/RS – 2018 – VUNESP) O juiz resolverá o mérito da ação quando:

(A) homologar a desistência da ação.

(B) indeferir a petição inicial.

(C) verificar a ausência de legitimidade de parte.

(D) verificar a impossibilidade jurídica do pedido.

(E) em caso de morte da parte, a ação for considerada intransmissível por lei.

A: Incorreta, porque a hipótese acarreta a extinção do processo sem resolução do mérito (CPC, art. 485, VIII); **B:** Incorreta, pois esse é caso de extinção sem mérito (CPC, art. 485, I); **C:** Incorreta, pois esse é caso de extinção sem mérito (CPC, art. 485, VI); **D:** Correta. Com o atual CPC, a possibilidade jurídica do pedido deixou de ser uma das condições da ação (art. 485, VI). Porém, há algum debate na doutrina de como se trata uma hipótese de pedido impossível (se seria improcedência ou extinção sem mérito, por falta de interesse). De qualquer forma, pela letra da lei não se trata de extinção sem mérito nesse caso – por isso, e também por as demais estarem erradas, esta a melhor alternativa; **E:** Incorreta, pois esse é caso de extinção sem mérito (CPC, art. 485, IX).
Gabarito "D".

(Procurador do Estado/SP – 2018 – VUNESP) A ampliação objetiva dos limites da coisa julgada à questão prejudicial pode ser feita de ofício pelo juiz, desde que

(A) da resolução dessa questão não dependa o julgamento de mérito, e que o contraditório, nesse caso, seja prévio e efetivo e o juiz seja competente em razão da matéria e do lugar, mas essa ampliação não pode ocorrer em processos que possuam limitação da cognição ou restrições probatórias.

(B) exista contraditório prévio e efetivo, mesmo que o juiz não seja competente em razão da pessoa. Se houver limitação da cognição que impeça o aprofundamento da análise dessa questão prejudicial, o juiz deverá adaptar o procedimento para que essa limitação desapareça, mediante prévia consulta às partes.

(C) da resolução dessa questão dependa o julgamento de mérito, mas o contraditório precisa ser prévio e efetivo e o juiz precisa ser competente em razão da matéria e da pessoa, porém, essa ampliação não pode ocorrer se o réu for revel ou em processos que possuam limitações da cognição que impeçam o aprofundamento da análise da questão prejudicial ou restrição probatória.

(D) exista contraditório prévio e efetivo, mesmo que o juiz não seja competente em razão da matéria ou em razão do lugar, no entanto, se houver limitação da cognição que impeça o aprofundamento da análise

dessa questão prejudicial, essa ampliação não pode ocorrer.

(E) exista contraditório prévio e efetivo, mesmo que o juiz não seja competente em razão da matéria ou da pessoa, porém, se houver limitação da cognição que impeça o aprofundamento da análise dessa questão prejudicial, essa ampliação não pode ocorrer.

Uma das inovações do atual CPC quanto à coisa julgada foi a ampliação de seus limites objetivos, não mais existindo a ação declaratória incidental, que existia no Código anterior. A inovação está no art. 503, § 1º, e há uma série de requisitos para que a questão prejudicial seja coberta pela coisa julgada. **A:** Incorreta, pois necessário que "da resolução dessa questão *dependa* o julgamento de mérito" (CPC, art. 503, § 1º, I); **B:** Incorreta, porque é preciso que o juiz "*seja* competente em razão da pessoa" (CPC, art. 503, § 1º, III); **C:** Correta, pois estão presentes todos os requisitos existentes previstos no CPC (nos incisos do art. 503, § 1º e, também, no § 2º); **D:** Incorreta, considerando que o juiz *precisa* ser competente em razão da matéria (CPC, art. 503, § 1º, III); **E:** Incorreta, pois o juiz precisa ser competente de forma absoluta (matéria e pessoa, como já visto em alternativas anteriores).
Gabarito "C".

(Escrevente – TJ/SP – 2018 – VUNESP) Nas causas que dispensem a fase instrutória, o juiz, independentemente da citação do réu, poderá julgar liminarmente improcedente o pedido

(A) que tiver petição inicial inepta.

(B) cujo autor carecer de interesse processual.

(C) que tenha parte manifestamente ilegítima.

(D) que não indicar o fundamento legal.

(E) que contrariar enunciado de súmula de tribunal de justiça sobre direito local.

A: Incorreta, porque a referida hipótese acarreta o indeferimento da petição inicial, que resultará na extinção do processo sem resolução do mérito (CPC, art. 330, I e art. 485, I); **B:** Incorreta, vide justificativa para a alternativa "A" (CPC, art. 330, III e art. 485, I); **C:** Incorreta, vide justificativa para a alternativa "A" (CPC, art. 330, II e art. 485, I); **D:** Incorreta, porque a não indicação dos fundamentos jurídicos configura inépcia da inicial por ausência de causa de pedir (CPC, art. 330, I e § 1º, I e art. 485, I); **E:** Correta, sendo essa a previsão legal (CPC, art. 332, IV).
Gabarito "E".

(Defensor Público/RO – 2017 – VUNESP) Faz coisa julgada:

(A) o argumento de fato que motivou a sentença, desde que relacionado ao mesmo caso e às mesmas partes.

(B) decisão que declara indevida a cobrança de determinado exercício em relação aos posteriores.

(C) decisão expressa ou incidental sobre questão prejudicial, se dela depender o julgamento de mérito.

(D) a fundamentação da sentença, se já houver ação que foi decidida por sentença, de que não caiba recurso.

(E) a sentença que está sujeita ao reexame necessário, se não houve recurso voluntário quanto ao mérito.

A: Incorreta, pois a verdade dos fatos não é coberta pela coisa julgada (CPC, art. 504, II); **B:** Incorreta, porque o entendimento predominante é que a coisa julgada, no âmbito tributário, caso a decisão se refira a um determinado exercício, não se aplica em relação aos demais; **C:** Correta, sendo essa uma inovação do Código em relação aos limites objetivos da coisa julgada (CPC, art. 503, § 1º); **D:** Incorreta, porque a fundamentação não é coberta pela coisa julgada (CPC, art. 503, § 1º); **E:** Incorreta, pois se está pendente reexame necessário, ainda não houve trânsito em julgado; apenas após o trânsito é que haverá a coisa julgada.
Gabarito "C".

(Juiz de Direito – TJ/SP – VUNESP – 2017) Sobre a coisa julgada material, é correto afirmar que

(A) se opera entre as partes entre as quais é dada, não podendo prejudicar ou beneficiar terceiros.

(B) pode abranger a resolução de questão prejudicial, desde que dessa resolução dependa o julgamento do pedido; que tenha sido facultado o contraditório; e que o órgão seja competente em razão da matéria e da pessoa para resolver a questão como se principal fosse.

(C) na ação de dissolução de sociedade, a coisa julgada se opera em relação à sociedade, ainda que a sociedade não tenha sido citada, desde que todos seus sócios o tenham sido.

(D) apenas decisões de mérito transitadas em julgado comportam ação rescisória.

A: incorreta, pois o artigo do Código que trata dos limites subjetivos da coisa julgada só fala que esta *não pode prejudicar* terceiros (CPC, art. 506); **B:** Incorreta para a banca. A única distinção entre o texto legal e a resposta é que o CPC aponta que tenha "havido contraditório prévio e efetivo", ao passo que o enunciado fala em "tenha sido *facultado* o contraditório" (CPC, art. 503, § 1º); **C:** correta, por expressa previsão legal (CPC, art. 601, Parágrafo único. A sociedade não será citada se todos os seus sócios o forem, mas ficará sujeita aos efeitos da decisão e à coisa julgada.); **D:** incorreta, pois cabe AR em alguns casos de decisão terminativa (CPC, art. 966, § 2º Nas hipóteses previstas nos incisos do *caput*, será rescindível a decisão transitada em julgado que, embora não seja de mérito, impeça: I – nova proposição da demanda; ou II – admissibilidade do recurso correspondente). Gabarito "C".

(Procurador Municipal – Sertãozinho/SP – VUNESP – 2016) Assinale a alternativa correta.

(A) Faz coisa julgada a verdade dos fatos, estabelecida como fundamento da sentença.

(B) É possível que a sentença transitada em julgado atinja não só as partes do processo, mas também terceiros.

(C) Condenado o devedor a emitir declaração de vontade, uma vez transitado em julgado, compete ao condenado emitir a declaração de vontade sob pena de pagamento de multa diária.

(D) Publicada a sentença, o juiz só poderá alterá-la por meio de embargos de declaração.

(E) Faz coisa julgada toda apreciação de questão prejudicial, decidida incidentemente no processo.

A: Incorreta, pois a coisa julgada não atinge a verdade (CPC, art. 504, II). **B:** Correta. O art. 506 do CPC estabelece que a coisa julgada não *prejudicará* terceiros, não reproduzindo o comando "não beneficiará" que existia no CPC/1973. Além disso, no processo coletivo uma decisão pode beneficiar terceiros. **C:** Incorreta. Condenado o devedor a emitir a declaração de vontade, caso não emita, a sentença transitada em julgado produzirá todos os efeitos da declaração não emitida. (CPC, art. 501). **D:** Incorreta. O juiz também poderá corrigir a sentença de ofício ou a requerimento da parte, por inexatidões materiais ou erros de cálculo. (CPC, art. 494). **E:** Incorreta. A palavra toda torna incorreta a alternativa. O CPC estabelece que a resolução de questão prejudicial, de forma expressa e incidentemente no processo, pode ser coberta pela coisa julgada, desde que observados alguns requisitos previstos em lei (CPC, art. 503, §1º). Gabarito "B".

(Juiz de Direito – TJM/SP – VUNESP – 2016) O carro de Paulo colidiu com a traseira do veículo pertencente a João, ocasionando danos de média monta em ambos os veículos. Em razão disso, entraram em discussão e a esposa de Paulo, Clarisse, adentrou na discussão e acabou desferindo uma paulada na cabeça de João, ocasionando ferimentos leves. João ingressou com ação indenizatória em face de Clarisse em razão da agressão, mas a ação foi julgada extinta por ilegitimidade de parte ao fundamento de que foi seu esposo quem colidiu com o veículo de João. A sentença transitou em julgado. Diante desses fatos hipotéticos, assinale a alternativa correta.

(A) Deve ser proposta ação anulatória em face da sentença, pois Clarisse tem legitimidade para figurar no polo passivo da ação, tendo ocorrido infração a uma norma de direito material.

(B) A ação pode ser reproposta em face de Paulo, embora o questionamento seja de ato praticado por Clarisse.

(C) Se João tivesse ingressado com ação contra Clarisse e Paulo e a ação tivesse sido julgada extinta somente em face de Clarisse, seria necessário aguardar o julgamento da ação que prossegue contra Paulo para a propositura da ação anulatória.

(D) A sentença pode ser objeto de ação rescisória, pois foi fundada em erro de fato verificável do exame dos autos e a decisão transitada em julgado impede a nova proposição da demanda em face de Clarisse.

(E) A sentença não pode ser objeto de ação rescisória, pois não houve decisão de mérito.

A: Incorreta. Uma vez que a sentença foi proferida e transitou em julgado, é cabível ação rescisória (CPC, art. 966). **B:** Incorreta. Não há que se falar em ilegitimidade passiva de Clarice, vez que foi ela a agressora – no que se refere à agressão. **C:** Incorreta. Considerando a existência de capítulos da sentença, cada tópico pode ser analisado e impugnado separadamente (CPC, art. 354, parágrafo único e 356, § 5º). Ademais, não há subsídios para saber a respeito do cabimento da ação anulatória, de modo que o mais adequado seria a AR (vide alternativa D). **D:** Correta para a banca. No contexto da questão, está a mais correta. O tema era polêmico no passado, mas o CPC traz a possibilidade de impugnar decisão sem mérito se ela impedir a repropositura. Assim, como reconhecida a ilegitimidade e necessária a correção para repropositura (CPC, art. 486, § 1º), e diante do interesse de se acionar o responsável pela agressão, o que se tem como solução mais adequada é a AR (CPC, art. 966, VIII e §2º, I). **E:** Incorreta. Como já exposto, há previsão legal para a propositura de ação rescisória mesmo quando a sentença não for de mérito (CPC, art. 966, § 2º, I). Questão que trata de vários temas polêmicos. Gabarito "D".

(Juiz de Direito – TJ/SP – VUNESP – 2015) Em tema de ação rescisória, afirma-se corretamente que

(A) se admite sua propositura contra sentença transitada em julgado, mesmo que contra ela não se tenham esgotado todos os recursos.

(B) o prazo decadencial para a sua propositura só se inicia quando da intimação do pronunciamento rescindendo.

(C) estão impedidos juízes que participaram do julgamento rescindendo.

(D) é cabível contra a sentença que resolve o mérito, quando as partes transigirem.

A: Correta, a AR não é como recurso especial ou extraordinário, que demanda esgotamento dos recursos (não há previsão legal que assim determine). Logo, mesmo uma sentença da qual não foi interposta apelação pode ser objeto de rescisória. **B:** O prazo decadencial tem início com o trânsito em julgado (CPC, art. 975); **c:** incorreta, pois não

2. DIREITO PROCESSUAL CIVIL

há previsão legal nesse sentido (o art. 144, II do CPC faz menção a "outro grau de jurisdição", como no caso de desembargador que julgou a causa quando era juiz – mas isso não é a hipótese da alternativa); **D:** incorreta, pois nesse caso cabe ação anulatória (CPC, art. 966, § 4º).

Gabarito "A".

III – CUMPRIMENTO DE SENTENÇA E EXECUÇÃO

13. CUMPRIMENTO DE SENTENÇA

(Procurador – PGE/SP – 2024 – VUNESP) Acerca da competência para o cumprimento de sentença, é correto afirmar que

(A) o cumprimento de sentença deverá ser distribuído livremente, cabendo ao juízo definir o local menos prejudicial ao executado.

(B) somente pode ser proposto o cumprimento de sentença no local onde o devedor possuir bens, a fim de que possa ser garantida a eventual penhora ou hasta pública.

(C) o cumprimento da sentença será efetuado perante os tribunais nas causas de sua competência originária.

(D) sob pena de extinção da ação, por incompetência absoluta do juízo, o autor deverá obrigatoriamente distribuir o cumprimento de sentença perante o mesmo juízo que decidiu a causa em primeiro grau.

(E) nas causas obrigacionais o cumprimento de sentença deverá ser processado exclusivamente no domicílio do executado.

A: Incorreta. O art. 516 do CPC estabelece que, como regra, a competência para processar o cumprimento de sentença será do mesmo órgão que julgou a causa em primeiro grau de jurisdição. Assim, não haverá livre distribuição. **B:** Incorreta. Conforme previsão do art. 516, parágrafo único do CPC, cabe ao exequente optar por apresentar o cumprimento de sentença perante o juízo que decidiu a causa no primeiro grau de jurisdição, ou no foro do atual domicílio do executado ou de situação dos bens sujeitos à execução. **C:** Correta. O art. 516, I do CPC dispõe que o cumprimento de sentença será efetuado perante os tribunais, nas causas de competência originária – como no caso de uma ação rescisória, por exemplo. **D:** Incorreta. Como visto, o exequente pode optar por apresentar o cumprimento de sentença perante o juízo que decidiu a causa no primeiro grau de jurisdição (CPC, art. 516, II), ou no foro (i) do atual domicílio do executado, (ii) de situação dos bens sujeitos à execução ou (iii) do local em que a obrigação de fazer ou não fazer deva ser executada (CPC, art. 516, parágrafo único). No mais, sendo situação de foro (competência territorial), a hipótese é de competência relativa, não absoluta. **E:** Incorreta, conforme justificativa para a alternativa "D".

Gabarito "C".

(Juiz de Direito – TJ/SP – 2023 – VUNESP) Carlos ingressou com ação de conhecimento com pedido condenatório em face de Raimundo. O réu foi citado pessoalmente para a audiência de tentativa de conciliação e constituiu advogado. Frustrada a tentativa de conciliação, o réu contestou a ação. O pedido foi acolhido em primeiro grau, após os articulados das partes e a produção de provas. A sentença transitou em julgado. Após um ano do trânsito em julgado, Carlos requereu a intimação do réu para cumprir a sentença. Considerando isso, responda como deverá ser a intimação nesse caso.

(A) Pelo Diário da Justiça, na pessoa de seu advogado constituído nos autos.

(B) Por Oficial de Justiça.

(C) Por carta com aviso de recebimento.

(D) Por edital, considerando que o réu mudou de endereço sem prévia comunicação ao juízo.

A alternativa correta é a letra "C". O art. 513, § 4º do CPC estabelece que, se o requerimento do cumprimento de sentença for formulado após 1 (um) ano do trânsito em julgado da sentença, a intimação deverá ser feita na pessoa do devedor, por meio de carta com aviso de recebimento.

Gabarito "C".

(Juiz de Direito – TJ/SP – 2023 – VUNESP) Maria ingressou com ação de conhecimento em face da concessionária de energia elétrica visando ao reconhecimento da inexigibilidade da "conta de luz" do mês de abril de 2022 no valor de R$ 1.500,00. O juiz julgou improcedente o pedido, reconhecendo a exigibilidade do valor cobrado pela concessionária. A sentença transitou em julgado. A concessionária pretende executar a sentença, afirmando ter título executivo judicial. Sobre os títulos executivos judiciais, indique a afirmativa correta.

(A) Também são títulos judiciais: o crédito de auxiliar da justiça, a sentença penal condenatória, independentemente do trânsito em julgado e a sentença estrangeira homologada pelo Superior Tribunal de Justiça.

(B) A decisão homologatória de autocomposição judicial constitui também título judicial. Adverte-se, contudo, que a autocomposição judicial não pode envolver sujeito estranho ao processo e não pode versar sobre relação jurídica que não tenha sido deduzida em juízo.

(C) As decisões proferidas no processo civil que reconheçam a exigibilidade de obrigação de pagar quantia, de fazer, de não fazer ou de entregar coisa também são títulos executivos judiciais. Em outras palavras, a lei acabou com o dogma de que só as sentenças condenatórias constituíam títulos executivos. Admite-se hoje a execução de uma sentença declaratória ou constitutiva.

(D) Também é título judicial a decisão interlocutória estrangeira, independentemente da concessão do *exequatur* à carta rogatória pelo Superior Tribunal de Justiça.

A: Incorreta, pois nos termos do art. 515, VI do CPC, é título executivo judicial, a sentença penal condenatória *transitada* em julgado. **B:** Incorreta. Conforme previsão do art. 515, § 2º do CPC, a autocomposição judicial *pode* envolver sujeito estranho ao processo e versar sobre relação jurídica que não tenha sido deduzida em juízo. **C:** Correta. O art. 515, I do CPC prevê no como título judicial a sentença. O STJ assim decidiu, no tema repetitivo 889: "A sentença, qualquer que seja sua natureza, de procedência ou improcedência do pedido, constitui título executivo judicial, desde que estabeleça obrigação de pagar quantia, de fazer, não fazer ou entregar coisa, admitida sua prévia liquidação e execução nos próprios autos". Essa é exatamente a hipótese narrada no enunciado, em que a improcedência do pedido do consumidor que nada deve permite à empresa executar a quantia. **D:** Incorreta. Nos termos do art. 515, IX, do CPC, a decisão interlocutória estrangeira será título judicial somente *após* a concessão do *exequatur* à carta rogatória pelo STJ (ou seja, a homologação pelo STJ).

Gabarito "C".

(Defensor Público/RO – 2017 – VUNESP) Considerando o cumprimento de sentença que condene ao pagamento de prestação alimentícia, assinale a alternativa correta.

(A) O cumprimento da decisão se dará no domicílio do devedor, caso haja pedido de prisão do executado.

(B) A pena de prisão somente está autorizada para o cumprimento dos alimentos definitivos e é o que compreende até as três prestações anteriores ao ajuizamento da execução.

(C) O cumprimento da pena de prisão exime o executado do pagamento das prestações vencidas, desde que se refira às últimas três anteriores ao julgamento.

(D) A decisão não poderá ser protestada, se houver a decretação da prisão do devedor.

(E) O exequente poderá promover o cumprimento definitivo, como obrigação de pagar quantia certa, desde logo, caso em que não será admissível a prisão do executado.

A: Incorreta, porque em regra o cumprimento da decisão de alimentos será realizado em regra no foro do domicílio do exequente (CPC, art. 528, § 9º); **B:** Incorreta, pois (i) é possível a decretação da prisão civil na execução de alimentos provisórios ou definitivos (CPC, art. 531), e (ii) o débito alimentar que autoriza a prisão civil abrange também as prestações que se vencerem no curso do processo (CPC, art. 528, § 7º); **C:** Incorreta. O cumprimento da pena não exime o executado do pagamento das parcelas vencidas e vincendas (CPC, art. 528, § 5º); **D:** Incorreta, considerando que é possível a cumulação do protesto com a decretação da prisão civil (CPC, art. 528, §§ 1º e 3º); **E:** Correta, sendo essa uma opção do exequente (CPC, art. 528, § 8º).
Gabarito "E".

(Procurador Municipal – Sertãozinho/SP – VUNESP – 2016) Quanto à liquidação de sentença, assinale a alternativa correta.

(A) Do requerimento de liquidação de sentença será a parte pessoalmente intimada.

(B) A liquidação somente poderá ser requerida após o trânsito em julgado da sentença exequenda.

(C) Da decisão proferida na liquidação caberá recurso de apelação.

(D) É possível, na liquidação, discutir de novo a lide ou modificar a sentença que a julgou.

(E) Far-se-á a liquidação por artigos quando, para determinar o valor da condenação, houver necessidade de alegar e provar fato novo.

A: Incorreta. A intimação será feita na pessoa de seu advogado (CPC, art. 511). **B:** Incorreta. O CPC permite liquidar a decisão ilíquida antes mesmo do trânsito em julgado (CPC, art. 509, § 1º). **C:** Incorreta, pois cabe agravo de instrumento, já que não se trata de decisão final (CPC, art. 1.015, parágrafo único); **D:** Incorreta. Não há possibilidade de se rediscutir a lide ou modificar a sentença em fase de liquidação, sob pena de violação à coisa julgada (CPC, art. 509, § 4º). **E:** Correta. (CPC, art. 509, II);
Gabarito "E".

(Juiz de Direito – TJ/MS – VUNESP – 2015) Sobre a chamada "liquidação zero", assinale a alternativa correta.

(A) Viola a coisa julgada, uma vez que, sempre que há condenação, é porque algo é devido, de modo que a perícia deverá apontar o valor da condenação.

(B) Aplica-se nas sentenças que julgam pedido declaratório, mas que possam ter teor condenatório.

(C) Trata-se de uma pena aplicada por excesso de execução, desde que reclamada em embargos do devedor.

(D) É possível sua aplicação nos casos em que a liquidação por artigos resultar negativa.

(E) Aplica-se a teoria quando a execução para cobrança de crédito fundar-se sempre em título de obrigação, embora certa, ilíquida e inexigível.

A liquidação zero é aquele em que, após sentença de procedência ilíquida, ao se proceder à liquidação, chega-se à conclusão de que nenhum valor é devido. A jurisprudência já se firmou no sentido de que é possível que isso ocorra, caso em que o exequente nada receberá. Caso contrário, haveria enriquecimento sem causa.
Gabarito "D".

14. IMPUGNAÇÃO AO CUMPRIMENTO DE SENTENÇA

(Juiz de Direito – TJ/RJ – 2019 – VUNESP) Segundo os contornos traçados pelo Código de Processo Civil de 2015 à impugnação ao cumprimento de sentença, assinale a alternativa correta.

(A) O executado pode alegar a ilegitimidade de parte advinda da fase de conhecimento tanto no que concerne ao polo ativo quanto ao passivo da demanda.

(B) Por ter natureza jurídica de ação, não se aplica o benefício do prazo em dobro em processos de autos físicos para os executados que tiverem diferentes procuradores.

(C) Tal defesa típica é exclusiva do cumprimento definitivo de sentença, sendo que, quando de cumprimento provisório se tratar, o executado poderá defender-se por meio de simples petição.

(D) O rol de matérias arguíveis pelo executado limita-se a alegações posteriores ao trânsito em julgado do pronunciamento judicial executado.

(E) O executado poderá alegar nesta defesa típica a nulidade da sentença arbitral, se houver execução judicial.

A: incorreta, considerando que o executado poderá alegar ilegitimidade de parte, mas referente à fase de execução (cumprimento de sentença não correspondente ao previsto no título executivo – CPC, art. 525, § 1º, II e VII) e *não de conhecimento* – pois isso seria violação à coisa julgada; **B:** incorreta, pois (i) não tem natureza de ação e (ii) aplica-se o prazo em dobro em processos físicos com procuradores distintos, pois não há ressalva na lei (CPC, arts. 229) – diferente do que se verifica quanto aos embargos à execução (CPC, art. 915, § 3º); **C:** incorreta, porque no cumprimento provisório – como no definitivo – o executado se defende por meio de impugnação ao cumprimento de sentença (CPC, art. 520, § 1º); **D:** incorreta, tendo em vista que uma das matérias arguíveis diz respeito à nulidade ou falta da citação na fase de conhecimento (CPC, art. 525, § 1º, I); **E:** correta, por expressa previsão legal – não no CPC, mas na lei específica (Lei 9.307/96, art. 33, § 3º).
Gabarito "E".

(Procurador do Estado/SP – 2018 –VUNESP) A decisão do Supremo Tribunal Federal que considera inconstitucional lei na qual se baseou, como único fundamento, uma sentença condenatória da Fazenda Pública proferida em outro processo, torna

(A) inexistente o título judicial que se formou, desde que a decisão tenha sido tomada em controle concentrado. Esse argumento pode ser arguido nos embargos da Fazenda, durante a execução civil, se a decisão que se pretende rescindir ainda não transitou em julgado.

(B) inexigível a obrigação contida no título judicial que se formou, desde que a decisão do Supremo tenha sido proferida em sede de controle difuso. Esse argumento pode ser arguido na impugnação da Fazenda, durante o cumprimento de sentença, se a decisão que se pretende rever ainda não transitou em julgado, e em ação anulatória, se já ocorreu o trânsito.

(C) inválido o título judicial que se formou, mesmo que a decisão tenha sido tomada em controle difuso ou concentrado. Esse argumento pode ser arguido na impugnação, durante a fase de cumprimento de sentença ou no processo de execução, mas não em ação rescisória.

(D) inexigível a obrigação contida no título judicial que se formou, desde que a decisão tenha sido tomada em controle concentrado. Esse argumento pode ser utilizado na impugnação da Fazenda, durante a fase de cumprimento de sentença, mas, se a decisão que condenou a Fazenda transitou em julgado, não é cabível ação rescisória com esse fundamento.

(E) inexigível a obrigação contida no título judicial que se formou, mesmo que essa decisão tenha sido tomada em controle concentrado ou difuso de constitucionalidade. Esse argumento pode ser utilizado na impugnação da Fazenda, durante a fase de cumprimento de sentença, se ainda não ocorreu o trânsito em julgado, ou em ação rescisória, se isso já ocorreu.

A: Incorreta, considerando que, no caso, (i) a obrigação reconhecida no título executivo será inexigível, (ii) a decisão do Supremo pode ter sido tomada em controle de constitucionalidade concentrado ou difuso, (iii) esse argumento deve ser levantado na impugnação ao cumprimento de sentença, e (iv) é cabível na via da impugnação apenas se a decisão do Supremo for anterior ao trânsito em julgado da decisão que se pretende rescindir (CPC, art. 525, § 1°, III e §§ 12 e 14); **B:** Incorreta, porque é possível que a decisão do Supremo tenha sido proferida em controle de constitucionalidade concentrado ou difuso (CPC, art. 525, § 1°, III e § 12); **C:** Incorreta, porque (i) a obrigação reconhecida no título executivo será inexigível, e (ii) o argumento pode ser arguido em ação rescisória, caso já tenha ocorrido o trânsito em julgado da decisão exequenda (CPC, art. 525, § 1°, III e § 15); **D:** Incorreta, pois (i) é possível que a decisão do Supremo tenha sido proferida em controle de constitucionalidade concentrado ou difuso, e (ii) o argumento pode ser arguido em ação rescisória, caso já tenha ocorrido o trânsito em julgado da decisão exequenda (CPC, art. 525, § 1°, III e § 15); **E:** Correta, pois essa alternativa traz todos os requisitos previstos na nova legislação processual em relação ao tema (CPC, art. 525, § 1°, III e § 12 a 15).
Gabarito "E".

(Juiz de Direito – TJ/SP – VUNESP – 2017) Na impugnação ao cumprimento de sentença,

(A) quando se alegar excesso de execução, é ônus da parte, sob pena de não ser conhecida a alegação, indicar desde logo o valor que entenda correto, mediante demonstrativo, ainda que entenda que a apuração dependa de prova pericial.

(B) a respectiva apresentação impedirá a penhora, sua substituição, reforço ou redução, se concedido efeito suspensivo pelo juiz.

(C) poderá, ainda que já tenha se operado o trânsito em julgado da sentença, ser alegada inexigibilidade da obrigação reconhecida no título, se ele estiver fundado em lei ou ato normativo considerado inconstitucional pelo Supremo Tribunal Federal, ou fundado em aplicação ou interpretação da lei ou do ato normativo, tido pelo Supremo Tribunal Federal como incompatível com a Constituição Federal, em controle de constitucionalidade concentrado ou difuso.

(D) o prazo para a apresentação não será contado em dobro, mesmo que, sendo físicos os autos, haja litisconsortes com procuradores diferentes, de escritórios de advocacia distintos.

A: Correta, considerando que, no caso de excesso, necessário apontar o valor devido, sob pena de indeferimento da impugnação (CPC, art. 525, §§ 4° e 5°); **B:** Incorreta, pois mesmo que haja efeito suspensivo, não fica impedida a penhora (CPC, art. 525, § 7°); **C:** Incorreta, pois apesar de a coisa julgada inconstitucional poder ser alegada na impugnação (CPC, art. 525, § 12), se já tiver havido o trânsito em julgado, necessário o ajuizamento de AR (§ 15); **D:** Incorreta, porque sendo processo físico, há prazo em dobro para advogado distintos, exatamente como a regra geral (art. 229).
Gabarito "A".

15. PROCESSO DE EXECUÇÃO E EXPROPRIAÇÃO DE BENS

(Procurador – PGE/SP – 2024 – VUNESP) Um policial militar do Estado de São Paulo, dirigindo em alta velocidade, colide a viatura contra um muro, danificando severamente o veículo. Instaurado procedimento administrativo militar é apurada a responsabilidade funcional, impondo o dever deste ressarcir o erário quanto ao valor gasto no reparo da viatura. Instado a fazê-lo, recusa-se. Manejada ação de cobrança pela PGE, o policial é condenado, e a ação transita em julgado. Deflagrado o cumprimento de sentença, o qual não resta impugnado pelo réu, inicia-se a fase de penhora e expropriação de bens. Sobre o tema, assinale a alternativa correta.

(A) Quando a residência familiar do policial se constituir em imóvel rural, a impenhorabilidade restringir-se-á à sede de moradia, com os respectivos bens móveis.

(B) A quantia depositada em caderneta de poupança do policial, em qualquer valor, pode ser penhorada, preferindo esta aos imóveis.

(C) Por se tratar do policial militar, incide regra de lei estadual que o dispensa de reparar o dano.

(D) Não se aplica a impenhorabilidade do bem de família, podendo o imóvel residencial do policial ser penhorado, eis que o dever de indenizar decorre de ato ilícito.

(E) O veículo do policial é impenhorável, em qualquer circunstância, eis que se presume a utilização deste, para locomover-se ao serviço.

A: Correta. O art. 4°, § 2° da Lei 8.009/1990 estabelece que, tratando-se de imóvel rural, a impenhorabilidade aplica-se somente à sede de moradia, com os respectivos bens móveis; **B:** Incorreta. O art. 833, X do CPC prevê a impenhorabilidade da quantia depositada em caderneta de poupança, até o limite de 40 salários-mínimos; **C:** Incorreta, uma vez que o fato de ser funcionário público não afasta o dever de ressarcir o erário; **D:** Incorreta, pois a impenhorabilidade é oponível em qualquer processo de execução civil, fiscal previdenciária, trabalhista ou de outra natureza, não configurando o dever de indenizar decorrente de ato ilícito exceção (as exceções estão na Lei .8009/1990, art. 3° ou no próprio CPC); **E:** Incorreta, a impenhorabilidade do veículo dependerá da demonstração de que se trata de bem móvel necessário ao exercício da profissão (CPC, art. 833, V). O veículo pessoal do policial não é bem fundamental ao seu trabalho.
Gabarito "A".

(Advogado – Pref. São Roque/SP – 2020 – VUNESP) Com relação aos precatórios, pode-se corretamente afirmar:

(A) Os atos do presidente do tribunal que disponham sobre processamento e pagamento de precatório têm caráter jurisdicional, contra os quais cabe recurso especial e extraordinário, se houver, respectivamente, violação de norma federal ou constitucional.

LUIZ DELLORE

(B) A Fazenda Pública não pode recusar a substituição do bem penhorado por precatório.

(C) Os honorários advocatícios incluídos na condenação ou destacados do montante principal devido ao credor não consubstanciam verba de natureza alimentar, e sua satisfação deverá ocorrer mediante a expedição de precatório ou requisição de pequeno valor.

(D) Se o precatório for apresentado até 1º de julho, e o pagamento for realizado no final do exercício seguinte, haverá a incidência de juros de mora.

(E) A cessão de precatórios realizada pelo credor a terceiros poderá ser realizada independentemente da concordância do devedor e produzirá efeitos após comunicação, por meio de petição protocolizada, ao tribunal de origem e à entidade devedora.

A: incorreta, pois os atos do presidente do tribunal referentes ao processamento e pagamento de precatórios têm caráter *administrativo*, logo não cabe recurso contra referidos atos, conforme jurisprudência dos Tribunais Superiores (STF, ADI 1.098/SP e Súmula 311/STJ: Os atos do presidente do tribunal que disponham sobre processamento e pagamento de precatório não têm caráter jurisdicional); **B:** incorreta, pois a Fazenda Pública *pode* recusar a substituição do bem penhorado por precatório, já que se trata de penhora de crédito e não de dinheiro (Lei 6.830/80, art. 15, I e Súmula 406/STJ); **C:** incorreta, tendo em vista ser pacífico o entendimento de que os honorários advocatícios têm natureza alimentar (SV 47/STF: Os honorários advocatícios incluídos na condenação ou destacados do montante principal devido ao credor consubstanciam verba de natureza alimentar cuja satisfação ocorrerá com a expedição de precatório ou requisição de pequeno valor, observada ordem especial restrita aos créditos dessa natureza); **D:** incorreta, pois nesse caso não haverá mora e, portanto, sobre o valor deverá incidir correção monetária, mas *não juros* (CF, art. 100, § 5º e SV 17/STF: Durante o período previsto no parágrafo 1º do artigo 100 da Constituição, não incidem juros de mora sobre os precatórios que nele sejam pagos); **E:** correta (CF, art. 100, §§ 13 e 14, na redação da EC 62/2009).
Gabarito "E".

(Juiz de Direito – TJ/RS – 2018 – VUNESP) O executado por título executivo extrajudicial, independentemente de penhora, depósito ou caução, poderá se opor à execução por meio de embargos, cujo prazo será contado, no caso de execuções por carta, da juntada

(A) na carta, da certificação da citação, quando versarem unicamente sobre vícios ou defeitos da penhora, da avaliação ou da alienação dos bens.

(B) do último comprovante de citação, quando houver mais de um executado.

(C) do último comprovante de citação, que será contado em dobro no caso de litisconsortes com advogados diversos.

(D) das respectivas citações, no caso de companheiros, sem contrato de união estável.

(E) nos autos de origem, quando versarem sobre a nulidade da citação na ação de obrigação de pagar.

A: Correta (CPC, art. 915, § 2º, I); **B:** Incorreta, já que, quando houver mais de um executado, o prazo para oposição de embargos é contado a partir da juntada do respectivo comprovante de citação em relação a cada um dos executados, e não do último – exceto no caso de cônjuges (CPC, art. 915, § 1º); **C:** Incorreta, tendo em vista que para a contagem do prazo para oposição de embargos à execução não se aplica a disposição do prazo em dobro para litisconsortes com advogados diversos (CPC, art. 915, § 3º); **D:** Incorreta, porque, no caso de cônjuges ou companheiros, o prazo será contado a partir da juntada do último comprovante de citação (CPC, art. 915, § 1º) – em relação aos

não cônjuges, vide "B"; **E:** Incorreta. O que o CPC prevê é a contagem a partir da "juntada, na carta, da certificação da citação, quando versarem unicamente sobre vícios ou defeitos da penhora, da avaliação ou da alienação dos bens" (CPC, art. 915, § 2º, I).
Gabarito "A".

(Procurador do Estado/SP – 2018 – VUNESP) Em relação à fraude de execução, assinale a alternativa correta.

(A) O simples fato de alguém ter alienado seus bens após a citação, no processo de conhecimento, já caracteriza plenamente a fraude de execução, sejam os bens passíveis de registro ou não.

(B) Quanto aos bens imóveis, o ônus de provar sua existência pode ser satisfeito mediante averbação na matrícula do imóvel, prévia à alienação, da existência de uma ação, ainda que de natureza penal, dentre outras, que pode reduzir o devedor à insolvência.

(C) É sempre do exequente o ônus da prova da fraude de execução quando ocorrer a venda de bens não sujeitos a registro após a citação, na execução civil, ou após a intimação, no caso do cumprimento de sentença.

(D) Os atos praticados em fraude de execução são juridicamente inexistentes, independentemente de o executado ter ficado insolvente ou não.

(E) Caracteriza-se exclusivamente quando, após o início do cumprimento de sentença ou da execução civil, ocorre a alienação de bens por parte do executado, dispensados outros requisitos.

A: Incorreta, porque seria necessário que a ação ajuizada fosse capaz de reduzir o devedor à insolvência (CPC, art. 792, IV). No tocante ao registro, a caracterização da fraude à execução depende, ainda, do registro da penhora do bem alienado ou da prova da má-fé do terceiro adquirente (STJ, Súmula 375); **B:** Correta (CPC, art. 792, I, II e IV); **C:** Incorreta, considerando que, no caso de bens não sujeitos a registro, o ônus caberá ao terceiro adquirente e não ao exequente (CPC, art. 792, § 2º); **D:** Incorreta, porque os atos praticados em fraude à execução são *ineficazes* em relação ao exequente (CPC, art. 792, §1º); **E:** Incorreta, uma vez que a alienação de bem não caracteriza por si só fraude à execução (CPC, art. 792).
Gabarito "B".

(Juiz de Direito – TJ/RJ – VUNESP – 2016) Tratando-se de execução de título extrajudicial, não tendo sido encontrado o executado para citação pelo Oficial de Justiça, assinale a alternativa correta.

(A) Somente se houver prova do *periculum in mora*, o juiz determinará o arresto dos bens do devedor até o limite da dívida.

(B) Não será possível o arresto de bens, até que o credor os indique e a sua localização.

(C) Deverão ser penhorados quantos bens forem necessários para a garantia da execução.

(D) Em razão da natureza do título e de sua força executiva extravagante, enquanto não houver a citação, não serão arrestados bens.

(E) Será possível o arresto bancário prévio por meio eletrônico, nos moldes da penhora, por interpretação analógica.

A questão trata do arresto executivo ou pré-penhora. Se o oficial de justiça não encontrar o executado para citar, mas encontrar bens penhoráveis, será possível a constrição desses bens (CPC, art. 830. Se o oficial de justiça não encontrar o executado, arrestar-lhe-á tantos bens quantos bastem para garantir a execução). Não se trata de penhora,

2. DIREITO PROCESSUAL CIVIL

pois esta somente ocorre após a citação. Segundo entendimento do STJ, é possível que esse arresto seja feito por meio eletrônico – ou seja, um arresto executivo online (REsp 1.370.687, informativo 519/STJ).
Gabarito "E".

(Procurador – IPSMI/SP –VUNESP – 2016) Ademar é devedor de um cheque, cujo credor é Manoel. Imaginando que Manoel ingresse com ação de execução, é correto afirmar que

(A) sendo citado Ademar, terá três dias para realizar o pagamento. Caso o faça nesse prazo, terá como benefício deixar de pagar 10% de multa sobre os valores devidos.

(B) Manoel poderá em sua petição inicial declinar quais os bens de Ademar quer ver penhorados para garantir a dívida.

(C) a averbação da distribuição da ação nos cartórios, se realizada por Manoel, gerará presunção absoluta de fraude contra credores, caso ocorra a venda do bem averbado.

(D) Ademar, ao ser citado, poderá em 15 dias proceder ao pagamento, sob pena de ser-lhe aplicada multa de 10% sobre o valor do débito executado por Manoel.

(E) caso Ademar pague no prazo definido em lei, mas o faça de forma parcial, sobre o saldo restante recairá multa de 10%, que será revertida ao final em favor de Manoel.

A: incorreta. Tratando-se de execução de título, não há previsão de multa de 10% (somente existe no cumprimento de sentença). O benefício para pagamento no prazo de 3 dias é desconto de 50% nos honorários advocatícios (CPC, art. 827, § 1°); **B:** Correta (CPC, art. 829, § 2°); **C:** Incorreta, pois no caso de averbação, a presunção é de fraude à execução (CPC, art. 828, § 4°); **D:** incorreta, considerando o exposto em "A"; **E:** incorreta, considerando o exposto em "A".
Gabarito "B".

(Juiz de Direito – TJ/SP –VUNESP – 2015) No que se refere à execução de título extrajudicial, a jurisprudência do Superior Tribunal de Justiça é no sentido de que

(A) o instrumento de confissão de dívida originária de contrato de abertura de crédito em conta-corrente não constitui título executivo.

(B) o contrato de abertura de crédito em conta-corrente é título executivo quando acompanhado do respectivo extrato.

(C) a nota promissória vinculada a contrato de abertura de crédito em conta-corrente não goza de autonomia.

(D) o contrato de abertura de crédito em conta-corrente é título executivo.

A: Incorreta (Súmula 300/STJ: O instrumento de confissão de dívida, ainda que originário de contrato de abertura de crédito, constitui título executivo extrajudicial.); **B:** Incorreta (Súmula 233/STJ: O contrato de abertura de crédito, ainda que acompanhado de extrato da conta-corrente, não é título executivo); **C:** Correta (Súmula 258/STJ: A nota promissória vinculada a contrato de abertura de crédito não goza de autonomia em razão da iliquidez do título que a originou); **D:** Incorreta, pois esse documento não consta do rol dos títulos executivos (CPC, art. 784).
Gabarito "C".

16. EMBARGOS DO DEVEDOR / À EXECUÇÃO

(Juiz de Direito – TJ/MS –VUNESP – 2015) Na execução por carta, os embargos serão oferecidos

(A) no juízo deprecado, desde que discutam o ato de arrematação.

(B) no juízo deprecado, em qualquer hipótese, a fim de garantir o juízo, com a penhora ou indicação de bens do embargante.

(C) no juízo deprecante ou no juízo deprecado, mas a competência para julgá-los é do juízo deprecante, salvo se versarem unicamente sobre vícios ou defeitos da penhora, avaliação ou alienação dos bens.

(D) impugnados e decididos no juízo requerido.

(E) apenas no juízo deprecante, que possui competência para julgá-los, salvo se versarem unicamente sobre vícios ou defeitos da penhora, avaliação ou alienação dos bens.

A competência para julgar embargos no caso de execução processada por carta precatória é expressamente prevista em lei (CPC, art. 914, § 2°). Na execução por carta, os embargos serão oferecidos no juízo deprecante ou no juízo deprecado, mas a competência para julgá-los é do juízo deprecante, salvo se versarem unicamente sobre vícios ou defeitos da penhora, da avaliação ou da alienação dos bens efetuadas no juízo deprecado). Assim, a alternativa correta é a "C".
Gabarito "C".

17. EXECUÇÃO FISCAL

(Procurador do Município/Sorocaba-SP – 2012 – VUNESP) Após distribuição de Execução Fiscal, e antes de proferida a sentença de 1.° grau, a Procuradoria Fiscal verificou que, por ocasião da inscrição do débito na dívida ativa, não foram abatidos valores pagos pelo contribuinte. Em razão disso, determinou-se, por intermédio de regular processo administrativo, a substituição da certidão de dívida ativa, sendo requerida ao Juízo da execução a sua substituição.

Nesse caso,

(A) o juiz deverá julgar extinta a execução fiscal, uma vez que o crédito executado é diverso da certidão de dívida ativa originária, sendo este o único título que embasa a execução, caracterizando-se assim a ausência de título executivo.

(B) o juiz deverá extinguir a execução fiscal sem resolução do mérito por falta de interesse de agir da Fazenda Pública.

(C) o juiz deverá indeferir o pedido de substituição da dívida ativa, prosseguindo-se a execução em relação ao título originário, que não poderá ser substituído nos mesmos autos.

(D) o juiz deverá acolher o pedido de substituição, prosseguindo-se a execução fiscal nos mesmos autos com a certidão de dívida ativa substituída, sendo, neste caso, concedido novo prazo para que o executado embargue a execução.

(E) a Fazenda Pública não poderá substituir a certidão de dívida ativa, devendo requerer a desistência da Execução Fiscal.

Até a decisão de 1° grau, cabe a substituição da CDA – com possibilidade de nova defesa por parte do executado (Lei 6.830/80, art. 2°, § 8°).
Gabarito "D".

IV – RECURSOS

18. TEORIA GERAL DOS RECURSOS

(Procurador – PGE/SP – 2024 – VUNESP) Quanto aos meios de impugnação dos provimentos judiciais, assinale a alternativa correta.

(A) Da decisão que inadmite intervenção de terceiros cabe agravo de instrumento.

(B) É cabível recurso extraordinário contra decisão proferida por juiz de primeiro grau nas causas de alçada, ou por turma recursal de juizado especial cível, sendo, neste caso, desnecessário o requisito da repercussão geral.

(C) Da decisão que exclui litisconsorte não cabe agravo de instrumento.

(D) Não é cabível agravo de instrumento contra decisão que acolhe pedido de revogação de gratuidade da justiça.

(E) É cabível reclamação em face de ato judicial não impugnado e transitado em julgado, que desrespeita decisão do STF.

A: Correta, conforme previsão do art. 1.015, IX do CPC; **B:** Incorreta, pois a repercussão geral sempre é requisito de admissibilidade do Recurso Extraordinário (CF, art. 102, § 3º). No mais, vale ressaltar que, nos termos da Súmula 640 do STF: "É cabível recurso extraordinário contra decisão proferida por juiz de primeiro grau nas causas de alçada, ou por turma recursal de juizado especial cível e criminal" – mas com a RG. Por "causas de alçada" entenda-se a situação dos embargos infringentes na lei de execução fiscal (art. 34 da Lei 6.830/80, que prevê não caber recurso para o tribunal em causas de até determinado valor); **C:** Incorreta. É cabível agravo de instrumento em face de decisões interlocutórias que versarem sobre a exclusão de litisconsórcio (CPC, art. 1.015, VII); **D:** Incorreta. Nos termos do art. 1.015, V do CPC, cabe agravo de instrumento em face da decisão que revogar a concessão da gratuidade da justiça. Não há previsão de agravo da decisão que mantém a gratuidade; **E:** Incorreta. Não cabe reclamação quando já houver transitado em julgado o ato judicial (CPC, art. 988, § 5º, I e Súmula 734 do STF). 📖

Gabarito "A".

(Juiz de Direito – TJ/RJ – 2019 – VUNESP) A figura do relator é de relevância ímpar na condução dos recursos e dos processos de competência originária do tribunal, vez que lhe incumbe dirigir e ordenar os processos.

Sobre os poderes concedidos ao relator pelo Código de Processo Civil de 2015, é correto afirmar que poderá

(A) dar provimento ao recurso se a decisão recorrida for contrária a súmula do próprio tribunal, não sendo obrigatória a concessão de prazo para apresentação de contrarrazões pelo recorrido.

(B) considerar de plano inadmissível recurso interposto sem o respectivo preparo.

(C) negar provimento a recurso contrário a entendimento firmado em incidente de assunção de competência, não sendo obrigatório que se conceda previamente prazo para apresentação de contrarrazões.

(D) dar ou negar provimento ao recurso quando houver entendimento dominante acerca do tema.

(E) negar provimento ao recurso que estiver em confronto com a jurisprudência dominante do respectivo tribunal.

A: incorreta, pois nesse caso, antes de dar provimento ao recurso, o relator *deve* intimar a parte contrária para apresentar de contrarrazões pela parte contrária (CPC, art. 932, V, "a") – em homenagem ao princípio do contraditório e vedação de decisão surpresa; **B:** incorreta, já que deve ser oportunizado à parte *recolher em dobro* o preparo (CPC, art. 1.007, § 4º); **C:** correta, pois no caso de se negar provimento (em decisão favorável ao recorrido), não há necessidade de se intimar para

as contrarrazões (CPC, art. 932, IV, "c"); **D:** incorreta para a banca, pois não há essa previsão no art. 932 do CPC. Contudo, isso está sumulado (Súmula 568/STJ: O relator, monocraticamente e no Superior Tribunal de Justiça, poderá dar ou negar provimento ao recurso quando houver entendimento dominante acerca do tema), de modo que essa alternativa também pode ser considerada correta, e a questão deveria ter sido anulada (mas não foi) – a banca não considerou a súmula, mas só a letra seca da lei; **E:** incorreta, tendo em vista que o CPC permite que seja negado provimento a recurso contrário a *entendimento sumulado* do próprio tribunal (CPC, art. 932, IV, "a") – mas vide comentário à alternativa "D".

Gabarito "C".

(Juiz de Direito – TJ/RJ – 2019 – VUNESP) A reclamação teve suas hipóteses de cabimento significativamente majoradas pelo Código de Processo Civil, inserindo-se de forma determinante no contexto de proteção aos precedentes judiciais.

Nesse sentido, é correto afirmar que cabe reclamação

(A) mesmo que proposta após o trânsito em julgado da decisão reclamada.

(B) para garantir a observância da orientação do plenário ou do órgão especial aos quais estiverem juízes e tribunais vinculados.

(C) para garantir a observância dos enunciados das súmulas do Supremo Tribunal Federal em matéria constitucional e do Superior Tribunal de Justiça em matéria infraconstitucional.

(D) tanto para corrigir a aplicação indevida da tese jurídica fixada em incidente de assunção de competência quanto para sanar a sua não aplicação aos casos que a ela correspondam.

(E) para garantir a observância de acórdão proferido em julgamento de recurso especial repetitivo, quando a inobservância tenha se dado por decisão proferida em primeira instância.

A: incorreta, pois a reclamação deve ser proposta antes do trânsito em julgado da decisão reclamada (CPC, art. 988, § 5º, I); **B:** incorreta, já que não há essa previsão no rol das hipóteses de cabimento da reclamação (CPC, art. 988) – apenas nos precedentes que devem ser observados (CPC, art. 927, V); **C:** incorreta, porque não há essa previsão no rol das hipóteses de cabimento da reclamação (CPC, art. 988) – apenas nos precedentes que devem ser observados (CPC, art. 927, IV); **D:** correta, por expressa previsão legal (CPC, art. 988, IV, § 4º); **E:** incorreta, visto que, pela previsão do Código, no caso de acórdão proferido em RE ou REsp repetitivo, é necessário esgotar as instâncias ordinárias (CPC, art. 988, § 5º, II) – sendo que o STJ acabou restringindo o cabimento da reclamação nessa hipótese (cf. Rcl 36476, fev/20).

Gabarito "D".

(Escrevente – TJ/SP – 2018 – VUNESP) Com relação ao direito de recorrer, assinale a alternativa correta.

(A) A renúncia ao direito de recorrer depende da aceitação da outra parte.

(B) A parte que aceitar tacitamente a decisão poderá recorrer, se ainda no prazo recursal.

(C) Dos despachos cabem os recursos de agravo de instrumento ou embargos de declaração.

(D) A desistência do recurso não impede a análise de questão cuja repercussão geral já tenha sido reconhecida.

(E) O recorrente, para desistir do recurso, necessitará da anuência de seus litisconsortes.

2. DIREITO PROCESSUAL CIVIL

A questão trata do requisito de admissibilidade recursal negativo "fato impeditivo ao recurso", que engloba a desistência, renúncia e concordância. **A:** Incorreta, porque a renúncia é ato de disposição da parte que independe de aceitação da parte contrária (CPC, art. 999); **B:** Incorreta, visto que a aceitação, expressa ou tácita, impossibilita a interposição de recurso, em decorrência da preclusão lógica – sendo esse caso de concordância (CPC, art. 1.000); **C:** Incorreta, porque os despachos não possuem conteúdo decisório, razão pela qual contra eles não é possível a interposição de qualquer recurso (CPC, art. 1.001); **D:** Correta, por expressa previsão legal (CPC, art. 998, parágrafo único); **E:** Incorreta, pois a desistência independe de concordância dos demais (CPC, art. 998, "caput").

Gabarito "D".

(Escrevente Técnico – TJM/SP – VUNESP – 2017) Assinale a alternativa correta no que diz respeito à mudança de lei que rege prazos e formas recursais no curso de uma ação.

(A) a lei a regular o recurso é aquela do momento da publicação da decisão recorrível.

(B) os prazos processuais serão contados de acordo com a lei que regulava o recurso ao tempo da propositura da ação.

(C) se o recurso foi suprimido por lei nova, valerá o direito adquirido no momento da propositura da ação.

(D) os prazos serão contados pela lei vigente ao tempo da propositura da ação e a forma nos termos da lei nova.

(E) se a lei nova diminuir o prazo recursal, ainda não em curso, valerá a contagem nos termos da lei anteriormente vigente.

A questão envolve direito intertemporal. Segundo o art. 1.046 do CPC: "Ao entrar em vigor este Código, suas disposições se aplicarão desde logo aos processos pendentes (...)". Para complementar isso, aplica-se a teoria do "isolamento dos atos processuais", que significa dizer que o ato processual anterior, enquanto não encerrado, segue regulado pela lei antiga. Do ponto de vista recursal, entende a jurisprudência que o critério para verificar o recurso cabível é a data da publicação da decisão a ser impugnada – publicação em cartório, não na imprensa oficial. Assim, a alternativa correta é a "A".

Gabarito "A".

(Juiz de Direito – TJ/RJ – VUNESP – 2016) Antonio ingressou com ação em face de José, requerendo o cumprimento de uma obrigação de fazer, peticionando na inicial a antecipação dos efeitos da tutela, mas este pedido lhe foi negado. Antonio agravou de instrumento e o Tribunal de Justiça, ao julgar o recurso, verificou que não estavam presentes todas as condições da ação, decidindo pela negativa de provimento ao agravo e a extinção da ação.

Diante desse fato, é correto afirmar que

(A) a interposição do recurso transferiu ao Tribunal o conhecimento da matéria impugnada, sendo nula a decisão que extinguiu o feito, o que deve ser objeto de recurso especial.

(B) o efeito devolutivo dos recursos atua em decisão que põe fim às fases do processo, o que não é o caso das decisões interlocutórias, que apenas decidem questões pontuais, não dando poder ao Tribunal para extinguir a ação em agravo.

(C) como o Tribunal está restrito a apreciar o conteúdo recursal, poderá, se o caso, recomendar a apreciação de eventual falta de uma ou mais condições de ação, pelo juízo *a quo*, após a apresentação de resposta do réu.

(D) em questões de ordem pública, o sistema processual autoriza o órgão *ad quem* a julgar fora do que consta das razões ou contrarrazões do recurso, sendo possível a extinção da ação no julgamento do agravo.

(E) considerando o princípio dispositivo, o Tribunal poderá extinguir a ação, em obediência ao contraditório, desde que invocada a questão pela parte agravada em suas contrarrazões.

A: Incorreta. Tratando-se de matéria de ordem pública, o tribunal pode dela conhecer – como é o caso das condições da ação. **B:** Incorreta. O Código não diferencia o efeito devolutivo quanto à natureza das decisões recorridas. Assim, tanto na interlocutória quanto na sentença, pode o tribunal analisar questão de ordem pública **C:** Incorreta. Não existe previsão legal de "recomendação" de um grau a outro. **D:** Correta, conforme exposto em "A" (CPC, arts. 485, § 3º e 933). **E:** Incorreta, considerando o exposto nas alternativas anteriores.

Gabarito "D".

(Juiz de Direito – TJM/SP – VUNESP – 2016) Considere o seguinte caso hipotético. Simprônio, Major da Polícia Militar, moveu ação indenizatória alegando danos morais e perdas e danos por não ter sido promovido ao posto superior no concurso de promoção, alegando que a promoção teria sido impedida em razão da existência de processo de cobrança ajuizada em face do mesmo, quando na realidade tratava-se de homônimo. A ação foi julgada procedente quanto ao pedido de danos morais, tendo sido fixada indenização no montante de R$ 30.000,00. Interposto recurso pela Fazenda do Estado, dois julgadores votaram dando provimento ao recurso do réu para julgar a ação improcedente porque o autor não teria comprovado que a dívida seria de homônimo, enquanto o terceiro desembargador deu provimento ao recurso entendendo que a ação seria improcedente em razão de prescrição da pretensão. Assinale a alternativa correta, nos termos do Código de Processo Civil vigente.

(A) Os julgadores que já tiverem votado, ocorrendo o novo julgamento na mesma sessão, não poderão rever seus votos, pois como ocorre prosseguimento do julgamento, somente serão colhidos os votos dos novos integrantes convocados para a sessão.

(B) O julgamento deve ter prosseguimento em sessão a ser designada com a presença de outros julgadores ou na mesma sessão, colhendo-se os votos de outros julgadores que porventura componham o órgão colegiado, pois o julgamento não foi unânime quanto ao fundamento da improcedência.

(C) O julgamento deve ser encerrado, não se aplicando a técnica de prosseguimento do julgamento, pois, embora com fundamentos diversos, foi dado provimento ao recurso da Fazenda do Estado em decisão unânime.

(D) Se o recurso interposto fosse de agravo de instrumento por decisão parcial de mérito, caberia a aplicação da técnica de prosseguimento do julgamento, pois houve julgamento divergente na fundamentação, fazendo-se necessário o prosseguimento da sessão para colheita de voto de outros julgadores.

(E) Seria possível o prosseguimento do julgamento em razão de julgamento não unânime mesmo se o julgamento tivesse sido proferido somente em razão de remessa necessária.

A: Incorreta, os julgadores que já tiverem proferido seus votos poderão revê-los quando do julgamento estendido (CPC, art. 942, § 2º). **B:** Incorreta. O artigo 942, "caput" do CPC, apenas estabelece que, se o julgamento da apelação for não unânime, será cabível julgamento estendido com mais julgadores – mas isso não se restringe à improcedência. **C:** Correta. O enunciado distingue os votos, mas note-se que os 3 votaram pelo provimento do recurso, mesmo que por fundamentos diferentes – e o julgamento estendido ocorre quando há divergência na conclusão dos votos (CPC, art. 942). **D:** Incorreta. A técnica de julgamento estendido também se aplica ao AI quando a decisão que julgar parcialmente o mérito for reformada (CPC, art. 942, § 3º, II). **E:** Incorreta. Em caso de remessa necessária não se aplica a técnica de julgamento estendido (CPC, art. 942, § 4º, II).
Gabarito "C".

(Juiz de Direito – TJ/MS – VUNESP – 2015) O recurso interposto por um dos litisconsortes

(A) a todos aproveita, salvo se distintos ou opostos os seus interesses.

(B) aproveita ao recorrente, pois os interesses nunca são comuns a todos.

(C) a todos aproveita, se não for o caso de *reformatio in pejus*.

(D) aproveita ao recorrente, se a natureza litisconsorcial for passiva.

(E) aproveita sempre a todos, pela natureza indistinta do litisconsórcio.

CPC, art. 1.005. O recurso interposto por um dos litisconsortes a todos aproveita, salvo se distintos ou opostos os seus interesses.
Gabarito "A".

19. RECURSOS EM ESPÉCIE

(Procurador – PGE/SP – 2024 – VUNESP) Acerca do mandado de segurança, é correto afirmar que

(A) das decisões denegatórias da ordem proferidas em única instância pelos tribunais não cabe recurso ordinário.

(B) da decisão do relator não é cabível qualquer tipo de recurso.

(C) da decisão do relator que denegar a medida liminar caberá agravo ao órgão competente do tribunal respectivo.

(D) nos termos da jurisprudência sumulada do STF, somente serão cabíveis recursos aos tribunais superiores da decisão do relator.

(E) não cabe agravo contra decisão do relator que concede liminar.

A: Incorreta. O art. 18 da Lei 12.016/2009 prevê expressamente o cabimento de recurso ordinário quando a ordem for denegada. Da mesma forma, o CPC, art. 1.027; **B:** Incorreta, da decisão do relator (que é uma monocrática), cabe agravo interno (art. 16, parágrafo único, da Lei 12.016/2009 e art. 1.021 do CPC); **C:** Correta, por expressa previsão legal (art. 16, parágrafo único da Lei 12.016/2009 e art. 1.021 do CPC); **D:** Incorreta, uma vez que, do acórdão proferido em sede de MS de competência originária, cabe recurso ordinário se a decisão for denegatória (vide alternativa "A") ou REsp / RE, da decisão concessiva; **E:** Incorreta, vide justificativa para alternativa "B".
Gabarito "C".

(Escrevente – TJ/SP – VUNESP – 2023) Caio, motorista de transporte por aplicativo, estava voltando para casa após um dia de trabalho quando, aguardando o semáforo ficar verde, teve seu veículo atingido por Antônio. Após frustradas as tentativas amigáveis de solucionar o caso, propôs ação de reparação de danos em face de Antônio exigindo o pagamento dos danos emergentes e dos lucros cessantes. Em primeira instância, a ação foi julgada parcialmente procedente, condenando Antônio apenas ao pagamento dos danos emergentes. Diante da situação hipotética, tendo em vista que ainda não transcorreu o prazo para apresentação do recurso de apelação, bem como inexiste qualquer omissão, contradição ou obscuridade na decisão, é correto afirmar que

(A) Antônio pode apresentar renúncia ao direito de recorrer desde que mediante aceitação de Caio.

(B) caso Antônio aceite tacitamente a decisão e pague os danos emergentes e os lucros cessantes, ainda assim poderá apresentar apelação.

(C) o recurso adesivo apresentado por Caio não será conhecido se houver desistência do recurso apresentado por Antônio.

(D) caso Antônio decida recorrer, ele poderá desistir do recurso a qualquer tempo, desde que mediante anuência de Caio.

(E) se Antônio apresentar apelação, Caio poderá aderir ao recurso, desde que mediante autorização de Antônio.

A: Incorreta, pois a renúncia ao direito de recorrer independe de aceitação da outra parte (CPC, art. 999); **B:** Incorreta, havendo aceitação tácita da decisão, não poderá a parte recorrer (CPC, art. 1.000); **C:** Correta, vez que o recurso adesivo fica subordinado ao recurso independente. Assim, se houver desistência ou se o recurso principal for inadmissível, o recurso adesivo não será conhecido (CPC, art. 997, § 2º III); **D:** Incorreta, pois a desistência independe da anuência da parte recorrida (CPC, art. 998); **E:** Incorreta, a parte poderá aderir ao recurso independentemente de autorização (CPC, art. 997, § 1º).
Gabarito "C".

(Escrevente – TJ/SP – 2021 – VUNESP) Dentre os recursos previstos no Código de Processo Civil, é correto afirmar que os embargos de declaração

(A) serão opostos, no prazo de 5 (cinco) dias, em petição dirigida ao juiz, com indicação do erro, obscuridade, contradição ou omissão, mediante preparo no valor de um por cento sobre o valor da causa.

(B) consideram-se incluídos no acórdão os elementos que o embargante suscitou, para fins de prequestionamento, desde que os embargos de declaração sejam admitidos e o tribunal superior considere existentes erro, omissão, contradição ou obscuridade.

(C) quando manifestamente protelatórios, sujeitam o embargante a pagar ao embargado multa não excedente a dois por cento sobre o valor atualizado da causa, desde que previsto em decisão fundamentada do juiz ou do tribunal.

(D) possuem efeito suspensivo e interrompem o prazo para a interposição de recurso.

(E) podem ser opostos contra qualquer decisão judicial para esclarecer obscuridade ou eliminar contradição, considerando-se obscura a decisão que deixe de se manifestar sobre tese firmada em julgamento de casos repetitivos aplicável ao caso sob julgamento.

A: Incorreta, vez que os embargos de declaração não se sujeitam a preparo (CPC, art. 1.023); **B:** Incorreta, pois nos termos do art. 1.025 do CPC, haverá a inclusão dos argumentos suscitados no acordão, mesmo que o Tribunal de origem rejeite os embargos de declaração por enten-

2. DIREITO PROCESSUAL CIVIL   71

der que não há omissão, contradição, obscuridade ou erro material, considerando-se prequestionada a matéria; **C:** Correta, por expressa previsão legal (CPC, art. 1.026); **D:** Incorreta, porque os embargos de declaração interrompem o prazo para a interposição de recurso; mas não possuem, como regra, efeito suspensivo (CPC, art. 1.026); **E:** Incorreta, vez que a decisão que não aprecia tese firmada em julgamento de casos repetitivos ou em incidente de assunção de competência é omissa e não obscura (CPC, art. 1.022, parágrafo único, inciso I). *Gabarito "C".*

(Advogado – Pref. São Roque/SP – 2020 – VUNESP) Considerando o entendimento do Superior Tribunal de Justiça a respeito de recursos, pode-se corretamente afirmar:

(A) É admissível recurso especial quanto à questão que, a despeito da oposição de embargos declaratórios, não foi apreciada pelo Tribunal *a quo*.

(B) Não é necessário ratificar o recurso especial interposto na pendência do julgamento dos embargos de declaração, quando inalterado o resultado anterior.

(C) Enseja recurso especial a simples interpretação de cláusula contratual, mas não o simples reexame de prova.

(D) É admissível recurso especial sempre que o acórdão recorrido assenta em fundamento constitucional e infraconstitucional, e a parte vencida não manifesta recurso extraordinário.

(E) Não cabe recurso especial contra decisão proferida, nos limites de sua competência, por órgão de segundo grau dos Juizados Especiais.

A: incorreta, à luz do entendimento do STJ (Súmula 211/STJ: Inadmissível recurso especial quanto à questão que, a despeito da oposição de embargos declaratórios, não foi apreciada pelo Tribunal *a quo*). Vale lembrar, contudo, que pelo art. 1.025 do CPC, não prevaleceria essa súmula, considerando o prequestionamento ficto ou virtual; **B:** correta (CPC, art. 1.024, § 5º e Súmula 579/STJ); **C:** incorreta, sendo esse um dos fundamentos mais comuns de inadmissão de REsp (Súmula 5/STJ: A simples interpretação de cláusula contratual não enseja recurso especial); **D:** incorreta, pois o STJ entende que, nesse caso, o acórdão deve ser atacado simultaneamente por RE e REsp (Súmula 126/STJ: É inadmissível recurso especial, quando o acórdão recorrido assenta em fundamentos constitucional e infraconstitucional, qualquer deles suficiente, por si só, para mantê-lo, e a parte vencida não manifesta recurso extraordinário); **E:** incorreta, porque simplesmente não cabe REsp de acórdão de Colégio Recursal dos Juizados (Súmula 203/STJ: Não cabe recurso especial contra decisão proferida por órgão de segundo grau dos Juizados Especiais). *Gabarito "B".*

(Juiz de Direito – TJ/RJ – 2019 – VUNESP) Com base no tratamento conferido pelo Código de Processo Civil de 2015 aos recursos direcionados para o Supremo Tribunal Federal e para o Superior Tribunal de Justiça, é correto afirmar:

(A) da decisão que inadmite recurso extraordinário ou recurso especial em decorrência da aplicação de entendimento firmado em regime de repercussão geral ou em julgamento de recursos repetitivos, cabe agravo em recurso extraordinário ou em recurso especial.

(B) nos processos promovidos perante a justiça federal de primeira instância em que forem partes organismo internacional e pessoa domiciliada no país, cabe agravo de instrumento dirigido ao Superior Tribunal de Justiça das decisões interlocutórias previstas no artigo 1.015 do diploma processual.

(C) se o Supremo Tribunal Federal considerar como reflexa a ofensa à Constituição afirmada no recurso extraordinário, por pressupor a revisão da interpretação de lei federal ou de tratado, inadmitirá o recurso interposto por se tratar de recurso exclusivamente cabível para corrigir ofensa direta ao texto constitucional.

(D) quando o recurso extraordinário ou especial fundar-se em dissídio jurisprudencial, o recorrente fará a prova da divergência com a certidão, cópia ou citação do repositório de jurisprudência, oficial ou credenciado em que houver sido publicado o acórdão divergente, bastando, nas razões recursais, transcrever a ementa do acórdão paradigma.

(E) na hipótese de interposição conjunta de recurso extraordinário e recurso especial, uma vez concluído o julgamento do recurso especial, os autos serão remetidos ao Supremo Tribunal Federal para apreciação do recurso extraordinário ainda que este estiver prejudicado, pois é da competência exclusiva do Supremo Tribunal Federal declarar a existência de prejudicialidade.

A: incorreta, pois nessa situação deve ser interposto agravo interno e não ARE ou AREsp (CPC, art. 1.030, I e § 2º); **B:** correta, sendo uma hipótese bem específica de agravo de instrumento previsto no capítulo de recurso ordinário (CPC, art. 1.027, II, "b" e § 1º) – para as hipóteses de ações envolvendo organismo internacional, com agravo para o STJ; **C:** incorreta, já que nessa hipótese deve haver a *conversão* do RE em REsp, por expressa previsão legal (CPC, art. 1.033); **D:** incorreta, pois (i) não é hipótese de cabimento de RE a divergência jurisprudencial (CF, art. 102, III) e (ii) visto que devem ser especificadas as circunstâncias que assemelham os casos confrontados (CPC, art. 1.029, § 1º); **E:** incorreta, pois o RE só será remetido ao STF se o recurso extraordinário não estiver prejudicado pelo julgamento do REsp (CPC, art. 1.031, §§ 1º ao 3º). *Gabarito "B".*

(Procurador do Município/São José dos Campos-SP – VUNESP – 2012) Réu, ao apresentar sua contestação, alegou matéria preliminar quanto à condição da ação, rejeitada pelo despacho saneador. Deixou de apresentar recurso sobre este fato, contudo, em sede de apelação, novamente arguiu esta matéria preliminar. Diante desse fato, assinale a alternativa correta.

(A) Houve preclusão de seu direito, uma vez que deixou de apresentar recurso de agravo de instrumento ao despacho saneador.

(B) Houve preclusão de seu direito, uma vez que deixou de apresentar agravo retido ao despacho saneador.

(C) Não está precluso seu direito, pois trata-se de matéria de ordem pública, podendo ser suscitada em sede de apelação.

(D) Não está precluso seu direito, por tratar-se de matéria considerada de mérito por equiparação.

(E) Não está precluso seu direito, em razão da aplicação da teoria da asserção para verificar as condições da ação.

Condição da ação é matéria de ordem pública, de modo que não é objeto de preclusão, nos termos do art. 485, § 3º do CPC. Sendo assim, pode ser alegada em apelação. Assim, correta a alternativa "C". De se observar que, nesses casos, o juiz deve oportunizar manifestação às partes, para evitar decisão-surpresa (CPC, art. 10). Vale destacar que não há agravo retido no atual CPC. *Gabarito "C".*

(Procurador Municipal/SP – VUNESP – 2016) João e Maria litigam em ação indenizatória movida pelo primeiro em face da segunda. Em sentença proferida em primeiro grau de jurisdição, a ação foi julgada parcialmente procedente, motivando a interposição de recurso de apelação por ambas as partes. O Tribunal de Justiça do Estado de São Paulo (TJ/SP), por meio de acórdão, confirmou a parcial procedência, mas omitiu-se com relação a um dos pedidos do recurso interposto por Maria, consistente na reavaliação e na redistribuição dos ônus da sucumbência. Assim, Maria opôs tempestivos embargos de declaração, na mesma data em que João interpôs recurso especial. Em novo acórdão, o TJ/SP manteve integralmente sua decisão. Nesse cenário, de acordo com o contemporâneo entendimento do Superior Tribunal de Justiça, é correto afirmar que o recurso especial interposto

(A) será normalmente processado, independentemente de qualquer nova providência por João.

(B) deverá ser ratificado por João no prazo de 15 (quinze) dias, a contar da publicação do acórdão que julgou os embargos de declaração.

(C) será considerado como não interposto, devendo ser novamente apresentado por João, no prazo legal, sem alterações em seu teor.

(D) é prematuro e não será admitido seu processamento, ressalvada a possibilidade de João interpor novo recurso especial na forma adesiva.

(E) deverá ser ratificado por João no prazo de 5 (cinco) dias, a contar da publicação do acórdão que julgou os embargos de declaração.

A questão trata da (des)necessidade de se ratificar um recurso para outro grau de jurisdição caso haja embargos de declaração pela parte contrária. A questão está devidamente regulada pelo CPC, no sentido de não ser necessária qualquer retificação do recurso, caso os embargos não sejam providos (art. 1.024, § 5º Se os embargos de declaração forem rejeitados ou não alterarem a conclusão do julgamento anterior, o recurso interposto pela outra parte antes da publicação do julgamento dos embargos de declaração será processado e julgado independentemente de ratificação). Sendo assim, desnecessária qualquer ratificação. Desse modo, a alternativa correta é a "A".
Gabarito "A".

(Juiz de Direito – TJ/MS – VUNESP – 2015) Embargos de declaração opostos com a única finalidade de requerer um juízo de reconsideração

(A) interrompem o prazo recursal, se providos.

(B) não interrompem o prazo recursal em nenhum caso.

(C) interrompem o prazo recursal, se recebidos.

(D) ainda que rejeitados, interrompem o prazo recursal.

(E) não interrompem o prazo recursal, apenas se rejeitados.

Não há previsão legal a respeito de pedido de reconsideração; sendo assim, caso utilizados, não alteram em nada o prazo recursal. Porém, o enunciado fala em "embargos de declaração", recurso que tem o condão de interromper o prazo dos outros recursos (CPC, art. 1.026). A previsão legal para uso indevido de declaratórios é a multa (CPC, art. 1.026, § 2º), e não seu não conhecimento. Porém, alguns julgados do STJ concluem que se os embargos de declaração tiverem como "única finalidade" a reconsideração, então devem ser recebidos como pedido de reconsideração, sem interromper o prazo. Trata-se de entendimento contra a lei, mas que foi acolhido pela banca, a qual apontou como correta a alternativa que vai nesse sentido ("B").
Gabarito "B".

(Juiz de Direito – TJ/RS – 2018 – VUNESP) Recebida a petição do recurso extraordinário, o recorrido será intimado para apresentar contrarrazões no prazo de 15 (quinze) dias, findo o qual os autos serão conclusos ao presidente ou ao vice-presidente do tribunal recorrido, que deverá

(A) aplicar a súmula impeditiva de recurso, do tribunal local, se for o caso.

(B) remeter os autos ao STF, independentemente de juízo de admissibilidade.

(C) verificar se o recurso contraria súmula ou jurisprudência dominante do STF.

(D) reconhecer se há repercussão geral das questões constitucionais discutidas no caso, sob pena de não admiti-lo.

(E) sobrestá-lo se versar sobre controvérsia de caráter repetitivo ainda não decidida pelo STF.

A: Incorreta, pois não existe, no direito processual brasileiro, uma "súmula impeditiva de recursos"; **B:** Incorreta, considerando que o Código prevê a admissibilidade do recurso pelo tribunal de origem (CPC, art. 1.030, V, com a redação da Lei 13.256/2016); **C:** Incorreta, considerando que esse não é requisito de admissibilidade do REsp/ RE – sendo que a alternativa não fala em repercussão geral ou recurso repetitivo; **D:** Incorreta, pois a apreciação da repercussão geral é de competência exclusiva do STF, e não do tribunal de origem (CPC, art. 1.035, "caput"); **E:** Correta (CPC, art. 1.030, III), sendo relevante destacar que repercussão geral e repetitivo são categorias distintas de jurisprudência dominante (alternativa "C").
Gabarito "E".

(Juiz de Direito – TJ/RS – 2018 – VUNESP) O pedido de suspensão ao recurso especial poderá ser formulado por requerimento dirigido

(A) ao presidente do tribunal local, no caso de prejuízo processual comprovado à parte recorrida.

(B) ao presidente ou ao vice-presidente do tribunal recorrido, no período compreendido entre a interposição do recurso e a publicação da decisão de admissão do recurso.

(C) ao relator original do acórdão recorrido, se já distribuído o recurso.

(D) ao tribunal superior respectivo, no período compreendido entre a interposição do recurso e sua distribuição, ficando o relator designado para seu exame prevento para julgá-lo.

(E) ao vice-presidente do tribunal local, após a admissão do recurso e antes de sua distribuição no STJ.

A: Incorreta, já que a situação narrada não encontra previsão no Código (CPC, art. 1.029, § 5º); **B:** Correta (CPC, art. 1.029, § 5º, III); **C:** Incorreta, pois se já distribuído o recurso, o pedido será direcionado ao relator do RE ou do REsp (CPC, art. 1.029, § 5º, II); **D:** Incorreta, já que, no caso, o pedido deve ser direcionado ao Presidente ou Vice-Presidente do Tribunal recorrido (CPC, art. 1.029, § 5º, III); **E:** Incorreta, porque, no caso, o pedido deve ser direcionado ao Tribunal Superior (CPC, art. 1.029, § 5º, I).
Gabarito "B".

(Procurador do Estado/SP – 2018 – VUNESP) Da decisão do Tribunal de Justiça de São Paulo, que nega seguimento a recurso especial sob o fundamento de que a decisão recorrida estaria de acordo com o posicionamento adotado pelo Superior Tribunal de Justiça, em julgamento de tema afetado ao sistema de recursos repetitivos, quando, na verdade, esse paradigma trata de assunto diverso daquele

2. DIREITO PROCESSUAL CIVIL

discutido no recurso especial mencionado, cabe, segundo a lei processual:

(A) embargos de declaração, com o exclusivo objetivo de prequestionar o tema veiculado no recurso especial.

(B) novo recurso especial, interposto diretamente no Superior Tribunal de Justiça.

(C) agravo interno, perante a Turma que proferiu o acórdão combatido.

(D) ação rescisória, após o trânsito em julgado.

(E) agravo em recurso especial.

A: Incorreta, pois na hipótese não se busca prequestionar, mas sim apontar o erro na decisão recorrida; **B:** Incorreta, considerando ser incabível a interposição de novo Recurso Especial por se tratar de decisão monocrática (CPC, art. 1.029 e seguintes); **C:** Incorreta para a banca. Da decisão monocrática cabe agravo – no caso, seria cabível o agravo interno, tendo em vista se tratar de aplicação de entendimento de repetitivo, sendo então hipótese de cabimento desse recurso, conforme previsto no Código (CPC, art. 1.030, § 1º). Porém, nesse caso, a competência para julgar esse agravo não é da turma, mas do órgão especial – por isso a banca apontou como incorreta a alternativa (detalhe bastante específico que possivelmente induziu muitos candidatos em erro); **D:** Correta, mais por exclusão (já que as demais estão erradas). Vale lembrar que a AR não é recurso, mas ação, a ser ajuizada após o trânsito em julgado (CPC, art. 966, § 5º); **E:** Incorreta, tendo em vista que a situação narrada configura hipótese de interposição de agravo interno e não agravo em recurso especial, como exposto em "C" (CPC, art. 1.030, § 1º).
„D„ ojµɐqɐפ

(Procurador do Estado/SP – 2018 – VUNESP) A respeito do julgamento do mandado de segurança de competência originária de tribunais, assinale a alternativa correta.

(A) Quando a competência originária for do Superior Tribunal de Justiça e a decisão colegiada for denegatória da segurança pretendida, cabe recurso extraordinário para o Supremo Tribunal Federal.

(B) Não compete ao Superior Tribunal de Justiça julgar, em recurso ordinário, os mandados de segurança decididos em única instância pelos tribunais regionais federais e pelos tribunais de justiça estaduais e do Distrito Federal e Territórios, salvo quando concedida a segurança pretendida.

(C) Indeferido, liminarmente, mandado de segurança de competência originária do Tribunal de Justiça de São Paulo, deve o impetrante interpor recurso especial, para o Superior Tribunal de Justiça ou o extraordinário, para o Supremo Tribunal Federal, conforme o caso.

(D) Indeferido, liminarmente, mandado de segurança de competência originária do Tribunal de Justiça de São Paulo, deve o impetrante interpor recurso especial para o Superior Tribunal de Justiça. Se o mandado se segurança for admitido e houver julgamento de mérito por órgão colegiado desse Tribunal de Justiça denegando a segurança pretendida, o recurso cabível também é o especial.

(E) Indeferido, liminarmente, mandado de segurança de competência originária do Tribunal de Justiça de São Paulo, deve o impetrante interpor agravo para órgão competente desse mesmo tribunal. Contudo, se houver julgamento colegiado de mérito, denegando a segurança, o recurso cabível, pelo impetrante, é o ordinário, exclusivamente para o Superior Tribunal de Justiça.

A: Incorreta, pois nesse caso seria cabível recurso ordinário para o STF (CPC, art. 1.027, I); **B:** Incorreta, pois cabe recurso ordinário exatamente quando a decisão for *denegatória* do MS de competência originária de tribunal, e não *concessiva* (CPC, art. 1.027, I e II); **C:** Incorreta, pois de decisão monocrática cabe agravo interno, não especial (CPC, art. 1.021); **D:** Incorreta, considerando o exposto em "C" e tendo em vista que, quanto à 2ª parte da alternativa o recurso cabível seria o ordinário (CPC, art. 1.027, II); **E:** Correta. Sendo ação originária de tribunal, o indeferimento liminar será uma decisão monocrática, a qual será impugnada por meio de agravo interno, a ser julgado pelo órgão fracionário competente para julgar o MS de forma colegiada. Sendo decisão denegatória do MS originário, o recurso cabível será o ordinário. É o que está no CPC (art. 1.021 e art. 1.027, II, "a") e na lei do MS (Lei 12.016/2009, art. 10, § 1º; art. 16, parágrafo único e art. 18). Vale destacar que o cabimento do recurso ordinário é bem restrito e que na 2ª parte da alternativa encontram-se presentes todos esses requisitos.
„E„ ojµɐqɐפ

(Procurador do Estado/SP – 2018 – VUNESP) Em relação ao recurso de embargos de divergência, é correto afirmar:

(A) cabem embargos de divergência quando o acórdão paradigma for da mesma turma que proferiu a decisão embargada, desde que sua composição tenha sofrido alteração em, no mínimo, um terço dos seus membros.

(B) é cabível nos processos de competência originária do Supremo Tribunal Federal.

(C) é embargável o acórdão de órgão fracionário que, em recurso especial ou extraordinário, divergir do julgamento de qualquer outro órgão do mesmo tribunal, sendo um acórdão de mérito e outro que não tenha conhecido do recurso, embora tenha apreciado a controvérsia.

(D) não poderão ser confrontadas teses jurídicas contidas em julgamento de recursos e de ações de competência originária.

(E) se os embargos de divergência forem desprovidos, o recurso extraordinário interposto pela outra parte antes da publicação do julgamento dos embargos de divergência sempre deverá ser ratificado.

A: Incorreta, porque a alteração na composição exigida pelo Código para permitir os embargos de divergência em relação à mesma turma é de mais da metade dos membros do órgão fracionário (CPC, art. 1.043, § 3º); **B:** Incorreta, considerando que o dispositivo que autorizava o cabimento dos embargos de divergência, nos processos de competência originária, foi revogado pela Lei 13.256/16 (CPC, art. 1.043); **C:** Correta, por expressa previsão legal (CPC, art. 1.043, III); **D:** Incorreta (CPC, art. 1.043, § 1º); **E:** Incorreta, porque nesse caso não haverá necessidade de ratificação (CPC, art. 1.044, §2º).
„C„ ojµɐqɐפ

(Procurador do Estado/SP – 2018 – VUNESP) A sentença proferida em sede de ação civil pública, que acolhe integralmente o pedido do autor e autoriza a liberação de remédios de uso proibido por órgãos administrativos fiscalizadores, todos potencialmente lesivos à saúde da população, enseja

(A) apenas pedido de suspensão de segurança que, por evidente prejudicialidade, suspende o prazo do recurso de agravo, mas não o do recurso de apelação.

(B) apelação, cujo efeito suspensivo deve ser pleiteado diretamente no Tribunal, por meio de medida cautelar autônoma e inominada.

(C) apelação, cujo efeito suspensivo é automático e impede a execução definitiva da decisão.

(D) apelação, com pedido de efeito suspensivo. Depois disso, a Fazenda de São Paulo deverá protocolar, no Tribunal de Justiça, um pedido de análise imediata desse efeito suspensivo pleiteado. Ao mesmo tempo, a Fazenda poderá pedir suspensão dos efeitos da sentença ao Presidente do Tribunal competente.

(E) agravo de instrumento contra o capítulo da decisão que concedeu a ordem de liberação imediata das mercadorias, com pedido de efeito ativo, e apelação do capítulo que julgou o mérito.

A: Incorreta, porque, embora seja possível o pedido de suspensão de segurança pela Fazenda Pública, também será possível interpor o recurso cabível no caso – a apelação (Lei 8.437/1992, art. 4º, § 6º); **B:** Incorreta, pois o pedido de concessão de efeito suspensivo será dirigido ao Tribunal mediante simples requerimento/petição (Lei 7.347/1985, art. 19 e CPC, art. 1.012, § 3º), não existindo mais, no âmbito do atual CPC, a figura de uma cautelar inominada; **C:** Incorreta, porque o recurso de apelação interposto em face de sentença proferida em sede de ação civil pública será recebido, como regra, apenas no efeito devolutivo. Poderá ser concedido, no entanto, o efeito suspensivo ao recurso, a fim de evitar dano irreparável à parte (Lei 7.347/1985, art. 14); **D:** Correta, sendo essa a conduta correta à luz da legislação específica e das previsões do CPC (Lei 7.347, arts. 14 e 19; CPC, art. 1.009; Lei 8.437/1992, art. 4º, § 6º); **E:** Incorreta, tendo em vista que a sentença será impugnada via apelação (Lei 7.347, art. 19; CPC, art. 1.009), sendo que não cabe agravo e apelação ao mesmo tempo, por força do princípio da unirrecorribilidade.
Gabarito "D".

(Defensor Público/RO – 2017 – VUNESP) A suspensão de liminares e de sentenças contrárias ao poder público

(A) condiciona a interposição do agravo de instrumento para atacar liminar concedida contra o Poder Público.

(B) deverá ser requerida em cinco dias a contar da decisão que ameaça de lesão a ordem, a saúde, a segurança e a economia públicas.

(C) deferida pelo Presidente do Tribunal vigorará até o trânsito em julgado da decisão de mérito na ação principal.

(D) não prevê recurso da decisão que a conceder, porém, da que negar será cabível agravo.

(E) não está prevista contra decisões proferidas no âmbito dos Juizados Especiais.

A: Incorreta, porque a interposição de agravo de instrumento em face de liminar concedida contra o Poder Público não prejudica nem é requisito para o pedido de suspensão (Lei 8.437/1992, art. 4º, § 6º), sendo conveniente destacar que o pedido não tem natureza recursal; **B:** Incorreta, pois não há previsão de prazo específico para a apresentação da suspensão de segurança; **C:** Correta (Lei 8.437/1992, art. 4º, § 9º); **D:** Incorreta, tendo em vista que caberá agravo tanto da decisão denegatória quanto da concessiva da suspensão (Lei 8.437/1992, art. 4º, § 3º); **E:** Incorreta, porque não há restrição quanto ao seu uso, na legislação (Lei 8.437/1992).
Gabarito "C".

(Juiz de Direito – TJ/SP – VUNESP – 2017) Em matéria recursal, é correto afirmar que

(A) do pronunciamento que julgar parcial e antecipadamente o mérito, caberá apelação desprovida de efeito suspensivo.

(B) a resolução da questão relativa à desconsideração da personalidade jurídica será sempre impugnável por agravo de instrumento.

(C) a apelação devolverá ao tribunal todas as questões suscitadas e debatidas, ainda que não decididas, mas a devolução em profundidade ficará limitada ao capítulo impugnado.

(D) se os embargos de declaração forem acolhidos com modificação da decisão embargada, ficará automaticamente prejudicado o outro recurso que o embargado já tiver interposto contra a decisão originária, ressalvada a interposição de novo recurso.

A: Incorreta, porque da decisão antecipada parcial de mérito cabe agravo (CPC, art. 356, § 5º); **B:** Incorreta, pois o IDPJ pode ser decidido não apenas em 1º grau; logo, não é *sempre* agravo (CPC, art. 136, *caput* e parágrafo único); **C:** Correta, sendo essa uma das previsões legais quanto à devolutividade da apelação (CPC, art. 1.013, *§ 1º Serão, porém, objeto de apreciação e julgamento pelo tribunal todas as questões suscitadas e discutidas no processo, ainda que não tenham sido solucionadas*, desde que relativas ao capítulo impugnado); **D:** Incorreta, pois após declaratórios providos, pode a outra parte complementar seu recurso; assim, não é *sempre* recurso prejudicado.
Gabarito "C".

(Juiz de Direito – TJ/SP – VUNESP – 2017) Quanto ao incidente de resolução de demandas repetitivas,

(A) poderá ser instaurado quando houver risco de multiplicação de processos como decorrência de controvérsia sobre questão unicamente de direito, de que possa resultar prejuízo à isonomia e à segurança jurídica.

(B) tanto que seja admitido, a suspensão dos processos pendentes em que se discuta a questão controvertida poderá ser determinada pelo relator ou eventualmente pelo tribunal superior competente para conhecer do recurso extraordinário ou especial.

(C) o órgão colegiado incumbido de julgá-lo fixará a tese e, para preservar o juiz natural, devolverá o julgamento do recurso, da remessa necessária ou do processo de competência originária para que se complete o julgamento perante o órgão de onde se originou o incidente.

(D) pode tramitar, paralela e concorrentemente, com a afetação, perante tribunal superior, de recurso para definição de tese sobre questão material ou processual repetitiva.

A: Incorreta, pois esses são requisitos *cumulativos* para o IRDR, de modo que um *não é* decorrente do outro (CPC, art. 976, I e II); **B:** Correta. Admitido o IRDR, cabe a suspensão de todos os processos que debatam o mesmo tema – deferida no tribunal intermediário ou mesmo pelo tribunal superior (CPC, art. 982, I e § 3º); **C:** Incorreta, porque não só a tese, mas a própria lide já é julgado – tanto que a parte tem direito a sustentação oral (CPC, art. 984, II, *a*); **D:** incorreta, pois não pode haver IRDR e repetitivo ao mesmo tempo, pelo risco de conflito entre as decisões (CPC, art. *976, § 4º É incabível o incidente de resolução de demandas repetitivas quando um dos tribunais superiores, no âmbito de sua respectiva competência, já tiver afetado recurso para definição de tese sobre questão de direito material ou processual repetitiva*).
Gabarito "B".

(Juiz de Direito – TJ/RJ – VUNESP – 2016) Caberão embargos de divergência perante o Superior Tribunal de Justiça:

(A) contra acórdão que, em agravo regimental, decide recurso especial.

(B) para discutir o valor de indenização por danos morais.

(C) no âmbito do agravo de instrumento que não admite recurso especial.

2. DIREITO PROCESSUAL CIVIL   75

(D) com base em dissídio em acórdão de turma, ainda que não mais tenha competência para a matéria neles versada.

(E) ainda que jurisprudência do tribunal se firmou no mesmo sentido do acórdão embargado.

A: Correta. Súmula 316/STJ: "Cabem embargos de divergência contra acórdão que, em agravo regimental, decide recurso especial". **B:** Incorreta. Súmula 420/STJ: "Incabível, em embargos de divergência, discutir o valor de indenização por danos morais." **C:** Incorreta. Súmula 315/STJ: "Não cabem embargos de divergência no âmbito do agravo de instrumento que não admite recurso especial". **D:** Incorreta. Súmula 158/STJ: "Não se presta a justificar embargos de divergência o dissídio com acórdão de turma ou seção que não mais tenha competência para a matéria neles versada." **E:** Incorreta. Súmula 168/STJ: "Não cabem embargos de divergência, quando a jurisprudência do tribunal se firmou no mesmo sentido do acórdão embargado"./

Gabarito "A".

(Juiz de Direito – TJM/SP – VUNESP – 2016) Quanto ao pedido de suspensão de liminares e de sentenças, regulado pela Lei 8.437/1992, assinale a alternativa correta.

(A) O Ministério Público não tem legitimidade ativa para ajuizamento do pedido de suspensão de liminar ou de sentença.

(B) O pedido de suspensão de liminar somente se aplica a casos concretos, não sendo cabível em ações de controle abstrato de constitucionalidade.

(C) Contra decisão de Tribunal local cabe pedido de suspensão perante o STF ou STJ, ainda que a causa tenha por fundamento matéria regida por lei local.

(D) Empresas públicas e sociedades de economia mista prestadoras de serviço público, por serem equiparadas às empresas privadas, não têm legitimidade para requerer o pedido de suspensão de liminar e de sentença.

(E) A decisão do Presidente do Tribunal que suspender a execução de liminar ou sentença é irrecorrível.

A: Incorreta. O MP possui legitimidade para requerer a suspensão da liminar (Lei 8.437/1992, art. 4º). **B:** Correta, conforme entendimento jurisprudencial (por exemplo, no STF, SL 807). **C:** Incorreta. O pedido deverá ser, ao menos inicialmente, endereçado ao Presidente do próprio Tribunal onde deferida a medida (Lei 8.437/1992, art. 4º, § 4º). **D:** Incorreta, pois há legitimidade de empresas públicas para a medida. **E:** Incorreta. A decisão é impugnável por meio de agravo interno (Lei 8.437/1992, art. 4º, § 3º).

Gabarito "B".

(Juiz de Direito – TJM/SP – VUNESP – 2016) No que concerne à súmula vinculante, assinale a alternativa correta.

(A) A súmula com efeito vinculante sempre tem eficácia imediata, a partir da data do julgamento.

(B) Da decisão judicial ou do ato administrativo que contrariar enunciado de súmula vinculante, negar-lhe vigência ou aplicá-lo indevidamente somente cabe reclamação dirigida ao Supremo Tribunal Federal.

(C) O Procurador-Geral da República, ainda que seja autor da proposta, deve manifestar-se previamente à edição, revisão ou cancelamento de enunciado de súmula vinculante.

(D) Tanto matérias de natureza constitucional como infraconstitucional, após reiteradas decisões, poderão ser objeto de súmula vinculante.

(E) A proposta de edição, revisão ou cancelamento de enunciado de súmula vinculante não autoriza a suspensão dos processos em que se discuta a mesma questão.

A: Incorreta. A palavra *sempre* torna incorreta a alternativa, vez que a súmula vinculante possui eficácia imediata, mas poderá, por decisão de 2/3 dos membros do STF restringir os efeitos vinculantes ou determinar que a eficácia se dê a partir de outro momento (Lei 11.417/2006, art. 4º). **B:** Incorreta. A palavra *somente* torna incorreta a alternativa, pois cabe a reclamação, mas também o outro recurso cabível (CPC, art. 988, § 5º e Lei 11.417/2006, art. 7º). **C:** Incorreta. O PGR apenas se manifestará quando não for o autor da proposta (Lei 11.417/2006, art. 2º, § 2º). **D:** Incorreta. Apenas matéria constitucional poderá ser objeto de súmula vinculante (Lei 11.417/2006, art. 2º). **E:** Correta. Lei 11.417/2006, art. 6º).

Gabarito "E".

(Procurador do Município – São Paulo/SP – VUNESP – 2014) A decisão liminar de antecipação de tutela, concedida em primeira instância, sem contraditório, no sentido de promover milhares de servidores e determinar o consequente aumento imediato de seus subsídios, considerando inconstitucionais as normas que restringem a concessão de tutela antecipada contra o poder público, pode ser impugnada por meio de

(A) reclamação constitucional ao STF, desde que não seja cabível a interposição de agravo de instrumento.

(B) agravo de instrumento e pedido de suspensão dirigido ao Presidente do respectivo Tribunal, vedada reclamação constitucional para o STF.

(C) agravo de instrumento, ou pedido de suspensão dirigido ao Presidente do respectivo Tribunal, ou reclamação constitucional ao STF, vedada a adoção simultânea dessas medidas.

(D) agravo de instrumento, pedido de suspensão dirigido ao Presidente do respectivo Tribunal e reclamação constitucional ao STF, podendo ser essas medidas adotadas de forma concorrente.

(E) reclamação constitucional ao STF, desde que não tenha havido pedido de suspensão dirigido ao Presidente do respectivo Tribunal, mas sem prejuízo da interposição de agravo de instrumento.

A situação narrada apresenta uma decisão interlocutória que viola o entendimento do STF, proferido em controle concentrado, quanto à vedação de antecipação de tutela contra o Estado, se envolver pagamento de subsídios. A decisão interlocutória pode ser impugnada por agravo de instrumento (CPC, art. 1.015, I). Além disso, cabe também pedido de suspensão dirigido ao Presidente do respectivo Tribunal, nos termos do art. 4º da Lei nº 8.437/92. Veja-se, por fim, o cabimento de reclamação na hipótese, com fundamento do art. 988, III, CPC, com a alteração da Lei 13.256/2016; de se observar que o instituto veio a ser regulamentado inteiramente pelo Código, com a revogação dos arts. 13 a 18 da Lei 8.038/1990 (CPC, art. 1.072). E, como estamos diante de apenas 1 recurso (agravo), não há se falar em princípio da unirrecorribilidade, de modo que possível utilizar as 3 medidas ao mesmo tempo.

Gabarito "D".

V – PROCEDIMENTOS ESPECIAIS

20. PROCEDIMENTOS ESPECIAIS PREVISTOS NO CPC

(Procurador – PGE/SP – 2024 –VUNESP) Uma escola pública estadual vem sofrendo constante perigo à sua segurança, por conta de muro que ameaça desabar, bem como poluição sonora e atmosférica, sendo tudo isso causado por uma casa de baile vizinha. Estando presentes os requisitos para propositura de ação judicial e visando a proteção do patrimônio público, tem-se que a ação correta a ser proposta é:

(A) ação de manutenção na posse.
(B) ação de esbulho possessório.
(C) ação de reintegração na posse.
(D) ação de reivindicação da propriedade.
(E) ação de dano infecto.

A: Incorreta, pois referida ação tem como escopo a obtenção de provimento judicial que mantenha o autor (possuidor) na posse do bem, quando há turbação (CPC, art. 560); **B**: Incorreta, pois não houve esbulho possessório, o que ensejaria a propositura de ação de reintegração de posse (CPC, art. 560); **C**: Incorreta, uma vez que a demanda indicada na alternativa visa restabelecer a posse do autor, como na "B"; **D**: Incorreta, visto que a ação reivindicatória é a medida que pode ser proposta pelo proprietário da coisa que não está na posse e pretende obtê-la, portando, tendo como causa de pedir a propriedade e o pedido a posse. A reivindicatória é uma ação petitória (fundada na propriedade) e tramita pelo procedimento comum; **E**: Correta. A ação de dano infecto (petitória, pois fundada na propriedade, especificamente no direito de vizinhança), tem por base o art. 1.277 e ss. do CC. Busca assegurar o proprietário ou o possuidor que estiver sob ameaça de sofrer prejuízo à segurança ou a saúde, provocado pelo uso irregular da propriedade vizinha. Gabarito "E".

(Advogado – Pref. São Roque/SP – 2020 – VUNESP) A respeito da ação monitória, pode-se corretamente afirmar:

(A) O contrato de abertura de crédito em conta-corrente, mesmo acompanhado do demonstrativo de débito, não constitui documento hábil para o ajuizamento da ação monitória.
(B) Cabe a citação por edital em ação monitória, mas não é admissível a ação monitória fundada em cheque prescrito.
(C) A reconvenção é cabível na ação monitória, após a conversão do procedimento em ordinário, bem como o oferecimento de reconvenção à reconvenção.
(D) Cabe ação monitória para haver saldo remanescente oriundo de venda extrajudicial de bem alienado fiduciariamente em garantia.
(E) Não é cabível ação monitória contra a Fazenda Pública.

A: incorreta, pois o STJ já sumulou o entendimento de que os referidos documentos são suficientes para a propositura da ação monitória – mas não de execução (Súmula 247/STJ); **B**: incorreta, porque é admissível citação por edital em ação monitória (CPC, art. 700, § 7º e Súmula 282/STJ), bem como ação monitória fundada em cheque prescrito (Súmula 299/STJ); **C**: incorreta; apesar de caber reconvenção em ação monitória, não cabe reconvenção da reconvenção (CPC, art. 702, § 6º e Súmula 292/STJ); **D**: correta (Súmula 384/STJ); **E**: incorreta, pois a lei prevê exatamente o cabimento de monitória contra a Fazenda Pública (CPC, art. 700, § 6º e Súmula 339/STJ). Gabarito "D".

(Juiz de Direito – TJ/RJ – 2019 – VUNESP) A monitória é ação de procedimento especial que apresenta contornos que a assemelham por vezes à execução e, em outras, ao processo de conhecimento.

Sobre a ação monitória, assinale a alternativa correta.

(A) É admitida a reconvenção na ação monitória sendo igualmente permitido o oferecimento de reconvenção à reconvenção.
(B) Por ser ação cabível com base em prova escrita sem eficácia de título executivo, não é possível ao réu, reconhecendo o crédito do autor e comprovando o depósito de trinta por cento do valor, exigir o parcelamento do restante em até seis vezes mensais.
(C) Cabe apelação sem efeito suspensivo automático contra a sentença que rejeita os embargos.
(D) Pelo fato de que se constitui de pleno direito o título executivo judicial, se não realizado o pagamento e não apresentados os embargos monitórios, somente é admitida a citação do réu na modalidade pessoal.
(E) O réu, para que possa opor embargos, deverá apresentar caução suficiente e idônea, arbitrada de plano pelo juiz e prestada nos próprios autos.

A: incorreta; apesar de caber reconvenção em ação monitória, não cabe reconvenção da reconvenção (CPC, art. 702, § 6º e Súmula 292/STJ); **B**: incorreta, pois o parcelamento é aplicável aos embargos monitórios (CPC, arts. 701, § 5º e 916); **C**: correta (CPC, arts. 702, § 4º e 1.012, § 1º, III); **D**: incorreta, porque na ação monitória admite-se qualquer dos meios de citação (CPC, art. 700, § 7º); **E**: incorreta, já que a oposição dos embargos monitórios independe do oferecimento de caução (CPC, art. 702). Gabarito "C".

(Procurador Municipal – Sertãozinho/SP – VUNESP – 2016) Angelo Augusto possui usufruto vitalício de uma casa e no retorno de uma viagem de férias, que durou sete meses, soube por meio de vizinhos que Argos Silva, sobrinho do proprietário, havia informado que passaria a morar na residência, pois assim teria lhe prometido o proprietário do imóvel. Em razão disso, Angelo Augusto propôs ação possessória pertinente. Porém, antes do juiz apreciar a petição, enquanto estava novamente viajando por uma semana a trabalho, Argos Silva entrou na residência, retirou os pertences do morador e nela passou a residir. Diante disso, Angelo Augusto deverá

(A) desistir da ação de interdito proibitório anteriormente proposta, ingressando com ação de manutenção de posse.
(B) propor nova ação, visando ser reintegrado na posse do imóvel, que deve ser distribuído por dependência à ação de manutenção de posse já proposta.
(C) peticionar na ação de manutenção de posse já proposta, informando o esbulho possessório e nos mesmos autos pleitear liminar de manutenção na posse, podendo cumular pedido de condenação de Argos Silva em perdas e danos.
(D) desistir da ação de manutenção de posse anteriormente proposta, ingressando com ação de reintegração de posse.
(E) noticiar os novos fatos ao juiz na ação de interdito proibitório anteriormente proposta e nos mesmos autos formular o pedido de reintegração de posse.

A questão trata da fungibilidade das possessórias. No caso específico das ações possessórias, o sistema que uma ação possa ser convertida em outra, considerando que os fatos relativos à posse são dinâmicos (CPC, art. 554). Sendo assim, inicialmente apenas havia ameaça (daí o uso do interdito proibitório), que se transformou em perda da posse (daí a conversão para reintegração de posse. Nesse contexto, a alternativa correta é a "E". Gabarito "E".

2. DIREITO PROCESSUAL CIVIL

(Procurador do Estado/SP – 2018 – VUNESP) A Fazenda Pública, citada em sede de ação monitória, deixa, propositadamente, de se manifestar, porque o valor e o tema expostos na inicial encontram pleno amparo em orientação firmada em parecer administrativo vinculante. O valor exigido nessa ação é superior a seiscentos salários-mínimos e a prova documental apresentada pelo autor é constituída por depoimentos testemunhais escritos, colhidos antes do processo, e por simples início de provas documentais que apenas sugerem, indiretamente, a existência da dívida narrada na inicial. Nesse caso, ante a certidão do cartório de que decorreu o prazo para manifestação da Fazenda, o juiz deve

(A) intimar o autor para que este indique as provas que deseja produzir, tendo em vista que os direitos tutelados pela Fazenda não estão sujeitos à revelia.

(B) intimar o autor, para que ele, mediante apresentação de planilha da dívida atualizada, dê início ao cumprimento de sentença.

(C) acolher, por sentença, o pedido do autor, ante a revelia da Fazenda.

(D) rejeitar o pedido do autor e intimar as partes dessa decisão, tendo em vista que não se admite, na monitória, prova testemunhal colhida antes do início do processo, mas apenas prova documental.

(E) intimar o autor para que ele tome ciência do início do reexame necessário.

A: Incorreta. De modo geral, a ausência de oposição de embargos monitórios pelo réu (com exceção da Fazenda Pública) acarreta, de plano, a constituição de título executivo judicial. No caso da Fazenda Pública, a ausência de manifestação induz o reexame necessário pelo Tribunal (a não ser que a situação se enquadre em uma das hipóteses de não aplicação do instituto). Em ambas as situações não haverá produção de outras provas (CPC, art. 701, §§ 2º e 4º); **B:** Correta, porque no caso em apreço não haverá reexame necessário, tendo em vista que a causa de pedir da petição inicial encontra amparo em orientação firmada em parecer administrativo vinculante (CPC, art. 496, § 4º, IV); **C:** Incorreta, porque a formação do título executivo judicial ocorre de plano, independentemente de manifestação judicial (CPC, art. 701, § 2º); **D:** Incorreta, uma vez que a produção de prova testemunhal é expressamente permitida pelo diploma processual (CPC, art. 700, § 1º); **E:** Incorreta, porque, no caso analisado, não haverá reexame necessário (CPC, art. 701, § 4º e art. 496, § 4º, IV).
Gabarito "B".

(Defensor Público/RO – 2017 – VUNESP) João e Maria, em razão da idade, são casados pelo regime de separação de bens. Pretendendo se divorciar extrajudicialmente,

(A) poderão formalizar o divórcio por escritura pública, desde que não exista bens comuns a partilhar.

(B) poderão formalizar o divórcio por escritura pública, desde que autorizados judicialmente.

(C) poderão formalizar o divórcio por escritura pública, assistidos por advogado ou defensor público.

(D) poderão formalizar o divórcio por escritura pública, que dependerá de homologação judicial.

(E) não poderão formalizar o divórcio por escritura pública, ante a vedação legal.

A: Incorreta, porque essa restrição não encontra previsão no CPC, que, inclusive, exige que a escritura pública disponha sobre eventual partilha dos bens comuns (CPC, art. 731, I e art. 733); **B:** Incorreta, pois o divórcio consensual por escritura pública independe de autorização judicial (CPC, art. 733); **C:** Correta, sendo essa a previsão legal (CPC,

art. 733, § 2º); **D:** Incorreta, tendo em vista que o divórcio extrajudicial não depende de homologação judicial (CPC, art. 733, § 1º); **E:** Incorreta, porque o CPC prevê expressamente a possibilidade de realização do divórcio consensual por escritura pública, contanto que o casal não possua filhos menores ou incapazes (CPC, art. 733).
Gabarito "C".

(Procurador – SP – VUNESP – 2015) Os embargos de terceiro devem ser opostos no processo de execução, desde que o embargante tenha conhecimento da ação

(A) a qualquer tempo, enquanto não transitada em julgado a sentença.

(B) até cinco dias depois da arrematação, adjudicação ou remição, mas sempre antes da assinatura da respectiva carta.

(C) até dez dias depois da arrematação, pois este é o ato que implica na perda da posse do bem.

(D) até dez dias da ciência de que o bem foi penhorado na execução.

(E) a qualquer tempo, caso não tenha havido nenhum ato que implique na perda da posse.

A resposta está expressa na legislação (CPC, Art. 675. Os embargos podem ser opostos a qualquer tempo no processo de conhecimento enquanto não transitada em julgado a sentença e, no cumprimento de sentença ou no processo de execução, até 5 (cinco) dias depois da adjudicação, da alienação por iniciativa particular ou da arrematação, mas sempre antes da assinatura da respectiva carta).
Gabarito "B".

21. PROCEDIMENTOS ESPECIAIS PREVISTOS EM LEGISLAÇÃO EXTRAVAGANTE

21.1 JUIZADOS ESPECIAIS

(Escrevente – TJ/SP – VUNESP – 2023) Compete ao Juizado Especial Cível

(A) realizar a conciliação e o julgamento das ações relativas ao estado e à capacidade das pessoas, desde que o valor da causa não exceda a quarenta vezes o salário-mínimo.

(B) a conciliação, o processo e o julgamento das causas cíveis de menor complexidade de interesse da Fazenda Pública, desde que, na comarca não tenha sido instalado Juizado Especial da Fazenda Pública.

(C) promover a execução dos títulos executivos extrajudiciais, no valor de até quarenta vezes o salário-mínimo relativos a microempresa, empresa de pequeno e médio porte.

(D) promover a conciliação e o julgamento das causas cíveis de menor complexidade, tal como a ação de despejo, desde que para uso próprio.

(E) processar e julgar as causas de natureza alimentar, com valor acima de quarenta vezes o salário-mínimo, desde que haja renúncia quanto ao crédito excedente.

A: Incorreta, porque o Juizado Especial Cível não é competente para processar e julgar causas relativas ao estado e capacidade de pessoas, independentemente do valor da causa (Lei 9.099/1995, art. 3º, § 2º); **B:** Incorreta, pois as causas de interesse da Fazenda Pública não são de competência do Juizado Especial Cível, mesmo que não exista unidade do Juizado Especial Federal na comarca (Lei 9.099/1995, art. 3º, § 2º); **C:** Incorreta, vez que as empresas de médio porte não podem figurar como parte no Juizado Especial Cível (Lei 9.099/1995, art. 8º, § 1º, inciso II). Admite-se apenas a proposição de ações perante o Juizado Especial

por microempreendedores individuais, microempresas e empresas de pequeno porte; **D**: Correta, por expressa previsão legal (Lei 9.099/1995, art. 3º); **E**: Incorreta, o Juizado Especial Cível não é competente para processar e julgar as causas de natureza alimentar, independentemente do valor (Lei 9.099/1995, art. 3º, § 2º).
Gabarito "D".

(Escrevente – TJ/SP – VUNESP – 2023) André propôs ação de reparação de danos materiais em face do Município de Lago Azul. Na petição inicial, André alegou que o carro oficial do Prefeito colidiu com o muro de sua casa, causando um prejuízo no valor de vinte salários-mínimos. Foi apresentada contestação e o juiz deferiu providências antecipatórias no curso do processo para evitar dano de difícil ou de incerta reparação. Por fim, a ação foi julgada procedente, condenando o Município ao pagamento no valor solicitado por André na petição inicial. O Município deixou de apresentar recurso contra a sentença. Diante da situação hipotética e considerando que o Município de Lago Azul não editou lei municipal alterando o valor das obrigações consideradas como de pequeno valor, assinale a alternativa correta.

(A) O valor deverá ser pago por meio de precatório, que poderá ser fracionado, considerando a providência antecipatória concedida pelo juiz.

(B) Caso o valor não seja pago a André no prazo máximo de 60 (sessenta) dias, o juiz imediatamente determinará o sequestro do numerário suficiente ao cumprimento da decisão, desde que após a realização de audiência com o Município de Lago Azul.

(C) Não houve o trânsito em julgado da ação uma vez que a sentença, por ter sido proferida contra o Município de Lago Azul, está sujeita ao duplo grau de jurisdição.

(D) O Município de Lago Azul deverá pagar o valor de vinte salários-mínimos no prazo máximo de 30 (trinta) dias.

(E) Se depositado o valor por meio de obrigação de pequeno valor, André poderá realizar o saque pessoalmente, em qualquer agência do banco depositário, independentemente de alvará.

A: Incorreta, pois a condenação não excede o montante definido como obrigação de pequeno valor para haver o pagamento mediante precatório (Lei 12.153/2009, art. 13, inciso II); **B**: Incorreta, vez que o sequestro de numerário, no caso de descumprimento da requisição judicial, ocorrerá de imediato, sem a designação de audiência (Lei 12.153/2009, art. 13, § 1º); **C**: Incorreta. A sentença da ação descrita no enunciado não está sujeita ao duplo grau de jurisdição, vez que a condenação do Município foi inferior a 100 salários-mínimos (CPC, art. 496, § 3º, inciso III e art. 11 da Lei 12.153/2009); **D**: Incorreta, considerando que o prazo máximo para pagamento nessa situação será de 60 dias (Lei Federal 12.153/2009, art. 13, I); **E**: Correta, sendo essa a previsão do art. 13, § 6º da Lei 12.153/2009.
Gabarito "E".

(Escrevente – TJ/SP – 2021 – VUNESP) É permitido nos Juizados Especiais Cíveis

(A) a citação por correspondência, com aviso de recebimento em mão própria, por oficial de justiça, independentemente de mandado ou carta precatória ou por edital.

(B) a propositura de ações de alimentos, desde que o valor não exceda a quarenta vezes o salário mínimo.

(C) o incidente de desconsideração da personalidade jurídica e a assistência.

(D) mandato verbal ao advogado para assinar declaração de hipossuficiência econômica.

(E) que os atos processuais sejam realizados em horário noturno, sendo que a prática de atos processuais em outras comarcas poderá ser solicitada por qualquer meio idôneo de comunicação.

A: Incorreta, pois descabe citação por edital no Juizado Especial Cível (Lei 9.099/1995, art. 18, § 2º); **B**: Incorreta, porque o Juizado Especial Cível não é competente para processar e julgar as causas de natureza alimentar, independentemente do valor (Lei 9.099/1995, art. 3º, § 2º); **C**: Incorreta, vez que no âmbito do Juizado Especial Cível não se admite qualquer forma de intervenção de terceiros (Lei 9.099/1995, art. 10) – salvo o incidente de desconsideração da PJ, com a previsão do CPC 2015 (art. 1.062); **D**: Incorreta, pois exige-se poderes especais para assinar a declaração de hipossuficiência econômica, os quais não podem ser outorgados por mandato verbal (Lei 9.099/1995, art. 9º, § 3º); **E**: Correta. Nos termos do art. 12 da Lei 9.099/1995, permite-se a realização de atos processuais em horário noturno. Além disso, estabelece o art. 13, § 2º que quando necessário, a prática de atos processuais em outras comarcar poderá ser solicitada por qualquer meio idôneo de comunicação.
Gabarito "E".

(Escrevente – TJ/SP – 2021 – VUNESP) A Empresa NTO – EPP é proprietária de um grande terreno na cidade de Andrenópolis, que tem por confinante uma praça Municipal. Passando por dificuldades financeiras, a empresa NTO decide vender o seu terreno, no entanto, quando foi verificar as medidas exatas, seus sócios perceberam que parte do terreno da empresa estava sendo utilizado como estacionamento da praça. Inconformados, decidem, em nome da empresa, propor ação demarcatória em face do Município de Andrenópolis. A ação foi proposta perante o Juizado Especial da Fazenda Pública de Andrenópolis, a certidão da propriedade e os demais documentos necessários foram juntados ao processo e foi dado à causa o valor de 50 (cinquenta salários-mínimos). O juiz recebeu a ação e, de ofício, deferiu tutela de urgência de natureza cautelar para evitar dano de difícil ou incerta reparação.

Diante da situação hipotética, assinale a alternativa correta.

(A) Haverá prazo em dobro apenas para a interposição de recursos, devendo a citação para a audiência de conciliação ser efetuada com antecedência mínima de 15 (quinze) dias.

(B) A ação não é de competência do Juizado Especial da Fazenda Pública, pois ultrapassa o valor de 40 (quarenta) salários-mínimos.

(C) A ação deve ser julgada improcedente considerando a incompetência absoluta do Juizado Especial da Fazenda Pública, uma vez que o autor é Empresa de Pequeno Porte.

(D) A ação não é de competência do Juizado Especial da Fazenda Pública, pois trata de ação de demarcação.

(E) É defeso ao juiz, nas causas propostas perante o Juizado Especial da Fazenda Pública, deferir, de ofício, providências cautelares no curso do processo.

A: Incorreta. No âmbito do Juizado Especial da Fazenda Pública (JEFP) não há prazo diferenciado para prática de atos processuais pelas pessoas de direito público, inclusive para interpor recursos. No mais, a citação para a audiência de conciliação deverá ser efetuada com antecedência mínima de 30 dias (Lei 12.153/2009, art. 7º); **B**: Incorreta, pois o JEFP é competente para processar e julgar as causas de até sessenta

2. DIREITO PROCESSUAL CIVIL

salários-mínimos (Lei 12.153/2009, art. 2º); **C:** Incorreta, vez que as empresas de pequeno porte (EPP) podem ser autores no JEFP (Lei 12.153/2009, art. 5º, I); **D:** Correta, pois se excluem da competência do JEFP as ações de divisão e demarcação (Lei 12.153/2009, art. 2º, § 1º. "Não se incluem na competência do Juizado Especial da Fazenda Pública: I – as ações (...) de divisão e demarcação") **E:** Incorreta, pois o art. 3º da Lei 12.153/2009 prevê que o juiz poderá, de ofício ou a requerimento, deferir providências cautelares ou antecipatórias no curso do processo.
Gabarito "D".

(Escrevente – TJ/SP – 2018 – VUNESP) Serão admitidos(as) a propor ação perante o Juizado Especial Cível regido pela Lei no 9.099/95:

(A) as sociedades de economia mista, por serem pessoas de direito privado.

(B) os insolventes civis, ante sua hipossuficiência devidamente comprovada.

(C) as pessoas jurídicas qualificadas como Organização da Sociedade Civil de Interesse Público.

(D) os incapazes, devidamente representados por procuração, por instrumento público.

(E) as pessoas enquadradas como microempreendedores individuais, cujo empreendedor individual tenha renunciado ao direito próprio.

A: Incorreta, porque as sociedades de economia mista não se encontram no restrito rol de pessoas jurídicas de direito privado admitidas como partes perante os Juizados Especiais Cíveis (Lei Federal n. 9.099/1995, art. 8º, § 1º); **B:** Incorreta, porque há vedação legal expressa à admissão do insolvente civil como parte perante o Juizado Especial (Lei Federal n. 9.099/1995, art. 8º); **C:** Correta, sendo esse um dos exemplos de PJ admitidas a ajuizar ação no JEC (Lei Federal n. 9.099/1995, art. 8º, § 1º, III); **D:** Incorreta, pois há vedação legal para incapaz ser parte (Lei Federal n. 9.099/1995, art. 8º); **E:** Incorreta, considerando que a lei não prevê essa condição de renúncia para ajuizamento no JEC (Lei Federal n. 9.099/1995, art. 8º, § 1º, II).
Gabarito "C".

(Escrevente – TJ/SP – 2018 – VUNESP) Diante do que prevê a Lei que regulamenta o Juizado Especial da Fazenda Pública, é correto afirmar:

(A) Os representantes judiciais dos réus presentes à audiência não poderão conciliar ou transigir.

(B) O pagamento de obrigação de pequeno valor deverá ser feito no prazo máximo de 90 dias a contar da entrega da requisição do juiz.

(C) Sendo o caso, haverá reexame necessário.

(D) Da sentença caberá apelação, não se admitindo agravo de instrumento por vedação legal.

(E) O juiz poderá, de ofício, deferir providências cautelares e antecipatórias, para evitar dano de difícil ou de incerta reparação.

A: Incorreta, porque a alternativa é exatamente o oposto à previsão da lei (Lei Federal n. 12.153/2009, art. 8º); **B:** Incorreta, considerando que o prazo máximo para pagamento nessa situação será de 60 dias (Lei Federal n. 12.153/2009, art. 13, I); **C:** Incorreta, porque as sentenças proferidas no âmbito dos Juizados Especiais da Fazenda Pública não se submetem ao reexame necessário (Lei Federal n. 12.153/2009, art. 11); **D:** Incorreta, uma vez que, no âmbito dos Juizados Especiais da Fazenda Pública, caberá recurso inominado e não apelação. No mais, seria possível a interposição de agravo de instrumento em face da decisão que conceder a tutela provisória (Lei Federal n. 12.153/2009, arts. 3º e 4º); **E:** Correta (Lei Federal n. 12.153/2009, art. 3º).
Gabarito "E".

(Juiz de Direito – TJ/MS – VUNESP – 2015) No que se refere à intervenção do advogado nos Juizados Especiais Cíveis, é correto afirmar que

(A) nas causas de valor superior a cinco vezes o salário-mínimo, a assistência de advogado é obrigatória.

(B) nas causas de valor até dez salários-mínimos, as partes comparecerão pessoalmente, podendo ser assistidas por advogado; nas de valor superior, a assistência é obrigatória.

(C) nas causas de valor até vinte salários-mínimos, as partes comparecerão pessoalmente, podendo ser assistidas por advogado; nas de valor superior, a assistência é obrigatória.

(D) não é obrigatória a assistência de advogado em qualquer hipótese, com fundamento no princípio da informalidade.

(E) não é obrigatória a assistência de advogado em qualquer hipótese, com fundamento no princípio do acesso à justiça.

Lei 9.099/1995, art. 9º Nas causas de valor até vinte salários-mínimos, as partes comparecerão pessoalmente, podendo ser assistidas por advogado; nas de valor superior, a assistência é obrigatória.
Gabarito "C".

(Juiz de Direito – TJ/MS – VUNESP – 2015) Na execução, processada nos Juizados Especiais Cíveis, não serão contadas custas, salvo quando

(A) procedentes os embargos do devedor.

(B) improcedentes os embargos do devedor.

(C) procedentes os embargos do devedor em face da Fazenda Pública.

(D) afastada a litigância de má-fé.

(E) se tratar de execução de sentença que tenha sido objeto de recurso provido do devedor.

Lie 9.099/1995, art. 55, Parágrafo único. Na execução não serão contadas custas, salvo quando: I – reconhecida a litigância de má-fé; II – improcedentes os embargos do devedor; III – tratar-se de execução de sentença que tenha sido objeto de recurso improvido do devedor.
Gabarito "B".

(Escrevente Técnico – TJ/SP – VUNESP – 2015) Quanto aos processos que tramitam perante os Juizados Especiais da Fazenda Pública, assinale a alternativa correta.

(A) No foro em que estiverem instalados, a competência é relativa.

(B) Não é possível pedido para providências cautelatórias ou antecipatórias no curso do processo.

(C) O cumprimento da sentença com trânsito em julgado, que imponha obrigação de fazer, será efetuado mediante ofício do juiz à autoridade citada para a causa, com cópia da sentença ou do acordo.

(D) A Fazenda terá prazo em quádruplo para contestar e em dobro para recorrer.

(E) Nas causas que correm perante esse Juizado, haverá reexame necessário no caso de procedência do pedido do autor.

A: incorreta, pois onde instalados, a competência será absoluta, nos termos do art. 2º, § 4º, da Lei 12.153/2009; **B:** incorreta, nos termos do art. 3º da Lei 12.153/2009; **C:** Correta, nos termos do art. 12 da Lei 12.153/2009. **D:** incorreta, nos termos do art. 7º da Lei 12.153/2009; **E:** incorreta, nos termos do art. 11 da Lei 12.153/2009.
Gabarito "C".

(Procurador do Município – São Paulo/SP – VUNESP – 2014) Assinale a alternativa correta acerca do Juizado Especial da Fazenda Pública.

(A) Não podem ser ajuizadas perante o Juizado Especial da Fazenda Pública causas cujo valor supere 40 salários mínimos.

(B) Admite-se a interposição de mandado de segurança perante o Juizado Especial da Fazenda Pública, desde que respeitado o valor limite de sua competência.

(C) Todas as sentenças estão sujeitas a reexame necessário pela Turma Recursal.

(D) No foro onde estiver instalado, sua competência é absoluta.

(E) O prazo para recorrer da sentença será contado em dobro quando o recorrente for pessoa jurídica de direito público.

A: incorreta, pois o teto do JEFP é de 60 salários mínimos (Lei 12.153/2009, art. 2º); B: incorreta. A lei expressamente veda o MS (Lei 12.153/2009, art. 2º, § 1º, I); C: incorreta, porque não há reexame necessário no JEFP (Lei 12.153/2009, art. 11); D: correta (Lei 12.153/2009, art. 2º, § 4º); E: incorreta, não há prazo diferenciado no JEFP (Lei 12.153/2009, art. 7º).
Gabarito "D".

21.2 PROCESSO COLETIVO

(Delegado – PC/BA – 2018 –VUNESP) A Lei 7.347, de 24 de julho de 1985, trata da ação civil pública de responsabilidade por danos causados ao meio-ambiente, ao consumidor, a bens e direitos de valor artístico, estético, histórico, turístico e paisagístico, dentre outros direitos difusos, disciplinando que

(A) poderá ter por objeto a condenação em dinheiro; o cumprimento de obrigação de fazer, não fazer ou dar; ou ainda a constituição ou desconstituição de ato ou negócio jurídico.

(B) na hipótese de desistência do autor, o Ministério Público assumirá a titularidade ativa, apenas se determinado pelo juiz da causa.

(C) qualquer pessoa poderá e o servidor público deverá provocar a iniciativa do Ministério Público para o seu ajuizamento, ministrando-lhe informações sobre fatos que constituam seu objeto, indicando-lhe os elementos de convicção.

(D) será cabível para veicular pretensões que envolvam tributos ou contribuições previdenciárias.

(E) o Ministério Público e a Defensoria Pública poderão instaurar, sob sua presidência, inquérito civil para apurar fatos que possam dar ensejo a sua propositura.

Para essa questão a banca foi absolutamente na linha do texto legal, como se verá. A: Incorreta, uma vez que o objeto da ACP, pelo texto legal, é a condenação em dinheiro ou ao cumprimento de obrigação de fazer/não fazer (Lei Federal n. 7.347/1985, art. 3º) – mas nada impede que outros pedidos sejam formulados; B: Incorreta, porque a assunção do polo ativo pelo MP independerá de determinação judicial, por não configurar uma faculdade do *parquet*, em observância aos princípios da indisponibilidade e da obrigatoriedade das demandas coletivas (Lei Federal n. 7.347/1985, art. 5º, § 3º); C: Correta, sendo a reprodução do texto legal (Lei Federal n. 7.347/1985, art. 6º); D: Incorreta, considerando vedação legal expressa em sentido contrário (Lei Federal n. 7.347/1985, art. 1º, parágrafo único) – ainda que, por vezes, sejam ajuizadas e processadas ACPs para discussão de questões tributárias; E: Incorreta. Segundo expressa previsão legal, apenas o MP tem competência para instaurar inquérito civil, embora a questão seja objeto de algum debate na doutrina (Lei Federal n. 7.347/1985, art. 8º, § 1º).
Gabarito "C".

(Delegado – PC/BA – 2018 – VUNESP) A ação popular, regulada pela Lei no 4.717, de 29 de junho de 1965, tem como objetivo a defesa do patrimônio público, assim entendido os bens e direitos de valor econômico, artístico, estético, histórico ou turístico. Acerca da ação popular, é correto afirmar que

(A) a prova da cidadania, para ingresso em juízo, será feita com a exibição de RG (Registro Geral de Identificação), ou com documento que a ele corresponda.

(B) é facultado a qualquer cidadão habilitar-se como litisconsorte ou assistente do autor, desde que o faça, até a citação do réu.

(C) o Ministério Público acompanhará a ação, podendo assumir a defesa do ato impugnado ou dos seus autores, se assim se convencer.

(D) as partes pagarão custas e preparo, quando da interposição de eventual recurso contra a sentença.

(E) a sentença incluirá sempre, na condenação dos réus, o pagamento, ao autor, das custas e demais despesas, judiciais e extrajudiciais, diretamente relacionadas com a ação e comprovadas, bem como o dos honorários de advogado.

A: Incorreta, porque a prova da cidadania deve ser feita por meio do título de eleitor ou de documento correspondente (Lei Federal n. 4.717/65, art. 1º, § 3º); B: Incorreta, tendo em vista que a lei não prevê a mencionada restrição temporal ao ingresso do litisconsorte ou do assistente (Lei Federal n. 4.717/65, art. 6º, § 5º); C: Incorreta, porque é expressamente vedado ao MP assumir a defesa do ato impugnado ou de seus autores (Lei Federal n. 4.717/65, art. 6º, § 4º); D: Incorreta, uma vez que as partes só deverão recolher as custas processuais e o preparo recursal ao final do processo (Lei Federal n. 4.717/65, art. 10); E: Correta, sendo essa a previsão legal (Lei Federal n. 4.717/65, art. 12).
Gabarito "E".

(Procurador do Município/São José dos Campos-SP – VUNESP – 2012) Cidadão ingressou com ação popular no domicílio em que é residente e eleitor. Ocorre que os fatos a serem apurados na ação aconteceram em outro município. Diante desse fato, assinale a alternativa correta.

(A) O autor não é parte legítima para a causa, uma vez que somente poderia indagar sobre fatos onde possui o domicílio eleitoral.

(B) O autor não é parte legítima para a causa, pois somente poderá contestar os fatos ocorridos no local em que é domiciliado.

(C) O autor não é parte legítima para a causa, porque deveria ser domiciliado e eleitor na municipalidade onde ocorreram os fatos.

(D) O autor é parte legítima para propor a demanda, porque qualquer pessoa tem legitimidade para propor essa ação.

(E) O autor é parte legítima para propor a demanda, porque basta ser eleitor para ter legitimidade para propor essa ação.

A legislação não restringe a legitimidade ao domicílio, por isso não pode o intérprete fazê-lo, nos termos da Lei 4.717/1965, art. 1º. A questão a ser apreciada nos autos será de competência, mas não de *legitimidade*.
Gabarito "E".

2. DIREITO PROCESSUAL CIVIL

(Cartório/SP – VUNESP – 2012) Nas ações coletivas previstas no Código de Defesa do Consumidor, de acordo com o art. 103 do mencionado estatuto, a sentença faz coisa julgada

(A) *erga omnes*, na hipótese de interesses ou direitos coletivos, exceto se o pedido for julgado improcedente por insuficiência de provas.

(B) *ultra partes*, na hipótese de interesses ou direitos individuais homogêneos, apenas no caso de procedência da ação.

(C) *ultra partes*, na hipótese de interesses ou direitos difusos, salvo improcedência por insuficiência de provas.

(D) *erga omnes*, na hipótese de interesses ou direitos individuais homogêneos, apenas no caso de procedência da ação, para beneficiar as vítimas e seus sucessores.

A: incorreto (arts. 81, parágrafo único, I, e 103, I, do CDC); B e C: incorretos (art. 81, parágrafo único, II, e art. 103, II, do CDC); D: correto (arts. 81, parágrafo único, III, e 103, III, do CDC).

Gabarito "D".

21.3 MANDADO DE SEGURANÇA E *HABEAS DATA*

(Juiz de Direito – TJ/RJ – 2019 – VUNESP) O mandado de segurança é instrumento que goza de dignidade constitucional, configurando-se em forma de exercício da cidadania.

Quanto ao mencionado remédio processual, segundo o entendimento sumulado pelo Supremo Tribunal Federal e pelo Superior Tribunal de Justiça, é correto afirmar que

(A) não cabe mandado de segurança contra ato praticado em licitação promovida por sociedade de economia mista, vez que ausente a figura da autoridade coatora.

(B) pelo fato de ser pressuposto para a concessão da segurança a existência de direito líquido e certo do impetrante, a controvérsia sobre matéria de direito impede seja a segurança concedida.

(C) se aplica a fungibilidade no caso de interposição de recurso extraordinário quando seria hipótese de cabimento de recurso ordinário de decisão denegatória de mandado de segurança, em virtude da existência de dúvida objetiva entre as referidas espécies recursais.

(D) não é cabível a impetração de mandado de segurança para convalidar a compensação tributária realizada pelo contribuinte.

(E) a entidade de classe não apresenta legitimação para impetrar mandado de segurança quando a pretensão veiculada interesse apenas a uma parte da respectiva categoria.

A: incorreta, pois, embora a sociedade de economia mista se sujeite ao regime jurídico de direito privado, os atos praticados em procedimento licitatório têm natureza pública e, portanto, são passíveis de controle via MS (Súmula 333/STJ: Cabe mandado de segurança contra ato praticado em licitação promovida por sociedade de economia mista ou empresa pública); B: incorreta, porque a matéria de direito independe de prova – e, portanto, nada impede que seja deferida em sede de MS que, exatamente, tem restrições para dilação probatória (No mais, vide Súmula 625/STF: Controvérsia sobre matéria de direito não impede concessão de mandado de segurança); C: incorreta, já que são hipóteses bem distintas de cabimento, sendo caso de erro grosseiro (Súmula 272/STF: Não se admite como ordinário recurso extraordinário de decisão denegatória de mandado de segurança); D: correta (Súmula 460/STJ: É incabível o mandado de segurança para convalidar a compensação tributária realizada pelo contribuinte); E: incorreta, pois a jurisprudência fixou-se no sentido inverso (Súmula 630/STF: A entidade de classe tem

legitimação para o mandado de segurança ainda quando a pretensão veiculada interesse apenas a uma parte da respectiva categoria).

Gabarito "D".

(Delegado – PC/BA – 2018 – VUNESP) A Lei no 9.507, de 12 de novembro de 1997, disciplina o rito processual do habeas data, nos seguintes termos:

(A) o seu pedido não poderá ser renovado, em caso de decisão denegatória.

(B) o seu processo terá prioridade sobre todos os atos judiciais, exceto mandado de segurança e injunção.

(C) o impetrante fará jus à gratuidade de Justiça, tendo ou não recursos financeiros para arcar com as custas e as despesas processuais.

(D) ao despachar a inicial, se o juiz verificar que não é caso de habeas data, intimará o impetrante para que adite o seu pedido, convertendo-o em mandado de segurança.

(E) quando for hipótese de sentença concessiva, o recurso de apelação interposto terá efeito devolutivo e suspensivo.

A: Incorreta, tendo em vista que o pedido poderá ser renovado, na hipótese da decisão denegatória não ter apreciado o mérito da demanda (Lei Federal n. 9.507/1997, art. 18); B: Incorreta, porque as exceções à prioridade do habeas data são: *habeas corpus* e mandado de segurança (Lei Federal n. 9.507/1997, art. 19); C: Correta, pois a lei prevê que o procedimento do *habeas data* será gratuito (Lei Federal n. 9.507/1997, art. 21); D: Incorreta, uma vez que, na situação narrada, a petição inicial seria desde logo indeferida (Lei Federal n. 9.507/1997, art. 10); E: Incorreta, porque o recurso de apelação interposto em face de sentença concessiva será recebido apenas no efeito devolutivo (Lei Federal n. 9.507/1997, art. 15, parágrafo único).

Gabarito "C".

(Delegado – PC/BA – 2018 – VUNESP) Conceder-se-á mandado de segurança para proteger direito líquido e certo, não amparado por habeas corpus ou habeas data, sempre que, ilegalmente ou com abuso de poder, qualquer pessoa física ou jurídica sofrer violação ou houver justo receio de sofrê-la por parte de autoridade, seja de que categoria for e sejam quais forem as funções que exerça. No que concerne ao procedimento do mandado de segurança individual, assinale a afirmativa correta.

(A) Concedida a segurança, a sentença estará sujeita obrigatoriamente ao duplo grau de jurisdição.

(B) É cabível a condenação do contestante ao pagamento de honorários advocatícios.

(C) O vencido pode interpor recurso de embargos infringentes, quando a decisão da apelação for tomada por maioria de votos.

(D) O ingresso de litisconsorte ativo não será admitido após a prolação da sentença.

(E) Da decisão do juiz de primeiro grau que denegar a liminar caberá agravo de instrumento, mas a que conceder será recorrível quando da apelação.

A: Correta, pois existe na lei do MS a previsão de remessa necessária (Lei Federal n. 12.016/09, art. 14, § 1º); B: Incorreta, porque não há condenação ao pagamento de honorários advocatícios em sede de MS (Lei Federal n. 12.016/09, art. 25); C: Incorreta, considerando que não é cabível a oposição de embargos infringentes em sede de MS (Lei Federal n. 12.016/09, art. 25). Vale recordar, além disso, que os embargos infringentes foram extintos no atual CPC, sendo substituídos pela técnica de ampliação do colegiado (CPC, art. 942);

D: Incorreta, porque o ingresso de litisconsorte ativo não é admitido após o despacho da petição inicial (Lei Federal n. 12.016/09, art. 10, § 2º); **E:** Incorreta. O agravo de instrumento é o recurso adequado para combater a decisão que concede ou que nega a liminar (Lei Federal n. 12.016/09, art. 7º, § 1º).

Gabarito "A".

(Defensor Público/RO – 2017 – VUNESP) Sobre o mandado de segurança, assinale a alternativa correta.

(A) Não deve ser admitida a emenda à petição inicial para corrigir equívoco na indicação da autoridade impetrada em mandado de segurança.

(B) O impetrante não pode desistir de mandado de segurança sem a anuência do impetrado, mesmo antes da sentença de mérito.

(C) É aceitável, quando for o caso, a sucessão de partes em processo de mandado de segurança.

(D) É possível a habilitação de herdeiro nos autos da execução promovida em mandado de segurança.

(E) Compete à Justiça Estadual processar e julgar qualquer mandado de segurança impetrado contra presidente de subseção da OAB.

A: Incorreta, pois, segundo entendimento do STJ, é possível a correção de indicação errônea da autoridade coatora via emeda à inicial, desde que a autoridade coatora indicada pertença à mesma pessoa jurídica de direito público (REsp 1251857/MG; AgRg no Ag 1076626/MA) – além de a emenda ser a regra procedimental (CPC, art. 321); **B:** Incorreta, tendo em vista o entendimento dos Tribunais Superiores no sentido de ser possível a desistência da ação sem a anuência do impetrado (STJ, Informativo n. 533); **C:** Incorreta, porque a jurisprudência do STJ consolidou-se no sentido de não aceitar a sucessão processual diante da natureza personalíssima do direito líquido e certo que fundamenta o pedido mandamental (STJ, REsp n. 703.594/MG); **D:** Correta, segundo entendimento jurisprudencial do STJ (STJ, ExeMS n. 786-DF); **E:** Incorreta, pois a competência será da Justiça Federal, considerando a natureza jurídica da OAB de "autarquia especial" (CF, art. 109, I e STF, RE n. 595.332-PR).

Gabarito "D".

(Magistratura/RJ – VUNESP – 2013) Em mandado de segurança, concedida a segurança ao impetrante, seja por liminar ou sentença, pode-se afirmar que

(A) não é possível a suspensão da execução da liminar ou da sentença pelo tribunal, na medida em que a decisão de primeira instância é plenamente válida e eficaz, não havendo previsão legal que permita a suspensão de sua eficácia.

(B) é possível a suspensão da execução da liminar ou da sentença pelo tribunal, mediante provocação, para evitar grave lesão à ordem econômica, à saúde, à segurança ou à economia.

(C) não é possível a suspensão da execução da liminar ou da sentença pelo tribunal, devendo-se aguardar o definitivo julgamento do recurso eventualmente interposto pela impetrada.

(D) é possível a suspensão da execução da liminar ou da sentença pelo tribunal, de ofício, desde que identifique a existência de grave lesão à ordem econômica, à saúde, à segurança ou à economia.

A: incorreta, pois a lei permite a suspensão de segurança conforme determina o art. 15 da Lei 12.016/2009; **B:** correta, conforme o art. 15 da Lei 12.016/2009; **C:** incorreta, pois a lei permite a suspensão de segurança conforme estabelece o art. 15 da Lei 12.016/2009; **D:** incorreta, pois a suspensão da segurança é medida preventiva e não repressiva, de modo que não é possível identificar a existência da grave lesão e sim a sua potencial ocorrência.

Gabarito "B".

(Ministério Público/SP – VUNESP – 2012) Quanto ao mandado de segurança, é correto afirmar:

(A) Quando a matéria de direito for controvertida não cabe mandado de segurança, pois não há direito líquido e certo.

(B) Quando o direito ameaçado ou violado couber a várias pessoas, será caso de mandado de segurança coletivo.

(C) No mandado de segurança coletivo, a sentença fará coisa julgada *erga omnes*.

(D) Não se aplica ao mandado de segurança coletivo o prazo decadencial de 120 dias.

(E) É cabível mandado de segurança coletivo para proteção de direitos individuais homogêneos.

A: incorreta (Súmula n. 625 do STF); **B:** incorreta, porque, nesse caso, poderá haver litisconsórcio entre os vários titulares, mas ainda assim o mandado de segurança será individual, porque os direitos tutelados terão natureza individual, e não coletiva; **C:** incorreta, porque "no mandado de segurança coletivo, a sentença fará coisa julgada limitadamente aos membros do grupo ou categoria substituída pelo impetrante" (art. 22 da Lei 12.016/2009); **D:** incorreta, porque o prazo também é aplicável ao mandado de segurança coletivo (art. 23 da Lei 12.016/2009); **E:** correta (art. 21, parágrafo único, II, Lei 12.016/2009).

Gabarito "E".

21.4 OUTROS PROCEDIMENTOS ESPECIAIS DE LEGISLAÇÃO EXTRAVAGANTE

(Procurador – PGE/SP – 2024 – VUNESP) A empresa X proprietária de imóvel celebra contrato de locação com o DER, autarquia estadual, que naquele local, instala sua sede. Porém, após 3 meses, o locatário DER deixa de efetuar os pagamentos mensais. A empresa X promove ação de despejo. Sobre o tema, assinale a alternativa correta.

(A) Não deve ser facultado ao DER o direito de purgar a mora.

(B) Deve ser facultado à autarquia o direito de purgar a mora.

(C) As autarquias podem ser despejadas, porém os órgãos da administração direta não podem.

(D) Apenas as pessoas jurídicas de direito privado da administração pública indireta podem ser despejadas.

(E) As autarquias não podem ser despejadas.

A: Incorreta. Conforme art. 62, II da Lei 8.245/1991, no caso de débito, o locatário tem o direito de purgar a mora para evitar a rescisão da locação; **B:** Correta, sendo essa a previsão do art. 62, II da Lei 8.245/1991. Trata-se, ainda, do oposto à alternativa acima, de maneira que se uma é errada, a outra é certa; **C:** Incorreta, pois não há previsão legal que impossibilite o despejo de autarquias ou de órgãos da administração pública direta. Existe, nos termos do art. 53 da lei de locação, uma restrição às hipóteses de despejo – mas ainda assim permitido no caso de falta de pagamento – para as seguintes entidades: "hospitais, unidades sanitárias oficiais, asilos, estabelecimentos de saúde e de ensino autorizados e fiscalizados pelo Poder Público, bem como por entidades religiosas devidamente registradas"; **D:** Incorreta, vide justificativa para alternativa "C"; **E:** Incorreta, vide justificativa à alternativa "C".

Gabarito "B".

2. DIREITO PROCESSUAL CIVIL

(Procurador – PGE/SP – 2024 – VUNESP) Acerca da ação de improbidade administrativa, segundo o posicionamento atual do STF, é possível afirmar que

(A) a Administração Pública Direta somente possui legitimidade ativa nesse tipo de ação nas hipóteses em que o Ministério Público não promover esse tipo de ação.

(B) as autarquias não têm legitimidade ativa para esse tipo de ação.

(C) a Administração Pública Direta não possui legitimidade para propor esse tipo de ação.

(D) há legitimidade ativa concorrente entre o Ministério Público e os entes públicos lesados, para ajuizar esse tipo de ação.

(E) o Ministério Público é o único legitimado a propor esse tipo de ação, e os entes públicos poderão apenas atuar na condição de assistentes.

A: Incorreta. No julgamento das ADIS 7042 e 7043, o STF fixou o entendimento de que é possível a propositura de ação de improbidade administrativa por ente público que tenha sofrido prejuízos em razão do ato praticado; **B:** Incorreta, vide justificativa para alternativa "D"; **C:** Incorreta, vide justificativa à alternativa "D"; **D:** Correta, no julgamento da ADI 7042, o STF reconheceu a legitimidade ativa concorrente, entre o Ministério Público e os entes públicos prejudicados, para propositura da ação de improbidade administrativa.
(E) Incorreta, vide justificativa para alternativa "B".
Gabarito "D".

(Juiz de Direito – TJ/RJ – 2019 – VUNESP) O instrumento processual cabível para que o locador retome legitimamente a posse do imóvel locado é a ação de despejo.

No que diz respeito à referida ação locatícia, é correto afirmar:

(A) uma vez concedida a liminar de desocupação do imóvel, em decorrência da falta de pagamento do aluguel e de estar o contrato desprovido de garantias, o locatário pode purgar a mora, desde que não tenha se utilizado desse benefício há menos de 24 meses contados da propositura da ação.

(B) o rol de hipóteses para concessão de liminar de desocupação do imóvel locado previsto na lei de locações é taxativo, não podendo o juiz se valer das disposições gerais das tutelas provisórias do Código de Processo Civil para ordenar de plano a retomada do imóvel.

(C) a concessão de liminar é possível com fundamento na lei de locações apenas quando a infração contratual alegada for a falta de pagamento dos aluguéis.

(D) por se tratar de espécies de tutela de urgência, todas as hipóteses de liminar previstas na lei de locações pressupõem a comprovação do risco de dano ao locador, sendo que, se tal requisito não restar demonstrado, deverá o juiz indeferir o pedido antecipatório.

(E) na hipótese de término da locação em decorrência de desapropriação, o autor da ação de despejo terá liminar em seu favor, desde que preste caução no valor equivalente a três meses de aluguel.

A: correta, sendo essa a previsão legal (Lei 8.245/91, arts. 59, § 3º e 62, p.u.); **B:** incorreta, pois o STJ, ainda na vigência do CPC/73, já havia fixado orientação no sentido de que o rol do art. 59, §1º, da Lei de Locações não é taxativo, podendo o magistrado se valer dos requisitos para concessão da tutela provisória para deferir a liminar (STJ, REsp 1.207.161, j. em 08/02/11); **C:** incorreta, já que o art. 59, § 1º prevê um rol – como dito não exauriente – de situações que permitem a concessão

da liminar (Lei 8.245/91, arts. 59, § 1º), e não está presente o caso de inadimplemento; **D:** incorreta, porque a demonstração do risco de dano será relevante apenas se a liminar for requerida com base nos requisitos da tutela provisória de urgência (CPC, art. 300); **E:** incorreta, visto que a ação de despejo não é medida adequada quando a locação termina em decorrência de desapropriação (Lei 8.245/91, art. 5º, p.u.).
Gabarito "A".

(Juiz de Direito – TJ/RJ – VUNESP – 2016) Considere o controle de constitucionalidade e assinale a alternativa correta.

(A) A figura do *amicus curiae* no controle concentrado de constitucionalidade perante o STF, tem natureza jurídica de intervenção de terceiro, por colaborar com questões técnico-jurídicas.

(B) Proferida decisão pelo STF, no sentido da inconstitucionalidade de lei após o trânsito em julgado de decisão exequenda, caberá ação rescisória desta, cujo prazo será contado do trânsito em julgado da decisão proferida pela Suprema Corte.

(C) O STF possui entendimento no sentido de reconhecer a desnecessidade de submissão de demanda judicial à regra da reserva de plenário, na hipótese em que a decisão judicial estiver fundada em jurisprudência do plenário do STF ou em súmula da Corte.

(D) Levando-se em conta que o recurso especial possui efeito translativo, e de que inconstitucionalidade de norma é matéria de ordem pública, é possível ao STJ o controle concentrado de constitucionalidade.

(E) Como mecanismo de seleção dos processos submetidos ao exame do STF, como instância extraordinária na interpretação final das normas constitucionais, a repercussão geral deve estar presente no controle concentrado de constitucionalidade.

A: Incorreta para a banca. Na doutrina constitucional, não se entendia o *amicus curiae* como sendo uma forma de intervenção de terceiro. O entendimento pode vir a ser superado com o atual CPC, que insere o *amicus* no âmbito das intervenções. **B:** Incorreta. Em regra, o prazo da AR é de 2 anos contados do trânsito em julgado (CPC, art. 975). Há uma exceção quando houver título executivo judicial fundado em lei declarada inconstitucional – nesse caso, e somente aí, o prazo para a AR terá início com a decisão do STF acerca da lei inconstitucional (CPC, art. 525, § 15). **C:** Correta. Na verdade, há até previsão legal nesse sentido (CPC, art. 949, parágrafo único); **D)** incorreta, o controle concentrado é exclusivo do STF, com as ações de controle concentrado (como ADI, ADO, APDF); **E:** incorreta, pois a repercussão gral é exclusiva do controle difuso, no recurso extraordinário (CPC, art. 1.035).
Gabarito "C".

(Procurador – IPSMI/SP – VUNESP – 2016) Sobre o procedimento e regras que regulamentam a ação direta de inconstitucionalidade, é correto afirmar que

(A) pode ser proposta por entidade sindical ou órgão de classe no âmbito estadual.

(B) após sua propositura, é possível que o polo ativo requeira desistência, que poderá ou não ser acolhida pelo relator.

(C) não se admitirá, pelo texto normativo, intervenção de terceiros, salvo se houver autorização por decisão irrecorrível do relator para que se manifestem órgãos ou entidades.

(D) as informações, perícias e audiências a serem realizadas eventualmente nos autos da ação em referência, devem ser feitas no prazo máximo de sessenta dias contados da solicitação do relator.

(E) nessas ações, indeferida a petição inicial, é possível o manejo do recurso de apelação.

A: incorreta, deve ser órgão de âmbito nacional (CF, art. 103, IX); **B:** incorreta, descabe a desistência (Lei 9.868/1999, art. 5º); **C:** correta, sendo essa a previsão legal (Lei 9.868/1999, art. 7º) – e fica o debate, então, quanto ao *amicus curiae* no âmbito do controle concentrado ser considerado como modalidade de intervenção de terceiro (já que o CPC assim prevê – art. 138); **D:** incorreta (Lei 9.868/1999, art. 9º, § 3º); **E:** incorreta, pois o recurso cabível de decisão monocrática de indeferimento é o agravo interno (CPC, art. 1.021).
Gabarito "C".

(Juiz de Direito – TJ/RS – 2018 – VUNESP) Quanto à arbitragem em geral, assinale a alternativa correta.

(A) Terá efeito suspensivo a apelação contra sentença que julga procedente o pedido de instituição de arbitragem.
(B) O juiz poderá conhecer de ofício sua existência para extinguir a ação.
(C) Cabe agravo de instrumento contra decisão interlocutória que rejeita a alegação de convenção de arbitragem.
(D) Tramitam em segredo de justiça todos os processos que versem sobre arbitragem.
(E) Haverá julgamento de mérito quando o juiz colher a alegação de existência de convenção de arbitragem.

A: Incorreta, porque a sentença proferida nessa hipótese produz efeitos imediatamente após sua publicação, configurando exceção ao recebimento do recurso de apelação no duplo efeito (CPC, art. 1.012, § 1º, IV); **B:** Incorreta, pois o juiz não pode conhecer de ofício da existência de convenção de arbitragem. A ausência da alegação do réu, quando do oferecimento da contestação, acarreta a renúncia à arbitragem e aceitação da jurisdição estatal (CPC, art. 337, §§ 5º e 6º); **C:** Correta (CPC, art. 1.015, III); **D:** Incorreta, tendo em vista que os processos que versam sobre arbitragem apenas tramitarão em segredo de justiça caso seja comprovada perante o juízo a confidencialidade estipulada na arbitragem (CPC, art. 189, IV); **E:** Incorreta, pois, na hipótese, não haverá resolução do mérito da demanda (CPC, art. 485, VII).
Gabarito "C".

(Juiz de Direito – TJ/RS – 2018 – VUNESP) Quanto à ação revisional de aluguel, assinale a alternativa correta.

(A) Na ação o juiz poderá homologar acordo de desocupação, que será executado mediante expedição de mandado de despejo.
(B) O aluguel fixado na sentença retroage à data do reajuste anteriormente pactuado.
(C) A sentença não poderá estabelecer periodicidade de reajustamento do aluguel diversa daquela prevista no contrato revisando.
(D) No curso da ação, o aluguel provisório não será reajustado.
(E) Em ação proposta pelo locatário, o aluguel provisório não poderá ser inferior ao aluguel vigente.

A: Correta (Lei 8.245/1991, art. 70); **B:** Incorreta, porque o valor do aluguel fixado na sentença retroage à data da citação (Lei 8.245/1991, art. 69); **C:** Incorreta, pois é possível que a sentença reconheça periodicidade de reajustamento do aluguel diversa, contanto que tenha sido requerido pelo locador ou pelo sublocador (Lei 8.245/1991, art. 69, § 1º); **D:** Incorreta, tendo em vista que, no curso da demanda, o aluguel provisório será reajustado na periodicidade pactuada ou na fixada na lei (Lei 8.245/1991, art. 68, § 2º). **E:** Incorreta, pois, no caso das ações revisionais propostas pelo locatário, o aluguel provisório não poderá ser inferior a 80% do aluguel vigente (Lei 8.245/1991, art. 68, II, "b").
Gabarito "A".

(Defensor Público/RO – 2017 – VUNESP) Sobre a purgação de mora em ação de despejo por falta de pagamento, indique a alternativa correta.

(A) A correção monetária será aplicada para apuração do valor a ser purgado, desde que prevista contratualmente.
(B) As multas ou penalidades contratuais não podem ser exigidas do fiador para o fim de purgar a mora.
(C) As despesas do processo e os honorários advocatícios não se incluem no montante a ser purgado.
(D) O benefício da justiça gratuita não se aplica quando o réu tem condições de purgar a mora.
(E) Há incompatibilidade entre a contestação e o pedido integral de emenda da mora.

A: Incorreta, porque, segundo jurisprudência pacificada no STJ, a correção monetária será exigida, ainda que não haja previsão contratual (Lei 8.245/1991, art. 62, II e STJ, REsp n. 19.649/SP); **B:** Incorreta, tendo em vista haver previsão expressa para a cobrança de multa ou penalidades (Lei 8.245/1991, art. 62, II, "b"); **C:** Incorreta, vide justificativa para a alternativa "B" (Lei 8.245/1991, art. 62, II, "d"); **D:** Incorreta, porque, segundo entendimento do STJ, o beneficiário da justiça gratuita pode escusar-se do pagamento das custas e honorários advocatícios enquanto subsistir sua condição de necessitado (Lei 8.245/1991, art. 62, II, "d" e REsp n. 80.871/RJ); **E:** Correta, pois a purgação integral da mora é incompatível com a contestação, caracterizando preclusão lógica (Lei 8.245/1991, art. 62, I e II).
Gabarito "E".

(Magistratura/SP – VUNESP – 2013) Acerca da arbitragem, é correto dizer que

(A) é nula a sentença arbitral quando o julgamento de mérito nela contido contrariar lei federal ou alterar a verdade dos fatos.
(B) a nulidade do contrato no qual se estipulou a cláusula arbitral implica, necessariamente, a nulidade da cláusula compromissória.
(C) a sentença arbitral brasileira não fica sujeita a recurso ou a homologação pelo Poder Judiciário.
(D) somente o Poder Judiciário pode decidir acerca da validade e eficácia da convenção de arbitragem e do contrato que contenha a cláusula compromissória, de sorte que, em caso de tal alegação, o Tribunal Arbitral deve submeter a questão ao juiz togado competente.

A: incorreta, pois não se trata de situação presente no rol de situações de nulidade da sentença arbitral (Lei 9.307/1996, art. 32); **B:** incorreta. A cláusula é autônoma em relação ao contrato (Lei 9.307/1996, art. 8º); **C:** correta (Lei 9.307/1996, art. 31 e CPC, 485, VII); **D:** incorreta, conforme resposta à questão anterior e com base no princípio "competência-competência", do qual decorre que compete ao próprio tribunal arbitral avaliar eventual vício da cláusula (Lei 9.307/1996, art. 20, § 1º; vide também alternativa "B").
Gabarito "C".

(Cartório/SP – VUNESP – 2012) Na ação de despejo por falta de pagamento, admite-se a concessão de medida liminar para desocupação do imóvel desde que

(A) o atraso no pagamento dos aluguéis seja superior a três meses e preste o autor caução idônea.
(B) o atraso no pagamento dos aluguéis seja superior a seis meses, preste o autor caução no valor equivalente a três meses de aluguel e esteja o contrato garantido por fiança.

(C) preste o autor caução no valor equivalente a seis meses de aluguel e esteja o contrato garantido por seguro de fiança locatícia.

(D) preste o autor caução no valor equivalente a três meses de aluguel e esteja o contrato desprovido de garantia locatícia.

A única hipótese com previsão legal é a mencionada em "D" (Art. 59, § 1º, IX, da Lei 8.245/1991).

Gabarito "D".

(Cartório/SP – VUNESP – 2012) É possível a concessão de liminar para desocupação do imóvel locado em ação de despejo que tiver por fundamento o término do prazo de locação

(A) não residencial, tendo sido proposta a ação em até 60 (sessenta) dias do termo ou do cumprimento de notificação comunicando o intento de retomada.

(B) residencial, tendo sido proposta a ação em até 60 (sessenta) dias do termo ou do cumprimento de notificação comunicando o intento de retomada.

(C) não residencial, tendo sido proposta a ação em até 30 (trinta) dias do termo ou do cumprimento de notificação comunicando o intento de retomada.

(D) residencial, tendo sido proposta a ação em até 30 (trinta) dias do termo ou do cumprimento de notificação comunicando o intento de retomada.

A única hipótese com previsão legal é a mencionada em "C" (Art. 59, § 1º, VIII, da Lei 8.245/1991).

Gabarito "C".

(Cartório/SP – VUNESP – 2012) Na ação de busca e apreensão de automóvel alienado fiduciariamente em garantia, a comprovação da mora do devedor deve se dar pela juntada com a petição inicial de

(A) notificação realizada por intermédio de Cartório de Títulos e Documentos ou de termo de protesto do título representativo da dívida, a critério do credor.

(B) notificação realizada por intermédio de Cartório de Títulos e Documentos ou, se comprovada a impossibilidade de apresentação desta, de termo de protesto do título representativo da dívida.

(C) termo de protesto do título representativo da dívida ou, se comprovada a impossibilidade de apresentação deste, de notificação realizada por intermédio de Cartório de Títulos e Documentos.

(D) notificação realizada por intermédio de Cartório de Títulos e Documentos e de termo de protesto do título representativo da dívida, cumprindo ao credor apresentar ambos os documentos.

A única hipótese com previsão legal é a mencionada em "A" (Art. 2º, § 2º, do Decreto-Lei 911/1969).

Gabarito "A".

22. TEMAS COMBINADOS

(Juiz de Direito – TJ/SP – 2023 – VUNESP) O Código de Processo Civil regula as ações possessórias. A natureza possessória da ação pressupõe a posse como fundamento (causa de pedir) e como pedido (pretensão). Assim, indique a alternativa correta sobre as ações possessórias.

(A) O procedimento especial previsto no Código de Processo Civil só tem lugar quando se tratar de ação de

força nova, ou seja, quando o esbulho ou a turbação tiver ocorrido dentro de ano e dia. Se for há mais de ano e dia, a ação de força velha deverá ser ajuizada pelo procedimento comum. Nesse caso, segundo entendimento prevalente sobre o tema, o juiz não poderá conceder a tutela provisória com base na regra geral do Código de Processo Civil.

(B) A propositura de uma ação possessória em vez de outra não impede que o juiz conheça do pedido e outorgue a proteção legal correspondente àquela cujos pressupostos estejam provados. A lei, assim, regula expressamente a fungibilidade das ações possessórias.

(C) O procedimento especial previsto no Código de Processo Civil se aplica em se tratando de ação de força nova e de ação de força velha. Assim, não importa, em qualquer caso o juiz deferirá, estando a petição devidamente instruída, sem ouvir o réu, a expedição de mandado liminar de manutenção ou reintegração, caso contrário, determinará que o autor justifique previamente o alegado, citando o réu para comparecer à audiência que for designada.

(D) Obsta, por expressa disposição na lei processual civil, à manutenção e à reintegração de posse a alegação de propriedade ou de outro direito sobre a coisa. O Código de Processo Civil não proíbe a alegação de domínio.

A: Incorreta, uma vez que, mesmo na posse velha, aplica-se o procedimento especial (como em relação à fungibilidade) – ainda que não caiba a liminar possessória (CPC, art. 558, p. único). E, ainda que não cabível a liminar possessória, cabe a liminar com base na tutela provisória de urgência, desde que presente o *fumus boni iuris* (bom argumento) e *periculum in mora* (situação de urgência), nos termos do CPC, art. 300. **B:** Correta, sendo essa a expressa previsão do art. 554 do CPC, que trata da fungibilidade das possessórias. **C:** Incorreta. O art. 558 do CPC prevê que a liminar possessória somente é cabível para a ação de força nova (proposta dentro de ano e dia da turbação ou do esbulho). Quanto à liminar da ação de força velha, vide alternativa "A". **D:** Incorreta. Conforme previsão do art. 557, p. único do CPC, a alegação de propriedade ou de outro direito sobre a coisa não obsta (não impede) a manutenção ou à reintegração de posse.

Gabarito "B".

(Juiz de Direito – TJ/SP – 2023 – VUNESP) A ação monitória pode ser proposta por aquele que afirmar, com base em prova escrita, sem eficácia de título executivo, ter direito de exigir do devedor capaz o pagamento de quantia em dinheiro, a entrega de coisa fungível ou infungível ou de bem móvel ou imóvel e o adimplemento de obrigação de fazer ou de não fazer. O Brasil adotou o procedimento monitório documental. Sobre a ação monitória, segundo a jurisprudência dominante e atual do Superior Tribunal de Justiça e a legislação processual civil em vigor, é correto afirmar:

(A) não se admite quando fundada em cheque prescrito.

(B) não se admite em face da Fazenda Pública.

(C) o réu, no prazo para embargos, desde que reconheça o crédito do autor e comprove o depósito de 30% (trinta por cento) do valor devido, poderá requerer que lhe seja permitido pagar o restante em até 06 (seis) parcelas mensais, acrescidas de correção monetária e de juros de 1% ao mês. Em outras palavras, o parcelamento autorizado na execução de título extrajudicial

86 LUIZ DELLORE

também se aplica ao procedimento monitório, no que couber.

(D) sendo evidente o direito do autor, o juiz deferirá a expedição de mandado de pagamento, de entrega de coisa ou para execução de obrigação de fazer ou não fazer, com prazo de 15 (quinze) dias para o cumprimento. Cumprindo o réu o mandado, ficará isento de custas e honorários advocatícios.

A: Incorreta, sendo que um dos casos em que se cogita da monitória é na situação de cheque prescrito – prescrição para o uso do processo executivo, destaque-se. Nesse sentido, Sumula 299 do STJ: "É admissível a ação monitória fundada em cheque prescrito". **B:** Incorreta, pois nos termos do art. 700, § 6º do CPC é admissível a ação monitória em face da Fazenda Pública. **C:** Correta. Isso porque, aplica-se à ação monitória a regra do art. 916 do CPC, que permite o parcelamento do crédito devido ao autor, depositando à vista o correspondente a trinta por cento e o restante em até seis parcelas mensais (CPC, art. 701, § 5º). **D:** Incorreta. Se o réu cumprir o mandado no prazo será isento apenas do pagamento de custas processuais, devendo, contudo, arcar com os honorários advocatícios de cinco por cento do valor atribuído à causa (CPC, art. 701, *caput* e § 1º).

Gabarito "C".

(Defensor Público/RO – 2017 – VUNESP) Quanto ao procedimento da ação de usucapião de bem imóvel, assinale a alternativa correta.

(A) É ação de jurisdição voluntária, destinada a declarar a propriedade, cuja sentença terá efeito ex tunc.

(B) Tratando-se de unidade autônoma situada em condomínio, a citação dos confinantes é dispensada.

(C) Sendo cabível usucapião extrajudicial, não será possível a propositura de ação judicial.

(D) O procedimento é especial e a sentença tem natureza constitutiva.

(E) A citação dos confinantes poderá ser feita pessoalmente ou por edital, se o caso.

A: Incorreta, porque a ação de usucapião não está inserida no capítulo do Código que trata da jurisdição voluntária, que se iniciam no art. 719 do CPC; **B:** Correta (CPC, art. 246, § 3º); **C:** Incorreta, pois o CPC expressamente possibilita a propositura de ação de usucapião na hipótese de ser rejeitado o pedido extrajudicial (CPC, art. 1.071 e Lei 6.015/73, art. 216-A, § 9º); **D:** Incorreta, considerando que (i) o CPC não prevê um procedimento especial para as ações de usucapião, e (ii) a sentença proferida na ação de usucapião tem natureza meramente declaratória (vide também STJ, REsp n. 118.360-SP). **E:** Incorreta, porque o diploma processual não prevê a possibilidade de citação dos confinantes por edital (CPC, art. 216, § 3º).

Gabarito "B".

(Procurador – IPSMI/SP – VUNESP – 2016) Minerva está há mais de 30 anos na posse de um terreno que fica na zona sul de Itaquaquecetuba. Decide então, preenchidos os requisitos para usucapir o bem, aforar a demanda competente. Nesse caso, é correto afirmar que

(A) o Ministério Público só deve atuar neste feito caso tenha interesse na área ocupada por Minerva.

(B) a ação deverá ser obrigatoriamente instruída com a certidão atualizada do imóvel a ser usucapido, sendo que quem figurar como proprietário do bem deverá obrigatoriamente ser citado por edital.

(C) a petição inicial da usucapião deverá obrigatoriamente vir instruída com a planta do imóvel e memorial descritivo, a fim de que se individualize o bem.

(D) a sentença que julgar improcedente a ação será transcrita, mediante mandado, no registro de imóveis, independentemente da satisfação das obrigações fiscais por parte de Minerva.

(E) não se faz necessária a citação das Fazendas Publicas Municipal, Estadual e da União quando estas, extrajudicialmente, manifestarem seu desinteresse no imóvel requerido por Minerva.

A: Incorreta, pois o MP deverá atuar nos casos em que a lei prevê sua participação como fiscal da ordem jurídica (CPC, art. 178); **B:** Incorreta, pois a citação por edital é excepcional, mesmo na usucapião (CPC, art. 246, § 3º e 259, I); **C:** Correta. Apesar de não existir mais o procedimento especial da ação de usucapião, essa previsão está presente no pedido extrajudicial de usucapião, de modo que também se aplica ao judicial (CPC, art. 1.071, que inseriu o art. 216-A, § 2º à Lei 6.015/1973); **D:** incorreta, pois se o pedido foi julgado improcedente, nada há a ser levado à matrícula do imóvel; **E:** Incorreta. O art. 216-A, § 3º, da Lei 6.015/1973 prevê expressamente a oitiva da Fazenda no procedimento extrajudicial, de modo que mesmo se aplica ao judicial.

Gabarito "C".

(Procurador – IPSMI/SP – VUNESP – 2016) João ingressou com ação contra a Fazenda Pública de Itaquaquecetuba, requerendo indenização por danos morais com requerimento de concessão de tutela antecipada. Diante desse quadro, é correto afirmar que

(A) o prazo para a ré contestar deverá ser contado em dobro e caso venha a sucumbir nos autos, terá prazo quadruplicado para recorrer.

(B) o pedido de antecipação de tutela formulado por João é inepto, pois pelo princípio da reserva do possível não se admite concessão de liminares contra a Fazenda Pública.

(C) gozando a Fazenda Pública de gratuidade processual presumida, caso saia vitoriosa na ação movida por João, este não poderá ser condenado ao pagamento de custas e honorários advocatícios.

(D) caso a ação promovida por João seja julgada totalmente procedente, ainda que a Fazenda Pública não recorra, para que a sentença em regra possa produzir efeitos, necessário se fará a confirmação da decisão pelo Tribunal.

(E) a citação da Fazenda Pública no presente caso deverá ser realizada primeiramente pelo correio. Caso se veja frustrada a citação, João poderá requerer que a citação seja feita por Oficial de Justiça.

A: incorreta, pois o prazo para a Fazenda se manifestar é em dobro (CPC, art. 183); **B:** incorreta, pois é pacífico que cabem liminares contra a Fazenda Pública, apesar de existirem algumas limitações legais; **C:** incorreta, pois a Fazenda não paga custas, mas paga honorários (CPC, art. 85, § 3º); dessa forma, se pessoa física for vencida, será condenada ao pagamento de custas e honorários; **D:** correta, tratando-se da remessa necessária (CPC, art. 496); **E:** incorreta, pois não há citação pelo correio contra a Fazenda (CPC, art. 247, III).

Gabarito "D".

3. DIREITO PENAL

Eduardo Dompieri

1. CONCEITO, FONTES E PRINCÍPIOS

(Juiz de Direito – TJ/RJ – 2019 – VUNESP) O princípio da insignificância, que defende a não intervenção do Direito Penal para coibir ações típicas que causem ínfima lesão ao bem jurídico tutelado é afastado pela jurisprudência do Superior Tribunal de Justiça, por sua Súmula 599, em relação aos crimes

(A) praticados contra as mulheres ou em condição de violência de gênero.
(B) contra o meio ambiente.
(C) contra a Administração Pública.
(D) contra a criança e o adolescente.
(E) de menor potencial ofensivo.

Antes de mais nada, façamos algumas considerações acerca do princípio da insignificância (ou da criminalidade de bagatela) para, depois, analisar, uma a uma, as assertivas propostas. Conforme é sabido, este postulado tem sua origem no Direito Romano, derivado do brocardo *de minimis non curat praetor*, que significa, *grosso modo*, que fatos totalmente insignificantes devem ficar fora do alcance do Direito Penal. Em outras palavras, o Direito Penal não deve atuar diante de fatos insignificantes, desprezíveis, de forma que somente se deve recorrer a esse ramo do direito em casos relevantes, isto é, não pode ser considerada típica a conduta causadora de lesão insignificante ao bem jurídico tutelado pela norma penal. De acordo com a doutrina e jurisprudência consolidadas, o postulado da insignificância atua como causa de exclusão da tipicidade material. Somente passou a ser incorporado e aplicado a partir dos estudos do jurista alemão Claus Roxin, na década de 70 do século passado, que modernizou e aperfeiçoou o postulado. Calcado em valores de política criminal e derivado do princípio da intervenção mínima, o princípio da insignificância funciona como causa excludente da tipicidade (material) do fato, constituindo-se em instrumento de interpretação restritiva do tipo penal. De acordo com a doutrina e jurisprudência hoje sedimentadas, a sua incidência está condicionada ao reconhecimento conjugado de quatro vetores, a saber: i) mínima ofensividade da conduta do agente; iii) nenhuma periculosidade social da ação; iii) reduzido grau de reprovabilidade do comportamento; iv) inexpressividade da lesão jurídica provocada. Feitas essas ponderações, passemos às alternativas. **A:** incorreta. O simples fato de a infração penal ter como vítima a mulher não elide a incidência do princípio da insignificância. O que fez a Súmula 589, do STJ, foi consolidar o entendimento segundo o qual é vedada a aplicação do princípio da insignificância no contexto das infrações penais praticadas contra a mulher no âmbito da Lei Maria da Penha; **B:** incorreta. Tanto o STF quanto o STJ acolhem a possibilidade de incidência do princípio da insignificância no contexto dos crimes ambientais. Conferir: "AÇÃO PENAL. Crime ambiental. Pescador flagrado com doze camarões e rede de pesca, em desacordo com a Portaria 84/02, do IBAMA. Art. 34, parágrafo único, II, da Lei nº 9.605/98. *Rei furtivae* de valor insignificante. Periculosidade não considerável do agente. Crime de bagatela. Caracterização. Aplicação do princípio da insignificância. Atipicidade reconhecida. Absolvição decretada. HC concedido para esse fim. Voto vencido. Verificada a objetiva insignificância jurídica do ato tido por delituoso, à luz das suas circunstâncias, deve o réu, em recurso ou *habeas corpus*, ser absolvido por atipicidade do comportamento" (STF, HC 112563, Relator: Min. RICARDO LEWANDOWSKI, Relator p/ Acór-

dão: Min. CEZAR PELUSO, Segunda Turma, julgado em 21.08.2012). No mesmo sentido, o STJ: "1. Esta Corte Superior de Justiça e o Supremo Tribunal Federal reconhecem a atipicidade material de determinadas condutas praticadas em detrimento do meio ambiente, desde que verificada a mínima ofensividade da conduta do agente, a ausência de periculosidade social da ação, o reduzido grau de reprovabilidade do comportamento e a inexpressividade da lesão jurídica provocada. Precedentes. 2. Hipótese em que os recorridos foram denunciados pela pesca em período proibido, com utilização de vara e molinete, tendo sido apreendidos com ínfima quantidade extraída da fauna aquática, de maneira que não causaram perturbação no ecossistema a ponto de reclamar a incidência do Direito Penal, sendo, portanto, imperioso o reconhecimento da atipicidade da conduta perpetrada, devendo ser ressaltado que os recorridos não possuem antecedentes criminais. 3. Recurso desprovido" (REsp 1743980/MG, Rel. Ministro Jorge Mussi, Quinta Turma, julgado em 04/09/2018, DJe 12/09/2018); **C:** correta. É fato que, para o STJ, o princípio da insignificância é inaplicável aos crimes contra a Administração Pública. Tal entendimento, inclusive, está sedimentado na Súmula 599, do próprio STJ: *o princípio da insignificância é inaplicável aos crimes contra a Administração Pública*. Mas tal regra comporta uma exceção. Refiro-me ao delito de descaminho, em relação ao qual o STJ (e também o STF) entende pela aplicabilidade do mencionado postulado, desde que o tributo sonegado não ultrapasse R$ 20.000,00. Cuidado: a insignificância, embora se aplique ao descaminho, não tem incidência no crime de contrabando. Ademais, é importante que se diga que o STF tem precedentes no sentido de reconhecer a incidência de tal princípio aos crimes contra a Administração Pública. A conferir: "Delito de peculato-furto. Apropriação, por carcereiro, de farol de milha que guarnecia motocicleta apreendida. Coisa estimada em treze reais. *Res furtiva* de valor insignificante. Periculosidade não considerável do agente. Circunstâncias relevantes. Crime de bagatela. Caracterização. Dano à probidade da administração. Irrelevância no caso. Aplicação do princípio da insignificância. Atipicidade reconhecida. Absolvição decretada. HC concedido para esse fim. Voto vencido. Verificada a objetiva insignificância jurídica do ato tido por delituoso, à luz das suas circunstâncias, deve o réu, em recurso ou *habeas corpus*, ser absolvido por atipicidade do comportamento" (HC 112388, Relator(a): Min. Ricardo Lewandowski, Relator(a) p/ acórdão: Min. Cezar Peluso, Segunda Turma, julgado em 21/08/2012, Processo Eletrônico DJe-181 Divulg 13.09.2012 Public 14.09.2012); **D:** incorreta. Dada a relevância do bem jurídico sob tutela, aos crimes praticados contra a criança e o adolescente não incide o princípio da insignificância; **E:** incorreta. Não há óbice à incidência do princípio da insignificância nas infrações penais regidas por lei especial, como é o caso das infrações de menor potencial ofensivo (Lei 9.099/1995). **ED**
Gabarito "C"

(Investigador – PC/BA – 2018 – VUNESP) Acerca dos princípios da legalidade e da anterioridade insculpidos no art. 1º do Código Penal e no art. 5º, XXXIX, da Constituição Federal, analise as alternativas a seguir e assinale a correta.

(A) Uma das funções do princípio da legalidade é permitir a criação de crimes e penas pelos usos e costumes.
(B) No Brasil, em um primeiro momento, a União Federal pode legislar sobre matéria penal. No entanto, de forma indireta e urgente, leis estaduais podem impor regras e sanções de natureza criminal.

(C) A lei penal incriminadora somente pode ser aplicada a um fato concreto desde que tenha tido origem antes da prática da conduta. Em situações temporárias e excepcionais, no entanto, admite-se a mitigação do princípio da anterioridade.

(D) Desdobramento do princípio da legalidade é o da taxatividade, que impede a edição de tipos penais genéricos e indeterminados.

A: incorreta. É que, segundo é consenso na doutrina e na jurisprudência, os usos e costumes não podem servir de fonte para a criação de crimes (e também contravenções) e suas respectivas penas. Pode, no entanto, atuar como instrumento interpretativo. Isso porque, segundo enuncia o princípio da *legalidade, estrita legalidade* ou *reserva legal* (arts. 1º do CP e 5º, XXXIX, da CF), os tipos penais só podem ser concebidos por lei em sentido estrito, ficando afastada, assim, a possibilidade de a lei penal ser criada por outras formas que não a lei em sentido formal. É também por essa razão que é excluída a possibilidade de a lei penal ser criada por meio de *medida provisória* (art. 62, § 1º, I, *b*, da CF); **B:** incorreta, já que a União é a fonte de produção do Direito Penal no Brasil. Entretanto, segundo estabelece o art. 22, parágrafo único, da CF, lei complementar Federal poderá autorizar os Estados-Membros a legislar em matéria penal sobre questões específicas, de interesse local, o que não inclui a incriminação de condutas; **C:** incorreta. A lei penal, como bem sabemos, deve ser anterior ao fato que se pretende punir. Ou seja, tal como estabelece o art. 2º, *caput*, do CP, *ninguém pode ser punido por fato que lei posterior deixa de considerar crime*. Nessa esteira, a CF, em seu art. 5º, XL, estabelece que a lei penal somente retroagirá para beneficiar o acusado. Dessa forma, a lei penal incriminadora somente terá incidência aos fatos ocorridos a partir de sua entrada em vigor. Mas há uma exceção: para beneficiar o réu. É o caso da *abolitio criminis* (art. 2º, *caput*, do CP), em que a lei posterior deixa de considerar crime determinado fato até então considerado como tal. Neste caso, o fato, embora anterior à edição da lei, será por ela regido. No que toca às leis de vigência temporária (tanto as temporárias quanto as excepcionais), estas são consideradas *ultra-ativas* e *autorrevogáveis*. Quer-se com isso dizer que tudo o que ocorrer na vigência de uma lei temporária ou excepcional será por ela regido, mesmo que não mais esteja em vigor, pois, se assim não fosse, nenhuma eficácia teria. Não se aplica às leis de vigência temporária, assim, o princípio da retroatividade benéfica; **D:** correta. De fato, tal como afirmado na proposição, o *princípio da taxatividade*, que constitui um desdobramento do postulado da legalidade, impõe ao legislador o dever de descrever as condutas típicas de maneira pormenorizada e clara, de forma a não deixar dúvidas por parte do aplicador da norma. **ED**

Gabarito "D".

(Juiz de Direito – TJM/SP – VUNESP – 2016) A respeito dos princípios penais e constitucionais penais, assinale a alternativa correta.

(A) O princípio da humanidade, previsto expressamente na Constituição Federal, proíbe a pena de morte (salvo caso de guerra declarada), mas não impede que dos presos se exijam serviços forçados.

(B) A pessoalidade da pena e a individualização da sanção penal são princípios constitucionais implícitos, já que não são enumerados expressamente na Constituição Federal, mas deduzidos das normas constitucionais nela contidas.

(C) O postulado da irretroatividade da lei penal, por expressa determinação constitucional, é excepcionado quando em causa lei penal benéfica ao réu. Isto importa que a lei penal retroage em favor do réu, desde que inexista sentença com trânsito em julgado.

(D) O princípio da intervenção mínima do direito penal desdobra-se no caráter subsidiário e fragmentário do

direito penal. O primeiro impõe que apenas lesões graves a bens jurídicos dignos de tutela penal sejam objeto do direito penal. Já o segundo impõe que só se recorra ao direito penal quando outros ramos do direito mostrarem-se insuficientes à proteção de determinado bem jurídico.

(E) O princípio da legalidade desdobra-se nos postulados da reserva legal, da taxatividade e da irretroatividade. O primeiro impossibilita o uso de analogia como fonte do direito penal; o segundo exige que as leis sejam claras, certas e precisas, a fim de restringir a discricionariedade do aplicador da lei; o último exige a atualidade da lei, impondo que seja aplicada apenas a fatos ocorridos depois de sua vigência.

A: incorreta. É verdade que a pena de morte, que, em regra, é vedada, é admitida no caso de guerra declarada, tal como estabelece o art. 5º, XLVII, *a*, da CF, mas é incorreto afirmar-se – e aqui está o erro da assertiva – que é permitido que os presos sejam submetidos a trabalhos forçados. Tal previsão está contida, de forma textual, no art. 5º, XLVII, *c*, da CF; **B:** incorreta. Trata-se de princípios previstos expressamente no texto da Constituição Federal (art. 5º, XLV e XLVI); **C:** incorreta. A retroatividade da lei penal mais benéfica não está condicionada à ausência de trânsito em julgado da sentença. Quer-se com isso dizer que a superveniência de lei penal mais favorável, ainda que tal se dê depois de a sentença condenatória passar em julgado, alcançará o reeducando, beneficiando-o. Importante que se diga que, neste caso, caberá tal análise ao juízo da execução; **D:** incorreta. É que os conceitos atribuídos, na assertiva, aos princípios da subsidiariedade e fragmentariedade estão invertidos. Preconiza o postulado da fragmentariedade que o Direito Penal deve sempre ser visto como a *ultima ratio*, isto é, somente deve ocupar-se das condutas mais graves, mais deletérias. Representa, por isso, um *fragmento*, uma pequena parcela do ordenamento jurídico. De outro lado, afirmar que o Direito Penal tem *caráter subsidiário* significa dizer que ele somente terá lugar na hipótese de outros ramos do direito se revelarem ineficazes no controle de conflitos gerados no meio social; **E:** correta. O princípio da *reserva legal*, estampado no art. 5º, XXXIX, da CF, bem como no art. 1º do CP, preconiza que os tipos penais só podem ser criados por lei em sentido formal. É vedado, pois, ao legislador fazer uso de outras formas legislativas para conceber tipos penais bem como lançar mão da analogia como fonte do direito penal; o princípio da taxatividade, tal como se afirma, impõe ao legislador o dever de descrever as condutas típicas de maneira pormenorizada e clara, de forma a não deixar dúvidas por parte do aplicador da norma; por fim, temos que o princípio da irretroatividade enuncia que a lei penal será aplicada, em regra, aos fatos ocorridos sob a sua égide. **ED**

Gabarito "E".

(Juiz de Direito – TJ/MS – VUNESP – 2015) Assinale a alternativa correta.

(A) Norma penal em branco é aquela cujo preceito secundário do tipo penal é estabelecido por outra norma legal, regulamentar ou administrativa.

(B) A teoria da imputação objetiva consiste em destacar o resultado naturalístico como objeto do bem jurídico penalmente tutelado.

(C) Da Constituição Federal de 1988 pode-se extrair a garantia à sociedade pela aplicação do princípio da não fragmentariedade, consistente na proteção de todos os bens jurídicos e proteção dos interesses jurídicos.

(D) O Código Penal Brasileiro adotou a teoria do resultado para aferição do tempo do crime, conforme se depreende do art. 4º do mencionado Código.

(E) A tipicidade conglobante é um corretivo da tipicidade legal, posto que pode excluir do âmbito do típico aquelas condutas que apenas aparentemente estão proibidas.

A: incorreta. *Norma penal em branco* é aquela cujo preceito primário (e não o secundário!), porque incompleto, necessita ser integralizado por outra norma, do mesmo nível ou de nível diferente. Classifica-se em *norma penal em branco heterogênea* (em sentido estrito), assim considerada aquela em que o complemento deve ser extraído de uma norma infralegal. É o caso do delito de tráfico de drogas. Neste caso, o conceito de droga deve ser buscado em uma portaria da Anvisa. De outro lado, *norma penal em branco em sentido lato* ou *amplo* (ou *homogênea*) é aquela em que a norma complementar consiste numa *lei* (mesma fonte legislativa da norma que há de ser complementada). Vale o registro de que, na chamada lei penal em branco inversa ou ao avesso, o preceito primário é completo, mas o secundário, não, exigindo que a sua integralização seja feita por meio de uma lei. Neste caso, não há possibilidade de complementação por meio de norma infralegal, sob pena de violação ao princípio da reserva legal; **B:** incorreta. Em apertada síntese, para a chamada *teoria da imputação objetiva*, criada por Claus Roxin na década de 1970, o resultado somente poderá ser objetivamente imputado ao agente se este tiver criado um risco proibido e que este tenha se materializado no resultado típico; **C:** incorreta. Ao contrário do que se afirma, pode-se extrair da CF/1988 a garantia conferida à sociedade da aplicação do princípio da fragmentariedade, segundo o qual a proteção proporcionada aos bens jurídicos pelo direito penal deve ter caráter residual, fragmentário, ou seja, nem todas as condutas tidas por nocivas devem ser objeto do direito penal, mas somente uma parcela delas (um fragmento). É que o direito penal é a última etapa de proteção conferida ao bem jurídico, dada a sua severidade; se há outros mecanismos de controle menos traumáticos, deve-se deles lançar mão; agora, se se revelarem ineficazes e incapazes de promover a pacificação almejada, aí sim, pode-se cogitar do derradeiro recurso, que é direito penal; **D:** incorreta. Quanto ao *tempo do crime*, o art. 4º do CP acolheu a *teoria da ação* ou *da atividade*, segundo a qual considera-se praticado o crime no momento da ação ou omissão, ainda que outro seja o do resultado; **E:** correta. Pela *teoria da tipicidade conglobante*, concebida por Eugenio Raúl Zaffaroni, a tipicidade penal deve ser avaliada de forma conglobada, ou seja, deve ser cotejada com o ordenamento jurídico como um todo. Para esta teoria, é insuficiente a violação da lei penal. É ainda necessária a ofensa a todo o ordenamento jurídico (antinormatividade). ED

Gabarito "E".

(Delegado/SP – VUNESP – 2014) Assinale a alternativa que apresenta o princípio que deve ser atribuído a Claus Roxin, defensor da tese de que a tipicidade penal exige uma ofensa de gravidade aos bens jurídicos protegidos.

(A) Insignificância.

(B) Intervenção mínima.

(C) Fragmentariedade.

(D) Adequação social.

(E) Humanidade.

A: correta. De fato, Claus Roxin, eminente doutrinador alemão, em 1964, abeberando-se nos ensinamentos do Direito Romano, desenvolveu a tese de que a tipicidade penal exige ofensa significativa aos bens jurídicos **tutelados** pelas normas penais incriminadoras. Em outras palavras, as lesões ínfimas aos referidos bens jurídicos, sem qualquer expressividade, serão materialmente atípicas, adotando-se, aqui, o princípio da insignificância; **B, C, D e E:** incorretas, pois, como visto no comentário antecedente, não se atribui a Claus Roxin o princípio da intervenção mínima, fragmentariedade, adequação social e humanidade, mas, sim, o da insignificância.

Gabarito "A".

2. APLICAÇÃO DA LEI NO TEMPO

(Investigador – PC/BA – 2018 – VUNESP) Assinale a alternativa que indica a teoria adotada pela legislação quanto ao tempo do crime.

(A) Retroatividade.

(B) Atividade.

(C) Territorialidade.

(D) Ubiquidade.

(E) Extraterritorialidade.

No que se refere ao *tempo do crime*, o Código Penal, em seu art. 4º, adotou a *teoria da ação* ou *da atividade*, segundo a qual se reputa praticado o delito no momento da ação ou omissão, ainda que outro seja o momento do resultado. ED

Gabarito "B".

(Escrevente Técnico – TJM/SP – VUNESP – 2017) Nos termos previstos no Código Penal, é correto afirmar que

(A) se considera praticado o crime no momento do resultado.

(B) a lei posterior, que de qualquer modo favorecer o agente, aplica-se aos fatos anteriores, salvo se decididos por sentença condenatória transitada em julgado.

(C) o dia do começo deve ser excluído no cômputo do prazo. Contam-se os dias, os meses e os anos pelo calendário comum.

(D) o funcionário público que se apropria, por negligência, de dinheiro, valor ou qualquer outro bem móvel, público ou particular, de que tem a posse em razão do cargo, ou o desvia, em proveito próprio, comete o crime de peculato-culposo.

(E) exigir, para outrem, indiretamente, fora da função mas em razão dela, vantagem indevida caracteriza o crime de concussão.

A: incorreta. No que diz respeito ao *tempo do crime*, reputa-se praticada a infração penal no momento da ação ou omissão, ainda que outro seja o do resultado. É a chamada *teoria da ação* ou *atividade*, presente no art. 4º do CP; **B:** incorreta. A lei posterior, que de qualquer modo favorecer o agente, deverá retroagir e ser aplicada aos fatos anteriores, ainda que já decididos por sentença condenatória com trânsito em julgado; **C:** incorreta. Isso porque, segundo estabelece o art. 10 do CP, na contagem do prazo penal, deve ser incluído, sim, o dia do começo. A segunda parte da proposição, em que se afirma que os dias, os meses e os anos contam-se pelo calendário comum, está correta; **D:** incorreta. O peculato culposo, modalidade prevista no art. 312, § 2º, do CP, pressupõe que o funcionário público concorra, de forma culposa, para o delito de terceiro, que pode ou não ser funcionário público e age sempre de forma dolosa, praticando crimes como, por exemplo, furto, peculato, apropriação indébita etc. A conduta descrita na alternativa corresponde ao peculato próprio, que é doloso e está previsto no art. 312, *caput*, do CP; **E:** correta. Crime previsto no art. 316, *caput*, do CP. ED

Gabarito "E".

(Procurador Municipal – Sertãozinho/SP – VUNESP – 2016) Rosa Margarida, apaixonada por Carlos Flores, imaginando que se os dois convivessem por alguns dias, ele poderia se apaixonar, resolveu sequestrá-lo. Sendo assim, o privou da sua liberdade e o levou para sua casa. Enquanto Carlos era mantido em cativeiro por Rosa, nova lei entrou em vigor, agravando a pena do crime de sequestro. Sobre a possibilidade de aplicação da nova lei, mais severa, ao caso exposto, assinale a alternativa correta.

(A) Não se aplica, tendo em vista a irretroatividade da lei penal mais severa.

(B) É aplicável, pois entrou em vigor antes de cessar a permanência.

(C) Não se aplica, tendo em vista o princípio da prevalência do interesse do réu.

(D) É aplicável, pois se trata de crime material e nesses casos deve ser aplicada a teoria da ubiquidade.

(E) Não se aplica, pois de acordo com a teoria da atividade, a lei a ser aplicada deve ser aquela em vigor no momento do crime.

Sendo o *sequestro e cárcere privado* – art. 148, CP crime permanente, em que a consumação se prolonga no tempo por vontade do agente, a sucessão de leis penais no tempo enseja a aplicação da lei vigente enquanto não cessado o comportamento ilícito, ainda que se trate de lei mais gravosa. É esse o entendimento firmado na Súmula 711 do STF: "A lei penal mais grave aplica-se ao crime continuado ou ao crime permanente, se a sua vigência é anterior à cessação da continuidade ou permanência".

Gabarito "B".

(Procurador – SP – VUNESP – 2015) De acordo com a teoria da aplicação da lei penal, pode-se afirmar:

(A) A lei penal, em razão das suas consequências, não retroage.

(B) A analogia, uma das fontes do direito, é vetada, no direito penal, em razão do princípio da legalidade.

(C) Considera-se o crime praticado no momento do resultado, e não da ação ou omissão (artigo 4º, CP).

(D) Considera-se o crime praticado no lugar em que ocorreu a ação ou omissão, bem como onde se produziu ou deveria produzir-se o resultado.

(E) No Brasil, os efeitos da lei penal não podem ultrapassar seus limites territoriais para regular fatos ocorridos além da sua soberania.

A: incorreta. A lei penal, é verdade, não retroage. Isso porque os fatos ocorridos sob a égide de determinada lei devem por ela ser regidos. Sucede que essa regra comporta exceção. Refiro-me à hipótese em que a lei nova é mais favorável ao agente do que aquela em vigor ao tempo em que a conduta foi praticada, seja porque deixou de considerar determinada conduta como infração penal (*abolitio criminis*), seja porque, de qualquer outra forma, revelou-se mais benéfica do que a lei anterior. Neste caso, embora o fato tenha se dado sob o império de determinada lei, certo é que o advento de lei nova mais favorável fará com que esta retroaja e atinja fatos ocorridos antes de ela (lei nova mais benéfica) entrar em vigor. Tal fenômeno, que constitui garantia de índole constitucional, se denomina retroatividade da lei penal mais benéfica e está contido no art. 2º, *caput* e parágrafo único, do CP e art. 5º, XL, da CF; **B:** incorreta. A analogia não é vedada de forma absoluta em matéria penal. Isso porque ela terá lugar se benéfica for ao réu. É a chamada analogia *in bonam partem*; **C:** incorreta, já que, no que se refere ao *tempo do crime*, o Código Penal, em seu art. 4º, adotou a *teoria da ação* ou *da atividade*, segundo a qual se reputa praticado o crime no momento da ação ou omissão, ainda que outro seja o momento do resultado; **D:** correta, dado que, quanto ao *lugar do crime*, o Código Penal, em seu art. 6º, acolheu, de fato, a teoria mista ou da ubiquidade, pois é considerado lugar do crime tanto o local em que foi praticada a conduta quanto aquele no qual o resultado foi ou deveria ser produzido; **E:** incorreta. Como bem sabemos, a lei penal brasileira será aplicada aos fatos praticados em território nacional (art. 5º, CP). Destarte, o Brasil adotou, como regra, o princípio da territorialidade, que, no entanto, comporta exceções, essas elencadas no art. 7º do CP, que estabelecem situações em que a lei brasileira é aplicada a crimes ocorridos no estrangeiro. ED

Gabarito "D".

3. CONCEITO E CLASSIFICAÇÃO DOS CRIMES

(Juiz de Direito – TJ/MS – VUNESP – 2015) Assinale a alternativa correta a respeito do entendimento do crime.

(A) O crime consunto é o delito que absorve o de menor gravidade.

(B) O crime comissivo por omissão é aquele em que o sujeito, por omissão, permite a produção de um resultado posterior que lhe é condicionante.

(C) É admissível a forma tentada no crime unissubsistente.

(D) Crime de ação múltipla é aquele em que o sujeito necessita percorrer várias ações do preceito fundamental para que consiga chegar ao resultado, sem a qual não há como se subsumir a conduta ao delito.

(E) Crime vago é aquele em que a ação do agente causa dúvida sobre a tipificação do fato ao delito realizado.

A: incorreta. No contexto da regra da consunção, que constitui um dos mecanismos de solução do conflito aparente de normas, *consunto* é o delito absorvido (e não o que absorve) por outro de maior gravidade (consuntivo); **B:** correta. A responsabilidade do agente, no chamado *crime comissivo por omissão* ou *omissivo impróprio (omissivo impuro)*, surge porque este deixou de evitar o resultado que podia ou devia ter evitado. Sua obrigação está consubstanciada no art. 13, § 2º, do CP. É crime material, cuja produção do resultado é necessária (condicionante) à consumação desta modalidade de crime omissivo. É o caso da mãe que propositadamente deixa de amamentar seu filho, que, em razão disso, vem a morrer. A configuração do crime de homicídio doloso, pela mãe, está condicionada ao resultado *morte*; **C:** incorreta. O crime *unissubsistente*, assim entendido aquele cuja conduta se desenvolve em ato único, não comporta a modalidade tentada, já que o comportamento do agente não é passível de fracionamento; **D:** incorreta. Crime de ação múltipla ou de conteúdo variado é aquele em que o tipo penal contempla várias condutas (vários verbos), sendo que a realização de uma delas já é o que basta para a consumação do crime. Assim, se o agente, no mesmo contexto fático, realiza mais de uma conduta descrita no tipo, responderá por crime único. Exemplo sempre lembrado pela doutrina é o tráfico de drogas, em que o legislador previu diversos verbos. Para a prática do crime, basta que o agente incorra em um deles. Outro exemplo é o delito de participação em suicídio ou em automutilação (art. 122, CP), cujo preceito primário na norma contempla três verbos nucleares: induzir, instigar e auxiliar; **E:** incorreta. Vago é o crime cujo sujeito passivo é desprovido de personalidade jurídica. É o que se dá nos crimes de violação de sepultura (art. 210, CP) e aborto consentido (art. 124, CP), nos quais a vítima é ente destituído de personalidade jurídica. ED

Gabarito "B".

4. FATO TÍPICO E TIPO PENAL

(Juiz de Direito – TJ/RJ – 2019 – VUNESP) João ministra veneno a Maria, em dose apta a causar-lhe a morte, pois ela iria informar à autoridade policial que João havia mantido relação sexual incestuosa e consentida com a filha dele, de 16 anos. Antes que o resultado se efetive, João socorre Maria, levando-a a um pronto-socorro. Lá, o médico de plantão deixa de atender Maria, sob a única razão de estar almoçando. Maria, que seria salva caso o médico interviesse, morre.

Diante desse cenário, que admite múltiplas qualificações jurídicas, assinale a alternativa que melhor se adeque à espécie.

(A) João cometeu homicídio; o médico cometeu lesão corporal seguida de morte.

(B) João cometeu homicídio qualificado; o médico cometeu omissão de socorro com pena triplicada pelo resultado morte.

(C) João será beneficiado pelo arrependimento posterior e não sofrerá qualquer reprimenda penal; o médico cometeu homicídio culposo, na modalidade negligência.

(D) João cometeu lesão corporal seguida de morte; o médico cometeu omissão de socorro em concurso com homicídio culposo, na modalidade negligência.

(E) João cometeu homicídio duplamente qualificado; o médico cometeu omissão de socorro, com a pena duplicada pelo resultado morte.

Pelo enunciado proposto, João, depois de ministrar veneno a Maria, imbuído do propósito de matá-la, arrepende-se do que acabara de fazer e, de forma voluntária, socorre a vítima ao pronto-socorro, onde ela vem a falecer por falta de atendimento, uma vez que o médico que ali se encontrava de plantão, ao argumento de que estava almoçando, negara socorro. O arrependimento posterior deve, de plano, ser afastado, eliminando-se a alternativa "C". Isso porque, segundo enuncia o art. 16 do CP, é pressuposto do arrependimento posterior que o agente repare o dano ou restitua a coisa até o recebimento da denúncia, o que, à evidência, não é possível ocorrer em se tratando de crime contra a vida consumado (homicídio). Além disso, exige-se, à configuração da causa de diminuição de pena do art. 16 do CP, que o crime não tenha sido praticado mediante violência ou grave ameaça. Também é importante que se diga que tanto o arrependimento eficaz quanto a desistência voluntária (art. 15 do CP) somente têm lugar na hipótese de o resultado visado pelo agente não ser implementado. No caso narrado no enunciado, para o reconhecimento dos institutos previstos no art. 15 do CP, de rigor que Maria não tivesse morrido. Considerando que ela morreu, ainda que João tenha se arrependido e a socorrido ao hospital, ele será responsabilizado por homicídio doloso. Perceba que, na desistência voluntária, como o próprio nome sugere, o sujeito ativo, ainda dispondo de meios para alcançar o resultado, resolve, por ato voluntário, interromper a execução do delito (conduta negativa); no arrependimento eficaz, diferentemente, ele faz tudo o que pretendia para atingir o resultado, que não é alcançado porque ele (agente) agiu (conduta positiva) para evitá-lo. Quero, com isso, que fique bem clara a diferença entre a desistência voluntária e o arrependimento eficaz, tema sempre presente em provas de concursos públicos em geral. No caso narrado no enunciado, se a vítima não tivesse morrido, seria o caso de reconhecer o arrependimento eficaz, respondendo João somente pelos atos realizados, na medida em que praticou na íntegra todos os atos necessários para atingir a consumação. Dessa forma, ficam excluídos a desistência voluntária, o arrependimento eficaz e o arrependimento posterior. Até aqui, temos que João cometeu contra Maria o crime de homicídio doloso qualificado pelo emprego de veneno (art. 121, § 2º, III, do CP). A grande celeuma que aqui pode surgir refere-se à conduta do médico, que, conforme relatado no enunciado, negou atendimento a Maria, sob a justificativa de que estaria almoçando. Ao apontar como correta a assertiva "B", a organizadora considerou que o médico incorreu no crime de omissão de socorro, com pena triplicada pelo resultado morte. Embora se trate de uma solução plausível, não representa, a nosso ver, a melhor tipificação da conduta do médico. Pensamos que este deve ser responsabilizado por crime omissivo impróprio (homicídio doloso). Com efeito, ao negar atendimento a pessoa que, em situação de risco de vida, dele necessitava, o médico, na condição de garante, deve ser responsabilizado pelo crime de homicídio doloso, já que sua omissão, que foi proposital, corresponde a uma ação, nos termos do art. 13, § 2º, CP. 🔲
Gabarito "B".

(Delegado – PC/BA – 2018 – VUNESP) Tendo em conta a teoria geral do crime, assinale a alternativa correta.

(A) Os partidários da teoria tripartida do delito consideram a culpabilidade como pressuposto da pena e não elemento do crime.

(B) Os partidários da teoria tripartida do delito consideram elementos do crime a tipicidade, a antijuricidade e a punibilidade.

(C) A tipicidade, elemento do crime, na concepção material, esgota-se na subsunção da conduta ao tipo penal.

(D) O dolo, na escola clássica, deixou de ser elemento integrante da culpabilidade, deslocando-se para a conduta, já que ação e intenção são indissociáveis.

(E) Os partidários da teoria funcionalista da culpabilidade entendem que a culpabilidade é limitada pela finalidade preventiva da pena; constatada a desnecessidade da pena, o agente não será punido.

A: incorreta. Ao contrário do que se afirma na alternativa, para os adeptos da teoria *tripartida*, a culpabilidade constitui um dos elementos do crime, ao lado do fato típico e da ilicitude; já para a teoria *bipartida*, a culpabilidade deve ser entendida como pressuposto para a aplicação da pena, ao passo que o fato típico e a ilicitude constituem os elementos do crime, na sua acepção analógica. Para esta última teoria, a culpabilidade deve ser excluída da composição do crime; **B:** incorreta, pois, como acima dito, os partidários da teoria tripartida do delito consideram elementos do crime o fato típico, a antijuridicidade (ilicitude) e a culpabilidade; **C:** incorreta, já que o critério material ou substancial diz respeito à intensidade do mal produzido aos interesses considerados dignos de tutela penal. A tipicidade, assim entendida como o enquadramento da conduta à norma penal descrita em abstrato (subsunção da conduta ao tipo penal), constitui um dos elementos do fato típico, a ser analisado no contexto do critério analítico do crime, que se funda nos elementos que compõem a estrutura do delito; **D:** incorreta. O fenômeno descrito na assertiva (deslocamento do dolo – e também da culpa – da culpabilidade para a conduta) deu-se a partir da adoção da teoria finalista, que é a teoria atualmente adotada em substituição à teoria clássica, para a qual o dolo e a culpa residiam na culpabilidade; **E:** correta. Para a teoria funcional ou funcionalista da culpabilidade, que tem como expoente Gunther Jakobs, a culpabilidade calcada em um juízo de reprovabilidade deve dar lugar à análise das reais necessidades de prevenção. Com isso, deve-se questionar ao analisar a culpabilidade, se, em atenção às finalidades da pena, deve ou não o agente ser responsabilizado por seus atos. 🔲
Gabarito "E".

(Defensor Público/RO – 2017 – VUNESP) Doutrinadores nacionais admitem que a reforma de 1984 da Parte Geral do Código Penal, especialmente no que concerne ao "conceito de crime", aderiu ao "finalismo". Quem é considerado o criador de tal sistema jurídicopenal?

(A) Hans Welzel.

(B) Claus Roxin.

(C) Von Liszt.

(D) Günther Jakobs.

(E) Cesare Beccaria.

A teoria finalista, incorporada ao direito pátrio com a reforma a que foi submetida a Parte Geral do Código Penal, de 1984, foi concebida por Hans Welzel no início da década de 30 do século passado. Em resumo, segundo esta teoria, não se pode apartar a ação da vontade do agente. Conduta, assim, deve ser entendida como o comportamento humano, voluntário e consciente, voltado a uma finalidade. Daí a denominação teoria *finalista*. A partir dessa nova concepção, o dolo e a culpa, até então inseridos no campo da culpabilidade, passaram a integrar a conduta, que constitui o primeiro elemento do fato típico. Dessa forma, se não há dolo nem culpa, não há conduta; se não há conduta, não há fato típico; se não há fato típico, logo não haverá crime. O dolo, com isso, ganhou novos contornos, deixando de ser normativo para ser natural, isto é, deixou de conter a consciência da ilicitude. O dolo, para a teoria finalista, destarte, passou a contar com os seguintes elementos: consciência da conduta, do resultado e do nexo causal e vontade de realizar a conduta e gerar o resultado. **ED**

Gabarito "A".

(Juiz de Direito – TJM/SP – VUNESP – 2016) A respeito da omissão própria e da omissão imprópria (também denominada crime comissivo por omissão), é correto afirmar que

(A) um dos critérios apontados pela doutrina para diferenciar a omissão própria da omissão imprópria é o tipológico, segundo o qual, havendo norma expressa criminalizando a omissão, estar-se-ia diante de uma omissão imprópria.

(B) nos termos do Código Penal, possui posição de garantidor e, portanto, o dever de impedir o resultado, apenas quem, por lei, tem a obrigação de cuidado, proteção ou vigilância.

(C) a ingerência, denominação dada à posição de garantidor decorrente de um comportamento anterior que gera risco de resultado, não está positivada no ordenamento brasileiro, tratando-se de uma construção dogmática.

(D) o crime praticado por omissão, segundo o Código Penal, é apenado de forma atenuada ao crime praticado por ação.

(E) segundo o Código Penal, a omissão imprópria somente terá relevância penal se, além do dever de impedir o resultado, o omitente tiver possibilidade de evitá-lo.

A: incorreta. É fato que um dos critérios adotados pela doutrina para diferenciar a chamada omissão própria da imprópria é o *tipológico*. Mas, ao contrário do que se afirma, somente a omissão própria está albergada em tipos penais específicos, já que o legislador, neste caso, cuidou de descrever no que consiste a omissão. É o caso do crime de omissão de socorro (art. 135, CP). Esta modalidade de crime se perfaz pela mera abstenção do agente, independente de qualquer resultado posterior. Já o *crime omissivo impróprio* (*comissivo por omissão* ou *impuro*), *grosso modo*, é aquele em que o sujeito ativo, por uma omissão inicial, gera um resultado posterior, que ele tinha o dever de evitar (art. 13, § 2º, do CP). Os chamados crimes comissivos, que pressupõem uma conduta positiva, encerram normas proibitivas dirigidas, na maioria das vezes, à população em geral. A existência do crime comissivo por omissão pressupõe a conjugação de duas normas: uma norma proibitiva, que encerra um tipo penal comissivo e a todos é dirigido, e uma norma mandamental, que é endereçada a determinadas pessoas sobre as quais recai o dever de agir. Assim, a título de exemplo, a violação à regra contida no art. 121 do CP (não matar) pressupõe, via de regra, uma conduta positiva (um agir, um fazer); agora, a depender da qualidade do sujeito ativo (art. 13, § 2º), essa mesma norma pode ser violada por meio de uma omissão, o que se dá quando o agente, por força do que dispõe o art. 13, § 2º, do CP, tem o dever de agir para evitar o resultado. Perceba, dessa forma, que a conduta omissiva imprópria, diferentemente da própria, não está descrita em tipos penais específicos. A tipicidade decorre da conjugação do art. 13, § 2º, do CP com um tipo penal comissivo. Exemplo sempre lembrado pela doutrina é o da mãe que propositadamente deixa de amamentar seu filho, que, em razão disso, vem a morrer. Será ela responsabilizada por homicídio doloso, na medida em que seu dever de agir está contemplado na regra inserta no art. 13, § 2º, do CP. No mais, esta modalidade de crime omissivo não deve ser confundida com o *crime omissivo próprio* ou *puro*. Neste, o tipo penal cuidou de descrever a omissão. É o caso do crime de omissão de socorro (art. 135, CP). Esta modalidade de crime se perfaz pela mera abstenção do agente, independente de qualquer resultado posterior; **B:** incorreta, na medida em que, nos termos do Código Penal (art. 13, § 2º, *b*), a posição de garantidor também é conferida àquele que, embora não tenha a sua obrigação estabelecida em lei, de outra

forma assumiu a responsabilidade de impedir o resultado. É o caso do salva-vidas que zela pela segurança dos banhistas. A sua obrigação, perceba, não decorre de lei, tal como os pais em relação aos filhos bem assim os tutores em relação aos tutelados, mas de uma situação fática. Outro exemplo é o do vigilante que é contratado por moradores de determinada região para prestar serviços de segurança. Ele não poderá, por força de contrato, omitir-se diante de uma situação de crime contra o patrimônio das pessoas que o contrataram; **C:** incorreta, uma vez que a ingerência está prevista no art. 13, § 2º, c, do CP; **D:** incorreta: previsão não contemplada no Código Penal; **E:** correta. De fato, tal como acima se afirma, não basta que sobre o omitente recaia o dever de impedir o resultado, sendo ainda necessário que, no caso concreto, ele tenha a possibilidade de evitá-lo.

Gabarito "E".

5. ERRO DE TIPO, DE PROIBIÇÃO E DEMAIS ERROS

(Juiz de Direito – TJ/RJ – VUNESP – 2016) Assinale a alternativa que contém a assertiva correta no que diz respeito aos dispositivos relativos ao erro previstos no Código Penal.

(A) Augustus, agride e provoca lesão corporal em Cassius, pois este segurava o pescoço de Maximus. Imaginava Augustus estar protegendo Maximus mas, por erro decorrente de sua imprudência, não percebeu que tudo se tratava de uma brincadeira. Neste caso, na responsabilização penal pelo crime de lesão corporal, Augustus deverá ter sua pena diminuída de um sexto a um terço.

(B) Magnus, policial, adultera, sem autorização legal, sinal identificador de um veículo automotor a fim de que seja utilizado em investigação criminal, pois imagina, por erro evitável, que nesta hipótese sua conduta seria lícita. Na responsabilização penal pelo crime de "adulteração de sinal identificador de veículo automotor", Magnus deverá ter sua pena diminuída de um sexto a um terço.

(C) Magnus, policial, adultera, sem autorização legal, sinal identificador de um veículo automotor a fim de que seja utilizado em investigação criminal, pois imagina, por erro evitável, que nesta hipótese sua conduta seria lícita. Na responsabilização penal pelo crime de "adulteração de sinal identificador de veículo automotor", Magnus deverá ser punido na modalidade culposa do delito.

(D) Ticius imputa um fato definido como crime a Manassés que imaginava ser verdadeiro quando, na verdade, era falso, tendo o erro de Ticius decorrido de sua negligência. Neste caso, Ticius deverá ser responsabilizado pelo crime de calúnia na modalidade culposa.

(E) Ticius imputa um fato definido como crime a Manassés que imaginava ser verdadeiro quando, na verdade, era falso, tendo o erro de Ticius decorrido de sua negligência. Neste caso, ao ser responsabilizado pelo crime de calúnia, Ticius deverá ter sua pena diminuída de um sexto a um terço.

A: incorreta. Augustus, tendo uma falsa percepção da realidade, imaginou que agia em legítima defesa de terceiro, no caso Maximus, que estaria, segundo pensou, sendo agredido por Cassius, quando, na verdade, se tratava de uma brincadeira (não havia, portanto, agressão a justificar a legítima defesa). É a hipótese descrita no art. 20, § 1º, do CP (descriminante putativa). Como Augustus agiu de forma imprudente, não se cercando da devida cautela, deverá responder pelo crime na sua modalidade culposa (art. 129, § 6°, do CP – lesão corporal culposa). Se tivesse agido com a necessária cautela, estaria isento de pena; **B:** correta. A alternativa descreve hipótese de erro sobre a ilicitude do fato (art. 21, *caput*, do CP), que a doutrina convencionou chamar *erro de proibição*, que, sendo escusável (inevitável ou invencível), exclui a culpabilidade. No caso em tela, o erro foi inescusável (evitável ou vencível), tal como afirmado na alternativa, razão pela qual Augustus fará jus a uma diminuição de pena de um sexto a um terço, tal como estabelece o dispositivo ao qual fizemos referência; **C:** incorreta. É a mesma situação descrita na assertiva "B" (é causa de diminuição de pena). Responderia por crime culposo se acaso houvesse previsão nesse sentido e desde que se tratasse de erro de tipo (art. 20, *caput*, do CP); **D:** incorreta, já que o erro de tipo somente leva à responsabilização do agente por crime culposo se houver previsão nesse sentido. Tendo em conta que o crime de calúnia (art. 138, CP) não comporta a modalidade culposa, sobre Ticius não recairá responsabilidade no âmbito criminal (art. 20, *caput*, CP); **E:** incorreta. *Vide* comentário à alternativa anterior. [ED]

Gabarito "B".

6. TENTATIVA, CONSUMAÇÃO, DESISTÊNCIA, ARREPENDIMENTO E CRIME IMPOSSÍVEL

(Investigador – PC/BA – 2018 – VUNESP) Adalberto decidiu matar seu cunhado em face das constantes desavenças, especialmente financeiras, pois eram sócios em uma empresa e estavam passando por dificuldades. Preparou seu revólver e se dirigiu até a sala que dividiam na empresa. Parou de fronte ao inimigo e apontou a arma em sua direção, mas antes de acionar o gatilho foi impedido pela secretária que, ao ver a sombra pela porta, decidiu intervir e impedir o disparo. Em face do ocorrido, pode-se afirmar que Adalberto poderá responder por

(A) constrangimento ilegal.
(B) tentativa de homicídio.
(C) tentativa de lesão corporal.
(D) fato atípico.
(E) arrependimento eficaz.

A questão que se coloca é saber se a conduta de Adalberto, consistente em apontar a arma para o seu algoz, pode ser traduzida como início de execução do crime que ele pretendia praticar. Não há dúvidas de que a preparação, por Adalberto, de seu revólver não constitui ato de execução do delito (é ato de preparação!). Não há que se falar, de outro lado, em arrependimento eficaz, já que seria imprescindível, neste caso, que Adalberto, imbuído do propósito de matar seu cunhado, tivesse feito uso dos meios de que dispunha para atingir seu objetivo, ou seja, teria ele que efetuar os disparos que considerou necessários à produção do resultado morte e, ato contínuo, lograr, por sua iniciativa (voluntariedade), evitar a consumação do homicídio. Também é o caso de descartar a possibilidade de o crime em que incorreu Adalberto ser o de lesão corporal tentada, na medida em que seu propósito, desde o começo, era o de matar seu desafeto. Agiu, portanto, com *animus necandi*. Pois bem. É tema por demais complexo e, portanto, objeto de acalorados debates a definição do critério a ser empregado para delimitar em que momento tem fim a preparação e inicia a execução do crime. Prevalece, na doutrina e na jurisprudência, a tese segundo a qual tem fim a preparação e começa a execução com a prática do primeiro ato idôneo e inequívoco que tem o condão de levar à consumação do delito. Ou seja, para esta teoria (objetivo-formal ou lógico-formal), considera-se ato executório aquele em que o agente dá início à realização do verbo, neste caso, matar. É dizer, ao menos uma pequena parcela da conduta prevista no tipo deve estar concretizada. O examinador, aqui, considerou a conduta de Adalberto, consistente em apontar a arma de fogo, como apta a produzir o resultado almejado pelo agente: a morte de seu cunhado. A nosso ver, Adalberto, com a mera conduta de apontar a arma em direção à pessoa que queria ver morta, não

ingressou na fase de execução do crime, não havendo que se falar, portanto, em tentativa. Ao que parece, a examinadora adotou a teoria objetivo-individual, segundo a qual os atos executórios pressupõem que haja início da conduta típica, mas também alcança aqueles atos que são imediatamente anteriores, desde que estejam em conformidade com o plano criminoso do autor, como é o caso da conduta de apontar a arma em direção à pessoa que se pretende matar. [ED]

Gabarito "B".

(Juiz de Direito – TJ/RJ – VUNESP – 2016) Bonaparte, com o objetivo de matar Wellington, aciona o gatilho com o objetivo de efetuar um disparo de arma de fogo na direção deste último. Todavia, a arma não dispara na primeira tentativa. Momentos antes de efetuar uma segunda tentativa, Bonaparte ouve "ao longe" um barulho semelhante a "sirenes" de viatura e, diante de tal fato, guarda a arma de fogo que carregava, deixando o local calmamente, não sem antes proferir a seguinte frase a Wellington: "na próxima, eu te pego". Momentos após, Bonaparte é abordado na rua por policiais e tem apreendida a arma de fogo por ele utilizada. A arma de fogo era de uso permitido, estava registrada em nome de Bonaparte, mas este não possuía autorização para portá-la. No momento da abordagem e apreensão, também foi constatado pelos policiais que a arma de fogo apreendida em poder de Bonaparte estava sem munições, pois ele havia esquecido de municiá-la.

Diante dos fatos narrados e da atual jurisprudência do Supremo Tribunal Federal, é correto afirmar que Bonaparte poderá ser responsabilizado

(A) pelos crimes de ameaça e porte ilegal de arma de fogo de uso permitido.
(B) pelos crimes de ameaça e posse ilegal de arma de fogo de uso permitido.
(C) pelo crime de ameaça, mas não poderá ser responsabilizado pelo crime de porte ilegal de arma de fogo em virtude da arma estar desmuniciada no momento da apreensão.
(D) pelo crime de homicídio tentado, mas não poderá ser responsabilizado pelo crime de posse ilegal de arma de fogo em virtude da arma estar desmuniciada no momento da apreensão.
(E) pelos crimes de homicídio tentado, ameaça e porte ilegal de arma de fogo de uso permitido.

De plano, devem ser excluídas as alternativas "D" e "E", em que se afirma que Bonaparte deve ser responsabilizado pela prática do crime de homicídio tentado. Isso porque, sendo certo que a arma que portava encontrava-se desmuniciada, o resultado que visava atingir (morte de Wellington) nunca seria implementado, já que o meio de que se valeu para tanto (arma desmuniciada) era absolutamente ineficaz, inidôneo ao fim por ele pretendido. Está-se diante de hipótese de *crime impossível* (art. 17, CP), cuja natureza jurídica é *causa de exclusão da tipicidade*, não havendo que se falar, portanto, em tentativa. Ao proferir a frase "na próxima, eu te pego", Bonaparte incorreu nas penas do crime de ameaça (art. 147, CP), na medida em que anunciou que causaria a Wellington mal injusto e grave (sua morte). No mais, pelo fato de Bonaparte não possuir documento que lhe permitisse portar a arma que carregava consigo, deverá responder pelo crime do art. 14 da Lei 10.826/2003 (Estatuto do Desarmamento), ainda que desmuniciada. No STF: *A conduta de posse de arma de fogo com numeração raspada não está abrangida pela vacatio legis prevista nos art. 30 a 32 da Lei 10.826/03. Precedentes. 2. Porte ilegal de arma de fogo de uso permitido é crime de mera conduta e de perigo abstrato. O objeto jurídico tutelado não é a incolumidade física, mas a segurança pública e a paz social, sendo irrelevante estar a arma de fogo desmuniciada. 3. Ordem denegada (HC*

117206, Relator(a): Min. Cármen Lúcia, Segunda Turma, julgado em 05.11.2013). No STJ: "Em relação ao porte de arma de fogo desmuniciada, esta Corte Superior uniformizou o entendimento – alinhado à jurisprudência do Supremo Tribunal Federal – de que o tipo penal em apreço é de perigo abstrato. Precedentes. 2. Não há falar em atipicidade material da conduta atribuída à acusada Renata de Souza Garcia, porque o simples fato de possuir, sob sua guarda, arma (dois revólveres com numeração suprimida) à margem do controle estatal – artefato que mesmo desmuniciado possui potencial de intimidação e reduz o nível de segurança coletiva exigido pelo legislador – caracteriza o tipo penal previsto no art. 16, parágrafo único, I, do Estatuto do Desarmamento, principalmente porque o bem jurídico tutelado pela norma penal não é a incolumidade física de outrem, mas a segurança pública e a paz social, efetivamente violadas" (HC 447.071/MS, Rel. Ministro Rogerio Schietti Cruz, Sexta Turma, julgado em 14/08/2018, DJe 29/08/2018). Dentro do tema *crimes contra a liberdade pessoal*, capítulo no qual está inserido o crime de ameaça, importante que se diga que a Lei 14.132/2021 introduziu no CP o art. 147-A, que define o chamado crime de *perseguição*, mundialmente conhecido como *stalking*. O núcleo do tipo, representado pelo verbo *perseguir*, encerra a ideia de uma conduta que revela, por parte do agente, um comportamento obsessivo e insistente dirigido a pessoa determinada. O dispositivo exige que a perseguição se dê de forma reiterada, isto é, constante e habitual; do contrário, não há que se falar na configuração deste delito. Disso se infere que o agente que, numa única oportunidade, aborda a vítima de forma inconveniente não poderá ser responsabilizado, já que, como dito, o tipo penal pressupõe habitualidade na sua execução. É o caso do homem que, inconformado com a rejeição da mulher que conhecera em uma festa, passa a persegui-la de forma insistente e reiterada, quer enviando-lhe mensagens de texto por meio de aplicativos, quer abordando a vítima no trabalho, na sua residência ou em via pública. Trata-se, como se pode ver, de uma intromissão reiterada e indesejada na vida privada da vítima, que se sente acuada e abalada psicologicamente. Também é típico exemplo de *stalking* a conduta do ex-namorado/ex-marido que, diante da recusa da vítima em manter o relacionamento, passa a ameaçá-la de morte, restringir sua liberdade de locomoção, com abordagens indesejadas e inconvenientes, ou, de qualquer outra forma (este crime é de forma livre), perturbar sua esfera de liberdade. Nos dois exemplos acima, colocamos, como sujeito passivo do crime, a mulher. Embora isso seja bem mais comum, certo é que como tal pode figurar tanto esta quanto o homem. Quanto ao sujeito ativo não é diferente: pode ser tanto o homem quanto a mulher (é crime comum). O § 1º do dispositivo contempla causas de aumento de pena, a incidir nas hipóteses em que o crime é praticado: I – contra criança, adolescente ou idoso; II – contra mulher por razões da condição de sexo feminino, nos termos do § 2º-A do art. 121 deste Código; III – mediante concurso de 2 (duas) ou mais pessoas ou com o emprego de arma. Estabelece o § 2º deste art. 147-A que as penas serão aplicadas sem prejuízo das correspondentes à violência. Registre-se que a ação penal, tal como na ameaça, é pública condicionada à representação da vítima (art. 147-A, § 3º, CP). Mais recentemente, imbuído do propósito de aperfeiçoar o combate à violência psicológica de que é vítima a mulher, modalidade prevista no art. 7º, II, da Lei 11.340/2006, o legislador introduziu no Código Penal, por meio da Lei 14.188/2021, o crime de *violência psicológica contra a mulher*, cuja descrição típica, inserida no art. 147-B, consiste na conduta do agente que *causar dano emocional à mulher que a prejudique e perturbe seu pleno desenvolvimento ou que vise a degradar ou a controlar suas ações, comportamentos, crenças e decisões, mediante ameaça, constrangimento, humilhação, manipulação, isolamento, chantagem, ridicularização, limitação do direito de ir e vir ou qualquer outro meio que cause prejuízo à sua saúde psicológica e autodeterminação.* A pena cominada corresponde à reclusão de 6 meses a 2 anos e multa, se a conduta não constituir crime mais grave. Além disso, a Lei 14.188/2021 alterou a redação do art. 12-C da Lei Maria da Penha, ali introduzindo o risco à integridade *psicológica*, cuja ocorrência dará azo ao afastamento imediato do lar, domicílio ou local de convivência do agressor. Ainda dentro do tema "dos crimes contra a liberdade pessoal", a recente Lei 14.811/2024 introduziu no Código Penal o delito de intimidação sistemática (bullyng), definido no art. 146-A, nos seguintes termos: *Intimidar sistematicamente, individualmente ou em grupo, mediante violência física ou psicológica, uma ou mais pessoas, de modo intencional e repetitivo, sem motivação evidente, por meio de atos de intimidação, de humilhação ou de discriminação ou de ações verbais, morais, sexuais, sociais, psicológicas, físicas, materiais ou virtuais: Pena – multa, se a conduta não constituir crime mais grave. Parágrafo único. Se a conduta é realizada por meio da rede de computadores, de rede social, de aplicativos, de jogos on-line ou por qualquer outro meio ou ambiente digital, ou transmitida em tempo real: Pena – reclusão, de 2 (dois) anos a 4 (quatro) anos, e multa, se a conduta não constituir crime mais grave* (Intimidação sistemática virtual – *cyberbullying*). **ED**

Gabarito "A".

(Juiz de Direito – TJ/SP – VUNESP – 2015) No arrependimento posterior, o agente busca atenuar os efeitos da sua conduta, sendo, portanto, causa geral de diminuição de pena. Sobre esse instituto, assinale a alternativa correta.

(A) A grave ameaça não o tipifica.

(B) Pode ocorrer em crime cometido com violência, desde que o agente se retrate até a sentença.

(C) O dano não precisa ser reparado quando o crime foi sem violência.

(D) Deve operar-se até o recebimento da denúncia ou queixa.

O *arrependimento posterior*, causa de diminuição de pena prevista no art. 16 do CP, tem como pressuposto à sua incidência que o crime em que incorreu o agente não tenha sido praticado por meio de violência ou grave ameaça contra a pessoa. O emprego tanto da violência quanto da grave ameaça, portanto, impede o reconhecimento desta causa de diminuição de pena, pouco importando que o agente se retrate. Outro requisito contemplado no art. 16 do CP impõe que o dano causado seja reparado ou que a coisa seja restituída, sempre por ato voluntário do agente, o que deverá ocorrer necessariamente até o recebimento da denúncia. **ED**

Gabarito "D".

7. ANTIJURIDICIDADE E CAUSAS EXCLUDENTES

(Juiz de Direito – TJ/RJ – 2019 – VUNESP) "Espécie" de legítima defesa que a doutrina afirma ser inexistente, pois a situação fática não é reconhecida como legítima defesa e não exclui a ilicitude de ação:

(A) legítima defesa recíproca.

(B) legítima defesa própria.

(C) legítima defesa putativa.

(D) legítima defesa de terceiro.

(E) legítima defesa em proteção a quem consente com a agressão de terceiro a bem indisponível.

A: correta. De fato, não se reconhece como excludente de ilicitude a chamada *legítima defesa recíproca*, que nada mais é do que legítima defesa real contra legítima defesa real. Isso porque constitui pressuposto da legítima defesa, conforme art. 25 do CP, a existência de uma agressão injusta. Assim, se um dos envolvidos agredir de forma injusta o outro, este, em atitude típica de defesa, reagirá, estando acobertado pela legítima defesa real, o que não se aplica àquele que agrediu, cuja conduta será, por isso, considerada, além de típica, também ilícita (leia-se: não acobertada pela excludente de antijuridicidade); **B**: incorreta. Legítima defesa própria é aquela em que o bem jurídico pertence àquele que se defende; de outro lado, na legítima defesa de terceiro, o bem jurídico, como o nome sugere, pertence a outrem; **C**: incorreta. Por legítima

defesa putativa (art. 20, § 1º, CP) deve-se entender a situação em que o sujeito, em face das circunstâncias, supõe a presença dos requisitos contidos no art. 25 do CP, quando, na verdade, eles não existem. Ou seja, o sujeito imagina que age em legítima defesa quando, na verdade, sequer há situação de agressão; **D:** vide comentário à assertiva "B"; **E:** incorreta. Se se tratar de bem indisponível, o exercício da legítima defesa em favor de terceiro não está condicionado ao consentimento deste. Segundo Cleber Masson, ao discorrer sobre a necessidade de consentimento do terceiro em favor de quem a legítima defesa é empregada, *em se tratando de bem jurídico indisponível, será prescindível o consentimento do ofendido.* Prosseguindo, apresenta o seguinte exemplo: *um homem agride cruelmente sua esposa, com o propósito de matá-la. Aquele que presenciar o ataque poderá, sem a anuência da mulher, protegê-la, ainda que para isso tenha que lesionar ou mesmo eliminar a vida do covarde marido.* Adiante, ensina que *diversa será a conclusão quando tratar-se de bem jurídico disponível. Nessa hipótese, impõe-se o consentimento do ofendido, se for possível a sua obtenção. Exemplo: um homem ofende com impropérios a honra de sua mulher. Por mais inconformado que um terceiro possa ficar com a situação, não poderá protegê-la sem o seu consentimento* (*Direito Penal Esquematizado*, 8ª ed., vol. 1, Ed. Método, p. 430 [ED]
Gabarito "A".

(Investigador – PC/BA – 2018 – VUNESP) O Código Penal, no art. 23, elenca as causas gerais ou genéricas de exclusão da ilicitude. Sobre tais excludentes, assinale a alternativa correta.

(A) Morador não aceita que funcionário público, cumprindo ordem de juiz competente, adentre em sua residência para realizar busca e apreensão. Se o funcionário autorizar o arrombamento da porta e a entrada forçada, responderá pelo crime de violação de domicílio.

(B) O estrito cumprimento do dever legal é perfeitamente compatível com os crimes dolosos e culposos.

(C) Para a configuração do estado de necessidade, o bem jurídico deve ser exposto a perigo atual ou iminente, não provocado voluntariamente pelo agente.

(D) O reconhecimento da legítima defesa pressupõe que seja demonstrado que o agente agiu contra agressão injusta atual ou iminente nos limites necessários para fazer cessar tal agressão.

(E) Deve responder pelo crime de constrangimento ilegal aquele que não sendo autoridade policial prender agente em flagrante delito.

A: incorreta. O funcionário que, durante o dia e em cumprimento de ordem judicial, ingressa à força em domicílio alheio não comete o crime de violação de domicílio tampouco abuso de autoridade, na medida em que estará agindo em escrito cumprimento do dever legal, que constitui causa de exclusão da ilicitude prevista no art. 23, III, do CP. Não há que se falar, portanto, no cometimento de crime por parte do funcionário; **B:** incorreta, já que o estrito cumprimento de dever legal não guarda compatibilidade com os crimes culposos. Isso porque não se pode obrigar o funcionário a adotar uma conduta negligente, imperita ou imprudente; **C:** incorreta, já que o art. 24 do CP exige que o perigo, no estado de necessidade, seja *atual*, ou seja, ele (perigo) deve estar ocorrendo no momento em que o fato é praticado. Agora, é digno de registro que a doutrina e a jurisprudência, de forma majoritária, admitem que o perigo *iminente*, que é aquele que está prestes a ocorrer, também configura o estado de necessidade, a despeito do o dispositivo legal não contemplar tal possibilidade. Afinal, não parece razoável que o agente cruze os braços e aguarde que o perigo, então iminente, se transforme em atual; **D:** correta, já que contempla os requisitos da legítima defesa (art. 25, CP). A propósito da legítima defesa, importante o registro de que a Lei 13.964/2019 (Pacote Anticrime), dentre outras diversas

modificações implementadas no campo penal e processual penal, promoveu a inclusão do parágrafo único no art. 25 do CP. Como bem sabemos, este dispositivo contém os requisitos da legítima defesa, causa de exclusão da ilicitude. Este novo dispositivo (parágrafo único) estabelece que também se considera em legítima defesa o agente de segurança pública que rechaça agressão ou risco de agressão a vítima mantida refém durante a prática de crimes. Em verdade, ao inserir este dispositivo no art. 25 do CP, nada mais fez o legislador do que explicitar e reforçar hipótese configuradora de legítima defesa já consolidada há muito em sede de jurisprudência. Tem efeito, portanto, a nosso ver, mais simbólico do que prático. Em outras palavras, o parágrafo único do art. 25 do CP, incluído pela Lei 13.964/2019, descreve situação que já era, de forma pacífica, considerada típica de legítima defesa. Afinal, como já dito acima, o policial que repele injusta agressão à vida de terceiro atua em legítima defesa. Exemplo típico é o do atirador de elite, que acaba por abater o sequestrador que ameaça tirar a vida da vítima; **E:** incorreta. Por expressa disposição contida no art. 301 do CPP, é dado a qualquer pessoa do povo prender quem quer que se encontre em situação de flagrante, sem que isso implique o cometimento do crime de constrangimento ilegal. Este é o chamado flagrante facultativo, que constitui hipótese de exercício regular de direito (art. 23, III, do CP). [ED]
Gabarito "D".

(Juiz de Direito – TJ/MS – VUNESP – 2015) Considerando as causas excludentes da ilicitude, é correto afirmar que:

(A) o estado de necessidade putativo ocorre quando o agente, por erro plenamente justificado pelas circunstâncias, supõe encontrar-se em estado de necessidade ou quando, conhecendo a situação de fato, supõe por erro quanto à ilicitude, agir acobertado pela excludente.

(B) há estado de necessidade agressivo quando a conduta do sujeito atinge um interesse de quem causou ou contribuiu para a produção da situação de perigo.

(C) de acordo com o art. 25, do Código Penal, os requisitos da legítima defesa são: a agressão atual ou iminente e a utilização dos meios necessários para repelir esta agressão.

(D) o rol completo das hipóteses de excludentes de ilicitudes elencadas no art. 23 do Código Penal são: a legítima defesa, o estado de necessidade e o estrito cumprimento do dever legal.

(E) legítima defesa subjetiva é a repulsa contra o excesso.

A: correta (art. 20, § 1º, do CP); **B:** incorreta. *Agressivo* é o estado de necessidade em que é sacrificado direito de um inocente; agora, quando é sacrificado direito de quem causou ou contribuiu para a causação da situação de perigo, está-se, então, diante do estado de necessidade *defensivo*; **C:** incorreta, já que a assertiva não contempla todos os requisitos contidos no art. 25 do CP, que são: existência de uma agressão; que ela, agressão, seja injusta; que, além disso, seja atual ou iminente; que a vítima da agressão, ao repudiá-la, o faça valendo-se dos meios necessários; que o emprego desses meios se dê de forma moderada; **D:** incorreta. Além desses (mencionados na alternativa), há também o *exercício regular de direito* (art. 23, III, do CP); **E:** incorreta. *Legítima defesa subjetiva* é o excesso de legítima defesa decorrente de erro escusável. [ED]
Gabarito "A".

8. CONCURSO DE PESSOAS

(Investigador – PC/BA – 2018 – VUNESP) Sobre o concurso de pessoas e as previsões expressas da legislação penal, assinale a alternativa correta.

(A) Quem, de qualquer modo, concorre para o crime incide nas penas a este cominadas, na medida de sua culpabilidade.

(B) Se a participação for de menor importância, será aplicada atenuante genérica.

(C) Ao concorrente que quis participar de crime menos grave, será aplicada a mesma pena do concorrente, diminuída, no entanto, de 1/6 (um sexto) a 1/3 (um terço).

(D) As circunstâncias e as condições de caráter pessoal, mesmo quando elementares do crime, são incomunicáveis aos coautores.

(E) O ajuste, a determinação ou instigação e o auxílio são puníveis ainda que o crime não chegue a ser tentado.

A: correta, já que corresponde à redação do art. 29, *caput*, do CP; **B:** incorreta. Sendo a participação de menor importância, fará jus o agente a uma diminuição de pena da ordem de um sexto a um terço (art. 29, § 1º, CP). Não se trata, portanto, de uma atenuante genérica; **C:** incorreta. Embora adotada a teoria monista, segundo a qual todos os agentes respondem pelo mesmo crime, nada obsta que o sujeito que quis participar de crime menos grave por ele seja responsabilizado, e não pelo delito que, mais grave, foi de fato praticado. É a chamada *cooperação dolosamente distinta*, cuja previsão está no art. 29, § 2º, do CP; agora, se o resultado mais grave era previsível, a pena do crime em que quis incorrer o agente será aumentada de metade; **D:** incorreta. De acordo com o art. 30 do CP, não se comunicam as circunstâncias e as condições de caráter pessoal, *salvo quando elementares do crime*; **E:** incorreta, pois não reflete o disposto no art. 31 do CP. 🄴🄳

Gabarito "A".

(Juiz de Direito – TJM/SP – VUNESP – 2016) A respeito do concurso de agentes, afirma-se corretamente que

(A) além das modalidades instigação e induzimento, a participação também se dá pelo auxílio. Nesta modalidade, a fim de se diferenciar o coautor do partícipe, deve-se recorrer à regra da essencialidade da cooperação.

(B) o concurso de pessoas, pelo Código Penal, assume duas formas, coautoria e participação. Partícipe é aquele que instiga ou induz o autor na perpetração do crime, sendo os atos de instigação e induzimento puníveis, independentemente de o crime vir a ser tentado ou consumado.

(C) o Código Penal taxativamente estabelece que as penas dos autores e partícipes devem ser diferenciadas, punindo sempre de forma diminuída quem apenas instiga, induz ou auxilia na prática delitiva.

(D) segundo o Código Penal, o coautor ou partícipe, independentemente do crime para o qual quis concorrer, será punido segundo a pena do crime efetivamente praticado, pois assumiu o risco do resultado.

(E) segundo o Código Penal, as condições de caráter pessoal do autor estendem-se a todos os concorrentes da prática delitiva.

A: correta. A *participação* pode ser *moral* ou *material. Moral* é aquela em que o sujeito induz ou instiga terceira pessoa a cometer um crime. O partícipe, neste caso, age, portanto, na vontade do coautor. Já na participação material, temos que a colaboração do partícipe consiste em viabilizar materialmente a execução do crime, prestando auxílio ao autor sem realizar o verbo contido no tipo penal; **B:** incorreta, pois contraria a regra prevista a art. 31 do CP, segundo a qual *o ajuste, a determinação ou instigação e o auxílio, salvo disposição expressa em contrário, não são puníveis, se o crime não chega, pelos menos, a ser tentado*; **C:** incorreta. Não há, no Código Penal, norma que estabelece que as penas aplicadas a autores e partícipes devam ser diferenciadas.

O que temos é que, à luz do que estabelece o art. 29 do CP, as penas devem ser aplicadas em conformidade com a culpabilidade de cada agente (… *na medida de sua culpabilidade*). Em outras palavras, devem ser levadas em conta diversas circunstâncias individuais a permitir que o magistrado, no momento da aplicação da pena, o faça em razão da gravidade e importância da colaboração de cada agente. Isso não quer dizer que ao coautor deva ser aplicada, necessariamente, pena maior do que a do partícipe. Tudo vai depender do juízo de reprovabilidade a recair sobre cada componente da empreitada criminosa, a ser analisada caso a caso; **D:** incorreta. Embora adotada a teoria monista, segundo a qual todos os agentes respondem pelo mesmo crime, nada obsta que o sujeito que quis participar de crime menos grave por ele seja responsabilizado, e não pelo delito que, mais grave, foi de fato praticado. É a chamada *cooperação dolosamente distinta*, cuja previsão está no art. 29, § 2º, do CP; agora, se o resultado mais grave era previsível, a pena do crime em que quis incorrer o agente será aumentada de metade; **E:** incorreta. Segundo o disposto no art. 30 do CP, as condições de caráter pessoal somente se estendem a todos os concorrentes da empreitada criminosa quando elementares do crime. 🄴🄳

Gabarito "A".

(Procurador Municipal/SP – VUNESP – 2016) Assinale a alternativa correta sobre o concurso de pessoas.

(A) Admite-se a participação por omissão em crime comissivo, quando o omitente devia e podia agir para evitar o resultado, mas não se admite em crimes omissivos, por induzimento ou instigação.

(B) Para que se admita a concorrência de culpas no crime culposo, é necessário que cada agente atue com consciência de que está colaborando com a conduta culposa de outrem.

(C) A pena será agravada em relação ao agente que instiga ou determina a cometer o crime alguém sujeito à sua autoridade ou não punível em virtude de condição ou qualidade pessoal.

(D) Se a participação for de menor importância, a pena pode ser diminuída de um sexto a dois terços.

(E) As condições e circunstâncias pessoais do agente não se comunicam ao coautor ou partícipe ainda que circunstâncias elementares ao crime.

A: incorreta. É admissível a participação por omissão em crimes comissivos, na hipótese da a omissão ser imprópria (crime comissivo por omissão), e também em crimes omissivos; **B:** incorreta. Pelo contrário. A *concorrência de culpas*, que não constitui hipótese de concurso de pessoas, pressupõe a inexistência do chamado *liame subjetivo*, que nada mais é do que o conhecimento que cada agente tem da conduta do outro, necessário à existência do concurso de pessoas. É exemplo de concorrência de culpas aquele em que dois motoristas, cada qual dirigindo seu veículo de forma imprudente, provocam colisão, daí resultando a morte de terceiro. Não há, aqui, concurso entre eles, já que um desconhece a conduta do outro; há, sim, concorrência de culpas, como já dito; **C:** correta, pois em consonância com o disposto no art. 62, III, do CP; **D:** incorreta. Na hipótese de a participação ser de menor importância, a diminuição de pena a incidir, segundo estabelece o art. 29, § 1º, do CP, é da ordem de um sexto a *um* terço (e não *dois* terços); **E:** incorreta. As condições e circunstâncias pessoais do agente de fato não se comunicam, salvo quando elementares do crime. A doutrina quase sempre se vale do exemplo do particular que comete crime contra a Administração Pública em coautoria ou participação com o funcionário público. Uma vez que a condição de ser funcionário público é elementar do crime, por exemplo, de peculato (art. 312, CP), tal circunstância se comunica ao particular, que responderá pelo crime funcional juntamente com o *intraneus*. 🄴🄳

Gabarito "C".

3. DIREITO PENAL

(Delegado/SP – VUNESP – 2014) Segundo o conceito restritivo, é autor aquele que

(A) tem o domínio do fato.
(B) realiza a conduta típica descrita na lei.
(C) contribui com alguma causa para o resultado.
(D) age dolosamente na prática do crime.
(E) pratica o fato por interposta pessoa que atua sem culpabilidade.

A: incorreta. O conceito restritivo de autor não engloba aquele que tem o domínio do fato, apesar de não incidir no comportamento típico. Apenas para a teoria do domínio do fato é que também poderá ser considerado autor, embora sem executar a conduta prevista no tipo penal, aquele que tiver o domínio finalístico da ação/omissão perpetrada por terceiros; **B:** correta. De acordo com o conceito restritivo, extraído da teoria formal, autor será apenas aquele que realizar, total ou parcialmente, a conduta típica descrita na lei, em contraposição à teoria normativa (ou do domínio do fato), para a qual autor será, também, aquele que tem o controle da ação típica dos demais concorrentes, ainda que não execute o comportamento previsto no tipo penal; **C:** incorreta. Para os adeptos da teoria subjetiva ou subjetivo-causal, não haveria diferenças entre coautor e partícipe, bastando, para tanto, que tenham contribuído para a geração do resultado típico; **D:** incorreta, não havendo qualquer relação entre conceito restritivo de autor e atuação dolosa na prática de um crime. Poderá ser partícipe, por exemplo, aquele que agir com dolo para a prática de um homicídio, induzindo, instigando ou auxiliando o executor material a matar a vítima. Isso não o tornará autor; **E:** incorreta. Aquele que pratica o fato por interposta pessoa, que atua sem culpabilidade, é considerado autor mediato. Somente se adotarmos a teoria normativa é que conseguiremos incluir o autor mediato como "autor" de um crime, visto que este não executa materialmente o crime, mas se vale de terceiro, sem culpabilidade, para o cometimento do crime.
Gabarito "B".

9. CULPABILIDADE E CAUSAS EXCLUDENTES

(Juiz de Direito – TJ/RS – 2018 – VUNESP) De acordo com o Código Penal, aquele que pratica o fato em estrita obediência a ordem não manifestamente ilegal de superior hierárquico

(A) responde criminalmente como partícipe de menor importância.
(B) não comete crime, pois tem a ilicitude de sua conduta afastada.
(C) não é punido criminalmente.
(D) responde criminalmente como partícipe.
(E) responde criminalmente como coautor.

Estabelece o art. 22 do CP que, sendo a ordem *não* manifestamente ilegal, a responsabilidade recairá sobre o *superior hierárquico*; o *subordinado*, neste caso, ficará isento de pena (sua culpabilidade ficará excluída). Agora, se a ordem for *manifestamente ilegal*, a responsabilidade recairá sobre ambos, superior hierárquico e subordinado. Importante que se diga que o reconhecimento desta causa de exclusão da culpabilidade está condicionado à coexistência dos seguintes requisitos: presença de uma ordem não manifestamente ilegal, conforme acima mencionamos; a ordem deve ser emanada de autoridade que detém atribuição para tanto; existência, em princípio, de três envolvidos: superior hierárquico, subordinado e vítima; vínculo hierárquico de direito público entre o superior de quem emanou a ordem e o subordinado que a executou. Ou seja, não há que se falar nesta causa de exclusão da culpabilidade no contexto das relações de natureza privada, sendo exemplo a relação existente entre o patrão e sua empregada doméstica. ED
Gabarito "C".

(Defensor Público/RO – 2017 – VUNESP) Sendo positivos os elementos que configuram o delito e constatada a semi-imputabilidade do acusado, o juiz pode, atendendo aos demais critérios legais,

(A) aplicar-lhe pena reduzida de 1 a 2/3 ou absolvê-lo, pois não há outra previsão legal.
(B) aplicar-lhe pena reduzida de 1 a 2/3 ou determinar que se submeta a tratamento ambulatorial ou, ainda, determinar sua internação.
(C) aplicar-lhe pena reduzida de 1 a 2/3 ou determinar que se submeta a tratamento ambulatorial, pois não há outra previsão legal.
(D) absolver o acusado, por ausência de tipicidade, especialmente por falta de elemento subjetivo do tipo ou suspender o processo, pois não há outra previsão legal.
(E) declarar extinta a punibilidade do acusado ou absolvê-lo por ausência de tipicidade, especialmente por falta de elemento subjetivo do tipo.

Comprovado que o agente cometeu o crime e que ele é semi-imputável, poderá o juiz, ante o que estabelece o art. 26, parágrafo único, do CP, reduzir a pena de um a dois terços. Além disso, se ficar constatado que o condenado semi-imputável necessita de tratamento, a pena privativa de liberdade, no lugar de ser diminuída, poderá ser substituída por internação ou tratamento ambulatorial, modalidades de medida de segurança (art. 98 do CP). O que não se admite, dada a adoção do sistema vicariante, é a aplicação de pena e medida de segurança. Ou uma ou outra. O sistema do duplo binário, segundo o qual o condenado pode ser submetido a pena e a medida de segurança ao mesmo tempo, encontra-se, portanto, superado, tendo dado lugar ao sistema vicariante. Dessa forma, se o réu é considerado imputável à época dos fatos, a ele será aplicada tão somente *pena*; se inimputável, receberá *medida de segurança*; se, por fim, tratar-se de réu semi-imputável, será submetido a uma ou outra. ED
Gabarito "B".

(Procurador – IPSMI/SP – VUNESP – 2016) Tício, maior de 18 anos, é portador de doença mental, necessitando de medicação diária. A doença, por si só, não prejudica a capacidade de compreensão. Todavia, a medicação, ingerida em conjunto com bebida alcoólica em quantidade, provoca surtos psicóticos, com exclusão da capacidade de entendimento. Tício sabe dos efeitos do álcool, em excesso, em seu organismo, mas costuma beber, moderadamente, justamente para desfrutar dos efeitos que, segundo ele, "dá barato". Em uma festa, Tício, sem saber que se tratava de uma garrafa de absinto (bebida de alto teor alcoólico), pensando ser gim, preparou um coquetel de frutas e ingeriu. Ao recobrar a consciência, soube que esfaqueou dois de seus melhores amigos, causando a morte de um e lesão de natureza grave em outro. A respeito da situação, é correto afirmar que

(A) Tício, devido à doença mental, é inimputável, sendo isento de pena.
(B) Tício é inimputável, sendo isento de pena, pois praticou o crime em estado de completa embriaguez, decorrente de caso fortuito.
(C) Tício é imputável, pois a embriaguez completa decorreu de culpa. Entretanto, faz jus à redução da pena.
(D) Tício é imputável, sendo punido de forma agravada, em vista da embriaguez pré-ordenada.

(E) Tício, por ser maior de 18 anos, é imputável, sendo irrelevante a circunstância de ter praticado o crime em estado de completa embriaguez.

Se se considerar que a embriaguez, que levou Tício ao estado de total incapacidade de entender o caráter ilícito do fato ou de determinar-se em conformidade com tal entendimento, decorreu de caso fortuito, ele estará, nos termos do que dispõe o art. 28, § 1º, do CP, isento de pena (há exclusão de sua imputabilidade). Agora, se a ingestão do absinto, que tem, como é de todos sabido, teor alcoólico elevadíssimo, se deu por falta de cautela de Tício, que não se certificou do conteúdo que havia na garrafa, aí estamos a falar de embriaguez culposa (e não acidental), que não tem o condão de excluir a sua imputabilidade. Perceba que o enunciado não deixa isso claro, ou seja, não é possível saber, com exatidão, se a ingestão do absinto se deu de forma acidental (caso fortuito) ou culposa. ED
Gabarito "B".

10. PENAS E SEUS EFEITOS

(Juiz de Direito – TJ/RJ – 2019 – VUNESP) No que concerne à aplicação das penas restritivas de direitos dos arts. 43 a 48 do CP, é correto afirmar que

(A) ao reincidente é vedada a substituição da privativa de liberdade.

(B) o benefício não pode ser aplicado mais de uma vez no interregno de 5 (cinco) anos ao mesmo réu.

(C) a pena restritiva de direitos se converte em privativa de liberdade sempre que ocorrer o descumprimento da restrição imposta.

(D) os crimes culposos admitem sua aplicação em substituição às privativas de liberdade, independentemente da pena aplicada.

(E) penas privativas de até 2 (dois) anos em regime aberto podem ser substituídas por uma multa ou por uma pena restritiva de direitos.

A: incorreta. Apesar de a regra ser a de que o réu reincidente em crime doloso não faz jus à substituição da pena privativa de liberdade por restritiva de direitos (art. 44, II, do CP), se a reincidência não for específica e se a medida for socialmente recomendável, admitir-se-á, sim, a substituição da pena de prisão pela alternativa (art. 44, § 3º, do CP); **B:** incorreta. Os dispositivos que tratam da substituição da pena privativa de liberdade por restritivas de direitos não contêm tal limitação temporal. Ao que parece, o examinador quis induzir o candidato a erro, já que tal vedação se faz presente no art. 76, § 2º, II, da Lei 9.099/1995, que disciplina a transação penal, cuja incidência está restrita às infrações penais de menor potencial ofensivo; **C:** incorreta, na medida em que somente haverá a conversão da pena restritiva de direitos em privativa de liberdade na hipótese de o seu descumprimento for injustificado. Incorreto, portanto, afirmar que a reconversão (termo mais adequado) *sempre* se imporá; **D:** correta. De fato, qualquer que seja a pena imposta, todos os delitos culposos admitem a substituição (art. 44, I, parte final, CP); **E:** incorreta. Se a condenação for superior a um ano, a pena privativa de liberdade aplicada será substituída por uma pena restritiva de direitos e multa ou por duas restritivas de direitos (art. 44, § 2º, parte final, CP); a substituição por uma multa ou por uma restritiva de direitos dar-se-á se a condenação for igual ou inferior a um ano. ED
Gabarito "D".

(Juiz de Direito – TJ/RS – 2018 – VUNESP) Estritamente nos termos do quanto prescreve o art. 39 do CP, o trabalho do preso

(A) não é obrigatoriamente remunerado, mas se lhe garantem, facultativamente, os benefícios da Previdência Social.

(B) será sempre remunerado, sendo-lhe garantidos os benefícios da Previdência Social.

(C) não é obrigatoriamente remunerado, mas se lhe garantem os benefícios da Previdência Social.

(D) não é remunerado e não se lhe garantem os benefícios da Previdência Social.

(E) será sempre remunerado, contudo, não se lhe garantem os benefícios da Previdência Social.

Por força do que dispõe o art. 39 do CP, *o trabalho do preso será sempre remunerado, sendo-lhe garantidos os benefícios da Previdência Social.* ED
Dica: esta questão denota a importância de o candidato conhecer o texto de lei, já que a alternativa apontada como correta corresponde à transcrição literal do dispositivo legal. ED
Gabarito "B".

(Juiz de Direito – TJ/RS – 2018 – VUNESP) A pena restritiva de direitos (CP, arts. 43 a 48)

(A) na modalidade perda de bens e valores pertencentes ao condenado, dar-se-á em favor da vítima.

(B) na modalidade prestação de serviços, pode ser substitutiva de qualquer pena privativa de liberdade igual ou inferior a quatro anos.

(C) admite exclusivamente as modalidades de prestação pecuniária, perda de bens e valores, limitação de fim de semana e prestação de serviço à comunidade ou entidade pública.

(D) converte-se em privativa de liberdade quando ocorrer o descumprimento injustificado da restrição imposta.

(E) só pode ser aplicada a condenados primários.

A: incorreta. Tal como estabelece o art. 45, § 3º, do CP, a *perda de bens e valores*, modalidade que é de *pena restritiva de direitos* (art. 43, II, do CP), se dará em favor do Fundo Penitenciário Nacional, e não em benefício da vítima. Trata-se de uma sanção penal, de cunho confiscatório, que implica a perda em favor do Estado de bens e valores que integram o patrimônio do agente e a ele (patrimônio) foram incorporados de forma lícita; **B:** incorreta. A prestação de serviços à comunidade ou a entidades públicas, modalidade de pena restritiva de direitos que consiste na atribuição de tarefas gratuitas ao condenado, somente terá lugar nas condenações superiores a 6 meses de pena privativa de liberdade (art. 46, *caput*, do CP); **C:** incorreta, já que a assertiva não contemplou a *interdição temporária de direitos*, que constitui modalidade de pena restritiva de direitos (art. 43, V, do CP); **D:** correta, pois corresponde ao que estabelece o art. 44, § 4º, do CP; **E:** incorreta, na medida em que o art. 44, § 3º, do CP estabelece que, ainda que se trate de réu *reincidente*, pode o magistrado proceder à substituição, desde que a medida revele-se socialmente recomendável e a reincidência não se tenha operado em virtude da prática do mesmo crime. ED
Gabarito "D".

(Delegado – PC/BA – 2018 – VUNESP) A respeito da Teoria das Penas, assinale a alternativa correta.

(A) A finalidade da pena, na teoria relativa, é prevenir o crime. Na vertente preventiva-geral, o criminoso é punido a fim de impedir que ele volte a praticar novos crimes.

(B) A finalidade da pena, na teoria relativa, é prevenir o crime. Na vertente preventiva especial, de acentuado caráter intimatório, o criminoso é punido para servir de exemplo aos demais cidadãos.

(C) A finalidade da pena, na teoria absoluta, é castigar o criminoso, pelo mal praticado. O mérito dessa teoria foi introduzir, no Direito Penal, o princípio da proporcionalidade de pena ao delito praticado.

(D) A finalidade da pena, para a teoria eclética, é ressocializar o criminoso. O mérito dessa teoria foi humanizar as penas impostas, impedindo as cruéis e humilhantes.

(E) O ordenamento jurídico brasileiro adota a teoria absoluta, tendo a pena apenas o fim de ressocializar o criminoso.

A: incorreta. É fato que a finalidade da pena, para as teorias relativas, tem caráter preventivo, servindo ao objetivo de evitar a prática de novas infrações penais. A pena, para esta teoria, deve ser vista como um instrumento destinado a prevenir o crime. Não se trata, pois, de uma retribuição, uma compensação, tal como preconizado pelas *teorias absolutas*. No contexto das teorias relativas, temos a prevenção geral e a especial. A geral está associada à ideia de intimidação de toda a coletividade, que sabe que o cometimento de uma infração penal ensejará, como consequência, a imposição de sanção penal. É dirigida, pois, ao controle da violência. A segunda parte da assertiva está incorreta na medida em que se refere à prevenção especial, que, diferentemente da geral, que se destina ao corpo social, é dirigida ao indivíduo condenado; **B:** incorreta. A prevenção especial, como já dito, é dirigida exclusivamente à pessoa do condenado; **C:** correta. As chamadas teorias absolutas, que se contrapõem às relativas, consideram que a pena se esgota na ideia de pura retribuição. Sua finalidade consiste numa reação punitiva, isto é, uma resposta ao mal causado pela prática criminosa; **D:** incorreta. Para as teorias ecléticas, unificadoras ou mistas, a pena deve unir justiça e utilidade. É dizer, a pena deve, a um só tempo, servir de castigo ao condenado que infringiu a lei penal e evitar a prática de novas infrações penais. Há, pois, a conjugação das teorias absolutas e relativas; **E:** incorreta. Adotamos, de acordo com o art. 59, *caput*, do CP, a teoria mista, que assim dispõe: "(...) conforme seja necessário e suficiente para reprovação e prevenção do crime". 🔲

Gabarito "C".

(Juiz de Direito – TJ/MS – VUNESP – 2015) Assinale a alternativa correta.

(A) Os efeitos genéricos e específicos da condenação criminal são automáticos, sendo, pois, despicienda suas declarações na sentença.

(B) O juiz não poderá declarar extinta a pena, enquanto não passar em julgado a sentença, em processo a que responde o liberado, por crime cometido na vigência do livramento.

(C) As espécies de pena são as privativas de liberdade e restritivas de direito.

(D) A suspensão condicional da pena será obrigatoriamente revogada se, no curso do prazo, o beneficiário pratica novo crime doloso.

(E) Para efeito de reincidência, não prevalece a condenação anterior, se entre a data do cumprimento ou extinção da pena e a infração posterior tiver decorrido período de tempo superior a 2 (dois) anos, computado o período de prova da suspensão ou do livramento condicional, se não ocorrer revogação.

A: incorreta. O que se afirma na alternativa somente se aplica aos chamados efeitos *genéricos* da condenação. Neste caso, de fato é desnecessário o pronunciamento do juiz, a esse respeito, na sentença. São as hipóteses contempladas no art. 91 do CP; já o art. 92 do CP trata dos efeitos da condenação *não automáticos* (específicos), que, por essa razão, somente podem incidir se o juiz, na sentença condenatória, declará-los de forma motivada; **B:** correta, pois corresponde à regra presente no art. 89 do CP; **C:** incorreta. As espécies de pena, segundo o rol contido no art. 32 do CP, são *privativas de liberdade*, *restritivas de direitos* e *multa*; **D:** incorreta. Não basta, para que o juiz decrete a

revogação do *sursis*, que o beneficiado pratique novo crime doloso, sendo de rigor que seja por ele condenado em definitivo (sentença com trânsito em julgado), na forma estatuída no art. 81, I, do CP; **E:** incorreta. O erro da assertiva incide tão somente sobre o prazo de 2 anos, que, na verdade, por força do disposto no art. 64, I, do CP, é de 5 anos.

Gabarito "B".

11. APLICAÇÃO DA PENA

(Juiz de Direito – TJ/SP – 2023 – VUNESP) A embriaguez deve ser considerada circunstância agravante do crime quando:

(A) decorre de estado de violenta emoção.

(B) poderia ser evitada.

(C) é preordenada.

(D) decorre involuntariamente.

A assertiva a ser assinalada é a "C", porquanto em conformidade com o disposto no art. 61, II, *l*, do CP. 🔲

Gabarito "C".

(Juiz de Direito – TJ/SP – 2023 – VUNESP) É circunstância que sempre atenua a pena:

(A) o desconhecimento da lei.

(B) a ausência de dolo antecedente.

(C) a conduta da vítima.

(D) o estado de embriaguez involuntária.

A assertiva a ser assinalada é a "A", porquanto em conformidade com o disposto no art. 65, II, do CP. 🔲

Gabarito "A".

(Juiz de Direito/SP – 2021 – Vunesp) A respeito do crime praticado em continuidade delitiva, é correto afirmar que

(A) nosso Código Penal adotou a teoria da unidade real.

(B) não se admitirá a suspensão condicional da pena.

(C) as penas de multa devem ser aplicadas distinta e integralmente.

(D) sobrevindo nova lei mais grave, ela será aplicada, se sua vigência for anterior à cessação do fato criminoso.

A: incorreta. No que concerne à natureza jurídica do crime continuado, a doutrina concebeu duas teorias: da unidade real (realidade) e da ficção jurídica, sendo esta última acolhida pelo Código Penal. Nesse sentido, conferir: "O Direito Penal brasileiro encampou a teoria da ficção jurídica para justificar a natureza do crime continuado (art. 71, do Código Penal). Por força de uma ficção criada por lei, justificada em virtude de razões de política criminal, a norma legal permite a atenuação da pena criminal, ao considerar que as várias ações praticadas pelo sujeito ativo são reunidas e consideradas fictamente como delito único" (STF, HC 91370, Rel. Min. Ellen Gracie, 2ª Turma, j. 20.05.2008). Importante que se diga que, em relação ao crime continuado, o STJ editou a Súmula n. 659: "A fração de aumento em razão da prática de crime continuado deve ser fixada de acordo com o número de delitos cometidos, aplicando-se 1/6 pela prática de duas infrações, 1/5 para três, 1/4 para quatro, 1/3 para cinco, 1/2 para seis e 2/3 para sete ou mais infrações"; **B:** incorreta. Não há óbice para que seja concedida, no crime continuado, a suspensão condicional da pena, desde que preenchidos os requisitos do art. 77 do CP; **C:** incorreta. Divergem doutrina e jurisprudência quanto à extensão do art. 72 do CP, que estabelece que, no concurso de crimes, a pena de multa será aplicada distinta e integralmente. Quanto aos concursos material e formal, é consenso que este art. 72 do CP tem incidência. O ponto de divergência refere-se ao crime continuado. Para parte da comunidade jurídica, este dispositivo também tem incidência no crime continuado; afinal, o art. 72 do CP não excepcionou esta modalidade de concurso de crimes; no entanto, parte da doutrina e da jurisprudência entende, diferentemente, que, no crime continuado, que é considerado delito único (ficção jurídica),

deverá ser aplicada uma única pena de multa, contrariando, portanto, a regra presente no art. 72 do CP. Seja como for, fato é que o STJ adota o posicionamento no sentido de que o art. 72 não tem incidência nos casos de continuidade delitiva. Conferir: "Conforme jurisprudência desta Corte, a regra do art. 72 do Código Penal – CP é aplicada às hipóteses de concurso formal ou material, não incidindo o referido dispositivo aos casos em que há reconhecimento da continuidade delitiva. 2. No caso dos autos, embora a Corte de origem tenha adotado fundamentação que contraria o entendimento desta Corte quanto à aplicabilidade do art. 72 do Código Penal, na parte dispositiva, deixou de aplicar a regra do dispositivo mencionado, reduzindo a pena de multa para patamar proporcional à pena privativa de liberdade. Assim, inexiste ilegalidade a ser corrigida no apelo nobre. 3. Agravo regimental desprovido" (STJ, AgRg no REsp 1843797/SP, Rel. Ministro Joel Ilan Paciornik, Quinta Turma, julgado em 05.03.2020, DJe 16.03.2020); **D:** correta, pois reflete o entendimento firmado na Súmula 711 do STF: "A lei penal mais grave aplica-se ao crime continuado ou ao crime permanente, se a sua vigência é anterior à cessação da continuidade ou da permanência". **ED**
Gabarito "D".

(Juiz de Direito – TJ/RJ – 2019 – VUNESP) No sistema brasileiro de aplicação de pena, o desconhecimento da lei

(A) é causa de diminuição da pena.

(B) não tem qualquer consequência para a pena.

(C) socorre como atenuante apenas aos menores de 21 (vinte e um) anos.

(D) isenta de pena por afastar a potencial consciência da ilicitude e, consequentemente, a culpabilidade.

(E) é circunstância atenuante da pena.

O art. 21, *caput*, do CP consagra o *princípio da inescusabilidade do desconhecimento da lei*, isto é, a ninguém é dado o direito de alegar que não conhece a lei. Assim que entra em vigor, a lei passa a vincular indistintamente a todos membros da sociedade, sendo defeso, a partir de então, invocar seu desconhecimento. Entretanto, o desconhecimento da lei, a depender das circunstâncias do caso concreto, pode figurar como circunstância atenuante, nos termos do art. 65, II, do CP. Dito de outro modo, o desconhecimento da lei não isenta o agente de pena, mas, conforme o caso, pode servir para que ela seja reduzida. **ED**
Gabarito "E".

(Investigador – PC/BA – 2018 – VUNESP) Quando o agente, mediante mais de 1 (uma) ação ou omissão, pratica 2 (dois) ou mais crimes, verifica-se o instituto do concurso de crimes, que pode ser formal ou material, a depender da unidade ou da pluralidade de condutas. Sobre o tema, o Código Penal estabelece que

(A) na hipótese de concurso material, quando ao agente tiver sido aplicada pena privativa de liberdade, não suspensa, por um dos crimes, para os demais crimes será cabível a substituição de pena privativa de liberdade por pena restritiva de direitos.

(B) na hipótese de concurso formal imperfeito ou impróprio, aplica-se o sistema de exasperação da pena, independentemente da quantidade de condenação.

(C) quando forem aplicadas penas restritivas de direitos, será possível ao condenado cumpri-las de forma simultânea, desde que compatíveis entre si.

(D) se entende por concurso formal próprio ou perfeito aquele em que o agente pratica mais de uma conduta, mas na presença de desígnios autônomos, ou seja, a vontade de atingir mais de um resultado.

(E) no caso de concurso material, sendo o agente condenado cumulativamente a pena de reclusão e detenção, executa-se primeiro a de detenção.

A: incorreta, já que contraria a regra presente no art. 69, § 1º, do CP, que veda, neste caso, a substituição de pena privativa de liberdade por pena restritiva de direitos; **B:** incorreta, já que o sistema da exasperação se aplica ao concurso formal *próprio* ou *perfeito*. Vejamos. Nos termos do art. 70 do CP, o concurso formal poderá ser *próprio* (perfeito) ou *impróprio* (imperfeito). No primeiro caso (primeira parte do *caput*), temos que o agente, por meio de uma única ação ou omissão (um só comportamento), pratica dois ou mais crimes, idênticos ou não, com *unidade de desígnio*; já no *concurso formal impróprio* ou *imperfeito* (segunda parte do *caput*), a situação é diferente. Aqui, a conduta única decorre de desígnios autônomos, vale dizer, o agente, no seu atuar, deseja os resultados produzidos. Como consequência, as penas serão somadas, aplicando-se o critério ou sistema do *cúmulo material*. No concurso formal perfeito, diferentemente, se as penas previstas forem idênticas, aplica-se somente uma; se diferentes, aplica-se a maior, acrescida, em qualquer caso, de um sexto até metade (sistema da exasperação); **C:** correta, uma vez que reflete o disposto no art. 69, § 2º, do CP; **D:** incorreta. O concurso formal próprio ou perfeito pressupõe, por parte do agente, o cometimento de dois ou mais crimes por meio de uma única ação ou omissão (um só comportamento), com *unidade de desígnio*; **E:** incorreta, já que será cumprida, em primeiro lugar, a pena de reclusão; após, a de detenção (art. 69, *caput*, parte final, CP). **ED**
Gabarito "C".

(Juiz de Direito – TJ/RJ – VUNESP – 2016) José adentra a um bar e pratica roubo contra dez pessoas que ali estavam presentes em dois grupos distintos de amigos, subtraindo para si objetos de valor a elas pertencentes. Nesta hipótese, segundo a jurisprudência dominante mais recente do Superior Tribunal de Justiça, José praticou

(A) dois crimes de roubo em concurso material.

(B) os crimes (dez crimes de roubo) em concurso formal.

(C) os crimes (dez crimes de roubo) em continuidade delitiva.

(D) um único crime de roubo.

(E) os crimes (dez crimes de roubo) em concurso material.

No crime de roubo, se as subtrações que vulneraram o patrimônio de duas ou mais pessoas se deram no mesmo contexto, fala-se em concurso formal de crimes (art. 70 do CP). Nesse sentido é a lição de Guilherme de Souza Nucci: "(...) Ilustrando, o autor ingressa num ônibus, anuncia o assalto e pede que todos passem os bens. Concretiza-se o concurso formal perfeito, pois o agente não possui desígnios autônomos, vale dizer, dolo direto em relação a cada uma das vítimas, que nem mesmo conhece (...)" (*Código Penal Comentado*. 13. ed., São Paulo: Ed. RT, 2013. p. 807). Na jurisprudência do STJ: "Penal e processo penal. Agravo regimental em agravo em recurso especial. 1. Julgamento monocrático. Ofensa ao princípio da colegialidade. Não ocorrência. Art. 557 do CPC e art. 34, XVIII, do RISTJ. 2. Divergência jurisprudencial quanto à aplicação do art. 70 do CP. Dissídio não demonstrado. Roubo com diversidade de vítimas e patrimônios. Crime único. Impossibilidade. Concurso formal. Precedentes desta corte. Súmula 83/STJ. 3. Agravo regimental improvido. 1. Nos termos do art. 557, *caput*, do Código de Processo Civil, c/c o art. 3º do Código de Processo Penal, e do art. 34, XVIII, do RISTJ, é possível, em matéria criminal, que o relator negue seguimento a recurso ou a pedido manifestamente inadmissível, improcedente, prejudicado ou em confronto com súmula ou jurisprudência dominante, sem que, em tese, se configure ofensa ao princípio da colegialidade, o qual sempre estará preservado, diante da possibilidade de interposição de agravo regimental. 2. É entendimento desta Corte Superior que o roubo perpetrado contra diversas vítimas, ainda que ocorra num único evento, configura o concurso formal e não o crime único, ante a pluralidade de bens jurídicos tutelados ofendidos. Dessa forma, estando o acórdão recorrido de acordo com a jurisprudência do Superior Tribunal de Justiça, incide no caso o enunciado n. 83 da Súmula desta Corte. 3. Agravo regimental a que se nega provimento" (AgRg no AREsp 389.861/MG, Rel. Ministro MARCO Aurélio Bellizze,

3. DIREITO PENAL

Quinta Turma, julgado em 18.06.2014, *DJe* 27.06.2014). Também nesse sentido: "Caracteriza-se o concurso formal de crimes quando praticado o roubo, mediante uma só ação, contra vítimas distintas, pois atingidos patrimônios diversos. Precedentes" (STJ, HC 459.546/SP, Rel. Ministra LAURITA VAZ, SEXTA TURMA, julgado em 13/12/2018, DJe 04/02/2019).

Gabarito "B".

(Delegado/SP – VUNESP – 2014) "X" recebe recomendação médica para ficar de repouso, caso contrário, poderia sofrer um aborto. Ocorre que "X" precisa trabalhar e não consegue fazer o repouso desejado e, por essa razão, acaba expelindo o feto, que não sobrevive.

Em tese, "X"

(A) não praticou crime algum.
(B) praticou o crime de aborto doloso.
(C) praticou o crime de aborto culposo.
(D) praticou o crime de lesão corporal qualificada pela aceleração do parto.
(E) praticou o crime de desobediência.

A: correta. Entendendo-se que a conduta de "X", com recomendação médica de repouso, foi imprudente, teríamos um aborto culposo. Porém, por falta de previsão legal de referida modalidade, a gestante não praticou crime algum; **B:** incorreta. Não se enxerga na conduta de "X" tenha agido com vontade livre e consciente de causar o abortamento (dolo direto) ou assumido o risco de produzir o resultado (dolo eventual). Vê-se que o desatendimento à recomendação médica decorreu da necessidade de trabalhar, não conseguindo fazer o repouso desejado, daí advindo a morte do feto; **C:** incorreta, por inexiste a forma culposa de aborto; **D:** incorreta, pois não poderia a gestante responder por verdadeira autolesão (lesão corporal dolosa qualificada pela aceleração do parto), que, como sabido, é impunível. O fato de ter havido o abortamento, como visto, redundou, se tanto, de comportamento imprudente de "X". Porém, inexistindo a figura do aborto culposo, nada resta a ser feito; **E:** incorreta, pois não se subsumindo a conduta de "X" ao art. 330 do CP, que pressupõe a desobediência à ordem legal emanada de funcionário público. Ainda que o médico fosse funcionário público, sua recomendação (repouso) não se revestiria das características de uma "ordem". Logo, não se pode falar de prática de crime de desobediência.

Gabarito "A".

12. *SURSIS*, LIVRAMENTO CONDICIONAL, REABILITAÇÃO E MEDIDAS DE SEGURANÇA

(Juiz de Direito – TJ/SP – 2023 – VUNESP) É requisito para a concessão do livramento condicional:

(A) a realização de trabalho ou estudo durante os 06 meses que antecederam o pedido de livramento.
(B) não tenha cometido falta grave nos últimos 18 (dezoito) meses.
(C) aptidão para prover sua subsistência, ou comprovar quem o possa fazer, em decorrência de trabalho honesto.
(D) que a pena privativa de liberdade seja igual ou superior a 2 anos.

A assertiva a ser assinalada como correta é a "D", pois se encontra em conformidade com o disposto no art. 83, *caput*, do CP: "O juiz poderá conceder livramento condicional ao condenado a pena privativa de liberdade igual ou superior a 2 (dois) anos (...)". No que concerne ao livramento condicional, reputo importante fazer algumas ponderações em face do advento da Lei 13.964/2019, que introduziu novo requisito para a concessão do livramento condicional. Até então, tínhamos que o inciso III do art. 83 do CP continha os seguintes requisitos: comportamento satisfatório no curso da execução da pena; bom desempenho

no trabalho atribuído ao reeducando; e aptidão para prover à própria subsistência por meio de trabalho honesto. O que fez a Lei 13.964/2019 foi inserir, neste inciso III, um quarto requisito. Doravante, além de preencher os requisitos contemplados no art. 83 do CP (nos seus cinco incisos), é de rigor que o reeducando, para fazer jus à concessão do livramento, não tenha cometido falta grave nos últimos 12 meses. O inciso III, que passou a abrigar esta modificação, foi fracionado em quatro alíneas ("a", "b", "c" e "d"), cada qual correspondente a um requisito (os três aos quais me referi anteriormente e este novo requisito introduzido pela *novel* lei). **ED**

Gabarito "D".

(Juiz de Direito – TJ/SP – 2023 – VUNESP) Quais são os efeitos da reabilitação e condições para seu requerimento?

(A) Sigilo dos registros do processo e condenação, devendo ser requerida no prazo de 2 (dois) anos da extinção da pena, acarretando a reintegração do condenado ao cargo, função pública ou mandato eletivo.
(B) Sigilo dos registros do processo e condenação, sem interferência no prazo de 02 (dois) anos do dia que julgada extinta, por sentença, a pena imposta.
(C) Sigilo dos registros do processo e da condenação, devendo ser requerida no prazo de 02 (dois) anos da data da extinção ou cumprimento da pena, sob pena de preclusão.
(D) Sigilo dos registros do processo e condenação, e decurso do prazo de 02 (dois) anos do dia em que extinta ou cumprida a pena.

Os requisitos da reabilitação, instituto de política criminal cujo escopo é estimular a regeneração do sentenciado, afastando alguns efeitos da condenação, estão contemplados no art. 94 do CP, a saber: requerimento formulado dois anos depois de extinta a pena; reparação do dano, salvo impossibilidade de fazê-lo; e domicílio no país e bom comportamento público e privado nos últimos dois anos. **ED**

Gabarito "D".

(Juiz de Direito/SP – 2021 – Vunesp) Sobre o instituto do livramento condicional, é correto afirmar que

(A) deverá ser revogado no caso de nova condenação à pena privativa de liberdade, ainda que a decisão esteja sujeita a recurso.
(B) para sua concessão, é de rigor que o condenado não tenha cometido falta grave nos últimos 12 meses.
(C) obriga o recolhimento do egresso ao seu local de moradia em horário determinado.
(D) é cabível para as penas restritivas de direitos e penas pecuniárias.

A: incorreta, na medida em que a revogação pressupõe o trânsito em julgado da sentença referente à nova condenação à pena privativa de liberdade (art. 86 do CP); **B:** correta. A Lei 13.964/2019 (pacote anticrime) introduziu novo requisito para a concessão do livramento condicional. Até então, tínhamos que o inciso III do art. 83 do CP continha os seguintes requisitos: comportamento satisfatório no curso da execução da pena; bom desempenho no trabalho atribuído ao reeducando; e aptidão para prover à própria subsistência por meio de trabalho honesto. O que fez a Lei 13.964/2019 foi inserir, neste inciso III, um quarto requisito. Doravante, além de preencher os requisitos contemplados no art. 83 do CP (nos seus cinco incisos), é de rigor que o reeducando, para fazer jus à concessão do livramento, não tenha cometido falta grave nos últimos 12 meses. O inciso III, que passou a abrigar esta modificação, foi fracionado em quatro alíneas ("a", "b", "c" e "d"), cada qual correspondente a um requisito (os três aos quais me referi acima e este novo requisito introduzido pela *novel* lei); **C:** incorreta. Nos termos do art. 132, § 2º, *b*, da LEP, a condição consistente em recolher-se à habitação em horário determinado é de imposição facultativa pelo magistrado; **D:** incorreta. Por expressa disposição do art. 83, *caput*, do CP, o livramento condicional somente terá lugar nos casos de condenação a *pena privativa de liberdade* igual ou superior a dois anos. ED

Gabarito "B".

(Delegado/SP – VUNESP – 2014) "X", primário e de bons antecedentes, cumpre, com bom comportamento, pena de vinte anos de reclusão em regime fechado, pela prática do crime de latrocínio. Até o momento, "X" cumpriu quatorze anos do total da pena. Nesse caso, a resposta correta para a pergunta – "X" tem direito à concessão de algum benefício? – é:

(A) "X" tem direito ao livramento condicional.
(B) "X" tem direito à concessão da liberdade provisória.
(C) "X" tem direito à concessão do *sursis*.
(D) "X" tem direito à concessão da suspensão condicional da pena.
(E) "X" não faz jus a nenhum benefício por ter praticado crime hediondo.

A: correta. Considerando que o latrocínio (art. 157, § 3º, II, CP) é crime hediondo, a obtenção do livramento condicional será possível após o cumprimento de mais de dois terços da pena (art. 83, V, CP). Considerando que "X" é primário (portanto, não é reincidente específico em crimes hediondos ou equiparados, o que obstacularizaria a concessão do benefício) e de bons antecedentes, e dado que já cumpriu mais de dois terços da pena total, fará jus, repita-se, ao livramento condicional; **B:** incorreta. A liberdade provisória é instituto de índole processual, cabível em sede de prisão cautelar. Dado que "X" está preso em regime fechado em virtude de condenação por latrocínio, não mais se cogita de liberdade provisória, já que, repita-se, estamos diante de uma prisão-pena; **C:** incorreta, sendo incabível o *sursis* (suspensão condicional da execução da pena) para condenação à pena de vinte anos, consoante se depreende do art. 77, CP; **D:** incorreta, pela mesma razão exposta no comentário antecedente. Importa registrar que o *sursis* nada mais é do que a suspensão condicional da pena (são sinônimos); **E:** incorreta. Nada obstante o latrocínio seja crime hediondo, são admissíveis, sim, benefícios de índole penal, tais como o livramento condicional e a progressão de regime.

Gabarito "A".

13. AÇÃO PENAL

(Investigador – PC/BA – 2018 – VUNESP) Acácio, no dia 19 de fevereiro de 2018 (segunda-feira), foi vítima do crime de difamação. O ofensor foi seu vizinho Firmino. Trata-se de crime de ação privada, cujo prazo decadencial (penal) para o oferecimento da petição inicial é de 6 meses a contar do conhecimento da autoria do crime. Sobre a contagem do prazo, qual seria o último dia para o oferecimento da queixa-crime?

(A) 17 de agosto de 2018 (sexta-feira).
(B) 18 de agosto de 2018 (sábado).
(C) 19 de agosto de 2018 (domingo).
(D) 20 de agosto de 2018 (segunda-feira).
(E) 21 de agosto de 2018 (terça-feira).

O prazo decadencial – que tem natureza penal – tem como termo inicial a data em que o ofendido tem conhecimento de quem é o autor do delito, na forma estabelecida no art. 38 do CPP. Na hipótese narrada no enunciado, corresponde ao dia em que se deram os fatos. Tendo natureza penal, a contagem do prazo decadencial se faz segundo as regras do art. 10 do CP, incluindo-se o primeiro dia e excluindo-se o

derradeiro. Dessa forma, a queixa deve ser ajuizada até o dia 17 de agosto de 2018, uma sexta-feira. ED

Gabarito "A".

(Defensor Público/RO – 2017 – VUNESP) Assinale o crime que se processa mediante ação penal pública incondicionada.

(A) Furto de coisa comum (CP, art. 156).
(B) Violação do segredo profissional (CP, art. 154).
(C) Perigo de contágio venéreo (CP, art. 130).
(D) Ameaça (CP, art. 147).
(E) Violação de domicílio (CP, art. 150).

A: incorreta. A ação penal, no crime de furto de coisa comum, capitulado no art. 156 do CP, é pública condicionada à representação do ofendido, conforme prevê o § 1º do dispositivo; **B:** incorreta. Conforme dispõe o art. 154, parágrafo único, do CP, a ação penal, no crime de violação de segredo profissional, é pública condicionada a representação, sendo de rigor o oferecimento de representação para que o MP possa promover a responsabilização criminal; **C:** incorreta. Em conformidade com o art. 130, § 2º, do CP, a ação penal, no crime de perigo de contágio venéreo, é pública condicionada à representação do ofendido; **D:** incorreta. O crime de ameaça somente se procede mediante representação (ação penal pública condicionada), conforme art. 147, parágrafo único, do CP; **E:** correta. O art. 150 do CP, que define o crime de violação de domicílio, nenhuma referência fez quanto à natureza da ação penal, razão penal qual deve-se considerá-la como pública incondicionada. ED

Gabarito "E".

14. EXTINÇÃO DA PUNIBILIDADE EM GERAL

(Procurador Municipal/SP – VUNESP – 2016) Sobre as causas extintivas de punibilidade, é correto afirmar que a

(A) lei posterior que deixa de considerar como infração um fato que era anteriormente punido (*abolitio criminis*) exclui os efeitos jurídicos penais e civis decorrentes da aplicação da lei anterior.
(B) prescrição, antes de transitar em julgado a sentença final, começa a correr, no caso de tentativa, do dia em que cessou a atividade criminosa e nos casos dos crimes permanentes, do dia em que cessou a permanência.
(C) perempção pode ser reconhecida na ação privada exclusiva e na ação privada subsidiária da pública e havendo dois ou mais querelantes, sua ocorrência alcança somente aquele que lhe deu causa, prosseguindo quanto aos demais.
(D) decadência, perda do direito de ação ou de representação do ofendido em face do decurso de tempo, tem prazo sujeito a interrupção ou a suspensão.

A: incorreta. A ocorrência da *abolitio criminis* faz desaparecer todos os efeitos penais, principais e secundários; subsistem, no entanto, os civis (extrapenais), por força do que dispõe o art. 2º, *caput*, parte final, do CP; **B:** correta, pois reflete o que estabelece o art. 111, II e III, do CP; **C:** incorreta, pois não há se falar em perempção na ação penal privada subsidiária da pública. Isso porque, nos termos do art. 29 do CPP, o querelante revelar-se desidioso, pode o Ministério Público retomar a titularidade da ação. Somente terá lugar a perempção na ação penal privada exclusiva e também na personalíssima. Ademais, é correto afirmar que a perempção só se dá em relação ao querelante desidioso, não atingindo, pois, aquele que não lhe deu causa; **D:** incorreta. O prazo decadencial, cuja contagem se dá nos moldes do art. 10 do CP (prazo penal), já que leva à extinção da punibilidade, não se interrompe tampouco se suspende.

Gabarito "B".

3. DIREITO PENAL — 103

(Juiz de Direito – TJ/MS – VUNESP – 2015) Quanto à extinção da punibilidade, é correto afirmar que

(A) a punibilidade só se extingue pela morte do agente; pela anistia, graça ou indulto; pela prescrição, decadência ou perempção; pela renúncia do direito de queixa ou pelo perdão aceito, nos crimes de ação privada e pela retratação do agente, nos casos em que a lei a admite.

(B) o curso da prescrição interrompe-se com o oferecimento da denúncia pelo Ministério Público.

(C) o perdão expresso ou tácito concedido pelo ofendido a um dos querelados não pode ser aproveitado pelos demais na hipótese de ofensa conjunta por mais de um agente.

(D) considerando que o delito previsto no art. 137, *caput*, do Código Penal prevê pena de detenção de quinze dias a dois meses ou multa, a prescrição da pena em abstrato ocorrerá em dois anos.

(E) a sentença que conceder perdão judicial não será considerada para efeitos de reincidência.

A: incorreta. Em primeiro lugar, porque a alternativa não contemplou todas as causas extintivas de punibilidade elencadas no rol do art. 107 do CP. Segundo porque é unânime na doutrina o entendimento segundo o qual o rol contido no art. 107 do CP é exemplificativo, podendo ser encontradas, além dessas (art. 107), outras causas extintivas da punibilidade tanto no Código Penal quanto na legislação penal especial. Alguns exemplos: reparação do dano no peculato culposo (art. 312, § 3°, do CP); decurso do prazo do *sursis*, sem revogação (art. 82, CP); pagamento do tributo antes do oferecimento da denúncia (art. 34 da Lei 9.249/1995); falta de representação da vítima na Lei 9.099/1995, entre outras hipóteses; **B: incorreta**, na medida em que o curso da prescrição é interrompido, entre outras causas, pelo recebimento da denúncia ou queixa (e não pelo seu oferecimento), tal como estabelece o art. 117, I, do CP; **C: incorreta.** O perdão, quer seja expresso, quer seja tácito, a todos os agentes se estende (art. 106, I, do CP), mas somente produzirá efeitos em relação àqueles que o aceitarem; **D: incorreta.** Isso porque, sendo a pena máxima cominada ao crime do art. 137 do CP de dois meses ou multa, a prescrição dar-se-á no prazo de 3 anos (e não 2), tal como previsto no art. 109, VI, do CP; **E: correta**, pois reflete o disposto no art. 120 do CP e na Súmula 18, do STJ.
Gabarito "E."

15. PRESCRIÇÃO

(Juiz de Direito – TJ/SP – 2023 – VUNESP) É causa impeditiva para a contagem do prazo para a prescrição enquanto não passar em julgado a sentença final:

(A) o recebimento da denúncia.

(B) o agente cumprir pena no exterior.

(C) a não localização do agente.

(D) o início do cumprimento da pena.

Nos termos do art. 116, II, do CP, enquanto o agente cumpre pena no exterior, não corre a prescrição da pretensão punitiva (verificável antes do trânsito em julgado da sentença condenatória). Trata-se de causa impeditiva da prescrição. Diversamente do que se dá com as causas interruptivas da prescrição, previstas no art. 117 do CP, as causas impeditivas suspendem o curso do prazo prescricional. Encerrada a causa fática que ensejou a suspensão, o prazo prescricional tem seu curso retomado pelo período restante no momento da paralização. Na hipótese de a causa impeditiva ser preexistente à consumação do crime, sua verificação impede o próprio início da contagem do prazo prescricional. Quanto à prescrição da pretensão executória, a causa impeditiva da prescrição análoga a esta é ainda mais ampla, já que,

independentemente do local da prisão, não corre a prescrição da pretensão executória se o agente está preso por outro motivo (art. 116, parágrafo único, CP). O dispositivo em questão foi alterado pela Lei n. 13.964/2019.
Gabarito "B."

(Juiz de Direito – TJ/RS – 2018 – VUNESP) João foi condenado por furto simples (CP, art. 155, *caput*) em sentença já transitada em julgado para a acusação. Na primeira fase de dosimetria, a pena foi fixada no mínimo legal. Reconhecidas circunstâncias agravantes, a pena foi majorada em 1/2 (metade). Por fim, em razão da continuidade delitiva, a pena foi novamente aumentada em 1/2 (metade). A prescrição da pretensão executória dar-se-á em

(A) 4 (quatro) anos.

(B) 3 (três) anos.

(C) 8 (oito) anos.

(D) 12 (doze) anos.

(E) 2 (dois) anos.

A pena cominada ao crime de furto simples é de 1 a 4 anos de reclusão, tal como consta do preceito secundário do art. 155 do CP. Pois bem. Pelo que consta do enunciado, o magistrado, na primeira etapa de fixação da pena, após o cotejo das circunstâncias judiciais (art. 59, CP), estabeleceu a pena no seu mínimo legal, ou seja, 1 ano. Já na segunda fase, em que o magistrado analisa as agravantes e atenuantes, a pena foi majorada em metade, chegando-se, assim, à pena de 1 ano e 6 meses. Ao final, já na terceira etapa, na qual incidem as causas de aumento e diminuição, o magistrado fez incidir um aumento da ordem de metade, o que se deu em razão do reconhecimento da continuidade delitiva. Chega-se, então, à pena final de 2 anos e 3 meses de reclusão. Levando-se em conta o que dispõem os arts. 109, IV, e 110, § 1°, ambos do CP, a prescrição dar-se-á em oito anos. Sucede que, segundo entendimento sufragado na Súmula 497, do STF, quando se tratar de crime continuado, não se levará em consideração, para o fim de calcular a prescrição, o aumento daí decorrente. Sendo assim, a pena que será levada em conta é aquela à qual o juiz chegou na segunda etapa da dosimetria, ou seja, 1 ano e 6 meses, o que leva o prazo prescricional ao patamar de 4 anos (art. 109, V, do CP).
Dica: esta questão exige do candidato o conhecimento da pena cominada aos crimes bem como da tabela do art. 109 do CP (a famigerada *decoreba*). Assim, recomenda-se, quando do estudo dos tipos penais, a análise e assimilação das penas.
Gabarito "A."

(Delegado/SP – VUNESP – 2014) Em regra geral, a prescrição antes de transitar em julgado a sentença final

(A) é chamada, pela doutrina, de prescrição intercorrente.

(B) é chamada, pela doutrina, de prescrição retroativa.

(C) regula-se pelo mínimo da pena privativa de liberdade cominada ao crime.

(D) regula-se pela pena aplicada na sentença de primeiro grau.

(E) regula-se pelo máximo da pena privativa de liberdade cominada ao crime.

A: incorreta. A prescrição intercorrente (ou superveniente), embora seja espécie de prescrição da pretensão punitiva, anterior ao trânsito em julgado da sentença penal condenatória, não é "sinônimo" da prescrição em geral. Verifica-se a partir da publicação da sentença condenatória, estendendo-se até o trânsito em julgado para as partes; **B: incorreta.** Assim como a prescrição intercorrente, a prescrição retroativa é espécie de prescrição da pretensão punitiva, que se verifica da sentença condenatória recorrível "para trás", não podendo ter por termo inicial data anterior à denúncia ou queixa (art. 110, § 1°, CP); **C: incorreta.** Em regra, a prescrição da pretensão punitiva (anterior ao trânsito em julgado da sentença final) regula-se pelo máximo da pena privativa de liberdade cominada ao crime (art. 109, *caput*, do CP); **D:** incorreta, pois a prescrição da pretensão punitiva, em regra, como dito, regula-se pela pena abstratamente cominada, e não pela pena aplicada; **E:** correta, nos termos do precitado art. 109, *caput*, do CP.

Gabarito "E".

16. CRIMES CONTRA A PESSOA

(Juiz de Direito – TJ/SP – 2023 – VUNESP) Nos crimes contra a honra, a pena é aumentada em 1/3, se:

(A) o conceito desfavorável emitido por funcionário público, em apreciação ou informação que preste no cumprimento de dever de ofício.

(B) cometido na presença de várias pessoas ou por meio que facilite a divulgação do crime.

(C) cometido contra qualquer pessoa em razão de seu trabalho.

(D) a injúria ou difamação é irrogada em juízo, na discussão da causa, pela parte ou seu procurador.

A assertiva a ser assinalada é a "B", pois em conformidade com o art. 141, III, do CP. Dentro do tema crimes contra a honra, em especial as suas causas de aumento, vale o registro de que o Projeto de Lei 6.341/2019, que deu origem ao pacote anticrime, previa a inclusão de nova causa de aumento de pena aos crimes contra a honra (calúnia, difamação e injúria), na hipótese de eles serem cometidos ou divulgados em redes sociais ou na rede mundial de computadores, o que foi feito por meio da inserção do § 2º ao art. 141 do CP. O texto original estabelecia que a pena, nesta hipótese, seria triplicada. Ao apreciar o PL, o presidente da República vetou o dispositivo. Posteriormente, o Congresso Nacional derrubou esse veto, de forma que o dispositivo (art. 141, § 2º) que, no projeto original, previa que a pena fosse triplicada nos crimes contra a honra praticados ou divulgados em redes sociais ou na rede mundial de computadores, foi reincorporado ao pacote anticrime, nos seguintes termos: "se o crime é cometido ou divulgado em quaisquer modalidades das redes sociais da rede mundial de computadores, aplica-se em triplo a pena". O presidente da República, ao vetar este dispositivo, ponderou que "a propositura legislativa, ao promover o incremento da pena no triplo quando o crime for cometido ou divulgado em quaisquer modalidades das redes da rede mundial de computadores, viola o princípio da proporcionalidade entre o tipo penal descrito e a pena cominada, notadamente se considerarmos a existência de legislação atual que já tutela suficientemente os interesses protegidos pelo Projeto, ao permitir o agravamento da pena em um terço na hipótese de qualquer dos crimes contra a honra ser cometido por meio que facilite a sua divulgação. Ademais, a substituição da lavratura de termo circunstanciado nesses crimes, em razão da pena máxima ser superior a dois anos, pela necessária abertura de inquérito policial, ensejaria, por conseguinte, superlotação das delegacias e, com isso, redução do tempo e da força de trabalho para se dedicar ao combate de crimes graves, tais como homicídio e latrocínio". ED

Gabarito "B".

(Juiz de Direito – TJ/SP – 2023 – VUNESP) O feminicídio é forma qualificada de homicídio. A pena deve ser objeto de acréscimo de 2/3 quando a vítima é menor de 14 (catorze) anos:

(A) em menosprezo ou discriminação à condição de mulher.

(B) se cometido mediante tortura.

(C) por não aceitar o rompimento de relação amorosa.

(D) se cometido por empregador.

A alternativa a ser assinalada como correta é a "D", porquanto em consonância com o art. 121, § 2º-B, do CP: "A pena do homicídio contra menor de 14 (quatorze) anos é aumentada de: I – 1/3 (um terço) até a metade se a vítima é pessoa com deficiência ou com doença que implique o aumento de sua vulnerabilidade; II – 2/3 (dois terços) se o autor é ascendente, padrasto ou madrasta, tio, irmão, cônjuge, companheiro, tutor, curador, preceptor ou empregador da vítima ou por qualquer outro título tiver autoridade sobre ela. (Incluído pela Lei nº 14.344, de 2022)"; III – 2/3 (dois terços) se o crime for praticado em instituição de educação básica pública ou privada. (Incluído pela Lei nº 14.811, de 2024) Atualmente, por força da Lei 14.994/2024, posterior à elaboração desta questão, o crime de feminicídio foi inserido no art. 121-A do CP, o que lhe conferiu autonomia. Até então, tratava-se de modalidade qualificada de homicídio. ED

Gabarito "D".

(Juiz de Direito – TJ/RS – 2018 – VUNESP) O feminicídio (CP, art. 121, § 2º, VI)

(A) está ausente do rol dos crimes hediondos (Lei nº 8.072/90).

(B) demanda, para seu reconhecimento, obrigatória relação doméstica ou familiar entre agressor e vítima.

(C) é o homicídio qualificado por condições do sexo feminino.

(D) foi introduzido em nosso ordenamento pela Lei Maria da Penha (Lei nº 11.340/06).

(E) admite a modalidade preterdolosa.

A: incorreta, uma vez que o *feminicídio*, modalidade de homicídio qualificado introduzida, pela Lei 13.104/2015, no Código Penal – art. 121, § 2º, VI, faz parte, sim, do rol dos crimes hediondos, conforme art. 1º, I, da Lei 8.072/1990 (Crimes Hediondos), dispositivo alterado por força da Lei 13.142/2015; **B:** incorreta, pois não reflete o disposto no art. 121, § 2º-A, II, do CP, que estabelece haver razões de condição de sexo feminino, além da violência doméstica e familiar, também no caso de manifestação de menosprezo ou discriminação à mulher; **C:** correta (art. 121, § 2º, VI, do CP); **D:** incorreta, dado o que foi afirmado no comentário à assertiva A; **E:** incorreta. O *feminicídio*, espécie de homicídio qualificado, somente comporta a modalidade dolosa. A competência para o julgamento, portanto, é do Tribunal do Júri. Dentro do tema *homicídio qualificado*, é importante que se diga que, recentemente, o Congresso Nacional, ao apreciar os vetos impostos pelo Presidente da República ao PL 6341/2019 (que deu origem à Lei 13.964/2019), rejeitou (derrubou) vários deles (16 dos 24). Um dos vetos rejeitados é o que extrai do projeto de lei o inciso VIII do § 2º do art. 121 do CP, que criava nova figura qualificada do delito de homicídio, a saber: cometido com o emprego de arma de fogo de uso restrito ou proibido. Com a derrubada do veto, os homicídios praticados com arma de fogo de uso restrito ou proibido passam a ser qualificados. Segundo justificativa apresentada pelo Palácio do Planalto para a imposição do veto, *a propositura legislativa, ao prever como qualificadora do crime de homicídio o emprego de arma de fogo de uso restrito ou proibido, sem qualquer ressalva, viola o princípio da proporcionalidade entre o tipo penal descrito e a pena cominada, além de gerar insegurança jurídica, notadamente aos agentes de segurança pública, tendo em vista que esses servidores poderão ser severamente processados ou condenados criminalmente por utilizarem suas armas, que são de uso restrito, no exercício de suas funções para defesa pessoal ou de terceiros ou, ainda, em situações extremas para a garantia da ordem pública, a exemplo de conflito armado contra facções criminosas.* ED

Dica: atualmente, por força da Lei 14.994/2024, posterior à elaboração desta questão, o crime de feminicídio foi inserido no art. 121-A do CP, o que lhe conferiu autonomia. Até então, tratava-se de modalidade qualificada de homicídio.

Gabarito "C".

3. DIREITO PENAL 105

(Investigador – PC/BA – 2018 – VUNESP) Quanto aos crimes contra a vida, assinale a alternativa correta.

(A) Suponha que "A" seja instigado a suicidar-se e decida pular da janela do prédio em que reside. Ao dar cabo do plano suicida, "A" não morre e apenas sofre lesão corporal de natureza leve. Pode-se afirmar que o instigador deverá responder pelo crime de tentativa de instigação ao suicídio, previsto no art. 122 do Código Penal.

(B) Considera-se qualificado o homicídio praticado contra pessoa menor de 14 anos ou maior de 60 anos.

(C) O Código Penal permite o aborto praticado pela própria gestante quando existir risco de morte e não houver outro meio de se salvar.

(D) O feminicídio é espécie de homicídio qualificado e resta configurado quando a morte da mulher se dá em razão da condição do sexo feminino. Se o crime for presenciado por descendente da vítima, incidirá ainda causa de aumento de pena.

(E) O aborto provocado pela gestante, figura prevista no art. 124 do Código Penal, cuja pena é de detenção de 1 (um) a 3 (três) anos, admite coautoria.

A: incorreta. Isso porque o crime de induzimento, instigação ou auxílio ao suicídio, previsto no art. 122, *caput*, CP, era, ao tempo em que foi elaborada esta questão, daqueles que exigia resultado naturalístico específico para a sua consumação (morte ou lesão corporal de natureza grave), conforme constava da redação anterior do preceito secundário do tipo penal. Assim, se a vítima, ainda que instigada pelo agente a suicidar-se, sofresse tão somente lesão corporal de natureza leve, o fato seria atípico. A tentativa deste delito não era admitida. Pois bem. Isso mudou com o advento da Lei 13.968, de 26 de dezembro de 2019, que conferiu nova redação ao art. 122 do CP, ali incluindo, além do delito que já existia (mas em outras bases), também o crime de induzimento, instigação e auxílio à automutilação. Com isso, passamos a ter o seguinte *nomem juris*: induzimento, instigação ou auxílio ao suicídio ou a automutilação. Antes de mais nada, não podemos deixar de registrar uma crítica ao legislador, que inseriu no catálogo *dos crimes contra a vida* delito que deveria ter sido incluído no capítulo *das lesões corporais*. Refiro-me ao induzimento, instigação ou auxílio à automutilação, que, à evidência, não constitui, nem de longe, crime contra a vida. Além da inserção deste novo crime (induzimento, instigação ou auxílio à automutilação), tratou o legislador de alterar o delito contra a vida já existente de *participação em suicídio*, conferindo nova redação ao tipo penal e inserindo qualificadoras e majorantes. Enfim, o art. 122, que até então contava com um parágrafo único, contém, agora, sete parágrafos. A primeira e mais significativa conclusão a que se chega por meio de uma breve leitura do *caput* deste artigo é que o crime do art. 122 do CP, que era, até então, *material*, passa a ser *formal*. Antes, conforme é sabido, o delito de participação em suicídio somente alcançava a consumação com a produção de resultado naturalístico, ora representado pela morte, ora pela lesão corporal de natureza grave. Ou seja, o crime comportava dois momentos consumativos possíveis. A tentativa não era admitida. Doravante, dada a nova redação conferida ao art. 122, *caput*, do CP, a consumação será alcançada com o mero ato de induzir, instigar ou auxiliar a vítima a suicidar-se ou a automutilar-se. A morte, se ocorrer, configurará a forma qualificada prevista no art. 122, § 2º; se sobrevier, da tentativa de suicídio ou da automutilação, lesão grave ou gravíssima, restará configurada a forma qualificada do art. 122, § 1º. Perceba que a morte e a lesão grave, na redação anterior, constituíam pressuposto à consumação da participação em suicídio; hoje, trata-se de circunstâncias que qualificam o crime de induzimento, instigação ou auxílio a suicídio ou a automutilação. O § 3º do dispositivo em análise estabelece causas de aumento de pena. Reza que a pena será duplicada: se o crime é praticado por motivo egoístico, torpe ou fútil; e

se a vítima é menor ou tem diminuída, por qualquer causa, a capacidade de resistência. O § 4º, por sua vez, impõe um aumento de pena de até o dobro se a conduta é realizada por meio da internet ou rede social ou ainda transmitida em tempo real. A pena será aplicada em dobro se o autor for líder, coordenador ou administrador de grupo, de comunidade ou de rede virtual, ou por estes for responsável (§ 5º, cuja redação foi conferida Lei nº 14.811, de 2024). O § 6º trata da hipótese em que o crime do § 1º deste artigo resulta em lesão corporal de natureza gravíssima e é cometido contra menor de 14 anos ou contra vítima que, por enfermidade ou deficiência mental, não tem o necessário discernimento para a prática do ato, ou que, por qualquer outra causa, está impedido de oferecer resistência, caso em que o agente responderá pelo delito do art. 129, § 2º, do CP; agora, se contra essas mesmas vítimas for cometido o crime do art. 122, § 2º, do CP (suicídio consumado ou morte decorrente da automutilação), o crime em que incorrerá o agente será o de homicídio (art. 121, CP). É o que estabelece o art. 122, § 7º, CP; **B:** não se trata de *qualificadora* e sim de *causa de aumento de pena*, aplicável, é importante que se diga, ao homicídio *doloso* (art. 121, § 4º, parte final, CP), sempre que a vítima for menor de 14 anos ou maior de 60. Dentro do tema *homicídio qualificado*, é importante que se diga que o Congresso Nacional, ao apreciar os vetos impostos pelo Presidente da República ao PL 6.341/2019 (que deu origem à Lei 13.964/2019), rejeitou (derrubou) vários deles (16 dos 24). Um dos vetos rejeitados é o que extraia do projeto de lei o inciso VIII do § 2º do art. 121 do CP, que criava nova figura qualificada do delito de homicídio, a saber: cometido com o emprego de arma de fogo de uso restrito ou proibido. Com a derrubada do veto, os homicídios praticados com arma de fogo de uso restrito ou proibido passam a ser qualificados. Segundo justificativa apresentada pelo Palácio do Planalto para a imposição do veto, *a propositura legislativa, ao prever como qualificadora do crime de homicídio o emprego de arma de fogo de uso restrito ou proibido, sem qualquer ressalva, viola o princípio da proporcionalidade entre o tipo penal descrito e a pena cominada, além de gerar insegurança jurídica, notadamente aos agentes de segurança pública, tendo em vista que esses servidores poderão ser severamente processados ou condenados criminalmente por utilizarem suas armas, que são de uso restrito, no exercício de suas funções para defesa pessoal ou de terceiros ou, ainda, em situações extremas para a garantia da ordem pública, a exemplo de conflito armado contra facções criminosas;* **C:** incorreta. O chamado aborto *necessário* ou *terapêutico* (art. 128, I, CP), que é a modalidade de aborto legal em que a interrupção da gravidez se revela a única forma de salvar a vida da gestante, pressupõe a sua realização por médico. De outra forma não poderia ser. É que somente este profissional está credenciado a interpretar os exames e concluir pela necessidade da manobra abortiva; **D:** correta, pois corresponde ao que estabelece o art. 121, § 2º, VI, e § 7º, III, do CP, cuja redação foi alterada pela Lei 13.771/2018. Atualmente, por força da Lei 14.994/2024, posterior à elaboração desta questão, o crime de feminicídio foi inserido no art. 121-A do CP, o que lhe conferiu autonomia. Até então, tratava-se de modalidade qualificada de homicídio; **E:** incorreta. O crime de aborto definido no art. 124, *caput*, primeira parte, do CP, chamado *autoaborto*, embora seja considerado de *mão própria*, já que impõe ao sujeito ativo, neste caso a gestante que realiza aborto em si própria, uma atuação personalíssima, admite concurso de agentes somente na modalidade *participação*, sendo inviável a *coautoria*. É a hipótese em que terceiro induz, instiga ou auxilia a gestante a provocar, nela própria, a interrupção da gravidez (hipótese de participação); agora, se o terceiro, com o consentimento da gestante, nela promover manobras abortivas, responderá na forma do art. 126 do CP (aborto com consentimento da gestante). Cuida-se, como se pode ver, de exceção à teoria monista. 🅴🅳

Gabarito "D".

(Delegado – PC/BA – 2018 – VUNESP) Segundo o art. 140, do Código Penal Brasileiro (crime de injúria), é correto afirmar que

(A) o crime de injúria qualificado, previsto no parágrafo 3º do art. 140, do CP, que consiste na ofensa à honra

106 EDUARDO DOMPIERI

com a utilização de elementos referentes à raça e à cor, é inafiançável e imprescritível.

(B) o crime de injúria qualificado, previsto no parágrafo 3º do art. 140, do CP, consiste na ofensa à honra com a utilização de elementos referentes exclusivamente à raça, cor, etnia e origem.

(C) o perdão judicial, previsto no parágrafo 1º do art. 140, do CP, aplicável quando o ofendido provoca diretamente a injúria, aplica-se ao crime de injúria qualificado, previsto no parágrafo 3º do art. 140, do CP.

(D) no crime de injúria, o objeto jurídico é a honra subjetiva do ofendido, podendo ser praticado mediante dolo ou culpa.

(E) na injúria real, prevista no parágrafo 2º do art. 140, do CP, a violência ou vias de fato são meios de execução do crime.

A: incorreta. De fato, se considerarmos o disposto no art. 140, § 3º, do CP, não se pode dizer que o crime de injúria racial é *inafiançável* e *imprescritível*. Esta foi a linha adotada pela organizadora. Agora, é importante que se diga que o STJ e alguns doutrinadores, entre eles Guilherme de Souza Nucci, entendem que a injúria racial nada mais é do que uma das manifestações de racismo, razão pela qual deve ser considerado como racista (gênero) tanto aquele que, com base em elementos preconceituosos e discriminatórios, pratica condutas segregacionistas, definidas na Lei 7.716/1989, quanto o que profere injúrias raciais (art. 140, § 3º, do CP). Adotando essa linha de pensamento, a injúria racial seria *imprescritível* e *inafiançável*, tal como estabelece o art. 5º, XLII, da CF. Assim decidiu o STJ: "Nos termos da orientação jurisprudencial desta Corte, com o advento da Lei 9.459/97, introduzindo a denominada injúria racial, criou-se mais um delito no cenário do racismo, portanto, imprescritível, inafiançável e sujeito à pena de reclusão (AgRg no AREsp 686.965/DF, Rel. Ministro Ericson Maranho (Desembargador convocado do TJ/SP), Sexta Turma, julgado em 18/08/2015, DJe 31/08/2015). 3. A ofensa a dispositivo constitucional não pode ser examinada em recurso especial, uma vez que compete exclusivamente ao Supremo Tribunal Federal o exame de matéria constitucional, o qual já se manifestou, em caso análogo, refutando a violação do princípio da proporcionalidade da pena cominada ao delito de injúria racial. 4. Agravo regimental parcialmente provido para conhecer do agravo em recurso especial mas negar-lhe provimento e indeferir o pedido de extinção da punibilidade" (AgRg no AREsp 734.236/DF, Rel. Ministro Nefi Cordeiro, Sexta Turma, julgado em 27/02/2018, DJe 08/03/2018). Posteriormente à elaboração desta questão, a Lei 14.532/2023 alterou o teor do art. 140, § 3º, do CP, que passa a contar com a seguinte redação: *Se a injúria consiste na utilização de elementos referentes à religião ou à condição de pessoa idosa ou com deficiência* (hipótese do enunciado). Como se pode ver, o legislador, com isso, excluiu da forma qualificada da injúria ofensas contendo elementos referentes a raça, cor, etnia ou procedência nacional. Tais modalidades migraram para a Lei 7.716/1989, cujo art. 2º-A passa a ter a seguinte redação: *Injuriar alguém, ofendendo-lhe a dignidade ou o decoro, em razão de raça, cor, etnia ou procedência nacional.* Dessa forma, o crime de injúria racial foi tipificado como racismo. A consequência disso é que tal modalidade de injúria passa a ser, agora por força de lei, imprescritível, inafiançável e incondicionada a ação penal. Além disso, a pena, que até então era de reclusão de 1 a 3 anos e multa, passa a ser de 2 a 5 anos de reclusão; **B:** incorreta, já que o tipo penal do art. 140, § 3º, do CP contempla, além dos mencionados na assertiva, os elementos *religião* e *condição de pessoa idosa ou portadora de deficiência*; **C:** incorreta, já que não se aplica à injúria qualificada do art. 140, § 3º, do CP; **D:** incorreta. É verdade que, no crime de injúria, a honra atingida é a *subjetiva*, que corresponde àquilo que a pessoa pensa de si própria, sua autoestima. Agora, é incorreto afirmar-se que o elemento

subjetivo no crime de injúria pode ser representado tanto pelo *dolo* quanto pela *culpa*. É que não há forma culposa; **E:** correta (art. 140, § 2º, CP). A propósito do tema *crimes contra a honra*, é importante que se diga que o Projeto de Lei 6.341/2019, que deu origem ao pacote anticrime, previa a inclusão de nova causa de aumento de pena aos crimes contra a honra (calúnia, difamação e injúria), na hipótese de eles serem cometidos ou divulgados em redes sociais ou na rede mundial de computadores, o que foi feito por meio da inserção do § 2º ao art. 141 do CP. O texto original estabelecia que a pena, nesta hipótese, seria triplicada. Ao apreciar o PL, o presidente da República vetou o dispositivo. Posteriormente, o Congresso Nacional derrubou esse veto, de forma que o dispositivo (art. 141, § 2º) que, no projeto original, previa que a pena fosse triplicada nos crimes contra a honra praticados ou divulgados em redes sociais ou na rede mundial de computadores, foi reincorporado ao pacote anticrime, nos seguintes termos: *se o crime é cometido ou divulgado em quaisquer modalidades das redes sociais da rede mundial de computadores, aplica-se em triplo a pena.* O presidente da República, ao vetar este dispositivo, ponderou que *a propositura legislativa, ao promover o incremento da pena no triplo quando o crime for cometido ou divulgado em quaisquer modalidades das redes da rede mundial de computadores, viola o princípio da proporcionalidade entre o tipo penal descrito e a pena cominada, notadamente se considerarmos a existência de legislação atual que já tutela suficientemente os interesses protegidos pelo Projeto, ao permitir o agravamento da pena em um terço na hipótese de qualquer dos crimes contra a honra ser cometido por meio que facilite a sua divulgação. Ademais, a substituição da lavratura de termo circunstanciado nesses crimes, em razão da pena máxima ser superior a dois anos, pela necessária abertura de inquérito policial, ensejaria, por conseguinte, superlotação das delegacias, e, com isso, redução do tempo e da força de trabalho para se dedicar ao combate de crimes graves, tais como homicídio e latrocínio.* **Gabarito "E"**

(Juiz de Direito – TJ/MS – VUNESP – 2015) Em relação aos crimes contra a vida, é correto afirmar que

(A) a genitora que mata o neonato, sob o estado puerperal e logo após o parto, responderá por homicídio duplamente qualificado pelo recurso que dificultou a defesa da vítima e por meio insidioso.

(B) para configuração do homicídio privilegiado, previsto no art. 121, § 1º, do Código Penal, basta que o agente cometa o crime sob o domínio de violenta emoção.

(C) nas lesões culposas verificadas entre os mesmos agentes, é possível aplicar a compensação de culpas.

(D) o feminicídio, previsto no art. 121, § 2º, inciso VI, do Código Penal, exige que o crime seja praticado contra a mulher por razões da condição de sexo feminino envolvendo violência doméstica ou familiar ou menosprezo ou discriminação à condição de mulher.

(E) o agente que pratica autolesão responderá pelo crime de lesões corporais com atenuação da pena de 1/3 a 2/3, a depender da natureza da lesão.

A: incorreta. Isso porque a proposição contempla os requisitos do crime de *infanticídio*, previsto no art. 123 do CP, que é especial em relação ao de *homicídio*. Com efeito, a mãe que, sob a influência do estado puerperal, provoca a morte do nascente ou do neonato, que ela mesma gerou, durante o parto ou logo em seguida a ele, será responsabilizada pelo crime de infanticídio, que não deixa de ser uma forma mais branda e privilegiada do delito de homicídio, isso em razão do peculiar estado do sujeito ativo (estado puerperal); **B:** incorreta. Além de o sujeito ativo estar sob o domínio de violenta emoção, faz-se ainda necessário que o fato se dê logo em seguida à injusta provocação da vítima, tal como estabelece o art. 121, § 1º, do CP. É o que a doutrina convencionou chamar de *homicídio emocional*. Para que nenhuma dúvida reste, o

3. DIREITO PENAL

reconhecimento desta modalidade de homicídio privilegiado pressupõe: a) existência de uma violenta emoção; b) provocação injusta por parte da vítima; e c) imediatidade da reação; **C:** incorreta. Não há que se falar em compensação de culpas no direito penal, é dizer, a culpa de um não anula a do outro; **D:** correta, pois reflete o disposto no art. 121, § 2°, VI, e § 2°-A, I e II, do CP, introduzido pela Lei 13.104/2015. Atualmente, por força da Lei 14.994/2024, posterior à elaboração desta questão, o crime de feminicídio foi inserido no art. 121-A do CP, o que lhe conferiu autonomia. Até então, tratava-se de modalidade qualificada de homicídio; **E:** incorreta. É que a autolesão, salvo na hipótese em que praticada para o fim de fraudar companhia de seguro (art. 171, § 2°, V, do CP), constitui, à luz do princípio da alteridade, fato atípico (não há crime). Concebido por Claus Roxin, este postulado enuncia que não poderá ser considerada criminosa a conduta que não tem o condão de prejudicar direito de terceiro. É por essa razão também que se defende a atipicidade da conduta consistente em consumir droga.

Gabarito "D".

(Juiz de Direito – TJ/SP – VUNESP – 2015) A mídia tem noticiado casos em que trabalhadores, em sua grande maioria estrangeiros, são submetidos a trabalhos forçados e jornadas exaustivas, configurando assim o crime de redução à condição análoga à de escravo. Sobre esse delito, assinale a alternativa que não o tipifica.

(A) Recusar o fornecimento de alimentação ou água potável.

(B) Restringir sua locomoção em razão de dívida contraída com o preposto.

(C) Vigilância ostensiva no local de trabalho.

(D) Apoderar-se de documentos ou objetos pessoais do trabalhador com o fim de retê-lo no local de trabalho.

A: correta (deve ser assinalada), já que a conduta descrita na alternativa não se subsume ao tipo penal do art. 149 do CP, que define o crime de redução a condição análoga à de escravo; **B:** incorreta. Conduta prevista no art. 149, *caput*, do CP; **C:** incorreta. Conduta prevista no art. 149, § 1°, II, do CP; **D:** incorreta. Conduta prevista no art. 149, § 1°, II, do CP.

Gabarito "A".

(Juiz de Direito – TJ/SP – VUNESP – 2015) A respeito da retratação nos crimes contra a honra, pode-se afirmar que fica isento de pena o querelado que, antes da sentença, retrata-se cabalmente

(A) da calúnia ou difamação.

(B) da calúnia, injúria ou difamação.

(C) da injúria ou difamação.

(D) da calúnia ou injúria.

A *retratação*, no contexto dos crimes contra a honra, somente alcança, por força do art. 143, *caput*, do CP, os delitos de *calúnia* e *difamação*. E de outra forma não poderia ser. Como bem sabemos, tanto a calúnia quanto a difamação atingem a chamada honra *objetiva*, que nada mais é do que o conceito de que goza o indivíduo no meio social em que está inserido. É possível, portanto, que o querelado volte atrás na ofensa proferida, desmentindo o que dissera: no caso da calúnia, a falsa imputação de fato que constitui crime; no da difamação, a atribuição de conduta indecorosa por parte do ofendido. Agora, considerando que a injúria, que atinge a honra *subjetiva*, que é o conceito que fazemos de nós mesmos, consiste na atribuição de qualidade negativa (ofensa, xingamento), inviável que o ofensor volte atrás, desmentindo o xingamento que proferira. Chamo a atenção para a inserção do parágrafo único neste dispositivo (art. 143, CP), o que se fez por meio da Lei 13.188/2015, que diz respeito à hipótese em que o querelado, nos crimes de calúnia e difamação, se utiliza dos meios de comunicação. Neste caso, a retratação dar-se-á, se essa for a vontade do ofendido, pelos mesmos meios em que se praticou a ofensa.

Gabarito "A".

17. CRIMES CONTRA O PATRIMÔNIO

(Juiz de Direito – TJ/SP – 2023 – VUNESP) O crime de furto é considerado consumado quando:

(A) existe a transferência da posse do bem furtado, e essa posse é mansa e pacífica por tempo suficiente a permitir que seja significativo.

(B) a transferência da posse do bem furtado se dá por tempo suficiente a não caracterizar o flagrante.

(C) existe a transferência da posse do bem furtado, da vítima para o agente.

(D) o agente pode dispor do bem furtado sem risco de flagrância.

Doutrina e jurisprudência há muito consolidaram o entendimento segundo o qual a consumação do crime de furto e roubo está condicionada à retirada da res da esfera de vigilância e proteção da vítima. Pois bem. De uns anos para cá, a jurisprudência, notadamente dos tribunais superiores, à revelia de boa parte da doutrina, consolidou-se no sentido de considerar, como momento consumativo do crime de furto (e também o de roubo), o da subtração do bem. Para a doutrina, tal mudança de entendimento significa antecipar o momento consumativo desse crime e, com isso, passar a considerá-lo formal (de consumação antecipada ou resultado cortado), já que o resultado previsto no tipo penal (lesão patrimonial) passaria a constituir mero exaurimento. Senão vejamos: "A jurisprudência do Supremo Tribunal Federal dispensa, para a consumação do furto ou do roubo, o critério da saída da coisa da chamada 'esfera de vigilância da vítima' e se contenta com a verificação de que, cessada a clandestinidade ou a violência, o agente tenha tido a posse das res furtiva, ainda que retomada, em seguida, pela perseguição imediata" (STF, HC 108.678-RS, 1ª Turma, rel. Min. Rosa Weber, 17.04.2012). Nesse sentido, o STJ editou a Súmula 582. Em assim sendo, adotou-se a teoria da *amotio* ou *apprehensio*. **ED**

Gabarito "C".

(Juiz de Direito – TJ/SP – 2023 – VUNESP) Para caracterizar o crime de roubo impróprio, a grave ameaça ou a violência deve ocorrer:

(A) antes e depois da subtração da coisa móvel.

(B) antes da subtração da coisa móvel.

(C) antes e durante a subtração da coisa móvel.

(D) depois da subtração da coisa móvel.

Ocorre roubo impróprio quando, após a subtração da coisa, o agente emprega violência ou grave ameaça contra a pessoa, a fim de assegurar a impunidade do crime ou a detenção da coisa para si ou para terceiro. Ou seja, o roubo impróprio distingue-se do roubo próprio em razão do momento do emprego da violência ou da grave ameaça: enquanto no roubo próprio a violência ou a grave ameaça são empregadas antes da subtração, para fins de efetuá-la, no roubo impróprio o emprego é após a subtração, para garantir a impunidade do crime ou a detenção da coisa para si ou para outrem (art. 157, § 1°, do CP). **ED**

Gabarito "D".

(Juiz de Direito – TJ/RJ – 2019 – VUNESP) João invade um museu público disposto a furtar um quadro. Durante a ação, quando já estava tirando o quadro da parede, depara-se com um vigilante. Diante da ordem imperativa para largar o quadro, e temendo ser alvejado, vulnera o vigilante com um projétil de arma de fogo. O vigilante vem a óbito; e João, impressionado pelos acontecimentos, deixa a cena do crime sem carregar o quadro. De acordo com o entendimento sumulado pelo Supremo Tribunal Federal, praticou-se

108 EDUARDO DOMPIERI

(A) furto qualificado tentado em concurso com homicídio qualificado consumado.

(B) roubo próprio tentado em concurso com homicídio consumado.

(C) roubo impróprio tentado em concurso com homicídio consumado.

(D) latrocínio tentado.

(E) latrocínio consumado.

Segundo o enunciado proposto, João, imbuído do propósito de subtrair um quadro, invade o museu no qual este se encontrava. Já no seu interior, quando tirava o quadro da parede, ele é surpreendido por um vigilante. Temendo ser alvejado, João atira no vigilante, que vem a óbito. Em seguida, ele deixa a cena do crime sem levar o bem. O enunciado não deixa dúvidas de que, desde o início, seu objetivo era furtar o quadro. Ocorre que, no curso da empreitada, quando estava prestes a concluir a subtração, João é abordado pelo vigilante do museu, contra o qual emprega violência. Neste momento, o crime de furto dá lugar ao delito de roubo na modalidade *imprópria* (art. 157, § 1º, do CP). O reconhecimento deste crime tem como pressuposto o fato de a violência contra a pessoa ou grave ameaça verificar-se após a subtração da *res*. É bem este o caso narrado no enunciado. Como da violência empregada por João resultou na morte do vigilante, o crime praticado é o roubo impróprio seguido de morte (latrocínio consumado), previsto no art. 157, § 3º, II, do CP. Com efeito, embora a subtração não tenha sido efetivada, a morte ocorreu. É este o entendimento sedimentado por meio da Súmula 610, do STF: *Há crime de latrocínio, quando o homicídio se consuma, ainda que não realize o agente a subtração de bens da vítima.* No STJ: "(...) 3. O latrocínio (CP, art. 157, § 3º, *in fine*) é crime complexo, formado pela união dos crimes de roubo e homicídio, realizados em conexão consequencial ou teleológica e com *animus necandi*. Estes crimes perdem a autonomia quando compõem o crime complexo de latrocínio, cuja consumação exige a execução da totalidade do tipo. Nesse diapasão, em tese, para haver a consumação do crime complexo, necessitar-se-ia da consumação da subtração e da morte, contudo os bens jurídicos patrimônio e vida não possuem igual valoração, havendo prevalência deste último, conquanto o latrocínio seja classificado como crime patrimonial. Por conseguinte, nos termos da Súmula 610 do STF, o fator determinante para a consumação do latrocínio é a ocorrência do resultado morte, sendo despicienda a efetiva inversão da posse do bem (...)" (HC 226.359/DF, Rel. Min. Ribeiro Dantas, Quinta Turma, j. 02.08.2016, *DJe* 12.08.2016). Quanto à diferença entre as modalidades própria e imprópria do roubo, valem alguns esclarecimentos. Roubo *impróprio*, conforme já ponderado acima, é aquele em que o agente, logo em seguida à subtração da coisa, é levado, para assegurar a sua impunidade ou a detenção da *res*, a empregar violência ou grave ameaça (art. 157, § 1º, do CP); o roubo *próprio*, que é a modalidade mais comum desse crime, se dá quando a violência ou grave ameaça é empregada com o fim de retirar os bens da vítima. Em outras palavras, a violência ou a grave ameaça, no roubo próprio, constitui meio para o agente chegar ao seu objetivo, que é o de efetuar a subtração. O roubo impróprio se consuma com o emprego da violência ou grave ameaça; já o roubo próprio alcança a sua consumação com a inversão da posse do bem mediante violência ou grave ameaça (Súmula 582, STJ). [ED]

Gabarito "E".

(Juiz de Direito – TJ/RS – 2018 – VUNESP) Utilizando-se de uma chave falsa, José invadiu um museu e amarrou o vigilante Marcos na cama em que este cochilava, a fim de efetivar a subtração de obras de arte que guarneciam o local. Durante a amarração, Marcos acorda, tenta impedir José, mas não consegue se desvencilhar das cordas e assiste, impotente, ao cometimento do crime. Praticada a subtração, José deixou o local, sem desamarrar Marcos. Horas depois, por conta de uma inesperada e forte chuva seguida de inundação, e em razão de estar amarrado,

Marcos morreu por afogamento. Considere a inundação causa superveniente relativamente independente.

Diante desse quadro, José será responsabilizado por

(A) latrocínio (CP, art. 157, § 3º).

(B) roubo impróprio (CP, art. 157, § 1º).

(C) roubo (CP, art. 157) em concurso com homicídio culposo (CP, art. 121, § 3º).

(D) roubo próprio (CP, art. 157, caput).

(E) furto qualificado (CP, art. 155, § 4º, III) em concurso com homicídio culposo (CP, art. 121, § 3º).

Segundo consta do enunciado, José ingressou em um museu e, com o fim de viabilizar a subtração de obras de arte de seu acervo, imobilizou Marcos, funcionário responsável pela vigilância do local, que cochilava no momento da invasão. De se ver que não houve, por parte de José, emprego de violência tampouco grave ameaça. Ao amarrar Marcos, para que este não interferisse na sua ação, José nada mais fez do que reduzir a vítima à impossibilidade de resistência (denominada pela doutrina como violência *imprópria*). O crime em que incorreu José, assim, foi o de roubo. A questão que se coloca é saber se se trata de roubo *próprio* ou *impróprio*. Cuida-se de roubo próprio (art. 157, *caput*, do CP), na medida em que o meio de que se valeu José para reduzir Marcos à impossibilidade de resistência foi empregado antes da subtração das obras de arte. O reconhecimento do roubo impróprio (art. 157, § 1º, do CP) tem como pressuposto o fato de a violência contra a pessoa ou grave ameaça verificar-se após a subtração da *res*. É este o caso do agente que, após efetuar a subtração de determinado bem (furto), ao deixar o local se depara com o proprietário da *res*, contra o qual o agente desfere um soco, que vem a ocasionar-lhe um desmaio e acaba por assegurar ao agente a detenção da coisa subtraída. Pois bem. Ao deixar o local, de posse dos bens subtraídos, Marcos permaneceu amarrado. Algum tempo depois, em razão de uma inundação causada por uma forte chuva, Marcos vem a morrer por afogamento. Pelo enunciado, José deverá ser responsabilizado apenas pelo roubo próprio, na medida em que a morte de Marcos decorreu da inundação, que constitui um evento imprevisível, embora tenha origem na conduta de José. Assim, pode-se entender que a inundação é causa superveniente relativamente independente que, por si só, produziu o resultado, excluindo-se, assim, a imputação do evento fatal a José, nos termos do art. 13, § 1º, do CP. Aplicando-se a teoria da causalidade adequada, pode-se concluir que este apenas deverá responder pelo roubo próprio, não se compreendendo na linha de desdobramento normal da conduta a morte da vítima por afogamento em decorrência da inundação. [ED]

Gabarito "D".

(Investigador – PC/BA – 2018 – VUNESP) Sobre as disposições gerais aplicáveis aos crimes contra o patrimônio, previstas nos artigos 181 a 183 do Código Penal, assinale a alternativa correta.

(A) Maria, apesar de divorciada de José, com este mantém amizade, e constantemente se encontram para jantar. Em um desses encontros, Maria furtou o relógio e as abotoaduras de ouro pertencentes a José. Nesse caso, por ter sido casada com José, Maria estará isenta de pena, nos termos do art. 181, I, do Código Penal.

(B) Se o crime for cometido em prejuízo de irmão, legítimo ou ilegítimo, a ação penal será pública incondicionada.

(C) Manoel, para sustentar o vício em jogos, furtou R$ 70.000,00 de seu pai, referente a todo o dinheiro economizado durante a vida do genitor, um senhor de 65 anos de idade à época do fato. Por ter praticado crime sem violência contra seu genitor, Manoel ficará isento de pena.

(D) As causas de isenção de pena previstas nos artigos 181 e 182 também se estendem ao estranho que participa do crime.

(E) Se o crime for cometido em prejuízo de tio ou sobrinho com quem o agente coabita, a ação penal será pública condicionada à representação.

A: incorreta. Para a incidência da escusa absolutória prevista no art. 181, I, do CP, é imprescindível que os sujeitos ativo e passivo do delito estejam casados. Não é o caso de Maria e José, que, segundo consta, estão divorciados. Assim, Maria responderá normalmente pelo furto dos bens do patrimônio de seu ex-marido; **B:** incorreta, dado que, sendo o crime cometido contra irmão, a ação penal será pública condicionada a representação (art. 182, II, do CP); **C:** incorreta. Manoel, neste caso, não será alcançado pela escusa absolutória, na medida em que seu pai, à data dos fatos, já contava com mais de 60 anos (tinha 65), tal como estabelece o art. 183, III, do CP, que afasta a incidência dos arts. 181 e 182 do CP nas situações ali descritas; **D:** incorreta. Por expressa previsão contida no art. 183, II, do CP, as causas de isenção presentes nos arts. 181 e 182 do CP não se estendem ao estranho que participa do crime; **E:** correta, pois reflete o disposto no art. 182, III, do CP. 🔲 *Gabarito "E".*

(Defensor Público/RO – 2017 – VUNESP) João, de 30 anos, em concurso com a amiga Maria, de 25 anos, cometem apropriação indébita contra o pai de João, de 50 anos. Os três moram na mesma casa.

É correto afirmar que João

(A) e Maria são isentos de pena.

(B) é isento de pena e Maria somente será processada mediante representação.

(C) e Maria somente serão processados mediante representação.

(D) é isento de pena, mas a Maria não socorre semelhante benefício.

(E) somente será processado mediante representação e Maria é isenta de pena.

João, que cometeu o crime de apropriação indébita, que constitui delito patrimonial desprovido de violência ou grave ameaça, contra seu pai, que conta com 50 anos, será agraciado com a isenção de pena prevista no art. 181, II, do CP. Em relação a Maria, amiga de João e com a qual este praticou o crime de apropriação indébita, a situação é diferente. Isso porque, por expressa disposição do art. 183, II, do CP, tal escusa absolutória não se estende ao estranho, neste caso Maria, que participa do crime. Desse modo, Maria deverá ser responsabilizada pelo crime de apropriação indébita (art. 168, CP) que cometeu contra o pai de João; já este ficará, dado o vínculo familiar, isento de pena. 🔲 *Gabarito "D".*

(Procurador – IPSMI/SP – VUNESP – 2016) Mévio, endividado, sequestra o próprio pai, senhor de 70 anos, objetivando obter como resgate, de seus irmãos, a quantia de R$ 100.000,00 (cem mil reais). Para tanto, conta com a ajuda de Caio. Passadas 13 horas do sequestro, Caio se arrepende e decide comunicar o crime à Polícia que, pouco depois, invade o local do sequestro, libertando a vítima. A respeito da situação retratada, é correto afirmar que

(A) Mévio e Caio praticaram extorsão mediante sequestro, na forma qualificada, haja vista que o crime perdurou por período superior a 12 horas.

(B) por se tratar de crime contra o patrimônio, Mévio é isento de pena, pois cometeu o crime em prejuízo de ascendente.

(C) por se tratar de crime contra o patrimônio, relativamente a Mévio, que praticou o crime em prejuízo de ascendente, a ação penal é pública condicionada à representação.

(D) Caio, mesmo tendo denunciado o crime à autoridade policial, não faz jus à redução da pena, por se tratar de crime na forma qualificada.

(E) Mévio e Caio praticaram extorsão mediante sequestro, na forma qualificada, por se tratar de vítima idosa.

Mévio e Caio devem ser responsabilizados pelo crime de extorsão mediante sequestro na modalidade qualificada, já que, com o propósito de obter valor de resgate, sequestraram pessoa com 70 anos de idade, conduta essa prevista no art. 159, § 1º, do CP. O fato de a vítima ter sua liberdade restringida por tempo superior a 12 horas não configura a qualificadora do art. 159, § 1º, do CP, que estabelece que a privação de liberdade, para que incida a qualificadora, deve se dar por período superior a 24 horas. Exclui-se, portanto, a primeira proposição. Da mesma forma, está incorreto o que se afirma na alternativa "B" (e também na "C"). Isso porque a imunidade referida no art. 181, II, do CP não alcança os crimes de roubo e extorsão, na forma estatuída no art. 183, I, do CP. A causa de redução de pena contida no art. 159, § 4º, CP (delação premiada), a que faz jus Caio pelo fato de ter denunciado o crime à autoridade policial, tem aplicação, sim, na forma qualificada do crime de crime de extorsão mediante sequestro. Incorreta, portanto, a assertiva "D". 🔲 *Gabarito "E".*

(Juiz de Direito – TJ/SP – VUNESP – 2015) Quanto ao crime de extorsão mediante sequestro, pode-se afirmar que

(A) se o crime é cometido em concurso, o concorrente que o denunciar à autoridade, facilitando a libertação do sequestrado, terá sua pena reduzida de 1 (um) a 2/3 (dois terços).

(B) a vantagem almejada com a extorsão é necessariamente o pagamento do preço do resgate.

(C) se resultar em morte da vítima, tipifica homicídio.

(D) a pena é aumentada quando o sequestro superar, no mínimo, 48 horas.

A: correta (art. 159, § 4º, do CP); **B:** incorreta. A doutrina formulou duas correntes quanto à natureza da *vantagem* no crime de extorsão mediante sequestro: a) como o tipo penal não cuidou de especificar o tipo de *vantagem* a ser auferida pelo agente (fala-se em *qualquer* vantagem), esta pode ter outra conotação além da econômica; b) tendo em conta que a extorsão mediante sequestro está inserida nos crimes contra o patrimônio, a vantagem a que se refere o tipo penal deve necessariamente ter conotação econômica. De uma forma ou de outra, a vantagem almejada pelo agente não se restringe ao pagamento do preço do resgate; **C:** incorreta. Se do fato resulta a morte da vítima, o agente terá cometido a forma qualificada do crime de extorsão mediante sequestro, definida no art. 159, § 3º, do CP, estando sujeito a uma pena de 24 a 30 anos de reclusão; **D:** incorreta. O aumento de pena em razão do tempo durante o qual o sequestrado permanece em poder do sequestrador se dá quando a privação de liberdade é superior a 24 horas (art. 159, § 1º, do CP). 🔲 *Gabarito "A".*

(Juiz de Direito – TJ/MS – VUNESP – 2015) A respeito dos crimes contra o patrimônio, assinale a alternativa correta.

(A) No crime de furto de uso, se a coisa infungível é subtraída para fim de uso momentâneo, e, a seguir, vem a ser imediatamente restituída ou reposta no lugar onde se achava, responderá o agente por pena de detenção de até seis meses e pagamento de trinta dias-multa.

(B) Se o agente consuma o homicídio, mas não obtém êxito na subtração de bens da vítima por circunstâncias alheias à sua vontade, responderá por crime de homicídio qualificado consumado.

(C) O delito de dano, previsto pelo art. 163 do Código Penal, prevê as modalidades dolosa e culposa.

(D) O crime de extorsão consuma-se independentemente da obtenção da vantagem indevida.

(E) De acordo com o art. 168, § 1º, do Código Penal, são causas exclusivas de aumento da pena ao delito de apropriação indébita quem receber a coisa em depósito necessário ou em razão de ofício, emprego ou profissão.

A: incorreta. O elemento subjetivo do crime de furto, representando pelo dolo, consiste na vontade livre e consciente de apossar-se clandestinamente de coisa alheia móvel de forma definitiva, não transitória (*animus furandi* ou *animus rem sibi habendi*). Inexiste, portanto, por parte do agente, intenção de devolvê-la ao proprietário ou possuidor. Assim, constitui fato atípico a conduta do sujeito que, depois de apossar-se de coisa alheia móvel infungível, a restitui à vítima (furto de uso). Sendo o fato atípico, nenhuma responsabilidade, portanto, recairá sobre o autor do chamado *furto de uso*; **B:** incorreta. Se, no contexto do roubo, há morte, mas o agente não consegue, por circunstâncias alheias à sua vontade, consumar a subtração, está-se diante de hipótese de latrocínio consumado, entendimento esse que vem consagrado na Súmula 610, do STF: "Há crime de latrocínio, quando o homicídio se consuma, ainda que não realize o agente a subtração de bens da vítima"; **C:** incorreta. O art. 163 do CP, que define o crime de dano, não contempla a modalidade culposa deste delito; **D:** correta, pois em conformidade com o entendimento sufragado na Súmula 96 do STJ: "O crime de extorsão consuma-se independentemente da obtenção da vantagem indevida". Cuida-se, pois, de delito *formal*; **E:** incorreta, uma vez que a proposição somente faz referência a duas das causas de aumento previstas no art. 168, § 1º, que prevê que incidirá o aumento também na hipótese de o agente receber a coisa *na qualidade de tutor, curador, síndico, liquidatário, inventariante, testamenteiro ou depositário judicial*. Dentro do tema *crimes contra o patrimônio*, oportuno que façamos algumas considerações a respeito de recentes mudanças promovidas pela Lei 14.155/2021, publicada em 28 de maio de 2021 e com vigência imediata, nos delitos de *invasão de dispositivo informático* (art. 154-A, CP), *furto* (art. 155, CP) e *estelionato* (art. 171, CP). No que toca ao delito do art. 154-A do CP, a primeira observação a fazer refere-se à alteração na redação do *caput* do dispositivo. Até então, tínhamos que o tipo penal era assim definido: *invadir dispositivo informático alheio, conectado ou não à rede de computadores, mediante violação indevida de mecanismo de segurança e com o fim de obter, adulterar ou destruir dados ou informações sem autorização expressa ou tácita do titular do dispositivo ou instalar vulnerabilidades para obter vantagem ilícita*. Com a mudança implementada pela Lei 14.155/2021, adotou-se a seguinte redação: *invadir dispositivo informático de uso alheio, conectado ou não à rede de computadores, com o fim de obter, adulterar ou destruir dados ou informações sem autorização expressa ou tácita do usuário do dispositivo ou de instalar vulnerabilidades para obter vantagem ilícita*. Como se pode ver, logo à primeira vista, eliminou-se o elemento normativo do tipo *mediante violação indevida de mecanismo de segurança*. Trata-se de alteração salutar, na medida em que este crime, de acordo com a redação original do *caput*, somente se aperfeiçoaria na hipótese de o agente, para alcançar seu intento (invadir dispositivo informático), se valer de violação indevida de mecanismo de segurança. Era necessário, portanto, que o sujeito ativo, antes de acessar o conteúdo do dispositivo, vencesse tal obstáculo (mecanismo de segurança). Significa que a invasão de dados contidos, por exemplo, em um computador que não contasse com mecanismo de proteção (senha, por exemplo) constituiria fato atípico. A partir de agora, dada a alteração promovida no tipo incriminador, tal exigência deixa de existir, ampliando, por certo, a incidência do tipo penal. Além disso, até a edição da Lei 14.155/2021, o dispositivo tinha de ser *alheio*. Com a mudança, basta que seja de *uso alheio*. Dessa forma, o crime

se configura mesmo que o dispositivo invadido não seja alheio, mas esteja sob o uso de outra pessoa. Agora, a mudança mais significativa, a nosso ver, não se deu propriamente no preceito penal incriminador, mas na pena cominada, que era de detenção de 3 meses a 1 ano e multa e, com a mudança operada pela Lei 14.155/2021, passou para reclusão de 1 a 4 anos e multa. Com isso, este delito deixa de ser considerado de menor potencial ofensivo, o que afasta a incidência da transação penal. Doravante, o termo circunstanciado dará lugar ao inquérito policial. De outro lado, permanece a possibilidade de concessão do *sursis* processual, que, embora previsto e disciplinado na Lei 9.099/1995 (art. 89), sua incidência é mais ampla (infrações penais cuja pena mínima cominada não é superior a 1 ano). Também poderá o agente firmar acordo de não persecução penal, nos moldes do art. 28-A do CPP. Alterou-se o patamar da majorante aplicada na hipótese de a invasão resultar prejuízo econômico (§ 2º): antes era de 1/6 a 1/3 e, com a mudança implementada, passou para 1/3 a 2/3. Como não poderia deixar de ser, houve um incremento na pena cominada à modalidade qualificada, prevista no § 3º, que era de reclusão de 6 meses a 2 anos e multa e passou para 2 a 5 anos de reclusão e multa. Ademais, a qualificadora não faz mais referência expressa à subsidiariedade. Quanto aos crimes de furto e estelionato, a Lei 14.155/2021 contemplou novas qualificadores e majorantes, de forma a tornar mais graves as condutas levadas a efeito de forma eletrônica ou pela internet. ED

Gabarito "D"

18. CRIMES CONTRA A DIGNIDADE SEXUAL

(Delegado – PC/BA – 2018 – VUNESP) A respeito dos crimes sexuais, previstos no Título VI, do Código Penal, assinale a alternativa correta.

(A) Não se tipifica crime de estupro se o agente é cônjuge da vítima, já que o casamento impõe aos cônjuges o dever de prestação sexual.

(B) A prática de conjunção carnal ou outro ato libidinoso com menor de 18 (dezoito) anos é estupro de vulnerável, previsto no artigo 217-A do Código Penal.

(C) A prática de conjunção carnal ou qualquer outro ato libidinoso com adolescente de idade entre 14 (catorze) e 18 (dezoito) anos, em situação de prostituição, é atípica.

(D) Os crimes sexuais, com exceção do estupro de vulnerável, são processáveis mediante ação penal pública condicionada à representação.

(E) Haverá aumento de pena se o agente transmite à vítima doença sexualmente transmissível de que sabe ou deveria saber ser portador.

A: incorreta. Há tempos atrás, considerava-se que o homem tinha o direito de constranger sua esposa, com emprego de violência ou grave ameaça, a com ele praticar conjunção carnal. Ou seja, ao marido era dado o direito de estuprar a própria esposa. Tal concepção se fundava no fato de que a conjunção carnal constituía um dever imposto aos cônjuges pela lei civil, como decorrência da sociedade conjugal. Somente era dado à esposa recusar a relação sexual se houvesse justificativa para tanto, como, por exemplo, no caso de o homem ser portador de doença venérea. Aí sim poderia, em princípio, configurar-se o crime de estupro. Sucede que este entendimento está superado. Atualmente, a mulher pode, sim, figurar como sujeito passivo do crime de estupro cometido pelo marido. Ainda que a lei imponha o dever de conjunção carnal aos cônjuges, não se revela razoável que o homem tenha o direito de fazer valer esse direito à força, dada a sua incompatibilidade com a dignidade da mulher, que poderá recusar o coito por motivos íntimos. Quanto a isso, conferir a lição de Guilherme de Souza Nucci: "O cônjuge como sujeito ativo: deve-se incluir o marido ou a esposa, uma vez que o cônjuge não é objeto sexual, cada qual possuindo iguais direitos no contexto da sociedade conjugal (...)". Prossegue afirmando que "antigamente, tinha o homem o direito de subjugar a mulher à conjunção carnal, com o emprego de violência ou grave ameaça, somente porque o direito civil assegura a ambos o débito conjugal. Alegava-se exercício regular de direito. Porém, tal situação não criava o direito de estuprar a esposa, mas sim o de exigir, se fosse o caso, o término da sociedade conjugal na esfera civil, por infração a um dos deveres do casamento" (*Código Penal Comentado*. 18. ed., São Paulo: Forense, 2017. p. 1199); **B:** incorreta. Isso porque o conceito de vulnerabilidade, decorrente da idade da vítima, para o fim de configurar o crime do art. 217-A do CP (estupro de vulnerável), somente alcança a pessoa menor de 14 anos. Se contar com 14 anos ou mais, somente restará configurado o crime do art. 217-A se se tratar de vítima que, por enfermidade ou deficiência mental, não dispõe do necessário discernimento para consentir na prática do ato sexual ou, por qualquer outra razão, não pode oferecer resistência (art. 217-A, § 1°, do CP); **C:** incorreta, pois constitui o crime definido no art. 218-B, § 2°, I, do CP; **D:** incorreta. A Lei 13.718/2018, bem posterior à elaboração desta questão, promoveu uma série de alterações no universo dos crimes sexuais, aqui incluída a natureza da ação penal. Senão vejamos. A ação penal, nos delitos sexuais, era, em regra, de iniciativa privada. Era o que estabelecia a norma contida no *caput* do art. 225 do Código Penal. As exceções ficavam por conta do § 1° do dispositivo. Com o advento da Lei 12.015/09, que introduziu uma série de modificações nos crimes sexuais, agora chamados *crimes contra a dignidade sexual*, nomenclatura, a nosso ver, mais adequada aos tempos atuais, a ação penal deixou de ser privativa do ofendido para ser pública condicionada à representação, exceção feita às hipóteses em que a vítima era menor de 18 anos ou pessoa vulnerável, caso em que a ação era pública incondicionada (art. 225, parágrafo único, do CP). Era esta a regra em vigor ao tempo em que esta questão foi elaborada. Pois bem. Mais recentemente, entrou em vigor a Lei 13.718/2018, que, dentre várias inovações implementadas nos crimes contra a dignidade sexual, mudou, uma vez mais, a natureza da ação penal nesses delitos. Com isso, a ação penal, nos crimes sexuais, passa a ser pública incondicionada. Vale lembrar que, antes do advento desta Lei, a ação era, em regra, pública condicionada, salvo nas situações em que a vítima era vulnerável ou menor de 18 anos. Fazendo um breve histórico, temos o seguinte quadro: a ação penal, nos crimes sexuais, era, em regra, privativa do ofendido, a este cabendo a propositura da ação penal; posteriormente, a partir do advento da Lei 12.015/2009, a ação penal, nesses crimes, deixou de ser privativa do ofendido para ser pública condicionada a representação, em regra; agora, com a entrada em vigor da Lei 13.718/2018, a ação penal, nos crimes contra a dignidade sexual, que antes era pública condicionada, passa a ser pública incondicionada. Com isso, o titular da ação penal, que é o MP, prescinde de manifestação de vontade da vítima para promover a ação penal. Dessa forma, fica sepultado o debate que antes havia acerca da aplicação da Súmula 608, do STF. É importante que se diga que, além da alteração a que fizemos referência, a Lei 13.718/2018 promoveu, no contexto dos crimes sexuais, outras relevantes mudanças. Uma das mais significativas, a nosso ver, é a introdução, no Código Penal, do crime de *importunação sexual*, disposto no art. 215-A, nos seguintes termos: *Praticar contra alguém e sem a sua anuência ato libidinoso com o objetivo de satisfazer a própria lascívia ou a de terceiro: Pena – reclusão, de 1 (um) a 5 (cinco) anos, se o ato não constitui crime mais grave*. A conduta de homens que, em ônibus e trens lotados, molestam mulheres e, em alguns casos, chegam a ejacular, se enquadra, doravante, neste novo tipo penal. Episódio amplamente divulgado pelos meios de comunicação é o de um homem que, dentro do transporte público, em São Paulo, ejaculou no pescoço de uma mulher. Antes, a responsabilização se dava pela contravenção penal de *importunação ofensiva ao pudor*, definida no art. 61 da LCP, cujo preceito secundário estabelecia exclusivamente pena de multa, dispositivo este que foi revogado, de forma expressa, pela Lei 13.718/2018, tendo a conduta ali descrita migrado para o novo art. 215-A do CP, em face da regra da continuidade típico-normativa. Evidente que a pena, agora mais grave, não poderá retroagir e atingir fatos anteriores à entrada em vigor da Lei 13.718/2018. Outra importante inovação refere-se à inclusão, no

art. 218-C, do delito de *divulgação de cena de estupro ou de cena de estupro de vulnerável, de cena de sexo ou de pornografia*. O objetivo do legislador, com a tipificação desta conduta, foi o de coibir um fenômeno que, infelizmente, tem sido cada vez mais comum, que é a violação da intimidade com a exposição sexual não autorizada. Inclui-se, aqui, a chamada *pornografia da vingança*, em que fotografias e vídeos de conteúdo íntimo de alguém (normalmente mulher) são divulgados na internet pelo ex-esposo ou ex-namorado como forma de vingança. A partir daí, o conteúdo é disseminado, nas redes sociais e em grupos de whatsapp, de forma exponencial. O art. 218-C contempla uma causa de aumento de pena, a configurar-se quando o crime é praticado por agente que mantém ou tenha mantido relação íntima de afeto com a vítima ou com o fim de vingança ou humilhação. No que concerne ao estupro de vulnerável, previsto no art. 217-A do CP, a Lei 13.718/2018, ao inserir o § 5° nesse dispositivo legal, consagra o entendimento adotado pela Súmula 593, do STJ, no sentido de que o consentimento e a experiência sexual anterior são irrelevantes à configuração do crime de estupro de vulnerável. Por fim, a Lei 13.718/2018 fez inserir, no art. 226 do CP, o inciso IV, estabelecendo que a pena será aumentada nos casos de *estupro coletivo* e *estupro corretivo*; **E:** correta (art. 234-A, IV, do CP).

Gabarito "E".

(Juiz de Direito – TJM/SP – VUNESP – 2016) Com o ingresso da Lei n° 12.015/2009, os crimes sexuais sofreram significativa mudança. A respeito dessas alterações, assinale a alternativa correta.

(A) Os crimes contra a dignidade sexual, a partir do ano de 2009, em regra, são processáveis mediante ação penal pública incondicionada.

(B) Os processos que envolvem crimes contra a dignidade sexual, por expressa determinação legal, são sigilosos.

(C) A figura da presunção de violência foi substituída pela figura da presunção de vulnerabilidade, inexistindo tipo penal autônomo de crime contra a dignidade sexual para sujeito passivo em situação de vulnerabilidade.

(D) A prática de conjunção carnal com alguém menor de 18 anos e maior de 14 anos, em situação de prostituição, não é conduta típica.

(E) Com a revogação do antigo artigo 214 do CP, que previa o crime de atentado violento ao pudor, houve *abolitio criminis* das condutas que o caracterizavam.

A: incorreta, ao tempo em que esta questão foi elaborada. Hoje, estaria correta. Explico. A Lei 13.718/2018, bem posterior à elaboração desta questão, promoveu uma série de alterações no universo dos crimes sexuais, aqui incluída a natureza da ação penal. Senão vejamos. A ação penal, nos delitos sexuais, era, em regra, de iniciativa privada. Era o que estabelecia a norma contida no *caput* do art. 225 do Código Penal. As exceções ficavam por conta do § 1° do dispositivo. Com o advento da Lei 12.015/09, que introduziu uma série de modificações nos crimes sexuais, agora chamados *crimes contra a dignidade sexual*, nomenclatura, a nosso ver, mais adequada aos tempos atuais, a ação penal deixou de ser privativa do ofendido para ser pública condicionada à representação, exceção feita às hipóteses em que a vítima era menor de 18 anos ou pessoa vulnerável, caso em que a ação era pública incondicionada (art. 225, parágrafo único, do CP). Era esta a regra em vigor ao tempo em que esta questão foi elaborada. Pois bem. Bem recentemente, entrou em vigor a Lei 13.718/2018, que, dentre várias inovações implementadas nos crimes contra a dignidade sexual, mudou, uma vez mais, a natureza da ação penal nesses delitos. Com isso, a ação penal, nos crimes sexuais, passa a ser pública incondicionada. Vale lembrar que, antes do advento desta Lei, a ação era, em regra, pública condicionada, salvo nas situações em que a vítima era vulnerável ou menor de 18 anos. Fazendo um breve histórico, temos o seguinte quadro: a ação penal, nos crimes sexuais, era, em regra, privativa do ofendido, a este cabendo a propositura da ação penal; posteriormente, a partir do advento da Lei 12.015/2009, a ação penal, nesses crimes, deixou de ser privativa do ofendido para ser pública condicionada a representação, em regra; agora, com a entrada em vigor da Lei 13.718/2018, a ação penal, nos crimes contra a dignidade sexual, que antes era pública condicionada, passa a ser pública incondicionada. Com isso, o titular da ação penal, que é o MP, prescinde de manifestação de vontade da vítima para promover a ação penal. Dessa forma, fica sepultado o debate que antes havia acerca da aplicação da Súmula 608, do STF; **B:** correta, pois reflete a regra contida no art. 234-B do CP, introduzida pela Lei 12.015/2009; **C:** incorreta. *Vide* arts. 217-A e 218-B, ambos do CP, respectivamente *estupro de vulnerável* e *favorecimento da prostituição ou de outra forma de exploração sexual de criança ou adolescente ou de vulnerável*; **D:** incorreta, uma vez que a conduta a que se refere a proposição está tipificada no art. 218-B, § 2º, I, do CP; **E:** incorreta. Com o advento da Lei 12.015/2009, que promoveu uma série de mudanças na disciplina dos crimes sexuais, o estupro – art. 213 do CP –, que incriminava tão somente a conjunção carnal realizada com mulher, mediante violência ou grave ameaça, passou a incorporar, também, a conduta antes contida no art. 214 do CP – dispositivo hoje revogado (art. 7º da Lei 12.015/2009). Assim, constitui estupro, na sua nova forma, toda modalidade de violência sexual levada a efeito para qualquer fim libidinoso, incluída, por óbvio, a conjunção carnal. Dessa forma, o crime do art. 213 do CP, com a mudança implementada pela Lei 12.015/2009, passa a comportar, além da conduta consubstanciada na conjunção carnal violenta, contra homem ou mulher, também o comportamento consistente em obrigar alguém a praticar ou permitir que com o sujeito ativo se pratique outro ato libidinoso que não a conjunção carnal (conduta anteriormente prevista no art. 214 do CP). Nesse sentido, o seguinte julgado do STJ: "Com a superveniência da Lei 12.015/2009, a conduta do crime de atentado violento ao pudor, anteriormente prevista no art. 214 do Código Penal, foi inserida naquela do art. 213, constituindo, assim, quando praticadas contra a mesma vítima e num mesmo contexto fático, crime único de estupro" (AgRg no REsp 1127455-AC, 6ª T., rel. Min. Sebastião Reis Júnior, 28.08.2012). *Gabarito "B".*

19. CRIMES CONTRA A FÉ PÚBLICA

(Analista – TRF3 – 2024 – VUNESP) Simplício, no exercício de suas funções como servidor público, exigiu dolosamente de Tércio, um cidadão, taxa em valor superior ao devido por um serviço público prestado e, ainda, não recolheu aos cofres públicos a importância paga por Tercio, tendo desviado o dinheiro em proveito próprio.

Nessa situação hipotética, considerando o disposto no Código Penal, é correto afirmar que Simplício cometeu o crime de

(A) excesso de exação qualificado.

(B) peculato qualificado.

(C) corrupção ativa.

(D) excesso de exação e peculato.

(E) peculato mediante erro de outrem.

O relato contido no enunciado corresponde à forma qualificada do crime de excesso de exação, prevista no art. 316, § 2º, do CP, nos seguintes termos: *Se o funcionário desvia, em proveito próprio ou de outrem, o que recebeu indevidamente para recolher aos cofres públicos: Pena – reclusão, de dois a doze anos, e multa*. Importante que se diga que não se trata do crime de concussão comum, já que, neste caso, o agente é sempre movido pelo propósito de obter vantagem indevida. Nas palavras de Julio Fabbrini Mirabete e Renato N. Fabbrini, *depois de efetuado o pagamento pela vítima, o agente, em vez de recolher a quantia obtida aos cofres públicos, desvia-a em proveito seu ou alheio. Exige-se, pois, a conduta de desvio da quantia (total ou parcial), bem*

como o elemento subjetivo do tipo, que é a finalidade de beneficiar-se ou beneficiar terceiro. Indiferente para a caracterização do crime em apreço se o sujeito ativo resolve praticar o desvio antes ou depois do recebimento. Haverá peculato, porém, se o tributo já estiver recolhido e o agente apossar-se dele (Manual de Direito Penal – Parte Especial Arts. 235 a 361 do CP. 34. ed. Indaiatuba, SP: Editora Foco. P. 310). *Gabarito "A".*

(Escrevente – TJ/SP – VUNESP – 2023) Com relação aos Crimes contra a Fé Pública, previstos no Capítulo II e III, do Título X, do Código Penal, assinale a alternativa correta.

(A) Nos crimes de falsificação de documento público e falsificação de documento particular, a falsidade recai sobre a própria autenticidade do documento; no crime de falsidade ideológica, a falsidade recai sobre o conteúdo do documento.

(B) Os crimes de falsificação de papéis público, petrechos de falsificação e falsificação de selo ou sinal público são próprios de funcionários públicos, praticados no exercício do cargo.

(C) O crime de falsidade de atestado médico é um crime comum, podendo ser praticado por qualquer pessoa, não sendo necessário ser médico.

(D) Se o sujeito, além de falsificar o documento, também o utiliza, incorrerá nas penas do crime de falsificação e do crime de uso.

(E) O crime de falso reconhecimento de firma ou letra somente se caracteriza em documento público.

A: correta. O crime do art. 299 do CP (falsidade ideológica) não deve ser confundido com aqueles previstos nos arts. 297 e 298 do CP, respectivamente *falsificação de documento público* e *falsificação de documento particular*, em que a falsidade é *material*, já que o vício incide sobre o aspecto físico do documento, a sua *forma*. Já a *falsidade ideológica*, diferentemente, incide sobre o *conteúdo* do documento, a ideia nele contida, que é perfeito do ponto de vista *material*; **B:** incorreta. Trata-se de crimes classificados como comum, uma vez que podem ser praticados por qualquer pessoa. Em outras palavras, não se exige do sujeito ativo nenhuma qualidade especial; **C:** incorreta. O crime de falsidade de atestado médico, capitulado no art. 302 do CP, é típico exemplo de crime próprio, na medida em que o tipo penal impõe ao sujeito ativo uma característica específica, qual seja, a de ser médico; **D:** incorreta. Embora não haja consenso na doutrina e na jurisprudência, prevalece hoje o entendimento no sentido de que o agente que falsifica documento e, ato contínuo, dele faz uso somente responde pelo crime de *falsificação*, sendo o seu *uso* reputado *post factum* não punível. Conferir: *A teor da jurisprudência desta Corte, o uso de documento falsificado (CP, art. 304) deve ser absorvido pela falsificação do documento público ou privado (CP, arts. 297 e 298), quando praticado pelo mesmo agente, caracterizando o delito de uso post factum não punível, ou seja, mero exaurimento do crime de falso, não respondendo o falsário pelos dois crimes, em concurso material* (STJ, AgRg no RHC 112.730/SP, Rel. Ministro RIBEIRO DANTAS, QUINTA TURMA, julgado em 03/03/2020, DJe 10/03/2020). Nessa mesma ótica: *(...) De acordo com a jurisprudência do Supremo Tribunal Federal e do Superior Tribunal de Justiça, o crime de uso, quando cometido pelo próprio agente que falsificou o documento, configura "post factum" não punível, vale dizer, é mero exaurimento do crime de falso. Impossibilidade de condenação pelo crime previsto no art. 304 do Código Penal* (AP 530, Relator(a): Min. Rosa Weber, Relator(a) p/ Acórdão: Min. Roberto Barroso, Primeira Turma, julgado em 09.09.2014, Acórdão Eletrônico *DJe*-225 divulg 14.11.2014 public 17.11.2014 republicação: *DJe*-250 divulg 18.12.2014 public 19.12.2014). É importante que se diga que parte da doutrina e também da jurisprudência entendem que o agente que usa o documento por ele falsificado deve responder pelo crime do art. 304 do CP (uso), ficando a falsificação por este absorvida. É o que sustenta Guilherme de

Souza Nucci, para quem "a prática dos dois delitos pelo mesmo agente implica no reconhecimento de um autêntico *crime progressivo*, ou seja, falsifica-se algo para depois usar (crime-meio e crime-fim). Deve o sujeito responder somente pelo uso de documento falso" (*Código Penal Comentado*, 18ª ed., p. 1400). Há, ainda, uma corrente minoritária que sustenta que é caso de concurso de crimes; **E:** incorreta, uma vez que a conduta descrita no art. 300 do CP (falso reconhecimento de firma ou letra) pode recair tanto sobre o documento público quanto o particular. É o que se extrai do preceito secundário do tipo penal. ED

Gabarito "A".

(Escrevente – TJ/SP – VUNESP – 2023) No crime de fraude em certames de interesse público, previsto no artigo 311-A, do Código Penal, é correto afirmar que

(A) o bem jurídico violado é a fé pública, e para restar caracterizado exige-se efetivo prejuízo.

(B) há a previsão da modalidade culposa, inadmitindo-se a forma tentada.

(C) embora para a caracterização não se exija a ocorrência de dano patrimonial à administração pública, exige-se a finalidade de beneficiar a si próprio ou a outrem, ou de comprometer a credibilidade do certame.

(D) é crime comum, podendo ser praticado por qualquer pessoa, mas, se praticado por funcionário público, a pena aplicar-se-á em dobro.

(E) a ocorrência de prejuízo à Administração Pública é causa de aumento da pena.

A: incorreta. Embora se trate de crime catalogado no Título X do CP, que contém os delitos contra a fé pública, a consumação do delito previsto no art. 311-A é alcançada com a prática da conduta, independente da ocorrência de resultado naturalístico, consistente, neste caso, no prejuízo ao certame; **B:** incorreta. O crime definido no art. 311-A do CP não contempla a forma culposa, admitindo-se, de outro lado, a modalidade tentada (cuida-se de crime plurissubsistente); **C:** correta. Conferir a lição de Guilherme de Souza Nucci, ao tratar do elemento subjetivo do tipo: "é o dolo, não se punindo a figura culposa. Exige-se elemento subjetivo específico, consistente em obter benefício para si, obter benefício a outrem ou comprometer a credibilidade do certame, todos eles envoltos pelo *animus lucri faciendi*, ou seja, a intenção de defraudar (lesar alguém de modo fraudulento)" (*Código Penal Comentado*, 18ª ed. Forense, 2017. p. 1444); **D:** incorreta. É, de fato, crime comum, já que o tipo penal não exige nenhuma qualidade especial do sujeito ativo; agora, se praticado por funcionário público, a pena será aumentada de um terço (art. 311-A, § 3º, CP); **E:** incorreta. Cuida-se de modalidade qualificada, e não de causa de aumento de pena (art. 311-A, § 2º, CP). ED

Gabarito "C".

(Escrevente – TJ/SP – 2018 – VUNESP) A respeito dos crimes previstos nos artigos 293 a 305 do Código Penal, assinale a alternativa correta.

(A) A falsificação de livros mercantis caracteriza o crime de falsificação de documento particular (art. 298 do CP).

(B) O crime de falsidade ideológica (art. 299 do CP), em documento público, é próprio de funcionário público.

(C) No crime de falsidade de atestado médico (art. 302 do CP), independentemente da finalidade de lucro do agente, além da pena privativa de liberdade, aplica-se multa.

(D) O crime de supressão de documento (art. 305 do CP), para se caracterizar, exige que o documento seja verdadeiro.

(E) O crime de falsificação de documento público (art. 297 do CP) é próprio de funcionário público.

A: incorreta. Cuida-se do crime de falsificação de documento público (art. 297 do CP), haja vista que os *livros mercantis* equiparam-se, para os fins penais, a documento público, equiparação essa que também inclui, por força do art. 297, § 2º, do CP, o documento emanado de entidade paraestatal, o título ao portador ou transmissível por endosso, as ações de sociedade comercial e o testamento particular (hológrafo). São documentos que, embora particulares, são considerados, dada a sua relevância, públicos para fins penais; **B:** incorreta. Isso porque o crime de falsidade ideológica, quer seja o documento público, quer seja particular, é *comum*. Significa que o sujeito ativo pode ser qualquer pessoa, inclusive o funcionário público. A propósito, se este delito for cometido pelo *intraneus*, valendo-se este do cargo que ocupa, a pena é aumentada de sexta parte (art. 299, parágrafo único, CP); **C:** incorreta, uma vez que a pena de multa somente será aplicada na hipótese de o crime do art. 302 do CP ser praticado com o fim de lucro (art. 302, parágrafo único, CP); não havendo tal finalidade, o médico que expediu o atestado falso estará sujeito tão somente à pena de detenção de um mês a um ano; **D:** correta. De fato, o objeto material do crime de supressão de documento (art. 305, CP) é o documento público ou particular, em qualquer caso *verdadeiro*; **E:** incorreta, uma vez que poderão figurar como sujeito ativo do crime de falsificação de documento público (art. 297, CP) tanto o particular quanto o funcionário público. Trata-se, portanto, de crime comum, em que não se exige do agente nenhuma qualidade especial. Agora, se se tratar de funcionário público que se vale, para o cometimento deste crime, de seu cargo, incidirá a causa de aumento prevista no § 1º do art. 297 do CP. ED

Gabarito "D".

(Investigador – PC/BA – 2018 – VUNESP) Teodoro, 30 anos de idade, brasileiro, casado e sem antecedentes, falsificou 10 cédulas de R$ 10,00 (dez reais) com o intuito de introduzi-las em circulação, na conduta de pagar uma conta de TV a cabo atrasada. A caminho da casa lotérica, no entanto, foi abordado por policiais e, assustado, entregou as cédulas e confessou a falsificação. Considerando-se a situação hipotética, é correto afirmar que

(A) Teodoro praticou o crime de moeda falsa na modalidade tentada, pois não conseguiu consumar seu intento que era o de colocar as cédulas em circulação.

(B) tendo em vista o ínfimo valor das cédulas falsificadas, trata-se de fato atípico.

(C) Teodoro praticou o crime de moeda falsa na modalidade consumada e, se condenado, poderá receber uma pena de reclusão de 3 (três) a 12 (doze) anos, mais a imposição de multa.

(D) apesar de ter falsificado as cédulas, tendo em vista que as entregou à autoridade policial antes de introduzi-las na circulação, Teodoro poderá ter reconhecida em seu favor a figura privilegiada prevista no § 2º do art. 289 do Código Penal, que trata de figura privilegiada.

(E) por ter falsificado as cédulas visando pagar uma conta atrasada, Teodoro poderá alegar estado de necessidade e ter reconhecida a excludente de ilicitude.

A: incorreta. Aquele que falsifica moeda, fabricando-a, tal como fez Teodoro, será responsabilizado pelo crime definido no art. 289, *caput*, CP, na sua modalidade consumada, independente de sua circulação ou causação de prejuízo. Cuida-se, assim, de delito formal, haja vista que não exige, para a sua consumação, resultado naturalístico, consistente, neste caso, na efetiva circulação ou prejuízo. Dessa forma, o fato de o agente falsificador colocar a moeda em circulação é irrelevante à configuração do crime de moeda falsa; **B:** incorreta. Dada a relevância do bem jurídico tutelado, que é a fé pública, o princípio da insignifi-

cância (crime de bagatela), segundo entendimento hoje consolidado nos tribunais superiores, não tem incidência no crime de moeda falsa (art. 289, CP). Nesse sentido, conferir: "Moeda Falsa – Insignificância – Afastamento. Descabe cogitar da insignificância do ato praticado uma vez imputado o crime de circulação de moeda falsa" (STF, HC 126285, relator Min. Marco Aurélio, Primeira Turma, julgado em 13/09/2016, processo eletrônico Dje-206 divulg 26-09-2016 public 27-09-2016). No STJ: "A jurisprudência do Superior Tribunal de Justiça mostra-se consolidada e em harmonia com o entendimento do Supremo Tribunal Federal para afastar a incidência do princípio da insignificância ao delito de moeda falsa, independentemente do valor ou quantidade de cédulas apreendidas, uma vez que o bem jurídico tutelado por esta norma penal é a fé pública" (AgRg no AREsp 1012476/SP, Rel. Ministro Jorge Mussi, Quinta Turma, julgado em 18/04/2017, DJe 26/04/2017); **C:** correta. Vide comentário à assertiva "A"; **D:** incorreta, dado que a figura privilegiada prevista no art. 289, § 2º, do CP somente se aplica ao sujeito que recebe a moeda falsa de boa-fé e, depois de constatar a falsificação, a coloca em circulação. Não é este o caso de Teodoro, que, como dito no enunciado, falsificou as notas; **E:** incorreta, já que ausentes, neste caso, os requisitos do estado de necessidade. **ED**
Gabarito "C".

(Escrevente – TJ/SP – 2018 – VUNESP) No tocante às infrações previstas nos artigos 307, 308 e 311-A, do Código Penal, assinale a alternativa correta.

(A) A conduta de atribuir a terceiro falsa identidade é penalmente atípica, sendo crime apenas atribuir a si próprio identidade falsa.

(B) O crime de fraude em certames de interesse público configura-se pela divulgação de conteúdo de certame, ainda que não sigiloso.

(C) O crime de fraude em certames de interesse público prevê a figura qualificada, se dele resulta dano à administração pública.

(D) A conduta de ceder o documento de identidade a terceiro, para que dele se utilize, é penalmente atípica, sendo crime apenas o uso, como próprio, de documento alheio.

(E) O crime de fraude em certames de interesse público é próprio de funcionário público.

A: incorreta, já que o tipo penal do art. 307 do CP (falsa identidade) contém dois verbos nucleares (tipo misto alternativo ou de conteúdo variado), a saber: *atribuir-se* (imputar a si próprio) ou *atribuir a terceiro* (imputar a outrem) falsa identidade. São duas, portanto, as condutas típicas previstas no tipo penal; **B:** incorreta, dado que o objeto da divulgação, para a configuração deste crime, deve ter caráter *sigiloso*, na forma prevista no art. 311-A, *caput*, do CP; logo, se não houver sigilo, a divulgação constitui fato atípico; **C:** correta. Qualificadora prevista no art. 311-A, § 2º, do CP; **D:** incorreta. Trata-se do crime previsto no art. 308 do CP; **E:** incorreta. O crime de fraude em certames de interesse público, capitulado no art. 311-A do CP, é comum, podendo, portanto, ser praticado por qualquer pessoa. **ED**
Gabarito "C".

(Procurador Municipal – Sertãozinho/SP – VUNESP – 2016) Acerca dos crimes contra a fé pública, assinale a alternativa correta.

(A) Aquele que falsifica, fabricando ou alterando, selo destinado a controle tributário responde pelo crime de falsificação de selo ou sinal público, previsto no art. 296 do Código Penal.

(B) A falsificação, no todo ou em parte, de atestado, para prova de fato ou circunstância que habilite alguém a obter cargo público configura o crime de falsificação de documento público, previsto no art. 297 do Código Penal.

(C) O princípio da insignificância, causa supralegal de exclusão da tipicidade, não se aplica ao crime de moeda falsa.

(D) O crime de uso de documento falso é material, ou seja, para a consumação exige-se a obtenção de proveito.

(E) O crime de falsidade de atestado médico envolve também como conduta típica a opinião emitida pelo profissional, ainda que equivocada.

A: incorreta, já que a conduta corresponde ao crime do art. 293, I, do CP, e não ao do art. 296 do CP; **B:** incorreta. Trata-se do crime definido no art. 301, § 1º, do CP (falsidade material de atestado ou certidão); **C:** correta. É tranquilo o entendimento, tanto no STF quanto no STJ, no sentido de que é inaplicável o princípio da insignificância aos crimes de moeda falsa, cujo objeto de tutela da norma é tanto a fé pública quanto a credibilidade do sistema financeiro, não sendo determinante para a tipicidade o valor posto em circulação. Nesse sentido, conferir: *O delito de moeda falsa não se compatibiliza com a aplicação do princípio da insignificância, segundo iterativa jurisprudência desta Corte, uma vez que o bem jurídico tutelado pelo artigo 289 do Código Penal é a fé pública, insuscetível de ser mensurada pelo valor e pela quantidade de cédulas falsas apreendidas* (AgRg no REsp 1227113/MG, Rel. Ministro Og Fernandes, Sexta Turma, julgado em 11.06.2013, DJe 21.06.2013); **D:** incorreta. Ao contrário do que se afirma, o crime de uso de documento falso, capitulado no art. 304 do CP, é *formal* (e não *material*), já que a sua consumação se dá independentemente da produção de resultado naturalístico consistente na obtenção de proveito pelo agente; **E:** incorreta, na medida em que a conduta deve recair sobre *fato*, e não sobre *opinião* (juízo de convicção), ainda que equivocada, exteriorizada pelo médico. **ED**
Gabarito "C".

(Procurador Municipal – Sertãozinho/SP – VUNESP – 2016) Sobre os crimes contra a fé pública, assinale a alternativa correta.

(A) Aquele que falsifica documento público e em seguida o utiliza responde pela falsificação e pelo uso, em concurso material.

(B) Considere que o agente, consultando os autos do processo-crime no qual figura como réu, ao se deparar com provas inequívocas de materialidade e autoria, as retire do processo e destrua. Responderá pelo crime de supressão de documento.

(C) Aquele que adultera sinal identificador de veículo automotor responde por crime previsto no art. 311 do Código Penal. O mesmo artigo determina que se o agente cometer o crime no exercício da função pública, a pena será aumentada de metade.

(D) Aquele que figura como "testa de ferro", permitindo o uso de seu nome como possuidor de ação, título ou valor pertencentes a estrangeiro, em relação a quem a posse é proibida por lei, pratica crime punido com reclusão e multa.

(E) Se o crime de falsidade de atestado médico for praticado com o fim de lucro, a pena será aumentada de 1/3.

A: incorreta. Embora não haja consenso na doutrina e na jurisprudência, prevalece hoje o entendimento no sentido de que o agente que falsifica documento e, ato contínuo, dele faz uso somente responde pelo crime de *falsificação*, sendo o seu *uso* reputado *post factum* não punível. Nessa ótica: *(...) De acordo com a jurisprudência do Supremo Tribunal Federal e do Superior Tribunal de Justiça, o crime de uso, quando cometido pelo próprio agente que falsificou o documento, configura "post factum" não punível, vale dizer, é mero exaurimento do crime de falso. Impossibilidade de condenação pelo crime previsto no art. 304 do Código Penal* (AP 530, Relator(a): Min. Rosa Weber,

3. DIREITO PENAL

Relator(a) p/ Acórdão: Min. Roberto Barroso, Primeira Turma, julgado em 09.09.2014, Acórdão Eletrônico *DJe*-225 divulg 14.11.2014 public 17.11.2014 republicação: *DJe*-250 divulg 18.12.2014 public 19.12.2014). No mesmo sentido: "A teor da jurisprudência desta Corte, o uso de documento falsificado (CP, art. 304) deve ser absorvido pela falsificação do documento público ou privado (CP, arts. 297 e 298), quando praticado pelo mesmo agente, caracterizando o delito de uso post factum não punível, ou seja, mero exaurimento do crime de falso, não respondendo o falsário pelos dois crimes, em concurso material" (STJ, AgRg no RHC 112.730/SP, Rel. Ministro RIBEIRO DANTAS, QUINTA TURMA, julgado em 03/03/2020, DJe 10/03/2020). É importante que se diga que parte da doutrina e também da jurisprudência entendem que o agente que usa o documento por ele falsificado deve responder pelo crime do art. 304 do CP (uso), ficando a falsificação por este absorvida. Há, ainda, uma corrente minoritária que sustenta que é caso de concurso de crimes; **B:** correta, já que a conduta se amolda, de fato, ao tipo penal do art. 305 do CP (supressão de documento); **C:** incorreta. A pena, na hipótese de o agente cometer o crime no exercício da função pública, será aumentada de um terço, e não de metade, tal como constou da assertiva. É o que estabelece o art. 311, § 1º, do CP; **D:** incorreta. A conduta descrita na assertiva corresponde ao crime do art. 310 do CP, cuja pena cominada é de detenção (e não reclusão!) de seis meses a três anos e multa; **E:** incorreta. Na hipótese de o crime do art. 302 do CP (falsidade de atestado médico) ser praticado com o fim de lucro, será aplicada a pena de multa, sem prejuízo da de prisão. **ED**
Gabarito "B".

(Procurador – SP – VUNESP – 2015) João, responsável pela emissão de certidões em determinada repartição pública, a fim de ajudar seu amigo José, que concorre a um cargo público, emite certidão falsa, atestando que ele desenvolveu determinados projetos profissionais para a Administração Pública. Sobre a conduta de João, pode-se afirmar que cometeu o crime de

(A) falsidade ideológica, previsto no artigo 299 do Código Penal, ao inserir declaração falsa em documento público.

(B) falsificação de documento particular, previsto no artigo 298 do Código Penal, pois o documento se destinava para uso particular e para fins particulares.

(C) certidão materialmente falsa, previsto no parágrafo 1º, do artigo 301 do Código Penal.

(D) falsificação de documento público, previsto no artigo 297 do Código Penal: "falsificar, no todo ou em parte, documento público, ou alterar documento público verdadeiro".

(E) certidão ideologicamente falsa, previsto no artigo 301 do Código Penal.

O fato narrado no enunciado corresponde à descrição típica do art. 301 do CP (certidão ou atestado ideologicamente falso). É crime próprio, tendo em conta que somente poderá ser praticado pelo funcionário público com atribuição para a expedição de certidão, o que está bem claro no enunciado (*responsável pela emissão de...*). Perceba que o falso, neste crime, tal como se dá no delito do art. 299 do CP (falsidade ideológica), incide sobre o conteúdo, a ideia presente no documento, que, formalmente, é perfeito. **ED**
Gabarito "E".

(Escrevente – TJ/SP – VUNESP – 2015) O peculato culposo

(A) é fato atípico, pois não está expressamente previsto no CP.

(B) tem a ilicitude excluída se o agente repara o dano a qualquer tempo.

(C) tem a punibilidade extinta se o agente repara o dano antes da sentença irrecorrível.

(D) é punido com detenção, de dois a doze anos, e multa.

(E) é punido com a mesma pena do peculato doloso.

A: incorreta, pois o peculato culposo está expressamente previsto no art. 312, § 2º, do CP; **B:** incorreta. A reparação do dano no peculato culposo, nos termos do art. 312, § 3º, do CP, ensejará a extinção da punibilidade (e não a exclusão da ilicitude, como consta na assertiva!) se for anterior à sentença irrecorrível; sendo posterior ao trânsito em julgado, a pena será reduzida de metade; **C:** correta, nos termos do art. 312, § 3º, primeira parte, do CP. Ressalte-se, uma vez mais, que, se a reparação do dano for posterior à sentença irrecorrível, apenas haverá a diminuição da pena do agente pela metade (art. 312, § 3º, segunda parte, do CP); **D:** incorreta. O peculato culposo é punido com detenção, de três meses a um ano. Já o peculato doloso (art. 312, *caput*, e § 1º, do CP) é punido com reclusão, de dois a doze anos, e multa; **E:** incorreta, pois, como visto no comentário à alternativa anterior, a pena do peculato culposo é de detenção, de três meses a um ano, ao passo que a do peculato doloso varia de dois a doze anos de reclusão, além da multa. **ED**
Gabarito "C".

(Escrevente – TJ/SP – VUNESP – 2015) O funcionário público que tem conhecimento de infração cometida no exercício do cargo por subordinado e que, por indulgência, não promove sua responsabilização e também não comunica o fato ao superior competente para tanto pratica

(A) corrupção ativa (CP, art. 333).

(B) corrupção passiva (CP, art. 317).

(C) fato atípico, pois não está descrito expressamente como crime no CP.

(D) condescendência criminosa (CP, art. 320).

(E) prevaricação (CP, art. 319).

O funcionário público que, por indulgência, deixar de promover a responsabilização de funcionário subordinado que tenha praticado infração no exercício do cargo, ou, caso incompetente, deixar de levar ao conhecimento da autoridade com competência punitiva, responderá pelo crime de condescendência criminosa (art. 320 do CP). Correta, portanto, a alternativa D. As demais alternativas estão incorretas em virtude da própria descrição típica de cada um dos crimes. Confira: **A:** incorreta – corrupção ativa (art. 333 do CP): Oferecer ou prometer vantagem indevida a funcionário público, para determiná-lo a praticar, omitir ou retardar ato de ofício; **B:** incorreta – corrupção passiva (art. 317 do CP): Solicitar ou receber, para si ou para outrem, direta ou indiretamente, ainda que fora da função ou antes de assumi-la, mas em razão dela, vantagem indevida, ou aceitar promessa de tal vantagem; **C:** incorreta, pois a conduta descrita no enunciado de amolda ao crime de condescendência criminosa, expressamente previsto no CP (art. 320); **E:** incorreta – prevaricação (art. 319 do CP): Retardar ou deixar de praticar, indevidamente, ato de ofício, ou praticá-lo contra disposição expressa de lei, para satisfazer interesse ou sentimento pessoal. **ED**
Gabarito "D".

(Escrevente – TJ/SP – VUNESP – 2015) Com intuito de proteger seu filho, João comparece perante a autoridade policial e, falsamente, diz ter praticado o crime que em verdade fora praticado por seu filho. João

(A) comete falsa comunicação de crime.

(B) comete falso testemunho, mas não será punido por expressa disposição legal.

(C) comete falso testemunho.

(D) não comete crime algum, pois não está descrito expressamente como crime no CP.

(E) comete autoacusação falsa.

A: incorreta, pois a falsa comunicação de crime (art. 340 do CP) se caracteriza quando o agente provocar a ação de autoridade, comunicando-lhe a ocorrência de crime ou de contravenção que sabe não se ter verificado; **B** e **C**: incorretas, pois o falso testemunho é praticado quando uma testemunha, perito, contador, tradutor ou intérprete, em processo judicial ou administrativo, inquérito policial ou em juízo arbitral, fizer afirmação falsa, negar ou calar a verdade; **D**: incorreta, pois a conduta de João, como será melhor analisada no comentário à alternativa seguinte, praticou crime expressamente previsto no CP; **E**: correta. Comete autoacusação falsa aquele que se acusar, perante a autoridade, de crime inexistente ou praticado por outrem (art. 341 do CP).

Gabarito "E".

(Escrevente – TJ/SP – VUNESP – 2015) Marcos, advogado, solicita certa quantia em dinheiro a Pedro, seu cliente, pois esclarece que mediante o pagamento dessa quantia em dinheiro pode "acelerar" o andamento de um processo. Informa que seria amigo do escrevente do cartório judicial – o qual também seria remunerado pela celeridade, segundo Marcos. Pedro, inicialmente, tem intenção de aceitar a oferta, mas verifica que Marcos mentiu, pois não é amigo do funcionário público. Pedro nega-se a entregar a Marcos qualquer quantia e não aceita a oferta.

É correto afirmar que Marcos

(A) praticou corrupção passiva (CP, art. 317) e Pedro não cometeu crime algum.

(B) praticou exploração de prestígio (CP, art. 357) e Pedro não cometeu crime algum.

(C) praticou corrupção passiva (CP, art. 317) e Pedro corrupção ativa (CP, art. 333).

(D) e Pedro praticaram corrupção passiva (CP, art. 317).

(E) e Pedro não praticaram crime algum, pois os fatos não evoluíram.

Marcos, ao solicitar de seu cliente Pedro determinada quantia em dinheiro a pretexto de influir em funcionário da justiça (no caso, um escrevente do cartório judicial, de quem o advogado seria amigo), cometeu o crime de exploração de prestígio, tipificado no art. 357 do CP, que, inclusive, ensejaria o aumento da pena em um terço, nos termos do parágrafo único do referido dispositivo, visto que alegou que também seria destinatário da quantia solicitada referido funcionário público. Como Pedro se negou a entregar a quantia solicitada por seu advogado, não tendo aceitado a oferta, obviamente não cometeu crime algum. O fato de ter havido a recusa não afasta o crime cometido por Marcos, visto que basta a solicitação de qualquer utilidade, a pretexto de influir em juiz, jurado, órgão do Ministério Público, funcionário da justiça, perito, tradutor, intérprete ou testemunha, para que se caracterize a exploração de prestígio (art. 357 do CP). Correta, portanto, a alternativa B.

Gabarito "B".

(Escrevente – TJ/SP – VUNESP – 2015) O *caput* do art. 293 do CP tipifica a falsificação de papéis públicos, especial e expressamente no que concerne às seguintes ações:

(A) produção e confecção.

(B) contrafação e conspurcação.

(C) fabricação e alteração.

(D) adulteração e corrupção.

(E) corrupção e produção.

O art. 293, *caput*, do CP tipifica a falsificação de papéis públicos por meio de dois comportamentos: fabricação e alteração. Assim, correta apenas a alternativa C.

Gabarito "C".

(Escrevente – TJ/SP – VUNESP – 2015) O crime de falsidade ideológica (CP, art. 299) tem pena aumentada de sexta parte se

(A) cometido por motivo egoístico.

(B) a vítima sofre vultoso prejuízo.

(C) o agente aufere lucro.

(D) o agente é funcionário público e comete o crime prevalecendo-se do cargo.

(E) cometido com o fim de produzir prova em processo penal.

Nos termos do art. 299, parágrafo único, do CP, o crime de falsidade ideológico terá sua pena aumentada de sexta parte se o agente é funcionário público e comete o crime prevalecendo-se de seu cargo, ou, ainda, se a falsificação ou alteração for de registro civil. Correta, pois, a alternativa D.

Gabarito "D".

20. CRIMES CONTRA A ADMINISTRAÇÃO PÚBLICA

(Escrevente – TJ/SP – VUNESP – 2023) Tendo em conta o crime de inutilização de edital ou de sinal, previsto no artigo 336, do Código Penal, e o crime de subtração ou inutilização de livro ou documento, previsto no artigo 337, do Código Penal, assinale a alternativa correta.

(A) São crimes próprios de funcionários públicos, só podendo ser por eles praticados.

(B) O crime de inutilização de edital ou sinal será qualificado quando há violação de sinal empregado para cerrar objeto de interesse da justiça.

(C) São crimes que inadmitem tentativa.

(D) O crime de subtração ou inutilização de livro ou documento restará caracterizado ainda que o documento inutilizado estiver confiado a particular, desde que em serviço público.

(E) O crime de subtração ou inutilização de livro ou documento, se parcial a inutilização do documento, será punido de forma diminuída.

A: incorreta. Trata-se de crimes comuns, que podem, portanto, ser praticados por qualquer pessoa; **B**: incorreta, já que se trata de conduta prevista no *caput* do art. 336 do CP; **C**: incorreta. Tratando-se de crime materiais, a tentativa é possível; **D**: correta, conforme descrição típica contida no art. 337 do CP; **E**: incorreta. Sendo total ou parcial a inutilização do documento, a punição será a mesma. ED

Gabarito "D".

(Escrevente – TJ/SP – VUNESP – 2023) Mévio, administrador, por decisão judicial, em ação penal, foi afastado do conselho deliberativo da empresa da qual é sócio. Não obstante a decisão, Mévio continua participando das reuniões do conselho, fazendo uso da palavra, tomando parte nas deliberações e assinando documentos. Diante da situação hipotética, assinale a alternativa correta.

(A) Mévio não incorreu em qualquer crime, haja vista a conduta imputada ser atípica penalmente.

(B) Mévio incorreu no crime de fraude processual, previsto no artigo 347, do Código Penal.

(C) Mévio, em tese, praticou o crime de desobediência à decisão judicial sobre perda e suspensão de direito, previsto no artigo 359, do Código Penal.

(D) Mévio, em tese, praticou o crime de desobediência, previsto no artigo 330, do Código Penal.

(E) Mévio, em tese, praticou o crime de usurpação de função pública, previsto no artigo 328, do Código Penal.

A conduta de Mévio se amolda ao tipo penal do art. 359 do CP, que assim dispõe: "Exercer função, atividade, direito, autoridade ou múnus, de que foi suspenso ou privado por decisão judicial". ED

Gabarito "C".

3. DIREITO PENAL

(Escrevente – TJ/SP – VUNESP – 2023) A respeito dos Crimes contra a Administração da Justiça, previstos no Código Penal, é correto afirmar que

(A) o crime de coação no curso do processo será qualificado se praticado em processo que envolva crime contra a dignidade sexual.

(B) a imputação de prática de contravenção penal que sabe ser inverídica não configura o crime de denunciação caluniosa, pois o tipo penal fala apenas em crime, ato improbo e infração ética-disciplinar.

(C) o crime de fraude processual será qualificado se a inovação tiver como objetivo produzir efeito em processo penal.

(D) a retração ou declaração da verdade pelo agente, antes de proferida a sentença no processo em que se deu o falso testemunho, é causa de diminuição de pena do crime de falso testemunho e falsa perícia.

(E) o crime de exercício arbitrário das próprias razões é de ação penal privada, excetuando os casos em que há emprego de violência.

A: incorreta, na medida em que se trata de causa de aumento de pena (e não de modalidade qualificada), introduzida no art. 344 do CP pela Lei 14.245/2021; **B:** incorreta. Se a falsa imputação é de prática de contravenção penal, configurada estará a causa de diminuição de pena do § 2º do art. 339 do CP. Como se pode ver, ainda que a imputação consista no cometimento de contravenção, o crime de denunciação caluniosa se configura. Embora nenhuma repercussão tenha na resolução desta questão, é importante que se diga que a Lei 14.110/2020 alterou o art. 339 do CP, dispositivo que contém a descrição típica do crime de denunciação caluniosa, que passa a contar, doravante, com a seguinte redação: *Dar causa à instauração de inquérito policial, de procedimento investigatório criminal, de processo judicial, de processo administrativo disciplinar, de inquérito civil ou de ação de improbidade administrativa contra alguém, imputando-lhe crime, infração ético-disciplinar ou ato ímprobo de que o sabe inocente.* O § 2º do art. 339, que manda diminuir a pena de metade se a imputação é de prática de contravenção penal, não foi alterado; **C:** incorreta, já que se trata de causa de aumento de pena, e não de qualificadora (art. 347, parágrafo único, CP: "se a inovação se destina a produzir efeito em processo penal, ainda que não iniciado, as penas aplicam-se em dobro"); **D:** incorreta. A retratação do agente, no contexto do crime de falso testemunho ou falsa perícia, quando efetivada até a sentença, é causa extintiva da punibilidade (o fato deixa de ser punível), tal como estabelece o art. 342, § 2º, do CP; **E:** correta. De fato, a ação penal, no crime de exercício arbitrário das próprias razões (art. 345, CP), será privativa do ofendido na hipótese de não haver emprego de violência no cometimento do delito, conforme reza o parágrafo único do dispositivo a que fizemos referência; se houver emprego de violência, a ação penal será pública. 🔲 *Gabarito "E".*

(Escrevente – TJ/SP – VUNESP – 2023) Tendo em conta os Crimes contra a Administração Pública, previstos no Código Penal, assinale a alternativa correta.

(A) O crime de abandono de função somente se caracteriza se ocorrer prejuízo público, tratando-se, assim, de crime material.

(B) O crime de corrupção passiva é formal, consumando-se ainda que o funcionário público não receba vantagem indevida.

(C) Para a caracterização do crime de prevaricação, é necessário que o funcionário público retarde ou deixe de praticar, indevidamente, ato de ofício, cedendo a pedido ou influência de outro.

(D) O crime de advocacia administrativa se consuma quando o advogado privado, para defender interesse de seu cliente, junto à Administração Pública, oferece vantagem a funcionário público, para o influenciar na prática de ato.

(E) O crime de peculato é praticado por funcionário público, exigindo que o bem ou valor apropriado seja público.

A: incorreta. Cuida-se de crime formal, e não material, como consta da assertiva. Isso porque a sua consumação não está condicionada à produção de resultado naturalístico, consistente, no efetivo prejuízo para a Administração. A propósito, se do abandono resultar prejuízo para a Administração, caracterizada estará a modalidade qualificada prevista no § 1º do art. 323 do CP; **B:** correta. De fato, sendo crime formal, a corrupção passiva (art. 317, CP) se consuma com a mera solicitação/recebimento/aceitação de promessa, sendo desnecessário que o funcionário público retarde ou deixe de praticar o ato de ofício, ou mesmo obtenha a vantagem por ele perseguida; **C:** incorreta, já que a descrição típica contida na assertiva corresponde ao crime de corrupção passiva privilegiada, previsto no art. 317, § 2º, do CP; no delito de prevaricação, capitulado no art. 319 do CP, que pode, a depender do caso concreto, ser confundido com o crime de corrupção passiva privilegiada, o que move o *intraneus* a agir ou deixar de agir de forma indevida são razões de ordem pessoal, como é o caso da amizade. No crime de corrupção passiva privilegiada (art. 317, § 2º, do CP), temos que o agente age ou deixa de agir cedendo a pedido ou influência de outrem, o que não existe na prevaricação (não há pedido ou influência). Neste crime (prevaricação), o agente age ou deixa de agir por iniciativa própria, movido, como já dissemos, por razões de ordem pessoal (satisfazer interesse ou sentimento pessoal). O crime de prevaricação alcança a consumação no instante em que o agente se omite, retarda ou pratica o ato de ofício, independente de qualquer vantagem (satisfação de interesse ou sentimento pessoal). Trata-se, pois, de crime formal; **D:** incorreta. O crime de advocacia administrativa, tipificado no art. 321 do CP, pressupõe que o funcionário público, valendo-se dessa qualidade, patrocine, direta ou indiretamente, interesse privado perante a Administração Pública. Apesar do nome, não se exige que o sujeito ativo seja *advogado*. Cuida-se, isto sim, como já dito, de delito praticado por funcionário público (é crime próprio) que, valendo-se do cargo que ocupa, defende interesse privado de terceiro perante a Administração; **E:** incorreta. No crime de peculato, previsto no art. 312 do CP, a conduta do funcionário público (crime próprio) pode recair tanto sobre a coisa móvel pública quanto a particular. 🔲 *Gabarito "B".*

(Escrevente – TJ/SP – 2021 – VUNESP) O proprietário do veículo que indica falsamente outra pessoa como condutora do veículo no momento da infração de trânsito em formulário (notificação de multa) da autoridade de trânsito, em tese, pratica o crime de:

(A) Falsidade ideológica.

(B) Falsificação de documento particular.

(C) Falsificação de documento público.

(D) Uso de documento falso.

(E) Falsa identidade.

De fato, aquele que assumir infração de trânsito cometida por outra pessoa ou aceitar que alguém seja responsabilizado por infração que não cometeu incorrerá nas penas do crime de falsidade ideológica, previsto no art. 299 do CP. Sempre é bom lembrar que, neste delito, a falsificação recai sobre o conteúdo do documento, a ideia nele contida. É dizer: o documento, na falsidade ideológica, é verdadeiro em seus requisitos extrínsecos e emana daquele que figura como seu autor. Difere, portanto, da falsidade material, em que o documento é perceptivelmente falso, ou seja, o vício incide sobre o aspecto físico do documento, a sua *forma*. 🔲 *Gabarito "A".*

(Escrevente – TJ/SP – 2021 – VUNESP) A respeito do crime de petrechos de falsificação, previsto no artigo 294, do Código Penal, é correto dizer que

(A) É crime próprio de funcionário público.
(B) Admite a modalidade culposa.
(C) É crime material.
(D) É instantâneo.
(E) É tipo misto alternativo.

A: incorreta. Cuida-se de crime comum, já que o tipo penal não impõe nenhuma qualidade específica ao sujeito ativo, ou seja, pode ser praticado por qualquer pessoa; **B:** incorreta. O elemento subjetivo deste crime é representado tão somente pelo dolo, não admitindo a modalidade culposa, já que não prevista; **C:** incorreta. É crime formal, e não material, na medida em que não se exige, à sua consumação, a produção de resultado naturalístico. A consumação, neste caso, é alcançada com a prática de um dos comportamentos previstos no tipo penal; **D:** incorreta. Pode-se dizer que constitui crime instantâneo nas modalidades *fabricar*, *adquirir* e *fornecer*; já nas modalidades *possuir* e *guardar* o delito é permanente, assim entendido aquele cuja consumação se protrai no tempo por vontade do agente; **E:** correta. Trata-se de tipo misto alternativo ou de conteúdo variado, já que o tipo penal contempla várias condutas (vários verbos nucleares), sendo certo que a prática de somente uma delas basta à consumação do crime. Nesta modalidade de crime, sempre é bom lembrar, a prática de mais de uma conduta (verbo nuclear) prevista no tipo, desde que no mesmo contexto fático, implica o reconhecimento de crime único, incidindo, aqui, o princípio da alternatividade. ED
Gabarito "E".

(Escrevente – TJ/SP – 2021 – VUNESP) Mévio, aprovado em processo seletivo para trabalhar como operador de trator, a fim de cumprir exigência da empresa contratante, apresenta atestado médico, por ele adquirido, em que consta a falsa informação de não uso de medicação controlada, de uso contínuo. A respeito da conduta de Mévio, é correto dizer que, em tese, caracteriza o crime de

(A) certidão ou atestado ideologicamente falso.
(B) falsidade material de atestado ou certidão.
(C) uso de documento falso.
(D) falsidade de atestado médico.
(E) falsidade ideológica.

Considerando que o atestado médico falso não foi confeccionado por Mévio, mas por ele adquirido, o crime praticado foi o de uso de documento falso, previsto no art. 304 do CP, já que ele se valeu (utilizou) de documento falso para ser aprovado em processo seletivo em que uma das exigências é o não uso de medicação controlada. ED
Gabarito "C".

(Escrevente – TJ/SP – 2021 – VUNESP) Tício, funcionário do órgão privado responsável pela realização de concurso público, chateado por não lhe ter sido conferido direito a férias no período almejado, objetivando denegrir a imagem da instituição, fez cópia de uma das versões da prova, sigilosa, já que ainda não aplicada, e a divulgou na internet. Tício não auferiu qualquer vantagem com a divulgação, tendo por móvel apenas abalar a imagem da instituição em que trabalhava. No entanto, em razão da divulgação, o concurso foi adiado e toda a prova refeita. Sobre a situação hipotética, é correto dizer que

(A) Tício, em tese, praticou o crime de impedimento, perturbação ou fraude de concorrência.
(B) Tício, em tese, praticou o crime de violação de sigilo funcional.
(C) a conduta de Tício é atípica, pois inexistiu vantagem com a violação do sigilo da prova, elemento comum aos crimes de fraude em certames de interesse público; violação de sigilo funcional e impedimento, perturbação ou fraude de concorrência.
(D) Tício, em tese, praticou o crime de fraudes em certames de interesse público.
(E) a conduta de Tício é atípica, já que ele não é funcionário público, condição necessária do agente nos crimes de fraude em certames de interesse público; violação de sigilo funcional e de impedimento, perturbação ou fraude de concorrência.

A conduta praticada por Tício se amolda à descrição típica do crime de fraudes em certames de interesse público, previsto no art. 311-A, já que divulgou, de forma indevida e com o objetivo de comprometer a credibilidade do concurso, conteúdo sigiloso (prova). Trata-se de crime formal, na medida em que a consumação é alcançada com a mera prática da conduta prevista no tipo, independente da produção de resultado naturalístico, consistente no prejuízo causado ao certame. ED
Gabarito "D".

(Escrevente – TJ/SP – 2021 – VUNESP) Sobre os crimes contra a Administração da Justiça, previstos no Código Penal, assinale a alternativa correta.

(A) Dar causa a ação de improbidade administrativa, imputando a alguém ato ímprobo de que sabe inocente, valendo-se de nome suposto, em tese, caracteriza o crime de denunciação caluniosa.
(B) O crime de exercício arbitrário das próprias razões, previsto no artigo 345, do CP, somente se procede mediante queixa.
(C) Oferecer dinheiro a testemunha para fazer afirmação falsa em depoimento, em tese, caracteriza o crime de coação no curso do processo, previsto no artigo 344, do CP.
(D) O crime de exploração de prestígio (art. 357, do CP) é próprio, podendo ser praticado apenas pelos sujeitos previstos no tipo penal.
(E) O crime de favorecimento pessoal caracteriza-se pelo auxílio prestado a autor de crime, a fim de que ele escape da ação das autoridades públicas, desde que o crime praticado seja punido com reclusão.

A: correta. Conduta prevista no art. 339 do CP (denunciação caluniosa); **B:** incorreta. A ação penal, no crime de exercício arbitrário das próprias razões (art. 345, CP), será privativa do ofendido (mediante queixa-crime) na hipótese de não haver emprego de violência no cometimento do delito, conforme reza o parágrafo único do dispositivo a que fizemos referência; se houver emprego de violência, a ação penal será pública; **C:** incorreta. Oferecer dinheiro a testemunha para fazer afirmação falsa em depoimento configura, em princípio, o crime do art. 343 do CP; **D:** incorreta. Trata-se de crime comum, podendo ser praticado por qualquer pessoa; **E:** incorreta. Se o crime praticado não for punido com reclusão, ainda assim o crime de favorecimento pessoal restará configurado, mas com pena cominada inferior, conforme § 1º do art. 348 do CP. ED
Gabarito "A".

(Escrevente – TJ/SP – 2018 – VUNESP) A respeito dos crimes praticados por funcionários públicos contra a administração pública, é correto afirmar que

(A) Caio, funcionário público, ao empregar verba própria da educação, destinada por lei, na saúde, em tese, incorre no crime de emprego irregular de verba pública (art. 315 do CP).
(B) Tícia, funcionária pública, ao exigir, em razão de sua função, que determinada empresa contrate o filho,

em tese, incorre no crime de corrupção passiva (art. 317 do CP).

(C) Mévio, funcionário público, em razão de sua função, ao aceitar promessa de recebimento de passagens aéreas, para férias da família, não incorre no crime de corrupção passiva (art. 317 do CP), já que referido tipo penal exige o efetivo recebimento de vantagem indevida.

(D) Tício, funcionário público, ao se apropriar do dinheiro arrecadado pelos funcionários da repartição para comprar o bolo de comemoração dos aniversariantes do mês, em tese, pratica o crime de peculato (art. 312 do CP).

(E) Mévia, funcionária pública, não sendo advogada, não pode incorrer no crime de advocacia administrativa (art. 321 do CP), já que referido tipo penal exige a qualidade de advogado do sujeito ativo.

A: correta. Caio deverá ser responsabilizado pelo cometimento do crime de *emprego irregular de verbas ou rendas públicas* (art. 315, CP). Perceba que, neste crime, cuja objetividade jurídica é voltada à regularidade da Administração Pública, o agente não se apropria ou subtrai as verbas em proveito próprio ou de terceiro. O que se dá, aqui, é o emprego de verbas ou rendas públicas, pelo funcionário, em benefício da própria Administração, de forma diversa da prevista em lei. Assim, responderá por este crime aquele que desvia verba que, por lei, era da educação para a saúde. Não houve, como se pode notar, enriquecimento por parte do *intraneus* ou mesmo de terceiro; **B**: incorreta. Considerando que Tícia, valendo-se do cargo público que ocupa, *exigiu* a contratação de seu filho, deverá ser responsabilizada pelo crime de concussão (art. 316, *caput*, do CP). A conduta típica, na concussão, é representada, como dito, pelo verbo *exigir*, que tem o sentido de *demandar*, *ordenar*. Essa exigência traz ínsita uma ameaça à vítima, que, sentindo-se intimidada, acuada, acaba por ceder, entregando ao agente a vantagem indevida por ele perseguida. É aqui que este crime se distingue daquele previsto no art. 317 do CP – *corrupção passiva*. Neste, no lugar de *exigir*, o agente *solicita* (pede) vantagem indevida. Atenção: outra inovação promovida pela Lei 13.964/2019 (Pacote Anticrime) é a alteração da pena máxima cominada ao crime de concussão, previsto no art. 316 do CP. Com isso, a pena para este delito, que era de 2 a 8 anos de reclusão, e multa, passa para 2 a 12 anos de reclusão, e multa. Corrige-se, dessa forma, a distorção que até então havia entre a pena máxima cominada ao crime de concussão e aquelas previstas para os delitos de corrupção passiva (317, CP) e corrupção ativa (art. 333, CP). Doravante, a pena, para estes três crimes, vai de 2 a 12 anos de reclusão, sem prejuízo da multa. Mesmo porque o crime de concussão denota, no seu cometimento, maior gravidade do que o delito de corrupção passiva. No primeiro caso, o agente exige, que tem o sentido de impor, obrigar, sempre se valendo do cargo que ocupa para intimidar a vítima e, dessa forma, alcançar a colimada vantagem indevida; no caso da corrupção passiva, o *intraneus*, no lugar de exigir, solicita, recebe ou aceita promessa de receber tal vantagem; **C**: incorreta. O crime de corrupção passiva (art. 317 do CP), como bem sabemos, é formal. Isso quer dizer que é prescindível, para que seja alcançada a sua consumação, que o agente receba a vantagem indevida. Na verdade, a consumação se opera em instante anterior, ou seja, o delito se aperfeiçoa, no caso narrado na assertiva, com a mera aceitação da promessa. Se de fato esta for auferida pelo agente, será considerada *exaurimento*, assim entendido o desdobramento típico posterior à consumação; **D**: incorreta, já que Tício não se valeu das facilidades que lhe proporciona o cargo que ocupa. Além disso, inexiste, neste caso, prejuízo para a Administração. Trata-se de questão privada ou que envolve colegas de trabalho. Pode-se falar, em princípio, de crime de apropriação indébita (art. 168, CP); **E**: incorreta. O crime de advocacia administrativa, tipificado no art. 321 do CP, pressupõe que um funcionário público, valendo-se dessa qualidade, patrocine, direta ou indiretamente, interesse privado perante a Administração Pública.

Apesar do nome, não se exige que o sujeito ativo seja *advogado*. Cuida-se, isto sim, como já dito, de delito praticado por funcionário público (é crime próprio) que, valendo-se do cargo que ocupa, defende interesse privado de terceiro perante a Administração. 🔲

Gabarito "A".

(Escrevente – TJ/SP – 2018 – VUNESP) A respeito dos crimes praticados por particulares contra a administração, em geral (arts. 328; 329; 330; 331; 332; 333; 335; 336 e 337 do CP), assinale a alternativa correta.

(A) O crime de desacato não se configura se o funcionário público não estiver no exercício da função, ainda que o desacato seja em razão dela.

(B) Para se configurar, o crime de usurpação de função pública exige que o agente, enquanto na função, obtenha vantagem.

(C) Para se configurar, o crime de corrupção ativa exige o retardo ou a omissão do ato de ofício, pelo funcionário público, em razão do recebimento ou promessa de vantagem indevida.

(D) Aquele que se abstém de licitar em hasta pública, em razão de vantagem indevida, não é punido pelo crime de impedimento, perturbação ou fraude de concorrência, já que se trata de conduta atípica.

(E) Não há previsão de modalidade culposa.

A: incorreta. Isso porque o ato injurioso ou ofensivo, no desacato (art. 331, CP), pode ser dirigido ao funcionário que esteja no exercício de sua função ou em razão dela (por causa dela). Neste último caso, embora o funcionário não esteja, no momento da ofensa, no seu horário de expediente, o ato ofensivo lhe é dirigido em razão da qualidade de funcionário público; **B**: incorreta. Sendo crime formal, a usurpação de função pública prescinde, à sua consumação, de resultado naturalístico, consistente no prejuízo para a Administração ou obtenção de vantagem por parte do agente. Se este obtiver vantagem, incorrerá na forma qualificada (art. 328, parágrafo único, do CP); **C**: incorreta. O crime de corrupção ativa, capitulado no art. 333 do CP, a exemplo de tantos outros delitos contra a Administração Pública, prescinde de resultado naturalístico (é formal). Dessa forma, a consumação é alcançada no exato instante em que o agente, neste caso o particular, oferece ou promete vantagem indevida, pouco importando se houve o recebimento do suborno oferecido ou prometido ou mesmo se o ato, inerente às funções do *intraneus*, foi praticado, omitido ou retardado. Agora, se o funcionário omitir, retardar ou praticar o ato com infração a dever funcional, a pena impingida ao particular será aumentada em um terço (art. 333, parágrafo único, CP); **D**: incorreta. A conduta descrita no enunciado correspondia ao tipo penal do art. 335, parágrafo único, do CP, que foi revogado pela Lei 8.666/1993 (instituiu normas para licitações e contratos firmados pela Administração Pública), que, em seu art. 95, parágrafo único, estabelece ser crime a conduta do agente que *se abstém ou desiste de licitar, em razão da vantagem oferecida*. Trata-se, portanto, como se pode ver, de fato *típico*. Atenção: posteriormente à elaboração desta questão, os arts. 89 a 108 da Lei 8.666/1993, que reuniam os crimes em espécie e o respectivo procedimento judicial, foram revogados pela Lei 14.133/2021 (nova Lei de Licitações e Contratos Administrativos). Por força desta mesma Lei, os delitos relativos a licitações e contratos administrativos foram inseridos no Código Penal, criando-se, para tanto, o Capítulo II-B, dentro do Título XI (dos crimes contra a administração pública). Assim, as condutas configuradoras de crimes relativos a licitações e contratos administrativos, que antes tinham previsão na Lei 8.666/1993, passam a tê-lo nos arts. 337-E a 337-P do CP; **E**: correta. De fato, o Capítulo II do Título XI do CP (dos crimes praticados por particulares contra a administração em geral) não contempla crime cujo elemento subjetivo seja representado pela *culpa*. Há tão somente tipos penais dolosos. Cuidado: o Capítulo I desse mesmo título (dos crimes praticados por funcionário público contra a administração em geral) contém o crime de peculato, que comporta a modalidade culposa (art. 312, § 2º, CP). **ED**

Gabarito "E".

(Escrevente – TJ/SP – 2018 – VUNESP) A respeito dos crimes contra a administração da justiça (arts. 339 a 347 do CP), assinale a alternativa correta.

(A) A autoacusação para acobertar ascendente ou descendente é atípica.

(B) Dar causa a inquérito civil contra alguém, imputando-lhe falsamente a prática de crime, em tese, caracteriza o crime de denunciação caluniosa.

(C) Provocar a ação de autoridade, comunicando a ocorrência de crime que sabe não ter se verificado, em tese, caracteriza o crime de denunciação caluniosa.

(D) O crime de falso testemunho exige, para configuração, que o agente receba vantagem econômica ou outra de qualquer natureza.

(E) O crime de exercício arbitrário das próprias razões procede-se mediante queixa, ainda que haja emprego de violência.

Antes de mais nada, é importante que se diga que a Lei 14.110/2020, posterior à elaboração desta questão, alterou o art. 339 do CP, dispositivo que contém a descrição típica do crime de denunciação caluniosa, que passa a contar, doravante, com a seguinte redação: *Dar causa à instauração de inquérito policial, de procedimento investigatório criminal, de processo judicial, de processo administrativo disciplinar, de inquérito civil ou de ação de improbidade administrativa contra alguém, imputando-lhe crime, infração ético-disciplinar ou ato ímprobo de que o sabe inocente*. Dito isso, passemos à análise de cada alternativa, considerando, para tanto, a redação em vigor do art. 339 do CP ao tempo em que aplicada esta prova. **A:** incorreta, uma vez que o art. 341 do CP, que define o crime de autoacusação falsa, não contempla esta escusa absolutória, diferentemente do que se dá, por exemplo, no crime de favorecimento pessoal (art. 348, CP), em que não se pune o agente do favorecimento quando este for ascendente, descendente, cônjuge ou irmão. Dessa forma, se o pai imputar a si mesmo crime que sabe que foi praticado pelo filho, será responsabilizado pelo crime do art. 341 do CP; **B:** correta. O sujeito que provoca a instauração de inquérito civil contra alguém, sabendo-o inocente do crime que levou ao conhecimento da autoridade, comete o delito de *denunciação caluniosa*, capitulado no art. 339 do CP. Este crime não deve ser confundido com o do art. 340 do CP, *comunicação falsa de crime ou de contravenção*, em que a comunicação que deflagra a ação da autoridade não recai sobre pessoa certa, determinada. Na *denunciação caluniosa*, como já dito, o agente atribui a autoria da infração penal por ele levada ao conhecimento da autoridade a pessoa determinada, fornecendo dados à sua identificação. Difere, também, do tipo prefigurado no art. 138 do CP – *calúnia*, na medida em que, neste delito, atribui-se falsamente a alguém fato definido como crime. Sua consumação se opera no momento em que o fato chega ao conhecimento de terceiro (a honra atingida é a objetiva). Aqui, o agente não dá causa à instauração de investigação ou processo; **C:** incorreta. O sujeito que provoca a ação de autoridade, a esta comunicando a ocorrência de crime que sabe não ter se verificado, comete o delito de comunicação falsa de crime ou contravenção (art. 340, CP); **D:** incorreta, já que o crime de falso testemunho (art. 342, CP) se aperfeiçoa ao final do depoimento (é crime formal), pouco importando se a inverdade teve influência na instrução processual bem como se houve suborno. A propósito, se o crime for praticado mediante suborno, deverá incidir a causa de aumento de pena do art. 342, § 1º, do CP, mas tal não é necessário à configuração do crime; **E:** incorreta. A ação penal, no crime de exercício arbitrário das próprias razões, somente será privativa do ofendido (procede-se mediante queixa) se não houver emprego de violência; se houver, a

ação penal será pública, cabendo a sua iniciativa ao MP (art. 345, parágrafo único, CP). **ED**

Gabarito "B".

(Escrevente – TJ/SP – 2018 – VUNESP) A respeito do crime de exploração de prestígio (art. 357 do CP), é correto afirmar que

(A) prevê causa de aumento se o agente alega ou insinua que o dinheiro é também destinado a funcionário público estrangeiro.

(B) prevê modalidade culposa.

(C) se caracteriza pela conduta de receber dinheiro a pretexto de influir em ato praticado por qualquer funcionário público.

(D) se trata de crime comum, não se exigindo qualquer qualidade especial do autor.

(E) para se configurar, exige o efetivo recebimento de dinheiro pelo agente.

A: incorreta. A exploração de prestígio (art. 357 do CP), que com o delito tráfico de influência (art. 332 do CP) é frequentemente confundida, caracteriza-se quando o agente *solicitar ou receber dinheiro ou qualquer outra utilidade*, a pretexto de influir em *juiz, jurado, órgão do Ministério Público, funcionário de justiça, perito, tradutor, intérprete ou testemunha*. A causa de aumento de pena, prevista no art. 357, parágrafo único, do CP, por sua vez, incidirá sempre que o agente alegar ou insinuar que o dinheiro ou utilidade solicitado ou recebido também se destina às pessoas referidas no *caput*, que, como se pode ver, não inclui o funcionário público estrangeiro; **B:** incorreta, dado que o crime de exploração de prestígio não prevê modalidade culposa; o elemento subjetivo é representado pelo dolo; **C:** incorreta. O agente que obtém vantagem, alegando gozar de prestígio junto à Administração para influir no comportamento de servidor público, comete o crime de tráfico de influência (art. 332 do CP). Este crime muito se assemelha ao estelionato, ou melhor, constitui uma modalidade específica de estelionato, em que o sujeito ativo vende a falsa ideia de que fará uso de sua influência para obter, em favor da vítima, benefício junto à Administração. Levada a engano pelo ardil aplicado pelo sujeito, o ofendido, ludibriado, entrega-lhe a vantagem perseguida. É crime de ação múltipla ou de conteúdo variado, uma vez que o tipo penal contempla várias condutas (solicitar, exigir, cobrar e obter). Este crime não deve ser confundido com o delito do art. 357 do CP (exploração de prestígio). Neste, as pessoas em relação às quais o agente alega gozar de prestígio estão especificadas no tipo penal: juiz, jurado, órgão do MP, funcionário de justiça etc. É crime contra a administração da Justiça, ao passo que o tráfico de influência é delito contra a administração pública em geral; **D:** correta. Trata-se, de fato, de crime comum, na medida em que o tipo penal não contempla nenhuma qualidade especial que deve ter o sujeito ativo; **E:** incorreta. Cuida-se de crime formal, isto é, não se exige, à sua consumação, a produção de resultado naturalístico. **ED**

Gabarito "D".

(Procurador – IPSMI/SP – VUNESP – 2016) A respeito dos crimes contra a Administração Pública, é correto afirmar que

(A) o crime de sonegação de contribuição previdenciária é de competência da Justiça Estadual.

(B) importar mercadoria, sem o pagamento do imposto devido pela entrada, caracteriza o crime de contrabando, de competência da Justiça Federal.

(C) o tipo penal de abandono da função pública (artigo 323 do Código Penal) é norma penal em branco e prescinde de resultado.

(D) o crime de desobediência (artigo 330 do Código Penal) somente se caracteriza se do não atendimento à ordem resultar prejuízo à Administração Pública.

(E) a subtração de valor, bem ou dinheiro, por funcionário público, valendo-se da facilidade que a qualidade de funcionário lhe proporciona, caracteriza o crime de furto qualificado.

A: incorreta. O crime de *sonegação de contribuição previdenciária*, que vem definido no art. 337-A do CP, é de competência da Justiça Federal; **B:** incorreta. A conduta se amolda à descrição típica do crime de *descaminho* (e não de *contrabando*), previsto no art. 334, *caput*, do CP; **C:** correta. É norma penal em branco porque o abandono deve se dar *fora dos casos permitidos em lei*. Diz-se, no mais, que o crime do art. 323 do CP é formal porquanto prescinde de resultado naturalístico consistente no prejuízo efetivo à Administração); **D:** incorreta. É crime formal, razão pela qual não se exige, para a sua consumação, a produção de resultado naturalístico consistente no prejuízo à Administração como decorrência do não atendimento à ordem legal; **E:** incorreta, uma vez que a conduta corresponde à descrição típica do crime de *peculato-furto* (art. 312, § 1º, 1ª parte, do CP).

Gabarito "C".

(Procurador – IPSMI/SP – VUNESP – 2016) A respeito do crime previsto no artigo 359-C (assunção de obrigação no último ano do mandato ou legislatura), é correto afirmar que

(A) a condenação definitiva leva à perda do cargo, função pública ou mandato, tratando-se de efeito imediato da condenação.

(B) pode ser praticado por qualquer funcionário público.

(C) prevê a modalidade culposa.

(D) há previsão de elemento de tipo temporal, perfazendo-se a figura penal apenas se a conduta incriminada realizar-se nos dois últimos quadrimestres do mandato ou legislatura.

(E) tem por bem jurídico assegurar a veracidade nos pleitos dos poderes executivo, legislativo e judiciário.

A: incorreta. A perda de cargo, função pública ou mandato eletivo constitui efeito *específico* da condenação. Isso quer dizer que esta consequência da condenação, não sendo automática (imediata), deve ser declarada na sentença, a teor do que dispõe o art. 92, parágrafo único, do CP. Para facilitar a compreensão deste tema, cabe um esclarecimento. Os efeitos da condenação contemplados no art. 91 do CP são *automáticos* (genéricos). Significa isso que é desnecessário o pronunciamento do juiz, a esse respeito, na sentença. Já o art. 92 do CP, como já dissemos, trata dos efeitos da condenação *não automáticos* (específicos), que, por essa razão, somente podem incidir se o juiz, na sentença condenatória, declará-los de forma motivada; **B:** incorreta. Somente pode figurar como sujeito ativo deste crime o funcionário público que detém atribuição para ordenar ou autorizar a assunção de obrigação; não basta, pois, que seja funcionário público; **C:** incorreta. Não há a previsão de modalidade culposa deste delito; **D:** correta. De fato, o legislador introduziu um elemento temporal no tipo penal do art. 359-C do CP, segundo o qual a conduta ali descrita deve ser realizada a partir de 1º de maio do último ano do mandato ou da legislatura; **E:** incorreta. O bem jurídico aqui tutelado é a proteção à regularidade das finanças públicas.

Gabarito "D".

(Procurador Municipal/SP – VUNESP – 2016) Assinale a alternativa correta sobre o crime de peculato, tipificado no artigo 312 e parágrafos do Código Penal.

(A) É crime próprio e não admite o concurso de pessoas.

(B) No peculato culposo a reparação do dano, se precede à sentença irrecorrível, reduz de metade a pena imposta.

(C) Admite o concurso de pessoas desde que a qualidade de funcionário público, elementar do tipo, seja de conhecimento do particular coautor ou partícipe.

(D) Para a caracterização do peculato-furto, afigura-se necessário que o funcionário público tenha a posse do dinheiro, valor ou bem que subtrai ou que concorre para que seja subtraído, em proveito próprio ou alheio.

(E) No peculato doloso a reparação do dano, se precede à sentença irrecorrível, extingue a punibilidade.

A: incorreta. Embora seja correto afirmar-se que o peculato é delito *próprio*, já que impõe ao sujeito ativo uma qualidade especial, neste caso a de ser funcionário público, é equivocado dizer-se que não é admitido, neste crime, o concurso de pessoas. Com efeito, é perfeitamente possível, no delito aqui tratado – e também nos crimes funcionais em geral –, que o particular, seja na condição de coautor, seja na de partícipe, tome parte na empreitada criminosa, respondendo pelo delito funcional em concurso de pessoas com o *intraneus*. Isso porque a condição de funcionário público, por ser elementar do crime de peculato, se comunica aos demais agentes que hajam concorrido com o funcionário para o cometimento do delito, à luz do que dispõe o art. 30 do CP. No mais, vale dizer que a responsabilização pela prática do delito funcional somente recairá sobre o particular se este tiver conhecimento de tal circunstância; **B:** incorreta. Se a reparação do dano, no peculato culposo (não se aplica ao doloso!), for anterior ao trânsito em julgado da sentença penal condenatória, o agente fará jus à extinção da punibilidade (não é hipótese de redução de pena), na forma estatuída no art. 312, § 3º, primeira parte, do CP; agora, se o funcionário promover a reparação do dano em momento posterior ao trânsito em julgado da sentença, será ele agraciado com a redução de metade da pena que lhe foi imposta, tal como estabelece o art. 312, § 3º, segunda parte, do CP; **C:** correta. Reporto-me ao comentário à alternativa "A"; **D:** incorreta. Ao contrário do que se afirma, para a configuração do chamado peculato-furto, modalidade prevista no art. 312, § 1º, do CP, é necessário que o funcionário não tenha a posse do objeto material do crime, mas, sim, se valha da sua condição de *intraneus* para realizar a subtração do dinheiro, valor ou bem, ou ainda concorra para que seja subtraído por terceiro; **E:** incorreta. Os benefícios da extinção da punibilidade, na hipótese de a reparação ocorrer antes da sentença irrecorrível, e diminuição de metade da pena imposta, quando a reparação é posterior ao trânsito em julgado, somente têm lugar no peculato *culposo* (art. 312, § 3º, do CP). Se doloso for o peculato, quando muito poderá o agente beneficiar-se do *arrependimento posterior*, desde que, nos termos do art. 16 do CP, a reparação do dano ou a restituição da coisa se dê até o recebimento da denúncia. É hipótese de causa de redução de pena.

Gabarito "C".

(Procurador – SP – VUNESP – 2015) Antônio foi abordado por Policiais Militares na via pública e, quando informado que seria conduzido para a Delegacia de Polícia, pois era "procurado" pela Justiça, passou a desferir socos e pontapés contra um dos policiais. Sobre a conduta de Antônio, pode-se afirmar que

(A) praticou o crime de desacato, previsto no artigo 331 do Código Penal.

(B) praticou o crime de resistência, previsto no artigo 329 do Código Penal.

(C) praticou o crime de desobediência, previsto no artigo 330 do Código Penal.

(D) não praticou nenhum crime, pois todo cidadão tem direito à sua autodefesa.

(E) praticou o crime de corrupção ativa, previsto no artigo 333 do Código Penal, pois pretendeu, com sua reação, corromper o funcionário público a não cumprir ato de ofício.

Ao investir, com emprego de violência, contra os policiais militares que fariam a sua prisão (ato, em princípio, legal), Antônio cometeu o crime de resistência, capitulado no art. 329 do CP. Perceba que a oposição feita por Antônio à execução do ato consistente na sua prisão se fez por meio de violência, o que constitui, ao lado da ameaça, pressuposto ao reconhecimento deste crime. Além disso, o ato (neste caso a prisão) contra o qual o agente se insurge deve ser legal e realizado por funcionário público (neste caso policiais militares) com atribuição para tanto. Se o ato for ilegal, não há crime. De igual modo, se faltar atribuição ao agente para a execução do ato, também não há delito. Outra coisa importante: este crime restará configurado ainda que a violência ou ameaça seja empregada não contra o funcionário público, mas contra o particular que lhe esteja prestando auxílio na execução do ato. Se o ato, em razão da resistência oposta, não se executa, o agente incorrerá na forma qualificada deste crime (art. 329, § 1°, do CP). Por fim, por expressa disposição do § 2° deste mesmo artigo, a pena correspondente à violência (lesão corporal, por exemplo) será aplicada em concurso material com a da resistência.

Gabarito "B".

(Procurador – SP – VUNESP – 2015) Sobre o delito de corrupção ativa, pode-se afirmar que

(A) é crime próprio.
(B) tem como objeto jurídico a honestidade do funcionário público.
(C) é crime formal.
(D) é crime de concurso necessário.
(E) admite forma culposa.

A: incorreta. A corrupção *ativa* (art. 333, CP), porque pode ser praticada por qualquer pessoa, é crime *comum*, que não deve ser confundida com a corrupção *passiva* (art. 317, CP), esta sim delito *próprio*, uma vez que o tipo penal exige que seja praticado por funcionário público (qualidade especial do sujeito ativo); **B:** incorreta. A corrupção ativa tem como bem jurídico a ser tutelado a moralidade da Administração Pública; **C:** correta. É, de fato, crime *formal*, na medida em que a sua consumação não está condicionada à aceitação da oferta ou da promessa de oferta ao funcionário. Na verdade, o delito se perfaz em momento anterior: com a mera oferta ou promessa de oferta formulada pelo particular ao funcionário público; **D:** incorreta. Não se trata de crime de concurso necessário (ou plurissubjetivo), já que pode ser praticado por uma só pessoa. É, portanto, crime de concurso eventual (ou monossubjetivo). Os crimes de concurso necessário só podem ser praticados por um número mínimo de agentes. É o caso da associação criminosa (art. 288, CP), cujo tipo penal estabelece o número mínimo de três pessoas. Se houver duas, o fato é atípico; **E:** incorreta. Não há modalidade culposa do crime de corrupção ativa.

Gabarito "C".

(Procurador – SP –VUNESP – 2015) José solicita e recebe dinheiro de um empresário que participará de uma licitação pública a pretexto de ajudá-lo a vencer o certame, sob o argumento de que tem muitos amigos no comando da Administração Pública. Sobre a conduta de José, está correto afirmar que

(A) praticou o crime de usurpação da função pública (art. 328, Código Penal).
(B) praticou o crime de corrupção ativa (art. 333, Código Penal).
(C) praticou o crime de impedimento, perturbação ou fraude concorrência (art. 335, Código Penal).
(D) praticou o crime de tráfico de influência (art. 332, Código Penal).
(E) não praticou nenhum crime (fato atípico), pois quem decide o resultado de licitação é o agente público e não o particular.

O agente que solicita vantagem a alguém, alegando gozar de prestígio junto à Administração para influir no comportamento de servidor público,

comete o crime de tráfico de influência (art. 332 do CP). Este crime muito se assemelha ao estelionato, ou melhor, constitui uma modalidade específica de estelionato, em que o sujeito ativo vende a falsa ideia de que fará uso de sua influência para obter, em favor da vítima, benefício junto à Administração. Levada a engano pelo ardil aplicado pelo sujeito, o ofendido, ludibriado, entrega-lhe a vantagem perseguida. É crime de ação múltipla ou de conteúdo variado, uma vez que o tipo penal contempla, além do verbo *solicitar* (usado no enunciado), várias outras condutas (exigir, cobrar e obter). Este crime não deve ser confundido com o delito do art. 357 do CP (exploração de prestígio). Neste, as pessoas em relação às quais o agente alega gozar de prestígio estão especificadas no tipo penal: juiz, jurado, órgão do MP, funcionário de justiça etc. É crime contra a administração da Justiça, ao passo que o tráfico de influência é delito contra a administração pública em geral.

Gabarito "D".

(Juiz de Direito – TJ/SP – VUNESP – 2015) No crime de falso testemunho ou falsa perícia,

(A) a conduta é tipificada quando realizada apenas em processo penal.
(B) incide-se no crime quando a afirmação falsa é feita em juízo arbitral.
(C) a pena aumenta da metade se o crime é praticado mediante suborno.
(D) a retratação do agente, antes da sentença em que ocorreu o falso testemunho, é causa de diminuição de pena.

A: incorreta, já que o falso testemunho ou falsa perícia, crime que vem definido no art. 342 do CP, pode ser prestado em processo judicial (de qualquer natureza) ou administrativo, inquérito policial ou ainda em juízo arbitral; **B:** correta, tendo em conta o quanto foi afirmado no comentário anterior; **C:** incorreta. Se cometido mediante suborno, a pena do crime de falso testemunho ou falsa perícia será aumentada de um sexto a um terço, e não de metade (art. 342, § 1°, do CP); **D:** incorreta. A retratação do agente, no contexto do crime de falso testemunho ou falsa perícia, quando efetivada até a sentença, é causa extintiva da punibilidade (o fato deixa de ser punível), tal como estabelece o art. 342, § 2°, do CP. É importante observar que a pena cominada a este crime foi alterada (aumentada) por força da Lei 12.850/2013 (Organização Criminosa).

Gabarito "B".

(Juiz de Direito – TJ/SP – VUNESP – 2015) Profissional nomeado pela assistência judiciária para atuar como defensor dativo ingressa com ação contra o INSS, em favor da parte para a qual foi constituído, e posteriormente faz o levantamento do valor devido. Contudo, não repassou o dinheiro à parte, cometendo o delito de

(A) peculato, tendo em vista apropriar-se de dinheiro ou valor de que tem a posse em razão do cargo.
(B) furto mediante fraude, pois abusou da confiança da vítima.
(C) prevaricação, considerando que retardou ou deixou de praticar, indevidamente, ato de ofício.
(D) apropriação indébita, uma vez que tinha a posse ou detenção do numerário.

Quanto à possibilidade de o defensor dativo ser considerado funcionário público para fins penais, conferir: *Embora não sejam servidores públicos propriamente ditos, pois não são membros da Defensoria Pública, os advogados dativos, nomeados para exercer a defesa de acusado necessitado nos locais onde o referido órgão não se encontra instituído, são considerados funcionários públicos para fins penais, nos termos do artigo 327 do Código Penal Doutrina. 3. Tendo o recorrente, na qualidade de advogado dativo, exigido para si vantagem indevida da vítima, impossível considerar a sua conduta atípica como preten-*

3. DIREITO PENAL

dido no reclamo (RHC 33.133/SC, Rel. Ministro Jorge Mussi, Quinta Turma, julgado em 21.05.2013, *DJe* 05.06.2013). No mesmo sentido: "Os advogados dativos, nomeados para exercer a defesa de acusado necessitado nos locais onde a Defensoria Pública não se encontra instituída, são considerados funcionários públicos para fins penais, nos termos do artigo 327 do Código Penal. Precedente" (AgRg no REsp 1828956/SC, Rel. Ministro RIBEIRO DANTAS, QUINTA TURMA, julgado em 11/02/2020, DJe 14/02/2020).

Gabarito "A".

21. OUTROS CRIMES DO CÓDIGO PENAL

(Procurador Municipal – Sertãozinho/SP – VUNESP – 2016) Acerca dos crimes contra a incolumidade pública, assinale a alternativa correta.

(A) A ação conhecida como "surf ferroviário", segundo a jurisprudência, configura o crime de perigo de desastre ferroviário.

(B) O crime de incêndio é de perigo concreto. Da conduta deve resultar a efetiva exposição da coletividade a uma concreta situação de perigo.

(C) Para a configuração do crime de explosão, é indispensável que o artefato exploda, causando a situação de perigo à incolumidade pública.

(D) O crime de desabamento ou desmoronamento não possui previsão da modalidade culposa.

(E) O crime de omissão de notificação de doença é material, ou seja, se consuma com o risco causado para a incolumidade pública em razão da omissão do médico.

A: incorreta, já que, conforme vem entendendo a jurisprudência, falta, ao chamado *surfista ferroviário*, que é aquele que se equilibra sobre a composição do trem em andamento, a intenção de gerar situação concreta de perigo de desastre ferroviário, elemento subjetivo do crime definido no art. 260 do CP; **B:** correta. De fato, tal como afirmado, o crime de incêndio, previsto no art. 250 do CP, por ser de perigo concreto, somente atinge a consumação com a efetiva exposição a perigo de vida, da integridade física ou do patrimônio de um número indeterminado de pessoas; **C:** incorreta. A explosão não é indispensável à consumação do crime do art. 251 do CP. A consumação se opera no exato instante em que se verifica uma situação de perigo, seja por meio de uma explosão, seja pelo arremesso de um artefato, seja por meio da colocação deste (armar o explosivo em determinado local); **D:** incorreta, já que o crime a que se refere a alternativa comporta, sim, a modalidade culposa, prevista, de forma expressa, no art. 256, parágrafo único, do CP; **E:** incorreta. A consumação do crime de omissão de notificação de doença (art. 269, CP) ocorre no momento em que o médico deixa de observar o prazo estabelecido em lei, decreto ou regulamento para a comunicação de doença cuja notificação é obrigatória, não sendo necessário demonstrar que a omissão gerou risco à incolumidade pública. Trata-se de crime de mera conduta.

Gabarito "B".

(Procurador – SP – VUNESP – 2015) Quanto aos crimes contra a Incolumidade Pública (Título VIII, CP), pode-se afirmar que

(A) são crimes comuns quanto aos sujeitos ativo e passivo.

(B) o crime de incêndio somente admite a forma dolosa e a preterdolosa.

(C) o crime de desabamento previsto no artigo 256, CP, consuma-se com a produção do resultado (morte ou lesão corporal a um número indeterminado de pessoas).

(D) o crime de explosão, pela sua natureza e formas de execução, não admite forma culposa.

(E) o crime de desabamento ou desmoronamento somente admite a forma culposa.

A: correta. De fato, os crimes que compõem o Título VIII do CP são comuns quanto aos sujeitos ativo e passivo; **B:** incorreta. O crime de incêndio admite as formas dolosa (art. 250, *caput*, do CP) e culposa (art. 250, § 2º, do CP); **C:** incorreta, na medida em que o crime de desabamento ou desmoronamento, previsto no art. 256 do CP, alcança a consumação no momento em que a vida, a integridade física ou o patrimônio de terceiro é exposto a situação de perigo concreto; **D:** incorreta, já que o delito de explosão (art. 251, CP) admite, sim, a modalidade culposa (§ 3º); **E:** incorreta. Admite tanto a forma dolosa quanto a culposa (art. 256, CP).

Gabarito "A".

22. CRIMES DA LEI DE DROGAS

(Defensor Público/RO – 2017 – VUNESP) Considere as duas descrições fáticas que seguem: "induzir, instigar ou auxiliar alguém ao uso indevido de droga" e "oferecer droga, eventualmente e sem objetivo de lucro, a pessoa de seu relacionamento, para juntos a consumirem".

É correto afirmar que

(A) apesar de serem ambas criminalmente tipificadas, as respectivas penas poderão ser reduzidas de um sexto a dois terços, desde que o agente seja primário e não integre organização criminosa.

(B) ambas são condutas criminalmente tipificadas, às quais não se cominam penas restritivas de liberdade.

(C) ambas são condutas criminalmente tipificadas e a primeira é mais gravemente apenada que a segunda.

(D) a primeira delas é conduta criminalmente tipificada, mas a segunda não.

(E) ambas são condutas equiparadas ao tráfico ilícito de entorpecentes, inclusive no que concerne às penas.

As descrições típicas correspondem, respectivamente, aos crimes definidos nos arts. 33, § 2º e § 3º, da Lei 11.343/2006 (Lei de Drogas). Nos dois casos, a pena cominada é significativamente inferior àquela prevista para as condutas descritas no *caput* e § 1º do art. 33. Para a conduta prevista no art. 33, § 2º, o legislador previu a pena cominada de detenção de 1 a 3 anos e multa. Pune-se a conduta do agente que induz, instiga ou auxilia alguém a fazer uso de droga. Em razão da pena cominada, cabe a aplicação da suspensão condicional do processo (art. 89, Lei 9.099/1995). A Lei 11.343/2006 introduziu, no contexto dos crimes de tráfico, forma mais branda deste delito, a se configurar na hipótese de o agente oferecer droga, a pessoa de seu relacionamento, ocasionalmente e sem o propósito de lucro, para juntos a consumirem. Veja que tal inovação legislativa, prevista no art. 33, § 3º, da atual Lei de Drogas, por razões de política criminal, procurou colocar em diferentes patamares o traficante habitual, que atua com o propósito de lucro, e o eventual, para o qual a pena prevista é de detenção de seis meses a um ano, sem prejuízo da multa e das penas previstas no art. 28 da mesma lei, bem inferior, como se pode ver, à pena cominada para o crime previsto no *caput* do art. 33. Portanto, esta última conduta, se levarmos em conta tão somente a pena de prisão prevista, é menos grave do que aquela contida no art. 33, § 2º. Note que a multa cominada ao delito do art. 33, § 3º, é superior àquela prevista para o crime do art. 33, § 2º, situação inversa da que ocorre com a pena de prisão.

Gabarito "C".

(Juiz de Direito – TJ/MS – VUNESP – 2015) Assinale a alternativa correta.

(A) A indução ou a instigação de alguém ao uso indevido de droga não é considerado crime.

124 EDUARDO DOMPIERI

(B) Responde às mesmas penas do crime previsto no art. 33, *caput*, da Lei 11.343/2006 o agente que custeia ou financia o crime de tráfico.

(C) Responde por delito autônomo ao do tráfico o agente que oferecer droga, eventualmente e sem objetivo de lucro, a pessoa de seu relacionamento, para juntos a consumirem.

(D) A associação criminosa prevista no art. 35, *caput*, da Lei 11.343/2006 exige a constatação da reiteração permanente da associação de duas ou mais pessoas para prática constante do tráfico.

(E) A causa de redução da pena, prevista no § 4º do art. 33 da Lei 11.343/2006, só será aplicável se o agente for primário e de bons antecedentes.

A: incorreta, haja vista que tal conduta encontra-se tipificada no art. 33, § 2º, da Lei 11.343/2006; B: incorreta. A conduta descrita na assertiva, que vem definida no art. art. 36 da Lei 11.343/2006, tem pena cominada de 8 a 20 anos de reclusão, bem superior, portanto, à pena prevista para o delito do art. 33, *caput*, da Lei 11.343/2006, que é de reclusão de 5 a 15 anos; C: correta. A Lei 11.343/2006 introduziu, no contexto dos crimes de tráfico, forma mais branda deste delito, a se configurar na hipótese de o agente oferecer droga, a pessoa de seu relacionamento, ocasionalmente e sem o propósito de lucro, para juntos a consumirem. Veja que tal inovação legislativa, prevista no art. 33, § 3º, da atual Lei de Drogas, por razões de política criminal, procurou colocar em diferentes patamares o traficante habitual, que atua com o propósito de lucro, e o eventual, para o qual a pena prevista é de detenção de seis meses a um ano, sem prejuízo da multa e das penas previstas no art. 28 da mesma lei, bem inferior, como se pode ver, à pena cominada para o crime previsto no *caput* do art. 33; D: incorreta, uma vez que é desnecessário, para a configuração do crime do art. 35 da Lei 11.343/2006, que a associação tenha como propósito a prática *reiterada* dos crimes previstos nos arts. 33, *caput* e § 1º, e 34 da Lei de Drogas; E: incorreta. Além de ser primário e ostentar bons antecedentes, o agente, para fazer jus à diminuição de pena prevista no dispositivo em questão, não poderá integrar organização criminosa nem se dedicar a atividades criminosas.

Gabarito "C".

23. CRIMES CONTRA O MEIO AMBIENTE

(Delegado – PC/BA – 2018 – VUNESP) A empresa ZZZ, produtora de fertilizantes, tendo sido autuada administrativamente pela emissão irregular de partículas poluentes no ar, teve contra si instaurado inquérito policial, sob a imputação do crime de causar poluição, art. 54 da Lei nº 9.605/98. No curso da investigação, constatou-se que a poluição do ar decorreu da falta de manutenção nos filtros da fábrica, verificando-se que as manutenções periódicas nos equipamentos passaram de três para seis meses. Contudo, dada a complexa estrutura da empresa, não se logrou êxito em identificar o responsável pela redução das manutenções. Encerrada a investigação policial, o Ministério Público denunciou a empresa ZZZ, bem como Mévio, o presidente, afirmando que, na qualidade de representante máximo, competia a ele impedir a poluição do ar. A denúncia formulada pelo Ministério Público é recebida apenas com relação à empresa ZZZ. Quanto a Mévio, o Juiz rejeitou a exordial, por inépcia, destacando que a simples condição de presidente da empresa não basta para fundamentar imputação. Considerando o caso hipotético, a Lei nº 9.605/98 e o entendimento dos Tribunais Superiores, assinale a alternativa correta.

(A) A autuação administrativa da empresa XXX inviabiliza a instauração de procedimento penal para apurar a prática de crime de causar poluição, já que as responsabilidades administrativa e penal são excludentes.

(B) Rejeitada a denúncia quanto à pessoa física de Mévio, haja vista a exigência legal da dupla imputação, a empresa XXX não poderá ser criminalmente processada.

(C) Há previsão de causa de aumento, quanto ao crime de poluição (art. 54 da Lei nº 9.605/98), se, da poluição hídrica resulta interrupção do abastecimento público de água em comunidade.

(D) A pena de interdição temporária de direito, consistente na proibição de contratar com o Poder Público, não poderá ter prazo superior a 03 (três) anos, no caso de crimes dolosos.

(E) A pena de multa, calculada segundo os critérios do Código Penal, poderá ser aumentada em até três vezes, se revelar-se ineficaz.

A: incorreta, já que as responsabilidades administrativa e penal são independentes. Dessa forma, a instauração de procedimento administrativo com vistas à autuação da pessoa jurídica não impede a instauração de inquérito policial para o fim de apurar eventual prática criminosa pela pessoa jurídica e seus representantes; B: incorreta. Ainda que não se consiga apurar a responsabilidade da pessoa física, de forma a identificá-la, é perfeitamente possível, sim, a responsabilização tão somente da pessoa jurídica. No STF: "1. O art. 225, § 3º, da Constituição Federal não condiciona a responsabilização penal da pessoa jurídica por crimes ambientais à simultânea persecução penal da pessoa física em tese responsável no âmbito da empresa. A norma constitucional não impõe a necessária dupla imputação. 2. As organizações corporativas complexas da atualidade se caracterizam pela descentralização e distribuição de atribuições e responsabilidades, sendo inerentes, a esta realidade, as dificuldades para imputar o fato ilícito a uma pessoa concreta. 3. Condicionar a aplicação do art. 225, § 3º, da Carta Política a uma concreta imputação também a pessoa física implica indevida restrição da norma constitucional, expressa a intenção do constituinte originário não apenas de ampliar o alcance das sanções penais, mas também de evitar a impunidade pelos crimes ambientais frente às imensas dificuldades de individualização dos responsáveis internamente às corporações, além de reforçar a tutela do bem jurídico ambiental. 4. A identificação dos setores e agentes internos da empresa determinantes da produção do fato ilícito tem relevância e deve ser buscada no caso concreto como forma de esclarecer se esses indivíduos ou órgãos atuaram ou deliberaram no exercício regular de suas atribuições internas à sociedade, e ainda para verificar se a atuação se deu no interesse ou em benefício da entidade coletiva. Tal esclarecimento, relevante para fins de imputar determinado delito à pessoa jurídica, não se confunde, todavia, com subordinar a responsabilização da pessoa jurídica à responsabilização conjunta e cumulativa das pessoas físicas envolvidas. Em não raras oportunidades, as responsabilidades internas pelo fato estarão diluídas ou parcializadas de tal modo que não permitirão a imputação de responsabilidade penal individual. 5. Recurso Extraordinário parcialmente conhecido e, na parte conhecida, provido" (RE 548181, Rel. Min. Rosa Weber, 1ª T, julgado em 06-08-2013). Na mesma esteira, o STJ: "1. Conforme orientação da 1ª Turma do STF, 'O art. 225, § 3º, da Constituição Federal não condiciona a responsabilização penal da pessoa jurídica por crimes ambientais à simultânea persecução penal da pessoa física em tese responsável no âmbito da empresa. A norma constitucional não impõe a necessária dupla imputação.' (RE 548181, Relatora Min. Rosa Weber, Primeira Turma, julgado em 6/8/2013, acórdão eletrônico *DJe*-213, divulg. 29.10.2014, public. 30.10.2014). 2. Tem-se, assim, que é possível a responsabilização penal da pessoa jurídica por delitos ambientais independentemente da responsabilização concomitante da pessoa física que agia em seu nome. Precedentes desta

3. DIREITO PENAL   125

Corte. 3. A personalidade fictícia atribuída à pessoa jurídica não pode servir de artifício para a prática de condutas espúrias por parte das pessoas naturais responsáveis pela sua condução. 4. Recurso ordinário a que se nega provimento" (RMS 39.173/BA, Rel. Ministro Reynaldo Soares Da Fonseca, 5ª T, julgado em 06-08-2015, *DJe* 13.08.2015); **C:** incorreta. Tal circunstância constitui *qualificadora* (art. 54, § 2º, III, Lei 9.605/1998), e não *causa de aumento de pena*; **D:** incorreta. Por força do que dispõe o art. 10 da Lei 9.605/1998, a proibição de contratação com o Poder Público durará, sendo o crime doloso, 5 anos; se culposo, 3 anos; **E:** correta, pois reflete o disposto no art. 18 da Lei 9.605/1998. ED

Gabarito "E".

(Delegado – PC/BA – 2018 – VUNESP) No que concerne à aplicação da Lei nº 9.099/95 quanto às infrações penais ambientais previstas na Lei nº 9.605/98, é correto afirmar que

(A) a legislação contempla crimes ambientais de ação penal pública condicionada e incondicionada, aplicando-se, a todos os tipos penais, a suspensão condicional do processo e a transação penal.

(B) nos crimes ambientais de menor potencial ofensivo e de ação penal pública condicionada, a transação penal poderá ser formulada independentemente de prévia composição do dano ambiental.

(C) a legislação contempla apenas crimes ambientais de ação penal pública incondicionada, aplicando-se integralmente as disposições da Lei nº 9.099/95 no tocante à suspensão condicional do processo e à transação penal.

(D) nos crimes ambientais de menor potencial ofensivo e de ação penal pública incondicionada, a suspensão condicional do processo poderá ser aplicada sem qualquer modificação.

(E) nos crimes ambientais de menor potencial ofensivo, a transação penal somente poderá ser formulada desde que tenha havido a prévia composição do dano ambiental, salvo em caso de comprovada impossibilidade.

A: incorreta, dado que a ação penal, nos crimes previstos na Lei 9.605/1998, é pública incondicionada (art. 26); **B:** incorreta, conforme comentário anterior; **C:** incorreta. A transação penal, instituto previsto no art. 76 da Lei 9.099/1995, somente será implementada, nos crimes contra o meio ambiente de menor potencial ofensivo, se houver prévia composição do dano ambiental, ressalvada a hipótese de impossibilidade, tal como estabelece o art. 27 da Lei 9.605/1998. Já a suspensão condicional do processo (*sursis* processual), instituto contemplado no art. 89 da Lei 9.099/1995, terá incidência nos crimes ambientais cuja pena mínima cominada não seja superior a um ano, impondo-se, como condição para declarar-se a extinção de punibilidade do agente, a comprovação, por meio de laudo de constatação, de que fora realizada a reparação do dano ambiental, na forma do art. 28 da Lei 9.605/1998; **D:** incorreta. Vide comentário anterior; **E:** correta, pois, conforme já ponderado, a transação penal somente será implementada, nos crimes contra o meio ambiente de menor potencial ofensivo, se houver prévia composição do dano ambiental, ressalvada a hipótese de impossibilidade, tal como estabelece o art. 27 da Lei 9.605/1998. ED

Gabarito "E".

(Defensor Público/RO – 2017 – VUNESP) Nos expressos termos da Lei de Crimes Ambientais, é circunstância que atenua a pena (Lei nº 9.605/98, art. 14):

(A) ter o agente menos de 21 (vinte e um) anos na data do fato ou mais de 70 (setenta) anos na data da sentença.

(B) ter sido o fato cometido em estado de necessidade.

(C) ter sido o fato praticado contra espécie de fauna não sujeita a risco de extinção.

(D) colaboração com os agentes encarregados da vigilância e do controle ambiental.

(E) baixa classe socioeconômica do agente.

A: incorreta, já que o art. 14 da Lei 9.605/1998 não contempla tal circunstância atenuante, que está prevista, isto sim, no art. 65, I, do CP; **B:** incorreta, uma vez que não integra o rol do art. 14 da Lei 9.605/1998; **C:** incorreta. Circunstância não prevista no art. 14 da Lei 9.605/1998; **D:** correta. Circunstância atenuante prevista no art. 14, IV, da Lei 9.605/1998; **E:** incorreta. Circunstância não prevista no art. 14 da Lei 9.605/1998. ED

Gabarito "D".

24. CRIMES DE TRÂNSITO

(Juiz de Direito – TJ/RJ – 2019 – VUNESP) Aquele que conduz veículo automotor sob a influência de álcool ou de qualquer outra substância psicoativa que determine dependência e, nessas condições, causa morte de terceiro por imprudência responde por

(A) homicídio culposo na direção de veículo automotor e embriaguez ao volante, em concurso formal.

(B) homicídio culposo na direção de veículo automotor, qualificado.

(C) homicídio culposo na direção de veículo automotor e embriaguez ao volante, em concurso material.

(D) homicídio doloso, na modalidade dolo eventual e embriaguez ao volante, em concurso formal.

(E) homicídio doloso, na modalidade dolo eventual e embriaguez ao volante, em concurso material.

O agente que, no homicídio culposo cometido na direção de veículo automotor, estiver sob a influência de álcool ou de qualquer outra substância psicoativa que determine dependência, incorrerá na forma qualificada prevista no art. 302, § 3º, do CTB (dispositivo incluído pela Lei 13.546/2017). Embora não tenha repercussão na resolução desta questão, é importante o registro de que, com o advento da Lei 14.071/2020, publicada em 14/10/2020, foi introduzido o art. 312-B na Lei 9.503/1997 (Código de Trânsito Brasileiro), segundo o qual aos crimes previstos no § 3º do art. 302 e no § 2º do art. 303 deste Código não se aplica o disposto no inciso I do caput do art. 44 do Decreto-Lei nº 2.848, de 7 de dezembro de 1940 (Código Penal). Assim, veda-se a substituição da pena privativa de liberdade por restritiva de direitos quando o crime praticado for: homicídio culposo de trânsito qualificado pela embriaguez (art. 302, § 3º, do CTB) e lesão corporal de trânsito qualificada pela embriaguez (art. 303, § 2º, do CTB).ED

Gabarito "B".

(Juiz de Direito – TJ/RS – 2018 – VUNESP) De acordo com o § 1º do art. 302 da Lei nº 9.503/97 (Código de Trânsito Brasileiro), no homicídio culposo cometido na direção de veículo automotor, a pena é aumentada de 1/3 (um terço) à metade, se o agente

(A) estiver sob efeito de álcool ou droga.

(B) não possuir Permissão para Dirigir ou Carteira de Habilitação.

(C) for contumaz infrator das leis de trânsito.

(D) praticá-lo conduzindo em velocidade excessiva.

(E) praticá-lo durante corrida, disputa ou competição automobilística não autorizada pela autoridade competente.

A: incorreta. O agente que, no homicídio culposo cometido na direção de veículo automotor, estiver sob a influência de álcool ou de qualquer outra substância psicoativa que determine dependência, incorrerá na forma qualificada prevista no art. 302, § 3º, do CTB (dispositivo

incluído pela Lei 13.546/2017); **B**: correta (art. 302, § 1º, I, do CTB); **C**: incorreta, uma vez que inexiste tal previsão no CTB; **D**: incorreta, já que não constitui causa de aumento prevista no § 1º do art. 302 do CTB; **E**: incorreta, já que não constitui causa de aumento prevista no § 1º do art. 302 do CTB. Vide art. 308, § 2º, do CTB. ED
Gabarito "B".

(Delegado – PC/BA – 2018 – VUNESP) Considere o seguinte caso hipotético.

A velocidade máxima permitida na Rua A é de 50 Km/h. "Y", conduzindo seu veículo a 120 Km/h pela Rua A, atropela "Z", provocando-lhe lesões corporais. Diante do exposto e considerando que "Y" cometeu um crime culposo de trânsito nos termos da Lei nº 9.503/1997, é correto afirmar que a conduta de "Y" tipifica o crime de

(A) lesão corporal culposa na direção de veículo automotor, de ação penal pública condicionada e com possibilidade de aplicação da composição dos danos civis prevista na Lei nº 9.099/95.

(B) lesão corporal culposa na direção de veículo automotor, de ação penal pública condicionada e com possibilidade de aplicação da transação penal prevista na Lei nº 9.099/95.

(C) lesão corporal culposa na direção de veículo automotor, de ação penal pública incondicionada, não sendo possível a aplicação da transação penal prevista na Lei nº 9.099/95.

(D) lesão corporal culposa na direção de veículo automotor, de ação penal pública incondicionada e com possibilidade de aplicação da composição dos danos civis prevista na Lei nº 9.099/95.

(E) tentativa de homicídio na direção de veículo automotor, de ação penal pública incondicionada, não sendo possível a aplicação da transação penal prevista na Lei nº 9.099/95.

Ao crime de lesão corporal culposa na direção de veículo automotor (art. 303, Lei 9.503/1997) aplicam-se a *composição civil* (art. 74 da Lei 9.099/1995), a *transação penal*, instituto previsto no art. 76 da Lei 9.099/1995, e a *representação* (art. 88 da Lei 9.099/1995). É o que estabelece o art. 291, § 1º, da Lei 9.503/1997, dispositivo este que, no entanto, contempla exceções, como a hipótese em que o condutor que deu causa ao acidente que resultou em lesão corporal estiver transitando em velocidade superior à máxima permitida para a via em 50 por cento (art. 291, § 1º, III, do CTB), que corresponde ao caso narrado no enunciado. ED
Gabarito "C".

25. CRIME DE TORTURA

(Juiz de Direito – TJM/SP – VUNESP – 2016) Considere a seguinte situação hipotética: João, agente público, foi processado e, ao final, condenado à pena de reclusão, por dezenove anos, iniciada em regime fechado, pela prática do crime de tortura, com resultado morte, contra Raimundo. Nos termos da Lei 9.455, de 7 de abril de 1997, essa condenação acarretará a perda do cargo, função ou emprego público

(A) e a interdição para seu exercício pelo dobro do prazo da pena aplicada.

(B) e a interdição para seu exercício pelo triplo do prazo da pena aplicada.

(C) e a interdição para seu exercício pelo tempo da pena aplicada.

(D) desde que o juiz proceda à fundamentação específica.

(E) como efeito necessário, mas não automático.

À luz do que estabelece o art. 1º, § 5º, da Lei 9.455/1997 (Lei de Tortura), além de acarretar a perda do cargo, função ou emprego público, a condenação implicará ainda a interdição para seu exercício pelo dobro do prazo da pena aplicada. Outrossim, a perda, dado que fundada diretamente em lei, é *automática*, sendo desnecessário, pois, que o juiz expressamente a ela faça menção na sentença condenatória. Assim, uma vez operado o trânsito em julgado da decisão, deverá a Administração promover a exclusão do servidor condenado.
Gabarito "A".

26. OUTROS CRIMES DO CÓDIGO PENAL E DA LEGISLAÇÃO EXTRAVAGANTE

(Juiz de Direito – TJ/RJ – 2019 – VUNESP) As penas do crime de promover, constituir, financiar ou integrar organização criminosa, do art. 2º da Lei 12.850/13, são aumentadas de 1/6 a 2/3, nos termos do parágrafo 4º, se

(A) houver impedimento ou, de qualquer forma, embaraçar-se a investigação de infração penal cometida no seio da organização criminosa.

(B) na atuação da organização criminosa houver emprego de arma de fogo.

(C) houver concurso de funcionário público, valendo-se a organização criminosa dessa condição para a prática de infração penal.

(D) o acusado exercer o comando, individual ou coletivo, da organização criminosa, ainda que não pratique pessoalmente atos de execução.

(E) das ações diretas ou indiretas da organização criminosa resultar morte.

A: incorreta. Esta alternativa contém a forma equiparada (e não aumentada) do crime de organização criminosa (art. 2º, § 1º, da Lei 12.850/2013); **B**: incorreta. O emprego de arma de fogo, na atuação da organização criminosa, constitui causa de aumento de pena até a metade (art. 2º, § 2º, da Lei 12.850/2013); **C**: correta (art. 2º, § 4º, II, da Lei 12.850/2013); **D**: incorreta, já que se trata da agravante prevista no art. 2º, § 3º, da Lei 12.850/2013; **E**: incorreta (hipótese sem previsão legal). ED
Gabarito "C".

(Delegado – PC/BA – 2018 – VUNESP) A respeito dos crimes contra a organização do trabalho, é correto afirmar que

(A) são meios de execução do crime de frustração de direito assegurado por lei trabalhista a fraude, a violência e a grave ameaça.

(B) o crime de atentado contra a liberdade de associação configura-se pela conduta de constranger alguém, mediante violência ou grave ameaça, a participar de sindicato. Já a conduta de impedir a saída de sindicato é atípica.

(C) o crime de paralisação do trabalho de interesse coletivo configura-se independentemente do emprego de violência contra pessoas ou coisas.

(D) no crime de aliciamento para fins de emigração, haverá aumento de pena nos casos em que a vítima for menor de 18 anos, gestante, idosa, indígena ou portadora de deficiência física ou mental.

(E) o crime de sabotagem, para se configurar, exige a danificação do estabelecimento ou coisas nele existentes.

A: incorreta. Isso porque o art. 203 do CP, que define o crime de frustração de direito assegurado por lei trabalhista, somente contempla, como

3. DIREITO PENAL

meios de execução deste delito, a *fraude* e a *violência*; **B:** incorreta, uma vez que o art. 199 do CP contém dois núcleos (tipo misto alternativo), a saber: constranger a participar de sindicato; e constranger a deixar de participar (impedir a saída). Os meios de execução, nos dois casos, são a violência e a grave ameaça. Assim, é incorreto afirmar-se que a conduta consistente em impedir a saída de sindicato é atípica; **C:** correta, na medida em que o crime do art. 201 do CP (paralisação de trabalho de interesse coletivo) prescinde, para a sua configuração, do emprego de violência; **D:** incorreta, uma vez que o crime de aliciamento para o fim de emigração, previsto no art. 206 do CP, não contém causa de aumento de pena; a causa de aumento de pena a que se refere a assertiva diz respeito ao crime do art. 207 do CP (aliciamento de trabalhadores de um local para outro do território nacional), conforme prevê o § 2º do dispositivo; **E:** incorreta. Tendo em conta que o crime do art. 202 do CP é considerado formal, sua consumação prescinde da produção de resultado naturalístico, que consiste, neste caso, no impedimento do curso normal do trabalho ou na danificação do estabelecimento ou das coisas nele existentes. A consumação se dá com a mera invasão ou ocupação do estabelecimento. **ED**

Gabarito "C".

(Investigador – PC/BA – 2018 – VUNESP) No tocante ao previsto na Lei nº 8.137/90, é correto afirmar que

(A) o crime contra ordem tributária previsto no art. 1º, IV, da Lei nº 8.137/90 ("elaborar, distribuir, fornecer, emitir ou utilizar documento que saiba ou deva saber falso ou inexato") não pode ser praticado por quem não é contribuinte.

(B) a omissão de informação às autoridades fazendárias só constitui crime contra ordem tributária se tiver a finalidade de suprimir ou reduzir tributo, ou contribuição social e qualquer acessório.

(C) constitui crime contra ordem econômica divulgar programa de processamento de dados que permita ao sujeito passivo da obrigação tributária possuir informação contábil diversa daquela que é, por lei, fornecida à Fazenda Pública.

(D) todos os crimes contra ordem tributária são de ação penal pública condicionada à representação.

(E) o crime contra ordem tributária previsto no art. 1º, IV, da Lei nº 8.137/90 ("elaborar, distribuir, fornecer, emitir ou utilizar documento que saiba ou deva saber falso ou inexato") pode ser punido a título de culpa.

A: incorreta. É fato que se trata de crime próprio, já que somente pode ser praticado pelo contribuinte; no entanto, nada impede que haja coautoria ou mesmo participação de terceiro que não detenha tal qualidade (contribuinte); **B:** correta, já que a configuração do crime definido no art. 1º, I, da Lei 8.137/1990 pressupõe que o agente aja imbuído do propósito de fraudar o fisco, suprimindo ou reduzindo tributo, ou contribuição social e qualquer acessório; **C:** incorreta, já que se trata de crime contra a ordem tributária, definido no art. 2º, V, da Lei 8.137/1990, e não contra a ordem econômica; **D:** incorreta, na medida em que os crimes previstos na Lei 8.137/1990 são de ação penal pública incondicionada (art. 15); **E:** incorreta, já que o elemento subjetivo deste crime é representado tanto pelo dolo direto ("saiba") quanto pelo eventual ("deva saber"). Não há, portanto, previsão de modalidade culposa. **ED**

Gabarito "B".

(Investigador – PC/BA – 2018 –VUNESP) A respeito das disposições penais do Código Eleitoral, assinale a alternativa correta.

(A) Constitui crime dar, oferecer, prometer, solicitar ou receber, para si ou para outrem, dinheiro, dádiva, ou qualquer outra vantagem, para obter ou dar voto e

para conseguir ou prometer abstenção, desde que a oferta seja aceita.

(B) Constitui crime rubricar e fornecer a cédula oficial em outra oportunidade que não a de entrega desta ao eleitor.

(C) Constitui crime diminuir os preços de utilidades e serviços necessários à realização de eleições, tais como transporte e alimentação de eleitores, impressão, publicidade e divulgação de matéria eleitoral.

(D) Constitui crime observar a ordem em que os eleitores devem ser chamados a votar.

(E) Constitui contravenção penal perturbar ou impedir de qualquer forma o alistamento.

A: incorreta. É que a configuração do crime capitulado no art. 299 do Código Eleitoral prescinde da aceitação da oferta formulada (é crime formal); **B:** correta. Crime previsto no art. 308 do Código Eleitoral; **C:** incorreta, já que o núcleo do tipo penal do art. 303 do Código Eleitoral é representado pelo verbo *majorar*, que tem o sentido de aumentar, elevar; **D:** incorreta, uma vez que o crime definido no art. 306 do Código Penal consiste em *não* observar a ordem em que os eleitores (...); **E:** incorreta, na medida em que se trata de *crime* (art. 293 do Código Eleitoral), e não de mera *contravenção penal.* **ED**

Gabarito "B".

(Investigador – PC/BA – 2018 –VUNESP) Considerando o previsto na Lei nº 5.553/68 acerca da carteira de identidade, assinale a alternativa correta.

(A) Quando o documento de identidade for indispensável para a entrada de pessoa em órgãos públicos ou particulares, serão os dados anotados, podendo o agente público reter o documento até a saída da pessoa do estabelecimento.

(B) Constitui crime, punível com pena de prisão simples de 1 (um) a 3 (três) meses ou multa, a retenção de qualquer documento a que se refere a Lei nº 5.553/68.

(C) Somente por ordem judicial ou do Ministério Público, poderá ficar retido qualquer documento de identificação pessoal.

(D) Quando o documento de identidade for indispensável para a entrada de pessoa em órgãos públicos ou particulares, serão seus dados anotados no ato e devolvido o documento imediatamente ao interessado.

(E) Constitui crime, punível com pena de detenção de 3 (três) meses a 1 (um) ano e multa, a retenção de qualquer documento a que se refere a Lei nº 5.553/68.

A: incorreta, uma vez que é vedada a retenção de documento de identificação pessoal, ainda que indispensável para o ingresso de pessoa em órgãos públicos ou particulares; neste caso, os dados contidos no documento serão anotados e, de imediato, restituído ao seu portador, na forma estatuída no art. 2º, § 2º, da Lei 5.553/1968; **B:** incorreta, na medida em que tal conduta constitui a contravenção penal definida no art. 3º, *caput*, da Lei 5.553/1968; **C:** incorreta, já que a retenção somente poderá ser determinada pelo Poder Judiciário, não cabendo tal providência ao Ministério Público (art. 2º, § 1º, da Lei 5.553/1968); **D:** correta, pois reflete o disposto no art. 2º, § 2º, da Lei 5.553/1968. Vide comentário à assertiva "A"; **E:** incorreta. Vide comentário à alternativa "B". **ED**

Gabarito "D".

(Investigador – PC/BA – 2018 –VUNESP) Considerando a legislação acerca dos crimes contra o Sistema Financeiro Nacional (SFN), assinale a alternativa correta.

(A) Os crimes contra o Sistema Financeiro Nacional são de competência da Justiça Estadual.

128 EDUARDO DOMPIERI

(B) O interventor, o síndico e o liquidante não podem ser penalmente equiparados a administradores de instituição financeira, ou seja, não podem responder penalmente.

(C) Nos crimes contra o sistema financeiro, não é admitida a delação premiada como forma de redução de pena.

(D) Considera-se crime imprimir, reproduzir ou, de qualquer modo, fabricar ou pôr em circulação, ainda que com autorização escrita da sociedade emissora, certificado, cautela ou outro documento representativo de título ou valor mobiliário.

(E) Constitui crime manter ou movimentar recurso ou valor paralelamente à contabilidade exigida pela legislação.

A: incorreta. Isso porque os crimes contra o Sistema Financeiro Nacional, definidos na Lei 7.492/1986, são de competência da Justiça Federal, tal como estabelecem os arts. 26, *caput*, da lei de regência e 109, VI, da CF, regra em relação à qual a jurisprudência é pacífica. Nesse sentido, conferir o seguinte julgado proferido pelo STF: RE 93.733-RJ, 1ª T., rel. Carlos Brito, 17.06.2008; **B:** incorreta, uma vez que o interventor, o síndico e o liquidante são penalmente equiparados aos administradores de instituição financeira, podendo, pois, ser penalmente responsabilizados nos termos da Lei 7.492/1986; **C:** incorreta (art. 25, § 2º, da Lei 7.492/1986); **D:** incorreta. Constitui elemento normativo do tipo penal do art. 2º, *caput*, da Lei 7.492/1986 a expressão *sem autorização escrita da sociedade emissora*, de tal sorte que, na hipótese de haver a tal autorização, a conduta deve ser considerada atípica; **E:** correta. Conduta prevista no art. 11 da Lei 7.492/1986. **ED**
Gabarito "E".

(Investigador – PC/BA – 2018 – VUNESP) Quanto à Lei Maria da Penha, Lei nº 11.340/2006, assinale a alternativa correta.

(A) Prevê como critério de interpretação da lei os fins sociais a que se destina, especialmente as condições peculiares das mulheres em situação de violência doméstica e familiar.

(B) Considera violência doméstica e familiar contra a mulher qualquer ação ou omissão que lhe cause morte, sofrimento físico, sexual e psicológico.

(C) Define como violência moral contra a mulher qualquer conduta que lhe cause dano emocional ou diminuição da autoestima.

(D) Não se aplica quando o agressor também é mulher.

(E) Prevê como medidas protetivas de urgência à ofendida o cancelamento de procurações por ela conferidas ao agressor e a proibição temporária para celebração de atos e contratos de compra e venda.

A: correta, pois em consonância com o que estabelece o art. 4º da Lei 11.340/2006 (Maria da Penha); **B:** incorreta, já que não corresponde ao teor do art. 5º, *caput*, da Lei 11.340/2006; **C:** incorreta, já que a violência moral deve ser entendida como a conduta que corresponde aos crimes de calúnia, injúria e difamação (art. 7º, V, da Lei 11.340/2006); a violência referida na assertiva é a psicológica, definida no art. 7º, II, da Lei 11.340/2006; **D:** incorreta, pois não reflete o teor do art. 5º, parágrafo único, da Lei Maria da Penha; **E:** incorreta, pois em desconformidade com o art. 24, II e III, da Lei Maria da Penha. Em primeiro lugar, a lei fala em *suspensão* (e não em *cancelamento*) das procurações conferidas pela ofendida ao agressor; em segundo lugar, a proibição temporária refere-se à celebração de atos e contratos de compra e venda que envolvem a propriedade em comum. **ED**
Gabarito "A".

(Delegado – PC/BA – 2018 – VUNESP) Considere o seguinte caso hipotético.

A Força Nacional está atuando legalmente em Salvador. O civil "X", irmão de um Policial Militar do Estado de São Paulo que integra a Força Nacional, residente na referida cidade, se envolveu em acidente de trânsito sem vítimas, ao abalroar o veículo do condutor "Y". Após se identificar como irmão do Militar do Estado integrante da Força Nacional, foi violentamente agredido por "Y", que confessou ter assim agido apenas por saber dessa condição. As agressões provocaram lesões corporais gravíssimas no civil "X". Diante do exposto, é correto afirmar que o crime praticado por "Y"

(A) não é considerado hediondo, pois a legislação contempla apenas o crime de homicídio doloso perpetrado contra o Militar do Estado.

(B) é considerado hediondo, apenas por se tratar de uma lesão corporal dolosa de natureza gravíssima, independentemente da condição da eventual vítima.

(C) não é considerado hediondo, pois a legislação não contempla lesão corporal dolosa de natureza gravíssima como crime hediondo.

(D) é considerado hediondo, pois o civil "X" foi vítima de lesão corporal dolosa de natureza gravíssima apenas por ser irmão de Militar do Estado em razão de sua função.

(E) somente seria considerado hediondo se o crime de lesão corporal dolosa de natureza gravíssima fosse perpetrado contra o próprio Militar do Estado em razão de sua função.

O crime praticado por "Y" é considerado hediondo, conforme dispõe o art. 1º, I-A, da Lei 8.072/1990 (Crimes Hediondos), dispositivo inserido pela Lei 13.142/2015. **ED**
Gabarito "D".

(Delegado – PC/BA – 2018 – VUNESP) A respeito da Lei nº 8.078/90 (Código do Consumidor) e da Lei nº 8.137/90 (Crimes contra a ordem tributária e as relações de consumo), é correto afirmar que

(A) os crimes contra as relações de consumo, previstos no art. 7º da Lei nº 8.137/90, são praticados somente mediante dolo.

(B) os crimes contra o consumidor, previstos no Código de Defesa do Consumidor, são de menor potencial ofensivo.

(C) o Código do Consumidor, no que concerne aos crimes nele previstos, estabelece a responsabilidade penal da pessoa jurídica.

(D) a Lei nº 8.137/90, no que concerne aos crimes contra as relações de consumo, estabelece a responsabilidade penal da pessoa jurídica.

(E) a Lei nº 8.137/90, no que concerne aos crimes contra as relações de consumo, prevê como circunstância agravante da pena a prática em detrimento de menor de 18 ou maior de 60 anos.

A: incorreta. Por expressa disposição do art. 7º, parágrafo único, da Lei 8.137/1990, os crimes definidos nos incisos II, III e IV admitem a modalidade *culposa*; **B:** correta. De fato, os delitos previstos na Lei 8.078/1990 (Código de Defesa do Consumidor) são todos de menor potencial ofensivo, já que a pena máxima a eles cominada não supera 2 anos (art. 61, Lei 9.099/1995); **C:** incorreta. A pessoa jurídica, no

3. DIREITO PENAL

contexto atual, somente pode figurar como sujeito ativo nos crimes praticados contra o meio ambiente, em virtude de expressa previsão infraconstitucional (Lei 9.605/1998), que regulamentou o art. 225, § 3º, da CF. A Constituição Federal, tal como fez com os crimes contra o meio ambiente, previu, no art. 173, § 5º, a possibilidade de a pessoa jurídica ser responsabilizada pela prática de crime contra a ordem econômica e financeira, mas, neste caso, não houve, até hoje, a edição de lei infraconstitucional regulamentadora; portanto, atualmente, a pessoa jurídica somente pode ser responsabilizada, na seara criminal, pela prática de crimes contra o meio ambiente, definidos na Lei 9.605/1998; **D:** incorreta, tendo em conta as ponderações feitas no comentário anterior; **E:** incorreta. Não há tal previsão legal na Lei 8.137/90, no que concerne aos crimes contra as relações de consumo. [ED]

Gabarito "B".

(Delegado – PC/BA – 2018 – VUNESP) A respeito da Lei nº 7.716/89, com as alterações da Lei nº 9.459/97 (tipificação dos crimes resultantes de preconceito de raça ou de cor), assinale a alternativa correta.

(A) Os crimes nela previstos, sem exceção, são praticados mediante dolo.

(B) Não tipifica crimes resultantes de discriminação ou preconceito de religião, sendo específica a crimes de preconceito de raça, cor, etnia e procedência nacional.

(C) O crime de negar ou impedir a inscrição ou ingresso de aluno em estabelecimento de ensino, previsto no art. 6o, é específico a instituições públicas.

(D) Prevê como efeito automático da condenação a perda do cargo ou função pública, para o agente servidor público.

(E) Prevê como causa de aumento de pena, geral a todos os crimes, a prática em detrimento de menor de 18 (dezoito) anos.

A: correta. A Lei 7.716/1989 não contém delitos culposos; os tipos penais são todos dolosos; **B:** incorreta, já que serão punidos, em conformidade com a Lei 7.716/1989, os crimes decorrentes de preconceito ou discriminação de religião (art. 1º, Lei 7.716/1989). Cuidado: posteriormente à aplicação desta prova, o STF, reconhecendo a mora do Congresso Nacional, enquadrou a homofobia e a transfobia como crimes de racismo. O colegiado, por maioria, fixou a seguinte tese: "Até que sobrevenha lei emanada do Congresso Nacional destinada a implementar os mandados de criminalização definidos nos incisos XLI e XLII do art. 5º da Constituição da República, as condutas homofóbicas e transfóbicas, reais ou supostas, que envolvem aversão odiosa à orientação sexual ou à identidade de gênero de alguém, por traduzirem expressões de racismo, compreendido este em sua dimensão social, ajustam-se, por identidade de razão e mediante adequação típica, aos preceitos primários de incriminação definidos na Lei nº 7.716, de 08.01.1989, constituindo, também, na hipótese de homicídio doloso, circunstância que o qualifica, por configurar motivo torpe (Código Penal, art. 121, § 2º, I, "in fine")." (ADO 26/DF, rel. Min. Celso de Mello, julgamento em 13.6.2019). Dentro do tema tratado nesta questão, valem algumas ponderações, tendo em conta inovações implementadas pela Lei 14.532/2023, posterior à elaboração desta questão. O crime de racismo, previsto na Lei 7.716/1989, não se confunde com a figura até então capitulada no art. 140, § 3º, do CP, que definia o delito de injúria preconceituosa. Com efeito, segundo sempre sustentou doutrina e jurisprudência, o delito de racismo pressupõe a prática de conduta de natureza segregacionista, ao passo que a injúria racial, então prevista no art. 140, § 3º, do CP, tal como ocorre com o crime de injúria simples, pressupõe que a ofensa seja dirigida a pessoa determinada ou, ao menos, a um grupo determinado de pessoas. *Grosso modo*, é o xingamento envolvendo raça, cor, etnia, religião ou origem. Como consequência desta distinção, tínhamos que

o racismo era considerado crime inafiançável, imprescritível e de ação penal pública incondicionada; já a injúria racial era tida por afiançável, prescritível e de ação penal pública condicionada. Tal realidade começou a ser alterada pela ação da jurisprudência. O STF, em sintonia com precedente do STJ, por seu Plenário, ao julgar, em 28/10/2021, o HC 154.248, da relatoria do Ministro Edson Fachin, fixou o entendimento no sentido de que o crime de injúria racial deve ser inserido na seara no delito de racismo, passando a ser, com isso, imprescritível. Mais recentemente, a Lei 14.532/2023, imbuída desse mesmo espírito, alterou o teor do art. 140, § 3º, do CP, que passa a contar com a seguinte redação: *Se a injúria consiste na utilização de elementos referentes a religião ou à condição de pessoa idosa ou com deficiência* (hipótese do enunciado). Como se pode ver, o legislador, com isso, excluiu da forma qualificada da injúria ofensas contendo elementos referentes à raça, cor, etnia ou procedência nacional. Tais modalidades migraram para a Lei 7.716/1989, cujo art. 2º-A passa a ter a seguinte redação: *Injuriar alguém, ofendendo-lhe a dignidade ou o decoro, em razão de raça, cor, etnia ou procedência nacional.* Dessa forma, o crime de injúria racial foi tipificado como racismo. A consequência disso é que tal modalidade de injúria passa a ser, agora por força de lei, imprescritível, inafiançável e incondicionada a ação penal. Além disso, a pena, que até então era de reclusão de 1 a 3 anos e multa, passa a ser de 2 a 5 anos de reclusão; **C:** incorreta, pois este crime envolve tanto estabelecimentos de ensino privados quanto aqueles que integram a rede pública (art. 6º, *caput*, Lei 7.716/1989); **D:** incorreta. A perda do cargo ou função pública (art. 16, Lei 7.716/1989), para o agente servidor público, constitui efeito *não* automático da condenação, devendo o juiz a esse respeito manifestar-se na sentença (art. 18, Lei 7.716/1989); **E:** incorreta, na medida em que esta causa de aumento de pena somente incide no crime definido no art. 6º da Lei 7.716/1989, conforme disposto no seu parágrafo único. [ED]

Gabarito "A".

(Delegado – PC/BA – 2018 – VUNESP) Tendo em vista a Lei nº 11.340/2006 (Lei Maria da Penha), assinale a alternativa correta.

(A) Âmbito familiar, de acordo com essa Lei, é a comunidade formada apenas por indivíduos que são aparentados, unidos por laços naturais.

(B) A violência patrimonial contra a mulher, ainda que ocorrida no âmbito doméstico ou familiar, não está prevista nessa Lei, sendo contempladas apenas as violências física, psicológica, sexual e moral.

(C) O atendimento policial à mulher, vítima de violência doméstica e familiar, será feito exclusivamente por servidoras do sexo feminino, previamente capacitadas.

(D) As medidas protetivas à mulher poderão ser concedidas pela Autoridade Policial, em caso de urgência.

(E) É garantido à mulher, vítima de violência doméstica e familiar, quando necessário, o afastamento do local do trabalho, para preservação da integridade física e psicológica, a manutenção do vínculo trabalhista, por até seis meses.

A: incorreta, já que não reflete o disposto no art. 5º, II, da Lei 11.340/2006 (Maria da Penha); **B:** incorreta. Além das violências física, psicológica, sexual e moral, a Lei Maria da Penha, em seu art. 7º, IV, contempla também a *violência patrimonial*; **C:** incorreta. Segundo dispõe o art. 10-A, *caput*, da Lei Maria da Penha, inserido pela Lei 13.505/2017, o atendimento policial à mulher, vítima de violência doméstica e familiar, será feito por servidores previamente capacitados e, *preferencialmente* (e não exclusivamente), do sexo feminino; **D:** incorreta, uma vez que é defeso à autoridade policial conceder medidas protetivas de urgência; tal providência somente poderá ser determinada pelo magistrado, a requerimento do MP ou a pedido da ofendida (art. 19, *caput*, da Lei Maria da Penha). Atenção: ao tempo em que formulada esta questão, somente ao juiz era dado aplicar as medidas protetivas de urgência, nos termos do art. 22, *caput*, da Lei 11.340/2006 (Maria da Penha). Tal realidade mudou com o advento da Lei 13.827/2019, que inseriu na Lei 11.340/2006 (Maria da Penha) o art. 12-C, que estabelece que, constatada situação de risco à vida ou à integridade física da mulher, no contexto de violência doméstica e familiar, a autoridade policial promoverá o imediato afastamento do ofensor do lar ou do local em que convive com a ofendida, desde que o município não seja sede de comarca; à falta da autoridade policial, o afastamento poderá ser realizado pelo policial de plantão; **E:** correta, pois em consonância com o art. 9º, § 2º, II, da Lei Maria da Penha. Gabarito "E".

(Escrevente Técnico – TJM/SP – VUNESP – 2017) Assinale a alternativa que apresenta a assertiva correta.

(A) Desrespeitar um superior hierárquico diante de um civil caracteriza o crime militar de desrespeito a superior.

(B) O despojamento, apenas por menosprezo, de uniforme militar por parte do militar não caracteriza crime militar.

(C) O militar que critica publicamente em rede social na internet uma resolução do Governo pratica o crime militar de publicação ou crítica indevida.

(D) O crime militar de desrespeito a símbolo nacional se caracteriza com base no ato ultrajante praticado pelo militar ao símbolo nacional independentemente do lugar ou diante de quem o ato for praticado.

(E) Pratica o crime militar de deserção o militar que se ausenta, sem licença, da unidade em que serve, ou do lugar em que deve permanecer, por mais de dois dias.

A: incorreta, uma vez que a conduta descrita no art. 160 do Código Penal Militar (desrespeito a superior) deve se dar diante de outro militar (e não de civil); **B:** incorreta. O crime de despojamento desprezível, previsto no art. 162 do CPM, pode, sim, ser praticado por meio de *menosprezo* (e também por meio de *vilipêndio*); **C:** correta. O militar que assim proceder incorrerá nas penas do crime do art. 166 do CPM (publicação ou crítica indevida); **D:** incorreta, na medida em que o crime do art. 161 do CPM (desrespeito a símbolo nacional) somente se configura quando praticado diante da tropa ou em local sujeito a administração militar; **E:** incorreta. Para a configuração do crime de deserção, capitulado no art. 187 do CPM, basta que o militar se ausente da unidade em que serve ou do lugar no qual deve permanecer por tempo superior a 8 dias (e não 2 dias), tal como afirmado na alternativa. Gabarito "C".

(Escrevente Técnico – TJM/SP – VUNESP – 2017) É correto afirmar que

(A) o crime militar de dormir em serviço exige o dolo do autor para a sua caracterização.

(B) a ingestão de álcool pelo militar durante o serviço caracteriza o crime militar de embriaguez em serviço.

(C) o simples concerto para deserção não é crime militar.

(D) pratica o crime militar de exercício de comércio a praça que toma parte na administração ou gerência de sociedade comercial.

(E) o militar que usa indevidamente uniforme, distintivo ou insígnia de posto ou graduação superior somente cometerá crime militar se obtiver alguma vantagem desse uso.

A: correta. O art. 203 do CPM, que define o delito de *dormir em serviço*, não prevê modalidade culposa; o elemento subjetivo, segundo jurisprudência pacífica, é representando tão somente pelo *dolo*; **B:** incorreta. A mera ingestão de álcool não é suficiente para configurar o crime do art. 202 do CPM, sendo ainda necessário que ela, ingestão,

leve o militar ao estado de embriaguez; **C:** incorreta (conduta prevista no art. 191, I, do CPM – *concerto para deserção*); **D:** incorreta, uma vez que o crime de *exercício de comércio*, do art. 204 do CPM, tem como sujeito ativo tão somente o oficial da ativa; **E:** incorreta. É que o crime do art. 171 do CPM (*uso indevido por militar de uniforme, distintivo ou insígnia*) dispensa, para a sua consumação, a obtenção de vantagem por parte do sujeito ativo. Gabarito "A".

(Escrevente Técnico – TJM/SP – VUNESP – 2017) Com relação aos crimes contra a Administração Militar e contra a Administração da Justiça Militar, é correto afirmar que:

(A) desacatar superior, ofendendo-lhe a dignidade ou o decoro, ou procurando deprimir-lhe a autoridade só tipificará o crime militar de desacato a superior se for praticado diante de outro militar.

(B) o militar que pratica, indevidamente, ato de ofício, contra expressa disposição de lei, para satisfazer interesse ou sentimento pessoal, comete o crime militar de prevaricação.

(C) aquele que patrocina, direta ou indiretamente, interesse privado perante a administração militar, valendo-se da qualidade de funcionário ou de militar só cometerá crime militar se o interesse for ilegítimo.

(D) fraudar o cumprimento de decisão da Justiça Militar caracteriza o crime militar de fraude processual.

(E) provocar a ação da autoridade, comunicando-lhe a ocorrência de crime sujeito à jurisdição militar, que sabe não se ter verificado, caracteriza o crime militar de denunciação caluniosa.

A: incorreta. A descrição típica do crime de *desacato a superior* (art. 298, CPM) não exige que a conduta seja praticada diante de outro militar, tal como ocorre no delito de *desrespeito a superior* (art. 160, CPM); **B:** correta: conduta descrita no art. 319 do CPM; **C:** incorreta. Para a configuração do crime de *patrocínio indébito* (art. 334, CPM), é desnecessário que o interesse patrocinado seja *ilegítimo*; se for, o agente incorrerá na forma qualificada deste delito, prevista no parágrafo único do art. 334 do CPM; **D:** incorreta. A conduta descrita corresponde ao crime de *desobediência a decisão judicial*, previsto no art. 349 do CPM; **E:** incorreta, já que se trata do crime de *comunicação falsa de crime* (art. 344 do CPM). Gabarito "B".

(Procurador – IPSMI/SP – VUNESP – 2016) A respeito da Lei 12.850/2013 (Lei de Organização Criminosa), assinale a alternativa correta.

(A) Quem impede ou embaraça a investigação de infração que envolve organização criminosa está sujeito a punição idêntica à de quem integra organização criminosa.

(B) Havendo indício de que o funcionário público integra organização criminosa, o Juiz poderá determinar o afastamento cautelar do cargo, com suspensão da remuneração.

(C) Quem exerce o comando da organização criminosa, ainda que não pratique pessoalmente nenhum ato de execução, está sujeito a punição idêntica à de quem apenas integra organização criminosa.

(D) A infiltração policial, a ação controlada e a captação ambiental são meios de prova permitidos apenas na fase investigativa.

(E) A colaboração premiada é admitida apenas até a sentença.

A: correta (art. 2º, § 1º, da Lei 12.850/2013); **B: incorreta**, pois, embora seja lícito o afastamento cautelar do funcionário, não é dado ao magistrado determinar a suspensão da remuneração do servidor sobre o qual recaem indícios de envolvimento em organização criminosa (art. 2º, § 5º, da Lei 12.850/2013); **C: incorreta**, uma vez que o art. 2º, § 3º, da Lei 12.850/2013 estabelece que a pena daquele que exerce o comando da organização criminosa deve ser agravada; **D: incorreta**. Tais meios de prova podem ser utilizados tanto na fase investigativa quanto no curso da ação penal (qualquer fase da persecução penal), a teor do que dispõe o art. 3º, *caput*, da Lei 12.850/2013; **E: incorreta**. O acordo de colaboração premiada pode ser firmado após a sentença. É o que estabelece o art. 4º, § 5º, da Lei 12.850/2013.
Gabarito "A".

(Juiz de Direito – TJM/SP – VUNESP – 2016) A definição de crime militar, no ordenamento jurídico brasileiro, é estabelecida de modo exclusivo em razão

(A) da lei (*ratione legis*).
(B) do lugar em que a conduta foi praticada (*ratione loci*).
(C) da pessoa que praticou a conduta (*ratione personae*).
(D) da pessoa contra a qual a conduta foi praticada (*ratione personae*).
(E) do tempo em que a conduta foi praticada (*ratione temporis*).

De fato, tal como se afirma na alternativa "A", o Brasil adotou, como critério geral para definição dos crimes militares, a *lei* (aspecto meramente formal). Isto é, o legislador enumera, de forma taxativa e por meio de lei, as condutas que devem ser consideradas como crime militar. Dessa forma, é crime militar a conduta assim tratada no Código Penal Militar. É aquele que a lei considera como tal.
Gabarito "A".

(Juiz de Direito – TJM/SP – VUNESP – 2016) O autor que, ao praticar o crime, supõe, por erro plenamente escusável, a inexistência de circunstância de fato que o constitui:

(A) poderá ter a pena atenuada ou substituída por outra menos grave, nos termos do Código Penal Militar, e terá sua conduta considerada como atípica, nos termos do Código Penal Comum.
(B) poderá ter a pena atenuada ou substituída por outra menos grave, nos termos do Código Penal Comum, e terá sua conduta considerada como atípica, nos termos do Código Penal Militar.
(C) será isento de pena, nos termos do Código Penal Militar, e terá excluído o dolo, nos termos do Código Penal Comum.
(D) será isento de pena, nos termos do Código Penal Comum, e terá excluído o dolo, nos termos do Código Penal Militar.
(E) poderá ter a pena atenuada ou substituída por outra menos grave, salvo em se tratando de crime que atente contra o dever militar, nos termos do Código Penal Militar, e será isento de pena, nos termos do Código Penal Comum.

A situação descrita no enunciado corresponde ao *erro de fato*, do art. 36 do CPM, e ao *erro de tipo*, do art. 20 do CP.
Gabarito "C".

(Juiz de Direito – TJM/SP – VUNESP – 2016) Quando o agente, mediante uma só ação ou omissão, pratica dois ou mais crimes, idênticos ou não, sendo as penas para eles previstas, da mesma espécie,

(A) nos termos do Código Penal Militar, aplica-se-lhe a pena de um só dos crimes.

(B) nos termos do Código Penal Comum, deverá ter as penas privativas de liberdade unificadas e a pena única será a soma de todas.
(C) nos termos do Código Penal Comum, deverá ter aplicada cumulativamente as penas privativas de liberdade em que haja incorrido.
(D) nos termos do Código Penal Militar, deverá ter as penas privativas de liberdade unificadas, sendo a pena única a mais grave, mas com aumento correspondente à metade do tempo das menos graves.
(E) nos termos do Código Penal Militar, deverá ter as penas privativas de liberdade unificadas e a pena única será a soma de todas.

A resposta deve ser extraída do art. 79 do CPM: *Quando o agente, mediante uma só ou mais de uma ação ou omissão, pratica dois ou mais crimes, idênticos ou não, as penas privativas de liberdade devem ser unificadas. Se as penas são da mesma espécie, a pena única é a soma de todas; se, de espécies diferentes, a pena única e a mais grave, mas com aumento correspondente à metade do tempo das menos graves, ressalvado o disposto no art. 58.*
Gabarito "E".

(Juiz de Direito – TJM/SP – VUNESP – 2016) Com relação aos crimes contra a Autoridade ou Disciplina Militar, é correto afirmar:

(A) o simples concerto de militares para a prática do crime de motim não é punível, nos termos da lei penal militar, se estes não iniciarem, ao menos, os atos executórios do crime de motim.
(B) militares que apenas se utilizam de viatura militar para ação militar, em detrimento da ordem ou disciplina militar, mas sem ocupar quartel, cometem o crime de motim.
(C) o militar que, estando presente no momento da prática do crime de motim, não usar de todos os meios ao seu alcance para impedi-lo, será responsabilizado como partícipe deste.
(D) o militar que, antes da execução do crime de motim e quando era ainda possível evitar-lhe as consequências, denuncia o ajuste de que participou terá a pena diminuída pela metade com relação ao referido crime militar.
(E) a reunião de dois ou mais militares com armamento ou material bélico, de propriedade militar, para a prática de violência contra coisa particular, só caracterizará o crime de organização de grupo para a prática de violência se a coisa se encontrar em lugar sujeito à administração militar.

A: incorreta, já que o simples concerto de militares para a prática do crime de motim (art. 149 do CPM) configura o delito de *conspiração*, definido no art. 152 do CPM; **B: correta** (art. 149, IV, do CPM); **C: incorreta**. O militar que assim proceder responderá pelo crime de *omissão de lealdade militar*, previsto no art. 151 do CPM; **D: incorreta**. É hipótese de isenção de pena (art. 152, parágrafo único, do CPM); **E: incorreta**, pois contraria o disposto no art. 150 do CPM, que estabelece que o crime ali definido (*organização de grupo para a prática de violência*) restará configurado quando praticado em lugar sujeito *ou não* a administração militar.
Gabarito "B".

(Juiz de Direito – TJM/SP – VUNESP – 2016) Consoante o previsto no Código Penal Militar e na jurisprudência majoritária do Tribunal de Justiça Militar do Estado de São Paulo, assinale

EDUARDO DOMPIERI

a alternativa correta no que diz respeito aos crimes contra o serviço militar e o dever militar.

(A) Um Capitão da Polícia Militar, da ativa, que, por imprudência, deixa de desempenhar a função que lhe foi confiada não poderá ser punido pelo crime de descumprimento de missão por atipicidade da conduta.

(B) O Comandante que, por negligência, deixa de manter a força sob seu comando em estado de eficiência incorre no crime de omissão de eficiência de força.

(C) Um Soldado da Polícia Militar, da ativa, que, por negligência, dorme durante o serviço de dia em uma Companhia Policial Militar comete o crime militar de "dormir em serviço".

(D) Um Major da Polícia Militar, da ativa, que participa e exerce atividade de administração na empresa proprietária de uma rede de "autoescolas", que fornece cursos de formação de condutores em várias cidades do seu estado, comete o crime de "exercício de comércio por oficial".

(E) Um Cabo da Polícia Militar, da ativa, que se apresenta embriagado para prestar um serviço administrativo de protocolista não comete o crime militar de embriaguez em serviço.

A: incorreta, já que o crime em que incorreu o oficial (art. 196, CPM) comporta a modalidade *culposa* (§ 3º), tratando-se, assim, de conduta típica; **B:** incorreta, uma vez que o crime definido no art. 198 do CPM (omissão de eficiência da força) não comporta a modalidade culposa; **C:** incorreta. O art. 203 do CPM, que define o delito de *dormir em serviço*, não prevê modalidade culposa; o elemento subjetivo, segundo jurisprudência pacífica, é representando tão somente pelo *dolo*; **D:** correta. O oficial deverá ser responsabilizado pelo crime do art. 204 do CPM (exercício de comércio por oficial); **E:** incorreta. Se assim agir, terá cometido o crime de *embriaguez em serviço*, definido no art. 202 do CPM.
Gabarito "D".

(Juiz de Direito – TJM/SP – VUNESP – 2016) Com relação aos crimes militares contra a pessoa, nos termos do Código Penal Militar e da jurisprudência majoritária do Tribunal de Justiça Militar do Estado de São Paulo, assinale a alternativa correta.

(A) Um Tenente da Polícia Militar que, de serviço, e durante abordagem policial, por imprudência, dispara sua arma de fogo e atinge fatalmente um civil terá praticado o crime comum de homicídio culposo.

(B) Um Soldado da Polícia Militar que, em serviço de policiamento, dolosamente ofende a integridade corporal de um civil terá praticado o crime comum de lesão corporal.

(C) O Sargento reformado da Polícia Militar que, mediante processo técnico, viola o direito à intimidade pessoal de uma Soldado da Polícia Militar, da ativa, filmando-a nua no interior da residência desta comete o crime de "violação de recato".

(D) Um policial militar, da ativa, que, durante deslocamento de uma viatura ônibus, retira seu órgão genital para fora da farda, exibindo-o aos demais militares presentes no ônibus, pratica o crime militar de "ato obsceno" por encontrar-se em lugar sujeito à administração militar.

(E) Um Cabo da Polícia Militar, da ativa, que mata sua esposa, também Cabo da Polícia Militar, da ativa, não incorrerá no crime militar de homicídio em virtude da existência de vínculo conjugal entre eles.

A: incorreta. O oficial será responsabilizado pelo crime militar de homicídio culposo (art. 206, CPM); **B:** incorreta. O praça será responsabilizado pelo crime militar de lesão corporal (art. 209, CPM); **C:** incorreta. O crime de *violação de recato*, previsto no art. 229 do CPM, somente pode ser praticado por militar que se encontra na ativa; **D:** correta. O policial militar, de fato, cometeu o crime do art. 238 do CPM (ato obsceno); **E:** incorreta. Deverá o cabo ser responsabilizado pelo crime militar de homicídio doloso (art. 205, CPM).
Gabarito "D".

(Juiz de Direito – TJM/SP – VUNESP – 2016) Assinale a alternativa correta no que diz respeito aos crimes militares contra administração da Justiça Militar.

(A) Acusar-se, perante a autoridade, de crime sujeito à jurisdição militar, praticado por outrem, é fato atípico no âmbito penal militar.

(B) O militar que se acusar, perante a autoridade, de crime sujeito à jurisdição militar, inexistente, não incorre em crime em virtude da atipicidade da sua conduta.

(C) Provocar a ação da autoridade, comunicando-lhe a ocorrência de crime sujeito à jurisdição militar, só caracterizará o crime militar de "comunicação falsa de crime" se o autor da conduta sabe que o crime comunicado não se verificou.

(D) O crime militar de "falso testemunho ou falsa perícia" deixa de ser punível se, antes de iniciada a execução da pena, o agente se retrata ou declara a verdade.

(E) O Soldado da Polícia Militar, da ativa, que durante o serviço, inovar artificiosamente, na pendência de processo civil ou administrativo, o estado de lugar, de coisa ou de pessoa, com o fim de induzir a erro o juiz ou o perito, incorrerá no crime militar de fraude processual.

A: incorreta (crime previsto no art. 345 do CPM – autoacusação falsa); **B:** incorreta (crime previsto no art. 345 do CPM – autoacusação falsa); **C:** correta (crime previsto no art. 344 do CPM – comunicação falsa de crime); **D:** incorreta, já que o fato somente deixará de ser punível se a retratação ou a declaração de verdade se der *antes da sentença* (art. 346, § 2º, do CPM); **E:** incorreta. Isso porque o Código Penal Militar, diferentemente do Código Penal comum, não contempla o crime de *fraude processual*.
Gabarito "C".

(Juiz de Direito – TJM/SP – VUNESP – 2016) Nos termos da Lei 12.850, de 2 de agosto de 2013, se houver indícios suficientes de que funcionário público integra organização criminosa, poderá o Juiz determinar

(A) a perda do cargo ou mandato eletivo e a interdição para o exercício do cargo público pelo prazo de 4 anos, contado a partir do cumprimento da pena.

(B) a perda do cargo ou mandato eletivo e a interdição para o exercício do cargo público pelo prazo de 8 anos, contado a partir do cumprimento da pena.

(C) a perda do cargo ou mandato eletivo e a interdição para o exercício do cargo público pelo prazo da sentença penal condenatória, subsequente ao cumprimento da pena.

3. DIREITO PENAL

(D) seu afastamento cautelar do cargo, sem prejuízo da remuneração, quando a medida se fizer necessária à instrução processual.

(E) seu afastamento cautelar do cargo, com prejuízo da remuneração, quando a medida se fizer necessária à instrução processual.

Segundo previsão contida no art. 2º, § 5º, da Lei 12.850/2013, havendo indícios de que o funcionário público faz parte de organização criminosa, *poderá o juiz determinar seu afastamento cautelar do cargo, emprego ou função, sem prejuízo da remuneração, quando a medida se fizer necessária à investigação ou instrução processual.*
Gabarito "D".

(Juiz de Direito – TJ/RJ – VUNESP – 2016) No que diz respeito aos crimes previstos na Lei que Define Organização Criminosa (Lei 12.850/2013), é correto afirmar que

(A) o concurso de funcionário público, valendo-se a organização criminosa dessa condição para a prática de infração penal, é circunstância qualificadora do crime de promover, constituir, financiar ou integrar organização criminosa.

(B) aquele que impede ou, de qualquer forma, embaraça a investigação de infração penal que envolva organização criminosa terá, além da pena relativa ao crime de promover organização criminosa, uma causa de aumento de pena.

(C) a condenação com trânsito em julgado de funcionário público por integrar organização criminosa acarretará sua perda do cargo, função, emprego ou mandato eletivo e a interdição para o exercício de função ou cargo público pelo prazo de 8 (oito) anos subsequentes ao trânsito em julgado da condenação.

(D) não poderá ser concedido perdão judicial ao colaborador cuja colaboração resultar na recuperação parcial do produto ou do proveito das infrações penais praticadas pela organização criminosa mas sem que ele tenha revelado a estrutura hierárquica e a divisão de tarefas da organização criminosa.

(E) os funcionários de empresas telefônicas e provedores de internet que descumprirem requisição do delegado de polícia, expedida durante o curso de investigação criminal e independentemente de autorização judicial, por meio da qual são solicitados dados cadastrais do investigado relativos exclusivamente à sua qualificação pessoal, filiação e endereço cometerão crime de recusa de dados, previsto na Lei 12.850/2013.

A: incorreta. Cuida-se de *causa de aumento de pena*, e não de *qualificadora* (art. 2º, § 4º, II, da Lei 12.850/2013); **B:** incorreta. Aquele que assim proceder incorrerá nas mesmas penas previstas para o agente que promover organização criminosa (não incide causa de aumento de pena), na forma estatuída no art. art. 2º, § 1º, da Lei 12.850/2013; **C:** incorreta, pois não reflete a regra presente no art. 2º, § 6º, da Lei 12.850/2013, que estabelece que, neste caso, a interdição para o exercício de função ou cargo público será pelo prazo de 8 (oito) anos subsequentes ao cumprimento da pena, e não ao trânsito em julgado da condenação; **D:** incorreta. Para a concessão de um dos benefícios da colaboração premiada, entre os quais o perdão judicial, basta que dela (colaboração) resulte um ou mais resultados elencados no art. 4º da Lei 12.850/2013; **E:** correta. Conduta prevista no art. 21 da Lei 12.850/2013.
Gabarito "E".

(Juiz de Direito – TJ/RJ – VUNESP – 2016) O Soldado Stive, da Polícia Militar do Estado do Rio de Janeiro, de serviço, juntamente com sua companheira de serviço, Soldado Julieta, durante abordagem a uma civil conhecida como Chapinha, por imprudência e sem intenção, efetuou um disparo de arma de fogo que veio a atingir fatalmente Chapinha. Diante da conduta praticada pelo Soldado Stive, é correto afirmar que o policial militar cometeu

(A) crime comum de lesão corporal seguida de morte.

(B) crime militar de feminicídio.

(C) crime militar de homicídio culposo.

(D) crime comum de feminicídio.

(E) crime comum de homicídio culposo.

Não há dúvidas de que a morte de Chapinha decorreu de conduta imprudente do soldado Stive, que agiu, portanto, com culpa. Assim, deverá ser responsabilizado pelo crime militar de homicídio culposo, previsto no art. 206 do CPM. Conferir: "Conflito de competência. Penal e processual penal. Morte de criança depois de atendimento em hospital militar por médicos militares do exército. Ações penais instauradas na justiça militar (homicídio culposo) e na justiça comum estadual (homicídio com dolo eventual). Fundada dúvida quanto ao elemento subjetivo da conduta. Aferição possível somente após a instrução probatória, observado o devido processo legal, o contraditório e a ampla defesa. Prevalência do princípio do *in dubio pro societate*. Conflito conhecido para declarar a competência da justiça comum estadual. 1. Hipótese em que dois médicos militares do Exército, depois de atenderem em hospital militar uma criança enferma que veio a óbito em seguida, foram denunciados, de um lado, pelo Ministério Público Militar, acusados do delito do art. 206, § 1.º, do CPM (homicídio culposo) perante o Juízo da 3.ª Auditoria da 3.ª CJM; e, de outro lado, pelo Ministério Público do Estado do Rio Grande do Sul, acusados do delito do art. 121, *caput*, do CP (homicídio com dolo eventual) perante o Juízo da 1.ª Vara Criminal da Comarca de Santa Maria – RS. 2. A teor do art. 9.º, inciso II, alínea b, c.c. o parágrafo único do mesmo artigo, do Código Penal Militar, o crime doloso contra a vida praticado por militar contra civil é da competência da Justiça Comum. 3. Para se eliminar a fundada dúvida quanto ao elemento subjetivo da conduta, de modo a afirmar se o agente agiu com dolo eventual ou culpa, é necessário o exame acurado do conjunto probatório, a ser coletado durante a instrução criminal, observados o devido processo legal, o contraditório e a ampla defesa. 4. Deve o feito tramitar na Justiça Comum Estadual, pois, havendo dúvida quanto à existência do dolo na conduta, prevalece o princípio do *in dubio pro societate*, que leva o julgamento para o Tribunal do Júri, caso seja admitida a acusação em eventual sentença de pronúncia. Se, no entanto, o juiz se convencer de que não houve crime doloso contra a vida, remeterá os autos ao juízo competente, em conformidade com o disposto no art. 419 do Código de Processo Penal. 5. Conflito conhecido para declarar competente o Juízo de Direito da 1.ª Vara Criminal Santa Maria – RS" (CC 130.779/RS, Rel. Ministra Laurita Vaz, Terceira Seção, julgado em 11.06.2014, *DJe* 04.09.2014).
Gabarito "C".

(Juiz de Direito – TJ/RJ – VUNESP – 2016) No que tange às infrações penais relativas ao Direito Penal Econômico, nos termos previstos no Edital, assinale a alternativa correta.

(A) Ocultar ou dissimular a natureza, origem, localização, disposição, movimentação ou propriedade de bens, direitos ou valores provenientes, direta ou indiretamente, de contravenção penal não caracteriza o crime de lavagem de bens, direitos e valores.

(B) Com base na jurisprudência do Superior Tribunal de Justiça e do Supremo Tribunal Federal, para a caracterização dos crimes materiais contra a ordem tributária não basta a omissão ou a falsa informação prestada, sendo necessário que impliquem na supressão ou redução tributária.

(C) Caracteriza-se como crime contra a ordem econômica formar acordo, convênio, ajuste ou aliança entre ofertantes, visando a variação natural de preços ou quantidades vendidas ou produzidas.

(D) Aquele que participa de grupo, associação ou escritório tendo conhecimento de que sua atividade principal ou secundária é dirigida à prática de crimes previstos na Lei de lavagem ou ocultação de bens, direitos e valores, somente será responsabilizado pela prática destes crimes se, efetivamente, participar das condutas ilícitas desenvolvidas pela organização.

(E) Fazer declaração falsa ou omitir declaração sobre rendas, bens ou fatos, ou empregar outra fraude para eximir-se, total ou parcialmente, de pagamento de tributo só será considerado crime tributário se implicar na efetiva supressão ou redução tributária.

A: incorreta. Até o advento da Lei 12.683/2012, tínhamos que a configuração do crime de lavagem de dinheiro pressupunha a prática de um dos delitos antecedentes previstos no art. 1º da Lei 9.613/1998. Havia, portanto, um rol taxativo, que não incluía as contravenções penais, apenas alguns delitos. Pois bem. A partir da edição da referida Lei, que alterou diversos dispositivos da Lei 9.613/1998, passou a configurar crime de lavagem de dinheiro o fato de o agente ocultar ou dissimular a natureza, origem, localização, disposição, movimentação ou propriedade de bens, direitos ou valores provenientes, direta ou indiretamente, de *infração penal*, aqui incluídos crimes e *contravenções penais*. Deixou de existir, pois, um rol taxativo, de forma que a lavagem de dinheiro, atualmente, pode ter como fato antecedente qualquer infração penal, inclusive, repito, as contravenções; **B:** correta, pois, segundo doutrina e jurisprudências pacíficas, a supressão ou redução de tributo é condição indispensável para a caracterização dos crimes materiais tipificados no art. 1º da Lei 8.137/1990, o que não se exige para a configuração dos crimes definidos no art. 2º da mesma lei. Nesse sentido, conferir: "1. Esta Corte firmou entendimento de que o delito de supressão ou redução de tributo capitulado no art. 1º da Lei nº 8.137/90 é material, consumando-se apenas no momento da efetiva supressão ou redução de tributo. 2. Na espécie, a conduta praticada pelo recorrente descrita no acórdão recorrido não se amolda à figura descrita no parágrafo único do art. 1º da Lei nº 8.137/90. 3. O delito previsto no parágrafo único do referido artigo deve ser interpretado em conjunto com o seu caput, pois é de natureza material, consumando-se apenas com a supressão ou omissão de tributo. 4. Recurso especial provido, para restabelecer a sentença de primeiro grau" (REsp 1113460/SP, Rel. Ministro Celso Limongi (Desembargador Convocado do TJ/SP), Sexta Turma, julgado em 24.11.2009, *DJe* 14.12.2009); **C:** incorreta, no que toca ao trecho *visando à variação natural de preços*, quando o correto seria *visando à fixação artificial de preços*, tal como previsto no art. 4º, II, *a*, da Lei 8.137/1990; **D:** incorreta, já que a *efetiva participação*, que consiste na conduta de *tomar parte*, não é indispensável à configuração deste crime, que restará praticado pelo simples fato de o agente ter conhecimento de que exerce sua profissão em local que serve à lavagem de dinheiro (art. 1º, § 2º, II, da Lei 9.613/1998); **E:** incorreta. Diferentemente do que se dá nos crimes definidos no art. 1º da Lei 8.137/1990, que são materiais e pressupõem, bem por isso, a produção de resultado naturalístico consistente na efetiva supressão ou redução de tributo, os crimes previstos no art. 2º dessa mesma Lei são *formais*, ou seja, não é necessário, para a sua consumação, o efetivo prejuízo para o Estado, representado pela supressão ou redução do tributo.
Gabarito "B".

(Juiz de Direito – TJ/SP – VUNESP – 2015) O afilhado que cuida e tem a função de curador de sua madrinha, esta com 65 anos de idade, acometida de Alzheimer, vendeu imóvel da ofendida por R$ 80.000,00, recebendo, inicialmente, R$ 20.000,00. Quando foi lavrada a escritura pública, o curador recebeu o restante do pagamento, no importe de R$ 60.000,00, apropriando-se do numerário. Assim,

(A) o afilhado é isento de pena por ter praticado o delito em prejuízo de ascendente.

(B) o comportamento do afilhado caracteriza o crime de estelionato, na modalidade de abuso de incapazes.

(C) o comportamento do afilhado caracteriza o crime de apropriação indébita, agravado em face da qualidade de curador.

(D) o comportamento do afilhado caracteriza o crime de apropriação, previsto no Estatuto do Idoso.

Dado o que enuncia o princípio da especialidade, o afilhado, em face do que foi narrado no enunciado, deverá ser responsabilizado pelo crime do art. 102 da Lei 10.741/2003 (Estatuto da Pessoa Idosa). O art. 95 desse mesmo diploma afasta a incidência dos benefícios contidos nos arts. 181 e 182 do CP. Ainda que não houvesse esse dispositivo, mesmo assim o agente não faria jus a tais benefícios, haja vista que não alcançam o afilhado.
Gabarito "D".

(Delegado/SP – VUNESP – 2014) Aos crimes previstos na Lei n.º 10.741, de 2003 – Estatuto do Idoso –, aplica-se o procedimento previsto na Lei n.º 9.099, de 26 de setembro de 1995, desde que a pena máxima privativa de liberdade não ultrapasse

(A) 6 (seis) anos.

(B) 8 (oito) anos.

(C) 4 (quatro) anos.

(D) 1 (um) ano.

(E) 2 (dois) anos.

Impõe o art. 94 da Lei 10.741/2003 (Estatuto da Pessoa Idosa) que, aos crimes ali previstos, adotar-se-á o procedimento da Lei 9.099/1995 (sumaríssimo). Digno de registro é o fato de que o STF, no julgamento da ADIn 3.096-5, de 25.06.2010, fixou entendimento no sentido de que, aos crimes previstos no Estatuto, deve se aplicar tão somente o procedimento sumaríssimo previsto na Lei 9.099/1995, e não os benefícios ali contemplados.
Gabarito "C".

(Delegado/SP – VUNESP – 2014) Aos crimes previstos na Lei n.º 10.741, de 2003 – Estatuto do Idoso –, aplica-se o procedimento previsto na Lei n.º 9.099, de 26 de setembro de 1995, desde que a pena máxima privativa de liberdade não ultrapasse

(A) 6 (seis) anos.

(B) 8 (oito) anos.

(C) 4 (quatro) anos.

(D) 1 (um) ano.

(E) 2 (dois) anos.

Impõe o art. 94 da Lei 10.741/2003 (Estatuto da Pessoa Idosa) que, aos crimes ali previstos, adotar-se-á o procedimento da Lei 9.099/1995 (sumaríssimo). Digno de registro é o fato de que o STF, no julgamento da ADIn 3.096-5, de 25.06.2010, fixou entendimento no sentido de que, aos crimes previstos no Estatuto, deve se aplicar tão somente o procedimento sumaríssimo previsto na Lei 9.099/1995, e não os benefícios ali contemplados.
Gabarito "C".

3. DIREITO PENAL 135

27. EXECUÇÃO PENAL

(Cartório/SP – VII – VUNESP) Transitando em julgado a sentença que impuser pena privativa de liberdade, se o réu já estiver preso, ou vier a ser preso, para o cumprimento da pena, o juiz ordenará a expedição de

(A) Ordem de prisão confirmatória.
(B) Carta de ordem.
(C) Mandado de prisão.
(D) Carta de guia.

Art. 105 da Lei 7.210/1984 – Lei de Execução Penal.
Gabarito "D".

28. TEMAS COMBINADOS DE DIREITO PENAL

(Juiz de Direito – TJ/RS – 2018 – VUNESP) Assinale a proposição que reflete entendimento sumulado pelo Supremo Tribunal Federal.

(A) Se a cártula foi pré-datada, ainda que tenha havido fraude, não se configura o crime de emissão de cheque sem fundos (súmula 246).
(B) É unicamente do Ministério Público, mediante representação, a legitimidade para a ação penal por crime contra a honra de servidor público em razão do exercício de suas funções (súmula 714).
(C) A medida de segurança pode ser aplicada em segunda instância, ainda que só o réu tenha recorrido (súmula 525).
(D) Não se tipifica crime contra a ordem tributária (Lei nº 8.137/90) antes do lançamento definitivo do tributo (súmula vinculante 24).
(E) Não há crime quando a preparação do flagrante pela polícia torna impossível a sua consumação (súmula 145).

A: incorreta, pois não corresponde ao teor da Súmula 246, do STF: *Comprovado não ter havido fraude, não se configura o crime de emissão de cheque sem fundos*; **B:** incorreta, pois não corresponde ao teor da Súmula 714, do STF: *É concorrente a legitimidade do ofendido, mediante queixa, e do Ministério Público, condicionada à representação do ofendido, para a ação penal por crime contra a honra de servidor público em razão do exercício de suas funções*; **C:** incorreta, pois contraria o entendimento firmado na Súmula 525, do STF: *A medida de segurança não será aplicada em segunda instância, quando só o réu tenha recorrido*; **D:** incorreta, na medida em que contraria o entendimento firmado na Súmula Vinculante 24: *Não se tipifica crime material contra a ordem tributária, previsto no art. 1º, incisos I a V, da Lei 8.137/1990, antes do lançamento definitivo do tributo*; **E:** correta, pois corresponde ao entendimento sedimentado por meio da Súmula 145, do STF: *Não há crime quando a preparação do flagrante pela polícia torna impossível a sua consumação.* ED
Gabarito "E".

(Juiz de Direito – TJ/SP – VUNESP – 2015) À luz da jurisprudência do Supremo Tribunal Federal, assinale a alternativa correta.

(A) Não há crime de latrocínio, quando o homicídio se consuma, mas o agente não realiza a subtração de bens da vítima.
(B) Admite-se a suspensão condicional do processo por crime continuado, se a soma da pena mínima da infração mais grave com o aumento mínimo de um sexto for superior a um ano.

(C) A opinião do julgador sobre a gravidade em abstrato do crime constitui motivação idônea para a imposição de regime mais severo do que o permitido segundo a pena aplicada.
(D) A lei penal mais grave aplica-se ao crime continuado ou ao crime permanente, se sua vigência é anterior à cessação da continuidade ou da permanência.

A: incorreta, pois contraria o entendimento consolidado por meio da Súmula 610, do STF: "Há crime de latrocínio, quando o homicídio se consuma, ainda que não realize a subtração de bens da vítima". No roubo, temos que, se ocorrer morte e a subtração consumar-se, há latrocínio consumado; se ocorrer morte e subtração tentados, há latrocínio tentado. Até aqui, não há divergência na doutrina nem na jurisprudência. No entanto, na hipótese de haver morte, mas a subtração não se consumar, há diversas correntes doutrinárias. No STF, o entendimento é no sentido de que tal hipótese configura latrocínio consumado, conforme Súmula 610, que acima foi transcrita; **B:** incorreta, já que não retrata o entendimento sufragado nas Súmulas 723, do STF, e 243, do STJ; **C:** incorreta. Pelo contrário: "A opinião do julgador sobre a gravidade em abstrato do crime não constitui motivação idônea para imposição de regime mais severo do que o permitido segundo a pena aplicada" (Súmula 718, STF); **D:** correta, pois retrata o entendimento contido na Súmula 711 do STF: "A lei penal mais grave aplica-se ao crime continuado ou ao crime permanente, se a sua vigência é anterior à cessação da continuidade ou permanência".
Gabarito "D".

(Juiz de Direito – TJ/SP – VUNESP – 2015) Segundo a jurisprudência consolidada do Superior Tribunal de Justiça, assinale a alternativa correta.

(A) O tempo de duração da medida de segurança pode ultrapassar o máximo da pena abstratamente cominada ao delito praticado.
(B) A conduta de atribuir-se falsa identidade perante autoridade policial é atípica, ainda que em situação de alegada autodefesa.
(C) É inadmissível a extinção da punibilidade pela prescrição da pretensão punitiva com fundamento em pena hipotética, independentemente da existência ou sorte do processo penal.
(D) É admissível aplicar, no furto qualificado, pelo concurso de agentes, a majorante de roubo.

A: incorreta, pois não reflete o entendimento contido na Súmula 527, do STJ, segundo a qual "o tempo de duração da medida de segurança não deve ultrapassar o limite máximo da pena abstratamente cominada ao delito praticado". Quanto a este tema, valem algumas ponderações. Se levássemos em conta tão somente a redação do art. 97, § 1º, do CP, chegaríamos à conclusão de que a medida de segurança poderia ser eterna. Em vista da regra que veda as penas de caráter perpétuo, esta não é a melhor interpretação do dispositivo. Tanto que o STF firmou posicionamento no sentido de que o prazo máximo de duração da medida de segurança não pode ser superior a 30 anos (analogia ao art. 75 do CP). O STJ entende que a medida de segurança deve ter por limite o máximo da pena em abstrato cominada para o crime (STJ, HC 125.342-RS, 6ª T., rel. Min. Maria Thereza de Assis Moura, j. 19.11.09), entendimento esse consolidado por meio da súmula acima transcrita. Este comentário não levou em conta a alteração promovida no art. 75 do CP pela Lei 13.964/2019 (Pacote Anticrime), que elevou o tempo máximo de cumprimento de pena privativa de liberdade de 30 para 40 anos; **B:** incorreta. Atualmente, prevalece o entendimento de que a conduta do agente que, com o propósito de esconder condenações anteriores, atribui a si identidade falsa comete o crime do art. 307 do CP. Nesse sentido a Súmula 522 do STJ: "A conduta de atribuir-se falsa identidade perante autoridade policial é típica, ainda que em situação de alegada autodefesa"; **C:** correta. A alternativa descreve o fenômeno da prescrição *antecipada* ou *virtual*, que é aquela baseada na pena que seria, em tese, aplicada ao réu em caso de condenação. A jurisprudência rechaça tal modalidade de prescrição, na medida em que implica verdadeiro prejulgamento (o juiz estaria utilizando-se de uma pena ainda não aplicada). Tal entendimento está pacificado na Súmula 438, do STJ: "É inadmissível a extinção da punibilidade pela prescrição da pretensão punitiva com fundamento em pena hipotética, independentemente da existência ou sorte do processo penal"; **D:** incorreta, uma vez que não reflete o entendimento consolidado na Súmula 442, do STJ: "É inadmissível aplicar, no furto qualificado, pelo concurso de agentes, a majorante do roubo".

Gabarito "C".

(Delegado/SP – VUNESP – 2014) Dentre os crimes listados a seguir, aquele que foi revogado do Código Penal é:

(A) curandeirismo.

(B) charlatanismo.

(C) bigamia.

(D) sedução.

(E) simulação de casamento.

A: incorreta (art. 284, CP); **B:** incorreta (art. 283, CP); **C:** incorreta (art. 235, CP); **D:** correta (art. 217, CP, revogado pela Lei 11.106/2005), tendo havido *abolitio criminis*; **E:** incorreta (art. 239, CP).

Gabarito "D".

(Delegado/SP – VUNESP – 2014) Quantos foram os Códigos Penais vigentes no Brasil?

(A) Três.

(B) Seis.

(C) Dois.

(D) Cinco.

(E) Um.

O Brasil já teve 3 (três) Código Penais, a saber: i) Código Criminal do Império (Lei de 16 de dezembro de 1830); ii) Código Penal dos Estados Unidos do Brasil (Decreto 847, de 11 de outubro de 1890) e; iii) Código Penal de 1940 (Decreto-lei 2.848, de 7 de dezembro de 1940).

Gabarito "A".

4. PROCESSO PENAL

Eduardo Dompieri e Patricia Bergamasco

1. FONTES, PRINCÍPIOS GERAIS E EFICÁCIA DA LEI PROCESSUAL NO TEMPO E NO ESPAÇO

(Investigador – PC/BA – 2018 – VUNESP) Em havendo conflito entre o Código de Processo Penal e uma lei especial que contenha normas processuais, a solução será a

(A) aplicação da norma que for mais recente, independentemente de eventual benefício ao réu.

(B) aplicação da lei especial e, quando omissa, subsidiariamente do Código de Processo Penal.

(C) aplicação do que for mais favorável ao acusado, independentemente da data de promulgação.

(D) conjugação de ambos os diplomas, aplicando-se as normas que forem mais benéficas ao acusado.

(E) prevalência da regra geral do Código de Processo Penal, em virtude da proibição constitucional dos juízos de exceção.

Nessa hipótese, há o conflito aparente de normas, quando em um mesmo fato podem ser aplicadas normas diferentes. São dois seus pressupostos: unicidade de fato e a pluralidade de normas. "Como é impossível que duas normas incriminadoras venham a incidir sobre um só fato natural, o que é vedado pelo princípio *non bis in idem*, é indispensável que se verifique qual delas deve ser aplicada ao caso concreto. Embora ainda não se tenham conseguido soluções teóricas para todas as dúvidas sobre o conflito aparente de normas, a doutrina tem fixado quatro princípios para resolvê-lo: o da especialidade; o da subsidiariedade; o da consunção e o da alternatividade" (Mirabete, Julio Fabbrini e Fabbrini, Renato Nascimento. *Manual de Direito Penal*, parte geral, 37ª ed., 2025, Foco, item 3.2.15). Deve-se recorrer, neste caso, ao princípio da especialidade, segundo o qual a lei especial derroga a lei geral, a adequação ao tipo especial afasta a possibilidade de aplicação do tipo geral. Por exemplo, o art. 241 do CP (registro de nascimento inexistente) é norma especial em relação ao art. 299 (falsidade ideológica), o crime de lesão corporal culposa cometida na direção de veículo automotor (art. 303, da Lei 9.503/1997) é norma especial em relação à lesão corporal do art. 129, § 6º do CP etc. **Gabarito "B".**

(Delegado – PC/BA – 2018 – VUNESP) Aplicar-se-á a lei processual penal, nos estritos termos dos arts. 1º, 2º e 3º do CPP,

(A) aos processos de competência da Justiça Militar.

(B) ultrativamente, mas apenas quando favorecer o acusado.

(C) retroativamente, mas apenas quando favorecer o acusado.

(D) desde logo, sem prejuízo da validade dos atos realizados sob a vigência da lei anterior.

(E) com o suplemento dos princípios gerais de direito sem admitir, contudo, interpretação extensiva e aplicação analógica.

"Em tema de aplicação da lei penal quanto ao tempo, vigora o princípio *tempus regit actum* que se harmoniza com a garantia da reserva legal. Assim, no caso da ocorrência de um fato criminoso sob a vigência de determinada lei penal, nenhuma questão surgirá se for objeto de sentença e se esta for executada enquanto essa norma jurídica estiver em vigor. Entretanto, praticada a conduta durante a vigência da lei penal, posteriormente modificada por novos preceitos, surge um conflito de leis penais no tempo se ainda não se esgotaram as consequências jurídicas da prática dessa infração penal. São os casos, por exemplo, da prática de um delito em que a ação ocorre durante a vigência de uma lei e a consumação se dá sob o império de outra; do crime ocorrido durante a vigência de uma norma, sendo o fato julgado após sua revogação; da execução de sentença condenatória proferida durante a vigência de lei anterior revogada etc." (Mirabete, Julio Fabbrini e Fabbrini, Renato Nascimento. *Manual de Direito Penal*, parte geral, 37ª ed., 2025, Foco, item 2.4.1). **A:** incorreta. Os processos de competência da Justiça Militar são excluídos da legislação processual penal comum, de acordo com o disposto no art. 1º, III, do CPP; **B:** incorreta. A ultratividade consiste em aplicar a norma após a sua revogação. **C:** incorreta. Na retroatividade a norma jurídica é aplicada ao fato ocorrido mesmo antes do início da vigência dessa norma. **D:** correta. A lei processual penal será aplicada desde logo (*princípio da aplicação imediata* ou *da imediatidade – tempus regit actum*), sem prejuízo dos atos realizados sob o império da lei anterior, conforme o disposto no art. 2º do CPP. A exceção a essa regra fica por conta da lei processual penal dotada de carga material (também chamada de norma mista ou híbrida), para a qual deverá ser aplicado o que estabelece o art. 2º, parágrafo único, do Código Penal. Nesse caso, se uma norma, embora processual, possui também natureza penal, aplica-se a ela os princípios que regem a lei penal, a exemplo do que se dá com as leis penais, a norma processual nova, se favorável ao réu, deverá retroagir; se prejudicial, aplica-se a lei já revogada (*lex mitior*); **E:** incorreta. Conforme art. 3º do CPP, *a lei processual penal admitirá interpretação extensiva e aplicação analógica, bem como o suplemento dos princípios gerais de direito*. **Gabarito "D".**

(Juiz de Direito – TJM/SP – VUNESP – 2016) A respeito dos princípios processuais penais, é correto afirmar:

(A) a ausência de previsão de atividade instrutória do juiz em nosso ordenamento processual penal brasileiro decorre do princípio da imparcialidade do julgador.

(B) o direito ao silêncio, que está previsto na Constituição da República, em conformidade com a interpretação sedimentada, só se aplica ao acusado preso.

(C) o princípio da motivação das decisões e das sentenças penais se aplica a todas as decisões proferidas em sede de direito processual penal, inclusive no procedimento do Tribunal de Júri.

(D) o princípio do contraditório restará violado se entre a acusação e a sentença inexistir correlação.

(E) o princípio da verdade real constitui princípio supremo no processo penal, tendo valor absoluto, inclusive para conhecimento e para valoração das provas ilícitas.

A: incorreta. A atividade instrutória do juiz está expressamente contemplada no art. 156 do CPP. Com efeito, as modificações implementadas pela Lei 11.690/2008 no dispositivo acima mencionado ampliaram sobremaneira os poderes do juiz de determinar de ofício a produção da prova. Dessa forma, nada impede que o magistrado, com fulcro no art. 156, II, do CPP, com o propósito de esclarecer dúvida acerca de ponto relevante, determine, em caráter supletivo, diligências com o objetivo de se atingir a verdade real. Com as alterações incluídas pela Lei nº 13.964/2019 (pacote anticrime), posterior, portanto, à elaboração desta questão, foram promovidas diversas inovações nos campos penal, processual penal e legislação extravagante. No Código de Processo Penal, a inserção do art. 3º-A, consagra e explicita a opção pelo sistema acusatório, segundo este dispositivo, "o processo penal terá estrutura acusatória, vedadas a iniciativa do juiz na fase de investigação e a substituição da atuação probatória do órgão de acusação". Até então, o sistema acusatório, embora amplamente acolhido pela comunidade jurídica, já que em perfeita harmonia com a CF/88, não era contemplado em lei. Também dentro desse mesmo espírito, a Lei 13.964/2019 alterou os arts. 282, § 2º, e 311, ambos do CPP, que agora vedam a atuação de ofício do juiz na decretação de medidas cautelares de natureza pessoal, como a prisão processual, ainda que no curso da ação penal. Como não poderia deixar de ser, surgiu (ou ressurgiu) a discussão acerca da compatibilidade do art. 156 do CPP com a adoção, agora explícita, do sistema acusatório feita pela inserção do art. 3º-A no CPP. Como bem sabemos, não houve a revogação expressa do art. 156 do CPP pela Lei 13.964/2019, dispositivo que autoriza a atuação do juiz de ofício na produção da prova (inclusive na fase investigativa). As alterações promovidas no Código de Processo Penal pela Lei 13.964/2019, foram objeto de Ação Declaratória de Inconstitucionalidade, já julgada pelo STF (ADIs 6298, 6299, 6300 e 6305). Em relação ao disposto o art. 3º-A do CPP decidiu o STF: "Nestes termos, o novo artigo 3º-A do Código de Processo Penal, na redação dada pela Lei 13.964/2019, deve ser interpretado de modo a vedar a substituição da atuação de qualquer das partes pelo juiz, sem impedir que o magistrado, pontualmente, nos limites legalmente autorizados, determine a realização de diligências voltadas a dirimir dúvida sobre ponto relevante". Por fim, diante da inserção expressa que o processo penal terá estrutura acusatória, surgiu a necessidade de compatibilização com outras normas processuais, para se evitar antinomias no Código de Processo Penal, por exemplo como no art. 156 do CPP, que confere possibilidades de atuação de ofício do magistrado. De acordo com o entendimento do Ministro Luis Fux, na mesma decisão da ADI 6298: "*In casu*, interpretação do art. 3º-A mais compatível com a integralidade do texto constitucional mantém a previsão normativa de que o processo penal tem estrutura acusatória, vedada a iniciativa do juiz na fase de investigação, mas exige que a parte final do novel dispositivo seja lida de modo a vedar a substituição da atuação de qualquer das partes. Além disso, deve--se compreender que o dispositivo não veda a possibilidade de o magistrado, no curso do processo, agir, pontualmente, nos limites legalmente autorizados, para dirimir dúvida sobre ponto relevante. (...) Além disso, assenta-se que o artigo 3º-A não se revela incompatível com outros dispositivos mantidos em vigor, os quais, sem confundir a função de acusar e a de julgar, autorizam o juiz a decidir, fundamen-tadamente, sobre os fatos e as provas coligidos nos autos, inclusive contrariamente à manifestação do Ministério Público pela absolvição, na esteira da remansosa jurisprudência desta Corte"; **B:** incorreta. O direito ao silêncio, consagrado nos arts. 5º, LXIII, da CF e 186, *caput*, do CPP, alcança tanto o indiciado ou acusado preso quanto aquele que solto estiver respondendo ao processo ou sendo investigado em inquérito; **C:** incorreta. O princípio da motivação das decisões, que constitui a regra e está contemplado no art. 93, IX, da CF, não alcança as decisões proferidas pelos jurados no julgamento perante o Tribunal Popular, que, por imposição de índole constitucional (art. 5º, XXXVIII, CF), são revestidas de sigilo; **D:** correta. Consiste o princípio da corre-lação na indispensável correspondência que deve existir entre o fato articulado na peça acusatória e o fato pelo qual o réu é condenado. A violação a este princípio, além de violar o contraditório, acarreta a nulidade da sentença. STF: "(...) 2. Deve-se reconhecer a nulidade absoluta de sentença que, em descompasso com os limites traçados pela exordial acusatória, condena o réu por fatos não narrados na denúncia. A sentença incongruente padece de vício irremediável, na medida em que compromete as garantias de direito de defesa, devido processo legal e ainda usurpa o monopólio da ação penal, concedido constitucionalmente ao Ministério Público. Precedentes. (...)" (AÇÃO PENAL 975-AL, j. em 3-1-2017); **E:** incorreta. É bem verdade que o juiz, no processo penal, não deve conformar-se com a verdade trazida pelas partes; se restar ponto não esclarecido, é imperioso, em homenagem ao postulado da *busca* da verdade real, que ele atue nessa busca incessante; afinal, ao contrário do que se dá no âmbito do processo civil, está aqui em jogo a liberdade do acusado. No entanto, tal atividade do juiz não é irrestrita e ilimitada. Ela deve ser supletiva em relação à das partes e limitar-se à valoração das provas lícitas, entre outras restrições impostas pelo ordenamento jurídico. Não se trata, portanto, de um princípio absoluto. **PB**

Gabarito "D".

(Juiz de Direito – TJ/MS – VUNESP – 2015) Com relação ao Princípio Constitucional da Publicidade, com correspondência no Código de Processo Penal, é correto afirmar que

(A) a publicidade ampla e a publicidade restrita não constituem regras de maior ou menor valor no pro-cesso penal, cabendo ao poder discricionário do juiz a preservação da intimidade dos sujeitos processuais.

(B) a publicidade restrita tem regramento pela legisla-ção infraconstitucional e não foi recepcionada pela Constituição Federal, que normatiza a publicidade ampla dos atos processuais como garantia absoluta do indivíduo.

(C) de acordo com o artigo 93, inciso IX, da Constituição Federal, com nova redação dada pela EC 45/2004, os atos processuais serão públicos, sob pena de nulidade, cabendo ao juiz limitar a presença, nas audiências, de partes e advogados.

(D) a publicidade restrita é regra geral dos atos proces-suais, ao passo que a publicidade ampla é exceção e ocorre nas situações expressas em lei, dependendo de decisão judicial no caso concreto.

(E) a publicidade ampla é regra geral dos atos proces-suais, ao passo que a publicidade restrita é exceção e ocorre nas situações expressas em lei, dependendo de decisão judicial no caso concreto.

A publicidade é uma garantia do indivíduo e da sociedade, no processo penal, vigora, como regra, a chamada publicidade *ampla* (absoluta ou irrestrita), uma vez que "todos os julgamentos dos órgãos do Poder Judiciário serão públicos, e fundamentadas todas as decisões, sob pena de nulidade, podendo a lei limitar a presença, em determinados atos, às próprias partes e a seus advogados, ou somente a estes, em casos nos quais a preservação do direito à intimidade do interessado no sigilo não prejudique o interesse público à informação" conforme o art. 93, IX da CF, e, também, no art. 5º, LX da CF, a lei só poderá restringir os atos processuais quando a defesa da intimidade ou o interesse social exigirem. Tal publicidade, no entanto, que, repita-se, é, em regra, ampla, poderá ser submetida a restrições, hipótese em que o acesso será permitido tão somente a determinadas pessoas (partes e seus procuradores). Nesse caso, é de rigor que a restrição seja prevista em lei, tal como ocorre nos arts. 201, § 6º, e 792, § 1º, do CPP. **PB**

Gabarito "E".

(Delegado/SP – VUNESP – 2014) A respeito do direito ao silêncio do acusado no inquérito policial, é correto afirmar que

(A) não importará em confissão, mas em presunção de culpabilidade.

(B) importará em confissão.

(C) importará em confissão, exceto se o acusado manifes-tar o direito constitucional de somente falar em juízo.

(D) não importará em confissão, entretanto, poderá constituir elemento para formação do convencimento do juiz em eventual processo penal.

(E) não importará em confissão.

De acordo com a CF, no art. 5º, LXIII, o direito do acusado permanecer em silêncio, sem qualquer consequência prejudicial a sua defesa (*nemo tenetur se detegere*). Deve-se aplicar, neste caso, o art. 186, parágrafo único, do CPP, que incide tanto no âmbito do inquérito policial quanto no da instrução processual. O dispositivo estabelece que "o silêncio, que não importará em confissão, não poderá ser interpretado em prejuízo da defesa". **PB**

Gabarito "E".

(Delegado/SP – VUNESP – 2014) A lei processual penal

(A) tem aplicação imediata, sem prejuízo dos atos realizados sob a vigência de lei anterior.

(B) somente pode ser aplicada a processos iniciados sob sua vigência.

(C) tem aplicação imediata, devendo ser declarados inválidos os atos praticados sob a vigência de lei anterior.

(D) tem aplicação imediata, devendo ser renovados os atos praticados sob a vigência da lei anterior.

(E) é retroativa aos atos praticados sob a vigência de lei anterior.

De acordo com o que estabelece o art. 2º do CPP, a lei processual penal será aplicada desde logo (*princípio da aplicação imediata* ou *da imediatidade – tempus regit actum*), sem prejuízo dos atos realizados sob o império da lei anterior. A exceção a essa regra fica por conta da lei processual penal dotada de carga material, uma vez que existem normas mistas, de caráter penal e de caráter processual penal. Nessas hipóteses, deverá ser aplicado o que estabelece o art. 2º, parágrafo único, do Código Penal. Nesse caso, a exemplo do que se dá com as leis penais, a norma processual nova, se favorável ao réu, deverá retroagir, ou seja, aplicada aos fatos ocorridos anteriormente à sua vigência; se prejudicial, aplica-se a lei já revogada (*lex mitior*). **PB**

Gabarito "A".

(Delegado/SP – VUNESP – 2014) No Direito pátrio, o sistema que vige no processo penal é o

(A) inquisitivo formal.

(B) acusatório formal.

(C) inquisitivo.

(D) inquisitivo unificador.

(E) acusatório.

São características imanentes ao *sistema acusatório*: além de uma nítida separação nas funções de acusar, julgar e defender, o processo é público (ao menos na sua maior parte) e contraditório; ademais, há imparcialidade do órgão julgador, a ampla defesa é assegurada e o processo é predominantemente oral. No *sistema inquisitivo*, diferentemente, as funções de acusar, defender e julgar reúnem-se em uma única pessoa. Além disso, o processo é sigiloso e nele não vige o contraditório. Temos ainda o *sistema misto*, em que há uma fase inicial inquisitiva, ao final da qual tem início uma etapa em que são asseguradas todas as garantias inerentes ao acusatório. Para a maior parte da doutrina, adotamos o sistema acusatório; há, no entanto, doutrinadores que sustentam que o sistema por nós adotado é o misto. Seja como for, fato é que, atualmente, por força das modificações implementadas no Código de Processo Penal pela Lei 13.964/2019, a opção pelo sistema acusatório foi inserida no art. 3º-A segundo o qual "o processo penal terá estrutura acusatória, vedadas a iniciativa do juiz na fase de investigação e a substituição da atuação probatória do órgão de acusação". Até então, o sistema acusatório, embora amplamente acolhido pela comunidade jurídica, já que em perfeita harmonia com a CF/88, não era contemplado em lei. As alterações promovidas no Código de Processo Penal pela Lei 13.964/2019, foram

objeto de Ação Declaratória de Inconstitucionalidade, já julgada pelo STF (ADIs 6298, 6299, 6300 e 6305). Em relação ao disposto o art. 3º-A do CPP decidiu o STF: "A estrutura acusatória do processo penal, prevista na primeira parte do dispositivo, apenas torna expresso, no texto do Código de Processo Penal, o princípio fundamental do processo penal brasileiro, extraído da sistemática constitucional, na esteira da doutrina e da jurisprudência pátrias. (...) Nestes termos, o novo artigo 3º-A do Código de Processo Penal, na redação dada pela Lei 13.964/2019, deve ser interpretado de modo a vedar a substituição da atuação de qualquer das partes pelo juiz, sem impedir que o magistrado, pontualmente, nos limites legalmente autorizados, determine a realização de diligências voltadas a dirimir dúvida sobre ponto relevante". **PB**

Gabarito "E".

(Delegado/SP – VUNESP – 2014) São princípios constitucionais explícitos do processo penal:

(A) ampla defesa e intervenção mínima.

(B) presunção de inocência e lesividade.

(C) intervenção mínima e duplo grau de jurisdição.

(D) presunção de inocência e ampla defesa.

(E) lesividade e intervenção mínima.

O princípio da *ampla defesa* (art. 5º, LV da CF), abrange o direito a *autodefesa*, ou seja, a oportunidade que o acusado tem de se manifestar no processo, no seu direito de ser citado (art. 351 do CPP), seu direito de presença em audiência (art. 217 do CPP), de apresentar sua defesa por meio do interrogatório e, assim, trazer sua versão sobre os fatos (arts. 185, *caput* e 400 do CPP); e a *defesa técnica*, isto é, a presença de um profissional habilitado da advocacia para assistir o acusado, conforme disposto no art. 261 do CPP: "Nenhum acusado, ainda que ausente ou foragido, será processado ou julgado sem defensor". O princípio da *presunção de inocência* (art. 5º, LVII da CF) presume-se que o acusado é inocente da prática de uma infração penal, até que uma sentença condenatória irrecorrível o declare culpado e encontra seu fundamento no art.283 do CPP: "Ninguém poderá ser preso senão em flagrante delito ou por ordem escrita e fundamentada da autoridade judiciária competente, em decorrência de prisão cautelar ou em virtude de condenação criminal transitada em julgado". Vale lembrar, para complementação do estudo, a alteração de entendimento do STF, nas ADCs 43,44 e 54, ao afirmar a inviabilidade da execução provisória da pena por ofender o princípio de não culpabilidade. **PB**

Gabarito "D".

(Delegado/SP – VUNESP – 2014) Em se tratando de processo penal, assinale a alternativa que apresenta, correta e respectivamente, uma fonte direta e uma fonte indireta.

(A) Costume e lei.

(B) Costume e jurisprudência.

(C) Doutrina e jurisprudência.

(D) Princípios gerais do direito e doutrina.

(E) Lei e costume.

Fontes, no direito, significa de onde provém o preceito jurídico. Podem ser classificadas como fontes materiais (ou de produção) e fontes formais. A *fonte material*, de produção de normas, cabe ao Estado, privativamente, legislar sobre matéria processual, conforme estabelece o art. 22, I da CF. Já a *fonte formal direta* (imediata) é a lei (em seu sentido amplo), ou seja, o meio que o Estado impõe sua vontade. A *fonte formal indireta* (mediata, secundária) são: (I) os costumes (art. 4º, da LINDB), definidos como regras de conduta, praticadas de modo regular, frequente; (II) os princípios gerais de direito (art. 3º, CPP) que são premissas éticas extraídas do ordenamento jurídico; (III) os tratados e convenções internacionais, consolidado pela própria Constituição Federal, art. 5º, §§ 2º e 3º; (IV) a analogia (art. 4º, da LINDB), forma de autointegração da lei, na lacuna involuntária da lei aplica-se um dispositivo que disciplina hipótese semelhante. **PB**

Gabarito "E".

2. INQUÉRITO POLICIAL E OUTRAS FORMAS DE INVESTIGAÇÃO CRIMINAL

(Juiz de Direito/SP – 2021 – Vunesp) No curso de inquérito policial regularmente instaurado para apurar crime de ação penal pública condicionada, e antes de seu encerramento, o advogado regulamente constituído pelo ofendido nos autos efetua requerimento ao Delegado de Polícia que o preside, pleiteando a realização de várias diligências. Considerando findas as investigações, e sem a realização das diligências requeridas, a autoridade policial lança o relatório final e encaminha os autos ao Ministério Público. Diante desse cenário, é correto afirmar

(A) nos crimes de ação penal pública condicionada, competirá às partes a produção de provas, atuando a autoridade policial de forma subsidiária se, a seu critério, entender cabível a complementação.

(B) agiu a d. autoridade policial em desconformidade com a lei, pois é permitido ao ofendido, ou seu representante legal, requerer diligências para apuração ou esclarecimento dos fatos, somente podendo ser indeferidas tais providências, motivadamente, se impertinentes ou protelatórias.

(C) agiu com acerto a d. autoridade policial, pois, ao distinguir entre requerimento e requisição, incumbirá a ela apenas a realização de diligências requisitadas pelo Juiz ou pelo Ministério Público, nos termos da lei (artigo 13, II, CPP).

(D) nos crimes de ação penal pública condicionada, a autoridade policial tem o dever limitado à instauração do inquérito policial.

A organizadora considerou como correta a assertiva "B", segundo a qual impõe-se à autoridade policial o dever de apreciar as diligências pleiteadas pelo ofendido nos autos do inquérito policial, que somente serão indeferidas, sempre de forma motivada, na hipótese de se revelarem impertinentes ou protelatórias. Pelo que consta do enunciado, o delegado sequer se manifestou acerca da realização das diligências requeridas pelo advogado constituído pela vítima. Parte da doutrina entende que, embora o inquérito policial seja inquisitivo, o que faz com que a autoridade goze de discricionariedade para determinar os rumos da investigação de acordo com o que melhor lhe aprouver, é certo que não é dado ao delegado de polícia, diante de um pedido de diligências formulado pelo ofendido (ou mesmo pelo investigado), com base no art. 14 do CPP, simplesmente indeferi-lo sem uma justificação plausível. Para que assim, ciente do motivo da recusa em realizar esta ou aquela diligência, possa a "parte" prejudicada levar o fato ao conhecimento do MP ou mesmo do magistrado. Já para Guilherme de Souza Nucci, a autoridade policial, à qual foi formulado pedido para realização de diligência, pode deferi-lo ou indeferi-lo, sem necessidade de fundamentação. Conferir: *a vítima, pessoalmente ou através de seu representante legal, bem como o indiciado – a pessoa oficialmente apontada como suspeita pela prática do crime – podem requerer ao presidente do inquérito, que é a autoridade policial, a realização de alguma diligência que considere útil à busca da verdade real (ouvida de alguma testemunha, realização de exame pericial etc.), podendo ser este pleito deferido ou indeferido, sem necessidade de qualquer fundamentação. O inquérito é um procedimento administrativo investigatório, não envolto pelo contraditório, nem abrangido pela ampla defesa, motivo pelo qual o indiciado não tem o direito de se envolver na colheita da prova, o mesmo valendo para a vítima. Entretanto, se a prova requerida for muito importante, pode a parte, cujo requerimento foi indeferido, dirigi-lo novamente ao promotor ou ao juiz que acompanham, necessariamente, o andamento do inquérito. (Código de Processo Penal Comentado, 17ª ed., p. 106).* ED
Gabarito "B".

(Juiz de Direito – TJ/RJ – 2019 – VUNESP) Nos literais e expressos termos do art. 13 do CPP, incumbe à autoridade policial, entre outras funções:

(A) providenciar o comparecimento do acusado preso, em Juízo, mediante prévia requisição.

(B) manter a guarda de bens apreendidos e objetos do crime até o trânsito em julgado da ação penal.

(C) fornecer às autoridades judiciárias as informações necessárias à instrução e julgamento dos processos.

(D) cumprir as ordens de busca e apreensão e demais decisões cautelares que tenha requisitado.

(E) servir como testemunha em ações penais quando arrolada por qualquer das partes.

A: incorreta. Tal incumbência, na dicção do art. 399, § 1º, do CPP, cabe ao poder público, e não à autoridade policial. A depender do Estado da Federação, este mister é exercido pela Polícia Militar ou ainda pela Secretaria de Administração Penitenciária (SAP), órgão integrante do Poder Executivo estadual, como é o caso de São Paulo; **B:** incorreta. A cadeia de custódia está disciplinada no art. 158 e seguintes do CPP. O armazenamento é o "procedimento referente à guarda, em condições adequadas, do material a ser processado, guardado para realização de contraperícia, descartado ou transportado, com vinculação ao número do laudo correspondente" (inciso IX do art. 158-B). Os bens apreendidos deverão permanecer nos institutos de criminalística dos estados que deverão ter uma central de custódia destinada à guarda e controle dos vestígios, e sua gestão deve ser vinculada diretamente ao órgão central de perícia oficial de natureza criminal (art. 158-E); **C:** correta. De acordo com o disposto no art. 13, I, do CPP; **D:** incorreta. Não consta tal incumbência no rol do art. 13 do CPP; **E:** incorreta. Incumbência não contemplada no art. 13 do CPP. PB
Gabarito "C".

(Investigador – PC/BA – 2018 – VUNESP) A obtenção de dados e informações cadastrais de vítimas ou de suspeitos junto a órgãos do poder público ou empresas da iniciativa privada, durante a investigação de crime de tráfico de pessoas, poderá ser requisitada

(A) pela Autoridade Judiciária, mediante representação do Ministério Público.

(B) pela Autoridade Judiciária, mediante representação do Delegado de Polícia.

(C) diretamente pelo Delegado de Polícia ou pelo Promotor de Justiça.

(D) apenas pela Autoridade Judiciária, de ofício.

(E) somente pelo Delegado de Polícia ou pelo Juiz de Direito.

A resposta a esta questão deve ser extraída do art. 13-A do CPP, introduzido pela Lei 13.344/2016, que assim dispõe: "Nos crimes previstos nos arts. 148, 149 e 149-A, no § 3º do art. 158 e no art. 159 do Decreto-lei nº 2.848, de 7 de dezembro de 1940 (Código Penal), e no art. 239 da Lei nº 8.069, de 13 de julho de 1990 (Estatuto da Criança e do Adolescente), o membro do Ministério Público ou o delegado de polícia poderá requisitar, de qualquer órgão do poder público ou de empresas da iniciativa privada, dados e informações cadastrais da vítima ou de suspeitos". ED
Gabarito "C".

(Defensor Público/RO – 2017 – VUNESP) A respeito da identificação criminal do civilmente identificado, assinale a alternativa correta.

(A) É obrigatório mencionar a identificação criminal do indiciado em atestados de antecedentes ou em informações não destinadas ao juízo criminal, antes do trânsito em julgado da sentença condenatória.

(B) Em sendo processado criminalmente, o civilmente identificado será sempre submetido à identificação criminal.

(C) A identificação do perfil genético será armazenada em banco de dados, sem reserva de sigilo.

(D) No caso de absolvição, é facultado ao réu, após o trânsito em julgado da sentença, requerer a retirada da identificação fotográfica do processo, desde que apresente provas de sua identificação civil.

(E) É facultada na identificação criminal a realização do processo datiloscópico.

A: incorreta. Ao contrário, é *vedado* mencionar a identificação criminal do indiciado em atestados de antecedentes ou em informações não destinadas ao juízo criminal, antes do trânsito em julgado da sentença condenatória, art. 6º da Lei 12.037/2009; **B:** incorreta. Com vistas a regulamentar o art. 5º, LVIII, da CF, foi editada a Lei 12.037/2009. Tanto o dispositivo constitucional quanto o infraconstitucional estabelecem que somente se procederá à identificação criminal da pessoa civilmente identificada nos casos expressamente previstos em lei. Ou seja, em obediência ao mandamento constitucional, a regra é de que o civilmente identificado não será submetido à identificação criminal. As hipóteses em que é possível a identificação criminal são: I – o documento apresentar rasura ou tiver indício de falsificação; II – o documento apresentado for insuficiente para identificar cabalmente o indiciado; III – o indiciado portar documentos de identidade distintos, com informações conflitantes entre si; IV – a identificação criminal for essencial às investigações policiais, segundo despacho da autoridade judiciária competente, que decidirá de ofício ou mediante representação da autoridade policial, do Ministério Público ou da defesa; V – constar de registros policiais o uso de outros nomes ou diferentes qualificações; VI – o estado de conservação ou a distância temporal ou da localidade da expedição do documento apresentado impossibilite a completa identificação dos caracteres essenciais (art. 3º da Lei 12.037/2009); **C:** incorreta, pois contraria o disposto no art. 7º-B da Lei 12.037/2009, cuja redação foi determinada pela Lei 12.654/2012: será sigiloso o banco de dados dentro do qual será armazenada a identificação do perfil genético; **D:** correta. De acordo com a redação do art. 7º da Lei 12.037/2009; **E:** incorreta. A identificação criminal abrangerá tanto a identificação datiloscópica quanto a fotográfica (art. 5º, Lei 12.037/2009). E, ainda, há previsão no CPP, art. 6º, VIII, que a autoridade policial *deverá* "ordenar a identificação do indiciado pelo processo datiloscópico, se possível, e fazer juntar aos autos sua folha de antecedentes". Importante: embora isso em nada repercuta na resolução desta questão, vale a observação de que a Lei 13.964/2019 incluiu na Lei 12.037/2009 os arts. 7º-A e 7º-C. O primeiro dispositivo, com a alteração promovida pela Lei 13.964/2019, passou a contar com dois incisos. Com isso, a exclusão dos perfis genéticos dos bancos de dados ocorrerá em duas situações, a saber: I – no caso de absolvição do acusado; II – no caso de condenação do acusado, mediante requerimento, após decorridos 20 anos do cumprimento da pena. Já o art. 7º-C da Lei 12.037/2009, inserido pela Lei 13.964/2019, cria, no âmbito do Ministério da Justiça e Segurança Pública, o chamado Banco Nacional Multibiométrico e de Impressões Digitais, cujo escopo consiste em armazenar dados de registros biométricos, de impressões digitais e, quando possível, de íris, face e voz, para subsidiar investigações criminais federais, estaduais ou distritais (art. 7º-C, § 2º). Não há a menor dúvida de que a criação deste acervo de registros biométricos e impressões digitais é de suma importância para evitar erros judiciários e também para contribuir na produção de provas. Tanto é que o Delegado de Polícia e o membro do Ministério Público poderão, no curso do inquérito ou da ação penal, requerer ao Poder Judiciário o acesso ao Banco Nacional Multibiométrico e de Impressões Digitais, tal como prevê o art. 7º-C, § 11. **PB**

Gabarito "D".

(Delegado – PC/BA – 2018 – VUNESP) Nos termos da Lei nº 13.431/2017, é correto afirmar que, constatado que a criança ou o adolescente está em risco, a autoridade policial

(A) requisitará à autoridade judicial responsável, em qualquer momento dos procedimentos de investigação e responsabilização dos suspeitos, as medidas de proteção pertinentes, entre as quais, requerer a prisão temporária do investigado.

(B) solicitará ao Ministério Público a propositura de ação judicial visando ao afastamento cautelar do investigado da residência ou local de convivência, em se tratando de pessoa que tenha contato com a criança ou o adolescente.

(C) solicitará à autoridade judicial responsável, em qualquer momento dos procedimentos de investigação e responsabilização dos suspeitos, as medidas de proteção pertinentes, entre as quais, a internação em estabelecimento educacional.

(D) solicitará à autoridade judicial responsável, em qualquer momento dos procedimentos de investigação e responsabilização dos suspeitos, as medidas de proteção pertinentes, entre as quais, a internação em abrigo.

(E) requisitará à autoridade judicial responsável, em qualquer momento dos procedimentos de investigação e responsabilização dos suspeitos, as medidas de proteção pertinentes, entre as quais, solicitar aos órgãos socioassistenciais a inclusão da vítima e de sua família nos atendimentos a que têm direito.

A: incorreta. Neste caso, a autoridade policial poderá representar ao magistrado pela decretação da prisão *preventiva*, tal como consta do art. 21, III, da Lei 13.431/2017; **B:** incorreta. A medida consistente em afastar cautelarmente o investigado da residência ou local de convivência, quando este tiver contato com o menor, deve ser dirigida ao juiz de direito (art. 21, II, da Lei 13.431/2017); **C:** incorreta. A Lei 13.431/2017 (tampouco o ECA) não contempla a *internação em estabelecimento educacional* como medida de proteção; **D:** incorreta. Não há previsão de medida de proteção consistente em *internação em abrigo*; **E:** correta. De acordo com a redação do art. 21, IV, da Lei 13.431/2017. **PB**

Gabarito "E".

(Delegado – PC/BA – 2018 – VUNESP) Do despacho que indeferir o requerimento de abertura de inquérito (CPP, art. 5º, § 2º)

(A) caberá recurso para o chefe de Polícia.

(B) caberá recurso para o Promotor de Justiça Corregedor da Polícia Judiciária.

(C) caberá recurso para o Juiz Corregedor da Polícia Judiciária.

(D) caberá recurso para o Desembargador Corregedor Geral de Justiça.

(E) não caberá recurso.

Nos termos do art. 5º, § 2º, do CPP, do despacho da autoridade policial que indeferir o requerimento de abertura de inquérito formulado pela vítima, caberá recurso ao chefe de Polícia, que atualmente é o Delegado-Geral da Polícia Civil dos Estados, autoridade máxima dentro da hierarquia da polícia judiciária com atuação nos Estados. Trata-se de recurso administrativo. **PB**

Gabarito "A".

(Procurador – IPSMI/SP – VUNESP – 2016) Uma vez relatado o inquérito policial,

(A) o delegado pode determinar o arquivamento dos autos.

(B) o Promotor de Justiça pode denunciar ou arquivar o feito.

(C) o Promotor de Justiça pode denunciar, requerer o arquivamento ou requisitar novas diligências.

(D) o Juiz pode, diante do pedido de arquivamento, indicar outro promotor para oferecer denúncia.

A: incorreta. A promoção de arquivamento de inquérito policial incumbe com exclusividade ao representante do Ministério Público, titular que é da ação penal pública. Assim, é vedado ao delegado de polícia, ao concluir as investigações do inquérito policial, promover o seu arquivamento (art. 17, CPP). Com o advento da Lei 13.964/2019, conhecida como Pacote Anticrime, posterior, portanto, à elaboração desta questão, alterou-se a sistemática que rege o arquivamento do inquérito policial. Até então, tínhamos que cabia ao membro do MP requerer o arquivamento e ao juiz, se concordasse, determiná-lo. Com a modificação operada na atual redação do art. 28 do CPP, o representante do *parquet* ordena o arquivamento dos autos do inquérito policial. No entanto, ao determinar o arquivamento do IP, o membro do MP deverá submeter sua decisão à instância de revisão ministerial para fins de homologação. Sem prejuízo disso, caberá ao promotor que determinou o arquivamento comunicar a sua decisão ao investigado, à autoridade policial e à vítima. Esta última, por sua vez, ou quem a represente, poderá, se assim entender, dentro do prazo de 30 dias, a contar da comunicação de arquivamento, submeter a matéria à revisão da instância superior do órgão ministerial (art. 28, § 1º, CPP). Por fim, o § 2º deste art. 28, estabelece que, nas ações relativas a crimes praticados em detrimento da União, Estados e Municípios, a revisão do arquivamento do IP poderá ser provocada pela chefia do órgão a quem couber a sua representação judicial. A norma foi objeto de Ação Declaratória de Inconstitucionalidade, já julgada pelo STF, que determinou: "(...) (a) A nova sistemática do arquivamento de inquéritos, de maneira louvável, criou mecanismo de controle e transparência da investigação pelas vítimas de delitos de ação penal pública. Com efeito, a partir da redação dada ao artigo 28 do Código de Processo Penal pela Lei 13.964/2019, passa a ser obrigatória a comunicação da decisão de arquivamento à vítima (comunicação que, em caso de crimes vagos, será feita aos procuradores e representantes legais dos órgãos lesados), bem como ao investigado e à autoridade policial, antes do encaminhamento aos autos, para fins de homologação, para a instância de revisão ministerial. (b) Por outro lado, ao excluir qualquer possibilidade de controle judicial sobre o ato de arquivamento da investigação, a nova redação violou o princípio da inafastabilidade da jurisdição, nos termos do artigo 5º, inciso XXXV, da Constituição. (c) Há manifesta incoerência interna da lei, porquanto, no artigo 3º-B, determinou-se, expressamente, que o juízo competente seja informado da instauração de qualquer investigação criminal. Como consectário lógico, se a instauração do inquérito deve ser cientificada ao juízo competente, também o arquivamento dos autos precisa ser-lhe comunicado, não apenas para a conclusão das formalidades necessárias à baixa definitiva dos autos na secretaria do juízo, mas também para verificação de manifestas ilegalidades ou, ainda, de manifesta atipicidade do fato, a determinar decisão judicial com arquivamento definitivo da investigação.(...) Por todo o exposto, conferiu-se interpretação conforme a Constituição ao artigo 28, *caput*, para assentar que, ao se manifestar pelo arquivamento do inquérito policial ou de quaisquer elementos informativos da mesma natureza, o órgão do Ministério Público submeterá sua manifestação ao juiz competente e comunicará à vítima, ao investigado e à autoridade policial, podendo encaminhar os autos para o Procurador-Geral ou para a instância de revisão ministerial, quando houver, para fins de homologação, na forma da lei, vencido, em parte, o Ministro Alexandre de Moraes, que incluía a revisão automática em outras hipóteses. Ao mesmo tempo, assentou-se a interpretação conforme do artigo 28, § 1º, para assentar que, além da vítima ou de seu representante legal, a autoridade judicial competente também poderá submeter a matéria à revisão da instância competente do órgão ministerial, caso

verifique patente ilegalidade ou teratologia no ato do arquivamento" (ADI 6298, j. em 24-8-2023, DJe de 19-12-2023); **B:** incorreta. Ao receber os autos do inquérito policial ou peças de informação sobre crime que se apura mediante ação penal pública incondicionada e verificando a existência de prova da materialidade do fato e indícios de autoria, *deve* o Ministério Público oferecer a denúncia. Em relação ao *arquivamento do feito*, vide comentários à alternativa A; **C:** correta. Ao receber os autos de inquérito concluídos, o membro do Ministério Público deve: verificando a existência de prova da materialidade do fato e indícios de autoria, oferecer a denúncia; se entender que há diligências não realizadas pela autoridade policial, indispensáveis ao oferecimento da denúncia, requisitará tal providência ao delegado de polícia, com a devolução dos autos à unidade de Polícia Judiciária para complementação das investigações; se, por fim, entender que não há elementos suficientes ao ajuizamento da ação penal, se manifestará pelo arquivamento dos autos de inquérito (art. 28 do CPP). Atenção, vide comentários da alternativa A; **D:** incorreta. Vide comentários da alternativa A. **PB**

(Delegado/SP – VUNESP – 2014) O minucioso relatório policial que encerra determinado inquérito conclui pela ocorrência do crime de estelionato praticado por "X". O promotor de justiça, entretanto, com base nas descrições contidas no referido documento, denuncia "X" pela prática do crime de furto mediante fraude.

Ao receber a peça acusatória, o magistrado

(A) deverá, em juízo preliminar, modificar a classificação jurídica do crime feita na denúncia, a fim de que fique em consonância com o relatório policial, sob pena de inépcia da denúncia.

(B) poderá, em juízo preliminar, modificar a classificação jurídica do crime feita no relatório policial, a fim de que fique em consonância com a denúncia, sob pena de nulidade da sentença.

(C) poderá devolver os autos ao delegado de polícia responsável, caso entenda que a classificação do crime deva ser retificada.

(D) se não a rejeitar preliminarmente, deverá recebê-la e ordenar a citação do réu "X" para responder à acusação por crime de furto mediante fraude.

(E) deverá devolver os autos ao delegado de polícia responsável pelo relatório, a fim de que seja feita a retificação da classificação do crime, sob pena de inépcia da denúncia.

A classificação jurídica operada pelo Delegado de Polícia no indiciamento do inquérito policial não tem o condão de vincular a *opinio delicti* do titular da ação penal tampouco a classificação jurídica, feita pelo Juiz, na sentença (que pode ser diversa daquela feita pelo acusador quando do oferecimento da inicial – art. 383 do CPP). Tanto é assim que, se a autoridade policial, ao cabo das investigações do inquérito, concluir, no seu relatório, que o investigado não praticou crime algum, nada impede que o promotor, ao receber os autos de inquérito, ofereça denúncia. Cuidado: a *emendatio libelli* (art. 383, CPP) somente tem aplicação no âmbito da sentença, em que o juiz, discordando da classificação jurídica feita pelo titular da ação penal na inicial acusatória, altera a imputação e confere aos fatos classificação diversa, desde que esses fatos narrados na inicial não sofram, ao longo da instrução, alteração, isto porque o acusado se defende do fato criminoso que lhe é imputado e não dos artigos de lei. Se houver mudança, com uma nova definição jurídica do fato, o juiz encaminhará os autos sejam ao Ministério Público para aditamento da inicial, na forma estatuída no art. 384 do CPP (*mutatio libelli*). **PB**

Gabarito "D".

(Delegado/SP – VUNESP – 2014) Nos termos do parágrafo terceiro do art. 5.º do CPP: "Qualquer pessoa do povo que tiver conhecimento da existência de infração penal em que caiba ação pública poderá, verbalmente ou por escrito, comunicá-la à autoridade policial, e esta, verificada a procedência das informações, mandará instaurar inquérito policial". Assim, é correto afirmar que

(A) sempre que tomar conhecimento da ocorrência de um crime, a autoridade policial deverá, por portaria, instaurar inquérito policial.

(B) por *delatio criminis* entende-se a autorização formal da vítima para que seja instaurado inquérito policial.

(C) o inquérito policial será instaurado pela autoridade policial apenas nas hipóteses de ação penal pública.

(D) a notícia de um crime, ainda que anônima, pode, por si só, suscitar a instauração de inquérito policial.

(E) é inadmissível o anonimato como causa suficiente para a instauração de inquérito policial na modalidade da *delatio criminis*, entretanto, a autoridade policial poderá investigar os fatos de ofício.

A: incorreta. A autoridade policial poderá iniciar o inquérito, de ofício, mediante requisição, requerimento, delação ou por prisão em flagrante delito. De acordo com a doutrina de José Frederico Marques, "chama-se *notitia criminis* ao conhecimento espontâneo ou provocado que tem a autoridade pública da prática de um fato delituoso". Nos crimes de ação penal pública incondicionada (art. 5º, I, do CPP), o inquérito pode ser instaurado de ofício pela autoridade policial, tomando ciência, por meio da sua atividade corriqueira da ocorrência de um crime (cognição imediata); **B:** incorreta. *Delatio criminis* é a denúncia, formulada por qualquer pessoa do povo e dirigida à autoridade policial, que dá conta da prática de infração penal. Está prevista no art. 5º, § 3º, do CPP e comporta a forma verbal e a escrita; **C:** incorreta. O inquérito policial também será instaurado para apurar a prática de crime de ação penal privada, mas, neste caso, tal providência está condicionada à formulação de requerimento daquele que tem legitimidade para o ajuizamento da ação penal respectiva (art. 5º, § 5º, do CPP); **D:** incorreta. A denúncia anônima (apócrifa ou inqualificada) segundo tem entendido a jurisprudência, não é apta, por si só, a autorizar a instauração de inquérito policial. Antes disso, a autoridade policial deverá fazer uma averiguação prévia a fim de verificar a procedência da denúncia apócrifa, para, depois disso, determinar, se for o caso, a instauração de inquérito. Nesse sentido: Conferir: "(...) As autoridades públicas não podem iniciar qualquer medida de persecução administrativo-disciplinar (ou mesmo de natureza penal) cujo único suporte informativo apoie-se em peças apócrifas ou em escritos anônimos. É por essa razão que escritos anônimos não autorizam, desde que isoladamente considerados, a imediata instauração de "persecutio criminis" ou de procedimentos de caráter administrativo-disciplinar. – Nada impede, contudo, que o Poder Público, provocado por delação anônima, adote medidas informais destinadas a apurar, previamente, em averiguação sumária, "com prudência e discrição", a possível ocorrência de eventual situação de ilicitude disciplinar e/ou penal, desde que o faça com o objetivo de conferir a verossimilhança dos fatos nela denunciados, em ordem a promover, então, em caso positivo, a formal instauração da concernente persecução, mantendo-se, assim, completa desvinculação desse procedimento estatal em relação às peças apócrifas. – Reveste-se de legitimidade jurídica a recusa do órgão estatal em não receber peças apócrifas ou "reclamações ou denúncias anônimas", para efeito de instauração de procedimento de índole administrativo-disciplinar e/ou de caráter penal (Resolução CNJ nº 103/2010, art. 7º, inciso III), quando ausentes as condições mínimas de sua admissibilidade" (STF, RE 1193343 AgR, j. em 29-11-2019, *DJe* de 12-12-2019); **E:** correta. *Vide* comentário anterior. Conferir: "(...) 1. Diante de mera comunicação apócrifa, não é possível instaurar-se inquérito policial para se averiguar sua veracidade. O que a denúncia anônima possibilita é a averiguação

prévia e simples do que fora noticiado anonimamente e, havendo elementos informativos idôneos o suficiente, viável é a instauração de inquérito e, conforme o caso, a tomada de medidas cautelares, como, por exemplo, a quebra de sigilo telefônico, para melhor elucidação dos fatos (RHC n. 153.904/PB, relator Ministro Rogerio Schietti Cruz, Sexta Turma, julgado em 5/12/2023, DJe de 14/12/2023)" (AgRg no HC n. 850.875/MG, relator Ministro Ribeiro Dantas, Quinta Turma, julgado em 13/5/2024, DJe de 15/5/2024). 2. No caso em tela, a denúncia anônima, com descrição detalhada inclusive das vestimentas de agentes que estariam praticando tráfico na localidade, serviu de base para a realização da diligência policial. Os milicianos se deslocaram até o local, onde, ao serem vistos, um dos réus tentou empreender fuga, quando foi detido e com ele foram encontradas as drogas, o que motivou a apreensão de todos os demais agentes, que, dadas as circunstâncias do fato, foram considerados culpados das alegações de estarem praticando tráfico. (...)"(STJ, AgRg no HC 924156-SP, j. em 2-9-2024, DJe de 5-9-2024). PB

Gabarito "E".

3. AÇÃO PENAL

(Juiz de Direito/SP – 2021 – Vunesp) O Ministério Público, nos termos da Constituição Federal (art. 129, I), possui atribuição constitucional privativa para o exercício da ação penal pública, possuindo também, como consequência, a iniciativa de classificar a conduta até então apurada e descrita na ação penal. Dispõe, ainda, a legislação vigente, que somente o Ministério Público poderá determinar o arquivamento do inquérito policial ou oferecer proposta de suspensão do processo. Tanto num caso como noutro, os interessados – vítima ou investigado – devem ser ouvidos, excluindo de qualquer participação, em consagração ao sistema acusatório, o Poder Judiciário, uma vez que a decisão final, em havendo discordância quanto à manifestação ministerial, caberá sempre ao Procurador--Geral de Justiça. Nesse cenário jurídico, recusando-se o d. Promotor de Justiça a oferecer a proposta de suspensão do processo, por decisão fundamentada, e oferecendo de forma simultânea a denúncia, qual o procedimento a ser adotado pelo magistrado?

(A) Cabe ao magistrado analisar as razões de recusa da proposta e, se julgadas pertinentes ou procedentes, por decisão fundamentada, receber a denúncia, visando à celeridade processual.

(B) Observado o sistema acusatório, não poderá o magistrado se manifestar sobre a recusa apresentada pelo Ministério Público, e, se dela discordar, encaminhará os autos, de ofício, ao Procurador-Geral de Justiça, para sua análise, nos moldes do artigo 28 do CPP, aplicado por analogia, e nos termos do entendimento contido na Súmula 696, do Supremo Tribunal Federal.

(C) A exclusão do Poder Judiciário do sistema acusatório não o torna inerte, autorizada sua intervenção pelo artigo V, XXXV, da CF, ao dispor que a lei não excluirá de sua apreciação lesão ou ameaça a lesão e, uma vez provocado pelo oferecimento da denúncia, deve o magistrado oferecer o *sursis* processual *ex officio* – ou a requerimento da defesa – se entender presentes os requisitos legais.

(D) Oferecida a denúncia de forma simultânea com as razões de recusa da proposta de acordo, deve observar se presentes estão os pressupostos processuais para seu recebimento, com resolução já definida no âmbito administrativo do Ministério Público sobre as controvérsias prévias estabelecidas, para se evitar a submissão do denunciado a constrangimento ilegal diante de atos processuais antecipados e desnecessários.

Atenção: a questão é extensa, portanto, leia com cuidado e com atenção ao questionamento na parte final. **A:** incorreta. De acordo com o teor da Súmula 696 do STF: "reunidos os pressupostos legais permissivos da suspensão condicional do processo, mas se recusando o promotor de justiça a propô-la, o juiz, dissentindo, remeterá a questão ao Procurador-Geral, aplicando-se por analogia o art. 28 do Código de Processo Penal"; **B:** incorreta. O magistrado pode se manifestar sobre qualquer requerimento, tanto da acusação como da defesa. Vide comentário à assertiva A; **C:** incorreta. De fato, não cabe ao magistrado propor a suspensão. Neste caso, nos termos do art. 89 da Lei 9.099/95: "Nos crimes em que a pena mínima cominada for igual ou inferior a um ano, abrangidas ou não por esta Lei, o Ministério Público, ao oferecer a denúncia, poderá propor a suspensão do processo, por dois a quatro anos, desde que o acusado não esteja sendo processado ou não tenha sido condenado por outro crime, presentes os demais requisitos que autorizariam a suspensão condicional da pena" (art. 77 do Código Penal). A suspensão condicional do processo não é direito subjetivo do acusado, mas sim um poder-dever do Ministério Público, titular da ação penal, a quem cabe, com exclusividade, analisar a possibilidade de aplicação do referido instituto, desde que o faça de forma fundamentada; **D:** correta, segundo a organizadora, que mesmo após os recursos manteve o gabarito. De acordo com o entendimento do STJ, (no REsp 1891923-SC, j. em 14-2-2023), a seguir colacionado: "(...) 17. Ao negar a suspensão condicional do processo, o Tribunal de origem dispôs que o referido benefício de direito subjetivo do acusado, competindo, ao Ministério Público, na condição de titular da ação penal, a oferta da suspensão condicional somente caso entenda preenchidos os requisitos objetivos e subjetivos previstos na lei. 18. Para o Superior Tribunal de Justiça, a suspensão condicional do processo é solução de consenso e não direito subjetivo do acusado, consoante precedentes desta Corte (AgRg no RHC n. 91.265/RJ, relator Ministro FELIX FISCHER, QUINTA TURMA, julgado em 27/2/2018, DJe 7/3/2018 (AgRg no RHC n. 163.764/RJ, Ministro Antonio Saldanha Palheiro, Sexta Turma, DJe de 17/10/2022). 19. No caso concreto, como já decido anteriormente, a negativa de oferecimento da suspensão condicional do processo pelo d. Ministério Público Estadual ocorreu com fundamentação concreta, adequada e específica, tendo em vista que, além de não se tratar de direito subjetivo do acusado, o Parquet sopesou devidamente as consequências (fuga) e as circunstâncias do delito grave e de grande repercussão, em tese, praticado pelo agravante. [...] Assente nesta eg. Corte Superior que "a Proposta de suspensão condicional do processo não se trata de direito subjetivo do réu, mas de poder-dever do titular da ação penal, a quem compete, com exclusividade, sopesar a possibilidade de aplicação do instituto consensual de processo, apresentando fundamentação para tanto. A iniciativa para propor a benesse é do Parquet; não pode, pois, o Judiciário substituir-se a este" (AgRg no HC n. 654617/SP, Sexta Turma, Rel. Min. Rogério Schietti Cruz, DJe de 11/10/2021) (AgRg no HC n. 676.294/SP, Ministro Jesuíno Rissato (Desembargador Convocado do TJDFT), Quinta Turma, DJe de 15/2/2022). **PB**

(Juiz de Direito – TJ/RJ – 2019 – VUNESP) Oferecendo o ofendido ação penal privada subsidiária da pública, o Ministério Público, nos exatos termos do art. 29 do CPP,

(A) perde interesse processual e deixa de intervir nos autos.

(B) pode intervir em todos os termos do processo, contudo, sem capacidade recursal.

(C) perde a possibilidade de representar pelo arquivamento do inquérito e não pode repudiar a queixa.

(D) pode aditar a queixa.

(E) deixa de ser parte e passa a atuar como *custos legis* e não pode, por exemplo, fornecer elementos de prova.

Uma vez ajuizada a ação penal privada subsidiária da pública, caberá ao Ministério Público, nos moldes do que prescreve o art. 29 do CPP, "(...) *aditar a queixa*, repudiá-la e oferecer denúncia substitutiva, intervir em todos os termos do processo, fornecer elementos de prova, interpor recurso e, a todo tempo, no caso de negligência do querelante, retomar a ação como parte principal" (destacamos). Quanto a este tema, valem alguns esclarecimentos, tendo em conta que se trata de um dos temas mais recorrentes em provas de concursos públicos, em especial o pressuposto ao seu ajuizamento. Segundo posicionamento doutrinário e jurisprudencial pacífico, a propositura da ação penal privada subsidiária da pública, à luz do que estabelecem os arts. 5º, LIX, da CF, 100, § 3º, do CP e 29 do CPP, tem como pressuposto a ocorrência de desídia do membro do Ministério Público, que deixa de promover a ação penal dentro do prazo estabelecido em lei. Bem por isso, não há que se falar nesta modalidade de ação privada, por exemplo, na hipótese de o representante do MP promover o arquivamento dos autos de inquérito policial, e bem assim quando requerer o retorno dos autos de inquérito à Delegacia de Polícia para a realização de diligências complementares. Não há, nestes dois casos, inércia por parte do representante do *parquet*. Quanto a isso, conferir o magistério de Guilherme de Souza Nucci: "(...) é inaceitável que o ofendido, porque o inquérito foi arquivado, a requerimento do Ministério Público, ingresse com ação penal privada subsidiária da pública. A titularidade da ação penal não é, nesse caso, da vítima e a ação privada, nos termos do art. 29, somente é admissível quando o órgão acusatório estatal deixa de intentar a ação penal, no prazo legal, mas não quando age, pedindo o arquivamento. Há, pois, diferença substancial entre não agir e manifestar-se pelo arquivamento, por crer inexistir fundamento para a ação penal" (*Código de Processo Penal Comentado*, 17ª ed., p. 146). Na jurisprudência: "1. A comprovação inequívoca da inércia do Ministério Público é requisito essencial para justificar o ajuizamento da ação penal privada subsidiária da pública. 2. O pedido de arquivamento do feito, formulado pelo Ministério Público, titular da ação penal, não pode ser discutido, senão acolhido. Precedentes do STF e do STJ. 3. Agravo regimental não provido" (STJ – AgRg na APn: 557 DF 2008/0269543-6, Relator: Ministra NANCY ANDRIGHI, Data de Julgamento: 06.10.2010, CE – CORTE ESPECIAL, Data de Publicação 09.11.2010). **ED**

(Investigador – PC/BA – 2018 – VUNESP) A regra de que a ação penal será sempre pública, independentemente da natureza do crime,

(A) vige quando o crime for praticado em detrimento de patrimônio ou interesse da União, Estado e Município.

(B) não se aplica quando se tratar de contravenção penal praticada contra os costumes.

(C) vigora para todas as infrações penais em obediência ao princípio constitucional da inafastabilidade da tutela jurisdicional.

(D) decorre do fundamento da República Federativa do Brasil consistente no respeito à dignidade da pessoa humana, por isso aplica-se a todos os tipos penais.

A: correta. Segundo dispõe o art. 24, § 2º, do CPP, *seja qual for o crime, quando praticado em detrimento do patrimônio ou interesse da União, Estado e Município, a ação penal será pública*; **B:** incorreta. Isso porque, tal como estabelece o art. 17 do Decreto-lei 3.688/1941 (Lei das Contravenções Penais), a ação penal, nas contravenções penais, será sempre pública incondicionada, isto é, o MP está credenciado a ingressar com a ação penal independentemente da manifestação de vontade do ofendido; **C:** incorreta. Como bem sabemos, a ação penal, em regra, será pública, salvo quando a lei dispuser ser privativa do ofendido (art. 100 do CP). Ou seja, se, no tipo penal, nada for dito acerca da natureza da ação penal, esta será considerada pública. De igual forma, a ação penal pública será,

4. PROCESSO PENAL

de regra, incondicionada; somente será condicionada (à representação do ofendido ou à requisição do ministro da Justiça) quando a lei assim estabelecer. Em conclusão, se, na lei penal incriminadora, nada for dito a respeito da ação penal, está será considerada pública incondicionada; **D:** incorreta. Vide comentário anterior. ⊟

Gabarito "A".

(Delegado – PC/BA – 2018 – VUNESP) A retratação da representação, de acordo com o art. 25 do CPP e do art. 16 da Lei nº 11.340/06 (Lei Maria da Penha), respectivamente,

(A) é admitida até o recebimento da denúncia; não é admitida.

(B) é admitida até o recebimento da denúncia; só será admitida perante o juiz, antes do recebimento da denúncia.

(C) é inadmitida; só será admitida perante o juiz, antes do recebimento da denúncia.

(D) é inadmitida depois de oferecida a denúncia; não é admitida.

(E) é inadmitida depois de oferecida a denúncia; só será admitida perante o juiz, antes do recebimento da denúncia.

Pelo que estabelece o art. 25 do CPP, a representação poderá ser retratada somente até o *oferecimento* da denúncia. A Lei 11.340/2006 estabeleceu, no seu art. 16, regra própria, segundo a qual a retratação, no contexto da Lei Maria da Penha, poderá ser manifestada, perante o juiz de direito e em audiência designada especialmente para esse fim, até o recebimento da denúncia. Nesse sentido, o STJ, fixou a seguinte tese: "A audiência prevista no art. 16 da Lei 11.340/2006 tem por objetivo confirmar a retratação, não a representação, e não pode ser designada de ofício pelo juiz. Sua realização somente é necessária caso haja manifestação do desejo da vítima de se retratar trazida aos autos antes do recebimento da denúncia" (Resp 1964293-MG, j. em 8-3-2023, DJe de 29-3-2023). PB

Gabarito "E".

(Escrevente Técnico – TJM/SP – VUNESP – 2017) Sobre a ação penal, é correto afirmar:

(A) não será admitida ação privada nos crimes de ação pública, ainda que esta não seja intentada no prazo legal.

(B) ao ofendido, ou a quem tenha qualidade para representá-lo, caberá intentar a ação penal pública que dependa de representação do ofendido.

(C) a queixa contra qualquer dos autores do crime somente obrigará o processo de todos nos casos de crimes hediondos.

(D) o prazo para oferecimento da denúncia, estando o réu preso, será de 5 dias, contado da data em que o órgão do Ministério Público receber os autos do inquérito policial, e de 15 dias, se o réu estiver solto ou afiançado.

(E) o Ministério Público poderá desistir da ação penal apenas nos casos em que as provas sejam de difícil produção.

A: incorreta. À luz do que estabelecem os arts. 5º, LIX, da CF, 100, § 3º, do CP e 29 do CPP, não sendo a ação penal pública ajuizada no prazo indicado em lei, abre-se ao ofendido a oportunidade de promover a chamada ação penal privada subsidiária da pública. No que toca a essa modalidade de ação privada, deve ficar claro, conforme entendimento jurisprudencial pacificado, que o seu cabimento está condicionado à inércia, desídia do órgão do Ministério Público. Bem por isso, se o MP, no lugar de ofertar a denúncia, requerer o arquivamento do inquérito ou ainda a sua devolução à polícia para a realização de diligências

imprescindíveis ao exercício da ação penal, não terá lugar a ação penal subsidiária, que pressupõe, como já dito, inércia do órgão ministerial; **B:** incorreta. A ação penal pública, quer seja incondicionada, quer seja condicionada à representação, é titularizada pelo Ministério Público, ao qual cabe, de forma exclusiva, o seu ajuizamento. Sendo a ação pública condicionada, o MP, que é, repito, seu titular, depende da manifestação de vontade da vítima no sentido de autorizar a promoção da ação penal em face do ofensor, manifestação de vontade essa exteriorizada por meio da representação, sem a qual não poderá o MP agir e tampouco a autoridade policial proceder a inquérito (art. 5º, § 4º, do CPP); **C:** incorreta. Pouco importa que o crime seja ou não hediondo, fato é que a queixa contra qualquer dos ofensores obriga o processo contra os demais, tal como estabelece o art. 48 do CPP (indivisibilidade da ação penal privada); **D:** correta. Conforme o disposto no art. 46, *caput*, do CPP; **E:** incorreta. Ainda que as provas sejam de difícil produção, mesmo assim é vedado ao MP desistir da ação penal por ele ajuizada (art. 42 do CPP – *princípio da indisponibilidade*). Cuidado: este princípio não tem incidência no contexto da ação penal privada, em que o querelante pode, se entender conveniente, desistir da ação que ajuizara. PB

Gabarito "D".

(Juiz de Direito – TJ/RJ – VUNESP – 2016) Em 09 de abril de 2009, em uma festa de aniversário, A, maior, relatou ter sido estuprada por B, irmão da aniversariante. Foi oferecida queixa-crime aos 08 de outubro de 2009, a qual foi recebida em 03 de novembro do mesmo ano, tendo o Juiz determinado, de ofício, a realização de exame de sangue de B, para comparar com os vestígios de sêmen encontrados na vítima. O acusado recusou-se a fazer o exame, suscitando seu direito ao silêncio. Ao final, B acabou condenado, sob o fundamento de que, ao se recusar a fornecer material genético, houve inversão do ônus da prova, não tendo provado sua inocência.

A respeito do caso, assinale a alternativa correta.

(A) O processo é nulo, pois a ação penal é de iniciativa privada, e o recebimento da queixa deu-se após o prazo decadencial, de seis meses.

(B) Acertada a condenação proferida, haja vista que a recusa em oferecer material genético acarreta inversão do ônus da prova.

(C) O juiz, em sede penal, não pode ordenar a realização de provas, pois não há mais espaço para poderes instrutórios, reminiscência do sistema inquisitorial.

(D) O processo não é nulo, pois, ainda que ao tempo da propositura da inicial, a ação penal fosse condicionada à representação, ao tempo do crime, a ação era de iniciativa privada, não se aplicando a Lei 12.015/2009, de 07 de agosto de 2009, nesta parte.

(E) O processo é nulo, por ilegitimidade de parte, pois o crime de estupro, com as alterações advindas da Lei 12.015/2009, de 07 de agosto de 2009, passou a ser processável mediante ação penal pública, condicionada à representação da vítima.

A: incorreta. O início do prazo decadencial é representado pelo dia em que a vítima tem conhecimento da identidade do agente. Na hipótese narrada no enunciado, a ofendida soube da identidade do ofensor na data em que se deram os fatos (9 de abril de 2009); cuida-se de prazo penal, contado, portanto, nos moldes do art. 10 do CP, incluindo-se, no seu cômputo, o dia do início e excluindo-se o do vencimento. Dentro desse prazo decadencial, que é de 6 meses, a ofendida deve oferecer a queixa em face do ofensor. Pouco importa em que data a queixa foi recebida. O que interessa é a data em que se deu o oferecimento da inicial, que, no caso acima narrado, aconteceu dentro do prazo decadencial, razão pela qual a assertiva está incorreta; **B:** incorreta. Ainda que inexista outro meio de produção de prova, ao acusado é assegurado, mesmo assim, em vista do que enuncia o princípio do *nemo tenetur se detegere*, o direito de não colaborar com a produção de qualquer tipo de prova, sem que isso implique prejuízo para a sua defesa. Bem por isso, é dado ao investigado/acusado o direito de recusar-se a submeter-se a exame de sangue; **C:** incorreta, visto que as modificações implementadas pela Lei 11.690/2008 no art. 156 do CPP ampliaram sobremaneira os poderes do juiz de determinar de ofício a produção da prova. Dessa forma, nada impede que o magistrado, com fulcro no art. 156, II, do CPP, com o propósito de esclarecer dúvida acerca de ponto relevante, determine, em caráter supletivo, diligências com o objetivo de se atingir a verdade real. Importante que se diga que, com o advento do chamado *pacote anticrime* (Lei 13.964/2019), posterior, portanto, à elaboração desta questão, foram promovidas diversas inovações nos campos penal, processual penal e legislação extravagante, com destaque para a Lei de Execução Penal. No código de processo penal, uma das alterações a nosso ver mais relevantes, ao lado do juiz de garantias, é a inserção do art. 3º-A, que consagra e explicita a opção pelo sistema acusatório. Segundo este dispositivo, cuja eficácia está suspensa por decisão liminar do STF, já faz parte do regramento que compõe o chamado "juiz de garantias" (arts. 3º-A a 3º-F, do CPP), "o processo penal terá estrutura acusatória, vedadas a iniciativa do juiz na fase de investigação e a substituição da atuação probatória do órgão de acusação". Até então, o sistema acusatório, embora amplamente acolhido pela comunidade jurídica, já que em perfeita harmonia com a CF/88, não era contemplado em lei. Nessa esteira, com vistas a fortalecer o sistema acusatório, o *pacote anticrime* cria a figura do juiz de garantias (arts. 3º-A a 3º-F, do CPP, com eficácia atualmente suspensa), ao qual cabe promover o controle da legalidade da investigação criminal e salvaguardar os direitos individuais cuja franquia tenha sido reservada ao Poder Judiciário. Também dentro desse mesmo espírito, a Lei 13.964/2019 alterou os arts. 282, § 2º, e 311, ambos do CPP, que agora vedam a atuação de ofício do juiz na decretação de medidas cautelares de natureza pessoal, como a prisão processual, ainda que no curso da ação penal. Como não poderia deixar de ser, surgiu (ou ressurgiu) a discussão acerca da compatibilidade do art. 156 do CPP com a adoção, agora explícita, do sistema acusatório feita pela inserção do art. 3º-A no CPP. Como bem sabemos, não houve a revogação expressa do art. 156 do CPP pela Lei 13.964/2019, dispositivo que autoriza a atuação do juiz de ofício na produção da prova (inclusive na fase investigativa). A questão que se coloca é: houve revogação tácita do art. 156 do CPP pelo novo art. 3º-A? Somente o tempo dirá como os tribunais atuarão diante de tal impasse. Pensamos que a inserção do art. 3º-A no CPP, aliada à implementação do juiz de garantias, à vedação imposta à atuação de ofício do juiz (como a proibição de o magistrado decretar a custódia preventiva de ofício no curso da ação penal) e também à inovação promovida no procedimento de arquivamento do IP, que retira o protagonismo que até então tinha o juiz de decidir se era ou não caso de arquivamento, leva-nos a crer que o art. 156 do CPP, porque incompatível com o sistema acusatório, foi tacitamente revogado pelo art. 3º-A. Seja como for, o tema é polêmico e suscitará, por certo, discussões em sede doutrinária e jurisprudencial; **D:** correta. A Lei 12.015/2009, que introduziu diversas alterações no campo dos crimes sexuais, estabeleceu que a ação penal, nesses crimes, que era, em regra, de iniciativa privativa do ofendido, passou a ser pública condicionada à representação. Ou seja, a titularidade, até então da vítima, passou a ser do MP. Não há dúvidas de que essa alteração representa prejuízo ao acusado, na medida em que ampliou a possibilidade de punição. É que a ação privada, em vigor antes do advento da Lei 12.015/2009, proporcionava ao réu um leque maior de causas de extinção de punibilidade do que a condicionada à representação: renúncia, perdão e perempção. Trata-se do que a doutrina convencionou chamar de norma de natureza mista ou híbrida (norma processual com carga de direito material). Bem por isso, se o fato foi cometido antes da Lei 12.015/2009, ainda que ao tempo do oferecimento/recebimento da inicial esta já estava em vigor, permanece a ação privativa do ofendido, devendo este se valer, se desejar processar o agente, de queixa, a ser ajuizada dentro do prazo

decadencial. Por tudo isso, o processo não pode ser considerado nulo. Sobre o tema *ação penal nos crimes sexuais*, é importante que se diga que a Lei 13.718/2018 (bem posterior à elaboração desta questão), dentre várias inovações implementadas no universo desses delitos, mudou, uma vez mais, a natureza da ação penal nos crimes contra a dignidade sexual. Com isso, a ação penal, nos crimes sexuais, passa a ser pública incondicionada. Vale lembrar que, antes do advento desta Lei, como já dito acima, a ação era, em regra, pública condicionada, salvo nas situações em que a vítima era vulnerável ou menor de 18 anos (regra em vigor, repita-se, ao tempo em que foi elaborada esta questão). Fazendo um breve histórico, temos o seguinte quadro: a ação penal, nos crimes sexuais, era, em regra, privativa do ofendido, a este cabendo a propositura da ação penal; posteriormente, a partir do advento da Lei 12.015/2009, a ação penal, nesses crimes, deixou de ser privativa do ofendido para ser pública condicionada a representação, em regra; agora, com a entrada em vigor da Lei 13.718/2018, a ação penal, nos crimes contra a dignidade sexual, que antes era pública condicionada, passa a ser pública incondicionada. Com isso, o titular da ação penal, que é o MP, prescinde de manifestação de vontade da vítima para promover a ação penal. Dessa forma, fica sepultado o debate que antes havia acerca da aplicação da Súmula 608, do STF; **E:** incorreta. *Vide* comentário à assertiva anterior. Vale lembrar que de acordo com a Súmula 670 do STJ, "Nos crimes sexuais cometidos contra a vítima em situação de vulnerabilidade temporária, em que ela recupera suas capacidades físicas e mentais e o pleno discernimento para decidir acerca da persecução penal de seu ofensor, a ação penal é pública condicionada à representação se o fato houver sido praticado na vigência da redação conferida ao art. 225 do Código Penal pela Lei n. 12.015, de 2009." **PB**

Gabarito "D"

(Juiz de Direito – TJM/SP – VUNESP – 2016) Assinale a alternativa correta a respeito dos pressupostos e das condições da ação penal.

(A) A inépcia da inicial apenas poderá ser avaliada no momento do recebimento da acusação, não podendo ser apreciada depois disso, restando superada a alegação.

(B) O arquivamento do inquérito policial, por atipicidade do fato, não faz coisa julgada, não podendo ser invocado como exceção de coisa julgada.

(C) A citação por hora certa não está prevista, expressamente, no Código de Processo Penal, sendo aplicável por analogia no processo penal em decorrência das disposições do Código de Processo Civil.

(D) Não se admite a rejeição da denúncia, com base na prescrição virtual do crime objeto da acusação.

(E) O vício quanto à regularidade da procuração na ação penal privada pode ser emendado (capacidade postulatória), mesmo após o transcurso do prazo decadencial.

A: incorreta, já que não há que se falar, neste caso, em preclusão, podendo tal avaliação ser realizada depois do recebimento da inicial acusatória; **B:** incorreta. Em regra, a decisão que manda arquivar autos de inquérito policial não gera coisa julgada material; gera, sim, coisa julgada formal. As investigações, assim, podem ser reiniciadas a qualquer tempo. Situação bem diversa é aquela em que o arquivamento do inquérito policial se dá por atipicidade da conduta. Neste caso, a decisão que determina o arquivamento é definitiva, gerando coisa julgada material; **C:** incorreta. A citação por hora certa, antes exclusiva do processo civil, agora também é admitida, de forma expressa, no âmbito do processo penal, dada a mudança introduzida na redação do art. 362 do CPP pela Lei 11.719/2008. A propósito disso, o STF, ao julgar o RE 635.145, reconheceu, em votação unânime, a constitucionalidade da citação por hora certa no processo penal, rechaçando a tese segundo

4. PROCESSO PENAL

a qual esta modalidade de citação ficta ofende os postulados da ampla defesa e do contraditório; **D:** correta. De fato, a jurisprudência rechaça a prescrição *antecipada* ou *virtual*, *assim considerada* aquela baseada na pena que seria, em tese, aplicada ao réu em caso de condenação. Consolidando tal entendimento, o STJ editou a Súmula 438, segundo a qual não se admite a prescrição baseada em pena hipotética; **E:** incorreta. Uma vez operada a decadência, que, na ação penal privada, leva à extinção da punibilidade, o vício quanto à regularidade da procuração não mais poderá ser emendado.

Gabarito "D".

(Juiz de Direito – TJ/MS – VUNESP – 2015) XISTO, querelante em ação penal privada, ao término da instrução e representado por advogado constituído, requereu a absolvição de CRISTÓVÃO, querelado. Deve o juiz

(A) determinar a extração de peças processuais e o encaminhamento à autoridade policial, para apuração da prática, pelo querelante, de denunciação caluniosa.

(B) designar audiência para tentativa de conciliação das partes, em homenagem ao princípio da intervenção mínima.

(C) considerar perempta a ação penal, porque o querelante deixou de formular pedido de condenação nas alegações finais.

(D) encaminhar os autos em vista ao Ministério Público, titular da ação penal, para manifestação de interesse na produção de outras provas.

(E) absolver CRISTÓVÃO, com fundamento no artigo 386, inciso VII, do Código de Processo Penal.

Se o querelante, depois de concluída a instrução processual, deixar de formular pedido de condenação, quer por desídia, quer porque acredita na inocência do querelado, configurada estará a hipótese de perempção prevista no art. 60, III, segunda parte, do CPP, que tem o condão de levar à extinção da punibilidade do querelado (art. 107, IV, do CP). Perempção é a perda do direito de prosseguir na ação pena privada em decorrência da inércia ou negligência do querelante. **PB**

Gabarito "C".

(Juiz de Direito – TJ/SP – VUNESP – 2015) Conforme o artigo 41, do Código de Processo Penal, "A denúncia ou queixa conterá a exposição do fato criminoso, com todas as suas circunstâncias, a qualificação do acusado ou esclarecimentos pelos quais se possa identificá-lo, a classificação do crime e, quando necessário, o rol das testemunhas". Portanto, a peça acusatória

(A) precisa apresentar algumas das condutas alegadamente praticadas pelo agente.

(B) deve descrever os fatos ilícitos, ainda que não em sua totalidade.

(C) pode conter elementos que sejam prescindíveis, mas relevantes para a imputação.

(D) necessita trazer a descrição do comportamento delituoso de forma escorreita.

A: incorreta, já que a denúncia (e também a queixa) deve conter, de forma clara e precisa, todas as condutas que, em tese, foram praticadas pelo denunciado; **B:** incorreta. Os fatos ilícitos atribuídos ao agente devem ser descritos em sua totalidade, sua inteireza; **C:** incorreta. Se são relevantes, não podem ser considerados prescindíveis; **D:** correta. De fato, a inicial acusatória deve expor concretamente o fato imputado ao agente. Em outras palavras, não se admite que a denúncia ou queixa tenha conteúdo vago ou impreciso, de modo a inviabilizar o exercício do direito de defesa. **ED**

Gabarito "D".

5. JURISDIÇÃO E COMPETÊNCIA. CONEXÃO E CONTINÊNCIA

(Juiz de Direito – TJ/SP – 2023 – VUNESP) A competência no processo penal é fixada, como regra, pelo lugar em que se consuma a infração. Por outro lado, se a execução do crime tiver início no território nacional, mas o crime se consumar no território exterior, a competência é do lugar em que foi praticado o último ato executório.

Esse conceito caracteriza a teoria

(A) da ubiquidade.

(B) do resultado.

(C) da irretroatividade.

(D) da atividade.

A: correta. A questão trata sobre crime a distância, hipótese de crimes em que as condutas e a consumação ocorrem em territórios diferentes. O Código de Processo Penal, no art. 70, § 1º, adotou, quanto aos crimes a distância, a teoria da ubiquidade (regra para aplicação da lei no espaço), ou seja, considera-se praticado o crime no lugar onde se deu a ação ou omissão, bem como onde se produziu ou deveria produzir-se o resultado; **B:** errada. A teoria do resultado tem previsão no art. 70, *caput*, do CPP que dispõe: "a competência será, de regra, determinada pelo *lugar em que se consumar a infração*, ou, no caso de tentativa, pelo lugar em que for praticado o último ato de execução" (grifo nosso). Lugar da infração é o foro competente para apreciar a ação penal, isso porque é a aplicação da sanção penal no local onde foi praticado o delito, também, é no lugar do crime que mais facilmente podem ser colhidas as provas do delito, realizadas as perícias, exames; **C:** errada. O princípio da irretroatividade aplica-se à lei, mais benéfica, a fato ocorrido antes da sua vigência. Determina o art. 5º, inciso XL, que "a lei penal não retroagirá, salvo para beneficiar o réu". "Permanecendo na lei nova a definição do crime, mas aumentadas suas consequências penais, esta norma mais severa não será aplicada" (Mirabete, Julio Fabbrini e Fabbrini, Renato Nascimento. *Manual de Direito Penal*, parte geral, 36ª edição, Foco, 2024, item 2.4.5); **D:** errada: A teoria da atividade, é uma teoria a respeito da determinação do tempo do crime e tem previsão art. 4º Código Penal. Considera-se como tempo do crime o momento da conduta, ação ou omissão. **PB**

Gabarito "A".

(Juiz de Direito – TJ/RJ – 2019 – VUNESP) No que concerne à competência, o STF entende, por súmula, que

(A) o foro competente para o processo e o julgamento dos crimes de estelionato, sob a modalidade da emissão dolosa de cheque sem provisão de fundos, é o do local onde o título foi emitido (521).

(B) a competência do Tribunal de Justiça para julgar prefeitos se restringe aos crimes de competência da Justiça comum estadual; nos demais casos, a competência originária caberá ao respectivo tribunal de segundo grau (702).

(C) salvo ocorrência de tráfico para o exterior ou entre Estados da Federação, quando, então, a competência será da Justiça Federal, compete à Justiça dos Estados o processo e o julgamento dos crimes relativos a entorpecentes (522).

(D) o foro por prerrogativa de função estabelecido pela Constituição Estadual prevalece sobre a competência constitucional do Tribunal do Júri (721).

(E) é competente o Supremo Tribunal Federal para julgar conflito de jurisdição entre juiz de direito do Estado e a Justiça Militar local (555).

A: incorreta. Segundo entendimento sedimentado por meio das Súmulas 244, do STJ, e 521, do STF, compete ao foro do local da recusa processar o crime de estelionato mediante cheque sem provisão de fundos. Entretanto, a Lei 14.155/2021, de 28/05/2021, posterior, portanto, à elaboração desta questão, inseriu no art. 70 do CPP o § 4º, segundo o qual *nos crimes previstos no* art. 171 do Decreto-Lei nº 2.848, de 7 de dezembro de 1940 *(Código Penal), quando praticados mediante depósito, mediante emissão de cheques sem suficiente provisão de fundos em poder do sacado ou com o pagamento frustrado ou mediante transferência de valores, a competência será definida pelo local do domicílio da vítima, e, em caso de pluralidade de vítimas, a competência firmar-se-á pela prevenção*; **B: correta.** Corresponde ao teor da Súmula 702, STF: "A competência do Tribunal de Justiça para julgar prefeitos restringe-se aos crimes de competência da Justiça comum estadual; nos demais casos, a competência originária caberá ao respectivo tribunal de segundo grau"; **C: incorreta.** A assertiva contraria o teor da Súmula 522, do STF: "Salvo ocorrência de tráfico para o exterior, quando, então, a competência será da justiça federal, compete à justiça dos estados o processo e julgamento dos crimes relativos a entorpecentes"; **D:** incorreta. A assertiva não corresponde ao entendimento firmado na Súmula nº 721 do STF, cujo teor foi reproduzido na Súmula Vinculante 45: "A competência constitucional do Tribunal do Júri prevalece sobre o foro por prerrogativa de função estabelecido exclusivamente pela Constituição estadual" (faltou a palavra exclusivamente na assertiva); **E:** incorreta. Não reflete o entendimento contido na Súmula 555, do STF: "É competente o Tribunal de Justiça para julgar conflito de jurisdição entre juiz de Direito do Estado e a Justiça Militar local". PB

Gabarito "B".

(Defensor Público/RO – 2017 – VUNESP) Assinale a assertiva que espelha entendimento já sumulado pelo Superior Tribunal de Justiça.

(A) Compete ao foro do local da emissão do cheque processar e julgar o crime de estelionato mediante cheque sem provisão de fundos.

(B) A pronúncia é causa suspensiva da prescrição, ainda que o Tribunal do Júri venha a desclassificar o crime.

(C) Compete à Justiça Federal processar e julgar Prefeito Municipal por desvio de verba sujeita a prestação de contas perante órgão federal.

(D) A competência para processar e julgar o crime de uso de documento falso é firmada em razão da qualificação do órgão expedidor do documento em questão.

(E) A participação de membro do Ministério Público na fase investigatória criminal acarreta o seu impedimento ou suspeição para o oferecimento da denúncia.

A: incorreta. Não corresponde ao teor das Súmulas 244, do STJ, e 521, do STF, que estabelecem que o foro competente, neste caso, é o do local da *recusa* do pagamento, e não o do local em que a cártula foi emitida. Atenção: a Lei 14.155/2021, de 28/05/2021, posterior, portanto, à elaboração desta questão, inseriu no art. 70 do CPP o § 4º, segundo o qual *nos crimes previstos no* art. 171 do Decreto-Lei nº 2.848, de 7 de dezembro de 1940 *(Código Penal), quando praticados mediante depósito, mediante emissão de cheques sem suficiente provisão de fundos em poder do sacado ou com o pagamento frustrado ou mediante transferência de valores, a competência será definida pelo local do domicílio da vítima, e, em caso de pluralidade de vítimas, a competência firmar-se-á pela prevenção*; **B:** incorreta. A assertiva está em desconformidade com o entendimento fixado por meio da Súmula 191, do STJ, segundo a qual a pronúncia é causa *interruptiva* (e não *suspensiva*) da prescrição; **C:** correta. De acordo com a Súmula 702 do STF, "a competência do Tribunal de Justiça para julgar Prefeitos restringe-se aos crimes de competência da Justiça comum estadual; nos demais casos, a competência originária caberá ao respectivo tribunal de segundo grau". Desse modo, se o crime praticado pelo Prefeito

for federal, o julgamento caberá ao TRF da respectiva região; de igual forma, se for eleitoral o delito cometido pelo Prefeito, a competência para julgá-lo será do Tribunal Regional Eleitoral do respectivo Estado. A confirmar tal entendimento, há ainda a Súmula 208, do STJ, que melhor se harmoniza com a hipótese contida na assertiva: "Compete à Justiça Federal processar e julgar prefeito municipal por desvio de verba sujeita à prestação de contas perante órgão federal". Necessário dizer que tais regras deverão ser aplicadas e interpretadas à luz da decisão do STF tomada na QO da AP 937, que restringiu sobremaneira o foro por prerrogativa de função, que a partir de agora somente terá lugar nas hipóteses em que o crime de que é acusado o detentor de foro especial disser respeito ao exercício do cargo/mandato e for praticado no curso deste. Decidiram, também, que após a instrução processual, com a publicação do despacho de intimação para apresentação de alegações finais, a competência para processar e julgar as ações penais não será mais afetada em razão de o parlamentar ou outro agente público vier a ocupar cargo ou deixar o cargo que ocupava; **D:** incorreta. Contraria o teor da Súmula 546, do STJ: "A competência para processar e julgar o crime de uso de documento falso é firmada em razão da entidade ou órgão ao qual foi apresentado o documento público, não importando a qualificação do órgão expedidor"; **E:** incorreta. Contraria o entendimento firmado na Súmula 234, STJ: "A participação de membro do Ministério Público na fase investigatória criminal não acarreta seu impedimento ou suspeição para o oferecimento da denúncia". PB

Gabarito "C".

(Delegado – PC/BA – 2018 – VUNESP) Imagine que o indivíduo "1", que tem conta-corrente no banco "2", emitiu cheque sem fundo em desfavor do estabelecimento comercial "3", que efetuou o depósito do cheque no banco "4". De acordo com a jurisprudência dos Tribunais Superiores (Súmula 244 do STJ), o estelionato mediante a emissão de cheque sem provisão de fundos

(A) será processado no local da residência de "1".

(B) será processado no local em que se situa o banco "2", onde se deu a recusa.

(C) será processado no local em que se situa o estabelecimento comercial "3", que recebeu o cheque.

(D) será processado no local em que se situa o banco "4", no qual o cheque foi depositado.

(E) é fato atípico se recompensado o prejuízo até o recebimento da denúncia.

Segundo entendimento sedimentado por meio das Súmulas 244, do STJ, e 521, do STF, o foro competente, na hipótese narrada no enunciado, é o do local da *recusa* do pagamento, e não o do local em que a cártula foi emitida. Atenção: a Lei 14.155/2021, de 28/05/2021, posterior, portanto, à elaboração desta questão, inseriu no art. 70 do CPP o § 4º, segundo o qual *nos crimes previstos no* art. 171 do Decreto-Lei nº 2.848, de 7 de dezembro de 1940 *(Código Penal), quando praticados mediante depósito, mediante emissão de cheques sem suficiente provisão de fundos em poder do sacado ou com o pagamento frustrado ou mediante transferência de valores, a competência será definida pelo local do domicílio da vítima, e, em caso de pluralidade de vítimas, a competência firmar-se-á pela prevenção*. ED

Gabarito "B".

(Juiz de Direito – TJM/SP – VUNESP – 2016) Considere o seguinte caso hipotético. Uma juíza do Trabalho de umas das Varas da Capital de São Paulo, em ofício endereçado à Justiça de Campinas, envia uma carta precatória para a execução provisória de um débito laboral. Tão logo autuada a precatória, o juiz de Campinas, por entender nula a ação trabalhista originária, encaminha ofício ao Tribunal Regional do Trabalho da 15ª Região (TRT/15), sediado em Campinas, informando que a ordem da magistrada de São

4. PROCESSO PENAL — 149

Paulo seria ilegal e que, por isso, não poderia cumprir a determinação. Uma vez ciente do ofício, e indagada pelo TRT/15, a juíza de São Paulo responde que a ordem era legal. O TRT/15, por reputar que o magistrado de Campinas cometeu crime contra a honra da magistrada de São Paulo, determinou que fosse instaurada investigação formal. Uma vez instaurado o inquérito, foi intimada a suposta ofendida, que representou para que os fatos fossem processados, o que deu ensejo à propositura de ação penal pelo Ministério Público Estadual de São Paulo.

A respeito do caso narrado, assinale a alternativa correta.

(A) Considerando que os delitos contra a honra são processáveis apenas mediante ação penal de iniciativa privada, totalmente indevida a dedução de ação penal pública condicionada, isto é, por meio de representação.

(B) Não poderia o inquérito policial ser instaurado mediante a requisição do Tribunal, tendo em vista não se tratar de caso que seja apurado mediante ação penal pública incondicionada.

(C) Tratando-se de crime imputado a magistrada do Trabalho, que detém foro por prerrogativa de função, foi equivocada a dedução do processo em primeiro grau, sendo a competência originária do Eg. Tribunal de Justiça de São Paulo.

(D) Tratando-se de imputação de crimes de menor potencial ofensivo, cuja Justiça é prevista constitucionalmente, afasta-se a competência originária do Tribunal competente, sendo o feito apurado nos Juizados Especiais.

(E) Por se tratar de ofensas envolvendo membros do Poder Judiciário que respondem por seus atos a Tribunais Regionais do Trabalho de regiões distintas (2ª e 15ª Região), a competência para a ação penal será do Superior Tribunal de Justiça.

A: incorreta. A solução desta questão deve ser extraída da Súmula 714, do STF, segundo a qual, nos crimes praticados contra a honra de servidor público, a legitimidade para a ação penal é concorrente entre o ofendido (mediante queixa) e o Ministério Público (ação pública condicionada à representação do ofendido). Na hipótese retratada no enunciado, de duas uma: ou a juíza de São Paulo promove, ela própria, ação privada em face do ofensor, que é o juiz de Campinas; ou representa ao MP para que este ajuíze a ação penal, sendo este último o caminho optado pela magistrada ofendida. Dessa forma, está incorreto o que se afirma nesta assertiva; **B:** correta. Para a instauração de inquérito, se o crime for de ação penal privada, é indispensável que o ofendido formule requerimento nesse sentido; se se tratar de ação penal pública condicionada a representação, o inquérito não pode sem ela ser iniciado. Perceba que, de uma forma ou de outra, o inquérito não poderia ser instaurado sem a manifestação de vontade do ofendido, quer por meio de requerimento, quer por meio de representação; **C:** incorreta. Sendo o crime imputado a magistrado do Trabalho, detém competência para o seu julgamento o TRF da região respectiva (art. 108, I, *a*, da CF); **D:** incorreta. *Vide* comentário anterior; **E:** incorreta. *Vide* comentário à assertiva "C". ED

Gabarito "B".

(Juiz de Direito – TJ/MS – VUNESP – 2015) De acordo com o artigo 80, do Código de Processo Penal, nos processos conexos, será facultativa a separação quando

(A) as infrações tiverem sido praticadas em circunstâncias de tempo ou lugar diferentes, ou, quando pelo excessivo número de acusados e para não lhes prolongar

a prisão provisória, ou por outro motivo relevante, o juiz reputar conveniente a separação.

(B) venha o juiz ou tribunal a proferir sentença absolutória ou que desclassifique a infração para outra que não se inclua na sua competência.

(C) houver corréu em local incerto ou não sabido ou foragido que não possa ser julgado à revelia, ainda que representado por defensor constituído e regularmente citado.

(D) concorrerem jurisdição comum e do juízo falimentar.

(E) em relação a algum corréu, por superveniência de doença mental, nos termos do artigo 152 do Código de Processo Penal, ainda que indispensável a suspensão do processo para instauração de incidente de insanidade mental.

A: correta. Corresponde à redação do art. 80 do CPP, que estabelece as hipóteses em que, a despeito da existência de conexão ou continência, a separação dos processos se mostra conveniente e útil; **B:** incorreta. A assertiva não é hipótese de separação facultativa, de acordo com o art. 81 do CPP: "verificada a reunião dos processos por conexão ou continência, ainda que no processo da sua competência própria venha o juiz ou tribunal a proferir sentença absolutória ou que desclassifique a infração para outra que não se inclua na sua competência, continuará competente em relação aos demais processos"; **C:** incorreta. A assertiva não é hipótese de separação facultativa, vide o art. 79, § 2º: "a unidade do processo não importará a do julgamento, se houver co-réu foragido que não possa ser julgado à revelia, ou ocorrer a hipótese do art. 461"; **D:** incorreta. Não há essa previsão no CPP; **E:** incorreta. A assertiva não é hipótese de separação facultativa, vide o art. 79, § 1º: "cessará, em qualquer caso, a unidade do processo, se, em relação a algum co-réu, sobrevier o caso previsto no art. 152". PB

Gabarito "A".

6. PROVAS

(Juiz de Direito – TJ/SP – 2023 – VUNESP) Um policial militar, acompanhado de seus colegas, avista uma pessoa na via pública em atitude concretamente suspeita. Considerando que, ao perceber a presença da polícia, ele tenta fugir, os policiais devem

(A) procurar o juiz para obter mandado de busca.

(B) procurar testemunhas civis para que presenciem a abordagem.

(C) proceder à abordagem e revista do agente.

(D) noticiar o fato à autoridade policial para iniciar investigação.

Segundo o teor do art. 244 do CPP: "a busca pessoal independerá de mandado, no caso de prisão ou quando houver fundada suspeita de que a pessoa esteja na posse de arma proibida ou de objetos ou papéis que constituam corpo de delito, ou quando a medida for determinada no curso de busca domiciliar". A questão da abordagem policial em via pública é, por diversas vezes, questionada nos tribunais superiores que entendem ser válida a atuação policial quando há fundada suspeita que o agente esteja praticando crime. Conferir a seguinte decisão do STJ: "(...) 1. Segundo orientação jurisprudencial desta Corte Superior, verifica-se objetivamente que a circunstância do caso concreto denota anormalidade ensejadora da busca pessoal. Há de se destacar a evasão do acusado em posse de uma sacola, ao avistar os policiais militares, sendo revistado após desdobramento da ação policial em via pública, em diligência para averiguar a prática do delito de tráfico de drogas na localidade, após *notitia criminis* inqualificada. Precedentes do STJ. 2. O caso paradigmático da Sexta Turma (RHC n. 158.580/BA) busca evitar o uso excessivo da busca pessoal, garantir a sindicabilidade da abordagem e evitar a repetição de práticas que reproduzem preconceitos estruturais arraigados na sociedade; premissas atendidas na espécie (HC 889.618-MG, j. em 23-4-2024, DJe de 26-4-2024). O julgado transcrito refere-se a expressão *sindicabilidade da abordagem*, isto é, permitir que tanto possa ser contrastada e questionada pelas partes, quanto ter sua validade controlada a *posteriori* por um terceiro imparcial (Poder Judiciário), o que se inviabiliza quando a medida tem por base apenas aspectos subjetivos, intangíveis e não demonstráveis. Atenção: para complementação do estudo conferir a decisão do STJ no RHC 158.580/BA. **PB**

Gabarito "C".

(Juiz de Direito – TJ/RJ – 2019 – VUNESP) Nos termos do art. 158, parágrafo único, do CPP, dar-se-á prioridade à realização do exame de corpo de delito quando se tratar de crime

(A) cometido por idoso.

(B) cometido por réu preso temporariamente.

(C) cometido por réu preso preventivamente.

(D) hediondo.

(E) que envolva violência doméstica e familiar contra mulher.

O art. 158, parágrafo único, do CPP, introduzido pela Lei 13.721/2018, assim dispõe: "Dar-se-á prioridade à realização do exame de corpo de delito quando se tratar de crime que envolva: I – violência doméstica e familiar contra mulher; II – violência contra criança, adolescente, idoso ou pessoa com deficiência". **ED**

Gabarito "E".

(Juiz de Direito – TJ/RJ – 2019 – VUNESP) A doutrina denomina "confissão qualificada" aquela em que o acusado

(A) admite a prática criminosa, mas alega, em sua defesa, alguma causa que o beneficia, como uma excludente de ilicitude.

(B) não só confessa os fatos cometidos por si, mas também aponta os demais coautores ou partícipes da empreitada criminosa.

(C) fica em silêncio; contudo, tal modalidade não fora recepcionada pela Constituição de 1988, que garante nenhum prejuízo ao acusado nesses casos.

(D) colabora ativamente com a apuração do crime, inclusive interrompendo ou impedindo que os fatos se consumem.

(E) se retrata da negativa dos fatos ocorrida perante a autoridade policial e admite-os espontaneamente perante o magistrado.

A: correta. Confissão *qualificada*, assim denominada pela doutrina, é aquela em que o acusado, depois de se declarar culpado em relação ao fato principal, invoca, em sua defesa, a ocorrência de fato apto a excluir sua responsabilidade ou diminuir sua pena, tal como a excludente de ilicitude ou de culpabilidade; *simples*, de outro lado, é a confissão em que o réu admite a prática do fato criminoso sem invocar qualquer fato que possa excluir ou diminuir sua responsabilidade penal. **B:** incorreta. Na hipótese do acusado confessar e assumir a sua participação no crime, ele aponta quem são seus comparsas, é chamada de *delação premiada*; **C:** incorreta. Ao acusado é garantido constitucionalmente exercer o direito de permanecer em silêncio, art. 5º LXIII, sem que isso seja interpretado como qualquer prejuízo para sua defesa (art. 186 do CPP). Mas atenção, o acusado durante seu interrogatório, seja em sede policial ou em juízo não poderá mentir a sua qualificação pessoal, vide a Súmula 522 do STJ ("a conduta de atribuir-se falsa identidade perante autoridade policial é típica, ainda que em situação de alegada autodefesa"), e no STF, RE 640139-DF RG – Tema 478; **D:** incorreta. Caso o agente desista de prosseguir a execução do crime caracteriza a *desistência voluntária*, mas, se o agente impede que o resultado se produza, caracteriza o *arrependimento eficaz* (art. 15 do CP); **E:** incorreta.

Configura hipótese de confissão judicial em que o acusado perante o magistrado, durante seu interrogatório, admite a prática do crime. **PB**

Gabarito "A".

(Juiz de Direito – TJ/RS – 2018 – VUNESP) A respeito das provas, assinale a alternativa correta.

(A) São inadmissíveis, devendo ser desentranhadas do processo, as provas ilegítimas, assim entendidas as obtidas em violação a normas constitucionais ou legais.

(B) A pessoa que nada souber que interesse à decisão da causa será computada como testemunha.

(C) O exame para o reconhecimento de escritos, tal como o reconhecimento fotográfico, não tem previsão legal.

(D) O juiz não tem iniciativa probatória.

(E) A falta de exame complementar, em caso de lesões corporais, poderá ser suprida pela prova testemunhal.

A: incorreta. Segundo dispõe o art. 157, *caput*, do CPP, são inadmissíveis as provas *ilícitas*, gênero do qual as espécies são as provas *ilegais* e as *ilegítimas*. Consideram-se *ilícitas* as provas que violam normas de direito material (substantivo) e *ilegítimas* as obtidas com desrespeito à norma de direito processual (adjetivo). Tanto uma quanto a outra é inadmissível, devendo, por força do disposto no art. 157, *caput*, do CPP, ser desentranhada dos autos; **B:** incorreta. Contraria o disposto no teor do art. 209, § 2º, CPP: *Não será computada como testemunha a pessoa que nada souber que interesse à decisão da causa*; **C:** incorreta. O exame para o reconhecimento de escritos acha-se previsto e disciplinado no art. 174 do CPP; **D:** incorreta. Embora não se trate de tema pacífico na doutrina, prevalece o entendimento segundo o qual é lícito ao juiz determinar, no curso da ação penal, a produção de prova com o fito de dirimir dúvida sobre pontos relevantes e obscuros (art. 156, II, CPP), não necessariamente circunscritos às provas apresentadas pela acusação e pela defesa. Há quem entenda que tal iniciativa é inconstitucional na medida em que ao juiz não é dado agir sem provocação das partes (*ne procedat judex ex officio*). Essa prerrogativa constitui decorrência natural do princípio da busca da verdade real. O propósito do magistrado, assim, não é beneficiar quem quer que seja, mas, sim, atingir a verdade que mais se aproxime da realidade. Dito de outro modo, não deve o juiz conformar-se com a verdade trazida pelas partes; se restar ponto não esclarecido, é imperioso, em homenagem ao postulado da busca da verdade real, que o juiz atue nessa busca incessante; afinal, ao contrário do que se dá no âmbito do processo civil, está aqui em jogo a liberdade do acusado. De toda sorte, tal atividade (iniciativa probatória) do juiz deve ser supletiva em relação à das partes. Entretanto, as alterações promovidas no Código de Processo Penal pela Lei 13.964/2019, foram objeto de Ação Declaratória de Inconstitucionalidade, já julgada pelo STF (ADIs 6298, 6299), que decidiu sobre a constitucionalidade do art. 3º-A, que inclui expressamente o sistema acusatório no ordenamento processual penal: "Nestes termos, o novo artigo 3º-A do Código de Processo Penal, na redação dada pela Lei 13.964/2019, deve ser interpretado de modo a vedar a substituição da atuação de qualquer das partes pelo juiz, sem impedir que o magistrado, pontualmente, nos limites legalmente autorizados, determine a realização de diligências voltadas a dirimir dúvida sobre ponto relevante". Admitindo, assim, a iniciativa probatória do magistrado; **E:** correta. Assertiva em conformidade com o que estabelece o art. 168, § 3º, CPP. **PB**

Gabarito "E".

(Investigador – PC/BA – 2018 – VUNESP) Os crimes materiais exigem que a ação penal seja instruída com o respectivo exame de corpo de delito cujo laudo, para ter validade, deve ser assinado por

(A) 2 (dois) peritos oficiais, independentemente do grau de instrução, ou por 2 (duas) pessoas idôneas, preferencialmente portadoras de diploma de curso superior.

4. PROCESSO PENAL — 151

(B) 1 (um) perito oficial, preferencialmente portador de diploma de curso superior, ou por 2 (duas) pessoas idôneas, com atuação na área da perícia.

(C) 2 (dois) peritos oficiais, com formação superior na área específica da perícia, sendo vedada a assinatura por leigos.

(D) 1 (um) perito oficial, obrigatoriamente portador de diploma de curso superior, ou por 2 (duas) pessoas idôneas, que também possuam o mesmo grau de instrução.

(E) 1 (um) perito oficial, portador de diploma de curso superior preferencialmente na área específica, vedada a assinatura por leigos.

Com a modificação implementada na redação do art. 159, *caput*, pela Lei 11.690/2008, a perícia será levada a efeito por *um* perito oficial portador de diploma de curso superior. À falta deste, determina o § 1º do art. 159 que o exame seja feito por duas pessoas idôneas, detentoras de diploma de curso superior preferencialmente na área específica, dentre aquelas que tiverem habilitação técnica relacionada com a natureza do exame. Vale lembrar que a Lei 13.964/2019 inseriu os arts. 158-A a 158-F que tratam da cadeia de custódia, isto é, o conjunto de todos os procedimentos utilizados para manter e documentar a história cronológica do vestígio coletado em locais ou em vítimas de crimes, para rastrear sua posse e manuseio a partir de seu reconhecimento até o descarte. O art. 158-C determina que a coleta será realizada preferencialmente por perito oficial que encaminhará o material para a central de custódia. PB

Gabarito "D".

(Investigador – PC/BA – 2018 – VUNESP) A respeito do interrogatório de réu preso por videoconferência, de acordo com a sistemática adotada pelo Código de Processo Penal, assinale a alternativa correta.

(A) Desde que haja estrutura e meios suficientes para assegurar os direitos do acusado, pode ser realizado em todos os processos.

(B) As partes deverão ser cientificadas da sua realização com antecedência mínima de 5 (cinco) dias.

(C) Apenas poderá ser realizado na hipótese de prevenir risco à segurança pública ou se houver suspeita de o preso integrar organização criminosa.

(D) Justifica-se sua realização apenas no interesse da defesa, quando o acusado sofrer de grave enfermidade ou outra circunstância especial.

(E) Trata-se de medida excepcional e só poderá ser realizado após prévia decisão judicial fundamentada.

A: incorreta. Ao contrário do afirmado, o interrogatório por sistema de videoconferência constitui exceção, somente podendo ser realizado nas hipóteses listadas no art. 185, § 2º, do CPP. A regra é que o interrogatório seja realizado em sala própria, no estabelecimento em que estiver recolhido, não sendo isso possível, por falta de estrutura ou de segurança do estabelecimento prisional, o interrogatório realizar-se-á no fórum, por meio de requisição, (art. 185, § 7º, do CPP); **B:** incorreta. Uma vez que, da decisão que determinar a realização do interrogatório por sistema de videoconferência, as partes deverão ser cientificadas com 10 dias de antecedência (art. 185, § 3º, do CPP); **C:** incorreta. O § 2º do art. 185, prevê outras hipóteses de interrogatório do réu preso por sistema de videoconferência: I – prevenir risco à segurança pública, quando exista fundada suspeita de que o preso integre organização criminosa ou de que, por outra razão, possa fugir durante o deslocamento, II – viabilizar a participação do réu no referido ato processual, quando haja relevante dificuldade para seu comparecimento em juízo, por enfermidade ou outra circunstância pessoal, III – impedir a influência do réu no ânimo de testemunha ou da vítima, desde que não seja possível colher o depoimento destas por videoconferência, nos termos do art. 217 do CPP, IV – responder à gravíssima questão de

---

ordem pública; **D:** incorreta. Vide comentário anterior; **E:** correta. Além de ser medida de natureza excepcional, o interrogatório por sistema de videoconferência somente poderá ser determinado pelo juiz, sempre de forma fundamentada (art. 185, § 2º, do CPP). PB

Gabarito "E".

(Investigador – PC/BA – 2018 – VUNESP) A afirmação de que "a confissão é a rainha das provas", em Direito Processual Penal, é

(A) inaceitável, porque ela contraria o princípio de que ninguém pode oferecer provas contra si.

(B) pertinente, pois, se o acusado admite a imputação, o Estado fica desincumbido de produzir a prova.

(C) válida apenas para os crimes contra o patrimônio, desde que haja a indenização do valor do prejuízo.

(D) inaplicável, salvo se a confissão for espontânea e prestada em presença de advogado constituído pelo réu.

(E) incabível, uma vez que ela deverá ser confrontada com os demais elementos do processo.

A confissão é o reconhecimento, em juízo, por uma das partes sobre a veracidade dos fatos que lhe é atribuído. Atualmente, não mais se confere à confissão o *status* de rainha das provas (ou a prova por excelência, *probatio probatissima*), como outrora já foi considerada, diante do sistema adotado em nossa legislação. Hoje, temos que a confissão, sendo meio de prova com valor equivalente às demais, deve ser valorada em conjunto com os outros elementos probatórios produzidos no processo (art. 197, CPP). Como se diz na Exposição de Motivos do CPP, a própria confissão do acusado não constitui, fatalmente, prova plena de sua culpabilidade, já que todas as provas são relativas, nenhuma delas, tendo valor decisivo (item VII). Sobre isso, ensina Aury Lopes Junior que *a própria Exposição de Motivos do CPP, ao falar sobre as provas, diz categoricamente que a própria confissão do acusado não constitui, fatalmente, prova plena de sua culpabilidade. Todas as provas são relativas; nenhuma delas terá, ex vi legis, valor decisivo, ou necessariamente maior prestígio que outra. Em suma, a confissão não é mais, felizmente, a rainha das provas, como no processo inquisitório medieval. Não deve mais ser buscada a todo custo, pois seu valor é relativo e não goza de maior prestígio que as demais provas* (Direito Processual Penal – 18ª Edição – 2021: Parte Especial (p. 619). Saraiva jur. Edição do Kindle). Vale mencionar a recente decisão da 3ª Turma do STJ que fixou tese sobre a valoração e a admissibilidade de confissões feitas na fase extrajudicial: "(...) 11.1: A confissão extrajudicial somente será admissível no processo judicial se feita formalmente e de maneira documentada, dentro de um estabelecimento estatal público e oficial. Tais garantias não podem ser renunciadas pelo interrogado e, se alguma delas não for cumprida, a prova será inadmissível. A inadmissibilidade permanece mesmo que a acusação tente introduzir a confissão extrajudicial no processo por outros meios de prova (como, por exemplo, o testemunho do policial que a colheu). 11.2: A confissão extrajudicial admissível pode servir apenas como meio de obtenção de provas, indicando à polícia ou ao Ministério Público possíveis fontes de provas na investigação, mas não pode embasar a sentença condenatória. 11.3: A confissão judicial, em princípio, é, obviamente, lícita. Todavia, para a condenação, apenas será considerada a confissão que encontre algum sustento nas demais provas, tudo à luz do art. 197 do CPP" (REsp 2123334-MG, j. em 20-6-2024, DJe de 2-7-2024). PB

Gabarito "E".

(Investigador – PC/BA – 2018 – VUNESP) Iniciada uma diligência visando a apreender, com urgência, objeto cujo possuidor ou detentor evade-se para Estado limítrofe, é correto afirmar que

(A) os agentes da autoridade deverão interromper a diligência, elaborar relatório minucioso, para que ela seja concluída mediante carta precatória.

(B) apenas se a diligência for comandada pela autoridade policial, os agentes da autoridade poderão ingressar no território do outro Estado e realizar a apreensão.

(C) os agentes da autoridade poderão ingressar no território do outro Estado e, encontrando o objeto, apreendê-lo imediatamente.

(D) ainda que haja urgência na apreensão, os agentes da autoridade deverão apresentar-se à autoridade policial da respectiva área.

(E) os agentes da autoridade poderão ingressar em outro Estado se houver ordem judicial para a transposição.

A resposta a esta questão deve ser extraída o art. 250 do CPP, que estabelece que a autoridade ou seus agentes poderão ingressar em território alheio, mesmo que de outro estado da Federação, a fim de proceder à apreensão de pessoa ou coisa. Impõe-se, no entanto, como cautela, a obrigação de que esses agentes se apresentem à autoridade local, antes ou depois da apreensão, a fim de dar ciência do ocorrido. Havendo urgência na diligência, como é o caso narrado no enunciado, a apresentação à autoridade local pode se dar após a apreensão; não havendo urgência, a apresentação deverá anteceder a diligência de apreensão. **ED**

Gabarito "C".

(Defensor Público/RO – 2017 –VUNESP) É correto afirmar sobre o exame de corpo de delito e das perícias em geral:

(A) o exame de corpo de delito e outras perícias serão realizados por dois peritos oficiais, portadores de diploma de curso superior.

(B) não há previsão legal no Código de Processo Penal acerca da formulação de quesitos e indicação de assistente técnico.

(C) quando a infração deixar vestígios, é possível dispensar o exame de corpo de delito.

(D) em caso de lesões corporais, a falta de exame complementar não pode ser suprida pela prova testemunhal.

(E) se desaparecerem os vestígios, é possível que a prova testemunhal supra a ausência de exame de corpo de delito.

A: incorreta. De acordo com a atual redação do art. 159 do CPP, dada pela Lei 11.690/2008, a perícia será realizada por *um* perito oficial portador de diploma de curso superior. À falta deste, determina o § 1º do art. 159 do CPP que o exame seja feito por duas pessoas idôneas, detentoras de diploma de curso superior preferencialmente na área específica, dentre aquelas que tiverem habilitação técnica relacionada com a natureza do exame; **B:** incorreta. O art. 159, § 3º, do CPP confere ao Ministério Público, ao assistente de acusação, ao ofendido, ao querelante e ao acusado a faculdade de formular quesitos e indicar assistente técnico; **C:** incorreta. Se a infração deixar vestígios (rastros materiais), será indispensável o exame de corpo de delito, direto (se a infração deixar vestígios) ou indireto (se a infração não deixar vestígios ou não forem encontrados, impossibilitando o exame direto) (art. 158, CPP); **D:** incorreta. A assertiva contraria o disposto no art. 168, § 3º, do CPP, que estabelece que, diante da impossibilidade de realizar-se o exame complementar, a constatação pode ser suprida pela prova testemunhal; **E:** correta. O exame de corpo de delito, nas infrações que deixam vestígios, é indispensável – art. 158 do CPP. Agora, se estes vestígios, por qualquer razão, se perderem, nosso ordenamento jurídico admite que a prova testemunhal supra essa ausência – art. 167 do CPP. É importante que se diga que a confissão, no entanto, por expressa disposição do art. 158 do CPP, não poderá ser utilizada para esse fim. **PB**

Gabarito "E".

(Defensor Público/RO – 2017 –VUNESP) Sobre os meios de prova, é correto afirmar que

(A) o juiz permitirá que a testemunha manifeste suas apreciações pessoais se estas forem inseparáveis da narrativa do fato.

(B) se da acareação resultar comprovado ter uma das testemunhas mentido durante seu depoimento, o resultado da acareação terá valor absoluto quando da valoração da prova em sentença.

(C) a testemunha poderá se eximir da obrigação de depor.

(D) o interrogatório do réu preso será realizado preferencialmente pelo sistema de videoconferência.

(E) não é permitida à parte a juntada de documentos em razões de apelação ou em suas contrarrazões.

A: correta. A testemunha, no seu depoimento, deve ser objetiva, evitando fazer apreciações de natureza subjetiva, ou seja, a testemunha deve se abster de emitir sua opinião sobre os fatos, manifestando suas apreciações pessoais. Deve limitar-se, isto sim, a expô-los com objetividade (art. 213, do CPP). Tal regra comporta uma exceção: poderá a testemunha emitir sua opinião desde que seja inseparável da narrativa do fato; **B:** incorreta, já que, conforme é sabido e consabido, inexiste prova, no processo penal, que tenha valor *absoluto* (não há hierarquia entre as provas). A prova, por mais robusta que seja, deve sempre ser sopesada e harmonizada com as demais que integram o acervo probatório. Nessa esteira, conferir a Exposição de Motivos do CPP, item VII: *Todas as provas são relativas; nenhuma delas terá, ex vi legis, valor decisivo ou necessariamente maior prestígio que outra. Se é certo que o juiz fica adstrito à prova constante dos autos, não é menos certo que não fica subordinado a nenhum critério aprioristico no apurar, através delas, a verdade material. O juiz criminal é, assim, restituído à sua própria consciência;* **C:** incorreta. De uma forma geral, sobre todos recai o dever de servir como testemunha, comparecendo em juízo quando convocado e prestando seu depoimento. Cuida-se, portanto, de um dever imposto por lei, que, se descumprido, pode levar à responsabilização da testemunha por crime de falso testemunho (art. 342, CP). A exceção a essa regra atinge as pessoas elencadas no art. 206 do CPP, que podem, por isso, recusar-se a depor. Entre eles está, por exemplo, a mãe do acusado, à qual é conferida a prerrogativa de negar-se a prestar depoimento; por se tratar de uma faculdade (e não de proibição), nada impede que a genitora do réu preste seu testemunho, mas, neste caso, sobre ela não recairá a obrigação de dizer a verdade; será ouvida, bem por isso, na qualidade de informante; assim, se mentir, não será processada por crime de falso testemunho. O art. 206 do CPP estabelece que, em uma única hipótese, as pessoas ali mencionadas não podem recusar-se a depor: quando não for possível, de qualquer outra forma, produzir a prova do fato ou de suas circunstâncias, hipótese em que, ainda assim, não se deferirá o dever de dizer a verdade; **D:** incorreta. Ao contrário do afirmado, o interrogatório por sistema de videoconferência constitui exceção, somente podendo ser realizado nas hipóteses listadas no art. 185, § 2º, do CPP. A regra é que o interrogatório seja realizado no estabelecimento em que o réu estiver preso; não sendo isso possível, por falta de estrutura do presídio, o interrogatório realizar-se-á no fórum, com requisição, pelo juiz, do acusado (art. 185, § 7º, do CPP); **E:** incorreta, pois contraria o disposto no art. 231 do CPP. **ED**

Gabarito "A".

(Delegado – PC/BA – 2018 – VUNESP) No que concerne aos sistemas de avaliação das provas, o julgamento realizado pelos Juízes leigos (jurados) no Tribunal do Júri é exemplo do que a doutrina classifica como sistema

(A) da prova livre.

(B) legal ou tarifado.

(C) da íntima convicção.

(D) da persuasão racional.

(E) da livre convicção motivada.

Quanto aos sistemas de avaliação da prova, adotamos, como regra, o chamado *sistema da persuasão racional* ou *livre convencimento motivado*, em que o magistrado decidirá com base no seu livre convencimento, fundamentando, sempre, a sua decisão (art. 155, *caput*, do CPP e art. 93, IX, da CF). Pelo *sistema da prova legal*, o juiz fica adstrito ao valor atribuído à prova pelo legislador. É o que se dá com a prova relativa ao estado das pessoas (estado civil, grau de parentesco, idade etc.), que se sujeita às restrições estabelecidas na lei civil (art. 155, parágrafo único, do CPP). Temos ainda o *sistema da íntima convicção*, que é o que vige no Tribunal do Júri, em que o jurado julga guiado por sua íntima convicção a respeito dos fatos, sem a necessidade de revelar e fundamentar sua decisão. Este último é o sistema referido no enunciado da questão. Vale lembrar que o STF, por maioria, decidiu que após a condenação pelo Tribunal do Júri, os acusados devem ser presos imediatamente ou podem aguardar o julgamento dos recursos em liberdade, entendeu que a soberania das decisões do Tribunal do Júri (ou júri popular), prevista na Constituição Federal, justifica a execução imediata da pena imposta e, assim, deu interpretação conforme à Constituição, com redução de texto, ao art. 492 do CPP, com a redação da Lei nº 13.964/2019, excluindo do inciso I da alínea "e" do referido artigo o limite mínimo de 15 anos para a execução da condenação imposta pelo corpo de jurados. Por arrastamento, excluiu o § 4º e do § 5º, inciso II, do art. 492 do CPP, a referência ao limite de 15 anos, fixando, nesse sentido, a seguinte tese: "A soberania dos veredictos do Tribunal do Júri autoriza a imediata execução de condenação imposta pelo corpo de jurados, independentemente do total da pena aplicada" (RE 1235340-SC, j. em 11-9-2024 – Tema 1068). **PB**
Gabarito "C".

(Juiz de Direito – TJM/SP – VUNESP – 2016) Assinale a alternativa correta a respeito da instrução criminal e dos meios de investigação, bem como das provas.

(A) De acordo com a nossa legislação infraconstitucional, a retirada compulsória de material genético do imputado é admissível, desde que presentes os requisitos legais.

(B) O exame de corpo e delito, por expressa determinação legal, exige a assinatura de dois peritos.

(C) O catálogo de produção de provas no processo penal é taxativo, não se admitindo as provas atípicas.

(D) No procedimento comum, segundo o Código de Processo Penal, o juiz, no interrogatório, não inicia as perguntas ao réu, devendo inquiri-lo somente após a defesa e apenas em caráter supletivo.

(E) A interceptação telefônica, meio de prova, não pode ser decretada de ofício pelo Juiz, também não sendo cabível em investigações ou ações penais que apuram crime punido com detenção.

A: correta. Com a alteração promovida pela Lei 12.654/2012 na Lei de Execução Penal, que nela introduziu o art. 9º-A, criou-se mais uma hipótese de identificação criminal, por meio da qual os condenados pelo cometimento de crime doloso com violência ou grave ameaça contra a pessoa bem como por delito hediondo serão submetidos, compulsoriamente, à identificação do perfil genético, o que se fará por meio da extração de DNA. Posteriormente, a Lei 13.964/2019, entre várias alterações implementadas na legislação penal, processual penal e de execução penal, alterou a redação do *caput* do art. 9º-A da LEP, dali extraindo a referência a crimes hediondos e fazendo inserir os *crimes praticado com violência grave contra a pessoa, contra a vida, contra a liberdade sexual* e os *delitos sexuais contra vulnerável*. Esta alteração, no entanto, foi objeto de veto pelo presidente da República, ficando mantida, portanto, a sua redação original (conferida pela Lei 12.654/2012). Depois disso, já no período de vigência do pacote anticrime, o Congresso Nacional, ao apreciar os vetos impostos pelo presidente da República aos dispositivos inseridos pelo pacote anti-

crime, rejeitou o veto à alteração promovida no art. 9º-A da LEP pelo pacote anticrime, que dispõe: *O condenado por crime doloso praticado com violência grave contra a pessoa, bem como por crime contra a vida, contra a liberdade sexual ou por crime sexual contra vulnerável, será submetido, obrigatoriamente, à identificação do perfil genético, mediante extração de DNA (ácido desoxirribonucleico), por técnica adequada e indolor, por ocasião do ingresso no estabelecimento prisional.* Perceba que a obrigatoriedade de se submeter à identificação do perfil genético permanece para os condenados por crime doloso praticado com violência grave contra a pessoa. Também foi objeto de veto a inclusão, neste art. 9º-A, dos §§ 5º, 6º e 7º pela Lei 13.964/2019, vetos esses posteriormente derrubados pelo Congresso Nacional, de forma que, atualmente, esses dispositivos estão em vigor. Conferir os dispositivos restabelecidos por força da rejeição ao veto: § 5º: *A amostra biológica coletada só poderá ser utilizada para o único e exclusivo fim de permitir a identificação pelo perfil genético, não estando autorizadas as práticas de fenotipagem genética ou de busca familiar*; § 6º: *Uma vez identificado o perfil genético, a amostra biológica recolhida nos termos do caput deste artigo deverá ser correta e imediatamente descartada, de maneira a impedir a sua utilização para qualquer outro fim*; § 7º: *A coleta da amostra biológica e a elaboração do respectivo laudo serão realizadas por perito oficial*; **B:** incorreta. Atualmente, com a modificação implementada na redação do art. 159 do CPP, pela Lei 11.690/2008, a perícia será levada a efeito por *um* perito oficial portador de diploma de curso superior. À falta deste, determina o § 1º do art. 159 que o exame seja feito por duas pessoas idôneas, detentoras de diploma de curso superior preferencialmente na área específica, dentre aquelas que tiverem habilitação técnica relacionada com a natureza do exame; **C:** incorreta. O rol de provas contemplado no CPP é meramente *exemplificativo*. Isso significa que, além das provas previstas e disciplinadas em lei, chamadas, por isso, *nominadas*, outros meios de prova que não fazem parte do rol legal (inominadas) são admitidos, ressalvadas as provas ilícitas; **D:** incorreta. A assertiva refere-se ao procedimento a ser seguido na oitiva de testemunhas, em que vige o sistema *cross examination*, segundo o qual as partes dirigem suas indagações às testemunhas sem a intermediação do magistrado, de forma direta, vedados os questionamentos que puderem induzir a resposta, não tiverem relação com a causa ou importarem na resposta de outra já respondida. Ao final da inquirição, se ainda remanescer algum ponto não esclarecido, poderá o juiz complementá-la, formulando à testemunha novas perguntas (art. 212, parágrafo único, do CPP). É por essa razão que se diz que a atividade do juiz é complementar, remanescente à das partes. Tal regra, no entanto, não tem incidência no interrogatório, que será realizado pelo juiz (é ato privativo); ao final, por força do que dispõe o art. 188 do CPP, o magistrado indagará as partes se restou algum fato a ser esclarecido; se sim, o próprio juiz formulará as perguntas sugeridas pelas partes; **E:** incorreta. Embora a interceptação telefônica não caiba na apuração de crimes apenados com detenção, pode o magistrado, lançando mão da prerrogativa que lhe confere o art. 3º, *caput*, da Lei 9.296/1996, determiná-la de ofício. Atenção: na hipótese de interceptação da captação ambiental de sinais eletromagnéticos, ópticos ou acústicos, o juiz não poderá determinar a medida de ofício, de conforme a redação do art. 8º-A: "para investigação ou instrução criminal, poderá ser autorizada pelo juiz, a requerimento da autoridade policial ou do Ministério Público, a captação ambiental de sinais eletromagnéticos, ópticos ou acústicos, quando: I – a prova não puder ser feita por outros meios disponíveis e igualmente eficazes; e II – houver elementos probatórios razoáveis de autoria e participação em infrações criminais cujas penas máximas sejam superiores a 4 (quatro) anos ou em infrações penais conexas". **PB**
Gabarito "A".

(Juiz de Direito – TJ/SP – VUNESP – 2015) A confissão do acusado no processo penal

(A) só pode ser admitida se houver outras provas.

(B) para ter validade, deve ser apresentada na polícia e em juízo.

(C) pode ser considerada válida ainda que feita somente na fase extrajudicial.

(D) nunca será tida como valor probante se houver posterior retratação judicial.

A confissão é o reconhecimento, em juízo, por uma das partes sobre a veracidade dos fatos que lhe é atribuído e tem valor probatório *relativo*, tanto a produzida na fase investigativa quanto aquela feita na fase judicial. Como se diz na Exposição de Motivos do CPP, *a própria confissão do acusado não constitui, fatalmente, prova plena de sua culpabilidade, já que todas as provas são relativas, nenhuma delas, tendo valor decisivo* (item VII). É bem verdade que a confissão judicial, porque produzida sob o crivo do contraditório e ampla defesa, tem valor probante, desde que em harmonia com os demais elementos de convicção, superior àquela feita na fase extrajudicial. No entanto, nada impede que a confissão ocorrida nesta fase da persecução (extrajudicial), desde que encontre ressonância nas demais provas produzidas em contraditório, sirva de base à condenação. Para tanto, não é necessário que ela, confissão, seja apresentada em juízo e também na polícia. Ainda que haja posterior retratação, nada obsta que seja considerada. Vale mencionar a recente decisão da 3ª Turma do STJ que fixou tese sobre a valoração e a admissibilidade de confissões feitas na fase extrajudicial: "(...) 11.1: A confissão extrajudicial somente será admissível no processo quando feita formalmente e de maneira documentada, dentro de um estabelecimento estatal público e oficial. Tais garantias não podem ser renunciadas pelo interrogado e, se alguma delas não for cumprida, a prova será inadmissível. A inadmissibilidade permanece mesmo que a acusação tente introduzir a confissão extrajudicial no processo por outros meios de prova (como, por exemplo, o testemunho do policial que a colheu). 11.2: A confissão extrajudicial admissível pode servir apenas como meio de obtenção de provas, indicando à polícia ou ao Ministério Público possíveis fontes de provas na investigação, mas não pode embasar a sentença condenatória. 11.3: A confissão judicial, em princípio, é, obviamente, lícita. Todavia, para a condenação, apenas será considerada a confissão que encontre algum sustento nas demais provas, tudo à luz do art. 197 do CPP" (REsp 2123334-MG, j. em 20-6-2024, *DJe* de 2-7-2024). **PB**

Gabarito "C".

(Juiz de Direito – TJ/SP – VUNESP – 2015) A formação da convicção do magistrado no processo penal tem por base inúmeros elementos. Assinale a alternativa que contenha elementos que vão ao encontro da sistemática do Código de Processo Penal como um todo.

(A) Vinculação das provas do processo à sua própria consciência e verdade formal.

(B) Livre convencimento e verdade material.

(C) Livre convencimento e motivação da decisão.

(D) Hierarquia prefixada de provas e livre apreciação dos elementos constatados nos autos.

No que concerne aos sistemas de valoração da prova, adotamos, como regra, o sistema da persuasão racional ou livre convencimento motivado, em que o magistrado decidirá com base no seu livre convencimento, pela livre apreciação da prova, devendo, todavia, fundamentar sua decisão (art. 93, IX, da CF/1988). No chamado sistema do livre convencimento (ou íntima convicção), o juiz, ao apreciar a prova de forma livre e de acordo com a sua convicção, funda-se, exclusivamente, na certeza moral do juiz, que decide sobre a admissibilidade da prova. É o sistema que, de certo modo, vige no Tribunal do Júri, em que o jurado não motiva o seu voto. Nem poderia. Há, por fim, o sistema da prova legal, no qual o juiz fica adstrito ao valor atribuído à prova pelo legislador. **PB**

Gabarito "C".

(Juiz de Direito – TJ/MS – VUNESP – 2015) Na produção de prova testemunhal, com relação ao método direto e cruzado, previsto no artigo 212, do Código de Processo Penal, com nova redação dada pela Lei 11.690/2008, afirma-se que

(A) é utilizado com reservas porque enfraquece o contraditório e o poder instrutório do juiz, além de afrontar os princípios da ampla defesa e do contraditório.

(B) a testemunha é inquirida, inicialmente, por quem a arrolou e, após, submetida ao exame cruzado pela parte contrária, cabendo ao juiz indeferir perguntas impertinentes e repetitivas e completar a inquirição.

(C) é sistema de inquirição idêntico ao desenvolvido em plenário do júri e explicitado pelo artigo 473 do Código de Processo Penal.

(D) é regra de exceção na inquirição de testemunha na segunda fase da persecução penal, condicionada ao requerimento prévio das partes e deferimento judicial.

(E) após a complementação do juiz, ao qual se dirige a prova produzida, encerra-se a oitiva, sem possibilidade de reperguntas pelas partes.

Com as mudanças implementadas no art. 212 do CPP pela Lei de Reforma 11.690/2008, o *sistema presidencialista*, pelo qual a testemunha, depois de inquirida pelo juiz, respondia, por intermédio deste, às perguntas formuladas pelas partes, deu lugar ao chamado sistema *cross examination*, atualmente em vigor, segundo o qual as partes passam a dirigir suas indagações às testemunhas sem a intermediação do magistrado, de forma direta, vedados os questionamentos que puderem induzir a resposta, não tiverem relação com a causa ou importarem na resposta de outra já respondida. Ao final da inquirição, se ainda remanescer algum ponto não esclarecido, poderá o juiz complementá-la, formulando à testemunha novas perguntas (art. 212, parágrafo único, do CPP). É por essa razão que se diz que a atividade do juiz é complementar, remanescente à das partes. **ED**

Gabarito "B".

7. SUJEITOS PROCESSUAIS

(Escrevente – TJ/SP – VUNESP – 2023) Tício, estudante de direito, é réu em ação penal, tendo sido assistido por defensor público, ao longo de toda a instrução. Absolvido pelo Juízo de Primeiro Grau, o Ministério Público recorreu. Tício, nessa ocasião, já era advogado, devidamente habilitado junto ao órgão de classe, tendo ele próprio apresentado as contrarrazões ao recurso do Ministério Público, para a manutenção da sentença absolutória. Diante da situação hipotética e nos termos dos artigos 261 a 267 do Código de Processo Penal, assinale a alternativa correta.

(A) Ainda que Tício tenha sido assistido por defensor público, não há qualquer vedação legal para que ocorra a substituição por defensor particular, sendo ainda permitido que ele mesmo exerça a própria defesa, já que habilitado.

(B) Embora seja permitido ao acusado, se habilitado, exercer a própria defesa, tendo Tício sido assistido por defensor público ao longo do processo, é vedada a substituição por defensor particular, na fase recursal.

(C) Ainda que advogado, devidamente habilitado, por expressa vedação legal, Tício não pode exercer a própria defesa.

(D) Tendo sido a defesa de Tício exercida por defensor público, ao longo do processo, por expressa disposição legal, vedada é a substituição por defensor particular, na fase recursal.

(E) Tício, ainda que advogado, não pode exercer a própria defesa; ademais, tendo sido defendido por defensor público ao longo do processo, vedada é a substituição por defensor particular, na fase recursal.

4. PROCESSO PENAL

Com fundamento no que estabelece o art. 263 do CPP, é dado ao acusado, desde que tenha habilitação técnica para tanto (ser advogado inscrito nos quadros da OAB), exercer, ele próprio, sua defesa técnica, embora, é importante que se diga, isso não seja recomendável, dado o envolvimento emocional presente, mormente se se tratar de julgamento perante o Tribunal do Júri. Seja como for, nada impede que Tício, ao adquirir habilitação técnica para exercer a advocacia, promova ele mesmo a sua defesa técnica, o que pode ocorrer em qualquer fase do processo. **ED**

Gabarito "A".

(Investigador – PC/BA – 2018 – VUNESP) Quanto aos assistentes de acusação, o Código de Processo Penal estabelece que

(A) o assistente é aquele que oferece a denúncia, na hipótese de inércia do Ministério Público nos crimes de ação penal pública.

(B) a morte do ofendido obsta que outrem atue ao lado do Ministério Público, no polo ativo.

(C) na hipótese de ação penal privada, poderá haver assistência de acusação tão somente se houver pluralidade de ofendidos.

(D) na hipótese de morte do ofendido, poderão habilitar-se como assistente seu cônjuge, ascendente, descendente ou irmão.

(E) a assistência inicia-se com a denúncia e conclui-se, em havendo interesse do ofendido, com o término da execução da pena.

A: incorreta. É que o assistente somente será admitido a partir do recebimento da denúncia, permanecendo nessa condição até o trânsito em julgado (art. 269, CPP). Sendo a ação penal pública, o ofendido, diante da inércia do MP em promover a ação penal dentro do prazo legal, poderá ajuizar ação penal privada subsidiária da pública, conforme arts. 29 do CPP e 100, § 3°, do CP; **B:** incorreta, na medida em que contraria o teor do art. 268 do CPP, que estabelece que, na falta do ofendido ou de seu representante legal, a intervenção, na qualidade de assistente, poderá realizar-se pelas pessoas mencionadas no art. 31 do CPP; **C:** incorreta. Isso porque, por expressa disposição do art. 268 do CPP, a assistência poderá se dar, exclusivamente, na ação penal *pública*, já que, se se tratar de ação privada, exclusiva ou subsidiária da pública, o ofendido funcionará como querelante, isto é, como parte necessária; **D:** correta, pois corresponde ao que estabelece o art. 31 do CPP; **E:** incorreta, já que a admissão do assistente terá lugar a partir do recebimento da denúncia e poderá ocorrer até o trânsito em julgado da sentença, ou seja, não há que se falar em assistência no inquérito policial e na execução penal. **ED**

Gabarito "D".

(Escrevente – TJ/SP – 2018 – VUNESP) A respeito das causas de impedimento e suspeição do juiz, de acordo com o Código de Processo Penal, assinale a alternativa correta.

(A) Nos juízos coletivos, não poderão servir no mesmo processo os juízes que forem entre si parentes, consanguíneos ou afins, em linha reta ou colateral, até o quarto grau.

(B) O juiz será suspeito, podendo ser recusado por qualquer das partes, se já tiver funcionado como juiz de outra instância, pronunciando-se de fato ou de direito sobre a questão.

(C) Ainda que dissolvido o casamento, sem descendentes, que ensejava impedimento ou suspeição, não funcionará como juiz o sogro, o padrasto, o cunhado, o genro ou enteado de quem for parte no processo.

(D) O juiz será impedido se for credor ou devedor de qualquer das partes.

(E) A suspeição poderá ser reconhecida ou declarada ainda que a parte injurie, de propósito, o juiz.

Impedimentos são causas objetivas relacionadas a fatos internos ao processo e prejudicam a imparcialidade do juiz, e as hipóteses estão elencadas no art. 252 do CPP. A suspeição são circunstâncias subjetivas relacionadas a fatos externos ao processo, causas de incapacidade subjetiva do juiz e que prejudicam a sua imparcialidade, descritas no art. 254 do CPP. **A:** incorreta. O *impedimento* do art. 253 do CPP, que se refere a órgãos colegiados, vai até o *terceiro* grau (e não até o *quarto*, como consta da assertiva); **B:** incorreta. Cuida-se de hipótese de *impedimento* (art. 252, III, CPP), e não de *suspeição*, cujas causas estão elencadas no art. 254, CPP; **C:** correta. De acordo com o disposto no art. 255, parte final, do CPP; **D:** incorreta. Se o juiz for credor ou devedor de qualquer das partes, ele será considerado *suspeito* para o julgamento da causa (art. 254, VI, do CPP), e não *impedido*; **E:** incorreta. Nesta hipótese, a suspeição não será declarada tampouco reconhecida, tal como estabelece o art. 256 do CPP. **PB**

Gabarito "C".

(Escrevente – TJ/SP – 2018 – VUNESP) A respeito do acusado e do defensor, é correto afirmar que

(A) o acusado, ainda que tenha habilitação, não poderá a si mesmo defender, sendo-lhe nomeado defensor, pelo juiz, caso não o tenha.

(B) a constituição de defensor dependerá de instrumento de mandato, ainda que a nomeação se der por ocasião do interrogatório.

(C) o acusado ausente não poderá ser processado sem defensor. Já o foragido, existindo sentença condenatória, ainda que não transitada em julgado, sim.

(D) se o defensor constituído pelo acusado não puder comparecer à audiência, por motivo justificado, provado até a abertura da audiência, nomear-se-á defensor dativo, para a realização do ato, que não será adiado.

(E) o acusado, ainda que possua defensor nomeado pelo Juiz, poderá, a todo tempo, nomear outro, de sua confiança.

A: incorreta. Embora não seja recomendável, é dado ao acusado, desde que tenha habilitação para tanto (deve ser advogado inscrito nos quadros da OAB), promover a sua defesa técnica, faculdade essa contemplada no art. 263, *caput*, do CPP; **B:** incorreta. De acordo com a redação do art. 266 do CPP a constituição de defensor independerá de instrumento de mandato se a indicação, feita pelo réu, se der por ocasião do interrogatório; **C:** incorreta. A rigor, não há que se falar em revelia no âmbito do processo penal, ao menos tal como verificado no processo civil, em que, como sabemos, a não contestação da ação pelo réu citado implica o reconhecimento, como verdadeiros, dos fatos articulados na inicial. No processo penal, diferentemente, a inação do réu, que foi regularmente citado para contestar a ação, não pode acarretar o mesmo efeito produzido no processo civil. É dizer, o juiz, diante do não comparecimento do réu, ausente ou foragido, providenciará para que lhe seja nomeado um defensor, a quem incumbirá, a partir de então, a defesa do acusado (art. 261, CPP); **D:** incorreta. Por força do que estabelece o art. 265, §§ 1° e 2°, do CPP, a audiência poderá, neste caso, ser adiada; **E:** correta. De acordo com o teor do art. 263, *caput*, do CPP. **PB**

Gabarito "E".

(Juiz de Direito – TJ/MS – VUNESP – 2015) O juiz dar-se-á por suspeito

(A) ainda que a parte, propositadamente, no curso processual, der motivo para criar a suspeição.

(B) independentemente da arguição da parte, por declaração escrita, nos autos, apontando os motivos legais de sua suspeição.

(C) se for amigo íntimo ou inimigo capital de advogado da parte e perito judicial.

(D) e praticará atos urgentes até nomeação de substituto legal, em homenagem ao princípio da celeridade processual.

(E) por motivo de foro íntimo, por declaração escrita, nos autos, apontando os motivos legais de sua suspeição.

A: incorreta. Ao contrário do que se afirma, se a parte injuriar o magistrado ou, de forma proposital e imbuída de má-fé, der motivo para arguir a sua suspeição, inviável que esta seja reconhecida, nos termos do que prescreve o art. 256 do CPP; **B:** correta, pois em conformidade com o que estabelece o art. 97 do CPP; **C:** incorreta, dado que o art. 254, I, do CPP não contemplou o *advogado* tampouco o *perito*, tão somente a *parte*; **D:** incorreta, pois não reflete o disposto no art. 97 do CPP, que estabelece que o juiz, assim que se declarar como suspeito, providenciará para o processo seja, de imediato, remetido ao seu substituto legal; **E:** incorreta, pois, nesta hipótese, o juiz não está obrigado a apontar os motivos que ensejaram sua suspeição. ED

Gabarito "B".

(Escrevente Técnico – TJ/SP – VUNESP – 2015) Ao Ministério Público compete, de acordo com o art. 257 do CPP, fiscalizar a execução da lei e promover, privativamente, a ação penal

(A) pública.

(B) pública incondicionada, e manifestar-se como *custos legis*, nas ações penais públicas condicionadas.

(C) privada, quando houver representação da vítima.

(D) pública condicionada, e manifestar-se como *custos legis*, nas ações penais públicas incondicionadas.

(E) pública e, quando houver representação da vítima, promover em seu nome a ação penal privada.

Ao Ministério Público compete a promoção privativa da ação penal pública incondicionada e também da condicionada (a representação ou requisição do MJ). Em outras palavras, a iniciativa, nesta modalidade de ação, é privativa do MP, que dependerá, se a ação for condicionada, da manifestação de vontade do ofendido, por meio de representação, ou da iniciativa do ministro da Justiça, mediante requisição. Ou seja, a norma presente no art. 257 do CPP (que está em consonância com o art. 129, I, da Constituição Federal) contempla tanto a ação penal pública incondicionada quanto a condicionada. Quando a ação não for promovida pelo MP (ação penal exclusivamente privada ou privada subsidiária da pública), caberá a este exercer as funções de fiscal da lei, acompanhando o desenvolvimento do processo (art. 257, II, do CPP). ED

Gabarito "A".

(Escrevente Técnico – TJ/SP – VUNESP – 2015) No que concerne à estruturação da defesa de acusados em juízo criminal, é correto afirmar (CPP, art. 263):

(A) o acusado que é Advogado pode apresentar defesa "em nome próprio", sem necessidade de constituição de outro profissional.

(B) o acusado que não constituir Advogado será obrigatoriamente defendido por Procurador Municipal ou Estadual.

(C) o Juiz não pode indicar Advogado de forma compulsória a um acusado, que sempre tem o direito inalienável de articular a própria defesa, ainda que não seja habilitado para tanto.

(D) se for indicado um Defensor Público ao acusado, este não pode desconstituí-lo para nomear um profissional de sua confiança.

(E) apenas nos crimes mais graves o acusado deve obrigatoriamente ser assistido por Advogado, podendo articular a própria defesa, mesmo sem habilitação, nos casos em que não está em risco sua liberdade.

A: correta. Embora não seja recomendável, dado o envolvimento emocional inevitável, é lícito ao réu, desde que disponha de habilitação para tanto (deve ser advogado), patrocinar a sua própria defesa (advogar em causa própria). Assim estabelece o art. 263, *caput*, parte final, do CPP; **B:** incorreta. Se o acusado não constituir advogado, deverá o juiz nomear-lhe integrante da Defensoria Pública para patrocinar a sua defesa ou, não sendo isso possível, dar-lhe advogado inscrito regularmente nos quadros da OAB (art. 263, *caput*, do CPP). Tal incumbência, como se pode ver, não pode recair sobre as Procuradorias do Município ou do Estado; **C:** incorreta. Somente terá direito a patrocinar a própria defesa o réu que dispuser de habilitação técnica (é dizer: deve ser advogado com inscrição regular na OAB); o acusado que não for advogado, se não concordar com a nomeação feita pelo juiz, pode, a qualquer tempo, contratar advogado de sua confiança, conforme lhe faculta o art. 263, *caput*, do CPP, que substituíra o que lhe fora nomeado pelo magistrado; **D:** incorreta. Como já dito, o acusado não é obrigado a se ver defendido pelo profissional nomeado pelo juiz; poderá, se julgar conveniente e a qualquer momento, contratar defensor de sua confiança; **E:** incorreta. A necessidade de o réu ser defendido por profissional habilitado, por ele constituído ou mesmo nomeado pelo juiz, independe da gravidade do crime pelo qual está sendo processado. ED

Gabarito "A".

8. CITAÇÃO, INTIMAÇÃO E PRAZOS

(Escrevente – TJ/SP – VUNESP – 2023) Tendo em conta as disposições constantes do Código de Processo Penal, a respeito das citações e intimações, assinale a alternativa correta.

(A) Estando o réu no estrangeiro, será ele citado por carta precatória, suspendendo o processo e o curso do prazo prescricional até o efetivo cumprimento.

(B) A citação por edital dar-se-á quando o réu não é localizado nos endereços tidos como os de sua residência ou domicílio, estando, assim, em local desconhecido; ou quando há indícios de que o réu oculta-se do Oficial de Justiça.

(C) Expedida carta precatória para citação do réu, verificado que este se encontra em local sujeito à jurisdição de outro Juiz, o Juiz deprecado devolverá a precatória, sem cumprimento, ao Juiz deprecante, para expedição de nova precatória.

(D) Não intimado o réu, por não ter sido localizado no endereço por ele informado e constante dos autos, em razão de ter se mudado e deixado de informar o endereço atual, o processo prosseguirá sem sua participação.

(E) A citação por mandado, por Oficial de Justiça, dar-se--preferencialmente em dias úteis, no horário das 06 às 17h e, por expressa vedação legal, não se realizará aos Domingos.

A: incorreta. Ante o que estabelece o art. 368 do CPP, estando o acusado no estrangeiro, em local conhecido, será citado por carta rogatória, devendo ser suspenso o curso do prazo prescricional até o seu cumprimento. A carta precatória, a que faz referência a assertiva, presta-se a promover a citação do acusado que se encontra em comarca diversa da do juiz que preside o processo, desde que dentro do território nacional (art. 353, CPP); **B:** incorreta. Se o réu estiver solto e em lugar incerto e não sabido, depois de esgotados todos os recursos para a sua localização, proceder-se-á à sua citação por edital, na forma estatuída no art. 361 do CPP. Agora, se o réu, com endereço certo, ocultar-se para inviabilizar a sua citação, o que será constatado pelo oficial de Justiça, caberá a este promover a chamada citação por hora certa, tal como estabelece o art. 362 do CPP. Importante dizer

4. PROCESSO PENAL   157

que a citação por hora certa, que é modalidade de citação presumida (ficta) e foi incorporada ao processo penal com o advento da Lei 11.719/2008 e que somente terá lugar diante da existência de indícios de ocultação do réu, teve a sua constitucionalidade reconhecida, em julgamento proferido pelo STF, no RE 635.145, com votação unânime, rechaçando a tese segundo a qual esta modalidade de citação ficta ofende os postulados da ampla defesa e do contraditório; **C:** incorreta. Dado o caráter itinerante conferido à carta precatória, na hipótese de o juiz deprecado (aquele a quem foi dirigida a carta precatória para cumprimento) verificar que o réu se encontra em local pertencente a comarca diversa da sua, deverá remeter a carta precatória ao juízo desta comarca (onde se encontra o réu), sem a necessidade de devolvê-la ao juiz deprecante. É o que consta do art. 355, § 1º, do CPP; **D:** correta, pois em conformidade com o que dispõe o art. 367 do CPP; **E:** incorreta, uma vez que a citação, por oficial de justiça, poderá se dar em qualquer dia da semana, aqui incluídos, por óbvio, sábados, domingos e feriados (art. 797, CPP). **ED**
.„Gabarito "D".

(Escrevente – TJ/SP – 2021 – VUNESP) A respeito da citação e intimação do acusado, nos termos do Código de Processo Penal, assinale a alternativa correta.

(A) Na hipótese de suspeita de ocultação do réu, para se furtar a citação, certificada pelo oficial de justiça, o Juiz determinará a citação, por edital.

(B) Intimado pessoalmente para qualquer ato, o não comparecimento do réu implicará a suspensão do processo e do prazo prescricional, podendo o Juiz decretar-lhe a prisão preventiva.

(C) Citado por hora certa, o não comparecimento do réu implicará a suspensão do processo e do prazo prescricional, podendo o Juiz decretar-lhe a prisão preventiva.

(D) São previstas a citação pessoal, por hora certa, por edital, por requisição, na hipótese de réu militar e via postal, na hipótese de réu preso.

(E) Estando o acusado no estrangeiro, em lugar conhecido, a citação dar-se-á por carta rogatória, suspendendo-se o curso do prazo prescricional até o efetivo cumprimento.

A: incorreta. No processo penal, a citação será, em regra, pessoal ou real, o que significa dizer que o denunciado tomará conhecimento pessoal da ação que contra ele foi ajuizada. Esta citação é feita por oficial de Justiça, por meio de mandado. Pode acontecer de o acusado não ser localizado para citação pessoal, quer porque seu paradeiro é desconhecido, quer porque ele se oculta para inviabilizar sua citação. Nessas hipóteses, o CPP estabelece que a citação seja ficta ou presumida. Se o oficial de Justiça verificar, pelas diligências realizadas, que o acusado se oculta para não ser citado, procederá à citação com hora certa (modalidade de citação ficta); se, de outro lado, o réu não for localizado para citação pessoal, será realizada, depois de exauridos todos os recursos para sua localização, a citação por edital, que também constitui hipótese de citação ficta; **B:** incorreta, pois em desacordo com o disposto no art. 367 do CPP; **C:** incorreta. No caso da citação por hora certa (art. 362, CPP), que constitui modalidade de citação presumida (não pessoal), se o acusado não apresentar sua defesa no prazo de dez dias, ser-lhe-á nomeado defensor dativo para promover a sua defesa (art. 362, parágrafo único, CPP). Ou seja, o processo seguirá sua marcha normalmente sem que o acusado tenha sido citado pessoalmente; **D:** incorreta. Em primeiro lugar, a legislação processual penal não contempla a citação por via postal. Além disso, se preso estiver o acusado, sua citação deverá ser feita pessoalmente (art. 360, CPP), com a entrega, pelo oficial de Justiça, do respectivo mandado citatório. Já a citação do militar far-se-á por intermédio do chefe do respectivo serviço (art. 358, CPP); **E:** correta. De fato, se o

acusado estiver no estrangeiro, em lugar sabido, sua citação far-se-á por meio de carta rogatória, com a suspensão do prazo prescricional até o seu cumprimento (art. 368, CPP). **ED**
.„Gabarito "E".

(Juiz de Direito/SP – 2021 – Vunesp) Constata-se a aplicação, por analogia, das normas de processo civil ao Código de Processo Penal não só de forma subsidiária, mas também de forma expressa. Como exemplo de aplicação da forma expressa, afirma-se como correta

(A) a citação por hora certa.

(B) a instauração dos incidentes de resolução de demandas repetitivas.

(C) o processamento dos embargos infringentes.

(D) as medidas assecuratórias do sequestro e a hipoteca legal.

A solução desta questão deve ser extraída do art. 362, *caput*, do CPP, que manda adotar, no que toca à forma de se proceder à citação por hora certa no âmbito criminal, as regras estabelecidas na legislação processual civil. Conferir: STF fixou a seguinte tese: "1. É constitucional a citação por hora certa, prevista no art. 362, do Código de Processo Penal. 2. A ocultação do réu para ser citado infringe cláusulas constitucionais do devido processo legal e viola as garantias constitucionais do acesso à justiça e da razoável duração do processo" (RE 635145, j. em 3-8-2016 – tema 613). **PB**
.„Gabarito "A".

(Escrevente – TJ/SP – 2018 – VUNESP) Com relação à citação do acusado, assinale a alternativa correta.

(A) A citação inicial do acusado far-se-á pessoalmente, por intermédio de mandado judicial, carta precatória ou hora certa.

(B) Ao acusado, citado por edital, que não comparecer ou constituir advogado, será nomeado defensor, prosseguindo o processo.

(C) Estando o acusado no estrangeiro, suspende-se o processo e o prazo prescricional até que retorne ao País.

(D) Completada a citação por hora certa, não comparecendo o réu, ser-lhe-á nomeado defensor dativo.

(E) A citação do réu preso far-se-á na pessoa do Diretor do estabelecimento prisional.

A: incorreta. Segundo dispõe o art. 351 do CPP, a citação inicial far-se-á por mandado, que constitui modalidade de citação pessoal. O acusado será citado por carta precatória se estiver fora do território da jurisdição do juiz processante (art. 353, CPP). Já a citação por hora certa, que é modalidade de citação presumida (ficta) e foi incorporada ao processo penal com o advento da Lei 11.719/2008, que a inseriu no art. 362 do CPP, somente terá lugar diante da existência de indícios de ocultação do réu; **B:** incorreta. Se o réu, depois de citado por edital, não comparecer tampouco constituir defensor, o processo e o prazo prescricional ficarão, por imposição da regra estampada no art. 366 do CPP, *suspensos*. Poderá o juiz, neste caso, determinar a produção antecipada das provas que repute urgentes e, presentes os requisitos do art. 312 do CPP, decretar a prisão preventiva. *Vide*, a esse respeito, Súmula n. 415 e 455 do STJ; **C:** incorreta. Se o acusado estiver no estrangeiro, em lugar sabido, sua citação far-se-á por meio de carta rogatória, com a suspensão do prazo prescricional até o seu cumprimento (art. 368, CPP); **D:** correta, pois reflete o disposto no art. 362, parágrafo único, CPP; **E:** incorreta, uma vez que a citação da pessoa que estiver presa será feita pessoalmente (por mandado), conforme art. 360, CPP. **ED**
.„Gabarito "D".

(Escrevente Técnico – TJ/SP – VUNESP – 2015) Em que momento a lei processual penal (CPP, art. 363) considera que o processo completa sua formação?

(A) Constituição de defensor após a citação.
(B) Citação do acusado.
(C) Recebimento da denúncia.
(D) Apresentação de resposta escrita.
(E) Juntada do mandado de citação aos autos.

Uma vez oferecida a peça acusatória, denúncia ou queixa, o juiz, se a aceitar, mandará citar o réu para oferecer resposta escrita. Até aqui, a relação jurídica processual não se aperfeiçoou, o que somente ocorrerá com a citação do acusado, ato de comunicação por meio do qual se dá ciência ao réu da imputação que contra ele foi formulada, concedendo-lhe prazo para que se defenda. É o que estabelece o art. 363, *caput*, do CPP. **ED**

Gabarito "B".

9. PRISÃO, MEDIDAS CAUTELARES E LIBERDADE PROVISÓRIA

(Juiz de Direito – TJ/SP – 2023 – VUNESP) O chamado flagrante esperado acontece quando

(A) a autoridade induz o agente a praticar o crime.
(B) a autoridade encontra o agente com instrumentos do crime.
(C) a autoridade tem ciência de que o agente pretende praticar o crime.
(D) a autoridade persegue o agente logo após a prática do crime.

No flagrante esperado não há induzimento ou provocação para a prática do crime, o terceiro ou a autoridade policial aguarda o momento do cometimento do delito para efetuar a prisão em flagrante. Nesse sentido, "(...) 1. Nos termos da jurisprudência desta Corte, "no flagrante preparado, a polícia provoca o agente a praticar o delito e, ao mesmo tempo, impede a sua consumação, cuidando-se, assim, de crime impossível; ao passo que no flagrante forjado, a conduta do agente é criada pela polícia, tratando-se de fato atípico. Hipótese totalmente diversa é a do flagrante esperado, em que a polícia tem notícias de que uma infração penal será cometida e aguarda o momento de sua consumação para executar a prisão" (HC n. 307.775/GO, Quinta Turma, Rel. Min. Jorge Mussi, DJe de 11/03/2015)" (STJ, AgRg no HC 863551-PR, j, em 26-2-2024, DJe de 28-2-2024). **PB**

Gabarito "C".

(Juiz de Direito/SP – 2021 – Vunesp) Surpreendido na posse e na guarda de substância entorpecente ilícita, José da Silva foi preso em flagrante delito, por incurso no artigo 33 da Lei de Drogas. Acolhendo representação do d. representante do Ministério Público, a prisão em flagrante foi convertida em prisão preventiva ao fundamento de que "o crime de tráfico de drogas é grave e vem causando temor à população obreira, em razão de estar relacionado ao aumento da violência e da criminalidade, estando, muitas vezes, ligado ao crime organizado. Além disso, é fonte de desestabilização das relações familiares e sociais, gerando, ainda, grande problema de ordem de saúde pública em razão do crescente número de dependentes químicos. O efeito destrutivo e desagregador do tráfico de drogas, este associado a um mundo de violência, desespero e morte para as suas vítimas e para as comunidades afetadas, justifica tratamento jurídico mais rigoroso em relação aos agentes envolvidos na sua prática." Diante desse quadro, é correto afirmar que

(A) presentes os requisitos da prisão preventiva, como exigido pelo artigo 312 do CPP, a efetivação da prisão processual se insere na discricionariedade e na convicção íntima do magistrado, como evidenciado na fundamentação da decisão lançada, e, por isso, deve subsistir pelos próprios fundamentos.

(B) o crime de tráfico de drogas, por disposição legal, é equiparado a hediondo, pelo que prevalece a prisão preventiva do réu, formalmente perfeita, ficando sua liberdade condicionada à análise do mérito da imputação por ocasião da sentença definitiva.

(C) os fundamentos contidos no decreto de prisão preventiva são verdadeiros e decorrem de assertivas sobejamente conhecidas, razão pela qual, aliados à comprovada materialidade do crime e à sua autoria, justificam a prisão preventiva, cumprindo, assim, o Poder Judiciário sua função conjunta com os demais Poderes no combate à criminalidade e na proteção à sociedade.

(D) não subsiste a prisão preventiva, como decretada, pois o d. magistrado utilizou-se de assertivas genéricas, sem estabelecer nexo com a conduta ou a personalidade do flagrado a justificar sua prisão em detrimento de outras cautelares, o que é expressamente vedado por lei processual, uma vez que, pela abstração do texto ou pelos fundamentos utilizados, podem ser eles utilizados em qualquer processo em que seja descrito o crime de tráfico.

A prisão preventiva, na forma como foi decretada, não pode subsistir, uma vez que pelo enunciado, fica claro que o magistrado, ao proceder à conversão da prisão em flagrante em preventiva, se valeu de considerações genéricas, tecendo apreciações à nocividade (o que não se nega) do tráfico de drogas bem como às suas nefastas consequências (o que também não se nega). Em nenhum momento o decreto de prisão faz considerações a respeito do caso concreto e, se justifica por que razão a imposição da medida extrema se impõe. Fazendo dessa forma, seria o caso de converter a prisão em flagrante em preventiva em todos os processos de tráfico de drogas, o que traduz um automatismo na decretação da custódia, incompatível com a natureza das medidas de cunho cautelar em geral, que somente devem ser decretadas quando indispensáveis ao processo (vide art. 315 do CPP). Dito de outra forma, a decretação ou manutenção da prisão cautelar (provisória ou processual), assim entendida aquela que antecede a condenação definitiva, deve sempre estar condicionada à demonstração concreta de sua imperiosa necessidade, ainda que se trate da prática de crimes graves, como é o caso do tráfico de drogas, delito equiparado a hediondo. Assim, deve o magistrado apontar as razões, que a tornam indispensável (art. 312 do CPP). Deve ser vista, portanto, como um *instrumento* do processo a ser utilizado em situações *excepcionais*. A prisão desnecessária decretada ou mantida antes de a sentença passar em julgado constitui antecipação da pena que porventura seria aplicada em caso de condenação, o que representa patente violação ao princípio da presunção de inocência, postulado esse de índole constitucional – art. 5º, LVII. De se ver ainda que, tendo em conta as mudanças implementadas pela Lei 12.403/2011, que instituiu as *medidas cautelares alternativas à prisão provisória*, esta somente terá lugar diante da impossibilidade de se recorrer às medidas cautelares. Dessa forma, a prisão, como medida excepcional que é, deve também ser vista como instrumento subsidiário, supletivo. A tudo isso deve ser somado o fato de que a Lei 13.964/2019 alterou, entre outros, o art. 315 do CPP, de forma a não deixar dúvida quanto à necessidade imperiosa de o juiz motivar de forma concreta a decretação da custódia preventiva ou de qualquer outra medida cautelar, indicando a existência de fatos novos e contemporâneos que justifiquem a adoção da medida. No sentido do que expusemos, a jurisprudência é farta. Com efeito, o STJ, em edição de n. 32 da *Jurisprudência em Teses*, publicou, sobre este tema, a seguinte tese (n. 9): *A alusão genérica sobre a gravidade do delito, o clamor público ou a comoção social não constituem fundamentação idônea a autorizar a prisão preventiva.* **PB**

Gabarito "D".

4. PROCESSO PENAL

(Juiz de Direito – TJ/RJ – 2019 – VUNESP) A prisão preventiva imposta à mulher gestante ou que for mãe ou responsável por crianças ou pessoas com deficiência será substituída por prisão domiciliar, desde que

(A) não se trate a gestante de reincidente ou portadora de maus antecedentes.

(B) não seja a gestante líder de organização criminosa ou participante de associação criminosa.

(C) não se trate de acusada por crime hediondo ou equiparado.

(D) não tenha cometido crime com violência ou grave ameaça à pessoa e não tenha cometido o crime contra seu filho ou dependente.

(E) tenha havido prévia reparação do dano e as circunstâncias do fato e a personalidade da gestante indicarem se tratar de medida suficiente à prevenção e reprovação do crime.

Quanto ao tema "cumprimento da prisão preventiva em domicílio", importante tecer algumas ponderações, tendo em vista o advento da Lei 13.769/2018, que, entre outras coisas, inseriu no CPP o art. 318-A, que estabelece a substituição da prisão preventiva por prisão domiciliar da mulher gestante, mãe ou responsável por crianças ou pessoas com deficiência. Além disso, disciplina o regime de cumprimento de pena privativa de liberdade de condenadas na mesma situação, com alteração da Lei de Crimes Hediondos e da Lei de Execução Penal. Como bem sabemos, a 2ª turma do STF, ao julgar o HC coletivo 143.641, assegurou a conversão da prisão preventiva em domiciliar a todas as presas provisórias do país que sejam gestantes, puérperas ou mães de crianças e deficientes sob sua guarda. Perceba, dessa forma, que o legislador, ao inserir o art. 318-A do CPP, nada mais fez do que contemplar, no texto legal, o entendimento consolidado no *habeas corpus* coletivo a que fizemos referência. Também em consonância com o que ficou decidido no julgamento do HC, o legislador impôs dois requisitos: que não tenha sido cometido crime com grave ameaça ou violência contra a pessoa; que não tenha sido cometido contra o filho ou dependente. O art. 318-B, também inserido por meio da Lei 13.769/2018, prevê a possibilidade de aplicação concomitante da prisão domiciliar e das medidas alternativas previstas no art. 319 do CPP, na esteira do decidido no HC 143.641. Para além da inserção desses dois dispositivos legais no CPP, a Lei 13.769/2018 promoveu alterações na LEP. Perceba, pois, que os arts. 318, 318-A e 318-B tratam da concessão da prisão domiciliar no contexto da prisão preventiva, que constitui modalidade de prisão provisória. Pressupõe-se, aqui, portanto, ausência de condenação definitiva. Após o trânsito em julgado da condenação, a prisão domiciliar passa a ser disciplinada, como não poderia deixar de ser, pela LEP. Neste caso, temos que a Lei 13.769/2018 inseriu no art. 112 da LEP o § 3º, que estabelece fração diferenciada de cumprimento de pena para que a mulher, nas condições a que fizemos referência, possa alcançar o regime mais brando (a fração necessária, que antes era um sexto, passou para um oitavo). Para tanto, a reeducanda deve reunir quatro requisitos cumulativos, além de ter cumprido um oitavo da pena que lhe foi imposta. Também incluído pela Lei 13.769/2018, o § 4º do art. 112 da LEP estabelece que a prática de novo crime doloso ou falta grave acarretará a revogação do benefício. Destarte, das alternativas acima, deve ser assinalada a "D", já que em conformidade com o art. 318-A do CPP. **Gabarito "D"**

(Juiz de Direito – TJ/RS – 2018 – VUNESP) Sobre prisão e medidas cautelares, é correto afirmar:

(A) por se tratar de medida urgente, a prisão deverá ser efetuada em qualquer lugar e dia e a qualquer hora.

(B) a falta de exibição do mandado não obsta a prisão se a infração for inafiançável.

(C) deverão ser aplicadas, observando-se a necessidade, adequação, regulamentação, usos e costumes e os princípios gerais de direito.

(D) o juiz não pode dispensar a manifestação da parte contrária antes de decidir sobre o pedido de medida cautelar.

(E) dispensa-se a assinatura no mandado de prisão quando a autoridade judiciária responsável pela sua expedição se fizer presente em seu cumprimento.

A: incorreta. O art. 283, § 2º, do CPP, que estabelece que a prisão será efetuada em qualquer dia e a qualquer hora, impõe uma restrição: que seja respeitada a regra presente no art. 5º, XI, da CF, que trata da inviolabilidade de domicílio. É dizer, embora a lei não fixe dia e hora para que alguém, contra o qual haja expedição de ordem de prisão, seja preso, o ingresso em domicílio, com esse objetivo, somente pode ocorrer, caso haja recalcitrância do morador, durante o dia. Cuidado: se se tratar de situação de flagrante, o ingresso em domicílio alheio pode se dar durante a noite, ainda que haja recusa do morador em franquear a entrada dos policiais. Tal situação é excepcionada pelo art. 5º, XI, da CF; **B:** correta, pois em conformidade com o que estabelece o art. 287 do CPP, cuja redação foi alterada pela Lei 13.964/2019: "Se a infração for inafiançável, a falta de exibição do mandado não obstará à prisão, e o preso, em tal caso, será imediatamente apresentado ao juiz que tiver expedido o mandado, para realização da audiência de custódia". A alteração legislativa impôs a obrigação de realização de audiência de custódia; **C:** incorreta, já que inexiste tal previsão legal; **D:** incorreta, na medida em que poderá o juiz, ante a hipótese de urgência ou de perigo de ineficácia da medida, dispensar a manifestação da parte contrária (art. 282, § 3º, CPP). Cuidado: com a modificação a que foi submetida a redação desse dispositivo (art. 282, § 3º) pela Lei 13.964/2019, a parte contrária, ao ser intimada, contará com o prazo de cinco dias para manifestar-se (antes não havia prazo); **E:** incorreta, pois contraria o disposto no art. 285, parágrafo único, *a*, do CPP. **Gabarito "B"**

(Investigador – PC/BA – 2018 – VUNESP) A respeito do cumprimento de mandado de prisão, de acordo com o Código de Processo Penal, é correto afirmar que

(A) durante a diligência respectiva, são admitidas tão somente as restrições relativas à inviolabilidade do domicílio.

(B) o emprego da força física será admitido apenas na hipótese de tentativa de fuga do preso.

(C) devem ser observadas as restrições referentes à inviolabilidade de domicílio, à liberdade de culto e ao respeito aos mortos.

(D) somente poderá ser realizado durante o dia, independentemente do local.

(E) o emprego de força será admitido exclusivamente contra obstáculo físico, visando a prender o procurado.

A: correta. De acordo com o disposto no art. 283, § 2º, do CPP; **B:** incorreta. O emprego de força física somente poderá ser utilizado excepcionalmente, nos casos de resistência e tentativa de fuga (art. 284, CPP); **C:** incorreta. Assertiva contraria o disposto no art. 283, § 2º, do CPP; **D:** incorreta. O mandado de prisão poderá ser cumprido a qualquer dia e a qualquer hora (durante o dia e também durante a noite), respeitando-se, todavia, as restrições relativas à inviolabilidade do domicílio (art. 283, § 2º, CPP e art. 5º, XI da CF). Significa que, durante o dia, a prisão poderá realizar-se em domicílio alheio, ainda que haja resistência do morador; se à noite, o ingresso em domicílio alheio somente poderá se dar diante do consentimento do morador; diante de sua recusa, o executor da ordem de prisão fará guardar todas as saídas do imóvel até o amanhecer, quando então poderá ingressar

160 EDUARDO DOMPIERI E PATRICIA BERGAMASCO

no imóvel onde se encontra a pessoa a ser presa, independente da anuência do morador. É o que estabelece o art. 293 do CPP. Em conclusão, se a pessoa contra a qual houver ordem de prisão não estiver abrigada em domicílio (próprio ou alheio), o mandado poderá ser cumprido tanto de dia quanto à noite; **E:** incorreta. Vide comentários da assertiva A. Atentar-se, também, à Lei de Abuso de Autoridade, a qual criminaliza o cumprimento de mandado de busca e apreensão domiciliar depois das 21 horas e antes das 5 horas (art. 22, § 1º, III da Lei nº 13.869/2019). **PB**

Gabarito "A".

(Investigador – PC/BA – 2018 – VUNESP) De acordo com o Código de Processo Penal, é vedada a decretação da prisão preventiva se a autoridade judiciária constatar que o agente

(A) não se encontrava em nenhuma das hipóteses legais que justificam a lavratura do auto de flagrante delito.

(B) praticou a ação ou omissão que lhe é atribuída acobertado por alguma das excludentes de ilicitude.

(C) era menor de 21 (vinte e um) anos de idade por ocasião do crime ou maior de 70 (setenta) anos de idade por ocasião da decisão.

(D) tiver condenação anterior por crime doloso, independentemente da data do cumprimento da pena ou da extinção da punibilidade.

(E) não fornecer, no momento da prisão, dados de sua identidade, mesmo que esta tenha sido apurada em momento posterior.

A: incorreta. As hipóteses legais que autorizam a prisão em flagrante (art. 302, CPP) são diversas daquelas que permitem a decretação da custódia preventiva (art. 312, CPP). Tanto é assim que o relaxamento da prisão em flagrante porque ausente alguma das hipóteses do art. 302 do CPP não impede a posterior decretação da prisão preventiva, desde que presentes os requisitos dos arts. 312 e 313 do CPP; **B:** correta. A prisão preventiva em hipótese nenhuma será decretada no caso de o agente ter agido sob o abrigo de alguma excludente de ilicitude (art. 314, CPP), quais sejam, estado de necessidade, legítima defesa, estrito cumprimento de dever legal e exercício regular de direito (art. 23, I, II e III do CP); **C:** incorreta. A circunstância de ser o acusado menor de 21 anos ou maior de 70 anos, não constitui óbice à decretação da custódia preventiva. Ao que parece, o examinador quis induzir o candidato a erro, fazendo referência à hipótese contida no art. 115 do CP, que trata dos casos em que tem lugar a redução dos prazos de prescrição; **D:** incorreta. Contraria o disposto no art. 313, II, do CPP; **E:** incorreta. Assertiva contraria ao § 1º, do art. 313, do CPP, a prisão preventiva será admitida, quando houver dúvida sobre a identidade civil da pessoa ou não fornecer elementos suficientes para esclarecê-la, devendo o preso ser colocado imediatamente em liberdade após a identificação, salvo se outra hipótese recomendar a manutenção da medida. **PB**

Gabarito "B".

(Delegado – PC/BA – 2018 – VUNESP) No que concerne à prisão em flagrante, à prisão temporária e à prisão preventiva, assinale a alternativa correta, nos estritos termos legais e constitucionais.

(A) Nenhuma delas tem prazo máximo estabelecido em lei.

(B) A primeira pode ser realizada pela autoridade policial, violando domicílio e sem ordem judicial, a qualquer horário do dia ou da noite.

(C) A segunda somente é cabível em crimes hediondos ou assemelhados, podendo durar 30 (trinta) ou 60 (sessenta) dias.

(D) A segunda demanda ordem judicial e prévio parecer favorável do Ministério Público.

(E) A terceira pode ser decretada de ofício pelo Juiz durante o inquérito policial.

A: incorreta. Isso porque o legislador estabeleceu o prazo máximo durante o qual deve durar a custódia temporária. Vejamos. Com efeito, a *prisão temporária*, a ser decretada tão somente pelo juiz de direito, terá o prazo de 5 (*cinco*) *dias*, prorrogável por igual período em caso de extrema e comprovada necessidade, nos termos do art. 2º da Lei 7.960/1989. Em se tratando, no entanto, de crime hediondo ou delito a ele equiparado (tortura, tráfico de drogas e terrorismo), a *custódia temporária* será decretada por *até* 30 (trinta) dias, prorrogável por igual período em caso de extrema e comprovada necessidade, em consonância com o disposto no art. 2º, § 4º, da Lei 8.072/1990 (Lei de Crimes Hediondos); **B:** correta. A prisão em flagrante deve ser realizada tanto pela autoridade policial e seus agentes (flagrante obrigatório – art. 301, 2ª parte, do CPP) quanto poderá qualquer pessoa do povo realizá-la (flagrante facultativo – art. 301, 1ª parte, do CPP). De uma forma ou de outra, é lícito que, para viabilizar a prisão em flagrante, o agente ingresse em domicílio alheio, independentemente do consentimento do morador e de ordem judicial, a qualquer hora do dia ou da noite (art. 5º, XI, da CF); **C:** incorreta. A prisão temporária será decretada para viabilizar a apuração de diversos crimes, entre os quais os delitos hediondos e equiparados, conforme o art. 2º, § 4º, da Lei 8.072/1990, e do rol do art. 1º, III, da Lei 7.960/1989; **D:** incorreta. De fato, a decretação da prisão temporária (sempre pelo juiz de direito) não está condicionada a parecer favorável do MP; é dizer, diante da representação formulada pela autoridade policial para a decretação da custódia temporária, deverá o juiz, antes de decidir, ouvir o MP, cujo parecer não tem caráter vinculativo, podendo o magistrado, portanto, decidir de forma contrária à opinião externada pelo MP (art. 2º, § 1º, Lei 7.960/1989); **E:** incorreta. Com a alteração promovida pela Lei 12.403/2011 na redação do art. 311 do CPP, o juiz, que antes podia, de ofício, determinar a prisão preventiva no curso do inquérito, passou a fazê-lo (de ofício) somente no curso da ação penal. Ao tempo em que esta questão foi elaborada, a decretação da custódia preventiva de ofício somente era possível no curso da ação penal, razão pela qual incorreto o que ali se afirma (que a prisão preventiva pode ser decretada de ofício no curso do IP). Após a vigência da Lei 13.964/2019 (Pacote Anticrime) afastou a possibilidade, que antes havia, de o magistrado atuar de ofício na decretação da custódia preventiva (antes, como já dito, cabia no curso da instrução). Doravante, portanto, a prisão preventiva, quer no curso das investigações, quer no decorrer da ação penal, somente será decretada diante de provocação do delegado de polícia (no curso do IP) ou do MP (se no curso das investigações ou da ação penal). Conferir a seguinte decisão do STF, no HC 188.888-MG, que firmou o entendimento de que o magistrado competente não pode converter, *ex officio*, a prisão em flagrante em prisão preventiva no contexto da audiência de custódia, pois essa medida de conversão depende, necessariamente, de representação da autoridade policial ou de requerimento do Ministério Público: "(...) impossibilidade, de outro lado, da decretação 'ex officio' de prisão preventiva em qualquer situação (em juízo ou no curso de investigação penal), inclusive no contexto de audiência de custódia (ou de apresentação), sem que se registre, mesmo na hipótese da conversão a que se refere o art. 310, II, do CPP, prévia, necessária e indispensável provocação do Ministério Público ou da Autoridade Policial – recente inovação Legislativa introduzida pela Lei nº 13.964/2019 ("Lei Anticrime"), que alterou os arts. 282, §§ 2º e 4º, e 311 do Código de Processo Penal, suprimindo ao magistrado a possibilidade de ordenar, "sponte sua", a imposição de prisão preventiva – não realização, no caso, da audiência de custódia (ou de apresentação) – inadmissibilidade de presumir-se implícita, no auto de prisão em flagrante, a existência de pedido de conversão de prisão preventiva – conversão, de ofício, mesmo assim, da prisão em flagrante do ora paciente em prisão preventiva – impossibilidade de tal ato, quer em face da ilegalidade dessa decisão, quer, ainda, em razão de ofensa a um direito básico, qual seja o de realização da audiência de custódia, que traduz prerrogativa insuprimível assegurada a qualquer

4. PROCESSO PENAL   161

pessoa pelo ordenamento doméstico e por convenções Internacionais de direitos humanos". **PB**

Gabarito "B".

(Juiz de Direito – TJ/RJ – VUNESP – 2016) X e Y, maiores de idade, empreendem assalto a banco, armados (art. 157, § 2°, I e II). Logo ao saírem do local, em poucos minutos, a polícia chega ao recinto e passa à perseguição dos criminosos, que são presos em flagrante, na posse de armas de fogo e de grande quantidade de dinheiro em espécie. O delegado arbitra fiança a X, mas não para Y, por este ser reincidente. Em juízo, é convertida em preventiva a prisão de Y, sendo imediatamente impetrado *habeas corpus* no Tribunal de Justiça. A ordem é concedida, revogando-se a prisão preventiva, pois cabíveis medidas alternativas, sendo, desde logo, imposta a obrigatoriedade de comparecimento periódico, em Juízo. Uma vez solto, Y descumpre a medida, sendo decretada, de ofício, nova prisão preventiva.

A respeito do caso, assinale a alternativa correta.

(A) A nova prisão preventiva de Y é ilegal, pois, inexistindo urgência, em homenagem ao princípio do contraditório, o imputado haveria de ser ouvido, antes da adoção da medida extrema.

(B) O Tribunal errou ao conceder a ordem, pois, em se tratando de crime com violência, a prisão preventiva é a regra.

(C) O delegado de polícia oficiante acertou em arbitrar fiança a X, pois o crime praticado não é inafiançável.

(D) Embora acertado o arbitramento de fiança para X pelo delegado de polícia oficiante, este não poderia se recusar a arbitrar fiança para Y, em virtude da reincidência.

(E) A prisão em flagrante delito dos agentes foi ilegal, eis que a situação não configurava, sob qualquer ótica, estado de flagrância.

A: correta. Em conformidade com o que estabelece o art. 282, § 3°, do CPP, cuja redação foi alterada pela Lei 13.964/2019, impondo que a manifestação da parte contrária se dê no prazo de 5 dias, ressalvados os casos de urgência ou de perigo de ineficácia da medida; **B: incorreta.** A decretação ou manutenção da prisão preventiva, que constitui modalidade de custódia cautelar que antecede a condenação definitiva, não pode ser considerada regra, ainda que se trate de crime com emprego de violência, devendo a sua aplicação sempre estar condicionada à demonstração concreta de sua imperiosa necessidade. É por essa razão que deve o magistrado apontar as razões, no seu entender, que a tornam indispensável (art. 312 do CPP). Enfim, a prisão preventiva deve ser vista como exceção, já que somente terá lugar quando necessária ao processo. Deve ser vista, portanto, como um *instrumento* do processo a ser utilizado em situações *excepcionais;* **C: correta.** O crime de roubo (art. 157 do CP), ainda que majorado, não é considerado inafiançável; somente é inafiançável, porque hediondo, o roubo circunstanciado pela restrição de liberdade da vítima (art. 157, § 2°, inciso V), pelo emprego de arma de fogo (art. 157, § 2°-A, inciso I) ou pelo emprego de arma de fogo de uso proibido ou restrito (art. 157, § 2°-B) e qualificado pelo resultado lesão corporal grave ou morte (art. 157, § 3°) tal como estabelece o art. 1°, II, *a, b* e *c,* da Lei 8.072/1990 (Crimes Hediondos). Ademais, não poderia o delegado ter arbitrado fiança a X, na medida do que dispõe o art. 322, *caput,* do CPP, a autoridade policial somente poderá conceder fiança nos casos de infração penal cuja pena privativa de liberdade máxima não seja superior a 4 anos. A pena máxima cominada ao roubo simples é de 10 anos; **D: incorreta.** A autoridade policial somente poderá conceder fiança nos casos de infração penal cuja pena privativa de liberdade máxima não seja superior a 4 anos (art. 322, *caput,* do CPP); ademais, a reincidência não é fator

impeditivo à concessão de fiança; **E: incorreta.** Segundo consta, X e Y, em concurso de pessoas e com o emprego de arma de fogo, logo após o cometimento do crime de roubo a agência bancária, passaram a ser perseguidos pela polícia, que os prenderam em flagrante na posse de armas e dinheiro. Trata-se do que a doutrina convencionou chamar de flagrante impróprio, imperfeito ou quase flagrante, modalidade legal de prisão em flagrante (art. 302, III do CPP). Além dessa espécie de flagrante, há o flagrante próprio, real ou perfeito, que é aquele em que o agente é surpreendido no momento em que comete o crime ou quando acaba de cometê-lo – art. 302, I e II, do CPP. Há, por fim, o flagrante ficto ou presumido, que é a modalidade de flagrante (art. 302, IV) em que o agente é encontrado, depois do crime, na posse de instrumentos, armas, objetos ou papéis em circunstâncias que revelem ser ele o autor da infração penal. De se ver que, nesta modalidade de flagrante, inexiste perseguição, como ocorre no flagrante impróprio. **PB**

Gabarito "A".

(Juiz de Direito – TJM/SP – VUNESP – 2016) Afirma-se corretamente em matéria de prisão cautelar, que

(A) em caso de excepcional gravidade, ainda que analisada abstratamente, o princípio da presunção de inocência poderá ser desprezado, a fim de se autorizar o largo emprego de prisões cautelares.

(B) em caso de descumprimento de alguma medida cautelar, a regra será a decretação imediata e automática da prisão processual.

(C) na análise do cabimento da prisão preventiva, deve o juiz ponderar, na decisão, se não são aplicáveis medidas diversas menos gravosas.

(D) o prazo da prisão temporária, ainda que prorrogada, jamais excederá a 10 (dez) dias.

(E) em sendo vedada a fiança, não é possível a concessão de liberdade provisória, com ou sem condições.

A: incorreta. É tema superado, tanto na doutrina quanto na jurisprudência, que a gravidade abstrata do crime imputado não pode servir de fundamento à decretação de prisões cautelares. A gravidade do crime, para justificar a custódia provisória, deve limitar-se ao aspecto *concreto.* O princípio da presunção de inocência é uma garantia constitucional prevista no art. 5°, LVII, e que dispõe: "ninguém será considerado culpado até o trânsito em julgado da sentença penal condenatória", não pode o acusado ser declarado culpado sem antes ser observado todos os meios de provas para a sua defesa. Nesses termos, deve-se concluir que a restrição à liberdade do acusado antes da sentença definitiva só deve ser admitida a título de medida cautelar, necessidade para aplicação da lei penal, para a investigação ou a instrução criminal e, nos casos expressamente previstos, para evitar a prática de infrações penais e adequação da medida à gravidade do crime, circunstâncias do fato e condições pessoais do indiciado ou acusado (art. 282, CPP). Nesse sentido, o STF na ADC 43 (44,54), por maioria declarou a constitucionalidade do art. 283 do CPP: "Pena – Execução provisória – Impossibilidade – Princípio da não culpabilidade. Surge constitucional o artigo 283 do Código de Processo Penal, a condicionar o início do cumprimento da pena ao trânsito em julgado da sentença penal condenatória, considerado o alcance da garantia versada no artigo 5°, inciso LVII, da Constituição Federal, no que direciona a apurar para, selada a culpa em virtude de título precluso na via da recorribilidade, prender, em execução da sanção, a qual não admite forma provisória"; **B: incorreta.** Na hipótese de descumprimento de alguma medida cautelar imposta, deve-se, em primeiro lugar, proceder à substituição da medida por outra mais adequada ou a sua cumulação com a medida anterior impingida. Se, ainda assim, a nova medida (em substituição ou por cumulação) mostrar-se insuficiente, aí, sim, poderá o juiz recorrer à derradeira alternativa, decretando a prisão preventiva. É o que se extrai do art. 282, § 4°, do CPP. Como se vê, a tônica introduzida pela Lei de Reforma 12.403/2011 é evitar a todo custo a segregação cautelar, à qual somente poderá se recorrer em último caso; **C:** correta. Ante as mudanças implementadas pela Lei 12.403/2011, que instituiu as *medidas cautelares alternativas à prisão provisória*, esta (prisão) somente terá lugar diante da impossibilidade de se recorrer às medidas cautelares. Dessa forma, a prisão, como medida excepcional que é, deve também ser vista como instrumento subsidiário, supletivo, cabendo ao juiz, ao decretar à prisão preventiva, justificar por que razão não recorreu às medidas cautelares alternativas (art. 282, § 6°, do CPP). Segundo dispõe o art. 282, § 6°, do CPP, com a redação que lhe conferiu a Lei 13.964/2019, *a prisão preventiva somente será determinada quando não for cabível a sua substituição por outra medida cautelar (art. 319). O não cabimento da substituição por outra medida cautelar deverá ser justificado de forma fundamentada nos elementos presentes no caso concreto, de forma individualizada;* **D:** incorreta. A *prisão temporária,* a ser decretada tão somente pelo juiz de direito, terá o prazo de 5 (*cinco*) *dias,* prorrogável por igual período em caso de extrema e comprovada necessidade, nos termos do art. 2° da Lei 7.960/1989. Em se tratando, no entanto, de crime hediondo ou delito a ele equiparado (tortura, tráfico de drogas e terrorismo), uma *custódia temporária* será decretada por *até* 30 (trinta) dias, prorrogável por igual período em caso de extrema e comprovada necessidade, em consonância com o disposto no art. 2°, § 4°, da Lei 8.072/1990 (Lei de Crimes Hediondos); **E:** incorreta. O fato de ser vedada a concessão de fiança (como ocorre nos crimes hediondos) não impede que se conceda liberdade provisória sem fiança. **PB**

Gabarito "C".

(Procurador Municipal/SP – VUNESP – 2016) Sobre a prisão, assinale a alternativa correta.

(A) Qualquer agente policial poderá efetuar a prisão determinada no mandado de prisão registrado no Conselho Nacional de Justiça, desde que observada a competência territorial do juiz que a expediu.

(B) Mesmo quando as autoridades locais tenham fundadas razões para duvidar da legitimidade da pessoa do executor, da legalidade do mandado que apresentar, ou sobre a identidade do preso poderão colocá-lo em custódia, até que fique esclarecida a dúvida.

(C) Se o executor do mandado verificar, com segurança, que o réu entrou ou se encontra em alguma casa, o morador será intimado a entregá-lo, à vista da ordem de prisão e acaso não seja obedecido imediatamente, convocará duas testemunhas e, sendo dia ou noite, entrará à força na casa, arrombando as portas, se preciso.

(D) O juiz competente providenciará, no prazo de três dias, o registro do mandado de prisão em banco de dados mantido pelo Conselho Nacional de Justiça para essa finalidade.

(E) Quando o acusado estiver no território nacional, fora da jurisdição do juiz processante, será deprecada a sua prisão e o juiz processante deverá providenciar a remoção do preso no prazo máximo de 60 (sessenta) dias, contados da efetivação da medida.

A: incorreta, uma vez que não reflete o disposto no art. 289-A, § 1°, do CPP; a prisão poderá efetuar-se ainda que fora do território sujeito à jurisdição do juiz que expediu a respectiva ordem; **B:** correta, pois em conformidade com o que dispõe o art. 289-A, § 5°, do CPP, que remete ao art. 290, § 2°, do CPP; **C:** incorreta, já que o ingresso à força, na hipótese de recalcitrância do morador, somente se efetivará durante o dia; se à noite, diante da recusa do ocupante, o executor da ordem de prisão fará guardar todas as saídas do imóvel até o amanhecer, quando então poderá ingressar no imóvel onde se encontra a pessoa a ser presa, independente da anuência do morador. É o que estabelece o art. 293 do CPP; **D:** incorreta, já que tal providência será adotada pelo juiz *de imediato,* tal como impõe o art. 289-A, *caput,* do CPP; **E:** incorreta. A remoção do preso, a cargo do juiz processante, deverá realizar-se no prazo de 30 dias (e não de 60), a contar da efetivação da prisão (art. 289, § 3°, do CPP). **ED**

Gabarito "B".

(Juiz de Direito – TJ/SP – VUNESP – 2015) A liberdade provisória, assegurada pela Constituição Federal e pelo Código de Processo Penal, não pode depender de um ato meramente discricionário do magistrado. Assim, a decisão deve conter a

(A) desnecessidade da manutenção da prisão apenas no momento processual.

(B) fundamentação sucinta e sem análise que prejudique o interesse do mérito.

(C) invocação, ainda que formal, dos dispositivos ensejadores de sua concessão.

(D) demonstração concreta que impõe a privação da liberdade antes da decisão de mérito.

A decretação ou manutenção da prisão cautelar (provisória ou processual), assim entendida aquela que antecede a condenação definitiva, deve sempre estar condicionada à demonstração concreta de sua imperiosa necessidade. Bem por isso, deve o magistrado apontar as razões, no seu entender, que a tornam indispensável (art. 312 do CPP). Colocado de outra forma, a prisão provisória ou cautelar somente se justifica dentro do ordenamento jurídico quando necessária ao processo. Deve ser vista, portanto, como um *instrumento* do processo a ser utilizado em situações *excepcionais.* Em consonância com esse entendimento, consagrado na jurisprudência, a Lei 13.964/2019 inseriu o § 2° ao art. 312 do CPP, que assim dispõe: *a decisão que decretar a prisão preventiva deve ser motivada e fundamentada em receio de perigo e existência concreta de fatos novos ou contemporâneos que justifiquem a aplicação da medida adotada.* Dentro desse mesmo espírito, esta mesma Lei incluiu o § 1° ao art. 315 do CPP, com a seguinte redação: *na motivação da decretação da prisão preventiva ou de qualquer outra cautelar, o juiz deverá indicar concretamente a existência de fatos novos ou contemporâneos que justifiquem a aplicação da medida adotada.* O § 2° do art. 315 elenca as situações em que não se considera fundamentada qualquer decisão judicial, seja ela interlocutória, sentença ou acórdão, que: I – limitar-se à indicação, à reprodução ou à paráfrase de ato normativo, sem explicar sua relação com a causa ou a questão decidida; II – empregar conceitos jurídicos indeterminados, sem explicar o motivo concreto de sua incidência no caso; III – invocar motivos que se prestariam a justificar qualquer outra decisão; IV – não enfrentar todos os argumentos deduzidos no processo capazes de, em tese, infirmar a conclusão adotada pelo julgador; V – limitar-se a invocar precedente ou enunciado de súmula, sem identificar seus fundamentos determinantes nem demonstrar que o caso sob julgamento se ajusta àqueles fundamentos; VI – deixar de seguir enunciado de súmula, jurisprudência ou precedente invocado pela parte, sem demonstrar a existência de distinção no caso em julgamento ou a superação do entendimento. **PB**

Gabarito "D".

(Juiz de Direito – TJ/MS – VUNESP – 2015) A prisão domiciliar, nos termos do artigo 317, do Código de Processo Penal, consiste no recolhimento do indiciado ou acusado em sua residência, só podendo dela ausentar-se com autorização judicial. Poderá o juiz, de acordo com o dispositivo legal seguinte, substituir a prisão preventiva pela domiciliar quando o agente for, comprovadamente:

(A) I. inimputável; II. semi-imputável; ou III. menor de 21 (vinte e um anos), sem comprovação de reincidência por crime doloso praticado com violência ou grave ameaça contra a pessoa.

4. PROCESSO PENAL · 163

(B) I. maior de 70 (setenta) anos; II. gravemente doente; III. cuidador de pessoa menor de idade e portadora de necessidades especiais; e IV. gestante de alto risco.

(C) I. portador de bons antecedentes criminais ou II. menor de 21 (vinte e um anos), se não preenchidos os requisitos no artigo 312, *caput*, do Código de Processo Penal.

(D) I. maior de 80 (oitenta) anos; II. extremamente debilitado por motivo de doença grave; III. imprescindível aos cuidados especiais de pessoa menor de 6 (seis) anos de idade ou com deficiência; ou IV. gestante a partir do 7º mês de gravidez ou sendo esta de alto risco.

(E) I. portador de bons antecedentes; e II. apto ao monitoramento eletrônico.

A elaboração desta questão é anterior à Lei 13.257/2016, que promoveu várias alterações no art. 318 do CPP. Temos atualmente que o juiz poderá, em vista do que estabelece a nova redação do art. 318 do CPP, substituir a prisão preventiva pela domiciliar nas seguintes hipóteses: agente que contar com mais de 80 (oitenta) anos (inciso I); agente extremamente debilitado por motivo de doença grave (inciso II); quando o agente for imprescindível aos cuidados de pessoa com menos de 6 (seis) anos ou com deficiência (inciso III); quando se tratar de gestante (inciso IV – cuja redação foi alterada pela Lei 13.257/2016); quando se tratar de mulher com filho de até 12 anos de idade incompletos (inciso V – cuja redação foi determinada pela Lei 13.257/2016); homem, caso seja o único responsável pelos cuidados do filho de até 12 anos de idade incompletos (inciso VI – cuja redação foi determinada pela Lei 13.257/2016). Se levarmos em conta a anterior redação do art. 318 do CPP, a alternativa a ser assinalada como correta é de fato a "D". Quanto a este tema, importante tecer algumas ponderações, tendo em vista o advento da Lei 13.769/2018, que, entre outras coisas, inseriu no CPP o art. 318-A, que estabelece a substituição da prisão preventiva por prisão domiciliar da mulher gestante, mãe ou responsável por crianças ou pessoas com deficiência. Além disso, disciplina o regime de cumprimento de pena privativa de liberdade de condenadas na mesma situação, com alteração da Lei de Crimes Hediondos e da Lei de Execução Penal. Como bem sabemos, a 2ª turma do STF, ao julgar o HC coletivo 143.641, assegurou a conversão da prisão preventiva em domiciliar a todas as presas provisórias do país que sejam gestantes, puérperas ou mães de crianças e deficientes sob sua guarda. Perceba, dessa forma, que o legislador, ao inserir o art. 318-A do CPP, nada mais fez do que contemplar, no texto legal, o entendimento consolidado no *habeas corpus* coletivo a que fizemos referência. Também em consonância com o que ficou decidido no julgamento do HC, o legislador impôs dois requisitos: que não tenha sido cometido crime com grave ameaça ou violência contra a pessoa; que não tenha sido cometido contra o filho ou dependente. O art. 318-B, também inserido por meio da Lei 13.769/2018, prevê a possibilidade de aplicação concomitante da prisão domiciliar e das medidas alternativas previstas no art. 319 do CPP, na esteira do decidido no HC 143.641. Para além da inserção desses dois dispositivos legais no CPP, a Lei 13.769/2018 promoveu alterações na LEP. Perceba, pois, que os arts. 318, 318-A e 318-B tratam da concessão da prisão domiciliar no contexto da prisão preventiva, que constitui modalidade de prisão provisória. Pressupõe-se, aqui, portanto, ausência de condenação definitiva. Após o trânsito em julgado da condenação, a prisão domiciliar passa a ser disciplinada, como não poderia deixar de ser, pela LEP. Neste caso, temos que a Lei 13.769/2018 inseriu no art. 112 da LEP o § 3º, que estabelece fração diferenciada de cumprimento de pena para que a mulher, nas condições a que fizemos referência, possa alcançar o regime mais brando (a fração necessária, que antes era um sexto, passou para um oitavo). Para tanto, a reeducanda deve reunir quatro requisitos cumulativos, além de ter cumprido um oitavo da pena que lhe foi imposta. Também incluído pela Lei 13.769/2018, o

§ 4º do art. 112 da LEP estabelece que a prática de novo crime doloso ou falta grave acarretará a revogação do benefício. **ED**

Gabarito "D".

(Delegado/SP – VUNESP – 2014) Em relação ao tema prisão, é correto afirmar que

(A) o emprego de força para a realização da prisão será permitido sempre que a autoridade policial julgar necessário, não existindo restrição legal.

(B) a prisão poderá ser efetuada em qualquer dia e a qualquer hora, respeitadas as restrições relativas à inviolabilidade de domicílio.

(C) a prisão cautelar somente ocorre durante o inquérito policial.

(D) em todas as suas hipóteses, é imprescindível a existência de mandado judicial prévio.

(E) a prisão preventiva somente ocorre durante o processo judicial.

A: incorreta, uma vez que o art. 284 do CPP estabelece que somente se empregará força, na realização da prisão, quando indispensável em razão de resistência ou de tentativa de fuga; **B:** correta, pois reflete a regra disposta no art. 283, § 2º, do CPP; **C:** incorreta. Prisão cautelar (provisória ou processual) é gênero da qual são espécies a custódia *preventiva*, a *temporária* e a *prisão em flagrante*. Em regra, conforme nosso regime de liberdades individuais, a prisão somente deveria ocorrer para o cumprimento de uma sentença penal condenatória, porém, pode ocorrer antes do julgamento, ou na ausência de processo. Como bem sabemos, a prisão temporária somente poderá ocorrer no curso das investigações do inquérito policial (art. 1º, I, da Lei 7.960/1989); a prisão em flagrante, por sua vez, é efetuada em momento anterior à instauração do inquérito e, por óbvio, antes da instauração da ação penal; agora, a prisão preventiva, por força do que dispõe o art. 311 do CPP, poderá ser decretada em qualquer fase da persecução criminal (inquérito e processo); **D:** incorreta. O mandado somente se fará necessário ao cumprimento da prisão temporária e preventiva. A prisão em flagrante, por razões óbvias, não exige, para o seu cumprimento, a expedição de mandado. De outra forma não poderia ser; **E:** incorreta. A prisão preventiva, como já afirmamos, terá lugar tanto na fase inquisitiva quanto na instrução processual. Importante citar a ADI 479-DF, em que o STF julgou a constitucionalidade da prisão temporária e fixou o seguinte entendimento: "1) for imprescindível para as investigações do inquérito policial (art. 1º, I, Lei 7.960/1989) (*periculum libertatis*), constatada a partir de elementos concretos, não de meras conjecturas, vedada a sua utilização como prisão para averiguações, em violação ao direito à não autoincriminação, ou quando fundada no mero fato de o representado não possuir residência fixa (inciso II); 2) houver fundadas razões de autoria ou participação do indiciado nos crimes previstos no art. 1º, III, Lei 7.960/1989 (*fumus comissi delicti*), vedada a analogia ou a interpretação extensiva do rol previsto no dispositivo; 3) for justificada em fatos novos ou contemporâneos que fundamentem a medida (art. 312, § 2º, CPP); 4) a medida for adequada à gravidade concreta do crime, às circunstâncias do fato e às condições pessoais do indiciado (art. 282, II, CPP); 5) não for suficiente a imposição de medidas cautelares diversas, previstas nos arts. 319 e 320 do CPP (art. 282, § 6º, CPP)". **PB**

Gabarito "B".

(Delegado/SP – VUNESP – 2014) A fiança

(A) poderá ser prestada em todas as hipóteses de prisão, salvo no caso de prisão em decorrência de pronúncia.

(B) poderá ser prestada em qualquer termo do processo, inclusive após o trânsito em julgado da sentença.

(C) poderá ser prestada em qualquer termo do processo, enquanto não transitar em julgado a sentença condenatória.

(D) somente poderá ser prestada durante o inquérito policial.

(E) poderá ser prestada nas hipóteses de prisão temporária.

A: incorreta, uma vez que as hipóteses de inafiançabilidade estão elencadas no art. 323 do CPP, cuja redação foi determinada pela Lei 12.403/11, a saber: racismo, tortura, tráfico, terrorismo, crimes hediondos e os delitos praticados por grupos armados, civis ou militares, contra a ordem constitucional e o Estado Democrático e também aqueles contidos em leis especiais, tal como o art. 31 da Lei 7.492/1986 (Sistema Financeiro). Assim sendo, a prisão decorrente de pronúncia, que deve obediência aos requisitos do art. 312 do CPP, não constitui critério de inafiançabilidade; **B** e **C:** a fiança será prestada, a teor do art. 334 do CPP, enquanto não passar em julgado a sentença condenatória; **D:** incorreta. Será prestada tanto na fase de inquérito quanto na instrução processual (enquanto não transitar em julgado); **E:** incorreta. A fiança é incompatível com a prisão temporária. **ED**

Gabarito "C."

10. PROCESSO E PROCEDIMENTOS

(Escrevente – TJ/SP – VUNESP – 2023) Mévia foi denunciada pela prática de crime de homicídio doloso. A denúncia foi recebida pelo Juiz da Vara do Tribunal do Júri, sendo apresentada por Mévia resposta à acusação, seguindo-se a instrução processual com a oitiva das testemunhas de acusação e defesa. Encerrada a instrução, apresentadas as alegações finais, o processo encontra-se com o Juiz da Vara do Tribunal do Júri, para sentença. Em vista do caso hipotético, assinale a alternativa correta.

(A) Se a decisão do Juiz for pela ocorrência de prática de crime não sujeito à competência do Tribunal do Júri, proferirá, desde logo, sentença condenatória.

(B) Se a decisão do Juiz for pelo reconhecimento de que Mévia agiu em legítima defesa, circunstância que exclui o crime, por ausência de ilicitude, ainda assim, será ela pronunciada, competindo a decisão ao Júri, podendo, contudo, interpor Apelação.

(C) Se a decisão do Juiz for pela impronúncia de Mévia, ainda que preclusa, enquanto não extinta a punibilidade, surgindo prova nova, poderá ser formulada nova denúncia contra ela.

(D) Se a decisão do Juiz for pela impronúncia de Mévia, poderá o Ministério Público interpor Recurso em Sentido Estrito, estendendo tal legitimidade ao assistente de acusação, se habilitado.

(E) Se a decisão do Juiz for pela pronúncia de Mévia, será ela intimada, através de seu advogado constituído ou defensor público nomeado.

A: incorreta. Neste caso, deverá o juiz, de acordo com o art. 419 do CPP, remeter os autos ao juiz competente; **B:** incorreta, dado que o recurso a ser interposto, neste caso, não é a apelação, e sim o recurso em sentido estrito (art. 581, IV, CPP); **C:** correta. Estabelece o parágrafo único do art. 414 do CPP que "enquanto não ocorrer a extinção da punibilidade, poderá ser formulada nova denúncia ou queixa se houver prova nova"; **D:** incorreta. Isso porque contra a sentença de impronúncia cabe apelação (art. 416 do CPP), e não recurso em sentido estrito; **E:** incorreta. A intimação da decisão de pronúncia será feita pessoalmente ao acusado, ao defensor nomeado e ao Ministério Público (art. 420, I, CPP). Vale citar: o STF, por maioria, entendeu que cabe recurso contra decisão do júri que absolve réu em contrariedade às provas, e fixou a seguinte tese: "1. É cabível recurso de apelação com base no artigo 593, III, *d*, do Código de Processo Penal, nas hipóteses em que a decisão do Tribunal do Júri, amparada em quesito genérico, for considerada pela acusação como manifestamente contrária à prova dos autos. 2. O

Tribunal de Apelação não determinará novo Júri quando tiver ocorrido a apresentação, constante em Ata, de tese conducente à clemência ao acusado, e esta for acolhida pelos jurados, desde que seja compatível com a Constituição, os precedentes vinculantes do Supremo Tribunal Federal e com as circunstâncias fáticas apresentadas nos autos" (ARE 1225185, j. em 4-4-2024). **PB**

Gabarito "C".

(Escrevente – TJ/SP – VUNESP – 2023) Tendo em conta as regras de impedimento e suspensão, previstas nos artigos 252 a 258, do Código de Processo Penal, assinale a alternativa correta.

(A) O promotor de justiça não poderá atuar em processos em que tenha figurado como advogado de qualquer das partes, podendo, no entanto, atuar naqueles em que figurou como testemunha ou informante.

(B) O juiz dar-se-á por suspeito e, se não o fizer, poderá ser recusado por qualquer das partes, se parente seu, consanguíneo ou afim, em linha reta ou colateral, estiver respondendo a processo análogo.

(C) O juiz não poderá atuar em processo em que ele próprio tenha figurado como advogado de qualquer das partes, não se aplicando o impedimento, no entanto, se a atuação como advogado é de parentes seus, por afinidade.

(D) As causas de impedimento e suspensão decorrentes do parentesco por afinidade não cessarão com a dissolução do casamento, se houver filhos menores, cessando, no entanto, se inexistir filhos ou, se existir, já tenham atingido a idade adulta.

(E) Não poderão figurar no mesmo processo, em juízos coletivos, juízes que sejam parentes entre si, ainda que afins, em linha reta ou colateral, inclusive até o terceiro grau.

Antes de mais nada, é importante o registro de que o enunciado e algumas das alternativas fazem referência a *suspensão*, quando o correto seria falar em *suspeição*. Impedimentos são causas objetivas relacionadas a fatos internos ao processo e prejudicam a imparcialidade do juiz, e as hipóteses estão elencadas no art. 252 do CPP. A Suspeição são circunstâncias subjetivas relacionadas a fatos externos ao processo, causas de incapacidade subjetiva do juiz e que prejudicam a sua imparcialidade, descritas no art. 254 do CPP. **A:** incorreta, pois contraria o disposto nos arts. 252, II, e 258, do CPP; **B:** incorreta. Contraria o disposto no art. 254, II, do CPP: "se ele, seu cônjuge, ascendente ou descendente, estiver respondendo a processo por fato análogo, sobre cujo caráter criminoso haja controvérsia"; **C:** incorreta. Contraria o que estabelece o art. 252, I, CPP: "tiver funcionado seu cônjuge ou parente, consangüíneo ou afim, em linha reta ou colateral até o terceiro grau, inclusive, como defensor ou advogado, órgão do Ministério Público, autoridade policial, auxiliar da justiça ou perito"; **D:** incorreta. Contraria o que estabelece o art. 255, CPP: "O impedimento ou suspeição decorrente de parentesco por afinidade cessará pela dissolução do casamento que lhe tiver dado causa, salvo sobrevindo descendentes; mas, ainda que dissolvido o casamento sem descendentes, não funcionará como juiz o sogro, o padrasto, o cunhado, o genro ou enteado de quem for parte no processo"; **E:** correta. Em conformidade com a regra presente no art. 253 do CPP: "Nos juízos coletivos, não poderão servir no mesmo processo os juízes que forem entre si parentes, consangüíneos ou afins, em linha reta ou colateral até o terceiro grau, inclusive". **PB**

Gabarito "E".

(Escrevente – TJ/SP – 2021 – VUNESP) São causas de rejeição da denúncia e absolvição sumária, respectivamente, previstas nos artigos 395 e 397, do Código de Processo penal:

(A) existência manifesta de excludente de ilicitude do fato e falta de condições para o exercício da ação penal.

4. PROCESSO PENAL — 165

(B) inépcia e prescrição.

(C) falta de justa causa para a ação penal e falta de condição para o exercício da ação penal.

(D) inimputabilidade e atipicidade.

(E) inépcia e falta de justa causa para a ação penal.

A: incorreta, uma vez que a assertiva não corresponde à ordem proposta no enunciado, na medida em que contempla, em primeiro lugar, hipótese de absolvição sumária (art. 397, I, CPP), e, em segundo lugar, causa de rejeição da inicial (art. 395, II, CPP); **B:** correta, uma vez que contempla uma causa de rejeição da denúncia e outra de absolvição sumária, nesta ordem, conforme estabelecem, respectivamente, os arts. 395, I, e 397, IV, do CPP; **C:** incorreta, uma vez que as hipóteses contidas no enunciado constituem causa de rejeição da denúncia, previstas, respectivamente, nos incisos III e II do art. 395 do CPP; **D:** incorreta, pois o art. 397, II, do CPP exclui a possibilidade de proceder-se à absolvição sumária em caso de *inimputabilidade*, dado que tal circunstância deverá ser apurada no curso da instrução processual. Além disso, a inimputabilidade não pode dar azo à rejeição da denúncia; já a atipicidade constitui hipótese de absolvição sumária, nos termos do art. 397, III, CPP; **E:** incorreta, pois contempla duas causas de rejeição da denúncia (art. 395, I e III, do CPP). 🔲

Gabarito "B".

(Escrevente – TJ/SP – 2021 – VUNESP) A respeito dos procedimentos ordinário e sumário, de acordo com o texto legal previsto no Código de Processo Penal, é correto afirmar que:

(A) no procedimento ordinário, as alegações finais serão por escrito e, no sumário, em regra, orais, apresentadas em audiência.

(B) no procedimento ordinário, admitem-se alegações finais por escrito quando há elevado número de acusados, regra inaplicável ao procedimento sumário.

(C) em ambos os procedimentos, em regra, as alegações finais serão por escrito, sendo facultada a apresentação oral, em audiência, caso haja concordância de todas as partes.

(D) no procedimento ordinário, admitem-se alegações finais por escrito, no prazo de 05 (cinco) dias e, no sumário, no prazo de 03 dias.

(E) em ambos os procedimentos, as alegações finais serão orais, apresentadas em audiência, admitindo-se memoriais por escrito, no prazo de 03 dias, em caso de complexidade do feito.

A teor do art. 403, *caput*, do CPP, no procedimento ordinário, se, não há mais requerimento de diligências, ou sendo ele indeferido, serão oferecidas alegações finais orais por 20 minutos, respectivamente, pela acusação e pela defesa, prorrogáveis por mais 10 proferindo o juiz, a seguir, sentença. Porém, diante da complexidade do caso ou o número de acusados, pode o juiz conceder às partes o prazo de 5 dias sucessivamente para a apresentação de memoriais (§ 3º). No procedimento sumário, as alegações finais serão orais, concedendo-se a palavra, respectivamente, à acusação e à defesa, pelo prazo de 20 minutos, prorrogáveis por mais 10, proferindo o juiz, a seguir, sentença, conforme art. 534 do CPP. 🔲

Gabarito "B".

(Escrevente – TJ/SP – 2021 – VUNESP) A respeito do procedimento relativo ao Tribunal do Júri, assinale a alternativa correta.

(A) Oferecida a denúncia por crime de competência do Tribunal do Júri, o Juiz Singular pode, desde logo, rejeitá-la, se presentes as hipóteses previstas no artigo 395, do Código de Processo Penal.

(B) Citado o acusado, não apresentada a resposta à acusação no prazo legal, o Juiz nomeará defensor para oferecê-la, no prazo de 05 dias.

(C) Recebida a denúncia, não sendo localizado o réu, para fins de citação pessoal, far-se-á a citação por edital. Findo o prazo fixado no edital, caso o réu não compareça, o juiz lhe nomeará defensor, prosseguindo o feito, até a finalização da fase de pronúncia.

(D) Encerrada a instrução processual da primeira fase do Júri, poderá o Juiz pronunciar o acusado, impronunciar, absolver sumariamente ou reconhecer a prática de crime não sujeito à competência do Tribunal do Júri, proferindo, desde logo, a sentença condenatória.

(E) O desaforamento do julgamento para outra Comarca da mesma região poderá ser feito apenas a requerimento do acusado.

A: correta, já que as hipóteses de rejeição da denúncia enumeradas no art. 395 do CPP têm aplicação no âmbito do procedimento especial do Tribunal do Júri; **B:** incorreta. Segundo dispõe o art. 408 do CPP, uma vez citado o acusado, não apresentada a resposta à acusação no prazo legal, o juiz nomeará defensor para oferecê-la em até 10 dias, concedendo-lhe vista dos autos; **C:** incorreta. Na hipótese de o réu não ser encontrado, deverá o juiz determinar a sua citação por edital, depois de esgotados os meios disponíveis para a sua localização. Se o réu, depois de citado por edital, não comparecer tampouco constituir defensor, o processo e o prazo prescricional ficarão, em vista da disciplina estabelecida no art. 366 do CPP, suspensos (não há que se falar em revelia tampouco continuidade do processo, portanto), podendo ser decretada, se o caso, sua prisão preventiva bem como determinada a produção antecipada das provas consideradas urgentes. No que toca ao tema *suspensão condicional do processo* (*sursis* processual), valem alguns esclarecimentos. A produção da prova considerada urgente deverá se dar em conformidade com o entendimento firmado na Súmula 455 do STJ: "A decisão que determina a produção antecipada de provas com base no art. 366 do CPP deve ser concretamente fundamentada, não a justificando unicamente o mero decurso do tempo". No que toca à prisão preventiva, a sua decretação, no âmbito do art. 366 do CPP, somente poderá se dar diante da presença dos requisitos do art. 312 do CPP, sendo vedada, portanto, a decretação automática da custódia. O mesmo há de ser aplicado à produção antecipada de provas, que está condicionada à demonstração de sua necessidade, não bastando, a autorizá-la, o mero decurso do tempo; **D:** incorreta. Por força do que dispõe o art. 419 do CPP, se o magistrado se convencer da existência exclusiva de crime que não seja da competência do Tribunal do Júri, é de rigor a remessa dos autos ao juízo competente; **E:** incorreta. A competência para determinar o desaforamento é sempre do Tribunal, que o fará mediante representação do juiz presidente, ou atendendo a requerimento formulado pelo MP, pelo assistente, pelo querelante ou mesmo pelo acusado – art. 427, *caput*, do CPP. 🔲

Gabarito "A".

(Escrevente – TJ/SP – 2021 – VUNESP) A respeito do impedimento e da suspeição do Juiz, é correto afirmar que

(A) as causas de impedimento e suspeição do Juiz não se aplicam aos serventuários e servidores da justiça.

(B) as causas de impedimento estão relacionadas ao *animus* subjetivo do juiz quanto às partes; enquanto as de suspeição referem-se a vínculos objetivos do Juiz com o processo.

(C) o Juiz restará impedido de atuar no processo se ele ou seu cônjuge, seus ascendentes ou descendentes estiverem respondendo a processo por fato análogo.

(D) mesmo dissolvido o casamento, ainda que sem filhos em comum, o Juiz não poderá figurar em processos em que são partes os pais e irmãos do ex-cônjuge.

(E) o Juiz restará suspeito para atuar em processo em que o próprio já tenha atuado como autoridade policial ou mesmo órgão do Ministério Público.

A: incorreta. Isso porque, ao contrário do afirmado, as causas que dão ensejo a impedimento ou suspeição do magistrado têm aplicação aos serventuários e funcionários da Justiça, conforme estabelece o art. 274 do CPP; **B:** incorreta. Os conceitos estão invertidos. Com efeito, as causas de suspeição (e não de impedimento) estão vinculadas ao *animus* subjetivo do juiz em relação às partes. São motivos que podem levar à desconfiança sobre a isenção do magistrado, tornando-o suspeito; já as causas de impedimento dizem respeito a vínculos objetivos do juiz com o processo. São motivos previstos em lei que determinam o afastamento compulsório do juiz, pois sua imparcialidade objetiva está comprometida; **C:** incorreta, uma vez que se trata de hipótese de suspeição, e não de impedimento, conforme art. 254, II, CPP; **D:** correta, pois em conformidade com o disposto no art. 255 do CPP; **E:** incorreta. Cuida-se de hipótese de impedimento, e não de suspeição (art. 252, II, do CPP). **ED**
„Gabarito "D".

(Juiz de Direito – TJ/RS – 2018 – VUNESP) Assinale a alternativa correta.

(A) O procedimento comum será ordinário, sumário ou especial.

(B) Os processos que apuram a prática de crime hediondo terão prioridade de tramitação em todas as instâncias apenas se houver réu preso.

(C) O juiz terá o prazo de 5 dias para proferir a sentença caso conceda às partes prazo para a apresentação de memoriais.

(D) No mandado de segurança impetrado pelo Ministério Público contra decisão proferida em processo penal, é facultativa a citação do réu como litisconsorte passivo.

(E) Não cabe *habeas corpus* contra decisão condenatória a pena de multa, ainda que seja patente o constrangimento ilegal causado.

A: incorreta. Segundo a redação do art. 394, *caput*, do CPP, o procedimento se divide em *comum*, previsto no Código de Processo Penal como regra (§ 2º) e será aplicado para as infrações penais que não possuem em procedimento específico determinado na lei; e *especial* que possui um rito específico, determinado pela lei, por exemplo, nos crimes dolosos contra a vida, nos crimes de responsabilidade de funcionários públicos. O procedimento comum é subdividido em *ordinário, sumário* e *sumaríssimo* (§ 1º, I, II e III). No rito ordinário, quando tiver por objeto crime cuja sanção máxima cominada for igual ou superior a 4 anos de pena privativa de liberdade; no rito sumário quando tiver por objeto crime cuja sanção máxima cominada seja inferior a 4 anos de pena privativa de liberdade; e o sumaríssimo para as infrações penais de menor potencial ofensivo, que são as contravenções penais e aquelas em que a lei comine pena máxima não superior a dois anos, cumulada ou não com multa (art. 61 da Lei 9.099/1995). Desse modo, o procedimento especial não constitui modalidade de procedimento comum, tal como consta da assertiva; **B:** incorreta. Com a inserção do art. 394-A, no CPP, pela Lei 13.285/2016 e, posteriormente o artigo foi alterado pela Lei 14.994/2024, os processos que apuram a prática de *crime hediondo* ou violência contra a mulher terão prioridade de tramitação em todas as instâncias, não importando se trata de réu preso ou solto; **C:** incorreta, já que o art. 403, § 3º, do CPP estabelece o prazo de 10 dias para o juiz proferir sentença; **D:** incorreta, porque em desconformidade com o entendimento firmado na Súmula 701 do STF: *No mandado de segurança impetrado pelo Ministério Público contra decisão proferida em processo penal, é obrigatória a citação do réu como litisconsorte passivo*; **E:** correta, uma vez que reflete o entendimento na Súmula 693, do STF: *Não cabe habeas corpus contra*

decisão condenatória a pena de multa, ou relativo a processo em curso por infração penal a que a pena pecuniária seja a única cominada. **PB**
Gabarito "E".

(Juiz de Direito – TJ/RS – 2018 – VUNESP) A respeito dos prazos previstos no CPP e em leis especiais, assinale a alternativa correta.

(A) No procedimento relativo aos processos da competência do Tribunal do Júri, se houver indícios de autoria ou de participação de outras pessoas não incluídas na acusação, o juiz, ao pronunciar ou impronunciar o acusado, determinará o retorno dos autos ao Ministério Público, por 15 dias, aplicável, no que couber, o art. 80, do CPP.

(B) A audiência de instrução e julgamento no procedimento ordinário será realizada no prazo máximo de 45 dias.

(C) O procedimento relativo aos processos da competência do Tribunal do Júri será concluído no prazo máximo de 120 dias.

(D) Os juízes singulares darão seus despachos e decisões dentro do prazo de 5 dias, se a decisão for definitiva ou interlocutória mista.

(E) Em crime de tráfico de entorpecentes, recebida cópia do auto de prisão em flagrante, o juiz, no prazo de 5 dias, certificará a regularidade formal do laudo de constatação e determinará a destruição das drogas apreendidas, guardando-se amostra necessária à realização do laudo definitivo.

A: correta, já que reproduz o teor do art. 417 do CPP: "Se houver indícios de autoria ou de participação de outras pessoas não incluídas na acusação, o juiz, ao pronunciar ou impronunciar o acusado, determinará o retorno dos autos ao Ministério Público, por 15 (quinze) dias, aplicável, no que couber o art. 80 deste Código". De acordo com a redação do art. 80 do CPP: "Será facultativa a separação dos processos quando as infrações tiverem sido praticadas em circunstâncias de tempo ou de lugar diferentes, ou, quando pelo excessivo número de acusados e para não lhes prolongar a prisão provisória, ou por outro motivo relevante, o juiz reputar conveniente a separação"; **B:** incorreta. No procedimento comum ordinário, a audiência será realizada no prazo de 60 dias, tal como consta do art. 400, *caput*, do CPP, e não de 45; já se se tratar do procedimento comum sumário, o art. 531 do CPP estabelece o prazo de 30 dias; **C:** incorreta. Isso porque, no procedimento especial do Júri, o prazo estabelecido pelo art. 412 do CPP corresponde a 90 dias, e não 120, tal como consta da assertiva; **D:** incorreta. Sendo a decisão definitiva ou interlocutória mista, o prazo de que dispõe o juiz singular para proferi-la é de 10 dias (art. 800, I, CPP); sendo interlocutória simples, a decisão será proferida dentro do prazo de 5 dias (art. 800, II, CPP); sendo despacho de mero expediente, o prazo estabelecido pelo art. 800, III, do CPP corresponde a 1 dia (art. 800, III, CPP); **E:** incorreta. O prazo de que dispõe o juiz para a adoção da providência acima é de 10 dias (art. 50, § 3º, da Lei 11.343/2006 – Lei de Drogas). Vale lembrar: sem a ocorrência da prisão em flagrante a destruição das drogas apreendidas será feita por incineração, no prazo máximo de 30 dias contados da data da apreensão, guardando-se amostra necessária à realização do laudo definitivo (art. 50-A, da Lei 11.343/2006). **PB**
Gabarito "A".

(Escrevente – TJ/SP – 2018 – VUNESP) Segundo o Código de Processo Penal, a respeito do processo comum, é correto dizer que

(A) aceita a denúncia ou a queixa, o Juiz não poderá absolver sumariamente o réu, após a apresentação da resposta à acusação.

4. PROCESSO PENAL

(B) a parte, no procedimento ordinário, não poderá desistir de testemunha, anteriormente arrolada.

(C) o procedimento será ordinário, sumário ou sumaríssimo; o procedimento sumaríssimo será o aplicado quando se tem por objeto crime sancionado com pena privativa de liberdade de até 04 (quatro) anos.

(D) são causas de rejeição da denúncia ou queixa a inépcia, a falta de pressuposto processual ou condição para o exercício da ação penal e a falta de justa causa.

(E) no procedimento ordinário, poderão ser ouvidas até 08 (oito) testemunhas, de acusação e defesa, compreendidas, nesse número, as que não prestam compromisso.

A: incorreta. Citado o réu e por ele oferecida a resposta à acusação, o juiz verificará a ocorrência de alguma das hipóteses de aplicação da absolvição sumária, art. 397 do CPP; **B**: incorreta. Dado que poderá a parte desistir da inquirição de qualquer das testemunhas que haja arrolado (art. 401, § 2º, CPP), exceto àquelas testemunhas quando o juiz julgar necessário, poderá ouvi-las (art. 209 do CPP); **C**: incorreta. Como bem sabemos, o critério utilizado para se identificar o rito processual a ser adotado é a *pena máxima* cominada ao crime, conforme estabelece o art. 394 do CPP. O *rito ordinário* quando se tratar de crime cuja sanção máxima cominada for igual ou superior a quatro anos de pena privativa de liberdade (art. 394, § 1º, I, CPP); o *rito sumário*, quando se tratar de crime cuja sanção máxima seja inferior a quatro anos de pena privativa de liberdade (art. 394, § 1º, II, CPP); o *rito sumaríssimo* nas infrações penais de menor potencial ofensivo (contravenções penais e as que a lei comine pena máxima não superior a dois anos, cumulada ou não com multa), na forma estatuída no art. 394, § 1º, III, CPP; **D**: correta. De acordo com o teor do art. 395 do CPP; **E**: incorreta. A primeira parte da assertiva está correta, de acordo com o art. 401, *caput* do CPP. Mas nesse número não se compreendem as que não prestem compromisso e as referidas (§ 1º do art. 401). **PB**

Gabarito "D".

(Escrevente Técnico – TJM/SP – VUNESP – 2017) Assinale a alternativa correta no que diz respeito ao procedimento comum dos processos em espécie, consoante disposições do Código de Processo Penal.

(A) Ordinário, quando tiver por objeto crime cuja sanção máxima cominada for igual ou superior a 2 (dois) anos de pena privativa de liberdade.

(B) Sumário, quando tiver por objeto crime cuja sanção máxima cominada seja inferior a 4 (quatro) anos de pena privativa de liberdade.

(C) Sumário, quando tiver por objeto crime cuja sanção máxima cominada seja inferior a 5 (cinco) anos de pena privativa de liberdade.

(D) Sumaríssimo, quando tiver por objeto crime cuja sanção máxima cominada seja inferior a 3 (três) anos de pena privativa de liberdade.

(E) Ordinário, quando tiver por objeto crime cuja sanção máxima cominada for igual ou superior a 3 (três) anos de pena privativa de liberdade.

O critério empregado para identificar o rito processual a ser adotado é a pena máxima cominada ao crime, conforme estabelece o art. 394 do CPP. O rito ordinário quando se tratar de crime cuja sanção máxima cominada for igual ou superior a quatro anos de pena privativa de liberdade (art. 394, § 1º, I, CPP). Assim, devemos excluir as alternativas "A" e "E". O rito sumário, por sua vez, é voltado aos crimes cuja sanção máxima cominada seja inferior a quatro anos de pena privativa de liberdade (art. 394, § 1º, II, CPP). Incorreta, por essa razão, a assertiva "C". Já o rito sumaríssimo terá incidência nas infrações penais de menor potencial ofensivo (contravenções penais e as que a

lei comine pena máxima não superior a dois anos, cumulada ou não com multa), na forma estatuída no art. 394, § 1º, III, CPP, o que exclui a proposição "D". Resta, dessa forma, a alternativa "B", que deve ser assinalada como correta. **PB**

Gabarito "B".

(Escrevente Técnico – TJ/SP – VUNESP – 2015) Nos procedimentos _____, oferecida a denúncia ou queixa, o juiz, se não a rejeitar liminarmente, recebê-la-á e _____ (CPP, art. 396).

Assinale a alternativa que preenche, adequada e respectivamente, as lacunas.

(A) comuns ... designará audiência de instrução e interrogatório

(B) ordinário e sumário ... designará audiência de instrução e interrogatório

(C) ordinário e sumário ... ordenará a citação do acusado para responder à acusação, por escrito, no prazo de 10 (dez) dias

(D) comuns ... ordenará a citação do acusado para responder à acusação, por escrito, no prazo de 15 (quinze) dias

(E) sumário e sumaríssimo ... designará audiência de instrução e interrogatório

Nos procedimentos ordinário e sumário, o juiz, depois de oferecida a denúncia ou queixa, receberá a peça acusatória e, ato contínuo, mandará citar o réu, que, assim que tomar conhecimento da ação contra ele ajuizada, disporá do prazo de dez dias para apresentar resposta escrita (art. 396, *caput*, CPP). **ED**

Gabarito "C".

(Escrevente Técnico – TJ/SP – VUNESP – 2015) Nas infrações penais de menor potencial ofensivo, quando o juizado especial criminal encaminhar ao juízo comum as peças existentes para a adoção de outro procedimento, de acordo com o art. 538 do CPP, o rito adotado será

(A) o ordinário.

(B) o sumário.

(C) livremente estabelecido pelo juiz.

(D) o sumaríssimo.

(E) o especial.

Se, por qualquer razão, o processo que tramita no Juizado Especial Criminal não puder ali ser julgado, estabelece o art. 538 do CPP que a competência será deslocada ao juízo comum, que processará o feito de acordo com as regras do procedimento *sumário*. É isso que ocorre, a título de exemplo, quando o réu, no juizado especial, não é localizado para citação pessoal. Deverá o juiz, neste caso, em obediência à norma presente no art. 66, parágrafo único, da Lei 9.099/1995, remeter os autos ao juízo comum, onde – repita-se – será adotado o rito *sumário*. **ED**

Gabarito "B".

11. PROCESSO DE COMPETÊNCIA DO JÚRI

(Juiz de Direito – TJ/SP – 2023 – VUNESP) Nos casos da competência do Tribunal do Júri, julgada improcedente a denúncia e impronunciado o acusado, pois insuficientes ou inexistentes indícios de autoria, o juiz

(A) não pode aceitar novo processo, já que a impronúncia é definitiva.

(B) deve necessariamente recorrer, de ofício, ao Tribunal.

(C) pode aceitar nova denúncia, desde que não extinta a punibilidade.

(D) deve determinar diligência para melhor esclarecimentos e eventualmente reconsiderar a decisão.

Conforme o disposto no art. 414 do CPP: "não se convencendo da materialidade do fato ou da existência de indícios suficientes de autoria ou de participação, o juiz, fundamentadamente, impronunciará o acusado", e no parágrafo único: "enquanto não ocorrer a extinção da punibilidade, poderá ser formulada nova denúncia ou queixa se houver prova nova". Vale mencionar, para complementação dos estudos, a recente decisão do STF sobre a possibilidade de Tribunal de 2º grau, diante da soberania dos veredictos do Tribunal do Júri, determinar a realização de novo júri em julgamento de recurso interposto contra absolvição assentada no quesito genérico, ante suposta contrariedade à prova dos autos (tema 1087). Decidiu, por maioria, a seguinte tese: "1. É cabível recurso de apelação com base no artigo 593, III, *d*, do Código de Processo Penal, nas hipóteses em que a decisão do Tribunal do Júri, amparada em quesito genérico, for considerada pela acusação como manifestamente contrária à prova dos autos. 2. O Tribunal de Apelação não determinará novo Júri quando tiver ocorrido a apresentação, constante em Ata, de tese conducente à clemência ao acusado, e esta for acolhida pelos jurados, desde que seja compatível com a Constituição, os precedentes vinculantes do Supremo Tribunal Federal e com as circunstâncias fáticas apresentadas nos autos" (ARE 1225185, j. em 4-10-2024). Outra decisão importante referente ao Tribunal do Júri: o STF, por maioria, decidiu que a soberania das decisões do Tribunal do Júri, prevista na Constituição Federal, justifica a execução imediata da pena imposta; deu interpretação conforme à Constituição, com redução de texto, ao art. 492 do CPP, com a redação da Lei nº 13.964/2019, excluindo do inciso I da alínea "e" do referido artigo o limite mínimo de 15 anos para a execução da condenação imposta pelo corpo de jurados. Por arrastamento, excluiu do § 4º e do § 5º, inciso II, do mesmo art. 492 do CPP, a referência ao limite de 15 anos; fixando a seguinte tese: "A soberania dos veredictos do Tribunal do Júri autoriza a imediata execução de condenação imposta pelo corpo de jurados, independentemente do total da pena aplicada" (RE 1235340-SC, j. em 11-9-2024, DJe de 13-11-2024 – Tema 1068). **PB**

Gabarito "C".

(Juiz de Direito – TJ/SP – 2023 – VUNESP) No início de julgamento em plenário pelo Tribunal do Júri, o Juiz Presidente verifica que estão presentes menos de 15 jurados daqueles convocados. Nesse caso, a providência deverá

(A) suspender o julgamento e imediatamente convocar os jurados suplentes para a mesma sessão.

(B) realizar o julgamento, desde que as partes estejam de acordo.

(C) determinar ao oficial de justiça que conduza coercitivamente os jurados faltantes.

(D) sortear jurados suplentes e designar nova data para o julgamento para data seguinte desimpedida.

Comparecendo, pelo menos, 15 jurados, o juiz presidente declarará instalados os trabalhos, anunciando o processo que será submetido a julgamento (art. 463 do CPP), no enunciado da questão o juiz verificou que não estavam presentes 15 jurados, nesse caso, proceder-se-á ao sorteio de tantos suplentes quantos necessários, e designar-se-á nova data para a sessão do júri (art. 464 do CPP). **PB**

Gabarito "D".

(Juiz de Direito/SP – 2021 – Vunesp) Em julgamento realizado pelo Tribunal do Júri, é correto afirmar que

(A) a entrega, aos jurados, de cópia da pronúncia é feita após a formação do Conselho de Sentença e dispensa comunicação ou aviso prévio ao defensor ou ao representante do Ministério Público.

(B) o julgamento será nulo se disponibilizadas aos jurados cópias da decisão de pronúncia e do acórdão que negou provimento ao recurso.

(C) é válida a utilização de decisão processual confirmada pelo Tribunal de Justiça em grau de recurso.

(D) o julgamento será nulo caso o representante do Ministério Público não comunique, com antecedência mínima de 03 (três) dias, a apresentação da decisão de pronúncia aos jurados.

A: correta. De fato, a teor do que estabelece o art. 472, parágrafo único, do CPP, em seguida à formação do Conselho de Sentença, aos jurados será entregue a cópia da pronúncia, não se exigindo que disso sejam comunicados o defensor e o representante do MP; **B:** incorreta. Pelo contrário. Conforme já expusemos acima, é de suma importância que aos jurados sejam disponibilizadas cópias da decisão de pronúncia ou, sendo este o caso, do acórdão que negou provimento ao recurso. Tal se dá a fim de que os jurados possam melhor se inteirar do processo, dirigindo perguntas às testemunhas e aos acusados; **C:** incorreta, pois contraria o art. 478, I, do CPP, que veda que se faça referência, durante os debates, à decisão de pronúncia, às decisões posteriores que julgaram admissível a acusação ou à determinação do uso de algemas como argumento de autoridade que beneficie ou prejudique o réu. Veja que a assertiva não faz menção *ao argumento de autoridade*, o que poderia ensejar o seu questionamento; **D:** incorreta, já que não há tal previsão na lei. **ED**

Gabarito "A".

(Juiz de Direito – TJ/RJ – 2019 – VUNESP) De acordo com as previsões legalmente estabelecidas (CPP, art. 427 e 428), é correto afirmar que o desaforamento

(A) pode ser determinado, se houver dúvida quanto à imparcialidade do Júri.

(B) deve ser indeferido de pronto, se motivado unicamente por excesso de serviço do órgão judicial.

(C) pode ocorrer, a fim de preservar a segurança pessoal da vítima e de seus familiares.

(D) pode ser determinado de ofício pelo Juiz Presidente do Tribunal do Júri.

(E) quando deferido, deve levar o julgamento para Comarca de outra região do Estado.

O desaforamento é a permissão que o julgamento pelo júri seja realizado em outra comarca se presentes os requisitos previstos na lei processual. **A:** correta. De fato, a dúvida sobre a imparcialidade do júri é um dos motivos a ensejar o desaforamento (art. 427, *caput*, do CPP); **B:** incorreta. Na dicção do art. 428 do CPP, em se tratando de demora na realização do julgamento ocasionada por excesso de serviço, ultrapassado o prazo de seis meses, contado do trânsito da decisão de pronúncia, poderá ser pleiteado o desaforamento; **C:** incorreta. O desaforamento ocorrerá, dentre outras razões, para o fim de preservar a segurança pessoal do *acusado*, e não da *vítima e seus familiares* (art. 427, *caput*, do CPP); **D:** incorreta. Não cabe ao juiz determinar de ofício o desaforamento, de acordo com o teor do art. 427, *caput*: "(...) o Tribunal, a requerimento do Ministério Público, do assistente, do querelante ou do acusado ou mediante representação do juiz competente, poderá determinar o desaforamento do julgamento para outra comarca da mesma região, onde não existam aqueles motivos, preferindo-se as mais próximas. Tal incumbência é do Tribunal de Justiça ou do Tribunal Regional Federal, por meio de uma de suas Câmaras ou Turmas criminais. Se o juiz do feito reputar presente motivo que possa ensejar o desaforamento, deverá representar nesse sentido (art. 427, *caput*, CPP); **E:** incorreta. Isso porque, segundo estabelece o art. 427, *caput*, do CPP, o júri deverá ocorrer na comarca mais próxima daquela onde o julgamento deveria ter-se realizado. Para complementação do estudo, reproduzimos o teor da Súmula 712 do STF: "É nula a decisão que

4. PROCESSO PENAL 169

determina o desaforamento de processo da competência do júri sem audiência da defesa". **PB**

Gabarito "A".

(Juiz de Direito – TJ/RS – 2018 – VUNESP) Assinale a alternativa correta sobre o Tribunal do Júri.

(A) O exercício efetivo da função de jurado constitui serviço público relevante, mas não estabelece presunção de idoneidade moral.

(B) O Tribunal do Júri é composto por 1 (um) juiz togado, seu presidente e por 7 (sete) jurados que serão sorteados dentre os alistados.

(C) O juiz presidente será ouvido nos pedidos de desaforamento quando não for ele o solicitante.

(D) O serviço do júri é facultativo às gestantes e aos cidadãos maiores de 70 anos.

(E) Se forem dois ou mais os acusados, as recusas deverão ser feitas por um só defensor.

A: incorreta. Segundo estabelece o art. 439 do CPP, o exercício efetivo da função de jurado constitui serviço público relevante e estabelece presunção de idoneidade moral; **B:** incorreta, já que o Tribunal do Júri é composto pelo juiz togado, que o preside, e por 25 jurados sorteados para a sessão, dos quais 7 formarão o Conselho de Sentença (art. 447, CPP); **C:** correta, pois reflete a regra presente no art. 427, § 3º, do CPP, segundo a qual, nas hipóteses de desaforamento em que o pedido não é formulado pelo juiz, ele será sempre ouvido; **D:** incorreta. O serviço do júri, dada a sua relevância, tal como estabelece o art. 436 do CPP, é *obrigatório*. Há situações, no entanto, que podem ensejar a isenção do serviço do júri, entre as quais ser maior de 70 anos, desde que formule requerimento de dispensa, e a demonstração, também por meio de requerimento, de justo impedimento (art. 437, IX e X, do CPP); **E:** incorreta, pois não corresponde ao que estabelece o art. 469, *caput*, do CPP: sendo 2 ou mais acusados, as recusas *poderão* (e não *deverão*) ser feitas por um só defensor. **ED**

Gabarito "C".

(Escrevente – TJ/SP – 2018 – VUNESP) Com relação ao procedimento relativo aos processos de competência do tribunal do júri, assinale a alternativa correta.

(A) Pronunciado o acusado, remetidos os autos ao tribunal do júri, será a defesa intimada para apresentar o rol de testemunhas que irão depor, em plenário, até o máximo de 08 (oito).

(B) Constituirão o Conselho de Sentença, em cada sessão de julgamento, 07 (sete) jurados, sorteados dentre os alistados, aplicando-se a eles o disposto sobre os impedimentos, a suspeição e as incompatibilidades dos juízes togados.

(C) Encerrada a instrução preliminar, o juiz, fundamentadamente, pronunciará ou impronunciará o acusado, não cabendo, nessa fase, a absolvição sumária.

(D) Contra a sentença de impronúncia do acusado caberá recurso em sentido estrito.

(E) O risco à segurança pessoal do acusado não enseja desaforamento do julgamento para outra comarca, sendo motivo justificante a dúvida razoável sobre a imparcialidade do júri.

A: incorreta. De acordo com a redação do art. 422, CPP, o número de testemunhas arroladas pela defesa para depor em plenário será o máximo de 5; **B:** correta. De acordo com o disposto nos arts. 447 e 448, § 2º, CPP; **C:** incorreta. Encerrada a instrução preliminar, desde que presente alguma das hipóteses do art. 415 do CPP, o juiz, desse logo, *absolverá sumariamente o réu*; **D:** incorreta. Com o advento da Lei 11.689/2008, que modificou os arts. 416 e 581, IV, do CPP, a

decisão de impronúncia, passou a ser combatida por meio de *recurso de apelação*; **E:** incorreta. A assertiva contraria o disposto no art. 427, CPP, que prevê as seguintes hipóteses que ensejam o desaforamento: "Se o interesse da ordem pública o reclamar ou houver dúvida sobre a imparcialidade do júri ou a segurança pessoal do acusado (...)"; e, ainda, no art. 428, *caput* do CPP: "O desaforamento também poderá ser determinado, em razão do comprovado excesso de serviço, ouvidos o juiz presidente e a parte contrária, se o julgamento não puder ser realizado no prazo de 6 (seis) meses, contado do trânsito em julgado da decisão de pronúncia". **PB**

Gabarito "B".

(Juiz de Direito – TJ/SP – VUNESP – 2015) O princípio do *in dubio pro sociedade* não altera a presunção de inocência, mas permite que a pronúncia seja decretada

(A) por ocasião da fase da pronúncia, quando vigora o princípio do *in dubio pro reo*.

(B) por mero juízo de admissibilidade, não sendo necessária prova incontroversa do crime.

(C) pelo conselho de sentença, que irá analisar o juízo de admissibilidade da acusação.

(D) porque o juízo de certeza é do presidente do tribunal do júri.

A pronúncia, classificada como decisão interlocutória mista não terminativa, traduz mero juízo de admissibilidade da acusação, isto é, não é necessária, nesta fase, a certeza exigida para uma condenação, razão pela qual deve o juiz, na hipótese de dúvida, pronunciar o réu. Nesta etapa, portanto, vigora o princípio denominado *in dubio pro societate*, segundo o qual deve prevalecer, havendo dúvida, o interesse da sociedade em detrimento do acusado. Conferir o seguinte julgado do STF: "É firme a jurisprudência deste Supremo Tribunal no sentido de que a decisão de pronúncia é mero juízo de admissibilidade da acusação, motivo por que nela não se exige a prova plena, tal como exigido nas sentenças condenatórias em ações penais que não são da competência do júri, não sendo, portanto, necessária a prova incontroversa da existência do crime para que o acusado seja pronunciado. Basta, para tanto, que o juiz se convença daquela existência" (HC 98791, Relator(a): Min. Cármen Lúcia, Primeira Turma, julgado em 28.09.2010, *DJe*-020 divulg 31-01-2011 public 01-02-2011 ement VOL-02454-02 PP-00378), e no RHC 192846, j. em 24-5-2021, DJe de 27-5-2021). Em sentido contrário, a 5ª Turma do STJ, entendeu que não se aplica o princípio *in dubio pro societate*, porque há necessidade de prévia instrução sob o crivo do contraditório e com a garantia da ampla defesa: "(...) 2. Assim, tem essa fase inicial do procedimento bifásico do Tribunal do Júri o objetivo de avaliar a suficiência ou não de razões para levar o acusado ao seu juízo natural. O juízo da acusação (*judicium accusationis*) funciona como um importante filtro pelo qual devem passar somente as acusações fundadas, viáveis, plausíveis e idôneas a serem objeto de decisão pelo juízo da causa (*judicium causae*). A pronúncia consubstancia, dessa forma, um juízo de admissibilidade da acusação, razão pela qual o Juiz precisa estar "convencido da materialidade do fato e da existência de indícios suficientes de autoria ou de participação" (art. 413, *caput*, do CPP). 3. A leitura do referido dispositivo legal permite extrair dois standards probatórios distintos: um para a materialidade, outro para a autoria ou a participação. Ao usar a expressão "convencido da materialidade", o legislador impôs, nesse ponto, a certeza de que o fato existiu; já em relação à autoria e à participação, esse convencimento diz respeito apenas à presença de indícios suficientes, não à sua demonstração plena, exame que competirá somente aos jurados.(...)" (REsp 2091647-DF, j. em 26-9-2023, 3-10-2023). **PB**

Gabarito "B".

(Juiz de Direito – TJ/SP – VUNESP – 2015) No julgamento pelo Tribunal do Júri, havendo condenação pelo crime de homicídio doloso por motivo fútil, a defesa recorre e requer a absolvição alegando a ocorrência de decisão contrária à prova dos autos. A apelação será desprovida com base no seguinte:

(A) o Conselho de Sentença decidiu de forma unânime e não cabe alteração.

(B) as decisões do Tribunal do Júri são soberanas e somente em casos de nulidade podem ser revistas.

(C) os jurados adotaram uma das vertentes possíveis e optaram por uma das versões apresentadas.

(D) o veredicto será alterado apenas quando a decisão for tomada por maioria e não por unanimidade.

A soberania dos veredictos representa a vontade popular e tem fundamento constitucional no art. 5º, XXXVIII, c, ou seja, não poderá o juiz togado ou tribunal alterar o mérito dessa decisão do Conselho de Sentença, porém, isso não significa que suas decisões são irrecorríveis e definitivas. De acordo com o art. 593, caput, e III, do CPP: "Caberá apelação no prazo de 5 (cinco) dias: III – das decisões do Tribunal do Júri, quando: a) ocorrer nulidade posterior à pronúncia; b) for a sentença do juiz-presidente contrária à lei expressa ou à decisão dos jurados; c) houver erro ou injustiça no tocante à aplicação da pena ou da medida de segurança; d) for a decisão dos jurados manifestamente contrária à prova dos autos". O enunciado questiona sobre a decisão contrária às provas dos autos e, nesse caso a lei prevê a possibilidade de recurso de apelação. Quanto ao tema abordado nesta questão, vale conferir o magistério de Guilherme de Souza Nucci: "(...) Não cabe anulação, quando os jurados optam por uma das correntes de interpretação da prova possíveis de surgir. Exemplo disso seria a anulação do julgamento porque o Conselho de Sentença considerou fútil o ciúme, motivo do crime. Ora, se existe prova de que o delito foi, realmente, praticado por tal motivo, escolheram os jurados essa qualificadora, por entenderem adequada ao caso concreto. Não é decisão manifestamente contrária à prova, mas situa-se no campo da interpretação da prova, o que é bem diferente (...)"(Código de Processo Penal Comentado, 12ª ed., p. 1048). Nesse sentido a jurisprudência do STJ: "Não cabe aos tribunais analisar se os jurados decidiram bem ou mal, mas apenas verificar se a decisão do Tribunal Popular está completamente divorciada da prova dos autos. Isso porque reserva-se ao Júri a faculdade de apreciar os fatos e de, na hipótese de versões e teses porventura discrepantes, optar pela que lhe pareça mais razoável. Assim, ainda que existam duas versões amparadas pelo material probatório produzido nos autos, deve ser preservado o juízo feito pelos jurados no exercício de sua função constitucional" (HC 201.812/SP, Rel. Ministro Marco Aurélio Bellizze, Quinta Turma, julgado em 07.08.2012, DJe 16.08.2012). Vale mencionar, para complementação dos estudos, a recente decisão do STF sobre a possibilidade de tribunal de 2º grau, diante da soberania dos veredictos do Tribunal do Júri, determinar a realização de novo júri em julgamento de recurso interposto contra absolvição assentada no quesito genérico, ante suposta contrariedade à prova dos autos (tema 1087). Decidiu, por maioria, a seguinte tese: "1. É cabível recurso de apelação com base no artigo 593, III, d, do Código de Processo Penal, nas hipóteses em que a decisão do Tribunal do Júri, amparada em quesito genérico, for considerada pela acusação como manifestamente contrária à prova dos autos. 2. O Tribunal de Apelação não determinará novo Júri quando tiver ocorrido a apresentação, constante em Ata, de tese conducente à clemência ao acusado, e esta for acolhida pelos jurados, desde que seja compatível com a Constituição, os precedentes vinculantes do Supremo Tribunal Federal e com as circunstâncias fáticas apresentadas nos autos" (ARE 1225185, j. em 4-10-2024). **PB**

Gabarito "C".

12. JUIZADOS ESPECIAIS

(Juiz de Direito – TJ/SP – 2023 – VUNESP) Considerando a hipótese em que o agente foi beneficiado com a suspensão condicional do processo pelo prazo de dois anos, com condições. Uma vez decorrido o prazo, a defesa postula a extinção da punibilidade. Entretanto, o Ministério Público pede a vinda da folha de antecedentes, que noticia a prática de crime durante o período de suspensão. Nesse caso, o juiz

(A) deve prorrogar o prazo da suspensão.

(B) pode revogar a suspensão do processo.

(C) deve declarar a extinção da punibilidade.

(D) deve impor novas condições ao acusado.

Ainda que o período legal de suspensão (que pode variar de dois a quatro anos) tenha sido ultrapassado, poderá ocorrer revogação do benefício por crime cometido durante esse período, todavia, a revogação deverá estar relacionada a fato ocorrido durante a vigência da suspensão. Nesse sentido: "(...) 4. Ainda que assim não fosse, quanto aos demais aspectos aventados no recurso, é entendimento assente que descumpridas as condições impostas durante o período de prova da suspensão condicional do processo, o benefício deverá ser revogado, mesmo que já ultrapassado o prazo legal, desde que referente a fato ocorrido durante sua vigência. 5. No caso, verificou-se que o recorrido foi beneficiado com o sursis processual em 1º/10/2013, inicialmente pelo prazo de 2 anos, no interregno entre de 1º/10/2013 a 1º/10/2015, restando posteriormente prorrogado, pelo prazo de 18 (dezoito) meses, com iniciado em 15/12/2015 e findo em 15/6/2017. 6. Precedente: "É possível a revogação da suspensão condicional do processo, ainda que expirado o período de suspensão condicional do processo, desde que comprovado que houve o descumprimento das condições impostas ou que o beneficiado passou a ser processado por outro crime no curso do prazo de suspensão" (STJ, Jurisprudência em Teses, Edição n. 3: Suspensão Condicional do Processo, Tese n. 1)" STJ, (AgRg no AREsp 1823550- DF, j. em 22-3-2022, DJe de 25-3-2022). **PB**

Gabarito "B".

(Juiz de Direito – TJ/RJ – 2019 – VUNESP) A aplicação imediata da pena restritiva de direitos ou multa, conhecida como "transação penal", tal qual prevista no art. 76, parágrafo 2º da Lei 9.099/95, não será admitida se ficar comprovado

(A) que o crime foi praticado com violência ou grave ameaça à pessoa.

(B) ter sido o agente beneficiado anteriormente pela aplicação de pena restritiva ou multa na mesma modalidade de "transação penal".

(C) ter sido o autor da infração condenado, pela prática de crime ou contravenção, à pena privativa de liberdade transitada em julgado.

(D) ter sido o autor da infração condenado, pela prática de crime ou contravenção, a pena privativa de liberdade, por sentença definitiva.

(E) não indicarem os antecedentes, a conduta social e a personalidade do agente, bem como os motivos e as circunstâncias, ser necessária e suficiente a adoção da medida.

A: incorreta, já que tal circunstância não constitui óbice à incidência da transação penal (art. 76 da Lei 9.099/1995); **B:** incorreta, pois contraria o disposto no art. 76, § 2º, II, da Lei 9.099/1995, que estabelece o prazo de cinco anos; **C:** incorreta, já que o art. 76, § 2º, I, da Lei 9.099/1995 não contemplou a contravenção penal; **D:** vide comentário anterior; **E:** correta, pois reflete o disposto no art. 76, § 2º, III, da Lei 9.099/1995. **ED**

Gabarito "E".

(Defensor Público/RO – 2017 – VUNESP) Nos Juizados Especiais Criminais,

(A) da decisão de rejeição da denúncia ou queixa e da sentença caberá apelação, que poderá ser julgada por turma composta de três Juízes em exercício no

4. PROCESSO PENAL   171

primeiro grau de jurisdição, reunidos na sede do Juizado.

(B) a competência do Juizado será determinada pelo lugar em que foi consumada a infração penal.

(C) a apelação será interposta no prazo de cinco dias, contados da ciência da sentença pelo Ministério Público, pelo réu e seu defensor, por petição escrita, da qual constarão as razões e o pedido do recorrente.

(D) o processo perante o Juizado Especial orientarseá pelos critérios da oralidade, informalidade, economia processual e celeridade, objetivando, sempre que possível, a reparação dos danos sofridos pela vítima e a aplicação de pena privativa de liberdade.

(E) consideramse infrações penais de menor potencial ofensivo apenas e tão somente os crimes a que a lei comine pena máxima não superior a 2 (dois) anos, cumulada ou não com multa.

A: correta. O art. 82, *caput* e § 1°, da Lei 9.099/1995 estabelece que da decisão que rejeitar a denúncia ou a queixa caberá recurso de *apelação*, a ser interposto, por petição escrita, no prazo de dez dias, da qual deverão constar as razões e o pedido. O julgamento deste recurso caberá a uma turma composta de três juízes em exercício no primeiro grau de jurisdição, reunidos na sede do Juizado; **B:** incorreta. Isso porque a competência, no âmbito do Juizado Especial Criminal, será determinada, a teor do art. 63 da Lei 9.099/1995, em razão do lugar em que foi *praticada* a infração penal. De ver-se que, quanto a isso, dada a imprecisão do termo de que se valeu o legislador ("praticada"), surgiram três teorias a respeito do juiz competente para o julgamento da causa: *teoria da atividade*: é competente o juiz do local onde se verificou a ação ou omissão; *teoria do resultado*: a ação deve ser julgada no local onde se produziu o resultado; e *teoria da ubiquidade*: é considerado competente tanto o juiz do local em que se deu a ação ou omissão quanto aquele do lugar em que se produziu o resultado. Na doutrina e na jurisprudência predominam as teorias da atividade e da ubiquidade; **C:** incorreta, uma vez que a apelação será interposta no prazo de *dez* dias, e não *cinco*, tal como constou da assertiva (art. 82, § 1°, da Lei 9.099/1995); **D:** incorreta, uma vez que não corresponde ao que estabelece o art. 62 da Lei 9.099/1995: *O processo perante o Juizado Especial orientar-se-á pelos critérios da oralidade, simplicidade, informalidade, economia processual e celeridade, objetivando, sempre que possível, a reparação dos danos sofridos pela vítima e a aplicação de pena não privativa de liberdade.* O erro da assertiva está em afirmar que o processo sumaríssimo objetiva a aplicação de pena privativa de liberdade. No mais, como se pode observar, a redação do dispositivo foi modificada por meio da Lei 13.603/2018, que incluiu o critério da *simplicidade*, que, a exemplo dos demais, deverá orientar o Juizado Especial Criminal; **E:** incorreta. Segundo dispõe o art. 61 da Lei 9.099/1995, consideram-se infrações penais de menor potencial ofensivo tanto as contravenções penais quanto os crimes a que a lei comine pena máxima não superior a 2 (dois) anos, cumulada ou não com multa. **ED**

Gabarito "A".

(Delegado – PC/BA – 2018 – VUNESP) Nos termos do art. 69, parágrafo único, da Lei no 9.099/95, ao autor do fato típico definido como crime de menor potencial ofensivo, após a lavratura do termo circunstanciado, caso se comprometa a comparecer junto ao Juizado Especial Criminal, não se imporá prisão em flagrante,

(A) desde que primário.

(B) desde que imediatamente restitua o prejuízo da vítima.

(C) a menos que se trate de reincidente específico.

(D) mas a liberdade pode ser condicionada, pela autoridade policial, ao estabelecimento e à aceitação de imediata pena restritiva de direito.

(E) nem se exigirá fiança.

Reza o art. 69, parágrafo único, da Lei 9.099/1995 que, após a lavratura do termo circunstanciado (art. 69, *caput*, da Lei 9.099/1995), autor e vítima serão encaminhados ao Juizado; não sendo isso possível, tal como ocorre na grande maioria das vezes, o autor dos fatos deverá firmar compromisso de, assim que intimado para tanto, comparecer à sede do Juizado, no dia e na hora estabelecidos na convocação, hipótese em que não se imporá ao autor prisão em flagrante, tampouco dele se exigirá o pagamento de fiança. Agora, se houver, por parte do autor, recusa em assumir tal compromisso, a prisão em flagrante será de rigor, com a fixação, se for o caso, de fiança. **ED**

Gabarito "E".

(Escrevente – TJ/SP – 2018 – VUNESP) A respeito da Lei n° 9.099/95 (arts. 60 a 83; 88 e 89), assinale a alternativa correta.

(A) Reunidos os processos, por força de conexão ou continência, perante o juízo comum ou tribunal do júri, observar-se-ão os institutos da transação penal e da composição dos danos civis.

(B) São consideradas infrações de menor potencial ofensivo as contravenções e os crimes a que a lei comine pena máxima não superior a 03 (três) anos, cumulada ou não com multa.

(C) Não sendo encontrado o acusado, o feito permanecerá no Juizado Especial Criminal, mas ficará suspenso, até que seja localizado.

(D) O acordo de composição civil entre o acusado e a vítima, nos casos de ação penal pública, condicionada e incondicionada, implica extinção da punibilidade ao autor do fato.

(E) Nos crimes em que a pena mínima cominada for inferior a 02 (dois) anos, o Ministério Público, ao oferecer denúncia, poderá propor a suspensão condicional do processo ao acusado que não esteja sendo processado ou não tenha sido condenado por outro crime.

A: correta, de acordo com o teor do art. 60, parágrafo único, da Lei 9.099/1995; **B:** incorreta. São consideradas infrações penais de menor potencial ofensivo, estando, portanto, sob a égide do Juizado Especial Criminal, as contravenções penais e os crimes cuja pena máxima cominada não seja superior a *dois* anos, cumulada ou não com multa, conforme dispõe o art. 61 da Lei 9.099/1995; **C:** incorreta. No procedimento sumaríssimo, voltado ao processamento e julgamento das infrações penais de menor potencial ofensivo, na hipótese de o autor não ser encontrado para citação pessoal, o juiz encaminhará as peças ao juízo comum para adoção do procedimento previsto em lei – art. 66, parágrafo único, da Lei 9.099/1995; **D:** incorreta. Assertiva contrária a redação do art. 74, Lei 9.099/1995 que dispõe, "a composição dos danos civis será reduzida a escrito e, homologada pelo Juiz mediante sentença irrecorrível, terá eficácia de título a ser executado no juízo civil competente". Porém, a composição civil dos danos é possível na ação penal de iniciativa privada ou de ação penal pública condicionada à representação, e o acordo homologado acarreta a renúncia ao direito de queixa ou representação; **E:** incorreta. A suspensão condicional do processo (*sursis* processual), prevista no art. 89 da Lei 9.099/1995, tem incidência nos crimes cuja pena mínima cominada é igual ou inferior a *um* ano (e não *dois*). **PB**

Gabarito "A".

(Investigador – PC/BA – 2018 – VUNESP) A Lei n° 9.099/95, relativa aos Juizados Especiais Cíveis e Criminais, prevê que,

(A) no caso de lesão corporal dolosa leve ou culposa, a ação penal será pública e condicionada à representação.

(B) no caso de lesão corporal dolosa leve ou culposa, a ação penal será privada.

(C) apenas no caso de lesão corporal culposa, a ação penal será pública e condicionada à representação.

(D) no caso de lesão corporal dolosa leve, grave, gravíssima ou culposa, a ação penal será pública e condicionada à representação.

(E) no caso de lesão corporal dolosa leve, a ação penal será pública e incondicionada.

Com o advento da Lei 9.099/1995, que instituiu os Juizados Especiais Cíveis e Criminais, a ação penal, nos crimes de lesão corporal leve e culposa, que antes era pública incondicionada, passou a ser, por força do art. 88 dessa Lei, pública condicionada à representação do ofendido. Cuidado: o STF, no julgamento da ADIn n. 4.424, de 09.02.2012, estabeleceu a natureza *incondicionada* da ação penal nos crimes de lesão corporal, independente de sua extensão, praticados contra a mulher no ambiente doméstico. Tal entendimento encontra-se consagrado na Súmula 542, do STJ. ED
Gabarito "A".

(Juiz de Direito – TJ/SP – VUNESP – 2015) A sentença de transação penal, nos termos do artigo 76, parágrafo 5º, da Lei 9.099/1995, tem as seguintes características:

(A) tem natureza homologatória e não faz coisa julgada material.

(B) tem natureza condenatória e gera eficácia de coisa julgada apenas material.

(C) possui natureza condenatória e gera eficácia de coisa julgada formal e material.

(D) possui natureza absolutória e não faz coisa julgada formal e material.

A sentença de transação penal, tal como se afirma na assertiva "A", tem natureza jurídica *homologatória*. Não poderia ter natureza condenatória na medida em que sequer houve o devido processo legal; de igual forma, não há que se falar em natureza absolutória, uma vez que não se discute, na transação penal, culpa. No mais, conforme entendimento consolidado, pelo STF, por meio da Súmula Vinculante 35, "A homologação da transação penal prevista no artigo 76 da Lei 9.099/1995 não faz coisa julgada material e, descumpridas suas cláusulas, retoma-se o *status quo ante*, possibilitando-se ao Ministério Público a continuidade da persecução penal mediante oferecimento de denúncia ou requisição de inquérito policial". ED
Gabarito "A".

(Juiz de Direito – TJ/MS – VUNESP – 2015) Na audiência preliminar, presente o representante do Ministério Público, o autor do fato e a vítima e, se possível, o responsável civil, acompanhados por seus advogados, o Juiz esclarecerá sobre a possibilidade da composição dos danos e da aceitação da proposta de aplicação imediata de pena não privativa de liberdade. Dessa feita, é correto afirmar que

(A) se tratando de ação penal pública condicionada à representação, o acordo homologado acarreta a renúncia ao direito de representação.

(B) o não oferecimento da representação na audiência preliminar implica decadência do direito.

(C) a composição dos danos civis será reduzida a escrito e, homologada pelo Juiz mediante sentença recorrível, terá eficácia de título a ser executado no juízo criminal competente.

(D) se tratando de ação penal de iniciativa privada, o acordo homologado não acarreta a renúncia ao direito de queixa.

(E) obtida a composição dos danos civis, será dada imediatamente ao ofendido a oportunidade de exercer o direito de representação verbal, que será reduzida a termo.

A: correta, pois reflete a regra presente no art. 74, parágrafo único, da Lei 9.099/1995; **B:** incorreta, já que contraria o disposto no art. 75, parágrafo único, da Lei 9.099/1995; **C:** incorreta, pois não reflete o disposto no art. 74, *caput*, da Lei 9.099/1995; **D:** incorreta, pois não corresponde ao que se estabelece o art. 74, parágrafo único, da Lei 9.099/1995; **E:** incorreta, pois não reflete a regra presente no art. 75, *caput*, da Lei 9.099/1995. ED
Gabarito "A".

(Juiz de Direito – TJ/MS – VUNESP – 2015) No que se refere aos Juizados Especiais Criminais, nos termos da Lei 9.099/1995, é correto afirmar que da decisão

(A) de rejeição da denúncia ou queixa caberá recurso em sentido estrito, que poderá ser julgado por turma composta de três Juízes em exercício no primeiro grau de jurisdição, reunidos na sede do Juizado e da sentença caberá apelação, que será julgada necessariamente pela Câmara Especial do Tribunal de Justiça do Mato Grosso do Sul, composta de três Desembargadores.

(B) de rejeição da denúncia ou queixa caberá recurso em sentido estrito e da sentença caberá apelação, que será julgada necessariamente pela Câmara Especial do Tribunal de Justiça do Mato Grosso do Sul, composta de três Desembargadores.

(C) de rejeição da denúncia ou queixa caberá recurso em sentido estrito e da sentença caberá apelação, que poderá ser julgada por turma composta de três Juízes em exercício no primeiro grau de jurisdição, reunidos na sede do Juizado.

(D) de rejeição da denúncia ou queixa e da sentença caberá apelação, que será julgada necessariamente pela Câmara Especial do Tribunal de Justiça do Mato Grosso do Sul, composta de três Desembargadores.

(E) de rejeição da denúncia ou queixa e da sentença caberá apelação, que poderá ser julgada por Turma composta de três Juízes em exercício no primeiro grau de jurisdição, reunidos na sede do Juizado.

O art. 82, *caput* e § 1º, da Lei 9.099/1995 estabelece que da decisão que rejeitar a denúncia ou a queixa caberá recurso de apelação, a ser interposto, por petição escrita, no prazo de dez dias, da qual deverão constar as razões e o pedido. O julgamento deste recurso caberá a uma turma composta de três juízes em exercício no primeiro grau de jurisdição, reunidos na sede do Juizado. ED
Gabarito "E".

(Juiz de Direito – TJ/MS – VUNESP – 2015) O Juizado Especial Criminal, provido por juízes togados ou togados e leigos, tem competência para a conciliação, o julgamento e a execução das infrações penais de menor potencial ofensivo, respeitadas as regras de conexão e continência. Consideram-se infrações de menor potencial ofensivo, para efeitos da Lei 9.099/1995:

(A) as contravenções penais e os crimes a que a lei comine pena máxima não superior a um ano, desde que não cumulada com multa.

(B) as contravenções penais e os crimes a que a lei comine pena máxima não superior a 2 (dois) anos, cumulada ou não com multa.

4. PROCESSO PENAL · 173

(C) as contravenções penais e os crimes a que a lei comine pena máxima não superior a 2 (dois) anos, desde que não cumulada com multa.

(D) as contravenções penais e os crimes a que a lei comine pena máxima não superior a 3 (três) anos, cumulada ou não com multa.

(E) as contravenções penais e os crimes a que a lei comine pena máxima não superior a 3 (três) anos, desde que não cumulada com multa.

Com o advento da Lei 10.259/2001, que instituiu o Juizado Especial Federal, alterou-se o conceito de infração de menor potencial ofensivo (todas as contravenções penais, os crimes a que a lei comine pena máxima igual ou inferior a dois anos, bem como os crimes a que a lei comine exclusivamente pena de multa, qualquer que seja o procedimento previsto para eles), aplicável tanto para a Justiça Federal quanto para a Estadual. Ainda, com a edição da Lei 11.313/2006, afastou-se qualquer dúvida a respeito da unificação do conceito de infração de menor potencial ofensivo, alterando-se a redação do art. 61 da Lei 9.099/1995, assim, "consideram-se infrações penais de menor potencial ofensivo, para os efeitos desta Lei, as contravenções penais e os crimes a que a lei comine pena máxima não superior a 2 (dois) anos, cumulada ou não com multa". 🔲

Gabarito "B".

(Escrevente Técnico – TJ/SP – VUNESP – 2015) O processo perante o Juizado Especial Criminal objetivará, sempre que possível, a reparação dos danos sofridos pela vítima e a aplicação de pena não privativa de liberdade. Nesse contexto, de acordo com o expresso texto do art. 62 da Lei 9.099/95, orientar-se-á pelos critérios de

(A) oralidade, informalidade e economia processual, apenas.

(B) oralidade e economia processual, apenas.

(C) economia processual e celeridade, apenas.

(D) oralidade, informalidade, economia processual e celeridade, apenas.

(E) oralidade, informalidade, economia processual, celeridade e verdade formal.

Assim estabelece o art. 62 da Lei 9.099/1995, que contempla os critérios ou princípios que devem orientar os juizados especiais criminais: "O processo perante o Juizado Especial orientar-se-á pelos critérios da oralidade, simplicidade, informalidade, economia processual e celeridade (...)". Note que o art. 2º da mesma Lei elenca, de forma semelhante, os critérios gerais que norteiam o Juizado Especial, a incidir no Juizado Especial Cível, inclusive. O critério da simplicidade foi introduzido no art. 62 da Lei 9.099/1995 pela Lei 13.603/2018, que é posterior, portanto, à elaboração desta questão. 🔲

Gabarito "D".

13. SENTENÇA, PRECLUSÃO E COISA JULGADA

(Juiz de Direito – TJ/SP – 2023 – VUNESP) A chamada absolvição imprópria acontece quando

(A) o juiz impronuncia o acusado.

(B) o juiz absolve o acusado, acolhendo os argumentos da defesa preliminar.

(C) o juiz absolve o acusado, mas impõe a ele medida de segurança.

(D) o juiz declara extinta a punibilidade pela prescrição.

A absolvição imprópria consiste no reconhecimento da inimputabilidade, por doença mental ou desenvolvimento mental incompleto ou retardado, se o agente era, ao tempo da ação ou da omissão, inteiramente incapaz de entender o caráter ilícito do fato ou de determinar-se de acordo com

esse entendimento (art. 26 do CP) deve aplicar a medida de segurança, de acordo com o art. 386, parágrafo único, III do CPP. A medidas de segurança são: internação em hospital de custódia e tratamento psiquiátrico ou, à falta, em outro estabelecimento adequado e sujeição a tratamento ambulatorial (art. 96 do CP). 🔲

Gabarito "C".

(Juiz de Direito – TJ/RS – 2018 – VUNESP) O juiz, ao proferir sentença condenatória,

(A) poderá deixar de indicar os motivos de fato e de direito em que se funda a decisão, caso não haja divergência entre as partes.

(B) se aditada a denúncia e, em sendo recebido referido aditamento, está adstrito na sua sentença aos termos do aditamento, não podendo considerar a definição jurídica anterior contida na denúncia.

(C) estabelecerá valor máximo para reparação dos danos causados pela infração, considerando os prejuízos sofridos pelo ofendido.

(D) mencionará as circunstâncias agravantes, desde que tenham sido estas requeridas na denúncia ou mesmo em alegações finais.

(E) decidirá de forma resumida sobre a manutenção da prisão preventiva.

A: incorreta, uma vez que ao juiz não é dado, quando da prolação de sentença condenatória, deixar de indicar os motivos de fato e de direito que serviram de fundamento para sua decisão, pouco importando o fato de inexistir divergência entre as partes, conforme estabelecem os arts. 381, III, do CPP e 93, IX, da CF; **B:** correta, porquanto em conformidade com o disposto no art. 384, § 4º, do CPP; **C:** incorreta. A teor do art. 387, IV, do CPP, o juiz, ao proferir sentença condenatória, estabelecerá valor *mínimo* (e não *máximo*) para reparação dos danos causados pela infração, considerando os prejuízos sofridos pelo ofendido; **D:** incorreta, pois, neste caso, o juiz, independentemente de requerimento, mencionará as circunstâncias agravantes (ou atenuantes), na forma estatuída no art. 387, I, CPP; **E:** incorreta. O magistrado, ao prolatar a sentença condenatória, deverá manifestar-se, sempre de *forma fundamentada*, se preso estiver o réu, acerca da necessidade de sua manutenção no cárcere, sempre levando em conta os requisitos do art. 312 do CPP. Ausentes estes, deverá o juiz, ante a desnecessidade da prisão, revogá-la, permitindo ao acusado que aguarde o trânsito em julgado da sentença em liberdade. É o teor do art. 387, § 1º, do CPP, introduzido pela Lei 12.736/2012. 🔲

Gabarito "B".

(Juiz de Direito – TJ/SP – VUNESP – 2015) Um réu foi condenado à pena de dois anos e quatro meses de reclusão pelo crime de furto mediante fraude, embora ainda no curso da instrução já existissem elementos indicativos de que outra seria a conduta e a definição jurídica do fato delituoso. Em sede de apelação, o Tribunal de Justiça deverá

(A) anular o processo para que haja a modificação da descrição do fato em primeira instância.

(B) absolver o acusado em face do descompasso entre a imputação e a condenação.

(C) determinar vista para que o Ministério Público adite a denúncia, no prazo de 05 dias.

(D) atribuir definição jurídica diversa daquela realizada anteriormente.

O enunciado descreve hipótese de *mutatio libelli*, cuja incidência, conforme entendimento firmado na Súmula 453 do STF, é vedada em segundo grau de jurisdição. Há, aqui, duas possibilidades: ou o tribunal absolve o condenado ou anula o processo. Quanto a isso, é importante que se diga que há divergência na doutrina. No mais, a vedação imposta à incidência da *mutatio libelli* em segundo grau de jurisdição não se aplica à *emendatio libelli*. E por falar nisso, é importante que apontemos a diferença entre esses dois institutos. No campo da *emendatio libelli*, o fato descrito pela acusação na peça inicial permanece inalterado, sem prejuízo, por isso mesmo, para a defesa. A mudança, aqui, incide na classificação da conduta, levada a efeito pela acusação, no ato da propositura da ação, e retificada pelo juiz, de ofício, no momento da sentença, sendo desnecessário, em vista disso, ouvir a esse respeito o defensor. Na *mutatio libelli*, diferentemente, temos que a prova colhida na instrução aponta para uma nova definição jurídica do fato, diversa daquela contida na inicial. Por força do que estabelece o art. 383 do CPP, com a redação que lhe conferiu a Lei de Reforma n. 11.719/2008, impõe-se o aditamento da exordial pelo órgão acusatório, ainda que a nova capitulação jurídica implique aplicação de pena igual ou menos grave. **ED**

Gabarito "B".

14. NULIDADES

(Juiz de Direito – TJ/RJ – VUNESP – 2016) Acerca das nulidades processuais e dos vícios procedimentais, assinale a alternativa correta.

(A) As nulidades são divididas conforme a gravidade dos vícios, em relativas e absolutas, sendo a nulidade de ordem absoluta reconhecida ainda que não haja prejuízo.

(B) As nulidades processuais penais sofrem influência da instrumentalidade do processo, não se declarando qualquer tipo de nulidade se não verificado o prejuízo.

(C) A coisa julgada sana todas as hipóteses de nulidades processuais penais.

(D) Segundo a jurisprudência do Superior Tribunal de Justiça, a inversão da ordem das perguntas (art. 212, CPP) não gera nulidade, não implicando afronta ao princípio do contraditório.

(E) A inépcia da acusação só pode ser apreciada na fase do artigo 396, do Código de Processo Penal, não podendo tal análise ser refeita na fase do artigo 397, do Código de Processo Penal, após a resposta à acusação.

A: incorreta. Embora o art. 563 do CPP, que enuncia o princípio do prejuízo, tenha mais incidência no campo das nulidades relativas, em que o prejuízo não é presumido, o STF tem se posicionado no sentido de que tal dispositivo também se aplica às nulidades absolutas, de sorte que, seja a nulidade relativa, seja absoluta, é imperiosa a demonstração de prejuízo, que é presumido. Nesse sentido: "O acórdão recorrido está alinhado à jurisprudência do Supremo Tribunal Federal no sentido de que a demonstração de prejuízo, "a teor do art. 563 do CPP, é essencial à alegação de nulidade, seja ela relativa ou absoluta, eis que (...) o âmbito normativo do dogma fundamental da disciplina das nulidades – *pas de nullité sans grief* – compreende as nulidades absolutas" (HC 85.155/SP, Rel.ª Min. Ellen Gracie). 2. Para chegar a conclusão diversa do acórdão recorrido, seriam necessárias a análise da legislação infraconstitucional pertinente e a reapreciação dos fatos e do material probatório constante dos autos (Súmula 279/STF), procedimentos inviáveis em recurso extraordinário. 3. Agravo interno a que se nega provimento" (ARE 984373 AgR, Relator(a): Min. Roberto Barroso, Primeira Turma, julgado em 14.10.2016, processo eletrônico *DJe*-234 divulg 03.11.2016 public 04.11.2016); **B:** correta. *Vide* comentário à alternativa anterior; **C:** incorreta. No processo penal há previsão da revisão criminal (art. 621 e ss. do CPP) compreendida como uma ação autônoma de impugnação proposta pelo sentenciado perante os tribunais, visando a desconstituição da coisa julgada, desde que em benefício do sentenciado; **D:** incorreta. Com as mudanças implementadas no art. 212 do CPP pela Lei de Reforma 11.690/2008, o *sistema presidencialista*, pelo qual a testemunha, depois de inquirida pelo juiz, responda, por intermédio deste, às perguntas formuladas pelas

partes, deu lugar ao chamado sistema *cross examination*, atualmente em vigor, segundo o qual as partes passam a dirigir suas indagações às testemunhas sem a intermediação do magistrado, de forma direta, vedados os questionamentos que puderem induzir a resposta, não tiverem relação com a causa ou importarem na resposta de outra já respondida. Ao final da inquirição, se ainda remanescer algum ponto não esclarecido, poderá o juiz complementá-la, formulando à testemunha novas perguntas (art. 212, parágrafo único, do CPP). É por essa razão que se diz que a atividade do juiz é complementar, remanescente à das partes. Pois bem. Surgiu então a questão atinente à consequência que poderia advir da inversão desta ordem. Prevalece hoje o entendimento no sentido de que é relativa a nulidade decorrente do fato de o juiz, no lugar de formular seus questionamentos ao término da oitiva da testemunha, fazê-lo no começo do depoimento, antes, portanto, das perguntas elaboradas pelas partes. E sendo relativa esta nulidade, o seu reconhecimento somente se dará com a arguição oportuna pelo interessado (não pode o juiz decretá-la de ofício), que, se assim não fizer, sujeitar-se-á à preclusão. No STJ: *Conforme a orientação deste Superior Tribunal de Justiça, a inquirição das testemunhas pelo juiz antes que seja oportunizada a formulação das perguntas às partes, com a inversão da ordem prevista no art. 212 do Código de Processo Penal, constitui nulidade relativa* (HC 237.782, Rel. Min. Laurita Vaz, *DJe* de 21.08.2014). No mesmo sentido: "1. O descumprimento à fórmula legal somente poderá ensejar a declaração de nulidade se demonstrado, em momento oportuno, o comprometimento da finalidade do ato, com prejuízo às partes. 2. A inversão da ordem de oitiva das testemunhas foi autorizada pela própria defesa e não houve nenhum protesto em audiência, bem como foi dada oportunidade às partes para formulação de questões, motivos pelos quais não foi demonstrado prejuízo. 3. Agravo regimental não provido" (STJ, AgRg no AREsp 1557852/SP, Rel. Ministro ROGERIO SCHIETTI CRUZ, SEXTA TURMA, julgado em 09/02/2021, DJe 18/02/2021) e AgRg no HC n. 782.231/SP, Ministro Joel Ilan Paciornik, Quinta Turma, DJe 22/6/2023); **E:** incorreta. O fato de a peça acusatória ter sido recebida não impede que o juiz, em seguida à apresentação da resposta à acusação, reconsidere sua decisão anterior e rejeite a peça inicialmente recebida, desde que presente uma das hipóteses do art. 395 do CPP, que se referem as condições da ação e pressupostos processuais. **PB**

Gabarito "B".

(Procurador Municipal/SP – VUNESP – 2016) É correto afirmar que

(A) a nulidade ocorrerá por incompetência, suspeição, impedimento ou suborno do juiz.

(B) caberá apelação da decisão que anula o processo da instrução criminal, no todo ou em parte.

(C) a nulidade do julgamento em plenário, em audiência ou em sessão do tribunal, poderá ser arguida logo depois que ocorrer ou por ocasião da interposição do recurso.

(D) a incompetência do juízo anula os atos ordinatórios e decisórios, devendo o processo, quando for declarada a nulidade, ser remetido ao juiz competente.

(E) a nulidade por ilegitimidade do representante da parte poderá ser a todo tempo sanada, mediante ratificação dos atos processuais.

A: incorreta. O ato praticado por juiz *impedido* é considerado *inexistente*, (isto é, aquele que não existe juridicamente porque há falta de um elemento considerado essencial); as hipóteses de *incompetência, a suspeição e o suborno* levam à nulidade do ato praticado, conforme definido no art. 564, I, CPP; **B:** incorreta. Isso porque tal decisão desafia recurso em sentido estrito, tal como estabelece o art. 581, XIII, do CPP; **C:** incorreta. Contraria o disposto no art. 571, VIII, do CPP, somente poderão ser arguidas logo depois que ocorrerem; **D:** incorreta. A incompetência do juízo somente tem o condão de anular os atos *decisórios*; os *ordinatórios* serão mantidos. É o que estabelece o art. 567 do CPP; **E:** correta. Corresponde ao que estabelece o art. 568 do CPP. **PB**

Gabarito "E".

4. PROCESSO PENAL

15. RECURSOS

(Juiz de Direito – TJ/SP – 2023 – VUNESP) O acusado João é condenado pelo crime de tráfico de drogas ao cumprimento de 5 anos de reclusão e 500 dias-multa, em regime fechado. A Defesa, pretendendo reverter a condenação, interpõe recurso de apelação, mas o juiz entende que é extemporâneo e deixa de mandar processar. A medida cabível para atacar a decisão é

(A) correição parcial.

(B) recurso em sentido estrito.

(C) carta testemunhável.

(D) mandado de segurança.

De acordo com a redação do art. 581, XV do CPP, caberá recurso em sentido estrito das decisões que denegar a apelação ou a julgar deserta. A apelação será julgada deserta quando faltar algum dos pressupostos objetivos (cabimento, adequação, tempestividade, regularidade procedimental, inexigência de fato impeditivo ou extintivo) ou subjetivos (sucumbência, legitimidade para recorrer) de admissibilidade recursal. **PB**
Gabarito "B".

(Juiz de Direito/SP – 2021 – Vunesp) No texto da lei processual (artigo 609, parágrafo único, CPP), "quando não for unânime a decisão de segunda instância, desfavorável ao réu, admitem-se embargos infringentes e de nulidade, que poderão ser opostos dentro de 10 (dez) dias, a contar da publicação de acórdão, na forma do art. 613." Diante desse cenário legal, é correto afirmar que

(A) estando o acórdão desfavorável ao réu devidamente fundamentado, em observância ao princípio constitucional (artigo 93, IX, CF), dispensável é a apresentação do voto vencido.

(B) a apresentação do voto divergente somente será obrigatória quando a decisão contida no v. acórdão for desfavorável ao réu e estar o voto vencido fundamentado em tese que contrarie a íntegra da posição vencedora.

(C) a lei penal processual é omissa e, por isso, a apresentação do voto divergente é mera faculdade do julgador.

(D) o voto divergente integra o acórdão e é obrigatória a sua apresentação, sob pena de nulidade, desde a vigência do atual Código de Processo Civil (Lei nº 13.105/2015).

A solução desta questão deve ser extraída do art. 941, § 3º, do CPC: *O voto vencido será necessariamente declarado e considerado parte integrante do acórdão para todos os fins legais, inclusive de prequestionamento.* Na jurisprudência: "1. [...] "'o acórdão, para o CPC/2015, compõe-se da totalidade dos votos, vencedores e vencidos'. Nesse sentido, a inobservância da regra do § 3º do art. 941 do CPC/2015 constitui vício de atividade ou erro de procedimento (*error in procedendo*), porquanto não diz respeito ao teor do julgamento em si, mas à condução do procedimento de lavratura e publicação do acórdão, já que este representa a materialização do respectivo julgamento. Assim, há nulidade do acórdão, por não conter a totalidade dos votos declarados, mas não do julgamento, pois o resultado proclamado reflete, com exatidão, a conjunção dos votos proferidos pelos membros do colegiado. Cabe ao tribunal de origem providenciar a juntada do(s) voto(s) vencido(s) declarado(s), observando, para tanto, as normas de seu regimento interno e, em seguida, promover a sua republicação, nos termos do § 3º do art. 941 do CPC/2015, abrindo-se, em consequência, novo prazo para eventual interposição de recurso pelas partes" (REsp

n. 1.729.143-PR, Relª. Ministra Nancy Andrighi, julgado em 12/2/2019, DJe 15/2/2019, noticiado no Informativo 642/STJ). 2. Em matéria de nulidades, essas devem ser alegadas oportunamente, sob pena de serem alcançadas pelo instituto da preclusão, além de ser necessária a demonstração do prejuízo sofrido pela parte. 3. Na hipótese, após a publicação do acórdão do julgamento da apelação, a defesa não requereu a juntada do voto vencido proferido ou a disponibilização das notas taquigráficas nem opôs embargos de declaração para sanar a omissão. Além disso, não ficou demonstrado o prejuízo, reforçado pela devida interposição dos embargos infringentes sem nenhum indicativo de cerceamento de defesa pela ausência de juntada do voto divergente. Por fim, da decisão que não conheceu dos embargos infringentes por intempestividade foi formulado pedido de reconsideração, em que a defesa tampouco fez qualquer menção à nulidade ora apontada" (STJ, HC 494.792/BA, Rel. Ministro Antonio Saldanha Palheiro, Sexta Turma, julgado em 18/06/2019, DJe 27/06/2019). **ED**
Gabarito "D".

(Juiz de Direito/SP – 2021 – Vunesp) Não prevalece de forma absoluta, no processo penal, o princípio *tantum devolutum quantum appellatum*, razão pela qual, de forma dominante na jurisprudência, o tribunal não fica impedido de reformar a decisão em decorrência da análise plena do julgado, mesmo constatado recurso exclusivo da acusação, desde que verificado e fundamentado equívoco nela apontado, e que beneficie o réu, o que é feito por força do artigo 617 do CPP, a *contrario sensu*, que permite concluir ser vedada somente a *reformatio in pejus* e não a *reformatio in mellius*. A exceção a essa regra, por decisão de entendimento consolidado pela Corte Suprema, diz respeito

(A) às apelações contra as decisões definitivas, se interpostas por acusação e defesa, sobre a mesma questão.

(B) às apelações contra as decisões do Júri.

(C) aos recursos interpostos pela acusação e pelos quais se questiona a classificação jurídica do fato reconhecido como crime.

(D) aos recursos interpostos de forma parcial pela defesa, conforme autoriza o artigo 593 do Código de Processo Penal.

A solução desta questão deve ser extraída da Súmula 713 do STF: "O efeito devolutivo da apelação contra decisões do júri é adstrito aos fundamentos da sua interposição". Assim, tratando-se de decisões do Tribunal do Júri, o recurso de apelação não devolve ao tribunal o integral conhecimento da causa, mas fica limitado à matéria recorrida. Dessa forma, o recurso de apelação contra as decisões do Tribunal do Juri tem fundamentação vinculada. **PB**
Gabarito "B".

(Escrevente – TJ/SP – 2021 – VUNESP) A respeito dos recursos e das ações constitucionais, previstos no Código de Processo Penal, assinale a alternativa correta:

(A) A interposição de recursos será sempre voluntária, inexistindo hipótese de interposição de recurso de ofício pelo juiz.

(B) A legitimidade para impetrar *Habeas Corpus* é privativa do advogado, admitindo-se, excepcionalmente, o Ministério Público como fiscal da lei.

(C) A revisão criminal tem por objeto tanto inocentar o condenado quanto diminuir-lhe a pena, na hipótese de surgimento de circunstâncias que autorizem ou determinem diminuição especial da pena.

(D) Das decisões proferidas pelos Tribunais, quando não unânimes e favoráveis ao réu, caberão embargos infringentes, a serem interpostos pelo órgão de acusação, no prazo de 10 dias.

(E) Da decisão de pronúncia ou impronúncia do réu, nos processos da competência do tribunal de júri, caberá apelação.

A: incorreta. A *voluntariedade* é uma caraterística dos recursos, significa que as partes somente recorrerão se quiserem, se assim desejarem, por conveniência e oportunidade. Não estão, enfim, obrigadas a recorrer, ainda que a defesa seja patrocinada por defensor público. Casos há em que a lei impõe ao juiz a obrigação de "recorrer" de sua própria decisão (recurso de ofício, necessário ou anômalo), providência que, na sua essência, muito pouco tem de "recurso", pois se trata, na verdade, como dito, de obrigação imposta ao juiz, e não às partes. Tal providência a ser tomada pelo juiz não retira esta característica fundamental dos recursos, que é a *voluntariedade* (art. 574 do CPP). Pode-se dizer, portanto, que todo recurso é voluntário; se não é voluntário, recurso não é. Conferir: "Conforme jurisprudência deste Superior Tribunal de Justiça, a ausência de interposição do recurso cabível pelo advogado do réu, não constitui nulidade, ante o princípio da voluntariedade dos recursos (HC 365.214/RS, j. em 15/5/2018, DJe 24/5/2018). [...] (AgRg no RHC 97.604/PE, j. em 04/09/2018, DJe 12/09/2018); **B:** incorreta. Isso porque, por força do que dispõe o art. 654, *caput*, do CPP, *o habeas corpus poderá ser impetrado por qualquer pessoa, em seu favor ou de outrem, bem como pelo Ministério Público*; **C:** correta. De acordo com o disposto no art. 621, III do CPP; **D:** incorreta. Os embargos infringentes e de nulidade são recursos exclusivos da *defesa* que serão opostos quando a decisão desfavorável ao réu (e não favorável, como constou da assertiva), em segunda instância, não for unânime (decisão plurânime) – art. 609, parágrafo único, CPP; **E:** incorreta. Com o advento da Lei 11.689/2008, que modificou os arts. 416 e 581, IV e VI, do CPP, as decisões de *absolvição sumária* e de *impronúncia*, que antes comportavam *recurso em sentido estrito*, passaram a ser combatidas por meio de *recurso de apelação*. A pronúncia, por sua vez, continua a ser impugnada por meio de *recurso em sentido estrito*, nos termos do art. 581, IV, do CPP. `PB`
"Gabarito "C"."

(Juiz de Direito – TJ/RS – 2018 – VUNESP) Assinale a alternativa correta em relação às assertivas a seguir.

(A) Caberá recurso em sentido estrito da decisão que julgar o incidente de falsidade.

(B) A revisão criminal não poderá ser requerida após a extinção da pena.

(C) Nos crimes de competência do Tribunal do Júri, ou do juiz singular, se da sentença não for interposta apelação pelo Ministério Público no prazo legal, o ofendido ou qualquer das pessoas enumeradas no art. 31, do CPP, ainda que não se tenha habilitado como assistente, poderá interpor apelação com efeito suspensivo.

(D) Não há mais previsão legal do recurso então chamado "Carta Testemunhável".

(E) No julgamento das apelações, não poderá o tribunal, câmara ou turma proceder a novo interrogatório do acusado.

A: correta, uma vez que retrata hipótese em que tem lugar a interposição de recurso em sentido estrito (art. 581, XVIII, do CPP); **B:** incorreta, na medida em que a revisão poderá ser requerida a qualquer tempo, antes ou mesmo depois de extinta a pena (art. 622, *caput*, do CPP); **C:** incorreta, já que a apelação, neste caso, não terá efeito suspensivo (art. 598, *caput*, do CPP); **D:** incorreta. A chamada *carta testemunhável*, que se presta a provocar o conhecimento ou o processamento de outro recurso para tribunal de instância superior, permanece em vigor nos arts. 639 e seguintes do CPP. Possivelmente o examinador quis confundir com o *protesto por novo júri*, recurso que deixou de existir a partir da revogação dos arts. 607 e 608 do CPP pela Lei 11.689/2008;

E: incorreta, dado que, nos julgamentos das apelações, poderá, sim, o tribunal, câmara ou turma, se assim entender necessário, proceder a novo interrogatório, reinquirir testemunhas ou ainda determinar outras diligências (art. 616, CPP). `ED`
"Gabarito "A"."

(Defensor Público/RO – 2017 – VUNESP) Assinale a alternativa correta.

(A) Os recursos não terão efeito suspensivo nos casos de perda da fiança.

(B) O Ministério Público não poderá desistir de recurso que haja interposto.

(C) Caberá recurso em sentido estrito da decisão que receber a denúncia.

(D) Por conta da última reforma do Código de Processo Penal, não há mais previsão legal do recurso de carta testemunhável.

(E) Sempre será admissível a reiteração do pedido de revisão criminal.

A: incorreta, tendo em conta que, por expressa previsão do art. 584, *caput*, do CPP, os recursos terão, sim, efeito suspensivo nos casos de perda da fiança; **B:** correta. De fato, não se admite que o órgão acusador, depois de interpor o recurso, desista de dar-lhe seguimento. Cuidado: nada obsta, no entanto, que o MP renuncie ao direito de recorrer; agora, como dito, se decidir recorrer, então não pode abrir mão do recurso que interpôs. É o que estabelece o art. 576 do CPP, que enuncia o princípio da indisponibilidade. De igual forma e com base nesse mesmo princípio, não é dado ao MP desistir da ação que haja proposto (art. 42, CPP); **C:** incorreta, visto que o recurso em sentido estrito, conforme estabelece o art. 581, I, do CPP, somente poderá ser interposto da decisão que *não* receber (rejeitar) a denúncia ou a queixa; a decisão que recebe a denúncia ou a queixa é irrecorrível. É possível, no entanto, em face da decisão que receber indevidamente a denúncia ou queixa, a impetração de *habeas corpus*; **D:** incorreta. A chamada *carta testemunhável*, que se presta a provocar o conhecimento ou o processamento de outro recurso para tribunal de instância superior, permanece em vigor nos arts. 639 e seguintes do CPP; **E:** incorreta. A reiteração do pedido de revisão criminal está condicionada ao surgimento de provas novas (art. 622, parágrafo único, CPP). `ED`
"Gabarito "B"."

(Delegado/SP – VUNESP – 2014) Cabe recurso de ofício da sentença

(A) que conceder *habeas corpus*.

(B) que absolver o réu por inexistência do crime.

(C) de pronúncia.

(D) de absolvição sumária.

(E) que denegar *habeas corpus*.

Pela disciplina estabelecida no art. 574, I, do CPP, o assim chamado, de forma inapropriada, *recurso* de ofício (reexame necessário, recurso anômalo), que nada mais é do que a obrigação imposta pela lei ao magistrado de submeter sua decisão a novo exame por instância judiciária superior, deverá ser interposto da sentença que conceder *habeas corpus*. Há, porém, outras hipóteses de cabimento de recurso de ofício: no art. 746 do CPP, "Da decisão que conceder a reabilitação haverá recurso de ofício"; na Lei 1.521/1951, no art. 7º, sempre que absolverem os acusados em processo por crime contra a economia popular ou contra a saúde pública, ou quando determinarem o arquivamento dos autos do respectivo inquérito policial; no art. 14, § 1º da Lei 12.016/2009 da sentença que concede o mandado de segurança: "Concedida a segurança, a sentença estará sujeita obrigatoriamente ao duplo grau de jurisdição". Conferir, também, a Súmula 423 do STF: "Não transita em julgado a sentença por haver omitido o recurso 'ex officio', que se considera interposto "ex lege"". `PB`
"Gabarito "A"."

4. PROCESSO PENAL — 177

(Delegado/SP – VUNESP – 2014) Dentre os recursos a seguir, aquele em que não é possível a desistência é:

(A) apelação.

(B) em qualquer recurso interposto pelo Defensor Público.

(C) protesto por novo júri.

(D) em qualquer recurso interposto pelo Ministério Público.

(E) recurso em sentido estrito.

À luz do *princípio da indisponibilidade*, é defeso ao Ministério Público desistir da ação penal proposta (CPP, art. 42) e do recurso interposto (CPP, art. 576). Cuidado: não se quer com isso dizer que o membro do MP é obrigado a recorrer, mas, uma vez interposto o recurso, é-lhe vedado dele desistir. **ED**

Gabarito "D".

16. *HABEAS CORPUS*, MANDADO DE SEGURANÇA E REVISÃO CRIMINAL

(Escrevente – TJ/SP – VUNESP – 2023) Tendo em conta as previsões a respeito da revisão criminal, constantes do Código de Processo Penal, assinale a alternativa correta.

(A) Pode ser requerida a qualquer tempo, desde que antes de extinta a pena.

(B) Tem por finalidade anular a condenação ou provar a inocência do condenado, não se prestando à diminuição da pena.

(C) A ação de revisão não poderá ser liminarmente indeferida pelo Relator a quem for distribuída, devendo abrir-se vista ao Procurador Geral, para parecer, após o que os autos seguirão para exame do Revisor, para julgamento na sessão designada.

(D) É personalíssima, extinguindo-se com a morte do autor, no caso, o condenado.

(E) Julgada procedente a revisão, na sentença poderá ser reconhecido o direito à justa reparação, pelos prejuízos decorrentes do erro ou da injustiça da condenação, desde que requerido pelo interessado.

A: incorreta, na medida em que a revisão poderá ser requerida a qualquer tempo, antes ou mesmo depois de extinta a pena (art. 622, *caput*, do CPP); **B:** incorreta, pois contraria o que estabelece o art. 621, III, do CPP, segundo o qual a revisão se presta, entre outras coisas, para diminuir a pena aplicada na sentença; **C:** incorreta, uma vez que contraria o disposto no art. 625, § 3º, do CPP, que autoriza o desembargador relator a indeferir o pedido liminarmente; **D:** incorreta. Ainda que morto o interessado, é admissível a propositura da revisão criminal, sendo legitimados, neste caso, o cônjuge, o ascendente, o descendente e o irmão do falecido (art. 623 do CPP); **E:** correta (art. 630, CPP). Nas palavras de Guilherme de Souza Nucci, ao tratar da natureza jurídica da decisão impositiva de indenização: *é condenatória, não se tratando de mero efeito da procedência da ação revisional. Justamente por isso, precisa haver requerimento do autor para que seja reconhecido esse direito (...)* (*Código de Processo Penal Comentado*, 17ª ed., p. 1457). **ED**

Gabarito "E".

(Investigador – PC/BA – 2018 – VUNESP) O cumprimento de um alvará de soltura clausulado expedido pela autoridade judiciária em sede de *habeas corpus* significa que

(A) o paciente deverá ser imediatamente solto, independentemente de qualquer outra cláusula ou condição.

(B) a soltura do paciente apenas poderá ocorrer depois de autorizada pelo juízo que havia determinado a prisão objeto da impetração.

(C) somente poderá ocorrer a soltura do paciente se ele aceitar submeter-se a medida cautelar diversa da prisão.

(D) o paciente deverá ser solto imediatamente, desde que não haja outro motivo legal para mantê-lo preso.

(E) o paciente será solto tão logo haja demonstração da justeza dos motivos alegados na impetração.

A resposta a esta questão deve ser extraída do art. 660, § 1º, do CPP: "Se a decisão for favorável ao paciente, será logo posto em liberdade, salvo se por outro motivo dever ser mantido na prisão". Porém, no CPP não há qualquer denominação do termo *clausulado*. Diz-se que o alvará de soltura é *clausulado* porque a libertação do paciente, no caso de concessão de ordem de *habeas corpus*, está condicionada à inexistência de outras causas que possam impedir a liberdade do paciente, como, por exemplo, a decretação de prisão preventiva/temporária em processo diverso. A propósito, tal ressalva (cláusula) deverá estar inserida em qualquer ordem de soltura. **PB**

Gabarito "D".

(Investigador – PC/BA – 2018 – VUNESP) O Código de Processo Penal exige que a petição que visa a impetrar ordem de *habeas corpus* indique os seguintes requisitos:

(A) quem sofre a violência ou se encontra na iminência de sofrê-la e a descrição do constrangimento que se alega, sendo facultativa a qualificação de quem propõe a medida.

(B) a descrição da violência ou da ameaça de violência que se acredita existir, a identificação nominal da autoridade que pratica ou irá praticar essa violência e os nomes de testemunhas que a comprovem.

(C) a pessoa que está sofrendo o constrangimento, a autoridade coatora, a especificação da modalidade de violência ou ameaça que justifique a medida e a assinatura e a identificação do impetrante.

(D) o ato ou fato que cause o constrangimento que justifique a impetração, o nome e o cargo da autoridade que pratique a ilegalidade e o nome e a qualificação do impetrante, sendo vedada a impetração por analfabeto.

(E) a qualificação completa de quem sofre a violência ou a ameaça de coação e da autoridade que a pratique, a descrição da ação arbitrária e os nomes de testemunhas que a comprovem.

Os requisitos que devem estar presentes na petição de *habeas corpus* estão contemplados no art. 654, § 1º, do CPP: "(...) a) o nome da pessoa que sofre ou está ameaçada de sofrer violência ou coação e o de quem exercer a violência, coação ou ameaça; b) a declaração da espécie de constrangimento ou, em caso de simples ameaça de coação, as razões em que funda o seu temor; c) a assinatura do impetrante, ou de alguém a seu rogo, quando não souber ou não puder escrever, e a designação das respectivas residências". **PB**

Gabarito "C".

(Escrevente – TJ/SP – 2018 – VUNESP) Com relação aos recursos e revisão, de acordo com o Código de Processo Penal, é correto dizer que

(A) no caso de concurso de agentes, a decisão do recurso interposto por um dos réus, ainda que fundado em motivos pessoais, aproveitará aos outros.

(B) a revisão criminal só poderá ser requerida no prazo de até 02 (dois) anos da sentença condenatória, transitada em julgado.

(C) interposta a Apelação somente pelo acusado, não pode o Tribunal reinquirir testemunhas ou determinar diligências.

(D) nos processos de contravenção, interposta a apelação, o prazo para arrazoar será de 03 (três) dias.

(E) na apelação e no recurso em sentido estrito, há previsão de juízo de retratação.

A: incorreta. No caso de concurso de agentes, a decisão do recurso interposto por um dos réus se fundado em motivos que não sejam de caráter pessoal, aproveitará aos outros, art. 580, CPP; **B:** incorreta. A revisão criminal poderá ser requerida a qualquer tempo, antes ou mesmo depois de extinta a pena (art. 622, *caput*, do CPP), isto é, o ajuizamento da revisão criminal não está sujeito a prazo; **C:** incorreta. Assertiva contraria o disposto no art. 616 do CPP; **D:** correta. De acordo com a redação do art. 600, *caput*, parte final, do CPP; **E:** incorreta. Somente o recurso em sentido estrito tem previsão de juízo de retratação, de acordo com a redação do art. 589, CPP. PB

Gabarito "D".

(Juiz de Direito – TJM/SP – VUNESP – 2016) Quanto ao cabimento do *habeas corpus* em nosso sistema jurídico, assinale a alternativa correta.

(A) O *habeas corpus*, do ponto de vista do rigor técnico, é um autêntico recurso, ainda que não catalogado no próprio Código de Processo Penal como tal.

(B) O *habeas corpus*, nos crimes ambientais, pode ser impetrado em favor de pessoa jurídica, pois há previsão de responsabilidade penal do ente coletivo.

(C) A impetração do *habeas corpus* depende de procuração, a fim de comprovar a capacidade postulatória.

(D) O recurso cabível contra a decisão denegatória do *habeas corpus* nos Tribunais inferiores é o Recurso Ordinário Constitucional.

(E) O *habeas corpus* é meio idôneo para discussão da pena de multa.

A: incorreta. Isso porque, a despeito de o *habeas corpus* encontrar-se disciplinado pelo CPP como *recurso*, é prevalente o entendimento, tanto da doutrina quanto da jurisprudência, no sentido de que se trata, na verdade, de autêntica ação de índole constitucional voltada à proteção do direito de locomoção (art. 5º, LXVIII, da CF); **B:** incorreta. Considerando que o *habeas corpus* tem como propósito a proteção ao direito de ir e vir, é incorreto afirmar-se que este remédio pode ser impetrado em favor da pessoa jurídica à qual se atribui a prática de crime ambiental. Não há, neste caso, direito de locomoção a ser tutelado. Na doutrina: "Pessoa jurídica não pode ser beneficiária da medida, porquanto não tem liberdade de locomoção a ser protegida. O benefício da ordem, portanto, é privativo da pessoa natural, pessoa humana, podendo, porém, pessoa jurídica impetrar em favor desta" (Vicente Greco Filho. *Manual de processo penal*, 9ª ed., São Paulo: Saraiva, 2012); **C:** incorreta. O *habeas corpus*, no que se refere à sua impetração, não exige habilitação técnica, podendo tal atribuição ser conferida a qualquer pessoa, bem como pelo Ministério Público – art. 654, *caput*, do CPP; **D:** correta. De acordo com a redação do art. 105, II, *a*, da CF; **E:** incorreta. Não reflete o entendimento sedimentado por meio da Súmula 693 do STF: "Não cabe *habeas corpus* contra decisão condenatória à pena de multa, ou relativo a processo em curso por infração penal a que a pena pecuniária seja a única cominada". PB

Gabarito "D".

(Juiz de Direito – TJ/MS – VUNESP – 2015) Com relação ao *Habeas Corpus*, é correto afirmar que

(A) *habeas corpus* liberatório confere tutela cautelar, destinada a evitar lesão à liberdade de locomoção, o que o difere do *habeas corpus* preventivo, voltado a impedir a convalidação da ordem ilegal.

(B) não se admite o *habeas corpus*, por ausência de ameaça à liberdade de locomoção, na hipótese em que somente imposta pena restritiva de direitos.

(C) se vislumbra possibilidade jurídica no pedido de concessão de ordem em *habeas corpus* para atacar o mérito de prisões disciplinares militares, por força do artigo 142, parágrafo 2º, da Constituição Federal.

(D) não se admite o *habeas corpus* para atacar ilegalidade decorrente da imposição de medidas cautelares alternativas à prisão preventiva.

(E) não se admite *habeas corpus*, por ausência de ameaça à liberdade de locomoção, na hipótese em que somente imposta pena de multa.

A: incorreta. O *habeas corpus* preventivo presta-se a evitar que a coação à liberdade de locomoção se concretize; já o *habeas corpus* liberatório, repressivo ou corretivo tem como propósito fazer cessar violência ou coação ilegal na liberdade de ir e vir de alguém, restituindo-lhe seu direito de locomoção; **B:** incorreta. Conferir: *É cabível habeas corpus para sanar constrangimento decorrente de execução provisória de penas restritivas de direitos, cuja potencialidade lesiva ao direito de locomoção está representada pela sua conversibilidade em pena privativa de liberdade* (HC 76.496/BA, Rel. Ministra Jane Silva (Desembargadora Convocada do TJ/MG), Sexta Turma, julgado em 21.10.2008, *DJe* 10.11.2008); **C:** incorreta, uma vez que contraria o disposto no art. 142, § 2º, da CF, que veda a impetração do remédio heroico para análise do mérito de punições disciplinares militares. No entanto, o STJ firmou entendimento no sentido de que é cabível a impetração de HC, nesses casos, voltado à análise, não do mérito, mas da regularidade formal do procedimento. Conferir a Tese n. 8 daquela Corte Superior: *Não obstante o disposto no art. 142, § 2º, da CF, admite-se habeas corpus contra punições disciplinares militares para análise da regularidade formal do procedimento administrativo ou de manifesta teratologia;* **D:** incorreta. O descumprimento de medidas cautelares alternativas poderá levar à sua conversão em prisão preventiva, tal como estabelece o art. 282, § 4º, do CPP, cuja redação foi alterada pela Lei 13.964/2019. Conferir a seguinte decisão do STJ: "*Habeas corpus*. Penal. Processo Penal. 2. Ação de *habeas corpus*. Medidas cautelares diversas da prisão (art. 319 do CPP). Suspensão do exercício de função pública. Cabimento. Proteção judicial efetiva. As medidas cautelares criminais diversas da prisão são onerosas ao implicado e podem ser convertidas em prisão se descumpridas. É cabível a ação de *habeas corpus* contra coação ilegal decorrente da aplicação ou da execução de tais medidas" (HC 134029, j. 18-10-2016, DJe de 18-11-2016); **E:** correta, uma vez que reflete o entendimento sufragado na Súmula 693, do STF: "Não cabe *habeas corpus* contra decisão condenatória a pena de multa, ou relativo a processo em curso por infração penal a que a pena pecuniária seja a única cominada". PB

Gabarito "E".

17. EXECUÇÃO PENAL

(Juiz de Direito – TJ/SP – 2023 – VUNESP) O recurso cabível na Lei de Execução Penal contra decisões do juiz das execuções é o agravo, mas não foi estabelecido seu procedimento ou prazo para interposição. Portanto, atualmente, vigora o entendimento de que seu processamento deve obedecer o rito

(A) do recurso em sentido estrito.

(B) do recurso de apelação.

(C) do agravo regimental.

(D) do agravo de instrumento no processo civil, por analogia.

Não estando ainda regulamentado em lei o processamento do agravo em execução, na jurisprudência, o entendimento praticamente pacífico é o de que deve ser seguido o rito do recurso em sentido estrito, previsto no Código de Processo Penal (art. 581, XII, XVII, XIX, XX). Conferir: "(...) 1. A insurgência contra decisão prolatada pelo Juízo da Execução desafia

4. PROCESSO PENAL — 179

a oposição de agravo em execução penal, nos termos do art. 197 da Lei n. 7.210/84. Deve obedecer o rito do recurso em sentido estrito, sendo interposto junto ao juízo de primeiro grau, a quem compete analisar sua admissibilidade" (STJ, AgRg no HC 845832-SC, j. em 29-4-2024, DJe de 3-5-2024) e, também, o REsp n. 216.866-PR, relator Ministro Fernando Gonçalves, DJ 28/5/2001. **PB**

Gabarito "A".

(Juiz de Direito/SP – 2021 – Vunesp) Em apuração de falta disciplinar atribuída a recluso no interior do estabelecimento penal, instaurada sindicância para esse fim, em observância aos termos do Regimento Interno Padrão dos Estabelecimentos Penais, é correto afirmar que

- **(A)** garantida a defesa ao sentenciado, em observância à norma que regulamenta a matéria, válido é o procedimento.
- **(B)** a presença do advogado na oitiva do sindicado, quando o sentenciado tem defensor constituído, é obrigatória.
- **(C)** é nulo o procedimento se o sentenciado não teve a assistência de defensor durante a sua oitiva.
- **(D)** o procedimento disciplinar tem caráter inquisitivo e, por isso, não é exigida a atuação do defensor.

A solução desta questão deve ser extraída da Súmula 533, do STJ: *Para o reconhecimento da prática de falta disciplinar no âmbito da execução penal, é imprescindível a instauração de procedimento administrativo pelo diretor do estabelecimento prisional, assegurado o direito de defesa, a ser realizado por advogado constituído ou defensor público nomeado*; **B, C** e **D**: incorretas. Na doutrina: "Há que se atentar, também, para o fato de que, diversamente do que ocorre no processo de conhecimento em relação ao procedimento administrativo do inquérito policial, na execução penal não é prevista uma instrução probatória perante o juiz, prevalecendo, assim, em princípio, os elementos produzidos extrajudicialmente inclusive para a aplicação dos efeitos judiciais da falta, o que reforça a necessidade de se assegurar ao preso a defesa técnica no curso do procedimento disciplinar" (Mirabete, Julio Fabbrini e Fabbrini, Renato Nascimento. Execução Penal, 17ª edição, 2024, Foco, item 59.2). **PB**

Gabarito "A".

(Juiz de Direito – TJ/RS – 2018 – VUNESP) Em relação aos enunciados a seguir, assinale o que representa entendimento já sumulado pelo STJ.

- **(A)** O excesso de prazo na instrução, independentemente de quem o produz, gera constrangimento ilegal a ensejar o relaxamento da prisão.
- **(B)** É admissível a fixação de pena substitutiva (art. 44 do CP) como condição especial ao regime aberto.
- **(C)** Para obtenção dos benefícios de saída temporária e trabalho externo, considera-se o tempo de cumprimento da pena no regime fechado, salvo se houver falta grave.
- **(D)** A falta grave não interrompe o prazo para obtenção de livramento condicional.
- **(E)** É desnecessária a resposta preliminar de que trata o art. 514 do Código de Processo Penal.

A: incorreta. Assertiva contraria o entendimento firmado por meio da Súmula 64, do STJ: "Não constitui constrangimento ilegal o excesso de prazo na instrução, provocado pela defesa; **B:** incorreta. Assertiva contraria ao posicionamento firmado na Súmula 493, do STJ: "É inadmissível a fixação de pena substitutiva (art. 44 do CP) como condição especial ao regime aberto"; **C:** incorreta. Assertiva contraria o entendimento firmado na Súmula 40, do STJ: "Para obtenção dos benefícios de saída temporária e trabalho externo, considera-se o tempo

de cumprimento da pena no regime fechado"; **D:** correta. De acordo com o entendimento constante da Súmula 441, STJ: "A falta grave não interrompe o prazo para obtenção de livramento condicional". Atenção: a Lei 13.964/2019, posterior à aplicação desta prova, introduziu novo requisito para a concessão do livramento condicional, inserido no inciso III do art. 83 do Código Penal, exige que o sentenciado não tenha cometido falta grave nos últimos 12 meses. De acordo com a doutrina de Mirabete: "(...) o cometimento de falta grave, de acordo com a melhor doutrina e vencedora corrente jurisprudencial, não é causa interruptiva do tempo de cumprimento de pena necessário para a concessão do livramento condicional. No entanto, trouxe a referida lei para o deferimento do favor legal o requisito subjetivo adicional de que não tenha o sentenciado cometido falta grave no período de um ano que antecede a decisão. Cumpre observar, porém, que de acordo com tese firmada no STJ, a valoração do requisito subjetivo para concessão do livramento condicional – bom comportamento durante da execução da pena (art. 83, inciso III, alínea "a", do Código Penal) – deve considerar todo o histórico prisional, não se limitando ao período de 12 meses referido na alínea "b" do mesmo inciso III do art. 83 do Código Penal" (Mirabete, Julio Fabbrini e Fabbrini, Renato Nascimento. Execução Penal, 17ª edição, 2024, Foco, item 131.3). Para complementar o estudo conferir a seguinte decisão do STJ, REsp 1970217-MG, j. em 24-5-2023, DJe de 1º-6-2023, tema repetitivo 1161; **E:** incorreta. A peculiaridade do procedimento referente aos crimes de responsabilidade dos funcionários públicos reside na defesa prévia ofertada pelo funcionário antes do recebimento da denúncia. É a chamada *resposta* ou *defesa preliminar*, prevista no art. 514 do CPP, que somente terá incidência nos crimes funcionais afiançáveis. Não se estendendo ao particular que, na qualidade de coautor ou partícipe, tomar parte no crime. Com a edição da Súmula 330 do STJ, esta defesa que antecede o recebimento da denúncia deixou de ser necessária na ação penal alicerçada em inquérito policial. Dessa forma, a formalidade imposta pelo art. 514 do CPP somente se fará necessária, segundo o STJ, quando a denúncia se basear em outras peças de informação que não o inquérito policial. Em outras palavras, a resposta preliminar é necessária, sim, na hipótese de a ação penal não ser calcada em inquérito policial. **PB**

Gabarito "D".

(Investigador – PC/BA – 2018 – VUNESP) A Lei de Execução Penal adotou o instituto da remição, que é o desconto de 1 (um) dia da pena por 3 (três) dias trabalhados pelo condenado. Diante das normas legais a respeito do assunto, constata-se que

- **(A)** uma vez realizado o trabalho, não pode fato posterior suprimir o direito à remição.
- **(B)** o cometimento de falta grave pode acarretar a revogação de até 1/6 (um sexto) dos dias remidos.
- **(C)** o cometimento de falta média ou grave pode acarretar a revogação total dos dias remidos.
- **(D)** o cometimento de falta grave pode acarretar a revogação de até 1/2 (metade) dos dias remidos.
- **(E)** o cometimento de falta grave pode acarretar a revogação de até 1/3 (um terço) dos dias remidos.

Em vista das alterações implementadas na LEP pela Lei 12.433/2011, estabeleceu-se, no caso de cometimento de falta grave, uma proporção máxima em relação à qual poderá se dar a perda dos dias remidos. Assim, diante da prática de falta grave, poderá o juiz, em vista da nova redação do art. 127 da LEP, revogar no máximo 1/3 do tempo remido, devendo a contagem recomeçar a partir da data da infração disciplinar. De acordo com a doutrina de Mirabete: "Deve-se observar, também, que a Lei nº 12.433, de 29-6-2011, modificou o art. 127 de forma a afastar o excessivo rigor, que era alvo de críticas, ao limitar a perda pela prática de falta grave a um terço do tempo remido. Optou o legislador, portanto, por uma solução intermediária, ao prever a possibilidade de perda de somente uma fração do tempo remido, assegurando, assim, ao condenado a preservação do direito conquistado em sua maior parcela". (Mirabete, Julio Fabbrini e Fabbrini, Renato Nascimento. Execução Penal, 17ª edição, 2024, Foco, item 127.1). **PB**

(Investigador – PC/BA – 2018 – VUNESP) De acordo com a Lei de Execução Penal, é correto afirmar que

(A) o regime disciplinar diferenciado pode ser imposto tanto ao condenado quanto ao preso provisório, tendo como fundamento a prática de qualquer crime doloso.

(B) a permissão de saída é cabível apenas para pessoas presas em regime semiaberto.

(C) a saída temporária é permitida para visita à família e é concedida por prazo não superior a 7 (sete) dias, podendo ser renovada por mais 5 (cinco) vezes durante o ano.

(D) a regressão de regime pode ser imposta ao apenado que, no curso da execução, seja condenado, por sentença transitada em julgado, pela prática de crime doloso ou, nos termos do regulamento da penitenciária, incorra na prática de falta média.

(E) a inclusão do apenado no regime aberto depende da comprovação de que ele já está trabalhando, porque deve comprovar a capacidade prévia de sustentar-se por meios lícitos.

A: correta. De acordo com o disposto no art. 52, *caput*, da LEP (Lei 7.210/1984). Posteriormente à elaboração desta questão, a Lei 13.964/2019 alterou a redação do art. 52 da LEP e modificou substancialmente as regras que disciplinam o regime disciplinar diferenciado, enumerando medidas mais restritivas para os presos que se encontram nessa modalidade de sanção disciplinar (incisos I a VII e §§ 1º a 7º do art. 52 da LEP); **B:** incorreta. É importante que se proceda à distinção entre *permissão de saída* e *saída temporária*, que são espécies do gênero *autorização de saída*. A *permissão de saída* (referida nesta assertiva), a ser concedida, pelo diretor do estabelecimento prisional, aos condenados que cumprem pena nos *regimes fechado e semiaberto*, e aos presos provisórios, pressupõe que o preso esteja sob escolta permanente, nas hipóteses de falecimento ou doença grave do cônjuge, companheira, ascendente, descendente ou irmão e necessidade de tratamento médico; (art. 120, LEP); já a *saída temporária*, que será concedida ao condenado que se encontra em cumprimento de pena no regime *semiaberto* (art. 122, *caput*, da LEP) e somente mediante autorização do juízo da execução, ouvidos o MP e a administração penitenciária (art. 123, *caput*, da LEP), prescinde de escolta, podendo o juiz, neste caso, determinar a utilização de equipamento de monitoração eletrônica. Após a edição da Lei 14.843/2024, a única hipótese de saída temporária é para frequência a curso supletivo profissionalizante, bem como de instrução do 2º grau ou superior, na Comarca do Juízo da Execução; **C:** incorreta. Não correspondia ao teor do art. 124, *caput*, da LEP, que estabelecia que a saída temporária seria renovada por mais *quatro* vezes durante o ano (e não *cinco*). Entretanto, o art. 124 da LEP foi revogado pela Lei 14.843/2024 restringindo o benefício da saída temporária à hipótese de frequência a curso profissionalizante ou de instrução de 2º grau ou superior, sendo o tempo de saída o necessário para o cumprimento das atividades discentes. Segundo as lições de Mirabete: "Nas hipóteses revogadas de visita à família ou a participação em outras atividades, o prazo não podia ser superior a sete dias. O juiz podia, entretanto, reduzi-la a prazo menor, dependendo das circunstâncias, já que deve ter em conta, principalmente, as necessidades do preso, a distância até o ponto de destino etc., e sua renovação somente era permitida por mais quatro vezes durante o ano. Tratando-se de frequência à curso profissionalizante, de instrução de 2º grau ou superior, única hipótese agora em vigor, o tempo de saída será o necessário para o cumprimento das atividades discentes (art. 122, § 3º). Isso significa que a saída é permitida para o período de aulas (diurnas ou noturnas),

provas, estágios etc. Abarca assim o tempo necessário para os afazeres ligados ao estudo do condenado que devam ser desenvolvidos fora do estabelecimento penal, ao qual deverá retornar o condenado assim que estejam cumpridos" (Mirabete, Julio Fabbrini e Fabbrini, Renato Nascimento. Execução Penal, 17ª edição, 2024, Foco, item 124.1); **D:** incorreta. Assertiva contraria ao disposto no art. 118, I da LEP: "A execução da pena privativa de liberdade ficará sujeita à forma regressiva, com a transferência para qualquer dos regimes mais rigorosos, quando o condenado: I – praticar fato definido como crime doloso ou falta grave"; **E:** incorreta. Assertiva está incompleta, com o que estabelece o art. 114, I, parte final, da LEP, que o condenado esteja trabalhando *ou comprovar a possibilidade de fazê-lo imediatamente.* **PB**

(Defensor Público/RO – 2017 – VUNESP) Assinale a alternativa correta sobre execução penal.

(A) Compete ao juiz da execução diligenciar a obtenção de recursos materiais e humanos para melhor assistência ao preso ou internado, em harmonia com a direção do estabelecimento penal.

(B) Não compete ao juiz da execução aplicar aos casos lei posterior que de qualquer modo favoreça o condenado por se tratar de situação ligada ao processo de conhecimento.

(C) Compete ao juiz da execução compor e instalar o Conselho da Comunidade.

(D) Compete ao Juízo das Execuções Penais do Estado a execução das penas impostas a sentenciados pela Justiça Federal, Militar ou Eleitoral, quando recolhidos a estabelecimentos sujeitos à administração federal.

(E) Não se aplica a lei de execução penal ao condenado pela Justiça Eleitoral quando recolhido a estabelecimento sujeito à jurisdição ordinária.

A: incorreta. É uma das atribuições do Conselho da Comunidade, nos termos do art. 81, IV, da Lei 7.210/1984; **B:** incorreta. É da competência do juiz da execução aplicar aos casos lei posterior que de qualquer modo favoreça o condenado, conforme disposto no art. 66, I, da Lei 7.210/1984. Na doutrina: "A lei penal, porém, amplia as hipóteses de retroatividade da norma mais benigna para abranger também preceitos mais benéficos não relativos ao crime e à pena. Estabelece que "a lei posterior, que de qualquer modo favorecer o agente, aplica-se aos fatos anteriores, ainda que decididos por sentença condenatória transitada em julgado" (art. 2º, parágrafo único, do CP – os grifos são nossos). Assim, nos casos de medida de segurança, efeitos da condenação e normas de execução, a retroatividade da lei mais favorável é inconteste" (Mirabete, Julio Fabbrini e Fabbrini, Renato Nascimento. Execução Penal, 17ª edição, 2024, Foco, item 66.2); **C:** correta. Nos termos do art. 66, IX, da Lei 7.210/1984; **D:** incorreta. Assertiva contraria o entendimento firmado na Súmula 192 do STJ: "Compete ao juízo das execuções penais do Estado a execução das penas impostas a sentenciados pela Justiça Federal, Militar ou Eleitoral, quando recolhidos a estabelecimentos sujeitos a administração estadual"; **E:** incorreta. Assertiva contraria o disposto no art. 2º, parágrafo único, da LEP e da Súmula 192 do STJ. **PB**

(Defensor Público/RO – 2017 – VUNESP) Sobre o trabalho interno do preso, é correto afirmar que

(A) os doentes ou deficientes físicos não podem exercer atividade laboral por expressa disposição legal.

(B) a jornada normal de trabalho não será inferior a 6 (seis) nem superior a 8 (oito) horas, com descanso nos domingos e feriados.

(C) não há na Lei de Execução Penal previsão sobre trabalho do preso provisório.

4. PROCESSO PENAL   181

(D) na atribuição do trabalho não deverão ser levadas em conta as oportunidades oferecidas pelo mercado.

(E) o trabalho não deverá ter como objetivo a formação profissional do condenado, mas tão somente a sua recuperação.

A: incorreta. Assertiva não corresponde à regra presente no art. 32, § 3º, da LEP: a atividade laborativa a ser desempenhada pelo doente ou deficiente físico deve ser apropriadas ao seu estado. Vale mencionar que há disposição semelhante nas Regras de Mandela, regra 96: "1. Os presos condenados devem ter a oportunidade de trabalhar e/ou participar ativamente de sua reabilitação, sendo esta atividade sujeita à determinação, por um médico ou outro profissional de saúde qualificado, de sua aptidão física e mental"; **B:** correta. Conforme o disposto no art. 33, *caput*, da LEP. Há disposição semelhante nas Regras de Mandela, regra 96: (...) 2. Trabalho suficiente de natureza útil deve ser oferecido aos presos de modo a conservá-los ativos durante um dia normal de trabalho"; e na regra 102: "1. O número máximo de horas trabalhadas, por dia e por semana, pelos presos deve ser fixado em lei pelo regulamento administrativo, levando em consideração as normas e os costumes locais em relação ao emprego de trabalhadores livres. 2. As horas fixadas devem permitir um dia de descanso por semana e tempo suficiente para o estudo e para outras atividades exigidas como parte do tratamento e reinserção dos presos"; **C:** incorreta. Nos termos do art. 31, parágrafo único, da LEP, o trabalho do preso provisório, que deve ser executado no interior do estabelecimento, não é obrigatório. Há disposição semelhante nas Regras de Mandela, regra 116: "Um prisioneiro não julgado deve ter a oportunidade de trabalhar, mas não será obrigado a fazê-lo. Caso opte por trabalhar, será remunerado pelos seus serviços"; **D:** incorreta. Assertiva contraria o disposto no art. 32, *caput*, da LEP. Na doutrina especializada: "O trabalho nas prisões, que pode ser industrial, agrícola ou intelectual, tem como finalidade alcançar a reinserção social do condenado e, por isso, deve ser orientado segundo as aptidões dos presos, evidenciadas no estudo da personalidade e outros exames, tendo-se em conta, também, a profissão ou ofício que o preso desempenhava antes de ingressar no estabelecimento" (Mirabete, Julio Fabbrini e Fabbrini, Renato Nascimento. Execução Penal, 17ª edição, 2024, Foco, item 31.1); **E:** incorreta. Assertiva contraria o art. 34, *caput*, parte final, da LEP que menciona como objetivo a *formação profissional do condenado*. Na doutrina: "O trabalho penitenciário pode, aliás, ser conceituado como uma forma de "tratamento" penitenciário quando se verificar que a falta de qualificação profissional, a deficiente aptidão ou qualquer outra circunstância semelhante tenham sido fatores decisivos na prática do ilícito penal pelo condenado. Nessa hipótese, a formação profissional pode eliminar essas deficiências para que o prognóstico do comportamento futuro seja favorável e, por conseguinte, facilitar sua reinserção social" (Mirabete e Fabbrini, item 34.2). Disposição análoga à LEP está prevista nas Regras de Mandela, regra 98: "1. Quando possível, o trabalho realizado deve manter ou aumentar a habilidade dos presos para que possam viver de maneira digna após sua liberação. 2. Os presos devem receber treinamento vocacional, em profissões úteis, das quais possam tirar proveito, especialmente os presos jovens. 3. Dentro dos limites compatíveis com a seleção vocacional apropriada e das exigências da administração e disciplina prisional, os presos devem poder escolher o tipo de trabalho que gostariam de exercer". **PB**

Gabarito "B".

(Defensor Público/RO – 2017 – VUNESP) Entre os direitos e deveres do condenado, afirma-se corretamente que

(A) não é direito do condenado ter audiência com o diretor do estabelecimento em que cumpre a pena.

(B) não constitui dever do condenado conduta oposta aos movimentos individuais ou coletivos de fuga ou de subversão à ordem ou à disciplina.

(C) não constitui dever do condenado manter asseio na cela.

(D) não constitui direito do condenado a proteção contra qualquer forma de sensacionalismo.

(E) não é direito do condenado manter contato com o mundo exterior por meio de correspondência escrita de forma irrestrita.

A: incorreta. Assertiva contrária ao disposto no art. 41, XIII, da LEP. Vale citar nas Regras de Mandela a regra 56: "1. Todo preso deve ter a oportunidade, em qualquer dia, de fazer solicitações ou reclamações ao diretor da unidade prisional ou ao servidor prisional autorizado a representá-lo. 2. Deve ser viabilizada a possibilidade de os presos fazerem solicitações ou reclamações, durante as inspeções da unidade prisional, ao inspetor prisional. O preso deve ter a oportunidade de conversar com o inspetor ou com qualquer outro oficial de inspeção, livremente e em total confidencialidade, sem a presença do diretor ou de outros membros da equipe. 3. Todo preso deve ter o direito de fazer uma solicitação ou reclamação sobre seu tratamento, sem censura quanto ao conteúdo, à administração prisional central, à autoridade judiciária ou a outras autoridades competentes, inclusive àquelas com poderes de revisão e de remediação. (...)"; **B:** incorreta. Assertiva contrária ao disposto no art. 39, IV, da LEP. Lembrar que constitui falta grave (arts. 50, I, e 52 da LEP), o incitamento ou a participação de movimento para subverter a ordem ou a disciplina; pode constituir também ilícito penal (motim de presos, art. 354 do CP); **C:** incorreta. Assertiva contrária ao disposto no art. 39, IX, da LEP. Conforme determinação das regras de Mandela, regra 18: "1. Deve ser exigido que o preso mantenha sua limpeza pessoal e, para esse fim, deve ter acesso à água e artigos de higiene, conforme necessário para sua saúde e limpeza. 2. A fim de que os prisioneiros possam manter uma boa aparência, compatível com seu autorrespeito, devem ter à disposição meios para o cuidado adequado do cabelo e da barba, e homens devem poder barbear-se regularmente"; **D:** incorreta. Assertiva contrária ao disposto no art. 41, VIII, da LEP. Conferir, também, o art.13 da Lei nº 13.869/2019 que define o crime de abuso de autoridade a conduta de "constranger o preso ou o detento, mediante violência, grave ameaça ou redução de sua capacidade de resistência, a: I – exibir-se ou ter seu corpo ou parte dele exibido à curiosidade pública; II – submeter-se a situação vexatória ou a constrangimento não autorizado em lei"; **E:** correta. Conforme o art. 41, XV e § 1º, da LEP. A doutrina de Mirabete bem explica essa questão sobre a restrição do direito de correspondência do preso: "Certamente, há limitações que, em casos concretos, aconselham as exigências de segurança da execução penal, inclusive com a limitação do direito e sigilo da correspondência do preso. Entretanto, diante do texto constitucional, só se permite a limitação do direito de comunicação telefônica nas hipóteses previstas em lei e por ordem judicial. Desaparecerá, porém, a ilicitude de qualquer violação dos direitos de comunicação do preso se for ela realizada para impedir a prática de infração penal, para obstar a remessa ou recebimento de objetos proibidos, para preservar a segurança do presídio, para impedir a fuga ou motins, ou seja, em todas as hipóteses em que avulte o interesse social ou se trate de proteger ou resguardar direitos ou liberdades de outrem ou do Estado, também constitucionalmente assegurados" (Mirabete, Julio Fabbrini e Fabbrini, Renato Nascimento. Execução Penal, 17ª edição, 2024, Foco, item 41.15). **PB**

Gabarito "E".

(Defensor Público/RO – 2017 – VUNESP) Em relação à disciplina do preso, assinale a alternativa correta.

(A) O poder disciplinar, na execução da pena privativa de liberdade, será exercido pelo juiz da execução.

(B) A prática de fato previsto como crime doloso não constitui falta grave, pena de, em assim sendo, haver caracterização de *bis in idem*.

(C) A falta grave interrompe o prazo para obtenção de livramento condicional.

(D) O preso sujeito ao regime disciplinar diferenciado pode ficar sujeito ao cumprimento de parte de sua pena em cela escura, desde que se observe o limite de 10% do quantum da pena a se cumprir em referida cela.

(E) Punese a tentativa com a sanção correspondente à falta disciplinar consumada.

A: incorreta. *O poder disciplinar, na execução da pena privativa de liberdade, será exercido pela autoridade administrativa conforme as disposições regulamentares* (art. 47, LEP), e não pelo magistrado; **B:** incorreta. Dispõe o art. 52, *caput*, da LEP (com redação determinada pela Lei 13.964/2019), o cometimento de fato previsto como crime doloso constitui falta grave, sem que isso configure *bis in idem*; **C:** incorreta, pois contraria o entendimento firmado na Súmula 441, do STJ: *A falta grave não interrompe o prazo para obtenção de livramento condicional.* Atenção: a Lei 13.964/2019, com vigência a partir de 23 de janeiro de 2020 e posterior, portanto, à aplicação desta prova, introduziu novo requisito para a concessão do livramento condicional, exige que o sentenciado não tenha cometido falta grave nos últimos 12 meses (inciso III, *b*). Até então, tínhamos que o inciso III do art. 83 do CP continha os seguintes requisitos: comportamento satisfatório no curso da execução da pena; bom desempenho no trabalho atribuído ao reeducando; e aptidão para prover à própria subsistência por meio de trabalho honesto. O inciso III, que passou a abrigar esta modificação, foi fracionado em quatro alíneas ("a", "b", "c" e "d"), cada qual correspondente a um requisito. De acordo com a doutrina de Mirabete: "Outro requisito subjetivo está previsto no inciso III, alínea b, que foi acrescentado pela Lei nº 13.964, de 24-12-2019: 'não cometimento de falta grave nos últimos 12 (doze) meses'. Conforme já examinado acima, o cometimento de falta grave, de acordo com a melhor doutrina e vencedora corrente jurisprudencial, não é causa interruptiva do tempo de cumprimento de pena necessário para a concessão do livramento condicional. No entanto, trouxe a referida lei para o deferimento do favor legal o requisito subjetivo adicional de que não tenha o sentenciado cometido falta grave no período de um ano que antecede a decisão. Cumpre observar, porém, que de acordo com tese firmada no STJ, a valoração do requisito subjetivo para concessão do livramento condicional – bom comportamento durante da execução da pena (art. 83, inciso III, alínea "a", do Código Penal) – deve considerar todo o histórico prisional, não se limitando ao período de 12 meses referido na alínea "b" do mesmo inciso III do art. 83 do Código Penal" (Mirabete, Julio Fabbrini e Fabbrini, Renato Nascimento. Execução Penal, 17ª edição, 2024, Foco, item 131.3). Para complementar o estudo conferir a seguinte decisão do STJ, REsp 1970217-MG, j. em 24-5-2023, DJe de 1º-6-2023, tema repetitivo 1161; **D:** incorreta. Não condiz com o que estabelece o art. 45, § 2º, da LEP. A Proibição de encarceramento do preso em cela escura, também está prevista nas Regras de Mandela, regra 43: "1. Em nenhuma hipótese devem as restrições ou sanções disciplinares implicar em tortura ou outra forma de tratamento ou sanções cruéis, desumanos ou degradantes. As seguintes práticas, em particular, devem ser proibidas: (...) (c) encarceramento em cela escura ou constantemente iluminada"; **E:** correta. De acordo com o disposto no art. 49, parágrafo único, LEP. [PB]

Gabarito "E"

(Defensor Público/RO – 2017 – VUNESP) Qual dos enunciados a seguir reflete entendimento já sumulado pelo STJ?

(A) Para obtenção dos benefícios de saída temporária e trabalho externo, não se considera o tempo de cumprimento da pena no regime fechado por se tratar de benefícios próprios do regime semiaberto.

(B) O tempo de duração da medida de segurança pode ultrapassar o limite máximo da pena abstratamente cominada ao delito praticado se as causas relacionadas à inimputabilidade penal persistirem.

(C) Para o reconhecimento da prática de falta disciplinar no âmbito da execução penal, é prescindível a instau-

ração de procedimento administrativo pelo diretor do estabelecimento prisional.

(D) O reconhecimento de falta grave decorrente do cometimento de fato definido como crime doloso no cumprimento da pena prescinde do trânsito em julgado de sentença penal condenatória no processo penal instaurado para apuração do fato.

(E) O benefício de saída temporária no âmbito da execução penal é ato jurisdicional suscetível de delegação à autoridade administrativa do estabelecimento prisional.

A: incorreta, já que contraria o entendimento firmado por meio da Súmula 40, do STJ: *Para obtenção dos benefícios de saída temporária e trabalho externo, considera-se o tempo de cumprimento da pena no regime fechado*; **B:** incorreta, uma vez que não reflete o entendimento sedimentado por meio da Súmula 527, do STJ: *O tempo de duração da medida de segurança não deve ultrapassar o limite máximo da pena abstratamente cominada ao delito praticado.* Perceba que a súmula não estabeleceu exceção, isto é, ainda que a causa que levou ao reconhecimento da inimputabilidade persista, o tempo de duração da medida de segurança não poderá ultrapassar a pena máxima cominada; **C:** incorreta, pois em desacordo com o entendimento firmado na Súmula 533, do STJ: *Para o reconhecimento da prática de falta disciplinar no âmbito da execução penal, é imprescindível a instauração de procedimento administrativo pelo diretor do estabelecimento prisional assegurado o direito de defesa, a ser realizado por advogado constituído ou defensor público nomeado*; **D:** correta, pois corresponde ao teor da Súmula 526, do STJ; **E:** incorreta, pois não corresponde ao entendimento sufragado na Súmula 520, do STJ: *O benefício de saída temporária no âmbito da execução penal é ato jurisdicional insuscetível de delegação à autoridade administrativa do estabelecimento prisional.* Atenção: após a edição da Lei 14.843/2024, a única hipótese de saída temporária é para frequência a curso supletivo profissionalizante, bem como de instrução do 2º grau ou superior, na Comarca do Juízo da Execução. [PB]

Gabarito "D"

(Defensor Público/RO – 2017 – VUNESP) Em relação a alguns dos benefícios previstos na Lei de Execução Penal, assinale a alternativa correta.

(A) Os condenados que cumprem pena em regime fechado poderão obter permissão para saída temporária.

(B) O condenado que cumpre a pena em regime semiaberto poderá remir, por estudo, parte do tempo de execução da pena.

(C) O preso impossibilitado de prosseguir no trabalho, por acidente, não poderá continuar a beneficiar-se com a remição.

(D) O tempo remido não poderá ser computado para a concessão de livramento condicional e indulto.

(E) A autorização para saída temporária será concedida por ato motivado do Juiz da execução e dependerá, dentre outros requisitos, do cumprimento mínimo de 1/3 (um terço) da pena, se o condenado for primário, e 1/2 (metade), se reincidente.

A: incorreta. A saída temporária, disciplinada nos arts. 122 a 125 da Lei 7.210/1984 (Lei de Execução Penal), destina-se tão somente ao condenado que cumpre a pena em regime *semiaberto.* Atenção às alterações na LEP: a Lei 14.843/2024 revogou o art. 124 da LEP assim, restringindo o benefício da saída temporária para a hipótese de frequência a curso profissionalizante ou de instrução de 2º grau ou superior, sendo o tempo de saída o necessário para o cumprimento das atividades discentes; **B:** correta. De fato, a remição pelo estudo pode se dar nos regimes fechado, semiaberto e aberto, tal como autorizado pelo art. 126, *caput* e § 6°, da LEP; já a remição pelo trabalho, é importante que se diga, somente pode beneficiar o condenado que cumpre a pena nos regimes fechado ou semiaberto (art. 126, *caput*, LEP); **C:** incorreta. O art. 126, § 4°, da LEP determina que poderá o preso impossibilitado de trabalhar ou de continuar a estudar ser beneficiado com a remição; **D:** incorreta. A assertiva contraria o disposto no art. 128 da LEP; **E:** incorreta. A assertiva contraria o disposto no art. 123, II, da LEP, que determina o cumprimento mínimo de 1/6 da pena, se o condenado for primário, e 1/4, se reincidente. E, ainda, deverão ser ouvidos o Ministério Público e a administração penitenciária para a concessão do benefício. **PB** *Gabarito "B".*

(Juiz de Direito – TJM/SP – VUNESP – 2016) A respeito da execução das penas em espécie e incidentes de execução, assinale a alternativa correta.

(A) Compete ao Juízo da Execução Penal do Estado a execução da pena imposta a sentenciado pela Justiça Federal, quando recolhido a estabelecimento sujeito à administração estadual.

(B) O livramento condicional poderá ser requerido pelo Ministério Público, em favor do sentenciado, sendo certo que as condições de admissibilidade, conveniência e oportunidade serão verificadas pelo Conselho Penitenciário, a cujo relatório ficará adstrito o Juiz.

(C) A pena de multa, não paga pelo sentenciado, será convertida em título executivo de dívida, ficando a cargo do Ministério Público propor a execução no Juízo da Execução Criminal do local em que tramitou o processo.

(D) A suspensão condicional da pena compreende, além da privativa de liberdade, as penas acessórias.

(E) A concessão do livramento condicional da pena competirá ao Juiz que proferiu a sentença condenatória.

A: correta, pois retrata o entendimento sedimentado na Súmula 192, do STJ: "Compete ao Juízo das Execuções Penais do Estado a execução das penas impostas a sentenciados pela Justiça Federal, Militar ou Eleitoral, quando recolhidos a estabelecimentos sujeitos à administração estadual"; **B:** incorreta. Embora seja de rigor, à concessão do livramento condicional, o parecer do Conselho Penitenciário (art. 131 da LEP), é incorreto afirmar-se que o magistrado ficará a ele vinculado, podendo decidir de acordo com o seu livre convencimento motivado. Agora, quanto à legitimidade para requerer a concessão do livramento condicional, figura entre eles o Ministério Público, que poderá, além de requerer a suspensão do livramento, também pugnar pela sua concessão. Conferir a lição de Guilherme de Souza Nucci ao lançar comentário sobre as incumbências do parquet em sede de execução penal (art. 68, LEP): "(...) como se mencionou na nota anterior, se cabe ao Ministério Público fiscalizar a execução penal, oficiando no processo e nos incidentes, é mais do que óbvio poder requerer todas as providências enumeradas neste artigo. Desnecessário, pois, elencá-las. Diga-se mais: além das possibilidades previstas no art. 68, que é rol exemplificativo, muito mais pode competir ao membro da Instituição, como, por exemplo, requerer, em favor do condenado, a concessão de livramento condicional, quando julgar cabível" (Leis penais e processuais penais comentadas, volume I, Ed. Forense, p. 247, 2014); **C:** incorreta, pois em desconformidade com a Súmula 521, do STJ. Até o advento da Lei 9.268/1996, era possível a conversão da pena de multa não adimplida em pena privativa de liberdade. Ou seja, o não pagamento da pena de multa imposta ao condenado poderia ensejar a sua prisão. Com a entrada em vigor desta Lei, modificou-se o procedimento de cobrança da pena de multa, que passou a ser considerada dívida de valor, com incidência das normas relativas à dívida da Fazenda Pública. Com isso, deixou de ser possível – e esse era o objetivo a ser alcançado – a conversão da pena de multa em prisão. A partir de então, surgiu a discussão acerca da atribuição para cobrança

da pena de multa: deveria ela se dar na Vara da Fazenda Pública ou na Vara de Execução Penal? A jurisprudência, durante muito tempo, consagrou o entendimento no sentido de que a pena pecuniária, sendo dívida de valor, possui caráter extrapenal e, portanto, a sua execução deve se dar pela Procuradoria da Fazenda Pública. Tal entendimento, até então pacífico, sofreu um revés em 2018, quando o STF, ao julgar a ADI 3150, conferiu nova interpretação ao art. 51 do CP e passou a considerar que a cobrança da multa, que constitui, é importante que se diga, espécie de sanção penal, cabe ao Ministério Público, que o fará perante o juízo da execução penal. Ficou ainda decidido que, caso o MP não promova a cobrança dentro do prazo de noventa dias, aí sim poderá a Procuradoria da Fazenda Pública fazê-lo. A atuação da Fazenda Pública passou a ser, portanto, subsidiária em relação ao MP. Pois bem. A Lei 13.964/2019 (Pacote Anticrime), ao conferir nova redação ao art. 51 do CP, consolidou o entendimento adotado pelo STF, no sentido de que a execução da pena de multa ocorrerá perante o juiz da execução penal. A cobrança, portanto, cabe ao MP. De se ver que a atribuição subsidiária conferida à Fazenda Pública (pelo STF) não constou da nova redação do art. 51 do CP; **D:** incorreta (art. 700, CPP); **E:** incorreta, já que a concessão do livramento condicional compete ao juiz da execução (art. 66, III, e, da LEP). **ED** *Gabarito "A".*

(Juiz de Direito – TJM/SP – VUNESP – 2016) Nos termos da Lei 7.210, de 11 de julho de 1984, os condenados por crime praticado, dolosamente, com violência de natureza grave contra a pessoa, ou por qualquer dos crimes previstos no art. 1° da Lei 8.072, de 25 de julho de 1990,

(A) serão submetidos, obrigatoriamente, à identificação do perfil genético mediante extração de DNA.

(B) somente poderão ter a identificação de perfil genético verificada pelo Juiz do processo, vedado o acesso às autoridades policiais mesmo mediante requerimento.

(C) não terão a identificação de perfil genético incluído em banco de dados sigiloso, mas de livre acesso às autoridades policiais, independentemente de requerimento.

(D) não terão extraído o DNA, se submetidos à Justiça Militar, em razão da excepcionalidade da lei de execução.

(E) não poderão ser submetidos à identificação do perfil genético, mediante extração de DNA, por falta de permissivo legal.

Com a alteração promovida pela Lei 12.654/2012 na Lei de Execução Penal, que nela introduziu o art. 9°-A, criou-se mais uma hipótese de identificação criminal, por meio da qual os condenados pelo cometimento de crime doloso com violência ou grave ameaça contra a pessoa bem como por delito hediondo serão submetidos, compulsoriamente, à identificação do perfil genético, o que se fará por meio da extração de DNA. Posteriormente, o PL 6.341/2019 (que, mais tarde, daria origem à Lei 13.964/2019), entre várias alterações implementadas na legislação penal, processual penal e de execução penal, alterou a redação do *caput* do art. 9°-A da LEP, dali extraindo a referência a *crimes hediondos* e fazendo inserir os *crimes contra a vida, contra a liberdade sexual* e os *delitos sexuais contra vulnerável.* Esta alteração, no entanto, foi objeto de veto pelo presidente da República, ficando mantida, portanto, a sua redação original (conferida pela Lei 12.654/2012). Depois disso, já no período de vigência do pacote anticrime, o Congresso Nacional, ao apreciar os vetos impostos pelo presidente da República aos dispositivos inseridos pelo pacote anticrime, rejeitou o veto à alteração promovida no art. 9°-A da LEP pelo pacote anticrime. Com isso, prevalece a redação original conferida pelo PL 6.341/2019, a saber: *O condenado por crime doloso praticado com violência grave contra a pessoa, bem como por crime contra a vida, contra a liberdade sexual ou por crime sexual contra vulnerável, será submetido, obrigatoriamente,*

à identificação do perfil genético, mediante extração de DNA (ácido desoxirribonucleico), por técnica adequada e indolor, por ocasião do ingresso no estabelecimento prisional. Perceba que a obrigatoriedade de se submeter à identificação do perfil genético permanece para os condenados por crime doloso praticado com violência grave contra a pessoa. Também foi objeto de veto pelo PR a inclusão, neste art. 9º-A, dos §§ 5º, 6º e 7º pela Lei 13.964/2019, vetos esses posteriormente derrubados pelo Congresso Nacional, de forma que, atualmente, esses dispositivos estão em vigor. Conferir os dispositivos restabelecidos por força da rejeição ao veto imposto pelo PR: § 5º: *A amostra biológica coletada só poderá ser utilizada para o único e exclusivo fim de permitir a identificação pelo perfil genético, não estando autorizadas as práticas de fenotipagem genética ou de busca familiar;* § 6º: *Uma vez identificado o perfil genético, a amostra biológica recolhida nos termos do **caput** deste artigo deverá ser correta e imediatamente descartada, de maneira a impedir a sua utilização para qualquer outro fim;* § 7º: *A coleta da amostra biológica e a elaboração do respectivo laudo serão realizadas por perito oficial.* 🔲
Gabarito "A".

(Juiz de Direito – TJ/SP – VUNESP – 2015) Um sentenciado cumpria pena em regime fechado, quando sobreveio nova condenação, com substituição da pena privativa de liberdade por restritiva de direitos. Portanto, deve o magistrado

(A) somar a nova condenação ao restante da pena que está sendo cumprida, desconsiderando a restritiva de direitos.

(B) reconverter a restritiva de direitos em privativa de liberdade, mantendo o cumprimento isolado de cada pena imposta.

(C) reconverter a restritiva de direitos em privativa de liberdade, unificando as reprimendas.

(D) manter a restritiva de direitos suspensa, para que seja cumprida a privativa de liberdade em primeiro lugar.

Quando, no curso da execução, sobrevier condenação a pena privativa de liberdade que, no juízo sentenciante, foi convertida em restritiva de direitos, caberá ao juízo da execução competente proceder à somatória do remanescente da pena que está sendo cumprida com a pena privativa de liberdade fruto da reconversão da restritiva de direitos correspondente à última condenação, nos termos do art. 111, parágrafo único, da LEP. Nas lições de Mirabete: "Pode ocorrer, também, que após o início da execução sejam proferidas novas condenações contra o preso. Impostas novas penas, são elas somadas a fim de ser determinado o regime de cumprimento daí por diante. Cabe então ao juiz encarregado da execução determinar o regime de cumprimento das penas somadas, obedecendo às regras estabelecidas para a hipótese do regime inicial de cumprimento. Estando o condenado em cumprimento de pena, deve ser descontado, na soma para a determinação do regime, o tempo cumprido (art. 111, parágrafo único). Soma-se assim o restante da pena que estava sendo cumprida com a nova sanção aplicada e o resultado é o parâmetro para a fixação do regime a que deve ser submetido o condenado" (Mirabete, Julio Fabbrini e Fabbrini, Renato Nascimento. Execução Penal, 17ª edição, 2024, Foco, item 111.1). 🔲
Gabarito "C".

18. LEGISLAÇÃO EXTRAVAGANTE

(Juiz de Direito – TJ/SP – 2023 – VUNESP) Das alternativas a seguir, assinale aquela que não será admitida a interceptação telefônica.

(A) Quando vem requerida exclusivamente pelo Ministério Público.

(B) Quando não existirem indícios suficientes de autoria.

(C) Quando os crimes são apenados com detenção.

(D) Quando o pedido é postulado verbalmente pelo interessado.

A teor do art. 2º, III, da Lei 9.296/1996, somente será autorizada a interceptação de comunicações telefônicas na hipótese de o fato objetivo da investigação constituir infração penal punida com reclusão. Portanto, se não houver indícios razoáveis da autoria ou participação em infração penal; se a prova puder ser feita por outros meios disponíveis e se o fato investigado constituir infração penal punida, no máximo, com pena de detenção, não se admitirá a interceptação de comunicações telefônicas. 🔲
Gabarito "C".

(Escrevente – TJ/SP – VUNESP – 2023) Tício foi denunciado por crime cuja pena máxima não ultrapassa dois anos de reclusão. Diante dessa situação hipotética, assinale a alternativa correta.

(A) O processo seguirá pelo rito sumário, com a resposta à acusação apresentada em audiência, oralmente, ocasião em que se inquirirão as testemunhas de defesa, no máximo 03 (três), apresentadas no dia e independente de intimação.

(B) O processo seguirá pelo rito do juizado especial criminal e, não sendo Tício localizado, para ser pessoalmente citado, haverá remessa ao Juízo Comum, para prosseguir sob o rito sumário.

(C) O processo seguirá pelo rito sumário e, após a resposta à acusação, apresentada por escrito, no prazo de 10 (dez) dias, Tício será sumariamente absolvido se comprovar ter praticado o fato em estado de necessidade.

(D) O processo seguirá pelo rito ordinário e, uma vez citado, deverá apresentar resposta à acusação no prazo de 10 (dez) dias, podendo arrolar até 08 (oito) testemunhas.

(E) O processo seguirá pelo rito sumário e, uma vez citado, deverá apresentar resposta à acusação no prazo de 10 (dez) dias, podendo arrolar até 05 (cinco) testemunhas.

Considerando que Tício foi denunciado por crime cuja pena máxima não ultrapassa dois anos de reclusão, o seu julgamento caberá, por força do art. 61 da Lei 9.099/1995, ao Juizado Especial Criminal, onde o procedimento adotado será o sumaríssimo. Neste caso, na hipótese de o autor não ser encontrado para citação pessoal, o juiz encaminhará as peças ao juízo comum para adoção do procedimento previsto em lei – art. 66, parágrafo único, da Lei 9.099/1995, no qual se procederá, se necessário for, à citação por hora certa ou por edital, dada a incompatibilidade dessas modalidades de citação ficta com a celeridade imanente ao procedimento adotado na Lei 9.099/1995. 🔲
Gabarito "B".

(Escrevente – TJ/SP – VUNESP – 2023) A respeito do processo de restauração de autos extraviados ou destruídos, previsto no Código de Processo Penal, é correto afirmar que

(A) mesmo pendente decisão que julgue restaurados os autos, a sentença condenatória em execução continuará a produzir efeito, se houver guia arquivada no estabelecimento prisional onde o réu cumpre pena ou, registro que torne inequívoca a sua existência.

(B) poderão ser inquiridos sobre os atos do processo as autoridades, os serventuários, os peritos e as demais pessoas que tenham nele atuado, inexistindo previsão, contudo, de oitiva de testemunhas e outras provas o teor do processo extraviado ou destruído.

4. PROCESSO PENAL · 185

(C) se extraviados os autos em segunda instância, nela tramitará o processo de restauração.

(D) no caso de processo em que ainda não foi proferida sentença, as testemunhas serão reinquiridas, inexistindo possibilidade de substituição das que não sejam localizadas.

(E) os exames periciais serão obrigatoriamente repetidos e realizados, também obrigatoriamente, pelos mesmos peritos, exceto no caso de já ter falecido.

A: correta, pois em consonância com o que dispõe o art. 548 do CPP; B: incorreta, sendo a primeira parte da assertiva correta, conforme disposto no art. 543, IV do CPP, está incorreta a segunda parte, uma vez que o Ministério Público e as partes poderão oferecer testemunhas e produzir documentos, para provar o teor do processo extraviado ou destruído (inciso V); C: incorreta, uma vez que, segundo dispõe o art. 541, § 3º, do CPP, *proceder-se-á à restauração na primeira instância, ainda que os autos se tenham extraviado na segunda*; D: incorreta, pois não reflete o disposto no art. 543, I, do CPP; E: incorreta, uma vez que não corresponde ao que estabelece o art. 543, II, do CPP: *os exames periciais, quando possível, serão repetidos, e de preferência pelos mesmos peritos.* **PB**

Gabarito "A".

(Escrevente – TJ/SP – 2021 – VUNESP) A respeito da Lei n. 9.099/95, é correto afirmar que:

(A) são infrações de menor potencial ofensivo as contravenções penais e os crimes cuja pena mínima não exceda a 1 (um) ano.

(B) a transação penal, nas ações penais públicas condicionadas à representação, oferecida pelo Ministério Público ao autor da infração e por ele aceita, não será homologada pelo Juiz se não contar com a anuência da vítima.

(C) a suspensão condicional do processo, prevista no artigo 89 da Lei, aplica-se aos crimes cuja pena mínima não exceda a 2 (dois) anos.

(D) não cabe prisão em flagrante nos crimes de menor potencial ofensivo.

(E) na eventual reunião de processos, perante o juízo comum, decorrentes da aplicação de regra de conexão e continência, às infrações de menor potencial ofensivo aplicar-se-ão os institutos da transação penal e composição dos danos civis.

A: incorreta. São consideradas infrações penais de menor potencial ofensivo, estando, portanto, sob a égide do Juizado Especial Criminal, as contravenções penais e os crimes cuja pena máxima cominada não seja superior a *dois* anos, cumulada ou não com multa, conforme dispõe o art. 61 da Lei 9.099/1995; B: incorreta, na medida em que a anuência da vítima não é pressuposto à homologação do acordo de transação penal pelo magistrado (art. 76, Lei 9.099/1995); C: incorreta, pois em desconformidade com o disposto no art. 89 da Lei 9.099/1995, que instituiu a suspensão condicional do processo (*sursis* processual), cuja aplicação não se restringe às infrações penais de menor potencial ofensivo, abrangendo todas as infrações para as quais a pena mínima cominada seja igual ou inferior a um ano; D: incorreta. Uma vez surpreendido pela prática de infração penal de menor potencial ofensivo, o autor dos fatos será conduzido à presença da autoridade policial e, após a confecção do termo circunstanciado, será liberado, desde que não se recuse a encaminhar-se ao juizado ou, não sendo isso possível, assuma o compromisso de fazê-lo quando convocado (art. 69, parágrafo único, da Lei 9.099/1995); se assim não fizer, será contra ele lavrado auto de prisão em flagrante; E: correta, pois reflete o disposto no art. 60, parágrafo único, da Lei 9.099/1995. **ED**

Gabarito "E".

(Juiz de Direito – TJ/RS – 2018 – VUNESP) Assinale a alternativa correta.

(A) A interceptação das comunicações telefônicas não poderá ser determinada *ex officio* pelo juiz.

(B) Não pode o juiz, havendo indícios suficientes, decretar *ex officio*, no curso do inquérito ou da ação penal, a apreensão e outras medidas assecuratórias relacionadas aos bens móveis e imóveis ou valores consistentes em produtos dos crimes previstos na Lei nº 11.343/06.

(C) As medidas protetivas de urgência, previstas na Lei 11.340/06, não poderão ser concedidas *ex officio* pelo juiz, dependendo sempre de requerimento da parte interessada ou mesmo da autoridade policial ou do Ministério Público.

(D) Em relação à proteção aos réus colaboradores, prevista na Lei nº 9.807/99, não pode o juiz conceder o perdão judicial *ex officio*.

(E) No caso de morte do acusado, o juiz somente à vista da certidão de óbito, e depois de ouvido o Ministério Público, declarará a extinção da punibilidade.

A: incorreta. Isso porque, segundo estabelece o art. 3º da Lei 9.296/1996, a interceptação das comunicações telefônicas poderá ser determinada pelo juiz: de ofício; ou mediante representação da autoridade policial, no curso das investigações do inquérito policial, ou a pedido do MP, tanto no curso do IP quanto no da ação penal. Atenção: na hipótese de *captação ambiental de sinais eletromagnéticos, ópticos ou acústicos*, a medida poderá ser autorizada pelo juiz, mas a requerimento da autoridade policial ou do Ministério Público de acordo com o teor do art. 8º-A, inserido pela Lei 13.964/2019; B: incorreta. A prova foi aplicada antes da alteração do art. 60, *caput*, da Lei 11.343/2006. De acordo com a atual redação do art. 60, dada pela Lei 13.840/2019, "o juiz, a requerimento do Ministério Público ou do assistente de acusação, ou mediante representação da autoridade de polícia judiciária, poderá decretar, no curso do inquérito ou da ação penal, a apreensão e outras medidas assecuratórias nos casos em que haja suspeita de que os bens, direitos ou valores sejam produto do crime ou constituam proveito dos crimes previstos nesta Lei, procedendo-se na forma dos arts. 125 e seguintes do Decreto-Lei nº 3.689, de 3 de outubro de 1941 – Código de Processo Penal", portanto, a decretação dessas medidas, frise-se, na lei de Drogas, não poderão ser determinadas de ofício; C: errada. A incorreção da assertiva está em afirmar que a decretação das medidas protetivas de urgência contidas na Lei Maria da Penha poderá se dar a requerimento da autoridade policial. Na verdade, tais medidas serão requeridas pelo MP ou pela própria ofendida (art. 19, *caput*, Lei 11.340/2006). Entretanto, prevê o § 4º do art. 19, incluído pela Lei 14.550/2023, que as medidas protetivas de urgência serão concedidas em juízo de cognição sumária, isto é, basta o depoimento da vítima perante a autoridade policial ou da apresentação de suas alegações escrita. D: incorreta, pois não reflete o disposto no art. 13, *caput*, da Lei 9.807/1999, que estabelece que o juiz, neste caso, pode atuar de ofício, ou a requerimento das partes, conceder o perdão judicial e a extinção da punibilidade ao acusado que, sendo primário, tenha colaborado efetiva e voluntariamente com a investigação e o processo criminal; E: correta. A assertiva constitui reprodução do teor do art. 62 do CPP. **PB**

Gabarito "E".

(Investigador – PC/BA – 2018 – VUNESP) Diante do previsto na Lei nº 9.296/96 – Lei de Interceptação Telefônica, assinale a alternativa correta.

(A) A interceptação telefônica será admitida mesmo que a prova possa ser feita por outros meios disponíveis.

(B) A interceptação telefônica poderá ser determinada pelo representante do Ministério Público, de ofício,

186 EDUARDO DOMPIERI E PATRICIA BERGAMASCO

mediante idônea fundamentação durante a instrução criminal.

(C) O juiz deverá decidir, no prazo máximo de 24 (vinte e quatro) horas, sobre o pedido de interceptação.

(D) Somente será admitido o pedido de interceptação telefônica feito por escrito.

(E) Não é necessária a presença de indícios razoáveis da autoria ou participação em infração penal para que seja determinada a interceptação telefônica.

A: incorreta. Por se tratar de meio de prova sobremaneira invasivo, a interceptação telefônica somente poderá se dar diante da impossibilidade de se produzir a prova por outros meios disponíveis (art. 2º, II, da Lei 9.296/1996). Ou seja, a interceptação telefônica deve ser utilizada de forma subsidiária, recorrendo-se, por primeiro, a outros meios disponíveis; **B:** incorreta. A interceptação telefônica somente poderá ser determinada pelo juiz de direito, que o fará de ofício ou a requerimento da autoridade policial, no curso das investigações, ou do MP, no decorrer tanto das investigações quanto da ação penal (arts. 1º, *caput*, e 3º, da Lei 9.296/1996). Na hipótese de *captação ambiental de sinais eletromagnéticos, ópticos ou acústicos*, a medida poderá ser autorizada pelo juiz, mas a requerimento da autoridade policial ou do Ministério Público de acordo com o teor do art. 8º-A, inserido pela Lei 13.964/2019; **C:** correta. De acordo com o teor do art. 4º, § 2º, da Lei 9.296/1996; **D:** incorreta. O pedido poderá, de forma excepcional, ser formulado *verbalmente* (art. 4º, § 1º, da Lei 9.296/1996); **E:** incorreta. A interceptação somente será admitida diante da presença de indícios razoáveis da autoria ou participação em infração penal, tal como dispõe o art. 2º, I, da Lei 9.296/1996. **PB**
Gabarito "C".

(Investigador – PC/BA – 2018 – VUNESP) Em procedimento legal de interceptação de conversas telefônicas visando a apurar tráfico de drogas, durante o inquérito policial, foram transcritas conversas que tratavam de assuntos diversos daqueles sob a investigação. A respeito destes últimos, de acordo com a Lei Federal nº 9.296/1996, que trata da matéria, a providência a ser adotada será

(A) a exclusão de ofício, pela Autoridade Policial que presidir às investigações e sob pena de responsabilidade, dos trechos irrelevantes.

(B) a representação, pela Autoridade Policial, para inutilização dos trechos irrelevantes, o que poderá ser autorizado apenas pela Autoridade Judiciária competente.

(C) a manutenção dos trechos considerados irrelevantes em autos apartados, uma vez que estes têm caráter sigiloso.

(D) o aguardamento até o trânsito da sentença para excluir os trechos havidos por irrelevantes, uma vez que estes poderão ser avaliados novamente no curso do processo.

(E) o refazimento da interceptação, já que a transcrição de trechos irrelevantes à apuração contamina toda a prova, conforme estabelece a "teoria dos frutos envenenados".

Tal como dispõe o art. 9º da Lei 9.296/1996, se, no decorrer da interceptação, forem colhidas informações que não têm pertinência com a apuração em curso, é de rigor que tais dados, que são irrelevantes, sejam inutilizados, cabendo à autoridade policial, neste caso, representar ao magistrado competente para que este determine tal providência. Tal iniciativa também cabe ao representante do MP e à parte interessada, e poderá ser determinada, sempre pelo juiz competente, tanto no curso das investigações do inquérito policial quanto no da ação penal ou até depois desta. Vale lembrar o tema do encontro fortuito de provas (crime

achado, serendipidade) durante a investigação de um determinado crime ou de crimes, por exemplo, o juiz autoriza a interceptação telefônica para apurar crimes de tráfico de entorpecentes, durante a interceptação das comunicações telefônicas descobre-se a prática de um crime punido com detenção, por exemplo, constrangimento ilegal (art. 146, do CP), não haverá qualquer impedimento para que os elementos probatórios colhidos na interceptação telefônica sejam empregados também para o crime sancionado com detenção. Vide decisão STF, HC 83515, j. em 16-9-2004, DJe de 4-3-2005. **PB**
Gabarito "B".

(Defensor Público/RO – 2017 – VUNESP) No que se refere à violência doméstica e familiar contra a mulher (Lei nº 11.340/06), assinale a alternativa correta.

(A) A ação penal relativa ao crime de lesão corporal resultante de violência doméstica contra a mulher é pública condicionada.

(B) Há previsão legal de ajuizamento de ação penal privada na Lei no 11.340/06 (Lei Maria da Penha), dependendo do interesse jurídico discutido.

(C) A ação penal relativa ao crime de lesão corporal resultante de violência doméstica contra a mulher é pública incondicionada.

(D) Ao processo, ao julgamento e à execução das causas cíveis e criminais decorrentes da prática de violência doméstica e familiar contra a mulher não se aplicam as normas do Código de Processo Penal.

(E) O Ministério Público poderá em todos os atos processuais, cíveis e criminais acompanhar a mulher em situação de violência doméstica e familiar atuando como seu curador.

A: incorreta, uma vez que o STF, ao julgar a ADI 4.424, de 09.02.2012, entendeu ser incondicionada a ação penal em caso de crime de lesão corporal praticado contra a mulher no ambiente doméstico. A atuação do Ministério Público, nesses casos (lesão corporal praticada contra a mulher no ambiente doméstico), portanto, prescinde da anuência da vítima. Tal entendimento encontra-se consagrado na Súmula 542, do STJ: *A ação penal relativa ao crime de lesão corporal resultante de violência doméstica contra a mulher é pública incondicionada*; **B:** incorreta, já que inexiste tal previsão na Lei Maria da Penha; **C:** correta, na medida em que, conforme ponderado no comentário à assertiva "A", a ação penal, neste caso, é pública incondicionada; **D:** incorreta, pois contraria o disposto no art. 13 da Lei Maria da Penha; **E:** incorreta, uma vez que tal atribuição não está prevista na Lei Maria da Penha. A atuação do MP, no contexto da Lei Maria da Penha, está disciplinada nos arts. 25 e 26 da Lei 11.340/2006. **ED**
Gabarito "C".

(Defensor Público/RO – 2017 – VUNESP) Sobre a interceptação telefônica, assinale a alternativa correta.

(A) A interceptação de comunicação telefônica, de qualquer natureza, preservado seu sigilo, ocorrerá nos autos de inquérito policial.

(B) A interceptação das comunicações telefônicas poderá ser determinada pelo juiz de ofício.

(C) Não há previsão legal de pedido de interceptação telefônica formulado verbalmente.

(D) Admitir-se-á a interceptação de comunicações telefônicas quando o fato investigado constituir infração penal, independentemente do tipo de pena prevista.

(E) O pedido de interceptação telefônica poderá ser renovado por uma única vez e por igual tempo, uma vez comprovada a indispensabilidade do meio de prova.

4. PROCESSO PENAL

A: incorreta. A interceptação de comunicação telefônica poderá ocorrer tanto na fase das investigações do inquérito policial quanto no curso da instrução processual, sempre por determinação judicial (art. 8º, Lei 9.296/1996); **B:** correta. Segundo estabelece o art. 3º da Lei 9.296/1996, a interceptação das comunicações telefônicas poderá ser determinada pelo juiz (sempre): de ofício; ou mediante representação da autoridade policial, no curso das investigações do inquérito policial, ou a pedido do MP, tanto no curso do IP quanto no da ação penal. Entretanto, na hipótese de *captação ambiental de sinais eletromagnéticos, ópticos ou acústicos*, a medida poderá ser autorizada pelo juiz, mas a requerimento da autoridade policial ou do Ministério Público de acordo com o teor do art. 8º-A, inserido pela Lei 13.964/2019; **C:** incorreta. O pedido de interceptação telefônica poderá, de forma excepcional, ser formulado *verbalmente* (art. 4º, § 1º, da Lei 9.296/1996); **D:** incorreta. Será admitida a interceptação de comunicações telefônicas se o fato sob investigação constituir infração penal punida com *reclusão* (art. 2º, III, da Lei 9.296/1996) e, também, se houver indícios razoáveis da autoria ou participação em infração penal e a prova não puder ser feita por outros meios disponíveis (incisos I e II). Lembre-se da *captação ambiental de sinais eletromagnéticos, ópticos ou acústicos*, será autorizada quando a prova não puder ser feita por outros meios disponíveis e igualmente eficazes, e houver elementos probatórios razoáveis de autoria e participação em infrações criminais cujas penas máximas sejam superiores a 4 anos ou em infrações penais conexas; **E:** incorreta. À luz do que reza o art. 5º da Lei 9.296/1996, a interceptação não poderá exceder o prazo de 15 dias, interregno esse que comporta prorrogação por igual período, desde que isso se mostre indispensável às investigações. Cabem aqui alguns esclarecimentos quanto à prorrogação do prazo estabelecido neste dispositivo. Segundo entendimento consolidado pelos tribunais superiores, as interceptações telefônicas podem, sim, ser prorrogadas sucessivas vezes, desde que tal providência seja devidamente fundamentada pela autoridade judiciária (art. 5º da Lei 9.296/1996). Lembre-se da hipótese de autorização da captação ambiental de sinais eletromagnéticos, ópticos ou acústico, a qual não poderá exceder o prazo de 15 dias, renovável por decisão judicial por iguais períodos, se comprovada a indispensabilidade do meio de prova e quando presente atividade criminal permanente, habitual ou continuada (art. 8º-A, § 3º, incluído pela Lei 13.964/2019). Conferir: "De acordo com a jurisprudência há muito consolidada deste Tribunal Superior, as autorizações subsequentes de interceptações telefônicas, uma vez evidenciada a necessidade das medidas e a devida motivação, podem ultrapassar o prazo previsto em lei, considerado o tempo necessário e razoável para o fim da persecução penal" (AgRg no REsp 1620209/RS, Rel. Ministra Maria Thereza De Assis Moura, Sexta Turma, julgado em 09.03.2017, *DJ*e 16.03.2017). No STF com a fixação da seguinte tese: "São lícitas as sucessivas renovações de interceptação telefônica, desde que, verificados os requisitos do artigo 2º da Lei nº 9.296/1996 e demonstrada a necessidade da medida diante de elementos concretos e a complexidade da investigação, a decisão judicial inicial e as prorrogações sejam devidamente motivadas, com justificativa legítima, ainda que sucinta, a embasar a continuidade das investigações. São ilegais as motivações padronizadas ou reproduções de modelos genéricos sem relação com o caso concreto" (RE 625263, j. em 17-3-2022, DJe de 6-6-2022 – tema 661). **PB**

Gabarito "B".

(Delegado – PC/BA – 2018 – VUNESP) Considere o seguinte caso hipotético.

O criminoso "X", integrante de uma determinada organização criminosa, após a sentença que o condenou pela prática do crime, decide voluntariamente e na presença de seu defensor, colaborar com as investigações. Nas suas declarações, "X" revela toda a estrutura hierárquica e a divisão de tarefas da organização. Alguns dias após, arrepende-se e decide retratar-se das declarações prestadas. Diante do exposto e nos termos da Lei nº 12.850/2013, é correto afirmar que

(A) na hipótese de retratação, as provas produzidas pelo colaborador não poderão ser utilizadas em seu desfavor, mas apenas em detrimento dos interesses dos coautores e partícipes.

(B) a colaboração premiada é retratável a qualquer tempo, sendo necessário colher a retratação por escrito e desconsiderar integralmente as provas produzidas.

(C) após a prolação da sentença, é vedada a retratação, portanto, no presente caso, não há possibilidade de se reconhecer o pedido do criminoso.

(D) a colaboração premiada implica em renúncia ao direito ao silêncio, ficando o criminoso sujeito ao compromisso de dizer a verdade; assim sendo, a retratação implicará o cometimento de outro crime.

(E) a colaboração premiada, antes ou após a sentença, é irretratável, portanto as provas autoincriminatórias produzidas pelo colaborador poderão ser utilizadas em seu desfavor.

A: correta. De fato, podem as partes, depois de firmar acordo de colaboração premiada, retratar-se (tanto o MP quanto o investigado/réu colaborador). As razões que podem dar enseio a isso são variadas. Pode o MP, por exemplo, voltar atrás no pacto firmado porque o colaborador não logrou provar o alegado em sua delação. Este, por sua vez, pode, por exemplo, manifestar o desejo de retratar-se por temer represálias dos investigados/acusados delatados. As provas que foram produzidas pela delação, tal como prescreve o art. 4º, § 10, da Lei 12.850/2013, não poderão ser utilizadas em prejuízo do colaborador que se retratou, mas poderão ser usadas contra os demais investigados ou acusados; **B:** incorreta. Como dito acima, as provas produzidas por ocasião da colaboração somente serão desconsideradas em relação ao delator que se retratou; serão, todavia, levadas em consideração contra os demais investigados/acusados; **C:** incorreta. De acordo com o § 5º do art. 4º da Lei 12.850/2013, se a colaboração for posterior à sentença, a pena poderá ser reduzida até a metade ou será admitida a progressão de regime ainda que ausentes os requisitos objetivos, portanto, é possível a retratação também após a sentença; **D:** incorreta. A retratação não implica o cometimento de crime por parte do colaborador que voltou atrás na sua delação; a primeira parte da assertiva, segundo a qual a colaboração premiada implica renúncia ao direito ao silêncio, ficando o criminoso sujeito ao compromisso de dizer a verdade, está correta (art. 4º, § 14, Lei 12.850/2013); **E:** incorreta. Vide comentário à alternativa "A". **PB**

Gabarito "A".

(Escrevente Técnico – TJM/SP – VUNESP – 2017) De acordo com o Código de Processo Penal Militar, e com relação ao Inquérito Policial Militar, assinale a alternativa correta.

(A) O Inquérito Policial Militar deverá terminar dentro de vinte dias, quando o indiciado estiver solto, contados a partir da data em que se instaurar o inquérito.

(B) A autoridade militar só poderá mandar arquivar autos de inquérito, se conclusivo pela inexistência de crime ou de inimputabilidade do indiciado.

(C) Nos crimes contra a honra, ainda que decorrerem de escrito ou publicação, cujo autor esteja identificado, o Inquérito Policial Militar não poderá ser dispensado.

(D) O arquivamento de inquérito não obsta a instauração de outro, se novas provas aparecerem em relação ao fato, ao indiciado ou a terceira pessoa, ressalvados o caso julgado e os casos de extinção da punibilidade.

(E) Quando concluído os autos do Inquérito Policial Militar deverão ser remetidos ao auditor da Circunscrição Judiciária Militar onde ocorreu a infração penal, contudo, os instrumentos desta, assim como todos os objetos apreendidos deverão permanecer em poder do Encarregado que será responsável pela custódia até o término do processo.

A: incorreta, já que contraria o disposto no art. 20 do CPPM, que estabelece que o inquérito, se preso estiver o indiciado, deve ser ultimado em 20 dias; se solto, em 40 dias; **B:** incorreta. A autoridade militar não poderá, sob qualquer pretexto, mandar arquivar autos de inquérito, ainda que conclusivo pela inexistência de crime ou de inimputabilidade do indiciado (art. 24, CPPM); **C:** incorreta. A assertiva contempla hipótese de dispensa de inquérito (art. 28, CPPM); **D:** correta (art. 25, CPPM); **E:** incorreta, pois contraria o disposto no art. 23 do CPPM. ED

Gabarito "D".

(Escrevente Técnico – TJM/SP – VUNESP – 2017) Conforme o Código de Processo Penal Militar, assinale a alternativa correta no que diz respeito à comunicação dos atos processuais.

(A) A citação far-se-á por oficial de justiça mediante mandado, quando o acusado estiver servindo ou residindo fora dessa sede, mas no país.

(B) A citação far-se-á por oficial de justiça mediante edital quando o acusado estiver servindo ou residindo fora da sede do juízo, mas no país.

(C) A intimação ou notificação de militar em situação de atividade será feita pessoalmente, devendo o militar intimado ou notificado informar a autoridade a que estiver subordinado.

(D) O processo será suspenso quando o acusado que, citado, intimado ou notificado para qualquer ato do processo, deixar de comparecer sem motivo justificado.

(E) A citação feita no início do processo é pessoal, bastando, para os demais termos, a intimação ou notificação do seu defensor, salvo se o acusado estiver preso, caso em que será, da mesma forma, intimado ou notificado.

A: incorreta. É hipótese de citação por meio de carta precatória, tal como estabelece o art. 277, II, do CPPM; **B:** incorreta. Neste caso, a citação far-se-á por meio de carta precatória (art. 277, II, CPPM); **C:** incorreta. A intimação ou notificação de militar em situação de atividade, ou assemelhado, ou de funcionário lotado em repartição militar, será feita por intermédio da autoridade a que estiver subordinado, como dispõe o art. 288, § 3°, do CPPM; **D:** incorreta. É caso de revelia, de acordo com o teor do art. 292, CPPM; **E:** correta. De acordo com o teor do art. 293, CPPM. PB

Gabarito "E".

(Escrevente Técnico – TJM/SP – VUNESP – 2017) Conforme o Código de Processo Penal Militar, e no que diz respeito aos recursos no processo penal militar, é correto afirmar que

(A) a apelação será interposta por petição escrita, dentro do prazo de cinco dias, contados da data da intimação da sentença ou da sua leitura em pública audiência, na presença das partes ou seus procuradores.

(B) caberá recurso em sentido estrito da sentença definitiva de condenação ou de absolvição.

(C) cabe apelação da decisão judicial que decretar, ou não, a prisão preventiva, ou revogá-la.

(D) não caberá revisão dos processos findos em que tenha havido erro quanto aos fatos, sua apreciação, avaliação e enquadramento.

(E) os recursos em sentido estrito serão interpostos no prazo de cinco dias, contados da data da intimação da

decisão, ou da sua publicação ou leitura em pública audiência, na presença das partes ou seus procuradores.

A: correta. De acordo com a redação do art. 529, CPPM; **B:** incorreta. É hipótese de apelação conforme previsto no art. 526, *a*, CPPM; **C:** incorreta. É hipótese de recurso em sentido estrito conforme previsto no art. 516, *h*, CPPM; **D:** incorreta. Assertiva contraria ao art. 550, CPPM; **E:** incorreta. O art. 518 do CPPM estabelece o prazo de 3 dias (e não de 5 dias). PB

Gabarito "A".

(Juiz de Direito – TJ/RJ – VUNESP – 2016) A respeito da infiltração de agentes de polícia em tarefas de investigação, é correto afirmar que

(A) não possui prazo determinado de duração, podendo ser sustada, a qualquer tempo, havendo indícios seguros de risco iminente ao agente infiltrado.

(B) pode ser determinada diretamente pela autoridade policial, em decisão fundamentada, contendo todas as circunstâncias e limites da atuação.

(C) pode ser determinada de ofício pela autoridade judicial, cabendo à autoridade policial designar os agentes que atuarão na tarefa.

(D) os agentes de polícia que participam da infiltração têm direito à alteração da identidade, bem como a usufruir das medidas de proteção à testemunha.

(E) é admitida para todas as infrações penais, inclusive as de menor potencial ofensivo.

A: incorreta. Embora seja correto afirmar-se que a infiltração de agentes pode, a qualquer tempo, ser sustada na hipótese de haver indícios seguros de risco iminente ao agente infiltrado (art. 12, § 3°, da Lei 12.850/2013), não é verdadeira a afirmação de que este meio de obtenção de prova não possui prazo determinado. Com efeito, por força do que dispõe o art. 10, § 3°, da Lei 12.850/2013, a infiltração será autorizada pelo prazo de seis meses, podendo este interregno ser prorrogado, desde que demonstrada a sua necessidade (art. 10, § 3°, da Lei 12.850/2013); **B:** incorreta, uma vez que a infiltração de agentes somente pode ser determinada, de forma fundamentada, circunstanciada e sigilosa, pelo juiz de direito, que o fará mediante representação da autoridade policial ou a requerimento do MP (art. 10, *caput*, da Lei 12.850/2013); **C:** incorreta, uma vez que não é dado ao juiz determinar, de ofício, a infiltração de agentes; somente o fará mediante representação do delegado de polícia ou a requerimento do MP; **D:** correta, pois reflete o disposto no art. 14, II, da Lei 12.850/2013; **E:** incorreta, pois não corresponde ao que estabelece o art. 10, § 2°, da Lei 12.850/2013. ED

Gabarito "D".

(Juiz de Direito – TJ/RJ – VUNESP – 2016) A, casada com B, durante uma discussão de casal, levou um soco, sendo ameaçada de morte. Diante dos gritos e ameaças, os vizinhos acionaram a Polícia que, ao chegar ao local, conduziu todos à Delegacia. A, inicialmente, prestou depoimento na Delegacia e manifestou o desejo de que o marido fosse processado criminalmente pelos crimes de lesão corporal leve e ameaça. Entretanto, encerradas as investigações policiais e remetidos os autos ao Fórum, em sede de audiência preliminar, A informou o Juízo que havia se reconciliado com B, não desejando que o marido fosse processado por ambos os crimes. Diante da nova manifestação de vontade de A, é correto afirmar que o procedimento

(A) será arquivado quanto ao crime de ameaça, já que a ação é condicionada à representação da vítima.

Quanto ao crime de lesão corporal, ocorrida em âmbito doméstico, o procedimento terá seguimento, por tratar-se de ação penal pública incondicionada. Todavia, é possível ao órgão de acusação, desde logo, ofertar a transação penal.

(B) terá seguimento, tanto para o crime de ameaça quanto para o crime de lesão corporal. Todavia, é possível ao órgão de acusação, desde logo, ofertar a transação penal.

(C) terá seguimento quanto ao crime de lesão corporal, visto que a ação penal é pública incondicionada, por ter se dado em âmbito doméstico. Já quanto ao crime de ameaça, a retratação de A obsta o prosseguimento, visto que a ação penal continua condicionada à representação, ainda que praticada em âmbito doméstico.

(D) deverá ser arquivado, vez que a ação penal, seja para o crime de ameaça, seja para o de lesão corporal de natureza leve, é condicionada à representação da vítima, e a retratação de A obsta o prosseguimento do feito.

(E) terá seguimento, tanto para o crime de ameaça quanto para o crime de lesão corporal, pois em se tratando de crimes ocorridos no âmbito doméstico, a ação penal é pública incondicionada, pouco importando a retratação de A.

O STF estabeleceu a natureza incondicionada da ação penal em controle concentrado de constitucionalidade, na ADIn 4.424, e assim, decidiu que na hipótese de crime de lesão corporal praticado com violência doméstica contra a mulher, a ação penal pública é incondicionada. Tal entendimento foi consagrado na Súmula 542, do STJ: "A ação penal relativa ao crime de lesão corporal resultante de violência doméstica contra a mulher é pública incondicionada". Bem por isso, o processo, no caso retratado no enunciado, terá continuidade em relação ao crime de lesão corporal, já que, nesta hipótese, o MP, titular da ação penal, não depende de autorização da ofendida para processar o ofensor. No mais, o art. 41 da Lei Maria da Penha, cuja constitucionalidade foi reconhecida pelo STF (ADC 19, j. em 9-.2-2012), veda a aplicação, no contexto dos crimes praticados com violência doméstica e familiar contra a mulher, independentemente da pena prevista, das medidas despenalizadoras contempladas na Lei 9.099/1995, entre as quais a *suspensão condicional do processo* e a *transação penal*. Consolidando tal entendimento, o STJ editou a Súmula 536: "A suspensão condicional do processo e a transação penal não se aplicam na hipótese de delitos sujeitos ao rito da Lei Maria da Penha". Em relação a renúncia ao direito de representação, o STJ, em decisão recente, fixou a seguinte tese: "A audiência prevista no art. 16 da Lei 11.340/2006 tem por objetivo confirmar a retratação, não a representação, e não pode ser designada de ofício pelo juiz. Sua realização somente é necessária caso haja manifestação do desejo da vítima de se retratar trazida aos autos antes do recebimento da denúncia" (Resp 1964293-MG, j. em 8-3-2023, DJe de 29-3-2023). Quanto ao crime de ameaça, após a vigência da Lei 14.997, de 9-10-2024, na hipótese de crime praticado contra a mulher por razões da condição do sexo feminino, a ação penal será pública incondicionada (art. 147, § 2º), portanto, mesmo que a mulher vítima de violência doméstica e familiar se retrate em juízo, ou se reconcilie com seu agressor, a ação penal ainda seguirá seu tramite. A assertiva correta, atualmente, seria E. Importante citar a seguinte decisão do STJ: "Proposta de afetação. Recurso Especial representativo de controvérsia. Direito Processual Penal. Violência doméstica. Medidas protetivas de urgência. Lei n. 11.340/2006. Natureza jurídica. (Im)possibilidade de fixação, pelo magistrado, de prazo predeterminado de vigência. recurso especial afetado para julgamento pela terceira seção sob o rito dos repetitivos. 1. Delimitação das controvérsias: "I) Natureza jurídica das medidas protetivas de urgência previstas na Lei Maria da Penha; II) (im)possibilidade

de fixação, pelo magistrado, de prazo predeterminado de vigência da medida". 2. Não se aplica à hipótese o disposto na parte final do § 1º do art. 1.036 do Código de Processo Civil – CPC (suspensão do trâmite dos processos pendentes), embora haja divergência jurisprudencial nesta Corte a respeito do tema, em atenção à urgência e à precariedade das medidas protetivas" (STJ, ProAfR no REsp 2070717-MG, j. em 19-3-2024, DJe de 13-11-2024 – tema 1249). Gabarito "C".

(Juiz de Direito – TJ/RJ – VUNESP – 2016) Analise o caso a seguir e assinale a alternativa correta.

X, empresário do ramo alimentício, teve decretada a falência de sua empresa, em 20 de outubro de 2009. Tendo o administrador judicial, em relatório circunstanciado, apontado indícios de desvio e venda das mercadorias da massa falida, o Ministério Público requisitou a instauração de inquérito, a fim de apurar a prática de crime falimentar por X, sócio-gerente da empresa. Encerradas as investigações, o Ministério Público ofereceu denúncia, junto ao Juízo Criminal da Jurisdição em que foi decretada a falência, sendo a exordial recebida, iniciando-se o processo. Citado, X apresenta resposta à acusação, postulando por sua absolvição sumária, alegando faltar justa causa para a ação penal, uma vez que, por força de agravo interposto junto ao Tribunal, a falência da empresa foi revertida. O Juízo não absolve sumariamente X, dando prosseguimento ao processo. X então impetra *habeas corpus*, junto ao Tribunal de Justiça.

(A) O Tribunal de Justiça haveria de conceder a ordem, para trancar a ação penal, por ausência de condição de punibilidade do crime falimentar.

(B) O Ministério Público não poderia ter oferecido denúncia em face de X, por crime falimentar, por faltar condição de procedibilidade, já que a ação é pública condicionada à representação dos credores.

(C) O Tribunal de Justiça haveria de denegar a ordem, haja vista a independência das esferas.

(D) A ação penal é nula, por incompetência do Juízo, pois, nos termos da Lei 11.101/2005, é competente para julgar crime falimentar o Juízo que decretou a falência.

(E) Tendo a Lei 11.101/2005 previsto o procedimento sumário para o processo e julgamento de crime falimentar, não é possível ao acusado apresentar resposta à acusação, prevista no artigo 396-A, do CPP.

A: correta, pois reflete o disposto no art. 180 da Lei 11.101/2005, que dispõe: "a sentença que decreta a falência, concede a recuperação judicial ou concede a recuperação extrajudicial de que trata o art. 163 desta Lei é condição objetiva de punibilidade das infrações penais descritas nesta Lei". Segundo as lições de Mirabete e Fabbrini: "Há casos, porém, em que a punibilidade, por razões de política criminal, está na dependência do aperfeiçoamento de elementos ou circunstâncias não encontradas na descrição típica do crime e exteriores à conduta. São chamadas de condições *objetivas* porque independem, para serem consideradas como condições para a punibilidade, de estarem cobertas pelo dolo do agente. Deve-se entender que, constituindo-se a condição objetiva de punibilidade de acontecimento futuro e incerto, não coberto pelo dolo do agente, é ela exterior ao tipo e, em consequência, ao crime. Exemplo de condição objetiva da punibilidade é a sentença que decreta a falência ou que concede a recuperação judicial ou a extrajudicial em relação aos crimes previstos na Lei nº 11.101, de 9-2-2005, conforme passou a dispor expressamente o art. 180 do estatuto que revogou a anterior Lei de Falências (Decreto-lei nº 7.661, de 21-6-1945)" (Mirabete, Julio Fabbrini e Fabbrini, Renato Nascimento. Manual de Direito

Penal, parte geral, 38ª ed., 2025, Foco, item 12.1.2); **B:** incorreta. A ação penal, nos crimes previstos na Lei 11.101/2005, é pública *incondicionada*, conforme disposto no art. 184 da Lei 11.101/2005; **C:** incorreta. Não há que se falar em independência de esferas neste caso; **D:** incorreta. Assertiva não corresponde ao disposto no art. 183 da Lei 11.101/2005, uma vez que compete ao juiz criminal da jurisdição, conhecer da ação penal pelos crimes previstos na Lei 11.101/2005; **E:** incorreta. Embora seja verdade que o procedimento a ser adotado no julgamento dos crimes falimentares é o comum sumário (art. 185 da Lei 11.101/2005), é incorreto afirmar-se que a *resposta à acusação* (art. 396-A, CPP) não tem incidência no procedimento sumário (art. 394, § 4º, do CPP), uma vez que se aplicam a todos os procedimentos penais de primeiro grau, ainda que não regulados no CPP. PB

Gabarito "A".

(Juiz de Direito – TJ/RJ – VUNESP – 2016) X, flagrado portando maconha para uso próprio, pode

(A) ser preso, em flagrante delito.

(B) ser conduzido ao CAPS – Centro de Atenção Psicos-social –, para ser submetido a tratamento compulsório, dado que a lei prevê medidas alternativas à prisão.

(C) ignorar a determinação policial no sentido de que se conduza ao Distrito Policial, uma vez que esta conduta não prevê pena privativa de liberdade.

(D) ser liberado, mediante pagamento de fiança.

(E) ser conduzido ao Distrito Policial, livrando-se solto, haja vista tratar-se de infração de menor potencial ofensivo.

A conduta descrita no enunciado se amolda ao tipo penal do art. 28 da Lei 11.343/2006, consistente no verbo *trazer consigo* (transportar junto ao corpo). Quando surpreendido na posse de substância entorpecente destinada a uso próprio, o agente deverá ser encaminhado incontinenti ao juízo competente (JECRIM) ou, não sendo isso possível, será conduzido à presença da autoridade policial, que providenciará, depois de constatada a prática do delito do art. 28 da Lei de Drogas, a lavratura de termo circunstanciado (é vedada, tal como consta do art. 48, § 2º, da Lei 11.343/2006, a lavratura de auto de prisão em flagrante) e o encaminhamento do autor dos fatos ao juízo competente (Juizado Especial Criminal); não sendo isso possível (e é o que de fato ocorre na grande maioria das vezes), o conduzido firmará compromisso, perante a autoridade policial, de comparecer ao juízo tão logo seja convocado para tanto. Não poderá, em hipótese nenhuma, permanecer preso, devendo ser de imediato liberado assim que formalizada a ocorrência por meio do termo circunstanciado (art. 48, § 3º, da Lei 11.343/2006). Atenção à decisão do STF, no caso da posse da substância *Cannabis sativa*, que por maioria, estabeleceu: "não comete infração penal o indivíduo que pratica as condutas elencadas no art. 28 da Lei 11.343/2006, sem prejuízo do reconhecimento da ilicitude extrapenal da conduta, com apreensão da droga e aplicação de sanções de advertência sobre os efeitos dela e medida educativa de comparecimento a programa ou curso educativo; as sanções estabelecidas nos incisos I e III do art. 28 da Lei 11.343/2006 serão aplicadas pelo juiz em procedimento de natureza não penal, sem nenhuma repercussão criminal para a conduta; em se tratando da posse de *cannabis* para consumo pessoal, a autoridade policial apreenderá a substância e notificará o autor do fato para comparecer em Juízo, na forma do regulamento a ser aprovado pelo CNJ; até que o CNJ delibere a respeito, a competência para julgar as condutas do art. 28 da Lei 11.343/06 será dos Juizados Especiais Criminais, segundo a sistemática atual, vedada a atribuição de quaisquer efeitos penais para a sentença; determinou ao CNJ em articulação direta com o Ministério da Saúde, Anvisa, Ministério da Justiça e Segurança Pública, Tribunais e CNMP, a adoção de medidas para permitir e viabilizar a aplicação da medidas acima especificadas" (vide para complemento do estudo, a decisão integral no RE 635659, j. em 26-6-2024, DJe de 27-9-2024). PB

Gabarito "E".

(Juiz de Direito – TJM/SP – VUNESP – 2016) Analisando em conjunto as Leis 4.898, de 9 de dezembro de 1965 e 7.960, de 21 de dezembro de 1989, é correto afirmar que constitui abuso de autoridade

(A) decretar a prisão temporária em despacho prolatado dentro do prazo de 24 (vinte e quatro) horas, contadas a partir do recebimento da representação.

(B) prolongar a execução de prisão temporária, de pena ou de medida de segurança, deixando de expedir em tempo oportuno ordem de liberdade.

(C) executar a prisão temporária somente depois da expedição de mandado judicial.

(D) decretar a prisão temporária pelo prazo de 5 (cinco) dias, e prorrogá-la por igual período em caso de comprovada necessidade.

(E) determinar a apresentação do preso temporário, solicitar informações e esclarecimentos da autoridade policial e submetê-lo a exame pericial.

A: incorreta. É que, por força do que dispõe o art. 2º, § 2º, da lei que disciplina a prisão temporária (Lei 7.960/1989), é lícito ao juiz decretar a custódia temporária em despacho prolatado dentro do prazo de 24 (vinte e quatro) horas, contadas a partir do recebimento da representação, não havendo que se falar, portanto, no cometimento de abuso de autoridade; **B:** correta. Cuida-se de hipótese de abuso de autoridade que era prevista no art. 4º, *i*, da revogada Lei 4.898/1965 (Abuso de Autoridade). Atualmente, os crimes de abuso de autoridade estão previstos na Lei 13.869/2019, que revogou a Lei 4.898/1965. A conduta descrita na alternativa encontra previsão no art. 12, parágrafo único, IV, da Lei 13.869/2019; **C:** incorreta. Constitui imposição legal contida no art. 2º, § 5º, da Lei 7.960/1989; **D:** incorreta. A assertiva contempla a hipótese descrita no art. 2º, *caput*, da Lei 7.960/1989. Não há que se falar, portanto, em abuso de autoridade; **E:** incorreta. Prerrogativa conferida ao magistrado prevista no art. 2º, § 3º, da Lei 7.960/1989. Atenção: O STF na ADI 4109 fixou o entendimento de que é autorizada a decretação de prisão temporária quando, cumulativamente: "1) for imprescindível para as investigações do inquérito policial (art. 1º, I, Lei 7.960/1989) (*periculum libertatis*), constatada a partir de elementos concretos, e não meras conjecturas, vedada a sua utilização como prisão para averiguações, em violação ao direito à não autoincriminação, ou quando fundada no mero fato de o representado não possuir residência fixa (inciso II); 2) houver fundadas razões de autoria ou participação do indiciado nos crimes previstos no art. 1º, III, Lei 7.960/1989 (*fumus comissi delicti*), vedada a analogia ou a interpretação extensiva do rol previsto no dispositivo; 3) for justificada em fatos novos ou contempo-râneos que fundamentem a medida (art. 312, § 2º, CPP); 4) a medida for adequada à gravidade concreta do crime, às circunstâncias do fato e às condições pessoais do indiciado (art. 282, II, CPP); 5) não for suficiente a imposição de medidas cautelares diversas, previstas nos arts. 319 e 320 do CPP (art. 282, § 6º, CPP)" PB

Gabarito "B".

(Juiz de Direito – TJM/SP – VUNESP – 2016) O Código de Trânsito Brasileiro preceitua que o Juiz, como medida cautelar, poderá decretar, em decisão motivada, a proibição da obtenção da habilitação para dirigir veículo automotor

(A) e dessa decisão caberá recurso em sentido estrito, com efeito suspensivo.

(B) quando o réu será intimado a entregar à autoridade judiciária, em cinco dias, a carteira de habilitação.

(C) com prejuízo das demais sanções penais cabíveis.

(D) durante a ação penal, se a penalidade administrativa de suspensão do direito de dirigir tiver duração superior a um ano.

(E) em qualquer fase da investigação ou da ação penal, havendo necessidade para a garantia da ordem pública.

A: incorreta. Caberá o recurso em sentido estrito, mas *sem efeito suspensivo* (art. 294, parágrafo único da Lei 9.503/1997); **B:** incorreta. Transitada em julgado a sentença condenatória, o réu será intimado a entregar à autoridade judiciária, *em quarenta e oito horas*, a Permissão para Dirigir ou a Carteira de Habilitação (art. 293, § 1º, do CTB); **C:** incorreta. Se o réu for reincidente na prática de crime previsto neste Código, o juiz aplicará a penalidade de suspensão da permissão ou habilitação para dirigir veículo automotor, *sem prejuízo das demais sanções penais cabíveis* (art. 296 do CTB); **D:** incorreta. Não há essa previsão no CTB; **E:** correta. A solução da questão deve ser extraída do art. 294, *caput*, do CTB – Lei 9.503/1997, que assim dispõe: *em qualquer fase da investigação ou da ação penal, havendo necessidade para a garantia da ordem pública, poderá o juiz, como medida cautelar, de ofício, ou a requerimento do Ministério Público ou ainda mediante representação da autoridade policial, decretar, em decisão motivada, a suspensão da permissão ou da habilitação para dirigir veículo automotor, ou a proibição de sua obtenção,* decisão essa contra a qual cabe recurso em sentido estrito sem efeito suspensivo (art. 294, parágrafo único, do CTB). **PB**

Gabarito "E".

(Juiz de Direito – TJ/MS – VUNESP – 2015) Com relação ao pedido de interceptação telefônica, disciplinado pela Lei 9.296/1996, assinale a alternativa correta.

(A) Poderá ser formulado verbalmente, desde que presentes os pressupostos autorizadores e demonstrada a excepcionalidade da situação, caso em que a concessão será reduzida a termo.

(B) Na investigação criminal, será formulado ao representante do Ministério Público, e na instrução processual penal, ao juiz, com prazo de 24 horas para decisão.

(C) Deferido o pedido, o juiz conduzirá os procedimentos de interceptação, dando ciência ao Ministério Público, que poderá acompanhar a sua realização.

(D) Conterá prova de materialidade e indícios de autoria ou participação em crime apenado com detenção ou reclusão, além de demonstração da indispensabilidade do meio de prova.

(E) Na decisão de deferimento, será consignado, para a execução da diligência, o prazo de 30 (trinta) dias, prorrogável por uma vez, comprovada a indispensabilidade do meio de prova.

A: correta. De acordo com o disposto no art. 4º, § 1º, da Lei 9.296/1996; **B:** incorreta. Tanto no curso da investigação quanto no da ação penal, somente o juiz poderá decretar a interceptação telefônica, e o fará de ofício, a requerimento da autoridade policial, quando no curso do inquérito policial, ou a requerimento do MP, no curso do inquérito e na instrução processual penal. É o que estabelece o art. 3º da Lei 9.296/1996. Cuidado com o art. 8º-A Lei 9.296/1996, inserido pela Lei 13.964/2019, na hipótese de interceptação da *captação ambiental de sinais eletromagnéticos, ópticos ou acústicos,* o juiz não poderá determinar a medida de ofício; **C:** incorreta. O art. 6º, *caput*, da Lei 9.296/1996 estabelece que, deferido o pedido, caberá à autoridade policial conduzir os procedimentos de interceptação, do que dará ciência ao MP, sendo a este lícito acompanhar a realização da diligência; **D:** incorreta. A interceptação telefônica somente terá lugar quando o crime sob investigação for apenado com *reclusão* (art. 2º, III, da Lei 9.296/1996). Atenção à hipótese de *interceptação da captação ambiental de sinais eletromagnéticos, ópticos ou acústicos* quando: "I – a prova não puder ser feita por outros meios disponíveis e igualmente eficazes; e II – houver elementos probatórios razoáveis de autoria e participação em infrações criminais cujas penas máximas sejam superiores a 4 (quatro) anos ou em infrações penais conexas" (art. 8º-A, da Lei 9.296/1996); **E:** incorreta. À luz do que reza o art. 5º da Lei 9.296/1996, a interceptação não poderá exceder o prazo de 15 dias (e não de 30), interregno esse que comporta prorrogação por igual período, desde que isso se mostre indispensável às investigações. Cabem aqui alguns esclarecimentos quanto à prorrogação do prazo estabelecido neste dispositivo. Segundo entendimento consolidado pelos tribunais superiores, as interceptações telefônicas podem, sim, ser prorrogadas sucessivas vezes, desde que tal providência seja devidamente fundamentada pela autoridade judiciária (art. 5º da Lei 9.296/1996). Lembre-se da hipótese de autorização da *captação ambiental de sinais eletromagnéticos, ópticos ou acústico,* a qual não poderá exceder o prazo de 15 dias, renovável por decisão judicial por iguais períodos, se comprovada a indispensabilidade do meio de prova e quando presente atividade criminal permanente, habitual ou continuada (art. 8º-A, § 3º). Conferir: STJ: "De acordo com a jurisprudência há muito consolidada deste Tribunal Superior, as autorizações subsequentes de interceptações telefônicas, uma vez evidenciada a necessidade das medidas e a devida motivação, podem ultrapassar o prazo previsto em lei, considerado o tempo necessário e razoável para o fim da persecução penal" (AgRg no REsp 1620209/RS, Rel. Ministra Maria Thereza De Assis Moura, Sexta Turma, julgado em 09.03.2017, *DJe* 16.03.2017). No STF com a fixação da seguinte tese: "São lícitas as sucessivas renovações de interceptação telefônica, desde que, verificados os requisitos do artigo 2º da Lei nº 9.296/1996 e demonstrada a necessidade da medida diante de elementos concretos e a complexidade da investigação, a decisão judicial inicial e as prorrogações sejam devidamente motivadas, com justificativa legítima, ainda que sucinta, a embasar a continuidade das investigações. São ilegais as motivações padronizadas ou reproduções de modelos genéricos sem relação com o caso concreto" (RE 625263, j. em 17-3-2022, DJe de 6-6-2022 – tema 661). **PB**

Gabarito "A".

5. DIREITO CONSTITUCIONAL

Adolfo Mamoru Nishiyama, André Barbieri, André Nascimento e Bruna Vieira*

1. PODER CONSTITUINTE

(Juiz de Direito – TJ/SP – 2023 – VUNESP) Leia o texto com que Carlos Ayres Britto inicia sua obra "Teoria da Constituição", ao tratar do Poder Constituinte:

"O meu filho Marcel tinha cinco anos de idade, quando travou comigo o seguinte diálogo:

– Meu pai, é verdade que Deus tudo pode?

– É verdade, sim, meu filho. Deus tudo pode.

– E se Deus quiser morrer?

– Bem, aí você me obriga a recompor a ideia. Deus tudo pode, é certo, menos deixar de tudo poder. Logo, Deus tem que permanecer vivo, porque somente assim Ele vai prosseguir sendo Aquele que tudo pode."

Após essa reflexão, defende o autor que

(A) não há distinção relevante entre o Poder Constituinte originário e o Poder reformador da Constituição, pois ambos se apresentam como expressões de idêntica soberania e instrumentos para dar concretude ao Estado, na forma prescrita pelo Ordenamento Jurídico.

(B) o Poder Constituinte originário, manifestação primária de soberania que inaugura o Ordenamento Jurídico e cria o Estado ao fazer a Constituição, não se confunde com o Poder reformador, que é o poder de constituir normas constitucionais na forma regimental.

(C) há imprecisão e falta de técnica jurídica da distinção entre Poder Constituinte Originário e Poder reformador, porque ambos inovam o Ordenamento jurídico de forma similar.

(D) o Poder Constituinte originário inova o Ordenamento Jurídico a partir do regramento existente e o Poder reformador da Constituição, de igual modo, confere atualidade e eficácia, no tempo, às regras inicialmente postas.

A alternativa correta é a B. Segundo Carlos Ayres Britto: "Se o verdadeiro e único Poder Constituinte é um Poder que pode o mais (elaborar a Constituição), **mas sem poder o menos** (reformar a sua própria obra legislativa), o Poder Constituído é um Poder que pode o menos (modificar a obra do Poder Constituinte), **mas sem poder o mais** (trocar uma Constituição por outra), como realçado no capítulo precedente. Tudo a espelhar: quem edita a Constituição está impedido de reformá-la, e quem reforma a Constituição está impedido de editá-la, pois aquele que só existe para fazer a parte não pode fazer o todo (evidência palmar). Mais enfaticamente: **se o Poder Constituinte é o poder de constituir a Constituição – não apenas normas constitucionais –, o Poder Reformador é o poder de constituir tão somente normas constitucionais. Não a Constituição.**" (BRITTO, Carlos Ayres. Teoria da constituição.

---

* **AMN** – Adolfo Mamoru Nishiyama

   AB – André Barbieri

   AN – André Nascimento

   BV – Bruna Vieira

Rio de Janeiro: Forense, 2003, p. 97, grifos no original). Assim, o Poder Constituinte originário é aquele que inaugura o Ordenamento Jurídico e cria o Estado, enquanto Poder reformador é o poder de constituir normas constitucionais na forma regimental. **ANH**
Gabarito "B".

(Delegado – PC/BA – 2018 – VUNESP) O poder que enseja a elaboração da Constituição de um Estado-membro da federação, organizando o arcabouço constitucional daquela unidade federada, é denominado

(A) poder constituinte derivado decorrente reformador normal.

(B) poder constituinte derivado decorrente institucionalizador.

(C) poder constituinte derivado decorrente revisional anômalo.

(D) poder constituinte derivado decorrente reformador anômalo.

(E) poder constituinte derivado decorrente revisional normal.

Poder constituinte derivado decorrente é o poder de criar ou modificar a Constituição dos Estado-membros, permitindo a auto-organização desses entes federados dotados de autonomia. É um poder derivado, subordinado e condicionado, estando sujeito aos parâmetros e princípios estabelecidos pelo poder constituinte originário. Alguns autores – como Kildare Gonçalves Carvalho e Anna Cândida da Cunha Ferraz – subdividem esse poder em: **poder constituinte decorrente inicial (instituidor, institucionalizador)**, que é responsável por elaborar/criar a Constituição do Estado-Membro, estabelecendo a organização fundamental dos Estados Federados; e **poder constituinte decorrente de revisão estadual (poder decorrente de segundo grau)**, que tem a finalidade de rever/modificar a Constituição do Estado-Membro, respeitando os limites previstos na própria constituição estadual.

Logo, o poder que enseja a elaboração da Constituição de um Estado-membro da federação, organizando o arcabouço constitucional daquela unidade federada, é denominado poder constituinte derivado decorrente institucionalizador. **AN**
Gabarito "B".

(Investigador – PC/BA – 2018 – VUNESP) Imagine que 1/3 (um terço) dos membros da Câmara dos Deputados apresentou proposta de Emenda Constitucional com o objetivo de alterar o voto popular de secreto para aberto. Nesse caso, é correto afirmar que a proposta é

(A) inconstitucional sob o prisma formal, pois a legitimidade para apresentação de proposta de emenda constitucional só pode ser apresentada por 1/3 (um terço) dos membros do Congresso Nacional, e não apenas de uma das casas.

(B) inconstitucional sob o prisma formal, pois a legitimidade para apresentação de proposta de Emenda Constitucional é reservada ao Senado, na qualidade de representante dos Estados Membros.

(C) inconstitucional sob o prisma material, pois a Constituição não poderá ser emendada para abolição do voto secreto.

(D) constitucional, tanto sob o prisma formal como o material, já que a Constituição assegura apenas o voto direto, universal e periódico.

(E) constitucional, tanto sob o prisma formal como o material, já que a Constituição não assegura o voto e a forma de seu exercício como cláusula imutável.

A proposta de emenda à Constituição (PEC) poderá ser apresentada pelo Presidente da República; por 1/3 (um terço), no mínimo, dos membros da Câmara dos Deputados ou do Senado Federal; ou por mais da metade das Assembleias Legislativas, manifestando-se, cada uma delas, pela maioria relativa de seus membros (art. 60, I a III, da CF). Não será objeto de deliberação a proposta de emenda tendente a abolir as cláusulas pétreas da Constituição: forma federativa de Estado; voto direto, secreto, universal e periódico; separação dos Poderes; e direitos e garantias individuais (art. 60, § 4º, I a IV, da CF).
Na hipótese da questão, a proposta de emenda constitucional é constitucional sob o prisma formal, tendo em vista ter respeitado a legitimidade para a sua propositura (art. 60, I, da CF). No entanto, é inconstitucional sob o prisma material, na medida em que desrespeitou uma limitação material ao abolir o voto secreto (art. 60, § 4º, II, da CF). ANH
Gabarito "C".

(Juiz de Direito – TJ/RS – 2018 – VUNESP) A iniciativa popular no processo de reforma da Constituição Federal de 1988

(A) não é contemplada pelo texto constitucional vigente, posto que este prevê que todo poder emana do povo, que o exercerá exclusivamente por meio de representantes eleitos.

(B) é vedada pelo texto constitucional vigente, que prevê que a participação popular se dará exclusivamente por meio do voto, do plebiscito e do referendo.

(C) é prevista expressamente pelo texto constitucional, podendo ser exercida pela apresentação de proposta subscrita por, no mínimo, cinco por cento do eleitorado nacional.

(D) não é prevista expressamente pelo texto constitucional, muito embora seja admitida por alguns autores, com fundamento em uma interpretação sistemática da Constituição Federal.

(E) é prevista expressamente pelo texto constitucional, podendo ser exercida pela apresentação de proposta subscrita por, no mínimo, um por cento do eleitorado nacional.

A: incorreta, visto que a Constituição prevê que todo o poder emana do povo, que o exercerá por meio de representantes eleitos ou diretamente (art. 1º, parágrafo único, da CF); **B:** incorreta, pois a iniciativa popular no processo de reforma da Constituição não é vedada pelo texto constitucional, que prevê que a participação popular será exercida por meio do voto, do plebiscito, do referendo e da iniciativa popular em projetos de lei (art. 14 da CF); **C:** incorreta, pois a iniciativa popular no processo de reforma da Constituição não é prevista expressamente pelo texto constitucional, sendo prevista apenas a iniciativa popular para apresentar projeto de lei (art. 61, § 2º, da CF); **D:** correta. José Afonso da Silva defende a possibilidade de iniciativa popular para a propositura de emendas com fundamento em uma interpretação sistemática da Constituição, aplicando-se, por analogia, o procedimento previsto para a iniciativa popular de leis; **E:** incorreta, pois a iniciativa popular no processo de reforma da Constituição não é prevista expressamente pelo texto constitucional, sendo admitida por alguns autores, como José Afonso da Silva, aplicando-se, por analogia, o procedimento previsto para a iniciativa popular de leis. AN
Gabarito "D".

2. TEORIA DA CONSTITUIÇÃO E PRINCÍPIOS FUNDAMENTAIS

(Investigador – PC/BA – 2018 – VUNESP) Tendo em vista a Constituição Federal, artigos 1º, 3º, 4º e 5º, assinale a alternativa correta.

(A) A República Federativa do Brasil tem por fundamento a dignidade da pessoa humana, constituindo objetivo fundamental promover o bem de todos, sem preconceito, de qualquer natureza, regendo-se, nas suas relações internacionais, pelo princípio de repúdio ao racismo.

(B) A República Federativa do Brasil tem por fundamento reduzir as desigualdades regionais e sociais, constituindo objetivo fundamental erradicar o racismo, regendo-se, nas suas relações internacionais, pelo princípio da garantia do desenvolvimento nacional.

(C) Todos são iguais perante a lei, garantindo-se aos brasileiros e aos estrangeiros naturalizados a inviolabilidade do direito à vida, à liberdade, à igualdade e à propriedade.

(D) Os tratados e convenções internacionais sobre direitos humanos aprovados no Congresso Nacional serão equivalentes a Lei Complementar.

(E) As normas definidoras de direitos e garantias fundamentais têm aplicação 45 (quarenta e cinco) dias depois de oficialmente publicadas.

A: correta, de acordo com os arts. 1º, III; 3º, IV; 4º, VIII, todos da CF; **B:** incorreta, pois constituem objetivos fundamentais da República Federativa do Brasil, entre outros, garantir o desenvolvimento nacional; erradicar a pobreza e a marginalização e reduzir as desigualdades sociais e regionais (art. 3º da CF); **C:** incorreta, pois todos são iguais perante a lei, sem distinção de qualquer natureza, garantindo-se aos brasileiros e aos estrangeiros residentes no País a inviolabilidade do direito à vida, à liberdade, à igualdade, à segurança e à propriedade (art. 5º, *caput*, da CF); **D:** incorreta, já que os tratados e convenções internacionais sobre direitos humanos que forem aprovados, em cada Casa do Congresso Nacional, em dois turnos, por três quintos dos votos dos respectivos membros, serão equivalentes às emendas constitucionais (art. 5º, § 3º, da CF); **E:** incorreta, haja vista que as normas definidoras dos direitos e garantias fundamentais têm aplicação imediata (art. 5º, § 1º, da CF). AN
Gabarito "A".

(Procurador do Estado/SP – 2018 – VUNESP) Assinale a alternativa correta que justifica a classificação da atual Constituição Federal brasileira como rígida.

(A) A matéria constante de proposta de emenda rejeitada ou havida por prejudicada não pode ser objeto de nova proposta na mesma legislatura.

(B) A Constituição Federal poderá ser emendada mediante proposta exclusiva do Presidente da República; de um terço, no mínimo, dos membros do Congresso Nacional, ou das Assembleias Legislativas das unidades de Federação, manifestando-se, cada uma delas, pela maioria absoluta de seus membros.

(C) A proposta de emenda à Constituição deverá ser discutida e votada em cada Casa do Congresso Nacional, em dois turnos, considerando-se aprovada se obtiver, em ambos, três quintos dos votos dos respectivos membros. Será então promulgada pelas Mesas da Câmara dos Deputados e do Senado Federal, com o

5. DIREITO CONSTITUCIONAL   195

respectivo número, não estando sujeita à sanção ou ao veto do Presidente da República.

(D) Os tratados e convenções internacionais que forem aprovados, via decreto legislativo especial, com o respectivo número, em cada Casa do Congresso Nacional, em dois turnos, por três quintos dos votos dos respectivos membros, serão equivalentes às emendas constitucionais, após a devida sanção ou veto do Presidente da República.

(E) A garantia de que somente as normas materialmente constitucionais possam ser submetidas ao processo de reforma via emenda constitucional.

A: incorreta, pois a matéria constante de proposta de emenda rejeitada ou havida por prejudicada não pode ser objeto de nova proposta na mesma **sessão legislativa** (art. 60, § 5º, da CF). A sessão legislativa ordinária é o período de atividade normal do Congresso a cada ano (de 2 de fevereiro a 17 de julho e de 1º de agosto a 22 de dezembro). Já a *legislatura* é o período de cada quatro sessões legislativas, a contar do ano seguinte ao das eleições parlamentares; **B:** incorreta, pois a Constituição poderá ser emendada mediante proposta: do Presidente da República; de um terço, no mínimo, dos membros da **Câmara dos Deputados ou do Senado Federal**; de mais da metade das Assembleias Legislativas das unidades da Federação, manifestando-se, cada uma delas, pela **maioria relativa** de seus membros (art. 60 da CF); **C:** correta, pois Constituição rígida é aquela que somente pode ser modificada mediante processo legislativo especial e qualificado, mais dificultoso do que o da lei, tal como aquele previsto para as emendas constitucionais (art. 60, §§ 2º e 3º, da CF); **D:** incorreta, porque **(i)** apenas os tratados e convenções internacionais sobre **direitos humanos** serão equivalentes às emendas constitucionais, caso aprovados pela maioria qualificada do § 3º do art. 5º da CF; e **(ii)** compete exclusivamente ao Congresso Nacional resolver definitivamente sobre tratados, acordos ou atos internacionais (art. 49, I, da CF), o que é feito por meio de decreto legislativo promulgado pelo presidente do Senado Federal (sem sanção ou veto do presidente da República); **E:** incorreta, pois a Constituição somente pode ser alterada por emenda constitucional (art. 60 da CF), independentemente de serem normas materialmente constitucionais ou formalmente constitucionais. **AN**

Gabarito "C".

(Defensor Público/RO – 2017 – VUNESP) O Estado Federal é caracterizado, na sua versão clássica, que ainda hoje corresponde à regra geral em muitos países, pela superposição de ordens jurídicas, designadamente, a federal, representada pela União, e a federada, representada pelos Estados-membros, cujas respectivas esferas de atuação são determinadas

(A) pelos critérios de repartição de competências estabelecidos constitucionalmente, que atuam também como limitação do poder.

(B) pela proibição de secessão, que torna o vínculo federativo indissolúvel e é assegurado por meio de cláusula pétrea.

(C) pelo poder de auto-organização, assegurado por uma constituição rígida, sem hierarquia entre os componentes da federação.

(D) pela capacidade de autogoverno, consistente na existência de órgãos próprios que não dependem dos órgãos federais.

(E) pela participação dos Estados-membros na formação da vontade federal, por meio da produção legislativa.

O federalismo é uma forma de organização do Estado caracterizada pela descentralização política e administrativa, erigida sobre uma repartição de competências, gerando autonomia administrativa, política e financeira aos entes federados, que participam das deliberações da União sem dispor do direito de secessão. A repartição de competências é fundamental em um Estado federado para que seja protegida a autonomia de cada um dos seus membros e, por conseguinte, a convivência harmônica entre todas as esferas.

As **esferas de atuação** dos entes federados são determinadas pelos critérios de repartição de competências estabelecidos constitucionalmente, que atuam também como limitação do poder. Considerando o que foi pedido pelo enunciado da questão, a alternativa correta é a letra A, muito embora as demais alternativas não sejam, por si sós, falsas. **AN**

Gabarito "A".

(Juiz – TJ/RJ – VUNESP – 2016) No que se refere à Teoria das Normas Constitucionais Inconstitucionais, é correto afirmar, segundo entendimento do Supremo Tribunal Federal, que:

(A) a tese de que há hierarquia entre normas constitucionais originárias dando azo à declaração de inconstitucionalidade de umas em face das outras é compatível com o sistema de Constituição Rígida.

(B) se admite apenas no controle concentrado a verificação da constitucionalidade de normas produzidas pelo Poder Constituinte Originário sob o fundamento da sociedade aberta dos intérpretes da Constituição, com a última palavra pelo Tribunal Constitucional.

(C) não há hierarquia entre normas constitucionais do Poder Constituinte Originário, tendo em vista o princípio da unidade hierárquico-normativa e caráter rígido da Constituição.

(D) é possível a verificação de norma constitucional inconstitucional sob o fundamento de que em todo e qualquer documento constitucional, como em toda e qualquer lei, podem distinguir-se preceitos fundamentais e menos importantes.

(E) há hierarquia e contradição entre normas constitucionais advindas do Poder Constituinte Originário, o que legitima o controle de constitucionalidade de normas constitucionais, produto do trabalho do Poder Constituinte Originário.

A: incorreta, pois não há norma inconstitucional originária do poder constituinte originário. As normas constitucionais elaboradas pelo poder constituinte originário são sempre constitucionais e não podem ser objeto do controle de constitucionalidade. Assim, eventuais conflitos aparentes entre normas constitucionais devem ser harmonizados por meio da interpretação, de forma sistêmica (LENZA, Pedro. *Direito constitucional esquematizado*. 12. ed. São Paulo: Saraiva, 2008, p. 164); **B:** incorreta, pois não se admite nem no controle concentrado e nem no difuso; **C:** correta, pois é o entendimento solidificado no STF: "*Não se admite controle concentrado ou difuso de constitucionalidade de normas produzidas pelo poder constituinte originário (ADI 4097).*"; **D:** incorreta, pois o STF não admite a teoria das normas constitucionais inconstitucionais; **E:** incorreta, porque normas constitucionais originárias do poder constituinte originário não possuem hierarquia e, tão logo, não estão sujeitas ao controle de constitucionalidade. **ANH**

Gabarito "C".

---

3. HERMENÊUTICA CONSTITUCIONAL E EFICÁCIA DAS NORMAS CONSTITUCIONAIS

(Procurador – PGE/SP – 2024 – VUNESP) Segundo Tércio Sampaio Ferraz Jr: "A interpretação legitima meios, alterando a realidade social, de modo que os fins positivamente vinculados possam ser alcançados. [...] A interpretação legitima os fins, de modo que a realidade seja alterada, a fim de que os meios, se não existentes, possam ser adequadamente criados pelo legislador"; nesse contexto, é correto afirmar sobre o tema da eficácia e aplicabilidade das normas constitucionais:

(A) a eficácia significa correlacionar condições técnicas, axiológicas e fáticas da atuação da norma jurídica, de modo que não há norma constitucional sem eficácia, como nos casos das normas constitucionais de princípio institutivo impositivas, as quais indicam sempre o sentido dos fins sociais e do bem comum que almejam, com normatividade suficiente à sua incidência imediata.

(B) a eficácia exaurida de uma norma objeto de ação de controle abstrato de constitucionalidade conduz o Supremo Tribunal Federal a decretar a extinção do processo por perda superveniente do objeto, efeito a ser replicado automaticamente em todos os processos individuais nos quais se discutem eventuais lesões advindas da mesma norma.

(C) a vigência é o modo específico de existência da norma jurídica; a constituição pode ser promulgada em determinada data, com cláusula de vigência que estabelece outro momento em que ela começará a vigorar e, com isso, tornar-se apta a produzir os efeitos próprios do seu conteúdo, conforme modelos adotados nas Constituições brasileiras de 1934, 1946 e 1967.

(D) a aplicabilidade é a qualidade do que é executável; significa que a norma tem capacidade para produzir efeitos, como nos casos das normas constitucionais de eficácia limitada, as quais receberam do constituinte normatividade suficiente para reger os interesses relativos a determinada matéria, mas deixando margem à atuação restritiva por parte da competência discricionária do Poder Público, razão pela qual possuem aplicabilidade não integral e indireta.

(E) a efetividade da norma constitucional expressa o seu cumprimento pela materialização dos preceitos legais no mundo dos fatos; simboliza a aproximação entre o dever-ser e o ser da realidade social, conforme visão doutrinária impulsionada pelas teorias do neoconstitucionalismo e da teoria dos direitos fundamentais.

A: Incorreta. As normas constitucionais de princípio institutivo são as que não possuem aplicação imediata e dependem de legislação futura. A doutrina aponta que: "São de eficácia limitada porque é o legislador ordinário que lhes vai conferir executoriedade plena, mediante leis complementares ou ordinárias integrativas." (SILVA, José Afonso da. Aplicabilidade das normas constitucionais. 3. ed. São Paulo: Malheiros, 1998, p. 122). **B**: Incorreta. O seguinte julgado do TJDFT é esclarecedor: "(...) 2. Declaração de constitucionalidade ou de inconstitucionalidade apresenta dois desdobramentos no ordenamento jurídico, a saber: (i) manutenção ou exclusão da norma do sistema do direito – eficácia normativa; (ii) atribuição ao julgado de qualificada força impositiva e obrigatória em relação a supervenientes atos administrativos ou judiciais – eficácia executiva. Daí que o Pretório Excelso, no julgamento do RE 730.462, em sede de repercussão geral, definiu que a eficácia executiva da declaração de inconstitucionalidade tem como termo inicial a data da publicação do acórdão (art. 28 da Lei n. 9.868/1999), atingindo apenas os atos administrativos e judiciais supervenientes. Em decorrência, o STF firmou o entendimento de que 'a decisão do Supremo Tribunal Federal declarando a constitucionalidade ou a inconstitucionalidade de preceito normativo não produz a automática reforma ou rescisão das sentenças anteriores que tenham

adotado entendimento diferente; para que tal ocorra, será indispensável a interposição do recurso próprio ou, se for o caso, a propositura da ação rescisória própria, nos termos do art. 485, V, do CPC, observado o respectivo prazo decadencial (CPC, art. 495)'." (Acórdão 1385884, 07295006920218070000, Relator: FÁBIO EDUARDO MARQUES, Oitava Turma Cível, data de julgamento: 11/11/2021, publicado no DJE: 2/12/2021). **C**: Incorreta. As constituições brasileiras, como regra, entraram em vigor com a promulgação. Entre as constituições mencionadas, somente a de 1967 foi promulgada em 24 de janeiro e a sua vigência se deu em 15 de março do mesmo ano. **D**: Incorreta. O conceito transcrito nessa alternativa se refere à norma constitucional de eficácia contida. As normas de eficácia limitada são aquelas que necessitam de providência normativa posterior para terem eficácia. **E**: Correta. A parte inicial transcrita na alternativa está conforme o entendimento de FERRAZ JR., Tercio Sampaio. Teoria da norma jurídica: um modelo pragmático. *In*: *A Norma Jurídica (coletânea)*, 1980, p. 29. Pode-se dizer que essa visão doutrinária impulsionou as teorias do neoconstitucionalismo e da teoria dos direitos fundamentais. ANH

Gabarito "E".

(Delegado – PC/BA – 2018 – VUNESP) Em suas decisões, o Supremo Tribunal Federal afirma que as normas constitucionais originárias não possuem hierarquia entre si, assentando a premissa fundamental de que o sistema positivo constitucional constitui um complexo de normas que deve manter entre si um vínculo de coerência; em síntese, em caso de confronto entre as normas constitucionais, devem ser apaziguados os dispositivos constitucionais aparentemente conflitantes. Tal interpretação decorre de um princípio específico de interpretação constitucional, denominado princípio da

(A) conformidade ou justeza constitucional.

(B) eficácia integradora.

(C) força normativa.

(D) máxima efetividade.

(E) unidade da constituição.

A: incorreta, pois o **princípio da justeza ou da conformidade funcional** afirma que o intérprete não pode deturpar o esquema organizatório-funcional estabelecido na Constituição, de forma a violar o sistema de repartição de funções e competências; **B**: incorreta, pois o **princípio da eficácia integradora** sustenta que o intérprete deve dar primazia aos critérios que favoreçam a integração política e social e o reforço da unidade política; **C**: incorreta, pois o **princípio da força normativa** aduz que o intérprete deve dar preferência aos pontos de vista que tornem a norma constitucional mais adequada ao momento histórico, conferindo-lhe máxima eficácia e força normativa; **D**: incorreta, pois o **princípio da máxima efetividade** declara que o intérprete deve atribuir à norma constitucional o sentido que lhe dê maior eficácia, para que produza o máximo de efeitos possível; **E**: correta, pois o **princípio da unidade da Constituição** sustenta que a Constituição é um todo unitário, cabendo ao intérprete harmonizar as tensões existentes entre as várias normas constitucionais, evitando, assim, contradições entre elas. Com base nesse princípio, o STF entendeu que não há hierarquia entre normas constitucionais originárias (ADI 815, Rel. Min. Moreira Alves, j. 28-3-1996). AN

Gabarito "E".

(Investigador – PC/BA – 2018 – VUNESP) Sob a ótica da classificação doutrinária e com base na Constituição Federal brasileira, assinale a alternativa que representa uma norma constitucional de natureza programática.

(A) É garantido o direto de propriedade.

(B) É plena a liberdade de associação para fins lícitos, vedada a de caráter militar.

(C) É garantido o direito de herança.

(D) A lei penal não retroagirá, salvo para beneficiar o réu.

(E) A ordem social tem como base o primado do trabalho, e como objetivo o bem-estar e a justiça sociais.

A: incorreta, pois o direito de propriedade previsto no inciso XXII do art. 5º da CF é norma de **eficácia contida** – possui aplicabilidade direta e imediata, mas não integral, pois tem sua eficácia restringida por outra norma constitucional, como o inciso XXIV do art. 5º da CF; **B:** incorreta, pois a liberdade de associação prevista no inciso XVII do art. 5º da CF é norma de **eficácia contida** – possui aplicabilidade direta e imediata, mas não integral, pois tem sua eficácia restringida por conceito jurídico indeterminado, como a expressão "fins lícitos"; **C e D:** incorreta, pois o direito de herança e a irretroatividade da lei penal previstos, respectivamente, nos incisos XXX e XL do art. 5º da CF são normas de **eficácia plena** – possuem aplicabilidade direta, imediata e integral, produzindo todos os efeitos de imediato, independentemente de lei posterior que complete seus alcances e sentidos; **E:** correta, pois o art. 193 da CF é norma de **eficácia limitada de princípio programático** – estabelece diretrizes, princípios e fins a serem atingidos pelo Estado; possui aplicabilidade mediata e indireta, dependendo de regulamentação ulterior para adquirir aplicabilidade. **AN**

Gabarito "E".

(Procurador do Estado/SP – 2018 – VUNESP) O jurista alemão Konrad Hesse, ao analisar a interpretação constitucional como concretização, afirmou que "bens jurídicos protegidos jurídico-constitucionalmente devem, na resolução do problema, ser coordenados um ao outro de tal modo que cada um deles ganhe realidade.", ou seja, pode-se dizer que em determinados momentos o intérprete terá de buscar uma função útil a cada um dos bens constitucionalmente protegidos, sem que a aplicação de um imprima a supressão do outro. A definição exposta refere-se ao Princípio

(A) da Comparação Constitucional.

(B) Hermenêutico-Concretizador.

(C) da Forma Justeza ou da conformidade funcional.

(D) da Concordância Prática ou da Harmonização.

(E) da Proporcionalidade.

A: incorreta, pois o **método da comparação constitucional** é aquele em que o intérprete recorre ao Direito Comparado para buscar a melhor direção interpretativa das normas constitucionais do seu país; **B:** incorreta, pois o **método hermenêutico-concretizador** é aquele em que o intérprete, partindo da norma constitucional para a resolução de um problema, utiliza a sua pré-compreensão do significado da norma e leva em conta as circunstâncias históricas para obter o sentido da norma no caso concreto; **C:** incorreta, pois o **princípio da justeza ou da conformidade funcional** afirma que o intérprete não pode deturpar o esquema organizatório-funcional estabelecido na Constituição, de forma a violar o sistema de repartição de funções e competências; **D:** correta, pois o **princípio da concordância prática ou da harmonização** estabelece que o intérprete deve sopesar normas constitucionais conflitantes de modo a harmonizá-las, evitando o sacrifício total (supressão) de uma em relação a outra; em outras palavras, no conflito de normas constitucionais, o alcance delas deve ser reduzido até que se encontre o ponto de equilíbrio de acordo com o caso concreto; **E:** incorreta, pois o **princípio da proporcionalidade ou da razoabilidade** consubstancia a ideia de justiça, equidade, bom senso, moderação e proibição de excesso que deve pautar a interpretação e aplicação das normas, aferindo se os meios utilizados são adequados e necessários à consecução dos fins visados. **AN**

Gabarito "D".

(Juiz de Direito – TJ/RS – 2018 – VUNESP) No ano de 2017, o Ministro Relator Luís Roberto Barroso suscitou, no âmbito do Supremo Tribunal Federal, uma questão de ordem na Ação Penal (AP) 937, defendendo a tese de que o foro

de prerrogativa de função deve ser aplicado somente aos delitos cometidos por um deputado federal no exercício do cargo público ou em razão dele. O julgamento se encontra suspenso por um pedido de vistas, mas, se prevalecer o entendimento do Ministro Relator, haverá uma mudança de posicionamento do Supremo Tribunal Federal em relação ao instituto do foro de prerrogativa de função, que ocorrerá independentemente da edição de uma Emenda Constitucional. A hermenêutica constitucional denomina esse fenômeno de

(A) força normativa da Constituição.

(B) princípio da concordância prática.

(C) mutação informal da Constituição.

(D) maximização das normas constitucionais.

(E) interpretação sistêmica.

A: incorreta, pois o **princípio da força normativa** aduz que o intérprete deve dar preferência aos pontos de vista que tornem a norma constitucional mais adequada ao momento histórico, conferindo-lhe máxima eficácia e força normativa; **B:** incorreta, pois o **princípio da concordância prática ou da harmonização** estabelece que o intérprete deve sopesar normas constitucionais conflitantes de modo a harmonizá-las, evitando o sacrifício total (supressão) de uma em relação a outra; em outras palavras, no conflito de normas constitucionais, o alcance delas deve ser reduzido até que se encontre o ponto de equilíbrio de acordo com o caso concreto; **C:** correta, pois **mutação constitucional ou mutação informal da Constituição** é a alteração do significado da norma constitucional por via informal (interpretação, usos e costumes constitucionais), sem que haja a alteração por via formal (processo legislativo) do seu texto. De acordo com Uadi Lammêgo Bulos, mutação constitucional é o processo informal de mudança da Constituição, por meio do qual são atribuídos novos sentidos ou conteúdos à letra da Constituição, por intermédio da interpretação, da construção (*construction*) ou usos e dos costumes constitucionais; **D:** incorreta, pois o **princípio da máxima efetividade ou da interpretação efetiva** afirma que deve ser atribuído às normas constitucionais o sentido que maior eficácia lhe dê, maximizando a norma para extrair todas as suas potencialidades; **E:** incorreta, pois a **interpretação sistemática** ensina que uma norma não deve ser interpretada de forma isolada, mas em conjunto com as demais normas que compõem o ordenamento jurídico, o qual é um sistema dotado de unidade, harmonia e hierarquia. **AN**

Gabarito "C".

(Defensor Público/RO – 2017 – VUNESP) O artigo 110 do Código Tributário Nacional prevê que a lei tributária não pode alterar a definição, o conteúdo e o alcance de institutos, conceitos e formas de direito privado, utilizados, expressa ou implicitamente, pela Constituição Federal. Analisando o teor do dispositivo, poder-se-ia afirmar que ele nem se faria necessário, pois em um conflito entre a Constituição Federal e uma norma infraconstitucional, a primeira é que deve sempre prevalecer, por conta da aplicação do princípio interpretativo constitucional

(A) da ponderação ou balanceamento.

(B) da proporcionalidade ou razoabilidade.

(C) do efeito integrador.

(D) da supremacia constitucional.

(E) da concordância prática ou harmonização.

A: incorreta, pois o **princípio da ponderação ou do balanceamento** é a técnica que visa a solucionar conflitos entre bens ou valores constitucionais por meio do sopesamento de normas constitucionais em colisão a fim de verificar qual delas deve prevalecer no caso concreto; **B:** incorreta, pois o **princípio da proporcionalidade ou da razoabilidade** consubstancia a ideia de justiça, equidade, bom senso, moderação e proibição de excesso que deve pautar a interpretação e aplicação das normas, aferindo se os meios utilizados são adequados e necessários à consecução dos fins visados; **C:** incorreta, pois o **princípio do efeito integrador** afirma que o intérprete deve dar primazia aos critérios que favoreçam a integração política e social e o reforço da unidade política; **D:** correta, pois o **princípio da supremacia da Constituição** sustenta que a Constituição está em posição hierárquica superior às demais normas por ser fruto do poder constituinte originário, de forma que o conflito de leis com a Constituição é solucionado pela prevalência desta em relação às demais normas inferiores com ela incompatíveis; **E:** incorreta, pois o **princípio da concordância prática ou da harmonização** estabelece que o intérprete deve sopesar normas constitucionais conflitantes de modo a harmonizá-las, evitando o sacrifício total de uma em relação à outra; em outras palavras, no conflito de normas constitucionais, o alcance delas deve ser reduzido até que se encontre o ponto de equilíbrio de acordo com o caso concreto. AN

Gabarito "D".

(Juiz – TJ/RJ – VUNESP – 2016) No estudo da Hermenêutica Constitucional se destaca a importância do constitucionalismo contemporâneo de uma Constituição concreta e historicamente situada com a função de conjunto de valores fundamentais da sociedade e fronteira entre antagonismos jurídicos-políticos. A Constituição não está desvinculada da realidade histórica concreta do seu tempo. Todavia, ela não está condicionada, simplesmente, por essa realidade. Em caso de eventual conflito, a Constituição não deve ser considerada, necessariamente, a parte mais fraca.

O texto ressalta corretamente o seguinte princípio:

(A) nova retórica constitucional.

(B) força normativa da Constituição.

(C) tópico-problemático constitucional.

(D) senso comum que norteia a eficácia constitucional.

(E) hermenêutica clássica.

Diante do trecho apresentado pela questão e a sua correlação para com um princípio, somente podemos admitir como correta a letra B, pois é um dever do operador do Direito concretizar a "vontade constitucional", sempre buscando a máxima aplicabilidade das normas constitucionais. Sendo assim, todas as demais alternativas não possuem a mínima correlação – todas dissociadas – com o texto apresentado. AB

Gabarito "B".

(Juiz de Direito – TJM/SP – VUNESP – 2016) Acerca da hermenêutica constitucional, é possível afirmar que para determinado método de interpretação, a realidade normada e os dispositivos constitucionais situam-se tão próximos que o caso concreto é regulamentado quando se dá a implementação fática do comando, ocasião, por exemplo, em que o juiz aplica a lei ao caso. A normatividade, a que se refere o método, não se esgota no texto, como se afirma tradicionalmente, mas vai se exaurir nas situações concretas e até no direito consuetudinário, considerando também os textos doutrinários, já que o texto legal seria apenas uma das fontes iniciais de trabalho. Para este método não há diferença entre interpretação e aplicação. A interpretação não se esgota na delimitação do significado e do alcance da norma, mas inclui, também, sua aplicação. Esse método é denominado:

(A) hermenêutico-concretizador.

(B) científico-espiritual.

(C) hermenêutico-clássico.

(D) tópico-problemático.

(E) normativo-estruturante.

A: incorreta, pois o método hermenêutico-concretizador parte da ideia de um movimento de "ir e vir", partindo da norma constitucional para o problema (círculo hermenêutico); **B:** incorreta, pois prega uma interpretação da Constituição a partir de uma ótica dinâmica e que se renova constantemente; **C:** incorreta, pois o método hermenêutico-clássico prega a interpretação da Constituição a partir de todos os métodos tradicionais de hermenêutica: gramatical, lógico, histórico etc.; **D:** incorreta, pois para este método parte-se do problema para a norma; **E:** correta, uma vez que existe uma relação necessária entre o texto e a realidade. Assim, a norma é um pedaço da realidade. AB

Gabarito "E".

4. DO CONTROLE DE CONSTITUCIONALIDADE

4.1. CONTROLE DE CONSTITUCIONALIDADE EM GERAL

(Procurador – PGE/SP – 2024 – VUNESP) A respeito do controle judicial de constitucionalidade, sob a ótica da jurisprudência do Supremo Tribunal Federal, assinale a alternativa correta.

(A) A técnica denominada superação total (*overruling*) pressupõe respeitar de forma impositiva a força vinculante do precedente fixado pela Corte Constitucional, de modo a garantir a manutenção da segurança jurídica alicerçada no sistema da dupla coerência (previsibilidade e proteção da confiança legítima).

(B) A declaração de inconstitucionalidade parcial sem redução do texto é uma técnica decisória que sempre parte da interpretação conforme a Constituição, para reconhecer a improcedência da ação constitucional, com a fixação de ressalvas expressas sobre a interpretação do conteúdo de determinado dispositivo normativo.

(C) A lei revogada não se restaura por ter a lei revogadora perdido a vigência por força dos efeitos repristinatórios da declaração de inconstitucionalidade em abstrato, lógica aplicável a toda a cadeia normativa pertinente.

(D) A possibilidade de modulação de efeitos temporais da declaração de inconstitucionalidade não implica o afastamento da supremacia da Constituição, mas uma ponderação entre a norma violada e as normas constitucionais que protegem os efeitos produzidos pela lei inconstitucional.

(E) A declaração de inconstitucionalidade por arrastamento ou reverberação normativa tem lugar quando peculiaridades fáticas ou sociais impõem o deslocamento da norma inconstitucional para ser validada em outro momento, com a finalidade de evitar a situação de anomia ou dano ainda maior à ordem constitucional.

A: Incorreta. O *overruling* significa a revogação de um precedente por outro. **B:** Incorreta. A doutrina aponta que o Supremo Tribunal Federal: "(...) utiliza-se da declaração de inconstitucionalidade parcial sem redução de texto como instrumento decisório para atingir-se uma interpretação conforme a Constituição, de maneira a salvar a constitucionalidade da lei ou do ato normativo, sem contudo alterar seu texto." (MORAES, Alexandre de. Direito constitucional. 22. ed. São Paulo: Atlas, 2007, p. 14-15), o que leva a parcial procedência da ação constitucional. **C:** Incorreta. Pelo contrário, a declaração de inconstitucionalidade tem efeito repristinatório, uma vez que fulmina a norma desde o seu início. Portanto, com a revogação da norma precedente, aplica-se novamente

5. DIREITO CONSTITUCIONAL — 199

a legislação anteriormente revogada. **D**: Correta. Esse é o entendimento do STF constante na ementa da ADI 2231/DF, j. 22/05/2023: "(...) 5. Modulação de efeitos. A constitucionalidade da técnica da modulação de efeitos foi recentemente firmada por esta Corte no julgamento da ADI 2.154 (Red.ª p/o acórdão a Min.ª Cármen Lúcia). A possibilidade de modulação de efeitos temporais da declaração de inconstitucionalidade não implica o afastamento da supremacia da Constituição, mas uma ponderação entre a norma violada e as normas constitucionais que protegem os efeitos produzidos pela lei inconstitucional (...)". **E**: Incorreta. A declaração de inconstitucionalidade por arrastamento ocorre quando uma norma declarada inconstitucional pelo STF se estende aos outros dispositivos que apresentam com ela uma conexão ou interdependência. `ANH`
Gabarito "D".

(Advogado – Pref. São Roque/SP – 2020 – VUNESP) A respeito do controle concentrado de constitucionalidade, assinale a alternativa correta.

(A) O Chefe do Poder Executivo não possui legitimidade para figurar no polo passivo de ação direta de inconstitucionalidade por omissão.

(B) Por serem legitimados para ajuizar ações de controle concentrado de constitucionalidade, os partidos políticos e as entidades de classe possuem capacidade postulatória especial para propositura da ação.

(C) Os Tribunais de Contas podem exercer o controle de constitucionalidade abstrato relativamente às normas que lhe sejam submetidas à apreciação.

(D) A declaração de inconstitucionalidade por arrastamento, em respeito ao princípio da adstrição, somente pode albergar os dispositivos legais expressamente indicados na petição inicial.

(E) O princípio da fungibilidade pode ser aplicado ao processo constitucional objetivo nos casos em que, apesar da impropriedade da via escolhida, estiverem presentes os requisitos para outra ação.

A: errada, pois pode sim estar no polo passivo, bastando para tal que possua competência para editar a norma regulamentadora para dar efetividade à norma constitucional. **B**: errada, pois não há capacidade postulatória especial. **C**: errada, porque somente é cabível no controle concentrado (Súmula 347, do STF). **D**: errada, pois não há necessidade de menção expressa dos dispositivos legais, cabendo ao STF decidir quais dispositivos foram atingidos por arrastamento. **E**: correta, pois o STF permite que o princípio da fungibilidade seja aplicado ao processo constitucional. `AB`
Gabarito "E".

(Delegado – PC/BA – 2018 – VUNESP) Considere a seguinte situação hipotética.

Cidadão Argentino comete crime em seu país e empreende fuga para o Brasil. A República Federativa da Argentina solicita sua extradição perante o Supremo Tribunal Federal. Em sua defesa, o Cidadão Argentino afirma que a lei penal que lhe incrimina é inconstitucional perante a Constituição Federal Brasileira. Neste caso, o Supremo Tribunal Federal

(A) pode apreciar a inconstitucionalidade arguida porque as normas constitucionais logram uma amplitude internacional, impedindo a eficácia dos atos legislativos, executivos e jurisprudenciais que as contrariarem.

(B) não pode apreciar a inconstitucionalidade arguida porque as normas constitucionais são originadas da ideia de Estado-Nação, vigentes, portanto, somente nos estreitos limites territoriais daquele país.

(C) pode apreciar a inconstitucionalidade arguida, desde que haja reciprocidade, ou seja, que a autoridade argentina competente possa declarar a inconstitucionalidade de lei brasileira em face da Constituição Argentina.

(D) não pode apreciar a inconstitucionalidade arguida, pois a Constituição Federal do Brasil, como as demais constituições, não possui a característica de supranacionalidade, típica dos tratados e convenções internacionais.

(E) pode apreciar a inconstitucionalidade arguida, pois ao analisar a lei internacional perante a Constituição Brasileira, os efeitos da decisão serão sentidos somente no Brasil, o que não afeta a esfera de competência da Corte estrangeira.

De acordo com o art. 17 da Lei de Introdução às Normas do Direito Brasileiro, as leis estrangeiras não terão eficácia no Brasil quando ofenderem a soberania nacional, a ordem pública e os bons costumes. Assim, o juiz, ao aplicar a norma estrangeira, deve verificar se ela está de acordo com a ordem pública, bem como se é compatível com os preceitos constitucionais nacionais. Para alguns doutrinadores – como Uadi Lammêgo Bulos –, o juiz deve negar, no caso concreto, a aplicação de lei estrangeira nos casos em que ela for incompatível com a Constituição brasileira, declarando, assim, a inconstitucionalidade *in concreto* da lei estrangeira. `AN`
Gabarito "A".

(Juiz de Direito – TJ/RS – 2018 – VUNESP) Conforme já decidido pelo Supremo Tribunal Federal, em matéria de controle de constitucionalidade,

(A) se os órgãos fracionários dos tribunais não submeterem ao plenário, ou ao órgão especial, a arguição de inconstitucionalidade, quando já houver pronunciamentos destes ou do plenário do Supremo Tribunal Federal sobre a questão, haverá violação da cláusula de reserva de plenário.

(B) aqueles que integram o processo em primeira instância na qualidade de terceiros – como assistentes, denunciados à lide ou chamados ao processo – não podem suscitar, pela via difusa, questão prejudicial de constitucionalidade.

(C) a ação civil pública ajuizada para resguardar direitos difusos ou coletivos pode substituir a ação direta, própria do controle concentrado das normas, não cabendo, no entanto, tal substituição se a ação civil pública versar sobre direitos individuais homogêneos.

(D) tanto as normas constitucionais originárias quanto as normas constitucionais derivadas podem ser objeto de controle difuso, pela via de defesa, e de controle concentrado, a ser exercido pelo próprio Supremo Tribunal Federal.

(E) inexiste usurpação de competência do STF quando os Tribunais de Justiça analisam, em controle concentrado, a constitucionalidade de leis municipais ante normas constitucionais estaduais que reproduzam regras da Constituição Federal que sejam de observância obrigatória.

A: incorreta, pois os órgãos fracionários dos tribunais não submeterão ao plenário ou ao órgão especial a arguição de inconstitucionalidade quando já houver pronunciamentos destes ou do plenário do Supremo Tribunal Federal sobre a questão (art. 949, parágrafo único, do CPC). Assim, não se exige a cláusula de reserva prevista no art. 97 da CF quando o plenário, ou órgão equivalente de tribunal, já tiver decidido sobre a questão (STF, RE 876.067 AgR, voto da Rel. Min. Cármen Lúcia, 2ª T, j. 12-5-2015). Nessa linha, o STJ também entende que os órgãos fracionários estão dispensados de suscitar o referido incidente quando a respeito da questão constitucional nele debatida já houver pronunciamento do órgão competente do Tribunal ou do Supremo Tribunal Federal (REsp 1019774/MG, Rel. Ministro Teori Albino Zavascki, 1ª T, j. em 17/04/2008); **B:** incorreta, já que os terceiros intervenientes têm legitimidade para arguir, em controle difuso ou incidental, questão prejudicial de inconstitucionalidade de lei ou de ato normativo; **C:** incorreta, pois a jurisprudência do Supremo Tribunal Federal firmou o entendimento de que se pode pleitear a inconstitucionalidade de determinado ato normativo na ação civil pública, desde que *incidenter tantum*, vedando-se, no entanto, o uso da ação civil pública para alcançar a declaração de inconstitucionalidade com efeitos *erga omnes* (RE 424993, Rel. Min. Joaquim Barbosa, Tribunal Pleno, j. em 12-09-2007). No mesmo sentido, o STJ entende ser possível a declaração incidental de inconstitucionalidade, na ação civil pública, de quaisquer leis ou atos normativos do Poder Público, desde que a controvérsia constitucional não figure como pedido, mas sim como causa de pedir, fundamento ou simples questão prejudicial, indispensável à resolução do litígio principal, em torno da tutela do interesse público (REsp 557.646/DF, Rel. Min. Eliana Calmon, 2ª T, j. em 13-04-2004); **D:** incorreta, pois o STF entende que não há hierarquia entre normas constitucionais originárias dando azo à declaração de inconstitucionalidade de umas em face de outras. Desse modo, as cláusulas pétreas não podem ser invocadas para sustentação da tese da inconstitucionalidade de normas constitucionais inferiores em face de normas constitucionais superiores, porquanto a Constituição as prevê apenas como limites ao Poder Constituinte derivado ao rever ou ao emendar a Constituição elaborada pelo Poder Constituinte originário (STF, ADI 815, Rel. Min. Moreira Alves, Tribunal Pleno, j. em 28-03-1996). Logo, apenas as normas constitucionais derivadas podem ser objeto de controle de constitucionalidade; **E:** correta, pois os Tribunais de Justiça podem exercer controle abstrato de constitucionalidade de leis municipais utilizando como parâmetro normas da Constituição Federal, desde que se trate de normas de reprodução obrigatória pelos Estados (STF, RE 650898, Rel. Min. Marco Aurélio, Rel. p/ acórdão: Min. Roberto Barroso, Tribunal Pleno, j. em 01-02-2017, repercussão geral). AN

Gabarito "E".

(Juiz de Direito – TJ/RS – 2018 – VUNESP) No atual sistema normativo brasileiro, à luz do posicionamento assumido pelo Supremo Tribunal Federal, os tratados que possuem status normativo supralegal

(A) estão submetidos ao controle de convencionalidade concentrado, independentemente da forma como foram incorporados ao ordenamento interno, cabendo admitir o uso de todos os instrumentos desse controle perante o Supremo Tribunal Federal.

(B) são sujeitos a um controle concentrado, realizado pelo Supremo Tribunal Federal, por meio da Arguição de Descumprimento de Preceito Fundamental, quando for relevante o fundamento da controvérsia entre o tratado internacional e o direito interno.

(C) são sujeitos a um controle de convencionalidade difuso, sendo dever do juiz nacional examinar a compatibilidade das normas internas com as convencionais, mediante provocação da parte ou de ofício.

(D) foram incorporados pelo processo legislativo de emendas constitucionais e podem ser objeto de controle de constitucionalidade e convencionalidade, tanto pela via concentrada quanto pela via difusa.

(E) foram incorporados pelo processo legislativo comum e não podem ser objeto de controle de constitucionalidade ou de convencionalidade, este reservado aos

tratados que possuem status normativo supraconstitucional.

A: incorreta, visto que somente os tratados de direitos humanos com *equivalência de emenda constitucional* – isto é, aprovados pela maioria qualificada do § 3º do art. 5º da CF – servem de *paradigma* para o controle de convencionalidade concentrado, admitindo-se o uso de todos os instrumentos desse controle perante o STF; **B:** incorreta, pois os tratados de direitos humanos com status normativo supralegal – isto é, não aprovados pela maioria qualificada do § 3º do art. 5º da CF – não servem de *paradigma* para a propositura da Arguição de Descumprimento de Preceito Fundamental perante o STF, por faltar-lhes um requisito indispensável à sua propositura, qual seja, a equivalência de emenda constitucional; **C:** correta, porque os tratados de direitos humanos com *status normativo supralegal* servem de *paradigma* apenas para o controle difuso de convencionalidade (ou de supralegalidade), cabendo ao juiz examinar essa preliminar, mediante provocação da parte ou de ofício; **D:** incorreta, pois os tratados de direitos humanos com *status normativo supralegal* **não** foram incorporados pelo processo legislativo de emendas constitucionais (quórum qualificado do art. 5º, § 3º, da CF) e, por isso, não podem servir de *paradigma* para o controle de constitucionalidade e de convencionalidade pela via concentrada, mas, tão somente, para o controle difuso de convencionalidade (ou de supralegalidade); **E:** incorreta, pois os tratados de direitos humanos com *status normativo supralegal* podem servir de *paradigma* para o controle difuso de convencionalidade, e o STF não reconhece o status supraconstitucional dos tratados de direitos humanos. AN

Gabarito "C".

(Defensor Público/RO – 2017 – VUNESP) Leia o seguinte dispositivo da Constituição do Estado de Rondônia.

Art. 88. (...) § 3º Reconhecida a inconstitucionalidade por omissão de medida para tornar efetiva norma desta Constituição, a decisão será comunicada ao poder competente para adoção das providências necessárias à prática do ato ou início do processo legislativo e, em se tratando de órgão administrativo, para emiti-lo em trinta dias, sob pena de responsabilidade.

O parágrafo transcrito, à luz dos limites do controle de constitucionalidade em âmbito estadual estabelecidos pela Constituição Federal, deve ser considerado

(A) constitucional, porque o modelo federativo adotado pela Constituição Federal confere alto grau de autonomia aos Estados, que somente são obrigados a manter um sistema de controle de constitucionalidade, mas podem optar entre os modelos difuso, concentrado ou misto.

(B) constitucional, porque as normas da Constituição Federal que disciplinam o controle de constitucionalidade são de observância obrigatória pelas Constituições Estaduais e Leis Orgânicas Municipais, que devem reproduzir todos os instrumentos processuais previstos no texto federal, o que abrange a ação de inconstitucionalidade por omissão e a arguição de descumprimento de preceito fundamental.

(C) inconstitucional, porque a Constituição Federal prevê que cabe aos Estados a instituição de representação de inconstitucionalidade de leis ou atos normativos estaduais ou municipais, sendo o termo "representação" mais restritivo que "ação de inconstitucionalidade", o que exclui a possibilidade de se contestar, na via estadual, a inconstitucionalidade por omissão.

(D) inconstitucional, porque qualquer omissão da Constituição Estadual será sempre decorrente da observância ou desatendimento de algum dispositivo da Constituição Federal, fazendo com que o controle somente possa ser efetuado pelo Supremo Tribunal Federal, para defesa da Constituição Federal.

(E) constitucional, porque a Constituição Federal prevê que cabe aos Estados a instituição de representação de inconstitucionalidade de leis ou atos normativos estaduais ou municipais em face da Constituição Estadual, sendo que a inconstitucionalidade é gênero do qual derivam duas espécies, a inconstitucionalidade por ação e a inconstitucionalidade por omissão.

O art. 125, § 2º, da Constituição Federal prevê que cabe aos Estados a instituição de representação de inconstitucionalidade de leis ou atos normativos estaduais ou municipais em face da Constituição Estadual, vedada a atribuição da legitimação para agir a um único órgão. A inconstitucionalidade como gênero abrange duas espécies: a inconstitucionalidade por ação – que decorre da elaboração de leis ou atos normativos contrários aos preceitos constitucionais – e a inconstitucionalidade por omissão – que decorre da inércia legislativa em regulamentar normas constitucionais. **AN**

Gabarito "E".

(Defensor Público/RO – 2017 – VUNESP) Considere o seguinte caso hipotético.

Uma das Câmaras Criminais do Tribunal de Justiça de Rondônia segue o entendimento do Supremo Tribunal Federal acerca da inconstitucionalidade de um dispositivo de lei federal em matéria criminal e concede um habeas corpus. O Ministério Público do Estado de Rondônia ajuíza reclamação perante o Supremo Tribunal Federal, alegando violação da Súmula Vinculante nº 10.

Neste caso, é correto dizer que a Reclamação apresentada pelo Parquet

(A) deve ser acolhida, já que a Súmula Vinculante nº 10 prevê que a decisão que afasta a incidência, no todo ou em parte, de norma federal, não pode ser prolatada por órgão fracionário de Tribunal Estadual.

(B) não deve ser acolhida, pois embora tenha sido violada a cláusula de reserva de plenário, prevista na Súmula Vinculante nº 10, não cabe Reclamação contra decisão judicial que contrariar a súmula aplicável ou que indevidamente a aplicar.

(C) não deve ser acolhida, pois a cláusula de reserva de plenário, prevista na Súmula Vinculante nº 10, não é violada quando o órgão fracionário se limita a seguir orientação jurisprudencial do Plenário do próprio Supremo Tribunal Federal.

(D) deve ser acolhida, pois a Súmula Vinculante nº 10 estabelece que somente a Reclamação é meio recursal idôneo para se impugnar decisão de órgão fracionário que indevidamente decida pela constitucionalidade ou pela inconstitucionalidade de lei ou ato normativo.

(E) deve ser acolhida, pois a cláusula de reserva de plenário, constante da Súmula Vinculante nº 10, prevê que somente por 3/5 (três quintos) de seus membros ou dos membros do respectivo órgão especial poderão os tribunais declarar a inconstitucionalidade de lei ou ato normativo do Poder Público.

A Súmula Vinculante 10 do STF estabelece que viola a cláusula de reserva de plenário (CF, art. 97) a decisão de órgão fracionário de tribunal que, embora não declare expressamente a inconstitucionalidade de lei ou ato normativo do Poder Público, afasta sua incidência, no todo

ou em parte. No entanto, a jurisprudência do Supremo admite exceção à cláusula de reserva de plenário, quando o órgão fracionário declara a inconstitucionalidade de uma norma com base na própria jurisprudência do Supremo Tribunal Federal (Rcl 11.055 ED, Rel. Min. Roberto Barroso, 1ª T, j. 4-11-2014). Nesse sentido, o seguinte julgado do STF: "*a jurisprudência pacífica desta Corte, agora reafirmada em sede de repercussão geral, entende que é desnecessária a submissão de demanda judicial à regra da reserva de plenário na hipótese em que a decisão judicial estiver fundada em jurisprudência do Plenário do Supremo Tribunal Federal ou em Súmula deste Tribunal, nos termos dos arts. 97 da Constituição Federal e 481, parágrafo único, do CPC/1973.*" (ARE 914.045 RG, Rel. Min. Edson Fachin, P, j. 15-10-2015, Tema 856.). **AN**

Gabarito "C".

(Procurador Municipal/SP – VUNESP – 2016) Acerca do controle de constitucionalidade das leis na atual ordem jurídica pátria, é correto afirmar que:

(A) o sistema concentrado de controle significa a possibilidade de qualquer juiz ou tribunal, observadas as regras de competência, realizar o controle de constitucionalidade, pela via incidental.

(B) a decisão de órgão fracionário de tribunal que, embora não declare expressamente a inconstitucionalidade de lei ou ato normativo do poder público, afasta sua incidência, no todo ou em parte, não se submete à cláusula de reserva de plenário.

(C) aplica-se o princípio da subsidiariedade à Arguição de Descumprimento de Preceito Fundamental, o que significa que esta é cabível na inexistência de outro meio eficaz de sanar a lesão, ou seja, não havendo outro meio apto a solver a controvérsia constitucional relevante de forma ampla, geral e imediata.

(D) é admitido o ajuizamento de Ação Direta de Inconstitucionalidade para atacar lei ou ato normativo revogado muito tempo antes do início do processo, na medida em que o paradigma produziu efeitos e não pode ser considerado como revestido de valor meramente histórico.

(E) em nosso ordenamento jurídico, é admitida a figura da constitucionalidade superveniente, pois, se o vício de inconstitucionalidade se referir a dispositivos da Constituição Federal que não se encontram mais em vigor, não há mais relevância para o exercício do controle, estando a matéria superada.

A: incorreta, pois o sistema concentrado remete ao STF. O que se refere ao Poder Judiciário seria o difuso; B: incorreta, pois é flagrante violação ao que determina a súmula vinculante 10, STF; C: correta, sendo a ADPF a "última salvação" no controle de constitucionalidade – ver artigo 4º, §1º, da Lei 9.882/1999; D: incorreta, pois para norma revogada cabível seria a ADPF; E: incorreta, pois a constitucionalidade superveniente não é admitida. Ao contrário, o STF aplica a teoria da receptividade das normas anteriores ao texto constitucional. **AB**

Gabarito "C".

4.2. AÇÃO DIRETA DE INCONSTITUCIONALIDADE

(Juiz de Direito – TJ/RJ – 2019 – VUNESP) Assinale a alternativa correta no que se refere aos efeitos da decisão judicial no controle abstrato de constitucionalidade.

(A) A impugnação judicial a respeito da inconstitucionalidade da norma ou do ato impugnado, por se constituir na causa de pedir da ação judicial, é apenas o fundamento de validade para o dispositivo da decisão.

(B) A decisão liminar em controle de constitucionalidade abstrato, em regra, produz efeitos *ex tunc*, salvo se o Supremo Tribunal Federal reconhecer expressamente efeitos *ex nunc* à decisão por maioria absoluta dos seus membros.

(C) No direito brasileiro, no tocante ao controle abstrato, o entendimento adotado é de que a lei inconstitucional é existente, porém nula, e a decisão que a reconhece tem natureza declaratória, com efeitos, em regra, retroativos.

(D) O direito brasileiro adota a teoria da lei inconstitucional como ato inexistente, e a decisão no controle de constitucionalidade não declara nem constitucionalidade, mas reconhece a sua inexistência.

(E) Tendo em vista a norma ou ato impugnado judicialmente ser considerado apenas anulável, em face da presunção de constitucionalidade, a decisão que reconhece a sua inconstitucionalidade tem caráter constitutivo.

A: errada, pois é o pedido e não a causa de pedir. **B:** errada, pois a regra é a produção de efeitos *ex nunc*. **C:** correta, pois esta é a regra no nosso ordenamento jurídico. **D:** errada, porque adotamos a teoria da nulidade. **E:** errada, pois a teoria adotada é da nulidade, não da anulabilidade. **AB**

Gabarito "C".

(Procurador – IPSMI/SP – VUNESP – 2016) Na realização do controle de constitucionalidade pelo Poder Judiciário, em algumas situações, é possível verificar a ocorrência do efeito represtinatório. Trata-se de efeito:

(A) decorrente da declaração de inconstitucionalidade, por controle concentrado, de ato normativo que tenha revogado outro ato normativo, provocando o restabelecimento de ato normativo anterior.

(B) que torna vinculante para todas as instâncias judiciais determinada decisão proferida pelo Supremo Tribunal Federal.

(C) que, independentemente de disposição expressa, restaura, de forma automática, lei anterior após a lei revogadora perder vigência.

(D) por meio do qual se altera a data em que iniciará a produção de efeitos da declaração de inconstitucionalidade de determinada norma.

(E) resultante da não recepção de lei pela Constituição Federal de 1988.

A: correta, em que pese a represtinação ser um instituto, em regra, não aplicável no ordenamento jurídico brasileiro. Na represtinação temos uma norma revogada, que volta a vigorar, a partir da declaração de inconstitucionalidade da norma revogadora; **B:** incorreta, pois não ocorre o efeito vinculante; **C:** incorreta, pois não ocorre represtinação automática; **D:** incorreta, pois refere-se à modulação dos efeitos; **E:** incorreta, pois a receptividade (ou não) da norma anterior ao texto constitucional atual não se confunde com a represtinação. **AB**

Gabarito "A".

(Procurador Municipal – Sertãozinho/SP – VUNESP – 2016) Não pode ser objeto de ADI perante o Supremo Tribunal Federal:

(A) Resoluções do Conselho Nacional de Justiça ou do Conselho Nacional do Ministério Público em qualquer hipótese.

(B) Lei Distrital no exercício de competência municipal do Distrito Federal.

(C) Emendas Constitucionais.

(D) Decreto Legislativo.

(E) Decreto autônomo.

A: incorreta. As Resoluções do Conselho Nacional de Justiça ou do Conselho Nacional do Ministério Público que forem dotadas dos atributos da generalidade, impessoalidade e abstração, e forem consideradas como atos primários, poderão ser objeto de ADI perante o STF. Segundo o STF: "A Resolução n° 07/05 do CNJ reveste-se dos atributos da generalidade (os dispositivos dela constantes veiculam normas proibitivas de ações administrativas de logo padronizadas), impessoalidade (ausência de indicação nominal ou patronímica de quem quer que seja) e abstratividade (trata-se de um modelo normativo com âmbito temporal de vigência em aberto, pois claramente vocacionado para renovar de forma contínua o liame que prende suas hipóteses de incidência aos respectivos mandamentos). A Resolução n° 07/05 se dota, ainda, de caráter normativo primário, dado que arranca diretamente do § 4° do art. 103-B da Carta-cidadã e tem como finalidade debulhar dos próprios conteúdos lógicos dos princípios constitucionais de centrada regência de toda a atividade administrativa do Estado, especialmente o da impessoalidade, o da eficiência, o da igualdade e o da moralidade" (ADC 12-MC, Rel. Min. Ayres Britto, j. 16.02.2006, Plenário, DJ 01.09.2006); **B:** correta. De fato, as leis distritais que forem criadas com base no exercício da competência municipal, por conta da ADI não admitir a discussão de lei municipal que viole a Constituição, não poderão ser objeto de ADI perante o STF; **C:** incorreta. As emendas constitucionais, por serem fruto do poder derivado reformador, que é limitado e condicionado, podem ser objeto de controle de constitucionalidade por meio de ADI no STF; **D:** incorreta. Em regra, os decretos legislativos, por serem atos primários e dotados de abstração e generalidade, podem ser objeto de ADI no STF; **E:** incorreta. O decreto autônomo também pode ser objeto de ADI no STF. **BV**

Gabarito "B".

(Juiz de Direito – TJM/SP – VUNESP – 2016) Considere o seguinte caso hipotético. Deputado Federal logra obter a assinatura de 1/3 (um terço) dos membros da Câmara dos Deputados em proposta de emenda constitucional que estabelece a pena de morte para casos de roubo, sequestro e estupro, seguidos de morte. Tal matéria deve ser objeto de plebiscito dentro de 18 (dezoito) meses da aprovação da referida proposta, que está tramitando regularmente. Partido Político X propõe Ação Direta de Inconstitucionalidade em face da proposta de emenda constitucional. Considerando os pronunciamentos anteriores sobre a matéria, o Supremo Tribunal Federal decidirá pela:

(A) admissão da Ação Direta de Inconstitucionalidade, pois não poderá ser objeto sequer de deliberação a proposta de emenda constitucional tendente a abolir os direitos e garantias fundamentais.

(B) não admissão da Ação Direta de Inconstitucionalidade, pois a proposta ainda não alcançou o plano da existência e a Constituição somente admite a Ação Direta de Inconstitucionalidade contra lei ou ato normativo federal ou estadual.

(C) procedência da Ação Direta de Inconstitucionalidade, pois a Constituição Federal admite a fiscalização preventiva e abstrata, em se tratando da defesa da higidez de cláusulas pétreas.

(D) improcedência da Ação Direta de Inconstitucionalidade, pois muito embora a Constituição Federal admita o controle preventivo de propostas de emenda à Constituição, o plebiscito torna possível a modificação de cláusulas pétreas.

(E) impossibilidade jurídica do pedido, pois embora o Novo Código de Processo Civil tenha eliminado essa hipótese de carência de ação como regra geral, ela foi mantida no âmbito da lei especial que rege a Ação Direta de Inconstitucionalidade.

A: incorreta, pois não será caso de ADI, mas de Mandado de Segurança – via difusa – por exemplo; **B:** correta, pois o controle mediante ADI requer lei ou ato normativo, requisito este que uma PEC não preenche; **C:** incorreta, pois seria caso de Mandado de Segurança impetrado por um parlamentar, mas não de ADI. Assim é a jurisprudência do STF (MS 32.033/DF); **D:** incorreta, pois o plebiscito seria uma ordem da emenda constitucional. Assim, não há que se falar em convalidação do vício; **E:** incorreta, pois não há menção no Código de Processo Civil. AB

Gabarito "B".

4.3. AÇÃO DECLARATÓRIA DE CONSTITUCIONALIDADE

(Procurador do Estado/SP – 2018 – VUNESP) Na Ação Declaratória de Constitucionalidade com pedido cautelar nº 19, ajuizada pelo Presidente da República, o Plenário do Supremo Tribunal Federal (STF), por votação unânime, declarou a constitucionalidade dos artigos 1º, 33 e 41 da Lei Federal nº 11.340/2006, conhecida como 'Lei Maria da Penha', que cria mecanismos para coibir a violência doméstica e familiar contra a mulher, em consonância ao artigo 226, § 8º da Constituição Federal. A decisão analisou em conjunto a Ação Declaratória de Constitucionalidade (ADC) nº 19 e a Ação Direta de Inconstitucionalidade (ADI) nº 4.424. Considerando este cenário, é correto afirmar sobre o controle de constitucionalidade:

(A) as decisões definitivas de mérito, proferidas pelo STF nas ADCs, produzirão eficácia erga omnes e efeito vinculante, relativamente aos demais órgãos do Poder Judiciário e à Administração Pública direta e indireta, nas esferas federal, estadual, porém, não admitem, em nenhuma hipótese, reclamação constitucional, intervenção de terceiros ou *amicus curiae* e realização de qualquer tipo de prova.

(B) quanto ao procedimento da ADC, prevalece o entendimento no Supremo Tribunal Federal de que se aplica o princípio da causa petendi aberta, ou seja, a Corte poderá basear-se em outros fundamentos que não aqueles trazidos pela petição inicial para fundamentar a sua decisão, motivo pelo qual é garantido ao autor optar pela desistência da ação a qualquer momento.

(C) o Supremo Tribunal Federal, por decisão da maioria absoluta de seus membros, poderá deferir pedido de medida cautelar na ação declaratória de constitucionalidade, consistente na determinação de que os juízes e os Tribunais suspendam o julgamento dos processos que envolvam a aplicação da lei ou do ato normativo objeto da ação até seu julgamento definitivo, devendo, nesse caso, publicar em seção especial do Diário Oficial da União, no prazo de dez dias, a parte dispositiva da decisão e proceder ao julgamento da ação no prazo de cento e oitenta dias, sob pena de perda de sua eficácia.

(D) a legitimidade ativa para propor a ADC inclui, além do Presidente da República, o Congresso Nacional, os Deputados Estaduais ou Distritais, o Governador de Estado ou do Distrito Federal; o Procurador-Geral da República; o Conselho Federal da Ordem dos Advogados do Brasil; partido político com representação no Congresso Nacional e sindicatos.

(E) para a admissibilidade da ação declaratória de constitucionalidade é dispensável a comprovação de controvérsia ou dúvida relevante quanto à legitimidade da norma, uma vez que, proclamada a constitucionalidade, julgar-se-á improcedente a ação direta ou procedente eventual ação declaratória; e, proclamada a inconstitucionalidade, julgar-se-á procedente a ação direta ou improcedente eventual ação declaratória.

A: incorreta, pois a declaração de constitucionalidade tem eficácia contra todos e efeito vinculante em relação aos órgãos do Poder Judiciário e à Administração Pública federal, estadual e municipal (art. 28, parágrafo único, da Lei 9.868/1999), não se admitido intervenção de terceiros (art. 18 da Lei 9.868/1999), mas se admitido *amicus curiae* (aplicação, por analogia, do art. 7º, § 2º, da Lei 9.868/1999), produção de provas (art. 20, § 1º, da Lei 9.868/1999) e reclamação constitucional para a garantia da autoridade da decisão (art. 102, I, *l*, da CF); **B:** incorreta, visto que, proposta a ação declaratória, **não** se admitirá desistência (art. 16 da Lei 9.868/1999); **C:** correta, nos termos do art. 21 da Lei 9.868/1999; **D:** incorreta, já que a legitimidade ativa para propor a ADC inclui o Presidente da República; a Mesa do Senado Federal; a Mesa da Câmara dos Deputados; a Mesa de Assembleia Legislativa ou da Câmara Legislativa do Distrito Federal; o Governador de Estado ou do Distrito Federal; o Procurador-Geral da República; o Conselho Federal da Ordem dos Advogados do Brasil; partido político com representação no Congresso Nacional; e confederação sindical ou entidade de classe de âmbito nacional (art. 103 da CF); **E:** incorreta, tendo em vista que a petição inicial deverá indicar a existência de controvérsia judicial relevante sobre a aplicação da disposição objeto da ação declaratória (art. 14, III, da CF). AN

Gabarito "C".

4.4. ARGUIÇÃO DE DESCUMPRIMENTO DE PRECEITO FUNDAMENTAL

(Juiz de Direito – TJM/SP – VUNESP – 2016) Assinale a alternativa que corretamente discorre sobre aspectos da Arguição de Descumprimento de Preceito Fundamental, tendo em vista as previsões constitucionais e os posicionamentos do Supremo Tribunal Federal.

(A) A Arguição de Descumprimento de Preceito Fundamental, fórmula processual subsidiária do controle concentrado de constitucionalidade, é via adequada à impugnação de norma pré-constitucional.

(B) A existência da autoridade da coisa julgada não representa obstáculo que impede o conhecimento e o ulterior prosseguimento da Arguição de Descumprimento de Preceito Fundamental, que pode ser utilizada como sucedâneo da ação rescisória.

(C) A simultaneidade de tramitações de Ação Direta de Inconstitucionalidade e Arguição de Descumprimento de Preceito Fundamental, portadoras de mesmo objeto, é compatível com a cláusula de subsidiariedade que norteia o instituto da Arguição de Descumprimento de Preceito Fundamental.

(D) Não tem sido atribuído caráter vinculante, pelo Supremo Tribunal Federal, ao provimento cautelar outorgado em sede de Arguição de Descumprimento de Preceito Fundamental, como instrumento de controle abstrato de constitucionalidade.

(E) O enunciado de Súmula do Supremo Tribunal Federal, indicado como ato lesivo aos preceitos fundamentais, consubstancia ato do Poder Público, sendo, portanto, suscetível de Arguição de Descumprimento de Preceito Fundamental.

A: correta, pois temos na ADPF uma ação subsidiária no controle de constitucionalidade, inclusive sendo apta para impugnar normas pré-constitucionais, ou seja, normas editadas antes da Constituição Federal de 1988; **B:** incorreta, pois não há identidade entre uma ADPF e uma ação rescisória; **C:** incorreta, pois ADI e ADPF não são ações com simultaneidade, inclusive por ser a ADPF uma ação subsidiária; **D:** incorreta, pois as medidas cautelares, conforme jurisprudência do STF, possuem eficácia vinculante (em sede de controle concentrado); **E:** incorreta, pois não cabe controle concentrado contra súmula, vez que há procedimento próprio para que estas sejam canceladas (súmulas vinculantes ou comuns). ANH

Gabarito "A".

5. DOS DIREITOS E GARANTIAS FUNDAMENTAIS

5.1. DIREITOS E DEVERES EM ESPÉCIE

(Procurador – PGE/SP – 2024 – VUNESP) O Supremo Tribunal Federal reconheceu a existência de um direito fundamental autônomo à proteção de dados pessoais e à autodeterminação informacional, que restou positivado pela Emenda Constitucional nº 115, de 10 de fevereiro de 2022, por meio do artigo 5º, inciso LXXIX. Nesse contexto, assinale a alternativa correta quanto ao tratamento de dados pessoais pelo Estado brasileiro.

(A) O compartilhamento de informações pessoais em atividades de inteligência deve observar a adoção de medidas proporcionais e estritamente necessárias ao atendimento do interesse público, bem como a instauração de procedimento administrativo formal, acompanhado de prévia e exaustiva motivação, para permitir o controle de legalidade pelo Poder Judiciário.

(B) O tratamento de dados pessoais pelo Estado é essencial para a execução de políticas e prestação de serviços, razão pela qual prevalece o interesse público de acesso à informação como bem jurídico a ser tutelado no exercício de prerrogativas estatais típicas, em desfavor da privacidade e da proteção de dados pessoais.

(C) Por força de evolução do tema, o Supremo Tribunal Federal fixou a tese de que houve mutação constitucional para reconhecer a subtração de eventuais aplicações ou interpretações que conflitem com o direito fundamental à proteção de dados pessoais, do campo semântico das normas.

(D) O fortalecimento da tutela da privacidade considera a natureza ostensiva ou reservada dos dados pessoais para fins de análise do direito à autodeterminação informática; assim, quando há o envolvimento de informações simples ou triviais, pelo baixo grau de sensibilidade, prevalece a interpretação que zela pelo princípio da eficiência e do interesse público envolvido.

(E) Os processos de habeas data terão prioridade sobre todos os atos judiciais, enquanto instrumento de tutela material do direito à autodeterminação informativa de retificação de dados ou para assegurar o conhecimento de informações relativas à pessoa do impetrante, constantes de registros ou bancos de dados de entidades governamentais ou de caráter público, assegurando o controle de legalidade pelo Poder Judiciário.

A alternativa correta é a A, conforme decidido pelo STF na ADI 6649/DF e que tem a seguinte ementa: "DIREITO CONSTITUCIONAL. DIREITOS FUNDAMENTAIS À PRIVACIDADE E AO LIVRE DESENVOLVIMENTO DA PERSONALIDADE. TRATAMENTO DE DADOS PESSOAIS PELO ESTADO BRASILEIRO. COMPARTILHAMENTO DE DADOS PESSOAIS ENTRE ÓRGÃOS E ENTIDADES DA ADMINISTRAÇÃO PÚBLICA FEDERAL. ADI E ADPF CONHECIDAS E, NO MÉRITO, JULGADAS PARCIALMENTE PROCEDENTES. INTERPRETAÇÃO CONFORME À CONSTITUIÇÃO. DECLARAÇÃO DE INCONSTITUCIONALIDADE COM EFEITOS FUTUROS. 1. A Ação Direta de Inconstitucionalidade é cabível para impugnação do Decreto 10.046/2019, uma vez que o ato normativo não se esgota na simples regulamentação da Lei de Acesso à Informação e da Lei Geral de Proteção de Dados Pessoais, mas inova na ordem jurídica com a criação do Cadastro Base do Cidadão e do Comitê Central de Governança de Dados. A Arguição de Descumprimento de Preceito Fundamental é cabível para impugnar o ato do poder público tendente à lesão de preceitos fundamentais, qual seja, o compartilhamento de dados da Carteira Nacional de Habilitação entre o SERPRO e a ABIN, ante a inexistência de outras ações aptas a resolver a controvérsia constitucional de forma geral, definitiva e imediata. 2. No julgamento da Ação Direta de Inconstitucionalidade 6.387, Rel. Min. Rosa Weber, o Supremo Tribunal Federal reconheceu a existência de um direito fundamental autônomo à proteção de dados pessoais e à autodeterminação informacional. A Emenda Constitucional 115, de 10 de fevereiro de 2022, positivou esse direito fundamental no art. 5º, inciso LXXIX, da Constituição Federal. 3. O tratamento de dados pessoais pelo Estado é essencial para a prestação de serviços públicos. Todavia, diferentemente do que assevera o ente público, a discussão sobre a privacidade nas relações com a Administração Estatal não deve partir de uma visão dicotômica que coloque o interesse público como bem jurídico a ser tutelado de forma totalmente distinta e em confronto com o valor constitucional da privacidade e proteção de dados pessoais. 4. Interpretação conforme à Constituição para subtrair do campo semântico da norma eventuais aplicações ou interpretações que conflitem com o direito fundamental à proteção de dados pessoais. O compartilhamento de dados pessoais entre órgãos e entidades da Administração Pública, pressupõe: a) eleição de propósitos legítimos, específicos e explícitos para o tratamento de dados (art. 6º, inciso I, da Lei 13.709/2018); b) compatibilidade do tratamento com as finalidades informadas (art. 6º, inciso II); c) limitação do compartilhamento ao mínimo necessário para o atendimento da finalidade informada (art. 6º, inciso III); bem como o cumprimento integral dos requisitos, garantias e procedimentos estabelecidos na Lei Geral de Proteção de Dados, no que for compatível com o setor público. 5. O compartilhamento de dados pessoais entre órgãos públicos pressupõe rigorosa observância do art. 23, inciso I, da Lei 13.709/2018, que determina seja dada a devida publicidade às hipóteses em que cada entidade governamental compartilha ou tem acesso ao banco de dados pessoais, 'fornecendo informações claras e atualizadas sobre a previsão legal, a finalidade, os procedimentos e as práticas utilizadas para a execução dessas atividades, em veículos de fácil acesso, preferencialmente em seus sítios eletrônicos'. 6. O compartilhamento de informações pessoais em atividades de inteligência deve observar a adoção de medidas proporcionais e estritamente necessárias ao atendimento do interesse público; a instauração de procedimento administrativo formal, acompanhado de prévia e exaustiva motivação, para permitir o controle de legalidade pelo Poder Judiciário; a utilização de sistemas eletrônicos de segurança e de registro de acesso, inclusive para efeito de responsabilização em caso de abuso; e a observância dos princípios gerais de proteção e dos direitos do titular previstos na LGPD, no que for compatível com o exercício dessa função estatal. 7. O acesso ao Cadastro Base do Cidadão deve observar mecanismos rigorosos de controle, condicionando o compartilhamento e tratamento dos dados pessoais à comprovação de propósitos legítimos, específicos e explícitos por parte dos órgãos e entidades do Poder Público. A inclusão de novos dados na base integradora e a escolha de bases temáticas que comporão o Cadastro Base do Cidadão devem ser precedidas de justificativas formais, prévias e minudentes, cabendo ainda a observância

5. DIREITO CONSTITUCIONAL

de medidas de segurança compatíveis com os princípios de proteção da Lei Geral de Proteção de Dados Pessoais, inclusive a criação de sistema eletrônico de registro de acesso, para fins de responsabilização em caso de abuso. 8. O tratamento de dados pessoais promovido por órgãos públicos que viole parâmetros legais e constitucionais, inclusive o dever de publicidade fora das hipóteses constitucionais de sigilo, importará a responsabilidade civil do Estado pelos danos suportados pelos particulares, associada ao exercício do direito de regresso contra os servidores e agentes políticos responsáveis pelo ato ilícito, em caso de dolo ou culpa. 9. Declaração de inconstitucionalidade, com efeitos *pro futuro*, do art. 22 do Decreto 10.046/2019. O Comitê Central de Governança de Dados deve ter composição independente, plural e aberta à participação efetiva de representantes de outras instituições democráticas, não apenas dos representantes da Administração Pública federal. Ademais, seus integrantes devem gozar de garantias mínimas contra influências indevidas." (os grifos não estão no original). **ANH** Gabarito "A".

(Procurador – PGE/SP – 2024 – VUNESP) Assinale a alternativa correta no que se refere à posição da jurisprudência brasileira sobre o tema "direito ao esquecimento".

(A) O direito ao esquecimento é parte da proteção dos dados pessoais em face da memória coletiva, enfatizado pelos efeitos da chamada era das informações; assim, no conflito entre liberdades comunicativas, há o direito de não ser lembrado contra a própria vontade nos casos de natureza criminal, com predileção constitucional para soluções protetivas da dignidade da pessoa humana.

(B) O acesso à informação é assegurado a todos, em consonância com a livre expressão da atividade de comunicação, independentemente de censura, o que implica ao intérprete considerar, em seu esforço hermenêutico, o denominado direito à verdade histórica no âmbito do princípio da solidariedade entre gerações, não sendo possível, do ponto de vista jurídico, que uma geração negue à próxima o direito de saber a sua história.

(C) A concepção da Constituição Federal brasileira é compatível com a teoria do direito ao esquecimento, a qual possibilita impedir a divulgação de qualquer fato ou dado desabonador ou desagradável em meios de comunicação digital, por força da passagem do tempo e do respeito aos direitos de proteção à personalidade.

(D) A Suprema Corte brasileira acatou a acepção de que é necessário proteger o direito de personalidade nos casos de acesso ilimitado da mídia à pessoa do criminoso e à sua privacidade, de modo que a tutela aos direitos da personalidade preponera sobre a liberdade de comunicação, adotando-se a tese fixada pelo Tribunal Constitucional Federal da Alemanha, nos históricos casos denominados "Casos Lebach I e II".

(E) É legítima a conduta dos veículos da imprensa em divulgar fatos ocorridos no passado, direito que não perece pelo transcurso do tempo, razão pela qual, na ponderação entre conflitos de direitos fundamentais, afasta-se integralmente a tese da responsabilidade, por não se tratar de dano injusto, mas de exercício regular de direito que afasta a ideia da censura.

A alternativa correta é a B. O tema foi objeto de análise pelo STF no RE 1.010.606/RJ, cuja ementa é a seguinte: "Recurso extraordinário com repercussão geral. Caso Aída Curi. Direito ao esquecimento. Incompatibilidade com a ordem constitucional. Recurso extraordinário

não provido. 1. Recurso extraordinário interposto em face de acórdão por meio do qual a Décima Quinta Câmara Cível do Tribunal de Justiça do Estado do Rio de Janeiro negou provimento a apelação em ação indenizatória que objetivava a compensação pecuniária e a reparação material em razão do uso não autorizado da imagem da falecida irmã dos autores, Aída Curi, no programa Linha Direta: Justiça. 2. Os precedentes mais longínquos apontados no debate sobre o chamado direito ao esquecimento passaram ao largo do direito autônomo ao esmaecimento de fatos, dados ou notícias pela passagem do tempo, tendo os julgadores se valido essencialmente de institutos jurídicos hoje bastante consolidados. A utilização de expressões que remetem a alguma modalidade de direito a reclusão ou recolhimento, como *droit a l'oubli ou right to be let alone*, foi aplicada de forma discreta e muito pontual, com significativa menção, ademais, nas razões de decidir, a direitos da personalidade/privacidade. Já na contemporaneidade, campo mais fértil ao trato do tema pelo advento da sociedade digital, o nominado direito ao esquecimento adquiriu roupagem diversa, sobretudo após o julgamento do chamado Caso González pelo Tribunal de Justiça Europeia, associando-se o problema do esquecimento ao tratamento e à conservação de informações pessoais na internet. 3. Em que pese a existência de vertentes diversas que atribuem significados distintos à expressão direito ao esquecimento, é possível identificar elementos essenciais nas diversas invocações, a partir dos quais se torna possível nominar o direito ao esquecimento como a pretensão apta a impedir a divulgação, seja em plataformas tradicionais ou virtuais, de fatos ou dados verídicos e licitamente obtidos, mas que, em razão da passagem do tempo, teriam se tornado descontextualizados ou destituídos de interesse público relevante. 4. O ordenamento jurídico brasileiro possui expressas e pontuais previsões em que se admite, sob condições específicas, o decurso do tempo como razão para supressão de dados ou informações, em circunstâncias que não configuram, todavia, a pretensão ao direito ao esquecimento. Elas se relacionam com o efeito temporal, mas não consagram um direito a que os sujeitos não sejam confrontados quanto às informações do passado, de modo que eventuais notícias sobre esses sujeitos – publicadas ao tempo em que os dados e as informações estiveram acessíveis – são alcançadas pelo efeito de ocultamento. Elas permanecem passíveis de circulação se os dados nelas contidos tiverem sido, a seu tempo, licitamente obtidos e tratados. Isso porque a passagem do tempo, por si só, não tem o condão de transmutar uma publicação ou um dado nela contido de lícito para ilícito. 5. A previsão ou aplicação do direito ao esquecimento afronta a liberdade de expressão. Um comando jurídico que eleja a passagem do tempo como restrição à divulgação de informação verdadeira, licitamente obtida e adequado tratamento dos dados nela inseridos, precisa estar previsto em lei, e de modo pontual, clarividente e sem anulação da liberdade de expressão. Ele não pode, ademais, ser fruto apenas de ponderação judicial. 6. O caso concreto se refere ao programa televisivo Linha Direta: Justiça, que, revisitando alguns crimes que abalaram o Brasil, apresentou, dentre alguns casos verídicos que envolviam vítimas de violência contra a mulher, objetos de farta documentação social e jornalística, o caso de Aída Curi, cujos irmãos dão azo da ação que deu origem ao presente recurso. Não cabe a aplicação do direito ao esquecimento a esse caso, tendo em vista que a exibição do referido programa não incorreu em afronta ao nome, à imagem, à vida privada da vítima ou de seus familiares. Recurso extraordinário não provido. 8. Fixa-se a seguinte tese: 'É incompatível com a Constituição a ideia de um direito ao esquecimento, assim entendido como o poder de obstar, em razão da passagem do tempo, a divulgação de fatos ou dados verídicos e licitamente obtidos e publicados em meios de comunicação social analógicos ou digitais. Eventuais excessos ou abusos no exercício da liberdade de expressão e de informação devem ser analisados caso a caso, a partir dos parâmetros constitucionais – especialmente os relativos à proteção da honra, da imagem, da privacidade e da personalidade em geral – e das expressas e específicas previsões legais nos âmbitos penal e cível'. ANH Gabarito "B".

(Escrevente – TJ/SP – VUNESP – 2023) Autoridade municipal, no período noturno, pretendia fazer uso temporário de propriedade particular pertencente a Joaquim, diante de uma situação real de iminente perigo público, mas Joaquim recusou, sustentando a inviolabilidade de domicílio, muito embora domiciliado em outro imóvel. Sobre a situação narrada, assinale a alternativa correta à luz da previsão da Constituição Federal de 1988.

(A) Agiu corretamente a autoridade municipal, pois o iminente perigo público autoriza a utilização da propriedade particular, mediante indenização ulterior, se houver dano.

(B) A Constituição equipara, para fins de proteção, propriedade e casa, não admitindo o uso temporário de propriedade particular.

(C) É autorizado o uso da propriedade, mas Joaquim fará jus à indenização decorrente do uso, mesmo não ocorrendo dano à propriedade.

(D) A Constituição somente autoriza o uso de propriedade particular pelo poder público no período diurno.

(E) É permitido o uso da propriedade, e diante da situação emergencial não há a previsão de indenizabilidade ulterior.

Alternativa correta é A. A atuação da prefeitura, na hipótese apresentada, está amparada pelo direito de requisição: "no caso de iminente perigo público, a autoridade competente poderá usar de propriedade particular, assegurada ao proprietário indenização ulterior, se houver dano" (CF, art. 5º, XXV). ANH
Gabarito "A".

(Escrevente – TJ/SP – VUNESP – 2023) Assinale a alternativa que contempla penas admitidas, nos termos da Constituição Federal de 1988.

(A) Suspensão de direitos e pena de caráter perpétuo.

(B) Privação da liberdade e interdição de direitos.

(C) Pena de morte em caso de guerra declarada nos termos do artigo 84, XIX, e cassação de direitos políticos.

(D) Perda de bens e banimento.

(E) Prestação social alternativa e pena de trabalhos forçados em caso de guerra declarada.

A: Errada. A suspensão de direitos está prevista, por exemplo, no art. 15 da CF, mas a pena de caráter perpétuo é vedada (CF, art. 5º, XLVII, *b*). **B:** Correta. Prevista no art. 5º, XLVI, *a* e *e*, da CF. **C:** Errada. A pena de morte em caso de guerra declarada está prevista no art. 5º, XLVII, *a*, da CF, mas a cassação de direitos políticos é proibida (CF, art. 15). **D:** Errada. A perda de bens está prevista no art. 5º, XLVI, *b*, da CF, mas a pena de banimento é proibida (CF, art. 5º, XLVII, *d*). **E:** Errada. A prestação social alternativa está prevista no art. 5º, XLVI, *d*, da CF, mas a pena de trabalhos forçados é vedada (CF, art. 5º, XLVII, *c*). ANH
Gabarito "B".

(Escrevente – TJ/SP – 2021 – VUNESP) Assinale a alternativa que contempla hipótese de crime para o qual a Constituição Federal não veda o arbitramento de fiança.

(A) Crime hediondo.

(B) Crime doloso contra a vida.

(C) Tráfico ilícito de entorpecentes e drogas afins.

(D) Ação de grupos armados contra a ordem constitucional e o Estado Democrático.

(E) Prática do racismo.

A: Errada. Previsto no art. 5º, XLIII, da CF. **B:** Correta. Não há previsão expressa. **C:** Errada. Previsto no art. 5º, XLIII, da CF. **D:**

Errada. Previsto no art. 5º, XLIV, da CF. **E:** Errada. Previsto no art. 5º, XLII, da CF. ANH
Gabarito "B".

(Escrevente – TJ/SP – 2021 – VUNESP) Considerando o disposto na Constituição Federal, assinale a alternativa que aponta uma situação que, em tese, viola um dos direitos ou garantias individuais do cidadão brasileiro.

(A) Ordem emanada de juiz que determina à polícia que seja efetuada a escuta telefônica de réu em processo civil de reparação de danos.

(B) Ordem de prisão civil por dívida do responsável pelo inadimplemento voluntário e inescusável de obrigação alimentícia.

(C) Policial, sem mandado judicial, adentra em domicílio, durante à noite, sem consentimento do morador, para efetuar prisão em flagrante.

(D) Mandado judicial de prisão cumprido por policiais civis às 9h00 dentro da residência do réu.

(E) Suspensão das atividades de associação civil, de fins lícitos, por decisão judicial, em caráter liminar.

A: Correta. A escuta telefônica por ordem judicial não é permitida no processo civil, mas sim para fins de investigação criminal ou instrução processual penal (CF, art. 5º, XII). **B:** Errada. A prisão civil por dívida é permitida no caso do responsável pelo inadimplemento voluntário e inescusável de obrigação alimentícia (CF, art. 5º, LXVII). **C:** Errada. Essa situação é permitida pela Constituição (CF, art. 5º, XI). **D:** Errada. Essa situação é permitida pela Constituição (CF, art. 5º, XI). **E:** Errada. Essa situação é permitida pela Constituição (CF, art. 5º, XIX). ANH
Gabarito "A".

(Escrevente – TJ/SP – 2021 – VUNESP) É um dos direitos constitucionais dos trabalhadores urbanos e rurais:

(A) relação de emprego protegida contra despedida arbitrária com ou sem justa causa, nos termos de lei complementar, que preverá indenização compensatória.

(B) participação nos lucros, ou resultados, vinculada à última remuneração do trabalhador.

(C) assistência gratuita aos filhos e dependentes desde o nascimento até 5 (cinco) anos de idade em creches e pré-escolas.

(D) jornada de oito horas para o trabalho realizado em turnos ininterruptos de revezamento, salvo negociação coletiva.

(E) licença à gestante, sem prejuízo do emprego e do salário, com a duração de 180 (cento e oitenta) dias.

A: Errada. Dispõe o art. 7º, I, da CF: "Art. 7º São direitos dos trabalhadores urbanos e rurais, além de outros que visem à melhoria de sua condição social: I – relação de emprego protegida contra despedida arbitrária ou sem justa causa, nos termos de lei complementar, que preverá indenização compensatória, dentre outros direitos (...)". **B:** Errada. Dispõe o art. 7º, XI, da CF: "Art. 7º São direitos dos trabalhadores urbanos e rurais, além de outros que visem à melhoria de sua condição social: (...) XI – participação nos lucros, ou resultados, desvinculada da remuneração, e, excepcionalmente, participação na gestão da empresa, conforme definido em lei (...)". **C:** Correta. A alternativa está de acordo com a redação do inciso XXV do art. 7º da CF. **D:** Errada. Dispõe o art. 7º, XIV, da CF: "Art. 7º São direitos dos trabalhadores urbanos e rurais, além de outros que visem à melhoria de sua condição social: (...) XIV – jornada de seis horas para o trabalho realizado em turnos ininterruptos de revezamento, salvo negociação coletiva (...)". **E:** Incorreta. Dispõe o art. 7º, XVIII, da CF: "Art. 7º São direitos dos trabalhadores urbanos e rurais, além de outros que visem à melhoria de sua condição social:

5. DIREITO CONSTITUCIONAL

(...) XVIII – licença à gestante, sem prejuízo do emprego e do salário, com a duração de cento e vinte dias (...)". **ANH**

Gabarito "C".

(Juiz de Direito – TJ/RJ – 2019 – VUNESP) No tocante à extradição de brasileiros, a Carta Magna estabelece que

(A) é vedada para os natos e permitida para os naturalizados, independentemente do crime, desde que praticado antes da naturalização.

(B) é vedada para os natos e naturalizados, independentemente do crime praticado.

(C) é permitida para os natos, por comprovado envolvimento em tráfico ilícito de entorpecentes e drogas afins, na forma da lei, e para os naturalizados, por crimes comuns praticados antes da naturalização.

(D) é vedada para os natos e permitida para os naturalizados por crimes comuns, praticados antes da naturalização ou por comprovado envolvimento em tráfico ilícito de entorpecentes e drogas afins, na forma da lei.

(E) é vedada para os natos e permitida para os naturalizados por crimes comuns e por comprovado envolvimento em tráfico ilícito de entorpecentes e drogas afins, na forma da lei, desde que praticados antes da naturalização.

A: errada, pois no crime comum o brasileiro naturalizado poderá sim ser extraditado, desde que praticado o crime antes da naturalização. **B e E:** erradas, conforme artigo 5º, LI, da CF. **C:** incorreta, pois o brasileiro nato jamais será extraditado. **D:** correta, uma vez que o brasileiro nato jamais será extraditado e, quanto ao naturalizado, nos termos do artigo 5º, LI, da CF. **AB**

Gabarito "D".

(Advogado – Pref. São Roque/SP – 2020 – VUNESP) A respeito dos direitos fundamentais, com base na Constituição Federal e na jurisprudência do Supremo Tribunal Federal, assinale a alternativa correta.

(A) A adoção de ações afirmativas não é incompatível com o princípio da igualdade.

(B) A interceptação telefônica pode ser determinada pelo Ministério Público, sempre que a defesa da probidade administrativa recomende a adoção da medida.

(C) As associações poderão ter as suas atividades suspensas por decisão administrativa ou judicial.

(D) O direito à habitação garante ao indivíduo que ocupe imóvel público e nele exerça atividade econômica produtiva o direito à usucapião.

(E) A autoridade competente, em caso de iminente perigo público, poderá utilizar a propriedade particular, assegurada ao proprietário a indenização prévia, justa e em dinheiro.

A: correta, uma vez que o princípio da igualdade determina tratamento igual aos iguais e, por sua vez, desigual para aqueles que estejam em situações distintas, na medida da desigualdade. **B:** errada, pois é determinada pelo juiz (artigo 3º, da Lei 9.296/96). **C:** errada, porque apenas poderá ocorrer por decisão judicial (artigo 5º, inciso XIX, da CF). Por fim, a letra **D:** errada, uma vez que os imóveis públicos não serão adquiridos via usucapião e, na letra **E** o erro está na indenização ser posterior, nunca prévia. **AB**

Gabarito "A".

(Escrevente – TJ/SP – 2018 – VUNESP) De acordo com texto expresso na Constituição da República Federativa do Brasil (CRFB/88), é correto afirmar que a lei

(A) assegurará aos autores de inventos industriais privilégio permanente para sua utilização.

(B) penal sempre retroagirá, seja para beneficiar ou não o réu.

(C) regulará a individualização da pena e adotará, entre outras, a perda de bens.

(D) poderá excluir da apreciação do Poder Judiciário lesão ou ameaça a direito.

(E) deverá punir ato atentatório a liberdades com penas restritivas de direito.

A: incorreta, pois a lei assegurará aos autores de inventos industriais privilégio **temporário** para sua utilização (art. 5º, XXIX, da CF); **B:** incorreta, visto que a lei penal não retroagirá, salvo para beneficiar o réu (art. 5º, XL, da CF); **C:** correta, de acordo com o art. 5º, XLVI, *b*, da CF; **D:** incorreta, já que a lei não excluirá da apreciação do Poder Judiciário lesão ou ameaça a direito (art. 5º, XXXV, da CF); **E:** incorreta, uma vez que a lei punirá qualquer discriminação atentatória dos direitos e liberdades fundamentais (art. 5º, XLI, da CF). **AN**

Gabarito "C".

(Escrevente – TJ/SP – 2018 – VUNESP) Salvo em caso de guerra declarada, nos termos expressos da Constituição da República Federativa do Brasil (CRFB/88), não haverá penas

(A) de morte.

(B) de banimento.

(C) de caráter perpétuo.

(D) de trabalhos forçados.

(E) de expulsão.

Segundo o art. 5º, XLVII, *a*, da CF, não haverá pena de morte, salvo em caso de guerra declarada. **AN**

Gabarito "A".

(Delegado – PC/BA – 2018 – VUNESP) A Constituição Federal de 1988 garantiu a inviolabilidade do direito ao sigilo, sendo possível, contudo, a quebra do sigilo bancário

(A) mediante requisição de informações bancárias, efetuada no âmbito de procedimento administrativo-fiscal.

(B) desde que haja a oitiva do investigado em contraditório, ou seja, não sendo cabível na fase inquisitorial do processo.

(C) mediante ordem judicial, amparada em elementos probatórios que permitam individualizar o investigado e o objeto da investigação.

(D) excepcionalmente, nas hipóteses previstas no Código Civil e no Código Tributário Nacional.

(E) no âmbito da justiça federal, tão somente, excluída a competência da justiça comum estadual, face à natureza dos estabelecimentos bancários.

A quebra de sigilo poderá ser decretada, mediante ordem judicial, quando necessária para apuração de ocorrência de qualquer ilícito, em qualquer fase do inquérito ou do processo judicial (art. 1º, § 4º, art. 3º, da Lei Complementar 105/2001). A jurisprudência estabeleceu que a quebra do sigilo deve atender ao interesse público, respeitar o princípio da proporcionalidade e observar alguns requisitos, como a motivação da decisão, pertinência temática com o que se investiga, necessidade absoluta da medida, individualização do investigado e existência de limitação temporal do objeto da medida. De acordo com entendimento do STF, *"para que a medida excepcional da quebra de sigilo bancário não se descaracterize em sua finalidade legítima, torna-se imprescindível que o ato estatal que o decrete, além de adequadamente fundamentado, também indique, de modo preciso, dentre outros dados essenciais, os elementos de identificação do correntista (notadamente o número de sua inscrição no CPF) e o lapso temporal abrangido pela ordem de ruptura dos registros sigilosos mantidos por instituição financeira*" (HC 84.758, Rel. Min. Celso de Mello, P, j. 25-5-2006). No que tange à solicitação de informações bancárias no âmbito de procedimento administrativo-fiscal (art. 5º da LC 105/2001; art. 198, § 1º, II, e § 2º, do CTN), o STF entendeu que não se trata de quebra de sigilo, mas, sim, de transferência de informações sigilosas no âmbito da Administração Pública, pois os dados sigilosos são transferidos de um determinado portador, que tem o dever de sigilo, para outro, que mantém a obrigação de sigilo, permanecendo resguardadas a intimidade e a vida privada do correntista (ADI 2859, Rel. Min. Dias Toffoli, Tribunal Pleno, julgado em 24-02-2016). **AN**

Gabarito "C".

(Soldado – PM/SP – 2018 – VUNESP) A Constituição Federal de 1988 prevê, entre seus direitos e garantias fundamentais, que

(A) são admissíveis, no processo criminal, as provas obtidas por meios ilícitos, se comprovada a boa-fé da autoridade policial.

(B) a prática do racismo constitui crime inafiançável e imprescritível, sujeito à pena de reclusão, nos termos da lei.

(C) constituem crimes inafiançáveis e imprescritíveis a prática de tortura, o tráfico ilícito de entorpecentes e drogas afins e o terrorismo.

(D) a lei considerará crimes inafiançáveis e insuscetíveis de graça ou anistia os crimes contra a Administração Pública.

(E) é reconhecida a instituição do júri, com a organização que lhe der a lei, sendo-lhe assegurada a competência para o julgamento dos crimes hediondos.

A: incorreta, pois são inadmissíveis, no processo, as provas obtidas por meios ilícitos, independentemente da boa-fé da autoridade policial (art. 5º, LVI, da CF); **B:** correta, nos termos do art. 5º, XLII, da CF; **C:** incorreta, pois constitui crime inafiançável e imprescritível a ação de grupos armados, civis ou militares, contra a ordem constitucional e o Estado Democrático (art. 5º, XLIV, da CF); **D:** incorreta, porque a lei considerará crimes inafiançáveis e insuscetíveis de graça ou anistia a prática da tortura, o tráfico ilícito de entorpecentes e drogas afins, o terrorismo e os definidos como crimes hediondos (art. 5º, XLIII, da CF); **E:** incorreta, pois a Constituição assegura ao Tribunal do Júri a competência para o julgamento dos crimes dolosos contra a vida (art. 5º, XXXVIII, *d*, da CF). **AN**

Gabarito "B".

(Juiz de Direito – TJM/SP – VUNESP – 2016) Os procedimentos previstos na Lei nº 12.527, de 18 de novembro de 2011, destinam-se a assegurar o direito fundamental de acesso à informação e devem ser executados em conformidade com os princípios básicos da Administração Pública e com a seguinte diretriz:

(A) informação pessoal é aquela relacionada à pessoa natural não identificada, mas identificável.

(B) observância do sigilo como preceito geral e da publicidade como exceção.

(C) divulgação de informações de interesse público, quando solicitadas.

(D) qualidade da informação modificada, inclusive quanto à origem, trânsito e destino.

(E) desenvolvimento do controle social da Administração Pública.

A: incorreta. De acordo com o art. 4º, IV, da Lei 12.527/2011, informação pessoal é aquela relacionada à pessoa natural **identificada** ou identificável; **B:** incorreta. Ao contrário do mencionado, uma

das diretrizes é a observância da **publicidade como preceito geral** e do sigilo como exceção, conforme determina o art. 3º, I, da Lei 12.527/2011; **C:** incorreta. A divulgação de informações de interesse público independe de solicitações. É o que determina o art. 3º, II, da Lei 12.527/2011; **D:** incorreta. De acordo com o art. 4º, VIII, da Lei 12.527/2011, a integridade é qualidade da informação **não modificada**, inclusive quanto à origem, trânsito e destino; **E:** correta. Determina o art. 3º da Lei 12.527/2011 que as diretrizes sobre os procedimentos que asseguram o direito fundamental de acesso à informação são as seguintes: I – observância da publicidade como preceito geral e do sigilo como exceção; II – divulgação de informações de interesse público, independentemente de solicitações; III – utilização de meios de comunicação viabilizados pela tecnologia da informação; IV – fomento ao desenvolvimento da cultura de transparência na administração pública; **V – desenvolvimento do controle social da administração pública.** **BV**

Gabarito "E".

(Procurador Municipal – Sertãozinho/SP – VUNESP – 2016) Com base na Lei da Transparência (Lei Federal nº 12.527/2011), assinale a alternativa correta.

(A) As informações que puderem colocar em risco a segurança do Presidente e Vice-Presidente da República e respectivos cônjuges e filhos(as) serão classificadas como ultrassecretas e ficarão sob sigilo pelo prazo de 25 (vinte e cinco) anos.

(B) O acesso à informação classificada como sigilosa cria a obrigação para aquele que a obteve de resguardar o sigilo.

(C) O recurso apresentado em face de decisão que indefere pedido de acesso a informações será direcionado à própria autoridade que a proferiu, a qual se manifestará no prazo de cinco dias a respeito do preenchimento dos pressupostos legais de admissibilidade.

(D) A Lei Federal nº 12.527/2011 somente se aplica aos órgãos públicos integrantes da Administração direta dos Poderes Executivo, Legislativo, incluindo as Cortes de Contas, e Judiciário e do Ministério Público, as autarquias, as fundações públicas, as empresas públicas, as sociedades de economia mista e demais entidades controladas direta ou indiretamente pela União, Estados, Distrito Federal e Municípios.

(E) O serviço de busca e fornecimento da informação deverá ser remunerado mediante cobrança de taxa.

A: incorreta. As informações mencionadas, de acordo com o art. 24, § 1º, III, e 2º, da Lei 12.527/2011, são classificadas como **reservadas e o prazo máximo de restrição de acesso é de 5 (cinco) anos**. Vale lembrar que tais informações ficarão sob sigilo até o término do mandato em exercício ou do último mandato, em caso de reeleição; **B:** correta. Determina o art. 25, § 2º, da Lei 12.527/2011, que o acesso à informação classificada como sigilosa **cria a obrigação para aquele que a obteve de resguardar o sigilo**; **C:** incorreta. De acordo com o art. 15 da mencionada lei, no caso de indeferimento de acesso a informações ou às razões da negativa do acesso, poderá o interessado interpor recurso contra a decisão no prazo de 10 (dez) dias a contar da sua ciência. O parágrafo único determina que o recurso será dirigido à autoridade hierarquicamente superior à que exarou a decisão impugnada, que deverá se manifestar no prazo de 5 (cinco) dias; **D:** incorreta. O erro da alternativa está na palavra "somente", pois o art. 2º da lei determina que **aplicam-se** as disposições desta Lei, no que couber, **às entidades privadas sem fins lucrativos** que recebam, para realização de ações de interesse público, recursos públicos diretamente do orçamento ou mediante subvenções sociais, contrato de gestão, termo de parceria, convênios, acordo, ajustes ou outros instrumentos congêneres; **E:** incorreta. Ao contrário do mencionado, o art. 12 da

5. DIREITO CONSTITUCIONAL 209

lei determina que o serviço de busca e fornecimento da informação é **gratuito**, salvo nas hipóteses de reprodução de documentos pelo órgão ou entidade pública consultada, situação em que poderá ser cobrado exclusivamente o valor necessário ao ressarcimento do custo dos serviços e dos materiais utilizados. BV

Gabarito "B".

(Procurador Municipal – Sertãozinho/SP – VUNESP – 2016) A respeito dos direitos e garantias fundamentais, é correto afirmar que:

(A) é livre a manifestação do pensamento, garantido o anonimato.

(B) as associações só poderão ser compulsoriamente dissolvidas ou ter suas atividades suspensas por decisão judicial, exigindo-se, em ambos os casos, o trânsito em julgado.

(C) é ilícita a prisão civil de depositário infiel, qualquer que seja a modalidade do depósito.

(D) a partir do início da vigência da Emenda Constitucional nº 45/04, todos os tratados internacionais relativos a direitos humanos são incorporados no direito brasileiro com hierarquia de emenda constitucional.

(E) a lei considerará crimes inafiançáveis e imprescritíveis a prática da tortura, o tráfico ilícito de entorpecentes e drogas afins, o terrorismo e os definidos como crimes hediondos, por eles respondendo os mandantes, os executores e os que, podendo evitá-los, se omitirem.

A: incorreta. De acordo com o inciso IV do art. 5º da CF, embora a manifestação do pensamento seja livre, **o anonimato é proibido**; **B:** incorreta. Apenas a dissolução da associação por decisão judicial é que exige o trânsito em julgado. Determina o art. 5º, XIX, da CF que as associações só poderão ser compulsoriamente dissolvidas ou ter suas atividades suspensas por decisão judicial, exigindo-se, no primeiro caso, o trânsito em julgado; **C:** correta. É o que determina a Súmula Vinculante 25 (STF); **D:** incorreta. Não são todos os tratados. Determina o § 3º do art. 5º da CF que os tratados e convenções internacionais sobre direitos humanos **que forem aprovados, em cada Casa do Congresso Nacional, em dois turnos, por três quintos dos votos dos respectivos membros, serão equivalentes às emendas constitucionais**; **E:** incorreta. De acordo com o inciso XLIV do art. 5º da CF, constitui crime inafiançável e imprescritível **a ação de grupos armados, civis ou militares, contra a ordem constitucional e o Estado Democrático.** BV

Gabarito "C".

(Procurador Municipal/SP – VUNESP – 2016) Dentre os direitos e garantias fundamentais previstos na Constituição Federal, consta a seguinte previsão:

(A) todos podem reunir-se pacificamente, sem armas, em locais abertos ao público, independentemente de autorização, desde que não frustrem outra reunião anteriormente convocada para o mesmo local, sendo apenas exigido prévio aviso à autoridade competente.

(B) a criação de associações e de cooperativas independe de autorização, sendo vedada a interferência estatal em seu funcionamento, não podendo tais entes ser compulsoriamente dissolvidos ou ter suas atividades suspensas, ainda que por decisão judicial.

(C) conceder-se-á mandado de injunção para proteger direito líquido e certo, quando o responsável pela ilegalidade ou abuso de poder for autoridade pública ou agente de pessoa jurídica no exercício de atribuições do Poder Público.

(D) qualquer cidadão é parte legítima para propor ação civil pública que vise a anular ato lesivo ao patrimônio

público ou de entidade de que o Estado participe, à moralidade administrativa, ao meio ambiente e ao patrimônio histórico e cultural.

(E) os tratados e convenções internacionais sobre direitos humanos que forem aprovados, em cada Casa do Congresso Nacional, em dois turnos, por três quintos dos votos dos respectivos membros, serão equivalentes às leis complementares.

A: correta. É o que determina o inciso XVI do art. 5º da CF; **B:** incorreta. É possível a suspensão das atividades e a dissolução, desde que por ordem judicial. De acordo com o inciso XIX da CF, as associações só poderão ser compulsoriamente dissolvidas ou ter suas atividades suspensas por decisão judicial, exigindo-se, no primeiro caso, o trânsito em julgado; **C:** incorreta. O remédio correto nesse caso é o mandado de segurança. Determina o inciso LXIX do art. 5º da CF que conceder-se-á mandado de segurança para proteger direito líquido e certo, não amparado por habeas corpus ou habeas data, quando o responsável pela ilegalidade ou abuso de poder for autoridade pública ou agente de pessoa jurídica no exercício de atribuições do Poder Público; **D:** incorreta. A ação correta nessa hipótese é a ação popular. De acordo com o inciso LXXIII do art. 5º da CF, qualquer cidadão é parte legítima para propor ação popular que vise a anular ato lesivo ao patrimônio público ou de entidade de que o Estado participe, à moralidade administrativa, ao meio ambiente e ao patrimônio histórico e cultural, ficando o autor, salvo comprovada má-fé, isento de custas judiciais e do ônus da sucumbência; **E:** incorreta. Tais tratados serão equivalentes às emendas constitucionais. De acordo com o § 3º do art. 5º da CF, os tratados e convenções internacionais sobre direitos humanos que forem aprovados, em cada Casa do Congresso Nacional, em dois turnos, por três quintos dos votos dos respectivos membros, serão equivalentes às emendas constitucionais. BV

Gabarito "A".

(Procurador Municipal/SP – VUNESP – 2016) Com fundamento na Lei de Transparência (Lei Federal nº 12.527/11), cidadão solicita cópia integral, a ser-lhe remetida pelo correio, de um processo administrativo da Prefeitura Municipal de Rosana, no qual consta a documentação referente à licitação e ao contrato de aquisição de produtos médico--hospitalares e de fisioterapia, com entrega parcelada. A Prefeitura Municipal defere o pedido comunicando a data e local em que o processo administrativo ficará disponível para consulta do cidadão, bem como o valor que será cobrado pela reprodução de cada uma das folhas. O cidadão apresenta recurso à autoridade hierarquicamente superior, afirmando que a Prefeitura deve lhe remeter a cópia integral do processo administrativo, via correio, sem qualquer custo, pois sua situação econômica não permite arcar com as despesas de deslocamento e de reprodução do documento. Nesse caso, a autoridade competente para a análise do recurso deverá:

(A) dar provimento total ao recurso, encaminhando as cópias via correio, que é meio legítimo para a prestação das informações, a critério do cidadão solicitante, devendo, também, dispensá-lo dos custos de reprodução, pois está isento de ressarci-los todo aquele que declarar, sob as penas da lei, que sua situação econômica não lhe permite fazê-lo sem prejuízo do sustento próprio ou da família.

(B) dar provimento parcial ao recurso, em relação ao pagamento devido, pois mediante declaração de que não possui recursos financeiros suficientes para arcar com os custos da reprodução de documentos, sem prejuízo do sustento próprio ou de sua família, o cidadão pode ser dispensado do ressarcimento de tais custos, devendo ser negado, todavia, o envio da documentação pelo correio, pois o acesso à informação deve ser pessoal ou por meio da internet.

(C) negar provimento ao recurso, em relação aos dois pleitos, pois o acesso à informação deve ser pessoal ou por meio da internet, nos termos da Lei Federal n° 12.527/11, e, em relação aos custos de reprodução, prevê a referida lei que o serviço de busca e fornecimento da informação é gratuito, mas é cobrado o valor necessário ao ressarcimento do custo dos serviços e dos materiais utilizados.

(D) dar provimento parcial ao recurso, em relação ao envio pelo correio dos documentos solicitados, pois a Lei Federal n° 12.527/11 prevê que requerente pode declarar não dispor de meios para realizar por si mesmo tais procedimentos, mas, no tocante aos custos de reprodução, é obrigatório o ressarcimento, para que não haja prejuízo ao erário em razão dos custos dos serviços de reprografia e dos materiais utilizados.

(E) dar provimento total ao recurso, dispensando o cidadão dos custos de reprodução, pois está isento de ressarci-los todo aquele que declarar, sob as penas da lei, que sua situação econômica não lhe permite fazê-lo sem prejuízo do sustento próprio ou da família, enviando a documentação pelo correio, que é meio legítimo, cobrando-lhe, no entanto, as despesas de postagem.

A: incorreta, pois a informação solicitada, de acordo com o art. 10, § 2°, da Lei 12.527/2011, deve ser dada pessoalmente ou por meio dos sítios oficiais do órgão **na internet**. A segunda parte está correta, pois a declaração de que não possui recursos financeiros suficientes para arcar com os custos da reprodução de documentos, sem prejuízo do sustento próprio ou de sua família, de fato, dispensa o cidadão do ressarcimento de tais custos, conforme determina o art. 12, parágrafo único, da mencionada lei; **B:** correta, nos termos dos arts. 10, § 2° e 12, parágrafo único, ambos da Lei 12.527/2011; **C:** incorreta, pois o pleito do pagamento devido é legítimo; **D:** incorreta, pois deve ser pessoalmente ou por meio dos sítios oficiais do órgão na internet; **E:** incorreta, pois é caso de provimento parcial, conforme comentado na letra B. AB
Gabarito "B".

(Procurador – IPSMI/SP –VUNESP – 2016) De acordo com a Constituição Federal de 1988,

(A) o direito à saúde é direito social, de segunda geração, garantido apenas aos brasileiros natos ou naturalizados.

(B) a lei não poderá restringir a publicidade de atos processuais.

(C) a lei considerará crimes inafiançáveis e insuscetíveis de graça ou anistia, exclusivamente, os crimes de tortura, terrorismo, racismo e homofobia.

(D) é garantido o direito à herança, desde que respeitada a função social da propriedade.

(E) é possível a extradição de qualquer brasileiro naturalizado em caso de crime comum, praticado antes da naturalização, ou de comprovado envolvimento em tráfico ilícito de entorpecentes e drogas afins, praticados antes ou depois da naturalização.

A: incorreta. De fato, o direito à saúde, além de outros como os relacionados ao trabalho e à educação, faz parte da segunda geração dos direitos fundamentais. Valores ligados à igualdade foram prestigiados nessa dimensão. Ocorre que tal direito não é garantido apenas aos

brasileiros (natos e naturalizados), **estrangeiros também são destinatários** dos direitos sociais. É o que determina o "caput" do art. 5° da CF; **B:** incorreta. Ao contrário do mencionado, a lei **poderá** restringir a publicidade dos atos processuais **quando a defesa da intimidade ou o interesse social o exigirem**. É o que determina o inciso LX do art. 5° da CF; **C:** incorreta. Determina o inciso XLIII do art. 5° da CF que a lei considerará crimes **inafiançáveis e insuscetíveis de graça ou anistia** a prática da **tortura**, o **tráfico** ilícito de entorpecentes e drogas afins, o **terrorismo** e os definidos como **crimes hediondos**, por eles respondendo os mandantes, os executores e os que, podendo evitá-los, se omitirem; **D:** incorreta. A **segunda parte não consta** do texto constitucional. Dispõe o inciso XXX do art. 5°, que é garantido o direito de herança. A exigência do cumprimento da função social tem a relação com o direto à propriedade, não com o direito à herança. O inciso XXIII do art. 5° da CF informa que a propriedade atenderá a sua função social; **E:** correta. De fato, a extradição do brasileiro naturalizado pode ocorrer nas duas hipóteses mencionadas. É o que determina o inciso LI do art. 5° da CF. BV
Gabarito "E".

(Procurador – IPSMI/SP – VUNESP – 2016) No tocante à Lei n° 12.527/11, é correto afirmar:

(A) com a edição do ato decisório fica dispensável o acesso aos documentos ou às informações neles contidas utilizados como fundamento da tomada de decisão e do ato administrativo.

(B) qualquer interessado poderá apresentar pedido de acesso a informações aos órgãos e entidades públicas, devendo o pedido conter os motivos determinantes da solicitação de informações de interesse público.

(C) os Municípios com população de até 10.000 (dez mil) habitantes ficam dispensados da divulgação obrigatória na internet de dados gerais para o acompanhamento de programas, ações, projetos e obras de órgãos e entidades, assim como de informações concernentes a procedimentos licitatórios, inclusive os respectivos editais e resultados, bem como a todos os contratos celebrados.

(D) a competência prevista para a classificação dos documentos como ultrassecreta e secreta não poderá ser delegada pela autoridade responsável.

(E) negado o acesso a informação pelos órgãos ou entidades do Poder Executivo Federal, o requerente poderá recorrer ao Senado Federal que deliberará no prazo de 5 (cinco) dias.

A: incorreta. Ao contrário do mencionado, de acordo com o art. 7°, § 3°, da Lei 12.527/2011, **o direito de acesso** aos documentos ou às informações neles contidas utilizados como fundamento da tomada de decisão e do ato administrativo **será assegurado com a edição do ato decisório** respectivo; **B:** incorreta. O § 3° do art. 10 da CF, de forma diversa do art. 10 da mencionada lei, determina que são **vedadas quaisquer exigências relativas aos motivos determinantes** da solicitação de informações de interesse público; **C:** correta. De acordo com o art. 8°, § 4°, da citada lei, os Municípios com população de até 10.000 (dez mil) habitantes ficam **dispensados da divulgação obrigatória na internet** a que se refere o § 2°, mantida a obrigatoriedade de divulgação, em tempo real, de informações relativas à execução orçamentária e financeira, nos critérios e prazos previstos no art. 73-B da Lei Complementar 101, de 4 de maio de 2000 (Lei de Responsabilidade Fiscal); **D:** incorreta. Determina o art. 27, § 1°, da lei, que a competência prevista nos incisos I e II, no que se refere à classificação como ultrassecreta e secreta, **poderá ser delegada** pela autoridade responsável a agente público, inclusive em missão no exterior, vedada a subdelegação; **E:** incorreta. O recurso **não é dirigido ao Senado Federal, mas à Controladoria-Geral da União**. Dispõe o art. 16 da lei que negado o acesso a informação

5. DIREITO CONSTITUCIONAL — 211

pelos órgãos ou entidades do Poder Executivo Federal, o requerente poderá recorrer à Controladoria-Geral da União, que deliberará no prazo de 5 (cinco) dias se: I – o acesso à informação não classificada como sigilosa for negado; II – a decisão de negativa de acesso à informação total ou parcialmente classificada como sigilosa não indicar a autoridade classificadora ou a hierarquicamente superior a quem possa ser dirigido pedido de acesso ou desclassificação; III – os procedimentos de classificação de informação sigilosa estabelecidos nesta Lei não tiverem sido observados; e IV – estiverem sendo descumpridos prazos ou outros procedimentos previstos nesta Lei. **BV**

Gabarito "C".

5.2. REMÉDIOS CONSTITUCIONAIS

(Escrevente – TJ/SP – VUNESP – 2023) Sobre as ações constitucionais previstas no artigo 5º da Constituição Federal de 1988, assinale a alternativa correta.

(A) Associação legalmente constituída e em funcionamento há dois anos detém legitimidade para propor mandado de segurança coletivo, em defesa dos interesses de seus associados.

(B) É admissível *habeas data* na hipótese de inviabilidade do exercício de direitos por falta de norma regulamentadora.

(C) O autor da ação popular atuando de boa-fé é isento do pagamento de custas, mas está sujeito aos ônus da sucumbência.

(D) Mostra-se cabível *habeas data* para acesso e retificação de informações contratuais do impetrante constantes em empresas privadas sem caráter público.

(E) São sempre gratuitas as ações de *habeas corpus* e mandado de segurança e, na forma da lei, os atos necessários ao exercício da cidadania.

A: Correta. A legitimidade das associações para a impetração do mandado de segurança coletivo ocorre quando ela estiver legalmente constituída e em funcionamento *há pelo menos um ano* (CF, art. 5º, LXX, *b*). **B: Errada.** Nesta hipótese, seria o mandado de injunção e não o *habeas data* (CF, art. 5º, LXXI). **C: Errada.** Nesta hipótese, também não pagará os ônus da sucumbência (CF, art. 5º, LXXIII). **D: Errada.** O *habeas data* é cabível para assegurar e retificar informações relativas à pessoa do impetrante, constante de registros ou bancos de dados de *entidades governamentais* ou de *caráter público* (CF, art. 5º, LXXII). **E: Errada.** São sempre gratuitas as ações de *habeas corpus* e *habeas data* e, na forma da lei, os atos necessários ao exercício da cidadania (CF, art. 5º, LXXVII). **ANH**

Gabarito "A".

(Juiz de Direito – TJ/RJ – 2019 – VUNESP) Com relação ao instituto do mandado de segurança, é correto afirmar que

(A) Do indeferimento da inicial pelo juiz de primeiro grau caberá agravo e, quando a competência para o julgamento do mandado de segurança couber originariamente a um dos tribunais, do ato do relator caberá agravo para o órgão competente do tribunal que integre.

(B) A decisão denegatória do *writ* em primeira instância, ainda que tenha apreciado o mérito da demanda, não impede que um novo pedido de mandado de segurança seja renovado, desde que dentro do prazo decadencial.

(C) O pagamento de vencimentos e vantagens pecuniárias assegurados em sentença concessiva de mandado de segurança a servidor público da administração direta ou autárquica federal, estadual e municipal somente

será efetuado relativamente às prestações que se vencerem a contar da data da sentença.

(D) Das decisões em mandado de segurança proferidas em única instância pelos tribunais cabe recurso especial e extraordinário, nos casos legalmente previstos, e recurso ordinário, quando a ordem for concedida.

(E) Não será concedida medida liminar que tenha por objeto a compensação de créditos tributários, a entrega de mercadorias e bens provenientes do exterior, a reclassificação ou equiparação de servidores públicos e a concessão de aumento ou a extensão de vantagens ou pagamento de qualquer natureza.

A: incorreta, pois é caso de apelação. **B:** incorreta, porque impede sim, caso tenha sido apreciado o mérito (artigo 6º, § 6º, da Lei do Mandado de Segurança). **C:** errada, pois serão das prestações a partir do ajuizamento da inicial (Artigo 14, § 4º, da Lei do MS). **D:** errada, porque será hipótese de quando a ordem for denegada. **E:** correta, artigo 7º, § 2º, da Lei 12.016/09. **AB**

Gabarito "E".

(Escrevente – TJ/SP – 2018 – VUNESP) Conforme dispõe expressamente o texto constitucional, são gratuitas as ações de

(A) mandado de segurança e mandado de segurança coletivo.

(B) mandado de segurança e habeas corpus.

(C) mandado de segurança e habeas data.

(D) habeas corpus e mandado de injunção.

(E) habeas corpus e habeas data.

De acordo com o art. 5º, LXXVII, da CF, são gratuitas as ações de *habeas corpus* e *habeas data*. **AN**

Gabarito "E".

(Escrevente – TJ/SP – 2018 – VUNESP) Em relação à Ação Popular, é correto afirmar que

(A) haverá pagamento de custas pelo autor no caso de nova ação.

(B) serão devidas as custas, desde que comprovada a má-fé do autor.

(C) a improcedência por carência de provas evidencia a má-fé do autor da ação popular.

(D) a improcedência torna devidos os honorários de sucumbência.

(E) serão devidas as custas judiciais e ônus de sucumbência.

De acordo com o art. 5º, LXXIII, da CF, qualquer cidadão é parte legítima para propor ação popular que vise a anular ato lesivo ao patrimônio público ou de entidade de que o Estado participe, à moralidade administrativa, ao meio ambiente e ao patrimônio histórico e cultural, ficando o autor, **salvo comprovada má-fé**, isento de custas judiciais e do ônus da sucumbência. **AN**

Gabarito "B".

(Escrevente Técnico – TJM/SP – VUNESP – 2017) Quanto ao habeas corpus, assinale a alternativa correta.

(A) É gratuito.

(B) É cabível em relação a qualquer punição disciplinar militar.

(C) Concede-se para proteger direito líquido e certo.

(D) Assegura o conhecimento de informações pessoais.

(E) Exige sigilo processual.

A: correta. Determina o art. 5º, LXXVII, da CF, são **gratuitas** as ações de *habeas corpus* e *habeas data*, e, na forma da lei, os atos necessários

ao exercício da cidadania; **B:** incorreta. De acordo com o art. 142, § 2º, da CF **não** caberá *habeas corpus* em relação a **punições disciplinares militares**; **C:** incorreta. O *habeas corpus* será concedido sempre que alguém sofrer ou se achar ameaçado de sofrer violência ou coação em sua **liberdade de locomoção**, por ilegalidade ou abuso de poder, conforme determina o inciso LXVIII do art. 5º da CF. O **direito líquido e certo** é protegido pelo **mandado de segurança** (art. 5º, LXIX, da CF); **D:** incorreta. O *habeas data* é o remédio correto nessa hipótese. Determina o art. 5º, LXXII, da CF que o *habeas data* é concedido: a) para assegurar o conhecimento de **informações relativas à pessoa do impetrante**, constantes de registros ou bancos de dados de entidades governamentais ou de caráter público, b) para a retificação de dados, quando não se prefira fazê-lo por processo sigiloso, judicial ou administrativo; **E:** incorreta. **Não há essa exigência** no *habeas corpus*. **BV**
Gabarito "A".

(Escrevente Técnico – TJM/SP – VUNESP – 2017) Conceder-se-á mandado de injunção sempre que:

(A) a falta total ou parcial de norma regulamentadora torne inviável o exercício dos direitos e liberdades constitucionais.

(B) alguém sofrer ou se achar ameaçado de sofrer violência ou coação em sua liberdade de locomoção, por ilegalidade ou abuso de poder.

(C) qualquer cidadão pleitear a anulação ou a declaração de nulidade de atos lesivos ao patrimônio público, por falta de norma regulamentadora.

(D) a falta de legislação, total ou parcial, atingir direito líquido e certo reconhecido pela Constituição Federal.

(E) haja efetiva ameaça a direitos individuais ou coletivos por ato ou omissão de autoridade pública no exercício de atribuições de poder público.

A: correta. Determina o art. 5ª, LXXII, da CF que mandado de injunção será concedido sempre que a falta de norma regulamentadora torne inviável o exercício dos direitos e liberdades constitucionais e das prerrogativas inerentes à nacionalidade, à soberania e à cidadania; **B:** incorreta. O remédio correto nessa hipótese é o *habeas corpus*, conforme determina o art. 5º, LXVIII, da CF; **C:** incorreta. Conforme dispõe o art. 5º, LXXIII, da CF, um dos objetivos da ação popular (não do mandado de injunção) é a anulação de atos lesivos ao patrimônio público; **D:** incorreta. De acordo com o art. 5º, LXIX, da CF, o direito líquido e certo é protegido pelo mandado de segurança; **E:** incorreta. Apenas a ausência de norma regulamentadora, ou seja, a omissão inconstitucional (parcial ou total), é que faz com que o mandado de injunção seja cabível. **BV**
Gabarito "A".

(Procurador Municipal – Sertãozinho/SP – VUNESP – 2016) A respeito dos remédios constitucionais, assinale a alternativa correta.

(A) Para efeito de análise de cabimento de mandado de segurança, considera-se líquido e certo o direito comprovado de plano, admitindo o rito da ação, contudo, ampla instrução probatória.

(B) Conceder-se-á habeas corpus sempre que alguém sofrer ou se achar ameaçado de sofrer violência ou coação em sua liberdade de locomoção e de associação, por ilegalidade ou abuso de poder.

(C) Em respeito ao princípio da segurança jurídica, a desistência do mandado de segurança não pode ocorrer após a prolação de sentença.

(D) A impetração de mandado de segurança coletivo por entidade de classe em favor dos associados independe da autorização destes.

(E) Conceder-se-á mandado de injunção sempre que a falta de norma regulamentadora torne inviável o exercício dos direitos e liberdades constitucionais e das prerrogativas inerentes à nacionalidade, à soberania e à cidadania, sendo o uso do instrumento processual adequado nos casos em que os referidos direitos estejam contemplados em normas constitucionais de eficácia plena.

A: incorreta. **Não há dilação probatória** em mandado de segurança; **B:** incorreta. Conforme determina o art. 5º, LXVIII, da CF, **apenas a ameaça e violação à liberdade de locomoção** é que são protegidas pelo *habeas corpus*; **C:** incorreta. Ao contrário do mencionado, a jurisprudência do STF e STJ, em regra, admite a desistência do mandado de segurança após a prolação da sentença (STF. RE 669367/RJ, Min. Rosa Weber, j. 02.05.2013; STJ. 2ª Turma. REsp 1.405.532-SP, Rel. Min. Eliana Calmon, j. 10.12.2013. Info 533); **D:** correta. É o que determina a Súmula 629 do STF; **E:** incorreta. A parte final da afirmação está errada, pois o mandado de injunção é o instrumento adequado nos casos em que os direitos mencionados estejam contemplados em normas constitucionais de eficácia **limitada** (não plena, como afirmado na alternativa). **BV**
Gabarito "D".

(Procurador – IPSMI/SP – VUNESP – 2016) A ação popular, assim como o voto, a iniciativa popular, o plebiscito e o referendo, configura-se como relevante instrumento de democracia direta e de participação política. A respeito da ação popular, assinale a alternativa correta.

(A) Pode ser proposta por qualquer brasileiro nato ou naturalizado.

(B) Esse remédio constitucional tem por escopo anular ato lesivo ao patrimônio público, à moralidade administrativa, ao meio ambiente e ao patrimônio histórico e cultural.

(C) O autor da ação popular é isento de custas judiciais, salvo se a ação for julgada improcedente. Nesse caso, dispensa-se o recolhimento retroativo dos valores, sendo obrigatório, porém, o pagamento das custas judiciais a partir de então.

(D) A propositura de ação popular, como forma de dar maior efetividade ao direito de petição e ao acesso à Justiça, tal qual o caso excepcional das ações propostas perante os juizados especiais cíveis, pode ocorrer sem a presença de advogado.

(E) Trata-se de remédio constitucional que pode ser utilizado pelo Ministério Público em razão de pedido subscrito por, no mínimo, um por cento do eleitorado nacional, distribuído pelo menos por cinco Estados, com não menos de três décimos por cento dos eleitores de cada um deles.

A: incorreta. A ação popular pode ser proposta pelo cidadão, que é aquele sujeito que **possui título de eleitor** e está no gozo dos seus direitos políticos. Os fundamentos são encontrados no art. 5º, LXXIII, da CF e no art. 1º, § 3º, da Lei 4.717/1965; **B:** correta. De acordo com o art. 5º, LXXIII, da CF, qualquer cidadão é parte legítima para propor ação popular que vise a anular ato lesivo ao **patrimônio público ou de entidade de que o Estado participe, à moralidade administrativa, ao meio ambiente e ao patrimônio histórico e cultural**, ficando o autor, salvo comprovada má-fé, isento de custas judiciais e do ônus da sucumbência; **C:** incorreta. Apenas se for comprovada a má-fé do autor popular é que a ação não será isenta de custas; **D:** incorreta. É necessária a presença do advogado; **E:** incorreta. O Ministério Público não poderá propor a ação, mas poderá assumir o polo ativo caso o cidadão que entrou com a ação não dê andamento. Determina o art. 9º

5. DIREITO CONSTITUCIONAL — 213

da Lei 4.717/1965 (Ação Popular) que se o autor desistir da ação ou der motivo à absolvição da instância, serão publicados editais nos prazos e condições previstos no art. 7º, inciso II, ficando assegurado a qualquer cidadão, bem como ao representante do Ministério Público, dentro do prazo de 90 (noventa) dias da última publicação feita, promover o prosseguimento da ação. **BV**
„"B".. ojueqeg

(Juiz de Direito – TJM/SP – VUNESP – 2016) Assinale a alternativa que corretamente examina características dos instrumentos à disposição do direito processual constitucional.

(A) A legitimidade ativa compete ao titular do direito líquido e certo violado, mas o mandado de segurança não é ação personalíssima, visto que o Supremo Tribunal Federal já assentou a possibilidade da habilitação de herdeiros por morte do impetrante.

(B) O inquérito civil constitui procedimento investigatório e será instaurado pelo Ministério Público ou pelos entes federativos, União, Estados, Distrito Federal e Municípios para apurar fato que, em tese, autoriza o exercício da tutela de interesses coletivos ou difusos.

(C) Não existindo lacuna que torne inviável o exercício dos direitos e liberdades constitucionais, não há necessidade de mandado de injunção; portanto, o mandado de injunção não pode ser concedido verificando- se a existência de norma anterior à Constituição devidamente recepcionada.

(D) O Supremo Tribunal Federal entende que para o cabimento de ação popular, não basta a ilegalidade do ato administrativo a invalidar, sendo necessária também, cumulativamente, a demonstração de prejuízo material aos cofres públicos.

(E) O Supremo Tribunal Federal já decidiu que a prova do anterior indeferimento do pedido de informação de dados pessoais, previsto na Lei Federal nº 9.507/97, constitui requisito dispensável para que se concretize o interesse de agir no habeas data.

A: incorreta, pois não cabe habilitação dos herdeiros no mandado de segurança, mas deve-se buscar pelas vias ordinárias (RMS 26806/DF, STF); **B:** incorreta, pois ofende o art. 129, III, da CF; **C:** correta, pois seria inútil utilizar o mandado de injunção sem o correspondente lesão/ausência que o fundamentam (MI 144/SP, STF); **D:** incorreta, pois não há a necessidade de demonstrar o prejuízo material aos cofres públicos (ARE 824781/MT, STF); **E:** incorreta, pois é requisito indispensável (RHD 22/DF, STF). **AB**
„"C".. ojueqeg

5.3. TEORIA GERAL DOS DIRETOS FUNDAMENTAIS

(Juiz de Direito – TJ/RS – 2018 – VUNESP) Assinale a alternativa que corretamente contempla um exemplo de aplicação do conceito de dimensão objetiva dos direitos fundamentais.

(A) Decisão do Supremo Tribunal Federal em que foi firmado o entendimento de que a revista íntima em mulheres em fábrica de lingerie, ou seja, empresa privada, constitui constrangimento ilegal.

(B) Habeas Corpus que se fundamenta no argumento de que a liberdade de um indivíduo suspeito da prática de infração penal somente pode sofrer restrições se houver decisão judicial devidamente fundamentada.

(C) A previsão da Constituição Federal que afirma que "é livre a expressão da atividade intelectual, artística,

científica e de comunicação, independentemente de censura ou licença".

(D) Propositura de ação, com pedido de tutela de urgência, por indivíduo que pleiteia que o Poder Público forneça medicamentos dos quais necessita e não possui condições de adquirir.

(E) Mandado de injunção em que é questionada omissão normativa que inviabiliza o exercício de prerrogativas inerentes à nacionalidade, pleiteando-se decisão judicial que afaste as consequências da inércia do legislador.

A: correta. A decisão contempla a aplicação da **dimensão objetiva** dos direitos fundamentais, na medida em que reconhece o direito à intimidade como um valor essencial de natureza objetiva da Constituição, com eficácia em todo o ordenamento jurídico e que estabelece diretrizes para a atuação do Estado e para as relações entre particulares; **B:** incorreta. A hipótese contempla a aplicação da **dimensão subjetiva** dos direitos fundamentais, tendo em vista a possibilidade do titular garantir judicialmente a sua liberdade de locomoção em face da atuação do Estado; **C:** incorreta, pois traz a previsão abstrata de um direito fundamental, não havendo a sua aplicação (subjetiva ou objetiva) em um caso concreto; **D:** incorreta. A hipótese contempla a aplicação da **dimensão subjetiva** dos direitos fundamentais, tendo em vista a possibilidade do titular exigir judicialmente uma ação positiva do Estado para garantir o seu direito à saúde; **E:** incorreta. A hipótese contempla a aplicação da **dimensão subjetiva** dos direitos fundamentais, tendo em vista a possibilidade do titular exigir judicialmente uma ação do Estado para tornar viável o exercício de prerrogativas inerentes à nacionalidade. **AN**
„"A".. ojueqeg

(Juiz – TJ/RJ – VUNESP – 2016) O Decreto nº 678/92 promulgou a Convenção Americana sobre Direitos Humanos (Pacto de São José da Costa Rica), de 22 de novembro de 1969, sendo certo que, segundo o atual entendimento do Supremo Tribunal Federal, a norma ingressou no sistema jurídico pátrio no *status* de:

(A) Norma Constitucional Originária, com fundamento no art. 5, § 3º, da Constituição Federal.

(B) Emenda à Constituição.

(C) Lei Ordinária.

(D) Norma supralegal.

(E) Lei Complementar.

De acordo com a súmula Vinculante 25 (STF), a prisão civil de depositário infiel é ilícita, qualquer que seja a modalidade de depósito. O precedente que gerou a edição dessa súmula explica o status do tratado menciona: "Se não existem maiores controvérsias sobre a legitimidade constitucional da prisão civil do devedor de alimentos, assim não ocorre em relação à prisão do depositário infiel. As legislações mais avançadas em matérias de direitos humanos proíbem expressamente qualquer tipo de prisão civil decorrente do descumprimento de obrigações contratuais, excepcionando apenas o caso do alimentante inadimplente. O art. 7º (n.º 7) da Convenção Americana sobre Direitos Humanos – Pacto de San José da Costa Rica, de 1969, dispõe desta forma: 'Ninguém deve ser detido por dívidas. Este princípio não limita os mandados de autoridade judiciária competente expedidos em virtude de inadimplemento de obrigação alimentar.' Com a adesão do Brasil a essa convenção, assim como ao Pacto Internacional dos Direitos Civis e Políticos, sem qualquer reserva, ambos no ano de 1992, iniciou-se um amplo debate sobre a possibilidade de revogação, por tais diplomas internacionais, da parte final do inciso LXVII do art. 5º da Constituição brasileira de 1988, especificamente, da expressão 'depositário infiel' e, por consequência, de toda a legislação infraconstitucional que nele possui fundamento direto ou indireto. (...) Portanto, diante do inequívoco caráter especial dos tratados internacionais que cuidam da proteção dos direitos humanos, não é difícil entender que a sua internalização no ordenamento jurídico, por meio do procedimento de ratificação previsto na Constituição, tem o condão de paralisar a eficácia jurídica de toda e qualquer disciplina normativa infraconstitucional com ela conflitante. Nesse sentido, é possível concluir que, diante da supremacia da Constituição sobre os atos normativos internacionais, a previsão constitucional da prisão civil do depositário infiel (...) deixou de ter aplicabilidade diante do efeito paralisante desses tratados em relação à legislação infraconstitucional que disciplina a matéria (...). Tendo em vista o **caráter supralegal desses diplomas normativos internacionais**, a legislação infraconstitucional posterior que com eles seja conflitante também tem sua eficácia paralisada. (...) Enfim, desde a adesão do Brasil, no ano de 1992, ao Pacto Internacional dos Direitos Civis e Políticos (art. 11) e à Convenção Americana sobre Direitos Humanos – Pacto de San José da Costa Rica (art. 7º, 7), não há base legal par aplicação da parte final do art. 5º, inciso LXVII, da Constituição, ou seja, para a prisão civil do depositário infiel." (RE 466343, Voto do Ministro Gilmar Mendes, Tribunal Pleno, julgamento em 3.12.2008, DJe de 5.6.2009). **BV**

Gabarito "C".

6. DIREITOS SOCIAIS

(Escrevente – TJ/SP – 2018 – VUNESP) São assegurados, nos termos da Constituição da República Federativa do Brasil, (CRFB/88) à categoria dos trabalhadores domésticos os seguintes direitos:

(A) proteção em face da automação, na forma da lei.
(B) reconhecimento das convenções e acordos coletivos de trabalho.
(C) jornada de seis horas para trabalho realizado em turnos ininterruptos de revezamento.
(D) participação nos lucros, ou resultados, desvinculada da remuneração, conforme definido em lei.
(E) piso salarial proporcional à extensão e à complexidade do trabalho.

A: incorreta, pois a proteção em face da automação não é um direito assegurado aos trabalhadores domésticos (art. 7º, parágrafo único c/c inciso XXVII, da CF); **B:** correta, conforme art. 7º, parágrafo único combinado com o inciso XXVI, da CF; **C:** incorreta, pois a jornada de seis horas para o trabalho realizado em turnos ininterruptos de revezamento não é um direito assegurado aos trabalhadores domésticos (art. 7º, parágrafo único c/c inciso XIV, da CF); **D:** incorreta, pois a participação nos lucros, ou resultados, desvinculada da remuneração não é um direito assegurado aos trabalhadores domésticos (art. 7º, parágrafo único c/c inciso XI, da CF); **E:** incorreta, pois o piso salarial proporcional à extensão e à complexidade do trabalho não é um direito assegurado aos trabalhadores domésticos (art. 7º, parágrafo único c/c inciso V, da CF). **AN**

Gabarito "B".

7. NACIONALIDADE

(Juiz de Direito – TJ/SP – 2023 – VUNESP) A Constituição Federal, dentre os direitos fundamentais, disciplina a nacionalidade, com relação à qual é correto afirmar que

(A) são brasileiros natos os nascidos no estrangeiro, de pai brasileiro ou mãe brasileira, independentemente de que sejam registrados em repartição brasileira competente, desde que venham a residir na República Federativa do Brasil antes da maioridade ou, alcançada esta, optem, no prazo de três anos, pela nacionalidade brasileira.
(B) aos portugueses com residência permanente no País, se houver reciprocidade em favor de brasileiros, serão

atribuídos os direitos inerentes ao brasileiro nato, salvo os casos previstos nessa Constituição.
(C) são brasileiros natos os nascidos na República Federativa do Brasil, ainda que de pais estrangeiros, desde que estes não estejam a serviço de seu país, e os nascidos no estrangeiro, de pai brasileiro ou mãe brasileira, desde que qualquer deles esteja a serviço da República Federativa do Brasil.
(D) a lei poderá estabelecer distinção entre brasileiros natos e naturalizados, observados requisitos mínimos que deverão constar, obrigatoriamente, da lei regulamentadora.

A: Incorreta. São brasileiros natos os nascidos no estrangeiro de pai brasileiro ou de mãe brasileira, desde que sejam registrados em repartição brasileira competente ou venham a residir na República Federativa do Brasil e optem, em qualquer tempo, depois de atingida a maioridade, pela nacionalidade brasileira (CF, art. 12, I, *c*). **B:** Incorreta. O § 1º do art. 12 da CF prevê o seguinte: "Aos portugueses com residência permanente no País, se houver reciprocidade em favor de brasileiros, serão atribuídos os direitos inerentes ao brasileiro, salvo os casos previstos nesta Constituição". **C:** Correta. É o que dispõe o art. 12, I, *a* e *b*, da CF. **D:** Incorreta. O § 2º do art. 12 da CF prevê o seguinte: "A lei não poderá estabelecer distinção entre brasileiros natos e naturalizados, salvo nos casos previstos nesta Constituição". **ANH**

Gabarito "C".

(Escrevente – TJ/SP – VUNESP – 2023) Assinale a alternativa correta de acordo com a Constituição de 1988.

(A) Brasileiro naturalizado pode ocupar o cargo de Ministro do Superior Tribunal de Justiça.
(B) Há vedação de acesso ao cargo de Procurador Geral da República ao brasileiro naturalizado.
(C) A vedação de acesso ao brasileiro naturalizado é restrita a cargos eletivos federais e carreira diplomática.
(D) O nascido no estrangeiro, filho de pai brasileiro que vier a residir no Brasil e optar, depois de atingir a maioridade, pela nacionalidade brasileira, é considerado brasileiro naturalizado.
(E) Brasileiro naturalizado pode ocupar o cargo de Ministro de Estado da Defesa.

A: Correta. Não há nenhuma vedação constitucional, em relação ao brasileiro naturalizado, para que venha a ocupar o cargo de Ministro do STJ. **B:** Errada. Não há nenhuma vedação constitucional, em relação ao brasileiro naturalizado, para que venha a ocupar o cargo de PGR. **C:** Errada. São privativos de brasileiro nato os cargos de Presidente e Vice-Presidente da República; de Presidentes da Câmara dos Deputados e do Senado Federal; de Ministro do Supremo Tribunal Federal; da carreira diplomática; de oficial das Forças Armadas; e de Ministro de Estado da Defesa (CF, art. 12, § 3º). **D:** Errada. Será considerado *brasileiro nato* (CF, art. 12, I, *c*). **E:** Errada. Ver o comentário da alternativa C. **ANH**

Gabarito: A

(Escrevente – TJ/SP – 2021 – VUNESP) Considerando as hipóteses possíveis de naturalização brasileira, assinale a alternativa que descreve uma situação de naturalização compatível com a Constituição Federal.

(A) Cidadão originário de país de língua portuguesa, idôneo moralmente, residente há um ano ininterrupto no Brasil, e, que, na forma da lei, adquirir a nacionalidade brasileira.
(B) O nascido no estrangeiro, de pai brasileiro ou mãe brasileira, desde que qualquer deles esteja a serviço da República Federativa do Brasil.

(C) O nascido na República Federativa do Brasil, com pais estrangeiros que não estejam a serviço de seu país.

(D) O nascido no estrangeiro de pai brasileiro ou de mãe brasileira, registrado em repartição brasileira ou que venha a residir no Brasil e opte, a qualquer tempo, pela nacionalidade brasileira.

(E) O estrangeiro de qualquer nacionalidade, residente na República Federativa do Brasil há mais de dez anos ininterruptos e sem condenação penal.

A: Correta. É o que dispõe o art. 12, II, *a*, da CF. **B:** Errada. Nesse caso, é considerado brasileiro nato (CF, art. 12, I, *b*). **C:** Errada. Nesse caso, é considerado brasileiro nato (CF, art. 12, I, *a*). **D:** Errada. Nesse caso, é considerado brasileiro nato, depois de atingida a maioridade (CF, art. 12, I, *c*). **E:** Errada. Nesse caso, o estrangeiro de qualquer nacionalidade deve residir há mais de *quinze anos* ininterruptos no Brasil para conseguir a naturalização (CF, art. 12, II, b). 🔲

Gabarito "A".

(Escrevente – TJ/SP – 2021 – VUNESP) É um cargo público privativo de brasileiro nato:

(A) de Procurador Geral da República.
(B) de Ministro do Tribunal de Contas da União.
(C) de Presidente da Câmara dos Deputados.
(D) de Presidente do Superior Tribunal de Justiça.
(E) de Senador da República.

Alternativa correta C. É o que dispõe o art. 12, § 3º, II, da CF. 🔲

Gabarito "C".

(Investigador – PC/BA – 2018 – VUNESP) Imagine que Marieta, brasileira nata, e Roger, americano nato, estejam residindo atualmente nos Estados Unidos, período em que ocorre o nascimento de Lucas, filho deles. Nessa situação, nos termos da disposição da Constituição acerca da nacionalidade, é correto afirmar que

(A) caso Marieta esteja nos Estados Unidos a serviço da República Federativa do Brasil, o seu filho será considerado como brasileiro nato.

(B) ainda que Lucas seja registrado perante o Consulado Brasileiro, não será considerado como brasileiro nato ou naturalizado, já que o Brasil adota como único critério o jus soli.

(C) para ser considerado brasileiro naturalizado, Lucas deverá passar a residir no Brasil por pelo menos 1 (um) ano ininterrupto e possuir idoneidade moral.

(D) Lucas poderá ser considerado brasileiro nato desde que venha a residir no Brasil e, depois de 10 (dez) anos ininterruptos de residência, opte pela nacionalidade brasileira.

(E) para ser considerado brasileiro nato, basta que Lucas, a qualquer tempo, depois de atingir a idade mínima de 16 (dezesseis) anos, venha a residir no Brasil e opte pela nacionalidade brasileira.

A: correta, porque são brasileiros **natos** os nascidos no estrangeiro, de pai brasileiro ou mãe brasileira, desde que qualquer deles esteja a serviço da República Federativa do Brasil (art. 12, I, *b*, da CF); **B:** incorreta, pois são brasileiros **natos** os nascidos no estrangeiro de pai brasileiro ou de mãe brasileira, desde que sejam registrados em repartição brasileira competente (art. 12, I, *c*, da CF); **C:** incorreta, porque a exigência de residência por um ano ininterrupto e idoneidade moral é condição para a naturalização dos estrangeiros originários de países de língua portuguesa (art. 12, II, *a*, da CF), sendo que Lucas poderá ser considerado **brasileiro nato** caso venha a residir no Brasil e opte, em qualquer tempo, depois de atingida a maioridade, pela nacionalidade

brasileira (art. 12, I, *c*, da CF); **D** e **E:** incorretas, pois são brasileiros **natos** os nascidos no estrangeiro de pai brasileiro ou de mãe brasileira, desde que venham a residir na República Federativa do Brasil e optem, em qualquer tempo, depois de atingida a maioridade, pela nacionalidade brasileira (art. 12, I, *c*, da CF). 🔲

Gabarito "A".

8. DIREITOS POLÍTICOS

(Procurador – PGE/SP – 2024 – VUNESP) É livre a criação, fusão, incorporação e extinção de partidos políticos, aos quais é assegurada a autonomia para definir a sua estrutura interna e estabelecer regras sobre sua organização e funcionamento, sendo correto afirmar sobre as diretrizes constitucionais estabelecidas:

(A) cada partido deve fixar parâmetros transparentes sobre o tempo de propaganda gratuita no rádio e na televisão, considerando o número de mulheres candidatas, a partir de critérios específicos a serem definidos pelas suas normas estatutárias, tendo em conta a autonomia e o interesse partidário.

(B) os partidos políticos devem aplicar no mínimo 30% (trinta por cento) dos recursos do fundo partidário na criação e na manutenção de programas de promoção e difusão da participação política das mulheres, de acordo com os interesses intrapartidários.

(C) os Deputados Estaduais que se desligarem do partido pelo qual tenham sido eleitos poderão perder o mandato, de modo que a migração de partido será computada para fins de distribuição de recursos do fundo partidário ou de outros fundos públicos e de acesso gratuito ao rádio e à televisão, sendo sempre irrelevante a anuência dos partidos envolvidos.

(D) somente terão acesso gratuito ao rádio e à televisão os partidos políticos que conseguirem eleger, no mínimo, 15 (quinze) Deputados Federais, distribuídos em pelo menos 1/3 (um terço) das unidades da Federação, com um mínimo de 2% (dois por cento) dos votos válidos em cada uma delas.

(E) ao eleito por partido que não preencher os requisitos previstos pela Constituição Federal para ter acesso gratuito ao rádio e à televisão é assegurado o mandato e facultada a filiação, sem perda do mandato, a outro partido que os tenha preenchido, não sendo essa filiação considerada para fins de distribuição dos recursos para o fundo partidário e para o acesso gratuito ao tempo de rádio e de televisão.

A: Incorreta. O § 8º do art. 17 da CF prescreve que: "O montante do Fundo Especial de Financiamento de Campanha e da parcela do fundo partidário destinada a campanhas eleitorais, bem como o tempo de propaganda gratuita no rádio e na televisão a ser distribuído pelos partidos às respectivas candidatas, deverão ser de no mínimo 30% (trinta por cento), proporcional ao número de candidatas, e a distribuição deverá ser realizada conforme critérios definidos pelos respectivos órgãos de direção e pelas normas estatutárias, considerados a autonomia e o interesse partidário". **B:** Incorreta. O § 7º do art. 17 da CF dispõe que: "Os partidos políticos devem aplicar no mínimo 5% (cinco por cento) dos recursos do fundo partidário na criação e na manutenção de programas de promoção e difusão da participação política das mulheres, de acordo com os interesses intrapartidários.". **C:** Incorreta. O § 6º do art. 17 da CF estabelece que: "Os Deputados Federais, os Deputados Estaduais, os Deputados Distritais e os Vereadores que se desligarem do partido pelo qual tenham sido eleitos perderão o mandato, salvo nos casos de anuência do partido ou de outras hipóteses de justa causa estabelecidas em lei, não computada, em qualquer caso, a migração de partido para fins de distribuição de recursos do fundo partidário ou de outros fundos públicos e de acesso gratuito ao rádio e à televisão.". **D**: Incorreta. Os incisos I e II do § 3º do art. 17 da CF dispõe que: "Somente terão direito a recursos do fundo partidário e acesso gratuito ao rádio e à televisão, na forma da lei, os partidos políticos que alternativamente: (...) I – obtiverem, nas eleições para a Câmara dos Deputados, no mínimo, 3% (três por cento) dos votos válidos, distribuídos em pelo menos um terço das unidades da Federação, com um mínimo de 2% (dois por cento) dos votos válidos em cada uma delas; ou II – tiverem elegido pelo menos quinze Deputados Federais distribuídos em pelo menos um terço das unidades da Federação". **E**: Correta. É o que está disposto no § 5º do art. 17 da CF. **ANH**

Gabarito "E".

(Advogado – Pref. São Roque/SP – 2020 – VUNESP) Com base na jurisprudência do Supremo Tribunal Federal, é correto afirmar que não podem perder o mandato por infidelidade partidária em razão da transferência voluntária de agremiação os ocupantes dos cargos de

(A) Vereador e Deputado Federal.

(B) Prefeito e Senador.

(C) Deputado Estadual e Governador.

(D) Presidente da República e Deputado Federal.

(E) Senador e Deputado Estadual.

A letra B é a única correta, conforme jurisprudência do STF (ADI 5081), uma vez que os cargos do sistema majoritário de eleição (Prefeito, Governador, Senador e Presidente da República) não estão suscetíveis a perder o mandato por infidelidade partidária. Por óbvio, as demais alternativas estão incorretas. **AB**

Gabarito "B".

(Juiz de Direito – TJ/RJ – 2019 – VUNESP) Narciso, 19 anos de idade, que está em pleno gozo dos seus direitos políticos, pretende candidatar-se ao mandato de Vereador em seu Município nas próximas eleições, que ocorrerão em outubro de 2020. Poliana, que é sua cunhada, ocupava o cargo de Presidente da Câmara de Vereadores, no mesmo Município, mas, atualmente, veio a assumir o cargo de Prefeito em razão da perda de mandato dos seus ocupantes anteriores. Segundo o disposto na Constituição Federal, nessa situação hipotética, é correto afirmar que Narciso

(A) poderia se candidatar, não havendo incompatibilidade eleitoral para o exercício do mandato, mas não poderá fazê-lo por não ter a idade mínima para se candidatar.

(B) não poderá se candidatar, tendo em vista a sua condição de inelegibilidade por ser cunhado de Poliana, salvo se já titular de mandato eletivo e candidato à reeleição.

(C) poderá se candidatar, pois a relação com Poliana não é condição que o impeça de concorrer, salvo se já titular de mandato eletivo e candidato à reeleição.

(D) poderá se candidatar, desde que tenha se tornado cunhado de Poliana somente após esta ter assumido o mandato eletivo.

(E) não está impedido de se candidatar ao mandato de Vereador, desde que não seja para reeleição, uma vez que Poliana assumiu o cargo de Prefeito em substituição aos titulares.

A letra B está correta, conforme artigo 14, § 7º, da CF. Como todas as demais alternativas estão diretamente ligadas à inelegibilidade reflexa, logo, equivocadas, nos mesmos termos do artigo 14, § 7º, da CF. **AB**

Gabarito "B".

(Investigador – PC/BA – 2018 – VUNESP) Imagine a seguinte situação hipotética: o Prefeito do Município X foi eleito no ano de 2016. Nessa situação, é correto afirmar que

(A) caso queira se candidatar ao cargo de Governador de Estado nas próximas eleições, deverá possuir a idade mínima de 35 (trinta e cinco) anos e renunciar ao respectivo mandato de Prefeito até 3 (três) meses antes do pleito.

(B) caso decida se candidatar ao cargo de Senador, deverá possuir a idade mínima de 30 (trinta) anos e renunciar ao respectivo mandato de Prefeito até 5 (cinco) meses antes do pleito.

(C) caso decida se candidatar ao cargo de Presidente ou Vice-Presidente da República, deverá possuir a idade mínima de 35 (trinta e cinco) anos e renunciar ao respectivo mandato de Prefeito até 6 (seis) meses antes do pleito.

(D) caso o cônjuge do Prefeito, por exemplo, queira se candidatar ao cargo de Vereadora do Município X pela primeira vez, ela será considerada elegível, ainda que o Prefeito não renuncie ao pleito.

(E) caso a sogra do Prefeito, por exemplo, queira se candidatar ao cargo de Prefeita do Município pela primeira vez, ela será considerada elegível, uma vez que somente há inelegibilidade ao cônjuge ou filhos do mandatário.

A: incorreta, pois a idade mínima é de **30 anos** para o cargo de Governador de Estado (art. 14, § 3º, VI, *b*, da CF), e ele deverá renunciar ao mandato de Prefeito até **6 meses** antes do pleito (art. 14, § 6º, da CF); **B:** incorreta, pois a idade mínima é de **35 anos** para o cargo de Senador (art. 14, § 3º, VI, *a*, da CF), e ele deverá renunciar ao mandato de Prefeito até **6 meses** antes do pleito (art. 14, § 6º, da CF); **C:** correta, pois a idade mínima é de **35 anos** para o cargo de Presidente e Vice-Presidente da República (art. 14, § 3º, VI, *a*, da CF), e ele deverá renunciar ao mandato de Prefeito até **6 meses** antes do pleito (art. 14, § 6º, da CF); **D:** incorreta, pois o cônjuge do Prefeito é inelegível no território de jurisdição do titular, salvo se já titular de mandato eletivo e candidato à reeleição (art. 14, § 7º, da CF) ou se o Prefeito se afastar definitivamente até seis meses antes da eleição (Resolução TSE 22.599/2007); **E:** incorreta, pois os parentes consanguíneos ou afins (como a sogra), até o segundo grau ou por adoção, do Prefeito são inelegíveis no território de jurisdição do titular (art. 14, § 7º, da CF). **AN**

Gabarito "C".

(Investigador – PC/BA – 2018 – VUNESP) Suponha que, nas Eleições de 2018, candidataram-se ao cargo de Presidente da República X, Y e Z, respectivamente com 40 (quarenta), 45 (quarenta e cinco) e 50 (cinquenta) anos. Nesse caso, é correto afirmar que

(A) será considerado eleito Presidente o candidato que, registrado por partido político, obtiver a maioria dos votos válidos, computando-se os votos em branco, mas não os nulos.

(B) se na primeira votação nenhum candidato alcançar maioria absoluta, será realizada nova eleição em até 30 (trinta) dias após a proclamação do resultado, concorrendo os 2 (dois) candidatos mais votados.

(C) havendo nova votação no caso de não se ter alcançado maioria absoluta de votos, e, antes da realização do segundo turno, ocorrer a morte, desistência ou impedimento legal de candidato, será convocado, dentre os remanescentes, o mais idoso.

(D) se, por exemplo, o candidato X tiver obtido a maior votação, mas desistido do cargo antes do segundo turno, e os candidatos Y e Z obtiveram a mesma votação, será qualificado como Presidente o candidato Z.

(E) se decorridos 5 (cinco) dias para a posse, o Presidente ou o Vice-Presidente, salvo por motivo de força maior, não tiver assumido o cargo, este será declarado como vago.

A: incorreta, porque será considerado eleito Presidente o candidato que, registrado por partido político, obtiver a maioria absoluta de votos, não computados os votos em branco e os nulos (art. 77, § 2º, da CF); B: incorreta, já que se nenhum candidato alcançar maioria absoluta na primeira votação, far-se-á nova eleição em até **vinte dias** após a proclamação do resultado, concorrendo os dois candidatos mais votados e considerando-se eleito aquele que obtiver a maioria dos votos válidos (art. 77, § 3º, da CF); C: incorreta, pois, se antes de realizado o segundo turno ocorrer morte, desistência ou impedimento legal de candidato, convocar-se-á, dentre os remanescentes, o de maior votação (art. 77, § 4º, da CF); D: correta, conforme inteligência do art. 77, §§ 4º e 5º, da CF. Na hipótese da questão, o candidato X, mais votado, desistiu do cargo antes do segundo turno, remanescendo apenas os candidatos Y e Z com a mesma votação, sendo, portanto, qualificado o mais idoso (Z) como vencedor da eleição; E: incorreta, porque se, decorridos **dez** dias da data fixada para a posse, o Presidente ou o Vice-Presidente, salvo motivo de força maior, não tiver assumido o cargo, este será declarado vago (art. 78, parágrafo único, da CF). 🔑
Gabarito "D"

(Investigador – PC/BA – 2018 – VUNESP) De acordo com a Constituição, assinale a alternativa correta sobre os partidos políticos.

(A) É livre a criação, a fusão e a incorporação de partidos políticos, mas a extinção, em função de sua importância na democracia, exige a aprovação do Poder Público.

(B) Poderão possuir caráter regional nos Estados cuja população seja superior a 1 (um) milhão de habitantes.

(C) É defeso aos partidos políticos o recebimento de recursos financeiros de entidade ou governo estrangeiros ou de subordinação a estes.

(D) Os partidos políticos, após adquirirem personalidade jurídica, na forma da lei civil, registrarão seus estatutos perante o Tribunal Regional Eleitoral da respectiva entidade da federação de sua sede.

(E) O acesso aos recursos do fundo partidário e ao rádio e à televisão será destinado a todos os partidos políticos, indiscriminadamente, para garantia da isonomia na representação política.

A: incorreta, pois é livre a criação, a fusão, a incorporação e a extinção de partidos políticos (art. 17, *caput*, da CF); B: incorreta, na medida em que os partidos políticos deverão ter **caráter nacional** (art. 17, I, da CF); C: correta, de acordo com o art. 17, II, da CF; D: incorreta, porque os partidos políticos, após adquirirem personalidade jurídica, na forma da lei civil, registrarão seus estatutos no Tribunal **Superior Eleitoral** (art. 17, § 2º, da CF); E: incorreta, pois a Emenda Constitucional 97/2017 instituiu cláusula de barreira ou cláusula de desempenho eleitoral para os partidos políticos poderem ter acesso ao fundo partidário e ao tempo gratuito de rádio e televisão. Nesse contexto, somente terão direito a recursos do fundo partidário e acesso gratuito ao rádio e à televisão os partidos políticos que, alternativamente, **(i)** obtiverem, nas eleições para a Câmara dos Deputados, no mínimo, 3% dos votos válidos, distribuídos em pelo menos 1/3 das unidades da Federação, com um mínimo de 2% dos votos válidos em cada uma delas; ou **(ii)** tiverem elegido pelo menos quinze Deputados Federais distribuídos em pelo menos 1/3 das unidades da Federação (art. 17, § 3º, da CF). 🔑
Gabarito "C"

(Procurador do Estado/SP – 2018 – VUNESP) Acerca dos partidos políticos, assinale a alternativa correta.

(A) A filiação partidária é condição de elegibilidade, cabendo aos partidos políticos, após adquirirem personalidade jurídica de direito público interno no cartório de registro civil do respectivo ente federativo ao qual é vinculado, promover o registro de seus estatutos no Tribunal Regional Eleitoral, ato conhecido como "notícia de criação de partido político".

(B) É assegurada aos partidos políticos autonomia para definir o regime de suas coligações nas eleições proporcionais, uma vez que há o vínculo de obrigatoriedade entre as candidaturas em âmbito nacional, estadual, distrital ou municipal.

(C) O direito a recursos do fundo partidário e acesso gratuito ao rádio e à televisão, na forma da lei, é garantido aos partidos políticos que tiverem elegido pelo menos quinze Deputados Federais distribuídos em pelo menos um terço das unidades da Federação.

(D) Ao eleito por partido que não preencher os requisitos constitucionais que asseguram o direito ao fundo partidário é vetado filiar-se a outro partido que os tenha atingido, uma vez que a lei procura assegurar a igualdade na distribuição dos recursos e de acesso gratuito ao tempo de rádio e de televisão.

(E) Os partidos políticos não podem estabelecer normas de disciplina e fidelidade partidária, assim como são proibidos de receber recursos financeiros de entidade ou governo estrangeiros ou de subordinação a estes.

A: incorreta, pois os partidos políticos, após adquirirem personalidade jurídica, na forma da lei civil, registrarão seus estatutos no **Tribunal Superior Eleitoral** (art. 17, § 2º, da CF), sendo que os partidos políticos são **pessoas jurídicas de direito privado**, de acordo com o art. 44, V, do Código Civil; B: incorreta, visto que é assegurada aos partidos políticos autonomia para definir o regime de suas coligações nas eleições majoritárias, vedada a sua celebração nas eleições proporcionais, sem obrigatoriedade de vinculação entre as candidaturas em âmbito nacional, estadual, distrital ou municipal (art. 17, § 1º, da CF); C: correta, conforme art. 17, § 3º, II, da CF; D: incorreta, já que ao eleito por partido que não preencher os requisitos constitucionais que asseguram o direito ao fundo partidário é assegurado o mandato e facultada a filiação, sem perda do mandato, a outro partido que os tenha atingido, não sendo essa filiação considerada para fins de distribuição dos recursos do fundo partidário e de acesso gratuito ao tempo de rádio e de televisão (art. 17, § 5º, da CF); E: incorreta, pois os partidos políticos devem estabelecer normas de disciplina e fidelidade partidária (art. 17, § 1º, *in fine*, da CF), sendo proibidos de receber recursos financeiros de entidade ou governo estrangeiros ou de subordinação a estes (art. 17, II, da CF). 🔑
Gabarito "C"

(Procurador do Estado/SP – 2018 – VUNESP) No julgamento da ADI no 5.081/DF, o Supremo Tribunal Federal fixou a seguinte tese: [...] por unanimidade de votos, em conhecer da ação e julgar procedente o pedido formulado para declarar a inconstitucionalidade, quanto à Resolução nº 22.610/2007, do Tribunal Superior Eleitoral, do termo "ou o vice", constante do art. 10; da expressão "e, após 16 (dezesseis) de outubro corrente, quanto a eleitos pelo sistema majoritário", constante do art. 13, e para "conferir interpretação conforme a Constituição ao termo "suplente", constante do art. 10, com a finalidade de excluir do seu alcance os cargos do sistema majoritário. Fixada a tese com o seguinte teor: "A perda do mandato em razão da mudança de partido não se aplica aos candidatos eleitos pelo sistema majoritário, sob pena de violação da soberania popular e das escolhas feitas pelo eleitor", nos termos do voto do Relator.

Considerando as regras constitucionais do sistema eleitoral brasileiro e os fundamentos utilizados para construir a jurisprudência aqui reproduzida, assinale a alternativa correta.

(A) Dentre as causas expressas de perda do mandato de Deputados Federais ou Estaduais estão as hipóteses de ser investido no cargo de Ministro de Estado, Governador de Território, Secretário de Estado, do Distrito Federal, de Território, de Prefeitura de Capital ou chefe de missão diplomática temporária.

(B) A interpretação conforme é uma regra hermenêutica que visa consagrar a força normativa da constituição ao retirar do ordenamento jurídico normas infraconstitucionais que sejam incompatíveis com a ordem jurídica, de modo a dar prevalência a soluções que favoreçam a integração social e a unidade política.

(C) O sistema eleitoral brasileiro adota o sistema majoritário para eleição do Prefeito e do Vice-Prefeito. No caso dos Municípios com mais de 200 mil eleitores, se nenhum candidato alcançar maioria absoluta na primeira votação, far-se-á nova eleição em até vinte dias após a proclamação do resultado, concorrendo os dois candidatos mais votados e considerando-se eleito aquele que obtiver a maioria dos votos válidos.

(D) O sistema proporcional adotado para a eleição dos senadores caracteriza-se pela ênfase nos votos obtidos pelos partidos, motivo pelo qual a Corte fixou entendimento de que a fidelidade partidária é essencial nesse caso.

(E) A soberania popular é exercida por meio da participação direta na organização político-administrativa quando se permite que os Estados possam se incorporar entre si, subdividir-se ou desmembrar-se para se anexarem a outros, ou formarem novos Estados ou Territórios Federais, mediante aprovação da população diretamente interessada, por plebiscito ou referendo.

A: incorreta, pois não é causa de perda do mandato de Deputado ou Senador a hipótese de ser investido no cargo de Ministro de Estado, Governador de Território, Secretário de Estado, do Distrito Federal, de Território, de Prefeitura de Capital ou chefe de missão diplomática temporária (art. 56, I, da CF); **B:** incorreta, visto que a interpretação conforme a Constituição é um método de interpretação hermenêutico – ou uma técnica de controle de constitucionalidade – pelo qual o intérprete ou aplicador do direito, ao se deparar com normas polissêmicas ou plurissignificativas (isto é, que possuam mais de uma interpretação), deverá adotar aquela interpretação que mais se compatibilize com o texto constitucional, excluindo determinadas hipóteses de interpretação da norma inconstitucionais; **C:** correta, conforme art. 29, II, combinado com art. 77, § 3º, da CF; **D:** incorreta, visto que o STF entende que "*o sistema majoritário, adotado para a eleição de presidente, governador, prefeito e senador, tem lógica e dinâmica diversas da do sistema proporcional. As características do sistema majoritário, com sua ênfase na figura do candidato, fazem com que a perda do mandato, no caso de mudança de partido, frustre a vontade do eleitor e vulnere a soberania popular*" (ADI 5081, Rel. Min. Roberto Barroso, Tribunal Pleno, j. em 27-05-2015); **E:** incorreta, na medida em que os estados podem incorporar-se entre si, subdividir-se ou desmembrar-se para se anexarem a outros, ou formarem novos estados ou territórios federais, mediante aprovação da população diretamente interessada, por meio de plebiscito, e do Congresso Nacional, por lei complementar (art. 18, § 3º, da CF). **AN**

Gabarito "C".

(Procurador Municipal – Sertãozinho/SP – VUNESP – 2016) Com base nas disposições constitucionais a respeito dos direitos políticos, assinale a alternativa correta.

(A) O alistamento eleitoral e o voto são obrigatórios para os analfabetos, os maiores de setenta anos e para os maiores de dezesseis e menores de dezoito anos.

(B) São inelegíveis os inalistáveis e os analfabetos.

(C) A lei que alterar o processo eleitoral entrará em vigor na data de sua publicação, não se aplicando à eleição que ocorra até dois anos da data de sua vigência.

(D) O mandato eletivo poderá ser impugnado ante a Justiça Eleitoral no prazo de trinta dias contados da diplomação, instruída a ação com provas de abuso do poder econômico, corrupção ou fraude.

(E) Para concorrerem a outros cargos, o Presidente da República, os Governadores de Estado e do Distrito Federal e os Prefeitos devem renunciar aos respectivos mandatos até um ano antes do pleito.

A: incorreta. Ao contrário do mencionado, o alistamento eleitoral e o voto são **facultativos** para essas pessoas. É o que determina o art. 14, § 1º, II, a, b e c, da CF; **B:** correta. De fato, os inalistáveis (estrangeiros e conscritos, durante o período do serviço militar obrigatório) e os analfabetos são inelegíveis, conforme determina o art. 14, § 4º, da CF; **C:** incorreta. De acordo com o art. 16 da CF, a lei que alterar o processo eleitoral entrará em vigor na data de sua publicação, não se aplicando à eleição que ocorra até **um ano** da data de sua vigência; **D:** incorreta. Determina o § 10 do art. 14 da CF que o mandato eletivo poderá ser impugnado ante a Justiça Eleitoral no prazo de **quinze dias** contados da diplomação, instruída a ação com provas de abuso do poder econômico, corrupção ou fraude; **E:** incorreta. O § 6º do art. 14 da CF determina que para concorrerem a outros cargos, o Presidente da República, os Governadores de Estado e do Distrito Federal e os Prefeitos devem renunciar aos respectivos mandatos até **seis meses** antes do pleito. **BV**

Gabarito "B".

(Juiz de Direito – TJM/SP – VUNESP – 2016) Assinale a alternativa que corretamente discorre sobre o exercício de direitos políticos, conforme previsto na Constituição Federal e regulamentado em lei complementar.

(A) A inelegibilidade dos que forem condenados por crimes contra a administração pública e o patrimônio público, em decisão transitada em julgado ou proferida por órgão judicial colegiado, prevista pela Lei da Ficha Limpa, não se aplica aos crimes culposos.

(B) O militar alistável é elegível, sendo que, se contar com menos de dez anos de serviço, será agregado pela autoridade superior e, se eleito, passará automaticamente, no ato da diplomação, para a inatividade.

(C) O Governador de Estado que perdeu seu cargo eletivo por infringência a dispositivo da Constituição Estadual se torna inelegível para as eleições que se realizarem durante o período remanescente e nos 4 (quatro) anos subsequentes ao término do mandato para o qual tenha sido eleito.

(D) São inelegíveis os que forem demitidos do serviço público em decorrência de processo administrativo ou judicial, pelo prazo de 8 (oito) anos, contado da decisão, salvo se o ato houver sido suspenso ou anulado pelo Tribunal de Contas.

5. DIREITO CONSTITUCIONAL   219

(E) A Constituição Federal de 1988 não contempla a perda ou a suspensão dos direitos políticos, todavia, prevê a cassação dos direitos políticos em virtude de condenação por improbidade administrativa.

A: correta, nos termos do que determina a Lei Complementar 64/1990, em seu art. 1º, I, *e*; **B:** incorreta, pois seria com mais de dez anos de serviço, nos termos do art. 14, § 8º, I e II, da CF; **C:** incorreta, pois não será por 4 anos, mas por 8 anos subsequentes, conforme Lei Complementar 64/1990; **D:** incorreta, pois não há, na lei, referência ao Tribunal de Contas, mas salvo se o ato houver sido suspenso ou anulado pelo Poder Judiciário (art. 1º, I, *o*, LC 64/1990); **E:** incorreta, pois o texto constitucional não admite a cassação de direitos políticos (art. 15, da CF). **AB**

Gabarito "A".

9. ORGANIZAÇÃO DO ESTADO

9.1. DA UNIÃO, ESTADOS, MUNICÍPIOS E TERRITÓRIOS

(Procurador – PGE/SP – 2024 – VUNESP) Segundo a Constituição do Estado de São Paulo, é correto afirmar sobre os parâmetros do processo legislativo das leis orçamentárias:

(A) as emendas individuais ao projeto de lei orçamentária destinadas às ações e aos serviços públicos de saúde devem corresponder no mínimo a 0,45% (quarenta e cinco centésimos por cento) da receita corrente líquida prevista no projeto encaminhado pelo Poder Executivo e podem ser utilizadas somente em projetos que envolvam despesas de custeio, capital e pagamento de pessoal.

(B) a lei que instituir o plano plurianual estabelecerá as metas e prioridades da administração pública estadual, incluindo as despesas de capital para o exercício financeiro subsequente, orientará a elaboração da lei orçamentária anual, disporá sobre as alterações na legislação tributária e estabelecerá a política de aplicação das agências financeiras oficiais de fomento.

(C) é vedada a realização de operações de crédito que excedam o montante das despesas de capital, ressalvadas as autorizadas mediante créditos suplementares ou especiais com fim preciso, aprovados pelo Poder Legislativo, por maioria absoluta.

(D) os projetos de lei relativos ao plano plurianual, às diretrizes orçamentárias, ao orçamento anual e aos créditos adicionais, bem como suas emendas, serão apreciados pela Assembleia Legislativa, podendo o Governador enviar mensagens ao Legislativo para propor modificações até o início da deliberação pelo Plenário.

(E) os recursos que ficarem sem despesas correspondentes em decorrência de veto, emenda ou rejeição do projeto de lei orçamentária anual não poderão ser utilizados mediante créditos especiais ou suplementares.

A: Incorreta. O § 6º do 175 da Constituição do Estado de São Paulo dispõe que: "As emendas individuais ao projeto de lei orçamentária serão de 0,45% (quarenta e cinco centésimos por cento) da receita corrente líquida prevista no projeto encaminhado pelo Poder Executivo, sendo que, no mínimo, a metade do percentual será destinada a ações e serviços públicos de saúde". **B:** Incorreta. Essa redação se refere a lei de diretrizes orçamentárias (art. 174, § 2º, da Constituição estadual). Já o

plano plurianual está previsto no § 1º do mesmo artigo, com a seguinte redação: "A lei que instituir o plano plurianual estabelecerá as diretrizes, objetivos e metas da administração pública estadual para as despesas de capital e outras delas decorrentes e para as relativas aos programas de duração continuada". **C:** Correta. A redação está de acordo com o art. 176, III, da Constituição do Estado de São Paulo. **D:** Incorreta. O art. 175, § 3º, da Constituição estadual, dispõe o seguinte: "Os projetos de lei relativos ao plano plurianual, às diretrizes orçamentárias, ao orçamento anual e aos créditos adicionais, bem como suas emendas, serão apreciados pela Assembleia Legislativa. (...) § 3º O Governador poderá enviar mensagem ao Legislativo para propor modificações nos projetos a que se refere este artigo, enquanto não iniciada, na Comissão competente, a votação da parte cuja alteração é proposta". **E:** Incorreta. O § 5º do art. 175 da Constituição estadual prevê que: "Os recursos que, em decorrência de veto, emenda ou rejeição do projeto de lei orçamentária anual, ficarem sem despesas correspondentes, poderão ser utilizados, conforme o caso, mediante créditos especiais ou suplementares, com prévia e específica autorização legislativa". **ANH**

Gabarito "C".

(Procurador – PGE/SP – 2024 – VUNESP) Ao Estado de São Paulo cumpre proporcionar o bem-estar social, garantindo o pleno acesso aos bens e serviços essenciais ao desenvolvimento individual e coletivo, sendo correto afirmar que a Constituição paulista assegura

(A) a competência do Estado em garantir o ensino fundamental público e gratuito aos jovens e adultos que, na idade própria, a ele não tiveram acesso, com organização adequada às características dos alunos, assim como, ao Município, a competência para definir as normas, autorização de funcionamento, supervisão e fiscalização da educação da criança de zero a seis anos.

(B) o atendimento médico à mulher, em todas as fases da vida, pelo corpo clínico especializado da rede pública de saúde, excluída a prática do aborto nos casos excludentes de antijuridicidade, previstos na legislação penal.

(C) a construção de políticas públicas pelo Sistema Estadual de Ensino deve atender a todos os níveis e modalidades, incluindo a educação para as pessoas com deficiência, ou seja, inclui a definição de normas gerais de funcionamento das escolas públicas estaduais, com exceção das escolas particulares, que gozarão de plena autonomia para organizar sistemas de ensino.

(D) diante da natureza emergencial e compensatória, a prevalência dos programas de assistência social sobre a formulação e aplicação de políticas sociais básicas nas áreas de saúde, educação, abastecimento, transporte e alimentação.

(E) ao paciente, internado em hospitais da rede pública ou privada, a faculdade de ser assistido, religiosa e espiritualmente, por ministro de culto religioso, assim como o ensino religioso, de matrícula facultativa, constituirá disciplina dos horários normais das escolas públicas de ensino fundamental.

A: Incorreta. O art. 248 da Constituição do Estado de São Paulo dispõe que: "Artigo 248. O órgão próprio de educação do Estado será responsável pela definição de normas, autorização de funcionamento, supervisão e fiscalização das creches e pré-escolas públicas e privadas no Estado. Parágrafo único. Aos Municípios, cujos sistemas de ensino estejam organizados, será delegada competência para autorizar o funcionamento e supervisionar as instituições de educação das crianças de zero a seis anos de idade". **B**: Incorreta. O art. 224 da Constituição estadual dispõe: "Cabe à rede pública de saúde, pelo seu corpo clínico especializado, prestar o atendimento médico para a prática do aborto nos casos excludentes de antijuridicidade, previstos na legislação penal". **C**: Incorreta. O art. 239, *caput*, da Constituição estadual determina que: "O Poder Público organizará o Sistema Estadual de Ensino, abrangendo todos os níveis e modalidades, incluindo a especial, estabelecendo normas gerais de funcionamento para as escolas públicas estaduais e municipais, bem como para as particulares". **D**: Incorreta. O art. 233 da Constituição estadual prescreve: "As ações governamentais e os programas de assistência social, pela sua natureza emergencial e compensatória, não deverão prevalecer sobre a formulação e aplicação de políticas sociais básicas nas áreas de saúde, educação, abastecimento, transporte e alimentação". **E**: Correta. Está de acordo com os arts. 231 e 244 da Constituição estadual. **ANH**

Gabarito "E".

(Juiz de Direito – TJ/SP – 2023 – VUNESP) Quanto aos Estados Federados, estabelece a Constituição Federal, nos seus artigos 25 a 28, que

(A) o número de Deputados à Assembleia Legislativa corresponderá ao dobro da representação do Estado na Câmara dos Deputados e, atingido o número de vinte e cinco, será acrescido de tantos quantos forem os Deputados Federais acima de quinze.

(B) o subsídio dos Deputados Estaduais será fixado por lei de iniciativa da Assembleia Legislativa, na razão de, no máximo, noventa por cento daquele estabelecido, em espécie, para os Deputados Federais.

(C) a eleição do Governador e do Vice-Governador de Estado, para mandato de 4 (quatro) anos, realizar-se-á no primeiro domingo de outubro, em primeiro turno, e, no último domingo de outubro, em segundo turno, se houver, do ano anterior ao do término do mandato de seus antecessores, e a posse ocorrerá em 1 de janeiro do ano subsequente.

(D) os Estados poderão, mediante lei complementar, instituir regiões metropolitanas, aglomerações urbanas e microrregiões, constituídas por agrupamentos de municípios limítrofes, para integrar a organização, o planejamento e a execução de funções públicas de interesse comum.

A: Incorreta. O art. 27, *caput*, da CF, dispõe que: "O número de Deputados à Assembleia Legislativa corresponderá ao triplo da representação do Estado na Câmara dos Deputados e, atingido o número de trinta e seis, será acrescido de tantos quantos forem os Deputados Federais acima de doze". **B**: Incorreta. O art. 27, § 2°, da CF, determina que: "O subsídio dos Deputados Estaduais será fixado por lei de iniciativa da Assembleia Legislativa, na razão de, no máximo, setenta e cinco por cento daquele estabelecido, em espécie, para os Deputados Federais, observado o que dispõem os arts. 39, § 4°, 57, § 7°, 150, II, 153, III, e 153, § 2°, I". **C**: Incorreta. A EC n° 111/2021 alterou a redação do art. 28, *caput*, da CF, que passou a ter a seguinte redação: "A eleição do Governador e do Vice-Governador de Estado, para mandato de 4 (quatro) anos, realizar-se-á no primeiro domingo de outubro, em primeiro turno, e no último domingo de outubro, em segundo turno, se houver, do ano anterior ao do término do mandato de seus antecessores, e a posse ocorrerá em 6 de janeiro do ano subsequente, observado, quanto ao mais, o disposto no art. 77 desta Constituição". **D**: Correta. A alternativa está conforme o que dispõe o art. 25, § 3°, da CF. **ANH**

Gabarito "D".

(Advogado – Pref. São Roque/SP – 2020 – VUNESP) Suponha que um Estado, tendo em vista a necessidade de se tornar mais eficaz na gestão dos serviços de competência privativa do Município, instituiu, por meio de Lei Complementar, uma região metropolitana e uma microrregião para áreas distintas.

Tendo por base a situação hipotética, a Constituição Federal e a jurisprudência do Supremo Tribunal Federal, assinale a alternativa correta.

(A) A instituição de microrregião por Estado-Membro com a constituição da obrigação de gestão compartilhada do serviço não importa em ofensa ao princípio da autonomia federativa.

(B) Com a constituição da região metropolitana ocorre a transferência da titularidade da competência dos Municípios para o Estado-Membro, sempre que comprovado o ganho de eficiência na gestão do serviço.

(C) A instituição de região metropolitana por lei complementar é inconstitucional, pois é necessário que haja autorização da respectiva constituição estadual para a sua criação.

(D) A região metropolitana, após a aprovação da norma responsável pela sua criação, será elevada à condição de entidade federativa, cuja administração será realizada por órgão paritário composto por membros dos municípios nela inseridos.

(E) Os serviços de gás canalizado poderão ser delegados dos Municípios para serem geridos pela microrregião e a sua regulação poderá ocorrer por meio de medida provisória.

A: correta (artigo 25, § 3°, da CF). **B**: errada, pois não há a transferência da titularidade. **C**: errada, porque não existe tal obrigatoriedade, bem como não tem inconstitucionalidade. **D**: errada, uma vez que não existe a criação de nova entidade federativa. **E**: incorreta, pois a competência é do Estado, sem delegação. **AB**

Gabarito "A".

(Investigador – PC/BA – 2018 – VUNESP) Imagine que a Câmara Municipal da Cidade X aprovou projeto de lei dispondo sobre interesses das comunidades indígenas localizadas em seu território. Nesse caso, partindo das regras constitucionais sobre a repartição de competências, é correto afirmar que a lei é

(A) inconstitucional sob o prisma formal, já que se trata de competência legislativa concorrente entre União, Estados e Distrito Federal a regulamentação de qualquer matéria relativa às populações indígenas.

(B) inconstitucional sob o prisma formal, já que se trata de competência legislativa privativa da União tratar sobre as populações indígenas.

(C) inconstitucional sob o prisma formal, já que a matéria é de competência exclusiva dos Estados membros e Distrito Federal.

(D) constitucional, uma vez que, por se tratar de nítido interesse local, a competência é privativa dos Municípios.

(E) constitucional, já que se trata de interesse local e regional, de modo que compete aos Estados membros, Distrito Federal e Municípios, de forma comum, legislar sobre a questão.

De acordo com o art. 22, XIV, da CF, compete **privativamente** à União legislar sobre populações indígenas. Logo, lei municipal que versa sobre comunidades indígenas padece de inconstitucionalidade formal, por invadir esfera de competência legislativa privativa da União. **AN**

Gabarito "B".

(Procurador do Estado/SP – 2018 – VUNESP) Ao julgar a ADI nº 2.699/PE, que tinha por objeto a análise da competência para legislar sobre direito processual, o Supremo Tribunal Federal destacou ser importante compreender que a Constituição Federal proclama, na complexa estrutura política que dá configuração ao modelo federal de Estado, a coexistência de comunidades jurídicas responsáveis pela pluralização de ordens normativas próprias, que se distribuem segundo critérios de discriminação material de competências fixadas pelo texto constitucional. Nesse contexto, a respeito do tema competência constitucional para legislar sobre a matéria de direito processual, assinale a alternativa correta.

(A) A União poderá delegar aos Estados a competência para legislar integralmente sobre o tema, considerando as reiteradas críticas à excessiva centralização normativa no âmbito federativo.

(B) Os Estados-membros e o Distrito Federal não dispõem de competência para legislar sobre direito processual. Com fundamento no sistema de poderes enumerados e de repartição constitucional de competências legislativas, somente a União possui atribuição para legitimamente estabelecer, em caráter privativo, a regulação normativa, inclusive a disciplina dos recursos em geral, conforme posição consolidada do Supremo Tribunal Federal.

(C) Estabelecida a lide com fundamento em conflito de competência legislativa entre a União e os Estados--Membros ou o Distrito Federal, a ação judicial deverá ser julgada de forma originária pelo Superior Tribunal de Justiça, uma vez configurada a instabilidade no equilíbrio federativo.

(D) A competência é comum da União, dos Estados, do Distrito Federal e dos Municípios, podendo lei complementar autorizar cada ente federal a legislar sobre questões específicas das matérias relacionadas na Constituição Federal.

(E) A competência para legislar sobre direito processual é concorrente, de modo que cabe à União fixar normas gerais e aos Estados-Membros e ao Distrito Federal normas suplementares, em concordância com a jurisprudência pacífica sobre o tema.

A: incorreta, visto que a União, por meio de lei complementar, poderá autorizar os Estados a legislar sobre **questões específicas** das matérias relacionadas à sua competência privativa, tal como direito processual (art. 22, I e parágrafo único, da CF); **B:** correta, pois, conforme jurisprudência do STF, "*os Estados-membros e o Distrito Federal não dispõem de competência para legislar sobre direito processual, eis que, nesse tema, que compreende a disciplina dos recursos em geral, somente a União Federal – considerado o sistema de poderes enumerados e de repartição constitucional de competências legislativas – possui atribuição para legitimamente estabelecer, em caráter de absoluta privatividade (CF, art. 22, n. I), a regulação normativa a propósito de referida matéria*" (ADI 2699, Rel. Min. Celso de Mello, Tribunal Pleno, j. em 20-05-2015); **C:** incorreta, pois o Supremo Tribunal Federal tem competência originária para processar e julgar as causas e os conflitos entre a União e os estados, a União e o Distrito Federal, ou entre uns e outros, inclusive as respectivas entidades da administração indireta (art. 102, I, *f*, da CF), desde que tais litígios tenham potencialidade para desestabilizar o pacto federativo. A jurisprudência do STF distingue **conflito entre entes federados** e **conflito federativo**, sustentando que, no primeiro caso, observa-se apenas a litigância judicial promovida pelos membros da Federação, ao passo que, no segundo, além da participação desses na lide, a conflituosidade da causa importa em potencial desestabilização do próprio pacto federativo, sendo que o legislador constitucional restringiu a atuação do STF à última hipótese (ACO 1.295 AgR-segundo, Rel. Min. Dias Toffoli, j. 14-10-2010); **D e E:** incorretas, pois a competência para legislar sobre direito processual é **privativa** da União (art. 22, I, da CF) – vale destacar que competência comum diz respeito à competência material. **AN**

Gabarito "B".

(Juiz de Direito – TJ/RS – 2018 – VUNESP) Considere a seguinte situação hipotética:

Na ausência de lei federal sobre um determinado tema, de competência legislativa concorrente, em 1995, o Estado do Rio Grande do Sul exerceu sua competência legislativa em matéria de proteção e defesa da saúde, nos termos da Constituição Federal, editando lei estadual que proibiu o uso de determinada substância no território estadual. Em 2007, a União editou lei federal que regulou o uso dessa mesma substância, permitindo-o, ainda que de forma restrita. No entanto, a lei federal foi objeto de Ação Direta de Inconstitucionalidade perante o Supremo Tribunal Federal. Não foi suspensa a aplicação da norma federal, no entanto, ela foi declarada inconstitucional, em 2017. Com isso, a lei estadual deve ser considerada

(A) inválida, pois no âmbito da competência legislativa concorrente, caberia ao Município – e não ao Estado – legislar sobre proteção e defesa da saúde, sobretudo se o uso da substância for relacionado ao interesse local.

(B) válida, pois a superveniência de lei federal apenas suspende a eficácia da lei estadual no âmbito da competência concorrente, de modo que, com a declaração de inconstitucionalidade da lei federal, a norma estadual teve sua eficácia restabelecida.

(C) inválida, pois a declaração de inconstitucionalidade da lei federal não restabelece a eficácia da lei estadual, tendo como efeito apenas a devolução da competência ao Estado para legislar sobre normas gerais enquanto não for editada nova lei federal.

(D) válida, pois a lei federal não revoga nem suspende a eficácia da lei estadual; em casos em que as normas federal e estadual forem incompatíveis, caberá ao Supremo Tribunal Federal decidir qual delas é aplicável.

(E) inválida, pois a competência legislativa concorrente permite que o Estado exerça sua competência suplementar somente após a União exercer plenamente sua competência de legislar sobre normas gerais.

A: incorreta, pois os Municípios não possuem competência legislativa concorrente (art. 24, *caput*, da CF), sendo competência concorrente da União, dos Estados e do Distrito Federal legislar sobre proteção e defesa da saúde (art. 24, XII, da CF); **B:** correta, pois a superveniência de lei federal sobre normas gerais **suspende a eficácia** da lei estadual, de modo que, com a declaração de inconstitucionalidade da lei federal – que não pode gerar quaisquer efeitos no plano do Direito por sua nulidade –, a norma estadual terá sua eficácia restabelecida em razão da inexistência de lei federal sobre normas gerais (art. 24, §§ 3º e 4º, da CF); **C:** incorreta, porque a declaração de inconstitucionalidade da lei federal **restabelece a eficácia** da lei estadual, cuja eficácia estava suspensa em razão da superveniência de lei federal sobre normas gerais (art. 24, §§ 3º e 4º, da CF); **D:** incorreta, haja vista que a superveniência de lei federal sobre normas gerais **suspende a eficácia** da lei estadual no que lhe for contrário (art. 24, § 4º, da CF); **E:** incorreta, pois, no âmbito da competência legislativa concorrente, a competência da União para

legislar sobre normas gerais não exclui a competência suplementar dos Estados e, inexistindo lei federal sobre normas gerais, os Estados exercerão a competência legislativa plena (art. 24, §§ 2º e 3º, da CF). **AN**
Gabarito "B".

(Juiz de Direito – TJM/SP – VUNESP – 2016) A definição das condutas típicas configuradoras do crime de responsabilidade e o estabelecimento de regras que disciplinem o processo e o julgamento de agentes públicos federais, estaduais ou municipais envolvidos, conforme jurisprudência do Supremo Tribunal Federal, são de:

(A) competência legislativa privativa da União.
(B) competência comum de União, Estados, Municípios e Distrito Federal, cabendo à lei complementar fixar normas sobre cooperação na matéria.
(C) competência legislativa comum a todos os entes federativos e competência material da União.
(D) competência concorrente entre União, Estados e Distrito Federal, limitando-se a União a estabelecer normas gerais.
(E) competência reservada aos Estados, por não constar a matéria do rol de competências exclusivas ou privativas da União.

A: correta. De acordo com a Súmula Vinculante 46 (STF), a definição dos crimes de responsabilidade e o estabelecimento das respectivas normas de processo e julgamento **são de competência legislativa privativa da União**; **B e C:** incorretas. A competência comum vem prevista no art. 23 da CF e é modalidade de competência administrativa (material), não de competência legislativa; **D:** incorreta. Como mencionado, a competência é privativa da União, não concorrente, como afirmado pela alternativa. Os assuntos que são tratados de forma concorrente vêm previstos no art. 24 da CF; **E:** incorreta. A competência é privativa da União, não reservada aos Estados. **BV**
Gabarito "A".

(Procurador Municipal – Sertãozinho/SP – VUNESP – 2016) Sobre a competência dos Entes Municipais, segundo a jurisprudência do STF e a Constituição Federal, assinale a alternativa correta.

(A) Ofende o princípio da livre concorrência lei municipal que impede a instalação de estabelecimentos comerciais do mesmo ramo em determinada área.
(B) Em respeito ao princípio da simetria, os Municípios não poderão ter símbolos próprios.
(C) Compete aos Municípios legislar sobre trânsito e transporte.
(D) O Município dispõe de competência para legislar concorrentemente com a União e os Estados sobre juntas comerciais.
(E) Não é competente o Município para fixar horário de funcionamento de estabelecimento comercial.

A: correta. Determina a Súmula Vinculante 49 (STF) que, de fato, ofende o princípio da livre concorrência lei municipal que impede a instalação de estabelecimentos comerciais do mesmo ramo em determinada área; **B:** incorreta. De acordo com o art. 13, § 2º, da CF, os Estados, o Distrito Federal e os Municípios **poderão** ter símbolos próprios; **C:** incorreto. A competência para legislar sobre trânsito e transporte é **privativa da União**, conforme determina o art. 22, XI, da CF; **D:** incorreta. Segundo o art. 24, "caput" e inciso II, da CF a competência **concorrente é dada à União, aos Estados e ao Distrito Federal**; **E:** incorreta. Ao contrário do mencionado, a Súmula Vinculante 38 (STF) determina que o **Município é competente** para fixar o horário de funcionamento de estabelecimento comercial. **BV**
Gabarito "A".

(Procurador Municipal – Sertãozinho/SP – VUNESP – 2016) Com base na disciplina normativa dispensada pela Constituição Federal aos Municípios, assinale a alternativa correta.

(A) Compete aos Municípios a instituição de regiões metropolitanas.
(B) É permitida a criação de Tribunais, Conselhos ou órgãos de Contas Municipais caso esses Entes possuam população superior a quinhentos mil habitantes.
(C) O controle externo no âmbito municipal será exercido pela Câmara Municipal com o auxílio dos Tribunais de Contas dos Estados ou do Município ou dos Conselhos ou Tribunais de Contas dos Municípios, onde houver.
(D) O Município reger-se-á por lei orgânica, votada em dois turnos, com o interstício mínimo de dez dias, e aprovada por três quintos dos membros da Câmara Municipal.
(E) A iniciativa popular de projetos de lei de interesse específico do Município, da cidade ou de bairros, poderá ocorrer por meio de manifestação de, pelo menos, três por cento do eleitorado.

A: incorreta. De acordo com o art. 25, § 3º, da CF, os **Estados poderão**, mediante lei complementar, **instituir regiões metropolitanas**, aglomerações urbanas e microrregiões, constituídas por agrupamentos de municípios limítrofes, para integrar a organização, o planejamento e a execução de funções públicas de interesse comum; **B:** incorreta. Ao contrário do mencionado, **é proibida** a criação de Tribunais, Conselhos ou órgãos de Contas Municipais, conforme determina o § 4º do art. 31 da CF; **C:** correta. O art. 31, "caput", da CF, determina que a fiscalização do Município seja exercida pelo Poder Legislativo Municipal, mediante controle externo, e pelos sistemas de controle interno do Poder Executivo Municipal, na forma da lei. O § 1º do dispositivo mencionado completa mencionando que o controle externo da Câmara Municipal será exercido com o auxílio dos Tribunais de Contas dos Estados ou do Município ou dos Conselhos ou Tribunais de Contas dos Municípios, onde houver; **D:** incorreta. De acordo com o "caput" do art. 29 da CF, o Município reger-se-á por lei orgânica, votada em dois turnos, com o interstício mínimo de dez dias, e aprovada por **dois terços** dos membros da Câmara Municipal, que a promulgará, atendidos os princípios estabelecidos nesta Constituição, na Constituição do respectivo Estado e pelos preceitos citados nos incisos do artigo mencionado; **E:** incorreta. Determina o art. 29, XIII, da CF que a iniciativa popular de projetos de lei de interesse específico do Município, da cidade ou de bairros, ocorrerá através de manifestação de, pelo menos, **cinco por cento** do eleitorado. **BV**
Gabarito "C".

(Procurador – IPSMI/SP – VUNESP – 2016) Em relação aos Municípios, a Constituição Federal prevê que:

(A) a criação, fusão, incorporação ou desmembramento de Município condiciona-se exclusivamente à consulta mediante plebiscito às populações dos Municípios envolvidos.
(B) é competência do Município manter, com cooperação técnica e financeira da União e do Estado, programas de educação infantil, de ensino fundamental e de ensino médio.
(C) as regiões metropolitanas, constituídas por agrupamentos de Municípios limítrofes, para integrar a organização, o planejamento e a execução de funções públicas de interesse comum podem, mediante lei complementar, ser instituídas pelos Estados.
(D) o número de vereadores da Câmara Municipal deve ser proporcional ao número de eleitores do Município.

5. DIREITO CONSTITUCIONAL

(E) o total de despesas com a remuneração dos vereadores não poderá ultrapassar o montante de dez por cento da receita do Município.

A: incorreta. A consulta mediante plebiscito é apenas um dos requisitos para tais atos. De acordo com o art. 18, § 4º, da CF, a criação, a incorporação, a fusão e o desmembramento de Municípios, far-se-ão por **lei estadual**, dentro do período determinado por Lei Complementar Federal, e dependerão de **consulta prévia, mediante plebiscito**, às populações dos Municípios envolvidos, **após divulgação dos Estudos de Viabilidade Municipal**, apresentados e publicados na forma da lei; **B:** incorreta. **O ensino médio não faz parte da competência municipal**. Determina o art. 30, VI, da CF que é da competência dos Municípios a manutenção, com a cooperação técnica e financeira da União e do Estado, de programas de educação infantil e de ensino fundamental; **C:** correta. É o que determina o art. 25, § 3º, da CF. Segundo o dispositivo mencionado, os Estados poderão, mediante lei complementar, instituir regiões metropolitanas, aglomerações urbanas e microrregiões, constituídas por agrupamentos de municípios limítrofes, para integrar a organização, o planejamento e a execução de funções públicas de interesse comum; **D:** incorreta. O número de vereadores é fixado de acordo com os **habitantes**, conforme determina o art. 29, IV, *a a x*, da CF; **E:** incorreta. Determina o art. 29, VII, da CF que o total da despesa com a remuneração dos Vereadores não poderá ultrapassar o montante de **cinco** por cento da receita do Município. **BV**
Gabarito "C".

(Procurador Municipal/SP – VUNESP – 2016) A respeito da intervenção nos Municípios, é correto afirmar que a Constituição Federal prevê que:

(A) uma das hipóteses que autorizam a intervenção consiste na não aplicação do mínimo exigido, da receita municipal, na manutenção e desenvolvimento da educação, nas ações e serviços públicos de saúde e nas ações de preservação ambiental.

(B) a competência para decretação e execução da intervenção, em qualquer Município da federação, é do Governador de Estado ou do Presidente da República.

(C) é hipótese de intervenção o provimento pelo Tribunal de Justiça de representação que vise a assegurar a observância de princípios indicados na Constituição Estadual, ou para prover a execução de lei, de ordem, de decisão judicial ou de decisão do Tribunal de Contas.

(D) são requisitos do decreto interventivo as especificações de amplitude, de prazo e de condições de execução, sendo que o Governador de Estado deverá obrigatoriamente nomear interventor, afastando as autoridades envolvidas.

(E) se a suspensão da execução do ato impugnado não for suficiente para o restabelecimento da normalidade, o Governador de Estado decretará a intervenção no Município, submetendo esse ato à Assembleia Legislativa, que, estando em recesso, será convocada extraordinariamente.

A: incorreta, pois o texto constitucional não traz a previsão quanto às ações de preservação ambiental (art. 35, III, da CF); **B:** incorreta, pois não cabe intervenção federal em Município localizado em Estado-membro (ver IF 590/CE, STF); **C:** incorreta, pois não há menção ao Tribunal de Contas; **D:** incorreta, pois não requer nomeação obrigatória do interventor, vez que tal nomeação é facultativa (se couber); **E:** correta, nos termos do art. 36, §§ 2º e 3º, da CF. **AB**
Gabarito "E".

9.2. DA ADMINISTRAÇÃO PÚBLICA

(Escrevente – TJ/SP – VUNESP – 2023) De acordo com a Constituição Federal de 1988, nomeado para cargo de provimento efetivo em virtude de concurso público, o servidor público

(A) estável poderá perder o cargo mediante procedimento de avaliação periódica de desempenho, na forma de lei ordinária, assegurada ampla defesa.

(B) adquire estabilidade após dois anos de efetivo exercício e após avaliação especial de desempenho por comissão especialmente instituída para este fim.

(C) estável ficará em disponibilidade em caso de extinção ou declaração de desnecessidade do cargo, com remuneração proporcional ao tempo de serviço, até o seu adequado aproveitamento em outro cargo.

(D) após três anos de efetivo exercício adquire estabilidade, nada dispondo a Constituição sobre a necessidade de avaliação especial de desempenho.

(E) estável com demissão invalidada por sentença judicial será reintegrado e eventual ocupante da vaga será reconduzido ao cargo de origem, com direito a indenização, aproveitado em outro cargo ou posto em disponibilidade com remuneração proporcional ao tempo de serviço.

A: Errada. Dever ser na forma de *lei complementar* e não de lei ordinária (CF, art. 41, § 1º, III). **B:** Errada. A estabilidade é adquirida após *três anos* de efetivo exercício e não dois anos (CF, art. 41, *caput*). **C:** Correta. Está previsto no art. 41, § 3º, da CF. **D:** Errada. A avaliação especial de desempenho é condição para a aquisição da estabilidade, conforme dispõe o art. 41, § 4º, da CF. **E:** Errada. A recondução ao cargo será *sem* direito a indenização (CF, art. 41, § 2º). **ANH**
Gabarito "C".

(Escrevente – TJ/SP – VUNESP – 2023) Sobre o regime previdenciário dos servidores públicos conforme a Constituição Federal de 1988, assinale a alternativa correta.

(A) Há a obrigatoriedade de fixação de critérios de idade e tempo de contribuição diferenciados para as categorias de agente penitenciário, agente socioeducativo e policiais.

(B) Todos os servidores públicos ocupantes da categoria de magistério terão idade mínima para aposentadoria reduzida em 05 (cinco) anos.

(C) Não há a possibilidade da percepção de mais de uma aposentadoria à conta de regime próprio de previdência social.

(D) Há a possibilidade, mediante lei complementar, de categoria profissional de servidores públicos estar sujeita integralmente a critérios diferenciados de idade e tempo de contribuição para aposentadoria no caso de exposição a agentes químicos prejudiciais à saúde.

(E) Há aplicabilidade do Regime Geral de Previdência Social aos agentes públicos ocupantes exclusivamente de cargo em comissão declarado em lei de livre nomeação e exoneração, e aqueles ocupantes de outro cargo temporário, inclusive mandato eletivo, ou de emprego público.

A: Errada. Não há essa obrigatoriedade, pois o § 4º-B do art. 40 da CF, prevê que "poderão" ser estabelecidos por lei complementar do respectivo ente federativo idade e tempo de contribuição diferenciados para aposentadoria de ocupantes do cargo de agente penitenciário, de agente socioeducativo ou de policial. **B:** Errada. Não são para todos os servidores públicos do magistério, mas apenas para as funções de magistério na *educação infantil* e no *ensino fundamental* e *médio* fixado em lei complementar do respectivo ente federativo (CF, art. 40, § 5º). **C:** Errada. Há ressalvas previstas no § 6º do art. 40, da CF. **D:** Errada. A CF dispõe que: "Art. 201 (...) § 1º É vedada a adoção de requisitos ou critérios diferenciados para concessão de benefícios, ressalvada, nos termos de lei complementar, a possibilidade de previsão de idade e tempo de contribuição distintos da regra geral para concessão de aposentadoria exclusivamente em favor dos segurados: (...) II – cujas atividades sejam exercidas com efetiva exposição a agentes químicos, físicos e biológicos prejudiciais à saúde, ou associação desses agentes, vedada a caracterização por categoria profissional ou ocupação (...)". **E:** Correta. É o que dispõe o § 13 do art. 40 da CF. ANH

Gabarito "E".

(Escrevente – TJ/SP – 2021 – VUNESP) Nos moldes da Constituição Federal, o servidor público titular de cargo efetivo, que tenha sofrido limitação em sua capacidade física ou mental, poderá, atendidas as demais exigências, ser readaptado,

(A) para exercício de novo cargo compatível com a sua limitação, devendo receber pelo menos 70% (setenta por cento) da remuneração do cargo de origem.

(B) para exercício do mesmo cargo, com os necessários ajustes à sua limitação, garantida a mesma remuneração do cargo.

(C) para exercício de novo cargo compatível com a sua limitação, podendo o servidor optar entre a remuneração do cargo de origem e a do cargo de destino.

(D) para exercício de novo cargo compatível com a sua limitação, mantida a remuneração do cargo de origem.

(E) para exercício de novo cargo compatível com a sua limitação, devendo receber a remuneração do cargo de destino.

Alternativa correta D, conforme está previsto no § 13 do art. 37 da CF. ANH

Gabarito "D".

(Escrevente – TJ/SP – 2021 – VUNESP) No tocante às disposições constitucionais, que tratam do tema dos servidores públicos, é correto afirmar que

(A) o tempo de contribuição federal, estadual, distrital ou municipal e o tempo de serviço público correspondente serão contados para fins de disponibilidade e aposentadoria do servidor.

(B) aplica-se ao agente público ocupante, exclusivamente, de cargo em comissão declarado em lei de livre nomeação e exoneração, de outro cargo temporário, inclusive mandato eletivo, o Regime Próprio de Previdência Social dos Servidores.

(C) por motivos de segurança, é expressamente vedado aos Poderes Executivo, Legislativo e Judiciário divulgar ou publicar os valores do subsídio e da remuneração dos cargos e empregos públicos dos seus respectivos servidores.

(D) o membro de Poder, o detentor de mandato eletivo, os Ministros de Estado e os Secretários Estaduais e Municipais serão remunerados exclusivamente por subsídio fixado em parcela única, que poderá ser acrescido de gratificação, adicional, abono, prêmio e verba de representação.

(E) é vedada a incorporação de vantagens de caráter temporário ou vinculadas ao exercício de função de confiança ou de cargo em comissão à remuneração do cargo efetivo.

A: Errada. O *tempo de serviço público* correspondente será contado para fins de *disponibilidade* e o *tempo de contribuição* federal, estadual, distrital ou municipal será contado para fins de *aposentadoria* (CF, art. 40, § 9º). **B:** Errada. Aplica-se ao Regime Geral de Previdência Social e não ao Regime Próprio de Previdência Social dos Servidores (CF, art. 40, § 13). **C:** Errada. Os Poderes Executivo, Legislativo e Judiciário publicarão anualmente os valores do subsídio e da remuneração dos cargos e empregos públicos (CF, art. 39, § 6º). **D:** Errada. É vedado o acréscimo de qualquer gratificação, adicional, abono, prêmio, verba de representação ou outra espécie remuneratória (CF, art. 39, § 4º). **E:** Correta. É o que dispõe o art. 39, § 9º, da CF. ANH

Gabarito "E".

(Investigador – PC/BA – 2018 – VUNESP) Com base na Constituição Federal, assinale a alternativa correta sobre as disposições gerais da Administração Pública.

(A) O prazo de validade dos concursos públicos será de até 2 (dois) anos, prorrogável, por no máximo 2 (duas) vezes, por igual período.

(B) A lei reservará percentual dos cargos e empregos públicos para as pessoas portadoras de deficiência e definirá os critérios de sua admissão.

(C) Por decreto da Administração Pública, serão estabelecidos os casos de contratação por tempo determinado para atender a necessidade temporária de excepcional interesse público.

(D) Os vencimentos dos cargos do Poder Executivo e Judiciário não poderão ser superiores aos pagos pelo Poder Legislativo.

(E) Os acréscimos pecuniários percebidos por servidor público serão computados e acumulados para fins de concessão de acréscimos ulteriores.

A: incorreta, visto que o prazo de validade do concurso público será de até dois anos, prorrogável **uma vez**, por igual período (art. 37, III, da CF); **B:** correta, de acordo com o art. 37, inciso VIII, da CF; **C:** incorreta, pois a **lei** estabelecerá os casos de contratação por tempo determinado para atender à necessidade temporária de excepcional interesse público (art. 37, IX, da CF); **D:** incorreta, porque os vencimentos dos cargos do Poder Legislativo e do Poder Judiciário não poderão ser superiores aos pagos pelo Poder Executivo (art. 37, XII, da CF); **E:** incorreta, pois os acréscimos pecuniários percebidos por servidor público **não** serão computados nem acumulados para fins de concessão de acréscimos ulteriores (art. 37, XIV, da CF). AN

Gabarito "B".

10. ORGANIZAÇÃO DO PODER EXECUTIVO

(Escrevente Técnico – TJM/SP – VUNESP – 2017) O servidor público estável só perderá o cargo:

(A) se preso em flagrante por crime inafiançável.

(B) mediante processo administrativo em que lhe seja assegurada ampla defesa.

(C) no caso de extinção do cargo.

(D) quando posto em disponibilidade há mais de cinco anos.

(E) mediante procedimento de avaliação mensal de desempenho.

De acordo com o art. 41, § 1º, da CF, o servidor público estável só perderá o cargo: I – em virtude de sentença judicial transitada em julgado; II – **mediante processo administrativo em que lhe seja assegurada ampla defesa**; III – mediante procedimento de avaliação periódica de desempenho, na forma de lei complementar, assegurada ampla defesa. BV

Gabarito "B".

(Juiz de Direito – TJM/SP – VUNESP – 2016) Considere o seguinte caso hipotético. Assembleia Legislativa de determinado Estado da Federação aprova projeto de lei, de iniciativa parlamentar, que estabelece o regime jurídico dos servidores públicos daquela unidade federativa. O Governador do Estado sanciona o projeto, que entra em vigor. Tendo em vista as previsões da Constituição Federal que disciplinam o processo legislativo e a jurisprudência do Supremo Tribunal Federal, é correto afirmar que a lei resultante é:

(A) constitucional, pois por aplicação do princípio da simetria, a iniciativa do processo legislativo estadual é sempre concorrente, sendo concedida a qualquer membro ou comissão da Assembleia Legislativa, ao Governador Estadual e aos cidadãos.

(B) inconstitucional, por vício formal, já que a matéria é de iniciativa privativa do Governador do Estado, não sendo a sanção do Chefe do Poder Executivo suficiente para afastar tal vício.

(C) constitucional, pois o regime jurídico de servidores públicos estaduais é matéria de iniciativa concorrente do Chefe do Poder Legislativo e do Chefe do Poder Executivo Estaduais.

(D) constitucional, pois embora haja vício formal de iniciativa, já que o projeto de lei seria do Chefe do Poder Executivo Estadual, a sanção é suficiente para sanar esse defeito jurídico.

(E) inconstitucional, pois o regime jurídico dos servidores públicos é uma regulamentação do direito civil e do trabalho, matérias essas de competência privativa da União.

Por todas as alternativas estarem diretamente ligadas ao caso apresentado, vale lembrar que o art. 61, § 1º, II, *c*, da CF, determina que tal iniciativa é do Chefe do Poder Executivo e, por assim ser, o ato de sancionar o Projeto de Lei não convalida o vício formal. Logo, a única questão possível de ser assinalada como correta é a letra B. AB

Gabarito "B".

(Procurador Municipal/SP – VUNESP – 2016) Os Municípios são regidos por Leis Orgânicas, que deverão observar determinados preceitos previstos na Constituição Federal. Nesse sentido, em relação ao Poder Executivo Municipal, deverá a Lei Orgânica Municipal prever:

(A) a posse do Prefeito e do Vice-Prefeito até o dia 10 de janeiro do ano subsequente ao da eleição e o julgamento do prefeito pelo Tribunal de Justiça Estadual.

(B) aplicação das regras atinentes à realização de dois turnos de votação, previstas para a Presidência da República, no caso de Municípios com mais de cem mil eleitores.

(C) subsídios do Prefeito, do Vice-Prefeito e dos Secretários Municipais fixados por lei de iniciativa da Câmara Municipal, que não poderão exceder o subsídio mensal, em espécie, dos Ministros do Superior Tribunal de Justiça.

(D) a perda do mandato para o Prefeito que assumir outro cargo ou função na administração pública direta ou indireta, ressalvada a posse em virtude de concurso

público e observado o afastamento previsto na Constituição Federal.

(E) como crime de responsabilidade do Prefeito se a Câmara Municipal gastar mais de setenta por cento de sua receita com folha de pagamento, incluído o gasto com o subsídio de seus Vereadores.

A: incorreta, pois a data é de 1º de janeiro (art. 29, III, da CF); **B:** incorreta, pois precisamos de mais de 200 mil eleitores (art. 29, II, da CF); **C:** incorreta, por infração ao art. 29, V, da CF; **D:** correta, pois é o que determina o art. 29, XIV, da CF; **E:** incorreta, pois o crime de responsabilidade será do Presidente da Câmara (ver arts. 29, §§ 1º, 2º e 3º, da CF). AB

Gabarito "D".

(Procurador – IPSMI/SP – VUNESP – 2016) Em caso de vacância do cargo e diante do impedimento (temporário) do Vice, será chamado para governar:

(A) o Presidente do Senado Federal, se o cargo for de Presidente da República.

(B) o Presidente da Câmara dos Deputados, se o cargo for de Presidente da República.

(C) o Presidente do Tribunal de Contas, se o cargo for de Governador do Distrito Federal.

(D) o Presidente do Tribunal de Justiça local, se o cargo for de Prefeito.

(E) o Presidente do Tribunal de Justiça local, se o cargo for de Governador de Estado.

A: incorreta. A ordem de sucessão presidencial, no âmbito federal, vem prevista no art. 80 da CF, de modo que em caso de impedimento do Presidente e do Vice-Presidente, ou vacância dos respectivos cargos, serão sucessivamente chamados ao exercício da Presidência **o Presidente da Câmara dos Deputados, o do Senado Federal e o do Supremo Tribunal Federal; B:** correta. É o que determina o mencionado art. 80 da CF; **C:** incorreta. O Presidente da Câmara Legislativa é que seria chamado nessa hipótese; **D:** incorreta. O Presidente da Câmara Municipal é quem deve ocupar o cargo; **E:** incorreta. O Presidente da Assembleia Legislativa é quem deve ocupar o cargo. BV

Gabarito "B".

(Procurador – IPSMI/SP – VUNESP – 2016) O teto do funcionalismo tem como base parâmetros distintos a depender do ente federativo e da esfera de Poder. Assim, conforme previsão constitucional,

(A) no âmbito do Poder Judiciário Estadual, o teto equivale ao subsídio mensal dos Desembargadores do TJ, limitado a 85,75% do subsídio mensal, em espécie, dos Ministros do Supremo Tribunal Federal.

(B) no âmbito do Município, tanto na esfera legislativa como na executiva, o teto equivale ao subsídio do Prefeito.

(C) no âmbito do Poder Legislativo estadual, o teto equivale ao subsídio mensal do Governador de Estado.

(D) os tetos da Magistratura federal e estadual são idênticos, equivalendo a 85,75% do subsídio mensal dos Ministros do Supremo Tribunal Federal.

(E) no âmbito do Poder Legislativo Municipal, o teto equivale ao subsídio mensal dos Vereadores.

A: incorreta, pois a limitação equivale a 90,25% do subsídio mensal, em espécie, dos Ministros do Supremo Tribunal Federal (art. 37, XI, da CF); **B:** correta, pois, no âmbito municipal, o teto é o subsídio do Prefeito; **C:** incorreta, pois o teto equivale ao subsídio mensal dos Deputados Estaduais; **D:** incorreta, pois com a decisão do STF a remuneração dos juízes e desembargadores estaduais poderá alcançar o teto remuneratório praticado na Justiça Federal (ADI 3.854/DF), tendo em vista o caráter nacional do Poder Judiciário; **E**: incorreta, pois equivale ao subsídio do Prefeito. **AB**

Gabarito "B".

(Procurador Municipal/SP – VUNESP – 2016) Nos termos da Constituição Federal de 1988, os servidores nomeados para cargo de provimento efetivo em virtude de concurso público:

(A) adquirem estabilidade após dois anos de efetivo exercício, mas podem perder o cargo em virtude de processo administrativo em que lhe seja assegurada a ampla defesa.

(B) são estáveis após três anos de efetivo exercício, mas podem perder o cargo em virtude de decisão do Tribunal de Contas.

(C) adquirem estabilidade após cinco anos de efetivo exercício, mas podem perder o cargo em virtude de procedimento de avaliação periódica de desempenho, no qual deve ser assegurada a ampla defesa.

(D) são estáveis após um ano de efetivo exercício, mas podem perder o cargo em virtude de decisão da Justiça Eleitoral transitada em julgado.

(E) são estáveis após três anos de efetivo exercício, todavia podem perder o cargo em virtude de sentença judicial transitada em julgado.

A: incorreta. De acordo com o "caput" do art. 41 da CF, são estáveis após **três** anos de efetivo exercício os servidores nomeados para cargo de provimento efetivo em virtude de concurso público. A segunda parte da alternativa está correta, pois tais servidores podem perder o cargo em virtude de processo administrativo em que lhe seja assegurada a ampla defesa, conforme determina o inciso II do § 1º do art. 41 da CF; **B:** incorreta. Decisão do Tribunal de Contas **não gera perda** do cargo do servidor estável; **C:** incorreta. O **prazo correto é de três anos**, como já mencionado. Por outro lado, o procedimento de avaliação periódica de desempenho, na forma de lei complementar, desde que assegurada ampla defesa, pode gerar a perda do cargo do servidor estável, como informa o inciso III do § 1º do art. 41 da CF; **D:** incorreta. O prazo está errado e a informação de que a perda do cargo pode advir de decisão da Justiça Eleitoral também; **E:** correta. É o que determinam o "caput" e o inciso I do § 1º do art. 41 da CF. **BV**

Gabarito "E".

11. ORGANIZAÇÃO DO PODER LEGISLATIVO. PROCESSO LEGISLATIVO

11.1. ORGANIZAÇÃO E COMPETÊNCIAS DO SENADO, DA CÂMARA DOS DEPUTADOS E DO CONGRESSO NACIONAL

(Juiz de Direito – TJ/SP – 2023 – VUNESP) Ao disciplinar o processo legislativo, a Constituição Federal, no seu artigo 65, estabelece que "O projeto de lei aprovado por uma Casa será revisto pela outra, em um só turno de discussão e votação, e enviado à sanção ou promulgação, se a Casa revisora o aprovar, ou arquivado, se o rejeitar". Nos termos da disposição constitucional do parágrafo único desse artigo e do entendimento do Supremo Tribunal Federal sobre a matéria, se o projeto for emendado na Casa revisora

(A) voltará à Casa iniciadora, representem ou não mudança substancial de conteúdo da proposição as emendas aprovadas pela Casa revisora.

(B) voltará para apreciação conjunta de ambas as Casas, que poderão rever todo o texto inicialmente proposto,

sem limitação ao teor das emendas apresentadas na Casa revisora.

(C) voltará para apreciação conjunta de ambas as Casas, limitada a reapreciação ao teor das emendas apresentadas na Casa revisora.

(D) voltará à Casa iniciadora, mas somente se as emendas aprovadas pela Casa revisora representarem mudança substancial do conteúdo da proposição.

A alternativa D é a correta. Este é o entendimento do STF, conforme decisão na ADI 2182 MC, rel. Min. Maurício Corrêa, j. 31-5-2000, DJ 19-3-2004. **ANH**

Gabarito "D".

(Procurador do Estado/SP – 2018 – VUNESP) Ao escrever sobre a relação entre liberdade política, democracia e poder, no Livro XI da obra clássica "O Espírito das Leis", Montesquieu já afirmava: 'Para que não se possa abusar do poder, é preciso que, pela disposição das coisas, o poder limite o poder.". A ideia foi incorporada pela Constituição brasileira de 1988, sendo correto afirmar sobre a independência e harmonia dos Poderes:

(A) a Comissão Parlamentar de Inquérito, enquanto projeção orgânica do Poder Legislativo da União, nada mais é senão a longa manus do próprio Congresso Nacional ou das Casas que o compõem. Assim, as suas decisões que respeitarem aos princípios da colegialidade e da motivação não estarão sujeitas ao controle jurisdicional ou revisão por parte do Poder Judiciário.

(B) compete privativamente à Câmara dos Deputados processar e julgar o Presidente e o Vice-Presidente da República nos crimes de responsabilidade, bem como os Ministros de Estado e os Comandantes da Marinha, do Exército e da Aeronáutica nos crimes da mesma natureza conexos com aqueles.

(C) a decretação da intervenção federal dependerá sempre de prévia solicitação do Poder Legislativo ou do Poder Executivo coacto ou impedido, ou de requisição do Supremo Tribunal Federal, se a coação for exercida contra o Poder Judiciário.

(D) a discussão e votação dos projetos de lei de iniciativa do Presidente da República, do Supremo Tribunal Federal e dos Tribunais Superiores terão início no Senado Federal e cada parte interessada poderá solicitar urgência para apreciação de projetos de sua iniciativa.

(E) cabe ao Congresso Nacional, mediante controle externo, fiscalizar a aplicação de quaisquer recursos repassados pela União mediante convênio, acordo, ajuste a outros instrumentos congêneres, a Estado, ao Distrito Federal ou a Município.

A: incorreta, pois a Comissão Parlamentar de Inquérito, enquanto projeção orgânica do Poder Legislativo da União, nada mais é senão a *longa manus* do próprio Congresso Nacional ou das Casas que o compõem, sujeitando-se, em consequência, em tema de mandado de segurança ou de *habeas corpus*, ao controle jurisdicional originário do Supremo Tribunal Federal. O controle jurisdicional de abusos praticados por comissão parlamentar de inquérito não ofende o princípio da separação de poderes. (MS 23452, Rel. Min. Celso de Mello, Tribunal Pleno, j. em 16-09-1999); **B:** incorreta, visto que compete privativamente ao **Senado Federal** processar e julgar o Presidente e o Vice-Presidente da República nos crimes de responsabilidade e os Ministros de Estado

5. DIREITO CONSTITUCIONAL 227

nos crimes da mesma natureza conexos com aqueles (art. 52, I, da CF); **C:** incorreta, porque a decretação da intervenção federal somente dependerá de solicitação do Poder Legislativo ou do Poder Executivo coacto ou impedido, ou de requisição do Supremo Tribunal Federal, para garantir o livre exercício de qualquer dos Poderes nas unidades da Federação (art. 36, I, c/c art. 34, IV, da CF); **D:** incorreta, tendo em vista que a discussão e votação dos projetos de lei de iniciativa do Presidente da República, do Supremo Tribunal Federal e dos Tribunais Superiores terão início na **Câmara dos Deputados** e apenas o Presidente da República poderá solicitar urgência para apreciação de projetos de sua iniciativa (art. 64, *caput* e § 1º, da CF); **E:** correta, pois o controle externo é exercido pelo Congresso Nacional com o auxílio do Tribunal de Contas da União, cabendo-lhe fiscalizar a aplicação de quaisquer recursos repassados pela União mediante convênio, acordo, ajuste ou outros instrumentos congêneres, a Estado, ao Distrito Federal ou a Município (art. 71, *caput* e inciso VI, da CF). **AN**

Gabarito "E".

(Procurador – IPSMI/SP – VUNESP – 2016) No que tange à separação de poderes, as funções atípicas permitem que:

(A) o Poder Legislativo fiscalize o Poder Executivo.

(B) os Tribunais Superiores aprovem súmula com efeito vinculante para todos os órgãos da Administração.

(C) o Congresso Nacional julgue o Presidente da República nos crimes de responsabilidade.

(D) o Poder Legislativo apure fato determinado e por prazo certo com poderes de investigação próprios de autoridades judiciais.

(E) o Poder Judiciário declare a inconstitucionalidade das leis por meio do controle difuso.

A: incorreta, pois o ato de fiscalizar não se insere num contexto de atividade/função atípica; **B:** incorreta, uma vez que o ato de aprovar uma súmula com efeito vinculante é atividade típica do Poder Judiciário; **C:** incorreta, pois o Senado Federal tem a função típica de julgar o Presidente da República nos crimes de responsabilidade (art. 52, I, da CF); **D:** correta, ainda que o fato do Poder Legislativo atuar mediante uma CPI não seja, por si só, uma função atípica, contudo, quando se utiliza de poderes de investigação que são próprios do Poder Judiciário temos, de fato, o exercício de uma função atípica; **E:** incorreta, pois é nítida função típica do Poder Judiciário. **AB**

Gabarito "D".

11.2. PRERROGATIVAS E IMUNIDADES PARLAMENTARES

(Delegado/SP – 2014 – VUNESP) A respeito de ações penais contra Deputados e Senadores, assinale a alternativa correta.

(A) No caso de sustação da ação criminal, não há suspensão da prescrição, que permanecerá em curso.

(B) Somente após a posse serão submetidos a julgamento perante o Supremo Tribunal Federal.

(C) Recebendo, o Supremo Tribunal Federal dará ciência à Casa respectiva, que poderá sustar o andamento da ação.

(D) As imunidades de Deputados ou Senadores não subsistirão durante o estado de sítio ou de guerra.

(E) Desde a expedição do Diploma, não poderão ser presos, exceto pela prática de crime inafiançável.

A: incorreta. De acordo com o art. 53, § 5º, da CF, a **sustação do processo suspende a prescrição**, enquanto durar o mandato; **B:** incorreta. Conforme determina o art. 53, § 1º, da CF, os Deputados e Senadores, **desde a expedição do diploma**, serão submetidos a julgamento perante o Supremo Tribunal Federal; **C:** correta. É o que determina o art. 53, § 3º, da CF; **D:** incorreta. Conforme determina o art. 53, § 8º,

da CF, as imunidades de Deputados ou Senadores **subsistirão durante o estado de sítio**, só podendo ser suspensas mediante o voto de dois terços dos membros da Casa respectiva, nos casos de atos praticados fora do recinto do Congresso Nacional, que sejam incompatíveis com a execução da medida; **E:** incorreta. De acordo com o art. 53, § 2º, da CF, desde a expedição do diploma, os membros do Congresso Nacional não poderão ser presos, **salvo em flagrante de crime inafiançável**. Nesse caso, os autos serão remetidos dentro de vinte e quatro horas à Casa respectiva, para que, pelo voto da maioria de seus membros, resolva sobre a prisão. **BV**

Gabarito "C".

11.3. COMISSÕES PARLAMENTARES DE INQUÉRITO – CPI

(Investigador – PC/BA – 2018 – VUNESP) Suponha que o Senado Federal decida criar uma Comissão Parlamentar de Inquérito (CPI) para investigação da corrupção no Futebol. Nessa hipótese, é correto afirmar que

(A) se exige, para a criação da CPI, que pelo menos 1/6 (um sexto) dos membros do Senado tenham subscrito o requerimento de instauração.

(B) no âmbito da investigação, se verificada a possibilidade de que o investigado fuja do país, a CPI poderá impor a proibição de ausentar-se do país.

(C) havendo suspeita de que o(s) investigado(s) mantém contato contínuo com organizações criminosas, a CPI poderá determinar interceptação telefônica.

(D) em regra, referida CPI poderá ser criada por prazo indeterminado, em função da necessidade de investigação apropriada da corrupção.

(E) a CPI será inconstitucional, pois o comando constitucional exige a instauração para apuração de fato determinado e não genérico.

A: incorreta, pois o requerimento de instalação da CPI deve conter a assinatura de **1/3 (um terço)** dos membros da Câmara dos Deputados ou Senado Federal (art. 58, § 3º, da CF); **B:** incorreta, pois a CPI não pode impedir que o cidadão deixe o território nacional e nem determinar apreensão de passaporte; **C:** incorreta, visto que a CPI não pode determinar interceptação telefônica; **D:** incorreta, pois a CPI deve ser criada por **prazo certo** (art. 58, § 3º, da CF); **E:** correta, pois a CPI deve ser criada para apurar **fato determinado**, e não fato genérico (art. 58, § 3º, da CF). **AN**

Gabarito "E".

11.4. PROCESSO LEGISLATIVO

(Delegado – PC/BA – 2018 – VUNESP) A Casa na qual tenha sido concluída a votação de projeto de lei deverá enviá-lo ao Presidente da República que, ao considerar o projeto

(A) no todo ou em parte, inconstitucional ou contrário ao interesse público, vetá-lo-á total ou parcialmente, no prazo de quinze dias úteis, contados da data do recebimento.

(B) inconstitucional, em parte, poderá apor veto parcial, no prazo de quinze dias úteis, abrangendo artigo, parágrafo, inciso, alínea ou expressão verbal.

(C) no todo ou em parte, inconstitucional ou contrário ao interesse público, vetá-lo-á total ou parcialmente, no prazo de trinta dias contados da data do recebimento.

(D) contrário ao interesse público, vetá-lo-á totalmente, não podendo fazê-lo, neste caso, de forma parcial, já que não há como cindir o interesse público.

(E) no todo ou em parte, inconstitucional, vetá-lo-á total ou parcialmente, no prazo de vinte dias contados da data do recebimento.

Segundo o art. 66, § 1º, da CF, se o Presidente da República considerar o projeto, no todo ou em parte, inconstitucional ou contrário ao interesse público, vetá-lo-á total ou parcialmente, no prazo de **quinze dias úteis**, contados da data do recebimento, e comunicará, dentro de **quarenta e oito horas**, ao Presidente do Senado Federal os motivos do veto. Vale ressaltar que o veto parcial somente abrangerá texto integral de artigo, de parágrafo, de inciso ou de alínea (art. 66, § 2º, da CF). AN

Gabarito "A".

(Defensor Público/RO – 2017 – VUNESP) Projeto de lei cuja iniciativa foi atribuída exclusivamente ao Chefe do Poder Executivo

(A) não admite a apresentação de emendas por parte dos membros do Poder Legislativo, que devem aprovar ou rejeitar o projeto em sua integralidade.

(B) admite, validamente, a apresentação de emendas, observadas algumas restrições impostas pela Constituição Federal, já que a atividade legislativa permanece com os parlamentares.

(C) admite a apresentação de emendas parlamentares, ainda que estas provoquem aumento na despesa inicialmente prevista.

(D) não admite emendas parlamentares apenas quando se tratarem de projetos de orçamento anual, diretrizes orçamentárias e plano plurianual.

(E) admite a apresentação de emendas parlamentares apenas em relação ao orçamento anual, mas sem obrigação de indicação das fontes financeiras necessárias.

De acordo com a jurisprudência do STF, "*as normas constitucionais de processo legislativo não impossibilitam, em regra, a modificação, por meio de emendas parlamentares, dos projetos de lei enviados pelo chefe do Poder Executivo no exercício de sua iniciativa privativa. Essa atribuição do Poder Legislativo brasileiro esbarra, porém, em duas limitações: a) a impossibilidade de o Parlamento veicular matérias diferentes das versadas no projeto de lei, de modo a desfigurá-lo; e b) a impossibilidade de as emendas parlamentares aos projetos de lei de iniciativa do presidente da República, ressalvado o disposto no § 3º e no § 4º do art. 166, implicarem aumento de despesa pública (inciso I do art. 63 da CF)*" (ADI 3.114, Rel. Min. Ayres Britto, P, j. 24-8-2005).
Na mesma linha, este julgado do mesmo Tribunal, bastante esclarecedor: "*O poder de emendar projetos de lei [...] qualifica-se como prerrogativa de ordem político-jurídica inerente ao exercício da atividade legislativa. Essa prerrogativa institucional, precisamente por não traduzir corolário do poder de iniciar o processo de formação das leis [...], pode ser legitimamente exercida pelos membros do Legislativo, ainda que se cuide de proposições constitucionalmente sujeitas à cláusula de reserva de iniciativa [...], desde que – respeitadas as limitações estabelecidas na Constituição da República – as emendas parlamentares (a) não importem em aumento da despesa prevista no projeto de lei, (b) guardem afinidade lógica (relação de pertinência) com a proposição original e (c) tratando-se de projetos orçamentários (CF, art. 165, I, II e III), observem as restrições fixadas no art. 166, §§ 3º e 4º da Carta Política*" (ADI 1.050-MC, Rel. Min. Celso de Mello, Plenário, DJ 23-4-2004). AN

Gabarito "B".

(Procurador – IPSMI/SP – VUNESP – 2016) No processo legislativo,

(A) a iniciativa popular pode ser exercida pela apresentação à Câmara dos Deputados de projeto de lei subscrito por, no mínimo, um por cento do eleitorado nacional, distribuído pelo menos por cinco Estados, com não menos de três décimos por cento dos eleitores de cada um deles.

(B) a Constituição poderá ser emendada mediante proposta de um quarto, no mínimo, dos membros da Câmara dos Deputados ou do Senado Federal.

(C) prorrogar-se-á uma única vez por igual período a vigência de medida provisória que, no prazo de cento e vinte dias, contado de sua publicação, não tiver a sua votação encerrada nas duas Casas do Congresso Nacional.

(D) decorrido o prazo de quinze dias, o silêncio do Presidente da República importará veto.

(E) as leis complementares serão aprovadas por dois terços dos membros do Congresso Nacional.

A: correta. É o que determina o § 2º do art. 61 da CF; **B:** incorreta. De acordo com o art. 60 da CF, a Constituição poderá ser emendada mediante proposta: I – **de um terço**, no mínimo, dos membros da Câmara dos Deputados ou do Senado Federal, II – do Presidente da República e III – de mais da metade das Assembleias Legislativas das unidades da Federação, manifestando-se, cada uma delas, pela maioria relativa de seus membros; **C:** incorreta. Dispõe o § 7º do art. 62 da CF que prorrogar-se-á uma única vez por igual período a vigência de medida provisória que, no prazo de **sessenta dias**, contado de sua publicação, não tiver a sua votação encerrada nas duas Casas do Congresso Nacional; **D:** incorreta. Ao contrário, o silêncio importará **sanção tácita** e o prazo para a manifestação presencial é de 15 dias úteis. Determina o art. 66, § 3º, da CF que decorrido o prazo de quinze dias, o silêncio do Presidente da República importará sanção; **E:** incorreta. O "caput" do art. 69 da CF determina que as leis complementares devem ser aprovadas por **maioria absoluta**. BV

Gabarito "A".

(Procurador Municipal – Sertãozinho/SP – VUNESP – 2016) A respeito do processo legislativo brasileiro, assinale a alternativa correta.

(A) É constitucional projeto de lei municipal proposto por vereador que disponha sobre o aumento de remuneração de servidor público estatutário vinculado ao Poder Executivo.

(B) O veto do chefe do Poder Executivo deve ser expresso. A exposição da sua motivação, contudo, é dispensada, uma vez que se trata de ato de natureza política.

(C) É possível a edição de medida provisória por parte de Estado-Membro, desde que prevista tal possibilidade expressamente na Constituição Estadual.

(D) É vedada a edição de medidas provisórias sobre matéria relativa a direito penal, processual penal, direito civil e processual civil.

(E) O sistema jurídico brasileiro não contempla hipótese de projeto de lei cuja iniciativa é vinculada.

A: incorreta, nos termos do art. 61, § 1º, II, *a*, da CF, uma vez que é matéria de competência do Chefe do Poder Executivo; **B:** incorreta, pois o veto deve ser sempre motivado, ao contrário da sanção que pode ser tácita (art. 66, § 1º, da CF); **C:** correta, desde que a Constituição Estadual assim permita e, por evidente, sejam respeitados os limites estabelecidos na Constituição Federal (por respeito à simetria – nesse sentido ver ADI 2391/SC); **D:** incorreta, pois o veto não abrange o direito civil (art. 62, § 1º, I, *b*, da CF); **E:** incorreta, tendo em vista, por exemplo, a vinculação nas leis orçamentárias. AB

Gabarito "C".

11.5. TRIBUNAIS DE CONTAS

(Advogado – Pref. São Roque/SP – 2020 – VUNESP) A respeito dos Tribunais de Contas, de acordo com a Constituição Federal e com a jurisprudência dos Tribunais Superiores, assinale a alternativa correta.

(A) O Tribunal de Contas da União não possui competência para fiscalizar a aplicação de recursos repassados pela União mediante convênio a Município.

(B) O Tribunal de Contas possui competência para direta e imediatamente suspender a execução de contrato administrativo, sempre que verificada ilegalidade capaz de gerar prejuízo ao interesse público.

(C) O Tribunal de Contas possui competência para realizar, por iniciativa própria, inspeções e auditorias de natureza contábil, financeira, orçamentária, operacional e patrimonial, nas unidades administrativas do Poder Executivo.

(D) Deverão ser obedecidos os princípios do contraditório e da ampla defesa pelo Tribunal de Contas na apreciação da legalidade do ato de concessão de aposentadoria.

(E) O Ministério Público de Contas possui competência privativa para executar multa resultante de sanção aplicada pelo Tribunal de Contas.

A: errada (artigo 71, VI, da CF), pois o TCU tem tal competência. B: errada, pois a suspensão ocorrerá diretamente pelo Congresso Nacional (artigo 71, § 1º, da CF). C: correta (artigo 71, inciso IV, da CF). D: errada, conforme a Súmula Vinculante 3, do STF. E: errada, porque o Ministério Público não tem legitimidade para tal execução (jurisprudência do STJ e do STF). **AB**
Gabarito "C".

(Juiz de Direito – TJ/RJ – 2019 – VUNESP) Considerando a disciplina constitucional acerca do tema da fiscalização contábil, financeira e orçamentária, bem como a distinção entre prestação de contas de gestão e de contas de governo, é correto afirmar que

(A) ambas são apreciadas e julgadas pelo Tribunal de Contas, mas este somente pode impor sanção ao administrador no tocante às ilegalidades das contas de gestão, não podendo impor sanção quanto às contas de governo.

(B) o Tribunal de Contas aprecia e julga as contas de gestão, podendo aplicar sanção diretamente ao administrador, mas não julga as contas de governo, as quais são apreciadas e julgadas pelo Poder Legislativo.

(C) ambas são apreciadas e julgadas pelo Poder Legislativo, com base em parecer do Tribunal de Contas, e este não pode impor sanção diretamente ao administrador, mas faz apenas recomendações por meio de parecer.

(D) o Poder Legislativo aprecia e julga as contas de governo, com base em parecer do Tribunal de Contas, enquanto este aprecia as contas de gestão para posterior julgamento do Poder Legislativo, não podendo impor sanções ao administrador.

(E) o Poder Legislativo aprecia e julga as contas de gestão, impondo as sanções cabíveis, enquanto o Tribunal de Contas aprecia e julga as contas de governo, emitindo o competente parecer e impondo ao administrador as sanções previstas na Constituição Federal.

A, C e E: erradas, pois o Tribunal de Contas julga as contas de gestão e o Poder Legislativo julga as contas de Governo. A exceção fica para as contas do Prefeito, pois, segundo o STF, as contas serão julgadas pela Câmara Municipal. B: correta, conforme jurisprudência do STF (RE 848.826). D: errada, pois cabe sim aplicação de sanção. **AB**
Gabarito "B".

12. DA ORGANIZAÇÃO DO PODER JUDICIÁRIO

(Analista – TRF3 – 2024 – VUNESP) Considerando o disposto na Constituição Federal a respeito do Poder Judiciário e seus órgãos, assinale a alternativa correta.

(A) Os Tribunais Regionais Federais terão em sua composição, além de advogados e membros do Ministério Público Federal, juízes federais, por meio de promoção, com mais de 10 (dez) anos de exercício, por antiguidade e merecimento, alternadamente.

(B) Compete ao Supremo Tribunal Federal processar e julgar, originariamente, a homologação de sentenças estrangeiras e a ação em que todos os membros da magistratura sejam direta ou indiretamente interessados.

(C) Os Ministros do Superior Tribunal de Justiça serão nomeados pelo Presidente da República, entre eles um quinto dentre juízes dos Tribunais Regionais Federais e um quinto dentre desembargadores dos Tribunais de Justiça.

(D) É da competência dos Tribunais Regionais Federais processar e julgar, originariamente, os juízes federais da área de sua jurisdição, exceto os da Justiça Militar e da Justiça do Trabalho, nos crimes comuns e de responsabilidade, e os membros do Ministério Público da União, ressalvada a competência da Justiça Eleitoral.

(E) Com exceção das falências, dos acidentes de trabalho e as sujeitas à Justiça Eleitoral e à Justiça do Trabalho, aos juízes federais compete processar e julgar causas em que a União for autora, ré, assistente ou oponente e as causas entre Estado estrangeiro ou organismo internacional e Município ou pessoa domiciliada ou residente no País.

A: Incorreta. O art. 107, I e II, da CF, prevê que a composição dos Tribunais Regionais Federais será: I – um quinto dentre advogados com mais de dez anos de efetiva atividade profissional e membros do Ministério Público Federal com mais de dez anos de carreira; II – o restante, mediante promoção de juízes federais com mais de cinco anos de exercício, por antiguidade e merecimento, alternadamente. B: Incorreta. A homologação de sentenças estrangeiras é de competência originária do Superior Tribunal de Justiça, desde a promulgação da Emenda Constitucional nº 45/2004 (CF, art. 105, I, i). C: Incorreta. Os Ministros do Superior Tribunal de Justiça serão nomeados pelo Presidente da República, entre eles um terço dentre juízes dos Tribunais Regionais Federais e um terço dentre desembargadores dos Tribunais de Justiça, indicados com lista tríplice elaborada pelo próprio Tribunal (CF, art. 104, Parágrafo único, I). D: Incorreta. É da competência dos Tribunais Regionais Federais processar e julgar, originariamente, os juízes federais da área de sua jurisdição, incluídos os da Justiça Militar e da Justiça do Trabalho, nos crimes comuns e de responsabilidade, e os membros do Ministério Público da União, ressalvada a competência da Justiça Eleitoral (CF, art. 108, I, a). E: Correta. Art. 109, I e II, da CF. **ANH**
Gabarito "E".

(Juiz de Direito – TJ/SP – 2023 – VUNESP) É correto afirmar, com relação às súmulas disciplinadas pela Constituição Federal, no seu artigo 103-A, que

(A) o Supremo Tribunal Federal deverá, de ofício, mediante decisão da maioria simples dos seus membros, após reiteradas decisões sobre matéria constitucional, aprovar súmula que, a partir de sua publicação na imprensa oficial, terá efeito vinculante em relação aos demais órgãos do Poder Judiciário e à administração pública direta e indireta, nas esferas federal, estadual e municipal, bem como proceder à sua revisão ou cancelamento, na forma estabelecida em lei.

(B) a súmula terá por objetivo a validade, a interpretação e a eficácia de normas determinadas, acerca das quais haja controvérsia atual entre órgãos judiciários ou entre esses e a administração pública, que acarrete grave insegurança jurídica e relevante multiplicação de processos sobre questão idêntica.

(C) do ato administrativo ou decisão judicial que contrariar a súmula aplicável ou que indevidamente a aplicar, caberá reclamação ao Supremo Tribunal Federal que, julgando-a procedente, afastará de suas atribuições a autoridade administrativa ou o juiz responsável pelo descumprimento e nomeará interventor encarregado de proferir nova decisão, com adequada aplicação da súmula.

(D) sem prejuízo do que vier a ser estabelecido em lei, a aprovação, revisão ou cancelamento de súmula, poderá ser provocada por aqueles que podem propor mandado de segurança, mandado de injunção ou *habeas corpus*, e que deverão demonstrar, com a indicação de decisões reiteradas de órgãos do Poder Judiciário e da administração pública direta e indireta, que a matéria sumulada restou superada pelo decurso do tempo, por modificação dos costumes ou pela evolução da interpretação judicial ou administrativa posterior a sua edição.

A: Incorreta. O art. 103-A, *caput*, da CF, dispõe que: "O Supremo Tribunal Federal poderá, de ofício ou por provocação, mediante decisão de dois terços dos seus membros, após reiteradas decisões sobre matéria constitucional, aprovar súmula que, a partir de sua publicação na imprensa oficial, terá efeito vinculante em relação aos demais órgãos do Poder Judiciário e à administração pública direta e indireta, nas esferas federal, estadual e municipal, bem como proceder à sua revisão ou cancelamento, na forma estabelecida em lei". B: Correta. É o que prescreve o art. 103-A, § 1º, da CF. C: Incorreta. O art. 103-A, § 3º, da CF, estabelece que: "Do ato administrativo ou decisão judicial que contrariar a súmula aplicável ou que indevidamente a aplicar, caberá reclamação ao Supremo Tribunal Federal que, julgando-a procedente, anulará o ato administrativo ou cassará a decisão judicial reclamada, e determinará que outra seja proferida com ou sem a aplicação da súmula, conforme o caso". D: Incorreta. O art. 103-A, § 2º, da CF, preceitua que: "Sem prejuízo do que vier a ser estabelecido em lei, a aprovação, revisão ou cancelamento de súmula poderá ser provocada por aqueles que podem propor ação direta de inconstitucionalidade". **ANH**

Gabarito "B".

(Juiz de Direito – TJ/SP – 2023 – VUNESP) É vedado aos juízes, conforme dispõe o parágrafo único do artigo 95 da Constituição Federal,

(A) exercer, ainda que em disponibilidade, outro cargo ou função, sem exceção.

(B) dedicar-se à atividade político-partidária.

(C) exercer a advocacia no juízo ou tribunal do qual se afastou, antes de decorridos cinco anos do afastamento do cargo por aposentadoria ou exoneração.

(D) ser acionista de sociedade anônima de capital aberto que mantenha estabelecimento ou exerça atividade econômica no território de sua jurisdição.

A: Incorreta. Aos juízes é vedado exercer, ainda que em disponibilidade, outro cargo ou função, salvo uma de magistério (CF, art. 95, parágrafo único, I). B: Correta. Está de acordo com o art. 95, parágrafo único, III, da CF. C: Incorreta. Dispõe o art. 95, parágrafo único, V, da CF, que aos juízes é vedado: "exercer a advocacia no juízo ou tribunal do qual se afastou, antes de decorridos três anos do afastamento do cargo por aposentadoria ou exoneração". D: Incorreta. Essa vedação não está prevista no art. 95, da CF. **ANH**

Gabarito "B".

(Juiz de Direito – TJ/SP – 2023 – VUNESP) Com relação ao Tribunal de Justiça do Estado de São Paulo, é correto afirmar que a Segunda Instância do Judiciário paulista

(A) é composta de 360 desembargadores, e nos órgãos de cúpula estão o presidente, o vice-presidente, o corregedor-geral da Justiça, o decano e os presidentes das seções de Direito Criminal, Direito Público e Direito Privado. Eles integram o Conselho Superior da Magistratura. Também há o Órgão Especial, composto de 25 desembargadores, o presidente, 12 mais antigos e 12 eleitos.

(B) é composta de 480 desembargadores, e nos órgãos de cúpula estão o presidente, o vice-presidente, o corregedor-geral da Justiça e o corregedor-geral auxiliar, encarregado da corregedoria do serviço extrajudicial. Eles, juntamente com o decano, integram o Conselho Superior da Magistratura. Também há o Órgão Especial, composto de 25 desembarga- dores, todos eleitos.

(C) é composta de 360 desembargadores, e nos órgãos de cúpula estão o presidente, o vice-presidente e o corregedor-geral da Justiça. Eles integram o Conselho Superior da Magistratura. Também há o Órgão Especial, composto dos 25 desembargadores mais antigos.

(D) é composta de 480 desembargadores, e nos órgãos de cúpula estão o presidente, o vice-presidente e o corregedor-geral da Justiça. Eles integram o Conselho Superior da Magistratura. Também há o Órgão Especial, composto de 25 desembargadores, o presidente e os 24 mais antigos.

A alternativa A é a correta. Essa composição está no site do Tribunal de Justiça do Estado de São Paulo, com o seguinte endereço eletrônico: https://www.tjsp.jus.br/QuemSomos#:~:text=Hoje%2C%20 a%20Segunda%20Inst%C3%A2ncia%20do,o%20Conselho%20 Superior%20da%20Magistratura. **ANH**

Gabarito "A".

(Escrevente – TJ/SP – VUNESP – 2023) Sobre a estrutura do Poder Judiciário e respectiva jurisdição, assinale a alternativa correta à luz da previsão expressa do artigo 92 da Constituição Federal de 1988.

(A) O Tribunal Federal de Recursos tem sede na Capital Federal e Jurisdição sobre todo o território nacional.

(B) O Conselho Nacional de Justiça e os Tribunais Superiores são considerados órgãos do Judiciário e têm sede na capital federal.

(C) A Justiça de Paz está expressamente prevista como órgão do Poder Judiciário.

(D) O Conselho Nacional de Justiça é considerado órgão do Poder Judiciário, com sede e jurisdição equivalentes às dos Tribunais Regionais Federais.

(E) A Justiça Desportiva é considerada órgão do Poder Judiciário, com autonomia e âmbito nacional de jurisdição.

A: Errada. O Tribunal Federal de Recursos foi criado pela Constituição Federal de 1946, mas foi extinto com a Constituição Federal de 1988. **B:** Correta. Estão previstos no art. 92 da CF. **C:** Errada. A Justiça de Paz não faz parte do Poder Judiciário. **D:** Errada. O Conselho Nacional de Justiça não tem jurisdição equivalente aos Tribunais Regionais Federais, sendo que a sua competência está estabelecida no § 4º do art. 103-B da CF. **E:** Errada. A Justiça Desportiva não faz parte do Poder Judiciário, pois é órgão meramente administrativo. **ANH**
Gabarito "B".

(Investigador – PC/BA – 2018 – VUNESP) Partindo das previsões constantes na Constituição Federal brasileira, assinale a alternativa correta acerca da organização, das competências e dos órgãos do Poder Judiciário.

(A) Compete ao Supremo Tribunal Federal homologar sentenças estrangeiras e conceder exequatur às cartas rogatórias.

(B) Na promoção de entrância para entrância, será obrigatória a promoção do juiz que figure por 3 (três) vezes consecutivas ou 5 (cinco) alternadas em lista de merecimento.

(C) As decisões administrativas dos tribunais serão motivadas e em sessão pública, sendo as disciplinares tomadas pelo voto de 2/3 (dois terços) de seus membros.

(D) É vedado aos magistrados exercer a advocacia no juízo ou tribunal do qual se afastou, antes de decorridos 4 (quatro) anos do afastamento do cargo por aposentadoria ou exoneração.

(E) O Poder Executivo poderá reduzir unilateralmente o orçamento proposto pelo Poder Judiciário, ainda que esse tenha sido elaborado e enviado com observância aos limites, forma e prazo da Lei de Diretrizes Orçamentárias, quando constatada insuficiência de recursos.

A: incorreta, pois compete ao Superior Tribunal de Justiça processar e julgar, originariamente, a homologação de sentenças estrangeiras e a concessão de exequatur às cartas rogatórias (art. 105, I, *i*, da CF); **B:** correta, nos termos do art. 93, II, *a*, da CF; **C:** incorreta, visto que as decisões administrativas dos tribunais serão motivadas e em sessão pública, sendo as disciplinares tomadas pelo voto da **maioria absoluta** de seus membros (art. 93, X, da CF); **D:** incorreta, porque é vedado aos juízes exercer a advocacia no juízo ou tribunal do qual se afastou, antes de decorridos **três anos** do afastamento do cargo por aposentadoria ou exoneração (art. 95, parágrafo único, V, da CF); **E:** incorreta, pois o Poder Executivo somente poderá proceder aos ajustes necessários nas propostas orçamentárias do Poder Judiciário se forem encaminhadas em desacordo com os limites estipulados na lei de diretrizes orçamentárias (art. 99, §§ 1º e 4º, da CF). **AN**
Gabarito "B".

(Investigador – PC/BA – 2018 – VUNESP) Segundo o disposto pela Constituição Federal, é correto afirmar, sobre o Conselho Nacional de Justiça, que

(A) é composto de 15 (quinze) membros com mandato de 2 (dois) anos, sendo admitida uma única recondução.

(B) deve elaborar, anualmente, relatório estatístico sobre processos e sentenças prolatadas, por unidade da Federação, nos diferentes órgãos do Poder Judiciário.

(C) o Conselho será presidido pelo Vice-Presidente do Supremo Tribunal Federal, e, nas suas ausências e impedimentos, pelo Ministro mais antigo da Corte.

(D) o Ministro mais antigo do Supremo Tribunal Federal exercerá a função de Ministro Corregedor do Conselho Nacional de Justiça e ficará excluído da distribuição de processos no Tribunal.

(E) deve rever, de ofício ou mediante provocação, os processos disciplinares de juízes e membros de tribunais julgados há menos de 5 (cinco) anos.

A: correta, nos termos do art. 103-B, *caput*, da CF; **B:** incorreta, pois o CNJ deve elaborar **semestralmente** relatório estatístico sobre processos e sentenças prolatadas, por unidade da Federação, nos diferentes órgãos do Poder Judiciário (art. 103-B, § 4º, VI, da CF); **C:** incorreta, pois o Conselho será presidido pelo Presidente do Supremo Tribunal Federal e, nas suas ausências e impedimentos, pelo Vice-Presidente do Supremo Tribunal Federal (art. 103-B, § 1º, da CF); **D:** incorreta, porque o Ministro do Superior Tribunal de Justiça exercerá a função de Ministro-Corregedor e ficará excluído da distribuição de processos no Tribunal (art. 103-B, § 5º, da CF); **E:** incorreta, visto que cabe ao CNJ rever, de ofício ou mediante provocação, os processos disciplinares de juízes e membros de tribunais julgados há menos de **um ano** (art. 103-B, § 4º, V, da CF). **AN**
Gabarito "A".

(Juiz de Direito – TJ/RS – 2018 – VUNESP) Assinale a alternativa que corretamente discorre sobre o Conselho Nacional de Justiça.

(A) O Conselho Nacional de Justiça poderá exercer o controle abstrato de constitucionalidade, declarando, em tese e como questão principal de eventual procedimento de controle administrativo, a inconstitucionalidade de lei ou ato normativo.

(B) Sem prejuízo da competência disciplinar e correicional dos Tribunais, o Conselho Nacional de Justiça pode avocar processos disciplinares e determinar, dentre outras sanções cabíveis, a perda do cargo de membro do Poder Judiciário.

(C) O fato de o Conselho Nacional de Justiça ser composto por algumas pessoas estranhas ao Poder Judiciário fere a independência desse poder, tanto que o Supremo Tribunal Federal já declarou inconstitucionais os dispositivos que versam sobre a composição do Conselho.

(D) A Constituição Federal determina que a União crie ouvidorias de justiça, que serão competentes para receber reclamações e denúncias contra membros do Poder Judiciário e encaminhá-las aos respectivos Tribunais, mas não diretamente ao Conselho Nacional de Justiça.

(E) O Conselho Nacional de Justiça não tem nenhum a competência sobre o Supremo Tribunal Federal e seus ministros, sendo esse o órgão máximo do Poder Judiciário nacional, a que aquele está sujeito.

A: incorreta, já que o Conselho Nacional de Justiça não possui competência para declarar a inconstitucionalidade de atos estatais (atribuição sujeita à reserva de jurisdição), podendo, todavia, recusar-se a conferir aplicabilidade a normas inconstitucionais, eis que *"há que [se] distinguir entre declaração de inconstitucionalidade e não aplicação de leis inconstitucionais, pois esta é obrigação de qualquer tribunal ou órgão de qualquer dos Poderes do Estado"* (RMS 8.372/CE, Rel. Min. Pedro Chaves, Tribunal Pleno). Insere-se entre as competências constitucionalmente atribuídas ao Conselho Nacional de Justiça a possibilidade de afastar, por inconstitucionalidade, a aplicação de lei aproveitada como base de ato administrativo objeto de controle, determinando aos órgãos submetidos a seu espaço de influência a observância desse entendimento, por ato expresso e formal tomado pela maioria absoluta dos seus membros (Pet 4656/PB, Rel. Min. Cármen Lúcia, Tribunal Pleno, j. em 19.12.2016); **B:** incorreta, já que o CNJ pode avocar processos disciplinares em curso e determinar a remoção, a disponibilidade ou a aposentadoria com subsídios ou proventos proporcionais ao tempo de serviço e aplicar outras sanções administrativas, exceto a perda do cargo de membro do Poder Judiciário (art. 103-B, § 4º, III, da CF); **C:** incorreta, pois o STF já declarou constitucionais os dispositivos que versam sobre a composição do Conselho, asseverando que "*se o instituto que atende pelo nome de quinto constitucional, enquanto integração de membros não pertencentes à carreira da magistratura em órgãos jurisdicionais, encarregados do exercício da função típica do Judiciário, não ofende o princípio da separação e independência dos Poderes, então não pode ofendê-la a fortiori a mera incorporação de terceiros em órgão judiciário carente de competência jurisdicional*" (ADI 3.367, Rel. Min. Cezar Peluso, j. 13-4-2005); **D:** incorreta, uma vez que a Constituição determina que a União crie ouvidorias de justiça com competência para receber reclamações e denúncias de qualquer interessado contra membros ou órgãos do Poder Judiciário, ou contra seus serviços auxiliares, representando diretamente ao Conselho Nacional de Justiça (art. 103-B, § 7º, da CF); **E:** correta, conforme os termos do entendimento firmado pelo STF na ADI 3.367, Rel. Min. Cezar Peluso, j. 13-4-2005. **AN**

Gabarito "E".

(Defensor Público/RO – 2017 – VUNESP) Assinale a alternativa que corretamente discorre sobre o conteúdo de Súmula Vinculante do Supremo Tribunal Federal.

(A) É direito do defensor, no interesse do representado, ter acesso amplo aos elementos de prova, documentados ou não, em procedimento investigatório, se disserem respeito ao exercício do direito de defesa.

(B) Basta previsão no edital para que se possa sujeitar a exame psicotécnico a habilitação de candidato a cargo público.

(C) É constitucional a exigência de depósito ou arrolamento prévios de dinheiro ou bens para admissibilidade de recurso administrativo.

(D) É ilícita a prisão civil de depositário infiel, qualquer que seja a modalidade do depósito.

(E) A cobrança de taxa de matrícula nas universidades públicas não viola o disposto no art. 206, IV, da Constituição Federal.

A: incorreta, pois é direito do defensor, no interesse do representado, ter acesso amplo aos elementos de prova que, já documentados em procedimento investigatório realizado por órgão com competência de polícia judiciária, digam respeito ao exercício do direito de defesa (Súmula Vinculante 14 do STF); **B:** incorreta, pois só por lei se pode sujeitar a exame psicotécnico a habilitação de candidato a cargo público (Súmula Vinculante 44 do STF); **C:** incorreta, pois é inconstitucional a exigência de depósito ou arrolamento prévios de dinheiro ou bens para admissibilidade de recurso administrativo (Súmula Vinculante 21 do STF); **D:** correta, conforme a Súmula Vinculante 25 do STF; **E:** incorreta, pois a cobrança de taxa de matrícula nas universidades públicas viola o disposto no art. 206, IV, da Constituição Federal (Súmula Vinculante 12 do STF). **AN**

Gabarito "D".

(Juiz – TJ/RJ – VUNESP – 2016) No que se refere à Súmula Vinculante, é correto afirmar que:

(A) o efeito vinculante se estende aos Poderes Legislativo, Executivo e ao Poder Judiciário.

(B) partido político com representação no Congresso Nacional pode interpor reclamação constitucional contra texto ou entendimento de Súmula Vinculante.

(C) o cancelamento de Súmula poderá ser provocado pelo Governador do Estado.

(D) do ato administrativo ou judicial que contrariar súmula vinculante caberá, respectivamente, reclamação e recurso extraordinário.

(E) o Supremo Tribunal Federal poderá propor Súmula Vinculante que tenha por objeto a interpretação constitucional e o Superior Tribunal de Justiça matéria referente a controvérsia atual entre órgãos jurisdicionais.

A: incorreta. O Poder Legislativo, quando exerce a sua função típica de criar normas abstratas e genéricas, não está submetido ao efeito da súmula vinculante. A súmula vinculante, portanto, não atinge a função legislativa, ainda que exercida de forma atípica por outro poder; **B:** incorreta. A reclamação constitucional, dentre outras hipóteses, visa a proteger o disposto em súmula vinculante. De acordo com o § 3º do art. 103-A da CF, do ato administrativo ou decisão judicial que contrariar a súmula aplicável ou que indevidamente a aplicar, caberá reclamação ao Supremo Tribunal Federal que, julgando-a procedente, anulará o ato administrativo ou cassará a decisão judicial reclamada, e determinará que outra seja proferida com ou sem a aplicação da súmula, conforme o caso. Por outro lado, para combater a súmula o correto é um pedido de cancelamento ou de revisão que, de fato, pode ser proposto pelo partido político com representação no Congresso Nacional (art. 3º, VII, da Lei 11.417/2006); **C:** correta. De fato, o cancelamento da súmula vinculante pode ser provocado pelo Governador do Estado. Determina o art. 3º da Lei 11.417/2006 (Súmula Vinculante) que são legitimados a propor a edição, a revisão ou o cancelamento de enunciado de súmula vinculante: I – o Presidente da República, II – a Mesa do Senado Federal, III – a Mesa da Câmara dos Deputados, IV – o Procurador-Geral da República, V – o Conselho Federal da Ordem dos Advogados do Brasil, VI – o Defensor Público-Geral da União, VII – partido político com representação no Congresso Nacional, VIII – confederação sindical ou entidade de classe de âmbito nacional, IX – a Mesa de Assembleia Legislativa ou da Câmara Legislativa do Distrito Federal, X – o Governador de Estado ou do Distrito Federal, XI – os Tribunais Superiores, os Tribunais de Justiça de Estados ou do Distrito Federal e Territórios, os Tribunais Regionais Federais, os Tribunais Regionais do Trabalho, os Tribunais Regionais Eleitorais e os Tribunais Militares; **D:** incorreta. Como mencionado, do ato administrativo ou judicial que contrariar súmula vinculante caberá reclamação ao STF; **E:** incorreta. O STJ não pode editar súmula vinculante. Tal competência é dada apenas ao STF. De acordo com o "caput" do art. 103-A, o Supremo Tribunal Federal poderá, de ofício ou por provocação, mediante decisão de dois terços dos seus membros, após reiteradas decisões sobre matéria constitucional, aprovar súmula que, a partir de sua publicação na imprensa oficial, terá efeito vinculante em relação aos demais órgãos do Poder Judiciário e à Administração Pública direta e indireta, nas esferas federal, estadual e municipal, bem como proceder à sua revisão ou cancelamento, na forma estabelecida em lei. **BV**

Gabarito "C".

(Juiz – TJ/RJ – VUNESP – 2016) Os membros do Conselho Nacional de Justiça serão julgados, no caso de crime de responsabilidade, pelo:

(A) Pleno do Conselho Nacional de Justiça.

(B) Congresso Nacional.

(C) Supremo Tribunal Federal.

(D) Senado Federal.

(E) Superior Tribunal de Justiça.

De acordo com o art. 52, II, da CF, compete ao Senado Federal, de forma privativa, processar e julgar os Ministros do Supremo Tribunal Federal, os membros do Conselho Nacional de Justiça e do Conselho Nacional do Ministério Público, o Procurador-Geral da República e o Advogado-Geral da União nos crimes de responsabilidade. **BV**

Gabarito "B".

5. DIREITO CONSTITUCIONAL   233

13. DAS FUNÇÕES ESSENCIAIS À JUSTIÇA

(Juiz de Direito – TJ/SP – 2023 – VUNESP) Dentre as Funções Essenciais à Justiça, estabelece a Constituição Federal, no artigo 127, que "o Ministério Público é instituição permanente, essencial à função jurisdicional do Estado, incumbindo-lhe a defesa da ordem jurídica, do regime democrático e dos interesses sociais e individuais indisponíveis".

Com relação à essa instituição, consta do texto constitucional que

(A) ao Ministério Público é assegurada autonomia funcional e administrativa, podendo, observado o disposto no art. 169, criar e extinguir diretamente seus cargos e serviços auxiliares, provendo-os por concurso público de provas ou de provas e títulos, assim como estabelecer a política remuneratória e os planos de carreira.

(B) o Ministério Público da União tem por chefe o Procurador-Geral da República, nomeado pelo Presidente da República dentre integrantes da carreira que contem com mais de 20 anos de serviço, após a aprovação de seu nome por 2/3 dos membros do Senado Federal, para mandato de dois anos, permitida a recondução.

(C) os Ministérios Públicos dos Estados e o do Distrito Federal e Territórios formarão lista tríplice dentre integrantes da carreira, na forma da lei respectiva, para escolha de seu Procurador-Geral, que será nomeado pelo Chefe do Poder Executivo, para mandato de dois anos, permitida uma recondução.

(D) durante a execução orçamentária do exercício, poderá haver a realização de despesas ou a assunção de obrigações que extrapolem os limites estabelecidos na lei de diretrizes orçamentárias, desde que justificadas por ato fundamentado do Procurador-Geral da República e mediante a abertura de créditos suplementares ou especiais.

A: Incorreta. O art. 127, § 2º, da CF, estabelece que: "Ao Ministério Público é assegurada autonomia funcional e administrativa, podendo, observado o disposto no art. 169, propor ao Poder Legislativo a criação e extinção de seus cargos e serviços auxiliares, provendo-os por concurso público de provas ou de provas e títulos, a política remuneratória e os planos de carreira; a lei disporá sobre sua organização e funcionamento". **B:** Incorreta. O art. 128, § 1º, da CF, prevê que: "O Ministério Público da União tem por chefe o Procurador-Geral da República, nomeado pelo Presidente da República dentre integrantes da carreira, maiores de trinta e cinco anos, após a aprovação de seu nome pela maioria absoluta dos membros do Senado Federal, para mandato de dois anos, permitida a recondução". **C:** Correta. É o que dispõe o art. 128, § 3º, da CF. **D:** Incorreta. O art. 127, § 6º, determina que: "Durante a execução orçamentária do exercício, não poderá haver a realização de despesas ou a assunção de obrigações que extrapolem os limites estabelecidos na lei de diretrizes orçamentárias, exceto se previamente autorizadas, mediante a abertura de créditos suplementares ou especiais". **ANH**
Gabarito "C"

(Delegado – PC/BA – 2018 – VUNESP) A Constituição Federal de 1988 proclama que o advogado é indispensável à administração da Justiça, sendo inviolável por seus atos e manifestações no exercício da profissão, nos limites da lei. Em decorrência de tal previsão constitucional, é correto afirmar que

(A) a garantia da inviolabilidade não abrange manifestações injuriosas, ainda que proferidas no estrito âmbito de discussão da causa.

(B) a garantia da inviolabilidade alcança a relação advogado-cliente, não havendo dano moral em carta de cobrança de honorários que possua expressões ofensivas.

(C) a garantia da inviolabilidade impede processar criminalmente um advogado pela suposta prática de crime de desacato.

(D) o princípio da indispensabilidade determina que somente advogados possam fazer sustentação oral em julgamento no Supremo Tribunal Federal.

(E) o princípio da indispensabilidade possui exceções, como a impetração de habeas corpus e mandado de segurança.

A: incorreta, pois o advogado tem imunidade profissional, não constituindo injúria ou difamação puníveis qualquer manifestação de sua parte, no exercício de sua atividade, em juízo ou fora dele, sem prejuízo das sanções disciplinares perante a OAB, pelos excessos que cometer (art. 7º, § 2º, da Lei 8.906/1994; ADIN 1.127-8); **B:** incorreta, já que a imunidade do advogado não alcança as relações do profissional com o seu próprio cliente. Nessa linha, o seguinte julgado do STF: "*Advogado: imunidade judiciária (CF, art. 133): não compreensão de atos relacionados a questões pessoais. A imunidade do advogado — além de condicionada aos 'limites da lei', o que, obviamente, não dispensa o respeito ao núcleo essencial da garantia da libertas conviciandi — não alcança as relações do profissional com o seu próprio cliente.*" (RE 387.945, rel. min. Sepúlveda Pertence, Primeira Turma, j. em 14-2-2006); **C:** incorreta, visto que o STF declarou a inconstitucionalidade da expressão "ou desacato" contida no § 2º do art. 7º da Lei 8.906/1994, acabando com a imunidade material do advogado em relação a esse crime. "*A imunidade profissional do advogado não compreende o desacato, pois conflita com a autoridade do magistrado na condução da atividade jurisdicional*" (ADI 1127, Rel. Min. Marco Aurélio, Rel. p/ Acórdão: Min. Ricardo Lewandowski, Tribunal Pleno, julgado em 17-05-2006); **D:** correta, de acordo com o art. 124, parágrafo único, do Regimento Interno do Supremo Tribunal Federal e com a jurisprudência daquela Corte que afirma que não cabe a sustentação oral, perante o Supremo Tribunal Federal, por quem não é advogado (HC 63388 QO, Rel.: Min. Octavio Gallotti, Primeira Turma, j. em 25-04-1986); **E:** incorreta, pois a impetração de mandado de segurança não admite exceção ao princípio da indispensabilidade do advogado. **AN**
Gabarito "D"

(Defensor Público/RO – 2017 – VUNESP) Suponha-se que a Lei Orgânica da Defensoria Pública do Estado de Rondônia seja alterada para contemplar, no rol de suas funções institucionais, a defesa judicial de servidores públicos estaduais processados civil ou criminalmente em razão do regular exercício do cargo. Essa modificação deve ser considerada

(A) inconstitucional, porque extrapola o modelo delineado pela Constituição Federal, que prevê que a Defensoria Pública prestará assistência jurídica integral e gratuita aos que comprovarem insuficiência de recursos.

(B) constitucional, porque a defesa judicial de servidores públicos estaduais se amolda ao perfil constitucional da Defensoria Pública que prevê atribuições de assistência jurídica ao Estado e seus agentes públicos.

(C) inconstitucional, porque a assistência jurídica deve ser integral, assim, a previsão legal deveria abranger não só a defesa judicial dos servidores públicos estaduais como também a defesa destes em processos administrativos.

(D) constitucional, porque a defesa judicial de servidores públicos estaduais é compatível com a missão constitucional da Defensoria Pública de representar o Estado judicial e extrajudicialmente e prestar-lhe atividades de consultoria e assessoramento jurídico.

(E) inconstitucional, porque extrapola o modelo definido pela Constituição Federal, pois os servidores públicos estaduais não se enquadram na categoria de pessoas cujos recursos são insuficientes para promover sua defesa.

A modificação da Lei Orgânica da Defensoria Pública do Estado de Rondônia é inconstitucional, porque extrapola o modelo delineado pela Constituição Federal, que prevê que a Defensoria Pública prestará assistência jurídica, de forma integral e gratuita, aos **necessitados** (art. 134 da CF). No mesmo sentido, o STF entende que *"norma estadual que atribui à Defensoria Pública do estado a defesa judicial de servidores públicos estaduais processados civil ou criminalmente em razão do regular exercício do cargo extrapola o modelo da Constituição Federal (art. 134), o qual restringe as atribuições da Defensoria Pública à assistência jurídica a que se refere o art. 5°, LXXIV"* (ADI 3.022, Rel. Min. Joaquim Barbosa, P, j. 2-8-2004). **AN**

Gabarito "A".

14. DEFESA DO ESTADO

(Delegado – PC/BA – 2018 – VUNESP) Assinale a alternativa que corretamente trata do sistema constitucional de crises.

(A) Na hipótese extrema do estado de defesa, quando medidas enérgicas devem ser tomadas para preservar a ordem pública, o preso pode ficar, excepcionalmente, incomunicável.

(B) O Estado de Sítio pode ser defensivo, tendo como pressuposto material a ocorrência de uma comoção grave, cuja repercussão é nacional e que não pode ser debelada com os instrumentos normais de segurança.

(C) Logo que cesse o Estado de Defesa ou o Estado de Sítio, as medidas aplicadas em sua vigência pelo Presidente da República serão relatadas em mensagem ao Supremo Tribunal Federal, pois cumpre ao Judiciário o controle de legalidade dos atos praticados.

(D) Cessado o Estado de Sítio, cessam imediatamente seus efeitos, de modo que os atos coercitivos autorizados em decreto, executados pelos delegados do Presidente da República, são imunes ao controle judicial.

(E) Os pareceres emitidos pelos Conselhos da República e de Defesa Nacional não são vinculantes, cabendo a decretação do estado de defesa ao Presidente da República, que expedirá decreto estabelecendo a duração da medida.

A: incorreta, pois, na vigência do estado de defesa, é vedada a incomunicabilidade do preso (art. 136, § 3°, IV, da CF); **B:** incorreta, porque o estado de sítio defensivo tem como pressuposto material a declaração de estado de guerra ou resposta a agressão armada estrangeira (art. 137, II, da CF); **C:** incorreta, pois, logo que cesse o estado de defesa ou o estado de sítio, as medidas aplicadas em sua vigência serão relatadas pelo Presidente da República, em mensagem ao **Congresso Nacional**, com especificação e justificação das providências adotadas, com relação nominal dos atingidos e indicação das restrições aplicadas (art. 141, parágrafo único, da CF); **D:** incorreta, já que, cessado o estado de defesa ou o estado de sítio, cessarão também seus efeitos, sem prejuízo da responsabilidade pelos ilícitos cometidos por seus

executores ou agentes (art. 141, *caput*, da CF); **E:** correta, pois o Presidente da República pode, **ouvidos** – não é vinculante – o Conselho da República e o Conselho de Defesa Nacional, **decretar** estado de defesa para preservar ou prontamente restabelecer, em locais restritos e determinados, a ordem pública ou a paz social ameaçadas por grave e iminente instabilidade institucional ou atingidas por calamidades de grandes proporções na natureza. O decreto que instituir o estado de defesa determinará o tempo de sua duração, especificará as áreas a serem abrangidas e indicará as medidas coercitivas a vigorarem (art. 136, *caput* e § 1°, da CF). **AN**

Gabarito "E".

(Investigador – PC/BA – 2018 – VUNESP) Com base nas previsões da Constituição Federal de 1988, é correto afirmar sobre a segurança pública que

(A) às polícias civis, dirigidas por delegados de polícia de carreira, incumbem, ressalvada a competência da União, as funções de polícia judiciária e a apuração de infrações penais, inclusive as militares.

(B) é competência concorrente das polícias federal e civil as funções de polícia judiciária da União.

(C) os servidores policiais serão remunerados exclusivamente por subsídio fixado em parcela única, vedado o acréscimo de qualquer gratificação, adicional, abono, prêmio, verba de representação ou outra espécie remuneratória.

(D) é permitido aos Municípios que detenham a partir de 30 (trinta) mil habitantes a constituição de guardas municipais destinadas à proteção de seus bens, serviços e instalações.

(E) compete à polícia civil exercer, com exclusividade, as funções de polícia judiciária da União.

A: incorreta, visto que às polícias civis, dirigidas por delegados de polícia de carreira, incumbem, ressalvada a competência da União, as funções de polícia judiciária e a apuração de infrações penais, **exceto as militares** (art. 144, § 4°, da CF); **B e E:** incorretas, pois compete à polícia federal exercer, **com exclusividade**, as funções de polícia judiciária da União (art. 144, § 1°, IV, da CF); **C:** correta, de acordo com o art. 144, § 9°, combinado com o art. 39, § 4°, ambos da CF; **D:** incorreta, porque os municípios poderão constituir guardas municipais destinadas à proteção de seus bens, serviços e instalações, independentemente do número de habitantes (art. 144, § 8°, da CF). **AN**

Gabarito "C".

(Escrevente Técnico – TJM/SP – VUNESP – 2017) Nos termos da Constituição Federal, os policiais militares estaduais têm, entre suas funções,

(A) a segurança nacional, se o caso.

(B) a garantia dos poderes constitucionais.

(C) a preservação da ordem pública.

(D) a de polícia judiciária.

(E) a apuração de infrações penais.

Determina o art. 144, § 5°, da CF que às polícias militares cabem a polícia ostensiva e a preservação da ordem pública. **BV**

Gabarito "C".

(Procurador – IPSMI/SP – VUNESP – 2016) De acordo com a Constituição Federal, a respeito do procedimento de intervenção federal e estadual, é correto afirmar que:

(A) os Estados são os únicos legitimados a intervir nos Municípios, mesmo que em Territórios Federais, assim como a União nos Estados da federação, por questão de hierarquia constitucional.

5. DIREITO CONSTITUCIONAL   235

(B) uma das hipóteses de intervenção federal reside no fato de o Estado suspender o pagamento da dívida fundada por mais de três anos consecutivos, salvo motivo de força maior.

(C) o decreto de intervenção, que especificará a amplitude, o prazo e as condições de execução e que, se couber, nomeará o interventor, será submetido à apreciação da Câmara dos Deputados ou da Assembleia Legislativa do Estado, no prazo de quarenta e oito horas.

(D) cessados os motivos da intervenção, as autoridades afastadas de seus cargos não mais poderão retomá-los, sendo que seus sucessores hierárquicos deverão tomar posse em vinte e quatro horas.

(E) a decretação da intervenção dependerá, no caso de desobediência a ordem ou decisão judiciária, de requisição do Supremo Tribunal Federal, do Superior Tribunal de Justiça ou do Tribunal Superior Eleitoral.

A: incorreta, pois a União poderá intervir em Município localizado em Território Federal, nos termos do art. 35, da CF; **B:** incorreta, pois o prazo é de mais de 2 anos (art. 34, V, *a*, da CF); **C:** incorreta, pois o prazo é de 24 horas, além da apreciação ser do Congresso Nacional ou da Assembleia Legislativa (art. 36, § 1º, da CF); **D:** incorreta, pois o art. 36, § 4º, da CF, determina que as autoridades afastadas de seus cargos a estes voltarão, salvo impedimento legal; **E:** correta, nos termos do art. 36, II, da CF. AB

Gabarito "E".

15. TRIBUTAÇÃO E ORÇAMENTO

(Juiz de Direito – TJ/SP – 2023 – VUNESP) Dispõe a Constituição Federal, no seu artigo 165 e parágrafos, que a lei de diretrizes orçamentárias compreenderá

(A) as metas e prioridades da administração pública federal, estabelecerá as diretrizes de política fiscal e respectivas metas, em consonância com trajetória sustentável da dívida pública, orientará a elaboração da lei orçamentária anual, disporá sobre as alterações na legislação tributária e estabelecerá a política de aplicação das agências financeiras oficiais de fomento.

(B) o orçamento fiscal referente aos Poderes da União, seus fundos, órgãos e entidades da administração direta e indireta, inclusive fundações instituídas e mantidas pelo Poder Público.

(C) o orçamento de investimento das empresas em que a União, direta ou indiretamente, detenha a maioria do capital social com direito a voto e o orçamento da seguridade social, abrangendo todas as entidades e órgãos a ela vinculados, da administração direta ou indireta, bem como os fundos e fundações instituídos e mantidos pelo Poder Público.

(D) de forma regionalizada, as diretrizes, os objetivos e as metas da administração pública federal para as despesas de capital e outras delas decorrentes e para as relativas aos programas de duração continuada.

A: Correta. A redação da alternativa está conforme o que dispõe o art. 165, § 2º, da CF. **B:** Incorreta. Refere-se à lei orçamentária anual (CF, art. 165, § 5º, I). **C:** Incorreta. Refere-se à lei orçamentária anual (CF, art. 165, § 5º, II e III). **D:** Incorreta. Refere-se ao plano plurianual (CF, art. 165, § 1º). ANH

Gabarito "A".

(Defensor Público/RO – 2017 – VUNESP) A Constituição Federal prevê que uma lei deve estabelecer, de forma regionalizada, as diretrizes, objetivos e metas da Administração Pública para as despesas de capital e outras delas decorrentes e para as relativas aos programas de duração continuada, denominando-a de

(A) Lei Orçamentária Anual.

(B) Lei de Diretrizes Orçamentárias.

(C) Plano Plurianual.

(D) Lei de Responsabilidade Fiscal.

(E) Normas Gerais de Direito Financeiro.

O art. 165, § 1º, da CF prevê que a lei que instituir o **plano plurianual** estabelecerá, de forma regionalizada, as diretrizes, objetivos e metas da administração pública federal para as despesas de capital e outras delas decorrentes e para as relativas aos programas de duração continuada. AN

Gabarito "C".

16. ORDEM ECONÔMICA E FINANCEIRA

(Advogado – Pref. São Roque/SP – 2020 – VUNESP) A respeito da Política Urbana, com base na Constituição Federal, assinale a alternativa correta.

(A) O plano diretor é o instrumento básico da política de desenvolvimento e expansão urbana, sendo obrigatório para cidades com mais de dez mil habitantes.

(B) A propriedade urbana cumpre sua função social quando atende às exigências fundamentais de ordenação da cidade expressas no plano diretor.

(C) As desapropriações de imóveis urbanos que não atendam às especificações do plano diretor devem ser precedidas de indenização em títulos da dívida pública, resgatáveis em 20 (vinte) anos.

(D) Os imóveis públicos que não atendam a sua função social podem ser objeto de usucapião.

(E) Aquele que possuir como sua área urbana de até trezentos e cinquenta metros quadrados, por três anos, utilizando-a para o exercício de atividade comercial, adquirir-lhe-á o domínio.

A: errada, porque a obrigatoriedade é para cidades com mais de vinte mil habitantes (artigo 182, § 1º, da CF). **B:** correta (artigo 182, § 2º, da CF). **C:** errada, pois o prazo é de até 10 anos (artigo 182, § 4º, III, da CF). **D:** errada, porque os imóveis públicos não são adquiridos por usucapião (artigo 183, § 3º, da CF). Por último, a letra **E** está errada, porque o limite é de até duzentos e cinquenta metros quadrados, por cinco anos (artigo 183, da CF). AB

Gabarito "B".

(Juiz de Direito – TJ/RS – 2018 – VUNESP) A Súmula Vinculante nº 49 afirma que a lei municipal que impede a instalação de estabelecimentos comerciais do mesmo ramo em determinada área é

(A) inconstitucional, porque compete privativamente à União legislar sobre atividades financeiras, econômicas e comerciais.

(B) inconstitucional, porque viola o princípio da livre concorrência, previsto como princípio expresso da ordem econômica na Constituição Federal de 1988.

(C) inconstitucional, porque um dos princípios da ordem econômica na Constituição Federal de 1988 é a redução das desigualdades regionais e sociais.

(D) constitucional, porque os Municípios são competentes para legislar sobre assuntos de interesse local conforme prevê o texto da Carta da República.

(E) constitucional, porque no âmbito da ordem econômica da Constituição Federal de 1988, a intervenção do Estado deve coibir o abuso do poder econômico.

A Súmula Vinculante 49 do STF estabelece que ofende o princípio da livre concorrência lei municipal que impede a instalação de estabelecimentos comerciais do mesmo ramo em determinada área. Neste sentido, o precedente representativo dessa súmula vinculante: *1. A CF/1988 assegura o livre exercício de qualquer atividade econômica, independentemente de autorização do poder público, salvo nos casos previstos em lei. 2. Observância de distância mínima da farmácia ou drogaria existente para a instalação de novo estabelecimento no perímetro. [...] Limitação geográfica que induz à concentração capitalista, em detrimento do consumidor, e implica cerceamento do exercício do princípio constitucional da livre concorrência, que é uma manifestação da liberdade de iniciativa econômica privada.* (RE 193.749, Rel. Min. Carlos Velloso, Rel. p/ o ac. Min. Maurício Corrêa, P, j. 4-6-1998). AN
Gabarito "B".

(Procurador Municipal – Sertãozinho/SP – VUNESP – 2016) A Constituição Federal, ao regular a Política Urbana, estabelece que:

(A) os imóveis públicos urbanos podem ser objeto de usucapião, desde que respeitados os requisitos legais.

(B) aquele que possuir como sua área urbana de até duzentos e cinquenta metros quadrados, por cinco anos, ininterruptamente e sem oposição, utilizando-a para sua moradia ou de sua família, adquirir-lhe-á o domínio, desde que não seja proprietário de outro imóvel urbano ou rural. Nessa hipótese, esse direito não poderá ser adquirido pelo mesmo possuidor mais de uma vez.

(C) o plano diretor, aprovado pela Câmara Municipal, obrigatório para cidades com mais de dez mil habitantes, é o instrumento básico da política de desenvolvimento e de expansão urbana.

(D) as desapropriações de imóveis urbanos serão feitas preferencialmente com justa indenização em títulos da dívida pública urbana.

(E) não há disposição constitucional expressa relacionando o atendimento da função social da propriedade urbana à ordenação da cidade expressa no plano diretor, eis que o uso de tal instrumento normativo é facultativo.

A: incorreta. Ao contrário do mencionado, o § 3º do art. 183 da CF determina que os imóveis públicos **não serão adquiridos por usucapião**; **B:** correta. É o que informa o "caput" do art. 183 da CF; **C:** incorreta. O § 1º do art. 182 da CF dispõe que o plano diretor, aprovado pela Câmara Municipal, obrigatório para cidades com mais de **vinte mil habitantes**, é o instrumento básico da política de desenvolvimento e de expansão urbana; **D:** incorreta. De acordo com o § 3º do art. 182 da CF, as desapropriações de imóveis urbanos serão feitas com **prévia e justa indenização em dinheiro**; **E:** incorreta. Diversamente, o § 2º do art. 182 da CF determina que a **propriedade urbana cumpre sua função social** quando atende às exigências fundamentais de ordenação da cidade expressas no plano diretor. BV
Gabarito "B".

17. ORDEM SOCIAL

(Procurador – PGE/SP – 2024 – VUNESP) Assinale a alternativa correta quanto ao desenho constitucional estabelecido para a promoção e o incentivo de ações com vistas ao desenvolvimento científico, capacitação tecnológica e inovação.

(A) As atividades de pesquisa, de extensão e de estímulo e fomento à inovação realizadas por escolas públicas, escolas comunitárias, confessionais ou filantrópicas poderão receber apoio financeiro do Poder Público, opção não extensível às universidades e instituições de educação profissional e tecnológica.

(B) O Sistema Nacional de Ciência, Tecnologia e Inovação (SNCTI) deve ser organizado pela União com vistas a promover a cultura de inovação e visão empreendedora, no âmbito da sua competência privativa, devendo prever a participação colaborativa de entes públicos e privados em Conselhos, inclusive para a composição de distribuição orçamentária e financeira.

(C) A transposição, o remanejamento ou a transferência de recursos de uma categoria de programação para outra poderão ser admitidos, no âmbito das atividades de ciência, tecnologia e inovação, com o objetivo de viabilizar os resultados de projetos restritos a essas funções, mediante prévia autorização legislativa.

(D) O Fundo Nacional de Desenvolvimento Regional pode ser destinado para a promoção de ações com vistas ao desenvolvimento científico e tecnológico e à inovação, mediante a entrega de recursos da União aos Estados e ao Distrito Federal, fixados por parâmetros constitucionais denominados coeficientes individuais de participação, regulamentados e calculados pelo Tribunal de Contas da União.

(E) As pesquisas na área de ciência, tecnologia e inovação devem ser essencialmente direcionadas para a solução dos problemas nacionais e para o desenvolvimento do sistema produtivo regional, razão pela qual não cabe ao Poder Público incentivar, promover e financiar a atuação das instituições públicas nessa área, no exterior.

A: Incorreta. O § 2º do art. 213 da CF dispõe que: "As atividades de pesquisa, de extensão e de estímulo e fomento à inovação realizadas por universidades e/ou por instituições de educação profissional e tecnológica poderão receber apoio financeiro do Poder Público". **B:** Incorreta. O art. 219-B da CF prescreve que: "O Sistema Nacional de Ciência, Tecnologia e Inovação (SNCTI) será organizado em regime de colaboração entre entes, tanto públicos quanto privados, com vistas a promover o desenvolvimento científico e tecnológico e a inovação". **C:** Incorreta. O § 5º do art. 167 da CF determina que: "A transposição, o remanejamento ou a transferência de recursos de uma categoria de programação para outra poderão ser admitidos, no âmbito das atividades de ciência, tecnologia e inovação, com o objetivo de viabilizar os resultados de projetos restritos a essas funções, mediante ato do Poder Executivo, sem necessidade da prévia autorização legislativa prevista no inciso VI deste artigo". **D:** Correta. Está previsto no art. 159-A da CF. **E:** Incorreta. O § 7º do art. 218 da CF estabelece que: "O Estado promoverá e incentivará a atuação no exterior das instituições públicas de ciência, tecnologia e inovação, com vistas à execução das atividades previstas no *caput*". ANH
Gabarito "D".

(Procurador – PGE/SP – 2024 – VUNESP) Assinale a alternativa correta sobre a aferição dos parâmetros constitucionais do direito ao saneamento básico.

(A) O tratamento constitucional diferenciado dado às matérias que envolvem saneamento básico e saúde reflete a opção pela promoção de estruturas organizacionais autônomas na condução das diretivas setoriais; assim, o Sistema Único de Saúde (SUS) foi concebido em forma de rede regionalizada e hierarquizada, sem

5. DIREITO CONSTITUCIONAL   237

ingerência na formulação da política e da execução das ações de saneamento básico.

(B) A participação dos Municípios e dos Estados deve ser ajustada com o fim de promover programas de saneamento básico específicos, em conformidade com as diretrizes normativas gerais fixadas pela União e com as leis complementares criadas pelos Estados para instituir regiões metropolitanas.

(C) A realidade brasileira histórica de desatendimento às essencialidades sanitárias decorrentes dos problemas de cooperação interfederativa e da falta de sustentabilidade econômico-financeira dos modelos adotados estabeleceu a diretriz jurisprudencial de que compete à União legislar e promover programas de saneamento básico, a serem executados de forma exclusiva pela Agência Nacional de Águas e Saneamento Básico (ANA).

(D) A regra geral fixada é a da competência concorrente entre os entes da federação para legislar sobre o saneamento básico, saúde, combate à poluição, proteção ao meio ambiente, águas e energia, temas interligados, que visam proteger os direitos fundamentais envolvidos.

(E) O arranjo institucional baseado no perfil de dados dos entes federados, e não em sua localização territorial, faz com que o serviço de saneamento possa se beneficiar de mecanismos automatizados de tomada de decisão em grande escala, razão pela qual compete à União legislar e promover programas específicos de saneamento básico, com foco nas regiões metropolitanas.

A: Incorreta. A ingerência na formulação da política e da execução das ações de saneamento básico é de competência do SUS. Nesse sentido, o art. 200, IV, da CF, dispõe que: "Art. 200. Ao sistema único de saúde compete, além de outras atribuições, nos termos da lei: (...) IV – participar da formulação da política e da execução das ações de saneamento básico (...)". **B:** Correta. O art. 23, IX, da CF, prevê que o saneamento básico é competência comum da União, dos Estados, do Distrito Federal e dos Municípios e o parágrafo único do mesmo dispositivo constitucional determina que leis complementares fixarão normas para a cooperação entre a União e os Estados, o Distrito Federal e os Municípios, tendo em vista o equilíbrio do desenvolvimento e do bem-estar em âmbito nacional. O inciso II do art. 8º da Lei nº 11.445/2007 (com nova redação dada pelo art. 7º da Lei nº 14.026/2020), dispõe que: "Art. 8º Exercem a titularidade dos serviços públicos de saneamento básico: (...) II – o Estado, em conjunto com os Municípios que compartilham efetivamente instalações operacionais integrantes de regiões metropolitanas, aglomerações urbanas e microrregiões, instituídas por lei complementar estadual, no caso de interesse comum". **C:** Incorreta. Não é competência exclusiva da União legislar e promover programas de saneamento básico, pois a competência é comum, conforme já falado no item B, retro. **D:** Incorreta. A competência é comum, e não concorrente, entre a União, os Estados, o Distrito Federal e os Municípios para legislar sobre saneamento básico, saúde, combate à poluição e proteção ao meio ambiente (CF, art. 23, II, VI e IX). Já sobre águas e energia, a competência é privativa da União (CF, art. 22, IV). **E:** Incorreta. A competência para criar regiões metropolitanas para os programas de saneamento básico é do Estado-membro, por meio de Lei Complementar (art. 8º, II, da Lei nº 11.445/2007). **ANH**

Gabarito "B".

(Delegado – PC/BA – 2018 – VUNESP) Acerca da Previdência Social na Constituição Federal de 1988, é correto afirmar que

(A) os gastos havidos com bens, serviços, prestações e administração da previdência não estão submetidos

a uma lógica de equilíbrio atuarial, posto que a previdência se presta a auxiliar pessoas necessitadas, como trabalhadores doentes, de idade avançada, entre outras hipóteses.

(B) a previdência privada é admitida, em caráter autônomo, facultativo, contratual e complementar, sendo vedado à União, aos Estados, aos Municípios e ao Distrito Federal assumir a qualidade de patrocinador de tais entidades, com uma contribuição igual àquela feita pelo segurado.

(C) é constitucional a cobrança de contribuição previdenciária sobre os proventos de aposentadoria e as pensões dos servidores públicos da União, dos Estados, dos Municípios e do Distrito Federal (regime próprio) que superem o limite máximo estabelecido para os benefícios do regime geral de previdência social.

(D) é constitucional que um ente federativo estabeleça, por norma própria (estadual, distrital ou municipal), um tempo mínimo de anos de contribuição na atividade privada, para fins de compensação e obtenção de aposentadoria por um servidor no regime próprio da Administração Pública.

(E) professores que venham a exercer funções de direção de unidade escolar, coordenação e assessoramento pedagógico não farão jus à aposentadoria especial, pois o benefício somente será devido àqueles que comprovem o tempo de efetivo exercício das funções de magistério exclusivamente em sala de aula.

A: incorreta, visto que tanto o regime próprio de previdência social quanto o regime geral de previdência social devem observar critérios que preservem o equilíbrio financeiro e atuarial (arts. 40, *caput*, e 201, *caput*, da CF); **B:** incorreta, pois é **permitido** à União, aos Estados, aos Municípios e ao Distrito Federal assumir a qualidade de patrocinador de entidade de previdência privada, com uma contribuição **igual** àquela feita pelo segurado (inteligência do art. 202, § 3º, da CF); **C:** correta, de acordo com o § 18 do art. 40 da CF e a jurisprudência do Supremo Tribunal Federal: "*não é inconstitucional o art. 4º, caput, da EC 41, de 19-12-2003, que instituiu contribuição previdenciária sobre os proventos de aposentadoria e as pensões dos servidores públicos da União, dos Estados, do Distrito Federal e dos Municípios, incluídas suas autarquias e fundações*" (ADI 3.105 e ADI 3.128, Rel. p/ o ac. Min. Cezar Peluso, P, j. 18-8-2004); **D:** incorreta, porque é inconstitucional qualquer restrição, por lei local, à contagem recíproca do tempo de contribuição na Administração Pública e na atividade privada para fins de aposentadoria, tal como a exigência de um mínimo de contribuições ao sistema previdenciário. Nesse sentido, o seguinte julgado do STF: "*A imposição de restrições, por legislação local, à contagem recíproca do tempo de contribuição na administração pública e na atividade privada para fins de concessão de aposentadoria viola o art. 202, § 2º, da CF, com redação anterior à EC 20/1998 [atual 201, § 9º, da CF, com redação da EC 20/1998]*" (RE 650.851 QO, Rel. Min. Gilmar Mendes, P, j. 1º-10-2014, Tema 522); **E:** incorreta, pois, de acordo com a jurisprudência do STF, "*para a concessão da aposentadoria especial de que trata o art. 40, § 5º, da Constituição, conta-se o tempo de efetivo exercício, pelo professor, da docência e das atividades de direção de unidade escolar e de coordenação e assessoramento pedagógico, desde que em estabelecimentos de educação infantil ou de ensino fundamental e médio*" (RE 1.039.644 RG, Rel. Min. Alexandre de Moraes, P, j. 13-10-2017, Tema 965). **AN**

Gabarito "C".

(Investigador – PC/BA – 2018 – VUNESP) Ao assegurar a proteção constitucional ao meio ambiente, a Constituição Federal de 1988

(A) estabelece que a exploração de recursos minerais independe da recuperação do meio ambiente degradado, já que se trata de atividade necessária.

(B) prevê que as terras devolutas ou arrecadadas pelos Estados, por ações discriminatórias, necessárias à proteção dos ecossistemas naturais podem ser disponíveis por ato discricionário da Administração Pública.

(C) exige, na forma de Decreto do Poder Executivo, para a instalação de obra ou atividade potencialmente causadora de significativa degradação do meio ambiente, estudo prévio de impacto ambiental, a que se dará publicidade.

(D) estabelece que as condutas e atividades consideradas lesivas ao meio ambiente sujeitarão os infratores, pessoas físicas ou jurídicas, a sanções penais e administrativas, independentemente da obrigação de reparar os danos causados.

(E) impõe que as usinas que operem com reator nuclear deverão ter sua localização definida em lei estadual, sem o que não poderão ser instaladas.

A: incorreta, pois aquele que explorar recursos minerais fica obrigado a recuperar o meio ambiente degradado (art. 225, § 2º, da CF); **B:** incorreta, pois são **indisponíveis** as terras devolutas ou arrecadadas pelos Estados, por ações discriminatórias, necessárias à proteção dos ecossistemas naturais (art. 225, § 5º, da CF); **C:** incorreta, porque exige, na forma da lei, para instalação de obra ou atividade potencialmente causadora de significativa degradação do meio ambiente, estudo prévio de impacto ambiental, a que se dará publicidade (art. 225, § 1º, IV, da CF); **D:** correta, nos termos do art. 225, § 3º, da CF; **E:** incorreta, pois as usinas que operem com reator nuclear deverão ter sua localização definida em **lei federal**, sem o que não poderão ser instaladas (art. 225, § 6º, da CF). 🅰🅽

Gabarito "D"

(Investigador – PC/BA – 2018 – VUNESP) Segundo a Constituição Federal, assinale a alternativa correta sobre a Ordem Social.

(A) É permitido destinar recursos públicos para auxílios ou subvenções às instituições privadas de saúde com fins lucrativos, com vistas ao interesse público.

(B) É permitida a filiação ao regime geral de previdência social, na qualidade de segurado facultativo, de pessoa participante de regime próprio de previdência.

(C) No âmbito da educação, os Municípios atuarão prioritariamente no ensino fundamental e na educação infantil, e os Estados e Distrito Federal atuarão prioritariamente nos ensinos fundamental e médio.

(D) A União aplicará, anualmente, nunca menos do que 15% (quinze por cento), no mínimo, da receita resultante de impostos, na manutenção e no desenvolvimento do ensino.

(E) A justiça desportiva terá o prazo máximo de 120 (cento e vinte) dias, contados da instauração do processo, para proferir decisão final.

A: incorreta, já que é vedada a destinação de recursos públicos para auxílios ou subvenções às instituições privadas com fins lucrativos (art. 199, § 2º, da CF); **B:** incorreta, visto que é vedada a filiação ao regime geral de previdência social, na qualidade de segurado facultativo, de pessoa participante de regime próprio de previdência (art. 201, § 5º, da CF); **C:** correta, de acordo com o art. 211, §§ 2º e 3º, da CF; **D:** incorreta, pois a União aplicará, anualmente, nunca menos de **18% (dezoito por cento)**, no mínimo, da receita resultante de impostos na manutenção e desenvolvimento do ensino (art. 212, *caput*, da CF); **E:** incorreta, porque a justiça desportiva terá o prazo máximo de **60 dias**,

contados da instauração do processo, para proferir decisão final (art. 217, § 2º, da CF). 🅰🅽

Gabarito "C"

(Procurador do Estado/SP – 2018 – VUNESP) Assinale a alternativa correta a respeito do direito à comunicação social.

(A) Na análise do caso de publicação de biografias não autorizadas, o Supremo Tribunal Federal fixou o entendimento da necessidade de autorização prévia do interessado ou de seu representante legal, uma vez que o caso envolve tensão entre direitos fundamentais da liberdade de expressão, do direito à informação e dos direitos da personalidade (privacidade, imagem e honra).

(B) Os meios de comunicação social eletrônica, independentemente da tecnologia utilizada para a prestação do serviço, deverão observar os princípios constitucionais que regem a produção e a programação das emissoras de rádio e televisão, como dar preferência a finalidades educativas, artísticas, culturais e informativas.

(C) Nenhuma lei poderá conter dispositivo que possa constituir embaraço à plena liberdade de informação jornalística em qualquer veículo de comunicação social, sendo resguardado o sigilo da fonte, em todas as circunstâncias.

(D) Compete ao Congresso Nacional outorgar e renovar concessão, permissão e autorização para o serviço de radiodifusão sonora e de sons e imagens, observado o princípio da complementaridade dos sistemas privado, público e estatal.

(E) É competência comum da União, dos Estados, do Distrito Federal e dos Municípios legislar sobre os meios legais que garantam à pessoa e à família a possibilidade de se defenderem de programas ou programações de rádio e televisão que vinculem propaganda de produtos, práticas e serviços que possam ser nocivos à saúde e ao meio ambiente.

A: incorreta, pois o STF declarou ser **inexigível** autorização de pessoa biografada relativamente a obras biográficas literárias ou audiovisuais, sendo também **desnecessária** autorização de pessoas retratadas como coadjuvantes (ou de seus familiares, em caso de pessoas falecidas ou ausentes) (ADI 4815, Rel. Min. Cármen Lúcia, Tribunal Pleno, j. em 10-06-2015); **B:** correta, de acordo com o art. 222, § 3º, combinado com o art. 221, I, ambos da CF; **C:** incorreta, visto que nenhuma lei conterá dispositivo que possa constituir embaraço à plena liberdade de informação jornalística em qualquer veículo de comunicação social, sendo resguardado o sigilo da fonte, quando necessário ao exercício profissional (art. 220, § 1º, c/c art. 5º, XIV, da CF); **D:** incorreta, haja vista que compete ao **Poder Executivo** outorgar e renovar concessão, permissão e autorização para o serviço de radiodifusão sonora e de sons e imagens, observado o princípio da complementaridade dos sistemas privado, público e estatal (art. 223 da CF); **E:** incorreta, pois compete **privativamente** à União legislar sobre propaganda comercial (art. 22, XXIX, da CF), cabendo à lei federal estabelecer os meios legais que garantam à pessoa e à família a possibilidade de se defenderem de programas ou programações de rádio e televisão que vinculem propaganda de produtos, práticas e serviços que possam ser nocivos à saúde e ao meio ambiente (art. 220, § 3º, II, da CF). 🅰🅽

Gabarito "B"

(Juiz de Direito – TJ/RS – 2018 – VUNESP) A Constituição Federal de 1988 propicia amparo a alguns grupos sociais vulneráveis, sendo um exemplo disso

(A) a garantia de acesso e locomoção adequados às pessoas portadoras de deficiência, sendo a construção ou adaptação dos logradouros públicos e privados de responsabilidade do Estado.

(B) a proteção especial de crianças e adolescentes órfãos ou abandonados, por meio de acolhimento institucional, que será mantido com os recursos oriundos do salário-família.

(C) a posse permanente, pelos índios, das terras por eles tradicionalmente ocupadas, cabendo-lhes o usufruto exclusivo das riquezas do solo, dos rios e dos lagos nelas existentes.

(D) a garantia de gratuidade nos transportes coletivos às pessoas com idade igual ou superior a 60 (sessenta) anos.

(E) o conceito de família, estabelecido na Carta de 1988, de caráter limitado à comunidade entre ambos os pais com os respectivos filhos, como base da sociedade e destinatária de proteção especial do Estado.

A: incorreta, visto que é responsabilidade do Estado zelar pela construção e adaptação dos logradouros, dos edifícios de uso público e dos veículos de transporte coletivo (art. 244 c/c art. 227, § 2º, ambos da CF); **B:** incorreta, já que o estímulo do Poder Público será efetivado por meio de assistência jurídica, incentivos fiscais e subsídios (art. 227, § 3º, VI, da CF); **C:** correta, pois as terras tradicionalmente ocupadas pelos índios destinam-se a sua *posse permanente*, cabendo-lhes o usufruto exclusivo das riquezas do solo, dos rios e dos lagos nelas existentes (art. 231, § 2º, da CF); **D:** incorreta, porque é garantida a gratuidade dos transportes coletivos urbanos aos maiores de **65 anos** (art. 230, § 2º, da CF); **E:** incorreta, uma vez que o conceito de família, estabelecido na Constituição, abrange também a comunidade formada por qualquer dos pais e seus descendentes (art. 226, § 4º, CF). 🅰🅽

Gabarito "C."

18. QUESTÕES COMBINADAS E OUTROS TEMAS

(Procurador – PGE/SP – 2024 – VUNESP) O Supremo Tribunal Federal reconheceu que há um "estado de coisas inconstitucional do sistema carcerário brasileiro" responsável pela violação massiva de direitos fundamentais dos presos, ao julgar parcialmente procedente os pedidos contidos na Arguição de Descumprimento de Preceito Fundamental – ADPF 347/DF. É correto afirmar sobre o tema:

(A) a Arguição de Descumprimento de Preceito Fundamental (ADPF) foi considerada o meio processual adequado a ser adotado no presente caso diante do seu caráter subsidiário e dinâmico, o qual permite celeridade na emissão de medida cautelar pelo quórum simples dos membros do Supremo Tribunal Federal, com eficácia pelo prazo de 180 dias.

(B) diante do grave impacto sobre a segurança pública, em especial, na formação e expansão de organizações criminosas que operam de dentro do cárcere e afetam a população de modo geral, restou determinado que todas as novas medidas deverão ser submetidas previamente a Audiências Públicas, convocadas pelo Supremo Tribunal Federal, respeitada a competência privativa da União para legislar sobre direito penitenciário.

(C) a intervenção judicial nos processos estruturais é legítima quando se detecta violação dos direitos fundamentais por uma falha crônica no funcionamento das instituições estatais, razão pela qual há necessidade

de reconhecer o estado de desconformidade constitucional e acompanhar o detalhamento das medidas, a homologação e o monitoramento da execução da reformulação das políticas públicas.

(D) o Plano Nacional de Política Criminal e Penitenciária deve ser reelaborado pela União, no âmbito da sua competência privativa, e homologado pelo Conselho Nacional de Justiça (CNJ), com ênfase em programas de Justiça Restaurativa a serem realizados pelos Estados e Distrito Federal.

(E) deverão ser realizados estudos e criadas varas judiciárias novas em quantidade proporcional à população carcerária de cada unidade da federação, pelo Poder Executivo, visando superar as falhas crônicas no funcionamento das instituições estatais e o denominado "ponto cego legislativo" gerado pela ausência do devido debate parlamentar.

A: Incorreta. A medida liminar na ADPF pode ser deferida pelo STF por decisão da maioria absoluta de seus membros e não pelo quórum simples (art. 5º, *caput*, da Lei nº 9.882/1999. **B:** Incorreta. Não ficou determinado que as Audiências Públicas seriam convocadas pelo STF. Da ementa destaca-se: "(...) 9. Em sentido diverso àquele constante do voto do Relator, afirma-se: (i) a necessária participação do Departamento de Monitoramento e Fiscalização do Conselho Nacional de Justiça (DMF/CNJ) na elaboração do plano nacional; (ii) a procedência dos pedidos de submissão dos planos ao debate público e à homologação pelo STF; e (iii) o monitoramento da sua execução pelo DMF/CNJ, com supervisão do STF. (...)". Além disso, a competência para legislar sobre direito penitenciário é concorrente e não privativa (CF, art. 24, I). **C:** Correta. A tese firmada no julgado foi a seguinte: ""1. Há um estado de coisas inconstitucional no sistema carcerário brasileiro, responsável pela violação massiva de direitos fundamentais dos presos. Tal estado de coisas demanda a atuação cooperativa das diversas autoridades, instituições e comunidade para a construção de uma solução satisfatória. 2. Diante disso, União, Estados e Distrito Federal, em conjunto com o Departamento de Monitoramento e Fiscalização do Conselho Nacional de Justiça (DMF/CNJ), deverão elaborar planos a serem submetidos à homologação do Supremo Tribunal Federal, nos prazos e observadas as diretrizes e finalidades expostas no presente voto, devendo tais planos ser especialmente voltados para o controle da superlotação carcerária, da má qualidade das vagas existentes e da entrada e saída dos presos. 3. O CNJ realizará estudo e regulará a criação de número de varas de execução proporcional ao número de varas criminais e ao quantitativo de presos". **D:** Incorreta. A Política Criminal e Penitenciária deve ser elaborada pela União, juntamente com os Estados e o Distrito Federal, com homologação do STF e não do CNJ. **E:** Incorreta. O estudo sobre a criação de varas de execuções penais será feito pelo CNJ. 🅰🅼🅽

Gabarito "C."

(Juiz de Direito – TJ/SP – 2023 – VUNESP) O Supremo Tribunal Federal, no julgamento, em 2021, da ADPF 357, promoveu o cancelamento da Súmula nº 563 daquele Tribunal, editada com base na Emenda Constitucional nº 1/69 à Carta de 1967 e que tratava da definição de hierarquia na cobrança judicial dos créditos da dívida pública da União aos Estados e Distrito Federal e esses aos Municípios.

Dentre os fundamentos que constam desse julgado, encontra-se o seguinte:

(A) as disposições do art. 187 da Lei nº 5.172/1966 (Código Tributário Nacional) e do parágrafo único do art. 29 da Lei nº 6.830/1980 (Lei de Execuções Fiscais), que tratam do concurso de preferência entre entes federados foram recepcionadas e são compatíveis com a Constituição da República de 1988.

(B) a arguição de descumprimento de preceito fundamental não viabiliza a análise de constitucionalidade de normas legais pré-constitucionais insuscetíveis de conhecimento em ação direta de inconstitucionalidade.

(C) a autonomia dos entes federados e a isonomia que deve prevalecer entre eles, respeitadas as competências estabelecidas pela Constituição, é fundamento da Federação e o Federalismo de cooperação e de equilíbrio posto na Constituição da República de 1988 não legitima distinções entre os entes federados por norma infraconstitucional.

(D) a definição de hierarquia na cobrança judicial dos créditos da dívida pública da União aos Estados e Distrito Federal e esses aos Municípios cumpre o princípio federativo e respeita o inc. III do art. 19 da Constituição da República de 1988.

A: Incorreta. A ementa do mencionado acórdão estabelece: "Arguição de descumprimento de preceito fundamental julgada procedente para declarar não recepcionadas pela Constituição da República de 1988 as normas previstas no parágrafo único do art. 187 da Lei n. 5.172/1966 (Código Tributário Nacional) e no parágrafo único do art. 29 da Lei n. 6.830/1980 (Lei de Execuções Fiscais)". **B:** Incorreta. A ementa do acórdão estabelece: "A arguição de descumprimento de preceito fundamental viabiliza a análise de constitucionalidade de normas legais pré-constitucionais insuscetíveis de conhecimento em ação direta de inconstitucionalidade. Precedentes". **C:** Correta. Está de acordo com a ementa do acórdão. **D:** Incorreta. A ementa do acórdão prevê: "A definição de hierarquia na cobrança judicial dos créditos da dívida pública da União aos Estados e Distrito Federal e esses aos Municípios descumpre o princípio federativo e contraria o inc. III do art. 19 da Constituição da República de 1988.". **ANH**
Gabarito "C".

(Procurador do Estado/SP – 2018 – VUNESP) Segundo a Constituição do Estado de São Paulo, os Poderes Legislativo, Executivo e Judiciário manterão, de forma integrada, sistema de controle interno, sobre o qual é correto afirmar:

(A) ao tomarem conhecimento de qualquer irregularidade, ilegalidade, ou ofensa aos princípios de legalidade, impessoalidade, moralidade, publicidade e eficiência, previstos no artigo 37 da Constituição Federal, dela darão ciência ao Tribunal de Contas do Estado, sob pena de responsabilidade solidária.

(B) são legitimados para propor ação de inconstitucionalidade de lei ou ato normativo estaduais ou municipais, contestados em face da Constituição do Estado de São Paulo ou por omissão de medida necessária para tornar efetiva norma ou princípio desta Constituição, no âmbito de seu interesse.

(C) não há de se falar em forma integrada de sistema de controle interno, conceito inconstitucional, por ferir o princípio da separação dos Poderes e a competência do Tribunal de Contas do Estado.

(D) podem convocar a qualquer momento o Procurador-Geral de Justiça, o Procurador-Geral do Estado e o Defensor Público-Geral para prestar informações a respeito de assuntos previamente fixados, relacionados com a respectiva área.

(E) deverão avaliar as metas previstas no plano plurianual, nas diretrizes orçamentárias e no orçamento anual por meio de inspeções e auditorias de natureza contábil,

financeira, orçamentária, operacional e patrimonial, nas unidades administrativas.

A: correta, nos termos do art. 35, § 1º, da Constituição do Estado de São Paulo; **B:** incorreta, pois são legitimados para propor ação direta de inconstitucionalidade de lei ou ato normativo estadual ou municipal, contestado em face da Constituição do Estado de São Paulo, ou por omissão de medida necessária para tornar efetiva norma ou princípio desta Constituição: (i) o Governador do Estado e a Mesa da Assembleia Legislativa; (ii) o Prefeito e a Mesa da Câmara Municipal; (iii) o Procurador-Geral de Justiça; (iv) o Conselho da Seção Estadual da Ordem dos Advogados do Brasil; (v) as entidades sindicais ou de classe, de atuação estadual ou municipal, demonstrando seu interesse jurídico no caso; (vi) os partidos políticos com representação na Assembleia Legislativa, ou, em se tratando de lei ou ato normativo municipais, na respectiva Câmara (art. 90 da Constituição do Estado de SP); **C:** incorreta, pois o art. 74 da Constituição Federal determina que os Poderes Legislativo, Executivo e Judiciário manterão, de forma integrada, sistema de controle interno, o que é reproduzido pelo art. 35 da Constituição do Estado de São Paulo; **D:** incorreta, porque cabe às Comissões da Assembleia Legislativa convocar o Procurador-Geral de Justiça, o Procurador-Geral do Estado e o Defensor Público Geral para prestar informações a respeito de assuntos previamente fixados, relacionados com a respectiva área (art. 13, § 1º, 4, da Constituição do Estado de SP); **E:** incorreta, pois cabe ao **controle externo** – a cargo da Assembleia Legislativa e exercido com auxílio do Tribunal de Contas do Estado – avaliar a execução das metas previstas no plano plurianual, nas diretrizes orçamentárias e no orçamento anual (art. 33, IV, da Constituição do Estado de SP). Ressalte-se que cabe ao **sistema de controle interno** – a cargo dos Poderes Legislativo, Executivo e Judiciário – avaliar o cumprimento das metas previstas no plano plurianual, a execução dos programas de governo e dos orçamentos do Estado (art. 35, I, da Constituição do Estado de SP). **AN**
Gabarito "A".

(Procurador do Estado/SP – 2018 – VUNESP) Segundo a Constituição do Estado de São Paulo, os Poderes Legislativo, Executivo e Judiciário manterão, de forma integrada, sistema de controle interno, sobre o qual é correto afirmar:

(A) ao tomarem conhecimento de qualquer irregularidade, ilegalidade, ou ofensa aos princípios de legalidade, impessoalidade, moralidade, publicidade e eficiência, previstos no artigo 37 da Constituição Federal, dela darão ciência ao Tribunal de Contas do Estado, sob pena de responsabilidade solidária.

(B) são legitimados para propor ação de inconstitucionalidade de lei ou ato normativo estaduais ou municipais, contestados em face da Constituição do Estado de São Paulo ou por omissão de medida necessária para tornar efetiva norma ou princípio desta Constituição, no âmbito de seu interesse.

(C) não há de se falar em forma integrada de sistema de controle interno, conceito inconstitucional, por ferir o princípio da separação dos Poderes e a competência do Tribunal de Contas do Estado.

(D) podem convocar a qualquer momento o Procurador-Geral de Justiça, o Procurador-Geral do Estado e o Defensor Público-Geral para prestar informações a respeito de assuntos previamente fixados, relacionados com a respectiva área.

(E) deverão avaliar as metas previstas no plano plurianual, nas diretrizes orçamentárias e no orçamento anual por meio de inspeções e auditorias de natureza contábil, financeira, orçamentária, operacional e patrimonial, nas unidades administrativas.

5. DIREITO CONSTITUCIONAL — 241

A: correta, nos termos do art. 35, § 1°, da Constituição do Estado de São Paulo; **B:** incorreta, pois são legitimados para propor ação direta de inconstitucionalidade de lei ou ato normativo estadual ou municipal, contestado em face da Constituição do Estado de São Paulo, ou por omissão de medida necessária para tornar efetiva norma ou princípio desta Constituição: (i) o Governador do Estado e a Mesa da Assembleia Legislativa; (ii) o Prefeito e a Mesa da Câmara Municipal; (iii) o Procurador-Geral de Justiça; (iv) o Conselho da Seção Estadual da Ordem dos Advogados do Brasil; (v) as entidades sindicais ou de classe, de atuação estadual ou municipal, demonstrando seu interesse jurídico no caso; (vi) os partidos políticos com representação na Assembleia Legislativa, ou, em se tratando de lei ou ato normativo municipais, na respectiva Câmara (art. 90 da Constituição do Estado de SP); **C:** incorreta, pois o art. 74 da Constituição Federal determina que os Poderes Legislativo, Executivo e Judiciário manterão, de forma integrada, sistema de controle interno, o que é reproduzido pelo art. 35 da Constituição do Estado de São Paulo; **D:** incorreta, porque cabe às Comissões da Assembleia Legislativa convocar o Procurador-Geral de Justiça, o Procurador-Geral do Estado e o Defensor Público Geral para prestar informações a respeito de assuntos previamente fixados, relacionados com a respectiva área (art. 13, § 1°, 4, da Constituição do Estado de SP); **E:** incorreta, pois cabe ao **controle externo** – a cargo da Assembleia Legislativa e exercido com auxílio do Tribunal de Contas do Estado – avaliar a execução das metas previstas no plano plurianual, nas diretrizes orçamentárias e no orçamento anual (art. 33, IV, da Constituição do Estado de SP). Ressalte-se que cabe ao **sistema de controle interno** – a cargo dos Poderes Legislativo, Executivo e Judiciário – avaliar o cumprimento das metas previstas no plano plurianual, a execução dos programas de governo e dos orçamentos do Estado (art. 35, I, da Constituição do Estado de SP). Gabarito "A".

(Procurador do Estado/SP – 2018 – VUNESP) Segundo a Constituição do Estado de São Paulo, os Poderes Legislativo, Executivo e Judiciário manterão, de forma integrada, sistema de controle interno, sobre o qual é correto afirmar:

(A) ao tomarem conhecimento de qualquer irregularidade, ilegalidade, ou ofensa aos princípios de legalidade, impessoalidade, moralidade, publicidade e eficiência, previstos no artigo 37 da Constituição Federal, dela darão ciência ao Tribunal de Contas do Estado, sob pena de responsabilidade solidária.

(B) são legitimados para propor ação de inconstitucionalidade de lei ou ato normativo estaduais ou municipais, contestados em face da Constituição do Estado de São Paulo ou por omissão de medida necessária para tornar efetiva norma ou princípio desta Constituição, no âmbito de seu interesse.

(C) não há de se falar em forma integrada de sistema de controle interno, conceito inconstitucional, por ferir o princípio da separação dos Poderes e a competência do Tribunal de Contas do Estado.

(D) podem convocar a qualquer momento o Procurador-Geral de Justiça, o Procurador-Geral do Estado e o Defensor Público-Geral para prestar informações a respeito de assuntos previamente fixados, relacionados com a respectiva área.

(E) deverão avaliar as metas previstas no plano plurianual, nas diretrizes orçamentárias e no orçamento anual por meio de inspeções e auditorias de natureza contábil, financeira, orçamentária, operacional e patrimonial, nas unidades administrativas.

A: correta, nos termos do art. 35, § 1°, da Constituição do Estado de São Paulo; **B:** incorreta, pois são legitimados para propor ação direta

de inconstitucionalidade de lei ou ato normativo estadual ou municipal, contestado em face da Constituição do Estado de São Paulo, ou por omissão de medida necessária para tornar efetiva norma ou princípio desta Constituição: (i) o Governador do Estado e a Mesa da Assembleia Legislativa; (ii) o Prefeito e a Mesa da Câmara Municipal; (iii) o Procurador-Geral de Justiça; (iv) o Conselho da Seção Estadual da Ordem dos Advogados do Brasil; (v) as entidades sindicais ou de classe, de atuação estadual ou municipal, demonstrando seu interesse jurídico no caso; (vi) os partidos políticos com representação na Assembleia Legislativa, ou, em se tratando de lei ou ato normativo municipais, na respectiva Câmara (art. 90 da Constituição do Estado de SP); **C:** incorreta, pois o art. 74 da Constituição Federal determina que os Poderes Legislativo, Executivo e Judiciário manterão, de forma integrada, sistema de controle interno, o que é reproduzido pelo art. 35 da Constituição do Estado de São Paulo; **D:** incorreta, porque cabe às Comissões da Assembleia Legislativa convocar o Procurador-Geral de Justiça, o Procurador-Geral do Estado e o Defensor Público Geral para prestar informações a respeito de assuntos previamente fixados, relacionados com a respectiva área (art. 13, § 1°, 4, da Constituição do Estado de SP); **E:** incorreta, pois cabe ao **controle externo** – a cargo da Assembleia Legislativa e exercido com auxílio do Tribunal de Contas do Estado – avaliar a execução das metas previstas no plano plurianual, nas diretrizes orçamentárias e no orçamento anual (art. 33, IV, da Constituição do Estado de SP). Ressalte-se que cabe ao **sistema de controle interno** – a cargo dos Poderes Legislativo, Executivo e Judiciário – avaliar o cumprimento das metas previstas no plano plurianual, a execução dos programas de governo e dos orçamentos do Estado (art. 35, I, da Constituição do Estado de SP). Gabarito "A".

(Procurador do Estado/SP – 2018 – VUNESP) Ao Estado de São Paulo cumpre assegurar o bem-estar social, garantindo o pleno acesso aos bens e serviços essenciais ao desenvolvimento individual e coletivo, motivo pelo qual é correto afirmar:

(A) constituem patrimônio cultural estadual os bens de natureza material e imaterial, portadores de referências à identidade, à ação e à memória dos diferentes grupos formadores da sociedade, nos quais não se incluem as criações científicas, artísticas e tecnológicas e os espaços destinados às manifestações artístico-culturais.

(B) o patrimônio físico, cultural e científico dos museus, institutos e centros de pesquisa da Administração direta, indireta e fundacional são inalienáveis e intransferíveis, em qualquer hipótese.

(C) políticas públicas de promoção social, com as ações governamentais e os programas de assistência social, pela sua natureza emergencial e compensatória, em todos os casos, prevalecem sobre a formulação e aplicação de políticas sociais básicas nas áreas de saúde, educação, abastecimento, transporte e alimentação.

(D) a participação do setor privado no Sistema Único de Saúde efetivar-se-á mediante contrato, caso em que não se aplicam as diretrizes e as normas administrativas incidentes sobre a rede pública, com prevalência das regras do direito privado.

(E) o Poder Público organizará o Sistema Estadual de Ensino, abrangendo todos os níveis e modalidades, incluindo a especial, estabelecendo normas gerais de funcionamento para as escolas públicas estaduais e municipais, bem como para as particulares.

A: incorreta, pois constituem patrimônio cultural estadual os bens de natureza material e imaterial, tomados individualmente ou em conjunto, portadores de referências à identidade, à ação e à memória dos diferentes grupos formadores da sociedade nos quais se incluem: as formas de expressão; as criações científicas, artísticas e tecnológicas; as obras, objetos, documentos, edificações e demais espaços destinados às manifestações artístico-culturais; os conjuntos urbanos e sítios de valor histórico, paisagístico, artístico, arqueológico, paleontológico, ecológico e científico. (art. 260 da Constituição do Estado de SP); **B:** incorreta, porque o patrimônio físico, cultural e científico dos museus, institutos e centros de pesquisa da administração direta, indireta e fundacional são inalienáveis e intransferíveis, sem audiência da comunidade científica e aprovação prévia do Poder Legislativo (art. 272 da Constituição do Estado de SP); **C:** incorreta, já que as ações governamentais e os programas de assistência social, pela sua natureza emergencial e compensatória, **não deverão prevalecer** sobre a formulação e aplicação de políticas sociais básicas nas áreas de saúde, educação, abastecimento, transporte e alimentação (art. 233 da Constituição do Estado de SP); **D:** incorreta, pois a participação do setor privado no sistema único de saúde efetivar-se-á **mediante convênio ou contrato de direito público**, aplicando-se as diretrizes do sistema único de saúde e as normas administrativas incidentes sobre o objeto de convênio ou de contrato (art. 220, §§ 4º e 5º, da Constituição do Estado de SP); **E:** correta, de acordo com o art. 239 da Constituição do Estado de São Paulo.

Gabarito "E".

6. DIREITO ADMINISTRATIVO

Flávia Campos, Flavia Egido, Ariane Wady, Rodrigo Bordalo e Wander Garcia*

1. REGIME JURÍDICO ADMINISTRATIVO E PRINCÍPIOS DO DIREITO ADMINISTRATIVO1

1.1. REGIME JURÍDICO ADMINISTRATIVO

(Investigador – PC/BA – 2018 – VUNESP) Um Estado que tributasse desmesuradamente os administrados enriqueceria o Erário, com maior volume de recursos, o que, por outro lado, tornaria a sociedade mais pobre. Tal conduta de exação excessiva viola o princípio pelo qual deve prevalecer

(A) o interesse público secundário.
(B) o interesse público primário.
(C) a supremacia do interesse público.
(D) o interesse público como direito subjetivo.
(E) o direito subjetivo individual.

A: incorreta. O interesse público secundário é aquele que atine ao ente da Administração Pública diretamente; **B:** correta. O interesse público primário diz respeito ao interesse da sociedade como um todo. Essa é a assertiva correta, na medida em que embora se possa supor que a Administração Pública tenha interesse público secundário em tributar seus administrativos desmesuradamente, de modo a arrecadar mais, o interesse público primário, o da sociedade, estaria sendo violado. Em um conflito de interesses entre o interesse público primário e o secundário, o primeiro deve prevalecer; **C:** incorreta. O princípio da supremacia do interesse público sobre o interesse privado tem de ser corretamente entendido, sob pena de levar a interpretações equivocadas, que levantam a hipótese de antagonismo entres ambos. Todos vivemos em sociedade e, para que as necessidades da coletividade possam ser devidamente atendidas, há que se estabelecer na lei certas limitações aos interesses do particular em prol do bem comum. Na verdade, na medida em que todos desejamos viver harmonicamente, a existência do princípio da supremacia do interesse público sobre o privado determina que esse último deva ser sacrificado quando isso atender melhor ao interesse coletivo. Se todos tivessem a liberdade para o exercício irrestrito e não acomodado de seus direitos, por certo teríamos conflitos e caos, razão pela qual esse princípio prega que há um interesse particular em ceder parte de sua esfera de direitos e liberdade, nos termos da lei, para que o interesse público seja atendido; **D:** incorreta. O interesse público corresponde ao conjunto dos interesses que os indivíduos pessoalmente têm, enquanto membros da coletividade. Partindo desse conceito, pode-se dizer que cada indivíduo tem o direito subjetivo à defesa das normas que tratam do interesse público; **E:** incorreta. O direito subjetivo individual consiste na situação jurídica consagrada na norma e que faz de seus sujeitos titulares de poder, obrigações e faculdades. **FB**
Gabarito "B".

1.2. PRINCÍPIOS BASILARES DO DIREITO ADMINISTRATIVO (SUPREMACIA E INDISPONIBILIDADE)

(Escrevente Técnico – TJM/SP – VUNESP – 2017) Os atos dos servidores públicos deverão estar em conformidade com o interesse público, e não próprio ou de acordo com a vontade de um grupo. Tal afirmação está de acordo com o princípio

(A) do bem público.
(B) da legalidade.
(C) da impessoalidade.
(D) do poder vinculado.
(E) da hierarquia.

A: Incorreta. Não temos um princípio com esse nome de "bem público", **B:** Incorreta. O princípio da legalidade determina que os atos do Poder Público estão adstritos à lei, não se relacionando diretamente com a ausência de subjetividade, que é o que busca o enunciado. **C:** Correta. O princípio da impessoalidade é o que determina que a atividade administrativa deve ser praticada com ausência de subjetividade, ou seja, sem interesse próprio ou de um grupo específico, visando sempre o bem comum e o interesse público, sendo essa a resposta adequada para o que descreve o enunciado, portanto. **D:** Incorreta. O enunciado pede um Princípio, e não um Poder, como determinado. **E:** Incorreta. Não há um princípio denominado de "hierarquia", e sim, um Poder, que se configura num instrumento para a escalonar, organizar os atos e atividades administrativas no seu âmbito interno. **AW**
Gabarito "C".

1.3. PRINCÍPIOS ADMINISTRATIVOS EXPRESSOS NA CONSTITUIÇÃO

(Juiz – TJ/RJ – VUNESP – 2016) Assinale a alternativa que corretamente discorre sobre os princípios do Direito Administrativo.

(A) As Súmulas 346 e 473 do Supremo Tribunal Federal, que tratam da declaração de nulidade dos atos administrativos pela própria Administração e da revogação destes por motivos de conveniência e oportunidade, demonstram que o Direito Administrativo brasileiro não adotou a autotutela como princípio.

(B) A fim de tutelar o princípio da moralidade administrativa, a Constituição Federal prevê alguns instrumentos processuais, como a Ação Civil Pública, na defesa dos direitos difusos e do patrimônio social, a Ação Popular, que permite anular atos do Poder Público contaminados de imoralidade administrativa, desde que reconhecido o pressuposto da lesividade, da mesma forma como acontece com a Ação de Improbidade Administrativa, que tem como requisito o dano patrimonial ao erário.

(C) O Supremo Tribunal Federal entende que, muito embora pela aplicação do princípio da impessoalidade, a Administração não possa ter em mira este

---

* **FC** – Flávia Campos
  FB – Flavia Egido
  AW – Ariane Wady
  RB — Rodrigo Bordalo
  WG – Wander Garcia

ou aquele indivíduo de forma especial, o sistema de cotas, em que se prevê reserva de vagas pelo critério étnico-social para ingresso em instituições de nível superior, é constitucional e compatível com o princípio da impessoalidade, já que ambos têm por matriz comum o princípio constitucional da igualdade.

(D) O princípio da publicidade possui repercussão infraconstitucional, com regulamentação pela Lei de Acesso à Informação (Lei Federal 12.527/2011) na qual foram contempladas duas formas de publicidade – a transparência ativa e a transparência passiva –, aplicáveis a toda a Administração Direta e Indireta, mas não incidentes às entidades privadas sem fins lucrativos que recebam recursos públicos do orçamento, como ocorre por contrato de gestão.

(E) Pelo princípio da continuidade do serviço público, não podem os serviços públicos ser interrompidos, visto que atendem a necessidades prementes e inadiáveis da coletividade, e, portanto, não é permitida paralisação temporária de atividades, mesmo em se tratando de serviços prestados por concessionários e permissionários, mediante pagamento de tarifa, como fornecimento de energia, ainda que o usuário esteja inadimplente.

A: Incorreta. Essas duas súmulas retratam exatamente o princípio da autotutela, ou seja, a possibilidade que o Poder Público tem de anular e revogar os seus próprios atos administrativos sem a interferência do Poder Judiciário. **B:** Incorreta. O erro está na Ação de Improbidade, que tem como requisito o ato ímprobo, que pode ou não causar danos ao erário, podendo somente violar princípios, assim como proporcionar o enriquecimento ilícito do agente ímprobo. **C:** Correta. A política de quotas é materialização do princípio da igualdade, mais ainda, da igualdade material. **D:** Incorreta. O princípio da publicidade é aplicado à toda Administração Pública, assim como às pessoas jurídicas de direito privado que recebem dinheiro público e/ou celebrem contrato de gestão com o Poder Público, já que se sujeitam ao Regime Jurídico Administrativo regido pelo art. 37, "caput", CF. **E:** Incorreta. O art. 6º, § 3º, da Lei 8.987/1985 dispõe que é possível a interrupção dos serviços públicos, desde que em hipótese de emergência ou após aviso prévio para assegurar a segurança das instalações; e por inadimplemento do usuário, considerado o interesse da coletividade. **AW**

Gabarito "C".

1.4. PRINCÍPIOS ADMINISTRATIVOS EXPRESSOS EM OUTRAS LEIS OU IMPLÍCITOS E PRINCÍPIOS COMBINADOS

(Procurador – PGE/SP – 2024 – VUNESP) Segundo a Lei estadual nº 10.294/1999 (proteção e defesa do usuário do serviço público do Estado), a qualidade do serviço público é pautada por determinados princípios, dentre os quais a

(A) autonomia, conceituada como a capacidade de eleger os meios mais adequados para atingir as metas referentes à prestação do serviço.

(B) efetividade da gestão pública, conceituada como a capacidade de atendimento das reais necessidades da população.

(C) produtividade, conceituada como a capacidade de gerar bens e serviços de forma célere e com economia de recursos.

(D) eficácia dos gastos públicos, conceituada como a capacidade de promover os resultados pretendidos com o dispêndio mínimo de recursos.

(E) eficiência administrativa, conceituada como a capacidade de promover os resultados pretendidos com o alcance máximo da meta traçada.

A: Incorreto. A autonomia está mais relacionada à capacidade de auto-organização e gestão independente das entidades administrativas, não diretamente ao atendimento das metas do serviço público. O conceito mencionado previsto no art. 7º, V, da Lei Estadual 10.294/99, está relacionado aos princípios da razoabilidade e da proporcionalidade, impondo uma adequação entre meios e fins. **B:** Correto. A Lei estadual nº 10.294/1999 estabelece que a qualidade do serviço público deve ser pautada pela *efetividade da gestão pública*, que é definida como a capacidade de atendimento das reais necessidades da população (Art. 7º-A, p. ún., 1). **C:** Incorreto. A economia de recursos está ligada ao princípio da eficiência administrativa, conforme se pode observar no art. 7º-A, p. ún., 2 da Lei estadual nº 10.294/1999, e não ao princípio da produtividade. **D:** Incorreto. Essa é a definição do princípio da *eficiência administrativa*, e não da *eficácia dos gastos públicos*. conforme se pode observar no art. 7º-A, p. ún., 2, da Lei estadual nº 10.294/1999. **E:** Incorreto. Essa é a definição do princípio da *eficácia dos gastos públicos*, e não da *eficiência administrativa*. conforme se pode observar no art. 7º-A, p. ún., 3, da Lei estadual nº 10.294/1999. **WG**

Gabarito "B".

(Investigador – PC/BA – 2018 – VUNESP) Se um determinado agente público se vale de uma competência que lhe é legalmente atribuída para praticar um ato válido, mas que possui o único e exclusivo objetivo de prejudicar um desafeto, é correto afirmar que tal conduta feriu o princípio da

(A) finalidade, que impõe aos agentes da Administração o dever de manejar suas competências obedecendo rigorosamente à finalidade de cada qual.

(B) supremacia do interesse público sobre o interesse privado, que é princípio geral de direito inerente a qualquer sociedade.

(C) razoabilidade, pelo qual o Administrador, na atuação discricionária, terá de obedecer a critérios aceitáveis do ponto de vista racional, com o senso normal.

(D) proporcionalidade, já que a Administração não deve tomar medidas supérfluas, excessivas e que passem do estritamente necessário à satisfação do interesse público.

(E) motivação, porque a Administração deve, no mínimo, esclarecer aos cidadãos as razões pelas quais foram tomadas as decisões.

A: correta. O ato administrativo de que trata a assertiva padece do vício de desvio de finalidade, na medida em que foi praticado para alcançar finalidade diversa da que lhe é propriamente dada pela lei; **B:** incorreta. O princípio da supremacia do interesse público sobre o interesse privado tem de ser corretamente entendido, sob pena de levar a interpretações equivocadas, que levantam à hipótese de antagonismo entres ambos. Todos vivemos em sociedade e, para que as necessidades da coletividade possam ser devidamente atendidas, há que se estabelecer na lei certas limitações aos interesses do particular em prol do bem comum. Na verdade, na medida em que todos desejamos viver harmonicamente, a existência do princípio da supremacia do interesse público sobre o privado determina que esse último deva ser sacrificado quando isso atender melhor ao interesse coletivo. Se todos tivessem a liberdade para o exercício irrestrito e não acomodado de seus direitos, por certo teríamos conflitos e caos,

6. DIREITO ADMINISTRATIVO — 245

razão pela qual esse princípio prega que há um interesse particular em ceder parte de sua esfera de direitos e liberdade, nos termos da lei, para que o interesse público seja atendido; **C:** incorreta. O princípio da razoabilidade consiste em uma proposição básica e fundamental relacionada à diretriz do senso comum, do bom senso, da prudência e da moderação aplicado ao ramo do Direito; **D:** incorreta. O princípio da proporcionalidade estabelece que deve haver uma relação de proporcionalidade entre os meios empregados e a finalidade a ser alcançada, levando-se em conta as circunstâncias que ensejaram a prática do ato; **E:** incorreta. A motivação integra a formalização do ato, é requisito formalístico dele, transparecendo a causa que deu ensejo à pratica do ato administrativo. **FB**

Gabarito "A".

1.5. LEI DE INTRODUÇÃO ÀS NORMAS DO DIREITO BRASILEIRO (LINDB)

(Juiz de Direito – TJ/RJ – 2019 – VUNESP) Em conformidade com a Lei de Introdução às Normas do Direito Brasileiro (LINDB), na redação dada pela Lei 13.655/2018,

(A) em qualquer órgão ou Poder, a edição de atos normativos por autoridade administrativa, inclusive os de organização interna, deverá ser precedida de consulta pública para manifestação de interessados, preferencialmente por meio eletrônico, a qual será considerada na decisão.

(B) a decisão do processo, nas esferas administrativa, controladora ou judicial, poderá impor compensação por benefícios indevidos ou prejuízos anormais ou injustos resultantes do processo ou da conduta dos envolvidos.

(C) admite-se a celebração de compromisso entre a autoridade administrativa e os interessados, com vistas à eliminação de irregularidade, incerteza jurídica ou situação contenciosa na aplicação do direito público, inclusive envolvendo transação quanto a sanções e créditos ou estabelecendo regimes de transição.

(D) para o fim de excluir a responsabilidade pessoal do agente público, é possível requerer autorização judicial para celebração de compromisso entre a autoridade administrativa e os interessados para eliminação de irregularidade, incerteza jurídica ou situação contenciosa na aplicação do direito público.

(E) quando necessário por razões de segurança jurídica ou de interesse geral, o ente interessado proporá ação declaratória de validade de ato, contrato, ajuste, processo ou norma administrativa, cuja sentença fará coisa julgada com eficácia *erga omnes*.

A: incorreta (cf. art. 29 da LINDB, em qualquer órgão ou Poder, a edição de atos normativos por autoridade administrativa, *salvo os de mera organização interna, poderá* ser precedida de consulta pública para manifestação de interessados, preferencialmente por meio eletrônico, a qual será considerada na decisão); **B:** correta (cf. art. 27 da LINDB); **C:** incorreta (o art. 26, inc. II, da LINDB foi objeto de *veto presidencial* e apresentava a seguinte redação: "II – poderá envolver transação quanto a sanções e créditos relativos ao passado e, ainda, o estabelecimento de regime de transição."); **D:** incorreta (o art. 26, §2º, da LINDB foi objeto de *veto presidencial* e apresentava a seguinte redação: "§ 2º Poderá ser requerida autorização judicial para celebração do compromisso, em procedimento de jurisdição voluntária, para o fim de excluir a responsabilidade pessoal do agente público por vício do compromisso, salvo por enriquecimento ilícito ou crime."); **E:** incorreta (a situação apresentada nesta alternativa integrava o art. 25 do projeto de lei que deu origem à Lei 13.655/2018, o que foi vetado pela Presidência da República). **RB**

Gabarito "B".

2. PODERES DA ADMINISTRAÇÃO PÚBLICA

2.1. PODER DISCIPLINAR

(Investigador – PC/BA – 2018 – VUNESP) Os agentes superiores fiscalizam as atividades dos agentes de nível inferior e, em consequência, possuem o poder de exigir que a conduta destes seja adequada aos mandamentos legais, sob pena de, se tal não ocorrer, serem os infratores sujeitos às respectivas sanções.

Essa passagem trata do poder

(A) vinculado.
(B) de polícia.
(C) regulamentar.
(D) hierárquico.
(E) disciplinar.

A: incorreta. **Poder vinculado** é aquele conferido pela lei à Administração Pública para a prática de ato de sua competência, determinando os elementos e requisitos necessários à sua formalização; **B:** incorreta. **Poder de polícia** consiste na limitação à liberdade e à propriedade do particular, prevista em lei, em prol do bem comum; **C:** incorreta. **Poder regulamentar** é a faculdade de que dispõem os Chefes de Executivo (Presidente da República, Governadores e Prefeitos) de explicar a lei para sua correta execução, ou de expedir decretos autônomos sobre matéria de sua competência ainda não disciplinada por lei; **D:** incorreta. **Poder hierárquico** consiste na prerrogativa da Administração para escalonar funções, criando relações de hierarquia e subordinação dentro de uma mesma pessoa jurídica; **E:** correta. **Poder disciplinar** é a faculdade de punir internamente as infrações funcionais dos servidores e demais pessoas sujeitas à disciplina dos órgãos e serviços da Administração. **FE**

Gabarito "E".

(Juiz – TJ/RJ – VUNESP – 2016) Considere a seguinte situação hipotética. Policial Civil do Estado de Rio de Janeiro recebe a pena de demissão por haver emprestado imóvel de sua propriedade para o depósito de dois veículos a pessoa em relação à qual posteriormente se descobriu integrante de quadrilha direcionada a roubos e furtos de carros, que já havia sido condenado a cumprir pena alternativa de prestação de serviços à comunidade pelo crime de falsificação de papéis públicos. Verifica-se que vários inquéritos que tinham tal pessoa como investigada tramitaram na delegacia em que o Policial Civil estava lotado, bem como prisão em flagrante. Sobre a possibilidade de o Policial Civil obter a revisão da pena imposta, buscando sua mitigação, recorrendo às vias judiciais, é correto afirmar que

(A) quando se trata de fatos apurados em processo administrativo, a competência do Poder Judiciário circunscreve-se ao exame da legalidade do ato, dos possíveis vícios de caráter formal ou dos que atentem contra os postulados constitucionais da ampla defesa e do contraditório, assim, deve o Magistrado aguardar o deslinde da questão na seara criminal, para, em seguida, ajuizar demanda para revisão da sanção disciplinar.

(B) a observância dos princípios da proporcionalidade e da razoabilidade, que poderiam ser invocados na aplicação da sanção disciplinar, não se encontra relacionada com a própria legalidade do ato administrativo, de modo que o Supremo Tribunal Federal descarta, in abstrato, a possibilidade dessa análise da sanção disciplinar pelo Poder Judiciário.

(C) o Superior Tribunal de Justiça já assentou a possibilidade de a Administração Pública, por razões discricionárias (juízo de conveniência e de oportunidade), deixar de aplicar a pena de demissão, quando induvidosa a ocorrência de motivo previsto na norma que comina tal espécie de sanção, razão pela qual o caso em tela não pode ser objeto de análise pelo Poder Judiciário.

(D) não cabe pleitear a revisão da pena imposta perante o Poder Judiciário, pois o controle jurisdicional deve alcançar todos os aspectos de legalidade dos atos administrativos, não podendo, todavia, estender-se à valoração da conduta que a lei conferiu ao administrador, no caso em tela expressada pela escolha da sanção a ser imposta.

(E) a jurisprudência do Superior Tribunal de Justiça orienta no sentido de que não há que se falar na presença de discricionariedade no exercício do poder disciplinar pela autoridade pública, sobretudo no que tange à imposição de sanção disciplinar, por esse motivo, possível o controle judicial de tais atos administrativos de forma ampla, razão pela qual o Poder Judiciário pode rever a pena aplicada no caso em tela.

A: Incorreta. A jurisprudência do STJ entende que o controle jurisdicional dos atos administrativo sempre é possível também quanto aos inquéritos e processos judiciais, podendo ser realizado o controle formal e de conteúdo do ato, conforme se verifica no seguinte julgado:" Em face dos princípios da proporcionalidade, dignidade da pessoa humana e culpabilidade, aplicáveis ao regime jurídico disciplinar, não há juízo de discricionariedade no ato administrativo que impõe sanção disciplinar a Servidor Público, razão pela qual o controle jurisdicional é amplo, de modo a conferir garantia aos servidores públicos contra eventual excesso administrativo, não se limitando, portanto, somente aos aspectos formais do procedimento sancionatório. Precedentes. (RMS 47.677/ES, Rel. Ministro Napoleão Nunes Maia Filho, Primeira Turma, julgado em 15/12/2015, DJe 02/02/2016)". **B:** Incorreta. A razoabilidade e proporcionalidade são sinônimos de legalidade. Os princípios da proporcionalidade e razoabilidade são princípios constitucionais implícitos, sendo decorrentes do princípio da legalidade. **C:** Incorreta. O Poder Disciplinar é vinculado quanto à aplicabilidade da sanção, ou seja, o administrador não pode se esquivar de aplicar a sanção, desde que regularmente apurado o ato, respeitada a ampla defesa. **D:** Incorreta. O Poder Judiciário sempre poderá rever a legalidade e proporcionalidade da sanção aplicada. **E:** Correta. O Poder Disciplinar possui o aspecto vinculado, quanto à obrigatoriedade da sanção e o aspecto discricionário, no que diz respeito à quantificação da mesma, e quanto ao aspecto discricionário, para quem o defende (doutrina dominante) também é possível o controle judicial quanto à sua legalidade. Em face dos princípios da proporcionalidade, dignidade da pessoa humana e culpabilidade, aplicáveis ao regime jurídico disciplinar, não há juízo de discricionariedade no ato administrativo que impõe sanção disciplinar a Servidor Público, razão pela qual o controle jurisdicional é amplo, de modo a conferir garantia aos servidores públicos contra eventual excesso administrativo, não se limitando, portanto, somente aos aspectos formais do procedimento sancionatório. Precedentes" (RMS 47.677/ES, Rel. Napoleão Nunes Maia Filho). **AW**

Gabarito "E".

3. ATOS ADMINISTRATIVOS

3.1. CONCEITO, PERFEIÇÃO, VALIDADE E EFICÁCIA

(Procurador – IPSMI/SP – VUNESP – 2016) Com base na teoria do ato administrativo, assinale a alternativa correta.

(A) Atos perfeitos são atos que estão em conformidade com o direito e que já exauriram os seus efeitos, tornando-se irretratáveis.

(B) Atos complexos são formados pela manifestação de dois órgãos, sendo o conteúdo do ato definido por um, cabendo ao segundo a verificação de sua legitimidade.

(C) A cassação consiste na extinção do ato administrativo em razão do descumprimento das razões impostas pela Administração ou ilegalidade superveniente imputável ao beneficiário do ato.

(D) A caducidade é a extinção do ato administrativo em virtude da sua incompatibilidade com o seu fundamento de validade no momento da edição.

(E) A revogação é a extinção do ato administrativo quando a situação nele contemplada não mais é tolerada pela nova legislação.

A: Incorreta. Os atos perfeitos são os já "acabados", formados, que percorreram todo o processo para a sua formação, mas não significa que produziram efeitos, eis que podem ser ineficazes. **B:** Incorreta. Os atos complexos são os que dependem da manifestação de vontade de um só órgão, sendo o outro apenas legitimador ou verificador da sua legitimidade. **C:** Correta. A cassação do ato é sua retirada por descumprimento, do seu destinatário, das condições para a sua manutenção, sendo que essas condições são impostas por lei, por isso podem advir da ilegalidade superveniente imputável ao beneficiário. **D:** Incorreta. A caducidade é a retirada do ato administrativo em razão da superveniência de norma jurídica incompatível com a manutenção do ato. **E:** Incorreta. Esse seria o conceito de caducidade. A revogação é a retirada do ato administrativo por motivos de conveniência e oportunidade. **AW**

Gabarito "C".

3.2. REQUISITOS DO ATO ADMINISTRATIVO (ELEMENTOS, PRESSUPOSTOS)

(Investigador – PC/BA – 2018 – VUNESP) Um dos requisitos do ato administrativo é

(A) a competência, pela qual é vedado que um agente público transfira a outro funções que originariamente lhe são atribuídas.

(B) o objeto, elemento pelo qual todo ato administrativo deve estar dirigido ao atendimento de um interesse público.

(C) a finalidade, que se expressa no conteúdo, na alteração no mundo jurídico que o ato administrativo se propõe a processar.

(D) a forma, vigorando no âmbito administrativo o princípio da liberdade das formas, diversamente do que ocorre no campo do direito privado.

(E) o motivo, que consiste na situação de fato ou de direito que gera a vontade do agente público, quando este pratica o ato administrativo.

São requisitos para que um ato administrativo seja considerado válido: competência, objeto, forma, motivo e finalidade. A **competência** *é a atribuição legal de cargos, órgãos e entidades*. São vícios de competência os seguintes: a1) usurpação de função: alguém se faz passar por agente público sem o ser, ocasião em que o ato será inexistente; a2) excesso

6. DIREITO ADMINISTRATIVO

de poder: alguém que é agente público acaba por exceder os limites de sua competência (ex.: fiscal do sossego que multa um bar que visita por falta de higiene); o excesso de poder torna nulo ato, salvo em caso de incompetência relativa, em que o ato é considerado anulável; a3) função de fato: exercida por agente que está irregularmente investido em cargo público, apesar de a situação ter aparência de legalidade; nesse caso, os praticados serão considerados válidos, se houver boa-fé. O **objeto** é o conteúdo do ato, aquilo que o ato dispõe, decide, enuncia, opina ou modifica na ordem jurídica. O objeto deve ser lícito, possível e determinável, sob pena de nulidade. Ex.: o objeto de um alvará para construir é a licença. A **forma** *são as formalidades necessárias para a seriedade do ato.* A seriedade do ato impõe a) respeito à forma propriamente dita; b) motivação. O **motivo é** *fundamento de fato e de direito que autoriza a expedição do ato.* Ex.: o motivo da interdição de estabelecimento consiste no fato de este não ter licença (motivo de fato) e de a lei proibir o funcionamento sem licença (motivo de direito). Pela *Teoria dos Motivos Determinantes, o motivo invocado para a prática do ato condiciona sua validade.* Provando-se que o motivo é inexistente, falso ou mal qualificado, o ato será considerado nulo. A **finalidade** *é o bem jurídico objetivado pelo ato.* Ex.: proteger a paz pública, a salubridade, a ordem pública. Cada ato administrativo tem uma finalidade. 📝

Gabarito "E".

3.3. VINCULAÇÃO E DISCRICIONARIEDADE

(Investigador – PC/BA – 2018 – VUNESP) Os atos discricionários

(A) são equiparados aos atos políticos, não sendo, portanto, possível a sua apreciação pelo Poder Judiciário, mesmo que causem lesão a direitos individuais ou coletivos.

(B) sujeitam-se à apreciação judicial, que será plena, em todos os aspectos, inclusive aqueles submetidos à avaliação de conveniência e oportunidade pelo gestor.

(C) não se prestam ao controle judicial, que não pode apreciar os motivos, ou seja, os fatos que precedem a elaboração do ato, sua ausência ou até mesmo falsidade.

(D) sujeitam-se à apreciação judicial, desde que não se invadam os aspectos reservados à apreciação subjetiva da Administração Pública.

(E) serão submetidos a controle judicial, em regra geral, se pertencerem à categoria de atos interna corporis, ou seja, aqueles derivados de Regimentos do Poder Legislativo.

Atos administrativos discricionários não se confundem com atos arbitrários, isto é, com atos cometidos à margem ou fora da lei. Os atos discricionários são atos administrativos em que há previsão na lei de certa liberdade para que o administrador público, diante do caso concreto, escolha a solução que atinge otimamente o interesse público. Sempre caberá a apreciação judicial sobre a razoabilidade e proporcionalidade do ato, mas não cabe ao Poder Judiciário substituir o administrador e por ele escolher. 📝

Gabarito "D".

3.4. EXTINÇÃO DOS ATOS ADMINISTRATIVOS

(Investigador – PC/BA – 2018 – VUNESP) Se um ato administrativo é praticado com fundamento falso, vale dizer, incompatível com a verdade real, impõe-se a extinção do ato administrativo, por meio da

(A) revogação, que poderá ser praticada pela própria Administração, no exercício da autotutela, ou pelo Poder Judiciário, se devidamente provocado.

(B) anulação, que poderá ser praticada somente pela própria Administração.

(C) revogação, que poderá ser praticada somente pela própria Administração.

(D) anulação, que poderá ser praticada pela própria Administração, no exercício da autotutela, ou pelo Poder Judiciário, se devidamente provocado.

(E) revogação, que poderá ser praticada somente pelo Poder Judiciário.

A: incorreta. A revogação consiste na extinção de um ato administrativo legal ou de seus efeitos por outro ato administrativo. É efetuada somente pela Administração, dada a existência de fato novo que o torne inconveniente ou inoportuno, respeitando-se os efeitos precedentes (efeito "ex nunc"). Veja que a extinção por revogação não ocorre em razão da invalidade do ato, ou seja, de sua ilegalidade; **B:** incorreta. No caso de nulidade de um ato, esse modo de extinção dos atos administrativos pode ser feito tanto pela Administração Pública em exercício de autotutela como pelo Poder Judiciário; **C:** incorreta. Efetivamente, a revogação, por se tratar da extinção de um ato administrativo legal ou de seus efeitos por outro ato administrativo, dada a existência de fato novo que o torne inconveniente ou inoportuno, respeitando-se os efeitos precedentes (efeito "ex nunc"), somente pode ser realizada pela Administração. A "pegadinha" aqui refere-se ao fato de que a questão não trata de ato passível de revogação, mas de ato ilegal que deve ser anulado; **D:** correta. A anulação ou invalidação consiste na extinção do ato administrativo ou de seus efeitos por outro ato administrativo ou por decisão judicial por motivo de ilegalidade, com efeito retroativo ("ex tunc"); **E:** incorreta. A revogação consiste na extinção de um ato administrativo legal ou de seus efeitos por outro ato administrativo, **efetuada somente pela Administração**, dada a existência de fato novo que o torne inconveniente ou inoportuno, respeitando-se os efeitos precedentes (efeito "ex nunc"). 📝

Gabarito "D".

(Procurador Municipal/SP – VUNESP – 2016) Assinale a alternativa que corretamente discorre sobre aspectos concernentes ao ato administrativo.

(A) A Administração pode revogar seus próprios atos, quando eivados de vícios que os tornem ilegais, porque deles não se originam direitos, ou anulá-los, por motivo de conveniência ou de oportunidade, respeitados os direitos adquiridos e ressalvada, em todos os casos, a apreciação judicial.

(B) O vício de finalidade, ou desvio de poder, consiste na omissão ou na observância incompleta ou irregular de formalidades indispensáveis à existência ou à seriedade do ato, que tem apenas a aparência de manifestação regular da Administração, mas não chega a se aperfeiçoar como ato administrativo.

(C) Afirma-se que um ato é discricionário nos casos em que a Administração tem o poder de adotar uma ou outra solução, segundo critérios de oportunidade, de conveniência, de justiça e de equidade, próprios da autoridade, porque não definidos pelo legislador, que deixa certa margem de liberdade de decisão diante do caso concreto.

(D) A atuação da Administração Pública, no exercício da função administrativa, é discricionária quando a lei estabelece a única solução possível diante de determinada situação de fato; ela fixa todos os requisitos, cuja existência a Administração deve limitar-se a constatar, sem qualquer margem de apreciação subjetiva.

(E) O desvio de poder ocorre quando o agente público excede os limites de sua competência; por exemplo, quando a autoridade, competente para aplicar a pena de suspensão, impõe penalidade mais grave, que não é de sua atribuição; ou quando a autoridade policial se excede no uso da força para praticar ato de sua competência.

A: Incorreta. A revogação tem como fundamento critérios de conveniência e oportunidade, e não vício de legalidade. **B:** Incorreta. Temos a descrição de vício de forma, e não de finalidade do ato administrativo (busca do interesse coletivo, da finalidade pública). **C:** Correta. A assertiva descreve bem a possibilidade de adoção de decisões diversas, de análise e julgamento do ato por parte do administrador, sendo esse o conceito de discricionariedade (liberdade de decidir conforme critérios de razoabilidade, proporcionalidade, justiça, equidade, legalidade). **D:** Incorreta. No caso de a lei estabelecer a única solução possível a ser tomada pelo administrador temos hipótese de ato vinculado, onde só é possível a escolha da solução determinada em lei. **E:** Incorreta. A alternativa descreve o abuso de poder, que é gênero e abrange o excesso de poder (atuação além dos limites de competência) e o desvio de poder ou de finalidade (atuação contrária ao interesse público, como no caso de ação desarrazoada, arbitrária), sendo esse o erro, portanto. AW
Gabarito "C".

(Procurador Municipal – Sertãozinho/SP – VUNESP – 2016) Assinale a alternativa que corretamente discorre sobre o ato administrativo.

(A) Em certos atos, denominados vinculados, a lei permite ao agente proceder a uma avaliação de conduta, ponderando os aspectos relativos à conveniência e à oportunidade da prática do ato.

(B) A Administração pode revogar seus próprios atos, quando eivados de vícios que os tornem ilegais, porque deles não se originam direitos, ressalvada, em todos os casos, a apreciação judicial.

(C) É defeso ao Poder Judiciário apreciar o mérito do ato administrativo, cabendo-lhe unicamente examiná-lo sob o aspecto de sua legalidade, isto é, se foi praticado conforme ou contrariamente à lei.

(D) A revogação também pode ser feita pelo Poder Judiciário, mediante provocação dos interessados, que poderão utilizar, para esse fim, as ações ordinárias e especiais previstas na legislação processual.

(E) Anulação é o ato administrativo discricionário pelo qual a Administração extingue um ato válido, por razões de oportunidade e conveniência, respeitando os efeitos já produzidos pelo ato, precisamente pelo fato de ser este válido perante o direito.

A: Incorreta. Nos atos vinculados não há qualquer avaliação de conduta. O administrador só faz o que a lei determina, sem ter liberdade para ponderar nada. **B:** Incorreta. A revogação tem como fundamento a análise de conveniência e oportunidade, e não a legalidade, como afirmada na assertiva. **C:** Correta. O Poder Judiciário poderá apreciar o mérito dos atos administrativos discricionários, mas somente quanto à sua legalidade, ou seja, não pode adentrar no juízo discricionário, na escolha em si da causa e motivo do ato. **D:** Incorreta. O Poder Judiciário nunca pode revogar um ato administrativo discricionário, sendo exclusividade do administrador forma de retirada do ato administrativo. **E:** Incorreta. A anulação é forma de retirada do ato administrativo por ele ser inválido, sem nenhuma análise de sua legalidade, portanto. AW
Gabarito "C".

3.5. CONVALIDAÇÃO

(Juiz de Direito – TJ/SP – 2023 – VUNESP) Convalidação ou saneamento é, segundo Maria Sylvia Zanella Di Pietro, "o ato administrativo pelo qual é suprido o vício existente em um ato ilegal, com efeitos retroativos à data em que

este foi praticado" e a Lei nº 9.784/99 (Lei do Processo Administrativo Federal) dispõe, no seu artigo 55 que "em decisão na qual se evidencie não acarretarem lesão ao interesse público nem prejuízo a terceiros, os atos que apresentarem defeitos sanáveis poderão ser convalidados pela própria Administração". Em face disso, na avaliação entre o dever de convalidar e o dever de invalidar ato praticado por autoridade incompetente, pode-se dizer que

(A) na hipótese de ato discricionário, estando presentes os requisitos do referido artigo 55, a Administração Pública pode optar entre o dever de convalidar e o dever de invalidar.

(B) no caso de ato vinculado, a Administração tem o dever de invalidar o ato em vez de convalidá-lo, se estiverem presentes os requisitos para a prática do ato e os do referido artigo 55.

(C) a Administração deve convalidar o ato, mesmo não estando presentes os demais requisitos para sua prática, por já terem sido a discricionariedade ou a vinculação previamente exercidas pela autoridade que inicialmente o praticou.

(D) a Administração tem o dever de invalidar o ato praticado por vício de incompetência, por se constituir em grave violação ao princípio da legalidade que não admite saneamento.

A: Correta. A convalidação é uma atuação discricionária da Administração, que poderá analisar a conveniência e oportunidade na sanatória do ato, quando preenchidos os requisitos do art. 55 da Lei 9.784/99. **B:** Incorreta. Mesmo que se trate de ato vinculado, se o vício recair sobre elemento do ato que admita a convalidação e preenchidos os requisitos do art. 55 da Lei 9.784/99, é possível a convalidação do ato. **C:** Incorreta. A convalidação só será possível se preenchidos os requisitos do art. 55 da Lei 9.784/99 e se o vício recair em elemento que admita a convalidação. **D:** Incorreta. O vício de competência admite a convalidação, através da ratificação, a não ser que se trate de competência exclusiva. FC
Gabarito "A".

(Juiz de Direito – TJ/RS – 2018 – VUNESP) Considerando a disciplina legal e jurisprudencial da invalidação dos atos administrativos e, em especial, o previsto na Lei federal no 9.784/99, a anulação de ato administrativo ampliativo de direitos

(A) decorre do exercício do poder de polícia administrativa a fim de garantir segurança jurídica e estabilidade das relações entre Administração e administrado.

(B) só pode se dar por força de decisão judicial, observados os prazos de prescrição previstos no Código Civil.

(C) decorre do exercício do poder de autotutela administrativa e independe de procedimento em que seja assegurado contraditório e ampla defesa do beneficiário dos efeitos do ato anulável sempre que houver má-fé.

(D) só pode se dar pela Administração Pública, no exercício do poder hierárquico, e não pode alcançar terceiro interessado de boa-fé.

(E) só pode se dar no prazo de até cinco anos, pela própria Administração Pública.

Atos administrativos ampliativos de direitos são aqueles que aumentam a esfera de ação jurídica do administrado. Segundo o artigo 54 da Lei 9.784/1999, "o direito da Administração de anular os atos administrativos **de que decorram efeitos favoráveis para os destinatários** decai em cinco anos, contados da data em que foram praticados, salvo comprovada má-fé" (grifo nosso). FB
Gabarito "E".

6. DIREITO ADMINISTRATIVO

3.6. CLASSIFICAÇÃO DOS ATOS ADMINISTRATIVOS E ATOS EM ESPÉCIE

(Juiz de Direito – TJM/SP – VUNESP – 2016) O ato administrativo tem peculiaridades sobre as quais é possível fazer a seguinte afirmação:

(A) se a Administração não se pronuncia quando provocada por um administrado que postula interesse próprio, está-se perante o silêncio administrativo que, apesar de não ser um ato, deverá ser sempre interpretado como deferimento.

(B) os atos vinculados obedecem a uma prévia e objetiva tipificação legal do único comportamento possível da Administração em face de situação igualmente prevista, autorizando sua revogação em caso de ilegalidade.

(C) a autoexecutoriedade do ato administrativo independe de previsão legal, mas obedece estritamente ao princípio da proporcionalidade.

(D) os atos administrativos podem ser classificados como simples ou complexos, a depender do número de destinatários beneficiados com a sua prática.

(E) os motivos e a finalidade indicados na lei, bem como a causa do ato, fornecem as limitações ao exercício de discrição administrativa e, portanto, estão sujeitos ao controle judicial.

A: Incorreta. O silêncio administrativo é um fato jurídico e não pode ser interpretado nem como uma permissão, nem como uma proibição ou vedação, não sendo possível ao próprio administrador inferir uma manifestação de vontade a seu critério. O entendimento da doutrina dominante é de que no caso de silêncio deve-se buscar o Poder Judiciário para que esse obrigue ao administrador a proferir sua manifestação de vontade. **B:** Incorreta. Os atos administrativos vinculados não podem ser revogados, eis que não são emitidos sob nenhuma discricionariedade (sem nenhum juízo de conveniência e oportunidade, portanto). **C:** Incorreta. A autoexecutoriedade é a regra de todos os atos administrativos e obedece a todos os princípios que regem a Administração Pública, não só ao princípio da proporcionalidade, portanto. **D:** Incorreta. A classificação em atos simples ou complexos tem como fundamento o número de agentes que praticam o ato (o número de manifestação de vontades necessárias para formar o ato), e não o número de destinatários. **E:** Correta. Na verdade, todos os elementos do ato administrativo estão sujeitos ao controle judicial, mas o motivo e causa são elementos discricionários, o que está correto e, juntamente com a finalidade, admitem o controle judicial de legalidade. **AW**
Gabarito "E".

4. ORGANIZAÇÃO ADMINISTRATIVA

4.1. TEMAS GERAIS (ADMINISTRAÇÃO PÚBLICA, ÓRGÃOS E ENTIDADES, DESCENTRALIZAÇÃO E DESCONCENTRAÇÃO, CONTROLE E HIERARQUIA, TEORIA DO ÓRGÃO)

(Investigador – PC/BA – 2018 – VUNESP) O conjunto de órgãos que integram as pessoas federativas, aos quais foi atribuída a competência para o exercício, de forma centralizada, das atividades administrativas do Estado denomina-se

(A) Administração Indireta.
(B) Administração Direta.
(C) Fundação Pública.
(D) Sociedade de Economia Mista.
(E) Empresa Pública.

A: incorreta. A Administração Indireta consiste no conjunto de pessoas administrativas que, em relação de tutela com os entes da Administração Pública Direta, têm o objetivo de desempenhar as atividades de forma descentralizada; **B:** correta. A Administração Direta corresponde às pessoas jurídicas de direito público que exercem a atividade administrativa de modo centralizado; **C:** incorreta. Fundação pública é a entidade descentralizada, composta por um patrimônio personalizado que presta atividade não lucrativa de interesse coletivo; **D:** incorreta. É a entidade dotada de personalidade jurídica de direito privado, criada por lei para a exploração de atividade econômica, sob a forma de sociedade anônima, cujas ações com direito a voto pertençam em sua maioria à União, Estado, Distrito Federal ou Município, ou a entidade da Administração Indireta; **E:** incorreta. É a entidade dotada de personalidade jurídica de direito privado, com patrimônio próprio e capital exclusivo da entidade federativa a ele vinculado. **FB**
Gabarito "B".

(Procurador do Estado/SP – 2018 – VUNESP) Modelo de gestão orientado para práticas gerenciais com foco em resultados e atendimento aos usuários, qualidade de serviços e eficiência de processos com autonomia gerencial, orçamentária e financeira, sem abandonar parâmetros do modelo burocrático pode, em tese, e de acordo com o ordenamento jurídico em vigor, ser adotado por autarquia

(A) observada a autonomia, desde que qualificada como agência executiva, por meio de deliberação da autoridade máxima da autarquia, ratificada pelo Titular da Pasta tutelar, a quem competirá executar controle de finalidade e monitorar o atingimento das metas especificadas no âmbito do programa de ação do ente descentralizado.

(B) mediante celebração de contrato entre o Poder Público, por meio da Pasta tutelar, e o ente descentralizado, que abranja plano de trabalho voltado ao alcance dos objetivos e metas estipulados de comum acordo entre as partes.

(C) de forma autônoma, por meio de seu regimento interno, que deverá estabelecer objetivos estratégicos, metas e indicadores específicos observados os critérios de especialização técnica que justificaram a autorização legal para criação do ente descentralizado.

(D) mediante lei específica que autorize a contratualização de resultados entre o setor regulado e a autarquia que pretenda adotar o modelo gerencial, observada a finalidade de interesse público que justificou a desconcentração técnica no específico setor de atuação do órgão.

(E) mediante celebração de acordo de cooperação técnica, precedido de protocolo de intenções, a serem firmados entre a autarquia em regime especial e a pessoa de direito público interno que autorizou a sua criação, com derrogação em parte do regime jurídico administrativo, nos limites de lei específica.

O artigo 37 § 8º da CF/1988 estabelece a possibilidade de celebração do chamado contrato de gestão, nos seguintes termos: "§ 8º a autonomia gerencial, orçamentária e financeira dos órgãos e entidades da administração direta e indireta poderá ser ampliada mediante contrato, a ser firmado entre seus administradores e o poder público, que tenha por objeto a fixação de metas de desempenho para o órgão ou entidade, cabendo à lei dispor sobre: I – o prazo de duração do contrato; II – os controles e critérios de avaliação de desempenho, direitos, obrigações e responsabilidade dos dirigentes; III – a remuneração do pessoal." **FB**

Gabarito "B".

(Procurador – IPSMI/SP – VUNESP – 2016) A respeito da estruturação da Administração Pública brasileira, assinale a alternativa correta.

(A) As agências executivas possuem natureza de pessoa jurídica de direito privado, diferenciando-se, assim, das autarquias e fundações.

(B) As agências reguladoras são autarquias com regime jurídico especial, dotadas de autonomia reforçada em relação ao ente estatal.

(C) As empresas públicas estão necessariamente revestidas da forma jurídica de sociedade anônima.

(D) Os empregados das empresas estatais estão necessariamente submetidos ao teto remuneratório.

(E) As fundações públicas de direito privado, assim como as autarquias, são criadas por lei.

A: Incorreta. Como não houve especificação sobre as fundações públicas, se pessoas jurídicas de direito público ou privado, está incorreta a questão. **B:** Correta. As Agências Reguladoras realmente são autarquias de regime especial, dotadas de independência e autonomia em relação à Administração Direta, como todas as demais autarquias, mas por terem esse "regime especial", ainda possuem uma atuação fortemente autônoma em relação à pessoa jurídica da Administração Indireta que a criou (por meio de lei). **C:** Incorreta. As empresas públicas são pessoas jurídicas de direito privado e podem adotar quaisquer das formas empresarias previstas em lei. **D:** Incorreto. O art. 37, § 9º, CF determina que somente se submetem ao teto geral as empresas estatais que recebem recursos do Estado para pagamento de despesas com pessoal ou custeio em geral. **E:** Incorreta. As fundações públicas de direito privado são autorizadas à criação por lei (art. 37, XIX, CF). **AW**

Gabarito "B".

4.2. AGÊNCIAS REGULADORAS

(Juiz de Direito – TJ/RS – 2018 – VUNESP) Decisão proferida pelo Conselho Superior de Agência Reguladora estadual, órgão máximo de direção da autarquia, que mantém aplicação de sanção ao concessionário de serviço público por ela regulado em razão do descumprimento de cláusula contratual,

(A) pode ser objeto de recurso administrativo interno, dirigido ao Dirigente Superior da Agência Reguladora.

(B) é ilegal, por desbordar os limites da competência das agências reguladoras, autarquias submetidas ao princípio constitucional da estrita legalidade.

(C) salvo disposição específica em contrário, é irrecorrível no âmbito administrativo, especialmente por se tratar de atividade finalística da agência reguladora.

(D) pode ser objeto de recurso hierárquico, dirigido ao Chefe do Poder Executivo estadual.

(E) é inconstitucional, porque sanções aplicadas ao particular só podem decorrer de lei em sentido estrito e não de contrato de concessão de serviço público, do qual o órgão regulador não é parte.

Essa questão apresenta certo nível de polêmica, pois ela mesma traz a afirmação de que o Conselho Superior de Agência Reguladora é o órgão máximo de direção da autarquia, de modo que suas decisões são irrecorríveis dentro daquela autarquia especial. Caberia, no máximo, um pedido de reconsideração dirigido ao próprio Conselho Superior, que, se o caso, poderá exercer a autotutela; ou ainda, mas

já externamente à agência Reguladora, a propositura de um Recurso Hierárquico Impróprio dirigido ao chefe do órgão da Administração Pública Estadual ao qual a agência encontra-se vinculada e submetida ao poder de tutela. No caso em tela, veja que, a princípio, tratando-se de questão de ordem técnica, efetivamente não há mais como recorrer de uma decisão proferida em instância final, de modo que essa decisão é afetada pelo chamado "trânsito em julgado administrativo". Apenas mediante a propositura de ação judicial que questione a razoabilidade ou proporcionalidade da sanção aplicada, ou ainda por meio da tormentosa questão do cabimento ou não de recurso hierárquico impróprio, essa decisão poderia receber uma determinação dirigida ao Conselho Superior da Agência de nova apreciação do caso. **FB**

Gabarito "C".

4.3. ENTES DE COOPERAÇÃO

(Procurador – PGE/SP – 2024 – VUNESP) O Estado "X" pretende realizar acordo de cooperação com organização da sociedade civil (OSC), sob as regras da Lei nº 13.019/2014. Assinale a alternativa que apresenta cláusula confeccionada para fins de inclusão na minuta do instrumento de parceria que se revela adequada ao negócio jurídico a ser celebrado.

(A) "A entidade parceira declara preencher o requisito de prazo mínimo de existência, com cadastro ativo na Secretaria de Receita Federal do Brasil, nos termos da Lei nº 13.019/2014".

(B) "Fica dispensada a apresentação de plano de trabalho pela entidade parceira, que poderá ser substituído por carta de intenções subscrita pelo dirigente da entidade, a ser disponibilizada no prazo de cinco dias a contar da assinatura do ajuste".

(C) "A parceria produzirá efeitos jurídicos a partir da data de assinatura, sem prejuízo da oportuna publicação do ajuste no diário oficial do Estado".

(D) "Em vista da vedação legal à celebração de parcerias com organizações de cunho religioso, a entidade parceira declara não ostentar tal natureza".

(E) "As atividades previstas no plano de trabalho serão inteiramente financiadas pela OSC parceira, a quem caberá, portanto, a responsabilidade pela captação dos recursos necessários para sua execução".

A: Incorreto. O art. 33, V, "a", da Lei nº 13.019/2014 exige que a entidade parceira tenha um prazo mínimo de dois anos de funcionamento, com o respectivo cadastro ativo na Receita Federal. Esses requisitos não são comprováveis mediante mera declaração da entidade parceira, mas sim por meio de documentação emitida pela Secretaria da Receita Federal e cópia do estatuto social da entidade devidamente registrado (art. 26, I e II, do Decreto 8.726/16). **B:** Incorreto. De acordo com o Art. 35, IV, da Lei nº 13.019/2014, a apresentação (e aprovação) do plano de trabalho é obrigatória para formalizar a parceria. A dispensa dessa apresentação, mesmo substituída por uma carta de intenções, não está prevista na legislação e comprometeria a formalidade e a clareza exigidas para a execução das atividades. **C:** Incorreto. O art. 38 da Lei nº 13.019/2014 estabelece que o ajuste deve ser publicado nos meios oficiais de publicidade da administração pública para ter efeitos jurídicos. A assinatura do acordo sozinha não é suficiente para validar a parceria juridicamente, sendo necessário o cumprimento da formalidade da publicação. **D:** Incorreto. O art. 33, § 2º, da Lei nº 13.019/2014 regula a possibilidade de organizações de cunho religioso celebrarem esse tipo de parceria, inclusive estabelecendo certas vantagens quanto à apresentação de documentação necessária à celebração da parceria. **E:** Correto. Segundo o Art. 2º, VIII-A, o *acordo de cooperação* é o "instrumento por meio do qual são formalizadas as parcerias estabelecidas pela administração pública com organizações da sociedade civil para

6. DIREITO ADMINISTRATIVO — 251

a consecução de finalidades de interesse público e recíproco que não envolvam a transferência de recursos financeiros". A cláusula está adequada, pois reflete corretamente as responsabilidades da OSC em relação ao financiamento das atividades. **WG**
Gabarito "E".

(Procurador do Estado/SP – 2018 – VUNESP) Ajuste a ser celebrado entre o Poder Público e associação privada sem fins lucrativos, com sede no exterior e escritório de representação em Brasília, tendo por objeto a conjugação de esforços entre os partícipes com vistas à realização de encontro para, por meio de palestras e workshops, difundir conhecimento e promover a troca de experiências em políticas públicas voltadas às áreas sociais, sem previsão de transferência de recursos públicos, porém com previsão de cessão de espaço em imóvel público para realização do evento denomina-se

(A) termo de parceria, submetido ao regime jurídico previsto na Lei Federal no 9.790/99 e Lei Estadual 11.598/2003 (Lei das Organizações da Sociedade Civil de Interesse Público – OSCIPs), desde que o escritório no Brasil da entidade seja qualificada como Organização da Sociedade Civil de Interesse Público.

(B) acordo de cooperação, submetido ao regime jurídico previsto na Lei Federal 13.019/2014 (Lei das Parcerias Voluntárias com Organizações da Sociedade Civil – OSCs).

(C) convênio, submetido ao regime jurídico previsto na Lei Federal 8.666/93 (Lei de Licitações e Contratos).

(D) contrato, submetido ao regime jurídico previsto na Lei Federal 8.666/93 (Lei de Licitações e Contratos).

(E) termo de fomento, submetido ao regime jurídico previsto na Lei Federal 13.019/2014 (Lei das Parcerias Voluntárias com Organizações da Sociedade Civil – OSCs).

A Lei 13.019, de 31 de julho de 2014, estabelece o regime jurídico das parcerias entre a Administração Pública e as organizações da sociedade civil, em regime de mútua cooperação, para a consecução de finalidades de interesse público e recíproco, mediante a execução de atividades ou de projetos previamente estabelecidos em planos de trabalho inseridos em termos de colaboração, em termos de fomento ou em **acordos de cooperação**. Segundo o art. 2º, VIII-A da Lei 13.019/2014, acordo de cooperação é instrumento por meio do qual são formalizadas as parcerias estabelecidas pela Administração Pública com organizações da sociedade civil para a consecução de finalidades de interesse público e recíproco que não envolvam a transferência de recursos financeiros. **FB**
Gabarito "B".

(Juiz de Direito – TJM/SP – VUNESP – 2016) Há um novo marco regulatório que disciplina a celebração de convênios e acordos de cooperação pela Administração Pública. Extrai-se da Lei 13.019, de 31 de julho de 2014, que

(A) descabe a aplicação de sanções aos parceiros, pois os interesses envolvidos nos planos de trabalho são comuns, não contrapostos.

(B) o termo de colaboração deve ser adotado pela Administração Pública para consecução de planos de trabalho de sua iniciativa, para celebração de parcerias com organizações da sociedade civil que envolvam a transferência de recursos financeiros.

(C) essa lei se aplica também aos convênios celebrados com entidades filantrópicas e sem fins lucrativos, que

podem participar de forma complementar do sistema único de saúde, segundo diretrizes deste.

(D) a celebração de termo de colaboração ou de fomento deverá ser sempre precedida de chamamento público voltado a selecionar organizações da sociedade civil que tornem mais eficaz a execução do objeto.

(E) a partir da sua vigência, somente serão celebrados convênios entre entes federados ou pessoas jurídicas a eles vinculadas, não se aplicando a essas parcerias o disposto na Lei 8.666/1993.

A: Incorreta. O art. 73 da Lei 13.019/2014 determina sanções à Entidade parceira ou Organização da Sociedade Civil que descumprir o acordo, sanções que variam desde a advertência até a declaração de inidoneidade para praticar outros atos e contratos com o Poder Público. **B:** Correta. A Lei 13.019/2014 institui o Termo de Colaboração, disposto no art. 2º, VII, que assim dispõe: "termo de colaboração: instrumento por meio do qual são formalizadas as parcerias estabelecidas pela administração pública com organizações da sociedade civil para a consecução de finalidades de interesse público e recíproco propostas pela administração pública que envolvam a transferência de recursos financeiro"; **C:** Incorreta. Há vedação expressa em relação à impossibilidade de participação das entidades filantrópicas, conforme disposto no art. 3º, IV, da Lei 13.019/2014. **D:** Incorreta. O Chamamento Público realmente é sempre realizado para a celebração dos termos de colaboração e fomento, mas visa a garantia ao atendimento de todos os princípios administrativos, assim como os previstos na Lei de Licitações e correlatos (art. 2º, XII, da Lei 13.019/2014). **E:** Incorreta. A Lei 8.666/1993 tem aplicação subsidiária, a exemplo de princípios adotados, típicos da Lei de Licitações (art. 2º, XII, Lei 13.019/2014). **AW**
Gabarito "B".

4.5. TEMAS COMBINADOS DE ORGANIZAÇÃO ADMINISTRATIVA

(Juiz de Direito – TJ/SP – 2023 – VUNESP) As Agências Reguladoras levam ao estudo da regulação e da autorregulação. Com relação a estes temas, é correto afirmar que

(A) a regulação estatal, dotada de autoridade, está presente nas Agências Reguladoras, enquanto a autorregulação, que se caracteriza como espécie de regulação, mas não com a ausência desta, é exercida pelos próprios agentes regulados.

(B) tanto a regulação estatal como a autorregulação são dotadas de autoridade e executoriedade, cabendo sua atuação diretamente às Agências Reguladoras.

(C) a autorregulação, por se tratar da inexistência ou ausência de regulação, é tema estranho e que não se refere às Agências Reguladoras.

(D) a atribuição, a cada Agência Reguladora, de atribuições relativas a um dado setor do serviço público ou a atividade econômica setorizada e perfeitamente identificada, revela atuação que se caracteriza como autorregulação desse serviço ou atividade.

A: Correta. As agências reguladoras, autarquias em regime especial, são criadas para regular e fiscalizar a prestação de serviços público ou de atividades de interesse público. Em virtude de sua atuação, as agências exercem a função de regulação, que é dotada de autoridade. Já a autorregulação ocorre quando os próprios setores regulados criam as normas que disciplinam suas atividades, desde que estejam de acordo com as regras impostas pela Administração Pública. **B:** Incorreta. A autorregulação não tem autoridade nem executoriedade, visto que devem estar de acordo com as regras impostas pela regulação estatal. **C:** Incorreta. A existência de autorregulação não significa que não existe a regulação estatal, a Agência Reguladora continua tendo a função de regular e fiscalizar os serviços objeto de sua atuação. **D:** Incorreta. A atribuição de atribuições a uma agência reguladora reflete a regulação estatal, e não a autorregulação. FC

Gabarito "A".

(Advogado – Pref. São Roque/SP – 2020 – VUNESP) A respeito da Administração Indireta, assinale a alternativa correta.

(A) A venda de subsidiárias de empresas públicas deve ser precedida de autorização legislativa.

(B) Será considerada como sociedade de economia mista toda sociedade empresária que conte com a participação da Administração e de entidades privadas na composição do capital social.

(C) As fundações públicas possuem natureza jurídica de direito privado e sua criação prescinde autorização legislativa.

(D) O estatuto da empresa pública deverá observar regras de governança corporativa, de transparência e de estruturas, práticas de gestão de riscos e de controle interno.

(E) A agência reguladora não precisa indicar os pressupostos de fato e de direito que motivam a expedição de seus atos normativos.

A: incorreta (conforme decidido pelo STF no âmbito da ADI 5624 MC-Ref, a alienação de subsidiárias das empresas estatais não exige a anuência do Poder Legislativo); **B:** incorreta (para a caracterização da sociedade de economia mista, não basta a participação da Administração e de entidades privadas; além disso, necessário se faz que o seu controle acionário esteja com a Administração, cf. art. 4º, "caput", da Lei 13.303/2016); **C:** incorreta (embora seja um tema polêmico, vem prevalecendo a posição de que as fundações públicas possam assumir personalidade jurídica de direito público ou privado; assim, a criação depende da natureza jurídica atribuída à fundação pública. Caso se trate de fundação pública de direito público, ela será criada por lei específica (como as autarquias); caso seja fundação pública de direito privado, ela será autorizada por lei específica (nos termos do art. 37, XIX, CF); **D:** correta (art. 6º da Lei 13.303/2016); **E:** incorreta (a agência reguladora constitui uma autarquia de regime especial, motivo pelo qual se submete ao regime jurídico-administrativo; assim, deve obediência ao princípio da motivação, inclusive na expedição de seus atos normativos). FC

Gabarito "D".

5. SERVIDORES PÚBLICOS

5.1. CONCEITO E CLASSIFICAÇÃO

(Procurador Municipal – Sertãozinho/SP – VUNESP – 2016) Assinale a alternativa que corretamente discorre sobre tema previsto na Lei Complementar Municipal 050/1996, que dispõe sobre o regime jurídico dos servidores públicos civis do Município de Sertãozinho.

(A) Os períodos de licença-prêmio já adquiridos e não gozados pelo servidor efetivo ou comissionado que se aposentar, exonerar-se do cargo, a pedido ou de ofício, não serão convertidos em pecúnia; todavia, se o servidor vier a falecer, serão convertidos em pecúnia, em favor dos beneficiários da pensão.

(B) O servidor poderá participar de congressos, simpósios ou promoções similares, somente no Estado de São Paulo, desde que versem sobre temas ou assuntos referentes aos interesses de sua atuação profissional.

(C) Investido no mandato de Prefeito, o servidor efetivo será afastado do cargo, emprego ou função, sendo-lhe

facultado optar pela sua remuneração, não sendo, todavia, o tempo de exercício computado para efeito de benefício previdenciário.

(D) Readaptação é o retorno à atividade de servidor aposentado por invalidez, quando, por junta médica oficial, forem declarados insubsistentes os motivos da aposentadoria.

(E) O concurso público terá validade de até 2 (dois) anos, podendo ser prorrogada uma única vez, por igual período, não sendo aberto novo concurso enquanto houver candidato aprovado em concurso anterior com prazo de validade não expirado.

A: Incorreta. Trata-se de uma questão bem específica, relativa a uma lei municipal que o candidato deverá estudar somente para esse concurso. Porém, como sabemos que a Lei 8.112/1990 é considerada a Lei Geral da Previdência Social, logicamente deve ser seguida em âmbito municipal, por isso é que uma dica para esse tipo de prova é não escolher nenhuma alternativa que pareça estranha ao que determina a lei geral (essa deve ser conhecida por todos). O art. 142, da Lei Complementar 50/2006 determina que a licença prêmio poderá ser convertida em dinheiro, não estando a aposentadoria, nem o falecimento previstos como causa de exclusão dessa conversão, como afirmado na assertiva. **B:** Incorreta. Essa Lei não dispõe a respeito da permissão de participação em Congressos ou Simpósios, havendo apenas referência a esses nos casos de acidente de trabalho, que se configurarão durante a presença do servidor nesses eventos (art. 134, § 2º, III, LC 50/2006). **C:** Incorreta. Essa hipótese consta do art. 38, II e IV, CF, sendo expresso no inciso IV, art. 38, CF a previsão de contagem de prazo de tempo de serviço para todos os fins, exceto para a promoção por merecimento. **D:** Incorreta. Esse é o conceito de reintegração. A readaptação determina: "Art. 24. Readaptação é a investidura do servidor em cargo de atribuições e responsabilidades compatíveis com a limitação que tenha sofrido em sua capacidade física ou mental verificada em inspeção médica; **E:** Correta. Mesmo sem saber nada sobre a referida Lei Complementar Municipal seria possível responder à questão conhecendo o art. 37, III e IV, CF, sendo repetido de forma simétrica (princípio da simetria) nos arts. 25, e seguintes, da LC 50/2006. AW

Gabarito "E".

5.2. VÍNCULOS (CARGO, EMPREGO E FUNÇÃO)

(Procurador Municipal – Sertãozinho/SP – VUNESP – 2016) Nos termos da Lei Municipal 3.460/2000, organizar e definir a estrutura administrativa, financeira e técnica do Fundo de Previdência dos Servidores Públicos Estatutários do Município de Sertãozinho – SERTPREV é atribuição do

(A) gestor do SERTPREV, designado pelo Prefeito Municipal.

(B) Conselho Municipal de Previdência.

(C) Prefeito Municipal.

(D) Colegiado dos Servidores Públicos Estatutários Municipais, composto por dois representantes dos servidores ativos e um representante dos inativos e pensionistas.

(E) Secretário Municipal de Administração.

A: Incorreta. Nessa questão temos apenas o uso da "lei seca", devendo o candidato ter memorizado as competências relacionadas na Lei 3.460/2000, do Município de Sertãozinho, que assim dispõe: "Art. 20 Compete ao Conselho Municipal de Previdência: III – organizar e definir a estrutura administrativa, financeira e técnica do SERTPREV. **B:** Correta, conforme disposto no art. 20, da Lei 3.460/2000. **C:** Incorreta. Os motivos são os mesmos constantes das duas primeiras explicações. **D:** Incorreta. Não consta dessa norma a nenhuma previsão de Colégio de

6. DIREITO ADMINISTRATIVO · 253

Servidores Públicos. **E:** Incorreta. Também não há previsão específica de competência para as Secretarias, que devem gerir a administração em geral do Município, mas a ela não cabe nenhum poder de administração dos Fundos de Previdência. AW

Gabarito "B".

(Juiz de Direito – TJM/SP – VUNESP – 2016) O cargo público é utilizado como instrumento de organização da estrutura administrativa e sujeita-se a regime jurídico de direito público peculiar, a respeito do qual é correto afirmar:

(A) a discricionariedade quanto à investidura do sujeito atribui à autoridade superior uma competência incondicionada para prover e exonerar os cargos em comissão.

(B) a Constituição permite a criação de cargos em comissão com atribuições que apresentem um cunho de confiança diferenciado, os quais poderão ser adotados apenas para funções de direção, chefia e assessoramento.

(C) o provimento de cargo público efetivo é condicionado ao preenchimento de requisitos objetivos, usualmente avaliados mediante concurso público, cujo prazo de validade será de dois anos, descabida a prorrogação.

(D) o nepotismo e o compadrio são práticas violadoras dos mais comezinhos fundamentos do Estado Democrático de Direito e, por isso mesmo, vedadas não só ao Executivo e ao Legislativo, mas também ao Judiciário em relação aos cargos em comissão ou em caráter efetivo.

(E) compete ao Tribunal de Contas apreciar, para fins de registro, a legalidade dos atos de admissão de pessoal, a qualquer título, inclusive a nomeação para cargo em comissão.

A: Incorreta. Não há discricionariedade na investidura de todos os cargos públicos. Ela existe nos cargos em comissão, além de que a competência é sempre delimitada pela lei, não sendo incondicionada, mesmo no caso de nomeação de servidores para ocuparem cargos em comissão. **B:** Correta. Os cargos em comissão destinados a atribuições de direção, chefia e assessoramento podem ser criados e serem ocupados por servidores de carreira, na forma e percentuais determinados por lei (art. 37, V, CF). **C:** Incorreto. Há dois erros nessa assertiva: um no que diz respeito a ser usual o concurso público para preenchimento de cargos efetivos, eis que é obrigatório (art. 37, II, CF) e, outro, no que diz respeito à impossibilidade de prorrogação dos concursos públicos, sendo exatamente o contrário do previsto no art. 37, III, CF. **D:** Incorreta. O nepotismo retrata a violação de diversos princípios administrativos, como da moralidade, impessoalidade, legalidade, não sendo esses "comezinhos", e sim, fundamentos do Regime Jurídico Administrativo e do Estado Democrático de Direito. **E:** Incorreta. O art. 71, III, CF determina que os cargos em comissão estão excluídos da apreciação pelos Tribunais de Contas. AW

Gabarito "B".

5.3. PROVIMENTO E CONCURSO PÚBLICO

(Procurador – PGE/SP – 2024 –VUNESP) Suponha que a Assessoria Técnico-Legislativa é instada a examinar anteprojeto de lei que almeja promover reestruturação administrativa, unificando as carreiras de Analista Administrativo I, cuja remuneração inicial equivale a R$ 5.000,00 (cinco mil reais) e Analista Administrativo II, cuja remuneração inicial equivale a R$ 5.000,00 (cinco mil reais), as quais passarão a compor a carreira de Especialista em Administração Pública, cuja remuneração inicial será de R$

5.300,00 (cinco mil e trezentos reais). O requisito para ingresso nas duas carreiras sempre foi graduação em Administração Pública, a qual também será exigida para ingresso na nova carreira, e, em ambos os casos, as atribuições são equivalentes àquelas que o anteprojeto prevê para a carreira de Especialista em Administração Pública.

Diante disso, na qualidade de Procurador do Estado-Assessor competente para opinar acerca desse ponto do anteprojeto, será correto afirmar que a proposta é juridicamente

(A) viável, pois, nessa hipótese, a ascensão funcional não implica lesão ao princípio do concurso público.

(B) viável, pois, nessa hipótese, a transformação de cargos não implica lesão ao princípio do concurso público.

(C) inviável, pois, como a remuneração atribuída às carreiras não é equivalente, a pretendida ascensão funcional implica lesão ao princípio do concurso público.

(D) inviável, pois, à luz da jurisprudência do Supremo Tribunal Federal, transposição, transformação e ascensão são modalidades de provimento vedadas pela Constituição de 1988.

(E) inviável, pois, à luz da jurisprudência do Supremo Tribunal Federal, o provimento derivado em regra implica lesão ao princípio do concurso público.

A: Incorreto. O caso aqui é de transformação de cargos públicos, e não de ascensão funcional. Este último diz respeito em geral a uma promoção dentro da mesma carreira. **B:** Correto. Segundo o STF (ADIs 4616, 4151 e 6966), para que a transformação de cargos públicos seja constitucional são necessários os seguintes requisitos: i) concurso público; ii) similitude de atribuições dos cargos envolvidos; iii) a equivalência salarial; e a iv) identidade dos requisitos de escolaridade. Todos os requisitos estão cumpridos, portanto a transformação de cargos é viável no caso em análise. **C:** Incorreto, pois os valores são muito próximos, o que preenche o requisito da equivalência. **D:** Incorreto. O Supremo Tribunal Federal tem decidido que a ascensão profissional é possível se dentro da mesma carreira (é uma promoção), a transformação é possível se preenchidos os quatro requisitos mencionados no comentário à alternativa "b", sendo que apenas a transposição é bem mais complicada e em geral proibida, pois é uma movimentação de uma carreira já existente para uma outra carreira já existente, o que em geral viola o princípio do concurso público, da similitude dos cargos e da equivalência salarial. **E:** Incorreto, nos termos do mencionado entendimento do STF mencionado na alternativa "b". WG

Gabarito "B".

(Juiz de Direito – TJ/RJ – 2019 – VUNESP) A respeito das formas de provimento de cargo público, é correto afirmar que

(A) transferência é ato de provimento de servidor em outro cargo de denominação e atribuições diversas, com retribuição equivalente, determinada de ofício pela autoridade administrativa a quem originariamente subordinado o servidor, por razões de interesse público.

(B) aproveitamento é o retorno ao serviço público estadual do servidor colocado em disponibilidade, em cargo de natureza e vencimento compatíveis com os daquele anteriormente ocupado, precedido de inspeção médica quanto à sanidade física e mental do servidor.

(C) a readaptação por provimento em outro cargo poderá acarretar elevação de vencimento, se ocorrida em unidade administrativa diferente, consideradas a hierarquia e as funções do cargo, preservados os demais direitos e vantagens pessoais do servidor.

(D) reintegração é o reingresso do funcionário exonerado ou demitido, determinado exclusivamente por decisão judicial transitada em julgado, com ressarcimento do vencimento e das vantagens inerentes ao período em que o servidor esteve afastado do exercício de suas atribuições.

(E) a readaptação de servidor em estágio probatório dependerá de prévia inspeção realizada por junta médica do órgão oficial competente, podendo ser definitiva ou provisória, mediante decisão devidamente fundamentada do superior hierárquico.

A: incorreta (a transferência será feita a pedido do funcionário, atendidos o interesse e a conveniência da Administração, cf. art. 49 do Decreto 2.479/1979, que constitui o Regulamento do Estatuto dos Funcionários Públicos Civis do Poder Executivo do Estado do Rio de Janeiro, baixado pelo Decreto-Lei 220/1975; vale frisar que a transferência representa provimento inconstitucional, conforme já decidiu o STF no MS 22.148/DF); **B**: correta (cf. arts. 53 e 54 do mesmo diploma); **C**: incorreta (a readaptação não pode acarretar a diminuição ou a elevação de vencimento, cf. art. 58, § 2º, da norma); **D**: incorreta (a reintegração pode decorrer de decisão judicial ou administrativa, cf. art. 40, "caput", do mesmo Estatuto); **E**: incorreta (somente o funcionário estável pode ser readaptado, cf. art. 57 do diploma estadual). Gabarito "B".

(Delegado – PC/BA – 2018 – VUNESP) Servidores da Secretaria da Fazenda pretendem a ascensão do cargo de Técnico, posteriormente reestruturado para Analista Tributário, para o cargo de Agente Fiscal, sob o argumento de que ambos os cargos pertencem à mesma carreira. Tal pretensão é

(A) constitucional, porque constitui mera transposição de servidor concursado de um cargo para outro dentro da mesma pessoa jurídica de direito público.

(B) inconstitucional, porque tal alteração é de competência privativa do chefe do poder executivo e somente pode ocorrer por remoção ou permuta.

(C) constitucional, porque os dois cargos possuem natureza e complexidade semelhantes, e os servidores já foram previamente aprovados em concurso público.

(D) inconstitucional, por constituir modalidade de provimento derivado, que propicia ao servidor a investidura, sem prévia aprovação em concurso público destinado ao seu provimento, em cargo que não integra a carreira na qual foi anteriormente investido.

(E) constitucional, porque a Constituição Federal somente prevê a necessidade de concurso público para ingresso na administração pública e não para transposição, transformação ou ascensão funcional.

O provimento é forma de ocupação do cargo público pelo servidor, ou seja, é um ato administrativo por meio do qual se dá o preenchimento do cargo público. Ele pode ocorrer de modo originário, por meio da nomeação; ou ainda por meio derivado, via promoção, readaptação, reversão, reintegração, recondução ou aproveitamento. Não é mais aceito pela lei a chamada transferência, na qual o servidor público poderia assumir novo cargo em carreira diversa daquela que havia ingressado mediante concurso porque isso viola o princípio do concurso público instituído constitucionalmente. Gabarito "D".

(Investigador – PC/BA – 2018 – VUNESP) Considere o seguinte caso hipotético:

X é aprovado em concurso público da Secretaria Municipal de Educação, para o cargo de agente educador. Devi-

damente empossado e em efetivo exercício, X termina o curso superior de medicina que estava cursando. Logo em seguida, a Prefeitura Municipal decide aproveitar os servidores que porventura possuam ensino superior e estejam em funções de ensino médio, para tarefas mais complexas e condizentes com o potencial de cada um. Assim promove um processo seletivo interno, destinado a ser preenchido por servidores da Municipalidade que se enquadram nas condições supra. X participa da seleção e é aprovado para o cargo de médico, o qual assume e passa a exercer.

A conduta da hipotética Prefeitura Municipal está

(A) incorreta, pois, embora a seleção interna seja instrumento válido, sua amplitude deve abranger somente os servidores vinculados a um determinado órgão ou ente da Administração, não podendo, portanto, alcançar indistintamente todos os servidores municipais.

(B) correta, pois a Constituição Federal exige a realização de concursos de provas, ou provas e títulos, mas não determina que o concurso deva ser, em todas as hipóteses, de ampla concorrência. Então, a seleção realizada pela Municipalidade, ainda que restrita aos já integrantes da Administração Municipal, equivale a um concurso público.

(C) incorreta, pois é inconstitucional toda modalidade de provimento que propicie ao servidor investir-se, sem prévia aprovação em concurso público destinado ao seu provimento, em cargo que não integra a carreira na qual tenha sido anteriormente investido.

(D) correta, pois a Constituição Federal prevê, como forma de investidura em cargo público, a realização de concurso público juntamente com as seleções internas, buscando que o aperfeiçoamento dos servidores públicos seja incentivado.

(E) incorreta, pois basta o ingresso na seleção interna efetuada pela Prefeitura Municipal para que X incorra em acumulação indevida de cargos, já que a Constituição Federal estabelece, como regra geral, que é vedada a acumulação remunerada de cargos públicos.

É considerada ilícita a chamada transposição de cargos, na medida em que, nos quadros de servidores da Administração **Pública**, direta ou indireta, a passagem de uma carreira para outra só pode ocorrer mediante **concurso público**, conforme comando constitucional expresso no inciso II, do art. 37, da Carta Magna. FB Gabarito "C".

5.4. EFETIVIDADE, ESTABILIDADE E VITALICIEDADE

(Advogado – Pref. São Roque/SP – 2020 – VUNESP) A respeito dos servidores públicos estatutários, assinale a alternativa correta.

(A) O regime jurídico dos servidores estatutários não pode ser alterado de forma prejudicial aos agentes públicos que estejam no exercício da função pública.

(B) Os ocupantes de empregos públicos não dispõem de estabilidade no serviço público.

(C) A estabilidade garante ao agente público a permanência no serviço público, de modo que o vínculo somente poderá ser desconstituído por decisão judicial com trânsito em julgado.

6. DIREITO ADMINISTRATIVO 255

(D) É constitucional lei que propicie ao servidor investir-se em cargo que não integra a carreira na qual anteriormente investido, sem prévia aprovação em concurso público.

(E) O candidato aprovado em concurso público dentro do número de vagas previstos no edital possui expectativa de direito à nomeação.

A: incorreta (o regime jurídico dos servidores estatutários é caracterizado pela mutabilidade, podendo ser alterado de modo prejudicial aos agentes públicos); B: correta (a estabilidade representa garantia constitucional aplicável aos titulares de cargos público, e não de empregos públicos, cf. art. 41, "caput", da CF). Vale ressaltar que o STF, em repercussão geral, tratou da dispensa dos empregados públicos estabelecendo que "As empresas públicas e as sociedades de economia mista, sejam elas prestadoras de serviço público ou exploradoras de atividade econômica, ainda que em regime concorrencial, têm o dever jurídico de motivar, em ato formal, a demissão de seus empregados concursados, não se exigindo processo administrativo. Tal motivação deve consistir em fundamento razoável, não se exigindo, porém, que se enquadre nas hipóteses de justa causa da legislação trabalhista" (Inf. 1.126, STF); C: incorreta (o servidor público estável perderá o cardo em virtude de sentença judicial transitada em julgado, de processo administrativo em que lhe assegurada ampla defesa, de procedimento de avaliação periódica de desempenho e de processo de exoneração para redução de despesas com pessoal, cf. art. 41, § 1º, c/c. art. 169, §4º, da CF); D: incorreta (nos termos da Súmula Vinculante 43, é inconstitucional toda modalidade de provimento que propicie ao servidor investir-se, sem prévia aprovação em concurso público destinado ao seu provimento, em cargo que não integra a carreira na qual anteriormente investido); E: incorreta (a jurisprudência do STF e STJ firmaram a posição segundo a qual o candidato aprovado em concurso público dentro do número de vagas previsto no edital possui direito subjetivo à nomeação, e não mera expectativa de direito). **FE**

Gabarito "B".

5.7. ACUMULAÇÃO REMUNERADA

(Procurador – PGE/SP – 2024 – VUNESP) Desde os idos de 1999, Abdias Nascimento é titular de cargo efetivo de Professor em universidade estadual, pelo qual percebe remuneração equivalente a R$ 25.000,00 (vinte e cinco mil reais). Em 2022, aprovado em concurso público, passou a exercer emprego público de Pesquisador Científico em uma autarquia paulista, fazendo jus a remuneração equivalente a R$ 22.000,00 (vinte e dois mil reais). Além desses dois vínculos, Abdias é sócio de uma empresa de consultoria, pelo que percebe "pro labore" mensal equivalente a R$ 12.000,00 (doze mil reais).

Nessas circunstâncias, é correto afirmar que a situação de acúmulo em questão é

(A) irregular, pois o acúmulo entre os vínculos de Professor e de Pesquisador Científico é vedado pela Constituição da República; mas, caso o acúmulo fosse autorizado, o teto remuneratório incidiria, isoladamente, sobre a remuneração devida por cada vínculo funcional havido entre o Estado e Abdias.

(B) irregular, pois o acúmulo entre os vínculos de Professor e de Pesquisador Científico é vedado pela Constituição da República; mas, caso o acúmulo fosse autorizado, o teto remuneratório incidiria sobre a soma das remunerações devidas pelo Estado a Abdias.

(C) regular, pois nem o emprego público nem a sociedade em empresa privada são considerados pela Constituição da República para fins de acúmulo de cargos; no

caso, o teto remuneratório incidirá sobre a soma das remunerações devidas pelo Estado a Abdias.

(D) regular, pois o acúmulo entre os vínculos de Professor e de Pesquisador Científico é autorizado pela Constituição da República; no caso, o teto remuneratório incidirá isoladamente, sobre a remuneração devida por cada vínculo funcional havido entre o Estado e Abdias.

(E) irregular, pois o tríplice acúmulo verificado implicaria incompatibilidade de horários e, por conseguinte, incidência da vedação constitucional; mas, caso o acúmulo fosse autorizado, o teto remuneratório incidiria sobre a soma das remunerações devidas pelo Estado a Abdias.

A: Incorreta. O acúmulo entre cargos de Professor e Pesquisador Científico é permitido, conforme o artigo 37, inciso XVI, "b", da CF, que permite a acumulação de cargos de professor com outro técnico ou científico, desde que os horários sejam compatíveis. Quanto ao teto remuneratório, o STF tem o entendimento de que, nas situações jurídicas em que a Constituição Federal autoriza a acumulação de cargos, o teto é considerado em relação à remuneração de cada um deles, e não ao somatório do que recebido (RE 612975). B: Incorreta. Vide comentário à alternativa "a". C: Incorreta. Embora a Constituição permita a acumulação de cargos públicos em certas condições, não considera o vínculo com empresa privada para esse propósito. Além disso, o teto remuneratório se aplica apenas às remunerações dos cargos públicos, não ao total de rendimentos provenientes de todas as fontes, conforme decisão do STF no RE 612975. D: Correta. A Constituição Federal permite o acúmulo entre cargos de Professor e Pesquisador Científico, conforme o artigo 37, inciso XVI, "b", desde que os horários sejam compatíveis. Quanto ao teto remuneratório, o STF tem o entendimento de que, nas situações jurídicas em que a Constituição Federal autoriza a acumulação de cargos, o teto é considerado em relação à remuneração de cada um deles, e não ao somatório do que recebido (RE 612975). E: Incorreta. O tríplice acúmulo mencionado não é permitido pela Constituição se implicar incompatibilidade de horários, mas o acúmulo entre cargos de professor e técnico ou científico é autorizado. Mesmo que o acúmulo fosse autorizado, o teto remuneratório se aplicaria individualmente a cada cargo público, não à soma das remunerações totais. **WG**

Gabarito "D".

(Juiz de Direito – TJ/RS – 2018 – VUNESP) De acordo com a Constituição Federal, a respeito dos agentes públicos, é correto afirmar que

(A) é vedada a percepção acumulada de proventos de aposentadoria do regime próprio de previdência social ou militar com a remuneração de cargo, emprego ou função pública, inclusive cargo em comissão declarado em lei de livre nomeação e exoneração.

(B) somente os empregados públicos previamente aprovados em concurso público podem adquirir estabilidade após o período de três anos de efetivo exercício.

(C) os cargos, empregos e funções públicas não são acessíveis a estrangeiros, exceto cargo de professor ou pesquisador junto a instituição de ensino.

(D) é vedada a acumulação remunerada de cargos, empregos e funções, exceto quando houver compatibilidade de horários, a dois empregos em empresa pública, sociedade de economia mista, suas subsidiárias e sociedades controladas, direta ou indiretamente, pelo poder público, observado, em qualquer caso, o limite máximo de remuneração no setor público.

(E) as funções de confiança, exercidas exclusivamente por servidores ocupantes de cargo efetivo, destinam-se apenas às atribuições de direção, chefia e assessoramento.

A: incorreta. A regra na Constituição Federal é a vedação da acumulação remunerada de cargos públicos exceto, quando houver compatibilidade de horários, nos termos do art. 37, XVI: a) a de dois cargos de professor, b) a de um cargo de professor com outro técnico ou científico e c) a de dois cargos ou empregos de privativos de profissionais de saúde, com profissões regulamentadas. Essa proibição, tal como dispõe o art. 37, XVII, "estende-se a empregos e funções e abrange autarquias, fundações, empresas públicas, sociedades de economia mista, suas subsidiárias, e sociedades controladas, direta ou indiretamente, pelo poder público". O art. 40 § 6º da CF/1988, de sua banda, determina que, ressalvadas as aposentadorias decorrentes dos cargos acumuláveis na forma desta Constituição, é vedada a percepção de mais de uma aposentadoria à conta do regime de previdência especial dos servidores. O erro da questão está precisamente em não admitir em qualquer hipótese a percepção acumulada de proventos. A Constituição estabelece as hipóteses em que pode haver o acúmulo de cargos; **B:** incorreta. Após três anos de efetivo exercício são estáveis os servidores nomeados para cargo de provimento efetivo em virtude de concurso público – art. 41 da CF/1988; **C:** incorreta. "Os cargos, empregos e funções públicas são acessíveis aos brasileiros que preencham os requisitos estabelecidos em lei, assim como aos estrangeiros, na forma da lei" – art. 37, I CF/1988; **D:** incorreta. Art. 37, XVII da CF/1988; **E:** correta. Art. 37, V da CF/1988. **FB**

Gabarito "E".

5.8. INFRAÇÕES E PROCESSOS DISCIPLINARES. COMUNICABILIDADE DE INSTÂNCIAS

(Analista – TRF3 – 2024 – VUNESP) Hermes é servidor público federal e, injustificadamente, recusou-se a ser submetido à inspeção médica determinada pela autoridade competente.

Nessa situação hipotética, considerando o disposto na Lei nº 8.112/90, no tocante às penalidades disciplinares cabíveis, é correto afirmar que Hermes está sujeito à

(A) suspensão de até 30 (trinta) dias, sendo vedada a conversão da penalidade em multa.

(B) suspensão de até 15 (quinze) dias, mas, por conveniência do serviço, a penalidade poderá ser convertida em multa, ficando obrigado a permanecer em serviço.

(C) suspensão de até 15 (quinze) dias, sendo vedada a conversão da penalidade em multa.

(D) advertência e, não atendida a determinação pela segunda vez, multa de até 50% (cinquenta por cento) por dia de vencimento ou remuneração.

(E) advertência e, não atendida a determinação pela segunda vez, suspensão por até 30 (trinta) dias.

Nos termos do art. 130, § 1º, Lei 8.112/90: "§ 1º Será punido com suspensão de até 15 (quinze) dias o servidor que, injustificadamente, recusar-se a ser submetido a inspeção médica determinada pela autoridade competente, cessando os efeitos da penalidade uma vez cumprida a determinação". Ainda, o art. 130, §2º, lei 8.112/90 afirma que "§ 2º Quando houver conveniência para o serviço, a penalidade de suspensão poderá ser convertida em multa, na base de 50% (cinquenta por cento) por dia de vencimento ou remuneração, ficando o servidor obrigado a permanecer em serviço". Portanto, Hermes está sujeito à suspensão de até 15 dias, mas, por conveniência do serviço, a penalidade poderá ser convertida em multa, ficando obrigado a permanecer em serviço. **FC**

Gabarito "B".

(Procurador Municipal/SP – VUNESP – 2016) O servidor público se sujeita à responsabilidade civil, penal e administrativa decorrente do exercício do cargo, emprego ou função.

A respeito da responsabilidade do servidor público, é correto afirmar que

(A) não há, com relação ao ilícito administrativo, a mesma tipicidade que caracteriza o ilícito penal, sendo que a maior parte das infrações não é definida com precisão, limitando-se a lei, em regra, a usar termos mais amplos, como falta de cumprimento dos deveres ou procedimento irregular.

(B) quando o servidor causa dano à terceiro, o Estado responde subjetivamente perante o terceiro, ou seja, é necessária a comprovação de dolo ou culpa, podendo, posteriormente, a Administração, em direito de regresso, efetuar descontos nos vencimentos do servidor.

(C) mesmo que o servidor seja condenado na esfera criminal, o juízo cível e a autoridade administrativa podem decidir de forma contrária, não obstante a sentença absolutória no juízo criminal tenha categoricamente reconhecido a inexistência material do fato.

(D) o servidor público civil demitido por ato administrativo, se absolvido pela Justiça em ação penal, por falta de provas, em relação ao ato que deu causa à demissão, será reintegrado ao serviço público, com todos os direitos adquiridos.

(E) em caso de crime de que resulte prejuízo para a Fazenda Pública ou enriquecimento ilícito do servidor, ele ficará sujeito a sequestro e perdimento de bens, sem necessidade de intervenção do Poder Judiciário, na forma da Lei Federal 8.429/2012.

A: Correta. A responsabilidade administrativa dos servidores públicos se encontra disposto nos arts. 127, e seguintes, da Lei 8.112/1990, havendo apenas previsão de condutas punidas com demissão (art. 132, da Lei 8.112/1990) e, mesmo assim, de forma genérica, bem diferente do que ocorre no Código Penal em relação aos crimes. **B:** Incorreta. O Estado responde objetivamente por danos que o Estado, por meio de seus agentes, causar a terceiros (art. 37, § 6º, CF). **C:** Incorreta. A absolvição na esfera penal por inexistência do fato ou negativa de autoria devem levar à absolvição nas esferas civil e administrativa (art. 127, da Lei 8.112/1990). **D:** Incorreta. A absolvição penal por ausência de provas não isenta o servidor de pena administrativa (art. 127, da Lei 8.112/1990). **E:** Incorreta. A ação de improbidade é ação civil, judicial, sendo esse o erro da alternativa. Além disso, a Lei 8.429/92, alterada pela Lei 14.230/21 não prevê mais o sequestro de bens, apenas a indisponibilidade de bens. **FC**

Gabarito "A".

6. IMPROBIDADE ADMINISTRATIVA

6.1. CONCEITO, MODALIDADES, TIPIFICAÇÃO E SUJEITOS ATIVO E PASSIVO

(Procurador – PGE/SP – 2024 – VUNESP) A propósito da responsabilidade por ato de improbidade, a Lei nº 8.429/1992, em sua redação vigente, veda a responsabilização

(A) dos sócios, cotistas, diretores e colaboradores de pessoa jurídica de direito privado a que tenha sido imputado ato de improbidade, salvo se, comprovadamente, houver participação e benefícios diretos, caso em que responderão nos limites da sua participação.

(B) dos integrantes do Poder Judiciário e Tribunais de Contas, ainda que em exercício de funções administrativas.

6. DIREITO ADMINISTRATIVO

(C) dos administradores de empresas públicas e de sociedade de economia mista pela prática de atos de gestão comercial.

(D) do sucessor ou herdeiro do condenado por ato ímprobo, em observância do princípio da intranscendência penal.

(E) dos agentes políticos sujeitos a processo por crime de responsabilidade, nos casos previstos na Constituição Federal.

A: Correto. A Lei n° 8.429/1992, que trata dos atos de improbidade administrativa, estabelece, em seu Art. 3°, § 1°, que os sócios, cotistas, diretores e colaboradores de pessoas jurídicas de direito privado podem ser responsabilizados por atos de improbidade apenas se houver participação e benefícios diretos. Neste caso, a responsabilidade é limitada aos efeitos de sua participação no ato ímprobo. **B:** Incorreto. A Lei n° 8.429/1992 não veda a responsabilização de integrantes do Poder Judiciário e Tribunais de Contas. Pelo contrário, a lei aplica-se a todo e qualquer agente público, inclusive os agentes políticos (art. 2°, *caput*), com exceção do Presidente da República, conforme entendimento do STF. **C:** Incorreto. A Lei n° 8.429/1992 aplica-se também a pessoas que exercem emprego ou função (art. 2°, *caput*), em entidades da administração indireta (art. 1°, § 5°). **D:** Incorreto. O art. 8° da estabelece que "O sucessor ou o herdeiro daquele que causar dano ao erário ou que se enriquecer ilicitamente estão sujeitos apenas à obrigação de repará-lo até o limite do valor da herança ou do patrimônio transferido". **E:** Incorreto. A Lei n° 8.429/1992 aplica-se a todo e qualquer agente público, inclusive os agentes políticos (art. 2°, *caput*), com exceção do Presidente da República, conforme entendimento do STF. **WG**
Gabarito "A".

(Escrevente – TJ/SP – 2021 – VUNESP) Segundo o que estabelece a Lei n. 8.429/92, na hipótese de funcionário público que cometeu ato de improbidade administrativo, ensejando seu enriquecimento ilícito pessoal, devidamente comprovado pelo competente processo administrativo, mas que veio a falecer antes de ressarcir os cofres públicos, é correto afirmar que o seu sucessor

(A) será obrigado a reparar os danos integralmente, independentemente do seu valor.

(B) poderá vir a ser condenado a pagar pelos danos, se o falecido não possuía bens.

(C) não poderá ser responsabilizado, pois a pena não pode passar da pessoa do condenado.

(D) ficará sujeito às cominações da Lei até o limite do valor da herança.

(E) ficará sujeito às cominações da Lei até o limite do valor do dano causado.

Cf. art. 8° da Lei n. 8.429/1992, o sucessor ou o herdeiro daquele que causar dano ao erário ou que se enriquecer ilicitamente estão sujeitos apenas à obrigação de repará-lo até o limite do valor da herança ou do patrimônio transferido. Assim, correta a alternativa D. **RB**
Gabarito "D".

(TJ/SP – 2019 – VUNESP - ADAPTADA) João é servidor público do Estado de São Paulo e agiu negligentemente na análise das prestações de contas de parcerias firmadas pela Administração Pública com entidades privadas.

Considerando a situação hipotética apresentada, o entendimento do Superior Tribunal de Justiça e o disposto na Lei 8.429/1992, assinale a alternativa correta.

(A) João cometeu ato de improbidade administrativa que importa em enriquecimento ilícito, ainda que tenha atuado de forma culposa, e está sujeito à perda da

função pública e suspensão dos direitos políticos por até catorze anos.

(B) João cometeu ato de improbidade que causa prejuízo ao erário, podendo perder a função pública.

(C) João cometeu ato de improbidade administrativa que atenta contra os princípios da Administração Pública e está sujeito à perda da função pública e suspensão dos direitos políticos de oito a dez anos.

(D) João apenas terá cometido ato de improbidade administrativa que causa prejuízo ao erário se tiver atuado com dolo.

(E) Caso seja proposta ação de improbidade administrativa, João terá que ressarcir o erário, por ter causado um prejuízo.

A: incorreta – A Lei 8.429/92 não admite mais a modalidade culposa para o ato de improbidade administrativa, sendo exigido o dolo; **B:** incorreta – como visto na assertiva A, a lei 8.112/90 não admite mais a conduta culposa; **C:** incorreta – a conduta de João não se enquadra como ato de improbidade, pois ele agiu negligentemente, ou seja, de forma culposa; **D:** Correta – o ato de improbidade administrativa que lesão ao erário ocorre no caso de qualquer ação ou omissão dolosa, que enseje, efetiva e comprovadamente, perda patrimonial, desvio, apropriação, malbaratamento ou dilapidação dos bens ou haveres das entidades referidas na Lei. Além disso, o art. 1°, §1° da Lei exige a conduta dolosa; **E:** incorreta – Não se trata de ato de improbidade, e o ressarcimento ao erário deve ser aplicado quando confirmado o prejuízo ao erário. **FC**
Gabarito "D".

(Escrevente – TJ/SP – 2018 – VUNESP - ADAPTADA) Constitui ato de improbidade administrativa que atenta contra os princípios da administração pública a ação ou omissão dolosa que viole os deveres de honestidade, de imparcialidade e de legalidade, dentre as quais a conduta de

(A) perceber vantagem econômica para intermediar a liberação ou aplicação de verba pública de qualquer natureza.

(B) liberar verba pública sem a estrita observância às normas pertinentes ou influir, de qualquer forma, para a sua aplicação irregular.

(C) permitir, facilitar ou concorrer para que terceiro se enriqueça ilicitamente.

(D) revelar fato ou circunstância de que tem ciência em razão das atribuições e que deva permanecer em segredo, propiciando beneficiamento por informação privilegiada ou colocando em risco a segurança da sociedade e do Estado.

(E) agir ilicitamente na arrecadação de tributo ou renda, bem como no que diz respeito à conservação do patrimônio público.

A: incorreta. Art. 9°, IX da Lei 8.429/1992; **B:** incorreta. Art. 10, XI da Lei 8.429/1992; **C:** incorreta. Art. 10, XII da Lei 8.429/1992; **D:** correta. Art. 11, III da Lei 8.429/1992; **E:** incorreta. Art. 10, X da Lei 8.429/1992. **FC**
Gabarito "D".

(Escrevente Técnico Judiciário – TJSP – VUNESP – 2017 – ADAPTADA) Suponha que Secretário da Fazenda de um estado qualquer da Federação aceite exercer, nas horas vagas, concomitantemente ao exercício do cargo público, atividades de consultoria a empresas sujeitas ao recolhimento do ICMS, tributo estadual, com a vontade livre e consciente de ter vantagem indevida. Nesse caso, à luz do previsto na Lei Federal 8.429/1992, a conduta descrita pode ser considerada

(A) ato de improbidade administrativa que importa enriquecimento ilícito.

(B) ato de improbidade administrativa decorrente de concessão ou aplicação indevida de benefício financeiro ou tributário.

(C) ato de improbidade administrativa que causa prejuízo ao Erário.

(D) ato de improbidade administrativa que atenta contra os princípios da Administração Pública.

(E) indiferente, pois não caracteriza nenhuma das hipóteses de ato de improbidade administrativa previstas.

A: correta. O legislador quis prever exatamente a conduta descrita na questão, já que tornou ato de improbidade que importa enriquecimento ilícito, o servidor que exerce atividade ligada a arrecadação de impostos, exercer consultoria a empresas sujeitas a tributação, a saber: Lei 8.429/1992, art. 9º. [...] VIII – aceitar emprego, comissão ou **exercer atividade de consultoria** ou assessoramento para pessoa física ou jurídica que tenha interesse suscetível de ser atingido ou amparado por ação ou omissão decorrente das atribuições do agente público, durante a atividade. **B:** incorreta. Lei 8.429/1992, pela descrição do fato, não se pode caracterizar a aplicação direta do benefício previsto na Lei. **C:** incorreta, rol disposto na Lei 8.429/1992, art. 10. **D:** incorreta, rol disposto na Lei 8.429/92, art. 11. **E:** incorreta. É hipótese de improbidade administrativa, prevista na Lei 8.429/1992, art. 9º, VIII. 📋

Gabarito "A".

(Escrevente – TJ/SP – 2018 – VUNESP - ADAPTADA) Em consonância com a Lei de Improbidade, assinale a alternativa correta.

(A) O cidadão, no gozo de seus direitos políticos, tem exclusividade para representar à autoridade administrativa competente a fim de que seja instaurada investigação destinada a apurar a prática de ato de improbidade.

(B) Se a petição inicial estiver em devida forma, o juiz mandará autuá-la e ordenará a citação dos requeridos para que a contestem no prazo comum de 30 (trinta) dias.

(C) O Ministério Público ou qualquer cidadão no gozo de seus direitos políticos pode ingressar com ação de improbidade administrativa.

(D) Havendo a possibilidade de solução consensual, poderão as partes requerer ao juiz a interrupção do prazo para a contestação, por prazo não superior a 30 (trinta) dias.

(E) A perda da função pública e a suspensão dos direitos políticos do condenado por ato de improbidade efetivam-se com a publicação da condenação por ato de improbidade em segunda instância.

A: incorreta. A "pegadinha" da questão está na expressão exclusividade, na medida em que o art. 14 da Lei 8.429/1992 estabelece que "qualquer pessoa poderá representar à autoridade administrativa competente para que seja instaurada investigação destinada a apurar a prática do ato de improbidade"; **B:** correta. Art. 17, § 7º da Lei 8.429/1992; **C:** incorreta. O art. 17 da Lei 8.429/1992 dá a legitimidade ativa da ação de improbidade administrativa apenas ao Ministério Público (sendo que o STF entendeu que a pessoa jurídica interessada deve ter legitimidade para ajuizar a ação de improbidade); **D:** incorreta. O art. 17, § 10-A da Lei 8.429/1992 fala que "havendo a possibilidade de solução consensual, poderão as partes requerer ao juiz a interrupção do prazo para a contestação, por prazo não superior a 90 (noventa) dias"; **E:** incorreta. "A perda da função pública e a suspensão dos direitos políticos só se efetivam com o trânsito em julgado da sentença condenatória – artigo 20 da Lei 8.429/1992". Além disso, o art. 12, §9º prevê que todas as

sanções somente poderão ser executadas após o trânsito em julgado da sentença condenatória. 📋

Gabarito "B".

(Escrevente – TJ/SP – 2018 – VUNESP - ADAPTADA) Constitui ato de improbidade administrativa importando em enriquecimento ilícito auferir, mediante a prática de ato doloso, qualquer tipo de vantagem patrimonial indevida em razão do exercício de cargo, de mandato, de função, de emprego ou de atividade nas entidades referidas no art. 1º da Lei de Improbidade a seguinte hipótese:

(A) permitir ou concorrer para que pessoa física ou jurídica privada utilize bens, rendas, verbas ou valores integrantes do acervo patrimonial das entidades públicas protegidas por esta Lei, sem observância das formalidades legais ou regulamentares aplicáveis à espécie.

(B) realizar operação financeira sem observância das normas legais e regulamentares ou aceitar garantia insuficiente ou inidônea.

(C) ordenar ou permitir a realização de despesas não autorizadas em lei ou regulamento.

(D) aceitar emprego, comissão ou exercer atividade de consultoria ou assessoramento para pessoa física ou jurídica que tenha interesse suscetível de ser atingido ou amparado por ação ou omissão decorrente das atribuições do agente público, durante a atividade.

(E) permitir ou facilitar a aquisição, permuta ou locação de bem ou serviço por preço superior ao de mercado.

A: incorreta, pois é ato de improbidade administrativa que causa prejuízo ao erário, nos termos do art. 10, XVII da Lei 8.429/1992; **B:** incorreta, pois é ato de improbidade administrativa que causa prejuízo ao erário, nos termos do Art. 10, VI da Lei 8.429/1992; **C:** incorreta, pois é ato de improbidade administrativa que causa prejuízo ao erário, nos termos do Art. 10, IX da Lei 8.429/1992; **D:** correta. Art. 9º, VIII da Lei 8.429/1992; **E:** incorreta, pois é ato de improbidade administrativa que causa prejuízo ao erário, nos termos do Art. 10, IV da Lei 8.429/1992. 📋

Gabarito "D".

(VUNESP – 2018 - ADAPTADA) Considere a seguinte situação hipotética:

João e Maria trabalham no Departamento Estadual de Trânsito – DETRAN de algum Estado-membro da Federação Brasileira. Maria trabalha no balcão, no atendimento ao público, enquanto José trabalha com processos e tem acesso ao sistema de dados, fazendo inclusões e alterações de informações, como a pontuação da Carteira Nacional de Habilitação. João e Maria conversam e decidem atuar ilicitamente. Se algum cidadão se apresentasse querendo dar baixa em sua pontuação indevidamente, sem preencher os requisitos legais, Maria afirmaria que conseguiria fazer isso, mediante o pagamento de R$ 500,00. Se o cidadão concordasse com essa prática, Maria passaria o pedido a João, que faria a alteração no sistema, dando a baixa na pontuação, dividindo, os dois, o resultado da prática ilícita. Certo dia, José, na qualidade de cidadão, solicita a Maria que diminua seus pontos, que já haviam atingido a quantia de 62. Maria impõe a condição do pagamento ilegal e José aceita. José retorna com o dinheiro e, quando vai entregá-lo a Maria, é flagrado pela Corregedoria do DETRAN. No que tange à responsabilização pela Lei de Improbidade Administrativa, é correto afirmar que poderá(ão) responder no polo passivo da demanda:

6. DIREITO ADMINISTRATIVO

(A) João e Maria, na qualidade de agentes públicos, e José, porque, mesmo não sendo agente público, concorreu para a prática do ato de improbidade.

(B) João e Maria, pois a Lei de Improbidade Administrativa atinge somente agentes públicos, ainda que em sentido amplo.

(C) Maria, pois José não responde por não pertencer aos quadros da Administração, e João não havia recebido sua parte, portanto não se poderia caracterizar enriquecimento ilícito.

(D) Maria e José, porque, mesmo não sendo José funcionário público, ele participou ativamente da ilicitude, inclusive tomando a iniciativa da prática ímproba e instigando Maria a se beneficiar da proposta; João não recebeu nenhuma vantagem, então não responde.

(E) João e Maria, na qualidade de agentes públicos; José poderá ser demandado, todavia, subsidiariamente, por ação própria, apenas para ressarcir o Erário pelo dano causado, caso João e Maria sejam condenados a ressarcir os cofres públicos.

Tanto João e Maria como também José cometeram ato de improbidade administrativa, nos termos do art. 1º c/c 3º da Lei 8.429/1992. Com efeito, a lei diz que responde por ato de improbidade administrativa tanto o agente público, servidor ou não, como também, no que couber, aquele que, mesmo não sendo agente público, induza ou concorra dolosamente para a prática do ato de improbidade. 🔲
Gabarito "A".

(VUNESP – 2018 - ADAPTADA) A Lei no 8.429/92 estabelece que constitui ato de improbidade administrativa, importando enriquecimento ilícito, auferir qualquer tipo de vantagem patrimonial indevida em razão do exercício de cargo. Sabendo-se que Josué (empresário) concorreu com Gilson (funcionário público federal) para a prática de ato de improbidade administrativa, enriquecendo-se ambos ilicitamente, é correto afirmar que as disposições da Lei no 8.429/92

(A) não são aplicáveis a Josué, pois este não é agente público.

(B) são aplicáveis a Josué, inclusive com previsão de causa de aumento de pena por ser agente estranho à Administração Pública.

(C) são aplicáveis a Josué, no que couber, mesmo não sendo agente público, pois concorreu com Gilson para prática de ato de improbidade, todavia não atingem, de maneira alguma, seus sucessores.

(D) são aplicáveis a Josué, no que couber, mesmo não sendo agente público, pois concorreu com Gilson para prática de ato de improbidade, observando-se que, em razão do enriquecimento ilícito, podem ser atingidos seus sucessores até o limite do valor da herança ou do patrimônio transferido.

(E) são aplicáveis a Josué, no que couber, mesmo não sendo agente público, pois concorreu com Gilson para prática de ato de improbidade, observando-se que, em razão do enriquecimento ilícito, podem ser atingidos seus sucessores independentemente do limite do valor da herança.

A: incorreta. A Lei 8.429/1992 aplica-se também àquele que, mesmo não sendo agente público, induza ou concorra dolosamente para a prática do ato de improbidade – art. 3º da Lei 8.429/1992; B: incorreta. Não há previsão legal nesse sentido; C: incorreta. Aplica-se ao terceiro que não

é agente público e a seus sucessores, até o limite do valor da herança ou do patrimônio transferido – Art. 8º, Lei 8.429/92; D: correta. Art. 3º c/c 8º da Lei 8.429/1992; E: incorreta. Aplica-se ao terceiro que não é agente público e a seus sucessores, até o limite do valor da herança ou do patrimônio transferido – art. 8º da Lei 8.429/1992. 🔲
Gabarito "D".

(Escrevente Técnico – TJM/SP – VUNESP – 2017 - ADAPTADA) É ato de improbidade administrativa que causa prejuízo ao erário:

(A) perceber vantagem econômica para intermediar a liberação ou aplicação de verba pública de qualquer natureza.

(B) receber vantagem econômica de qualquer natureza, direta ou indiretamente, para omitir ato de ofício, providência ou declaração a que esteja obrigado.

(C) revelar fato ou circunstância de que tem ciência em razão das atribuições e que deva permanecer em segredo, propiciando beneficiamento por informação privilegiada ou colocando em risco a segurança da sociedade e do Estado.

(D) revelar ou permitir que chegue ao conhecimento de terceiro, antes da respectiva divulgação oficial, teor de medida política ou econômica capaz de afetar o preço de mercadoria, bem ou serviço.

(E) conceder benefício administrativo ou fiscal sem a observância das formalidades legais ou regulamentares aplicáveis à espécie.

A: Incorreta. Trata-se de ato de improbidade de causa enriquecimento ilícito (art. 9º, IX, da Lei 8.429/1992). B: Incorreta. Trata-se de ato de improbidade que causa enriquecimento ilícito (art. 9º, X, da Lei 8.429/1992). C: Incorreta. Trata-se de ato de improbidade que viola os princípios administrativos (art. 11, III, da Lei 8.429/1992). D: Incorreta. Trata-se de ato de improbidade que viola os princípios administrativos (art. 11, VII, da Lei 8.429/1992). E: Correta. Temos uma conduta descrita no art. 10, VII, da Lei 8.429/1992, sendo ato de improbidade que causa enriquecimento ilícito. 🔲
Gabarito "E".

(VUNESP – 2016 - ADAPTADA) Com base na Lei 8.429/1992, assinale a alternativa correta.

(A) O sucessor ou o herdeiro daquele que causar dano ao erário ou que se enriquecer ilicitamente estão sujeitos apenas à obrigação de repará-lo até o limite do valor da herança ou do patrimônio transferido.

(B) Qualquer eleitor poderá representar à autoridade administrativa competente para que seja instaurada investigação destinada a apurar a prática de ato de improbidade.

(C) A legitimidade ativa para ajuizamento de ação de improbidade administrativa é do Ministério Público e da Defensoria Pública.

(D) Constitui ato de improbidade administrativa que causa lesão ao erário frustrar, em ofensa à imparcialidade, o caráter concorrencial de concurso público, de chamamento ou de procedimento licitatório, com vistas à obtenção de benefício próprio, direto ou indireto, ou de terceiros.

(E) Será punido com a pena de suspensão, sem prejuízo de outras sanções cabíveis, o agente público que se recusar a prestar declaração dos bens, dentro do prazo determinado, ou que a prestar falsa.

A: Correta. O sucessor responde até o limite da herança ou do patrimônio transferido pelos danos que o ato ímprobo causar ao Estado, conforme disposto no art. 8º, da Lei 8.429/1992. **B:** Incorreta. Qualquer pessoa poderá representar à autoridade administrativa competente contra ato de improbidade (art. 14, da Lei de Improbidade Administrativa). **C:** Incorreta. Nos termos do art. 17, da Lei 8.429/1992, o Ministério Público é legitimado para ajuizar a ação de improbidade. Vale lembrar, no entanto, que o Supremo Tribunal Federal entendeu que a pessoa jurídica interessada também pode ajuizar a ação. **D:** Incorreta. Trata-se de ato de improbidade que viola os princípios administrativos (art. 11, V, da Lei 8.429/1992). **E:** Incorreta. Não há especificação de que se refere essa "suspensão", eis que a Lei de Improbidade prevê a suspensão dos direitos políticos (art. 12 da Lei 8.429/1992).

Gabarito "A".

(Juiz de Direito – TJM/SP – VUNESP – 2016 – ADAPTADA) A Lei 8.429, de 2 de junho de 1992, prescreve como ato de improbidade administrativa, que atenta contra os princípios da administração pública a ação ou omissão dolosa que viole os deveres de honestidade, de imparcialidade e de legalidade, caracterizada por uma das seguintes condutas:

(A) produzir bens ou explorar matéria-prima pertencentes à União sem autorização legal.

(B) adquirir, distribuir e revender derivados de petróleo, em desacordo com as normas estabelecidas na forma da lei.

(C) descumprir as normas relativas à celebração, fiscalização e aprovação de contas de parcerias firmadas pela administração pública com entidades privadas.

(D) agir ilicitamente na arrecadação de tributo ou de renda, bem como no que diz respeito à conservação do patrimônio público.

(E) divulgar informação falsa ou prejudicialmente incompleta sobre instituição financeira.

A: Incorreta. O enunciado se refere ao tipo de improbidade previsto no art. 11, da Lei 8.429/1992, sendo o ato de improbidade que viola os princípios administrativos. Essa conduta não consta como um ato ímprobo. **B:** Incorreta. Também não temos ato de improbidade que viola princípios administrativos, nem outro tipo previsto em lei. **C:** Correta. Trata-se de ato de improbidade previsto no art. 11, VIII, da Lei 8.429/1992. **D:** Incorreta. Teríamos ato de improbidade que causa prejuízo ao erário (art. 10, X, da Lei 8.429/1992). **E:** Incorreta. Não é um ato de improbidade previsto no art. 11 da Lei 8.429/92.

Gabarito "C".

(Procurador Municipal/SP – VUNESP – 2016 · ADAPTADA) Assinale a alternativa que corretamente discorre sobre previsões relativas à improbidade administrativa, previstas na Lei Federal 8.429/1992.

(A) Revelar fato ou circunstância de que tem ciência em razão das atribuições e que deva permanecer em segredo, propiciando beneficiamento por informação privilegiada ou colocando em risco a segurança da sociedade e do Estado constitui ato de improbidade que importa enriquecimento ilícito ou causa dano ao erário.

(B) Não estão sujeitos às penalidades da Lei Federal 8.429/1992, os atos de improbidade praticados contra o patrimônio de entidade que receba subvenção, benefício ou incentivo, fiscal ou creditício, de órgão público.

(C) As disposições da Lei Federal 8.429/1992 são aplicáveis, no que couber, àquele que, mesmo não sendo agente público, induza ou concorra dolosamente para a prática do ato de improbidade.

(D) Exercer atividade de consultoria ou assessoramento para pessoa jurídica que tenha interesse suscetível de ser atingido ou amparado por ação ou omissão decorrente das atribuições do agente público, durante a atividade, é ato de improbidade administrativa que causa dano ao erário.

(E) Independentemente das sanções penais, civis e administrativas previstas na legislação específica, o responsável pelo ato de improbidade fica sujeito às cominações da Lei Federal 8.429/1992, que deverão ser aplicadas sempre de forma cumulativa, mas graduadas de acordo com a gravidade do fato.

A: Incorreta. Trata-se de ato de improbidade contrário aos princípios administrativos (art. 11, III, da Lei 8.429/1992), sendo outro tipo de improbidade. **B:** Incorreta. As entidades que recebem subvenção, benefício ou incentivo fiscal ou creditício de órgão público são sujeitos passivos de ato de improbidade, conforme dispõe o artigo 1º, § 6º, da Lei 8.429/1992. **C:** Correta. Perfeita alternativa. Trata-se do disposto no art. 3º, da Lei de Improbidade Administrativa, que pune o "coautor" do ato ímprobo, mesmo que não seja um servidor público. **D:** Incorreta. É ato de improbidade administrativa que causa enriquecimento ilícito, nos termos do art. 9º, VIII, Lei 8.429/92. **E:** Incorreta. O art. 12, "caput", da Lei 8.429/1992 é expresso quanto à possibilidade de as penalidades serem impostas isolada ou cumulativamente.

Gabarito "C".

6.2. SANÇÕES E PROVIDÊNCIAS CAUTELARES

(Escrevente – TJ/SP – VUNESP – 2023) João é escrevente judiciário, trabalha na secretaria de uma Vara da Fazenda Pública e é responsável por, nos estritos limites de suas atribuições legais, dar andamento aos processos judiciais de improbidade administrativa. Ao chegar ao seu local de trabalho e abrir o sistema de acompanhamento de processos do Tribunal de Justiça, deparou-se com uma ação de improbidade, na qual o Ministério Público, em incidente, apresenta pedido de indisponibilidade de bens dos réus, que foi acolhido pelo Magistrado.

Considerando a situação hipotética e o disposto na Lei n. 8.429/92, João poderá concluir, de forma correta, que

(A) o pedido está sendo processado de forma equivocada, pois não se admite a criação de incidente processual para tratar de pedido de declaração de indisponibilidade de bens.

(B) o Magistrado pode permitir a substituição da garantia por seguro-garantia judicial, caso seja realizada penhora em dinheiro.

(C) a indisponibilidade de bens, para ser válida, precisa ser precedida de prévia oitiva dos réus.

(D) a penhora, em regra, poderá incidir sobre bens de família dos réus, em função do princípio da supremacia do interesse público.

(E) a realização da penhora deverá considerar a preservação do princípio da moralidade e a indisponibilidade incidirá sobre os bens dos réus, ainda que isso acarrete prejuízo à prestação de serviços públicos.

A: incorreta (na ação por improbidade administrativa poderá ser formulado, em caráter antecedente ou incidente, pedido de indisponibilidade de bens dos réus, cf. art. 16, "caput"). **B:** correta (art. 16, § 6º). **C:** incorreta (a indisponibilidade de bens poderá ser decretada sem a oitiva prévia do réu, sempre que o contraditório prévio puder comprovadamente frustrar a efetividade da medida ou houver outras

6. DIREITO ADMINISTRATIVO

circunstâncias que recomendem a proteção liminar, cf. art. 16, § 4°).
D: incorreta (é vedada a decretação de indisponibilidade do bem de família do réu, salvo se comprovado que o imóvel seja fruto de vantagem patrimonial indevida, cf. art. 16, § 14). **E:** incorreta (cf. art. 16, § 12, o juiz, ao apreciar o pedido de indisponibilidade de bens do réu, observará os efeitos práticos da decisão, vedada a adoção de medida capaz de acarretar prejuízo à prestação de serviços públicos). 🔲

Gabarito "B".

(Escrevente Técnico Judiciário – TJSP – VUNESP – 2017 - ADAPTADA)
Assinale a alternativa que corretamente discorre sobre as penas previstas na Lei de Improbidade Administrativa.

(A) A aplicação das penas previstas na Lei de Improbidade Administrativa impede a aplicação das demais sanções penais, civis e administrativas previstas em legislação específica.

(B) As penas previstas na Lei de Improbidade Administrativa deverão ser aplicadas cumulativamente, exceto quando se tratar de ato de improbidade administrativa que atente contra os princípios da Administração Pública.

(C) A pena de proibição de contratar com o Poder Público ou receber benefícios ou incentivos fiscais ou creditícios, direta ou indiretamente, ainda que por intermédio de pessoa jurídica da qual seja sócio majoritário, terá o prazo máximo de 2 (dois) anos.

(D) No caso de condenação por ato de improbidade administrativa decorrente de concessão ou aplicação indevida de benefício financeiro ou tributário, não cabe a aplicação da pena de perda da função pública.

(E) Na responsabilização da pessoa jurídica, deverão ser considerados os efeitos econômicos e sociais das sanções, de modo a viabilizar a manutenção de suas atividades.

A: incorreta, a aplicação das penas de improbidade independe das demais sanções penais, civis e administrativas aplicáveis ao caso (Lei de Improbidade Administrativa, Art. 12, *caput*). **B:** incorreta. independentemente da espécie de ato de improbidade, as penas poderão ser aplicadas isolada ou conjuntamente, de acordo com a gravidade do fato (Lei 8.429/92, art. 12, *caput*). **C:** incorreta, a pena de proibição de contratar ou receber benefícios ou incentivos fiscais ou creditícios não poderá ser superior a 14 (catorze) anos, no caso de atos que causam enriquecimento ilícito ou não superior a 12 (doze) anos nos atos que causam prejuízo ao erário. **D:** incorreta, Lei 8.429/1992, art. 10, XXII, pelo ato decorrente da concessão ou aplicação indevida de benefício financeiro ou tributário, podem ser aplicadas as seguintes sanções: "perda dos bens ou valores acrescidos ilicitamente ao patrimônio, se concorrer esta circunstância, perda da função pública, suspensão dos direitos políticos até 12 (doze) anos, pagamento de multa civil equivalente ao valor do dano e proibição de contratar com o poder público ou de receber benefícios ou incentivos fiscais ou creditícios, direta ou indiretamente, ainda que por intermédio de pessoa jurídica da qual seja sócio majoritário, pelo prazo não superior a 12 (doze) anos (art. 12, II, lei 8.429/92)". **E:** correta, de acordo com a Lei 8.429/1992, Art. 12, §3° "Na responsabilização da pessoa jurídica, deverão ser considerados os efeitos econômicos e sociais das sanções, de modo a viabilizar a manutenção de suas atividades". 🔲

Gabarito "E".

(Escrevente Técnico Judiciário – TJ/SP – 2011 – VUNESP - ADAPTADA)
Na hipótese de ato de improbidade administrativa que importe em prejuízo ao erário, o agente público está sujeito, dentre outras penalidades, à suspensão dos direitos políticos de

(A) até dois anos.

(B) até três anos.

(C) até catorze anos.

(D) até seis anos.

(E) até doze anos.

Os atos de improbidade administrativa estão previstos nos arts. 9°, 10 e 11, e as penalidades aplicáveis aos agentes que cometam tais atos, nos incisos I, II e III do art. 12, todos da Lei n. 8429/92. Na hipótese de prejuízo ao erário, as penalidades são: perda dos bens ou valores acrescidos ilicitamente ao patrimônio, se concorrer esta circunstância, perda da função pública, suspensão dos direitos políticos até 12 (doze) anos, pagamento de multa civil equivalente ao valor do dano e proibição de contratar com o poder público ou de receber benefícios ou incentivos fiscais ou creditícios, direta ou indiretamente, ainda que por intermédio de pessoa jurídica da qual seja sócio majoritário, pelo prazo não superior a 12 (doze) anos. 🔲

Gabarito "E".

(Defensor Público/RO – 2017 – VUNESP - ADAPTADA) Os atos de improbidade administrativa importarão a suspensão dos direitos políticos, a perda da função pública, a indisponibilidade dos bens e o ressarcimento ao erário, na forma e na gradação previstas na Lei no 8.429/1992, a qual

(A) prevê que o Ministério Público poderá, conforme as circunstâncias do caso concreto, celebrar acordo de não persecução civil, desde que dele advenham, ao menos, o integral ressarcimento do dano e a reversão à pessoa jurídica lesada da vantagem indevida obtida, ainda que oriunda de agentes privados.

(B) prevê que as ações destinadas a levar a efeito as sanções nela previstas não estão sujeitas à prescrição.

(C) atribui legitimidade ao Ministério Público, à pessoa jurídica interessada e à Defensoria Pública para a propositura de ação com vistas à imposição das sanções.

(D) impõe que a ação de improbidade só poderá ser proposta perante o foro do local onde ocorrer o dano.

(E) prevê que as sanções previstas na lei somente poderão ser executadas antes do trânsito em julgado da sentença condenatória, a não ser a perda da função pública, que depende do trânsito em julgado.

A: correta. Art. 17-B, Lei 8.429/1992; **B:** incorreta. Diz o artigo 23 da Lei 8.429/1992 que "A ação para a aplicação das sanções previstas nesta Lei prescreve em 8 (oito) anos, contados a partir da ocorrência do fato ou, no caso de infrações permanentes, do dia em que cessou a permanência"; **C:** incorreta. Os legitimados ativos da ação de improbidade são apenas o Ministério Público, nos termos do art. 17 de Lei 8.429/1992. Vale ressaltar, no entanto, que o Supremo Tribunal Federal entendeu que a pessoa jurídica interessada deve ser legitimada para ajuizar a ação de improbidade administrativa também; **D:** incorreta. A ação a que se refere o caput deste artigo deverá ser proposta perante o foro do local onde ocorrer o dano ou da pessoa jurídica prejudicada. – art. 17 4°-A da Lei 8.429/1992; **E:** incorreta. As sanções previstas na lei somente poderão ser executadas após o trânsito em julgado da sentença condenatória, como pode ser verificado no art. 12, §9° da Lei 8.429/1992. 🔲

Gabarito "A".

6.3. TEMAS COMBINADOS E OUTRAS QUESTÕES DE IMPROBIDADE ADMINISTRATIVA

(Escrevente – TJ/SP – VUNESP – 2023) Considere que Tício é agente público e o seu colega de trabalho, Mévio, após analisar expediente administrativo, identificou indícios de prática de ato de improbidade administrativa que importa em enriquecimento ilícito. Ao se deparar com a situação, Mévio pretende reportar o caso ao seu superior hierárquico, para que a investigação seja aprofundada, para tanto está redigindo memorando descrevendo a denúncia.

Com base na Lei n. 8.429/92, Mévio poderá indicar no documento, de forma correta, que

(A) por se tratar de ato de improbidade, que importa em enriquecimento ilícito, haverá responsabilidade caso o ato tenha sido praticado a título de dolo ou culpa.

(B) Tício somente poderá ser responsabilizado caso o ato tenha sido praticado a título doloso, considerando-se dolo a mera voluntariedade do agente de executá-lo.

(C) o prazo de prescrição da ação de improbidade estará suspenso enquanto o processo de investigação estiver formalmente em curso.

(D) Tício estará sujeito à Lei de Improbidade, ainda que o seu vínculo com a Administração seja transitório e sem remuneração.

(E) na hipótese de a Administração identificar a prática de improbidade, não poderá ser realizado acordo judicial ou extrajudicial para solucionar o caso.

A: incorreta (o ato de improbidade somente pode ser caracterizado a título de dolo, cf. art. 1º, § 1º, da Lei n. 8.429/1992, na redação dada pela Lei n. 14.230/2021). **B:** incorreta (para efeito de improbidade, considera-se dolo a vontade livre e consciente de alcançar o resultado ilícito tipificado nos arts. 9º, 10 e 11 da Lei n. 8.429/1992, *não bastando a voluntariedade do agente*; trata-se de previsão do art. 1º, § 2º, da Lei n. 8.429/1992). **C:** incorreta (o prazo prescricional da improbidade suspende-se no âmbito do processo de investigação, por no máximo 180 dias corridos, cf. art. 23, § 1º, da Lei 8.429/1992, cf. redação dada pela Lei n. 14.230/2021). **D:** correta (art. 2º da Lei n. 8.429/1992). **E:** incorreta (é cabível a realização de acordo no contexto da prática de ato de improbidade, por meio do acordo de não persecução civil, cf. art. 17-B da Lei n. 8.429/1992). RB
"Gabarito "D".

(Escrevente – TJ/SP – VUNESP – 2023) A respeito da prescrição da ação para aplicação das sanções previstas na Lei no. 8.429/92, assinale a alternativa correta.

(A) Caso o agente público responsável pela prática do ato de improbidade seja portador de mandato eletivo, a ação de improbidade administrativa poderá ser proposta em até oito anos após o término do exercício do mandato.

(B) A ação para aplicação das sanções previstas na Lei de Improbidade prescreve em 5 (cinco) anos, a contar da ocorrência do fato.

(C) Interrompe-se a prescrição pela publicação de sentença condenatória ou absolutória.

(D) Interrompida a prescrição, o prazo recomeça a correr do dia da interrupção, pela metade do prazo previsto em lei.

(E) A suspensão da prescrição produz efeitos individualmente para cada um dos que concorreram para a prática do ato de improbidade administrativa, ainda que não sejam parte do mesmo processo judicial.

A: incorreta (independentemente da condição do agente público, a ação de improbidade prescreve em 8 anos, contados a partir da ocorrência do fato ou, no caso de infrações permanentes, do dia em que cessou a permanência, cf. art. 23, "caput"). **B:** incorreta (cf. art. 23, "caput", referido na alternativa anterior). **C:** incorreta (interrompe-se a prescrição pela publicação de sentença condenatória, cf. art. 23, § 4º, II). **D:**

---

correta (art. 23, § 5º). **E:** incorreta (nos atos de improbidade conexos que sejam objeto do mesmo processo, a suspensão e a interrupção relativas a qualquer deles estendem-se aos demais, cf. art. 23, § 7º). RB
"Gabarito "D".

(Escrevente Técnico Judiciário – TJSP – VUNESP – 2017 - ADAPTADA) O procedimento administrativo previsto na Lei Federal 8.429/1992, destinado a apurar a prática de ato de improbidade,

(A) a representação, que será oral ou reduzida a termo e assinada, conterá a qualificação do representante, as informações sobre o fato e sua autoria e a indicação das provas de que tenha conhecimento.

(B) na ação por improbidade administrativa poderá ser formulado, apenas em caráter incidente, pedido de indisponibilidade de bens dos réus, a fim de garantir a integral recomposição do erário ou do acréscimo patrimonial resultante de enriquecimento ilícito.

(C) Para apurar qualquer ilícito previsto nesta Lei, o Ministério Público, de ofício, a requerimento de autoridade administrativa ou mediante representação formulada de acordo com o disposto no art. 14 desta Lei, poderá instaurar inquérito civil ou procedimento investigativo assemelhado, não sendo possível requisitar a instauração de inquérito policial.

(D) deverá ser levado ao conhecimento do Ministério Público e do Tribunal ou Conselho de Contas, pela Comissão Processante.

(E) a rejeição da representação por ato de improbidade pela autoridade administrativa impede a representação ao Ministério Público.

A: incorreta. De acordo com o art. 14, §1º, Lei 8.429/92 A representação, que será escrita ou reduzida a termo e assinada, conterá a qualificação do representante, as informações sobre o fato e sua autoria e a indicação das provas de que tenha conhecimento. **B:** incorreta. Lei 8.429/1992, Art. 16, caput: "Na ação por improbidade administrativa poderá ser formulado, em caráter antecedente ou incidente, pedido de indisponibilidade de bens dos réus, a fim de garantir a integral recomposição do erário ou do acréscimo patrimonial resultante de enriquecimento ilícito". **C:** incorreta, art. 22 da Lei Federal 8.429/1992: "Para apurar qualquer ilícito previsto nesta Lei, o Ministério Público, de ofício, a requerimento de autoridade administrativa ou mediante representação formulada de acordo com o disposto no art. 14 desta Lei, poderá instaurar inquérito civil ou procedimento investigativo assemelhado e requisitar a instauração de inquérito policial."; **D:** correta. Lei Federal 8.429/92, art. 15 "a comissão processante dará conhecimento ao Ministério Público e ao Tribunal ou Conselho de Contas da existência de procedimento administrativo para apurar a prática de ato de improbidade"; **E:** incorreta, a autoridade administrativa rejeitará a representação, em despacho fundamentado, se esta não contiver as formalidades estabelecidas no § 1º do art. 14. A rejeição não impede a representação ao Ministério Público, nos termos do art. 22 desta lei. (Lei Federal 8.429/92, Art. 14, § 2º). FC
"Gabarito "D".

(Escrevente Técnico – TJ/SP – 2010 – VUNESP - ADAPTADA) Nos termos da Lei 8.429/1992, pode-se afirmar que

(A) O pedido de indisponibilidade de bens a que se refere a Lei 8.429/92 poderá ser formulado apenas se houver representação da autoridade administrativa no Ministério Público.

(B) o sucessor daquele que causar lesão ao patrimônio público ou se enriquecer ilicitamente não ficará sujeito às cominações da lei.

(C) A posse e o exercício de agente público ficam condicionados à apresentação de declaração de imposto de renda e proventos de qualquer natureza, que tenha sido apresentada à Secretaria Especial da Receita Federal do Brasil, a fim de ser arquivada no serviço de pessoal competente.

(D) a representação à autoridade administrativa competente para que seja instaurada investigação destinada a apurar a prática de ato de improbidade é de competência exclusiva do Ministério Público.

(E) não constitui crime a representação por ato de improbidade contra agente público ou terceiro beneficiário, quando o autor da denúncia o sabe inocente.

A: incorreta, pois o pedido de indisponibilidade de bens poderá ser formulado independentemente da representação da autoridade administrativa ao Ministério Público (art. 16, §1º-A e art. 7º, Lei 8.429/92). (art. 7º, *caput*, da Lei 8.429/1992); **B:** incorreta, pois o sucessor ou o herdeiro daquele que causar dano ao erário ou que se enriquecer ilicitamente estão sujeitos apenas à obrigação de repará-lo até o limite do valor da herança ou do patrimônio transferido. (art. 8º da Lei 8.429/1992); **C:** correta (art. 13 da Lei 8.429/1992); **D:** incorreta, pois qualquer pessoa pode representar a autoridade administrativa competente para que seja instaurada investigação para apurar a prática de ato de improbidade (art. 14, *caput*, da Lei 8.429/1992); **E:** incorreta, pois constitui crime sim (art. 19 da Lei 8.429/1992). FC
Gabarito "C".

(Escrevente – TJ/SP – 2018 – VUNESP - ADAPTADA) Nos termos da Lei no 8.429/1992, é correta a seguinte afirmação:

(A) Esta Lei se aplica apenas aos funcionários públicos que pratiquem ato lesivo ao erário da administração direta, indireta ou fundacional de qualquer dos Poderes da União, dos Estados ou do Distrito Federal.

(B) Se a lesão ao patrimônio decorrer de ação ou omissão culposa do agente ou do terceiro, ainda assim se fará necessário o integral ressarcimento do dano.

(C) Para os fins desta Lei, não se reputa agente público aquele que, por designação, exerça função de confiança junto a órgão da administração direta ou indireta, sem recebimento de remuneração.

(D) O sucessor daquele que causar lesão ao patrimônio público ou enriquecer ilicitamente em razão do serviço público não se sujeita às cominações desta Lei, ainda que o falecido tenha deixado herança.

(E) As disposições desta Lei são aplicáveis, no que couber, àquele que, mesmo não sendo agente público, induza ou concorra dolosamente para a prática do ato de improbidade.

A: incorreta. A lei se aplica a qualquer agente público (art. 2º, Lei 8.429/92), bem como àquele que, mesmo não sendo agente público, induza ou concorra dolosamente para a prática do ato de improbidade. (art. 3º da Lei 8.429/1992); **B:** incorreta. O art. 1º, §1º da Lei 8.429/92 exige a conduta dolosa para a responsabilização por ato de improbidade administrativa ; **C:** incorreta. " "Para os efeitos desta Lei, consideram-se agente público o agente político, o servidor público e todo aquele que exerce, ainda que transitoriamente ou sem remuneração, por eleição, nomeação, designação, contratação ou qualquer outra forma de investidura ou vínculo, mandato, cargo, emprego ou função nas entidades referidas no art. 1º desta Lei" – art. 2º da Lei 8.429/1992; **D:** incorreta. O sucessor ou o herdeiro daquele que causar dano ao erário ou que se enriquecer ilicitamente estão sujeitos apenas à obrigação de repará-lo até o limite do valor da herança ou do patrimônio transferido (art. 8º da Lei 8.429/1992); **E:** correta. Art. 3º da Lei 8.429/1992. FC
Gabarito "E".

(Procurador Municipal – Sertãozinho/SP – VUNESP – 2016) Dentre os crimes de responsabilidade dos Prefeitos Municipais previstos no Decreto-lei 201/1967, sujeitos ao julgamento do Poder Judiciário, independentemente do pronunciamento da Câmara dos Vereadores, está prevista a conduta de

(A) impedir o exame de livros, folhas de pagamento e demais documentos que devam constar dos arquivos da Prefeitura, bem como a verificação de obras e serviços municipais.

(B) desatender, sem motivo justo, as convocações ou os pedidos de informações da Câmara, quando feitos a tempo e em forma regular.

(C) descumprir o orçamento aprovado para o exercício financeiro, praticando, contra expressa disposição de lei, ato de sua competência ou omitindo-se na sua prática.

(D) negar execução a lei federal, estadual ou municipal, ou deixar de cumprir ordem judicial, sem dar o motivo da recusa ou da impossibilidade, por escrito, à autoridade competente.

(E) retardar a publicação ou deixar de publicar as leis e atos sujeitos a essa formalidade, deixando de apresentar à Câmara, no devido tempo, e em forma regular, a proposta orçamentária.

A: Incorreta. Trata-se de uma infração político-administrativa prevista no art. 4º, II, do Decreto-lei 201/1967, sendo de competência da Câmara dos Vereadores o seu julgamento. **B:** Incorreta. Também temos hipótese de infração político-administrativa de competência da Câmara dos Vereadores (art. 4º, III, do Decreto-lei 201/1967). **C:** Incorreta. O mesmo se diz dessa assertiva, que consta do art. 4º, VI, do Decreto-lei 201/1967. **D:** Correta. Nesse caso, temos expressa a competência do Poder Judiciário, que assim dispõe: "Art. 1º São crimes de responsabilidade dos Prefeitos Municipal, sujeitos ao julgamento do Poder Judiciário, independentemente do pronunciamento da Câmara dos Vereadores: XIV – Negar execução a lei federal, estadual ou municipal, ou deixar de cumprir ordem judicial, sem dar o motivo da recusa ou da impossibilidade, por escrito, à autoridade competente; **E:** Incorreta. Trata-se de infração administrativa político-administrativa prevista no art. 4º, IV e V, do Decreto-lei 201/1967. FC
Gabarito "D".

7. BENS PÚBLICOS

7.1. CONCEITO E CLASSIFICAÇÃO

(Procurador – PGE/SP – 2024 – VUNESP) O Serviço de Patrimônio do Estado "X" constata que, em determinado perímetro territorial, há glebas de terras que considera devolutas, havendo incerteza dominial, decorrente da possível sobreposição de terras privadas na mesma área, cuja titulação é de legitimidade duvidosa, em virtude do histórico de "grilagem" da região. Diante dessa situação e caso tenha se revelado inviável a solução administrativa da questão, a Procuradoria Geral do Estado deverá ajuizar ação

(A) reivindicatória.

(B) discriminatória.

(C) demarcatória.

(D) possessória.

(E) divisória.

A: Incorreto. A ação reivindicatória é usada para reivindicar a posse ou a propriedade de um bem móvel ou imóvel que esteja em poder de outra pessoa. No caso das terras devolutas do Estado "X", a questão não é de reivindicar a posse de um imóvel específico, mas de resolver a incerteza dominial e sobreposição com terras privadas. **B:** Correto. A ação discriminatória é adequada para a situação descrita, ou seja, para a discriminação e definição de limites de terrenos públicos e privados quando há sobreposição de propriedades e incerteza dominial. A ação discriminatória visa esclarecer e estabelecer a titularidade e os limites das terras, especialmente em áreas com histórico de grilagem. **C:** Incorreto. A ação demarcatória tem como objetivo estabelecer a divisa entre propriedades contíguas quando há uma disputa sobre a demarcação. No entanto, para terras devolutas com incerteza dominial, a ação discriminatória é mais adequada para resolver a sobreposição e a questão da titulação. **D:** Incorreto. A ação possessória é utilizada para proteger a posse de um bem, o que não é o caso aqui, já que a questão se refere à legitimação e definição de propriedades e não à proteção da posse de um bem específico. **E:** Incorreto. A ação divisória é utilizada para dividir um bem comum entre condôminos. No contexto das terras devolutas do Estado "X", não se trata de dividir um bem comum, mas de resolver a incerteza sobre a titularidade e sobreposição com terras privadas. WG

Gabarito "B".

(Procurador – IPSMI/SP – VUNESP – 2016) A respeito dos bens públicos, assinale a alternativa correta.

(A) Os bens dominicais, por não estarem afetados a finalidade pública, estão sujeitos à prescrição aquisitiva.

(B) Os bens públicos podem ser onerados com garantia real, eis que tais garantias possuem o condão de reduzir os riscos das relações travadas entre Administração e agentes privados.

(C) Os bens de todas as empresas estatais são considerados bens públicos, uma vez que tais pessoas jurídicas compõem a Administração indireta.

(D) O domínio eminente é a prerrogativa decorrente da soberania que autoriza o Estado a intervir em todos os bens localizados em seu território.

(E) A alienação de bens públicos imóveis pressupõe a sua desafetação, existência de justificada motivação, autorização legislativa, avaliação prévia e realização de licitação na modalidade tomada de preços.

A: Incorreta. Nenhum bem público está sujeito à prescrição aquisitiva ou à aquisição por meio de usucapião, conforme disposto no art. 183, § 3º, CF. **B:** Incorreta. Como os bens públicos sofrem restrições quanto à alienabilidade, não podem ser onerados, assim como a execução contra a Fazenda Pública é feita por meio de um procedimento próprio, específico (art. 100, CF), por meio de precatórios, por isso a impossibilidade de oneração desses bens. **C:** Incorreta. Somente os bens públicos das pessoas jurídicas de direito público e as de direito privado que tenham uma destinação pública é que são considerados públicos. **D:** Correta. Esse é o conceito de domínio eminente, ou seja, o domínio que o Estado possui sobre todos os bens que estão sobre o seu território, cujas destinações também são de sua competência. **E:** Incorreta. O erro está na modalidade licitatória, que deve ser o leilão (art. 6º, XL, da Lei 14.133/21). FC

Gabarito "D".

(Procurador Municipal – Sertãozinho/SP – VUNESP – 2016) Em relação às classificações existentes dos bens públicos, cemitérios públicos, aeroportos e mercados podem ser classificados como

(A) bens de domínio público de uso comum.
(B) bens de domínio público de uso especial.
(C) bens de domínio privado do Estado.
(D) bens dominicais da Administração.
(E) bens de uso comum do povo e de uso especial.

A: Incorreta. Todos esses bens possuem destinação específica, não sendo de "uso comum do povo", como são as praças, ruas, por exemplo. **B:** Correta. Temos bens com destinações específicas, de uso especial, portanto. **C:** Incorreta. No caso, todos são bens públicos e o domínio é público também, ou seja, a propriedade. **D:** Incorreta. Os bens dominais são os que não possuem destinação específica, por isso são alienáveis. No caso, temos bens de uso especial do povo, com finalidades específicas, por isso excluída essa alternativa. **E:** Incorreta. Como afirmado acima, temos apenas bens de uso especial. AW

Gabarito "B".

7.2. REGIME JURÍDICO (CARACTERÍSTICAS)

(Advogado – Pref. São Roque/SP – 2020 – VUNESP) A respeito dos bens públicos, de acordo com a jurisprudência dos Tribunais Superiores, assinale a alternativa correta.

(A) Os registros de propriedade particular de imóveis situados em terrenos de marinha são oponíveis à União.

(B) A ocupação indevida de bem público configura mera detenção, reservado ao particular o direito à indenização pelas benfeitorias úteis e necessárias.

(C) Os bens integrantes do acervo patrimonial de sociedades de economia mista sujeitos a uma destinação pública equiparam-se a bens públicos, sendo, portanto, insuscetíveis de serem adquiridos por meio de usucapião.

(D) São considerados bens públicos os pertencentes às associações públicas, às sociedades de economia mista e às empresas públicas.

(E) Os bens públicos dominicais podem ser adquiridos por usucapião, desde que comprovado o não atendimento da função social da propriedade e presentes os requisitos da usucapião extraordinária.

A: incorreta (conforme a Súmula 496 do STJ: "Os registros de propriedade particular de imóveis situados em terrenos de marinha não são oponíveis à União."); **B:** incorreta (nos termos da Súmula 619 do STJ: "A ocupação indevida de bem público configura mera detenção, de natureza precária, insuscetível de retenção ou indenização por acessões e benfeitorias."); **C:** correta (trate-se de jurisprudência assentada do STJ, a exemplo do julgado extraído do AgInt no REsp 1.719.589/SP); **D:** incorreta, apesar de divergência doutrinária, doutrina majoritária considera bens públicos os bens pertencentes a pessoas jurídicas de direito público, nos termos do art. 98 do Código; **E:** incorreta (conforme a Súmula 340 do STF, os bens dominicais, como os demais bens públicos, não podem ser adquiridos por usucapião). FC

Gabarito "C".

(Juiz – TJ/SP – VUNESP – 2015) Sobre os bens públicos, é correta a seguinte assertiva:

(A) só se sujeitam ao regime de bens públicos aqueles bens que pertençam a pessoa jurídica de direito público.

(B) é vedado o uso privativo de bem público de uso comum por particular, salvo se a lei expressamente autorizar.

(C) a afetação de bens ao uso comum pode decorrer de ato de vontade de um particular.

(D) bens públicos de uso comum são aqueles abertos à fruição de todo cidadão, de modo incondicionado e gratuito.

A: incorreta. Apesar de divergência doutrinária, doutrina majoritária considera bens públicos os bens pertencentes a pessoas jurídicas de direito público, nos termos do art. 98 do Código Civil. No entanto, os bens pertencentes a pessoas jurídicas de direito privado da Administração Indireta se sujeitam a algumas regras de direito público, como a alienação condicionada e a impenhorabilidade quando estiverem alienados à prestação de serviços públicos. **B:** Incorreta. O bem de uso comum do povo pode ter uma utilização privativa se houver uma formalização de uso privativo de bens públicos, como a concessão, permissão e autorização de bem público. **C:** Correta. O raciocínio do examinador foi o seguinte: A afetação de bens de uso comum pode decorrer de um ato de particular, como a doação de um terreno que passará a ser uma praça pública. No entanto, esse entendimento é controvertido, eis que o particular pode doar o bem ao Poder Público, mas somente esse é que poderá afetá-lo a uma destinação pública determinada, mesmo sabendo que a afetação e desafetação é um fato jurídico. Essa seria a alternativa menos errada, por isso a que deveria ter sido escolhida pelo examinando. **D:** Incorreta. Os bens de uso comum podem ter seu uso remunerado, como as estradas, em que se pagam os pedágios ao concessionário. 🔲

Gabarito "C".

(Procurador Municipal/SP – VUNESP – 2016) O ato administrativo unilateral, discricionário e precário, gratuito ou oneroso, pelo qual a Administração Pública faculta a utilização privativa de bem público, para fins de interesse público, é a definição de

(A) autorização.

(B) concessão.

(C) retrocessão.

(D) permissão.

(E) tredestinação.

A: Incorreta. Na autorização temos um ato administrativo unilateral, discricionário e precário, mas em que o Poder Público autoriza o uso de um bem público para atender o interesse do particular, e não no interesse público, como consta do enunciado. **B:** Incorreta. A concessão é um contrato administrativo, e não um ato administrativo, como descrito no enunciado. **C:** Incorreta. A retrocessão é o retorno do bem ao ex-proprietário por motivos de ilegalidade no cumprimento do decreto expropriatório. **D:** Correta. Na permissão temos exatamente a definição do enunciado: um ato administrativo unilateral, discricionário e precário que permite o uso de um bem público para atender interesse público. **E:** Incorreta. A tredestinação é a alteração da finalidade do bem expropriado constante do ato expropriatório, não se tratando de uma forma de uso privativo de bem público. 🔲

Gabarito "D".

8. INTERVENÇÃO DO ESTADO NA PROPRIEDADE

8.1. DESAPROPRIAÇÃO

(Procurador – PGE/SP – 2024 – VUNESP) Com o intuito de promover programa de moradia destinado à população de baixa renda, o Estado "X" pretende implantar um conjunto habitacional em terreno pertencente a determinado Município. Para execução de sua obra, celebrou contratação integrada com a empreiteira "W", sendo que o contrato prevê que a contratada deverá promover a desapropriação do terreno em questão. No citado terreno, há um núcleo urbano informal, ocupado predominantemente por população de baixa renda. Diante de tal situação e nos termos da legislação aplicável,

(A) não é possível delegar à empreiteira contratada os poderes expropriatórios, visto que apenas as delegatárias de serviço público podem exercer tal incumbência.

(B) a autorização legislativa para a desapropriação não será necessária, visto que promover programas de construção de moradias e a melhoria das condições habitacionais é matéria de competência comum dos entes envolvidos na situação.

(C) corre o prazo de dois anos, a partir da decretação da referida desapropriação, para efetivação da aludida desapropriação e início das providências de aproveitamento do bem expropriado.

(D) a existência de núcleo urbano informal não exige providências por parte do ente expropriante, visto que a questão da posse não é objeto da ação de desapropriação.

(E) tendo em vista a natureza de desapropriação por interesse social para cumprimento da função social da propriedade urbana, deverá ser aprovada lei municipal específica autorizando a desapropriação.

A: Incorreto. A desapropriação é um poder típico do Estado e não pode ser delegada a empreiteiras. A competência para realizar desapropriações está restrita aos órgãos e entidades do poder público e é exercida diretamente pela Administração Pública ou por entidades que possuam poderes expropriatórios especificamente concedidos, mas, em relação aos entes privados, só é admitida essa autorização, que deverá ser mediante lei ou por contrato, para concessionários de serviços públicos, entidades que exerçam função delegadas do poder público, e empreiteiras contratadas pelo poder público desde que sob regime de empreitada por preço global, empreitada integral e contratação integrada (art. 3º, incisos I, III e IV, do Dec.-lei 3.365/41). No caso em tela não há informação de que a construtora em questão está autorizada expressamente por lei ou por contrato, nem informação sobre o regime de contratação da empreiteira. **B:** Incorreto. A autorização legislativa é necessária para a desapropriação, nos termos do art. 2º, § 2º, do Dec.-lei 3.365/41. **C:** Correto. Após a decretação da desapropriação, o prazo para a efetivação da desapropriação e o início das providências de aproveitamento do bem expropriado é de dois anos nos casos de desapropriação por interesse social (art. 3º, da Lei 4.132/62). Vale lembrar que a desapropriação para a construção de casas populares é considerada de interesse social (art. 2º, V, da Lei 4.132/62). **D:** Incorreto. A existência de núcleo urbano informal não isenta o ente expropriante de tomar providências. A questão da posse é relevante na desapropriação, e é necessário garantir que os direitos dos ocupantes, especialmente quando se trata de população de baixa renda, sejam respeitados. Isso pode envolver medidas para realocação ou compensação. **E:** Incorreto. A autorização legislativa requerida é do ente federativo que deseja a desapropriação, no caso, o Estado, ou seja, é necessária uma lei estadual autorizando a desapropriação. 🔲

Gabarito "C".

(Juiz de Direito – TJ/SP – 2023 – VUNESP) Dispõe a Constituição Federal, em seu artigo 5º, XXIV, que "A lei estabelecerá o procedimento para desapropriação por necessidade ou utilidade pública, ou por interesse social, mediante prévia e justa indenização em dinheiro, ressalvados os casos previstos nesta Constituição". Também há previsão constitucional de desapropriação da propriedade urbana (CF, artigo 182, parágrafo 4º); de desapropriação da propriedade rural (CF, artigo 186) e de desapropriação de propriedade nociva, com a expropriação de glebas de terras em que sejam ilegalmente cultivadas plantas psicotrópicas (CF, artigo 243). A desapropriação prevista no artigo 5º, XXIV, da Constituição Federal apresenta as seguintes características:

(A) refere-se a imóvel que cumpre a sua função social, não constitui sanção aplicada pelo Estado e tem por ponto nodal a substituição da perda patrimonial por prévia e justa indenização em dinheiro.

(B) refere-se a imóvel que não cumpre a sua função social, constitui sanção aplicada pelo Estado, mas estabelece prévia e justa indenização em dinheiro.

(C) refere-se a imóvel que cumpre a sua função social, constitui sanção aplicada pelo Estado e tem assegurada, desde que o comporte o orçamento anual do ente expropriante, prévia e justa indenização em dinheiro.

(D) refere-se a imóvel que não cumpre a sua função social, não constitui sanção aplicada pelo Estado e tem assegurada, desde que o comporte o orçamento anual do ente expropriante, prévia e justa indenização em dinheiro.

A: Correta. A desapropriação prevista no art. 5º, XXIV, CR/88, chamada de desapropriação ordinária ou desapropriação por necessidade pública, utilidade pública ou interesse social ocorre quando o proprietário não descumpriu nenhuma regra, mas o interesse público justifica, ainda assim, a desapropriação. Por não se tratar de sanção ao proprietário, a indenização deve ser prévia, justa e em dinheiro. **B:** Incorreta. O imóvel que não cumpre sua função social poderá ser desapropriado com base no art. 182, § 4º, CR/88 quando se tratar de propriedade urbana, ou com base no art. 186, CR/88, quando se tratar de propriedade rural. **C:** Incorreta. Não se trata de sanção aplicada ao proprietário, visto que o fundamento da desapropriação ordinária é o interesse público. **D:** Incorreta. O imóvel que não cumpre sua função social poderá ser desapropriado com base no art. 182, § 4º, CR/88 quando se tratar de propriedade urbana, ou com base no art. 186, CR/88, quando se tratar de propriedade rural. **FC**

Gabarito "A".

(Advogado – Pref. São Roque/SP – 2020 – VUNESP) O instituto que garante ao expropriado o direito de exigir a devolução do bem objeto da desapropriação que não foi utilizado pela Administração para atendimento do interesse público denomina-se

(A) desapropriação por zona.

(B) direito de extensão.

(C) direito de preferência.

(D) direito de retrocessão.

(E) tredestinação.

A: incorreta (a desapropriação por zona é aquela que abrange tanto as áreas contíguas necessárias ao desenvolvimento da obra, quanto as zonas que se valorizarem extraordinariamente em virtude da realização do serviço); **B:** incorreta (direito de extensão constitui o direito de o expropriado exigir que se inclua na desapropriação a parcela do bem que se tornou inaproveitável isoladamente ao particular); **C:** incorreta (o direito de preferência assume caráter pessoal, de modo que não acarreta a devolução do bem); **E:** incorreta (tredestinação representa a não utilização do bem expropriado em uma finalidade não pública). **RB**

Gabarito "D".

(Delegado – PC/BA – 2018 – VUNESP) O direito do proprietário de exigir que na desapropriação se inclua a parte restante do bem expropriado, que se tornou inútil ou de difícil utilização, é denominado de

(A) Retrocessão.

(B) Desapropriação indireta.

(C) Direito de extensão.

(D) Indenização de benfeitorias.

(E) Direito de acrescer.

A: incorreta. A retrocessão consiste no direito real que possui o proprietário de, diante do desvio de finalidade na destinação dada ao bem

desapropriado (tredestinação) reavê-lo – art. 519 do Código Civil; **B:** incorreta. Desapropriação indireta, também conhecida como apossamento administrativo, ocorre nas situações em que o Estado ilicitamente invade o bem privado sem respeitar os procedimentos administrativos ou judiciais previstos na legislação atinente à desapropriação; **C:** correta. Direito de extensão consiste na possibilidade de o proprietário de imóvel parcialmente desapropriado que comprovar que o restante do bem ficou esvaziado de conteúdo econômico ou inaproveitado de exigir judicialmente que essa parte remanescente também seja expropriada; **D:** incorreta. A indenização de benfeitorias refere-se ao pagamento, para a configuração da chamada "justa indenização" pelas benfeitorias feitas no bem expropriado. Caso as benfeitorias tenham sido construídas antes da publicação do decreto que declara o imóvel de utilidade pública, a indenização deverá compreender todas as benfeitorias. Entretanto, caso as benfeitorias tenham sido edificadas após a publicação do decreto desapropriatório, o panorama pode sofrer algumas alterações, de acordo com o artigo 26, § 1º, do Decreto-Lei 3.365/1941. No que se refere às benfeitorias necessárias, que são aquelas obras necessárias para conservar a coisa ou evitar que ela se deteriore, nada muda e serão sempre indenizadas. As benfeitorias úteis, edificadas para aumentar ou facilitar o uso da coisa, só serão indenizadas se o Poder Público expropriante autorizar a construção; enquanto que as benfeitorias voluptuárias, utilizadas para mera recreação, sem aumentar o uso habitual do imóvel e independente do valor, não serão indenizadas. Destarte, tratando-se de benfeitorias edificadas antes da publicação do decreto desapropriatório, será nomeado perito judicial no curso do processo judicial (art. 14, Decreto-Lei 3.365/1941) para avaliar o bem, incluindo as benfeitorias, cujo valor da indenização será fixado em laudo pericial. Mas trata-se de tema polêmico, cujo entendimento judicial pode variar caso a caso; **E:** incorreta. Direito de acrescer é matéria de direito sucessório, e ocorre no momento em que vários herdeiros, pela mesma cláusula testamentária, em partes não determinadas, ficam com a parte que caberia a outro coerdeiro (herdeiro que juntamente com outros é chamado a concorrer à sucessão) pelo fato deste não puder ou não quiser aceitá-la. **FB**

Gabarito "C".

(Delegado – PC/BA – 2018 – VUNESP) O direito do proprietário de exigir que na desapropriação se inclua a parte restante do bem expropriado, que se tornou inútil ou de difícil utilização, é denominado de

(A) Retrocessão.

(B) Desapropriação indireta.

(C) Direito de extensão.

(D) Indenização de benfeitorias.

(E) Direito de acrescer.

A: incorreta. A retrocessão consiste no direito real que possui o proprietário de, diante do desvio de finalidade na destinação dada ao bem desapropriado (tredestinação) reavê-lo – art. 519 do Código Civil; **B:** incorreta. Desapropriação indireta, também conhecida como apossamento administrativo, ocorre nas situações em que o Estado ilicitamente invade o bem privado sem respeitar os procedimentos administrativos ou judiciais previstos na legislação atinente à desapropriação; **C:** correta. Direito de extensão consiste na possibilidade de o proprietário de imóvel parcialmente desapropriado que comprovar que o restante do bem ficou esvaziado de conteúdo econômico ou inaproveitado de exigir judicialmente que essa parte remanescente também seja expropriada; **D:** incorreta. A indenização de benfeitorias refere-se ao pagamento, para a configuração da chamada "justa indenização" pelas benfeitorias feitas no bem expropriado. Caso as benfeitorias tenham sido construídas antes da publicação do decreto que declara o imóvel de utilidade pública, a indenização deverá compreender todas as benfeitorias. Entretanto, caso as benfeitorias tenham sido edificadas após a publicação do decreto desapropriatório, o panorama pode sofrer algumas alterações, de acordo com o artigo 26, § 1º, do Decreto-Lei 3.365/1941. No que se refere às benfeitorias necessárias, que são aquelas obras necessárias para con-

6. DIREITO ADMINISTRATIVO

servar a coisa ou evitar que ela se deteriore, nada muda e serão sempre indenizadas. As benfeitorias úteis, edificadas para aumentar ou facilitar o uso da coisa, só serão indenizadas se o Poder Público expropriante autorizar a construção; enquanto que as benfeitorias voluptuárias, utilizadas para mera recreação, sem aumentar o uso habitual do imóvel e independente do valor, não serão indenizadas. Destarte, tratando-se de benfeitorias edificadas antes da publicação do decreto desapropriatório, será nomeado perito judicial no curso do processo judicial (art. 14, Decreto-Lei 3.365/1941) para avaliar o bem, incluindo as benfeitorias, cujo valor da indenização será fixado em laudo pericial. Mas trata-se de tema polêmico, cujo entendimento judicial pode variar caso a caso; **E:** incorreta. Direito de acrescer é matéria de direito sucessório, e ocorre no momento em que vários herdeiros, pela mesma cláusula testamentária, em partes não determinadas, ficam com a parte que caberia a outro coerdeiro (herdeiro que juntamente com outros é chamado a concorrer à sucessão) pelo fato deste não puder ou não quiser aceitá-la. **FB**

Gabarito "C".

(Defensor Público/RO – 2017 – VUNESP) Parte significativa dos conflitos agrários tem origem na ocupação irregular de terras. A desapropriação por interesse social, para fins de reforma agrária, é mecanismo de pacificação que pode ser utilizado

(A) pela União, que poderá, com essa finalidade, desapropriar a pequena e média propriedade rural, ainda que seu proprietário não possua outra, desde que a indenização seja prévia e em dinheiro.

(B) pelo Município, o qual poderá desapropriar o imóvel rural que não esteja cumprindo sua função social, mediante prévia e justa indenização em dinheiro.

(C) pelo Estado de Rondônia, o qual poderá desapropriar o imóvel rural que não esteja cumprindo sua função social, mediante prévia e justa indenização em títulos da dívida pública.

(D) pela União, que poderá desapropriar o imóvel rural onde se verifique o cultivo de plantas psicotrópicas, mediante indenização prévia em títulos da dívida pública.

(E) pela União, a qual poderá desapropriar o imóvel rural que não esteja cumprindo sua função social, mediante prévia e justa indenização em títulos da dívida agrária, com cláusula de preservação do valor real.

A chamada desapropriação por interesse social para fins de reforma agrária é prevista no artigo 184 da CF/1988, sendo cabível sempre que o imóvel não esteja cumprindo a função social, sendo sua indenização feita mediante o pagamento de indenização em títulos da dívida agrária, resgatáveis em até 20 anos. A Lei Complementar 76/1993, alterada pela Lei Complementar 88/1996 define que a ação expropriatória nesse caso é de competência exclusiva da União, tramitando na Justiça Federal e devendo ser precedida do decreto declarando o imóvel de interesse social para fins de Reforma Agrária. Note-se que essa desapropriação não se confunde com a sanção de confisco de bens prevista no caso de cultivo de plantas psicotrópicas. **FB**

Gabarito "E".

(Procurador – IPSMI/SP – VUNESP – 2016) Sobre o instituto da desapropriação, assinale a alternativa correta.

(A) O direito de extensão é o direito de o expropriado exigir a devolução do bem desapropriado que não foi utilizado pelo Poder Público para atender o interesse público.

(B) A desapropriação por zona abrange a área contígua necessária ao desenvolvimento de obras públicas e as zonas que valorizarem extraordinariamente em decorrência da realização do serviço.

(C) Pode o expropriado discutir em sua defesa apresentada em sede de ação de desapropriação qualquer matéria, em respeito ao princípio do devido processo legal.

(D) A indenização em todas as modalidades de desapropriação deve sempre ser prévia, justa e em dinheiro.

(E) Os bens expropriados, uma vez incorporados à Fazenda Pública, podem ser objeto de reivindicação quando comprovada a nulidade do processo de desapropriação.

A: Incorreta. O direito de extensão é o direito que o expropriado tem de exigir que seja expropriado uma parte do bem que, caso não o seja, não mais terá utilidade econômica para ele, sendo previsto no art. 12, do Decreto 4.956/2003. **B:** Correta. Perfeita a definição, sendo o previsto no art. 4º, do Decreto-lei 3.365/1941, que assim dispõe: "Art. 4º A desapropriação poderá abranger a área contígua necessária ao desenvolvimento da obra a que se destina, e as zonas que se valorizarem extraordinariamente, em consequência da realização do serviço. Em qualquer caso, a declaração de utilidade pública deverá compreendê-las, mencionando-se quais as indispensáveis à continuação da obra e as que se destinam à revenda". **C:** Incorreta. No processo de desapropriação somente é possível a discussão do preço e de requisitos formais do processo, sendo defesa qualquer outra matéria (art. 20, do Decreto-lei 3.365/1941) **D:** Incorreta. Há casos, como na desapropriação por interesse social para fins de reforma agrária em que o pagamento se dá em títulos da dívida pública ou da dívida agrária (art. 182 e 184, CF). **E:** Incorreta. Uma vez incorporados ao patrimônio público, os bens expropriados não podem mais ser reivindicados, devendo o expropriado ingressar com ação de retrocessão, que é indenizatória. **AW**

Gabarito "B".

(Procurador Municipal – Sertãozinho/SP – VUNESP – 2016) Assinale a alternativa que corretamente discorre sobre o instituto da desapropriação.

(A) O procedimento da desapropriação compreende duas fases: a declaratória e a executória, abrangendo, esta última, uma fase administrativa e uma judicial.

(B) Na fase executória da desapropriação, o poder público declara a utilidade pública ou o interesse social do bem para fins de desapropriação.

(C) A declaração expropriatória pode ser feita pelo Poder Executivo, por meio de decreto, não podendo fazê-lo, todavia, o Legislativo, por meio de lei.

(D) A declaração de utilidade pública ou interesse social é suficiente para transferir o bem para o patrimônio público, incidindo compulsoriamente sobre o proprietário.

(E) A desapropriação deverá efetivar-se mediante acordo ou intentar-se judicialmente dentro de dez anos, findos os quais esta caducará.

A: Correta. Essa assertiva nada mais é do que a explicação de como acontece a desapropriação. Inicia-se com o decreto expropriatório, que a declara, para depois de emitida a sentença, ser executada. No caso de acordo, ela poderá ser resolvida apenas administrativamente, por isso a fase executorial pode ser administrativa ou judicial. **B:** Incorreta. Na fase executória o Poder Público executa o que foi declarado no decreto expropriatório (primeiro vem a declaração para depois a execução). **C:** Incorreta. A desapropriação pode se dar por decreto ou por lei (arts. 1º e 8º, do Decreto-Lei 3.365/1941). **D:** Incorreta. O bem só será transmitido ao Poder Público após a sentença ou acordo extrajudicial (art. 10, do Decreto-Lei 3365/1941). **E:** Incorreta. O prazo para a efetivação da desapropriação é de 5 anos a partir da expedição do Decreto, conforme disposto no art. 10, do Decreto-Lei 3.365/1941. **AW**

Gabarito "A".

8.2. TOMBAMENTO

(Juiz de Direito – TJ/RS – 2018 – VUNESP) A respeito do tombamento, é correto afirmar que

(A) o Supremo Tribunal Federal já afirmou que a hierarquia verticalizada dos entes federados prevista expressamente na Lei de Desapropriação (Decreto-lei no 3.365/41) não se estende ao tombamento, não havendo vedação a que Estado possa tombar bem da União, tampouco que Município possa tombar bem estadual ou federal.

(B) se constitui mediante decreto expedido pelo Poder Legislativo Federal, Estadual, Distrital ou Municipal, reconhecendo o valor histórico, artístico, paisagístico, turístico, cultural ou científico de um bem ou bens, individual ou coletivamente considerados, culminando com ato administrativo de registro em livro próprio.

(C) se recair sobre bem particular, sua instituição pelo Poder Público, em regra, admite pagamento de indenização por limitação de uso da propriedade.

(D) se recair sobre bem público, poderá ser provisório ou definitivo, conforme a fase do procedimento administrativo, que se conclui com a inscrição do bem no competente Livro do Tombo.

(E) se recair sobre bem público, poderá se dar de ofício pela autoridade competente e a prévia notificação do ente proprietário constitui condição de validade do ato administrativo de tombamento.

A: correta. No Agravo Regimental na Ação Civil Originária 1.208 MS, de relatoria do Ministro Gilmar Mendes, restou claro o entendimento da Corte no sentido de que o princípio da hierarquia verticalizada previsto no Decreto-Lei 3.365/1941 não se aplica ao tombamento, tanto porque não existe qualquer previsão expressa estabelecendo a hierarquização do tombamento, como pelo fato de que o tombamento não implica em transferência da propriedade, de modo que inexistente a limitação constante no art. 1º § 2º do DL 3.365/1941; **B:** incorreta. O tombamento é efetivado mediante procedimento administrativo e é no livro do tombo que são registrados todos os bens de interesse histórico, artístico ou cultural. Pode ser objeto de decreto, mas emanado do Poder Executivo, seguindo-se o procedimento administrativo em que é garantido o contraditório e a ampla defesa; **C:** incorreta. Como regra, o tombamento é intervenção do Estado na propriedade do tipo limitação administrativa, que não gera direito à indenização, pois não configura efetivo prejuízo ao proprietário. A indenização só será cabível quando ensejar esvaziamento do valor econômico do bem, configurando uma verdadeira desapropriação indireta; **D:** incorreta. Como o tombamento não retira a propriedade, na verdade é irrelevante se proprietário do bem é o poder público ou não, mas o Decreto-Lei 25/1937 estabelece que o tombamento de bens de entes federativos se faz de ofício e mediante notificação do ente público envolvido. Ao final do procedimento, deve ser realizada a transcrição no registro do imóvel; **E:** incorreta. Como o tombamento não retira a propriedade, na verdade é irrelevante se proprietário do bem é o poder público ou não, mas o Decreto-Lei 25/1937 estabelece que o tombamento de bens de entes federativos se faz de ofício e mediante notificação do ente público envolvido. **FB**

Gabarito "A"

(Procurador do Estado/SP – 2018 – VUNESP) Município expediu notificação ao Estado a fim de comunicar a inscrição, pelo Prefeito, no livro do tombo próprio, de bem imóvel de valor histórico, de propriedade estadual e situado no território municipal. O ato municipal de tombamento, de acordo com a jurisprudência do Supremo Tribunal Federal, é

(A) ilegal, porque o ato de tombamento é de competência do Chefe do Poder Executivo de cada ente da Federação, após aprovação do ato por meio de lei específica.

(B) lícito e produz efeitos a partir do recebimento da notificação pelo Estado proprietário do bem.

(C) lícito, porém provisório, condicionada a produção de efeitos à autorização do Poder Legislativo por lei específica de efeitos concretos.

(D) ilegal, porque o tombamento de bem público é de competência exclusiva do Serviço do Patrimônio Histórico e Artístico Nacional.

(E) ilegal, nos termos do artigo 2º, § 2º, do Decreto-Lei 3.365/41 (Desapropriação), aplicável ao caso descrito por analogia, que dispõe que bens de domínio dos Estados poderão ser desapropriados apenas pela União.

Como o tombamento não retira a propriedade, na verdade é irrelevante se proprietário do bem é o poder público ou não, mas o Decreto-Lei 25/1937 estabelece que o tombamento de bens de entes federativos se faz de ofício e mediante notificação do ente público envolvido. O tombamento pode ser realizado por quaisquer dos entes e não existe a hierarquia verticalizada prevista para as desapropriações. Deveras, no Agravo Regimental na Ação Civil Originária 1.208 MS, de relatoria do Ministro Gilmar Mendes, restou claro o entendimento da Corte no sentido de que o princípio da hierarquia verticalizada prevista no Decreto-Lei 3.365/1941 não se aplica ao tombamento, tanto porque não existe qualquer previsão expressa estabelecendo a hierarquização do tombamento, como pelo fato de que o tombamento não implica em transferência da propriedade, de modo que inexistente a limitação constante no art. 1º, § 2º do DL 3.365/1941. **FB**

Gabarito "B".

9. RESPONSABILIDADE DO ESTADO

9.1. MODALIDADES DE RESPONSABILIDADE (OBJETIVA E SUBJETIVA). REQUISITOS DA RESPONSABILIDADE OBJETIVA

(Procurador – PGE/SP – 2024 – VUNESP) O Município "X" disponibiliza aos munícipes a prestação do chamado "serviço de atendimento móvel de urgência" (SAMU). Em dada ocasião, um cidadão faleceu depois de aguardar duas horas pela prestação do serviço, que fora acionado por familiares. Investigação policial realizada concluiu que o motorista da ambulância havia se ausentado durante o serviço para participar de uma confraternização com amigos e que o cidadão provavelmente teria sobrevivido se prestado o serviço no tempo adequado. A família do falecido – cônjuge e filhos – tem pretensão de ser indenizada pelo evento danoso. Diante de tais fatos, a responsabilidade civil

(A) do ente público será subsidiária, caso o motorista, responsável direto, não tenha patrimônio para satisfazer eventual condenação.

(B) será atribuível exclusivamente ao ente público, com base na teoria do risco integral.

(C) não subsistirá, visto que a morte natural descaracteriza o nexo causal, pois é considerada circunstância de força maior.

(D) do ente público será afastada, visto que a culpa exclusiva de terceiro, no caso, do motorista da ambulância, descaracteriza o nexo causal.

(E) será imputável ao ente público, em razão da prestação deficiente do serviço, sendo cabível a responsabilização do motorista apenas em caráter regressivo.

6. DIREITO ADMINISTRATIVO

A: Incorreto. A responsabilidade civil do ente público é objetiva, conforme o Art. 37, § 6º, da Constituição Federal, que estabelece a responsabilidade civil do Estado por danos causados por seus órgãos e agentes. A responsabilidade subsidiária não é aplicável nesse contexto, pois a responsabilidade do ente público é direta e não depende da condição financeira do responsável pelo ato. **B:** Incorreto. A teoria do risco integral não é a que rege a responsabilidade civil dos entes públicos no Brasil. O STF adota a teoria do risco administrativo, conforme o Art. 37, § 6º, da Constituição Federal, que prevê a responsabilidade objetiva do Estado, ou seja, independentemente de culpa, desde que se prove o nexo causal entre a falha no serviço e o dano. **C:** Incorreto. A morte não é considerada uma circunstância de força maior que afasta a responsabilidade civil do ente público. O STF já decidiu que a responsabilidade civil do Estado é objetiva e deve ser apurada em caso de falhas na prestação do serviço, mesmo que o resultado danoso envolva a morte do cidadão. **D:** Incorreto. A responsabilidade civil do ente público é objetiva, conforme o Art. 37, § 6º, da Constituição Federal. O fato de o motorista ter "culpa exclusiva" não afasta a responsabilidade do Município "X", que é responsável pelo serviço prestado. No entanto, o ente público pode buscar ressarcimento do motorista por meio de ação regressiva. **E:** Correto. A responsabilidade civil do ente público, conforme o Art. 37, § 6º, da Constituição Federal, é objetiva, o que implica que o Município "X" é responsável pela falha na prestação do serviço, devendo indenizar o cidadão falecido e sua família. O Supremo Tribunal Federal (STF) já consolidou o entendimento de que a responsabilidade objetiva do Estado abrange danos causados por falhas na prestação de serviços públicos, incluindo casos de omissão ou negligência que resultem em prejuízos aos cidadãos. Contudo, o ente público pode buscar ressarcimento do responsável pelo dano, neste caso, o motorista, através de ação regressiva, para compensar o custo da indenização paga à vítima (STF, RE 370.682). WG

Gabarito "E."

(Juiz de Direito – TJ/SP – 2023 – VUNESP) É possível afirmar, com fundamento nas disposições do artigo 37, § 6º da Constituição Federal, de que "As pessoas jurídicas de direito público e as de direito privado prestadoras de serviços públicos responderão pelos danos que seus agentes, nessa qualidade, causarem a terceiros, assegurado o direito de regresso contra o responsável nos casos de dolo ou culpa", que o Direito Administrativo adota, no Brasil, as regras da responsabilidade

(A) objetiva do Estado e do agente público, aplicáveis tanto para as condutas antijurídicas comissivas como para as situações de omissão estatal, o que corresponde à teoria do risco administrativo.

(B) imediata das pessoas jurídicas para os atos antijurídicos comissivos e da responsabilidade regressiva das pessoas físicas para as situações em que caracterizada a omissão estatal, o que corresponde à teoria do risco integral.

(C) objetiva do Estado e da responsabilidade subjetiva do agente público, o que se apresenta para os atos antijurídicos comissivos e corresponde à teoria do risco administrativo.

(D) direta e integral do Estado e da responsabilidade subsidiária e parcial do agente público, tanto para as condutas antijurídicas comissivas como para as situações de omissão estatal, o que corresponde à teoria do risco integral.

A responsabilidade civil das pessoas jurídicas de direito público e das pessoas jurídicas de direito privado prestadoras de serviço público é uma responsabilidade objetiva, por não ser necessária a comprovação de dolo ou culpa do agente, bastando que estejam presentes a conduta do agente estatal, o nexo e o dano. A responsabilidade objetiva se funda-

menta na teoria do risco administrativo, que possibilita os excludentes de responsabilidade, como fato exclusivo de terceiro, fato exclusivo da vítima, caso fortuito ou força maior. Já a responsabilidade do agente público é subjetiva, visto que o art. 37, § 6º, CR/88, exige a comprovação do dolo ou da culpa do responsável no exercício do direito de regresso. **A:** Incorreta, pois a responsabilidade do agente público é subjetiva, e não objetiva. **B:** Incorreta. A responsabilidade regressiva das pessoas físicas que causaram o dano não ocorre apenas quando se tratar de uma omissão estatal, devendo ocorrer sempre que ficar comprovado o dolo ou a culpa do agente público. **C:** Correta. A responsabilidade civil do Estado (pessoas jurídicas de direito público e de direito privado prestadoras de serviço público) é objetiva, já a responsabilidade do agente público, no exercício do direito de regresso, é subjetiva, dependendo da comprovação de dolo ou culpa. Além disso, a teoria aplicada, em regra, é a teoria do risco administrativo. **D:** Incorreta. A responsabilidade do Estado é direta, mas não é integral, visto que a teoria do risco integral não possibilita a adoção de excludentes de responsabilidade, por isso não sendo a teoria do risco adotada como regra no Brasil. O agente público não responde de forma subsidiária e parcial, ele irá responder sempre que ficar comprovado o dolo ou a culpa na sua conduta. FC

Gabarito "C."

(Defensor Público/RO – 2017 – VUNESP) Um cidadão, juridicamente necessitado, procura a Defensoria Pública solicitando que fosse deduzida pretensão em face do Estado de Rondônia, pleiteando indenização pela morte do filho, ocasionada por policial militar durante uma reintegração de posse. Ao atendê-lo, seria correto responder-lhe que

(A) a ação pode ser ajuizada e a chance de êxito é plena, pois nosso ordenamento jurídico adotou a teoria do risco integral, devendo o Estado de Rondônia ser responsabilizado, bastando a comprovação do dano e sua extensão.

(B) o sucesso da demanda dependerá da demonstração do dano, da existência de nexo deste com a ação policial e da inexistência da prática de ato, pela vítima, que legitimasse referida ação.

(C) como defensor público, não pode ajuizar ação contra pessoa jurídica de direito público.

(D) precisaria da identificação do policial militar, pois a ação deve ser ajuizada em face dele e da Fazenda Pública do Estado de Rondônia, sob pena de extinção.

(E) a ação deve ser ajuizada em face do policial militar, independentemente da demonstração de culpa, desde que seja possível identificá-lo e provar que foi o autor dos danos.

Pela teoria da responsabilidade objetiva adotada no Brasil, conhecida como teoria do Risco Administrativo, o Estado responderá desde que configurada: 1- a ação ou omissão e o nexo causal com o dano sofrido; 2- a inexistência de qualquer causa excludente da responsabilidade estatal, quais sejam: a culpa exclusiva da vítima ou de terceiro e o caso fortuito ou de força maior. No caso em tela, a assertiva "a" está errada na medida em que não adotamos a teoria do risco integral. A ação deve ser interposta em face da pessoa jurídica com fundamento na responsabilidade objetiva, ou em face do policial, mas aí com fundamento em uma responsabilidade do tipo subjetiva, dependendo da comprovação de seu dolo ou culpa. A "b" está correta justamente porque assume a teoria do risco administrativo com as excludentes cabíveis e já explicitadas. A "c" não faz nenhum sentido, visto que não existe qualquer vedação legal à atuação do defensor público nesse sentido. A "d" e a "e" estão incorretas, pois a ação não é subjetiva em face da pessoa do policial militar, mas ação de responsabilidade objetiva civil do Estado baseada na teoria do risco administrativo. É fato que, caso queira, a ação pode ser intentada em face unicamente do policial militar, mas aí há necessariamente a necessidade de demonstração de sua culpabilidade. **FB**

Gabarito "B".

(Procurador do Estado/SP – 2018 – VUNESP) Empresa de ônibus permissionária de serviço público de transporte coletivo intermunicipal de passageiros envolveu-se em acidente de trânsito em rodovia estadual explorada por concessionária, tendo um de seus veículos, durante a prestação do serviço de transporte, colidido com automóvel particular, provocando danos materiais e o falecimento de um dos ocupantes do carro. De acordo com a jurisprudência do Supremo Tribunal Federal,

(A) a concessionária de rodovia estadual será objetivamente responsabilizada pelos danos provocados em razão do acidente, em decorrência da aplicação da teoria da faute du service.

(B) o Estado titular dos serviços públicos de transporte coletivo de passageiros e da rodovia em que ocorrido o acidente será objetivamente responsável pelos danos causados, ainda que se comprove culpa concorrente da vítima que conduzia o automóvel particular.

(C) a permissionária do serviço público de transporte coletivo de passageiros poderá ser responsabilizada pelos danos provocados em razão do acidente, desde que comprovada ocorrência de dolo ou culpa do motorista do veículo coletivo, porque as vítimas não são usuárias do serviço público por ela prestado.

(D) a concessionária de rodovia estadual será objetivamente responsabilizada pelos danos provocados pelo acidente, em decorrência da aplicação da teoria do risco administrativo.

(E) a permissionária do serviço público de transporte coletivo de passageiros poderá ser objetivamente responsabilizada pelos danos provocados em razão do acidente, ainda que as vítimas não sejam usuárias do serviço por ela prestado.

Em repercussão geral foi reconhecida a responsabilidade objetiva das concessionárias pelos danos causados a terceiros não usuários. Eis o julgado que consolidou esse entendimento: EMENTA: CONSTITUCIONAL. RESPONSABILIDADE DO ESTADO. ART. 37, § 6º, DA CONSTITUIÇÃO. PESSOAS JURÍDICAS DE DIREITO PRIVADO PRESTADORAS DE SERVIÇO PÚBLICO. CONCESSIONÁRIO OU PERMISSIONÁRIO DO SERVIÇO DE TRANSPORTE COLETIVO. RESPONSABILIDADE OBJETIVA EM RELAÇÃO A TERCEIROS NÃO-USUÁRIOS DO SERVIÇO. RECURSO DESPROVIDO. I – A responsabilidade civil das pessoas jurídicas de direito privado prestadoras de serviço público é objetiva relativamente a terceiros usuários *e não usuários do serviço*, segundo decorre do art. 37, § 6º, da Constituição Federal. II – A inequívoca presença do nexo de causalidade entre o ato administrativo e o dano causado ao terceiro não-usuário do serviço público, é condição suficiente para estabelecer a responsabilidade objetiva da pessoa jurídica de direito privado. III – Recurso extraordinário desprovido (**RE 591874 / MS, Relator: Min. Ricardo Lewandowski, j. 26-08-2009, Tribunal Pleno**). **FB**

Gabarito "E".

(Procurador – IPSMI/SP – VUNESP – 2016) A respeito da responsabilidade civil do Estado, é correto afirmar que

(A) a responsabilidade civil das concessionárias por danos causados a terceiros na execução de serviços públicos é subjetiva, ante a inexistência de relação contratual entre as partes.

(B) a prescrição da pretensão de responsabilidade civil por danos extracontratuais em face do Estado prescreve

no prazo de 3 (três) anos, conforme entendimento consolidado pelo Superior Tribunal de Justiça.

(C) são pressupostos para a responsabilização extracontratual do Estado a existência de conduta culposa ou dolosa de agente público, dano e nexo causal.

(D) a responsabilidade civil objetiva para o Estado, prevista na Constituição Federal, aplica-se indistintamente às suas relações contratuais e extracontratuais.

(E) são causas excludentes do nexo de causalidade o fato exclusivo da vítima, o fato de terceiro e o caso fortuito e força maior.

A: Incorreta. As concessionárias possuem relação contratual com o Poder Público (contrato de concessão) e a responsabilidade que assume em relação aos serviços que prestam é objetiva (art. 37, § 6º, CF e art. 25, da Lei 8.987/1995). **B:** Incorreta. O prazo de prescrição dessas ações é de 5 anos, conforme Decreto-lei 20.910/1932. C. Incorreta. Como a regra é a responsabilidade objetiva do Estado (art. 37, § 6º, CF), os requisitos para a sua incidência são: conduta, resultado e nexo causal, independentemente do elemento subjetivo (dolo ou culpa). **D:** Incorreta. A responsabilidade objetiva só se aplica às relações jurídicas extracontratuais, sendo que há casos em que há responsabilidade subjetiva prevista em contrato. **E:** Correta. Realmente, as causas excludentes de responsabilidade objetiva do Estado são: caso fortuito, força maior, culpa exclusiva da vítima ou de terceiro. **AW**

Gabarito "E".

(Procurador Municipal – Sertãozinho/SP – VUNESP – 2016) Indivíduo adquire veículo caminhão de particular e efetua normalmente o devido registro junto ao Departamento Estadual de Trânsito de São Paulo – DETRAN-SP. Quinze dias após a aquisição, ao trafegar em rodovia, ao ser parado para fiscalização, verifica-se que o veículo caminhão havia sido furtado um mês antes da aquisição e, por consequência, o bem é apreendido. O indivíduo ajuíza ação de indenização contra o Estado de São Paulo.

Considerando a forma como a responsabilidade civil do Estado é prevista no ordenamento pátrio, é correto afirmar que a ação do indivíduo deve ser julgada

(A) improcedente, pois embora tenha havido falha no registro estatal que não continha a informação sobre o furto, não há nexo de causalidade entre o ato perpetrado pelo órgão estadual e os danos experimentados pelo autor.

(B) procedente, pois a responsabilidade civil do Estado é objetiva, sendo assim, o Estado é civilmente responsável pelos danos que seus agentes, nessa qualidade, venham a causar a terceiros.

(C) parcialmente procedente, pois a culpa é concorrente, do Estado, que não manteve os devidos registros, e do indivíduo que adquiriu o veículo sem tomar as devidas cautelas quanto à verificação da origem do veículo.

(D) improcedente, pois a responsabilidade civil do Estado na Constituição Federal de 1988 é subjetiva, tendo como pressupostos que a conduta praticada seja contrária ao direito e haja inobservância de dever legal.

(E) procedente, pois resta demonstrada a culpa, na modalidade omissiva, do Estado, ao deixar de manter os cadastros devidamente atualizados, com a informação de que o veículo havia sido furtado.

A: Correta. Na verdade, essa questão não contém os dados suficientes para a resposta, porque não se sabe se o comprador do veículo tomou as cautelas necessárias no ato da compra, como a vistoria prévia, verifi-

6. DIREITO ADMINISTRATIVO · 271

cação de documentos etc., além de não ser possível inferir as condições do veículo. Há jurisprudência do STJ (abaixo relacionada) no sentido de ser improcedente a demanda por ausência de comprovação do nexo causal entre o dano e a ação ou omissão estatal, mas nada impede de ser, ao menos, reconhecida a responsabilidade parcial, como determina a alternativa B. "Administrativo. Recurso especial. Provimento. Vistoria de veículo. Regularidade. Posterior verificação de irregularidade. Responsabilidade objetiva do estado. Ausência de nexo de causalidade. 1. O Estado não pode ser responsabilizado por ato criminoso de terceiros ou pela culpa do adquirente de veículo de procedência duvidosa, se a Administração não concorreu com ação ou omissão para a prática do ato ilícito, não respondendo pelos danos deste decorrentes. 2. A regularidade da situação de veículo, atestada em vistoria do órgão de trânsito, não é suficiente para firmar a responsabilidade objetiva do Estado, quando se tratar de veículo furtado, posteriormente apreendido. É irrelevante se a tradição ocorreu antes ou depois da vistoria. 3. Agravo regimental não provido. AgRg no REsp 1299803 / RS Agravo Regimental no Recurso Especial 2012/0003157-0. Processual civil. Administrativo. Agravo regimental no agravo em recurso especial. Argumentos insuficientes para desconstituir a decisão atacada. Venda de veículo com chassi adulterado. Responsabilidade civil do departamento de trânsito que não verificou a adulteração quando da aprovação do decalque. Acórdão recorrido contrário à jurisprudência firmada nesta corte. Recurso improvido. I – É pacífico o entendimento no Superior Tribunal de Justiça segundo o qual, nos casos em que o Departamento de Trânsito – Detran efetuou o registro do veículo e posteriormente constatou-se a ocorrência de adulteração do chassi, deve-se afastar a responsabilidade civil objetiva decorrente da apreensão e perda do bem, ante a inexistência de nexo de causalidade entre a conduta estatal e o ato ilícito praticado por terceiro. II – No caso, o Tribunal de origem entendeu pela configuração da responsabilidade do Detran. III – O recurso especial merece prosperar quando o acórdão recorrido encontra-se em confronto com a jurisprudência dessa Corte. IV – A Agravante não apresenta, no regimental, argumentos suficientes para desconstituir a decisão agravada. V – Agravo Regimental improvido. AgRg no AREsp 424218 / MS Agravo Regimental No Agravo Em Recurso Especial 2013/0367723-6. **B:** Incorreta. Como explicado acima, há ausência de comprovação de nexo causal entre a Ação e o resultado, por isso estaria incorreta essa questão. Os requisitos para a incidência da responsabilidade objetiva do Estado são: Ação ou omissão estatal, o dano e o nexo causal entre a Ação e o dano. Ausente um desses, a responsabilidade não incide, portanto. **C:** Incorreta. Como o enunciado não oferece elementos para sabermos se houve negligência da vítima, não é possível concluir pela sua culpa concorrente. **D:** Incorreta. A Constituição Federal, art. 37, § 6º, adotou a teoria da Responsabilidade Objetiva do Estado, e não subjetiva, que é adotada em nosso ordenamento jurídico em leis infraconstitucionais, como o próprio Código Civil (art. 926). **E:** Incorreta. O examinador entendeu que não há elementos suficientes para saber se houve alguma adulteração do veículo que pudesse levar o Estado a conceder o registro, por isso a responsabilidade continua sendo objetiva, sem necessidade de comprovação de culpa do Estado e sem a incidência de excludentes de responsabilidade civil, portanto. AW

Gabarito "A".

(Juiz – TJ/RJ – VUNESP – 2016) Considere a seguinte situação hipotética. Integrantes de movimento popular invadiram imóvel rural pertencente à empresa X, localizada no Município São Fidélis, Estado do Rio de Janeiro. Os integrantes do movimento permaneceram no local, embora a empresa X tenha tomado todas as providências judiciais cabíveis a fim de obter a reintegração de posse, até mesmo com pedido de intervenção federal deferido pelo Tribunal de Justiça do Estado do Rio de Janeiro, em virtude do descumprimento, por parte da Polícia Militar Estadual, de requisição de força policial, judicialmente determinada. Decide a Empresa X ajuizar ação de indenização em face do Estado do Rio de Janeiro.

A respeito deste caso, é correto afirmar que

(A) cabe o julgamento pela procedência da demanda da Empresa X, em razão da adoção da teoria do risco integral no ordenamento jurídico brasileiro, sendo dispensável o estabelecimento de liame entre a conduta do Poder Público e o resultado danoso causado.

(B) é possível julgar a ação procedente, com a condenação do Estado do Rio de Janeiro, pela atual adoção da teoria do risco social, segundo a qual o foco da responsabilidade civil é a vítima, e não o autor do dano, de modo que a reparação estaria a cargo de toda a coletividade, dando ensejo ao que se denomina de socialização dos riscos.

(C) é necessário que seja decretada a improcedência da demanda, pois o Estado-Membro, no caso, o Rio de Janeiro, não pode ser responsabilizado pela ausência de força policial para reintegração, já que o ato antecedente, de realizar a reforma agrária, era de competência da União.

(D) a ação indenizatória poderá ser julgada procedente para imputar ao Estado a responsabilidade pelos danos causados pela ação coletiva de terceiros, desde que comprovada a omissão culposa do Poder Público, como ocorreu no caso em tela.

(E) não poderá ser julgada procedente a ação proposta pela Empresa X, tendo em vista que desde a Constituição de 1946, o Brasil adota a teoria do risco administrativo, cabendo indenização por danos aos quais os agentes públicos tiverem dado causa por ação dolosa.

A: Incorreta, nosso ordenamento jurídico adotou a Teoria do Risco Administrativo, e não a do Risco Integral no que diz respeito à responsabilidade civil do Estado. **B:** Incorreta. A teoria do risco administrativo é a teoria aplicada no ordenamento jurídico brasileiro. **C:** Incorreta. O Estado foi omisso em pacificar a demanda, não havendo que se discutir a competência para desapropriação, portanto. **D:** Correta. O Estado deve ser responsabilizado pela omissão das autoridades de segurança pública. **E:** Incorreta. Realmente, nosso ordenamento jurídico adota a Teoria do Risco Administrativo, sendo admitidas as excludentes de responsabilidade civil, mas independentemente da comprovação de dolo ou culpa. FC

Gabarito "D".

(Juiz de Direito – TJM/SP – VUNESP – 2016) A respeito da responsabilidade civil da Administração, é possível afirmar que

(A) os órgãos e entidades públicas respondem diretamente pelos danos causados em decorrência da divulgação não autorizada ou utilização indevida de informações sigilosas ou informações pessoais, cabendo a apuração de responsabilidade funcional nos casos de dolo ou culpa.

(B) em caso de morte de torcedor em briga de torcidas, dentro do estádio de futebol, haverá o dever de indenizar, ainda que demonstrada a culpa exclusiva da vítima.

(C) por ser objetiva a responsabilidade do Estado, deve este responder pelos danos causados por policial militar que, em dia de folga, atropela pedestre com seu veículo, pois o agente público não se despe dessa qualidade em função do regime de trabalho policial.

(D) o Estado tem o dever de indenizar a família de trabalhador assassinado na rua por um assaltante, em virtude de falha na prestação do serviço de segurança pública, que é individualmente assegurado aos cidadãos.

(E) em caso de cumprimento de mandado de reintegração de posse, quando foram utilizados os meios necessários à execução da ordem, haverá responsabilidade em relação aos danos causados pelos esbulhadores à propriedade privada, pois é objetiva a responsabilidade da Administração.

A: Correta. O art. 34, da Lei de Acesso à Informação (Lei 12.257/2011) dispõe exatamente da forma como consta da assertiva A, havendo responsabilidade civil dos órgãos e entidades públicas que causarem danos em decorrência da divulgação não autorizada de informações sigilosas ou pessoais. B: Incorreta. Os arts. 3º e 14 da Lei 10.671/2003 (Estatuto do Torcedor) determinam ser hipótese de responsabilidade decorrente da relação de consumo, do Estádio, e não, de responsabilidade Estatal fundamentada no art. 37, § 6º, CF. C: Incorreta. Em dia de folga o miliar não responde como agente público. Isso só acontece se estiver exercendo sua função ou se estiver agindo em atividade relacionada ao exercício funcional. D: Incorreta. O erro dessa assertiva está na afirmação de que o serviço de segurança pública é individualmente assegurado ao cidadão, eis que se trata de serviço geral, "uti universi". E: Incorreta. Temos caso de responsabilidade subjetiva, que deverá ser apurada na relação individual, entre o esbulhado e o Poder Público. **AW**

Gabarito "A".

10. LICITAÇÃO

> **ATENÇÃO!**
>
> **NOVA LEI DE LICITAÇÕES E CONTRATOS ADMINISTRATIVOS**
>
> Em 1º de abril de 2021 foi editada a Lei 14.133, que representa a nova Lei de Licitações e Contratos Administrativos. E em dezembro de 2023 foram revogadas a Lei 8.666/93, a Lei 10.520/02 e os artigos 1º a 47-A da Lei 12.462/11. Assim, as questões que foram aplicadas cobrando o texto das leis revogadas foram adaptadas, para que possam ser respondidas com base na Lei 14.133/21.

10.1. CONCEITO, OBJETIVOS E PRINCÍPIOS

(Juiz de Direito – TJ/SP – 2023 – VUNESP) A Lei nº 14.133/21, no seu artigo 11, apresenta como inovação em face do que já constava na Lei nº 8.666/93 a ideia de

(A) evitar contratações com sobrepreço ou com preços manifestamente inexequíveis.

(B) governança das contratações.

(C) tratamento isonômico entre os licitantes.

(D) seleção da proposta apta a gerar o resultado mais vantajoso para a Administração Pública.

O art. 11 da Lei 14.133/21 estabelece os objetivos da licitação. A: Incorreta. Apesar de a Lei 8.666/93 não prever, em seu art. 5º, como um dos seus objetivos, evitar contratação com sobrepreço ou com preços manifestamente inexequíveis estava previsto no texto da antiga lei (como no art. 48, II, Lei 8.666/93). B: Correta. O art. 11, parágrafo único, estabelece que "A alta administração do órgão ou entidade é responsável pela governança das contratações e deve implementar processos e estruturas, inclusive de gestão de riscos e controles internos, para avaliar, direcionar e monitorar os processos licitatórios e os respectivos contratos, com o intuito de alcançar os objetivos estabelecidos no *caput* deste artigo, promover um ambiente íntegro e confiável, assegurar o alinhamento das contratações ao planejamento estratégico e às leis orçamentárias e promover eficiência, efetividade e eficácia em suas contratações". C: Incorreta, pois a Lei 8.666/93 já previa o princípio da isonomia em seu art. 3º. D: Incorreta. A banca considerou a alternativa incorreta, por entender que o objetivo previsto na Lei 8.666/93, de buscar a proposta mais vantajosa para a Administração, seria igual à "seleção da proposta apta a gerar o resultado mais vantajoso para a Administração Pública", previsto no art. 11 da Lei 14.133/21. Vale ressaltar que pode-se apontar entendimentos diferentes, visto que a nova lei agora se preocupa com o resultado da licitação, inclusive no que se refere à vida útil do objeto. **FC**

Gabarito "B".

(Escrevente Técnico – TJM/SP – VUNESP – 2017 - ADAPTADA) Considerando a Lei 14.133/21, que regula as licitações, as compras, sempre que possível,

(A) poderão ser feitas sem licitação.

(B) deverão ser processadas através de sistema de registro de preços, quando pertinente.

(C) deverão ser adquiridas por meio de leilão.

(D) poderão ser adquiridas por meio de doação.

(E) deverão ser precedidas de autorização legislativa.

A: Incorreta. As compras devem ser licitadas, exceto nas hipóteses de dispensa ou inexigibilidade de licitação. B: Correta. O art. 40, II, Lei 14.133/21 estabelece que "Art. 40. O planejamento de compras deverá considerar a expectativa de consumo anual e observar o seguinte: II – processamento por meio de sistema de registro de preços, quando pertinente. C: Incorreta. O leilão é a modalidade de licitação para alienação de bens imóveis ou de bens móveis inservíveis ou legalmente apreendidos a quem oferecer o maior lance (art. 6º, XL, Lei 14.133/21). D: Incorreta. A doação de bens ao Poder Público é uma forma de aquisição de bem público, diferente da compra. E: Incorreta, a autorização legislativa é exigida para a alienação de bens imóveis, nos termos do art. 76, I, Lei 14.133/21, e não para as compras. **FC**

Gabarito "B".

10.2. CONTRATAÇÃO DIRETA (LICITAÇÃO DISPENSADA, DISPENSA DE LICITAÇÃO E INEXIGIBILIDADE DE LICITAÇÃO)

(Juiz de Direito – TJ/RJ – 2019 – VUNESP - ADAPTADA) Os contratos com terceiros destinados à prestação de serviços às autarquias e agências executivas, inclusive de engenharia e de publicidade, à aquisição e à locação de bens serão, em regra, precedidos de licitação. Excepcionalmente, a contratação poderá se dar de forma direta

(A) para serviços e compras em geral, de valor até R$ 50.000,00 (cinquenta mil reais) e para alienações.

(B) nos casos em que a escolha do parceiro esteja associada a suas características peculiares, vinculada a oportunidades de negócio definidas e específicas, justificada a inviabilidade de procedimento competitivo.

(C) para serviços técnicos especializados de natureza predominantemente intelectual, com profissionais ou empresas de notória especialização, inclusive para serviços de publicidade e divulgação .

(D) para a aquisição ou locação de imóvel cujas características de instalações e de localização tornem necessária sua escolha.

(E) nos casos de obras e serviços de engenharia de valor até R$ 50.000,00 (cinquenta mil reais).

A questão explora as hipóteses de contratação direta previstas na Lei 14.133/21. A: incorreta. O art. 75, II, Lei 14.133/21 prevê a licitação dis-

6. DIREITO ADMINISTRATIVO 273

pensável para contratação que envolva valores inferiores a R$ 50.000,00 no caso de outros serviços e compras, mas não fala de alienação. **B**: incorreta. Essa hipótese de contratação direta não está prevista na Lei 14.133/21, e sim no art. 28, § 3º, II, Lei 13.303/16, no que se refere à licitação dispensada para empresas públicas e sociedades de economia mista. **C**: incorreta. O art. 74, III, Lei 14.133/21 estabelece que "É inexigível a licitação quando inviável a competição, em especial nos casos de: III – contratação dos seguintes serviços técnicos especializados de natureza predominantemente intelectual com profissionais ou empresas de notória especialização, vedada a inexigibilidade para serviços de publicidade e divulgação: (...)". **D**: correta. É hipótese de licitação inexigível, nos termos do art. 74, V, Lei 14.133/21. **E**: incorreta. O art. 75, I, Lei 14.133/21 estabelece que "É dispensável a licitação: I – para contratação que envolva valores inferiores a R$ 100.000,00 (cem mil reais), no caso de obras e serviços de engenharia ou de serviços de manutenção de veículos automotores. **FC**

Gabarito "D".

(Procurador Municipal/SP – VUNESP – 2016 - ADAPTADA) A Prefeitura Municipal de Rosana pretende contratar artistas para a realização de um espetáculo no aniversário da cidade. Para realizar tal contratação, os agentes públicos responsáveis pela organização do show

(A) devem realizar a licitação, pelo princípio da obrigatoriedade da licitação, que impõe que todos façam realizar o procedimento antes de contratarem obras e serviços, não estando a contratação de artistas dentre as hipóteses que não se compatibilizam com o rito do processo licitatório.

(B) podem realizar a contratação direta, por caracterizar-se pela circunstância de que, em tese, poderia o procedimento ser realizado, mas que, pela particularidade do caso, decidiu o legislador não torná-lo obrigatório em relação aos artistas.

(C) devem realizar a licitação, pela modalidade de pregão, já que os serviços artísticos são comuns, com exceção daqueles serviços prestados por artistas que possuam notória fama nacional, para os quais a licitação é dispensada.

(D) podem realizar a contratação direta, por dispensa de licitação, por previsão expressa da Lei Federal 14.133/21 , que considera que a arte é personalíssima, não se podendo sujeitar a fatores objetivos de avaliação, requisito dos procedimentos licitatórios.

(E) podem realizar a contratação direta, por inexigibilidade de licitação, por previsão expressa da Lei Federal 14.133/21 , que impõe como requisito que o artista contratado seja consagrado pela crítica ou pelo público.

A: Incorreta. No caso, temos a incidência do art. 74, II, da Lei 14.133/21, que é hipótese de licitação inexigível. **B:** Incorreta. Quando há previsão para a inexigibilidade de licitação o administrador não tem a opção em não realizar o certame, como seria no caso de licitação dispensável, em que há essa discricionariedade. Embora as hipóteses de inexigibilidades não sejam taxativas, quando configuradas, devem ser aplicadas. **C:** Incorreta. Trata-se de licitação inexigível. **D:** Incorreta. Não é caso de dispensa, e sim, de inexigibilidade prevista no art. 74, II, da Lei 14.133/21. **E:** Correta. Temos casos de contratação direta por inexigibilidade de licitação, nos termos do art. 74, II, da Lei 14.133/21, que impõe como requisito que o artista seja consagrado pela crítica especializada ou opinião pública e que a contratação seja feita diretamente ou por meio de empresário exclusivo. **FC**

Gabarito "E".

10.3. MODALIDADES DE LICITAÇÃO E REGISTRO DE PREÇOS

(Analista – TRF3 – 2024 – VUNESP) A modalidade de licitação para contratação de bens e serviços especiais e de obras e serviços comuns e especiais de engenharia, cujo critério de julgamento poderá ser menor preço; melhor técnica ou conteúdo artístico; técnica e preço; maior retorno econômico; ou maior desconto é denominada:

(A) concorrência.

(B) leilão.

(C) concurso.

(D) pregão.

(E) diálogo competitivo.

O art. 28 da Lei 14.133/21 prevê como modalidades de licitação: concorrência, pregão, concurso, leilão e diálogo competitivo. A concorrência, nos termos do art. 6º, XXXVIII, Lei 14.133/21: XXXVIII – concorrência: modalidade de licitação para contratação de bens e serviços especiais e de obras e serviços comuns e especiais de engenharia, cujo critério de julgamento poderá ser: menor preço, melhor técnica ou conteúdo artístico, técnica e preço, maior retorno econômico, maior desconto". Assim, alternativa A correta. **FC**

Gabarito "A".

(Analista – TRF3 – 2024 – VUNESP) Entre as modalidades de licitação, o Pregão

(A) tem como critério de julgamento obrigatoriamente o menor preço.

(B) pode ser usada para alienação de bens.

(C) não é obrigatória para aquisição de bens e serviços comuns.

(D) pode ter como critério de julgamento o maior desconto.

(E) pode ter como critério de julgamento o maior retorno econômico.

A: Incorreta. Nos termos do art. 6º, XLI, Lei 14.133/21, o pregão pode ter como critério de julgamento o menor preço ou maior desconto: "Art. 6º, XLI – pregão: modalidade de licitação obrigatória para aquisição de bens e serviços comuns, cujo critério de julgamento poderá ser o menor preço ou o de maior desconto". **B:** Incorreta. O art. 6º, XLI, Lei 14.133/21 prevê que o pregão é a modalidade obrigatória para aquisição de bens e serviços comuns, e não para alienação. **C:** Incorreta, o pregão é a modalidade obrigatória para aquisição de bens e serviços comuns. **D:** Correta. O art. 6º, XLI, prevê o critério de julgamento menor preço ou o maior desconto. **E.** Incorreta. O critério de julgamento maior retorno econômico não é uma possibilidade para a modalidade pregão. **FC**

Gabarito "D".

10.6. TEMAS COMBINADOS E OUTROS TEMAS

(Procurador Municipal/SP – VUNESP – 2016 – ADAPTADA) Nas contratações de obras, serviços e compras, segundo a disciplina da Lei 14.133/21, a autoridade competente, em cada caso e desde que previsto no edital, poderá exigir que seja prestada garantia não excedente a 5% do valor inicial do contrato. Contudo, tratando-se de obras e serviços de engenharia de grande vulto, poderá ser exigida a prestação de garantia, na moralidade seguro-garantia, em percentual equivalente a

(A) 50%.

(B) 30%.

(C) 20%.

(D) 15%.

(E) 10%.

O art. **98 da Lei 14.133/21 estabelece que "Nas contratações de obras, serviços e fornecimentos, a garantia poderá ser de até 5% (cinco por cento)** do valor inicial do contrato, autorizada a majoração desse percentual para até 10% (dez por cento), desde que justificada mediante análise da complexidade técnica e dos riscos envolvidos'. Já o art. 99 da Lei 14.133/21 prevê que "Nas contratações de obras e serviços de engenharia de grande vulto, poderá ser exigida a prestação de garantia, na modalidade seguro-garantia, com cláusula de retomada prevista no art. 102 desta Lei, em percentual equivalente a até 30% (trinta por cento) do valor inicial do contrato". Assim, alternativa correta letra B.

Gabarito "B".

11. CONTRATOS ADMINISTRATIVOS

11.1. CONCEITO, CARACTERÍSTICAS PRINCIPAIS, FORMALIZAÇÃO E CLÁUSULAS CONTRATUAIS NECESSÁRIAS

(Procurador Municipal – Sertãozinho/SP – VUNESP – 2016 – ADAPTADA) São exemplos de cláusulas exorbitantes previstas na Lei Federal 14.133/21, dentre outras previstas explícita ou implicitamente:

(A) possibilidade de aplicação da regra da exceção do contrato não cumprido (*exceptio no adimpleti contractus*).

(B) execução da garantia contratual para ressarcimento das multas e indenizações devidas ao particular contratado.

(C) a aplicação de sanção, pela empresa contratada, ao Poder Público, pelo atraso na realização dos pagamentos.

(D) a alteração ou a rescisão unilateral do contrato pela Administração.

(E) a faculdade de exigir garantia nos contratos de obras, serviços e compras e a escolha, pela Administração, da modalidade a ser aplicada no caso, dentro das hipóteses legais.

A: Incorreta. A cláusula "exceptio no adimpleti contractus" não é uma cláusula exorbitante, é, na verdade, uma possibilidade atribuída ao particular, que poderá suspender a execução do contrato, nos casos previstos no art. 137, § 3º, II, Lei 14.133/21. **B:** Incorreta. A exigência de garantia é uma possibilidade na Lei 14.133/21 (arts. 96 a 102), mas não se trata de uma cláusula exorbitante. **C:** Incorreta. Quem tem o poder de aplicar sanção é a Administração Pública, e não a empresa contratada. **D:** Correta. O art. 104, I e II, da Lei 14/133/21 prevê, como prerrogativa da Administração, a modificação unilateral e a rescisão unilateral do contrato administrativo. **E:** Incorreta. Nos termos do art. 96, § 1º, da Lei 14.133/21, a escolha dentre as modalidades de garantia caberá ao contratado, e não à Administração.

Gabarito "D".

(Juiz – TJ/RJ – VUNESP – 2016 - ADAPTADA) Assinale a alternativa que corretamente discorre sobre aspectos do contrato administrativo.

(A) São cláusulas necessárias em todo contrato as que estabeleçam a obrigação do contratado de manter, durante toda a execução do contrato, em compatibilidade com as obrigações por ele assumidas, todas as condições de habilitação na licitação, ou para a qualificação, na contratação direta.

(B) A declaração de nulidade do contrato administrativo opera retroativamente impedindo os efeitos jurídicos que ele, ordinariamente, deveria produzir, além de desconstituir os já produzidos, exonerando a Administração do dever de indenizar o contratado pelo que este houver executado até a data em que a nulidade for declarada.

(C) Caberá ao Poder Público contratante optar por uma das seguintes modalidades de garantia: caução em dinheiro; caução em títulos da dívida pública, emitidos conforme definido pelo Banco Central do Brasil; seguro-garantia; fiança bancária.

(D) A duração dos contratos regidos por esta Lei será a prevista em edital, e deverão ser observadas, no momento da contratação e a cada exercício financeiro, a disponibilidade de créditos orçamentários, bem como a previsão no plano plurianual, quando ultrapassar 2 (um) exercícios financeiros.

(E) Os contratos administrativos são regidos pela Lei Federal 8.666/1993, regulando-se pelas suas cláusulas e pelos preceitos de direito público, não podendo haver aplicação supletiva dos princípios da teoria geral dos contratos, nem das disposições de direito privado.

A: Correta. É a previsão do art. 92, XVI, da Lei 14.133/21. **B:** Incorreta. O art. 148 da Lei 14.133/21 estabelece que "A declaração de nulidade do contrato administrativo requererá análise prévia do interesse público envolvido, na forma do art. 147 desta Lei, e operará retroativamente, impedindo os efeitos jurídicos que o contrato deveria produzir ordinariamente e desconstituindo os já produzidos", no entanto, o art. 149 da mesma lei prevê que "A nulidade não exonerará a Administração do dever de indenizar o contratado pelo que houver executado até a data em que for declarada ou tornada eficaz, bem como por outros prejuízos regularmente comprovados, desde que não lhe seja imputável, e será promovida a responsabilização de quem lhe tenha dado causa". **C:** Incorreta. O art. 96, § 1º, da Lei 14.133/21 determina que caberá ao contratado optar por uma das modalidades de garantia previstas em lei. **D:** Incorreta. O art. 105, Lei 14.133/21 estabelece que "A duração dos contratos regidos por esta Lei será a prevista em edital, e deverão ser observadas, no momento da contratação e a cada exercício financeiro, a disponibilidade de créditos orçamentários, bem como a previsão no plano plurianual, quando ultrapassar 1 (um) exercício financeiro"; **E:** Incorreta. O art. 89 da Lei 14.133/21 estabelece que "Os contratos de que trata esta Lei regular-se-ão pelas suas cláusulas e pelos preceitos de direito público, e a eles serão aplicados, supletivamente, os princípios da teoria geral dos contratos e as disposições de direito privado'.

Gabarito "A".

11.2. ALTERAÇÃO DOS CONTRATOS

(Procurador – PGE/SP – 2024 – VUNESP) Após regular licitação, o Estado "X" firmou contrato de obra para construção de um hospital público com determinada empreiteira, em regime de empreitada integral, com previsão de prestação de seguro-garantia, nos termos da Lei nº 14.133/2021. No caso, não houve elaboração de matriz de riscos para orientar a alocação dos riscos contratuais. Durante a execução do contrato, a falência de subcontratado escolhido pela empreiteira acabou ocasionando o atraso na entrega de parcelas da obra e o aumento dos custos de execução contratual. Em vista disso, a contratada pleiteou o restabelecimento do equilíbrio econômico-financeiro inicial do contrato, de modo a que seja alterado o preço inicialmente ofertado, para contemplar os encargos decorrentes da situação imprevista.

Diante de tal pleito, a Administração deverá

6. DIREITO ADMINISTRATIVO

(A) negar o reequilíbrio solicitado, pois o seguro-garantia contratado fornece cobertura a esse tipo de evento.

(B) conceder o reequilíbrio solicitado, pois a situação configura hipótese contemplada na teoria do risco administrativo, impondo-se a responsabilidade objetiva estatal.

(C) negar o reequilíbrio solicitado, pois, no caso de contratação em regime de empreitada integral, não cabe reequilíbrio econômico-financeiro em nenhuma hipótese.

(D) negar o reequilíbrio solicitado, uma vez que a contratação em regime de empreitada integral pressupõe a assunção pela contratada dos riscos relativos às decisões adotadas para execução do objeto.

(E) conceder o reequilíbrio solicitado, pois o evento se qualifica como álea administrativa, suportada pela teoria da imprevisão.

De acordo com o art. 6º, XXX, da Lei 14.133/2021, a empreitada integral é feita "sob inteira responsabilidade do contratado até sua entrega ao contratante em condições de entrada em operação". Nesse sentido a administração deverá negar o reequilíbrio solicitado e a motivação é porque o contratado assumiu todos os riscos do contrato. Os riscos não são da administração, portanto as alternativas "b" e "e" estão excluídas. A alternativa "a" também está incorreta, pois a existência de seguro não é a razão primária para a denegação do pedido, mas o fato de se tratar de empreitada integral. **WG**
Gabarito "D".

(Delegado – PC/BA – 2018 – VUNESP) Após publicar edital de licitação a fim de contratar empresa para a construção de uma delegacia policial, a autoridade administrativa verifica a existência de um erro na descrição do projeto básico, que afeta, de maneira significativa e inquestionável, a estimativa de custos dos licitantes e a formulação das propostas a serem apresentadas. Nesse caso, a autoridade deverá

(A) anular a licitação, pois não é possível modificar um edital já publicado, devendo iniciar um novo procedimento licitatório.

(B) alterar o edital, divulgando a modificação pela mesma forma que se deu o texto original, reabrindo o prazo inicialmente estabelecido para a apresentação das propostas.

(C) alterar o edital, divulgando a modificação por meio eletrônico em razão do princípio da eficiência, mantendo o prazo inicialmente estabelecido para a apresentação das propostas.

(D) revogar a licitação, modificar o edital e, após, retomar o procedimento licitatório, com a publicação das modificações efetuadas e a reabertura do prazo para apresentação das propostas.

(E) alterar o edital, publicando a modificação no Diário Oficial, mantendo o prazo inicialmente estabelecido para a apresentação das propostas.

A. Incorreta. A anulação da licitação deve ocorrer no caso de uma ilegalidade insanável (art. 71, III, Lei 14.133/21). **B.** Correta. O art. 55, § 1º, da Lei 14.133/21 estabelece que "Eventuais modificações no edital implicarão nova divulgação na mesma forma de sua divulgação inicial, além do cumprimento dos mesmos prazos dos atos e procedimentos originais, exceto quando a alteração não comprometer a formulação das propostas". **C.** Incorreta. No caso da modificação do edital, a nova divulgação deverá se dar na mesma forma de sua divulgação inicial. **D.** Incorreta. A revogação da licitação deve ocorrer por motivo de

conveniência e oportunidade (art. 71, II, Lei 14.133/21) **E.** Incorreta. No caso da modificação do edital, a nova divulgação deverá se dar na mesma forma de sua divulgação inicial. **FC**
Gabarito "B".

(Juiz de Direito – TJ/RS – 2018 – VUNESP) Um determinado Estado celebrou contrato, precedido de licitação, com a empresa RS Ltda., tendo por objeto a execução de reforma de edifício público. Durante a execução do contrato, sobreveio determinação legal para adaptação do imóvel, de forma a torná-lo acessível às pessoas com deficiência, havendo necessidade de modificar o projeto licitado. Ao adequar o projeto, o Estado constatou aumento do valor orçado em R$ 5.000.000,00 (cinco milhões de reais), montante equivalente a 50% do valor original do contrato. Nesse caso, é correto afirmar que o contrato deverá ser

(A) rescindido amigavelmente, por motivo de força maior caracterizada pela verificação técnica de inaplicabilidade dos termos contratuais originários, sendo devidas ao contratado as parcelas da obra já executadas até a data da rescisão, além de pagamento do custo de desmobilização.

(B) modificado para reajustar os preços previstos de acordo com o novo projeto adaptado, já que, nos termos da lei, o contratado é obrigado a aceitar o acréscimo na obra de reforma até o limite de 50% do valor original ajustado.

(C) modificado para adequação técnica do projeto e correspondente restabelecimento do equilíbrio econômico financeiro inicial ajustado.

(D) revogado por razão de interesse público decorrente de fato superveniente devidamente comprovado, sendo devida indenização ao contratado, além do pagamento pelas parcelas já executadas.

(E) rescindido unilateralmente pelo Estado, em razão da superveniência de fato novo, a justificar relicitação do projeto adequado, sendo devidas ao contratado as parcelas da obra já executadas.

O caso em tela diz respeito a uma hipótese de alteração do contrato em virtude de um fato do príncipe (determinação legal para adaptação do imóvel para pessoas com deficiência). Assim, não se trata de alteração unilateral do contrato, como o enunciado tenta confundir o candidato, mas hipótese de alteração do contrato por acordo entre as partes, nos termos do art. 124, II, d, da Lei 14.133/21: "Art. 124. Os contratos regidos por esta Lei poderão ser alterados, com as devidas justificativas, nos seguintes casos: II – por acordo entre as partes: d) para restabelecer o equilíbrio econômico-financeiro inicial do contrato em caso de força maior, caso fortuito ou fato do príncipe ou em decorrência de fatos imprevisíveis ou previsíveis de consequências incalculáveis, que inviabilizem a execução do contrato tal como pactuado, respeitada, em qualquer caso, a repartição objetiva de risco estabelecida no contrato". **A:** Incorreta. Não se trata de extinção do contrato, e sim de alteração por acordo entre as partes. **B:** Incorreta. No caso do acordo entre as partes, não se aplica o limite de 50%. **C:** Correta, nos termos do art. 124, II, d, Lei 14.133/21. **D:** Incorreta. Não se trata de hipótese de revogação. **E:** Incorreta. Não se trata de extinção unilateral do contrato. **FC**
Gabarito "C".

(Procurador – IPSMI/SP – VUNESP – 2016 - ADAPTADA) Sobre os contratos administrativos, assinale a alternativa correta.

(A) A duração dos contratos regidos por esta Lei será a prevista em edital, e deverão ser observadas, no momento da contratação e a cada exercício financeiro, a disponibilidade de créditos orçamentários, bem como a previsão no plano plurianual, quando ultrapassar 1 (um) exercício financeiro.

(B) Por se tratar de garantia do contratado, a invocação do equilíbrio econômico-financeiro não pode ser realizada pela Administração para revisar o contrato administrativo.

(C) O fato do príncipe é o fato praticado pela Administração que repercute direta e exclusivamente sobre o contrato administrativo.

(D) É permitido a qualquer licitante o conhecimento dos termos do contrato e do respectivo processo licitatório e, a qualquer interessado, a obtenção de cópia autenticada de forma gratuita.

A: Correta. É a previsão do art. 105 da Lei 14.133/21. **B:** Incorreta. O art. 130 da Lei 14.133/21 prevê que "Art. 130. Caso haja alteração unilateral do contrato que aumente ou diminua os encargos do contratado, a Administração deverá restabelecer, no mesmo termo aditivo, o equilíbrio econômico-financeiro inicial". **C:** Incorreta. O Fato do Príncipe é uma atuação do Estado, que não tem relação direta com o contrato, mas acaba gerando consequências ao contrato. **D:** Incorreta. Não existe previsão nesse sentido na Lei 14.133/21. FC

Gabarito "A".

12. SERVIÇOS PÚBLICOS

12.1. CONCEITO, CARACTERÍSTICAS PRINCIPAIS, CLASSIFICAÇÃO E PRINCÍPIOS

(Juiz de Direito – TJ/RJ – 2019 – VUNESP) A respeito da Lei 13.460/2017, que dispõe sobre participação, proteção e defesa dos direitos dos usuários dos serviços públicos da administração pública, é correto afirmar que

(A) não se aplica à Advocacia Pública, Ministério Público e Tribunais de Contas, órgãos que desempenham atividade administrativa de meio.

(B) não se aplica aos serviços públicos prestados pelas Forças Armadas e por militares dos Estados e do Distrito Federal.

(C) se aplica também à atividade administrativa prestada pelos Poderes Judiciário e Legislativo, conforme disposto no artigo 37 da Constituição Federal.

(D) afasta a aplicabilidade de normas estaduais que dispõem de forma diferente sobre a mesma matéria, bem como do Código de Defesa do Consumidor.

(E) não se aplica aos serviços públicos prestados indiretamente, mediante parceria público-privada, sujeitos a regulamentação específica do edital de licitação e contrato de concessão ou permissão.

A: incorreta (a Advocacia Pública está submetida aos ditames da Lei 13.460/2017, cf. dispõe o seu art. 2º, inc. III); **B:** incorreta (encontram-se ao alcance da lei a função exercida pelos agentes públicos civis e militares, cf. art. 2º, inc. IV); **D:** incorreta (a aplicação da Lei 13.460/2017 não afasta a necessidade de cumprimento do disposto no Código de Defesa do Consumidor, cf. art. 1º, § 2º, inc. II, da lei); **E:** incorreta (a Lei 13.460/2007 aplica-se aos serviços públicas prestados indiretamente, cf. art. 2º, inc. II, do diploma). RB

Gabarito "C".

(Investigador – PC/BA – 2018 –VUNESP) Os serviços públicos que, por sua natureza ou pelo fato de assim dispor o ordenamento jurídico, comportam ser executados pelo Estado ou por particulares colaboradores, são classificados como

(A) coletivos.

(B) singulares.

(C) delegáveis.

(D) indelegáveis.

(E) sociais.

A: incorreta. Serviços públicos coletivos, também conhecidos como serviços públicos "uti universi" ou gerais, são aqueles em que a Administração Pública presta sem ter usuários determinados, para atender à coletividade me geral. É o caso do calçamento, da polícia, etc. Satisfazem indiscriminadamente a população; **B:** incorreta. Serviços públicos singulares, "uti singuli" ou individuais são os que têm usuários determinados e utilização particular e mensurável para cada destinatário, como os serviços de água, energia elétrica, etc.; **C:** correta. São os serviços públicos passíveis de delegação ou outorga por parte do Estado, ou seja, para os quais a lei não determina a execução do serviço público pelo Estado; **D:** incorreta. Serviços públicos indelegáveis são aqueles que, a par de serem de titularidade do Estado, por previsão legal não podem ter sua execução outorgada a outro ente público ou delegada a particular; **E:** incorreta. São serviços que visam a atender necessidades essenciais da coletividade em que há atuação da iniciativa privada ao lado da atuação do Estado. FB

Gabarito "C".

12.2. CONCESSÃO DE SERVIÇO PÚBLICO

(Procurador – PGE/SP – 2024 –VUNESP) A respeito do tratamento que a Constituição dá ao tema dos serviços públicos, o Supremo Tribunal Federal, por decisão proferida em sede de controle concentrado de constitucionalidade, fixou ser

(A) constitucional legislação federal que estabelece gratuidade do direito de passagem para instalação de infraestrutura de telecomunicações em faixas de domínio e bens públicos de uso do povo, ainda que de titularidade de outros entes federativos.

(B) constitucional legislação estadual que confere ao Governador do Estado o poder de isentar tarifas de energia elétrica aos usuários que tenham sido afetados por calamidades públicas.

(C) constitucional legislação estadual que obrigue as concessionárias de serviços públicos de fornecimento de água a oferecer aos consumidores a opção de pagamento da dívida por cartão de crédito ou débito, antes da suspensão do serviço.

(D) inconstitucional a constituição de fundação pública de direito privado para a prestação de serviço público de saúde.

(E) inconstitucional a transferência da concessão, prevista no artigo 27 da Lei nº 8.987/1995, visto que o instituto viola o princípio da licitação e a natureza *intuitu personae* desse contrato.

A: correta, nos termos da decisão proferida na ADI 6482, na qual o Supremo Tribunal Federal declarou a constitucionalidade da dispensa das concessionárias de serviços de telefonia e TV a cabo de contraprestação pelo uso de locais públicos para instalação de infraestrutura e redes de telecomunicações, sob o argumento de que a matéria se insere no âmbito da competência privativa da União para legislar sobre telecomunicações e tem inequívoco interesse público geral, pois busca uniformizar a implantação nacional do sistema de telecomunicações e promover a democratização do acesso à tecnologia. **B:** incorreta, pois, na ADI 7337, o Supremo Tribunal Federal declarou a inconstitucionalidade de uma lei mineira, que permitia ao governador conceder isenção de tarifa de energia elétrica a consumidores residenciais, industriais e comerciais atingidos por enchentes no estado. **C:** incorreta, pois, na ADI 7405, o Supremo Tribunal Federal invalidou dispositivo de lei do Estado do Mato Grosso que obriga as concessionárias de fornecimento

6. DIREITO ADMINISTRATIVO 277

de água a oferecer opção de pagamento da fatura por cartão de débito ou crédito antes da suspensão do serviço. **D:** incorreta, pois, na ADI 4197, o Supremo Tribunal Federal considerou constitucional a constituição de fundação pública de direito privado para a prestação de serviço público de saúde. **E:** incorreta, pois, na ADI 2946, o Supremo Tribunal Federal (STF) decidiu que não é necessária a realização de licitação prévia para transferência de concessão ou do controle societário da concessionária de serviços públicos. WG

Gabarito "A".

(Advogado – Pref. São Roque/SP – 2020 – VUNESP) Suponha que a Administração celebrou um contrato de concessão de rodovias com empresa privada, que tem como objeto conferir ao concessionário o encargo de implantar melhorias e conservar o espaço, em contrapartida do recebimento de pedágio cobrado dos usuários. A Administração conferiu ao particular, ainda, a posse de três terrenos localizados nas margens das rodovias, espaço em que poderá ser exercida atividade comercial.

Considerando a situação hipotética e o disposto na Lei 8.987/95, assinale a alternativa correta.

(A) O contrato de concessão não pode albergar a cessão de bem público para a exploração comercial, por se tratar de atividade estranha ao serviço público.

(B) Na hipótese de o concessionário executar uma obra prevista no contrato de concessão, cujo resultado seja enquadrado no contrato como bem reversível, a Administração deverá desapropriar o bem caso tenha interesse em assumir a propriedade após o fim do contrato.

(C) A prorrogação do contrato não poderá ser utilizada como instrumento de reequilíbrio econômico-financeiro, pois é indispensável que eventual desequilíbrio em prejuízo ao contratado seja ajustado por meio de modificação da tarifa.

(D) A Administração pode, com autorização em decreto, retomar o serviço por meio de encampação, que deverá ser realizada após prévio pagamento de indenização.

(E) A Administração poderá rescindir o contrato unilateralmente por culpa do parceiro privado, hipótese em que deverá indenizar o parceiro pela parcela dos investimentos vinculados a bens reversíveis ainda não amortizados, descontados multas e danos causados pela concessionária.

A: incorreta (cf. art. 11 da Lei 8.987/1995, o contrato de concessão pode prever em favor da concessionária outras fontes de receitas alternativas, além da tarifa paga pelo usuário); **B:** incorreta (extinta a concessão, passam ao domínio da Administração os bens reversíveis, nos termos do art. 35, § 1º, da Lei 8.987/1995; assim, não se faz necessária a instauração pelo poder concedente de procedimento de desapropriação); **C:** incorreta (o reequilíbrio econômico-financeiro pode ser efetivado por diversos modos, como a modificação da tarifa e a própria prorrogação do contrato); **D:** incorreta (a encampação depende de autorização por lei, cf. art. 37 da Lei 8.987/1995); **E:** correta (trata-se de hipótese de caducidade do contrato de concessão, cujo pagamento de indenização está previsto no art. 38, § 5º, da Lei 8.987/1995). RB

Gabarito "E".

(Juiz de Direito – TJ/RJ – 2019 – VUNESP) A respeito da concessão ou permissão de serviços públicos, assinale a alternativa correta.

(A) Admite-se a rescisão amigável de contratos de concessão comum ou patrocinada, por razões de interesse público, de alta relevância e amplo conhecimento,

justificadas pela máxima autoridade do ente contratante, mediante homologação judicial.

(B) Incumbe ao Poder Concedente declarar de utilidade pública os bens necessários à execução do serviço ou obra pública e promover diretamente as desapropriações, cabendo à concessionária responsabilizar-se pelas indenizações decorrentes.

(C) A sustentabilidade financeira e vantagens socioeconômicas dos projetos constituem diretriz de contratação de parcerias público-privadas.

(D) A transferência de concessão ou do controle societário da concessionária sem prévia anuência do Poder Concedente implicará a encampação da concessão.

(E) Antes da celebração do contrato, deverá ser constituída sociedade de propósito específico, vedada a aquisição da maioria do seu capital votante pelo ente contratante ou por instituição financeira controlada pelo Poder Público, em qualquer caso.

A: incorreta (a extinção do contrato de concessão por razões de interesse público caracteriza encampação, que independe de homologação judicial); **B:** incorreta (nos termos do art. 29, inc. VIII, da Lei 8.987/1995, incumbe ao poder concedente declarar de utilidade pública os bens necessários à execução do serviço ou obra pública, promovendo as desapropriações, diretamente ou mediante outorga de poderes à concessionária, caso em que será desta a responsabilidade pelas indenizações cabíveis); **C:** certa (cf. art. 4º, inc. VII, da Lei 11.079/2004); **D:** incorreta (a transferência de concessão ou do controle societário da concessionária sem prévia anuência do poder concedente implicará *caducidade* da concessão, cf. art. 27 da Lei 8.987/1995); **E:** incorreta (a constituição de sociedade de propósito específico é obrigatória para a celebração de contrato de concessão na modalidade de parceria público-privada, cf. art. 9º, "caput", da Lei 11.079/2004; ademais, embora vedado à Administração Pública ser titular da maioria do capital votante de tais sociedades, cabível a aquisição da maioria de seu capital votante por instituição financeira controlada pelo Poder Público em caso de inadimplemento de contratos de financiamento). RB

Gabarito "C".

12.3. PARCERIAS PÚBLICO-PRIVADAS (PPP)

(Juiz – TJ/SP – VUNESP – 2015) Quanto às parcerias público-privadas em sentido estrito, é correto afirmar que

(A) é vedado que numa PPP o particular receba recursos públicos a qualquer título que não seja de financiamento por instituição financeira, antes de iniciar a prestação dos serviços objeto da PPP.

(B) a contratação de parcerias público-privadas será precedida de licitação devendo o contrato ser adjudicado à empresa ou ao consórcio de empresas que se sagrou vencedor do certame, vedado que o objeto da parceria seja cometido a pessoa jurídica distinta dos adjudicatários.

(C) se inclui entre as cláusulas necessárias dos contratos de PPP a que contenha as penalidades aplicáveis à Administração Pública.

(D) elas só podem ter por objeto a prestação de serviços públicos divisíveis de que a Administração seja usuária direta ou indireta, ainda que envolva a execução de obra.

A: Incorreta. O art. 6º, § 2º da Lei 11.079/2004 estabelece que "o contrato poderá prever o aporte de recursos em favor do parceiro privado para a realização de obras e aquisição de bens reversíveis, nos termos dos incisos X e XI do *caput* do art. 18 da Lei nº 8.987, de 13 de fevereiro de 1995, desde que autorizado no edital de licitação, se contratos novos, ou em lei específica, se contratos celebrados até 8 de agosto de 2012". Assim, é possível que o parceiro privado receba recursos antes de iniciar a prestação dos serviços objeto da PPP. **B**: Incorreta. O art. 9º da Lei 11.079/04 estabelece a constituição de sociedade de propósitos específicos antes da celebração do contrato, que ficará responsável por gerir o objeto da parceria. **C**: Correta. Trata-se de exigência constante do art. 5º, II, da Lei 11.079/1950. **D**: Incorreta. Apenas no caso da concessão administrativa é que a Administração deve ser a usuária direta ou indireta do serviço (art. 2º, § 2º, Lei 11.079/04). FC

Gabarito "C".

12.4 CONSÓRCIO PÚBLICO

(Advogado – Pref. São Roque/SP – 2020 – VUNESP) Suponha que municípios limítrofes, com o objetivo de conferir viabilidade econômica a projeto de Parceria Público-Privada (PPP) destinado a aprimorar o sistema de iluminação pública das cidades, celebrem contrato de consórcio público a fim de permitir a gestão associada do serviço. A celebração do contrato resultou na criação de uma associação pública.

Considerando a situação hipotética e o disposto na Lei 11.107/05, assinale a alternativa correta.

(A) Não poderá ser conferida à associação pública a competência para a celebração do contrato de PPP, por se tratar de entidade dotada de personalidade jurídica de direito privado.

(B) O contrato de consórcio pode prever a cessão de móveis dos municípios à associação pública, por força da gestão associada do serviço.

(C) A associação pública apenas integrará a Administração Indireta do município que for responsável pela gestão do consórcio.

(D) O consórcio público somente poderia ser constituído quando o protocolo de intenções esteja ratificado por lei por todos os Municípios subscritores do contrato.

(E) Extinto o consórcio, perderá eficácia o contrato de programa que contenha autorização para a realização de despesas relacionadas à gestão associada do serviço.

A: incorreta (a associação pública constitui um consórcio público com personalidade jurídica de direito público, cf. art. 6º, inc. I, da Lei 11.107/2005; além disso, para o cumprimento de seus objetivos, o consórcio pode firmar contratos, inclusive de PPP); **B**: correta (cf. art. 4º, § 3º, da lei dos consórcios públicos); **C**: incorreta (a associação pública integra a administração indireta de todos os entes da Federação consorciados, cf. art. 6º, § 1º, da Lei 11.107/2005); **D**: incorreta (o consórcio público pode ser constituído por apenas uma parcela dos entes da Federação que subscrevem o protocolo de intenções, cf. art. 5º, § 1º, da lei); **E**: incorreta (o contrato de programa continua vigente mesmo quando extinto o consórcio público que autorizou a gestão associada de serviços públicos, cf. 13, § 4º, da Lei 11.107/2005). RB

Gabarito "B".

(Juiz de Direito – TJ/RS – 2018 – VUNESP) Pelas obrigações assumidas por consórcio público:

(A) nos termos da lei, respondem solidariamente os entes públicos consorciados, observadas as disposições do seu estatuto.

(B) responde subsidiariamente o ente público líder do consórcio.

(C) respondem pessoal e subsidiariamente os agentes públicos incumbidos da gestão do consórcio, observadas as disposições do seu estatuto.

(D) respondem subsidiariamente os entes públicos consorciados.

(E) nos termos da lei, respondem pessoal e solidariamente os agentes públicos incumbidos da gestão do consórcio, observadas as disposições do seu estatuto.

O Decreto 6.017/2007, que regulamenta a Lei 11.107/2005, estabelece no art. 9º que "os entes da Federação consorciados respondem subsidiariamente pelas obrigações do consórcio público. Parágrafo único. Os dirigentes do consórcio público responderão pessoalmente pelas obrigações por ele contraídas caso pratiquem atos em desconformidade com a lei, os estatutos ou decisão da assembleia geral". FC

Gabarito "D".

(Procurador do Estado/SP – 2018 – VUNESP) Consórcio público, formado por alguns dos Municípios integrantes de Região Metropolitana e por outros Municípios limítrofes, elaborou plano de outorga onerosa do serviço público de transporte coletivo de passageiros sobre pneus, abrangendo o território do Consórcio. Pretende, agora, abrir licitação para conceder o serviço. Essa pretensão é juridicamente

(A) questionável, porque, de acordo com a jurisprudência do Supremo Tribunal Federal, o planejamento, a gestão e a execução das funções de interesse comum em Regiões Metropolitanas são de competência do Estado e dos Municípios que a integram, conjuntamente.

(B) questionável, porque o consórcio descrito sequer poderia ter sido constituído sem a participação do Estado em cujo território se encontram os Municípios agrupados.

(C) viável, vez que consórcios públicos podem outorgar concessão, permissão ou autorização de serviços públicos, ainda que a delegação desse serviço específico não esteja expressamente prevista no contrato de consórcio público.

(D) viável, porque o consórcio regularmente constituído possui personalidade jurídica própria e é titular, com exclusividade, dos serviços públicos que abrangem a área territorial comum.

(E) viável, porque o desenvolvimento urbano integrado constitui instrumento de governança interfederativa e determina que o planejamento, a gestão e a execução das funções públicas de interesse comum sejam conjuntos.

Quando se trata de Região Metropolitana tem-se uma conurbação, o que torna os interesses interpenetrados, em que não se percebe mais onde termina um Município e começa outra, de modo que o chamado interesse predominantemente local perde espaço para o interesse regional. Segundo o STF na ADI 1.842, faz-se necessário ter uma integração entre os Municípios, Município-Polo e Estado-membro, com o fim de viabilizar a organização, execução e planejamento das funções públicas de interesse comum. O STF esclareceu que deve ser criado um órgão colegiado em cada região metropolitana, de acordo com as peculiaridades de cada regionalidade, com a participação dos interessados (Estado e Municípios), sendo que não pode haver concentração de poder decisório nas mãos de apenas um (poder de homologação), vedado o predomínio absoluto de um ente sobre os demais. Restou clara, portanto, a posição do STF para que não ocorra o prevalecimento ou sobreposição do interesse de um determinado ente federativo sobre a decisão ou interesse dos demais entes da Federação. Ora, não é, portanto, o caso de constituição de um consórcio do qual nem ao menos fazem parte todos os integrantes da região metropolitana, pois nesse caso o interesse de alguns entes estaria se sobrepondo ao de outros. FB

Gabarito "A".

6. DIREITO ADMINISTRATIVO 279

13. PROCESSO ADMINISTRATIVO

(Procurador – PGE/SP – 2024 – VUNESP) A Lei estadual de Processos Administrativos (Lei nº 10.177/1998) determina que

(A) o descumprimento injustificado, pela Administração, dos prazos previstos na lei gera responsabilidade disciplinar, imputável aos agentes públicos encarregados do assunto e a nulidade do procedimento em que ocorreu o atraso.

(B) os procedimentos sancionatórios serão acessíveis a qualquer pessoa que demonstre legítimo interesse.

(C) a instância máxima para conhecer do recurso administrativo, no caso da Administração descentralizada, será o Secretário de Estado a que esteja vinculada a pessoa jurídica.

(D) a Administração anulará seus atos inválidos, de ofício ou por provocação de pessoa interessada, ainda que deles não resulte qualquer prejuízo.

(E) o interessado poderá considerar deferido o requerimento na esfera administrativa, se ultrapassado o prazo legal sem decisão da autoridade competente, salvo previsão legal ou regulamentar em contrário.

A: Incorreto. O art. 90, *caput*, da Lei nº 10.177/1998, que regula o Processo Administrativo no Estado de São Paulo, não prevê a nulidade do procedimento por descumprimento de prazos pela Administração, mas sim a responsabilidade dos agentes públicos. **B:** Correto. Nos termos do art. 37 da Lei nº 10.177/1998, todo aquele que for afetado por decisão administrativa poderá dela recorrer, em defesa de interesse ou direito. Em relação a decisões administrativas que importem em sanções, o interessado tem inclusive o direito a um processo sancionatório com ampla defesa antes que a administração aplique essa sanção administrativa (art. 62 da Lei nº 10.177/1998). **C:** Incorreto. De acordo com a Lei nº 10.177/1998, a instância máxima para o recurso administrativo é o Secretário de Estado somente no âmbito da administração *centralizada* (art. 40, I). No âmbito da administração descentralizada (por exemplo, das autarquias), a instância máxima é o dirigente superior da pessoa jurídica (art. 40, II). **D:** Incorreto. A Lei nº 10.177/1998, em seu Art. 10, prevê que a Administração pode anular seus atos inválidos de ofício ou mediante provocação da pessoa interessada, mas somente quando da irregularidade resultar algum prejuízo. **E:** Incorreto. Nos termos Lei nº 10.177/1998 o que ocorre é justamente o contrário, ou seja, ultrapassado o prazo da administração para decidir, o interessado poderá considerar o seu requerimento administrativo ou o seu recurso rejeitados (arts. 33, § 1º, e 50, *caput*). WG

Gabarito "B".

(Juiz de Direito – TJ/RJ – 2019 – VUNESP) De acordo com a Lei do Processo Administrativo do Estado do Rio de Janeiro (Lei 5.427/2009), uma decisão proferida em processo administrativo poderá ter efeito normativo e vinculante para os órgãos e entidades da Administração Pública estadual se assim determinar o Governador do Estado em despacho motivado, publicado no Diário Oficial, após oitiva da Procuradoria Geral do Estado.

Referida disposição legal é

(A) concretização do princípio da supremacia do interesse público sobre o privado.

(B) exemplo de exercício de competência vinculada da autoridade administrativa.

(C) manifestação do poder regulamentar do legislador constitucional.

(D) expressão do poder disciplinar do Chefe do Poder Executivo.

(E) decorrência do poder hierárquico do Chefe do Poder Executivo.

O poder hierárquico é aquele pelo qual a Administração Pública comanda a atuação de seus agentes, haja vista a relação de subordinação. Assim, ao determinar que determinada decisão tenha efeito vinculante para os órgãos e entidades da Administração, o Governador exerce a sua prerrogativa de hierarca. RB

Gabarito "E".

(Procurador do Estado/SP – 2018 – VUNESP) Oito anos após a publicação da decisão em processo administrativo de caráter ampliativo de direitos, o Poder Público estadual identificou, de ofício, vício procedimental do qual não decorreu prejuízo às partes envolvidas, nem a terceiros de boa-fé. Deverá a autoridade competente, observadas as disposições da Lei Estadual no 10.177/98 (Lei de Processo Administrativo do Estado de São Paulo),

(A) revogar, motivadamente, o ato viciado, com efeito ex nunc, regulando-se as relações jurídicas produzidas durante a vigência do ato.

(B) ajuizar ação declaratória de nulidade do ato administrativo, eis que ultrapassado o prazo decadencial quinquenal aplicável ao caso para exercício do poder de autotutela.

(C) convalidar, motivadamente, o ato viciado que não causou prejuízo à Administração ou a terceiros, tampouco foi objeto de impugnação.

(D) assegurando ampla defesa e contraditório aos particulares interessados, proceder à anulação do ato viciado, em respeito ao princípio da legalidade, sendo certo que o ato de anulação deverá produzir efeitos ex nunc.

(E) assegurando ampla defesa e contraditório dos particulares interessados, declarar nulo o ato viciado, em respeito aos princípios da juridicidade, impessoalidade e moralidade, sendo certo que o ato declaratório produzirá efeitos ex tunc.

Uma vez que o prazo de oito anos ainda não inviabilizou a convalidação (que deve ocorrer em até 10 anos), estabelece o art. 11 da Lei 10.177/1998 que: "a Administração poderá convalidar seus atos inválidos, quando a invalidade decorrer de vício de competência ou de ordem formal, desde que: I – na hipótese de vício de competência, a convalidação seja feita pela autoridade titulada para a prática do ato, e não se trate de competência indelegável; II – na hipótese de vício formal, este possa ser suprido de modo eficaz. § 1º – Não será admitida a convalidação quando dela resultar prejuízo à Administração ou a terceiros ou quando se tratar de ato impugnado. § 2º – A convalidação será sempre formalizada por ato motivado". FB

Gabarito "C".

14. CONTROLE DA ADMINISTRAÇÃO PÚBLICA

14.1. CONTROLE DO LEGISLATIVO, DO TRIBUNAL DE CONTAS E DO PODER JUDICIÁRIO

(Juiz de Direito – TJ/SP – 2023 – VUNESP) Discutiu-se, no contexto de elaboração da Lei nº 13.655/18 (LINDB) que visava alterar o Decreto-Lei nº 4.657/42, a necessidade de medidas legislativas para enfrentar o fenômeno chamado de "Administração Pública do Medo", que se caracteriza

(A) pelo agir da Administração, que, voltada ao atingimento de interesses públicos secundários, em detrimento dos interesses públicos primários, provoca nos cidadãos o receio de aplicação de penalidades abusivas e da cobrança exacerbada de tributos.

(B) por uma situação em que a aplicação indiscriminada de punições aos servidores públicos, resultantes de uma interpretação forçada do Direito Administrativo Sancionador, impeça, pelo receio criado junto a tais agentes públicos, o pleno exercício das atividades discricionárias.

(C) pela situação em que o administrador passa a ter receio de agir e manejar com segurança as oportunidades de atuação, mesmo adotando cautelas e providências que busquem assegurar a melhor conduta diante do contexto enfrentado, por conta do incremento de possibilidades de que venha a ser responsabilizado ou condenado por órgãos e sistemas de controle.

(D) pelo receio, tanto dos administrados como dos agentes públicos, de que os administradores, nomeados ou eleitos, venham a buscar a satisfação de interesses pessoais e econômicos privados, em detrimento da atuação que deles espera a Constituição e as leis, destinada à consecução do interesse público primário.

A: Incorreta. A Administração Pública deve sempre dar prioridade ao interesse público primário, e não ao interesse público secundário. **B:** Incorreta. Não se trata de aplicação indiscriminada de sanções a servidores, mas a falta de segurança do gestor em atuar. **C:** Correta. A chamada "Administração Pública do medo" ocorre quando o gestor público tem receio de tomar qualquer medida ou decisão, por medo de que venha a ser responsabilizado em algumas das formas de controle dos atos da Administração. **D:** Incorreta. Não se trata de receito de que os administradores atuem buscando interesses pessoais. **FC**

Gabarito "C".

(Investigador – PC/BA – 2018 – VUNESP) Segundo a Constituição Federal, a fiscalização contábil, financeira, orçamentária, operacional e patrimonial da Administração Direta e Indireta, quanto à legalidade, legitimidade, economicidade, aplicação das subvenções e renúncia de receitas, será efetuada, no âmbito federal, pelo

(A) controle externo, realizado pelo Congresso Nacional, com o auxílio do Supremo Tribunal Federal.

(B) controle interno, que deverá remeter suas conclusões para análise e ratificação do Tribunal de Contas da União.

(C) controle externo, realizado pelo Tribunal de Contas da União, com o auxílio do Congresso Nacional.

(D) controle interno de cada Poder, o que dispensa a necessidade de existência de um controle externo.

(E) controle externo, realizado pelo Congresso Nacional, com o auxílio do Tribunal de Contas da União.

Correta a alternativa E, nos termos do ar. 71 da CF/1988. **FB**

Gabarito "E".

(Juiz de Direito – TJ/RS – 2018 – VUNESP) Um Município, ao promover a reintegração de posse de área pública, observando os requisitos previstos em lei municipal, cadastrou as famílias que ocupavam irregularmente a área, a fim de conceder-lhes auxílio aluguel provisório. Nos termos do artigo 3º da Lei municipal, o valor do benefício é de R$ 300,00 (trezentos reais) por família, a ser transferido pelo período estimado de 24 (vinte e quatro) meses, prorrogáveis a critério do Chefe do Poder Executivo municipal. Associação das famílias instaladas na localidade, contudo, impetrou Mandado de Segurança e, liminarmente, pleiteou que o Município fosse compelido a efetuar pagamento de, pelo menos, R$ 500,00

(quinhentos reais) por família, valor que supostamente equivaleria ao valor médio de aluguel residencial em área próxima àquela objeto da reintegração. Nesse caso, à associação dos ocupantes da área pública

(A) não assiste razão porque, no caso, não é possível afirmar a existência de ilegalidade na atuação em concreto do Município.

(B) assiste razão, porque ao preestabelecer valor fixo a título de aluguel social, a lei municipal é inconstitucional por ferir os princípios da razoabilidade e proporcionalidade.

(C) assiste razão, devendo ser judicialmente garantida efetividade ao direito constitucional à moradia, independentemente da comprovação da veracidade e razoabilidade do valor do benefício pleiteado na ação mandamental.

(D) não assiste razão porque, de acordo com o princípio da separação dos poderes, não compete ao Poder Judiciário examinar a constitucionalidade de lei municipal produto do exercício de competência discricionária típica dos Poderes Executivo e Legislativo.

(E) não assiste razão porque a decisão quanto ao pagamento de benefício assistencial e respectivo valor deve decorrer de decisão do Poder Executivo municipal, fundada em critérios orçamentários, limitados pela reserva do possível, os quais não cabe ao Poder Judiciário perscrutar.

A questão tem como enfoque principal o tema dos limites de apreciação dos atos administrativos e legislativos pelo Poder Judiciário. Deveras, embora o Poder Judiciário possa analisar se uma determinada lei ou ainda um ato administrativo fere ou não o ordenamento jurídico como um todo, em especial em cotejo quanto ao que dispõe a Constituição e os princípios de direito, não pode ele substituir o legislador e determinar o *quantum* a ser pago a título de auxílio aluguel, pois isso seria invadir competência que não lhe cabe. **FB**

Gabarito "A".

(Procurador Municipal – Sertãozinho/SP – VUNESP – 2016) Julgar as contas dos administradores e demais responsáveis por dinheiros, bens e valores públicos da Administração direta e indireta, incluídas as fundações e sociedades instituídas e mantidas pelo Poder Público, e as contas daqueles que derem causa a perda, extravio ou outra irregularidade de que resulte prejuízo ao erário público é competência constitucionalmente atribuída ao

(A) Poder Judiciário de âmbito Estadual, aos juízes vinculados ao Tribunal de Justiça do respectivo Estado.

(B) Poder Judiciário de âmbito Federal, aos juízes vinculados ao Tribunal Regional Federal daquela Região.

(C) Tribunal de Contas que atue no âmbito daquele ente federativo.

(D) sistema de controle interno de cada Poder.

(E) controle externo a cargo do Poder Legislativo, que será exercido com o auxílio do Ministério Público.

A: Incorreta. O julgamento de contas do Poder Público cabe ao Tribunal de Contas, sendo essa competência expressa no art. 71, II, CF, e que é repetido por simetria nas Constituições Estaduais e Leis Orgânicas Municipais, em relação aos Tribunais e Conselhos de Contas Municipais. Trata-se, portanto, de competência dos Tribunais de Contas e não do Poder Judiciário. **B:** Incorreta. Vale aqui o mesmo argumento da alternativa A. **C:** Correta, conforme disposto no art. 71, II, CF, aplicado de forma simétrica aos Municípios. **D:** Incorreta. Nesse caso, temos

6. DIREITO ADMINISTRATIVO

um controle externo, feito pelo Congresso e auxiliado pelos Tribunais de Contas (art. 71, CF). **E:** Incorreta. O sistema é de controle externo e com auxílio dos Tribunais de Contas (art. 71, "caput", CF). 🅰🅦

Gabarito "C".

(Procurador Municipal – Sertãozinho/SP – VUNESP – 2016) Julgar as contas dos administradores e demais responsáveis por dinheiros, bens e valores públicos da Administração direta e indireta, incluídas as fundações e sociedades instituídas e mantidas pelo Poder Público, e as contas daqueles que derem causa a perda, extravio ou outra irregularidade de que resulte prejuízo ao erário público é competência constitucionalmente atribuída ao

(A) Poder Judiciário de âmbito Estadual, aos juízes vinculados ao Tribunal de Justiça do respectivo Estado.

(B) Poder Judiciário de âmbito Federal, aos juízes vinculados ao Tribunal Regional Federal daquela Região.

(C) Tribunal de Contas que atue no âmbito daquele ente federativo.

(D) sistema de controle interno de cada Poder.

(E) controle externo a cargo do Poder Legislativo, que será exercido com o auxílio do Ministério Público.

A: Incorreta. O julgamento de contas do Poder Público cabe ao Tribunal de Contas, sendo essa competência expressa no art. 71, II, CF, e que é repetido por simetria nas Constituições Estaduais e Leis Orgânicas Municipais, em relação aos Tribunais e Conselhos de Contas Municipais. Trata-se, portanto, de competência dos Tribunais de Contas e não do Poder Judiciário. **B:** Incorreta. Vale aqui o mesmo argumento da alternativa A. **C:** Correta, conforme disposto no art. 71, II, CF, aplicado de forma simétrica aos Municípios. **D:** Incorreta. Nesse caso, temos um controle externo, feito pelo Congresso e auxiliado pelos Tribunais de Contas (art. 71, CF). **E:** Incorreta. O sistema é de controle externo e com auxílio dos Tribunais de Contas (art. 71, "caput", CF). 🅰🅦

Gabarito "C".

15. LEI ANTICORRUPÇÃO

(Defensor Público/RO – 2017 – VUNESP) A autoridade máxima de cada órgão ou entidade pública poderá celebrar acordo de leniência com as pessoas jurídicas responsáveis pela prática dos atos previstos na Lei Anticorrupção que colaborem efetivamente com as investigações e o processo administrativo, o qual

(A) isentará a pessoa jurídica da sanção relativa à publicação extraordinária de decisão condenatória e reduzirá em até 50% (cinquenta por cento) o valor da multa aplicável.

(B) isentará a pessoa jurídica da proibição de receber incentivos, subsídios, subvenções, doações ou empréstimos de órgãos ou entidades públicas pelo prazo mínimo de 1 (um) e máximo de 5 (cinco) anos.

(C) não beneficiará as pessoas jurídicas que integram o mesmo grupo econômico.

(D) não interfere no curso do prazo prescricional dos atos ilícitos previstos na referida lei.

(E) deverá ser cumprido sob pena de impedimento da celebração de novo acordo pela pessoa jurídica, pelo prazo de 03 (três) anos contados da pactuação do primeiro.

Para fazer jus aos benefícios do acordo de leniência, a lei exige que as pessoas jurídicas responsáveis pela prática dos atos previstos na Lei Anticorrupção: a) cessem a prática da irregularidade investigada; b) admitam a participação na infração; c) cooperem com as investi-

gações e d) forneçam informações que comprovem a infração. Uma vez cumpridos esses requisitos com sucesso, os possíveis benefícios são a isenção da obrigatoriedade de publicar a punição; isenção da proibição de receber do Governo Federal incentivos, subsídios e empréstimos; redução da multa em até 2/3 e isenção ou atenuação da proibição de contratar com a Administração Pública – art. 16 § 2º da Lei 12.846/2013. 🅵🅱

Gabarito "B".

(Juiz de Direito – TJM/SP – VUNESP – 2016) Com base na Lei Anticorrupção, é correto afirmar que

(A) na esfera administrativa, serão aplicadas às pessoas jurídicas consideradas responsáveis pelos atos lesivos, multa de até 20% (vinte por cento) do faturamento bruto do último exercício anterior ao da instauração do processo administrativo, em substituição à obrigação de reparar os danos.

(B) a Advocacia Geral da União – AGU é o órgão competente para celebrar os acordos de leniência no âmbito do Poder Executivo federal, bem como no caso de atos lesivos praticados contra a Administração Pública estrangeira.

(C) constitui ato lesivo à Administração Pública, nacional ou estrangeira, aquele praticado por sociedade empresária que, comprovadamente, utilizar-se de interposta pessoa física ou jurídica para ocultar ou dissimular seus reais interesses ou a identidade dos beneficiários dos atos praticados.

(D) a responsabilização da pessoa jurídica exclui a responsabilidade individual de seus dirigentes ou administradores, exceto em relação aos ilícitos penais, pelos quais responderão na medida da sua culpabilidade.

(E) as pessoas jurídicas serão responsabilizadas objetivamente, nos âmbitos administrativo, civil e criminal, pelos atos lesivos previstos nessa Lei, praticados em seu interesse ou benefício, exclusivo ou não.

A: Incorreta. O art. 6º, I, § 3º, da Lei 12.846/2013 determina multa de 0,1% a 20% do faturamento bruto, e não somente de 20%, como determina a assertiva. **B:** Incorreta. O art. 16, § 10, da Lei Anticorrupção determina ser competência da Controladoria Geral da União a celebração de acordos de leniência. **C:** Correta. O art. 5º, III, da Lei 12.846/2013 determina que: "Constituem atos lesivos à administração pública, nacional ou estrangeira, para os fins desta Lei (...) III – comprovadamente, utilizar-se de interposta pessoa física ou jurídica para ocultar ou dissimular seus reais interesses ou a identidade dos beneficiários dos atos praticados. **D:** Incorreta. A responsabilização de pessoa jurídica não exclui a responsabilidade de seus dirigentes (art. 3º, da Lei Anticorrupção). **E:** Incorreta. A responsabilidade é objetiva somente no âmbito administrativo e civil (art. 2º, da Lei 12.846/2013). 🅰🅦

Gabarito "C".

(Juiz – TJ/RJ – VUNESP – 2016) Considere a seguinte situação hipotética. Empresa privada V acaba de vencer pregão para fornecimento de câmeras de videomonitoramento para colocação em todas as viaturas das polícias civil e militar do Estado do Rio de Janeiro. Um dos sócios da Empresa V procura o Secretário Estadual de Segurança Pública e lhe propõe que faça um aditivo de 25% ao valor do contrato. Em troca, a empresa V repassaria 5% de tudo que fosse pago a título do aditivo ao Secretário Estadual. Diante da oferta, o Secretário dá voz de prisão ao sócio da Empresa V e aciona a autoridade policial, para lavratura do flagrante. Tomadas as medidas criminais cabíveis, em relação à aplicação da Lei Federal 12.846/2013 – Lei Anticorrupção, é correto afirmar que

(A) a responsabilidade administrativa é cumulada com a judicial, assim, o Estado do Rio de Janeiro, por meio da respectiva Advocacia Pública, o Ministério Público, ou ainda, a Controladoria Geral da União, poderá ajuizar a ação de responsabilização judicial, que observará o rito da Ação Civil Pública, culminando com a sanção dentre outras, da dissolução da pessoa jurídica "Empresa V".

(B) considerando a necessidade de identificação dos envolvidos na infração, e a obtenção de informações e documentos que comprovem o ilícito no Processo Administrativo de Responsabilização, o Secretário Estadual poderá celebrar acordo de leniência com a "Empresa V" para que esta colabore efetivamente com as investigações, e se isto ocorrer, a Administração poderá eximir a pessoa jurídica (Empresa V) da obrigação de reparar integralmente o dano causado.

(C) a oferta de vantagem indevida a agente público é suficiente para caracterizar ato lesivo à Administração Pública, passível de responsabilização objetiva administrativa da pessoa jurídica "Empresa V", sendo aplicável, como sanção no âmbito do Processo Administrativo de Responsabilização, a proibição de receber incentivos, subsídios, subvenções, doações ou empréstimos de órgãos ou entidades públicas e de instituições financeiras públicas ou controladas pelo poder público, pelo prazo mínimo de 1 (um) e máximo de 5 (cinco) anos.

(D) a mera oferta de vantagem indevida a agente público não é suficiente para caracterizar ato lesivo à Administração Pública, passível de responsabilização objetiva administrativa da pessoa jurídica "Empresa V", sendo necessário que, no caso concreto, ao menos houvesse assinatura do aditivo contratual, a fim de que pudesse ser imposta à "Empresa V", como sanção administrativa, a suspensão ou interdição parcial de suas atividades.

(E) a oferta de vantagem indevida a agente público é suficiente para caracterizar ato lesivo à Administração Pública, passível de responsabilização objetiva administrativa da pessoa jurídica "Empresa V", sendo aplicáveis, como sanções no âmbito do Processo Administrativo de Responsabilização, multa de 0,1% a 20% do faturamento bruto do último exercício anterior ao da instauração do processo administrativo, excluídos os tributos, a qual nunca será inferior à vantagem auferida, quando for possível sua estimação, e publicação extraordinária da decisão condenatória.

A: Incorreta. A Controladoria Gerald a União não é legitimada para propor ação judicial, conforme disposto no art. 19, da Lei Anticorrupção, sendo o Ministério Público e Advocacia Pública. **B:** Incorreta. O acordo de leniência não exime a pessoa jurídica de reparar o dano, conforme disposto no art. 16, § 3º, da Lei 12.846/2013. **C:** Incorreta. O art. art. 19, IV, da Lei Anticorrupção determina que a sanção de proibição de receber incentivos, subsídios e subvenções do Poder Público é uma penalidade judicial, e não administrativa, como consta da assertiva. **D:** Incorreta. A interdição das atividades da empresa é uma sanção judicial, e não administrativa, como afirmado na assertiva e a mera oferta de vantagem indevida é suficiente para caracterizar o delito. **E:**

Correta. Trata-se do disposto no art. 6º, quanto à sanção administrativa, e no art. 19, quanto à sanção judicial, ambos da Lei 12.846/2013. **AW**

Gabarito "E".

(Juiz – TJ/MS – VUNESP – 2015) Suponha a seguinte situação hipotética: grupo de empresários, interessados em obra de grande vulto, cuja licitação será realizada pelo Estado do Mato Grosso do Sul, decidem realizar ajuste prévio dos valores a serem ofertados no certame, combinando que a empresa A deverá ser a vencedora, com proposta de menor valor, e que as demais empresas (B, C e D) deverão apresentar propostas de maior valor. Os empresários combinam, ainda, que a empresa A subcontrate as empresas B, C e D. Os empresários ajustados resolvem, ainda, cooptar servidor público estadual, a fim de que ele facilite a realização da fraude. O servidor aceita cooperar com o grupo de empresas, fornecendo informações sigilosas que beneficiam esse grupo de empresários, em detrimento dos demais licitantes, mediante oferecimento de vantagem pecuniária. A empresa A se sagra vencedora do certame. No entanto, antes da homologação do resultado da licitação, por meio do controle interno da Secretaria que estava realizando o certame, a fraude é descoberta. Nesse caso, é correto afirmar, considerando as sanções possíveis em nosso ordenamento jurídico-administrativo, que

(A) as empresas e os empresários não podem ser punidos por tentativa no âmbito da Lei Anticorrupção (Lei Federal 12.846/2013); as empresas, os empresários e o agente público não podem ser punidos por ato de improbidade tentado; o agente público pode ser, no entanto, punido por falta disciplinar da Lei Federal 12.527/2011, a Lei de Acesso à Informação, por divulgação indevida de informações sigilosas, pelas quais deveria zelar.

(B) as empresas podem ser punidas pelo mero oferecimento de vantagem a servidor público estadual para frustrar licitação, pois tal conduta está prevista como ato ilícito na Lei Anticorrupção; os empresários não podem ser punidos no âmbito da Lei Federal 8.429/1992, porque particular não pode ser sujeito de ato de improbidade; o agente público pode ser punido no âmbito da Lei Federal 8.429/1992, por sua simples aquiescência com o ilícito.

(C) as empresas podem ser punidas por ato lesivo à Administração Pública Estadual, pelo oferecimento de vantagem a servidor público estadual, nos termos da Lei 12.846/2013; os empresários e o agente público podem responder por ato de improbidade administrativa, pois a jurisprudência do Superior Tribunal de Justiça admite como punível a tentativa de improbidade administrativa, que não se realiza por motivo alheio à conduta do agente, porque caracteriza ofensa a princípios da Administração Pública.

(D) as empresas, os empresários e o agente público não responderão por atos ilícitos que caracterizem improbidade administrativa, previstos na Lei Federal 8.429/1992, nem ato lesivo à Administração Pública, nos termos da Lei Federal 12.846/2013, pois não é prevista, nesses casos, sanção ou pena para a tentativa de frustrar o caráter competitivo de certame licitatório.

(E) os empresários e o agente público podem ser punidos por tentativa de ato de improbidade, pois

6. DIREITO ADMINISTRATIVO

a jurisprudência do Superior Tribunal de Justiça admite como punível a tentativa de improbidade administrativa, que não se realiza por motivo alheio à conduta do agente, porque caracteriza ofensa a princípios da Administração Pública, mas as empresas não podem ser punidas no âmbito da Lei Anticorrupção, pois o mero oferecimento de vantagem ilícita a servidor não é ato ilícito previsto pela Lei Federal 12.846/2013.

A: Incorreta. O ato de improbidade administrativa admite tentativa, conforme se verifica pelo seguinte entendimento do STJ: "STJ, 2ª Turma, REsp 1014161 (17/09/2010): É punível a tentativa de improbidade administrativa nos casos em que as condutas não se realizam por motivos alheios ao agente, haja vista a ocorrência de ofensa aos princípios da Administração Pública"; **B:** Incorreta. Os empresários podem ser punidos por improbidade administrativa, conforme disposto no art. 3º da Lei 8.429/1992. **C:** Correta. Perfeita assertiva, eis que a Lei Anticorrupção permite a punição de pessoas físicas ou jurídicas que praticarem atos de corrupção com lesão ao erário, assim como tanto os empresários quanto agentes públicos podem ser punidos pela Lei de Improbidade (uma não exclui a outra), conforme disposto nos arts. 3º, da Lei 8.429/1992 e arts. 1º a 3º, da Lei 12.846/2013. **D:** Incorreta. Conforme já explicado acima, tanto empresários quanto agentes respondem por improbidade administrativa (arts. 1º a 3º, da Lei 8.429/1992). **E:** Incorreta. O erro está na segunda parte da assertiva, porque as empresas são sujeitos ativos para a Lei Anticorrupção (arts. 1º a 3º, da Lei 8.429/1992). 🅰🅦

Gabarito "C".

(Juiz – TJ/SP – VUNESP – 2015) À luz da Lei 12.846/2013, denominada Lei Anticorrupção (LAC), é correta a afirmação constante em qual das alternativas a seguir?

(A) Com base na LAC, podem ser aplicadas na esfera administrativa as sanções de multa, publicação extraordinária da decisão condenatória e declaração de inidoneidade da pessoa jurídica envolvida nos ilícitos.

(B) As punições previstas na LAC somente poderão ser aplicadas após regular processo administrativo, no âmbito do qual se faça possível o exercício da ampla defesa com todos os meios e recursos a ela inerentes, e conduzido por comissão integrada por, no mínimo, dois servidores estáveis.

(C) A competência para instauração e julgamento do processo administrativo de responsabilização por atos de corrupção pelos envolvidos caberá à autoridade máxima de cada órgão ou ente público do respectivo poder, vedada a delegação desta competência.

(D) A autoridade máxima do órgão ou entidade pública, com a anuência do Ministério Público, poderá celebrar acordo de leniência com as pessoas físicas ou jurídicas responsáveis por atos de corrupção desde que esta identifique os demais envolvidos na infração, forneça com celeridade provas e documentos, seja a primeira a se manifestar e cesse completamente seu envolvimento.

A: Incorreta. A declaração de inidoneidade não é uma penalidade prevista pela Lei 12.846/2013. **B:** Correta. Trata-se de princípio constitucional da ampla defesa e contraditório, disposto no art. 5º, LV, CF, que se materializa pela Lei Anticorrupção. **C:** Incorreta. O art. 8º, § 1º, da Lei 12.846/2013 prevê a possibilidade de delegação dessa atividade. **D:** Incorreta. Não há previsão de anuência do Ministério Público para a celebração do acordo de Leniência. 🅰🅦

Gabarito "B".

16. LEI DE ACESSO À INFORMAÇÃO

(Procurador – SP – VUNESP – 2015) Assinale a alternativa que corretamente discorra sobre aspectos da Lei Federal 12.527/2011 (Lei de Acesso à Informação).

(A) A Câmara Municipal de Caieiras não se submete à Lei de Acesso à Informação, pois a Lei Federal 12.527/2011 somente é aplicável aos órgãos do Poder Executivo de todos os níveis da Federação.

(B) Não são passíveis de classificação as informações cuja divulgação ou acesso irrestrito possam oferecer elevado risco à estabilidade financeira, econômica ou monetária do País.

(C) A Lei de Acesso à Informação tem como diretrizes, entre outras, a observância da publicidade como preceito geral e do sigilo como exceção, bem como a divulgação de informações de interesse público, independentemente de solicitações.

(D) O acesso a informações públicas será assegurado mediante gestão transparente da informação, não sendo, no entanto, necessária a criação de serviço específico de informações ao cidadão.

(E) O órgão ou entidade pública deverá autorizar ou conceder o acesso imediato à informação disponível; não sendo possível conceder o acesso imediato, o órgão ou entidade que receber o pedido deverá atendê-lo no prazo de 30 (trinta) dias.

A: Incorreta. O art. 1º, parágrafo único, I, da Lei 12.527/2011 dispõe que a lei se aplica a órgãos de todos os Poderes, o que inclui a Câmara Municipal, que é órgão do Poder Legislativo. **B:** Incorreta. O art. 23, IV, da Lei 12.527/2011 determina que essa é um tipo de informação a ser classificada. **C:** Correta. Perfeita a assertiva, eis que é "letra da lei", conforme disposto no art. 3º, da Lei 12.527/2011. **D:** Incorreta. O art. 9º, I, da Lei 12.527/2011 determina a criação de serviço específico ao cidadão. **E:** Incorreta. O prazo é não superior a 20 dias para o órgão agir, caso não seja possível o acesso imediato da informação. 🅰🅦

Gabarito "C".

(Delegado/SP – 2014 – VUNESP) A respeito da Lei de Acesso à Informação (Lei 12.527/2011), é correto afirmar que

(A) nos municípios em que não se exige a veiculação pela internet, as informações referentes à execução orçamentária e financeira devem ser disponibilizadas à população e renovadas, ao menos semestralmente.

(B) nas cidades com mais de 10 mil habitantes, os órgãos e entidades públicas devem promover pela internet o acesso a informações de interesse coletivo por eles produzidas ou custodiadas.

(C) qualquer interessado pode requerer informações aos órgãos e entidades públicas, assegurado, independentemente de justificação, o anonimato do requerente.

(D) o prazo máximo de restrição de acesso à informação considerada "ultrassecreta" não pode ultrapassar a 01 (um) ano.

(E) somente o Presidente da República pode classificar uma informação como sendo "ultrassecreta".

A: incorreta, pois, nesses casos, é obrigatória a divulgação das respectivas informações em tempo real (art. 8º, § 4º); **B:** correta (art. 8º, § 4º); **C:** incorreta, pois a lei exige identificação do requerente (art. 10, caput), mas não é possível exigir motivação do interessado quando este buscar informações de interesse público (art. 10, § 3º); **D:** incorreta, pois o prazo nesse caso é de 25 anos (art. 24, § 1º, I); **E:** incorreta, pois outras autoridades, como Vice-Presidente da República, Ministros de Estado também podem classificar uma informação como sendo "ultrassecreta" (art. 27, I). **WG**

Gabarito "B".

17. OUTROS TEMAS

(Juiz de Direito – TJ/RJ – 2019 – VUNESP) Súmula do Tribunal de Justiça do Estado do Rio de Janeiro dispõe que

(A) a obrigação dos entes públicos de fornecer medicamentos não padronizados, desde que reconhecidos pela ANVISA e por recomendação médica, compreende-se no dever de prestação unificada de saúde e não afronta o princípio da reserva do possível.

(B) a solidariedade dos entes públicos, no dever de assegurar o direito à saúde, implica na admissão do chamamento do processo.

(C) a obrigação estatal de saúde compreende o fornecimento de serviços indicados por médico da rede pública ou privada, desde que emergenciais, tais como exames, cirurgias e tratamento pós-operatório.

(D) para o cumprimento da tutela específica de prestação unificada de saúde, entre as medidas de apoio, insere-se a apreensão de quantia suficiente à aquisição de medicamentos junto à conta bancária por onde

transitem receitas públicas de ente devedor, com a imediata entrega ao necessitado, independentemente de prestação de contas.

(E) o princípio da dignidade da pessoa humana e o direito à saúde asseguram a concessão de passe-livre ao necessitado, desde que demonstrada a doença, independentemente de comprovação de realização de tratamento.

A: correta (cf. súmula TJ n° 180); **B:** incorreta (a solidariedade dos entes públicos, no dever de assegurar o direito à saúde, não implica na admissão do chamamento do processo, cf. Súmula TJ n° 115); **C:** incorreta (a obrigação estatal de saúde compreende o fornecimento de serviços, tais como a realização de exames e cirurgias, assim indicados por médico, cf. Súmula TJ n° 184); **D:** incorreta (cf. Súmula TJ n° 178, para o cumprimento da tutela específica de prestação unificada de saúde, insere-se entre as medida de apoio, desde que ineficaz outro meio coercitivo, a apreensão de quantia suficiente à aquisição de medicamentos junto à conta bancária por onde transitem receitas públicas de ente devedor, com a imediata entrega ao necessitado e posterior prestação de contas); **E:** incorreta (cf. Súmula TJ n° 183, o princípio da dignidade da pessoa humana e o direito à saúde asseguram a concessão de passe-livre ao necessitado, com custeio por ente público, desde que demonstradas a doença e o tratamento através de laudo médico). **RB**

Gabarito "A".

7. DIREITO TRIBUTÁRIO

Felipe Pelegrini Bertelli Passos, Luciana Batista Santos e Robinson Barreirinhas

1. COMPETÊNCIA TRIBUTÁRIA

(Procurador – PGE/SP – 2024 – VUNESP) Sobre o tema da competência tributária atribuída aos entes federados e suas características, assinale a alternativa correta.

(A) Se não exercida por um longo período, a competência para a instituição do tributo caduca, tendo em vista o princípio da segurança jurídica e o brocardo jurídico segundo o qual o direito não socorre aos que dormem.

(B) A despeito da competência para instituição do tributo ser facultativa, no sentido de que o ente político, em geral, não está obrigado a exercer a competência que lhe foi franqueada constitucionalmente, deixar de exercer essa competência não enseja a perda do poder de instituir o tributo.

(C) A privatividade ou exclusividade não se aplica aos tributos vinculados a uma atuação estatal, seja direta ou indiretamente, de modo que taxas e contribuições de melhoria podem ser instituídas por ente diverso daquele que, respectivamente, prestou o serviço ou realizou a obra pública.

(D) Embora o seu não exercício, ainda que por longo tempo, não implique a perda do poder de instituir o tributo, o ente competente pode renunciá-la, desde que o faça por meio de lei.

(E) Em razão da parafiscalidade, a competência para instituição do tributo pode ser delegada a outra pessoa jurídica que esteja devotada ao interesse público.

A: incorreta, pois a competência tributária não tem prazo para ser realizada, pois trata-se de competência legislativa (poder de legislar sobre tributos) que pode ser exercida a qualquer tempo, salvo se a própria Constituição Federal estabelecer limite temporal para a sua realização; **B:** correta, pois a competência tributária é incaducável, nos termos dos comentários ao item anterior; **C:** incorreta, pois taxas e contribuições de melhoria têm fato gerador vinculado à atividade estatal (art. 145, II e III, da CF/88). Assim, a competência para sua instituição pertence àquele ente que, administrativamente, tem a atribuição de prestar o serviço público, exercer o poder de polícia ou realizar a obra pública; **D:** incorreta, pois a competência tributária tem por característica ser irrenunciável, ou seja, o ente (União, Estados, DF ou Municípios) não podem, por lei própria, renunciar ao poder de legislar sobre tributos a eles conferido pela Constituição Federal; **E:** incorreta, pois a competência tributária (poder de legislar) é indelegável, não se confundindo com a possibilidade de delegação da capacidade ativa (atribuição das funções de arrecadar ou fiscalizar tributos, ou de executar leis, serviços, atos ou decisões administrativas em matéria tributária), nos termos do art. 7º, *caput*, do CTN. **LS**
Gabarito "B".

(Advogado – Pref. São Roque/SP – 2020 – VUNESP) A respeito das contribuições em matéria tributária, é correto afirmar que

(A) os municípios não têm competência para a cobrança de tributos na forma de contribuições de qualquer natureza, que competem exclusivamente à União.

(B) as contribuições sociais incidirão também sobre a importação de produtos estrangeiros ou serviços.

(C) as contribuições de intervenção no domínio econômico não poderão ter alíquota específica, isto é, tendo por base a unidade de medida adotada para cobrança.

(D) as contribuições para custeio do regime próprio de previdência social não se submetem à chamada anterioridade nonagesimal.

(E) a instituição de contribuições se dá exclusivamente por meio de lei complementar do ente instituidor.

A: incorreta, pois os Municípios têm competência para instituir e cobrar as contribuições de melhoria, as contribuições para custeio do regime previdenciário próprio de seus servidores e a contribuição para custeio do serviço de iluminação pública – arts. 145, III, 149, § 1º, e 149-A da CF; **B:** correta – art. 149, § 2º, II, da CF; **C:** incorreta, pois isso é expressamente admitido pelo art. 149, § 2º, III, *b*, da CF; **D:** incorreta, pois sujeitam-se à anterioridade nonagesimal – art. 149 da CF. **E:** incorreta, já que não há exigência de lei complementar para instituição das contribuições previstas no art. 149 da CF, com exceção de outras contribuições sociais previstas no art. 195, § 4º, da CF. A regra é a utilização de Lei Ordinária, devendo ser utilizada a Lei Complementar quando a Constituição expressamente previr. **FP**
Gabarito "B".

(Procurador do Estado/SP – 2018 – VUNESP) Estado AB cria imposto sobre o valor das operações internas de circulação de mercadorias que ultrapassar o preço nacional médio do mesmo produto, conforme divulgado pela Administração Tributária local. Considerada a situação hipotética apresentada, e com base na Constituição Federal, assinale a alternativa correta.

(A) O imposto é inconstitucional porque o Estado AB não tem competência residual para instituir tributos.

(B) O imposto é constitucional por ser de competência tributária especial dos Estados para criar tributos com a finalidade de corrigir distorções concorrenciais, tendo como fato gerador e base de cálculo o desequilíbrio e o respectivo valor.

(C) O imposto é constitucional, pois decorre da competência tributária residual do Estado para prevenir distorções concorrenciais, tendo por base de cálculo o valor do desequilíbrio concorrencial.

(D) O imposto é inconstitucional porque, embora o Estado AB possa instituir tributo para corrigir distorções concorrenciais, a base de cálculo do novo tributo é própria do ICMS.

(E) O imposto é inconstitucional porque, embora o Estado AB possa instituir tributo para corrigir distorções concorrenciais, está baseado em pauta fiscal, vedada pela Constituição Federal.

A: correta, sendo esta a melhor alternativa, por trazer interpretação razoável da situação e por exclusão das demais. De fato, somente a União pode instituir imposto não previsto expressamente na Constituição Federal, o que se denomina competência residual – art. 154, I, da CF.

Entretanto, considerando-se que o tributo é definido por seu fato gerador e por sua base de cálculo (art. 4º do CTN), é razoável também a interpretação no sentido de que a questão descreve simplesmente o ICMS (cujo fato gerador é a circulação de mercadorias – art. 155, II, da CF), ou uma espécie de adicional ao ICMS incidente sobre as operações internas, majorando o valor originariamente cobrado (aparentemente, trata-se de uma alíquota adicional sobre o valor da mercadoria que ultrapassar determinado montante). Considerando que o Estado tem competência para fixar as alíquotas de ICMS, desde que respeite eventual teto fixado pelo Senado (art. 155, § 2º, b, da CF), talvez seja defensável a exação discutida, a depender de maiores detalhes não trazidos na questão, muito embora seja discutível a existência de progressividade do ICMS em relação ao valor da mercadoria; **B:** incorreta, pois é reservada à lei complementar federal o estabelecimento de critérios especiais de tributação, com o objetivo de prevenir desequilíbrios da concorrência, sem prejuízo da competência da União, por lei, estabelecer normas de igual objetivo – art. 146-A da CF; **C:** incorreta, pois somente a União detém a chamada competência residual – art. 154, I, da CF; **D e E:** incorretas, conforme comentários anteriores. RB

Gabarito "A".

(Procurador Municipal – Sertãozinho/SP – VUNESP – 2016) Os municípios podem, exercendo a opção que lhes permite a Constituição Federal, cobrar e fiscalizar um imposto pertencente à competência impositiva de outro ente tributante, caso em que terão direito a totalidade do produto da arrecadação. Trata-se do imposto sobre

(A) a transmissão *inter vivos*, a qualquer título, por ato oneroso, de bens imóveis, por natureza ou acessão física.

(B) transmissão 6 e doação, de quaisquer bens ou direitos.

(C) propriedade territorial rural.

(D) produtos industrializados.

(E) propriedade de veículos automotores.

O único caso de alteração de sujeição passiva de imposto é a do ITR federal, que pode ser fiscalizado e cobrado pelos Municípios que assim optarem, na forma da lei, desde que não implique redução do imposto ou qualquer outra forma de renúncia fiscal – art. 153, § 4º, III, da CF. Trata-se da chama transferência da capacidade tributária ativa, no tocante à arrecadação e fiscalização do ITR da União para o Município. Todos os outros impostos são fiscalizados e cobrados pelo próprio ente competente, ou seja, pelo ente a quem foi conferida a competência tributária pela Constituição Federal. Por essa razão, a alternativa "C" é a correta. FP

Gabarito "C".

(Juiz de Direito – TJ/SP – VUNESP – 2015) Considerando o disposto no art. 24 da Constituição Federal, ao tratar da competência concorrente da União, Estados e Municípios, em matéria tributária, é correto afirmar que

(A) a norma jurídica editada por um ente federativo no âmbito de sua competência tributária exige que os demais entes federativos respeitem sua incidência, dentro dos respectivos limites geográficos estaduais.

(B) a lei geral federal prevalece em relação às leis estaduais e estas prevalecem em relação às leis municipais, nos termos das Constituições Estaduais.

(C) a competência residual tributária quanto aos impostos é da União, observado o disposto no art. 154, I, da Constituição Federal.

(D) na ausência de normas gerais federais, os Estados têm competência para legislar em matéria tributária, e, na ausência de leis federais e estaduais, os Municípios têm a referida competência, o que se denomina competência concorrente cumulativa.

A: incorreta, pois, em princípio, as normas tributárias de cada ente aplicam-se apenas nos seus respectivos territórios. Para que haja extraterritorialidade, ou seja, para que a norma de um ente político seja aplicada no território de outro, exige-se convênio ou norma nacional – art. 102 do CTN; **B:** incorreta, pois não há essa hierarquia. Em relação a Estados e Municípios, apenas as normas gerais, de caráter nacional, produzidas pelo Congresso Nacional são aplicáveis, nos termos do art. 24, § 1º, da CF; **C:** correta, conforme o art. 154, I, da CF. Os demais entes podem apenas instituir os tributos expressamente e taxativamente indicados na Constituição Federal; **D:** incorreta, pois a competência dos Estados e Municípios, em caso de ausência de normas nacionais, é denominada competência suplementar (alguns se referem a suplementar supletiva, nesse caso) – arts. 24, § 3º, e 30, II, da CF. RB

Gabarito "C".

(Juiz de Direito – TJ/SP – VUNESP – 2015) Na hipótese da União, mediante tratado internacional, abrir mão de tributos de competência de Estados e Municípios, nos termos do decidido pelo Supremo Tribunal Federal (RE 229096), é correto afirmar que

(A) se caracteriza a denominada isenção heterônoma, vedada nos termos do art. 151, III, da Constituição Federal.

(B) se caracteriza violação ao princípio federativo, objeto de cláusula pétrea, nos termos do art. 60, § 4º, I, da Constituição Federal.

(C) o tratado é válido desde que acompanhado de medidas de "compensação tributária" em favor dos Estados e Municípios prejudicados.

(D) se insere a medida na competência privativa do Presidente da República, sujeita a referendo do Congresso Nacional, com prevalência dos tratados em relação à legislação tributária interna.

No julgamento paradigmático do RE 229.096/RS, o STF fixou o entendimento de que os tratados, como atos do Estado Federal Brasileiro, pessoa jurídica de direito público internacional, não se confundem com os da União (ente federado, como os Estados, Distrito Federal e Municípios), sendo possível a concessão de benefícios fiscais relativos a tributos estaduais e municipais. Não se trata, nessa hipótese, de isenção heterônoma, vedada pelo art. 151, III, da CF. Por essa razão, a alternativa "D" é a correta. RB

Gabarito "D".

(Procurador – SP – VUNESP – 2015) É imposto que não incide sobre a transmissão de bens ou direitos incorporados ao patrimônio de pessoa jurídica em realização de capital, nem sobre a transmissão de bens ou direitos decorrentes de fusão, incorporação, cisão ou extinção de pessoa jurídica, salvo se, nesses casos, a atividade preponderante do adquirente for a compra e venda desses bens ou direitos, a locação de bens imóveis ou arrendamento mercantil. Trata-se do imposto cuja competência impositiva pertence

(A) à União, exclusivamente.

(B) à União, privativamente.

(C) aos Estados.

(D) aos Municípios.

(E) aos Estados e ao Distrito Federal.

A assertiva descreve as imunidade específica do ITBI, nos termos do art. 156, § 2º, I, da CF. Por essa razão, a alternativa "D" é a correta, lembrando que não apenas os Municípios, mas também o Distrito Federal possui competência para instituir e cobrar o ITBI – art. 147, *in fine*, da CF. FP

Gabarito "D".

2. PRINCÍPIOS

(Procurador – PGE/SP – 2024 – VUNESP) Sobre o princípio da anterioridade tributária, considerando que a anterioridade geral está prevista na alínea "b" do inciso III do artigo 150 da Constituição Federal e a anterioridade nonagesimal, na alínea "c" do mesmo dispositivo constitucional, assinale a alternativa correta.

(A) A majoração do imposto de importação submete-se apenas à anterioridade nonagesimal e não à geral.

(B) O empréstimo compulsório instituído para subsidiar investimento público de caráter urgente e de relevante interesse nacional não se submete aos princípios da anterioridade nonagesimal e geral.

(C) Os princípios da anterioridade geral e nonagesimal aplicam-se aos impostos sobre a propriedade territorial urbana e sobre a propriedade de veículos automotores em toda e qualquer situação, sem exceção.

(D) A lei que majora o Imposto sobre Produtos Industrializados submete-se aos princípios da anterioridade geral e nonagesimal.

(E) Uma lei que majora o Imposto de Renda, publicada em dezembro do ano de 2023, aplica-se aos fatos geradores ocorridos a partir de 01 de janeiro de 2024, uma vez que a ele se aplica apenas a anterioridade geral e não a nonagesimal.

A: incorreta, pois a majoração do imposto de importação (art. 153, I, da CF), de competência da União, não se submete ao princípio da anterioridade (geral e nonagesimal), enquadrando-se nas exceções descritas no art. 150, § 1º, da CF; **B:** incorreta, pois o empréstimo compulsório no caso de investimento público de caráter urgente e de relevante interesse nacional (art. 148, II, da CF), de competência da União, submete-se ao princípio da anterioridade (geral e nonagesimal), não se enquadrando nas exceções descritas no art. 150, §1º, da CF. Apenas o empréstimo compulsório em caso de despesas extraordinárias decorrentes de calamidade pública, de guerra externa ou sua iminência; (art. 148, I, da CF) é exceção ao princípio da anterioridade (geral e nonagesimal) enquadrando-se nas exceções descritas no art. 150, § 1º, da CF; **C:** incorreta, pois a fixação da base de cálculo do IPVA (art. 155, III, da CF), de competência dos Estados e do Distrito Federal, e do IPTU (art. 156, I, da CF), de competência dos Municípios e do Distrito Federal, não se submete ao princípio da anterioridade nonagesimal, conforme as exceções descritas no art. 150, § 1º, 2ª parte, da CF; **D:** incorreta, pois a majoração do imposto sobre produtos industrializados (art. 153, IV, da CF), de competência da União, não se submete ao princípio da anterioridade (geral e nonagesimal), enquadrando-se nas exceções descritas no art. 150, § 1º, da CF; **E:** correta, pois a majoração do imposto de renda (art. 153, III, da CF), de competência da União, não se submete ao princípio da anterioridade nonagesimal, enquadrando-se nas exceções descritas no art. 150, § 1º, 2ª parte, da CF; **LS**
Gabarito "E".

(Procurador Municipal – Sertãozinho/SP – VUNESP – 2016) Determina a Constituição Federal a vedação à cobrança de tributos no mesmo exercício financeiro e antes de decorridos noventa dias da data em que haja sido publicada a lei que os instituiu ou aumentou. O prazo de noventa dias, contudo, não se aplica quando se tratar de lei que fixe a base de cálculo do imposto sobre

(A) produtos industrializados.

(B) propriedade predial e territorial urbana.

(C) operações relativas à circulação de mercadorias e prestação de serviços de transporte intermunicipal e interestadual e de comunicação.

(D) transmissão *causa mortis* e doação de quaisquer bens ou direitos.

(E) transmissão *inter vivos*, por ato oneroso, de bens imóveis.

Há exceção ao princípio da anterioridade nonagesimal em relação a (i) empréstimo compulsório para atender a despesas extraordinárias decorrentes de calamidade pública ou de guerra externa ou sua iminência (art. 148, I, *in fine*, da CF), (ii) imposto de importação (art. 150, § 1º, da CF), (iii) imposto de exportação (art. 150, § 1º, da CF), (iv) IR (art. 150, § 1º, da CF), (v) IOF (art. 150, § 1º, da CF), (v) impostos extraordinários na iminência ou no caso de guerra externa (art. 150, § 1º, da CF), (vi) fixação da base de cálculo do IPVA (art. 150, § 1º, da CF) e (vii) fixação da base de cálculo do IPTU (art. 150, § 1º, da CF). Para memorização, vale recordar que em se tratando de fixação de base de cálculo nem o IPVA nem o IPTU se submetem à anterioridade nonagesimal. Por essa razão, a alternativa "B" é a correta. **FP**
Gabarito "B".

Veja a seguinte tabela, para memorização:

Exceções à anterioridade anual (art. 150, III, b, da CF)	Exceções à anterioridade nonagesimal (art. 150, III, c, da CF)
– empréstimo compulsório para atender a despesas extraordinárias decorrentes de calamidade pública ou de guerra externa ou sua iminência (art. 148, I, in fine, da CF, em sentido contrário);	–empréstimo compulsório para atender a despesas extraordinárias decorrentes de calamidade pública ou de guerra externa ou sua iminência (art. 148, I, in fine, da CF, em sentido contrário – entendimento doutrinário);
– imposto de importação (art. 150, § 1º, da CF);	– imposto de importação (art. 150, § 1º, da CF);
– imposto de exportação (art. 150, § 1º, da CF);	– imposto de exportação (art. 150, § 1º, da CF);
– IPI (art. 150, § 1º, da CF);	– IR (art. 150, § 1º, da CF);
– IOF (art. 150, § 1º, da CF);	– IOF (art. 150, § 1º, da CF);
– impostos extraordinários na iminência ou no caso de guerra externa (art. 150, § 1º, da CF);	– impostos extraordinários na iminência ou no caso de guerra externa (art. 150, § 1º, da CF);
– restabelecimento das alíquotas do ICMS sobre combustíveis e lubrificantes (art. 155, § 4º, IV, c, da CF);	– fixação da base de cálculo do IPVA (art. 150, § 1º, da CF);
– restabelecimento da alíquota da CIDE sobre combustíveis (art. 177, § 4º, I, b, da CF);	– fixação da base de cálculo do IPTU (art. 150, § 1º, da CF);
– contribuições sociais (art. 195, § 6º, da CF).	

3. IMUNIDADES

(Juiz de Direito – TJ/SP – 2023 – VUNESP) Com relação às imunidades tributárias, pode-se afirmar que são

(A) espécie qualificada de isenção, em que lei complementar federal estabelece a redução ou a dispensa de cobrança de tributos de competência de qualquer das pessoas políticas.

(B) similares às isenções, e com elas muitas vezes se confundem, porque em ambos os casos não haverá cobrança ou haverá redução parcial do valor de tributos.

(C) situações expressamente previstas no texto da Constituição Federal de impossibilidade de que qualquer pessoa política venha a legislar, instituindo ou modificando a tributação.

(D) fixadas por lei ordinária, de competência da pessoa política titular da capacidade tributária ativa, de acordo com suas orientações de política fiscal.

A: incorreta. Isenção é determinada pela lei, ao passo que a imunidade é ventilada na Constituição Federal. Há uma confusão de institutos na alternativa; **B:** incorreta. Mesma ideia da justificativa da alternativa A; **C:** correta. Trata-se do conceito de imunidade mais próximo entre as alternativas. Vale apenas uma atenção especial com o termo "modificando", uma vez que este jamais poderá indicar a possibilidade de modificar o tributo para cobrá-lo; **D:** incorreta. São conferidas pela Constituição Federal e regulamentadas conforme lei complementar, nos termos do art. 146, II, da CF. **FP**

Gabarito "C".

(Juiz de Direito – TJ/RS – 2018 – VUNESP) O governo estadual quer fomentar as áreas de lazer e turismo do Estado com a construção de um complexo multiuso com arena coberta que comporte a realização de shows e outros eventos de lazer, além de um aquário. Para tanto, pretende conceder à iniciativa privada a realização das obras de construção do complexo, que deverá ser levantado em área pública predefinida, e sua posterior exploração pelo prazo de 30 (trinta anos). O concessionário será remunerado exclusivamente pelas receitas advindas da exploração econômica do novo equipamento, inclusive acessórias. Para que o projeto tenha viabilidade econômica, está prevista a possibilidade de construção de restaurantes, de um centro comercial, de pelo menos um hotel dentro da área do novo complexo, além da cobrança de ingresso para visitação do aquário e dos eventos e shows que vierem a ser realizados na nova arena. Há previsão de pagamento de outorga para o Estado em razão da concessão.

Em relação à cobrança do IPTU pelo município onde se situa a área do complexo, é correto afirmar que

(A) por se tratar de área pública estadual, o Município não poderá cobrar IPTU em nenhuma hipótese, em razão da imunidade recíproca, prevista no artigo 150, inciso VI, 'a' da Constituição Federal de 1988.

(B) a cobrança do IPTU é indevida porque o concessionário não exerce nenhum direito de propriedade sobre o imóvel, sendo mero detentor de posse precária e desdobrada, decorrente de direito pessoal, fundada em contrato de cessão de uso, não podendo ser considerado contribuinte do imposto.

(C) apesar de o imóvel ser de propriedade do Estado, o Município poderá cobrar IPTU se não restar comprovado que a outorga paga pelo concessionário ao Estado pela concessão foi integralmente revertida para a realização de atividades de caráter eminentemente público.

(D) apesar do imóvel ser de propriedade do Estado, o Município poderá cobrar IPTU porque a área foi cedida a pessoa jurídica de direito privado para a realização de atividades com fins lucrativos, sendo o concessionário o contribuinte do imposto.

(E) a cobrança do IPTU é indevida porque o imóvel é público, sendo irrelevante para a caracterização do fato gerador a finalidade que o Estado dá ao imóvel.

A: incorreta, pois o STF reconhece a incidência do IPTU quando há cessão da área para exploração de empreendimento privado – ver temas de repercussão geral 385 ("A imunidade recíproca, prevista no art. 150, VI, a, da Constituição não se estende a empresa privada arrendatária de imóvel público, quando seja ela exploradora de atividade econômica com fins lucrativos. Nessa hipótese é constitucional a cobrança do IPTU pelo Município") e 437 ("Incide o IPTU, considerado imóvel de pessoa jurídica de direito público cedido a pessoa jurídica de direito privado, devedora do tributo"); **B:** incorreta, conforme comentário anterior; **C:** incorreta, pois a cobrança depende apenas da exploração econômica com finalidade lucrativa, conforme comentário anterior; **D:** correta, conforme comentários anteriores; **E:** incorreta, conforme comentários anteriores. **RB**

Gabarito "D".

(Defensor Público/RO – 2017 – VUNESP) Estado da Federação aprovou lei autorizando a cobrança de contribuição para custeio do serviço de iluminação pública, com publicação em 31 de dezembro de 2016. Com base nessa lei, instituição de assistência social sem fins lucrativos recebeu notificação de lançamento realizado em 1º de janeiro de 2017, referente ao exercício anterior.

(A) A cobrança é inconstitucional, pois deveria ocorrer por meio de taxa e não por meio de contribuição, dado se tratar de custeio de serviço público indivisível.

(B) As instituições de assistência social não são imunes à cobrança de contribuição para custeio do serviço de iluminação pública.

(C) A cobrança é inconstitucional, pois instituições de assistência social são imunes à cobrança de tributos sobre seus patrimônios, rendas ou serviços.

(D) A cobrança da contribuição em 1º de janeiro de 2017 atende aos princípios constitucionais tributários da anterioridade e da irretroatividade, pois o envio da notificação de lançamento ocorreu no exercício seguinte ao de aprovação da lei.

(E) Apenas os Municípios detêm competência constitucional para instituir contribuições para custeio da iluminação pública.

A: incorreta, pois a inconstitucionalidade da exação decorre da incompetência do Estado para instituir a contribuição, e não por ser supostamente viável taxa (não cabe taxa, já que não se trata de serviço prestado *uti singuli*, não há divisibilidade) – art. 149-A da CF e art. 145, II, da CF; **B:** correta, pois a imunidade das instituições sem fins lucrativos e beneficentes de assistência social refere-se apenas a impostos e contribuições sociais – arts. 150, VI, *c*, e 195, § 7º, da CF; **C:** incorreta, pois essa imunidade refere-se apenas a impostos – art. 150, VI, *c*, da CF; **E:** incorreta, pois a competência é dos Municípios e do Distrito Federal – art. 149-A, da. CF. **FP**

Gabarito "B".

(Juiz de Direito – TJ/SP – VUNESP – 2015) Na disciplina das isenções, imunidades e hipóteses de não incidência, é correto afirmar que

(A) quem pode isentar também pode conceder imunidade.

(B) quem pode tributar pode isentar.

(C) alíquota zero e isenção são expressões juridicamente equivalentes.

(D) não incidência é situação juridicamente distinta de imunidade e de não competência.

A: incorreta, pois imunidade é concedida exclusivamente pela Constituição Federal. Já a isenção é concedida por meio de lei de cada ente tributante; **B:** correta, pois a isenção é dada por quem tem competência tributária em relação ao respectivo tributo, sempre por meio de lei; **C:** incorreta, pois alíquota zero simplesmente anula o valor do crédito tributário, o que, em relação a determinados tributos federais, pode inclusive ser feito por norma infralegal (lembre-se que há algumas poucas exceções ao princípio da legalidade em relação a determinadas alíquotas de tributos federais – II, IE, IPI, IOF e da CIDE sobre combustíveis). Já isenção exclui o crédito tributário (afasta a incidência, para os autores mais modernos) e somente pode ser concedida por lei do ente tributante; **D:** discutível. Por ser conceito fixado pela negativa, não incidência é algo absolutamente amplo, podendo ser compreendido como tudo que não é incidência, o que inclui imunidade e inexistência de competência tributária, daí porque a alternativa também foi considerada correta. Importante destacar, entretanto, que muitos utilizam o termo "não incidência" para se referir a algo distinto da imunidade (que é norma constitucional que afasta a competência tributária), atinente a situações absolutamente fora do âmbito de competência concedida pela Constituição a determinado ente competente. Por exemplo, o Estado tem competência para tributar a propriedade de veículos automotores (IPVA), sendo que não pode tributar veículo de propriedade de um Município por expressa vedação constitucional (imunidade recíproca), muito menos a propriedade de um cavalo, que não é sequer veículo automotor (este último é o caso da não incidência). 🔲

Gabarito "B e D".

(Juiz de Direito – TJ/MS – VUNESP – 2015) O Sistema Tributário Nacional veda a cobrança de impostos sobre fonogramas e videofonogramas musicais produzidos no Brasil contendo obras musicais ou literomusicais de autores brasileiros e/ou obras em geral interpretadas por artistas brasileiros bem como os suportes materiais ou arquivos digitais que os contenham, salvo na etapa de replicação industrial de mídias ópticas de leitura a laser. Referida vedação implica em modalidade de

(A) exclusão do crédito tributário.

(B) anistia especial.

(C) isenção específica.

(D) limitação ao poder de tributar.

(E) compensação tributária.

Sempre que a Constituição Federal afasta a competência tributária, ou seja, fixa regra afastando a possibilidade de tributação relativa a determinada pessoa ou objeto, independentemente da terminologia utilizada, estaremos diante da imunidade, espécie de limitação constitucional ao poder de tributar. **A:** incorreta, pois isso é isenção ou anistia, dada sempre por lei do ente tributante – art. 175 do CTN; **B** e **C:** incorretas, pois isenção e anistia são modalidades de exclusão do crédito tributário, sempre concedidas por lei de cada ente tributante – art. 175 do CTN; **D:** correta, pois trata-se de imunidade, que é uma limitação constitucional ao poder de tributar, delimitação negativa da competência tributária, conforme a seção da Constituição Federal em que se insere seu art. 150; **E:** incorreta, pois compensação é modalidade de extinção do crédito tributário, regulada por lei de cada ente tributante – art. 156, II, do CTN. 🔲

Gabarito "D".

4. DEFINIÇÃO DE TRIBUTO E ESPÉCIES TRIBUTÁRIAS

(Juiz de Direito – TJ/RS – 2018 – VUNESP) O prefeito do Município X pretende instituir uma taxa para custear o serviço de coleta, remoção e destinação do lixo doméstico produzido no Município. A taxa será calculada em função da frequência da realização da coleta, remoção e destinação dos dejetos e da área construída do imóvel ou da testada do terreno.

Acerca dessa taxa, é correto afirmar que ela é

(A) ilegal, porque a coleta, remoção e destinação do lixo doméstico não podem ser considerados como serviço público específico e divisível.

(B) ilegal, porque sua base de cálculo utiliza elemento idêntico ao do IPTU, qual seja, a metragem da área construída ou a testada do imóvel.

(C) legal se houver equivalência razoável entre o valor cobrado do contribuinte e o custo individual do serviço que lhe é prestado.

(D) ilegal, porque não possui correspondência precisa com o valor despendido na prestação do serviço.

(E) legal, porque foi instituída em razão do exercício regular de poder de polícia, concernente à atividade da Administração Pública que regula ato de interesse público referente à higiene.

A: incorreta, pois o serviço é específico e divisível (= prestado *uti singuli*), o que permite a cobrança de taxa – ver Súmula Vinculante 19/STF; **B:** incorreta, pois a base de cálculo do IPTU é o valor do imóvel, não sua área, aplicando-se o entendimento consolidado na Súmula 29/STF "É constitucional a adoção, no cálculo do valor de taxa, de um ou mais elementos da base de cálculo própria de determinado imposto, desde que não haja integral identidade entre uma base e outra"; **C:** correta, conforme comentários anteriores e o princípio pelo qual a taxa cobrada deve ter relação com o custo do serviço prestado; **D:** incorreta, pois essa correlação precisa não é exigida, até porque impossível, na prática; **E:** incorreta, pois a taxa descrita refere-se à prestação de serviço público específico e divisível, não ao exercício do poder de polícia. 🔲

Gabarito "C".

5. LEGISLAÇÃO TRIBUTÁRIA – FONTES

(Juiz de Direito – TJ/RJ – 2019 – VUNESP) O Presidente da República Federativa do Brasil assina tratado internacional de comércio no qual se compromete a isentar os impostos federais, estaduais e municipais incidentes sobre os bens e serviços importados de país estrangeiro. Posteriormente, o referido tratado é ratificado pelo Poder Legislativo federal. Considerando o previsto na Constituição Federal e a jurisprudência do Supremo Tribunal Federal, é correto afirmar que

(A) não há restrição constitucional à previsão de isenção pela União de tributos da competência de estados e municípios, seja em âmbito de negociação internacional, seja em âmbito apenas nacional.

(B) embora se trate de caso de isenção heterônoma, a ratificação pelo Congresso Nacional do tratado tem por fim convalidar a inconstitucionalidade praticada pelo Presidente da República.

(C) não se aplica a vedação à concessão de isenções heterônomas pela União quando esta atua como representante da República Federativa do Brasil.

(D) para que a isenção relativa aos impostos estaduais tenha eficácia, a Constituição exige prévia aprovação pela maioria dos membros do Conselho de Política Fazendária – CONFAZ.

(E) as isenções relativas aos impostos estaduais e municipais na situação são consideradas isenções heterônomas e são vedadas pela Constituição.

O STF pacificou a discussão quanto à concessão de benefício fiscal relativo a tributo estadual ou municipal por meio de tratado internacional firmado pela União.

No julgamento do RE 229.096/RS, o STF fixou o entendimento de que os tratados, como atos do Estado Federal Brasileiro, pessoa jurídica de direito público internacional, não se confundem com os da União (ente federado, como os Estados, Distrito Federal e Municípios), sendo possível a concessão de benefícios fiscais relativos a tributos estaduais e municipais. Não se trata, nessa hipótese, de isenção heterônoma vedada pelo art. 151, III, da CF.

A: incorreta, pois a isenção heterônoma é vedada pelo art. 151, III, da CF; **B:** incorreta, pois não se trata de isenção heterônoma, conforme entendimento do STF citado nos comentários iniciais; **C:** correta, conforme comentários iniciais; **D e E:** incorretas, conforme comentários iniciais. RB

Gabarito "C".

(Juiz de Direito – TJ/RS – 2018 – VUNESP) Assinale a alternativa correta em relação à legislação tributária.

(A) A atualização do valor monetário da base de cálculo do tributo somente pode ser estabelecida por lei, uma vez que implica na sua majoração.

(B) As práticas reiteradamente observadas pelas autoridades administrativas não são consideradas como normas complementares em matéria tributária, pois não possuem conteúdo normativo.

(C) A redução de tributo somente pode ser estabelecida por lei, já sua extinção poderá ser veiculada por decreto ou ato normativo expedido pela autoridade administrativa competente.

(D) Os tratados e as convenções internacionais são normas complementares das leis nacionais, não podendo revogar ou modificar a legislação tributária interna.

(E) As decisões dos órgãos singulares ou coletivos de jurisdição administrativa podem ter eficácia normativa, desde que lei lhes atribua tal efeito.

A: incorreta, pois a simples correção monetária não implica majoração real do tributo, de modo que dispensa lei – art. 97, § 2º, do CTN e Súmula 160/STJ; **B:** incorreta, pois essas práticas reiteradas são consideradas normas complementares, nos termos do art. 100, III, do CTN; **C:** incorreta, pois a redução ou extinção do tributo segue o princípio da legalidade, exigindo veiculação por lei – art. 97, I e II, do CTN; **D:** incorreta, pois as convenções internacionais podem revogar e modificar a legislação tributária interna – art. 98 do CTN; **E:** correta, conforme art. 100, II, do CTN. RB

Gabarito "E".

(Procurador – SP – VUNESP – 2015) Tratando-se de legislação tributária, é correto afirmar que os atos normativos expedidos pelas autoridades administrativas

(A) são normas complementares.

(B) são fontes principais do Direito Tributário.

(C) têm força de lei.

(D) equiparam-se às leis para fins de instituição de tributos.

(E) podem estabelecer hipóteses de dispensa ou redução de penalidades.

A: correta, conforme o art. 100, I, do CTN; **B:** incorreta, pois as normas complementares, como diz o nome, complementam as leis, os tratados, as convenções internacionais e os decretos – art. 100, *caput*, do CTN; **C:** incorreta, conforme comentários anteriores; **D:** incorreta, pois as normas complementares não substituem a lei como veículo apto a veicular normas instituidoras de tributo – art. 97, I, do CTN; **E:** incorreta, pois essas são matérias reservadas à lei, que não pode ser substituída por norma complementar – art. 97, VI, do CTN. RB

Gabarito "A".

6. VIGÊNCIA, APLICAÇÃO, INTERPRETAÇÃO E INTEGRAÇÃO

(Procurador do Estado/SP – 2018 – VUNESP) Após a ocorrência do fato gerador, inovação legislativa amplia os poderes de investigação da Administração Tributária. Nessa circunstância, de acordo com o Código Tributário Nacional, é correto afirmar:

(A) a autoridade poderá aplicar amplamente a lei nova, inclusive para alterar o lançamento, até a extinção do crédito tributário.

(B) a autoridade poderá aplicar os novos critérios de apuração exclusivamente em casos de lançamento por homologação.

(C) a lei nova apenas poderá ser aplicada pela autoridade se, e somente se, seus critérios resultarem em benefício para o contribuinte.

(D) a autoridade competente não poderá aplicar a lei nova ao fato gerador pretérito, ocorrido anteriormente à sua vigência.

(E) a lei nova será aplicada pela autoridade competente na apuração do crédito tributário respectivo até a finalização do lançamento.

A: incorreta, pois, embora a norma posterior que amplie os poderes de investigação aplique-se a fatos geradores pretéritos para fins de lançamento, não se admite a alteração do lançamento já efetuado – art. 144, § 1º, e 145 do CTN; **B:** incorreta, pois não há restrição em relação à modalidade de lançamento – art. 144, § 1º, do CTN; **C:** incorreta, pois não há essa limitação – art. 144, § 1º, do CTN; **D:** incorreta, conforme comentários anteriores; **E:** correta, conforme o art. 144, § 1º, do CTN. RB

Gabarito "E".

7. FATO GERADOR E OBRIGAÇÃO TRIBUTÁRIA

(Juiz de Direito – TJ/RS – 2018 – VUNESP) Sobre a disciplina do fato gerador trazida pelo Código Tributário Nacional, é correto afirmar que

(A) a autoridade administrativa não poderá desconsiderar atos ou negócios jurídicos praticados com a finalidade de dissimular a ocorrência do fato gerador do tributo ou a natureza dos elementos constitutivos da obrigação tributária, salvo nos casos expressos em lei.

(B) se tratando de situação de fato, salvo disposição de lei em contrário, considera-se ocorrido o fato gerador e existentes os seus efeitos desde o momento em que se verifiquem as circunstâncias materiais necessárias a que produza os efeitos que normalmente lhe são próprios.

(C) fato gerador da obrigação acessória é qualquer situação definida em lei como necessária e suficiente à sua ocorrência.

(D) a definição legal do fato gerador é interpretada considerando-se a validade jurídica dos atos efetivamente praticados pelos contribuintes, responsáveis ou terceiros, bem como da natureza do seu objeto ou dos seus efeitos.

(E) se tratando de atos ou negócios jurídicos sujeitos a condição suspensiva, considera-se ocorrido o fato gerador e existentes os seus efeitos desde o momento da prática do ato ou da celebração do negócio.

A: incorreta, pois a autoridade administrativa pode desconsiderar tais atos ou negócios jurídicos, conforme a norma antielisão do art. 116, parágrafo único, do CTN; **B:** correta, conforme art. 116, I, do CTN; **C:** incorreta, pois o art. 115 do CTN não se refere à lei, mas apenas à legislação tributária (abrange não apenas leis, mas também normas infralegais); **D:** incorreta, pois a validade jurídica dos atos, sua natureza, objeto ou seus efeitos são irrelevantes, nos termos do art. 118 do CTN; **E:** incorreta, pois, nesse caso, considera-se ocorrido o fato gerador desde o momento da ocorrência da condição suspensiva – art. 117, I, do CTN. 🔲

Gabarito "B".

8. LANÇAMENTO E CRÉDITO TRIBUTÁRIO

(Juiz de Direito – TJ/RS – 2018 – VUNESP) Acerca do lançamento tributário, é correto afirmar que

(A) a retificação da declaração por iniciativa do próprio declarante, quando vise a reduzir ou a excluir tributo, só é admissível mediante comprovação do erro em que se funde e antes de notificado o lançamento.

(B) salvo disposição de lei em contrário, quando o valor tributário esteja expresso em moeda estrangeira, no lançamento far-se-á sua conversão em moeda nacional ao câmbio do dia em que este ato for realizado.

(C) é vedado à autoridade administrativa responsável pela revisão da declaração retificar de ofício os erros nela contidos e apuráveis pelo seu exame.

(D) a modificação introduzida, de ofício ou em consequência de decisão administrativa ou judicial, nos critérios jurídicos adotados pela autoridade administrativa no exercício do lançamento, alcança os fatos geradores ocorridos anteriormente à sua introdução, desde que relacionados ao mesmo sujeito passivo.

(E) não se aplica ao lançamento a legislação que, posteriormente à ocorrência do fato gerador da obrigação, tenha ampliado os poderes de investigação das autoridades administrativas, ou outorgado ao crédito maiores garantias ou privilégios, exceto, neste último caso, para o efeito de atribuir responsabilidade tributária a terceiros.

A: correta, conforme o art. 147, § 1º, do CTN; **B:** incorreta, pois adota-se o câmbio da data de ocorrência do fato gerador – art. 143 do CTN; **C:** incorreta, pois é possível a correção de ofício, nesse caso – art. 147, § 2º, do CTN; **D:** incorreta, pois é inviável a retroatividade nesse caso – art. 146 do CTN; **E:** incorreta, pois essa legislação aplica-se a fatos pretéritos, com as limitações previstas no art. 144, § 1º, do CTN. 🔲

Gabarito "A".

(Delegado – PC/BA – 2018 – VUNESP) O artigo 144 do Código Tributário Nacional dispõe que o lançamento se reporta à data da ocorrência do fato gerador da obrigação, regendo-se pela lei então vigente, ainda que posteriormente modificada ou revogada. O Código Tributário Nacional excepciona essa regra, admitindo a aplicação da legislação tributária que, posteriormente à ocorrência do fato gerador da obrigação,

(A) interprete expressamente ato ou fato pretérito quanto à aplicação de penalidade à infração dos dispositivos interpretados.

(B) institua novos critérios de apuração ou processos de fiscalização, ampliando os poderes de investigação das autoridades administrativas.

(C) outorgue ao crédito maiores garantias ou privilégios para o efeito de atribuir responsabilidade tributária a terceiros.

(D) altere os critérios jurídicos adotados pela autoridade administrativa no exercício do lançamento.

(E) deixe de definir ato definitivamente julgado como infração.

A: incorreta, pois, embora a lei expressamente interpretativa aplique-se a ato ou fato pretérito, isso não ocorre para aplicação de penalidade por infração dos dispositivos interpretados – art. 106, I, do CTN; **B:** correta – art. 144, § 1º, do CTN; **C:** incorreta, pois a retroatividade é vedada nesse caso – art. 144, § 1º, do CTN; **D:** incorreta, pois a alteração dos critérios jurídicos somente se aplica a fatos posteriores – art. 146 do CTN Ver também o art. 23 da Lei de Introdução às Normas do Direito Brasileiro – LINDB; **E:** incorreta, pois o ato definitivamente julgado não pode ser modificado – art. 106, II, do CTN. 🔲

Gabarito "B".

(Procurador – SP – VUNESP – 2015) Nos termos do Código Tributário Nacional, o lançamento por homologação, que ocorre quanto aos tributos cuja legislação atribua ao sujeito passivo o dever de antecipar o pagamento sem prévio exame da autoridade administrativa, opera-se pelo ato em que a referida autoridade, tomando conhecimento da atividade assim exercida pelo obrigado, expressamente a homologa. Se a lei não fixar prazo à homologação, será ele de cinco anos. Expirado esse prazo sem que a Fazenda Pública se tenha pronunciado, considera-se homologado o lançamento e definitivamente extinto o crédito, salvo se comprovada a ocorrência de dolo, fraude ou simulação. Referido prazo conta-se

(A) da constituição do crédito tributário.

(B) do primeiro dia do exercício seguinte àquele em que o lançamento poderia ter sido efetivado.

(C) da ocorrência do fato gerador.

(D) da notificação para pagamento.

(E) do mesmo dia do ano seguinte àquele em que o lançamento poderia ter sido efetivado.

Nos termos do art. 150, § 4º, do CTN, o prazo quinquenal em que se dá a homologação tácita é contado da ocorrência do fato gerador, de modo que a alternativa "C" é a correta. 🔲

Gabarito "C".

9. SUJEIÇÃO PASSIVA, CAPACIDADE E DOMICÍLIO

(Advogado – Pref. São Roque/SP – 2020 – VUNESP) Fulano não possui residência conhecida. Contudo, sabe-se que atua profissionalmente, com habitualidade, prestando serviços no Município X. No curso de fiscalização, a Administração Tributária descobre que Fulano presta os referidos serviços no Município X, valendo-se formalmente do nome de sociedade limitada de sua propriedade, com sede no Município Y, que se encontra a cerca de 800 km de distância do Município X.

Com base na situação descrita e nas regras vigentes no país sobre o domicílio tributário, é correto afirmar que

(A) a ausência de residência conhecida do contribuinte permite fixar o seu domicílio em qualquer local da conveniência da Administração Tributária.

(B) como os serviços são prestados por meio de pessoa jurídica, o domicílio tributário será a sede da sociedade, ainda que a eleição da sede possa causar dificuldades à fiscalização.

(C) ainda que se comprove posteriormente a existência de domicílio tributário de eleição do contribuinte, a lei determina que o domicílio para fins tributários será o centro habitual de sua atividade, ou seja, o Município X.

(D) quando não houver domicílio de eleição e nem for possível a aplicação das regras gerais previstas no Código Tributário Nacional para definição do domicílio tributário, considerar-se-á este como o lugar da ocorrência dos atos ou fatos que deram origem à obrigação.

(E) independentemente da sede da sociedade, o domicílio tributário no caso de imposto incidente sobre serviços será sempre o do local do estabelecimento prestador dos serviços.

Em regra, o sujeito passivo escolhe seu domicílio tributário na forma da legislação. O CTN traz regras subsidiárias para a definição do domicílio somente para os casos em que não há essa opção expressa pelo sujeito passivo ou quando ela é recusada pelo Fisco, nos termos do art. 127. **A:** incorreta, pois o art. 127 do CTN dispõe sobre domicílio tributário nessas hipóteses, devendo ser observado pelo fisco; **B:** incorreta, conforme comentários iniciais; **C:** incorreta, pois as regras do art. 127 do CTN são subsidiárias, conforme comentários iniciais; **D:** correta, conforme o art. 127, § 1º, do CTN; **E:** incorreta, pois a regra é a eleição do domicílio pelo contribuinte, com as observações antes feitas e o disposto no art. 127 do CTN. A propósito do ISS, é interessante lembrar que seu fato gerador se dá e o imposto é devido, em regra, no município em que se encontra o estabelecimento prestador do serviço ou, na falta do estabelecimento, no local do domicílio do prestador, mas há diversas exceções nos incisos do art. 3º da LC 116/2003. 🔲

Gabarito "D".

(Juiz de Direito – TJ/RS – 2018 – VUNESP) De acordo com as disposições constantes do Código Tributário Nacional acerca da responsabilidade por infrações à legislação tributária, é correto afirmar que

(A) a denúncia espontânea pode ser apresentada após o início de qualquer procedimento administrativo ou medida de fiscalização, relacionados com a infração, desde que seja acompanhada pelo pagamento do tributo devido e dos juros de mora.

(B) a responsabilidade por infração à legislação tributária não é excluída pela denúncia espontânea da infração se esta for conceituada por lei como crime ou contravenção.

(C) os pais podem ser responsabilizados por infrações tributárias cometidas por seus filhos menores quando essas infrações forem conceituadas por lei como crimes ou contravenções.

(D) salvo disposição de lei em contrário, a responsabilidade por infrações da legislação tributária depende da intenção do agente ou do responsável e da efetividade, natureza e extensão dos efeitos do ato.

(E) a responsabilidade é pessoal dos diretores, gerentes ou representantes de pessoas jurídicas de direito privado quanto às infrações à legislação tributária praticadas pela empresa, quando decorram direta e exclusivamente de dolo específico contra a empresa.

A: incorreta, pois a denúncia espontânea deve ser anterior ao início de qualquer procedimento ou medida de fiscalização relacionada com a infração – art. 138, parágrafo único, do CTN; **B:** incorreta, pois não há essa limitação – art. 138 do CTN; **C:** incorreta, pois a responsabilidade dos pais, nesse caso, restringe-se, no que se refere às penalidades, àquelas de caráter moratório – art. 134, parágrafo único, do CTN; **D:** incorreta, pois a responsabilidade por infração tributária não depende disso – art. 136 do CTN; **E:** correta – art. 137, III, *c*, do CTN. 🔲

Gabarito "E".

(Procurador do Estado/SP – 2018 – VUNESP) Assinale a alternativa correta sobre a sucessão tributária, conforme o Código Tributário Nacional.

(A) É excluída em casos de impostos que tenham por fato gerador a propriedade.

(B) É tipo de sanção por ato ilícito do sucessor.

(C) Não se aplica à pessoa jurídica resultante de fusão, pois esta é nova em relação às sociedades fundidas.

(D) É reponsabilidade que se aplica a fatos geradores ocorridos até a data do ato ou fato de que decorre a sucessão.

(E) É responsabilidade que se aplica exclusivamente aos créditos tributários definitivamente constituídos à data do ato ou fato de que decorre a sucessão.

A: incorreta, pois não há essa limitação. Pelo contrário, há norma específica para sucessão em relação a tributos imobiliários – art. 130 do CTN; **B:** incorreta, pois a responsabilidade é modalidade de sujeição passiva, não espécie de sanção. Embora em alguns casos (nem sempre) a responsabilidade surja por conta de descumprimento da lei pelo responsável (v.g. art. 135 do CTN), isso não é característica da responsabilidade por sucessão; **C:** incorreta, pois a empresa resultante da fusão é responsável por sucessão, em relação aos tributos das sociedades originais – art. 132 do CTN; **D:** correta – art. 129 do CTN; **E:** incorreta, pois a responsabilidade por sucessão se refere aos fatos geradores anteriores à sucessão – art. 129 do CTN. 🔲

Gabarito "D".

(Delegado – PC/BA – 2018 – VUNESP) Havendo a incorporação de uma pessoa jurídica de direito privado por outra, os tributos e as multas devidos pela pessoa jurídica incorporada até o ato de incorporação são de responsabilidade

(A) da pessoa jurídica que resultar da incorporação, por sucessão.

(B) do alienante, por direito próprio.

(C) dos sócios da sociedade incorporada, por transferência.

(D) da pessoa jurídica incorporada, por direito próprio.

(E) dos sócios da pessoa jurídica que resultar da incorporação, por transferência.

Nos termos do art. 132 do CTN, a pessoa jurídica de direito privado que resultar de fusão, transformação ou incorporação de outra ou em outra é responsável pelos tributos devidos até a data do ato pelas pessoas jurídicas de direito privado fusionadas, transformadas ou incorporadas. Por essa razão, a alternativa "A" é a correta. Para reforço da temática, vale a análise da Súmula 554 do STJ. 🔲

Gabarito "A".

(Procurador – IPSMI/SP – VUNESP – 2016) Segundo o Código Tributário Nacional (CTN), a pessoa natural ou jurídica de direito privado que adquirir de outra, por qualquer título, fundo de comércio ou estabelecimento empresarial, e continuar a respectiva exploração, sob a mesma ou outra razão social ou sob firma ou nome individual, responde pelos tributos relativos ao fundo ou estabelecimento adquirido, devidos até à data do ato:

(A) integralmente, se o alienante cessar a exploração do comércio, indústria ou atividade.

(B) solidariamente com o alienante, se este prosseguir na exploração ou iniciar dentro de seis meses a contar da data da alienação, nova atividade no mesmo ou em outro ramo de comércio, indústria ou profissão.

(C) integralmente, se o alienante prosseguir na exploração ou iniciar dentro de seis meses a contar da data da

7. DIREITO TRIBUTÁRIO

alienação, nova atividade no mesmo ou em outro ramo de comércio, indústria ou profissão.

(D) subsidiariamente com o alienante, se este prosseguir na exploração ou iniciar dentro de três meses a contar da data da alienação, nova atividade no mesmo ou em outro ramo de comércio, indústria ou profissão.

(E) solidariamente, se o alienante cessar a exploração do comércio, indústria ou atividade, mesmo na hipótese de alienação judicial em processo de falência.

A: correta, nos termos do art. 133, I, do CTN; **B:** incorreta, pois o adquirente responderá apenas subsidiariamente, nesse caso – art. 133, II, do CTN; **C:** incorreta, conforme comentário à alternativa anterior; **D:** incorreta, pois o prazo é de seis meses para o alienante iniciar nova atividade – art. 133, II, do CTN; **E:** incorreta, pois o adquirente responde integralmente, conforme a terminologia do art. 133, I, do CTN e, mais importante, não há essa responsabilidade em caso de alienação em processo de falência, conforme o § 1º desse artigo, com a exceção do § 2º. Para reforço da temática, vale a análise da Súmula 554 do STJ. Gabarito "A".

(Juiz de Direito – TJ/SP – VUNESP – 2015) Comerciante utiliza notas fiscais de compras de mercadorias para aproveitamento dos respectivos créditos de ICMS e, posteriormente, a empresa fornecedora daqueles bens tem suas atividades encerradas, e reconhecidas pelo Fisco como inidôneas as notas fiscais por ela emitidas. Diante de tal situação,

(A) nos termos do art. 136 do CTN, a responsabilidade por infrações tributárias independe da intenção do agente, logo, no caso, irrelevante a boa ou má-fé dos envolvidos nas operações.

(B) a boa-fé do comerciante não impede que seja apurada a veracidade daquelas transações comerciais que originaram as notas fiscais declaradas inidôneas.

(C) a boa-fé do comerciante que utilizou aquelas notas fiscais declaradas inidôneas impede que seja autuado pelo Fisco.

(D) a má-fé do emitente das notas fiscais contamina as operações subsequentes, invalidando-as e autorizando a autuação.

A: incorreta, pois, nos termos da Súmula 509/STJ, é lícito ao comerciante de boa-fé aproveitar os créditos de ICMS decorrentes de nota fiscal posteriormente declarada inidônea, quando demonstrada a veracidade da compra e venda; **B:** correta, conforme o disposto na Súmula 509/STJ; **C:** incorreta, conforme comentário à alternativa anterior; **D:** incorreta, conforme disposto na Súmula 509/STJ. Gabarito "B".

(Juiz de Direito – TJ/SP – VUNESP – 2015) Quando a legislação tributária estabelece que é responsável pelo recolhimento do tributo terceira pessoa, vinculada ao mesmo fato gerador ocorrido, estamos diante da situação denominada

(A) reponsabilidade *stricto sensu*, "por transferência".
(B) solidariedade passiva tributária por imposição legal.
(C) substituição tributária "para frente".
(D) substituição tributária "para trás".

Discordamos do gabarito, pois a questão é bastante genérica, sendo discutíveis todas as alternativas, não sendo razoável apontar uma melhor que as outras. **A:** discutível. Considera-se responsabilidade por transferência aquela que ocorre depois da ocorrência do fato gerador, por conta de situação posterior que faz outra pessoa ocupar o polo passivo da obrigação tributária. Ainda assim, todo responsável tributário tem, em regra, vinculação com o fato gerador, nos termos do art. 128 do CTN, ainda que seja vinculação indireta (se fosse direta,

---

seria contribuinte); **B:** discutível. A solidariedade natural é a que decorre diretamente do fato gerador, quando mais de uma pessoa tem interesse na situação que o constitua, conforme o art. 124, I, do CTN. A solidariedade legal, do art. 124, II, do CTN, entretanto, pode se referir a terceiro com vínculo, ainda que indireto, com o fato gerador. Finalmente, há casos de reponsabilidade, com terceiros vinculados ao fato gerador, portanto (art. 128 do CTN), em que não há solidariedade; **C** e **D:** toda substituição tributária é espécie de responsabilidade tributária, e a responsabilidade refere-se, em regra, a terceira pessoa vinculada ao fato gerador, nos termos do art. 128 do CTN. Gabarito "D".

(Juiz de Direito – TJ/MS – VUNESP – 2015) De acordo com as disposições do Código Tributário Nacional, é correto afirmar que

(A) o sujeito passivo da obrigação principal diz-se responsável quando tenha relação pessoal e direita com o fato gerador.

(B) a responsabilidade por infrações da legislação tributária, salvo disposição de lei em contrário, independe da intenção do agente ou do responsável e da efetividade, natureza e extensão dos efeitos do ato.

(C) a solidariedade passiva tributária comporta benefício de ordem.

(D) a obrigação acessória é sempre dependente da prévia existência da obrigação principal.

(E) a capacidade tributária passiva depende de estar a pessoa jurídica regularmente constituída.

A: incorreta, pois essa é a definição de contribuinte, não de responsável – art. 121, parágrafo único, II, do CTN; **B:** correta, conforme o art. 136 do CTN; **C:** incorreta, pois não comporta benefício de ordem – art. 124, parágrafo único, do CTN; **D:** incorreta, pois a obrigação acessória, em direito tributário, não acompanha necessariamente alguma obrigação principal – art. 113 do CTN, visto que são independentes/autônomas; **E:** incorreta, pois a capacidade tributária independe da regular constituição da pessoa jurídica – art. 126, III, do CTN. Gabarito "B".

---

10. SUSPENSÃO, EXTINÇÃO E EXCLUSÃO DO CRÉDITO

(Procurador – PGE/SP – 2024 – VUNESP) Considere a seguinte situação: o sujeito passivo de uma obrigação tributária ingressa com ação anulatória do débito fiscal, que é julgada procedente por sentença, que foi mantida pelo Tribunal de Justiça por ocasião do julgamento da apelação. O Estado interpõe recursos especial e extraordinário.

Diante desse quadro, assinale a alternativa correta.

(A) Deve o Procurador do Estado oficiante efetuar pedido de atribuição de efeito suspensivo ao recurso especial e, somente após a decisão acerca desse pedido, caso indeferido, requerer à Secretaria da Fazenda a anotação da extinção do crédito tributário em razão de sua anulação pelo Acórdão.

(B) Deve o Procurador do Estado oficiante efetuar pedido de atribuição de efeito suspensivo ao recurso extraordinário e, somente após a decisão acerca desse pedido, caso indeferido, requerer a anotação da extinção do crédito tributário em razão de sua anulação pelo Acórdão.

(C) Deve o Procurador do Estado oficiante solicitar a anotação da extinção do crédito tributário, tendo em vista que os recursos interpostos não são dotados de efeito suspensivo ope legis.

(D) Deve o Procurador do Estado oficiante efetuar pedido de atribuição de efeito suspensivo aos recursos especial e extraordinário e, somente após a decisão acerca desses pedidos, caso indeferidos, requerer a anotação da extinção do crédito tributário em razão de sua anulação pelo Acórdão.

(E) Considerando que não há decisão judicial transitada em julgado, a anotação da extinção do crédito tributário não deve ser solicitada pelo Procurador do Estado oficiante, o que somente deve ser feito após o julgamento definitivo dos recursos especial/extraordinário.

De acordo com o artigo 156, X, do CTN, extingue o crédito tributário a decisão judicial passada em julgado. Assim, apesar dos recursos interpostos não serem dotados de efeito suspensivo (art. 995 do CPC) eles impedem, durante seu trâmite, o trânsito em julgado da decisão exarada pelo Tribunal de Justiça por ocasião do julgamento da apelação. Vale lembrar que o Brasil adota o Sistema Inglês ou de Jurisdição única, de maneira que apenas um tribunal judicial de última instância é quem pode proferir uma decisão que importe em trânsito em julgado da matéria. Correta a alternativa E e incorretas as demais. **LS**

Gabarito "E".

(Procurador – PGE/SP – 2024 – VUNESP) O Código Tributário Nacional, no artigo 151, inciso II, prevê que o depósito do montante integral suspende a exigibilidade do crédito tributário. É cediço que, já há certo tempo, os contribuintes lançam mão do seguro garantia e da fiança bancária para garantia de créditos tributários, seja em ações anulatórias, seja em execuções fiscais. Sobre a eficácia destas modalidades de garantia do crédito tributário, assinale a alternativa correta, conforme entendimento firmado pelo Superior Tribunal de Justiça em sede representativa de controvérsia.

(A) Fiança bancária e seguro garantia equivalem a depósito integral para fins de suspensão da exigibilidade do crédito tributário, ainda que em montante que abranja exclusivamente o valor do crédito tributário, sem o acréscimo de 30% (trinta por cento).

(B) Fiança bancária e seguro garantia não equivalem a depósito integral para fins de suspensão da exigibilidade do crédito tributário; todavia, desde que apresentados como garantia em execução fiscal no valor integral atualizado do crédito, permitem a obtenção, pelo devedor, de Certidão de Regularidade Fiscal, na forma do artigo 206 do Código Tributário Nacional.

(C) Fiança bancária e seguro garantia não equivalem a depósito integral para fins de suspensão da exigibilidade do crédito tributário e não permitem a obtenção, pelo devedor, de Certidão de Regularidade Fiscal, na forma do artigo 206 do Código Tributário Nacional.

(D) Fiança bancária e seguro garantia equivalem a depósito integral para fins de suspensão da exigibilidade do crédito tributário, desde que em montante que abranja o valor do crédito tributário acrescido de 30% (trinta por cento).

(E) Fiança bancária e seguro garantia equivalem a depósito integral para fins de suspensão da exigibilidade do crédito tributário; somente quando apresentados em execução fiscal em substituição a depósito judicial e desde que em montante que abranja o valor do crédito tributário acrescido de 30% (trinta por cento).

O Código Tributário Nacional, lei complementar de normas gerais em matéria tributária (art. 146, III, da CF/88), prevê, em rol taxativo, as causas de suspensão da exigibilidade do crédito tributário, dentre elas o depósito do montante integral (art. 151, II). De cordo com o STJ, o depósito somente suspende a exigibilidade do crédito tributário se for integral e em dinheiro (Súmula 112). Portanto, fiança bancária e seguro garantia não equivalem a depósito integral para fins de suspensão da exigibilidade do crédito tributário (STJ c Tema Repetitivo 378) o que torna incorretas as alternativas **A**, **D** e **E**. Apesar de não serem equivalentes ao depósito em dinheiro, a fiança bancária e o seguro garantia são admitidos como formas de garantir a execução fiscal (art. 9º, II, da Lei 6830/80). Ressalte-se que a Lei 6.830/80 não exige, para tal fim, que a fiança bancária e o seguro garantia, quando apresentados em execução fiscal, devam abranger o valor do crédito tributário acrescido de 30% (trinta por cento). Porém, se a questão tratasse de garantia de crédito não tributário por fiança bancária e seguro garantia, seria válida a exigência do acréscimo de 30%, segundo o STJ, com base no art. 848, parágrafo único, do CPC (REsp 1.381.254-PR). Assim, se a execução fiscal estiver garantida pela fiança bancária ou pelo seguro garantia, no valor integral atualizado do crédito, será possível ao devedor obter a Certidão de Regularidade Fiscal (certidão positiva de débito com efeito de negativa – CPD-EN), na forma do artigo 205 c/c artigo 206 do Código Tributário Nacional. Finalizando, sobre o tema da expedição de CPD-EN, cumpre relembrar que, segundo o STJ (Tema Repetitivo 237), é possível ao contribuinte, após o vencimento da sua obrigação e antes da execução, garantir o juízo de forma antecipada, para o fim de obter certidão positiva com efeito de negativa. Portanto, correta a alternativa **B** e errada a **C**. Sobre o local onde deverá ser proposta a execução fiscal, importante tese foi fixada pelo STF (Tema 1204 da Repercussão Geral) ao interpretar o art. 46, § 5º, do Código de Processo Civil, que prevê a possibilidade de a execução fiscal ser proposta no foro de domicílio do réu, no de sua residência ou no do lugar onde for encontrado, nas hipóteses em que essa norma imponha o ajuizamento e processamento da ação executiva em outro Estado da Federação: "A aplicação do art. 46, § 5º, do CPC deve ficar restrita aos limites do território de cada ente subnacional ou ao local de ocorrência do fato gerador". **LS**

Gabarito "B".

(Juiz de Direito – TJ/SP – 2023 – VUNESP) O depósito do montante integral do tributo, para suspensão da exigibilidade do tributo nos termos do artigo 151, II, do Código Tributário Nacional:

(A) pode ser realizado em dinheiro, títulos da dívida pública ou bens livres e desembaraçados, mediante termo nos autos, administrativos ou judiciais.

(B) trata-se de uma forma de garantir o Juízo, como condição prévia indispensável para a concessão de medida liminar em processo judicial.

(C) é considerado integral quando correspondente ao valor que o contribuinte defende ser devido, mesmo nas hipóteses em que o fisco exige valor superior a este.

(D) constitui-se em faculdade que a lei coloca à disposição do contribuinte, que caso vencido ao final terá o débito extinto por sua conversão em renda.

A: incorreta. Há uma mistura entre institutos do CTN e a Súmula 112 do STJ; **B:** incorreta. A medida liminar não está condicionada a qualquer garantia para sua concessão, e sim por meio do preenchimento de requisitos elencados na lei; **C:** incorreta. O depósito, para garantir seus regulares efeitos, deve ser integral e em dinheiro, conforme a Súmula 112 do STJ; **D:** correta. Trata-se de faculdade do contribuinte que, se for derrotado na demanda, o valor depositado será convertido em renda e o tributo extinto pelo pagamento, nos termos do art. 156, VI, CTN. **FP**

Gabarito "D".

7. DIREITO TRIBUTÁRIO · 295

(Juiz de Direito – TJ/RJ – 2019 – VUNESP) Em 20 de janeiro de 2010, a empresa ABC Ltda. pratica o fato gerador do imposto municipal sobre serviços de qualquer natureza e emite a respectiva nota fiscal no valor de R$ 100.000,00, resultando em imposto a pagar de R$ 5.000,00. Em 10 de fevereiro de 2010, data de vencimento do referido imposto, por passar por problemas de caixa, a empresa recolhe apenas R$ 100,00, deixando R$ 4.900,00 sem pagamento. Em 31 de dezembro de 2014, a empresa recebe notificação de início de fiscalização por parte da administração tributária, que culmina com a apresentação, em 10 de fevereiro de 2015, de auto de infração relativo ao valor que deixou de ser pago, acrescido de juros e multa respectivos.

A respeito da situação hipotética, é correto afirmar, com base na legislação e jurisprudência, que

(A) o fato de ter emitido a nota fiscal e o de ter pagado parcialmente o débito são irrelevantes para a fixação do termo inicial da decadência do direito da administração tributária de lançar o imposto mediante auto de infração.

(B) caso decida voluntariamente fazer o pagamento do imposto devido após a notificação de início da fiscalização, mas antes da lavratura do auto de infração, a empresa poderá evitar o pagamento de juros e de multa.

(C) a notificação de início da ação fiscal interrompe o prazo decadencial, dando à administração novo quinquênio para finalização da fiscalização e correspondente lavratura do auto de infração.

(D) no caso em questão, operou-se a decadência tributária, pois se trata de lançamento por homologação e o auto de infração foi lavrado mais de cinco anos após a ocorrência do fato gerador.

(E) não chegou a se operar a decadência tributária no caso, pois o termo inicial do prazo decadencial coincide com o prazo final de vencimento do pagamento do imposto e não da ocorrência do fato gerador.

A: incorreta, pois quando há pagamento parcial do tributo lançado por homologação, sem dolo, fraude ou simulação (caso descrito), o prazo decadencial para que o fisco reveja o lançamento e constitua o crédito relativo a eventual diferença é contado a partir do fato gerador, nos termos do art. 150, § 4º, do CTN; **B:** incorreta, pois a denúncia espontânea não existe (e os benefícios dela portanto não são aplicáveis) após o início de qualquer procedimento administrativo ou medida de fiscalização, relacionados com a infração – art. 138, parágrafo único do CTN; **C:** incorreta, pois o prazo decadencial não é interrompido – art. 150 do CTN; **D:** correta, conforme comentários anteriores; **E:** incorreta, conforme comentários anteriores. 🆁🅱
Gabarito "D".

(Juiz de Direito – TJ/RJ – 2019 – VUNESP) Com base na jurisprudência do Superior Tribunal de Justiça, é correto afirmar que

(A) a notificação do auto de infração faz cessar a contagem da decadência para a constituição do crédito tributário.

(B) o mandado de segurança não constitui ação adequada para a declaração do direito à compensação tributária.

(C) o benefício da denúncia espontânea se aplica aos tributos sujeitos a lançamento por homologação regularmente declarados, mas pagos a destempo.

(D) a decretação da indisponibilidade de bens e direitos, na forma do Código Tributário Nacional, dispensa

o exaurimento das diligências na busca por bens penhoráveis.

(E) a compensação de créditos tributários pode ser deferida em ação cautelar ou por medida liminar cautelar ou antecipatória.

A: correta. A notificação do auto de infração faz cessar a contagem da decadência para a constituição do crédito tributário; exaurida a instância administrativa com o decurso do prazo para a impugnação ou com a notificação de seu julgamento definitivo e esgotado o prazo concedido pela Administração para o pagamento voluntário, inicia-se o prazo prescricional para a cobrança judicial – Súmula 622/STJ; **B:** incorreta, pois o STJ admite o MS para isso – Súmula 213/STJ; **C:** incorreta, pois é pacífico o entendimento em contrário – Súmula 360/STJ; **D:** incorreta, pois, nos termos da Súmula 560/STJ, a decretação da indisponibilidade de bens e direitos, na forma do art. 185-A do CTN, pressupõe o exaurimento das diligências na busca por bens penhoráveis, o qual fica caracterizado quando infrutíferos o pedido de constrição sobre ativos financeiros e a expedição de ofícios aos registros públicos do domicílio do executado, ao Denatran ou Detran; **E:** incorreta, pois isso é vedado, na forma da Súmula 212/STJ. 🆁🅱
Gabarito "A".

(Juiz de Direito – TJ/RS – 2018 – VUNESP) A Empresa X possui vultoso montante de débitos tributários de ICMS e necessita saneá-los para dar prosseguimento ao seu pedido de recuperação judicial. Não dispondo do montante integral para a quitação dos valores à vista, a empresa X pretende parcelar o montante devido à Fazenda Estadual.

Considerando as disposições do Código Tributário Nacional sobre o parcelamento, é correto afirmar que

(A) em razão da indisponibilidade do interesse público, não há possibilidade de se prever condições especiais de parcelamento para débitos tributários de empresas que estejam em processo de recuperação judicial.

(B) por se tratar de devedor em recuperação judicial, ele poderá se valer de condições especiais de parcelamento dos seus créditos tributários, na forma e condição estabelecida em lei complementar.

(C) o parcelamento para empresas que se encontram em processo de recuperação judicial abrange apenas os débitos inscritos em dívida ativa e deve observar a forma e condição estabelecidas em lei complementar.

(D) salvo disposição de lei em contrário, o parcelamento do crédito tributário do devedor em processo de recuperação judicial exclui a incidência de multas e juros.

(E) a inexistência da lei específica para empresas em recuperação judicial importa na aplicação das leis gerais de parcelamento do ente da Federação ao devedor que se encontre nessa situação, não podendo, nesse caso, ser o prazo de parcelamento inferior ao concedido pela lei federal específica.

A: incorreta, pois o art. 155-A, § 3º, do CTN, prevê expressamente que lei específica disporá sobre as condições de parcelamento dos créditos tributários dos devedor em recuperação judicial; **B:** incorreta, pois não se exige lei complementar – art. 155-A, § 3º, do CTN; **C:** incorreta, pois não há limitação para dívidas inscritas e não se exige lei complementar – art. 155-A, § 3º, do CTN; **D:** incorreta, pois não há essa exclusão, salvo disposição de lei em contrário – art. 155-A, § 1º, do CTN; **E:** correta – art. 155-A, § 4º, do CTN. 🆁🅱
Gabarito "E".

(Juiz de Direito – TJ/RS – 2018 – VUNESP) Considerando as disposições do Código Tributário Nacional acerca do pagamento, é correto afirmar que

(A) quando a legislação tributária não dispuser a respeito, o pagamento é efetuado no local indicado pelo sujeito ativo.

(B) a existência de consulta formulada pelo devedor, dentro do prazo legal para pagamento, não afasta a incidência de juros de mora e penalidades cabíveis nem a aplicação de quaisquer medidas de garantia previstas na legislação tributária caso o tributo não seja integralmente pago no seu vencimento.

(C) a importância de crédito tributário pode ser consignada judicialmente pelo sujeito passivo na hipótese de recusa de recebimento, ou subordinação deste ao pagamento de outro tributo ou de penalidade, ou ao cumprimento de obrigação acessória.

(D) o pagamento do tributo deve ser realizado em moeda corrente, podendo, nos casos expressamente previstos em lei, ser realizado por meio de cheque ou vale postal.

(E) quando a legislação tributária não fixar o tempo do pagamento, o vencimento do crédito ocorre quinze dias depois da data em que se considera o sujeito passivo notificado do lançamento.

A: incorreta, pois, nos termos do art. 159 do CTN, quando a legislação tributária não dispuser a respeito, o pagamento é efetuado na repartição competente do domicílio do sujeito passivo; **B:** incorreta, pois a consulta formulada dentro do prazo de pagamento afasta o cômputo de juros moratórios e penalidades – art. 161, § 2º, do CTN; **C:** correta – art. 164, I e II, do CTN; **D:** incorreta, pois o pagamento pode ser sempre realizado por moeda corrente, cheque ou vale postal, embora a extinção do crédito dependa do resgate do cheque pelo banco – art. 162, I e § 2º, do CTN; **E:** incorreta, pois, se a lei não prever prazo para pagamento, ele será de 30 dias após a notificação de lançamento – art. 160 do CTN. **RB**
Gabarito "C".

(Procurador do Estado/SP – 2018 – VUNESP) No que diz respeito à isenção, conforme o Código Tributário Nacional, é correto afirmar:

(A) é causa excludente do crédito tributário, mas não dispensa o cumprimento das obrigações acessórias dependentes da obrigação principal cujo crédito tenha sido excluído.

(B) é causa extintiva do crédito tributário, sendo extensiva às taxas e contribuições que tenham por fato gerador o mesmo fato jurídico relevante do crédito tributário extinto.

(C) é causa excludente do crédito tributário e pode ser livremente suprimida, mesmo quando concedida sob condição onerosa.

(D) é causa extintiva do crédito tributário e depende, em qualquer hipótese, de despacho, genérico ou particular, de autoridade administrativa competente para a verificação.

(E) é causa excludente do crédito tributário e só pode ser concedida em caráter geral, nos termos da lei, pela isonomia tributária, mas deve sofrer, em qualquer caso, restrições temporais por meio de regulamento.

A: correta – art. 175, I e parágrafo único, do CTN; **B e D:** incorretas, pois a isenção é modalidade de exclusão do crédito tributário, não de extinção – art. 175, I, do CTN; **C:** incorreta, pois a isenção concedida por prazo certo e em função de determinadas condições não pode ser suprimida em prejuízo do contribuinte que preencheu os requisitos para sua fruição – art. 178 do CTN. Vide também a Súmula 544 do STF; **E:** incorreta, pois a isenção pode ser concedida em caráter específico – art. 179 do CTN. **FP**
Gabarito "A".

(Procurador do Estado/SP – 2018 – VUNESP) Lei estadual confere benefício fiscal previamente aprovado pelos Estados e pelo Distrito Federal, nos termos do art. 155, parágrafo 2º, XII, letra g, da Constituição Federal. O benefício é de redução de base de cálculo do ICMS para operações internas com produtos de limpeza, de forma que a carga final do imposto fica reduzida a 50% da incidência normal. A empresa Delta usufrui do benefício em todas as suas operações internas, pois comercializa exclusivamente produtos de limpeza. Não há, na legislação tributária, qualquer outra previsão de benefício que Delta possa usufruir. Todas as operações interestaduais de Delta sofrem tributação normal do imposto. Todos os seus fornecedores estão estabelecidos na mesma unidade da federação que Delta e nenhum deles goza de benefício fiscal.

Considerada essa situação hipotética, a empresa Delta

(A) não deve anular os créditos do imposto, relativamente às aquisições de produtos objeto de posteriores operações internas e interestaduais, pois goza de benefício fiscal.

(B) deve anular integralmente o crédito do imposto pago na aquisição de produtos destinados a operações internas, desde que, no mesmo período de apuração, tenha operações interestaduais, pois estas são integralmente tributadas.

(C) deve anular parcialmente os créditos do imposto incidente em todas as aquisições de produtos, desconsiderando a incidência de benefícios nas operações posteriores, por força do regime periódico de apuração a que se sujeita o ICMS.

(D) deve anular integralmente os créditos do imposto incidente em todas as aquisições de bens revendidos, independentemente de redução de base de cálculo, com fundamento na não cumulatividade do imposto.

(E) deve anular parcialmente o crédito do imposto, relativamente aos bens adquiridos para posteriores operações beneficiadas, na mesma proporção da redução da base de cálculo, pois tal benefício corresponde à isenção parcial.

Nos termos do tema 299 de repercussão geral do STF, a redução da base de cálculo de ICMS equivale à isenção parcial, o que acarreta a anulação proporcional de crédito relativo às operações anteriores, salvo disposição em lei estadual em sentido contrário. Por essa razão, a alternativa "E" é a correta. **RB**
Gabarito "E".

(Defensor Público/RO – 2017 – VUNESP) Em 19 de abril de 2007 ocorreu fato gerador de tributo estadual sujeito a lançamento por homologação. Em 10 de maio do mesmo ano, data de vencimento do tributo, o contribuinte devedor recolheu apenas um terço do valor apurado e declarado ao Fisco. Em 30 de dezembro de 2012, a Receita Estadual realizou auditoria sobre o pagamento efetivado, apurando e lançando a diferença devida, encaminhando a cobrança administrativa para o contribuinte. Mantendo-se o contribuinte inerte em relação à cobrança encaminhada, em

31 de julho de 2013 foi proposta ação de execução fiscal contra o contribuinte.

(A) O lançamento tributário é ilegal, pois entre o pagamento parcial realizado pelo contribuinte e o lança mento de ofício ocorreu a prescrição do crédito tributário.

(B) O lançamento tributário é legal, pois a decadência tem seu termo inicial no primeiro dia do exercício seguinte ao da ocorrência do fato gerador.

(C) A proposição de execução fiscal é correta, pois tem por consequência a suspensão do prazo prescricional contra a Fazenda Pública.

(D) O lançamento é ilegal, pois extinguiu-se por decadência, em 11 de maio de 2012, o direito de a Fazenda Pública constituir o crédito tributário.

(E) O lançamento tributário é ilegal, pois extinguiu-se por decadência, em 20 de abril de 2012, o direito de a Fazenda Pública constituir o crédito tributário.

A: incorreta, pois o prazo para o fisco lançar o tributo é decadencial (não prescricional), e não é contado a partir do pagamento parcial – art. 173 do CTN; **B:** incorreta, pois, ainda que se conte o prazo decadencial quinquenal a partir do fato gerador, nos termos do art. 150, § 4º, do CTN (desde que tenha havido pagamento, sem dolo, fraude ou simulação), esse prazo esgotou-se em 19/04/2012. Haveria contagem do prazo quinquenal nos termos do art. 173, I, do CTN (a partir do primeiro dia do exercício seguinte ao que o lançamento poderia ter sido realizado) apenas no caso de não ter havido declaração do débito, conforme entendimento consolidado pela Súmula 555/STJ; **C:** incorreta, pois há que se avaliar se houve ou não decadência do direito de lançar e prescrição do direito de cobrar, inexistindo suspensão do prazo no caso descrito; **D:** incorreta, pois a contagem do prazo decadencial pode se dar, em tese, a partir do fato gerador (art. 150, § 4º, do CTN) ou na forma do art. 173, I, do CTN, não a partir da data de pagamento; **E:** correta. Esta é a melhor alternativa, por exclusão das demais e por aplicação do art. 150, § 4º, do CTN. Mas não é precisa. Se houve adequada declaração de todo o débito (pelo que consta da questão, o contribuinte declarou o valor correto, mas recolheu a menor), então o tributo está lançado, conforme a Súmula 436/STJ "A entrega de declaração pelo contribuinte reconhecendo débito fiscal constitui o crédito tributário, dispensada qualquer outra providência por parte do fisco". Assim, não há falar em prazo decadencial para lançar. O prazo prescricional para a cobrança da dívida pelo fisco começa a correr a partir do vencimento do tributo (desde que posterior à declaração), pelo princípio da *actio nata*. Por essa razão, o fisco teria que ter ajuizado a execução fiscal até 10 de maio de 2012. A melhor resposta, que não consta de qualquer alternativa, é de que a cobrança é indevida, pois houve prescrição do direito de o fisco cobrar a dívida. 🔳

Gabarito "E".

(Procurador Municipal/SP – VUNESP – 2016) Assinale a alternativa correta acerca do pagamento como modalidade de extinção do crédito tributário.

(A) Quando parcial, importa em presunção de pagamento das prestações em que se decomponha.

(B) Quando a legislação tributária não dispuser a respeito, deve ser efetuado na repartição competente do domicílio do sujeito ativo.

(C) Se existirem, simultaneamente, dois ou mais débitos vencidos do mesmo sujeito passivo para com a mesma pessoa jurídica de direito público, relativos ao mesmo ou a diferentes tributos ou provenientes de penalidade pecuniária ou juros de mora, a autoridade administrativa competente para receber o pagamento determinará a respectiva imputação, em primeiro lugar, aos débitos decorrentes de responsabilidade tributária e, em segundo lugar, por obrigação própria.

(D) Se o pagamento for efetuado em estampilha, nos casos previstos em lei, a perda ou destruição da estampilha, ou o erro no pagamento por esta modalidade, não dão direito a restituição, salvo nos casos expressamente previstos na legislação tributária, ou naquelas em que o erro seja imputável à autoridade administrativa.

(E) A importância do crédito tributário pode ser consignada judicialmente pelo sujeito passivo, em caso de exigência, por mais de uma pessoa jurídica por tributo idêntico sobre o mesmo fato gerador, caso em que poderá versar, inclusive, sobre a anulação do lançamento do crédito exigido.

A: incorreta, pois não há essa presunção – art. 158, I, do CTN; **B:** incorreta, pois o pagamento é efetuado, em regra, na repartição competente do domicílio do sujeito passivo – art. 159 do CTN; **C:** incorreta, pois a ordem de imputação é dos débitos por obrigação própria em primeiro lugar, nos termos do art. 163, I, do CTN; **D:** correta, conforme dispõe o art. 162, § 4º, do CTN; **E:** incorreta, pois a discussão na ação consignatória não se refere à anulação do lançamento (objeto de ação anulatória), podendo versar apenas sobre o crédito que o consignante se propõe a pagar – art. 164, III, do CTN e art. 547 do CPC. 🔳

Gabarito "D".

(Juiz de Direito – TJ/SP – VUNESP – 2015) Diante do disposto nos artigos 173 e 174 do Código Tributário Nacional, fixando, respectivamente, prazo de cinco anos para constituição do crédito tributário e igual prazo para cobrança do crédito tributário, é correto afirmar que

(A) a prescrição intercorrente pode ser reconhecida nos períodos decorridos até a constituição do crédito tributário ou após iniciada a cobrança, contados os prazos separadamente.

(B) nos casos de tributos sujeitos a lançamentos por homologação, diante do pagamento do valor declarado e ausente fraude ou simulação, a prescrição do crédito tributário é de cinco anos, contados do fato jurídico tributado.

(C) a Fazenda tem dez anos (regra cinco mais cinco) para obter seu crédito tributário.

(D) a Fazenda tem cinco anos para obter seu crédito tributário.

Discordamos do gabarito. Parece-nos que a "D" é a melhor alternativa. **A:** incorreta, pois a prescrição intercorrente refere-se a período no curso da execução fiscal – art. 40 da Lei 6.830/1980. Antes da constituição do crédito não há falar em prescrição, mas sim apenas em prazo decadencial; **B:** correta pelo gabarito oficial, mas acreditamos estar incorreta. Se o contribuinte declarou e pagou, não há falar em prazo prescricional, já que não há o que ser cobrado. Se houve declaração de valor menor que o devido, com pagamento do total declarado, a homologação tácita (art. 150, § 4º, do CTN) extingue o direito de o fisco lançar o montante não declarado, o que significa decadência do direito de lançar, não prescrição do direito de cobrar. Ademais, em relação a eventual montante do crédito declarado, mas não pago, o prazo prescricional é contado do vencimento do tributo ou da declaração, se posterior – ver REsp 1.120.295/SP-repetitivo; **C:** incorreta, pois o prazo é de apenas cinco anos, não prevalecendo a tese do 5 mais 5 (o fisco defendia que o prazo decadencial quinquenal para lançar era contado a partir da homologação tácita (que ocorre cinco anos após o fato gerador, mas o STF afastou tal entendimento); **D:** incorreta, mas acreditamos ser essa a melhor alternativa. Se por "obter" o crédito refere-se a cobrar o montante correspondente, o prazo prescricional é mesmo, em regra, de cinco anos – art. 174 do CTN. 🔳

Gabarito "B".

(Procurador – SP – VUNESP – 2015) É causa que suspende a exigibilidade do crédito tributário a

(A) concessão de liminar em mandado de segurança.
(B) conversão do depósito em renda.
(C) consignação em pagamento.
(D) decisão administrativa irreformável.
(E) decisão judicial passada em julgado.

A: correta – art. 151, IV, do CTN; **B, C, D** e **E:** incorretas, pois são modalidades de extinção do crédito tributário, nos termos do art. 156 do CTN. Note que a causa suspensiva em comento é oriunda da concessão da liminar, e não da impetração do Mandado de Segurança em si. **FP**
Gabarito "A".

(Procurador – SP – VUNESP – 2015) O instituto de Direito Tributário que abrange exclusivamente as infrações cometidas anteriormente à vigência da lei que o concede denomina-se

(A) Remissão e extingue o crédito correspondente.
(B) Remissão e suspende o crédito correspondente.
(C) Remissão e exclui o crédito correspondente.
(D) Anistia e exclui o crédito correspondente.
(E) Anistia e suspende o crédito correspondente.

A: incorreta, pois remissão refere-se a todo o crédito tributário (tributo e ou penalidade pecuniária) – art. 172 do CTN; **B:** incorreta, conforme o comentário anterior, lembrando que remissão é modalidade de extinção do crédito, não de suspensão; **C:** incorreta, conforme comentários anteriores; **D:** correta, pois a anistia refere-se apenas a infrações e é modalidade de exclusão do crédito tributário – art. 180 do CTN; **E:** incorreta, pois anistia é modalidade de exclusão do crédito, não de suspensão – art. 180 do CTN. **RB**
Gabarito "D".

11. IMPOSTOS E CONTRIBUIÇÕES EM ESPÉCIE

11.1. ITR

(Procurador Municipal/SP – VUNESP – 2016) Caso determinado município opte, na forma da lei, por fiscalizar e cobrar o Imposto Territorial Rural, desde que não implique redução do imposto ou qualquer outra forma de renúncia fiscal, é correto afirmar que

(A) não poderá fazê-lo, por invadir competência federal constitucionalmente prevista.
(B) poderá fazê-lo, somente se a União delegar sua competência legislativa a fim de que o município publique lei instituindo o imposto em seu âmbito territorial.
(C) não poderá fazê-lo, salvo se a União renunciar expressamente à competência que possui.
(D) poderá fazê-lo, se a União autorizar, e desde que o município lhe repasse 50% da receita que arrecadar.
(E) poderá fazê-lo, caso em que terá direito à totalidade dos valores que a título do imposto arrecadar.

A: incorreta, pois o ITR pode ser fiscalizado e cobrado pelos Municípios que assim optarem, na forma da lei, desde que não implique redução do imposto ou qualquer outra forma de renúncia fiscal – art. 153, § 4º, III, da CF – transferência da capacidade tributária ativa autorizada pela Constituição Federal; **B:** incorreta, pois a previsão do art. 153, § 4º, III, da CF não implica transmissão da competência para legislar sobre o ITR, lembrando que toda competência tributária é indelegável; **C:** incorreta, conforme comentários anteriores; **D:** incorreta, pois, nessa hipótese do art. 153, § 4º, III, da CF, o Município ficará com 100% do valor arrecadado – art. 158, II, *in fine*, da CF; **E:** correta, nos termos dos arts. 153, § 4º, III, e 158, II, *in fine*, da CF, citados nos comentários anteriores. **FP**
Gabarito "E".

11.2. ICMS

(Procurador – PGE/SP – 2024 – VUNESP) Considere o decidido pelo Supremo Tribunal Federal no julgamento da ADC 49: "O deslocamento de mercadorias entre estabelecimentos do mesmo titular não configura fato gerador da incidência de ICMS, ainda que se trate de circulação interestadual" e assinale a alternativa correta.

(A) Tendo em vista que essas remessas não consubstanciam operações de circulação de mercadorias, mas meras transferências de estoque, houve o reconhecimento de que não é devido ICMS nessas operações, sem qualquer modulação dos efeitos dessa decisão, de modo que está aberta a possibilidade de restituição do que foi cobrado nos exercícios anteriores por parte dos contribuintes.
(B) Uma vez decidida a inconstitucionalidade da incidência de ICMS na transferência de mercadorias entre estabelecimentos da mesma pessoa jurídica, presentes razões de segurança jurídica e interesse social, foram modulados os efeitos da decisão para que se aplique às operações de circulação de mercadorias ocorridas a partir de 01/01/2024, ressalvados os processos administrativos e judiciais pendentes de conclusão até a data da publicação da ata de julgamento da decisão de mérito da ADC 49.
(C) Em razão do disposto no inciso II do § 2º do artigo 155 da Constituição Federal, a operação, interna ou interestadual, não implicará crédito para compensação com o montante devido nas operações ou prestações seguintes e acarretará a anulação do crédito relativo às operações anteriores, uma vez que equivale a uma não incidência.
(D) Embora essas remessas não consubstanciem operações de circulação de mercadorias, mas meras transferências de estoque, restou decidido que se os Estados não disciplinarem a transferência dos créditos entre os estabelecimentos do mesmo titular, para evitar a guerra fiscal, eles (os créditos) serão anulados nas remessas interestaduais.
(E) Tendo em vista que estas remessas não consubstanciam operações de circulação de mercadorias, mas meras transferências de estoque, o crédito não é anulado e, desde logo, fixou o Supremo Tribunal Federal, vislumbrando a omissão legislativa, que eles (os créditos) devem ser assegurados integralmente pelas unidades federadas de origem e de destino na mesma proporção (metade para cada unidade federada), nas operações interestaduais, em aplicação do princípio da igualdade dos entes federativos.

A: incorreta, pois houve modulação dos efeitos da decisão na ADC 49: "presentes razões de segurança jurídica e interesse social (art. 27 da Lei 9868/1999) justificável a modulação dos efeitos temporais da decisão para o exercício financeiro de 2024 ressalvados os processos administrativos e judiciais pendentes de conclusão até a data de publicação da ata de julgamento da decisão de mérito (29/04/2021)"; **B:** correta, conforme comentário à alternativa A; **C:** incorreta, pois o STF decidiu que: "o reconhecimento da inconstitucionalidade da pretensão arrecadatória dos estados nas transferências de mercadorias entre estabelecimentos de uma mesma pessoa jurídica não corresponde a não incidência prevista no art. 155, § 2º, II, ao que mantido o direito de creditamento do contribuinte"; **D:** incorreta, pois o STF reconheceu

7. DIREITO TRIBUTÁRIO

o direito de transferência do crédito de ICMS, a ser regulamentado pelos Estados até 1º/01/2024. Exaurido o prazo sem que os Estados disciplinem a transferência de créditos de ICMS entre estabelecimentos de mesmo titular, fica reconhecido o direito dos sujeitos passivos de transferirem tais créditos; **E**: incorreto, pois foi concedido prazo para os Estados disciplinarem a transferência de créditos de ICMS entre estabelecimentos do mesmo titular, conforme comentário à alternativa D.

Gabarito "B".

(Procurador – PGE/SP – 2024 – VUNESP) Considere a seguinte situação em relação à não cumulatividade do ICMS e aos institutos da prescrição e da decadência tributárias: um contribuinte de ICMS realizou operações de saídas de mercadorias no valor de R$ 20.000,00 (vinte mil reais) para um determinado mês de referência e, nesse mesmo mês, adquiriu mercadorias no valor de R$ 15.000,00 (quinze mil reais). Diante desse quadro, tendo ainda em vista que ele não detinha saldo credor de ICMS relativo às referências passadas para transferir, ele declarou, constituindo o crédito tributário mediante apresentação de Guia de Informação e Apuração de ICMS-GIA-ICMS, débito no valor de R$ 500,00 (quinhentos reais) e fez o pagamento integral desse montante dentro do prazo de vencimento. Considerando, hipoteticamente, que a alíquota do ICMS é de 20% (vinte por cento), analise as alternativas a seguir e assinale aquela que está correta.

(A) O contribuinte declarou ICMS em valor inferior ao devido, cabendo ao Fisco Estadual efetuar a cobrança do valor não declarado no prazo prescricional de 5 (cinco) anos, contados da data do vencimento, sendo desnecessária a realização de lançamento, nos moldes da Súmula 436 do Superior Tribunal de Justiça.

(B) O contribuinte declarou ICMS em valor inferior ao devido, cabendo ao Fisco Estadual efetuar o lançamento do valor não declarado dentro do prazo prescricional de 5 (cinco) anos, contados da data do vencimento.

(C) O contribuinte declarou ICMS em valor inferior ao devido, cabendo ao Fisco Estadual efetuar o lançamento do valor não declarado dentro do prazo decadencial de 5 (cinco) anos, contados da data do primeiro dia do exercício seguinte àquele em que o lançamento deveria ser efetuado, porquanto não se cogitou da ocorrência de dolo, fraude ou simulação.

(D) O contribuinte declarou ICMS em valor inferior ao devido, cabendo ao Fisco Estadual efetuar o lançamento do valor não declarado dentro do prazo decadencial de 5 (cinco) anos, contados da data da ocorrência do fato gerador.

(E) O contribuinte declarou o ICMS em valor inferior ao devido, mas como efetuou o pagamento antecipado do valor, o Fisco não pode efetuar o lançamento do valor remanescente.

Cálculo do ICMS devido:

Etapa 1: Débito de ICMS sobre as operações de saída: 20% de R$ 20.000,00 = R$ 4.000,00

Etapa 2: Crédito de ICMS sobre as operações de entrada: 20% de R$ 15.000,00 = R$ 3.000,00

Etapa 3: ICMS a pagar: R$ 4.000,00 – R$ 3.000,00 = R$ 1.000,00

Etapa 4: ICMS declarado e pago = R$ 500,00.

Etapa 5: Débito de ICMS a ser lançado = R$ 500,00

A: incorreta. Considerando que o valor declarado e pago foi de apenas R$ 500,00, o Fisco deverá efetuar o lançamento da diferença apurada (R$ 500,00) no prazo decadencial de 05 anos. É inaplicável ao caso a Súmula 436 do STJ pois o valor declarado não foi do total do débito (R$ 1.000,00), mas de apenas parte do valor (R$ 500,00) sendo necessário, portanto, o lançamento da diferença (R$ 500,00); **B**: incorreta, pois o prazo, no caso, não é para a cobrança (prescrição), mas sim para a constituição do crédito tributário por meio do lançamento (decadência); **C**: incorreta, pois o ICMS é, em regra, tributo sujeito ao lançamento por homologação. Assim, se houve declaração parcial do débito e pagamento de parte do valor devido, o prazo é contado do fato gerador, de acordo com o art. 150, § 4º, do CTN, e não segundo o art. 173 do CTN, conforme interpretação extraída da Súmula 555 do STJ. O prazo somente seria contado da data do primeiro dia do exercício seguinte àquele em que o lançamento deveria ser efetuado se não tivesse havido qualquer pagamento ou declaração do débito e em caso de dolo, fraude ou simulação (art. 173, I c/c art. 149, V e VII, do CTN); **D**: correta, conforme comentários à alternativa C; **E**: incorreta, pois o Fisco tem o poder dever de efetuar o lançamento (art. 142, parágrafo único, do CTN) do valor remanescente respeitado o prazo decadencial de 5 anos a partir do fato gerador, conforme comentários anteriores. Transcorrido tal prazo estará extinto o crédito tributário, sem possibilidade de ser reativado por qualquer sistemática de lançamento ou autolançamento, seja ela via documento de confissão de dívida, declaração de débitos, parcelamento ou de outra espécie qualquer (DCTF, GIA, DCOMP, GFIP etc.), segundo tese fixada pelo STJ (Tema Repetitivo 604).

Gabarito "D".

(Procurador – PGE/SP – 2024 – VUNESP) Sobre o regime jurídico da isenção do Imposto sobre a Circulação de Mercadorias e Serviços de Transporte Interestadual e Intermunicipal e de Comunicações, assinale a alternativa correta.

(A) Apesar da autonomia dos Estados, decorrente do princípio federativo e do princípio da estrita legalidade tributária, é legítima a concessão de isenção de ICMS tão logo celebrado Convênio pelos Estados no âmbito do Conselho Nacional de Política Fazendária – CONFAZ, independentemente de sua ratificação, tácita ou expressa, pelo Poder Executivo do respectivo Estado Federado.

(B) Apesar da autonomia dos Estados, decorrente do princípio federativo e do princípio da estrita legalidade tributária, a isenção de ICMS prevista em Convênio celebrado no âmbito do Conselho Nacional de Política Fazendária – CONFAZ é legítima tão logo o Poder Executivo respectivo ratifique-o, mesmo que outros Estados tenham-no rejeitado.

(C) Apesar da autonomia dos Estados, decorrente do princípio federativo e do princípio da estrita legalidade tributária, a concessão de isenções de ICMS depende de autorização por intermédio de Convênio celebrado pelos Estados no âmbito do Conselho Nacional de Política Fazendária – CONFAZ, ratificado, tácita ou expressamente, pelo Poder Executivo de todos os entes federados, sem o que sua aplicação torna-se ilegítima.

(D) Em razão da autonomia dos Estados, decorrente do princípio federativo e do princípio da estrita legalidade tributária, é legítima a concessão de isenção de ICMS por meio de lei estadual, independentemente de autorização do Conselho Nacional de Política Fazendária – CONFAZ, tal qual exigido pela Lei Complementar nº 24/75.

(E) Em razão do princípio da autonomia dos entes federados e da proibição da concessão de isenções heterônomas, considerando que o CONFAZ é órgão federal, a Lei Complementar nº 24/75 não foi recepcionada pela Constituição Federal, cabendo exclusivamente aos Estados decidir acerca da isenção do ICMS em seus respectivos territórios.

Em relação ao ICMS, visando evitar guerra fiscal, a Constituição Federal exige a celebração de convênio pelos Estados/DF no âmbito do Conselho Nacional de Política Fazendária (CONFAZ) para a concessão de isenção, nos termos da parte final do art. 150, § 6º. Ainda segundo a CF/88, cabe à lei complementar regular a forma como, mediante deliberação dos Estados e do Distrito Federal, isenções, incentivos e benefícios fiscais serão concedidos e revogados (art. 155, § 2º, XII, g, da CF/88). A Lei Complementar 24/1975 disciplina a matéria nos seguintes termos: "Art. 1º As isenções do imposto sobre operações relativas à circulação de mercadorias serão concedidas ou revogadas nos termos dos convênios celebrados e ratificados pelos Estados e pelo Distrito Federal, segundo esta Lei". "Art. 4º Dentro do prazo de 15 (quinze) dias contados da publicação dos convênios no Diário Oficial da União, e independentemente de qualquer outra comunicação, o Poder Executivo de cada Unidade da Federação publicará decreto ratificando ou não os convênios celebrados, considerando-se ratificação tácita dos convênios a falta de manifestação no prazo assinalado neste artigo". Cumpre ressaltar que, segundo o STF, a LC 24/75 foi recepcionada pela CF/88, conforme se extrai do seguinte julgado: "nos termos do artigo 155, § 2º, inciso XII, alínea "g, da Constituição Federal, compete à lei complementar regulamentar a forma como os Estados e o Distrito Federal deliberarão sobre a instituição de isenções, incentivos e benefícios fiscais relativos ao ICMS. A LC 24/1975 efetiva o mandamento constitucional e retrata o alcance dos convênios celebrados pelos Estados e Distrito Federal, formalizados pelo Conselho Nacional de Política Fazendária – CONFAZ". Por todo o exposto, correta a alternativa C e incorretas as demais. **LS**

Gabarito "C".

(Juiz de Direito – TJ/SP – 2023 – VUNESP) Uma empresa promove, rotineiramente, transferência de mercadorias entre seus vários estabelecimentos comerciais e foi autuada pela Fazenda Estadual para o pagamento do tributo relativo a referidas transferências, promovidas entre estabelecimentos do mesmo contribuinte, porque consistem em circulação de mercadoria, nos termos da LC 87/96 e da legislação estadual, pois configuram fato gerador do ICMS. Essa autuação

(A) está correta porque o deslocamento de bens ou mercadorias entre estabelecimentos de uma mesma empresa se subsume à hipótese de incidência do ICMS, porquanto, para a ocorrência do fato imponível é suficiente a circulação física da mercadoria independentemente da transferência da propriedade.

(B) não se sustenta porque o deslocamento de bens ou mercadorias entre estabelecimentos de uma mesma empresa, por si, não se subsume à hipótese de incidência do ICMS, porquanto, para a ocorrência do fato imponível é imprescindível a circulação jurídica da mercadoria com a transferência da propriedade.

(C) está correta porque o fato imponível relativo ao ICMS é a saída da mercadoria do estabelecimento, e no caso, essas saídas se dão a cada transferência, não sendo juridicamente relevante a circunstância de que estas se dão entre estabelecimentos de uma mesma empresa.

(D) não se sustenta porque a adequada interpretação da legislação tributária faz presumir que estabelecimentos de uma mesma empresa sejam considera- dos como estabelecimento único, de forma que não é possível falar em circulação física da mercadoria.

O gabarito é a letra B. A questão já era tratada no STJ na Súmula 166 e, atualmente, está fundamentada no Tema 1.099 do STF, em sede de repercussão geral, com a seguinte tese fixada: "não incide ICMS no deslocamento de bens de um estabelecimento para outro do mesmo contribuinte localizados em estados distintos, visto não haver a transferência da titularidade ou a realização de ato de mercancia". As alternativas A, C e D, por sua vez, estão incorretas, visto que estão em conflito com o gabarito. **FP**

Gabarito "B".

(Procurador do Estado/SP – 2018 – VUNESP) Tendo em mente as disposições constitucionais sobre a fixação de alíquotas do ICMS, assinale a alternativa correta.

(A) A alíquota do ICMS aplicável às operações ou prestações interestaduais, que destinem a bens ou serviços a consumidor final, é aquela do Estado de origem.

(B) A alíquota do ICMS aplicável às operações ou prestações interestaduais é a do Estado de destino, somente no caso em que o adquirente for contribuinte do imposto.

(C) As alíquotas internas máximas do ICMS não podem ser fixadas pelo Senado Federal em hipótese alguma.

(D) O ICMS pode ter alíquotas mínimas para operações internas fixadas pelo Senado Federal.

(E) A alíquota do ICMS incidente em operações de exportação não pode ser fixada pelo Senado Federal.

A: incorreta, pois, após a EC 87/2015, mesmo as operações interestaduais destinadas ao consumidor final sujeitam-se à alíquota interestadual, cabendo ao Estado de destino a diferença entre a alíquota interestadual (menor) e a interna (maior), nos termos do art. 155, § 2º, VII, da CF; **B:** incorreta, pois a alíquota será sempre a interestadual – art. 155, § 2º, VII, da CF; **C:** incorreta, pois é facultado ao Senado fixar alíquotas internas máximas, para resolver conflito específico que envolva interesse de Estados, mediante resolução de iniciativa da maioria absoluta e aprovada por dois terços de seus membros – art. 155, § 2º, V, *b*, da CF; **D:** correta, nos termos do art. 155, § 2º, V, a, da CF; **E:** correta, embora seja prevista essa competência do Senado no art. 155, § 2º, IV, *in fine*, da CF. Isso porque atualmente há imunidade em relação a todas as exportações, ou seja, não existe alíquota de ICMS para exportação – art. 155, § 2º, X, *a*, da CF.
OBS.: discordamos do gabarito oficial, pois a alternativa "E" também é correta. **RB**

Gabarito "D".

11.3. ITCMD

(Juiz de Direito – TJ/SP – 2023 – VUNESP) Em processo de inventário, foi apurado o valor do ITCMD devido em razão da transmissão causa mortis, e o herdeiro, após manifestação do representante da Fazenda do Estado nos autos judiciais, que concordou com o valor indicado, ressalvando o direito de exigir créditos decorrentes do imposto em razão de erros, omissões ou direito de terceiros em prejuízo do Estado, efetuou o recolhimento do tributo na sua integralidade e no prazo correto. O imóvel foi, no mesmo exercício financeiro, alienado a terceiros ainda no curso do inventário e mediante avaliação e decisão judicial, por valor superior ao da aquisição, valor esse que foi informado pelo herdeiro na declaração de imposto de renda respectiva. O fisco, então, autuou o contribuinte, afirmando que havia diferença decorrente de recebimento por ato gratuito informado à Receita Federal e exigiu o pagamento de ITCMD incidente sobre doação. O contribuinte ingressou em Juízo questionando essa exigência. No caso,

7. DIREITO TRIBUTÁRIO · 301

(A) está correta a exigência fiscal, pois a informação de alteração patrimonial feita ao Fisco Federal, na declaração de ajuste do Imposto de Renda, utiliza campo único para transferências por doação ou por herança, e a Fazenda do Estado, ressalvou, no inventário, o direito de exigir créditos decorrentes do imposto em razão de erros, omissões ou direito de terceiros em prejuízo do Estado, o que foi feito mediante a imputação de tributo incidente sobre a doação.

(B) está correta a exigência fiscal, pois a informação de alteração patrimonial feita ao Fisco Federal, na declaração de ajuste do Imposto de Renda, utiliza campo único para transferências por doação ou por herança, e verificando-se, pela análise do processo de inventário, que a diferença apurada decorre de ter sido adotado valor menor para o recolhimento do imposto do que o valor efetivamente obtido com a venda do mesmo imóvel, o que revela que se trata de recebimento de doação.

(C) não se verifica a hipótese de incidência de ITCMD descrita no AIIM qual seja, doação, transmissão por ato gratuito inter vivos, a ensejar a infração, porque, o aspecto material da regra matriz referente à doação diz respeito à transmissão gratuita inter vivos de bens ou direitos, o que não ocorreu no caso concreto, posto que não há como se admitir como doador, a partir da Declaração de Imposto de Renda, o referido espólio.

(D) não se sustenta a exigência expressa no AIIM, porque embora a Fazenda tenha ressalvado, nos autos do inventário, o direito de exigir créditos decorrentes do imposto em razão de erros, omissões ou direito de terceiros em prejuízo do Estado, operou-se, no caso, a coisa julgada administrativa que impede a exigência posterior de diferença fundada em informações prestadas pelo contribuinte na declaração feita à Receita Federal.

A e B: incorretas, uma vez que determinam a existência da exigência fiscal; **C:** correta. A fazenda, para tributar o contribuinte, considerou o espólio como doador do bem imóvel. Entretanto, o contrato de doação só pode ser celebrado entre vivos, sendo que o ganho de capital auferido pelo contribuinte não seria tributável. Vide art. 155, I, § 1º, da CF/1988. Assim, não se verifica a hipótese de incidência de ITCMD descrita no AIIM qual seja, doação, transmissão por ato gratuito inter vivos – *já que o herdeiro já fez esse recolhimento* – a ensejar a infração, porque, o aspecto material da regra matriz referente à doação diz respeito à transmissão gratuita inter vivos de bens ou direitos, o que não ocorreu no caso concreto – *não houve doação para que fosse cobrado ITCMD e o contribuinte declarou em seu IR o respectivo ganho* –, posto que não há como se admitir como doador, a partir da Declaração de Imposto de Renda, o referido espólio. **D:** incorreta, pois inexiste coisa julgada administrativa no caso. **FF**
Gabarito "C".

(Procurador do Estado/SP – 2018 – VUNESP) Consideradas as disposições da Constituição Federal e da Lei Paulista no 10.705, de 2000, sobre o Imposto sobre a Transmissão Causa Mortis e Doações – ITCMD – assinale a alternativa correta.

(A) É contribuinte do ITCMD, em caso de doação, o donatário residente no Estado de São Paulo.

(B) Compete ao Estado de domicílio do de cujus o ITCMD incidente na transmissão causa mortis de bens imóveis.

(C) Em caso de imóveis, o ITCMD incide somente por transmissão causa mortis e, em caso de outros bens e direitos, o imposto incide sobre a transmissão a qualquer título.

(D) A instituição do ITCMD pelos Estados depende de lei complementar federal que regule os aspectos específicos da incidência em qualquer hipótese de transmissão ou de qualquer bem, independentemente da situação do contribuinte ou responsável.

(E) A doação com encargos não se sujeita à incidência do ITCMD.

A: correta – art. 155, § 1º, II, da CF e art. 7º, III, da Lei SP 10.705/2000; **B:** incorreta, pois, no caso da incidência *causa mortis*, o ITCMD é devido no local onde se processar o inventário ou o arrolamento, no caso de bens móveis, ou no local do bem imóvel – art. 155, § 1º, I e II, da CF; **C:** incorreta, pois incide o ITCMD também na doação de bens imóveis – art. 155, I, da CF; **D:** incorreta, pois o art. 155, § 1º, III, da CF prevê regulação da competência para instituição apenas nos casos em que (i) o doador tiver domicílio ou residência no exterior e em que (ii) o *de cujus* possuía bens, era residente ou domiciliado ou teve o seu inventário processado no exterior; **E:** incorreta, pois toda doação se sujeita ao ITCMD – art. 155, I, da CF. **RB**
Gabarito "A".

(Defensor Público/RO – 2017 – VUNESP) João da Silva, residente e domiciliado no Município do Rio de JaneiroRJ, faleceu em 1º de janeiro de 2017, deixando como únicos herdeiros Maria da Silva e Renato da Silva, seus filhos, e como único bem de herança um imóvel estabelecido em zona rural, no Município de Porto Velho – RO. A ação judicial de inventário e partilha foi pro posta por Maria da Silva, três meses após o falecimento de seu pai, na Justiça Estadual do Rio de JaneiroRJ.

(A) O imposto devido é de competência estadual e será devido ao Estado no qual ocorrer a proposição da ação de inventário e partilha, ou seja, ao Estado do Rio de Janeiro.

(B) O fato gerador do imposto em questão ocorreu no momento da proposição da ação de inventário, por se tratar do momento em que as circunstâncias materiais necessárias à produção dos efeitos de transmissão causa mortis se verificaram.

(C) O inventariante não será responsável, nos atos em que intervier, pelos tributos devidos pelo espólio, nos casos de impossibilidade de exigência do cumpri mento da obrigação principal por este.

(D) A Fazenda Pública não está adstrita aos valores dos bens declarados pelo inventariante e poderá desconsiderar atos e negócios jurídicos com finalidade de dissimular a ocorrência do fato gerador do tributo, observa dos os procedimentos estabelecidos em lei ordinária.

(E) Por se tratar de propriedade rural, o tributo incidente na situação descrita é o imposto territorial rural e a competência para a instituição desse imposto é do Estado em que se localiza o imóvel.

A: incorreta, pois, no caso de bem imóvel, o ITCMD será devido ao Estado de Rondônia, onde está localizado esse bem – art. 155, § 1º, I, da CF; **B:** incorreta, pois o fato gerador do ITCMD se dá na abertura da sucessão (falecimento) – ver Súmula 112/STF; **C:** incorreta, pois o inventariante é responsável, nos termos do art. 134, IV, do CTN; **D:** correta, nos termos da norma antielisão – art. 116, parágrafo único, do CTN; **E:** incorreta, pois incide o ITCMD em relação à transmissão do imóvel decorrente do falecimento, devido ao Estado onde localizado o bem (art. 155, § 1º, I, da CF), sem prejuízo do ITR, mas que não é devido em relação à transmissão descrita na questão, e sim decorrente da propriedade do imóvel rural. RB

Gabarito "D".

11.4. IPVA

(Procurador – PGE/SP – 2024 – VUNESP) Sobre as figuras do contribuinte e do responsável tributário no âmbito do Imposto sobre a Propriedade de Veículos Automotores, considere a seguinte situação hipotética:

O proprietário de um veículo automotor efetuou a sua venda para um terceiro no dia 30.03.2022 e tanto ele quanto o comprador não informaram a alienação ao Fisco Estadual, de modo que o veículo, no cadastro estadual, permaneceu em nome do antigo proprietário. No ano seguinte, o Fisco notificou o alienante do lançamento tributário do IPVA feito em seu nome, dando-lhe o prazo de 30 (trinta) dias para efetuar o pagamento do débito. O contribuinte, então, ingressou com ação para anular o crédito tributário, sob o argumento de que, com a tradição do automóvel ao comprador, ele deixou de manter qualquer vínculo com a situação que constitui o fato gerador – a propriedade do veículo – o que torna a cobrança ilegal, pois não poderia figurar como sujeito passivo da obrigação tributária, seja na qualidade de contribuinte, seja na de responsável. Considerando o teor da Súmula 585 do Superior Tribunal de Justiça e o decidido por este mesmo Tribunal Superior no julgamento do tema repetitivo 1.118, assinale a alternativa correta.

(A) A ação anulatória deve ser julgada improcedente, desde que haja expressa previsão legal dessa hipótese de responsabilidade tributária em lei estadual específica.

(B) A ação anulatória deve ser julgada improcedente, porque o contribuinte do imposto é quem figura nessa qualidade no cadastro do veículo junto ao Fisco Estadual, não tendo qualquer importância o fato de ele ter sido vendido antes da ocorrência do fato gerador.

(C) A ação anulatória deve ser julgada improcedente, pois a responsabilização do alienante do veículo é legítima, sendo despicienda a sua previsão em lei estadual, bastando para tanto a previsão na legislação de trânsito.

(D) A ação anulatória deve ser julgada procedente, pois fere o disposto no artigo 128 do Código Tributário Nacional a imposição de responsabilidade tributária ao alienante de veículos, dado que este, com a tradição, não mantém mais relação direta ou indireta com o fato gerador do IPVA.

(E) A ação anulatória deve ser julgada procedente, dado que a obrigação de informar a alienação do veículo compete exclusivamente ao comprador, sendo, portanto, ilegal punir o vendedor pelo descumprimento de um dever que não lhe compete.

A: correta, pois o Código de Trânsito Brasileiro (art. 134) prevê que, se o vendedor não fizer a comunicação ao DETRAN, poderá ser responsabilizado solidariamente pelas penalidades impostas e suas reincidências até a data da comunicação. Ou seja, a responsabilidade do antigo proprietário é em relação à penalidade (multa) e não ao tributo (IPVA). Nesse sentido, Súmula 585 do STJ: "A responsabilidade solidária do ex-proprietário, prevista no art. 134 do Código de Trânsito Brasileiro – CTB, não abrange o IPVA incidente sobre o veículo automotor, no que se refere ao período posterior à sua alienação". Porém, de acordo com tese fixada pelo STJ: Havendo previsão em lei estadual, admite-se a responsabilidade solidária de ex-proprietário de veículo automotor pelo pagamento do Imposto sobre a Propriedade de Veículos Automotores – IPVA, em razão de omissão na comunicação da alienação ao órgão de trânsito local, excepcionando-se o entendimento da Súmula n. 585/STJ (tema repetitivo 1118); **B, C, D e E:** incorretas, conforme comentário à alternativa A. LS

Gabarito "A".

(Procurador do Estado/SP – 2018 – VUNESP) Consideradas as disposições da Constituição Federal e da Lei Paulista no 13.296, de 2008, sobre o Imposto sobre a Propriedade de Veículos Automotores – IPVA, é correto afirmar:

(A) o adquirente de veículo usado, com IPVA inadimplido, é responsável, exclusivamente, pelo débito relativo ao exercício em que ocorrer a compra e venda.

(B) considera-se ocorrido o fato gerador do IPVA no dia 1º de janeiro de cada ano para veículos usados e na data da primeira aquisição pelo consumidor para veículos novos.

(C) a incorporação de veículo novo ao ativo permanente do fabricante do bem não é fato gerador do IPVA, por não implicar transferência de propriedade.

(D) o recolhimento do IPVA incidente na aquisição de veículo novo fica diferido para o dia 1º de janeiro subsequente à aquisição.

(E) a base de cálculo do IPVA é o valor de mercado do veículo, usado ou novo, conforme fixado por autoridade no lançamento.

A: incorreta, pois o adquirente do veículo é responsável por sucessão em relação aos débitos deixados pelo alienante – art. 131, I, do CTN; **B:** correta. Embora o candidato precise conhecer a lei estadual para ter certeza sobre o momento de incidência do IPVA (já que se trata de tributo com fato gerador continuado, que se renova a cada ano), o usual é a incidência na data da primeira aquisição por consumidor final e em 1º de janeiro dos exercícios subsequentes – art. 3º, I e II, da Lei SP 13.296/2008; **C:** incorreta, até porque a legislação estadual não prevê incidência em desfavor do fabricante antes da aquisição pelo consumidor final. Quando o veículo é incorporado ao ativo permanente do fabricante significa que não será vendido novo para consumidor final, de modo que incide o IPVA, na forma da legislação estadual (é como se o fabricante fosse o consumidor final, na qualidade de usuário do veículo) – art. 3º, IV, da Lei SP 13.296/2008; **D:** incorreta, pois o IPVA incide na data da primeira aquisição do veículo novo por consumidor final – art. 3º, II, da Lei SP 13.296/2008; **E:** incorreta, pois, no caso do veículo novo vendido a consumidor final, por exemplo, a base de cálculo é o valor constante no documento fiscal – art. 7º, II, da Lei SP 13.296/2008. RB

Gabarito "B".

11.5. ISS

(Juiz de Direito – TJ/SP – 2023 – VUNESP) Depois de muitos anos de disputa o Supremo Tribunal Federal, em 2021, colocou fim ao conflito de competências entre Estados, que buscavam a definição pelo ICMS, e Municípios, que defendiam a tributação pelo ISS, das operações de licenciamento ou cessão do direito de uso de programas de computador (software). Com isso ficou definido que

(A) as operações de software padronizado devem sofrer a incidência do ISS, e as do elaborado por encomenda devem ser tributadas pelo ICMS.

(B) todas essas operações, tanto de software padronizado como elaborado por encomenda, devem sofrer a incidência do ICMS, e não do ISS.

(C) as operações de software padronizado devem sofrer a incidência do ICMS, e as do elaborado por encomenda devem ser tributadas pelo ISS.

(D) todas essas operações, tanto de software padronizado como elaborado por encomenda, devem sofrer a incidência do ISS, e não do ICMS.

O gabarito é a letra D. No julgamento das ADIs 5659 e 1945, entendeu o STF sobre a exclusão da incidência do ICMS sobre o licenciamento ou a cessão de direito de uso de programas de computador (software), incidindo o ISS por força de um serviço que resulta do esforço humano. As demais alternativas A, B, C e E estão em conflito com o exposto e, portanto, são consideradas incorretas. **EF**
Gabarito "D".

(Procurador do Estado/SP – 2018 – VUNESP) Empresa Alfa, com estabelecimento único no Município de Diadema, contrata a empresa Beta, com estabelecimento único no Município de São Bernardo do Campo, para a demolição de edifício localizado no Município de São Caetano do Sul. Consideradas as regras sobre o aspecto espacial do Imposto Sobre Serviços de Qualquer Natureza – ISSQN, conforme a Lei Complementar Federal no 116, de 2003, é correto afirmar que o ISSQN será devido

(A) para o Município de São Caetano do Sul, local da prestação do serviço, se, e somente se, o prestador do serviço lá estiver inscrito.

(B) para o Município de Diadema, local do estabelecimento tomador do serviço, se, e somente se, houver previsão na lei municipal de responsabilização do tomador do serviço.

(C) para o Município de São Caetano do Sul, local da prestação do serviço.

(D) para o Município de Diadema, local do estabelecimento tomador do serviço.

(E) para o Município de São Bernardo do Campo, local do estabelecimento prestador do serviço.

No caso de demolição, o ISS é devido no local onde está a construção a ser demolida (= local da prestação do serviço), ou seja, no Município de São Caetano do Sul – art. 3º, IV, da LC 116/2003. Por essa razão, a alternativa "C" é a correta. **RB**
Gabarito "C".

(Juiz de Direito – TJ/SP – VUNESP – 2015) Na cobrança do ISSQN sobre serviços bancários, é correto afirmar, com base nos atuais julgamentos do STJ, que

(A) a lista de serviços previstos na legislação é taxativa e não admite outras inclusões.

(B) a lista de serviços previstos na legislação é taxativa, porém, admite leitura extensiva para serviços idênticos embora com denominações distintas.

(C) a lista de serviços previstos na legislação é exemplificativa, logo, admite outras inclusões.

(D) a lista de serviços previstos na legislação para a atividade bancária tem tratamento específico porque os serviços bancários têm natureza genérica, sujeitos, portanto, como regra, ao pagamento daquele tributo.

A: imprecisa, pois, apesar de a lista ser taxativa, admite interpretação extensiva para serviços congêneres – ver REsp 1.111.234/PR-repetitivo; **B:** correta, conforme comentário anterior; **C:** incorreta, pois a lista é

taxativa, conforme comentários anteriores; **D:** incorreta, pois somente os serviços bancários listados taxativamente podem ser tributados pelos municípios, observada a possibilidade de interpretação extensiva dos serviços congêneres, como já dito. **RB**
Gabarito "B".

11.6. IPTU

(Juiz de Direito – TJ/SP – VUNESP – 2015) O Supremo Tribunal Federal, no julgamento do ARE 639632 AgR/MS, ao analisar a questão relativa à cobrança progressiva do IPTU estabeleceu alguns parâmetros e, de acordo com tal julgamento, é correto afirmar que

(A) a parafiscalidade é o fenômeno por meio do qual se busca a concretização da função social da propriedade.

(B) é inconstitucional o regime de alíquotas progressivas do IPTU com base no valor venal do imóvel.

(C) a progressividade extrafiscal também tem previsão normativa no Estatuto da Cidade.

(D) os pressupostos e condições para aplicação da progressividade extrafiscal e da progressividade fiscal devem ser os mesmos.

A: incorreta, pois a assertiva se refere à progressividade extrafiscal do IPTU, conforme citado precedente do STF. Parafiscalidade ocorre quando o tributo é cobrado por sujeito ativo delegado (outro, que não o ente competente), na forma da lei, que fica com o produto da arrecadação para realização de suas atividades; **B:** incorreta, pois é constitucional a progressividade fiscal, conforme o art. 156, § 1º, I, da CF (a Súmula 668/STF refere-se ao período anterior à EC 29/2000); **C:** correta – art. 182, § 4º, II, da CF e art. 7º do Estatuto da Cidade; **D:** incorreta, pois a progressividade extrafiscal é baseada na função social da propriedade, enquanto a progressividade fiscal refere-se à capacidade contributiva – ver o ARE 639.632 AgR/MS. **RB**
Gabarito "C".

11.7. ITBI

(Juiz de Direito – TJ/SP – VUNESP – 2015) Na Arguição de Inconstitucionalidade 0056693-19.2014, o Órgão Especial do Tribunal de Justiça do Estado de São Paulo, ao analisar legislação do Município de São Paulo, fixando a base de cálculo do Imposto sobre Transmissão de Bens Imóveis (ITBI), concluiu que

(A) a base de cálculo do ITBI a ser considerada pelo contribuinte é aquela periodicamente apurada pelo órgão municipal competente.

(B) compete ao contribuinte impugnar, caso discorde da cobrança, o valor indicado como base de cálculo do ITBI pela Municipalidade, presumido como correto.

(C) é válido instituir como base de cálculo do ITBI o valor pelo qual o bem ou direito é negociado à vista.

(D) o contribuinte deve recolher o ITBI e o IPTU adotando como base de cálculo o valor venal de referência.

A: incorreta, pois a base de cálculo do ITBI é o valor venal, ou seja, o valor de mercado; **B:** incorreta, pois o TJ-SP determinou que o valor apurado periodicamente pela Prefeitura serve apenas como parâmetro para verificação do preço declarado pelo contribuinte; **C:** correta, pois foi esse o entendimento do TJ-SP, afastando o argumento do contribuinte, de que dever-se-ia adotar a mesma base de cálculo do IPTU (em regra, bem inferior ao valor de mercado); **D:** incorreta, pois o valor venal de referência é aquele adotado como parâmetro pela Prefeitura para fiscalização o ITBI. A base de cálculo do IPTU, que não se confunde com o ITBI, conforme entendimento não apenas do TJ-SP, mas também do STJ, é o valor venal apurado pela planta genérica de valores (fixada em lei). **RB**

Gabarito "C".

11.8. TEMAS COMBINADOS DE IMPOSTOS E CONTRIBUIÇÕES

(Juiz de Direito – TJ/SP – 2023 – VUNESP) Está presente na doutrina o estudo da regra matriz de incidência tributária, que aborda critérios para verificação da ocorrência de fato concreto que, em sendo correspondente à hipótese definida em lei, tenha por consequência o surgimento de obrigação tributária. Com relação à regra matriz, é correto afirmar que

(A) a consequência tributária é composta dos critérios material, espacial e temporal.

(B) a hipótese tributária é composta por dois critérios: o material e o pessoal.

(C) a hipótese tributária contempla o critério quantitativo, formado pela base de cálculo e pela alíquota.

(D) na consequência tributária se apresentam os critérios pessoal e quantitativo.

O gabarito é a letra D. Há uma construção na Doutrina que determina que a Regra-Matriz de Incidência Tributária é subdividida em aspectos antecedentes e consequentes. Ao se falar em aspectos antecedentes, vislumbramos o critério material (verbo + complemento), o critério espacial (território geográfico) e o critério temporal (momento da ocorrência do fato gerador). Assim, diante da união dos aspectos antecedentes, surgem os aspectos consequentes, isto é, o critério pessoal (sujeito ativo e passivo da relação jurídica) e o critério quantitativo (base de cálculo + alíquota). Logo, a única resposta possível é a alternativa D, fugindo as demais do mencionado anteriormente como gabarito. **FP**

Gabarito "D".

(Juiz de Direito – TJ/SP – 2023 – VUNESP) O parágrafo único do artigo 116 do Código Tributário Nacional, incluído pela Lei Complementar no 104/2001, ao dispor que "*A autoridade administrativa poderá desconsiderar atos ou negócios jurídicos praticados com a finalidade de dissimular a ocorrência do fato gerador do tributo ou a natureza dos elementos constitutivos da obrigação tributária, observados os procedimentos a serem estabelecidos em lei ordinária*", foi objeto de apreciação pelo Supremo Tribunal Federal, que julgou improcedente a ADI 2446/DF, com a seguinte ementa: "Ação direta de inconstitucionalidade. Lei Complementar n. 104/2001. Inclusão do parágrafo único ao art. 116 do Código Tributário Nacional. Norma geral antielisiva. Alegações de ofensa aos princípios da legalidade, da legalidade estrita em direito tributário e da separação dos poderes não configuradas. Ação direta julgada improcedente".

O reconhecimento da constitucionalidade da regra legal em análise tem por consequência:

(A) a viabilidade de regular planejamento tributário, porque enquanto na elisão fiscal há diminuição lícita dos valores devidos, pois o contribuinte evita a relação jurídica que faria nascer obrigação tributária, na evasão fiscal o contribuinte atua de forma a ocultar fato gerador materializado para omitir-se ao pagamento da obrigação tributária devida, e é essa a fraude à lei que a regra busca evitar.

(B) a viabilidade de todo planejamento tributário que busque diminuir o valor do tributo a ser pago pelo contribuinte, seja ao evitar a relação jurídica que faria nascer a obrigação tributária, seja ao ocultar fato gerador materializado para omitir-se ao pagamento da obrigação tributária devida, pois nenhuma destas condutas está abrangida pela dissimulação prevista na regra.

(C) a vedação de toda e qualquer tentativa de planejamento tributário, conduta voltada para a exoneração de pagamento da obrigação tributária devida, seja por elisão ou evasão fiscal, posto que o caráter plenamente vinculado da atividade administrativa de cobrança do tributo impõe ao fisco a busca constante da tributação mais elevada.

(D) a conclusão de que o chamado planejamento tributário não é possível no ordenamento jurídico brasileiro, já que se trata de providência reconhecida como fraude à lei por diminuir o valor do tributo a ser pago pelo contribuinte, seja ao evitar a relação jurídica que faria nascer a obrigação tributária, seja ao ocultar fato gerador materializado para omitir-se ao paga- mento da obrigação tributária devida.

Trata-se de questão teórica acerca dos institutos elisão fiscal × evasão fiscal, com supedâneo no art. 116 do CTN. A elisão tributária consiste em planejamento tributário, com os fins de redução da carga tributária dentro da legislação. É redução lícita, portanto. Por sua vez, a evasão fiscal é composta de fraude para reduzir o pagamento dos tributos sob o pretexto de planejamento tributário. B, C e D: apresentam conceitos conflitantes e devem ser consideradas incorretas. **FP**

Gabarito "A".

(Juiz de Direito – TJ/SP – 2023 – VUNESP) Com relação aos impostos e às taxas, é correto afirmar que:

(A) tanto o fato gerador dos impostos como o das taxas são vinculados a uma atuação estatal específica.

(B) o fato gerador dos impostos é vinculado a uma atuação estatal específica enquanto o das taxas não é vinculado a uma atuação estatal.

(C) o fato gerador dos impostos não é vinculado a uma atuação estatal enquanto o das taxas é vinculado a uma atuação estatal específica.

(D) tanto o fato gerador dos impostos como o das taxas não são vinculados a uma atuação estatal.

Trata-se de questão teórica acerca da natureza jurídica de impostos e taxas no tocante à vinculação de receitas. Assim, como regra, os impostos possuem natureza jurídica não vinculada, ou seja, os recursos levantados inflam os cofres públicos e o administrador escolhe como empregará tais recursos, conforme preleciona o art. 16 do CTN. Já as taxas denotam o contrário, isto é, guardam pertinência com seu fato gerador, seja esse decorrente do poder de polícia ou então de serviço público específico e divisível, prestado ao contribuinte ou posto à sua disposição, nos termos do art. 77 do CTN. **A:** incorreta, pois apenas as taxas possuem vinculação específica; **B:** incorreta. Justamente o contrário, conforme gabarito; **D:** incorreta, pois apenas os impostos não detêm vinculação específica, como regra. **FP**

Gabarito "C".

(Procurador Municipal – Sertãozinho/SP – VUNESP – 2016) No que respeita aos impostos de competência municipal, é correto afirmar que

7. DIREITO TRIBUTÁRIO

(A) o imposto sobre a propriedade predial e territorial urbana poderá ser progressivo em razão do valor do imóvel.

(B) o imposto sobre a propriedade predial e territorial urbana não poderá ter alíquotas diferentes de acordo com o uso do imóvel.

(C) caberá ao Poder Legislativo Municipal, por meio de decreto legislativo, fixar as alíquotas máximas e mínimas do imposto sobre serviços de qualquer natureza, não compreendidos na competência impositiva dos Estados.

(D) se tratando de transmissão de bens ou direitos quando incorporados ao patrimônio de pessoa jurídica em realização de capital, incidirá, em qualquer caso, o imposto sobre a transmissão *inter vivos*.

(E) a forma e as condições como isenções, incentivos e benefícios fiscais, relativas ao imposto sobre serviços de qualquer natureza, será regulada por Resolução do Senado Federal.

A: correta, conforme o art. 156, § 1º, I, da CF (a Súmula 668/STF refere-se ao período anterior à EC 29/2000); **B:** incorreta, pois é possível essa diferenciação – art. 156, § 1º, II, da CF; **C:** incorreta, pois somente lei complementar federal pode fixar as alíquota mínima e máxima do ISS – art. 156, § 3º, I, da CF, lembrando que havia regra transitória no art. 88, I, do ADCT, hoje substituída pelo art. 8º-A da LC 116/2003; **D:** incorreta, pois há imunidade do ITBI, nos termos do art. 156, § 2º, I, da CF; **E:** incorreta, pois a matéria é veiculada por lei complementar federal – art. 156, § 3º, III, da CF. 🔲
Gabarito "A".

(Procurador Municipal/SP – VUNESP – 2016) José, sócio da Sociedade Alvorada Editora Ltda., para fins de integralização do capital social referente às suas cotas, transferiu para a sociedade um imóvel no valor de R$ 200.000,00. No que respeita à referida transmissão, é correto afirmar que

(A) incidirá o imposto sobre a transmissão de bens e direitos a eles relativos, cuja competência é estadual.

(B) incidirá o imposto sobre a transmissão de bens imóveis, em razão da onerosidade da operação, cuja competência é municipal.

(C) não incidirá o imposto sobre a transmissão de bens imóveis, de competência municipal, caso haja lei isentante específica que assim autorize.

(D) não incidirá o imposto sobre transmissão de bens imóveis, de competência municipal, pois a atividade da sociedade não se enquadra nas exceções constitucionais para as quais a exação é permitida.

(E) incidirá o imposto sobre a transmissão do bem imóvel, de competência municipal, a ser calculado sobre o valor venal do bem, e o imposto sobre a transmissão de bens, de competência estadual, cuja base de cálculo será o valor dos direitos que decorram do bem.

A: incorreta, pois, em princípio, essa transmissão é objeto de imunidade específica do ITBI – art. 156, § 2º, I, da CF; **B:** incorreta, conforme comentário anterior; **C:** incorreta, pois há imunidade, em regra, sendo incabível lei isentiva nesse caso (somente pode isentar quem tem competência para tributar segundo a Constituição, o que não ocorre em caso de imunidade); **D:** correta, lembrando que há exceções a essa imunidade, previstas no próprio art. 156, § 2º, I, da CF; **E:** incorreta, salientando que não existe, no direito brasileiro, bitributação, que é incidência de impostos estaduais e municipais em relação a um mesmo fato gerador. 🔲
Gabarito "D".

12. GARANTIAS E PRIVILÉGIOS DO CRÉDITO

(Juiz de Direito – TJ/RJ – 2019 – VUNESP) Sobre garantias, privilégios e preferências do crédito tributário, assinale a alternativa correta.

(A) Presume-se fraudulenta a alienação ou oneração de bens ou rendas, ou seu começo, por sujeito passivo em débito para com a Fazenda Pública, por crédito tributário regularmente inscrito como dívida ativa.

(B) Na hipótese de o devedor tributário, devidamente citado, não pagar no prazo legal, o juiz determinará a indisponibilidade de seus bens e direitos, ainda que haja indicação de bens penhoráveis de propriedade do devedor.

(C) Responde pelo pagamento do crédito tributário a totalidade dos bens e das rendas, de qualquer origem ou natureza, do sujeito passivo, seu espólio ou sua massa falida, exceto os gravados por ônus real ou cláusula de inalienabilidade ou impenhorabilidade.

(D) Exceto na falência, a lei poderá impor limites à preferência dos créditos de natureza trabalhista sobre os créditos tributários e aos créditos decorrentes de indenização por acidente de trabalho.

(E) São pagos preferencialmente a quaisquer créditos habilitados em inventário, os créditos tributários vencidos a cargo do *de cujus*, não se aplicando a mesma regra aos créditos vincendos do espólio.

A: correta, conforme o art. 185 do CTN; **B:** incorreta, pois a decretação de indisponibilidade de bens, prevista no art. 185-A do CTN, não é possível caso sejam apresentados bens à penhora no prazo legal; **C:** incorreta, pois todos os bens e rendas do sujeito passivo respondem pelo pagamento do crédito tributário, inclusive os gravados por ônus real ou cláusula de inalienabilidade ou impenhorabilidade, excetuados unicamente os bens e rendas que a lei declare absolutamente impenhoráveis, nos termos do art. 184 do CTN; **D:** incorreta, pois os créditos trabalhistas e decorrentes de acidente de trabalho preferem aos tributários, inclusive na falência, conforme o art. 186, parágrafo único, do CTN, e nos limites da lei especial (art. 83 da Lei de Falência e Recuperação); **E:** incorreta, pois a preferência abrange os créditos vincendos – art. 189 do CTN. 🔲
Gabarito "A".

(Juiz de Direito – TJ/RJ – VUNESP – 2016) No tocante às garantias e privilégios do crédito tributário, é correto afirmar que

(A) a extinção das obrigações do falido requer prova de quitação de todos os tributos.

(B) a natureza das garantias atribuídas ao crédito tributário altera a natureza deste e a da obrigação tributária a que corresponda.

(C) responde pelo crédito tributário a totalidade dos bens e das rendas, de qualquer origem ou natureza, do sujeito passivo, excetuados os gravados com cláusula de impenhorabilidade.

(D) a multa tributária, no processo falimentar, prefere apenas aos créditos quirografários.

(E) na falência, o crédito tributário prefere aos créditos extraconcursais e aos créditos com garantia real.

A: correta, conforme o art. 191 do CTN; **B:** incorreta, pois a natureza das garantias atribuídas ao crédito tributário não altera a natureza deste nem a da obrigação tributária a que corresponda – art. 183, parágrafo único, do CTN; **C:** incorreta, pois mesmo os bens e renda gravados com cláusula de impenhorabilidade respondem pelo pagamento do crédito tributário, excluídos unicamente os bens e rendas que a lei declare absolutamente impenhoráveis – art. 184 do CTN; **D:** incorreta, pois, na falência, a multa tributária prefere apenas aos créditos subordinados – art. 186, parágrafo único, III, do CTN; **E:** incorreta, pois é o oposto, já que o crédito tributário não prefere aos créditos extraconcursais ou às importâncias passíveis de restituição, nos termos da lei falimentar, nem aos créditos com garantia real, no limite do valor do bem gravado – art. 186, parágrafo único, I, do CTN. **RB**

Gabarito "A".

(Procurador – IPSMI/SP – VUNESP – 2016) De acordo com o Código Tributário Nacional (CTN), presume-se fraudulenta a alienação ou oneração de bens ou rendas, ou seu começo, por sujeito passivo em débito para com a Fazenda Pública, por crédito tributário

(A) regularmente inscrito como dívida ativa.

(B) devidamente constituído, mesmo que não inscrito na dívida ativa.

(C) em fase de constituição, mesmo que não inscrito na dívida ativa.

(D) regularmente inscrito como dívida ativa em fase de execução.

(E) não pago na data do seu vencimento.

Nos termos do art. 185 do CTN, presume-se fraudulenta a alienação ou oneração de bens ou rendas, ou seu começo, por sujeito passivo em débito para com a Fazenda Pública, por crédito tributário regularmente inscrito como dívida ativa. Eis, portanto, o marco temporal para configuração de fraude à execução em matéria tributária. Por essa razão, a alternativa "A" é a correta. **FP**

Gabarito "A".

13. ADMINISTRAÇÃO TRIBUTÁRIA, FISCALIZAÇÃO

(Juiz de Direito – TJ/RS – 2018 – VUNESP) Um cidadão protocola pedido administrativo junto à Secretaria da Fazenda do Município X, pleiteando acesso à lista dos 50 maiores devedores do Município, considerando apenas os débitos inscritos em dívida ativa.

A autoridade competente da Secretaria da Fazenda, com base na legislação tributária vigente, deve

(A) deferir o pedido, porque não há vedação legal à divulgação de informações relativas às inscrições na Dívida Ativa da Fazenda Pública.

(B) indeferir o pedido, porque a divulgação desses dados somente é permitida quando houver solicitação de autoridade administrativa no interesse da Administração Pública, desde que comprovada a instauração regular de processo administrativo com o objetivo de investigar o sujeito passivo a que se refere a informação, por prática de infração administrativa.

(C) indeferir o pedido, porque essas informações foram obtidas pela Fazenda Pública em razão do ofício sobre a situação econômica ou financeira do sujeito passivo e sobre a natureza e o estado de seus negócios ou atividades.

(D) deferir o pedido, desde que a entrega das informações seja realizada pessoalmente ao solicitante, mediante recibo, que formalize a transferência dos dados solicitados e assegure a preservação do seu sigilo.

(E) indeferir o pedido, porque a divulgação de informações sobre inscrição de débito em dívida ativa da Fazenda Pública somente pode ser realizada ante a requisição de autoridade judiciária no interesse da justiça.

A: correta – art. 198, § 3º, II, do CTN; **B, C e E:** incorreta, pois não é vedada a divulgação de informações relativas a inscrições na dívida ativa – art. 198, § 3º, II, do CTN; **D:** incorreta, pois não há essa restrição ou exigência, inexistindo óbice à divulgação, conforme comentário anterior. **RB**

Gabarito "A".

(Cartório/SP – VUNESP – 2012) Com relação à Declaração Sobre Operações Imobiliárias – DOI, é lícito afirmar que:

(A) A multa por atraso no seu envio foi criada em instrução normativa da Receita Federal do Brasil.

(B) Se trata de obrigação acessória, mas que pode se tornar tributo, pelo simples fato de sua inobservância.

(C) Seu sujeito passivo é o adquirente do bem imóvel objeto da transação imobiliária.

(D) Não deve ser enviada em escritura de renúncia de usufruto.

A: incorreta, pois a multa é prevista no art. 8º, § 1º, da Lei 10.426/2002; **B:** incorreta, pois a inobservância de obrigação acessória é ilícito, o que pode implicar multa (penalidade), jamais tributo – art. 3º do CTN; **C:** incorreta, pois a DOI deve ser apresentada pelos serventuários da Justiça (esses são os sujeitos passivos dessa obrigação) – art. 8º da Lei 10.426/2002; **D:** correta, pois renúncia de usufruto não implica transferência do bem, de modo que não cabe DOI. **RB**

Gabarito "D".

14. DÍVIDA ATIVA, INSCRIÇÃO, CERTIDÕES

(Advogado – Pref. São Roque/SP – 2020 – VUNESP) O Município "X" exige, por meio de lei, a prova de quitação dos tributos municipais por parte das empresas interessadas em assinar contratos de fornecimento de bens ao Município, por meio da apresentação de certidão negativa. Em determinada contratação, a empresa "Y" apresentou certidão na qual constavam três débitos: um ainda não vencido; um em curso de cobrança executiva em foi efetivada a penhora; e outro incluído em parcelamento vigente.

A respeito da situação hipotética, é correto afirmar, com base no Código Tributário Nacional (CTN), que

(A) é inconstitucional a exigência de prova de quitação dos tributos municipais como condição para a contratação com o Poder Público, ainda que a exigência esteja prevista em lei.

(B) a certidão apresentada pela empresa não tem capacidade de suprir a prova de quitação dos tributos, uma vez que é exigível o crédito pendente de execução, mesmo diante da garantia da dívida.

(C) a apresentação da certidão com os débitos mencionados na situação deverá surtir os mesmos efeitos da certidão negativa de tributos municipais, uma vez que as situações dos créditos podem ser descritas como casos de exclusão do crédito tributário.

(D) a certidão apresentada pela empresa não tem capacidade de suprir a prova de quitação dos tributos, uma vez que a certidão aponta a existência de crédito vincendo ainda não pago, impugnado ou parcelado.

(E) a apresentação da certidão com os débitos mencionados na situação deverá surtir os mesmos efeitos da certidão negativa de tributos municipais, por expressa determinação do CTN.

A: incorreta, pois isso é admitido pelo art. 205 do CTN; **B:** incorreta, pois tem os mesmos efeitos da certidão negativa a certidão de que conste a existência de créditos não vencidos, em curso de cobrança executiva

em que tenha sido efetivada a penhora, ou cuja exigibilidade esteja suspensa – art. 206 do CTN; **C:** incorreta, pois trata-se de suspensão dos créditos, não de exclusão – art. 206 do CTN; **D:** incorreta, conforme comentários anteriores; **E:** correta – art. 206 do CTN. RB
Gabarito "E".

(Procurador – SP – VUNESP – 2015) Assinale a alternativa correta no que respeita à Dívida Ativa Tributária.

(A) Constitui Dívida Ativa tributária a proveniente de crédito público de qualquer natureza, depois de esgotado o prazo fixado por decisão proferida em processo regular.

(B) A fluência de juros de mora, relativamente à Dívida Ativa, exclui a liquidez do crédito.

(C) A omissão de quaisquer dos requisitos exigidos para o termo de inscrição da Dívida Ativa, ou o erro a eles relativo são causas de nulidade da inscrição e do processo dela decorrente, mas a nulidade poderá ser sanada, mediante correção da certidão nula, até decisão de segunda instância.

(D) A dívida regularmente inscrita goza de presunção absoluta de certeza e liquidez e tem o efeito de prova pré-constituída.

(E) A presunção de certeza e liquidez da dívida regularmente inscrita é relativa e pode ser ilidida por prova inequívoca, a cargo do sujeito passivo ou do terceiro a que aproveite.

A: incorreta, pois a dívida ativa tributária, como diz o nome, é constituída por créditos de natureza tributária apenas – art. 201 do CTN; **B:** incorreta, pois é o oposto, sendo que a fluência de juros de mora não exclui, para os efeitos do art. 201 do CTN, a liquidez do crédito (conforme seu parágrafo único); **C:** incorreta, pois a correção pode ser feita apenas até a decisão de primeira instância – art. 203 do CTN; **D:** incorreta, pois a presunção é relativa e pode ser ilidida por prova inequívoca, a cargo do sujeito passivo ou do terceiro a que aproveite – art. 204, parágrafo único, do CTN. **E:** correta, conforme comentários à alternativa anterior. RB
Gabarito "E".

15. REPARTIÇÃO DE RECEITAS

(Advogado – Pref. São Roque/SP – 2020 – VUNESP) As parcelas de receita pertencentes aos Municípios relativas à participação no imposto estadual sobre circulação de mercadorias e serviços serão creditadas conforme os seguintes critérios:

(A) três quartos, no mínimo, na proporção do valor adicionado nas operações relativas à circulação de mercadorias e nas prestações de serviços, realizadas em seus territórios, e até um quarto, de acordo com o que dispuser lei estadual, ou, no caso dos Territórios, lei federal.

(B) três quartos, no mínimo, na proporção do valor adicionado nas operações relativas à circulação de mercadorias e nas prestações de serviços, realizadas em seus territórios, e até um quarto, de acordo com a população residente em seus territórios.

(C) dois terços, na proporção do valor adicionado nas operações relativas à circulação de mercadorias e nas prestações de serviços, realizadas em seus territórios, e um terço, de acordo com o que dispuser lei estadual, ou, no caso dos Territórios, lei federal.

(D) um quarto, no mínimo, na proporção do valor adicionado nas operações relativas à circulação de mercadorias e nas prestações de serviços, realizadas em seus territórios, e três quartos, de acordo com a população residente em seus territórios.

(E) dois quartos, na proporção do valor adicionado nas operações relativas à circulação de mercadorias e nas prestações de serviços, realizadas em seus territórios, um quarto, de acordo com a população residente em seus territórios, e um quarto de acordo com o que dispuser lei estadual, ou, no caso dos Territórios, lei federal.

Atenção, o art. 158, parágrafo único, da CF foi alterado pela EC 108/2020. Atualmente, a parcela da receita de ICMS distribuída aos Municípios segue os seguintes critérios: (a) 65% (sessenta e cinco por cento), no mínimo, na proporção do valor adicionado nas operações relativas à circulação de mercadorias e nas prestações de serviços, realizadas em seus territórios e (b) até 35% (trinta e cinco por cento), de acordo com o que dispuser lei estadual, observada, obrigatoriamente, a distribuição de, no mínimo, 10 (dez) pontos percentuais com base em indicadores de melhoria nos resultados de aprendizagem e de aumento da equidade, considerado o nível socioeconômico dos educandos.
Na época deste concurso, entretanto, a regra era a descrita na alternativa "A", correta, portanto, nos termos do citado art. 158, parágrafo único, da CF. RB
Gabarito "A".

16. AÇÕES TRIBUTÁRIAS

(Advogado – Pref. São Roque/SP – 2020 – VUNESP) A importância de crédito tributário pode ser consignada judicialmente pelo sujeito passivo, no caso de

(A) qualquer situação em que o sujeito passivo julgue mais conveniente o pagamento em juízo, em detrimento do pagamento na forma indicada pela Administração.

(B) conversão em renda de valores previamente depositados para garantia de execução fiscal movida pela Fazenda Pública.

(C) subordinação de recebimento do pagamento pela Administração ao cumprimento de obrigação acessória.

(D) exigência, por mais de uma pessoa jurídica de direito público, de tributos distintos sobre um mesmo fato gerador.

(E) subordinação, mediante lei, ao recebimento do pagamento em rede arrecadadora bancária ao invés do recebimento direto em dinheiro em repartição pública.

O sujeito passivo pode consignar judicialmente o valor do crédito tributário nos casos de (a) recusa de recebimento, ou subordinação ao pagamento de outro tributo ou de penalidade, ou ao cumprimento de obrigação acessória; (b) subordinação do recebimento ao cumprimento de exigências administrativas sem fundamento legal; (c) exigência, por mais de uma pessoa, de tributo idêntico sobre o mesmo fato gerador – art. 164 do CTN.
Por essa razão, a alternativa "C" é a única correta, visto tratar de uma das hipóteses exauridas no art. 164 do CTN.(FP)
Gabarito "C".

(Procurador do Estado/SP – 2018 – VUNESP) Em execução fiscal, Antônio, sócio-gerente de empresa contribuinte encerrada de forma irregular, é responsabilizado, nos termos do art. 135, III, do Código Tributário Nacional, por crédito tributário, cujo fato gerador ocorrera quatro anos antes da citação pessoal de Antônio. Como defesa, Antônio aduz, em exceção de pré-executividade, que o inadimplemento do crédito tributário exequendo não decorreu de fato que lhe pudesse ser imputado.

Com base na jurisprudência do Superior Tribunal de Justiça, é correto afirmar que a exceção de pré-executividade

(A) é cabível para excluir o sócio, pois a execução fiscal fora ajuizada contra a empresa contribuinte, sendo inviável a responsabilização posterior ao ajuizamento.

(B) não é cabível, pois, em se tratando de matéria de defesa do sócio responsabilizado, pode ser aduzida somente por meio de recurso contra o despacho que o incluiu no polo passivo da execução.

(C) é cabível, pois, em se tratando de responsabilidade do sócio, todos os fundamentos do responsabilizado podem ser apreciados de ofício pelo juiz.

(D) é cabível, desde que o crédito exequendo tenha sido constituído de ofício, circunstância em que a ausência de culpa do responsável pode ser alegada por qualquer meio processual.

(E) não é cabível, pois tem por causa matéria de fato, insuscetível de conhecimento de ofício pelo juiz, demandando prova que não pode ser produzida pelo meio processual utilizado.

A: incorreta, pois a responsabilidade do gestor é possível, no caso de dissolução irregular da sociedade, que implica violação da lei – art. 135, III, do CTN, conforme Súmula 435/STJ; **B:** incorreta, pois é viável a apresentação de embargos à execução pelo sócio executado; **C:** incorreta, pois a exceção de pré-executividade é admissível na execução fiscal somente em relação às matérias conhecíveis de ofício que não demandem dilação probatória – Súmula 393/STJ; **D:** incorreta, conforme comentário anterior; **E:** correta, conforme Súmula 393/STJ. Gabarito "E".

(Defensor Público/RO – 2017 – VUNESP) A empresa ABC Ltda. discorda da legalidade da cobrança de tributo específico que vem sendo recolhido por ela há três anos e gostaria de deixar de realizar novos recolhimentos a esse título e de obter autorização para a compensação dos valores recolhidos no passado com outros tributos vincendos devidos pela própria empresa.

(A) Proposto mandado de segurança, se denegada a segurança devido ser necessária prova pericial para julgamento do caso, haverá coisa julgada material contra o impetrante, impedindo o uso da ação própria.

(B) A ordem de segurança concedida produz efeitos patrimoniais em relação ao passado, não sendo adequada para a declaração do direito à compensação tributária.

(C) O mandado de segurança constitui ação adequada para a declaração do direito à compensação tributária, porém, a compensação não poderá ser deferida liminarmente pelo juiz.

(D) Caso haja ação de caráter coletivo promovida por entidade associativa contra a cobrança do tributo em questão, a empresa poderá se beneficiar de eventual decisão favorável na ação, ainda que não tenha constado da relação nominal de associados que instruiu a petição inicial no momento da propositura da ação.

(E) Após constituído o crédito tributário, em caso de não pagamento da dívida pela empresa, a Fazenda Pública poderá propor medida cautelar fiscal, a qual, se decretada pelo juiz, produzirá a indisponibilidade dos bens do ativo circulante da empresa.

A: incorreta, pois não haveria coisa julgada material, já que não haveria julgamento de mérito (apenas extinção por inadequação da via eleita); **B:** incorreta, pois o STJ admite o MS para declaração do direito à compensação tributária – Súmula 213/STJ; **C:** correta, conforme Súmulas 212/STJ e 213/STJ e art. 170-A do CTN; **D:** incorreta, pois é necessário que a inicial tenha sido instruída com relação nominal dos associados – art. 2º-A, parágrafo único, da Lei 9.494/1997; **E:** incorreta, pois a indisponibilidade atinge, em princípio, apenas os bens do ativo permanente da contribuinte – art. 4º, § 1º, da Lei 8.397/1992. Gabarito "C".

(Procurador Municipal – Sertãozinho/SP – VUNESP – 2016) Assinale a alternativa que estiver em consonância com as disposições da lei que rege o procedimento da execução fiscal.

(A) Em sede de execução fiscal, a penhora deve obedecer estritamente à ordem estabelecida em lei, não podendo recair sobre plantações.

(B) A garantia da execução, por meio de depósito em dinheiro, fiança bancária ou seguro garantia, produz os mesmos efeitos da penhora.

(C) Em garantia da execução não se admite a indicação à penhora de bens oferecidos por terceiros.

(D) O executado ausente do país será citado por Carta Rogatória endereçada ao Juízo do lugar onde se encontre.

(E) Sendo embargada a execução e não sendo rejeitados os embargos, a Fazenda Pública poderá adjudicar os bens penhorados, antes do leilão, pelo preço da avaliação.

A: incorreta, pois é possível que a penhora recaia, excepcionalmente, sobre plantações – art. 11, § 1º, da Lei de Execuções Fiscais – LEF (Lei 6.830/1980); **B:** correta – art. 9º da LEF; **C:** incorreta, pois isso é possível, conforme o art. 9º, IV, da LEF, sendo que essa indicação deve ser aceita pela fazenda pública; **D:** incorreta, pois o ausente do país será citado por edital – art. 8º, § 1º, da LEF; **E:** incorreta, pois somente cabe adjudicação antes do leilão se a execução não for embargada ou se os embargos forem rejeitados – art. 24, I, da LEF. Gabarito "B".

(Procurador Municipal – Sertãozinho/SP – VUNESP – 2016) Acerca da ação cautelar fiscal, é correto afirmar que

(A) para concessão da medida cautelar é dispensável, em qualquer caso, a prova literal da constituição do crédito fiscal, haja vista que a ação pode ser promovida ainda que referido crédito não esteja constituído.

(B) a decretação da medida cautelar produzirá, de imediato, a indisponibilidade dos bens do requerido, caso em que, tratando-se de pessoa jurídica, referida indisponibilidade recairá somente sobre os bens do acionista controlador, não se estendendo aos bens do ativo permanente.

(C) a medida cautelar, em razão da urgência, será requerida a qualquer juízo, inclusive ao da falência, que se tornará competente para processar a execução fiscal.

(D) estando a execução judicial da Dívida Ativa da Fazenda Pública em tribunal, a medida cautelar será requerida ao relator do recurso.

(E) da decisão que concede liminarmente a medida cautelar cabe apelação no prazo de 15 dias, contados da intimação do requerido.

A: incorreta, pois, em regra, exige-se prova literal da constituição do crédito – art. 3º da Lei 8.397/1992 (os casos excepcionais de cautelar antes do lançamento são os previstos no art. 1º, parágrafo único, da mesma lei); **B:** incorreta, pois é o oposto. Na hipótese de pessoa jurídica,

7. DIREITO TRIBUTÁRIO — 309

a indisponibilidade recairá, em regra, somente sobre os bens do ativo permanente, com as exceções do art. 4º, §§ 1º e 2º, da Lei 8.397/1992; **C:** incorreta, pois a competência jurisdicional para a cautelar fiscal é a mesma da execução fiscal – art. 5º da Lei 8.397/1992; **D:** correta, conforme o art. 5º, parágrafo único, da Lei 8.397/1992; **E:** incorreta, pois da decisão que concede liminarmente a cautelar cabe agravo de instrumento – art. 7º, parágrafo único, da Lei 8.397/1992. **RB**

Gabarito "D".

(Procurador Municipal/SP – VUNESP – 2016) O requerimento da medida cautelar fiscal independe da prévia constituição do crédito tributário quando o devedor

- **(A)** sem domicílio certo, intenta ausentar-se ou alienar bens que possui ou deixa de pagar a obrigação no prazo fixado.
- **(B)** tendo domicílio certo, ausenta-se ou tenta se ausentar, visando elidir o adimplemento da obrigação.
- **(C)** notificado pela Fazenda Pública para que proceda ao recolhimento do crédito fiscal põe ou tenta por seus bens em nome de terceiros.
- **(D)** caindo em insolvência, aliena ou tenta alienar bens.
- **(E)** contrai ou tenta contrair dívidas que comprometam a liquidez do seu patrimônio.

Os casos excepcionais de cabimento de cautelar fiscal antes da constituição do crédito tributário são quando o devedor, (i) notificado pela Fazenda Pública para que proceda ao recolhimento do crédito fiscal põe ou tenta por seus bens em nome de terceiros e (ii) aliena bens ou direitos sem proceder à devida comunicação ao órgão da Fazenda Pública competente, quando exigível em virtude de lei – art. 2º, V, *b*, e VII, c/c art. 1º, parágrafo único, da Lei 8.397/1992. Por essa razão, a alternativa "C" é a correta. **RB**

Gabarito "C".

(Procurador – IPSMI/SP – VUNESP – 2016) Acerca da Ação Cautelar Fiscal, assinale a alternativa correta.

- **(A)** Para a concessão da medida cautelar fiscal não é essencial a prova literal da constituição do crédito tributário.
- **(B)** A decretação da medida cautelar fiscal não produzirá, de imediato, a indisponibilidade dos bens do requerido, até o limite da satisfação da obrigação.
- **(C)** O juiz concederá liminarmente a medida cautelar fiscal, desde que a Fazenda Pública apresente justificação prévia ou preste caução.
- **(D)** O requerido será citado para, no prazo de cinco dias, contestar o pedido, indicando as provas que pretenda produzir.
- **(E)** A medida cautelar fiscal conserva a sua eficácia no prazo de sessenta dias, contados da data em que a exigência se tornar irrecorrível na esfera administrativa e na pendência do processo de execução judicial da Dívida Ativa, mas pode, a qualquer tempo, ser revogada ou modificada.

A: incorreta, pois, em regra, exige-se prova literal da constituição do crédito – art. 3º da Lei 8.397/1992 (os casos excepcionais de cautelar antes do lançamento são os previstos no art. 1º, parágrafo único, da mesma lei); **B:** incorreta, pois é exatamente o oposto, sendo esse o principal efeito da cautelar concedida – art. 4º da Lei 8.397/1992; **C:** incorreta, pois é o oposto. O Juiz concederá liminarmente a medida cautelar fiscal, dispensada a Fazenda Pública de justificação prévia e de prestação de caução – art. 7º da Lei 8.397/1992; **D:** incorreta, pois o prazo para contestação é de 15 dias – art. 8º da Lei 8.397/1992; **E:** correta, conforme os arts. 11 e 12 da Lei 8.397/1992. **RB**

Gabarito "E".

(Procurador – IPSMI/SP – VUNESP – 2016) No processo de execução fiscal,

- **(A)** será admitida a reconvenção, a compensação e as exceções, inclusive as de suspeição, incompetência e impedimentos, que serão arguidas como matéria preliminar e serão processadas e julgadas com os embargos.
- **(B)** recebidos os embargos, o Juiz mandará intimar a Fazenda para impugná-los no prazo de 60 (sessenta) dias, designando, em seguida, audiência de instrução e julgamento.
- **(C)** não sendo embargada ou sendo rejeitados os embargos, no caso de garantia prestada por terceiro, será este intimado, sob pena de contra ele prosseguir a execução nos próprios autos, para, no prazo de 15 (quinze) dias, remir o bem, se a garantia for real.
- **(D)** a Fazenda Pública não poderá adjudicar os bens penhorados antes do leilão, pelo preço da avaliação, se a execução não for embargada ou se rejeitados os embargos.
- **(E)** se da decisão que ordenar o arquivamento tiver decorrido o prazo prescricional, o juiz, independentemente da manifestação da Fazenda Pública, deverá, de ofício, reconhecer a prescrição intercorrente e decretá-la de imediato.

A: incorreta, pois não será admitida reconvenção, nem compensação, e as exceções, salvo as de suspeição, incompetência e impedimentos, serão arguidas como matéria preliminar e serão processadas e julgadas com os embargos – art. 16, § 3º, da LEF; **B:** incorreta, pois o prazo para impugnação dos embargos pela Fazenda é de 30 dias – art. 17 da LEF; **C:** correta, conforme o art. 19, I, da LEF; **D:** incorreta, pois é o oposto, cabendo adjudicação antes do leilão se a execução não for embargada ou se os embargos forem rejeitados – art. 24, I, da LEF; **E:** incorreta, pois o juiz deverá ouvir a Fazenda Pública antes de reconhecer de ofício a prescrição, exceto no caso de cobranças judiciais cujo valor seja inferior ao mínimo fixado por ato do Ministro de Estado da Fazenda – art. 40, §§ 4º e 5º, da LEF. **FP**

Gabarito "C".

(Juiz de Direito – TJ/SP – VUNESP – 2015) O art. 655-A do Código de Processo Civil ainda em vigor e o art. 11 da Lei 6.830/1980 indicam o dinheiro, em espécie ou depósito, como preferencial para penhora; de outra parte, o art. 620 do Código de Processo Civil ainda vigente e o art. 185-A do Código Tributário Nacional recomendam, respectivamente, que a execução se faça "pelo modo menos gravoso ao credor" e que, se o devedor não pagar ou indicar bens, deverá ser decretada a indisponibilidade de seus bens e direitos. Diante de tais disposições, o Superior Tribunal de Justiça tem concluído que

- **(A)** o Juiz deve verificar, inicialmente, se foram esgotadas as diligências para localização de bens do devedor antes de determinar a penhora on-line.
- **(B)** a penhora de dinheiro em espécie ou depósitos judiciais só é possível após expressa e fundamentada justificativa da Fazenda.
- **(C)** indicados bens não poderá ser efetivada a denominada penhora on-line.
- **(D)** não pago o valor devido nem indicados bens à penhora, o bloqueio de ativos financeiros do devedor é medida que prescinde de outras diligências prévias por parte do credor.

Nos termos do julgado pelo STJ no REsp 1.141.990/PR-repetitivo, "a partir da vigência da Lei 11.382/2006, os depósitos e as aplicações em instituições financeiras passaram a ser consideradas bens preferenciais na ordem da penhora, equiparando-se a dinheiro em espécie (artigo 655, I, do CPC), tornando-se prescindível o exaurimento de diligências extrajudiciais a fim de se autorizar a penhora *on-line* (artigo 655-A, do CPC)." Por essa razão, a alternativa "D" é a correta. RB

Gabarito "D".

(Juiz de Direito – TJ/MS – VUNESP – 2015) Quanto à ação civil pública, afirma-se que

(A) em caso de desistência infundada ou abandono da ação por associação legitimada, o Ministério Público assumirá a titularidade ativa, de forma exclusiva.

(B) os órgãos públicos legitimados poderão tomar dos interessados compromisso de ajustamento de sua conduta às exigências legais, mediante comunicações, que terá eficácia de título executivo judicial.

(C) admitir-se-á o litisconsórcio necessário entre os Ministérios Públicos da União e dos Estados na defesa dos interesses difusos e individuais.

(D) o Ministério Público, se não intervier no processo como parte, atuará de forma facultativa como fiscal da lei.

(E) o requisito da pré-constituição poderá ser dispensado pelo juiz, quando haja manifesto interesse social evidenciado pela dimensão ou característica do dano, ou pela relevância do bem jurídico a ser protegido.

A: incorreta, pois não há exclusividade da titularidade do MP, nessa hipótese – art. 5º, § 3º, da Lei das Ações Civis Públicas – LACP (Lei 7.347/1985); **B:** incorreta, pois os TAC têm eficácia de título executivo extrajudicial – art. 5º, § 6º, da LACP; **C:** incorreta, pois esse litisconsórcio é facultativo – art. 5º, § 5º, da LACP; **D:** incorreta, pois a atuação do MP como fiscal da lei é obrigatória, não facultativa, nessa hipótese – art. 5º, § 1º, da LACP; **E:** correta, conforme o art. 5º, § 4º, da LACP. RB

Gabarito "E".

17. CRIMES CONTRA A ORDEM TRIBUTÁRIA

(Delegado – PC/BA – 2018 – VUNESP) Os representantes legais de uma determinada empresa tiveram instaurado contra si inquérito policial para apurar a suposta prática dos crimes previstos nos artigos 1º, I e II, da Lei no 8.137/90, porque teriam omitido da folha de pagamento da empresa e de documento de informações previstos pela legislação previdenciária, segurados empregados e contribuintes individuais, não recolhendo as respectivas contribuições previdenciárias no período de 10/2014 a 1/2017. Houve a realização de lançamento de ofício pelos agentes fiscais. Inconformados, os representantes legais ajuizaram ação anulatória do lançamento tributário, realizando o depósito integral do montante exigido pelo Fisco. O depósito do montante integral do crédito tributário

(A) é causa de suspensão da exigibilidade do crédito tributário, que equivale ao pagamento do débito, extinguindo a punibilidade dos crimes.

(B) é causa de extinção do crédito tributário e, por conseguinte, de extinção da punibilidade dos crimes.

(C) é causa de exclusão do crédito tributário, que corresponde ao pagamento, extinguindo a punibilidade dos crimes tributários.

(D) é causa de suspensão da exigibilidade do crédito tributário, não sendo suficiente para extinguir a punibilidade dos crimes tributários, porque não equivale ao pagamento do débito.

(E) é causa de exclusão da exigibilidade do crédito tributário, não sendo suficiente para extinguir a punibilidade dos crimes tributários, por não produzir os mesmos efeitos da moratória.

A: incorreta, pois a suspensão da exigibilidade do crédito não se confunde com sua extinção (pagamento é modalidade de extinção do crédito) – arts. 151 e 156 do CTN; **B, C e E:** incorretas, pois o depósito integral em dinheiro é modalidade de suspensão do crédito tributário – art. 151, II, do CTN; **D:** correta, conforme comentários anteriores, já que somente o pagamento integral do débito extingue a punibilidade – art. 83, § 4º, da Lei 9.430/1996. RB

Gabarito "D".

(Defensor Público/RO – 2017 – VUNESP) A empresa DEF Ltda. recebeu auto de infração no valor de R$ 250 mil no qual, além de ser cobrado o principal do imposto devido e os juros, também foi aplicada multa agravada, em razão de ter a fiscalização apurado a ocorrência de omissão proposital de informação, além de prestação falsa de declaração às autoridades fazendárias, com a finalidade de reduzir o valor do tributo devido. Da lavratura do auto de infração foi dada imediata ciência ao Ministério Público, via representação, para eventual proposição de denúncia na esfera criminal.

(A) Caso a empresa venha a recorrer administrativa mente do auto de infração, não estará tipificado o crime contra a ordem tributária, previsto no artigo 1º, I, da Lei no 8.137/1990, antes do lançamento definitivo do tributo.

(B) A conduta descrita na situação configura crime de mera conduta, não sendo necessária a demonstração de prejuízo à arrecadação tributária para a sua configuração.

(C) Agiu corretamente a administração fazendária ao representar imediatamente o fato ao Ministério Público, dada a natureza criminosa da conduta, e a possibilidade de prescrição da pretensão punitiva do Estado.

(D) Ficará suspensa a pretensão punitiva do Estado caso a empresa venha a aderir a parcelamento tributário, ainda que a adesão ocorra após o recebimento da denúncia criminal.

(E) Constitui crime de corrupção a conduta de solicitar ou receber, em razão da condição de funcionário público fazendário, vantagem indevida para deixar de lançar ou cobrar tributo, ou para cobrá-lo parcialmente.

A: correta, nos termos da Súmula Vinculante 24/STF "Não se tipifica crime material contra a ordem tributária, previsto no art. 1º, incisos I a IV, da Lei 8.137/90, antes do lançamento definitivo do tributo"; **B:** incorreta, pois o tipo penal relativo à declaração falsa e omissão de informação refere-se à supressão ou redução de tributo (não é mera conduta), conforme art. 1º, I, da Lei 8.137/90; **C:** incorreta, conforme comentário à primeira alternativa; **D:** incorreta, pois a suspensão da pretensão punitiva ocorre apenas se o parcelamento for anterior à denúncia criminal – art. 83, § 2º, da Lei 9.430/1996; **E:** incorreta, pois trata-se de crime funcional contra a ordem tributária, nos termos do art. 3º, II, da Lei 8.137/1990. RB

Gabarito "A".

7. DIREITO TRIBUTÁRIO   311

18. TEMAS COMBINADOS E OUTRAS MATÉRIAS

(Procurador – PGE/SP – 2024 – VUNESP) Sobre o direito à restituição do indébito tributário, assinale a alternativa correta, tendo em vista o disposto no Código Tributário Nacional, artigos 165 e 166, bem como o decidido pelo E. Superior Tribunal de Justiça nos Recursos Especiais representativos de controvérsia nºs 1.125.550, 903.394 e 1.299.303.

(A) O direito à restituição do indébito, nos tributos indiretos, é do contribuinte de direito, condicionado à demonstração de que arcou com o respectivo encargo financeiro ou à expressa autorização de quem efetivamente arcou com o referido encargo, cabendo tal direito ao contribuinte de fato apenas no caso em que o indébito decorra de ICMS sobre energia elétrica.

(B) O direito à restituição do indébito, nos tributos indiretos, é do contribuinte de direito, que pode exercê-lo independentemente da demonstração de que arcou com o respectivo encargo financeiro.

(C) O direito à restituição do indébito, nos tributos diretos, é do contribuinte de direito, condicionado à demonstração de que arcou com o respectivo encargo financeiro ou à expressa autorização de quem efetivamente arcou com o referido encargo.

(D) O direito à restituição do indébito tributário, nos tributos indiretos, é sempre do contribuinte de fato, uma vez que é ele quem arca com ônus financeiro do tributo indevido e, portanto, é quem sofre o dano patrimonial decorrente de sua cobrança.

(E) Não há direito à restituição do indébito tributário nos tributos indiretos, encontrando-se de acordo com a atual ordem constitucional o enunciado da Súmula 71 do STF – "Embora pago indevidamente, não cabe restituição de tributo indireto".

A regra, em relação à restituição de tributos indiretos, é a da legitimidade do contribuinte de direito (aquele previsto na lei como devedor perante o Fisco) e não do contribuinte de fato (quem suportou economicamente o tributo embutido no preço pago pela mercadoria ou serviço). Mas para pedir a restituição, o contribuinte de direito deve atender ao disposto no CTN: art. 166. A restituição de tributos que comportem, por sua natureza, transferência do respectivo encargo financeiro somente será feita a quem prove haver assumido o referido encargo, ou, no caso de tê-lo transferido a terceiro, estar por este expressamente autorizado a recebê-la. No mesmo sentido, a Súmula 546 do STF: Cabe a restituição do tributo pago indevidamente, quando reconhecido por decisão, que o contribuinte "de jure" não recuperou do contribuinte "de facto" o "quantum" respectivo. Ou seja, o direito à restituição do indébito, nos tributos indiretos, é do contribuinte de direito, condicionado à demonstração de que arcou com o respectivo encargo financeiro ou à expressa autorização de quem efetivamente arcou com o referido encargo. Porém, há uma exceção em relação ao fornecimento de energia elétrica, pois conforme decidiu o STJ no Tema Repetitivo 537: Diante do que dispõe a legislação que disciplina as concessões de serviço público e da peculiar relação envolvendo o Estado-concedente, a concessionária e o consumidor, esse último tem legitimidade para propor ação declaratória c/c repetição de indébito na qual se busca afastar, no tocante ao fornecimento de energia elétrica, a incidência do ICMS sobre a demanda contratada e não utilizada. Segundo o STJ (Tema Repetitivo 63), é indevida a incidência de ICMS sobre a parcela correspondente à demanda de potência elétrica contratada, mas não utilizada. Por todo o exposto, correta a afirmativa A e incorretas as demais. Ainda sobre o tema da repetição do indébito nos tributos indiretos, o STJ fixou a seguinte tese (Tema Repetitivo 1191): "Na sistemática da substituição tributária para frente, em que o contribuinte substituído revende a mercadoria por preço menor do que a base de cálculo presumida para o recolhimento do tributo, é inaplicável a condição prevista no art. 166 do CTN". LS
Gabarito "A".

(Juiz de Direito – TJ/RJ – 2019 – VUNESP) Poderá recolher os impostos e contribuições na forma do Simples Nacional a microempresa ou empresa de pequeno porte

(A) de cujo capital participe entidade da administração pública indireta.

(B) que realize cessão ou locação de mão de obra.

(C) que exerça atividade de importação ou fabricação de automóveis e motocicletas.

(D) que possua sócio domiciliado no exterior.

(E) que se dedique ao serviço de vigilância, limpeza ou conservação.

A: incorreta, pois isso é vedado – art. 17, III, da LC 123/2006; B: incorreta, pois isso é vedado – art. 17, XII, da LC 123/2006; C: incorreta, pois isso é vedado – art. 17, VIII, da LC 123/2006; D: incorreta, pois isso é vedado – art. 17, II, da LC 123/2006; E: correta – art. 18, § 5º-C, VI, da LC 123/2006. RB
Gabarito "E".

(Juiz de Direito – TJ/RJ – VUNESP – 2016) Com base em súmula do Supremo Tribunal Federal, é correto afirmar que

(A) norma legal que altera o prazo de recolhimento de obrigação tributária não se sujeita ao princípio da anterioridade.

(B) falsificar ou alterar nota fiscal, fatura, duplicata, nota de venda, ou qualquer outro documento relativo à operação tributável tipifica crime material contra a ordem tributária, mesmo antes do lançamento definitivo do tributo.

(C) é constitucional a incidência do Imposto sobre Serviços de Qualquer Natureza – ISS sobre operações de locação de bens móveis, haja vista expressa previsão em lei específica.

(D) é inconstitucional a adoção, no cálculo do valor de taxa, de um ou mais elementos da base de cálculo própria de determinado imposto, ainda que não haja integral identidade entre uma base e outra.

(E) se mostra constitucional a exigência de depósito ou arrolamento prévio de dinheiro ou bens para admissibilidade de recurso administrativo.

A: correta, conforme a Súmula Vinculante 50/STF; B: incorreta, pois a tipificação do crime material não se dá antes do lançamento definitivo do tributo – Súmula Vinculante 24/STF; C: incorreta, pois essa incidência foi declarada inconstitucional – Súmula Vinculante 31/STF; D: incorreta, pois o STF entendeu constitucional a adoção, no cálculo do valor de taxa, de um ou mais elementos da base de cálculo própria de determinado imposto, desde que não haja integral identidade entre uma base e outra – Súmula Vinculante 29/STF; E: incorreta, pois é inconstitucional tal exigência – Súmula Vinculante 21/STF. RB
Gabarito "A".

(Juiz de Direito – TJ/RJ – VUNESP – 2016) Promover a gestão do Sistema Nacional integrado de Informações Econômico-Fiscais – SINIEF para a coleta, elaboração e distribuição de dados básicos essenciais à formulação de políticas econômico-fiscais e ao aperfeiçoamento permanente das administrações tributárias é matéria que, dentre outras, compete

(A) à Secretaria de Administração Fazendária.
(B) à Casa Civil.
(C) à Receita Federal.
(D) ao Ministério da Economia.
(E) ao Conselho Nacional de Política Fazendária.

Trata-se de competência do Conselho Nacional de Política Fazendária (Confaz), conforme distribuições de competência feitas periodicamente por ato do Executivo Federal – art. 55, IV, do Decreto 9.003/2017 (esse tipo de decreto autônomo é comumente revogado e substituído por outro, mas essa competência do Confaz mantém-se há tempos). Por essa razão, a alternativa "E" é a correta. **RB**
Gabarito "E".

(Juiz de Direito – TJ/RJ – VUNESP – 2016) É correto afirmar que a

(A) lei pode autorizar que a autoridade administrativa conceda, por despacho fundamentado, remissão total ou parcial do crédito tributário objetivando a terminação de litígio e consequente exclusão do crédito correspondente.
(B) responsabilidade dos pais pelos tributos devidos por seus filhos menores é de caráter pessoal.
(C) competência tributária está inserida no âmbito da competência legislativa plena.

(D) isenção, que é sempre decorrente de lei, não pode ser restrita a determinada região do território da entidade tributante, em função de condições a ela peculiares, por ofensa ao princípio da isonomia.
(E) o objeto da obrigação principal é o pagamento do tributo, enquanto que o da acessória é o pagamento da penalidade pecuniária.

A: incorreta, pois há confusão de institutos. A remissão é perdão do crédito – art. 172 do CTN. A modalidade de extinção que se presta a terminação de litígios é a transação – art. 171 do CTN; **B:** incorreta, pois a responsabilidade é, nesse caso, subsidiária, conforme entendimento do STF, nos termos do art. 134, I, do CTN. Ela passa a ser pessoal (terminologia do CTN) apenas em caso de ilegalidade praticada pelo pai, nos termos do art. 135, I, do CTN; **C:** correta, embora, a rigor, seja a competência legislativa plena que está compreendida na competência tributária, conforme a terminologia do art. 6º do CTN; **D:** incorreta, pois a isenção pode ser restrita a determinada região do território da entidade tributante, em função de condições a ela peculiares, por expressa previsão do art. 176, parágrafo único, do CTN; **E:** incorreta, pois toda prestação pecuniária, seja tributo ou penalidade, é objeto da obrigação tributária principal – art. 113, § 1º, do CTN. **FF**
Gabarito "C".

8. Direito Empresarial

Henrique Subi, Pedro Turra, Robinson Barreirinhas e Wagner Armani*

1. TEORIA GERAL

1.1. Empresa, empresário, caracterização e capacidade

(Juiz de Direito – TJ/SP – 2023 – VUNESP) Maria, que sempre sonhou em "ser dona do próprio negócio", decide se informar juridicamente e descobre que, segundo as regras atuais,

(A) a lei assegurará tratamento favorecido, diferenciado e simplificado a empresários rurais e pequenos empresários quanto à inscrição e aos efeitos daí decorrentes.

(B) inexiste previsão de obrigatoriedade de inscrição do empresário no Registro Público de Empresas Mercantis da respectiva sede antes do início da atividade.

(C) caso se torne absolutamente ou relativamente incapaz, não poderá continuar na atividade empresarial por serem com esta incompatíveis os institutos da representação e da assistência.

(D) poderá contratar qualquer tipo de sociedade com seu cônjuge independentemente do regime de bens adotado no casamento.

A: correta, nos termos do Art. 970 do Código Civil: *A lei assegurará tratamento favorecido, diferenciado e simplificado ao empresário rural e ao pequeno empresário, quanto à inscrição e aos efeitos daí decorrentes*; **B:** incorreta, a inscrição é obrigatória, nos termos do artigo 967 do Código Civil: *É obrigatória a inscrição do empresário no Registro Público de Empresas Mercantis da respectiva sede, antes do início de sua atividade*; **C:** incorreta, nos termos do artigo 974 do Código Civil: *Poderá o incapaz, por meio de representante ou devidamente assistido, continuar a empresa antes exercida por ele enquanto capaz, por seus pais ou pelo autor de herança*; **D:** incorreta, nos termos do artigo 977 do Código Civil: *Faculta-se aos cônjuges contratar sociedade, entre si ou com terceiros, desde que não tenham casado no regime da comunhão universal de bens, ou no da separação obrigatória.* WA

Gabarito "A".

(Juiz de Direito – TJ/SP – 2023 – VUNESP) Sobre a desconsideração da personalidade jurídica, assinale a alternativa correta.

(A) Mesmo com a comprovação da existência de grupo econômico, faz-se necessária a presença dos requisitos previstos no artigo 50 do Código Civil para a desconsideração da personalidade da pessoa jurídica.

(B) Constitui desvio de finalidade a alteração da finalidade original da atividade econômica específica da pessoa jurídica.

(C) De acordo com a desconsideração da personalidade jurídica prevista no Código de Defesa do Consumidor (CDC), as sociedades integrantes dos grupos societá-

rios e as sociedades controladas são solidariamente responsáveis pelas obrigações decorrentes do CDC.

(D) De acordo com a desconsideração da personalidade jurídica prevista no Código de Defesa do Consumidor (CDC), as sociedades coligadas só responderão em caso de dolo.

A: correta, nos termos do artigo 50, § 4º, do Código Civil: *A mera existência de grupo econômico sem a presença dos requisitos de que trata o caput deste artigo não autoriza a desconsideração da personalidade da pessoa jurídica*; **B:** incorreta, nos termos do artigo 50, § 5º, do Código Civil: *Não constitui desvio de finalidade a mera expansão ou a alteração da finalidade original da atividade econômica específica da pessoa jurídica*; **C:** incorreta, pois a responsabilidade é subsidiária e não solidária, nos termos do artigo 28, § 2º, do Código de Defesa do Consumidor: *As sociedades integrantes dos grupos societários e as sociedades controladas, são subsidiariamente responsáveis pelas obrigações decorrentes deste código*; **D:** incorreta, não há previsão da necessidade de dolo, mas sim de culpa, nos termos do artigo 28, § 4º, do Código de Defesa do Consumidor: *§ 4º As sociedades coligadas só responderão por culpa.* PT

Gabarito "A".

(Juiz de Direito – TJ/SP – 2023 – VUNESP) Com relação à sociedade anônima,

(A) os acionistas respondem solidariamente pela avaliação do valor dos bens conferidos ao capital social da companhia.

(B) deve ser constituída por pelo menos duas pessoas e manter um quadro acionário de, no mínimo, dois acionistas.

(C) é vedada a criação de uma ou mais classes de ações ordinárias com atribuição de voto plural.

(D) é facultado aos acionistas que representem 10% (dez por cento) ou mais do capital social votante requerer a realização de eleição dos conselheiros por voto múltiplo.

A: incorreta, a responsabilidade dos acionistas se limita ao pagamento das ações adquiridas, nas condições previstas no estatuto ou no boletim de subscrição, conforme o artigo 106 da Lei das Sociedades Anônima: *O acionista é obrigado a realizar, nas condições previstas no estatuto ou no boletim de subscrição, a prestação correspondente às ações subscritas ou adquiridas*; **B:** incorreta, em que pese a regra geral seja a pluralidade de sócios (artigo 80, LSA), há hipótese de unipessoalidade em caso de subsidiária Integral (artigo 251, LSA) e da unipessoalidade temporária, cuja pluralidade deve ser reestabelecida até a próxima assembleia ordinária, sob pena de dissolução (artigo 206, I, d, LSA). Desse modo, pela existência de 1 (um) único acionista, verificada em assembleia geral ordinária, se o mínimo de 2 (dois) não for reconstituído até à do ano seguinte, ressalvado o disposto no artigo 251, que trata da figura da subsidiária integral; **C:** incorreto: há autorização para criação de uma ou mais classes de ações ordinárias com atribuição de voto plural, nos termos do artigo 110-A da Lei das Sociedades Anônima: *É admitida a criação de uma ou mais classes de ações ordinárias com atribuição de voto plural, não superior a 10 (dez) votos por ação ordinária*; **D:** correta: trata-se da

---

* HS – Henrique Subi

PT – Pedro Turra

RB – Robinson Barreirinhas

WA – Wagner Armani

hipótese do artigo 141 da Lei das Sociedades Anônima: *Art. 141. Na eleição dos conselheiros, é facultado aos acionistas que representem, no mínimo, 10% (dez por cento) do capital social com direito a voto, esteja ou não previsto no estatuto, requerer a adoção do processo de voto múltiplo, por meio do qual o número de votos de cada ação será multiplicado pelo número de cargos a serem preenchidos, reconhecido ao acionista o direito de cumular os votos em um só candidato ou distribuí-los entre vários.* **PT**

Gabarito "D".

(Juiz de Direito – TJ/SP – 2023 – VUNESP) A Sociedade Anônima de Futebol

(A) pode ter como objeto social, dentre outros, a exploração econômica de ativos, inclusive imobiliários, sobre os quais detenha direitos.

(B) é constituída pela transferência definitiva de todo o patrimônio de um clube ou pessoa jurídica preexistente.

(C) responde por todas as obrigações do clube ou pessoa jurídica original que a constituiu.

(D) tem a faculdade de instituir Programa de Desenvolvimento Educacional e Social (PDE) em convênio com instituição pública de ensino.

A: correta, nos termos do artigo 1º, § 2º, V, da Lei nº 14193/2021 (Lei da SAF): *Art. 1º, § 2º O objeto social da Sociedade Anônima do Futebol poderá compreender as seguintes atividades; V – a exploração econômica de ativos, inclusive imobiliários, sobre os quais detenha direitos*; **B:** incorreta, pois não se constitui SAF por transferência de todo patrimônio de um clube ou pessoa jurídica preexistente, nos termos do artigo 2º da Lei da SAF: *Art. 2º A Sociedade Anônima do Futebol pode ser constituída: I – pela transformação do clube ou pessoa jurídica original em Sociedade Anônima do Futebol; II – pela cisão do departamento de futebol do clube ou pessoa jurídica original e transferência do seu patrimônio relacionado à atividade futebol; III – pela iniciativa de pessoa natural ou jurídica ou de fundo de investimento*; **C:** incorreta, a Sociedade Anônima de Futebol não responde pelas obrigações do clube ou pessoa jurídica original que a constituiu, conforme o artigo 9º da Lei da SAF: *Art. 9º A Sociedade Anônima do Futebol não responde pelas obrigações do clube ou pessoa jurídica original que a constituiu, anteriores ou posteriores à data de sua constituição, exceto quanto às atividades específicas do seu objeto social, e responde pelas obrigações que lhe forem transferidas conforme disposto no § 2º do art. 2º desta Lei, cujo pagamento aos credores se limitará à forma estabelecida no art. 10 desta Lei. Parágrafo único. Com relação à dívida trabalhista, integram o rol dos credores mencionados no caput deste artigo os atletas, membros da comissão técnica e funcionários cuja atividade principal seja vinculada diretamente ao departamento de futebol*; **D:** incorreta, a SAF tem a obrigação e não a faculdade de instituir o Programa de Desenvolvimento Educacional e Social, conforme o artigo 28 da Lei da SAF: *Art. 28. A Sociedade Anônima do Futebol deverá instituir Programa de Desenvolvimento Educacional e Social (PDE), para, em convênio com instituição pública de ensino, promover medidas em prol do desenvolvimento da educação, por meio do futebol, e do futebol, por meio da educação.* **WA**

Gabarito "A".

(Juiz de Direito – TJ/RS – 2018 – VUNESP) O artigo 966 do Código Civil define como empresário aquele que exerce

(A) atividade profissional organizada com a finalidade de produção ou circulação de bens ou de serviços.

(B) atividade profissional econômica organizada com a finalidade de produção ou circulação de bens ou de serviços.

(C) atividade eventual econômica, organizada com a finalidade de circulação de bens ou serviços.

(D) atividade eventual econômica não organizada com a finalidade de produção e circulação de bens ou de serviços.

(E) atividade profissional econômica organizada com a finalidade de produção e circulação de bens ou de serviços.

Segundo o art. 966 do CC, considera-se empresário aquele que exerce profissionalmente atividade econômica organizada para produção ou circulação de bens ou serviços. **HS**

Gabarito "B".

(Juiz de Direito – TJ/RS – 2018 – VUNESP) Para os efeitos da Lei Complementar no 123/2006, consideram-se microempresas ou empresas de pequeno porte, a sociedade empresária, a sociedade simples, a empresa individual de responsabilidade limitada e o empresário a que se refere o artigo 966 do Código Civil em vigor, devidamente registrados no Registro de Empresas Mercantis ou no Registro Civil de Pessoas Jurídicas, conforme o caso, desde que:

(A) no caso da microempresa, aufira em cada ano-calendário, receita bruta igual ou inferior a R$ 400.000,00 (quatrocentos mil reais); no caso de empresa de pequeno porte, aufira receita bruta superior a R$ 400.000,00 (quatrocentos mil reais) e igual ou inferior a R$ 4.800.000,00 (quatro milhões e oitocentos mil reais).

(B) no caso da microempresa, aufira em cada ano-calendário, receita bruta igual ou inferior a R$ 360.000,00 (trezentos e sessenta mil reais); no caso de empresa de pequeno porte aufira receita bruta superior a R$ 360.000,00 (trezentos e sessenta mil reais) e igual ou inferior a R$ 4.800.000,00 (quatro milhões e oitocentos mil reais).

(C) no caso da microempresa, aufira em cada ano-calendário, receita bruta igual ou inferior a R$ 380.000,00 (trezentos e oitenta mil reais); no caso de empresa de pequeno porte, aufira receita bruta superior a R$ 380.000,00 (trezentos e oitenta mil reais) e igual ou inferior a R$ 4.800.000,00 (quatro milhões e oitocentos mil reais).

(D) no caso da microempresa, aufira em cada ano-calendário, receita bruta igual ou inferior a R$ 360.000,00 (trezentos e sessenta mil reais); no caso de empresa de pequeno porte, aufira receita bruta superior a R$ 360.000,00 (trezentos e sessenta mil reais) e igual ou inferior a R$ 5.000.000,00 (cinco milhões de reais).

(E) no caso da microempresa, aufira em cada ano-calendário, receita bruta igual ou inferior a R$ 400.000,00 (quatrocentos mil reais); no caso de empresa de pequeno porte aufira receita bruta superior a R$ 400.000,00 (quatrocentos mil reais) e igual ou inferior a R$ 5.000.000,00 (cinco milhões de reais).

Considera-se microempresa a atividade que fatura até R$360.000,00 no ano e empresa de pequeno porte aquela com receita bruta superior a R$ 360.000,00 (trezentos e sessenta mil reais) e igual ou inferior a R$ 4.800.000,00 (quatro milhões e oitocentos mil reais) (art. 3º, I e II, da Lei Complementar nº 123/2006, LC nº 155/2016). **PT**

Gabarito "B".

1.2. Desconsideração da personalidade jurídica

(Juiz de Direito – TJ/RS – 2018 – VUNESP) A respeito do tema teoria da desconsideração da personalidade jurídica, o Superior Tribunal de Justiça em muitos de seus julgados faz menção à teoria maior e à teoria menor da desconsideração. Com base nessa informação, assinale a alternativa correta.

(A) Para aplicação da teoria maior da desconsideração, regra aplicada excepcionalmente em nosso sistema jurídico, basta a comprovação da prova da insolvência da pessoa jurídica, enquanto para incidência da teoria menor da desconsideração é preciso apenas a demonstração de confusão patrimonial.

(B) Considera-se correta a aplicação da teoria maior da desconsideração, regra excepcional em nosso sistema jurídico brasileiro, com a comprovação da prova da insolvência da pessoa jurídica juntamente com o desvio de finalidade ou confusão patrimonial. A teoria menor, por consequência, regra geral em nosso sistema jurídico, considera-se correta sua aplicação apenas diante da comprovação da insolvência da pessoa jurídica.

(C) Para incidência da teoria maior da desconsideração, regra geral do sistema jurídico brasileiro, exige-se para além da prova da insolvência, ou a demonstração de desvio de finalidade ou a demonstração de confusão patrimonial. Para caracterização da teoria menor, por sua vez, regra excepcional, basta a prova de insolvência da pessoa jurídica.

(D) Caracteriza-se a teoria maior da desconsideração, regra geral do sistema jurídico brasileiro, com a identificação apenas do desvio de finalidade da pessoa jurídica, ao passo que a teoria menor da desconsideração concretiza-se com a comprovação somente da insolvência da pessoa jurídica.

(E) Para devida incidência da aplicação da teoria maior da desconsideração, regra geral do sistema jurídico brasileiro, torna-se necessária a comprovação da insolvência da pessoa jurídica, a demonstração do desvio de finalidade e da demonstração de confusão patrimonial. Para a correta aplicação da teoria menor, por sua vez, regra excepcional em nosso sistema jurídico, basta a comprovação da insolvência da pessoa jurídica.

A dica para memorizar as teorias da desconsideração da personalidade jurídica é a seguinte: teoria **maior** é aquela que exige **mais** requisitos. Logo, a teoria maior é a regra no direito brasileiro, prevista no art. 50 do CC: é necessária prova da insolvência da pessoa jurídica e **também** de seu uso abusivo, consistente no desvio de finalidade ou confusão patrimonial. A teoria menor tem aplicação excepcional (art. 28 do CDC, por exemplo), bastando para sua caracterização a insolvência da pessoa jurídica. [HS]

Gabarito "C".

1.3. Nome empresarial

Veja a seguinte tabela para estudo dos nomes empresariais:

	Uso	Exemplo
Firma individual	a) empresário individual – responsabilidade ilimitada	a) João da Silva Marcenaria
Firma coletiva, razão social	b) sociedade em nome coletivo – responsabilidade ilimitada	b) João da Silva e companhia; João da Silva e Pedro de Souza; João da Silva e irmãos
	c) sociedade em comandita simples	c) João da Silva e companhia
	d) sociedade limitada – não há responsabilidade ilimitada, desde que conste a palavra "limitada" ou "Ltda."	d) João da Silva Marcenaria Ltda.
	e) comandita por ações – diretor responde subsidiária e ilimitadamente	e) João da Silva Marcenaria Comandita por Ações
Denominação social	f) sociedade limitada – não há responsabilidade ilimitada, desde que conste a palavra "limitada" ou "Ltda."	f) Marcenaria Modelo Ltda.
	g) sociedade anônima – responsabilidade limitada ao preço das ações	g) Marcenaria Modelo Sociedade Anônima; Companhia Marcenaria Modelo; João da Silva Marcenaria S.A.
	h) comandita por ações – diretor responde subsidiária e ilimitadamente	h) Marcenaria Modelo Comandita por Ações
	i) sociedade cooperativa – pode ser de responsabilidade limitada ou ilimitada	i) Cooperativa Modelo de Marceneiros

(Magistratura/RJ – VUNESP – 2011) Quanto ao nome empresarial, assinale a alternativa correta.

(A) Nas sociedades limitadas, os administradores que omitirem a palavra "limitada" no uso da firma ou denominação social serão responsáveis solidariamente, desde que ajam com dolo comprovado e assumam obrigações com valor superior a 10 salários mínimos vigentes no país.

316 HENRIQUE SUBI, PEDRO TURRA, ROBINSON BARREIRINHAS E WAGNER ARMANI

(B) A inscrição do empresário, ou dos atos constitutivos das pessoas jurídicas, ou as respectivas averbações, no registro próprio, asseguram o uso exclusivo do nome nos limites do território nacional, independentemente de registro na forma da lei especial.

(C) É de 4 (quatro) anos o prazo para o prejudicado intentar ação para anular a inscrição do nome empresarial feita com violação da lei ou do contrato.

(D) Equipara-se ao nome empresarial, para efeitos de proteção legal, a denominação das sociedades simples, associações e fundações.

A: incorreta, pois a responsabilidade descrita no enunciado independe de dolo ou valor (CC, art. 1.158, § 3º); **B:** incorreta, pois o registro na Junta Comercial garante apenas a utilização com exclusividade no território do Estado de registro, sendo preciso registro adicional nos Estados ou regulamentação por lei específica federal (CC, art. 1.166); **C:** incorreta, pois o prazo para pleitear anulação do registro de nome empresarial poderá ser feita a qualquer tempo (CC, art. 1.167); **D:** correta, por expressa previsão legal (CC, art. 1.155). **RB**
Gabarito "D".

1.4. Inscrição, Registros, Escrituração e Livros

(Juiz de Direito – TJ/SP – VUNESP – 2015) A respeito da escrituração mercantil, é incorreto afirmar que

(A) os livros obrigatórios do empresário e da sociedade empresária devem ser autenticados na Junta Comercial.

(B) quando preencherem os requisitos legais, os livros contábeis fazem prova a favor de seu titular, nos litígios entre empresários.

(C) as sociedades anônimas deverão manter registros permanentes, observando a legislação e os princípios de contabilidade geralmente aceitos e registrar suas mutações patrimoniais segundo o regime de caixa.

(D) o exame de livros comerciais, em ação judicial envolvendo contratos mercantis, fica limitado aos lançamentos correspondentes às transações entre os litigantes.

A: correta, nos termos do art. 1.181 do CC; **B:** correta, nos termos do art. 418 do CPC; **C:** incorreta, devendo ser assinalada. Deve ser observado o regime de competência, nos termos do art. 177 da LSA; **D:** correta, nos termos do art. 421 do CPC. **HS**
Gabarito "C".

(Magistratura/SP – VUNESP – 2013) Das decisões do Plenário da Junta Comercial, cabe recurso ao:

(A) Governador do Estado da unidade federativa da junta respectiva.

(B) Secretário Estadual da Indústria e Comércio.

(C) Ministro de Estado da Indústria, do Comércio e do Turismo.

(D) Presidente da Junta Comercial.

Nos termos do art. 47 da Lei 8.934/1994, das decisões do plenário seria cabível recurso ao Ministro de Estado da Indústria, do Comércio e do Turismo, como última instância administrativa. Por essa razão, a alternativa "C" era a correta. Contudo, tivemos uma modificação no texto legislativo, promovido pela Lei nº 13.874/2019, que instituiu no artigo 47: "Das decisões do plenário cabe recurso ao Departamento Nacional de Registro Empresarial e Integração como última instância administrativa". **PT**
Gabarito "C".

1.5. Locação

(Magistratura/SP – VUNESP – 2013) De acordo com a jurisprudência do Superior Tribunal de Justiça na interpretação da Lei de Locações (Lei 8.245/91), a expressão "accessio temporis" utilizada para viabilizar o perfazimento do prazo mínimo legal exigido para a renovação das locações empresariais significa a possibilidade da soma dos prazos:

(A) dos contratos escritos de locação do cedente e do cessionário da locação.

(B) de exploração de ramos diferentes de comércio do locatário.

(C) dos contratos escritos de locação do antecessor e do sucessor da locação.

(D) dos contratos celebrados por escrito, entremeados por pequeno lapso temporal de contrato não escrito.

Nos termos do art. 51, II, da Lei 8.245/1991, é requisito para o direito à renovação do contrato locatício empresarial que seu prazo mínimo ou a soma dos prazos ininterruptos dos contratos escritos seja de 5 anos. *Accessio temporis* é expressão que significa exatamente esse acréscimo de prazos de quaisquer contratos escritos de locação relativos ao estabelecimento empresarial (a que se refere o ponto empresarial), desde que contínuos, admitidos apenas pequenos lapsos entre um e outro contrato sem o instrumento escrito – *v.g.* AgRg no REsp 61.436/SP. Por essas razões, a alternativa "D" é a correta. **RB**
Gabarito "D".

1.6. Estabelecimento

(Delegado – PC/BA – 2018 – VUNESP) Com relação ao estabelecimento empresarial, assinale a alternativa correta.

(A) O contrato que tenha por objeto a alienação, o usufruto ou arrendamento do estabelecimento, só produzirá efeitos quanto às partes e a terceiros depois de averbado à margem da inscrição do empresário, ou da sociedade empresária, no Registro Público de Pessoas Jurídicas, e de publicado na imprensa local.

(B) O adquirente do estabelecimento responde pelo pagamento dos débitos anteriores à transferência, mesmo não contabilizados, continuando o devedor primitivo subsidiariamente obrigado, pelo prazo de três anos, a partir, quanto aos créditos vencidos, da publicação, e, quanto aos outros, da data do vencimento.

(C) A transferência do estabelecimento importa a sub-rogação do adquirente nos contratos estipulados para exploração do estabelecimento, se não tiverem caráter pessoal, podendo os terceiros rescindir o contrato em noventa dias a contar da publicação da transferência, se ocorrer justa causa, ressalvada, neste caso, a responsabilidade do alienante.

(D) Não havendo autorização expressa, o alienante do estabelecimento não pode fazer concorrência ao adquirente, nos dez anos subsequentes à transferência; no caso de arrendamento ou usufruto do estabelecimento, a proibição persistirá durante o prazo contratual, não podendo ser superior a cinco anos.

(E) A cessão dos créditos referentes ao estabelecimento transferido produzirá efeito em relação aos respectivos devedores, desde o momento da assinatura do contrato, e, a partir da publicação da transferência, o devedor que pagar ao cedente, mesmo de boa-fé, terá que pagar novamente ao adquirente.

8. DIREITO EMPRESARIAL   317

A: incorreta. Os requisitos listados são indispensáveis somente para que os efeitos do contrato sejam oponíveis perante terceiros. Para as partes, o contrato é válido e eficaz desde sua assinatura (art. 1.144 do CC); **B:** incorreta. O adquirente do estabelecimento responde apenas pelos débitos regularmente contabilizados (art. 1.146 do CC); **C:** correta, nos termos do art. 1.148 do CC; **D:** incorreta. No silêncio do contrato, a cláusula de não restabelecimento vale por 5 (cinco) anos (art. 1.147 do CC); **E:** incorreta. O marco inicial dos efeitos da cessão de crédito é a publicação da transferência (art. 1.149 do CC). HS

Gabarito "C".

(Juiz de Direito – TJ/RJ – VUNESP – 2016) Assinale a alternativa correta no que respeita ao estabelecimento empresarial.

(A) O alienante, em razão de expressa previsão legal, não poderá fazer concorrência ao adquirente, nos 5 anos subsequentes à assinatura do contrato de trepasse, não sendo admitida autorização expressa em sentido contrário.

(B) O contrato que tenha por objeto o trespasse do estabelecimento produzirá efeitos quanto a terceiros a partir da data de sua assinatura.

(C) A eficácia da alienação do estabelecimento, se ao alienante não restarem bens suficientes para solver o passivo, dependerá do pagamento de todos os credores, ou do consentimento destes, que se admite de modo expresso ou tácito, no prazo de 30 dias contados de sua notificação.

(D) Por consistir no complexo de bens organizado para o exercício da empresa, o estabelecimento não pode ser objeto unitário de negócios jurídicos constitutivos, ainda que compatíveis com a sua natureza.

(E) O adquirente do estabelecimento responde pessoalmente pelo pagamento dos débitos anteriores à transferência, independentemente de estarem contabilizados, exonerando-se o devedor primitivo quanto aos créditos vencidos.

A: incorreta. A cláusula de não restabelecimento é implícita no contrato de trespasse, mas pode ser afastada por vontade das partes (art. 1.147 do CC); **B:** incorreta. Os efeitos perante terceiros somente ocorrem após sua averbação na Junta Comercial e publicação na Imprensa Oficial (art. 1.144 do CC); **C:** correta, nos termos do art. 1.145 do CC; **D:** incorreta. O art. 1.143 do CC autoriza a celebração de negócios jurídicos específicos sobre o estabelecimento; **E:** incorreta. O adquirente responde somente pelos débitos contabilizados (art. 1.146 do CC). HS

Gabarito "C".

(Juiz de Direito – TJ/SP – VUNESP – 2015) Sobre alienação dos estabelecimentos empresariais, é correto afirmar:

(A) exige que o alienante ceda, separada e individualmente, ao adquirente cada um dos contratos estipulados para a exploração do estabelecimento.

(B) permite que o alienante se restabeleça de imediato se assim desejar, continuando a exploração da mesma atividade, caso não haja expressa vedação contratual no contrato de trespasse.

(C) o contrato de alienação de estabelecimento produzirá efeitos imediatos entre as partes e perante terceiros, salvo se alienante e adquirente exercerem o mesmo ramo de atividades, quando a operação ficará na dependência da aprovação da autoridade de defesa da concorrência.

(D) a alienação implica a responsabilidade do adquirente pelos débitos anteriores à transferência, desde que

regularmente contabilizados, sem prejuízo da obrigação solidária do devedor primitivo na forma da lei.

A: incorreta. Não há qualquer obrigação nesse sentido; **B:** incorreta. No silêncio do contrato, a cláusula de não restabelecimento do alienante é implícita pelo prazo de 5 anos (art. 1.147 do CC); **C:** incorreta. Só haverá efeitos perante terceiros após averbação do contrato na Junta Comercial e na Imprensa Oficial (art. 1.144 do CC); **D:** correta, nos termos do art. 1.146 do CC. HS

Gabarito "D".

(Juiz de Direito – TJ/MS – VUNESP – 2015) Assinale a alternativa correta acerca do estabelecimento, conforme disciplinado pelo Código Civil.

(A) O adquirente do estabelecimento responde pelo pagamento dos débitos anteriores à transferência, desde que regularmente contabilizados, continuando o devedor primitivo solidariamente responsável, quanto aos créditos vencidos, pelo prazo de dois anos a partir da publicação do trespasse.

(B) Não restando ao alienante bens suficientes para solver seu passivo, a eficácia da alienação do estabelecimento dependerá do pagamento de todos os credores, ou do consentimento expresso destes, no prazo de sessenta dias a partir da notificação.

(C) O contrato que tenha por objeto a alienação, usufruto ou arrendamento do estabelecimento, produzirá efeitos quanto a terceiros a partir da data em que se realize o trespasse.

(D) No caso de arrendamento do estabelecimento, não havendo autorização expressa, o arrendante não poderá fazer concorrência ao arrendatário, nos cinco anos subsequentes ao arrendamento, independentemente do prazo do contrato.

(E) A cessão dos créditos referentes ao estabelecimento transferido produzirá efeito em relação aos respectivos devedores, desde o momento da publicação da transferência, mas o devedor ficará exonerado se de boa-fé pagar ao cedente.

A: incorreta. A responsabilidade do alienante permanece pelo prazo de um ano (art. 1.146 do CC); **B:** incorreta. O prazo para manifestação dos credores é de 30 dias (art. 1.145 do CC); **C:** incorreta. A eficácia perante terceiros depende da averbação do contrato na Junta Comercial e de sua publicação na Imprensa Oficial (art. 1.144 do CC); **D:** incorreta. No caso de arrendamento, a cláusula de não restabelecimento é implícita para todo o período do contrato (art. 1.147, parágrafo único, do CC); **E:** correta, nos termos do art. 1.149 do CC. HS

Gabarito "E".

2. DIREITO SOCIETÁRIO

2.1. Sociedade limitada

(Juiz de Direito – TJ/RJ – VUNESP – 2016) A sociedade limitada rege-se pelas disposições do Código Civil, e nas omissões deste, não havendo previsão no contrato social acerca da regência supletiva, pelas normas aplicáveis à sociedade

(A) em comandita por ações.

(B) simples.

(C) em comandita simples.

(D) anônima.

(E) em conta de participação.

Na omissão do contrato, a sociedade limitada será regida supletivamente pelas normas da sociedade simples (art. 1.053 do CC). HS

Gabarito "B".

(Procurador – IPSMI/SP – VUNESP – 2016) Na sociedade limitada, a designação de administradores não sócios dependerá de aprovação da unanimidade dos sócios, enquanto o capital não estiver integralizado, e de

(A) 1/3 (um terço), no mínimo, após a integralização.

(B) 2/3 (dois terços), no mínimo, após a integralização.

(C) 1/4 (um quarto), no mínimo, após a integralização.

(D) 3/4 (três quartos), no mínimo, após a integralização.

(E) 3/5 (três quintos), no mínimo, após a integralização.

O quórum qualificado para nomeação de administrador não sócio com o capital totalmente integralizado é de mais da metade do capital social (art. 1.061 do CC, reformado pela Lei nº 14.451/2022). PT

Gabarito "desatualizado".

(Juiz de Direito – TJ/SP – VUNESP – 2015) Assinale a alternativa incorreta.

(A) Exceto se houver expressa autorização no contrato social, na sociedade limitada, um sócio não pode ceder quotas a outro quotista sem o consentimento dos demais.

(B) Na sociedade limitada, a responsabilidade dos sócios é restrita ao valor das suas quotas, salvo quanto à obrigação de integralização do capital, que é solidária.

(C) Na sociedade simples, a contribuição do sócio pode consistir apenas em serviços.

(D) Na sociedade limitada, em que o capital social ainda não estiver integralizado, a designação de administrador não sócio depende da aprovação pela unanimidade dos sócios.

A: incorreta, devendo ser assinalada. Para que tal conduta seja proibida é que deve estar expresso. No silêncio do contrato, nenhum sócio pode se opor à transferência de quotas entre outros sócios (art. 1.057 do CC); **B:** correta, nos termos do art. 1.052 do CC; **C:** correta, nos termos do art. 997, V, do CC; **D:** correta, nos termos do art. 1.061 do CC. HS

Gabarito "A".

(Magistratura/MG – VUNESP – 2012) Com relação à sociedade limitada, assinale a alternativa correta.

(A) Na sociedade limitada, a responsabilidade de cada sócio é restrita ao valor de suas quotas e cada um responde individualmente pela integralização do capital social.

(B) A sociedade limitada rege-se, nas omissões das disposições específicas do Código Civil, pelas normas da sociedade simples. Todavia, o contrato social poderá prever a regência supletiva da sociedade limitada pelas normas da sociedade em comandita simples.

(C) Pode o contrato instituir conselho fiscal composto de três ou mais membros e respectivos suplentes, sócios ou não, residentes no País e eleitos pela assembleia anual. Nesse caso, haverá restrição a alguns dos poderes da assembleia dos sócios.

(D) Na omissão do contrato, o sócio pode ceder sua quota, total ou parcialmente, a quem seja sócio, independentemente de audiência dos outros, ou a estranho, se não houver oposição de titulares de mais de um quarto do capital social.

A: incorreta, pois a responsabilidade pelo capital não integralizado é solidária entre os sócios (CC, art. 1.052); **B:** incorreta, pois há previsão sobre a possibilidade de adoção da legislação das sociedades por ações (CC, art. 1.053); **C:** incorreta, pois o conselho fiscal é órgão meramente de assessoramento da administração, não tendo poderes de gestão ou de deliberação (CC, art. 1.078). **D:** Alternativa correta, nos termos do artigo 1.057 CC. PT

Gabarito "D".

2.2. Sociedade Anônima

2.2.1. Constituição, Capital Social, Ações, Debêntures e Outros Valores Mobiliários

(Procurador – PGE/SP – 2024 – VUNESP) Considere que o Estado pretenda transferir a propriedade de um imóvel à empresa por ele controlada, como forma de integralização de ações subscritas em face de aumento de capital deliberado em Assembleia de Acionistas. De acordo com o que disciplina a legislação de regência,

(A) trata-se de prerrogativa do acionista controlador que seja pessoa jurídica de direito público, conferida para cumprimento de relevante interesse coletivo que justificou a criação da empresa pública ou sociedade de economia mista, não sendo a mesma possibilidade conferida a acionistas privados.

(B) a integralização de participação acionária em bens somente se afigura juridicamente possível quando se trata de empresa pública, na qual o Estado e outras entidades da Administração indireta detenham a integralidade do capital social, e depende de avaliação pelo critério patrimonial contábil.

(C) é possível a integralização do capital subscrito em bens, com preço aferido em avaliação de mercado, desde que a Assembleia de Acionistas que deliberou sobre o aumento tenha autorizado tal modalidade e desde que se trate de companhia fechada, sem ações ou títulos negociados em bolsa de valores.

(D) a operação configura abuso do acionista controlador, uma vez que a regra é a integralização do capital subscrito em dinheiro ou em ativos financeiros com liquidez para negociação no mercado de capitais ou em mercado secundário, salvo para formação do capital inicial da companhia.

(E) a integralização em bens condiciona-se à avaliação, mediante laudo fundamentado, realizada por 3 (três) peritos ou por empresa especializada, nomeados em assembleia geral, constituindo abuso do acionista controlador a realização em bens estranhos ao objeto social da companhia.

A: Incorreta. A integralização de capital não é uma prerrogativa conferida ao acionista controlador, bem como a Lei de Sociedade Anônima (Lei nº 6.404/1976) não diferencia a forma de integralização dependendo do tipo de pessoa jurídica (se de direito público ou privado). Recomendamos a leitura dos artigos 7º e 8º da Lei. **B:** Incorreta, no mesmo sentido da anterior, uma vez que não há limitação da integralização de capital social específica às empresas públicas. Artigo 7º O capital social poderá ser formado com contribuições em dinheiro ou em qualquer espécie de bens suscetíveis de avaliação em dinheiro. **C:** Incorreta. O artigo 170, § 3º da LSA determina que a integralização do capital por bens deverá obedecer o artigo 8º o qual, por sua vez, determina, em seu parágrafo 1º, que o preço da avaliação seja feita por peritos que indicarão os critérios de avaliação. **D:** Incorreta. Com base no artigo 7º, permite, expressamente, a integralização do capital social por bens, não

8. DIREITO EMPRESARIAL 319

só em dinheiro ou ativos como trouxe a afirmação. **E:** Correta, conforme expressa previsão legal no artigo 8º da LSA e, ainda, como dispõe o artigo 117, § 1º, alínea "h". "Art. 117. O acionista controlador responde pelos danos causados por atos praticados com abuso de poder. § 1º São modalidades de exercício abusivo de poder: (...) h) subscrever ações, para os fins do disposto no art. 170, com a realização em bens estranhos ao objeto social da companhia. [PT]

Gabarito "E".

(Juiz de Direito – TJ/RJ – 2019 – VUNESP) Assinale a alternativa que está de acordo com as normas aplicáveis ao capital social da sociedade anônima.

(A) O estatuto, ou a assembleia geral, fixará prazo de decadência não inferior a 20 (vinte) dias para o exercício do direito de preferência.

(B) Na companhia com ações sem valor nominal, a capitalização de lucros ou de reservas não poderá ser efetivada sem modificação do número de ações.

(C) Depois de realizados 2/3 (dois terços), no mínimo, do capital social, a companhia pode aumentá-lo mediante subscrição pública ou particular de ações.

(D) Os acionistas terão direito de preferência para subscrição das emissões de debêntures conversíveis em ações, bônus de subscrição, partes beneficiárias conversíveis em ações emitidas para alienação onerosa e no exercício de opção de compra de ações.

(E) O aumento mediante capitalização de lucros ou de reservas, na companhia com ações com valor nominal, importará alteração do valor nominal das ações ou distribuições das ações novas, correspondentes ao aumento, entre acionistas, na proporção do número de ações que possuírem.

A: incorreta. O prazo mínimo é de 30 dias (art. 171, § 4º, da LSA); **B:** incorreta. O art. 169, § 1º, autoriza a medida; **C:** incorreta. Devem estar realizados ¾ do capital (art. 170 da LSA); **D:** incorreta. O direito de preferência não existe na conversão de partes beneficiárias e no exercício de opção de compra de ações (art. 171, § 3º, da LSA); **E:** correta, nos termos do art. 169 da LSA. [HS]

Gabarito "E".

2.2.2. Assembleia Geral, Conselho de Administração, Diretoria, Administradores e Conselho Fiscal

(Juiz de Direito – TJ/SP – VUNESP – 2015) Em relação às sociedades anônimas, é correto afirmar que

(A) a critério de seus fundadores, a sociedade anônima que tenha por objeto social atividade rural poderá ser inscrita no registro civil de pessoas jurídicas.

(B) desde que não haja oposição de qualquer dos acionistas presentes, a assembleia geral da S/A fechada pode deliberar a distribuição de dividendos inferiores aos fixos ou mínimos estipulados para os acionistas preferencialistas.

(C) o acordo de acionistas registrado na Companhia pode vincular o voto dos membros do conselho de administração eleitos pelos sócios que o tenham firmado.

(D) a assembleia geral não pode suspender o exercício dos direitos de acionista em mora com obrigações impostas pelo estatuto, salvo se tal obrigação decorrer de expressa disposição legal.

A: incorreta. A sociedade anônima é sempre empresária por força de lei, independentemente de seu objeto (art. 982, parágrafo único, do CC).

Portanto, está sempre obrigada a registro, não se lhe aplicando a opção prevista para o empresário rural; **B:** incorreta. Os acionistas preferencialistas não podem ser atingidos por tal deliberação da assembleia-geral (art. 202, § 3º, e 203 da Lei 6.404/1976); **C:** correta, nos termos do art. 118, § 9º, da LSA; **D:** incorreta. O poder da assembleia-geral alcança o acionista em mora com obrigações previstas em lei ou no estatuto (art. 120 da LSA). [HS]

Gabarito "C".

(Magistratura/SP – VUNESP – 2013) Poderão ser eleitas para membros dos órgãos de administração da sociedade anônima:

(A) pessoas naturais, devendo os diretores ser residentes no País.

(B) pessoas naturais, residentes no País, devendo os membros do conselho de administração ser acionistas, e os diretores, acionistas ou não.

(C) pessoas naturais, devendo os membros do conselho de administração ser acionistas, e os diretores residentes no País, acionistas ou não.

(D) pessoas naturais, residentes no País, diplomadas em curso de nível universitário, ou que tenham exercido, por prazo mínimo de três anos, cargo de administrador de empresa ou de conselheiro fiscal.

Nos termos do art. 146 da Lei das Sociedades por Ações – LSA (Lei 6.404/1976), poderão ser eleitas para membros dos órgãos de administração pessoas naturais, sendo os diretores não residentes no País ou domiciliados no exterior ficam condicionados à constituição de representante residente no País, com poderes para, até, no mínimo, 3 (três) anos após o término do prazo de gestão do administrador, receber: I – citações em ações contra ele propostas com base na legislação societária; e II – citações e intimações em processos administrativos instaurados pela Comissão de Valores Mobiliários, no caso de exercício de cargo de administração em companhia aberta. A modificação da redação do artigo foi promovida pela Lei nº 14.195, de 2021. Por essa razão, a questão não há nenhuma alternativa correta. [PT]

Gabarito "A".

Veja a tabela a seguir, para estudo e memorização das competências do Conselho de Administração:

Compete ao Conselho de Administração – art. 142 da LSA
Fixar a orientação geral dos negócios da companhia;
Eleger e destituir os diretores da companhia e fixar-lhes as atribuições, observado o que a respeito dispuser o estatuto;
Fiscalizar a gestão dos diretores, examinar, a qualquer tempo, os livros e papéis da companhia, solicitar informações sobre contratos celebrados ou em via de celebração, e quaisquer outros atos;
Convocar a assembleia geral quando julgar conveniente, ou no caso do art. 132 da LSA
Manifestar-se sobre o relatório da administração e as contas da diretoria;
Manifestar-se previamente sobre atos ou contratos, quando o estatuto assim o exigir;
Deliberar, quando autorizado pelo estatuto, sobre a emissão de ações ou de bônus de subscrição;
Autorizar, se o estatuto não dispuser em contrário, a alienação de bens do ativo não circulante, a constituição de ônus reais e a prestação de garantias a obrigações de terceiros;
Escolher e destituir os auditores independentes, se houver.

2.2.3. Transformação, Incorporação, Fusão e Cisão

(Ministério Público/ES – VUNESP – 2013) A operação pela qual a sociedade passa, independentemente de dissolução e liquidação, de um tipo para outro, é a

(A) cisão total.
(B) incorporação.
(C) cisão parcial.
(D) fusão.
(E) transformação.

A operação societária descrita no *caput* é a transformação. Cisão é a divisão da empresa criando uma ou mais empresas novas, deixando a empresa original de existir (cisão total) ou não (cisão parcial). Incorporação é a operação societária na qual uma sociedade absorve integralmente o patrimônio (bens, direitos e dívidas) de outra, que deixa de existir. Fusão, por fim, é a operação societária resultante da união de duas ou mais empresas, após a qual todas deixam de existir e criam uma nova. **HS**
Gabarito "E".

2.2.4. Ligações Societárias. Controle, Coligação, Grupos, Consórcios, Subsidiárias

(Magistratura/SP – VUNESP – 2013) Em relação ao consórcio de sociedades, assinale a alternativa correta.

(A) Adquire personalidade jurídica mediante o arquivamento do contrato no Registro do Comércio do lugar da sua sede.
(B) Nas obrigações assumidas pelas consorciadas, presume-se responsabilidade solidária.
(C) O consórcio será constituído mediante contrato aprovado pelo órgão da sociedade competente para autorizar a alienação de bens do ativo não circulante.
(D) O consórcio não tem capacidade processual.

A: incorreta, pois o consórcio não tem personalidade jurídica – art. 278, § 1.º, da LSA; **B:** incorreta, pois não há presunção de solidariedade, sendo que as consorciadas se obrigam nas condições previstas no respectivo contrato, respondendo cada uma por suas obrigações – art. 278, § 1.º, da LSA; **C:** correta, conforme o art. 279 da LSA; **D:** incorreta, pois, embora o consórcio não tenha personalidade jurídica, tem a chamada personalidade judiciária, ou seja, capacidade processual – ver REsp 147.997/RJ, aplicando o art. 12, VII, do CPC aos consórcios. **RB**
Gabarito "C".

2.3. Sociedade cooperativa

(Ministério Público/ES – VUNESP – 2013) Assinale a alternativa correta acerca da sociedade cooperativa.

(A) Dentre suas características, figura a variabilidade ou a dispensa do capital social.
(B) O quorum para a assembleia geral funcionar e deliberar é fundado no capital social representado.
(C) Independentemente de seu objeto, é considerada empresária por força de lei.
(D) A transferibilidade das quotas do capital a terceiros estranhos à sociedade ocorrerá, exclusivamente, por herança.
(E) A responsabilidade dos sócios somente é admitida na forma limitada.

A: correta, nos termos do art. 1.094, I, do Código Civil; **B:** incorreta. Como o capital social pode até mesmo ser dispensado, as delibera-

ções da assembleia geral são tomadas por maioria de votos contados por cabeça (art. 1.094, V, do Código Civil); **C:** incorreta. A sociedade cooperativa é considerada simples por força de lei, independentemente de seu objeto (art. 982, parágrafo único, do Código Civil); **D:** incorreta. Nem mesmo a herança autoriza a transferência das quotas do capital a terceiros estranhos à sociedade (art. 1.094, IV, do Código Civil); **E:** incorreta. Caberá ao estatuto definir a responsabilidade dos cooperados, que poderá ser limitada ou ilimitada (art. 1.095 do Código Civil). **HS**
Gabarito "A".

2.4. Questões combinadas sobre sociedades e outros temas

(Procurador – PGE/SP – 2024 – VUNESP) Suponha que no bojo de discussões no âmbito do Programa Estadual de Desestatização esteja sendo cogitada a alienação de parcela das ações de uma sociedade de economia mista detida pelo Estado, de forma que esse deixará de ser o detentor da maioria das ações com direito a voto. Nas discussões, ficou claro que o Estado pretende manter a prerrogativa de influir na decisão sobre determinados temas que considera estratégicos. De acordo com os preceitos da legislação societária, para atingir tal objetivo, o modelo de desestatização

(A) deveria ter sido concebido na forma de alienação integral de bloco de controle, uma vez que somente em tal modalidade é possível identificar o acionista ou grupo de acionistas que exercem poder de controle e imputar obrigações estatutárias ou legais.
(B) somente poderá contemplar tal prerrogativa se também estabelecer que o Estado permanecerá com percentual relevante de ações, ordinárias ou preferenciais, de, no mínimo, 25% (vinte e cinco por cento) do capital social, dado o princípio de "uma ação, um voto".
(C) somente poderá assegurar tal objetivo por meio da regulação do serviço público prestado pela companhia, não havendo instrumentos societários que possam estabelecer direitos diferenciados aos acionistas ou emissão de ações de diferentes classes.
(D) poderá prever a criação de ação preferencial de classe especial a ser detida pelo Estado, à qual o estatuto social poderá conferir o poder de veto às deliberações da assembleia geral nas matérias que especificar.
(E) deverá prever a emissão de ações ordinárias a serem detidas pelo Estado, as quais, não obstante não atribuam direito de voto, conferem o direito de eleger um terço dos administradores da companhia.

A alternativa **A** é incorreta porque a previsão do artigo 254-A da LSA indica a hipótese legal de alienação de controle, cujo objetivo é a proteção do acionista minoritário, não sendo o desejo do Estado no caso de interferência de questões estratégicas. A alternativa **B** é incorreta em virtude da adoção do voto plural no ordenamento jurídico, fato originado pela Lei nº 14.195/2021, que revogou o § 2º do artigo 110 da Lei de Sociedade Anônima que vedava o voto plural. Desse modo, modifica-se o racional de "uma ação, um voto", sendo permitido até 10 (dez) votos por ação ordinária nos termos do artigo 110-A. A alternativa **C** é incorreta, pois há, na legislação em vigor, instrumentos societários que podem estabelecer direitos diferenciados aos acionistas, ou ainda, emissão de ações de classes diferentes. Um dos instrumentos é o Acordo de Acionistas, previsto no 118 da LSA. Sobre os tipos de ações, as respostas estão no artigo 15 da LSA, ações, conforme a natureza dos direitos ou vantagens que confiram a seus titulares, são

8. DIREITO EMPRESARIAL

ordinárias, preferenciais, ou de fruição. A alternativa **D** é correta, uma vez que trata da previsão legal disposta no artigo 17, § 7º da Lei de Sociedade Anônima, denominada Golden Share, as ações de ouro, que dispõe: "Nas companhias objeto de desestatização poderá ser criada ação preferencial de classe especial, de propriedade exclusiva do ente desestatizante, à qual o estatuto social poderá conferir os poderes que especificar, inclusive o poder de veto às deliberações da assembleia geral nas matérias que especificar." A alternativa **E** é incorreta, pois as ações ordinárias, ao contrário do que a assertiva afirma, conferem aos seus titulares o direito ao voto, conforme artigo 110 da Lei de Sociedade Anônima: "Art. 110. A cada ação ordinária corresponde 1 (um) voto nas deliberações da assembleia geral." [PT]

Gabarito "D".

(Juiz de Direito – TJ/MS – VUNESP – 2015) Nos termos do Código Civil, a sociedade de cujo capital outra sociedade possua menos de dez por cento do capital social com direito a voto, denomina-se sociedade

(A) de simples participação.

(B) comum.

(C) filiada.

(D) controlada.

(E) em nome coletivo.

A: correta, nos termos do art. 1.100 do CC; **B:** incorreta. Sociedade em comum é a sociedade irregular, que não foi levada a registro seus atos constitutivos (art. 986 do CC); **C:** incorreta. Sociedade filiada ou coligada é aquela de cujo capital outra sociedade participe com 10% ou mais, sem exercer o controle (art. 1.099 do CC); **D:** incorreta. Sociedade controlada é aquela na qual outra sociedade tem a maioria dos votos nas deliberações e o poder de eleger a maioria dos administradores (art. 1.098 do CC); **E:** incorreta. Sociedade em nome coletivo é tipo societário no qual todos os sócios respondem ilimitadamente pelas dívidas sociais (art. 1.039 do CC). [HS]

Gabarito "A".

(Juiz de Direito – TJ/MS – VUNESP – 2015) Considerando-se o Balanço Patrimonial e a classificação das contas do ativo nas Sociedades por Ações, é correto afirmar que as disponibilidades, os direitos realizáveis no curso do exercício social subsequente e as aplicações de recursos em despesas do exercício seguinte, serão classificadas

(A) em investimentos.

(B) no intangível.

(C) no ativo circulante.

(D) no ativo imobilizado.

(E) no ativo realizável.

Tais contas pertencem ao ativo circulante, nos termos do art. 179. I, da LSA. [HS]

Gabarito "C".

3. DIREITO CAMBIÁRIO

3.1. Teoria geral

(Juiz de Direito – TJ/RS – 2018 – VUNESP) Assinale a alternativa que corresponde ao conceito de título de crédito disposto no artigo 887 do Código Civil.

(A) O título de crédito é o documento necessário ao exercício do direito autônomo nele contido, que somente produz efeito se preenchidos os requisitos legais.

(B) O título de crédito, documento dispensável ao exercício do direito literal e autônomo nele contido, somente produz efeito quando preencha os requisitos da lei.

(C) O título de crédito, documento necessário ao exercício do direito nele contido, produz efeito independentemente de preenchidos os requisitos legais.

(D) O título de crédito, documento necessário ao exercício do direito literal e autônomo nele contido, somente produz efeito quando preencha os requisitos da lei.

(E) O título de crédito é o documento necessário ao exercício do direito literal e autônomo nele contido, que produz seus efeitos independentemente de preenchidos os requisitos legais.

Segundo o art. 887 do CC, título de crédito é todo documento necessário ao exercício do direito literal e autônomo nele contido, que só produz seus efeitos quando preencher todos os requisitos legais. [HS]

Gabarito "D".

(Juiz de Direito – TJ/RJ – VUNESP – 2016) A cláusula "não à ordem"

(A) não é admitida na Letra de Câmbio.

(B) inviabiliza o aval parcial.

(C) inviabiliza o aceite.

(D) impede a circulação mediante endosso.

(E) implica em aceite do cumprimento da obrigação assumida em Nota Promissória.

Chama-se "cláusula não à ordem" a proibição de que o título circule por meio de endosso. Ela pode ser aposta originariamente, pelo próprio sacador, ou ulteriormente, por qualquer endossante, nos termos do artigo 11 da Lei Uniforme relativa às letras de câmbio. Caso exista, a transferência da propriedade do crédito se fará unicamente por cessão civil. [PT]

Gabarito "D".

(Juiz de Direito – TJ/SP – VUNESP – 2015) Sobre títulos de crédito, é correto afirmar que

(A) não é possível o preenchimento do título de crédito incompleto pelo credor após a sua emissão.

(B) na cédula de crédito bancário pode ser constituída garantia real em documento separado, desde que se faça mera referência a isso no corpo da cédula.

(C) o devedor deve conferir a autenticidade das assinaturas de toda a cadeia de endossos lançados no título, antes de realizar o pagamento ao último endossatário e portador.

(D) o endossatário de endosso em branco pode mudá-lo para endosso em preto, desde que o complete com o seu nome ou de terceiro, bem como pode endossar novamente o título, mas não pode transferi-lo sem novo endosso.

A: incorreta. O preenchimento posterior é aceito pelo art. 891 do CC, desde que respeite os termos pactuados; **B:** correta, nos termos do art. 32 da Lei nº 10.931/2004; **C:** incorreta. Não há obrigação de conferir a autenticidade das assinaturas, mas somente a regularidade da série de endossos (art. 911, parágrafo único, do CC); **D:** incorreta. É totalmente possível a transferência sem novo endosso pelo endossatário de endosso em branco, porque este transforma o título em cártula ao portador (art. 913, parte final, do CC). [HS]

Gabarito "B".

3.2. Títulos em Espécie

3.2.1. Duplicata

(Juiz de Direito – TJ/RJ – VUNESP – 2016) Dispõe a lei que rege o título de crédito, denominado duplicata, que em todo contrato de compra e venda mercantil, celebrado entre partes domiciliadas no território brasileiro, com prazo não inferior a 30 dias, contados da data da entrega ou despacho das mercadorias, o vendedor extrairá a respectiva fatura para apresentação ao comprador. A esse respeito, é correto afirmar que

(A) em toda venda realizada em tais condições, o vendedor é obrigado a extrair da fatura a respectiva duplicata.

(B) no ato da emissão da fatura, o vendedor extrairá a duplicata para circulação com efeito comercial, sendo admitida, nesse caso, qualquer outra espécie de título de crédito, a exemplo da letra de câmbio ou da nota promissória, para documentar o saque do vendedor pela importância faturada ao comprador.

(C) uma só duplicata poderá corresponder a mais de uma fatura, nos casos de venda para pagamento em parcelas, situação em que se discriminarão todas as prestações e vencimentos, distinguindo-se a numeração pelo acréscimo, em sequência, de letra do alfabeto.

(D) no valor total da duplicata serão incluídos os abatimentos de preços das mercadorias feitos pelo vendedor até o ato do faturamento, desde que constem da fatura.

(E) quando a remessa da duplicata for feita por intermédio de representantes, instituições financeiras, procuradores ou correspondentes, estes deverão apresentar o título ao comprador, dentro de 10 dias contados da data de seu recebimento na praça de pagamento.

A: incorreta. A extração da duplicata é opcional. Cabe ao comerciante decidir se colocará o título de crédito em circulação (art. 2º da Lei 5.474/1968); **B:** incorreta. Não é admitido nenhum outro título de crédito para representar o negócio jurídico em questão (art. 2º da Lei 5.474/1968); **C:** incorreta. Uma só duplicata não pode corresponder a mais de uma fatura (art. 2º, § 2º, da Lei 5.474/1968); **D:** incorreta. Tais valores, se constarem da fatura, não serão incluídos na duplicata (art. 3º, § 1º, da Lei 5.474/1968); **E:** correta, nos termos do art. 6º. § 2º, da Lei 5.474/1968. HS

Gabarito "E".

4. DIREITO CONCURSAL – FALÊNCIA E RECUPERAÇÃO

4.1. Falência

(Juiz de Direito – TJ/RJ – VUNESP – 2016) Assinale a assertiva correta acerca da ineficácia e da revogação dos atos praticados antes da falência.

(A) Os atos praticados com a intenção de prejudicar credores, desde que provado o conluio fraudulento entre o devedor e o terceiro que com ele contratar, são revogáveis de per si, sem necessidade da produção de qualquer outra prova.

(B) A sentença que julgar procedente a ação revocatória determinará o retorno dos bens à massa falida em espécie, com todos os acessórios, ou o valor de mercado, mas não dará direito a acréscimo a título de perdas e danos.

(C) Os registros de direitos reais e de transferência de propriedade entre vivos, por título oneroso ou gratuito, ou averbação relativa a imóveis realizados após a decretação da falência, não geram efeitos em relação à massa falida, independentemente de prenotação anterior.

(D) Tratando-se de ato revogável, a ação revocatória deverá ser proposta no prazo de 3 anos contado da decretação da falência pelo administrador judicial, pelo Ministério Público ou por qualquer credor.

(E) Da sentença que julgar procedente a ação revocatória cabe agravo na modalidade de instrumento, da que julgá-la improcedente cabe apelação.

A: incorreta. Esses são os requisitos da ação revocatória, prevista no art. 130 da Lei de Falências, que demanda declaração judicial para invalidação do negócio jurídico; **B:** incorreta. O valor deve ser acrescido das perdas e danos (art. 135 da LF); **C:** incorreta. A prenotação anterior afasta a ineficácia do ato (art. 129, VII, da LF); **D:** correta, nos termos do art. 132 da LF; **E:** incorreta. Da sentença da ação revocatória cabe apelação em qualquer caso (art. 135, parágrafo único, da LF). HS

Gabarito "D".

4.2. Recuperação Judicial e Extrajudicial

(Juiz de Direito – TJ/SP – 2023 – VUNESP) Assinale a alternativa correta sobre o processo de recuperação judicial.

(A) As Fazendas Públicas e o Instituto Nacional do Seguro Social (INSS) poderão deferir, nos termos da legislação específica, o parcelamento de seus créditos em sede de recuperação judicial, de acordo com os parâmetros estabelecidos no Código Tributário Nacional, sendo que as microempresas e as empresas de pequeno porte farão jus a prazos 10% (dez por cento) superiores àqueles regularmente concedidos às demais empresas.

(B) A remuneração do administrador judicial fica reduzida ao limite de 2% (dois por cento) exclusivamente nos casos de microempresas e de empresas de pequeno porte.

(C) Rejeitado o plano de recuperação proposto pelo devedor ou pelos credores e não preenchidos os requisitos estabelecidos no § 1º, do artigo 58, da Lei nº 11.101/2005, o juiz convolará a recuperação judicial em falência e em face de tal sentença será cabível agravo de instrumento.

(D) A conciliação e a mediação deverão ser incentivadas em qualquer grau de jurisdição e não implicarão na suspensão dos prazos previstos na Lei nº 11.101/2005, sendo que os prazos só poderão ser suspensos em caso de determinação judicial nesse sentido.

A: incorreta, nos termos do parágrafo único do artigo 68 da Lei nº 11.101/2005: *As microempresas e empresas de pequeno porte farão jus a prazos 20% (vinte por cento) superiores àqueles regularmente concedidos às demais empresas;* **B:** incorreta: o limite de 2% da remuneração do administrador judicial não se limita exclusivamente nos casos de microempresas e de empresas de pequeno porte, mas também nos casos de produtor rural desde que o valor da causa não exceda a R$ 4.800.000,00 (art. 24, § 5º, c.c. art. 70-A, Lei nº 11.101/2005); **C:** correta, nos exatos termos do artigo 58-A da Lei nº 11.101/2005: *Rejeitado o plano de recuperação proposto pelo devedor ou pelos credores e não preenchidos os requisitos estabelecidos no § 1º do art. 58 desta Lei, o juiz convolará a recuperação judicial em falência. Parágrafo único. Da sentença prevista no caput deste artigo caberá agravo de instrumento.;* **D:** incorreta, pelo disposto no artigo 20-A da Lei nº 11.101/2005, a suspensão pode ocorrer por determinação judicial ou consenso entre as partes: *Art. 20-A. A conciliação e a mediação deverão ser incentivadas em qualquer grau de jurisdição, inclusive no âmbito de recursos em segundo grau de jurisdição e nos Tribunais*

Superiores, e não implicarão a suspensão dos prazos previstos nesta Lei, salvo se houver consenso entre as partes em sentido contrário ou determinação judicial. WA

Gabarito "C".

(Juiz de Direito – TJ/RJ – 2019 – VUNESP) No que se refere à recuperação judicial, assinale a alternativa correta.

(A) A substituição de bem objeto de garantia real por outro de valor semelhante prescinde de aprovação expressa do credor titular da respectiva garantia.

(B) Nos créditos em moeda estrangeira, a variação cambial será substituída por parâmetros de indexação nacionais, em vigor na data do pedido.

(C) Estão sujeitos à recuperação judicial os créditos existentes na data do pedido, desde que vencidos.

(D) O crédito de promitente vendedor de imóvel cujo contrato contenha cláusula de irretratabilidade não se submeterá aos efeitos da recuperação judicial.

(E) Não estão sujeitas à recuperação judicial as importâncias entregues ao devedor, em moeda corrente nacional, decorrentes de adiantamento a contrato de câmbio para importação.

A: incorreta. É necessária a aprovação do credor com garantia real caso o plano de recuperação pretenda suprimi-la ou substituí-la (art. 50, § 1º, da Lei de Falências); **B:** incorreta. A variação cambial será conservada como parâmetro de indexação do crédito (art. 50, § 2º, da Lei de Falências); **C:** incorreta. Mesmo os créditos não vencidos estão sujeitos à recuperação judicial (art. 49 da Lei de Falências); **D:** correta, nos termos do art. 49, § 3º, da Lei de Falências; **E:** incorreta. As verbas excluídas da recuperação judicial são aquelas entregues por adiantamento de contrato de câmbio para **exportação** (art. 49, § 4º, c. c. art. 86, II, da Lei de Falências). HS

Gabarito "D".

(Delegado – PC/BA – 2018 – VUNESP) Poderá requerer a recuperação judicial o devedor

(A) que, no momento do pedido, exerça regularmente suas atividades empresariais pelo período mínimo de seis meses.

(B) que obteve recuperação judicial anterior, desde que decorridos ao menos 2 anos da publicação da sentença concessiva desta.

(C) condenado por crimes falimentares, desde que decorridos ao menos 3 anos, bem como pelo cumprimento da penalidade imposta.

(D) falido, desde que estejam declaradas extintas, por sentença transitada em julgado, as responsabilidades decorrentes da falência.

(E) empresa pública ou sociedade de economia mista exercente de atividade econômica não sujeita ao regime de monopólio.

A: incorreta. O prazo mínimo de atividade é de 2 (dois) anos (art. 48, *caput*, da Lei 11.101/2005); **B:** incorreta. O lapso entre o pedido anterior de recuperação e o atual deve ser de no mínimo 5 anos (art. 48, II, da Lei 11.101/2005); **C:** incorreta. O condenado por crime falimentar, ainda que reabilitado, não faz jus à recuperação judicial (art. 48, IV, da Lei 11.101/2005); **D:** correta, nos termos do art. 48, I, da Lei 11.101/2005; **E:** incorreta. Empresas públicas e sociedades de economia mista são excluídas do regime jurídico falimentar (art. 2º, I, da Lei nº 11.101/2005). HS

Gabarito "D".

(Juiz de Direito – TJ/SP – VUNESP – 2015) No período de seis meses, a contar do deferimento da recuperação judicial,

(A) não são suspensas as execuções fiscais em face da recuperanda.

(B) é permitido retirar do estabelecimento do devedor bens móveis sobre os quais o credor tenha propriedade fiduciária, mesmo que sejam eles essenciais à atividade empresarial do recuperando.

(C) não tramitam as ações propostas contra a recuperanda que demandem quantias ilíquidas.

(D) o juízo da recuperação judicial é competente para decidir sobre a constrição de todos os bens da recuperanda, mesmo que não abrangidos pelo plano de recuperação da empresa.

A: correta, nos termos do art. 6º, § 7º, da Lei de Falências; **B:** incorreta. Caso os bens sejam essenciais à atividade, é vedada sua retirada (art. 49, § 3º, parte final, da Lei de Falências); **C:** incorreta. Tais ações também configuram exceção à regra da suspensão (art. 6º, § 1º, da Lei de Falências); **D:** incorreta. A Súmula 480 do STJ afasta a competência do juízo da recuperação para julgar questões relativas a bens e créditos não abrangidos pelo plano de recuperação. HS

Gabarito "A".

5. CONTRATOS EMPRESARIAIS

5.1. Contratos bancários e cartão de crédito

Veja a seguinte tabela, com as principais súmulas relativas ao direito bancário, para estudo:

Súmulas de Direito Bancário	
Súmula 596/STF	As disposições do Decreto 22.626/1933 [Lei de Usura, que limita a taxa de juros] não se aplicam às taxas de juros e aos outros encargos cobrados nas operações realizadas por instituições públicas ou privadas, que integram o sistema financeiro nacional.
Súmula 382/STJ	A estipulação de juros remuneratórios superiores a 12% ao ano, por si só, não indica abusividade.
Súmula 381/STJ	Nos contratos bancários, é vedado ao julgador conhecer, de ofício, da abusividade das cláusulas.
Súmula 379/STJ	Nos contratos bancários não regidos por legislação específica, os juros moratórios poderão ser convencionados até o limite de 1% ao mês.
Súmula 328/STJ	Na execução contra instituição financeira, é penhorável o numerário disponível, excluídas as reservas bancárias mantidas no Banco Central.
Súmula 322/STJ	Para a repetição de indébito, nos contratos de abertura de crédito em conta-corrente, não se exige a prova do erro.
Súmula 300/STJ	O instrumento de confissão de dívida, ainda que originário de contrato de abertura de crédito, constitui título executivo extrajudicial.
Súmula 299/STJ	É admissível a ação monitória fundada em cheque prescrito.

Súmulas de Direito Bancário	
Súmula 297/STJ	O Código de Defesa do Consumidor é aplicável às instituições financeiras.
Súmula 296/STJ	Os juros remuneratórios, não cumuláveis com a comissão de permanência, são devidos no período de inadimplência, à taxa média de mercado estipulada pelo Banco Central do Brasil, limitada ao percentual contratado.
Súmula 294/STJ	Não é potestativa a cláusula contratual que prevê a comissão de permanência, calculada pela taxa média de mercado apurada pelo Banco Central do Brasil, limitada à taxa do contrato.
Súmula 286/STJ	A renegociação de contrato bancário ou a confissão da dívida não impede a possibilidade de discussão sobre eventuais ilegalidades dos contratos anteriores.
Súmula 285/STJ	Nos contratos bancários posteriores ao Código de Defesa do Consumidor incide a multa moratória nele prevista.
Súmula 283/STJ	As empresas administradoras de cartão de crédito são instituições financeiras e, por isso, os juros remuneratórios por elas cobrados não sofrem as limitações da Lei de Usura.
Súmula 258/STJ	A nota promissória vinculada a contrato de abertura de crédito não goza de autonomia em razão da iliquidez do título que a originou.
Súmula 247/STJ	O contrato de abertura de crédito em conta-corrente, acompanhado do demonstrativo de débito, constitui documento hábil para o ajuizamento da ação monitória.
Súmula 233/STJ	O contrato de abertura de crédito, ainda que acompanhado de extrato da conta-corrente, não é título executivo.
Súmula 30/STJ	A comissão de permanência e a correção monetária são inacumuláveis.

(Juiz de Direito – TJ/RJ – 2019 – VUNESP) Adão solicitou a emissão de um cartão de débito em seu nome, mas, para sua surpresa, recebeu um cartão de débito e crédito. Em contato com a administradora de cartões, foi informado que a função de cartão de crédito estava inativa, que a anuidade somente seria cobrada se este fosse utilizado, e que a taxa de juro para o pagamento de parcelas mínimas seria de 250% (duzentos e cinquenta por cento) ao ano.

Considerando a posição atual dos tribunais superiores, é correto afirmar que

(A) a administradora de crédito está violando a Lei da Usura ao praticar juros de 250% (duzentos e cinquenta por cento) ao ano, pois não se trata de instituição financeira.

(B) constitui prática comercial abusiva o envio de cartão de crédito sem prévia e expressa solicitação do consumidor, mesmo que a função esteja inativa.

(C) a administradora de crédito poderá ser responsabilizada por dano patrimonial por cobrança indevida, não sendo cabível dano moral.

(D) o envio do cartão de crédito, ainda que não tenha sido solicitado, não é uma prática abusiva, pois não implica em cobrança automática de anuidade.

(E) o envio do cartão de crédito bloqueado equipara-se à amostra grátis, não configurando prática abusiva.

A: incorreta. A Súmula 283 do STJ afasta a aplicação da Lei de Usura para as administradoras de cartão de crédito; **B:** correta, nos termos da Súmula 532 do STJ; **C, D e E:** incorretas, nos termos da mesma Súmula 532. HS

Gabarito "B".

(Juiz de Direito – TJ/SP – VUNESP – 2015) Nos contratos bancários,

(A) o julgador pode conhecer de ofício a abusividade de cláusulas.

(B) os juros moratórios sujeitam-se ao limite de 1% ao mês, caso não se trate de contratos bancários regidos por legislação específica.

(C) os juros remuneratórios superiores a 12% ao ano presumem-se abusivos, cabendo à instituição financeira demonstrar sua adequação e razoabilidade.

(D) a comissão de permanência pode ser cumulada com os juros remuneratórios contratados.

A: incorreta. Não se permite o conhecimento de ofício da matéria (Súmula 381 do STJ); **B:** correta, nos termos da Súmula 379 do STJ; **C:** incorreta. Não há qualquer determinação legal neste sentido. Ao contrário, a jurisprudência do STF se consolidou no sentido de que os contratos bancários são regidos, em sua maioria, por legislação específica e a dinâmica do mercado financeiro não permite a regulação dos juros nos mesmos moldes dos contratos em geral; **D:** incorreta. A cobrança de comissão de permanência não pode ser cumulada com nenhum outro acréscimo (Súmula 472 do STJ). HS

Gabarito "B".

5.2. Contratos de Colaboração

(Juiz de Direito – TJ/RJ – VUNESP – 2016) Sobre o contrato de agência, é correto afirmar que

(A) se dispensado por justa causa, o agente não terá direito a ser remunerado, ainda que por serviços úteis que eventualmente tenha prestado ao proponente.

(B) salvo ajuste, o proponente pode constituir, ao mesmo tempo, mais de um agente, na mesma zona, com idêntica incumbência.

(C) salvo ajuste, o agente terá direito à remuneração correspondente aos negócios concluídos dentro de sua zona, ainda que sem a sua interferência.

(D) salvo estipulação diversa, todas as despesas com a agência correm a cargo do proponente.

(E) se aplicam ao contrato de agência, no que couberem, as regras concernentes à empreitada e à corretagem.

A: incorreta. Mesmo incorrendo em justa causa, o agente tem direito a ser remunerado pelos serviços úteis prestados (art. 717 do CC); **B:** incorreta. A cláusula de exclusividade do agente é implícita. Para que seja designado mais de um agente para a mesma zona deve haver disposição expressa (art. 711 do CC); **C:** correta, nos termos do art. 714 do CC; **D:** incorreta. No silêncio do contrato, todas as

8. DIREITO EMPRESARIAL — 325

despesas correm a cargo do agente (art. 713 do CC); **E:** incorreta. As normas supletivas são as dos contratos de mandato e comissão (art. 721 do CC). HS

Gabarito "C".

5.6. Outros contratos e Questões Combinadas

(Juiz de Direito – TJ/SP – 2023 – VUNESP) Os contratos empresariais são presumidos paritários e simétricos até que se revelem presentes elementos concretos que justifiquem o afastamento dessa presunção (ressalvados os regimes jurídicos previstos em leis especiais), estando garantido que

(A) a alocação de riscos definida pelas partes será objeto de análise prévia pelo órgão regulador da área em que o contrato se insere.

(B) as partes negociantes podem estabelecer parâmetros objetivos para a interpretação das cláusulas negociais e de seus pressupostos de revisão ou de resolução.

(C) a revisão contratual ocorrerá da forma mais ampla possível, independentemente de critérios de excepcionalidade ou limitação de qualquer ordem.

(D) as partes negociantes podem afastar a incidência da função social do contrato por meio de cláusula sujeita a anuência específica da parte adversamente afetada.

A: incorreta, nos termos do inciso II do artigo 421-A do Código Civil: *a alocação de riscos definida pelas partes deve ser respeitada e observada*; **B:** correta, nos termos do inciso I do artigo 421-A do Código Civil: *as partes negociantes poderão estabelecer parâmetros objetivos para a interpretação das cláusulas negociais e de seus pressupostos de revisão ou de resolução*; **C:** incorreta, nos termos do inciso III do artigo 421-A do Código Civil: *a revisão contratual somente ocorrerá de maneira excepcional e limitada*. **D:** incorreta, nos termos do inciso do artigo 421: *A liberdade contratual será exercida nos limites da função social do contrato*. WA

Gabarito "B".

(Juiz de Direito – TJ/SP – 2023 – VUNESP) Lúcia deve certa soma em dinheiro a João, tendo sido a obrigação de pagar reconhecida em um título de crédito. Incomodada com o *status* de devedora, ela quer pagar o quanto antes. Segundo as regras do Código Civil,

(A) João é obrigado a receber o pagamento antes do vencimento do título.

(B) ao pagar a quantia total, Lucia poderá exigir de João a quitação regular, mas não a entrega do título.

(C) se ela pagar antes do vencimento, ficará responsável pela validade do pagamento.

(D) quando do vencimento, João poderá recusar o pagamento parcial.

A: incorreta, nos termos do artigo 902 do Código Civil: *Não é o credor obrigado a receber o pagamento antes do vencimento do título, e aquele que o paga, antes do vencimento, fica responsável pela validade do pagamento*; **B:** incorreta, o credor deve entregar o título ao devedor que quitar, sendo a retenção apenas no caso de pagamento parcial nos termos do artigo 902, § 2º, do Código Civil: *No caso de pagamento parcial, em que se não opera a tradição do título, além da quitação em separado, outra deverá ser firmada no próprio título*; **C:** correta: nos termos do *caput* do artigo 902 do Código Civil já citado na alternativa A; **D:** incorreta, nos termos do artigo 902, § 1º, do Código Civil: *No vencimento, não pode o credor recusar pagamento, ainda que parcial*. WA

Gabarito "C".

(Juiz de Direito – TJ/SP – 2023 – VUNESP) Confiança S.A., dona de um resort no valor de R$ 800.000.000,00 (oitocentos milhões de reais), celebrou com a seguradora Forte S.A um contrato de seguro contra incêndio com cobertura ampla, sem exclusões, sem limite por evento e pela metade do valor real do empreendimento. Seis meses depois, houve um incêndio no imóvel. A perícia constatou que o sinistro foi causado pela atitude descuidada de hóspedes e o prejuízo só não foi maior porque Confiança S.A. usou adequadamente os equipamentos contra incêndio. Os prejuízos totalizam R$ 7.550.000,00 (sete milhões, quinhentos e cinquenta mil reais). Diante de tais fatos,

(A) Confiança S.A. não possui direito à indenização securitária porque o valor da garantia não corresponde ao valor do interesse legítimo segurado.

(B) Confiança S.A. receberá o valor proporcional dos prejuízos apurados, pois se trata de sinistro parcial.

(C) uma vez paga a indenização securitária, Confiança S.A. poderá sub-rogar-se nos direitos e ações contra os hóspedes.

(D) Confiança S.A. receberá o valor total dos prejuízos calculados, pois o valor dos danos não ultrapassa o valor da garantia prometida.

A: incorreta, a Confiança S.A. possui direito há indenização parcial, conforme artigo 783 do Código Civil: *Salvo disposição em contrário, o seguro de um interesse por menos do que valha acarreta a redução proporcional da indenização, no caso de sinistro parcial*. **B:** correta: o citado artigo 783 do Código Civil prevê o pagamento parcial da indenização; **C:** incorreta, quem se sub-roga é a seguradora Forte S.A. e não o hotel Confiança S.A., nos termos do artigo 786 do Código Civil: *Paga a indenização, o segurador sub-roga-se, nos limites do valor respectivo, nos direitos e ações que competirem ao segurado contra o autor do dano*; **D:** incorreta: pela redação da questão os danos não ultrapassam o valor da garantia prometida. WA

Gabarito "B".

(Juiz de Direito – TJ/SP – VUNESP – 2015) Assinale a alternativa correta sobre os contratos empresariais.

(A) Existindo cláusula resolutiva expressa no contrato de arrendamento mercantil, a constituição em mora do arrendatário não exige notificação prévia.

(B) É permitida na representação comercial a estipulação de cláusulas del credere.

(C) A circular oferta de franquia pode ser entregue pelo franqueador ao franqueado após a assinatura do contrato e do pagamento das taxas pertinentes.

(D) No contrato de locação comercial de imóvel urbano que tenha sido construído pelo locador para atender a especificações fixadas pelo locatário, as partes podem estipular a renúncia à revisão do locativo durante a vigência do contrato.

A: incorreta. A constituição do devedor em mora é imprescindível no contrato de *leasing* mesmo se houver cláusula resolutiva expressa, nos termos da Súmula 369 do STJ; **B:** incorreta. Na representação comercial é proibida a cláusula *del credere* (art. 43 da Lei 4.886/1965). Ela está autorizada somente para os contratos de comissão empresarial; **C:** incorreta. A circular de oferta de franquia deve ser entregue no máximo até 10 dias antes da assinatura de qualquer contrato, nos termos do art. 4º da Lei 8.955/1994; **D:** correta, nos termos do art. 54-A, § 1º, da Lei 8.245/1991. HS

Gabarito "D".

6. PROPRIEDADE INDUSTRIAL

Veja a seguinte tabela, com os requisitos de patenteabilidade e de registrabilidade, para estudo e memorização:

Requisitos de patenteabilidade de invenção e modelo de utilidade	
Novidade	não pode estar compreendida no estado da técnica, ou seja, não pode ter sido tornada acessível ao público antes do depósito do pedido de patente – art. 11 da LPI
Atividade inventiva	não pode simplesmente decorrer, para um técnico no assunto, de maneira evidente ou óbvia, do estado da técnica – art. 13 da LPI
Aplicação industrial	deve ser suscetível de aplicação industrial – art. 15 da LPI
Desimpedimento	não é patenteável aquilo que está listado no art. 18 da LPI

Requisitos para registro de desenho industrial	
Novidade	não pode estar compreendido no estado da técnica, ou seja, não pode ter sido tornado acessível ao público antes do depósito do pedido de registro – art. 96 da LPI
Originalidade	dele deve resultar uma configuração visual distintiva, em relação a outros objetos anteriores – art. 97 da LPI
Desimpedimento	não é registrável aquilo que está listado nos arts. 98 e 100 da LPI

Requisitos para registro de marca	
Novidade relativa	não pode ter sido previamente registrada (princípio da novidade) para a classe do produto ou do serviço (princípio da especificidade)
Não violação de marca notoriamente conhecida	não pode violar marca de alto renome ou notoriamente conhecida – arts. 125 e 126 da LPI
Desimpedimento	Não é registrável aquilo que está listado no art. 124 da LPI

(Juiz de Direito – TJ/RS – 2018 – VUNESP) De acordo com o artigo 11 da Lei no 9.279/96 (Lei de Propriedade Industrial), a invenção e o modelo de utilidade são considerados novos quando não compreendidos no estado da técnica.

Assinale a alternativa que corresponde ao conceito legal de estado da técnica.

(A) O estado da técnica é constituído por tudo aquilo tornado acessível ao público antes da data de depósito do pedido de patente, por descrição escrita ou oral, por uso ou qualquer outro meio, no Brasil ou no exterior, ressalvado o disposto nos arts. 12, 16 e 17.

(B) O estado da técnica é constituído por tudo aquilo tornado acessível ao público antes da data de depósito do pedido de patente, por descrição escrita ou oral, por uso ou qualquer outro meio, no Brasil, ressalvado o disposto nos arts. 12, 16 e 17.

(C) O estado da técnica é constituído por tudo aquilo tornado acessível ao público antes da data de depósito do pedido de patente, por descrição escrita ou oral, por uso ou qualquer outro meio, no exterior, ressalvado o disposto nos arts. 12, 16 e 17.

(D) O estado da técnica é constituído por tudo aquilo tornado acessível ao público após a data de depósito do pedido de patente, por descrição escrita ou oral, por uso ou qualquer outro meio, no Brasil ou no exterior, ressalvado o disposto nos arts. 12, 16 e 17.

(E) O estado da técnica é constituído por tudo aquilo tornado acessível ao público antes da data de depósito do pedido de patente, por descrição escrita ou oral, no Brasil ou no exterior, ressalvado o disposto nos arts. 12, 16 e 17.

O conceito legal do estado da técnica está previsto no art. 11, § 1º, da Lei 9.279/1996: é constituído por tudo aquilo tornado acessível ao público antes da data de depósito do pedido de patente, por descrição escrita ou oral, por uso ou qualquer outro meio, no Brasil ou no exterior, ressalvado o disposto nos arts. 12, 16 e 17 **HS**

Gabarito "A".

(Juiz de Direito – TJ/RJ – VUNESP – 2016) No tocante às marcas, conforme disciplina em lei específica, é correto afirmar que

(A) ao seu titular ou depositante é assegurado, dentre outros, o direito de impedir que comerciantes ou distribuidores utilizem sinais distintivos que lhe são próprios, juntamente com a marca do produto, na sua promoção e comercialização.

(B) se considera marca de produto ou serviço aquela usada para atestar a conformidade de um produto ou serviço com determinadas normas ou especificações técnicas, notadamente quanto à qualidade, natureza, material utilizado e metodologia empregada.

(C) o registro da marca vigorará pelo prazo de 15 anos, contados da data da concessão, prorrogável por dois períodos iguais e sucessivos.

(D) caducará o registro da marca, salvo justificado o desuso por seu titular, a requerimento de qualquer pessoa com legítimo interesse se, decorridos 10 anos de sua concessão, o uso da marca tiver sido interrompido por mais de 5 anos consecutivos.

(E) ao seu titular ou depositante é assegurado, dentre outros, o direito de ceder seu registro ou pedido de registro.

A: incorreta. O titular da marca não pode proibir a veiculação dos sinais próprios do comerciante junto com seu produto nas ações de venda (art. 132, I, da Lei 9.279/1996; **B:** incorreta. O conceito trazido na alternativa é de marca de certificação. Marca de produto ou serviço é aquela usada para distinguir produto ou serviço de outro idêntico, semelhante ou afim, de origem diversa (art. 123, I, da Lei 9.279/1996); **C:** incorreta. O registro da marca vale por 10 anos, prazo que pode ser prorrogado indefinidas vezes (art. 133 da Lei 9.279/1996); **D:** incorreta. A caducidade pode ser pleiteada após 5 anos de sua concessão (art. 143 da Lei 9.279/1996); **E:** correta, nos termos do art. 130, I, da Lei 9.279/1996. **HS**

Gabarito "E".

7. TEMAS COMBINADOS E OUTROS TEMAS

(Juiz de Direito – TJ/SP – VUNESP – 2015) Nos termos da Lei 12.529/2011, não constitui por si só infração da ordem econômica os atos dos competidores que tenham por objeto ou possam produzir o seguinte efeito:

(A) dominar mercado relevante de bens ou serviços.

(B) falsear ou de qualquer forma prejudicar a livre concorrência.

(C) limitar a livre-iniciativa.

(D) exercício de forma abusiva de posição dominante.

Todas as condutas descritas são consideradas infrações à ordem econômica pelo art. 36 da Lei Antitruste (incisos I e IV), com exceção da letra "A", que deve ser assinalada. Note que, não obstante a redação esteja prevista como infração no inciso II do citado artigo, o enunciado pergunta qual das condutas não ofende, **por si só**, a ordem econômica. Como destaca o § 1º do dispositivo aqui analisado, se o domínio de mercado for consequência da maior eficiência do agente econômico em relação a seus competidores, não haverá ato ilícito. Logo, nesse caso, é possível ilidir a presunção de infração à ordem econômica.

Gabarito "A".

9. Direito do Trabalho

Hermes Cramacon

1. INTRODUÇÃO, FONTES E PRINCÍPIOS

(Procurador – PGE/SP – 2024 – VUNESP) A delimitação jurídica dos princípios protetor e da irrenunciabilidade dos direitos trabalhistas sofreu grande alteração com a promulgação da Reforma Trabalhista de 2017, bem como pelas recentes decisões do Supremo Tribunal Federal. Sobre essa realidade, é possível afirmar com correção que

(A) a demissão em massa de trabalhadores prescinde de intervenção sindical prévia.

(B) é possível a flexibilização das normas relativas à saúde, higiene e segurança do trabalho, por meio de instrumentos de negociação coletiva.

(C) o regime contratual de emprego prevalece sobre outras formas de organização do trabalho, sendo irregulares as prestações de serviços intermediadas por meio de pessoas jurídicas (pejotização).

(D) é considerado hipersuficiente o trabalhador que possua diploma de curso superior e receba salário igual ou superior a três vezes o teto de benefícios do RGPS, podendo pactuar as cláusulas do contrato de trabalho nos mesmos limites dos instrumentos de negociação coletiva.

(E) é inconstitucional a previsão legal que permite o trabalho da gestante ou lactante em ambiente insalubre.

A: incorreta, pois no julgamento do Recurso Extraordinário 999.435, o STF fixou a seguinte tese esculpida no Tema 638 de repercussão geral: "A intervenção sindical prévia é exigência procedimental imprescindível para dispensa em massa de trabalhadores que não se confunde com a autorização prévia por parte da entidade sindical ou celebração de convenção ou acordo coletivo". **B:** incorreta, pois nos termos do art. 611-B, XVII, da CLT, constitui objeto ilícito de convenção coletiva ou de acordo coletivo de trabalho, exclusivamente, a supressão ou a redução das normas relativas à saúde, higiene e segurança do trabalho. **C:** incorreta, pois embora o tema seja polêmico, o STF reconheceu no julgamento da reclamação constitucional (RCL) nº 57.917, a legalidade da contratação por meio de pessoa jurídica (pejotização). Tal decisão foi tomada com fundamento na decisão proferida no Tema 725 da terceirização de serviços. **D:** incorreta, pois nos termos do art. 444, parágrafo único, da CLT é considerado hipersuficiente o empregado portador de diploma de nível superior e que perceba salário mensal igual ou superior a duas vezes o limite máximo dos benefícios do Regime Geral de Previdência Social. **E:** correta, pois nos termos do art. 394-A da CLT e julgamento da ADI 5938 não é permitido o trabalho da gestante ou lactante em ambiente insalubre, devendo ela ser afastada desse trabalho. Gabarito "E".

(Procurador Município – Santos/SP – VUNESP – 2021) Assinale a alternativa contrária ao princípio do Direito do Trabalho.

(A) Alterabilidade contratual lesiva.

(B) In dubio pro operaria.

(C) Primazia da realidade.

(D) Intangibilidade salarial.

(E) Proteção.

A: No Direito do Trabalho vigora o princípio da inalterabilidade contratual lesiva que consiste na vedação de qualquer alteração contratual lesiva ao empregado, ainda que com seu consentimento. Veja art. 468 da CLT. **B:** o princípio in dubio pro operaria ensina que uma norma jurídica que admita diversas interpretações deverá ser interpretada da maneira que mais favorecer o empregado, ou seja, havendo dúvida quanto à interpretação da norma, deverá ser interpretada de maneira mais vantajosa para o trabalhador. **C:** O princípio da primazia da realidade ensina que deve prevalecer a efetiva realidade dos fatos e não eventual forma construída em desacordo com a verdade. Havendo desacordo entre o que na verdade acontece com o que consta dos documentos, deverá prevalecer a realidade dos fatos. **D:** O princípio da intangibilidade salarial vem estampado no art. 462 da CLT, que determina a proibição ao empregador de efetuar descontos no salário do empregado, o qual deve receber seu salário de forma integral. Apenas será permitido o desconto se resultar de adiantamento, de dispositivos de lei (Lei 10.820/2003) ou de contrato coletivo. **E:** O princípio da proteção tem por escopo atribuir uma proteção maior ao empregado, parte hipossuficiente da relação jurídica laboral. Gabarito "A".

2. CONTRATO INDIVIDUAL DE TRABALHO E ESPÉCIES DE EMPREGADOS E TRABALHADORES

(Advogado – Pref. São Roque/SP – 2020 – VUNESP) Determinada empresa, objetivando suprir a necessidade transitória de mão de obra motivada pelo acidente de trabalho de uma de suas empregadas, poderá adotar a seguinte providência:

(A) contratação de outro empregado por prazo determinado, desde que também seja do sexo feminino.

(B) contratação de trabalhador avulso, por meio de empresa prestadora de serviços, considerando que referida possibilidade está amplamente positivada.

(C) contratação de trabalhador temporário, por meio de empresa de trabalho temporário, por tempo nunca superior a 180 (cento e oitenta) dias, prorrogáveis por 90 (noventa) dias quando comprovada a manutenção das condições que a ensejaram.

(D) contratação de trabalhador temporário, por meio de empresa de trabalho temporário, por tempo nunca superior a 3 (três) meses, prorrogáveis por igual período.

(E) contratação de aprendiz, que já esteja no final do curso, mediante contrato de experiência.

A empresa deverá contratar um empregado temporário, regulado pela Lei 6.019/74. Nos termos do art. 2º da Lei 6.019/74 com a redação dada pela Lei 13.429/2017 permite-se a contratação de trabalho temporário para atender à necessidade de substituição transitória de pessoal permanente. O art. 10, § 1º da mesma lei ensina que o contrato de trabalho temporário, com relação ao mesmo empregador,

330 HERMES CRAMACON

não poderá exceder ao prazo de cento e oitenta dias, consecutivos ou não. Com relação à prorrogação do contrato determina o § 2º do mesmo art. 10 que o contrato poderá ser prorrogado por até noventa dias, consecutivos ou não, quando comprovada a manutenção das condições que o ensejaram. HC

Gabarito "C".

(Procurador do Município – S.J. Rio Preto/SP – 2019 – VUNESP) Com o intuito de contribuir para o aprendizado dos alunos de uma escola da rede pública municipal, Sherazade oferece, gratuitamente, seus serviços como "contadora de histórias para crianças". A Diretora da escola aceita a proposta, especificando os dias da semana em que o trabalho deverá ser desenvolvido, bem como algumas diretrizes a serem observadas pela ofertante. Depois de cinco anos atuando como "contadora de histórias" na escola municipal, Sherazade propõe reclamação trabalhista em face do Município, solicitando o reconhecimento de vínculo empregatício. O Procurador Municipal incumbido de elaborar a respectiva contestação deverá sustentar que a alegada relação de trabalho jamais existiu porque não caracterizados os seguintes elementos indispensáveis à configuração do vínculo empregatício:

(A) pessoalidade e não eventualidade.

(B) subordinação e pessoalidade.

(C) onerosidade e subordinação.

(D) não eventualidade e instrumento contratual.

(E) instrumento contratual e subordinação.

C" é a opção correta. Isso porque, os requisitos da relação de emprego que são: subordinação, onerosidade, pessoa física, pessoalidade e não habitualidade estão dispostos nos arts. 2º e 3º da CLT. No caso em análise estão ausentes os requisitos da onerosidade, tendo em vista que o trabalho era voluntário. O requisito da subordinação também está ausente, pois embora haja uma suposta ideia de subordinação no trabalho voluntariado, no que diz respeito ao que vai ou não ser feito ou dias que será realizado, não é capaz de caracterizar a subordinação prevista para reconhecimento de vínculo de emprego. No trabalho voluntário a subordinação se limita a orientações gerais e diretrizes.

Gabarito "C".

(Procurador do Estado/SP – 2018 – VUNESP) É correto afirmar o seguinte a respeito do teletrabalho:

(A) o teletrabalhador deverá se informar quanto às precauções a tomar a fim de evitar doenças e acidentes de trabalho, ficando o empregador eximido de prestar instrução a respeito de tais cuidados.

(B) poderá ser realizada a alteração do regime de teletrabalho para o presencial por determinação do empregador, garantido prazo de transição mínimo de quinze dias, com correspondente registro em aditivo contratual.

(C) a responsabilidade pela aquisição, manutenção ou pelo fornecimento dos equipamentos tecnológicos e da infraestrutura necessária e adequada à prestação do trabalho remoto será sempre do empregador, estando vedado o regramento dessa matéria por meio de contrato.

(D) a prestação de serviços na modalidade de teletrabalho poderá decorrer de ajuste tácito ou meramente verbal entre o empregador e o empregado.

(E) considera-se teletrabalho a prestação de serviços exclusivamente fora das dependências do empregador, com a utilização de tecnologias de informação e de comunicação que, por sua natureza, constituam-se como trabalho externo.

A: opção incorreta, pois nos termos do art. 75-E da CLT o empregador deverá instruir os empregados, de maneira expressa e ostensiva, quanto às precauções a tomar a fim de evitar doenças e acidentes de trabalho. **B:** opção correta, pois nos termos do art. 75-C, § 2º, da CLT, poderá ser realizada a alteração do regime de teletrabalho para o presencial por determinação do empregador, garantido prazo de transição mínimo de quinze dias, com correspondente registro em aditivo contratual. **C:** opção incorreta, pois nos termos do art. 75-D da CLT, as disposições relativas à responsabilidade pela aquisição, manutenção ou fornecimento dos equipamentos tecnológicos e da infraestrutura necessária e adequada à prestação do trabalho remoto, bem como ao reembolso de despesas arcadas pelo empregado, serão previstas em contrato escrito. **D:** opção incorreta, pois nos termos do art. 75-C da CLT **E:** opção incorreta, pois nos termos do art. 75-B da CLT HC

Gabarito "B".

(Procurador do Estado/SP – 2018 – VUNESP) Em relação à nova disciplina legal da prestação de serviços a terceiros, é correto afirmar:

(A) considera-se prestação de serviços a terceiros a transferência feita pela contratante da execução de suas atividades a pessoa jurídica de direito privado, prestadora de serviços, que possua capacidade econômica compatível com a sua execução, sendo vedada, contudo, a transferência da execução da atividade principal da empresa contratante.

(B) a Lei n. 6.019, de 3 de janeiro de 1974, é omissa no estabelecimento de período de proibição ("quarentena") aplicável ao empregado demitido pela empresa contratante; por conseguinte, é permitido que esse trabalhador, imediatamente, volte a prestar serviços à mesma empresa, na qualidade de empregado de empresa prestadora de serviços.

(C) a empresa contratante é solidariamente responsável pelas obrigações trabalhistas referentes ao período em que ocorrer a prestação de serviços.

(D) aos empregados da empresa prestadora de serviços, são asseguradas as mesmas condições relativas à alimentação oferecida em refeitórios aos empregados da empresa contratante, quando e enquanto os serviços forem executados nas dependências da tomadora.

(E) a empresa prestadora de serviços contrata e remunera o trabalho realizado por seus trabalhadores; a direção do trabalho de tais empregados, entretanto, é realizada pela empresa contratante dos serviços.

A: opção incorreta, pois nos termos do art. 4º-A da Lei 6.019/1974, "considera-se prestação de serviços a terceiros a transferência feita pela contratante da execução de quaisquer de suas atividades, inclusive sua atividade principal, à pessoa jurídica de direito privado prestadora de serviços que possua capacidade econômica compatível com a sua execução". **B:** opção incorreta, pois nos termos do art. 5º D da Lei 6.019/1974, "o empregado que for demitido não poderá prestar serviços para esta mesma empresa na qualidade de empregado de empresa prestadora de serviços antes do decurso de prazo de dezoito meses, contados a partir da demissão do empregado". **C:** opção incorreta, pois nos termos do art. 5º-A, § 5º, da Lei 6.019/1974, "a empresa contratante é subsidiariamente responsável pelas obrigações trabalhistas referentes ao período em que ocorrer a prestação de serviços". **D:** opção correta, pois reflete a disposição contida no art. 4º-C, I, *a*, da Lei 6.019/1974. **E:**

opção incorreta, pois nos termos do art. 4º-A, § 1º, da Lei 6.019/1974, a empresa prestadora de serviços contrata, remunera e dirige o trabalho realizado por seus trabalhadores, ou subcontrata outras empresas para realização desses serviços". HC

Gabarito "D".

(Procurador do Município/Sorocaba-SP – VUNESP – 2012) Das definições a seguir, a que se amolda ao conceito de relação de emprego que foi adotado pela legislação brasileira é:

(A) relação jurídica de natureza contratual, tendo como sujeitos o empregado e o empregador e como objeto o trabalho subordinado, continuado e assalariado.

(B) contrato pelo qual há uma relação fática objetiva, com serviços subordinados prestados por empregado a empregador, independentemente da vontade e de remuneração.

(C) contrato segundo o qual uma pessoa física presta serviços de modo impessoal, não eventual, mediante pagamento ou onerosidade e subordinação.

(D) um vínculo que resulta da conversão da escravidão em uma espécie de contrato, mantendo-se a subordinação e a submissão do trabalhador aos desígnios do empregador, mas agora mediante pagamento de salário e de suposta liberdade de ir e vir.

(E) uma espécie contratual cujas raízes históricas remontam ao Direito Romano (*locatio operarum* e *locatio operis*), com natureza jurídica de locação (o trabalhador aluga a sua força de trabalho ao empregador).

A: opção correta, pois representa o que é relação de emprego, nos termos dos arts. 2º e 3º, da CLT; **B:** opção incorreta, pois se trata de um negócio jurídico. Ademais, pressupõe manifestação de vontade. É um contrato do tipo oneroso, pois pelos trabalhos prestados o empregado terá como contraprestação sua remuneração; **C:** opção incorreta, pois a relação de emprego pressupõe o trabalho prestado com pessoalidade, ou seja, prestado pelo próprio trabalhador, sem que possa ser substituído; **D:** opção incorreta, pois há vício e vontade no trabalho escravo. Sobre consequências do reconhecimento do trabalho escravo veja Instrução Normativa 91/2011 da Secretaria de Inspeção do Trabalho, em especial seu art. 14 e, ainda, art. 21 da Instrução Normativa 76/2009 do Ministério do Trabalho e Emprego; **E:** opção incorreta, pois para alguns doutrinadores, como por exemplo José Affonso Dallegrave Neto, o contrato de emprego é do tipo adesão.

Gabarito "A".

3. CONTRATO DE TRABALHO COM PRAZO DETERMINADO

(Procurador – IPSMI/SP – VUNESP – 2016) Nos contratos de trabalho por prazo determinado,

(A) aplica-se o aviso-prévio em favor do empregado, na hipótese de despedida antes do termo final, se houver cláusula assecuratória do direito recíproco de rescisão antecipada.

(B) o aviso-prévio não poderá ser aplicado, pois não é compatível com referida modalidade contratual, não se admitindo cláusula em contrário.

(C) não se admite o gozo de férias, as quais serão indenizadas por ocasião do termo final.

(D) o seguro-desemprego será devido ao empregado, desde que o período contratual não seja inferior a seis meses.

(E) a prorrogação pode ocorrer em, no máximo, duas oportunidades, desde que não ultrapasse o período de dois anos.

A: opção correta, pois nos termos do art. 481 da CLT qualquer que seja o tipo de contrato com prazo determinado previsto na CLT havendo a cláusula assecuratório ao direito recíproco de rescisão serão aplicados os princípios que regem a rescisão dos contratos por prazo indeterminado, inclusive com a percepção de aviso-prévio. Veja Súmula 163 do TST. **B:** opção incorreta. Veja comentário anterior. **C:** opção incorreta, pois aos empregados submetidos ao contrato com prazo determinado, são assegurados os mesmos direitos que o empregado com contrato por prazo indeterminado. **D:** opção incorreta, pois não é devido Seguro Desemprego, tendo em vista que as partes já estão cientes da data do término do contrato de trabalho. **E:** opção incorreta, pois a prorrogação pode ocorrer apenas uma única vez e não poderá exceder 2 anos, sob pena de ser considerado contrato com prazo indeterminado, art. 451 da CLT.

Gabarito "A".

4. TRABALHO DA MULHER, DO MENOR E DOMÉSTICO

(Procurador do Município/Cubatão-SP – VUNESP – 2012) No que tange à proteção do trabalho da mulher e do menor, é correto afirmar que

(A) a legislação trabalhista não prevê possibilidade de restrição ao gozo dos períodos de repouso do menor nos locais de trabalho.

(B) o responsável legal pelo menor é obrigado a notificar o Ministério do Trabalho e Emprego para que este pleiteie a extinção do contrato de trabalho, desde que o serviço possa acarretar para ele prejuízos de ordem moral.

(C) os estabelecimentos em que trabalharem pelo menos 30 (trinta) mulheres com mais de 18 (dezoito) anos de idade terão local apropriado, onde seja permitido às empregadas guardarem sob vigilância e assistência os seus filhos no período da amamentação, sendo vedada a adoção de convênios para atender à finalidade do dispositivo legal.

(D) ao empregador é vedado empregar a mulher em serviço que demande o emprego de força muscular superior a 20 (vinte) quilos para o trabalho contínuo, ou 25 (vinte e cinco) quilos para o trabalho ocasional.

(E) nos termos da negociação coletiva, a empresa pode ser obrigada a instalar bebedouros, lavatórios, aparelhos sanitários; dispor de cadeiras ou bancos, em número suficiente, que permitam às mulheres trabalharem sem grande esgotamento físico.

A: opção incorreta, pois nos termos do art. 409 da CLT para maior segurança do trabalho e garantia da saúde dos menores, a autoridade fiscalizadora poderá proibir-lhes o gozo dos períodos de repouso nos locais de trabalho; **B:** opção incorreta, pois nos termos do art. 408 da CLT ao responsável legal do menor é facultado pleitear a extinção do contrato de trabalho, desde que o serviço possa acarretar para ele prejuízos de ordem física ou moral, independente de notificação ao Ministério do Trabalho e Emprego; **C:** opção incorreta, pois a lei trata dos estabelecimentos que trabalharem pelo menos 30 mulheres com mais de *16* anos, art. 389, § 1º, da CLT e, ainda, são permitidos convênios com entidades públicas e privadas, nos termos do art. 389, § 2º, da CLT; **D:** opção correta, pois reflete a disposição contida no art. 390 da CLT; **E:** opção incorreta, pois nos termos do art. 389, II, da CLT constitui uma obrigação de toda empresa.

Gabarito "D".

5. ALTERAÇÃO, INTERRUPÇÃO E SUSPENSÃO DO CONTRATO DE TRABALHO

(Procurador – AL/PR – 2024 – FGV) Iralton, Regina e Carla são amigos de infância, e coincidentemente trabalham na mesma empresa em Londrina/PR. Na trajetória acadêmica de cada um, Iralton deixou o colégio após o ensino médio, Regina finalizou uma graduação e Carla foi além, obtendo título num mestrado concluído com sucesso. Os amigos ocupam cargos diferentes na empresa, sendo que Carla recebe salário mensal de R$32.000,00.

É chegado o momento de fruir férias. Iralton, que é pai de uma estudante de 15 (quinze) anos, requereu em março o adiantamento da 1ª parcela do 13º salário para receber junto com suas férias; Regina, cujo esposo trabalha na mesma empresa mas em outro setor, requereu a conversão de 1/3 das férias em pecúnia dez dias antes do início delas; Carla não gozará férias porque ocupa um cargo estratégico, de grande relevância, e acertou em acordo particular com o empregador que aproveitará férias a cada 2 (dois) anos mas, em compensação, poderá escolher uma passagem aérea internacional de ida e volta, na classe executiva, que será paga pela empresa.

Considerando as situações desses empregados e a norma de regência das férias, assinale a afirmativa correta.

(A) O acerto feito por Carla é ilegal, Iralton terá o direito potestativo de aproveitar férias juntamente com as férias escolares de sua filha e Regina poderá ter o pedido de conversão das férias negado.

(B) É direito de Iralton receber a 1ª parcela do 13º salário juntamente com as férias, Regina terá o direito potestativo de converter parte das férias em dinheiro e o acerto de Carla é lícito por se tratar de alto empregado, sendo preservado o direito a receber 1/3 nos anos em que não aproveitar férias.

(C) O pedido de conversão de parte das férias em dinheiro deveria ser feito por Regina até 30 (trinta) dias antes do seu início, Iralton terá direito de receber as férias em dobro se o pagamento não ocorrer até 2 (dois) dias do início das férias e o acordo individual com Carla é lícito diante do salário por ela recebido e porque possui nível superior completo.

(D) Não existe previsão legal de adiantamento da 1ª parcela do 13º salário para quitação juntamente com as férias como desejado por Iralton, a negociação de Carla é válida porque o direito às férias não foi integralmente suprimido e Regina somente poderá fruir férias com o marido no caso delas serem coletivas.

(E) Regina poderá fruir férias na mesma oportunidade que o esposo se isso não causar prejuízo à empresa, Iralton poderá ter o pedido de adiantamento negado porque intempestivo e o acerto de Carla é irregular.

A: incorreta, pois Iralton não terá o direito potestativo de gozar as férias juntamente com as férias escolares de sua filha, pois nos termos do art. 136, § 2º, da CLT o empregado estudante, menor de 18 (dezoito) anos, terá direito a fazer coincidir suas férias com as férias escolares. **B:** incorreta, pois nos termos do art. 2º, §2º, da Lei 4.749/64 o adiantamento do 13º salário será pago ao ensejo das férias do empregado, sempre que este o requerer no mês de janeiro do correspondente ano. Regina não terá direito à conversão, pois para converter 1/3 das férias em pecúnia deveria ter sido feito até 15

(quinze) dias antes do término do período aquisitivo e não antes do início do período de férias. O acerto de Carla é ilegal, pois as férias devem ser gozadas no período de 12 (doze) meses subsequentes à data em que o empregado tiver adquirido o direito, independente de possuir nível superior. **C:** incorreta, pois Regina não terá direito à conversão, pois para converter 1/3 das férias em pecúnia deveria ter sido feito até 15 (quinze) dias antes do término do período aquisitivo e não antes do início do período de férias. Iralton não terá direito de receber as férias em dobro pelo fato de o pagamento não ocorrer até 2 (dois) dias do início das férias, pois a Súmula 450 do TST, que previa tal direito, foi declarada inconstitucional pelo STF no julgamento da ADPF 501. O acerto de Carla é ilegal. **D:** incorreta, pois há previsão do art. 2º, § 2º, da Lei 4.749/65 para o adiantamento do 13º salário será pago ao ensejo das férias do empregado, sempre que este o requerer no mês de janeiro do correspondente ano. O acerto de Carla é ilegal. Regina poderá gozar das férias juntamente com seu esposo, na forma do art. 136, § 1º, da CLT. **E:** correta, pois nos termos do art. 136, § 1º, da CLT os membros de uma família, que trabalharem no mesmo estabelecimento ou empresa, terão direito a gozar férias no mesmo período, se assim o desejarem e se disto não resultar prejuízo para o serviço. O pedido de Iralton é intempestivo, pois deveria ter sido feito em janeiro, nos termos do art. 2º, § 2º, da Lei 4.749/64. O acerto de Carla é irregular, pois pois as férias devem ser gozadas no período de 12 (doze) meses subsequentes à data em que o empregado tiver adquirido o direito, independente de possuir nível superior, art. 134 da CLT.

Gabarito "E".

(Advogado – Pref. São Roque/SP – 2020 – VUNESP) A aposentadoria por invalidez acarreta a

(A) extinção do contrato de trabalho e possibilita a liberação dos depósitos do fundo de garantia do tempo de serviço.

(B) suspensão do contrato de trabalho e não possibilita a liberação dos depósitos do fundo de garantia do tempo de serviço.

(C) suspensão do contrato de trabalho e possibilita a liberação dos depósitos do fundo de garantia do tempo de serviço.

(D) interrupção do contrato de trabalho nos primeiros 15 (quinze) dias e possibilita a liberação dos depósitos do fundo de garantia do tempo de serviço.

(E) interrupção do contrato de trabalho e não possibilita a liberação dos depósitos do fundo de garantia do tempo de serviço.

Nos termos do art. 475 da CLT o empregado que for aposentado por invalidez terá suspenso o seu contrato de trabalho durante o prazo fixado pelas leis de previdência social para a efetivação do benefício. Outrossim, nos termos do art. 20, III, da Lei 8.036/90 a conta vinculada do trabalhador no FGTS poderá ser movimentada em caso de aposentadoria concedida pela Previdência Social. **HC**

Gabarito "C".

(Procurador do Município – S.J. Rio Preto/SP – 2019 – VUNESP) A respeito do denominado *jus variandi*, é correto afirmar que

(A) confere ao empregador o direito de transferir o empregado que exerce função de confiança para localidade diversa da que consta do contrato.

(B) decorre diretamente do princípio *pacta sunt servanda*, que rege os contratos de trabalho.

(C) garante ao empregado o direito de alterar a data fixada para suas férias.

(D) confere ao empregador o direito de alterar a jornada de trabalho dos empregados, desde que respeitado o direito adquirido à percepção de adicional noturno.

9. DIREITO DO TRABALHO — 333

(E) não se aplica aos contratos de trabalho firmados pela Administração Pública.

A: correta, pois nos termos do art. 469, § 1°, da CLT a transferência pode ocorrer de forma unilateral pelo empregador, ou seja, sem o consentimento do obreiro, nos casos em que o empregado exerçam cargo de confiança, isto é, aqueles que exerçam amplos poderes de mando, de modo a representarem a empresa nos atos de sua administração. **B:** incorreta, pois o princípio *pacta sunt servanda*, aplicável aos contratos de trabalho de forma atenuada, estabelece que o contrato deve ser executado pelas partes nos termos ajustados, ou seja, os contratos devem ser rigorosamente observados e cumpridos, vez que fazem lei entre as partes. **C:** incorreta, pois de acordo com o art. 136 da CLT a época da concessão das férias será a que melhor consulte os interesses do empregador. **D:** incorreta, pois o adicional noturno (art. 73 CLT) será concedido somente enquanto o obreiro laborar no período noturno. Trata-se de modalidade conhecida de salário condição. Veja súmula 265 TST. **E:** incorreta, pois uma vez celebrado contrato de trabalho (normas celetistas) o *jus variandi* se aplica também à administração Pública.

Gabarito "A".

(Procurador – IPSMI/SP – VUNESP – 2016) Nos termos da Consolidação das Leis do Trabalho, a mudança na propriedade ou estrutura jurídica da empresa

(A) poderá afetar os direitos adquiridos pelos empregados, se houver previsão em lei municipal.

(B) poderá acarretar a extinção automática dos contratos de trabalho mantidos com o sucedido.

(C) não afetará os contratos de trabalho dos respectivos empregados.

(D) importará a celebração de novos contratos de trabalho com os empregados do sucedido.

(E) assegurará o direito de rescisão indireta dos contratos de trabalho aos empregados do sucedido.

A: opção incorreta, pois nos termos do art. 10 da CLT qualquer alteração na estrutura jurídica da empresa não afetará os direitos adquiridos por seus empregados. **B:** opção incorreta, pois nos termos do art. 448 da CLT a mudança não afetará os contratos de trabalho. **C:** opção correta, pois reflete a disposição do art. 448 da CLT. **D:** opção incorreta, art. 448 CLT. **E:** opção incorreta, Veja comentários anteriores.

Gabarito "C".

(Procurador Municipal/SP – VUNESP – 2016) Determinado empregado começa a trabalhar no dia 01.02.2010, com remuneração no valor de R$ 1.000,00 (um mil reais). Em 01.05.2012, é dispensado imotivadamente sem ter gozado nenhum período de férias. Durante o contrato de trabalho, seu salário sofreu os seguintes reajustes: em 01.07.2010, passou para R$ 1.100,00; em 01.02.2011, passou para R$ 1.200,00; em 01.07.2011, passou para R$ 1.500,00 e, em 01.02.2012, passou para R$ 1.700,00. Diante disso, e dos termos da Súmula 7 do TST, é correto afirmar que a indenização do primeiro período de férias vencidas e não gozadas deve ser calculada com base em

(A) R$ 1.000,00.

(B) R$ 1.100,00.

(C) R$ 1.200,00.

(D) R$ 1.500,00.

(E) R$ 1.700,00.

"E" é a opção correta. Isso porque os termos da súmula 7 do TST a indenização pelo não deferimento das férias no tempo oportuno será calculada com base na remuneração devida ao empregado na época da reclamação ou, se for o caso, na da extinção do contrato.

Gabarito "E".

(Procurador do Município/Sorocaba-SP – VUNESP – 2012) No curso do contrato de trabalho, há períodos de paralisação das atividades e aqueles que são destinados aos repousos e descanso. Quanto a esse tema, assinale a alternativa correta.

(A) Há várias espécies de repouso e descanso, divididos em dois gêneros: suspensão e interrupção do contrato de trabalho. A suspensão dá-se quando devidos os salários e a interrupção, quando não há pagamento.

(B) São exemplos de interrupção do contrato de trabalho: as férias, o repouso semanal remunerado e os primeiros 15 dias de afastamento por doença; e de suspensão do contrato de trabalho, o intervalo intrajornada para refeição e descanso, o intervalo interjornadas e o período de greve.

(C) Durante o período do serviço militar do empregado, apesar de indevidos os salários, porque o empregador é obrigado a pagar o Fundo de Garantia do Tempo de Serviço, está-se diante de hipótese de descanso compulsório.

(D) As faltas podem ser justificadas ou não. No entanto, sempre que houver ausência, o empregador está autorizado a proceder aos descontos dos salários relativos aos dias em que não houve a prestação de serviços.

(E) As férias serão proporcionais ao número de faltas que o empregado teve durante o ano. No entanto, em hipótese nenhuma poderá haver a perda do direito às férias ou a supressão do direito às férias do empregado.

A: opção incorreta, pois as causas de interrupção e suspensão não são espécies de repouso e descanso; **B:** opção correta, pois são hipóteses de interrupção do contrato de trabalho, pois na interrupção ocorre a não produção dos efeitos de forma unilateral, ou seja, o empregado suspende a prestação de serviços, mas continua recebendo a remuneração pelo empregador; **C:** opção incorreta, pois não se trata de uma hipótese de descanso, mas sim uma forma de suspensão do contrato de trabalho; **D:** opção incorreta, pois o art. 473 elenca hipóteses que o empregado se ausenta sem perder o direito ao recebimento do salário relativo aos dias; **E:** opção incorreta, pois o art. 133 da CLT elenca hipóteses em que há a perda do direito às férias.

Gabarito "B".

6. REMUNERAÇÃO E SALÁRIO

(Advogado – Pref. São Roque/SP – 2020 – VUNESP) Quanto às gorjetas e comissões, é correto afirmar que:

(A) ambas integram a remuneração do empregado e podem compor o salário-mínimo legalmente previsto.

(B) apenas as comissões podem compor o salário-mínimo legalmente previsto.

(C) ambas possuem natureza indenizatória e não se sujeitam aos descontos previdenciários.

(D) apenas as comissões e gorjetas compulsórias integram a remuneração.

(E) possuem a mesma natureza jurídica dos prêmios previstos na Consolidação das Leis do Trabalho.

Inicialmente cumpre lembrar que as expressões remuneração e salário não são sinônimos. Isso porque, salário é a contraprestação paga diretamente pelo empregador ao empregado pelos serviços prestados, seja em dinheiro, seja em utilidades, art. 458 da CLT. Já remuneração de acordo com o art. 457 da CLT, consiste na somatória da contraprestação paga diretamente pelo empregador, seja em pecúnia, seja em utilidades, com a quantia recebida pelo obreiro de terceiros a título de gorjeta.

A: incorreta, pois as gorjetas compõem a remuneração do empregado e não seu salário. Nos termos do art. 457 da CLT compreendem-se na remuneração do empregado, para todos os efeitos legais, além do salário devido e pago diretamente pelo empregador, como contraprestação do serviço, as gorjetas que receber. Já o § 1º do mesmo art. 457 da CLT ensina que integram o salário a importância fixa estipulada, as gratificações legais e as comissões pagas pelo empregador. **B:** correta, pois coaduna com a disposição do art. 457, § 1º, CLT. **C:** incorreta, pois não possuem natureza indenizatória, sendo que ambas sofrerão descontos previdenciários. **D:** incorreta, pois quer seja a cobrada pela empresa quer a dada espontaneamente por clientes, a gorjeta integrará a remuneração do empregado. **E:** incorreta, pois nos termos do art. 457, § 4º, da CLT consideram-se prêmios as liberalidades concedidas pelo empregador em forma de bens, serviços ou valor em dinheiro a empregado ou a grupo de empregados, em razão de desempenho superior ao ordinariamente esperado no exercício de suas atividades e não integram a remuneração do empregado, art. 457, § 2º, CLT. **HC**

Gabarito "B".

(Procurador do Município/São José dos Campos-SP – VUNESP – 2012)
Em se tratando de remuneração e salário, é correto afirmar que

(A) os termos são sinônimos e podem ser usados indistintamente, sem nenhuma consequência prática, já que a própria legislação consolidada não os dissocia, tomando-os como palavras de conteúdo jurídico equivalente.

(B) tanto remuneração quanto salário são correspondentes a um conjunto de parcelas contraprestativas pagas apenas pelo empregador em função do contrato de trabalho, mas o salário é de menor abrangência.

(C) várias teorias tratam distintamente da matéria. Há as que identificam os termos, há as que afirmam que remuneração é gênero do qual salário é espécie, e há aquelas que negam qualquer relação entre os termos.

(D) prevaleceu na jurisprudência a distinção entre remuneração, que abrange parcelas contraprestativas do trabalho pagas inclusive por terceiros, como gorjetas, e salário, conjunto de parcelas contraprestativas pagas pelo empregador.

(E) salário é a base da remuneração, título a partir do qual são calculados e pagos os demais títulos que, se tiverem caráter habitual, são considerados integrantes da remuneração para todos os efeitos legais.

A: opção incorreta, pois remuneração e salários são termos diferentes; **B:** opção incorreta, pois as gorjetas também são pagas por terceiros ao empregado, art. 457, § 3º, CLT. **C:** opção incorreta, pois embora remuneração seja um gênero de que são espécies salário e gorjeta, não há teorias que neguem a relação entre os termos. **D:** opção correta, pois remuneração abrange prestações pagas por terceiros, nos termos do art. 457, *caput* e § 3º, CLT e o salário contraprestação paga diretamente pelo empregador ao empregado, art. 457, *caput*, CLT. **E:** opção incorreta, pois remuneração compreende o salário acrescido das gorjetas, art. 457 da CLT.

Gabarito "D".

7. JORNADA DE TRABALHO

(Procurador Município – Santos/SP – VUNESP – 2021) Assinale a alternativa que trata corretamente do intervalo intrajornada.

(A) Não poderá ser modificado por acordo ou contrato coletivo.

(B) Os intervalos serão computados na duração do trabalho.

(C) A concessão parcial do intervalo implica o pagamento, de natureza indenizatória, apenas do período suprimido, com acréscimo de 50% (cinquenta por cento) sobre o valor da remuneração da hora normal de trabalho.

(D) A concessão parcial do intervalo implica o pagamento, de natureza indenizatória, do período total e não somente do suprimido, com acréscimo de 50% (cinquenta por cento) sobre o valor da remuneração da hora normal de trabalho.

(E) O limite mínimo de uma hora para repouso ou refeição não poderá ser reduzido, nem mesmo por ato do Ministro do Trabalho, Indústria e Comércio.

A: incorreta, pois nos termos do art. 71 da CLT acordo ou convenção coletiva poderão modificar o período mínimo de 1 (uma) hora. Ademais, o art. 611-A, III, da CLT dispõe que convenção coletiva ou acordo coletivo de trabalho prevalecerão sobre a lei quando dispuserem sobre intervalo intrajornada, respeitado o limite mínimo de trinta minutos para jornadas superior a seis horas. **B:** incorreta, pois nos termos do art. 71, § 2º, da CLT os intervalos de descanso não serão computados na duração do trabalho. **C:** correta, pois reflete a disposição legal do art. 71, § 4º, da CLT. **D:** incorreta, pois nos termos do art. 71, § 4º, da CLT somente sobre o período suprimido. **E:** incorreta, pois nos termos do art. 71, §§ 3º e 5º, da CLT é possível a redução do intervalo intrajornada. Ademais, o art. 611-A, III, da CLT também admite a redução do intervalo por acordo ou convenção coletiva de trabalho.

Gabarito "C".

8. AVISO-PRÉVIO, EXTINÇÃO DO CONTRATO DE TRABALHO E HAVERES RESCISÓRIOS

(Procurador – AL/PR – 2024 – FGV) Geovane trabalhava há 6 meses na empresa Soluções de Informática Ltda., localizada em Maringá/PR, quando recebeu aviso-prévio em 2023 para ser trabalhado em razão da drástica redução de clientes, exigindo a diminuição do quadro de empregados. Contudo, no 20º dia do aviso o empregador soube que vencera uma grande licitação, e em razão disso o trabalho de Geovane seria necessário, daí porque a empresa apresentou uma retratação do aviso-prévio. Geovane nada disse, mas continuou trabalhando na empresa. Três meses depois foi a vez de Geovane pedir demissão porque desejava estudar para um concurso público, informando que indenizaria o aviso-prévio. Dez dias depois Geovane foi à empresa e se disse arrependido da decisão, pedindo a retratação do seu aviso-prévio, que foi expressamente aceita pelo empregador. Dois meses depois, em razão de uma divergência pontual, as partes resolveram, de comum acordo, realizar o distrato do pacto laboral, com aviso-prévio trabalhado, que foi cumprido.

Considerando esses fatos e o que prevê a CLT, assinale a afirmativa correta.

(A) Pela Lei somente pode haver uma retratação por contrato de trabalho, e ela precisa ser expressa, não se admitindo a forma tácita.

(B) Em razão da natureza jurídica da extinção, Geovane receberá metade do aviso-prévio, indenização de 20% sobre o FGTS e não terá direito a seguro-desemprego.

(C) O ex-empregado poderá sacar até 80% do FGTS depositado e não haverá necessidade de homologação da ruptura contratual.

(D) Somente a 2ª retratação foi válida porque a 1ª não teve a aquiescência do empregado, havendo juridicamente

9. DIREITO DO TRABALHO — 335

a formalização de dois contratos de trabalho, sendo que na ruptura Geovane terá direito à metade dos proporcionais de 13º salário e férias.

(E) Geovane terá direito ao aviso-prévio integral e as verbas deverão ser pagas até cinco dias contados a partir do término do contrato, sob pena de multa.

A: incorreta, pois não há limitação de retratação de aviso- prévio, art. 489 da CLT. **B:** incorreta, pois tendo em vista que o aviso- prévio foi trabalhado, o pagamento deve ser integral. Somente em se tratando de aviso- prévio indenizado o pagamento seria pela metade, art. 484-A, I, a, da CLT. **C:** correta, pois reflete a disposição do art. 484-A, § 1º, da CLT. **D:** incorreta, pois nos termos do art. 489, parágrafo único, da CLT não há necessidade de aquiescência, pois continuando a prestação depois de expirado o prazo, o contrato continuará a vigorar, como se o aviso prévio não tivesse sido dado. **E:** incorreta, pois embora tenha direito ao aviso- prévio integral, as verbas devem ser pagas no prazo de 10 dias, art. 477, § 6º, da CLT.

Gabarito "C".

(Procurador Município – Santos/SP – VUNESP – 2021) Sobre as formas de extinção do contrato de trabalho, assinale a alternativa que está de acordo com a CLT.

(A) No caso de morte do empregador constituído em empresa individual, é obrigatório ao empregado rescindir o contrato de trabalho.

(B) Na cessação do contrato de trabalho, qualquer que seja a sua causa, será devida ao empregado a remuneração simples ou em dobro, conforme o caso, correspondente ao período de férias cujo direito tenha adquirido.

(C) A cessação do contrato de trabalho, dependendo da causa, será devida ao empregado a remuneração simples ou em dobro, conforme o caso, correspondente ao período de férias cujo direito não tenha adquirido.

(D) A extinção do contrato por acordo entre empregado e empregador autoriza o ingresso no Programa de Seguro-Desemprego.

(E) Constituem justa causa para rescisão do contrato de trabalho pelo empregador a perda da habilitação para o exercício da profissão, em decorrência de conduta culposa do empregado.

A: incorreta, pois nos termos do art. 483, § 2º, da CLT no caso de morte do empregador constituído em empresa individual, é facultado ao empregado rescindir o contrato de trabalho. **B:** correta, pois nos termos do art. 146 da CLT na cessação do contrato de trabalho, qualquer que seja a sua causa, será devida ao empregado a remuneração simples ou em dobro, conforme o caso, correspondente ao período de férias cujo direito tenha adquirido, veja comentário letra "B". **D:** incorreta, pois nos termos do art. 484-A, § 2º, da CLT a extinção do contrato de trabalho por acordo entre as partes não autoriza o ingresso no Programa de Seguro-Desemprego. **E:** incorreta, pois nos termos do art. 482, m, da CLT constitui justa causa para rescisão do contrato de trabalho a perda da habilitação ou dos requisitos estabelecidos em lei para o exercício da profissão, em decorrência de conduta dolosa do empregado.

Gabarito "B".

(Procurador do Estado/SP – 2018 – VUNESP) Nos termos dos enunciados sumulares do Tribunal Superior do Trabalho, é correto afirmar a respeito do aviso prévio:

(A) o direito ao aviso prévio proporcional ao tempo de serviço somente é assegurado nas rescisões de contrato de trabalho ocorridas a partir da publicação da Lei n. 12.506, em 13 de outubro de 2011.

(B) não cabe aviso prévio nas rescisões antecipadas dos contratos de experiência.

(C) reconhecida a culpa recíproca na rescisão do contrato de trabalho (art. 484 da Consolidação das Leis do Trabalho), o empregado não tem direito a receber valores a título de aviso prévio.

(D) o pagamento relativo ao período de aviso prévio trabalhado não está sujeito à contribuição para o FGTS.

(E) no caso de concessão de auxílio-doença no curso do aviso prévio, concretizam-se os efeitos da dispensa depois de expirado o prazo do aviso prévio, independentemente da vigência do benefício previdenciário.

A: opção correta, pois reflete a disposição contida na súmula 441 do TST. **B:** opção incorreta, pois nos termos da súmula 163 do TST, "cabe aviso prévio nas rescisões antecipadas dos contratos de experiência, na forma do art. 481 da CLT" (cláusula assecuratória do direito recíproco de rescisão). **C:** opção incorreta, pois nos termos da súmula 14 do TST, "reconhecida a culpa recíproca na rescisão do contrato de trabalho (art. 484 da CLT), o empregado tem direito a 50% do valor do aviso prévio, do décimo terceiro salário e das férias proporcionais". **D:** opção incorreta, pois nos termos da súmula 305 do TST, "o pagamento relativo ao período de aviso prévio, trabalhado ou não, está sujeito a contribuição para o FGTS". **E:** opção incorreta, pois nos termos da súmula 371 do TST, "no caso de concessão de auxílio-doença no curso do aviso prévio, todavia, só se concretizam os efeitos da dispensa depois de expirado o benefício previdenciário". **HC**

Gabarito "A".

(Procurador – IPSMI/SP – VUNESP – 2016) A despedida por justa causa

(A) pressupõe prática, pelo empregado, de ato faltoso grave que torna inviável a manutenção do vínculo de emprego.

(B) depende da ocorrência de punições anteriores para o mesmo ato faltoso, tais como advertências e suspensões.

(C) depende do ajuizamento de inquérito judicial para apuração de falta grave.

(D) acarreta a perda do direito aos valores do fundo de garantia do tempo de serviço depositados pelo empregador.

(E) não se aplica ao empregado que goza de estabilidade provisória no emprego.

A: opção correta, pois as hipóteses de justa causa do empregado tipificadas no art. 482 da CLT representam hipóteses de faltas consideradas graves, capazes de encerrar o pacto laboral. **B:** opção incorreta, pois não há necessidade de aplicação de outras penalidades mais leves antes de ser aplicada a justa causa. Ocorrendo uma das hipóteses previstas em lei (art. 482 CLT) o empregador poderá demitir imediatamente o empregado que cometê-la. **C:** opção incorreta, pois o inquérito judicial para apuração de falta grave (art. 853 CLT) deve ser instaurado apenas para apurar falta grave cometida por empregado que possua garantia de emprego/ estabilidade provisória, como por exemplo: o dirigente sindical. **D:** opção incorreta, pois o empregado não perderá os valores de FGTS. Esse empregado ficará impossibilitado de movimentar sua conta de FGTS. Veja art. 20 da Lei 8.036/1990 que trata das hipóteses de movimentação da conta de FGTS. **E:** opção incorreta, pois qualquer empregado que possua garantia de emprego poderá ser demitido se cometer falta grave. Veja art. 543, § 3º, CLT, art. 8º, VIII, CF.

Gabarito "A".

(Procurador Municipal/SP – VUNESP – 2016) Assinale a alternativa correta.

(A) O aviso-prévio poderá ser trabalhado ou indenizado. O período referente ao aviso-prévio, exceto quando indenizado, integra o tempo de serviço para todos os efeitos legais.

(B) O empregado dispensado, sem justa causa, no período de 30 (trinta) dias que antecede a data de sua correção salarial, terá direito à indenização adicional equivalente a um salário mensal. O tempo do aviso-prévio, mesmo indenizado, conta-se para efeito de tal indenização adicional.

(C) A ocorrência de justa causa, salvo a de abandono de emprego, no decurso do prazo do aviso-prévio dado pelo empregador, não retira do empregado qualquer direito às verbas rescisórias de natureza indenizatória.

(D) Durante o período de aviso-prévio, o empregado que trabalhar 2 horas diárias a menos receberá o valor do salário proporcional ao tempo efetivamente trabalhado, se a rescisão tiver sido promovida pelo empregador.

(E) O pagamento das parcelas constantes do instrumento de rescisão ou recibo de quitação deverá ser efetuado até o quinto dia, contado da data da notificação da demissão, quando da ausência do aviso-prévio, indenização do mesmo ou dispensa de seu cumprimento.

A: Opção incorreta, pois ainda que indenizado, o aviso-prévio integra o tempo de serviço, art. 487, § 1º, CLT. **B:** opção correta, pois reflete o disposto no art. 9º da Lei 6.708/1979. Veja também a Súmula 314 TST. **C:** opção incorreta, pois nos termos da Súmula 73 do TST a ocorrência de justa causa, salvo a de abandono de emprego, no decurso do prazo do aviso-prévio dado pelo empregador, retira do empregado qualquer direito às verbas rescisórias de natureza indenizatória. **D:** opção incorreta, pois nos termos do art. 488 da CLT o pagamento do salário deverá ser integral. **E:** opção incorreta, pois nos termos do art. 477, § 6º, da CLT a entrega ao empregado de documentos que comprovem a comunicação da extinção contratual aos órgãos competentes bem como o pagamento dos valores constantes do instrumento de rescisão ou recibo de quitação deverão ser efetuados até dez dias contados a partir do término do contrato.
Gabarito "B".

(Procurador do Município/São José dos Campos-SP – VUNESP – 2012)
Com relação ao aviso-prévio, assinale a alternativa correta.

(A) O aviso-prévio é um direito histórico dos trabalhadores e oriundo dos primórdios do Direito do Trabalho. Cabe apenas na dispensa do trabalhador por iniciativa do empregador e pode ser trabalhado ou indenizado.

(B) O aviso-prévio é direito dos trabalhadores e recentemente foi alterado para ampliar o prazo, que varia de 8 dias, se o pagamento for por semana ou tempo inferior, conforme o contido no artigo 487, I, da CLT, a até um total de 90 dias, como diz a Lei n.º 12.506, de 11 de outubro de 2011.

(C) O aviso-prévio é um direito recíproco, tanto dos empregados quanto dos empregadores, e seu período se projeta no tempo do contrato de trabalho para todos os efeitos legais, devendo ser necessariamente indenizado.

(D) Há várias modalidades de aviso-prévio, sempre cindidas em duas: aviso-prévio do empregado e aviso-prévio do empregador; aviso-prévio indenizado e aviso-prévio trabalhado; aviso-prévio mínimo e aviso-prévio proporcional ao tempo de serviço; e aviso-prévio com projeção do tempo no contrato e sem projeção do tempo.

(E) O aviso-prévio dado pelo empregador não extingue o contrato, mas designa um termo para a extinção contratual, termo esse que é variável proporcionalmente ao tempo de serviço do trabalhador naquele contrato e pode ser revertido, se a parte concedente reconsiderar a sua decisão anterior.

A: opção incorreta, pois pode ser dado tanto pelo empregador como pelo empregado, nos termos do art. 487 da CLT; **B:** opção incorreta, pois embora o aviso-prévio proporcional tenha sido disciplinado pela Lei 12.506/2011, podendo chegar ser de até 90 (noventa) dias, nos termos do art. 7º, XXI, da CF o aviso-prévio é de, no mínimo, 30 (trinta) dias; **C:** opção incorreta, pois o aviso-prévio poderá ser trabalhado, quando a parte comunicante informar que haverá prestação de serviços durante o período; **D:** opção incorreta, pois sempre será garantida a integração do período de aviso-prévio no tempo de serviço, art. 487, § 1º, CLT; **E:** opção correta, pois o aviso-prévio não extingue o pacto laboral, na medida em que consiste em uma comunicação que uma parte faz à outra, de que pretende extinguir o pacto laboral. Será proporcional ao tempo de serviço, nos termos do art. 7º, XXI, CF, disciplinado pela Lei 12.506/2011 e poderá ser revertido na hipótese do art. 489 da CLT.
Gabarito "E".

(Procurador do Município/São José dos Campos-SP – VUNESP – 2012)
Assinale a alternativa correta quanto à responsabilidade da Fazenda Pública nas reclamações trabalhistas ajuizadas em face de empresas por ela contratadas.

(A) A administração pública não poderá ser responsabilizada, ainda que se considere ilícita a terceirização, porque há obstáculo constitucional (no artigo 37, II, da Constituição Federal) ao reconhecimento de vínculos e direitos trabalhistas em decorrência de trabalhos realizados sem prévia aprovação em concurso público, bem como é impossível considerar a administração pública devedora solidária de inadimplemento de responsabilidade de terceiro.

(B) Depois do julgamento em que o Supremo Tribunal Federal decidiu pela constitucionalidade do artigo 71, § 1.º, da Lei n.º 8.666/1993 (Lei de licitações), o Tribunal Superior do Trabalho alterou a sua Súmula 331 para afirmar que a administração pública responde subsidiariamente pelos créditos trabalhistas dos empregados de seus contratados, desde que haja conduta culposa (omissiva ou comissiva) na fiscalização do cumprimento das obrigações contratuais da prestadora de serviço como empregadora.

(C) A responsabilidade do tomador de serviços é solidária, havendo culpa ou dolo em relação ao inadimplemento dos créditos trabalhistas dos empregados de sua prestadora de serviços; e é subsidiária se inexistentes culpa ou dolo, dada a responsabilidade objetiva do tomador de serviços em relação às obrigações trabalhistas da prestadora de serviços para com seus empregados.

(D) A responsabilidade da Fazenda Pública em relação aos créditos trabalhistas dos empregados de suas prestadoras de serviço não é decorrente do mero inadimplemento das obrigações trabalhistas assumidas pela empresa regularmente contratada, mas supõe modalidade de culpa, participação do ente público no processo de conhecimento, inclusão do ente administrativo no título executivo e limitação das verbas decorrentes da condenação àquelas adquiridas

9. DIREITO DO TRABALHO

pelo trabalhador apenas ao período em que o contrato entre prestadora de serviços e administração pública esteve vigente.

(E) A responsabilidade da Fazenda Pública nos casos de terceirização, lícita ou ilícita, regular ou irregular, não abrange toda e qualquer verba decorrente da condenação, mas deve ser regularmente aferida, segundo a existência ou não de culpa, pois só responderá por créditos cujo inadimplemento ocorreu com o concurso de culpa da administração pública, assim declarada em sentença, bem como com a limitação de tempo à vigência do contrato realizado entre administração pública e prestador de serviços.

A: opção incorreta, pois nos termos da Súmula 331, item V, do TST poderá haver responsabilidade subsidiária da administração pública; **B:** opção correta, pois reflete o entendimento disposto na Súmula 331, item V, do TST. O STF no julgamento da Ação Declaratória de Constitucionalidade 16-9/DF tenha declarado a constitucionalidade do art. 71 e § 1º da Lei 8.666/1993, reconhece que poderá haver a responsabilidade da administração pública. Assim, o TST não poderá generalizar os casos, aplicando à administração a responsabilidade subsidiária, pois como aduz o item V da Súmula 331 do TST, a responsabilidade não decorre de mero inadimplemento das obrigações trabalhistas assumidas pela empresa contratada. Deverá ficar demonstrada a sua conduta culposa no cumprimento das obrigações da Lei n.º 8.666/1993, especialmente na fiscalização do cumprimento das obrigações contratuais e legais da prestadora de serviço como empregadora; **C:** opção incorreta, pois a administração não responderá de forma solidária; Veja comentários da alternativa B; **D:** opção incorreta, pois não há limitação às verbas; **E:** opção incorreta. Veja comentários das alternativas B e D.

Gabarito "B".

(Procurador do Município/Sorocaba-SP – VUNESP – 2012) O contrato de trabalho extingue-se

(A) somente por iniciativa de qualquer uma das partes, que precisa necessariamente pré-avisar a outra parte com tempo proporcional ao de serviço.

(B) por iniciativa de qualquer das partes e também pelo Estado (*factum principis*), que pode impor o fechamento de alguma atividade econômica.

(C) por iniciativa do empregado, por iniciativa do empregador ou por iniciativa de ambos, como no caso de culpa recíproca.

(D) por morte do empregado ou empregador, falência da empresa, dispensa do empregado, rescisão direta ou indireta.

(E) por iniciativa do empregado e/ou do empregador, por efeito de ato de terceiro ou fato extintivo da relação de emprego.

A: opção incorreta, pois poderá haver a extinção por ato de terceiro, como ocorre no art. 486 da CLT; **B:** opção incorreta, pois poderá haver a extinção do contrato, também, por fato extintivo da relação de emprego, como é o caso da morte do empregado ou empregador; **C:** opção incorreta. Faltam hipóteses, pois a assertiva traz somente hipóteses de extinção por iniciativa das partes. Veja comentário das demais alternativas; Não obstante, com o advento da Lei nº 13.467/2017, foi introduzido na CLT o artigo 484-A, que admite a rescisão por acordo, nos seguintes termos: ""Art. 484-A. O contrato de trabalho poderá ser extinto por acordo entre empregado e empregador, caso em que serão devidas as seguintes verbas trabalhistas:

I – por metade:

a) o aviso prévio, se indenizado; e

b) a indenização sobre o saldo do Fundo de Garantia do Tempo de Serviço, prevista no § 1º do art. 18 da Lei nº 8.036, de 11 de maio de 1990;

II – na integralidade, as demais verbas trabalhistas.

§ 1º A extinção do contrato prevista no caput deste artigo permite a movimentação da conta vinculada do trabalhador no Fundo de Garantia do Tempo de Serviço na forma do inciso I-A do art. 20 da Lei nº 8.036, de 11 de maio de 1990, limitada até 80% (oitenta por cento) do valor dos depósitos.

§ 2º A extinção do contrato por acordo prevista no caput deste artigo não autoriza o ingresso no Programa de Seguro-Desemprego." **D:** opção incorreta. Faltam hipóteses. Veja comentários das demais alternativas; **E:** opção correta, pois por iniciativa do empregado, referindo ao pedido de demissão; iniciativa do empregador, referindo à dispensa sem justa causa; por efeito de ato de terceiro, como ocorre no *factum principis*, art. *486 da CLT* ou fato extintivo da relação de emprego, como ocorre em caso de morte do empregador, art. 485 da CLT.

Gabarito "E".

9. ESTABILIDADE

(Procurador – AL/PR – 2024 – FGV) Na sociedade empresária Construção Forte Ltda., que possui 150 empregados e está localizada em Cascavel/PR, a mestre de obras Cassiana foi eleita membro de conselho fiscal do sindicato de classe representativo da categoria dos empregados; já Ademar foi nomeado delegado sindical da mesma entidade e José foi eleito informalmente pelos colegas de trabalho como um dos integrantes de uma comissão de 2 empregados que tem por objetivo promover o entendimento direto com o empregador.

De acordo com a CLT e o entendimento consolidado do TST, assinale a afirmativa correta.

(A) Ademar, Cassiana e José poderão ser dispensados sem justa causa porque não possuem estabilidade ou qualquer garantia.

(B) Cassiana e Ademar somente poderão ser dispensados por justa causa, desde que apurado previamente em inquérito judicial.

(C) Cassiana e José não poderão ser dispensados da empresa sem justa causa, e se isso ocorrer poderão requerer a reintegração aos quadros da empresa.

(D) José, Ademar e Cassiana não poderão ser dispensados sem justa causa porque têm garantia no emprego enquanto estiverem no exercício do mandato ou delegação de poder.

(E) José não poderá sofrer despedida arbitrária, entendendo-se como tal a que não se fundar em motivo disciplinar, técnico, econômico ou financeiro.

A: correta, pois Cassiana que foi eleita membro do conselho fiscal do sindicato e Ademar que foi nomeado delegado sindical não possuem a garantia de emprego, nos termos das OJs 365 e 369 da SDI 1 do TST e, portanto, podem ser dispensados sem justa causa. **B:** incorreta, pois por não possuírem garantia de emprego não necessitam de inquérito judicial para apuração de falta grave para serem dispensados. **C:** incorreta, pois José não possui garantia de emprego, na medida em que a comissão de representação dos empregados deve ser instituída nas empresas com mais de 200 empregados, art. 510-A da CLT. Ademais, a eleição não pode ser informal, devendo respeitar as regras impostas pelo art. 510-C e seus parágrafos, da CLT. **D:** incorreta, pois nenhum dos empregados possuem possui garantia de emprego. **E:** incorreta, pois por não possuir garantia de emprego, José poderá ser dispensado arbitrariamente.

Gabarito "A".

(Procurador – IPSMI/SP – VUNESP – 2016) A estabilidade provisória destinada ao dirigente sindical

(A) aplica-se a todos os eleitos, titulares e suplentes.

(B) fica limitada a sete eleitos titulares e igual número de suplentes.

(C) aplica-se a todos os eleitos, apenas limitando a sete o número de suplentes.

(D) não beneficia os suplentes.

(E) subsiste na hipótese de extinção da atividade empresarial na base territorial do sindicato correspondente.

"B" é a opção correta. Isso porque o item II da súmula 369 do TST entende que fica limitada, assim, a estabilidade a que alude o art. 543, § 3.º, da CLT a sete dirigentes sindicais e igual número de suplentes.

Gabarito "B".

10. SEGURANÇA E MEDICINA DO TRABALHO

(Procurador do Município/Cubatão-SP – VUNESP – 2012) Serão consideradas atividades ou operações insalubres aquelas que, por sua natureza, condições ou métodos de trabalho, exponham os empregados a agentes nocivos à saúde, acima dos limites de tolerância fixados em razão da natureza e da intensidade do agente e do tempo de exposição aos seus efeitos. Com base nessa informação, é correto afirmar que

(A) o exercício de trabalho em condições insalubres assegura a percepção de adicional de 30% (trinta por cento) calculado sobre o salário contratual.

(B) o direito do empregado ao adicional de insalubridade ou de periculosidade cessará com a eliminação do risco à sua saúde ou por meio de acordo coletivo de trabalho.

(C) o pagamento do adicional de insalubridade pode ser reduzido até o percentual de 10% (dez por cento) por meio de convenção coletiva de trabalho.

(D) o exercício de trabalho em condições insalubres e perigosas assegura a percepção de adicional de 30% (trinta por cento) e de 40% (quarenta por cento), respectivamente.

(E) atualmente, por força de norma ministerial, a exposição do empregado à radiação ionizante enseja a percepção do adicional de periculosidade.

A: opção incorreta, pois nos termos do art. 192 da CLT o trabalho executado em condições insalubres assegura a percepção de adicional respectivamente de 40% (quarenta por cento), 20% (vinte por cento) e 10% (dez por cento) do salário mínimo, segundo se classifiquem nos graus máximo, médio e mínimo; **B:** opção incorreta, pois somente com a eliminação do risco à saúde ou integridade física do empregado é que cessará o direito ao adicional, nos termos do art. 194 da CLT; **C:** opção incorreta, pois as normas coletivas de trabalho não podem ser utilizadas para estabelecer condições menos favoráveis aos empregados do que aquelas previstas em texto de lei. Atenção: o item II da Súmula 364 do TST que dispunha no sentido da possibilidade de fixação inferior ao limite legal foi cancelado pela Resolução 174/2011; **D:** opção incorreta, pois o exercício de trabalho em condições insalubres assegura a percepção de adicional de 40% (quarenta por cento), 20% (vinte por cento) e 10% (dez por cento) do salário mínimo, segundo se classifiquem nos graus máximo, médio e mínimo, art. 192 da CLT. Já o exercício de trabalho em condições perigosas assegura a percepção de adicional de 30% sobre o salário do obreiro, sem os acréscimos legais, art. 193, § 1º, da CLT; **E:** opção correta, pois reflete o entendimento disposto na OJ 345 da SDI 1 do TST.

Gabarito "E".

(Defensor Público/MS – VUNESP – 2008) Assinale a alternativa correta.

(A) A saúde e segurança do trabalho podem ser objeto de regulamentação por portarias ministeriais do Ministro

do Trabalho e tais normas adquirem imediata obrigatoriedade para todos os empregadores.

(B) É obrigatória a constituição de Comissão Interna de Prevenção de Acidentes (CIPA) em todas as empresas com mais de dez trabalhadores empregados, segundo instruções do Ministério do Trabalho e Emprego.

(C) Os titulares e suplentes de representação da CIPA são sempre titulares de estabilidade no emprego, não podendo ser dispensados senão pela prática de ato que configure justa causa para despedimento.

(D) Por sua natureza, as normas de segurança, saúde e higiene do trabalho não admitem flexibilização, negociação coletiva, disponibilidade, obrigando o cumprimento a todas as empresas, independentemente do porte ou da atividade.

A: opção correta, pois nos termos do art. 155, II, CLT; art. 27, XXI, da Lei 10.683/2003; art. 14, II, do Decreto 5.063/2004. **B:** opção incorreta, pois nos termos do art. 163 da CLT a constituição da CIPA será obrigatória, porém dependerá da gradação do risco da atividade principal e ao número total de empregados do estabelecimento. Empresas com no mínimo 50 empregados deverão constituir CIPA, em conformidade com a Norma Regulamentadora 4 do MTE. **C:** opção incorreta, pois extinto o estabelecimento não há direito a estabilidade, em conformidade com a Súmula 339, II, TST. **D:** opção incorreta, pois tais normas podem ser flexibilizadas, como se verifica, por exemplo, no art. 7º, XIII, CF.

Gabarito "A".

11. DIREITO COLETIVO DO TRABALHO

11.1. Sindicatos

(Advogado – Pref. São Roque/SP – 2020 – VUNESP) Considerando a organização sindical brasileira, é possível afirmar que

(A) as centrais sindicais ostentam personalidade sindical de grau superior, com função negocial em caráter supletivo.

(B) a contribuição sindical é compulsória quando o empregado não se opõe expressamente ao desconto em folha de pagamento.

(C) vigora no ordenamento jurídico pátrio o princípio da pluralidade sindical, tendo em vista as diversas categorias econômicas e profissionais devidamente organizadas.

(D) vigora o princípio da unicidade sindical, em face de comando expresso na Constituição da República.

(E) a assistência jurídica prestada pelos sindicatos é direito exclusivo dos associados.

A: incorreta, pois embora a Lei 11.648/2008 tenha reconhecido formalmente as centrais sindicais, elas não fazem parte do sistema sindical brasileiro previsto na Constituição Federal em seu art. 8º, tampouco nos arts. 511 a 610 da CLT. **B:** incorreta, pois nos termos do art. 578 da CLT a contribuição sindical requer prévia e expressa autorização do empregado, ou seja, não é compulsória. **C:** incorreta, não vigora o pluralismo sindical, modelo sindical em que há mais de uma entidade sindical representando a mesma categoria, na mesma base territorial. **D:** correta, pois vigora no ordenamento jurídico pátrio a unicidade sindical, modelo baseado em reconhecer um único sindicato como representante de cada grupo profissional, art. 8º, II, CF. **E:** incorreta, pois nos termos do art. 8º, III, da CF ao sindicato cabe a defesa dos direitos e interesses coletivos ou individuais da categoria, inclusive em questões judiciais ou administrativas. **HC**

Gabarito "D".

(Procurador do Município – S.J. Rio Preto/SP – 2019 – VUNESP) De acordo com o artigo 8º da Constituição Federal, é livre a associação sindical, observado o seguinte:

(A) é obrigatória autorização do Estado para a fundação de sindicato, vedadas ao Poder Público a interferência e a intervenção na organização sindical.

(B) a criação de organização sindical, em qualquer grau, representativa de categoria profissional ou econômica se aperfeiçoará com o registro do respectivo ato constitutivo no Registro Civil das Pessoas Jurídicas.

(C) é obrigatória a filiação ao sindicato da respectiva categoria.

(D) é facultativa a participação dos sindicatos nas negociações coletivas de trabalho.

(E) ao sindicato cabe a defesa dos direitos e interesses coletivos ou individuais da categoria, inclusive em questões judiciais ou administrativas.

A: incorreta, pois o art. 8º, I, CF ensina que a lei não poderá exigir autorização do Estado para a fundação de sindicato, ressalvado o registro no órgão competente, vedadas ao Poder Público a interferência e a intervenção na organização sindical. **B:** incorreta, pois o sindicato adquire sua personalidade jurídica com o registro no Ministério da Economia, Secretaria do Trabalho (antigo Ministério do Trabalho e Emprego), em conformidade com a Súmula 677 do STF, que assim dispõe: "Até que lei venha a dispor a respeito, incumbe ao Ministério do Trabalho proceder ao registro das entidades sindicais e zelar pela observância do princípio da unicidade". **C:** incorreta, pois a filiação é facultativa, pois nos termos do art. 8º, V, CF ninguém será obrigado a filiar-se ou a manter-se filiado a sindicato. **D:** incorreta, pois nos termos do art. 8º, VI, CF é obrigatória a participação dos sindicatos nas negociações coletivas de trabalho. **E:** correta, pois reflete a redação do art. 8º, III, CF.

Gabarito "E".

(Procurador Municipal/SP – VUNESP – 2016) De acordo com a jurisprudência do Tribunal Superior do Trabalho, assinale a alternativa correta.

(A) Beneficiam-se do regime legal relativo aos bancários os empregados de estabelecimento de crédito pertencentes a categorias profissionais diferenciadas.

(B) Empregado integrante de categoria profissional diferenciada tem o direito de haver de seu empregador vantagens previstas em instrumento coletivo no qual a empresa não foi representada por órgão de classe de sua categoria.

(C) O dissídio coletivo é meio próprio para o Sindicato vir a obter o reconhecimento de que a categoria que representa é diferenciada, pois essa matéria – enquadramento sindical – envolve a interpretação de norma genérica, notadamente do art. 577 da CLT.

(D) É por lei, e não por decisão judicial, que as categorias diferenciadas são reconhecidas como tais. De outra parte, no que tange aos profissionais da informática, o trabalho que desempenham sofre alterações, de acordo com a atividade econômica exercida pelo empregador.

(E) A legitimidade da entidade sindical para a instauração da instância contra determinada empresa não está condicionada à prévia autorização dos trabalhadores da suscitada diretamente envolvidos no conflito.

A: opção incorreta, pois nos termos da Súmula 117 do TST não se beneficiam do regime legal relativo aos bancários os empregados de estabelecimento de crédito pertencentes a categorias profissionais dife-

renciadas. **B:** opção incorreta, pois nos termos da Súmula 374 do TST o empregado integrante de categoria profissional diferenciada não tem o direito de haver de seu empregador vantagens previstas em instrumento coletivo no qual a empresa não foi representada por órgão de classe de sua categoria. **C:** opção incorreta, pois nos termos da OJ 9 da SDC do TST o dissídio coletivo não é meio próprio para o Sindicato vir a obter o reconhecimento de que a categoria que representa é diferenciada, pois esta matéria – enquadramento sindical – envolve a interpretação de norma genérica, notadamente do art. 577 da CLT. **D:** opção correta, pois reflete o disposto na OJ 36 da SDC do TST. **E:** opção incorreta, pois nos termos da OJ 19 da SDC do TST a legitimidade da entidade sindical para a instauração da instância contra determinada empresa está condicionada à prévia autorização dos trabalhadores da suscitada diretamente envolvidos no conflito. Veja arts. 856 a 859 da CLT.

Gabarito "D".

11.2. Convenção e Acordo Coletivo

(Procurador Fazenda Nacional – AGU – 2023 – CEBRASPE) Luiz mantinha vínculo formal de emprego, desde 5/1/2019, com a indústria Vinícola Ltda. Durante o contrato de trabalho de Luiz, vigorou convenção coletiva de trabalho (CCT) por dois anos, a partir de maio de 2019, a qual previa, entre outras cláusulas, a percepção de décimo quarto salário pelos empregados e a extensão da garantia provisória de emprego ao trabalhador vítima de acidente de trabalho — por mais doze meses além do prazo mínimo legal deferido após a cessação do auxílio por incapacidade acidentária em razão de alta médica. A CCT não foi renovada após o prazo de sua vigência. Em julho de 2021, Luiz sofreu acidente do trabalho e ficou afastado por 60 dias. Em dezembro de 2022, foi dispensado sem justa causa pela referida empresa. Em janeiro de 2023, Luiz ajuizou reclamação trabalhista, requerendo o reconhecimento do seu direito à garantia do emprego prevista naquela CCT, bem como o pagamento de décimo quarto salário relativo ao período de junho de 2021 a outubro de 2022.

A partir da situação hipotética precedente, assinale a opção correta.

(A) Luiz faz jus à percepção do décimo quarto salário e à garantia de emprego previstas na CCT, mesmo depois de cessada sua vigência, pela aplicação da regra da ultratividade das normas trabalhistas, positivada no ordenamento jurídico trabalhista brasileiro e autorizada por entendimento sumulado do Tribunal Superior do Trabalho (TST).

(B) Luiz não faz jus ao décimo quarto salário, porquanto seu pleito se refere a período superveniente à cessação da vigência da CCT, além de haver expressa vedação legal de ultratividade das normas coletivas trabalhistas, mas faz jus à garantia de emprego pleiteada, por se tratar de norma relacionada à saúde e à segurança do trabalho, à qual aderem, sem prazo determinado, todos os contratos de trabalho.

(C) Luiz faz jus à percepção do décimo quarto salário previsto na CCT, mesmo depois de cessada sua vigência, por se tratar de verba de natureza habitual, bem como pela aplicação da regra da ultratividade das normas trabalhistas, positivada no ordenamento jurídico trabalhista brasileiro, mas não tem direito à garantia de emprego prevista naquela CCT, por haver decorrido mais de doze meses da cessação da vigência da CCT.

(D) Luiz faz jus ao reconhecimento da garantia de emprego prevista na CCT, mesmo depois de cessada sua vigência, pela aplicação da regra da ultratividade das normas trabalhistas, positivada no ordenamento jurídico trabalhista brasileiro, mas não tem direito à percepção das verbas de décimo quarto salário pleiteadas, por ausência de habitualidade e de expressa previsão legal.

(E) Luiz não faz jus ao décimo quarto salário e à garantia de emprego previstos na CCT, porquanto ambos são relativos a período posterior à cessação da vigência da CCT em que se fundamentariam e a ultratividade das normas coletivas trabalhistas é expressamente vedada pelo ordenamento jurídico brasileiro, conforme ratificado pelo STF.

A opção **E** é a correta. Isso porque, nos termos do art. 614, § 3º, da CLT, não será permitido estipular duração de convenção coletiva ou acordo coletivo de trabalho superior a dois anos, sendo vedada a ultratividade. De acordo com o princípio da ultratividade, terminado o prazo de validade das cláusulas pactuadas, e sem que sejam reafirmadas em novo acordo coletivo, elas são incorporadas aos contratos individuais de trabalho vigentes ou novos, até que outra norma venha a decidir sobre o direito trabalhista.

Gabarito "E".

(Procurador – PGE/SP – 2024 – VUNESP) Sobre o regime normativo aplicável a acordos e convenções coletivas celebrados pelas pessoas jurídicas de direito público, é correto afirmar:

(A) são válidos os acordos e as convenções coletivas celebrados que estabeleçam cláusulas sociais despidas de impactos financeiro e orçamentário.

(B) resta legítima a concessão de aumento remuneratório aos empregados públicos por meio de negociação coletiva, desde que haja previsão orçamentária específica.

(C) podem ser objeto de negociação coletiva cláusulas assecuratórias de estabilidade no emprego público, tal como o impedimento da demissão arbitrária por conta de concessão de aposentadoria programada (idade ou tempo de contribuição).

(D) é juridicamente viável a implantação da jornada de 12 x 36 horas aos empregados públicos por meio de instrumento coletivo ou de ato regulamentar do ente público contratante.

(E) poderá ser criado, por meio de negociação coletiva, banco de horas para a compensação do labor em sobrejornada, desde que, no período máximo de 24 meses, as horas acumuladas não excedam à soma das jornadas laborais semanais de trabalho previstas nem ultrapassem o limite de 10 horas diárias.

A: correta, pois nos termos da OJ 5 da SDC do TST, em face de pessoa jurídica de direito público que mantenha empregados, cabe dissídio coletivo exclusivamente para apreciação de cláusulas de natureza social. **B:** incorreta, pois não é permitido aumento da remuneração de servidor público por meio de negociação coletiva. Nesse sentido entende a Súmula 679 do STF que: "A fixação de vencimentos dos servidores públicos não pode ser objeto de convenção coletiva." **C:** incorreta, pois é inválida negociação nesse sentido, tendo em vista que nos termos do art. 37, § 14 da CF, a aposentadoria concedida com a utilização de tempo de contribuição decorrente de cargo, emprego ou função pública, inclusive do Regime Geral de Previdência Social, acarretará o rompimento do vínculo que gerou o referido tempo de contribuição. **D:** incorreta, pois nos termos do art. 59-A da CLT, é facultado às partes, mediante acordo individual escrito, convenção coletiva ou acordo coletivo de trabalho (e não ato regulamentar do ente público contratante), estabelecer horário

de trabalho de doze horas seguidas por trinta e seis horas ininterruptas de descanso, observados ou indenizados os intervalos para repouso e alimentação. **E:** incorreta, pois nos termos do art. 59, § 2º, da CLT o banco de horas será no máximo fixado anualmente.

Gabarito "A".

(Procurador do Estado/SP – 2018 – VUNESP) Em relação ao Direito Coletivo do Trabalho decorrente da "reforma trabalhista", assinale a alternativa correta.

(A) É permitido estipular duração de convenção coletiva ou acordo coletivo de trabalho superior a dois anos, estando autorizada, também, a ultratividade.

(B) A convenção coletiva e o acordo coletivo de trabalho poderão dispor sobre a redução do valor dos depósitos mensais e da indenização rescisória do Fundo de Garantia do Tempo de Serviço (FGTS).

(C) O hipossuficiente (empregado portador de diploma de nível superior e que perceba salário mensal igual ou superior a duas vezes o limite máximo dos benefícios do Regime Geral de Previdência Social) poderá estipular livremente com o empregador a relação contratual. A estipulação resultante, contudo, não preponderará sobre os instrumentos coletivos.

(D) As condições estabelecidas em acordo coletivo de trabalho sempre prevalecerão sobre as estipuladas em convenção coletiva de trabalho.

(E) Constitui objeto ilícito de convenção coletiva ou de acordo coletivo de trabalho a previsão de regras a respeito do regime de sobreaviso.

A: opção incorreta, pois nos termos do art. 614, § 3º, da CLT, "não será permitido estipular duração de convenção coletiva ou acordo coletivo de trabalho superior a dois anos, sendo vedada a ultratividade". **B:** opção incorreta, pois nos termos do art. 611-B, III, da CLT é vedado. **C:** opção incorreta, pois nos termos do art. 444, parágrafo único, da CLT, a estipulação convencionada entre o empregador e o empregado hipossuficiente irá prevalecer sobre os instrumentos coletivos. **D:** opção correta, pois reflete a disposição do art. 620 da CLT. **E:** opção incorreta, pois nos termos do art. 611-A, VIII, da CLT constitui objeto lícito de acordo ou convenção coletiva. **HC**

Gabarito "D".

(Procurador do Município/Cubatão-SP – VUNESP – 2012) A Convenção Coletiva de Trabalho é o acordo de caráter normativo, pelo qual dois ou mais Sindicatos representativos de categorias econômicas e profissionais estipulam condições de trabalho aplicáveis, no âmbito das respectivas representações, às relações individuais de trabalho. Considerando essa informação, é correto afirmar que os Sindicatos

(A) só poderão celebrar Convenções Coletivas de Trabalho, por deliberação de Assembleia Geral, especialmente convocada para esse fim, nos termos do Estatuto, dependendo a sua validade do comparecimento e votação, em primeira convocação, de 2/3 (dois terços) dos associados da entidade, e, em segunda, de 1/3 (um terço) deles.

(B) só poderão celebrar Convenções Coletivas de Trabalho, por deliberação de Assembleia Geral, especialmente convocada para esse fim, nos termos do Estatuto, dependendo a sua validade do comparecimento e votação, em primeira convocação, de 2/3 (dois terços) dos interessados da entidade, e, em segunda, de qualquer número.

9. DIREITO DO TRABALHO — 341

(C) só poderão celebrar Convenções Coletivas de Trabalho, por deliberação de Assembleia Geral, dependendo a sua validade do comparecimento e votação, em primeira convocação, de pelo menos a metade dos interessados.

(D) poderão celebrar Convenções Coletivas de Trabalho por deliberação dos empregados da empresa envolvida e em reunião marcada para essa finalidade.

(E) só poderão celebrar Convenções Coletivas de Trabalho por deliberação de Assembleia Geral convocada por Portaria Ministerial.

A: opção correta, pois representa o disposto no art. 612 da CLT. Gabarito "A".

11.3. Greve

(Procurador – PGE/SP – 2024 – VUNESP) A categoria dos agentes socioeducativos estaduais, contratados sob o regime celetista, responsável pela segurança das unidades de acolhimento de menores infratores, entrou em processo de greve, com a interrupção parcial da prestação de serviço público. Foi ajuizado pelo sindicato da categoria profissional dissídio coletivo de natureza econômica, com a finalidade de fixação de reajuste do auxílio alimentação.

Sobre o caso hipotético narrado, é correto afirmar:

(A) a greve é legítima, desde que mantida a prestação de serviço por parte dos servidores em nível suficiente ao atendimento das necessidades inadiáveis da comunidade.

(B) a competência para julgamento do dissídio coletivo de greve, bem como da eventual abusividade do movimento paredista, é da Justiça do Trabalho.

(C) os agentes públicos que aderiram ao movimento de greve terão o contrato de trabalho suspenso, sendo vedado, contudo, o desconto de salários nesse período.

(D) é viável a propositura do dissídio coletivo de caráter econômico pelo sindicato da categoria profissional, independentemente da aquiescência do Poder Público, quando frustrada a negociação coletiva ou a arbitragem.

(E) a greve é irregular, considerando a proibição constitucional de paralisação dos agentes estatais da área de segurança pública.

A: incorreta, pois apesar de o Tribunal Regional do Trabalho da 2ª Região de São Paulo (TRT-2) reconhecer a greve de servidores da Fundação Casa como legal, aplicando reajuste de 6% à categoria, valor incidente sobre o vale-alimentação, vale-refeição, auxílio-creche e auxílio-funeral, há decisão do STF, no Recurso Extraordinário com Agravo 654432 entendendo que: I – – o exercício do direito de greve, sob qualquer forma ou modalidade, é vedado aos policiais civis e a todos os servidores públicos que atuem diretamente na área de segurança pública; II – – E obrigatória a participação do Poder Público em mediação instaurada pelos órgãos classistas das carreiras de segurança pública. **B:** incorreta, pois de acordo com Tema 544 de Repercussão Geral do STF, a justiça comum, federal ou estadual, é competente para julgar a abusividade de greve de servidores públicos celetistas da Administração pública direta, autarquias e fundações públicas. **C:** incorreta, pois de acordo com Tema 531 de Repercussão Geral do STF, a administração pública deve proceder ao desconto dos dias de paralisação decorrentes do exercício do direito de greve pelos servidores públicos, em virtude da suspensão do vínculo funcional que dela decorre, permitida a compensação em caso de acordo. O desconto será, contudo, incabível se ficar demonstrado que a greve foi provocada por conduta ilícita do Poder

Público. **D:** incorreta, pois a instauração de Dissídio Econômico depende de concordância das partes. Isso porque, de acordo com art. 114, § 2º, da CF, recusando-se qualquer das partes à negociação coletiva ou à arbitragem, é facultado às mesmas, de comum acordo, ajuizar dissídio coletivo de natureza econômica, podendo a Justiça do Trabalho decidir o conflito, respeitadas as disposições mínimas legais de proteção ao trabalho, bem como as convencionadas anteriormente. **E:** considerada correta pela Banca examinadora. O STF no Recurso Extraordinário com Agravo 654432 entendeu que: I – – o exercício do direito de greve, sob qualquer forma ou modalidade, é vedado aos servidores públicos civis e a todos os servidores públicos que atuem diretamente na área de segurança pública; II – – E obrigatória a participação do Poder Público em mediação instaurada pelos órgãos classistas das carreiras de segurança pública. Gabarito "E".

(Procurador do Estado/SP – 2018 – VUNESP) É correto afirmar a respeito do direito de greve:

(A) predomina, na Seção Especializada em Dissídios Coletivos – SDC, do Tribunal Superior do Trabalho, a posição de que a greve realizada por explícita motivação política (isto é, para fins de protesto) não é abusiva.

(B) a Justiça Comum é competente para processar e julgar ação possessória ajuizada em decorrência do exercício do direito de greve pelos trabalhadores da iniciativa privada.

(C) em caso de greve em atividade essencial, com possibilidade de lesão do interesse público, o Ministério Público do Trabalho poderá ajuizar dissídio coletivo, competindo à Justiça do Trabalho decidir o conflito.

(D) observadas as condições previstas na Lei n. 7.783, de 28 de junho de 1989, a participação em greve não suspende o contrato de trabalho.

(E) é compatível com a declaração de abusividade de movimento grevista o estabelecimento de vantagens ou garantias a seus participantes.

A: opção incorreta, pois o entendimento majoritário do TST considera abusivas as greves com caráter político porque o empregador, embora diretamente afetado, não tem como negociar para pacificar o conflito. Veja RO-196-78.2017.5.17.0000. **B:** opção incorreta, pois nos termos da súmula vinculante 23 do STF, a Justiça do Trabalho é competente para processar e julgar ação possessória ajuizada em decorrência do exercício do direito de greve pelos trabalhadores da iniciativa privada. **C:** opção correta, pois reflete o disposto no art. 114, § 3º, da CF. **D:** opção incorreta, pois nos termos do art. 7º da Lei 7.783/1989 há suspensão do contrato de trabalho. **E:** opção incorreta, pois nos termos da OJ 10 da SDC do TST, "é incompatível com a declaração de abusividade de movimento grevista o estabelecimento de quaisquer vantagens ou garantias a seus partícipes, que assumiram os riscos inerentes à utilização do instrumento de pressão máximo". HC Gabarito "C".

(Procurador do Município/São José dos Campos-SP – VUNESP – 2012) Considere as seguintes proposições.

I. A greve evoluiu de delito para direito. Corresponde a uma suspensão coletiva, temporária e pacífica, total ou parcial, da prestação pessoal de serviços a empregador, com objetivo de exercer-lhe pressão com vistas à defesa ou à conquista de interesses coletivos ou difusos.

II. A greve pode ser deflagrada por deliberação coletiva dos trabalhadores, segundo seus interesses, inclusive quanto à sua conveniência e oportunidade. Demanda apenas uma formalização de seus requisitos, como

HERMES CRAMACON

a negociação coletiva prévia, a autorização de assembleia de trabalhadores, o aviso-prévio à parte adversa e o atendimento às necessidades inadiáveis da comunidade.

III. A Constituição Federal assegurou o direito de associação sindical e de greve aos servidores públicos civis. Enquanto não houver lei específica para a regulamentação desse direito, o Supremo Tribunal Federal tem entendido que as disposições da Lei n.º 7.783/1989 são aplicáveis, no que compatíveis, aos servidores públicos, considerados sempre os serviços públicos como atividades essenciais.

Está correto o que se afirma em

(A) II, apenas.

(B) I e II, apenas.

(C) I e III, apenas.

(D) II e III, apenas.

(E) I, II e III.

I: opção correta, pois reflete o disposto no art. 2° da Lei 7.783/1989, tendo como objetivo, melhores condições de trabalho para a classe; **II:** opção correta, pois reflete o disposto nos arts. 1°, 3° e seu parágrafo único, 4° e 11 da Lei 7.783/1989. **III:** opção correta, pois o STF se pronunciou decidindo que dispositivos da Lei de Greve (Lei 7.783/1989), que rege o exercício de greve dos trabalhadores da iniciativa privada, também valem para as greves do serviço público. Veja Mandados de Injunção 670 e 712 apreciados pelo Supremo Tribunal Federal. Gabarito "E".

12. TEMAS COMBINADOS

(Procurador – PGE/SP – 2024 – VUNESP) Segundo a jurisprudência do Tribunal Superior do Trabalho e do Supremo Tribunal Federal, assinale a alternativa que expressa o enunciado verdadeiro.

(A) É possível o pagamento cumulado do adicional de insalubridade e periculosidade, quando a mesma atividade sujeitar o empregado a exposição a agentes insalubres e situações perigosas previstas em lei, tendo em vista a previsão contida no artigo 7°o, XXIII, da Constituição Federal.

(B) O empregado público em comissão equipara-se, para fins de controle de jornada, ao contratado para cargo de gerência ou administração de empresas privadas.

(C) Viola as regras previstas na Consolidação das Leis do Trabalho a criação de plano de carreira que preveja a evolução profissional por critério exclusivo de merecimento, editado após a Lei Federal n°o 13.467/2017.

(D) O teto constitucional previsto no artigo 37, XI, da Constituição Federal aplica-se à remuneração principal dos empregados públicos das empresas estatais não dependentes, ressalvadas as distribuições de lucros/resultados e os abonos de produtividade.

(E) Aplicam-se aos empregados públicos os pisos salariais profissionais fixados por meio de lei de caráter nacional, admitido o seu estabelecimento em valor fixo, bem como em percentuais do salário-mínimo, anualmente reajustável.

A: incorreta, pois de acordo com o com Tema 17 de Recurso de Revista Repetitivo, o art. 193, § 2°, da CLT foi recepcionado pela Constituição Federal e veda a cumulação dos adicionais de insalubridade e de periculosidade, ainda que decorrentes de fatos geradores distintos e autônomos. **B:** correta, pois de acordo com o art. 37, V, da CF, os cargos em comissão destinam-se às atribuições de direção, chefia e assessoramento no âmbito da Administração Pública. Assim, para esses cargos aplica-se a previsão do art. 62, II, da CLT, porquanto o ocupante de cargo em comissão está em situação análoga à de gerente. **C:** incorreta, pois nos termos do art. 461, § 3°, da CLT, quando o empregador tiver pessoal organizado em quadro de carreira ou adotar, por meio de norma interna da empresa ou de negociação coletiva, plano de cargos e salários, as promoções poderão ser feitas por merecimento e por antiguidade, ou por apenas um destes critérios, dentro de cada categoria profissional. **D:** incorreta, pois de acordo com entendimento firmado pelo STF no julgamento da ADI 6584, o teto constitucional remuneratório não incide sobre os salários pagos por empresas públicas e sociedades de economia mista, e suas subsidiárias, que não recebam recursos da Fazenda Pública. **E:** incorreta, pois no julgamento da ADPF, o STF firmou tese para atribuir interpretação conforme a Constituição Federal ao art. 5° da Lei n° 4.950-A/1966, com o congelamento da base de cálculo prevista em tal dispositivo, de modo a inviabilizar posteriores reajustes automáticos com base na variação do salário-mínimo. Gabarito "B".

(Procurador – PGE/SP – 2024 – VUNESP) Em janeiro de 2024, uma autarquia estadual paulista, responsável pela gestão de um hospital público, celebrou contrato de gestão com uma organização social, com a finalidade de prestação de serviços específicos na área de saúde. Referida entidade estatal também possui contrato de terceirização com empresa privada, celebrado na mesma época, a qual é responsável pelas atividades de segurança patrimonial e de limpeza da unidade hospitalar. O quadro de pessoal da autarquia estadual é regido pela Consolidação das Leis do Trabalho – CLT.

Tendo em vista o quadro hipotético narrado, é correto afirmar:

(A) admite-se a responsabilização subsidiária da autarquia estadual pelo pagamento dos encargos trabalhistas devidos aos empregados da empresa terceirizada, caso caracterizado o contrato de prestação de serviços contínuos com regime de dedicação exclusiva de mão de obra e a existência de falha na fiscalização do cumprimento das obrigações contratuais.

(B) os empregados públicos integrantes do quadro de pessoal da autarquia, contratados após 1988, sem concurso público, ao terem os seus contratos de trabalho invalidados, possuem direito ao recebimento de saldo de salário, depósitos fundiários, 13°o salário e férias.

(C) a inconstitucionalidade da contratação de pessoal pela autarquia estadual sob o regime celetista, haja vista a previsão constitucional do regime jurídico único, permite a incidência transitória das regras do estatuto dos titulares de cargo efetivo, até a edição de ato legislativo específico para a cessação da mora legislativa.

(D) a celebração do contrato de gestão com a organização social permite a responsabilização solidária da autarquia estadual pela existência de grupo econômico.

(E) o contrato de gestão celebrado com a organização social é nulo, ao contrário da avença de prestação de serviços com a empresa privada, considerando que somente é legítima a terceirização das atividades-meio da entidade pública.

A: correta, pois nos termos do art. 121, § 2°, da Lei 14.133/2021 (Lei de licitações e contratos administrativos) a Administração responderá subsidiariamente pelos encargos trabalhistas se comprovada falha na fiscalização do cumprimento das obrigações do contratado. **B:**

9. DIREITO DO TRABALHO — 343

incorreta, pois nos termos da Súmula 363 do TST, a contratação de servidor público, após a CF/1988, sem prévia aprovação em concurso público, encontra óbice no respectivo art. 37, II e § 2º, somente lhe conferindo direito ao pagamento da contraprestação pactuada, em relação ao número de horas trabalhadas, respeitado o valor da hora do salário-mínimo, e dos valores referentes aos depósitos do FGTS. **C:** incorreta, pois de acordo com o julgamento da ADI 5615, que questionava a inconstitucionalidade do art. 39 da CF, o STF julgou improcedente a ADI para reconhecer a constitucionalidade da norma, firmando o seguinte entendimento: "Compete a cada Ente federativo estipular, por meio de lei em sentido estrito, o regime jurídico de seus servidores, escolhendo entre o regime estatutário ou o regime celetista, sendo que a Constituição Federal não excluiu a possibilidade de ser adotado o regime de emprego público (celetista) para as autarquias. 2. Para que haja produção completa dos efeitos do art. 39 da CF, é indispensável que o Ente federativo edite norma específica instituindo o regime jurídico de seus servidores da Administração Direta, das autarquias e das fundações públicas. A ausência da lei instituidora de um único regime de servidores na Administração Direta, autárquica e fundacional, apesar de se mostrar como uma situação constitucional-mente indesejável, não possui o condão de censurar as normas que estipularem um ou outro regime enquanto perdurar essa situação de mora legislativa". **D:** incorreta, pois não há formação de grupo econômico, na medida em que as empresas envolvidas no problema não possuem finalidade lucrativa, requisito essencial para formação de grupo econômico, de acordo com o art. 2º, §§ 2º e 3º, da CLT. **E:** incorreta, pois de acordo com o entendimento do STF firmado na ADI 1923, o contrato de gestão é válido.

Gabarito "A".

(Procurador do Estado/SP – 2018 – VUNESP) Assinale a alternativa correta a respeito das relações de emprego mantidas pela Administração Pública.

(A) Segundo a posição consolidada no Tribunal Superior do Trabalho, cabe dissídio coletivo de natureza econômica contra pessoa jurídica de direito público que mantenha empregados.

(B) O limite constitucional remuneratório (também conhecido como teto remuneratório), previsto no inciso XI do art. 37 da Constituição da República, não se aplica às empresas públicas, às sociedades de economia mista e suas subsidiárias, independentemente de receberem ou não recursos da União, dos Estados, do Distrito Federal ou dos Municípios para pagamento de despesas de pessoal ou de custeio em geral.

(C) A declaração de nulidade de contrato de trabalho, com base no art. 37, inciso II e § 2º, da Constituição da República (indispensabilidade de prévia aprovação em concurso público para a admissão em emprego público), não prejudica os direitos à percepção dos salários referentes ao período trabalhado e aos depósitos na conta vinculada do trabalhador no Fundo de Garantia do Tempo de Serviço (FGTS).

(D) De acordo com o Supremo Tribunal Federal, compete, à Justiça do Trabalho, julgar a abusividade de greve de empregados da Administração Pública direta, autarquias e fundações públicas.

(E) É juridicamente possível a aplicação, pelo Poder Judiciário, do art. 461 da Consolidação das Leis do Trabalho para conceder equiparação salarial entre empregados públicos de autarquias.

A: opção incorreta, pois nos termos da OJ 5 da SDC do TST, "em face de pessoa jurídica de direito público que mantenha empregados, cabe dissídio coletivo exclusivamente para apreciação de cláusulas de

natureza social. Inteligência da Convenção n. 151 da Organização Inter-nacional do Trabalho, ratificada pelo Decreto Legislativo n. 206/2010. **B:** opção incorreta, pois nos termos do art. 37, XI, da CF, em regra, o teto remuneratório não alcança as sociedades de economia mista e as empresas públicas. Porém, nos termos do § 9º do art. 37 da CF, o teto remuneratório se aplica às empresas públicas e às sociedades de economia mista, e suas subsidiárias, que receberem recursos da União, dos Estados, do Distrito Federal ou dos Municípios para pagamento de despesas de pessoal ou de custeio em geral. **C:** opção correta, pois nos termos da súmula 363 do TST, "a contratação de servidor público, após a CF/1988, sem prévia aprovação em concurso público, encontra óbice no respectivo art. 37, II e § 2º, somente lhe conferindo direito ao pagamento da contraprestação pactuada, em relação ao número de horas trabalhadas, respeitado o valor da hora do salário mínimo, e dos valores referentes aos depósitos do FGTS". **D:** opção incorreta, pois no julgamento do RE 846854/SP com repercussão geral, o STF fixou entendimento que a justiça comum, federal ou estadual, é competente para julgar a abusividade de greve de servidores públicos celetistas da Administração pública direta, autarquias e fundações públicas. Veja informativo 871 STF. **E:** opção incorreta, pois nos termos da OJ 297 da SDI 1 do TST, "o art. 37, inciso XIII, da CF/1988, veda a equipara-ção de qualquer natureza para o efeito de remuneração do pessoal do serviço público, sendo juridicamente impossível a aplicação da norma infraconstitucional prevista no art. 461 da CLT quando se pleiteia equiparação salarial entre servidores públicos, independentemente de terem sido contratados pela CLT".

Gabarito "C".

(Procurador do Município/Cubatão-SP – VUNESP – 2012) A fiscaliza-ção do Ministério do Trabalho e Emprego deverá observar o critério de dupla visita no seguinte caso:

(A) quando se tratar de sociedade de economia mista ou empresa pública.

(B) quando ocorrer promulgação ou expedição de novas leis, regulamentos ou instruções ministeriais.

(C) nas três primeiras inspeções dos estabelecimentos ou dos locais de trabalho, recentemente inaugurados ou empreendidos.

(D) para microempresas.

(E) para empregadores rurais.

A alternativa B está correta, pois reflete a disposição contida no art. 627, *a*, da CLT.

Gabarito "B".

(Procurador do Município/Sorocaba-SP – VUNESP – 2012) Considere as três proposições apresentadas e assinale a alternativa correta em relação a elas.

(1) Muito embora vigore o princípio da inalterabilidade das condições do trabalho, existe o *jus variandi* do empregador, que pode ser enunciado como o direito de impor unilateralmente certas condições de trabalho ao empregado, cujo exercício não causa prejuízo direto ou indireto ao trabalhador.

(2) O contrato de trabalho admite alterações subjeti-vas e alterações objetivas. As alterações subjetivas ocorrem nas alterações entre os sujeitos da relação, notadamente nas hipóteses de sucessão de empresas e mudança na estrutura jurídica do empregador. As objetivas aludem às condições de trabalho e se dão pelo poder de comando patronal, nas transferências dos empregados e na suspensão do contrato de tra-balho e seus efeitos, bem como quando resultam de negociação coletiva válida e expressa em acordo ou convenção coletivos de trabalho.

(3) As regras de transferência de empregados para outra localidade são protecionistas e destinam-se a evitar o ato patronal obstativo do prosseguimento da relação de emprego. O princípio geral é proibitivo, vedada a transferência para localidade diversa da de prestação de serviços.

(A) Estão corretas as proposições (1) e (2), mas incorreta a proposição (3).

(B) Estão corretas as proposições (1) e (3), mas incorreta a proposição (2).

(C) Estão corretas as proposições (2) e (3), mas incorreta a proposição (1).

(D) Estão corretas as três proposições.

(E) Está correta apenas a afirmação (2).

1: opção correta, pois o *jus variandi* do empregador consiste no direito do empregador de variar a prestação de serviços, ou seja, o poder de realizar modificações no contrato de trabalho. Esse poder encontra limite na própria lei, ou seja, poderá ser feito desde que não haja proibição legal. Veja art. 468 da CLT; **2:** opção correta, pois as mudanças subjetivas dizem respeito as alterações dos sujeitos da relação, sucessão de empregadores, arts. 10 e 448 da CLT. As modificações objetivas do contrato de trabalho referem-se às condições de trabalho. (Três situações podem provocar alteração objetiva no contrato de trabalho: o *jus variandi*, a transferência e a interrupção ou suspensão; **3:** opção correta, pois está de acordo com a regra esculpida no art. 469 da CLT. Gabarito "D".

10. Processo do Trabalho

Hermes Cramacon

1. PRINCÍPIOS, ORGANIZAÇÃO DA JUSTIÇA DO TRABALHO, COMPETÊNCIA E NULIDADES PROCESSUAIS

(Procurador – PGE/SP – 2024 – VUNESP) Houve alteração significativa das incumbências da Justiça do Trabalho quando da promulgação da Emenda Constitucional nº 45/2004, com a constitucionalização de diversas situações novas e de hipóteses de atuação antes presentes somente na legislação ordinária. Desde então, o Supremo Tribunal Federal tem analisado com profundidade esse rol de competências, com o estabelecimento de algumas exceções e limitações. Sobre esses precedentes, é possível afirmar com correção que:

(A) compete excepcionalmente à Justiça do Trabalho o julgamento das ações penais relativas aos crimes de desobediência praticados no âmbito das ações trabalhistas.

(B) é da competência da Justiça do Trabalho o julgamento das causas em que se discute a legalidade de atos praticados na fase pré-contratual de concursos públicos.

(C) compete à Justiça do Trabalho o julgamento das lides propostas por empregados públicos em que se pleiteiam parcelas remuneratórias previstas na legislação administrativa e na CLT.

(D) é de atribuição da Justiça Comum estadual ou federal o julgamento das lides ajuizadas contra entidades privadas de previdência com o propósito de obter complementação de aposentadoria.

(E) compete à Justiça do Trabalho julgar as causas relativas aos servidores contratados para suprir necessidade temporária de excepcional interesse público.

A: incorreta, pois no julgamento da ADI 3684, foi afastada qualquer interpretação que confira competência da Justiça do Trabalho para processar e julgar ações penais. **B:** incorreta, pois o STF firmou entendimento no Tema 992, de repercussão geral que é da Justiça Comum (federal ou estadual) a competência para processar e julgar as demandas ajuizadas por candidatos e empregados públicos na fase pré-contratual, relativas a critérios para a seleção e a admissão de pessoal nos quadros de empresas públicas. A matéria foi discutida no Recurso Extraordinário (RE) 960429. **C:** incorreta, pois no julgamento da ADI 3395, a competência da Justiça do Trabalho não abrange causas ajuizadas para discussão de relação jurídico-estatutária entre o Poder Público dos Entes da Federação e seus Servidores. Ademais, no Tema 1143 de repercussão geral, o STF firmou entendimento que a Justiça Comum é competente para julgar ação ajuizada por servidor celetista contra o Poder Público, em que se pleiteia parcela de natureza administrativa. **D:** correta, pois de acordo com o tema 190 (RE 586453), compete à Justiça comum o processamento de demandas ajuizadas contra entidades privadas de previdência com o propósito de obter complementação de aposentadoria, mantendo-se na Justiça Federal do Trabalho, até o trânsito em julgado e correspondente execução. **E:** incorreta, pois no julgamento no julgamento da Rcl 4351 MC-AgR/PE, o STF firmou entendimento que compete à Justiça Comum Estadual e Federal conhecer de toda causa que verse sobre contratação temporária de servidor público.

Gabarito "D".

(Procurador Município – Santos/SP – VUNESP – 2021) Conforme previsão expressa na CLT, assinale a alternativa que trata corretamente da audiência trabalhista.

(A) É facultado ao empregador fazer-se substituir por preposto que tenha conhecimento do fato, desde que este seja empregado da parte reclamada.

(B) Se por motivo poderoso, devidamente comprovado, não for possível ao empregado comparecer pessoalmente, poderá fazer-se representar por outro empregado que pertença à mesma profissão.

(C) É facultado ao empregador fazer-se substituir por preposto, sendo que este não precisa ser empregado da parte da reclamada e não precisa ter conhecimento dos fatos.

(D) Na hipótese de ausência do reclamante, este será condenado ao pagamento das custas, ainda que beneficiário da justiça gratuita, salvo se comprovar, no prazo de oito dias, que a ausência ocorreu por motivo legalmente justificável.

(E) Se ausente o reclamado, ainda que presente seu advogado na audiência, não poderão ser aceitos a contestação e os documentos.

A: incorreto, pois o preposto não precisa ser empregado da empresa reclamada, art. 843, § 3º, CLT. **B:** correto, pois nos termos do art. 843, § 2º, CLT Se por doença ou qualquer outro motivo poderoso, devidamente comprovado, não for possível ao empregado comparecer pessoalmente, poderá fazer-se representar por outro empregado que pertença à mesma profissão, ou pelo seu sindicato. **C:** incorreto, pois o preposto necessita ter conhecimentos dos fatos, art. 843, § 1º, CLT. **D:** incorreto, pois nos termos do art. 844, § 2º, da CLT o prazo é de 15 dias. **E:** incorreto, pois nos termos do art. 844, § 5º, da CLT Ainda que ausente o reclamado, presente o advogado na audiência, serão aceitos a contestação e os documentos eventualmente apresentados.

Gabarito "B".

(Defensor Público/MS – VUNESP – 2008) Considerando a competência da Justiça do Trabalho, assinale a alternativa correta.

(A) A Justiça do Trabalho adquiriu, com a Ementa Constitucional 45, competência para apreciação, também, das lides decorrentes das relações de consumo, acidentárias, tributárias, administrativas e criminais, sempre que houver alguma vinculação da pretensão com o trabalho humano.

(B) Já existia, anteriormente à modificação da competência da Justiça do Trabalho pela Emenda Constitucional 45, a previsão da competência para julgar lides decorrentes de uma relação específica de consumo, entre o empreiteiro operário ou artífice, bem como de trabalhadores de todas as modalidades de vinculação jurídica.

HERMES CRAMACON

(C) A Justiça do Trabalho teve sua competência material gradativamente ampliada, e hoje, além de tê-la fixada segundo as antigas disposições da Consolidação das Leis do Trabalho, acresceu todas as ações que envolvam a matéria alusiva a greve, inclusive de servidores públicos, conforme entendimento da Suprema Corte.

(D) À Justiça do Trabalho compete o julgamento de todas as controvérsias decorrentes de relação de trabalho, tanto individuais como coletivas, excluídas as ações penais, as que envolvam servidores públicos estatutários e as de caráter jurídico administrativo.

A: opção incorreta, pois com o advento da EC 45/04 somente as lides decorrentes da relação de trabalho serão submetidas à jurisdição trabalhista. As ações de consumo, bem como as ações acidentárias, serão de competência da justiça comum estadual, art. 109, I, CF.; **B:** opção incorreta, pois anteriormente à modificação da competência da Justiça do Trabalho pela EC 45/04, somente as lides decorrentes da relação de emprego eram de competência da Justiça do Trabalho; **C:** opção incorreta, pois no julgamento da ADI 3395-6 o STF entendeu que a Justiça do Trabalho não é competente para processar e julgar as ações envolvendo servidores da administração pública, a ela vinculados por típica relação de ordem estatutária ou de caráter jurídico administrativo. Somente os empregados públicos, que são regidos pela CLT, são de competência da Justiça do Trabalho. Veja, também, as Súmulas 137 e 218 do STJ; **D:** opção correta, pois reflete o disposto no art. 7º, I e IX, da CF, juntamente com o julgamento da ADIn 3395-6.

Gabarito "D".

2. PRESCRIÇÃO

(Procurador Município – Santos/SP – VUNESP – 2021) Sobre prescrição trabalhista, assinale a alternativa correta nos termos da CLT.

(A) A interrupção da prescrição somente ocorrerá pelo ajuizamento de reclamação trabalhista, mesmo que em juízo incompetente, ainda que venha a ser extinta sem resolução do mérito, produzindo efeitos em relação a todos os direitos trabalhistas.

(B) A interrupção da prescrição somente ocorrerá pelo ajuizamento de reclamação trabalhista, exceto em caso de juízo incompetente, ainda que venha a ser extinta sem resolução do mérito, produzindo efeitos apenas em relação aos pedidos idênticos.

(C) Ocorre a prescrição intercorrente no processo do trabalho no prazo de cinco anos.

(D) A declaração da prescrição intercorrente pode ser requerida ou declarada de ofício em qualquer grau de jurisdição.

(E) A declaração da prescrição intercorrente não pode ser declarada de ofício.

A: incorreto, pois nos termos do art. 11, § 3º, CLT produz efeitos apenas em relação aos pedidos idênticos. **B:** incorreto, pois nos termos do art. 11, § 3º, CLT mesmo que a reclamação seja proposta em juízo incompetente ocorrerá a interrupção da prescrição. **C:** incorreto, pois nos termos do art. 11-A da CLT o prazo da prescrição intercorrente é de 2 anos. **D:** correta, pois nos termos do art. 11-A, § 2º, da CLT a prescrição intercorrente poderá ser requerida ou declarada de ofício em qualquer grau de jurisdição. **E:** incorreto, pois a prescrição intercorrente pode ser declarada de ofício, art. 11-A, § 2º, da CLT.

Gabarito "D".

3. RESPOSTAS E INSTRUÇÃO PROCESSUAL

(Procurador – PGE/SP – 2024 – VUNESP) Sobre as disposições legais relativas ao Processo do Trabalho, é correto afirmar:

(A) nos processos de alçada, a sentença é irrecorrível, salvo violação da Constituição Federal ou da jurisprudência notória e iterativa do Tribunal Superior do Trabalho.

(B) ausente o reclamado na audiência inaugural, é possível o recebimento da contestação e dos documentos apresentados, se presente o advogado da causa.

(C) a exceção de incompetência territorial deve ser alegada como preliminar de contestação.

(D) a Fazenda Pública goza do prazo mínimo de 20 dias úteis de antecedência para a realização da audiência inaugural e apresentação de defesa, cujo termo inicial é a data da própria notificação, quando a ciência da existência do processo é realizada por intermédio de oficial de justiça ou por meio eletrônico.

(E) a concessão de tutela de urgência ou de evidência no corpo da sentença é combatível por meio da impetração de mandado de segurança dirigido ao Tribunal Regional do Trabalho competente.

A: incorreta, pois nos termos do art. 2º, § 4º, da Lei 5.584/70, nos dissídios de alçada (procedimento sumário) somente caberá recurso se versarem sobre matéria constitucional. **B:** correta, pois nos termos do art. 844, § 5º, da CLT, ainda que ausente o reclamado, presente o advogado na audiência, serão aceitos a contestação e os documentos eventualmente apresentados. **C:** incorreta, pois a exceção de incompetência territorial deverá ser apresentada em petição autônoma, seguindo o procedimento disposto no art. 800 e seus parágrafos, da CLT. **D:** incorreta, pois embora o prazo do art. 841 da CLT seja em quádruplo (art. 1º, II, do DL 779/69), o termo inicial se dá no primeiro dia útil após a intimação. **E:** incorreta, pois a tutela provisória concedida na sentença não comporta impugnação pela via do mandado de segurança, por ser impugnável mediante recurso ordinário, em conformidade com o entendimento disposto na Súmula 414, I, TST.

Gabarito "B".

4. EXECUÇÃO

(Procurador – PGE/SP – 2024 – VUNESP) Um empregado público estadual de certa autarquia obteve em ação judicial o direito à aplicação de reajustes remuneratórios conferidos por lei somente aos agentes estatais que laboram em órgão similar do ente federado, com base no princípio constitucional da isonomia, por ausência de plano de carreira próprio. Tempos depois, o Supremo Tribunal Federal julgou, em sede de recurso extraordinário com repercussão geral, que tal concessão de reajuste por meio de decisão judicial é inconstitucional.

Haja vista o quadro hipotético apresentado, resta correta a seguinte afirmação:

(A) a inexigibilidade do título judicial por inconstitucionalidade pode ser alegada a qualquer tempo da execução, mesmo após a sua extinção por sentença não mais passível de recurso.

(B) segundo a jurisprudência do Supremo Tribunal Federal, a decisão mostra-se inatacável por meio de ação rescisória, se o tema de fundo era de interpretação controvertida nos tribunais ao tempo da prolação da decisão.

10. PROCESSO DO TRABALHO · 347

(C) a superveniência de lei estadual que regule a carreira do empregado público cessa os efeitos da decisão transitada em julgado, desde que atendido o princípio da irredutibilidade salarial.

(D) é possível a rescisão desse julgado, ainda que tenha transitado no período de vigência do Código de Processo Civil de 1973, desde que a decisão em repercussão geral lhe seja posterior e seja ajuizada a ação rescisória no prazo de 2 anos, contados do encerramento definitivo do processo paradigma no STF.

(E) se a decisão judicial que conferiu o reajuste passou em julgado antes do encerramento definitivo do processo paradigma no STF, o prazo de ajuizamento da ação rescisória, fundada nesse precedente, conta-se do trânsito em julgado do processo no qual constituído o título tido por inconstitucional.

A: incorreta, pois nos termos do art. 535, § 7°, do CPC a decisão do Supremo Tribunal Federal deve ter sido proferida antes do trânsito em julgado da decisão exequenda. Ademais, se a decisão for proferida após o trânsito em julgado da decisão exequenda, caberá ação rescisória, cujo prazo será contado do trânsito em julgado da decisão proferida pelo Supremo Tribunal Federal, nos termos do art. 535, § 8°, do CPC. **B:** incorreta, pois no julgamento da ADI 2418 o STF entendeu constitucional a norma estabelecida no art. 535, § 5°, CPC. **C:** correta, pois nos termos do art. 535, § 5°, CPC considera-se também inexigível a obrigação reconhecida em título executivo judicial fundado em lei ou ato normativo considerado inconstitucional pelo Supremo Tribunal Federal, ou fundado em aplicação ou interpretação da lei ou do ato normativo tido pelo Supremo Tribunal Federal como incompatível com a Constituição Federal, em controle de constitucionalidade concentrado ou difuso. **D:** incorreta, pois nos termos do art. 538, § 8°, CPC o prazo será contado do trânsito em julgado da decisão proferida pelo Supremo Tribunal Federal. **E:** incorreta, pois nos termos do art. 538, § 8°, CPC o prazo será contado do trânsito em julgado da decisão proferida pelo Supremo Tribunal Federal.
Gabarito "C".

(Procurador Município – Santos/SP – VUNESP – 2021) Nas execuções trabalhistas, é correto afirmar que

(A) será promovida exclusivamente pela parte credora.

(B) a liquidação não abrangerá o cálculo das contribuições previdenciárias.

(C) elaborada a conta e tornada líquida, o juízo deverá abrir as partes prazo comum de dez dias para abrir às partes impugnação.

(D) elaborada a conta e tornada líquida, o juízo deverá abrir às partes prazo sucessivo de oito dias para impugnação.

(E) elaborada a conta pela parte ou pelos órgãos auxiliares da Justiça do Trabalho, o juiz procederá à intimação da União para manifestação, no prazo de 10 (dez) dias, sob pena de preclusão.

A: incorreto, pois nos termos do art. 878 da CLT a execução será promovida pelas partes, permitida a execução de ofício pelo juiz ou pelo Presidente do Tribunal apenas nos casos em que as partes não estiverem representadas por advogado. **B:** incorreto, pois nos termos do art. 879, § 1°-A, da CLT a liquidação abrangerá, também, o cálculo das contribuições previdenciárias devidas. **C:** incorreto, pois nos termos do art. 879, § 2°, CLT da CLT o prazo será comum de 8 dias. **D:** incorreto, pois nos termos do art. 879, § 2°, CLT da CLT o prazo será comum e não sucessivo. **E:** correto, pois reflete a disposição do art. 879, § 3°, CLT da CLT.
Gabarito "E".

(Procurador do Estado/SP – 2018 – VUNESP) Assinale a alternativa correta a respeito da execução perante a Justiça do Trabalho.

(A) A inscrição do nome do executado no Banco Nacional de Devedores Trabalhistas (BNDT) poderá ocorrer imediatamente após o trânsito em julgado da decisão condenatória de pagamento de quantia certa.

(B) A execução será promovida pelas partes, permitida a execução de ofício pelo juiz ou pelo Presidente do Tribunal apenas nos casos em que as partes não estiverem representadas por advogado.

(C) De acordo com a Consolidação das Leis do Trabalho, cabe recurso ordinário da decisão proferida em embargos à execução.

(D) Compete à Justiça Federal executar, de ofício, as contribuições sociais previstas na alínea "a" do inciso I e no inciso II do *caput* do art. 195 da Constituição da República, e seus acréscimos legais, relativas ao objeto da condenação constante das sentenças proferidas pela Justiça do Trabalho e dos acordos por esta homologados.

(E) O Tribunal Superior do Trabalho entende que constitui indevido fracionamento do valor da execução (art. 100, § 8°, da Constituição da República) o pagamento individualizado do crédito devido pela Fazenda Pública, no caso de ação coletiva em que sindicato atua como substituto processual na defesa de direitos individuais homogêneos dos trabalhadores substituídos.

A: opção incorreta, pois nos termos do art. 883-A da CLT somente depois de transcorrido o prazo de 45 dias a contar da citação do executado, se não houver garantia do juízo, poderá haver a inscrição do nome do executado no Banco Nacional de Devedores Trabalhistas. **B:** opção correta, pois reflete a disposição contida no art. 878 da CLT. **C:** opção incorreta, pois nos termos do art. 897, *a*, da CLT, o recurso cabível na fase de execução é o agravo de petição. **D:** opção incorreta, pois a competência é da Justiça do Trabalho, art. 114, VIII, da CF. **E:** opção incorreta, pois o TST entende que, para se determinar a execução por precatório ou requisição de pequeno valor, deve-se aferir o crédito de cada reclamante, nos casos de reclamação plúrima. E, por isso, propôs que o mesmo entendimento deveria ser aplicado para o caso de substituição processual. Veja decisão: PROCESSO TST-E-ED-ED--RR-9091200-66.1991.5.04.0016. **HC**
Gabarito "B".

(Procurador – IPSMI/SP – VUNESP – 2016) Tratando-se de execução em reclamações plúrimas, em face da Fazenda Pública,

(A) não é possível a dispensa de formação do precatório.

(B) para efeito de dispensa de formação do precatório e aplicação da requisição de pequeno valor (art. 100, § 3°, CF) deve ser considerado o valor total da execução.

(C) para efeito de dispensa de formação do precatório e aplicação da requisição de pequeno valor (art.100, § 3°, CF) deve ser considerado o valor do crédito de cada reclamante.

(D) caberá ao magistrado decidir se expede o precatório, de acordo com sua livre convicção.

(E) caberá aos reclamantes o fornecimento das peças para formação do precatório, independentemente do valor do crédito exequendo.

"C" é a resposta correta. Isso porque a OJ 9 do Tribunal Pleno/Órgão Especial do TST entende que tratando-se de reclamações trabalhistas plúrimas, a aferição do que vem a ser obrigação de pequeno valor, para efeito de dispensa de formação de precatório e aplicação do disposto no § 3º do art. 100 da CF/88, deve ser realizada considerando-se os créditos de cada reclamante.

Gabarito "C".

5. COISA JULGADA E AÇÃO RESCISÓRIA

(Procurador Federal – AGU – 2023 – CEBRASPE) Com relação à ação rescisória proposta na justiça do trabalho, assinale a opção correta.

- **(A)** Não caberá sustentação oral em agravo interno interposto contra decisão monocrática do relator que julgar o mérito de uma ação rescisória.
- **(B)** O termo final para ajuizamento da ação rescisória que recair em dia não útil prorroga-se para o primeiro dia útil subsequente.
- **(C)** É dispensável a expressa indicação da norma jurídica manifestamente violada quando esta constituir a causa de pedir da ação rescisória, por ser aplicável o princípio *iura novit curia*.
- **(D)** A prova nova em que se fundamenta a pretensão de uma ação rescisória pode ser produzida no seu procedimento instrutório.
- **(E)** A propositura de uma ação rescisória por pessoa natural sem direito aos benefícios da gratuidade de justiça deve ser acompanhada do depósito de 5% sobre o valor da causa.

A: incorreta, pois nos termos do art. 7º, § 2º-B, inciso VI, da Lei 8.906/94, poderá haver sustentação oral. **B:** correta, pois reflete o disposto na Súmula 100, IX, do TST. **C:** incorreta, pois nos termos da parte final da Súmula 408 do TST, é indispensável expressa indicação, na petição inicial da ação rescisória, da norma jurídica manifestamente violada (dispositivo legal violado sob o CPC de 1973), por se tratar de causa de pedir da ação rescisória, não se aplicando, no caso, o princípio ""iura novit curiacúria"". **D:** incorreta, pois nos termos da Súmula 402, I, TST, para efeito de ação rescisória, considera-se prova nova a cronologicamente velha, já existente ao tempo do trânsito em julgado da decisão rescindenda, mas ignorada pelo interessado ou de impossível utilização, à época, no processo. **E:** incorreta, pois nos termos do art. 836 da CLT, o depósito prévio será de 20% do valor da causa.

Gabarito "B".

(Procurador do Estado/SP – VUNESP – 2005) Na ação rescisória trabalhista em que é réu sindicato que promoveu a ação originária, na condição de substituto processual,

- **(A)** a citação dos substituídos para integrar a lide implica a ilegitimidade de parte do sindicato e sua exclusão do processo.
- **(B)** é obrigatória, sob pena de nulidade do processo, a citação dos substituídos para integrar a lide, na hipótese de pedido de rescisão de julgado em ação de cumprimento.
- **(C)** não se admite o litisconsórcio passivo facultativo, cabendo ao sindicato a representação dos interesses individuais da categoria, independentemente de procuração dos substituídos.
- **(D)** inexiste litisconsórcio passivo necessário, sendo desnecessária a citação dos substituídos.
- **(E)** o sindicato é parte ilegítima para figurar no polo passivo da ação, devendo ser decretada a extinção do processo sem julgamento do mérito.

A: opção incorreta, pois a citação dos substituídos não é necessária. Veja Súmula 406 TST; **B:** opção incorreta, pois nos termos da Súmula 406, item II, do TST a citação não é obrigatória; **C:** opção incorreta, pois se admite litisconsórcio passivo facultativo; **D:** opção correta, pois de acordo com o entendimento cristalizado na Súmula 406, item II, do TST o sindicato, substituto processual e autor da reclamação trabalhista, em cujos autos fora proferida a decisão rescindenda, possui legitimidade para figurar como réu na ação rescisória, sendo descabida a exigência de citação de todos os empregados substituídos, porquanto inexistente litisconsórcio passivo necessário; **E:** opção incorreta, pois de acordo com o entendimento do TST é permitido ao sindicato figurar no polo passivo da lide.

Gabarito "D".

6. RECURSOS

(Procurador Fazenda Nacional – AGU – 2023 – CEBRASPE) Em relação ao recurso de revista no processo do trabalho, assinale a opção correta.

- **(A)** Caberá recurso de revista contra decisão proferida por tribunal regional do trabalho em execução de sentença, inclusive em processo incidente de embargos de devedor.
- **(B)** A parte recorrente, sob pena de não conhecimento do recurso, tem o ônus de expor as razões do pedido de reforma, impugnando todos os fundamentos jurídicos da decisão recorrida, inclusive mediante demonstração analítica de cada dispositivo legal cuja contrariedade aponte.
- **(C)** O recurso de revista terá efeito suspensivo e devolutivo, devendo ser interposto perante o presidente do tribunal regional do trabalho, que, por decisão fundamentada, poderá recebê-lo ou denegá-lo, submetendo a negativa do recurso a referendo do colegiado do tribunal.
- **(D)** O desrespeito da instância recorrida à jurisprudência fixada em súmula ou orientação jurisprudencial do TST, ou em decisão com repercussão geral pautada para julgamento no STF, caracteriza indicador de transcendência política a ensejar a admissibilidade do recurso de revista.
- **(E)** Nas causas sujeitas ao procedimento sumaríssimo, somente será admitido recurso de revista por contrariedade a súmula de jurisprudência uniforme do TST ou suas seções ou a súmula comum do STF.

A: incorreta, pois nos termos do art. 896, § 2º, da CLT, das decisões proferidas pelos Tribunais Regionais do Trabalho ou por suas Turmas, em execução de sentença, inclusive em processo incidente de embargos de terceiro, não caberá Recurso de Revista, salvo na hipótese de ofensa direta e literal de norma da Constituição Federal. **B:** correta, pois reflete a disposição do ar. 896, § 1º-A, III, da CLT. **C:** incorreta, pois nos termos do art. 896, § 1º, da CLT o recurso de revista, dotado de efeito apenas devolutivo, será interposto perante o Presidente do Tribunal Regional do Trabalho, que, por decisão fundamentada, poderá recebê-lo ou denegá-lo. **D:** incorreta, pois nos termos do art. 896-A, § 1º, II, da CLT é indicador de transcendência política, o desrespeito da instância recorrida à jurisprudência sumulada do Tribunal Superior do Trabalho ou do Supremo Tribunal Federal. **E:** incorreta, pois nos termos do art. 896, § 9º, da CLT, nas causas sujeitas ao procedimento sumaríssimo, somente será admitido recurso de revista por contrariedade a súmula de jurisprudência uniforme do Tribunal Superior do Trabalho ou a súmula vinculante do Supremo Tribunal Federal e por violação direta da Constituição Federal.

Gabarito "B".

10. PROCESSO DO TRABALHO — 349

(Procurador Federal – AGU – 2023 – CEBRASPE) Considerando o entendimento do TST e da Justiça do Trabalho, assinale a opção correta a respeito dos recursos e seus pressupostos no processo do trabalho.

(A) Cabe a interposição de embargos para a Subseção I da Seção Especializada em Dissídios Individuais do Tribunal Superior do Trabalho contra decisão de turma proferida em agravo de instrumento em recurso de revista.

(B) O agravo interno interposto por advogado cujo substabelecimento tenha sido outorgado por pessoa que não possuía poderes para tanto será tido como inexistente.

(C) A ausência de recolhimento das custas processuais quando da interposição do recurso ordinário em mandado de segurança não autoriza a abertura de prazo para regularização do preparo.

(D) Constitui erro grosseiro a oposição de embargos de declaração para suprir omissão quanto a um tema no juízo de admissibilidade do recurso de revista exercido pela presidência de tribunal regional do trabalho.

(E) É irrecorrível a decisão monocrática que considera ausente a transcendência da matéria em agravo de instrumento em recurso de revista.

A: incorreta, pois nos termos da Súmula 353, f, do TST, não cabem embargos para a Seção de Dissídios Individuais de decisão de Turma proferida em agravo contra decisão de Turma proferida em agravo em recurso de revista, nos termos do art. 894, II, da CLT. **B:** incorreta, pois o recurso não poderá ser declarado inexistente de plano. Isso porque, nos termos da Súmula 383, II, do TST, verificada a irregularidade de representação da parte em fase recursal, em procuração ou substabelecimento já constante dos autos, o relator ou o órgão competente para julgamento do recurso designará prazo de 5 (cinco) dias para que seja sanado o vício. Descumprida a determinação, o relator não conhecerá do recurso, se a providência couber ao recorrente, ou determinará o desentranhamento das contrarrazões, se a providência couber ao recorrido. **C:** correta, pois de acordo com a OJ 148 SDI 2 do TST é responsabilidade da parte, para interpor recurso ordinário em mandado de segurança, a comprovação do recolhimento das custas processuais no prazo recursal, sob pena de deserção. Ademais, o recolhimento das custas processuais constitui pressuposto extrínseco recursal e sua comprovação deve ocorrer dentro do prazo recursal, nos termos do art. 789, § 1º, da CLT. **D:** incorreta, pois não se constitui erro grosseiro, na medida em que o art. 1º, § 1º IN-40 TST ensina que se houver omissão no juízo de admissibilidade do recurso de revista quanto a um ou mais temas, é ônus da parte interpor embargos de declaração para órgão prolator da decisão embargada supri-la (CPC, art. 1.024, § 2º), sob pena de preclusão. **E:** incorreta, pois o art. 896-A, § 5º, da CLT que ensinava ser irrecorrível a decisão monocrática do relator que, em agravo de instrumento em recurso de revista, considerar ausente a transcendência da matéria, foi considerado inconstitucional pelo Tribunal Pleno do TST no julgamento da Arguição de Inconstitucionalidade — ArgInc-1000845-52.2016.5.02.0461.

Gabarito "C".

(Procurador – PGE/SP – 2024 – VUNESP) Acerca do regramento legal e jurisprudencial dos recursos na Justiça do Trabalho, é correto afirmar:

(A) compete à parte zelar pela completude do despacho denegatório de recurso de revista, devendo opor embargos de declaração para sanar eventual omissão em seu conteúdo, sob pena de preclusão da discussão da matéria não apreciada.

(B) verificada a nulidade da sentença por ausência de produção de prova pericial, é possível ao Tribunal julgar o mérito do recurso ordinário pela aplicação da teoria da causa madura.

(C) a decisão monocrática do relator que reconhece a ausência de transcendência do agravo de instrumento em recurso de revista não é passível de recurso.

(D) o agravo de petição exige, para fins de conhecimento, a delimitação dos valores impugnados, mesmo quando a discussão do mérito do recurso for eminentemente jurídica.

(E) a decisão que concede a segurança em writ impetrado junto ao Tribunal Regional do Trabalho somente é passível de reforma por meio da interposição de recurso de revista.

A: correta, pois nos termos do art. 1º, § 1º, da IN 40 TST se houver omissão no juízo de admissibilidade do recurso de revista quanto a um ou mais temas, é ônus da parte interpor embargos de declaração para o órgão prolator da decisão embargada supri-la (CPC, art. 1.024, § 2º), sob pena de preclusão. **B:** incorreta, pois tendo em vista que a prova pericial é obrigatória, art. 195 da CLT, a causa deve retornar à primeira instância para realização da prova pericial. **C:** incorreta, pois o art. 896-A, § 5º, da CLT que ensinava ser irrecorrível a decisão monocrática do relator que, em agravo de instrumento em recurso de revista, considerar ausente a transcendência da matéria, foi considerado inconstitucional pelo Tribunal Pleno do TST no julgamento da Arguição de Inconstitucionalidade - - ArgInc-1000845-52.2016.5.02.0461. Assim, o TST passou a entender que cabe recurso de agravo interno em face de tal decisão monocrática. **D:** incorreta, pois embora o art. 897, § 1º, da CLT exija, para fins de conhecimento do agravo de petição, a delimitação dos valores impugnados, quando a discussão do mérito do recurso for eminentemente jurídica, ou seja, quando a matéria for exclusivamente de direito, não há que se falar em delimitação de valores. Veja OJ-EX SE 13, DO TRT DA 9ª REGIÃO. **E:** incorreta, pois a decisão será impugnada via recurso ordinário, art. 895, II, da CLT.

Gabarito "A".

(Procurador Município – Santos/SP – VUNESP – 2021) Nos termos da CLT, da decisão interlocutória que acolher ou rejeitar o incidente de desconsideração da personalidade jurídica

(A) na fase de cognição, não cabe recurso de imediato.

(B) na fase de execução, não cabe recurso de imediato.

(C) cabe agravo de petição se proferida pelo relator em incidente instaurado originariamente no tribunal.

(D) na fase de cognição, cabe agravo de petição, independentemente de garantia do juízo.

(E) na fase de execução, cabe agravo de petição, se garantido o juízo.

A: correto, pois reflete a disposição legal do art. 855-A, § 1º, I, da CLT. **B:** incorreto, pois nos termos do art. 855-A, § 1º, II, da CLT na fase de execução, cabe agravo de petição, independentemente de garantia do juízo. **C:** incorreto, pois nos termos do art. 855-A, § 1º, III, da CLT caberá agravo interno se proferida pelo relator em incidente instaurado originariamente no tribunal. **D:** incorreto, pois na fase de cognição não caberá recurso, art. 855-A, § 1º, I, da CLT. **E:** incorreto, pois nos termos do art. 855-A, § 1º, II, da CLT na fase de execução, independentemente de garantia do juízo, caberá agravo de petição.

Gabarito "A".

(Procurador Município – Santos/SP – VUNESP – 2021) Assinale a alternativa que trata corretamente do sistema recursal trabalhista nos termos da CLT.

(A) No Tribunal Superior do Trabalho, o Ministro Relator denegará seguimento aos embargos se a decisão

HERMES CRAMACON

recorrida estiver em discordância com súmula da jurisprudência do Tribunal Superior do Trabalho ou do Supremo Tribunal Federal.

(B) No Tribunal Superior do Trabalho cabem embargos de decisão unânime de julgamento que conciliar, julgar ou homologar conciliação em dissídios coletivos que excedam a competência territorial dos Tribunais Regionais do Trabalho e estender ou rever as sentenças normativas do Tribunal Superior do Trabalho.

(C) Cabe Recurso de Revista para Turma do Tribunal Superior do Trabalho das decisões proferidas em grau de recurso ordinário, em dissídio individual, pelos Tribunais Regionais do Trabalho, quando proferidas com violação literal de disposição de lei federal ou afronta direta e literal à Constituição Federal.

(D) Das decisões proferidas pelos Tribunais Regionais do Trabalho ou por suas Turmas, em execução de sentença, exceto em processo incidente de embargos de terceiro, não caberá Recurso de Revista, salvo na hipótese de ofensa direta e literal de norma da Constituição Federal.

(E) A decisão firmada em recurso repetitivo será aplicada aos casos em que se demonstrar que a situação de fato ou de direito é distinta das presentes no processo julgado sob o rito dos recursos repetitivos.

A: incorreto, pois denegará seguimento se a decisão estiver em consonância e não discordância, art. 894, § 3º, CLT. **B:** incorreto, pois caberá recurso de decisão não unânime, art. 894, I, CLT. **C:** correto, pois reflete a disposição do art. 896, c, da CLT. **D:** incorreto, pois nos termos do art. 896, § 2º, da CLT, inclusive no incidente de embargos de terceiro caberá recurso de revista. **E:** incorreto, pois nos termos do art. 896-C, § 16, da CLT a decisão firmada em recurso repetitivo não será aplicada aos casos em que se demonstrar que a situação de fato ou de direito é distinta das presentes no processo julgado sob o rito dos recursos repetitivos.

Gabarito "C".

(Procurador do Estado/SP – 2018 – VUNESP) É correto afirmar a respeito do recurso de revista:

(A) nas execuções fiscais, não cabe recurso de revista por violação a lei federal.

(B) de acordo com a jurisprudência do Tribunal Superior do Trabalho, é cabível recurso de revista de ente público que não interpôs recurso ordinário voluntário da decisão de primeira instância, independentemente do agravamento, na segunda instância, da condenação imposta.

(C) é cabível recurso de revista interposto de acórdão regional prolatado em agravo de instrumento.

(D) o juízo de admissibilidade do recurso de revista exercido pela Presidência dos Tribunais Regionais do Trabalho abrange a análise do critério da transcendência das questões nele veiculadas.

(E) a admissibilidade do recurso de revista interposto de acórdão proferido em agravo de petição, na liquidação de sentença ou em processo incidente na execução, inclusive os embargos de terceiro, depende de demonstração inequívoca de violação direta à Constituição Federal.

A: opção incorreta, pois nos termos do art. 896, § 10, da CLT admite-se a interposição de recurso. **B:** opção incorreta, pois nos termos da OJ 334 da SDI 1 do TST, é "incabível recurso de revista de ente público que não

interpôs recurso ordinário voluntário da decisão de primeira instância, ressalvada a hipótese de ter sido agravada, na segunda instância, a condenação imposta". **C:** opção incorreta, pois nos termos da súmula 218 do TST, "é incabível recurso de revista interposto de acórdão regional prolatado em agravo de instrumento". **D:** opção incorreta, pois nos termos do art. 896-A, § 6º, da CLT, "o juízo de admissibilidade do recurso de revista exercido pela Presidência dos Tribunais Regionais do Trabalho limita-se à análise dos pressupostos intrínsecos e extrínsecos do apelo, não abrangendo o critério da transcendência das questões nele veiculadas". **E:** opção correta, pois nos termos da súmula 266 do TST, a "admissibilidade do recurso de revista interposto de acórdão proferido em agravo de petição, na liquidação de sentença ou em processo incidente na execução, inclusive os embargos de terceiro, depende de demonstração inequívoca de violação direta à Constituição Federal". HC

Gabarito "E".

(Procurador Municipal/SP – VUNESP – 2016) Assinale a alternativa correta.

(A) Não compete à Justiça do Trabalho a execução, de ofício, da contribuição referente ao Seguro de Acidente de Trabalho (SAT), que tem natureza de contribuição para a seguridade social (arts. 114, VIII, e 195, I, "a", da CF), pois se destina ao financiamento de benefícios relativos à incapacidade do empregado decorrente de infortúnio no trabalho (arts. 11 e 22 da Lei nº 8.212/1991).

(B) Nas causas sujeitas ao procedimento sumaríssimo, a admissibilidade de recurso de revista está limitada à demonstração de violação direta a dispositivo da Constituição Federal ou contrariedade a Súmula ou Orientação Jurisprudencial do Tribunal Superior do Trabalho.

(C) A União, os Estados, os Municípios, o Distrito Federal e as suas autarquias e fundações públicas, quando representadas em juízo, ativa e passivamente, por seus procuradores, não estão dispensadas da juntada de instrumento de mandato e de comprovação do ato de nomeação.

(D) A admissibilidade do recurso de embargos contra acórdão de Turma em Recurso de Revista em fase de execução, publicado na vigência da Lei nº 11.496, de 26.06.2007, condiciona-se à demonstração de divergência jurisprudencial entre Turmas ou destas e a Seção Especializada em Dissídios Individuais do Tribunal Superior do Trabalho em relação à interpretação de dispositivo constitucional.

(E) O *jus postulandi* das partes, estabelecido no art. 791 da CLT, limita-se às Varas do Trabalho, não alcançando a ação rescisória, a ação cautelar, o mandado de segurança e os recursos de competência dos Tribunais Regionais do Trabalho e do Tribunal Superior do Trabalho.

A: Opção incorreta, pois nos termos da súmula 454 do TST compete à Justiça do Trabalho a execução, de ofício, da contribuição referente ao Seguro de Acidente de Trabalho (SAT), que tem natureza de contribuição para a seguridade social (arts. 114, VIII, e 195, I, "a", da CF), pois se destina ao financiamento de benefícios relativos à incapacidade do empregado decorrente de infortúnio no trabalho (arts. 11 e 22 da Lei nº 8.212/1991). **B:** opção incorreta, pois nos termos da súmula 442 do TST nas causas sujeitas ao procedimento sumaríssimo, a admissibilidade de recurso de revista está limitada à demonstração de violação direta a dispositivo da Constituição Federal ou contrariedade a Súmula do Tribunal Superior do Trabalho, não se admitindo o recurso por contrariedade a Orientação Jurisprudencial deste Tribunal (Livro II, Título II, Capítulo

10. PROCESSO DO TRABALHO — 351

III, do RITST), ante a ausência de previsão no art. 896, § 9º, da CLT. **C:** opção incorreta, pois nos termos da súmula 436, I, do TST a União, Estados, Municípios e Distrito Federal, suas autarquias e fundações públicas, quando representadas em juízo, ativa e passivamente, por seus procuradores, estão dispensadas da juntada de instrumento de mandato e de comprovação do ato de nomeação. **D:** opção correta, pois reflete a disposição contida na súmula 433 do TST. **E:** opção incorreta, pois nos termos da súmula 425 do TST O *jus postulandi* das partes, estabelecido no art. 791 da CLT, limita-se às Varas do Trabalho e aos Tribunais Regionais do Trabalho, não alcançando a ação rescisória, a ação cautelar, o mandado de segurança e os recursos de competência do Tribunal Superior do Trabalho.
Gabarito "D".

(Defensor Público/MS – VUNESP – 2008) No que tange aos recursos no processo trabalhista, é correto afirmar:

(A) Considerando o princípio do duplo grau de jurisdição, sempre será possível interpor recurso ordinário no processo trabalhista.

(B) Os recursos trabalhistas não têm efeitos suspensivo, translativo, substitutivo, extensivo ou regressivo, porque são dotados apenas de efeito devolutivo.

(C) Todos os recursos têm, sempre, o prazo único de oito dias, fixado pela Lei n.º 5.584/1970, independentemente de sua espécie ou natureza.

(D) O recurso de revista tem hipóteses limitadas de cabimento e não se destinam a corrigir *error in judicando* na apreciação dos fatos e provas.

A: opção incorreta, pois as hipóteses de cabimento de recurso ordinário estão dispostas no art. 895 da CLT; **B:** opção incorreta, pois o recurso ordinário interposto em dissídio coletivo, poderá ter efeito suspensivo. Assim como pode ser pedido efeito suspensivo para recursos por meio de requerimento dirigido ao TRT, em conformidade com a Súmula 414, I, parte final, do TST; **C:** opção incorreta, pois embora, em regra, o prazo recursal trabalhista seja de 8 (oito) dias, o prazo para oposição de embargos de declaração é 5 (cinco) dias (art. 897-A CLT); o prazo para interposição de recurso extraordinário é de 15 dias (art. 1003, § 5º, CPC/2015.) e o recurso denominado pedido de revisão, também chamado de recurso revisional, tem o prazo de 48 horas (art. 2º, § 1º, da Lei 5.584/70); **D:** opção correta, pois as hipóteses de cabimento de recurso de revista estão dispostas no art. 896 e parágrafos da CLT. Ademais, de acordo com a Súmula 126 do TST, não se presta para o reexame de fatos e provas.
Gabarito "D".

7. TEMAS COMBINADOS

(Procurador Município – Santos/SP – VUNESP – 2021) As reclamações trabalhistas poderão ser

(A) apresentadas somente pelos empregados ou por seus representantes.

(B) apresentadas somente pelos empregados, seus representantes, e pelos sindicatos de classe.

(C) exclusivamente na forma escrita.

(D) acumuladas em um só processo, se houver várias, independentemente de identidade de matérias, desde que se trate de empregados da mesma empresa ou estabelecimento.

(E) acumuladas em um só processo, se houver várias com identidade de matérias e se tratar de empregados da mesma empresa ou estabelecimento.

A: incorreto, pois nos termos do art. 839, alíneas a e b, CLT a reclamação trabalhista também poderá ser proposta pelos empregadores, pelos sindicatos de classe e por intermédio das Procuradorias Regionais da Justiça do Trabalho. **B:** incorreto, pois nos termos do art. 839, alíneas a e b, CLT a reclamação trabalhista também poderá ser proposta pelos empregadores e por intermédio das Procuradorias Regionais da Justiça do Trabalho. **C:** incorreto, pois a reclamação poderá ser escrita ou verbal, art. 840 da CLT. **D:** incorreto, pois nos termos do art. 842 da CLT deverá haver identidade de matérias. **E:** correto, pois nos termos do art. 842 da CLT sendo várias as reclamações e havendo identidade de matéria, poderão ser acumuladas num só processo, se se tratar de empregados da mesma empresa ou estabelecimento.
Gabarito "E".

(Procurador do Estado/SP – 2018 – VUNESP) A respeito do pagamento de despesas processuais e de honorários, no processo judicial trabalhista, é correto afirmar:

(A) não existe previsão legal para o pagamento de honorários ao advogado que atuar em causa própria.

(B) é vedado ao juiz deferir o parcelamento de honorários periciais.

(C) a responsabilidade pelo pagamento dos honorários periciais será sempre do empregador, independentemente de sucumbência na pretensão objeto da perícia.

(D) na hipótese de procedência parcial, o juízo arbitrará honorários de sucumbência recíproca, vedada a compensação entre os honorários.

(E) o benefício da justiça gratuita não pode ser concedido de ofício pela autoridade judicial.

A: opção incorreta, pois há previsão para pagamento de honorários advocatícios no art. 791-A da CLT. **B:** opção incorreta, pois nos termos do art. 790-B, § 2º, da CLT, o juízo poderá deferir parcelamento dos honorários periciais. **C:** opção incorreta, pois nos termos do art. 790-B da CLT, a responsabilidade pelo pagamento dos honorários periciais é da parte sucumbente na pretensão objeto da perícia. **D:** opção correta, pois reflete a disposição do art. 791-A, § 3º, da CLT. **E:** opção incorreta, pois nos termos do art. 790, § 3º, da CLT é facultado aos juízes, órgãos julgadores e presidentes dos tribunais do trabalho de qualquer instância conceder, a requerimento ou de ofício, o benefício da justiça gratuita, inclusive quanto a traslados e instrumentos, àqueles que perceberem salário igual ou inferior a 40% (quarenta por cento) do limite máximo dos benefícios do Regime Geral de Previdência Social. HC
Gabarito "D".

11. DIREITO DO CONSUMIDOR

Roberta Densa e Cecília Dantas*

1. PRINCÍPIOS E DIREITOS BÁSICOS

(Juiz de Direito – TJ/SP – 2023 – VUNESP) Considerando que a vulnerabilidade do consumidor objetiva o estabelecimento da igualdade formal-material nas relações de consumo, é correto afirmar que

(A) a vulnerabilidade técnica decorre da falta de conhecimento jurídico específico, ou da falta de conhecimento sobre contabilidade ou economia, e resguarda o consumidor não profissional e o consumidor pessoa natural.

(B) a vulnerabilidade fática ou socioeconômica é aquela em que o fornecedor, por sua posição de monopólio, fático ou jurídico, por seu poder econômico ou em face da essencialidade do serviço, impõe sua superioridade a todos que com ele contratam.

(C) a vulnerabilidade informacional está relacionada com a falta de conhecimentos específicos do consumidor sobre o produto ou serviço que está adquirindo, possibilitando que seja mais facilmente enganado quanto às características do bem ou quanto à sua utilidade.

(D) a vulnerabilidade jurídica ou científica deriva da propaganda ou publicidade sobre o produto ou serviço, envolvendo a apresentação de dados insuficientes capazes de influenciar no processo decisório de compra do consumidor.

A doutrina aponta a existência de, pelo menos, quatro espécies de vulnerabilidade do consumidor. De acordo com o STJ (REsp 1.195.642-RJ), podemos defini-las da seguinte forma: técnica (ausência de conhecimento específico acerca do produto ou serviço objeto de consumo), jurídica (falta de conhecimento jurídico, contábil ou econômico e de seus reflexos na relação de consumo), fática (situações em que a insuficiência econômica, física ou até mesmo psicológica do consumidor o coloca em pé de desigualdade frente ao fornecedor) e informacional (dados insuficientes sobre o produto ou serviço capazes de influenciar no processo decisório de compra). **A:** Incorreta. A vulnerabilidade técnica é presumida no caso do consumidor não profissional. Já em relação ao consumidor profissional, ela é reconhecida apenas nas hipóteses em que o serviço ou produto adquirido não tem nenhuma relação com a sua formação, competência ou área de atuação. **B:** Correta. Vide justificativa acima. **C:** Incorreta. Na verdade, a vulnerabilidade técnica (e não informacional, como menciona a alternativa) está relacionada com a falta de conhecimentos específicos do consumidor sobre o produto ou serviço que está adquirindo, possibilitando que seja mais facilmente enganado quanto às características do bem ou quanto a sua utilidade. **D:** Incorreta. A vulnerabilidade informacional (e não científica ou jurídica, como menciona a alternativa) deriva da propaganda ou publicidade sobre o produto ou serviço, envolvendo a apresentação de dados insuficientes capazes de influenciar no processo decisório de compra do consumidor. CD

Gabarito "B".

(Defensor Público/RO – 2017 – VUNESP) Assinale a alternativa que contempla um dos direitos básicos do consumidor, nos exatos termos do art. 6º do Código de Defesa do Consumidor.

(A) Manutenção de assistência jurídica, integral e gratuita para o consumidor carente.

(B) A informação adequada e clara sobre os diferentes produtos e serviços, com especificação correta de quantidade, características, composição, qualidade, tributos incidentes e preço, bem como sobre os riscos que apresentem.

(C) Incentivo à criação, pelos fornecedores, de meios eficientes de controle de qualidade e segurança de produtos e serviços, assim como de mecanismos alternativos de solução de conflitos de consumo.

(D) Concessão de estímulos à criação e desenvolvimento das Associações de Defesa do Consumidor.

(E) Estudo constante das modificações do mercado de consumo.

A: incorreta. Trata-se de mecanismo para execução da Política Nacional das Relações de Consumo (art. 5º, I, do CDC); **B:** correta, nos termos do art. 6º, III, do CDC; **C:** incorreta. Trata-se de princípio da Política Nacional das Relações de Consumo (art. 4º, V, do CDC); **D:** incorreta. Trata-se de mecanismo para execução da Política Nacional das Relações de Consumo (art. 5º, inciso V, do CDC); **E:** incorreta. Trata-se de princípio da Política Nacional das Relações de Consumo (art. 4º, VIII, do CDC). Importante notar que o art. 6º do Código de Defesa do Consumidor ganhou três novos incisos com a Lei do Superendividamento (Lei 14.181/2021). São eles: XI - a garantia de práticas de crédito responsável, de educação financeira e de prevenção e tratamento de situações de superendividamento, preservado o mínimo existencial, nos termos da regulamentação, por meio da revisão e da repactuação da dívida, entre outras medidas; XII - a preservação do mínimo existencial, nos termos da regulamentação, na repactuação de dívidas e na concessão de crédito; XIII - a informação acerca dos preços dos produtos por unidade de medida, tal como por quilo, por litro, por metro ou por outra unidade, conforme o caso. RD

Gabarito "B".

(Procurador Municipal – Sertãozinho/SP – VUNESP – 2016) Em relação à proteção à saúde e segurança do consumidor, é correto afirmar que

(A) os serviços colocados no mercado de consumo não acarretarão riscos à saúde ou segurança dos consumidores, ainda que considerados previsíveis em decorrência de sua natureza e fruição.

(B) o fornecedor poderá colocar no mercado de consumo produto de alto grau de nocividade ou periculosidade, desde que insira aviso de alerta, nesse sentido, na embalagem.

(C) o fornecedor de produtos que, posteriormente à sua introdução no mercado de consumo, tiver conhecimento da periculosidade que apresentem, deverá retirá-los do mercado, comunicando os consumidores,

---

* RD Roberta Densa
CD Cecília Dantas

ficando assim dispensado de notificar as autoridades competentes.

(D) em se tratando de venda de produto *in natura* de alto grau de nocividade, cabe ao comerciante prestar as informações alertando o consumidor da natureza do produto em questão.

(E) sempre que os entes políticos tiverem conhecimento de prestação de serviços de alto grau de periculosidade à saúde ou segurança dos consumidores deverão informá-los a respeito.

A: incorreta. O CDC, em seu artigo 8°, admite que sejam inseridos no mercado de consumo produtos que contenham periculosidade latente ou inerente, desde que o consumidor seja devidamente alertado quanto ao uso e riscos: "os produtos e serviços colocados no mercado de consumo não acarretarão riscos à saúde ou segurança dos consumidores, exceto os considerados normais e previsíveis em decorrência de sua natureza e fruição, obrigando-se os fornecedores, em qualquer hipótese, a dar as informações necessárias e adequadas a seu respeito". **B:** incorreta. Os produtos ou serviços com periculosidade exagerada não podem ser inseridos no mercado de consumo: "O fornecedor não poderá colocar no mercado de consumo produto ou serviço que sabe ou deveria saber apresentar alto grau de nocividade ou periculosidade à saúde ou segurança". (art. 10 do CDC). **C:** incorreta. Nos termos do § 1° do art. 10, o "fornecedor de produtos e serviços que, posteriormente à sua introdução no mercado de consumo, tiver conhecimento da periculosidade que apresentem, deverá comunicar o fato imediatamente às autoridades competentes e aos consumidores, mediante anúncios publicitários". **D:** incorreta. O art. 10 do CDC refere-se ao fornecedor, de modo que a responsabilidade pelo aviso aos consumidores é de todos os fornecedores inseridos na cadeia produtiva, não só do comerciante. **E:** correta. O art. 10, § 3°, do CDC, obriga os entes federativos a prestar informações aos consumidores sobre a periculosidade de produtos e serviços: "Sempre que tiverem conhecimento de periculosidade de produtos ou serviços à saúde ou segurança dos consumidores, a União, os Estados, o Distrito Federal e os Municípios deverão informá-los a respeito". **RD**
Gabarito "E".

(Procurador Municipal – Sertãozinho/SP – VUNESP – 2016) São direitos básicos do consumidor:

(A) a educação e divulgação sobre o consumo adequado dos produtos e serviços, asseguradas a liberdade de escolha e a distinção nas contratações.

(B) facilitação da defesa dos direitos dos consumidores, inclusive com a inversão do ônus da prova a seu favor, no processo civil, quando, a critério do juiz, for verossímil a alegação e for ele hipossuficiente, segundo as regras ordinárias de experiências.

(C) informação adequada e clara sobre os diferentes produtos e serviços, com especificação correta de quantidade, características, composição, qualidade, tributos incidentes e preço, bem como sobre os riscos que apresentem.

(D) a modificação das cláusulas contratuais que estabeleçam prestações desproporcionais ou sua revisão em razão de fatos presentes ou pretéritos que as tornem excessivamente onerosas.

(E) a proteção do consumidor contra métodos comerciais coercitivos ou desleais, contrapropaganda, bem como contra práticas e cláusulas abusivas ou impostas no fornecimento de produtos e serviços.

A: incorreta. É assegurada a liberdade de escola e a igualdade nas contratações (art. 6°, II). **B:** incorreta. Para inversão do ônus da prova o juiz deve analisar a verossimilhança das alegações OU a hipossuficiência do consumidor (art. 6°, VIII). **C:** correta. Conforme art. 6°, III, do CDC. **D:** incorreta, os fatos devem ser *supervenientes* (art. 6°, V, do CDC). **E:** incorreta. O art. 6°, inciso IV, refere-se à proteção contra a publicidade enganosa e abusiva, não à contrapropaganda. Importante notar que o art. 6° do Código de Defesa do Consumidor ganhou três novos incisos com a Lei do Superendividamento (Lei 14.181/2021). São eles: XI - a garantia de práticas de crédito responsável, de educação financeira e de prevenção e tratamento de situações de superendividamento, preservado o mínimo existencial, nos termos da regulamentação, por meio da revisão e da repactuação da dívida, entre outras medidas; XII - a preservação do mínimo existencial, nos termos da regulamentação, na repactuação de dívidas e na concessão de crédito; XIII - a informação acerca dos preços dos produtos por unidade de medida, tal como por quilo, por litro, por metro ou por outra unidade, conforme o caso. **RD**
Gabarito "C".

(Procurador Municipal/SP – VUNESP – 2016) Antônio possui um caminhão ano 1950 e, precisando capitalizar-se, coloca à venda o bem. José, interessado na compra, leva um mecânico para avaliar o veículo e, depois de um parecer favorável do técnico, a venda é realizada. Após 60 dias de uso, o caminhão tem um problema no eixo dianteiro e precisa ficar parado por 30 dias, causando um enorme prejuízo para José, que já possuía fretes contratados. Diante dessa situação hipotética, é correto afirmar que, a esse caso, se aplicam as regras do direito

(A) do consumidor, sendo certo que, por se tratar de bem durável e diante do claro vício oculto, José terá 90 dias para reclamar a partir do conhecimento do vício.

(B) civil, por não se tratar de relação jurídica de consumo, tendo José 90 dias para exigir a reparação de seus prejuízos.

(C) do consumidor, sendo certo que, por se tratar de bem durável e diante do claro vício oculto, José terá 30 dias para reclamar a partir do conhecimento do vício.

(D) do consumidor, sendo certo que, por se tratar de bem durável e diante do claro vício oculto, José terá 05 anos para reclamar a partir do conhecimento do vício.

(E) civil, pois a relação jurídica travada entre as partes não contempla as figuras do consumidor e do fornecedor.

A: incorreta. Não se trata de relação jurídica de consumo, incidindo apenas o Código Civil no caso trazido pelo enunciado. Para que haja relação jurídica de consumo se faz necessária a presença dos sujeitos da relação (consumidor e fornecedor). Antônio não pode ser considerado um fornecedor porque não coloca produto ou serviço no mercado de consumo de forma onerosa e habitual. **B:** incorreta. O prazo prescricional do art. 206, § 3°, V, previsto no Código Civil para a reparação civil é de 3 anos. **C:** incorreta. Vide comentário da alternativa "A". **D:** incorreta. Vide comentário da alternativa "A". **E:** correta. Vide comentário da alternativa "A". **RD**
Gabarito "E".

(Procurador – SP – VUNESP – 2015) Assinale a alternativa correta sobre os princípios fundamentais, consagrados no âmbito do microssistema do direito do consumidor.

(A) De acordo com a Política Nacional das Relações de Consumo, deve-se garantir a independência do mercado de consumo, evitando-se a presença do Estado.

(B) As associações de defesa do consumidor fazem parte da Política Nacional de Relações de Consumo.

(C) A melhoria dos serviços públicos não integra a Política Nacional de Relações de Consumo.

(D) O desenvolvimento econômico e tecnológico deve ser obstado sempre que representar alguma forma de prejuízo aos consumidores, difusamente considerados.

(E) Os conceitos de vulnerabilidade e hipossuficiência se confundem, constituindo um só princípio norteador.

A: incorreta. A presença do Estado no mercado de consumo está expressamente prevista no art. 170 da Constituição Federal e no art. 4º, II, "c", do Código de Defesa do Consumidor. **B:** correta. Conforme art. 4º, II, *c*, do Código de Defesa do Consumidor. Além disso, nos termos do art. 5º, V, do CDC, a criação das associações de Defesa do Consumidor deve ser estimulada, de forma a participar da execução da Política Nacional das Relações de Consumo. **C:** incorreta. A racionalização e melhoria dos serviços públicos está prevista no art. 4º, VII, do CDC. **D:** incorreta. A Política Nacional das Relações de Consumo tem como norte a harmonização das relações de consumo: "harmonização dos interesses dos participantes das relações de consumo e compatibilização da proteção do consumidor com a necessidade de desenvolvimento econômico e tecnológico, de modo a viabilizar os princípios nos quais se funda a ordem econômica (art. 170, da Constituição Federal), sempre com base na boa-fé e equilíbrio nas relações entre consumidores e fornecedores." (art. 4º, III, do CDC). **E:** incorreta. Vulnerabilidade e hipossuficiência são dois conceitos distintos. A vulnerabilidade é a qualidade de todo consumidor, reconhecida pelo art. 4º, I, do CDC. Ser vulnerável é ser a parte mais frágil da relação. A hipossuficiência é a dificuldade de fazer a prova em juízo, o que pode gerar a inversão do ônus da prova. **RD**
Gabarito "B".

2. RESPONSABILIDADE PELO FATO DO PRODUTO OU DO SERVIÇO E PRESCRIÇÃO

(Juiz de Direito – TJ/RS – 2018 – VUNESP) João comprou um pacote de biscoitos, e ao levar à boca um deles, percebeu algo estranho. Sem comer o biscoito, notou que havia pelos de ratos, o que ficou devidamente confirmado em laudo pericial particular. Isso fez com que João procurasse seus eventuais direitos em ação judicial. Em razão desse fato, assinale a alternativa correta.

(A) Há direito de abatimento proporcional do produto, pois apenas um biscoito estava contaminado, tendo direito à indenização moral, pela sensação de nojo provocada ao consumidor.

(B) Há direito de indenização material, pelo valor do pacote de biscoito, e moral, mesmo não tendo sido consumido o produto, pela exposição ao risco, o que torna *ipso facto* defeituoso o produto.

(C) Há direito de indenização material, pelo valor do pacote de biscoito, mas não de natureza moral, por não ter havido ingestão, podendo o consumidor optar pela substituição do produto por outro da mesma espécie.

(D) Não há direito a qualquer espécie de indenização, uma vez que o fato não foi comprovado por perícia submetida ao crivo do contraditório, o que exime o fabricante de qualquer responsabilidade.

(E) Tratando-se de vício aparente e de fácil constatação, bastava ao consumidor reclamar ao fabricante ou ao vendedor para que o produto fosse devidamente trocado, posto que não houve qualquer ingestão ou exposição a perigo.

A: incorreta. Sendo um defeito de produto (art. 12 do CDC), não um vício (art. 18 do CDC), não há que se falar em abatimento proporcional

do preço. A indenização deve ser imediata e integral; **B:** correta. Neste caso, deve o fornecedor indenizar o consumidor pelos danos materiais e morais. O Superior Tribunal de Justiça já externou entendimento de que o simples fato de colocar o consumidor em risco em relação à saúde e segurança já configura defeito de produto, nos termos do art. 12 do CDC: "A aquisição de produto de gênero alimentício contendo em seu interior corpo estranho, expondo o consumidor à risco concreto de lesão à sua saúde e segurança, ainda que não ocorra a ingestão de seu conteúdo, dá direito à compensação por dano moral, dada a ofensa ao direito fundamental à alimentação adequada, corolário do princípio da dignidade da pessoa humana". (STJ, REsp 1424304/SP, 3 Turma, Rel. Min. Nancy Andrighi, DJe 19/05/2014); **C:** incorreta. O consumidor tem direito à indenização por danos materiais e morais; **D:** incorreta. Trata-se de responsabilidade civil objetiva, devendo o fornecedor, eventualmente, fazer prova das excludentes de responsabilidade nos termos do art. 12, § 3º, do CDC; **E:** incorreta. Trata-se de defeito de produto (vide resposta da alternativa B). **RD**
Gabarito "B".

(Juiz de Direito – TJ/RS – 2018 – VUNESP) Paciente com insuficiência renal grave faleceu em decorrência de ingerir, por orientação médica, um anti-inflamatório, cuja bula continha informações de possíveis reações adversas e a ocorrência de doenças graves renais. O laboratório, fornecedor do produto,

(A) não responde, pois o produto tem periculosidade inerente (medicamento), cujos riscos são normais à sua natureza e previsíveis.

(B) responde objetivamente pela teoria do risco do empreendimento ou da atividade.

(C) responde objetivamente, por ser causador de um acidente de consumo.

(D) responde objetivamente pelos riscos do produto, pelo simples fato de tê-lo colocado no mercado.

(E) responde subjetivamente, pois se trata de produto defeituoso.

A: correta. O produto em si não pode ser considerado defeituoso em razão de a bula esclarecer aos pacientes e ao médico que poderia desenvolver doenças renais graves. Sendo assim, nos termos do art. 9º do CDC, não há que se falar em produto defeituoso e, por consequência, o laboratório não responde pelos danos; **B:** incorreta. A lei consumerista adota a teoria do risco proveito para toda a responsabilidade civil do fornecedor, admitindo as excludentes de responsabilidade na forma do art. 12, § 3º e art. 14, § 4º; **C:** incorreta. Não há nexo de causalidade entre o acidente de consumo e a ação do laboratório, já que as informações constavam da bula do medicamento; **D:** incorreta. Vide comentários da alternativa B; **E:** incorreta. A responsabilidade civil do fornecedor no mercado de consumo é objetiva, independe, portanto, da culpa do fornecedor (art. 12, *caput*, e art. 14, *caput*, do CDC). **RD**
Gabarito "A".

(Ministério Público/ES – 2013 – VUNESP) Quanto à responsabilidade por vício do produto, assinale a alternativa correta.

(A) Poderão as partes convencionar a ampliação do prazo para a escolha do consumidor quando o vício não for sanado, que não poderá ultrapassar 90 (noventa) dias.

(B) O consumidor poderá pleitear o abatimento proporcional do preço pago quando não for possível a substituição do produto por outro da mesma espécie, ou a restituição imediata da quantia paga, se, pela extensão do vício, a substituição das partes viciadas puder comprometer a qualidade ou características do produto, diminuir-lhe o valor ou quando se tratar de produto essencial.

(C) Tendo o consumidor optado pela substituição do produto por outro da mesma espécie, em perfeitas condições de uso e não sendo possível a sua substituição, poderá haver substituição por outro de espécie, marca ou modelo diversos, mediante complementação ou restituição de eventual diferença de preço, sem prejuízo da restituição imediata da quantia paga, monetariamente atualizada e de eventuais perdas e danos, bem como do abatimento proporcional do preço.

(D) No caso de fornecimento de mercadoria *in natura*, será responsável perante o consumidor o fornecedor imediato, exceto quando identificado claramente seu distribuidor.

(E) Pode o consumidor exigir, caso o vício não seja sanado, no prazo máximo de 6 (seis) dias, a substituição do produto por outro da mesma espécie, em perfeitas condições de uso.

A: incorreta, pois a ampliação não poderá ultrapassar cento e oitenta dias (art. 18, § 2°, do CDC); **B:** incorreta, pois o consumidor pode pedir o abatimento proporcional do preço como uma primeira opção, e não apenas como última alternativa. O art. 18, § 1°, do CDC é expresso neste sentido. Ainda, se pela extensão do vício, a substituição das partes viciadas puder comprometer a qualidade ou características do produto, diminuir-lhe o valor ou quando se tratar de produto essencial, o consumidor não precisará sequer esperar os 30 dias previstos em lei para o conserto, podendo exigir imediatamente uma das soluções previstas no art. 18, § 1°, do CDC (art. 18, § 3°, do CDC); **C:** correta (art. 18, § 4°, do CDC); **D:** incorreta, pois no caso de fornecimento de mercadoria *in natura*, será responsável perante o consumidor o fornecedor imediato, exceto quando identificado claramente seu *produtor*, e não o seu distribuidor (art. 18, § 5°, do CDC); **E:** incorreta, pois o prazo é de 30 dias, e não 6 meses (art. 18, § 1°, do CDC). 🔲
Gabarito "C".

3. RESPONSABILIDADE POR VÍCIO DO PRODUTO OU DO SERVIÇO E DECADÊNCIA

(Procurador Municipal/SP – VUNESP – 2016) Um consumidor adquiriu um pacote de macarrão da marca "Adriana", no supermercado "Rumba". Quando chegou em casa, abriu o pacote do alimento e percebeu que estava repleto de carunchos, sendo impossível consumir tal produto. Diante dessa situação hipotética, é correto afirmar que o caso revela um

(A) defeito no produto, pelo qual o consumidor terá prazo de cinco anos para reclamar perante o supermercado e o fabricante do produto, respondendo o supermercado subsidiariamente pelos fatos.

(B) vício de qualidade e, portanto, o consumidor poderá reclamar em até 90 dias apenas contra o fabricante do produto.

(C) vício de quantidade e, assim, o consumidor poderá reclamar tanto para o supermercado como para o fabricante num prazo de 30 dias, tendo ambos responsabilidade solidária.

(D) defeito no produto, a respeito do qual o consumidor terá prazo de 30 dias para reclamar perante o supermercado e o fabricante, que responderão solidariamente pelos fatos.

(E) vício de qualidade, sobre o qual o supermercado e o fabricante respondem solidariamente, tendo o consumidor até 30 dias para fazer a reclamação.

A: incorreta. Trata-se de um vício de produto, na forma do art. 18, § 6°, II, do CDC, *in verbis*, "São impróprios ao uso e consumo: II – os produtos deteriorados, alterados, adulterados, avariados, falsificados, corrompidos, fraudados, nocivos à vida ou à saúde, perigosos ou, ainda, aqueles em desacordo com as normas regulamentares de fabricação, distribuição ou apresentação." Sendo um produto não durável e vício aparente ou de fácil constatação, o prazo para reclamar é de 30 dias, contados a partir da entrega efetiva do produto (art. 26 do CDC). **B:** incorreta. Trata-se de vício de qualidade, mas o prazo para reclamar é de 30 (trinta) dias. **C:** incorreta. O vício é de qualidade. **D:** incorreta. O caso narrado não afetou a segurança do consumidor, logo, não pode ser considerado um defeito de produto. **E:** correta. O vício de produto ou serviço traz responsabilidade solidária entre o fabricante e o comerciante. Trata-se de um vício de produto e o prazo para reclamar é de 30 dias (vide justificativa da alternativa "A"). 🔲
Gabarito "E".

(Juiz de Direito – TJ/RJ – VUNESP – 2016) Carlito da Silva ficou sem energia elétrica em sua residência por várias horas e acabou tendo prejuízo com perda de produtos de consumo doméstico que encontravam-se no freezer e geladeira da sua residência. Tendo acionando a concessionária, esta informou que não constava a existência de interrupção no fornecimento do serviço. Foi enviado um técnico e este constatou que a energia elétrica estava sendo regularmente fornecida. Inconformado, Carlito da Silva, sustentando que a concessionária estava omitindo a verdade, ingressou com ação judicial, calcado na legislação consumerista, pleiteando indenização por danos materiais e morais pelo período que ficou sem energia elétrica.

Diante desses fatos, assinale a alternativa correta.

(A) Se restar comprovada a interrupção no fornecimento, mas a concessionária alegar que houve força maior decorrente de descarga elétrica de raio que atingiu transformadores instalados no poste da rua, perto da casa de Carlito da Silva, ocorrido por falha nos equipamentos para-raios, ficará isenta de responsabilização.

(B) Existindo relação de consumo entre Carlito da Silva e a concessionária de energia elétrica, diante da hipossuficiência técnica do consumidor, será possível a inversão do ônus da prova, que pode ser estabelecida e aplicada no momento da prolação da sentença.

(C) Se o técnico da concessionária atestar que não houve irregularidade no fornecimento e o mesmo for também subscrito pelo usuário, tal documento ostentará o atributo de presunção de legitimidade, por tratar-se de prestação de serviço público.

(D) Ainda que se aplique a inversão do ônus da prova, tal fato não exonera Carlito da Silva do ônus de apresentar alguma evidência do fato de que efetivamente houve a interrupção da prestação do serviço pela concessionária.

(E) É possível a aplicação dos princípios facilitadores da defesa do consumidor em juízo, notadamente o da inversão do ônus da prova, incumbindo-a ao fornecedor, o que não impede que Carlito da Silva também produza provas dos fatos que alega, hipótese em que caberá à concessionária arcar com os custos dessa prova.

11. DIREITO DO CONSUMIDOR

A: incorreta. A alternativa afirma que o acidente ocorreu **por falha do equipamento de para-raios**, configurando, dessa forma, o chamado "fortuito interno". A doutrina e a jurisprudência afirmam que o ato culposo de terceiro, conexo com a atividade do fornecedor e relacionado com os riscos próprios do negócio, caracteriza o fortuito interno, o que não exclui a responsabilidade do fornecedor (Veja: EREsp 1318095/MG – DJe 14/03/2017). Na mesma linha de pensamento temos a Súmula 479 do STJ: "As instituições financeiras respondem objetivamente pelos danos gerados por fortuito interno relativo a fraudes e delitos praticados por terceiros no âmbito de operações bancárias". **B:** incorreta. A inversão do ônus da prova é entendida pelo STJ como regra de instrução (não de julgamento), podendo ocorrer antes da prolatação da sentença ou acórdão (REsp 802.832/MG). Vale notar que o NCPC, em seu art. 373, § 1º do CPC: "Nos casos previstos em lei ou diante de peculiaridades da causa relacionadas à impossibilidade ou à excessiva dificuldade de cumprir o encargo nos termos do *caput* ou à maior facilidade de obtenção da prova do fato contrário, poderá o juiz atribuir o ônus da prova de modo diverso, desde que o faça por decisão fundamentada, caso em que deverá dar à parte a oportunidade de se desincumbir do ônus que lhe foi atribuído". **C:** incorreta. Somente os atos praticados pelos servidores públicos têm presunção de legitimidade. **D:** correta. O artigo 6º, VIII, do CDC prevê a possibilidade de inversão do ônus da prova, a favor do consumidor, no processo civil, quando, a critério do juiz, houver verossimilhança das alegações ou hipossuficiência do consumidor. Sendo assim, o juiz pode exigir a prova do fato (interrupção da energia elétrica) e inverter o ônus de prova quanto ao nexo de causalidade. **E:** incorreta. A doutrina e a jurisprudência caminham no sentido de entender que "os efeitos da inversão do ônus da prova não possuem a força de obrigar a parte contrária a arcar com as custas da prova requerida pelo consumidor" (AgRg no AREsp 246375 / PR, j. 04.12.2012, Rel. Min. Luis Felipe Salomão). **RD**

Gabarito "D".

(Juiz de Direito – TJ/RJ – VUNESP – 2016) Marisa de Lima adquiriu um aparelho de telefone celular em uma loja de departamento para dar como presente a um sobrinho em seu aniversário. O bem foi adquirido em 10 de maio de 2015 e entregue ao sobrinho na primeira semana de julho, quando Paulinho imediatamente passou a utilizar o aparelho. No dia das crianças do mesmo ano, quando novamente encontrou o sobrinho, este informou que o aparelho está apresentando problema de aquecimento e desligamento espontâneo quando está brincando em um jogo e que notou a existência do vício em meados de setembro.

A partir desses fatos, é correta a seguinte afirmação.

(A) Ainda não decorreu o prazo decadencial para apresentar reclamação perante o fornecedor, pois como se trata de vício oculto, o prazo iniciou-se no momento em que o aparelho começou a apresentar o problema.

(B) A reclamação que venha a ser formulada pelo consumidor perante o fornecedor e a instauração do inquérito civil interrompem o fluxo do prazo para o exercício do direito de reclamar, que é de natureza prescricional, pois se fosse decadencial não suspenderia nem interromperia.

(C) Tratando-se de vício oculto, o consumidor poderá formular reclamação perante o fornecedor por escrito, a qualquer tempo, mediante instrumento enviado pelo cartório de títulos e documentos, carta registrada ou simples, encaminhada pelo serviço postal ou entregue pelo consumidor, inclusive de forma verbal.

(D) Já decorreu o prazo prescricional para apresentar reclamação perante o fornecedor, pois o direito de

reclamar pelos vícios apresentados iniciou-se a partir da retirada do aparelho de telefone celular da loja.

(E) O prazo para apresentar reclamação perante o fornecedor é de natureza decadencial, mas não poderá ser exercido, pois decorrido mais de 90 dias desde a data do início da efetiva utilização do aparelho celular.

A: correta. Na forma do art. 26, § 3º, o prazo decadencial para os casos de vício oculto começa a correr a partir do momento em que este ficar evidenciado. Sendo assim, conta-se 90 (noventa) dias a partir de meados de setembro, conforme o problema apresentado. **B:** incorreta. A reclamação que venha a ser formulada pelo consumidor e a instauração do inquérito civil interrompem o prazo o fluxo do prazo, que, na forma da lei, é **decadencial** (art. 26, § 2º). Diferentemente do Código Civil, o prazo decadencial do Código de Defesa do Consumidor admite a interrupção do prazo nas hipóteses mencionadas. Vale notar também que a doutrina e a jurisprudência não são unânimes quanto a correta interpretação do dispositivo. Para parte da doutrina trata-se de interrupção e, para outra parte, trata-se de suspensão de prazo decadencial. **C:** incorreta. O prazo para reclamar é de 90 (noventa) dias e pode ser exercido por qualquer meio, desde que comprovado pelo consumidor. **D:** incorreta. Vide justificativa da alternativa "A". **E:** incorreta. Vide justificativa da alternativa "A". **RD**

Gabarito "A".

(Procurador Municipal/SP – VUNESP – 2016) O fornecedor não poderá colocar no mercado de consumo produto ou serviço que sabe ou deveria saber apresentar alto grau de nocividade ou periculosidade à saúde ou à segurança. Se eventualmente o fornecedor colocar no mercado um lote de produtos com vícios capazes de causar risco aos consumidores, ele deverá

(A) comunicar o fato imediatamente às autoridades competentes e aos consumidores, mediante anúncios publicitários.

(B) reparar eventuais prejuízos causados para os consumidores que reclamarem dos vícios, não sendo necessário que se faça qualquer comunicação ao público consumidor.

(C) noticiar o fato pessoalmente a cada um dos consumidores que adquiriram tal produto, sendo dispensável anúncios publicitários em veículos de comunicação para alertar o público.

(D) aguardar que algum consumidor realmente tenha prejuízos para, somente após tal fato, analisar a periculosidade e a segurança de seu produto ou serviço.

(E) manter-se inerte, tendo em vista que responde apenas subjetivamente pelos produtos e serviços que introduz no mercado e, com isso, é o consumidor que deve fazer prova da culpa do fornecedor em eventual evento lesivo.

A: correta. É obrigação do fornecedor fazer o *recall* de produtos e serviços que, posteriormente à sua introdução no mercado de consumo, tiver conhecimento da periculosidade que apresentem, deverá comunicar o fato imediatamente às autoridades competentes e aos consumidores, mediante anúncios publicitários (art. 10, § 1º, do CDC). **B:** incorreta. O aviso às autoridades competentes e aos consumidores é obrigatório, além da reparação dos danos causados aos consumidores. **C:** incorreta. O aviso deve ser feito mediante aviso publicitário, que deverão ser veiculados na imprensa, rádio e televisão, às expensas do fornecedor do produto ou serviço (art. 10, § 2º). **D:** incorreta. A prevenção de danos é direito básico do consumidor (art. 6º, VI, do CDC), razão pela qual o fornecedor deve informar sobre eventual periculosidade adquirida tão logo tenha conhecimento (art. 10 do CDC). **E:** incorreta. O *recall* é obrigatório (art. 10) e a responsabilidade civil do fornecedor é objetiva (art. 12 a 14 do CDC). RD

4. PRÁTICAS COMERCIAIS

(Defensor Público/RO – 2017 – VUNESP) A respeito dos serviços prestados por uma oficina mecânica, sob à ótica do Código de Defesa do Consumidor, assinale a alternativa correta.

(A) Salvo estipulação em contrário no orçamento escrito feito pela oficina, o valor orçado para a realização dos serviços terá validade de dez dias, contado de seu recebimento pelo consumidor.

(B) Uma vez aprovado pelo consumidor, o orçamento feito pela oficina obriga os contraentes e não pode ser alterado nem por negociação posterior das partes.

(C) Para realizar o reparo nos automóveis, a oficina está obrigada a empregar componentes de reposição originais, adequados e novos, não podendo usar peças genéricas que mantenham as especificações técnicas do fabricante.

(D) Caso o serviço realizado pela oficina não resolva o problema apontado pelo consumidor, sem que nada além da impossibilidade de utilização do carro se verifique, estarseá diante de responsabilidade pelo fato do serviço, tendo o consumidor prazo prescricional de cinco anos para exigir seus direitos em juízo.

(E) Caso a oficina não apresente um serviço adequado, a responsabilidade a ser apurada é a subjetiva, devendo o consumidor provar a imperícia na solução do problema de seu carro.

A: correta. Nos exatos termos no art. 40, § 1º, do CDC; **B:** incorreta. Uma vez aprovado pelo consumidor, o orçamento obriga os contraentes e somente pode ser alterado mediante livre negociação das partes (art. 40, § 2º, do CDC); **C:** incorreta. A obrigação da oficina é empregar peças ou componentes originais e novos. No entanto, caso haja autorização do consumidor, poderão ser utilizados componentes genéricos e até mesmo usados na preparação do produto. Caso o fornecedor empregue componentes usados sem autorização expressa do consumidor, poderá incorrer nas penas previstas no art. 70 do CDC; **D:** incorreta. Caso o serviço não seja realizado a contento, sem que nada além da impossibilidade de utilização do carro se verifique, estamos diante de um vício de serviço e o prazo para reclamar é decadencial de 90 (noventa) dias; **E:** incorreta. A responsabilidade do fornecedor será objetiva nos termos do art. 18 do CDC, respondendo pelos danos causados aos consumidores, independente da existência de culpa. RD

Gabarito "A".

(Defensor Público/RO – 2017 – VUNESP) Gepeto teve seu nome negativado, no serviço de proteção ao crédito, pela empresa Majestosa S/A. Ocorre que ele nunca foi cliente dessa empresa e jamais fez negócio com ela, sendo que não recebeu nenhum comunicado sobre essa suposta dívida, descobrindo tal mácula em seu nome quando foi comprar a prazo numa loja de departamentos.

Diante do quadro apresentado, sob a égide da legislação vigente, é certo afirmar:

(A) por não ter qualquer relação com a empresa Majestosa S/A, Gepeto terá seu caso submetido às regras do Código Civil.

(B) caberia à Majestosa S/A, exclusivamente, informar sobre a existência de tal débito antes de enviar o nome de Gepeto ao cadastro de inadimplentes.

(C) a empresa administradora do serviço de proteção ao crédito deveria ter enviado correspondência com aviso de recebimento, obrigatoriamente, antes de inserir o nome de Gepeto em seu cadastro.

(D) o nome de Gepeto, inserido no cadastro de inadimplentes pela empresa Majestosa S/A, pode ser assim mantido pelo prazo máximo de 5 anos, salvo se ocorrer a prescrição da execução de tais débitos antes desse interregno.

(E) se Gepeto já tivesse seu nome inscrito no cadastro de inadimplentes legitimamente e anteriormente ao apontamento feito por Majestosa S/A, não teria direito a indenização por danos morais.

A: incorreta. Gepeto é consumidor por equiparação, nos termos do art. 2º, parágrafo único, e art. 29 do Código de Defesa do Consumidor; **B:** incorreta. A obrigação de notificação do devedor sobre a inclusão no cadastro negativo é do administrador do banco de dados (Súmula 359 do STJ); **C:** incorreta. É dispensável o aviso de recebimento (AR) na carta enviada pelo administrador do banco de dados; **D:** incorreta. A inscrição, sendo indevida, deve ser retirada imediatamente; **E:** correta. Nos termos da súmula 385 do STJ: "Da anotação irregular em cadastro de proteção ao crédito, não cabe indenização por dano moral, quando preexistente legítima inscrição, ressalvado o direito ao cancelamento". RD

Gabarito "E".

(Procurador Municipal – Sertãozinho/SP – VUNESP – 2016) Acerca da cobrança de dívidas do consumidor e cadastros no mercado de consumo, é correto afirmar que

(A) o consumidor inadimplente poderá ser submetido a constrangimento, desde que o fornecedor o faça de forma moderada.

(B) o consumidor cobrado em quantia indevida tem direito à repetição do indébito, por valor igual ao que pagou em excesso, acrescido de correção monetária e juros legais, salvo hipótese de engano justificável.

(C) nos documentos de cobrança de débitos apresentados ao consumidor, quando por ele solicitados, deverão constar o nome, o endereço e o número de inscrição no Cadastro de Pessoas Físicas – CPF ou no Cadastro Nacional de Pessoa Jurídica – CNPJ do fornecedor do produto ou serviço correspondente.

(D) consumada a prescrição relativa à cobrança de débitos do consumidor, não serão fornecidas, pelos respectivos Sistemas de Proteção ao Crédito, quaisquer informações que possam impedir ou dificultar novo acesso ao crédito junto aos fornecedores, desde que o débito não exceda 60 (sessenta) salários-mínimos.

(E) os órgãos públicos de defesa do consumidor manterão cadastros atualizados de reclamações fundamentadas contra fornecedores de produtos e serviços, devendo divulgá-los pública e anualmente, indicando se a reclamação foi atendida ou não pelo fornecedor.

A: incorreta. O art. 42 do CDC veda qualquer tipo de cobrança vexatória. Sendo assim, o consumidor não pode ser exposto ao ridículo, nem submetido a qualquer tipo de constrangimento ou ameaça. **B:** incorreta. O consumidor tem direito à devolução por valor igual ao dobro do que pagou em excesso, acrescido de correção monetária e juros legais, salvo hipótese de engano justificável (art. 42, parágrafo único, do CDC). **C:** incorreta. As informações ao nome, o endereço e o número de inscrição no Cadastro de Pessoas Físicas – CPF ou no

11. DIREITO DO CONSUMIDOR   359

Cadastro Nacional de Pessoa Jurídica – CNPJ do fornecedor do produto ou serviço correspondente, devem constar de todos os documentos, independentemente do pedido do autor (Art. 42-A do CDC). **D:** incorreta. O art. 43, § 5º, do CDC, prevê a obrigatoriedade da retirada do nome do consumidor da lista dos maus pagadores caso a dívida esteja prescrita, independentemente do valor da inscrição. **E:** correta. O cadastro dos fornecedores está previsto no art. 44 do CDC, sendo direito do consumidor o acesso a lista dos fornecedores para orientação e consulta. [RD]

Gabarito "E".

(Juiz de Direito – TJ/SP – VUNESP – 2015) É correto afirmar que:

(A) quem já é registrado como mau pagador não pode se sentir moralmente ofendido pela inscrição de seu nome nos cadastros de proteção ao crédito, mesmo sem a prévia notificação do interessado acerca das notificações anteriores.

(B) na comunicação ao consumidor sobre a negativação de seu nome em bancos de dados e cadastros de inadimplentes é dispensável o aviso de recepção.

(C) a inscrição do nome do devedor pode ser mantida nos cadastros de inadimplentes pelo prazo máximo de cinco anos, independentemente da prescrição da execução ou da ação de conhecimento para cobrança da dívida.

(D) compete ao credor ou à instituição financeira a notificação do devedor antes de se proceder à inscrição no cadastro de proteção ao crédito.

A: incorreta. Conforme entendimento sumulado pelo Superior Tribunal de Justiça, "da anotação irregular em cadastro de proteção ao crédito, não cabe indenização por dano moral, quando preexistente legítima inscrição, ressalvado o direito ao cancelamento" (Súmula 385). No entanto, em qualquer situação, o consumidor tem direito ao aviso prévio (art. 43, § 2º). **B:** correta. "É dispensável o aviso de recebimento (AR) na carta de comunicação ao consumidor sobre a negativação de seu nome em bancos de dados e cadastros". (Súmula 404 do STJ). **C:** incorreta. "A inscrição do nome do devedor pode ser mantida nos serviços de proteção ao crédito até o prazo máximo de cinco anos, independentemente da prescrição da execução". (Súmula 323 do STJ). **D:** incorreta. "Cabe ao órgão mantenedor do Cadastro de Proteção ao Crédito a notificação do devedor antes de proceder à inscrição". (Súmula 359 do STJ). [RD]

Gabarito "B".

(Juiz de Direito – TJ/MS – VUNESP – 2015) Nos termos do art. 35 do CDC, se o fornecedor de produtos ou serviços recusar cumprimento à oferta, apresentação ou publicidade, o consumidor poderá, alternativamente e à sua livre escolha,

(A) aceitar outro produto ou prestação de serviço equivalente.

(B) ofertar o valor de mercado do produto ou serviço e exigir o cumprimento forçado da obrigação.

(C) exigir o cumprimento negociado da obrigação, nos termos da oferta, apresentação ou publicidade.

(D) exigir a divulgação, pelo mesmo meio veiculado, da correção da oferta, apresentação ou publicidade.

(E) modificar o contrato, com direito à restituição de quantia eventualmente antecipada, monetariamente atualizada, e a perdas e danos.

A: correta. Dentre as opções que o artigo 35 confere ao consumidor, o inciso II prevê a possibilidade de aceitar outro produto ou prestação de serviço equivalente. **B:** incorreta. O consumidor poderá exigir o cumprimento forçado da obrigação, nos termos da oferta (art. 35, I). A oferta é sempre feita pelo fornecedor (art. 30 do CDC). **C:** incorreta.

Conforme art. 35, I, o consumidor poderá exigir o cumprimento forçado da obrigação, nos termos da oferta, apresentação ou publicidade. **D:** incorreta. A imposição de contrapropaganda é sanção administrativa prevista no art. 60 do CDC, e pode ser aplicada pelos entes federativos estabelecidos no art. 55 do CDC. **E:** incorreta. A modificação do contrato é direito básico do consumidor, previsto no art. 6º, V, e pode ser requerida quando a prestação for desproporcional. [RD]

Gabarito "A".

5. PROTEÇÃO CONTRATUAL

(Juiz de Direito – TJ/SP – 2023 – VUNESP) A resolução de contrato de promessa de compra e venda de imóvel, submetido ao Código de Defesa do Consumidor, impõe a imediata restituição

(A) integral das parcelas pagas, caso o promitente comprador tenha dado causa ao desfazimento.

(B) parcial das parcelas pagas, de forma parcelada, se o desfazimento do contrato ocorreu por culpa exclusiva do promitente vendedor.

(C) parcial das parcelas pagas, caso o promitente comprador tenha dado causa ao desfazimento.

(D) parcial e proporcional das parcelas pagas, em caso de desfazimento do contrato por culpa recíproca dos contratantes.

O fundamento para a questão está na Súmula 543 do STJ: "Na hipótese de resolução de contrato de promessa de compra e venda de imóvel submetido ao Código de Defesa do Consumidor, deve ocorrer a imediata restituição das parcelas pagas pelo promitente comprador – integralmente, em caso de culpa exclusiva do promitente vendedor/construtor, ou parcialmente, caso tenha sido o comprador quem deu causa ao desfazimento". [CD]

Gabarito "C".

(Juiz de Direito – TJ/RS – 2018 – VUNESP) No contrato de promessa de compra e venda de imóvel em construção, além do período previsto para o término do empreendimento, há, comumente, cláusula de prorrogação excepcional do prazo de entrega da unidade ou de conclusão da obra, que varia entre 90 (noventa) e 180 (cento e oitenta) dias: a conhecida cláusula de tolerância. Considerando isso, assinale a alternativa correta.

(A) Trata-se de cláusula abusiva, por exigir do consumidor vantagem manifestamente excessiva a favor da construtora.

(B) Não se trata de cláusula abusiva, diante dos costumes do mercado imobiliário, que pode paralisar a obra se houver alguma necessidade financeira.

(C) Não se trata de cláusula abusiva, pois ameniza o risco da atividade advindo da dificuldade de se fixar data certa para o término de obra de grande magnitude sujeita a diversos obstáculos e situações imprevisíveis.

(D) Trata-se de cláusula abusiva, pois condiciona a entrega do produto sem justa causa ou limites quantitativos.

(E) Trata-se de cláusula abusiva, pois representa uma oferta enganosa do prazo de entrega do imóvel, que já estabelece condições para o construtor apurar eventual necessidade de atraso.

A jurisprudência do Superior Tribunal de Justiça segue no sentido de que não há abusividade na denominada "cláusula de tolerância" nos contratos de promessa de compra e venda de imóvel em construção. A cláusula de prorrogação excepcional do prazo de entrega da unidade ou de conclusão da obra varia entre 90 (noventa) e 180 (cento e oitenta) dias, "porque existem no mercado diversos fatores de imprevisibilidade que podem afetar negativamente a construção de edificações e onerar excessivamente seus atores, tais como intempéries, chuvas, escassez de insumos, greves, falta de mão de obra, crise no setor, entre outros contratempos. Assim, a complexidade do negócio justifica a adoção no instrumento contratual, desde que razoáveis, de condições e formas de eventual prorrogação do prazo de entrega da obra, o qual foi, na realidade, apenas estimado, tanto que a própria lei de regência disciplinou tal questão, conforme previsão do art. 48, § 2º, da Lei n. 4.591/1964. Logo, observa-se que a cláusula de tolerância para atraso de obra possui amparo legal, não constituindo abuso de direito (art. 187 do CC)". (STJ, REsp 1.582.318/RJ, Rel. Min. Ricardo Villas Bôas Cueva, por unanimidade, julgado em 12/9/2017, DJe 21/9/2017). Sendo assim, a única alternativa que pode ser considerada correta é a alternativa "C". [RD]

Gabarito "C".

(Juiz de Direito – TJ/RJ – VUNESP – 2016) Carlos dos Santos mora em um apartamento alugado e pretendendo tornar-se proprietário de sua própria moradia, assinou um contrato de promessa de compra e venda com uma empresa construtora para aquisição de um apartamento. O contrato foi celebrado com cláusula contratual que determina a restituição dos valores devidos somente ao término da obra, ou de forma parcelada na hipótese de resolução de contrato de promessa de compra e venda do imóvel, por culpa de quaisquer contratantes.

A partir desses fatos, assinale a alternativa correta.

(A) Se houver resolução do contrato de promessa de compra e venda do imóvel por vontade de ambas as partes, em conformidade com o avençado no contrato, a restituição dos valores devidos deve ocorrer de forma parcelada ou ao término da obra.

(B) Se a resolução contratual for unilateral do promissário comprador, este terá direito à devolução das parcelas pagas, mas a devolução não precisa ser imediata, pois inexiste disposição expressa nesse sentido no Código de Defesa do Consumidor.

(C) Esse contrato não se submete ao Código de Defesa do Consumidor, regendo-se integralmente pelas normas do Código Civil, devendo ser observado o princípio *pacta sunt servanda.*

(D) Se houver resolução do contrato de promessa de compra e venda do imóvel por vontade unilateral e exclusiva do promissário comprador, em observação à legislação consumerista, Carlos dos Santos terá direito à restituição integral das parcelas pagas.

(E) Se houver a resolução do contrato de promessa de compra e venda do imóvel em decorrência de vontade exclusiva do promitente vendedor, caberá a este a imediata restituição integral das parcelas pagas pelo promitente comprador em aplicação da legislação consumerista.

Nos termos da súmula 543 do STJ: "Na hipótese de resolução de contrato de promessa de compra e venda de imóvel submetido ao Código de Defesa do Consumidor, deve ocorrer a imediata restituição das parcelas pagas pelo promitente comprador integralmente -, em caso de culpa exclusiva do promitente vendedor/construtor, ou parcialmente, caso tenha sido o comprador quem deu causa ao desfazimento". A única alternativa que contempla o entendimento externado pelo STJ é a alternativa "D". Vale notar que a relação jurídica de consumo está presente tendo em vista ser a construtora uma "fornecedora" nos termos art. 3º do CDC e que "Carlos dos Santos" ser um destinatário final de um bem imóvel (art. 2º do CDC). [RD]

Gabarito "D".

(Procurador Municipal – Sertãozinho/SP – VUNESP – 2016) No que concerne aos contratos de consumo, é correto afirmar que

(A) firmados entre fornecedor e consumidor pessoa jurídica, é válida a cláusula contratual que estabelece que a indenização poderá ser limitada, em situações justificáveis.

(B) será reputado de adesão aquele cujas cláusulas tenham sido estabelecidas unilateralmente pelo fornecedor de serviços, sendo que a inserção de cláusula no formulário pelo consumidor o desfigura como tal.

(C) as multas de mora decorrentes do inadimplemento de obrigações no seu termo não poderão ser superiores a 10 (dez) por cento do valor da prestação.

(D) quando de adesão, suas cláusulas deverão ser redigidas em termos claros e com caracteres ostensivos e legíveis, cujo tamanho da fonte não será inferior ao corpo onze, de modo a facilitar sua compreensão pelo consumidor.

(E) as cláusulas contratuais serão interpretadas de maneira mais favorável ao consumidor, desde que caracterizada a má-fé do fornecedor.

A: correta. A limitação de indenização pode estar prevista em contrato nas hipóteses em que haja um consumidor pessoa jurídica e que a limitação seja justificável (art. 51, I, do CDC). **B:** incorreta. O contrato de adesão é aquele cujas cláusulas tenham sido aprovadas pela autoridade competente ou estabelecidas unilateralmente pelo fornecedor de produtos ou serviços, sem que o consumidor possa discutir ou modificar substancialmente seu conteúdo (art. 54 do CDC). Prevê ainda o art. 54, § 1º, que a inserção de cláusula no formulado não desfigura a natureza de adesão do contrato. **C:** incorreta. A multa demora não pode ser superior a 2% do valor da prestação (art. 52, § 1º, do CDC) **D:** incorreta. Os contratos de adesão escritos serão redigidos em termos claros e com caracteres ostensivos e legíveis, cujo tamanho da fonte não será inferior ao corpo doze, de modo a facilitar sua compreensão pelo consumidor (art. 54, § 3º, do CDC). **E:** incorreta. As cláusulas contratuais serão interpretadas de maneira mais favorável ao consumidor (art. 47 do CDC), independentemente da análise da boa-fé do fornecedor. [RD]

Gabarito "A".

(Procurador – IPSMI/SP – VUNESP – 2016) Nos contratos de consumo, as cláusulas abusivas

(A) transferem responsabilidade a terceiros.

(B) impõem a conclusão do negócio.

(C) são nulas de pleno direito.

(D) invalidam o contrato por inteiro.

(E) estabelecem a inversão do ônus da prova.

A: incorreta. Transferir a responsabilidade a terceiros é um exemplo de cláusula contratual abusiva (art. 51, III, do CDC). **B:** incorreta. É clausula contratual abusiva a cláusula que imponha representante para concluir ou realizar outro negócio jurídico pelo consumidor (art. 51, VIII, do CDC). **C:** correta. As cláusulas contratuais abusivas são nulas de pleno direito (art. 51, *caput*, do CDC). **D:** incorreta. A nulidade de uma cláusula contratual abusiva não invalida o contrato, exceto quando de sua ausência, apesar dos esforços de integração, decorrer ônus excessivo a qualquer das partes (art. 51, § 2º, do CDC). **E:** incorreta. Cláusula de estabeleça a inversão do ônus da prova em prejuízo do consumidor é exemplo de cláusula contratual abusiva (art. 51, VI, do CDC). [RD]

Gabarito "C".

(Juiz de Direito – TJ/SP – VUNESP – 2015) Assinale a alternativa correta.

(A) O diploma consumerista é aplicável às instituições financeiras, mas não tem aplicação na relação entre entidade de previdência privada e seus participantes.

11. DIREITO DO CONSUMIDOR

(B) As instituições financeiras, assim entendidas como prestadoras de serviços, respondem, independentemente da existência de culpa exclusiva de terceiros, pela reparação dos danos causados aos consumidores por defeitos relativos à prestação de serviço.

(C) Não vulnera o Código de Defesa do Consumidor a cobrança de tarifa básica de assinatura mensal pelo uso dos serviços de telefonia fixa.

(D) Nos contratos bancários posteriores ao Código de Defesa do Consumidor incide multa moratória de até 10% do valor da prestação.

A; incorreta. "O Código de Defesa do Consumidor é aplicável às entidades abertas de previdência complementar, não incidindo nos contratos previdenciários celebrados com entidades fechadas". (Súmula 563 do STJ). Também já havia entendimento sumulado pelo STJ, sobre a aplicação do CDC às instituições financeiras (Súmula 297). **B:** incorreta. "As instituições financeiras respondem objetivamente pelos danos gerados por fortuito interno relativo a fraudes e delitos praticados por terceiros no âmbito de operações bancárias". (Súmula 479 do STJ). **C:** correta. "É legítima a cobrança da tarifa básica pelo uso dos serviços de telefonia fixa". (Súmula 356 do STJ). **D:** incorreta. "Nos contratos bancários posteriores ao código de defesa do consumidor incide a multa moratória nele prevista". (Súmula 285 do STJ). A multa moratória prevista no art. 52, § 1º, é de 2% (dois por cento). **RD**

Gabarito "C".

(Juiz de Direito – TJ/SP – VUNESP – 2015) Em tema de abusividade contratual, é correto afirmar que

(A) a nulidade de uma cláusula contratual abusiva não invalida o contrato, desde que não caracterizada a onerosidade excessiva.

(B) é válida a obrigação cambial assumida por procurador do mutuário vinculado ao mutuante, no exclusivo interesse deste.

(C) a estipulação de juros moratórios superiores a 12% ao ano, por si só, não indica abusividade.

(D) se admite limitação temporal de internação hospitalar do segurado em contrato de plano de saúde.

A: correta. Nos termos do art. 51, § 2º, do CDC: "a nulidade de uma cláusula contratual abusiva não invalida o contrato, exceto quando de sua ausência, apesar dos esforços de integração, decorrer ônus excessivo a qualquer das partes". B: incorreta. Trata-se de cláusula-mandato proibida pelo art. 51, VIII, do CDC. **C:** incorreta. Os **juros moratórios** não podem ser superiores a 12% ao ano: "nos contratos bancários não regidos por legislação específica, os juros moratórios poderão ser convencionados até o limite de 1% ao mês." (Súmula 379 do STJ). Os **juros compensatórios**, por sua vez, podem ser estipulados em valor superior a 12% ao ano: "a estipulação de juros remuneratórios superiores a 12% ao ano, por si só, não indica abusividade." (Súmula 382 do STJ). **D:** incorreta. A cláusula que estipula limitação temporal de internação é considerada abusiva nos termos do art. 51, § 1º, II, do CDC. Veja ainda a Súmula 302 do STJ: "É abusiva a cláusula contratual de plano de saúde que limita no tempo a internação hospitalar do segurado". **RD**

Gabarito "A".

(Juiz de Direito – TJ/MS – VUNESP – 2015) No que tange às relações de consumo, é correto afirmar que

(A) é permitido aos juízes de primeiro e segundo graus de jurisdição julgar, com fundamento no art. 51 do CDC, sem pedido expresso, a abusividade de cláusulas nos contratos bancários.

(B) é devida a restituição de valores vertidos por consorciado desistente ao grupo de consórcio, de forma

imediata, não havendo necessidade de aguardar o encerramento do plano.

(C) é abusiva a taxa de administração em contrato de consórcio superior a 10% (dez por cento).

(D) não é abusiva a cláusula contratual que determina a restituição dos valores devidos de forma parcelada, na hipótese de resolução de contrato de promessa de compra e venda de imóvel, por culpa de quaisquer contratantes.

(E) é válida, no sistema de planta comunitária de telefonia – PCT, a previsão contratual ou regulamentar que desobrigue a companhia de subscrever ações em nome do consumidor ou de lhe restituir o valor investido.

A: incorreta. "Nos contratos bancários, é vedado ao julgador conhecer, de ofício, da abusividade das cláusulas" (Súmula 381 do STJ). Vale lembrar que o art. 10, do NCPC, o juiz não deve decidir com base em fundamento do qual não se tenha dado às partes oportunidade de se manifestar, ainda que se trate de matéria sobre a qual deva decidir de ofício. **B:** incorreta. "É devida a restituição de valores vertidos por consorciado desistente ao grupo de consórcio, mas não de imediato, e sim em até trinta dias a contar do prazo previsto contratualmente para o encerramento do plano". (REsp 1119300/RS, DJ 14/04/2010). Tese firmada em recurso Repetitivo Tema 312. **C:** incorreta. "As administradoras de consórcio têm liberdade para estabelecer a respectiva taxa de administração, ainda que fixada em percentual superior a dez por cento". (Súmula 538). **D:** incorreta. "Na hipótese de resolução de contrato de promessa de compra e venda de imóvel submetido ao código de defesa do consumidor, deve ocorrer a imediata restituição das parcelas pagas pelo promitente comprador – integralmente, em caso de culpa exclusiva do promitente vendedor/construtor, ou parcialmente, caso tenha sido o comprador quem deu causa ao desfazimento". (Súmula 543 do STJ). **E:** correta. "É válida, no sistema de planta comunitária de telefonia – PCT, a previsão contratual ou regulamentar que desobrigue a companhia de subscrever ações em nome do consumidor ou de lhe restituir o valor investido" (REsp 1391089/RS, Rel. Ministro Paulo de Tarso Sanseverino, Segunda Seção, julgado em 26/02/2014, pelo rito do art. 543-C do CPC, DJe 10/03/2014). Veja informativo 536 do STJ. **RD**

Gabarito "E".

6. RESPONSABILIDADE ADMINISTRATIVA

(Procurador Municipal – Sertãozinho/SP – VUNESP – 2016) Sobre as sanções administrativas no âmbito das relações de consumo, assinale a assertiva correta.

(A) A competência para baixar normas relativas à produção, industrialização, distribuição e consumo de produtos e serviços é exclusiva da União.

(B) Os órgãos oficiais com atribuições para fiscalizar e controlar o mercado de consumo manterão comissões permanentes para elaboração, revisão e atualização das normas respectivas, sendo facultativa a participação dos consumidores e fornecedores.

(C) Os órgãos oficiais poderão expedir notificações aos fornecedores para que, sob pena de desobediência, prestem informações sobre questões de interesse do consumidor, mesmo se tratando de segredo industrial.

(D) As sanções administrativas estabelecidas no sistema consumerista podem ser aplicadas cumulativamente, inclusive por medida cautelar, antecedente ou incidente de procedimento administrativo.

(E) A devolução das quantias pagas pelo consumidor, multa e imposição de contrapropaganda são espécies de sanções administrativas que podem ser aplicadas contra as infrações das normas de defesa do consumidor praticadas por fornecedores.

A: incorreta. A competência é concorrente, cabendo a União e aos Estados (e Distrito Federal) para baixar normas relativas à produção, industrialização, distribuição e consumo de produtos e serviços (art. 55 do CDC e art. 24, V e VIII, da CF). **B**: incorreta. É obrigatória a participação dos consumidores e fornecedores nas comissões permanentes (art. 55, § 3º) **C**: incorreta. Os órgãos oficiais poderão expedir notificações aos fornecedores para que, sob pena de desobediência, prestem informações sobre questões de interesse do consumidor, resguardado o segredo industrial (art. 55, § 4º). **D**: correta. Nos exatos termos do parágrafo único do art. 56 do CDC: "as sanções previstas neste artigo serão aplicadas pela autoridade administrativa, no âmbito de sua atribuição, podendo ser aplicadas cumulativamente, inclusive por medida cautelar, antecedente ou incidente de procedimento administrativo". **E**: incorreta. A devolução das quantias pagas pelo consumidor não é sanção administrativa prevista no art. 56 do CDC. [RD]

Gabarito "D".

7. DEFESA DO CONSUMIDOR EM JUÍZO

(Juiz de Direito – TJ/RJ – 2019 – VUNESP) Em conformidade com o que disciplina o Código de Defesa do Consumidor sobre os interesses ou direitos individuais homogêneos, assinale a alternativa correta.

(A) O Ministério Público não é parte legítima para atuar em defesa dos interesses individuais homogêneos dos consumidores.

(B) A respectiva coisa julgada terá efeitos *ultra partes*, com a reparabilidade indireta do bem cuja titularidade é composta pelo grupo ou classe.

(C) A marca do seu objeto é a indivisibilidade e a indisponibilidade, ou seja, não comportam fracionamento e não podem ser disponibilizados por qualquer dos cotitulares.

(D) São interesses na sua essência coletivos, não podendo ser exercidos em juízo individualmente.

(E) A origem comum exigida para a configuração dos interesses individuais homogêneos pode ser tanto de fato como de direito.

A: Incorreta. De acordo com o art. 82, I do CDC e com o art. 5º da Lei de Ação Civil Pública, o Ministério Público é parte legítima para atuar em defesa dos interesses individuais homogêneos dos consumidores. **B**: Incorreta. Conforme previsão do art. 103, III e 81, parágrafo único, III, a coisa julgada terá efeito *erga omnes*, tratando-se de direitos ou interesses individuais. Nesse sentido, ressaltamos que caso a ação verse sobre interesses ou direitos coletivos, a coisa julgada surtirá efeito *ultra partes*, conforme disposição dos arts. 103, II e 81, parágrafo único, II, do CDC. **C**: Incorreta. Os direitos individuais homogêneos são, em sua natureza, divisíveis, podendo seus titulares serem individualizados. Nesse sentido, tais direitos são reconhecidos pela divisibilidade do objeto, determinabilidade dos titulares e sua origem comum. **D**: Incorreta. Os direitos difusos, coletivos ou individuais homogêneos podem ser levados à juízo através da tutela coletiva de direitos, mas não retira a opção de o titular de direitos participar de propor ação individual. Nesse sentido, assim determina o art. 104 do CDC: "As ações coletivas, previstas nos incisos I e II e do parágrafo único do art. 81, não induzem litispendência para as ações individuais, mas os efeitos da coisa julgada *erga omnes* ou *ultra partes* a que aludem os incisos II e III do artigo anterior não beneficiarão os autores das ações individuais, se não for requerida sua suspensão no prazo de trinta dias, a contar da ciência nos autos do ajuizamento da ação

coletiva". **E**: Correta. O art. 81, parágrafo único, III, do CDC, define "*interesses ou direitos individuais homogêneos, assim entendidos os decorrentes de origem comum*". Assim, a origem comum pode ser tanto origem de fato como de direito. [RD]

Gabarito "E".

(Defensor Público/RO – 2017 – VUNESP) Sobre as Ações Coletivas para a defesa de interesses individuais homogêneos, previstas no Código de Defesa do Consumidor, assinale a alternativa correta.

(A) A liquidação e a execução de sentença poderão ser exclusivamente promovidas pelas vítimas e seus sucessores.

(B) O Ministério Público, se não ajuizar a ação, terá a faculdade de atuar como fiscal da lei, nas ações que versam sobre essa natureza de direitos coletivos.

(C) Em caso de procedência do pedido, a condenação nunca será genérica, fixandose desde logo a responsabilidade do réu pelos danos causados.

(D) Decorrido o prazo de um ano sem habilitação de interessados em número compatível com a gravidade do dano, poderá o Ministério Público, concorrendo com os demais legitimados apontados pelo CDC, promover a liquidação e execução da indenização devida.

(E) Todas as demandas que versam sobre esses direitos devem ser propostas perante a Justiça Federal.

A: incorreta. A liquidação e execução da sentença coletiva em direitos individuais homogêneos podem ser promovidas pelas vítimas e seus sucessores (art. 97 do CDC), assim como pelos legitimados para a ação coletiva relacionados no art. 82 do CDC; **B**: incorreta. O Ministério Público, se não ajuizar a ação, atuará sempre como fiscal da lei (art. 92 do CDC); **C**: incorreta. Em caso de procedência do pedido, a condenação será genérica, fixando a responsabilidade do réu pelos danos causados (art. 95 do CDC); **D**: correta. Nos exatos termos do art. 100 do CDC; **E**: incorreta. Na forma do art. 93 do CDC, ressalvada a competência da Justiça Federal, é competente para a causa a justiça local i) no foro do lugar onde ocorreu ou deva ocorrer o dano, quando de âmbito local, ou ii) no foro da Capital do Estado ou no do Distrito Federal, para os danos de âmbito nacional ou regional, aplicando-se as regras do Código de Processo Civil aos casos de competência concorrente. [RD]

Gabarito "D".

(Procurador Municipal – Sertãozinho/SP – VUNESP – 2016) No que concerne à defesa metaindividual do consumidor em juízo, assinale a alternativa correta.

(A) Interesses ou direitos difusos são os transindividuais, de natureza divisível, de que sejam titulares pessoas indeterminadas e ligadas por circunstâncias de fato.

(B) São legitimados concorrentemente para a sua tutela, as entidades e órgãos da Administração Pública, direta ou indireta, ainda que sem personalidade jurídica, especificamente destinados à defesa dos interesses e direitos do consumidor.

(C) Na ação que tenha por objeto o cumprimento da obrigação de fazer ou não fazer, o juiz poderá impor multa diária ao réu, desde que haja pedido do autor, se for suficiente ou compatível com a obrigação, fixando prazo razoável para o cumprimento do preceito.

(D) Em caso de litigância de má-fé, a associação autora e os diretores responsáveis pela propositura da ação serão subsidiariamente condenados em honorários advocatícios e ao décuplo das custas, sem prejuízo da responsabilidade por perdas e danos.

(E) Aplicam-se às ações para a sua tutela, além do Código de Defesa do Consumidor, as normas do Código de Processo Civil e da Lei da ação popular, naquilo que não contrariar as disposições do diploma consumerista.

A: incorreta. Os interesses difusos têm natureza indivisível (art. 81, parágrafo único, I, do CDC). **B:** correta. Nos exatos termos do art. 82, III, do CDC. **C:** incorreta. A multa pode ser imposta independentemente do pedido do autor: "O juiz poderá, na hipótese do § 3º ou na sentença, impor multa diária ao réu, independentemente de pedido do autor, se for suficiente ou compatível com a obrigação, fixando prazo razoável para o cumprimento do preceito" (art. 84, § 4º, do CDC). **D:** incorreta. Nos termos do art. 87, parágrafo único, a responsabilidade é solidária entre a associação autora e os diretores responsáveis pela proposição da ação. **E:** incorreta. Aplicam-se às ações para a tutela do consumidor as normas do Código de Processo Civil e da Lei 7.347/1985, inclusive no que respeita ao inquérito civil, naquilo que não contrariar suas disposições (art. 90 do CDC). [RD]

Gabarito "B".

(Procurador Municipal – Sertãozinho/SP – VUNESP – 2016) Relativamente às ações coletivas para a defesa de interesses individuais homogêneos tratados pelo Código de Defesa do Consumidor, é possível asseverar que

(A) são considerados interesses ou direitos individuais homogêneos aqueles transindividuais de natureza divisível ou não, decorrentes de origem comum.

(B) o Município poderá propor, em nome próprio e no interesse das vítimas ou seus sucessores, ação civil coletiva de responsabilidade pelos danos individualmente sofridos.

(C) o Ministério Público, se não ajuizar a ação, atuará como fiscal da lei quando o Juiz da causa entender pertinente.

(D) em caso de procedência do pedido, a condenação deve ser certa e determinada, fixando-se a responsabilidade do réu pelos danos causados.

(E) na hipótese de decorrido o prazo de 06 (seis) meses sem habilitação de interessados em número compatível com a gravidade do dano para execução da coisa julgada coletiva, poderá o autor da ação, promover a liquidação e execução da indenização devida.

A: incorreta. Os Direitos Individuais Homogêneos têm natureza divisível e são decorrentes de origem comum (art. 81, parágrafo único, III, do CDC). **B:** correta. A legitimidade do Município decorre do art. 82 do CDC e do art. 5º da LACP (ver também art. 91 e 92 do CDC). **C:** incorreta. O Ministério Público sempre atuará como fiscal da lei (art. 5º, § 1º, da LACP e art. 92 do CDC). **D:** incorreta. Para as ações coletivas que envolvem Direitos Individuais Homogêneos, em caso de procedência do pedido, a condenação será genérica, fixando a responsabilidade do réu pelos danos causados (art. 95 do CDC). **E:** incorreta. Nos termos do art. 100 do CDC, decorrido o prazo de um ano sem habilitação de interessados em número compatível com a gravidade do dano, poderão os legitimados promover a liquidação da sentença (*fluid recovery*). [RD]

Gabarito "B".

8. SNDC E CONVENÇÃO COLETIVA

(Defensor Público/RO – 2017 – VUNESP) Sobre a Convenção Coletiva de Consumo, é correto afirmar que

(A) formalizada a convenção, essa se torna obrigatória assim que todos os participantes tomem ciência de seu conteúdo de forma inequívoca, independentemente de registro em cartório.

(B) se exime de cumprir a convenção o fornecedor que se desligar da entidade em data posterior ao registro do instrumento.

(C) as entidades civis de consumidores e as associações de fornecedores ou sindicatos de categoria econômica são os órgãos legitimados pela lei para regular preço, qualidade, quantidade, garantia e características de produtos e serviços, bem como reclamação e composição do conflito de consumo.

(D) pode ser feita verbalmente, pelo Ministério Público e Defensoria Pública, e têm como objeto condições relativas ao preço, à qualidade, à quantidade, à garantia e características de produtos e serviços.

(E) uma vez formalizada, e adotados todos os procedimentos corretos para sua validade, ela se torna eficaz erga omnes.

A: incorreta. A convenção tornar-se-á obrigatória a partir do registro do instrumento no cartório de títulos e documentos (art. 107, § 1º, do CDC); **B:** incorreta. Não se exime de cumprir a convenção o fornecedor que se desligar da entidade em data posterior ao registro do instrumento (art. 107, § 3º); **C:** correta, nos exatos termos do *caput* do art. 107 do CDC; **D:** incorreta. O Ministério Público e a Defensoria não poderão estabelecer termos para convenção coletiva de consumo. A legitimidade é somente das entidades civis de consumidores e associações de fornecedores e sindicatos de categoria econômica; **E:** incorreta. A convenção somente obrigará os filiados às entidades signatárias (art. 107, § 2º). [RD]

Gabarito "C".

(Juiz de Direito – TJ/MS – VUNESP – 2015) De acordo com o Sistema Nacional de Defesa do Consumidor,

(A) cabe ao Departamento de Proteção e Defesa do Consumidor – DPDC a coordenação de sua política.

(B) pode a Secretaria Nacional do Consumidor – SENACON, do Ministério da Justiça, celebrar convênios e termos de ajustamento de conduta.

(C) é atribuição do PROCON municipal funcionar, no processo administrativo, como órgão consultivo, emitindo parecer, no âmbito de sua competência.

(D) caberá aos PROCONs estaduais, em conjunto com os PROCONs municipais, propor a política nacional de proteção e defesa do consumidor.

(E) as Promotorias e Delegacias do Consumidor, os PROCONs e as associações civis integram o sistema.

A: incorreta. O Departamento Nacional de Defesa do Consumidor é organismo de coordenação da política do Sistema Nacional de Defesa do Consumidor (art. 106, *caput*, do CDC). Compete à Secretaria Nacional do Consumidor do Ministério da Justiça, a coordenação da política do Sistema Nacional de Defesa do Consumidor (art. 3º, do Decreto 2.181/1997). **B:** correta. Nos termos do art. 3º do Decreto 2.181/1997. **C:** incorreta. Compete à SENACON: II – receber, analisar, avaliar e apurar consultas e denúncias apresentadas por entidades representativas ou pessoas jurídicas de direito público ou privado ou por consumidores individuais. **D:** incorreta. Cabe à SENACON planejar, elaborar, propor, coordenar e executar a política nacional de proteção e defesa do consumidor (art. 3º, I, do Decreto 2.181/1997). **E:** incorreta. Integram o Sistema Nacional de Defesa do Consumidor (SNDC), os órgãos federais, estaduais, do Distrito Federal e municipais e as entidades privadas de defesa do consumidor (art. 105, do CDC). [RD]

Gabarito "B".

9. OUTRAS TEMAS E QUESTÕES COMBINADAS

(Juiz de Direito – TJ/SP – 2023 – VUNESP) É correto afirmar que

(A) o fornecedor não está obrigado a informar o valor aproximado correspondente à totalidade dos tributos incidentes sobre a venda ao consumidor de mercadorias ou serviços.

(B) o provedor de conteúdo de internet responde objetivamente pelo conteúdo inserido pelo usuário.

(C) a teoria do adimplemento substancial pode ser aplicada nos contratos de alienação fiduciária, regidos pelo Decreto-lei nº 911, de 1969.

(D) é lícito o uso de escore de crédito (*credit scoring*) para concessão de crédito ao consumidor.

A: Incorreta. O art. 6º do CDC elenca, entre os direitos básicos do consumidor "a informação adequada e clara sobre os diferentes produtos e serviços, com especificação correta de quantidade, características, composição, qualidade, tributos incidentes e preço, bem como sobre os riscos que apresentem". **B:** Incorreta. Conforme art. 21 da Lei nº 12.965/2014, o provedor responde subjetivamente pelo conteúdo inserido pelo usuário. **C:** Incorreta. Conforme entendimento do STJ: "Não se aplica a teoria do adimplemento substancial aos contratos de alienação fiduciária em garantia regidos pelo Decreto-Lei 911/69" (REsp 1622555-MG). **D:** Correta. Conforme entendimento do STJ: O "*credit scoring*" é considerado como prática comercial lícita, estando autorizada pelo art. 5º, IV, e pelo art. 7º, I, da Lei 12.414/2011 (Lei do Cadastro Positivo) (REsp 1.419.697-RS). No mesmo sentido, a Súmula 550 do STJ ainda estabeleceu que a utilização de escore de crédito dispensa o consentimento do consumidor, que terá o direito de solicitar esclarecimentos sobre as informações pessoais valoradas e as fontes dos dados considerados no respectivo cálculo. **CD**

Gabarito "D".

(Juiz de Direito – TJ/RJ – 2019 – VUNESP) Tendo em vista o entendimento sumular do Superior Tribunal de Justiça, é correto afirmar que

(A) o Código de Defesa do Consumidor não é aplicável aos empreendimentos habitacionais promovidos pelas sociedades cooperativas.

(B) é abusiva a cláusula contratual de plano de saúde que prevê a limitação do tempo de internação hospitalar do segurado.

(C) constitui prática abusiva a estipulação de juros remuneratórios superiores a 12% ao ano.

(D) incumbe ao credor a exclusão do registro da dívida em nome do devedor no cadastro de inadimplentes no prazo de cinco dias úteis, a partir do pagamento do débito ainda que parcial.

(E) constitui prática comercial abusiva o envio de cartão de crédito sem prévia e expressa solicitação do consumidor, não se sujeitando, no entanto, à aplicação de multa administrativa.

A: Incorreta. Conforme Súmula 602 do STJ "O Código de Defesa do Consumidor é aplicável aos empreendimentos habitacionais promovidos pelas sociedades cooperativas". **B:** Correta. Conforme literalidade da Súmula 302 do STJ: "É abusiva a cláusula contratual de plano de saúde que limita no tempo a internação hospitalar do segurado". **C:** Incorreta. De acordo com a Súmula 382 do STJ "A estipulação de juros remuneratórios superiores a 12% ao ano, por si só, não indica abusividade". **D:** Incorreta. Conforme entendimento da Súmula 548 do STJ "Incumbe ao credor a exclusão do registro da dívida em nome do devedor no cadastro de inadimplentes no prazo de cinco dias úteis,

a partir do integral e efetivo pagamento do débito". **E:** Incorreta. De acordo com o enunciado da Súmula 532 do STJ "constitui prática comercial abusiva o envio de cartão de crédito sem prévia e expressa solicitação do consumidor, configurando-se ato ilícito indenizável e sujeito à aplicação de multa administrativa". **RD**

Gabarito "B".

(Juiz de Direito – TJ/RJ – 2019 – VUNESP) De acordo com o tratamento atribuído pelo regime consumerista aos institutos da decadência e da prescrição, assinale a alternativa correta.

(A) Em se tratando de vício oculto, o prazo de decadência tem início no momento em que se formalizar a reclamação do consumidor perante o fornecedor de produtos.

(B) Obsta o transcurso do prazo decadencial a reclamação formulada pelo consumidor perante o fornecedor de produtos até a resposta negativa correspondente ou o transcurso de prazo razoável sem a respectiva resposta.

(C) Prescreve em sessenta dias o direito de reclamar pelos vícios de fácil constatação, iniciando a contagem a partir da entrega efetiva do produto ou do término da execução dos serviços.

(D) A instauração de inquérito civil obsta a decadência, reiniciando a contagem do prazo decadencial no dia seguinte à referida instauração.

(E) Tem início o prazo de prescrição nos casos de responsabilidade pelo fato dos produtos ou serviços a partir da ciência do dano, bem como de sua autoria.

A: Incorreta. Conforme determina o art. 26, § 3º, do Código de Defesa do Consumidor, tratando-se de vício oculto, o prazo decadencial inicia-se no momento em que ficar evidenciado o vício. **B:** Incorreta. O mesmo art. 26, no seu § 2º, informa que "obsta a decadência a reclamação comprovadamente formulada pelo consumidor perante o fornecedor de produtos e serviços até a resposta negativa correspondente, que deve ser transmitida de forma inequívoca". **C:** Incorreta. O prazo previsto pelo Código de Defesa do Consumidor é decadencial, caducando o direito de o consumidor reclamar em trinta dias, tratando-se de fornecimento de serviço e de produtos não duráveis e noventa dias, tratando-se de fornecimento de serviço e de produtos duráveis (art. 26, I e II, do CDC) **D:** Incorreta. De acordo com o art. 26, § 2º, III, a instauração de inquérito civil obsta a decadência até seu encerramento; **E:** Correta. Conforme art. 27 do CDC: "Prescreve em cinco anos a pretensão à reparação pelos danos causados por fato do produto ou do serviço prevista na Seção II deste Capítulo, iniciando-se a contagem do prazo a partir do conhecimento do dano e de sua autoria". **RD**

Gabarito "E".

(Defensor Público/RO – 2017 – VUNESP) Uma grande loja de departamentos fez uma liquidação de seus produtos, para queimar estoque, sendo produtos novos e sem qualquer vício. Porém, colocou uma enorme placa avisando que tudo o que fosse adquirido pelo preço promocional não teria qualquer tipo de troca.

Diante dessa situação, é correto afirmar que:

(A) tal loja agiu corretamente, pois é direito básico do consumidor ser informado claramente de seus direitos e, fazendo isso, não precisará realizar qualquer tipo de troca dos produtos adquiridos em promoção.

(B) a loja está desobrigada a realizar a troca, mesmo que por vício no produto comprado em promoção, tendo em vista que compete a ela escolher como pretende

11. DIREITO DO CONSUMIDOR 365

reparar eventual problema apresentado nos produtos por si comercializados.

(C) caso o produto em promoção apresente algum vício, a loja deverá proceder à troca se assim escolher o consumidor, independentemente de ter colocado a placa informando que assim não agiria, respeitando-se o prazo de sanação, se for o caso, tendo em vista que a vontade do fornecedor não se sobrepõe ao texto da lei.

(D) caso haja algum vício nos produtos vendidos em promoção, somente o fabricante deverá ser responsabilizado, uma vez que a loja já se eximiu de sua responsabilidade ao informar ao consumidor da impossibilidade da troca dos produtos.

(E) no caso em tela, a prática realizada pela loja é abusiva, uma vez que ela tem o dever de realizar trocas dos produtos, sempre que desejar o consumidor, seja em razão de vícios, seja por arrependimento do consumidor.

A: incorreta. O consumidor tem o direito da efetiva reparação por danos materiais e morais causados pelos fornecedores no mercado de consumo, nos termos do art. 6°, VI, do CDC. Ademais, configura-se abusiva qualquer cláusula contratual que subtraia do consumidor o direito de ser indenizado (art. 51, I, do CDC); **B:** incorreta. Tratando-se de vício de produto, passado o prazo de conserto, pode o consumidor optar pela troca do produto, pelo abatimento proporcional do preço ou pela devolução dos valores pagos (art. 18 do CDC); **C:** correta. O consumidor tem o direito da efetiva reparação por danos materiais e morais causados pelos fornecedores no mercado de consumo, nos termos do art. 6°, VI, do CDC. E configura-se abusiva qualquer cláusula contratual que subtraia do consumidor o direito de ser indenizado (art. 51, I, do CDC). Tratando-se de vício de produto, passado o prazo de conserto, pode o consumidor optar pela troca do produto, pelo abatimento proporcional do preço ou pela devolução dos valores pagos (art. 18 do CDC); **D:** incorreta. A responsabilidade civil do comerciante e do fabricante é solidária nas hipóteses de vício do produto (art. 18); **E:** incorreta. O fornecedor está obrigado a efetuar a troca do produto apenas nas hipóteses de vício de produto (art. 18) e nas hipóteses em que a oferta do produto está vinculada à troca nas condições pré-estabelecidas. **RD**
Gabarito "C"

(Investigador – PC/BA – 2018 – VUNESP) No Título II do Código de Defesa do Consumidor (Lei n° 8.078/90), estão previstas algumas condutas que, se praticadas pelo fornecedor, serão consideradas crime, entre elas:

(A) fazer ou promover publicidade que sabe ou deveria saber ser enganosa ou abusiva.

(B) executar serviço de alto grau de periculosidade, mesmo em consonância com determinação de autoridade competente.

(C) empregar, na reparação de produtos, peça ou componentes de reposição ainda que novos, sem autorização do consumidor.

(D) comunicar à autoridade competente e aos consumidores a nocividade ou periculosidade de produtos ainda que o conhecimento seja posterior à sua colocação no mercado.

(E) empregar na reparação de produtos, peças ou componentes usados, mesmo que com a autorização do consumidor.

A: correta, nos exatos termos do art. 67 do CDC; **B:** incorreta. Executar serviço de alto grau de periculosidade, contrariando determinação de autoridade, é conduta típica estabelecida no art. 65 do CDC; **C:** incorreta. Nos termos do art. 70 do CDC, constitui crime "empregar

na reparação de produtos, peça ou componentes de reposição usados, sem autorização do consumidor"; **D:** incorreta. Constitui crime do art. 64 **deixar** de comunicar à autoridade competente e aos consumidores sobre a nocividade ou periculosidade de produtos cujo conhecimento seja posterior à sua colocação no mercado; **E:** incorreta. Vide comentário da alternativa E. **RD**
Gabarito "A".

(Procurador Municipal/SP – VUNESP – 2016) Sobre a desconsideração da personalidade jurídica prevista no Código de Defesa do Consumidor, é correto afirmar que

(A) as sociedades integrantes dos grupos societários são subsidiariamente responsáveis, enquanto as sociedades controladas são solidariamente responsáveis pelas obrigações decorrentes do Código de Defesa do Consumidor.

(B) o juiz deverá desconsiderar a personalidade jurídica somente quando houver má administração e falência do fornecedor.

(C) as empresas coligadas respondem solidária e objetivamente pelos prejuízos causados aos consumidores.

(D) as sociedades consorciadas são solidariamente responsáveis pelas obrigações decorrentes do Código de Defesa do Consumidor.

(E) as sociedades integrantes dos grupos societários e as sociedades controladas são ambas solidariamente responsáveis pelas obrigações decorrentes do Código de Defesa do Consumidor.

A: incorreta. As sociedades integrantes dos grupos societários e as sociedades controladas, são subsidiariamente responsáveis pelas obrigações decorrentes deste Código (art. 28, § 2°, do CDC). **B:** incorreta. Na forma do art. 28, *caput*, do CDC o "juiz poderá desconsiderar a personalidade jurídica da sociedade quando, em detrimento do consumidor, houver abuso de direito, excesso de poder, infração da lei, fato ou ato ilícito ou violação dos estatutos ou contrato social. A desconsideração também será efetivada quando houver falência, estado de insolvência, encerramento ou inatividade da pessoa jurídica provocados por má administração". **C:** incorreta. As sociedades coligadas só responderão por culpa (art. 28, § 4°). **D:** correta. Nos exatos termos do art. 28, § 3°, do CDC. **E:** incorreta. A responsabilidade é subsidiária (vide alternativa "A"). **RD**
Gabarito "D".

(Procurador Municipal/SP – VUNESP – 2016) Há previsão expressa no Código de Defesa do Consumidor acerca da Convenção Coletiva de Consumo. Sobre esse tema, é correto afirmar que

(A) são legitimados para regular em convenção escrita relativa à preço, à quantidade e à garantia, entre outros, os Municípios e os sindicatos da categoria econômica envolvida, dada a competência concorrente de todos os entes da federação em legislar acerca dos direitos do consumidor.

(B) feita a convenção, ela se tornará obrigatória apenas a partir do momento em que for registrada no cartório de títulos e documentos.

(C) uma vez registrada, a convenção terá efeito *erga omnes*, valendo para todos os fornecedores e consumidores daquele nicho de produtos ou serviços.

(D) se exime de cumprir a convenção o fornecedor que se desligar da entidade em data posterior ao registro do instrumento.

(E) são legitimados para regular em convenção escrita relativa à preço, à quantidade e à garantia entre outros, os Procons Estaduais e os sindicatos da categoria econômica envolvida, dada a competência concorrente de todos os entes da federação em legislar acerca dos direitos do consumidor.

A: incorreta. A legitimidade para a convenção coletiva é das entidades civis de consumidores e associações de fornecedores ou sindicatos de categoria econômica. Por outro lado, a convenção coletiva de consumo pode ter por objeto estabelecer condições relativas ao preço, à qualidade, à quantidade, à garantia e características de produtos e serviços, bem como à reclamação e composição do conflito de consumo (art. 107, *caput*, do CDC). A competência para legislar em Direito do Consumidor é concorrente entre a União e os Estados (e DF), art. 24, V e VIII, da Constituição Federal, podendo o município legislar se houver interesse local (art. 30 da CF). **B:** correta. A convenção tornar-se-á obrigatória a partir do registro do instrumento no cartório de títulos e documentos (art. 107, § 1º, do CDC). **C:** incorreta. A convenção somente obrigará os filiados às entidades signatárias (art. 107, § 2º, do CDC). **D:** incorreta. Não se exime de cumprir a convenção o fornecedor que se desligar da entidade em data posterior ao registro do instrumento (art. 107, § 3º, do CDC). **E:** incorreta. Os PROCONS não têm legitimidade para firmar convenção coletiva de consumo (vide justificativa da alternativa "A"). **RD**

Gabarito "B".

(Juiz de Direito – TJ/SP – VUNESP – 2015) Assinale a alternativa correta, no que concerne ao tema da oferta.

(A) Descabe a responsabilidade solidária do fornecedor por ato de seu representante autônomo.

(B) O fornecedor, em caso de descumprimento da oferta, poderá exigir que o consumidor rescinda o contrato, restituindo-lhe o valor pago, monetariamente atualizado, além das perdas e danos.

(C) Em caso de oferta ou venda por reembolso postal, constarão o nome do fabricante e endereço na publicidade utilizada na transação comercial.

(D) Cessada a produção, a oferta de componentes, via de regra, deverá ser mantida por noventa dias.

A: incorreta. A responsabilidade civil do fornecedor por ato de seu representante autônomo é solidária, nos termos do art. 26, § 1º, e art. 34, ambos do Código de Defesa do Consumidor. **B:** incorreta. Nas hipóteses de não cumprimento da oferta, o consumidor pode, alternativamente e a sua escolha: "I – exigir o cumprimento forçado da obrigação, nos termos da oferta, apresentação ou publicidade; II – aceitar outro produto ou prestação de serviço equivalente; III – rescindir o contrato, com direito à restituição de quantia eventualmente antecipada, monetariamente atualizada, e a perdas e danos". **C:** correta. Nos exatos termos do art. 33 do CDC. **D:** incorreta. Cessadas a produção ou importação, a oferta deverá ser mantida por período razoável de tempo, na forma da lei (art. 32, parágrafo único, do CDC). **RD**

Gabarito "C".

(Juiz de Direito – TJ/MS – VUNESP – 2015) Segundo o art. 84 do CDC, na ação que tenha por objeto o cumprimento da obrigação de fazer ou não fazer, o juiz concederá a tutela específica da obrigação ou determinará providências que assegurem o resultado prático equivalente ao do adimplemento, observando que

(A) desde que seja requerido pelo autor, o juiz poderá, na sentença, impor multa diária ao réu, se for suficiente ou compatível com a obrigação, fixando prazo razoável para o cumprimento do preceito.

(B) para a tutela específica ou para a obtenção do resultado prático equivalente, poderá o juiz fazer uso exclusivo da multa.

(C) sendo relevante o fundamento da demanda e havendo justificado receio de ineficácia do provimento final, é lícito ao juiz conceder a tutela liminarmente ou após justificação prévia, citado o réu.

(D) a conversão da obrigação em perdas e danos somente será admissível se impossível a obtenção do resultado prático correspondente.

(E) a indenização por perdas e danos se fará com prejuízo da multa.

A: incorreta. "O juiz poderá, na hipótese do § 3º ou na sentença, impor multa diária ao réu, independentemente de pedido do autor, se for suficiente ou compatível com a obrigação, fixando prazo razoável para o cumprimento do preceito" (art. 84, § 4º, do CDC). **B:** incorreta. "Para a tutela específica ou para a obtenção do resultado prático equivalente, poderá o juiz determinar as medidas necessárias, tais como busca e apreensão, remoção de coisas e pessoas, desfazimento de obra, impedimento de atividade nociva, além de requisição de força policial" (art. 84, § 5º, do CDC). **C:** correta. Nos exatos termos no art. 84, § 3º, do CDC. **D:** incorreta. "A conversão da obrigação em perdas e danos somente será admissível se por elas optar o autor ou se impossível a tutela específica ou a obtenção do resultado prático correspondente" (art. 84, § 1º, do CDC). **E:** incorreta. "A indenização por perdas e danos se fará sem prejuízo da multa" (art. 84, § 2º, do CDC). **RD**

Gabarito "C".

(Juiz de Direito – TJ/MS – VUNESP – 2015) São circunstâncias agravantes dos crimes contra as relações de consumo, previstos no Código de Defesa do Consumidor:

(A) explicitar-se a natureza ilícita do procedimento.

(B) ocasionarem dano individual ou coletivo.

(C) quando cometidos por pessoa cuja condição econômico-social seja igual ou manifestamente superior à da vítima.

(D) quando cometidos em detrimento de operário ou rurícola.

(E) serem cometidos em época de crise econômica.

Nos termos do art. 76 do Código de Defesa do Consumidor, são circunstâncias agravantes dos crimes: I – serem cometidos em época de grave crise econômica ou por ocasião de calamidade; II – ocasionarem grave dano individual ou coletivo; III – dissimular-se a natureza ilícita do procedimento; IV – quando cometidos: a) por servidor público, ou por pessoa cuja condição econômico-social seja manifestamente superior à da vítima; b) em detrimento de operário ou rurícola; de menor de dezoito ou maior de sessenta anos ou de pessoas portadoras de deficiência mental interditadas ou não; V – serem praticados em operações que envolvam alimentos, medicamentos ou quaisquer outros produtos ou serviços essenciais. **A:** incorreta. Dissimular-se, não explicitar-se, a natureza ilícita do procedimento é circunstância agravante. **B:** incorreta. Ocasionar *grave* dano individual ou coletivo é circunstância agravante. **C:** incorreta. A condição econômico-social não pode ser igual, mas manifestamente superior à da vítima. **D:** correta. Art. 76, IV, *b*, do CDC. **E:** incorreta. Será circunstância agravante se cometido mediante *grave* crise econômica. **RD**

Gabarito "D".

(Juiz de Direito – TJ/MS – VUNESP – 2015) Em relação aos contratos de consumo e eventuais lides deles decorrentes, assinale a alternativa correta.

(A) A decadência do art. 26 do CDC é aplicável à prestação de contas para obter esclarecimentos sobre cobrança de taxas, tarifas e encargos bancários.

(B) O mutuário do SFH pode ser compelido a contratar o seguro habitacional obrigatório com a instituição financeira mutuante ou com a seguradora por ela indicada.

11. DIREITO DO CONSUMIDOR

(C) A cobrança de comissão de permanência, cujo valor não pode ultrapassar a soma dos encargos remuneratórios e moratórios previstos no contrato, exclui a exigibilidade dos juros remuneratórios, moratórios e da multa contratual.

(D) As instituições financeiras no âmbito de operações bancárias, respondem objetivamente pelos danos gerados por fortuito interno relativo a fraudes, e subjetivamente por delitos praticados por terceiros.

(E) A Anatel é parte legítima nas demandas entre a concessionária e o usuário de telefonia, decorrentes de relação contratual.

A: incorreta. "A decadência do art. 26 do CDC não é aplicável à prestação de contas para obter esclarecimentos sobre cobrança de taxas, tarifas e encargos bancários." (Súmula 477 do STJ). **B:** incorreta. *"O mutuário do SFH não pode ser compelido a contratar o seguro habitacional obrigatório com a instituição financeira mutuante ou com a seguradora por ela indicada".* (Súmula 473 do STJ). **C:** correta. "A cobrança de comissão de permanência – cujo valor não pode ultrapassar a soma dos encargos remuneratórios e moratórios previstos no contrato – exclui a exigibilidade dos juros remuneratórios, moratórios e da multa contratual". (Súmula 472 do STJ). **D:** incorreta. "As instituições financeiras respondem objetivamente pelos danos gerados por fortuito interno relativo a fraudes e delitos praticados por terceiros no âmbito de operações bancárias". (Súmula 479 do STJ). **E:** incorreta. "A Anatel não é parte legítima nas demandas entre a concessionária e o usuário de telefonia decorrentes de relação contratual". (Súmula 506 do STJ).

Gabarito "C".

12. DIREITO AMBIENTAL

Rodrigo Bordalo, Fabiano Melo e Fernanda Camargo Penteado*

1. CONCEITOS BÁSICOS

(Procurador do Estado/SP – 2018 – VUNESP) Sobre a evolução da legislação ambiental no Brasil e os seus marcos históricos, assinale a alternativa correta.

(A) A Constituição Federal de 1988 consolidou a proteção ao meio ambiente, porém o regime jurídico de proteção ambiental foi primeiramente abordado e disciplinado de forma sistemática na Constituição de 1967, mantido pela Emenda Constitucional no 1/1969, o que deu espaço para edição da Lei nº 6.938/1981.

(B) Embora a Lei nº 7.347/1985 (Lei da Ação Civil Pública) seja um importante instrumento na proteção de direitos difusos e coletivos, não foi originalmente editada para tutelar o meio ambiente, tendo sido alterada somente na década de 1990 para passar a prever, em diversas disposições, a responsabilização por danos causados ao meio ambiente.

(C) Embora a Lei nº 6.938/1981, que instituiu a Política Nacional do Meio Ambiente, tenha inaugurado a proteção ambiental de forma sistemática e organizada no Brasil, somente com a Constituição Federal de 1988 os Estados e Municípios foram inseridos no sistema de proteção ambiental.

(D) Dois marcos da Lei nº 6.938/1981, que instituiu a Política Nacional do Meio Ambiente, são a descentralização administrativa, a partir da noção de um sistema de proteção ambiental, e a mudança no paradigma de proteção ambiental no Brasil.

(E) Até a edição da Constituição Federal de 1988 as normas de proteção ao meio ambiente eram fragmentadas e esparsas, sendo preocupação central a proteção de recursos naturais sob o viés econômico.

A: incorreta. a Constituição Federal de 1988 foi a primeira a tratar de forma sistematizada a respeito da proteção ao meio ambiente, trazendo um capítulo específico destinado a tal fim; anteriormente o tema era tratado de forma indireta pelas constituições brasileiras; **B:** incorreta. O texto original da Lei 7.347/1985 já tutelava o meio ambiente; **C:** incorreta. Conforme se observa da estrutura do SISNAMA definida pela Lei 6.938/1981, art. 6º, V e VI, os órgãos seccionais e os órgãos locais, são compostos respectivamente por órgãos ou entidades estaduais e órgãos ou entidades municipais. Desta forma, antes da vigência da CF/88, a Lei 6.938/1981 já havia inserido os Estados e Municípios no sistema de proteção ambiental; **D:** correta. Vide art. 6º, da Lei 6.938/1981; **E:** incorreta. Antes da vigência da CF/88, as Leis 6.938/1981, 7.347/1985 e até mesmo o revogado Código Florestal (Lei 4.771/1965) já traziam normas de proteção ambiental específicas. **FM/FC**

Gabarito "D".

(Magistratura/SP – VUNESP – 2013) O direito ao meio ambiente, como direito de terceira geração ou terceira dimensão, apresenta uma estrutura bifronte, cujo significado consiste em contemplar

(A) direito de defesa e direito prestacional.

(B) direito de defesa e recuperação da qualidade ambiental degradada.

(C) direito material e direito procedimental.

(D) direito à obtenção e à manutenção de um *status* previamente definido no texto constitucional.

O direito ao meio ambiente é bifronte pois implica tanto um "não fazer" (ou seja, há uma série de proibições às pessoas físicas e jurídicas, que, assim, não podem fazer uma séria de coisas; ex.: não se pode fazer o uso direto de recursos naturais em unidades de proteção integral), como um conjunto de "fazeres" (ou seja, condutas comissivas que temos que tomar em relação ao meio ambiente; ex.: dever estatal de criar unidades de conservação). Vale lembrar que tais direitos e deveres alcançam não só o Estado, como também à coletividade em geral (art. 225, *caput*, da CF). Nesse sentido, trata-se de um direito de defesa (ou seja, que busca defender o meio ambiente por meio de proibições às pessoas) e prestacional (ou seja, que exige prestações comissivas ou positivas do Estado e da coletividade). **RB**

Gabarito "A".

2. PATRIMÔNIO CULTURAL BRASILEIRO

(Procurador do Município – São Paulo/SP – VUNESP – 2014) O Conselho Municipal de Preservação do Patrimônio Histórico, Cultural e Ambiental da Cidade de São Paulo (CONPRESP), criado pela Lei Municipal n.º 10.032/85, alterada pela Lei Municipal n.º 10.236/86, compõe-se dos seguintes membros, dentre outros:

(A) um representante por bancada na Câmara de São Paulo.

(B) dois representantes da Ordem dos Advogados do Brasil, Seção de São Paulo.

(C) um representante do Conselho Estadual do Meio Ambiente (CONSEMA).

(D) um representante da Secretaria Municipal de Cultura.

(E) dois representantes da Universidade de São Paulo, escolhidos entre membros da Faculdade de Arquitetura e Urbanismo.

A: incorreta, pois a nova redação do artigo 3º dada à Lei Municipal 10.032/1985 que trata dos membros do Conselho, não fala sobre um representante por bancada na Câmara, mas assim dispõe o inciso III: "um Vereador eleito pelos pares no Plenário da Câmara Municipal de São Paulo" (cf. redação dada pela Lei 14.516/2007); **B:** incorreta, pois o inciso VIII do referido art. 3º fala em apenas um representante da OAB de São Paulo; **C:** incorreta, pois a nova redação dada ao art. 3º da Lei Municipal 10.032/1985 não contempla um representante do Conselho Estadual do Meio Ambiente. **D:** correta, conforme determinado pelo art. 3º, I da Lei Municipal 10.032/85; **E:** incorreta, pois o art. 3º da referida lei municipal não menciona representantes da Universidade de São Paulo. **RB**

Gabarito "D".

---

* **RB** Rodrigo Bordalo
FM Fabiano Melo
FC Fernanda Camargo Penteado

3. DIREITO AMBIENTAL CONSTITUCIONAL

(Procurador – PGE/SP – 2024 – VUNESP) A discussão acerca da litigância climática tem crescido no mundo em conjunto com a preocupação com a responsabilidade ambiental e com a injustiça intergeracional ambiental. O Brasil também tem visto crescer o número de litígios dessa natureza, sobretudo na série de ações pautadas para julgamento pelo Supremo Tribunal Federal desde 2018, que ficou conhecida como "Pauta Verde".

Sobre a referida pauta, é correto afirmar:

(A) no julgamento da ADI 6808, o STF julgou o pedido improcedente para declarar constitucional a concessão automática de licença ambiental para funcionamento de empresas que exerçam atividades classificadas como de risco médio.

(B) a ADI 6148 foi julgada procedente declarando a inconstitucionalidade da Resolução CONAMA no 491/2018, que dispõe sobre os padrões de qualidade do ar.

(C) a decisão que julgou a ADO 59, que trata da implementação das prestações normativas e materiais da área da Amazônia Legal, especialmente aquelas relativas ao Fundo Amazônia, não reconheceu o estado de coisas inconstitucional na Amazônia Legal.

(D) foi julgada procedente a ADPF 735 que questionava a atuação das Forças Armadas na Garantia da Lei e da Ordem para ações subsidiárias, no período de 11 de maio a 10 de junho de 2020, na faixa de fronteira, nas terras indígenas, nas unidades federais de conservação ambiental e em outras áreas federais nos Estados da Amazônia Legal, visando a realização de ações preventivas e repressivas contra delitos ambientais, direcionadas ao desmatamento ilegal e ao combate a focos de incêndio.

(E) com relação à ADPF 651, que trata do Fundo Nacional do Meio Ambiente, o STF, recebendo a arguição como Ação Direta de Inconstitucionalidade, julgou procedente a ação para declarar inconstitucional a norma do artigo 5º do Decreto nº 10.224/2020, pela qual se extinguiu a participação da sociedade civil no Conselho Deliberativo do Fundo Nacional do Meio Ambiente.

A: incorreta (no julgamento da ADI 6808, o STF afastou a constitucionalidade de concessão automática de licença ambiental, mesmo para atividades classificadas como de risco médio, com base no argumento de que deve ser assegurada a proteção ambiental adequada). **B:** incorreta (A ADI 6148 foi julgada improcedente, tendo sido reconhecida a constitucionalidade da Resolução CONAMA n. 491/2018, embora o STF tenha determinado ao CONAMA a edição de nova resolução sobre a matéria). **C:** incorreta (na ADO 59, o STF reconheceu que o quadro normativo e fático da Amazônia Legal traduz a realidade de um autêntico *estado de coisas inconstitucional* na Amazônia Legal, a revelar um cenário de tutela insuficiente e deficiente dos biomas patrimônios nacionais por parte do Estado brasileiro). **D:** incorreta (o STF julgou prejudicada a ADPF 735, haja vista a natureza transitória das normas impugnadas – período de 11 de maio a 10 de junho de 2020 – e o exaurimento dos respectivos efeitos). **E:** correta (segundo o STF no julgamento da ADPF 651, a exclusão da participação popular na composição dos órgãos ambientais frustra a opção constitucional pela presença da sociedade civil na formulação de políticas públicas

ambientais, contrariando o princípio da participação popular direta em matéria ambiental). **RB**

Gabarito "E".

(Juiz – TJ/SP – VUNESP – 2015) A Constituição federal previu que todos têm direito ao meio ambiente ecologicamente equilibrado, estabelecendo incumbências ao poder público para assegurar a efetividade desse direito. Dentre essas incumbências arroladas no art. 225, não está a seguinte:

(A) fiscalizar as entidades dedicadas à pesquisa e à manipulação de material genético.

(B) definir, em todas as unidades da Federação, espaços territoriais e seus componentes a serem especialmente protegidos.

(C) preservar e restaurar os processos ecológicos essenciais.

(D) exigir para instalação de obra ou atividade potencialmente causadora de significativa degradação do meio ambiente a recuperação do meio ambiente degradado.

A: Correta. Nos termos do art. 225, § 1º, II, da Constituição Federal. **B:** Correta. Vide art. 225, § 1º, III, da Constituição Federal. **C:** Correta. Segundo disposição do art. 225, § 1º, I, da Constituição Federal. **D:** Incorreta. "Exigir, na forma da lei, para a instalação de obra ou atividade potencialmente causadora de significativa degradação do meio ambiente, estudo prévio de impacto ambiental, [e não a recuperação do meio ambiente degradado], a que se dará publicidade" (art. 225, § 1º, IV, da Constituição Federal). **FM-FCP**

Gabarito "D".

(Ministério Público/ES – VUNESP – 2013) Determinado Estado-membro da Federação brasileira editou lei ordinária que introduz a exigência de autorização prévia da Assembleia Legislativa para o licenciamento de atividades utilizadoras de recursos ambientais consideradas efetivas e potencialmente poluidoras, bem como capazes, sob qualquer forma, de causar degradação ambiental. Considerando as normas constitucionais relativas ao tema, é correto afirmar que essa Lei Estadual é

(A) inconstitucional, porque a referida lei implica indevida interferência do Poder Legislativo na atuação do Poder Executivo e usurpação de competência da União.

(B) inconstitucional, porque a espécie normativa adequada a veicular a referida matéria é a lei complementar e não a lei ordinária.

(C) constitucional, tendo em vista as disposições constitucionais protetivas do meio ambiente, bem como aquelas que estabelecem as regras de repartição de competências entre os entes da Federação.

(D) inconstitucional, pois essa exigência não poderia ser feita por meio de lei, mas somente por meio de Decreto do Governador do Estado.

(E) constitucional, uma vez que está em sintonia com as normas da Constituição que visam proteger o meio ambiente como bem essencial à sadia qualidade de vida, que impõe ao Poder Público o dever de defendê-lo e preservá-lo para as presentes e futuras gerações.

A: correta. Neste mesmo sentido o STF julgou em 2004 Ação Direta de Inconstitucionalidade 1505 do Estado do Espírito Santo, tendo como relator o Ministro Eros Grau: "Ação Direta de Inconstitucionalidade. Art. 187 da Constituição do Estado do Espírito Santo. Relatório de Impacto Ambiental. Aprovação pela assembleia legislativa. Vício Material. Afronta aos artigos 58, § 2º e 225, § 1º, da Constituição do Brasil.

12. DIREITO AMBIENTAL 371

1. É inconstitucional preceito da Constituição do Estado do Espírito Santo que submete o Relatório de Impacto Ambiental – Rima – ao crivo de comissão permanente e específica da Assembleia Legislativa. 2. A concessão de autorização para desenvolvimento de atividade potencialmente danosa ao meio ambiente consubstancia ato do Poder de Polícia – Ato da Administração Pública – entenda-se ato do poder Executivo. 3. Ação julgada procedente para declarar inconstitucional o trecho final do § 3º do artigo 187 da Constituição do Estado do Espírito Santo."; **B:** incorreta, pois a inconstitucionalidade não está na espécie da lei mas na interferência do poder legislativo em atividade do poder legislativo; **C:** incorreta, pois a repartição de competência entre os entes federados não alcança a referida matéria e ainda que assim o fosse, não poderia divergir dos termos constitucionais; **D:** incorreta, pois não é a lei ordinária que invalida o ato, mas o desrespeito aos artigos 58, § 2º e 225, § 1º da Constituição Federal; **E:** incorreta já que a referida lei padece de inconstitucionalidade por usurpar matéria de competência da União. RB

Gabarito "A".

4. PRINCÍPIOS DO DIREITO AMBIENTAL

(Procurador – PGE/SP – 2024 – VUNESP) Sobre os princípios do Direito Ambiental, assinale a alternativa correta.

(A) Muito embora sejam amplamente utilizados pelo sistema jurídico ambiental brasileiro, os princípios da precaução e do usuário-pagador não se encontram positivados em nenhum instrumento normativo.

(B) O Princípio das Responsabilidades Comuns, mas Diferenciadas, norteia o Direito Climático, estabelecendo diretriz normativa para atribuição de carga maior de obrigações voltadas à adoção de medidas de redução na emissão de gases do efeito estufa às nações menos desenvolvidas.

(C) O princípio da proibição ao retrocesso ecológico, apesar de largamente difundido na América Latina, não encontra aplicação no Direito Ambiental Brasileiro.

(D) Como critério para solucionar antinomias no Direito Ambiental, destaca-se o princípio hermenêutico *in dubio pro natura*.

(E) A dimensão ecológica da dignidade humana traduz a ideia em torno de um bem-estar ambiental (qualidade, equilíbrio e segurança ambiental), que não significa, contudo, o reconhecimento de um direito-garantia ao mínimo existencial ecológico.

A: incorreta (o princípio da precaução se encontra positivado, por exemplo, no art. 3º, "caput", da Lei n. 12.187/2009 – Lei da Política Nacional sobre Mudança do Clima). **B:** incorreta (o Princípio das Responsabilidades Comuns, mas Diferenciadas atribui carga maior de obrigações visando à redução de emissão às nações *mais desenvolvidas*, já que são estas que poluem mais). **C:** incorreta (o princípio da proibição ao retrocesso ecológico encontra aplicação no Direito Ambiental Brasileiro, cf. já reconhecido pelo STF em vários julgamentos, como na ADPFs 747, 748 e 749). **D:** correta (o princípio hermenêutico *in dubio pro natura* impõe a norma mais benéfica ao meio ambiente em caso de dúvida, obscuridade, lacuna ou incerteza jurídica). **E:** incorreta (a dimensão ecológica da dignidade humana implica o reconhecimento de um direito-garantia ao mínimo existencial ecológico). RB

Gabarito "D".

(Juiz de Direito – TJ/SP – 2023 – VUNESP) Assinale a alternativa correta.

(A) O princípio do desenvolvimento sustentável prioriza a satisfação das necessidades presentes, ainda que haja comprometimento da capacidade das gerações futuras em suprir suas próprias necessidades.

(B) O princípio da intervenção ou da defesa compulsória do meio ambiente consiste na discricionariedade atribuída ao Poder Público para atuar de modo a não causar danos ao meio ambiente.

(C) O princípio do protetor-recebedor contempla a imputação do custo do dano ambiental ao empreendedor, a fim de evitar o enriquecimento ilegítimo do usuário dos recursos naturais.

(D) O princípio do decrescimento sustentável envolve a adoção de políticas públicas que objetivem a redução e o redimensionamento do consumo, ampla informação ao consumidor sobre o impacto socioambiental de produtos e serviços, além de outras medidas, com o propósito de reconduzir o modo de vida da Humanidade a limites ambientalmente sustentáveis.

A: incorreta (o princípio do desenvolvimento sustentável baseia-se na compatibilização entre, de um lado, o desenvolvimento econômico e social e, de outro, a tutela do meio ambiente, em prol não apenas das gerações *presentes* mas também das gerações *futuras*, conforme prevê o art. 225, "caput", da CF). **B:** incorreta (o art. 225, "caput", da CF dispõe que cabe ao Poder Público defender e preservar o meio ambiente, razão pela qual *não há discricionariedade* de atuar na preservação ambiental, mas vinculação, ou seja, obrigação de protegê-lo; esse o sentido do princípio da intervenção ou da defesa compulsória do meio ambiente). **C:** incorreta (pelo princípio do protetor-recebedor, aquele que protege o meio ambiente recebe um benefício por esse comportamento; a imputação do custo do dano ambiental ao empreendedor está associada ao princípio do poluidor-pagador). **D:** correta (o princípio do decrescimento sustentável, que implica em síntese uma diretriz de redução do consumo, vem sendo estudado mais recentemente no direito ambiental brasileiro). RB

Gabarito "D".

(Juiz de Direito – TJ/RJ – 2019 – VUNESP) A Política Nacional do Meio Ambiente possui instrumentos, dentre os quais os econômicos, que visam promover a equidade na distribuição de recursos e estimular o cumprimento das normas ambientais de comando-controle. Sobre os instrumentos econômicos, é correto afirmar que

(A) a externalidade negativa na seara ambiental é tradicionalmente computada no custo da produção e no preço do bem ou do serviço produzido.

(B) a valoração dos recursos naturais estimula os agentes econômicos à preservação dos bens ambientais e também conscientiza a sociedade a respeito daquilo que consome.

(C) o princípio do protetor-recebedor é típico do comando-controle.

(D) a lógica da compensação pela proteção ambiental está relacionada ao princípio do poluidor-pagador.

(E) internalizar as externalidades permite ressarcir ao usuário dos recursos naturais o financiamento dos custos que o uso gerou, para alcance da justiça social.

A: incorreta (a externalidade negativa deve ser suportada pelo empreendedor, de acordo com o princípio do poluidor-pagador); **B:** correta (a valoração dos recurso naturais está associada aos princípios do poluidor-pagador e do usuário-pagador); **C:** incorreta (o princípio do protetor-recebedor detém relação com o direito premial, não sendo típico da ideia de comando-controle, baseada na repressão); **D:** incorreta (de acordo com o STF, no âmbito da ADI

3.378, a compensação ambiental densifica o princípio do usuário-pagador); **E**: incorreta (a internalização dos custos ambientais externos apresenta relação com o princípio do poluidor-pagador, segundo o qual o degradador deve ressarcir, e não ser ressarcido, pelos danos ambientais que causou). RB

(Magistratura/PA – VUNESP – 2014) É correto afirmar que

(A) o conceito de função socioambiental da propriedade é aplicável especificamente à propriedade privada, em zona urbana ou rural, sendo inseparável do requisito obrigatório do uso racional da propriedade e dos recursos naturais que lhe são integrantes.

(B) o direito de propriedade deve ser exercido em consonância com as suas finalidades econômicas e sociais e de modo que sejam preservados, de conformidade com o estabelecido em lei especial, entre outros bens ambientais, a flora, a fauna e as belezas naturais, em atendimento ao princípio da função socioambiental da propriedade.

(C) o proprietário tem a faculdade de usar, gozar e dispor da coisa e o direito de reavê-la do poder de quem quer que injustamente a possua ou detenha desde que esse possuidor/detentor não esteja respeitando o princípio da função socioambiental do bem.

(D) a jurisprudência do Superior Tribunal de Justiça vem reconhecendo que a função socioambiental da propriedade é princípio constitucional e, no caso da propriedade rural, engloba exclusivamente a utilização adequada dos recursos naturais e a exploração favorável ao bem-estar dos proprietários e trabalhadores.

(E) o descumprimento da função socioambiental da propriedade, por não ser contrário ao fixado no art. 225 da Constituição Federal de 1988, autoriza o esvaziamento do conteúdo mínimo do direito de propriedade sem a exigência de pagamento de indenização.

A: incorreta, pois a função socioambiental da propriedade deve ser observada tanto nos bens públicos como privados, conforme Maria Sylvia Zanella Di Pietro: "Com relação aos bens de uso comum do povo e bens de uso especial, afetados, respectivamente, ao uso coletivo e ao uso da própria Administração, a função social exige que ao uso principal a que se destina o bem sejam acrescentados outros usos, sejam públicos ou privados, desde que não prejudiquem a finalidade a que o bem está afetado. Com relação aos bens dominicais, a função social impõe ao poder público o dever de garantir a sua utilização por forma que atenda às exigências fundamentais de ordenação da cidade expressas no plano diretor, dentro dos objetivos que a Constituição estabelece para a política de desenvolvimento urbano". (Função social da propriedade pública. Direito Público: estudos em homenagem ao Professor Adilson Abreu Dallari. Belo Horizonte: Del Rey, 2004. p. 572.); **B:** correta, conforme determina o texto expresso do art. 1.228, § 1º, do Código Civil; **C:** incorreta, pois a função socioambiental do bem não é um requisito da posse injusta descrita pelo art. 1.228 do Código Civil. **D:** incorreta, pois conforme art. 186 da CF, a função socioambiental da propriedade rural engloba também o aproveitamento racional e adequado e observância das disposições que regulam as relações de trabalho (inciso I e III); **E:** incorreta, pois o art. 184 da CF determina indenização prévia e justa para as desapropriações por descumprimento da função socioambiental da propriedade. RB

5. COMPETÊNCIA EM MATÉRIA AMBIENTAL

(Procurador do Estado/SP – 2018 – VUNESP) A Polícia Militar Ambiental do Estado de São Paulo lavrou auto de infração ambiental em face de infrator, por suprimir vegetação sem autorização do órgão competente, em um imóvel rural particular não inserido em área qualificada como Unidade de Conservação. Ato contínuo, enquanto o infrator se preparava para sair do local, fiscais do Instituto Brasileiro do Meio Ambiente e dos Recursos Naturais Renováveis – IBAMA lavraram auto de infração em razão dos mesmos fatos. A sanção cominada, por ambos os entes, foi exclusivamente a de multa. Diante dessa situação, assinale a alternativa correta.

(A) Os dois autos de infração ambiental são inválidos, pois a competência para lavratura é municipal, tratando-se de vício sanável.

(B) Deve prevalecer o auto de infração ambiental lavrado pelo Estado.

(C) Os dois autos de infração devem ser mantidos, inclusive com as sanções daí decorrentes, que serão concorrentes e admitirão a futura cobrança das multas respectivas.

(D) Deve prevalecer o auto de infração ambiental lavrado pelo IBAMA.

(E) Os dois autos de infração ambiental são inválidos, pois a competência para lavratura é municipal, tratando-se de vício insanável.

A: incorreta, nos termos do art. 17, *caput* e § 3º, da Lei Complementar 140/2011, compete ao órgão responsável pelo licenciamento ou autorização, de um empreendimento ou atividade, lavrar auto de infração ambiental e instaurar processo administrativo para a apuração de infrações à legislação ambiental cometidas pelo empreendimento ou atividade licenciada ou autorizada, contudo, isso não impede o exercício pelos entes federativos da atribuição comum de fiscalização, prevalecendo o auto de infração ambiental lavrado por órgão que detenha a competência para a análise do licenciamento ou autorização; **B:** correta. Vide art. 17, § 3º cumulado com o art. 8º, XIV, ambos da Lei Complementar 140/2011; **C:** incorreta. A teor do art. 17, § 3º da Lei Complementar 140/2011, o auto de infração lavrado pelo IBAMA deverá ser arquivado, prevalecendo o autuado pela Polícia Militar do Estado de São Paulo; **D:** incorreta. Deverá prevalecer o auto de infração lavrado pela Polícia Militar do Estado de São Paulo (art. 17, §3º, da Lei Complementar 140/2011); **E:** incorreta, nos termos do art. 17, § 3º cumulado com o art. 8º, XIV, ambos da Lei Complementar 140/2011. FM/FC

(Procurador do Estado/SP – 2018 – VUNESP) A respeito das competências para autorização de supressão e manejo de vegetação, assinale a alternativa correta.

(A) Compete aos Municípios, dentre outras atribuições, aprovar a supressão e o manejo de vegetação, de florestas e formações sucessoras em florestas públicas municipais e unidades de conservação instituídas pelo Município, exceto em Áreas de Proteção Ambiental.

(B) A aprovação da supressão de vegetação em unidade de conservação será sempre do ente instituidor da unidade, exceto para Áreas de Proteção Ambiental, Reservas Particulares do Patrimônio Natural e Reserva de Desenvolvimento Sustentável, cuja competência será da União.

(C) A Lei Complementar no 140/2011, buscando solucionar conflitos de competência, previu que as autorizações para supressão de vegetação serão sempre concedidas pelo ente federativo licenciador, vedando, em qualquer hipótese, o estabelecimento de regras próprias e diferenciadas para atribuições relativas à autorização de manejo e supressão de vegetação.

(D) A Lei nº 11.428/2006, que dispõe sobre a utilização e proteção da vegetação nativa do bioma mata atlântica, confere competência para concessão de autorização para supressão de vegetação no bioma mata atlântica indistintamente aos Estados, cabendo oitiva prévia do órgão municipal quando a vegetação estiver localizada em área urbana.

(E) A Lei Complementar no 140/2011, buscando solucionar conflitos de competência, previu que as autorizações para supressão de vegetação serão sempre concedidas pelo ente federativo licenciador, entretanto, previu exceção para supressão de vegetação em situações específicas, conforme ato do Conselho Nacional do Meio Ambiente, após oitiva da Comissão Tripartite Nacional.

A: correta, consoante o art. 9º, XV, "a", da Lei Complementar 140/2011; **B:** incorreta. Para fins de licenciamento ambiental de atividades ou empreendimentos utilizadores de recursos ambientais, efetiva ou potencialmente poluidores ou capazes, sob qualquer forma, de causar degradação ambiental, e para autorização de supressão e manejo de vegetação, o critério do ente federativo instituidor da unidade de conservação não será aplicado somente às Áreas de Proteção Ambiental (art. 12, da Lei Complementar 140/2011); **C:** incorreta, segundo o que dispõe o art. 11, da Lei Complementar 140/2011: "A lei poderá estabelecer regras próprias para atribuições relativas à autorização de manejo e supressão de vegetação [...]"; **D:** incorreta. A definição da competência para a supressão de vegetação no Bioma Mata Atlântica deve observar as prescrições do art. 14 da Lei do Bioma Mata Atlântica, com definições que incluem os órgãos estaduais e, quando o caso, em área urbana, para supressão de vegetação no estágio médio de regeneração, a autorização do órgão ambiental municipal competente, desde que o município possua conselho de meio ambiente, com caráter deliberativo e plano diretor, mediante anuência prévia do órgão ambiental estadual competente fundamentada em parecer técnico; **E:** incorreta, a teor do art. 13, § 2º, da Lei Complementar 140/2011. **FM/EC**
Gabarito "A".

(Magistratura/PA – VUNESP – 2014) Em relação às competências dos entes federados em matéria ambiental, é correto afirmar que

(A) os Municípios, como importantes entes da Federação, têm competência privativa para legislar sobre proteção ao patrimônio cultural, artístico, turístico e paisagístico, desde que observadas as normas e a ação fiscalizadora federal e estadual.

(B) os Estados Federados, que se organizam e regem-se pelas Constituições e leis que adotarem, desde que observados os princípios da Constituição Federal de 1988, têm reservadas para si as competências que não lhe forem vedadas, cabendo destaque para legislar sobre o planejamento e a promoção da defesa permanente contra as calamidades públicas, em especial secas e inundações, de forma a atender à necessidade de resiliência às mudanças climáticas.

(C) no âmbito da legislação concorrente, a competência da União para legislar sobre normas gerais não exclui a competência suplementar dos Estados-membros que, na falta de lei federal sobre normas gerais, terão

competência legislativa plena, sendo certo que a eficácia das normas gerais da lei estadual se condiciona à compatibilidade do seu conteúdo com as normas gerais da lei federal superveniente.

(D) a União tem competência privativa para legislar sobre águas, energia, jazidas e minas, bem como atividades nucleares de qualquer natureza, entre outros temas, o que não afasta a competência delegada dos Estados-membros, mas exclui a competência suplementar do Distrito Federal e dos Municípios.

(E) a Constituição Federal de 1988, importante marco da proteção ao meio ambiente ecologicamente equilibrado, é expressa ao prever a competência concorrente da União, dos Estados, do Distrito Federal e dos Municípios para legislar sobre florestas, caça, pesca, fauna, conservação da natureza, jazidas, defesa do solo e dos recursos naturais, proteção do meio ambiente e controle da poluição, proteção ao patrimônio histórico, entre outros temas.

A: incorreta, pois o município não tem competência privativa para legislar sobre proteção do patrimônio cultural, artístico, turístico e paisagístico, já que o artigo 24, VII, da CF restringiu este tema à competência concorrente da União, Estados e Distrito Federal; **B:** incorreta, pois conforme art. 21, XVIII da CF, compete à União e não aos Estados: "XVIII – planejar e promover a defesa permanente contra as calamidades públicas, especialmente as secas e as inundações"; **C:** correta, conforme os parágrafos do art. 24 da CF: "§ 1º – No âmbito da legislação concorrente, a competência da União limitar-se-á a estabelecer normas gerais. § 2º – A competência da União para legislar sobre normas gerais não exclui a competência suplementar dos Estados. § 3º – Inexistindo lei federal sobre normas gerais, os Estados exercerão a competência legislativa plena, para atender a suas peculiaridades. § 4º – A superveniência de lei federal sobre normas gerais suspende a eficácia da lei estadual, no que lhe for contrário."; **D:** incorreta, pois embora o parágrafo único do art. 22 da CF não tenha incluído expressamente o Distrito Federal, é possível estender a este ente a competência delegada conforme interpretação do art. 23, parágrafo único, também da CF; **E:** incorreta, pois os Municípios não estão no rol dos entes com competência concorrente para legislar sobre proteção ambiental. **RB**
Gabarito "C".

6. POLÍTICA NACIONAL DO MEIO AMBIENTE

(Procurador Municipal – Sertãozinho/SP – VUNESP – 2016) Sobre os instrumentos da Política Nacional do Meio Ambiente, é correto afirmar que

(A) a servidão ambiental se aplica também às Áreas de Preservação Permanente e à Reserva Legal mínima exigida.

(B) durante o prazo de vigência da servidão ambiental é permitido que se faça a alteração da destinação da área, nos casos de transmissão do imóvel a qualquer título, de desmembramento ou de retificação dos limites do imóvel.

(C) o prazo mínimo da servidão ambiental temporária é de 10 (dez) anos.

(D) o detentor da servidão ambiental poderá aliená-la, cedê-la ou transferi-la, total ou parcialmente, por prazo determinado ou em caráter definitivo, em favor de outro proprietário ou de entidade pública ou privada que tenha a conservação ambiental como fim social.

(E) a construção, instalação, ampliação e funcionamento de estabelecimentos e atividades utilizadores de recursos ambientais, efetiva ou potencialmente poluidores ou capazes, sob qualquer forma, de causar degradação ambiental não dependerão de prévio licenciamento ambiental.

A: Incorreta. Nos termos do art. 9º-A, § 2º, da Lei 6.938/1981: "A servidão ambiental não se aplica às Áreas de Preservação Permanente e à Reserva Legal mínima exigida"; **B:** Incorreta. "É vedada, durante o prazo de vigência da servidão ambiental, a alteração da destinação da área, nos casos de transmissão do imóvel a qualquer título, de desmembramento ou de retificação dos limites do imóvel" (art. 9º-A, § 6º, da Lei 6.938/1981); **C:** Incorreta. O prazo mínimo de servidão temporária será de 15 (quinze) anos e não 10 (dez) conforme previsto na alternativa (art. 9º-B, § 1º, da Lei 6.938/1981); **D:** Correta. Vide art. 9º-B, § 3º, da Lei 6.938/1981; **E:** Incorreta. "A construção, instalação, ampliação e funcionamento de estabelecimento e atividades utilizadores de recursos ambientais, efetiva ou potencialmente poluidores ou capazes, sob qualquer forma, de causar degradação ambiental dependerão de prévio licenciamento ambiental" (art. 10, da Lei 6.938/1981). **FM-FCP**
Gabarito "D".

(Juiz – TJ/SP – VUNESP – 2015) Sobre a servidão ambiental instituída pela Lei 6.938/81 e alterada pelas Leis 7.804/89, 11.284/06 e 12.651/12, é correto afirmar que

(A) a servidão ambiental não pode ser instituída como modo de compensação de Reserva Legal.

(B) a servidão ambiental pode ser alienada, cedida ou transferida totalmente durante sua vigência.

(C) a servidão deverá ser sempre gratuita e pode ser instituída por instrumento público ou particular.

(D) a servidão florestal não se confunde com a servidão ambiental, devendo esta prevalecer sobre aquela quando houver sobreposição.

A: Incorreta. A servidão ambiental pode ser instituída para fins de compensação da Reserva Legal, nos termos do art. 9º-A, § 5º, da Lei 6.938/1981. **B:** Correta. "O detentor da servidão ambiental poderá aliená-la, cedê-la ou transferi-la, total ou parcialmente, por prazo determinado ou em caráter definitivo, em favor de outro proprietário ou de entidade pública ou privada que tenha a conservação ambiental como fim social" (art. 9º-B, § 3º, da Lei 6.938/1981). **C:** Incorreta. A servidão ambiental poderá ser gratuita ou onerosa (art. 9º-B, da Lei 6.938/1981. Pode ser instituído por instrumento público ou particular ou termo administrativo firmado perante órgão do Sisnama (art. 9º-A, da Lei 6.938/1981). **D:** Incorreta. Nos termos do art. 9º-A, § 7º, da Lei 6.938/1981: "As áreas que tenham sido instituídas na forma de servidão florestal, nos termos do art. 44-A da Lei 4.771, de 15 de setembro de 1965, passam a ser consideradas, para efeito desta Lei, como servidão ambiental". **FM-FCP**
Gabarito "B".

(Juiz – TJ/MS – VUNESP – 2015) Os instrumentos da Política Nacional do Meio Ambiente são, dentre outros:

(A) o Cadastro Técnico Estadual de atividades afetas ao licenciamento ambiental.

(B) o licenciamento e a revisão de atividades efetiva ou potencialmente poluidoras.

(C) a garantia da prestação de informações relativas ao Meio Ambiente, facultando-se ao Poder Público produzi-las, quando inexistentes.

(D) o relatório de qualidade do Meio Ambiente a ser divulgado trimestralmente pelo Ibama – Instituto Brasileiro do Meio Ambiente e Recursos Naturais Renováveis.

(E) o sistema regional de informações sobre o meio ambiente.

A: Incorreta. São instrumentos da Política Nacional do Meio Ambiente o Cadastro Técnico Federal de Atividades e Instrumentos de Defesa Ambiental e o Cadastro Técnico Federal de atividades potencialmente poluidoras e/ou utilizadoras dos recursos ambientais (art. 9º, VIII e XII, da Lei 6.938/1981). **B:** Correta. Vide art. 9º, IV, da Lei 6.938/1981. **C:** Incorreta. A produção de informações pelo Poder Público, quando inexistentes, não se trata de uma faculdade, mas sim de uma imposição (art. 9º, XI, da Lei 6.938/1981). **D:** Incorreta. O relatório deverá ser divulgado anualmente e não trimestral conforme previsto na alternativa (art. 9º, X, da Lei 6.938/1981). **E:** Incorreta. O sistema nacional de informações sobre o meio ambiente, que é instrumento da Política Nacional do Meio Ambiente, e não o sistema regional, conforme disposto na assertiva (art. 9º, VII, da Lei 6.938/1981). **FM-FCP**
Gabarito "B".

(Procurador do Município – São Paulo/SP – VUNESP – 2014) Sobre a servidão ambiental, instrumento econômico da Política Nacional do Meio Ambiente, regrada pela Lei Federal 6.938/1981, assinale a alternativa correta.

(A) O detentor da servidão ambiental poderá aliená-la, cede-la ou transferi-la, total ou parcialmente, como área de preservação permanente, em favor de entidade pública ou privada que tenha a conservação ambiental como fim social.

(B) Em caso de servidão ambiental temporária, seu prazo mínimo será de vinte anos.

(C) A restrição ao uso ou à exploração da vegetação da área sob servidão ambiental deve ser, no mínimo, a mesma estabelecida para a Reserva Legal.

(D) Durante o prazo de vigência da servidão ambiental, as alterações da destinação da área, nos casos de transmissão do imóvel a qualquer título, de desmembramento ou de retificação dos limites do imóvel, deverão ser averbadas na matrícula do imóvel mediante autorização judicial.

(E) É dever do detentor da servidão ambiental defender judicialmente a servidão ambiental em casos de defesa da posse da área serviente, por todos os meios em direito admitidos.

A: incorreta, por embora o art. 9º-B, § 3º, da Política Nacional do meio ambiente autorize a transferência, cessão ou alienação da servidão ambiental, esta área não pode ser estendida às áreas de Preservação Permanente e Reserva Legal mínima exigida (art. 9º-A, § 2º, da PNMA); **B:** incorreta, já que o 9º-B, § 1º, determina o prazo mínio de 15 anos. **C:** correta, conforme texto do art. 9º-A, § 3º, da Lei 6.938/1981; **D:** incorreta já que o art. 9º-A, § 6º, da PNMA veda qualquer alteração da destinação da área, nos casos de transmissão do imóvel a qualquer título, de desmembramento ou de retificação dos limites do imóvel; **E:** incorreta já que o art. 9º-C não estende a defesa da servidão a todos os meios em direito admitidos. **RB**
Gabarito "C".

7. INSTRUMENTOS DE PROTEÇÃO DO MEIO AMBIENTE

7.1. LICENCIAMENTO AMBIENTAL E EIA/RIMA

Para resolver as questões sobre Licenciamento Ambiental e EIA/RIMA, segue um resumo da matéria:

O **licenciamento ambiental** pode ser **conceituado** como *o procedimento administrativo destinado a licenciar atividades ou empreendimentos utilizadores de recur-*

sos ambientais, efetiva ou potencialmente poluidores ou capazes, sob qualquer forma, de causar degradação ambiental (art. 2º, I, da Lei Complementar 140/2011). Assim, toda vez que uma determinada atividade puder causar degradação ambiental, além das licenças administrativas pertinentes, o responsável pela atividade deve buscar a necessária licença ambiental também.

A **regulamentação** do licenciamento ambiental compete ao CONAMA, que expede normas e critérios para o licenciamento. A Resolução nº 237 do órgão traz as normas gerais de licenciamento ambiental. Há também sobre o tema o Decreto 99.274/1990. Há, também, agora, a Lei Complementar 140/2011, que trata da cooperação dos entes políticos para o exercício da competência comum em matéria ambiental, e consagrou a maior parte das disposições da Resolução CONAMA 237, colocando pá de cal sobre qualquer dúvida que existisse sobre a competência do Município para o exercício do licenciamento ambiental em casos de impacto ambiental local.

Já a **competência** para executar o licenciamento ambiental é assim dividida:

a) **impacto nacional e regional:** é do IBAMA, com a colaboração de Estados e Municípios. O IBAMA poderá delegar sua competência aos Estados, se o dano for regional, por convênio ou lei. Assim, a competência para o licenciamento ambiental de uma obra do porte da transposição do Rio São Francisco é do IBAMA.

b) **impacto em dois ou mais municípios (impacto microrregional):** é dos estados-membros. Por exemplo, uma estrada que liga 6 municípios de um mesmo estado-membro.

c) **impacto local:** é do Município. Por exemplo, o licenciamento para a construção de um prédio de apartamentos. A Lei Complementar 140/2011, em seu art. 9º, XIV, estabelece que o Município promoverá o licenciamento ambiental das atividades ou empreendimentos localizados em suas unidades de conservação e também das demais atividades e empreendimentos que causem ou possam causar impacto ambiental local, conforme tipologia definida pelos respectivos Conselhos Estaduais do Meio Ambiente, considerados os critérios de porte, potencial poluidor e natureza da atividade. A Resolução n. 237 permite que, por convênio ou lei, os Municípios recebam delegação dos estados para determinados licenciamentos, desde que tenha estrutura para tanto.

Há três **espécies** de licenciamento ambiental (art. 19, Decreto 99.274/1990):

a) **Licença Prévia (LP):** *é o ato que aprova a localização, a concepção do empreendimento e estabelece os requisitos básicos a serem atendidos nas próximas fases;* trata-se de licença ligada à fase preliminar de planejamento da atividade, já que traça diretrizes relacionadas à localização e instalação do empreendimento. Por exemplo, em se tratando do projeto de construir um empreendimento imobiliário na beira de uma praia, esta licença disporá se é possível o empreendimento no local e, em sendo, quais os limites e quais as medidas que deverão ser tomadas, como construção de estradas, instalação de tratamento de esgoto próprio etc. Essa licença tem validade de até 5 anos.

b) **Licença de Instalação (LI):** *é o ato que autoriza a implantação do empreendimento, de acordo com o projeto executivo aprovado.* Depende da demonstração de possibilidade de efetivação do empreendimento, analisando o projeto executivo e eventual estudo de impacto ambiental. Essa licença autoriza as intervenções no local. Permite que as obras se desenvolvam. Sua validade é de até 6 anos.

c) **Licença de Operação (LO):** *é o ato que autoriza o início da atividade e o funcionamento de seus equipamentos de controle de poluição, nos termos das licenças anteriores.* Aqui, o empreendimento já está pronto e pode funcionar. A licença de operação só é concedida se for constado o respeito às licenças anteriores, bem como se não houver perigo de dano ambiental, independentemente das licenças anteriores. Sua validade é de 4 a 10 anos.

É importante ressaltar que a **licença ambiental**, diferentemente da licença administrativa (por ex., licença para construir uma casa), apesar de normalmente envolver competência vinculada, tem prazo de validade definida e não gera direito adquirido para seu beneficiário. Assim, de tempos em tempos, a licença ambiental deve ser renovada. Além disso, mesmo que o empreendedor tenha cumprido os requisitos da licença, caso, ainda assim, tenha sido causado dano ao meio ambiente, a existência de licença em seu favor não o exime de reparar o dano e de tomar as medidas adequadas à recuperação do meio ambiente.

O **licenciamento ambiental**, como se viu, é obrigatório para todas as atividades que utilizam recursos ambientais, em que há possibilidade de se causar dano ao meio ambiente. Em processos de licenciamento ambiental é comum se proceder a Avaliações de Impacto Ambiental (AIA). Há, contudo, atividades que, potencialmente, podem causar danos *significativos* ao meio ambiente, ocasião em que, além do licenciamento, deve-se proceder a uma AIA mais rigorosa e detalhada, denominada Estudo de Impacto Ambiental (EIA), que será consubstanciado no Relatório de Impacto Ambiental (RIMA).

O **EIA** pode ser **conceituado** como *o estudo prévio das prováveis consequências ambientais de obra ou atividade, que deve ser exigido pelo Poder Público, quando estas forem potencialmente causadoras de significativa degradação do meio ambiente* (art. 225, § 1º, IV, CF).

Destina-se a averiguar as alterações nas propriedades do local e de que forma tais alterações podem afetar as pessoas e o meio ambiente, o que permitirá ter uma ideia acerca da viabilidade da obra ou atividade que se deseja realizar.

O Decreto 99.274/1990 conferiu ao CONAMA atribuição para traçar as regras de tal estudo. A Resolução 1/1986, desse órgão, traça tais diretrizes, estabelecendo, por exemplo, um rol exemplificativo de atividades que devem passar por um EIA, apontando-se, dentre outras, a implantação de estradas com duas ou mais faixas de rolamento, de ferrovias, de portos, de aterros sanitários, de usina de geração de eletricidade, de distritos industriais etc.

O EIA trará conclusões quanto à fauna, à flora, às comunidades locais, dentre outros aspectos, devendo ser realizado por equipe multidisciplinar, que, ao final, deverá redigir um relatório de impacto ambiental (RIMA), o qual trará os levantamentos e conclusões feitos, devendo o órgão público licenciador receber o relatório para análise das condições do empreendimento.

O empreendedor é quem **escolhe** os componentes da equipe e é quem **arca** com os custos respectivos. Os profissionais que farão o trabalho terão todo interesse em agir com correção, pois fazem seus relatórios sob as penas da lei. Como regra, o estudo de impacto ambiental e seu relatório são **públicos**, podendo o interessado solicitar sigilo industrial, fundamentando o pedido.

O EIA normalmente é exigido **antes** da licença prévia, mas é cabível sua exigência mesmo para empreendimentos já licenciados.

(Juiz de Direito – TJ/SP – 2023 – VUNESP) A compensação ambiental para licenciamento de empreendimento de significativo impacto ambiental, que corresponde à obrigação atribuída ao empreendedor para apoio à implantação e manutenção de unidade de conservação do Grupo de Proteção Integral, consistirá

(A) em valor a ser fixado pelo órgão ambiental competente, conforme o grau do impacto ambiental determinado a partir de EIA-RIMA, considerados os investimentos referentes aos planos, projetos e programas exigidos no procedimento de licenciamento ambiental para mitigação dos impactos.

(B) em valor a ser fixado pelo órgão ambiental competente, conforme o grau do impacto ambiental determinado a partir de EIA-RIMA, mediante exclusiva consideração dos impactos ambientais negativos sobre o meio ambiente.

(C) em valor a ser fixado pelo órgão ambiental competente, conforme o grau do impacto ambiental determinado a partir de EIA-RIMA, considerados os encargos e custos incidentes sobre o financiamento, inclusive os relativos às garantias, e os custos com apólices e prêmios de seguros pessoais e reais.

(D) em valor não inferior a meio por cento dos custos totais previstos para a implantação do empreendimento, sendo o percentual fixado pelo órgão ambiental licenciador, de acordo com o grau de impacto ambiental causado pelo empreendimento.

A compensação ambiental apontada na questão está prevista no art. 36 da Lei n. 9.985/2000 (Lei do Sistema Nacional das Unidades de Conservação). O STF, no âmbito da ADI n. 3378, definiu que compete ao órgão licenciador fixar o *quantum* da compensação, de acordo com a compostura do impacto ambiental a ser dimensionado no relatório – EIA/RIMA. Além disso, julgou inconstitucional a expressão "não pode ser inferior a meio por cento dos custos totais previstos para a implantação do empreendimento", contida no § 1º do art. 36. Isso porque o valor da compensação deve ser fixado *proporcionalmente ao impacto ambiental negativo*, após estudo em que se assegurem o contraditório e a ampla defesa. Portanto, *não* se mostra legítima para o cálculo da compensação a fixação de *percentual sobre os custos* do empreendimento. Nesse sentido, incorretas as alternativas **A** (valor com base nos investimentos), **C** (valor com base nos encargos e custos sobre o financiamento) e **D** (valor com base nos custos totais). Correta a alternativa **B** (valor com base nos impactos ambientais negativos sobre o meio ambiente). RB
Gabarito "B".

(Juiz de Direito – TJ/RJ – 2019 – VUNESP) A audiência pública tem por fim expor aos interessados o conteúdo do projeto ou empreendimento em exame e do seu respectivo RIMA. Sobre essa temática, é correto afirmar que

(A) é realizada quando o órgão de meio ambiente licenciador julgar necessário ou quando solicitado por 40 ou mais cidadãos.

(B) o fator político não influi no processo de tomada de decisão.

(C) havendo sua solicitação e, na hipótese do órgão estadual não realizá-la, a licença concedida não terá validade.

(D) a participação popular é vinculante e condicionante da decisão administrativa.

(E) a ata da audiência pública vincula o parecer final do licenciador quanto à admissibilidade do exame do projeto.

A: incorreta, pois a audiência pública é realizada, entre outras situações, quando solicitado por 50 ou mais cidadãos (cf. art. 2º da Resolução CONAMA 9/1987); **B**: incorreta, porquanto o conteúdo do RIMA (Relatório de Impacto Ambiental) abrange os objetivos e justificativas do projeto, sua relação e compatibilidade com as políticas setoriais, planos e programas governamentais (art. 9º, inc. I, da Resolução CONAMA 1/1986); **C**: correta (art. 2º, § 2º, da Resolução CONAMA 9/1987); **D**: incorreta, pois as contribuições decorrentes da participação popular não vinculam a decisão administrativa, conforme sugere o art. 5º da Resolução CONAMA 9/1987, que assim dispõe: "a ata da(s) audiência(s) pública(s) e seus anexos, servirão de base, juntamente com o RIMA, para a análise e parecer final do licenciador quanto à aprovação ou não do projeto."; **E**: incorreta (cf. já apontado nos comentários da alternativa D). RB
Gabarito "C".

(Juiz de Direito – TJ/RS – 2018 – VUNESP) Quanto ao licenciamento ambiental, assinale a alternativa correta.

(A) O prazo de validade da Licença Prévia (LP) não pode ser superior a 3 (três) anos.

(B) A renovação da Licença de Operação (LO) de uma atividade ou empreendimento deverá ser requerida com antecedência mínima de 120 (cento e vinte) dias da expiração de seu prazo de validade, fixado na respectiva licença.

(C) Considera-se Impacto Ambiental Regional todo e qualquer impacto ambiental que afete diretamente (a área de influência direta do projeto), no todo ou em parte, o território de dois ou mais Municípios.

(D) O arquivamento do processo de licenciamento não impedirá a apresentação de novo requerimento de licença, ficando isento de novo pagamento de custo de análise.

(E) O prazo de validade da Licença de Instalação (LI) deverá ser o estabelecido pelo cronograma de instalação do empreendimento ou atividade, não podendo ser superior a 5 (cinco) anos.

A: incorreta. Nos termos do art. 18, I, da Resolução Conama 237/1997: "O prazo de validade da Licença Prévia (LP) deverá ser, no mínimo, o estabelecido pelo cronograma de elaboração dos planos, programas e projetos relativos ao empreendimento ou atividade, não podendo ser superior a 5 (cinco) anos" e não a 3 (três) anos como assevera a alternativa; **B**: correta, segundo o que dispõe o art. 18, § 4º, da Resolução Conama 237/1997; **C**: incorreta. Esclarece o art. 1º, IV, da Resolução Conama 237/1997, que impacto ambiental regional "é todo e qualquer impacto ambiental que afete diretamente (área de influência direta do projeto), no todo ou em parte, o território de dois ou mais Estados"; **D:** incorreta, a teor do art. 17, da Resolução Conama 237/1997: "O arquivamento do processo de licenciamento não impedirá a apresentação de novo requerimento de licença, que deverá obedecer aos procedimentos estabelecidos no artigo 10, mediante novo pagamento de custo de análise"; **E:** incorreta. "O prazo de validade da Licença de Instalação (LI) deverá ser, no mínimo, o estabelecido pelo cronograma de instalação do empreendimento ou atividade, não podendo ser superior a 6 (seis) anos" (art. 18, II, da Resolução Conama 237/97). FM/FC

Gabarito "B".

(Juiz – TJ/RJ – VUNESP – 2016) No que diz respeito ao direito ambiental e à aplicação das normas constitucionais ambientais, assinale a opção correta.

(A) O Conama é um dos mais atuantes e expressivos órgãos do Sistema Nacional do Meio Ambiente, na qualidade de órgão colegiado, composto por representantes federais e estaduais.

(B) O reconhecimento material do direito fundamental ao ambiente justifica-se na medida em que tal direito é extensão do direito à vida, sob os aspectos da saúde e da existência digna com qualidade de vida, ostentando o *status* de cláusula pétrea, consoante entendimento do STF.

(C) A licença de operação (LO) autoriza a operação da atividade ou empreendimento, após a verificação do efetivo cumprimento do que consta das licenças Prévia e de Instalação. A decisão será motivada sem prazo mínimo e máximo de vigência.

(D) A Lei de Política Nacional instituiu o Sistema Nacional do Meio Ambiente – Sisnama, formado por um conjunto de órgãos, dentre eles, o Órgão Central Superior, que seria a Secretaria Especial do Meio Ambiente.

(E) Cabe ao Ibama coordenar a implementação do Plano Nacional de Gerenciamento Costeiro, observando a compatibilização dos Planos Estaduais e Municipais como PNGC e as demais normas federais, sem prejuízo da competência dos outros órgãos.

A: Incorreta. O Conama é um órgão colegiado do Sisnama, representativo de cinco setores, a saber: órgãos federais, estaduais e municipais, setor empresarial e sociedade civil; **B:** Correta. O direito ao meio ambiente ecologicamente equilibrado, conforme disposto no *caput* do artigo 225 da Constituição Federal, faz parte dos direitos e deveres individuais e coletivos dispostos na Constituição de 1988, e que por estar ligado ao direito à vida, ostenta o *status* de verdadeira cláusula pétrea; **C:** A LO autoriza a operação da atividade ou empreendimento, após a verificação do efetivo cumprimento do que consta das licenças anteriores (prévia e instalação). Contudo, ao contrário do previsto na alternativa, a decisão será motivada e com mínimo de 4 (quarto) anos e máximo de 10 (dez) anos de vigência, conforme a Resolução Conama 237/1997; **D:** Incorreta. Não existe Órgão Central Superior do Sisnama. O Órgão Superior do Sisnama é o Conselho de Governo, já o órgão Central é a Secretaria do Meio Ambiente da Presidência da República [atualmente Ministério do Meio Ambiente] (art. 6º, I e II, da Lei 6.938/1981); **E:** Incorreta. Nos termos da Lei 7.661/1988, art. 4º: "O PNGC será elaborado e, quando necessário, atualizado por um Grupo de Coordenação, dirigido pela Secretaria da Comissão Interministerial para os Recursos do Mar – Secirm, cuja composição e forma de atuação serão definidas em decreto do Poder Executivo. [...] §2º. O Plano será aplicado com a participação da União, dos Estados, dos Territórios e dos Municípios, através de órgãos e entidades integradas ao Sistema Nacional do Meio Ambiente – Sisnama". FM-FCP

Gabarito "B".

(Juiz – TJ/SP – VUNESP – 2015) Nos termos da Resolução CONAMA 001, de 1986, o relatório de impacto ambiental – RIMA deve refletir as conclusões do estudo de impacto ambiental e terá um conteúdo mínimo. A alternativa que não reflete a exigência de conteúdo mínimo obrigatório de um RIMA é:

(A) a descrição do efeito esperado das medidas mitigadoras previstas em relação aos impactos negativos, mencionando aqueles que não puderem ser evitados e a estimativa de custos para implementação das medidas mitigadoras exigidas.

(B) os objetivos e as justificativas do projeto, sua relação e compatibilidade com as políticas setoriais, planos e programas governamentais.

(C) a síntese dos resultados dos estudos de diagnósticos ambiental da área de influência do projeto e a descrição dos prováveis impactos ambientais da implantação e operação da atividade.

(D) a recomendação quanto à alternativa mais favorável para o empreendimento.

A: Incorreta. A estimativa de custos para a implementação das medidas mitigadoras exigidas, não faz parte do conteúdo mínimo que deverá conter no Estudo de Impacto Ambiental (art. 9º, VI, da Resolução Conama 001/1986). **B:** Correta. Vide art. 9º, I, da Resolução Conama 001/1986. **C:** Correta. Nos termos do art. 9º, III e IV, da Resolução Conama 001/1986. **D:** Correta. Segundo dispõe o art. 9º, VIII, da Resolução CONAMA 001/1986. FM-FCP

Gabarito "A".

(Juiz – TJ/MS – VUNESP – 2015) Segundo estabelecido na Política Nacional do Meio Ambiente, entende-se por poluição a degradação da qualidade ambiental resultante de atividades que, direta ou indiretamente,

(A) lancem matérias em dissonância com a qualidade tecnológica fixada pelas normas da ABNT.

(B) afetem 70% das interações de ordem física do meio ambiente.

(C) prejudiquem a saúde, a segurança e o bem-estar da população.

(D) afetem as condições sociais ou fitossanitárias da biota.

(E) criem condições favoráveis às ações políticas e econômicas.

A: Incorreta. Nos termos do art. 3º, III, "e", da Lei 6.938/1981, poluição trata-se da degradação da qualidade ambiental resultante de atividades que direta ou indiretamente lancem matérias ou energia em desacordo com os padrões de qualidade ambientais estabelecidos". **B:** Incorreta. Não há percentual fixado para alteração adversa das características do meio ambiente. **C:** Correta. Vide art. 3º, III, "a", da Lei 6.938/1981. **D:** Incorreta. Poluição trata-se da degradação da qualidade ambiental resultante de atividades que direta ou indiretamente criem condições adversas às atividades sociais e econômicas (art. 3º, III, "b", da Lei 6.938/1981). **E:** Incorreta. Contraria o que dispõe o art. 3º, III, *b*, da Lei 6.938/1981. FM-FCP

Gabarito "C".

(Ministério Público/ES – VUNESP – 2013) No que se refere ao estudo prévio de impacto ambiental, é correto afirmar:

(A) é constitucional norma legal que dispense a elaboração do EIA/RIMA no caso de áreas de florestamento ou reflorestamento para fins empresariais.

(B) é constitucional lei estadual que submeta o relatório de impacto ambiental – RIMA – ao crivo de comissão permanente e específica da Assembleia Legislativa.

(C) será nula a licença ambiental concedida sem a sua realização, pois é obrigatório quando a atividade ou a obra for potencialmente causadora de significativa degradação ambiental.

(D) deve ser realizado por profissionais legitimamente capacitados, às expensas do órgão ambiental expedidor da licença ambiental, estando sujeito às sanções administrativas, civis e penais pelas informações prestadas no RIMA.

(E) a audiência pública, quando nesse estudo realizada, vinculará o órgão consultivo que irá decidir, ao final, o procedimento administrativo.

A: incorreta, conforme já manifestado pelo STF em 2001 nos autos da Ação Direta de Inconstitucionalidade (ADI 1086/SC) que teve como relator Ministro Ilmar Galvão: "Ação direta de inconstitucionalidade. Artigo 182, § 3º, da Constituição do Estado de Santa Catarina. Estudo de impacto ambiental. Contrariedade ao artigo 225, § 1º, IV, da carta da república. A norma impugnada, ao dispensar a elaboração de estudo prévio de impacto ambiental no caso de áreas de florestamento ou reflorestamento para fins empresariais, cria exceção incompatível com o disposto no mencionado inciso IV do § 1º do artigo 225 da Constituição Federal. Ação julgada procedente, para declarar a inconstitucionalidade do dispositivo constitucional catarinense sob enfoque"; **B:** incorreta, conforme Ação Direta de Inconstitucionalidade 1505 do estado do Espírito Santo Julgado pelo STF em 2004, tendo como relator o Ministro Eros Grau: "Ação Direta de Inconstitucionalidade. Art. 187 da Constituição do Estado do Espírito Santo. Relatório de Impacto Ambiental. Aprovação pela assembleia legislativa. Vício Material. Afronta aos artigos 58, § 2º e 225, § 1º da Constituição do Brasil. 1. É inconstitucional preceito da Constituição do Estado do Espírito Santo que submete o Relatório de Impacto Ambiental – RIMA – ao crivo de comissão permanente e específica da Assembleia Legislativa. 2. A concessão de autorização para desenvolvimento de atividade potencialmente danos ao meio ambiente consubstancia ato do Poder de Polícia – Ato da Administração Pública – entenda-se ato do poder Executivo. 3. Ação julgada procedente para declarar inconstitucional o trecho final do § 3º do artigo 187 da Constituição do Estado do Espírito Santo."; **C:** correta pois o art. 225, inciso IV, da Constituição Federal obriga à realização de estudo prévio de impacto ambiental quando a atividade ou a obra for potencialmente causadora de significativa degradação ambiental; **D:** incorreta pois as custas do EIA devem ser arcadas pelo empreendedor e não pelo órgão ambiental expedidor da licença (art. 8º da Res. CONAMA 1/1986 e art. 11 da Res. CONAMA 237/1997) ; **E:** incorreta pois a audiência pública tem por objetivo oferecer subsídio à tomada de decisão do órgão executivo, não tem, contudo, caráter vinculativo (neste sentido: AI 777.970-0, TJ-PR, 05.06.2012). **RB**

Gabarito "C".

7.2. UNIDADES DE CONSERVAÇÃO

(Procurador – PGE/SP – 2024 – VUNESP) O Estado de São Paulo possui cerca de 120 Unidades de Conservação em seu território, regulamentadas a partir da Lei nº 9.985/2000 (SNUC). Tomando por base o referido diploma legal, assinale a alternativa correta.

(A) A visitação pública ao MoNa (Monumento Natural Estadual) da Pedra Grande está sujeita às condições e restrições estabelecidas pelos proprietários das áreas particulares incluídas em seus limites.

(B) Na Estação Ecológica Jureia-Itatins, unidade de conservação de proteção integral, são permitidas pesquisas científicas cujo impacto sobre o ambiente seja maior do que aquele causado pela simples observação ou pela coleta controlada de componentes dos ecossistemas, em uma área correspondente a no

máximo três por cento da extensão total da unidade e até o limite de um mil e quinhentos hectares.

(C) No Parque Estadual da Serra do Mar, unidade de conservação de proteção integral instituída no Estado de São Paulo, é possível o consumo e coleta de recursos naturais.

(D) A Lei nº 9.985/2000 traz como conceito de conservação da natureza o conjunto de métodos, procedimentos e políticas que visem a proteção a longo prazo das espécies, habitats e ecossistemas, além da manutenção dos processos ecológicos, prevenindo a simplificação dos sistemas naturais.

(E) A Lei nº 9.985/2000 (SNUC) estabelece normas gerais sobre a proteção da vegetação, áreas de Preservação Permanente e áreas de Reserva Legal.

A: incorreta (a visitação pública ao MoNa está sujeita às condições e restrições estabelecidas no Plano de Manejo da unidade, às normas estabelecidas pelo órgão responsável por sua administração e àquelas previstas em regulamento, cf. 12, § 3º). **B:** correta (art. 9º, § 4º, IV). **C:** incorreta (nas unidades de proteção integral, categoria dentro da qual se encontra o Parque Estadual da Serra do Mar, é admitido apenas o *uso indireto* dos seus recursos naturais, de modo que são vedados o consumo, a coleta, o dano ou a destruição desses recursos; cf. art. 7º, § 1º c.c. art. 2º, IX). **D:** incorreta (cf. art. 2º, II, *conservação da natureza* é conceituada como "o manejo do uso humano da natureza, compreendendo a preservação, a manutenção, a utilização sustentável, a restauração e a recuperação do ambiente natural, para que possa produzir o maior benefício, em bases sustentáveis, às atuais gerações, mantendo seu potencial de satisfazer as necessidades e aspirações das gerações futuras, e garantindo a sobrevivência dos seres vivos em geral"; além disso, cf. art. 2º, V, *preservação* é conceituada como o "conjunto de métodos, procedimentos e políticas que visem a proteção a longo prazo das espécies, habitats e ecossistemas, além da manutenção dos processos ecológicos, prevenindo a simplificação dos sistemas naturais"). **E:** incorreta (a Lei n. 9.985/2000 dispõe sobre o regime das unidades de conservação; já as normas gerais sobre a proteção da vegetação, áreas de Preservação Permanente e áreas de Reserva Legal estão contidas na Lei n. 12.651/2012 – Código Florestal). **RB**

Gabarito "B".

(Juiz de Direito – TJ/SP – 2023 – VUNESP) Assinale a alternativa correta.

(A) O mosaico é constituído pela existência de um conjunto de unidades de conservação de categorias diferentes ou não, próximas, justapostas ou sobrepostas, e outras áreas protegidas públicas ou privadas, cuja gestão do conjunto deverá ser feita de forma integrada e participativa, considerando-se os seus distintos objetivos de conservação, de forma a compatibilizar a presença da biodiversidade, a valorização da sociodiversidade e o desenvolvimento sustentável no contexto regional.

(B) Os corredores ecológicos correspondem ao entorno de uma unidade de conservação, onde as atividades humanas estão sujeitas a restrições específicas, a fim de minimizar os impactos negativos sobre a unidade.

(C) As zonas de amortecimento são porções dos ecossistemas naturais ou seminaturais, ligando unidades de conservação, que possibilitam entre elas o fluxo de genes e o movimento da biota, facilitando a dispersão das espécies e a recolonização de áreas degradadas, bem como a manutenção de populações que deman-

12. DIREITO AMBIENTAL

dam para sua sobrevivência áreas com extensão maior do que aquela das unidades individuais.

(D) O plano de manejo constitui o conjunto de métodos, procedimentos e políticas que visem à proteção a longo prazo das espécies, habitats e ecossistemas, além da manutenção dos processos ecológicos, prevenindo a simplificação dos sistemas naturais.

A: correta (o art. 26 da Lei n. 9.985/2000 dispõe sobre a definição e as características do mosaico). **B:** incorreta (cf. art. 2º, XIX, os corredores ecológicos são porções de ecossistemas naturais ou seminaturais, ligando unidades de conservação, que possibilitam entre elas o fluxo de genes e o movimento da biota, facilitando a dispersão de espécies e a recolonização de áreas degradadas, bem como a manutenção de populações que demandam para sua sobrevivência áreas com extensão maior do que aquela das unidades individuais). **C:** incorreta (cf. art. 2º, XVIII, as zonas de amortecimento correspondem ao entorno de uma unidade de conservação, onde as atividades humanas estão sujeitas a normas e restrições específicas, com o propósito de minimizar os impactos negativos sobre a unidade). **D:** incorreta (cf. art. 2º, XVII, plano de manejo representa documento técnico mediante o qual, com fundamento nos objetivos gerais de uma unidade de conservação, se estabelece o seu zoneamento e as normas que devem presidir o uso da área e o manejo dos recursos naturais, inclusive a implantação das estruturas físicas necessárias à gestão da unidade; por outro lado, de acordo com o art. 2º, V, preservação é o conjunto de métodos, procedimentos e políticas que visem a proteção a longo prazo das espécies, habitats e ecossistemas, além da manutenção dos processos ecológicos, prevenindo a simplificação dos sistemas naturais). **RB**

Gabarito "A".

(Juiz de Direito – TJ/RS – 2018 – VUNESP) No que tange às unidades de conservação, assinale a alternativa correta.

(A) A Reserva Biológica tem como objetivo a preservação da natureza e a realização de pesquisas científicas.

(B) O Refúgio de Vida Silvestre tem como objetivo a preservação de ecossistemas naturais de grande relevância ecológica e beleza cênica.

(C) Na Estação Ecológica não podem ser permitidas alterações dos ecossistemas.

(D) O objetivo básico das Unidades de Uso Sustentável é preservar a natureza, sendo admitido apenas o uso indireto dos seus recursos naturais.

(E) A Floresta Nacional é uma área com cobertura florestal de espécies predominantemente nativas e tem como objetivo básico o uso múltiplo sustentável dos recursos florestais e a pesquisa científica.

A: incorreta. A Reserva Biológica tem como objetivo a preservação integral da biota e demais atributos naturais existentes em seus limites (art. 10, *caput*, da Lei 9.985/2000); **B:** incorreta, a saber: "o Refúgio de Vida Silvestre tem como objetivo proteger ambientes naturais onde se asseguram condições para a existência ou reprodução de espécies ou comunidades da flora local e da fauna residente ou migratória" (art. 13, *caput*, da Lei 9.985/1990); **C:** incorreta, o art. 9º, § 4º, I a IV, da Lei 9.985/1990, trazem possibilidades de alterações nos ecossistemas da Estação Ecológica; **D:** incorreta. "O objetivo básico das Unidades de Uso Sustentável é compatibilizar a conservação da natureza com o uso sustentável de parcela dos seus recursos naturais" (art. 7º, § 2º, da Lei 9.985/1990). **E:** correta. A assertiva trata-se de transcrição do art. 17, *caput*, da Lei 9.985/1990. **FM/FC**

Gabarito "E".

(Magistratura/PA – VUNESP – 2014) Quanto à pesquisa científica e visitação pública em unidades de conservação, assinale a assertiva correta.

(A) A pesquisa científica em reservas biológicas depende de atendimento às exigências do seu regulamento, sendo proibida a visitação pública, salvo de escolas públicas e desde que seus objetivos sejam educacionais e culturais.

(B) A pesquisa científica em refúgios da vida silvestre fica sujeita a restrições previstas em regulamento para o período de defeso da fauna local e a visitação pública fica sujeita especificamente às regras preestabelecidas no Plano de Manejo.

(C) A pesquisa científica em Monumentos Naturais independe de aprovação prévia do órgão responsável por sua administração, desde que demonstrado que não coloca em risco a sobrevivência de espécies integrantes do ecossistema protegido e a visitação pública depende apenas do atendimento às restrições do Plano de Manejo.

(D) A pesquisa científica em estações ecológicas depende de autorização prévia do seu gestor, bem como às exigências do regulamento e a visitação será livre desde que o Plano de Manejo traga disposição nesse sentido.

(E) A pesquisa científica em Parques Nacionais depende de autorização prévia do órgão responsável pela sua administração, sujeita às condições e restrições por ele estabelecidas e às previstas em regulamento, o que também ocorre no caso de visitação pública sujeita ainda às normas e restrições do Plano de Manejo.

A: incorreta, já que o art. 10 da Lei 9.985/2000 autoriza a visitação em reservas biológicas desde que com objetivo educacional, sem que exista restrições às escolhas particulares: "§ 2º É proibida a visitação pública, exceto aquela com objetivo educacional, de acordo com regulamento específico."; **B:** incorreta, conforme art. 13, § 4º, da Lei 9.985/2000, a pesquisa científica em refúgios da vida silvestre está sujeita às restrições previstas em regulamento, já á a visitação pública (está sim) dependerá das normas estabelecidas no Plano de Manejo: "§ 3º A visitação pública está sujeita às normas e restrições estabelecidas no Plano de Manejo da unidade, às normas estabelecidas pelo órgão responsável por sua administração, e àquelas previstas em regulamento. § 4º A pesquisa científica depende de autorização prévia do órgão responsável pela administração da unidade e está sujeita às condições e restrições por este estabelecidas, bem como àquelas previstas em regulamento."; **C:** incorreta pois a visitação pública além do Plano de Manejo, também está sujeita às normas estabelecidas pelo órgão responsável por sua administração e àquelas previstas em regulamento (art. 12, § 3º, da Lei 9.985/2000); **D:** incorreta já que o art. 9º § 2º proíbe as visitações em estações ecológicas, exceto com objetivo educacional, de acordo com o que dispuser o Plano de Manejo da unidade ou regulamento específico; **E:** correta por força do art. 11, §§ 2º e 3º, da Lei 9985/2000: "Art. 11. O Parque Nacional tem como objetivo básico a preservação de ecossistemas naturais de grande relevância ecológica e beleza cênica, possibilitando a realização de pesquisas científicas e o desenvolvimento de atividades de educação e interpretação ambiental, de recreação em contato com a natureza e de turismo ecológico. (...) § 2º A visitação pública está sujeita às normas e restrições estabelecidas no Plano de Manejo da unidade, às normas estabelecidas pelo órgão responsável por sua administração, e àquelas previstas em regulamento. § 3º A pesquisa científica depende de autorização prévia do órgão responsável pela administração da unidade e está sujeita às condições e restrições por este estabelecidas, bem como àquelas previstas em regulamento. **RB**

Gabarito "E".

(Ministério Público/ES – VUNESP – 2013) É objetivo do Sistema Nacional de Unidades de Conservação, conforme Lei 9.985/2000,

(A) proteger paisagens naturais e pouco alteradas de notável beleza cênica.

(B) buscar proteger grandes áreas por meio de um conjunto integrado de unidades de conservação de diferentes categorias, próximas ou contíguas, e suas respectivas zonas de amortecimento e corredores ecológicos, integrando as diferentes atividades de preservação da natureza, uso sustentável dos recursos naturais e restauração e recuperação dos ecossistemas.

(C) buscar conferir às unidades de conservação, nos casos possíveis e respeitadas as conveniências da administração, autonomia administrativa e financeira.

(D) oferecer apoio e a cooperação de organizações não governamentais, de organizações privadas e pessoas físicas para o desenvolvimento de estudos, pesquisas científicas, práticas de educação ambiental, atividades de lazer e de turismo ecológico, monitoramento, manutenção e outras atividades de gestão das unidades de conservação.

(E) assegurar a participação efetiva das populações locais na criação, implantação e gestão das unidades de conservação.

A: correta. Das cinco alternativas apresentadas na questão, apenas a letra "A" inclui um dos objetivos descritos pelo art. 4º da Lei que institui o Sistema Nacional de Unidades de Conservação: "VI – proteger paisagens naturais e pouco alteradas de notável beleza cênica;". As demais alternativas são em verdade diretrizes descritas nos incisos do art. 5º da mesma Lei 9.985/2000; **B:** incorreta, art. 5º, XIII; **C:** incorreta, art. 5º, XII; **D:** incorreta, art. 5º, IV; **E:** incorreta, art. 5º, III. RB

Gabarito "A"

7.3. ZONEAMENTO AMBIENTAL

(Procurador do Município/São José dos Campos-SP – VUNESP – 2012) Zoneamento é uma medida não jurisdicional, oriunda do poder de polícia, com dois fundamentos: a repartição do solo urbano municipal e a designação do seu uso, segundo definição de Celso Antonio Pacheco Fiorillo, em **Curso de Direito Ambiental Brasileiro**, 3.ª edição ampliada. São Paulo: Saraiva, 2002, p. 82.

Tendo em vista os princípios relativos ao meio ambiente, o zoneamento ambiental encontra-se relacionado ao princípio do(a)

(A) participação.

(B) desenvolvimento sustentável.

(C) precaução.

(D) poluidor-pagador.

(E) ubiquidade.

De fato, o zoneamento ambiental, cuja definição vem prevista no art. 2º, do Decreto 4.297/2002, é inegável instrumento que materializa o princípio do desenvolvimento sustentável, conforme dispõe referido dispositivo normativo, na medida em que *estabelece medidas e padrões de proteção ambiental destinados a assegurar a qualidade ambiental, dos recursos hídricos e do solo e a conservação da biodiversidade, garantindo o* desenvolvimento sustentável *e a melhoria das condições de vida da população.* No entanto, é certo que o zoneamento ambiental, também chamado por alguns de Zoneamento Ecológico-Econômico (ZEE), deverá observar os princípios da função socioambiental da propriedade, da prevenção, da precaução, do poluidor-pagador, do usuário-pagador (nesse sentido: FREDERICO AMADO, **Direito**

Ambiental Esquematizado, p. 111 – 3ª edição, Ed. Método). Cremos que a banca examinadora quis cobrar do candidato o conhecimento da definição normativa de zoneamento ambiental, que, como visto, está literalmente ligado com o desenvolvimento sustentável. RB

Gabarito "B".

7.4. PAGAMENTOS POR SERVIÇOS AMBIENTAIS

(Procurador – PGE/SP – 2024 – VUNESP) O Pagamento por Serviços Ambientais (PSA) foi instituído pela Política Estadual de Mudanças Climáticas (PEMC) em 2009 no Estado de São Paulo e, desde então, já foram desenvolvidos diversos projetos como o Projeto Conexão Mata Atlântica e, mais recentemente, o PSA Guardiões da Floresta e o PSA Mar sem Lixo. Sobre o instituto do pagamento por serviços ambientais, assinale a alternativa correta.

(A) A Política Nacional de Pagamento por Serviços Ambientais (PNPSA) estabelecida pela Lei nº 14.119/2021 tem como um de seus objetivos a adequação do imóvel rural e urbano à legislação ambiental.

(B) Os Projetos de Pagamento por Serviços Ambientais no âmbito do Estado de São Paulo não poderão adotar como modalidade de pagamento a retribuição monetária direta.

(C) Para os fins da Lei nº 14.119/2021, são considerados serviços ambientais aqueles que constituem benefícios não materiais providos pelos ecossistemas, por meio da recreação, do turismo, da identidade cultural, de experiências espirituais e estéticas e do desenvolvimento intelectual, entre outros.

(D) De acordo com o Decreto Estadual nº 66.549/2022, o Comitê Consultivo do Programa Estadual de Pagamento por Serviços Ambientais será composto por 9 (nove) membros titulares e seus respectivos suplentes, com representantes do Governo do Estado, do setor produtivo e da sociedade civil.

(E) As modalidades de pagamento por serviços ambientais são estabelecidas taxativamente pelo artigo 3º da Lei nº 14.119/2021.

A: incorreta (cf. art. 5º, IX, a adequação do imóvel rural e urbano à legislação ambiental constitui *diretriz* da PNPSA, e não seu *objetivo*). **B:** incorreta (os projetos de PSA podem adotar como modalidade o pagamento monetário direto, cf. art. 9º, I, do Decreto estadual n. 66.549/2022. **C:** incorreta (cf. art. 2º, III, *serviços ambientais* são as atividades individuais ou coletivas que favorecem a manutenção, a recuperação ou a melhoria dos serviços ecossistêmicos; por sua vez, cf. art. 2º, II, "d", os *serviços ecossistêmicos culturais* são aqueles que constituem benefícios não materiais providos pelos ecossistemas, por meio da recreação, do turismo, da identidade cultural, de experiências espirituais e estéticas e do desenvolvimento intelectual, entre outros). **D:** correta (art. 6º do Decreto estadual 66.549/2022). **E:** incorreta (o rol do art. 3º da Lei 14.119/2021 é *exemplificativo*, e não taxativo). RB

Gabarito "D".

8. PROTEÇÃO DA FAUNA

(Procurador do Estado/SP – 2018 – VUNESP) Espécies exóticas, entendidas como aquelas não originárias de uma determinada área geográfica, podem muitas vezes proliferar sem controle, provocando danos ambientais e econômicos, além de ameaçarem a diversidade biológica. O Estado de São Paulo sofre problemas sensíveis nessa seara, por exemplo, por conta da presença do javali

12. DIREITO AMBIENTAL 381

(Sus scrofa), cuja abundância já é identificada e com impactos ambientais e socioeconômicos bem descritos pela literatura.

Tendo em vista essas premissas, sobre espécies exóticas, é correto afirmar:

(A) a Lei nº 5.197/1967 (lei que dispõe sobre a proteção à fauna) admite a inserção de espécies exóticas em território nacional com parecer técnico oficial favorável e licença expedida na forma da lei, salvo para espécies ambientalmente relevantes, inseridas em cadastro do Ministério do Meio Ambiente, cuja inserção imporá apenas a comunicação posterior aos órgãos de controle.

(B) é proibida a introdução nas unidades de conservação de espécies não autóctones, exceto no tocante às Áreas de Proteção Ambiental, Florestas Nacionais, Reservas Extrativistas e Reservas de Desenvolvimento Sustentável, sendo admitidos, ainda, a inserção de animais e plantas necessários à administração e às atividades das demais categorias de unidades de conservação, de acordo com o que se dispuser em regulamento e no Plano de Manejo da unidade.

(C) no Estado de São Paulo, embora se permita e estimule o controle populacional de espécies exóticas invasoras, o abate e o manejo dos animais assim qualificados é vedado, por força de disposição expressa na Constituição Estadual.

(D) atividades de manejo de fauna exótica ou que envolvam introdução de espécies exóticas estão dispensadas do licenciamento ambiental, salvo se flagrante o risco de degradação ambiental.

(E) a introdução de espécime animal exótica no Brasil, sem parecer técnico oficial favorável e licença expedida por autoridade competente pode configurar infração administrativa ambiental, entretanto não se amolda aos tipos penais previstos na Lei no 9.605/1998 (Lei de Crimes Ambientais).

A: incorreta, a teor do art. 4º, da Lei 5.197/1967: "Nenhuma espécie poderá ser introduzida no País, sem parecer técnico oficial favorável e licença expedida na forma da Lei"; **B:** correta. Vide art. 31, § 1º, da Lei 9.985/2000; **C:** incorreta (art. 193, X, Constituição Estadual); **D:** incorreta, nos termos do Anexo I, da Resolução Conama 237/1997, além do controle da União nos termos do art. 7º, XVII, da LC 140/2011; **E:** incorreta. A teor do art. 31, da Lei 9.605/1998, considera-se crime introduzir espécime animal no País, sem parecer técnico oficial favorável e licença expedida por autoridade competente. FM/FC

Gabarito "B".

9. PROTEÇÃO DA FLORA. CÓDIGO FLORESTAL

(Procurador – PGE/SP – 2024 – VUNESP) A respeito das Áreas de Preservação Permanente, trazidas pela Lei nº 12.651/2012 (Código Florestal), é correto afirmar:

(A) a supressão indevida de vegetação em área de preservação permanente obriga apenas o proprietário do imóvel à época da supressão a promover a sua recomposição.

(B) a intervenção em área de preservação permanente para fins de interesse social ou utilidade pública prescinde da comprovação de existência de alternativa técnica e/ou locacional.

(C) o Superior Tribunal de Justiça decidiu, quando do julgamento do Tema 1.010, pela prevalência do Código Florestal (Lei nº 12.651/2012) sobre a Lei de Parcelamento Urbano do Solo (Lei nº 6.766/79).

(D) são áreas de preservação permanente apenas as áreas protegidas cobertas por vegetação nativa, com a função ambiental de preservar os recursos hídricos, a paisagem, a estabilidade geológica e a biodiversidade, facilitar o fluxo gênico de fauna e flora, proteger o solo e assegurar o bem-estar das populações humanas.

(E) o conceito de Amazônia Legal trazido pela Lei nº 12.651/2012 é geográfico, limitando-se aos Estados da Região Norte do Brasil.

A: incorreta (a obrigação de recompor a vegetação suprimida tem natureza real – *propter rem* –, sendo transmitida ao sucessor no caso de transferência de domínio ou posse, cf. art. 7º, § 2º; além disso, cf. a Súmula 623 do STJ: As obrigações ambientais possuem natureza *propter rem*, sendo admissível cobrá-las do proprietário ou possuidor atual e/ou dos anteriores, à escolha do credor). **B:** incorreta (a intervenção em área de preservação permanente para fins de interesse social ou utilidade pública *imprescinde* da comprovação de existência de alternativa técnica e/ou locacional, cf. entendimento do STF na ADC 42). **C:** correta (tese fixada pelo STJ – tema 1010: "Na vigência do novo Código Florestal (Lei n. 12.651/2012), a extensão não edificável nas Áreas de Preservação Permanente de qualquer curso d'água, perene ou intermitente, em trechos caracterizados como área urbana consolidada, deve respeitar o que disciplinado pelo seu art. 4º, *caput*, inciso I, alíneas a, b, c, d e e, a fim de assegurar a mais ampla garantia ambiental a esses espaços territoriais especialmente protegidos e, por conseguinte, à coletividade"). **D:** incorreta (áreas de preservação permanente são aquelas protegidas, cobertas *ou não* por vegetação nativa, cf. art. 3º, II). **E:** incorreta (a Amazônia Legal abrange Estados da Região Norte, Nordeste e Centro-Oeste; é o que se extrai de sua definição legal, cf. art. 3º, I: "Amazônia Legal: os Estados do Acre, Pará, Amazonas, Roraima, Rondônia, Amapá e Mato Grosso e as regiões situadas ao norte do paralelo 13º S, dos Estados de Tocantins e Goiás, e ao oeste do meridiano de 44º W, do Estado do Maranhão"). RB

Gabarito "C".

(Procurador do Estado/SP – 2018 – VUNESP) Sobre a recomposição nas Áreas de Preservação Permanente (APPs), é correto afirmar:

(A) para os imóveis rurais com área de até 4 (quatro) módulos fiscais que possuam áreas consolidadas em Áreas de Preservação Permanente ao longo de cursos d'água naturais, é facultada a manutenção das atividades, independentemente de qualquer recomposição, desde que o proprietário invista na recuperação de outras áreas de relevante interesse ambiental, observados critérios e valores fixados pelo órgão ambiental competente, após o registro no Cadastro Ambiental Rural (CAR).

(B) o proprietário de áreas rurais consolidadas até 22 de julho de 2008, cuja área da propriedade seja inferior a 1 (um) módulo fiscal, foi anistiado pela Lei nº 12.651/2012 (Código Florestal), não sendo necessária a recomposição em nenhuma hipótese.

(C) no caso de pequena propriedade ou posse rural familiar, poderá ser realizado o plantio intercalado de espécies exóticas com nativas, em até um terço da área total a ser recomposta, admitida a utilização de árvores frutíferas, vedado o plantio de espécies lenhosas.

(D) para os imóveis rurais com área de até 1 (um) módulo fiscal que possuam áreas consolidadas em Áreas de Preservação Permanente ao longo de cursos d'água naturais, será obrigatória a recomposição das respectivas faixas marginais em 5 (cinco) metros, contados da borda da calha do leito regular, independentemente da largura do curso d'água.

(E) como método de recomposição é vedada a realização de plantio intercalado de espécies exóticas com nativas, devendo ser executado o plantio exclusivo de espécies nativas ou condução de regeneração natural de espécies nativas, independentemente do tamanho ou qualificação do imóvel rural.

A: incorreta, nos termos do art. 61-A, §3º, da Lei 12.651/2012: "Para os imóveis rurais com área superior a 2 (dois) módulos fiscais e de até 4 (quatro) módulos fiscais que possuam áreas consolidadas em Áreas de Preservação Permanente ao longo de cursos d'água naturais, será obrigatória a recomposição das respectivas faixas marginais em 15 (quinze) metros, contados da borda da calha do leito regular, independentemente da largura do curso d'água"; **B:** incorreta, a saber: "Para os imóveis rurais com área de até 1 (um) módulo fiscal que possuam áreas consolidadas em Áreas de Preservação Permanente ao longo de cursos d'água naturais, será obrigatória a recomposição das respectivas faixas marginais em 5 (cinco) metros, contados da borda da calha do leito regular, independentemente da largura do curso d'água" (art. 61-A, §1º, da Lei 12.651/2012); **C:** incorreta, a teor do art. 4º, § 5º, da Lei 12.651/2012: "é admitido, para a pequena propriedade ou posse rural familiar, o plantio de culturas temporárias e sazonais de vazante de ciclo curto na faixa de terra que fica exposta no período de vazante dos rios ou lagos, desde que não implique supressão de novas áreas de vegetação nativa, seja conservada a qualidade da água e do solo e seja protegida a fauna silvestre"; **D:** correta. Vide art. 61, §1º, da Lei 12.651/2012; **E:** incorreta, conforme o art. 66, § 3º, da Lei 12.651/2012. FM/FC

Gabarito "D".

(Juiz de Direito – TJ/RS – 2018 – VUNESP) Considerando o disposto no Código Florestal – Lei nº 12.651/2012, é correta a seguinte afirmação:

(A) poderá ser autorizada a supressão de vegetação nativa protetora de nascentes, dunas e restingas nas hipóteses de utilidade pública ou de interesse social.

(B) a responsabilidade por infração pelo uso irregular de fogo em terras públicas ou particulares independe de estabelecimento de nexo causal.

(C) é proibido o uso de fogo na vegetação em quaisquer circunstâncias.

(D) não haverá, em qualquer hipótese, direito à regularização de futuras intervenções ou supressões de vegetação nativa, além das previstas na Lei no 12.651/2012.

(E) ao tomar conhecimento do desmatamento em desacordo com a Lei, o órgão ambiental deverá embargar a obra ou atividade que deu causa ao uso alternativo do solo, como medida punitiva que alcança as demais atividades realizadas no imóvel, mesmo que não relacionadas com a infração.

A: incorreta, a saber: "a supressão de vegetação nativa protetora de nascentes, dunas e restingas somente poderá ser autorizada em caso de utilidade pública" (art. 8º, § 1º, da Lei 12.651/2012); **B:** incorreta, a teor do art. 38, § 2º, da Lei 12.651/2012: "na apuração da responsabilidade pelo uso irregular do fogo em terras públicas ou particulares, a autoridade competente para fiscalização e autuação deverá comprovar o nexo de causalidade entre a ação do proprietário ou qualquer preposto

e o dano efetivamente causado"; **C:** incorreta, já que o art. 38, da Lei 12.651/2012, traz possibilidades em que é possível o uso de fogo na vegetação; **D:** correta. Vide art. 8º, § 4º, da Lei 12.651/2012; **E:** incorreta, segundo dispõe o art. 51, da Lei 12.651/2012: "o órgão ambiental competente, ao tomar conhecimento do desmatamento em desacordo com o disposto nesta Lei, deverá embargar a obra ou atividade que deu causa ao uso alternativo do solo, como medida administrativa voltada a impedir a continuidade do dano ambiental, propiciar a regeneração do meio ambiente e dar viabilidade à recuperação da área degradada". FM/FC

Gabarito "D".

(Delegado – PC/BA – 2018 – VUNESP) Nos termos do disposto na Lei nº 12.651/2012, assinale a alternativa correta.

(A) Não é permitido, em qualquer hipótese, o acesso de pessoas e animais às Áreas de Preservação Permanente.

(B) Não haverá, em qualquer hipótese, direito à regularização de futuras intervenções ou supressões de vegetação nativa, além das previstas nesta Lei, nas Áreas de Preservação Permanente.

(C) Não poderá ser autorizada, em qualquer hipótese, a supressão de vegetação nativa protetora de nascentes, dunas e restingas, nas Áreas de Preservação Permanente.

(D) Os empreendimentos de abastecimento público de água e tratamento de esgoto estão sujeitos à constituição de Reserva Legal.

(E) Será exigida Reserva Legal relativa às áreas adquiridas ou desapropriadas com o objetivo de implantação e ampliação de capacidade de rodovias e ferrovias.

A: incorreta. Dispõe o art. 9º, da Lei 12.651/2012: "É permitido o acesso de pessoas e animais às Áreas de Preservação Permanente para obtenção de água e para realização de atividades de baixo impacto ambiental"; **B:** correta, a teor do art. 8º, § 4º, da Lei 12.651/2012; **C:** incorreta. "A supressão de vegetação nativa protetora de nascentes, dunas e restingas somente poderá ser autorizada em caso de utilidade pública" (art. 8º, § 1º, da Lei 12.651/2012); **D:** incorreta. "Os empreendimentos de abastecimento público de água e tratamento de esgoto não estão sujeitos à constituição de Reserva Legal" (art. 12, § 6º, da Lei 12.651/2012); **E:** incorreta. "Não será exigido Reserva Legal relativa às áreas adquiridas ou desapropriadas com o objetivo de implantação e ampliação de capacidade de rodovias e ferrovias" (art. 12, § 8º, da Lei 12.651/2012). FM/FC

Gabarito "B".

(Procurador – IPSMI/SP – VUNESP – 2016) Assinale o conceito correto utilizado pela Lei Federal 12.651/2012:

(A) pousio: prática de interrupção temporária de atividades ou usos agrícolas, pecuários ou silviculturais, por no máximo 6 (seis) anos, para possibilitar a recuperação da capacidade de uso ou da estrutura física do solo.

(B) áreas úmidas: pantanais e superfícies terrestres cobertas de forma permanente por águas, cobertas originalmente por florestas ou outras formas de vegetação adaptadas à inundação.

(C) crédito de carbono: título de direito sobre bem intangível e incorpóreo transacionável.

(D) faixa de passagem de inundação: área de várzea ou planície de inundação adjacente a cursos d'água que permite o escoamento artificial.

(E) relevo ondulado: expressão geomorfológica usada para designar área caracterizada por movimentações de águas que geram depressões.

12. DIREITO AMBIENTAL 383

A: Incorreta. Nos termos do art. 3º, XXIV, da Lei 12.651/2012: "pousio: prática de interrupção temporária de atividades ou usos agrícolas, pecuários ou silviculturais, por no máximo 5 (cinco) anos, para possibilitar a recuperação da capacidade de uso ou da estrutura física do solo"; e não 6 (seis) anos, conforme disposto na alternativa. **B:** Incorreta. "Áreas úmidas: pantanais e superfícies terrestres cobertas de forma periódica por águas, cobertas originalmente por florestas ou outras formas de vegetação adaptadas à inundação" (art. 3º, XXV, da Lei 12.651/2012). **C:** Correta. Vide art. 3º, XXVII, da Lei 12.651/2012. **D:** Incorreta. A faixa de passagem de inundação: área de várzea ou planície de inundação adjacente a cursos d'água que permite o escoamento da enchente e não artificial (art. 3º, XXII, da Lei 12.651/2012). **E:** Incorreta. O relevo ondulado, segundo o art. 3º, XXIII, da Lei 12.651/2012, trata-se de "expressão geomorfológica usada para designar área caracterizada por movimentações do terreno que geram depressões, cuja intensidade permite sua classificação como relevo suave ondulado, ondulado, fortemente ondulado e montanhoso". FM-FCP

Gabarito "C".

(Juiz – TJ/SP – VUNESP – 2015) Em relação às Áreas de Preservação Permanente, é incorreta a seguinte afirmação:

(A) é permitido ao poder público se utilizar do direito de preempção para aquisição de remanescentes florestais relevantes.

(B) todo imóvel rural situado no território nacional deve manter área com cobertura de vegetação nativa, a título de Reserva Legal, no correspondente a 20% da área total do imóvel.

(C) é lícita a supressão de vegetação nativa em Área de Preservação Permanente para implantação de instalações necessárias à captação e condução de água e efluentes tratados, desde que comprovada a outorga do direito de uso da água.

(D) é dispensada a autorização do órgão ambiental competente para a execução em Área de Preservação Permanente nas hipóteses de realização, em caráter de urgência, de atividades de segurança nacional e obras de interesse da defesa civil destinadas à prevenção e mitigação de acidentes em áreas urbanas.

A: Correta. Nos termos do art. 25, I, da Lei 12.651/2012. **B:** Incorreta. Se o imóvel estiver localizado na Amazônia Legal, os percentuais serão: 80% (oitenta por cento), se o imóvel estiver localizado em área de florestas; 35% (trinta e cinco por cento), se estiver localizado em área de cerrado; e, 20% (vinte por cento), se o imóvel estiver localizado em área de campos gerais (art. 12, I, da Lei 12.651/2012). **C:** Correta. Nos termos do art. 8º, da Lei 12.651/2012: "A intervenção ou a supressão de vegetação nativa em Área de Preservação Permanente somente ocorrerá nas hipóteses de utilidade pública, de interesse social ou de baixo impacto ambiental previstas nesta Lei". O art. 3º, IX, "e", da Lei 12.651/2012, prevê que a implantação de instalações necessárias à captação e condução de água e de efluentes tratados para projetos cujos recursos hídricos são partes integrantes e essenciais da atividade, trata-se de atividade de interesse social, e que, portanto, autoriza a supressão da vegetação nativa em Área de Preservação Permanente. **D:** Correta. Vide art. 7º, § 3º, da Lei 12.651/2012. FM-FCP

Gabarito "B".

(Procurador – SP – VUNESP – 2015) De acordo com as disposições existentes no Código Florestal, no que se refere ao Regime de Proteção das Áreas de Preservação Permanente, assinale a alternativa correta.

(A) A vegetação situada em Área de Preservação Permanente não tem a obrigatoriedade de ser mantida se o proprietário, possuidor ou ocupante for pessoa jurídica de direito público.

(B) A supressão de vegetação nativa protetora de nascentes, dunas e restingas não pode ser autorizada em nenhuma hipótese.

(C) É necessária a autorização do órgão ambiental, ainda que se trate de execução, em caráter de urgência, de atividades de segurança nacional e obras de interesse da defesa civil destinadas à prevenção e mitigação de acidentes em áreas urbanas.

(D) É permitido o acesso de pessoas e animais às Áreas de Preservação Permanente para obtenção de água e para realização de atividades de baixo impacto ambiental.

(E) Tendo ocorrido a supressão de vegetação situada em Área de Preservação Permanente, o proprietário da área, possuidor ou ocupante é obrigado a promover a recomposição da vegetação, ainda que a supressão tenha sido autorizada pela lei.

A: Incorreta. A vegetação situada em Área de Preservação Permanente tem a obrigatoriedade de ser mantida pelo proprietário, possuidor ou ocupante, pessoa física ou jurídica, de direito público ou privado (art. 7º, da Lei 12.651/2012). **B:** Incorreta. "A supressão de vegetação nativa protetora de nascentes, dunas e restingas somente poderá ser autorizada em caso de utilidade pública" (art. 8º, § 1º, da Lei 12.651/2012). **C:** Incorreta. Nos termos do art. 8º, § 3º, da Lei 12.651/2012: "É dispensada a autorização do órgão ambiental competente para a execução, em caráter de urgência, de atividades de segurança nacional e obras de interesse da defesa civil destinadas à prevenção e mitigação de acidentes em áreas urbanas". **D:** Correta. Vide art. 9º, da Lei 12.651/2012. **E:** Incorreta. Segundo disposição do art. 7º, § 1º, da Lei 12.651/2012: "Tendo ocorrido supressão de vegetação situada em Área de Preservação Permanente, o proprietário da área, possuidor ou ocupante a qualquer título é obrigado a promover a recomposição da vegetação, ressalvados os usos autorizados previstos nesta Lei". FM-FCP

Gabarito "D".

(Magistratura/PA – VUNESP – 2014) Em relação aos princípios aplicáveis à Lei 12.651/2012, que estabelece normas gerais sobre a proteção da vegetação, áreas de preservação permanente e áreas de reserva legal, bem como a exploração florestal, o suprimento de matéria-prima florestal, o controle da origem dos produtos florestais e o controle e prevenção de incêndios florestais, e prevê instrumentos econômicos e financeiros para o alcance de seus objetivos, é correto afirmar que a lei atenderá, entre outros, ao princípio

(A) do fomento à pesquisa científica e inovação tecnológica na busca de novas soluções para o uso sustentável do solo, da água e do ar, bem como a preservação das florestas e demais formas de vegetação, além de incentivos econômicos para a recuperação da vegetação de forma integrada.

(B) da ação governamental de proteção e uso sustentável das florestas e demais formas de vegetação, de forma que o País assuma o compromisso de harmonização entre o uso produtivo da terra e a preservação da água, do solo e da vegetação de forma ampla, buscando atingir o ideal de sustentabilidade.

(C) da afirmação do compromisso soberano do Brasil com a preservação das suas florestas e demais formas de vegetação nativa, bem como da biodiversidade, do solo, dos recursos hídricos e da integridade do sistema climático, para o bem-estar das gerações presentes e futuras.

(D) das responsabilidades comuns mais diferenciadas da União, Estados, Distrito Federal e Municípios, em colaboração com a sociedade civil, na criação de políticas somente voltadas para a preservação da vegetação nativa e de suas funções ecológicas e sociais nas áreas rurais, urbanas e urbanizáveis.

(E) da afirmação da função socioambiental da atividade agropecuária e do papel das florestas e demais formas de vegetação nativa na sustentabilidade, no crescimento econômico, na melhoria da qualidade de vida da população brasileira e na presença do Brasil especificamente no mercado internacional de alimentos.

A: incorreta, pois além do fomento à pesquisa científica, o princípio também alcança a pesquisa tecnológica além disso, a busca não é por novas soluções mas sim, inovação para o uso sustentável (art. 1º-A, V, da Lei 12.651/2012); **B:** incorreta, pois o princípio trata da ação governamental de proteção e uso sustentáveis apenas das florestas, não alcançando demais formas de vegetação (art. 1º-A, III, da Lei 12.651/2012); **C:** correta. Conforme texto do art. 1º-A, I, da Lei 12.651/2012: "I – afirmação do compromisso soberano do Brasil com a preservação das suas florestas e demais formas de vegetação nativa, bem como da biodiversidade, do solo, dos recursos hídricos e da integridade do sistema climático, para o bem estar das gerações presentes e futuras"; **D:** incorreta, já que o princípio não trata das responsabilidades diferenciadas, apenas das comuns da União, Estados, DF e Municípios (art. 1º-A, IV, da Lei 12.651/2012); **E:** incorreta pois o princípio fala em reafirmação da função socioambiental da atividade agropecuária, e não afirmação, conforme consta na alternativa (art. 1º-A, II, da Lei 12.651/2012).
Gabarito "C".

(Magistratura/SP – VUNESP – 2013) A supressão de vegetação nativa para uso alternativo do solo depende de

(A) autorização do órgão municipal e cadastramento do imóvel no CAR.

(B) autorização do órgão federal e cadastramento do imóvel no CAR.

(C) autorização do órgão estadual e cadastramento do imóvel no CAR.

(D) domínio exclusivamente privado, autorização do órgão federal e cadastramento do imóvel no CAR.

A, B e D: incorretas, pois a autorização prévia é do órgão estadual (e não municipal ou federal) e tal possibilidade se dá tanto em solo de domínio privado, como de domínio público (art. 26, *caput*, da Lei 12.651/2012); **C:** correta (art. 26, *caput*, da Lei 12.651/2012).
Gabarito "C".

(Ministério Público/ES – VUNESP – 2013) É correto dizer que o novo Código Florestal enuncia que

(A) a assinatura de termo de compromisso para regularização de imóvel ou posse rural perante o órgão ambiental competente, mencionado no art. 59, suspenderá a punibilidade dos crimes previstos nos arts. 38, 39 e 48 da Lei 9.605, de 12 de fevereiro de 1998, enquanto o termo estiver sendo cumprido.

(B) é indispensável a autorização do órgão ambiental competente para a execução, mesmo em caráter de urgência, de atividades de segurança nacional e obras de interesse da defesa civil destinadas à prevenção e mitigação de acidentes em áreas urbanas.

(C) a exploração de florestas nativas e formações sucessoras, de domínio público ou privado, ressalvados os casos previstos nos arts. 21, 23 e 24, dependerá de

licenciamento pelo órgão competente do SISNAMA, mediante aprovação prévia de Plano de Suprimento Sustentável – PSS – que contemple técnicas de condução, exploração, reposição florestal e manejo compatíveis com os variados ecossistemas que a cobertura arbórea forme.

(D) nos casos em que a Reserva Legal já tenha sido averbada na matrícula do imóvel e em que essa averbação identifique o perímetro e a localização da reserva, o proprietário será obrigado a fornecer ao órgão ambiental as informações relativas à Reserva Legal previstas no inciso III do § 1º do art. 29.

(E) o manejo sustentável para exploração florestal eventual sem propósito comercial, para consumo no próprio imóvel, depende de autorização dos órgãos competentes, devendo ser declarados a motivação da exploração e o volume explorado, de modo a não ser alcançada a limitação de exploração anual de 20 (vinte) metros cúbicos.

A: correta, por força do art. 59, § 5º, do Código Florestal; **B:** incorreta (art. 8º, § 3º, da Lei 12.651/2012); **C:** incorreta já que o art. 31 da do Código Florestal fala em aprovação prévia do Plano de Manejo Florestal Sustentável – PMFS e não no Plano de Suprimento Sustentável; **D:** incorreta (art. 30 da Lei 12.651/2012); **E:** incorreta, já que o manejo sustentável da Reserva Legal para exploração florestal eventual, sem propósito comercial direto ou indireto, para consumo no próprio imóvel, independe de autorização dos órgãos ambientais competentes, ademais, a limitação de exploração anual corresponde a 2 metros cúbicos por hectare, conforme art. 56, § 1º, do Código Florestal.
Gabarito "A".

10. RESPONSABILIDADE CIVIL AMBIENTAL E PROTEÇÃO JUDICIAL DO MEIO AMBIENTE

Segue um resumo sobre a **Responsabilidade Civil Ambiental:**

1. Responsabilidade objetiva.

A responsabilidade objetiva pode ser conceituada *como* o dever de responder por danos ocasionados ao meio ambiente, independentemente de culpa ou dolo do agente responsável pelo evento danoso. *Essa responsabilidade está prevista no § 3º do art. 225 da CF, bem como no § 1º do art. 14 da Lei 6.938/1981 e ainda no art. 3º da Lei 9.605/1998.*

Quanto a seus requisitos, *diferentemente do que ocorre com a responsabilidade objetiva no Direito Civil, onde são apontados três elementos para a configuração da responsabilidade (conduta, dano e nexo de causalidade), no Direito Ambiental são necessários apenas dois.*

A doutrina aponta a necessidade de existir um dano (evento danoso), mais o nexo de causalidade, que o liga ao poluidor.

Aqui não se destaca muito a conduta como requisito para a responsabilidade ambiental, apesar de diversos autores entenderem haver três requisitos para sua configuração (conduta, dano e nexo de causalidade). Isso porque é comum o dano ambiental ocorrer sem que se consiga identificar uma conduta específica e determinada causadora do evento.

Quanto ao **sujeito responsável pela reparação do dano**, é o poluidor, que pode ser tanto pessoa física como jurídica, pública ou privada.

Quando o Poder Público não é o responsável pelo empreendimento, ou seja, não é o poluidor, sua responsabilidade é **subjetiva**, ou seja, depende de comprovação de culpa ou dolo do serviço de fiscalização, para se configurar. Assim, o Poder Público pode responder pelo dano ambiental por omissão no dever de fiscalizar. Nesse caso, haverá responsabilidade solidária do poluidor e do Poder Público. Mas lembre-se: se o Poder Público é quem promove o empreendimento, sua responsabilidade é **objetiva**.

Em se tratando de pessoa jurídica, a Lei 9.605/1998 estabelece que esta será responsável *nos casos em que a infração for cometida por decisão de seu representante legal ou contratual, ou de seu órgão colegiado, no interesse ou benefício da sua entidade.* Essa responsabilidade da pessoa jurídica não exclui a *das pessoas físicas, autoras, coautoras ou partícipes do mesmo fato.*

A Lei 9.605/1998 também estabelece uma cláusula geral que permite a **desconsideração da personalidade jurídica** da pessoa jurídica, em qualquer caso, desde que destinada ao ressarcimento dos prejuízos causados à qualidade do meio ambiente. Segundo o seu art. 4º, *poderá ser desconsiderada a pessoa jurídica sempre que sua personalidade for obstáculo ao ressarcimento dos prejuízos causados à qualidade do meio ambiente.* Adotou-se, como isso, a chamada **teoria menor da desconsideração**, para a qual basta a insolvência da pessoa jurídica, para que se possa atingir o patrimônio de seus membros. No direito civil, ao contrário, adotou-se a teoria maior da desconsideração, teoria que exige maiores requisitos, no caso, a existência de um desvio de finalidade ou de uma confusão patrimonial para que haja desconsideração.

2. Reparação integral dos danos.

A obrigação de reparar o dano não se limita a pagar uma indenização; ela vai além: a reparação deve ser específica, isto é, ela deve buscar a restauração ou recuperação do bem ambiental lesado, ou seja, o seu retorno à situação anterior. Assim, a responsabilidade pode envolver as seguintes obrigações:

a) de reparação natural ou **in specie**: é a reconstituição ou recuperação do meio ambiente agredido, cessando a atividade lesiva e revertendo-se a degradação ambiental. *É a primeira providência que deve ser tentada, ainda que mais onerosa que outras formas de reparação;*

b) de indenização em dinheiro: consiste no ressarcimento pelos danos causados e não passíveis de retorno à situação anterior. *Essa solução só será adotada quando não for viável fática ou tecnicamente a reconstituição. Trata-se de forma indireta de sanar a lesão.*

c) compensação ambiental: *consiste em forma alternativa à reparação específica do dano ambiental, e importa na adoção de uma medida de equivalente importância ecológica, mediante a observância de critérios técnicos especificados por órgãos públicos e aprovação prévia do órgão ambiental competente, admissível desde que seja impossível a reparação específica. Por exemplo, caso alguém tenha derrubado uma árvore, pode-se determinar que essa pessoa, como forma de compensação ambiental, replante duas árvores da mesma espécie.*

3. Dano ambiental.

Não é qualquer alteração adversa no meio ambiente causada pelo homem que pode ser considerada dano ambiental. Por exemplo, o simples fato de alguém inspirar oxigênio e expirar gás carbônico não é dano ambiental. O art. 3º, III, da Lei 6.938/1981 nos ajuda a desvendar quando se tem dano ambiental, ao dispor que a poluição é a degradação ambiental resultante de atividades que direta ou indiretamente:

a) prejudiquem a saúde, a segurança e o bem-estar da população; b) criem condições adversas às atividades sociais e econômicas; c) afetem desfavoravelmente a biota; d) afetem as condições estéticas ou sanitárias do meio ambiente; e) lancem matérias ou energia em desacordo com os padrões ambientais estabelecidos.

Quanto aos lesados pelo dano ambiental, este pode atingir pessoas indetermináveis e ligadas por circunstâncias de fato (ocasião em que será difuso), grupos de pessoas ligadas por relação jurídica base (ocasião em que será coletivo), vítimas de dano oriundo de conduta comum (ocasião em que será individual homogêneo) e vítima do dano (ocasião em que será individual puro).

De acordo com o pedido formulado na ação reparatória é que se saberá que tipo de interesse (difuso, coletivo, individual homogêneo ou individual) está sendo protegido naquela demanda.

Quanto à extensão do dano ambiental, a doutrina reconhece que este pode ser material (patrimonial) ou moral (extrapatrimonial). Será da segunda ordem quando afetar o bem-estar de pessoas, causando sofrimento e dor. Há de se considerar que existe decisão do STJ no sentido que não se pode falar em dano moral difuso, já que o dano deve estar relacionado a pessoas vítimas de sofrimento, e não a uma coletividade de pessoas. De acordo com essa decisão, pode haver dano moral ambiental a pessoa determinada, mas não pode haver dano moral ambiental a pessoas indetermináveis.

4. A proteção do meio ambiente em juízo.

A reparação do dano ambiental pode ser buscada extrajudicialmente, quando, por exemplo, é celebrado termo de **compromisso de ajustamento de conduta** com o Ministério Público, ou judicialmente, pela propositura da ação competente.

Há duas ações vocacionadas à defesa do meio ambiente. São elas: a **ação civil pública** (art. 129, III, da CF e Lei 7.347/1985) e a **ação popular** (art. 5º, LXXIII, CF e Lei 4.717/1965). A primeira pode ser promovida pelo Ministério Público, pela Defensoria Pública, por entes da Administração Pública ou por associações constituídas há pelo menos um ano, que tenham por objetivo a defesa do meio ambiente. Já a segunda é promovida pelo cidadão.

Também são cabíveis em matéria ambiental o **mandado de segurança** (art. 5º, LXIX e LXX, da CF e Lei 12.016/2009), individual ou coletivo, preenchidos os requisitos para tanto, tais como prova pré-constituída, e ato de autoridade ou de agente delegado de serviço público; o **mandado de injunção** (art. 5º, LXXI, da CF), quando a falta de norma regulamentadora torne inviável o exercício dos direitos e liberdades constitucionais e das prerrogativas inerentes à nacionalidade, à soberania

386 RODRIGO BORDALO, FABIANO MELO E FERNANDA CAMARGO PENTEADO

e à cidadania; as **ações de inconstitucionalidade** (arts. 102 e 103 da CF e Leis 9.868/1999 e 9.882/1999); e a **ação civil de responsabilidade por ato de improbidade administrativa** em matéria ambiental (art. 37, § 4º, da CF, Lei 8.429/1992 e art. 52 da Lei 10.257/2001).

(Juiz de Direito – TJ/SP – 2023 – VUNESP) O município "X" se interessou pelo exercício do direito de preempção em relação à área de propriedade de "B", que estava sendo alienada a "C", objetivando a criação de unidade de conservação. O município deve

(A) manifestar por escrito seu interesse na preempção dentro do prazo de 5 (cinco) dias, contado do recebimento da notificação do proprietário quanto à intenção de alienar onerosamente o imóvel.

(B) comprometer-se a efetuar o pagamento ao proprietário do valor de mercado do imóvel, ainda que superior ao valor considerado para a base de cálculo do IPTU e ao valor indicado na proposta do interessado na aquisição.

(C) oferecer ao proprietário a possibilidade de transformação do valor do imóvel em crédito, a ser liquidado conforme regras próprias do sistema de precatório.

(D) comprovar a existência de lei específica, baseada no plano diretor, que delimite as áreas de incidência do direito de preempção e que fixe o prazo de vigência não superior a 5 (cinco) anos, a fim de que possa exercer sua preferência para aquisição do imóvel urbano objeto da alienação onerosa entre particulares.

O direito de preempção a ser exercido pelo Poder Público municipal está previsto no Estatuto da Cidade (Lei n. 10.257/2001), em seus artigos 25 a 27. **A:** incorreta (o prazo para o município se manifestar é de 30 dias, cf. art. 27, "caput"). **B:** incorreta (o município poderá adquirir o imóvel pelo valor da base de cálculo do IPTU ou pelo valor indicado na proposta apresentada, se este for inferior àquele, cf. art. 27, § 6º; assim, o limite máximo de aquisição do imóvel é o valor da base de cálculo do IPTU). **C:** incorreta (o Estatuto da Cidade não prevê a possibilidade de transformação do valor do imóvel em crédito). **D:** correta (art. 25, §1º). RB

Gabarito "D".

(Juiz de Direito – TJ/RS – 2018 – VUNESP) Supondo-se que um grande navio com cargas explodiu em um porto brasileiro, despejando milhões de litros de óleo e metanol que causou a degradação do meio ambiente marinho, inviabilizando a pesca pelos moradores próximos ao local, pois o Poder Público estabeleceu uma proibição temporária da pesca em razão da poluição ambiental. Em razão disso, os pescadores prejudicados ingressaram com ação judicial, calcado em responsabilidade civil.

De acordo com a jurisprudência dominante do STJ, assinale a alternativa correta.

(A) Os proprietários do navio e as empresas adquirentes das cargas transportadas pelo navio que explodiu respondem solidariamente pelos danos morais e materiais suportados pelos pescadores prejudicados.

(B) Para demonstração da legitimidade para vindicar indenização por dano ambiental que resultou na redução da pesca na área atingida, basta que o autor tenha o registro de pescador profissional.

(C) A responsabilidade por dano ambiental é objetiva, informada pela teoria do risco integral, sendo o nexo

de causalidade o fator aglutinante que permite que o risco se integre na unidade do ato, sendo descabida a invocação, pela empresa responsável pelo dano ambiental, de excludentes de responsabilidade civil para afastar sua obrigação de indenizar.

(D) Não será devida indenização aos pescadores se restar comprovada pela empresa responsável pela carga que o acidente foi decorrente de caso fortuito ou força maior.

(E) É devida a indenização por lucros cessantes ainda que o período de proibição da pesca em razão do acidente ambiental coincida com o período de "defeso", em que por lei seja vedada a atividade pesqueira.

A responsabilidade civil do poluidor é objetiva, nos termos do art. 14, § 1º, da Lei 6.938/1981: "[...] é o poluidor obrigado, independentemente da existência de culpa, a indenizar ou reparar os danos causados ao meio ambiente e a terceiros, afetados por sua atividade". Destarte, ao se prescindir da culpabilidade para o dever de indenizar será necessária somente a comprovação do nexo de causalidade entre a conduta e o dano, pelo que as empresas adquirentes das cargas transportadas pelo navio que explodiu não serão responsabilizadas [ausência do nexo de causalidade direta e imediata com os danos]. A doutrina e a jurisprudência majoritariamente aduzem ser a responsabilidade objetiva do poluidor fundamentada na teoria do risco integral. Desta forma, as clássicas excludentes de responsabilidade, dentre elas o caso fortuito e a força maior, não podem ser invocadas para elidir a obrigação de reparar os danos causados. Além disso, a licitude de uma atividade ou empreendimento não afasta ou atenua a reponsabilidade do poluidor. FM/FC

Gabarito "C".

(Juiz – TJ/RJ – VUNESP – 2016) Um Município, no interior de Minas Gerais, pretende, em sede recursal, a inclusão do referido Estado no polo passivo da Ação Civil Pública, que visa a reparação e prevenção de danos ambientais causados por deslizamentos de terras em encostas habitadas. Segundo regra geral quanto ao dano ambiental e urbanístico, e segundo posição do STJ, o litisconsórcio, nesses casos é

(A) facultativo, quando envolve ato do particular e necessário quando envolve ato da Administração Pública.

(B) facultativo, pois os responsáveis pela degradação ambiental não são coobrigados solidários.

(C) necessário, quando o ato envolve particular e poder público.

(D) obrigatório, no caso de causas concorrentes.

(E) facultativo, mesmo havendo múltiplos agentes poluidores.

A: Incorreta. O litisconsórcio será facultativo quando envolver ato de múltiplos agentes, pouco importando serem particulares ou públicos; **B:** Incorreta. Em sede de reparação civil, o dano ambiental é marcado pela responsabilidade civil objetiva e solidária, que dá ensejo, ao litisconsórcio facultativo entre os vários poluidores, diretos ou indiretos; **C:** Incorreta. É firme a jurisprudência do STJ no sentido de que, na ação civil pública por danos ambientais, mesmo quando presente a responsabilidade solidária, não se faz necessária a formação de litisconsórcio; **D:** Incorreta. A responsabilidade por danos ambientais é objetiva e solidária entre o poluidor direto e o indireto, permitindo que a ação seja ajuizada contra qualquer um deles, sendo, portanto, facultativo o litisconsórcio e não obrigatório conforme disposto na alternativa; **E:** Correta. Em ações judiciais que visam o ressarcimento de danos ambientais, a regra é a fixação do litisconsórcio passivo facultativo, abrindo-se ao autor a possibilidade de demandar contra qualquer um dos agentes responsáveis, isoladamente ou em conjunto. FM-FCP

Gabarito "E".

12. DIREITO AMBIENTAL   387

(Juiz – TJ/RJ – VUNESP – 2016) A responsabilidade civil do Estado, por dano ambiental, em caso de omissão de cumprimento adequado do seu dever de fiscalizar, será

(A) solidária, se a omissão for determinante para concretização ou agravamento do dano, porém de execução subsidiária.

(B) solidária, independentemente da omissão ser determinante para concretização ou agravamento do dano, pois a responsabilidade é subjetiva.

(C) subsidiária, se a omissão for determinante para concretização ou agravamento do dano, pois a responsabilidade é subjetiva.

(D) solidária, ainda que a omissão não seja determinante para concretização ou agravamento do dano.

(E) subsidiária, independentemente da omissão ser determinante para concretização ou agravamento do dano.

A: Correta. A responsabilidade civil do Estado por eventuais danos ambientais configura-se igualmente quando a fiscalização, quando inadequada, ineficiente ou insuficiente, e, por consequência, contribuir de modo substancial para a ocorrência do dano ao meio ambiente. Trata-se de responsabilidade solidária com execução subsidiária (ou com ordem de preferência), ou seja, somente se impossível exigir do poluidor direto o cumprimento da obrigação, haverá a transferência da obrigação ao Estado; **B:** Incorreta. A responsabilidade civil do Estado por danos ambientais, ainda que por omissão ao dever de fiscalização é objetiva, e não subjetiva, conforme prevê o enunciado. Todavia, esse é um ponto divergente entre os tribunais e demanda atenção do candidato. Conforme Fabiano Melo, em sua obra *Direito Ambiental* (Método, 2017), "na responsabilidade do Poder Público pela omissão no exercício do poder de polícia, na fiscalização das atividades econômicas, há uma clara divisão da doutrina e dos tribunais entre a adoção da responsabilidade objetiva ou da responsabilidade subjetiva". Portanto, o candidato deve acompanhar as discussões jurisprudenciais no STJ; **C:** Incorreta. Vide comentário anterior; **D:** Incorreta. A omissão ao dever de fiscalização do Estado deve ser determinante para a concretização ou agravamento do dano ambiental, para que haja a sua responsabilização. Não se imputa ao Estado, nem se mostra razoável fazê-lo segurador universal pela integralidade das lesões sofridas por pessoas ou bens protegidos; **E:** Incorreta. No caso de omissão de dever de controle e fiscalização, a responsabilidade ambiental da Administração é objetiva e solidária de execução subsidiária (impedimento à sua convocação *per saltum*). FM-FCP

Gabarito "A".

(Juiz – TJ/RJ – VUNESP – 2016) As queimadas frequentemente são utilizadas, sem autorização, para desmatamento de mata nativa, e representam a negação da modernidade da agricultura e pecuária brasileiras, confrontando-se com os fundamentos mais elementares do Direito Ambiental. Quem queima, ao fazê-lo, afeta, degrada ou destrói o meio ambiente, o que lhe impõe alguns deveres. Quanto à possibilidade de cumulação no pedido de obrigação de fazer, de não fazer (reparar a área afetada) e de pagar quantia certa (indenização), a jurisprudência do STJ tem se firmado no sentido de permitir

(A) a cumulação de obrigações de fazer, de não fazer e de indenizar, na busca da proteção mitigada.

(B) a cumulação de obrigações de fazer, de não fazer e de indenizar, que têm natureza conglobante, na busca da proteção integral do meio ambiente.

(C) a cumulação de obrigações de fazer, de não fazer e de indenizar, que têm natureza de obrigação de eficácia real.

(D) a cumulação de obrigações de fazer, de não fazer e indenizar, que têm natureza conglobante.

(E) a cumulação de obrigações de fazer, de não fazer e de indenizar, que têm natureza *propter rem*, na busca da proteção integral do meio ambiente.

A: Incorreta. A proteção e recuperação do meio ambiente degradado é integral e não mitigada, conforme prevê a alternativa; **B:** Incorreta. A natureza conglobante pressupõe a necessidade de que uma conduta seja contrária ao ordenamento jurídico como um todo, globalmente considerado. Verifica-se, assim, que a alternativa é incorreta; **C:** Incorreta. A reparação integral dos danos ambientais possibilita a cumulação de obrigações de fazer, de não fazer e de indenizar, que têm natureza *propter rem* e não de obrigações com eficácia real; **D:** Incorreta. Conforme ressaltado nos comentários a alternativa "B", a natureza da obrigação de reparação integral aos danos ambientais tem natureza *propter rem* e não conglobante; **E:** Correta. A necessidade de reparação integral da lesão causada ao meio ambiente permite a cumulação de obrigações de fazer, de não fazer e de indenizar (Súmula 629 do STJ), que têm natureza *propter rem* (Súmula 623 do STF). Obrigação *propter rem* é aquela que recai sobre o imóvel e que obriga, em qualquer circunstância, ao proprietário e a todos que o sucedem em tal condição. FM-FCP

Gabarito "E".

(Procurador Municipal/SP – VUNESP – 2016) Determinada pessoa, em conduta não dolosa, ingressa em terreno e sofre graves queimaduras por contato com resíduos tóxicos que se encontram em terreno de particular que os expõe a céu aberto, em local onde, apesar da existência de cerca e de placas de sinalização informando a presença de material orgânico e poluente, permite o acesso de outros particulares por ser fácil, consentido e costumeiro. Quanto à responsabilidade do proprietário do imóvel, é correto afirmar que

(A) a responsabilidade é objetiva, podendo ser invocada excludente de força maior ou caso fortuito.

(B) considerando a natureza jurídica do infortúnio ambiental, caracteriza-se um dano material, mas não dano moral.

(C) a responsabilidade se restringe a eventual lesão ao meio ambiente propriamente dito.

(D) calcada na teoria do risco, responde pela ofensa individual, sendo irrelevante a culpa exclusiva ou concorrente da vítima.

(E) a colocação de placas no local, indicando a presença de material tóxico, é suficiente para excluir a responsabilidade civil, subjetiva no caso.

A: Incorreta. A responsabilidade por danos ambientais é objetiva e baseada na teoria do risco integral. Desta forma, o proprietário do terreno responderá objetivamente pelos danos ocasionados a pessoa indicada no enunciado da questão, não podendo invocar em seu favor as excludentes de responsabilidade (art. 14, § 1º, da Lei 6.938/1981). **B:** Incorreta. O dano moral trata-se da violação aos direitos da personalidade, e no caso da questão em comento, é evidente que a pessoa ao sofrer lesões graves em seu corpo, provocadas por queimaduras, teve o direito a integridade física violado, fazendo, portanto, jus a indenização por danos morais. **C:** Incorreta. O direito ao meio ambiente ecologicamente equilibrado, por ser tratar de direito difuso, e, portanto, transindividual, quando violado pode gerar danos difusos, coletivos e individuais homogêneos, possibilitando inclusive a tutela coletiva ou individual destes direitos. **D:** Correta. A responsabilidade por danos ambientais é objetiva e fundamentada na teoria do risco integral, de forma a não admitir qualquer excludente de responsabilidade. **E:** Incorreta. Primeiramente por ser a responsabilidade do agente causador de danos ambientais objetiva, e não subjetiva, conforme disposto na alternativa. Outrossim, a colocação de placas no local, não exime o agente de sua responsabilidade, por não se discutir culpa, em sede de responsabilidade por danos ambientais (art. 14, § 1º, da Lei 6.938/1981). **FM-FCP**

Gabarito "D".

(Procurador – SP –VUNESP – 2015) Se uma empresa que possua licenciamento ambiental, no exercício de sua atividade, vier a causar danos ambientais, pode-se afirmar que

(A) a existência de licenciamento ambiental a exime do dever de reparar os danos causados na esfera civil.

(B) a indenização civil e o dever de reparar o dano somente existem se houver dolo do empreendedor.

(C) a existência de licença ambiental retira o caráter de ilicitude administrativa do ato.

(D) independentemente da existência de licenciamento ambiental, se causar dano ambiental, existe responsabilidade civil, administrativa e penal da empresa.

(E) a empresa somente não responderá na esfera penal porque, por tratar-se de pessoa jurídica, não pode figurar no polo passivo de ação penal, ainda que cause danos ambientais.

Essa questão possui uma formulação sensível, que demanda questionamentos. Não concordamos com o gabarito.
A: Incorreta. A responsabilidade civil por danos ambientais é objetiva e fundamentada na teoria do risco integral. Desta forma, ainda que a atividade causadora do dano esteja licenciada, não eximirá o poluidor das peias da responsabilidade. Registre-se que a responsabilidade civil ambiental pode ser fruto de atividade lícita ou ilícita. **B:** Incorreta. A responsabilidade civil ambiental é objetiva, portanto, não se apura a culpabilidade do poluidor (art. 14, § 1º, da Lei 6.938/1981). **C:** Segundo o gabarito, essa é a assertiva correta. Segundo a lógica aplicada, a licença, se integralmente regular, retira o caráter de ilicitude administrativa do ato, impedindo a Administração Pública de sancionar nessa seara. **D:** Segundo o gabarito, incorreta. Essa assertiva impõe questionamento, uma vez que, mesmo com o licenciamento ambiental, se houver danos ao meio ambiente, haverá sim – ao contrário da assertiva – a responsabilidade civil, administrativa e penal da empresa. **E:** Incorreta. Nos termos do art. 3º, da Lei 9.605/1998: "As pessoas jurídicas serão responsabilizadas administrativa, civil e penalmente conforme o disposto nesta Lei, nos casos em que a infração seja cometida por decisão de seu representante legal ou contratual, ou de seu órgão colegiado, no interesse ou benefício da sua entidade". **FM-FCP**

Gabarito "C".

11. RESPONSABILIDADE ADMINISTRATIVA AMBIENTAL

(Procurador – SP – VUNESP – 2015) No tocante às infrações administrativas ambientais, nos termos da Lei 9.605/1998, assinale a assertiva correta.

(A) A autoridade ambiental que tiver conhecimento de infração ambiental é obrigada a promover a sua apuração imediata, mediante processo administrativo próprio, sob pena de corresponsabilidade.

(B) O processo administrativo para apuração de infração ambiental deve observar o prazo máximo de trinta dias para o infrator oferecer defesa ou impugnação contra o auto de infração, contados da data da ciência da autuação.

(C) O processo administrativo para apuração de infração ambiental deve observar o prazo máximo de vinte dias para a autoridade competente julgar o auto de infra-

ção, contados da data da sua lavratura, apresentada ou não a defesa ou impugnação.

(D) No processo administrativo para apuração de infração ambiental, o infrator tem o prazo máximo de quinze dias para recorrer da decisão condenatória à instância superior do Sistema Nacional do Meio ambiente – Sisnama, ou à Diretoria de Portos e Costas, do Ministério da Marinha, de acordo com o tipo de autuação.

(E) Qualquer pessoa, constatando infração ambiental, poderá dirigir representação junto ao Ministério Público do Meio ambiente, que é a autoridade competente para lavrar auto de infração ambiental no exercício de seu poder de polícia.

A: Correta. Vide art. 70, § 3º, da Lei 9.605/1998.**B:** Incorreta. O prazo para o infrator oferecer defesa ou impugnação ao auto de infração é de 20 (vinte) dias, e não de 30 (trinta) dias, conforme previsto na alternativa. O prazo será contado da ciência da autuação (art. 71, I, da Lei 9.605/1998.). **C:** Incorreta. Nos termos do art. 71, II, da Lei 9.605/1998., o prazo para a autoridade competente julgar o auto de infração, contados da data da sua lavratura, apresentada ou não a defesa ou impugnação, é de 30 (trinta) dias, e não de 20 (vinte) dias. **D:** Incorreta, o prazo máximo para I infrator recorrer da decisão condenatória é de 20 (vinte) dias (art. 71, III, da Lei 9.605/1998); **E:** Incorreta. "São autoridades competentes para lavrar auto de infração ambiental e instaurar processo administrativo os funcionários de órgãos ambientais integrantes do Sistema Nacional de Meio Ambiente – SISNAMA, designados para as atividades de fiscalização, bem como os agentes das Capitanias dos Portos, do Ministério da Marinha" (art. 70, § 1º, da Lei 9.605/1998.). **FM-FCP**

Gabarito "A".

(Magistratura/RJ – VUNESP – 2014) Considera-se infração administrativa ambiental toda ação ou omissão que viole as regras jurídicas de uso, gozo, promoção, proteção e recuperação do meio ambiente e será punida, entre outras, com a(s) seguinte(s) sanção(ões):

(A) advertência e multa simples, que serão aplicadas somente nos casos de inobservância das normas da Lei 9.605/1998.

(B) demolição e embargo da obra, sendo defeso o embargo de atividade, que deverá ser coibida por meio de tutela inibitória.

(C) apreensão dos animais, produtos ou subprodutos da fauna e flora, instrumentos e petrechos, o que não inclui os equipamentos ou veículos de qualquer natureza utilizados na infração.

(D) destruição e inutilização do produto e multa diária, sendo esta última aplicada sempre que o cometimento da infração se prolongar no tempo.

A: incorreta, por força do art. 72, §§ 2º e 3º, da Lei 9.605/1998: "§ 2º A advertência será aplicada pela inobservância das disposições desta Lei e da legislação em vigor, ou de preceitos regulamentares, sem prejuízo das demais sanções previstas neste artigo. § 3º A multa simples será aplicada sempre que o agente, por negligência ou dolo: I – advertido por irregularidades que tenham sido praticadas, deixar de saná-las, no prazo assinalado por órgão competente do SISNAMA ou pela Capitania dos Portos, do Ministério da Marinha, II – opuser embaraço à fiscalização dos órgãos do SISNAMA ou da Capitania dos Portos, do Ministério da Marinha"; **B:** incorreta, a suspensão de atividade figura como pena restritiva de direito (art. 8º, III, da Lei 9.605/1998); **C:** incorreta, pois o art. 72, IV, da Lei 9.605/1998 também inclui os equipamentos ou veículos de qualquer natureza utilizados na infração; **D:** correta, conforme art. 72, III, V, e § 5º Lei 9.605/1998. **RB**

Gabarito "D".

12. DIREITO AMBIENTAL

12. RESPONSABILIDADE PENAL AMBIENTAL

(Juiz de Direito – TJ/RS – 2018 – VUNESP) Nos termos da Lei 9.605/1998, assinale a alternativa correta.

(A) O abate de animal realizado para proteger lavouras, pomares e rebanhos da ação predatória ou destruidora de animais, ainda que sem autorização da autoridade competente, não é considerado crime.

(B) Não é possível a suspensão condicional da pena nos casos de condenação a pena privativa de liberdade superior a três anos, nos crimes previstos nesta Lei.

(C) Nos termos do artigo 89 da Lei nº 9.099/1995, esgotado o prazo máximo de prorrogação da suspensão do processo por não ter sido completa a reparação do dano ambiental, será automaticamente declarada a extinção da punibilidade.

(D) A pena de proibição de contratar com o Poder Público e dele obter subsídios subvenções ou doações aplicada a uma pessoa jurídica não poderá exceder o prazo de cinco anos.

(E) A pena de prestação de serviços à comunidade consiste na atribuição ao condenado de tarefas gratuitas ou com remuneração módica, se o condenado for hipossuficiente, prestado junto a parques, jardins públicos ou unidades de conservação.

A: incorreta. Não é crime o abate de animal realizado para proteger lavouras, pomares e rebanhos da ação predatória ou destruidora de animais, desde que legal e expressamente autorizado pela autoridade competente (art. 37, II, da Lei 9.605/1998); **B:** correta, nos termos do art. 16, da Lei. 9.605/1998: "Nos crimes previstos nesta Lei, a suspensão condicional da pena pode ser aplicada nos casos de condenação a pena privativa de liberdade não superior a três anos"; **C:** incorreta. Nos termos do art. 28, V, da Lei 9.605/1998, a declaração de extinção de punibilidade dependerá de laudo de constatação que comprove ter o acusado tomado as providências necessárias à reparação integral do dano; **D:** incorreta, a teor do art. 10, da Lei 9.605/1998: "As penas de interdição temporária de direito dão a proibição de o condenado contratar com o Poder Público, de receber incentivos fiscais ou quaisquer outros benefícios, bem como de participar de licitações, pelo prazo de cinco anos, no caso de crimes dolosos, e de três anos, no de crimes culposo"; **E:** incorreta, nos termos do art. 9º, da Lei 9.605/1998: "A prestação de serviços à comunidade consiste na atribuição ao condenado de tarefas gratuitas junto a parques e jardins públicos e unidades de conservação, e, no caso de dano da coisa particular, pública ou tombada, na restauração desta, se possível". **FM/FC**

Gabarito "B".

(Procurador do Estado/SP – 2018 – VUNESP) A Constituição Federal de 1988, ao incorporar a questão ambiental de forma ampla e expressa, trouxe para o seio do Supremo Tribunal Federal uma "pauta verde". Assim, o destino de grandes temas ambientais também teve de ser enfrentado na Corte, como decorrência lógica da necessidade de concretização de seus comandos.

Nesse contexto, sobre a jurisprudência do Supremo Tribunal Federal em matéria ambiental, assinale a alternativa correta.

(A) O Supremo Tribunal Federal julgou procedente ação direta de inconstitucionalidade ajuizada contra a Lei Estadual no 12.684/2007 (Lei que proíbe o uso de produtos que contenham amianto), declarando inconstitucional dispositivo que proíbe o uso no Estado de São Paulo de produtos, materiais ou artefatos que contenham quaisquer tipos de amianto ou asbesto ou outros minerais que, acidentalmente, tenham fibras de amianto na sua composição.

(B) Segundo o Supremo Tribunal Federal, o artigo 225, § 3º, da Constituição Federal, não condiciona a responsabilização penal da pessoa jurídica por crimes ambientais à simultânea persecução penal da pessoa física em tese responsável no âmbito da empresa.

(C) A vedação da queima da palha da cana-de-açúcar por lei municipal, em Municípios paulistas, tem sido considerada constitucional, afastando-se a incidência da legislação estadual que prevê a eliminação progressiva da palha.

(D) O Supremo Tribunal Federal considerou constitucional a prefixação de um piso para a compensação ambiental devida pela implantação de empreendimento de significativo impacto ambiental, devendo os valores serem fixados proporcionalmente ao impacto ambiental, a partir do mínimo previsto na Lei nº 9.985/2000 (Lei do Sistema Nacional de Unidades de Conservação).

(E) Tendo em vista a natureza dos crimes ambientais e mesmo não sendo a proteção do meio ambiente um direito fundamental, o princípio da insignificância é inaplicável aos crimes previstos na Lei nº 9.605/1998 (Lei de Crimes Ambientais).

A: incorreta. Em verdade, o Plenário do Supremo Tribunal Federal julgou improcedente a Ação Direta de Inconstitucionalidade 3937, ajuizada pela Confederação Nacional dos Trabalhadores na Indústria (CNTI) contra a Lei 12.687/2007, do Estado de São Paulo, que proíbe o uso de produtos, materiais ou artefatos que contenham quaisquer tipos de amianto no território estadual; **B:** correta. A teoria da dupla imputação encontra-se superada, vigorando atualmente o entendimento de que o art. 225, § 3º, da Constituição Federal não condiciona a responsabilização penal da pessoa jurídica por crimes ambientais à simultânea persecução penal da pessoa física em tese responsável no âmbito da empresa (STF. RE 548181, Rel. Min. Rosa Weber, 1ª T, julgado em 06-08-2013. Publicado em: 30-10-2014); **C:** incorreta. Em pesquisa obtida junto ao Tribunal de Justiça do Estado de São Paulo, os resultados demonstraram que o posicionamento que tem se firmado é no sentido da impossibilidade de proibição da queimada da palha da cana de açúcar por lei municipal, por considerar que o município não possui competência para proibir aquilo que o Estado-membro permite; **D:** incorreta. Foi declarada a inconstitucionalidade da expressão "não pode ser inferior a meio por cento dos custos totais previstos para a implantação do empreendimento", prevista no § 1º do art. 36 da Lei 9.985/2000 (vide ADIN 33786, de 2008); **E:** incorreta. A proteção ao meio ambiente é um direito fundamental de 3ª dimensão/geração, e em decorrência do meio ambiente se tratar de um bem altamente significativo para a humanidade, não se aplica o princípio da insignificância aos crimes ambientais. **FM/FC**

Gabarito "B".

(Delegado – PC/BA – 2018 – VUNESP) Beltrano Benedito estava andando por uma estrada rural e encontrou um filhote de Jaguatirica ferido. Levou-o para casa e, após cuidar dos ferimentos, passou a criá-lo como se fosse seu animal doméstico. Em conformidade com o disposto na Lei nº 9.605/1998, é correta a seguinte afirmação:

(A) Como o animal iria morrer se não fosse socorrido, Beltrano pode ficar com ele sem necessidade de licença ou autorização da autoridade ambiental.

(B) Se Beltrano mantiver o animal sem licença ou autorização da autoridade ambiental, estará praticando crime contra o meio ambiente, considerado inafiançável.

(C) Por se tratar de filhote de espécime da fauna silvestre, se Beltrano ficar com o animal sem licença ou autorização, terá a pena por crime ambiental aumentada de um sexto a um terço.

(D) Beltrano deverá entregar o animal a uma autoridade ambiental, pois não é possível obter permissão, licença ou autorização para ficar com o animal.

(E) A ação de Beltrano se tipifica como crime contra a fauna, que o sujeita à pena de detenção e multa, mas o juiz, considerando as circunstâncias, poderá deixar de aplicar a pena.

Dispõe o art. 29, da Lei 9.605/1998: "Matar, perseguir, caçar, apanhar, utilizar espécimes da fauna silvestre, nativos ou em rota migratória, sem a devida permissão, licença ou autorização da autoridade competente, ou em desacordo com a obtida: Pena – detenção de seis meses a um ano, e multa". O § 2°, do artigo supramencionado, prescreve que: "No caso de guarda doméstica de espécie silvestre não considerada ameaçada de extinção, pode o juiz, considerando as circunstâncias, deixar de aplicar a pena". Desta forma, considerando que a Portaria 444/2014 do Ministério do Meio Ambiente, responsável por elencar quais são as espécies da fauna ameaçadas de extinção, não prevê em seu rol a jaguatirica, considera-se correta a afirmação contida na assertiva "E": "A ação de Beltrano se tipifica como crime contra a fauna, que o sujeita à pena de detenção e multa, mas o juiz, considerando as circunstâncias, poderá deixar de aplicar a pena". FM/FC

Gabarito "E".

(Procurador Municipal/SP – VUNESP – 2016) A Lei 9.605/98 dispõe sobre as sanções penais e administrativas derivadas de condutas e atividades lesivas ao meio ambiente. Assinale a alternativa que traz uma atenuante à aplicação das penas de crimes ambientais descritos nessa lei.

(A) A comunicação prévia pelo agente do perigo iminente de degradação ambiental.

(B) Ser o agente reincidente nos crimes de natureza ambiental.

(C) Cometer a infração concorrendo para danos na propriedade alheia.

(D) Cometer a ação sem a participação de agentes ambientais.

(E) O alto grau de escolaridade do agente.

A: Correta. Nos termos do art. 14, III, da Lei 9.605/1998). **B:** Incorreta. Ser reincidente nos crimes de natureza ambiental é circunstância que agrava a pena, quando não constitui ou qualifica o crime (art. 15, I, da Lei 9.605/1998). **C:** Incorreta. Cometer a infração concorrendo para danos na propriedade alheia, trata-se de circunstância que agrava a pena, quando não constitui ou qualifica o crime (art. 15, II, "d", da Lei 9.605/1998). **D:** Incorreta. Cometer a ação sem a participação de agentes ambientais, não é conduta que atenua a pena. **E:** Incorreta. O baixo grau de escolaridade que é circunstância que atenua a pena (art. 14, I, da Lei 9.605/1998). FM-FCP

Gabarito "A".

(Procurador – IPSMI/SP – VUNESP – 2016) Sobre as sanções derivadas de condutas e atividades lesivas ao meio ambiente, nos termos da Lei Federal 9.605/98, é correto afirmar que

(A) o diretor de pessoa jurídica que, sabendo da conduta criminosa de outrem, deixar de impedir a sua prática, quando podia agir para evitá-la, responderá civil, mas não criminalmente.

(B) as pessoas jurídicas serão responsabilizadas administrativa, civil e penalmente, nos casos em que a infração seja cometida por decisão de seu representante legal, no interesse ou benefício de terceiro.

(C) a responsabilidade das pessoas jurídicas exclui a das pessoas físicas, autoras, coautoras ou partícipes do mesmo fato.

(D) poderá ser desconsiderada a pessoa jurídica, sempre que sua personalidade for obstáculo ao ressarcimento de prejuízos causados à qualidade do meio ambiente.

(E) a perícia de constatação do dano ambiental, sempre que possível, fixará o montante do prejuízo causado para efeitos de prestação de fiança, mas não se presta para fixação do cálculo de multa.

A: Incorreta. O diretor de pessoa jurídica que, sabendo da conduta criminosa de outrem, deixar de impedir a sua prática, quando podia agir para evitá-la, responderá civil, criminal e administrativamente, nos termos do art. 225, § 3°, da Constituição Federal. **B:** Incorreta. As pessoas jurídicas serão responsabilizadas penalmente, nos casos em que a infração seja cometida por decisão de seu representante legal, no interesse ou benefício de terceiro (art. 3°, da Lei 9.605/1998). Para que haja a responsabilidade civil há a necessidade da existência de danos ambientais (patrimoniais ou extrapatrimoniais). Já para que exista a responsabilidade administrativa, haverá a necessidade de que a conduta seja tipificada como infração administrativa ambiental. **C:** Incorreta. "A responsabilidade das pessoas jurídicas não exclui a das pessoas físicas, autoras, coautoras ou partícipes do mesmo fato" (art. 3°, parágrafo único, da Lei 9.605/1998). **D:** Correta. Trata-se de transcrição do art. 4°, da Lei 9.605/1998. **E:** incorreta. Nos termos do art. 19, da Lei 9.605/1998: "A perícia de constatação do dano ambiental, sempre que possível, fixará o montante do prejuízo causado para efeitos de prestação de fiança e cálculo de multa". FM-FCP

Gabarito "D".

13. BIOMA MATA ATLÂNTICA

(Procurador – PGE/SP – 2024 – VUNESP) Com relação à biodiversidade, os biomas originais encontrados no território paulista são Mata Atlântica e Cerrado. Estima-se que a área original da Mata Atlântica recobria aproximadamente 68% da área do Estado, com o restante sendo ocupado principalmente pelo Cerrado. Sobre a Lei da Mata Atlântica (Lei n° 11.428/2006), é correto afirmar:

(A) o STF, quando do julgamento da ADI 6446, acolheu o pedido inicial para declarar a nulidade parcial, sem redução de texto, dos artigos 61-A e 61-B da Lei n° 12.651/2012 (Código Florestal) e dos artigos 2°, parágrafo único, 5° e 17 da Lei n° 11.428/2006, de modo a excluir do ordenamento jurídico a interpretação que impeça a aplicação do regime ambiental de áreas consolidadas às áreas de preservação permanente inseridas no bioma da Mata Atlântica.

(B) é vedada, em qualquer hipótese, a supressão de vegetação primária ou secundária em estágio avançado do Bioma Mata Atlântica, para fins de loteamento ou edificação, nas regiões metropolitanas e áreas urbanas consideradas como tal em lei específica.

(C) a supressão de vegetação primária e secundária no estágio avançado de regeneração poderá ser autorizada nos casos de utilidade pública e interesse social, em todos os casos devidamente caracterizados e motivados em procedimento administrativo próprio.

(D) a conservação, em imóvel rural ou urbano, da vegetação primária ou da vegetação secundária em qualquer estágio de regeneração do Bioma Mata Atlântica cumpre função social e é de interesse público, podendo, a critério do proprietário, as áreas sujeitas à restrição

12. DIREITO AMBIENTAL

de que trata esta Lei serem computadas para efeito da Reserva Legal e seu excedente utilizado para fins de compensação ambiental ou instituição de Cota de Reserva Ambiental – CRA, excetuadas as áreas de preservação permanente.

(E) o corte, a supressão e a exploração da vegetação do Bioma Mata Atlântica não terão qualquer distinção no que diz respeito ao tipo da vegetação (primária ou secundária), levando-se em conta apenas o estágio de regeneração.

A: incorreta (não houve julgamento de mérito da ADI 6446, pois o STF não conheceu a ação; não houve, portanto, o acolhimento do pedido inicial). **B:** incorreta (no caso de vegetação primária, a vedação é absoluta; já na hipótese de vegetação secundária em estágio avançado, a supressão é admitida na situação disposta no inciso I do art. 30 da Lei n. 11.428/2006). **C:** incorreta (a supressão de vegetação primária e secundária no estágio avançado de regeneração poderá ser autorizada somente em caso de utilidade pública, cf. art. 14, "caput", da Lei n. 11.428/2006). **D:** correta (art. 35 da Lei n. 11.428/2006). **E:** incorreta (o regime de intervenção na vegetação do Bioma Mata Atlântica sofre distinção no que diz respeito tanto ao tipo da vegetação – primária ou secundária – quanto ao estágio de regeneração, cf. arts. 20 e seguintes da Lei n. 11.428/2006). **RB** Gabarito "D".

14. RESÍDUOS SÓLIDOS

(Juiz de Direito – TJ/RJ – 2019 – VUNESP) Para evitar a poluição por Resíduos Sólidos, é correto afirmar:

(A) cabe ao titular dos serviços públicos de limpeza urbana e de manejo de resíduos sólidos, observado, se houver, o plano municipal de gestão integrada de resíduos sólidos, estabelecer sistema de coleta seletiva.

(B) sem prejuízo das obrigações estabelecidas no plano de gerenciamento de resíduos sólidos, os fabricantes, importadores, distribuidores e comerciantes não têm responsabilidade na divulgação de informações relativas às formas de evitar, reciclar e eliminar os resíduos sólidos associados a seus respectivos produtos.

(C) os comerciantes e distribuidores deverão dar destinação final ambientalmente adequada a produtos e embalagens reunidos ou devolvidos pelos consumidores do sistema de logística reversa.

(D) todos os participantes dos sistemas de logística reversa, sem exceção, manterão atualizadas e disponíveis, ao órgão municipal competente e a outras autoridades, informações completas sobre a realização das ações sob sua responsabilidade.

(E) os fabricantes, importadores, distribuidores e comerciantes de pilhas e baterias são obrigados a estruturar e implementar sistemas de logística reversa, mediante retorno dos produtos após o uso pelo consumidor, no caso de não haver o serviço público de limpeza urbana e de manejo dos resíduos sólidos.

A: correta (art. 36, inc. II, da Lei 12.305/2010-Lei da Política Nacional de Resíduos Sólidos); **B:** incorreta (em razão da responsabilidade compartilhada, os fabricantes, importadores, distribuidores e comerciantes têm responsabilidade na divulgação de informações relativas às formas de evitar, reciclar e eliminar os resíduos sólidos associados a seus respectivos produtos, cf. art. 31, inc. II, da Lei da PNRS); **C:** incorreta (nos termos do art. 33, § 5º, da Lei da PNRS, os comerciantes e distribuidores deverão efetuar a devolução aos fabricantes ou aos importadores dos produtos e embalagens reunidos ou devolvidos pelos consumidores; por sua vez, são os fabricantes e os importadores que devem dar

destinação ambientalmente adequada a tais produtos e embalagens, *ex vi* do art. 33, § 6º, da mesma lei); **D:** incorreta (o art. 33, § 8º, da Lei da PNRS estabelece uma exceção: os consumidores); **E:** incorreta (cf. art. 33, "caput", da Lei PNRS, *independente* do serviço público de limpeza urbana e de manejo dos resíduos sólidos, os fabricantes, importadores, distribuidores e comerciantes de pilhas e baterias são obrigados a estruturar e implementar sistemas de logística reversa). **RB** Gabarito "A".

(Procurador do Estado/SP – 2018 – VUNESP) Uma empresa privada, localizada no Estado de São Paulo, contratou outra empresa privada especializada para o transporte e a destinação adequada de resíduos sólidos tóxicos, decorrentes de processos produtivos da atividade industrial da primeira, que apresentavam significativo risco ao meio ambiente e assim foram qualificados em norma técnica. O transporte ocorreria dentro do Estado de São Paulo.

Tendo em vista essa situação, considere as seguintes afirmações, assinalando a correta.

(A) Em eventual acidente que acarrete dano ao meio ambiente, ocorrido durante o transporte, cuja culpa seja do transportador, estando ele regular perante os órgãos ambientais, o gerador sempre será isento de responsabilidade.

(B) Compete ao Município de origem da carga exercer o controle ambiental do transporte deste material, estando dispensada tal atividade de licenciamento ambiental.

(C) Mesmo não integrando diretamente a relação, em caso de dano, cabe ao Poder Público atuar para minimizá-lo ou cessá-lo, solidariamente aos causadores, logo que tome conhecimento do evento.

(D) A inscrição do transportador do resíduo no Cadastro Nacional de Operadores de Resíduos Perigosos é obrigatória, dispensada a inscrição do gerador.

(E) Considerando a natureza do resíduo sólido, o órgão licenciador pode exigir a contratação de seguro de responsabilidade civil por danos causados ao meio ambiente ou à saúde pública para as empresas que operem com estes resíduos, observadas as regras sobre cobertura e os limites máximos de contratação fixados em regulamento.

A: incorreta. A responsabilidade civil por danos ambientais é objetiva e fundamentada na teoria do risco integral (art. 14, § 1º, da Lei 6.938/1981), desta forma prescinde do elemento culpa para restar caracterizada, bastando que a conduta (lícita ou ilícita) do agente cause danos à vítima; **B:** incorreta, nos termos do art. 8º, XXI, da Lei Complementar 140/2011: "São ações administrativas dos Estados: XXI – exercer o controle ambiental do transporte fluvial e terrestre de produtos perigosos [...]"; **C:** incorreta, a teor do art. 29, da Lei 12.305/2010: "Cabe ao poder público atuar, subsidiariamente, com vistas a minimizar ou cessar o dano, logo que tome conhecimento de evento lesivo ao meio ambiente ou à saúde pública relacionado ao gerenciamento de resíduos sólidos"; **D:** incorreta. A inscrição no Cadastro Nacional de Operadores de Resíduos Perigosos é obrigatória, para qualquer pessoa jurídica que opere com resíduos perigosos, em qualquer fase do seu gerenciamento (art. 38, da Lei 12.305/2010); **E:** correta. Nesse sentido dispõe o art. 40, da Lei 12.305/2010: "No licenciamento ambiental de empreendimentos ou atividades que operem com resíduos perigosos, o órgão licenciador do Sisnama pode exigir a contratação de seguro de responsabilidade civil por danos causados ao meio ambiente ou à saúde pública, observadas as regras sobre cobertura e os limites máximos de contratação fixados em regulamento". **FM/FC** Gabarito "E".

(Procurador – IPSMI/SP – VUNESP – 2016) O plano municipal de gestão integrada de resíduos sólidos deve conter como conteúdo mínimo:

(A) diagnóstico da situação dos resíduos sólidos gerados no respectivo território, contendo a origem, o volume, a caracterização dos resíduos e as formas de destinação e disposição transitórias e finais adotadas.

(B) identificação de áreas favoráveis e desfavoráveis para disposição final ambientalmente adequada de rejeitos.

(C) procedimentos operacionais e especificações mínimas e máximas, a serem adotados nos serviços públicos de limpeza urbana e de manejo de resíduos sólidos.

(D) identificação das possibilidades de implantação de soluções consorciadas ou compartilhadas com outros Municípios e Estados, considerando, nos critérios de economia de escala, a proximidade dos locais estabelecidos e as formas de prevenção dos riscos ambientais.

(E) programas e ações para a participação dos grupos interessados, em especial das cooperativas ou outras formas de associação de catadores de materiais reutilizáveis e recicláveis formadas por pessoas físicas de baixa renda, se houver.

A: Incorreta. O plano municipal de gestão de resíduos sólidos deverá ter como conteúdo mínimo, nos termos do art. 19, I, da Lei 12.305/2010: "diagnóstico da situação dos resíduos sólidos gerados no respectivo território, contendo a origem, o volume, a caracterização dos resíduos e as formas de destinação e disposição final adotadas" e não transitória, conforme disposto na alternativa. **B:** Incorreta. É conteúdo mínimo do plano municipal de gestão de resíduos sólidos, a identificação de áreas favoráveis para disposição final ambientalmente adequada de rejeitos, e não a identificação de áreas favoráveis e desfavoráveis (art. 19, II, da Lei 12.305/2010). **C:** Incorreta. As especificações máximas a serem adotadas nos serviços públicos de limpeza urbana e de manejo de resíduos sólidos, não se trata de conteúdo mínimo do plano municipal de gestão de resíduos sólidos, a teor do art. 19, V, da Lei 12.305/2010. **D:** Incorreta. Os Estados não fazem parte da possibilidade de implantação de soluções consorciadas ou compartilhadas. Confira o que dispõe o art. 19, III, da Lei 12.305/2010: "identificação das possibilidades de implantação de soluções consorciadas ou compartilhadas com outros Municípios, considerando, nos critérios de economia de escala, a proximidade dos locais estabelecidos e as formas de prevenção dos riscos ambientais". **E:** Correta. Trata-se de transcrição do art. 19, XI, da Lei 12.305/2010. **FM-FCP**
Gabarito "E".

(Juiz – TJ/SP – VUNESP – 2015) Com relação à gestão de resíduos sólidos instituída pela Lei 12.305/10, é correto afirmar que

(A) o titular do serviço público de limpeza urbana e de manejo de resíduos sólidos pode, mediante termo de compromisso firmado com o setor empresarial, encarregar-se de atividades de responsabilidade destes nos sistemas de logística reversa, vedada a cobrança por essas atividades.

(B) a lei instituiu a obrigação de estruturar e implementar sistemas de logística reversa dividindo a responsabilidade entre os fabricantes e os comerciantes de produtos como pilhas e baterias, agrotóxicos, pneus, equipamentos e componentes eletrônicos e lâmpadas, entre outros.

(C) a Lei de Resíduos Sólidos permite a incineração de resíduos sólidos desde que realizada com emprego

de equipamentos devidamente licenciados pela autoridade ambiental competente.

(D) não estão sujeitos à elaboração de plano de gerenciamento de resíduos sólidos os estabelecimentos comerciais cujos resíduos gerados em suas atividades sejam caracterizados, por sua natureza, composição ou volume, como não perigosos.

A: Incorreta. Se o titular do serviço público de limpeza urbana encarregar-se dos sistemas de logística reversa, através de termo de compromisso firmado com o setor empresarial, os serviços serão devidamente remunerados, e, portanto, não é vedada a cobrança por estas atividades (art. 33, § 7º, da Lei 12.305/2010). **B:** Incorreta. Nos termos do art. 33, da Lei 12.305/2010, são obrigados a estruturar e implementar sistemas de logística reversa, mediante o retorno dos produtos após o uso pelo consumidor, os fabricantes, importadores, distribuidores e comerciantes, e não somente os fabricantes e comerciantes, conforme disposto na alternativa. **C:** Correta. Nos termos do art. 47, III e § 1º, da Lei 12.305/2010. **D:** Incorreta. Segundo dispõe o art. 20, II, "b", da Lei 12.305/2010, estão sujeitos à elaboração de plano de gerenciamento de resíduos sólidos os estabelecimentos comerciais cujos resíduos gerados em suas atividades sejam caracterizados como não perigosos, por sua natureza, composição ou volume, e não sejam equiparados a resíduos domiciliares pelo poder público municipal. **FM-FCP**
Gabarito "C".

(Procurador – SP – VUNESP – 2015) Nos termos da Lei 12.305/2010, que institui a Política Nacional de Resíduos Sólidos, entende-se por

(A) área órfã contaminada: local onde há contaminação causada pela disposição, regular ou irregular, de quaisquer substâncias ou resíduos.

(B) destinação final ambientalmente adequada: distribuição ordenada de rejeitos em aterros, observando normas operacionais específicas de modo a evitar danos ou riscos à saúde pública e à segurança e a minimizar os impactos ambientais diversos.

(C) gerenciamento de resíduos sólidos: pessoas físicas ou jurídicas, de direito público ou privado, que geram resíduos sólidos por meio de suas atividades, nelas incluído o consumo.

(D) logística reversa: instrumento de desenvolvimento econômico e social, caracterizado por um conjunto de ações, procedimentos e meios destinados a viabilizar a coleta e a restituição dos resíduos sólidos ao setor empresarial para reaproveitamento, em seu ciclo ou em outros ciclos produtivos, ou outra destinação final ambientalmente adequada.

(E) rejeitos: processo de transformação dos resíduos sólidos que envolve a alteração de suas propriedades físicas, físico-químicas ou biológicas, com vistas à transformação em insumos ou novos produtos, observadas as condições e os padrões estabelecidos pelos órgãos competentes do Sisnama, Do SNVS e do Suasa.

A: Incorreta. Nos termos do art. 3º, III, da Lei 12.305/2010: "área órfã contaminada: área contaminada cujos responsáveis pela disposição não sejam identificáveis ou individualizáveis". A definição trazida na assertiva é a de "área contaminada" (art. 3º, II, da Lei 12.305/2010). **B:** Incorreta. "Destinação final ambientalmente adequada: destinação de resíduos que inclui a reutilização, a reciclagem, a compostagem, a recuperação e o aproveitamento energético ou outras destinações admitidas pelos órgãos competentes do Sisnama, do SNVS e do Suasa, entre elas a disposição final, observando normas operacionais específicas de modo

12. DIREITO AMBIENTAL

a evitar danos ou riscos à saúde pública e à segurança e a minimizar os impactos ambientais adversos" (art. 3º, VII, da Lei 12.305/2010). O conceito da alternativa é de "disposição final ambientalmente adequada" (art. 3º, VIII, da Lei 12.305/2010). **C:** Incorreta. A definição da alternativa é de "geradores de resíduos sólidos", conforme previsão do art. 3º, IX, da Lei 12.305/2010. Segundo disposição do art. 3º, X, da Lei 12.305/2010: "gerenciamento de resíduos sólidos: conjunto de ações exercidas, direta ou indiretamente, nas etapas de coleta, transporte, transbordo, tratamento e destinação final ambientalmente adequada dos resíduos sólidos e disposição final ambientalmente adequada de rejeitos, de acordo com plano municipal de gestão integrada de resíduos sólidos ou com plano de gerenciamento de resíduos sólidos, exigidos na forma desta lei". **D:** Correta. Vide art. 3º, XII, da Lei 12.305/2010. **E:** Incorreta. Esta é a definição de reciclagem (art. 3º, XIV, da Lei 12.305/2010). A teor do art. 3º, XV, da Lei 12.305/2010: "rejeitos: resíduos sólidos que, depois de esgotadas todas as possibilidades de tratamento e recuperação por processos tecnológicos disponíveis e economicamente viáveis, não apresentem outra possibilidade que não a disposição final ambientalmente adequada". FM-FCP

Gabarito "D".

(Magistratura/PA – VUNESP – 2014) Nos termos da Lei 12.305/2010, a logística reversa como instrumento de desenvolvimento econômico e social, caracterizado por um conjunto de ações, procedimentos e meios destinados a viabilizar a coleta e a restituição dos resíduos sólidos ao setor empresarial, para reaproveitamento, em seu ciclo ou em outros ciclos produtivos, ou outra destinação ambientalmente adequada, aplica-se aos fabricantes, importadores, distribuidores e comerciantes, entre outros, de

(A) produtos eletroeletrônicos e seus componentes, pneus, pilhas e baterias.

(B) agrotóxicos, veículos, pilhas e baterias.

(C) veículos, óleos lubrificantes e agrotóxicos, seus resíduos e embalagens.

(D) agrotóxicos, produtos eletroeletrônicos e lâmpadas em geral.

(E) produtos eletroeletrônicos e seus componentes, lâmpadas em geral, pilhas e baterias.

O art. 33 da Lei 12.305/2010 – Política Nacional de Resíduos Sólidos – traz seis itens com produtos obrigatoriamente objeto da logística reversa. Dentre as alternativas apresentadas pela questão, apenas a letra "A" contém todos os produtos elencados no texto da lei "Art.33. São obrigados a estruturar e implementar sistemas de logística reversa, mediante retorno dos produtos após o uso pelo consumidor, de forma independente do serviço público de limpeza urbana e de manejo dos resíduos sólidos, os fabricantes, importadores, distribuidores e comerciantes de: I – agrotóxicos, seus resíduos e embalagens, assim como outros produtos cuja embalagem, após o uso, constitua resíduo perigoso, observadas as regras de gerenciamento de resíduos perigosos previstas em lei ou regulamento, e em normas estabelecidas pelos órgãos do Sisnama, do SNVS e do Suasa, ou em normas técnicas; II – pilhas e baterias; III – pneus; IV – óleos lubrificantes, seus resíduos e embalagens; V – lâmpadas fluorescentes, de vapor de sódio e mercúrio e de luz mista; VI – produtos eletroeletrônicos e seus componentes. RB

Gabarito "A".

(Magistratura/RJ – VUNESP – 2014) Quanto à responsabilidade decorrente dos resíduos sólidos pós-consumo, é correto afirmar que

(A) o compromisso dos fabricantes e importadores, comerciantes e distribuidores é de, quando firmados acordos ou termos de compromisso com o Município, participar das ações previstas no plano municipal de gestão integrada de resíduos sólidos no caso de produtos incluídos no sistema de logística reversa.

(B) as embalagens devem ser fabricadas com materiais que propiciem a reutilização ou a reciclagem, sendo responsável todo aquele que manufatura embalagens ou fornece materiais para a fabricação de embalagens, coloca em circulação embalagens, materiais para a fabricação de embalagens ou produtos embalados, em qualquer fase da cadeia de comércio.

(C) para fortalecer a responsabilidade compartilhada e seus objetivos, a responsabilidade dos fabricantes, importadores, distribuidores e comerciantes abrange o compromisso de recolhimento somente dos resíduos e das embalagens remanescentes após o uso, bem como a sua destinação ambientalmente adequada, no caso dos produtos sujeitos à logística reversa.

(D) a responsabilidade compartilhada pelo ciclo de vida dos produtos, a ser implementada de forma individualizada e encadeada, abrange distribuidores e comerciantes, consumidores e titulares de serviços públicos de limpeza urbana, bem como fabricantes e importadores, cabendo a todos o desenvolvimento de produtos que gerem, gradativamente, nos termos da lei, menos resíduos.

A: incorreta, pois o compromisso dos fabricantes e importadores, comerciantes e distribuidores é de firmar compromissos de gestão integrada dos produtos ainda não incluídos no sistema de logística reversa (art. 31, IV, da Lei 12.305/2010); **B:** correta, conforme texto do art. 32, § 3º, da Lei de Resíduos Sólidos: "Art. 32. As embalagens devem ser fabricadas com materiais que propiciem a reutilização ou a reciclagem. § 3º É responsável pelo atendimento do disposto neste artigo todo aquele que: I – manufatura embalagens ou fornece materiais para a fabricação de embalagens; II – coloca em circulação embalagens, materiais para a fabricação de embalagens ou produtos embalados, em qualquer fase da cadeia de comércio."; **C:** incorreta, conforme art. 31, III, da Lei 12.305/2010: "III – recolhimento dos produtos e dos resíduos remanescentes após o uso, assim como sua subsequente destinação final ambientalmente adequada, no caso de produtos objeto de sistema de logística reversa na forma do art. 33"; **D:** incorreta, pois o art. 30 da lei que trata da responsabilidade compartilhada não impõe o desenvolvimento de produtos que gerem, gradativamente, nos termos da lei, menos resíduos. RB

Gabarito "B".

15. DIREITO AMBIENTAL INTERNACIONAL

(Juiz de Direito – TJ/RJ – 2019 – VUNESP) No âmbito do Direito Internacional do Meio Ambiente, a preocupação universal sobre o uso saudável e sustentável do planeta e de seus recursos motivou a ONU a convocar, em 1972, a Conferência das Nações Unidas sobre o Ambiente Humano.

A respeito da referida Conferência, assinale a alternativa correta.

(A) Adotou a "Agenda 21", um diagrama para a proteção do nosso planeta e seu desenvolvimento sustentável.

(B) Adotou a "Declaração das Nações Unidas sobre o Meio Ambiente", que apresenta 26 princípios referentes à proteção do meio ambiente.

(C) Adotou os Objetivos para Desenvolvimento do Milênio (ODM).

(D) Gerou a Convenção da ONU sobre a Diversidade Biológica.

(E) Gerou o relatório "Nosso Futuro Comum", que traz o conceito de desenvolvimento sustentável para o discurso público.

A: incorreta (a "Agenda 21" foi produzida na Conferência ECO-92, também denominada RIO-92); **C**: incorreta (os "Objetivos para o Desenvolvimento do Milênio" – ODM foram expedidos na Cúpula do Milênio da ONU, realizada no ano de 2000); **D**: incorreta (a "Convenção da ONU sobre a Diversidade Biológica" foi produzida na Conferência ECO-92, também denominada RIO-92); **E**: incorreta (o relatório "Nosso Futuro Comum" também é conhecido como "Relatório Brundtland" e foi apresentado em 1987 pela Comissão Mundial sobre Meio Ambiente e Desenvolvimento). **RB**
Gabarito "B".

(Juiz – TJ/RJ – VUNESP – 2016) Na evolução da normativa do Direito Ambiental Internacional, pode-se identificar documentos elaborados por Comissões, como ocorreu com a Comissão da ONU sobre Meio Ambiente e Desenvolvimento. Esses documentos são posteriormente discutidos para, eventualmente, serem incorporados em Declarações de Princípios das Conferências sobre Meio Ambiente. Esse processo pode ser identificado, quando da consagração do princípio do desenvolvimento sustentável, respectivamente, pelo

(A) Plano de vigia Earthwatch e Cúpula de Johannesburgo.
(B) Plano de vigia Earthwatch e Declaração de Estocolmo.
(C) Programa da Agenda 21 e Declaração do Rio/92.
(D) Relatório Brundtland e Declaração do Rio/92.
(E) Relatório Brundtland e Declaração de Estocolmo.

A questão articula as discussões acerca do princípio do desenvolvimento sustentável e sua inserção nas conferências sobre meio ambiente das Nações Unidas (ONU). O enunciado dá um claro indicativo para a resposta, uma vez que a Comissão da ONU sobre Meio Ambiente e Desenvolvimento teve como resultado de seus trabalhos a edição do Relatório Nosso Futuro Comum, conhecido como Relatório Brundtlan.

A: Incorreta. O Plano de vigia Earthwatch integra e é um dos eixos do "Plano de Ações para o Meio Ambiente", que constitui um conjunto de 109 recomendações para a proteção ao meio ambiente, documento decorrente dos trabalhos da Conferência das Nações Unidas sobre Meio Ambiente Humano, realizada em Estocolmo, Suécia, em 1972. Já a Cúpula de Johannesburgo foi a Conferência Rio + 10, de 2002; **B**: Incorreta. O "Plano de vigia Earthwatch" e a Declaração de Estocolmo são ambos oriundos da mesma conferência das Nações Unidas, no caso, Estocolmo/1972, não havendo a relação nos moldes suscitados pela proposição da questão; **C**: Incorreta. O Programa da Agenda 21 e a Declaração do Rio são, ambos, oriundos da Conferência sobre Meio Ambiente e Desenvolvimento (Rio-92), não havendo a relação nos moldes suscitados pela proposição da questão; **D**: Correta. Segundo Fabiano Melo, em seu livro Direito Ambiental (Método, 2017), "a ONU criou em 1983 a Comissão Mundial sobre Meio Ambiente e Desenvolvimento (1983), que após um longo processo de audiências e discussões com líderes políticos e organizações em todo o planeta apresentou, em 1987, como conclusão de suas atividades, o Relatório Nosso Futuro Comum, também conhecido como "Relatório Brundtland" – em homenagem à senhora Gro Harlen Brundtland, ex-primeira ministra da Noruega, que presidiu os trabalhos dessa Comissão Mundial. O Relatório Brundtland definiu os contornos do conceito clássico de desenvolvimento sustentável (...) A partir das conclusões do Relatório Nosso Futuro Comum, a ONU decidiu em 1990 a necessidade da realização de uma nova conferência sobre meio ambiente, que ocorreria no Brasil em 1992". Trata-se da Conferência sobre Meio Ambiente e Desenvolvimento (Rio-92) e um de seus documentos é justamente a Declaração do Rio, sobre princípios do direito ambiental, com destaque para o desenvolvimento sustentável; **E**: Incorreta. Relatório Brundtland é de 1997 e a Declaração

de Estocolmo de 1972. Portanto, não corresponde a relação nos moldes suscitados pela proposição da questão. **FM-FCP**
Gabarito "D".

(Juiz – TJ/MS – VUNESP – 2015) Um dos princípios produzidos em Conferências Internacionais sobre o Meio Ambiente e que serve para construção normativa ambiental afirma que: "Quando houver perigo de dano grave ou irreversível, a falta de certeza científica absoluta não deverá ser utilizada como razão para que seja adiada a adoção de medidas eficazes em função dos custos para impedir a degradação ambiental". Esta afirmação representa o princípio da

(A) Precaução.
(B) Responsabilidade comum, porém, diferenciada.
(C) Prevenção.
(D) Informação.
(E) Responsabilidade integral.

A: Correta. Trata-se de transcrição do princípio 15 da Declaração do Rio/92 sobre Meio Ambiente e Desenvolvimento Sustentável, que prevê o princípio de Direito Ambiental, da precaução. **B**: Incorreta. O princípio da responsabilidade comum, porém, diferenciada considera a diferenciação poluidora entre países desenvolvidos e em desenvolvimento, e a disparidade tecnológica de mitigação e superação de tais efeitos nocivos à natureza, dispondo que todos os países devem diligenciar em prol do meio ambiente, contudo, as ações específicas devem recair mais sobre as economias mais desenvolvidas. **C**: Incorreta. O princípio da prevenção reza que deve-se diligenciar todos os esforços no sentido de evitar danos ambientais, pois na maioria das vezes são irreversíveis e irreparáveis em sua integralidade. A Constituição Federal de 1988 expressamente reconhece tal princípio, ao preceituar, no *caput* do art. 225, o dever do Poder Público e da coletividade em proteger e preservar o meio ambiente, para as presentes e futuras gerações. **D**: Incorreta. O princípio da informação pode ser definido como o direito que todo cidadão tem de ter acesso às informações que julgar necessárias sobre o ambiente. **E**: Incorreta. O princípio da responsabilização integral encontra-se consubstanciado no art. 225, § 3º, da Constituição Federal: "As condutas e atividades consideradas lesivas ao meio ambiente sujeitarão os infratores, pessoas físicas ou jurídicas, a sanções penais e administrativas, independentemente da obrigação de recuperar o dano causado". **FM-FCP**
Gabarito "A".

(Juiz – TJ/MS – VUNESP – 2015) Assinale a alternativa com um dos documentos votados na Conferência das Nações Unidas sobre Meio Ambiente Humano, em Estocolmo, em junho de 1972.

(A) Declaração de Princípios Sobre Florestas.
(B) Protocolo de Quioto.
(C) Convenção sobre a Diversidade Biológica (CDB).
(D) Criação do PNUMA.
(E) Agenda 21.

A: Incorreta. A Declaração de Princípios Sobre Florestas ou simplesmente Princípios sobre Florestas, é produto da Rio-92. **B**: Incorreta. O Protocolo de Quioto trata-se de um acordo internacional criado no âmbito da Convenção: Quadro das Nações Unidas sobre Mudanças Climáticas, aprovado na cidade de Quioto, no Japão, em 1997, cujo principal objetivo é estabilizar a emissão de gases de efeito estufa na atmosfera, com intuito de frear o aquecimento global e seus possíveis impactos. Esse protocolo foi substituído e atualmente encontra-se em vigor o Acordo de Paris. **C**: Incorreta. A Convenção sobre Diversidade Biológica foi assinada durante a Conferência das Nações Unidas sobre Meio Ambiente e Desenvolvimento, realizada na cidade do Rio de Janeiro, no período de 5 a 14 de junho de 1992, conhecida como Eco-92

12. DIREITO AMBIENTAL 395

ou Rio-92. Foi assinada e ratificada pelo Brasil e tem como objetivos a conservação da diversidade biológica, a utilização sustentável de seus componentes e a repartição dos benefícios derivados da utilização dos recursos genéticos. **D:** Correta. O Programa das Nações Unidas para o Meio Ambiente (PNUMA) foi criado em 1972, durante a Conferência de Estocolmo, na Suécia, como uma agência da Organização das Nações Unidas (ONU) voltada especificamente para os temas relacionados ao meio ambiente, com objetivo de atuar como educador, facilitador, defensor e catalisador para promover o uso consciente de recursos e proteger o ambiente para futuras gerações. **E:** Incorreta. A Agenda 21, foi assinada durante a Conferência das Nações Unidas sobre o Meio Ambiente e o Desenvolvimento (CNUMAD), no Rio de Janeiro, em 1992. Trata-se de um conjunto de intenções para se atingir um novo modelo de desenvolvimento para o século XX, denominado "desenvolvimento sustentável". FM-FCP
Gabarito "D".

(Magistratura/PA – VUNESP – 2014) Em relação às Conferências das Nações Unidas que trataram do tema meio ambiente, assinale a alternativa correta.

(A) A Agenda 21, como produto da Rio+10, estabeleceu como prioridade para o século 21 a aplicabilidade do princípio do desenvolvimento sustentável, por meio da integração do meio ambiente e do desenvolvimento aos processos decisórios.

(B) Na Conferência de Estocolmo, de 1972, importante marco do desenvolvimento sustentável, foi criado um órgão de alto nível nas Nações Unidas denominado Comissão para o Desenvolvimento Sustentável, encarregada de submeter relatórios para a Assembleia Geral da ONU.

(C) O Protocolo de Quioto, que tomou por base o Compromisso de Joanesburgo sobre Desenvolvimento Sustentável, estabeleceu compromissos de redução de emissão dos gases de efeito estufa para os países desenvolvidos, tomando por base o princípio das responsabilidades comuns mas diferenciadas.

(D) Como resultado da Rio+20, foi produzido o documento "O futuro que queremos", que reconheceu a economia verde no contexto do desenvolvimento sustentável e da erradicação da pobreza como importante instrumento na formulação de políticas que permitam um aumento na inclusão social.

(E) Um dos importantes resultados da Conferência das Nações Unidas sobre meio ambiente e desenvolvimento (Rio+10) foi a produção da Convenção sobre a Diversidade Biológica, estabelecendo importantes regras sobre a proteção da flora silvestre.

A: incorreta, pois a Agenda 21 resultou do debate feito com sociedade civil e das ONGs ambientais – reunião esta conhecida como Cúpula dos Povos – que se organizou paralelamente à Conferência da ONU durante a RIO 92. Já a Conferência de Johanesburgo, conhecida como Rio+10 aconteceu dez anos após o Rio 92, com objetivo de repassar os avanços nas proposições da Agenda 21; **B:** incorreta, conforme informações obtidas no site da ONU: "para assegurar o total apoio aos objetivos da Agenda 21, a Assembleia Geral estabeleceu, em 1992, a Comissão para o Desenvolvimento Sustentável como uma comissão funcional do Conselho Econômico e Social.", (http://www.onu.org.br/a-onu-em-acao/a-onu-e-o-meio-ambiente); **C:** incorreta, pois o Protocolo de Quioto é datado de 1997 e já o Compromisso de Johanesburgo, foi elaborado na Rio+10, em 2002; **D:** correta, conforme o relatório final da Rio+20 publicado pena ONU (http://www.onu.org.br/rio20/img/2012/01/OFuturoqueQueremos_rascunho_zero.pdf); **E:** incorreta, pois a Convenção da ONU sobre a Diversidade Biológica foi

elaborado durante a Rio 92, ou seja, dez anos antes da Conferência de Johanesburgo, conhecida como Rio+10. RB
Gabarito "D".

16. TEMAS COMBINADOS E LEGISLAÇÕES ESPECÍFICAS

(Procurador – PGE/SP – 2024 – VUNESP) Sobre os instrumentos previstos pela Lei nº 6.938/1981, é correto afirmar:

(A) são exemplos de instrumentos coercitivos ou de comando e controle o licenciamento ambiental, a fiscalização e aplicação de penalidades administrativas aos infratores ambientais e o seguro ambiental.

(B) de acordo com o quanto decidido no bojo da ADI 4757, a prevalência do auto de infração lavrado pelo órgão originariamente competente para o licenciamento ou autorização ambiental não exclui a atuação supletiva de outro ente federado, desde que comprovada omissão ou insuficiência na tutela fiscalizatória.

(C) o instrumento ou termo de instituição da servidão ambiental deve incluir apenas os seguintes itens: memorial descritivo da área e prazo da servidão.

(D) cabe ao Estado mais populoso promover o licenciamento ambiental de empreendimentos e atividades localizados ou desenvolvidos em 2 (dois) ou mais Estados.

(E) o decurso do prazo de licenciamento sem a emissão de licença pelo órgão competente implica licenciamento tácito da atividade ou serviço, interpretando-se o silêncio administrativo como anuência.

A: incorreta (o seguro ambiental não é um instrumento coercitivo e sim um instrumento econômico). **B:** correta (o STF conferiu interpretação conforme à CF ao § 3º do art. 17 da LC 140/2011, esclarecendo que a prevalência do auto de infração lavrado pelo órgão originariamente competente para o licenciamento ou autorização ambiental não exclui a atuação supletiva de outro ente federado, desde que comprovada omissão ou insuficiência na tutela fiscalizatória. **C:** incorreta (cf. art. 9º-A, § 1º, da Lei 6.938/1981, o instrumento ou termo de instituição da servidão ambiental deve incluir, no mínimo, os seguintes itens: memorial descritivo da área, objeto da servidão, direitos e deveres do proprietário ou possuidor, e prazo da servidão). **D:** incorreta (cf. art. 7º, XIV, "e", da LC 140/2011, cabe à *União* promover o licenciamento ambiental de empreendimentos e atividades localizados ou desenvolvidos em 2 ou mais Estados). **E:** incorreta (cf. art. 14, § 3º, da LC 140/2011, o decurso dos prazos de licenciamento, sem a emissão da licença ambiental, não implica emissão tácita nem autoriza a prática de ato que dela dependa ou decorra). RB
Gabarito "B".

(Procurador – PGE/SP – 2024 – VUNESP) Apesar do forte protagonismo das discussões sobre mudanças climáticas no cenário brasileiro em 2023, o Brasil e o Estado de São Paulo já contavam com normativas relacionadas à Política sobre Mudança do Clima (Lei Federal nº 12.187/2012 e Lei Estadual nº 13.798/2009). Sobre o tema, considerando as normas internacionais, nacionais e estaduais, bem como a jurisprudência dos Tribunais Superiores, assinale a alternativa correta.

(A) O STF julgou procedente a ADPF 708 fixando a tese de que o Poder Executivo tem o dever constitucional de fazer funcionar e alocar anualmente os recursos do Fundo Clima, para fins de mitigação das mudanças climáticas, estando vedado seu contingenciamento.

(B) A Lei da Política Nacional sobre Mudança do Clima (Lei Federal nº 12.187/2012) conceitua como efeitos adversos da mudança do clima aqueles que possam ser direta ou indiretamente atribuídos à atividade humana que altere a composição da atmosfera mundial e que se some àquela provocada pela variabilidade climática natural observada ao longo de períodos comparáveis.

(C) O rol de medidas a serem fomentadas pelo Poder Público que privilegiem padrões sustentáveis de produção, comércio e consumo, de maneira a reduzir a demanda de insumos, utilizar materiais menos impactantes e gerar menos resíduos, previsto pela Lei Estadual nº 13.798/2009, é taxativo.

(D) Para fins da Lei da Política Nacional sobre Mudança do Clima (Lei Federal nº 12.187/2012), entende-se por mitigação as iniciativas e medidas para reduzir a vulnerabilidade dos sistemas naturais e humanos frente aos efeitos atuais e esperados da mudança do clima.

(E) A Comunicação Estadual, documento oficial do Governo do Estado de São Paulo sobre políticas e medidas abrangentes para a proteção do sistema climático global, será realizada com periodicidade bienal, em conformidade com os métodos aprovados pelo Painel Intergovernamental sobre Mudanças Climáticas (IPCC).

A: correta (O STF proibiu o contingenciamento das receitas do Fundo Clima e ordenou ao governo federal que adote medidas para seu funcionamento e destinação de recursos). **B:** incorreta (cf. art. 2º, II, da lei federal, *efeitos adversos da mudança do clima* são as "mudanças no meio físico ou biota resultantes da mudança do clima que tenham efeitos deletérios significativos sobre a composição, resiliência ou produtividade de ecossistemas naturais e manejados, sobre o funcionamento de sistemas socioeconômicos ou sobre a saúde e o bem-estar humanos"; já a *mudança do clima representa* a "mudança de clima que possa ser direta ou indiretamente atribuída à atividade humana que altere a composição da atmosfera mundial e que se some àquela provocada pela variabilidade climática natural observada ao longo de períodos comparáveis", cf. art. 2º, VIII). **C:** incorreta (o rol das medidas não é taxativo, e sim *exemplificativo*, cf. art. 11 c.c. art. 12 da lei estadual). **D:** incorreta (cf. art. 2º, VII, da lei federal, *mitigação* são as "mudanças e substituições tecnológicas que reduzam o uso de recursos e as emissões por unidade de produção, bem como a implementação de medidas que reduzam as emissões de gases de efeito estufa e aumentem os sumidouros"; já a *adaptação* são as "iniciativas e medidas para reduzir a vulnerabilidade dos sistemas naturais e humanos frente aos efeitos atuais e esperados da mudança do clima", cf. art. 2º, I). **E:** incorreta (a Comunicação Estadual será realizada com periodicidade *quinquenal*, cf. art. 7º, "caput", da lei estadual). 🔲

Gabarito "A".

(Procurador – PGE/SP – 2024 –VUNESP) Lavrado Auto de Infração Ambiental pela Polícia Militar Ambiental, impondo-se a penalidade de multa ao infrator em razão de supressão de vegetação em área protegida e não tendo sido interpostos recursos administrativos, a Secretaria de Meio Ambiente, Infraestrutura e Logística encaminhou o processo administrativo à Procuradoria Geral do Estado para a adoção das medidas judiciais cabíveis. Considerando a legislação e jurisprudência acerca da responsabilidade administrativa, civil e criminal do poluidor, assinale a alternativa correta.

(A) Constatada pelo Auto de Infração Ambiental lavrado a construção de edificação na área em que a vegeta-

ção foi indevidamente suprimida, caberá pedido de demolição na ação judicial a ser ajuizada, uma vez que não se aplica a teoria do fato consumado na seara ambiental.

(B) A pretensão de cobrança de eventual multa cominada em razão da infração ambiental cometida é imprescritível em razão da natureza de direito fundamental que ostenta o direito a um meio ambiente saudável.

(C) Apesar do princípio da reparação integral do dano ambiental, eventual ação a ser ajuizada não pode cumular os pedidos de reparação do dano *in natura*, do dano ambiental intermitente e do dano moral à coletividade.

(D) A aplicação de penalidades administrativas como decorrência da prática de infrações administrativas ambientais pelos poluidores é tarefa dos órgãos ambientais que integram o SISNAMA que, contudo, não detém o poder de polícia ambiental.

(E) O Procurador do Estado que receber o processo administrativo deverá ajuizar ação civil pública visando à reparação de dano ambiental apenas contra o proprietário da área à época da infração.

A: correta (cf. Súmula 613 do STJ: "Não se admite a aplicação da teoria do fato consumado em tema de Direito Ambiental"). **B:** incorreta (a pretensão de eventual multa ambiental aplicada, de natureza administrativa, é *prescritível*; no direito ambiental, somente a pretensão da reparação ambiental, de natureza civil, é imprescritível). **C:** incorreta (cf. Súmula 629 do STJ: "Quanto ao dano ambiental, é admitida a condenação do réu à obrigação de fazer ou à de não fazer cumulada com a de indenizar"; ainda segundo o STJ, essa cumulação abrange a reparação do dano *in natura*, do dano ambiental intermitente e do dano moral à coletividade, cf. REsp 1.940.030/SP). **D:** incorreta (a aplicação de penalidades administrativas como decorrência da prática de infrações administrativas ambientais representa uma das formas da manifestação do exercício – repressivo – do poder de polícia ambiental). **E:** incorreta (cf. Súmula 623 do STJ: As obrigações ambientais possuem natureza *propter rem*, sendo admissível cobrá-las do proprietário ou possuidor atual e/ou dos anteriores, à escolha do credor). 🔲

Gabarito "A".

(Procurador – PGE/SP – 2024 – VUNESP) Sobre as medidas de compensação ambiental previstas tanto pelo Código Florestal (Lei nº 12.651/2012) como pela Lei do SNUC (Lei nº 9.985/2000), assinale a alternativa correta.

(A) Conforme prevê o § 1º do artigo 36 da Lei do SNUC, que teve sua constitucionalidade confirmada pelo STF na ADI 3378/DF, o montante de recursos a ser destinado pelo empreendedor para compensação ambiental não pode ser inferior a 10% dos custos totais previstos para a implantação do empreendimento, sendo o percentual fixado pelo órgão ambiental licenciador, de acordo com o grau de impacto ambiental causado pelo empreendimento.

(B) A compensação de reserva legal prevista pelo Código Florestal prescinde da inscrição da propriedade no Cadastro Ambiental Rural (CAR) e pode ser feita somente mediante aquisição de Cota de Reserva Ambiental – CRA ou doação ao poder público de área localizada no interior de Unidade de Conservação de domínio público pendente de regularização fundiária.

(C) O proprietário ou possuidor de imóvel rural que detinha, em 22 de julho de 2008, área de Reserva Legal em extensão inferior ao estabelecido no artigo 12, do Código Florestal, poderá regularizar sua situação, desde que realize a adesão ao Programa de Regulação Ambiental (PRA), adotando as seguintes alternativas, isolada ou conjuntamente: recomposição da Reserva Legal, Regeneração natural na área de Reserva Legal e Compensação.

(D) O STF, quando do julgamento da ADC 42 e das ADIs 4937 e 4901, declarou constitucional o artigo 48, § 2º, do Código Florestal afastando o entendimento de que a compensação por meio de Cota de Reserva Ambiental (CRA) somente pode ser realizada entre áreas com identidade ecológica.

(E) A medida compensatória prevista pela Lei do SNUC para os casos de licenciamento ambiental de empreendimentos de significativo impacto ambiental que obriga o empreendedor a apoiar a implantação e manutenção de unidade de conservação do grupo de proteção integral representa a aplicação do princípio do poluidor-pagador e responsabilização do empreendedor pelo dano ambiental causado.

A: incorreta (o STF, no âmbito da ADI 3378, julgou inconstitucional a expressão "não pode ser inferior a meio por cento dos custos totais previstos para a implantação do empreendimento", contida no § 1º do art. 36 da Lei do SNUC. Isso porque o valor da compensação deve ser fixado proporcionalmente ao impacto ambiental negativo. Portanto, não se mostra legítima para o cálculo da compensação a fixação de percentual sobre os custos do empreendimento). B: incorreta (a compensação de reserva legal deve ser precedida pela inscrição da propriedade no CAR, cf. art. 66, § 5º. Além disso, essa compensação pode ser feita de várias formas: aquisição de Cota de Reserva Ambiental; arrendamento de área sob regime de servidão ambiental ou Reserva Legal; doação ao poder público de área localizada em Unidade de Conservação; cadastramento de outra área equivalente e excedente à Reserva Legal). C: incorreta (cf. art. 66, o proprietário ou possuidor de imóvel rural que detinha, em 22 de julho de 2008, área de Reserva Legal em extensão inferior ao estabelecido no art. 12, poderá regularizar sua situação, *independentemente da adesão ao PRA*, adotando as seguintes alternativas, isolada ou conjuntamente: recomposição da Reserva Legal, Regeneração natural na área de Reserva Legal e Compensação). D: incorreta (o STF, no âmbito da ADC 42 e das ADIs 4937 e 4901, adotou o entendimento de que a compensação por meio de Cota de Reserva Ambiental apenas pode ser realizada entre áreas com identidade ecológica). E: correta (cf. STF no âmbito da ADI 3378). RB
Gabarito "E".

(Juiz de Direito – TJ/RJ – 2019 – VUNESP) Acerca da responsabilidade em matéria ambiental, é correto afirmar que

(A) é inexistente a responsabilidade solidária entre o atual proprietário do imóvel e o antigo proprietário pelos danos ambientais causados na propriedade, independentemente de ter sido ele ou o dono anterior o causador dos danos.

(B) o dano não pode decorrer de atividade lícita, pois o empreendedor, ainda que em situação regular quanto ao licenciamento, por exemplo, não tem responsabilidade em caso de dano provocado por sua atividade.

(C) as sanções penais aplicáveis às pessoas jurídicas serão multa e prestação de serviços à comunidade.

(D) o STF reconhece a possibilidade de se processar penalmente a pessoa jurídica, mesmo não havendo ação penal em curso contra pessoa física com relação ao crime ambiental praticado.

(E) a ação penal para o caso de crimes contra o meio ambiente é pública incondicionada, não cabendo a aplicação das disposições do juizado especial criminal para os crimes ambientais caracterizados como de menor potencial ofensivo.

A: incorreta (nos termos da Súmula 623 do STJ: "As obrigações ambientais possuem natureza *propter rem*, sendo admissível cobrá-las do proprietário ou possuidor atual e/ou dos anteriores, à escolha do credor"; trata-se, logo, de responsabilidade solidária); B: incorreta, pois a "possibilidade da responsabilidade civil ambiental decorrer de um comportamento revestido de **licitude** resulta da aplicação da teoria objetiva. Por conta disso, a legalidade da atividade que acarreta a lesão ambiental não pode servir de fundamento para afastar a obrigação de ressarcimento" (BORDALO, Rodrigo. Manual completo de direito ambiental, editora Foco, 2019, p. 194). C: incorreta (as sanções penais aplicáveis às pessoas jurídicas estão previstas no art. 21 da Lei 9.605/1998 e incluem, além da multa e da prestação de serviços à comunidade, as penas restritivas de direito, como a interdição temporária da atividade exercida); D: correta (o entendimento do STF é no sentido da inaplicabilidade da teoria da dupla imputação, nos termos do julgado extraído do RE 548.181; assim, a ação penal pode transcorrer em face apenas da pessoa jurídica); E: incorreta (conforme art. 27 da Lei 9.605/98, a ação penal envolvendo os crimes ambientais de menor potencial ofensivo submetem-se à aplicação das disposições do juizado especial criminal). RB
Gabarito "D".

(Delegado – PC/BA – 2018 – VUNESP) Quanto às normas de segurança e mecanismos de fiscalização de atividades que envolvem organismos geneticamente modificados – OGM, é correta a seguinte assertiva:

(A) É permitida engenharia genética em célula germinal humana, zigoto humano e embrião humano.

(B) São permitidos a utilização, a comercialização, o registro, o patenteamento e o licenciamento de tecnologias genéticas de restrição do uso.

(C) É proibida a implementação de projeto relativo a OGM sem a manutenção de registro de seu acompanhamento individual.

(D) Derivado de OGM é todo produto obtido de OGM e que possua capacidade autônoma de replicação.

(E) É permitida, para fins de pesquisa e terapia, a utilização de células-tronco embrionárias obtidas de embriões humanos viáveis, produzidos por fertilização in vitro.

A: incorreta, nos moldes do art. 6º, III, da Lei 11.105/2005, "Fica proibido: engenharia genética em célula germinal humana, zigoto humano e embrião humano"; B: incorreta, nos termos do art. 6º, VII, da Lei 11.105/2005: "Fica proibido: a utilização, a comercialização, o registro, o patenteamento e o licenciamento de tecnologias genéticas de restrição do uso". C: correta, a teor do art. 6º, I, da Lei 11.105/2005; D: incorreta, segundo preceitua o art. 3º, VI, da Lei 11.105/2005: derivado de OGM, considera-se o produto obtido de OGM e que não possua capacidade autônoma de replicação ou que não contenha forma viável de OG; E: incorreta. É permitida, para fins de pesquisa e terapia, a utilização de células-tronco embrionárias obtidas de embriões humanos produzidos por fertilização *in vitro* e não utilizados no respectivo procedimento, desde que: sejam embriões inviáveis; ou, sejam embriões congelados há 3 (três) anos ou mais, na data da publicação da Lei 11.105/2005, ou que, já congelados na data da publicação da Lei 11.102/2005, depois de completarem 3 (três) anos, contados a partir da data de congelamento (art. 5º, da Lei 11.105/2005). FM/FC
Gabarito "C".

(Procurador do Estado/SP – 2018 – VUNESP) O Estado de São Paulo criou um Parque Estadual por meio de um Decreto-lei, antes da promulgação da Constituição Federal de

1988. Referido Parque possuía todos os atributos desta categoria de Unidade de Conservação previstos na Lei nº 9.985/2000 (lei que instituiu o Sistema Nacional de Unidades de Conservação). O Decreto-lei veio a ser revogado por lei estadual, em 2006, que se limitava a revogar diversos e antigos Decretos-leis paulistas, sendo que tal medida não constou do Plano de Manejo do Parque, não houve consulta pública e tampouco oitiva do Conselho do Parque e do Conselho Estadual do Meio Ambiente (CONSEMA). Diante disso, é correto afirmar que o Parque Estadual

(A) não pode ser considerado desafetado, pois a lei revogadora não é específica, além de não ter tal medida constado do Plano de Manejo, não ter havido consulta pública e tampouco oitiva do Conselho do Parque e do Conselho Estadual do Meio Ambiente (CONSEMA).

(B) não pode ser considerado desafetado, apenas porque a lei revogadora não é específica e porque inexistiu manifestação prévia do CONSEMA, independentemente do cumprimento de outros requisitos.

(C) não pode ser considerado desafetado, apenas porque a lei revogadora não é específica, independentemente do cumprimento de outros requisitos.

(D) pode ser considerado desafetado, pois criado antes da Lei nº 9.985/2000, não incidindo o respectivo regime jurídico protetivo.

(E) pode ser considerado desafetado, pois o ato foi concretizado por lei, independentemente do cumprimento de outros requisitos.

Nos termos do Decreto 60.302/2014, do Estado de São Paulo, art. 13, I e II, "A desafetação de unidade de conservação somente poderá ser feita mediante lei específica, observado, ainda, que: I – a respectiva unidade tenha Plano de Manejo aprovado que recomende tal medida; e, II – haja consulta pública e oitiva do respectivo conselho e do CONSEMA. Desta forma, o parque não pode ser considerado desafetado, pois a lei revogadora não é específica, além de não ter tal medida constado do Plano de Manejo, não ter havido consulta pública e tampouco oitiva do Conselho do Parque e do Conselho Estadual do Meio Ambiente (CONSEMA)". **FM/FC**

Gabarito "A".

(Procurador do Estado/SP – 2018 – VUNESP) A Constituição estadual previu, de forma expressa, a criação por lei de um sistema de administração da qualidade ambiental, o que foi atendido pela Lei Estadual nº 9.509/1997. Sobre os órgãos e entidades integrantes do Sistema Estadual de Administração da Qualidade Ambiental, Proteção, Controle e Desenvolvimento do Meio Ambiente e Uso Adequado dos Recursos Naturais – SEAQUA, é possível afirmar corretamente:

(A) a Fundação para a Conservação e a Produção Florestal do Estado de São Paulo (Fundação Florestal) não é órgão integrante do SEAQUA, sendo apenas órgão central do Sistema Estadual de Florestas – SIEFLOR.

(B) o Conselho Estadual do Meio Ambiente – CONSEMA, criado contemporaneamente ao SEAQUA, é órgão consultivo, normativo e recursal do sistema ambiental paulista, tendo composição paritária entre órgãos e entidades governamentais e não governamentais do Estado, sendo seu presidente indicado pelo Governador dentre os representantes das entidades governamentais.

(C) a CETESB – Companhia Ambiental do Estado de São Paulo, sociedade por ações, tem como atribuição proceder ao licenciamento ambiental, sendo qualificada como órgão executor do SEAQUA.

(D) embora a Polícia Militar, mediante suas unidades especializadas, esteja incumbida da prevenção e repressão das infrações contra o meio ambiente, não integra o sistema de proteção e desenvolvimento do meio ambiente, vinculando-se apenas à estrutura da segurança pública.

(E) o Conselho Estadual do Meio Ambiente – CONSEMA é órgão colegiado, consultivo e central do SEAQUA, não possuindo atribuições normativas, enquanto a Secretaria de Estado do Meio Ambiente é órgão superior e normativo do mesmo sistema.

A: incorreta, nos termos do art. 3º, § 1º, item 1, "a", do Decreto do Estado de São Paulo 57.933/2012; **B:** incorreta, nos termos do art. 4º, *caput*, da Lei do Estado de São Paulo n. 13.507/09: "O CONSEMA será presidido pelo Secretário do Meio Ambiente ou por seu substituto legal"; **C:** correta, nos termos do art. 129, II, do Decreto do Estado de São Paulo 57.933/2012; **D:** incorreta, já que a Polícia Militar de São Paulo é órgão executor do SEAQUA (art. 2º, "c", Decreto 57.933/2012); **E:** incorreta, conforme preceitua o art. 106, do Decreto do Estado de São Paulo 57.933/2012. **FM/FC**

Gabarito "C".

17. RECURSOS HÍDRICOS

(Juiz de Direito – TJ/RS – 2018 – VUNESP) No tocante às águas, nos termos da Constituição Federal e da Lei das Águas, assinale a alternativa correta.

(A) Toda outorga de direitos de uso de recursos hídricos far-se-á por prazo não inferior a vinte e cinco anos, renovável.

(B) Os planos de Recursos Hídricos são elaborados por bacia hidrográfica, por Município e por Estado.

(C) São bens da União todas as águas superficiais ou subterrâneas, fluentes, emergentes e em depósito.

(D) Os valores arrecadados com a cobrança pelo uso de recursos hídricos serão aplicados exclusivamente na bacia hidrográfica em que foram gerados.

(E) A União tem competência privativa para legislar sobre águas.

A: incorreta, a teor do art. 16, da Lei 9.433/1997: "Toda outorga de direitos de uso de recursos hídricos far-se-á por prazo não excedente a trinta e cinco anos, renovável"; **B:** incorreta, a saber: "Os Planos de Recursos Hídricos serão elaborados por bacia hidrográfica, por Estado e para o País" (art. 8º, da Lei 9.433/1997); **C:** incorreta. A teor do art. 26, I, da CF/88, são bens dos Estados as águas superficiais ou subterrâneas, fluentes, emergentes e em depósito, e não bens da União; **D:** incorreta, pois os valores arrecadados com a cobrança pelo uso de recursos hídricos serão aplicados prioritariamente na bacia hidrográfica em que foram gerados, e não exclusivamente conforme determina a assertiva (art. 22, *caput*, da Lei 9.433/1997); **E:** correta. Vide art. 22, IV, da CF/88. **FM/FC**

Gabarito "E".

(Procurador Municipal – Sertãozinho/SP – VUNESP – 2016) A água é recurso essencial para a humanidade. No Brasil, a Lei 9.433/97 instituiu a Política Nacional dos Recursos Hídricos. Sobre as infrações e penalidades previstas a quem desrespeita as regras previstas nessa legislação, é correto afirmar que

12. DIREITO AMBIENTAL

(A) há previsão de aplicação de pena privativa de liberdade, dentre outras punições, para quem se enquadrar em qualquer dos tipos penais descritos na norma.

(B) quando a infração constituir-se em perfurar poços para extração de água sem autorização, a única penalidade prevista na norma é a de embargos definitivos da obra.

(C) fraudar as medições dos volumes de água utilizados ou declarar valores diferentes dos medidos é considerado infração às normas de utilização de recursos hídricos, sendo que competirá à autoridade competente aplicar uma das penalidades previstas na lei.

(D) sempre que da infração cometida resultar prejuízo ao serviço público de abastecimento de água, riscos à saúde ou à vida, perecimento de bens ou animais, ou prejuízos de qualquer natureza a terceiros, a multa a ser aplicada nunca será superior à metade do valor máximo cominado em abstrato.

(E) contra a aplicação das sanções previstas na lei não caberá recurso à autoridade administrativa competente, sendo que para tais casos o Poder Judiciário poderá ser acionado. Frisa-se, ainda, que em caso de reincidência, aplicando-se a multa como primeira punição, esta será aplicada em triplo.

A: Incorreta. Ao contrário do que prevê a alternativa, não há previsão de pena privativa de liberdade. As penas previstas no art. 50, da Lei 9.433/1997, são: advertência por escrito, multa simples ou diária, embargo provisório e embargo definitivo; **B:** Incorreta. Perfurar poços para a extração de água subterrânea constitui infração as normas de utilização de recursos hídricos (art. 49, V, da Lei 9.433/1997), ficando sujeito o infrator a quaisquer das penalidades descritas nos incisos do art. 50, da Lei 9.433/1997, independentemente de sua ordem de enumeração, quais sejam: advertência por escrito, multa simples ou diária, embargo provisório e embargo definitivo; **C:** Correta. Nos termos do art. 49, VI, cumulado com o art. 50, da Lei 9.433/1997; **D:** Incorreta. Dispõe o art. 50, § 1º, da Lei 9.433/1997: "Sempre que a infração cometida resultar prejuízo a serviço público de abastecimento de água, riscos à saúde ou à vida, perecimento de bens ou animais, ou prejuízos de qualquer natureza a terceiros, a multa a ser aplicada nunca será inferior à metade do valor máximo cominado em abstrato"; **E:** Incorreta. Da aplicação das sanções previstas às infrações das normas de utilização de recursos hídricos, caberá recurso à autoridade administrativa competente (art. 50, § 3º, da Lei 9.433/1997) e em caso de reincidência, a multa será aplicada em dobro e não em triplo conforme previsto na alternativa (art. 50, § 4º, da Lei 9.433/1997). FM-FCP

Gabarito "C".

(Procurador – IPSMI/SP – VUNESP – 2016) Constitui diretriz geral de ação para implementação da Política Nacional de Recursos Hídricos:

(A) a gestão sistemática dos recursos hídricos, com dissociação dos aspectos de quantidade e qualidade.

(B) a adequação da gestão de recursos hídricos às diversidades físicas, bióticas, demográficas, econômicas, sociais e culturais das diversas regiões do País.

(C) a integração da gestão de recursos hídricos com a gestão ambiental, social, econômica e do patrimônio histórico.

(D) a articulação da gestão de recursos hídricos com a de recursos minerais, vegetais e animais.

(E) a integração da gestão das bacias hidrográficas com a dos sistemas estuarinos, zonas costeiras e de encostas de morro.

A: Incorreta. A gestão sistemática dos recursos hídricos, sem dissociação dos aspectos de quantidade e qualidade, que constitui diretriz geral para a implementação da Política Nacional de Recursos Hídricos, e não com dissociação, conforme disposto (art. 3º, I, da Lei 9.433/1997). **B:** Correta. Vide art. 3º, II, da Lei 9.433/1997. **C:** Incorreta. Nos termos do art. 3º, III, da Lei 9.433/1997, constitui diretriz geral da ação para a implementação da Política Nacional de Recursos Hídricos a integração da gestão de recursos hídricos com a gestão ambiental. **D:** Incorreta. Constitui diretriz geral da ação à implementação da Política Nacional de Recursos Hídricos a articulação da gestão de recursos hídricos com a do uso do solo (art. 3º, V, da Lei 9.433/1997). **E:** Incorreta. As encostas de morro não fazem parte da integração, conforme dispõe o art. 3º, VI, da Lei 9.433/1997. FM-FCP

Gabarito "B".

13. Estatuto da Criança e do Adolescente

Eduardo Dompieri e Roberta Densa

1. DIREITOS FUNDAMENTAIS

(Juiz de Direito – TJ/RJ – 2019 – VUNESP) Quanto ao direito à saúde e à vida da criança e do adolescente, à luz dos artigos 7º e seguintes do Estatuto da Criança e do Adolescente, é correto afirmar que

(A) a assistência odontológica, com o fito de garantir a saúde bucal de crianças e adolescentes, representa medida de respeito à integridade física da pessoa em desenvolvimento, e, por isso, não se aplica à gestante, que será inserida em programa específico voltado à saúde da mulher.

(B) o descumprimento das obrigações impostas pelo artigo 10 do Estatuto da Criança e do Adolescente configura ilícito de natureza administrativa, nos termos do artigo 228 do mesmo diploma legal.

(C) as gestantes ou mães que manifestem interesse em entregar seus filhos à adoção serão obrigatoriamente encaminhadas à Justiça da Infância e da Juventude.

(D) a obrigação de manter registro das atividades desenvolvidas, através de prontuários individuais, terá seu prazo de dezoito anos reduzido ou dispensado, se as entidades hospitalares fornecerem declaração de nascimento vivo, em que constem necessariamente as intercorrências do parto e do desenvolvimento do neonato.

(E) o fornecimento gratuito de medicamentos, próteses e outros recursos necessários ao tratamento, habilitação ou reabilitação de crianças e adolescentes constitui obrigação do Poder Público e a reserva do possível afasta interferência judicial no desempenho de políticas públicas na área da saúde, em caso de descumprimento.

A: incorreta. A saúde integral da gestante está expressa no art. 8º do ECA nos seguintes termos: "É assegurado a todas as mulheres o acesso aos programas e às políticas de saúde da mulher e de planejamento reprodutivo e, às gestantes, nutrição adequada, atenção humanizada à gravidez, ao parto e ao puerpério e atendimento pré-natal, perinatal e pós-natal integral no âmbito do Sistema Único de Saúde". **B:** incorreta. Na hipótese de descumprimento das obrigações dispostas no art. 10 do ECA, é cabível a aplicação das sanções penais previstas nos artigos 228 e 229 do mesmo diploma legal. **C:** Correta. Na forma do art. 19-A do ECA, não há obrigatoriedade do encaminhamento: "A gestante ou mãe que manifeste interesse em entregar seu filho para adoção, antes ou logo após o nascimento, será encaminhada à Justiça da Infância e da Juventude". **D:** Incorreta. A obrigação estabelecida no art. 10, I, é de manter registro das atividades desenvolvidas, através de prontuários individuais, pelo prazo de dezoito anos. Por outro lado, já é obrigação da casa de saúde o fornecimento da declaração de nascido vivo, com todas as intercorrências do parto (art. 10, IV, do ECA). **E:** Incorreta. O direito ao cuidado integral à saúde da criança e do adolescente não pode ser afastado com o argumento da reserva do possível. Entende o STF: "a questão da *reserva do possível*: reconhecimento de sua inaplicabi-

lidade, sempre que a invocação dessa cláusula puder comprometer o núcleo básico que qualifica o mínimo existencial (rtj 200/191-197)". Vide ARE 745745 AgR. Rel. Min. Celso de Mello. **RD**
Gabarito "C".

(Juiz de Direito – TJM/SP – VUNESP – 2016) Nos termos preconizados pela Lei 8.069, de 13 de julho de 1990, a criança e o adolescente têm direito à liberdade, ao respeito e à dignidade como pessoas humanas em processo de desenvolvimento e como sujeitos de direitos civis, humanos e sociais garantidos na Constituição e nas leis. E, ainda, estabelece que o direito ao respeito consiste

(A) em buscar refúgio, auxílio e orientação, bem como crença e culto religioso.

(B) na inviolabilidade da integridade física, psíquica e moral da criança e do adolescente.

(C) na participação da vida política, na forma da lei, como também da vida familiar e comunitária, sem discriminação.

(D) em ir, vir e estar nos logradouros públicos e espaços comunitários, ressalvadas as restrições legais.

(E) em ser criado e educado no seio de sua família e, excepcionalmente, em família substituta.

A: incorreta. O direito à liberdade compreende a busca de refúgio, auxílio e orientação (art. 16, VII do ECA). **B:** correta. O direito ao respeito consiste na inviolabilidade da integridade física, psíquica e moral da criança e do adolescente, abrangendo a preservação da imagem, da identidade, da autonomia, dos valores, ideias e crenças, dos espaços e objetos pessoais (art. 17 do ECA). **C:** incorreta. O direito à liberdade compreende a participação na vida política, na forma da lei, familiar e comunitária, sem discriminação (art. 16, V e VI, do ECA). **D:** incorreta. O direito à liberdade compreende ir, vir e estar nos logradouros públicos e espaços comunitários, ressalvadas as restrições legais (art. 16, I do ECA). **E:** incorreta. O direito a ser criado e educado no seio de sua família e, excepcionalmente em família substituta compreende o direito fundamental de convivência familiar e comunitária (art. 19 do ECA). **RD**
Gabarito "B".

1.1. DIREITO À CONVIVÊNCIA FAMILIAR E COMUNITÁRIA

(Juiz de Direito – TJ/SP – 2023 – VUNESP) A adoção de criança ou adolescente residente no Brasil, realizada por brasileiro residente no exterior, deve

(A) ser considerada mista, dependendo de autorização da Autoridade Central Administrativa Federal – ACAF.

(B) ser considerada adoção nacional, devido à nacionalidade do adotante e residência do adotando em território nacional.

(C) ser considerada adoção internacional se o país de residência do adotante for signatário da Convenção da Haia, e nacional se o país de residência do adotando não for signatário da Convenção da Haia.

(D) ser considerada adoção internacional.

402 EDUARDO DOMPIERI E ROBERTA DENSA

Com previsão legal nos arts. 51 e 52 do ECA, internacional é a adoção em que o pretendente tem residência habitual em país-parte da Convenção de Haia e deseja adotar criança em outro país-parte da mesma Convenção (art. 51, *caput*, do ECA, cuja redação foi modificada por força da Lei 13.509/2017). Assim, temos como consequências extraídas da definição: a) o critério empregado é o *local de domicílio dos postulantes*; b) a adoção realizada por estrangeiros, por si só, não se qualifica como internacional; c) brasileiros residentes no exterior submetem-se às regras da adoção internacional, embora tenham primazia diante dos estrangeiros. É este o caso narrado no enunciado, em que a adoção é realizada por brasileiro residente no exterior; d) estrangeiros residentes no Brasil submetem-se às regras da adoção nacional. No mais, vale fazer referência aos requisitos necessários à efetivação da adoção internacional (art. 51, § 1º, do ECA), a saber: a) que a colocação em família substituta revele ser a solução adequada ao caso concreto: a adoção internacional constitui medida subsidiária. Diante da impossibilidade de se manter a criança ou adolescente na sua família natural (princípio da prevalência da família), será este inserido em família substituta, na forma de guarda, tutela ou adoção, conferindo-se, sempre, primazia àquela constituída por parentes próximos (família extensa). Não sendo isso possível e em face da falta de pretendentes à adoção nacional, recorre-se, em último caso, à adoção internacional; b) que, em se tratando de adolescente, este tenha sido consultado, por meios adequados ao seu estágio de desenvolvimento, e que se encontre preparado para a medida; c) que tenha sido observada a preferência pela adoção por brasileiros residentes no exterior; d) cumprimento do estágio de convivência, que, a teor do art. 46, § 3º, do ECA (com a nova redação que lhe deu a Lei 13.509/2017), é, nas adoções internacionais, obrigatório e terá o prazo mínimo de trinta dias e máximo de 45 dias, devendo ser cumprido em território nacional. **ED**
Gabarito "D".

(Defensor Público/RO – 2017 – VUNESP) No tocante aos direitos fundamentais, nos termos do Estatuto da Criança e do Adolescente, é correto afirmar que

(A) se entende por família extensa ou ampliada aquela formada pelos pais ou qualquer deles e seus descendentes.

(B) a atenção primária à saúde deverá prestar apoio à gestante, exceção feita àquelas que abandonarem as consultas de pré-natal.

(C) será garantida a convivência da criança e do adolescente com a mãe ou o pai privado de liberdade, por meio de visitas periódicas, promovidas pelo responsável ou, nas hipóteses de acolhimento institucional, pela entidade responsável, que dependerá de autorização judicial.

(D) o Conselho Tutelar poderá aplicar a medida de encaminhamento a tratamento psicológico ou psiquiátrico aos agentes públicos executores de medidas socioeducativas que utilizarem tratamento degradante como formas de educação.

(E) a gestante tem direito a acompanhamento saudável durante toda a gestação e a parto natural cuidadoso, estabelecendo-se a aplicação de cesariana quando desejar.

A: incorreta. A família extensa é aquela formada pelos parentes próximos da criança e do adolescente com os quais ele conviva e mantenha vínculo de afinidade e afetividade (art. 25, parágrafo único, do ECA); **B:** incorreta. Na hipótese de a gestante abandonar o acompanhamento pré--natal, deverá haver busca ativa para que se faça o correto atendimento para desenvolvimento gestacional (art. 8º, § 9º, do ECA); **C:** incorreta. As visitas não dependem de autorização judicial (art. 19, § 4º). **D:** correta. Nos termos do art. 18-B do ECA; **E:** incorreta. A gestante tem

direito a acompanhamento saudável durante toda a gestação e a parto natural cuidadoso, estabelecendo-se a aplicação de cesariana e outras intervenções cirúrgicas por motivos médicos (art. 8º, § 8º, do ECA). **RD**
Gabarito "D".

(Defensor Público/RO – 2017 – VUNESP) Assinale a alternativa correta em relação à guarda, tutela e adoção de criança ou adolescente.

(A) O deferimento da tutela deve anteceder a decretação da perda ou suspensão do poder familiar e implica necessariamente o dever de guarda.

(B) É vedada a adoção por procuração de criança ou adolescente.

(C) O adotante de criança ou adolescente há de ser, pelo menos, dez anos mais velho do que o adotando.

(D) A adoção internacional de criança ou adolescente brasileiro ou domiciliado no Brasil somente terá lugar quando restar comprovado se tratar de pedido de adoção unilateral.

(E) A guarda obriga a prestação de assistência material, moral e educacional à criança ou adolescente, conferindo a seu detentor o direito de opor-se a terceiros, inclusive aos pais, não podendo ser revogada, sob pena de prejuízo à criança ou ao adolescente.

A: incorreta. O deferimento da tutela pressupõe a prévia decretação da perda ou suspensão do poder familiar e implica necessariamente o dever de guarda (art. 36, parágrafo único, do ECA); **B:** correta. Nos exatos termos do art. 39, § 2º do ECA; **C:** incorreta. A diferença de idade entre adotante e adotado deve ser de 16 anos (art. 42, § 3º, do ECA); **D:** incorreta. A adoção internacional de criança ou adolescente brasileiro ou domiciliado no Brasil somente terá lugar quando restar comprovado: i) que a colocação em família adotiva é a solução adequada ao caso concreto; ii) que foram esgotadas todas as possibilidades de colocação da criança ou adolescente em família adotiva brasileira, com a comprovação, certificada nos autos, da inexistência de adotantes habilitados residentes no Brasil com perfil compatível com a criança ou adolescente, após consulta aos cadastros mencionados nesta Lei; iii) que, em se tratando de adoção de adolescente, este foi consultado, por meios adequados ao seu estágio de desenvolvimento, e que se encontra preparado para a medida, mediante parecer elaborado por equipe interprofissional (art. 51, § 1º, do ECA); **E:** incorreta. A guarda pode ser revogada a qualquer tempo (art. 35 do ECA). **RD**
Gabarito "B".

(Juiz – TJ/MS – VUNESP – 2015) O menor J, de 7 (sete) anos de idade, filho de MISAEL e JUSTINA, o primeiro condenado, definitivamente, em ação penal por tráfico de entorpecentes, no qual a segunda, foragida, se marcou revel, foi encontrado abandonado e em péssimas condições de higiene e saúde. Constatada situação de risco, após internação hospitalar, o Ministério Público deu início a procedimento para perda do poder familiar, instruído com documentos fornecidos pela avó materna do menor, pessoa idônea. Formulado pedido liminar de suspensão do poder familiar, a Juíza de Direito da Vara de Infância e Juventude, nos termos do Estatuto da Criança e do Adolescente,

(A) decretou, liminarmente, a suspensão do poder familiar, até julgamento definitivo da causa, ficando J confiado à avó materna, pessoa idônea, mediante termo de responsabilidade, reconhecido o motivo grave.

13. ESTATUTO DA CRIANÇA E DO ADOLESCENTE — 403

(B) indeferiu a liminar de suspensão do poder familiar, anotando a imprescindibilidade de prévia oitiva dos requeridos, MISAEL e JUSTINA, bem como a citação pessoal de ambos.

(C) indeferiu, liminarmente, a petição inicial, após pronunciamento da ilegitimidade ativa *ad causam* do Ministério Público, anotada a impossibilidade de emenda.

(D) determinou a emenda da petição inicial, para ingresso da avó materna no polo ativo, no prazo de dez dias, sob pena de indeferimento, anotada a atuação do Ministério Público como custos legis.

(E) indeferiu o pedido liminar de suspensão do poder familiar e determinou a expedição de ofício ao hospital para previsão de alta, considerando a obrigatoriedade da oitiva do menor, a ser realizada com respeito ao seu estágio de desenvolvimento e grau de compreensão sobre as implicações da medida.

A: correta. Havendo motivo grave, poderá a autoridade judiciária, ouvido o Ministério Público, decretar a suspensão do poder familiar, liminar ou incidentalmente, até o julgamento definitivo da causa, ficando a criança ou adolescente confiado a pessoa idônea, mediante termo de responsabilidade (art. 157 do ECA). **B:** incorreta. Vide justificativa da alternativa "A". **C:** incorreta. Vide justificativa da alternativa "A". **D:** incorreta. O procedimento para a perda ou a suspensão do poder familiar terá início por provocação do Ministério Público ou de quem tenha legítimo interesse (art. 155 do ECA). **E:** incorreta. A colocação em família substituta pressupõe a oitiva da criança e do adolescente (e o consentimento do adolescente). No entanto, tendo em vista a urgência da medida, a liminar pode ser deferida para posterior oitiva da criança (art. 157 do ECA). **RD**

Gabarito "A".

(Juiz – TJ/SP – VUNESP – 2015) Tendo como base o Estatuto da Criança e do Adolescente, assinale a alternativa correta sobre as medidas da Adoção e do Estágio de Convivência.

(A) O adolescente pode ser ouvido judicialmente apenas para a apuração de seu interesse em cumprir o estágio de convivência.

(B) A simples guarda de fato não autoriza, por si só, a dispensa da realização do estágio de convivência.

(C) O estágio de convivência nunca poderá ser dispensado ainda que o adotando já esteja sob a tutela ou guarda legal do adotante.

(D) Nos casos envolvendo adoção por pessoa ou casal domiciliado fora do País, o estágio de convivência deverá ser cumprido por no mínimo 90 dias.

A: incorreta. Para a colocação da em família substituta, criança e o adolescente serão ouvidos por equipe interdisciplinar, respeitado seu estágio de desenvolvimento e grau de compreensão sobre as implicações da medida, e terá sua opinião devidamente considerada (art. 28, § 1º). Por outro lado, o adolescente deverá consentir com a medida (art. 28, § 2º e art. 45, § 2º, do ECA). **B:** correta. A simples guarda de fato não autoriza, por si só, a dispensa da realização do estágio de convivência (art. 46, § 2º, do ECA). **C:** incorreta. O estágio de convivência poderá ser dispensado se o adotando já estiver sob a tutela ou guarda legal do adotante durante tempo suficiente para que seja possível avaliar a conveniência da constituição do vínculo (art. 46, § 1º, do ECA). **D:** incorreta. § 3º Em caso de adoção por pessoa ou casal residente ou domiciliado fora do País, o estágio de convivência será de, no mínimo, 30 (trinta) dias e, no máximo, 45 (quarenta e cinco) dias, prorrogável por até igual período, uma única vez, mediante decisão fundamentada da autoridade judiciária. (art. 46, § 3º, do ECA). **RD**

Gabarito "B".

(Juiz – TJ/MS – VUNESP – 2015) A colocação em família substituta, nos termos dos artigos 28 e seguintes do Estatuto da Criança e do Adolescente, far-se-á

(A) a partir da impossibilidade permanente – e não momentânea –, de a criança ou o adolescente permanecer junto à sua família natural e mediante três formas: guarda, tutela e adoção.

(B) mediante comprovação de nacionalidade brasileira do requerente.

(C) mediante apreciação, em grau crescente de importância, de condições sociais e financeiras da família substituta e do grau de parentesco e da relação de afinidade e afetividade de seus integrantes.

(D) após realização de perícia por equipe multidisciplinar, que emitirá laudo com atenção ao estágio de desenvolvimento da criança e do adolescente e mediante seu consentimento sobre a medida, que condicionará a decisão do juiz.

(E) mediante o consentimento de maior de 12 (doze) anos de idade, colhido em audiência.

A: incorreta. Três são as formas de colocação em família substituta: guarda, tutela e adoção. A guarda tem por principal característica a provisoriedade (momentânea, portanto), sendo que a tutela será exercida pelo tutor pelo prazo de 2 (dois) anos. Em ambos os casos (tutela ou guarda) é possível, e recomendado pelo ECA (art. 19, § 3º), que a criança e o adolescente retornem para a sua família natural sempre que possível. **B:** incorreta. A inserção em família substituta estrangeira é expressamente admitida pelo ECA na modalidade de adoção. Ademais, a adoção internacional não é a adoção de estrangeiro, mas sim "aquela na qual a pessoa ou casal postulante é residente ou domiciliado fora do Brasil, conforme previsto no Artigo 2 da Convenção de Haia, de 29 de maio de 1993, relativa à Proteção das Crianças e à Cooperação em Matéria de Adoção Internacional, aprovada pelo Decreto Legislativo n. 1, de 14 de janeiro de 1999" (art. 51 do ECA). **C:** incorreta. Na apreciação do pedido levar-se-á em conta o grau de parentesco e a relação de afinidade ou de afetividade, a fim de evitar ou minorar as consequências decorrentes da medida (art. 28, § 3º). **D:** incorreta. "A colocação da criança ou adolescente em família substituta será precedida de sua preparação gradativa e acompanhamento posterior, realizados pela equipe interprofissional a serviço da Justiça da Infância e da Juventude, preferencialmente com o apoio dos técnicos responsáveis pela execução da política municipal de garantia do direito à convivência familiar" (art. 28, § 5º). **E:** correta. "Tratando-se de maior de 12 (doze) anos de idade, será necessário seu consentimento, colhido em audiência" (art. 28, § 2º). **RD**

Gabarito "E".

(Juiz – TJ/RJ – VUNESP – 2016) Após o falecimento de seus pais, M., menina de 7 (sete) anos de idade, permaneceu sob guarda legal do casal José e Clemence, vizinhos de longa data, mostrando-se plenamente ajustada ao lar familiar, estável. Ajuizada a ação de adoção, por José e Clemence, manifestou-se o Ministério Público, e a Juíza de Direito da Vara da Infância e da Juventude, nos termos dos artigos 39 e seguintes do Estatuto da Criança e do Adolescente, acertadamente:

(A) determinou a expedição de editais de intimação de parentes próximos com os quais a menina M. convivia, visando o preferencial encontro de forma legal de arranjo familiar, consubstanciada na família extensa ou ampliada, para recomposição dos laços da família natural.

(B) determinou o encaminhamento dos requerentes e da menina M. à equipe interdisciplinar para avaliar a fixação de laços de afinidade e afetividade, pelo lapso de tempo de convivência e ausência de má-fé na formação da família substituta.

(C) extinguiu o feito, sem resolução de mérito, após indeferimento da petição inicial, pela ausência de documento indispensável à propositura da ação, consubstanciado na comprovação prévia de inscrição dos requerentes em cadastros estaduais e nacional de pessoas ou casais habilitados à adoção.

(D) determinou a busca e a apreensão da menina M. para abrigamento e a sua inscrição, no prazo de 48 horas, em cadastros estaduais e nacional de crianças e adolescentes em condições de serem adotados.

(E) extinguiu o feito, com resolução de mérito, pronunciando a procedência da ação de adoção, porque desnecessários: a) o estágio de convivência pela afirmação de ajustamento da menor a família substituta, porque incontroverso, e b) o consentimento tácito dos pais, falecidos.

A: incorreta. A família extensa tem preferência na colocação em família substituta nos termos do § 3º do art. 28 e do art. 25, parágrafo único, do ECA. No entanto, no caso em tela, a família extensa não terá prioridade justamente por não demonstrar a afetividade e afinidade com a criança. De todo modo, a petição inicial de adoção deve constar o nome dos parentes da criança para eventual análise da afetividade (art. 165 do ECA). **B:** correta. Tendo em vista que os vizinhos têm a guarda legal da criança, eles não precisariam estar previamente inscritos no cadastro nacional de adoção. A permissão é dada pelo art. 50, § 13, do ECA: "Somente poderá ser deferida adoção em favor de candidato domiciliado no Brasil não cadastrado previamente nos termos desta Lei quando: I – se tratar de pedido de adoção unilateral; II – for formulada por parente com o qual a criança ou adolescente mantenha vínculos de afinidade e afetividade; III – oriundo o pedido de quem detém a tutela ou guarda legal de criança maior de 3 (três) anos ou adolescente, desde que o lapso de tempo de convivência comprove a fixação de laços de afinidade e afetividade, e não seja constatada a ocorrência de má-fé ou qualquer das situações previstas nos arts. 237 ou 238 desta Lei". Mesmo não havendo prévia inscrição, os candidatos deverão comprovar, no curso do procedimento, que preenchem os requisitos necessário à adoção (art. 50, § 14). **C:** incorreta. Vide comentário da alternativa "B". **D:** incorreta. Vide comentário da alternativa "B". Estando a criança sob guarda legal e havendo afinidade e afetividade com os pretendentes, tudo em nome do princípio do melhor interesse do menor. **E:** incorreta. A adoção será precedida de estágio de convivência com a criança ou adolescente podendo ser dispensado se a o adotando já estiver sob a tutela ou guarda legal do adotante por tempo suficiente para que seja possível avaliar a convivência da constituição do vínculo (art. 46, § 1º, do ECA). Por outro lado, o consentimento dos pais se faz necessário apenas quando os pais estiverem vivos: "se os pais forem falecidos, tiverem sido destituídos ou suspensos do poder familiar, ou houverem aderido expressamente ao pedido de colocação em família substituta, este poderá ser formulado diretamente em cartório, em petição assinada pelos próprios requerentes, dispensada a assistência de advogado" (art. 166, do ECA). 🔴

Gabarito "B".

1.2. DIREITO À EDUCAÇÃO

(Juiz – TJ/MS – VUNESP – 2015) Constitui dever do Estado assegurar à criança e ao adolescente a educação básica obrigatória e gratuita, conforme se depreende do artigo 208, inciso I, da Constituição Federal, com redação determinada pela EC 59/2009. Quanto ao Direito à Educação, previsto no Capítulo IV, do Título II, do Estatuto da Criança e do Adolescente e na Lei de Diretrizes e Bases da Educação Nacional, analisado à luz da norma constitucional mencionada, assinale a alternativa correta.

(A) Os pais e responsáveis, apesar de não participarem da definição de propostas educacionais, terão ciência, ao início do ano letivo, do processo pedagógico.

(B) O ensino fundamental será oferecido, diretamente, pelos Estados e Municípios, às crianças com 6 (seis) anos de idade, com duração de 9 (nove) anos, assegurada a sua oferta gratuita, inclusive àqueles que não tiveram acesso a ele na idade adequada.

(C) De acordo com a Lei de Diretrizes e Bases da Educação Nacional, os entes federados (União, Estados, Distrito Federal e Municípios) não têm áreas prioritárias de atuação.

(D) A finalidade precípua do direito à educação é garantir à criança e ao adolescente ingresso no mercado de trabalho.

(E) A educação básica, em compasso com a Lei de Diretrizes e Bases da Educação Nacional, subdivide-se em infantil, fundamental, média, superior e complementar.

A: incorreta. Conforme art. 14 da Lei de Diretrizes e Bases da Educação, os sistemas de ensino definirão as normas da gestão democrática do ensino público na educação básica, adotando o princípio da participação das comunidades escolar e local em conselhos escolares ou equivalentes. **B:** correta. Nos exatos termos do art. 32 da Lei de Diretrizes e Bases da Educação. **C:** incorreta. Incumbe ao estado assegurar o **ensino fundamental** e oferecer, com prioridade, o **ensino médio** (art. 10, VI, da LDB). Incumbe aos municípios oferecer a **educação infantil** em creches e pré-escolas, e, com prioridade, o **ensino fundamental,** sendo "permitida a atuação em outros níveis de ensino somente quando estiverem atendidas plenamente as necessidades de sua área de competência e com recursos acima dos percentuais mínimos vinculados pela Constituição Federal à manutenção e desenvolvimento do ensino" (art. 11, V, da LDB). **D:** incorreta. "A educação, dever da família e do Estado, inspirada nos princípios de liberdade e nos ideais de solidariedade humana, tem por finalidade o pleno desenvolvimento do educando, seu preparo para o exercício da cidadania e sua qualificação para o trabalho" (art. 2º da LDB; **E:** incorreta, a educação básica subdivide-se em pré-escola, ensino fundamental e ensino médio (art. 4º, I, LDB). 🔴

Gabarito "B".

2. MEDIDAS DE PROTEÇÃO

(Juiz de Direito – TJ/RJ – 2019 – VUNESP) A Súmula 235 do TJRJ dispõe sobre a nomeação de Curador Especial a crianças e adolescentes em processos judiciais, emitindo seguinte diretriz jurisprudencial:

(A) o acolhimento familiar prescinde de nomeação de Curador Especial a crianças e adolescentes, obrigatória no institucional.

(B) em caso de nomeação de Curador Especial a crianças e adolescentes, o acesso aos autos respectivos estará condicionado à prévia ciência do Ministério Público, se registrado o segredo de justiça.

(C) a nomeação de Curador Especial a crianças e adolescentes garante ao Defensor Público acesso aos autos respectivos, não se constituindo mitigação ao princípio do contraditório e da ampla defesa, a concessão de tutela de urgência sem prévia oitiva, à vista do artigo 9º, inciso I, do CPC.

(D) nomeado Advogado, desde que cadastrado na unidade judicial, por período não inferior a cinco anos,

13. ESTATUTO DA CRIANÇA E DO ADOLESCENTE

como Curador Especial a crianças e adolescentes, ser-lhe-á garantido acesso aos autos respectivos, quando formulados pedidos baseados em discordância paterna ou materna, em relação ao exercício do poder familiar.

(E) caberá ao Juiz da Vara da Infância e Juventude a nomeação de Curador Especial a crianças e adolescentes, a ser exercida por Advogado, desde que cadastrado na unidade judicial, por período não inferior a cinco anos, ou Defensor Público.

Antes da análise das alternativas, vamos aos termos da súmula nº 235 do TJRJ: "Caberá ao juiz da Vara da Infância e Juventude a nomeação de curador especial a ser exercida pelo defensor público a crianças e adolescentes, inclusive, nos casos de acolhimento institucional ou familiar, nos moldes do disposto nos artigos 142, parágrafo único e 148, parágrafo único "f" do estatuto da criança e do adolescente c/c art. 9º, inciso i do CPC, garantindo acesso aos autos respectivos".
A: Incorreta. A nomeação de curador será deferida, nos termos do art. 142 do ECA: "Os menores de dezesseis anos serão representados e os maiores de dezesseis e menores de vinte e um anos assistidos por seus pais, tutores ou curadores, na forma da legislação civil ou processual. Parágrafo único. A autoridade judiciária dará curador especial à criança ou adolescente, sempre que os interesses destes colidirem com os de seus pais ou responsável, ou quando carecer de representação ou assistência legal ainda que eventual". Assim, será aplicável tendo para os casos de acolhimento institucional como para os casos de acolhimento familiar. **B:** Incorreta. O acesso aos autos será sempre garantido ao curador, ainda que o processo tramite em segredo de justiça. **C:** Correta, nos exatos termos da súmula 235 do TJRJ. **D:** Incorreta. O acesso aos autos é garantido ao curador, em qualquer circunstância. **E:** Incorreta. Vide súmula 235 do TJRJ. 🔲
„Ɔ, oʇıɹɐqɐפ

(Juiz de Direito – TJ/RJ – 2019 – VUNESP) Quanto às diretrizes sobre a guarda, forma de colocação em família substituta, de acordo com os artigos 28 e seguintes do Estatuto da Criança e do Adolescente (Lei 8.069, de 13 de julho de 1990), é correto afirmar que

(A) a inclusão de crianças e adolescentes em programas de acolhimento, como forma de guarda, tem caráter temporário e excepcional, mas não prefere o acolhimento institucional.

(B) a guarda poderá ser revogada a qualquer tempo, mediante ato judicial fundamentado, ouvido o Ministério Público, porque destinada à regularização da posse de fato.

(C) a guarda obriga a prestação de assistência material, moral e educacional à criança ou adolescente, conferindo aos seus pais o direito de opor-se aos seus detentores e terceiros.

(D) a guarda confere à criança ou adolescente a condição de segurado, dos quais seus detentores poderão ser dependentes, se houver requerimento de benefício previdenciário, com expresso consentimento de seus pais.

(E) o maior de doze anos deverá comparecer, obrigatoriamente, em audiência judicial, mas por não se tratar de adoção, seu consentimento à guarda será avaliado de acordo com o laudo técnico apresentado pela equipe técnica judicial e as provas reunidas em instrução.

A: Incorreta. Nos termos do parágrafo único do art. 34 do ECA, "A inclusão da criança ou adolescente em programas de acolhimento familiar terá preferência a seu acolhimento institucional, observado,

em qualquer caso, o caráter temporário e excepcional da medida". **B:** Correta. A guarda destina-se à regularização da posse de fato da criança ou adolescente (art. 33, § 1º, do ECA) e pode ser alterada a qualquer tempo, sendo ouvido o Ministério Público previamente (art. 35 do ECA). **C:** Incorreta. A guarda obriga a prestação de assistência material, moral e educacional à criança ou adolescente, conferindo a seu detentor o direito de opor-se a terceiros, inclusive aos pais (art. 33, *caput*, do ECA). **D:** Incorreta. A guarda confere à criança ou adolescente a condição de dependente, para todos os fins e efeitos de direito, inclusive previdenciários (art. 33, § 3º, do ECA). **E:** Incorreta. Na colocação de família substituta, a criança e o adolescente serão ouvidos por equipe interprofissional e terão a sua opinião devidamente considerada. No entanto, em relação ao adolescente, será necessário o seu consentimento colhido em audiência (art. 28, §§ 1º e 2º do ECA). 🔲
„8, oʇıɹɐqɐפ

(Juiz – TJ/SP – VUNESP – 2015) O Estatuto da Criança e do Adolescente, acrescido pela Lei 12.010, de 2009, menciona que toda criança que estiver inserida em programa de acolhimento familiar ou institucional terá sua situação reavaliada por equipe interprofissional ou multiprofissional, no máximo, a cada

(A) 4 (quatro) meses, e a permanência não se prolongará por mais de 1 (um) ano, salvo comprovado abandono afetivo.

(B) 12 (doze) meses, e a permanência não se prolongará por mais de 6 (seis) meses, salvo comprovada incapacidade física ou mental da criança.

(C) 2 (dois) meses, e a permanência não se prolongará por mais de 3 (três) anos, salvo determinação do Ministério Público.

(D) 6 (seis) meses, e a permanência não se prolongará por mais de 2 (dois) anos, salvo comprovada necessidade que atenda ao seu superior interesse.

Conforme o art. 19, § 1º, do Estatuto da Criança e do Adolescente, a situação da criança e do adolescente em acolhimento familiar ou institucional será reavaliada, no máximo, a cada 6 (seis) meses. A decisão quanto à manutenção ou não da medida deverá ser fundamentada pela autoridade judiciária. Da mesma forma, o § 2º, do mesmo artigo, determina que a permanência da criança e do adolescente em programa de acolhimento institucional não se prolongará por mais de 2 (dois) anos, salvo comprovada necessidade que atenda ao seu superior interesse, devidamente fundamentada pela autoridade judiciária.
Atenção para nova redação do art. 19, § 1º: "toda criança ou adolescente que estiver inserido em programa de acolhimento familiar ou institucional terá sua situação reavaliada, no máximo, a cada 3 (três) meses, devendo a autoridade judiciária competente, com base em relatório elaborado por equipe interprofissional ou multidisciplinar, decidir de forma fundamentada pela possibilidade de reintegração familiar ou pela colocação em família substituta, em quaisquer das modalidades previstas no art. 28 desta Lei". 🔲
„ᗡ, oʇıɹɐqɐפ

3. MEDIDAS SOCIOEDUCATIVAS E ATO INFRACIONAL – DIREITO MATERIAL

(Juiz de Direito – TJ/SP – 2023 – VUNESP) Qual a legislação que prioriza a prática que seja restaurativa?

(A) Lei do SINASE.

(B) Estatuto da Criança e do Adolescente.

(C) Lei Henry Borel.

(D) Lei da Palmada.

A solução desta questão deve ser extraída da Lei 12.594/2012, que instituiu o Sistema Nacional de Atendimento Socioeducativo (Sinase)

406 EDUARDO DOMPIERI E ROBERTA DENSA

e regulamentou a execução das medidas socioeducativas destinadas a adolescente que pratique ato infracional. Dispõe, em seu art. 35, III, que: "A execução das medidas socioeducativas reger-se-á pelos seguintes princípios: (...) **prioridade a práticas ou medidas que sejam restaurativas** e, sempre que possível, atendam às necessidades das vítimas." (destaque nosso). [ED]

Gabarito "A".

(Juiz de Direito – TJ/SP – 2023 – VUNESP) Na prestação de serviços comunitários, é garantido ao adolescente

(A) realizar tarefas gratuitas de interesse geral, por período não excedente a 12 (doze) meses.

(B) que as tarefas serão atribuídas conforme a sua aptidão, em jornada máxima de 10 (dez) horas semanais.

(C) realizar tarefas gratuitas de interesse geral.

(D) que as tarefas não poderão ser executadas em sábados, domingos e feriados, para não prejudicar a convivência do adolescente com sua família.

A prestação de serviços à comunidade (art. 112, III, do ECA) consiste na realização de tarefas gratuitas de interesse geral (o que torna correta a assertiva "C"), por período não excedente a seis meses (e não 12 meses, como consta da assertiva "A", que deve ser considerada, portanto, incorreta), junto a entidades assistenciais, hospitais, escolas e outros estabelecimentos congêneres, bem como em programas comunitários e governamentais (art. 117, *caput*, do ECA). As tarefas serão atribuídas conforme as aptidões do adolescente, devendo ser cumpridas durante a jornada máxima de oito horas semanais (e não 10 horas semanais, conforme consta da alternativa "B"), aos sábados, domingos e feriados ou em dias úteis, de modo a não prejudicar a frequência à escola ou à jornada normal de trabalho (o que torna a assertiva "D" incorreta). [ED]

Gabarito "C".

(Juiz de Direito – TJ/SP – 2023 – VUNESP) Em relação à remissão,

(A) pode ser concedida antes ou depois de iniciado o processo de apuração do ato infracional.

(B) sua concessão é privativa do Ministério Público, como forma de exclusão do processo, atendendo às circunstâncias e consequências do fato.

(C) implica, necessariamente, no reconhecimento da responsabilidade pelo adolescente.

(D) pode ser incluída a aplicação de qualquer das medidas socioeducativas previstas em lei, a ser devidamente cumprida pelo adolescente.

Prevista nos arts. 126 a 128 do ECA, consiste no perdão concedido pelo MP ao adolescente autor de ato infracional. Neste caso, tem natureza administrativa e depende de homologação. Essa é a *remissão ministerial* (art. 126, *caput*, do ECA). Uma vez iniciado o procedimento, a remissão não mais poderá ser concedida pelo promotor de justiça, somente pela autoridade judiciária. Essa é a *remissão judicial*, que importa em suspensão ou extinção do processo (art. 126, parágrafo único, do ECA) e tem como propósito amenizar os efeitos da continuidade deste. Como se vê, pode ser concedida antes ou depois de iniciado o processo de apuração do ato infracional, o que torna correta a assertiva "A". Tendo em vista a importância deste tema, vale mencionar algumas observações quanto às duas espécies de remissão, ministerial e judicial: a) a remissão ministerial importa na exclusão do início do processo de conhecimento. Já a judicial, que é aquela em que o processo de conhecimento já teve início com a representação formulada pelo MP, implica a extinção ou suspensão do processo – em curso; b) a despeito de a lei nada ter dito a esse respeito, a remissão ministerial está condicionada ao consentimento expresso do adolescente e de seu representante legal. Motivo: na hipótese de o adolescente sustentar que não cometeu o ato infracional a ele imputado, terá a oportunidade, por meio do processo de conhecimento, de provar sua inocência. Com muito mais razão, quando se tratar de remissão cumulada com medida socioeducativa

(STJ entende ser possível a cumulação); c) a remissão judicial prescinde de anuência do MP, que, no entanto, será ouvido, sob pena de nulidade. A esse respeito, conferir: STF, HC 96.659-MG, Rel. Min. Gilmar Mendes, j. 28.09.2010; d) ainda no âmbito da remissão judicial, o juiz da infância e da juventude poderá, neste caso, suspender (paralisar) ou ainda extinguir (pôr fim) o processo. Suspenderá na hipótese de o adolescente ser submetido a uma medida socioeducativa em que se faça necessário o seu acompanhamento, como, por exemplo, a prestação de serviços à comunidade. Ao término desta, o processo será extinto. Por fim, será extinto sempre que não for necessária a imposição de medida socioeducativa cumulada com a remissão ou mesmo no caso de ser aplicada medida que prescinda de acompanhamento. Ex.: advertência; e) a remissão não implica necessariamente o reconhecimento ou comprovação da responsabilidade, nem prevalece para efeito de antecedentes (art. 127 do ECA). É dizer, o fato de o adolescente e seu representante aquiescerem na aplicação da medida não quer dizer que aquele está admitindo culpa pelo ato infracional praticado; se assim preferir, poderá recusar a benesse e provar a sua inocência no curso do processo de conhecimento; f) a medida que eventualmente for aplicada junto com a remissão, que nunca poderá ser a de colocação em regime de semiliberdade e internação, poderá ser revista judicialmente a qualquer tempo, mediante pedido do adolescente ou de seu representante legal, ou do MP. [ED]

Gabarito "A".

(Juiz de Direito – TJ/RJ – 2019 – VUNESP) Com relação à responsabilidade civil de crianças e adolescentes por danos causados a terceiros, assinale a alternativa correta.

(A) Ao adolescente que cometer ato infracional com reflexos patrimoniais, poderá ser determinada obrigação de reparar o dano, possibilitada a cumulação com outra medida socioeducativa.

(B) Violada a esfera patrimonial e extrapatrimonial de terceiro, por ato voluntário de crianças ou adolescentes, a autoridade competente poderá determinar às crianças e aos adolescentes a medida socioeducativa de reparar o dano.

(C) Em se tratando de ato infracional com reflexos patrimoniais, se impossível a restituição da coisa e o ressarcimento do dano, a medida socioeducativa será substituída pela realização de tarefas remuneradas de interesse geral, pelo adolescente, desde que maior de catorze anos e respeitadas as suas aptidões, e o valor apurado será usado no ressarcimento da vítima.

(D) Como ocorre com a advertência, a obrigação de reparar o dano exige prova de materialidade e indícios de autoria da infração, diante da possibilidade de ressarcimento de valores ao atingimento da maioridade civil, não só pela criança como pelo adolescente.

(E) Com a reparação do dano, extingue-se a obrigação, cabendo ao Poder Judiciário a fiscalização indireta da medida socioeducativa e restando a execução direta sob responsabilidade da entidade de atendimento.

A: Correta. Trata-se da medida socioeducativa de reparação dos danos, prevista no art. 116 do ECA: "Em se tratando de ato infracional com reflexos patrimoniais, a autoridade poderá determinar, se for o caso, que o adolescente restitua a coisa, promova o ressarcimento do dano, ou, por outra forma, compense o prejuízo da vítima". A cumulação de medidas socioeducativas está prevista no art. 113 do ECA: "Aplica-se a este Capítulo o disposto nos arts. 99 e 100". E, por sua vez, o art. 99 assim dispõe: "As medidas previstas neste Capítulo **poderão ser aplicadas** isolada ou **cumulativamente**, bem como substituídas a qualquer tempo". **B:** Incorreta. A aplicação de medidas socioeducativas é prevista apenas ao adolescente infrator. Em relação às crianças, são

13. ESTATUTO DA CRIANÇA E DO ADOLESCENTE

aplicáveis apenas medidas protetivas, nos termos do art. 105 do ECA: "Ao ato infracional praticado por criança corresponderão as medidas previstas no art. 101". **C:** Incorreta. Nos termos do parágrafo único do art. 116, "Havendo manifesta impossibilidade, a medida poderá ser substituída por outra adequada". **D:** Incorreta. Nos termos do art. 114 do ECA, a imposição de medida socioeducativa advertência não exige a existência de provas suficientes de autoria e materialidade. Vale ainda notar que a reparação dos dados tem como função a educação e ressocialização do adolescente. O ressarcimento dos danos à vítima ou terceiros é mera consequência da medida socioeducativa, não a finalidade dela. **E:** Incorreta. Em primeiro lugar, não é razoável que a medida socioeducativa per si declare extinta eventual indenização na esfera cível. Ademais, cabe ao Poder Judiciário (autoridade judicial) **diretamente**, a fiscalização do cumprimento da medida socioeducativa, que deve ser aplicada pela entidade de atendimento (vide art. 36 da Lei do Lei 12.594/2012 e art. 146 do ECA). RD

Gabarito "A".

(Defensor Público/RO – 2017 – VUNESP) Quanto às medidas de proteção e socioeducativas, assinale a alternativa correta.

(A) A medida socioeducativa de internação aplicada por descumprimento reiterado e injustificável da medida anteriormente imposta não poderá ter prazo superior a 6 (seis) meses, devendo ser decretada judicialmente após o devido processo legal.

(B) Em qualquer hipótese a desinternação será precedida de autorização judicial, ouvido o Ministério Público.

(C) Crianças e adolescentes somente poderão ser encaminhados às instituições que executam programas de acolhimento institucional, governamentais ou não, por determinação da autoridade policial ou por meio de uma Guia de Acolhimento, expedida pela autoridade judiciária.

(D) A fim de preservar a dignidade das crianças e adolescentes, o cadastro contendo informações atualizadas sobre as crianças e adolescentes em regime de acolhimento familiar e institucional de cada comarca terá o acesso restrito à autoridade judiciária, ao Ministério Público e à Defensoria Pública.

(E) Ao ato infracional praticado por criança corresponderão as medidas específicas de proteção, salvo nos casos de extrema gravidade, em que poderá ser aplicada a internação em estabelecimento educacional.

A: incorreta. O prazo máximo para aplicação da medida socioeducativa de internação-sanção é de 3 (três) meses (art. 122, II e § 1º, do ECA); **B:** correta. Nos exatos termos do art. 121, § 6º, do ECA; **C:** incorreta. A guia de acolhimento deve ser expedida pela autoridade judicial (art. 101, § 3º, do ECA); **D:** incorreta. Terão acesso ao cadastro contendo informações atualizadas sobre crianças e adolescentes em regime de acolhimento o Ministério Público, o Conselho Tutelar, o órgão gestor da Assistência Social e os Conselhos Municipais dos Direitos da Criança e do Adolescente e da Assistência Social (art. 101, § 12, do ECA); **E:** incorreta. Nenhuma medida socioeducativa pelo ser aplicada a criança que tenha praticado ato infracional. Ademais, as medidas de proteção em hipótese alguma importarão em privação de liberdade (art. 101, § 1º, do ECA). RD

Gabarito "B".

(Defensor Público/RO – 2017 – VUNESP) Segundo entendimento sumulado do Superior Tribunal de Justiça, é correto afirmar que

(A) o crime consistente na corrupção de menor de 18 (dezoito) anos, com ele praticando infração penal ou induzindo-o a praticá-la, previsto no Estatuto da Criança e do Adolescente, depende da prova da efetiva corrupção do menor, por se tratar de delito material.

(B) no procedimento para aplicação de medida socioeducativa, a confissão do adolescente torna dispensável a realização de exames periciais relativos aos instrumentos do crime.

(C) nos casos de novo flagrante por ato infracional, é facultada a oitiva do menor infrator para a decretação da regressão da medida socioeducativa.

(D) a prescrição penal é aplicável nas medidas socioeducativas.

(E) a aplicação de medidas socioeducativas ao adolescente, pela prática de ato infracional, exceção feita a de prestação de serviços à comunidade, é da competência exclusiva do juiz.

A: incorreta. Conforme súmula 500 do Superior Tribunal de Justiça, "a *configuração do crime previsto no artigo 244-B do* Estatuto da Criança e do Adolescente *independe da prova da efetiva corrupção do menor, por se tratar de delito formal*"; **B:** incorreta. Conforme súmula 342 do Superior Tribunal de Justiça, "no procedimento para aplicação de medida socioeducativa, é nula a desistência de outras provas em face da confissão do adolescente"; **C:** incorreta. Conforme súmula 265 do Superior Tribunal de Justiça, "é necessária a oitiva do menor infrator antes de decretar-se a regressão da medida socioeducativa"; **D:** correta. Conforme súmula 338 do Superior Tribunal de Justiça, "a prescrição penal é aplicável nas medidas socioeducativas"; **E:** incorreta. Conforme súmula 108 do Superior Tribunal de Justiça, "a aplicação de medidas socioeducativas ao adolescente, pela prática de ato infracional, é da competência exclusiva do juiz". RD

Gabarito "D".

(Juiz de Direito – TJ/RS – 2018 – VUNESP) Assinale a alternativa correta no que se refere aos dispositivos previstos no Estatuto da Criança e Adolescente em relação ao Título destinado à prática de atos infracionais.

(A) A medida socioeducativa de advertência poderá ser aplicada ao adolescente desde que haja indícios suficientes da autoria.

(B) A remissão não implica necessariamente o reconhecimento ou comprovação da responsabilidade, nem prevalece para efeito de antecedentes, podendo incluir eventualmente a aplicação de qualquer das medidas previstas em lei, exceto a colocação em regime de semiliberdade e a internação.

(C) A medida socioeducativa, denominada liberdade assistida, será fixada pelo prazo mínimo de 01 (um) mês, podendo a qualquer tempo ser prorrogada, revogada ou substituída por outra medida, ouvido o orientador, o Ministério Público e o defensor.

(D) A medida de internação poderá ser aplicada na hipótese de reiteração no cometimento de outras infrações por parte do adolescente infrator.

(E) Verificada a prática de ato infracional, a autoridade competente poderá aplicar ao adolescente as medidas socioeducativas, sendo vedada a simples determinação de encaminhamento aos pais ou responsável, mediante termo de responsabilidade.

A: incorreta. Para a aplicação de medida socioeducativa de advertência basta que haja prova da materialidade e indícios suficientes de autoria (art. 114, parágrafo único); **B:** correta, nos exatos termos do art. 127 do ECA; **C:** incorreta. O prazo mínimo para cumprimento de medida socioeducativa de liberdade assistida é de 6 (seis) meses (art. 118, § 2º); **D:** incorreta. A medida de internação pode ser aplicada na hipótese de reiteração no cometimento de outras infrações **graves** (art. 122, II, do ECA); **E**: incorreta. Verificada a prática de ato infracional, a autoridade judiciária poderá aplicar medida socioeducativa (art. 112 do ECA) e medida de proteção (art. 101 do ECA). Nesse caso, a medida de encaminhamento aos pais ou responsável é medida de proteção prevista no art. 101, I, do ECA. **RD**

Gabarito "B".

(Investigador – PC/BA – 2018 – VUNESP) Ao ato infracional cometido por criança, poderá ser aplicada

(A) liberdade assistida.

(B) advertência.

(C) inserção em regime de semiliberdade.

(D) requisição de tratamento médico, psicológico ou psiquiátrico, em regime hospitalar ou ambulatorial.

(E) prestação de serviços à comunidade.

São medidas socioeducativas: advertência, reparação de danos, prestação de serviços à comunidade, liberdade assistida, semiliberdade e internação (art. 112 do ECA). As medidas socioeducativas só podem ser aplicadas pelo juiz ao adolescente (pessoa entre 12 anos completos e 18 anos) que pratica ato infracional. Na hipótese de prática de ato infracional pela criança, somente pode ser aplicada medida protetiva. Sendo assim, estão incorretas as alternativas A, B, C e E, pois todas representam medidas socioeducativas. A única alternativa que representa medida protetiva, na forma do art. 101 do ECA, é a alternativa D. **RD**

Gabarito "D".

(Investigador – PC/BA – 2018 – VUNESP) No que diz respeito à internação do adolescente infrator prevista no Estatuto da Criança e do Adolescente, é correto afirmar que, antes da sentença,

(A) a internação do adolescente infrator poderá ser determinada pelo juiz por prazo indeterminado.

(B) a internação do adolescente infrator poderá ser determinada pelo prazo máximo de 45 (quarenta e cinco) dias, desde que demonstrada a necessidade imperiosa da medida, sendo imprescindível a fundamentação da decisão com base em indícios suficientes de autoria e materialidade.

(C) a internação do adolescente infrator poderá ser determinada pelo prazo máximo de 45 (quarenta e cinco) dias, sendo prorrogável por mais 45 (quarenta e cinco) dias, desde que devidamente justificada a necessidade.

(D) não poderá ser determinada a internação do adolescente infrator pelo juiz.

(E) a internação do adolescente infrator poderá ser determinada pelo prazo máximo de 60 (sessenta) dias.

A: incorreta. A internação provisória do adolescente somente será permitida, nos termos do art. 183, do ECA pelo prazo máximo de 45 (quarenta e cinco) dias; **B**: correta. O prazo máximo e improrrogável para a conclusão do procedimento, estando o adolescente internado provisoriamente, será de quarenta e cinco dias (art. 183). Ademais, nos termos do art. 189 do ECA, a autoridade judiciária não poderá aplicar qualquer medida, desde que reconheça na sentença: i) estar provada a inexistência do fato; ii) não haver prova da existência do fato; iii) não constituir o fato ato infracional; iv) não existir prova de ter o adolescente concorrido para o ato infracional; **C**: incorreta. A medida não pode ser prorrogada por mais 45 dias (art. 183 do ECA); **D**: incorreta. A internação antes da sentença é permitida nos termos do art. 183 do ECA; **E**: incorreta. O prazo máximo para aplicação da internação provisória é de 45 dias. **RD**

Gabarito "B".

(Juiz – TJ/MS – VUNESP – 2015) Caracteriza a internação com prazo determinado ou internação sanção:

(A) prática de ato infracional mediante grave ameaça ou violência contra a pessoa ou em reiteração de infrações graves.

(B) aplicação residual se não existir outra medida adequada à ressocialização.

(C) decretação pelo juízo da execução.

(D) expedição da guia de execução de medida e início do processo de execução.

(E) prazo limitado a 3 (três) anos.

A: incorreta. O art. 122, I, prevê a possibilidade de internação nos casos de prática de ato infracional ocorrido mediante violência ou grave ameaça, mas o prazo de internação não pode ser determinado em sentença, devendo ser avaliada a continuidade da medida a cada 6 (seis) meses, sendo que o prazo máximo da internação é de 3 (três) anos). **B**: incorreta. A internação somente pode ser aplicada nas expressas hipóteses do art. 122 do ECA. **C**: correta. A internação-sanção pode ser aplicada, nos termos do art. 122, III, por descumprimento reiterado e injustificável de medidas socioeducativas anteriormente impostas. Sendo assim, somente o juízo da execução é quem pode adotar a medida. **D**: incorreta. O prazo máximo da internação-sanção é de 3 (três) meses. **RD**

Gabarito "C".

4. ATO INFRACIONAL – DIREITO PROCESSUAL

(Juiz de Direito – TJ/SP – 2023 – VUNESP) Quando apreendido o adolescente, o fato deve ser comunicado à autoridade judiciária competente e à família do adolescente

(A) imediatamente para a família e 24 (vinte e quatro) horas para a autoridade judiciária.

(B) imediatamente, pela autoridade policial.

(C) no prazo de 24 (vinte e quatro) horas pela autoridade judiciária à família do apreendido, após a comunicação incontinente da autoridade policial.

(D) no prazo de 24 (vinte e quatro) horas após a apresentação do adolescente ao Ministério Público, para oitiva informal.

Segundo dispõe o art. 107, *caput*, o ECA, a apreensão do adolescente e o local onde se encontra serão incontinenti comunicados ao Juiz da Infância e da Juventude e também à família do apreendido ou à pessoa que ele indicar. A autoridade policial que deixar de tomar tal providência incorrerá nas penas do crime do art. 231 do ECA; determina o parágrafo único do dispositivo que a autoridade judiciária, assim que tomar conhecimento da apreensão, examinará a possibilidade de liberação imediata, sob pena de responsabilidade. Se tomar conhecimento da apreensão ilegal e, sem justa causa, deixar de determinar a imediata liberação, cometerá o crime do art. 234 do ECA. **ED**

Gabarito "B".

(Juiz – TJ/SP – VUNESP – 2015) Quando o adolescente for apreendido em flagrante de ato infracional, será encaminhado

(A) à sua residência, uma vez que não é permitido prender o adolescente sem que o policial esteja acompanhado de um membro do conselho tutelar.

(B) aos familiares desde que esteja matriculado em escola da rede pública.

(C) à autoridade policial competente.

(D) à autoridade judiciária.

O adolescente apreendido em flagrante de ato infracional será, desde logo, encaminhado à autoridade policial competente (art. 172 do ECA). **RD**

Gabarito "C".

13. ESTATUTO DA CRIANÇA E DO ADOLESCENTE **409**

5. CONSELHO TUTELAR

(Juiz – TJ/MS – VUNESP – 2015) Com relação à eleição dos Conselheiros Tutelares, é correto afirmar que

(A) todos aqueles que tiverem completado 18 (dezoito) anos poderão ser eleitos por voto direto, secreto e facultativo.

(B) os candidatos devem possuir idoneidade moral e reputação ilibada, vedada a reeleição.

(C) o processo para escolha será estabelecido por lei municipal e realizado sob a responsabilidade do Conselho Municipal dos Direitos das Crianças, sob fiscalização do Ministério Público.

(D) em caso de não possuírem residência fixa no Município, os candidatos devem apresentar autorização do Juiz da Vara da Infância e da Juventude como condição de elegibilidade.

(E) ocorre a cada 2 (dois) anos, em data unificada em todo o território nacional.

A: incorreta. Para ser conselheiro tutelar, o ECA exige, em seu art. 133, a idade mínima de 21 (vinte e um) anos. **B:** incorreta. Para ser conselheiro tutelar, além da idade de 21 anos, também é exigida a idoneidade moral e a residência no município. O mandato é de 4 anos sendo admitida uma recondução (art. 132 do ECA). **C:** correta. Nos exatos termos do art. 139 do ECA. **D:** incorreta. O conselheiro tutelar deve residir no município (art. 133, III, do ECA). **E:** incorreta. O mandato é de 4 (quarto) anos (art. 132 do ECA). **RD**

Gabarito "C".

(Juiz – TJ/SP – VUNESP – 2015) Segundo o Estatuto da Criança e do Adolescente, os casos de suspeita ou confirmação de castigo físico, de tratamento cruel ou degradante e de maus-tratos contra criança ou adolescente serão obrigatoriamente comunicados, sem prejuízo de outras providências legais,

(A) ao Conselho Tutelar da respectiva localidade.

(B) ao Hospital Regional Infantil responsável pelo domicílio da criança.

(C) às Varas de Violência Doméstica para o cadastramento do domicílio.

(D) ao Juiz Corregedor da Comarca para a viabilização da adoção.

A: correta. Os casos de suspeita ou confirmação de castigo físico, de tratamento cruel ou degradante e de maus-tratos contra criança ou adolescente serão obrigatoriamente comunicados ao Conselho Tutelar da respectiva localidade, sem prejuízo de outras providências legais (art. 13 do ECA). **B:** incorreta. Os médicos e dirigentes de estabelecimentos de saúde têm a obrigação de avisar ao Conselho Tutelar casos de maus-tratos, sob pena de responder por infração administrativa prevista no art. 245 do ECA: "Deixar o médico, professor ou responsável por estabelecimento de atenção à saúde e de ensino fundamental, pré-escola ou creche, de comunicar à autoridade competente os casos de que tenha conhecimento, envolvendo suspeita ou confirmação de maus-tratos contra criança ou adolescente: Pena – multa de três a vinte salários de referência, aplicando-se o dobro em caso de reincidência". **C:** incorreta. Compete à Vara de Infância e Juventude as ações que envolvam crianças e adolescentes em situação de risco (art. 148 do ECA). **D:** incorreta. A adoção correrá em Vara de Infância e Juventude (art. 148 do ECA) e a criança deverá ser cadastrada no cadastro nacional de adoção após tentativas de se manter na sua família natural. **RD**

Gabarito "A".

6. ACESSO À JUSTIÇA

(Juiz de Direito – TJ/RS – 2018 – VUNESP) Em relação ao poder familiar, é correto afirmar:

(A) o consentimento dos pais, detentores do poder familiar, nos pedidos para colocação em família substituta, é retratável até a data da realização da audiência judicial, sendo vedado aos pais exercerem o arrependimento após a prolação da sentença de extinção do poder familiar.

(B) a condenação criminal do pai ou da mãe, por crime doloso praticado contra a vida, implicará na destituição do poder familiar.

(C) é atribuição do Conselho Tutelar representar ao Ministério Público para efeito das ações de perda ou suspensão do poder familiar, após esgotadas as possibilidades de manutenção da criança ou do adolescente junto à família natural.

(D) no procedimento para suspensão ou perda do poder familiar é obrigatória a oitiva dos pais sempre que eles forem identificados e estiverem em local conhecido, ressalvados os casos de não comparecimento perante a Justiça quando devidamente citados ou estiverem privados de liberdade.

(E) a falta ou a carência de recursos materiais como motivo suficiente para a perda ou a suspensão do poder familiar deve ser comprovada mediante o devido processo legal perante a autoridade judiciária competente.

A: incorreta. Nos termos do art. 166, § 1º, o consentimento para a entrega da criança para adoção é feito por meio de pedido formulado diretamente me cartório, sendo **retratável** até a audiência que será designada para a verificação da concordância com a adoção. O mesmo artigo, em seu § 5º, garante aos pais o direito de exercer o **arrependimento** em até 10 (dez) dias contados da data de prolação da sentença de extinção do poder familiar; **B:** incorreta. A condenação criminal do pai ou da mãe não implicará a destituição do poder familiar, exceto na hipótese de condenação por crime doloso, sujeito à pena de reclusão, contra o próprio filho ou filha (art. 23, § 2º); **C:** correta. Nos exatos termos do art. 136, inciso XI, do ECA; **D:** incorreta. É obrigatória a oitiva dos pais sempre que forem identificados e estiverem em local conhecido, ressalvados os casos de não comparecimento perante a Justiça quando devidamente citados (art. 161, § 4º) no entanto, se o pai ou a mãe estiverem privados de liberdade, a autoridade judicial requisitará sua apresentação para a oitiva (art. 161, § 5º); **E:** incorreta. A falta ou a carência de recursos materiais não constitui motivo suficiente para a perda ou a suspensão do poder familiar (art. 23 do ECA) **RD**

Gabarito "C".

7. TEMAS COMBINADOS

(Defensor Público/RO – 2017 – VUNESP) Assinale a alternativa que contém informação correta em relação à Lei no 10.097/2000 (introduziu alterações na Consolidação das Leis do Trabalho) ou à Lei no 12.594/12 (SINASE).

(A) A gravidade do ato infracional, os antecedentes e o tempo de duração da medida não são fatores que, por si, justifiquem a não substituição da medida por outra menos grave.

(B) O contrato de aprendizagem não poderá ser estipulado por mais de um ano.

(C) É assegurado a todos os adolescentes em cumprimento de medida de internação o direito a visita íntima.

(D) Compete aos Municípios criar, desenvolver e manter programas para a execução das medidas socioeducativas de semiliberdade e internação.

(E) A duração do trabalho do aprendiz não poderá exceder, em nenhuma hipótese, o período de seis horas diárias, sendo vedadas a prorrogação e a compensação de jornada.

A: correta, nos exatos termos do art. 42, § 2º, da Lei 12.594/2012; **B:** incorreta. O contrato de aprendizagem não poderá ser estipulado por mais de dois anos (art. 428, § 3º, da CLT); **C:** incorreta. É assegurado ao adolescente casado ou que viva, comprovadamente, em união estável o direito à visita íntima (art. 68 da Lei 12.594/2012); **D:** incorreta. Nos termos do art. 4º, II, da Lei 12.594/2012, comete aos Estados criar, desenvolver e manter programas para a execução das medidas socioeducativas de semiliberdade e internação; **E:** incorreta. A duração do trabalho do aprendiz não poderá exceder 6 (seis) horas diárias, sendo vedadas prorrogações e compensação de jornada, salvo nas hipóteses em que o aprendiz já tiver completado o ensino fundamental. Nessa hipótese, o limite poderá ser de até 8 (oito) horas diárias, se nelas forem computadas as horas destinadas à aprendizagem teórica (art. 432 da CLT). **RD**

Gabarito "A".

(Defensor Público/RO – 2017 – VUNESP) É correto afirmar, com relação à Justiça da Infância e da Juventude e aos seus procedimentos, que

(A) os menores de vinte e um anos serão assistidos por seus pais, tutores ou curadores, na forma da legislação civil ou processual.

(B) a competência da Infância e da Juventude será determinada, em regra, pelo lugar onde se encontre a criança ou adolescente.

(C) a infiltração de agentes de polícia na internet, com o fim de investigar o crime de estupro de vulnerável, não poderá exceder o prazo de 90 (noventa) dias, sem prejuízo de eventuais renovações, desde que o total não exceda a 720 (setecentos e vinte) dias e seja demonstrada sua efetiva necessidade, a critério da autoridade judicial.

(D) no procedimento para a perda ou a suspensão do poder familiar, é obrigatória a oitiva dos pais sempre que esses forem identificados e estiverem em local conhecido, salvo se o pai ou a mãe estiverem privados de liberdade.

(E) a intimação da sentença que aplicar medida de internação ou regime de semiliberdade far-se-á, unicamente, na pessoa do defensor.

A: incorreta. Somente os menores de 18 (dezoito) anos serão assistidos por seus pais, tutores ou curadores; **B:** incorreta. A competência da Infância e Juventude é determinada i) pelo domicílio dos pais ou responsável e ii) pelo lugar onde se encontre a criança ou adolescente, à falta dos pais ou responsável (art. 147 do ECA). Vale lembrar que a súmula 383 do Superior Tribunal de Justiça, estabelece que a "competência para processar e julgar as ações conexas de interesse de menor é, em princípio, do foro do domicílio do detentor de sua guarda"; **C:** correta, nos exatos termos do art. 190-A, inciso III, do ECA; **D:** incorreta. É obrigatória a oitiva dos pais sempre que forem identificados e estiverem em local conhecido, ressalvados os casos de não comparecimento perante a Justiça quando devidamente citados (art. 161, § 4º) no entanto, se o pai ou a mãe estiverem privados de liberdade, a autoridade judicial requisitará sua apresentação para a oitiva (art. 161, § 5º); **E:** incorreta. A intimação da sentença que aplicar medida de internação ou regime de semiliberdade será feita i) ao adolescente e ao seu defensor e ii)

quando não for encontrado o adolescente, a seus pais ou responsável, sem prejuízo do defensor (art. 190 do ECA). **RD**

Gabarito "C".

(Juiz de Direito – TJ/RS – 2018 – VUNESP) Assinale a alternativa correta de acordo com o entendimento sumulado do Superior Tribunal de Justiça.

(A) A competência para processar e julgar as ações conexas de interesse de menor é, em princípio, do foro da sede da entidade ou do órgão responsável pela adoção das medidas de proteção ao menor.

(B) A confissão do adolescente no procedimento para aplicação de medida socioeducativa permite a desistência de outras provas e aplicação de medida mais adequada ao princípio da reeducação e da proteção integral.

(C) É dispensável a oitiva do menor infrator antes de decretar-se a regressão da medida socioeducativa.

(D) A configuração do crime do art. 244-B do ECA depende da prova da efetiva corrupção do menor, por se tratar de delito formal.

(E) O Ministério Público tem legitimidade ativa para ajuizar ação de alimentos em proveito de criança ou adolescente independentemente do exercício do poder familiar dos pais, ou do fato de o menor se encontrar nas situações de risco descritas no art. 98 do Estatuto da Criança e do Adolescente, ou de quaisquer outros questionamentos acerca da existência ou eficiência da Defensoria Pública na comarca.

A: incorreta. A competência da Infância e Juventude é determinada i) pelo domicílio dos pais ou responsável e ii) pelo lugar onde se encontre a criança ou adolescente, à falta dos pais ou responsável (art. 147 do ECA). Vale lembrar que a súmula 383 do Superior Tribunal de Justiça, estabelece que a "competência para processar e julgar as ações conexas de interesse de menor é, em princípio, do foro do domicílio do detentor de sua guarda"; **B:** incorreta. Conforme súmula 342 do Superior Tribunal de Justiça, "no procedimento para aplicação de medida socioeducativa, é nula a desistência de outras provas em face da confissão do adolescente"; **C:** incorreta. Conforme súmula 265 do Superior Tribunal de Justiça "é necessária a oitiva do menor infrator antes de decretar-se a regressão da medida socioeducativa"; **D:** incorreta. Conforme súmula 500 do Superior Tribunal de Justiça, "a *configuração do crime previsto no artigo 244-B do* Estatuto da Criança e do Adolescente *independe da prova da efetiva corrupção do menor, por se tratar de delito formal*". **E:** correta. Conforme súmula 594 do Superior Tribunal de Justiça: "*O Ministério Público tem legitimidade ativa para ajuizar ação de alimentos em proveito de crianças e adolescentes independentemente do exercício do poder familiar dos pais ou do fato de o menor se encontrar nas situações de risco descritas no artigo 98 do ECA ou de quaisquer outros questionamentos acerca da existência ou eficiência da Defensoria Pública na comarca*". **RD**

Gabarito "E".

(Juiz de Direito – TJ/RS – 2018 – VUNESP) Em relação à jurisprudência, aos crimes e infrações administrativas previstas no Estatuto da Criança e dos Adolescentes, e à Organização Judiciária e demais peculiaridades e competências do Poder Judiciário do Rio Grande do Sul, é correto afirmar:

(A) o Conselho da Magistratura do Rio Grande do Sul pode, excepcionalmente, atribuir às varas da Infância e Juventude competência para processar e julgar o crime de estupro de vulnerável cuja vítima seja criança ou adolescente.

13. ESTATUTO DA CRIANÇA E DO ADOLESCENTE   411

(B) a conduta consistente em auxiliar a efetivação de ato destinado ao envio de criança ou adolescente para o exterior com inobservância das formalidades legais sem o fito de obter lucro é penalmente atípica mas configura infração administrativa.

(C) aquele que adquire vídeo ou qualquer outra forma de representação visual que apenas simula a participação de criança ou adolescente em cena de sexo explícito ou pornográfica não pode ser responsabilizado penalmente nos termos do Estatuto da Criança e do Adolescente.

(D) hospedar criança ou adolescente desacompanhado dos pais ou responsável, ou sem autorização escrita desses ou da autoridade judiciária, em pensão é conduta caracterizada como crime nos termos do Estatuto da Criança e do Adolescente.

(E) a conduta do médico, enfermeiro ou dirigente de estabelecimento de atenção à saúde de gestante que deixa de efetuar imediato encaminhamento à autoridade judiciária de caso de que tenha conhecimento de mãe ou gestante interessada em entregar seu filho para adoção é caracterizada como crime nos termos do Estatuto da Criança e do Adolescente.

A: correta. Embora o art. 149 do ECA não insira entre as atribuições da Vara de Infância e Juventude a competência para julgar crimes contra a criança e o adolescente, a jurisprudência vem aceitando que a Lei de Organização Judiciária atribua essa competência; **B:** incorreta. Constitui crime do art. 239 do ECA: "Promover ou auxiliar a efetivação de ato destinado ao envio de criança ou adolescente para o exterior com inobservância das formalidades legais ou com o fito de obter lucro"; **C:** incorreta. Constitui crime do art. 241-C do ECA: "Simular a participação de criança ou adolescente em cena de sexo explícito ou pornográfica por meio de adulteração, montagem ou modificação de fotografia, vídeo ou qualquer outra forma de representação visual". Incorre nas mesmas penas quem vende, expõe à venda, disponibiliza, distribui, publica ou divulga por qualquer meio, adquire, possui ou armazena o material produzido na forma do *caput* deste artigo (art. 241-C, parágrafo único, do ECA); **D:** incorreta. Trata-se de infração administrativa prevista no art. 250 do ECA; **E:** incorreta. Constitui infração administrativa prevista no art. 258-B do ECA. **RD**
Gabarito "A".

(Juiz – TJ/RJ – VUNESP – 2016) Com relação à Convenção sobre os Direitos da Criança da ONU, tratado internacional de proteção de direitos humanos, com início de vigência em 1990, é correto afirmar que

(A) se afastando da técnica de diferenciação utilizada pela legislação específica brasileira, define criança como todo ser humano que não atingir a maioridade civil e penal ou for declarado totalmente incapaz, desde que menor de 18 anos, nos termos da legislação aplicável.

(B) em respeito aos princípios da anterioridade e da legalidade, bem como ao garantismo processual, foram criados os Protocolos Facultativos adesivos, versando sobre a) Venda de Crianças, Prostituição Infantil e Pornografia Infantil e b) Envolvimento de Crianças em Conflitos Armados, para tipificação de delitos contra a dignidade sexual e de guerra envolvendo crianças.

(C) ao estabelecer a obrigação dos Estados de respeitar responsabilidades, direitos e obrigações dos pais, apropriados para o exercício, pela criança, dos direitos que contempla, adotou o princípio do *best interest*

of the child, encampada pelo artigo 227, *caput*, da Constituição da República Federativa do Brasil.

(D) estabelece, em seu rol de direitos contemplados, a proteção de crianças estrangeiras, inclusive contra a migração interna forçada e utilização em experiências médicas e científicas, prevendo a entrega como instituto de cooperação internacional.

(E) visando a observação dos direitos das crianças, estabeleceu forma de monitoramento peculiar (*special force machinery*), via relatórios apresentados pelo Comitê sobre os Direitos da Criança aos Estados-Partes, para análise e acompanhamento.

A: incorreta. "Para efeitos da presente Convenção considera-se como criança todo ser humano com menos de dezoito anos de idade, a não ser que, em conformidade com a lei aplicável à criança, a maioridade seja alcançada antes" (art. 1º da Convenção sobre os Direitos da Criança). **B:** incorreta. Os protocolos facultativos não trazem previsão sobre o envolvimento de crianças em conflitos armados nem mesmo tipifica delitos contra a dignidade sexual e de guerra envolvendo crianças. **C:** correta. O art. 227 da Constituição Federal, inspirado na Convenção sobre os Direitos da Criança, adotou o princípio da proteção integral e do melhor interesse da criança, trazendo responsabilidade para a família, a sociedade e para o Estado no dever de proteger a criança e o adolescente. **D:** incorreta. Nos termos do art. 11 da Convenção sobre os Direitos da Criança, "os Estados-Partes adotarão medidas a fim de lutar contra a transferência ilegal de crianças para o exterior e a retenção ilícita das mesmas fora do país". **E:** incorreta. Na forma do art. 44 da Convenção, "os Estados-Partes se comprometem a apresentar ao comitê, por intermédio do Secretário-Geral das Nações Unidas, relatórios sobre as medidas que tenham adotado com vistas a tornar efetivos os direitos reconhecidos na convenção e sobre os progressos alcançados no desempenho desses direitos: a) num prazo de dois anos a partir da data em que entrou em vigor para cada Estado-Parte a presente convenção; b) a partir de então, a cada cinco anos". **RD**
Gabarito "C".

(Juiz – TJ/RJ – VUNESP – 2016) A anencefalia, de acordo com entendimento jurisprudencial do Supremo Tribunal Federal, no julgamento da ADPF (arguição de descumprimento de preceito fundamental), ajuizada pela Confederação dos Trabalhadores na Saúde – CNTS, sob relatoria do Ministro Marco Aurélio de Mello:

(A) não dispensa autorização judicial prévia ou qualquer forma de autorização do Estado para a antecipação terapêutica do parto, implicando ajustamento dos envolvidos nas condutas típicas descritas pelos artigos 124, 126 e 128, I e II, do Código Penal, com vistas à proteção do direito à vida.

(B) estendeu a desnecessidade de autorização judicial prévia ou qualquer forma de autorização do Estado para a antecipação terapêutica do parto, no aborto sentimental ou humanitário, decorrente da gravidez em caso de estupro, em respeito aos princípios da moral razoável e da dignidade da pessoa humana.

(C) porque há vida a ser protegida, implica a subsunção da conduta dos envolvidos no procedimento de antecipação terapêutica do parto aos tipos de aborto previstos no Estatuto Repressivo, dependendo da qualidade do agente que o praticou ou permitiu a sua prática.

(D) permite a antecipação terapêutica do parto, com proteção à vida da mãe, a exemplo do aborto sentimental, que tem por finalidade preservar a higidez física e psíquica da mulher, conclusão que configura interpretação do Código Penal de acordo com a Constituição Federal, orientada pelos preceitos que garantem o Estado laico, a dignidade da pessoa humana, o direito à vida e a proteção à autonomia, da liberdade, da privacidade e da saúde.

(E) não qualifica direito da gestante de submeter-se à antecipação terapêutica de parto sob pena de o contrário implicar pronunciamento da inconstitucionalidade abstrata dos artigos 124, 126 e 128, I e II, do Código Penal, e, via de consequência, a descriminalização do aborto.

Conforme decisão na ADPF 54 que decidiu sobre a anencefalia: "Feto anencéfalo – Interrupção da gravidez – Mulher – Liberdade sexual e reprodutiva – Saúde – Dignidade – Autodeterminação – Direitos fundamentais – Crime - Inexistência. Mostra-se inconstitucional interpretação de a interrupção da gravidez de feto anencéfalo ser conduta tipificada nos artigos 124, 126 e 128, incisos I e II, do Código Penal". Mais ainda, conforme a decisão, para interromper a gravidez de feto anencéfalo não é necessária autorização judicial ou qualquer outra forma de permissão, basta a comprovação do diagnóstico da anencefalia do feto. Um dos principais fundamentos da ADPF é que não há conflito entre direitos fundamentais (conflito apenas aparente), já que o feto anencéfalo, mesmo que biologicamente vivo, porque feito de células e tecidos vivos, seria juridicamente morto, de maneira que não deteria proteção jurídica, principalmente a jurídico--penal. Sendo assim, por 8 votos a 2, os Ministros decidiram que não é crime interromper a gravidez de fetos anencéfalos. A conduta é considerada atípica. RD

Gabarito "D".

(Juiz – TJ/MS – VUNESP – 2015) Com relação à retrospectiva e evolução históricas do tratamento jurídico destinado à criança e ao adolescente no ordenamento pátrio, é correto afirmar que

(A) na fase da absoluta indiferença, não havia leis voltadas aos direitos e deveres de crianças e adolescentes.

(B) na fase da proteção integral, regida pelo Estatuto da Criança e do Adolescente, as leis se limitam ao reconhecimento de direitos e garantias de crianças e adolescentes, sem intersecção com o direito amplo à infância, porque direito social, amparado pelo artigo 6º da Constituição Federal.

(C) a fase da mera imputação criminal não se insere na evolução histórica do tratamento jurídico concedido à criança e ao adolescente no ordenamento jurídico pátrio porque extraída do direito comparado.

(D) na fase da mera imputação criminal, regida pelas Ordenações Afonsinas e Filipinas, pelo Código Criminal do Império, de 1830, e pelo Código Penal, de 1890, as leis se limitavam à responsabilização criminal de maiores de 16 (dezesseis) anos por prática de ato equiparado a crime.

(E) na fase tutelar, regida pelo Código Mello Mattos, de 1927, e Código de Menores, de 1979, as leis se limitavam à colocação de crianças e adolescentes, em situação de risco, em família substituta, pelo instituto da tutela.

Conforme Paulo Afonso Garrido de Paula,1 a evolução do tratamento da criança e do adolescente no ordenamento jurídico brasileiro pode ser resumida em quatro fases. A *fase da absoluta indiferença*; fase da

1. *Direito da criança e do adolescente e tutela jurisdicional diferenciada*. Editora Revista dos Tribunais, 2002, 26.

mera imputação criminal; fase tutelar e fase da proteção integral. Na fase *absoluta indiferença*, não existiam normas relacionadas à criança e ao adolescente. A fase da *mera imputação criminal*, compreende as Ordenações Afonsinas e Filipinas (sancionada por Filipe I em 1.595), o Código Criminal do Império de 1830 e o Código Penal de 1890. Referidas leis tinham apenas o propósito de regular prática de ato infracional pelos menores. A *fase tutelar*, compreende o Código Mello Mattos de 1927 (o primeiro Código sistemático de menores, destacando-se pela preocupação com a assistência aos menores) e o Código de Menores de 1979 (regido pelo princípio do menor em situação irregular e que foi revogado pelo Estatuto da Criança e do Adolescente). Nessa fase, há preocupação com a integração social e familiar da criança, além da regulamentação da prática de atos infracionais. Na fase da *proteção integral*, que inspirou todo o Estatuto da Criança e do Adolescente, ficam reconhecidos os direitos e garantias às crianças e aos adolescentes, considerando-os como pessoa em desenvolvimento. **A:** correta. Conforme explicado acima. **B:** incorreta. Na fase da proteção integral, as leis não se limitam ao reconhecimento dos direitos da criança e do adolescente, devendo ser garantida a proteção integral para o pleno desenvolvimento da pessoa. Ademais, pressupõe a intercessão com o direito amplo à infância, que também é reconhecido como um direito social, na forma do art. 6º do Estatuto da Criança e do Adolescente. **C:** incorreta. A fase de mera imputação está inserida na nossa evolução histórica, que além de conter normas do Direito brasileiro (Código Criminal do Império de 1830 e o Código Penal de 1890). **D:** incorreta. Código Penal Brasileiro de 1830 fixou a idade de responsabilidade penal objetiva aos 14 anos e facultou ao juiz a possibilidade de, em caso de comprovado discernimento, mandá-la para a cadeia a partir dos 7 anos. Portanto, o Brasil adota critério biopsicológico entre 7 e 14 anos para afirmar que a partir dos 14 se é tratado como adulto. O Código Penal de 1890, o primeiro da República, estabeleceu a inimputabilidade absoluta apenas para os menores de nove anos. **E:** incorreta. A guarda, tutela e adoção estavam previstas no Código Civil de 1916. No entanto, foi o Código Mello Mattos, que, pela primeira vez, enunciou regras relacionadas com a assistência e proteção aos menores. O Código de Menores (1979) trazia regras sobre a adoção simples e adoção plena, que posteriormente é alterada pelo ECA para fazer constar tão somente a adoção plena. RD

Gabarito "A".

(Juiz – TJ/MS – VUNESP – 2015) Quanto ao Direito à Profissionalização e à Proteção no Trabalho, previsto no Capítulo V, do Título II do Estatuto da Criança e do Adolescente, nos artigos 60 e seguintes, a aprendizagem está definida como

(A) programa social que tenha por base o trabalho educativo, sob responsabilidade de entidade governamental ou não governamental, sem fins lucrativos.

(B) formação técnico-profissional ministrada segundo as diretrizes e bases da legislação de educação em vigor.

(C) contrato de trabalho especial, ajustado por escrito e por prazo determinado, pelo qual o empregador se compromete a assegurar ao maior de 14 (catorze) anos ingresso em programa de formação técnico--profissional.

(D) contrato de trabalho especial, sem forma específica e por prazo determinado, pelo qual o empregador se compromete a assegurar ao maior de 14 (catorze) anos, com anuência de seus pais ou responsável, ingresso em programa de formação técnico-profissional.

(E) contrato de trabalho especial, sem forma específica e por prazo determinado, pelo qual o empregador se compromete a assegurar ao maior de 14 (catorze) e menor de 24 (vinte e quatro) anos, com anuência de seus pais ou responsável, ingresso em programa social.

A: incorreta. O trabalho educativo, realizado através de programa social, sob responsabilidade de entidade governamental ou não governamental sem fins lucrativos, tem por base assegurar ao adolescente condições para a realização de atividade regular remunerada aliada a uma formação educacional e moral. Já a aprendizagem visa a formação técnico-profissional. **B:** correta. Considera-se aprendizagem a formação técnico-profissional ministrada segundo as diretrizes e bases da legislação de educação em vigor (art. 62 do ECA). **C:** incorreta. Conforme art. 428 da CLT, o contrato de aprendizagem é o contrato de trabalho especial, ajustado por escrito e por prazo determinado, em que o empregador se compromete a assegurar ao maior de 14 (quatorze) e menor de 24 (vinte e quatro) anos inscrito em programa de aprendizagem formação técnico-profissional metódica, compatível com o seu desenvolvimento físico, moral e psicológico, e o aprendiz, a executar com zelo e diligência as tarefas necessárias a essa formação. **D:** incorreta. Vide justificativa da alternativa "C". **E:** incorreta. Vide justificativa da alternativa "C".

Gabarito "B".

14. DIREITO FINANCEIRO

Filipe Venturini Signorelli e Robinson Barreirinhas

1. PRINCÍPIOS E NORMAS GERAIS

(Advogado – Pref. São Roque/SP – 2020 – VUNESP) Recentemente, o governo federal iniciou debate público a respeito do excesso de vinculações de receitas no ordenamento nacional, propondo a alteração das regras constitucionais que tratam desse tema. Com relação às regras atualmente vigentes a respeito do assunto, é correto afirmar que

(A) a Constituição exige lei complementar para a vinculação de receitas a órgão específico.

(B) é necessária a previsão em lei específica para a vinculação da receita de impostos a fundos públicos.

(C) é necessária prévia autorização legal para a criação de fundos públicos aos quais sejam vinculadas receitas decorrentes da arrecadação de taxas.

(D) as receitas decorrentes da arrecadação de contribuições sociais têm a sua aplicação necessariamente vinculada ao objeto de sua criação.

(E) as receitas vinculadas por meio de decreto do chefe do Poder Executivo não podem ser desvinculadas por meio de lei, em respeito à separação de poderes.

A: incorreta, pois não há essa exigência na constituição, sendo que vinculação, quando admitida constitucional, pode ser feita por lei ordinária; **B:** incorreta, pois essa vinculação de impostos é vedada, nos termos e com as exceções do art. 167, IV, da CF; **C:** correta, pois os fundos orçamentários somente podem ser criados após autorização legislativa – art. art. 167, IX, da CF; **D:** discutível. Foi considerada incorreta, pois, apesar do disposto nos arts. 149 e 195 da CF, o STF entendeu que "eventual inconstitucionalidade de desvinculação de receita de contribuições sociais não acarreta a devolução ao contribuinte do montante correspondente ao percentual desvinculado, pois a tributação não seria inconstitucional ou ilegal, única hipótese autorizadora da repetição do indébito tributário" – Tese de Repercussão Geral 277; **E:** incorreta, pois a vinculação de receitas, quando permitida constitucionalmente, somente pode ser feita por lei (decorrência do princípio da legalidade – vide, a propósito, o art. 167, IV, da CF e o art. 71 da Lei 4.320/1964). Observação: há anos o constituinte derivado criou a figura da desvinculação "temporária" de receitas da União, a chamada DRU, que vem sendo sucessivamente reeditada por emendas constitucionais, atualmente na redação do art. 76 do ADCT (hoje desvinculação 30% da receita da União, nos termos e com as exceções lá previstas). Por pressão de Estados de Municípios, que sempre pleitearam sua própria "DRU", atualmente vige figura semelhante para eles, nos termos do art. 76-A do ADCT, também desvinculando 30% de suas receitas, com as exceções lá listadas.
Gabarito "C".

(Advogado – Pref. São Roque/SP – 2020 – VUNESP) É correto afirmar, quanto ao exercício financeiro, com base na Lei 4.320/1964, que

(A) pertencem ao exercício financeiro as receitas nele lançadas e as despesas nele legalmente pagas.

(B) o exercício financeiro será fixado em lei local, podendo coincidir com o ano civil.

(C) os créditos da Fazenda Pública, de natureza tributária ou não tributária, serão escriturados como receita do exercício em que forem recolhidos, ainda que tenham sido arrecadados em exercício distinto.

(D) se consideram Restos a Pagar as despesas empenhadas, mas não pagas, até o dia 31 de dezembro, distinguindo-se as processadas das ultraprocessadas.

(E) os Restos a Pagar com prescrição interrompida poderão ser pagos à conta de dotação específica consignada no orçamento, discriminada por elementos, obedecida, sempre que possível, a ordem cronológica.

A: incorreta, pois o regime de caixa se aplica às receitas, e o regime de competência se aplica às despesas – é o contrário do que consta na assertiva – art. 35 da Lei 4.320/1964; **B:** incorreta, pois o exercício financeiro é fixado pela norma nacional (art. 165, § 9º, da CF – a Lei 4.320/1964 tem força de lei complementar federal – norma nacional). Assim, o exercício financeiro correspondendo ao ano civil, por força do art. 34 da Lei 4.320/1964; **C:** dúbia. O recolhimento do tributo pelo sujeito passivo corresponde à arrecadação pelo sujeito ativo, de modo que a assertiva é bastante confusa. A receita é sempre contabilizada no exercício em que é arrecadada (regime de caixa) – art. 35, I, da – Lei 4.320/1964; **D:** incorreta, pois não existe despesa ultraprocessada. A despesa é (a) processada ou (b) não processada (= liquidada ou não liquidada) – art. 36 da Lei 4.320/1964; **E:** correta, sendo esta a melhor alternativa, por corresponder exatamente ao disposto no art. 37 da Lei 4.320/1964. É interessante, ainda assim, anotar que, apesar da literalidade desse dispositivo, o pagamento dos restos a pagar é extraorçamentário, ou seja, não onera o orçamento do exercício em que esse pagamento é realizado.
Gabarito "E".

(Procurador do Município – Valinhos/SP – 2019 – VUNESP) A Lei 4.320/64 determina que a lei do orçamento não poderá consignar dotações globais para atender despesas genéricas, devendo discriminar a despesa, no mínimo, por elementos. Referida determinação tem por fundamento o princípio orçamentário da

(A) uniformidade.

(B) universalidade.

(C) não afetação.

(D) exclusividade.

(E) especialização.

A: incorreta, pois o princípio da uniformidade refere-se à padronização dos orçamentos, que permite análise comparativa em períodos diversos; **B:** incorreta, pois universalidade refere-se à determinação de que a LOA inclua todas as despesas e receitas do exercício – arts. 3º e 4º da Lei 4.320/1964; **C:** incorreta, pois não afetação refere-se à vedação de vinculação de receita de impostos a órgão, fundo ou despesa, com as exceções previstas no art. 167, IV, da CF; **D:** incorreta, pois exclusividade se refere à proibição de que a LOA contenha dispositivo estranho à previsão da receita e à fixação da despesa, admitindo-se a autorização para abertura de créditos suplementares e para contratação de operações de crédito – art. 165, § 8º, da CF; **E:** correta – art. 167, VII, da CF e art. 5º da Lei 4.320/1964 (Art. 5º A Lei de Orçamento não consignará dotações globais destinadas a atender indiferentemente a despesas de pessoal, material, serviços de terceiros, transferências ou quaisquer outras, ressalvado o disposto no artigo 20 e seu parágrafo único). **FVS**

Gabarito "E".

(Procurador do Município – Valinhos/SP – 2019 – VUNESP) Determina a Constituição Federal que os projetos de lei relativos ao plano plurianual, às diretrizes orçamentárias, ao orçamento anual e aos créditos adicionais serão apreciados pelas duas Casas do Congresso Nacional, na forma do regimento comum. Acerca do tema, é correto afirmar:

(A) os recursos que, em decorrência de veto, emenda ou rejeição do projeto de lei orçamentária anual, ficarem sem despesas correspondentes poderão ser utilizados, conforme o caso, mediante créditos especiais ou suplementares, com prévia e específica autorização legislativa.

(B) caberá ao Tribunal de Contas examinar e emitir parecer sobre referidos projetos e sobre as contas apresentadas anualmente pelo Presidente da República.

(C) as emendas individuais ao projeto de lei orçamentária serão aprovadas no limite de 1,5% (um inteiro e cinco décimos por cento) da receita corrente líquida prevista no projeto encaminhado pelo Poder Executivo, sendo que 1/3 (um terço) desse percentual será destinado a ações e serviços públicos de saúde.

(D) as emendas individuais ao projeto de lei orçamentária serão aprovadas no limite de 1,5% (um inteiro e cinco décimos por cento) da receita corrente líquida prevista no projeto encaminhado pelo Poder Executivo, sendo que a metade deste percentual será destinada a ações e serviços públicos educacionais.

(E) os restos a pagar poderão ser considerados para fins de cumprimento da execução financeira prevista, conforme a disposição constitucional, até o limite de 60% (sessenta por cento) da receita corrente líquida realizada no exercício anterior.

A: correta, conforme o art. 166, § 8º, da CF (Art. 166. Os projetos de lei relativos ao plano plurianual, às diretrizes orçamentárias, ao orçamento anual e aos créditos adicionais serão apreciados pelas duas Casas do Congresso Nacional, na forma do regimento comum. (...) § 8º Os recursos que, em decorrência de veto, emenda ou rejeição do projeto de lei orçamentária anual, ficarem sem despesas correspondentes poderão ser utilizados, conforme o caso, mediante créditos especiais ou suplementares, com prévia e específica autorização legislativa); **B:** incorreta, pois essa atribuição é da comissão mista permanente de senadores e deputados – art. 166, § 1º, I, da CF; **C:** incorreta, pois o limite para emendas individuais é de 1,2% da receita corrente líquida prevista, sendo que metade será destinada a ações e serviços públicos de saúde – art. 166, § 9º, da CF; **D:** incorreta, conforme comentário anterior; **E:** incorreta, pois o limite nesse caso é de apenas 0,6% da receita corrente líquida do exercício anterior – art. 166, § 17, da CF. **FVS**

Gabarito "A".

(Procurador do Município – Valinhos/SP – 2019 – VUNESP) Nos termos do que dispõe a Constituição Federal acerca dos orçamentos, poderá ser admitida a

(A) realização de operações de créditos que excedam o montante das despesas de capital, ressalvadas as autorizadas mediante créditos suplementares ou especiais com finalidade precisa, aprovados pelo Poder Legislativo por maioria absoluta.

(B) transposição, o remanejamento ou a transferência de recursos de uma categoria de programação para outra, no âmbito das atividades de ciência, tecnologia

e inovação, com o objetivo de viabilizar os resultados de projetos restritos a essas funções, mediante ato do Poder Executivo, sem necessidade da prévia autorização legislativa.

(C) utilização dos recursos provenientes das contribuições sociais dos empregadores sobre a folha de salários e dos trabalhadores e demais segurados, para a realização de despesas distintas do pagamento de benefícios do regime geral de previdência social.

(D) utilização, sem autorização legislativa específica, de recursos dos orçamentos fiscal e da seguridade social para suprir necessidade ou cobrir déficit de empresas, fundações e fundos.

(E) transferência voluntária de recursos e a concessão de empréstimos, inclusive por antecipação de receita, pelos Governos Federal e Estaduais e suas instituições financeiras, para pagamento de despesas com pessoal ativo, inativo e pensionista, dos Estados, do Distrito Federal e dos Municípios.

A: incorreta, pois a "regra de ouro" do art. 167, III, da CF veda operações de crédito em valor excedente ao montante das despesas de capital, com a exceção lá indicada; **B:** correta, pois essa é exceção à vedação do art. 167, III, da CF, conforme seu § 5º (Art. 167. São vedados: (...) III – a realização de operações de créditos que excedam o montante das despesas de capital, ressalvadas as autorizadas mediante créditos suplementares ou especiais com finalidade precisa, aprovados pelo Poder Legislativo por maioria absoluta; (...) § 5º A transposição, o remanejamento ou a transferência de recursos de uma categoria de programação para outra poderão ser admitidos, no âmbito das atividades de ciência, tecnologia e inovação, com o objetivo de viabilizar os resultados de projetos restritos a essas funções, mediante ato do Poder Executivo, sem necessidade da prévia autorização legislativa prevista no inciso VI deste artigo); **C:** incorreta, pois isso é vedado – art. 167, XI, da CF; **D:** incorreta, pois isso é vedado – art. 167, VIII, da CF; **E:** incorreta, pois isso é vedado – art. 167, X, da CF. **FVS**

Gabarito "B".

(Procurador do Estado/SP – 2018 – VUNESP) Entre os princípios que informam o orçamento público, insere-se o da discriminação ou especificação que, em essência, veda a fixação de dotações genéricas ou inespecíficas, o que não impede, contudo, que a Lei Orçamentária anual contenha

(A) dotações destinadas a despesas de pessoal e custeio em geral, fixadas de forma global para órgãos ou entidades, passíveis de aditamento nos limites estabelecidos no decreto de execução orçamentária editado pelo Chefe do Executivo.

(B) dotações de caráter meramente indicativo, dependendo, para sua quantificação, do atingimento dos percentuais de arrecadação estabelecidos no anexo de metas fiscais que integra a Lei de Diretrizes Orçamentárias.

(C) reserva de contingência para fazer frente a passivos contingentes e outros riscos fiscais imprevistos, em montante fixado pela Lei de Diretrizes Orçamentárias, estabelecido em percentual da receita corrente líquida.

(D) dotações atreladas a programas ou ações previstos no Plano Plurianual passíveis de remanejamento, no âmbito do mesmo programa, para outras despesas de capital ou custeio, mediante ato do Chefe do Executivo.

(E) dotações sem valor nominal, quando suportadas por receita de operações de crédito, contraídas junto a instituição financeira internacional ou organismo multilateral, referenciadas à cotação de moeda estrangeira.

A: incorreta, pois, nos termos do art. 5º da Lei 4.320/1964, a LOA não consignará dotações globais destinadas a atender indiferentemente a despesas de pessoal, material, serviços de terceiros, transferências ou quaisquer outras; **B, D e E:** incorretas, pois, conforme o princípio da especificação, especialização ou discriminação, deve haver previsão pormenorizada de receitas e despesas, não cabendo dotações globais ou ilimitadas – art. 167, VII, da CF e art. 5º da Lei 4.320/1964; **C:** correta, pois a reserva de contingência não implica dotação genérica ou inespecífica, sendo regulamentada pelo art. 5º, III, da LRF.

Gabarito "C".

Veja a seguinte tabela com os mais importantes princípios orçamentários, para estudo e memorização:

Princípios orçamentários	
Anualidade	A lei orçamentária é anual (LOA), de modo que suas dotações orçamentárias referem-se a um único exercício financeiro – art. 165, § 5º, da CF
Universalidade	A LOA inclui todas as despesas e receitas do exercício – arts. 3º e 4º da Lei 4.320/1964
Unidade	A LOA refere-se a um único ato normativo, compreendendo os orçamentos fiscal, de investimento e da seguridade social – art. 165, § 5º, da CF e art. 1º da Lei 4.320/1964. Ademais, cada esfera de governo (União, Estados, DF e Municípios) terá uma única LOA para cada exercício, o que também é indicado como princípio da unidade
Exclusividade	A LOA não conterá dispositivo estranho à previsão da receita e à fixação da despesa, admitindo-se a autorização para abertura de créditos suplementares e para contratação de operações de crédito – art. 165, § 8º, da CF
Equilíbrio	Deve haver equilíbrio entre a previsão de receitas e a autorização de despesas, o que deve também ser observado na execução orçamentária. Isso não impede a realização de superávits – ver art. 48, b, da Lei 4.320/1964 e art. 31, § 1º, II, da LRF (LC 101/2000)
Especificação, especialização ou discriminação	Deve haver previsão pormenorizada de receitas e despesas, não cabendo dotações globais ou ilimitadas – art. 167, VII, da CF e art. 5º da Lei 4.320/1964
Unidade de tesouraria	As receitas devem ser recolhidas em caixa único, sendo vedada qualquer fragmentação para criação de caixas especiais – art. 56 da Lei 4.320/1964
Não afetação ou não vinculação da receita dos impostos	É vedada a vinculação de receita de impostos a órgão, fundo ou despesa, com as exceções previstas no art. 167, IV, da CF

2. LEI DE DIRETRIZES ORÇAMENTÁRIAS – LDO, LEI ORÇAMENTÁRIA ANUAL – LOA E PLANO PLURIANUAL – PPA

(Procurador – PGE/SP – 2024 – VUNESP) Tratando-se de programação orçamentária decorrente de dotação introduzida na Lei Orçamentária Anual do Estado por emenda parlamentar individual impositiva, ou seja, aprovada no limite de 2% (dois por cento) da receita cor- rente líquida do exercício anterior ao encaminhamento do projeto, é correto afirmar que

(A) poderá ser destinada a ações executadas por Municípios, inclusive na forma de transferência especial, que, observadas as regras constitucionais, independe da celebração de convênio ou instrumento congênere.

(B) deverá ser integralmente executada (empenhada, liquidada e paga) no exercício correspondente, vedada a inscrição em restos a pagar.

(C) não poderá ser afetada por limitação geral de empenho (contingenciamento) e tampouco cancelada ou remanejada por inviabilidade técnica de execução da ação correspondente.

(D) demanda, na hipótese de ação a ser executada mediante transferência de recursos a Município, a comprovação da adimplência do ente no que concerne a obrigações perante o Estado e a União.

(E) não poderá ser considerada para verificação do cumprimento dos limites mínimos constitucionais de aplicação de recursos em despesas com saúde e educação, ainda que contemple ação nas referidas áreas.

Alternativa correta letra **A**. A alternativa aduz os exatos ditames do artigo 166-A, § 2º, I e II, da CF. Vejamos: Art. 166-A. As emendas individuais impositivas apresentadas ao projeto de lei orçamentária anual poderão alocar recursos a Estados, ao Distrito Federal e a Municípios por meio de: I – transferência especial; ou II – transferência com finalidade definida. § 1º Os recursos transferidos na forma do *caput* deste artigo não integrarão a receita do Estado, do Distrito Federal e dos Municípios para fins de repartição e para o cálculo dos limites da despesa com pessoal ativo e inativo, nos termos do § 16 do art. 166, e de endividamento do ente federado, vedada, em qualquer caso, a aplicação dos recursos a que se refere o *caput* deste artigo no pagamento de: I – despesas com pessoal e encargos sociais relativas a ativos e inativos, e com pensionistas; II – encargos referentes ao serviço da dívida. **§ 2º Na transferência especial a que se refere o inciso I do *caput* deste artigo, os recursos: I – serão repassados diretamente ao ente federado beneficiado, independentemente de celebração de convênio ou de instrumento congênere; II – pertencerão ao ente federado no ato da efetiva transferência financeira;** e III – serão aplicadas em programações finalísticas das áreas de competência do Poder Executivo do ente federado beneficiado, observado o disposto no § 5º deste artigo. § 3º O ente federado beneficiado da transferência especial a que se refere o inciso I do *caput* deste artigo poderá firmar contratos de cooperação técnica para fins de subsidiar o acompanhamento da execução orçamentária na aplicação dos recursos. § 4º Na transferência com finalidade definida a que se refere o inciso II do *caput* deste artigo, os recursos serão: I – vinculados à programação estabelecida na emenda parlamentar; e II – aplicados nas áreas de competência constitucional da União. § 5º Pelo menos 70% (setenta por cento) das transferências especiais de que trata o inciso I do *caput* deste artigo deverão ser aplicadas em despesas de capital, observada a restrição a que se refere o inciso II do § 1º deste artigo. FVS

Gabarito "A".

(Procurador Município – Santos/SP – VUNESP – 2021) Em relação à Lei de Orçamento, é correto afirmar:

(A) A Lei de Orçamento compreenderá todas as despesas próprias dos órgãos do Governo, excetuando-se as da administração centralizada, das autarquias e empresas públicas.

(B) Todas as receitas e despesas constarão da Lei de Orçamento pelos seus totais, admitidas eventuais deduções, desde que autorizadas.

(C) A Lei de Orçamento poderá conter autorização ao Executivo para, dentre outras situações, realizar até o primeiro mês do exercício financeiro seguinte, operações de crédito por antecipação da receita, para atender a insuficiências de caixa.

(D) em casos de déficit, a Lei de orçamento indicará as fontes de recursos que o Poder Executivo fica autorizado a utilizar para atender sua cobertura.

(E) a Lei de Orçamentos compreenderá todas as receitas, inclusive as de operações de crédito autorizadas em lei, sendo consideradas como operações de crédito por antecipação de receita, as emissões de papel-moeda e outras entradas compensatórias, no ativo e passivo financeiros.

A: incorreta, pois, nos termos do art. 165, § 5º, da CF, a lei orçamentária anual compreenderá: (i) o orçamento fiscal referente aos Poderes da União, seus fundos, órgãos e entidades da administração direta e indireta, inclusive fundações instituídas e mantidas pelo Poder Público; (ii) o orçamento de investimento das empresas em que a União, direta ou indiretamente, detenha a maioria do capital social com direito a voto; (iii) o orçamento da seguridade social, abrangendo todas as entidades e órgãos a ela vinculados, da administração direta ou indireta, bem como os fundos e fundações instituídos e mantidos pelo Poder Público; **B:** incorreta, pois são vedadas quaisquer deduções – art. 6º, da Lei 4.320/1964; **C:** incorreta, pois não há essa limitação para o primeiro mês do exercício, nos termos do art. 165, § 8º, da CF; **D:** correta, conforme o art. 7º, § 1º, da Lei 4.320/1964 (Art. 7º A Lei de Orçamento poderá conter autorização ao Executivo para: (...) § 1º Em casos de déficit, a Lei de Orçamento indicará as fontes de recursos que o Poder Executivo fica autorizado a utilizar para atender a sua cobertura); **E:** incorreta, pois, nos termos do art. 3º, parágrafo único, da Lei 4.320/1964, não se consideram para os fins daquele artigo (abrangência do conceito de "receita" e "operações de crédito") as operações de credito por antecipação da receita, as emissões de papel-moeda e outras entradas compensatórias, no ativo e passivo financeiros. **FVS**
Gabarito "D"

(Advogado – Pref. São Roque/SP – 2020 – VUNESP) Com relação às leis que veiculam o planejamento orçamentário, é correto afirmar que

(A) os planos e programas nacionais, regionais e setoriais previstos na Constituição serão elaborados em consonância com o plano plurianual e apreciados pelo Congresso Nacional.

(B) a lei de diretrizes orçamentárias e a lei orçamentária anual são de iniciativa do Poder Legislativo, ao passo que o plano plurianual é de iniciativa do Poder Legislativo.

(C) o projeto de lei de diretrizes orçamentárias será acompanhado de demonstrativo global do efeito sobre as receitas e despesas decorrente de isenções, anistias, remissões, subsídios e benefícios de natureza financeira, tributária e creditícia.

(D) a lei orçamentária anual não conterá dispositivo estranho à previsão da receita e à fixação da despesa, incluindo-se na proibição a autorização para contratação de operações de crédito, ainda que por antecipação de receita, nos termos da lei.

(E) o plano plurianual compreenderá as metas e prioridades da administração pública, incluindo as despesas de capital para o exercício financeiro subsequente e disporá sobre as alterações na legislação tributária.

A: correta – art. 165, § 4º, da CF; **B:** incorreta, pois os projetos da LDO, da LOA e do PPA são de iniciativa privativa do chefe do Executivo – art. 165 da CF; **C:** incorreta, pois esse demonstrativo deve acompanhar o projeto de LOA – art. 165, § 6º, da CF; **D:** incorreta, pois o princípio da exclusividade, previsto no art. 165, § 8º, da CF, admite excepcionalmente a previsão, na LOA, de autorização para abertura de créditos suplementares e contratação de operações de crédito, ainda que por antecipação de receita; **E:** incorreta, pois essas disposições são da LDO, não do PPA – art. 165, § 2º, da CF.
Gabarito "A".

(Procurador do Município – S.J. Rio Preto/SP – 2019 – VUNESP) Compreende as metas e prioridades da Administração Pública federal, incluindo as despesas de capital para o exercício financeiro subsequente, orienta a elaboração da lei orçamentária anual, dispõe sobre as alterações na legislação tributária e estabelece a política de aplicação das agências financeiras oficiais de fomento, a lei

(A) do plano plurianual.

(B) geral do orçamento.

(C) de diretrizes orçamentárias.

(D) de responsabilidade fiscal.

(E) de política orçamentária nacional.

Essa é a definição da Lei de Diretrizes Orçamentárias – LDO, nos termos do art. 165, § 2º, da CF (Art. 165. Leis de iniciativa do Poder Executivo estabelecerão: (...) § 2º A lei de diretrizes orçamentárias compreenderá as metas e prioridades da administração pública federal, estabelecerá as diretrizes de política fiscal e respectivas metas, em consonância com trajetória sustentável da dívida pública, orientará a elaboração da lei orçamentária anual, disporá sobre as alterações na legislação tributária e estabelecerá a política de aplicação das agências financeiras oficiais de fomento). Por essa razão, a alternativa "C" é a **correta**. **FVS**
Gabarito "C".

3. LEI DE RESPONSABILIDADE FISCAL – LRF

(Procurador – PGE/SP – 2024 – VUNESP) A denominada Reserva de Contingência, de acordo com a disciplina estabelecida na Lei de Responsabilidade Fiscal, corresponde a

(A) dotação global, em montante estabelecido no Anexo de Riscos Fiscais, destinada a suportar a abertura de créditos especiais, adicionais ou suplementares, sem a necessidade de indicação de cancelamento de outras dotações ou comprovação de excesso de arrecadação, mediante autorização legal específica.

(B) dotação orçamentária fixada na Lei Orçamentária Anual, não atrelada à programação de despesa específica, que pode ser utilizada exclusivamente para fazer frente à abertura de créditos extraordinários para suportar despesas geradas em situações de decretação de calamidade pública.

(C) montante da despesa que deve ser contingenciado, em percentual fixado na Lei Orçamentária Anual, caso não sejam cumpridas as metas de arrecadação previstas no Anexo de Metas Fiscais que integra a Lei de Diretrizes Orçamentárias ou haja extrapolação do percentual previsto para crescimento de despesas de caráter continuado.

(D) montante máximo fixado no Anexo de Metas Fiscais que integra a Lei de Diretrizes Orçamentárias a ser utilizado para suportar medidas compensatórias de renúncia fiscal, configurando limitação para os impactos orçamentários-financeiros dos benefícios fiscais em cada exercício.

(E) montante destinado a fazer frente a passivos contingentes e outros riscos e eventos fiscais imprevistos, definido com base na receita corrente líquida, na forma estabelecida na Lei de Diretrizes Orçamentárias, essa última que contempla também o Anexo de Riscos Fiscais.

Alternativa correta letra E. Segundo o Manual de Demonstrativos fiscais do Ministério da Economia, entende-se que a "reserva de Contingência é constituída sob a forma de **dotação global**, não especificamente destinada a determinado órgão, unidade orçamentária, programa ou categoria econômica, sendo destinada ao atendimento de passivos contingentes e outros riscos e eventos fiscais imprevistos. Estes últimos incluem as alterações e adequações orçamentárias que se identificam com o disposto no § 1º, inciso III, do art. 43 da Lei nº 4.320/64, que permite a abertura de créditos adicionais com o cancelamento de dotações orçamentárias, inclusive da reserva de contingência incluída na Lei Orçamentária Anual. A forma de utilização e o montante dessa reserva serão definidos na Lei de Diretrizes Orçamentárias de cada ente da Federação (União, Estado, Distrito Federal ou Município) de acordo com sua receita corrente líquida", neste sentido, válido observar o art. 4º, § 3º, da LRF que aduz: § 3º A lei de diretrizes orçamentárias conterá Anexo de Riscos Fiscais, onde serão avaliados os passivos contingentes e outros riscos capazes de afetar as contas públicas, informando as providências a serem tomadas, caso se concretizem. Deste modo, entende-se que o examinador foi assertivo no conceito apontado na questão. FVS

Gabarito "E".

4. RECEITAS

(Procurador – PGE/SP – 2024 – VUNESP) Considere que no primeiro quadrimestre do exercício financeiro em curso tenha ocorrido o ingresso de um montante elevado de receitas extraorçamentárias, o que significa, de acordo com a legislação de regência, que

(A) ocorreu excesso de arrecadação em relação às previsões constantes na Lei Orçamentária Anual, podendo tais receitas constituir fonte para abertura de créditos adicionais ou suplementares, mediante decreto.

(B) se trata de receitas que pertencem ao exercício anterior e que, pelo princípio da anualidade, somente podem ser utilizadas para o pagamento de despesas daquele exercício que não tenham sido inscritas em restos a pagar.

(C) se trata de recursos provenientes da alienação de ativos, que, pela sua natureza, não são previstos na Lei Orçamentária Anual e que somente poderão ser aplicados em despesas de capital.

(D) tais recursos, embora transitem pelo caixa do Tesouro, sendo objeto de lançamento, não serão passíveis de utilização para suportar despesas públicas previstas na Lei Orçamentária Anual ou a abertura de créditos especiais, uma vez que já estão comprometidos com um passivo exigível.

(E) se procedeu ao cancelamento de restos a pagar processados, cujo valor correspondente passa a ser de livre alocação em despesas do exercício corrente, com prioridade para as despesas de pessoal e custeio.

Alternativa correta letra D. **Entende-se por Receita extraorçamentária, a** "receita proveniente de toda e qualquer arrecadação que não figure no orçamento e não constitua renda do Estado. O seu caráter é de extemporaneidade ou de transitoriedade. São exemplos: depósitos em caução, fianças, operações de crédito por ARO, emissão de moeda e outras entradas compensatórias no ativo e passivo financeiros",1 sendo assim, por serem transitórias, não causarão impactos no saldo patrimonial, tendo seu registro de entrada como receita, porém, não aumentando a disponibilidade de gasto do ente. FVS

Gabarito "D".

(Procurador do Estado/SP – 2018 – VUNESP) Considere que o Estado necessite auferir receitas extraordinárias a fim de compensar a frustração da receita orçamentária estimada com a arrecadação de impostos. Nesse sentido, adotou, como alternativa, a alienação de imóveis e de ações representativas do controle acionário detido em sociedade de economia mista.

De acordo com as disposições constitucionais e legais aplicáveis,

(A) o produto de tais alienações é de livre destinação orçamentária, porém constitui receita equiparável àquela obtida com operação de crédito, sendo tal produto considerado no cômputo do limite de endividamento do Estado.

(B) a receita obtida com a alienação das ações, considerada proveniente de ativos mobiliários, configura excesso de arrecadação e pode ser destinada à abertura de créditos adicionais, especiais ou suplementares, para suportar despesas de capital ou custeio em geral.

(C) o produto obtido com tais alienações somente poderá ser aplicado em despesas de capital, admitindo-se a aplicação em despesas correntes apenas se houver destinação por lei aos regimes de previdência social, geral ou próprio, dos servidores públicos.

(D) o Estado deverá aplicar a receita obtida com tais alienações no custeio de pessoal, incluindo inativos, despesas estas que, pelo seu caráter alimentar, possuem precedência em relação às despesas de capital.

(E) apenas a receita obtida com a alienação de imóveis sujeita-se à denominada "regra de ouro", que determina sua aplicação exclusivamente em despesas de capital, sendo as demais, inclusive as decorrentes de operações de crédito, de livre destinação orçamentária.

A: incorreta, sendo inviável, em princípio, alienar patrimônio público para suprir deficiência de receitas correntes. Isso porque há regra de preservação de patrimônio que veda a aplicação da receita de capital derivada da alienação de bens e direitos que integram o patrimônio público para o financiamento de despesa corrente, salvo se destinada por lei aos regimes de previdência social, geral e próprio dos servidores

---

1. CONGRESSO NACIONAL. Disponível em: <https://www.congressonacional.leg.br/legislacao-e-publicacoes/glossario-orcamentario/-/orcamentario/termo/receita_extraorcamentaria#:~:text=Receita%20proveniente%20de%20toda%20e,de%20extemporaneidade%20ou%20de%20transitoriedade.>. Acesso em: 14 nov. 2024.

públicos – art. 44 da LRF; **B:** incorreta, pois se trata de receita de capital, decorrente de alienação de patrimônio (conversão em espécie de bens e direitos), o que limita a destinação de seus recursos a despesas de capital, conforme o art. 44 da LRF; **C:** correta, conforme o art. 44 da LRF; **D:** incorreta, pois é inviável despender tais recursos com despesas correntes, exceto no caso previsto no art. 44 da LRF (exceto se destinados por lei aos regimes próprios de previdência dos servidores); **E:**

incorreta, pois essa "regra de ouro" refere-se a toda receita de capital derivada de alienação de bens e direitos que integram o patrimônio público, não apenas imóveis – art. 44 da LRF. Interessante notar que a expressão "regra de ouro" é muito utilizada em sentido distinto, em relação à limitação do art. 167, III, da CF (vedação de operações de crédito em montante que exceda as despesas de capital).

Gabarito "C"

Veja a seguinte tabela, com a classificação das receitas por diversos critérios:

Classificações da Receita Pública			
Critério	Espécies	Definição	Exemplos
Previsão orçamentária	Orçamentária	Prevista (ou deveria) no orçamento	Tributos, transferências
	Extraorçamentária	À margem do orçamento	Depósitos, cauções, consignações, fianças, superávit, restos a pagar, operações de ARO
Origem	Originária	Decorre da exploração do patrimônio estatal e da prestação de serviço em regime privado	Recebimento de aluguel, preço pela venda de imóvel ou veículo da administração, juros em aplicações financeiras
	Derivada	Decorre da imposição legal	Tributos, multas
	Transferida	Auferida por outra entidade política e transferida para quem vai utilizá-la	Advinda dos Fundos de Participação dos Estados e dos Municípios
Regularidade	Ordinária	Usual, comum	Tributos
	Extraordinária	Esporádica, eventual	Doações, preço pela venda de bem, imposto extraordinário
Categoria econômica	Corrente	Listagem no art. 11, § 1º, da Lei 4.320/1964 – muito próximo das receitas ordinárias	Tributos, transferências correntes
	De Capital	Listagem no art. 11, § 2º, da Lei 4.320/1964 – muito próximo das receitas extraordinárias	Decorrente de operação de crédito (empréstimo), preço pela alienação de bens, transferências de capital

Veja a seguinte tabela, para estudo e memorização da classificação das receitas por categorias econômicas – art. 11, § 4º, da Lei 4.320/1964:

RECEITAS	Correntes	Receita tributária (Impostos, Taxas, Contribuições de melhoria) Receita de contribuições Receita patrimonial Receita agropecuária Receita industrial Receita de serviços Transferências correntes Outras receitas correntes
	de Capital	Operações de crédito Alienação de bens Amortização de empréstimos Transferências de capital Outras receitas de capital

5. DESPESAS

(Advogado – Pref. São Roque/SP – 2020 – VUNESP) São classificadas como Subvenções Econômicas, nos termos da Lei 4.320/1964, as despesas com

(A) a prestação de serviços essenciais de assistência social, médica e educacional, sempre que a suplementação de recursos de origem privada aplicados a esses objetivos revelar-se mais econômica.

(B) os programas especiais de trabalho que, por sua natureza, não possam cumprir-se subordinadamente às normas gerais de execução da despesa.

(C) a aquisição de títulos representativos do capital de empresas ou entidades de qualquer espécie, já constituídas, quando a operação não importe aumento do capital.

(D) a cobertura dos déficits de manutenção das empresas públicas.

(E) investimentos que outras pessoas de direito público ou privado devam realizar, independentemente de contraprestação direta em bens ou serviços.

A: incorreta, pois trata-se de subvenção social – art. 16 da Lei. 4.320/1964; **B:** incorreta, pois trata-se de investimento – art. 12, § 4º, da Lei. 4.320/1964; **C:** incorreta, pois trata-se de inversão financeira – art. 12, § 5º, II, da Lei. 4.320/1964; **D:** correta – arts. 12, § 3º, II, e 18 da Lei. 4.320/1964; **E:** incorreta, pois trata-se de transferência de capital – art. 12, § 6º, da Lei. 4.320/1964

Gabarito "D".

(Procurador do Estado/SP – 2018 – VUNESP) Considere que tenha sido instituído, por lei específica, um fundo especial de despesa com a finalidade de dar suporte ao exercício do poder de polícia a cargo de determinado órgão público, vinculando ao referido fundo a receita proveniente da cobrança de taxas pela fiscalização e licenciamento das atividades correspondentes. Ao final do exercício, verificou-se que a receita vinculada efetivamente arrecadada superou as despesas incorridas pelo fundo para a consecução das suas finalidades no mesmo período.

Considerando a legislação de regência, notadamente as disposições da Lei Federal no 4.320/64,

(A) as receitas que sobejarem às despesas incorridas pelo fundo no curso do exercício orçamentário poderão ser destinadas a outros fundos de despesa ou investimento, mediante decreto do Chefe do Executivo.

(B) o saldo positivo do fundo, apurado em balanço, será transferido para o exercício seguinte, a crédito do mesmo fundo, salvo se a lei que o instituiu contiver disposição em contrário.

(C) as receitas que não tenham sido utilizadas em empenhos de despesas do fundo pertencem ao Tesouro por força do princípio da não afetação, que veda a vinculação de impostos e taxas a despesas específicas.

(D) é vedada a transferência de saldo financeiro do fundo para o exercício subsequente àquele em que as receitas correspondentes tenham sido arrecadadas por força do princípio da anualidade.

(E) o saldo financeiro verificado ao final do exercício poderá ser utilizado, pelo próprio fundo ou pelo Tesouro, como fonte para abertura de créditos adicionais especiais, independentemente de autorização legislativa.

A: incorreta, pois o fundo implica vinculação de determinadas receitas a determinadas despesas, nos termos da lei que o institui, ainda que em exercícios distintos, de modo que o saldo positivo apurado em um balanço será, salvo disposição legal em contrário, transferido ao exercício seguinte, a crédito do mesmo fundo, nos termos do art. 73 da Lei 4.320/1964; **B:** correta, correspondendo ao disposto no art. 73 da Lei 4.320/1964; **C e D:** incorretas, conforme comentários anteriores; **E:** incorreta, pois, salvo disposição de lei em contrário, o saldo positivo em um exercício é levado a crédito do mesmo fundo no exercício seguinte, mantida assim a destinação definida pela lei desse fundo – art. 73 da Lei 4.320/1964.

Gabarito "B".

(Procurador do Estado/SP – 2018 – VUNESP) A Lei de Responsabilidade Fiscal (Lei Complementar no 101, de 2000) detalha os requisitos e as condições para geração de despesa pública, introduzindo tratamento específico para as denominadas "despesas obrigatórias de caráter continuado",

(A) que ensejam a obrigação legal de execução para o ente por um período superior a dois exercícios e cujos atos de criação condicionam-se à comprovação de não comprometimento das metas de resultados fiscais, salvo para aquelas destinadas ao serviço da dívida ou revisão geral anual dos servidores.

(B) classificadas como necessariamente despesas de capital, ainda que destinadas ao custeio dos serviços decorrentes da infraestrutura a que estejam atreladas, devendo ser suportadas com aumento permanente de receitas ou redução de despesas em montante correspondente.

(C) consistentes na somatória das despesas com a folha de pagamentos do pessoal ativo e inativo do ente federado, incluindo as empresas dependentes, sujeitando-se à observância de limites máximos de comprometimento em relação à receita corrente líquida.

(D) que decorrem de vinculações constitucionais, sendo, pelo seu caráter não discricionário, excluídas do cômputo de superávit ou déficit orçamentário dos exercícios correspondentes.

(E) assim entendidas apenas as decorrentes de programas ou ações inseridas no Plano Plurianual e que se projetam por mais de 5 (cinco) anos, dispensando previsão específica na Lei Orçamentária Anual.

A: correta, conforme a definição do art. 17, *caput*, da LRF, e regras dos seus §§ 2º e 6º; **B:** incorreta, até porque as despesas obrigatórias de caráter continuado são, em princípio, despesas correntes (como salários e benefícios, por exemplo) – art. 17, *caput*, da LRF; **C:** incorreta, pois as despesas obrigatórias de caráter continuado são todas aquelas despesas correntes derivadas de lei, medida provisória ou ato administrativo normativo que fixem para o ente a obrigação legal de sua execução por um período superior a dois exercícios, não se limitando a despesas com pessoal – art. 17 da LRF; **D:** incorreta, pois são também aquelas derivadas de lei, medida provisória ou ato administrativo normativo – art. 17 da LRF; **E:** incorreta, conforme comentários anteriores.

Gabarito "A".

Veja a seguinte tabela com as fases da realização da despesa (lembrando que é comum referir-se resumidamente a três estágios da execução da despesa pública, quais sejam (i) empenho, (ii) liquidação e (iii) pagamento):

Fases da realização das despesas

1º – Empenho: art. 60 da Lei 4.320/1964
2º – Contratação na forma da Lei 8.666/1993
3º – O serviço é realizado ou o bem é entregue
4º – Liquidação da despesa: art. 63 da Lei 4.320/1964
5º – Ordem de pagamento: art. 64 da Lei 4.320/1964
6º – Entrega do dinheiro ao contratado: art. 65 da lei 4.320/1964

Veja as seguintes tabelas, para estudo e memorização da discriminação da despesa por elementos, conforme as categorias econômicas – art. 13 da Lei 4.320/1964:

DESPESAS CORRENTES	Despesas de Custeio	Pessoa Civil Pessoal Militar Material de Consumo Serviços de Terceiros Encargos Diversos
	Transferências Correntes	Subvenções Sociais Subvenções Econômicas Inativos Pensionistas Salário-Família e Abono Familiar Juros da Dívida Pública Contribuições de Previdência Social Diversas Transferências Correntes
DESPESAS DE CAPITAL	Investimentos	– Obras Públicas – Serviços em Regime de Programação Especial – Equipamentos e Instalações – Material Permanente – Participação em Constituição ou Aumento de Capital de Empresas ou Entidades Industriais ou Agrícolas
DESPESAS DE CAPITAL	Inversões Financeiras	– Aquisição de Imóveis – Participação em Constituição ou Aumento de Capital de Empresas ou Entidades Comerciais ou Financeiras – Aquisição de Títulos Representativos de Capital de Empresa em Funcionamento – Constituição de Fundos Rotativos – Concessão de Empréstimos – Diversas Inversões Financeiras
	Transferências de Capital	– Amortização da Dívida Pública – Auxílios para Obras Públicas – Auxílios para Equipamentos e Instalações – Auxílios para Inversões Financeiras – Outras Contribuições

Veja a discriminação da despesa por elementos, conforme as categorias econômicas, no art. 13 da Lei 4.320/1964:

DESPESAS CORRENTES	
Despesas de Custeio	Transferências Correntes
Pessoa Civil Pessoal Militar Material de Consumo Serviços de Terceiros Encargos Diversos	Subvenções Sociais Subvenções Econômicas Inativos Pensionistas Salário Família e Abono Familiar Juros da Dívida Pública Contribuições de Previdência Social Diversas Transferências Correntes

As demais despesas são classificadas como de capital, segundo o esquema previsto no mesmo dispositivo legal:

DESPESAS DE CAPITAL		
Investimentos	Inversões Financeiras	Transferências de Capital
– Obras Públicas – Serviços em Regime de Programação Especial – Equipamentos e Instalações – Material Permanente – Participação em Constituição ou Aumento de Capital de Empresas ou Entidades Industriais ou Agrícolas	– Aquisição de Imóveis – Participação em Constituição ou Aumento de Capital de Empresas ou Entidades Comerciais ou Financeiras – Aquisição de Títulos Representativos de Capital de Empresa em Funcionamento – Constituição de Fundos Rotativos – Concessão de Empréstimos – Diversas Inversões Financeiras	– Amortização da Dívida Pública – Auxílios para Obras Públicas – Auxílios para Equipamentos e Instalações – Auxílios para Inversões Financeiras – Outras Contribuições

6. DESPESAS COM PESSOAL

(Advogado – Pref. São Roque/SP – 2020 – VUNESP) Na verificação do atendimento dos limites de despesa de pessoal fixados na Lei Complementar 101, não serão computadas as despesas

(A) relativas a inativos e pensionistas.

(B) de indenização por demissão de servidores ou empregados.

(C) decorrentes de decisão judicial e da competência do mesmo período ao da apuração.

(D) com o pagamento de encargos sociais e contribuições recolhidas pelo ente às entidades de previdência.

(E) com vencimentos e vantagens de natureza variável e personalíssimas.

14. DIREITO FINANCEIRO   423

Nos termos do art. 19, § 1º, da LRF, na verificação do atendimento aos limites com despesa com pessoal, não são computadas as despesas (i) de indenização por demissão de servidores ou empregados, (ii) relativas a incentivos à demissão voluntária, (iii) derivadas da aplicação do disposto no inciso II do § 6º do art. 57 da Constituição, (iv) decorrentes de decisão judicial e da competência de período anterior ao da apuração a que se refere o § 2º do art. 18, (v) com pessoal, do Distrito Federal e dos Estados do Amapá e Roraima, custeadas com recursos transferidos pela União na forma dos incisos XIII e XIV do art. 21 da Constituição e do art. 31 da Emenda Constitucional no 19, (vi) com inativos e pensionistas, ainda que pagas por intermédio de unidade gestora única ou fundo previsto no art. 249 da Constituição Federal, quanto à parcela custeada recursos indicados nas alíneas do inciso VI. Por essas razões, a alternativa "B" é a única correta.

Gabarito "B".

Para estudo e memorização, veja a seguinte tabela com os limites para despesas com pessoal em relação à receita corrente líquida de cada ente político, com a repartição entre Executivo, Legislativo e Judiciário (arts. 19 e 20 da LRF):

Limites para despesas com pessoal % sobre a receita corrente líquida		
União	50%	2,5% para o Legislativo, incluindo o Tribunal de Contas da União
		6% para o Judiciário
		40,9% para o Executivo
		0,6% para o Ministério Público da União
Estados e Distrito Federal	60%	3% para o Legislativo, incluindo o Tribunal de Contas Estadual
		6% para o Judiciário
		49% para o Executivo
		2% para o Ministério Público Estadual
Municípios	60%	6% para o Legislativo, incluindo o Tribunal de Contas Municipal, quando houver
		54% para o Executivo.

7. EXECUÇÃO ORÇAMENTÁRIA, CRÉDITOS ADICIONAIS

(Procurador do Município – S.J. Rio Preto/SP – 2019 – VUNESP) Conforme definido na Lei nº 4.320/64, consiste na entrega de numerário ao servidor, sempre precedida de empenho na dotação própria para o fim de realizar despesas, que não possam subordinar-se ao processo normal de aplicação, sendo aplicável aos casos de despesas expressamente definidos em lei. Trata-se do regime de

(A) afetação.
(B) disponibilidade.
(C) especialidade.
(D) excepcionalidade.

(E) adiantamento.

A assertiva define o adiantamento.– art. 68 da Lei 4.320/1964. Alternativa correta letra E. FVS

Gabarito "E".

(Procurador do Estado/SP – 2018 – VUNESP) A Emenda Constitucional nº 86, de 2015, introduziu o conceito de execução equitativa das emendas individuais ao projeto de Lei Orçamentária Anual. Para tanto, estabeleceu o limite percentual de 1,2% da receita corrente líquida,

(A) no qual se inserem também as programações oriundas de despesas discricionárias incluídas pelo Chefe do Poder Executivo, igualmente não afetadas por contingenciamento na hipótese do não atingimento da meta de resultado fiscal prevista na Lei de Diretrizes Orçamentárias.
(B) cuja liberação financeira não pode ser obstada pelo Poder Executivo, salvo quando a execução da programação orçamentária correspondente for destinada a outros entes federados que estejam inadimplentes, ainda que temporariamente.
(C) destinado integralmente a ações e serviços públicos de saúde, vedada a aplicação em despesas de pessoal ou encargos sociais, admitindo-se o cômputo das programações correspondentes no cálculo do percentual mínimo de aplicação em saúde fixado na Constituição Federal.
(D) havendo precedência da liberação financeira para as programações decorrentes das emendas inseridas em tal limite em relação àquelas destinadas a despesas discricionárias, sendo apenas estas últimas atingidas por limitações de empenho decorrentes de frustração da previsão de receita de impostos.
(E) com obrigatoriedade da execução orçamentária e financeira das programações decorrentes, salvo impedimentos de ordem técnica, comportando redução, até a mesma proporção incidente sobre o conjunto das despesas discricionárias, na hipótese de não cumprimento da meta de resultado fiscal estabelecida na Lei de Diretrizes Orçamentárias.

A: incorreta, pois as despesas discricionárias incluídas na LOA por iniciativa do Executivo não se confundem com emendas individuais reguladas pelo art. 166, § 9º, da CF, e estão sujeitas ao contingenciamento previsto no art. 9º da LRF. Importante lembrar que mesmo as emendas do art. 166, § 9º, da CF sujeitam-se a contingenciamento parcial e proporcional, nos termos do § 17 desse mesmo artigo; **B:** incorreta, pois quando a transferência obrigatória da União para execução das emendas individuais (até o limite de 1,2% da RCL do exercício anterior) for destinada a outros entes federados, essas transferência não estará condicionada à adimplência desse ente beneficiado – art. 166, § 13º, da CF; **C:** incorreta, pois as emendas individuais reguladas pelo art. 166, § 9º, da CF não se restringem a ações e serviços públicos de saúde, necessariamente; **D:** incorreta, pois mesmo as emendas do art. 166, § 9º, da CF sujeitam-se a contingenciamento parcial e proporcional, nos termos do § 17 desse mesmo artigo; **E:** correta, conforme o art. 166, §§ 9º, 11 e 17 da CF.

Atenção: É importante destacar que a EC 86/2015 tornou o orçamento impositivo em relação às emendas individuais ao projeto de lei orçamentária e o limite de 1,2% da receita corrente líquida realizada no exercício anterior, nos termos do art. 166, §§ 9º a 11 da CF. Posteriormente, a EC 100/2019 previu também a impositividade para as programações incluídas por todas as emendas de iniciativa de bancada de parlamentares de Estado ou do Distrito Federal, no montante de até

1% da receita corrente líquida realizada no exercício anterior (nova redação para o § 12). Há longa regra de transição: em 2020 o percentual é de 0,8% e nos seguintes, até 2036, será o valor do exercício anterior corrigido na forma estabelecida pelo inciso II do § 1º do art. 107 do ADCT [IPCA] – arts. 2º e 3º da EC 100/2019.

Gabarito "E".

Veja a seguinte tabela, para estudo e memorização dos créditos adicionais – art. 41 da Lei 4.320/1964 e art. 167, § 3º, da CF:

Créditos Adicionais		
Suplementares	Destinados a reforço de dotação orçamentária já existente	– autorizados por lei e abertos por decreto executivo – dependem da existência de recursos disponíveis para ocorrer a despesa
Especiais	Destinados a despesas para as quais não haja dotação orçamentária específica	
Extraordinários	Para atender a despesas imprevisíveis e urgentes, como as decorrentes de guerra, comoção interna ou calamidade pública	– abertos por decreto do Executivo, que deles dará imediato conhecimento ao Legislativo (o art. 167, § 3º, da CF faz referência à medida provisória – art. 62 da CF)

Veja a seguinte tabela, para estudo e memorização dos créditos adicionais – art. 41 da Lei 4.320/1964 e art. 167, § 3º, da CF:

Créditos Adicionais		
Suplementares	Destinados a reforço de dotação orçamentária já existente	– autorizados por lei e abertos por decreto executivo – depende da existência de recursos disponíveis para ocorrer a despesa
Especiais	Destinados a despesas para as quais não haja dotação orçamentária específica	
Extraordinários	Para atender a despesas imprevisíveis e urgentes, como as decorrentes de guerra, comoção interna ou calamidade pública	– abertos por decreto do Executivo, que deles dará imediato conhecimento ao Legislativo

8. OPERAÇÕES DE CRÉDITO, DÍVIDA PÚBLICA

(Procurador – PGE/SP – 2024 – VUNESP) Suponha que o Estado manifeste a intenção de instituir um programa de apoio a comerciantes que atuam em regiões onde tem sido verificado o fechamento de estabelecimentos e o aumento dos índices de criminalidade. Pretende, com isso, fomentar a economia local e induzir a requalificação do espaço público com o maior fluxo de pessoas. O programa idealizado contempla a criação de uma linha de crédito a juros abaixo daqueles praticados no mercado financeiro, destinada a capital de giro dos comerciantes, e prevê a celebração de convênio com instituições financeiras, que deverão ofertar essas linhas com juros subsidiados ao público alvo e receberão recursos do Estado destinados à cobertura do subsídio. Tendo sido a matéria submetida à análise jurídica da Procuradoria Geral do Estado (PGE), caberá ao procurador oficiante no feito apontar

(A) a obrigatoriedade de operação das citadas linhas de crédito por agência ou banco de fomento estadual, devendo os recursos destinados à equalização de juros ingressarem mediante aporte de capital.

(B) que o programa somente será viável se comprovado que os destinatários da linha de crédito enquadram-se como elegíveis para recebimento de subvenção social e, ainda, desde que haja previsão orçamentária para suportar as despesas correspondentes.

(C) que o programa envolve subvenção econômica por parte do Estado, demandando, assim, autorização legislativa específica, não sendo suficiente apenas a previsão dos recursos destinados à equalização de juros na Lei Orçamentária Anual.

(D) que a instituição do programa ensejará a geração de despesa de caráter continuado e, embora prescinda de autorização legal específica, deverá comprovar sua adequação com as projeções e metas estabelecidas no Plano Plurianual.

(E) a inviabilidade jurídica do modelo proposto, que viola regras do sistema financeiro nacional, as quais vedam a oferta de crédito subvencionado com recursos públicos e atividades de fomento em geral.

Alternativa correta letra C. Observamos na questão uma subvenção econômica, categorizada como despesa corrente, encontrando respaldo nos artigos 16, 17, 18 e 19 da Lei 4320/64, bem como deverá também ser observado o art. 26 da Lei Complementar 101/2000 (Lei de Responsabilidade Fiscal) sobre os critérios para destinação de recursos públicos para o setor privado. FVS

Gabarito "C".

9. OUTROS TEMAS E COMBINADOS

(Procurador – PGE/SP – 2024 – VUNESP) Considere que o Estado pretenda contratar operação de crédito com organismo multilateral, que contará com garantia da União junto ao financiador, tendo sido exigida contragarantia do Estado, proveniente do produto da arrecadação de Imposto sobre Circulação de Mercadorias e Prestação de Serviços (ICMS) e do fluxo de recebíveis oriundos do Fundo de Participação dos Estados (FPE). A operação, tal como estruturada, afigura-se juridicamente

(A) viável, uma vez que é admissível a vinculação de produto de imposto para pagamento de dívidas e constituição de garantia perante a União, valendo notar que não seria admissível que o Estado ofertasse garantia direta ao financiador sobre produto da arrecadação de ICMS ou outro tributo de sua competência instituidora.

(B) inviável, uma vez que o oferecimento de garantia incidente sobre a receita oriunda da participação do

14. DIREITO FINANCEIRO — 425

Estado no produto de impostos da União caracteriza vinculação de receita futura, vedada pela Lei de Responsabilidade Fiscal, salvo em operações de securitização de recebíveis realizadas perante o Mercado de Capitais.

(C) viável, desde que a contragarantia limite-se aos recursos do Fundo de Participação dos Estados (FPE), uma vez que a Constituição veda a vinculação, em garantia ou contragarantia de operações de crédito, do produto de imposto pelo ente que detém a respectiva competência instituidora.

(D) inviável, uma vez que a prestação de garantia pela União em operação de crédito cujo tomador seja o Estado configura financiamento indireto a ente subnacional, somente sendo admitida em hipótese de adesão do Estado ao Regime de Recuperação Fiscal.

(E) admissível, no que concerne à contragarantia exigida do Estado, apenas na hipótese de a garantia da União importar extrapolação do limite global fixado pelo Senado Federal, o que demanda reforço mediante vinculação de receitas tributárias e não tributárias do Estado.

Alternativa correta letra A. Devemos ficar atentos que, como regra geral, não é possível vincular receita de impostos. Todavia, existem algumas exceções, em dentre elas, podemos encontrar a prestação de contragarantia, conforme observamos o art. 167, **§ 4º**, da CF: § 4º É permitida a vinculação das receitas a que se referem os arts. 155, 156, 156-A, 157, 158 e as alíneas "a", "b", "d", "e" e "f" do inciso I e o inciso II do *caput* do art. 159 desta Constituição para pagamento de débitos com a União e para prestar-lhe garantia ou contragarantia. FVS Gabarito "A".

(Procurador – PGE/SP – 2024 – VUNESP) De acordo com a disciplina de operações de crédito e endividamento público, estabelecida na Constituição Federal e na Lei de Responsabilidade Fiscal, a realização de operação de crédito por Antecipação de Receita Orçamentária (ARO) enfrenta algumas vedações e também condicionantes e, nesse sentido, verifica-se, entre outras, a

(A) vedação de realização no último quadrimestre do mandato do Chefe do Executivo, exceto se os recursos forem destinados para cobertura do déficit do regime de previdência próprio ou geral dos servidores e haja autorização legal específica.

(B) obrigatoriedade de liquidar a operação, com juros e outros encargos incidentes, até 10 de dezembro do exercício em que tenha sido realizada, sendo vedada a realização de uma segunda ARO sem que a primeira tenha sido integralmente resgatada.

(C) ilegalidade da destinação dos recursos captados para despesas de custeio, os quais somente podem ser destinados a despesas de capital, sob pena de violação à denominada "regra de ouro" e obrigatoriedade de liquidação do montante antecipado até o exercício subsequente.

(D) obrigatoriedade de contratação com instituição financeira oficial e a vedação de repetição de operação da mesma natureza em exercício subsequente, admitindo-se apenas duas AROs no mesmo mandato do Chefe do Executivo.

(E) necessidade de observância do limite de endividamento do Estado, fixado em resolução do Senado Federal e a obrigatoriedade de incorporação do valor

total da operação (principal e juros) ao saldo da dívida consolidada.

Alternativa correta letra B. A alternativa traz os exatos mandamentos do art. 38 da Lei Complementar 101/2000 (Lei de Responsabilidade Fiscal), assim, quando da necessidade de antecipação de receita, será para atender a insuficiência de caixa durante o correr do exercício, cumulando as exigências do art. 32 da LRF, e mais os ditames dos incisos do art. 38 do mesmo dispositivo legal (Art. 38. A operação de crédito por antecipação de receita destina-se a atender insuficiência de caixa durante o exercício financeiro e cumprirá as exigências mencionadas no art. 32 e mais as seguintes: I – realizar-se-á somente a partir do décimo dia do início do exercício; II – deverá ser liquidada, com juros e outros encargos incidentes, até o dia dez de dezembro de cada ano; III – não será autorizada se forem cobrados outros encargos que não a taxa de juros da operação, obrigatoriamente prefixada ou indexada à taxa básica financeira, ou à que vier a esta substituir; IV – estará proibida: a) enquanto existir operação anterior da mesma natureza não integralmente resgatada; b) no último ano de mandato do Presidente, Governador ou Prefeito Municipal. § 1º As operações de que trata este artigo não serão computadas para efeito do que dispõe o inciso III do art. 167 da Constituição, desde que liquidadas no prazo definido no inciso II do *caput*. § 2º As operações de crédito por antecipação de receita realizadas por Estados ou Municípios serão efetuadas mediante abertura de crédito junto à instituição financeira vencedora em processo competitivo eletrônico promovido pelo Banco Central do Brasil. § 3º O Banco Central do Brasil manterá sistema de acompanhamento e controle do saldo do crédito aberto e, no caso de inobservância dos limites, aplicará as sanções cabíveis à instituição credora.). FVS Gabarito "B".

(Procurador do Estado/SP – 2018 – VUNESP) A disciplina legal relativa às instituições que integram o Sistema Financeiro Nacional contempla vedação à realização de operações de crédito por instituições financeiras com a parte relacionada,

(A) aplicável apenas quando a contraparte também seja caracterizada como instituição financeira, pública ou privada, incluindo agências de fomento, cooperativas de crédito e bancos de desenvolvimento, salvo para prestação de garantia, na modalidade aval ou fiança.

(B) incidente apenas quando a instituição esteja submetida à intervenção do Banco Central ou sob Regime de Administração Especial Temporária – RAET, podendo ser excepcionada se comprovado o seu caráter equitativo e a efetiva necessidade para o cumprimento das obrigações perante credores.

(C) admitindo exceção apenas para instituições financeiras públicas e desde que adotados critérios específicos para classificação de riscos para fins de constituição de provisão para perdas prováveis e baixa como prejuízo, observadas as normas de contabilidade pública.

(D) abrangendo, inclusive, pessoas jurídicas nas quais a instituição exerça controle operacional efetivo, independentemente de participação societária, bem como as que possuírem diretor ou membro de conselho de administração em comum.

(E) exceto se celebradas com observância de condições compatíveis com as de mercado, ainda que com benefícios adicionais ou diferenciados comparativamente às operações deferidas aos demais clientes de mesmo perfil das respectivas instituições.

A: incorreta, pois o conceito de parte relacionada à instituição financeira, para fins de vedação de operações de crédito, é bastante amplo, abrangendo controladores pessoas físicas ou jurídicas, diretores, membros de órgãos estatutários, pessoas físicas com participação societária qualificada etc. – art. 34, § 3º, da Lei 4.595/1964; **B:** incorreta, pois não há essa limitação – art. 34 da Lei 4.595/1964; **C:** incorreta, pois há diversas exceções, listadas no § 4º do art. 34 da Lei 4.595/1964; **D:** correta – art. 34, § 3º, V, *c*, e *d*, da Lei 4.595/1964; **E:** incorreta, pois, se houver benefícios adicionais ou diferenciados comparativamente às operações deferidas aos demais clientes de mesmo perfil das respectivas instituições, a operação com parte relacionada é vedada – art. 34, § 4º, I, *in fine*, da Lei 4.595/1964.

Gabarito "D".

(Procurador do Estado/SP – 2018 – VUNESP) A exploração direta de atividade econômica pelo Estado, nos limites delineados pela Constituição da República,

(A) sujeita-se às disposições da legislação antitruste relativas à prevenção e à repressão às infrações contra a ordem econômica, mesmo quando exercida em regime de monopólio legal.

(B) atende a imperativos da segurança nacional ou relevante interesse público, ensejando, assim, regime tributário essencialmente diverso do que se aplica aos agentes privados que atuem no mesmo mercado competitivo.

(C) sujeita-se apenas ao controle setorial, próprio das agências reguladoras, de forma simétrica ao aplicável aos agentes privados, somente incidindo a legislação antitruste quando atue em regime de monopólio legal ou natural.

(D) não autoriza a atuação em regime de competição concorrencial com agentes privados, mas apenas em caráter subsidiário, quando verificadas falhas de mercado, de molde a corrigi-las ou mitigá-las.

(E) não se submete ao controle instituído pela legislação antitruste, eis que tal controle é voltado exclusivamente a agentes privados que explorem atividade econômica sujeita à livre iniciativa.

A: correta, nos termos do art. 173, § 1º, II, da CF; **B:** incorreta, pois a exploração direta de atividade econômica pelo Estado, por meio de empresas públicas, sociedades de economia mista e suas subsidiárias, sujeita-se ao regime jurídico próprio das empresas privadas, inclusive quanto aos direitos e obrigações civis, comerciais, trabalhistas e tributários, sendo que não poderão gozar de privilégios fiscais não extensivos às do setor privado – art. 173, § 1º, II, e § 2º, da CF; **C:** incorreta, conforme comentários anteriores; **D:** incorreta, pois, em regra, a atuação direta do Estado se dará em igualdade de condições com os concorrentes privados – art. 173 da CF; **E:** incorreta, conforme comentários anteriores.

Gabarito "A".

Para estudo e memorização, veja a seguinte tabela com os limites para despesas com pessoal em relação à receita corrente líquida de cada ente político, com a repartição entre Executivo, Legislativo e Judiciário (arts. 19 e 20 da LRF):

Limites para despesas com pessoal % sobre a receita corrente líquida		
União	50%	2,5% para o Legislativo, incluindo o Tribunal de Contas da União
		6% para o Judiciário
		40,9% para o Executivo
		0,6% para o Ministério Público da União
Estados e Distrito Federal	60%	3% para o Legislativo, incluindo o Tribunal de Contas Estadual
		6% para o Judiciário
		49% para o Executivo
		2% para o Ministério Público Estadual
Municípios	60%	6% para o Legislativo, incluindo o Tribunal de Contas Municipal, quando houver
		54% para o Executivo.

15. DIREITO PREVIDENCIÁRIO

Ricardo Quartim

1. PREVIDÊNCIA DOS SERVIDORES PÚBLICOS

(Procurador – PGE/SP – 2024 – VUNESP) Cora Coralina ingressou no serviço público estadual, em cargo exclusivamente em comissão, aos 25 de fevereiro de 1990. Aprovada em concurso público, em 17 de junho de 1998, exonerou-se do cargo em comissão e, na mesma data, tomou posse e iniciou o exercício do cargo efetivo de Executivo Público, no qual permanece até os dias atuais. Ao completar 60 (sessenta) anos, em 5 de fevereiro de 2024, Cora requereu aposentadoria.

A partir desses dados, é correto afirmar que a servidora

(A) faz jus à aposentadoria voluntária, nos termos do artigo 40, § 1º, III, da Constituição da República, na redação anterior à EC nº 103/2019 (direito adquirido), com proventos necessariamente equivalentes à média aritmética simples das remunerações de contribuição, correspondentes a 100% (cem por cento) de todo o período contributivo, e reajustados nos termos da lei.

(B) ainda não faz jus à aposentadoria voluntária.

(C) faz jus à aposentadoria voluntária, nos termos do artigo 2º, III, da Lei Complementar nº 1.354/2020 (regra permanente), com proventos equivalentes à média aritmética simples das remunerações de contribuição, correspondentes a 100% (cem por cento) de todo o período contributivo, e reajustados nos termos da lei.

(D) faz jus à aposentadoria voluntária, nos termos do artigo 6º, da EC nº 41/2003 (direito adquirido), com proventos calculados segundo a regra da integralidade e reajustados paritariamente.

(E) faz jus à aposentadoria voluntária, nos termos do artigo 26, da EC nº 103/2019 (regra de transição), com proventos necessariamente equivalentes à média aritmética simples das maiores remunerações de contribuição, correspondentes a 80% (oitenta por cento) de todo o período contributivo, e reajustados nos termos da lei.

A: Incorreta. A aposentadoria voluntária do servidor público concedida nos termos do art. 40, § 3º, da CF, na redação vigente antes da EC 103/2019, era calculada com base nas contribuições do servidor aos regimes de previdência a que esteve vinculado, correspondentes a 80% (oitenta por cento) de todo o período contributivo desde a competência julho de 1994 ou desde a do início da contribuição, se posterior àquela competência (art. 1º da Lei nº 10.877/2004); **B:** Incorreta, pois Cora tem direito à aposentadoria voluntária diante de sua idade e tempo de contribuição, como veremos; **C:** Incorreta. A aposentadoria prevista neste dispositivo exige idade mínima de 62 anos para a mulher. Ao mencionar a "regra permanente" o examinador está sinalizando referir-se à aposentadoria prevista no art. 40, § 1º, inciso III, da CF; **D:** Correta. O art. 6º da EC 41/2003 contém a principal regra de transição da reforma de previdenciária de 2003. Trata-se de aposentadoria com proventos

integrais, que corresponderão à totalidade da remuneração no cargo efetivo em que se der a aposentadoria deferida ao servidor que tenha ingressado no serviço público até a data de sua publicação e, que, no caso da mulher, conta com 55 anos de idade, 30 anos de contribuição, 20 anos de efetivo exercício no serviço público, 10 anos de carreira e 5 anos de efetivo exercício no cargo em que se der a aposentadoria. Mas ora, o art. 6º da EC 41/2003 foi expressamente revogado pelo art. 35, III, da EC 103/2019. Como poderia Cora se aposentar com base nele? Note que para os demais entes federativos a revogação deste art. 6º só entra em vigor na data de publicação de lei de iniciativa privativa do respectivo Poder Executivo que as referende integralmente. No caso do Estado de São Paulo isto aconteceu por meio do art. 32 da Lei Complementar estadual nº 1.354, de 06/03/2020. Partindo do pressuposto, não expressamente mencionado no enunciado, de que Cora se valeu do instituto da contagem recíproca de tempo de contribuição para computar o período em que ocupou cargo exclusivamente em comissão (art. 40, § 13, da CF) como tempo de contribuição junto ao ente público e ela já havia preenchido os requisitos para se aposentar nos termos do art. 6º da EC 41/2003 antes de sua revogação entrar em vigor no Estado de São Paulo; **E:** Incorreta. O art. 26 da EC 103/2019 trata exclusivamente do cálculo de benefícios previdenciários. Segundo tal artigo, será utilizada a média aritmética simples dos salários de contribuição e das remunerações adotados como base para contribuições, atualizados monetariamente, correspondentes a 100% (cem por cento) do período contributivo desde a competência julho de 1994 ou desde o início da contribuição, se posterior àquela competência RO.

Gabarito "D"

(Procurador – PGE/SP – 2024 – VUNESP) No âmbito do Regime Próprio de Previdência Social do Estado de São Paulo, a contagem recíproca de tempo de atividade exercida com efetiva exposição a agentes químicos, físicos e biológicos prejudiciais à saúde, ou associação desses agentes,

(A) não deve ser admitida, diante da vedação legal à contagem recíproca de tempo de atividade sob condições especiais.

(B) deve ser admitida, independentemente do período, desde que para fins de elegibilidade à aposentadoria especial por exercício de atividade em condições de prejuízo à saúde ou à integridade física.

(C) deve ser admitida, desde que referente a período anterior ao advento da EC nº 103/2019 e somente para fins de elegibilidade à aposentadoria especial por exercício de atividade em condições de prejuízo à saúde ou à integridade física.

(D) deve ser admitida, desde que referente a período anterior ao advento da Lei Complementar nº 1.354/2020 e para fins de conversão de tempo especial em comum.

(E) deve ser admitida, desde que referente a período anterior ao advento da Lei Complementar nº 1.354/2020, para fins de conversão de tempo ou de elegibilidade à aposentadoria especial por exercício de atividade em condições de prejuízo à saúde ou à integridade física.

A: Incorreta. Não existe vedação à contagem recíproca de tempo de serviço especial no regime próprio do Estado de São Paulo. Pelo contrário,

RICARDO QUARTIM

a Instrução Normativa SPPREV n° 01, de 27/03/2024, expressamente admite tal possibilidade em seus art. 17 e 18; **B:** Correta. Tanto na redação dada pela EC 20/1998 como naquela adotada pela EC 47/2005, o § 4° do art. 40 da CF exigia que Lei Complementar definisse o modo de cômputo de tempo de serviço especial dos servidores públicos. Diante da omissão legislativa a esse respeito, ao apreciar o tema de Repercussão Geral n° 942 o STF firmou tese segundo a qual: *"Até a edição da EC n° 103/2019, o direito à conversão, em tempo comum, do prestado sob condições especiais que prejudiquem a saúde ou a integridade física de servidor público decorre da previsão de adoção de requisitos e critérios diferenciados para a jubilação daquele enquadrado na hipótese prevista no então vigente inciso III do § 4° do art. 40 da Constituição da República, devendo ser aplicadas as normas do regime geral de previdência social relativas à aposentadoria especial contidas na Lei 8.213/1991 para viabilizar sua concretização enquanto não sobrevier lei complementar disciplinadora da matéria. Após a vigência da EC n.° 103/2019, o direito à conversão em tempo comum, do prestado sob condições especiais pelos servidores obedecerá à legislação complementar dos entes federados, nos termos da competência conferida pelo art. 40, § 4°-C, da Constituição da República."* Isso posto, de acordo com o art. 40, § 4°-C, da CF, é possível a cada ente federativo editar Lei Complementar que estabeleça idade e tempo de contribuição diferenciados para aposentadoria de servidores cujas atividades sejam exercidas com efetiva exposição a agentes químicos, físicos e biológicos prejudiciais à saúde, ou associação desses agentes, vedada a caracterização por categoria profissional ou ocupação (vide o art. 21, § 3°, da EC 103/2019). O art. 5° da Lei Complementar Estadual n° 1.354/2020 fez exatamente isso. Todavia, é preciso notar, ainda, que o art. 25, § 2°, da EC 103/2019, veda a conversão de tempo especial para comum no âmbito do Regime Geral de Previdência Social e que o art. 13 da Instrução Normativa SPPREV n° 01, de 27/03/2024, só admite tal possibilidade quanto a períodos laborais vinculados ao Estado anteriores a 13 de novembro de 2019. Por isso, para ser admitido independentemente do período, como diz o enunciado, a contagem de tempo especial deve ser limitada à concessão de aposentadoria especial, ou seja, sem possibilidade de conversão de tempo especial em comum para concessão de aposentadoria voluntária; **C:** Incorreta. Em relação a períodos anteriores à EC 103/2019 não existe a limitação do uso do período de trabalho apenas para concessão de aposentadoria especial. É dizer, períodos anteriores à EC 103/2019 podem ser convertidos em tempo comum, na esteira do tema de Repercussão Geral n° 942 do STF e do art. 57, § 5°, do PBPS; **D e E:** Incorretas, pois o marco para a vedação de contagem de tempo especial em tempo comum é a EC n° 103/2019, como se vê da conjugação do art. 25, § 2°, da EC 103/2019 com o tema de Repercussão Geral n° 942 do STF. Não bastasse, o art. 13 da Instrução Normativa SPPREV n° 01, de 27/03/2024, diz expressamente que será admitida a conversão de tempo exercido sob condições especiais em tempo comum, exclusivamente, quanto a períodos laborais vinculados ao Estado anteriores a 13 de novembro de 2019, desde que expressamente solicitados pela parte interessada **RQ**.
Gabarito *"B"*.

(Procurador – PGE/SP – 2024 – VUNESP) Carolina de Jesus ingressou em emprego público no Departamento de Estradas de Rodagem – DER em 7 de dezembro de 1973. Embora a Lei n° 200/1974 tenha revogado as normas que contemplavam o benefício de complementação de aposentadoria, em 9 de novembro de 2018, a servidora alcançou inatividade no âmbito do Regime Geral de Previdência Social e solicitou ao DER a correspondente complementação. O pleito foi deferido mas, em 1° de dezembro de 2019, Carolina veio a falecer e o viúvo houve por bem solicitar complementação de pensão à autarquia.

Nesse contexto, é correto afirmar que o ato de deferimento da complementação de aposentadoria é

(A) regular, na medida em que a Lei n° 200/1974 assegurou expectativas de direito dos empregados admitidos até sua vigência; mas o viúvo não faz jus à complementação de pensão.

(B) regular, na medida em que a Lei n° 200/1974 assegurou o direito adquirido dos empregados até sua vigência; mas o viúvo não faz jus à complementação de pensão.

(C) regular, na medida em que a Lei n° 200/1974 assegurou expectativas de direito dos empregados admitidos até sua vigência; e o viúvo faz jus à complementação de pensão.

(D) irregular, na medida em que a Lei n° 200/1974 não assegurou expectativas de direito dos empregados; e o viúvo não faz jus à complementação de pensão.

(E) irregular, na medida em que a Lei n° 200/1974 não assegurou o direito adquirido dos empregados admitidos até sua vigência; e o viúvo não faz jus à complementação de pensão.

O art. 1° da Lei estadual paulista n° 200/1974 revogou todas as disposições, gerais ou especiais, que concedem complementação, pelo Estado, de aposentadorias, pensões e outras vantagens, de qualquer natureza, aos empregados sob o regime da legislação trabalhista, da Administração direta e de entidades, públicas ou privadas, da Administração descentralizada. Por outro lado, o parágrafo único deste dispositivo assevera que: *"Os atuais beneficiários e os empregados admitidos até a data da vigência desta lei, ficam com seus direitos ressalvados, continuando a fazer jus aos benefícios decorrentes da legislação ora revogada"*. Com isso em mente, analisemos as alternativas.
A: Correta. O parágrafo único do art. 1° da Lei em questão fez mais do que assegurar direitos adquiridos. Esta norma resguardou as expectativas de direito dos atuais beneficiários e dos empregados admitidos até a data da revogação em tela. Ao ressalvar os direitos previstos na legislação por ela revogada a todos os empregados admitidos até a data desta mesma revogação, independentemente de já terem ou não reunido os requisitos para se aposentar, a lei tutela expectativas de direito. Isso porque, nos termos do art. 6°, § 2°, da Lei de Introdução às normas do Direito Brasileiro, haverá direito adquirido apenas quando preenchidos todos os requisitos legais à obtenção de um benefício ou fruição de uma vantagem. Antes disso existe expectativa de direito (EDcl. Ag. REsp. 1.441.336, Rel. Min. Moura Ribeiro, DJe 06/06/2016). Por outro lado, o parágrafo único do art. 1° da Lei estadual n° 200/1974 aplica-se apenas aos "atuais beneficiários e aos empregados admitidos até a data da vigência desta lei", expressão na qual não se incluem futuros pensionistas; **B:** Incorreta, posto que a Lei estadual paulista n° 200/1974 fez mais do que resguardar direitos adquiridos; ela tutelou expectativas de direito; **C:** Incorreta. Como visto, o viúvo não faz jus à complementação uma vez que a norma aplicável protege apenas os atuais beneficiários e aqueles empregados admitidos até seu início de vigência; **D e E:** Incorretas. A Lei n° 200/1974 assegurou as expectativas de direito dos empregados, motivo pelo qual o ato de deferimento da complementação de aposentadoria é regular **RQ**.
Gabarito *"A"*.

(Procurador – PGE/SP – 2024 – VUNESP) Constituem vantagens a que fazem jus os militares do Estado de São Paulo:

(A) proteção social e proventos calculados de acordo com o tempo de contribuição.

(B) adicional por tempo de serviço e encostamento.

(C) adicional de insalubridade e estabilidade após aprovação em estágio probatório com duração de 2 (dois) anos.

(D) adicional de local de exercício e abono de permanência.

15. DIREITO PREVIDENCIÁRIO — 429

(E) gratificação pela sujeição ao regime especial de trabalho policial e licença para tratar de interesse particular.

A: Incorreta. De acordo com o art. 24-E do Decreto-Lei nº 667/1969, o Sistema de Proteção Social dos Militares dos Estados, do Distrito Federal e dos Territórios, deve ser regulado por lei específica do ente federativo, que estabelecerá seu modelo de gestão e poderá prever outros direitos, como saúde e assistência, e sua forma de custeio. No estado de São Paulo o Sistema de Proteção Social dos Militares do Estado é gerido pela São Paulo Previdência – SPPREV. Por outro lado, segundo o art. 24-A, inciso I, do Decreto-Lei nº 667/1969, os proventos de aposentadoria do militar estadual serão calculados com base na remuneração do posto ou da graduação que o militar possuir por ocasião da transferência para a inatividade remunerada, e não de acordo com o tempo de contribuição (vide o art. 22, XXI, da CF, com a redação dada pela EC 103/2019); **B:** Incorreta. O adicional por tempo de serviço é devido aos militares do Estado de São Paulo, conforme o art. 3º, II, da Lei Complementar estadual nº 731/1993. Já o encostamento é instituto aplicável às Forças Armadas (União Federal) e não aos militares estaduais. Segundo o § 8º do art. 31 da Lei nº 4.375/1964, o encostamento é o ato de manutenção do convocado, voluntário, reservista, desincorporado, insubmisso ou desertor na organização militar, para fins específicos declarados no ato e sem percepção de remuneração; **C:** Incorreta, posto não existir previsão legal de pagamento de adicional de insalubridade. Cabe mencionar que no âmbito do Estado de São Paulo os vencimentos e vantagens pecuniárias dos integrantes da Polícia Civil e da Polícia Militar são tratados pela Lei Complementar nº 731/1993, cujo art. 3º prevê as vantagens pecuniárias devidas aos integrantes destas carreiras. Este rol é complementado pelas disposições do Estatuto dos Servidores Civis do Estado, exceto no que contrariarem as desta lei complementar e as da legislação específica, a rigor do art. 33 da Lei Estadual paulista nº 10.123/68; **D:** Incorreta. O Adicional de Local de Exercício mencionado nos arts. 14 e 15 da Lei Complementar nº 731/1993 não existe mais. Tal vantagem foi absorvida nos vencimentos dos integrantes da Polícia Militar, em observância à Lei Complementar estadual nº 1.197/2013. Noutro giro, o abono de permanência encontra guarida no art. 28 da Lei Complementar estadual nº 1.354/2020; **E:** Correta. O inciso I do art. 3º da Lei Complementar nº 731/1993 prevê a gratificação pela sujeição ao Regime Especial de Trabalho Policial Militar, de que trata o artigo 1º da Lei nº 10.291/1968, e gratificação pela sujeição ao Regime Especial de Trabalho Policial, de que trata o artigo 45 da Lei Complementar nº 207/1979, calculadas em 100% (cem por cento) do valor do respectivo padrão de vencimento. No que tange à licença para tratar de interesses particulares, temos que o Estatuto dos Funcionários Civis do Estado de São Paulo (Lei nº 10.261/1968) – aplicável aos militares estaduais em função do art. 33 da Lei Estadual paulista nº 10.123/68– prevê a concessão de licença para tratar de interesses particulares em seu art. 202 🆀.

Gabarito "E".

(Procurador – PGE/SP – 2024 – VUNESP) Com o falecimento do Major PM Mário Quintana, em 24 de julho de 2023, um menor, que estava sob sua guarda por decisão judicial, solicitou habilitação à pensão legada pelo militar paulista, que ainda se encontrava em atividade, por ocasião do óbito.

Considerando tais informações, é correto afirmar que o benefício solicitado deverá ser

(A) deferido, com fundamento na legislação estadual, e corresponderá ao valor dos proventos a que o militar faria jus se estivesse reformado.

(B) deferido, com fundamento na legislação federal, e corresponderá ao valor da remuneração do militar.

(C) deferido, com fundamento na legislação estadual, e corresponderá ao valor da remuneração do militar.

(D) indeferido, eis que não há previsão legal para concessão de pensão militar a menor sob guarda.

(E) deferido, com fundamento na legislação federal, e corresponderá ao valor dos proventos a que o militar faria jus se estivesse reformado.

A: Incorreta, pois o deferimento não se fundamenta em legislação estadual e seu valor não corresponderá aos proventos que teria se reformado estivesse. O art. 42, § 2º, da CF, diz que aos pensionistas dos militares dos Estados, do Distrito Federal e dos Territórios aplica-se o que for fixado em lei específica do respectivo ente estatal. Isso posto, a EC 103/2019 acrescentou ao inciso XXI do art. 22 da CF competência privativa da União para estabelecer normas gerais sobre inatividades e pensões das polícias militares e dos corpos de bombeiros militares. Eis que, então, a Lei nº 13.954/2019 acresceu ao Decreto-Lei nº 667/1969 os artigos 24-A a 24-J (a respeito, veja os acórdãos prolatados no julgamento do tema de Repercussão Geral nº 1.177 do STF). O inciso I do art. 24-B afirma que o benefício da pensão militar é igual ao valor da remuneração do militar da ativa ou em inatividade. Já seu inciso III diz que a relação de beneficiários dos militares dos Estados, do Distrito Federal e dos Territórios, para fins de recebimento da pensão militar, é a mesma estabelecida para os militares das Forças Armadas. A Lei Federal nº 3.765/1960 dispõe sobre as pensões militares; **B:** Correta. Existe aqui uma diferença relevante entre o regime das pensões militares e todos os demais regimes previdenciários. A redação original do art. 16, § 2º, do PBPS, incluía como dependente do segurado o menor que, por determinação judicial, estivesse sob a sua guarda. A Lei nº 9.528/1997 revogou a possibilidade de concessão de pensão por morte ao menor sob guarda no RGPS (a Lei nº 13.135/2015 fez o mesmo no âmbito do RPPS federal). Diante deste quadro, inicialmente o STJ consolidou o entendimento de que o menor sob guarda não pode ser considerado dependente para fins previdenciários (REsp 720706/SE, DJ 09.08.2011). Tal jurisprudência sofreu uma reviravolta no julgamento do EREsp nº 1141788, DJe 16/12/2016, no qual prevaleceu a tese de que o benefício seria devido, pois o art. 33 da Lei nº 8.069/1990 prevaleceria sobre a modificação feita pela Lei nº 9.528/1997. Contudo, posteriormente sobreveio o art. 23, § 6º, da Emenda Constitucional nº 103/2019 segundo o qual, no âmbito do RGPS, equiparam-se a filho, para fins de recebimento da pensão por morte, exclusivamente o enteado e o menor tutelado, desde que comprovada a dependência econômica. Ao julgar as ADIs nº 4.878 e 5.083 (DJe 06.08.2021) o STF conferiu interpretação conforme à Constituição ao § 2º do art. 16, do PBPS, para contemplar, em seu âmbito de proteção, o menor sob guarda, na categoria de dependentes do Regime Geral de Previdência Social, em consonância com o princípio da proteção integral e da prioridade absoluta, nos termos do art. 227 da CF, desde que comprovada a dependência econômica, nos termos em que exige a legislação previdenciária. Após, em sede de embargos de declaração (DJe 23.02.2022), a Corte Suprema esclareceu que tal julgamento não contemplou a redação do art. 23 da EC nº 103/2019, razão pela qual não se procedeu à verificação da constitucionalidade do mencionado dispositivo. Nada disso se aplica às pensões militares, uma vez que o art. 7º, I, 'e', da Lei nº 3.765/1960, prevê como beneficiário o: *"menor sob guarda ou tutela até vinte e um anos de idade ou, se estudante universitário, até vinte e quatro anos de idade ou, se inválido, enquanto durar a invalidez"*; **C:** Incorreta, pois o deferimento tem por base legislação Federal. Sobre este ponto, quiçá seja pertinente mencionar que ao julgar o tema de Repercussão Geral nº 1.177 o STF decidiu que ao fixar alíquotas previdenciárias de policiais e bombeiros militares estaduais inativos e pensionistas, a lei federal nº 13.954/2019 extravasou o âmbito legislativo privativo da União de estabelecer apenas normas gerais sobre o assunto, afigurando-se incompatível com o texto constitucional; **D:** Incorreta. Existe previsão legal no art. 7º, I, 'e', da Lei nº 3.765/1960 c.c. art. 24-B, III, do Decreto-Lei nº 667/1969, com a redação dada pela Lei nº 13.954/2019; **E:** Incorreta. O inciso I do art. 24-B do Decreto-Lei nº 667/1969, com a redação dada pela Lei nº 13.954/2019 afirma que o benefício da pensão militar é igual ao valor da remuneração do militar da ativa ou em inatividade **RG**.

Gabarito "B".

(Procurador do Estado/SP – 2018 – VUNESP) Ao longo da vida, Maria Tereza teve alguns vínculos funcionais com o Estado de São Paulo. Agora, pretendendo obter aposentadoria no âmbito do Regime Geral de Previdência Social – RGPS, a ex-servidora solicitou ao Regime Próprio de Previdência Social (RPPS) paulista **a emissão de Certidão de Tempo de Contribuição (CTC)** para fins de averbação no Instituto Nacional do Seguro Social – INSS. A CTC a ser homologada pela SPPREV deverá contemplar o período

(A) de 01.01.2010 a 31.12.2010, em que Maria Tereza exerceu atividade docente na rede de ensino público estadual, em virtude de contratação por tempo determinado realizada com fundamento na Lei Complementar Estadual no 1.093/2009.

(B) de 01.01.1994 a 31.12.1996, em que Maria Tereza exerceu função-atividade em virtude de contratação para execução de determinada obra, nos termos do art. 1o, III, da Lei Estadual no 500/1974.

(C) de 01.01.1999 a 31.12.2002, em que Maria Tereza exerceu a função de escrevente de cartório extrajudicial, inclusive o interstício em que esteve afastada de suas atividades para promover campanha eleitoral.

(D) de 01.01.1980 a 31.12.1987, em que Maria Tereza exerceu cargo efetivo, inclusive o interstício de licença para tratar de interesses particulares, no qual recolheu as contribuições previdenciárias devidas ao Instituto de Previdência do Estado de São Paulo – IPESP.

(E) de 01.01.2011 a 31.12.2017, em que Maria Tereza **exerceu cargo efetivo**, inclusive o interstício de licença para tratar de interesses particulares, **no qual recolheu contribuições previdenciárias para a São Paulo Previdência** – SPPREV.

Trata-se de questão que envolve o direito constitucional previsto no art. 201, § 9º, que assim preceitua: "Para efeito de aposentadoria, é assegurada a contagem recíproca do tempo de contribuição na administração pública e na atividade privada, rural e urbana, hipótese em que os diversos regimes de previdência social se compensarão financeiramente, segundo critérios estabelecidos em lei." **A:** incorreta. Do art. 20 da Lei Complementar Estadual 1.093/2009 consta: "O contratado na forma do disposto nesta lei complementar ficará vinculado ao Regime Geral de Previdência Social, nos termos da legislação federal". Desta feita, o tempo contributivo já integra o Regime Geral; **B:** incorreta. Do art. 1º, inciso III, da Lei 500, de 1974, consta: "III – para a execução de determinada obra, serviços de campo ou trabalhos rurais, todos de natureza transitória, ou ainda, a critério da Administração, para execução de serviços decorrentes de convênios." Por sua vez, do art. 3º da mesma lei observa-se que: "Os servidores de que tratam os incisos I e II do artigo 1º reger-se-ão pelas normas desta lei, aplicando -se aos de que trata o inciso III as normas da legislação trabalhista." Assim, com relação ao inciso III o labor já se encontra inserido no âmbito do Regime Geral. Nesse exato diapasão, preconiza o art. 2º da Lei Complementar Estadual 1.010/2007 que:: "São segurados do RPPS e do RPPM do Estado de São Paulo, administrados pela SPPREV: (...) "§ 2º – Por terem sido admitidos para o exercício de função permanente, inclusive de natureza técnica, e nos termos do disposto no inciso I deste artigo, são titulares de cargos efetivos os servidores ativos e inativos que, até a data da publicação desta lei, tenham sido admitidos com fundamento nos incisos I e II do artigo 1º da Lei nº 500, de 13 de novembro de 1974". Excluídos, mais uma vez os contratados na forma do inciso III do art. 1º da Lei

500/1974. Por conseguinte, o tempo contributivo já integra o Regime Geral; **C:** incorreta. Em conformidade com o art. 40 da Lei 8.935/1994, (CAPÍTULO IX, Da Seguridade Social) "os notários, oficiais de registro, escreventes e auxiliares são vinculados à previdência social, de âmbito federal, e têm assegurada a contagem recíproca de tempo de serviço em sistemas diversos." São integrantes do Regime Geral de Previdência Social, portanto. Assim, o tempo contributivo já integra o RGPS; **D:** incorreta. Trata-se de período anterior à CF/88, época na qual parte dos servidores públicos integrava o regime de previdência geral. A alternativa não traz maiores especificações e no cotejo entre as alternativas observa-se que o item "E" está absolutamente correto; **E:** correta. A Lei 10.261/1968 (Estatuto dos Servidores de SP) determina, em seu art. 202: "Depois de 5 (cinco) anos de exercício, o funcionário poderá obter licença, sem vencimento ou remuneração, para tratar de interesses particulares, pelo prazo máximo de 2 (dois) anos." Já a Lei Complementar Estadual 1.012/2007 determina, em seu art. 12, § 1º, que: "Será assegurada ao servidor licenciado ou afastado sem remuneração a manutenção da vinculação ao regime próprio de previdência social do Estado, mediante o recolhimento mensal da respectiva contribuição, assim como da contribuição patronal prevista na legislação aplicável, observando-se os mesmos percentuais e incidente sobre a remuneração total do cargo a que faz jus no exercício de suas atribuições, computando-se, para esse efeito, inclusive, as vantagens pessoais." Desse modo, ainda que afastada, Maria, ao contribuir para o RPPS, direcionando as contribuições à SPPREV (órgão gestor único do regime próprio de previdência em SP), manteve o vínculo com o Regime Próprio. Ademais, exerceu cargo efetivo, contribuindo para o Regime Próprio de Previdência (art. 2º da Lei 1.010/2007). Portanto, de 01.01.2011 a 31.12.2017, somente contribuiu para o RPPS, podendo requerer a emissão da Certidão de Tempo de Contribuição (CTC) para fins de averbação no Instituto Nacional do Seguro Social – INSS, ou seja, averbar o tempo de contribuição do Regime Próprio no RGPS.

Gabarito "E".

(Procurador do Estado/SP – 2018 – VUNESP) De acordo com o ordenamento jurídico em vigor, em especial a legislação paulista, o servidor público

(A) ocupante de cargo efetivo não fica jungido a quaisquer deveres previstos no Estatuto dos Funcionários Públicos quando não estiver no exercício de suas funções.

(B) ocupante de cargo em comissão legará pensão por morte calculada nos termos do artigo 40 da Constituição Federal, desde que vinculado ao Regime Próprio de Previdência Social.

(C) ocupante de cargo efetivo poderá obter licença por motivo de doença do cônjuge e de parentes de até segundo grau, sem remuneração e limitada ao prazo máximo de seis meses.

(D) estável faz jus a adicional por tempo de serviço após cada período de cinco anos de exercício, desde que ininterrupto.

(E) ocupante de cargo efetivo, após noventa dias decorridos da apresentação do pedido de aposentadoria voluntária, poderá cessar o exercício da função pública se obtiver autorização fundamentada de sua chefia.

A: incorreta. A Lei 10.261, de 28 de outubro de 1968, dispõe sobre o Estatuto dos Funcionários Públicos Civis do Estado, e traz, no art. 241, a seguinte regra: "São deveres do funcionário: Art. XIV – proceder na vida pública e privada na forma que dignifique a função pública)"; **B:** correta. Observe-se que é excluído do Regime Próprio de Previdência Social o servidor ocupante "exclusivamente" de cargo em comissão (CF, art. 40, § 13). Tratando-se de servidor público titular de cargo efetivo, ainda que ocupe cargo em comissão (direção, chefia e assessoramento), aplica-se o regramento previsto no art. 40 da CF; **C:** incorreta. A Lei

15. DIREITO PREVIDENCIÁRIO   431

10.261/1968, que dispõe sobre o Estatuto dos Funcionários Públicos Civis do Estado, prevê o seguinte em seu art. 199 : "A licença de que trata este artigo será concedida com vencimento ou remuneração até 1 (um) mês e com os seguintes descontos: I – de 1/3 (um terço), quando exceder a 1 (um) mês até 3 (três); II – de 2/3 (dois terços), quando exceder a 3 (três) até 6 (seis); III – sem vencimento ou remuneração do sétimo ao vigésimo mês.); **D:** Incorreta. A Lei 10./1968 afirma o quanto segue em seu art. 127: "O funcionário terá direito, após cada período de 5 (cinco) anos, contínuos, ou não, à percepção de adicional por tempo de serviço, calculado à razão de 5% (cinco por cento) sobre o vencimento ou remuneração, a que se incorpora para todos os efeitos.)"; **E:** incorreta. A Lei 10.261/1968 trata do tema em seu art. 228, no qual se lê que a aposentadoria voluntária somente produzirá efeito a partir da publicação do ato no Diário Oficial.

Gabarito "B".

(Procurador do Estado/SP – 2018 – VUNESP) Ana Maria, titular de cargo efetivo, foi eleita vereadora do Município de São José do Rio Preto. Assim que soube do fato, o órgão de recursos humanos a que se vincula solicitou à Consultoria Jurídica orientações sobre a situação funcional da servidora caso viesse a assumir o mandato eletivo. O Procurador do Estado instado a responder à consulta poderá apresentar, sem risco de incorrer em equívoco, os seguintes esclarecimentos acerca da situação:

(A) caso haja compatibilidade de horários, a servidora fará jus à percepção das vantagens do seu cargo, sem prejuízo da remuneração do mandato eletivo e, caso não haja compatibilidade de horários, fará jus ao afastamento do cargo efetivo, com a faculdade de optar pela melhor remuneração. O tempo de afastamento do cargo efetivo para exercício de mandato eletivo será computado para todos os efeitos legais, exceto para promoção por merecimento.

(B) a servidora deverá afastar-se do cargo efetivo para exercer o mandato eletivo, com a faculdade de optar pela melhor remuneração. O tempo de afastamento do cargo efetivo para exercício de mandato eletivo será computado para todos os efeitos legais, exceto para adicionais temporais e promoção por merecimento.

(C) a servidora deverá afastar-se do cargo efetivo para exercer o mandato eletivo, fazendo jus apenas à remuneração deste. O tempo de afastamento do cargo efetivo para exercício de mandato eletivo será computado para todos os efeitos legais, exceto para promoção por merecimento.

(D) caso haja compatibilidade de horários, a servidora fará jus à percepção das vantagens do seu cargo, sem prejuízo da remuneração do mandato eletivo e, caso não haja compatibilidade de horários, fará jus ao afastamento do cargo efetivo, com a faculdade de optar pela melhor remuneração. O tempo de afastamento do cargo efetivo para exercício de mandato eletivo será computado para todos os efeitos legais, exceto para adicionais temporais e promoção por merecimento.

(E) a servidora deverá afastar-se do cargo efetivo para exercer o mandato eletivo, com a faculdade de optar pela melhor remuneração. O tempo de afastamento do cargo efetivo para exercício de mandato eletivo não será computado para fins de obtenção de quaisquer vantagens funcionais.

O tema é regulado pelo art. 38 da CF/88, cuja leitura bem esclarece as orientações que o Procurador do Estado poderá apresentar. Vejamos:

"Ao servidor público da administração direta, autárquica e fundacional, no exercício de mandato eletivo, aplicam-se as seguintes disposições: I – tratando-se de mandato eletivo federal, estadual ou distrital, ficará afastado de seu cargo, emprego ou função; II – investido no mandato de Prefeito, será afastado do cargo, emprego ou função, sendo-lhe facultado optar pela sua remuneração; III – investido no mandato de Vereador, havendo compatibilidade de horários, perceberá as vantagens de seu cargo, emprego ou função, sem prejuízo da remuneração do cargo eletivo, e, não havendo compatibilidade, será aplicada a norma do inciso anterior; IV – em qualquer caso que exija o afastamento para o exercício de mandato eletivo, seu tempo de serviço será contado para todos os efeitos legais, exceto para promoção por merecimento; V – na hipótese de ser segurado de regime próprio de previdência social, permanecerá filiado a esse regime, no ente federativo de origem. (Redação dada pela Emenda Constitucional nº 103, de 2019)".

Gabarito "A".

(Procurador do Estado/SP – 2018 – VUNESP) Assinale a alternativa correta.

(A) Os servidores ocupantes de cargos em comissão são regidos pela Consolidação das Leis do Trabalho (CLT) e vinculados ao Regime Geral de Previdência Social.

(B) A instituição de regime jurídico único implica a existência de ente gestor único do Regime Próprio de Previdência Social.

(C) Embora o Estado de São Paulo tenha instituído regime jurídico único, seus servidores podem estar vinculados ao Regime Próprio de Previdência Social ou ao Regime Geral de Previdência Social.

(D) Os servidores ocupantes exclusivamente de cargo em comissão mantêm vínculo com o Regime Geral de Previdência Social.

(E) A instituição de regime jurídico único implica a existência de regime previdenciário único.

A: incorreta. Os servidores ocupantes de cargos em comissão e titulares de cargo efetivo são integrantes de Regime Próprio de Previdência Social, ao passo que os servidores ocupantes exclusivamente de cargo em comissão são filiados obrigatoriamente ao RGPS (art. 1º da Lei nº 8.647/1993). Ademais, não se pode afirmar de maneira peremptória que todo servidor ocupante exclusivamente de cargo em comissão seja regido pela CLT, pois isso depende da lei de cada ente federativo (por exemplo, arts. 19, § 1º e 119, ambos da Lei nº 8.112/90); **B:** incorreta. A existência do regime jurídico único (sobre o tema, veja a ADI 2.135) não se relaciona com a figura do "gestor único" do RPPS. A respeito deste último, o art. 40, § 20, da CF, na redação dada pela EC 41/2003, estabelecia ficar vedada a existência de mais de um regime próprio de previdência social para os servidores titulares de cargos efetivos, e de mais de uma "unidade gestora" do respectivo regime em cada ente estatal, *ressalvado* o disposto no art. 142, § 3º, X (Forças Armadas). Com a promulgação da EC 103/2019, este § 20 passou a estabelecer ser vedada a existência de mais de um regime próprio de previdência social e de mais de um órgão ou entidade gestora desse regime em cada ente federativo, abrangidos todos os poderes, órgãos e entidades autárquicas e fundacionais, que serão responsáveis pelo seu financiamento, observados os critérios, os parâmetros e a natureza jurídica definidos na lei complementar de que trata o § 22. A adequação do órgão ou unidade de gestão do RPPS a tal parâmetro deve ocorrer em, no máximo, 02 anos da promulgação da EC 103/2019.**C:** Incorreta. No Estado de São Paulo existe Regime Próprio de Previdência Social, de sorte que os servidores públicos titulares de cargos efetivos ficam necessariamente vinculados ao RPPS, conforme determina o art. 40 da CF. Reitere-se que o instituto do regime jurídico único não se relaciona com a figura do "gestor único" do RPPS ; **D:** Correta. CF, art. 40, § 13: "Ao servidor ocupante, exclusivamente, de cargo em comissão declarado em lei de livre nomeação e exoneração bem como de outro cargo temporário ou

432 RICARDO QUARTIM

de emprego público, aplica-se o regime geral de previdência social.";
E: Incorreta. Do art. 40, § 13, da CF, observa-se que no ente público estadual há prestadores de serviço filiados ao RGPS, ou seja, não se impõe um "regime previdenciário único". Sobre o tema, veja a Adin nº 492-1/DF, Rel. Min. Carlos Velloso.

Gabarito "D".

(Procurador do Estado/SP – 2018 – VUNESP) Maria de Oliveira efetuou inscrição definitiva na Ordem dos Advogados do Brasil logo após sua colação de grau, no início de 1987. Vocacionada ao exercício da advocacia pública, optou por dedicar-se exclusivamente aos estudos para o concurso da Procuradoria Geral do Estado de São Paulo, tendo sido aprovada no concurso de 1993, ano em que tomou posse e iniciou o exercício do cargo. Ultrapassados 25 anos de efetivo exercício do cargo de Procuradora do Estado de São Paulo, Maria de Oliveira, que hoje conta 56 anos, solicitou aposentadoria com lastro no artigo 3º da Emenda Constitucional no 47/2005. No mesmo instante, ciente de que lei estadual vigente quando de sua posse assegurava aos Procuradores do Estado o cômputo do tempo de inscrição na OAB como tempo de serviço público para todos os efeitos, apresentou certidão emitida por tal entidade ao setor de recursos humanos, requerendo a contagem do período como tempo de contribuição. Examinando o pleito, é possível concluir que a Procuradora do Estado de São Paulo

(A) não faz jus à aposentadoria requerida, pois apenas solicitou averbação do tempo de inscrição na Ordem dos Advogados do Brasil em seus assentamentos funcionais após a vigência da Emenda Constitucional no 20/1998, que veda a contagem de tempo de contribuição ficto.

(B) não faz jus à aposentadoria requerida, pois a EC no 20/1998, ao eleger o sistema de capitalização para financiamento do Regime Próprio de Previdência Social, vedou a contagem de tempo ficto.

(C) não faz jus à aposentadoria requerida, pois apenas passou a recolher contribuições previdenciárias para fins de aposentadoria quando de sua posse.

(D) faz jus à aposentadoria requerida, pois o cômputo do período de inscrição na Ordem dos Advogados do Brasil como tempo de contribuição não caracteriza contagem de tempo ficto.

(E) faz jus à aposentadoria requerida, pois o artigo 4o da Emenda Constitucional no 20/1998 consagrou o direito adquirido à qualificação jurídica do tempo.

No âmbito do regime constitucional previdenciário instituído pelas Emendas Constitucionais nº 20/98 e 47/2005, o servidor público da União, dos Estados, do Distrito Federal e dos Municípios, incluídas suas autarquias e fundações, que tivesse ingressado no serviço público até a data da publicação da EC 20, em 16 de dezembro de 1998, poderia aposentar-se com proventos integrais (totalidade da remuneração que aufere), e com direito à paridade dos proventos com a remuneração dos servidores da ativa, desde que preenchesse, cumulativamente, as seguintes condições:
"I) trinta e cinco (35) anos de tempo de contribuição, se homem, e trinta (30) anos de tempo de contribuição, se mulher;
II) vinte e cinco (25) anos de efetivo exercício no serviço público, quinze (15) anos de carreira e cinco (5) anos no cargo em que se der a aposentadoria;
III) idade mínima resultante da redução, relativamente aos limites do art. 40, § 1º, inciso III, alínea 'a', da Constituição Federal, de um ano de idade para cada ano de contribuição que exceder a condição prevista no inciso I acima referido".

Por essa regra de transição, **alcançável apenas pelos servidores públicos que ingressaram no funcionalismo até 16 de dezembro de 1998** (data da publicação da EC 20), é franqueada a aposentação com **idade inferior à prevista no corpo permanente** da CF (art. 40, § 1º, III). O art. 40, § 1º, III, da CF, após a EC 20/1998, passou a exigir a idade mínima de 60 anos de idade para os homens e 55 anos de idade para as mulheres, e tempo de contribuição de 35 anos, se homem, e 30 anos, se mulher. Para cada ano trabalhado além dos 35 anos exigíveis, se homem, ou dos 30 anos, se mulher, a regra da EC 47 autoriza a redução, em igual número de anos, da idade.

Assim, considerado o período de 1987 a 1993, que, nos termos da lei estadual vigente quando de sua posse, assegurava aos Procuradores do Estado o cômputo do tempo de inscrição na OAB como tempo de serviço público para todos os efeitos, combinado com o art. 4º da EC 20/98 (observado o disposto no art. 40, § 10, da Constituição Federal, o tempo de serviço considerado pela legislação vigente para efeito de aposentadoria, cumprido até que a lei discipline a matéria, será contado como tempo de contribuição), tem-se o total de 31 anos até 2018, nestes inclusos 25 anos de efetivo exercício no serviço público. De observar que com relação ao requisito etário, já possui 56 anos de idade. Assim, satisfeitos os requisitos para aposentadoria. Diante desse contexto, a única alternativa a ser assinalada é a letra "E". Note que a EC nº 103/2019 alterou substancialmente os requisitos para a concessão de aposentadoria aos servidores públicos, resguardados os direitos adquiridos.

Gabarito "E".

(Procurador do Estado/SP – 2018 – VUNESP) Patrícia Medeiros, titular de cargo efetivo, ciente de que determinada gratificação não integrará, em sua totalidade, a base de cálculo dos proventos de aposentadoria a que fará jus com fundamento no artigo 6o da EC nº41/2003, apresenta requerimento à Administração solicitando que referida vantagem deixe de compor a base de cálculo da contribuição previdenciária. Instada a examinar o pleito, a Procuradoria Geral do Estado corretamente apresentará parecer jurídico recomendando

(A) o indeferimento do pedido, eis que, conforme jurisprudência do Supremo Tribunal Federal, não se exige correlação perfeita entre base de contribuição e benefício previdenciário.

(B) a inadmissibilidade do pedido, por falta de interesse de agir, pois na aposentadoria com lastro no artigo 6o da EC no 41/2003 o valor dos proventos espelha exatamente a última folha de pagamento do servidor no cargo efetivo, de maneira que todas as vantagens por ele percebidas no momento da aposentação serão integralmente carreadas à inatividade.

(C) o indeferimento do pedido, pois desde o advento da Lei Federal no 10.887/2004 o cálculo das aposentadorias é realizado considerando-se a média aritmética simples das maiores remunerações.

(D) o deferimento do pedido com fundamento no princípio contributivo, que segundo tese de repercussão geral fixada pelo Supremo Tribunal Federal obsta a incidência de contribuições sobre valores que não serão considerados no cálculo dos proventos.

(E) o deferimento do pedido, pois a incidência de contribuição previdenciária sobre parcela que não integrará a base de cálculo dos proventos, segundo tese de repercussão geral fixada pelo Supremo Tribunal Federal, gera enriquecimento sem causa do Estado.

15. DIREITO PREVIDENCIÁRIO

A: Correta. De modo geral, a jurisprudência do STF se inclina pela necessidade de correlação entre base de contribuição e benefício previdenciário (por exemplo: ADC nº 08, Rel. Min. Celso de Mello, Dju 24.05.2004). Todavia, em mais de uma ocasião a Suprema Corte admitiu a incidência de contribuição previdenciária sobre verbas que não refletirão em futuros benefícios previdenciários a serem pagos aos contribuintes. No caso da contribuição previdenciária dos servidores púbicos aposentados, por exemplo, o STF julgou constitucional a exação em vista do princípio da solidariedade (ADI nº 3154, Rel. Min. Ellen Gracie, j. 18/08/2004). Na mesma toada, ao julgar o tema de repercussão geral nº 503, a Corte afirmou ser constitucional a cobrança de contribuição previdenciária sobre a remuneração do aposentado que retorne à atividade. Deixou claro, ainda, que a manutenção da Seguridade Social é dever de todos (sociedade e Administração Pública), por meio de exações com natureza de tributos, a significar que inexiste vinculação necessária entre as contribuições e uma correspondente futura contraprestação individual de um benefício ou de um serviço. Cabe assinalar que em 22/03/2019 foi publicado Acórdão em Repercussão Geral (RE 593.068, tema 163), cuja tese fixada é: 'Não incide contribuição previdenciária sobre verba não incorporável aos proventos de aposentadoria do servidor público, tais como 'terço de férias', 'serviços extraordinários', 'adicional noturno' e 'adicional de insalubridade'. Contudo, pouco tempo depois a mesma Corte afirmou ser legítima a incidência de contribuição social sobre o valor pago a título de terço constitucional de férias (RExt nº 1.072.485, Rel. Min. Marco Aurélio, j. 31/08/2020); **B**: Incorreta, uma vez que o valor dos proventos de aposentadoria não necessariamente espelha a última folha de pagamentos, pois esta pode conter verbas indenizatórias e, como no caso, gratificações ou outras verbas que não serão refletidas no cálculo dos proventos da aposentadoria; **C**: incorreta. A aposentadoria com fundamento no art. 6º da EC 41/2003 assegura proventos integrais que corresponderão à totalidade da remuneração do servidor público no cargo efetivo em que se der a aposentação; **D**: Incorreta quando da realização do certame, posto que o acórdão que fixou a tese em repercussão geral em questão foi publicada apenas em 22/03/2019 (a ata de julgamento foi publicada em 11/10/2018); **E**: Incorreta quando da realização do certame, posto que o acórdão que fixou a tese em repercussão geral em questão foi publicada apenas em 22/03/2019 (a ata de julgamento foi publicada em 11/10/2018). Ademais, a tese de repercussão geral pertinente (RE nº 593.068, Rel. Min. Roberto Barroso) não se fundamenta na tese de enriquecimento sem causa do Estado.

Gabarito "A".

(Procurador do Estado/SP – 2018 – VUNESP) Policial Militar do Estado de São Paulo que completou 24 (vinte e quatro) meses de agregação por invalidez foi reformado. Nessas circunstâncias, é correta a seguinte afirmação:

(A) caso constatado que o militar inativo passou a exercer atividade privada, na condição de empregado, a SPPREV deverá, imediatamente, cassar o ato de reforma e determinar sua reversão para o serviço ativo.

(B) nesse caso, o militar foi reformado ex officio, mas a reforma também pode ser processada a pedido.

(C) o ato de transferência do militar para a inatividade é de competência do Comandante Geral da Polícia Militar do Estado de São Paulo.

(D) nesse caso, a reforma será aperfeiçoada com vencimentos e vantagens integrais aos do posto ou graduação.

(E) com a reforma, extinguiu-se o vínculo entre a Polícia Militar e o inativo, que a partir de então passou a estar vinculado somente à São Paulo Previdência.

A Lei complementar estadual 305/2017, que alterou o Decreto-lei 260/1970 de SP, estabelece que: "Art. 2º – Ficam acrescentados ao Decreto-lei nº 260, de 29 de maio de 1970, os seguintes dispositivos:

III – artigo 26-A: "Artigo 26-A – O militar transferido para a reserva a pedido poderá ser designado para exercer funções administrativas, técnicas ou especializadas, enquanto não atingir a idade-limite de permanência na reserva. § 1º – É vedada a designação de que trata este artigo, de militar promovido ao posto superior quando de sua passagem para a reserva se não houver, em seu Quadro de origem, o respectivo posto. § 2º – O militar da reserva designado terá as mesmas prerrogativas e deveres do militar do serviço ativo em igual situação hierárquica, fazendo jus, enquanto perdurar sua designação, a: 1. férias; e 2. abono, equivalente ao valor da sua contribuição previdenciária e do padrão do respectivo posto ou graduação. § 3º – Além da avaliação médica e de aptidão física prevista no § 2º do artigo 26, o Comandante Geral definirá critérios disciplinares e técnicos para a designação de militar da reserva nos termos deste artigo."

Diante da normatização legal, a alternativa "C" é a correta: o ato de transferência do militar para a inatividade é de competência do Comandante Geral da Polícia Militar do Estado de São Paulo.

Gabarito "C".

(Procurador do Município/Sorocaba-SP – 2012 – VUNESP) Conforme estabelece a Constituição da República sobre os servidores públicos civis, a lei disporá sobre a concessão do benefício de pensão por morte, que será igual ao valor da totalidade

(A) dos proventos do servidor falecido, até o limite máximo estabelecido para os benefícios do regime geral de previdência social, acrescido de setenta por cento da parcela excedente a este limite, caso aposentado à data do óbito.

(B) dos proventos do servidor falecido, até o limite máximo estabelecido para os benefícios do regime geral de previdência social, acrescido de sessenta por cento da parcela excedente a este limite, caso aposentado à data do óbito.

(C) da remuneração do servidor no cargo efetivo em que se deu o falecimento, até o limite máximo estabelecido para os benefícios do regime geral de previdência social, acrescido de trinta por cento da parcela excedente a este limite, caso em atividade na data do óbito.

(D) da remuneração do servidor no cargo efetivo em que se deu o falecimento, até o limite máximo estabelecido para os benefícios do regime geral de previdência social, acrescido de cinquenta por cento da parcela excedente a este limite, caso em atividade na data do óbito.

(E) da remuneração do servidor no cargo efetivo em que se deu o falecimento, até o limite máximo estabelecido para os benefícios do regime geral de previdência social, acrescido de sessenta por cento da parcela excedente a este limite, caso em atividade na data do óbito.

Antes de ter sua redação substancialmente alterada pela EC nº 103/2019, o art. 40, § 7º, da CF, fixava o valor da pensão por morte nos regimes próprios de previdência de acordo com a situação do servidor na data do óbito. Em resumo, a renda mensal seria igual àquilo que o servidor recebia (seja em atividade ou aposentado) se não ultrapassar o teto do RGPS. Se ultrapassar, limitava-se o valor ao teto do RGPS e acrescentava-se 70% do que exceder esse limite. Atualmente, o art. 23 da EC nº 103/2019 afirma o seguinte: "Art. 23. A pensão por morte concedida a dependente de segurado do Regime Geral de Previdência Social ou de servidor público federal será equivalente a uma cota familiar de 50% (cinquenta por cento) do valor da aposentadoria recebida pelo segurado ou servidor ou daquela a que teria direito se fosse aposentado por incapacidade permanente na data do óbito, acrescida de cotas de 10 (dez) pontos percentuais por dependente, até o máximo de 100% (cem por cento). § 1º As cotas por dependente cessarão com a perda dessa qualidade e não serão reversíveis aos demais dependentes, preservado o valor de 100% (cem por cento) da pensão por morte quando o número de dependentes remanescente for igual ou superior a 5 (cinco). § 2º Na hipótese de existir dependente inválido ou com deficiência intelectual, mental ou grave, o valor da pensão por morte de que trata o *caput* será equivalente a: I – 100% (cem por cento) da aposentadoria recebida pelo segurado ou servidor ou daquela a que teria direito se fosse aposentado por incapacidade permanente na data do óbito, até o limite máximo de benefícios do Regime Geral de Previdência Social; e II – uma cota familiar de 50% (cinquenta por cento) acrescida de cotas de 10 (dez) pontos percentuais por dependente, até o máximo de 100% (cem por cento), para o valor que supere o limite máximo de benefícios do Regime Geral de Previdência Social. § 3º Quando não houver mais dependente inválido ou com deficiência intelectual, mental ou grave, o valor da pensão será recalculado na forma do disposto no *caput* e no § 1º. § 4º O tempo de duração da pensão por morte e das cotas individuais por dependente até a perda dessa qualidade, o rol de dependentes e sua qualificação e as condições necessárias para enquadramento serão aqueles estabelecidos na Lei nº 8.213, de 24 de julho de 1991. § 5º Para o dependente inválido ou com deficiência intelectual, mental ou grave, sua condição pode ser reconhecida previamente ao óbito do segurado, por meio de avaliação biopsicossocial realizada por equipe multiprofissional e interdisciplinar, observada revisão periódica na forma da legislação. § 6º Equiparam-se a filho, para fins de recebimento da pensão por morte, exclusivamente o enteado e o menor tutelado, desde que comprovada a dependência econômica. § 7º As regras sobre pensão previstas neste artigo e na legislação vigente na data de entrada em vigor desta Emenda Constitucional poderão ser alteradas na forma da lei para o Regime Geral de Previdência Social e para o regime próprio de previdência social da União. § 8º Aplicam-se às pensões concedidas aos dependentes de servidores dos Estados, do Distrito Federal e dos Municípios as normas constitucionais e infraconstitucionais anteriores à data de entrada em vigor desta Emenda Constitucional, enquanto não promovidas alterações na legislação interna relacionada ao respectivo regime próprio de previdência social." Caso a pensão seja única fonte de renda formal auferida pelo dependente, o benefício será concedido nos termos de lei do respectivo ente federativo, a qual tratará de forma diferenciada a hipótese de morte dos servidores de que trata o § 4º-B, do art. 40, da CF, decorrente de agressão sofrida no exercício ou em razão da função – art. 40, §7º, da CF.

Gabarito "A".

2. OUTROS TEMAS

(Procurador do Município – São Paulo/SP – 2014 – VUNESP) Considerando-se os princípios e diretrizes que regem a Seguridade Social, é correto afirmar que

(A) os princípios e diretrizes da Saúde se estendem à esfera da Previdência Social.

(B) o direito à saúde é garantido a todos, independentemente da qualidade de contribuintes da previdência social.

(C) a base de financiamento da seguridade social é composta por contribuição dos segurados e, no caso de empregados, dos empregadores.

(D) a seguridade social compreende um conjunto de ações destinado a assegurar o direito da sociedade à saúde e à previdência social.

(E) a universalidade da cobertura e do atendimento garante o direito de toda a população aos benefícios da previdência social.

A: incorreta. A questão é um tanto maldosa, porque induz o candidato a pensar nos **objetivos** da seguridade social previstos no parágrafo único do art. 194 da CF, os quais são aplicáveis às três esferas da seguridade (saúde, previdência social e assistência social). As **diretrizes** da Saúde estão previstas no art. 198 da CF e lhe são próprias, não se estendendo às demais esferas: descentralização, com direção única em cada esfera de governo; atendimento integral, com prioridade para as atividades preventivas, sem prejuízo dos serviços assistenciais; e participação da comunidade; **B:** correta, nos termos do art. 196 da CF, que dispõe que a saúde é direito de **todos**, sem fazer qualquer ressalva; **C:** incorreta. A contribuição social da empresa e entidades a ela equiparadas, incidente sobre a folha de salários, abrange a remuneração paga a qualquer pessoa física que lhe preste serviço, seja ela empregada ou contribuinte individual; **D:** incorreta. Faltou mencionar a assistência social (art. 194 da CF); **E:** incorreta. A universalidade da cobertura e do atendimento, objetivo da seguridade social previsto no art. 194, parágrafo único, I, da CF, deve ser interpretada à luz das regras incidentes sobre cada esfera da seguridade. No caso da previdência social, ela (a universalidade) será garantida a todos aqueles que **contribuírem** para o RGPS, nos termos do art. 201 da CF.

Gabarito "B".

16. DIREITOS HUMANOS

Renan Flumian

1. GERAÇÕES OU DIMENSÕES DOS DIREITOS HUMANOS

(Juiz de Direito – TJM/SP – VUNESP – 2016) Sobre os direitos do homem, assinale a alternativa correta.

(A) Os direitos de terceira dimensão são direitos transindividuais que extrapolam os interesses do indivíduo, focados na proteção do gênero humano. Evidencia-se nesse contexto a ideia de humanismo e universalidade.

(B) Os direitos humanos de primeira dimensão buscam o respeito às liberdades individuais e têm como base histórica a Magna Carta de 1215 e o Tratado de Versalhes.

(C) A doutrina é unânime em reconhecer que a expressão direitos humanos é sinônima da expressão direitos fundamentais, inexistindo distinção entre os termos.

(D) Os direitos humanos de segunda dimensão colocam em perspectiva os direitos sociais, culturais e econômicos, bem como os direitos coletivos, sendo a Constituição de Weimar a primeira carta política a reconhecê-los.

(E) Alguns doutrinadores já reconhecem a existência da quarta e quinta dimensões de direitos do homem. No primeiro caso, o foco seria o direito ao desenvolvimento e à paz. No segundo caso, os direitos estariam relacionados à engenharia genética e ao meio ambiente.

A: correta. A terceira geração ou gestação trata dos direitos à paz, ao desenvolvimento, à propriedade do patrimônio cultural e depois também ganhou contorno de proteção ao meio ambiente (também conhecidos como direitos "verdes"). A titularidade desses direitos é atribuída, geralmente, à humanidade e são classificados doutrinariamente como difusos, todavia pode-se destacar a sua faceta de direito individual também, como expressamente prevista na Declaração da ONU sobre o Direito ao Desenvolvimento; **B:** incorreta, pois a principal base histórica dos direitos humanos de primeira dimensão é a Declaração dos Direitos do Homem e Cidadão de 1789; **C:** incorreta. A doutrina atual, principalmente a alemã, considera como direitos fundamentais os valores éticos sobre os quais se constrói determinado sistema jurídico nacional (leia-se direitos previstos explicitamente no ordenamento jurídico de certo país), ao passo que os direitos humanos existem mesmo sem o reconhecimento da ordem jurídica interna de um país, pois possuem vigência universal. Entretanto, na maioria das vezes, os direitos humanos, previstos em diplomas internacionais ou parte do *jus cogens*, são reconhecidos internamente pelos sistemas jurídicos nacionais (grande equivalência), situação que os torna também direitos fundamentais. Ou seja, os direitos humanos previstos na Constituição de um país são denominados direitos fundamentais; **D:** incorreta, pois a primeira carta política que reconheceu esses direitos foi a Constituição mexicana de 1917. À título comparativo, a Constituição de Weimar é de 1919; **E:** incorreta, pois o direito ao desenvolvimento e à paz estão ligados à terceira dimensão dos direitos humanos.

Gabarito "A".

2. TRIBUNAL PENAL INTERNACIONAL

(Juiz de Direito – TJM/SP – VUNESP – 2016) Nos que diz respeito ao Estatuto Penal de Roma, assinale a alternativa que indica uma condição no julgamento realizado no Brasil que impediria a realização de um novo julgamento pelo Tribunal Penal Internacional pelos mesmos fatos.

(A) O julgamento realizado no Brasil foi conduzido de uma maneira que, no caso concreto, se revela incompatível com a intenção de submeter a pessoa à ação da justiça.

(B) O julgamento realizado no Brasil não foi conduzido de forma imparcial, em conformidade com as garantias de um processo equitativo reconhecidas pelo direito internacional.

(C) O julgamento realizado no Brasil teve por objetivo subtrair o acusado à sua responsabilidade criminal por crimes da competência do Tribunal.

(D) O julgamento realizado no Brasil não foi conduzido de forma independente, em conformidade com as garantias de um processo equitativo reconhecidas pelo direito internacional.

(E) O julgamento realizado no Brasil teve por conclusão sentença absolutória fundada na atipicidade da conduta.

A assertiva "E" é a única que traz uma condição que impediria a realização de um novo julgamento pelo TPI sobre os mesmos fatos.

Gabarito "E".

(Delegado/SP – VUNESP – 2014) Segundo o Estatuto de Roma, a competência do Tribunal Penal Internacional restringir--se-á aos crimes mais graves, que afetam a comunidade internacional no seu conjunto.

Nos termos do referido Estatuto, portanto, o Tribunal terá competência para julgar, entre outros, os seguintes crimes:

(A) hediondos e crimes de terrorismo.

(B) de guerra e crimes de tráfico ilícito de entorpecentes e drogas afins.

(C) infanticídio e crimes contra a humanidade.

(D) de agressão e crimes contra a ordem constitucional e o Estado Democrático.

(E) genocídio e crimes de guerra

Com a criação do TPI, tem-se um tribunal permanente para julgar **indivíduos** acusados da prática de crimes de genocídio, de crimes de guerra, de crimes de agressão e de crimes contra a humanidade.

Gabarito "E".

3. SISTEMA GLOBAL DE PROTEÇÃO DOS DIREITOS HUMANOS

3.1. DECLARAÇÃO UNIVERSAL DOS DIREITOS HUMANOS

(Delegado – PC/BA – 2018 – VUNESP) Nos termos da Declaração Universal dos Direitos Humanos, é correto afirmar que

(A) toda pessoa tem o direito de livremente circular e escolher a sua residência no interior de um Estado.

(B) são asseguradas às presidiárias condições para que possam permanecer com seus filhos durante o período de amamentação.

(C) toda pessoa tem direito à liberdade de reunião e de associação pacíficas ou militares.

(D) é livre a manifestação do pensamento, sendo vedado o anonimato.

(E) ninguém pode ser arbitrariamente privado da sua propriedade, exceto no caso de iminente perigo público.

A: correta (art. 13, ponto 1, da DUDH); **B:** incorreta, pois não existe previsão nesse sentido; **C:** incorreta, pois o art. 2º, ponto 1, da DUDH não prevê o direito à associação militar; **D:** incorreta, pois o art. 18 não veda o anonimato; **E:** incorreta, pois o art. 17 da DUDH assim define: 1. Todo ser humano tem direito à propriedade, só ou em sociedade com outros; e 2. Ninguém será arbitrariamente privado de sua propriedade.

Gabarito "A".

(Investigador – PC/BA – 2018 – VUNESP) A respeito da Declaração Universal dos Direitos Humanos (DUDH), assinale a alternativa correta.

(A) Ninguém pode ser preso, detido ou exilado.

(B) Ninguém será condenado por ação ou omissão, ainda que, no momento de sua prática, constituísse ato delituoso frente ao direito interno e internacional.

(C) Nenhuma pessoa sujeita a perseguição tem o direito de procurar e de se beneficiar de asilo em outros países.

(D) O direito de asilo não pode ser invocado no caso de processo realmente existente por crime de direito comum ou por atividades contrárias aos fins e aos princípios das Nações Unidas.

(E) Nenhuma pessoa pode abandonar o país em que se encontra.

A: incorreta, pois a redação correta do art. 9º é a seguinte: "Ninguém será arbitrariamente preso, detido ou exilado"; **B:** incorreta, porque o ponto 2 do art. 11 estatui o seguinte: "Ninguém poderá ser culpado por qualquer ação ou omissão que, no momento, **não** constituíam delito perante o direito nacional ou internacional"; **C:** incorreta, porque o ponto 1 do art. 14 estatui o seguinte: "Todo ser humano, vítima de perseguição, tem o direito de procurar e de gozar asilo em outros países"; **D:** correta (art. 14, ponto, da Declaração Universal dos Direitos Humanos); **E:** incorreta, porque o ponto 2 do art. 13 estatui a seguinte: "Todo ser humano tem o direito de deixar qualquer país, inclusive o próprio e a esse regressar".

Gabarito "D".

(Defensor Público/RO – 2017 – VUNESP) Sobre a Carta das Nações Unidas, é correto afirmar:

(A) assinada em São Francisco, em 26 de junho de 1945, criou o Conselho de Direitos Humanos, endossando a visão de que os direitos fundamentais são essenciais para a paz e o desenvolvimento das nações.

(B) o Conselho de Segurança é composto de quinze membros das Nações Unidas. São membros permanentes: China, Alemanha, Rússia, Reino Unido e Estados Unidos. Os demais são eleitos pela Assembleia Geral.

(C) a admissão de qualquer Estado como Membro das Nações Unidas será efetuada por decisão da Assembleia Geral, sem qualquer interferência do Conselho de Segurança.

(D) a Corte Internacional de Justiça foi criada como o principal órgão judicial das Nações Unidas, sendo composto por nove juízes.

(E) seus propósitos centrais são: (i) manter a paz e a segurança internacional; (ii) fomentar a cooperação internacional nos campos social e econômico; (iii) promover os direitos humanos no âmbito universal.

A: incorreta. A criação do CDH é uma tentativa simbólica de conferir paridade ao tema dos direitos humanos em relação aos temas da segurança internacional e da cooperação social e econômica, os quais têm conselhos específicos, respectivamente: o Conselho de Segurança e o Conselho Econômico e Social; **B:** incorreta. Depois de modificado em 1963, o Conselho de Segurança passou a ser composto dos mesmos cinco membros permanentes (China, EUA, **França**, Reino Unido e Rússia) e dez membros não permanentes, totalizando 15 membros, os quais continuam sendo eleitos pela Assembleia Geral para exercer mandato de dois anos, vedada a reeleição para o período seguinte. Cada membro do Conselho tem apenas um voto; **C:** incorreta, pois são admitidos pela Assembleia Geral mediante recomendação do Conselho de Segurança. E só podem ser admitidos os Estados "amantes da paz" que aceitarem as obrigações impostas pela Carta e forem aceitos como capazes de cumprir tais obrigações; **D:** incorreta. A Corte é o principal órgão judicial da ONU, substituindo a Corte Permanente de Justiça Internacional (CPJI) de 1922, que foi a primeira Corte Internacional com jurisdição universal. A Corte funciona com base em seu estatuto e pelas chamadas *Regras da Corte* – espécie de código de processo. A Corte é composta de 15 juízes eleitos de três em três anos para um período de nove anos e com a possibilidade de reeleição. Mas não é possível que seja eleito mais de um juiz da mesma nacionalidade; **E:** correta, como também ser um centro destinado a harmonizar a ação dos povos para a consecução desses objetivos comuns.

Gabarito "E".

(Juiz de Direito – TJM/SP – VUNESP – 2016) A Declaração Universal dos Direitos do Homem foi adotada em 10 de dezembro de 1948. A seu respeito, assinale a alternativa correta.

(A) Dada sua correlação com os direitos naturais, houve grande consenso em torno do documento que contou com a aprovação unânime dos Estados, sem reprovações ou abstenções.

(B) Estabelece três categorias de direitos: os direitos civis e políticos, os direitos econômicos, sociais e culturais e os direitos coletivos, combinando, de forma inédita, os discursos liberal, social e plural.

(C) Não tratou do direito à propriedade, tendo em vista que esse ponto poderia ser objeto de impasse com os Estados do bloco socialista.

(D) Embora sem grande repercussão, garante o direito à felicidade que, nos últimos anos, tem sido tema de grande debate nacional e internacional.

(E) Não apresenta força de lei, por não ser um tratado. Foi adotada pela Assembleia das Nações Unidas sob a forma de resolução. Contudo, como consagra valores básicos universais, reconhece-se sua força vinculante.

16. DIREITOS HUMANOS 437

A: incorreta, pois a Declaração Universal dos Direitos Humanos foi aprovada pela Resolução 217 A (III) da Assembleia Geral da ONU, em 10 de dezembro de 1948, por 48 votos a zero e oito abstenções; **B:** incorreta, Em seu bojo, encontram-se direitos civis e políticos (artigos 3º a 21) e também direitos econômicos, sociais e culturais (artigos 22 a 28); **C:** incorreta (art. 17 da DUDH); **D:** incorreta, pois não existe previsão do citado direito; **E:** correta, pois muitos defendem que a Declaração seria inderrogável por fazer parte do *jus cogens*. E ainda pode-se até advogar, conforme posição defendida por René Cassin1, que a Declaração, por ter definido o conteúdo dos direitos humanos insculpidos na Carta das Nações Unidas, tem força legal vinculante sim, visto que os Estados-membros da ONU se comprometeram a promover e proteger os direitos humanos. Por esses dois últimos sentidos, chega-se à conclusão de que a Declaração Universal dos Direitos Humanos gera obrigações aos Estados, isto é, tem força obrigatória (por ser legal ou por fazer parte do *jus cogens*). A assertiva "E" aponta que a força vinculante da DUDH provém do fato dela consagrar valores básicos universais (*jus cogens*).
Gabarito "E".

(Juiz de Direito – TJM/SP – VUNESP – 2016) Ainda sobre a Declaração Universal dos Direitos do Homem, é correto afirmar que

(A) prevê expressamente o direito à participação política, mas não o de acesso a serviços públicos.

(B) garante a todos, sem qualquer tipo de distinção, educação, direito ao trabalho e saúde pública gratuita.

(C) prevê a criação de um tribunal internacional para julgamento de violações aos direitos humanos.

(D) não estabelece nenhuma forma de governo para garantir a aplicação dos direitos humanos, pois entende que isso deve ser livremente decidido pelas nações individualmente de acordo com sua realidade.

(E) prevê o direito ao trabalho e ao repouso e lazer, inclusive a limitação razoável das horas de trabalho e as férias remuneradas periódicas.

A: incorreta, pois o direito de acesso a serviços públicos está previsto no art. 21, ponto 2, da DUDH; **B, C** e **D:** incorretas, pois não existem previsões do tipo no seio da DUDH; **E:** correta (arts. 23 e 24 da DUDH).
Gabarito "E".

(Delegado/SP – VUNESP – 2014) Segundo o que dispõe a Declaração Universal dos Direitos Humanos da ONU, toda pessoa, vítima de perseguição, tem o direito de procurar e de gozar asilo em outros países. No entanto, esse direito não pode ser invocado, entre outros, em caso de perseguição

(A) de militante político que tenha se evadido clandestinamente de seu país de origem.

(B) de pessoa que claramente tenha se rebelado contra o regime de governo de seu país.

(C) por razões de ordem política.

(D) por motivos religiosos.

(E) legitimamente motivada por crimes de direito comum.

Conforme o disposto pela redação do artigo XIV, pontos 1 e 2, da Declaração Universal, a única assertiva correta é a "E".
Gabarito "E".

3.2. PACTO INTERNACIONAL DOS DIREITOS CIVIS E POLÍTICOS

(Juiz de Direito – TJM/SP – VUNESP – 2016) O Pacto Internacional dos Direitos Civis e Políticos, de 1966,

(A) garante o direito do homem e da mulher de contrair casamento e constituir família, porém, a fim de evitar confrontos de caráter cultural com alguns dos Estados-membros não tratou da dissolução dessa união.

(B) prevê que a pena de morte não deverá ser imposta sob nenhuma hipótese, salvo em situação de guerra.

(C) garante o direito de autodeterminação dos povos, exprimindo, assim, uma tomada de consciência universal sobre a urgência de se superar o colonialismo e o imperialismo.

(D) reconhece, sem restrições, o direito de reunião pacífica.

(E) já apresenta uma preocupação com os imigrantes clandestinos, estabelecendo que estes também têm o direito de circular livremente no território de um Estado.

A: incorreta, pois o art. 23 tratou da dissolução do casamento; **B:** incorreta. "Nos países em que a pena de morte não tenha sido abolida, esta poderá ser imposta apenas nos casos de crimes mais graves, em conformidade com legislação vigente na época em que o crime foi cometido e que não esteja em conflito com as disposições do presente Pacto, nem com a Convenção sobra a Prevenção e a Punição do Crime de Genocídio. Poder-se-á aplicar essa pena apenas em decorrência de uma sentença transitada em julgado e proferida por tribunal competente" (art. 6º, ponto 2, do Pacto); **C:** correta (art. 1º do Pacto); **D:** incorreta, pois o art. 21 do Pacto prevê restrições; **E:** incorreta, pois não existe previsão nesse sentido no Pacto.
Gabarito "C".

4. SISTEMA REGIONAL DE PROTEÇÃO DOS DIREITOS HUMANOS

4.1. SISTEMA INTERAMERICANO

4.1.1. CONVENÇÃO AMERICANA DE DIREITOS HUMANOS OU PACTO DE SÃO JOSÉ DA COSTA RICA

(Juiz de Direito – TJM/SP – VUNESP – 2016) A Convenção Americana de Direitos Humanos (Pacto de San Jose da Costa Rica) reproduz a maior parte das declarações de direitos constantes do Pacto Internacional de Direitos Civis e Políticos de 1966. Contudo, existem novidades importantes, entre as quais se destaca o direito

(A) à propriedade privada cujo uso e gozo podem estar subordinados ao interesse social.

(B) de toda criança adquirir uma nacionalidade.

(C) das minorias étnicas, religiosas ou linguísticas a ter sua própria vida cultural, de professar e praticar sua religião e usar sua língua.

(D) à realização de greve, de acordo com condições preestabelecidas.

(E) das mulheres à licença-maternidade.

Em comparação com o Pacto Internacional de Direitos Civis e Políticos, uma grande novidade trazida pela Convenção Americana foi a possibilidade de subordinar o direito à propriedade privada ao interesse social (art. 21, ponto 1, da Convenção Americana de Direitos Humanos).
Gabarito "A".

---

1. O jurista francês René Samuel Cassin foi o principal autor da Declaração Universal dos Direitos Humanos.

RENAN FLUMIAN

(Delegado/SP – VUNESP – 2014) Considerando o disposto expressamente no Pacto Internacional de *San José da Costa Rica* (Convenção Americana de Direitos Humanos de 1969), a respeito do direito à vida e do direito à integridade pessoal, é correto afirmar que

(A) os processados devem ficar separados dos condenados, salvo em circunstâncias excepcionais, e devem ser submetidos a tratamento adequado à sua condição de pessoas não condenadas.

(B) toda pessoa tem o direito de que se respeite sua vida, e o direito de ser protegido pela lei, em geral, desde o momento do seu nascimento.

(C) todos os países estão proibidos de adotar a pena de morte e aqueles que já a adotem devem aboli-la de imediato.

(D) é vedada pelos Estados a adoção da pena de prisão perpétua, exceto para casos de crimes hediondos.

(E) a pena de trabalhos forçados será vedada unicamente a menores de vinte e um anos e a maiores de setenta anos.

Seguem os artigos 4º e 5º da Convenção Americana:
Artigo 4º – Direito à vida
1. Toda pessoa tem o direito de que se respeite sua vida. Esse direito deve ser protegido pela lei e, em geral, desde o momento da concepção. Ninguém pode ser privado da vida arbitrariamente.
2. Nos países que não houverem abolido a pena de morte, esta só poderá ser imposta pelos delitos mais graves, em cumprimento de sentença final de tribunal competente e em conformidade com a lei que estabeleça tal pena, promulgada antes de haver o delito sido cometido. Tampouco se estenderá sua aplicação a delitos aos quais não se aplique atualmente.
3. Não se pode restabelecer a pena de morte nos Estados que a hajam abolido.
4. Em nenhum caso pode a pena de morte ser aplicada a delitos políticos, nem a delitos comuns conexos com delitos políticos.
5. Não se deve impor a pena de morte a pessoa que, no momento da perpetração do delito, for menor de dezoito anos, ou maior de setenta, nem aplicá-la a mulher em estado de gravidez.
6. Toda pessoa condenada à morte tem direito a solicitar anistia, indulto ou comutação da pena, os quais podem ser concedidos em todos os casos. Não se pode executar a pena de morte enquanto o pedido estiver pendente de decisão ante a autoridade competente.
Artigo 5º – Direito à integridade pessoal
1. Toda pessoa tem direito a que se respeite sua integridade física, psíquica e moral.
2. Ninguém deve ser submetido a torturas, nem a penas ou tratos cruéis, desumanos ou degradantes. Toda pessoa privada de liberdade deve ser tratada com o respeito devido à dignidade inerente ao ser humano.
3. A pena não pode passar da pessoa do delinquente.
4. Os processados devem ficar separados dos condenados, salvo em circunstâncias excepcionais, e devem ser submetidos a tratamento adequado à sua condição de pessoas não condenadas.
5. Os menores, quando puderem ser processados, devem ser separados dos adultos e conduzidos a tribunal especializado, com a maior rapidez possível, para seu tratamento.
6. As penas privativas de liberdade devem ter por finalidade essencial a reforma e a readaptação social dos condenados.
A: correta (artigo 5º, ponto 4, da Convenção Americana); **B:** incorreta. O direito descrito na assertiva tem início com a concepção e não o nascimento (artigo 4º, ponto 1, da Convenção Americana); **C:** incorreta. A Convenção não impõe a obrigação de abolição imediata da pena de morte aos países-partes que a adotem. Apenas estabelece condições para sua aplicação, como para os delitos mais graves (artigo 4º, pontos 2 e 3, da Convenção Americana); **D:** incorreta, pois não existe a citada vedação na Convenção; **E:** incorreta, pois não existe determinação semelhante na Convenção (artigo 6º, ponto 2, da Convenção Americana).
Gabarito "A".

4.1.2. CORTE INTERAMERICANA DE DIREITOS HUMANOS

(Procurador – PGE/SP – 2024 – VUNESP) A respeito da proteção dos direitos sexuais e reprodutivos, assinale a alternativa correta.

(A) Na sentença do caso Gónzales e outras ("campo algodoeiro") vs. México, a Corte Interamericana reconheceu que o Estado não havia adotado as medidas adequadas para abordar atos de violência sexual no âmbito educacional, bem como não promoveu uma educação sobre direitos sexuais e reprodutivos.

(B) Na Opinião Consultiva nº 29/2022, a Corte Interamericana de Direitos Humanos afirmou que o Estado tem a obrigação reforçada de assegurar o acesso à saúde sexual e reprodutiva para as mulheres privadas de liberdade, o que não inclui o acesso à anticoncepção/contracepção de emergência para os casos de violência sexual.

(C) Na sentença do caso Rodríguez Pacheco e outra vs. Venezuela, a Corte Interamericana de Direitos Humanos afirmou que há uma relação entre o direito à saúde sexual e reprodutiva e a ideia de autonomia e de liberdade reprodutiva, no sentido do direito de tomar decisões autônomas sobre o projeto de vida, o corpo e a saúde sexual e reprodutiva, livre de violência, coerção e discriminação.

(D) Na Opinião Consultiva nº 29/2022, a Corte Interamericana de Direitos Humanos deixou de garantir às pessoas trans privadas de liberdade os direitos à saúde reprodutiva, à terapia hormonal, bem como ao tratamento para a redesignação/reafirmação sexual, sob a justificativa das especificidades nacionais dos sistemas prisionais.

(E) Na sentença do caso Escher e outros vs. Brasil, a Corte Interamericana de Direitos Humanos definiu a violência obstétrica como uma forma de violência baseada no gênero e proibida pelos tratados interamericanos de direitos humanos.

A: Incorreta, pois este caso os crimes não foram praticados no âmbito educacional. A demanda está relacionada com a responsabilidade internacional do Estado pelo "desaparecimento e posterior morte" de jovens, cujos corpos foram encontrados em uma plantação de algodão localizada na Ciudad Juárez no dia 6 de novembro de 2001. O caso que a Corte define a obrigação dos Estados em prestar educação contra a violência sexual se chama "Guzmán Albarracín y otras vs. Ecuador"; **B:** Incorreta. A Opinião Consultiva nº 29/2022 confirmou a obrigação dos Estados de garantir acesso a cuidados de saúde sexual e reprodutiva, incluindo o acesso a anticoncepcionais de emergência para casos de violência sexual; **C:** Correta. No caso Rodríguez Pacheco e outra vs. Venezuela, a Corte Interamericana destacou a relação entre o direito à saúde sexual e reprodutiva e a autonomia pessoal, afirmando que as pessoas têm o direito de tomar decisões autônomas sobre sua saúde e corpo sem sofrer violência, coerção ou discriminação; **D:** Incorreta. Na Opinião Consultiva nº 29/2022, a Corte Interamericana reafirmou que os Estados têm a obrigação de garantir o acesso à saúde para pessoas trans privadas de liberdade, incluindo terapia hormonal; **E:** Incorreta. A Corte foi acionada pela Comissão Interamericana de Direitos Humanos, a qual havia recebido anteriormente uma petição apresentada pelas organizações Rede Nacional de Advogados Populares e Justiça Global em nome dos membros das organizações Cooperativa Agrícola de Conciliação Avante Ltda. (Coana) e Associação Comunitária de Trabalhadores Rurais (Adecon), em função de interceptação e monitoramento

16. DIREITOS HUMANOS 439

ilegal de linhas telefônicas, realizada pela Polícia Militar do estado do Paraná, bem como a divulgação das conversas telefônicas, a denegação de justiça e de reparação adequada. O caso que a Corte trata de violência obstétrica se chama Brítez Arce e outros vs. Argentina.

Gabarito "C".

(Procurador – PGE/SP – 2024 – VUNESP) No que se refere às sentenças relacionadas ao Brasil no âmbito da Corte Interamericana de Direitos Humanos, assinale a alternativa correta.

(A) No caso Nova Favela Brasília, a Corte reconheceu que as vítimas estavam submetidas a padrões de discriminação estrutural e interseccional, haja vista a condição de pobreza estrutural e por se tratarem, em sua maioria, de meninas e mulheres afrodescendentes.

(B) No caso Trabalhadores da Fazenda Brasil Verde, a Corte concluiu que, em decorrência do dever geral de prevenção, um Estado é responsável por qualquer violação de direitos humanos cometida entre particulares dentro da sua jurisdição.

(C) No caso Nogueira de Carvalho e outro, a Corte afirmou não poder conhecer do fato da morte de Gilson Nogueira de Carvalho, mas se declarou competente para examinar as ações e as omissões relacionadas com violações contínuas ou permanentes.

(D) No caso Sales Pimenta, a Corte determinou a criação de um mecanismo para a reabertura de processos judiciais, salvo naqueles acobertados pela prescrição, quando, em uma sentença da Corte, se determinar a responsabilidade do Estado.

(E) No caso Barbosa de Souza e outros, a Corte rejeitou o pedido de reparação para a adoção e a implementação de um protocolo nacional que estabeleça critérios para a investigação dos feminicídios.

A: Incorreta. O caso se refere às falhas e à demora na investigação e punição dos responsáveis pelas supostas execuções extrajudiciais de 26 pessoas (maioria homens) no âmbito das incursões policiais feitas pela Polícia Civil do Rio de Janeiro em 18 de outubro de 1994 e em 8 de maio de 1995 na Favela Nova Brasília. Alegou-se que essas mortes foram justificadas pelas autoridades policiais mediante o levantamento de "atas de resistência à prisão". Alegou-se também que, na incursão de 18 de outubro de 1994, três mulheres, duas delas menores, teriam sido vítimas de tortura e atos de violência sexual por parte de agentes policiais. Finalmente, se alegou que a investigação dos fatos mencionados teria sido realizada supostamente com o objetivo de estigmatizar e revitimizar as pessoas falecidas, pois o foco teria sido dirigido à sua culpabilidade e não à verificação da legitimidade do uso da força. A corte, por fim, reconheceu na sua decisão o padrão de discriminação estrutural, mas não interseccional; B: Incorreta. A Corte declarou que o Estado brasileiro é internacionalmente responsável pela violação: i) do direito a não ser submetido à escravidão, estabelecido no art. 6º, ponto 1, da Convenção Americana sobre Direitos Humanos, em relação aos artigos 1º, ponto 1, 3º, 5º, 7º, 11, 22 e 19 do mesmo instrumento; ii) do artigo 6º, ponto 1, da Convenção Americana, em relação ao artigo 1º, ponto 1, do mesmo instrumento, produzida no marco de uma situação de discriminação estrutural histórica em razão de posição econômica; iii) das garantias judiciais da devida diligência e de prazo razoável, previstas no art. 8º, ponto 1, da Convenção Americana sobre Direitos Humanos, em relação com o art. 1º, ponto 1, do mesmo instrumento; iv) do direito à proteção judicial, previsto no art. 25 da Convenção Americana, em relação aos artigos 1º, ponto 1, e 20 do mesmo instrumento. Por fim, a Corte ordenou a adoção pelo Estado de diversas medidas de reparação. Dito isto, para um Estado ser responsabilizado tem que ser comprovado ação ou omissão; C: Correta. O referido caso diz respeito

a um fato anterior ao reconhecimento da competência da Corte pelo Estado brasileiro, portanto a Corte não pôde analisá-lo; D: Incorreta. No referido caso a corte não criou um mecanismo para reabertura de processos judiciais, porém definiu que o instituto da prescrição não deve servir de empecilho para reanálise de processos judiciais, quando a prescrição se deu por omissão ilícita do Estado; E: Incorreta, ao contrário, pois a Corte determinou a implementação de um protocolo nacional que estabeleça critérios para a investigação dos feminicídios.

Gabarito "C".

(Defensor Público/RO – 2017 – VUNESP) A respeito da Corte Interamericana de Direitos Humanos, assinale a alternativa correta.

(A) Possui duas atribuições essenciais: uma de natureza consultiva relativa à interpretação da Convenção Interamericana de Direitos Humanos assim como de tratados relativos à proteção dos direitos humanos nos Estados Americanos; outra de caráter jurisdicional para solucionar controvérsias dos Estadosmembros sobre a interpretação ou aplicação da própria convenção.

(B) Com a revisão das Regras de Procedimento, em 2001, pela Corte, o indivíduo passou a possuir legitimação para submeter um caso à Corte Interamericana.

(C) O reconhecimento de sua jurisdição, com prolação de decisões com força vinculante, decorre da adesão à Convenção Interamericana de Direitos Humanos.

(D) É composta por nove juízes nacionais de Estadosmembros da OEA, eleitos a título pessoal pelos Estados partes da Convenção.

(E) Reconhecida a ocorrência de violação de direito protegido pela Convenção Interamericana de Direitos Humanos, será determinada a adoção de medidas para restauração do direito violado. A compensação monetária, porém, não poderá ser fixada nesse âmbito.

A: correta. No que se refere à sua competência, identifica-se uma atuação *consultiva* e *contenciosa*. A competência consultiva da Corte é marcada por sua grande finalidade de uniformizar a interpretação da Convenção Americana de Direitos Humanos e dos tratados de direitos humanos confeccionados no âmbito da OEA. Já a competência contenciosa só será exercida em relação aos Estados-partes da Convenção que expressem e inequivocamente tenham aceitado essa competência da Corte (art. 62 da Convenção Americana de Direitos Humanos). A declaração de aceite da competência da Corte pode ser feita incondicionalmente ou sob condição de reciprocidade, por prazo determinado ou ainda somente para casos específicos. O Brasil reconheceu a competência obrigatória da Corte em 08.11.2002 (Decreto 4.463). O reconhecimento foi feito por prazo indeterminado, mas abrange fatos ocorridos após 10.12.1998; B: incorreta. Só os Estados-partes ou a Comissão podem acioná-la (art. 61 da Convenção); C: incorreta (reler o comentário sobre a assertiva A); D: incorreta. Sua composição é de sete juízes, os quais são nacionais dos países-membros da OEA e escolhidos pelos Estados-partes da Convenção. Vale sublinhar que essa escolha é realizada a título pessoal entre juristas da mais alta autoridade moral, de reconhecida competência em matéria de direitos humanos e que reúnam as condições requeridas para o exercício das mais elevadas funções judiciais, de acordo com a lei do Estado do qual sejam nacionais ou do Estado que os propuser como candidatos. Não deve haver dois juízes da mesma nacionalidade; E: incorreta. Se no exercício de sua competência contenciosa ficar comprovada a violação de direitos humanos da(s) vítima(s), a Corte determinará a adoção, pelo Estado agressor, de medidas que façam cessar a violação e restaurar o direito vilipendiado (*restitutio in integrum*), além de poder condenar o Estado agressor ao pagamento de indenização (tendo por base o plano material e o imaterial) à(s) vítima(s). A indenização engloba o possível

4.1.3. COMBINADAS DO SISTEMA INTERAMERICANO DE PROTEÇÃO DOS DIREITOS HUMANOS

(Procurador – PGE/SP – 2024 – VUNESP) Em relação ao direito à igualdade, à identidade, à diferença e ao dever de antidiscriminação, é correto afirmar:

(A) a proibição de discriminação com base na identidade de gênero é entendida não só em relação à identidade real ou percebida, mas igualmente em relação à identidade percebida de forma externa, salvo se essa percepção não corresponder à realidade.

(B) na sentença do caso Garibaldi vs. Brasil, a Corte Interamericana de Direitos Humanos considerou que o HIV é um motivo pelo qual está proibida a discriminação no marco do termo "outra condição social", previsto na Convenção Americana de Direitos Humanos.

(C) não se configura uma situação de discriminação quando um dispositivo, prática ou critério aparentemente neutro tem a capacidade de acarretar uma desvantagem particular para pessoas pertencentes a um grupo específico juridicamente protegido, ou a de colocá-las em desvantagem.

(D) a cláusula geral de proteção contra a discriminação da Convenção Americana de Direitos Humanos é literal em relação ao termo idade, cuja tutela protetiva foi reforçada e aprimorada a partir de Convenção Interamericana específica para a proteção dos idosos.

(E) no relatório de mérito do caso Neusa dos Santos Nascimento e outra, a Comissão Interamericana de Direitos Humanos recomendou ao Brasil a adoção de providências para exigir que empresas realizem nos processos de contratação a devida diligência em matéria de direitos humanos, especialmente sem qualquer discriminação em relação às mulheres afrodescendentes.

A: Incorreta. A proteção é para a identidade de gênero real e percebida, e não sobre como ela é percebida de forma externa. A proteção visa assegurar que a identidade de gênero das pessoas seja respeitada, independentemente de como essa identidade é percebida por outros; **B:** Incorreta, pois essa definição da Corte não se deu no caso Garibaldi vs. Brasil, mas sim no caso Cuscul Pivaral vs. Guatemala; **C:** Incorreta. Mesmo que um dispositivo, prática ou critério seja aparentemente neutro, se ele resultar em desvantagem particular para um grupo protegido, isso pode configurar discriminação indireta ou estrutural; **D:** Incorreta. A Convenção Americana de Direitos Humanos contém uma cláusula geral de proteção contra a discriminação, mas o termo "idade" não é especificamente detalhado na cláusula geral. A proteção específica para os idosos foi aprimorada com a adoção da Convenção Interamericana sobre a Proteção dos Direitos Humanos dos Idosos, que aborda explicitamente questões de discriminação com base na idade; **E:** Correta. No caso Neusa dos Santos Nascimento e outra, a Comissão Interamericana de Direitos Humanos recomendou ao Brasil que tomasse medidas para garantir que empresas realizassem diligência em matéria de direitos humanos, especialmente para evitar discriminação contra mulheres afrodescendentes. A Comissão destacou a necessidade de ações para prevenir discriminação e promover a igualdade no contexto de emprego e contratação.

Gabarito "E".

(Procurador – PGE/SP – 2024 – VUNESP) A respeito da proteção internacional dos direitos humanos e da proteção dos indivíduos e grupos vulneráveis, assinale a alternativa correta.

(A) A solicitação para que o Estado adote medidas provisórias implica prejulgamento quanto à admissibilidade da comunicação perante o Comitê dos Direitos das Crianças.

(B) A existência de uma declaração de estado de emergência configura motivo razoável para obstar a visita do Subcomitê de Prevenção da Tortura a um local de detenção.

(C) A Convenção Internacional para a proteção de todas as pessoas contra o desaparecimento forçado adota uma perspectiva restritiva do conceito de reparação, com omissão quanto às garantias de não repetição.

(D) A Declaração e Programa de Ação de Viena de 1993 reconhece expressamente que os direitos humanos são universais, indivisíveis, interdependentes e inter-relacionados.

(E) Ao conferir densidade normativa ao elemento da vulnerabilidade dos sujeitos protegidos, texto convencional autoriza o recebimento de comunicações anônimas pelo Comitê para a Eliminação de Todas as Formas de Discriminação contra a Mulher.

A: Incorreta. A solicitação de medidas provisórias por um Comitê de Direitos Humanos, como o Comitê dos Direitos da Criança, não implica prejulgamento sobre a admissibilidade da comunicação. Medidas provisórias são solicitadas para prevenir danos irreparáveis enquanto a comunicação está sendo examinada, mas não refletem uma decisão sobre a admissibilidade da comunicação em si. As medidas provisórias são adotadas para garantir proteção imediata; **B:** Incorreta. A existência de um estado de emergência não justifica, por si só, a recusa de acesso do Subcomitê de Prevenção da Tortura a locais de detenção. A Convenção das Nações Unidas contra a Tortura e o Subcomitê de Prevenção têm o direito de realizar visitas a qualquer momento e em qualquer circunstância, e a recusa deve ser justificada por razões excepcionais e proporcionais; **C:** Incorreta. A Convenção Internacional para a Proteção de Todas as Pessoas contra o Desaparecimento Forçado, adotada pela ONU, é abrangente e inclui o conceito de reparação que cobre várias dimensões, reconhecendo a importância de garantir que tais violações não ocorram novamente e para isso inclui medidas para a não repetição; **D:** Correta. A Declaração e Programa de Ação de Viena, adotada na Conferência Mundial sobre Direitos Humanos em 1993, confirma que os direitos humanos são universais, indivisíveis, interdependentes e interrelacionados. Esta perspectiva reflete a compreensão moderna dos direitos humanos, enfatizando que todos os direitos são igualmente importantes e interdependentes; **E:** Incorreta. O Comitê para a Eliminação de Todas as Formas de Discriminação contra a Mulher (CEDAW) não permite o recebimento de comunicações anônimas. As comunicações devem ser apresentadas de forma identificada e a identidade do autor é uma parte importante do processo de exame e verificação das comunicações.

Gabarito "D".

(Procurador – PGE/SP – 2024 – VUNESP) A respeito da proteção regional dos direitos humanos, assinale a alternativa correta.

(A) As especificidades que orientam os direitos humanos impedem a formulação e a apreciação de pedido de

16. DIREITOS HUMANOS 441

desistência no procedimento perante a Comissão Interamericana de Direitos Humanos.

(B) Sob pena da Corte Interamericana de Direitos Humanos rejeitar a objeção relativa à falta de esgotamento de recursos internos, o Estado deve apresentar a referida preliminar durante o procedimento de admissibilidade perante a Comissão Interamericana de Direitos Humanos.

(C) A ausência de um consenso interno nos Estados submetidos à jurisdição da Corte Interamericana de Direitos Humanos impede o exercício da atividade consultiva em torno de determinada questão.

(D) A Corte Interamericana de Direitos Humanos, intérprete última da Convenção Americana de Direitos Humanos, tem competência para emitir interpretações a respeito de todas as disposições da Convenção, salvo aquelas de natureza processual.

(E) Por força da teoria da hierarquia dos tratados, a Corte Interamericana de Direitos Humanos poderá emitir pareceres sobre a compatibilidade das leis internas dos Estados-membros, salvo as de natureza constitucional, com a Convenção Americana ou com outros tratados de proteção dos direitos humanos nos Estados americanos.

A: Incorreta. Embora os direitos humanos tenham especificidades, isso não impede a formulação e apreciação de pedidos de desistência no procedimento perante a Comissão Interamericana de Direitos Humanos (CIDH); **B:** Correta. De acordo com o Regulamento da Comissão Interamericana de Direitos Humanos, a objeção de falta de esgotamento de recursos internos deve ser levantada pelo Estado durante o procedimento de admissibilidade na Comissão; **C:** Incorreta. A Corte Interamericana de Direitos Humanos pode emitir opiniões consultivas mesmo na ausência de consenso interno entre os Estados. As opiniões consultivas são pedidas por Estados ou por órgãos do Sistema Interamericano para esclarecer questões de interpretação ou aplicação da Convenção Americana e outros tratados de direitos humanos. A atividade consultiva não exige consenso interno dos Estados; **D:** Incorreta. A Corte Interamericana de Direitos Humanos tem competência para interpretar todas as disposições da Convenção Americana de Direitos Humanos, incluindo aquelas de natureza processual. A Corte pode emitir interpretações sobre tanto disposições substantivas quanto processuais da Convenção para garantir sua aplicação adequada; **E:** Incorreta. O citado controle é assim definido por André de Carvalho Ramos: "O controle de convencionalidade *internacional* é atividade de fiscalização dos atos e condutas dos Estados em confronto com seus compromissos internacionais. Em geral, o controle de convencionalidade é atribuído a órgãos compostos por julgadores independentes, criados por tratados internacionais, o que evita que os próprios Estados sejam, ao mesmo tempo, fiscais e fiscalizados". Deve-se destacar que o citado controle pode ser exercido até em face das Constituições nacionais, podendo gerar as chamadas normas constitucionais inconvencionais. Trata-se de um controle bem amplo, englobando todos os atos estatais, inclusive as omissões.
Gabarito "B".

(Juiz de Direito – TJM/SP – VUNESP – 2016) Em relação à Comissão e à Corte Interamericana de Direitos Humanos, é correto afirmar que

(A) apenas em 2001 o Brasil reconheceu a competência jurisdicional da Corte.

(B) apenas a Comissão e os Estados-membros podem submeter um caso à Corte Interamericana. Contudo, em situações excepcionais, o indivíduo tem legitimidade direta para submeter um caso à essa Corte.

(C) no plano contencioso, se reconhecida a efetiva ocorrência de violação a algum direito do homem, a Corte recomendará a adoção de medidas que se façam necessárias à restauração do direito violado. Contudo, essa decisão não possui força vinculante e obrigatória para os envolvidos, não podendo ser executada nos países respectivos.

(D) a Corte possui duas atribuições essenciais: uma de natureza consultiva, outra de natureza contenciosa. A primeira pode ser solicitada por qualquer membro da OEA, já quanto à segunda, a competência é limitada aos Estados-membros e à Comissão.

(E) em caso de urgência, a Comissão poderá, por iniciativa própria ou mediante solicitação da parte, implementar medidas cautelares para evitar danos irreparáveis.

A: incorreta. O Brasil reconheceu a competência obrigatória da Corte em 8 de novembro 2002 (Decreto 4.463). O reconhecimento foi feito por prazo indeterminado, mas abrange fatos ocorridos após 10 de dezembro de 1998; **B:** incorreta, pois o indivíduo não tem legitimidade para tanto; **C:** incorreta. O cumprimento da sentença da Corte se dá geralmente de maneira voluntária pelos Estados. Caso isso não ocorra, por exemplo, no Brasil, o cumprimento se dará mediante execução da sentença, como título executivo judicial, perante a justiça federal, consoante disposto no artigo 109, I, da CF. Mas deve-se saber que os Estados-partes da Convenção se comprometem a cumprir a decisão da Corte em todo caso em que forem parte (artigo 68 da Convenção Americana de Direitos Humanos); **E:** incorreta. A Comissão, por iniciativa própria (*ex officio*) ou depois de receber uma denúncia, poderá entrar em contato com o Estado denunciado para que este adote, com urgência, medidas cautelares de natureza individual ou coletiva antes da análise do mérito da denúncia, desde que verificado risco de dano irreparável à vítima ou às vítimas. Dentro dessa ótica, poderá também solicitar que a Corte ordene que o Estado denunciado adote medidas provisórias mesmo antes da análise do mérito do caso, desde que o caráter de urgência e de gravidade as justifiquem para poder impedir a ocorrência de danos irreparáveis às pessoas. As **medidas cautelares** (solicitadas pela Comissão e aplicadas por Estados) e as **provisórias** (ordenadas pela Corte, mediante solicitação da Comissão, e aplicadas por Estados) possuem o mesmo efeito prático.
Gabarito "D".

(Ministério Público/ES – VUNESP – 2013) Em relação ao Sistema Interamericano de Direitos Humanos, previsto na Convenção Americana sobre Direitos Humanos (*Pacto de San José da Costa Rica*), assinale a alternativa correta.

(A) Constitui atribuição da Comissão Interamericana de Direitos Humanos conhecer dos casos relativos à interpretação ou aplicação da Convenção Americana sobre Direitos Humanos e proferir sentença que será definitiva e inapelável.

(B) A Corte Interamericana de Direitos Humanos possui competência privativa para conhecer dos assuntos relacionados com o cumprimento dos compromissos assumidos pelos Estados Partes na Convenção Americana sobre Direitos Humanos.

(C) A Comissão Interamericana de Direitos Humanos compor-se-á de onze membros, que deverão ser pessoas de alta autoridade moral e de reconhecido saber em matéria de direitos humanos.

(D) A Corte Interamericana de Direitos Humanos, a pedido de um Estado-membro da Organização, poderá emitir pareceres sobre a compatibilidade entre qualquer de suas leis internas e os tratados concernentes à proteção dos direitos humanos nos Estados americanos.

(E) No Estado brasileiro, compete privativamente ao Ministério Público Federal ou Estadual apresentar à Comissão petições que contenham denúncias ou queixas de violação da Convenção sobre Direitos Humanos por um Estado Parte.

A: incorreta, pois a assertiva lista atribuições da Corte Interamericana; **B:** incorreta, pois a Comissão Interamericana também faz parte do sistema de monitoramento criado pela Convenção Interamericana; **C:** incorreta. A Comissão Interamericana de Direitos Humanos é o órgão administrativo do sistema regional de proteção americano. É composta de sete membros, que devem ser pessoas de alta autoridade moral e de reconhecido saber em matéria de direitos humanos (art. 2°, ponto 1, do Estatuto da Comissão); **D:** correta. A competência consultiva da Corte é marcada por sua grande finalidade de uniformizar a interpretação da Convenção Americana de Direitos Humanos e dos tratados de direitos humanos confeccionados no âmbito da OEA. Dentro dessa competência, qualquer Estado-membro ou órgão3 da OEA pode pedir que a Corte emita parecer que indique a correta interpretação da Convenção e dos tratados concernentes à proteção dos direitos humanos nos Estados Americanos (art. 64, ponto 1, da Convenção Americana de Direitos Humanos). Ademais, a Corte pode fazer análise de compatibilidade entre a legislação doméstica de um país-membro da OEA e o sistema protetivo americano, com o intuito de harmonizá-los; **E:** incorreta. A Comissão pode receber petições do indivíduo "lesionado", de terceiras pessoas ou de organizações não governamentais legalmente reconhecidas em um ou mais Estados-membros da OEA que representem o indivíduo lesionado. Percebe-se que não existe a citada competência privativa do MP federal e estadual para tanto.
Gabarito "D".

5. SISTEMA GLOBAL DE PROTEÇÃO ESPECÍFICA DOS DIREITOS HUMANOS

5.1. REGRAS MÍNIMAS DAS NAÇÕES UNIDAS PARA O TRATAMENTO DE PRESOS

(Juiz de Direito – TJM/SP – VUNESP – 2016) De acordo com as Regras Mínimas das Nações Unidas para o Tratamento de Presos:

(A) é vedado o uso de correntes e ferros nos reclusos com o intuito de punir, salvo regras minuciosas sobre seu fundamento e necessidade.

(B) as celas ou locais destinados ao descanso não devem ser ocupados por mais de um recluso. Se, por razões especiais, for necessário que a administração penitenciária adote exceções a essa regra, deve-se evitar que dois reclusos sejam alojados numa mesma cela ou local.

(C) sob nenhuma condição pode haver pena de redução de alimentação.

(D) é vedada aos reclusos apenas a posse de dinheiro, permitindo-se, porém, que objetos de valor, peças de vestuário e outros objetos que lhes pertençam, desde que não ofereçam risco à integridade física dos demais prisioneiros, permaneçam com eles.

(E) em circunstâncias ordinárias, os agentes que assegurem serviços que os ponham em contato direto com os reclusos devem estar armados, desde que devidamente treinados para o uso de arma.

---

3. Os órgãos estão elencados no capítulo X da Carta da Organização dos Estados Americanos.

A: incorreta, porque correntes e ferros não devem ser utilizados sob qualquer hipótese (art. 33 das Regras Mínimas); **B:** correta (art. 9, ponto 1, das Regras Mínimas); **C:** incorreta. "As penas de isolamento e de redução de alimentação não devem nunca ser aplicadas, a menos que o médico tenha examinado o recluso e certificado, por escrito, que ele está apto para as suportar" (art. 32, ponto 1, das Regras Mínimas); **D:** incorreta (art. 43, ponto 1, das Regras Mínimas); **E:** incorreta, pois os agentes **apenas** podem estar armados em circunstâncias especiais e não ordinárias (art. 54, ponto 3, das Regras Mínimas).
Gabarito "B".

(Delegado/SP – VUNESP – 2014) Assinale a alternativa que está expressamente de acordo com as Regras Mínimas das Nações Unidas para o Tratamento dos Presos.

(A) Os presos doentes que necessitem de tratamento especializado deverão ter toda a assistência médica, psicológica, psiquiátrica ou odontológica adequada dentro do próprio estabelecimento prisional, que deverá adequar suas instalações para esse fim.

(B) Cada estabelecimento prisional terá uma biblioteca para o uso de todas as categorias de presos, devidamente provida com livros de recreio e de instrução, e os presos serão estimulados a utilizá-la.

(C) Serão absolutamente proibidos, como punições por faltas disciplinares, os castigos corporais, a detenção em cela escura, e todas as penas cruéis, desumanas ou degradantes, a menos que um médico possa declarar que o preso tenha condições de suportá-la.

(D) O preso que não trabalhar ao ar livre deverá ter, pelo menos, quatro horas por dia para fazer exercícios físicos apropriados ao ar livre, sem prejuízo do horário de banhos de sol.

(E) Será exigido que todos os presos mantenham-se limpos; para este fim, todos os presos deverão adquirir e trazer consigo seus próprios artigos de higiene necessários à sua saúde e limpeza.

A: incorreta. O artigo 22, ponto 2, das Regras Mínimas das Nações Unidas para o Tratamento dos Presos assim dispõe: "Os reclusos doentes que necessitem de cuidados especializados deverão ser transferidos para estabelecimentos especializados ou para hospitais civis. Caso o estabelecimento penitenciário disponha de instalações hospitalares, estas deverão ter o equipamento, o material e os produtos farmacêuticos adequados para o cuidado e tratamento médico dos reclusos doentes; o pessoal deverá ter uma formação profissional apropriada"; **B:** correta (artigo 40 das Regras Mínimas das Nações Unidas para o Tratamento dos Presos); **C:** incorreta, porque não existe a possibilidade de um médico ratificar a aplicação de tais medidas (artigo 31 das Regras Mínimas das Nações Unidas para o Tratamento dos Presos); **D:** incorreta. "Todos os reclusos que não efetuem trabalho no exterior deverão ter pelo menos uma hora diária de exercício adequado ao ar livre quando as condições climatéricas o permitam" (artigo 21, ponto 1, das Regras Mínimas das Nações Unidas para o Tratamento dos Presos); **E:** incorreta. "Deverá ser exigido a todos os reclusos que se mantenham limpos e, para este fim, ser-lhes-ão fornecidos água e os artigos de higiene necessários à saúde e limpeza" (artigo 15 das Regras Mínimas das Nações Unidas para o Tratamento dos Presos).
Gabarito "B".

6. DIREITOS HUMANOS NO BRASIL

6.1. CONSTITUIÇÃO CIDADÃ DE 1988

(Defensor Público/RO – 2017 – VUNESP) Assinale a alternativa que contém o critério que deve ser adotado no conflito entre a Constituição Federal e determinado tratado internacional de proteção de direitos humanos.

(A) Não há critério pré-estipulado, ficando a cargo do julgador a análise sobre qual das normas melhor se adequa ao caso concreto.

(B) Dada a supremacia da Constituição Federal no ordenamento jurídico interno, a regra nela prevista prevalece sobre a norma prescrita no tratado internacional de proteção de direitos humanos.

(C) Prevalece a norma mais benéfica ao indivíduo, titular do direito (princípio *pro homine*).

(D) Lei posterior revoga lei anterior com ela incompatível.

(E) Por possuir hierarquia supraconstitucional, prevalece a norma do tratado internacional de proteção de direitos humanos.

O princípio *pro homine* defende que a interpretação das regras protetivas dos direitos humanos deve ser sempre favorável ao seu destinatário, ou seja, o indivíduo, e nunca em prol dos Estados, que se beneficiariam de interpretações restritivistas. Esse princípio dá fundamento às regras dispostas nas alíneas do art. 29 da Convenção Americana de Direitos Humanos:

"Nenhuma disposição da presente Convenção pode ser interpretada no sentido de:

a) permitir a qualquer dos Estados-partes, grupo ou indivíduo, suprimir o gozo e o exercício dos direitos e liberdades reconhecidos na Convenção ou limitá-los em maior medida do que a nela prevista;

b) limitar o gozo e exercício de qualquer direito ou liberdade que possam ser reconhecidos em virtude de leis de qualquer dos Estados-partes ou em virtude de Convenções em que seja parte um dos referidos Estados;

c) excluir outros direitos e garantias que são inerentes ao ser humano ou que decorrem da forma democrática representativa de governo;

d) excluir ou limitar o efeito que possam produzir a Declaração Americana dos Direitos e Deveres do Homem e outros atos internacionais da mesma natureza."

Gabarito "C".

6.2. INCORPORAÇÃO NO DIREITO BRASILEIRO

(**Juiz de Direito – TJM/SP – VUNESP – 2016**) Assinale a alternativa correta.

(A) Os tratados de direito internacional que versem sobre direitos humanos têm incorporação automática, independentemente de ratificação.

(B) Independentemente da ocorrência de ratificação no ordenamento jurídico brasileiro, os tratados que versam sobre direitos humanos obrigam imediata e diretamente aos Estados, já o direito subjetivo para os particulares surge somente após a devida intermediação legislativa.

(C) Sendo o Brasil signatário de determinado tratado que verse sobre direitos humanos, ocorre a incorporação automática das suas regras, sendo desnecessário ato jurídico complementar para sua exigibilidade e implementação. Assim, a partir da entrada em vigor do tratado internacional, toda norma preexistente que seja com ele incompatível perde automaticamente a vigência.

(D) Após sua ratificação no ordenamento jurídico brasileiro, os tratados que versam sobre direitos humanos obrigam imediata e diretamente aos Estados, já o direito subjetivo para os particulares surge somente após a devida intermediação legislativa.

(E) Os enunciados dos tratados internacionais que versem sobre direitos humanos não são incorporados de plano pelo Direito nacional, pois dependem, necessariamente, de legislação que os implemente.

A: incorreta, pois todos os tratados devem passar pelo procedimento de incorporação para começarem a ter vigência no território nacional; **B:** incorreta (reler o comentário sobre a assertiva anterior); **C:** correta. Depois de internalizado, o tratado é equiparado hierarquicamente à lei ordinária infraconstitucional. Assim, as normas infraconstitucionais preexistentes ao tratado serão derrogadas quando com ele colidirem (critério cronológico) ou quando forem gerais e os tratados forem especiais (critério da especialidade). Percebe-se que por se tratar de normas de mesma hierarquia (o tratado e a lei interna), em caso de conflito deve-se utilizar os critérios de solução de antinomias aparentes. Por outro lado, é muito defendida a tese que confere prevalência ao tratado sobre a lei interna (especialmente com supedâneo no art. 27 da Convenção de Viena sobre Direitos dos Tratados), apesar de tema não ser pacífico, em matéria tributária adotou-se expressamente a prevalência do tratado sobre o direito interno (art. 98 do Código Tributário Nacional – CTN), determinando que a legislação tributária posterior ao tratado lhe deve obediência; **D:** incorreta, pois não é necessário qualquer intermediação legislativa depois que o tratado é ratificado, ou seja, passa a valer para todos; **E:** incorreta, pois não é necessária a citada implementação.

Gabarito "C".

6.3. LEGISLAÇÃO NACIONAL PROTETIVA

6.3.1. PESSOAS PORTADORAS DE TRANSTORNOS MENTAIS – MODELO ASSISTENCIAL EM SAÚDE MENTAL

(**Ministério Público/ES – VUNESP – 2013**) Assinale a alternativa correta no que diz respeito à proteção e aos direitos das pessoas portadoras de transtornos mentais, nos moldes da Lei 10.216/2001.

(A) A internação voluntária ou involuntária somente será autorizada por médico devidamente registrado no Conselho Regional de Medicina – CRM do Estado onde se localize o estabelecimento.

(B) A internação denominada compulsória é aquela que se dá sem o consentimento do usuário e a pedido de terceiro.

(C) A internação psiquiátrica denominada involuntária é determinada, de acordo com a legislação vigente, pelo juiz competente, que levará em conta as condições de segurança do estabelecimento, quanto à salvaguarda do paciente, dos demais internados e funcionários.

(D) O término da internação compulsória dar-se-á por solicitação escrita do familiar, ou responsável legal, ou quando estabelecido pelo especialista responsável pelo tratamento.

(E) A internação psiquiátrica voluntária deverá, no prazo de setenta e duas horas, ser comunicada ao Ministério Público Estadual pelo responsável técnico do estabecimento no qual tenha ocorrido, devendo esse mesmo procedimento ser adotado quando da respectiva alta.

A: correta (artigo 8° da Lei 10.216/2001); **B:** incorreta. Internação compulsória é aquela determinada pela justiça (artigo 6°, III, da Lei 10.216/2001); **C:** incorreta. A internação involuntária se dá sem o consentimento do usuário e a pedido de terceiro. Já a necessidade de o juiz levar em conta as condições de segurança do estabelecimento toma corpo quando o juiz for implementar a internação compulsória e não a involuntária (artigo 9º da Lei 10.216/2001); **D:** incorreta. A assertiva diz respeito ao término da internação involuntária (artigo 8º, § 2º, da Lei 10.216/2001); **E:** incorreta. A questão diz respeito à internação psiquiátrica involuntária (artigo 8º, § 1º, da Lei 10.216/2001).

Gabarito "A".

6.3.3. VIOLÊNCIA DOMÉSTICA E FAMILIAR CONTRA A MULHER

(Ministério Público/ES – VUNESP – 2013) No tocante às disposições da Lei 11.340/2006, é correto afirmar que

(A) no atendimento à mulher em situação de violência doméstica e familiar, a autoridade policial deverá, entre outras providências, garantir proteção policial, quando necessário, comunicando de imediato à Procuradoria Geral do Estado e à Defensoria.

(B) nos casos de violência doméstica e familiar contra a mulher, caberá ao Ministério Público, sem prejuízo de outras atribuições, quando necessário, cadastrar tais casos.

(C) nos casos de violência doméstica e familiar contra a mulher, o juiz poderá aplicar penas alternativas, entre elas, penas de pagamento de cesta básica ou outras de prestação pecuniária, bem como a substituição de pena pelo pagamento exclusivamente de multa.

(D) em qualquer fase do inquérito policial ou da instrução criminal, caberá a prisão preventiva do agressor, decretada pelo juiz a requerimento do Ministério Público ou mediante representação da autoridade policial, não podendo, entretanto, ser a prisão decretada de ofício.

(E) a medida protetiva de urgência, aplicada ao agressor, consistente no seu afastamento do lar, domicílio ou local de convivência com a ofendida, poderá ser decretada, independentemente da oitiva do agressor, sendo facultado à ofendida entregar a intimação ou notificação ao agressor.

A: incorreta. O artigo 11, I, da Lei 11.340/2006 dispõe que a autoridade policial deverá comunicar de imediato ao Ministério Público e ao Poder Judiciário; **B:** correta (artigo 26, III, da Lei 11.340/2006); **C:** incorreta, porque o artigo 17 da Lei 11.340/2006 veda a aplicação, nos casos de violência doméstica e familiar contra a mulher, de penas de cesta básica ou outras de prestação pecuniária; **D:** incorreta. A redação correta do artigo 20 da Lei 11.340/2006 é a seguinte: "Em qualquer fase do inquérito policial ou da instrução criminal, caberá a prisão preventiva do agressor, decretada pelo juiz, de ofício, a requerimento do Ministério Público ou mediante representação da autoridade policial"; **E:** incorreta. O final da assertiva é totalmente absurdo, pois no âmbito da violência doméstica, imagine a situação da mulher entregar para o próprio marido, que antes a agrediu, uma intimação do juiz. Portanto, não existe a citada faculdade.

Gabarito "B".

7. DIREITO DOS REFUGIADOS

(Defensor Público/RO – 2017 – VUNESP) Dois dos documentos principais de proteção internacional dos refugiados são a Convenção e o Protocolo sobre o Estatuto dos Refugiados, em vigor no Brasil por força dos Decretos no 50.215/1961 e no 70.946/1972, respectivamente. Esses instrumentos

(A) preveem a igualdade de tratamento com aquele conferido aos estrangeiros com residência permanente no país que concede o refúgio.

(B) preveem tratamento mais favorável que aquele conferido a estrangeiros em geral pelo país que concede o refúgio, nas mesmas circunstâncias.

(C) também tratam sobre a questão do asilo político, considerado como espécie de refúgio.

(D) conferem discricionariedade aos Estados signatários para conceder ou não o refúgio. A não concessão, porém, deverá ser fundamentada.

(E) dispõem que a cessação da condição de refugiado decorrerá de ato discricionário dos Estados.

A única assertiva correta sobre a proteção internacional dos refugiados é a B. O art. 6º da Convenção assim pondera: Para os fins desta Convenção, os termos "nas mesmas circunstâncias" implicam que todas as condições (e notadamente as que se referem à duração e às condições de permanência ou de residência) que o interessado teria de preencher, para poder exercer o direito em causa, se ele não fosse refugiado, devem ser preenchidas por ele, com exceção das condições que, em razão da sua natureza, não podem ser preenchidas por um refugiado. É um tratamento mais favorável, porém necessário pela impossibilidade do aspirante ao status de refugiado poder cumprir certos requisitos.

Gabarito "B".

8. QUESTÕES COMBINADAS E OUTROS TEMAS

(Juiz de Direito – TJ/SP – 2023 – VUNESP) A agenda 2030 constitui um plano global que reúne 17 objetivos. Assim, partindo-se de quatro dimensões, ou seja, social, ambiental, econômica e institucional, os Objetivos de Desenvolvimento Sustentável indicam a necessidade de se encarar o mundo com medidas transformadoras. Na orientação da própria ONU, "a visão é ambiciosa e transformadora, porque prevê um mundo livre dos problemas atuais, como pobreza, miséria, fome, doença, violência, desigualdades, desemprego, degradação ambiental, esgotamento dos recursos naturais, entre outros"

(www.odsbrasil.gov.br).

Considerado isso, indique a alternativa que não faz parte dos objetivos da agenda 2030.

(A) Assegurar a educação inclusiva, equitativa e de qualidade, e promover oportunidades de aprendizagem ao longo da vida para todos.

(B) Acabar com a fome, alcançar a segurança alimentar e melhoria da nutrição e promover a agricultura sustentável.

(C) Estabelecer um valor de salário-mínimo global que assegure bem-estar para todos e reduza as desigualdades dentro dos países e entre eles.

(D) Tomar medidas urgentes para combater a mudança do clima e seus impactos.

A: Correta. Este objetivo faz parte da Agenda 2030, mais especificamente do ODS 4 – Educação de Qualidade; **B:** Correta. Este objetivo também faz parte da Agenda 2030, sendo abordado no ODS 2 – Fome Zero e Agricultura Sustentável; **C:** Incorreta. A Agenda 2030 não estabelece um objetivo específico relacionado à criação de um salário-mínimo global. Esse tipo de política salarial não está contemplado nos ODS; **D:** Correta. Este objetivo faz parte da Agenda 2030 e é abordado no ODS 13 – Ação Contra a Mudança Global do Clima.

Gabarito "C".

(Juiz de Direito – TJ/SP – 2023 – VUNESP) Richard H. Thaler recebeu o prêmio Nobel de Economia de 2017 por ter demonstrado, a partir de pesquisa que uniu a economia à psicologia, que:

(A) os seres humanos nem sempre são racionais e suas escolhas são feitas com base em considerações pessoais e culturais.

(B) as pessoas são seres racionais que tendem a decidir com pragmatismo e sem influência de emoções.

(C) as pessoas tomam decisões com base nas informações disponíveis e não avaliam ou são influenciadas por questões sociais.

(D) os seres humanos, nas suas decisões financeiras, não levam em consideração estímulos subjetivos, como descrito pela economia clássica.

A afirmação correta é a "A". Thaler é conhecido por seus estudos sobre economia comportamental, que demonstram que os seres humanos muitas vezes tomam decisões que não são estritamente racionais, mas influenciadas por fatores emocionais, culturais e sociais. Ele mostrou como os "vieses cognitivos" afetam as decisões econômicas das pessoas, refutando assim a visão da economia clássica de que os agentes econômicos sempre agem de forma racional e com base em informação completa.

Gabarito "A".

17. Direito Urbanístico

Paula Morishita

1. PARCELAMENTO DO SOLO URBANO

(Procurador Municipal/SP – VUNESP – 2016) Os lotes urbanos, para fins de loteamento e parcelamento do solo, conforme estabelecido na Lei 6.766/1979, quando o loteamento se destinar a edificação de conjuntos habitacionais de interesse social, previamente aprovados pelos órgãos públicos competentes, poderão ter área mínima

(A) de 150 m².
(B) menor que 125 m².
(C) entre 130 e 150 m².
(D) entre 150 e 250 m².
(E) de 250 m².

O art. 4º da Lei n. 6.766/1979 trata dos requisitos urbanísticos para os loteamentos, e, em seu inciso II, determina que: Art. 4º Os loteamentos deverão atender, pelo menos, aos seguintes requisitos: II - os lotes terão área mínima de 125m² (cento e vinte e cinco metros quadrados) e frente mínima de 5 (cinco) metros, salvo quando o loteamento se destinar a urbanização específica ou edificação de conjuntos habitacionais de interesse social, previamente aprovados pelos órgãos públicos competentes.
Gabarito "B".

(Procurador Municipal – Sertãozinho/SP – VUNESP – 2016) A Lei 6.766/1979 trata sobre o Parcelamento do Solo. Destina um dos seus capítulos a tutelar os contratos que tenham por objeto a venda de bens imóveis. Sob esse aspecto, é correto afirmar que

(A) aquele que adquirir a propriedade loteada mediante ato *inter vivos*, ou por sucessão *causa mortis*, sucederá o transmitente em todos os seus direitos e obrigações, ficando obrigado a respeitar os compromissos de compra e venda ou as promessas de cessão, em todas as suas cláusulas, sendo anulável qualquer disposição em contrário, ressalvado o direito do herdeiro ou legatário de renunciar à herança ou ao legado.
(B) o contrato particular pode ser transferido por simples trespasse, lançado no verso das vias em poder das partes, ou por instrumento em separado, declarando--se o número do registro do loteamento, o valor da cessão e a qualificação do cessionário para o devido registro.
(C) em qualquer caso de rescisão por inadimplemento do adquirente, as benfeitorias necessárias ou úteis por ele levadas a efeito no imóvel não deverão ser indenizadas, sendo de nenhum efeito qualquer disposição contratual em contrário.
(D) qualquer alteração ou cancelamento parcial do loteamento registrado dependerá de acordo entre o loteador e os adquirentes de lotes atingidos pela alteração, independentemente da aprovação pela Prefeitura Municipal, ou do Distrito Federal quando for o caso, devendo ser depositada no Registro de Imóveis.

(E) são retratáveis os compromissos de compra e venda, cessões e promessas de cessão, os que atribuam direito à adjudicação compulsória e, estando registrados, confiram direito real oponível a terceiros.

A. incorreta. O art. 29 da Lei 6.766/1979 considera nulas as disposições em contrário, e não meramente anuláveis, ressalvado o direito do herdeiro ou legatário de renunciar à herança ou ao legado; B. correta, nos termos do art. 31, "caput", da Lei 6.766/1979 que prevê: Art. 31. O contrato particular pode ser transferido por simples trespasse, lançado no verso das vias em poder das partes, ou por instrumento em separado, declarando-se o número do registro do loteamento, o valor da cessão e a qualificação do cessionário, para o devido registro. C. incorreta. Nos termos do art. 34 da Lei 6.766/1979, em qualquer caso de rescisão por inadimplemento do adquirente, as benfeitorias necessárias ou úteis por ele levadas a efeito no imóvel deverão ser indenizadas, sendo de nenhum efeito qualquer disposição contratual em contrário. Como exceção, não serão indenizáveis as benfeitorias feitas em desconformidade com o contrato ou com a lei; D. incorreta. Nos termos do art. 28 da Lei 6.766/1979, deve haver aprovação pela Prefeitura Municipal, ou do Distrito Federal quando for o caso, devendo ser depositada no Registro de Imóveis, em complemento ao projeto original com a devida averbação; E. incorreta. Nos termos do art. 25 da lei 6.766/1979, tais avenças são irretratáveis.
Gabarito "B".

(Procurador – SP – VUNESP – 2015) Quanto ao parcelamento do Solo Urbano, é correta a seguinte afirmação:

(A) Considera-se desmembramento a subdivisão de gleba em lotes destinados à edificação, com abertura de novas vias de circulação, de logradouros públicos ou prolongamento, modificação ou ampliação das vias existentes.
(B) Considera-se loteamento a subdivisão de gleba em lotes destinados à edificação, com aproveitamento do sistema viário existente, desde que não implique na abertura de novas vias, logradouros públicos, nem no prolongamento, modificação ou ampliação dos já existentes.
(C) Não será permitido o parcelamento do solo para fins urbanos em terrenos alagadiços e sujeitos a inundações, ainda que tomadas as providências para assegurar o escoamento das águas.
(D) Não será permitido o parcelamento de solo para fins urbanos em terrenos que tenham sido aterrados com material nocivo à saúde pública, ainda que previamente saneados.
(E) Somente será admitido o parcelamento do solo para fins urbanos em zonas urbanas, de expansão urbana ou de urbanização específica, assim definidas pelo plano diretor ou aprovadas por lei municipal.

A. incorreta. Art. 2º, § 2º da Lei 6.766/1979: § 2º Considera-se desmembramento a subdivisão de gleba em lotes destinados a edificação, com aproveitamento do sistema viário existente, desde que não implique na abertura de novas vias e logradouros públicos, nem no prolongamento, modificação ou ampliação dos já existentes; B. incorreta. Art. 2º, § 1º da

PAULA MORISHITA

Lei 6.766/1979: § 1º Considera-se loteamento a subdivisão de gleba em lotes destinados a edificação, com abertura de novas vias de circulação, de logradouros públicos ou prolongamento, modificação ou ampliação das vias existentes; **C.** incorreta. De acordo com o art. 3º, parágrafo único, I, da Lei 6.766/1979, não será permitido o parcelamento do solo em terrenos alagadiços e sujeitos a inundações, antes de tomadas as providências para assegurar o escoamento das águas; **D.** incorreta. De acordo com o art. 3º, parágrafo único, II, da Lei 6.766/1979, não será permitido o parcelamento do solo em terrenos que tenham sido aterrados com material nocivo à saúde pública, sem que sejam previamente saneados; **E.** correta, nos termos do art. 3º, "caput", da Lei 6.766/1979.
Gabarito "E."

2. ESTATUTO DAS CIDADES E INSTRUMENTOS DA POLÍTICA URBANA

(Procurador Municipal/SP – VUNESP – 2016) O direito de preempção confere ao Poder Público Municipal preferência para aquisição de imóvel urbano objeto de alienação onerosa entre particulares, de acordo com a Lei 10.257/2001, que regulamenta os arts. 182 e 183 da CF/1988, traçando as diretrizes da Política Urbana Nacional. Assim, é correto afirmar que

- **(A)** tal direito será exercido pelo Poder Público para fins de constituição de reserva de capital.
- **(B)** a lei estadual, baseada no plano diretor de cada município, delimitará as áreas em que incidirá o direito de preempção e fixará prazo de vigência, não superior a cinco anos, renovável a partir de um ano após o decurso do prazo inicial de vigência.
- **(C)** o direito de preempção fica assegurado durante o prazo de vigência fixado em legislação municipal, independentemente do número de alienações referentes ao mesmo imóvel.
- **(D)** a alienação processada em condições diversas da proposta apresentada será considerada anulável.
- **(E)** o proprietário deverá notificar ao Município sua intenção de alienar o imóvel, para que qualquer ente público, no prazo máximo de trinta dias, manifeste por escrito seu interesse em comprá-lo.

A: incorreta. O art. 26 da Lei 10.257/2001 estabelece que: Art. 26. O direito de preempção será exercido sempre que o Poder Público necessitar de áreas para: I – regularização fundiária; II – execução de programas e projetos habitacionais de interesse social; III – constituição de reserva fundiária; IV – ordenamento e direcionamento da expansão urbana; V – implantação de equipamentos urbanos e comunitários; VI – criação de espaços públicos de lazer e áreas verdes; VII – criação de unidades de conservação ou proteção de outras áreas de interesse ambiental; VIII – proteção de áreas de interesse histórico, cultural ou paisagístico; **B.** incorreta. A competência para a edição de tal lei é municipal, nos termos expressos do art. 25, § 1º, da Lei 10.257/2001; **C.** correta, conforme previsão expressa do § 2º do art. 25 da Lei 10.257/2001; **D.** incorreta. De acordo com o art. 27, § 5º da Lei 10.257/2001, a alienação processada em condições diversas da proposta apresentada é nula de pleno direito; **E.** incorreta. Nos termos do "caput" do art. 27 da Lei 10.257/2001, quem tem a prerrogativa de manifestar-se no prazo assinalado é o Município. Art. 27. O proprietário deverá notificar sua intenção de alienar o imóvel, para que o Município, no prazo máximo de trinta dias, manifeste por escrito seu interesse em comprá-lo.
Gabarito "C."

(Procurador – SP – VUNESP – 2015) O Estatuto da Cidade traz alguns instrumentos da política urbana, dentre eles o planejamento municipal, no qual se inclui, em especial:

- **(A)** Plano de desenvolvimento econômico e assistencial.
- **(B)** Limitação sócio-administrativa.
- **(C)** Tombamento de móveis ou de mobiliário urbano.
- **(D)** Instituição de zonas especiais de unidades de conservação.
- **(E)** Gestão orçamentária participativa.

O planejamento municipal é instrumento de política urbana, e, em especial, além da gestão orçamentária e participativa (alínea "f" do apontado inciso III), são seus instrumentos específicos, nos termos do art. 4º, III da Lei 10.257/2001: Art. 4º Para os fins desta Lei, serão utilizados, entre outros instrumentos: III – planejamento municipal, em especial: a) plano diretor; b) disciplina do parcelamento, do uso e da ocupação do solo; c) zoneamento ambiental; d) plano plurianual; e) diretrizes orçamentárias e orçamento anual; f) gestão orçamentária participativa; g) planos, programas e projetos setoriais; h) planos de desenvolvimento econômico e social.
Gabarito "E."

18. Direito Internacional

Renan Flumian

(Juiz de Direito – TJ/SP – 2023 – VUNESP) José, na última acirrada discussão com sua vizinha Eunice, afirmou que a demandará judicialmente. Larissa, amiga de ambos, recomendou que busquem resolver suas diferenças com a contribuição da mediadora Lídia.

Assinale a alternativa correta.

(A) A recomendação de Larissa só terá sentido até a proposição de eventual demanda judicial, já que a adoção de meios consensuais de solução de controvérsias não deve ser estimulada no curso de processos judiciais.

(B) Lídia auxiliará os interessados a compreender as questões e os interesses em conflito, de modo que eles possam, pelo restabelecimento da comunicação, identificar, por si mesmos, soluções consensuais que gerem benefícios mútuos.

(C) Caso aceitem a recomendação mas, apesar da tentativa, não celebrem acordo, Lídia poderá testemunhar em futuras demandas judiciais sobre fatos ou elementos oriundos da mediação.

(D) Lídia não poderá aplicar técnicas negociais com o objetivo de proporcionar ambiente favorável à autocomposição.

A: Incorreta. A recomendação de Larissa não perde o sentido após a proposição de eventual demanda judicial. A mediação pode ser buscada a qualquer momento, inclusive durante o curso de processos judiciais; **B:** Correta. A função da mediadora Lídia é facilitar a comunicação entre as partes, ajudando-as a compreender os pontos de vista e os interesses envolvidos no conflito, para que possam chegar a soluções consensuais; **C:** Incorreta. A mediação é um procedimento sigiloso, e Lídia não poderá testemunhar sobre fatos ou elementos oriundos da mediação em futuras demandas judiciais; **D:** Incorreta. Lídia pode aplicar técnicas negociais para facilitar a autocomposição e o entendimento entre as partes durante a mediação.

Gabarito "B".

(Procurador do Município/São José dos Campos-SP – VUNESP – 2012) Segundo as regras constitucionais de competência do Poder Judiciário, uma causa em que forem partes Estado estrangeiro ou organismo internacional, de um lado, e, do outro, Município, a competência para julgamento será do

(A) Supremo Tribunal Federal, originariamente.

(B) Supremo Tribunal Federal, em recurso extraordinário.

(C) Superior Tribunal de Justiça, em recurso ordinário.

(D) Superior Tribunal de Justiça, em recurso especial.

(E) Tribunal Regional Federal, em recurso ordinário.

A competência será do STJ via recurso ordinário (art. 105, II, *c*, da CF).

Gabarito "C".

19. Matemática e Raciocínio Lógico

Enildo Garcia

1. RACIOCÍNIO LÓGICO

(Analista – TRF3 – 2024 – VUNESP) Considere a seguinte afirmação: "Existe, pelo menos, um candidato que, se ele não dormiu bem à noite, então não foi aprovado no concurso."

Uma negação lógica para a afirmação apresentada é:

(A) Não existe candidato que não dormiu bem à noite e foi aprovado no concurso.
(B) Existe candidato que, se foi aprovado no concurso, então dormiu bem à noite.
(C) Existe mais de um candidato que, se ele não dormiu bem à noite, então não foi aprovado no concurso.
(D) Todos os candidatos dormiram bem à noite e foram aprovados no concurso.
(E) Todos os candidatos não dormiram bem à noite e foram aprovados no concurso.

Resolução
A negação de "Existe, pelo menos, um" é "Todos..".
Têm-se, então, as opções D e E de resposta à questão.
A negação "de não dormiu bem à noite, então não foi aprovado no concurso." é
"não dormiu bem à noite, e foi aprovado no concurso." EG
Gabarito "E".

(Analista – TRF3 – 2024 – VUNESP) Considere verdadeiras as seguintes afirmações:

I. Se o evento é hoje, então descansei ontem.
II. O evento não é hoje ou amanhã vou descansar.
III. Ou estudo hoje ou não descansarei amanhã.
IV. Não descansarei amanhã.

Uma conclusão verdadeira que se pode extrair das informações apresentadas é:

(A) O evento é hoje.
(B) Descansei ontem.
(C) Não estudo hoje.
(D) Não descansei hoje.
(E) Estudo hoje.

Resolução
Uma vez que ele estuda **ou** descansa em cada dia,
a afirmação IV indica que vai estudar amanhã.
Sendo assim, não vai estudar hoje para que III seja Verdadeira.
Para que a afirmação III seja Verdadeira é necessário que uma ou outra das premissas seja Verdadeira e a outra, Falsa. (**Ou** exclusivo)
Tabela Verdade do **ou** exclusivo (v): EG

p	q	p ∨ q
V	V	F
V	F	**V**
F	V	**V**
F	F	F

Gabarito "C".

(Analista – TRF3 – 2024 – VUNESP) Uma senha de seis dígitos, todos numéricos, corresponde ao 10º elemento da seguinte sequência numérica:

2, 11, 47, 191, 767, 3071, ...

Considerando-se que a senha seja **mpqxyz**, em que **m, p, q, x, y, z** representam os algarismos dessa senha, o número que representa **y** é

(A) 5.
(B) 7.
(C) 9.
(D) 3.
(E) 1.

1ª Solução

A sequência tem a estrutura

> Note que cada termo é a soma do anterior com 4x a diferença entre eles

$a_1 = 2$
$a_2 = 11$
$a_3 = 11 + 36 = 47$
$a_4 = 47 + 4 \times 36 = 47 + 144 = 191$

$a_5 = 191 + 4 \times 144 = 191 + 576 = 767$
$a_6 = 767 + 4 \times 576 = 767 + 2.304 = 3.071$
$a_7 = 3.071 + 4 \times 9.216 = 3.071 + 9.916 = 12.287$
$a_8 = 12.287 + 4 \times 9.216 = 49.151$
$a_9 = 49.151 + 4 \times 36.864 = 196.607$
$a_{10} = 196.607 + 4 \times 147.516 = 786.431.$
Assim, a senha mpqxtmyz é igual a 786431 que mostra que y vale 3.

2ª Solução

Tem-se:
$a_1 = 2$
$a_2 = 2 + 9 = 11 = 2 + 3^2$
$a_3 = 11 + 36 = 47 = 11 + 6^2$
$a_4 = 47 + 144 = 191 = 47 + 12^2$
$a_5 = 191 + 576 = 767 = 191 + 24^2$
$a_6 = 767 + 2.304 = 3.071 = 767 + 48^2$
$a_7 = 3.071 + 96^2 = 12.287$
$a_8 = 12.287 + 192^2 = 49.151$
$a_9 = 49.151 + 384^2 = 196.607$
$a_{10} = 196.607 + 768^2 = 786.431.$
Assim, a senha mpqxtmyz é igual a 786431 que mostra que y vale 3.

3ª Solução
Para n par, Tem-se
$a_2 + 1 = 12 \times 16^0 = 12$
$a_4 + 1 = 12 \times 16^1 = 192$
$a_6 + 1 = 12 \times 16^2 = 3.072$
$a_8 + 1 = 12 \times 16^3 = 49.152$
$a_{10} + 1 = 12 \times 16^4 = 786.432$
Daí,
$a_{10} = 786.431$
Assim, a senha mpqxtmyz é igual a 786431 que mostra que y vale 3. Letra D

Ou
$a_n = 12 \times 16^{n/2-1}$, n par
Assim,
$a_{10} = 12 \times 16^{10/2-1} - 1 = 12 \times 16^4 - 1 = 786.431$
Gabarito "D".

(Escrevente – TJ/SP – VUNESP – 2023) A alternativa que corresponde à negação lógica da afirmação:

"Qualquer processo deve ser considerado ou não há trabalho eficiente neste escritório", é

(A) Algum processo não deve ser considerado e há trabalho eficiente neste escritório.
(B) Há trabalho eficiente neste escritório ou todos os processos não devem ser considerados.
(C) Qualquer processo não deve ser considerado e não há trabalho eficiente neste escritório.
(D) Se qualquer processo não deve ser considerado, então há trabalho eficiente neste escritório.
(E) Se há trabalho eficiente neste escritório, então todo processo deve ser considerado.

Resolução
Trata-se da negação de
"Todos os processos devem ser considerados e há trabalho eficiente neste escritório", que é
Algum processo **não** deve ser considerado e há trabalho eficiente neste escritório.
Gabarito "A".

(Escrevente – TJ/SP – VUNESP – 2023) Três amigas, Juliana, Nádia e Marluce, praticam atletismo, não necessariamente nesta ordem de modalidades: 100 metros rasos, 400 metros com barreiras e 5 000 metros. As alturas de cada uma delas são, não necessariamente nesta ordem: 1,68 m, 1,72 m e 1,81 m. Sobre elas é conhecido que Juliana não corre os 100 metros rasos e mora perto da amiga cuja altura é de 1,72 m. Já Nádia, que não é a mais baixa, não pratica provas com menos de 1 000 m e não mora perto das outras duas amigas.

A partir dessas informações, tem valor lógico verdadeiro a afirmação:

(A) A atleta que tem 1,72 m de altura pratica 100 metros rasos e Juliana pratica os 5 000 metros.
(B) Ou Juliana pratica os 400 metros com barreiras ou Nádia tem 1,81 m de altura.
(C) Se Nádia tem 1,72 m de altura, então Marluce tem 1,81 m de altura.
(D) Se Juliana tem 1,68 m de altura, então Nádia pratica os 400 metros com barreiras.
(E) Nádia pratica 5000 metros e Marluce tem 1,81 m de altura.

Resolução
Ao preencher os dados na tabela, tem-se

Atleta	Modalidade			Altura		
	100m	400m	5.000m	1,68m	1,72m	1,81m
Juliana	N	S	N	S		
Nádia	N	N	S	N		S
Marluce	S	N	N		S	

Logo,
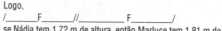
se Nádia tem 1,72 m de altura, então Marluce tem 1,81 m de altura.
Pela Lógica, a condicional com valores F -> F, é uma sentença Verdadeira.
Conforme a tabela Verdade:

p	q	p -> q
V	V	V
V	F	F
F	V	V
F	F	V

Gabarito "C".

(Escrevente – TJ/SP – VUNESP – 2023) Um pouco antes de entrarem para prestar a prova de um concurso, 5 pessoas fizeram afirmações que soaram um tanto parecidas.

Letícia afirmou: "Se o concurso é longo e é difícil, então os candidatos estudam."

Pedro afirmou: "Se os candidatos estudam, então o concurso é longo e é difícil."

Mércia afirmou: "Se os candidatos não estudam, então o concurso não é longo e não é difícil."

Célia afirmou: "Se o concurso não é longo ou não é difícil, então os candidatos não estudam."

Rodrigo afirmou: "Se o concurso é longo ou é difícil, então os candidatos não estudam."

Duas dessas pessoas disseram afirmações logicamente equivalentes entre si. Essa dupla de pessoas é

(A) Letícia e Rodrigo.
(B) Rodrigo e Mércia.
(C) Célia e Mércia.
(D) Pedro e Mércia.
(E) Pedro e Célia.

Resolução

Sejam as premissas
p : os candidatos estudam
q: o concurso é longo e é difícil
Tem-se que ~q = "concurso é longo ou é difícil"

A equivalência lógica de p -> q é
~q -> ~p.
A: Letícia: q ->p
Rodrigo: q>~p Não são equivalentes
B: Rodrigo: q -> ~p
Mércia: ~p -> ~q Não são equivalentes
C: Célia: ~q -> ~p.
Mércia: ~p -> ~q Não equivalentes
D: Pedro p->q
Mércia: ~p -> ~q Não equivalentes
E: Pedro: p->q
Célia:~q -> ~p. Equivalentes.
Gabarito "E".

(Escrevente – TJ/SP – VUNESP – 2023) A figura a seguir representa um diagrama lógico composto por 4 conjuntos. Nesse diagrama, há regiões de intersecção de 3 e apenas 3 conjuntos, regiões de intersecção de 2 e apenas 2 conjuntos e regiões que são de apenas 1 conjunto.

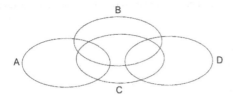

Nesse diagrama lógico, cada região que possui elementos de apenas 1 conjunto possui 24 elementos, e em cada região que se caracteriza por ser intersecção de 3 e apenas 3 conjuntos possui 40 elementos. Sabe-se que, no total, são 416 elementos que fazem parte desse diagrama e que o número de elementos que pertencem a cada região, que se caracteriza por ser intersecção de 2 e apenas 2 conjuntos, é igual entre si. E esse número é

(A) 40
(B) 36.
(C) 48.
(D) 60.
(E) 80.

Resolução
Ao colocar os números de acordo com o enunciado, nota-se

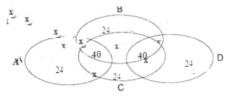

Tem-se, então,
416 = 5X + 4x24 + 80
416 = 5X + 96 + 80
416 = 5X + 176
5X = 240
X = 48

Gabarito "C".

(Escrevente – TJ/SP – VUNESP – 2023) Nesta questão, estão sendo consideradas quatro modalidades esportivas: A, B, C e D. É sabido que:

- Todo praticante de B é praticante de A.
- Alguns praticantes de C são praticantes de B.
- Alguns praticantes de A são praticantes de D.

A partir dessas informações, é necessariamente verdade que

(A) não existe quem pratique apenas B e C.
(B) alguns praticantes de B são praticantes de D.
(C) não há praticante de B que seja praticante de D.
(D) qualquer praticante de A que seja praticante de C é também praticante de B.
(E) todo praticante de C é praticante de D.

Resolução
Ao utilizar o diagrama de Venn, tem-se

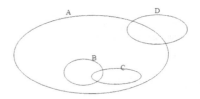

Ao analisar as opões de resposta, nota-se que
B: Errado porque nada é dito sobre isso; **C:** Errado nada é dito sobre isso; **D:** Errado: só alguns de C são de B; **E:** Errado porque nada é dito sobre isso.

Gabarito "A".

(Escrevente – TJ/SP – VUNESP – 2023) Estão, a seguir, as 14 primeiras figuras de uma sequência figural ilimitada, criada com um padrão lógico.

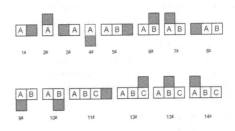

A figura a seguir ocupa a posição:

(A) 100ª
(B) 103ª
(C) 102ª
(D) 99ª
(E) 101ª

Resolução
Observe o total de posições possíveis conforme o número de letras:

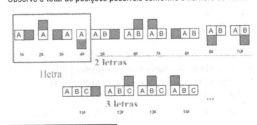

Número de letras	Posições
1	4
2	6
3	8
4	10
5	12
6	14
7	16
8	18
9	20
total	108

A figura ao lado está na posição 108

`[A][B][C][D][E][F][G][H][I]`

ccamise

E a figura pedida está, então, na posição 102.

`[A][B][C][D][E][F][G][H][I]`

o que dá a posição 102. **EG**

Gabarito "C."

(Escrevente – TJ/SP – VUNESP – 2023) Seguem algumas afirmações sobre pessoas.

I. "Se Ana é generosa, então Bernardo é gastador". Considere essa afirmação como sendo VERDADEIRA.

II. "Bernardo é gastador ou Claudete é gentil". Considere essa afirmação como sendo VERDADEIRA.

III. "Eduardo é tímido e Claudete é gentil". Considere essa afirmação como sendo FALSA.

IV. "Ou Gerson é ligeiro ou Eduardo é tímido". Considere essa afirmação como sendo VERDADEIRA.

V. "Bernardo é gastador". Considere essa afirmação como sendo FALSA.

VI. "Se Hugo é rico, então Ana é generosa". Considere essa afirmação como sendo VERDADEIRA.

A partir das informações apresentadas, é logicamente verdadeiro que

(A) Claudete não é gentil.

(B) Hugo não é rico.

(C) Gerson não é ligeiro.

(D) Eduardo é tímido.

(E) Ana é generosa.

Resolução

Em V, tem-se que Bernardo não é gastador.

Daí, em II, sabe-se que Claudete é gentil.

Em I,

Ana é generosa, então Bernardo é gastador ou

p -> q cujo equivalente é ~q ->~p, ou seja,

Ana não é generosa.

Em VI,

"Se Hugo é rico, então Ana é generosa", conclui-se que

Caso ~q -> ~p:

Hugo não é rico. **EG**

Gabarito "B."

(Escrevente – TJ/SP – VUNESP – 2023) Considere duas sequências, A e B, cada uma criada com o próprio padrão lógico. Na sequência A, o primeiro termo apresentado é o 1, e o último termo é o 97.

A = (1, 2, 4, 7, 9, 10, 12, 15, 17, 18, 20, 23, 25, ..., 97)

Na sequência B, o primeiro termo apresentado é o 100, e o último termo é o 4.

B = (100, 97, 95, 94, 92, 89, 87, 86, 84, 81, 79, 78,76, ..., 4)

Observe os exemplos a seguir.

A diferença, em valor absoluto, entre os números do par formado pelos primeiros termos de cada sequência, o 1 e o 100, é igual a 99 (100 – 1). A diferença, em valor absoluto, entre os números do par formado pelos sétimos termos de cada sequência, o 12 e o 87, é igual a 75 (87 – 12).

O par de termos de cada sequência que, pareados conforme os exemplos anteriores, apresenta a menor

diferença absoluta entre seus termos está localizado na posição

(A) 24.

(B) 25.

(C) 23.

(D) 27.

(E) 26.

Resolução

Tem-se

elemento nº	elemento	diferença para o anterior
1	45	
2	41	-4
3	42	+1
4	38	-4
5	40	+2
6	36	-4
7	39	+3
8	35	-4
9	39	+4
10	35	-4
11	40	+5
12	36	-4
13	42	+6
14	38	-4
15	45	+7
16	41	-4
17	49	+8
18	45	-4
19	54	+9
20	50	-4
21	**60**	+10
22	56	-4
23	67	+11
24	63	-4
25	75	+12
26	71	-4

Observe que há uma formação lógica nos termos:

Os elementos nas posições ímpares são acrescentados de 1, 2, 3,...,

e os pares, o anterior -4.

Logo, a soma entre o elemento da posição 21 e o elemento da posição 26 é

60 + 71 = 131.

EG

Gabarito "E."

(Escrevente – TJ/SP – VUNESP – 2023) A sequência a seguir foi criada com um padrão lógico:

1, 3, 9, 13, 25, 31, 49, 57, ...

Nessa sequência, a diferença entre o menor termo maior que 1 000 e o maior termo menor que 1 000 é

(A) 119.

(B) 108.

(C) 87.

(D) 96.

(E) 128.

Resolução
E sequência: 1, 3, 9, 13, 25, 31, 49, 57, ...
n -> **1** 2 **3** 4 **5** 6 **7** 8 ,...
Nota-se que,
para n ímpar, $a_n = n^2$
para n par, $a_n = a_{n-1} + n$.
Assim,
menor termo maior que 1 000 e o maior termo menor que 1 000 é
Para
$n^2 > 1.000$ tem-se n>33 pois $33^2 = 1.089$ e, para
$n^2 < 1.000$ tem-se n > 32 pois $32^2 = 993$.
Logo, a diferença pedida é de 1089 – 993 = 96.

Gabarito "D".

(Escrevente – TJ/SP – 2021 – VUNESP) A sequência das figuras a seguir é infinita e seus sete primeiros termos se repetem, sempre na mesma ordem e com o mesmo padrão de formação.

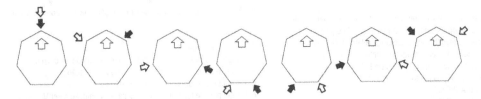

Se forem sobrepostos, um exatamente sobre o outro, o 10º, o 18º e o 42º termos, o único vértice da figura resultante que ficará sem ter uma seta apontando para ele é

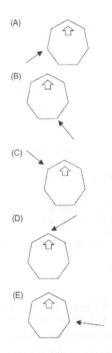

Resolução
O ciclo tem tamanho 7, devemos dividir cada posição por 7 e pegar o resto.
Assim, a 10ª figura será igual à 3ª:
A 18ª figura será igual à 4ª:
A 42ª será igual à última, pois o resto é zero:
Sobrepondo essas três figuras, o vértice sem nenhuma seta será o superior
D (vértice superior).

Gabarito "D".

(Escrevente – TJ/SP – 2021 – VUNESP) A sequência a seguir foi criada com um padrão. Os números seguidos por um espaço tracejado são antecedidos por uma vogal, e o número antecedido por um espaço tracejado é seguido por uma vogal.

1A2E3I4O5U6A7E8I9O10U11A12E ... 35_ ... 41_ ... 59_ ... 67_ ... _70 ... E98I99O100

As letras que ocuparão os espaços tracejados, na ordem em que aparecem, são

(A) UAOEO
(B) UAIEO
(C) EAIUO
(D) UAEIO
(E) AUIEI

Resolução
Têm-se ciclos,de 5 para os números, e tamanho 5 para as letras. Assim, o 35 corresponde ao 5, devendo ser sucedido pela letra U. O 41 corresponde ao 1, devendo ser sucedido pela letra A. O 59 corresponde ao 4 (e ao 9), devendo ser seguido pela letra O. O 67 corresponde ao 2 (e ao 7), devendo ser seguido pela letra E. E o 70 corresponde ao 5 (ou 10), devendo ser precedido pela letra O.
Ficamos com U A O E O.
Logo, tem-se U A O E O.
Gabarito "A".

(Escrevente – TJ/SP – 2021 – VUNESP) Considere as afirmações:
I. Não existe mecânico que não goste de carro.
II. Alguns funileiros gostam de carro.
A partir dessas afirmações, é correto concluir que
(A) alguns funileiros são mecânicos.
(B) se José gosta de carro, então José é funileiro.
(C) se Carlos não gosta de carro, então Carlos não é mecânico.
(D) qualquer mecânico é funileiro.
(E) quem gosta de carro é mecânico ou funileiro.

Resolução
Num diagrama, tem-se

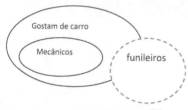

ou seja, não gosta de carro então não é mecânico.
Gabarito "C".

(Escrevente – TJ/SP – 2021 – VUNESP) Sabe-se que das afirmações a seguir, apenas a afirmação (III) é falsa.
I. Em um mesmo dia, ou João corre 10 km ou João pratica meditação.
II. Se João corre 10 km, então ele fica o dia todo bem humorado.
III. Ontem João estava bem humorado.
IV. No dia em que João pratica meditação, ele não conversa com ninguém.
Sendo assim, é correto concluir que ontem João
(A) correu 10 km.
(B) correu 10 km ou não praticou meditação.
(C) não estava bem humorado e conversou com alguém.
(D) não conversou com ninguém.
(E) não estava bem humorado e correu 10 km.

Colocar os valores lógicos:

I. Em um mesmo dia, ou João corre 10 km ou João pratica meditação.

II. Se João corre 10 km, então ele fica o dia todo bem humorado.

III. Ontem João estava bem humorado.   Falsa

IV. No dia em que João pratica meditação, ele não conversa com ninguém

As opções de resposta:
A: Errada pois se não estava bem humorado entao não correu.
B: Errada porque para I ser V, ele praticou meditação.
C: Errada pois, segundo IV não conversou.
E: Errada porque teria que ser V e V para a conjução e ser V.
Gabarito "D".

(Escrevente – TJ/SP – 2021 – VUNESP) Observe o diagrama a seguir.

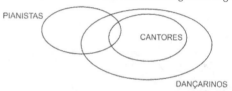

A partir das informações fornecidas pelo diagrama, conclui-se que a única afirmação verdadeira é:

(A) Os cantores pianistas são dançarinos.
(B) Todo pianista é cantor ou dançarino.
(C) Os pianistas que não são dançarinos são cantores.
(D) Todo cantor é pianista.
(E) Os dançarinos que são pianistas são cantores.

Resolução
Ao analisar o diagrama e as opções de respostas, nota-se que
B:Errado porque há pianista que não é nem cantor nem dançarinos.
C:Errado pois não necessariamente ocorre isso.
D:Errado somente se o conjunto dos cantores fosse subconjunto do conjunto dos pianistas.
E: Errado porque podem não ser cantores.
Gabarito "A".

(Escrevente – TJ/SP – 2021 – VUNESP) Identifique a afirmação que corresponda à negação lógica da afirmação a seguir:
Se a questão é fácil, então todos os candidatos acertam.
(A) A questão é fácil ou pelo menos um candidato acerta.
(B) A questão é fácil e pelo menos um candidato não acerta.
(C) Se a questão não é fácil, então nenhum candidato acerta.
(D) Se todos os candidatos não acertam, então a questão não é fácil.
(E) A questão não é fácil e todos os candidatos acertam.

19. MATEMÁTICA E RACIOCÍNIO LÓGICO — 457

Resolução

A negação de "todos os candidatos acertam" é "pelo menos um candidato **não** acerta".
Gabarito "B".

(Escrevente – TJ/SP – 2021 – VUNESP) Uma afirmação equivalente à afirmação 'Se Alice estuda, então ela faz uma boa prova, e se Alice estuda, então ela não fica triste' é

(A) Se Alice estuda, então ela não faz uma boa prova ou ela fica triste.

(B) Se Alice fica triste e não faz uma boa prova, então ela não estuda.

(C) Se Alice estuda, então ela faz uma boa prova e ela não fica triste.

(D) Alice estuda e ela faz uma boa prova e não fica triste.

(E) Alice não estuda, e ela faz uma boa prova ou não fica triste.

1ª Solução

p-> q e p->~r

p ->(q e ~r)

2ª Solução

Podemos reescrever a proposição:

"Se Alice estuda, então ela faz uma boa prova E não fica triste"

Afinal, "fazer boa prova" e "não ficar triste" decorrem de ela ter estudado.
Gabarito "C".

(Escrevente – TJ/SP – 2021 – VUNESP) Considere verdadeiras as afirmações: I, III e IV, e considere falsa a afirmação II.

I. Se Leonardo é escrevente, então Marcela é técnica judiciária.

II. Se Natália é analista judiciária, então Olívia é oficial de justiça.

III. Se Marcela é técnica judiciária, então Olívia é oficial de justiça.

IV. Patrícia é juíza ou Leonardo é escrevente.

A partir dessas afirmações, é correto concluir que

(A) Olívia é oficial de justiça ou Leonardo é escrevente.

(B) Leonardo é escrevente e Natália é analista judiciária.

(C) Patrícia é juíza ou Olívia é oficial de justiça.

(D) Marcela é técnica judiciária e Patrícia é juíza.

(E) Marcela é técnica judiciária e Natália é analista judiciária.

Resolução

Sendo a afirmação II uma condicional falsa, portanto deve ser VF. Assim, assumimos que NATÁLIA É ANALISTA JUDICIÁRIA e que OLÍVIA NÃO É OFICIAL DE JUSTIÇA. Em III, como a segunda parte é F, a primeira também deve ser F, ou seja, MARCELA NÃO É TÉCNICA JUDICIÁRIA. Em I, a segunda parte é F, de modo que a primeira deve ser F também, de modo que LEONARDO NÃO É ESCREVENTE. Em IV a segunda parte é F, de modo que a primeira deve ser V, ou seja, PATRÍCIA É JUÍZA.
Gabarito "C".

(Escrevente – TJ/SP – 2021 – VUNESP) Na gaveta de camisetas de Jeferson há 5 camisetas pretas, 7 camisetas vermelhas e 9 camisetas azuis. O menor número de camisetas que Jeferson precisará retirar da gaveta, de maneira aleatória e sem saber quais camisetas estão saindo, para ter certeza de ter retirado pelo menos uma camiseta preta e uma camiseta azul, é

(A) 14.

(B) 18.

(C) 16.

(D) 20.

(E) 17.

Resolução

No pior cenário, tiramos primeiro todas as 7 camisetas vermelhas e logo após, tiramos as 9 azuis.

Até agora, já tiramos 16. Então, se tiramos a 17ª camiseta, garantimos que teremos pelo menos uma azul e uma preta.
Gabarito "E".

(TJ/SP – 2019 – VUNESP) Considere a seguinte afirmação:

Se Ana e Maria foram classificadas para a segunda fase do concurso, então elas têm chance de aprovação.

Assinale a alternativa que contém uma negação lógica para essa afirmação.

(A) Se Ana e Maria não foram classificadas para a segunda fase do concurso, então elas não têm chance de aprovação.

(B) Ana ou Maria não têm chance de aprovação e não foram classificadas para a segunda fase do concurso.

(C) Se Ana ou Maria não têm chance de aprovação, então elas não foram classificadas para a segunda fase do concurso.

(D) Ana e Maria foram classificadas para a segunda fase do concurso, mas elas não têm chance de aprovação.

(E) Se Ana ou se Maria, mas não ambas, não foi classificada para o concurso, então ela não tem chance de aprovação.

Resolução

Sejam as premissas

p: Ana e Maria foram classificadas para a segunda fase do concurso

q: elas têm chance de aprovação

e a condicional p q.

Sabe-se que a negação da condicional p q é dada por **q,** conforme a tabela-verdade:

p	q	p q
V	V	V
V	F	F
F	V	V
F	F	V

Logo, a opção de resposta correta é a letra D.
Gabarito "D".

(TJ/SP – 2019 – VUNESP) O irmão de Mário é administrador judiciário, mas o primo dele não. Sendo assim, é correto deduzir que

(A) Henrique é administrador judiciário e, portanto, não é primo de Mário.

(B) Se Ronaldo não é primo de Mário, então ele não é administrador judiciário.

(C) Se Gilmar não é administrador judiciário, então ele é primo de Mário.

(D) Se Sérgio é administrador judiciário, então ele é irmão de Mário.

(E) Mário não é irmão de Cláudio e, portanto, Cláudio não é administrador judiciário.

458 ENILDO GARCIA

Resolução
Ao analisar as opções de resposta, nota-se
(B) Errado, pois Ronaldo pode ser ou não administrador judiciário;
(C) Errado, porque Gilmar pode ser ou não primo de Mário;
(D) Errado, pois nada garante que Sérgio é irmão de Mário;
(E) Errado, porque nada foi dito sobre Cláudio.
Assim, a opção de resposta correta é a letra A. **EG**
Gabarito "A".

(TJ/SP – 2019 – VUNESP) Considere verdadeiras as seguintes informações:

I. Se Neusa é juíza, então Débora é advogada.
II. Se Edmilson é administrador judiciário, então Clarice é delegada.
III. Débora é advogada se, e somente se, Mauro for desembargador.
IV. Todo administrador judiciário é formado em Administração.

Sabendo-se que Mauro não é desembargador e que Edmilson não é formado em Administração, é correto afirmar que

(A) Clarice é delegada.
(B) Neusa é juíza.
(C) Clarice é delegada ou Neusa não é juíza.
(D) Neusa não é juíza se, e somente se, Clarice não for delegada.
(E) Neusa não é juíza e Clarice não é delegada.

Resolução
Ao analisar as opções de resposta e as informações: I a IV, nota-se
(A) Incorreto porque, uma vez que Edmilson não é formado em Administração não pode ser administrador judiciário e, então, como Edmilson não é administrador judiciário, Clarice não é delegada.

(B) Errado, pois Débora não é advogada pois, a partir de III, como Mauro não é desembargador, Débora também não é advogada de acordo com a tabela-verdade da bicondicional:

P Débora é advogada	q Mauro é desembargador	p q
V	V	**V**
V	F	**F**
F	V	**F**
F	F	**V**

De I, tem-se que, como Débora não é advogada, Neusa pode ser ou não juíza de acordo com essa condicional I;
(C) Correto (Falso Verdadeiro) é Verdadeiro;
A partir de III tem-se
Débora é advogada Mauro for desembargador.
No entanto Mauro não é desembargador.
Então para que a bicondicional seja verdadeira, deve-se ter que Débora não é advogada.
De I tem-se que, como Débora não é advogada, Neusa pode ser ou não juíza;

(D) Errado, pois não se sabe se Clarice é ou não delegada

P Neusa é juíza	q Clarice é delegada	p q
V	V	**V**
V	F	**F**
F	V	**F**
F	F	**V**

(E) Errado, porque não se sabe se Neusa é ou não é juíza e se Clarice é ou não delegada.
Assim, a opção de resposta correta é a letra C. **EG**
Gabarito "C".

(TJ/SP – 2019 – VUNESP) Se Milton ou Tomas, apenas um deles, é administrador judiciário, então Valéria é policial. Sabendo-se que Valéria não é policial, conclui-se, corretamente, que

(A) Milton e Tomas não são administradores judiciários.
(B) Apenas Tomas não é administrador judiciário.
(C) Apenas Milton não é administrador judiciário.
(D) Milton é administrador judiciário se, e somente se, Tomas também for.
(E) Milton não é administrador judiciário se, e somente se, Tomas também não for.

Resolução
Sejam as premissas
p: Milton é administrador judiciário
q: Tomas é administrador judiciário
r: Valéria é policial
e a implicação
(p ⊻ q) r
sabe-se que quando se afirma
"Se Milton ou Tomas, <u>apenas um deles</u>, é administrador judiciário"
tem-se o caso de disjunção exclusiva com a
Tabela-verdade do conectivo 'ou exclusivo'⊻

p	q	p ⊻ q
V	V	F
V	F	V
F	V	V
F	F	F

Valéria não é policial: ~r.

a negação da condicional (p ⊻ q) r é dada **por** r,

Tem-se a
Tabela-verdade da bicondicional

p	q	p q
V	V	**V**
V	F	**F**
F	V	**F**
F	F	**V**

logo, é o caso

Milton é administrador judiciário se, e somente se, Tomas também for.

Então, a opção de resposta correta é a letra D.

Gabarito "D".

(Investigador – PC/BA – 2018 – VUNESP) De um argumento válido com duas premissas, conclui-se corretamente que Alexandre não é casado com Carla. Uma das premissas desse argumento afirma como verdadeiro que Alexandre é casado com Carla se, e somente se, Maria é irmã de Carla. Sendo assim, uma segunda premissa verdadeira para esse argumento é

(A) Carla não é irmã de Maria.

(B) Alexandre é casado com Carla.

(C) Maria é irmã de Carla.

(D) Alexandre é irmão de Maria.

(E) Maria não é irmã de Alexandre.

Resolução

Sejam

p: Alexandre é casado com Carla

q: Maria é irmã de Carla

Premissa1: p q.

Para p q tem-se que p q e .

Tem-se, ainda, ~p.

A contrapositiva de é

~p ~q.

Logo, obtém-se a

Premissa2: ~q: Maria não é irmã de Carla.

Gabarito "A".

(Investigador – PC/BA – 2018 – VUNESP) Considere a seguinte afirmação: Todo homem é bípede e mamífero.

A alternativa que apresenta uma negação lógica para essa afirmação é:

(A) Nenhum homem é bípede e mamífero.

(B) Nenhum homem é bípede ou mamífero.

(C) Existe homem que não é bípede ou não é mamífero.

(D) Existe homem que não é bípede e não é mamífero.

(E) Alguns homens são bípedes e mamíferos.

Resolução

A negação do quantificador universal Todo é o quantificador existencial existe pelo menos um.

E a negação da conjunção e é a disjunção ou (regras de Morgan).

Portanto, a afirmação referida tem a negação

Existe pelo menos um homem que não é bípede OU não é mamífero.

Gabarito "C".

(Delegado – PC/BA – 2018 – VUNESP) Em cada um de 3 envelopes, nas cores azul, amarelo e vermelho, há somente um dos relatórios, A, B ou C, não necessariamente nessa mesma ordem.

Sabe-se que das informações a seguir, exatamente duas são falsas:

I. No envelope vermelho não está o relatório A.

II. O relatório C está no envelope amarelo.

III. No envelope azul não está o relatório C.

Com base no que foi apresentado, a ordem correta das cores para a abertura dos envelopes que contêm, respectivamente, os relatórios A, B e C é

(A) vermelho, amarelo e azul.

(B) vermelho, azul e amarelo.

(C) azul, vermelho e amarelo.

(D) amarelo, azul e vermelho.

(E) amarelo, vermelho e azul.

Resolução

Suponha I falso. Logo, A está no envelope vermelho.

Suponha II falso: C está, então, no azul. O que contradiz afirmação III (suposta verdadeira).

Assim, II é a afirmação Verdadeira.

E III deveria ser falsa, mas, no entanto, diz a verdade: C não está no azul. Contradição.

Assim, I é Verdadeira e o envelope vermelho contém B ou C.

1) Suponha B no vermelho.

Sendo II Falso, então C está no azul.

Com isso, A está no envelope amarelo.

2) Suponha C no vermelho e a afirmação III seria Verdadeira, o que não pode ocorrer.

Gabarito "E".

(Delegado – PC/BA – 2018 – VUNESP) Uma equivalente lógica para a proposição – Se Marta é casada, então Dionísio é divorciado – está contida na alternativa:

(A) Marta não é casada ou Dionísio é divorciado.

(B) Marta não é casada e Dionísio é divorciado.

(C) Marta é casada ou Dionísio é divorciado.

(D) Marta é casada e Dionísio é divorciado.

(E) Marta é casada ou Dionísio não é divorciado.

Solução

Sejam as premissas

p: Marta é casada

q: Dionísio é divorciado

e a condicional p q.

Tem-se a tabela-verdade

p	q	p q
V	V	**V**
V	F	**F**
F	V	**V**
F	F	**V**

Para haver uma afirmação equivalente as tabelas-verdade devem ser idênticas.

Então completamos a tabela para as opções da questão

p	~p	q	~q	A	B	C	D	E
				~p q	~p q	p q	p ^ q	p ~q
V	F	V	F	**V**	F	V	F	V
V	F	F	V	**F**	F	V	V	V
F	V	V	F	**V**	V	V	F	F
F	V	F	V	**V**	F	F	V	V

Observe que a letra A é resposta correta.

Gabarito "A".

(Delegado – PC/BA – 2018 – VUNESP) Considere falsa a afirmação – Renato é inocente e Raquel é culpada – e verdadeira a afirmação – se Renato é inocente, então Raquel é culpada.

Nessas condições, é correto afirmar que, necessariamente,

(A) Raquel é culpada.

(B) Renato e Raquel são inocentes.

(C) Renato é culpado.

(D) Renato e Raquel são culpados.

(E) Renato é inocente.

Resolução
p: Renato é inocente
q: Raquel é culpada
1ª solução
Sendo Falsa (p q) e Verdadeira (p q), tem-se
i) A contrapositiva de p q é ~q ~p
ii) como ~ (p q) é equivalente a (~p ~q)(regra de de Morgan), tem-se necessariamente ~p, isto é, Renato é culpado.
2ª solução
Fazendo-se a tabela-verdade, obtém-se

p	q	p q	p q
V	V	V	V
V	F	F	F
F	V	V	F
F	F	V	F

Nota-se que nos casos em que se tem (p q) Falsa e (p q) Verdadeira, necessariamente, p é falso, isto é, Renato é culpado.

(Escrevente – TJ/SP – 2018 – VUNESP) Considere os primeiros 8 elementos da sequência de figuras:

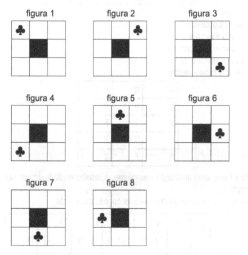

Nesta sequência, as figuras 9, 10, 11, 12, 13, 14, 15 e 16 correspondem, respectivamente, às figuras 1, 2, 3, 4, 5, 6, 7, 8, assim como as figuras 17, 18, 19, 20, 21, 22, 23 e 24, e assim segue, mantendo-se esta correspondência. Sobrepondo-se as figuras 109, 131 e 152, obtém-se a figura

(A)

(B)

(C)

(D)

(E)

Resolução
Os números 109, 131 e 152, quando divididos por 8 dão restos 5, 3 e 0, respectivamente. Ou seja, na sequência das figuras corresponderão às figuras 5, 3 e 8, respectivamente. Assim na sobreposição delas obtém-se a figura da letra B.

(Escrevente – TJ/SP – 2018 – VUNESP) Na sequência numérica 1, 2, 3, 6, 7, 8, 21, 22, 23, 66, 67, 68, ..., os termos se sucedem segundo um padrão. Mantido o padrão, o décimo quarto termo é o número

(A) 202.
(B) 282.
(C) 229.
(D) 308.
(E) 255.

Resolução
Separando-se a sequência de 3 em 3 termos – que estão em ordem numérica –, e cuja soma fornece o próximo, exibe-se um padrão:
1+ 2 + 3 = 6 que é o próximo termo, seguido, então, de 7 e 8
6 + 7 + 8 = 21   "   "
21 + 22 + 23= 66   "   "
66 + 67 + 68 = 201
Portanto, 13º termo vale 201
Temos, agora,
201 **202** 203 ...
14º termo vale 202.

(Escrevente – TJ/SP – 2018 – VUNESP) Em um grupo de 100 esportistas que praticam apenas os esportes A, B ou C, sabe-se que apenas 12 deles praticam os três esportes. Em se tratando dos esportistas que praticam somente dois desses esportes, sabe-se que o número dos que praticam os esportes A e B é 2 unidades menor que o número dos que praticam os esportes A e C, e o número dos esportistas que praticam B e C excede em 2 unidades o número de esportistas que praticam os esportes A e C. Sabe-se, ainda, que exatamente 26, 14 e 12 esportistas praticam, respectivamente, apenas os esportes A, B e C. Dessa forma, o número total de esportistas que praticam o esporte A é

(A) 54.
(B) 60.

(C) 58.
(D) 56.
(E) 62.

Resolução
Colocam-se os dados em uma figura
Sendo
x: esportistas que praticam A e B
y: esportistas que praticam A e C
z: esportistas que praticam B e C, tem-se
x = y – 2 => y= x + 2
z = x – 2
Colocam-se os dados do enunciado na figura

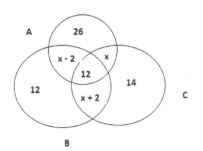

Daí,
100 = 26 + (x – 2) + 12 + (x – 2) + 12 + x
100 = 64 +3x
3x = 36
x = 12
Logo,
O número total de esportistas que praticam o esporte A é
26 + (x – 2) + 12 + x
26 + 10 + 12 + 12 = 60 **EC**
Gabarito "B".

(Escrevente – TJ/SP – 2018 –VUNESP) "Carlos tem apenas 3 irmãs, e essas 3 irmãs cursam o ensino superior."
Supondo verdadeira a afirmação apresentada, é correto afirmar que

(A) Carlos cursa o ensino superior.
(B) Carlos não cursa o ensino superior.
(C) se Ana cursa o ensino superior, então ela é irmã de Carlos.
(D) se Rute não cursa o ensino superior, então ela não é irmã de Carlos.
(E) se Bia não é irmã de Carlos, então ela não cursa o ensino superior.

Resolução
Ao verificar as opções de respostas, nota-se:
A: incorreto pois o enunciado não afirma isso; **B:** errado pois o enunciado não afirma isso; **C:** incorreto porque há muitas pessoas que cursam o ensino superior e não são irmãs de Carlos; **E:** errado pois há inúmeras pessoas que não são irmãs de Carlos e que não cursam o ensino superior. **EC**
Gabarito "D".

(Escrevente – TJ/SP – 2018 – VUNESP) Se Maria é bonita, então Carlos é rico. Se Ana é feliz, então José é um herói. Sabe-se que Maria é bonita e Ana não é feliz. Logo, pode-se afirmar corretamente que

(A) Carlos é rico ou José é um herói.
(B) Carlos não é rico.
(C) José não é um herói.
(D) José não é um herói e Carlos é rico.
(E) José é um herói.

Resolução
Sejam as proposições
p: Maria é bonita
q: Carlos é rico
r: Ana é feliz
s: José é herói
E as condicionais
p q
r s
Sabe-se que p é Verdadeira e r falsa, isto é, tem-se p e ~r: (p
1) p
Tem-se, então, p, ou seja, Carlos é rico.
2) r s se r e s forem Verdade.
A contrária de r s, ~r ~s NÃO são equivalentes, portanto não se pode dizer que José não é herói.
Ao verificar as opções de respostas, nota-se:
B: errado pois Carlos é rico; **C:** errado porque não se pode afirmar isso; **D:** Errado pois não se tem a conjunção (~s **E:** Errado pois não se pode afirmar isso. **EC**
Gabarito "A".

(Escrevente – TJ/SP – 2018 –VUNESP) Quatro amigos, Paulo, João, Fábio e Caio, nasceram em anos distintos, a saber 1970, 1977, 1981 ou 1990, não necessariamente nessa ordem. Cada um exerce, também não necessariamente nessa ordem, uma das profissões entre arquiteto, fotógrafo, engenheiro e advogado. Sabe-se que Paulo não nasceu em 1970, que o arquiteto nasceu antes de Caio e antes do fotógrafo João, que Fábio nasceu antes do advogado, que o advogado não nasceu em 1977 e que o engenheiro, que não é Caio, nasceu em 1981. Sendo assim, é correto afirmar que

(A) Fábio é advogado.
(B) Paulo nasceu antes de Caio.
(C) Caio é arquiteto.
(D) João nasceu antes de Fábio.
(E) o engenheiro nasceu antes do fotógrafo.

Resolução
Cria-se uma tabela com os dados iniciais

	adv	arq	eng	fot	70	77	81	90
Caio			n	n				
Fábio			n					
João	n	n	n	S				
Paulo			n	n				
70			n					
77			n					
81	n	n	S	n				
90			n					

Atualiza-se a tabela:
Caio não é arq. nem eng, logo Caio é adv; e pode-se completar a coluna adv. Restam as datas de 70 e 90 para Fábio e para o adv.
Uma vez que Fábio nasceu antes, ele é de 70 e o adv é de 90.
O fot é de 77.
Tem-se, então,

	adv	arq	eng	fot	70	77	81	90
Caio	S	n	n	n	n	n	n	
Fábio	n			n	S	n	n	n
João	n	n	n	S	n	S		

	adv	arq	fot	eng	70	77	81	90
Caio	S	n	n	n	n	n	n	S
Fábio	n		n		S	n	n	n
João	n	n	S	n		n		
Paulo	n		n					
70								
77								
81	n	n	n	S				
90	S	n		n				

data nasc. arq < data nasc. Caio e de João => arq nasceu em 70 ou 77.
1) Na tabela nota-se que Caio é adv, e
completa-se a coluna adv.
2)Fábio nasceu em 70 e o adv em 90.
Em relação às opções de resposta à questão, tem-se
A: Errado: o advogado é o Caio; **C:** Errado. Caio é advogado; **D:** errado
pois Fábio nasceu antes de João; **E:** Errado porque o fotógrafo nasceu
em 77 e o eng em 81. EG

Gabarito "B".

(Escrevente – TJ/SP – 2018 – VUNESP) Considere falsa a afirmação
"Se hoje estudo, então amanhã não trabalho."

Nesse caso, é necessariamente verdade que

(A) Hoje não estudo e amanhã trabalho.
(B) Amanhã não trabalho.
(C) Se amanhã trabalho, então hoje não estudo.
(D) Hoje não estudo ou amanhã não trabalho.
(E) Hoje estudo e amanhã trabalho.

Resolução
p: hoje estudo
q: amanhã trabalho
Tem-se que p q é Falso.
Uma implicação é Falsa quando o antecedente é V E o consequente
é F, ou seja,
p é V e ~q é F, isto é, q é Verdadeiro.
Assim, é necessariamente verdade que
Hoje estudo e amanhã trabalho. EG

Gabarito "E".

(Escrevente – TJ/SP – 2018 – VUNESP) Uma negação lógica para a
afirmação "Se Patrícia não é engenheira, então Maurício
é empresário" está contida na alternativa:

(A) Patrícia é engenheira e Maurício não é empresário.
(B) Patrícia é engenheira ou Maurício não é empresário.
(C) Patrícia não é engenheira e Maurício não é empresário.
(D) Se Maurício não é empresário, então Patrícia é enge-
nheira.
(E) Se Patrícia é engenheira, então Maurício não é empre-
sário.

Resolução
Sejam as premissas
p: Patrícia é engenheira

q: Maurício é empresário
Pede-se ~(-p q).
Sabe-se a negação da condicional tem a seguinte equivalência:
~(-p q) (~p
Ou seja
Patrícia não é engenheira **e** Maurício não é empresário. EG

Gabarito "C".

(Escrevente – TJ/SP – 2018 – VUNESP) Considere falsa a afirmação
"Hélio é bombeiro e Cláudia é comissária de bordo" e
verdadeira a afirmação "Se Hélio é bombeiro, então
Cláudia é comissária de bordo".

Nessas condições, é necessariamente verdade que

(A) Hélio é bombeiro.
(B) Cláudia não é comissária de bordo.
(C) Hélio não é bombeiro.
(D) Cláudia é comissária de bordo.
(E) Hélio é bombeiro ou Cláudia não é comissária de
bordo.

Resolução
Sejam as premissas
p: Hélio é bombeiro
q: Cláudia é comissária de bordo
É falsa
p
E verdadeira
p q
1ª solução
Sendo Falsa (p q) e Verdadeira (p q), tem-se
i) A contrapositiva de p q é ~q ~**p** e
ii) como ~ (p q) é equivalente a (~**p** ~q)(regra de de Morgan), tem-se
necessariamente ~p, isto é, Hélio não é bombeiro.
2ª solução
Fazendo-se a tabela-verdade, obtém-se

p	q	p q	p q
V	V	V	V
V	F	F	F
F	V	**V**	F
F	F	**V**	F

Nota-se que nos casos em que se tem (p q) Falsa e (p q) Verdadeira,
necessariamente, p é falso, isto é, Hélio é bombeiro. EG

Gabarito "C".

(Escrevente – TJ/SP – 2018 – VUNESP) Considere a afirmação
"Marta não atende ao público interno ou Jéssica cuida
de processos administrativos".

Uma afirmação equivalente à afirmação apresentada é:

(A) se Jéssica não cuida de processos administrativos,
então Marta atende ao público interno.
(B) se Marta não atende ao público interno, então Jéssica
cuida de processos administrativos.
(C) se Marta atende ao público interno, então Jéssica não
cuida de processos administrativos.
(D) se Marta atende ao público interno, então Jéssica cuida
de processos administrativos.
(E) se Marta não atende ao público interno, então Jéssica
não cuida de processos administrativos.

Resolução
Sejam as premissas
p: Marta atende ao público interno
q: Jéssica cuida de processos administrativos
E a disjunção

19. MATEMÁTICA E RACIOCÍNIO LÓGICO

~p q.
Sabe-se, ainda, que é verdadeira a equivalência
(p   (~p q).
Pede-se a afirmação equivalente a "Marta não atende ao público interno ou Jéssica cuida de processos administrativos".
Assim, tem-se que a equivalência é
se Marta não atende ao público interno, então Jéssica cuida de processos administrativos. **EG**

Gabarito "B".

(Escrevente Técnico – TJM/SP – VUNESP – 2017) Marcel e Vera estão brincando com um jogo que tem N cartas, que inicialmente foram divididas igualmente entre eles. No seu melhor momento do jogo, Marcel tinha do número total de cartas, enquanto que Vera tinha o restante. Vera venceu o jogo, terminando com do número total de cartas, e Marcel com o restante. Sabendo-se que Marcel terminou o jogo com 24 cartas a menos do que tinha no seu melhor momento, é correto afirmar que N é igual a

(A) 150.
(B) 120.
(C) 90.
(D) 60.
(E) 30.

Tem-se

	Marcel	Vera	etapa
i)	N/2	N/2	início do jogo
ii)	3N/5	2N/5	melhor momento de Marcel
iii)	N/3	2N/3	Vera venceu o jogo

Como Marcel terminou o jogo com 24 cartas a menos do que tinha no seu melhor momento, tem-se
3N/5 – 24 = N/3
9N/5 – 72 = N
9N;5 – N = 72
4N/5 = 72
N/5 = 18
N = 90

Gabarito "C".

(Escrevente Técnico – TJM/SP – VUNESP – 2017) Alberto, Bruno e Carla foram almoçar em um restaurante e, no final do almoço, cada um pagou o que consumiu. Sabendo-se que, sem a taxa de serviço de 10% sobre o consumo total, Alberto e Bruno consumiram, juntos, R$ 150,00, Bruno e Carla consumiram, juntos, R$ 114,00, e Alberto e Carla consumiram, juntos, R$ 144,00, é correto afirmar que a taxa de serviço de 10% sobre o consumo dessas três pessoas foi

(A) R$ 40,80.
(B) R$ 35,70.
(C) R$ 30,60.
(D) R$ 26,00.
(E) R$ 20,40.

Sejam A, B e C os consumos de Alberto, Bruno e Carla, respectivamente.
Tem-se
A + B = 150
B +C = 114
A + C = 144   que, somados, dá o total
2A +2B + 2C = 408,
Ou ,seja, o consumo dos três foi de
A + B +C = R$ 204,00.
E a taxa de serviço de 10% sobre o consumo dessas três pessoas foi de R$ 20,40.

Gabarito "E".

A tabela apresenta o número de acertos dos 600 candidatos que realizaram a prova da segunda fase de um concurso, que continha 5 questões de múltipla escolha.

Número de acertos	Número de candidatos
5	204
4	132
3	96
2	78
1	66
0	24

(Escrevente Técnico – TJM/SP – VUNESP – 2017) Analisando-se as informações apresentadas na tabela, é correto afirmar que

(A) mais da metade dos candidatos acertou menos de 50% da prova.
(B) menos da metade dos candidatos acertou mais de 50% da prova.
(C) exatamente 168 candidatos acertaram, no mínimo, 2 questões.
(D) 264 candidatos acertaram, no máximo, 3 questões.
(E) 132 candidatos acertaram a questão de número 4.

A) menos de 50% da prova: 78+66+24 = 168 Não é mais da metade dos candidatos; Errado
B) mais de 50% da prova: 96+132+204 = 432 não é menos da metade dos candidatos; Errado
C) acertaram no mínimo 2 questões: 78+96+132+204 = 510; Errado
D) 96+78+66+24 = 264 acertaram, no máximo, 3 questões. Correto!
E) Errado porque nada há no enunciado que justifique tal afirmação.

Gabarito "D".

2. MATEMÁTICA BÁSICA

(Escrevente – TJ/SP – 2018 – VUNESP) Uma concessionária que vai recapear uma faixa de rolamento de uma pista em certa rodovia, em um trecho de x quilômetros, possui uma determinada quantidade y de balizadores refletivos disponíveis para a sinalização desse trecho e, com base nessa quantidade, constatou que, se colocar um número n de balizadores a cada quilômetro, precisará adquirir mais 40 unidades. Porém, se colocar (n – 4) balizadores a cada quilômetro, sobrarão 20 unidades. Se a razão X/Y é de 3 para 52, nessa ordem, então a quantidade de balizadores disponíveis para sinalizar o trecho a ser recapeado é igual a

(A) 350.
(B) 280.
(C) 330.
(D) 230.
(E) 260.

Resolução
Para o recapeamento, a razão X/Y passa a ser
.para n sinalizadores: (Y + 40)/X = n sinalizadores por quilômetro
. para (n – 4) sinalizadores: (Y – 20)/X = n – 4 sinalizadores por quilômetro
Ou
(260+ 40)/X = n
(260 – 20)/X = n – 4
Tem-se, então,
300/X = n
240/X = n – 4 que subtraídas, resulta em
60/X = 4

X = 15 km
Substituindo em X/Y = 3/52 obtém-se
15/Y = 3/52
Y = 260 sinalizadores

Gabarito "E".

(Soldado – PM/SP – 2018 – VUNESP) Uma loja colocou à venda 80 peças do tipo A e 40 peças do tipo B, e após uma semana havia vendido 1/4 das peças do tipo A e 2/5 das peças do tipo B. Em relação ao número total de peças colocadas à venda, o número de peças que não foram vendidas nessa semana representam:

(A) 3/5
(B) 7/10
(C) 3/10
(D) 9/10
(E) 2/5

Resolução
Uma semana depois foram vendidas (1/4) x80 = 20 peças do tipo A restando, portanto, 60 peças A,
E venderam-se (2/5) x40 = 16 peças do tipo B e restando (40-16) = 24 não vendidas de B, num total de 60+24 = 84 peças não vendidas.
Assim, em relação ao número total (80 + 40) = 120 peças colocadas à venda, o número de peças que não foram vendidas nessa semana representa:

$$\frac{84}{120} = \frac{7}{10}$$

Gabarito "B".

(Soldado – PM/SP – 2018 – VUNESP) A tabela fornece algumas informações sobre o número de vagas abertas e fechadas nos últimos três anos, pelas indústrias de uma determinada cidade.

Ano	Nº de vagas abertas (VA)	Nº de vagas fechadas (VF)	Saldo (VA – VF)
2015	58	X	–395
2016		X – 66	
2017			+72
Total	446		–675

O número de vagas fechadas em 2017 foi
(A) 281.
(B) 272.
(C) 268.
(D) 285.
(E) 276.

Resolução
Completa-se a tabela:

Ano	Nº de vagas abertas (VA)	Nº de vagas fechadas (VF)	Saldo (VA – VF)
2015	58	X	–395
2016	A	X – 66	B
2017	C	D	+72
Total	446	E	–675

Pede-se o valor de D.
Na linha 1 tem-se
VA – VF = –395
58 – X = –395
-X = –395 – 58
-X = –453

X = 453
Na 4ª coluna tem-se
-395 + B + 72 = –675
B = –675 + 395 – 72
B = –352
Assim, na linha 2 tem-se
VA – VF = B
A – (X – 66) = B
A – (453 – 66) = –352
A – 352 + (453 – 66)
A = –352 + 387
A = 35
Até agora a tabela contém

Ano	Nº de vagas abertas (VA)	Nº de vagas fechadas (VF)	Saldo (VA – VF)
2015	58	453	–395
2016	35	387	-352
2017	C	D	+72
Total	446	E	–675

Na 2ª coluna obtém-se
58 + 35 + C = 446
C = 446 – 93
C = 353
Na 4ª linha:
C – D = +72
353 – D = 72
D = 353 – 72
D = 281
A tabela completa:

Ano	Nº de vagas abertas (VA)	Nº de vagas fechadas (VF)	Saldo (VA – VF)
2015	58	453	–395
2016	35	387	-352
2017	353	281	+72
Total	446	1.121	–675

Gabarito "A".

(Soldado – PM/SP – 2018 – VUNESP) Uma pessoa tirou 150 fotos com seu celular e excluiu 14 delas. Considerando-se as fotos restantes, a razão entre as fotos de boa qualidade e as fotos de baixa qualidade é 3/5. Sabendo-se que havia somente fotos de boa ou de baixa qualidade no celular, o número de fotos de boa qualidade era

(A) 62.
(B) 68.
(C) 57.
(D) 51.
(E) 73.

Resolução
Seja A/B a razão entre as fotos boas e as ruins.
Tem-se A/B = 3/5
e A+B = 150 – 14 = 136.
De A/B = 3/5 obtém-se
B = 5A/3
Então
A + 5A/3 = 136
8A/3 = 136
A/3 = 17
A = 51 fotos boas

Gabarito "D".

19. MATEMÁTICA E RACIOCÍNIO LÓGICO   465

(Escrevente Técnico – TJ/SP – 2010 – VUNESP) As 360 páginas de um processo estão acondicionadas nas pastas A e B, na razão de 2 para 3, nessa ordem. O número de páginas que devem ser retiradas da pasta B e colocadas na pasta A, para que ambas fiquem com o mesmo número de páginas, representa, do total de páginas desse processo,

(A) 1/4.
(B) 1/5.
(C) 1/6.
(D) 1/8.
(E) 1/10.

Temos
pA/pB = 2/3 e pA + pB =360. Daí, pA = 2pB/3 Þ 2pB/3 + pB =360. 5pB/3 = 360 Þ pB = 72.3 = 216 e pA=2.216/3 = 144. Agora, ao retirar n paginas de B, ficaremos com pB-n= pA+ n 2n= pB– pA 2n= 216 – 144 = 72. n = 36 Þ n corresponde a 1/10 de 360
Gabarito "E".

(Soldado – PM/SP – 2018 – VUNESP) Um determinado produto, se for comprado a prazo, terá 10% de acréscimo sobre o valor da etiqueta, e passará a custar R$ 93,50. Se esse produto for comprado à vista, terá 20% de desconto sobre o valor da etiqueta. O preço desse produto à vista é

(A) R$ 79,00.
(B) R$ 81,40.
(C) R$ 68,00.
(D) R$ 72,50.
(E) R$ 75,80.

Resolução
Sendo p o preço do produto, tem-se
P + 10%p = 93,50
1,1p 93,50
p = 85,00
Com 20% de desconto à vista, o produto custará
85x 0,8 = 68,00
EG
Gabarito "C".

2.1. MATEMÁTICA BÁSICA MDC/MMC

(Soldado – PM/SP – 2018 – VUNESP) Em um depósito há um determinado número de caixas que deverão ser empilhadas, de modo que cada pilha tenha o mesmo número de caixas. Na realização da tarefa foi constatado que, se cada pilha tiver 5 caixas, ou 6 caixas ou 8 caixas, sempre restarão 2 caixas fora das pilhas. O menor número de caixas que deverão ser empilhadas nesse depósito é

(A) 124.
(B) 126.
(C) 120.
(D) 122.
(E) 118.

Resolução
Ao calcular o mínimo múltiplo comum (MMC) de 5,6,8 obtém-se 120. Como sempre sobram 2 caixas fora das pilhas, tem-se que o menor número de caixas é igual a
120 + 2 = 122.
Comprovação:
122 = 5x 24 + 2
122 = 6x20 + 2
122 = 8x15 + 2
EG
Gabarito "D".

(Escrevente Técnico – TJM/SP – VUNESP – 2017) Em um pequeno mercado, o dono resolveu fazer uma promoção. Para tanto, cada uma das 3 caixas registradoras foi programada para acender uma luz, em intervalos de tempo regulares: na caixa 1, a luz acendia a cada 15 minutos; na caixa 2, a cada 30 minutos; e na caixa 3, a luz acendia a cada 45 minutos. Toda vez que a luz de uma caixa acendia, o cliente que estava nela era premiado com um desconto de 3% sobre o valor da compra e, quando as 3 luzes acendiam, ao mesmo tempo, esse desconto era de 5%. Se, exatamente às 9 horas de um determinado dia, as luzes das 3 caixas acenderam ao mesmo tempo, então é verdade que o número máximo de premiações de 5% de desconto que esse mercado poderia ter dado aos seus clientes, das 9 horas às 21 horas e 30 minutos daquele dia, seria igual a

(A) 8.
(B) 10.
(C) 21.
(D) 27.
(E) 33.

Calculemos o mínimo múltiplo comum (mmc) dos intervalos de tempos que nos dirá de quando em quando as luzes acenderão conjuntamente
mmc(15, 30, 45) =
15,30,45   3
  5,10,15   5
    1, 2. 3   2
    1, 1, 3   3
    1, 1, 1 1   3   mmc= 3x5x2x3 = 90 min = 1h30min
Ou seja, as luzes acenderão às 9; 10:30;12;13:30;15;16:30;18;19:30; 21 =: 9 vezes naquele dia., para cada caixa.
Como são 3 caixas, tem-se 9x3 = 27 o número máximo de premiações de 5% de desconto que esse mercado poderia ter dado aos seus clientes, das 9 horas às 21 horas e 30 minutos daquele dia.
Gabarito "D".

2.2. GEOMETRIA

(Analista – TRF3 – 2024 – VUNESP) Três terrenos retangulares, um ao lado outro, têm as laterais com a mesma medida. O primeiro terreno tem a medida de frente correspondente a 3 m a menos que metade da medida lateral; o segundo terreno tem medida de frente correspondente à quinta parte da medida lateral; e o terceiro terreno tem 9 m a mais de frente que tem o segundo terreno.

Sabendo-se que a média aritmética simples das áreas dos três terrenos é 850 m², a medida da frente do primeiro terreno é de

(A) 22 m.
(B) 21 m.
(C) 20 m.
(D) 19 m.
(E) 18 m.

Resolução
Esboço dos terrenos:

L			
	F_1	F_2	F_3

Área de cada terreno é igual a lado x frente.
A média aritmética simples é

$(L.F_1 + L.F_2 + L.F_3)/3 = 850$ ou
$L.F_1 + L.F_2 + L.F_3 = 2.550$
$L(F_1 + F_2 + F_3) = 2.550$ (I)
Tem-se, ainda,
$F_1 = L/2 - 3$
$F_2 = L/5$
$F_3 = F_2 + 9 = L/5 + 9$
Portanto, (I) vale
$L(L/2 - 3 + L/5 + L/5 + 9) = 2.550$
$L(L/2 + 2L/5 + 6) = 3.550$ ou
$L[(5L + 4L)/10 + 6] = 2.550$
$L(9L/10 + 6) = 2.550$
$L(9L + 60)/10 = 2.550$
$L(9L + 60) = 25.500$ ou
$9L^2 + 60L - 25.500 = 0$
Equação do 2º grau cujas raízes são dadas por

$$L_{1,2} = \frac{-60 \pm \sqrt{3.600 + 4 \times 9 \times 25500}}{18} = \frac{-60 \pm \sqrt{921.600}}{18}$$

$L_{1,2} =$
$= 860$

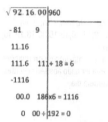

(para achar essa raiz pode-se tirar o MMC) ®
Ou extrair a raiz diretamente:

```
√ 92.16.00 |960
 -81        9
 11.16
 111.6    111 + 18 = 6
 -1116
  00.0    186 × 6 = 1116
     0    00 + 192 = 0
```

Daí,
$L = (-60 \mp 960)/18$
$L = 900/18$
$L = 50m$ Letra A
EG

Gabarito "A".

(Escrevente – TJ/SP – VUNESP – 2023) O logotipo de uma repartição pública tem o formato de triângulo retângulo e, para efeito de ampliação ou redução, sabe-se que o maior lado desse logotipo mede 17/8 da medida do menor lado. Em uma propaganda, esse logotipo foi impresso com o menor lado medindo 4 cm e, portanto, a área ocupada, somente com a impressão desse logotipo, em cm², foi de

(A) 23.
(B) 19.
(C) 30.
(D) 26.
(E) 15.

Maior lado = $(17/8) \times 4 = 17/2$

$X^2 = (17/2)^2 - 4^2$
$X^2 = 289/4 - 16$
$X^2 = (289 - 64)/4$
$X^2 = 225/4$
$X = 15/2$
E a área = $4X/2 = 2X = 15$ cm²
EG

Gabarito "E".

(Escrevente – TJ/SP – 2021 – VUNESP) O plano de reabertura do comércio de uma cidade, devido à pandemia de covid-19, determinava a ocupação máxima dos estabelecimentos, considerando certo raio de afastamento entre as pessoas, de acordo com o seguinte cálculo:

$$n^{\underline{o}} \text{ máximo de pessoas} = \frac{\text{área de circulação}}{7}$$

Nesse cálculo, a área de circulação deve ser apresentada em metros quadrados. No caso de o resultado ser um número decimal, deve-se considerar o número 0,7 como decimal referência de arredondamento para o próximo número inteiro. Por exemplo, se o resultado for um número maior do que 12 e menor ou igual a 12,7, o número máximo de pessoas a ser considerado é 12, mas se o resultado for maior do que 12,7 e menor do que 13, o número máximo de pessoas a ser considerado é 13.

Uma galeria instalada nessa cidade possui área de circulação composta por um quadrado e dois retângulos, sendo que cada retângulo possui um lado em comum com o quadrado. O quadrado tem 8 metros de lado, enquanto um retângulo tem 20 metros de comprimento, e o outro retângulo tem 25 metros de comprimento.

Nesse caso, a ocupação máxima da área de circulação dessa galeria é de

(A) 81 pessoas.
(B) 61 pessoas.
(C) 80 pessoas.
(D) 60 pessoas.
(E) 51 pessoas.

Resolução
Área total = quadrado + retângulo menor + retângulo maior
Área total = $8 \times 8 + 8 \times 20 + 8 \times 25$
Área total = 424 metros quadrados
Dividindo por 7, temos:
Número máximo de pessoas = $424 / 7 = 60,57$
Devemos arredondar para 60 (se fosse maior do que 60,7, arredondaríamos para cima). EG

Gabarito "D".

(Soldado – PM/SP – 2018 – VUNESP) Uma praça retangular, cujas medidas em metros estão indicadas na figura, tem 160m de perímetro.

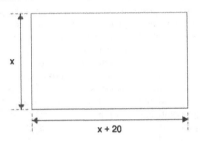

Figura fora de escala

Sabendo que 70% da área dessa praça estão recobertos de grama, a área não recoberta com grama tem:

(A) 550m²
(B) 400m²
(C) 350m²
(D) 450m²
(E) 500m²

Resolução
Perímetro = 160:
2x + 2(x + 20) = 160
4x + 40 = 160
4x = 120
x = 30
Área:
x(x + 20) = 30(50) = 1500
Área não recoberta:
30% de 1500 = 450m².
Gabarito "D".

(Soldado – PM/SP – 2018 – VUNESP) Um bloco maciço de argila tem a forma de um prisma reto de base retangular e altura igual a 24cm, conforme mostra a figura.

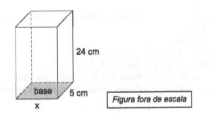

Figura fora de escala

Sabendo que o volume desse bloco é 900cm³, o perímetro da base indicada na figura mede:

(A) 18cm
(B) 20cm
(C) 25cm
(D) 15cm
(E) 22cm

Resolução
Volume = área da base vezes altura:

900 = (5x)24
900 = 120x
x = 7,5
Perímetro da base:
2x + 2(5)
2(7,5) + 10
15 + 10 = 25
Gabarito "C".

(Escrevente – TJ/SP – 2018 – VUNESP) Um estabelecimento comercial possui quatro reservatórios de água, sendo três deles de formato cúbico, cujas respectivas arestas têm medidas distintas, em metros, e um com a forma de um paralelepípedo reto retângulo, conforme ilustrado a seguir.

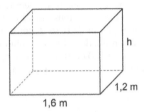

Sabe-se que, quando totalmente cheios, a média aritmética dos volumes de água dos quatro reservatórios é igual a 1,53 m³, e que a média aritmética dos volumes de água dos reservatórios cúbicos, somente, é igual a 1,08 m³. Desse modo, é correto afirmar que a medida da altura do reservatório com a forma de bloco retangular, indicada por h na figura, é igual a

(A) 1,40 m.
(B) 1,50 m.
(C) 1,35 m.
(D) 1,45 m.
(E) 1,55 m.

Resolução
Média dos 3 reservatórios cúbicos = 1,08 e dos 4 é de 1,53.
O outro tem o volume de área da base x altura = 1,6x1,2h = 1,92h.
Portanto,
Uma vez que os 3 cúbicos têm o volume de 3x1,08, tem-se a média
1,53 = (1,92h + 1,08x3) /4
6,12 = 1,92h + 3,24
2.88 = 1,92h
h = 1,5 m
Gabarito "B".

(Escrevente – TJ/SP – 2018 – VUNESP) Inaugurado em agosto de 2015, o Observatório da Torre Alta da Amazônia (Atto, em inglês) é um projeto binacional Brasil-Alemanha que busca entender o papel da Amazônia no clima do planeta e os efeitos das mudanças climáticas no funcionamento da floresta. Construída numa região de mata preservada, dentro da Reserva de Desenvolvimento Sustentável do Uamatã, a torre Atto tem 325 m de altura e é a maior estrutura de pesquisa desse tipo em florestas tropicais no mundo.

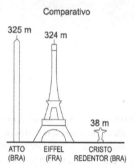
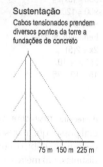

(*O Estado de S.Paulo*, 16.10.2017. Adaptado)

Considere a torre posicionada perpendicularmente ao solo e admita que o cabo tensionado fixado no solo a uma distância de 75 m da base da torre esteja preso à torre em um determinado ponto, cuja altura, em relação ao solo, seja igual a 100 m. Nesse caso, é correto afirmar que o comprimento desse cabo é igual a

(A) 135 m.
(B) 150 m.
(C) 130 m.
(D) 110 m.
(E) 125 m.

Resolução
Pelo Teorema de Pitágoras, tem-se

$C^2 = 100^2 + 75^2$
$C^2 = 10.000 + 5.625$
$C^2 = 15.625 = 5^2 \times 25^2$
$C = 5 \times 25$
$C = 125$ m

Gabarito "E".

(**Escrevente Técnico – TJM/SP – VUNESP – 2017**) Em um terreno retangular, a medida do lado maior tem 1 metro a mais que a medida do lado menor. Se a área desse terreno é de 182 metros quadrados, então é correto afirmar que o seu perímetro, em metros, é igual a

(A) 54.
(B) 55.
(C) 56.
(D) 57.
(E) 58.

Sejam x e (x+1) os lados do terreno.
Então, a sua área vale x.(x+1) = 182 m².
Daí,
$x^2 + x - 182 = 0$

$x_{1,2} = \dfrac{-1 \pm \sqrt{1+728}}{2} = \dfrac{-1 \pm \sqrt{729}}{2} = \dfrac{-1 \pm 27}{2}$

Logo, x = 13 (raiz positiva da equação) e, daí, (x+1) = 14.
Então, o perímetro do terreno tem o valor de 2x13 + 2x14 = 26 + 28 = 54 m.

Gabarito "A".

2.3. CONTAGENS, COMBINAÇÕES, ARRANJOS E PERMUTAÇÃO

(**Investigador – PC/BA – 2018 – VUNESP**) Necessita-se identificar uma senha composta de cinco elementos distintos, sendo, cada elemento, um número de 1 a 9 ou uma das 26 letras do nosso alfabeto. Uma investigação revelou que o primeiro elemento é um número múltiplo de 3, o segundo elemento é uma vogal, o terceiro é um número par e os últimos dois elementos são um número e uma letra, ou vice-versa. Com apenas essas informações, a probabilidade de se identificar essa senha, aleatoriamente, na primeira tentativa, é de 1 para

(A) 18 080.
(B) 18 560.
(C) 19 040.
(D) 19 520.
(E) 20 000.

Resolução
Uma vez que o número 6 é par e é múltiplo de 3, calcula-se o total de possibilidades em duas etapas.
I) 6 sendo n° par
Tem-se
1° elemento: 2 múltiplos de três: 3 e 9;
2°   "   : 5 vogais
3°   "   : 4 números pares: 2,4,6,8
4°   "   : um número de 1 a 9 que não sejam aqueles usados para o 1° e o 3° elementos, ou seja, há 7 possíveis
5°   "   : uma letra que não seja a utilizada no 2° elemento: 25 possíveis
Note que o 4° e 5° elementos podem estar em vice-versa: 2 possibilidades
Assim, temos o
Total1 = 2x5x4x7x25x2 = 14.000 casos.
II) 6 sendo múltiplo de 3
Tem-se
1° elemento: 1 múltiplo de três: 6
2°   "   : 5 vogais
3°   "   : 3 números pares: 2,4,8
4°   "   : um número de 1 a 9 que não sejam aqueles usados para o 1° e o 3° elementos, ou seja, há 7 possíveis
5°   "   : uma letra que não seja a utilizada no 2° elemento: 25 possíveis
Note que o 4° e 5° elementos podem estar em vice-versa: 2 possibilidades
Assim, temos o
Total2 = 1x5x3x7x25x2 = 5.250 casos.
Total geral = Total1 + Total2 = 19.250.
E a probabilidade de identificar a senha é de 1 para 19.250.
A banca anulou a questão porque não há resposta correta no gabarito.

Gabarito Anulada

2.4. OPERAÇÕES, PROPRIEDADES, PROBLEMAS ENVOLVENDO AS QUATRO OPERAÇÕES NAS FORMAS FRACIONÁRIA E DECIMAL PROPORCIONAL; REGRA DE TRÊS SIMPLES E COMPOSTA; PORCENTAGEM

(**Escrevente – TJ/SP – VUNESP – 2023**) A tabela apresentada a seguir, publicada pelo Instituto Brasileiro de Geografia e Estatística (IBGE), apresenta o peso mensal da variação dos grupos de produtos e serviços no índice geral do IPCA (Índice Nacional de Preços ao Consumidor

19. MATEMÁTICA E RACIOCÍNIO LÓGICO — 469

Amplo), do mês de janeiro de 2023, com exceção do grupo Educação.

IPCA – JANEIRO 2023

Grupos de produtos e serviços	Peso mensal no índice geral (%)
Alimentação e bebidas	21,86
Habitação	15,26
Artigos de residência	3,95
Vestuário	4,84
Transportes	20,44
Saúde e cuidados pessoais	13,05
Despesas pessoais	10,07
Educação	
Comunicação	4,88

(IBGE. Adaptado)

Sabendo-se que todos os grupos de produtos e serviços que são considerados para o cálculo da variação do referido índice constam na tabela, o peso mensal do grupo Educação, no IPCA de janeiro de 2023, foi de:

(A) 5,65%
(B) 4,75%
(C) 6,65%
(D) 4,65%
(E) 5,75%

Resolução

Tem-seque a soma dos grupos, exceto Educação dá o total de 94,35. Logo, o peso mensal do grupo Educação foi de
100 − 94,35 = 5,65%.

Gabarito "A".

(Escrevente – TJ/SP – VUNESP – 2023) Em reportagem publicada na internet no final de fevereiro de 2023, uma agência de notícias informou que a receita com as vendas de *smartphones* no varejo mundial, em 2022, foi de US$ 330 bilhões, cerca de 10% menor, quando comparada à receita de 2021. Isso significa que, das alternativas a seguir, aquela que contém o valor que mais se aproxima da receita com a venda de *smartphones* no varejo mundial, em 2021, é:

(A) US$ 363 bilhões.
(B) US$ 359 bilhões.
(C) US$ 367 bilhões.
(D) US$ 351 bilhões.
(E) US$ 355 bilhões.

Resolução
$330 = V − 0,1V$
$330 = 0,9V$
$V = 330/0,9$
$V / 1100/3$
$V = 367$ bilhões

Gabarito "C".

(Escrevente – TJ/SP – VUNESP – 2023) Em uma pesquisa realizada em 2019, com 200 pessoas, identificou-se que a razão entre o número de pessoas que não tinham filho ou filha e o número de pessoas que tinham filho(s) ou filha(s) era

6/19. No ano passado, as mesmas pessoas participaram de outra pesquisa, ocasião em que foi identificado que o número de pessoas que não tinham filho ou filha havia diminuído em 12 unidades. Na pesquisa realizada no passado, a razão entre os números das pessoas que não tinham filho ou filha e das pessoas que tinham filho(s) ou filha(s) foi:

(A) 3/10.
(B) 9/41.
(C) 9/38.
(D) 3/7.
(E) 12/41.

Resolução
$S + C = 200$
$S/C = 6/19$
$S = 6C/19$
Logo,
$6C/19 + C = 200$
$25C/19 = 200$
$C/19 = 8$
$C = 152$
$S = 48$
No ano passado, S passou para 48 − 12 = 36.
Daí,
$C = 200 − 36 = 164$.
Então,
$S/C = 36/164 = 9/41$.

Gabarito "B".

(Escrevente – TJ/SP – VUNESP – 2023) Para a realização de um serviço, foram feitos três orçamentos. O que se sabe sobre esses orçamentos é que: a média aritmética simples dos seus valores é igual a R$ 29.500,00; o maior deles ficou R$ 1.200,00 mais alto que o valor do orçamento não menor; e o menor deles ficou R$ 2.250,00 mais baixo que o valor do maior orçamento. O valor do menor orçamento foi de

(A) R$ 29.450,00.
(B) R$ 29.850,00.
(C) R$ 28.500,00.
(D) R$ 28.300,00
(E) R$ 28.400,00.

Resolução
Seja
A, B e C os orçamentos com
$B > C$.
$\text{Média} = \dfrac{A + B + C}{3} = 29.500$

$A = 1.200 + B$
$C = A − 2.250$
$C = (1.200 + B) − 2250$
$C = B − 1.050$
Assim,
$88.500 = (1.200 + B) + B + B − 1.050$
$88.500 = 3B + 150$
$3B = 88.350$
$B = 29.450$.
$A = B + 1.200$
$A = 30.650$
$C = A − 2.2.250$
$C = 28.400$

Gabarito "E".

(Escrevente – TJ/SP – 2021 – VUNESP) O PIX é um meio de pagamento eletrônico, lançado no Brasil no final de 2020. Na ocasião, especialistas tinham diferentes expectativas sobre o seu impacto nos meios de pagamentos eletrônicos. De toda forma, esses especialistas entendiam que qualquer pequena variação nesse mercado seria muita coisa já que, em 2019, por exemplo, esse mercado movimentou 1,8 trilhão de reais.

Considerando o valor movimentado em 2019 pelo mercado de pagamentos eletrônicos, uma variação de 0,1% corresponderia a

(A) 1 800 bilhões de reais.
(B) 180 bilhões de reais.
(C) 18 bilhões de reais.
(D) 0,18 bilhão de reais.
(E) 1,8 bilhão de reais.

Resolução
0,1% x 1.800.000.000.000 =
(0,1 / 100) x 1.800.000.000.000 =
0,1 x 18.000.000.000 =
1.800.000.000 =
1,8 bilhão
Gabarito "E".

(Escrevente – TJ/SP – 2021 – VUNESP) Um processo seletivo para o cargo de digitador em um escritório adota na prova prática o seguinte cálculo para nota:
NOTA = 10 – (D x 0,05) – (F x 0,2)

Nessa fórmula, D corresponde ao número de erros de digitação e F ao número de erros na formatação do documento.

Considere um candidato cujo número de erros de digitação superou o número de erros de formatação em 20 e que teve um total de erros, considerando digitação e formatação, igual a 28.

De acordo com o cálculo apresentado, a nota desse candidato será

(A) 2,0.
(B) 5,0.
(C) 5,6.
(D) 7,4.
(E) 8,0.

Resolução
+ F = 28
D = F + 20
Substituindo na primeira equação:
(F + 20) + F = 28
2F = 28 – 20
F = 4
D = 24
Nota = 10 – (D × 0,05) – (F × 0,2)
Nota = 10 – (24 x 0,05) – (4 x 0,2)
Nota = 8.
Gabarito "E".

(Escrevente – TJ/SP – 2021 – VUNESP) Na reunião do balanço anual, o síndico apresentou a prestação de contas de um conjunto habitacional. Chamou a atenção dos presentes à inadimplência por atraso no pagamento do condomínio. Segundo regimento do local, está estabelecida a cobrança de multa, a juros simples diários de 0,03% sobre a mensalidade do condomínio. O valor fixo do condomínio mensal desse conjunto habitacional é de R$ 900,00. O síndico comentou que o habitual observado mensalmente no local é que, em média, 45 moradores atrasam o pagamento em 5 dias.

Considerando o número médio mensal de moradores que atrasam o pagamento da mensalidade do condomínio e o número médio mensal de dias desses atrasos, o total anual de multas cobradas por atraso no pagamento do condomínio é um valor

(A) entre R$ 650,00 e R$ 700,00.
(B) entre R$ 700,00 e R$ 750,00.
(C) inferior a R$ 650,00.
(D) entre R$ 750,00 e R$ 800,00.
(E) superior a R$ 800,00.

Resolução
Multa por dia = 900 x 0,03/100 = 0,27 reais.
Multa em 5 dias = 5 x 0,27 = 1,35 reais.
Multa de 45 moradores em 5 dias = 45 x 1,35 = 60,75 reais.
Multas em 12 meses = 12 x 60,75 = 729 reais.
Gabarito "B".

(Escrevente – TJ/SP – 2021 – VUNESP) A China é o país com maior volume total de emissões de carbono, mas também está na liderança da produção de energia solar. O gráfico informa a capacidade total dos quatro principais países na produção de energia solar no ano de 2020.

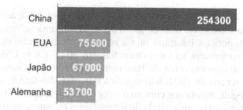

(https://www.bbc.com/portuguese, Adaptado)

Analisando-se as informações do gráfico, assinale a alternativa que mais se aproxima da razão entre a média aritmética simples da capacidade total de produção de energia solar dos EUA, Japão e Alemanha, e a capacidade total de produção da China, no ano de 2020.

(A) 1/3
(B) 1/6
(C) 1/5
(D) 1/4
(E) ½

Resolução
Média de EUA, Japão, Alemanha) = (75500+67000+53700)/3 = 65400.
Média / China = 65400 / 254300 ~ 60000 / 240000 = 6/24 = 1 / 4.
Gabarito "D".

(Escrevente – TJ/SP – 2021 – VUNESP) Nos últimos anos, a TV a cabo, a TV via satélite e o *streaming* têm disputado a atenção e a fidelização dos consumidores para os seus produtos e pacotes de serviço. Os gráficos a seguir apresentam o número de assinantes ao redor do mundo e o faturamento global anual provenientes das anuidades dessas três modalidades de tecnologia de entretenimento de 2016 a 2020.

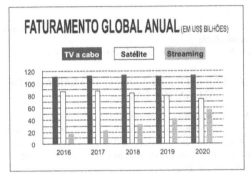

(https://super.abril.com.br. Adaptado)

Considerando que o valor médio da anuidade resulta da divisão do valor do faturamento global anual pelo número global de assinantes, ao analisar os gráficos apresentados, pode-se concluir que, de 2016 a 2020, o valor médio da anuidade do serviço via satélite sempre foi _____ que o da TV a cabo, que, por sua vez, no ano de 2020, tinha um valor médio de anuidade _____ ao triplo do valor médio da anuidade do *streaming*.

Os termos que completam, respectiva e corretamente, a frase são:

(A) maior ... superior
(B) menor ... igual
(C) menor ... inferior
(D) menor ... superior
(E) maior ... inferior

Resolução
De 2016 a 2020, o faturamento do serviço via satélite foi, em média, em torno de $80 bilhões, ou $80.000 milhões. O número de usuários médio foi de pouco mais de 200 milhões, algo como 220 milhões. logo,
– anuidade média do satélite = 80.000 / 220 = 363 dólares
No caso da tv a cabo, a média foi em torno de $110 bilhões de faturamento anual, com cerca de 550 milhões de usuários em média. Assim,
– anuidade média da tv a cabo = 110.000 / 550 = 200 dólares
Portanto, de 2016 a 2020, o valor médio da anuidade do serviço via satélite sempre foi maior que o da tv a cabo.(Concurso TJSP)

anuidade em 2020:
– streaming = 57.000 / 1.100 = 52 dólares
– tv a cabo = 110.000 / 520 = 211 dólares
Veja que a anuidade da tv acabo é superior ao triplo da anuidade do *streaming* (esse triplo seria em torno de 150 dólares).
Gabarito "A".

(Soldado – PM/SP – 2018 – VUNESP) Uma máquina trabalhando ininterruptamente 5 horas por dia produz um lote de peças em 3 dias. Para que esse mesmo lote fique pronto em 2 dias, o tempo que essa máquina terá que trabalhar diariamente, de forma ininterrupta, é de

(A) 7 horas e 05 minutos.
(B) 7 horas e 30 minutos.
(C) 7 horas e 50 minutos.
(D) 6 horas e 45 minutos.
(E) 6 horas e 35 minutos.

Resolução
Tem-se
h/d   dias
5   3
t   2
Como a relação é inversamente proporcional deve-se inverter os termos:
5   2
t   3
Assim,
t = 3×5/2
t = 7,5 horas
t = 7 horas e 30 min.
Gabarito "B".

(Escrevente Técnico – TJM/SP – VUNESP – 2017) Em determinada região, para cada 90 pessoas que contraíram uma doença e sobreviveram, 8 contraíram a mesma doença e morreram em decorrência dela. Se considerarmos 4 mil mortes decorridas por aquela doença, então é verdade que o número total de pessoas que a contraíram seria de

(A) 45 000.
(B) 46 000.
(C) 47 000.
(D) 48 000.
(E) 49 000.

Seja a regra de três
doentes   mortes
  90   – –   8
   x   – –   4.000   => x = 90(4.000)/8 = 45.000 doentes que morreram
Então, o número total dos que contraíram a doença foi de 4.000 + 45.000 = 49.000 pessoas.
Gabarito "E".

(Escrevente Técnico – TJM/SP – VUNESP – 2017) Em um município, sabe-se que 1 em cada 16 habitantes vive em área de risco. Desse modo, é correto afirmar que, do número total de habitantes, o correspondente àqueles que não vivem em área de risco é:

(A) 93,25%
(B) 93,50%
(C) 93,75%
(D) 94,00%
(E) 94,25%

Temos a regra de três
1 — 16
x — 100 => x=100/16 = 6,25% dos habitantes vivem em área de risco.
Portanto, 100% – 6,25% = 93,75% não vivem em área de risco.
Gabarito "C".

(Escrevente Técnico – TJM/SP – VUNESP – 2017) Para executar serviços de pintura, com 2 demãos, ou seja, duas camadas de tinta, o fabricante de uma tinta recomenda a utilização de um galão de tinta, contendo 3,6 L, para cada 60 m2 a serem pintados. Para pintar uma determinada área, Pedro comprou 3 galões da referida tinta, mas ao invés de fazer 2 demãos, ele fez 3. Se, ao final da pintura, sobraram 1 200 mL da tinta, então, das alternativas a seguir, a que mais se aproxima da área pintada por Pedro, em m2, com a quantidade de tinta comprada é

(A) 107.
(B) 141.
(C) 175.
(D) 209.
(E) 243.

Trata-se de regra de três composta:
demãos   tinta   área
  2   3,6   60
  3   10,8-1,2=9,6   a
a = 2 x9,6 x60 / 3 x3,6 =
10 6,67 m² ~ 107 m² => letra A
Gabarito "A".

A tabela apresenta o número de acertos dos 600 candidatos que realizaram a prova da segunda fase de um concurso, que continha 5 questões de múltipla escolha.

Número de acertos	Número de candidatos
5	204
4	132
3	96
2	78
1	66
0	24

(Escrevente Técnico – TJM/SP – VUNESP – 2017) A média de acertos por prova foi de

(A) 3,57.
(B) 3,43.
(C) 3,32.
(D) 3,25.
(E) 3,19.

Se os números X1, X2,...,Xá ocorrem com as frequências f1,f2,...fk, a média aritmética é dada por
5x204 = 1.020
4x132 = 528
3x96 = 288
2x78 = 156
1x66 = 66
0x24 = 0
Soma: 2.058
Então média de acertos por prova foi de

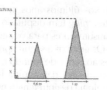
Gabarito "B".

2.5. PROGRESSÕES ARITMÉTICA E GEOMÉTRICA E SEQUÊNCIAS NUMÉRICAS

(Auditor Fiscal/S.J. Rio Preto-SP – 2008 – VUNESP) Um tanque de água possui uma tubulação que o enche em 4 horas, e possui um cano onde sai água, que o esvazia em 6 horas. Inicialmente, o tanque está vazio. Então, se ambas as tubulações estão funcionando simultaneamente, após uma hora, a proporção do tanque que encheu é de

(A) 1/12.
(B) 1/18.
(C) 1/24.
(D) 1/8.
(E) 1/6.

Em 1 hora a primeira tubulação enche ¼ do tanque e a segunda esvazia 1/6 dele. Então
1 hora ® (¼ – 1/6) do tanque, ie, 1/12 que enche em 1 hora.
Gabarito "A".

2.6. QUESTÕES DE CONTEÚDO VARIADO DE MATEMÁTICA BÁSICA

(Analista – TRF3 – 2024 – VUNESP) O preço unitário de venda de um produto, que era praticado em 2020, teve um único aumento, em 2021, de 10%. Em 2022, foi concedido, sobre o preço de venda reajustado em 2021, um único desconto de 5%.

É correto afirmar que o desconto concedido em 2022 correspondeu, do preço do produto que era praticado em 2020, a:

(A) 6,5%
(B) 5,5%
(C) 4,5%
(D) 5,0%
(E) 6,0%

1ª Solução
Seja **p** o preço do produto em 2020.
Em 2021, o produto passou a custar 1,1p, com o aumento de 10%.
E, em 2021, houve um desconto de 5% sobre o preço a ajustado.
Ou seja,
1,1 p – 5%(1,1p) = 1,1p – 0,05x1,1p = 1,10p - 0,55p = 0,55p = 5,5% de p
Assim,
o desconto correspondeu a 5,5%.

2ª Solução
Suponha p= R$ 100,00 o preço do produto em 2020.
Tem-se, então,
ano preço
2020 100
2021 110 (aumento de 10%
2022 110 – (5% de 110)= 110 – 5,50 (desconto de 5%)
Assim,
o desconto correspondeu a 5,5%. EG
Gabarito "B".

(Soldado – PM/SP – 2018 – VUNESP) Uma pessoa possui um móvel com algumas gavetas, e quer colocar em cada uma delas o mesmo número de blusas. Ao realizar a tarefa percebeu que, colocando 7 blusas em cada gaveta, 3 blusas ficariam de fora, porém, não seria possível colocar 8 blusas em cada gaveta, pois ficariam faltando 2 blusas na última gaveta. O número total de blusas é

(A) 30.
(B) 32.
(C) 36.
(D) 34.
(E) 38.

Resolução
Seja g o número de gavetas e b o número de blusas.
Tem-se
b = 7g + 3 e
b = 8g – 2
Assim,
7g + 3 = 8g – 2
g = 5 gavetas, e
b = 7x5 + 3
b = 38 blusas.
Gabarito "E".

(Escrevente – TJ/SP – 2018 – VUNESP) Ontem, os ciclistas Afonso e Bernardo iniciaram os respectivos treinamentos, feitos em uma mesma pista, exatamente no mesmo horário, às 8h 12min. Ambos percorreram a pista no mesmo sentido, sendo que Afonso partiu de um ponto P dessa pista e Bernardo partiu de um ponto Q, situado 1,26 km à frente de P. Por determinação do técnico, no treinamento desse dia, ambos mantiveram ritmos uniformes e constantes: Afonso percorreu 420 metros a cada 1 minuto e 20 segundos, e Bernardo percorreu, a cada 1 minuto e 20 segundos, 80% da distância percorrida por Afonso. Nessas condições, Afonso alcançou Bernardo às

(A) 8h 30min.
(B) 8h 45min.
(C) 8h 38min.
(D) 8h 32min.
(E) 8h 28min.

Solução
Cada 1min 20s correspondem a 80s.
A velocidade de Afonso é de vA = 420m/80s = 5,25 m/s e a de Bernardo, vB = 336/80 = 4,20 m/s.
Assim,
Após o mesmo empo t tem-se que a
Posição de Afonso: $e_A = v_A \cdot t$ e a
a de Bernardo, $e_B = 1.260 + v_B \cdot t$
Para ser o ponto de encontro dos dois, deve=se ter
$e_A = e_B$
5,25 t = 1.260 + 4,2t
1,05 t = 1.260
t = 1.200s = 20 min
Logo, Afonso alcançou Bernardo às 8h 12min + 20 min = 8h 32min.
Gabarito "D".

(Soldado – PM/SP – 2018 – VUNESP) O gráfico apresenta o número de pontos obtidos pelos grupos A, B, C e D, que participaram de uma atividade recreativa.

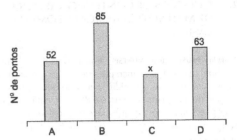

Sabendo que o número de pontos obtidos pelo grupo A foi 30% maior que o número de pontos obtidos pelo grupo C, então, na média, o número de pontos obtidos por um grupo foi

(A) 55.
(B) 60.
(C) 70.
(D) 65.
(E) 50.

Resolução
Como 52 = 1,3x, tem-se
x = 52/1,3
x = 40
A média
Será
(52 + 85 + 40 + 63)/4 = 240/4 = 60
Gabarito "B".

(Escrevente – TJ/SP – 2018 – VUNESP) No posto Alfa, o custo, para o consumidor, de um litro de gasolina é R$ 3,90, e o de um litro de etanol é R$ 2,70. Se o custo de um litro de uma mistura de quantidades determinadas desses dois combustíveis é igual a R$ 3,06, então o número de litros de gasolina necessários para compor 40 litros dessa mistura é igual a

(A) 12.
(B) 24.
(C) 28.
(D) 20.
(E) 16.

Resolução
Seja **x** a quantidade de gasolina a R$ 3,90 o litro e **y** a de etanol a R$ 2,70, na mistura.
Para x + y = 40 litros da mistura ter-se-á o custo de
40(3,06) = 3,9x + 2,7y
122,4 = 3,9x + 2,7y
1224 = 39x + 27y
Simplificando por 3:
408 = 13x + 9y
Substituindo y = 40 –x, obtém-se
408 = 13x + 9(40 –x)
408 = 13x + 360 – 9x
48 = 4x
x = 12 litros de gasolina
Gabarito "A".

2.7. QUESTÕES DE CONTEÚDO VARIADO DE MATEMÁTICA BÁSICA/ GEOMETRIA BÁSICA

(Soldado – PM/SP – 2018 – VUNESP) Dois amigos foram a uma lanchonete e pediram cinco pães de queijo e dois sucos, e pagaram, no total, R$ 19,50. Sabendo que o preço de um pão de queijo mais um suco é R$ 6,00, então, o valor a ser pago na compra de três pães de queijo será

(A) R$ 9,00.
(B) R$ 9,50.
(C) R$ 7,50.
(D) R$ 8,00.
(E) R$ 8,50.

Resolução
Sendo p o preço do pão de queijo e s o do suco, tem-se
5p + 2 s = 19,50 (I)
p + s = 6,00   (II)
Multiplicando-se (II) por 2 obtém-se
2p + 2s = 12   que, subtraída de (I), encontra-se
3p = 7,50
EG
Gabarito "C".

(Soldado – PM/SP – 2018 – VUNESP) Uma avenida retilínea terá um trecho de 3,6 km recapeado, e isso será feito em 3 etapas, conforme mostra a figura.

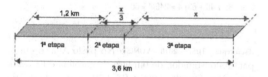

Figura fora de escala

O comprimento do trecho a ser recapeado na 2ª etapa é de
(A) 600 m.
(B) 400 m.
(C) 1 000 m.
(D) 800 m.
(E) 1 200 m.

Resolução
Tem-se
1,2 + x/3 + x = 3,6
(3,6 + x +3x)/3 = 3,6
3,6 + 4x = 10,8
4x = 7,2
x = 1,8
Na 2ª etapa o comprimento será
x/3 = 0,6 km = 600m
EG
Gabarito "A".

3. MATEMÁTICA FINANCEIRA

3.1. JUROS SIMPLES. MONTANTE E JUROS. TAXA REAL E TAXA EFETIVA. TAXAS EQUIVALENTES. CAPITAIS EQUIVALENTES

(Escrevente – TJ/SP – 2018 – VUNESP) Um investidor adquiriu um terreno por R$ 74.000,00. Algum tempo depois, o terreno foi vendido, e o lucro obtido pelo investidor foi igual a 20% do valor da venda. Se esse investidor conceitua lucro como sendo a diferença entre os valores de venda e de compra, então o lucro obtido por ele nessa negociação foi de

(A) R$ 16.600,00.
(B) R$ 17.760,00.
(C) R$ 18.500,00.
(D) R$ 15.870,00.
(E) R$ 14.400,00.

Resolução
Lucro = Venda – Compra
Lucro = 0,20Venda
Então
0,20Venda = Venda – Compra
Ou
Compra = 0,8Venda
Venda = Compra/0,8
Venda = 74.000/0,8
Venda = 92.500 e
Lucro = 92.500 – 74.000
Lucro = 18.500
Gabarito "C".

(Escrevente Técnico – TJM/SP – VUNESP – 2017) Certo capital, aplicado por um período de 9 meses, a uma taxa de juro simples de 18% ao ano, rendeu juros no valor de R$ 1.620,00. Para que os juros do mesmo capital, aplicado no mesmo período, sejam de R$ 2.160,00, a taxa de juro simples anual deverá corresponder, da taxa de 18% ao ano, a:

(A) 7/6
(B) 4/3
(C) 3/2
(D) 5/3
(E) 11/6

Como a taxa ¡ de 18% aa = 18/12 = 1,5 % am , isto é, 18% ao ano equivale a 1,5% ao mês, temos
J = Cit => 1.620 = C 1,5 x 9
C = 1620/1,5x9/100
C = 12.000
Então, para o juro de 2.160, teremos a taxa de
2160 = 12000i1x9
i1 = 2160/1200x9
i1 = 0,02
Então,
i 1/ i = 0,02/0,015
i 1/ i = 2 0/15
i 1/ i = 4/3
Gabarito "B".

20. Língua Portuguesa

Henrique Subi

1. INTERPRETAÇÃO DE TEXTOS

Leia a charge para responder às questões a seguir.

(Chargista Ricardo Manhães. https://ndmais.com.br/opiniao/charges, 31.03.2023)

(Analista – TRF3 – 2024 – VUNESP) O diálogo entre os mosquitos permite concluir corretamente que

(A) as medidas de combate à dengue deixam-nos apreensivos.
(B) a disseminação da dengue é algo em que eles não creem.
(C) o avanço da dengue é fato inconteste e pode recrudescer.
(D) os casos confirmados negam de fato o avanço da dengue.
(E) a dengue é um problema que eles preferem ignorar por ora.

Dentre as alternativas propostas, a única que se adequa ao conteúdo da charge é a letra "C", que deve ser assinalada. Os mosquitos se veem tranquilos e seguros que os casos seguirão aumentando (chegando a mil). "Recrudescer" significa "tornar-se mais intenso", "aumentar".

Gabarito "C".

Dengue prevista

A dengue é uma doença periódica e cíclica: os casos crescem no verão e há picos epidêmicos a cada 4 ou 5 anos. Trata-se, portanto, de enfermidade de atuação previsível. Supõe-se que o poder público se adiantaria com medidas de prevenção e tratamento. Contudo, há décadas os números de casos e mortes só aumentam no Brasil.

Entre 2000 e 2010, foram registrados 4,5 milhões de ocorrências e 1.869 óbitos. Na década seguinte, os números saltaram para 9,5 milhões e 5.385, respectivamente. O primeiro semestre deste ano registra 1,4 milhão de casos, ante 1,5 milhão em 2022. A tendência é piorar.

Segundo a OMS, urbanização descontrolada e sistema sanitário precário contribuem para o descontrole da moléstia.

No Brasil, cerca de 50% da população não tem acesso a redes de esgoto, em grande parte devido à ineficiência estatal, que só agora começa a mudar com o novo marco do setor. E o desmatamento para a construção de moradias irregulares grassa nos grandes centros. A dimensão de áreas verdes derrubadas para esse fim na cidade de São Paulo atingiu, nos primeiros dois meses de 2023, 85 hectares.

Neste ano, o município já conta com 11 444 casos de dengue – 3,7% a mais em relação ao mesmo período de 2022. Dez pessoas morreram, o maior número em oito anos, quando houve pico epidêmico.

A OMS ressaltou a importância da vacinação. Mas, devido à burocracia, o Brasil protela a distribuição do imunizante japonês Qdenga – já aprovado para venda pela Anvisa – no sistema público de saúde.

O combate à dengue deve ser contínuo, não apenas no verão, e em várias frentes complementares (saúde, infraestrutura e moradia). Com o alerta da OMS, espera-se que o poder público, local e federal, se prepare para receber as consequências do fenômeno climático El Niño.

(Editorial. Folha de S.Paulo, 27.07.2023. Adaptado)

(Analista – TRF3 – 2024 – VUNESP) O editorial enfatiza que o aumento dos casos de dengue é

(A) sazonal, dispensando atenção sistemática das instâncias governamentais, uma vez que os picos epidêmicos têm sido satisfatoriamente controlados.
(B) insignificante, uma vez que as consequências do El Niño para a população não afetam o sistema de saúde, a infraestrutura e a moradia do país.
(C) esperado, configurando um problema de saúde pública que deve ser combatido por meio de frentes complementares orquestradas pelo poder público.
(D) improvável, o que dispensa o poder público de organizar os mecanismos de prevenção, como a vacinação da população com o imunizante japonês Qdenga.
(E) desesperador, aumentando a insegurança da população que se vê acuada nos picos epidêmicos da doença, mesmo com prevenção e tratamento.

A: incorreta. O texto deixa claro que os ciclos, apesar de previsíveis, não vêm sendo controlados pelo poder público; **B:** incorreta, porque contrasta com todas as ideias defendidas no texto; **C:** correta, conforme a ideia central do último parágrafo do texto; **D:** incorreta. Os dados apresentados permitem concluir que a situação tende, na verdade, a piorar; **E:** incorreta. Ainda que a dengue seja uma doença grave, não se pode concluir tais condições de desespero da população pelo texto.

Gabarito "C".

(Analista – TRF3 – 2024 – VUNESP) Na passagem do primeiro parágrafo do texto – **Supõe-se que o poder público se adiantaria com medidas de prevenção e tratamento.** Contudo, há décadas os números de casos e mortes só aumentam no Brasil. –, o trecho destacado e o trecho posterior expressam, correta e respectivamente, sentidos de

(A) afirmação e conclusão.
(B) hipótese e adversidade.
(C) contestação e concessão.
(D) afirmação e explicação.
(E) hipótese e comparação.

O trecho destacado em negrito traz uma hipótese, uma suposição, como bem se pode concluir pelo próprio verbo "supor", núcleo da oração. O segundo trecho se inicia com conjunção adversativa, ou seja, traz a ideia de adversidade, contraposição ao que foi dito antes. HS

Gabarito "B".

Leia o poema para responder às questões a seguir.

aqui
nesta pedra
alguém sentou
olhando o mar
o mar
não parou
pra ser olhado
foi mar
pra tudo quanto é lado

(Paulo Leminski, Caprichos e relaxos)

(Escrevente – TJ/SP – VUNESP – 2023) Os versos finais do poema – foi mar / pra tudo quanto é lado – permitem entender que o mar

(A) se espantou com os olhares ao tocar rudemente a pedra.
(B) se movimentou timidamente devido à admiração humana.
(C) se espalhou e atingiu tudo o que encontrou a sua frente.
(D) se moveu violentamente e aterrorizou as pessoas.
(E) se mostrou plácido para as pessoas que o contemplavam.

Como "o mar não parou para ser olhado", as alternativas A, B e E estão erradas. Nada permite concluir que a movimentação do mar foi violenta, por sua vez, então resta como correta apenas a letra C. HS

Gabarito "C".

(Escrevente – TJ/SP – VUNESP – 2023) No poema, há uma relação entre passado e presente, este marcado pelo emprego do termo

(A) "olhado".
(B) "lado".
(C) "alguém".
(D) "aqui".
(E) "parou".

O tempo presente é demarcado pelo advérbio "aqui", que demonstra que o eu lírico está naquele momento sobre o local onde antes (no passado) alguém parou para ver o mar. HS

Gabarito "D".

Leia o texto para responder às questões

Cidadania e Justiça

A cidadania, na lição do professor Dalmo de Abreu Dallari, expressa um conjunto de direitos que dá à pessoa

a possibilidade de participar ativamente da vida e do governo do seu povo.

Colocar o bem comum em primeiro lugar e atuar para a sua manutenção é dever de todo cidadão responsável. É por meio da cidadania que conseguimos assegurar nossos direitos civis, políticos e sociais.

Ser cidadão é pertencer a um país e exercer seus direitos e deveres.

Cidadão é, pois, o natural de uma cidade, sujeito de direitos políticos e que, ao exercê-los, intervém no governo. O fato de ser cidadão propicia a cidadania, que é a condição jurídica que podem ostentar as pessoas físicas e que, por expressar o vínculo entre o Estado e seus membros, implica submissão à autoridade e ao exercício de direito.

O cidadão é membro ativo de uma sociedade política independente. A cidadania se diferencia da nacionalidade porque esta supõe a qualidade de pertencer a uma nação, enquanto o conceito de cidadania pressupõe a condição de ser membro ativo do Estado. A nacionalidade é um fato natural e a cidadania obedece a um verdadeiro contrato.

A cidadania é qualidade e um direito do cidadão.

Na Roma Antiga, o cidadão constituía uma categoria superior do homem livre.

(Ruy Martins Altenfelder da Silva. Em: https://www.estadao. com.br/opiniao, 08.03.2023. Adaptado)

(Escrevente – TJ/SP – VUNESP – 2023) Na discussão que faz sobre o conceito de cidadania, o autor deixa claro que ela está

(A) custodiada pelo Estado que, à revelia dos anseios da população, determina quais são os direitos e os deveres que cabem aos cidadãos.
(B) relacionada à noção romana de homem livre, o que exime as pessoas da maioria das obrigações da vida social e política.
(C) organizada a partir de um ordenamento jurídico, cujo contrato social se estabelece com o fortalecimento dos interesses subjetivos.
(D) fundamentada na relação entre direitos e deveres, que podem ser usufruídos pelos cidadãos, sem intervenção do Estado.
(E) vinculada ao papel que as pessoas assumem, quando se colocam como membros ativos da sociedade em que vivem.

A: incorreta. A cidadania é a possibilidade do cidadão intervir diretamente na orientação política do Estado, e não de se submeter a ele; **B:** incorreta. O último parágrafo deixa claro que a cidadania era um *status* superior na Roma Antiga; **C:** incorreta. Não se pode inferir isso do texto. Ordenamento jurídico pressupõe a estruturação sistematizada de normas, tópico que não é abordado pelo autor; **D:** incorreta. A cidadania é exercida por meio do Estado, de maneira que não se pode dizer que se dá sem intervenção dele; **E:** correta, resumindo com precisão a ideia geral do texto. HS

Gabarito "E".

(Escrevente – TJ/SP – VUNESP – 2023) Com base na diferenciação que o autor faz entre cidadania e nacionalidade, é correto concluir que um cidadão

(A) é um homem livre sem exercer a democracia, sendo esta um contrato social que limita os direitos do cidadão.

20. LÍNGUA PORTUGUESA   477

(B) mantém a sua nacionalidade, ainda que deixe de exercer seus direitos e deveres na sociedade.

(C) pode ser cidadão em qualquer país, desde que abra mão de sua nacionalidade, de seus direitos e deveres.

(D) vive soberanamente dentro e fora de seu país, ainda que o exercício da cidadania se limite ao seu país de origem.

(E) ganha mais notoriedade cidadã fora de seu país, onde a nacionalidade impõe excesso de deveres com poucos direitos.

A: incorreta. O conceito de cidadania e de democracia se entrelaçam, porque a primeira pressupõe a participação das pessoas no processo político; **B:** correta. Todo cidadão é nacional, mas o inverso não é verdade; **C:** incorreta. A nacionalidade é pressuposto da cidadania, ou seja, só posso ser cidadão do país de que sou nacional; **D:** incorreta. A informação é falsa, num sentido jurídico, e não pode ser deduzida de qualquer parte do texto; **E:** incorreta. Tal afirmação não pode também ser depreendida de qualquer passagem do texto. HS

Gabarito "B".

Trabalho a preservar

São dignos de celebração os números que mostram a expressiva queda do desemprego no país ao longo do ano passado, divulgados pelo IBGE.

Encerrou-se 2022 com taxa de desocupação de 7,9% no quarto trimestre, ante 11,1% medidos 12 meses antes e 14,2% ao final de 2020, quando se vivia o pior do impacto da pandemia. Trata-se da melhora mais longa e aguda desde o fim da recessão de 2014-16.

Isso não quer dizer, claro, que se viva um momento brilhante de pujança econômica e ascensão social. Há senões, a começar pelo rendimento médio do trabalho de R$ 2.808 mensais – que, embora tenha aumentado recentemente, ainda é o menor em cinco anos.

As médias, ademais, escondem desigualdades de todos os tipos. O desemprego entre as mulheres nordestinas ainda atinge alarmantes 13,2%, enquanto entre os homens do Sul não passa de 3,6%.

Nada menos que 16,4% dos jovens de 18 a 24 anos em busca de ocupação não a conseguem. Entre os que se declaram pretos, a taxa de desocupação é de 9,9%, ante 9,2% dos pardos e 6,2% dos brancos.

Pode-se constatar, de qualquer modo, que o mercado de trabalho se tornou mais favorável em todos os recortes, graças a um crescimento surpreendente da economia, em torno dos 3% no ano passado.

(Editorial. Folha de S. Paulo, 28.02.2023. Adaptado)

(Escrevente – TJ/SP – VUNESP – 2023) Na análise que faz da situação do trabalho no Brasil, o editorial enfatiza

(A) a desvalorização excessiva do rendimento médio do trabalhador, que acompanha o recrudescimento do desemprego, como mostram dados de 2020, 2021 e 2022.

(B) o aumento das vagas de emprego nos últimos dois anos, pontuando que a participação de jovens no mercado de trabalho vem sendo maior e propiciando ascensão social.

(C) a crescente participação das mulheres no mercado de trabalho, ainda que a recuperação tenha sido

mais difícil para elas do que para outros segmentos da sociedade.

(D) a melhora da economia brasileira nos últimos 3 anos, dando cabo ao fantasma do desemprego que rondava as famílias e à desvalorização dos salários dos trabalhadores.

(E) a queda expressiva do desemprego ao final de 2022, na comparação com os anos de 2021 e 2020, ressalvando, porém, que o cenário ainda é marcado por muitas desigualdades.

A: incorreta. O editorial menciona o baixo rendimento médio do trabalhador, mas não o enfatiza; **B:** incorreta. Ao contrário, a participação dos jovens no mercado de trabalho é menor e a taxa de desocupação entre eles excede a média nacional; **C:** incorreta. Tal qual os jovens, a participação das mulheres ainda é menor do que a média; **D:** incorreta. Ainda que tenha havido melhoras, o desemprego e a desvalorização do trabalho são trazidas como "senões" que ainda afetam os brasileiros; **E:** correta, reproduzindo com exatidão a ideia principal do texto. HS

Gabarito "E".

Leolinda Daltro (1859-1935) – A educadora é considerada uma das primeiras sufragistas e precursora do feminismo no Brasil. Fundou o Partido Republicano Feminino, três jornais para as mulheres e foi uma das criadoras da Linha de Tiro Feminino Orsina da Fonseca, onde elas treinavam com armas de fogo. No fim do século 19, viajou pelo Brasil divulgando ideias como a educação laica e os direitos indígenas.

(https://www.uol.com.br/universa/reportagens-especiais.
Adaptado)

(Escrevente – TJ/SP – VUNESP – 2023) Sabendo-se que Leolinda Daltro foi precursora do feminismo no Brasil, ao se afirmar que ela foi uma das "primeiras sufragistas", entende-se que a educadora defendia

(A) a liberdade de vestimenta das mulheres.

(B) a equiparação de salários entre homens e mulheres.

(C) a participação das mulheres em cargos públicos.

(D) a inserção da mulher no mercado de trabalho.

(E) o direito do voto das mulheres.

Sufrágio é o direito de voto, hoje garantido na Constituição Federal a todos os brasileiros maiores de 16 anos. HS

Gabarito "E".

Infeliz Aniversário

A Branca de Neve de Disney fez 80 anos, com direito a chamada na primeira página de um jornalão e farta matéria crítica lá dentro. Curiosamente, as críticas não eram à versão Disney cujo aniversário se comemorava, mas à personagem em si, cuja data natalícia não se comemora porque pode estar no começo do século XVII, quando escrita pelo italiano Gianbattista Basile, ou nas versões orais que se perdem na névoa do tempo.

É um velho vício este de querer atualizar, podar, limpar, meter em moldes ideológicos as antigas narrativas que nos foram entregues pela tradição. A justificativa é sempre a mesma, proteger as inocentes criancinhas de verdades que poderiam traumatizá-las. A verdade é sempre outra, impingir às criancinhas as diretrizes sociais em voga no momento.

E no momento, a crítica mais frequente aos contos de fadas é a abundância de princesas suspirosas à espera do príncipe. Mas a que "contos de fadas" se refere? Nos 212 contos recolhidos pelos irmãos Grimm, há muito mais do que princesas suspirosas. Nos dois volumes de "The virago book on fairy tales", em que a inglesa Angela Carter registrou contos do mundo inteiro, não se ouvem suspiros. Nem suspiram princesas entre as mulheres que correm com os lobos, de Pinkola Estés.

As princesas belas e indefesas que agora estão sendo criticadas foram uma cuidadosa e progressiva escolha social. Escolha de educadores, pais, autores de antologias, editores. Escolha doméstica, feita cada noite à beira da cama. Garimpo determinado selecionando, entre tantas narrativas, aquelas mais convenientes para firmar no imaginário infantil o modelo feminino que a sociedade queria impor.

Não por acaso Disney escolheu Branca de Neve para seu primeiro longa-metragem de animação. O custo era altíssimo, não poderia haver erro. E, para garantir açúcar e êxito, acrescentou o beijo.

Os contos maravilhosos, ou contos de fadas, atravessaram séculos, superaram inúmeras modificações sociais, venceram incontáveis ataques. Venceram justamente pela densidade do seu conteúdo, pela riqueza simbólica com que retratam nossas vidas, nossas humanas inquietações. Querer, mais uma vez, sujeitá-los aos conceitos de ensino mais rasteiros, às interpretações mais primárias, é pura manipulação, descrença no poder do imaginário.

(https://www.marinacolasanti.com/. Adaptado)

(Escrevente – TJ/SP – VUNESP – 2023) De acordo com o texto, é correto afirmar que os contos de fadas

(A) se configuram em textos altamente prejudiciais ao desenvolvimento cultural e social, e o ideal é que a sociedade deixe de fazê-los circular nas escolas.

(B) resultam de uma visão distorcida da sociedade, e a sua escolha é ruim por deixar de lado a visão de educadores, pais, autores de antologias e editores.

(C) formalizaram o perfil feminino que organiza a sociedade através dos tempos, e as pessoas o usam prudentemente para resguardar a integridade psicológica das crianças.

(D) resgatam as experiências humanas altamente carregadas de simbologia, e o melhor é deixá-los livres dos conceitos de ensino inexpressivos.

(E) manipularam a sociedade ao longo da história, porém as pessoas ainda devem recorrer a eles como forma de evitar problemas na formação dos jovens.

A autora defende que os contos de fadas representam os valores de uma determinada sociedade num determinado momento da história, de maneira que não cabe às gerações posteriores atacá-los ou julgá-los de acordo com métricas próprias. Por isso, devem ser "deixados livres" e permitir ao leitor a interpretação que lhe caiba. **HS**
Gabarito "D".

(Escrevente – TJ/SP – VUNESP – 2023) De acordo com a autora, o perfil das princesas que atualmente é alvo de críticas construiu-se, ao longo dos tempos,

(A) à revelia da cultura dominante.

(B) de forma intencional e deliberada.

(C) sem preocupação com a ordem social.

(D) com oposição à sociedade patriarcal.

(E) sob tensões quase incontornáveis.

O perfil das princesas nos desenhos animados foi intencional, a fim de representar a cultura dominante à época em que as obras foram adaptadas para o cinema. **HS**
Gabarito "B".

(Escrevente – TJ/SP – VUNESP – 2023) Na frase que inicia o texto – A Branca de Neve de Disney fez 80 anos, com direito a chamada na primeira página de um **jornalão** e farta matéria crítica lá dentro. –, o emprego do substantivo destacado reforça

(A) a irrelevância do tema e do meio de comunicação.

(B) o desprezo das pessoas pelo jornal referido.

(C) a importância do veículo de comunicação.

(D) o exagero da matéria no jornal em questão.

(E) a grande repercussão atingida pela matéria.

Nesse caso, o aumentativo demonstra a importância do veículo de comunicação, indicando ser um jornal de grande circulação e/ou confiança jornalística. **HS**
Gabarito "C".

Amor é para gastar

Na economia da vida, o maior desperdício é fazer poupança de amor. Prejuízo na certa. Amor é para gastar, mostrar, ostentar. O amor, aliás, é a mais saudável forma de ostentação que existe no mundo.

Vai por mim, amar é luxo só. Triste de quem sente e esconde, de quem sente e fica no joguinho dramático, de quem sente e guarda a sete chaves. Sinto muito.

Amor é da boca para fora. Amor é um escândalo que não se abafa. "Eu te amo" é para ser dito, desbocadamente. Guardar "eu te amo" é prejudicial à saúde.

Na economia amorosa, só existe pagamento à vista, missa de corpo presente. O amor não se parcela, não admite suaves prestações.

Não existe essa de amor só amanhã, como na placa do fiado do boteco. Amor é hoje, aqui, agora... Amor não se sonega, amor é tudo a declarar.

(Xico Sá, "Amor é para gastar". Em: http://www.itatiaia.com.br)

(Escrevente – TJ/SP – 2021 – VUNESP) O estabelecimento de sentido no texto se dá pela inter-relação entre a área do amor e a da

(A) finança, enfatizando-se que a primeira dispensa grandes investimentos para que logre êxito.

(B) etiqueta, enfatizando-se que a primeira pode trazer prejuízos à vida social se promove escândalos.

(C) saúde, enfatizando-se que a primeira pode trazer problemas físicos se o amor é exagerado.

(D) economia, enfatizando-se que a primeira exige o dispêndio de recursos de forma intensa.

(E) psicologia, enfatizando-se que a primeira vira ostentação quando se faz joguinho dramático.

O traço estilístico que chama a atenção do leitor do texto é a inter-relação que o autor faz entre o amor e a economia, usando expressões que são próprias dessa para falar daquele: poupança, prejuízo, gastos, pagamento à vista. É necessário ter cuidado com a letra "A", que está errada não tanto pela primeira parte (afinal, as finanças são, em grande medida, uma parte do estudo da economia), mas pela explicação que vem a seguir, que vai de encontro ao que defende o texto. HS

Gabarito "D".

(Escrevente – TJ/SP – 2021 – VUNESP) A frase inicial do 2º parágrafo sintetiza o ponto de vista do autor: "Vai por mim, amar é luxo só." Coerente com esse posicionamento, o autor reconhece que o amor é

(A) um sentimento que deve ser declarado e vivido no tempo presente.

(B) uma dívida de boteco que se intensifica quando é paga aos poucos.

(C) uma lembrança do passado que se legitima como poupança.

(D) um desperdício na vida das pessoas se não for bem guardado.

(E) uma ilusão que vai sendo construída ao longo da vida das pessoas.

Para o autor, amar é algo que vale muito, por isso luxuoso, mas desde que se gaste, seja vivido, intensamente e no momento presente. HS

Gabarito "A".

Perto do apagão

_____ a falta de chuvas nos últimos dois meses, inferiores ao padrão já escasso do mesmo período de 2020, ficou mais evidente a ameaça _____ a geração de energia se mostre insuficiente para manter o fornecimento até novembro, quando se encerra o período seco.

Novas simulações do Operador Nacional do Sistema (ONS) mostram agravamento, com destaque para a região Sul, onde o nível dos reservatórios até 24 de agosto caiu para 30,7% – a projeção anterior apontava para 50% no fechamento do mês.

Mesmo no cenário mais favorável, que pressupõe um amplo conjunto de medidas, como acionamento de grande capacidade de geração térmica, importação de energia e postergação de manutenção de equipamentos, o país chegaria _____ novembro praticamente sem sobra de potência, o que amplia a probabilidade de apagões.

Embora se espere que tais medidas sejam suficientes para evitar racionamento neste ano, não se descartam sobressaltos pontuais, no contexto da alta demanda _____ o sistema será submetido.

Se o regime de chuvas no verão não superar a média dos últimos anos, a margem de manobra para 2022 será ainda menor. Calcula-se que, nesse quadro, a geração térmica, mais cara, tenha de permanecer durante todo o período úmido, o que seria algo inédito.

Desde já o país precisa considerar os piores cenários e agir com toda a prudência possível, com foco em investimentos na geração, modernização de turbinas em hidrelétricas antigas e planejamento para ampliar a resiliência do sistema.

(Editorial. Folha de S.Paulo, 27.08.2021. Adaptado)

(Escrevente – TJ/SP – 2021 – VUNESP) As informações do editorial permitem concluir corretamente que

(A) o regime das chuvas, que já chegou a causar preocupação no país pelo risco de apagão, estará normalizado até novembro.

(B) a geração térmica, a importação de energia e a postergação de manutenção de equipamentos livram o país de um apagão.

(C) a previsão de chuvas para 2022 será um problema menor, considerando-se os níveis dos reservatórios em 50% em 2021.

(D) a geração de energia no país está comprometida pela falta de chuvas, o que exige atenção pelo risco de apagão.

(E) a geração de energia térmica em 2022 tenderá a estar mais cara, graças ao verão úmido e à superação dos índices pluviométricos.

Apenas a alternativa "D" reflete, com precisão, os argumentos defendidos no editorial. Todas as demais invertem ou distorcem as informações apresentadas, o que leva a conclusões incorretas sobre a situação das chuvas e dos reservatórios no país. HS

Gabarito "D".

Vida ao natural

Pois no Rio tinha um lugar com uma lareira. E quando ela percebeu que, além do frio, chovia nas árvores, não pôde acreditar que tanto lhe fosse dado. O acordo do mundo com aquilo que ela nem sequer sabia que precisava como numa fome. Chovia, chovia. O fogo aceso pisca para ela e para o homem. Ele, o homem, se ocupa do que ela nem sequer lhe agradece; ele atiça o fogo na lareira, o que não lhe é senão dever de nascimento. E ela – que é sempre inquieta, fazedora de coisas e experimentadora de curiosidades – pois ela nem lembra sequer de atiçar o fogo; não é seu papel, pois se tem o seu homem para isso. Não sendo donzela, que o homem então cumpra a sua missão. O mais que ela faz é às vezes instigá-lo: "aquela acha*", diz-lhe, "aquela ainda não pegou". E ele, um instante antes que ela acabe a frase que o esclareceria, ele por ele mesmo já notara a acha, homem seu que é, e já está atiçando a acha. Não a comando seu, que é a mulher de um homem e que perderia seu estado se lhe desse ordem. A outra mão dele, a livre, está ao alcance dela. Ela sabe, e não a toma. Quer a mão dele, sabe que quer, e não a toma. Tem exatamente o que precisa: pode ter.

Ah, e dizer que isto vai acabar, que por si mesmo não pode durar. Não, ela não está se referindo ao fogo, refere-se ao que sente. O que sente nunca dura, o que sente sempre acaba, e pode nunca mais voltar. Encarniça-se então sobre o momento, come-lhe o fogo, e o fogo doce arde, arde, flameja. Então, ela que sabe que tudo vai acabar, pega a mão livre do homem, e ao prendê-la nas suas, ela doce arde, arde, flameja.

(Clarice Lispector, Os melhores contos

[seleção Walnice Nogueira Galvão], 1996)

* pequeno pedaço de madeira usado para lenha

(Escrevente – TJ/SP – 2021 – VUNESP) No conto, o narrador explora a ideia de

(A) desalento dos apaixonados.

(B) fugacidade do sentimento.

(C) desapego da vida ao natural.

(D) inversão de papéis de gênero.

(E) questionamento da liberdade.

O texto retrata o sentimento da mulher na cena, reprimido e fugaz, ciente de que logo irá acabar: "O que sente nunca dura, o que sente sempre acaba, e pode nunca mais voltar." HS

Gabarito "B".

(Escrevente – TJ/SP – 2021 – VUNESP) Encarniça-se então sobre o momento, come-lhe o fogo, e o fogo doce arde, arde, flameja. Então, ela que sabe que tudo vai acabar, pega a mão livre do homem, e ao prendê-la nas suas, ela doce arde, arde, flameja.

A passagem final do texto permite concluir que

(A) o casal rompeu, conscientes de que estavam de que tudo lhes era transitório.

(B) o homem vivia um sentimento diferente daquele da mulher, pois queria ser livre.

(C) a mulher decidiu desfrutar a situação romântica que o momento lhe propiciava.

(D) o homem perdeu a mulher amada que foi consumida pelo fogo da lareira.

(E) a mulher decidiu entregar-se com suavidade ao momento ao lado do homem.

Ao final, depois de reprimir seu sentimento e sua vontade de vivê-lo ao junto ao homem que está com ela, a mulher decide segurar a mão dele, demonstrando finalmente o que passa dentro dela. E o faz de maneira intensa, ardente, não suave – por isso está errada a letra "E". HS

Gabarito "C".

O **Dia Nacional de Combate ao Fumo** (29 de agosto) foi criado em 1986, com o objetivo de reforçar as ações nacionais de conscientização sobre os danos sociais, de saúde, econômicos e ambientais causados pelo tabaco.

A campanha promovida pelo Inca (Instituto Nacional de Câncer) este ano chama-se *Comprometa-se a parar de fumar*. O instituto lembra que o tabagismo é um fator de risco importante para a Covid-19, por isso parar de fumar se torna uma medida de proteção à saúde de todos os cidadãos.

Peças criadas para redes sociais com a frase "**Cringe mesmo é fumar**" fazem parte da campanha. Os materiais desenvolvidos pelo Ministério da Saúde, em parceria com a Organização Pan-Americana de Saúde, destacam a importância de proteger a saúde de crianças, jovens e adolescentes, que são alvo de estratégias de venda para que possam se tornar um mercado repositor de novos consumidores, já que o consumo de tabaco mata mais da metade de seus usuários.

Vale lembrar que os cigarros eletrônicos, ou *pods*, não são opções mais saudáveis ao cigarro tradicional. No Brasil, a comercialização desses dispositivos é proibida, já que não foi autorizada pela Agência Nacional de Vigilância Sanitária (Anvisa). Muitos países que liberaram sua venda estão revendo as suas posições depois de novas orientações da Organização Mundial da Saúde (OMS).

(https://doutorjairo.uol.com.br)

Cringe: Para os integrantes da geração Z, é um adjetivo usado para classificar pessoas que fazem coisas fora de moda, ultrapassadas, cafonas mesmo. Eles também costumam classificar atitudes ou objetos. Nesse caso, ela é usada como sinônimo de vergonha alheia.

(https://g1.globo.com)

(Escrevente – TJ/SP – 2021 – VUNESP) De acordo com as informações do texto, é correto afirmar que o slogan da peça para as redes sociais "Cringe mesmo é fumar" assevera que

(A) fumar está na contramão de uma vida saudável e, por essa razão, é importante que crianças, jovens e adolescentes evitem virar reposição de novos consumidores.

(B) ser criança, jovem ou adolescente no mundo de hoje tem a vantagem de poder escolher opções saudáveis ao cigarro tradicional, como é o caso dos *pods*.

(C) buscar uma vida saudável implica fazer escolhas e, nesse caso, o uso de cigarros eletrônicos é uma saída para crianças, jovens e adolescentes afastarem-se do tabaco.

(D) desenvolver a conscientização de crianças, jovens e adolescentes tem como finalidade torná-los cringes, perfil que se contrapõe às tendências das redes sociais.

(E) estar em sintonia com as orientações da OMS permite que crianças, jovens e adolescentes se tornem alvo de estratégias de venda da indústria do tabaco.

Como explica a nota de rodapé, o título se vale de uma gíria da população mais jovem para chamar sua atenção ao fato de que, ao fumar, estão apenas repondo um mercado consumidor para as fábricas de tabaco. Correta, portanto, a letra "A". Todas as demais alternativas invertem ou distorcem as informações do texto e trazem, por isso, conclusões erradas. HS

Gabarito "A".

(Escrevente – TJ/SP – 2021 – VUNESP) De acordo com as informações do 2º parágrafo, parar de fumar, no contexto da pandemia vivida no mundo, é uma ação de

(A) respeito, porque devolve a autoestima para a maioria da população.

(B) exibicionismo, porque as mortes pela Covid-19 não diminuirão.

(C) empatia, porque envolve a preocupação com o coletivo social.

(D) orgulho, porque reforça a determinação para superar o vício.

(E) medo, porque se juntas duas doenças de alto poder letal às pessoas.

Como a fumaça do cigarro e demais produtos de tabaco prejudica a capacidade pulmonar não só do fumante, como também de quem está próximo, o contexto da pandemia demonstrou que superar o vício é um ato de empatia, pois amplia as vantagens para além do próprio fumante e alcança mais pessoas. HS

Gabarito "C".

O ataque da desinformação

Sempre houve boatos e mentiras gerando desinformação na sociedade. O fenômeno é antigo, mas os tempos atuais trouxeram desafios em proporções e numa velocidade até há pouco impensáveis.

A questão não é apenas a incrível capacidade de compartilhamento instantâneo, dada pelas redes sociais e os aplicativos de mensagem, o que é positivo, mas traz evidentes riscos. Muitas vezes, uma informação é compartilhada milhares de vezes antes mesmo de haver tempo hábil para a checagem de sua veracidade. O desafio é também oriundo do avanço tecnológico das ferramentas de edição de vídeo, áudio e imagem. Cada vez mais sofisticadas e, ao mesmo tempo, mais baratas e acessíveis, elas são capazes de falsificar a realidade de forma muito convincente.

Para debater esse atual cenário, a Associação Nacional de Jornais (ANJ) promoveu o seminário "Desinformação: Antídotos e Tendências". Na abertura do evento, Marcelo Rech, presidente da ANJ, lembrou que o vírus da desinformação não é difundido apenas por grupos ou indivíduos extremistas. Também alguns governos têm se utilizado dessa arma para desautorizar coberturas inconvenientes. Tenta-se fazer com que apenas a informação oficial circule.

O diretor da organização Witness, Sam Gregory, falou sobre as deepfakes e outras tecnologias que se valem da inteligência artificial (IA) para criar vídeos, imagens e áudios falsos. Houve um grande avanço tecnológico na área, o que afeta diretamente a confiabilidade das informações na esfera pública. O vídeo de um político fazendo determinada declaração pode ser inteiramente falso. Parece não haver limites para as manipulações.

Diante desse cenário, que alguém poderia qualificar como o "fim da verdade", Sam Gregory desestimulou qualquer reação de pânico ou desespero, que seria precisamente o que os difusores da desinformação almejam. Para Gregory, o caminho é melhorar a preparação das pessoas e das instituições, ampliando a "alfabetização midiática" – prover formação para que cada pessoa fique menos vulnerável às manipulações –, aperfeiçoando as ferramentas de detecção de falsidades e aumentando a responsabilidade das plataformas que disponibilizam esses conteúdos.

Há um consenso de que o atual cenário, mesmo com todos os desafios, tem aspectos muito positivos, pois todos os princípios norteadores do jornalismo, como o de independência, da liberdade de expressão e o de rigor na apuração, têm sua importância reafirmada.

O caminho para combater a desinformação continua sendo o mesmo: a informação de qualidade.

(*O Estado de São Paulo*. 19.10.2019. Adaptado)

(Advogado – Pref. São Roque/SP – 2020 – VUNESP) Assinale a alternativa correta a respeito do conteúdo do texto.

(A) Hoje, a sociedade está se deparando com um fato inusitado que é a desinformação promovida pela circulação de notícias falsas.

(B) Os recursos disponíveis para a edição de conteúdo são sofisticados e onerosos, mas possibilitam adulterar instantaneamente os fatos.

(C) Segundo Marcelo Rech, a difusão do vírus da desinformação é monopólio de grupos civis radicais que querem causar instabilidade social.

(D) Uma das estratégias para a sociedade neutralizar as tentativas de manipulação da verdade é prestigiar a informação de qualidade.

(E) Com o debate realizado pela ANJ, concluiu-se que os princípios básicos do jornalismo devem ser reformulados e adaptados ao contexto atual.

A: incorreta. O texto informa que sempre existiu desinformação, não sendo, portanto, algo inusitado; B: incorreta. O texto destaca que as ferramentas estão cada vez mais baratas e acessíveis; C: incorreta. O especialista citado coloca também alguns governos como difusores de informações falsas; D: correta, como se pode ler no último parágrafo do texto; E: incorreta. Ao contrário, tais princípios foram reafirmados.

Gabarito "D".

(Advogado – Pref. São Roque/SP – 2020 – VUNESP) Considere a tirinha para responder às questões a seguir.

(M. Schulz. *O Estado de S. Paulo*, 10.08.2019.)

No terceiro quadrinho, depois de refletir sobre as observações de Charlie Brown, Linus _____ a partir das ideias expostas, o que leva Charlie, no último quadrinho, a fazer um comentário ___ sobre o amigo.

Para que o texto esteja de acordo com o conteúdo da tirinha, as lacunas devem ser preenchidas, respectivamente, por

(A) apresenta um enigma ... ambíguo
(B) reitera um equívoco ... abalizado
(C) faz uma dedução ... irônico
(D) retifica uma crítica ... divertido
(E) levanta uma hipótese ... lisonjeiro

O raciocínio de Linus no terceiro quadrinho é uma dedução que parte da premissa estabelecida no quadrinho anterior. O comentário de Charlie Brown, por sua vez, é irônico, sarcástico.

Gabarito "C".

Estudos divulgados pela OMS (Organização Mundial da Saúde) mostram que, só no ano de 2010, 50 milhões de pessoas no mundo sobreviveram a acidentes de trânsito com algum traumatismo ou ferida. Se nada for feito, a estimativa é de que teremos 1,9 milhão de mortes no trânsito em 2020 e 2,4 milhões em 2030.

(www.sbotrj.com.br. Adaptado)

(Soldado – PM/SP – 2018 – VUNESP) O texto estabelece uma relação entre

(A) traumatismo ou ferida e seus tratamentos.
(B) acidentes de trânsito e suas causas.
(C) mortes no trânsito e suas repercussões.
(D) mortes no trânsito e suas formas de prevenção.
(E) acidentes de trânsito e suas consequências.

O texto pretende estabelecer uma correlação entre o número de acidentes de trânsito e suas consequências (traumatismos, feridas ou morte). Gabarito "E".

(Soldado – PM/SP – 2018 – VUNESP) O cartaz chama atenção para o fato de que

(A) enviar mensagens pelo celular enquanto se dirige pode provocar acidentes.
(B) é importante que os pais estejam informados sobre o paradeiro dos filhos.
(C) os traumatismos mais graves são resultado de acidentes de trânsito.
(D) dirigir após usar o celular é um comportamento perigoso, que deve ser evitado.
(E) os jovens são as principais vítimas de acidentes de trânsito no Brasil.

A mensagem passada pelo cartaz destaca o risco criado pelo uso do celular para digitar mensagens enquanto guiando um veículo. Gabarito "A".

Por que o criador do botão 'curtir' do Facebook apagou as redes sociais do celular

A tecnologia só deve prender nossa atenção nos momentos em que nós queremos, conscientemente, prestar atenção nela. "Em todos os outros casos, deve ficar fora do nosso caminho."

Quem afirma não é um dos críticos tradicionais das redes sociais, mas justamente o executivo responsável pela criação do botão 'curtir' nos primórdios do Facebook, há mais de dez anos.

Depois de perceber que as notificações de aplicativos como o próprio Facebook ocupavam boa parte do seu dia, eram distrativas e o afastavam das relações na vida real, o matemático Justin Rosenstein decidiu apagar todas as redes sociais, aplicativos de e-mails e notícias de seu celular, em busca de mais "presença" no mundo off-line.

Interrogado se ele se arrepende por ter criado a fonte da distração que hoje tanto critica, responde: "Nenhum arrependimento. Sempre que se tenta progredir, haverá consequências inesperadas. Você tem que ter humildade e ter muita atenção no que acontece depois, para fazer mudanças conforme for apropriado".

(Ricardo Senra. www.bbc.com. Adaptado)

(Soldado – PM/SP – 2018 – VUNESP) Justin Rosenstein apagou as redes sociais do celular porque elas

(A) geravam discussões pouco edificantes que incitavam a intolerância.
(B) demandavam que ele passasse tempo excessivo envolvido no trabalho.
(C) faziam com que ele se distanciasse das interações na vida não virtual.
(D) exigiam que ele dedicasse muita atenção à resolução de equações.
(E) impulsionaram os negócios e exigiram computadores mais sofisticados.

Segundo o texto, o executivo optou por deixar as redes sociais fora de seu celular porque elas atrapalhavam sua produtividade no trabalho e afastavam-no da vida em sociedade no mundo real. Gabarito "C".

(Soldado – PM/SP – 2018 – VUNESP) Uma frase condizente com as informações do último parágrafo é:

(A) Consciente dos malefícios de sua criação, Rosenstein lamenta não ter feito mudanças logo no começo.
(B) Apesar de perceber as limitações de sua criação, Rosenstein não vê necessidade de modificá-la.
(C) Por não ver problemas em sua invenção, Rosenstein não considera ter motivos para se sentir arrependido.
(D) Embora Rosenstein reconheça as consequências imprevistas de sua criação, não se mostra arrependido.
(E) Rosenstein arrepende-se de sua invenção, porém admite que já é tarde para corrigir os seus erros.

A única afirmação que corresponde à mensagem transmitida pelo último parágrafo é a letra "D", que deve ser assinalada. Todas as demais distorcem o que foi dito, alterando o significado do texto. Gabarito "D".

(Bill Watterson. O melhor de Calvin. 31.03.2018.
http://cultura.estadao.com.br)

(Soldado – PM/SP – 2018 – VUNESP) Na fala do último quadrinho, o garoto

(A) revela-se entediado diante da falta de opções de diversão.
(B) contraria a afirmação de que sábado é o melhor dia da semana.
(C) mostra-se confuso diante da grande variedade de atividades.
(D) reforça a ideia de que se lançará a diversas distrações.
(E) reduz as oportunidades de diversão a uma única.

O humor da tira reside na surpresa em relação à opção de Calvin em como passar o sábado. Inicialmente, engrandece as oportunidades ilimitadas que o dia lhe apresenta, para depois reduzi-las a uma única de seu interesse – ver desenhos.
Gabarito "E".

Geovani Martins: como a favela me fez escritor

Nasci em Bangu, Zona Oeste do Rio de Janeiro, em 1991. Em 2004, aos 13 anos de idade, mudei com minha mãe e meus irmãos para o Vidigal, na Zona Sul da cidade. Destaco esses lugares e essas datas para dizer que "O sol na cabeça", meu primeiro livro, publicado em março de 2018, teve início com o choque provocado por essa mudança.
Era tudo diferente: o jeito de falar, de brincar na rua, as regras no futebol, a música, o ritmo das pessoas, até o sol parecia queimar de outra forma. Eu ficava no meio, tentando me adaptar. Depois dessa primeira mudança encarei mais umas tantas; até o ano de 2015 já havia me mudado 17 vezes. A partir desse trânsito constante entre tantas casas, becos, ruas e praças, parti para o livro com a ideia de que a periferia precisa ser tratada sempre como algo em movimento.

A favela hoje é centro, produz cultura e movimenta a economia. O favelado cria e consome como qualquer outra pessoa do planeta. E quando digo consome, não me refiro apenas a Nike, Adidas, Samsung, Microsoft. Falo também da cultura pop que faz a cabeça dos jovens do mundo todo, como os filmes e as séries de sucesso mundial. A cultura erudita, como Shakespeare e Machado de Assis, também encontra seus públicos por becos e vielas.
(Geovani Martins. https://epoca.globo.com. 06.03.2018. Adaptado)

(Soldado – PM/SP – 2018 – VUNESP) Geovani Martins conta que seu livro é resultado de

(A) sua vivência pessoal em diferentes favelas.
(B) uma imaginação sem paralelo com a realidade.
(C) histórias que leu quando ainda era criança.
(D) uma reescrita de livros de autores eruditos.
(E) leituras de estudos realizados por intelectuais.

No primeiro parágrafo, o autor deixa claro que sua ideia para escrever o livro veio das diferentes favelas em que viveu, mudando sucessivamente de residência. Esse texto é importante exemplo da necessidade de ampliarmos nossa cultura para as questões de interpretação: é fundamental saber previamente que Bangu e Vidigal são bairros populares do Rio de Janeiro.
Gabarito "A".

(Soldado – PM/SP – 2018 – VUNESP) Para o autor, consumir

(A) é um benefício pouco acessível a moradores de favelas.
(B) significa produzir itens que classifica como supérfluos.
(C) restringe-se a adquirir produtos produzidos por multinacionais.
(D) envolve comprar produtos industrializados e apreciar arte.
(E) equivale a rejeitar a influência da cultura estrangeira.

Quanto aos hábitos de consumo das pessoas que moram na favela, o autor deixa claro que são os mesmos de quaisquer outros ambientes e envolve produtos industrializados (as marcas Nike, Adidas, Samsung citadas) como também arte e cultura pop.
Gabarito "D".

(Soldado – PM/SP – 2018 – VUNESP) Uma das características das favelas para a qual o autor chama a atenção é a

(A) precariedade do saneamento.
(B) desigualdade econômica.
(C) ausência de segurança.
(D) diversidade cultural.
(E) falta de opções de lazer.

Ainda que todas as alternativas exponham características das favelas divulgadas pela mídia, a única expressamente comentada pelo autor do texto é a diversidade cultural.
Gabarito "D".

Nas escolas da Catalunha, a separação da Espanha tem apoio maciço. É uma situação que contrasta com outros lugares de Barcelona, uma cidade que vive hoje em duas dimensões. De um lado, há a Barcelona dos turistas, que se cotovelam nos pontos turísticos da cidade, fazem fila para entrar nos museus e buscam mesa nos restaurantes. Para a maioria deles, a capital da Catalunha segue seu ritmo normal. Nos bairros afastados do centro turístico, onde se concentram os moradores de Barcelona, todas as conversas tratam da tensa situação política – e há muita divisão em relação à independência. Segundo a última pesquisa feita pelo jornal El Mundo, 33% dos catalães são a favor da criação de um estado independente, enquanto 58% são contra. A divisão pode ser verificada pelas bandeiras penduradas nas sacadas e janelas. Chama a atenção ver as esteladas, como são conhecidas as bandeiras independentistas, disputando o espaço com as bandeiras da Espanha.

Nesse quadro de cisão, o separatismo tem nas escolas suas grandes aliadas para propagar as ideias nacionalistas. Isso ocorre desde a redemocratização espanhola, no fim dos anos 1970. Antes disso, durante a ditadura comandada pelo general Francisco Franco, que governou a Espanha entre 1938 e 1973, os colégios públicos eram proibidos de ensinar em catalão. Somente os privados ofereciam aulas nessa língua. Em sua maioria, essas escolas tinham perfil inovador e vanguardista, se comparadas às tradicionais escolas católicas da época. Com a queda do general Franco, as escolas catalãs privadas foram incorporadas à rede pública e tornaram-se o modelo principal do sistema educacional, que hoje abriga 1,5 milhão de alunos e 71 mil professores. Como a educação pública na Espanha está a cargo dos governos regionais, os diretores dos centros escolares são escolhidos a dedo pelo governo catalão – que toma o cuidado de selecionar somente diretores separatistas. "A manipulação dos jovens é central para o independentismo catalão. É assim com qualquer movimento supremacista na Europa", diz a historiadora espanhola Maria Elvira Roca. "É mais fácil convencer estudantes a apaixonarem-se por uma causa do que trabalhadores que estão encerrados num escritório".

(Época, 13.11.2017. Adaptado)

(Juiz de Direito – TJ/RS – 2018 – VUNESP) Ao tratar do movimento separatista catalão, o texto

(A) resgata dados da história da dominação franquista na Espanha, com a finalidade de propiciar conclusões favoráveis ao retorno do sistema educacional aos moldes tradicionais.

(B) mostra-se tendencioso, apontando fatos e dados que levam o leitor a concluir que o objetivo da maioria dos catalães se justifica, em nome da liberdade ideológica.

(C) privilegia a objetividade na apresentação das diferenças de opinião da comunidade catalã e aponta ações oficiais para afirmar a ideia de independência da Catalunha.

(D) apresenta argumentos contraditórios, ao partir de premissas que contrapõem dados sem vínculo lógico, tais como o modo como os catalães e turistas se envolvem na causa.

(E) relata com subjetividade os princípios dos grupos ideologicamente divididos sobre a causa, enfatizando o argumento da importância dos jovens nas tomadas de decisão.

(interpretação) **A:** incorreta. A menção ao governo Franco se deu unicamente para esclarecer as razões das escolas terem se tornado um centro de propagação das ideias separatistas, mas o texto não faz juízo de valor sobre isso; **B:** incorreta. O texto trabalha com dados objetivos a questão do movimento separatista, apresentando

números obtidos em pesquisas independentes; **C:** correta, conforme os comentários anteriores; **D:** incorreta. Não há qualquer contraditoriedade. O autor apenas chama a atenção para a existência de duas realidades distintas que coexistem na Catalunha; **E:** incorreta. Mais uma vez, destaque-se a objetividade do texto ao tratar dos diferentes pontos de vista.

Gabarito "C".

Texto I

Como reparar a escravidão?

Como falar de um assunto grave e controverso no Brasil iracundo dos dias de hoje? Como falar da herança do escravismo brasileiro no nosso cotidiano?

Para fundamentar a pertinência da discussão, cabe lembrar que a maioria da população brasileira, ou seja, 54% dos habitantes em 2014, se autoidentificam como afrodescendente. A origem desse panorama cultural tem suas raízes no povoamento do Brasil. Em cada 100 indivíduos desembarcados entre 1550 e 1850 no Brasil, 86 eram africanos escravizados e só catorze eram cidadãos portugueses. As estatísticas podem variar com novas pesquisas, mas é improvável que a proporção se altere. No século XX, imigrantes de outras paragens aumentaram a categoria dos brancos e, mais geralmente, dos habitantes não negros. Houve, contudo, desde 1960, uma queda geral da taxa de fecundidade. Mais acentuado entre as mulheres brancas do que entre as mulheres mulatas e negras, esse fenômeno acabou gerando a proeminência populacional afrodescendente. Algumas constatações podem ser tiradas dessa evolução.

Foi essencialmente o trabalho africano e afro-brasileiro que sustentou os chamados ciclos econômicos – açúcar, ouro e café – e costurou as capitanias e depois as províncias num corpo nacional. Por esse motivo, faz todo o sentido incluir o estudo da história africana e afro-brasileira no ensino médio. Em seguida, é preciso rever o discurso sobre a nacionalidade. Não se pode dizer apenas que "O Brasil é uma obra de imigrantes, homens e mulheres de todos os continentes", como afirmou o presidente no seu discurso na Organização das Nações Unidas. O que deve ser dito, na ONU e alhures, é o seguinte: "O Brasil é obra de milhões de deportados africanos, índios e outros milhões de imigrantes pobres, que criaram uma nação, um Estado independente e multicultural".

(Luiz Felipe de Alencastro. Como reparar a escravidão. Veja, 22.11.2017. Adaptado)

Texto II

Os pretos e pardos representam metade da população brasileira, mas apenas 9,8% dos deputados e senadores, segundo levantamento da Transparência Brasil. Considerado apenas o Senado, pretos e pardos compõem somente 3,7% da Casa – 3 de um total de 81 senadores. Na Câmara, a parcela é de 10,7% – 55 dos 513 deputados.

(https://fernandorodrigues.blogosfera.uol.com.br)

(Juiz de Direito – TJ/RS – 2018 – VUNESP) Confrontando-se as informações dos dois textos, conclui-se corretamente que

(A) o papel dos afrodescendentes na política nacional revela uma forma justa de legislação a favor de suas causas históricas.

(B) os afrodescendentes, como são maioria demográfica no Brasil, decidem as questões de maior relevância para o país.

(C) o fato de os afrodescendentes serem minoria na política faz com que suas causas sejam tratadas com mais rigor legal.

(D) os afrodescendentes são uma maioria demográfica, social e cultural, mas são uma minoria na política.

(E) a política tem sido receptiva com os afrodescendentes, o que é coerente com o papel destes no cenário demográfico nacional.

A única alternativa que apresenta uma conclusão coerente com a análise conjunta dos dois textos é a letra "D", que deve ser assinalada. Com efeito, enquanto o Texto I destaca a formação histórica da etnia brasileira e demonstra as razões da maioria numérica dos negros e pardos, o segundo demonstra que, dentre os membros do Poder Legislativo, a representatividade está praticamente "invertida".

Gabarito "D".

(Juiz de Direito – TJ/RS – 2018 – VUNESP) A leitura dos dois textos permite identificar, além da voz do narradores, uma outra, cujo discurso sugere que se faça justiça à participação de povos escravizados na formação do país. Essa voz está expressa em:

(A) O Brasil é uma obra de imigrantes, homens e mulheres de todos os continentes...

(B) No século XX, imigrantes de outras paragens aumentaram a categoria dos brancos e, mais geralmente, dos habitantes não negros.

(C) O Brasil é obra de milhões de deportados africanos, índios e outros milhões de imigrantes pobres, que criaram uma nação, um Estado independente e multicultural.

(D) Em cada 100 indivíduos desembarcados entre 1550 e 1850 no Brasil, 86 eram africanos escravizados e só catorze eram cidadãos portugueses.

(E) Os pretos e pardos representam metade da população brasileira, mas apenas 9,8% dos deputados e senadores, segundo levantamento da Transparência Brasil.

A e B: incorretas. As passagens não destacam a importância dos povos escravizados, mas a diminuem, comparando-os com os imigrantes que para cá vieram voluntariamente; C: correta. A passagem retirada do final do primeiro texto é a que resume perfeitamente a ideia proposta no enunciado; D e E: incorretas. Trata-se de dados objetivos, técnicos, que por si não expõem a opinião proposta no enunciado.

Gabarito "C".

Algoritmos e desigualdade

Virginia Eubanks, professora de ciências políticas de Nova York, é autora de Automating Inequality (Automatizando a Desigualdade), um livro que explora a maneira como os computadores estão mudando a prestação de serviços sociais nos Estados Unidos. Seu foco é o setor de serviços públicos, e não o sistema de saúde privado, mas a mensagem é a mesma: com as instituições dependendo cada vez mais de algoritmos preditivos para tomar decisões, resultados peculiares – e frequentemente injustos – estão sendo produzidos.

Virginia Eubanks afirma que já acreditou na inovação digital. De fato, seu livro tem exemplos de onde ela está funcionando: em Los Angeles, moradores de rua que se beneficiaram dos algoritmos para obter acesso rápido a abrigos. Em alguns lugares, como Allegheny, houve casos em que "dados preditivos" detectaram crianças vulneráveis e as afastaram do perigo.

Mas, para cada exemplo positivo, há exemplos aflitivos de fracassos. Pessoas de uma mesma família de Allegheny foram perseguidas por engano porque um algoritmo as classificou como propensas a praticar abuso infantil. E em Indiana há histórias lastimáveis de famílias que tiveram assistência de saúde negada por causa de computadores com defeito. Alguns desses casos resultaram em mortes.

Alguns especialistas em tecnologia podem alegar que esses são casos extremos, mas um padrão similar é descrito pela matemática Cathy O'Neill em seu livro Weapons of Math Destruction. "Modelos matemáticos mal concebidos agora controlam os mínimos detalhes da economia, da propaganda às prisões", escreve ela.

Existe alguma solução? Cathy O'Neill e Virginia Eubanks sugerem que uma opção seria exigir que os tecnólogos façam algo parecido com o julgamento de Hipócrates: "em primeiro lugar, fazer o bem". Uma segunda ideia – mais custosa – seria forçar as instituições a usar algoritmos para contratar muitos assistentes sociais humanos para complementar as tomadas de decisões digitais. Uma terceira ideia seria assegurar que as pessoas que estão criando e rodando programas de computador sejam forçadas a pensar na cultura, em seu sentido mais amplo.

Isso pode parecer óbvio, mas até agora os nerds digitais das universidades pouco contato tiveram com os nerds das ciências sociais – e vice-versa. A computação há muito é percebida como uma zona livre de cultura e isso precisa mudar.

(Gillian Tett. www.valor.com.br. 23.02.2018. Adaptado)

(Investigador – PC/BA – 2018 – VUNESP) Ao aproximar os pontos de vista de Virginia Eubanks e de Cathy O'Neill, o autor defende a tese de que os algoritmos preditivos

(A) necessitam manter-se restritos à economia e a áreas afins.

(B) devem ser abandonados pois ainda não beneficiaram os cidadãos.

(C) podem levar à tomada de decisões equivocadas e injustas.

(D) são bem-sucedidos no setor privado, mas não no setor público.

(E) precisam ser confiáveis ao ponto de substituir as escolhas humanas.

A e B: incorretas. O tema central do texto é propor ideias que possibilitem o uso mais justo e realista dos algoritmos; C: correta. Esta é a crítica central do autor aos algoritmos e mola propulsora das opiniões expostas no texto; D: incorreta. Não há qualquer passagem do texto que autorize essa conclusão; E: incorreta. Ao contrário, uma das soluções para as injustiças criadas seria justamente complementar a atuação dos computadores com analistas humanos.

Gabarito "C".

(Investigador – PC/BA – 2018 – VUNESP) O pronome Isso, iniciando o último parágrafo, remete

(A) à compreensão de que a tecnologia não deve ser vista como um facilitador das relações interpessoais.

(B) à ideia de exigir que graduados em ciências sociais desenvolvam os programas de computador.

(C) ao fato de que os programas de computador têm sido projetados por profissionais com pouco conhecimento da tecnologia.

(D) à concepção de tecnologia como uma abstração, com pouca aplicação prática na cultura contemporânea.

(E) à sugestão de forçar programadores de computador a refletir sobre a cultura de forma ampla.

O pronome demonstrativo foi usado com função anafórica, ou seja, para resgatar algo que foi dito logo antes: que uma solução possível para o problema é forçar os programadores a pensar em cultura num sentido mais amplo.

Gabarito "E".

Quem assiste a "Tempo de Amar" já reparou no português extremamente culto e correto que é falado pelos personagens da novela. Com frases que parecem retiradas de um romance antigo, mesmo nos momentos mais banais, os personagens se expressam de maneira correta e erudita.

Ao UOL, o autor da novela, Alcides Nogueira, diz que o linguajar de seus personagens é um ponto que leva a novela a se destacar. "Não tenho nada contra a linguagem coloquial, ao contrário. Acho que a língua deve se viva e usada em sintonia com o nosso tempo. Mas colocar um português bastante culto torna a narrativa mais coerente com a época da trama. Fora isso, é uma oportunidade de o público conhecer um pouco mais dessa sintaxe poucas vezes usada atualmente".

O escritor, que assina o texto da novela das 18h ao lado de Bia Corrêa do Lago, conta que a decisão de imprimir um português erudito à trama foi tomada por ele e apoiada pelo diretor artístico, Jayme Monjardim. Ele revela que toma diversos cuidados na hora de escrever o texto, utilizando, inclusive, o dicionário. "Muitas vezes é preciso recorrer às gramáticas. No início, o uso do coloquial era tentador. Aos poucos, a escrita foi ficando mais fácil", afirma Nogueira, que também diz se inspirar em grandes escritores da literatura brasileira e portuguesa, como Machado de Assis e Eça de Queiroz.

Para o autor, escutar os personagens falando dessa forma ajuda o público a mergulhar na época da trama de modo profundo e agradável. Compartilhou-lhe o sentimento Jayme Monjardim, que também explica que a estética delicada da novela foi pensada para casar com o texto. "É uma novela que se passa no fim dos anos 1920, então tudo foi pensado para que o público entrasse junto com a gente nesse túnel do tempo. Acho que isso é importante para que o telespectador consiga se sentir em outra época", diz.

(Guilherme Machado. UOL, https://tvefamosos.uol.com.br. 15.11.2017. Adaptado)

(Escrevente – TJ/SP – 2018 – VUNESP) De acordo com o texto, entende-se que as formas linguísticas empregadas na novela

(A) correspondem a um linguajar que, apesar de ser antigo, continua em amplo uso na linguagem atual.

(B) divergem dos usos linguísticos atuais, caracterizados pela adoção de formas mais coloquiais.

(C) estão associadas ao coloquial, o que dá mais vivacidade à linguagem e desperta o interesse do público.

(D) harmonizam-se com a linguagem dos dias atuais porque deixam de lado os usos corretos e formais.

(E) constituem usos comuns na linguagem moderna, porém a maior parte das pessoas não os entende.

A ideia central do texto é destacar que o linguajar culto empregado na novela chama a atenção dos telespectadores, justamente porque é muito diferente do uso que fazemos do idioma em nossos dias, muito mais marcado pela coloquialidade.

Gabarito "B".

(Escrevente – TJ/SP – 2018 – VUNESP) As informações textuais permitem afirmar corretamente que

(A) a proximidade entre a literatura e as novelas exige que haja um senso estético aguçado em relação à linguagem, por isso essas artes primam pelo erudito.

(B) a linguagem coloquial atrai sobremaneira os autores de novelas, como é o caso de Alcides Nogueira, que desconhecia o emprego de formas eruditas.

(C) a linguagem erudita deixa de ser empregada na novela quando há necessidade de retratar os momentos mais banais vividos pelas personagens.

(D) a opção por escrever uma novela de época implica a transposição de elementos visuais e linguísticos para o tempo presente, modernizando-os.

(E) a harmonização entre a linguagem e a estética da novela contribui para que a caracterização de uma época seja mais bem entendida pelo público.

A única alternativa que retrata uma ideia presente no texto é a letra "E", que deve ser assinalada. Com efeito, as manifestações de Alcides Nogueira e Jayme Monjardim complementam-se para esclarecer a aderência do tempo em que se passa a novela com a estética apresentada e o linguajar dos personagens, criando assim um ambiente muito mais fidedigno na trama.

Gabarito "E".

(Escrevente – TJ/SP – 2018 – VUNESP) No texto, há exemplo de uso coloquial da linguagem na passagem:

(A) ... então tudo foi pensado para que o público entrasse junto com a gente nesse túnel do tempo.

(B) Com frases que parecem retiradas de um romance antigo, [...] os personagens se expressam de maneira correta e erudita.

(C) Quem assiste a "Tempo de Amar" já reparou no português extremamente culto e correto...

(D) ... o autor da novela [...] diz que o linguajar de seus personagens é um ponto que leva a novela a se destacar.

(E) Ele revela que toma diversos cuidados na hora de escrever o texto, utilizando, inclusive, o dicionário.

A única alternativa com traços de coloquialidade é a letra "A", que deve ser assinalada. A expressão "a gente" é coloquial, a norma padrão prefere "entrasse conosco".

Gabarito "A".

(Escrevente – TJ/SP – 2018 – VUNESP) Sem prejuízo de sentido ao texto, as passagens "Quem assiste a 'Tempo de Amar' já reparou no português extremamente culto..." (1º parágrafo) e "Aos poucos, a escrita foi ficando mais fácil"... (3º parágrafo) estão corretamente reescritas em:

(A) Quem assiste a "Tempo de Amar" já corrigiu o português excepcionalmente culto... / Seguramente, a escrita foi ficando mais fácil.

(B) Quem assiste a "Tempo de Amar" já se deu conta do português agudamente culto... / Rapidamente, a escrita foi ficando mais fácil.

(C) Quem assiste a "Tempo de Amar" já percebeu o português muitíssimo culto... / Paulatinamente, a escrita foi ficando mais fácil.

(D) Quem assiste a "Tempo de Amar" já reconheceu o português ocasionalmente culto... / Curiosamente, a escrita foi ficando mais fácil.

(E) Quem assiste a "Tempo de Amar" já se aborreceu com o português sagazmente culto... / Lentamente, a escrita foi ficando mais fácil.

A única paráfrase que não alterou o sentido original foi a proposta na letra "C", que deve ser assinalada. "Reparar", no caso, é sinônimo de "perceber", "notar"; "extremamente" é advérbio de intensidade, portanto pode ser substituído por "muitíssimo", outro advérbio de intensidade; "aos poucos", por sua vez, é locução adverbial de tempo, por isso equivale a "paulatinamente", "progressivamente".
Gabarito "C".

Se determinado efeito, lógico ou artístico, mais fortemente se obtém do emprego de um substantivo masculino apenso a substantivo feminino, não deve o autor hesitar em fazê-lo. Quis eu uma vez dar, em uma só frase, a ideia – pouco importa se vera ou falsa – de que Deus é simultaneamente o Criador e a Alma do mundo. Não encontrei melhor maneira de o fazer do que tornando transitivo o verbo "ser"; e assim dei à voz de Deus a frase:

– Ó universo, eu sou-te, em que o transitivo de criação se consubstancia com o intransitivo de identificação.

Outra vez, porém em conversa, querendo dar incisiva, e portanto concentradamente, a noção verbal de que certa senhora tinha um tipo de rapaz, empreguei a frase "aquela rapaz", violando deliberadamente e justissimamente a lei fundamental da concordância.

A prosódia, já alguém o disse, não é mais que função do estilo.

A linguagem fez-se para que nos sirvamos dela, não para que a sirvamos a ela.

(Fernando Pessoa. A língua portuguesa, 1999. Adaptado)

(Escrevente – TJ/SP – 2018 – VUNESP) No texto, o autor defende que

(A) a transformação das formas de comunicação está restrita à linguagem oral, normalmente menos formal que a escrita.

(B) a linguagem deve atender às necessidades comunicativas das pessoas, nem que para isso suas regras tenham de ser violadas.

(C) o estilo dos escritores rompe com a tradição da linguagem, o que implica que eles, cada vez mais, estão submissos a ela.

(D) os discursos lógicos e artísticos, para serem mais coerentes, têm evitado as violações linguísticas a que poderiam recorrer.

(E) a forma como muitas pessoas se comunicam cotidianamente tem deturpado a essência da língua, comprometendo-lhe a clareza.

A resposta se encontra no último parágrafo do texto: Fernando Pessoa acreditava que a linguagem deve refletir a vida real, os sentimentos das pessoas, sem se preocupar com as regras da gramática. Aqueles devem sempre preponderar sobre esta.
Gabarito "B".

Ai, Gramática. Ai, vida.

O que a gente deve aos professores!

Este pouco de gramática que eu sei, por exemplo, foram Dona Maria de Lourdes e Dona Nair Freitas que me ensinaram. E vocês querem coisa mais importante do que gramática? La grammaire qui sait régenter jusqu'aux rois – dizia Molière: a gramática que sabe reger até os reis, e Montaigne: La plus part des ocasions des troubles du monde sont grammairiens – a maior parte de confusão no mundo vem da gramática.

Há quem discorde. Oscar Wilde, por exemplo, dizia de George Moore: escreveu excelente inglês, até que descobriu a gramática. (A propósito, de onde é que eu tirei tantas citações? Simples: tenho em minha biblioteca três livros contendo exclusivamente citações. Para enfeitar uma crônica, não tem coisa melhor. Pena que os livros são em inglês. Aliás, inglês eu não aprendi na escola. Foi lendo as revistas MAD e outras que vocês podem imaginar).

Discordâncias à parte, gramática é um negócio importante e gramática se ensina na escola – mas quem, professoras, nos ensina a viver? Porque, como dizia o Irmão Lourenço, no schola sed vita – é preciso aprender não para a escola, mas para a vida.

Ora, dirão os professores, vida é gramática. De acordo. Vou até mais longe: vida é pontuação. A vida de uma pessoa é balizada por sinais ortográficos. Podemos acompanhar a vida de uma criatura, do nascimento ao túmulo, marcando as diferentes etapas por sinais de pontuação.

Infância: a permanente exclamação:

Nasceu! É um menino! Que grande! E como chora! Claro, quem não chora não mama!

Me dá! É meu!

Ovo! Uva! Ivo viu o ovo! Ivo viu a uva! O ovo viu a uva! Olha como o vovô está quietinho, mamãe!

Ele não se mexe, mamãe! Ele nem fala, mamãe!

Ama com fé e orgulho a terra em que nasceste! Criança – não verás nenhum país como este!

Dá agora! Dá agora, se tu és homem! Dá agora, quero ver!

(Moacyr Scliar. Minha mãe não dorme enquanto eu não chegar, 1996. Adaptado)

(Escrevente – TJ/SP – 2018 – VUNESP) No texto, o autor recorre a várias citações, com a finalidade de

(A) discutir a falta de necessidade do ensino de gramática, uma vez que seu domínio não implica necessariamente saber usar a língua de forma adequada.

(B) enfatizar as discrepâncias quanto à necessidade da gramática para a vida, concluindo que ela é inútil e só tem servido como atividade escolar.

(C) propor a obrigatoriedade do ensino da gramática dentro e fora da escola, possibilitando que as pessoas usem melhor a língua materna.

488 HENRIQUE SUBI

(D) questionar a fascinação que grandes personalidades têm em relação à gramática, a qual, na maioria das vezes, ultrapassa os limites do contexto escolar.

(E) mostrar diferentes perspectivas em relação à gramática, concluindo que ela é relevante e que algumas de suas partes assemelham-se a fases da vida.

(interpretação) A proposta do autor é usar as citações para demonstrar a importância da gramática de forma leve e bem-humorada, criando ao final sua teoria de que a norma padrão, especialmente as de pontuação, pode ser comparada à vida humana.
Gabarito "E".

(Escrevente – TJ/SP – 2018 – VUNESP) Observe as passagens do texto:

• O que a gente deve aos professores! (1º parágrafo)

• ... mas quem, professoras, nos ensina a viver? (4º parágrafo)

Observando-se o contexto em que ocorrem e a pontuação nelas presentes, conclui-se que as frases apontam, correta e respectivamente, para os seguintes sentidos:

(A) o narrador sente que está em dívida com os professores, por tudo o que aprendeu; o narrador acredita que o papel da gramática no cotidiano é incompreendido.

(B) o narrador demonstra reconhecimento pelo que lhe foi ensinado pelos professores; o narrador questiona qual é o papel da gramática na vida cotidiana das pessoas.

(C) o narrador ironiza a educação e os ensinamentos de seus professores; o narrador sugere que a gramática não tem importância nenhuma na vida das pessoas.

(D) o narrador expressa certo descontentamento com o que os professores lhe ensinaram; o narrador tem plena certeza de que a gramática transforma a vida das pessoas.

(E) o narrador questiona os ensinamentos gramaticais que recebeu dos professores; o narrador discorda da ideia de que a gramática seja a disciplina mais importante.

A primeira passagem está escrita de uma forma que a assemelha a uma interjeição, uma louvação aos professores e à importância de tudo que ensinam. A segunda passagem, por sua vez, é uma pergunta retórica, para provocar reflexão no leitor, sobre o conflito entre a educação formal e aquilo que realmente precisamos saber para viver bem.
Gabarito "B".

(Escrevente – TJ/SP – 2018 – VUNESP) Quando o autor diz que a vida é pontuação e associa a infância à exclamação, seu objetivo é mostrar que

(A) o pleno encantamento marca esse período da vida, e as emoções tendem a mostrar-se com mais intensidade e espontaneidade.

(B) a percepção exagerada das crianças não tem como se justificar na relação que elas estabelecem com os adultos e o mundo.

(C) os adultos tendem a ficar incomodados com a forma como as crianças vão descobrindo os segredos do mundo.

(D) os adultos têm dificuldade para atender o encantamento das crianças pelas suas descobertas com o mundo que as circunda.

(E) as crianças normalmente descobrem o mundo sem reagir aos acontecimentos que marcam essa etapa de seu desenvolvimento.

O ponto de exclamação serve para demonstrar surpresa, encantamento, emoções efusivas. O autor aproxima esse conceito da intensidade da vida na infância, onde tudo é emotivo, forte, agitado.
Gabarito "A".

(Escrevente – TJ/SP – 2018 – VUNESP) O que Oscar Wilde afirma acerca de George Moore – escreveu excelente inglês, até que descobriu a gramática – significa que

(A) George Moore passou a escrever em inglês popular somente depois que descobriu a riqueza da gramática.

(B) a descoberta da gramática por George Moore surpreendeu a todos, pelo padrão de excelência de sua obra.

(C) o fato de escrever com excelência em inglês não impediu George Moore de buscar linguagem mais contemporânea.

(D) a gramática agiu, na obra de George Moore, para acentuar sua tendência a uma escrita de alta qualidade técnica.

(E) o contato com a gramática ocasionou, na obra de George Moore, o comprometimento da qualidade de sua escrita.

A frase de Oscar Wilde quer dizer que o George Moore escrevia melhor quando não estava preocupado com as normas gramaticais.
Gabarito "E".

(Escrevente – TJ/SP – 2018 – VUNESP) Assinale a alternativa em que as frases da passagem **Infância: a permanente exclamação** expressam as vivências infantis relacionadas à possessividade e à escolarização, respectivamente.

(A) Dá agora! Dá agora, se tu és homem! / Ele não se mexe, mamãe!

(B) Que grande! E como chora! / Ele nem fala, mamãe!

(C) Ama com fé e orgulho a terra em que nasceste! / Dá agora, quero ver!

(D) Me dá! É meu! / Ovo! Uva! Ivo viu o ovo! Ivo viu a uva! O ovo viu a uva!

(E) Claro, quem não chora não mama! / Olha como o vovô está quietinho, mamãe!

A possessividade das crianças está ilustrada na passagem: "Me dá! É meu!", ou seja, as palavras de ordem invocadas pelas crianças quando são tolhidas das coisas que acreditam lhes pertencer. Já a escolarização vem na passagem: "Ovo! Uva! Ivo viu o ovo! Ivo viu a uva! O ovo viu a uva!". É uma ilustração das antigas cartilhas de alfabetização.
Gabarito "D".

(Escrevente – TJ/SP – 2018 – VUNESP) Assinale a alternativa em que há expressão(ões) empregada(s) em sentido figurado.

(A) Oscar Wilde, por exemplo, dizia de George Moore: escreveu excelente inglês, até que descobriu a gramática.

(B) Aliás, inglês eu não aprendi na escola. Foi lendo as revistas MAD e outras que vocês podem imaginar.

(C) Este pouco de gramática que eu sei, por exemplo, foram Dona Maria de Lourdes e Dona Nair Freitas que me ensinaram.

(D) Ora, dirão os professores, vida é gramática. De acordo. Vou até mais longe: vida é pontuação.

(E) Simples: tenho em minha biblioteca três livros contendo exclusivamente citações.

"Sentido figurado" é outra forma de designar a metáfora, o uso de palavras como uma comparação subentendida. A única passagem em que ela ocorre é: "vida é pontuação" – a qual poderia ser reescrita como: "a vida é como a pontuação" (comparação explícita).
Gabarito "D".

Muito antes de haver história, já havia seres humanos. Animais bastante similares aos humanos modernos surgiram por volta de 2,5 milhões de anos atrás. Mas, por incontáveis gerações, eles não se destacaram da miríade de outros organismos com os quais partilhavam seu habitat.

Em um passeio pela África Oriental de 2 milhões de anos atrás, você poderia muito bem observar certas características humanas familiares: mães ansiosas acariciando seus bebês e bandos de crianças despreocupadas brincando na lama; jovens temperamentais rebelando-se contra as regras da sociedade e idosos cansados que só queriam ficar em paz; machos orgulhosos tentando impressionar as beldades locais e velhas matriarcas sábias que já tinham visto de tudo. Esses humanos arcaicos amavam, brincavam, formavam laços fortes de amizade e competiam por status e poder – mas os chimpanzés, os babuínos e os elefantes também. Não havia nada de especial nos humanos. Ninguém, muito menos eles próprios, tinha qualquer suspeita de que seus descendentes um dia viajariam à Lua, dividiriam o átomo, mapeariam o código genético e escreveriam livros de história. A coisa mais importante a saber acerca dos humanos pré-históricos é que eles eram animais insignificantes, cujo impacto sobre o ambiente não era maior que o de gorilas, vaga-lumes ou águas-vivas.

(Yuval Noah Harari. Sapiens: uma breve história da humanidade. Trad. Janaína Marcoantonio, Porto Alegre, L&PM, 2015, p. 08-09)

(Escrevente Técnico – TJM/SP – VUNESP – 2017) A ideia central do texto é:

(A) os humanos vêm evoluindo tão lentamente quanto os demais animais com que conviveram no passado.

(B) os humanos pré-históricos conviviam pacificamente entre si, e isso lhes permitia dominar os outros animais.

(C) os seres humanos distinguiam-se dos demais animais na pré-história no modo como interagiam entre si.

(D) os humanos arcaicos não possuíam habilidades que permitissem prever as conquistas futuras de nossa espécie.

(E) os humanos modernos diferenciaram-se de seus ancestrais assim que começaram a lutar por poder.

O trecho selecionado destaca que, no início de sua história, o ser humano não se diferenciava dos outros mamíferos que com ele conviviam, de sorte que não se poderia prever o quanto ainda evoluiria com o passar do tempo.
Gabarito "D".

(Escrevente Técnico – TJM/SP – VUNESP – 2017) Leia a tirinha.

(Bill Watterson. O melhor de Calvin, 09.11.2016. http://m.cultura.estadao.com.br)

No primeiro quadrinho, os comentários "Já que sua mãe está doente" e "hoje eu farei o jantar" estabelecem entre si relação de

(A) causa e consequência.

(B) condição e conformidade.

(C) finalidade e modo.

(D) conclusão e concessão.

(E) proporção e explicação.

A relação é de causa e consequência – a doença da mãe é a causa do pai de Calvin ter de fazer o jantar. Se ela não estivesse doente, ele não o faria.
Gabarito "A".

Entreouvida na rua: "O que isso tem a ver com o meu café com leite?" Não sei se é uma frase feita comum que só eu não conhecia ou se estava sendo inventada na hora, mas gostei. Tudo, no fim, se resume no que tem e não tem a ver com o nosso café com leite, no que afeta ou não afeta diretamente nossas vidas e nossos hábitos. É uma questão que envolve mais do que a vizinhança próxima. Outro dia ficamos sabendo que o Stephen Hawking voltou atrás na sua teoria sobre os buracos negros, aqueles furos no Universo em que a matéria desaparece. Nem eu nem você entendíamos a teoria, e agora somos obrigados a rever nossa ignorância: os buracos negros não eram nada daquilo que a gente não sabia que eram, são outra coisa que a gente nunca vai entender. Nosso consolo é que nada disto tem a ver com nosso café com leite. Os buracos negros e o nosso café com leite são, mesmo, extremos opostos, a extrema angústia do desconhecido e o extremo conforto do familiar. Não cabem na mesma mesa ou no mesmo cérebro.

(Luis Fernando Verissimo. O mundo é bárbaro e o que nós temos a ver com isso. Rio de Janeiro, Objetiva, 2008, p. 09)

(Escrevente Técnico – TJM/SP – VUNESP – 2017) O sentido atribuído pelo autor à frase – "O que isso tem a ver com o meu café com leite?" – está expresso, em outras palavras, na alternativa:

(A) Será que somos capazes de compreender isso?

(B) Até que ponto isso desperta o interesse dos cientistas?

(C) De que modo nós poderíamos contribuir para isso?

(D) Por que eu deveria crer na veracidade disso?

(E) Como isso pode impactar o meu cotidiano?

O texto deixa claro que a pergunta ouvida pela personagem refere-se a como as coisas que acontecem podem ou não influenciar, impactar nossa vida.
Gabarito "E".

Ter trinta e poucos anos significa, entre outras coisas, que é praticamente impossível reunir cinco casais num jantar sem que haja pelo menos uma grávida. E estar na presença de uma grávida significa, entre outras coisas, que é praticamente impossível falar de qualquer outro assunto que não daquele rotundo e miraculoso acontecimento, a desenrolar-se do lado de lá do umbigo em expansão.

Enquanto a conversa gira em torno dos nomes cogitados, da emoção do ultrassom, dos diferentes modelos de carrinho, o clima costuma ser agradável e os convivas se aprazem diante da vida que se aproxima. Mas eis então que alguém pergunta: "e aí, vai ser parto normal ou cesárea?", e toda possível harmonia vai pra cucuia.

Num extremo, estão as mulheres que querem parir de cócoras, ao pé de um abacateiro, sob os cuidados de uma parteira de cem anos, tendo como anestesia apenas um chá de flor de macaúba e cantigas de roda de 1924. Na outra ponta, estão as que têm tremedeiras só de pensar em parto normal, pretendem ir direto pra cesárea, tomar uma injeção e acordar algumas horas depois, tendo no colo um bebê devidamente parido, lavado, escovado, penteado e com aquela pulseirinha vip no braço, já com nome, número de série e código de barras.

Os dois lados acusam o outro de violência: as naturebas dizem que a cesárea é um choque; as artificialebas alegam que dar as costas à medicina é uma irresponsabilidade. Eu, que durante meses ouvi calado as discussões, pesei bastante os argumentos e cheguei, enfim, a uma conclusão: abaixo o nascimento! Viva a gravidez!

Imaginem só a situação: os primeiros grãos de consciência germinam em seu cérebro. Você boia num líquido morninho – nem a gravidade, essa pequena e constante chateação, te aborrece. Você recebe alimento pelo umbigo. Você dorme, acorda, dorme, acorda e jamais tem que cortar as unhas dos pés. Então, de repente, o líquido se vai, as paredes te espremem, a fonte seca, a luz te cega e, daí pra frente, meu amigo, é só decadência: cólicas, fome, sede, pernilongos, decepções, contas a pagar. Eis um resumo de nossa existência: nove meses no paraíso, noventa anos no purgatório.

Freud diz que todo amor que buscamos é um pálido substituto de nosso primeiro, único e grande amor: a mãe. Discordo. A mãe já é um pálido substituto de nosso primeiro, único e grande amor: a placenta. Tudo, daí pra frente – as religiões, os relacionamentos amorosos, a música pop, a semiótica* e a novela das oito – é apenas uma busca inútil e desesperada por um novo cordão umbilical, aquele cabo USB por onde fazíamos, em banda larga, o download da felicidade. Do parto em diante, meu caro leitor, meu caro companheiro de infortúnio, a vida é conexão discada, wi-fi mequetrefe, e em vão nos arrastamos por aí, atrás daquela impossível protoconexão.

No próximo jantar, se estiver do lado de uma grávida, jogarei um talher no chão e, ao abaixar para pegá-lo, cochicharei bem rente à barriga: "te segura, garoto! Quando começar a tremedeira, agarra bem nas paredes, se enrola no cordão, carca os pés na borda e não sai, mesmo que te cutuquem com um fórceps, te estendam uma mão falsamente amiga, te sussurrem belas cantigas de roda, de 1924. Te segura, que o negócio aqui é roubada!".

(Revista Ser Médico. Edição 57 – Outubro/Novembro/Dezembro de 2011. www.cremesp.org.br. Adaptado)

*semiótica: ciência dos modos de produção, de funcionamento e de recepção dos diferentes sistemas de sinais de comunicação entre indivíduos ou coletividades.

(Procurador Municipal – Sertãozinho/SP – VUNESP – 2016) Pela leitura do texto, é correto afirmar que, para o cronista,

(A) os homens do grupo demonstram falta de sensibilidade, quando perguntam às mulheres se o parto será normal ou cesárea, tema que gera desavenças entre os casais.

(B) os infortúnios fazem parte da vida, condição que ele procura, por meio de linguagem informal, esclarecer a um bebê que está para nascer.

(C) as naturebas consideram a cesárea uma agressão ao bebê e optam por métodos caseiros e primitivos, principalmente pelo baixo custo financeiro.

(D) a gravidez é preferível ao nascimento, pois, como pai, ele tem consciência das muitas responsabilidades de educar um filho.

(E) a placenta é o amor insubstituível que ao longo da existência todos nós procuramos sem sucesso, ponto de vista que confirma a teoria freudiana.

A: incorreta. Tal ideia não se infere do texto, que deixa claro se tratar de uma pergunta inevitável e não necessariamente feita por um homem; **B:** correta. Esta é a ideia central do texto; **C:** incorreta. O custo financeiro não é abordado pelo autor; **D:** incorreta. O texto não trata das responsabilidades do pai, mas das próprias dificuldades da vida que o bebê vai enfrentar; **E:** incorreta. A "teoria da placenta" é colocada justamente para discordar de Freud.

Gabarito "B".

Desde que viu pela primeira vez um filme policial, o rapaz quis ser um homem da lei. Sonhava viver aventuras, do lado do bem. Botar algemas nos pulsos de um criminoso e dizer, como nos livros: "Vai mofar na cadeia, espertinho".

Estudou Direito com o objetivo de ser delegado de polícia. No início do curso, até pensou em tornar-se um grande advogado criminal, daqueles que desmontam um por um os argumentos do nobre colega, mas a partir do segundo ano percebeu que seu negócio eram mesmo as algemas. Assim que se formou, inscreveu-se no primeiro concurso público para delegado. Fez aulas de defesa pessoal e tiro. Estudou tanto que passou em primeiro lugar e logo saiu a nomeação para uma delegacia em bairro de classe média, Vila Mariana.

No dia de assumir o cargo, acordou cedo, fez a barba, tomou uma longa ducha, reforçou o desodorante para o caso de algum embate prolongado, vestiu o melhor terno, caprichou na gravata e olhou-se no espelho satisfeito. Encenou um sorriso cínico imitando Sean Connery e falou:

– Meu nome é Bond. James Bond.

Na delegacia, percorreu as dependências, conheceu a equipe, conferiu as armas, as viaturas, e sentou-se à mesa, à espera do primeiro caso. Não demorou: levaram até ele uma senhora idosa e enfezada.

– Doutor, estão atirando pedras no meu varal!

Adeus 007. O delegado-calouro caiu na besteira de dizer à queixosa que aquilo não era crime.

– Não é crime? Quer dizer que podem jogar pedras no meu varal?

– Eu não posso prender ninguém por isso.

– Ah, é? Então a polícia vai permitir que continuem a jogar pedras no meu varal? A sujar minha roupa?

James Bond não tinha respostas. Procurou saber quem jogava as pedras. A velha senhora não sabia, mas suspeitava de alguém da casa ao lado. O delegado mandou "convidarem" o vizinho para uma conversa e pediu que trancassem a senhora numa sala.

– Ai, meu Deus, só falta ser um velhinho, para completar! – murmurou o desanimado Bond.

Era um velhinho que confessou tudo dando risadinhas travessas. Repreendeu-o com tom paterno:

– O senhor não pode fazer uma coisa dessas. Por que isso, aborrecer as pessoas?

– É para passar o tempo. Vivo sozinho, e com isso eu me divirto um pouco, né?

O moço delegado cruzou as mãos atrás da cabeça, fechou os olhos e meditou sobre os próximos trinta anos. Pensou também na vida, na solidão e em arranjar uma namorada. Abriu os olhos e lá estava o velhinho.

– Pois eu vou contar uma coisa. A sua vizinha, essa do varal, está interessadíssima no senhor, gamadona.

O velho subiu nas nuvens, encantado. Recusou-se a dar mais detalhes, mandou-o para casa, e chamou a senhora:

– Ele esteve aqui. É um senhor de idade. Bonitão, viu? Confessou que fez tudo por amor, para chamar a sua atenção. Percebeu que uma chama romântica brilhou nos olhos dela.

Caso encerrado.

(Humberto Werneck, Org. Coleção melhores crônicas – Ivan Angelo. Global, 2007. Adaptado)

(Procurador Municipal/SP – VUNESP – 2016) Pelas informações presentes no texto, é correto afirmar que o rapaz

(A) decidiu ser delegado intrigado pelos crimes não solucionados pela polícia e se imaginava repetindo frases de seus personagens favoritos, quando prendesse criminosos.

(B) cursou Direito com o intuito de tornar-se um respeitado advogado criminal, mas seu desempenho mediano nos estudos o levou a optar por ser delegado de polícia.

(C) preparou-se com esmero para o primeiro dia de trabalho, incorporando os gestos e a aparência de James Bond, embora estivesse contrariado por ter sido designado para um bairro de classe média.

(D) surpreendeu os demais funcionários da delegacia por conduzir, com firmeza e rigor jurídico, o caso dos vizinhos idosos que há tempos brigavam por motivos insignificantes.

(E) decepcionou-se por seu primeiro caso não apresentar a relevância que ele esperava, entretanto conseguiu encerrá-lo de forma bem-sucedida, servindo-se de trâmites não ortodoxos.

A: incorreta. .A personagem decidiu ser policial por ver filmes desse gênero ainda na infância; B: incorreta. Segundo o texto, a personagem chegou a pensar em se dedicar à advocacia, mas seu objetivo sempre foi a polícia; C: incorreta. Não há nenhuma informação no texto que permita concluir que a personagem não gostou do local de sua designação; D: incorreta. Ao contrário, atuou desanimado pela decepção de ter de tratar de um caso tão simplório; E: correta. A alternativa descreve com precisão as ideias centrais do texto.

Gabarito "E".

(Procurador Municipal/SP – VUNESP – 2016) Analisando as atitudes do delegado, da senhora queixosa e do vizinho, pode-se caracterizá-los, correta e respectivamente, como:

(A) sonhador; fofoqueira e apaixonado.

(B) conciliador; vaidosa e taciturno.

(C) intransigente; autoritária e esperto.

(D) inexperiente; decidida e solitário.

(E) ingênuo; dissimulada e divertido.

Ainda que se possa classificar o delegado como "sonhador", pela expectativa que tinha da profissão, ou "conciliador", pela solução que deu ao problema dos vizinhos as características que seguem não descrevem bem as respectivas personagens. De fato, o delegado era "inexperiente", porque estava em seu primeiro dia de trabalho; a senhora era "decidida", porque insistiu com o policial que alguma solução deveria ser dada ao seu caso; e o vizinho era "solitário", porque confessou que fazia a brincadeira por morar sozinho e precisar de algo para se divertir.

Gabarito "D".

CONTRATEMPOS

Ele nunca entendeu o tédio, essa impressão de que existem mais horas do que coisas para se fazer com elas. Sempre faltou tempo para tanta coisa: faltou minuto para tanta música, faltou dia para tanto sol, faltou domingo para tanta praia, faltou noite para tanto filme, faltou ano para tanta vida.

Existem dois tipos de pessoa. As pessoas com mais coisa que tempo e as pessoas com mais tempo que coisas para fazer com o tempo.

As pessoas com menos tempo que coisa são as que buzinam assim que o sinal fica verde, e ficam em pé no avião esperando a porta se abrir, e empurram e atropelam as outras para entrar primeiro no vagão do trem, e leem livros que enumeram os "livros que você tem que ler antes de morrer" ao invés de ler diretamente os livros que você tem de ler antes de morrer.

Esse é o caso dele, que chega ao trabalho perguntando onde é a festa, e chega à festa querendo saber onde é a próxima, e chega à próxima festa pedindo táxi para a outra, e chega à outra percebendo que era melhor ter ficado na primeira, e quando chega a casa já está na hora de ir para o trabalho.

Ela sempre pertenceu ao segundo tipo de pessoa. Sempre teve tempo de sobra, por isso sempre leu romances longos, e passou tardes longas vendo pela milésima vez a segunda temporada de "Grey's Anatomy" mas, por ter tempo demais, acabava sobrando tempo demais para se preocupar com uma hérnia imaginária, ou para tentar fazer as pazes com pessoas que nem sabiam que estavam brigadas com ela, ou escrever cartas longas dentro da cabeça para o ex-namorado, os pais, o país, ou culpar o sol ou a chuva, ou comentar "e esse calor dos infernos?", achando que a culpa é do mau tempo quando na verdade a culpa é da sobra de tempo, porque se ela não tivesse tanto tempo não teria nem tempo para falar do tempo.

Quando se conheceram, ele percebeu que não adiantava correr atrás do tempo porque o tempo sempre vai correr mais rápido, e ela percebeu que às vezes é bom correr para pensar menos, e pensar menos é uma maneira de ser feliz, e ambos perceberam que a felicidade é uma questão de tempo. Questão de ter tempo o suficiente para ser feliz, mas não o bastante para perceber que essa felicidade não faz o menor sentido.

(Gregório Duvivier. Folha de S. Paulo, 30.11.2015. Adaptado)

(Procurador – IPSMI/SP – VUNESP – 2016) O último parágrafo, ao tratar do encontro das duas personagens, relata

(A) uma mudança de ponto de vista das personagens, ao mesmo tempo que expressa uma visão negativa da felicidade.
(B) a opção por se entregar à felicidade, vivendo-a no tempo sempre com a expectativa de que ela o vença.
(C) o desejo de que o encontro da felicidade represente uma renovação na maneira de viver o cotidiano.
(D) o anseio por desfrutar momentos felizes sem a interferência das racionalizações, que surgem quando se tem tempo.
(E) novas maneiras de encarar a felicidade, anulando pensamentos que possam atrapalhar o tempo do convívio.

O último parágrafo relata que as personagens aprenderam uma com a outra como melhorar sua relação com o tempo, tornando-a mais equilibrada. Por outro lado, destaca que uma postura negativa do autor frente à felicidade, ou ao menos esse modelo de felicidade.
Gabarito "A".

(QUINO, Toda Mafalda. São Paulo: Martins Fontes, 2008, p. 256.)

(Procurador – IPSMI/SP – VUNESP – 2016) O efeito de sentido da tira é produzido pela constatação, pela menina Mafalda, de que

(A) a primavera é uma estação que chega independentemente do esforço humano.
(B) a obra divina renova a natureza com as estações, a cada ano.
(C) as personagens apenas observam umas às outras, sem estabelecer diálogos.
(D) as personagens atribuem diferentes significados à chegada da primavera.
(E) o advento da nova estação renova as esperanças dela na humanidade.

Enquanto Mafalda, ainda menina, alegra-se com a chegada da primavera, um senhor de idade avançada comemora ter sobrevivido até este momento. É a partir daí que Mafalda constata que o mesmo fato (a chegada da primavera) pode ser algo simples, trivial, ou de extrema importância, a depender do que está pensando ou sentindo.
Gabarito "D".

O fator sorte

As pessoas mais inclinadas a buscar significados nos acontecimentos tendem de fato a encontrá-los, ainda que, para isso, tenham de subestimar as leis da probabilidade, no intuito de encontrar um maior número de "coincidências", que atribuem à sorte.

Há alguns anos, o físico Richard A. J. Matthews estudou as chamadas leis de Murphy, a irônica suma do pessimismo resumida na máxima "se alguma coisa pode dar errado, dará". Matthews investigou, em particular, por que uma fatia de pão com manteiga cai geralmente com o lado da manteiga para baixo. A prevalência da "falta de sorte" foi confirmada por um estudo experimental, patrocinado por um fabricante de manteiga: o aparente azar deve-se simplesmente à relação física entre as dimensões da fatia e a altura em que estava colocada.

São também explicáveis outros tipos de infortúnio, como o fato de que, quando duas meias soltas são retiradas da gaveta, geralmente elas não são do mesmo par. Além disso, tendemos a dar mais atenção a fatos rotineiros que nos frustram (como perder o ônibus por chegarmos ao ponto com segundos de atraso), em vez de contabilizar o grande número de ocasiões em que não tivemos contratempos. Essa atitude contribui para reforçar nossos preconceitos e nos fazer ignorar as leis da probabilidade.

O psicólogo Richard Wiseman, professor da Universidade de Hertfordshire, na Inglaterra, também conduziu um estudo interessante sobre os mecanismos relacionados à sorte. O projeto, financiado por várias instituições, entre as quais a Associação Britânica para o Avanço da Ciência, gerou um manual chamado "O fator sorte", traduzido em mais de 20 idiomas.

Ele publicou um anúncio no jornal solicitando que pessoas particularmente sortudas ou azaradas entrassem em contato com ele para que seus comportamentos fossem analisados. Descobriu que cerca de 9% desses indivíduos podiam ser considerados azarados e 12% favorecidos pela sorte. Todos os outros entravam na média.

Wiseman deu aos participantes um jornal, solicitando que contassem as fotos impressas e prometendo um prêmio aos que o fizessem corretamente. Ora, o número solicitado estava gravado de forma evidente sobre uma das páginas, algo que muitos "azarados" não perceberam, pois estavam concentrados demais na tarefa.

A análise experimental dos traços de personalidade que distinguiam sortudos e azarados permitiu concluir que esses últimos são mais tensos e concentrados, ao passo que os sortudos tendem a considerar as coisas de forma mais relaxada, mas sem perder de vista o contexto geral. Assim, se considerarmos os dados coletados, ter sorte pode significar, pelo menos em parte, saber fazer boas escolhas e perceber as ocasiões mais vantajosas para si mesmo.

(Gláucia Leal. Disponível em: http://blogs.estadao.com.br/pensar-psi/o-fator-sorte. Adaptado)

(Procurador – SP – VUNESP – 2015) Na opinião da autora,

(A) as situações de azar são mais frequentes para quem atua com displicência.

(B) os casos de boa ou má sorte devem ser interpretados como predestinação.

(C) a sorte relaciona-se à maneira de atribuir sentido e de reagir aos eventos.

(D) as pessoas consideradas sortudas são mais supersticiosas que as azaradas.

(E) o sortudo é aquele que realiza suas atividades com mais zelo e disposição.

Das alternativas apresentadas, a única que se pode inferir corretamente do texto é a letra "C", que deve ser assinalada. Com efeito, a autora expõe testes de resultados científicos para demonstrar que a sorte ou o azar, na verdade, decorrem da forma como as pessoas enxergam o mundo e suas circunstâncias a partir de suas próprias características. Essa, inclusive, é a ideia central do primeiro e do último parágrafo do texto.
Gabarito "C".

(Procurador – SP – VUNESP – 2015) De acordo com o texto, as leis da probabilidade podem ser usadas para

(A) mostrar que inexistem explicações para os infortúnios.

(B) ratificar que a sorte é capaz de alterar as leis da física.

(C) confirmar a ideia de que os acontecimentos são regidos pela imprevisibilidade.

(D) justificar a interpretação de que os fatos são fruto da sorte.

(E) questionar aquilo que muitos consideram ação da sorte.

Já no primeiro parágrafo do texto, que lhe serve de introdução, a autora esclarece que as pessoas preferem atribuir como "sorte" ou "azar" acontecimentos que possuem explicações científicas objetivas, dentre elas a lei da probabilidade. Num raciocínio inverso, basta se valer desses dados concretos, como demonstram as pesquisas citadas, para contrapor o "fator sorte".
Gabarito "E".

(Procurador – SP – VUNESP – 2015) Assinale a alternativa em que os trechos entre colchetes estabelecem, entre si, uma relação de consequência e causa, respectivamente.

(A) [por que uma fatia de pão com manteiga] [cai geralmente com o lado da manteiga para baixo]

(B) [quando duas meias soltas são retiradas da gaveta] [geralmente elas não são do mesmo par]

(C) [perder o ônibus] [por chegarmos ao ponto com segundos de atraso]

(D) [tendemos a dar mais atenção] [a fatos rotineiros que nos frustram]

(E) [análise experimental dos traços de personalidade] [que distinguiam sortudos e azarados]

A e B: incorretas. As expressões se complementam para formar a constatação de um fato, sem qualquer relação de causa e consequência; **C:** correta. O atraso é a causa de perdermos o ônibus (consequência); **D:** incorreta. A segunda parte complementa o substantivo "atenção", sem qualquer relação de causa e consequência. **E:** incorreta. A segunda parte tem função restritiva, delimita quais são os traços de personalidade que estão sendo estudados.
Gabarito "C".

Atenção: as questões seguintes referem-se ao texto abaixo.

Ser gentil é um ato de rebeldia. Você sai às ruas e insiste, briga, luta para se manter gentil. O motorista quase te mata de susto buzinando e te xingando porque você usou a faixa de pedestres quando o sinal estava fechado para ele. Você posta um pensamento gentil nas redes sociais apesar de ler dezenas de comentários xenofóbicos, homofóbicos, irônicos e maldosos sobre tudo e todos. Inclusive você. Afinal, você é obviamente um idiota gentil. Há teorias evolucionistas que defendem que as sociedades com maior número de pessoas altruístas sobreviveram por mais tempo por serem mais capazes de manter a coesão. Pesquisadores da atualidade dizem, baseados em estudos, que gestos de gentileza liberam substâncias que proporcionam prazer e felicidade. Mas gentileza virou fraqueza. É preciso ser macho pacas para ser gentil nos dias de hoje. Só consigo asso ciar a aversão à gentileza à profunda necessidade de ser – ou parecer ser – invencível e bem sucedido. Nossas fragilidades seriam uma vergonha social. Um empecilho à carreira, ao acúmulo de dinheiro. Não ter tempo para gentilezas é bonito. É justificável diante da eterna ambivalência humana: queremos ser bons, mas temos medo. Não dizer bom dia significa que você é muito importante. Ou muito ocupado. Humilhar os que não concordam com suas ideias é coisa de gente forte. E que está do lado certo. Como se houvesse um lado errado. Porque, se nenhum de nós abrir a boca, ninguém vai reparar que no nosso modelo de felicidade tem alguém chorando ali no canto. Porque ser gentil abala sua autonomia. Enfim, ser gentil está fora de moda. Estou sempre fora de moda. Querendo falar de gentileza, imaginem vocês! Pura rebeldia. Sair por aí exibindo minhas vulnerabilidades e, em ato de pura desobediência civil, esperar alguma cumplicidade. Deve ser a idade.

(Ana Paula Padrão, Gentileza virou fraqueza. Disponível em: < http://www.istoe.com.br>. Acesso em: 27 jan 2015. Adaptado)

(Escrevente – TJ/SP – VUNESP – 2015) É correto inferir que, do ponto de vista da autora, a gentileza

(A) é prerrogativa dos que querem ter sua importância reconhecida socialmente.

(B) é uma via de mão dupla, por isso não deve ser praticada se não houver reciprocidade.

(C) representa um hábito primitivo, que pouco afeta as relações interpessoais.

(D) restringe-se ao gênero masculino, pois este representa os mais fortes.

(E) é uma qualidade desvalorizada em nossa sociedade nos dias atuais.

O texto expõe o ponto de vista da autora de que agir com gentileza virou algo ruim em nossa sociedade, uma característica que não deve ser demonstrada. Em outras palavras, é uma virtude que anda desvalorizada em nosso tempo.
Gabarito "E".

(Escrevente – TJ/SP – VUNESP – 2015) No final do último parágrafo, a autora caracteriza a gentileza como "ato de pura desobediência civil"; isso permite deduzir que

(A) assumir a prática da gentileza é rebelar-se contra códigos de comportamento vigentes, mesmo que não declarados.

(B) é inviável, em qualquer época, opor-se às práticas e aos protocolos sociais de relacionamento humano.

(C) é possível ao sujeito aderir às ideias dos mais fortes, sem medo de ver atingida sua individualidade, no contexto geral.

(D) há, nas sociedades modernas, a constatação de que a vulnerabilidade de alguns está em ver a felicidade como ato de rebeldia.

(E) obedecer às normas sociais gera prazer, ainda que isso signifique seguir rituais de incivilidade e praticar a intolerância.

O último parágrafo é escrito em tom irônico para chamar a atenção do leitor ao absurdo que vivemos ao dar uma conotação ruim aos atos de gentileza. Quando a autora afirma que a gentileza é um ato de desobediência civil, quer dizer que essa prática representa uma rebeldia contra esse hábito vigente e espraiado, ainda que não escrito, mas seguido por todos.
Gabarito "A".

(Escrevente – TJ/SP – VUNESP – 2015) Para responder à questão, considere a seguinte passagem, no contexto geral da crônica:

Não ter tempo para gentilezas é bonito. [...] Não dizer bom-dia significa que você é muito importante.

Ou muito ocupado. Humilhar os que não concordam com suas ideias é coisa de gente forte. E que está do lado certo.

Com essas afirmações, a autora

(A) informa literalmente efeitos positivos que vê na falta de gentileza.

(B) revela que também tolera atitudes não gentis e grosseiras.

(C) aponta, ironicamente, o ponto de vista de pessoas não adeptas da gentileza.

(D) expõe o que realmente pensa de quem é gentil com os semelhantes.

(E) adere às ideias dos não corteses, com os quais acaba se identificando.

Temos mais uma vez a ironia como marco determinante do estilo da autora nessa passagem. Ela narra como a sociedade vê as pessoas que não são gentis como pessoas fortes, ocupadas e bem-sucedidas.
Gabarito "C".

(Escrevente – TJ/SP – VUNESP – 2015) Observa-se que, no 1º parágrafo, a autora emprega os pronomes *te* e *você* para se referir a um virtual leitor e, no 3º parágrafo, emprega a expressão *pacas* (*É preciso ser macho pacas*).

Essas duas escolhas permitem inferir que ela

(A) rejeita um linguajar jovem, embora formal, contando com a adesão dos leitores mais habituados a ler.

(B) escreve para um público leitor de textos nas redes sociais, razão pela qual é obrigada a deixar de lado a norma culta do português.

(C) evita atrair a atenção do público mais escolarizado e menos exigente em relação à informalidade da língua.

(D) pode conseguir maior identificação com seu público leitor, optando por soluções de linguagem de feição mais informal.

(E) despreza convenções da língua-padrão, por crer na inaptidão do leitor para compreender estruturas complexas.

As passagens assinaladas, tanto os pronomes de uso cotidiano quanto a gíria, denotam a intenção da autora de aproximar-se do leitor, conquistando um público maior a partir da identificação deste com a linguagem informal utilizada.
Gabarito "D".

Atenção: as questões seguintes referem-se ao texto abaixo.

O fim do direito é a paz, o meio de que se serve para consegui-lo é a luta. Enquanto o direito estiver sujeito às ameaças da injustiça – e isso perdurará enquanto o mundo for mundo –, ele não poderá prescindir da luta. A vida do direito é a luta: luta dos povos, dos governos, das classes sociais, dos indivíduos.

Todos os direitos da humanidade foram conquistados pela luta; seus princípios mais importantes tiveram de enfrentar os ataques daqueles que a ele se opunham; todo e qualquer direito, seja o direito de um povo, seja o direito do indivíduo, só se afirma por uma disposição ininterrupta para a luta. O direito não é uma simples ideia, é uma força viva. Por isso a justiça sustenta numa das mãos a balança com que pesa o direito, enquanto na outra segura a espada por meio da qual o defende.

A espada sem a balança é a força bruta, a balança sem a espada, a impotência do direito. Uma completa a outra, e o verdadeiro estado de direito só pode existir quando a justiça sabe brandir a espada com a mesma habilidade com que manipula a balança.

O direito é um trabalho sem tréguas, não só do Poder Público, mas de toda a população. A vida do direito nos oferece, num simples relance de olhos, o espetáculo de um esforço e de uma luta incessante, como o despendido na produção econômica e espiritual. Qualquer pessoa que se veja na contingência de ter de sustentar seu direito participa dessa tarefa de âmbito nacional e contribui para a realização da ideia do direito.

É verdade que nem todos enfrentam o mesmo desafio.

A vida de milhares de indivíduos desenvolve-se tranquilamente e sem obstáculos dentro dos limites fixados pelo direito. Se lhes disséssemos que o direito é a luta, não nos compreenderiam, pois só veem nele um estado de paz e de ordem.

(Rudolf von Ihering, *A luta pelo direito*)

(Escrevente – TJ/SP – VUNESP – 2015) É correto concluir que, do ponto de vista do autor,

(A) toda luta é uma forma de injustiça.

(B) a luta é indispensável para o direito.

(C) o direito termina quando há paz.

(D) as injustiças perdurarão enquanto os povos lutarem.

(E) nada justifica a luta, nem mesmo a paz.

O trecho do famoso livro de Rudolf von Ihering destaca que a luta é um instrumento de realização do direito, de forma que este não existe sem aquela, sob pena de tornar-se impotente frente aos obstáculos sociais.
Gabarito "B".

(Escrevente – TJ/SP – VUNESP – 2015) Deve-se concluir, com base nas ideias do autor, que a balança e a espada sustentadas pela justiça simbolizam, respectivamente,

(A) mediação e brutalidade.

(B) pacificação e insubordinação.

(C) ponderação e proteção.

(D) solenidade e coerção.

(E) persuasão e perenidade.

O autor usa a imagem de Têmis, deusa da Justiça, para ilustrar a simbiose entre a justiça, a ponderação, o direito (a balança) e a proteção, a força bruta, a luta (a espada).

Gabarito "C".

2. SEMÂNTICA

Dengue prevista

A dengue é uma doença periódica e cíclica: os casos crescem no verão e há picos epidêmicos a cada 4 ou 5 anos. Trata-se, portanto, de enfermidade de atuação previsível. Supõe-se que o poder público se adiantaria com medidas de prevenção e tratamento. Contudo, há décadas os números de casos e mortes só aumentam no Brasil.

Entre 2000 e 2010, foram registrados 4,5 milhões de ocorrências e 1.869 óbitos. Na década seguinte, os números saltaram para 9,5 milhões e 5.385, respectivamente. O primeiro semestre deste ano registra 1,4 milhão de casos, ante 1,5 milhão em 2022. A tendência é piorar.

Segundo a OMS, urbanização descontrolada e sistema sanitário precário contribuem para o descontrole da moléstia.

No Brasil, cerca de 50% da população não tem acesso a redes de esgoto, em grande parte devido à ineficiência estatal, que só agora começa a mudar com o novo marco do setor. E o desmatamento para a construção de moradias irregulares grassa nos grandes centros. A dimensão de áreas verdes derrubadas para esse fim na cidade de São Paulo atingiu, nos primeiros dois meses de 2023, 85 hectares.

Neste ano, o município já conta com 11 444 casos de dengue – 3,7% a mais em relação ao mesmo período de 2022. Dez pessoas morreram, o maior número em oito anos, quando houve pico epidêmico.

A OMS ressaltou a importância da vacinação. Mas, devido à burocracia, o Brasil protela a distribuição do imunizante japonês Qdenga – já aprovado para venda pela Anvisa – no sistema público de saúde.

O combate à dengue deve ser contínuo, não apenas no verão, e em várias frentes complementares (saúde, infraestrutura e moradia). Com o alerta da OMS, espera-se que o poder público, local e federal, se prepare para receber as consequências do fenômeno climático El Niño.

(Editorial. Folha de S.Paulo, 27.07.2023. Adaptado)

(Analista – TRF3 – 2024 – VUNESP) Considere as passagens:

– E o desmatamento para a construção de moradias irregulares **grassa** nos grandes centros. (4º parágrafo)

– ... o Brasil **protela** a distribuição do imunizante japonês Qdenga... (6º parágrafo)

– O combate à dengue deve ser **contínuo**... (7º parágrafo)

Os termos destacados significam, correta e respectivamente:

(A) propaga-se; posterga; ininterrupto.

(B) amplia-se; retarda; irregular.

(C) difunde-se; prioriza; infrequente.

(D) combate-se; cancela; intermitente.

(E) espalha-se; acelera; interminável.

"Grassar" é sinônimo de "propagar-se", "espalhar"; "protelar" é sinônimo de "postergar", "procrastinar"; "contínuo" é sinônimo de "ininterrupto", "sem pausa".

Gabarito "A".

Cidadania e Justiça

A cidadania, na lição do professor Dalmo de Abreu Dallari, expressa um conjunto de direitos que dá à pessoa a possibilidade de participar ativamente da vida e do governo do seu povo.

Colocar o bem comum em primeiro lugar e atuar para a sua manutenção é dever de todo cidadão responsável. É por meio da cidadania que conseguimos assegurar nossos direitos civis, políticos e sociais.

Ser cidadão é pertencer a um país e exercer seus direitos e deveres.

Cidadão é, pois, o natural de uma cidade, sujeito de direitos políticos e que, ao exercê-los, intervém no governo. O fato de ser cidadão propicia a cidadania, que é a condição jurídica que podem ostentar as pessoas físicas e que, por expressar o vínculo entre o Estado e seus membros, implica submissão à autoridade e ao exercício de direito.

O cidadão é membro ativo de uma sociedade política independente. A cidadania se diferencia da nacionalidade porque esta supõe a qualidade de pertencer a uma nação, enquanto o conceito de cidadania pressupõe a condição de ser membro ativo do Estado. A nacionalidade é um fato natural e a cidadania obedece a um verdadeiro contrato.

A cidadania é qualidade e um direito do cidadão.

Na Roma Antiga, o cidadão constituía uma categoria superior do homem livre.

(Ruy Martins Altenfelder da Silva. Em: https://www.estadao.com.br/opiniao, 08.03.2023. Adaptado)

(Escrevente – TJ/SP – VUNESP – 2023) Na passagem do 4º parágrafo – O fato de ser cidadão **propicia** a cidadania, que é a condição jurídica que podem **ostentar** as pessoas físicas e que, por expressar o vínculo entre o Estado e seus membros, **implica** submissão à autoridade e ao exercício de direito. –, os termos destacados significam, correta e respectivamente:

(A) coíbe; vangloriar-se; permite.

(B) estimula; provocar; inibe.

(C) admite; reformular; acarreta.

(D) permite; exibir; pressupõe.

(E) favorece; exigir; sugestiona.

"Propiciar" é sinônimo de "permitir", "viabilizar". "Ostentar" é sinônimo de "permitir", "esclarecer". "Implicar" é sinônimo de "pressupor", "levar a".

Gabarito "D".

Infeliz Aniversário

A Branca de Neve de Disney fez 80 anos, com direito a chamada na primeira página de um jornalão e farta matéria crítica lá dentro. Curiosamente, as críticas não eram à versão Disney cujo aniversário se comemorava, mas à personagem em si, cuja data natalícia não se comemora porque pode estar no começo do século XVII, quando escrita pelo italiano Gianbattista Basile, ou nas versões orais que se perdem na névoa do tempo.

É um velho vício este de querer atualizar, podar, limpar, meter em moldes ideológicos as antigas narrativas que nos foram entregues pela tradição. A justificativa é sempre a mesma, proteger as inocentes criancinhas de verdades que poderiam traumatizá-las. A verdade é sempre outra, impingir às criancinhas as diretrizes sociais em voga no momento.

E no momento, a crítica mais frequente aos contos de fadas é a abundância de princesas suspirosas à espera do príncipe. Mas a que "contos de fadas" se refere? Nos 212 contos recolhidos pelos irmãos Grimm, há muito mais do que princesas suspirosas. Nos dois volumes de "The virago book on fairy tales", em que a inglesa Angela Carter registrou contos do mundo inteiro, não se ouvem suspiros. Nem suspiram princesas entre as mulheres que correm com os lobos, de Pinkola Estés.

As princesas belas e indefesas que agora estão sendo criticadas foram uma cuidadosa e progressiva escolha social. Escolha de educadores, pais, autores de antologias, editores. Escolha doméstica, feita cada noite à beira da cama. Garimpo determinado selecionando, entre tantas narrativas, aquelas mais convenientes para firmar no imaginário infantil o modelo feminino que a sociedade queria impor.

Não por acaso Disney escolheu Branca de Neve para seu primeiro longa-metragem de animação. O custo era altíssimo, não poderia haver erro. E, para garantir açúcar e êxito, acrescentou o beijo.

Os contos maravilhosos, ou contos de fadas, atravessaram séculos, superaram inúmeras modificações sociais, venceram incontáveis ataques. Venceram justamente pela densidade do seu conteúdo, pela riqueza simbólica com que retratam nossas vidas, nossas humanas inquietações. Querer, mais uma vez, sujeitá-los aos conceitos de ensino mais rasteiros, às interpretações mais primárias, é pura manipulação, descrença no poder do imaginário.

(https://www.marinacolasanti.com/. Adaptado)

(Escrevente – TJ/SP – VUNESP – 2023) Identifica-se termo empregado em sentido figurado em:

(A) ... as críticas não eram à versão Disney cujo aniversário se comemorava...

(B) ... impingir às criancinhas as diretrizes sociais em voga no momento.

(C) O custo era altíssimo, não poderia haver erro.

(D) Escolha de educadores, pais, autores de antologias, editores.

(E) E, para garantir açúcar e êxito, acrescentou o beijo.

O único termo usado em sentido figurado é "açúcar", na alternativa "E", pois não significa adicionar o pó feito da cana-de-açúcar à obra, mas sim doçura, meiguice. HS

Gabarito "E".

Perto do apagão

_____ a falta de chuvas nos últimos dois meses, inferiores ao padrão já escasso do mesmo período de 2020, ficou mais evidente a ameaça _____ a geração de energia se mostre insuficiente para manter o fornecimento até novembro, quando se encerra o período seco.

Novas simulações do Operador Nacional do Sistema (ONS) mostram agravamento, com destaque para a região Sul, onde o nível dos reservatórios até 24 de agosto caiu para 30,7% – a projeção anterior apontava para 50% no fechamento do mês.

Mesmo no cenário mais favorável, que pressupõe um amplo conjunto de medidas, como acionamento de grande capacidade de geração térmica, importação de energia e postergação de manutenção de equipamentos, o país chegaria _____ novembro praticamente sem sobra de potência, o que amplia a probabilidade de apagões.

Embora se espere que tais medidas sejam suficientes para evitar racionamento neste ano, não se descartam sobressaltos pontuais, no contexto da alta demanda _____ o sistema será submetido.

Se o regime de chuvas no verão não superar a média dos últimos anos, a margem de manobra para 2022 será ainda menor. Calcula-se que, nesse quadro, a geração térmica, mais cara, tenha de permanecer durante todo o período úmido, o que seria algo inédito.

Desde já o país precisa considerar os piores cenários e agir com toda a prudência possível, com foco em investimentos na geração, modernização de turbinas em hidrelétricas antigas e planejamento para ampliar a resiliência do sistema.

(Editorial. Folha de S.Paulo, 27.08.2021. Adaptado)

(Escrevente – TJ/SP – 2021 – VUNESP) Nas passagens "**postergação** de manutenção de equipamentos" (3º parágrafo), "o que seria algo **inédito**" (4º parágrafo) e "ampliar a **resiliência** do sistema" (6º parágrafo), os termos destacados têm como sinônimos, correta e respectivamente:

(A) preterição; habitual; capacidade de modernização.

(B) realização; original; capacidade de transformação.

(C) adiantamento; convencional; capacidade de reintegração.

(D) procrastinação; corrente; capacidade de manutenção.

(E) adiamento; sem precedentes; capacidade de recuperação.

"Postergar" é sinônimo de "adiar", "prorrogar"; "inédito" é sinônimo de "sem precedentes", "novidade", "nunca antes visto"; "resiliência" representa a capacidade de alguém ou algo de resistir a crises e delas se recuperar. HS

Gabarito "E".

O ataque da desinformação

Sempre houve boatos e mentiras gerando desinformação na sociedade. O fenômeno é antigo, mas os tempos atuais trouxeram desafios em proporções e numa velocidade até há pouco impensáveis.

A questão não é apenas a incrível capacidade de compartilhamento instantâneo, dada pelas redes sociais e os aplicativos de mensagem, o que é positivo, mas traz evidentes riscos. Muitas vezes, uma informação é compartilhada milhares de vezes antes mesmo de haver tempo hábil para a checagem de sua veracidade. O desafio é também oriundo do avanço tecnológico das ferramentas de edição de vídeo, áudio e imagem. Cada vez mais sofisticadas e, ao mesmo tempo, mais baratas e acessíveis, elas são capazes de falsificar a realidade de forma muito convincente.

Para debater esse atual cenário, a Associação Nacional de Jornais (ANJ) promoveu o seminário "Desinformação: Antídotos e Tendências". Na abertura do evento, Marcelo Rech, presidente da ANJ, lembrou que o vírus da desinformação não é difundido apenas por grupos ou indivíduos extremistas. Também alguns governos têm se utilizado dessa arma para desautorizar coberturas inconvenientes. Tenta-se fazer com que apenas a informação oficial circule.

O diretor da organização Witness, Sam Gregory, falou sobre as deepfakes e outras tecnologias que se valem da inteligência artificial (IA) para criar vídeos, imagens e áudios falsos. Houve um grande avanço tecnológico na área, o que afeta diretamente a confiabilidade das informações na esfera pública. O vídeo de um político fazendo determinada declaração pode ser inteiramente falso. Parece não haver limites para as manipulações.

Diante desse cenário, que alguém poderia qualificar como o "fim da verdade", Sam Gregory desestimulou qualquer reação de pânico ou desespero, que seria precisamente o que os difusores da desinformação almejam. Para Gregory, o caminho é melhorar a preparação das pessoas e das instituições, ampliando a "alfabetização midiática" – prover formação para que cada pessoa fique menos vulnerável às manipulações –, aperfeiçoando as ferramentas de detecção de falsidades e aumentando a responsabilidade das plataformas que disponibilizam esses conteúdos.

Há um consenso de que o atual cenário, mesmo com todos os desafios, tem aspectos muito positivos, pois todos os princípios norteadores do jornalismo, como o de independência, da liberdade de expressão e o de rigor na apuração, têm sua importância reafirmada.

O caminho para combater a desinformação continua sendo o mesmo: a informação de qualidade.

(*O Estado de São Paulo*. 19.10.2019. Adaptado)

(Advogado – Pref. São Roque/SP – 2020 – VUNESP) De acordo com o texto, é correto afirmar que a expressão "alfabetização midiática" tem sentido equivalente a

(A) vulnerabilidade midiática.

(B) consciência midiática.

(C) fobia midiática.

(D) comoção midiática.

(E) expansão midiática.

O texto utiliza o termo "alfabetização" como sinônimo de "consciência", o reconhecimento de que as condutas praticadas nas mídias sociais geram impacto em toda a sociedade.
Gabarito "B".

(Advogado – Pref. São Roque/SP – 2020 – VUNESP) Leia o poema "Cometa poesia", de Nicolas Behr, para responder à questão.

era noite de julho de 1967

mamãe nos acordou de madrugada para vermos o cometa ikeia-seki

(ela sabia que nós

nunca o esqueceríamos)

o cometa seguiu seu curso

nós voltamos pra cama

caixeiro-viajante do céu,

o cometa aparece e desaparece

o cometa volta a infância não

(Vários autores. Boa companhia-Poesia. Cia. das Letras, 2003)

Assinale a alternativa em que a expressão destacada foi empregada em sentido figurado e está acompanhada de interpretação adequada.

(A) era **noite** de julho de 1967: a expressão refere-se ao momento em que ocorreu o fato descrito pelo poeta.

(B) mamãe nos **acordou** de madrugada: a expressão refere-se à atitude inabitual da mãe do poeta.

(C) (ela sabia que nós / nunca o **esqueceríamos**): a expressão refere-se ao comportamento disperso das crianças.

(D) **caixeiro-viajante** do céu: a expressão refere-se à passagem do cometa por vários lugares.

(E) o cometa volta / a **infância** não: a expressão refere-se ao período em que somos crianças sonhadoras.

A: incorreta. "Noite" não está no sentido figurado, mas em sentido denotativo; **B:** incorreta. "Acordou" está em sentido direto, denotativo, reflete o próprio ato de acordar do sono; **C:** incorreta. Também em sentido direto, refere-se ao esquecimento de um fato; **D:** correta. "Caixeiro-viajante" é um profissional, mas no texto assume em sentido figurado, referindo-se ao fato do cometa viajar pelo universo passando por diversos lugares; **E:** incorreta. A infância, no caso, é a infância mesmo, sejam as crianças sonhadoras ou não.
Gabarito "D".

Por que o criador do botão 'curtir' do Facebook apagou as redes sociais do celular

A tecnologia só deve prender nossa atenção nos momentos em que nós queremos, conscientemente, prestar atenção nela. "Em todos os outros casos, deve ficar fora do nosso caminho."

Quem afirma não é um dos críticos tradicionais das redes sociais, mas justamente o executivo responsável pela criação do botão 'curtir' nos primórdios do Facebook, há mais de dez anos.

Depois de perceber que as notificações de aplicativos como o próprio Facebook ocupavam boa parte do seu dia, eram distrativas e o afastavam das relações na vida real, o matemático Justin Rosenstein decidiu apagar todas as redes sociais, aplicativos de e-mails e notícias de seu celular, em busca de mais "presença" no mundo off-line.

Interrogado se ele se arrepende por ter criado a fonte da distração que hoje tanto critica, responde: "Nenhum arrependimento. Sempre que se tenta progredir, haverá consequências inesperadas. Você tem que ter humildade e ter muita atenção no que acontece depois, para fazer mudanças conforme for apropriado".

(Ricardo Senra. www.bbc.com. Adaptado)

(Soldado – PM/SP – 2018 – VUNESP) Duas expressões do texto que têm sentidos opostos são:

(A) distração; atenção.

(B) criador; matemático.
(C) conscientemente; justamente.
(D) notificações; aplicativos.
(E) arrepende-se; critica.

Correta a letra "A". "Distração" e "atenção" são antônimos. Os demais pares são formados por palavras de sentidos diferentes, não opostos.
Gabarito "A".

Algoritmos e desigualdade

Virginia Eubanks, professora de ciências políticas de Nova York, é autora de Automating Inequality (Automatizando a Desigualdade), um livro que explora a maneira como os computadores estão mudando a prestação de serviços sociais nos Estados Unidos. Seu foco é o setor de serviços públicos, e não o sistema de saúde privado, mas a mensagem é a mesma: com as instituições dependendo cada vez mais de algoritmos preditivos para tomar decisões, resultados peculiares – e frequentemente injustos – estão sendo produzidos.

Virginia Eubanks afirma que já acreditou na inovação digital. De fato, seu livro tem exemplos de onde ela está funcionando: em Los Angeles, moradores de rua que se beneficiaram dos algoritmos para obter acesso rápido a abrigos. Em alguns lugares, como Allegheny, houve casos em que "dados preditivos" detectaram crianças vulneráveis e as afastaram do perigo.

Mas, para cada exemplo positivo, há exemplos aflitivos de fracassos. Pessoas de uma mesma família de Allegheny foram perseguidas por engano porque um algoritmo as classificou como propensas a praticar abuso infantil. E em Indiana há histórias lastimáveis de famílias que tiveram assistência de saúde negada por causa de computadores com defeito. Alguns desses casos resultaram em mortes.

Alguns especialistas em tecnologia podem alegar que esses são casos extremos, mas um padrão similar é descrito pela matemática Cathy O'Neill em seu livro Weapons of Math Destruction. "Modelos matemáticos mal concebidos agora controlam os mínimos detalhes da economia, da propaganda às prisões", escreve ela.

Existe alguma solução? Cathy O'Neill e Virginia Eubanks sugerem que uma opção seria exigir que os tecnólogos façam algo parecido com o julgamento de Hipócrates: "em primeiro lugar, fazer o bem". Uma segunda ideia – mais custosa – seria forçar as instituições a usar algoritmos para contratar muitos assistentes sociais humanos para complementar as tomadas de decisões digitais. Uma terceira ideia seria assegurar que as pessoas que estão criando e rodando programas de computador sejam forçadas a pensar na cultura, em seu sentido mais amplo.

Isso pode parecer óbvio, mas até agora os nerds digitais das universidades pouco contato tiveram com os nerds das ciências sociais – e vice-versa. A computação há muito é percebida como uma zona livre de cultura e isso precisa mudar.

(Gillian Tett. www.valor.com.br. 23.02.2018. Adaptado)

(Investigador – PC/BA – 2018 – VUNESP) Na passagem do segundo parágrafo "Virginia Eubanks afirma que já acreditou na inovação digital.", a forma verbal acreditou estará cor-

retamente substituída, sem que se alterem o sentido e o restante da estrutura da frase, por:

(A) atribuiu crédito
(B) depositou confiança
(C) demonstrou-se entusiasta
(D) permaneceu convencida
(E) manteve-se irresoluta

Acreditar é sinônimo de "depositar confiança", "crer", "entender por certo". A expressão "atribuiu crédito" também poderia ser usada, mas perceba que o enunciado pede expressamente que se indique a alteração que **não altere o restante da estrutura da frase**. Se usássemos "atribuiu crédito", precisaríamos substituir a preposição "em" por "a", para respeitar as regras de regência nominal.
Gabarito "B".

Muito antes de haver história, já havia seres humanos. Animais bastante similares aos humanos modernos surgiram por volta de 2,5 milhões de anos atrás. Mas, por incontáveis gerações, eles não se destacaram da miríade de outros organismos com os quais partilhavam seu habitat.

Em um passeio pela África Oriental de 2 milhões de anos atrás, você poderia muito bem observar certas características humanas familiares: mães ansiosas acariciando seus bebês e bandos de crianças despreocupadas brincando na lama; jovens temperamentais rebelando-se contra as regras da sociedade e idosos cansados que só queriam ficar em paz; machos orgulhosos tentando impressionar as beldades locais e velhas matriarcas sábias que já tinham visto de tudo. Esses humanos arcaicos amavam, brincavam, formavam laços fortes de amizade e competiam por status e poder – mas os chimpanzés, os babuínos e os elefantes também. Não havia nada de especial nos humanos. Ninguém, muito menos eles próprios, tinha qualquer suspeita de que seus descendentes um dia viajariam à Lua, dividiriam o átomo, mapeariam o código genético e escreveriam livros de história. A coisa mais importante a saber acerca dos humanos pré-históricos é que eles eram animais insignificantes, cujo impacto sobre o ambiente não era maior que o de gorilas, vaga-lumes ou águas-vivas.

(Yuval Noah Harari. Sapiens: uma breve história da humanidade. Trad. Janaína Marcoantonio, Porto Alegre, L&PM, 2015, p. 08-09)

(Escrevente Técnico – TJM/SP – VUNESP – 2017) O termo **miríade**, em destaque no primeiro parágrafo do texto, está empregado com o sentido de

(A) acentuada uniformidade.
(B) frequência irregular.
(C) grande quantidade.
(D) tamanho diminuto.
(E) característica excepcional.

"Miríade" é sinônimo de multidão, profusão, algo que vem em grande quantidade.
Gabarito "C".

(Escrevente Técnico – TJM/SP – VUNESP – 2017) Um termo que expressa sentido de "posse" está destacado em:

(A) Mas, por incontáveis gerações, eles não se destacaram... (1° parágrafo)

20. LÍNGUA PORTUGUESA

(B) ... da miríade de outros organismos com os quais partilhavam... (1° parágrafo)

(C) ... você poderia muito bem observar certas características... (2° parágrafo)

(D) ... idosos cansados que só queriam ficar em paz... (2° parágrafo)

(E) ... eles eram animais insignificantes, cujo impacto sobre o ambiente... (2° parágrafo)

A única alternativa que apresenta um termo que transmite a ideia de posse é a letra "E" – trata-se do pronome "cujo". Note que o termo pode ser substituído por "o impacto deles sobre o ambiente", ficando mais clara a noção de posse.

Gabarito "E".

Entreouvida na rua: "O que isso tem a ver com o meu café com leite?" Não sei se é uma frase feita comum que só eu não conhecia ou se estava sendo inventada na hora, mas gostei. Tudo, no fim, se resume no que tem e não tem a ver com o nosso café com leite, no que afeta ou não afeta diretamente nossas vidas e nossos hábitos. É uma questão que envolve mais do que a vizinhança próxima. Outro dia ficamos sabendo que o Stephen Hawking voltou atrás na sua teoria sobre os buracos negros, aqueles furos no Universo em que a matéria desaparece. Nem eu nem você entendíamos a teoria, e agora somos obrigados a rever nossa ignorância: os buracos negros não eram nada daquilo que a gente não sabia que eram, são outra coisa que a gente nunca vai entender. Nosso consolo é que nada disto tem a ver com nosso café com leite. Os buracos negros e o nosso café com leite são, mesmo, extremos opostos, a extrema angústia do desconhecido e o extremo conforto do familiar. Não cabem na mesma mesa ou no mesmo cérebro.

(Luis Fernando Verissimo. O mundo é bárbaro e o que nós temos a ver com isso. Rio de Janeiro, Objetiva, 2008, p. 09)

(Escrevente Técnico – TJM/SP – VUNESP – 2017) Com a afirmação – ... os buracos negros não eram nada daquilo que a gente não sabia que eram, são outra coisa que a gente nunca vai entender. –, o autor sustenta que, para os leigos, os buracos negros são

(A) insondáveis.

(B) instáveis.

(C) periculosos.

(D) excitantes.

(E) inteligíveis.

Apenas "insondáveis" completa bem a oração – é sinônimo de "incompreensível", "ininteligível", algo que não se pode entender.

Gabarito "A".

Ter trinta e poucos anos significa, entre outras coisas, que é praticamente impossível reunir cinco casais num jantar sem que haja pelo menos uma grávida. E estar na presença de uma grávida significa, entre outras coisas, que é praticamente impossível falar de qualquer outro assunto que não daquele rotundo e miraculoso acontecimento, a desenrolar- -se do lado de lá do umbigo em expansão.

Enquanto a conversa gira em torno dos nomes cogitados, da emoção do ultrassom, dos diferentes modelos de carrinho, o clima costuma ser agradável e os convivas se aprazem diante da vida que se aproxima. Mas eis

então que alguém pergunta: "e aí, vai ser parto normal ou cesárea?", e toda possível harmonia vai pra cucuia.

Num extremo, estão as mulheres que querem parir de cócoras, ao pé de um abacateiro, sob os cuidados de uma parteira de cem anos, tendo como anestesia apenas um chá de flor de macaúba e cantigas de roda de 1924. Na outra ponta, estão as que têm tremedeiras só de pensar em parto normal, pretendem ir direto pra cesárea, tomar uma injeção e acordar algumas horas depois, tendo no colo um bebê devidamente parido, lavado, escovado, penteado e com aquela pulseirinha vip no braço, já com nome, número de série e código de barras.

Os dois lados acusam o outro de violência: as naturebas dizem que a cesárea é um choque; as artificialebas alegam que dar as costas à medicina é uma irresponsabilidade. Eu, que durante meses ouvi calado as discussões, pesei bastante os argumentos e cheguei, enfim, a uma conclusão: abaixo o nascimento! Viva a gravidez!

Imaginem só a situação: os primeiros grãos de consciência germinam em seu cérebro. Você boia num líquido morninho – nem a gravidade, essa pequena e constante chateação, te aborrece. Você recebe alimento pelo umbigo. Você dorme, acorda, dorme, acorda e jamais tem que cortar as unhas dos pés. Então, de repente, o líquido se vai, as paredes te espremem, a fonte seca, a luz te cega e, daí pra frente, meu amigo, é só decadência: cólicas, fome, sede, pernilongos, decepções, contas a pagar. Eis um resumo de nossa existência: nove meses no paraíso, noventa anos no purgatório.

Freud diz que todo amor que buscamos é um pálido substituto de nosso primeiro, único e grande amor: a mãe. Discordo. A mãe já é um pálido substituto de nosso primeiro, único e grande amor: a placenta. Tudo, daí pra frente – as religiões, os relacionamentos amorosos, a música pop, a semiótica* e a novela das oito – é apenas uma busca inútil e desesperada por um novo cordão umbilical, aquele cabo USB por onde fazíamos, em banda larga, o download da felicidade. Do parto em diante, meu caro leitor, meu caro companheiro de infortúnio, a vida é conexão discada, wi-fi mequetrefe, e em vão nos arrastamos por aí, atrás daquela impossível protoconexão.

No próximo jantar, se estiver do lado de uma grávida, jogarei um talher no chão e, ao abaixar para pegá-lo, cochicharei bem rente à barriga: "te segura, garoto! Quando começar a tremedeira, agarra bem nas paredes, se enrola no cordão, carca os pés na borda e não sai, mesmo que te cutuquem com um fórceps, te estendam uma mão falsamente amiga, te sussurrem belas cantigas de roda, de 1924. Te segura, que o negócio aqui é roubada!".

(Revista Ser Médico. Edição 57 – Outubro/Novembro/Dezembro de 2011. www.cremesp.org.br. Adaptado)

*semiótica: ciência dos modos de produção, de funcionamento e de recepção dos diferentes sistemas de sinais de comunicação entre indivíduos ou coletividades.

(Procurador Municipal – Sertãozinho/SP – VUNESP – 2016) Assinale a afirmação correta a respeito dos trechos selecionados do texto.

(A) Em "... outro assunto que não daquele rotundo e miraculoso acontecimento, a desenrolar-se do lado de lá do umbigo em expansão." (primeiro parágrafo), nota- se a comparação entre ideias e o emprego da expressão rotundo e miraculoso em sentido figurado.

(B) Em "... tendo no colo um bebê devidamente parido, lavado, escovado, penteado e com aquela pulseirinha vip no braço..." (terceiro parágrafo), nota-se a sequência gradativa de ideias e o emprego da expressão devidamente parido em sentido figurado.

(C) Em "Eis um resumo de nossa existência: nove meses no paraíso, noventa anos no purgatório." (quinto parágrafo), nota-se a comparação entre ideias e o emprego das expressões paraíso e purgatório em sentido próprio.

(D) Em "... uma busca inútil e desesperada por um novo cordão umbilical, aquele cabo USB por onde fazíamos, em banda larga, o download da felicidade..." (sexto parágrafo), nota-se a sequência gradativa de ideias e o emprego da expressão download da felicidade em sentido próprio.

(E) Em "... meu caro companheiro de infortúnio, a vida é conexão discada, wi-fi mequetrefe, e em vão nos arrastamos por aí..." (sexto parágrafo), nota-se a comparação entre ideias e o emprego da expressão conexão discada em sentido figurado.

A: incorreta. "Rotundo" é sinônimo de redondo e "miraculoso" é sinônimo de "milagroso". Ambas as palavras, portanto, foram usadas em sentido denotativo; **B:** incorreta. "Parido" é aquele que nasceu. A palavra foi usada sem sentido denotativo; **C:** incorreta. "Paraíso" e "purgatório" não integram a vida terrena, são instâncias transcendentais atribuídas por algumas religiões para após a morte. Logo, foram usadas em sentido figurado (conotativo); **D:** incorreta. Trata-se obviamente de expressão em sentido figurado, uma metáfora para a alimentação pelo cordão umbilical; **E:** correta. O termo "conexão discada" foi usado em sentido figurado para representar as dificuldades da vida.

Gabarito "E".

(Procurador Municipal – Sertãozinho/SP – VUNESP – 2016) Analise os trechos do texto e assinale a alternativa correta.

(A) Em "... e os convivas se aprazem diante da vida que se aproxima." (segundo parágrafo), a forma verbal aprazem pode ser substituída corretamente por ficam vulneráveis.

(B) Em "... tendo como anestesia apenas um chá de flor de macaúba e cantigas de roda de 1924." (terceiro parágrafo), o termo apenas expressa ideia de reiteração.

(C) Em "Eu, que durante meses ouvi calado as discussões..." (quarto parágrafo), o termo durante pode ser substituído corretamente por fazem.

(D) Em "Você boia num líquido morninho..." (quinto parágrafo), o diminutivo foi empregado para enfatizar a ideia de sensação prazerosa.

(E) Em "... e em vão nos arrastamos por aí, atrás daquela impossível protoconexão." (sexto parágrafo), a palavra protoconexão significa conexão final, derradeira.

A: incorreta. O verbo "aprazer" é sinônimo de "agradar", "contentar". "Vulnerável", por sua vez, é sinônimo de "desprotegido"; **B:** incorreta. A palavra "apenas" exprime limitação, redução; **C:** incorreta. "Durante" indica algo que se prologou no tempo; **D:** correta, esse é um uso bastante comum do diminutivo; **E:** incorreta. O prefixo "proto-" indica "original", "primeira".

Gabarito "D".

CONTRATEMPOS

Ele nunca entendeu o tédio, essa impressão de que existem mais horas do que coisas para se fazer com elas. Sempre faltou tempo para tanta coisa: faltou minuto para tanta música, faltou dia para tanto sol, faltou domingo para tanta praia, faltou noite para tanto filme, faltou ano para tanta vida.

Existem dois tipos de pessoa. As pessoas com mais coisa que tempo e as pessoas com mais tempo que coisas para fazer com o tempo.

As pessoas com menos tempo que coisa são as que buzinam assim que o sinal fica verde, e ficam em pé no avião esperando a porta se abrir, e empurram e atropelam as outras para entrar primeiro no vagão do trem, e leem livros que enumeram os "livros que você tem que ler antes de morrer" ao invés de ler diretamente os livros que você tem de ler antes de morrer.

Esse é o caso dele, que chega ao trabalho perguntando onde é a festa, e chega à festa querendo saber onde é a próxima, e chega à próxima festa pedindo táxi para a outra, e chega à outra percebendo que era melhor ter ficado na primeira, e quando chega a casa já está na hora de ir para o trabalho.

Ela sempre pertenceu ao segundo tipo de pessoa. Sempre teve tempo de sobra, por isso sempre leu romances longos, e passou tardes longas vendo pela milésima vez a segunda temporada de "Grey's Anatomy" mas, por ter tempo demais, acabava sobrando tempo demais para se preocupar com uma hérnia imaginária, ou para tentar fazer as pazes com pessoas que nem sabiam que estavam brigadas com ela, ou escrever cartas longas dentro da cabeça para o ex-namorado, os pais, o país, ou culpar o sol ou a chuva, ou comentar "e esse calor dos infernos?", achando que a culpa é do mau tempo quando na verdade a culpa é da sobra de tempo, porque se ela não tivesse tanto tempo não teria nem tempo para falar do tempo.

Quando se conheceram, ele percebeu que não adiantava correr atrás do tempo porque o tempo sempre vai correr mais rápido, e ela percebeu que às vezes é bom correr para pensar menos, e pensar menos é uma maneira de ser feliz, e ambos perceberam que a felicidade é uma questão de tempo. Questão de ter tempo o suficiente para ser feliz, mas não o bastante para perceber que essa felicidade não faz o menor sentido.

(Gregório Duvivier. Folha de S. Paulo, 30.11.2015. Adaptado)

(Procurador – IPSMI/SP – VUNESP – 2016) É correto afirmar que o título do texto tem sentido

(A) próprio, indicando os obstáculos que cada personagem encontra quando depara com o tempo.

(B) próprio, fazendo referência às reações das pessoas às atitudes das personagens.

(C) figurado, indicando que o tempo é intangível, pouco importando as consequências de subestimá-lo.

(D) figurado, indicando o contraste na maneira como as personagens se relacionam com o tempo.

(E) figurado, se associado a "ele", mas próprio, se associado a "ela", pois se trata do tempo real.

O título do texto está em sentido figurado (conotativo). "Contratempo", em sentido próprio, é um aborrecimento, uma infelicidade, um transtorno. Ao ler o texto, porém, percebemos que trata, na verdade, das formas opostas, contrárias, com as quais as pessoas usam o tempo.
Gabarito "D".

(QUINO, Toda Mafalda. São Paulo: Martins Fontes, 2008, p. 256.)

(Procurador – IPSMI/SP – VUNESP – 2016) Diante do contexto, é correto concluir que a palavra "trivialidades" significa

(A) excentricidades.
(B) variedades.
(C) especialidades.
(D) atrocidades.
(E) banalidades.

"Trivialidades" são "banalidades", "futilidades", "frivolidades".
Gabarito "E".

(Procurador – SP – VUNESP – 2015) Assinale a alternativa que apresenta um sinônimo para o termo em destaque na frase a seguir.

Essa atitude contribui para reforçar nossos preconceitos e nos fazer ignorar as leis da probabilidade.

(A) objetar
(B) corroborar
(C) concernir
(D) refutar
(E) inquirir

"Reforçar" é sinônimo de "corroborar", "confirmar", "repisar".
Gabarito "B".

3. PONTUAÇÃO

Dengue prevista

A dengue é uma doença periódica e cíclica: os casos crescem no verão e há picos epidêmicos a cada 4 ou 5 anos. Trata-se, portanto, de enfermidade de atuação previsível. Supõe-se que o poder público se adiantaria com medidas de prevenção e tratamento. Contudo, há décadas os números de casos e mortes só aumentam no Brasil.

Entre 2000 e 2010, foram registrados 4,5 milhões de ocorrências e 1.869 óbitos. Na década seguinte, os números saltaram para 9,5 milhões e 5.385, respectivamente. O primeiro semestre deste ano registra 1,4 milhão de casos, ante 1,5 milhão em 2022. A tendência é piorar.

Segundo a OMS, urbanização descontrolada e sistema sanitário precário contribuem para o descontrole da moléstia.

No Brasil, cerca de 50% da população não tem acesso a redes de esgoto, em grande parte devido à ineficiência estatal, que só agora começa a mudar com o novo marco do setor. E o desmatamento para a construção de moradias irregulares grassa nos grandes centros. A dimensão de áreas verdes derrubadas para esse fim na cidade de São Paulo atingiu, nos primeiros dois meses de 2023, 85 hectares.

Neste ano, o município já conta com 11 444 casos de dengue – 3,7% a mais em relação ao mesmo período de 2022. Dez pessoas morreram, o maior número em oito anos, quando houve pico epidêmico.

A OMS ressaltou a importância da vacinação. Mas, devido à burocracia, o Brasil protela a distribuição do imunizante japonês Qdenga – já aprovado para venda pela Anvisa – no sistema público de saúde.

O combate à dengue deve ser contínuo, não apenas no verão, e em várias frentes complementares (saúde, infraestrutura e moradia). Com o alerta da OMS, espera-se que o poder público, local e federal, se prepare para receber as consequências do fenômeno climático El Niño.

(Editorial. Folha de S.Paulo, 27.07.2023. Adaptado)

(Analista – TRF3 – 2024 – VUNESP) No trecho do primeiro parágrafo – A dengue é uma doença periódica e cíclica: os casos crescem no verão e há picos epidêmicos a cada 4 ou 5 anos. Trata-se, portanto, de enfermidade de atuação previsível. –, os dois-pontos e as vírgulas são empregados, correta e respectivamente, para sinalizar

(A) o resumo das informações precedentes; separar expressão adverbial.
(B) a inclusão de um contra-argumento; separar conjunção condicional.
(C) o detalhamento de uma informação; separar conjunção conclusiva.
(D) a inclusão de informação nova; separar oração intercalada.
(E) a retificação de uma informação; separar aposto explicativo.

Os dois-pontos anunciam o aposto, um detalhamento ou explicação de um conceito ou ideia; as vírgulas, no caso, separam a conjunção conclusiva "portanto" que está deslocada da ordem direta do período.
Gabarito "C".

Vida ao natural

Pois no Rio tinha um lugar com uma lareira. E quando ela percebeu que, além do frio, chovia nas árvores, não pôde acreditar que tanto lhe fosse dado. O acordo do mundo com aquilo que ela nem sequer sabia que precisava como numa fome. Chovia, chovia. O fogo aceso pisca para ela e para o homem. Ele, o homem, se ocupa do que ela nem sequer lhe agradece; ele atiça o fogo na lareira, o que não lhe é senão dever de nascimento. E ela – que é sempre inquieta, fazedora de coisas e experimentadora de curiosidades – pois ela nem lembra sequer de atiçar o fogo; não é seu papel, pois se tem o seu homem para isso. Não sendo donzela, que o homem então cumpra a sua missão. O mais que ela faz é às vezes instigá-lo: "aquela acha*", diz-lhe, "aquela ainda não pegou". E ele, um instante antes que ela acabe a frase que o esclareceria, ele por ele mesmo já notara a acha, homem seu que é, e já está atiçando a acha. Não a comando seu, que é a mulher de um homem e que perderia seu estado se lhe desse ordem. A outra mão dele, a livre, está ao alcance dela. Ela sabe, e não a toma. Quer a mão dele, sabe que quer, e não a toma. Tem exatamente o que precisa: pode ter.

Ah, e dizer que isto vai acabar, que por si mesmo não pode durar. Não, ela não está se referindo ao fogo, refere--se ao que sente. O que sente nunca dura, o que sente sempre acaba, e pode nunca mais voltar. Encarniça-se então sobre o momento, come-lhe o fogo, e o fogo doce arde, arde, flameja. Então, ela que sabe que tudo vai acabar, pega a mão livre do homem, e ao prendê-la nas suas, ela doce arde, arde, flameja.

(Clarice Lispector, Os melhores contos
[seleção Walnice Nogueira Galvão], 1996)

* pequeno pedaço de madeira usado para lenha

(Escrevente – TJ/SP – 2021 – VUNESP) Assinale a alternativa em que a reescrita das informações do texto atende à norma--padrão de pontuação.

(A) Ela sabe que o que sente, pode nunca mais voltar e então, sabe que tudo aquilo vai acabar.
(B) Quando ela percebeu que, chovia, chovia, não pôde acreditar que tanto lhe fosse dado.
(C) Poder ter, é exatamente o que ela precisa e sabendo disso, ela não toma a mão do homem.
(D) A outra mão do homem, está ao alcance dela, e ela, apesar de saber disso não a toma.
(E) O homem, como não era donzela, que cumprisse, então, a sua missão de cuidar do fogo.

A: incorreta. A vírgula não pode separar o verbo do complemento: "ela sabe que o que sente pode nunca mais voltar". Além disso, a conjunção "então", com finalidade conclusiva, precisaria estar entre vírgulas; **B:** incorreta. Novamente a vírgula errada dentro da oração subordinada: "percebeu que chovia"; **C:** incorreta. Vírgula separando a oração subordinada predicativa está errado: "Poder ter é exatamente o que ela precisa". A oração subordinada reduzida de gerúndio, por sua vez, deve ser separada no período: "e, sabendo disso, ela não toma"; **D:** incorreta. Não se separa com vírgula o sujeito do verbo: "A outra mão do homem está ao alcance". Além disso, a oração adverbial deslocada da ordem direta precisa ser separada com vírgulas: "e ela, apesar de saber disso, não a toma". **E:** correta. A pontuação foi corretamente empregada no período. **HS**

Gabarito "E".

Geovani Martins: como a favela me fez escritor

Nasci em Bangu, Zona Oeste do Rio de Janeiro, em 1991. Em 2004, aos 13 anos de idade, mudei com minha mãe e meus irmãos para o Vidigal, na Zona Sul da cidade. Destaco esses lugares e essas datas para dizer que "O sol na cabeça", meu primeiro livro, publicado em março de 2018, teve início com o choque provocado por essa mudança.

Era tudo diferente: o jeito de falar, de brincar na rua, as regras no futebol, a música, o ritmo das pessoas, até o sol parecia queimar de outra forma. Eu ficava no meio, tentando me adaptar. Depois dessa primeira mudança encarei mais umas tantas; até o ano de 2015 já havia me mudado 17 vezes. A partir desse trânsito constante entre tantas casas, becos, ruas e praças, parti para o livro com a ideia de que a periferia precisa ser tratada sempre como algo em movimento.

A favela hoje é centro, produz cultura e movimenta a economia. O favelado cria e consome como qualquer outra pessoa do planeta. E quando digo consome, não me refiro apenas a Nike, Adidas, Samsung, Microsoft. Falo também da cultura pop que faz a cabeça dos jovens do mundo todo, como os filmes e as séries de sucesso mundial. A cultura erudita, como Shakespeare e Machado de Assis, também encontra seus públicos por becos e vielas.

(Geovani Martins. https://epoca.globo.com. 06.03.2018. Adaptado)

(Soldado – PM/SP – 2018 – VUNESP) Uma passagem do texto que permanece correta após o acréscimo das vírgulas é:

(A) Falo também, da cultura pop que faz a cabeça, dos jovens do mundo todo... (3º parágrafo)
(B) Depois, dessa primeira mudança encarei, mais umas tantas... (2º parágrafo)
(C) ... teve início, com o choque provocado, por essa mudança. (1º parágrafo)
(D) ... até o sol, parecia queimar, de outra forma. (2º parágrafo)
(E) ... a periferia precisa ser tratada, sempre, como algo em movimento. (2º parágrafo)

Todas as alternativas desrespeitam o padrão culto da língua com o acréscimo das vírgulas, com exceção da letra "E", que deve ser assinalada. Realmente, separar por vírgulas o adjunto adverbial curto ("sempre") que está deslocado da ordem direta da oração é facultativo, estando a redação correta com ou sem elas.

Gabarito "E".

Vamos partir de uma situação que grande parte de nós já vivenciou. Estamos saindo do cinema, depois de termos visto uma adaptação de um livro do qual gostamos muito. Na verdade, até que gostamos do filme também: o sentido foi mantido, a escolha do elenco foi adequada, e a trilha sonora reforçou a camada afetiva da narrativa. Por que então sentimos que algo está fora do lugar? Que está faltando alguma coisa?

O que sempre falta em um filme sou eu. Parto dessa ideia simples e poderosa, sugerida pelo teórico Wolfgang Iser em um de seus livros, para afirmar que nunca precisamos tanto ler ficção e poesia quanto hoje, porque nunca precisamos tanto de faíscas que ponham em movimento o mecanismo livre da nossa imaginação. Nenhuma forma de arte ou objeto cultural guarda a potência escondida por aquele monte de palavras impressas na página.

Essa potência vem, entre outros aspectos, do tanto que a literatura exige de nós, leitores. Não falo do esforço de compreender um texto, nem da atenção que as histórias e os poemas exigem de nós – embora sejam incontornáveis também. Penso no tanto que precisamos investir de nós, como sujeitos afetivos e como corpos sensíveis, para que as palavras se tornem um mundo no qual penetramos.

Somos bombardeados todo dia, o dia inteiro, por informações. Estamos saturados de dados e de interpretações. A literatura – para além do prazer intelectual, inegável – oferece algo diferente. Trata-se de uma energia que o teórico Hans Ulrich Gumbrecht chama de "presença" e que remete a um contato com o mundo que afeta o corpo do indivíduo para além e para aquém do pensamento racional.

Muitos eventos produzem presença, é claro: jogos e exercícios esportivos, shows de música, encontros com amigos, cerimônias religiosas e relações amorosas e sexuais são exemplos óbvios. Por que, então, defender uma prática eminentemente intelectual, como a experiência literária, com o objetivo de "produzir presença", isto é, de despertar sensações corpóreas e afetos? A resposta está, como já evoquei mais acima, na potência guardada pela ficção e pela poesia para disparar a imaginação. Mas o que é, afinal, a imaginação, essa noção tão corriqueira e sobre a qual refletimos tão pouco?

Proponho pensar a imaginação como um espaço de liberdade ilimitada, no qual, a partir de estímulos do mundo exterior, somos confrontados (mas também despertados) a responder com memórias, sentimentos, crenças e conhecimentos para forjar, em última instância, aquilo que faz de cada um de nós diferente dos demais. A leitura de textos literários é uma forma privilegiada de disparar esse mecanismo imenso, porque demanda de nós todas essas reações de modo ininterrupto, exige que nosso corpo esteja ele próprio presente no espaço ficcional com que nos deparamos, sob pena de não existir espaço ficcional algum.

(Ligia G. Diniz. https://brasil.elpais.com. 22.02.2018. Adaptado)

(Delegado – PC/BA – 2018 – VUNESP) Considerando as regras de pontuação de acordo com a norma-padrão, assinale a alternativa em que um trecho do texto está corretamente reescrito.

(A) Essa potência vem – entre outros aspectos – do tanto que a literatura exige, de nós leitores.

(B) Não falo do esforço de compreender um texto nem da atenção, que as histórias e os poemas, exigem de nós. Embora sejam incontornáveis, também.

(C) A literatura para além do prazer intelectual (inegável); oferece algo diferente.

(D) A resposta está (como já evoquei mais acima) na potência guardada pela ficção, e pela poesia, para disparar a imaginação.

(E) Mas afinal o que é, a imaginação? Essa noção tão corriqueira, e sobre a qual refletimos, tão pouco?

A: incorreta. Não há vírgula depois de "exige", porque ela está separando o verbo de seu complemento; **B:** incorreta. Todas as vírgulas estão erradas e, onde deveria haver, não há: "Não falo do esforço de compreender um texto nem da atenção que as histórias e os poemas exigem de nós, embora sejam incontornáveis também"; **C:** incorreta. Os parênteses servem para inserir uma explicação ou outro elemento dispensável para a compreensão do texto – em outras palavras, algo que não precisaria estar ali. Não é o caso da alternativa, no qual a palavra "inegável" é essencial para a mensagem. Além disso, deveria

haver vírgula depois de "literatura" e também depois de "inegável", no lugar do ponto e vírgula; **D:** correta. A pontuação foi usada respeitando as normas do padrão culto da língua; **E:** incorreta. Não deveria haver qualquer vírgula nessa passagem, porque escrita na ordem direta: "Mas afinal o que é a imaginação? Essa noção tão corriqueira e sobre a qual refletimos tão pouco?"

Gabarito "D".

Muito antes de haver história, já havia seres humanos. Animais bastante similares aos humanos modernos surgiram por volta de 2,5 milhões de anos atrás. Mas, por incontáveis gerações, eles não se destacaram da miríade de outros organismos com os quais partilhavam seu habitat.

Em um passeio pela África Oriental de 2 milhões de anos atrás, você poderia muito bem observar certas características humanas familiares: mães ansiosas acariciando seus bebês e bandos de crianças despreocupadas brincando na lama; jovens temperamentais rebelando-se contra as regras da sociedade e idosos cansados que só queriam ficar em paz; machos orgulhosos tentando impressionar as beldades locais e velhas matriarcas sábias que já tinham visto de tudo. Esses humanos arcaicos amavam, brincavam, formavam laços fortes de amizade e competiam por status e poder – mas os chimpanzés, os babuínos e os elefantes também. Não havia nada de especial nos humanos. Ninguém, muito menos eles próprios, tinha qualquer suspeita de que seus descendentes um dia viajariam à Lua, dividiriam o átomo, mapeariam o código genético e escreveriam livros de história. A coisa mais importante a saber acerca dos humanos pré-históricos é que eles eram animais insignificantes, cujo impacto sobre o ambiente não era maior que o de gorilas, vaga-lumes ou águas-vivas.

(Yuval Noah Harari. Sapiens: uma breve história da humanidade. Trad. Janaína Marcoantonio, Porto Alegre, L&PM, 2015, p. 08-09)

(Escrevente Técnico – TJM/SP – VUNESP – 2017) Acerca da pontuação, de acordo com a norma-padrão da língua, está correto o que se afirma em:

(A) o trecho – Animais bastante similares aos humanos modernos surgiram por volta de 2,5 milhões de anos atrás. – permanecerá correto se uma vírgula for acrescida após a palavra "humanos".

(B) o trecho – Em um passeio pela África Oriental de 2 milhões de anos atrás, você poderia muito bem observar certas características humanas familiares... – permanecerá correto após a substituição da vírgula por ponto final.

(C) a mensagem do trecho – ... mães ansiosas acariciando seus bebês e bandos de crianças despreocupadas brincando na lama... – permanecerá inalterada caso seja acrescida uma vírgula após "ansiosas" e outra após "despreocupadas".

(D) o trecho – Ninguém, muito menos eles próprios, tinha qualquer suspeita de que seus descendentes um dia viajariam à Lua... – permanecerá correto caso as vírgulas sejam substituídas por travessões.

(E) a mensagem do trecho – A coisa mais importante a saber acerca dos humanos pré-históricos é que eles eram animais insignificantes... – permanecerá inalterada se a expressão "a saber" ficar entre parênteses.

A: incorreta. A vírgula separaria o substantivo do adjetivo, o que não se admite; **B:** incorreta. O trecho inicial não constitui uma oração, de forma que não pode ser encerrado por ponto final sem que perca o sentido; **C:** incorreta. Elas separariam o sujeito do verbo, o que também não se admite; **D:** correta. As vírgulas que separam o aposto do restante da oração podem ser substituídas por travessões sem qualquer prejuízo à norma culta; **E:** incorreta. Não se trata de uma anotação dispensável ao texto, mas de verbo essencial à compreensão da mensagem. Logo, não pode estar entre parênteses.

Gabarito "D".

(Procurador Municipal/SP – VUNESP – 2016) Assinale a alternativa em que a pontuação foi empregada de acordo com a norma-padrão da língua portuguesa.

(A) O moço delegado cruzando, as mãos atrás da cabeça, fechou os olhos e pôs-se a pensar, na vida, na solidão, em ter uma namorada. Abriu os olhos e lá estava o velhinho a observá-lo com curiosidade!

(B) O moço delegado, cruzando as mãos atrás da cabeça, fechou os olhos e pôs-se a pensar: na vida, na solidão, em ter uma namorada... Abriu os olhos e lá estava o velhinho a observá-lo com curiosidade!

(C) O moço delegado, cruzando as mãos atrás da cabeça, fechou os olhos e pôs-se a pensar: na vida, na solidão, em ter uma namorada. Abriu os olhos e lá estava, o velhinho a observá-lo com curiosidade!

(D) O moço delegado cruzando, as mãos atrás da cabeça, fechou os olhos e pôs-se a pensar, na vida, na solidão, em ter uma namorada... Abriu os olhos e, lá estava, o velhinho a observá-lo com curiosidade!

(E) O moço delegado cruzando as mãos atrás da cabeça, fechou os olhos, e pôs-se a pensar: na vida, na solidão, em ter uma namorada... Abriu os olhos e lá estava, o velhinho a observá-lo, com curiosidade.

A oração adverbial reduzida de gerúndio "cruzando as mãos atrás da cabeça" deve estar entre vírgulas porque está deslocada da ordem direta do período. Há vírgula depois de "vida" e "solidão", por se tratar de uma enumeração. Após "solidão", podemos usar ponto final ou reticências, sendo estas mais recomendáveis para demonstrar que a enumeração anterior poderia ter mais itens (a personagem estava pensando em mais coisas do que aquelas que foram ditas).

Gabarito "B".

CONTRATEMPOS

Ele nunca entendeu o tédio, essa impressão de que existem mais horas do que coisas para se fazer com elas. Sempre faltou tempo para tanta coisa: faltou minuto para tanta música, faltou dia para tanto sol, faltou domingo para tanta praia, faltou noite para tanto filme, faltou ano para tanta vida.

Existem dois tipos de pessoa. As pessoas com mais coisa que tempo e as pessoas com mais tempo que coisas para fazer com o tempo.

As pessoas com menos tempo que coisa são as que buzinam assim que o sinal fica verde, e ficam em pé no avião esperando a porta se abrir, e empurram e atropelam as outras para entrar primeiro no vagão do trem, e leem livros que enumeram os "livros que você tem que ler antes de morrer" ao invés de ler diretamente os livros que você tem de ler antes de morrer.

Esse é o caso dele, que chega ao trabalho perguntando onde é a festa, e chega à festa querendo saber onde é a próxima, e chega à próxima festa pedindo táxi para a outra, e chega à outra percebendo que era melhor ter ficado na primeira, e quando chega a casa já está na hora de ir para o trabalho.

Ela sempre pertenceu ao segundo tipo de pessoa. Sempre teve tempo de sobra, por isso sempre leu romances longos, e passou tardes longas vendo pela milésima vez a segunda temporada de "Grey's Anatomy" mas, por ter tempo demais, acabava sobrando tempo demais para se preocupar com uma hérnia imaginária, ou para tentar fazer as pazes com pessoas que nem sabiam que estavam brigadas com ela, ou escrever cartas longas dentro da cabeça para o ex-namorado, os pais, o país, ou culpar o sol ou a chuva, ou comentar "e esse calor dos infernos?", achando que a culpa é do mau tempo quando na verdade a culpa é da sobra de tempo, porque se ela não tivesse tanto tempo não teria nem tempo para falar do tempo.

Quando se conheceram, ele percebeu que não adiantava correr atrás do tempo porque o tempo sempre vai correr mais rápido, e ela percebeu que às vezes é bom correr para pensar menos, e pensar menos é uma maneira de ser feliz, e ambos perceberam que a felicidade é uma questão de tempo. Questão de ter tempo o suficiente para ser feliz, mas não o bastante para perceber que essa felicidade não faz o menor sentido.

(Gregório Duvivier. Folha de S. Paulo, 30.11.2015. Adaptado)

(Procurador – IPSMI/SP – VUNESP – 2016) Assinale a alternativa em que a passagem – Quando se conheceram, ele percebeu que não adiantava correr atrás do tempo porque o tempo sempre vai correr mais rápido – está reescrita sem prejuízo de sentido e com a pontuação de acordo com a norma-padrão.

(A) Ele percebeu, ao se conhecerem, que não adiantava correr atrás do tempo, pois o tempo sempre vai correr mais rápido.

(B) Tão logo se conheceram, ele percebeu que: não adiantava correr atrás do tempo, portanto, o tempo sempre vai correr mais rápido.

(C) Ele percebeu que tendo-se conhecido, não adiantava correr atrás do tempo, visto que, o tempo, sempre, vai correr mais rápido.

(D) Assim que se conheceram ele percebeu: que não adiantava correr atrás do tempo; entretanto, o tempo sempre vai correr mais rápido.

(E) Conhecendo-se ele percebeu que, não adiantava correr atrás do tempo, contanto que o tempo sempre vai correr mais rápido.

A: correta. A nova redação não alterou o sentido do trecho e respeitou todas as regras de pontuação; **B:** incorreta. Não há razão para o uso dos dois-pontos depois de "que" e não há vírgula após "portanto". Além disso, houve enorme prejuízo à clareza da redação; **C:** incorreta. Deveria haver vírgula antes de "tendo" e retirar a que está antes de "o tempo". Aqui também houve grave prejuízo à clareza; **D:** incorreta. Deveria haver vírgula após "conheceram" e retirar os dois-pontos. De qualquer maneira, o uso da conjunção "entretanto", adversativa, altera o sentido do texto original, que se vale nesse ponto de uma conjunção explicativa; **E:** incorreta. Deveria haver vírgula após "conhecendo-se" e retirar a que está antes de "não adiantava". Novamente, a substituição da conjunção alterou o sentido original do trecho.

Gabarito "A".

O fator sorte

As pessoas mais inclinadas a buscar significados nos acontecimentos tendem de fato a encontrá-los, ainda que, para isso, tenham de subestimar as leis da probabilidade, no intuito de encontrar um maior número de "coincidências", que atribuem à sorte.

Há alguns anos, o físico Richard A. J. Matthews estudou as chamadas leis de Murphy, a irônica suma do pessimismo resumida na máxima "se alguma coisa pode dar errado, dará". Matthews investigou, em particular, por que uma fatia de pão com manteiga cai geralmente com o lado da manteiga para baixo. A prevalência da "falta de sorte" foi confirmada por um estudo experimental, patrocinado por um fabricante de manteiga: o aparente azar deve-se simplesmente à relação física entre as dimensões da fatia e a altura em que estava colocada.

São também explicáveis outros tipos de infortúnio, como o fato de que, quando duas meias soltas são retiradas da gaveta, geralmente elas não são do mesmo par. Além disso, tendemos a dar mais atenção a fatos rotineiros que nos frustram (como perder o ônibus por chegarmos ao ponto com segundos de atraso), em vez de contabilizar o grande número de ocasiões em que não tivemos contratempos. Essa atitude contribui para reforçar nossos preconceitos e nos fazer ignorar as leis da probabilidade.

O psicólogo Richard Wiseman, professor da Universidade de Hertfordshire, na Inglaterra, também conduziu um estudo interessante sobre os mecanismos relacionados à sorte. O projeto, financiado por várias instituições, entre as quais a Associação Britânica para o Avanço da Ciência, gerou um manual chamado "O fator sorte", traduzido em mais de 20 idiomas.

Ele publicou um anúncio no jornal solicitando que pessoas particularmente sortudas ou azaradas entrassem em contato com ele para que seus comportamentos fossem analisados. Descobriu que cerca de 9% desses indivíduos podiam ser considerados azarados e 12% favorecidos pela sorte. Todos os outros entravam na média.

Wiseman deu aos participantes um jornal, solicitando que contassem as fotos impressas e prometendo um prêmio aos que o fizessem corretamente. Ora, o número solicitado estava gravado de forma evidente sobre uma das páginas, algo que muitos "azarados" não perceberam, pois estavam concentrados demais na tarefa.

A análise experimental dos traços de personalidade que distinguiam sortudos e azarados permitiu concluir que esses últimos são mais tensos e concentrados, ao passo que os sortudos tendem a considerar as coisas de forma mais relaxada, mas sem perder de vista o contexto geral. Assim, se considerarmos os dados coletados, ter sorte pode significar, pelo menos em parte, saber fazer boas escolhas e perceber as ocasiões mais vantajosas para si mesmo.

(Gláucia Leal. Disponível em: http://blogs.estadao.com.br/pensar-psi/o-fator-sorte. Adaptado)

(Procurador – SP – VUNESP – 2015) O trecho do texto que se mantém correto e com a mensagem inalterada após o acréscimo da pontuação está em:

(A) As pessoas mais inclinadas a buscar significados nos acontecimentos tendem de fato a encontrá-los... (1° parágrafo) As pessoas, mais inclinadas a buscar significados nos acontecimentos, tendem de fato, a encontrá-los...

(B) ... tendemos a dar mais atenção a fatos rotineiros que nos frustram... (3° parágrafo) ... tendemos a dar mais atenção, a fatos rotineiros, que nos frustram...

(C) ... ter sorte pode significar, pelo menos em parte, saber fazer boas escolhas e perceber as ocasiões mais vantajosas para si mesmo. (7° parágrafo) ... ter sorte pode significar, pelo menos em parte, saber fazer boas escolhas e perceber, as ocasiões, mais vantajosas para si mesmo.

(D) ... por que uma fatia de pão com manteiga cai geralmente com o lado da manteiga para baixo. (2° parágrafo) ... por que uma fatia de pão com manteiga cai, geralmente, com o lado da manteiga para baixo.

(E) ... o número solicitado estava gravado de forma evidente sobre uma das páginas, algo que muitos "azarados" não perceberam... (6° parágrafo) ... o número solicitado, estava gravado de forma evidente sobre uma das páginas, algo que muitos, "azarados", não perceberam...

A: incorreta. A inserção das vírgulas alterou o sentido da oração subordinada adjetiva, de restritiva para explicativa; **B:** incorreta. Não se separa com vírgula o complemento do substantivo; **C:** incorreta. Não se separa com vírgula o verbo de seu objeto; **D:** correta. O advérbio "geralmente" está deslocado da ordem direta do período. Como é um adjunto adverbial curto, sua separação por vírgulas é facultativa; **E:** incorreta. Não se separa com vírgula o sujeito do verbo.

Gabarito "D".

4. CONCORDÂNCIA VERBAL E NOMINAL

Dengue prevista

A dengue é uma doença periódica e cíclica: os casos crescem no verão e há picos epidêmicos a cada 4 ou 5 anos. Trata-se, portanto, de enfermidade de atuação previsível. Supõe-se que o poder público se adiantaria com medidas de prevenção e tratamento. Contudo, há décadas os números de casos e mortes só aumentam no Brasil.

Entre 2000 e 2010, foram registrados 4,5 milhões de ocorrências e 1.869 óbitos. Na década seguinte, os números saltaram para 9,5 milhões e 5.385, respectivamente. O primeiro semestre deste ano registra 1,4 milhão de casos, ante 1,5 milhão em 2022. A tendência é piorar.

Segundo a OMS, urbanização descontrolada e sistema sanitário precário contribuem para o descontrole da moléstia.

No Brasil, cerca de 50% da população não tem acesso a redes de esgoto, em grande parte devido à ineficiência estatal, que só agora começa a mudar com o novo marco do setor. E o desmatamento para a construção de moradias irregulares grassa nos grandes centros. A dimensão de áreas verdes derrubadas para esse fim na cidade de São Paulo atingiu, nos primeiros dois meses de 2023, 85 hectares.

Neste ano, o município já conta com 11 444 casos de dengue – 3,7% a mais em relação ao mesmo período de 2022. Dez pessoas morreram, o maior número em oito anos, quando houve pico epidêmico.

A OMS ressaltou a importância da vacinação. Mas, devido à burocracia, o Brasil protela a distribuição do imunizante japonês Qdenga – já aprovado para venda pela Anvisa – no sistema público de saúde.

O combate à dengue deve ser contínuo, não apenas no verão, e em várias frentes complementares (saúde, infraestrutura e moradia). Com o alerta da OMS, espera-se que o poder público, local e federal, se prepare para receber as consequências do fenômeno climático El Niño.

(Editorial. Folha de S.Paulo, 27.07.2023. Adaptado)

(Analista – TRF3 – 2024 – VUNESP) A reescrita de informações do texto em que se atende à norma-padrão de concordância verbal é:

(A) Aumenta-se, no verão, os casos de dengue e constata-se picos epidêmicos a cada 4 ou 5 anos.

(B) Ocorre a cada 4 ou 5 anos os picos epidêmicos da dengue, por isso é enfermidade de atuação previsível.

(C) Há picos epidêmicos da dengue a cada 4 ou 5 anos. Tratam-se, portanto, de situações de atuação previsível.

(D) Segundo a OMS, devem-se à urbanização descontrolada e ao sistema sanitário precário o descontrole da moléstia.

(E) São Paulo é um desses grandes centros que convivem com o desmatamento para a construção de moradias.

A: incorreta. Na voz passiva sintética, o verbo continua a concordar em número com o sujeito ("aumentam-se" e "constatam-se"); **B:** incorreta. Colocando a oração na ordem direta, fica mais fácil perceber o erro de concordância: "A cada 4 ou 5 anos **ocorrem** os picos epidêmicos (...)"; **C:** incorreta. "Trata-se", no singular, porque a oração tem sujeito indeterminado; **D:** incorreta. Aqui também deveríamos ter "deve-se", porque o sujeito é indeterminado; **E:** correta. Todas as normas de concordância foram respeitadas. HS

Gabarito "E".

(Escrevente – TJ/SP – VUNESP – 2023) A concordância verbal e a concordância nominal atendem à norma-padrão em:

(A) Foi 15 minutos de atraso até os músicos subirem ao palco, onde se resgatou os maiores *hits* da banda e as músicas preferidas dos fãs, entusiasmados com o show.

(B) No Brasil, haverão 11 *shows* na maratona do Coldplay, e o de São Paulo deu início a ela com uma exuberante apresentação, muito bem recebido pelos fãs da banda.

(C) Em uma introdução apoteótica, apresentaram-se em São Paulo Coldplay e Seu Jorge, para celebrar o último disco da admirada banda que está em maratona pelo Brasil.

(D) A plateia acompanharam uma introdução apoteótica, pois uma chuva de fitas coloridas e bolas gigantes tinham caído no local, deixando todos eletrizados.

(E) Ouvia-se os instrumentos sendo tocado pelos integrantes da banda Coldplay, enquanto Seu Jorge cantava o clássico do samba "Amiga da Minha Mulher".

A: incorreta. Deveria constar "**Foram** 15 minutos de atraso"; **B:** incorreta. O verbo "haver", como sinônimo de "existir", é impessoal e não se flexiona: "**haverá** 11 shows". Além disso, "recebido" está errado, deveria concordar com "apresentação" e ir para o feminino; **C:** correta. Todas as regras de concordância foram respeitadas; **D:** incorreta. O verbo deveria estar no singular em "a plateia **acompanhou**"; **E:** incorreta. O verbo na voz passiva deve ir para o plural, bem como o verbo no particípio "**ouviam-se** os instrumentos sendo **tocados**." HS

Gabarito "C".

Amor é para gastar

Na economia da vida, o maior desperdício é fazer poupança de amor. Prejuízo na certa. Amor é para gastar, mostrar, ostentar. O amor, aliás, é a mais saudável forma de ostentação que existe no mundo.

Vai por mim, amar é luxo só. Triste de quem sente e esconde, de quem sente e fica no joguinho dramático, de quem sente e guarda a sete chaves. Sinto muito.

Amor é da boca para fora. Amor é um escândalo que não se abafa. "Eu te amo" é para ser dito, desbocadamente. Guardar "eu te amo" é prejudicial à saúde.

Na economia amorosa, só existe pagamento à vista, missa de corpo presente. O amor não se parcela, não admite suaves prestações.

Não existe essa de amor só amanhã, como na placa do fiado do boteco. Amor é hoje, aqui, agora... Amor não se sonega, amor é tudo a declarar.

(Xico Sá, "Amor é para gastar". Em: http://www.itatiaia.com.br)

(Escrevente – TJ/SP – 2021 – VUNESP) De acordo com a norma-padrão, a reescrita de informações do texto está correta quanto à concordância verbal em:

(A) Existe sentimentos, como o amor, que são escândalos e que não se abafa.

(B) Tristes daqueles que sente e esconde, que sente e fica no joguinho dramático.

(C) Acontece que, quando há suaves prestações, o amor está sendo poupado.

(D) Joguinhos dramáticos expõe o perfil daquela pessoa que sente e esconde.

(E) Quando se usa sete chaves para guardar o amor, ele vai da boca para fora.

A: incorreta. O verbo deveria estar no plural "existem sentimentos", e também ao final, por se referir igualmente a "sentimentos": "que não se abafam"; **B:** incorreta. Todos os verbos deveriam estar no plural, para concordar com "daqueles": "sentem", "escondem", "sentem" e "ficam"; **C:** correta. O padrão culto da concordância verbal foi integralmente respeitado; **D:** incorreta. "Expõem", no plural, para concordar com "joguinhos"; **E:** incorreta. O verbo na voz passiva sintética também concorda com o sujeito: "quando se usam sete chaves". Para ficar mais claro, basta transpor para a voz passiva analítica: "quando sete chaves são usadas". HS

Gabarito "C".

(Escrevente – TJ/SP – 2021 –VUNESP) A inflação brasileira está fora do jogo. Para começar, a última projeção do mercado, de 7,11% em 2021, supera de longe a meta (3,75%) e até o limite de tolerância (5,25%) _____ pelo Conselho Monetário Nacional. Em segundo lugar, a alta de preços _____ no mercado para o próximo ano, de 3,93%, está bem acima do centro da meta (3,50%). Se as previ-

20. LÍNGUA PORTUGUESA — 507

sões estiverem _____, os preços continuarão subindo rapidamente, enquanto o crescimento econômico será igual ou até inferior a 2% – abaixo do medíocre, portanto.

(https://opiniao.estadao.com.br. Adaptado)

Em conformidade com a norma-padrão, as lacunas do texto devem ser preenchidas, respectivamente, com:

(A) fixada ... estimados ... certo
(B) fixado ... estimadas ... certas
(C) fixados ... estimada ... certas
(D) fixadas ... estimado ... certo
(E) fixado ... estimados ... certa

Na primeira lacuna, o verbo se refere à "meta" e "limite de tolerância", então devemos ter atenção ao plural e à concordância com o masculino por ser o termo mais próximo: "fixados". "A alta de preços", no singular, é "estimada". Por fim, "as previsões" é feminino plural, então "certas". **HS**

Gabarito "C".

(Soldado – PM/SP – 2018 – VUNESP) Assinale a alternativa em que a concordância das palavras está de acordo com a norma-padrão.

(A) As mortes causadas por acidentes são muito preocupante.
(B) Acidentes de trânsito deixam um grande número de feridos.
(C) São essenciais que os motoristas dirijam com mais cautela.
(D) Foi estabelecido uma estimativa quanto ao número de acidentados.
(E) Poderão haver muitos mais vítimas de trânsito se nada for feito.

(concordância) **A:** incorreta. "Preocupantes" deve ir para o plural para concordar com "mortes"; **B:** correta. A concordância entre as palavras segue o padrão culto da língua; **C:** incorreta. "É essencial" permanece no singular, pois tem função de predicativo do sujeito; **D:** incorreta. "Estabelecida", no feminino, para concordar com "estimativa"; **E:** incorreta. O verbo "haver", como sinônimo de "existir", é impessoal, ou seja, não sofre flexão de número: "Poderá haver muito mais vítimas".

Gabarito "B".

Algoritmos e desigualdade

Virginia Eubanks, professora de ciências políticas de Nova York, é autora de Automating Inequality (Automatizando a Desigualdade), um livro que explora a maneira como os computadores estão mudando a prestação de serviços sociais nos Estados Unidos. Seu foco é o setor de serviços públicos, e não o sistema de saúde privado, mas a mensagem é a mesma: com as instituições dependendo cada vez mais de algoritmos preditivos para tomar decisões, resultados peculiares – e frequentemente injustos – estão sendo produzidos.

Virginia Eubanks afirma que já acreditou na inovação digital. De fato, seu livro tem exemplos de onde ela está funcionando: em Los Angeles, moradores de rua que se beneficiaram dos algoritmos para obter acesso rápido a abrigos. Em alguns lugares, como Allegheny, houve casos em que "dados preditivos" detectaram crianças vulneráveis e as afastaram do perigo.

Mas, para cada exemplo positivo, há exemplos aflitivos de fracassos. Pessoas de uma mesma família de Allegheny foram perseguidas por engano porque um algoritmo as

classificou como propensas a praticar abuso infantil. E em Indiana há histórias lastimáveis de famílias que tiveram assistência de saúde negada por causa de computadores com defeito. Alguns desses casos resultaram em mortes.

Alguns especialistas em tecnologia podem alegar que esses são casos extremos, mas um padrão similar é descrito pela matemática Cathy O'Neill em seu livro Weapons of Math Destruction. "Modelos matemáticos mal concebidos agora controlam os mínimos detalhes da economia, da propaganda às prisões", escreve ela.

Existe alguma solução? Cathy O'Neill e Virginia Eubanks sugerem que uma opção seria exigir que os tecnólogos façam algo parecido com o julgamento de Hipócrates: "em primeiro lugar, fazer o bem". Uma segunda ideia – mais custosa – seria forçar as instituições a usar algoritmos para contratar muitos assistentes sociais humanos para complementar as tomadas de decisões digitais. Uma terceira ideia seria assegurar que as pessoas que estão criando e rodando programas de computador sejam forçadas a pensar na cultura, em seu sentido mais amplo.

Isso pode parecer óbvio, mas até agora os nerds digitais das universidades pouco contato tiveram com os nerds das ciências sociais – e vice-versa. A computação há muito é percebida como uma zona livre de cultura e isso precisa mudar.

(Gillian Tett. www.valor.com.br. 23.02.2018. Adaptado)

(Investigador – PC/BA – 2018 – VUNESP) Em "[...] **há exemplos** aflitivos de fracassos." (3° parágrafo), a forma verbal destacada pode ser substituída, respeitando-se a concordância da norma-padrão, por:

(A) registram-se
(B) tomam-se nota de
(C) soma-se
(D) é observado
(E) surge

No trecho original, o verbo "haver" está na terceira pessoa do singular porque, quando usado como sinônimo de "existir", ele é impessoal (não admite flexão de número). Contudo ao substituí-lo por outro verbo, normalmente essa condição desaparece. Logo, devemos escrever no plural: "registram-se", "somam-se", "são observados" ou "surgem". Correta, portanto, a alternativa "A". A letra "B" merece atenção, porque a estrutura proposta não é exemplo de voz passiva, como se vê nos casos "A", "C" e "D", que determinam a concordância do verbo com o sujeito ("exemplos"). A construção "toma-se nota de" é de sujeito indeterminado – "exemplos" não é sujeito de "tratar-se", mas sim seu complemento preposicionado.

Gabarito "A".

(Delegado – PC/BA – 2018 – VUNESP) A concordância está em conformidade com a norma-padrão na seguinte frase:

(A) São comuns que a adaptação de livros para o cinema suscitem reações negativas nos fãs do texto escrito.
(B) Cabem aos leitores completar, com a imaginação, as lacunas que fazem parte da estrutura significativa do texto literário.
(C) Aos esforços envolvidos na leitura soma-se a imaginação, a que a linguagem literária apela constantemente.
(D) Algumas pessoas mantêm o hábito de só assistirem à adaptação de uma obra depois de as terem lido, para não ser influenciadas.

(E) Há livros que dispõe de uma infinidade de adaptações para o cinema, as quais tende a compor seu repertório de leituras.

A: incorreta. "É comum que" e "suscite", para concordar com "adaptação"; **B:** incorreta. "Cabe aos leitores", porque "leitores" não é sujeito, mas complemento do verbo; **C:** correta. As normas de concordância foram integralmente respeitadas; **D:** incorreta. "Mantêm", com acento circunflexo, é a conjugação da terceira pessoa do plural do presente do indicativo do verbo "manter". Com acento agudo, representa a terceira pessoa do singular. Também o verbo "ser" na última parte deveria estar no plural, para concordar com "pessoas" ("serem"); **E:** incorreta. "Dispõem", para concordar com "livros". "Tendem", para concordar com "adaptações".
Gabarito "C".

Se determinado efeito, lógico ou artístico, mais fortemente se obtém do emprego de um substantivo masculino apenso a substantivo feminino, não deve o autor hesitar em fazê-lo. Quis eu uma vez dar, em uma só frase, a ideia – pouco importa se vera ou falsa – de que Deus é simultaneamente o Criador e a Alma do mundo. Não encontrei melhor maneira de o fazer do que tornando transitivo o verbo "ser"; e assim dei à voz de Deus a frase: – Ó universo, eu sou-te, em que o transitivo de criação se consubstancia com o intransitivo de identificação.
Outra vez, porém em conversa, querendo dar incisiva, e portanto concentradamente, a noção verbal de que certa senhora tinha um tipo de rapaz, empreguei a frase "aquela rapaz", violando deliberadamente e justíssimamente a lei fundamental da concordância.
A prosódia, já alguém o disse, não é mais que função do estilo.
A linguagem fez-se para que nos sirvamos dela, não para que a sirvamos a ela.

(Fernando Pessoa. A língua portuguesa, 1999. Adaptado)

(Escrevente – TJ/SP – 2018 – VUNESP) Assinale a alternativa em que, ao contrário da construção "aquela rapaz", segue-se a lei fundamental da concordância, de acordo com a norma-padrão.

(A) Quando o despacho chegou, a primeira coisa que o advogado fez foi conferir os documentos anexos.
(B) Era um dia ensolarado, e não se sabe como foi atropelado aquela mulher em uma avenida tranquila.
(C) Parece-me que este ano está chovendo muito, mas ainda assim há menas chuvas do que em anos anteriores.
(D) As crianças brincavam no jardim, colhendo flores colorida e presenteando-se num gesto emocionante.
(E) Quando entraram na casa abandonada, uma cobra estava escondido ali. Assustaram-se, pois era um bicho perigoso.

A: correta. As regras de concordância do padrão culto da língua foram respeitadas; **B:** incorreta. Deveria constar "atropelada" para concordar com "mulher"; **C:** incorreta. O advérbio "menos" não admite flexão de gênero; **D:** incorreta. Deveria constar "coloridas" para concordar com "flores"; **E:** incorreta. Deveria constar "escondida" para concordar com "cobra".
Gabarito "A".

(Escrevente Técnico – TJM/SP – VUNESP – 2017) A concordância está de acordo com a norma-padrão da língua na frase:

(A) Muito antes de haver história, já existia seres humanos.
(B) Animais bastante similares aos humanos modernos podiam ser encontrado por volta de 2,5 milhões de anos atrás.

(C) Na África Oriental de 2 milhões de anos atrás, certas características humanas familiares poderiam ser muito bem observadas.
(D) Esses humanos arcaicos competiam por status e poder, assim como ocorriam com os chimpanzés, os babuínos e os elefantes.
(E) Eles próprios não havia de suspeitar que seus descendentes um dia viajariam à Lua.

A: incorreta. Deveria constar "existiam seres humanos". O verbo "haver" com sentido de "existir" é impessoal, mas este último sempre concorda com seu determinante; **B:** incorreta. Deveria constar "podiam ser encontrados", para manter a concordância em número na locução verbal; **C:** correta. As normas de concordância verbal e nominal foram integralmente respeitadas; **D:** incorreta. "Ocorrer", nesse caso, é impessoal – "ocorria com os chimpanzés"; **E:** incorreta. O verbo "haver" só é impessoal se for sinônimo de "existir". No caso da alternativa, ele forma locução verbal como verbo auxiliar e, por isso, deve concordar com o sujeito "não haviam de suspeitar".
Gabarito "C".

(Procurador Municipal – Sertãozinho/SP – VUNESP – 2016) Assinale a alternativa em que a concordância verbal e nominal segue a norma-padrão da língua portuguesa.

(A) As artificialebas querem receber o bebê com itens, como nome, número de série e código de barras já determinada.
(B) Protegido no conforto da barriga materna, os bebês vivem um período prazeroso e sem preocupações.
(C) Cólicas, fome, sede, pernilongos, decepções, contas a pagar, tratam-se de aborrecimentos com os quais temos de lidar.
(D) As religiões, os relacionamentos amorosos, a música pop são paliativos que constitui a busca constante pela felicidade incondicional.
(E) A anestesia com chá de flor de macaúba e o som de cantigas de roda têm papel importante no parto idealizado pelas naturebas.

A: incorreta. "Determinados" deve concordar por o gênero das determinantes (todas masculinas) e no plural porque há mais de uma palavra determinante ("nome, número de série e código de barras"); **B:** incorreta. Note que quem está protegido são "os bebês", portanto deveria constar "protegidos"; **C:** incorreta. A expressão "trata-se de" indica sujeito indeterminado e não voz passiva sintética. Portanto, ela nunca vai para o plural; **D:** incorreta. O verbo "constituir" deveria estar no plural para concordar com "religiões, relacionamentos amorosos, música pop" – portanto, "constituem"; **E:** correta. Foram respeitadas todas as regras de concordância.
Gabarito "E".

(Procurador Municipal/SP – VUNESP – 2016) De acordo com a norma-padrão da língua portuguesa, a concordância verbal e nominal está correta em:

(A) Nesta locadora existe à disposição dos clientes filmes policiais renomados, tanto nacionais como estrangeiros.
(B) À porta do hotel, havia repórteres aguardando a entrevista com o ator escolhido para ser James Bond nos próximos filmes da série.
(C) Depois de ouvida atentamente as reprimendas do delegado, o velhinho justificou-se dizendo que importunava a vizinha apenas para divertir-se um pouco.

20. LÍNGUA PORTUGUESA

(D) A senhora indignou-se com as pedras que sujavam seu varal e, embora idosa, resolveu ela mesmo ir à delegacia.

(E) Graças à intervenção do delegado, o caso foi encerrado de forma que todos estivessem quite com a justiça.

A: incorreta. Deveria constar "existem", para concordar com "filmes"; **B:** correta. Todas as regras de concordância foram respeitadas; **C:** incorreta. Deveria constar "ouvidas", para concordar com "reprimendas"; **D:** incorreta. Como se trata de uma senhora, o advérbio "mesma" deve com ela concordar em gênero; **E:** incorreta. O predicativo "quites" deve aparecer no plural para concordar com "todos".

Gabarito "B".

(Procurador – SP – VUNESP – 2015) Considerando a norma-padrão da língua portuguesa, assinale a alternativa que completa, correta e respectivamente, as lacunas do texto.

As contratações públicas sustentáveis são aquelas em que _____ as aquisições de bens com especificações ou critérios mais sustentáveis ou eficientes, como o caso dos condicionadores de ar classe A. Para os casos de sistemas de ar condicionado mais eficientes, já _____ critérios que podem ser adotados para torná-los mais _____.

(Disponível em: www.comprasgovernamentais.gov.br. Adaptado)

(A) se prioriza ... existe ... sustentáveis

(B) se priorizam ... existem ... sustentável

(C) é priorizado ... existem ... sustentável

(D) são priorizadas ... existe ... sustentáveis

(E) são priorizadas ... existem ... sustentáveis

Na primeira lacuna, devemos colocar o verbo na voz passiva e na terceira pessoa do plural, para concordar com "as aquisições" – logo, "se priorizam" (voz passiva sintética) ou "são priorizadas" (voz passiva analítica). Na segunda lacuna, o verbo deve estar no plural para concordar com "critérios" – logo, "existem". Na terceira lacuna, o adjetivo deve estar no plural para concordar também com "critérios" – logo, "sustentáveis".

Gabarito "E".

(Escrevente – TJ/SP – VUNESP – 2015) No trecho – **Há** teorias evolucionistas... –, a substituição do verbo destacado está de acordo com a norma-padrão de concordância em:

(A) Deve existir.

(B) Vão haver.

(C) Podem haver.

(D) Existem.

(E) Podem existirem.

O verbo "haver", no sentido de existir, é impessoal, ou seja, não se flexiona em número, sendo grafado sempre no singular. No trecho original, o verbo "haver" está conjugado no presente do indicativo e é seguido de expressão no plural ("teorias evolucionistas"), portanto deve ser substituído pelo verbo "existir" na terceira pessoa do plural do presente do indicativo: "existem".

Gabarito "D".

(Escrevente – TJ/SP – VUNESP – 2015) Assinale a alternativa que preenche, respectivamente, as lacunas do enunciado a seguir, observando a concordância nominal e verbal de acordo com a norma-padrão.

Mais de um conhecido meu não _____ gentilezas, infelizmente. Para alguns, certos gestos _____

coisa de idiota, de gente _____ fora de moda. Com esses, é _____ paciência.

(A) praticam ... constituem ... meia ... necessária

(B) pratica ... constitui ... meia ... necessário

(C) pratica ... constitui ... meio ... necessária

(D) praticam ... constitui ... meio ... necessário

(E) pratica ... constituem ... meio ... necessário

"Pratica", no singular, para concordar com "conhecido"; "constituem", no plural, para concordar com "gestos"; "meio", advérbio invariável (escreve-se sempre no "masculino"), que significa "um pouco"; "necessário", no masculino, porque assim se escreve na construção do adjetivo que acompanha o verbo "ser" se não vier seguido de artigo: "é necessário paciência" ou "é necessária a paciência".

Gabarito "E".

Leia o texto, para responder às questões seguintes.

Ser gentil é um ato de rebeldia. Você sai às ruas e insiste, briga, luta para se manter gentil. O motorista quase te mata de susto buzinando e te xingando porque você usou a faixa de pedestres quando o sinal estava fechado para ele. Você posta um pensamento gentil nas redes sociais apesar de ler dezenas de comentários xenofóbicos, homofóbicos, irônicos e maldosos sobre tudo e todos. Inclusive você. Afinal, você é obviamente um idiota gentil.

Há teorias evolucionistas que defendem que as sociedades com maior número de pessoas altruístas sobreviveram por mais tempo por serem mais capazes de manter a coesão. Pesquisadores da atualidade dizem, baseados em estudos, que gestos de gentileza liberam substâncias que proporcionam prazer e felicidade.

Mas gentileza virou fraqueza. É preciso ser macho pacas para ser gentil nos dias de hoje. Só consigo associar a aversão à gentileza à profunda necessidade de ser – ou parecer ser – invencível e bem-sucedido. Nossas fragilidades seriam uma vergonha social. Um empecilho à carreira, ao acúmulo de dinheiro.

Não ter tempo para gentilezas é bonito. É justificável diante da eterna ambivalência humana: queremos ser bons, mas temos medo. Não dizer bom-dia significa que você é muito importante. Ou muito ocupado. Humilhar os que não concordam com suas ideias é coisa de gente forte. E que está do lado certo. Como se houvesse um lado errado. Porque, se nenhum de nós abrir a boca, ninguém vai reparar que no nosso modelo de felicidade tem alguém chorando ali no canto. Porque ser gentil abala sua autonomia. Enfim, ser gentil está fora de moda. Estou sempre fora de moda. Querendo falar de gentileza, imaginem vocês! Pura rebeldia. Sair por aí exibindo minhas vulnerabilidades e, em ato de pura desobediência civil, esperar alguma cumplicidade. Deve ser a idade.

(Ana Paula Padrão, Gentileza virou fraqueza. Disponível em: <http://www.istoe.com.br>. Acesso em: 27 jan 2015. Adaptado)

Para responder às questões abaixo, considere a seguinte passagem:

Há teorias evolucionistas que defendem que as sociedades com maior número de pessoas altruístas sobreviveram por mais tempo por serem mais capazes de manter a coesão.

(Escrevente – TJ/SP – VUNESP – 2015) É correto afirmar que a frase destacada na passagem expressa, em relação à que a antecede, o sentido de

(A) tempo.
(B) adição.
(C) causa.
(D) condição.
(E) finalidade.

A oração destacada é subordinada adverbial causal, ou seja, traduz a causa, o motivo, da passagem anterior.
Gabarito "C".

Palavras, percebemos, são pessoas. Algumas são sozinhas: Abracadabra. Eureca. Bingo. Outras são promíscuas (embora prefiram a palavra "gregária"): estão sempre cercadas de muitas outras: Que. De. Por.

Algumas palavras são casadas. A palavra caudaloso, por exemplo, tem união estável com a palavra rio – você dificilmente verá caudaloso andando por aí acompanhada de outra pessoa. O mesmo vale para frondosa, que está sempre com a árvore. Perdidamente, coitado, é um advérbio que só adverbia o adjetivo apaixonado. Nada é ledo a não ser o engano, assim como nada é crasso a não ser o erro. Ensejo é uma palavra que só serve para ser aproveitada. Algumas palavras estão numa situação pior, como calculista, que vive em constante ménage(*), sempre acompanhada de assassino, frio e e.

Algumas palavras dependem de outras, embora não sejam grudadas por um hífen – quando têm hífen elas não são casadas, são siamesas. Casamento acontece quando se está junto por algum mistério. Alguns dirão que é amor, outros dirão que é afinidade, carência, preguiça e outros sentimentos menos nobres (a palavra engano, por exemplo, só está com ledo por pena – sabe que ledo, essa palavra moribunda, não iria encontrar mais nada a essa altura do campeonato).

Esse é o problema do casamento entre as palavras, que por acaso é o mesmo do casamento entre pessoas.

Tem sempre uma palavra que ama mais. A palavra árvore anda com várias palavras além de frondosa. O casamento é aberto, mas para um lado só. A palavra rio sai com várias outras palavras na calada da noite: grande, comprido, branco, vermelho – e caudaloso fica lá, sozinho, em casa, esperando o rio chegar, a comida esfriando no prato.

Um dia, caudaloso cansou de ser maltratado e resolveu sair com outras palavras. Esbarrou com o abraço que, por sua vez, estava farto de sair com grande, essa palavra tão gasta. O abraço caudaloso deu tão certo que ficaram perdidamente inseparáveis. Foi em Manuel de Barros.

Talvez pra isso sirva a poesia, pra desfazer ledos enganos em prol de encontros mais frondosos.

(Gregório Duvivier, Abraço caudaloso. Disponível em: <http://www1.folha.uol.com.br/>. Acesso em: 02 fev 2015. Adaptado)

(*) ménage: coabitação, vida em comum de um casal, unido legitimamente ou não.

(Escrevente – TJ/SP – VUNESP – 2015) Na passagem – O abraço caudaloso deu tão certo **que ficaram perdidamente inseparáveis**. –, o trecho destacado expressa, em relação ao anterior, ideia de

(A) consequência.
(B) tempo.
(C) causa.
(D) condição.
(E) modo.

A oração destacada é subordinada adverbial consecutiva, exprime a consequência, os efeitos, da passagem anterior.
Gabarito "A".

5. REGÊNCIA

Infeliz Aniversário

A Branca de Neve de Disney fez 80 anos, com direito a chamada na primeira página de um jornalão e farta matéria crítica lá dentro. Curiosamente, as críticas não eram à versão Disney cujo aniversário se comemorava, mas à personagem em si, cuja data natalícia não se comemora porque pode estar no começo do século XVII, quando escrita pelo italiano Gianbattista Basile, ou nas versões orais que se perdem na névoa do tempo.

É um velho vício este de querer atualizar, podar, limpar, meter em moldes ideológicos as antigas narrativas que nos foram entregues pela tradição. A justificativa é sempre a mesma, proteger as inocentes criancinhas de verdades que poderiam traumatizá-las. A verdade é sempre outra, impingir às criancinhas as diretrizes sociais em voga no momento.

E no momento, a crítica mais frequente aos contos de fadas é a abundância de princesas suspirosas à espera do príncipe. Mas a que "contos de fadas" se refere? Nos 212 contos recolhidos pelos irmãos Grimm, há muito mais do que princesas suspirosas. Nos dois volumes de "The virago book on fairy tales", em que a inglesa Angela Carter registrou contos do mundo inteiro, não se ouvem suspiros. Nem suspiram princesas entre as mulheres que correm com os lobos, de Pinkola Estés.

As princesas belas e indefesas que agora estão sendo criticadas foram uma cuidadosa e progressiva escolha social. Escolha de educadores, pais, autores de antologias, editores. Escolha doméstica, feita cada noite à beira da cama. Garimpo determinado selecionando, entre tantas narrativas, aquelas mais convenientes para firmar no imaginário infantil o modelo feminino que a sociedade queria impor.

Não por acaso Disney escolheu Branca de Neve para seu primeiro longa-metragem de animação. O custo era altíssimo, não poderia haver erro. E, para garantir açúcar e êxito, acrescentou o beijo.

Os contos maravilhosos, ou contos de fadas, atravessaram séculos, superaram inúmeras modificações sociais, venceram incontáveis ataques. Venceram justamente pela densidade do seu conteúdo, pela riqueza simbólica com que retratam nossas vidas, nossas humanas inquietações. Querer, mais uma vez, sujeitá-los aos conceitos de ensino mais rasteiros, às interpretações mais primárias, é pura manipulação, descrença no poder do imaginário.

(https://www.marinacolasanti.com/. Adaptado)

(Escrevente – TJ/SP – VUNESP – 2023) Assinale a alternativa que atende à norma-padrão de regência nominal e verbal.

(A) A imposição a um modelo feminino veio sendo construído ao longo do tempo, visando pela dominância de um comportamento.

(B) A crítica que se faz às princesas suspirosas provavelmente se respalda no anseio das pessoas pela oposição a um comportamento.

(C) Os contos de fadas que nos referimos continuamente vieram em nossas vidas pela tradição, que a origem foge de nosso conhecimento.

(D) Educadores, pais, autores de antologias e editores são responsáveis das escolhas das histórias que hoje se fazem críticas.

(E) As pessoas têm a pretensão que os contos sejam atualizados e colocados em moldes, pois aspiram por limpeza ideológica.

A: incorreta. O verbo no particípio concorda com "imposição": "veio sendo construída" e o verbo "visar", com sentido de "ter objetivo de", rege a preposição "a": "visando à dominância"; **B:** correta, vez que atende ao padrão culto de regência nominal e verbal; **C:** incorreta. O verbo "vir" rege a preposição "a": "vieram a nossas vidas"; **D:** incorreta. O substantivo "responsáveis" rege a preposição "por": "são responsáveis pelas escolhas"; **E:** incorreta. "Pretensão" rege a preposição "de": "têm a pretensão de que". HS

Gabarito "B".

Perto do apagão

_____ a falta de chuvas nos últimos dois meses, inferiores ao padrão já escasso do mesmo período de 2020, ficou mais evidente a ameaça _____ a geração de energia se mostre insuficiente para manter o fornecimento até novembro, quando se encerra o período seco.

Novas simulações do Operador Nacional do Sistema (ONS) mostram agravamento, com destaque para a região Sul, onde o nível dos reservatórios até 24 de agosto caiu para 30,7% – a projeção anterior apontava para 50% no fechamento do mês.

Mesmo no cenário mais favorável, que pressupõe um amplo conjunto de medidas, como acionamento de grande capacidade de geração térmica, importação de energia e postergação de manutenção de equipamentos, o país chegaria _____ novembro praticamente sem sobra de potência, o que amplia a probabilidade de apagões.

Embora se espere que tais medidas sejam suficientes para evitar racionamento neste ano, não se descartam sobressaltos pontuais, no contexto da alta demanda _____ o sistema será submetido.

Se o regime de chuvas no verão não superar a média dos últimos anos, a margem de manobra para 2022 será ainda menor. Calcula-se que, nesse quadro, a geração térmica, mais cara, tenha de permanecer durante todo o período úmido, o que seria algo inédito.

Desde já o país precisa considerar os piores cenários e agir com toda a prudência possível, com foco em investimentos na geração, modernização de turbinas em hidrelétricas antigas e planejamento para ampliar a resiliência do sistema.

(Editorial. Folha de S.Paulo, 27.08.2021. Adaptado)

(Escrevente – TJ/SP – 2021 – VUNESP) Em conformidade com a norma-padrão, as lacunas do texto devem ser preenchidas, respectivamente, com:

(A) Com ... de que ... a ... a que

(B) Sob ... que ... em ... que

(C) Devido ... que ... a ... com que

(D) Sobre ... que ... em ... de que

(E) Perante ... que ... à ... em que

"Com" ("devido" também faria sentido, mas nesse caso deveria haver acento grave indicativo da crase no "a" que o sucede); "de que" ("ameaça" rege a preposição "de" na norma padrão); "a" (também o verbo "chegar" rege a preposição "a" na norma culta da linguagem, sem crase porque sucedida por "novembro"); "a que" (dada a regência do verbo "submeter"). HS

Gabarito "A".

Ai, Gramática. Ai, vida.

O que a gente deve aos professores!

Este pouco de gramática que eu sei, por exemplo, foram Dona Maria de Lourdes e Dona Nair Freitas que me ensinaram. E vocês querem coisa mais importante do que gramática? La grammaire qui sait régenter jusqu'aux rois – dizia Molière: a gramática que sabe reger até os reis, e Montaigne: La plus part des ocasions des troubles du monde sont grammairiens – a maior parte de confusão no mundo vem da gramática.

Há quem discorde. Oscar Wilde, por exemplo, dizia de George Moore: escreveu excelente inglês, até que descobriu a gramática. (A propósito, de onde é que eu tirei tantas citações? Simples: tenho em minha biblioteca três livros contendo exclusivamente citações. Para enfeitar uma crônica, não tem coisa melhor. Pena que os livros são em inglês. Aliás, inglês eu não aprendi na escola. Foi lendo as revistas MAD e outras que vocês podem imaginar).

Discordâncias à parte, gramática é um negócio importante e gramática se ensina na escola – mas quem, professoras, nos ensina a viver? Porque, como dizia o Irmão Lourenço, no schola sed vita – é preciso aprender não para a escola, mas para a vida.

Ora, dirão os professores, vida é gramática. De acordo. Vou até mais longe: vida é pontuação. A vida de uma pessoa é balizada por sinais ortográficos. Podemos acompanhar a vida de uma criatura, do nascimento ao túmulo, marcando as diferentes etapas por sinais de pontuação.

Infância: a permanente exclamação:

Nasceu! É um menino! Que grande! E como chora! Claro, quem não chora não mama!

Me dá! É meu!

Ovo! Uva! Ivo viu o ovo! Ivo viu a uva! O ovo viu a uva! Olha como o vovô está quietinho, mamãe!

Ele não se mexe, mamãe! Ele nem fala, mamãe!

Ama com fé e orgulho a terra em que nasceste! Criança – não verás nenhum país como este!

Dá agora! Dá agora, se tu és homem! Dá agora, quero ver!

(Moacyr Scliar. Minha mãe não dorme enquanto eu não chegar, 1996. Adaptado)

(Escrevente – TJ/SP – 2018 – VUNESP) Considere os trechos do texto:

- Há quem discorde. (3º parágrafo)
- Para enfeitar uma crônica, não tem coisa melhor. (3º parágrafo)
- Vou até mais longe: vida é pontuação. (5º parágrafo)

De acordo com o sentido do texto e com a norma-padrão, os enunciados podem ser ampliados, respectivamente, com as reescritas:

(A) Há quem discorde dessas opiniões. / Para enfeitar uma crônica, não tem coisa melhor do que uma citação. / Vou até mais longe, afirmando que vida é pontuação.
(B) Há quem discorde com essas opiniões. / Para enfeitar uma crônica, não tem coisa melhor como uma citação. / Vou até mais longe, afirmando de que vida é pontuação.
(C) Há quem discorde ante essas opiniões. / Para enfeitar uma crônica, não tem coisa melhor do que uma citação. / Vou até mais longe, afirmando em que vida é pontuação.
(D) Há quem discorde contra essas opiniões. / Para enfeitar uma crônica, não tem coisa melhor de que uma citação. / Vou até mais longe, afirmando que vida é pontuação.
(E) Há quem discorde nessas opiniões. / Para enfeitar uma crônica, não tem coisa melhor que uma citação. / Vou até mais longe, afirmando de que vida é pontuação.

O verbo "discordar" rege a preposição "de". A expressão "não tem coisa melhor" rege a preposição "de". O verbo "afirmar" não rege preposição.
Gabarito "A".

Leia a tirinha.

(Bill Watterson. O melhor de Calvin, 09.11.2016. http://m.cultura.estadao.com.br)

(Escrevente Técnico – TJM/SP – VUNESP – 2017) Uma frase escrita em conformidade com a norma-padrão da língua é:

(A) O pai alegou em que tinha sobrevivido dois anos com sua própria comida.
(B) O pai tentou persuadir o filho de que era capaz de cozinhar.
(C) O pai não conseguiu convencer o filho que estava apto com cozinhar.
(D) O pai acabou revelando de que não estava preparado de cozinhar.
(E) O pai aludiu da época que tinha sobrevivido com sua própria comida.

A: incorreta. O verbo "alegar" é transitivo direto, não rege preposição: "alegou que tinha sobrevivido..."; **B:** correta. Todas as normas gramaticais foram respeitadas no período; **C:** incorreta. O verbo "convencer" rege a preposição "de" ("convencer o filho de que estava...") e o termo "apto" rege a preposição "para": "estava apto para cozinhar"; **D:** incorreta. O verbo "revelar" é transitivo direto, não rege preposição: "acabou revelando que...". Além disso, o particípio "preparado" rege a preposição "para": "preparado para cozinhar"; **E:** incorreta. O verbo "aludir" rege a preposição "a": "o pai aludiu à época...".
Gabarito "B".

(Procurador Municipal – Sertãozinho/SP – VUNESP – 2016) Assinale a alternativa que está redigida de acordo com a norma-padrão da língua portuguesa.

(A) Em meio às diferentes opiniões, existem as artificialebas, que consideram que se contrapor à medicina é uma irresponsabilidade à qual as mulheres não devem se submeter.
(B) Em meio às diferentes opiniões, existem as artificialebas, que consideram que se contrapor à medicina é uma irresponsabilidade a qual as mulheres não devem se submeter.
(C) Em meio às diferentes opiniões, existe as artificialebas, que consideram que se contrapor a medicina é uma irresponsabilidade a qual as mulheres não devem se submeter.
(D) Em meio as diferentes opiniões, existe as artificialebas, que consideram que se contrapor a medicina é uma irresponsabilidade à qual as mulheres não devem se submeter.
(E) Em meio as diferentes opiniões, existem as artificialebas, que consideram que se contrapor à medicina é uma irresponsabilidade a qual as mulheres não devem se submeter.

A expressão "em meio" rege a preposição "a", portanto ocorre crase em "às diferentes opiniões". O verbo "contrapor" também rege a preposição "a", portanto ocorre crase em "contrapor à medicina". Por fim, o verbo "submeter" também rege a preposição "a", logo a crase será indicada na locução pronominal: "à qual as mulheres...".
Gabarito "A".

20. LÍNGUA PORTUGUESA   513

(Procurador Municipal/SP – VUNESP – 2016) Considere as frases elaboradas a partir da tirinha.

A falta de discernimento _____ que o rei se conduz diante da multidão evidencia que ele é um governante inapto.

A aprovação de sua conduta política, _____ que depende sua permanência no trono, limita-se a poucos aliados.

As falcatruas políticas, _____ que o povo tem sentido cada vez mais repulsa, marca vergonhosamente a trajetória de alguns governantes.

De acordo com a norma-padrão da língua portuguesa, as preposições que preenchem, correta e respectivamente, as lacunas das frases são:

(A) em ... a ... de
(B) em ... de ... por
(C) a ... com ... em
(D) com ... a ... de
(E) com ... de ... por

No primeiro período, o substantivo "discernimento" rege a preposição "com". No segundo, o verbo "depende" rege a preposição "de". No terceiro, o substantivo "repulsa" rege a preposição "por".
Gabarito "E".

CONTRATEMPOS

Ele nunca entendeu o tédio, essa impressão de que existem mais horas do que coisas para se fazer com elas. Sempre faltou tempo para tanta coisa: faltou minuto para tanta música, faltou dia para tanto sol, faltou domingo para tanta praia, faltou noite para tanto filme, faltou ano para tanta vida.

Existem dois tipos de pessoa. As pessoas com mais coisa que tempo e as pessoas com mais tempo que coisas para fazer com o tempo.

As pessoas com menos tempo que coisa são as que buzinam assim que o sinal fica verde, e ficam em pé no avião esperando a porta se abrir, e empurram e atropelam as outras para entrar primeiro no vagão do trem, e leem livros que enumeram os "livros que você tem que ler antes de morrer" ao invés de ler diretamente os livros que você tem de ler antes de morrer.

Esse é o caso dele, que chega ao trabalho perguntando onde é a festa, e chega à festa querendo saber onde é a próxima, e chega à próxima festa pedindo táxi para a outra, e chega à outra percebendo que era melhor ter ficado na primeira, e quando chega a casa já está na hora de ir para o trabalho.

Ela sempre pertenceu ao segundo tipo de pessoa. Sempre teve tempo de sobra, por isso sempre leu romances longos, e passou tardes longas vendo pela milésima vez a segunda temporada de "Grey's Anatomy" mas, por ter tempo demais, acabava sobrando tempo demais para se preocupar com uma hérnia imaginária, ou para tentar fazer as pazes com pessoas que nem sabiam que estavam brigadas com ela, ou escrever cartas longas dentro da cabeça para o ex-namorado, os pais, o país, ou culpar o sol ou a chuva, ou comentar "e esse calor dos infernos?", achando que a culpa é do mau tempo quando na verdade

a culpa é da sobra de tempo, porque se ela não tivesse tanto tempo não teria nem tempo para falar do tempo.

Quando se conheceram, ele percebeu que não adiantava correr atrás do tempo porque o tempo sempre vai correr mais rápido, e ela percebeu que às vezes é bom correr para pensar menos, e pensar menos é uma maneira de ser feliz, e ambos perceberam que a felicidade é uma questão de tempo. Questão de ter tempo o suficiente para ser feliz, mas não o bastante para perceber que essa felicidade não faz o menor sentido.

(Gregório Duvivier. Folha de S. Paulo, 30.11.2015. Adaptado)

(Procurador – IPSMI/SP – VUNESP – 2016) A alternativa que apresenta, nos parênteses, regência verbal de acordo com a norma-padrão, em substituição à expressão destacada no trecho do texto, é:

(A) ... empurram e **atropelam as outras** para entrar primeiro no vagão do trem (pisoteiam nas outras).
(B) ...quando chega a casa já está na hora de **ir para o trabalho**. (dirigir-se no trabalho).
(C) passou tardes longas **vendo pela milésima vez a segunda temporada** de "Grey's Anatomy" (assistindo pela milésima vez à segunda temporada).
(D) ...e ambos **perceberam que a felicidade** é uma questão de tempo (conscientizaram-se que a felicidade).
(E) ...se ela não **tivesse tanto tempo** não teria nem tempo para falar do tempo (dispusesse a tanto tempo).

A: incorreta. "Pisotear" é verbo transitivo direto, não rege preposição – "pisoteiam as outras"; B: incorreta. O verbo pronominal "dirigir-se" rege a preposição "s" – "dirigir-se ao trabalho"; C: correta. A regência do verbo "assistir", como sinônimo de "ver", "acompanhar", é mesmo a preposição "a", portanto ocorre crase na passagem proposta. Sem ela (a preposição), o verbo "assistir" significa "ajudar"; D: incorreta. O verbo pronominal "conscientizar-se" rege a preposição "de" – "conscientizaram-se de que a felicidade"; E: incorreta. O verbo "dispor" rege a preposição "de" – "dispusesse de tanto tempo".
Gabarito "C".

(Escrevente – TJ/SP – VUNESP – 2015) Na passagem – Outras são promíscuas (embora prefiram a palavra "gregária"): estão sempre cercadas de muitas outras: Que. **De. Por.** –, as palavras destacadas são preposições. Assinale a alternativa em que elas estão empregadas de acordo com a norma-padrão de regência verbal e nominal.

(A) Persiste **de** falar conosco, que somos os responsáveis **por** tudo.
(B) Ele insiste **de** negar tudo, mas é suspeito **por** ter recebido propina.
(C) Há um que hesita **de** fazer o negócio; os demais são favoráveis **por** comprar o terreno.
(D) Recusa-se **de** ajudar, ficando indiferente **por** nosso problema.
(E) Eles se admiram **de** que tenhamos preferência **por** funcionários mais experientes.

A: incorreta. "Persistir", nesse caso, rege a preposição "em"; B: incorreta. "Insistir", nesse caso, rege também a preposição "em" e o adjetivo "suspeito" rege a preposição "de"; C: incorreta. "Hesitar" rege a preposição "em" e "favoráveis" rege preposição "a"; D: incorreta. "Recusar-se" rege a preposição "a", assim como "indiferente"; E: correta. "Admirar-se" rege a preposição "de" e "preferência" rege a preposição "por".
Gabarito "E".

(Escrevente – TJ/SP – VUNESP – 2015) O sinal indicativo de crase está empregado de acordo com a norma-padrão em:

(A) Todos os documentos serão encaminhados às partes à partir da próxima semana.
(B) Todos tiveram de comparecer perante à autoridade, prestando contas à ela.
(C) Recusa-se à entregar às certidões antes do final do expediente.
(D) Encaminhamos à V.Exª os documentos à que se refere o Edital.
(E) O caso exige tratamento igual às partes, sem fazer exceção à ré.

A: incorreta. Não ocorre crase na expressão "a partir", porque formada por verbo; **B:** incorreta. "Perante" já é preposição, de forma que o "a" que a sucede é somente artigo definido. Logo, não ocorre crase; **C:** incorreta. Não ocorre crase antes de verbo e "certidões" é objeto direto, portanto não vem precedido de preposição; **D** incorreta. Não ocorre crase antes de pronomes pessoais de tratamento e o "a" que sucede "documentos" é unicamente uma preposição; **E:** correta. O advérbio "igual" e o substantivo "exceção" regem a preposição "a", que se aglutina com o artigo definido a seguir para formar a crase.
Gabarito "E".

6. CONJUNÇÃO

Leia a charge para responder às questões de números 01 e 02.

(Chargista Ricardo Manhães. https://ndmais.com.br/opiniao/charges, 31.03.2023)

(Analista – TRF3 – 2024 – VUNESP) Na frase – E se bobear chega a mil facinho! –, a palavra "se" tem o mesmo emprego que a destacada em:

(A) Os moradores do local resolveram ajudar no combate à dengue e **se** puseram a procurar os focos do mosquito, eliminando-os o mais rápido possível.
(B) O combate à dengue dependerá de todos, **se** houver empenho para exterminar o mosquito, que facilmente prolifera nos locais onde há água parada.
(C) O agente de saúde visitou as casas e queria saber **se** as famílias estavam tomando todas as precauções necessárias para combater a dengue.
(D) Muitos focos da dengue foram eliminados em vários bairros da cidade, encontrando-**se** os mosquitos em locais onde pensavam que eles não estariam.
(E) A população prometeu acabar com a dengue no bairro e, depois de muita ação contra os focos da doença, alcançaram seu objetivo e **se** abraçaram felizes.

Na charge, "se" exerce função de conjunção condicional, assim como na letra "B", que deve ser assinalada. **A:** incorreta, porque é pronome reflexivo; **C:** incorreta, aqui "se" é conjunção integrante; **D:** incorreta, sua função sintática é de índice de indeterminação do sujeito; **E:** incorreta, novamente pronome reflexivo recíproco.
Gabarito "B".

Estudos divulgados pela OMS (Organização Mundial da Saúde) mostram que, só no ano de 2010, 50 milhões de pessoas no mundo sobreviveram a acidentes de trânsito com algum traumatismo ou ferida. Se nada for feito, a estimativa é de que teremos 1,9 milhão de mortes no trânsito em 2020 e 2,4 milhões em 2030.

(www.sbotrj.com.br. Adaptado)

(Soldado – PM/SP – 2018 – VUNESP) A expressão "Se nada for feito" pode ser substituída, sem alteração de sentido e conforme a norma-padrão da língua, por

(A) Apesar de nada ser feito.
(B) Pois que nada foi feito.
(C) Portanto nada fosse feito.
(D) Caso nada seja feito.
(E) Segundo nada seria feito.

"Se" é conjunção condicional, de forma que pode ser substituída sem qualquer alteração de sentido por "caso" – note, porém, que esta última leva o verbo para o presente do subjuntivo.
Gabarito "D".

Vamos partir de uma situação que grande parte de nós já vivenciou. Estamos saindo do cinema, depois de termos visto uma adaptação de um livro do qual gostamos muito. Na verdade, até que gostamos do filme também: o sentido foi mantido, a escolha do elenco foi adequada, e a trilha sonora reforçou a camada afetiva da narrativa. Por que então sentimos que algo está fora do lugar? Que está faltando alguma coisa?

O que sempre falta em um filme sou eu. Parto dessa ideia simples e poderosa, sugerida pelo teórico Wolfgang Iser em um de seus livros, para afirmar que nunca precisamos tanto ler ficção e poesia quanto hoje, porque nunca precisamos tanto de faíscas que ponham em movimento o mecanismo livre da nossa imaginação. Nenhuma forma de arte ou objeto cultural guarda a potência escondida por aquele monte de palavras impressas na página.

Essa potência vem, entre outros aspectos, do tanto que a literatura exige de nós, leitores. Não falo do esforço de compreender um texto, nem da atenção que as histórias e os poemas exigem de nós – embora sejam incontornáveis também. Penso no tanto que precisamos investir de nós, como sujeitos afetivos e como corpos sensíveis, para que as palavras se tornem um mundo no qual penetramos.

Somos bombardeados todo dia, o dia inteiro, por informações. Estamos saturados de dados e de interpretações. A literatura – para além do prazer intelectual, inegável – oferece algo diferente. Trata-se de uma energia que o teórico Hans Ulrich Gumbrecht chama de "presença" e que remete a um contato com o mundo que afeta o

20. LÍNGUA PORTUGUESA 515

corpo do indivíduo para além e para aquém do pensamento racional.

Muitos eventos produzem presença, é claro: jogos e exercícios esportivos, shows de música, encontros com amigos, cerimônias religiosas e relações amorosas e sexuais são exemplos óbvios. Por que, então, defender uma prática eminentemente intelectual, como a experiência literária, com o objetivo de "produzir presença", isto é, de despertar sensações corpóreas e afetos? A resposta está, como já evoquei mais acima, na potência guardada pela ficção e pela poesia para disparar a imaginação. Mas o que é, afinal, a imaginação, essa noção tão corriqueira e sobre a qual refletimos tão pouco?

Proponho pensar a imaginação como um espaço de liberdade ilimitada, no qual, a partir de estímulos do mundo exterior, somos confrontados (mas também despertados) a responder com memórias, sentimentos, crenças e conhecimentos para forjar, em última instância, aquilo que faz de cada um de nós diferente dos demais. A leitura de textos literários é uma forma privilegiada de disparar esse mecanismo imenso, porque demanda de nós todas essas reações de modo ininterrupto, exige que nosso corpo esteja ele próprio presente no espaço ficcional com que nos deparamos, sob pena de não existir espaço ficcional algum.

(Ligia G. Diniz. https://brasil.elpais.com. 22.02.2018. Adaptado)

(Delegado – PC/BA – 2018 – VUNESP) O primeiro parágrafo permanecerá redigido conforme a norma-padrão e com o sentido preservado, caso o sinal de dois-pontos seja substituído pela vírgula seguida da seguinte expressão:

(A) porquanto
(B) ainda que
(C) em contrapartida
(D) por conseguinte
(E) a fim de que

Os dois-pontos anunciam o aposto, elemento sintático que explicará melhor o que foi dito antes. Assim, pode ele também ser introduzido por conjunção explicativa – a única opção dada é "porquanto".

Gabarito "A".

Ter trinta e poucos anos significa, entre outras coisas, que é praticamente impossível reunir cinco casais num jantar sem que haja pelo menos uma grávida. E estar na presença de uma grávida significa, entre outras coisas, que é praticamente impossível falar de qualquer outro assunto que não daquele rotundo e miraculoso acontecimento, a desenrolar-se do lado de lá do umbigo em expansão.

Enquanto a conversa gira em torno dos nomes cogitados, da emoção do ultrassom, dos diferentes modelos de carrinho, o clima costuma ser agradável e os convivas se aprazem diante da vida que se aproxima. Mas eis então que alguém pergunta: "e aí, vai ser parto normal ou cesárea?", e toda possível harmonia vai pra cucuia.

Num extremo, estão as mulheres que querem parir de cócoras, ao pé de um abacateiro, sob os cuidados de uma parteira de cem anos, tendo como anestesia apenas um chá de flor de macaúba e cantigas de roda de 1924. Na outra ponta, estão as que têm tremedeiras só de pensar em parto normal, pretendem ir direto pra cesárea, tomar uma injeção e acordar algumas horas depois, tendo no colo um bebê devidamente parido, lavado, escovado, penteado e com aquela pulseirinha vip no braço, já com nome, número de série e código de barras.

Os dois lados acusam o outro de violência: as naturebas dizem que a cesárea é um choque; as artificialebas alegam que dar as costas à medicina é uma irresponsabilidade. Eu, que durante meses ouvi calado as discussões, pesei bastante os argumentos e cheguei, enfim, a uma conclusão: abaixo o nascimento! Viva a gravidez!

Imaginem só a situação: os primeiros grãos de consciência germinam em seu cérebro. Você boia num líquido morninho – nem a gravidade, essa pequena e constante chateação, te aborrece. Você recebe alimento pelo umbigo. Você dorme, acorda, dorme, acorda e jamais tem que cortar as unhas dos pés. Então, de repente, o líquido se vai, as paredes te espremem, a fonte seca, a luz te cega e, daí pra frente, meu amigo, é só decadência: cólicas, fome, sede, pernilongos, decepções, contas a pagar. Eis um resumo de nossa existência: nove meses no paraíso, noventa anos no purgatório.

Freud diz que todo amor que buscamos é um pálido substituto de nosso primeiro, único e grande amor: a mãe. Discordo. A mãe já é um pálido substituto de nosso primeiro, único e grande amor: a placenta. Tudo, daí pra frente – as religiões, os relacionamentos amorosos, a música pop, a semiótica* e a novela das oito – é apenas uma busca inútil e desesperada por um novo cordão umbilical, aquele cabo USB por onde fazíamos, em banda larga, o download da felicidade. Do parto em diante, meu caro leitor, meu caro companheiro de infortúnio, a vida é conexão discada, wi-fi mequetrefe, e em vão nos arrastamos por aí, atrás daquela impossível protoconexão.

No próximo jantar, se estiver do lado de uma grávida, jogarei um talher no chão e, ao abaixar para pegá-lo, cochicharei bem rente à barriga: "te segura, garoto! Quando começar a tremedeira, agarra bem nas paredes, se enrola no cordão, carca os pés na borda e não sai, mesmo que te cutuquem com um fórceps, te estendam uma mão falsamente amiga, te sussurrem belas cantigas de roda, de 1924. Te segura, que o negócio aqui é roubada!".

(Revista Ser Médico. Edição 57 – Outubro/Novembro/Dezembro de 2011. www.cremesp.org.br. Adaptado)

***semiótica:** ciência dos modos de produção, de funcionamento e de recepção dos diferentes sistemas de sinais de comunicação entre indivíduos ou coletividades.

(Procurador Municipal – Sertãozinho/SP – VUNESP – 2016) Considere o trecho do último parágrafo em que as expressões destacadas exprimem, respectivamente, as ideias de tempo e de concessão. **Quando** começar a tremedeira, agarra bem nas paredes, se enrola no cordão, carca os pés na borda e não sai, **mesmo que** te cutuquem com um fórceps... A alternativa em que as expressões destacadas exprimem, respectivamente, as mesmas ideias presentes no trecho do texto encontra-se em:

(A) Depois que ele conversou com o médico, ficou mais tranquilo **já que** os exames não indicaram problemas graves.

(B) Sempre que ela viaja a trabalho, pede à vizinha que regue as plantas **para que** elas não morram por falta de água.

(C) Assim que o cliente chegar à loja, entregue-lhe a encomenda imediatamente, **ainda que** ele não faça o pagamento à vista.

(D) Como alguns funcionários concluíram o curso, receberam um bônus salarial **embora** o valor tenha sido irrisório.

(E) Visto que o espetáculo está fazendo sucesso, o diretor quer estender a temporada, **por isso** está negociando com o proprietário do teatro.

A: incorreta. "Já que" não exprime concessão, mas causa; B: incorreta. "Para que" transmite a ideia de explicação; C: correta. "Assim que" exprime ideia de tempo e "ainda que", de concessão; D: incorreta. "Como" carrega consigo a ideia de causa; E: incorreta. "Visto que" transmite a ideia de explicação e "por isso", de consequência.

Gabarito "C".

Desde que viu pela primeira vez um filme policial, o rapaz quis ser um homem da lei. Sonhava viver aventuras, do lado do bem. Botar algemas nos pulsos de um criminoso e dizer, como nos livros: "Vai mofar na cadeia, espertinho".

Estudou Direito com o objetivo de ser delegado de polícia. No início do curso, até pensou em tornar-se um grande advogado criminal, daqueles que desmontam um por um os argumentos do nobre colega, mas a partir do segundo ano percebeu que seu negócio eram mesmo as algemas. Assim que se formou, inscreveu-se no primeiro concurso público para delegado. Fez aulas de defesa pessoal e tiro. Estudou tanto que passou em primeiro lugar e logo saiu a nomeação para uma delegacia em bairro de classe média, Vila Mariana.

No dia de assumir o cargo, acordou cedo, fez a barba, tomou uma longa ducha, reforçou o desodorante para o caso de algum embate prolongado, vestiu o melhor terno, caprichou na gravata e olhou-se no espelho satisfeito. Encenou um sorriso cínico imitando Sean Connery e falou:

– Meu nome é Bond. James Bond.

Na delegacia, percorreu as dependências, conheceu a equipe, conferiu as armas, as viaturas, e sentou-se à mesa, à espera do primeiro caso. Não demorou: levaram até ele uma senhora idosa e enfezada.

– Doutor, estão atirando pedras no meu varal!

Adeus 007. O delegado-calouro caiu na besteira de dizer à queixosa que aquilo não era crime.

– Não é crime? Quer dizer que podem jogar pedras no meu varal?

– Eu não posso prender ninguém por isso.

– Ah, é? Então a polícia vai permitir que continuem a jogar pedras no meu varal? A sujar minha roupa?

James Bond não tinha respostas. Procurou saber quem jogava as pedras. A velha senhora não sabia, mas suspeitava de alguém da casa ao lado. O delegado mandou

"convidarem" o vizinho para uma conversa e pediu que trancassem a senhora numa sala.

– Ai, meu Deus, só falta ser um velhinho, para completar! – murmurou o desanimado Bond.

Era um velhinho que confessou tudo dando risadinhas travessas. Repreendeu-o com tom paterno:

– O senhor não pode fazer uma coisa dessas. Por que isso, aborrecer as pessoas?

– É para passar o tempo. Vivo sozinho, e com isso eu me divirto um pouco, né?

O moço delegado cruzou as mãos atrás da cabeça, fechou os olhos e meditou sobre os próximos trinta anos. Pensou também na vida, na solidão e em arranjar uma namorada. Abriu os olhos e lá estava o velhinho.

– Pois eu vou contar uma coisa. A sua vizinha, essa do varal, está interessadíssima no senhor, gamadona.

O velho subiu nas nuvens, encantado. Recusou-se a dar mais detalhes, mandou-o para casa, e chamou a senhora:

– Ele esteve aqui. É um senhor de idade. Bonitão, viu? Confessou que fez tudo por amor, para chamar a sua atenção. Percebeu que uma chama romântica brilhou nos olhos dela.

Caso encerrado.

(Humberto Werneck, Org. Coleção melhores crônicas – Ivan Angelo. Global, 2007. Adaptado)

(Procurador Municipal/SP – VUNESP – 2016) Leia a frase.

O velhinho ficou encantado ao pensar que a vizinha se interessava por ele, _____ o delegado-calouro recusou-se a dar mais detalhes _____ mandou-o para casa, chamando posteriormente a senhora queixosa _____ ambos finalizassem a conversa.

Para que a frase mantenha o sentido do texto, as lacunas devem ser preenchidas, correta e respectivamente, por:

(A) todavia ... quando ... caso

(B) porém ... depois que ... de sorte que

(C) portanto ... mas ... conforme

(D) entretanto ... e ... para que

(E) pois ... visto que ... a fim de que

Na primeira lacuna, precisamos de uma conjunção adversativa, para indicar que, apesar da alegria do velhinho, o delegado não deu mais nenhuma informação para ele. Poderíamos usar "mas", "porém", "entretanto", "todavia", "contudo", dentre outras. Na segunda lacuna, a conjunção é aditiva, porque os dois fatos (não dar detalhes e mandar para casa) devem ser "somados". A conjunção aditiva por excelência é "e". Na terceira lacuna, precisamos de uma locução conjuntiva que exprima finalidade: "para que", "a fim de que", "com vistas a" etc. A única alternativa que apresenta tais opções na ordem correta é a letra "D".

Gabarito "D".

CONTRATEMPOS

Ele nunca entendeu o tédio, essa impressão de que existem mais horas do que coisas para se fazer com elas. Sempre faltou tempo para tanta coisa: faltou minuto para tanta música, faltou dia para tanto sol, faltou domingo para tanta praia, faltou noite para tanto filme, faltou ano para tanta vida.

Existem dois tipos de pessoa. As pessoas com mais coisa que tempo e as pessoas com mais tempo que coisas para fazer com o tempo.

As pessoas com menos tempo que coisa são as que buzinam assim que o sinal fica verde, e ficam em pé no avião esperando a porta se abrir, e empurram e atropelam as outras para entrar primeiro no vagão do trem, e leem livros que enumeram os "livros que você tem que ler antes de morrer" ao invés de ler diretamente os livros que você tem de ler antes de morrer.

Esse é o caso dele, que chega ao trabalho perguntando onde é a festa, e chega à festa querendo saber onde é a próxima, e chega à próxima festa pedindo táxi para a outra, e chega à outra percebendo que era melhor ter ficado na primeira, e quando chega a casa já está na hora de ir para o trabalho.

Ela sempre pertenceu ao segundo tipo de pessoa. Sempre teve tempo de sobra, por isso sempre leu romances longos, e passou tardes longas vendo pela milésima vez a segunda temporada de "Grey's Anatomy" mas, por ter tempo demais, acabava sobrando tempo demais para se preocupar com uma hérnia imaginária, ou para tentar fazer as pazes com pessoas que nem sabiam que estavam brigadas com ela, ou escrever cartas longas dentro da cabeça para o ex-namorado, os pais, o país, ou culpar o sol ou a chuva, ou comentar "e esse calor dos infernos?", achando que a culpa é do mau tempo quando na verdade a culpa é da sobra de tempo, porque se ela não tivesse tanto tempo não teria nem tempo para falar do tempo.

Quando se conheceram, ele percebeu que não adiantava correr atrás do tempo porque o tempo sempre vai correr mais rápido, e ela percebeu que às vezes é bom correr para pensar menos, e pensar menos é uma maneira de ser feliz, e ambos perceberam que a felicidade é uma questão de tempo. Questão de ter tempo o suficiente para ser feliz, mas não o bastante para perceber que essa felicidade não faz o menor sentido.

(Gregório Duvivier. Folha de S. Paulo, 30.11.2015. Adaptado)

(Procurador – IPSMI/SP – VUNESP – 2016) Na passagem – As pessoas [...] que buzinam **assim que o sinal fica verde** – o trecho destacado expressa, em relação ao verbo que o antecede,

(A) lugar da ação.

(B) modo da ação.

(C) finalidade da ação.

(D) comparação das ações.

(E) tempo concomitante das ações.

A locução conjuntiva "assim que" transmite ideia de tempo, mais especificamente um tempo concomitante; transmite a ideia de que os dois fatos ocorreram, se não ao mesmo tempo, um imediatamente em seguida do outro.
Gabarito "E".

(Procurador – SP – VUNESP – 2015) Ele publicou um anúncio no jornal solicitando que pessoas particularmente sortudas ou azaradas entrassem em contato com ele **para que** seus comportamentos fossem analisados.

O termo destacado nessa passagem expressa ideia de

(A) proporção.

(B) finalidade.

(C) concessão.

(D) conformidade.

(E) conclusão.

A locução conjuntiva "para que" tem valor final, ou seja, expressa a finalidade, o objetivo de se realizar determinada ação.
Gabarito "B".

7. PRONOMES E COLOCAÇÃO PRONOMINAL

Leolinda Daltro (1859-1935) – A educadora é considerada uma das primeiras sufragistas e precursora do feminismo no Brasil. Fundou o Partido Republicano Feminino, três jornais para as mulheres e foi uma das criadoras da Linha de Tiro Feminino Orsina da Fonseca, onde elas treinavam com armas de fogo. No fim do século 19, viajou pelo Brasil divulgando ideias como a educação laica e os direitos indígenas.

(https://www.uol.com.br/universa/reportagens-especiais. Adaptado)

(Escrevente – TJ/SP – VUNESP – 2023) Assinale a alternativa em que a palavra "onde" está corretamente empregada, conforme no trecho: "... foi uma das criadoras da Linha de Tiro Feminino Orsina da Fonseca, **onde** elas treinavam com armas de fogo."

(A) A casa **onde** ele mora é um refúgio dentro da cidade grande, com árvores, flores, pássaros e um clima de tranquilidade.

(B) **Onde** eu me dirijo para obter mais informações turísticas? – perguntou o rapaz ansioso a um transeunte do local.

(C) O que me encantava era saber que a cidade **onde** ele foi era tão distante que a rotina dali passava longe das redes sociais.

(D) Não sabemos **onde** ele quer chegar com aquelas conclusões precipitadas em relação a um assunto tão complexo e polêmico.

(E) A discussão daquele tema **onde** eu não tinha muita familiaridade trazia um pouco de preocupação naquele momento.

A questão trata do uso correto das palavras "onde" e "aonde", além da função gramatical que podem exercer na oração. Nas alternativas "B", "C" e "D", o termo correto é **aonde**, porque as orações são compostas por verbos que transmitem a ideia de movimento (dirigir-se, ir, chegar). Na letra "E", por sua vez, a palavra está exercendo função de pronome relativo, equivalente a "no qual", ao passo que no enunciado ela é adjunto adverbial de lugar. Correta, portanto, a alternativa "A". HS
Gabarito "A".

Infeliz Aniversário

A Branca de Neve de Disney fez 80 anos, com direito a chamada na primeira página de um jornal e farta matéria crítica lá dentro. Curiosamente, as críticas não eram à versão Disney cujo aniversário se comemorava, mas à personagem em si, cuja data natalícia não se comemora porque pode estar no começo do século XVII, quando escrita pelo italiano Gianbattista Basile, ou nas versões orais que se perdem na névoa do tempo.

É um velho vício este de querer atualizar, podar, limpar, meter em moldes ideológicos as antigas narrativas que nos foram entregues pela tradição. A justificativa é sempre a mesma, proteger as inocentes criancinhas de verdades que poderiam traumatizá-las. A verdade é sempre outra, impingir às criancinhas as diretrizes sociais em voga no momento.

E no momento, a crítica mais frequente aos contos de fadas é a abundância de princesas suspirosas à espera do príncipe. Mas a que "contos de fadas" se refere? Nos 212 contos recolhidos pelos irmãos Grimm, há muito mais do que princesas suspirosas. Nos dois volumes de "The virago book on fairy tales", em que a inglesa Angela Carter registrou contos do mundo inteiro, não se ouvem suspiros. Nem suspiram princesas entre as mulheres que correm com os lobos, de Pinkola Estés.

As princesas belas e indefesas que agora estão sendo criticadas foram uma cuidadosa e progressiva escolha social. Escolha de educadores, pais, autores de antologias, editores. Escolha doméstica, feita cada noite à beira da cama. Garimpo determinado selecionando, entre tantas narrativas, aquelas mais convenientes para firmar no imaginário infantil o modelo feminino que a sociedade queria impor.

Não por acaso Disney escolheu Branca de Neve para seu primeiro longa-metragem de animação. O custo era altíssimo, não poderia haver erro. E, para garantir açúcar e êxito, acrescentou o beijo.

Os contos maravilhosos, ou contos de fadas, atravessaram séculos, superaram inúmeras modificações sociais, venceram incontáveis ataques. Venceram justamente pela densidade do seu conteúdo, pela riqueza simbólica com que retratam nossas vidas, nossas humanas inquietações. Querer, mais uma vez, sujeitá-los aos conceitos de ensino mais rasteiros, às interpretações mais primárias, é pura manipulação, descrença no poder do imaginário.

(https://www.marinacolasanti.com/. Adaptado)

(Escrevente – TJ/SP – VUNESP – 2023) Assinale a alternativa em que o enunciado, reescrito a partir das informações do texto, atende à norma-padrão de colocação pronominal.

- (A) Escolheu-se Branca de Neve para ser o primeiro longa-metragem de animação da Disney, sabendo-se que não poderia haver erro.
- (B) Crê-se que o aniversário de Branca de Neve seria no começo do século XVII, ou nas versões orais, que teriam perdido-se na névoa do tempo.
- (C) Me pergunto a que contos de fadas refere-se a crítica mais frequente, que fala da abundância de princesas suspirosas à espera do príncipe.
- (D) Quem atreveria-se a desdizer que os contos de fadas que disseminaram-se no cotidiano social visam manter as diretrizes sociais em voga no momento?
- (E) Os contos maravilhosos se impuseram por séculos, e isso certamente deu-se justamente pela densidade do seu conteúdo e pela sua riqueza simbólica.

A: correta, pois todas as regras de colocação pronominal propostas pela norma culta foram seguidas; **B:** incorreta. A conjunção "que" determina a próclise: "que teriam se perdido"; **C:** incorreta, pela mesma razão anterior: "que contos de fada se refere"; **D:** incorreta, novamente deveria usar a próclise: "que se disseminaram"; **E:** incorreta, porém vale fazer uma ressalva. A norma culta estabelece que a ênclise é a colocação pronominal padrão, isto é, se não é caso de próclise ou mesóclise obrigatória, o pronome fica depois do verbo. Porém, a próclise nesses casos é totalmente consagrada pelo uso, não sendo a melhor estratégia para uma questão de múltipla escolha abordar o tema desta maneira. **HS** Gabarito "A".

Vida ao natural

Pois no Rio tinha um lugar com uma lareira. E quando ela percebeu que, além do frio, chovia nas árvores, não pôde acreditar que tanto lhe fosse dado. O acordo do mundo com aquilo que ela nem sequer sabia que precisava como numa fome. Chovia, chovia. O fogo aceso pisca para ela e para o homem. Ele, o homem, se ocupa do que ela nem sequer lhe agradece; ele atiça o fogo na lareira, o que não lhe é senão dever de nascimento. E ela – que é sempre inquieta, fazedora de coisas e experimentadora de curiosidades – pois ela nem lembra sequer de atiçar o fogo; não é seu papel, pois se tem o seu homem para isso. Não sendo donzela, que o homem então cumpra a sua missão. O mais que ela faz é às vezes instigá-lo: "aquela acha*", diz-lhe, "aquela ainda não pegou". E ele, um instante antes que ela acabe a frase que o esclareceria, ele por ele mesmo já notara a acha, homem seu que é, e já está atiçando a acha. Não a comando seu, que é a mulher de um homem e que perderia seu estado se lhe desse ordem. A outra mão dele, a livre, está ao alcance dela. Ela sabe, e não a toma. Quer a mão dele, sabe que quer, e não a toma. Tem exatamente o que precisa: pode ter.

Ah, e dizer que isto vai acabar, que por si mesmo não pode durar. Não, ela não está se referindo ao fogo, refere-se ao que sente. O que sente nunca dura, o que sente sempre acaba, e pode nunca mais voltar. Encarniça-se então sobre o momento, come-lhe o fogo, e o fogo doce arde, arde, flameja. Então, ela que sabe que tudo vai acabar, pega a mão livre do homem, e ao prendê-la nas suas, ela doce arde, arde, flameja.

(Clarice Lispector, Os melhores contos
[seleção Walnice Nogueira Galvão], 1996)

* pequeno pedaço de madeira usado para lenha

(Escrevente – TJ/SP – 2021 – VUNESP) Assinale a alternativa em que a reescrita de informações textuais atende à norma-padrão de colocação pronominal.

- (A) Se apercebendo de que chovia nas árvores, ela não pôde acreditar que tanto lhe fosse dado.
- (B) Como ela esquece de atiçar o fogo, pois não é seu papel, o seu homem dedica-se a essa missão.
- (C) Antes que ela esclareça onde está a acha, ele por ele mesmo já tinha notado-a, homem seu que é.
- (D) Ela às vezes instiga o homem, dizendo-lhe: "aquela acha ainda não pegou e você não atiçou-a".
- (E) Ela acha que aquilo vai acabar. Não é ao fogo que refere-se, certamente refere-se ao que sente.

A: incorreta. Não se usa próclise no começo de oração; **B:** correta, a ênclise foi usada como forma padrão da colocação pronominal; **C:** incorreta. O advérbio "já" determina a próclise: "já tinha notado"; **D:** incorreta. Agora é o advérbio "não" que torna a próclise obrigatória: "você não a atiçou"; **E:** incorreta, pela presença do pronome relativo "que": "que se refere". **HS** Gabarito "B".

Quem assiste a "Tempo de Amar" já reparou no português extremamente culto e correto que é falado pelos personagens da novela. Com frases que parecem retiradas de um romance antigo, mesmo nos momentos mais banais, os personagens se expressam de maneira correta e erudita.

Ao UOL, o autor da novela, Alcides Nogueira, diz que o linguajar de seus personagens é um ponto que leva a novela a se destacar. "Não tenho nada contra a linguagem coloquial, ao contrário. Acho que a língua deve ser viva e usada em sintonia com o nosso tempo. Mas colocar um português bastante culto torna a narrativa mais coerente com a época da trama. Fora isso, é uma oportunidade de o público conhecer um pouco mais dessa sintaxe poucas vezes usada atualmente".

O escritor, que assina o texto da novela das 18h ao lado de Bia Corrêa do Lago, conta que a decisão de imprimir um português erudito à trama foi tomada por ele e apoiada pelo diretor artístico, Jayme Monjardim. Ele revela que toma diversos cuidados na hora de escrever o texto, utilizando, inclusive, o dicionário. "Muitas vezes é preciso recorrer às gramáticas. No início, o uso do coloquial era tentador. Aos poucos, a escrita foi ficando mais fácil", afirma Nogueira, que também diz se inspirar em grandes escritores da literatura brasileira e portuguesa, como Machado de Assis e Eça de Queiroz.

Para o autor, escutar os personagens falando dessa forma ajuda o público a mergulhar na época da trama de modo profundo e agradável. Compartilhou-lhe o sentimento Jayme Monjardim, que também explica que a estética delicada da novela foi pensada para casar com o texto. "É uma novela que se passa no fim dos anos 1920, então tudo foi pensado para que o público entrasse junto com a gente nesse túnel do tempo. Acho que isso é importante para que o telespectador consiga se sentir em outra época", diz.

(Guilherme Machado. UOL. https://tvefamosos.uol.com.br.

15.11.2017. Adaptado)

(Escrevente – TJ/SP – 2018 – VUNESP) Considere as passagens:

• ... os personagens **se** expressam de maneira correta e erudita. (1º parágrafo)

• Compartilhou-**lhe** o sentimento Jayme Monjardim... (4º parágrafo)

• "... para que o telespectador consiga **se** sentir em outra época"... (4º parágrafo)

Os pronomes, em destaque, assumem nos enunciados, correta e respectivamente, os sentidos:

(A) recíproco, possessivo e reflexivo.

(B) recíproco, reflexivo e reflexivo.

(C) reflexivo, possessivo e reflexivo.

(D) reflexivo, demonstrativo e enfático.

(E) reflexivo, enfático e possessivo.

Na primeira passagem, "se" é pronome reflexivo, porque se refere ao mesmo tempo aos personagens e ao verbo "expressar"; na segunda passagem, "lhe" é pronome possessivo, pois se refere ao sentimento de Alcides Nogueira; na terceira passagem, novamente o "se" como pronome reflexivo, vez que se refere tanto ao telespectador quanto ao verbo "sentir".

Gabarito "C".

Se determinado efeito, lógico ou artístico, mais fortemente se obtém do emprego de um substantivo masculino apenso a substantivo feminino, não deve o autor hesitar em fazê-lo. Quis eu uma vez dar, em uma só frase, a ideia – pouco importa se vera ou falsa – de que Deus é simultaneamente o Criador e a Alma do mundo. Não encontrei melhor maneira de o fazer do que tornando transitivo o verbo "ser"; e assim dei à voz de Deus a frase: – Ó universo, eu sou-te, em que o transitivo de criação se consubstancia com o intransitivo de identificação.

Outra vez, porém em conversa, querendo dar incisiva, e portanto concentradamente, a noção verbal de que certa senhora tinha um tipo de rapaz, empreguei a frase "aquela rapaz", violando deliberadamente e justissimamente a lei fundamental da concordância.

A prosódia, já alguém o disse, não é mais que função do estilo.

A linguagem fez-se para que nos sirvamos dela, não para que a sirvamos a ela.

(Fernando Pessoa. A língua portuguesa, 1999. Adaptado)

(Escrevente – TJ/SP – 2018 – VUNESP) Assinale a alternativa que atende à norma-padrão de colocação pronominal.

(A) A prosódia, já disse-o alguém, não é mais que função do estilo.

(B) Se consubstancia o transitivo de criação com o intransitivo de identificação na frase: – Ó universo, eu sou-te.

(C) Tendo referido-me a Deus simultaneamente como o Criador e a Alma do mundo, recorri à frase: – Ó universo, eu sou-te.

(D) Sirvamo-nos da linguagem para quaisquer efeitos, sejam eles lógicos ou artísticos.

(E) Para expressar minha ideia, juntariam-se o transitivo de criação com o intransitivo de identificação na frase.

(colocação pronominal) **A:** incorreta. O advérbio determina a próclise: "já o disse alguém"; **B:** incorreta. Não se inicia frase com pronome oblíquo, é caso de ênclise obrigatória: "Consubstancia-se o transitivo..."; **C:** incorreta. A locução verbal determina o pronome proclítico ao verbo principal: "tendo me referido"; **D:** correta. Como anotado na letra "B", aqui se respeitou a ênclise no início do período; **E:** incorreta. Ainda que em desuso, a norma padrão determina o uso da mesóclise com o futuro do pretérito do indicativo: "juntar-se-iam".

Gabarito "D".

(Procurador Municipal – Sertãozinho/SP – VUNESP – 2016) Leia as frases.

• No início do jantar, os casais geralmente discutem temas como o nome para os bebês.

• As mulheres consideradas naturebas preferem uma parteira experiente para realizar o parto.

• O cronista imagina como é confortável estar na barriga da mãe e não ter a obrigação de cortar as unhas.

Assinale a alternativa em que, de acordo com a norma-padrão da língua portuguesa, os pronomes substituem corretamente as expressões destacadas e estão colocados adequadamente nas frases.

(A) os discutem – realizar-lhe – tê-la

(B) os discutem – realizá-lo – a ter

(C) lhes discutem – realizá-lo – a ter
(D) discutem-nos – realizar-lhe – tê-la
(E) discutem-nos – realizá-lo – a ter

O advérbio "geralmente" recomenda a próclise no primeiro caso: "os discutem". No segundo período, como não há qualquer indicação de próclise ou mesóclise, usamos a ênclise como padrão: "realizá-lo". Por fim, no terceiro caso, o advérbio "não" determina a próclise: "a ter".

Gabarito "B".

Desde que viu pela primeira vez um filme policial, o rapaz quis ser um homem da lei. Sonhava viver aventuras, do lado do bem. Botar algemas nos pulsos de um criminoso e dizer, como nos livros: "Vai mofar na cadeia, espertinho".

Estudou Direito com o objetivo de ser delegado de polícia. No início do curso, até pensou em tornar-se um grande advogado criminal, daqueles que desmontam um por um os argumentos do nobre colega, mas a partir do segundo ano percebeu que seu negócio eram mesmo as algemas. Assim que se formou, inscreveu-se no primeiro concurso público para delegado. Fez aulas de defesa pessoal e tiro. Estudou tanto que passou em primeiro lugar e logo saiu a nomeação para uma delegacia em bairro de classe média, Vila Mariana.

No dia de assumir o cargo, acordou cedo, fez a barba, tomou uma longa ducha, reforçou o desodorante para o caso de algum embate prolongado, vestiu o melhor terno, caprichou na gravata e olhou-se no espelho satisfeito. Encenou um sorriso cínico imitando Sean Connery e falou:

– Meu nome é Bond. James Bond.

Na delegacia, percorreu as dependências, conheceu a equipe, conferiu as armas, as viaturas, e sentou-se à mesa, à espera do primeiro caso. Não demorou: levaram até ele uma senhora idosa e enfezada.

– Doutor, estão atirando pedras no meu varal!

Adeus 007. O delegado-calouro caiu na besteira de dizer à queixosa que aquilo não era crime.

– Não é crime? Quer dizer que podem jogar pedras no meu varal?

– Eu não posso prender ninguém por isso.

– Ah, é? Então a polícia vai permitir que continuem a jogar pedras no meu varal? A sujar minha roupa?

James Bond não tinha respostas. Procurou saber quem jogava as pedras. A velha senhora não sabia, mas suspeitava de alguém da casa ao lado. O delegado mandou "convidarem" o vizinho para uma conversa e pediu que trancassem a senhora numa sala.

– Ai, meu Deus, só falta ser um velhinho, para completar! – murmurou o desanimado Bond.

Era um velhinho que confessou tudo dando risadinhas travessas. Repreendeu-o com tom paterno:

– O senhor não pode fazer uma coisa dessas. Por que isso, aborrecer as pessoas?

– É para passar o tempo. Vivo sozinho, e com isso eu me divirto um pouco, né?

O moço delegado cruzou as mãos atrás da cabeça, fechou os olhos e meditou sobre os próximos trinta anos. Pensou também na vida, na solidão e em arranjar uma namorada. Abriu os olhos e lá estava o velhinho.

– Pois eu vou contar uma coisa. A sua vizinha, essa do varal, está interessadíssima no senhor, gamadona.

O velho subiu nas nuvens, encantado. Recusou-se a dar mais detalhes, mandou-o para casa, e chamou a senhora:

– Ele esteve aqui. É um senhor de idade. Bonitão, viu? Confessou que fez tudo por amor, para chamar a sua atenção. Percebeu que uma chama romântica brilhou nos olhos dela.

Caso encerrado.

(Humberto Werneck, Org. Coleção melhores crônicas – Ivan Angelo. Global, 2007. Adaptado)

(Procurador Municipal/SP – VUNESP – 2016) Considere os trechos destacados na frase a seguir.

Na delegacia, vagarosamente percorreu as dependências, cumprimentou todos da equipe, decidiu conferir as armas e as viaturas e sentou-se à mesa, onde aguardou o seu primeiro caso.

Assinale a alternativa em que os pronomes estão adequadamente colocados na frase e substituem, correta, respectivamente e de acordo com a norma-padrão da língua portuguesa, as expressões destacadas.

(A) Na delegacia, vagarosamente as percorreu, cumprimentou-os, decidiu conferi-las e sentou-se à mesa, onde o aguardou.
(B) Na delegacia, vagarosamente as percorreu, cumprimentou-os, decidiu conferir-lhes e sentou-se à mesa, onde aguardou-o.
(C) Na delegacia, vagarosamente as percorreu, cumprimentou-lhes, decidiu conferi-las e sentou-se à mesa, onde aguardou-o.
(D) Na delegacia, vagarosamente percorreu-as, cumprimentou-lhes, decidiu conferi-las e sentou-se à mesa, onde o aguardou.
(E) Na delegacia, vagarosamente percorreu-as, cumprimentou-os, decidiu conferir-lhes e sentou-se à mesa, onde aguardou-o.

Nenhum dos verbos que antecede as expressões destacadas rege preposição, portanto ao substituí-las por pronomes devemos utilizar "o(s)" e "a(s)". O pronome "lhe(s)" é reservado para os termos acompanhados de preposição. Assim, teremos: "as percorreu" (a próclise é obrigatória frente ao advérbio "vagarosamente"), "cumprimentou-os", "conferi-las" e "o aguardou" (aqui também há próclise por conta do advérbio "onde").

Gabarito "A".

(Bob Thaves, O Estado de S. Paulo, 06.06.2010)

(Procurador Municipal/SP – VUNESP – 2016) Supondo que o serviçal do rei empregasse outra frase para comentar com seu colega a reação do monarca diante dos protestos, de acordo com a norma-padrão da língua portuguesa, ele se expressaria corretamente ao dizer:

20. LÍNGUA PORTUGUESA   521

(A) Sua Majestade não se deu conta de que está desprestigiado pelo povo.

(B) Sua Majestade não se deu conta de que estais desprestigiada pelo povo.

(C) Vossa Majestade não se deu conta de que estais desprestigiado pelo povo.

(D) Vossa Majestade não se deu conta de que está desprestigiado pelo povo.

(E) Vossa Majestade não se deu conta de que está desprestigiada pelo povo.

Quando estamos falando com terceiros sobre a autoridade referida pelo pronome de tratamento, usamos a forma na terceira pessoa: "Sua Majestade". Isso não altera a concordância verbal pela terceira pessoa do singular, portanto, no caso, teremos "está" e não "estais". Por fim, não é porque "Majestade" é um termo feminino que com tal gênero devem concordar as palavras que se seguem. Se a autoridade for homem, deve ser usado o gênero masculino. O enunciado afirma que é um rei, não uma rainha. Logo, o correto é "desprestigiado".
Gabarito "A".

(Procurador – SP – VUNESP – 2015) Assinale a alternativa que completa corretamente a frase seguinte, no que se refere ao emprego dos pronomes. Prezados colaboradores, caso tenham sugestões para aprimorarmos nossos serviços, favor

(A) encaminhá-las à diretoria, que se encarregará de analisá-las.

(B) encaminhá-las à diretoria, que encarregar-se-á de analisar-lhes.

(C) encaminhar-lhes à diretoria, que se encarregará de analisá-las.

(D) encaminhar-lhes à diretoria, que se encarregará de analisar-lhes.

(E) encaminhar-lhes à diretoria, que encarregar-se-á de analisá-las.

O verbo "encaminhar" é transitivo direto, logo o objeto direto deve ser feito com o pronome oblíquo "as" – "encaminhá-las". O pronome relativo "que" implica próclise obrigatória, logo "se encarregará". "Analisar" também é verbo transitivo direto e também seu objeto será feito com o pronome oblíquo "as" – "analisá-las".
Gabarito "A".

(Escrevente – TJ/SP – VUNESP – 2015) De acordo com a norma-padrão, o pronome destacado pode ser colocado também depois do verbo no trecho:

(A) Se **lhes** disséssemos que o direito é a luta ...

(B) ... só **se** afirma por uma disposição ininterrupta para a luta...

(C) ... o meio de que **se** serve para consegui-lo ...

(D) A vida do direito **nos** oferece ...

(E) ... segura a espada por meio da qual **o** defende.

A: incorreta. A próclise é obrigatória pela conjunção condicional "se"; **B:** incorreta. A próclise é obrigatória pela presença do advérbio "só"; **C:** incorreta. A próclise é obrigatória pela presença do pronome relativo "que"; **D:** correta. Aqui, a próclise é facultativa, por não haver nenhuma ocorrência que a exija; **E:** incorreta. A próclise é obrigatória por força da locução pronominal relativa "da qual".
Gabarito "D".

(Escrevente – TJ/SP – VUNESP – 2015) Assinale a alternativa em que o pronome destacado está empregado de acordo com a norma-padrão.

(A) O mundo conhece a paz graças aos povos, governos, classes sociais e indivíduos, **cuja** luta a garante.

(B) Há milhares de indivíduos **onde** a sua vida se desenvolve tranquilamente e sem obstáculos.

(C) A luta garante a conquista dos direitos da humanidade, **o qual** os princípios mais importantes dela foram atacados.

(D) A Justiça tem numa das mãos uma balança, **cuja** representa a garantia de que o direito será pesado, ponderado.

(E) O direito é uma força viva, **onde** os homens batalham incessantemente para manter.

A: correta. O pronome relativo "cuja" está empregado nos exatos termos prescritos pela norma padrão da língua; **B:** incorreta. "Onde" traz a ideia de lugar, portanto não pode estar associado a indivíduos. Melhor seria "cuja vida"; **C:** incorreta. Aqui também deveria constar "cujos"; **D:** incorreta. "Cuja" não foi utilizado corretamente; deveria constar "a qual"; **E:** incorreta, pela mesma razão do comentário à alternativa "B". Melhor seria "pela qual".
Gabarito "A".

8. VERBO

Infeliz Aniversário

A Branca de Neve de Disney fez 80 anos, com direito a chamada na primeira página de um jornalão e farta matéria crítica lá dentro. Curiosamente, as críticas não eram à versão Disney cujo aniversário se comemorava, mas à personagem em si, cuja data natalícia não se comemora porque pode estar no começo do século XVII, quando escrita pelo italiano Gianbattista Basile, ou nas versões orais que se perdem na névoa do tempo.

É um velho vício este de querer atualizar, podar, limpar, meter em moldes ideológicos as antigas narrativas que nos foram entregues pela tradição. A justificativa é sempre a mesma, proteger as inocentes criancinhas de verdades que poderiam traumatizá-las. A verdade é sempre outra, impingir às criancinhas as diretrizes sociais em voga no momento.

E no momento, a crítica mais frequente aos contos de fadas é a abundância de princesas suspirosas à espera do príncipe. Mas a que "contos de fadas" se refere? Nos 212 contos recolhidos pelos irmãos Grimm, há muito mais do que princesas suspirosas. Nos dois volumes de "The virago book on fairy tales", em que a inglesa Angela Carter registrou contos do mundo inteiro, não se ouvem suspiros. Nem suspiram princesas entre as mulheres que correm com os lobos, de Pinkola Estés.

As princesas belas e indefesas que agora estão sendo criticadas foram uma cuidadosa e progressiva escolha social. Escolha de educadores, pais, autores de antologias, editores. Escolha doméstica, feita cada noite à beira da cama. Garimpo determinado selecionando, entre tantas narrativas, aquelas mais convenientes para firmar no imaginário infantil o modelo feminino que a sociedade queria impor.

Não por acaso Disney escolheu Branca de Neve para seu primeiro longa-metragem de animação. O custo era altíssimo, não poderia haver erro. E, para garantir açúcar e êxito, acrescentou o beijo.

Os contos maravilhosos, ou contos de fadas, atravessaram séculos, superaram inúmeras modificações sociais, venceram incontáveis ataques. Venceram justamente pela densidade do seu conteúdo, pela riqueza simbólica com que retratam nossas vidas, nossas humanas inquietações. Querer, mais uma vez, sujeitá-los aos conceitos de ensino mais rasteiros, às interpretações mais primárias, é pura manipulação, descrença no poder do imaginário.

(https://www.marinacolasanti.com/. Adaptado)

(Escrevente – TJ/SP – VUNESP – 2023) Assinale a alternativa em que, na reescrita da passagem – Curiosamente, as críticas não eram à versão Disney cujo aniversário se comemorava, mas à personagem em si... (1º parágrafo) –, a forma verbal destacada confere sentido de conjectura ao enunciado.

(A) Curiosamente, as críticas não **têm sido** à versão Disney cujo aniversário se comemorava, mas à personagem em si.

(B) Curiosamente, as críticas não **são** à versão Disney cujo aniversário se comemorava, mas à personagem em si.

(C) Curiosamente, as críticas não **foram** à versão Disney cujo aniversário se comemorava, mas à personagem em si.

(D) Curiosamente, as críticas não **seriam** à versão Disney cujo aniversário se comemorava, mas à personagem em si.

(E) Curiosamente, as críticas não **tinham sido** à versão Disney cujo aniversário se comemorava, mas à personagem em si.

"Sentido de conjectura" é o mesmo que dúvida, incerteza. O modo verbal que a expressa é o subjuntivo, utilizado na alternativa "D". HS

Gabarito "D".

Perto do apagão

_____ a falta de chuvas nos últimos dois meses, inferiores ao padrão já escasso do mesmo período de 2020, ficou mais evidente a ameaça _____ a geração de energia se mostre insuficiente para manter o fornecimento até novembro, quando se encerra o período seco.

Novas simulações do Operador Nacional do Sistema (ONS) mostram agravamento, com destaque para a região Sul, onde o nível dos reservatórios até 24 de agosto caiu para 30,7% – a projeção anterior apontava para 50% no fechamento do mês.

Mesmo no cenário mais favorável, que pressupõe um amplo conjunto de medidas, como acionamento de grande capacidade de geração térmica, importação de energia e postergação de manutenção de equipamentos, o país chegaria _____ novembro praticamente sem sobra de potência, o que amplia a probabilidade de apagões.

Embora se espere que tais medidas sejam suficientes para evitar racionamento neste ano, não se descartam sobressaltos pontuais, no contexto da alta demanda _____ o sistema será submetido.

Se o regime de chuvas no verão não superar a média dos últimos anos, a margem de manobra para 2022 será ainda menor. Calcula-se que, nesse quadro, a geração térmica,

mais cara, tenha de permanecer durante todo o período úmido, o que seria algo inédito.

Desde já o país precisa considerar os piores cenários e agir com toda a prudência possível, com foco em investimentos na geração, modernização de turbinas em hidrelétricas antigas e planejamento para ampliar a resiliência do sistema.

(Editorial. Folha de S.Paulo, 27.08.2021. Adaptado)

(Escrevente – TJ/SP – 2021 – VUNESP) Considere as passagens do texto.

• ... onde o nível dos reservatórios até 24 de agosto caiu para 30,7%... (2º parágrafo)

• ... a margem de manobra para 2022 será ainda menor. (5º parágrafo)

• ... o que seria algo inédito. (5º parágrafo)

No contexto em que estão empregadas, as formas verbais expressam, correta e respectivamente, sentido de:

(A) ação frequente; presente; dúvida.
(B) ação concluída; imperativo; hipótese.
(C) ação concluída; futuro; hipótese.
(D) ação frequente; presente; certeza.
(E) ação anterior a outra; futuro; desejo.

"Caiu" é conjugação do pretérito perfeito do indicativo, expressa uma ação concluída. "Será" está no futuro do presente do indicativo e expressa, assim, o futuro, algo que ainda acontecerá. "Seria" é futuro do pretérito do indicativo, tempo verbal que carrega a ideia de uma hipótese, de algo que pode acontecer, porém sem certeza. HS

Gabarito "C".

O ataque da desinformação

Sempre houve boatos e mentiras gerando desinformação na sociedade. O fenômeno é antigo, mas os tempos atuais trouxeram desafios em proporções e numa velocidade até há pouco impensáveis.

A questão não é apenas a incrível capacidade de compartilhamento instantâneo, dada pelas redes sociais e os aplicativos de mensagem, o que é positivo, mas traz evidentes riscos. Muitas vezes, uma informação é compartilhada milhares de vezes antes mesmo de haver tempo hábil para a checagem de sua veracidade. O desafio é também oriundo do avanço tecnológico das ferramentas de edição de vídeo, áudio e imagem. Cada vez mais sofisticadas e, ao mesmo tempo, mais baratas e acessíveis, elas são capazes de falsificar a realidade de forma muito convincente.

Para debater esse atual cenário, a Associação Nacional de Jornais (ANJ) promoveu o seminário "Desinformação: Antídotos e Tendências". Na abertura do evento, Marcelo Rech, presidente da ANJ, lembrou que o vírus da desinformação não é difundido apenas por grupos ou indivíduos extremistas. Também alguns governos têm se utilizado dessa arma para desautorizar coberturas inconvenientes. Tenta-se fazer com que apenas a informação oficial circule.

O diretor da organização Witness, Sam Gregory, falou sobre as deepfakes e outras tecnologias que se valem da inteligência artificial (IA) para criar vídeos, imagens e áudios falsos. Houve um grande avanço tecnológico na área, o que afeta diretamente a confiabilidade das informações na esfera pública. O vídeo de um político fazendo determinada declaração pode ser inteiramente falso. Parece não haver limites para as manipulações.

Diante desse cenário, que alguém poderia qualificar como o "fim da verdade", Sam Gregory desestimulou qualquer reação de pânico ou desespero, que seria precisamente o que os difusores da desinformação almejam. Para Gregory, o caminho é melhorar a preparação das pessoas e das instituições, ampliando a "alfabetização midiática" – prover formação para que cada pessoa fique menos vulnerável às manipulações –, aperfeiçoando as ferramentas de detecção de falsidades e aumentando a responsabilidade das plataformas que disponibilizam esses conteúdos.

Há um consenso de que o atual cenário, mesmo com todos os desafios, tem aspectos muito positivos, pois todos os princípios norteadores do jornalismo, como o de independência, da liberdade de expressão e o de rigor na apuração, têm sua importância reafirmada.

O caminho para combater a desinformação continua sendo o mesmo: a informação de qualidade.

(*O Estado de São Paulo.* 19.10.2019. Adaptado)

(Advogado – Pref. São Roque/SP – 2020 – VUNESP) Considere os trechos reescritos com base no texto.

• Historicamente, sempre **existiram** boatos e mentiras gerando desinformação na sociedade. (1º parágrafo)

• ... os tempos atuais trouxeram desafios em proporções e numa velocidade que **há** poucos anos era algo impensável. (1º parágrafo)

• **São** tentativas de fazer com que apenas a informação oficial circule. (3º parágrafo)

As expressões destacadas podem ser substituídas, respectivamente e em conformidade com a norma-padrão de concordância, por

(A) houve; fazem; Tratam-se de.
(B) houve; faz; Trata-se de.
(C) houve; fazem; Trata-se de.
(D) houveram; fazem; Tratam-se de.
(E) houveram; faz; Trata-se de.

Com sentido de "existir", o verbo "haver" é impessoal, portanto permanecerá no singular. O mesmo ocorre com o verbo "fazer" quando indicar tempo. A construção "trata-se de" tem sujeito indeterminado, sendo "tentativas" seu objeto indireto – portanto, fica no singular também.

Gabarito "B".

(Advogado – Pref. São Roque/SP – 2020 – VUNESP) Considere a tirinha para responder às questões a seguir.

(M. Schulz. *O Estado de S. Paulo*, 10.08.2019.)

(Advogado – Pref. São Roque/SP – 2020 – VUNESP) No primeiro quadrinho, em – se eu **tiver** sorte –, Charlie Brown emprega forma verbal no futuro do subjuntivo. A forma verbal correta também aparece destacada na alternativa:

(A) Se os habitantes da cidade se **precavirem** contra o tornado, os danos serão menores.
(B) Se a esposa **depor** contra o marido, alegando ameaças físicas, poderá obter proteção.
(C) Se esses países se **indispuserem** contra os imigrantes, haverá conflito.
(D) Se o produtor **ver** que as chuvas serão muito fortes, antecipará a colheita.
(E) Se os filtros **reterem** as substâncias poluentes, a água poderá ser reutilizada.

A: incorreta. A conjugação correta é "precaverem"; **B:** incorreta. A conjugação correta é "depuser"; **C:** correta, conforme o padrão culto da língua; **D:** incorreta. A conjugação correta é "vir"; **E:** incorreta. A conjugação correta é "retiverem".

Gabarito "C".

(www.sbotrj.com.br)

(Soldado – PM/SP – 2018 – VUNESP) O modo verbal em "não digite" expressa um conselho, assim como ocorre com a expressão destacada em:

(A) Como não haverá expediente bancário na sexta-feira, o boleto poderá ser pago na segunda-feira.
(B) O morador não autorizou a entrada do técnico para a medição do consumo de gás no imóvel.
(C) Atenção: não se esqueçam de usar o cinto de segurança também no banco de trás do automóvel.
(D) Pesquisadores canadenses descobriram que o macarrão não induz o ganho de peso.
(E) Os candidatos que não apresentarem um documento com foto não poderão realizar a prova.

A mensagem do cartaz adota o modo imperativo do verbo, próprio dos conselhos ou comandos. Ele só é encontrado na letra "C", que deve ser assinalada. Nas alternativas "A", "B" e "D", temos o modo indicativo, enquanto na letra "E" vemos o modo subjuntivo.
Gabarito "C".

(Juiz de Direito – TJ/RS – 2018 – VUNESP) Leia as frases.

• Observe-se que, na ditadura do general Franco, o governo não_____ para que as escolas particulares deixassem de oferecer o catalão em seus currículos.
• Ainda que _____ bandeiras independencistas espalhadas por Barcelona, é fato que muitos catalães se_____ à ideia de separação.
• Se a Catalunha _____ a se tornar independente, como ficará sua relação com a Espanha?

Em conformidade com a norma-padrão, as lacunas dos enunciados devem ser preenchidas, correta e respectivamente, com:

(A) interveio ... haja ... opõem ... vier
(B) interviu ... hajam ... oporam ... vim
(C) intervinha ... haja ... opuseram ... vir
(D) interviu ... haja ... opõem ... vier
(E) interveio ... hajam ... opuseram ... vir

A conjugação correta do verbo "intervir" na terceira pessoa do singular do pretérito perfeito do indicativo é "**interveio**". A conjugação correta do verbo "haver", nesse caso, se faz na terceira pessoa do singular do presente do subjuntivo, porque o verbo é impessoal (não admite flexão de número) – "**haja**". A conjugação correta do verbo "opor" na terceira pessoa do plural do presente do indicativo é "**opõem**". A conjugação correta do verbo "vir" na terceira pessoa do singular do futuro do subjuntivo é "**vier**".
Gabarito "A".

(Delegado – PC/BA – 2018 – VUNESP) Há emprego correto das formas verbais e correlação adequada entre tempos e modos, conforme a norma-padrão, em:

(A) Talvez seja válido considerar que o que nos desagradasse na adaptação de determinado livro seja a ausência de nossa própria leitura, pois sempre esperarmos ver nossas expectativas correspondidas na tela.
(B) Por mais que uma adaptação se proponha a ser fiel à obra em que se baseou, sempre haveria aspectos de divergência, uma vez que o filme tivera uma linguagem própria e traduziria uma leitura particular.
(C) Considerando que os leitores tenham modos peculiares de pensar e sentir, a apreensão de um texto literário não será a mesma para todos, ainda que determinadas interpretações possam ser partilhadas.
(D) Se as pessoas manterem o hábito de ler textos literários, teriam muito a ganhar, pois a literatura não apenas é fundamental para que desenvolvêssemos nosso intelecto mas também é importante para expandirmos a imaginação.
(E) Quando as pessoas passassem a dedicar mais tempo à leitura e à introspecção, será possível ampliar suas potencialidades intelectuais e emocionais, de modo que isso alterará a maneira como elas executariam todas as suas atividades cotidianas.

A: incorreta. "O que nos desagrada..." e "sempre esperamos"; B: incorreta. A terceira pessoa do singular do pretérito imperfeito do subjuntivo é "propusesse". Se estamos usando o subjuntivo, o modo verbal que expressa incerteza, os verbos "ter" e "traduzir" precisariam estar conjugados no futuro do pretérito do indicativo, que indica uma condição, algo que também não temos certeza ("teria" e "traduziria"); C: correta. Os verbos estão conjugados corretamente e há perfeita correlação entre os tempos e modos utilizados; D: incorreta. A conjugação do verbo "manter" na terceira pessoa do plural do pretérito imperfeito do subjuntivo é "mantivessem". O verbo "desenvolver" deveria estar no futuro do subjuntivo ("desenvolvermos"); E: incorreta. O pronome "quando" determina, nesse caso, o uso do futuro do subjuntivo ("passarem"). O verbo "executar" deve manter a correlação com seus antecedentes: se todos estão no futuro do presente do indicativo, ele também deve estar ("executarão").
Gabarito "C".

Ter trinta e poucos anos significa, entre outras coisas, que é praticamente impossível reunir cinco casais num jantar sem que haja pelo menos uma grávida. E estar na presença de uma grávida significa, entre outras coisas, que é praticamente impossível falar de qualquer outro assunto que não daquele rotundo e miraculoso acontecimento, a desenrolar--se do lado de lá do umbigo em expansão.

Enquanto a conversa gira em torno dos nomes cogitados, da emoção do ultrassom, dos diferentes modelos de carrinho, o clima costuma ser agradável e os convivas se aprazem diante da vida que se aproxima. Mas eis então que alguém pergunta: "e aí, vai ser parto normal ou cesárea?", e toda possível harmonia vai pra cucuia.

Num extremo, estão as mulheres que querem parir de cócoras, ao pé de um abacateiro, sob os cuidados de uma parteira de cem anos, tendo como anestesia apenas um chá de flor de macaúba e cantigas de roda de 1924. Na outra ponta, estão as que têm tremedeiras só de pensar em parto normal, pretendem ir direto pra cesárea, tomar uma injeção e acordar algumas horas depois, tendo no colo um bebê devidamente parido, lavado, escovado, penteado e com aquela pulseirinha vip no braço, já com nome, número de série e código de barras.

Os dois lados acusam o outro de violência: as naturebas dizem que a cesárea é um choque; as artificialebas alegam que dar as costas à medicina é uma irresponsabilidade. Eu, que durante meses ouvi calado as discussões, pesei bastante os argumentos e cheguei, enfim, a uma conclusão: abaixo o nascimento! Viva a gravidez!

Imaginem só a situação: os primeiros grãos de consciência germinam em seu cérebro. Você boia num líquido morninho – nem a gravidade, essa pequena e constante chateação, te aborrece. Você recebe alimento pelo umbigo. Você dorme, acorda, dorme, acorda e jamais tem que cortar as unhas dos pés. Então, de repente, o líquido se vai, as paredes te espremem, a fonte seca, a luz te cega e, daí pra frente, meu amigo, é só decadência: cólicas, fome, sede, pernilongos, decepções, contas a pagar. Eis um resumo de nossa existência: nove meses no paraíso, noventa anos no purgatório.

Freud diz que todo amor que buscamos é um pálido substituto de nosso primeiro, único e grande amor: a mãe. Discordo. A mãe já é um pálido substituto de nosso primeiro, único e grande amor: a placenta. Tudo, daí pra frente – as religiões, os relacionamentos amorosos, a música pop, a semiótica* e a novela das oito – é apenas uma busca inútil e desesperada por um novo cordão umbilical, aquele cabo USB por onde fazíamos, em banda larga, o download da felicidade. Do parto em diante, meu caro leitor, meu caro companheiro de infortúnio, a vida é conexão discada, wi-fi mequetrefe, e em vão nos arrastamos por aí, atrás daquela impossível protoconexão.

No próximo jantar, se estiver do lado de uma grávida, jogarei um talher no chão e, ao abaixar para pegá-lo, cochicharei bem rente à barriga: "te segura, garoto! Quando começar a tremedeira, agarra bem nas paredes, se enrola no cordão, carca os pés na borda e não sai, mesmo que te cutuquem com um fórceps, te estendam uma mão falsamente amiga, te sussurrem belas cantigas de roda, de 1924. Te segura, que o negócio aqui é roubada!".

(Revista Ser Médico. Edição 57 – Outubro/Novembro/Dezembro de 2011. www.cremesp.org.br. Adaptado)

*semiótica: ciência dos modos de produção, de funcionamento e de recepção dos diferentes sistemas de sinais de comunicação entre indivíduos ou coletividades.

(Procurador Municipal – Sertãozinho/SP – VUNESP – 2016) Observe no trecho do último parágrafo que a forma verbal em destaque foi empregada no futuro do subjuntivo.

No próximo jantar, se estiver do lado de uma grávida, jogarei um talher no chão e, ao abaixar para pegá-lo...

As duas frases que apresentam as formas verbais em destaque também empregadas, corretamente, no futuro do subjuntivo estão na alternativa:

(A) Se o documento **caber** neste envelope, envie-o hoje mesmo. Se este vestido lhe **convier,** a loja fará um desconto.

(B) Se o convidado **fizer** um discurso breve, a cerimônia será menos cansativa. Se ele não **pôr** mais combustível no veículo, não chegará ao destino pretendido.

(C) Se o piloto **mantiver** a calma, terminará a prova em primeiro lugar. Se ela **reouver** o passaporte extraviado, terá menos transtornos para deixar o país.

(D) Se o delegado **supor** que o rapaz mente, dará início a novas investigações. Se o dique **contiver** o avanço das águas do mar, a cidade estará protegida.

(E) Se o jornalista se **ater** apenas a boatos, não escreverá uma matéria consistente. Se a polícia o **deter** no aeroporto, o empresário será encaminhado ao presídio da cidade.

A: incorreta. A terceira pessoa do singular do futuro do subjuntivo do verbo "caber" conjuga-se "couber"; **B:** incorreta. O futuro do subjuntivo aqui deveria se conjugar "puser"; **C:** correta. Ambas as orações apresentação a conjugação correta dos verbos no futuro do subjuntivo; **D:** incorreta. Deveria constar "supuser"; **E:** incorreta. O verbo "ater" na terceira pessoa do singular do futuro do subjuntivo se conjuga "ativer".

Gabarito "C".

(Procurador Municipal – Sertãozinho/SP – VUNESP – 2016) Analise a charge.

(http://www.humorpolitico.com.br/ wp-content/uploads/2015/04/charge-regi-0604.gif)

Considerando que as personagens se tratem por "você", as lacunas da frase dita por Papai Noel devem ser preenchidas, de acordo com a norma-padrão da língua portuguesa, por:

(A) olha ... há
(B) olha ... a
(C) olha ... à
(D) olhe ... há
(E) olhe ... a

Na primeira lacuna, o verbo "olhar" deve ser conjugado na terceira pessoa do singular do imperativo afirmativo: "olhe". Cuidado! Na linguagem coloquial diríamos "olha", mas essa conjugação é da segunda pessoa do singular, a qual não usamos no dia a dia e por isso a concordância fica errada. Na segunda lacuna, temos uma expressão que se refere ao tempo passado, hipótese em que usamos o verbo "haver" – "há".

Gabarito "D".

CONTRATEMPOS

Ele nunca entendeu o tédio, essa impressão de que existem mais horas do que coisas para se fazer com elas. Sempre faltou tempo para tanta coisa: faltou minuto para tanta música, faltou dia para tanto sol, faltou domingo para tanta praia, faltou noite para tanto filme, faltou ano para tanta vida.

Existem dois tipos de pessoa. As pessoas com mais coisa que tempo e as pessoas com mais tempo que coisas para fazer com o tempo.

As pessoas com menos tempo que coisa são as que buzinam assim que o sinal fica verde, e ficam em pé no avião esperando a porta se abrir, e empurram e atropelam as outras para entrar primeiro no vagão do trem, e leem livros que enumeram os "livros que você tem que ler antes de morrer" ao invés de ler diretamente os livros que você tem de ler antes de morrer.

Esse é o caso dele, que chega ao trabalho perguntando onde é a festa, e chega à festa querendo saber onde é a próxima, e chega à próxima festa pedindo táxi para a outra, e chega à outra percebendo que era melhor ter ficado na primeira, e quando chega a casa já está na hora de ir para o trabalho.

Ela sempre pertenceu ao segundo tipo de pessoa. Sempre teve tempo de sobra, por isso sempre leu romances longos, e passou tardes longas vendo pela milésima vez a segunda temporada de "Grey's Anatomy" mas, por ter tempo demais, acabava sobrando tempo demais para se preocupar com uma hérnia imaginária, ou para tentar fazer as pazes com pessoas que nem sabiam que estavam brigadas com ela, ou escrever cartas longas dentro da cabeça para o ex-namorado, os pais, o país, ou culpar o sol ou a chuva, ou comentar "e esse calor dos infernos?", achando que a culpa é do mau tempo quando na verdade a culpa é da falta de tempo, porque se ela não tivesse tanto tempo não teria nem tempo para falar do tempo.

Quando se conheceram, ele percebeu que não adiantava correr atrás do tempo porque o tempo sempre vai correr mais rápido, e ela percebeu que às vezes é bom correr para pensar menos, e pensar menos é uma maneira de ser feliz, e ambos perceberam que a felicidade é uma questão de tempo. Questão de ter tempo o suficiente para ser feliz, mas não o bastante para perceber que essa felicidade não faz o menor sentido.

(Gregório Duvivier. Folha de S. Paulo, 30.11.2015. Adaptado)

(Procurador – IPSMI/SP – VUNESP – 2016) Assinale a alternativa em que o trecho destacado na passagem – Ele nunca entendeu o tédio, essa impressão de que **existem mais horas do que coisas para se fazer com elas.** –, reescrito, apresenta concordância e correlação de tempos verbais de acordo com a norma-padrão.

(A) ... têm mais horas do que coisas que se faça com elas.
(B) ... há mais horas do que coisas que se façam com elas.
(C) ... haviam mais horas do que coisas que se faziam com elas.
(D) ... podia existir mais horas do que coisas que se faziam com elas.
(E) ...houveram mais horas do que coisas que se fez com elas.

Como o trecho original está no presente do indicativo, a nova redação deve seguir esse parâmetro para que haja a correlação dos tempos verbais solicitada no enunciado. Portanto, estão incorretas as alternativas "C", "D" e "E", que trazem os verbos no pretérito. A letra "A" está errada porque o verbo "fazer" está na voz passiva sintética, de forma que deve concordar em número com "coisas", seu sujeito paciente. Assim, deve-se escrever "façam". Além disso, o uso do verbo "ter" como sinônimo de "existir", apesar de comum na linguagem coloquial, não é recomendado pela norma padrão.

Gabarito "B".

(Procurador – SP – VUNESP – 2015) A frase cujas formas verbais estão em conformidade com a norma-padrão da língua portuguesa é:

(A) Os candidatos que se comprometiveram com a pesquisa, de um modo geral, não eram nem sortudos nem azarados.
(B) A quantidade das fotos que comporam o experimento não se mostrou tão relevante para o resultado do estudo.
(C) Alguns candidatos não se ateram ao número das fotos que estava grafado em uma das páginas do jornal.
(D) Muitos voluntários se dispuseram a participar da pesquisa, empenhando-se em cumprir suas tarefas.
(E) Vários participantes se manteram concentrados nas fotos do jornal, ignorando um dado importante.

A: incorreta. A terceira pessoa do plural do pretérito perfeito do indicativo do verbo "comprometer" conjuga-se "comprometeram"; **B:** incorreta. A terceira pessoa do plural do pretérito perfeito do indicativo do verbo "compor" conjuga-se "compuseram"; **C:** incorreta. A terceira pessoa do plural do pretérito perfeito do indicativo do verbo "ater-se" conjuga-se "ativeram-se". **D:** correta. A conjugação verbal atende à norma culta da língua; **E:** incorreta. A terceira pessoa do plural do pretérito perfeito do indicativo do verbo "manter-se" conjuga-se "mantiveram-se"

Gabarito "D".

(Escrevente – TJ/SP – VUNESP – 2015) Observe os verbos destacados nas passagens – ... enfrentar os ataques daqueles que a ele se **opunham**... / ... só **veem** nele um estado de paz e de ordem... – e assinale a alternativa em que estão corretamente conjugados os verbos **opor, ver** e os demais assinalados, que seguem o mesmo padrão de conjugação destes.

(A) **Opormos** resistência à liderança dele foi um erro; agora querem que **revemos** nossa posição.
(B) Se os interessados não se **opuserem** nem **previrem** razão para protelar o ato, amanhã mesmo será escolhido o síndico do condomínio.
(C) Se não se **indisporem** com as amigas do filho, os pais permitirão que elas o **revejam** quando ele retornar.
(D) Haverá problema se ele **ver** que houve manipulação de dados; certamente se **predisporá** a cancelar tudo.
(E) Cada vez que **prever** resistência dos funcionários às decisões do chefe, ele intervirá, antes que todos se **indisponham**.

A: incorreta. "Rever", na primeira pessoa do plural do presente do subjuntivo, conjuga-se "revejamos"; **B:** correta. Os verbos estão conjugados conforme a norma culta da língua; **C:** incorreta. "Indispor", na terceira pessoa do plural do pretérito imperfeito do subjuntivo, conjuga-se "indispuserem"; **D:** incorreta. O verbo "ver", na terceira pessoa do singular do pretérito imperfeito do subjuntivo, conjuga-se "vir"; **E:** incorreta. O futuro do subjuntivo da terceira pessoa do singular do verbo "prever" é "previr".

Gabarito "B".

9. CRASE

Minha empregada, Mme. Thérèse, que já ia se conformando em ser chamada de dona Teresa, caiu doente. Mandou-me um bilhete com a letra meio trêmula, falando em reumatismo. Dias depois apareceu, mas magra, mais pálida e menor; explicou-me que tudo fora consequência de uma corrente de ar. Que meu apartamento tem um *courant d'air* terrível, de tal modo que, _____, chegando em casa, nem teve coragem de tirar a roupa, caiu na cama. "Dói-me o corpo inteiro, senhor; o corpo inteiro."

O mesmo caso, ajuntou, houve cerca de 15 anos atrás, quando trabalhava em um apartamento que tinha uma corrente de ar exatamente igual _____ essa de que hoje sou sublocatário. Fez uma pausa. Fungou. Contou o dinheiro que eu lhe entregava, agradeceu _____dispensa do troco. Foi lá dentro apanhar umas pobres coisas que deixara. Entregou-me a chave, fez qualquer observação sobre o aquecedor _____gás – e depois, no lugar de sair _____rua, deixou-se ficar imóvel e calada, de pé, em minha frente.

(Rubem Braga, "Dona Teresa". 200 crônicas escolhidas. Adaptado)

(Analista – TRF3 – 2024 – VUNESP) Em conformidade com a norma-padrão, as lacunas do texto devem ser preenchidas, respectivamente, com:

(A) àquela tarde ... à ... a ... a ... à
(B) àquela tarde ... a ... a ... a ... à
(C) àquela tarde ... à ... à ... a ... a
(D) aquela tarde ... à ... à ... à ... a
(E) aquela tarde ... a ... a ... à ... à

A locução adverbial temporal grafa-se com acento grave "àquela tarde"; não ocorre crase antes de pronome demonstrativo; o verbo "agradecer" não rege a preposição "a", então não ocorre crase depois dele; locução adverbial formada com palavra masculina ("gás"), escreve-se sem acento grave; "sair" é verbo intransitivo. Porém, na literatura, consagrou-se o uso da preposição "a" para indicar o local "para onde se sai". Então, quando sucedida de palavra feminina ("rua"), ocorre crase. HS

Gabarito "B".

(Escrevente – TJ/SP – VUNESP – 2023) Assinale a alternativa em que o sinal indicativo da crase está empregado em conformidade com a norma-padrão.

(A) Devido à economia em crescimento no ano de 2022, chegou-se à uma melhora mais longa e aguda.
(B) Jovens saem de casa à procura de emprego, muitos não o encontram, o que é um ônus à Nação.
(C) Quando se referem à pandemia, é preciso lembrar que coube à ela a deterioração dos empregos.
(D) O desemprego, embora atinja à todos os segmentos sociais, agride mais às classes mais pobres.
(E) De ano à ano, calcula-se a taxa de desocupação e, em 2022, ela foi à 7,9% no quarto trimestre.

A: incorreta. Não ocorre crase antes do artigo indefinido "uma"; B: correta. A expressão adverbial formada por palavra feminina "à procura" tem acento grave, bem como "ônus" rege preposição "a" e leva crase por ser sucedida de palavra feminina; C: incorreta. Não ocorre crase antes do pronome pessoal "ela"; D: incorreta. Não ocorre crase antes do

pronome indefinido "todos"; E: incorreta. Não ocorre crase em expressões adverbiais formadas por palavra masculina ("ano a ano"). HS

Gabarito "B".

Amor é para gastar

Na economia da vida, o maior desperdício é fazer poupança de amor. Prejuízo na certa. Amor é para gastar, mostrar, ostentar. O amor, aliás, é a mais saudável forma de ostentação que existe no mundo.

Vai por mim, amar é luxo só. Triste de quem sente e esconde, de quem sente e fica no joguinho dramático, de quem sente e guarda a sete chaves. Sinto muito.

Amor é da boca para fora. Amor é um escândalo que não se abafa. "Eu te amo" é para ser dito, desbocadamente. Guardar "eu te amo" é prejudicial à saúde.

Na economia amorosa, só existe pagamento à vista, missa de corpo presente. O amor não se parcela, não admite suaves prestações.

Não existe essa de amor só amanhã, como na placa do fiado do boteco. Amor é hoje, aqui, agora... Amor não se sonega, amor é tudo a declarar.

(Xico Sá, "Amor é para gastar". Em: http://www.itatiaia.com.br)

(Escrevente – TJ/SP – 2021 – VUNESP) No trecho do 3º parágrafo – Guardar "eu te amo" é prejudicial à **saúde**. –, a crase mantém-se se a expressão destacada for substituída por:

(A) todos que o escondem.
(B) pessoa que o esconde.
(C) quem o esconde.
(D) pessoas que o escondem.
(E) qualquer pessoa que o esconda.

Para a crase permanecer, a preposição "a" deve continuar a ser seguida de palavra feminina no singular – portanto, "pessoa". Não ocorre crase antes de pronome indefinido (todos, quem, qualquer). HS

Gabarito "B".

Leia o texto para responder às questões a seguir.

Motivação é a energia que nos leva _____ agir – e não sou a única pessoa que acha difícil encontrar essa motivação. Alguns de nós sofreram um *burnout* total depois de mais de um ano de perdas, dor e problemas relacionados _____ pandemia. Outros se sentem mais como estou me sentindo – nada está terrivelmente errado, mas não conseguimos encontrar inspiração. Seja qual for a situação em que nos encontramos, um exame mais profundo da motivação pode nos dar mais incentivo para avançar, não só no dia _____ dia, mas num futuro incerto.

(Cameron Walker, The New York Times. Em: https://economia.estadao.com.br. Adaptado)

(Escrevente – TJ/SP – 2021 – VUNESP) De acordo com a norma-padrão da língua portuguesa, as lacunas do texto devem ser preenchidas, com

(A) à ... à ... a
(B) a ... à ... a
(C) a ... a ... a
(D) à ... à ... à
(E) a ... à ... à

Primeira lacuna: sem acento grave, pois não ocorre crase antes de verbo. Segunda lacuna: com acento grave, pois o verbo "relacionar" rege a preposição "a" e está seguido de palavra feminina. Terceira lacuna:

sem acento grave, pois não é utilizado em expressões adverbiais com palavras repetidas, ainda que femininas (ponta a ponta, dia a dia). HS
Gabarito "B".

(Advogado – Pref. São Roque/SP – 2020 – VUNESP) Com base no emprego do sinal indicativo de crase, assinale a alternativa que completa corretamente a frase a seguir:

O político fez declarações...

(A) à pessoas que atuam em seu partido.
(B) à uma emissora de televisão europeia.
(C) à conferir atentamente se são confiáveis.
(D) às quais geraram alguns protestos.
(E) às diversas entidades que o apoiam.

A: incorreta. Não ocorre crase antes de palavra no plural se o "a" que o antecede não está seguido de "s"; **B:** incorreta. Não ocorre crase antes de palavra indefinida (cada, toda, qualquer, uma etc.); **C:** incorreta. Não ocorre crase antes de verbo; **D:** incorreta. O pronome relativo "as quais" refere-se a "declarações", não havendo preposição na construção; **E:** correta. O sinal grave indicativo da crase foi empregado corretamente na oração, uma vez que o substantivo "declarações" rege a preposição "a" e ela vem seguida do artigo definido plural "as".
Gabarito "E".

(Soldado – PM/SP – 2018 – VUNESP) Assinale a alternativa em que o sinal indicativo de crase está empregado corretamente.

(A) O garoto gosta de assistir à desenhos animados.
(B) O garoto prefere desenhos animados à filmes ou jogos.
(C) O garoto passou o sábado assistindo à televisão.
(D) O garoto perguntou à seu amigo se ele queria ver TV.
(E) O garoto prefere ver desenhos à brincar na rua.

A, B e D: incorretas. Não ocorre crase antes de palavra masculina; **C:** correta. O verbo "assistir", no sentido de "ver", "acompanhar", rege a preposição "a", que se aglutina com o artigo definido feminino "a" que antecede "televisão"; **E:** incorreta. Não ocorre crase antes de verbo.
Gabarito "C".

(Procurador Municipal/SP – VUNESP – 2016) Nas frases reescritas a partir das ideias do texto, o sinal indicativo de crase está corretamente empregado em:

(A) O rapaz estudou Direito visando à se tornar um respeitado delegado de polícia.
(B) Caso exercesse a profissão de advogado, imaginava-se suficientemente astuto para opor-se à qualquer argumentação de outros colegas.
(C) Inscreveu-se no concurso e dedicou-se à aulas de defesa pessoal e tiro.
(D) Passou em primeiro lugar e em pouco tempo se deu à nomeação para a delegacia do bairro de Vila Mariana, em São Paulo.
(E) Para dar continuidade à investigação, o jovem delegado convocou o velhinho a quem a senhora havia se referido como suspeito.

A: incorreta. Não ocorre crase antes de verbo; **B:** incorreta. Não ocorre crase antes de palavra indefinida (qualquer, nenhum, algum); **C:** incorreta. Como o complemento do verbo está no plural (aulas), somente ocorreria crase se houvesse um artigo definido feminino plural antes ("às aulas"). A falta do "s" denota que se trata de preposição isolada, sem artigo, então não ocorre crase; **D:** incorreta. O verbo pronominal "dar-se" não rege a preposição "a", portanto o "a" que vemos ali é artigo definido isolado; **E:** correta. O substantivo "continuidade" rege a preposição "a", que, acompanhada do artigo definido feminino singular "a", leva o acento grave indicativo da crase.
Gabarito "E".

(Procurador – IPSMI/SP – VUNESP – 2016) O emprego dos termos destacados e do sinal indicativo de crase está de acordo com a norma-padrão em:

(A) Sei que para **mim** chegar **onde** cheguei a luta foi dura, frente à frente com muitas dificuldades.
(B) Sempre soube que em **mim** existe uma tendência à vencer, que me leva **aonde** eu desejo.
(C) O homem sabe que vai **aonde** quiser, graças à ação de um poder maior que **lhe** conduz os passos.
(D) Agimos a partir da hora em que deixaram **nós** sozinhos, naquele escritório **aonde** não havia nada.
(E) Foi à luta, pensando que **onde** fosse estaria sem amigos que **lhe** apoiassem.

A: incorreta. Pronome oblíquo não exerce função de sujeito, portanto é "para eu chegar". Além disso, não ocorre crase em "frente a frente"; **B:** incorreta. Não ocorre crase antes de verbo; **C:** correta. Os pronomes e a ocorrência da crase estão conforme a norma padrão da Língua Portuguesa; **D:** incorreta. Não ocorre crase antes de verbo ("a partir"); após o verbo "deixaram" deve estar o seu objeto direto, que se compõe com o pronome oblíquo "nos" (sem acento); e, por fim, "aonde" significa "para onde", denota movimento – então ao final do texto deveria constar "onde não havia nada"; **E:** incorreta. Pelas razões já explicadas, o correto é "aonde fosse". Ademais, o verbo "apoiar" é transitivo direto, portanto seu complemento, o objeto direto, se faz com o pronome oblíquo "o" ("que o apoiassem").
Gabarito "C".

(Procurador – SP – VUNESP – 2015) O acento indicativo de crase está empregado corretamente na frase:

(A) A autora faz referência à contribuição de alguns estudiosos para o entendimento do que seja a sorte.
(B) A autora atribui a sorte de algumas pessoas à uma tendência para buscar significados nos acontecimentos.
(C) A autora faz uma crítica à algumas pessoas que consideram os fatos corriqueiros como fruto de sorte ou azar.
(D) A autora recorre à pesquisas práticas para construir sua argumentação acerca da relação do homem com a sorte.
(E) A autora recusa-se à crer que todos os fatos rotineiros que nos frustram sejam simples reflexos da sorte.

A: correta. A expressão "fazer referência" rege a preposição "a", de forma que o artigo definido feminino singular de "a contribuição" com ela se aglutina para formar a crase; **B:** incorreta. O verbo "atribuir" rege também a preposição "a", de forma que ocorre crase em "à sorte"; **C:** incorreta. Não ocorre crase antes de pronome indefinido (nenhum, algum, qualquer); **D:** incorreta. Como o termo "pesquisas" está no plural e o "a" que aparece antes está "no singular", fica claro que se trata de preposição isolada – logo, não ocorre crase; **E:** incorreta. Não ocorre crase antes de verbo.
Gabarito "A".

10. QUESTÕES COMBINADAS E OUTROS TEMAS

Cidadania e Justiça

A cidadania, na lição do professor Dalmo de Abreu Dallari, expressa um conjunto de direitos que dá à pessoa a possibilidade de participar ativamente da vida e do governo do seu povo.

Colocar o bem comum em primeiro lugar e atuar para a sua manutenção é dever de todo cidadão responsável. É por meio da cidadania que conseguimos assegurar nossos direitos civis, políticos e sociais.

Ser cidadão é pertencer a um país e exercer seus direitos e deveres.

Cidadão é, pois, o natural de uma cidade, sujeito de direitos políticos e que, ao exercê-los, intervém no governo. O fato de ser cidadão propicia a cidadania, que é a condição jurídica que podem ostentar as pessoas físicas e que, por expressar o vínculo entre o Estado e seus membros, implica submissão à autoridade e ao exercício de direito.

O cidadão é membro ativo de uma sociedade política independente. A cidadania se diferencia da nacionalidade porque esta supõe a qualidade de pertencer a uma nação, enquanto o conceito de cidadania pressupõe a condição de ser membro ativo do Estado. A nacionalidade é um fato natural e a cidadania obedece a um verdadeiro contrato.

A cidadania é qualidade e um direito do cidadão.

Na Roma Antiga, o cidadão constituía uma categoria superior do homem livre.

(Ruy Martins Altenfelder da Silva. Em: https://www.estadao.
com.br/opiniao, 08.03.2023. Adaptado)

(Escrevente – TJ/SP – VUNESP – 2023) Considere as passagens do quarto parágrafo:

- **Cidadão é, pois, o natural de uma cidade, sujeito de direitos políticos** e que, ao exercê-los, intervém no governo.

- O fato de ser cidadão propicia a cidadania, que é a condição jurídica que podem ostentar as pessoas físicas e que, **por expressar o vínculo entre o Estado e seus membros**, implica submissão à autoridade e ao exercício de direito.

Os trechos destacados expressam, correta e respectivamente, relações de sentido de:

(A) conclusão e causa.
(B) explicação e restrição.
(C) conclusão e comparação.
(D) explicação e finalidade.
(E) adversidade e causa.

A conjunção "pois" é conclusiva, expressa uma dedução, uma conclusão sobre o raciocínio anterior. A segunda oração destacada é adverbial causal, aponta a razão, a causa da submissão das pessoas à autoridade. HS

Gabarito "A".

Leia o texto para responder às questões

Em noite de chuva, o Coldplay deu início à maratona de 11 *shows* que fará no Brasil com uma apresentação exuberante em São Paulo nesta sexta-feira. A banda preencheu o estádio do Morumbi não só de música, mas também com feixes de luz, cores, fogos de artifício e muita gritaria.

A turnê "Music of the Spheres Tour", que celebra o último disco da banda, resgata também seus maiores *hits* e músicas favoritas dos fãs. Após cerca de 15 minutos de atraso, os músicos subiram ao palco com "Higher Power" e a plateia assistiu sob uma chuva de fitas coloridas e bolas gigantes. É uma introdução apoteótica.

A grande surpresa do *show* foi a presença de Seu Jorge no palco com o Coldplay. O brasileiro cantou sozinho o clássico do samba "Amiga da Minha Mulher" enquanto Chris Martin e os outros integrantes tocavam os instrumentos.

(Folha de S. Paulo, 10.03.2023. Adaptado)

(Escrevente – TJ/SP – VUNESP – 2023) Na passagem do primeiro parágrafo – A banda preencheu o estádio do Morumbi não só de música, mas também com feixes de luz, cores, fogos de artifício e muita gritaria. –, a relação de sentido entre as orações é a mesma que se estabelece no período:

(A) Durante a reunião, o diretor falou tanto que terminou a apresentação afônico.
(B) A casa era, de fato, muito agradável, porém o valor do aluguel era muito alto.
(C) É importante chegar cedo para que não se corra o risco de não ser atendido.
(D) Todos já estavam no aeroporto e esperavam ansiosos a chegada dos amigos.
(E) Os documentos foram devidamente organizados, conforme instruiu o chefe.

A passagem mencionada no enunciado é um período composto por coordenação, sendo duas orações coordenadas aditivas – "mas também" faz a função de conjunção aditiva, podendo ser substituída por "e". A mesma construção ocorre somente na alternativa "D", que deve ser assinalada. As demais são períodos compostos por subordinação. HS

Gabarito "D".

Leolinda Daltro (1859-1935) – A educadora é considerada uma das primeiras sufragistas e precursora do feminismo no Brasil. Fundou o Partido Republicano Feminino, três jornais para as mulheres e foi uma das criadoras da Linha de Tiro Feminino Orsina da Fonseca, onde elas treinavam com armas de fogo. No fim do século 19, viajou pelo Brasil divulgando ideias como a educação laica e os direitos indígenas.

(https://www.uol.com.br/universa/reportagens-especiais.
Adaptado)

(Escrevente – TJ/SP – VUNESP – 2023) Na frase final do texto – No fim do século 19, viajou pelo Brasil **divulgando ideias como a educação laica e os direitos indígenas**. –, reescrevendo-se o trecho destacado e mantendo-se o sentido de finalidade, obtém-se:

(A) para divulgar ideias como a educação laica e os direitos indígenas.
(B) e divulgava ideias como a educação laica e os direitos indígenas.
(C) já que divulgava ideias como a educação laica e os direitos indígenas.
(D) caso divulgasse ideias como a educação laica e os direitos indígenas.
(E) embora divulgasse ideias como a educação laica e os direitos indígenas.

O enunciado destaca uma oração subordinada reduzida de gerúndio, que pode ser reescrita em sua forma completa a partir da inclusão da preposição "para", que transmite corretamente a ideia de finalidade estampada no texto. HS

Gabarito "A".

Trabalho a preservar

São dignos de celebração os números que mostram a expressiva queda do desemprego no país ao longo do ano passado, divulgados pelo IBGE.

Encerrou-se 2022 com taxa de desocupação de 7,9% no quarto trimestre, ante 11,1% medidos 12 meses antes e 14,2% ao final de 2020, quando se vivia o pior do impacto da pandemia. Trata-se da melhora mais longa e aguda desde o fim da recessão de 2014-16.

Isso não quer dizer, claro, que se viva um momento brilhante de pujança econômica e ascensão social. Há senões, a começar pelo rendimento médio do trabalho de R$ 2.808 mensais – que, embora tenha aumentado recentemente, ainda é o menor em cinco anos.

As médias, ademais, escondem desigualdades de todos os tipos. O desemprego entre as mulheres nordestinas ainda atinge alarmantes 13,2%, enquanto entre os homens do Sul não passa de 3,6%.

Nada menos que 16,4% dos jovens de 18 a 24 anos em busca de ocupação não a conseguem. Entre os que se declaram pretos, a taxa de desocupação é de 9,9%, ante 9,2% dos pardos e 6,2% dos brancos.

Pode-se constatar, de qualquer modo, que o mercado de trabalho se tornou mais favorável em todos os recortes, graças a um crescimento surpreendente da economia, em torno dos 3% no ano passado.

(Editorial. Folha de S. Paulo, 28.02.2023. Adaptado)

(Escrevente – TJ/SP – VUNESP – 2023) Nas passagens – ... a **expressiva** queda do desemprego... (1º parágrafo) – e – **Isso** não quer dizer... (3º parágrafo) –, os termos destacados pertencem, correta e respectivamente, às mesmas classes de palavras daqueles destacados em:

(A) ... graças a um **crescimento** surpreendente da economia... / Pode-se constatar, de **qualquer** modo, que o mercado de trabalho...

(B) ... o mercado de trabalho se tornou mais favorável em **todos** os recortes... /... graças a um crescimento **surpreendente** da economia...

(C) ... a começar pelo rendimento **médio** do trabalho.../ As médias, ademais, escondem desigualdades de **todos** os tipos.

(D) ... um momento brilhante de **pujança** econômica... / Trata-se da melhora mais longa e aguda **desde** o fim da recessão de 2014-16.

(E) Trata-se da **melhora** mais longa e aguda desde o fim da recessão de 2014-16. / **Entre** os que se declaram pretos, a taxa de desocupação é de 9,9%...

"Expressiva" é adjetivo e "isso" é pronome demonstrativo. **A:** incorreta. "Crescimento" é substantivo e "qualquer" é advérbio; **B:** incorreta. "Todos" é pronome indefinido e "surpreendente" é adjetivo (ainda que se considere a classe "pronome", o enunciado fala em comparar "respectivamente", ou seja, a resposta está invertida); **C:** correta. "Médio" é adjetivo e "todos" é pronome indefinido; **D:** incorreta. "Pujança" é substantivo e "desde" é preposição; **E:** incorreta. "Melhora" é substantivo e "entre" é preposição. **HS**

Gabarito "C".

(Escrevente – TJ/SP – VUNESP – 2023) Identifica-se uma expressão iniciada com artigo definido em:

(A) **a expressiva queda do desempre**go no país (1º parágrafo).

(B) **com taxa de desocupação** de 7,9% (2º parágrafo).

(C) em busca **de ocupação** (5º parágrafo).

(D) Entre **os que se declaram** pretos (5º parágrafo).

(E) **um momento brilhante** de pujança econômica e ascensão social (3º parágrafo).

Apenas na letra "A" temos artigo definido "a". Nas demais, respectivamente, vemos preposição, preposição, pronome pessoal oblíquo e artigo indefinido. **HS**

Gabarito "A".

Leia o texto para responder às questões

Em noite de chuva, o Coldplay deu início à maratona de 11 *shows* que fará no Brasil com uma apresentação exuberante em São Paulo nesta sexta-feira. A banda preencheu o estádio do Morumbi não só de música, mas também com feixes de luz, cores, fogos de artifício e muita gritaria.

A turnê "Music of the Spheres Tour", que celebra o último disco da banda, resgata também seus maiores *hits* e músicas favoritas dos fãs. Após cerca de 15 minutos de atraso, os músicos subiram ao palco com "Higher Power" e a plateia assistiu sob uma chuva de fitas coloridas e bolas gigantes. É uma introdução apoteótica.

A grande surpresa do *show* foi a presença de Seu Jorge no palco com o Coldplay. O brasileiro cantou sozinho o clássico do samba "Amiga da Minha Mulher" enquanto Chris Martin e os outros integrantes tocavam os instrumentos.

(Folha de S. Paulo, 10.03.2023. Adaptado)

(Escrevente – TJ/SP – VUNESP – 2023) Em conformidade com a norma-padrão de pontuação e com os aspectos de coesão, um título adequado ao texto é:

(A) Em *show* que abre maratona no Brasil debaixo de chuva, Coldplay recebe, Seu Jorge.

(B) Debaixo de chuva, Coldplay recebe Seu Jorge em *show* que abre maratona no Brasil.

(C) Coldplay, recebe Seu Jorge em *show* debaixo de chuva, que abre maratona no Brasil.

(D) No Brasil debaixo de chuva, Coldplay, que abre maratona recebe em *show*, Seu Jorge.

(E) Debaixo de chuva, Seu Jorge em *show* no Brasil, que abre maratona, recebe Coldplay.

A: incorreta. Não há vírgula após "recebe", pois ela não pode separar o verbo do objeto direto; **B:** correta. O título proposto está de acordo com a norma culta; **C:** incorreta. Não há vírgula após "Coldplay", pois ela não pode separar o sujeito do verbo; **D:** incorreta. O texto peca na coerência e na coesão: dá a entender que chovia no Brasil todo, além das vírgulas estarem inadequadas; **E:** incorreta. A mensagem transmitida não está de acordo com o texto, pois inverte os papéis de atração principal e convidado. **HS**

Gabarito "B".

O **Dia Nacional de Combate ao Fumo** (29 de agosto) foi criado em 1986, com o objetivo de reforçar as ações nacionais de conscientização sobre os danos sociais, de saúde, econômicos e ambientais causados pelo tabaco.

A campanha promovida pelo Inca (Instituto Nacional de Câncer) este ano chama-se *Comprometa-se a parar* de fumar. O instituto lembra que o tabagismo é um fator de risco importante para a Covid-19, por isso parar de fumar se torna uma medida de proteção à saúde de todos os cidadãos.

Peças criadas para redes sociais com a frase **"Cringe mesmo é fumar"** fazem parte da campanha. Os materiais desenvolvidos pelo Ministério da Saúde, em parceria com a Organização Pan-Americana de Saúde, destacam a importância de proteger a saúde de crianças, jovens e adolescentes, que são alvo de estratégias de venda para que possam se tornar um mercado repositor de novos consumidores, já que o consumo de tabaco mata mais da metade de seus usuários.

Vale lembrar que os cigarros eletrônicos, ou *pods*, não são opções mais saudáveis ao cigarro tradicional. No Brasil, a comercialização desses dispositivos é proibida, já que não foi autorizada pela Agência Nacional de Vigilância Sanitária (Anvisa). Muitos países que liberaram sua venda estão revendo as suas posições depois de novas orientações da Organização Mundial da Saúde (OMS).

(https://doutorjairo.uol.com.br)

Cringe: Para os integrantes da geração Z, é um adjetivo usado para classificar pessoas que fazem coisas fora de moda, ultrapassadas, cafonas mesmo. Eles também costumam classificar atitudes ou objetos. Nesse caso, ela é usada como sinônimo de vergonha alheia.

(https://g1.globo.com)

(Escrevente – TJ/SP – 2021 – VUNESP) Os materiais desenvolvidos pelo Ministério da Saúde, em parceria com a Organização Pan-Americana de Saúde, destacam a importância de proteger a saúde de crianças, jovens e adolescentes, **que são alvo de estratégias de venda para que possam se tornar um mercado repositor de novos consumidores, já que o consumo de tabaco mata mais da metade de seus usuários.**

No trecho destacado do 3° parágrafo, há três orações que expressam, correta e respectivamente, sentidos de

(A) causa, consequência e causa.

(B) adição, comparação e consequência.

(C) explicação, finalidade e comparação.

(D) explicação, finalidade e causa.

(E) restrição, causa e consequência.

A primeira oração ("que são alvo de estratégias de venda") é adjetiva explicativa; a segunda ("para que possam se tornar um mercado repositor de novos consumidores") é adverbial final; a terceira ("já que o consumo de tabaco mata mais da metade de seus usuários") é adverbial consecutiva, expressa a ideia de consequência. HS

Gabarito "D".

(Escrevente – TJ/SP – 2021 – VUNESP) Nas passagens – proteção à saúde de todos os **cidadãos** (2° parágrafo) – e – proteger a saúde de **crianças**, jovens e adolescentes (3° parágrafo) –, o substantivo "cidadão" faz o plural com "ãos", e o substantivo feminino "crianças" refere-se tanto ao sexo masculino quanto ao feminino. Substantivos com essas mesmas propriedades gramaticais, empregados em sua forma singular, estão destacados, correta e respectivamente, em:

(A) O **tabelião** confundiu-se na hora de assinar o contrato, e pediu desculpas ao **agente** que esperava o documento para conferir.

(B) Durante a missa, o padre pediu a **atenção** a todos os presentes e orientou aos fiéis para que fossem bons com toda **pessoa**.

(C) O **patrão** chegou alterado na empresa, tinha sido informado de que um **assaltante** estava rondando aquela região.

(D) Na sessão de terapia, o rapaz parecia fazer uma **confissão** ao referir-se à forma como tratava sua **colega** de trabalho.

(E) Quando saiu da igreja, o **sacristão** ficou aterrorizado com o acidente e preocupado para saber se houve alguma **vítima**.

Estamos à procura de uma palavra que forma plural com "ãos" e outra que se classifica como substantivo sobrecomum, ou seja, aquela que um único termo representa os dois gêneros. **A:** incorreta. O plural de "tabelião" é "tabeliães"; **B:** incorreta. Plural de "atenção" é "atenções"; **C:** incorreta. Plural de "patrão" é "patrões" e "assaltante" não é sobrecomum (temos "o assaltante" e "a assaltante"); **D:** incorreta. Plural de "confissão" é "confissões" e também "colega" não é sobrecomum ("o colega" e "a colega"); **E:** correta. Plural de "sacristão" é "sacristãos" e "vítima" é substantivo sobrecomum (é sempre "a vítima", não importa o gênero da pessoa). HS

Gabarito "E".

Trabalho a preservar

São dignos de celebração os números que mostram a expressiva queda do desemprego no país ao longo do ano passado, divulgados pelo IBGE.

Encerrou-se 2022 com taxa de desocupação de 7,9% no quarto trimestre, ante 11,1% medidos 12 meses antes e 14,2% ao final de 2020, quando se vivia o pior do impacto da pandemia. Trata-se da melhora mais longa e aguda desde o fim da recessão de 2014-16.

Isso não quer dizer, claro, que se viva um momento brilhante de pujança econômica e ascensão social. Há senões, a começar pelo rendimento médio do trabalho de R$ 2.808 mensais – que, embora tenha aumentado recentemente, ainda é o menor em cinco anos.

As médias, ademais, escondem desigualdades de todos os tipos. O desemprego entre as mulheres nordestinas ainda atinge alarmantes 13,2%, enquanto entre os homens do Sul não passa de 3,6%.

Nada menos que 16,4% dos jovens de 18 a 24 anos em busca de ocupação não a conseguem. Entre os que se declaram pretos, a taxa de desocupação é de 9,9%, ante 9,2% dos pardos e 6,2% dos brancos.

Pode-se constatar, de qualquer modo, que o mercado de trabalho se tornou mais favorável em todos os recortes, graças a um crescimento surpreendente da economia, em torno dos 3% no ano passado.

(Editorial. Folha de S. Paulo, 28.02.2023. Adaptado)

(Escrevente – TJ/SP – VUNESP – 2023) Considere as passagens:

• Isso não quer dizer, **claro**, que se viva um momento brilhante de pujança econômica e ascensão social. (3° parágrafo)

- ... embora tenha aumentado **recentemente**, **ainda** é o menor em cinco anos. (3º parágrafo)

- As médias, **ademais**, escondem desigualdades de todos os tipos. (4º parágrafo)

Os termos destacados expressam, correta e respectivamente, circunstâncias de

(A) intensidade; modo; tempo; concessão.
(B) afirmação; tempo; tempo; inclusão.
(C) modo; tempo; afirmação; intensidade.
(D) causa; modo; afirmação; inclusão.
(E) afirmação; tempo; modo; comparação.

A questão trata da classificação dos advérbios: "claro" denota afirmação, pode ser substituído por "obviamente", "naturalmente"; "recentemente" é advérbio de tempo, indica que algo aconteceu num passado próximo; "ainda", nesse caso, também é advérbio de tempo, porquanto demonstra que a situação continua acontecendo; "ademais" expressa adição ou inclusão, é sinônimo de "mais ainda". **HS**

Gabarito "B".

Amor é para gastar

Na economia da vida, o maior desperdício é fazer poupança de amor. Prejuízo na certa. Amor é para gastar, mostrar, ostentar. O amor, aliás, é a mais saudável forma de ostentação que existe no mundo.

Vai por mim, amar é luxo só. Triste de quem sente e esconde, de quem sente e fica no joguinho dramático, de quem sente e guarda a sete chaves. Sinto muito.

Amor é da boca para fora. Amor é um escândalo que não se abafa. "Eu te amo" é para ser dito, desbocadamente. Guardar "eu te amo" é prejudicial à saúde.

Na economia amorosa, só existe pagamento à vista, missa de corpo presente. O amor não se parcela, não admite suaves prestações.

Não existe essa de amor só amanhã, como na placa do fiado do boteco. Amor é hoje, aqui, agora... Amor não se sonega, amor é tudo a declarar.

(Xico Sá, "Amor é para gastar". Em: http://www.itatiaia.com.br)

(Escrevente – TJ/SP – 2021 – VUNESP) Releia as passagens do texto.

- Na economia amorosa, só existe pagamento **à vista**, missa de corpo presente. O amor não **se parcela**...

- Não existe essa de amor só **amanhã**, como na placa do fiado do boteco. Amor é **hoje**...

- Amor não se **sonega**, amor é tudo a **declarar**.

Na organização e estruturação das informações no texto, conclui-se corretamente que, em cada par de expressões destacadas, as relações entre as ideias se baseiam no sentido de

(A) consequência.
(B) analogia.
(C) harmonia.
(D) semelhança.
(E) discrepância.

Recurso estilístico conhecido como antítese, a aproximação de palavras de sentido oposto dentro do texto, para gerar a ideia de discrepância. **HS**

Gabarito "E".

Perto do apagão

_____ a falta de chuvas nos últimos dois meses, inferiores ao padrão já escasso do mesmo período de 2020, ficou mais evidente a ameaça _____ a geração de energia se mostre insuficiente para manter o fornecimento até novembro, quando se encerra o período seco.

Novas simulações do Operador Nacional do Sistema (ONS) mostram agravamento, com destaque para a região Sul, onde o nível dos reservatórios até 24 de agosto caiu para 30,7% – a projeção anterior apontava para 50% no fechamento do mês.

Mesmo no cenário mais favorável, que pressupõe um amplo conjunto de medidas, como acionamento de grande capacidade de geração térmica, importação de energia e postergação de manutenção de equipamentos, o país chegaria _____ novembro praticamente sem sobra de potência, o que amplia a probabilidade de apagões.

Embora se espere que tais medidas sejam suficientes para evitar racionamento neste ano, não se descartam sobressaltos pontuais, no contexto da alta demanda _____ o sistema será submetido.

Se o regime de chuvas no verão não superar a média dos últimos anos, a margem de manobra para 2022 será ainda menor. Calcula-se que, nesse quadro, a geração térmica, mais cara, tenha de permanecer durante todo o período úmido, o que seria algo inédito.

Desde já o país precisa considerar os piores cenários e agir com toda a prudência possível, com foco em investimentos na geração, modernização de turbinas em hidrelétricas antigas e planejamento para ampliar a resiliência do sistema.

(Editorial. Folha de S.Paulo, 27.08.2021. Adaptado)

(Escrevente – TJ/SP – 2021 – VUNESP) A reescrita do trecho do 5º parágrafo – Se o regime de chuvas no verão não superar a média dos últimos anos, a margem de manobra para 2022 será ainda menor. – está em conformidade com a norma-padrão e com o sentido do texto em:

(A) Desde que o regime de chuvas no verão não supera a média dos últimos anos, a margem de manobra para 2022 será ainda menor.
(B) Por mais que o regime de chuvas no verão não supera a média dos últimos anos, a margem de manobra para 2022 será ainda menor.
(C) Enquanto o regime de chuvas no verão não superar a média dos últimos anos, a margem de manobra para 2022 será ainda menor.
(D) Caso o regime de chuvas no verão não supere a média dos últimos anos, a margem de manobra para 2022 será ainda menor.
(E) Ainda que o regime de chuvas no verão não supere a média dos últimos anos, a margem de manobra para 2022 será ainda menor.

A: incorreta. O trecho fica incoerente e há erro na conjugação verbal ("super**e**"); **B:** incorreta, pelos mesmos vícios indicados na alternativa anterior; **C:** incorreta. A conjunção "enquanto" conduz ao raciocínio de uma ação em andamento – logo, a forma verbal da segunda oração precisa transmitir a mesma ideia: "(...) a margem de manobra continuará diminuindo", por exemplo; **D:** correta. O trecho reescrito conserva o sentido original e respeita integralmente o padrão culto da língua; **E:** incorreta, novamente por incoerência com o sentido original do texto. HS

Gabarito "D".

Vida ao natural

Pois no Rio tinha um lugar com uma lareira. E quando ela percebeu que, além do frio, chovia nas árvores, não pôde acreditar que tanto lhe fosse dado. O acordo do mundo com aquilo que ela nem sequer sabia que precisava como numa fome. Chovia, chovia. O fogo aceso pisca para ela e para o homem. Ele, o homem, se ocupa do que ela nem sequer lhe agradece; ele atiça o fogo na lareira, o que não lhe é senão dever de nascimento. E ela – que é sempre inquieta, fazedora de coisas e experimentadora de curiosidades – pois ela nem lembra sequer de atiçar o fogo; não é seu papel, pois se tem o seu homem para isso. Não sendo donzela, que o homem então cumpra a sua missão. O mais que ela faz é às vezes instigá-lo: "aquela acha*", diz-lhe, "aquela ainda não pegou". E ele, um instante antes que ela acabe a frase que o esclareceria, ele por ele mesmo já notara a acha, homem seu que é, e já está atiçando a acha. Não a comando seu, que é a mulher de um homem e que perderia seu estado se lhe desse ordem. A outra mão dele, a livre, está ao alcance dela. Ela sabe, e não a toma. Quer a mão dele, sabe que quer, e não a toma. Tem exatamente o que precisa: pode ter.

Ah, e dizer que isto vai acabar, que por si mesmo não pode durar. Não, ela não está se referindo ao fogo, refere-se ao que sente. O que sente nunca dura, o que sente sempre acaba, e pode nunca mais voltar. Encarniça-se então sobre o momento, come-lhe o fogo, e o fogo doce arde, arde, flameja. Então, ela que sabe que tudo vai acabar, pega a mão livre do homem, e ao prendê-la nas suas, ela doce arde, arde, flameja.

(Clarice Lispector, Os melhores contos

[seleção Walnice Nogueira Galvão], 1996)

* pequeno pedaço de madeira usado para lenha

(Escrevente – TJ/SP – 2021 – VUNESP) Em uma passagem do texto, o pronome é seguido do seu referente para evitar uma interpretação equivocada. Isso ocorre em:

(A) Ele, o homem, se ocupa do que ela nem sequer lhe agradece...

(B) ... ele atiça o fogo na lareira, o que não lhe é senão dever de nascimento.

(C) ... ele por ele mesmo já notara a acha, homem seu que é...

(D) Ela sabe, e não a toma. Quer a mão dele, sabe que quer...

(E) ... e ao prendê-la nas suas, ela doce arde, arde, flameja.

O recurso de expressar o referente do pronome para evitar a confusão ocorre na alternativa "A", pois no texto se percebe que eventualmente o pronome "ele" poderia também se referir a "fogo". HS

Gabarito "A".

(Escrevente – TJ/SP – 2021 – VUNESP) Identifica-se termo empregado em sentido figurado no trecho:

(A) O fogo aceso pisca para ela e para o homem.

(B) ... ele atiça o fogo na lareira...

(C) Pois no Rio tinha um lugar com uma lareira.

(D) ... ele por ele mesmo já notara a acha...

(E) Quer a mão dele, sabe que quer, e não a toma.

O verbo "piscar" está em sentido figurado, por meio da figura de linguagem conhecida como prosopopeia, ou personificação: piscar é ato humano, depende de olho e pálpebra, que o fogo obviamente não tem. HS

Gabarito "A".

(Escrevente – TJ/SP – 2021 – VUNESP) A repetição dos termos destacados tem a função de enfatizar uma ação na passagem:

(A) ... homem seu que **é** [...] que **é** a mulher de um homem...

(B) ... ele por ele mesmo já notara a **acha**, [...] e já está atiçando a **acha**.

(C) ... come-lhe o **fogo**, e o **fogo** doce arde, arde, flameja.

(D) **Chovia**, **chovia**. O fogo aceso pisca para ela e para o homem.

(E) ... "**aquela** acha", diz-lhe, "**aquela** ainda não pegou".

Diz-se que um termo tem função de enfatizar uma ação ou alguma característica quando ele não exerce qualquer função sintática: pode ser retirado do período sem qualquer prejuízo ao sentido ou à correção. Isso ocorre com "chovia", na alternativa "D". Todos os demais termos, ainda que repetidos, estão integrados à sintaxe dos respectivos períodos. HS

Gabarito "D".

(Advogado – Pref. São Roque/SP – 2020 – VUNESP) Assinale a alternativa que está redigida de acordo com a norma-padrão.

(A) A imprensa séria, a qual os tempos atuais têm proposto muitos desafios, deve ter sua importância reiterada.

(B) As instituições que divulgam informações, de cuja confiabilidade é vital para a esfera pública, têm sentido a interferência negativa dos avanços tecnológicos.

(C) É necessário aperfeiçoar as ferramentas de detecção de falsidade, cujo o objetivo tem de ser exigir idoneidade das plataformas de conteúdo.

(D) Em outubro de 2019, foi onde a Associação Nacional de Jornais organizou o seminário "Desinformação: Antídotos e Tendências".

(E) Independência, liberdade de expressão e rigor na apuração são os pilares onde se escora o jornalismo de primeira linha.

A: incorreta. O verbo "ter" deveria estar no singular, para concordar com "imprensa"; **B:** incorreta. A preposição "de" está errada, bastava dizer "cuja confiabilidade"; **C:** incorreta. Não há artigo depois de "cujo"; **D:** incorreta. Há vício de redação em "foi onde", que deve ser suprimido; **E:** correta. A redação atende a todas as normas gramaticais.

Gabarito "E".

Por que o criador do botão 'curtir' do Facebook apagou as redes sociais do celular

A tecnologia só deve prender nossa atenção nos momentos em que nós queremos, conscientemente, prestar atenção nela. "Em todos os outros casos, deve ficar fora do nosso caminho."

Quem afirma não é um dos críticos tradicionais das redes sociais, mas justamente o executivo responsável pela criação do botão 'curtir' nos primórdios do Facebook, há mais de dez anos.

Depois de perceber que as notificações de aplicativos como o próprio Facebook ocupavam boa parte do seu dia, eram distrativas e o afastavam das relações na vida real, o matemático Justin Rosenstein decidiu apagar todas as redes sociais, aplicativos de e-mails e notícias de seu celular, em busca de mais "presença" no mundo off-line.

Interrogado se ele se arrepende por ter criado a fonte da distração que hoje tanto critica, responde: "Nenhum arrependimento. Sempre que se tenta progredir, haverá consequências inesperadas. Você tem que ter humildade e ter muita atenção no que acontece depois, para fazer mudanças conforme for apropriado".

(Ricardo Senra. www.bbc.com. Adaptado)

(Soldado – PM/SP – 2018 – VUNESP) A palavra "Interrogado", destacada ao início do último parágrafo, pode ser substituída, no que se refere à norma-padrão, por

(A) Ao questionarem-o.
(B) Ao perguntarem-lhes.
(C) Ao os perguntarem.
(D) Ao questionarem-nos.
(E) Ao lhe perguntarem.

O verbo "perguntar", em relação ao interlocutor, é transitivo indireto, rege a preposição "a" (perguntar a alguém). Logo, o pronome oblíquo apropriado é o "lhe", no singular, porque há um único entrevistado. O verbo, porém, é flexionado na terceira pessoa do plural ("perguntarem") para indicar o sujeito indeterminado.
Gabarito "E".

(Bill Watterson. O melhor de Calvin. 31.03.2018. http://cultura.estadao.com.br)

(Soldado – PM/SP – 2018 – VUNESP) Na fala do primeiro quadrinho, o vocábulo melhor estabelece relação de

(A) causa.
(B) comparação.
(C) adição.
(D) negação.
(E) consequência.

O adjetivo "melhor" foi usado para criar uma comparação entre o sábado e os demais dias da semana.
Gabarito "B".

(Juiz de Direito – TJ/RS – 2018 – VUNESP) Assinale a alternativa correta quanto à concordância, à regência e à colocação pronominal, em conformidade com a norma-padrão.

(A) Dado as dimensões da crise na Catalunha, as pessoas pedem que o governo as protejam de atos violentos.
(B) Ensina-se espanhol na Catalunha para que no futuro não exista diferenças entre os cidadãos da nação.
(C) É vedado, nas escolas catalãs, aulas ministradas nessa língua, embora já tenha admitido-se exceções.
(D) Para que a situação seja o mais rapidamente possível controlada, determinaram-se medidas drásticas.
(E) Certamente mais de um simpatizante do separatismo apoiam que recrute-se docentes partidários da causa.

A: incorreta. Há problemas de concordância: "dad**as** as dimensões...", "... que o Governo as proteja"; **B:** incorreta. Há problema de concordância: "... não exist**am** problemas..."; **C:** incorreta. Há problema de concordância: "**São** vedad**as**...", e também de colocação pronominal: "..., embora já **se** tenha admitido exceções"; **D:** correta. O trecho respeita o padrão culto de regência, concordância e colocação pronominal; **E:** incorreta. Há problema de concordância: "... do separatismo apoi**am**...", e também de colocação pronominal: "... que **se** recrute docentes...".
Gabarito "D".

Algoritmos e desigualdade

Virginia Eubanks, professora de ciências políticas de Nova York, é autora de Automating Inequality (Automatizando a Desigualdade), um livro que explora a maneira como os computadores estão mudando a prestação de serviços sociais nos Estados Unidos. Seu foco é o setor de serviços públicos, e não o sistema de saúde privado, mas a mensagem é a mesma: com as instituições dependendo cada vez mais de algoritmos preditivos para tomar decisões, resultados peculiares – e frequentemente injustos – estão sendo produzidos.

Virginia Eubanks afirma que já acreditou na inovação digital. De fato, seu livro tem exemplos de onde ela está funcionando: em Los Angeles, moradores de rua que se beneficiaram dos algoritmos para obter acesso rápido a abrigos. Em alguns lugares, como Allegheny, houve casos em que "dados preditivos" detectaram crianças vulneráveis e as afastaram do perigo.

Mas, para cada exemplo positivo, há exemplos aflitivos de fracassos. Pessoas de uma mesma família de Allegheny foram perseguidas por engano porque um algoritmo as classificou como propensas a praticar abuso infantil. E em Indiana há histórias lastimáveis de famílias que tiveram assistência de saúde negada por causa de computadores com defeito. Alguns desses casos resultaram em mortes.

Alguns especialistas em tecnologia podem alegar que esses são casos extremos, mas um padrão similar é descrito pela matemática Cathy O'Neill em seu livro Weapons of Math Destruction. "Modelos matemáticos mal concebidos agora controlam os mínimos detalhes da economia, da propaganda às prisões", escreve ela.

Existe alguma solução? Cathy O'Neill e Virginia Eubanks sugerem que uma opção seria exigir que os tecnólogos

20. LÍNGUA PORTUGUESA 535

façam algo parecido com o julgamento de Hipócrates: "em primeiro lugar, fazer o bem". Uma segunda ideia – mais custosa – seria forçar as instituições a usar algoritmos para contratar muitos assistentes sociais humanos para complementar as tomadas de decisões digitais. Uma terceira ideia seria assegurar que as pessoas que estão criando e rodando programas de computador sejam forçadas a pensar na cultura, em seu sentido mais amplo.

Isso pode parecer óbvio, mas até agora os nerds digitais das universidades pouco contato tiveram com os nerds das ciências sociais – e vice-versa. A computação há muito é percebida como uma zona livre de cultura e isso precisa mudar.

(Gillian Tett. www.valor.com.br. 23.02.2018. Adaptado)

(Investigador – PC/BA – 2018 – VUNESP) "Uma segunda ideia – mais custosa – seria forçar as instituições a usar algoritmos para contratar muitos assistentes sociais humanos para complementar as tomadas de decisões digitais."

Essa passagem do quinto parágrafo está corretamente reescrita, segundo a norma-padrão, em:

(A) Mais custosa, uma segunda ideia, seria fazer com que as instituições usariam algoritmos para contratar muitos assistentes sociais humanos, à medida em que complementasse as tomadas de decisões digitais.

(B) Mais custosa, uma segunda ideia seria fazer com que as instituições usem algoritmos para contratarem muitos assistentes sociais humanos, em detrimento de complementar as tomadas de decisões digitais.

(C) Mais custosa, uma segunda ideia, seria fazer com que as instituições usassem algoritmos para contratarem muitos assistentes sociais humanos, visando à complementar as tomadas de decisões digitais.

(D) Mais custosa, uma segunda ideia seria fazer com que as instituições usassem algoritmos para contratar muitos assistentes sociais humanos, com o intuito de complementar as tomadas de decisões digitais.

(E) Mais custosa, uma segunda ideia seria fazer com que as instituições usam algoritmos para contratarem muitos assistentes sociais humanos, devido à complementar as tomadas de decisões digitais.

A: incorreta. Não pode haver vírgula após "ideia", pois isso separaria o sujeito do verbo. O verbo "usar" deve ser conjugado no presente do subjuntivo ("usassem"). "À medida em que" traz noção de proporção, ideia que não está presente no trecho original; **B: incorreta.** O verbo "usar" deve ser conjugado no presente do subjuntivo ("usassem"). O verbo "contratar" deve permanecer no infinitivo. "Em detrimento de" é sinônimo de "em prejuízo de", comparação que não está presente no sentido original do texto; **C: incorreta.** Não pode haver vírgula após "ideia", pois isso separaria o sujeito do verbo. O verbo "contratar" deve permanecer no infinitivo. Não ocorre crase antes de verbo; **D: correta.** A redação proposta respeita todas as regras da gramática padrão; **E: incorreta.** O verbo "usar" deve ser conjugado no presente do subjuntivo ("usassem"). O verbo "contratar" deve permanecer no infinitivo. Não ocorre crase antes de verbo.
Gabarito "D".

(Investigador – PC/BA – 2018 – VUNESP) Uma frase escrita em conformidade com a norma-padrão e com as regras de apresentação de um texto oficial é:

(A) Em função de um mal funcionamento de nosso sistema de dados, pedimos para a Vossa Senhoria o favor de refazerdes o cadastramento na plataforma digital da Secretaria em um prazo de 30 dias, contado do momento em que receberes esta circular.

(B) Em decorrência de um mau funcionamento de nosso sistema de dados, pedimos a Vossa Senhoria que refaça o cadastramento na plataforma digital da Secretaria em um prazo de 30 dias, a contar do recebimento desta circular.

(C) Em razão de um mau funcionamento de nosso sistema de dados, Sua Senhoria terá que refazer o cadastramento na plataforma digital da Secretaria em um prazo de 30 dias, do qual passará a contar à partir do recebimento desta circular.

(D) Por causa de um mal funcionamento de nosso sistema de dados, pedimos para Sua Senhoria a gentileza de refazer o cadastramento na plataforma digital da Secretaria em um prazo de 30 dias, contados da data em que vos foi entregue esta circular.

(E) Tendo em vista um mau funcionamento de nosso sistema de dados, pedimos à Vossa Senhoria o obséquio de refazer o cadastramento na plataforma digital da Secretaria em um prazo de 30 dias, contando de quando esta circular chegou à vossas mãos.

A: incorreta. É caso de usar "mau", antônimo de "bom". "Mal" é o contrário de "bem". Não se usa artigo antes de pronome de tratamento (Vossa Senhoria). Os verbos "refazer" e "receber" devem permanecer no infinitivo; **B: correta.** A redação está conforme os ditames da norma padrão e de apresentação de um texto oficial; **C: incorreta.** "Sua Senhoria" é usado para se referir a pessoa ausente. Ao tratar diretamente com o interlocutor, devemos usar "Vossa Senhoria". A língua culta privilegia a construção "ter **de**". Não ocorre crase antes de verbo; **D: incorreta.** Há excessiva informalidade na redação ("por causa de", "pedimos gentileza"). Além disso, o pronome de tratamento determina o uso da terceira pessoa do singular do verbo ("em que **lhe** foi entregue"); **E: incorreta.** É caso de usar "mau", antônimo de "bom". "Mal" é o contrário de "bem". Não ocorre crase antes de pronome de tratamento. "Obséquio" é acentuada por ser paroxítona terminada em ditongo crescente. Além disso, o pronome de tratamento determina o uso da terceira pessoa do singular do verbo ("chegou a **suas** mãos").
Gabarito "B".

(Delegado – PC/BA – 2018 – VUNESP) Assinale a alternativa cuja redação está em conformidade com a linguagem empregada em um memorando enviado ao Chefe do Departamento de Administração de um determinado órgão público.

(A) Conforme orientações do Plano Geral de informatização, requero a Sua Senhoria ver a possibilidade de agilizar à reforma da sala de informática deste Departamento, haja vista que a troca dos computadores está prevista para ocorrer acerca de um mês antes do prazo.

(B) Nos termos do Plano Geral de informatização, solicito a Vossa Senhoria verificar a possibilidade de antecipar a reforma da sala de informática deste Departamento, tendo em vista que a troca dos computadores será realizada com um mês de antecedência.

(C) À partir do estabelecido no Plano Geral de informatização, venho por meio deste instrumento, com respeito à Sua Excelência, demandar da antecipação da reforma da sala de informática deste Departamento, em decorrência que a troca dos computadores está para acontecer um mês antes do previsto.

(D) Pelo que dispõe o Plano Geral de informatização, peço licença à Vossa Excelência para pedir que a reforma da sala de informática deste Departamento seja adiantada, por que antecipou-se em um mês a troca dos computadores.

(E) Por determinação do Plano Geral de informatização, estou averiguando da possibilidade da Vossa Senhoria priorisar a reforma da sala de informática deste Departamento, à qual precisará ser antecipada, já que a troca dos computadores antecipará-se em um mês.

A: incorreta. A conjugação da primeira pessoa do singular do presente do indicativo do verbo "requerer" é "requeiro". Quando nos dirigimos diretamente ao interlocutor, o pronome de tratamento é "Vossa Senhoria". "Ver a possibilidade" é linguagem coloquial que não se aceita na redação oficial. "Agilizar" é verbo transitivo direto, não rege preposição – portanto, não ocorre crase depois dele. "Acerca de" é sinônimo de "sobre o que", "em relação a" – deveria constar "cerca de"; **B:** correta. A redação respeita integralmente a norma culta e o padrão da redação oficial; **C:** incorreta. Não ocorre crase antes de verbo. Há prolixidade em "venho por meio deste instrumento". O pronome pessoal de tratamento para chefes de órgãos públicos é "Vossa Senhoria". "Em decorrência" rege a preposição "de". "Está para acontecer" deve ser substituído por "acontecerá"; **D:** incorreta. Há informalidade em "peço licença (...) para pedir". Não ocorre crase antes de pronome pessoal de tratamento. A conjunção correta é "porque", com valor explicativo, e ela determina a próclise ("se antecipou"); **E:** incorreta. "Estou averiguando" é gerundismo, vício grave de redação, e o verbo "averiguar" não rege preposição. Não há artigo antes de pronome pessoal de tratamento ("de Vossa Senhoria"). "Priorizar" é a grafia correta. Não há crase em "a qual", porque não há nenhum artigo antecedendo a conjunção. Ainda que em desuso, a mesóclise é a colocação pronominal correta para a construção "antecipar-se-á".

Gabarito "B".

Ai, Gramática. Ai, vida.

O que a gente deve aos professores!

Este pouco de gramática que eu sei, por exemplo, foram Dona Maria de Lourdes e Dona Nair Freitas que me ensinaram. E vocês querem coisa mais importante do que gramática? La grammaire qui sait régenter jusqu'aux rois – dizia Molière: a gramática que sabe reger até os reis, e Montaigne: La plus part des ocasions des troubles du monde sont grammairiens – a maior parte de confusão no mundo vem da gramática.

Há quem discorde. Oscar Wilde, por exemplo, dizia de George Moore: escreveu excelente inglês, até que descobriu a gramática. (A propósito, de onde é que eu tirei tantas citações? Simples: tenho em minha biblioteca três livros contendo exclusivamente citações. Para enfeitar uma crônica, não tem coisa melhor. Pena que os livros são em inglês. Aliás, inglês eu não aprendi na escola. Foi lendo as revistas MAD e outras que vocês podem imaginar).

Discordâncias à parte, gramática é um negócio importante e gramática se ensina na escola – mas quem, professora, nos ensina a viver? Porque, como dizia o Irmão Lourenço, no schola sed vita – é preciso aprender não para a escola, mas para a vida.

Ora, dirão os professores, vida é gramática. De acordo. Vou até mais longe: vida é pontuação. A vida de uma pessoa é balizada por sinais ortográficos. Podemos acom-panhar a vida de uma criatura, do nascimento ao túmulo, marcando as diferentes etapas por sinais de pontuação.

Infância: a permanente exclamação:

Nasceu! É um menino! Que grande! E como chora! Claro, quem não chora não mama!

Me dá! É meu!

Ovo! Uva! Ivo viu o ovo! Ivo viu a uva! O ovo viu a uva! Olha como o vovô está quietinho, mamãe!

Ele não se mexe, mamãe! Ele nem fala, mamãe!

Ama com fé e orgulho a terra em que nasceste! Criança – não verás nenhum país como este!

Dá agora! Dá agora, se tu és homem! Dá agora, quero ver!

> (Moacyr Scliar. Minha mãe não dorme enquanto eu não chegar, 1996. Adaptado)

(Escrevente – TJ/SP – 2018 – VUNESP) De acordo com a norma-padrão, o trecho do 4º parágrafo " ... gramática é um negócio importante e gramática se ensina na escola..." está corretamente reescrito em:

(A) Se ensina gramática na escola devido à sua importância.

(B) Gramática é um negócio importante cujo ensina-se na escola.

(C) Se ensina gramática na escola, devido a sua importância.

(D) Como a gramática é um negócio importante, a escola lhe ensina.

(E) Gramática é um negócio importante que se ensina na escola.

A: incorreta. Não se inicia frase com pronome oblíquo; **B:** incorreta. O pronome "cujo" remete à ideia de posse, propriedade, o que não faz sentido nessa passagem do texto; **C:** incorreta. Não se inicia frase com pronome oblíquo; **D:** incorreta. O pronome "lhe" equivale a "a ele", ou seja, refere-se a uma pessoa. Não há menção a qualquer pessoa na passagem a justificar o uso do pronome; **E:** correta. As regras da gramática normativa foram todas respeitadas.

Gabarito "E".

(Escrevente Técnico – TJM/SP – VUNESP – 2017) Assinale a alternativa que preenche, respectivamente, as lacunas da frase, conforme a norma-padrão da língua.

_____ anos, estudiosos _____ acerca da contribuição que o conhecimento dos buracos negros pode trazer _____ nossas vidas.

(A) Há ... têm questionado-se ... a

(B) Há ... têm se questionado ... a

(C) Há ... têm se questionado ... à

(D) A ... têm questionado-se ... a

(E) A ... têm se questionado ... à

A expressão de tempo passado se forma com o verbo "haver": "Há anos...". Conforme a norma padrão, a locução verbal recomenda o uso do pronome proclítico ao verbo principal: "têm se questionado". Por fim, não ocorre crase na última lacuna, porque o pronome e o substantivo estão no plural e as alternativas se apresentam no singular, denotando que se trata de preposição isolada, desacompanhada de artigo.

Gabarito "B".

20. LÍNGUA PORTUGUESA — 537

(Procurador Municipal – Sertãozinho/SP – VUNESP – 2016) Leia as frases.

Cinco casais jovens reuniram-se para um jantar _____ assunto principal tornou-se, inevitavelmente, a opção por parto normal ou cesárea.

Para o cronista, a busca por um novo cordão umbilical, _____ procedemos desde o nascimento, infelizmente é inútil.

De acordo com a norma-padrão da língua portuguesa, as lacunas das frases devem ser preenchidas, respectivamente, com:

(A) com que o ... em que
(B) para o qual ... com que
(C) cujo ... a que
(D) do qual o ... para a qual
(E) aonde o ... de que

Na primeira oração, devemos usar expressão pronominal que indica "posse", porque é "o assunto do jantar". Podemos usar "cujo" (melhor) ou "do qual o" (menos recomendável para fins de clareza). No segundo caso, o verbo "proceder" rege a preposição "a", logo deve constar "a que procedemos".

Gabarito "C".

Desde que viu pela primeira vez um filme policial, o rapaz quis ser um homem da lei. Sonhava viver aventuras, do lado do bem. Botar algemas nos pulsos de um criminoso e dizer, como nos livros: "Vai mofar na cadeia, espertinho".

Estudou Direito com o objetivo de ser delegado de polícia. No início do curso, até pensou em tornar-se um grande advogado criminal, daqueles que desmontam um por um os argumentos do nobre colega, mas a partir do segundo ano percebeu que seu negócio eram mesmo as algemas. Assim que se formou, inscreveu-se no primeiro concurso público para delegado. Fez aulas de defesa pessoal e tiro. Estudou tanto que passou em primeiro lugar e logo saiu a nomeação para uma delegacia em bairro de classe média, Vila Mariana.

No dia de assumir o cargo, acordou cedo, fez a barba, tomou uma longa ducha, reforçou o desodorante para o caso de algum embate prolongado, vestiu o melhor terno, caprichou na gravata e olhou-se no espelho satisfeito. Encenou um sorriso cínico imitando Sean Connery e falou:

– Meu nome é Bond. James Bond.

Na delegacia, percorreu as dependências, conheceu a equipe, conferiu as armas, as viaturas, e sentou-se à mesa, à espera do primeiro caso. Não demorou: levaram até ele uma senhora idosa e enfezada.

– Doutor, estão atirando pedras no meu varal!

Adeus 007. O delegado-calouro caiu na besteira de dizer à queixosa que aquilo não era crime.

– Não é crime? Quer dizer que podem jogar pedras no meu varal?

– Eu não posso prender ninguém por isso.

– Ah, é? Então a polícia vai permitir que continuem a jogar pedras no meu varal? A sujar minha roupa?

James Bond não tinha respostas. Procurou saber quem jogava as pedras. A velha senhora não sabia, mas suspeitava de alguém da casa ao lado. O delegado mandou "convidarem" o vizinho para uma conversa e pediu que trancassem a senhora numa sala.

– Ai, meu Deus, só falta ser um velhinho, para completar! – murmurou o desanimado Bond.

Era um velhinho que confessou tudo dando risadinhas travessas. Repreendeu-o com tom paterno:

– O senhor não pode fazer uma coisa dessas. Por que isso, aborrecer as pessoas?

– É para passar o tempo. Vivo sozinho, e com isso eu me divirto um pouco, né?

O moço delegado cruzou as mãos atrás da cabeça, fechou os olhos e meditou sobre os próximos trinta anos. Pensou também na vida, na solidão e em arranjar uma namorada. Abriu os olhos e lá estava o velhinho.

– Pois eu vou contar uma coisa. A sua vizinha, essa do varal, está interessadíssima no senhor, gamadona.

O velho subiu nas nuvens, encantado. Recusou-se a dar mais detalhes, mandou-o para casa, e chamou a senhora:

– Ele esteve aqui. É um senhor de idade. Bonitão, viu? Confessou que fez tudo por amor, para chamar a sua atenção. Percebeu que uma chama romântica brilhou nos olhos dela.

Caso encerrado.

(Humberto Werneck, Org. Coleção melhores crônicas – Ivan Angelo. Global, 2007. Adaptado)

(Procurador Municipal/SP – VUNESP – 2016) Assinale a alternativa que traz a afirmação correta sobre o texto.

(A) A expressão **assim que**, no 2º parágrafo, exprime ideia de tempo e pode ser substituída corretamente por *enquanto*.

(B) O pronome **aquilo**, no 7º parágrafo, refere-se à maneira desrespeitosa com que a senhora idosa tratou o novo delegado.

(C) A expressão **com tom paterno**, no 13º parágrafo, associa ao verbo repreender a circunstância adverbial de modo.

(D) A expressão **subir nas nuvens**, no 18º parágrafo, está empregada em sentido próprio e significa *ficou entusiasmado*.

(E) Os diminutivos **velhinho** e **risadinhas**, no 13º parágrafo, e os aumentativos **gamadona** e **bonitão**, no 17º e no 19º parágrafos, atribuem valor afetivo a esses substantivos.

A: incorreta. "Assim que" realmente exprime ideia de tempo, mas não é sinônimo de "enquanto"; B: incorreta. O pronome "aquilo" remete ao ato de jogar pedras no varal; C: correta. O trecho destacado exerce a função sintática de adjunto adverbial; D: incorreta. A expressão é empregada em sentido figurado (conotativo). A personagem não subiu nas nuvens de verdade – a expressão é uma metáfora para alegria, entusiasmo; E: incorreta. Os diminutivos foram empregados em tom irônico; os aumentativos, de exagero.

Gabarito "C".

(Procurador – IPSMI/SP – VUNESP – 2016) Assinale a alternativa em que a colocação pronominal e a conjugação dos verbos estão de acordo com a norma-padrão.

(A) Eles se disporão a colaborar comigo, se verem que não prejudicarei-os nos negócios.
(B) Propusemo-nos ajudá-lo, desde que se mantivesse calado.
(C) Tendo avisado-as do perigo que corriam, esperava que elas se contessem ao dirigir na estrada.
(D) Todos ali se predispuseram a ajudar-nos, para que nos sentíssemos à vontade.
(E) Os que nunca enganaram-se são poucos, mas gostam de que se alardeiem seus méritos.

A: incorreta. A terceira pessoa do plural do futuro do subjuntivo do verbo "ver" é "virem" e o advérbio "não" determina a próclise em "os prejudicarei"; **B:** correta. Tanto a colocação pronominal quanto os verbos estão de acordo com o padrão culto; **C:** incorreta. A oração reduzida de gerúndio recomenda a colocação do pronome entre o verbo auxiliar e o principal ("tendo as avisado"). Ademais, a terceira pessoa do plural do presente do subjuntivo do verbo "conter" é "contivessem"; **D:** incorreta. A terceira pessoa do plural do pretérito perfeito do indicativo do verbo "predispor" é "predispuseram"; **E:** incorreta. O advérbio "nunca" determina a próclise em "se enganaram".
Gabarito "B".

(Escrevente – TJ/SP – VUNESP – 2015) Leia o texto da tira.

(Pryscila. Disponível em:<http://www1.folha.uol.com.br/>. Acesso em: 02 fev 2015. Adaptado)

Assinale a alternativa que preenche, correta e respectivamente, as lacunas **da tira**.

(A) veio em ... houvesse ... o
(B) foi em ... houvessem ... o
(C) foi a ... houvesse ... o
(D) veio a ... houvessem ... lhe
(E) foi à ... houvessem ... lhe

"Foi a", porque o contexto deixa claro que as personagens não estão em Curitiba, nome de cidade que não é antecedido por artigo, portanto não ocorre crase; "houvesse", porque o verbo "haver", no sentido de "existir", é impessoal, está sempre no singular; "o", pronome oblíquo utilizado para substituir o objeto direto ("ver" é verbo transitivo direto).
Gabarito "C".

Palavras, percebemos, são pessoas. Algumas são sozinhas: Abracadabra. Eureca. Bingo. Outras são promíscuas (embora prefiram a palavra "gregária"): estão sempre cercadas de muitas outras: Que. De. Por.

Algumas palavras são casadas. A palavra caudaloso, por exemplo, tem união estável com a palavra rio – você dificilmente verá caudaloso andando por aí acompanhada de outra pessoa. O mesmo vale para frondosa, que está sempre com a árvore. Perdidamente, coitado, é um advérbio que só adverbia o adjetivo apaixonado. Nada é ledo a não ser o engano, assim como nada é crasso a não ser o erro. Ensejo é uma palavra que só serve para ser aproveitada. Algumas palavras estão numa situação pior, como calculista, que vive em constante ménage(*), sempre acompanhada de assassino, frio e e.

Algumas palavras dependem de outras, embora não sejam grudadas por um hífen – quando têm hífen elas não são casadas, são siamesas. Casamento acontece quando se está junto por algum mistério. Alguns dirão que é amor, outros dirão que é afinidade, carência, preguiça e outros sentimentos menos nobres (a palavra engano, por exemplo, só está com ledo por pena – sabe que ledo, essa palavra moribunda, não iria encontrar mais nada a essa altura do campeonato).

Esse é o problema do casamento entre as palavras, que por acaso é o mesmo do casamento entre pessoas.

Tem sempre uma palavra que ama mais. A palavra árvore anda com várias palavras além de frondosa. O casamento é aberto, mas para um lado só. A palavra rio sai com várias outras palavras na calada da noite: grande, comprido, branco, vermelho – e caudaloso fica lá, sozinho, em casa, esperando o rio chegar, a comida esfriando no prato.

Um dia, caudaloso cansou de ser maltratado e resolveu sair com outras palavras. Esbarrou com o abraço que, por sua vez, estava farto de sair com grande, essa palavra tão gasta. O abraço caudaloso deu tão certo que ficaram perdidamente inseparáveis. Foi em Manuel de Barros.

Talvez pra isso sirva a poesia, pra desfazer ledos enganos em prol de encontros mais frondosos.

(Gregório Duvivier, Abraço caudaloso. Disponível em: <http://www1.folha.uol.com.br/>. Acesso em: 02 fev 2015. Adaptado)

(*) ménage: coabitação, vida em comum de um casal, unido legitimamente ou não.

(Escrevente – TJ/SP – VUNESP – 2015) A partir da ideia de que palavras "são pessoas", o autor atribui às palavras caracterização própria de humanos. É correto afirmar que, nesse procedimento, ele emprega

(A) palavras de gíria de jovens.
(B) palavras em sentido figurado.
(C) palavras ainda não dicionarizadas.
(D) termos de uso regional.
(E) expressões de vocabulário técnico.

O autor se vale da metáfora, das palavras em sentido conotativo, em sentido figurado.

Gabarito "B".

Leia o texto, para responder às questões de abaixo.

O fim do direito é a paz, o meio de que se serve para consegui-lo é a luta. Enquanto o direito estiver sujeito às ameaças da injustiça – e isso perdurará enquanto o mundo for mundo –, ele não poderá prescindir da luta. A vida do direito é a luta: luta dos povos, dos governos, das classes sociais, dos indivíduos.

Todos os direitos da humanidade foram conquistados pela luta; seus princípios mais importantes tiveram de enfrentar os ataques daqueles que a ele se opunham; todo e qualquer direito, seja o direito de um povo, seja o direito do indivíduo, só se afirma por uma disposição ininterrupta para a luta. O direito não é uma simples ideia, é uma força viva. Por isso a justiça sustenta numa das mãos a balança com que pesa o direito, enquanto na outra segura a espada por meio da qual o defende.

A espada sem a balança é a força bruta, a balança sem a espada, a impotência do direito. Uma completa a outra, e o verdadeiro estado de direito só pode existir quando a justiça sabe brandir a espada com a mesma habilidade com que manipula a balança.

O direito é um trabalho sem tréguas, não só do Poder Público, mas de toda a população. A vida do direito nos oferece, num simples relance de olhos, o espetáculo de um esforço e de uma luta incessante, como o despendido na produção econômica e espiritual. Qualquer pessoa que se veja na contingência de ter de sustentar seu direito participa dessa tarefa de âmbito nacional e contribui para a realização da ideia do direito.

É verdade que nem todos enfrentam o mesmo desafio.

A vida de milhares de indivíduos desenvolve-se tranquilamente e sem obstáculos dentro dos limites fixados pelo direito. Se lhes disséssemos que o direito é a luta, não nos compreenderiam, pois só veem nele um estado de paz e de ordem.

(Rudolf von Ihering, *A luta pelo direito*)

(Escrevente – TJ/SP – VUNESP – 2015) Assinale a alternativa em que uma das vírgulas foi empregada para sinalizar a omissão de um verbo, tal como ocorre na passagem – A espada sem a balança é a força bruta, a balança sem a espada, a impotência do direito.

(A) O direito, no sentido objetivo, compreende os princípios jurídicos manipulados pelo Estado.

(B) Todavia, não pretendo entrar em minúcias, pois nunca chegaria ao fim.

(C) Do autor exige-se que prove, até o último centavo, o interesse pecuniário.

(D) É que, conforme já ressaltei várias vezes, a essência do direito está na ação.

(E) A cabeça de Jano tem face dupla: a uns volta uma das faces, aos demais, a outra.

A única alternativa na qual a vírgula foi utilizada para indicar a elipse (supressão) do verbo é a letra "E", que deve ser assinalada. Na parte final, a vírgula após "demais" substitui o verbo "voltar", para evitar repetições desnecessárias.

Gabarito "E".

21. DIREITO ELEITORAL

Filipe Venturini Signorelli

1. INELEGIBILIDADE

(Juiz de Direito – TJ/SP – 2023 – VUNESP) Assinale a alternativa que NÃO constitui causa de inelegibilidade.

(A) Demissão do serviço público em decorrência de processo administrativo ou judicial, pelo prazo de 8 (oito) anos, contado da decisão.

(B) Aposentadoria compulsória por idade ou pedido de exoneração de magistrado ou membro do Ministério Público, pelo prazo de 3 (três) anos.

(C) A exclusão do exercício de profissão, por decisão sancionatória do órgão profissional competente, em decorrência de infração ético-disciplinar, pelo prazo de 8 (oito) anos.

(D) Condenação com trânsito em julgado ou proferida por órgão judicial colegiado, por desfazer ou simular o desfazimento de vínculo conjugal ou de união estável para evitar caracterização de inelegibilidade, pelo prazo de 8 (oito) anos, contado da decisão que reconhecer a fraude.

Resposta correta letra **B**. Todas as alternativas possuem base na Lei da Ficha Limpa (LC 64/1990), assim, tendo a resposta correta base no art. 1º, I, q: "São inelegíveis: I – para qualquer cargo: os magistrados e os membros do Ministério Público que forem aposentados compulsoriamente por decisão sancionatória, que tenham perdido o cargo por sentença ou que tenham pedido exoneração ou aposentadoria voluntária na pendência de processo administrativo disciplinar, pelo prazo de 8 (oito) anos". [FVS]
Gabarito: B.

(Juiz de Direito – TJ/SP – 2023 – VUNESP) Assinale a alternativa correta.

(A) À eleição suplementar, motivada pelo afastamento de prefeito pela Justiça Eleitoral, não são aplicáveis as hipóteses de inelegibilidades do § 7º do artigo 14 da Constituição Federal, bem como o prazo de 6 (seis) meses para desincompatibilização.

(B) O cidadão que já exerceu dois mandatos consecutivos de Chefe do Poder Executivo municipal (reeleito uma única vez) pode se candidatar para o mesmo cargo em município diverso.

(C) A condenação por abuso de poder econômico ou político em ação de investigação eleitoral transitada em julgado não constitui causa de inelegibilidade a ser aplicada por ocasião do processo de registro de candidatura.

(D) O Ministério Público Eleitoral tem legitimidade para recorrer de decisão que julga o pedido de registro de candidatura, mesmo que não o tenha impugnado anteriormente.

Resposta correta letra **D**. O Minstério Público Eleitoral possui legitimidade para recorrer de decisão que julga o pedido de registro de candidatura, ainda que não tenha impugnado em momento anterior, conforme

entendimento do STF no ARE 728.188/RJ (RECURSO EXTRORDINÁRIO. MATÉRIA ELEITORAL. LEGITIMIDADE DO MINISTÉRIO PÚBLICO PARA RECORRER DE DECISÃO QUE DEFERE REGISTRO DE CANDIDATURA, AINDA QUE NÃO HAJA APRESENTADO IMPUGNAÇÃO AO PEDIDO INICIAL. SEGURANÇA JURÍDICA. RECURSO A QUE SE NEGA PROVIMENTO. REPERCUSSÃO GERAL. FIXAÇÃO DA TESE A PARTIR DAS ELEIÇÕES DE 2014, INCLUSIVE. I - O Ministério Público Eleitoral possui legitimidade para recorrer de decisão que julga o pedido de registro de candidatura, mesmo que não haja apresentado impugnação anterior. II – Entendimento que deflui diretamente do disposto no art. 127 da Constituição Federal. III – Recurso extraordinário a que se nega provimento por razões de segurança jurídica. IV – Fixação da tese com repercussão geral a fim de assentar que a partir das eleições de 2014, inclusive, o Ministério Público Eleitoral tem legitimidade para recorrer da decisão que julga o pedido de registro de candidatura, ainda que não tenha apresentado impugnação.). (STF - ARE: 728188 RJ, Relator: RICARDO LEWANDOWSKI, Data de Julgamento: 18/12/2013, Tribunal Pleno, Data de Publicação: 12/08/2014) [FVS]
Gabarito: D.

2. PARTIDOS POLÍTICOS, CANDIDATOS

(Procurador – AL/PR – 2024 – FGV) O Partido Político Alfa requereu o registro da candidatura de João para concorrer a determinado cargo eletivo pelo sistema proporcional. A candidatura, no entanto, veio a ser impugnada pelo Partido Político Beta sob o argumento de que João estava inelegível, sendo que o período de inelegibilidade somente se encerraria cinco dias antes da eleição.

À luz da sistemática vigente, é correto afirmar, em relação à narrativa que

(A) somente podem participar do processo eletivo, que principia com as convenções partidárias, aqueles que preencham os requisitos previstos na legislação eleitoral para concorrer ao cargo eletivo, o que não é o caso de João.

(B) a presença das condições de elegibilidade e a ausência de causas de inelegibilidade deve ser aferida por ocasião do registro da candidatura, logo, a impugnação apresentada por Beta deve ser acolhida.

(C) a presença ou a ausência de causas de inelegibilidade não deve ser aferida por ocasião do registro da candidatura, mas, sim, no curso do processo eletivo, logo, a impugnação de Beta não deve ser acolhida.

(D) as condições de elegibilidade e a ausência de causas de inelegibilidade devem ser aferidas no momento da diplomação pela Justiça eleitoral, logo, o registro de João pode ser deferido.

(E) o término do prazo de inelegibilidade que alcança João, da forma indicada na narrativa, constitui fato superveniente que afasta a inelegibilidade.

Alternativa correta letra **E**. A questão está respaldada na súmula 70 do TSE, que aduz: "**O encerramento do prazo de inelegibilidade antes do dia da eleição** constitui fato superveniente que afasta a inelegibilidade, nos termos do art. 11, § 10, da Lei nº 9.504/97". Assim, como aponta a súmula, observamos também o art. 11, § 10, da Lei das Eleições: "Art. 11. Os partidos e coligações solicitarão à Justiça Eleitoral o registro de seus candidatos até as dezenove horas do dia 15 de agosto do ano em que se realizarem as eleições. (...) § 10. As condições de elegibilidade e as causas de inelegibilidade devem ser aferidas no momento da formalização do pedido de registro da candidatura, ressalvadas as alterações, fáticas ou jurídicas, supervenientes ao registro que afastem a inelegibilidade". Gabarito "E".

(Juiz de Direito – TJ/SP – 2023 – VUNESP) A Constituição Federal estabelece no § 6º, do artigo 17: "Os Deputados Federais, os Deputados Estaduais, os Deputados Distritais e os Vereadores que se desligarem do partido pelo qual tenham sido eleitos perderão o mandato, salvo nos casos de anuência do partido ou de outras hipóteses de justa causa estabelecidas em lei, não computada, em qualquer caso, a migração de partido para fins de distribuição de recursos do fundo partidário ou de outros fundos públicos e de acesso gratuito ao rádio e à televisão." Assinale a alternativa que NÃO constitui justa causa para a desfiliação partidária.

(A) A mudança substancial ou desvio reiterado do programa partidário.

(B) A grave discriminação política pessoal.

(C) O desempenho eleitoral do partido político, embora atendida a cláusula de barreira.

(D) A mudança de partido efetuada durante o período de trinta dias que antecede o prazo de filiação exigido em lei para concorrer à eleição, majoritária ou proporcional, ao término do mandato vigente.

Resposta letra **C**. Assim, as alternativas corretas A, B e D encontram respaldo na Lei 9096/1995, em seu artigo 22-A, parágrafo único, I, II e III, nas exatas correspondências: Art. 22-A. Perderá o mandato o detentor de cargo eletivo que se desfiliar, sem justa causa, do partido pelo qual foi eleito. Parágrafo único. Consideram-se justa causa para a desfiliação partidária somente as seguintes hipóteses: I – mudança substancial ou desvio reiterado do programa partidário; II – grave discriminação política pessoal; e III – mudança de partido efetuada no período de trinta dias que antecede o prazo de filiação exigido em lei para concorrer à eleição, majoritária ou proporcional, ao término do mandato vigente. Gabarito "C".

3. PROPAGANDA ELEITORAL E RESTRIÇÕES NO PERÍODO ELEITORAL

(Juiz de Direito – TJ/SP – 2023 – VUNESP) A respeito da propaganda eleitoral, assinale a alternativa correta.

(A) Não se admite o pedido de apoio político e a divulgação de pré-candidatura por ocasião de divulgação de atos parlamentares e debates legislativos.

(B) É vedada a participação de filiados a partidos políticos ou de pré-candidatos em entrevistas no rádio, na televisão e na internet, inclusive para exposição de plataformas e projetos políticos, ainda que as emissoras de rádio e televisão confiram tratamento isonômico a outros partidos políticos ou pré-candidatos.

(C) Constitui propaganda eleitoral antecipada a divulgação de posicionamento pessoal sobre questões políticas, inclusive nas redes sociais.

(D) As prévias partidárias não podem ser transmitidas ao vivo por emissoras de rádio e de televisão, sendo permitida a cobertura jornalística pelos meios de comunicação social.

Encontramos respaldo sobre propaganda eleitoral para a questão na Lei nº 9.504/1997: **A:** incorreta. Art. 36-A, IV; **B:** incorreta. Art. 36-A, I; **C:** incorreta. Art. 36-A, V; **D:** correta. Art. 36-A, § 1º: "É vedada a transmissão ao vivo por emissoras de rádio e de televisão das prévias partidárias, sem prejuízo da cobertura dos meios de comunicação social". Gabarito "D".

4. JUSTIÇA ELEITORAL

(Procurador – AL/PR – 2024 – FGV) João, agente público, de acordo com o diretório do Partido Político Delta, seria o responsável pela suposta execução de ato abusivo em prol de Pedro, candidato a Deputado Federal. Tanto João como Pedro são filiados ao Partido Político Beta.

Considerando a sistemática vigente, é correto afirmar, em relação ao possível ajuizamento da ação de investigação judicial eleitoral, que

(A) a ação pode ser ajuizada apenas em face de Pedro.

(B) há litisconsórcio passivo necessário entre João e Pedro.

(C) há litisconsórcio passivo necessário entre João, Pedro e Beta.

(D) Pedro não pode figurar no polo passivo, pois não praticou a conduta ilícita.

(E) por se tratar de eleição proporcional, o polo passivo deve ser ocupado apenas por Beta.

Alternativa correta letra **A**. Assim, devemos observar que em relação ao possível ajuizamento da ação de investigação judicial eleitoral não há litisconsórcio passivo necessário, com exceção dos casos que envolvam os vices. Sendo assim, observamos o RO 0603030-63-DF: ELEIÇÕES 2018. RECURSO ORDINÁRIO. CARGO DE GOVERNADOR. ABUSO DO PODER POLÍTICO. COAÇÃO E EXONERAÇÃO DE SERVIDORES COMISSIONADOS. EXECUÇÃO SIMULADA DE PROGRAMA SOCIAL. LITISCONSÓRCIO PASSIVO NECESSÁRIO ENTRE CANDIDATO BENEFICIÁRIO E AUTOR DE ATO TIDO POR ABUSIVO. DESNECESSIDADE. HIPÓTESE NÃO ABRANGIDA PELO ART. 114 DO CPC/2015. AFASTAMENTO DA EXIGÊNCIA EM AIJE POR ABUSO DO PODER POLÍTICO. ALTERAÇÃO DE JURISPRUDÊNCIA. APLICAÇÃO PROSPECTIVA. SEGURANÇA JURÍDICA. NECESSIDADE DE PRODUÇÃO DE PROVAS PREVIAMENTE REQUERIDA. RETORNO DOS AUTOS DIGITAIS À ORIGEM. COAÇÃO DE SERVIDORES COMISSIONADOS PARA APOIO DE CANDIDATURA. PUBLICIDADE INSTITUCIONAL PARA PROMOÇÃO PESSOAL. AUSÊNCIA DE PROVAS. IMPROCEDÊNCIA. PARCIAL PROVIMENTO AO RECURSO ORDINÁRIO. 1. A jurisdição eleitoral, considerados os bens jurídicos que se presta a defender, não pode criar óbice à efetividade da norma eleitoral nem exigir a formação de litisconsórcio sem expressa previsão no ordenamento jurídico. 2. O art. 114 do CPC/2015 prevê a formação do litisconsórcio necessário em apenas duas hipóteses: (a) por disposição de lei; e (b) quando, pela natureza da relação jurídica controvertida, a eficácia da sentença depender da citação de todos que devam ser litisconsortes. 3. Não há, no ordenamento eleitoral, disposição legal que exija a formação de litisconsórcio no polo passivo da AIJE. 4. Inexiste relação jurídica controvertida entre o candidato beneficiado e o autor da conduta ilícita nas ações de investigação judicial por abuso do poder político. 5. Firma-se a tese no sentido de não ser exigido o litisconsórcio passivo necessário entre o candidato beneficiado e o autor da conduta ilícita em AIJE por abuso do poder político. 6. A fixação do novo entendimento tem aplicação prospectiva, para as eleições de 2018 e seguintes, por força do princípio da segurança jurídica. 7. Ausentes provas seguras que comprovem a utilização da máquina pública em favor dos recorridos e, por consequência, do abuso do poder político, a improcedência do pedido se impõe, conforme o entendimento desta Corte Superior. 8. Recurso ordinário provido, tão somente para afastar a necessidade de litisconsórcio passivo necessário entre o candidato beneficiado e os autores da conduta ilícita e determinar o retorno dos autos digitais ao

21. DIREITO ELEITORAL

TRE/DF a fim de retomar a instrução probatória relativa às condutas atingidas pelo indeferimento parcial da inicial. (TSE – RO-EI: 060303063 BRASÍLIA – DF, Relator: Min. Mauro Campbell Marques, Data de Julgamento: 10/06/2021, Data de Publicação: 03/08/2021).

Gabarito "A".

5. TEMAS COMBINADOS E OUTRAS MATÉRIAS

(Procurador – AL/PR – 2024 – FGV) O Partido Político Alfa, ao fim da eleição municipal, teve três candidatos eleitos para a Câmara Municipal de Beta, que foram João, Pedro e Antônio. O Partido Político Delta, por sua vez, após tomar ciência do resultado da eleição, concluiu que Alfa não tinha atendido à cota de gênero, porque, apesar de ter cumprido as exigências da legislação em relação ao quantitativo de candidaturas femininas, não foram detectados gastos com essas candidaturas ou a efetiva realização de propaganda eleitoral.

À luz da sistemática vigente, é correto afirmar que

(A) a irregularidade identificada por Delta pode acarretar o ajuizamento de ação de investigação judicial eleitoral, que importará na cassação do diploma de João, Pedro e Antônio e na sanção de inelegibilidade.

(B) a situação descrita pode acarretar a responsabilização de Alfa em sede de ação de impugnação de mandato eletivo e, caso seja demonstrado o conhecimento de João, Pedro e Antônio, a cassação dos respectivos mandatos.

(C) pode ser ajuizado recurso contra a expedição de diploma, tendo como consequência a aplicação de multa a Alfa e a cassação do mandato de João, Pedro e Antônio.

(D) é cabível o ajuizamento de ação de impugnação de mandato eletivo, que terá como consequência a desconstituição dos mandatos de João, Pedro e Antônio.

(E) a referida cota é compreendida em uma perspectiva formal, logo, as ilações de Delta, ainda que comprovadas, não indicam qualquer ilicitude.

Alternativa correta letra **D**. Neste sentido, observamos sobre a fraude o CF, Art. 14, § 10, que aduz: "Art. 14. A soberania popular será exercida pelo sufrágio universal e pelo voto direto e secreto, com valor igual para todos, e, nos termos da lei, mediante: (...) § 10 O mandato eletivo poderá ser impugnado ante a Justiça Eleitoral no prazo de quinze dias contados da diplomação, instruída a ação com provas de abuso do poder econômico, corrupção ou fraude". E, desta maneira, o entendimento pacificado do TSE determina que se for caracterizada a fraude à cota de gênero, a consequência jurídica será a cassação dos candidatos vinculados à chapa. Vejamos: ELEIÇÕES 2020. AGRAVO EM RECURSO ESPECIAL. AÇÃO DE INVESTIGAÇÃO JUDICIAL ELEITORAL (AIJE). FRAUDE À COTA DE GÊNERO. PROVAS ROBUSTAS. COMPROVAÇÃO. PROVIMENTO. 1. A fraude à cota de gênero de candidaturas femininas representa afronta aos princípios da igualdade, da cidadania e do pluralismo político, na medida em que a *ratio* do art. 10, § 3º, da Lei 9.504/1997 é ampliar a participação das mulheres no processo político-eleitoral. 2. Pela moldura fática contida no Acórdão Regional, delineada a partir de conteúdo probatório contundente (documentos, oitiva de testemunhas e depoimento pessoal da Requerida), é incontroverso que: (i) a candidata obteve apenas um voto, mas não votou em si; (ii) não realizou nenhum gasto de campanha; (iii) a Comissão Provisória do Partido Social Democrático (PSD) de Leópolis/PR é composta, em sua maioria, por familiares da Investigada; (iv) a candidata ocupava o cargo de Secretária no Partido, do qual seu filho era o Presidente, e

pelo qual seu esposo foi eleito; (v) o ingresso na chapa se deu somente após a desistência de uma das candidatas; (vi) os atos de campanha são incertos; (vii) na reta final, a Investigada teria desistido "informalmente" da candidatura. Registro de candidata fictícia reconhecida. 3. O PL lançou 11 (onze) candidaturas ao pleito de 2020, sendo 4 (quatro) mulheres, circunstância que atenderia, em tese, o preceito normativo. Entretanto, no presente caso, remanesceram como regulares apenas 2 (duas) mulheres, pois, entre elas, ficou constatada uma candidata fictícia e outra, cujo registro foi indeferido. Trata-se, portanto, de desobediência objetiva ao critério firmado pelo art. 10, § 3º da Lei 9.504/1997, diante do preenchimento de apenas 18,18% de representantes do gênero feminino. 4. Caracterizada a fraude, e, por conseguinte, comprometida a disputa, a consequência jurídica é: (i) a cassação dos candidatos vinculados ao Demonstrativo de Regularidade de Atos Partidários (Drap), independentemente de prova da participação, ciência ou anuência deles; (ii) a inelegibilidade daqueles que efetivamente praticaram ou anuíram com a conduta; (iii) a nulidade dos votos obtidos pela Coligação, com a recontagem do cálculo dos quocientes eleitoral e partidários, nos termos do art. 222 do Código Eleitoral. 5. Recurso Especial provido (TSE – REspEl: 06007225320206160026 LEÓPOLIS – PR 060072253, Relator: Min. Alexandre de Moraes, Data de Julgamento: 13/06/2023, Data de Publicação: DJE – Diário de Justiça Eletrônico, Tomo 147).

Gabarito "D".

(Juiz de Direito – TJ/SP – 2023 – VUNESP) Assinale a alternativa correta.

(A) O candidato que esteja com seu pedido de registro *sub judice* poderá efetuar todos os atos relativos à sua campanha eleitoral, inclusive utilizar o horário eleitoral gratuito no rádio e na televisão e ter seu nome mantido na urna eletrônica enquanto estiver sob essa condição.

(B) É admitida a propaganda eleitoral e a propaganda intrapartidária mediante *outdoors*, desde que eletrônicos, assim como a propaganda via *telemarketing* em horário comercial.

(C) Permite-se a veiculação de propaganda eleitoral na internet em sítios de pessoas jurídicas, com ou sem fins lucrativos.

(D) É vedada a propaganda eleitoral na internet por meio de mensagem eletrônica para endereços cadastrados, ainda que gratuitamente, pelo candidato, partido político, federação ou coligação.

As alternativas possuem como base a Lei das Eleições (Lei nº 9.504/1997): **A:** Correta. Art. 16-A. O candidato cujo registro esteja *sub judice* poderá efetuar todos os atos relativos à campanha eleitoral, inclusive utilizar o horário eleitoral gratuito no rádio e na televisão e ter seu nome mantido na urna eletrônica enquanto estiver sob essa condição, ficando a validade dos votos a ele atribuídos condicionada ao deferimento de seu registro por instância superior; **B:** Incorreta. Art. 39, § 8º "Art. 39. A realização de qualquer ato de propaganda partidária ou eleitoral, em recinto aberto ou fechado, não depende de licença da polícia. (...) § 8º É vedada a propaganda eleitoral mediante **outdoors**, inclusive eletrônicos, sujeitando-se a empresa responsável, os partidos, as coligações e os candidatos à imediata retirada da propaganda irregular e ao pagamento de multa no valor de R$ 5.000,00 (cinco mil reais) a R$ 15.000,00 (quinze mil reais); **C:** Incorreta. "Art. 57-C. É vedada a veiculação de qualquer tipo de propaganda eleitoral paga na internet, excetuado o impulsionamento de conteúdos, desde que identificado de forma inequívoca como tal e contratado exclusivamente por partidos, coligações e candidatos e seus representantes"; **D:** Incorreta. Art. 57-B. "A propaganda eleitoral na internet poderá ser realizada nas seguintes formas: (...) III – por meio de mensagem eletrônica para endereços cadastrados gratuitamente pelo candidato, partido ou coligação". **FVS**

Gabarito "A".

22. INFORMÁTICA

Helder Satin

1. HARDWARE

(Delegado/SP – VUNESP – 2014) Com a evolução da computação pessoal, foi necessário desenvolver uma interface de computador que possibilitasse a conexão de periféricos sem a necessidade de desligar o computador. Essa interface permite conectar diversos equipamentos como: mouse, teclado, impressoras, câmeras digitais e webcam com o computador.

Assinale a alternativa que contém o nome dessa interface.

(A) HDLC.

(B) USB.

(C) ATX.

(D) IDE.

(E) VGA.

A: Errada, HDLC é um tipo de protocolo de comunicação. B: Correta, os conectores USB (Universal Serial Bus) permitem conectar diversos tipos de periféricos ao computador sem que seja necessário reiniciá-lo para que sejam detectados. C: Errada, ATX é um tipo de fonte de energia para computadores. D: Errada, IDE é o tipo de conector usado para ligar unidades de disco e leitores à placa-mãe. E: Errada, VGA é o conector usado para ligar monitores em placas de vídeo.
Gabarito "B".

2. OFFICE

2.1. EXCEL (PLANILHA ELETRÔNICA)

(Escrevente – TJ/SP – VUNESP – 2023) Considere a seguinte planilha editada no MS-Excel, presente no Microsoft-365 (tendo como referência a versão 2016).

▲	A	B	C
1	12	2	6
2	8	2	1
3	7	0	3
4	6	4	5

Caso na célula **A5** seja inserida a fórmula

=SE(E((A1>A2);(B1>B2));C1+C2;C3+C4)

o resultado produzido nessa célula será:

(A) 15

(B) 8

(C) 7

(D) 10

(E) 12

A função apresentada utiliza a fórmula =SE que permite realizar uma validação lógica e retornar valores diferentes caso a validação seja verdadeira ou falsa. Neste exemplo a validação está sendo feita por uma função E() cujo obtivo é combinar duas ou mais comparações lógicas e retornar verdadeiro apenas se todas forem verdadeiras. Assim temos que a primeira comparação como A1 > A2, o que de acordo com a imagem é verdadeiro e B1 > B2, o que é falso pois ambas possuem o mesmo valor. Logo a validação da função SE não é verdadeira e assim retorna ao terceiro parâmetro da função, que nesta função foi definida como C3 + C4, o que resulta em 8, assim apenas a alternativa B está correta.
Gabarito "B".

(Escrevente – TJ/SP – VUNESP – 2023) No MS-Excel, presente no Microsoft-365 (tendo como referência a versão 2016), por meio da guia Layout da Página, tem-se o botão Área de Impressão, que permite, diretamente por meio dele, duas ações:

(A) Definir área de impressão; Limpar área de impressão.

(B) Impressão para arquivo; Impressão em rede.

(C) Preencher área de impressão; Completar área de impressão.

(D) Impressão completa; Impressão personalizada.

(E) Impressão colorida; Impressão em preto e branco.

Através do botão Área de Impressão, localizado no grupo Configuração de Página da guia Layout da Página, é possível Definir área de impressão, que faz com que o intervalo de células selecionadas sejam definidos como o conteúdo a ser impresso, Limpar área de impressão, que apaga a área definida e quando existe uma área de impressão definida, a opção Adicionar à área de impressão. Como neste caso não foi informado que já havia uma área de impressão definida, a alternativa A está correta.
Gabarito "A".

(Escrevente – TJ/SP – 2021 – VUNESP) No MS-Excel 2016, em português e na sua configuração padrão, elaborou-se a seguinte planilha, contendo as atividades a serem desenvolvidas em uma empresa, as descrições dessas atividades e o responsável por cada atividade.

▲	A	B	C	D
1	**Atividade**	**Descrição**	**Responsável**	
2	AT1	Planejamento	André	
3	AT2	Projeto	Manoel	
4	AT3	Teste	João	

Deseja-se inserir, na célula D2, uma fórmula que junte os conteúdos das células B2 e C2, que devem ficar separados pelo caractere '-', gerando o seguinte resultado em D2:

Planejamento-André

A fórmula que se inserida na célula D2 produz esse resultado é:

(A) =CONCATENAR(B2-C2)

(B) =CONCATENAR(B2;"-";C2)

(C) =SOMASE(B2-C2)

(D) = SOMASE(B2;"-";C2)

(E) =CONCATENAR(B2,-,C2)

Para juntar o conteúdo de células é necessário utilizar a função =CONCATENAR(), que recebe em cada parâmetro o conteúdo a ser concatenado em um único texto, podendo ser uma referência à uma célula ou um conjunto fixo de caracteres. Nesse caso, o primeiro parâmetro deve apontar para a célula B2, o segundo parâmetro deve ser o caractere -, que deve estar entre aspas duplas, e por fim a indicação da célula C2. Como cada parâmetro é separado por ponto e vírgula, o resultado final seria =CONCATENAR(B2;"-";C2). Assim apenas a alternativa B está correta.
Gabarito "B".

(Escrevente – TJ/SP – 2021 – VUNESP) Em uma planilha do MS-Excel 2016, em português e na sua configuração padrão, as colunas C e D foram selecionadas. Em seguida, na guia Página Inicial, grupo Células, clicou-se sobre o botão Inserir, selecionando-se no menu que aparece a opção Inserir Colunas na Planilha.

Assinale a alternativa que apresenta a ação decorrente da operação realizada.

(A) Uma coluna nova foi criada entre as colunas B e C originais. As colunas C e D originais passaram a ser as colunas D e E, respectivamente.
(B) As colunas C e D foram eliminadas, sendo criadas nos seus lugares duas novas colunas vazias.
(C) A coluna B foi eliminada, sendo criada no seu lugar uma nova coluna vazia.
(D) Duas colunas novas foram criadas entre as colunas B e C originais. As colunas C e D originais passaram a ser as colunas E e F, respectivamente.
(E) A coluna C foi eliminada, sendo criada no seu lugar uma nova coluna vazia.

A opção Inserir Colunas na planilha faz com que uma nova coluna seja inserida à esquerda da posição atualmente selecionada, seja uma célula ou coluna. Como neste caso duas colunas estavam selecionadas, são inseridas duas novas colunas ao invés de apenas uma. Portanto, apenas a alternativa D está correta.
Gabarito "D".

(Escrevente – TJ/SP – 2021 – VUNESP) No MS-Excel 2016, em português e na sua configuração padrão, tem-se as guias com os nomes das planilhas existentes no arquivo aberto, localizadas na parte inferior da janela do aplicativo. Ao se clicar com o botão direito do mouse (em sua configuração padrão) sobre o nome de uma planilha, por exemplo, de nome P1, pode-se realizar algumas ações sobre ela, como:

(A) mudar a cor da guia de P1.
(B) inserir linhas de grade em P1.
(C) enviar P1 para outro usuário por e-mail.
(D) imprimir P1.
(E) limpar todo o conteúdo de P1.

Entre as opções possíveis estão ações relativas à planilha como Excluir, Renomear, Mover ou Copiar, Proteger a planilha, Ocultar, Reexibir (quando ela foi ocultada), Exibir código, Selecionar Todas as Planilhas, Cor da Guia (que permite alterar a cor de exibição da guia), Vincular a esta Planilha ou Inserir, que permite adicionar planilhas, macros, gráficos ou soluções de planilhas. Portanto, apenas a alternativa A está correta.
Gabarito "A".

(Escrevente Técnico – TJM/SP – VUNESP – 2017) Tem-se, a seguir, a seguinte planilha criada no Microsoft Excel 2010, em sua configuração padrão.

	A	B	C	D	E
1					
2	3	8	9	8	
3	4	6	7	7	
4	9	1	9	2	
5					

Assinale a alternativa que apresenta o resultado correto da fórmula =CONTAR.SE (A2:D4;"<6"), inserida na célula B5.
(A) 2
(B) 4
(C) 7
(D) 12
(E) 13

A fórmula CONTAR.SE é usada para contar o número de células em um dado intervalo que se enquadra em um determinado critério, neste caso, os números que sejam menores que 6, o intervalo são as células entre A2 e D4, portanto, a resposta correta são 4 células e a alternativa correta é a B.
Gabarito "B".

(Escrevente Técnico – TJ/SP – VUNESP – 2015) Supondo-se que os valores das células D3 a D8, B8 e C8 foram calculados utilizando-se funções do MS-Excel 2010, é correto afirmar que
(A) B8=SOMAT(B3:B7)
(B) C8=SOMA(C3-C7)
(C) D8=SOMA(D3:D7)
(D) D8=SOMAT(B3...C7)
(E) D6=SUM(B6:C6)

A: Errada, não existe função chamada SOMAT no MS Excel. B: Errada, embora a função SOMA seja válida a definição de intervalos de soma é feita com o uso de dois pontos e não de um traço. C: Correta, a função apresentada atribui à célula D8 o somatório dos valores das células no intervalo de D3 até D7. D: Errada, não existe função chamada SOMAT no MS Excel. E: Errada, por se tratar da versão em língua portuguesa a função deve estar escrita em português.
Gabarito "C".

(Escrevente Técnico – TJ/SP – VUNESP – 2015) Elaborou-se o seguinte gráfico a partir da planilha apresentada, após a seleção de algumas células:

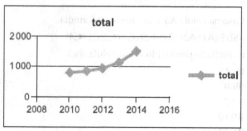

Esse tipo de gráfico é denominado Gráfico de
(A) Radar.
(B) Dispersão.
(C) Ações.
(D) Área.
(E) Colunas.

A: Errada, o gráfico do tipo radar, ou teia de aranha, exibe os valores de cada categoria ao longo de um eixo separado que se inicia no centro do gráfico e termina em um anel externo. B: Correta, este é um gráfico de dispersão, que permite identificar relações de causa e efeito e a relação entre duas variáveis. C: Errada, o gráfico de ações ilustra a flutuações de valores dentro de um eixo, como variações de preços de ações ou médias de temperaturas, sua exibição é composta de colunas verticais. D: Errada, os gráficos de área possuem toda a área abaixo da linha de um valor preenchida com alguma cor. E: Errada, um gráfico de colunas exibe os valores na forma de colunas, cujo topo atinge a marca do eixo Y que representa seu valor.
Gabarito "B".

(Escrevente Técnico – TJ/SP – VUNESP – 2015) Elaborou-se uma planilha de grandes dimensões no MS-Excel 2010 (versão para a língua portuguesa), em sua configuração padrão, e deseja-se manter sempre visíveis as linhas e colunas de importância da planilha, como os títulos de cada linha e coluna. O botão do recurso Congelar Painéis que possibilita essa ação é:

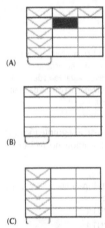
(A)
(B)
(C)

(D)

(E)

A: Correta, esta opção permite manter as linhas e colunas visíveis enquanto se rola o resto da planilha. B: Errada, esta opção mantem apenas a linha superior visível enquanto se rola o resto da planilha. C: Errada, esta opção mantem apenas a primeira coluna visível enquanto se rola o resto da planilha. D: Errada, este ícone não representa um botão do recurso Congelar Painéis do MS Excel 2010. E: Errada, este ícone não representa um botão do recurso Congelar Painéis do MS Excel 2010.
Gabarito "A".

(Escrevente Técnico – TJ/SP – VUNESP – 2015) Um usuário do MS--Excel 2010 (versão para a língua portuguesa), em sua configuração padrão, elaborou uma planilha e protegeu todas suas células para que outros usuários não as alterem. Caso algum usuário deseje remover essa proteção, ele deve

(A) selecionar a aba Proteção do Menu, clicar no ícone Desbloquear Planilha do grupo Proteção.
(B) selecionar a aba Proteção do Menu, clicar no ícone Senha de Desproteção do grupo Proteção e digitar a senha solicitada.
(C) selecionar a aba Revisão do Menu, clicar no ícone Destravar Planilha do grupo Proteção.
(D) selecionar a aba Revisão do Menu, clicar no ícone Desproteger Planilha do grupo Alterações e digitar a senha solicitada.
(E) ter privilégios de Administrador quando da abertura do arquivo.

O MS Excel permite que o usuário proteja o conteúdo de uma planilha para que ela não sofra alterações em células, seja de conteúdo ou formato, podendo também inserir uma senha de proteção. Para remover essa funcionalidade de uma planilha basta selecionar a guia Revisão e dentro do grupo Alterações pressionar a opção Desproteger Planilha informando em seguida a senha usada no ato de proteção. Portanto apenas a alternativa D está correta.
Gabarito "D".

(Delegado/SP – VUNESP – 2014) Em uma planilha do MS-Excel 2010, a partir da sua configuração padrão, que controla o banco de horas extras de um Delegado de Polícia, conforme é apresentado na figura a seguir, a coluna A contém o mês de referência, a coluna B contém a data em que foram feitas as horas extras, e a coluna C contém o número de horas extras.

	A	B	C
1	Mês de Referência	Data	Horas Extras
2	nov/13	04/11/2013	2
3	nov/13	05/11/2013	1
4	nov/13	07/11/2013	3
5	nov/13	12/11/2013	2
6	nov/13	15/11/2013	1
7	nov/13	22/11/2013	2
8	nov/13	27/11/2013	3
9		Total de Horas	14

Horas Extras do mês de nov/2013 é
(A) =SOMA(C2:C8)
(B) =CONT.SE(C2;C8)
(C) =CONT.SE(C2:C8)
(D) =SOMASE(C2;C8;"nov/2013)
(E) =SOMA(C2;C8)

A: Correta, a função =SOMA(C2:C8) soma os valores das células entre C2 e C8, que neste caso correspondem às horas das datas entre 04 de Novembro e 27 de Novembro. B: Errada, a função =CONT.SE conta o número de células não vazias em um determinado intervalo. C: Errada, a função =CONT.SE conta o número de células não vazias em um determinado intervalo. D: Errada, a forma correta de escrita da função

SOMASE seria, neste caso,=SOMASE(A2:A8;"nov/13";C2:C8), onde A2:A8 corresponde ao intervalo onde devemos procurar um critério, nov/13 é o critério para a soma e, C2:C8 a coluna correspondente aos valores que devem ser somados. **E:** Errada, para que o intervalo de C2 até C8 seja somado o separador usado na função deve ser o dois pontos, e não ponto e vírgula.
Gabarito "A".

(Escrivão/SP – VUNESP – 2014) Em uma planilha elaborada no MS-Excel 2010, a célula A1 possui a palavra Casa, e a célula B1, a palavra amarela.

Uma fórmula que pode ser colocada na célula C1, de modo que- ela exiba o resultado da concatenação dos conteúdos das células A1 e B1, exibindo Casa amarela, com um espaço entre as duas palavras, é:

(A) =A1&"espaço"&B1

(B) =A1&" "&B1

(C) =A1&space&B1

(D) =A1+20h+B1

(E) =CONC(A1; space; B1)

A: Errada, o trecho "espaço" é considerado como texto.Portanto, o resultado seria "Casaespaçoamarela". **B:** Correta, é possível concatenar textos, que devem estar contidos entre aspas utilizando o símbolo &. Portanto, a fórmula descrita concatenaria o conteúdo da célula A1, um espaço em branco e o conteúdo da célula B1, resultando em Casa amarela. **C:** Errada, os trechos de texto devem estar contidos entre aspas. **D:** Errada, o segundo parâmetro deveria conter um espaço que deveria estar representado como " ". **E:** Errada, a fórmula correta para concatenar textos é =CONCATENAR e, para inserirmos um espaço vazio bastaria colocá-lo entre aspas, como em " "
Gabarito "B".

(Escrivão/SP – VUNESP – 2014) Supondo o MS-Excel 2010, em sua configuração padrão, para que novas *macros* possam ser criadas, deve-se

(A) selecionar a guia Macros, presente na Faixa de Opções, e selecionar o botão Criar Novas Macros.

(B) baixar do *site* da Microsoft um programa complementar que possibilita criar *macros* e inseri-las no MS-Excel 2010.

(C) primeiramente escolher um nome de no máximo 16 caracteres para a *macro*, que pode possuir letras, números, espaços e símbolos, como @, # e $.

(D) ativar o Editor de Macros, gerar uma macro, atribuir--lhe um nome e chamar o Compilador de Macros.

(E) antes configurá-lo para que seja exibida a Guia Desenvolvedor, que não é mostrada por padrão.

A: Errada, as opções de Macro se encontram na guia Desenvolvedor, que não é exibida na configuração padrão do Excel. **B:** Errada, a criação de Macros já vem inserida no pacote padrão do Excel. Porém, a exibição da guia onde ela se encontra deve ser habilitada pelo usuário. **C:** Errada, nomes de macros não podem conter espaços ou caracteres como @, # e $. **D:** Errada, a opção correta para gerar uma macro chama-se Gravar Macro. **E:** Correta, para que uma Macro possa ser criada, primeiro o usuário deve habilitar a exibição da guia Desenvolvedor para que as opções relacionadas as macros sejam exibidas.
Gabarito "E".

(Investigador/SP – VUNESP – 2014) No MS-Excel 2010, em sua configuração padrão, a célula A1 exibe o valor -345,456. Um usuário selecionou essa célula e a formatou como

Moeda, sendo que, a partir dessa ação, passou a ser exibido ##### no lugar do número.

Sobre essa situação, é correto afirmar que

(A) o valor presente na célula não suporta a nova formatação.

(B) o símbolo exibido indica que o valor é negativo.

(C) a célula não é suficientemente larga para exibir os dados.

(D) a célula está bloqueada para formatação.

(E) o número presente na célula, por possuir 3 casas após a vírgula, não pode ser representado como moeda.

No MS-Excel, quando uma célula tem por conteúdo ##### é um sinal de que seu conteúdo é maior que a largura da célula em que se encontra. Para que o conteúdo seja normalmente exibido, basta aumentar a largura da coluna, posicionando o mouse sobre a linha de divisão da célula (no topo da coluna, ao lado da letra que a representa) e arrastar para o lado, até o tamanho desejado ou reali-zando um duplo clique, que faz a largura se ajustar de acordo com o conteúdo das células daquela coluna. Portanto, apenas a alternativa C está correta.
Gabarito "C".

(Investigador/SP – VUNESP – 2014) Para se criar uma Macro no MS-Excel 2010, deve-se clicar em Gravar Macro, que se encontra no grupo Código da guia

(A) Desenvolvedor.

(B) Dados.

(C) Fórmulas.

(D) Inserir.

(E) Macro.

As opções de Macro se encontram na guia Desenvolvedor, que não é exibida por padrão no MS Excel. Para exibi-la é necessário clicar na guia Arquivo, selecionar Opções e depois Personalizar Faixa de Opções. Deve-se marcar a caixa de seleção Desenvolvedor, na coluna da direita. Portanto apenas a alternativa A está correta.
Gabarito "A".

(Investigador/SP – VUNESP – 2014) Utilizou-se a seguinte fórmula na célula A1 de uma planilha elaborada no MS-Excel 2010:

=SE(B1<HOJE();"a";SE(B2>=HOJE();"b";"c"))

Supondo que a data atual seja 08/02/2014, para que a letra c seja apresentada na célula A1, é suficiente que

(A) B1=08/02/2014 e B2=08/02/2014

(B) B1=07/02/2014 e B2=07/02/2014

(C) B1=09/02/2014 e B2=09/02/2014

(D) B1=07/02/2014 e B2=08/02/2014

(E) B1=08/02/2014 e B2=07/02/2014

A fórmula apresentada verifica se a data contida na célula B1 é menor que a data atual. Em caso positivo, o resultado é a letra "a" caso contrário, outra verificação é feita. Na segunda verificação compara-se o conteúdo da célula B2 com a data atual verificando-se a condição de ser maior ou igual. Em caso positivo, o resultado é a letra "b" e, do contrário, o resultado é a letra "c". Logo, para que o resultado seja a letra "c", a data B1 deve ser maior ou igual à data atual (08/02/2014) e B2 deve ser menor que a data atual. Portanto, apenas a alternativa E está correta.
Gabarito "E".

(Escrevente Técnico Judiciário – TJ/SP – VUNESP – 2011) Assinale a alternativa que contém os valores obtidos nas células A4, B4 e C4 da planilha que está sendo elaborada com o Microsoft Excel XP, em sua configuração padrão, sabendo que nelas foram digitadas, respectivamente, as expressões =MÉDIA(A1:A3), =MENOR(B1:B3;2) e =MAIOR(C1:C3;3), e que as demais células foram preenchidas como mostrado na figura a seguir.

	A	B	C
1	8	1	6
2	3	5	7
3	4	0	2
4			

(A) 3, 0 e 7.
(B) 5, 0 e 7.
(C) 5, 1 e 2.
(D) 7, 5 e 2.
(E) 8, 3 e 4.

A: Errada, a função =MÉDIA calcula a média dos números, que neste exemplo seria 5 e não 3. B: Errada, a função =MENOR, conforme conta no segundo parâmetro, está retornando o segundo menor número, que neste caso é 1 e não 0. C: Correta, a função =MÉDIA está calculando a média entre os números 8, 3 e 4, que este caso é 5, a função =MENOR, conforme seu segundo parâmetro aponta, está retornando o segundo menor número, neste caso 1 e a função =MAIOR, conforme seu segundo parâmetro, está retornando o terceiro maior número, que neste caso é 2. D: Errada, a média entre os número 8, 3 e 4 é 4 e não 7. E: Errada, a média entre os números 8, 3 e 4 é 4 e não 7.
Gabarito "C".

(Enfermeiro – FAMERP/SP – VUNESP – 2012) Considere que a planilha a seguir está sendo editada com o programa MS-Excel 2010, em sua configuração padrão.

	A	B	C	D
1	1	5	9	
2	2	6	10	
3	3	7	11	
4	4	8	12	
5				

A fórmula =SE(A1>B1;C1*2;C1+2) será colocada na célula D1 e copiada para D2, D3 e D4. Em seguida, na célula A5, será colocada a fórmula =SOMA(D1:D4).
O valor exibido em A5 será
(A) 37
(B) 38
(C) 42
(D) 49
(E) 50

Ao ser copiada para as outras linhas os valores internos são alterados para refletir a linha em que foram copiadas, portanto na célula D1 como o valor de B1 é maior que A1 o resultado seria C1 +2 que resulta em 11, na célula D2 a condição é a mesma portanto resultaria em 12, em D3 também seria aplicada a mesma regra resultando em 13 e por fim em D4 não seria diferente resultando em 14. Portanto 11 + 12 + 13 + 14 = 50 e por isso apenas a alternativa E está correta.
Gabarito "E".

(Soldado – PM/SP – 2018 – VUNESP) Tem-se a seguinte planilha, criada no Microsoft Excel -2010, em sua configuração original.

	A	B	C
1	Nome	Idade	
2	João	34	
3	Ana	23	
4	Paulo	57	
5	Maria	42	
6			

Um usuário selecionou as células A1 até B5 e pressionou CTRL+C. Em seguida, abriu o Bloco do Notas do Microsoft Windows 10, em sua configuração padrão, e pressionou CTRL+V.
Assinale a alternativa que indica corretamente o resultado.
Assinale a alternativa que indica corretamente o resultado.

(A)
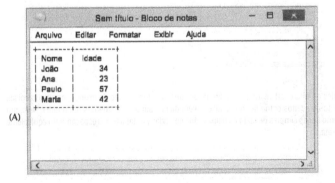

(B)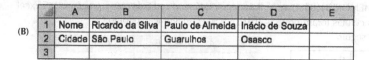

(C)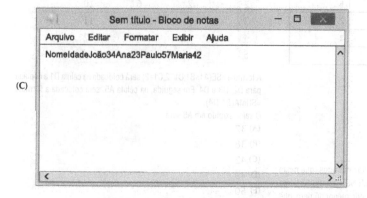

(D)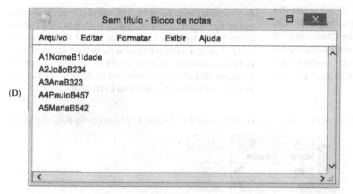

(E)

Nome	Idade
João	34
Ana	23
Paulo	57
Maria	42

O Bloco de Notas, *software* de edição de textos simples do Microsoft Word, possui limitações quanto a formatação de textos, permitindo coisas muito básicas como alterações no tamanho e tipo de fonte e feitos como negrito e itálico, além de não suportar elementos multimídia. Nele, um conteúdo colado do Excel terá suas linhas tratadas como linhas simples de texto e colunas são separadas por tabulação (espaçamento equivalente a tecla Tab). Portanto apenas a alternativa E está correta.

Gabarito "E".

22. INFORMÁTICA   551

(Soldado – PM/SP – 2018 – VUNESP) Tem-se a seguinte planilha criada no Microsoft Excel 2010, em sua configuração original.

▲	A	B
1	A	
2	1	
3	2	
4	3	
5	B	
6	4	
7	5	
8	6	
9	C	
10	D4	
11		

Assinale a alternativa que indica o resultado correto da fórmula =SOMA(A1:A10), a ser inserida na célula A11.

(A) O

(B) 25

(C) 21

(D) 6

(E) 15

A fórmula =SOMA realiza o somatório dos intervalos de células apresentados. Neste caso, a notação A1:A10, que usa o símbolo de dois pontos para indicar o intervalo completo entre as células, somaria apenas as células que possuem valor numérico, logo, o resultado seria 1+2+3+4+5+6=21. Portanto, apenas a alternativa C está correta.
Gabarito "C".

(Soldado – PM/SP – 2018 – VUNESP) Tem-se a seguinte planilha criada no Microsoft Excel 2010, em sua configuração padrão, na qual o cursor do mouse está posicionado no título das colunas, entre as colunas A e B, conforme a imagem a seguir.

▲	A	↔ B	C
1	Nome	Cidade	
2	Ricardo da	São Paulo	
3	Paulo de A	Guarulhos	
4	Inácio de S	Osasco	
5			

Assinale a alternativa que exibe o resultado da ação, quando o usuário dá um duplo-clique com o botão principal do mouse.

(A)

▲	A	B	C	D	E
1	Nome	Ricardo da Silva	Paulo de Almeida	Inácio de Souza	
2	Cidade	São Paulo	Guarulhos	Osasco	
3					

(B)

▲	A	B	C
1	Nome	Cidade	
2	Ricardo da Silva	São Paulo	
3	Paulo de Almeida	Guarulhos	
4	Inácio de Souza	Osasco	
5			

(C)

▲	A	B	C
1	Cidade	Nome	
2	São Paulo	Ricardo da Silva	
3	Guarulhos	Paulo de Almeida	
4	Osasco	Inácio de Souza	
5			

(D)

▲	A	B	C
1			
2			
3			
4			
5			

(E)

▲	A	B	C
1	Nome	Cidade	
2	Inácio de S	Osasco	
3	Paulo de A	Guarulhos	
4	Ricardo da	São Paulo	
5			

Ao posicionar o cursor do mouse na linha de título que divide as colunas ou células de uma planilha, é possível alterar o tamanho da respectiva linha à cima do cursor ou à sua esquerda. Nesta situação, quando for aplicado um duplo clique, a linha ou coluna terá seu tamanho automaticamente ajustado de forma que exiba o conteúdo completo das células nesta linha/coluna. Portanto, apenas a alternativa B está correta.
Gabarito "B".

(Delegado – PC/BA – 2018 – VUNESP) Um usuário do Microsoft Office Excel (versão 2013 ou 2016, em sua configuração padrão e versão em português, editou a seguinte planilha:

▲	A	B	C	D
1	2	4	6	
2	3	6	9	
3	1	1	1	
4	8	8	8	
5	9	3	6	
6	7	10	5	
7				

Posteriormente, foi digitada a fórmula a seguir na célula D7.

=SOMASES(A1:A6;B1:B6;">3";C1:C6;"<7")

O resultado produzido em D7 foi:

(A) 9

(B) 11

(C) 14

(D) 25

(E) 28

A função =SOMASES é usada para somar os valores de um conjunto de células apenas se elas se enquadrem em uma ou mais condições lógicas. Neste exemplo temos que os campos a serem somados estão no intervalo de A1 a A6 (primeiro parâmetro da função). O segundo parâmetro indica o intervalo onde estão as células que farão parte da verificação lógica, neste caso de B1 a B6 e a condição lógica se encontra no parâmetro seguinte, neste caso o valor deve ser maior que 3. A mesma lógica se aplica aos próximos dois parâmetros, que irá verificar se o valor correspondente do intervalo de C1 a C6 é menor que 7. Portanto, serão somados apenas os valores das células A1 e A6, que resulta em 9, logo, apenas a alternativa A está correta.
Gabarito "A".

(Escrevente – TJ/SP – 2018 –VUNESP) Considere a seguinte tabela, editada no MS-Excel 2016 (versão em português e em sua configuração padrão).

	A	B	C
1	2	3	4
2	1	2	8
3	5	5	6
4	10	11	12

Suponha, ainda, que a fórmula a seguir tenha sido digitada na célula D6.
=SE(MENOR(A1:C4;5)<>MAIOR(A1:C4;6); MENOR(A2:B3;2);MAIOR(A1:B4;3))

O resultado produzido em D6 é:
(A) 12
(B) 3
(C) 2
(D) 1
(E) 11

A fórmula =SE é usada para validar uma condição e retornar valores diferentes caso esta seja verdadeira ou falsa. Neste caso, a condição (primeiro parâmetro da função) é MENOR(A1:C4;5)<>MAIOR(A1:C4;6) que verifica se o quinto menor valor do intervalo de A1 a C4 (MENOR(A1:C4;5)) é diferente (<>) do sexto maior valor do mesmo intervalo (MAIOR(A1:C4;6). Caso seja verdadeiro é retornado o segundo parâmetro da função SE, neste, caso o segundo menor valor do intervalo A2 a B3 (MENOR(A2:B3;2)) e caso a verificação seja falsa é retornado o terceiro parâmetro, neste exemplo o terceiro maior valor do intervalo de A1 a B4 (MAIOR(A1:B4;3)). Considerando que nas funções MAIOR e MENOR os valores repetidos também são contados, o quinto menor valor de A1 a C4 é 4 e o sexto maior valor deste mesmo intervalo é 5, assim, a condição resulta em verdadeiro (os valores são diferentes) e a resposta será o segundo menor valor de A2 a B3, que é 2, logo, apenas a alternativa C está correta.
Gabarito "C".

(Escrevente – TJ/SP – 2018 –VUNESP) Analise a seguinte janela, gerada quando um usuário estava imprimindo a sua planilha no MS-Excel 2016 (versão em português e em sua configuração padrão).

Ao se apertar o botão Imprimir... dessa janela, em todas as páginas impressas da planilha, será(ão) repetida(s), na parte superior da folha,
(A) as linhas 1 e 3, apenas.
(B) a linha 2, apenas.
(C) a linha 1, apenas.
(D) a linha 3, apenas.
(E) as linhas de 1 a 3.

Conforme pode ser identificado no item Linhas a repetir na parte superior, foi utilizada a notação $1:$3, que por usar o símbolo de dois pontos denota um intervalo completo, portanto, neste caso serão repetidas as linhas de 1 a 3, logo, apenas a alternativa E está correta.
Gabarito "E".

(Escrevente – TJ/SP – 2018 – VUNESP) Um usuário do MS-Excel 2016 (versão em português e em sua configuração padrão) possui uma planilha com o seguinte conteúdo:

	A	B
1	1	2
2	3	4

Em um dado momento, esse usuário selecionou as células do intervalo A1 até C3, conforme apresentado a seguir:

	A	B	C
1	1	2	
2	3	4	
3			

Caso, a partir do botão Σ▼ (disponível a partir da guia Página Inicial do aplicativo), seja selecionada a opção Soma, o resultado produzido nas células A3, B3, C1, C2 e C3 será:
Dado: O símbolo "–" representa "célula não alterada".
(A) A3: 4; B3: 6; C1: 3; C2: 7; C3: 10
(B) A3: –; B3: –; C1: 3; C2: –; C3: –
(C) A3: –; B3: –; C1: 3; C2: 7; C3: –
(D) A3: 4; B3: –; C1: –; C2: –; C3: –
(E) A3: 4; B3: 6; C1: –; C2: –; C3: –

No MS Excel, a função AutoSoma é usada para realizar a soma das células selecionadas e aplicar o resultado ao final da linha e/ou coluna selecionadas. Neste caso, temos 5 conjuntos a serem somados, sendo eles o conteúdo das Colunas A e B, das Linhas 1 e 2 e de todas as células selecionadas, sendo a primeira célula vazia em cada caso, respectivamente, A3, B3, C1, C2 e C3. Sendo assim, a soma da Coluna A resulta em 4, da Coluna B resulta em 6, da Linha 1 em 3, da Linha 2 em 7 e de todas as células selecionadas em 10, logo, apenas a alternativa A está correta.
Gabarito "A".

2.2. WORD (EDITOR DE TEXTO)

(Escrevente – TJ/SP – VUNESP – 2023) No MS-Word presente no Microsoft-365 (tendo como referência a versão 2016), considere o seguinte parágrafo, existente em um documento em edição.

A Ilha de Marajó é a maior ilha costeira do Brasil, sendo banhada, ao mesmo tempo, por águas fluviais e por águas oceânicas.

Suponha que o usuário do aplicativo posicionou o cursor de edição (por meio do ponteiro do mouse ou do teclado) exatamente no meio da palavra "Brasil", entre as letras 'a' e 's'. A seguir, selecionou o estilo de fonte itálico. Como consequência, a palavra "Brasil" será apresentada da seguinte forma:

(A) Brasil
(B) Brasil
(C) *Brasil*
(D) *Bra*sil
(E) Bra*sil*

No MS-Word, ao posicionar o curso de edição texto em uma palavra, independentemente da posição do cursor dentro da palavra, e aplicar um estilo de formatação como negrito, itálico e sublinhado, entre outras, a formatação com a qual houve interação é aplicada à toda a palavra, neste caso palavra "Brasil" seria apresentada da seguinte forma: *Brasil*. Assim, apenas a alternativa C está correta.
Gabarito "C".

(Escrevente – TJ/SP – VUNESP – 2023) No MS-Word, presente no Microsoft-365 (tendo como referência a versão 2016), é possível inserir objetos, como um SmartArt, em um documento em edição. São exemplos de grupos de SmartArts presentes no MS-Word:

(A) Processo e Hierarquia.
(B) Lista e Tabela.
(C) Imagem e Som.
(D) Matriz e Vetor.
(E) Relação e Conjunto.

O SmartArt permite adicionar elementos gráficos que podem ser usados para enriquecer o documento em edição e são agrupados de acordo com o objetivo de sua representação, entre estes grupos temos: Lista, Processo, Ciclo, Hierarquia, Relação, Matriz, Pirâmide e Imagem. Assim, apenas a alternativa A está correta.
Gabarito "A".

(Escrevente – TJ/SP – 2021 – VUNESP) Um usuário do MS-Word 2016, em português e na sua configuração padrão, selecionou uma palavra de um parágrafo que estava com estilo normal de fonte. A seguir, com essa palavra selecionada, escolheu, na guia Página Inicial, grupo Fonte, um efeito de fonte que deixou essa palavra com letras bem pequenas acima da linha de texto.

O efeito selecionado foi o

(A) Sobrescrito.
(B) Subscrito.
(C) Tachado.
(D) Todas em maiúsculas.
(E) Versalete.

A: Correta, o efeito sobrescrito faz com que as palavras sejam escritas em uma fonte pequena e posicionada na parte superior de uma linha normal, como neste exemplo. **B:** Errada, o efeito subscrito faz com que o texto seja escrito em uma fonte pequena, porém na parte inferior de uma linha, como neste exemplo. **C:** Errada, o efeito tachado faz com que seja traçada uma linha sobre a palavra, como neste exemplo. **D:** Errada, o efeito Todas em maiúscula, faz com que todas as letras do texto estejam escritas em maiúsculo. **E:** Errada, o efeito versalete faz com que as letras minúsculas apareçam como letras maiúsculas e em um formato de fonte reduzido, não afetando as letras maiúsculas, números, pontuações e caracteres não alfabéticos. Como neste exemplo.
Gabarito "A".

(Escrevente – TJ/SP – 2021 – VUNESP) Deseja-se, no MS-Word 2016, em português e na sua configuração padrão, imprimir um documento que possui mais de 20 páginas. Ao se navegar no aplicativo via Arquivo > Imprimir, pode-se configurar a impressão. Em particular, a opção de configuração Impressão Personalizada permite, por exemplo,

(A) configurar uma marca d'água no documento a ser impresso.
(B) inserir numeração de páginas no documento a ser impresso.
(C) imprimir somente as páginas e/ou intervalo de páginas digitadas no quadro "Páginas:".
(D) colocar uma cor de fundo no documento a ser impresso.
(E) inserir data de impressão no documento a ser impresso.

Ao selecionar a opção de impressão de um documento a opção de Configuração permite determinar quais páginas serão impressas, sendo possível imprimir todo o documento, apenas a página atual ou, através da opção Impressão Personalizada, imprimir páginas específicas ou intervalos de páginas, informando o padrão desejado no quadro "Páginas:". Assim, apenas a alternativa C está correta.
Gabarito "C".

(Escrevente Técnico – TJM/SP – VUNESP – 2017) No Microsoft Word 2010, em sua configuração padrão, um usuário começou a desenhar uma tabela, conforme imagem a seguir.

100	

Em seguida, ele executou o seguinte procedimento: selecionou a primeira célula, cujo conteúdo é 100, clicou no ícone Dividir Células, que é encontrado em Ferramentas de Tabela, guia Layout, grupo Mesclar, e, na caixa de diálogo Dividir Células, informou 2 colunas e 1 linha. Finalmente, clicou em Ok.

Assinale a alternativa que apresenta o resultado correto dessa operação.

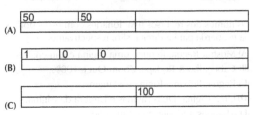

100		
(D)

100		
(E)

A opção Dividir Células permite criar novas linhas e colunas dentro de uma célula já existente. Neste caso o usuário optou por criar duas colunas e manter apenas uma linha dentro da primeira célula da tabela, portanto, esta célula será divida em duas e o valor presente anteriormente na célula original será alocado na primeira coluna da nova divisão, as outras células permanecem inalteradas, portanto, apenas a alternativa E está correta.
Gabarito "E".

(Delegado/SP – VUNESP – 2014) A figura a seguir foi extraída do MS-Word 2010, a partir da sua configuração padrão, e

A guia que contém essa opção é
(A) Arquivo.
(B) Página Inicial.
(C) *Layout* da Página.
(D) Referências.
(E) Inserir.

A: Errada, a guia Arquivo contém apenas opções relacionadas ao documento atual, tais como Salvar, Salvar Como, Novo Arquivo e Imprimir. B: Errada, na guia Página inicial encontram-se as opções de formatação de texto mais comuns como configurações de Fonte, Parágrafo, Estilo e opções da Área de Transferência. C: Errada, na guia Layout da Página estão as opções de tema, plano de fundo, espaçamento de parágrafo, organização de imagens e configurações de página. D: Errada, na guia Referências encontramos opções relacionadas a Legendas, Índices, Notas de Rodapé, Sumário e Citações. E: Correta, as opções de inserção de Imagem, Clip-Art, Formas, SmartArt, Gráfico e Instantâneo (imagem feita a partir do conteúdo sendo exibido na tela do computador) encontram-se na guia Inserir.
Gabarito "E".

(Escrivão/SP – VUNESP – 2014) No MS-Word 2010, na guia Layout da Página, existe o grupo Configurar Página, onde podem ser visualizados os seguintes botões:

Os nomes dos recursos relacionados com esses botões, da esquerda para a direita, são, respectivamente,
(A) Mostrar Régua, Reduzir uma Página e Dimensões.
(B) Cabeçalho & Rodapé, Zoom Out e 100%.
(C) Régua, Próxima Página e Margens.
(D) Uma Página, Duas Páginas e Largura da Página.
(E) Margens, Orientação e Tamanho.

A: Errada, o ícone para mostrar régua é o ☑ Régua . B: Errada, os ícones para Cabeçalho e Rodapé são e, para o Zoom temos o ícone Zoom . C: Errada, o ícone para mostrar régua é o . D: Errada, o ícone para Uma Página é ☑ Régua . E: Correta, os ícones apresentados representam as funções Margens, Orientação e Tamanho.
Gabarito "E".

(Escrivão/SP – VUNESP – 2014) Os documentos editados no MS-Word 2010 podem ser melhor formatados quando se inserem quebras no texto. No caso das quebras de seção, alguns dos tipos permitidos são:
(A) Página, Coluna e Documento.
(B) Próxima Página, Página Par e Página Ímpar.
(C) Início do Texto, Fim do Texto e Meio do Texto.
(D) Contínuo, Alternado e Aleatório.
(E) Tabela, Caixa de Texto e Quebra Automática.

Para a quebra de seção o MS Word possui os seguintes modos: Próxima Página, que inicia a nova seção na próxima página; Contínua, que inicia a nova seção na mesma página; Página Par e Página Ímpar, que inicia a nova seção na próxima página par ou ímpar. Portanto, apenas a alternativa B está correta.
Gabarito "B".

(Escrivão/SP – VUNESP – 2014) No MS-Word 2010, por padrão, ao se clicar no botão Imagem, acessível por meio da guia Inserir, grupo Ilustrações, abre-se
(A) uma janela para que o arquivo de imagem possa ser selecionado, a partir do computador ou da rede.
(B) o aplicativo Paint, possibilitando a edição de uma imagem que será transportada do Paint para o Word.
(C) a janela de edição no próprio aplicativo, para que se possa editar uma figura.
(D) um menu de figuras geométricas predefinidas, presentes no computador.
(E) uma biblioteca para a escolha de um símbolo predefinido, presente no computador.

A função Inserir Imagem do grupo Ilustrações da aba Inserir do MS-Word 2010 abre uma tela de seleção de arquivos para que o usuário escolha a imagem a ser carregada a partir de algum local do computador, seja do disco rígido, local de rede ou unidade de armazenamento removível. Portanto, apenas a alternativa A está correta.
Gabarito "A".

(Investigador/SP – VUNESP – 2014) Considere os seguintes textos, numerados de 1 a 4, editados no MS-Word 2010:

1	T̶e̶x̶t̶o̶
2	Texto
3	Texto
4	T̶e̶x̶t̶o̶

Os efeitos de fonte dos textos apresentados são:
(A) 1-Tachado, 2-Sublinhado, 3-Itálico e 4-Tachado.
(B) 1-Riscado, 2-Destacado, 3-Sublinhado tracejado e 4-Tachado composto.
(C) 1-Itálico, 2-Destacado, 3-Tracejado e 4-Itálico duplo.

(D) 1-Tachado, 2-Sublinhado, 3-Sublinhado e 4-Tachado duplo.
(E) 1-Destacado, 2-Sublinhado, 3-Pontilhado e 4-Tachado.

Os efeitos apresentados são, nesta ordem, tachado, sublinhado, sublinhado (opção sublinhado pontilhado), e duplo tachado, portanto apenas a alternativa D está correta.

Gabarito "D".

(Investigador/SP – VUNESP – 2014) Um usuário do MS-Word 2010 configurou a página do documento que estava editando em colunas, utilizando um dos seguintes tipos predefinidos de formatação de página em colunas:

Em seguida, foram observadas as informações a respeito dessa formatação, presentes na janela Colunas, que são apresentadas a seguir.

Pode-se concluir que a formatação predefinida escolhida foi a denominada

(A) Esquerda.
(B) Uma.
(C) Duas.
(D) Três.
(E) Direita.

Como é possível identificar na segunda imagem, foram utilizadas duas colunas sendo a primeira menor que a segunda. Analisando a primeira imagem temos apenas uma opção com duas colunas (a primeira menor que a segunda), a Esquerda. Portanto, apenas a alternativa A está correta.

Gabarito "A".

(Escrevente Técnico Judiciário – TJ/SP – VUNESP – 2013) Um documento editado no MS-Word XP, na sua configuração padrão, possui 45 páginas no total. O usuário informou o seguinte intervalo de páginas: 4;7;28-33;36 em local próprio da janela Imprimir. Assinale a alternativa que contém as páginas que serão impressas.

(A) 4 a 36, exceto a página 33 e duplicando a 7 e 28.
(B) 4, 5, 6, 7, 28, 33 e 36.
(C) 1 a 3, 8 a 27 e 37 a 45.
(D) 1 a 3, 5, 6, 8 a 27, 34, 35 e 37 a 45.
(E) 4, 7, 28, 29, 30, 31, 32, 33 e 36.

No processo de impressão é possível definir intervalos e/ou páginas específicas para serem impressas, para isso é usado o símbolo ; (ponto e vírgula) para separar páginas e – (sinal de menos) para definir intervalos, portanto 4;7;28-33;36 imprime as páginas 4, 7, de 28 a 33 e 36, logo apenas a alternativa E está correta.

Gabarito "E".

(Escrevente Técnico Judiciário – TJ/SP – VUNESP – 2011) Assinale a alternativa que contém os nomes dos menus do programa Microsoft Word XP, em sua configuração padrão, que, respectivamente, permitem aos usuários: (I) numerar as páginas do documento, (II) contar as palavras de um parágrafo e (III) adicionar um cabeçalho ao texto em edição.

(A) Janela, Ferramentas e Inserir.
(B) Inserir, Ferramentas e Exibir.
(C) Formatar, Editar e Janela.
(D) Arquivo, Exibir e Formatar.
(E) Arquivo, Ferramentas e Tabela.

A: Errada, no menu Janela se encontram opções referentes a exibição das telas abertas e não as opções de numeração de página. **B:** Correta, as opções de numeração de página se encontram no menu Inserir, o contadores de palavras de um parágrafo no menu Ferramentas e as opções de cabeçalho no menu Exibir. **C:** Errada, o menu adequado seria o menu Inserir, onde estão as opções de contador de palavras. **D:** Errada, no menu Arquivo se encontram as opções referentes aos documento, como salvar, abrir ou novo documento e não as opções de numeração de página. **E:** Errada, no menu Arquivo se encontram as opções referentes aos documento, como salvar, abrir ou novo documento e não as opções de numeração de página.

Gabarito "B".

2.3. APRESENTAÇÕES

(Escrevente Técnico – TJM/SP – VUNESP – 2017) No Microsoft PowerPoint 2010, em sua configuração padrão, existe uma excelente maneira de exibir apresentações com as anotações do orador em um computador (o laptop, por exemplo), ao mesmo tempo em que o público-alvo visualiza apenas a apresentação sem anotações em um monitor diferente. Essa maneira chama-se Modo de Exibição

(A) de Classificação de Slides.
(B) Leitura.
(C) do Apresentador.
(D) Mestre.
(E) Normal.

A: Errada, o Modo de Exibição de Classificação de Slides proporciona a visualização dos slides em forma de miniaturas. **B:** Errada, o Modo de Exibição de Leitura exibe a apresentação como uma apresentação de slides que cabe na janela. **C:** Correta, o Modo de Exibição do Apresentador permite exibir a apresentação em um monitor ou projetor e em outro monitor as anotações do orador. **D:** Errada, o Modo de Exibição Mestre é usado para editar os slides mestre da apresentação. **E:** Errada, o Modo de Exibição Normal é o formato padrão de apresentação de slides e não permite o cenário descrito no enunciado.

Gabarito "C".

(Escrevente Técnico – TJ/SP – VUNESP – 2015) No MS-PowerPoint 2010, um usuário deseja efetuar a verificação da ortografia do conteúdo presente em seus slides. Uma das formas para realizar tal tarefa é acessar o botão Verificar Ortografia, que, na configuração padrão do MS-PowerPoint 2010, é acessível por meio da aba:

(A) Exibição.
(B) Revisão.
(C) Inserir.
(D) Início.
(E) Animações.

A: Errada, nesta aba se encontram apenas opções relacionadas à exibição do documento atual, como modo de exibição, zoom, régua, organização de janela, entre outras. B: Correta, na aba Revisão se encontram as opções de idioma, dicionário de sinônimos, verificação de ortografia e edição de comentários e alterações. C: Errada, na guia Inserção é possível adicionar à apresentação tabelas, imagens, ilustrações, links, textos, símbolos e itens de mídia. D: Errada, não há uma aba denominada Início no MS PowerPoint, mas sim Página Inicial. E: Errada, a aba Animações permite a criação e gerenciamento das animações internas e de transição dos slides da apresentação.

Gabarito "B".

(Escrevente Técnico – TJ/SP – VUNESP – 2015) No MS-PowerPoint 2010, a finalidade da função Ocultar Slide, acionável por meio do botão de mesmo nome, é fazer com que o slide selecionado

(A) tenha bloqueadas tentativas de alteração de seu conteúdo.
(B) seja designado como o último a ser exibido na apresentação de *slides*.
(C) tenha sua resolução reduzida até o mínimo suportado pelo computador em uso.
(D) não seja exibido no modo de apresentação de slides.
(E) tenha sua velocidade de transição entre slides fixada no valor médio.

A ordem dos slides durante a apresentação pode ser alterada arrastando-o no painel de slides na lateral esquerda. A velocidade das transições é ajustada através da aba Transições por meio da alteração do tempo de transição do slide. Por fim a função Ocultar Slide presente no grupo Configurar da aba Apresentação de Slides faz com que o slide selecionado seja ocultado da apresentação de slides no modo tela inteira e não bloqueia o slide contra alteração de conteúdo, portanto apenas a alternativa D está correta.

Gabarito "D".

(Escrivão/SP – VUNESP – 2014) Um usuário do MS-PowerPoint 2010 deseja inserir, em um *slide*, um texto utilizando estilos do WordArt. Para tanto, esse usuário deve selecionar o seguinte botão:

(A)

(B) Ω

(C)

(D)

(E) A

A: Errada, este ícone é usado para inserção do Número do slide. B: Errada, este ícone é usado para inserção de Símbolos. C: Errada, este ícone é usado para inserções de itens do Clip-Art. D: Errada, este ícone é usado para inserção de Ações. E: Correta, este ícone é usado para inserções de imagens do WordArt.

Gabarito "E".

(Escrivão/SP – VUNESP – 2014) Um usuário do MS-PowerPoint 2010 deseja alterar o Tema utilizado para a confecção de seus *slides*. Para tanto, esse usuário deve selecionar a guia

(A) Design.
(B) Revisão.
(C) Animações.
(D) Exibição.
(E) Inserir.

A: Correta, na guia Design é possível alterar o Tema utilizado nos slides a partir das opções do grupo Temas. B: Errada, na guia Revisão se encontram as opções de Revisão de Texto, Comparação, Comentários e Idioma. C: Errada, na guia Animações encontram-se as opções de animação e intervalo. D: Errada, na guia Exibição encontram-se as opções de modo de exibição, zoom, configuração de cor, janela e macros. E: Errada, na guia Inserir encontram-se as opções de inserção de imagens, gráficos, áudio, vídeo, tabelas, links e elementos de texto.

Gabarito "A".

(Escrivão/SP – VUNESP – 2014) Considere o seguinte botão presente na guia Apresentação de Slides do MS-PowerPoint 2010:

A função desse botão é

(A) testar intervalos da apresentação.
(B) ocultar o *slide* atual da apresentação de *slides*.
(C) abrir o painel de tradução.
(D) alterar a resolução da apresentação.
(E) alterar o tipo de transição da apresentação.

A: Errada, para testar intervalos da apresentação usamos o botão Testar Intervalos, localizado no grupo Configurar, da guia Apresentação de Slides. B: Correta, o botão apresentado permite ocultar um slide para que não seja exibido durante a apresentação. C: Errada, as opções de tradução podem ser acessadas pelo ícone Traduzir, que encontra-se no grupo Idioma, da guia Revisão. D: Errada, para alterar a resolução podemos usar o botão Usar Resolução Atual, localizado no grupo Monitores da guia Apresentação de Slides. E: Errada, para alterar o tipo de transição podemos usar as opções localizadas no grupo Transição para este Slide da guia Transições.

Gabarito "B".

(Investigador/SP – VUNESP – 2014) Um usuário do MS-PowerPoint 2010 deseja alterar a orientação de um texto selecionado. Para tanto, esse usuário deve selecionar o seguinte botão:

(A)
(B)
(C)
(D)
(E)

A: Errada, este ícone permite a inserção de marcadores no texto. **B:** Errada, este ícone acessa as opções de Layout. **C:** Errada, este ícone tem por função dividir o texto em duas ou mais colunas. **D:** Correta, este ícone permite alterar a orientação do texto para vertical, empilhá-lo ou girá-lo em uma direção. **E:** Errada, este ícone permite alterar o espaçamento entre linhas e parágrafos.
Gabarito "D".

(Enfermeiro – FAMERP/SP – VUNESP – 2012) A imagem a seguir foi retirada do programa MS-PowerPoint 2010, em sua configuração padrão.

Assinale a alternativa que contém o nome da guia e do grupo, respectivamente, a que pertence a imagem.

(A) Inserir; Gráficos.
(B) Inserir; Ilustrações.
(C) Gráficos; Inserir.
(D) Inserir; Objetos.
(E) Objetos; Inserir.

Os ícones apresentados representam as funções Forma, SmartArt e Gráfico, respectivamente, e podem ser encontrados no grupo Ilustrações da guia Inserir. Portanto apenas a alternativa B está correta.
Gabarito "B".

(Soldado – PM/SP – 2018 – VUNESP) Ao preparar uma apresentação no Microsoft PowerPoint 2010, em sua configuração original, um usuário adicionou uma AutoForma no slide 1. Ao pressionar F5 e iniciar o modo de exibição Apresentação de Slides, essa AutoForma deve ser exibida imediatamente, mas precisa ser configurada com uma animação do tipo _____, para que desapareça.

Assinale a alternativa que preenche corretamente a lacuna do texto.

(A) Apagar
(B) Transição
(C) Ênfase
(D) Saída
(E) Miniaturizar

No MS PowerPoint existem quatro grupos de animações das quais o usuário pode escolher para sua apresentação, sendo elas: Nenhuma, onde não há animação; Entrada, que possui animações para a exibição de elementos; Ênfase, usada para destacar elementos; e Saída, que possui animações para a remoção de elementos. Sendo assim, para que a AutoForma desapareça deve-se usar uma animação do tipo Saída, portanto, apenas a alternativa D está correta.
Gabarito "D".

3. INTERNET

3.1. FERRAMENTAS E APLICATIVOS DE NAVEGAÇÃO

(Escrevente – TJ/SP – VUNESP – 2023) Na Internet, é possível refinar as pesquisas. Por exemplo, no navegador Google Chrome, tem-se que, ao se digitar

(A) **related:empresax.com.br<Enter>**, será realizada uma busca excluindo da pesquisa o *site* empresax.com.br.

(B) **maior * do Brasil<Enter>**, será realizada uma pesquisa quando não se sabe a palavra a se colocar após maior.

(C) **velocidade do jaguar >carro<Enter>**, exclui-se da pesquisa a palavra carro.

(D) **smartphone$5000<Enter>**, realiza-se a pesquisar de preço do produto *smartphone* com valores superiores a 5.000 reais.

(E) **site:empresax.com.br<Enter>**, será realizada uma busca em todos os *sites* que citam a empresax.com.br, exceto ela própria.

A: Errada, na busca do Google, o termo related: seguido de um site ou domínio faz com que a busca seja feita por sites relacionados ao endereço indicado. **B:** Correta, na busca do Google, o caractere asterisco é usado para indicar qualquer palavra em uma busca, assim a busca realizada retornaria resultados que contivessem a palavra maior e qualquer outra palavra além dos termos "do Brasil". **C:** Errada, na busca do Google, para excluir um termo dos resultados ele deve ser precedido por um traço. **D:** Errada, na busca do Google, a inclusão do cifrão logo antes de um número realiza uma busca por um preço específico. **E:** Errada, na busca do Google, o modificador site: logo antes de um domínio ou site faz com que a busca seja limitada ao site ou domínio em questão.
Gabarito "B".

(Escrevente – TJ/SP – VUNESP – 2023) A Microsoft disponibiliza duas versões do *software* Microsoft Teams: a versão gratuita e a versão *Premium*, sendo correto afirmar que, considerando a atual política da Microsoft, a versão

(A) gratuita tem limitação de até 50 mensagens no *chat*.
(B) *Premium* permite a realização de reuniões de, no máximo, 6 horas.
(C) gratuita permite a realização de reuniões de até 120 minutos.
(D) *Premium* suporta até 500 participantes em uma reunião.
(E) gratuita suporta até 100 participantes em uma reunião.

A: Errada, a versão gratuita do Teams não tem limitação na quantidade de mensagens que podem ser enviadas em um chat. **B:** Errada, a versão premium do Teams permite reuniões de até 30 horas. **C:** Errada, a versão gratuita do Teams suporta reuniões de até 60 minutos. **D:** Errada, a versão paga do Teams permite reuniões de até 300 participantes. **E:** Correta, a versão gratuita permite que até 100 pessoas participem de uma reunião de forma simultânea.
Gabarito "E".

(Escrevente – TJ/SP – VUNESP – 2023) Em uma reunião feita por meio do *software* Microsoft Teams, um participante deseja compartilhar um determinado conteúdo. Para tanto, ele deve selecionar o seguinte ícone presente na barra de ferramentas da reunião:

(A) Pessoas.
(B) Exibição.
(C) Chat.
(D) Compartilhar.
(E) Reagir.

A: Errada, este item é usado para exibir quem são as pessoas que fazem parte da reunião em andamento. **B:** Errada, esta opção pode ser usada para alterar o formato de exibição dos membros presentes na reunião dentro da janela do Teams. **C:** Errada, o Chat permite exibir as mensagens de texto trocadas pelos participantes durante a reunião. **D:** Correta, a opção Compartilhar permite que um usuário compartilhe a visualização da tela de seu computador ou de uma janela específica com os outros membros da reunião. **E:** Errada, essa opção permite enviar um emoji representando a reação do usuário com os acontecimentos da conversa em andamento.

Gabarito "D".

(Escrevente – TJ/SP – VUNESP – 2023) O agendamento de reuniões no Microsoft Teams pode ser feito de modo que se tenham reuniões agendadas de forma periódica. Assim, o Teams, além de agendamentos personalizados, tem um conjunto de períodos predeterminados, composto, dentre eles, por reuniões a serem agendadas:

(A) De hora em hora e Anualmente.

(B) Diariamente e Semanalmente.

(C) Trimestralmente e Semanalmente.

(D) Bimestralmente e Todos os dias da semana.

(E) Um final de semana a cada mês e Diariamente.

O Microsoft Teams permite agendar reuniões periódicas com frequências predefinidas ou customizadas pelo usuário para atender necessidades específicas. Entre as opções preexistentes temos: Todos os dias da semana, Diariamente, Semanalmente, Mensalmente e Anualmente. Assim, apenas a alternativa B está correta.

Gabarito "B".

(Escrevente – TJ/SP – VUNESP – 2023) Com relação ao acesso ao Microsoft OneDrive, é correto afirmar que este apresenta como uma de suas características o seguinte:

(A) não permite o compartilhamento de arquivos por ele tratados.

(B) somente é acessível a partir de dispositivos móveis.

(C) necessita de conexão do tipo 5G nos dispositivos.

(D) seu acesso não poder ser feito a partir de um *tablet*.

(E) o acesso poder ser feito por meio de um navegador Internet.

A: Errada, é possível compartilhar arquivos entre pessoas de dentro e de fora da organização do usuário. **B:** Errada, o OneDrive pode ser instalado em computadores com sistema operacional Windows ou MacOS, além de ser acessível através do navegador web. **C:** Errada, ele pode ser usado através de qualquer tipo de conexão com a internet. **D:** Errada, ele pode ser instalado como aplicativo em tablets que rodem o sistema iOS ou Android e também ser acessado através do navegador web. **E:** Correta, além de poder ser utilizado através do aplicativo que pode ser instalado nos sistemas operacionais mencionados, ele pode ser acessado diretamente através de um navegador web em um computador com conexão com a internet.

Gabarito "E".

(Escrevente – TJ/SP – 2021 – VUNESP) Os navegadores para Internet possibilitam que se faça a navegação no modo anônimo. Tal modo possui algumas características peculiares, sendo correto que, nesse modo de navegação,

(A) informações inseridas em formulários são salvas.

(B) o tempo de permanência em cada página é limitado.

(C) o número de páginas que podem ser visitadas é restrito pelo navegador.

(D) o histórico de navegação não é salvo.

(E) permissões concedidas a sites são salvas.

A: Errada, na navegação anônima os valores digitados em formulários não ficam salvo para serem utilizados em funções de autopreenchimento. **B:** Errada, não há nenhum limite no tempo de navegação durante o uso de uma aba anônima. **C:** Errada, também não há limitação em relação ao número de páginas acessadas ou mesmo quais páginas podem ser acessadas. **D:** Correta, um dos objetivos da navegação anônima é não deixar registros no computador das páginas acessadas, o que inclui não salvar o histórico de navegação. **E:** Errada, permissões como: acesso à localização ou recursos como microfone e câmera não são salvos durante a navegação anônima.

Gabarito "D".

(Escrevente – TJ/SP – 2021 – VUNESP) Considerando o software Microsoft Teams, é correto afirmar que

(A) todas as equipes criadas no Teams devem ser públicas.

(B) um canal de uma equipe deve incluir todos os membros dessa equipe.

(C) cada usuário do Teams não pode pertencer a mais de uma equipe.

(D) cada equipe comporta um máximo de cinco canais.

(E) uma equipe representa um grupo de pessoas que podem compartilhar, por exemplo, conversas.

A: Errada, no Microsoft Teams é possível criar grupos privados em que apenas usuários convidados possam fazer parte. **B:** Errada, uma equipe pode possuir canais compartilhados ou privados, onde membros específicos podem tratar de assuntos sensíveis ou ter um foco especial em determinado tema. **C:** Errada, um usuário do Microsoft Teams pode fazer parte de até 1000 equipes (incluindo equipes já arquivadas). **D:** Errada, no Microsoft Teams uma equipe pode ter até 25 mil membros, em se tratando de uma equipe para toda a organização este limite é de 10 mil membros. **E:** Correta, uma equipe é composta por um grupo de pessoas que podem colaborar umas com as outras e compartilhar recursos como arquivos e mensagens.

Gabarito "E".

(Escrevente Técnico – TJ/SP – VUNESP – 2015) Nos navegadores (browser) de internet típicos, quando são acessados alguns sites específicos, é apresentado um ícone com um cadeado junto à Barra de endereços do navegador. A apresentação desse cadeado indica que

(A) o conteúdo do *site* acessado é livre de vírus.

(B) há a necessidade de possuir uma senha para acessar o conteúdo do *site*.

(C) o conteúdo do site tem acesso privado.

(D) a conexão do navegador com o site é segura.

(E) o site apresenta restrição de acesso.

A presença do símbolo de um cadeado junto à Barra de endereços do navegador geralmente é acompanhada pelo uso do protocolo HTTPS no início do endereço do site. Esses elementos indicam que o site utiliza uma conexão segura para transmitir as informações entre seu computador e o servidor onde o site se encontra. Portanto apenas a alternativa D está correta.

Gabarito "D".

(Escrevente Técnico Judiciário – TJ/SP – VUNESP – 2013) Observe o URL a seguir.

http://www.vunesp.com.br/tjsp1207/

Assinale a alternativa que identifica corretamente a máquina ou o servidor, um dos componentes do URL, conforme as normas descritas na RFC 1738.

(A) http://www

(B) .com.br/tjsp1207/

(C) /tjsp1207/

(D) www.vunesp.com.br

A: errada, http:// identifica o protocolo e www um subdomínio ou máquina. **B:** errada, .com.br é o domínio de topo da URL e /tjsp1207 uma pasta dentro do domínio. **C:** errada, /tjsp1207/ identifica uma pasta dentro do domínio. **D:** correta, www.vunesp.com.br identifica um servidor onde está hospedada a página em questão. **E:** errada, http:// identifica o protocolo sendo utilizado.

Gabarito "D".

(Enfermeiro – FAMERP/SP – VUNESP – 2012) Considere as afirmações apresentadas a seguir.

I. Popup é uma janela adicional que se abre ao se acessar algumas páginas da internet.

II. O programa Internet Explorer, versão 8, em sua configuração padrão, possui recursos para bloquear janelas popup e para salvar os sites favoritos.

III. Para anexar arquivos a um e-mail, é necessário que o nome do arquivo contenha o símbolo "@".

Está correto o que se afirma em

(A) I, apenas.

(B) II, apenas.

(C) I e II, apenas.

(D) I e III, apenas.

(E) I, II e III.

Apenas a afirmativa III está incorreta, arquivos não precisam de um nome específico para serem anexados à um email, além disso o @ é um caracter inválido em alguns sistemas operacionais. Portanto apenas a alternativa C está correta.

Gabarito "C".

(Delegado – PC/BA – 2018 – VUNESP) No navegador Mozilla Firefox, há o recurso de abrir uma janela para a navegação privativa. As teclas de atalho para abrir uma nova janela privativa são:

(A) Ctrl + Alt + L

(B) Ctrl + Alt + M

(C) Ctrl + Shift + N

(D) Ctrl + Shift + P

(E) Ctrl + Tab + G

A: Errada, não existe função no Firefox atrelada a este atalho. **B:** Errada, não existe função no Firefox atrelada a este atalho. **C:** Errada, o atalho Ctrl + Shift + N faz com que a última janela fechada seja reaberta. **D:** Correta, o atalho Ctrl + Shift + P faz com que seja aberta uma nova janela em modo privado. **E:** Errada, não existe função no Firefox atrelada a este atalho.

Gabarito "D".

3.2. CORREIO ELETRÔNICO

(Escrevente – TJ/SP – VUNESP – 2023) Um usuário de um computador enviou um *e-mail* utilizando um programa típico para essa finalidade, como o Gmail. Esse *e-mail* continha um arquivo anexado de nome texto.pdf, e os destinatários foram: Cc: A@empresax.com, e Cco: B@empresax.com e C@empresax.com. Sobre esse envio, tem-se que:

(A) A mensagem e o texto.pdf foram entregues a A@empresax.com, B@empresax.com e C@empresax.com. B@empresax.com sabe que A@empresax.com e C@empresax.com receberam a mensagem e o texto.pdf.

(B) A mensagem foi entregue a A@empresax.com. B@empresax.com e C@empresax.com receberam o texto. pdf, mas não receberam a mensagem.

(C) A mensagem e o texto.pdf foram entregues a A@empresax.com, B@empresax.com e C@empresax.com. A@empresax.com não sabe que a mensagem e o texto.pdf também foram entregues a B@empresax.com e C@empresax.com.

(D) A mensagem não foi enviada, pois a opção Cco: permite a especificação de um único destinatário. Uma mensagem de erro foi exibida.

(E) A mensagem foi entregue a A@empresax.com, B@empresax.com e C@empresax.com. O texto.pdf foi entregue exclusivamente a A@empresax.com.

Ao realizar o envio da mensagem, o endereço A@empresax.com foi definido como destinatário de uma cópia da mensagem (Cc), que pode ser enviada mesmo que um destinatário não tenha sido definido. Além disso os outros endereços B@empresax.com e C@empresax.com foram indicados para receber uma cópia oculta do e-mail, o que faz com que outros destinatários não tenham conhecimento de que eles também receberam a mensagem, mesmo aqueles que também receberam a cópia oculta (Cco). Ao utilizar as funções de cópia ou cópia oculta, os destinatários informados nestes campos receberam uma cópia da mensagem com os anexos nela enviados. Assim, apenas a alternativa C está correta.

Gabarito "C".

(Escrevente – TJ/SP – VUNESP – 2023) A chefia de uma empresa enviou um *e-mail*, especificando na opção **Cc:** os funcionários que deveriam recebê-la. A empresa e seus funcionários utilizam um programa típico para essa finalidade, como o Gmail. Um funcionário deseja responder esse *e-mail*, e existem diversas opções que o programa de *e-mail* permite selecionar, como a opção:

(A) Responder Cco:, que envia a resposta a todos os destinatários ocultos que receberam a mensagem e a quem a enviou.

(B) Encaminhar, que envia a resposta automaticamente a quem enviou a mensagem e a todos que a receberam também.

(C) Responder a todos, que envia a resposta a todos que receberam a mensagem, exceto a quem a enviou.

(D) Responder, que envia a resposta exclusivamente a quem enviou a mensagem.

(E) Responder Cc:, que envia a resposta a todos que receberam a mensagem e a quem a enviou.

Ao responder uma mensagem o usuário pode: Encaminhar, o que irá gerar uma resposta sem incluir nenhum dos destinatários da mensagem original e que pode ser direcionada para qualquer outra pessoa; Responder, o que irá gerar uma resposta apenas para o remetente da mensagem ou Responder a todos, que fará com que a resposta seja enviada para todos os destinatários e pessoas em cópia na mensagem, exceto aqueles que estavam em cópia oculta. Assim apenas a alternativa D está correta.

Gabarito "D".

(Escrevente – TJ/SP – 2021 – VUNESP) Considerando-se os softwares de correio eletrônico, suponha que um usuário recebeu duas mensagens diferentes de um mesmo remetente, cada uma contendo um arquivo anexo. Esse usuário deseja retransmitir esses dois arquivos, como anexos, para outro destinatário.

Nesse caso,

(A) será necessário enviar cada um desses dois arquivos anexos em duas mensagens separadas, ainda que destinadas ao mesmo destinatário.

(B) o envio dos dois arquivos estará sujeito a uma aprovação prévia a ser gerada pelo sistema operacional do computador do usuário.

(C) será possível enviar esses dois arquivos em uma mesma mensagem desde que ambos tenham a mesma extensão (por exemplo, txt, doc etc.).

(D) será possível enviar ambos os arquivos em uma mesma mensagem, porém o software de correio eletrônico irá impor uma defasagem mínima de 1 minuto entre o envio de cada um dos dois arquivos.

(E) é possível reunir ambos os arquivos em uma mesma mensagem, desde que a soma de seus tamanhos não ultrapasse o limite imposto pelo software de correio eletrônico.

Ao realizar o envio de anexos para um ou mais destinatários não é necessária nenhuma autorização prévia, não existe defasagem de tempo no envio ou mesmo restrição quanto aos arquivos possuírem extensões diferentes, entretanto o envio só é possível se o tamanho combinado dos arquivos anexos não ultrapassar o limite definido pelo software de gestão de correio eletrônico. Portanto, apenas a alternativa E está correta.
Gabarito "E".

(Escrevente – TJ/SP – 2021 – VUNESP) Os softwares de correio eletrônico contêm uma pasta especial denominada pasta de spam. O correio eletrônico filtra essas mensagens, utilizando como um de seus critérios, mensagens

(A) que contenham um número muito grande de destinatários.

(B) com muitas imagens em seu conteúdo.

(C) consideradas como sendo de caráter publicitário.

(D) recebidas de remetentes situados em países diferentes do receptor da mensagem.

(E) originadas de remetentes corporativos e não de pessoas físicas.

A detecção de mensagens não desejadas, também chamadas de spam, utiliza uma série de critérios a depender do servidor de e-mails do usuário e do software de gestão de correio eletrônico utilizado. Em se tratando apenas do controle feito por softwares de gestão de e-mail temos como critérios a identificação de conteúdo de caráter publicitário, uso de determinadas palavras chaves ou conjuntos de termos associados à spam. Portanto, apenas a alternativa C está correta.
Gabarito "C".

(Escrevente Técnico – TJM/SP – VUNESP – 2017) Um usuário preparou uma mensagem de correio eletrônico usando o Microsoft Outlook 2010, em sua configuração padrão, e enviou para o destinatário. Porém, algum tempo depois, percebeu que esqueceu de anexar um arquivo. Esse mesmo usuário preparou, então, uma nova mensagem com o mesmo assunto, e enviou para o mesmo destinatário, agora com o anexo. Assinale a alternativa correta.

(A) A mensagem original, sem o anexo, foi automaticamente apagada no computador do destinatário e substituída pela segunda mensagem, uma vez que ambas têm o mesmo assunto e são do mesmo remetente.

(B) Como as duas mensagens têm o mesmo assunto, a segunda mensagem não foi transmitida, permanecendo no computador do destinatário apenas a primeira mensagem.

(C) A segunda mensagem não pode ser transmitida e fica bloqueada na caixa de saída do remetente, até que a primeira mensagem tenha sido lido pelo destinatário.

(D) O destinatário recebeu 2 mensagens, sendo, a primeira, sem anexo, e a segunda, com o anexo.

(E) O remetente não recebeu nenhuma das mensagens, pois não é possível transmitir mais de uma mensagem com o mesmo assunto e mesmo remetente.

O envio de mais de uma mensagem para um mesmo destinatário com um mesmo assunto não acarreta em nenhuma ação específica no destinatário, as mensagens não têm relação entre si e serão recebidas normalmente pelo destinatário, portanto, apenas a alternativa D está correta.
Gabarito "D".

(Escrevente Técnico – TJ/SP – VUNESP – 2015) Os endereços de correio eletrônico (e-mail) são padronizados quanto à sua composição para possibilitar a correta identificação e o envio das mensagens pela internet. Dentre as alternativas apresentadas, a que contém um endereço de e-mail de acordo com a padronização é:

(A) marcos.com.br@

(B) @carlos.com.br

(C) #marcos@.eng.br

(D) marcos@#com.br

(E) carlos@casa.br

O padrão de escrita de endereços de email é composto por "username@domínio", onde username representa o nome do usuário dono do correio eletrônico e não pode conter certos caracteres como @, #, !, *, espaços em branco entre outros. Já o domínio indica o servidor ao qual o endereço de e-mail pertence e é composto por um nome (que também não pode conter caracteres especiais) seguido de uma extensão ou domínio de topo (como exemplos podemos citar .com. br, .gov.br, .com, .net, .org). Portanto apenas a alternativa E respeita essas regras e está correta.
Gabarito "E".

(Escrevente Técnico – TJ/SP – VUNESP – 2015) Para que uma mensagem possa ser enviada pelo serviço de correio eletrônico (e-mail), é imprescindível a inclusão

(A) do nome completo do destinatário no campo Para:.

(B) de pelo menos uma palavra no campo Assunto ou Subject.

(C) do endereço de e-mail nos campos Para:, ou Cc: ou Cco:.

(D) de pelo menos uma letra no corpo da mensagem.

(E) da mensagem em formato texto.

A: Errada, uma mensagem pode ser enviada sem a inclusão do nome completo do destinatário, porém é necessário o endereço de email completo do mesmo. **B:** Errada, é possível, ainda que não recomendado, enviar mensagens de correio eletrônico sem o campo Assunto preenchido. **C:** Correta, uma mensagem não pode ser enviada sem que haja um destinatário, seja no campo. Para ou nos campos de Cópia (Cc) ou Cópia Oculta (Cco). **D:** Errada, é possível enviar um e-mail sem um conteúdo em seu corpo. **E:** Errada, a mensagem pode estar em formato texto, HTML ou mesmo não haver nenhum conteúdo no corpo da mensagem.
Gabarito "C".

(Escrivão/SP – VUNESP – 2014) Uma mensagem de *e-mail* foi editada em um *software* de *e-mail* típico e será enviada para antonio@daqui.com .

Caso se deseje que a mesma mensagem seja copiada para manuel@dali.com, sem que antonio@daqui.com saiba sobre a cópia, o endereço manuel@dali.com deve ser inserido no campo:

(A) CC:

(B) Cco:

(C) Anexo:

(D) Assunto:

(E) Para:

A: Errada, o campo CC: não oculta os destinatários em cópia dos outros destinatários. **B:** Correta, o campo Cco: (com cópia oculta) oculta os endereços dos destinatários inseridos da mensagem. **C:** Errada, o campo Anexo: é usado para adicionar arquivos à mensagem. **D:** Errada, o campo Assunto: apenas denota o assunto da mensagem. **E:** Errada, os endereços no campo Para: são exibidos para todos os destinatários da mensagem.
Gabarito "B".

(Escrivão/SP – VUNESP – 2014) Os *softwares* de *e-mail* típicos disponibilizam diversos recursos para facilitar e agilizar a edição e o envio de mensagens de *e-mails*. Por exemplo, as informações de contato, endereço etc., que são inseridas frequentemente no final das mensagens, podem ser armazenadas e inseridas automaticamente em cada nova mensagem. Esse recurso é conhecido como

(A) Cartão de visita.

(B) Caixa de texto.

(C) Contato.

(D) Assinatura.

(E) Hiperlink.

A: Errada, o cartão de visita é outro modo de exibição que captura informações específicas de um contato e permite compartilhá-las com outras pessoas. **B:** Errada, este recurso de formatação é usado para criar uma caixa de texto no corpo da mensagem. **C:** Errada, Contato é uma forma de armazenamento de diversos dados referentes a uma pessoa. Esses dados podem, eventualmente, serem utilizados para enviar mensagens ou consultar informações. **D:** Correta, a Assinatura é um componente que pode ser configurado pelo cliente da conta de email contendo informações padrão que são enviadas automaticamente ao final de uma mensagem. **E:** Errada, Hiperlink é um apontador que leva o usuário a uma página da internet.
Gabarito "D".

(Investigador/SP – VUNESP – 2014) Considere uma mensagem de *e-mail* editada em um software de **e-mail** típico no qual o campo Para: é preenchido com: contato@nono.com. Caso o endereço de *e-mail:*

chefe@nono.com seja inserido no campo Cco:,

(A) contato@nono.com receberá a mensagem da mesma forma que chefe@nono.com e ambos serão informados sobre a recepção da mensagem.

(B) chefe@nono.com receberá uma cópia da mensagem sem que contato@nono.com saiba.

(C) contato@nono.com receberá a mensagem cujo endereço do remetente terá sido alterado para chefe@nono.com.

(D) chefe@nono.com receberá a confirmação do recebimento da mensagem por contato@nono.com.

(E) chefe@nono.com receberá uma mensagem informando que contato@nono.com recebeu aquela mensagem.

O campo Cco é usado para enviar cópias ocultas de uma mesma mensagem, ou seja, os destinatários contidos neste campo não serão exibidos para os outros destinatários.Portanto, apenas a alternativa B está correta.
Gabarito "B".

3.3 REDE, INTERNET E INTRANET

(Escrevente – TJ/SP – VUNESP – 2023) Assinale a alternativa correta relacionada a URL (*Uniform Resource Locator*).

(A) O Esquema refere-se a um protocolo de rede, e corresponde ao primeiro grupo de caracteres de uma URL, que ficam antes do ":".

(B) A Query String é uma parte obrigatória da URL, e que corresponde a um conjunto de perguntas e respostas que permitem encontrar os assuntos pesquisados por um usuário na Internet.

(C) O Caminho especifica o local no qual se encontra o protocolo que se vai executar.

(D) O Fragmento é uma parte obrigatória da URL, que especifica o caminho para um recurso.

(E) O Domínio de uma URL é o protocolo que se está considerando em um dado momento, como FTP e HTTP.

A: Correta, o Esquema refere-se ao protocolo usado na comunicação de rede no acesso ao recurso desejado e se encontra no início de uma URL, antes do ":". **B:** Errada, a Query String é um elemento opcional utilizado para enviar informações adicionais na requisição feita para o servidor do recurso acessado, ele se encontra ao final do caminho da URL após o símbolo "?". **C:** Errada, o caminho especifica o local onde o recurso se encontra dentro do domínio indicado na URL. **D:** Errada, o Fragmento se refere à uma seção da página retornada pela URL e pode ser identificado após o caractere "#" após o caminho da URL. **E:** Errada, o domínio indica o responsável pelo conteúdo sendo servido na requisição e é localizado após os caracteres "://".
Gabarito "A".

(Escrevente – TJ/SP – 2021 – VUNESP) Ao navegar pela internet, deve-se conhecer a URL de um site. Considerando-se que a URL é composta por três partes principais: caminho, protocolo e domínio, a estrutura adotada para a URL é:

(A) domínio://protocolo/caminho

(B) protocolo://domínio/caminho

(C) domínio://caminho/protocolo

(D) protocolo://caminho/domínio

(E) caminho://protocolo/domínio

As URLs (Uniform resource locator) são endereços usados para chegar à determinado recurso na internet e são estruturadas da seguinte forma: protocolo://domínio/caminho, onde protocolo determina as regras de comunicação necessária para acessar o recurso desejado, domínio determinada o endereço do local onde o recurso está alocado e o caminho indica o onde recurso se encontra dentro do domínio informado. Assim, apenas a alternativa B está correta.
Gabarito "B".

(Delegado/SP – VUNESP – 2014) Assinale a alternativa que contém o endereço de uma página da internet cujo acesso está utilizando técnica de criptografia.

(A) http://www.sp.senac.br:8080

(B) https:\\www.globo.com/secur.php

(C) http://www.yahoo.com.br

(D) https://www.google.com.br

(E) http://gmail.com/portal1.html

Para que uma página de internet utilize técnicas de criptografia na transmissão dos dados entre o servidor e o computador é necessário utilizar o protocolo HTTPS. Seu uso fica caracterizado por URLs que se iniciam por https://. Portanto, apenas a alternativa D está correta.
Gabarito "D".

(Escrivão/SP – VUNESP – 2014) Considere a seguinte URL: www.fff.edu.br

Na padronização da associação que gerencia a internet, o tipo de organização do site acessado por essa URL é de âmbito

(A) de editoração.

(B) de empreendedorismo.

(C) governamental.

(D) comercial.

(E) educacional.

A: Errada, não existem domínios de topo destinados a fins de editoração. **B:** Errada, não existem domínios de topo destinados a fins de empreendedorismo. **C:** Errada, o domínio de topo para entidades governamentais no Brasil é .gov.br. **D:** Errada, o domínio de topo para entidades comerciais no Brasil é o .com.br. **E:** Correta, o domínio de topo .edu.br é usado por instituições de ensino.
Gabarito "E".

(Escrivão/SP – VUNESP – 2014) Considere a seguinte URL: https://ggg.com.br

O fragmento: https nessa URL indica o tipo de serviço utilizado para o acesso ao site e, nesse caso, pode-se dizer que

(A) a página acessada no site é livre de vírus.

(B) o acesso ao *site* tem o objetivo de buscar um arquivo com dados seguros.

(C) a comunicação com o *site* é feita de forma segura.

(D) antes da conexão, há uma verificação de vírus no servidor do *site*.

(E) a versão do navegador utilizado deve ser a mais recente.

A: Errada, o protocolo HTTPS apenas indica que a comunicação entre o navegador e o servidor está sendo feita de forma segura. Não é possível garantir que o site estará livre de vírus com base no uso deste protocolo. **B:** Errada, HTTPS é um protocolo de comunicação segura, não é possível deduzir o que será feito no site apenas com essa informação. **C:** Correta, o HTTPS é uma versão do protocolo HTTP que adiciona algumas camadas de segurança na comunicação entre o navegador e o servidor. **D:** Errada, HTTPS é apenas um protocolo de comunicação segura.Nenhuma verificação de vírus é feita por protocolos. **E:** Errada, todo navegador provê suporte ao protocolo HTTPS.
Gabarito "C".

(Investigador/SP – VUNESP – 2014) Considerando-se a comunicação com a internet, por meio de um *tablet*, é correto afirmar que

(A) só pode ser feita por meio dos padrões 3G ou 4G.

(B) requer o uso de um computador como intermediário da conexão.

(C) pode ser feita por meio de uma conexão WiFi.

(D) só pode ser feita por meio de um dispositivo com *bluetooth*.

(E) necessita ter, obrigatoriamente, um *smartphone* acoplado ao *tablet*.

Os *tablets* possuem diversas alternativas para conexão à Internet incluindo WiFi e uso de redes de telefonia 3G e 4G. Um dispositivo pode ser compatível com uma ou mais formas e são também independentes do uso de outros dispositivos como smartphones e computadores. Também não é necessário o uso de um dispositivo com *bluetooth*. Portanto, apenas a alternativa "C" esta correta.
Gabarito "C".

(Soldado – PM/SP – 2018 – VUNESP) Miranda e Caio receberam, cada um, uma mensagem de correio eletrônico usando o Microsoft Outlook 2010, em sua configuração original, com as seguintes características:

De: aurelio@vunesp.com.br

Para: miranda@vunesp.com.br, caio@vunesp.com.br

Os usuários Miranda e Caio responderam ao mesmo tempo a mensagem que receberam, usando a opção Responder a Todos, sem qualquer alteração nos campos de destinatários da mensagem. Considerando apenas essa última ação de Miranda e Caio, assinale a alternativa que indica quantas mensagens Aurelio, Miranda e Caio receberão, respectivamente.

(A) 1, 2, 2

(B) 2, 0, 0

(C) 2, 1, 1

(D) 2, 2, 2

(E) 1, 1, 1

A função Responder a Todos do MS Outlook faz com que a mensagem de resposta seja enviada para todos os destinatários da mensagem sendo respondida, com exceção de quem está respondendo, portanto, considerando apenas as ações de Caio e Miranda, Aurélio receberá duas mensagens (uma de Caio e outra de Mirada), Miranda receberá uma mensagem (a resposta de Caio) e Caio receberá uma mensagem (a resposta de Miranda), logo, apenas a alternativa C está correta.
Gabarito "C".

(Investigador – PC/BA – 2018 – VUNESP) O programa de correio eletrônico Mozilla Thunderbird oferece, na Barra de Filtragem, diversas opções para filtrar as mensagens da Caixa de Entrada. Na configuração padrão do Thunderbird, três das opções presentes nessa Barra de Filtragem têm as denominações de

(A) Lidas, Contatos e Com imagem.

(B) Com imagem, XML e Lidas.

(C) Não lidas, Com estrela e Anexos.

(D) Anexos, Favoritas e Com estrela.

(E) Longas, Curtas e Tags.

A Barra de Filtragem no Mozilla Thunderbird é uma ótima forma de ajudar o usuário a organizar as mensagens em sua caixa de entrada, sendo possível usar filtros rápidos ou buscar por palavras chave. Entre as opções de filtro rápido se encontram: Não lidas, Com estrela, Contatos, Tags e Anexos, portanto, apenas a alternativa C está correta.
Gabarito "C".

(Escrevente – TJ/SP – 2018 – VUNESP) Quando se recebe uma mensagem por meio do correio eletrônico, há diversas opções de resposta, sendo que na opção encaminhar,

(A) na mensagem de encaminhamento, não pode ser editado ou alterado o campo Assunto da mensagem original recebida.

(B) se houver anexos na mensagem original recebida, esta só pode ser enviada para um destinatário.

(C) se houver anexos na mensagem original recebida, apenas um deles pode ser incorporado à mensagem de encaminhamento.

(D) tanto o texto da mensagem original recebida quanto eventuais anexos são incorporados à mensagem de encaminhamento.

(E) não pode haver destinatários em cópia, se houver mais de um anexo na mensagem original recebida.

A: Errada, ao responder uma mensagem com a opção encaminhar é possível alterar normalmente o assunto da mensagem. **B:** Errada, no encaminhamento pode-se incluir ou não eventuais anexos e enviá-los para mais de um destinatário. **C:** Errada, no encaminhamento de mensagens o usuário pode escolher manter todos, alguns ou nenhum anexo da mensagem original. **D:** Correta, ao encaminhar uma mensagem de correio eletrônico o conteúdo da mensagem os anexos são incorporados automaticamente, podendo o usuário alterar livremente tanto a mensagem e assunto quando os anexos. **E:** Errada, mensagens encaminhadas podem possuir destinatários simples, em cópia e em cópia oculta, independentemente da existência de anexos.
Gabarito "D".

3.4 BUSCA E PESQUISA

(Escrivão/SP – VUNESP – 2014) A busca por informação na internet é muito facilitada pelo uso dos *sites* de busca como o Google e o Bing. Nesses sites de busca, caso seja inserida a frase: "ocorrências criminais 2013", inclusive com as aspas, no campo de busca, o resultado da busca será todos os *sites* que apresentam informações que contenham

(A) a frase exata: *ocorrências criminais 2013*.

(B) as palavras *ocorrências, criminais* e *2013* em qualquer ordem de aparição.

(C) as palavras *ocorrências, criminais* e *2013*, mesmo que intercaladas por outras palavras.

(D) as palavras *ocorrências* e *criminais*, nessa ordem, e no ano de *2013*.

(E) as ocorrências criminais do ano de 2013.

Em geral os motores de busca como Google e Bing buscam resultados que contenham todas as palavras digitas pelo usuário, porém, é possível tornar mais específico o resultado da busca a partir de algumas modificações nas palavras chave.Para uma frase entre aspas o resultado deverá conter a frase exata.Logo, apenas a alternativa A esta correta.
Gabarito "A".

(Investigador/SP – VUNESP – 2014) A seguinte figura foi extraída de uma janela de um navegador na qual foi realizada uma busca utilizando-se um *site* de busca típico.

[PDF] Recomendações de segurança para condomínios e ... - **Policia Civil**
www2.policiacivil.sp.gov.br/x2016/modules/.../files_4ca22d5abda82.pdf ▾
Diretor da Academia de Polícia Civil. Tabajara Novazzi Pinto. Tabajara Novazzi Pinto. Coordenador do Centro de Direitos Humanos e Segurança Pública da ...

Com base nas informações da figura, pode-se dizer que o resultado da busca é um *link* para

(A) um arquivo que contém "Recomendações de segurança para condomínios e ...".

(B) acessar a página *web* do *site* da Polícia Civil, em formato pdf.

(C) o programa que deve ser baixado para que o *site* da Polícia Civil possa ser acessado.

(D) o *site* denominado "Recomendações de segurança para condomínios e ...".

(E) instalar um módulo de segurança para o acesso ao *site* da Polícia Civil.

Conforme as informações da primeira linha, trata-se de algo relacionado ao tema "Recomendações de segurança para condomínios e...". A extensão [PDF] antes do título da página mostra que o endereço se trata de um arquivo PDF, e não uma página da internet.Podemos identificar isto na segunda linha, onde ao final da URL temos um nome seguido de .pdf. Portanto, apenas a alternativa A está correta.
Gabarito "A".

(Escrevente – TJ/SP – 2018 – VUNESP) Um usuário de um computador digitou o seguinte endereço na Barra de endereços do navegador Internet Explorer:

https://www.google.com.br

Com relação ao endereço digitado, é correto afirmar que

(A) é um site de uma organização sem fins lucrativos.

(B) a troca de dados entre o navegador e o servidor do site é criptografada.

(C) é um site de uma organização não governamental.

(D) o site visitado é seguro, ou seja, livre de vírus e outros códigos maliciosos.

(E) é um site de uma organização governamental.

A: Errada, o Google é uma ferramenta de buscas que tem na exibição de propagandas a maior fonte de suas receitas, sendo também uma empresa privada parte do grupo Alphabet. **B:** Correta, por utilizar o protocolo HTTPS, que pode ser identificado no início da URL digitada, toda a troca de informações entre o computador e o servidor do site acessado é feita de forma criptografada, conferindo maior segurança à navegação. **C:** Errada, as organizações não governamentais utilizando o domínio de topo .org, o Google é uma empresa comercial, usando, portanto, o domínio de topo.com.br. **D:** Errada, não há nenhuma indicação presente na URL de um site que assegure que este seja livre de vírus ou códigos maliciosos. **E:** Errada, as organizações governamentais utilizando o domínio de topo.gov.
Gabarito "B".

(Escrevente – TJ/SP – 2018 – VUNESP) Utilizando o site de busca Google, deseja-se pesquisar apenas as páginas que contenham exatamente a frase: feriados no Brasil. Para isso, deve-se digitar, na Barra de Pesquisa do site, o seguinte:

(A) (feriados no Brasil)

(B) feriados-no-Brasil

(C) feriados&no&Brasil

(D) feriadosANDnoANDBrasil

(E) "feriados no Brasil"

Existem alguns elementos que podem ser adicionados aos termos buscados no Google para definir melhor os resultados esperados, como por exemplo utilizar o símbolo de menos antes de uma palavra para excluir resultados que contenham aquela palavra. Para a busca de

564   HELDER SATIN

termos ou frases exatas, deve-se coloca-la entre aspas duplas, portanto, apenas a alternativa E está correta.

Gabarito "E".

4. SISTEMAS OPERACIONAIS
4.1. WINDOWS

(Escrevente – TJ/SP – VUNESP – 2023) Para se utilizar várias Áreas de Trabalho em um computador com o sistema operacional Windows 10, em sua configuração padrão, alguns passos devem ser seguidos. Para se criar uma nova Área de Trabalho, esses passos são:

(A) 1 – No menu inferior do Windows 10, selecionar com o teclado ou com o *mouse* "Visão de Tarefas". 2 – A aba da Área de Trabalho atual será aberta, e no canto superior esquerdo, clicar em "Nova área de trabalho".

(B) 1 – No menu inferior do Windows 10, selecionar com o teclado ou com o *mouse* "Visão de Tarefas". 2 – Uma janela de nome Área de Trabalho será aberta com as opções: "Criar", "Deletar" e "Suspender", devendo ser selecionada a opção "Criar".

(C) 1 – No menu inferior do Windows 10, selecionar com o teclado ou com o *mouse* Área de Trabalho. 2 – Uma janela será aberta com diversas opções, devendo ser selecionada a opção "Criar nova área de trabalho".

(D) 1 – No Painel de Controle do Windows 10, selecionar com o teclado ou com o *mouse* "Área de Trabalho". 2 – Uma janela será aberta com as opções, devendo-se selecionar "Nova área de trabalho".

(E) 1 – No menu Iniciar do Windows 10, selecionar com o teclado ou com o *mouse* "Área de Trabalho". 2 – Uma janela de nome Área de Trabalho será aberta com as opções: "Criar" e "Deletar", devendo ser se- lecionada a opção "Criar".

No Windows 10 o usuário tem a opção de criar mais de uma área de trabalho para melhor organizar suas atividades, sendo que todas as áreas de trabalho possuem o mesmo fundo de tela e ícones da área de trabalho original. Para criar uma área de trabalho o usuário pode selecionar o item "Visão de Tarefas" representado pelo ícone ou utilizar o atalho Windows + Tab e na aba aberta na parte inferior da tela clicar na opção "Nova área de trabalho". Portanto, apenas a alternativa A está correta.

Gabarito "A".

(Escrevente – TJ/SP – VUNESP – 2023) Um usuário de um computador com o sistema operacional Windows 10, em sua configuração padrão, selecionou: botão Iniciar > Configurações > Sistema > Área de Transferência. Algumas opções são exibidas e podem ser ativadas ou desativadas, dentre elas:

(A) o salvamento diário, em um arquivo enviado por e-mail ao usuário, de todo o conteúdo da Área de Transferência.

(B) a edição de mensagens (e-mails) a serem enviadas, e que ficam na Área de Transferência até que a conexão com a Internet seja estabelecida.

(C) o emprego de senha para se utilizar a Área de Trans- ferência.

(D) a criptografia do conteúdo da Área de Transferência.

(E) que o histórico da Área de Transferência seja salvo para que itens nela presentes possam ser utilizados em outro momento.

Na tela de configuração da Área de Transferência é possível ativar ou desativar o histórico de atividades, que permite manter registro dos últimos 25 itens salvos na área de transferência, além de permitir sincronizar seu conteúdo entre diferentes dispositivos. Não é possível proteger o conteúdo da área de transferência com senha ou criptografia na configuração padrão do Windows 10. Assim, apenas a alternativa E está correta.

Gabarito "E".

(Escrevente – TJ/SP – 2021 – VUNESP) A Área de Transferência do MS-Windows 10, em sua configuração padrão, permite que o conjunto de aplicativos do MS-Office 2016 possa copiar itens de documentos do Office, e os cole em outro documento do Office.

Em relação à quantidade máxima de itens que podem ser copiados na Área de Transferência, tem-se que ela

(A) é maior ou igual 100 e inferior a 1 000 itens.

(B) depende do tamanho da memória do computador.

(C) é maior ou igual a 20 e inferior a 100 itens.

(D) depende do tamanho do disco do computador.

(E) é maior ou igual a 1 000 itens.

No Windows 10, a área de transferência, local temporário onde ficam armazenados itens através da função de Copiar (Ctrl+C), tem um limite de até 24 itens. Assim apenas a alternativa C está correta.

Gabarito "C".

(Escrevente – TJ/SP – 2021 – VUNESP) Um usuário de um computador com o sistema operacional MS-Windows 10, em sua configuração padrão, deseja criar uma nova pasta na Área de Trabalho.

Uma das formas de criar essa pasta é com o mouse, em sua configuração padrão, selecionar

(A) um espaço vazio na Área de Trabalho, pressionar o seu botão direito e, na janela que surge na tela, selecionar o Explorador de Arquivos e selecionar a opção Criar nova pasta.

(B) o Explorador de Arquivos e selecionar a opção Criar nova pasta e, em seguida, selecionar Área de Trabalho.

(C) o Explorador de Arquivos e selecionar a opção Área de Trabalho e, em seguida, selecionar Criar pasta.

(D) um espaço vazio na Barra de Ferramentas, pressionar o seu botão esquerdo e, na janela que surge na tela, selecionar Nova Pasta.

(E) um espaço vazio na Área de Trabalho, pressionar o seu botão direito e, na janela que surge na tela, selecionar Novo e selecionar a opção Pasta.

Para criar uma nova pasta a partir de uma interação do mouse é necessário clicar com o botão direito e na opção Novo selecionar o item Nova Pasta. Esta ação pode ser feita a partir do Explorador de Arquivos ao selecionar a pasta desejada e clicar em um espaço vazio na exibição do conteúdo da pasta ou no caso apresentado ser feita diretamente na área de trabalho clicando em um espaço vazio. Portanto, apenas a alternativa E está correta.

Gabarito "E".

(Escrevente – TJ/SP – 2021 – VUNESP) No sistema operacional MS-Windows 10, selecionou-se uma pasta com o botão direito do mouse, este em sua configuração padrão, e

22. INFORMÁTICA   565

selecionou-se Propriedades na relação de opções que foi exibida.

Na janela que se abriu, há a possibilidade de se escolher os atributos da pasta, que são:

(A) Somente escrita e Somente leitura.

(B) Compactada, Criptografada e Protegida.

(C) Oculto e Visível.

(D) Somente leitura (arquivos da pasta) e Oculto.

(E) Compactada e Somente leitura (arquivos da pasta).

No Windows 10, assim como na versão 11 e anteriores, os atributos de pasta localizados na aba Propriedades são: Somente leitura (arquivos da pasta), que faz com que não seja possível modificar os arquivos contidos na pasta e Oculto, que esconde a pasta da exibição padrão, sendo visível apenas se caso a opção Exibir Itens Ocultos for marcada. Portanto, apenas a alternativa D está correta.
Gabarito "D".

(Escrevente Técnico – TJM/SP – VUNESP – 2017) Usando o Microsoft Windows 7, em sua configuração padrão, um usuário abriu o conteúdo de uma pasta no aplicativo Windows Explorer no modo de exibição Detalhes. Essa pasta contém muitos arquivos e nenhuma subpasta, e o usuário deseja rapidamente localizar, no topo da lista de arquivos, o arquivo modificado mais recentemente. Para isso, basta ordenar a lista de arquivos, em ordem decrescente, por

(A) Data de modificação.

(B) Nome.

(C) Tipo.

(D) Tamanho.

(E) Ordem.

A exibição por Detalhes permite visualizar o nome dos arquivos, seu tipo, tamanho e data de modificação, para ordená-los a partir de um destes critérios basta clicar sobre o nome do critério, portanto, a apenas a alternativa A está correta.
Gabarito "A".

(Escrevente Técnico – TJ/SP – VUNESP – 2015) Em um computador com o sistema operacional Windows 7, em sua configuração padrão, diversos atalhos de teclado estão associados ao uso da Área de Transferência. O atalho de teclado destinado a desfazer a ação anterior é o:

(A) Ctrl+D

(B) Alt+U

(C) Ctrl+Z

(D) Alt+Z

(E) Ctrl+U

A: Errada, o atalho Ctrl + D não está associado a nenhuma função do Windows. B: Errada, o atalho Alt + U não está associado a nenhuma função do Windows. C: Correta, o atalho Ctrl + Z desfaz a última ação feita pelo usuário em diversos locais, inclusive na Área de Transferência. D: Errada, o atalho Alt + Z não está associado a nenhuma função do Windows. E: Errada, o atalho Ctrl + U não está associado a nenhuma função do Windows.
Gabarito "C".

(Escrevente Técnico – TJ/SP – VUNESP – 2015) Um usuário de um computador com o sistema operacional Windows 7, em sua configuração padrão, deletou um atalho presente na Área de Trabalho. Sobre essa ação, é correto afirmar que

(A) o atalho será colocado na Lixeira e o arquivo associado ao atalho será preservado.

(B) o atalho será destruído, sem ser colocado na Lixeira.

(C) o atalho será retirado da Área de Trabalho e transferido para a pasta na qual se encontra o arquivo associado ao atalho.

(D) tanto o atalho como o arquivo associado ao atalho serão colocados na Lixeira.

(E) tanto o atalho como o arquivo associado ao atalho serão destruídos, sem serem colocados na Lixeira.

A: Correta. Ao ser excluído, um atalho é enviado para a Lixeira como qualquer outro arquivo e, por ser apenas uma referência ao endereço do arquivo original, o mesmo não será afetado. B: Errada, apenas são destruídos sem passar pela Lixeira os arquivos provenientes de unidades removíveis e os arquivos apagados a partir do atalho Shift + Delete. C: Errada, arquivos removidos vão para a Lixeira até que sejam excluídos permanentemente, mesmo que sejam atalhos. D: Errada, a remoção de um atalho não afeta em nada o arquivo original. E: Errada, a remoção de um atalho não afeta em nada o arquivo original.
Gabarito "A".

(Escrevente Técnico – TJ/SP – VUNESP – 2015) Um usuário de um computador com o sistema operacional Windows 7, em sua configuração padrão, arrastou um arquivo presente em uma pasta da unidade de disco C para uma pasta da unidade de disco D. Sobre essa ação, é correto afirmar que o

(A) arquivo e sua pasta serão movidos para a pasta da unidade de disco D.

(B) arquivo será copiado para a pasta da unidade de disco D.

(C) arquivo será movido para a pasta da unidade de disco D.

(D) arquivo e sua pasta serão copiados para a pasta da unidade de disco D.

(E) comando não terá efeito, pois só se pode arrastar arquivos em uma mesma unidade de disco.

A: Errada, mover um arquivo seja para outra unidade ou para outro local dentro da mesma unidade não afeta a pasta de origem. B: Correta, mover um arquivo de uma unidade para outra sem utilizar nenhuma tecla modificadora irá fazer com que seja criada uma cópia do arquivo original no local de destino. C: Errada, para que o arquivo seja movido ao ser arrastado de uma unidade para outra é necessário utilizar a tecla Shift antes de soltar o arquivo em seu destino. D: Errada, mover um arquivo seja para outra unidade ou para outro local dentro da mesma unidade não afeta a pasta de origem. E: Errada, é possível arrastar um arquivo de uma unidade de disco para outra, ação que criará uma cópia do arquivo em seu local de destino.
Gabarito "B".

(Escrevente Técnico – TJ/SP – VUNESP – 2015) Em um documento do MS-Word 2010, existia uma Tabela com a seguinte aparência:

Um usuário realizou duas ações sobre essa tabela, ambas feitas com ela selecionada, de modo que essa tabela ficou com a aparência apresentada a seguir:

Considerando que essas ações foram realizadas por meio da seleção de opções de borda acessíveis a partir

do grupo Parágrafo, da guia Página Inicial, assinale a alternativa que contém duas possíveis opções de terem sido selecionadas e que produzem esse efeito.

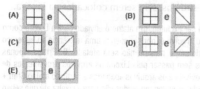

A: Errada, esta opção removeria as bordas internas verticais e horizontais e adicionaria linhas diagonais no sentido oposto ao da imagem. **B:** Errada, esta opção removeria todas as bordas da imagem e adicionaria linhas diagonais no sentido oposto ao da imagem. **C:** Errada, a primeira opção removeria as bordas externas da tabela e não as bordas verticais internas. **D:** Errada, essa opção removeria as bordas horizontais internas da tabela e adicionaria linhas diagonais no sentido oposto ao da imagem. **E:** Correta, essa opção faz com que a bordas internas verticais sejam removidas e adiciona linhas diagonais que se iniciam no canto superior direito de cada célula e terminam em seu canto inferior esquerdo.
Gabarito "E".

(Escrevente Técnico – TJ/SP – VUNESP – 2015) Considere a seguinte palavra, editada em um documento no MS-Word 2010:

engenheiro

Um usuário selecionou a letra "o" dessa palavra e, em seguida, clicou sobre o botão A⁺ , localizado no grupo Fonte da guia Página Inicial. Essa palavra ficará escrita na forma:

(A) engenheira

(B) engenheir⁰

(C) engenheir°

(D) engenheirO

(E) engenheirA

A: Errada, o botão descrito apenas aumenta o tamanho da fonte usada no texto selecionado e não o altera para uma forma feminina da palavra selecionada. **B:** Errada, para obter o efeito descrito nesta alternativa deveriam ser usadas as opções sublinhado (Ctrl + S) e superscrito (Ctrl + Shift + +). **C:** Errada, para obter o efeito descrito nesta alternativa deveria ser usada a opção superscrito (Ctrl + Shift + +). **D:** Correta, note que a letra 'o' não está em maiúsculo, mas sim escrita com um tamanho de fonte maior que as demais, efeito gerado pelo botão A⁺ que permite incrementar o tamanho de fonte do trecho de texto selecionado. **E:** Errada, o botão descrito apenas aumenta o tamanho da fonte usada no texto selecionado e não o altera para uma forma feminina e maiúscula da palavra selecionada.
Gabarito "D".

(Escrevente Técnico – TJ/SP – VUNESP – 2015) No MS-Word 2010, é possível a inserção de objetos como, por exemplo, Clip-arts. Ao se clicar sobre o botão Clip-art, do grupo Ilustrações da guia Inserir, pode-se inserir

(A) uma imagem de um arquivo, como por exemplo nos formatos JPEG, GIF, TIFF e BMP.

(B) um gráfico do tipo Coluna, Linha, Pizza, Barra, Área, Dispersão, Ações, Superfície, Rosca, Bolhas e Radar.

(C) um elemento gráfico do tipo Lista, Processo, Ciclo, Hierarquia, Relação, Matriz e Pirâmide.

(D) linhas, formas básicas, setas largas, fluxogramas, textos explicativos, estrelas e faixas.

(E) desenhos, filmes, sons ou fotos de catálogo para ilustrar um determinado conceito.

A: Errada, para a inserção de imagens nos tipos especificados deve-se usar no botão Imagem do grupo Ilustrações da guia Inserir. **B:** Errada, para a inserção de gráficos dos tipos mencionados nesta alternativa deve-se utilizar o botão Gráfico do grupo Ilustrações da guia Inserir. **C:** Errada, para a inserção de gráficos dos tipos mencionados nesta alternativa deve-se utilizar o botão SmartArt do grupo Ilustrações da guia Inserir. **D:** Errada, para a inserção de linhas e formas básicas deve-se utilizar o botão Formas do grupo Ilustrações da guia Inserir. **E:** Correta, o botão Clip-Art do grupo Ilustrações da guia Inserir permite adicionar desenhos, filmes, sons e fotos de catálogo em um documento Word.
Gabarito "E".

(Escrevente Técnico – TJ/SP – VUNESP – 2015) Considere os seguintes botões, presentes na guia Página Inicial, grupo Parágrafo do MS-Word 2010. Cada botão recebeu um número para ser referenciado.

O botão que permite alterar o espaçamento entre linhas de texto é o de número

(A) 5.

(B) 1.

(C) 2.

(D) 3.

(E) 4.

A: Correta, o botão número 5 permite alterar o espaçamento entre as linhas de um texto. **B:** Errada, o botão número 1 alinha o texto à esquerda. **C:** Errada, o botão número 2 alinha o texto de forma centralizada. **D:** Errada, o botão número 3 alinha o texto à direita. **E:** Errada, o botão número 4 alinha o texto de forma justificada.
Gabarito "A".

(Soldado – PM/SP – 2018 – VUNESP) A partir de um novo documento, totalmente vazio, que está sendo editado com o Microsoft Word 2010, em sua configuração original, assinale a alternativa correta a respeito da formatação que será aplicada ao texto, quando o marcador superior da régua fica mais à direita do que o marcador inferior, como é exibido, por meio de um círculo, em destaque na imagem a seguir.

22. INFORMÁTICA

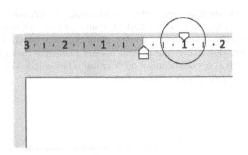

(A) Apenas as linhas seguintes à primeira linha, de todos os parágrafos, são recuadas.
(B) Todas as linhas, de todos os parágrafos, são recuadas.
(C) Apenas a primeira linha, de todos os parágrafos, é recuada.
(D) Apenas a primeira linha, somente do primeiro parágrafo, é recuada.
(E) Apenas as linhas seguintes à primeira linha, somente do primeiro parágrafo, são recuadas.

A Régua é um recurso do MS Word que auxilia na formatação do texto e possui três marcadores distintos, o primeiro deles, situado mais à cima, é chamado de Recuo de Primeira Linha, e define o recuo da primeira linha de cada parágrafo do texto ou trecho selecionado; o segundo, chamado de Recuo deslocado, permite que a segunda linha e todas as linhas seguintes de um parágrafo sejam recuadas mais que a primeira linha; e o terceiro, chamado de Recuo à esquerda, define o recuo tanto da primeira quanto das outras linhas de um parágrafo. Portanto, considerando que o documento está vazio, a imagem indica que este texto terá um recuo na primeira linha de cada parágrafo, logo, apenas a alternativa C está correta.
Gabarito "C".

(Soldado – PM/SP – 2018 – VUNESP) Em um documento de 10 páginas, editado no Microsoft Word 2010, em sua configuração padrão, um usuário preencheu o campo Páginas da janela de configurações de impressão com o conteúdo da imagem a seguir.

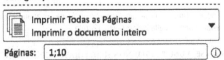

Assinale a alternativa que indica quais páginas serão impressas.
(A) Páginas 1 e 10, apenas.
(B) Páginas 2 até 9, apenas.
(C) Página 10, apenas.
(D) Todas as páginas, de 1 até 10.
(E) Página 1, apenas.

A: Correta, o ponto e vírgula é usado para separar indicações distintas de páginas a serem impressas, portanto a marcação 1;10 indica as páginas 1 e 10. B: Errada, para definir um intervalo completo de páginas deve-se separar os números por um traço, portanto o correto seria 1-9. C: Errada, para imprimir apenas a página 10 o correto seria apenas o número 10. D: Errada, para definir um intervalo completo de páginas deve-se separar os números por um traço, portanto o correto seria 1-10. E: Errada, para imprimir apenas a página 1 o correto seria apenas o número 1.
Gabarito "A".

(Investigador – PC/BA – 2018 – VUNESP) Deseja-se, em um documento editado no Microsoft Office Word (versão 2013 ou 2016, em sua configuração padrão e versão em português), mudar a aparência da palavra "Espetáculo", da seguinte forma:

De:
    Espetáculo
Para:
    ~~Espetáculo~~

Considerando que a palavra "Espetáculo" esteja selecionada, os botões de formatação de fonte que, se pressionados em sequência, produzem essa transformação são:

(A) S e A▾
(B) abc e A⬆
(C) abc e S
(D) S e I
(E) I e abc

O botão S é usado para aplicar o efeito sublinhado; o botão A▾ é usado para diminuir a fonte do texto; o botão abc é usado para aplicar o efeito tachado; o botão A⬆ é usado para aumentar o tamanho da fonte e o botão I é usado para aplicar o efeito itálico. No enunciado a transformação mencionada consiste em aplicar os efeitos tachado e itálico, portanto, apenas a alternativa E está correta.
Gabarito "E".

(Escrevente – TJ/SP – 2018 – VUNESP) Em um documento em edição no MS-Word 2016 (versão em português e em sua configuração padrão), tem-se um parágrafo conforme apresentado a seguir.

mercado de Peixe.

Com esse parágrafo inteiramente selecionado, acionou-se uma das opções disponibilizadas por meio do botão Aa▾, presente no grupo Fonte da guia Página Inicial do aplicativo, e o resultado foi o seguinte:

Mercado De Peixe.

Assinale a alternativa que apresenta a opção acionada a partir desse botão.
(A) minúscula
(B) aLTERNAR mAIÚSC./mINÚSC.
(C) Colocar Cada Palavra em Maiúscula
(D) Primeira letra da frase em maiúscula.
(E) MAIÚSCULAS

A: Errada, esta opção transforma todos os caracteres em minúscula, portanto, o resultado seria mercado de peixe. B: Errada, esta opção inverte os caracteres entre maiúscula e minúscula, portanto, o resul-

tado seria MERCADO DE pEIXE. **C:** Correta, esta opção transforma a primeira letra de cada palavra em maiúscula e o restante em minúscula. **D:** Errada, esta opção transforma apenas a primeira letra de uma frase em maiúscula, portanto, o resultado seria Mercado de peixe. **E:** Errada, esta opção transforma todos os caracteres em maiúscula, portanto, o resultado seria MERCADO DE PEIXE.
Gabarito "C".

(Escrevente – TJ/SP – 2018 – VUNESP) Considere o seguinte botão, presente na guia Página Inicial do MS-Word 2016 (versão em português e em sua configuração padrão).

Por meio dele, pode-se adicionar espaçamento

(A) antes e depois de parágrafo, apenas.
(B) entre linhas de parágrafo, bem como antes e depois de parágrafo.
(C) antes de parágrafo, apenas.
(D) depois de parágrafo, apenas.
(E) entre linhas de parágrafo, apenas.

O botão em questão se chama Espaçamento de Linha e Parágrafo e tem por função alterar o espaçamento entre linhas de um texto e entre os parágrafos, portanto, apenas a alternativa B está correta.
Gabarito "B".

(Escrevente – TJ/SP – 2018 – VUNESP) Uma caixa de texto foi inserida em um documento que estava sendo editado no MS-Word 2016 (versão em português e em sua configuração padrão), por meio da guia Inserir, grupo Texto, botão Caixa de Texto. Caso se deseje alterar a cor da linha dessa caixa de texto, basta ajustar esse parâmetro após se

(A) selecionar a caixa de texto e pressionar a tecla de atalho Ctrl+T, que esse parâmetro será apresentado em um quadro.
(B) dar um duplo click com o botão esquerdo do mouse, em sua configuração padrão, sobre a borda dessa caixa, que esse parâmetro será apresentado em um quadro.
(C) dar um click com o botão direito do mouse, em sua configuração padrão, dentro dessa caixa de texto e selecionar a opção "Formatar Borda...".
(D) dar um click com o botão direito do mouse, em sua configuração padrão, sobre a borda dessa caixa de texto e selecionar a opção "Formatar Forma...".
(E) dar um duplo click com o botão esquerdo do mouse, em sua configuração padrão, dentro dessa caixa, que esse parâmetro será apresentado em um quadro.

A: Errada, o atalho Ctrl + T é usado para selecionar todo o texto do documento. **B:** Errada, um duplo clique com o botão esquerdo trará as opções de *layout* da caixa de texto e não de sua borda. **C:** Errada, não existe a opção Formatar Borda entre os itens presentes na lista de opções de configuração apresentadas através do clique com o botão direito. **D:** Correta, ao clicar com o botão direito do mouse sobre a borda será apresentado o item Formatar Forma, que permite realizar alterações não só nas bordas, mas também a aplicação de efeitos e modificações de *layout*. **E:** Errada, um duplo clique com o botão esquerdo dentro da caixa de texto apenas fará com que seja selecionado uma parte do texto.
Gabarito "D".

(Delegado/SP – VUNESP – 2014) Considerando o MS-Windows 7, na sua configuração padrão, assinale a alternativa que contém a sequência correta a partir do botão Iniciar da área de trabalho, que permite acessar a janela de diálogo com as opções de ativar ou desativar o Firewall do Windows, conforme mostra a figura.

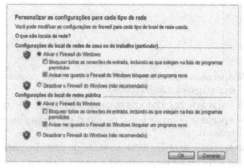

(A) Painel de Controle, Segurança do Windows, Configuração do Firewall do Windows e usar a opção "Ativar ou Desativar o Firewall do Windows".
(B) Painel de Controle, Sistema e Segurança, Configuração do Firewall e usar a opção "Ativar ou Desativar o Firewall do Windows".
(C) Painel de Controle, Sistema e Segurança, Firewall do Windows e usar a opção "Ativar ou Desativar o Firewall do Windows".
(D) Computador, Segurança do Windows, Firewall do Windows e usar a opção "Ativar ou Desativar o Firewall do Windows".
(E) Computador, Sistema e Segurança, Firewall do Windows e usar a opção "Ativar ou Desativar o Firewall do Windows".

Praticamente todas as opções de configuração do Windows estão concentradas no Painel de Controle e, portanto, este é o menu a ser acessado primeiro. No Windows 7 o Painel de Controle possui seus itens agrupados por grupos. Para as opções de Firewall devemos escolher o grupo Sistema e Segurança, onde podemos encontrar o item Firewall do Windows. Uma vez neste item, temos a opção de Ativar ou Desativar o Firewall. Apenas a alternativa C está correta.
Gabarito "C".

(Escrivão/SP – VUNESP – 2014) No sistema operacional Windows 7, em sua configuração padrão, deseja-se organizar os arquivos de maior interesse, de modo que eles possam ser vistos a partir de um único local.
O recurso que pode ser utilizado para essa finalidade é a(o)

(A) Organizador de Arquivos.
(B) Barra de Tarefas.
(C) Biblioteca.
(D) Barra de Arquivos.
(E) Barra de Ferramentas.

A: Errada, não existe recurso com este nome no Windows 7. **B:** Errada, a barra de tarefas apenas exibe os programas abertos pelo usuário. **C:** Correta, Uma biblioteca reúne arquivos de diferentes locais e os exibe em uma única coleção, sem os mover de onde estão armazenados. **D:** Errada, não existe recurso no Windows 7 com este nome. **E:** Errada, a Barra de Ferramentas é o local que agrupa as ações que podem ser efetuadas em um programa.
Gabarito "C".

(Escrivão/SP – VUNESP – 2014) Uma das características do Atalho de Teclado para um atalho para programa, que pode ser criado no sistema operacional Windows 7, em sua configuração padrão, é que a tecla de atalho escolhida será utilizada precedida

(A) das teclas Ctrl + Alt, apenas.
(B) da tecla Ctrl, apenas.
(C) da tecla Alt, apenas.
(D) das teclas Shift + Alt, apenas.
(E) das teclas Shift + Ctrl + Alt.

No Windows 7, ao usar a opção de Atalho de Teclado o usuário pode escolher as teclas Ctrl e Alt para formar seu atalho. Portanto, apenas a alternativa A está correta.
Gabarito "A".

(Escrivão/SP – VUNESP – 2014) No sistema operacional Windows 7, em sua configuração padrão, existe um recurso para ajudar a assegurar a preservação dos arquivos, por meio da realização de cópias de *backup*. Sobre esse recurso, é correto afirmar que

(A) arquivos de tamanho superior a 1 GBytes não podem ser salvos no *backup*.
(B) por questões de segurança, os backups deverão ser sempre realizados de forma manual.
(C) os *backups* são armazenados sempre na nuvem, por segurança.
(D) ele pode ser acessado selecionando-se, na sequência, o botão Iniciar, o Painel de Controle, o Sistema e Segurança e o Backup e a Restauração.
(E) a restauração de *backups* é realizada sempre no Modo de Segurança do Windows 7.

A: Errada, é possível salvar arquivos maiores que 1GByte no processo de backup. **B:** Errada, o usuário pode configurar a ferramenta para realizar o backup de forma automática. **C:** Errada, os backups poder ser salvos no computador do usuário. **D:** Correta, a função chame-se Backup e Restauração e encontra-se no grupo Sistema e Segurança do Painel de Controle. **E:** Errada, é possível realizar a restauração de backups no modo normal do Windows 7.
Gabarito "D".

(Escrivão/SP – VUNESP – 2014) O Windows Explorer do sistema operacional Windows 7, em sua configuração padrão, possui o recurso Pesquisar Documentos, representado a seguir.

Caso o *mouse* seja colocado na caixa de pesquisa, e se dê um clique com o seu botão esquerdo, será

(A) aberta uma janela para programar o horário no qual se pretende realizar a pesquisa.
(B) exibida na tela a relação dos arquivos encontrados na pesquisa até esse instante.
(C) gerado um arquivo com o resultado da pesquisa.
(D) iniciada a pesquisa por um documento especificado.
(E) aberta uma janela que possibilita adicionar um filtro de pesquisa.

Ao clicar com o botão esquerdo do mouse no campo de Pesquisar Documentos do Windows Explorer será exibida uma janela que possibilita utilizar filtros para refinar a busca do usuário. Portanto, apenas a alternativa E está correta.
Gabarito "E".

(Investigador/SP – VUNESP – 2014) No sistema operacional Windows 7, em sua configuração padrão, selecionou-se um arquivo e pressionou-se as teclas Shift + Delete. Sobre esse arquivo, é correto afirmar que

(A) será ocultado na visualização da pasta, mas continuará presente nela.
(B) será compactado para ocupar menos espaço.
(C) apenas as informações associadas a ele, como a data de sua criação, serão apagadas.
(D) será excluído da pasta na qual se encontra e transferido para a Lixeira.
(E) será excluído permanentemente do computador, sem ser colocado na Lixeira.

No Windows, a tecla Delete faz com que o item selecionado (seja ele arquivo ou pasta) seja movido para a Lixeira (onde pode aguardar a remoção permanente pelo usuário). Porém, ao utilizar a tecla Shift + Delete, o item selecionado é removido definitivamente, sem que passe pela Lixeira. Portanto, apenas a alternativa E está correta.
Gabarito "E".

(Escrevente Técnico Judiciário – TJ/SP – VUNESP – 2013) Observe o menu de programas do MS-Windows XP, em sua configuração original, exibido na figura.

Assinale a alternativa que contém: (I), o caminho para se chegar nesse menu e o (II), programa dessa lista em que é possível se manipularem pastas e subpastas.

(A) I. Meu Computador, Todos os programas, Acessórios; II. Ferramentas do sistema.
(B) I. Botão Iniciar, Programas, Acessórios; II. Windows Explorer.
(C) I. Área de Trabalho, Meu Computador, Painel de Controle; II. Sincronizar.
(D) I. Meu Computador, Painel de Controle, Ferramentas Administrativas; II. Assistente de compatibilidade de programa.
(E) I. Botão Iniciar, Programas Padrão, Ferramentas Administrativas; II. Prompt de comando.

Este menu é acessado através do botão Iniciar, no item Acessórios que está dentro de Programas. O programa que permite manipular as pastas do Windows é o Windows Explorer, que pode ser encontrado na listagem em questão, portanto apenas a alternativa B está correta.
Gabarito "B".

(Enfermeiro – FAMERP/SP – VUNESP – 2012) O programa acessório do MS-Windows 7, em sua configuração padrão, que permite consultar a quantidade de espaço disponível do(s) disco(s) rígido(s) do computador é o(a)

(A) Windows Explorer.
(B) Bloco de Notas.
(C) Calculadora.
(D) Ferramentas.
(E) Microsoft Excel.

A: Correta, o Windows Explorer permite visualizar o espaço em disco e toda a estrutura de arquivos. **B:** Errada, o Bloco de Notas é um editor de textos simples. **C:** Errada, a Calculadora tem por função a realização de cálculos matemáticos. **D:** Errada, Ferramentas não é um programa padrão do Windows. **E:** Errada, o Microsoft Excel não vem instalado no Windows 7 de forma padrão e não permite a visualização do espaço em disco.

Gabarito "A".

(Soldado – PM/SP – 2018 – VUNESP) Usando o Microsoft Windows 10, em sua configuração padrão, um usuário deseja alterar a sua senha de login. Assinale a alternativa que indica quais teclas o usuário deve pressionar para ter acesso à opção Alterar Senha e assim poder alterar a sua senha de login.

(A) CTRL+ALT+DEL
(B) CTRL+P
(C) CTRL+S
(D) ALT+TAB
(E) SHIFT+ESC

A: Correta, no Windows 10 o atalho Ctrl + Alt + Del abre uma lista de opções para o usuário que contém as opções: Bloquear, Troca de Senha, Sair e Gerenciador de Tarefas. Este atalho é muito usado para acessar o gerenciador de tarefas quando algum processo em execução fica travado. **B:** Errada, o atalho Ctrl + P está em geral associado a função de impressão. **C:** Errada, o atalho Ctrl + S não possui função de atalho no Windows. **D:** Errada, o atalho Alt + Tab permite trocar a janela ativa com a exibição da lista de janelas abertas. **E:** Errada, o atalho Shift + Esc não possui função de atalho no Windows.

Gabarito "A".

(Investigador – PC/BA – 2018 – VUNESP) A estrutura de diretórios em árvore é utilizada em diversos sistemas operacionais. Uma das características dessa estrutura é:

(A) cada usuário pode criar vários níveis de diretórios (ou subdiretórios), sendo que cada um pode conter arquivos e subdiretórios.
(B) cada usuário possui o seu diretório exclusivo, no qual todos os seus arquivos são armazenados, e não tem acesso e nem conhecimento de outros diretórios.
(C) não permite que arquivos com o mesmo nome sejam criados, mesmo que estejam armazenados em diretórios diferentes.
(D) o caminho absoluto para um arquivo é quando ele é referenciado a partir do diretório corrente.
(E) um arquivo é especificado por meio de um caminho relativo, que descreve todos os diretórios percorridos a partir da raiz até o diretório no qual o arquivo se encontra.

A: Correta, a estrutura hierárquica de pastas permite que sejam criados diversos níveis de pastas, sendo que cada pasta pode possuir arquivos ou outras pastas. **B:** Errada, respeitando as restrições de acesso a determinados diretórios privados, um usuário pode criar pastas e visualizar a hierarquia de diretórios públicos. **C:** Errada, arquivos com o mesmo nome podem coexistir desde que estejam em diretórios diferentes ou tenham extensões diferentes. **D:** Errada, o caminho absoluto é aquele que referencia toda a hierarquia de pastas desde a raiz do disco rígido. **E:** Errada, o caminho relativo é referenciado a partir de um diretório que não seja a raiz do disco.

Gabarito "A".

(Delegado – PC/BA – 2018 – VUNESP) O sistema operacional Windows possui um recurso denominado Área de Transferência, que

(A) é utilizado para a sincronização de arquivos entre computadores.
(B) é utilizado para a realização de cópias de segurança (backups) do disco rígido do computador para outro disco.
(C) é destinado a armazenar temporariamente elementos que foram copiados ou recortados.
(D) permite que as configurações do computador sejam transferidas para outro computador.
(E) permite que arquivos sejam transferidos de um computador para outro.

A Área de Transferência é um espaço no sistema operacional onde os elementos que foram copiados ou recortados ficam armazenados temporariamente até que sejam colados em um local definitivo, ação muito conhecida pelos atalhos Ctrl + C (Copiar) e Ctrl + V (Colar). Portanto, apenas a alternativa C está correta.

Gabarito "C".

(Escrevente – TJ/SP – 2018 – VUNESP) O Windows 10 permite que o seu Explorador de Arquivos possa ser configurado em relação aos arquivos e pastas que manipula. Uma das configurações permitidas é ocultar

(A) os arquivos criptografados ou protegidos por senha.
(B) os arquivos de aplicativos não licenciados para o Windows 10.
(C) as extensões dos tipos de arquivo conhecidos.
(D) os arquivos que não foram ainda avaliados pelo antivírus.
(E) os arquivos não manipulados há pelo menos um ano.

O Windows Explorer possui uma série de configurações que podem ser modificadas para definir a forma como os arquivos serão exibidos. Algumas podem ser alteradas através da aba Modo de Exibição das Opções de Pasta e outros diretamente na barra de ferramentas. Dentre as mencionadas nesta questão, apenas ocultar ou exibir as extensões dos tipos de arquivo é uma opção válida existente, portanto, apenas a alternativa C está correta.

Gabarito "C".

(Escrevente – TJ/SP – 2018 – VUNESP) Um usuário de um computador com o sistema operacional Windows 10 clicou no seguinte botão presente na Barra de Tarefas:

Esse botão permite que

(A) a tela seja estendida em um segundo monitor de vídeo conectado no computador.
(B) a tela do computador seja reproduzida em um projetor.
(C) todas as janelas abertas sejam fechadas.
(D) múltiplas áreas de trabalho possam ser criadas ou gerenciadas.
(E) a lupa do Windows seja ativada para ampliar as informações exibidas na tela.

O botão indicado ativa a função Visão de Tarefas, que faz com que sejam exibidas todas as janelas na área de trabalho ativa e também permite a criação e gerenciamento de mais de uma área de trabalho, portanto, apenas a alternativa D está correta.

Gabarito "D".

(Escrevente – TJ/SP – 2018 – VUNESP) A seguir, é apresentada uma parte do Explorador de Arquivos do Windows 10.

A seta para cima presente antes da Barra de Endereço se destina a

(A) levar à tela seguinte.
(B) levar ao nível acima do atual, ou seja, Este Computador.
(C) desfazer a última ação realizada.
(D) levar à tela anterior.
(E) levar ao nível abaixo do atual Downloads, se existir.

As três setas presentes ao lado esquerdo da barra de navegação do Windows Explorer são usadas para facilitar a navegação entre as pastas. A primeira, apontando para a esquerda, retornará o usuário à última pasta aberta; a segunda, apontando para a direita, irá avançar novamente para uma pasta já visitada, estando apenas ativa após a seta de voltar ser utilizada; a terceira, apontando para cima, é usada para acessar a pasta pai do diretório atual. Portanto, apenas a alternativa B está correta.
Gabarito "B".

(Escrevente – TJ/SP – 2018 – VUNESP) O Windows 10, em sua configuração padrão, permite que o usuário configure o Menu Iniciar, por exemplo, para

(A) mostrar os aplicativos mais usados.
(B) bloquear os aplicativos que possam estar infectados por vírus.
(C) indicar os aplicativos que não foram certificados para o Windows 10.
(D) ativar automaticamente a Ajuda do Windows a cada erro do usuário.
(E) restaurar programas apagados acidentalmente.

Dentre as alternativas apresentas apenas a possibilidade de mostrar os aplicativos mais usados existe e é possível de ser configurada pelo usuário, todas as outras são opções inexistentes, portanto, apenas a alternativa A está correta.
Gabarito "A".

(Escrevente – TJ/SP – 2018 – VUNESP) No sistema operacional Windows 10, uma das maneiras de encontrar algum programa ou aplicativo disponível no computador é

(A) digitar o nome do programa ou aplicativo na Barra de Pesquisa do Edge.
(B) pressionar a tecla do logotipo do Windows + P, que provocará a exibição de todos os programas disponíveis.
(C) selecionar o ícone Busca de Programas no Painel de Controle e digitar o nome do programa ou aplicativo.
(D) selecionar o ícone Programas e Aplicativos na Barra de Tarefas, que exibe todos os programas ou aplicativos instalados.
(E) digitar o nome do programa ou aplicativo na Caixa de Pesquisa na Barra de Tarefas.

A: Errada, ao usar a barra de pesquisa do Edge é feita uma busca na internet e não no computador do usuário. B: Errada, o atalho mencionado permite alterar opções de exibição do Windows em múltiplos monitores. C: Errada, não existe ícone denominado Busca de Programas no Painel de Controle. D: Errada, não existe ícone denominado Programas e Aplicativos na Barra de Tarefas. E: Correta, a Caixa de Pesquisa presente na Barra de Tarefas pode ser usada para encontrar arquivos ou programas no computador do usuário.
Gabarito "E".

5. REDES

(Delegado/SP – VUNESP – 2014) Na montagem de uma rede local, para interligar um grupo de 4 computadores, é utilizado cabeamento estruturado padrão CAT-5. O elemento de rede usado para interligar esses computadores chama-se comutador, e o cabo usado para interligar o computador com o comutador chama-se "cabo fim a fim". O conector usado na montagem desse cabo é

(A) TI-578.
(B) RX-45.
(C) RJ-45.
(D) BSI-8.
(E) ATC-32.

A: Errada, não existe conector de redes de computador com a nomenclatura TI-578. B: Errada, não existe conector de redes de computador com a nomenclatura RX-45. C: Correta, os conectores do tipo RJ-45 são usados em cabos de rede do tipo Ethernet classificação CAT-5. D: Errada, não existe conector de redes de computador com a nomenclatura BSI-8. E: Errada, não existe conector de redes de computador com a nomenclatura ATC-32.
Gabarito "C".

6. SEGURANÇA

(Investigador – PC/BA – 2018 – VUNESP) Considere o seguinte cenário:

Um usuário de um computador com sistema operacional Windows 10 deseja fazer um backup de todos os arquivos de documentos pessoais, que totalizam cerca de 500 Mbytes, armazenados na pasta C:\Users\usuário\Documentos.

A forma mais adequada para realizar o backup é:

(A) aglutinar os arquivos da pasta Documentos em um arquivo avi e gravar em DVD-R.
(B) criar a pasta C:\Users\usuário\backup e copiar todos os arquivos da pasta original.
(C) criar a pasta backup na pasta C:\Users\usuário\Documentos e fazer a cópia dos arquivos.
(D) fazer uma cópia da pasta Documentos e de todos os arquivos dentro da pasta em um pendrive.
(E) transformar os arquivos para o formato tar e armazenar em uma mídia de fita magnética.

A: Errada, a extensão .avi é usada para arquivos de vídeo e não para comprimir ou agrupar arquivos. B: Errada, criar uma cópia local dos dados em outra pasta do mesmo computador não garante a segurança do backup, o ideal é que os arquivos sejam gravados na nuvem ou em uma unidade de disco removível. C: Errada, criar uma cópia local dos dados em outra pasta do mesmo computador não garante a segurança do backup, o ideal é que os arquivos sejam gravados na nuvem ou em uma unidade de disco removível. D: Correta, ao realizar a cópia dos arquivos para uma unidade de armazenamento removível, o usuário terá a segurança de poder restaurar os dados caso necessário. E: Errada, os arquivos não poderiam ser transformados para o formato .tar mas sim agrupados em um arquivo deste tipo.

(Delegado – PC/BA – 2018 – VUNESP) Uma das formas de atuação do ransomware, um dos códigos maliciosos mais difundidos atualmente, é

(A) capturar as senhas digitadas no computador e enviar para o hacker.

(B) criptografar os dados do disco rígido e solicitar o pagamento de resgate.

(C) enviar várias cópias de uma mensagem de e-mail utilizando os seus contatos.

(D) instalar diversos arquivos de imagens para lotar o disco rígido.

(E) mostrar uma mensagem com propaganda no navegador Internet.

A: Errada, este tipo de ação é feito por uma ameaça do tipo keylogger. **B:** Correta, o ransomware criptografa arquivos do usuário e solicita que este faça um pagamento para obter acesso a chave necessária para descriptografá-los. **C:** Errada, o tipo de vírus mais comum com este tipo de comportamento é o vírus de macro. **D:** Errada, o tipo de vírus que tem como característica criar vários arquivos ou cópias no computador é o worm. **E:** Errada, este tipo de ação é feito por uma ameaça do tipo adware.

Gabarito "B".

23. Estatuto da Pessoa com Deficiência, Regimento Interno e Legislação Local

Paula Morishita e Rodrigo Bordalo

1. ESTATUTO DA PESSOA COM DEFICIÊNCIA

(Escrevente – TJ/SP – VUNESP – 2023) Considere que João é pessoa com deficiência e, acompanhado por sua irmã, Maria, dirigiu-se ao balcão de uma Vara Cível para obter informações sobre processos judiciais de que é parte. Diante da situação hipotética e do disposto na Lei 13.146/15 (Estatuto da Pessoa com Deficiência), é correto afirmar que

(A) o Estatuto da Pessoa com Deficiência confere expressamente a João o direito de ser atendido de forma prioritária e fora do horário regular de funcionamento da Vara.

(B) João e Maria deverão ter atendimento prioritário no balcão e em qualquer serviço de atendimento ao público.

(C) Maria, apesar de ser acompanhante de João, não terá direito a qualquer tipo de prioridade.

(D) João deverá ter atendimento prioritário no atendimento no balcão, bem como gozará de prioridade na tramitação do processo judicial.

(E) João não terá direito a atendimento prioritário, pois a norma não se aplica a atendimentos ao público promovidos pelo Poder Judiciário.

A: incorreta, João tem direito a receber atendimento prioritário, contudo, deverá ser dentro do horário regular do funcionamento da Vara. **B:** correta, está de acordo com a Lei 13.146/15, art. 9º, II, §1º, que prevê atendimento extensivo ao acompanhante da pessoa com deficiência no caso de atendimento prioritário no balcão em qualquer serviço de atendimento ao público. **C:** incorreta, o atendimento prioritário é extensível ao acompanhante nos casos previstos no art. 9º, I a V da Lei 13.146/15: I – proteção e socorro em quaisquer circunstâncias; II – atendimento em todas as instituições e serviços de atendimento ao público; III – disponibilização de recursos, tanto humanos quanto tecnológicos, que garantam atendimento em igualdade de condições com as demais pessoas; IV – disponibilização de pontos de parada, estações e terminais acessíveis de transporte coletivo de passageiros e garantia de segurança no embarque no e no desembarque; V – acesso a informações e disponibilização de recursos de comunicação acessíveis. **D:** correta, é o que prevê o art. 9º, II e VII do Estatuto. **E:** incorreta, o Estatuto se aplica ao atendimento ao público do Poder Judiciário. **PM** *Gabarito "Anulada".*

(Escrevente – TJ/SP – VUNESP – 2023) De acordo com a Lei 13.146/15 (Estatuto da Pessoa com Deficiência), a colocação competitiva da pessoa com deficiência pode ocorrer por meio de trabalho com apoio, constituindo diretriz dessa atividade:

(A) igualdade no atendimento à pessoa considerada deficiente, ainda que os graus de deficiência sejam distintos.

(B) provisão de suportes individualizados que atendam a necessidades específicas da pessoa com deficiência, excetuada a disponibilização de recursos de tecnologia assistiva.

(C) respeito ao perfil vocacional e ao interesse da pessoa com deficiência.

(D) necessidade de participação de organizações da sociedade civil.

(E) realização de avaliação permanente.

A: incorreta, pois conforme o Estatuto no art. 37, § único, I, haverá prioridade de atendimento nos casos de pessoa com deficiência com maior dificuldade de inserção no campo de trabalho. **B:** incorreta, a disponibilização de recursos de tecnologia assistiva é prevista no Estatuto no art. 37, § único, II. **C:** correta, de acordo com o art. 37, § único, III do Estatuto. **D:** incorreta, não há necessidade de participação de organizações de sociedade civil e sim a possibilidade (art. 37, § único, VII, Estatuto). **E:** incorreta, a realização de avaliações não é permanente, mas periódica (art. 37, § único, V, do Estatuto). **PM** *Gabarito "C".*

(Escrevente Técnico Judiciário – TJSP – VUNESP – 2017) Nos termos da Lei Federal 13.146/2015, a pessoa com deficiência

(A) em situação de curatela, não terá participação na obtenção de consentimento para a prática dos atos da vida civil, pois, em tal circunstância, não possui qualquer capacidade civil.

(B) somente será atendida sem seu consentimento prévio, livre e esclarecido em casos de risco de morte e de emergência em saúde, resguardado seu superior interesse e adotadas as salvaguardas legais cabíveis.

(C) e seu acompanhante ou atendente pessoal têm direito à prioridade na tramitação processual e nos procedimentos judiciais em que forem partes ou interessados.

(D) está obrigada à fruição de benefícios decorrentes de ação afirmativa, a fim de que sejam construídos ambientes de trabalho acessíveis e inclusivos.

(E) poderá ser obrigada a se submeter a intervenção clínica ou cirúrgica, tratamento ou institucionalização forçada, mediante prévia avaliação biopsicossocial, realizada por equipe multiprofissional e interdisciplinar.

A: incorreta, pois de acordo com o disposto no art. 12, § 1º, da Lei 13.146/2015, "em caso de pessoa com deficiência em situação de curatela, deve ser assegurada sua participação, no maior grau possível, para a obtenção de consentimento"; **B:** correta, conforme disposto literalmente pelo art. 13 da Lei 13.146/2015: "A pessoa com deficiência somente será atendida sem seu consentimento prévio, livre e esclarecido em casos de risco de morte e de emergência em saúde, resguardado seu superior interesse e adotadas as salvaguardas legais cabíveis."; **c:** incorreta, pois os direitos previstos são extensíveis ao acompanhante ou atendente pessoal da pessoa com deficiência, com exceção à prioridade na tramitação processual e nos procedimentos judiciais em que forem partes ou interessados (art. 9º, § 1º, da Lei 13.146/2015); **D:** incorreta, pois de acordo com o disposto no art. 4º, § 2º, da Lei 13.146/2015, "A pessoa com deficiência **não** está obrigada à fruição de benefícios decorrentes de ação afirmativa." (g.n.); **E:** incorreta, pois o art. 11 da Lei 13.146/15 dispõe que NÃO poderá ser forçada. **PM** *Gabarito "B".*

2. ESTATUTO DOS FUNCIONÁRIOS PÚBLICOS CIVIS DO ESTADO DE SÃO PAULO (LEI N.º 10.261/68)

(Escrevente – TJ/SP – VUNESP – 2023) A respeito das penas disciplinares, de acordo com a Lei n. 10.261/68, é correto afirmar que

(A) o inativo, por não possuir vínculo estatutário, não está sujeito a penas disciplinares.

(B) a pena de repreensão poderá ser aplicada oralmente, nos casos de indisciplina ou falta no cumprimento dos deveres do servidor público.

(C) a pena de suspensão não excederá o prazo de 120 (cento e vinte) dias.

(D) o funcionário suspenso perderá metade de suas vantagens decorrentes do exercício do cargo.

(E) será aplicada a pena de demissão a bem do serviço público ao funcionário que praticar insubordinação grave.

A Lei n. 10.261/1968 dispõe sobre o Estatuto dos Funcionários Públicos Civis do Estado de São Paulo. **A:** incorreta (cf. art. 259, o inativo está sujeito a penas disciplinares; assim, será aplicada a pena de cassação de aposentadoria ou disponibilidade, se ficar provado, por exemplo, que o inativo praticou, quando em atividade, falta grave para a qual é cominada a pena de demissão ou de demissão a bem do serviço público). **B:** incorreta (cf. art. 253, a pena de repreensão será aplicada por escrito, nos casos de indisciplina ou falta de cumprimento dos deveres). **C:** incorreta (cf. art. 254, a pena de suspensão não excederá 90 dias). **D:** incorreta (cf. art. 254, § 1º, a funcionário suspenso perderá todas as vantagens e direitos decorrentes do exercício do cargo). **E:** correta (art. 257, IV). RB
Gabarito "E".

(Escrevente – TJ/SP – VUNESP – 2023) Considere que Mário é oficial administrativo e trabalha no atendimento ao público. Certo dia, após uma longa discussão com João, seu antigo desafeto, Mário o agride fisicamente no local de trabalho e durante o horário de expediente.

Com base na situação hipotética e no disposto na Lei n. 10.261/68, é correto afirmar que Mário

(A) estará sujeito à pena de repreensão ou multa, caso o ato tenha provocado lesões de natureza leve.

(B) estará sujeito à pena de demissão e a prescrição da pretensão punitiva da Administração se contará a partir do momento em que o ato for descoberto pelo seu superior hierárquico.

(C) deverá ser demitido a bem do serviço público, salvo se tiver praticado o ato em legítima defesa.

(D) deverá ser suspenso e a penalidade será aplicada pelo seu superior hierárquico imediato.

(E) somente será demitido por se tratar de ofensa física, já que a prática de ofensas morais importa a aplicação da pena de suspensão.

A Lei n. 10.261/1968 dispõe sobre o Estatuto dos Funcionários Públicos Civis do Estado de São Paulo. De acordo com o art. 257, V, será aplicada a pena de demissão a bem do serviço público ao funcionário que praticar, em serviço, ofensas físicas contra funcionários ou particulares, salvo se em legítima defesa. Assim, correta a alternativa C. RB
Gabarito "C".

(Escrevente – TJ/SP – VUNESP – 2023) Caso a apuração de infrações disciplinares seja feita por processo disciplinar, de acordo a Lei n. 10.261/68, as partes poderão arrolar até

(A) 5 (cinco) testemunhas.

(B) 2 (duas) testemunhas.

(C) 3 (três) testemunhas.

(D) 8 (oito) testemunhas.

(E) 4 (quatro) testemunhas.

A Lei n. 10.261/1968 dispõe sobre o Estatuto dos Funcionários Públicos Civis do Estado de São Paulo. De acordo com o seu art. 283, § 1º, as partes podem arrolar até 5 testemunhas. Correta a alternativa A. RB
Gabarito "A".

(Escrevente – TJ/SP – VUNESP – 2023) Considere que Isaias praticou infração disciplinar e em razão disso passou por uma sindicância que resultou na aplicação da pena de suspensão. Apesar de corretamente intimado da decisão, optou, na época, por não interpor recurso. Inconformado com a medida e diante de novos elementos de prova, decide pedir a revisão de sua pena.

Diante dessa situação hipotética e do disposto na Lei n. 10.261/68, é correto afirmar que

(A) não será cabível o pedido de revisão, pois Isaias não interpôs todos os recursos cabíveis no respectivo processo disciplinar.

(B) o pedido de revisão poderá resultar na agravação de sua pena, caso comprovado que a conduta se enquadra em tipo mais grave.

(C) o pedido de revisão não comporta a produção de atos probatórios, devendo o interessado comprovar o direito líquido e certo da sua pretensão.

(D) Isaias deverá ser representado necessariamente por advogado, cabendo a ele o ônus da prova dos fundamentos de seu pedido.

(E) o pedido de revisão deverá ser apresentado no prazo de até 02 (dois) anos, a contar do trânsito em julgado administrativo da decisão.

A Lei n. 10.261/1968 dispõe sobre o Estatuto dos Funcionários Públicos Civis do Estado de São Paulo. **A:** incorreta (a revisão de punição disciplinar dirige-se contra decisão sancionatória de que não caiba mais recurso, cf. art. 315, "caput"). **B:** incorreta (a pena imposta não poderá ser agravada pela revisão, cf. art. 316). **C:** incorreta (o pedido de revisão comporta a produção de atos probatórios, cf. art. 317, parágrafo único). **D:** correta (cf. art. 317, "caput" c.c. art. 315, § 4º). **E:** incorreta (a revisão de punição disciplinar pode ser feita a qualquer tempo, cf. art. 315, "caput"). RB
Gabarito "D".

(Escrevente – TJ/SP – VUNESP – 2023) Com base na Lei n. 10.261/68, a respeito "das práticas autocompositivas, do termo de ajustamento de conduta e da suspensão condicional da sindicância", assinale a alternativa correta.

(A) O conteúdo das sessões restaurativas é público, podendo ser utilizado como prova em processo administrativo ou judicial, desde que observados os princípios do contraditório e da ampla defesa.

(B) O encaminhamento às práticas autocompositivas importará a suspensão da instauração da sindicância ou do processo administrativo.

(C) As práticas autocompositivas são orientadas pelos princípios da voluntariedade, da publicidade, do formalismo moderado e da consensualidade.

23. ESTATUTO DA PESSOA COM DEFICIÊNCIA, REGIMENTO INTERNO E LEGISLAÇÃO LOCAL

(D) O encaminhamento do processo disciplinar às práticas autocompositivas se dará por despacho fundamentado e não suspenderá o prazo prescricional.

(E) Para aplicação das práticas autocompositivas, é necessário que as partes reconheçam os fatos essenciais, sem que isso implique admissão de culpa.

A Lei n. 10.261/1968 dispõe sobre o Estatuto dos Funcionários Públicos Civis do Estado de São Paulo. **A:** incorreta (o conteúdo das sessões restaurativas é sigiloso, não podendo ser utilizado como prova em processo administrativo ou judicial, cf. art. 267-B, § 3º). **B:** incorreta (o encaminhamento às práticas autocompositivas poderá ocorrer de forma alternativa ou concorrente à sindicância ou ao processo administrativo, cf. art. 267-C, § 1º). **C:** incorreta (cf. art. 267-B, as práticas autocompositivas são orientadas pelos princípios da voluntariedade, corresponsabilidade, reparação do dano, confidencialidade, informalidade, consensualidade e celeridade). **D:** incorreta (se o encaminhamento às práticas autocompositivas se der de forma alternativa ao procedimento disciplinar, o despacho fundamentado deve suspender o prazo prescricional, cf. art. 267-C, § 2º). **E:** correta (art. 267-B, § 2º). RB

Gabarito "E".

(Escrevente – TJ/SP – 2021 – VUNESP) Medéia, funcionária pública estadual, praticou, quando em atividade, falta grave para a qual é cominada a pena de demissão prevista no Estatuto dos Funcionários Públicos Civis do Estado de São Paulo. Porém, a portaria que instaurou o respectivo processo administrativo para apuração da infração foi publicada somente dois anos após Medéia ter se aposentado do serviço público.

Nessa situação hipotética, considerando, ainda, o fato de que a falta cometida ocorreu um ano antes de sua aposentadoria, é correto afirmar que Medéia

(A) poderá ter sua aposentadoria cassada, uma vez que a inatividade não impede a aplicação da sanção e não se operou a prescrição nesse caso.

(B) deverá retornar ao serviço público, para trabalhar pelo mesmo período que ficou aposentada, devendo pagar multa de até 5 vezes o valor dos seus proventos mensais.

(C) estaria sujeita à pena de cassação de sua aposentadoria, mas a portaria foi instaurada intempestivamente, tendo ocorrido a prescrição da pena.

(D) não mais poderá ser punida em razão de ter se aposentado, independentemente da data da portaria que instaurou o processo administrativo.

(E) estará sujeita apenas às penas de multa e ressarcimento aos cofres públicos dos valores recebidos durante todo o período da sua aposentadoria.

De acordo com o art. 259 da Lei n. 10.261/1968, será aplicada a pena de cassação de aposentadoria, se ficar provado que o inativo praticou, quando em atividade, falta grave para a qual é cominada nesta lei a pena de demissão ou de demissão a bem do serviço público. Ademais, de acordo com o caso hipotético apresentado, a prescrição disciplinar é de 5 anos da prática da falta (art. 261, II). Considerando que a falta foi cometida um ano antes da aposentadoria, e que a portaria que instaurou o respectivo processo administrativo para apuração da infração foi publicada somente dois anos após Medéia ter se aposentado do serviço público, não se operou a prescrição, haja visa a fluência de 3 anos. Assim, correta a alternativa A. RB

Gabarito "A".

(Escrevente – TJ/SP – 2021 – VUNESP) Considerando o disposto no Estatuto dos Funcionários Públicos Civis do Estado de São Paulo, assinale a alternativa correta a respeito das normas do processo administrativo.

(A) Não poderá ser encarregado da apuração, parente consanguíneo ou afim, em linha reta ou colateral, podendo atuar apenas como secretário no processo.

(B) Não tendo o acusado recursos financeiros ou negando-se a constituir advogado, o presidente nomeará advogado dativo.

(C) O acusado tem o direito de assistir à inquirição do denunciante, para que tenha ciência pessoal das declarações que aquele deverá prestar em audiência.

(D) Não comparecendo o acusado no interrogatório, será decretada sua condenação, podendo, contudo, participar dos demais atos do processo até a fase recursal.

(E) O acusado poderá, até a fase do seu interrogatório, constituir advogado para prosseguir na sua defesa, vedada a constituição depois dessa fase processual.

A: incorreta (cf. art. 275, não poderá ser encarregado da apuração, nem atuar como secretário, parente consanguíneo ou afim, em linha reta ou colateral). **B:** correta (art. 282, § 3º). **C:** incorreta (cf. art. 279, § 2º, o acusado não pode assistir à inquirição do denunciante). **D:** incorreta (cf. art. 280, não comparecendo o acusado, será, por despacho, decretada sua revelia, prosseguindo-se nos demais atos e termos do processo). **E:** incorreta (cf. art. 282, § 4º, o acusado poderá, a qualquer tempo, constituir advogado para prosseguir na sua defesa). RB

Gabarito "B".

(Escrevente – TJ/SP – 2021 – VUNESP) A respeito das testemunhas no processo administrativo, o Estatuto dos Funcionários Públicos Civis estabelece que

(A) nenhuma testemunha poderá se recusar a depor em razão de função, ministério, ofício ou profissão.

(B) o presidente e cada acusado poderão arrolar até 5 (cinco) testemunhas.

(C) as testemunhas de defesa terão competência para fazer prova dos antecedentes do acusado.

(D) se tratando de servidor público, sua oitiva em audiência se dará em segredo de justiça.

(E) o Presidente poderá recusar até três testemunhas arroladas pela defesa, que poderá substituí-las, se quiser.

A: incorreta (cf. art. 285, "caput", a testemunha não poderá eximir-se de depor, salvo se for ascendente, descendente, cônjuge, ainda que legalmente separado, companheiro, irmão, sogro e cunhado, pai, mãe ou filho adotivo do acusado). **B:** correta (Art. 283, § 1º). **C:** incorreta (a prova de antecedentes do acusado será feita exclusivamente por documentos, cf. art. 283, § 2º). **D:** incorreta (como regra, vige o princípio da publicidade). **E:** incorreta (não há tal previsão no Estatuto). RB

Gabarito "B".

(Escrevente – TJ/SP – 2021 – VUNESP) A teor do que dispõe o Estatuto dos Funcionários Públicos Civis do Estado de São Paulo a respeito dos recursos e da revisão, no âmbito do processo administrativo, é correto afirmar que

(A) não caberá recurso ou pedido de reconsideração de decisão tomada pelo Governador do Estado em única instância.

(B) a autoridade que aplicou a penalidade não poderá apreciar o pedido de revisão quanto à sua admissibilidade.

(C) entre outros efeitos, a decisão que julgar procedente a revisão poderá modificar a pena ou anular o processo.

(D) nenhum recurso será admitido se incorretamente denominado ou endereçado.

(E) do recurso deverá constar a exposição das razões de inconformismo e o comprovante do recolhimento da taxa recursal.

A: incorreta (caberá pedido de reconsideração de decisão tomada pelo Governador do Estado, cf. art. 313). **B:** incorreta (a autoridade que aplicou a penalidade, ou que a tiver confirmado em grau de recurso, será competente para o exame da admissibilidade do pedido de revisão, cf. art. 318). **C:** correta (cf. art. 321). **D:** incorreta (o recurso será apreciado pela autoridade competente ainda que incorretamente denominado ou endereçado, cf. art. 312, § 5º). **E:** incorreta (do recurso deve constar, além do nome e qualificação do recorrente, a exposição das razões de inconformismo, cf. art. 312, § 2º; não há previsão de recolhimento de taxa recursal). RB

Gabarito "C".

(Escrevente – TJ/SP – 2021 – VUNESP) Cícero, que é funcionário público estadual, havia sido demitido do serviço público, mas, posteriormente, foi absolvido pela Justiça, em decisão que negou a existência da sua autoria. Nessa situação hipotética, portanto, considerando o Estatuto dos Funcionários Públicos Civis do Estado de São Paulo, é correto afirmar que Cícero deverá ser

(A) reintegrado ao serviço público, em cargo superior ao que ocupava e com todos os direitos e vantagens devidas, mediante certidão do cartório judicial que comprove o teor da decisão absolutória.

(B) reintegrado ao serviço público, no cargo que ocupava e com todos os direitos e vantagens devidas, mediante simples comprovação do trânsito em julgado de decisão judicial.

(C) reincorporado ao serviço público, em cargo equivalente ao que ocupava e com todos os direitos e vantagens devidas, mediante certidão do cartório judicial que comprove a decisão absolutória.

(D) readmitido em outro cargo diferente do que ocupava, sem os direitos e vantagens do cargo anterior, mediante certidão do cartório judicial que comprove o teor da decisão absolutória.

(E) readmitido ao serviço público, no mesmo cargo ou em cargo equivalente, com todos os direitos e vantagens devidas, mediante simples comprovação do trânsito em julgado de decisão judicial.

De acordo com o art. 250, § 2º, da Lei n. 10.261/1968 (Estatuto dos Funcionários Públicos Civis do Estado de São Paulo): "Será reintegrado ao serviço público, no cargo que ocupava e com todos os direitos e vantagens devidas, o servidor absolvido pela Justiça, mediante simples comprovação do trânsito em julgado de decisão que negue a existência de sua autoria ou do fato que deu origem à sua demissão". Assim, correta a alternativa B. RB

Gabarito "B".

(Escrevente – TJ/SP – 2018 – VUNESP) De acordo com a Lei no 10.261/1968, no que concerne aos recursos no processo administrativo, é correta a seguinte afirmação:

(A) Não cabe pedido de reconsideração de decisão tomada pelo Governador do Estado em única instância.

(B) O recurso será apresentado ao superior hierárquico da autoridade que aplicou a pena, que, em 15 (quinze) dias, de forma motivada, deve manter a decisão ou reformá-la.

(C) Os recursos não têm efeito suspensivo; e os que forem providos darão lugar às retificações necessárias, retroagindo seus efeitos à data do ato punitivo.

(D) O prazo para recorrer é de 15 (quinze) dias, contados da publicação da decisão impugnada no Diário Oficial do Estado ou da intimação do procurador do servidor, se for o caso.

(E) O recurso não poderá ser apreciado pela autoridade competente se incorretamente denominado ou endereçado.

A: incorreta. Art. 313 da Lei 10.261/1968: Caberá pedido de reconsideração, que não poderá ser renovado, de decisão tomada pelo Governador do Estado em única instância, no prazo de 30 (trinta) dias; **B:** incorreta. O recurso será sempre dirigido à autoridade que aplicou a pena – art. 312 § 3º da Lei 10.261/1968; **C:** correta. Art. 314 da Lei 10.261/1968; **D:** incorreta. O prazo é de 30 dias, contados da publicação da decisão impugnada no Diário Oficial do Estado ou da intimação do procurador do servidor, se for o caso; **E:** incorreta. O recurso será apreciado pela autoridade competente ainda que incorretamente denominado ou endereçado – art. 312, § 5º da Lei 10.261/1968. PM

Gabarito "C".

(Escrevente – TJ/SP – 2018 – VUNESP) Arceus Cipriano foi processado criminalmente sob a acusação de cometimento de crime contra a administração pública e pelos mesmos fatos também foi demitido do cargo público que ocupava. Contudo, na seara criminal, logrou êxito em comprovar que não foi o autor dos fatos, tendo sido absolvido por esse fundamento, na instância criminal. Diante disso, assinale a alternativa correta, nos termos do Estatuto dos Funcionários Públicos Civis do Estado de São Paulo.

(A) A demissão é nula porque a Administração Pública não deveria ter processado administrativamente Arceus e proferido decisão demissória antes do trânsito em julgado da sentença no processo criminal.

(B) Arceus poderá pedir o desarquivamento e a revisão da decisão administrativa que o demitiu, utilizando como documento novo a sentença absolutória proferida no processo criminal.

(C) Arceus terá direito à reintegração ao serviço público, no cargo que ocupava e com todos os direitos e vantagens devidas, mediante simples comprovação do trânsito em julgado da decisão absolutória no juízo criminal.

(D) Se a absolvição criminal ocorreu depois do prazo de interposição do recurso da decisão demissória proferida no processo administrativo, não será possível Arceus valer-se da sentença criminal para buscar a anulação da demissão.

(E) Como a responsabilidade administrativa é independente da civil e da criminal, a absolvição de Arceus Cipriano na justiça criminal em nada altera decisão proferida na esfera administrativa.

"A responsabilidade administrativa não exime o funcionário da responsabilidade civil ou criminal que no caso couber, nem o pagamento da indenização a que ficar obrigado, na forma dos arts. 247 e 248, o exame da pena disciplinar em que incorrer. Será reintegrado ao serviço público, no cargo que ocupava e com todos os direitos e vantagens devidas, o servidor absolvido pela Justiça, mediante simples comprovação do trânsito em julgado de decisão que negue a existência de sua autoria ou do fato que deu origem à sua demissão" – art. 250 § 2º da Lei 10.261/1968. PM

Gabarito "C".

23. ESTATUTO DA PESSOA COM DEFICIÊNCIA, REGIMENTO INTERNO E LEGISLAÇÃO LOCAL

(Escrevente – TJ/SP – 2018 – VUNESP) Consoante o Estatuto dos Funcionários Públicos Civis do Estado de São Paulo, será aplicada a pena de demissão nos casos de

(A) aplicação indevida de dinheiros públicos.

(B) prática de insubordinação grave.

(C) exercício de advocacia administrativa.

(D) pedir, por empréstimo, dinheiro ou quaisquer valores a pessoas que tratem de interesses ou o tenham na repartição, ou estejam sujeitos à sua fiscalização.

(E) prática, em serviço, de ofensas físicas contra funcionários ou particulares.

A: correta. Art. 256, IV da Lei 10.261/1968: Artigo 256 - Será aplicada a pena de demissão nos casos de: IV - aplicação indevida de dinheiros públicos; **B:** incorreta. Trata-se, nesse caso, de pena de demissão a bem do serviço público, tal como previsto no art. 257, IV da Lei 10.261/1968; **C:** incorreta. Trata-se, nesse caso, de pena de demissão a bem do serviço público, tal como previsto no art. 257, IX da Lei 10.261/1968; **D:** incorreta. Trata-se, nesse caso, de pena de demissão a bem do serviço público, tal como previsto no art. 257, VIII da Lei 10.261/1968; **E:** incorreta. Trata-se, nesse caso, de pena de demissão a bem do serviço público, tal como previsto no art. 257, V da Lei 10.261/1968. **PM**

Gabarito "A".

(Soldado - PM/SP - 2018 - VUNESP) Se um agente público do Estado de São Paulo adquire materiais em desacordo com as disposições legais e regulamentares, o Estatuto dos Funcionários Públicos Civis do Estado prevê que esse agente será responsabilizado

(A) pelo respectivo custo gerado, sem prejuízo das penalidades disciplinares cabíveis, podendo-se proceder ao desconto no seu vencimento ou remuneração.

(B) administrativamente, cabendo-lhe a pena disciplinar cabível, mas não lhe será imputado o respectivo custo gerado.

(C) pelo respectivo custo gerado, mas não será objeto de penalidades disciplinares, nem poderá o valor correspondente ser descontado de seu vencimento ou remuneração.

(D) administrativamente, sendo comunicado o fato às autoridades policiais, mas não lhe será imposta pena disciplinar nem o pagamento do respectivo custo gerado.

(E) pelo respectivo custo gerado, sem prejuízo das penalidades disciplinares cabíveis, mas não poderá ser efetuado desconto no seu vencimento ou remuneração.

A: correta. De acordo com o previsto no art. 246 do Estatuto dos Funcionários Públicos Civis do Estado de São Paulo, "O funcionário que adquirir materiais em desacordo com disposições legais e regulamentares, será responsabilizado pelo respectivo custo, sem prejuízo das penalidades disciplinares cabíveis, podendo-se proceder ao desconto no seu vencimento ou remuneração". **PM**

Gabarito "A".

(Escrevente Técnico – TJSP – 2015 – VUNESP) Escrivão-Diretor da 1ª Vara Cível da Comarca X determina que Escrevente Técnico Judiciário, a ele subordinado, destrua um documento, colocando-o em uma fragmentadora de papel. O Escrevente Técnico Judiciário percebe que o documento é uma petição assinada e devidamente protocolada, que deveria ser encartada em um processo que tramitava naquela Vara e que ainda não havia sido sentenciado. O Escrevente Técnico Judiciário deverá, nos termos do

Estatuto dos Funcionários Públicos Civis do Estado de São Paulo,

(A) cumprir a ordem, pois é dever do servidor público cooperar e manter espírito de solidariedade com os companheiros de trabalho.

(B) utilizar-se do documento como papel de rascunho para seu trabalho, considerando que é dever do servidor público zelar pela economia do material do Estado.

(C) representar ao Juiz da Vara, já que é dever do servidor público representar contra ordens manifestamente ilegais.

(D) desempenhar com zelo e presteza os trabalhos de que for incumbido, destruindo o documento.

(E) proceder conforme ordenado pelo Escrivão-Diretor, nada dizendo sobre o assunto, pois é dever do servidor público guardar sigilo sobre os assuntos da repartição.

O inciso II do art. 241 da Lei 10.261/1968 (Estatuto dos Funcionários Públicos Civis do Estado de São Paulo) é expresso no sentido de que o servidor deve cumprir as ordens de superiores, havendo ainda a ressalva do dever de representar as que forem manifestamente ilegais. Contudo, não existe este dever quando se tratar de cumprimento de ordem ilegal, em razão do princípio da legalidade. Artigo 241 - São deveres do funcionário: II - cumprir as ordens superiores, representando quando forem manifestamente ilegais. **PM**

Gabarito "C".

(Escrevente Técnico – TJSP – 2015 – VUNESP) Acerca das penalidades previstas pelo Estatuto dos Funcionários Públicos Civis do Estado de São Paulo, é correto afirmar que

(A) a pena de repreensão será aplicada verbalmente, nos casos de indisciplina ou falta de cumprimento dos deveres.

(B) praticar ato definido como crime contra a administração pública enseja a aplicação da demissão a bem do serviço público.

(C) a pena de suspensão, que não excederá 30 (trinta) dias, será aplicada em caso de falta grave ou de reincidência.

(D) a autoridade que aplicar a pena de suspensão poderá converter essa penalidade em multa, na base de 75% (setenta e cinco por cento)   por dia de remuneração.

(E) em restando configurado o abandono de cargo, caberá a aplicação da pena de suspensão.

A: incorreta, a pena de repreensão será aplicada por escrito (art. 253 do Estatuto dos Funcionários Públicos); **B:** correta, o art. 257, II, do Estatuto dos Funcionários Públicos, prevê que será aplicada a pena de demissão a bem do serviço público ao funcionário público que praticar ato definido como crime contra a administração pública; **C:** incorreta, a pena de suspensão, que será aplicada em caso de falta grave ou reincidência, não poderá exceder o prazo de 90 (noventa) dias (art. 254 do Estatuto dos Funcionários Públicos Civis do Estado de São Paulo); **D:** incorreta: a autoridade poderá converter a penalidade em multa na base de 50% (cinquenta por cento) por dia de remuneração (art. 254, § 2º, do Estatuto dos Funcionários Públicos Civis do Estado de São Paulo); **E:** incorreta: a pena aplicada no caso de abandono do cargo é a de demissão (art. 256, I, do Estatuto dos Funcionários Públicos Civis do Estado de São Paulo) Atenção: o inciso I do art. 256 do Estatuto foi revogado em novembro de 2021. **PM**

Gabarito "B".

(Escrevente Técnico – TJSP – 2015 – VUNESP) João, Escrevente Técnico Judiciário lotado em uma Vara Criminal, praticou ato de insubordinação grave, em 20 de janeiro de 2012. Iniciou-se a apuração preliminar dos fatos de imediato, logo no dia 22 de janeiro de 2012. Mas esta somente veio a ser concluída em dezembro de 2014, concluindo pela prática da infração disciplinar consistente na insubordinação grave, com a ressalva de que João sempre foi um servidor exemplar sem nunca ter sofrido qualquer penalidade disciplinar anteriormente. Nesse caso, a conduta a ser adotada pela autoridade competente, na data de hoje, nos termos do Estatuto dos Funcionários Públicos Civis do Estado de São Paulo, é a

(A) declaração da extinção da punibilidade pela prescrição, que, neste caso, em razão da natureza menos grave da insubordinação, ocorreu em dois anos.

(B) decisão do processo pela aplicação da pena de demissão a bem do serviço público, face à natureza grave do ato de insubordinação.

(C) aplicação imediata da pena de suspensão a João, pois esta é a penalidade cabível para ato de insubordinação.

(D) instauração do processo administrativo disciplinar, assegurados o contraditório e a ampla defesa, para que se decida acerca da penalidade aplicável.

(E) aplicação imediata da pena de repreensão a João, pois esta é a penalidade cabível para ato de insubordinação.

D: correta – Será instaurado procedimento administrativo disciplinar, assegurando-se o contraditório e ampla defesa, nos termos dos artigos 268, 270 e 257, IV, todos do Estatuto dos Funcionários Públicos Civis do Estado de São Paulo, que dispõem que "a apuração das infrações será feita mediante sindicância ou processo administrativo, assegurados o contraditório e a ampla defesa"; que "será obrigatório o processo administrativo quando a falta disciplinar, por sua natureza, possa determinar as penas de demissão, de demissão a bem do serviço público e de cassação de aposentadoria ou disponibilidade" e, por fim, que "será aplicada a pena de demissão a bem do serviço público ao funcionário que praticar insubordinação grave. **PM**
Gabarito "D".

(Escrevente Técnico – TJSP – 2015 – VUNESP) Em relação aos Procedimentos Disciplinares, nos termos do Estatuto dos Funcionários Públicos Civis do Estado de São Paulo, é correto afirmar que

(A) a contagem do prazo será efetuada computando-se o dia inicial, antecipando-se o vencimento, que incidir em sábado, domingo, feriado ou facultativo, para o primeiro dia útil anterior.

(B) o servidor absolvido pela Justiça, mediante simples comprovação do trânsito em julgado de decisão que o absolveu por falta de provas, será reintegrado ao serviço público, no cargo que ocupava e com todos os direitos e vantagens devidas.

(C) o pedido de reconsideração, que não poderá ser renovado, poderá ser deduzido diante de decisão tomada por Secretário do Estado em única instância, no prazo de 15 (quinze) dias.

(D) o prazo para recorrer da decisão em sindicância é de 10 (dez) dias, contados da publicação da decisão impugnada no Diário Oficial do Estado ou da intimação pessoal do servidor, quando for o caso.

(E) o processo administrativo deverá ser instaurado por portaria, no prazo improrrogável de 8 (oito) dias do recebimento da determinação, e concluído no de 90 (noventa) dias da citação do acusado.

A: incorreta, conforme dispõe o parágrafo único do art. 323, não se computará no prazo o dia inicial, prorrogando-se o vencimento, que incidir em sábado, domingo, feriado ou facultativo, para o primeiro dia útil seguinte; **B**: incorreta, somente será reintegrado ao serviço público o servidor que for absolvido por decisão que negue a existência de sua autoria ou do fato que tenha dado origem à sua demissão (art. 250, § 2º); **C**: incorreta. Caberá pedido de reconsideração, que não poderá ser renovado, de decisão do Governador do Estado em única instância, no prazo de 30 (trinta) dias (art. 313); **D**: incorreta. O prazo para recurso é de 30 (trinta) dias (art. 312, § 1º); **E**: correta, há disposição expressa neste sentido, contida no art. 277, *caput*, do Estatuto dos Funcionários Públicos Civis do Estado de São Paulo. **PM**
Gabarito "E".

3. CONSTITUIÇÃO ESTADUAL

(Soldado - PM/SP - 2018 - VUNESP) Considere a seguinte situação hipotética:

Um Cidadão cometeu um crime, sofreu condenação, cumpriu a pena que lhe foi imposta e, em seguida, solicitou a reabilitação perante a autoridade competente, que veio a ser concedida ao final de regular procedimento.

Diante de tais fatos, em razão do que determina a Constituição do Estado de São Paulo, o Cidadão

(A) tem direito de obter, das repartições policiais competentes, certidão de antecedentes sem menção ao crime em que houve reabilitação, salvo em caso de requisição judicial, do Ministério Público, ou para fins de concurso público.

(B) tem direito de obter, das repartições policiais competentes, quaisquer certidões sem menção ao crime em que houve reabilitação, salvo se houver requisição feita para fins de concurso público ou em processo seletivo privado.

(C) não terá o direito de obter, das repartições policiais competentes, certidão sem menção ao caso em que houve reabilitação em seus antecedentes, será, no entanto, registrado junto ao crime praticado que houve a reabilitação.

(D) tem direito de obter, das repartições policiais competentes, certidão sem menção do crime em que houve reabilitação em seus antecedentes, não devendo a condenação ser mencionada sequer em caso de requisição judicial.

(E) não tem direito de obter, das repartições policiais competentes, quaisquer certidões a respeito do crime e sua reabilitação, cabendo-lhe, contudo, pleitear certidão sem menção aos antecedentes junto ao Poder Judiciário.

A: correta. É a previsão do art. 291 da Constituição do Estado de São Paulo: "*Todos terão o direito de, em caso de condenação criminal, obter das repartições policiais e judiciais competentes, após reabilitação, bem como no caso de inquéritos policiais arquivados, certidões e informações de folha corrida, sem menção aos antecedentes, salvo em caso de requisição judicial, do Ministério Público, ou para fins de concurso público*". **PM**
Gabarito "A".

23. ESTATUTO DA PESSOA COM DEFICIÊNCIA, REGIMENTO INTERNO E LEGISLAÇÃO LOCAL

(Soldado · PM/SP · 2018 · VUNESP) Suponha que um Servidor Público Militar do Estado de São Paulo tenha sido demitido por ato administrativo em dezembro de 2016, mas que sobrevenha, em janeiro de 2018, uma decisão judicial na qual o Servidor em questão é absolvido em ação referente ao ato que deu causa à demissão. Em uma situação como essas, a Constituição do Estado de São Paulo prevê que o Servidor Público Militar deverá ser

(A) readaptado para que possa voltar ao exercício na Polícia Militar do Estado de São Paulo.

(B) revertido à Corporação, com todos os direitos restabelecidos.

(C) indenizado pelo período em que esteve afastado, entre 2016 e 2018, e aproveitado a partir de fevereiro de 2018.

(D) indenizado pelo período em que esteve afastado, entre 2016 e 2018, e reincorporado a partir de fevereiro de 2018.

(E) reintegrado à Corporação, com todos os direitos restabelecidos.

E: correta. De acordo com previsão constante do art. 138, § 3º, da Constituição Estadual de São Paulo, "O servidor público militar demitido por ato administrativo, se absolvido pela Justiça, na ação referente ao ato que deu causa à demissão, será reintegrado à Corporação com todos os direitos restabelecidos". **PM**
Gabarito "E".

(Juiz de Direito – TJ/MS – VUNESP – 2015) Nos moldes do que estabelece a Constituição do Estado do Mato Grosso do Sul sobre a imunidade dos deputados estaduais, na hipótese de um deputado ser detido em flagrante pela polícia, fora da Casa Legislativa, pelo cometimento de crime inafiançável, é correto afirmar que

(A) os autos devem ser remetidos, dentro de vinte e quatro horas, à Assembleia Legislativa, para que, pelo voto aberto da maioria de seus membros, delibere sobre a prisão e autorize, ou não, a formação de culpa.

(B) a prisão foi ilegal, devendo o deputado ser solto, uma vez que a polícia deveria ter solicitado, previamente, ao Ministério Público, que requeresse a expedição de mandado de prisão à autoridade judiciária competente.

(C) o deputado poderá ser processado criminalmente como se cidadão comum fosse, pois a imunidade parlamentar não subsiste no caso de crime inafiançável praticado fora do recinto da Assembleia Legislativa.

(D) o juiz deverá mandar expedir de imediato o alvará de soltura, uma vez que o deputado não poderia ser preso pela polícia sem a prévia e devida autorização judicial.

(E) o juiz poderá decretar a prisão do deputado de imediato, sendo, nesse caso, desnecessária a autorização da Assembleia Legislativa em razão de se tratar de crime inafiançável.

A: correta. Art. 57, § 3º, da Constituição do Estado de Mato Grosso do Sul; B, C, D e E: incorretas. Desde a expedição do diploma até a inauguração da legislatura seguinte, os Deputados não poderão ser presos, salvo em flagrante de crime inafiançável, nem processados por crime, sem prévia licença da Assembleia Legislativa (art. 57, § 1º). **PM**
Gabarito "A".

(Juiz de Direito – TJ/RJ – VUNESP – 2016) O julgamento do pedido principal na representação de inconstitucionalidade de lei ou ato normativo estadual ou municipal em face da Constituição Estadual, pelo Tribunal de Justiça do Estado do Rio de Janeiro, inclusive a interpretação conforme a Constituição e a declaração parcial de inconstitucionalidade sem redução do texto, tem eficácia

(A) entre as partes com efeito *ex tunc* e após a suspensão da eficácia pela Assembleia Legislativa do Estado terá efeito *erga omnes, ex nunc* e vinculante.

(B) contra todos e efeito vinculante em relação aos órgãos do Poder Judiciário e à Administração Pública estadual e municipal.

(C) contra todos e efeito vinculante após a suspensão da eficácia pela Assembleia Legislativa do Estado.

(D) entre as partes com efeito *ex nunc*.

(E) contra todos e efeito vinculante em relação aos órgãos dos Poderes Judiciário, Legislativo e Executivo.

A, B e C: incorretas. A declaração de constitucionalidade ou de inconstitucionalidade, inclusive a interpretação conforme a Constituição e a declaração parcial de inconstitucionalidade sem redução de texto, têm eficácia contra todos e efeito vinculante em relação aos órgãos do Poder Judiciário e à Administração Pública federal, estadual e municipal (art. 28, parágrafo único, da Lei 9.868/99); D: correta, pois a Lei não estabelece que os efeitos retroajam; E: incorreta. Não tem efeito sobre os órgãos do Poder Legislativo. **PM**
Gabarito "D".

(Juiz de Direito – TJ/RJ – VUNESP – 2016) Os Conselheiros do Tribunal de Contas do Estado do Rio de Janeiro serão escolhidos

(A) pelo Governador do Estado, com a aprovação da Assembleia Legislativa, sendo três alternadamente dentre auditores e membros do Ministério Público junto ao Tribunal, indicados em lista tríplice pelo Tribunal, segundo os critérios de antiguidade e merecimento.

(B) pelo Governador do Estado, indicados em lista tríplice pela Assembleia Legislativa.

(C) quatro pelo Governador do Estado, com a aprovação da Assembleia Legislativa, sendo dois alternadamente dentre auditores e membros do Ministério Público junto ao Tribunal, indicados em lista tríplice pela própria Assembleia Legislativa, segundo os critérios de antiguidade e merecimento e três pela Assembleia Legislativa.

(D) pelo Governador do Estado, com a aprovação da Assembleia Legislativa, sendo um membro do Ministério Público junto ao Tribunal, indicado em lista tríplice pela Procuradoria Geral de Justiça do Estado, segundo os critérios de antiguidade e merecimento.

(E) três pelo Governador do Estado, com a aprovação da Assembleia Legislativa, sendo dois alternadamente dentre auditores e membros do Ministério Público junto ao Tribunal, indicados em lista tríplice pelo Tribunal, segundo os critérios de antiguidade e merecimento e quatro pela Assembleia Legislativa.

Os Conselheiros do Tribunal de Contas do Estado do Rio de Janeiro serão escolhidos da seguinte forma: quatro pela Assembleia Legislativa; três pelo Governador do Estado, com aprovação da Assembleia Legislativa, sendo um dentre os membros do Ministério Público, o qual será indicado em lista tríplice pelo Tribunal de Contas, segundo os critérios de antiguidade e merecimento (art. 128 da Constituição do Estado do Rio de Janeiro). **PM**

Gabarito "A".

4. OUTRAS LEGISLAÇÕES

(Delegado - PC/BA - 2018 – VUNESP) De acordo com o Estatuto do Servidor Público Civil do Estado da Bahia, a movimentação do servidor, com o respectivo cargo, com ou sem mudança de sede, para outro órgão ou entidade do mesmo Poder e natureza jurídica, cujos planos de cargos e vencimentos sejam idênticos, de acordo com o interesse da administração, caracteriza a

(A) remoção.
(B) recondução.
(C) reintegração.
(D) relotação.
(E) reversão.

A: incorreta. A remoção, de acordo com o art. 50 do Estatuto do Servidor Público Civil do Estado da Bahia (Lei 6.677/2010), é o deslocamento do servidor, a pedido ou de ofício, com preenchimento de claro de lotação, no âmbito do mesmo quadro, com ou sem mudança de sede; **B:** incorreta. A recondução é o retorno do servidor estável, sem direito à indenização, ao cargo anteriormente ocupado, dentro da mesma carreira, em decorrência de reintegração do anterior ocupante (art. 42); **C:** incorreta. Reintegração é o retorno do servidor demitido ao cargo anteriormente ocupado ou ao resultante de sua transformação, quando invalidada sua demissão por sentença judicial transitada em julgado ou na forma do art. 250 (art. 41); **D:** correta. Art. 49 do Estatuto do Servidor Público Civil do Estado da Bahia; **E:** incorreta. Reversão é o retorno do aposentado por invalidez, quando os motivos determinantes da aposentadoria forem declarados insubsistentes por junta médica oficial (art. 34). **PM**

Gabarito "D".

(Delegado - PC/BA - 2018 - VUNESP) Diz a Lei Estadual nº 9.433/2005 que sempre que o valor estimado para uma licitação, ou para um conjunto de licitações simultâneas ou sucessivas, for superior a 100 (cem) vezes o limite previsto para a realização de obras e serviços de engenharia na modalidade concorrência, o processo licitatório deverá observar, dentre outras, a seguinte regra:

(A) a critério da administração, será iniciado com uma reunião que será realizada, pelo menos, 20 (vinte) dias antes da publicação do edital.
(B) será, obrigatoriamente, iniciado com uma audiência pública, concedida pela autoridade responsável e realizada, pelo menos, 15 (quinze) dias úteis antes da data prevista para a publicação do edital.
(C) a audiência pública será divulgada, com antecedência de 05 (cinco) dias úteis da sua realização, pelos mesmos meios previstos para a publicação da licitação.
(D) a audiência pública será aberta à participação de todos os interessados, que terão direito a receber as informações importantes, mas não poderão apresentar sugestões sobre o empreendimento.
(E) as manifestações apresentadas pelos participantes da audiência pública serão apreciadas pela autoridade competente, em caráter vinculante.

B: correta. Conforme disposição constante do art. 76 da Lei 9.433/2005, que dispõe sobre as licitações e contratos administrativos pertinentes a obras, serviços, compras, alienações e locações no âmbito dos Poderes do Estado da Bahia e dá outras providências, o processo licitatório será, obrigatoriamente, iniciado com uma audiência pública, concedida pela autoridade responsável e realizada, pelo menos, 15 (quinze) dias úteis antes da data prevista para a publicação do edital e divulgada, com a antecedência mínima de 10 (dez) dias úteis da sua realização, pelos mesmos meios previstos para a publicidade da licitação. **PM**

Gabarito "B".

(Delegado - PC/BA - 2018 - VUNESP) Nos termos da Lei Estadual nº 11.370/2009, e no que diz respeito à Organização da Polícia Civil do Estado da Bahia, assinale a alternativa correta.

(A) A Delegacia de Polícia Territorial é uma Unidade Operativa e tem como uma de suas competências promover, na área de sua circunscrição, a integração e a atuação harmônica com os demais órgãos e unidades do sistema policial, de defesa social e de justiça.
(B) O Departamento de Inteligência Policial é um órgão de Gestão Tática, ao qual compete acompanhar e exercer buscas e apreensão dos procedimentos legais, na área de sua competência.
(C) A Academia da Polícia Civil é um órgão de Gestão Estratégica, competindo-lhe assessorar, orientar e informar o Delegado Geral da Polícia Civil quanto aos assuntos de interesse institucional.
(D) A Corregedoria da Polícia Civil, que tem por competência acompanhar e inspecionar os órgãos e as unidades da Polícia Civil do Estado da Bahia, com vistas à regularidade dos atos e procedimentos, é um Órgão de Suporte Operacional.
(E) À Coordenação da Polícia Interestadual compete guardar e manter controle de bens apreendidos ou arrecadados que se vinculem às ocorrências policiais, sendo parte integrante dos Órgãos de Direção Superiores.

A: correta. As funções que competem às Delegacia de Polícia Territoriais estão elencadas no art. 43 da Lei Orgânica da Polícia Civil do Estado da Bahia, dentre elas está incluída a de promover, na área de sua circunscrição, a integração e a atuação harmônica com os demais órgãos e unidades do sistema policial, de defesa social e de justiça; **B:** incorreta. O Departamento de Inteligência Policial é um Órgão de Gestão Estratégica e tem por finalidade a execução da atividade de inteligência de segurança pública, no âmbito da Polícia Civil do Estado da Bahia, em articulação com a Superintendência de Inteligência, da Secretaria da Segurança Pública, não competindo a ele acompanhar e exercer buscas e apreensão dos procedimentos legais, função que compete à Corregedoria Geral de Polícia Civil, nos termos do art. 23, VII, da mencionada Lei; **C:** incorreta. A Academia da Polícia Civil do Estado da Bahia realmente é um Órgão de Gestão Estratégica, que tem por finalidade a promoção da formação e o desenvolvimento dos recursos humanos integrantes da carreira de Delegado de Polícia Civil e demais carreiras da Polícia Civil do Estado da Bahia. De outro lado, compete ao Departamento de Inteligência Policial assessorar, orientar e informar ao Delegado-Geral da Polícia Civil nos assuntos de interesse institucional (art. 25, V); **D:** incorreta. A Corregedoria é um Órgão de Direção Superior (art. 9º); **E:** incorreta. A Coordenadoria de Polícia Interestadual é um Órgão de Gestão Estratégica e tem por finalidade planejar, coordenar, supervisionar e executar, em todo o território do Estado, ações que visem ao cumprimento de mandados de prisão e cartas precatórias oriundas de órgãos policiais, bem como à movimentação de presos por mandado judicial (art. 29), enquanto que a guarda e manutenção do controle de bens apreendidos ou arrecadados que se vinculem às ocorrências policiais compete ao Departamento de Planejamento, Administração e Finanças (art. 27, VII). **PM**

Gabarito "A".

23. ESTATUTO DA PESSOA COM DEFICIÊNCIA, REGIMENTO INTERNO E LEGISLAÇÃO LOCAL

(Delegado - PC/BA - 2018 - VUNESP) De acordo com o que prescreve a Lei Estadual n° 12.209/2011, dos vários processos administrativos especiais, aquele destinado a suprir falta ou insuficiência de documento e produzir prova de fato de interesse do postulante, perante órgãos e entidades da Administração, denomina-se processo de

(A) revisão processual.

(B) invalidação de contratos administrativos.

(C) justificação.

(D) reparação de danos causados a terceiros.

(E) invalidação de atos administrativos.

A: incorreta. A revisão processual é cabível contra a decisão definitiva proferida em processo administrativo que resulte gravame à situação do administrado, desde que surjam fatos ou provas novas capazes de justificar a modificação do ato decisório (art. 67); **B** e **E:** incorretas. A invalidação de contratos e atos administrativos está prevista nos artigos 131 a 135 da referida Lei. Contudo, tal invalidação não tem como atribuição a supressão de falta ou insuficiência de documento ou a produção de prova de fato de interesse do postulante; **C:** correta. O processo de justificação poderá ser instaurado para os fins descritos no enunciado (art. 125); **D:** incorreta. O processo de reparação de danos provocados a terceiros está previsto nos artigos 136 a 140 da Lei n. 12.209/2011. **PM**

„Ɔ„ oʇµɐqǝפ

(Investigador - PC/BA - 2018 - VUNESP) Ivan é investigador de polícia e, precisando fazer uma investigação "in loco", retirou da delegacia onde trabalha um Inquérito Policial sem a devida anuência do Delegado Titular de Polícia, conduta que vem demonstrando reiteradamente. Nesse caso, conforme a Lei Estadual n° 6.677/94, Ivan

(A) poderá ser demitido a bem do serviço público.

(B) poderá ser advertido verbalmente por inobservância do seu dever funcional previsto em lei.

(C) poderá ser suspenso por até 90 (noventa) dias, por violação a uma das proibições previstas em lei.

(D) não poderá sofrer punição porque ele agiu de boa fé e no estrito cumprimento do seu dever funcional.

(E) não poderá sofrer penalidades porque sua atitude não tipifica uma infração disciplinar.

A: incorreta. A demissão a bem do serviço público será aplicada nos seguintes casos: crime contra a administração pública; II - abandono de cargo; III - inassiduidade habitual; IV - improbidade administrativa; V - incontinência pública e conduta escandalosa; VI - insubordinação grave no serviço; VII - ofensa física, em serviço, a servidor ou a particular, salvo em legítima defesa própria ou de outrem; VIII - aplicação irregular de dinheiro público; IX - revelação de segredo apropriado em razão do cargo; X - lesão ao Erário e dilapidação do patrimônio público; XI - acumulação ilegal de cargos, funções ou empregos públicos; XII - transgressão das proibições previstas nos incisos X a XVII do artigo 176 (art. 192 do Estatuto dos Servidores Públicos Civis do Estado da Bahia); **B:** incorreta. A advertência será aplicada por escrito (art. 189); **C:** correta. A suspensão será aplicada em caso de reincidência em faltas punidas com advertência e de violação das demais proibições que não tipifiquem infração sujeita a demissão, não podendo exceder de 90 (noventa) dias (art. 190); **D:** incorreta. Entre uma das proibições aos servidores está a de "retirar, sem prévia anuência da autoridade competente, qualquer documento ou objeto da repartição" (art. 176, II). Ao infringir esta proibição estará sujeito à imposição da penalidade cabível, ainda que tenha agido de boa-fé; **E:** incorreta, pois constitui uma das proibições previstas no referido Estatuto. **PM**

„Ɔ„ oʇµɐqǝפ

(Investigador - PC/BA - 2018 - VUNESP) De acordo com a Lei Estadual no 9.433/2005, para a contratação de instituição dedicada à recuperação social do preso, que detenha inquestionável reputação ético-profissional e não tenha fins lucrativos, a licitação

(A) é cabível, na modalidade de menor preço, após autorização expressa da autoridade competente.

(B) deve ser feita por carta-convite.

(C) é inexigível.

(D) é dispensável.

(E) deve ser feita mediante autorização expressa da autoridade competente, pela menor oferta.

D: correta. De acordo com o previsto no art. 59, VIII, da Lei Estadual 9.433/2005, que dispõe sobre as licitações e contratos administrativos pertinentes a obras, serviços, compras, alienações e locações no âmbito dos Poderes do Estado da Bahia e dá outras providências, é dispensável a licitação na contratação de instituição dedicada à recuperação social do preso, que detenha inquestionável reputação ético-profissional e não tenha fins lucrativos. **PM**

„ᗡ„ oʇµɐqǝפ

(Investigador - PC/BA - 2018 - VUNESP) Nos termos da Lei Estadual n° 11.370/2009, é uma atribuição privativa do cargo de Investigador de Polícia Civil

(A) proceder à investigação criminal e ao exercício de polícia judiciária, ainda que relacionados à matéria sob jurisdição militar.

(B) participar de estudos, projetos e pesquisas de natureza técnica ou especializada sobre ciências criminais, inteligência policial e estatísticas de crimes.

(C) executar tarefas de apoio à realização de perícias de infração penal e de laboratório.

(D) elaborar relatórios e levantamentos estatísticos na área da papiloscopia.

(E) executar trabalhos fotográficos ou serviços de identificação civil e criminal e retrato falado.

B: correta. As atribuições privativas do cargo de Investigador de Polícia estão elencadas no art. 52 da Lei Estadual n. 11.370/2009 (Lei Orgânica da Polícia Civil do Estado da Bahia), dentre elas, a de "participar de estudos, projetos e pesquisas de natureza técnica ou especializada sobre ciências criminais, inteligência policial e estatísticas de crimes" (art. 52, VI). **PM**

„ᗺ„ oʇµɐqǝפ

(Investigador - PC/BA - 2018 - VUNESP) De acordo com o que prescreve a Lei Estadual n° 12.209/2011, assinale a alternativa correta.

(A) É vedada à Administração a recusa imotivada de receber qualquer requerimento, devendo o postulante ser orientado quanto ao saneamento de eventuais falhas.

(B) Os órgãos e entidades poderão elaborar modelos ou formulários padronizados para os assuntos que importem diversas pretensões.

(C) Não será admitida no processo administrativo a prova emprestada e produzida validamente em outro processo, seja ele administrativo ou judicial.

(D) É assegurada ao postulante a faculdade de apresentar manifestação final antes do encerramento da instrução processual.

(E) É vedada a inclusão de novos documentos aos autos, após a manifestação final.

A: correta. Nos termos do arts. 15, § 2º, da Lei Estadual n. 12.209/2011, que dispõe sobre o processo administrativo, no âmbito da Administração direta e das entidades da Administração indireta, regidas pelo regime de direito público, do Estado da Bahia, e dá outras providências, '"É vedada à Administração a recusa imotivada a receber qualquer requerimento, devendo o postulante ser orientado quanto ao saneamento de eventuais falhas"; **B:** incorreta. Os órgãos e entidades poderão elaborar modelos ou formulários padronizados para assuntos que importem pretensões equivalentes, mas não diversas pretensões (art. 17); **C:** incorreta. De acordo com previsão constante do art. 22, § 1º, "É admitida a prova emprestada, produzida validamente em outro processo administrativo ou processo judicial, desde que seja garantido ao postulante ou ao notificado o exercício do direito ao contraditório sobre esta prova"; **D:** incorreta. É assegurada ao postulante a faculdade de apresentar manifestação final após, e não antes, o encerramento da instrução processual (art. 31); **E:** incorreta. A afirmativa contraria o disposto no art. 31, parágrafo único, pois, "se, após a manifestação final, e antes de proferida decisão, novos documentos forem juntados aos autos, o postulante deverá ser intimado para se pronunciar". PM

Gabarito "A".

(Procurador Municipal/SP – VUNESP – 2016) O controle externo da Administração Pública do Município de Rosana, a cargo da Câmara Municipal, será exercido com o auxílio do Tribunal de Contas do Estado de São Paulo, ao qual compete:

(A) julgar as contas do Prefeito Municipal, dos administradores e dos demais responsáveis por dinheiros, bens e valores públicos da administração direta e indireta municipal.

(B) fiscalizar a aplicação de quaisquer recursos repassados pela União, mediante convênio, acordo, ajuste ou outros instrumentos congêneres, para a Municipalidade de Rosana.

(C) constatada ilegalidade de despesa ou irregularidade de contas no âmbito Municipal, aplicar as sanções previstas em lei, entre elas, a multa proporcional ao dano causado ao erário e a inelegibilidade pelo prazo de quatro (4) a oito (8) anos.

(D) assinar prazo para que a Municipalidade adote as providências necessárias ao exato cumprimento da lei, se verificada ilegalidade, sustando, se não atendido, os atos ou contratos eivados de ilegalidade.

(E) apreciar, para fins de registro, a legalidade dos atos de admissão de pessoal, a qualquer título, na administração direta e indireta, incluídas as fundações instituídas e mantidas pelo Poder Público Municipal, excetuadas as nomeações para cargo de provimento em comissão.

A: incorreta. Ao TCE compete julgar as contas dos administradores e demais responsáveis, não incluindo o Prefeito Municipal (art. 33, II, da Constituição do Estado de São Paulo); **B:** incorreta. Ao Tribunal de Contas do Estado compete a fiscalização da aplicação de recursos repassados ao Estado e pelo Estado, mas não pela União (art. 33, VII); **C:** incorreta. A competência do TCE é para aplicar aos responsáveis, em caso de ilegalidade de despesa ou irregularidade de contas, as sanções previstas em lei, que estabelecerá, entre outras cominações, multa proporcional ao dano causado ao erário, não cabendo a ele decretar a inelegibilidade que tão somente pode se dar na via judicial (art. 33, IX); **D:** incorreta. Assinar prazo para que o órgão ou entidade adote as providências necessárias ao exato cumprimento da lei, se verificada a ilegalidade. Contudo, a sustação será adotada diretamente pela Assembleia Legislativa que solicitará, de imediato, ao Poder Executivo as medidas cabíveis (art. 33, X, e § 1º); **E:** correta. Art. 33, III, da Constituição do Estado-SP. PM

Gabarito "E".

24. Medicina Legal

Neusa Bittar

(Investigador - PC/BA - 2018 - VUNESP) Senhora de 73 anos de idade, viúva, com antecedentes de diabetes mellitus e doença arterial coronariana, mas sem acompanhamento médico há 5 anos, é encontrada morta na cama onde habitualmente dormia, quando a filha foi visitá-la. Após acionar a autoridade policial, logo a equipe pericial chega ao local de morte. Aparentemente, não houve alteração da cena. O cadáver estava em decúbito dorsal, sem sinais de injúrias externas, com livores de hipóstase fixos, rigidez cadavérica em todo o corpo e ausência de mancha verde abdominal. Considerando a temperatura ambiente de aproximadamente 20°C e ausência de fatores internos e externos que possam influenciar a cronologia de fenômenos cadavéricos, constitui, com maior probabilidade, uma estimativa aproximada correta do tempo de morte (intervalo post mortem):

(A) 4 horas.
(B) 7 horas.
(C) 15 horas.
(D) 24 horas.
(E) 36 horas.

No presente caso, o cadáver estava em decúbito dorsal, isto é, apoiado no dorso; ausência de sinais de injúrias externas; com livores de hipóstase fixos – cerca de 12 horas da morte, sendo que nos climas quentes, essa fixação já pode ocorrer a partir de 8 hs da morte, pela desidratação mais rápida que diminui a água do plasma, facilitando a impactação dos glóbulos sanguíneos; rigidez cadavérica em todo o corpo – 6 a 8 hs; ausência de mancha verde abdominal – menos de 24 hs; temperatura ambiente de aproximadamente 20°C; ausência de fatores internos e externos que pudessem influenciar a cronologia de fenômenos cadavéricos. Constitui, com maior probabilidade, uma estimativa aproximada correta do tempo de morte, acima de 12 hs e abaixo de 24 hs, Portanto, alternativa C – 15 hs. NB

Gabarito "C".

(Investigador - PC/BA - 2018 - VUNESP) O conceito de estupro foi ampliado com as alterações da Lei nº 12.015, de 7 de agosto de 2009, tendo a seguinte redação: "Constranger alguém, mediante violência ou grave ameaça, a ter conjunção carnal ou a praticar ou permitir que com ele se pratique outro ato libidinoso". Com relação aos aspectos médico-legais de estupro, é correto afirmar:

(A) a conjunção carnal é caracterizada quando existe a introdução completa ou incompleta do pênis na cavidade vaginal, ocorrendo ou não ejaculação, cópula vestibular ou vulvar e o coito oral ou anal.
(B) a anestesia, os estados hipnóticos (induzidos ou provocados), a embriaguez completa e a ação das drogas alucinógenas são exemplos de violência efetiva psíquica.
(C) o estupro mediante violência presumida é chamado de "estupro de vulnerável", em que são as vítimas menores de 12 anos e os portadores de enfermidade ou deficiência mental, sem o devido discernimento para a prática do ato.

(D) o atentado violento ao pudor é caracterizado quando há atos libidinosos, como a masturbação e os toques indevidos em órgãos sexuais, sem indícios de conjunção carnal.
(E) a violência é presumida quando existe o concurso da força física ou o emprego de meios capazes de privar ou perturbar o entendimento da vítima, impossibilitando-a de reagir ou defender-se.

A: incorreta. A conjunção carnal é a cópula vaginal, isto é, a relação de contato do pênis com a vagina, com ou sem ejaculação, seja total ou parcial essa introdução, incluindo o coito vulvar ou vestibular. Os coitos anal e oral não configuram conjunção carnal, mas ato libidinoso. B: correta. A anestesia, os estados hipnóticos (induzidos ou provocados), a embriaguez completa e a ação das drogas alucinógenas são exemplos de violência efetiva psíquica, pois a vítima está impedida de exercer seu livre-arbítrio, de se opor ao ato. Trata-se de violência psíquica. C: incorreta. O estupro mediante violência presumida é chamado de "estupro de vulnerável", em que são as vítimas menores de 14 anos e os portadores de enfermidade ou deficiência mental, sem o devido discernimento para a prática do ato. De acordo com o artigo 217-A, do CP – estupro de vulnerável – ter conjunção carnal ou praticar outro ato libidinoso com menor de 14 (catorze) anos; § 1º incorre na mesma pena quem pratica as ações descritas no *caput* com alguém que, por enfermidade ou deficiência mental, não tem o necessário discernimento para a prática do ato, ou que, por qualquer outra causa, não pode oferecer resistência. D: incorreta. Antes da Lei 12015/2009, existia o crime de estupro, que dizia respeito a praticar conjunção carnal com violência ou grave ameaça, e o crime de atentado violento ao pudor, caracterizado quando havia atos libidinosos, como a masturbação e os toques indevidos em órgãos sexuais, sem indícios de conjunção carnal. Após essa lei, o crime de estupro passou a englobar também os atos libidinosos, sendo excluído o crime de atentado violento ao pudor e incluindo homens no crime de estupro (CP, art. 213); E: incorreta. A violência é presumida quando, independentemente de existir o concurso da força física ou o emprego de meios capazes de privar ou perturbar o entendimento da vítima, impossibilitando-a de reagir ou defender-se, ela é menor de 14 anos ou tem enfermidade ou deficiência mental, que lhe retiram o necessário discernimento para a prática do ato, ou que, por qualquer outra causa, não pode oferecer resistência. NB

Gabarito "B".

(Delegado - PC/BA - 2018 - VUNESP) Jovem do sexo masculino é encontrado morto no seu quarto, aparentemente um caso de suicídio por enforcamento. Logo ao chegar no local de morte, a equipe pericial encontra a vítima na cama, com o objeto usado como elemento constritor removido.

Nessa situação, o perito criminal deve

(A) avaliar detalhadamente o local, buscar pistas de envolvimento de terceiros, não realizar o exame pericial do cadáver e registrar a alteração notada no laudo final.
(B) fazer o boletim de ocorrência com a alteração notada, isolar e preservar o local de morte, e solicitar o envio de equipe pericial do instituto médico-legal para realização de perícia conjunta.
(C) informar à autoridade policial sobre a alteração do local de morte, emitir o laudo de impedimento e

determinar a remoção imediata do cadáver para o instituto médico-legal.

(D) realizar o exame externo do cadáver, de tudo que é encontrado em torno dele ou que possa ter relação com o fato em questão, e registrar no laudo a alteração notada no local de morte.

(E) realizar o registro fotográfico do local, investigar as circunstâncias da morte, não realizar o exame pericial do cadáver, coletar o provável instrumento utilizado e descrever no laudo a alteração do local de morte.

A: incorreta. Ao chegar no local de morte, a equipe pericial deve avaliar detalhadamente o local; buscar pistas, ou seja, vestígios de envolvimento de terceiros, pois interessa ao perito criminal não apenas a análise dos vestígios extrínsecos do crime, mas também a identificação do criminoso. Entretanto, ele deve realizar o exame pericial conforme o artigo 169, do CPP – Para o efeito de exame do local onde houver sido praticada a infração, a autoridade providenciará imediatamente para que não se altere o estado das coisas até a chegada dos peritos, que poderão instruir seus laudos com fotografias, desenhos ou esquemas elucidativos. Parágrafo único – Os peritos registrarão, no laudo, as alterações do estado das coisas e discutirão, no relatório, as consequências dessas alterações na dinâmica dos fatos. **B:** incorreta. O boletim de ocorrência deve ser lavrado pela autoridade policial e antecede à requisição de perícia do local, sendo o isolamento e preservação do local determinados pela autoridade policial imediatamente, para que não se altere o estado das coisas até a chegada dos peritos. Excepcionalmente, o perito médico legista vai ao local de crime, o que seria recomendável para entender a sua dinâmica. Após o estudo do local e exame externo do cadáver, o local é liberado pela autoridade policial para remoção ao IML, a fim de que os peritos médico legistas procedam ao exame dos vestígios internos, isto é, no cadáver. **C:** incorreta. Os peritos registrarão, no laudo, as alterações do estado das coisas e discutirão, no relatório, as consequências dessas alterações na dinâmica dos fatos (CPP, art. 169, parágrafo único). **D:** correta. O perito deve realizar o exame externo do cadáver, de tudo que é encontrado em torno dele ou que possa ter relação com o fato em questão, e registrar no laudo a alteração notada no local de morte. **E:** incorreta. De acordo com o artigo 164, do CPP, o perito deve fotografar os cadáveres na posição em que forem encontrados, bem como, na medida do possível, todas as lesões externas e vestígios deixados no local do crime. Para representar as lesões encontradas no cadáver, os peritos, quando possível, juntarão ao laudo do exame provas fotográficas, esquemas ou desenhos, devidamente rubricados (CPP, art. 165). Devem, também, analisar os vestígios para entender a dinâmica do crime, realizar o exame pericial externo do cadáver, coletar o provável instrumento utilizado, além de outros que possam ter concorrido para a infração, e descrever no laudo a alteração do local de morte conforme artigo 169, parágrafo único, do CPP. **NB**

Gabarito "D".

(Delegado - PC/BA - 2018 - VUNESP) Com relação aos ferimentos de entrada em lesões produzidas por projéteis de arma de fogo, é correto afirmar:

(A) a aréola equimótica é representada por uma zona superficial e relativamente difusa, decorrente da sufusão hemorrágica oriunda da ruptura de pequenos vasos localizados nas vizinhanças do ferimento, geralmente de tonalidade violácea.

(B) o formato de ferimentos em tiros a distância varia de acordo com a inclinação do disparo, assim, quando o tiro é oblíquo, a ferida é arredondada ou ligeiramente oblíqua, além de evidenciar uma orla de escoriação concêntrica.

(C) diz-se que uma lesão tem as características das produzidas por tiro a distância quando ela não apresenta os efeitos secundários do tiro, com diâmetro maior que o do projétil, aréola equimótica e bordas reviradas para dentro.

(D) ferimentos em tiros encostados podem ter forma arredondada ou elíptica, com zona de compressão de gases, evidenciada pela depressão da pele em virtude do efeito gerado pelo projétil com a ação mecânica de gases que descolam e dilaceram os tecidos.

(E) tiros a curta distância causam ferimentos arredondados, com entalhes, zona de tatuagem e de esfumaçamento, devido à ação resultante dos gases que descolam e dilaceram os tecidos, com vertentes enegrecidas e desgarradas, tendo aspecto de cratera de mina.

A: correta. Com relação aos ferimentos de entrada em lesões produzidas por projéteis de arma de fogo, a aréola equimótica é representada por uma zona superficial e relativamente difusa, decorrente da sufusão hemorrágica oriunda da ruptura de pequenos vasos localizados nas vizinhanças do ferimento, geralmente de tonalidade violácea. É a ponta romba do projétil que pressiona e contunde os tecidos, rompendo os vasos sanguíneos. O sangue extravasado infiltra os tecidos, causando essa orla ou aréola equimótica. Se o disparo for efetuado contra um indivíduo morto, por não haver circulação de sangue, não se forma a orla equimótica. Então, a presença dessa orla significa que a lesão foi feita em vida. **B:** incorreta. O formato de ferimentos em tiros a distância varia de acordo com a inclinação do disparo. As orlas são concêntricas se a direção do tiro for perpendicular, e não concêntricas, se a direção do tiro for oblíqua. Nesse último caso, a escoriação é maior no lado do ângulo mais agudo, pelo maior contato do projétil com a pele, orientando a direção do disparo. **C:** incorreta. Diz-se que uma lesão tem as características das produzidas por tiro a distância, quando ela não apresenta os efeitos secundários devidos ao cone de explosão, cujos elementos não chegam até a vítima. **D:** incorreta. O disparo encostado ocorre quando a boca do cano da arma é pressionada contra o corpo da vítima, de modo a não deixar escapar os elementos do cone de explosão, os quais penetram através da pele juntamente com o projétil. Nas regiões em que há contraplano ósseo, como na cabeça, a aderência da arma à pele é completa, sendo a lesão característica. Uma vez ocorrido o disparo, o projétil e os elementos do cone de explosão atravessam a pele. Entretanto, apenas o projétil consegue penetrar através do osso, enquanto os gases e a pólvora se expandem lateralmente, entre a pele e o osso. Isso gera aumento da pressão, que descola a pele do osso, levando a um estufamento, seguido de explosão da pele, agora de dentro para fora. Assim, o orifício de entrada nos disparos encostados é maior que o diâmetro do projétil, estrelado, porque o tecido é rasgado, e sujo de pólvora por dentro, como a explosão de uma mina: sinal da câmara ou buraco ou boca de mina de Hoffman. Se não houver escape, a pele ao redor estará limpa. **E:** incorreta. Disparo à curta distância: apresenta efeitos do projétil e efeitos devidos ao cone de explosão, que são: a pólvora não queimada ou em combustão, por ser mais pesada, chega até aproximadamente 25 a 30 centímetros e penetra na pele deixando marca definitiva, gerando a zona de tatuagem; a pólvora queimada, por ser mais leve, apenas se deposita sobre a pele, podendo ser removida com água e sabão, e atinge cerca de 15 a 20 centímetros, formando a zona de esfumaçamento ou tisnado; o fogo que sai da boca do cano atinge apenas alvos muito próximos, até cinco centímetros, originando a zona de chamuscamento, em que os gases superaquecidos queimam a pele e os pelos. Podem estar presentes uma ou mais zonas, em função da proximidade do alvo, além da orla de escoriação ou de Fish; orla de enxugo; orla ou aréola equimótica. Então, o elemento diferenciador está na presença das zonas, seja ao redor do orifício de entrada do projétil na pele, seja nas vestes da vítima no caso de os elementos do cone de explosão terem ficado aí retidos. Disparo à queima-roupa: é o disparo a curta distância em que estão presentes todas as zonas, isto é, todos os elementos do cone de explosão. A presença da zona de chamuscamento define o disparo à queima-roupa, mesmo que ausente a zona de esfumaçamento, pois a lesão pode ter sido lavada com água e sabão, na tentativa de destruir os vestígios do disparo à queima-roupa de uma execução. **NB**

Gabarito "A".

25. Processo Coletivo

Roberta Densa

1. AÇÃO CIVIL PÚBLICA

(Defensor Público/RO - 2017 - VUNESP) Aparício da Silva integra Associação de Moradores do Bairro de Pedreiras, no Município de Pedra Bonita, e participou da assembleia, inclusive subscrevendo a ata que autorizou fosse promovida ação civil pública visando compelir a Empresa Fumaça Preta a indenizar os moradores do bairro, que seriam pescadores e foram seriamente atingidos pelos poluentes lançados pela Empresa no rio que corta o bairro, matando milhares de peixes e prejudicando a pesca que garantia o sustento da maioria dos moradores do bairro. Posteriormente, em razão da demora no trâmite da ação coletiva, Aparício da Silva entende que será mais efetivo mover ação individual diretamente em face da Empresa, pleiteando a indenização.

Diante desses fatos hipotéticos, assinale a alternativa correta.

(A) Se a ação individual for julgada improcedente e a ação civil pública for procedente, Aparício poderá se beneficiar da sentença coletiva de procedência da ação, pois integrava a associação e autorizou em assembleia a propositura da ação.

(B) A ação individual movida por Aparício da Silva deve ser julgada extinta sem julgamento do mérito em razão de litispendência com a ação movida pela Associação de Moradores do Bairro de Pedreiras.

(C) Se ambas as ações forem julgadas procedentes, Aparício da Silva poderá executar tanto a sentença da ação coletiva como a ação individual.

(D) Como Aparício da Silva expressamente assinou a ata assemblar, autorizando a propositura da ação, será necessariamente atingido pelo seu resultado, não sendo possível formular idêntico pleito de forma individual.

(E) Apesar de ter assinado a ata assemblear, autorizando a propositura da ação pela Associação, não poderá dela se beneficiar ainda que julgada procedente, se Aparício propuser ação individual e não houver a suspensão desse processo.

A: incorreta. Vide justificativa da alternativa E. Ademais, as ações ação coletiva fazem coisa julgada *erga omnes* ou *ultra partes* se julgadas procedentes; **B:** incorreta. As ações coletivas não induzem litispendência face às ações individuais (art. 104 do CDC); **C:** incorreta. Neste caso, se Aparício ingressou com ação individual, não poderá se beneficiar dos efeitos da coisa julgada da ação coletiva (art. 104 do CDC); **D:** incorreta. Vide justificativa da alternativa E; **E:** correta. Conforme art. 104 do Código de Defesa do Consumidor, as ações coletivas não induzem litispendência para as ações individuais, mas os efeitos da coisa julgada não beneficiarão os autores das ações individuais, se não for requerida sua suspensão no prazo de 30 (trinta) dias, a contar da ciência nos autos do ajuizamento da demanda coletiva. Vale lembrar que o Superior Tribunal de Justiça, em sede de Recurso Repetitivo,

entendeu "ajuizada ação coletiva atinente a macrolide geradora de processos multitudinários, suspendem-se as ações individuais, no aguardo do julgamento da ação coletiva" (REsp 1.110.549-RS). **RD**
Gabarito "E".

(Defensor Público/RO - 2017 - VUNESP) Quanto à legitimidade ativa para a propositura de ações coletivas, considerando também as súmulas dos Tribunais Superiores, assinale a alternativa correta.

(A) É concorrente e disjuntiva a legitimação para a propositura de ações civis públicas ou coletivas em defesa de interesses difusos, coletivos e individuais homogêneos disponíveis.

(B) O Ministério Público não tem legitimidade para promover ação civil pública, buscando indenização decorrente do DPVAT em benefício do segurado.

(C) A Defensoria Pública do Estado de Rondônia tem legitimidade para a propositura de ação popular, desde que autorizado pelo Conselho Superior da Defensoria Pública.

(D) Para ter legitimidade para mandado de segurança coletivo, entidades de classe, sindicatos e associações devem estar constituídas há pelo menos um ano, sendo desnecessário que exista a pertinência entre o objeto da impetração e as finalidades do impetrante.

(E) Prevê a Lei do Mandado de Segurança que o Ministério Público e a Defensoria Pública são legitimados para propor mandado de segurança coletivo.

A: correta. A legitimidade ativa é concorrente e disjuntiva. É concorrente porque todos os legitimados do art. 5º da LACP ou do art. 82 do CDC podem agir em defesa dos direitos transindividuais e é disjuntiva porque o litisconsórcio entre os legitimados é facultativo; **B:** incorreta. Com o cancelamento da Súmula 470 do Superior Tribunal de Justiça, o Ministério Público passou a ter legitimidade para propositura das ações coletivas buscando indenização decorrente do DPVAT; **C:** incorreta. A legitimidade para a ação popular é de qualquer cidadão (art. 5º, LXXIII, da Constituição Federal); **D:** incorreta. O mandado de segurança coletivo pode ser impetrado por partido político com representação no Congresso Nacional, na defesa de seus interesses legítimos relativos a seus integrantes ou à finalidade partidária, ou por organização sindical, entidade de classe ou associação legalmente constituída e em funcionamento há, pelo menos, 1 (um) ano, em defesa de direitos líquidos e certos da totalidade, ou de parte, dos seus membros ou associados, na forma dos seus estatutos e desde que pertinentes às suas finalidades, dispensada, para tanto, autorização especial (art. 21. da Lei 12.016/2009); **E:** incorreta. Discute-se a legitimidade do MP para a propositura do mandado de segurança coletivo, em função do art. 129 da Constituição Federal, mas a Defensoria Pública não é parte legítima para propositura. **RD**
Gabarito "A".

(Magistratura/SP – 2013 – VUNESP) Assinale a assertiva correta no que diz respeito à ação civil pública (ACP).

(A) Pode o juiz cominar liminarmente multa diária para a hipótese de descumprimento de obrigação de fazer ou não fazer, a qual será de imediato exigível.

ROBERTA DENSA

(B) É requisito para a propositura da ACP pelo Ministério Público a instauração e conclusão prévia de inquérito civil.

(C) A apelação interposta da sentença proferida em ACP será sempre recebida no duplo efeito.

(D) A constituição há mais de um ano da associação que intenta a ACP é requisito de legitimação que pode, em determinadas circunstâncias, ser dispensado pelo juiz.

A: incorreta. A LACP prevê que a multa será exigível apenas após o trânsito em julgado (Lei 7.347/85, art. 12, § 2º); **B:** incorreta, pois a lei afirma que o MP "poderá" instaurar o inquérito civil – de onde se conclui ser facultativo (Lei 7.347/85, art. 8º, § 1º); **C:** incorreta, pois a regra é somente o efeito devolutivo (Lei 7.347/85, art. 14); **D:** correta (Lei 7.347/85, art. 5º, § 4º). Gabarito "D".

(Defensor Público/RO - 2017 - VUNESP) A Defensoria Pública de Rondônia propõe ação civil pública contra o Município de Porto Velho para que seja mantido o funcionamento de creches e escolas de educação infantil da rede municipal de ensino nos meses de dezembro e janeiro, de forma contínua e ininterrupta, sob pena de multa diária, pois se não for mantido o funcionamento, os responsáveis pelas crianças ficarão impossibilitados de trabalhar. No curso da ação, que se encontrava na fase de instrução, a associação dos pais de alunos de escolas públicas municipais, apontando idêntica causa de pedir propõe ação civil pública pleiteando que seja mantido o funcionamento de creches e escolas de educação infantil da rede municipal de ensino de Porto Velho no mês de janeiro. A partir destes fatos hipotéticos, assinale a alternativa correta.

(A) Não se configura a litispendência, pois não há coincidência dos elementos da ação. Não há identidade de partes, nem de pedido.

(B) Como a ação da Defensoria Pública já se encontra em fase de instrução, não é mais possível a reunião com o processo da Associação dos Pais para fins de julgamento conjunto.

(C) A ação movida pela Associação de Pais deve ser julgada extinta, sem julgamento do mérito, em decorrência de litispendência parcial.

(D) Há continência porque a ação proposta pela Defensoria Pública contém pedido mais amplo, sendo continente, ao passo que a segunda ação, proposta pela Associação dos Pais, por estar abrangido pela ação anterior, é conteúdo, ensejando necessidade de julgamento conjunto.

(E) Existe conexão entre as ações movidas pela Defensoria Pública e a Associação dos Pais, motivo porque há deslocamento do feito para o juízo em que tramita a ação da Defensoria Pública para julgamento conjunto.

A: incorreta. Veja comentários à alternativa "C"; **B:** incorreta. Não se trata de reunião de ações por continência ou conexão. Trata-se de litispendência das ações coletivas; **C:** correta. Ocorre litispendência quando dois ou mais processos estão tramitando com a mesma ação (partes, pedido e causa de pedir). No caso das ações coletivas configura-se litispendência quando o pedido e a causa de pedir forem os mesmos. Isso porque as partes em ações coletivas não precisam, necessariamente, ser as mesmas, dada a legitimação extraordinária prevista no art. 5º da LACP. A litispendência é tratada pelo art. 337 do Código de Processo Civil, devendo ser aplicado subsidiariamente nas ações coletivas. Tendo as ações propostas a mesma causa de pedir e

pedido (embora o pedido da segunda ação seja mais restrito), esta deve ser julgada extinta sem julgamento de mérito; **D:** incorreta. A continência é tratada no art. 56 do CPC, que assim a define: "dá-se a continência entre 2 (duas) ou mais ações quando houver identidade quanto às partes e à causa de pedir, mas o pedido de uma, por ser mais amplo, abrange o das demais". Conforme art. 57 do mesmo diploma legal, se houver continência entre duas ações e a ação contida (ação com pedido "menor") tiver sido proposta posteriormente à ação continente (ação com pedido "maior"), aquela será encerrada sem resolução de mérito No caso em tela, não há identidade de partes; **E:** incorreta. De acordo com o art. 55 do Código de Processo Civil, "reputam-se conexas 2 (duas) ou mais ações quando lhes for comum o pedido ou a causa de pedir". Assim, para que seja reconhecida a conexão o pedido OU a causa de pedir forem comuns. RD
Gabarito "C".

2. COMPROMISSO DE AJUSTAMENTO

(Ministério Público/SP – 2011 – VUNESP) Relativamente ao compromisso de ajustamento de conduta, assinale a alternativa que expressa corretamente suas características.

(A) Trata-se de acordo, de atribuição dos órgãos públicos legitimados para a ação civil pública, pelo qual as partes transigem quanto à forma e ao prazo para atendimento do interesse difuso, coletivo ou individual homogêneo, sem dispor do interesse em questão, revestindo-se de eficácia de título executivo extrajudicial.

(B) Trata-se de transação formulada nos termos da legislação civil, de atribuição dos órgãos públicos legitimados para a ação civil pública, pela qual as partes realizam concessões mútuas, para atendimento do interesse difuso, coletivo ou individual homogêneo, revestindo-se de eficácia de título executivo extrajudicial.

(C) Trata-se de acordo, de atribuição exclusiva do Ministério Público, pelo qual as partes transigem quanto à forma e ao prazo para atendimento do interesse difuso, coletivo ou individual homogêneo, sem dispor do interesse em questão, revestindo-se de eficácia de título executivo judicial.

(D) Trata-se de transação formulada nos termos da legislação civil, de atribuição exclusiva do Ministério Público, pela qual as partes realizam concessões mútuas, para atendimento do interesse difuso, coletivo ou individual homogêneo, revestindo-se da eficácia de título executivo judicial.

(E) Trata-se de acordo, de atribuição dos órgãos públicos legitimados para a ação civil pública, pelo qual as partes transigem quanto à forma e ao prazo para atendimento do interesse difuso, coletivo ou individual homogêneo, sem dispor do interesse em questão, revestindo-se de eficácia de título executivo extrajudicial quando assinado por 2 (duas) testemunhas instrumentárias.

A: correta (art. 5º, § 6º, da Lei 7.347/1985); **B:** incorreta, pois o MP ou o órgão público não podem fazer *concessões*, não podem dispor do interesse, de modo que não há que se falar em concessões mútuas; C e **D:** incorretas, pois não só o MP, como também os órgãos públicos legitimados têm atribuição para tomar dos interessados compromisso de ajustamento (art. 5º, § 6º, da Lei 7.347/1985); **E:** incorreta, pois não é necessária a assinatura de duas testemunhas. Gabarito "A".

25. PROCESSO COLETIVO — 587

(Ministério Público/SP – 2006 – VUNESP) Assinale a alternativa incorreta.

O compromisso de ajustamento de conduta:

(A) precisa ser homologado em juízo.

(B) dispensa a participação de advogados das partes envolvidas.

(C) se constitui em título executivo extrajudicial.

(D) deve ser tomado por termo por órgão público legitimado à ação civil pública.

(E) não exige a presença de testemunhas instrumentárias.

A: incorreta, pois o TAC não precisa ser homologado em juízo; **B:** correta, pois não é necessária a presença de advogados, bastando que o TAC seja tomado por um órgão público, que inclui o Ministério Público; **C:** correta (art. 5º, § 6º, da Lei 7.347/1985); **D:** correta (art. 5º, § 6º, da Lei 7.347/1985); **E:** correta, pois o art. 5º, § 6º, da Lei 7.347/1985 não exige a presença de testemunhas.

Gabarito "A".

(Ministério Público/SP – 2012 – VUNESP) Com relação ao compromisso de ajustamento de conduta, é correto afirmar:

(A) Não se admite, ainda que em caráter excepcional, que seja celebrada sua novação nos termos da lei civil.

(B) Admite-se que seja celebrado com característica de ajuste preliminar.

(C) Admite-se a dispensa parcial das obrigações reclamadas para a efetiva satisfação do interesse ou direito lesado.

(D) Admite-se sua celebração em qualquer fase do inquérito civil, ainda que o fato não esteja devidamente esclarecido.

(E) Não se admite a dispensa de multa cominatória como garantia do cumprimento da obrigação principal.

A: incorreta, como o compromisso de ajustamento de conduta é consensual, nada impede que fato superveniente leve as partes a entabular novo acordo; **B:** correta, pois a celebração de Termo de Ajustamento de Conduta nem sempre encerra o inquérito civil, pois é possível que ele seja meramente procedimental, isto é, estabeleça conduta referente à apuração dos fatos, um compromisso do próprio investigado, por exemplo, à produção de determinada prova relevante para a formação de convicção. A possibilidade de ajuste preliminar está prevista na Súmula 20 do Conselho Superior do Ministério Público de São Paulo: "*Quando o compromisso de ajustamento tiver a característica de ajuste preliminar, que não dispense o prosseguimento de diligências para uma solução definitiva, salientado pelo órgão do Ministério Público que o celebrou, o Conselho Superior homologará somente o compromisso, autorizando o prosseguimento das investigações.* Fundamento: O parágrafo único do art. 112 da Lei Complementar estadual n. 734/1994 condiciona a eficácia do compromisso ao prévio arquivamento do inquérito civil, sem correspondência com a Lei Federal n. 7.347/1985. Entretanto, pode acontecer que, não obstante ter sido formalizado compromisso de ajustamento, haja necessidade de providências complementares, reconhecidas pelo interessado e pelo órgão ministerial, a serem tomadas no curso do inquérito civil ou dos autos de peças de informação, em busca de uma solução mais completa para o problema. Nesta hipótese excepcional, é possível, ante o interesse público, a homologação do ajuste preliminar sem o arquivamento das investigações (Pt. n. 9.245/1994 e 7.272/1994)"; **C:** incorreta, pois o TAC não representa disposição quanto ao direito material. Ele se refere a aspectos secundários como o prazo e a forma da reparação do dano; **D:** incorreta, pois a celebração do compromisso pressupõe que os fatos tenham sido devidamente apurados no bojo no inquérito civil; **E:** incorreta, pois a multa não é da essência do compromisso. Embora recomendável não é obrigatória sua estipulação.

Gabarito "B".

3. INQUÉRITO CIVIL E RECOMENDAÇÃO

(Ministério Público/SP – 2011 – VUNESP) Analise as seguintes afirmações a respeito do Inquérito Civil:

I. aplica-se a publicidade dos atos praticados, com exceção dos casos em que haja sigilo legal ou em que a publicidade possa acarretar prejuízo às investigações, casos em que a decretação do sigilo legal deverá ser motivada;

II. o membro do Ministério Público responsável pelo Inquérito poderá prestar informações, inclusive aos meios de comunicação social, a respeito das providências adotadas para apuração de fatos em tese ilícitos, externando, desde logo, seu posicionamento quanto aos fatos em apuração;

III. a publicidade inclui o direito de vista dos autos em Secretaria, mas não a extração de cópias, que poderá ser suprida por certidão a ser deferida mediante requerimento fundamentado do interessado;

IV. a restrição à publicidade deverá ser decretada em decisão motivada, para fins do interesse público, e poderá ser, conforme o caso, limitada a determinadas pessoas, provas, informações, dados, períodos ou fases, cessando quando extinta a causa jurídica que a motivou.

Está correto apenas o contido em

(A) I e II.

(B) I, II e III.

(C) I e IV.

(D) II, III e IV.

(E) III e IV.

I: correta (art. 7º, *caput*, da Resolução CNMP 23/2007); **II:** incorreta, pois o membro do MP poderá prestar tais informações, mas desde que não antecipe juízos de valor a respeito de apurações ainda não concluídas; **III:** incorreta, pois há até regulamentação da extração de cópias em inquérito civil (art. 7º, § 1º, da Resolução CNMP 23/2007); **IV:** correta (art. 7º, § 4º, da Resolução CNMP 23/2007).

Gabarito "C".

(Ministério Público/SP – 2011 – VUNESP) Assinale a alternativa correta acerca do arquivamento do Inquérito Civil.

(A) Encerradas as investigações com a propositura de ação civil pública, quando esta não abranger todos os fatos e pessoas mencionados na portaria inicial do inquérito civil, deverá ser promovido, em decisão fundamentada, o arquivamento em relação a eles perante o Conselho Superior do Ministério Público.

(B) A designação de outro membro à vista da recusa de homologação de promoção de arquivamento ou de provimento de recurso contra o indeferimento de representação é ato exclusivo do Procurador Geral de Justiça, independentemente da decisão do Conselho Superior do Ministério Público.

(C) Recebida representação e obtida a satisfação do interesse por ela veiculado, no prazo de 30 (trinta) dias, e não havendo outra providência a tomar, o órgão do Ministério Público que a recebeu está dispensado de promover seu arquivamento perante o Conselho Superior do Ministério Público.

(D) Celebrado o compromisso de ajustamento, o presidente do inquérito civil adotará as providências para verificação de seu cumprimento, após o qual lançará

588 ROBERTA DENSA

nos autos promoção de arquivamento e os remeterá à análise do Conselho Superior do Ministério Público.

(E) Celebrado e homologado o compromisso de ajustamento de conduta, em caráter excepcional, poderá ser celebrada a novação, nos termos da lei civil, caso em que o presidente do inquérito civil deverá motivá-la, sem, no entanto, promover novo arquivamento do inquérito civil, pois, como no ajuste homologado, não poderá ocorrer disponibilidade do interesse objeto do inquérito civil.

A: correta (art. 92 do Ato Normativo 484-CPJ/2006, do Ministério Público do Estado de São Paulo); **B:** incorreta, pois é por conta da decisão do Conselho Superior do Ministério Público, no sentido de aceitar o arquivamento, que o Procurador Geral de Justiça terá essa atribuição de designar outro membro do MP para ajuizamento da ação ou prosseguimento das investigações (art. 100, § 2°, do Ato Normativo 484-CPJ/2006, do Ministério Público do Estado de São Paulo); **C:** incorreta, pois o art. 17, § 2°, do Ato Normativo 484-CPJ/2006, do Ministério Público do Estado de São Paulo estabelece que o órgão do MP promoverá o arquivamento, sem que haja, no dispositivo, dispensa de sua submissão ao Conselho Superior do Ministério Público; **D:** incorreta, pois a eficácia do compromisso ficará condicionada à homologação da promoção do arquivamento do inquérito civil pelo Conselho Superior do Ministério Público (art. 83, § 4°, do Ato Normativo 484-CPJ/2006, do Ministério Público do Estado de São Paulo); **E:** incorreta, pois, em caso de novação, o presidente do inquérito civil deverá submetê-lo à aprovação pelo Conselho Superior do Ministério Público, na hipótese de compromisso de ajustamento preliminar, ou promover novo arquivamento do inquérito civil, na hipótese de compromisso de ajustamento definitivo (art. 89 do Ato Normativo n. 484-CPJ/2006, do Ministério Público do Estado de São Paulo).

Gabarito "A".

(Ministério Público/SP – 2012 – VUNESP) No curso do inquérito civil, o promotor de Justiça NÃO deve

(A) expedir recomendações e relatórios anuais ou especiais para que sejam observados os direitos que lhe incumba defender ou para a adoção de medidas destinadas à prevenção ou controle de irregularidades.

(B) sugerir à esfera de poder competente a edição de normas ou a alteração da legislação em vigor.

(C) apurar falta disciplinar ou ilícito administrativo e requisitar à autoridade administrativa competente a aplicação das sanções cabíveis sob pena de prevaricação.

(D) notificar a autoridade competente para que, em prazo razoável, adote as providências legais, no âmbito de seu poder de polícia, a fim de assegurar o respeito a interesses sociais.

(E) receber petições, reclamações, representações e queixas de qualquer pessoa, por desrespeito aos direitos assegurados nas Constituições Federal e Estadual e ordenamento jurídico, as quais serão encaminhadas à autoridade competente para resposta e a devida solução, nos termos deste ato normativo e da legislação específica.

A: correta, pois assim estabelece o Ato Normativo 484-CPJ, de 5 de outubro de 2006, que, no âmbito do MP de SP, disciplina o inquérito civil e demais investigações do Ministério Público na área dos interesses difusos, coletivos e individuais homogêneos, as audiências públicas, os compromissos de ajustamento de conduta e as recomendações (art. 6°, I); **B:** correta, pois corresponde ao disposto no art. 6°, II, do Ato Normativo 484/2006; **C:** incorreta, pois o Ato Normativo 484/2006

estabelece, no art. 6°, V, que o Promotor de Justiça deve *propor à autoridade administrativa competente a instauração de sindicância ou processo administrativo para a apuração de falta disciplinar ou ilícito administrativo*; **D:** correta, pois assim dispõe art. 6°, II, do Ato Normativo 484; **E:** correta, pois é o que estabelece o art. 6°, IV, do Ato Normativo 484/2006.

Gabarito "C".

(Ministério Público/SP – 2012 – VUNESP) É correto afirmar:

(A) Quando houver representação, o inquérito civil não poderá ser instaurado enquanto não for identificado o representante, ainda que o fato seja determinado.

(B) Do indeferimento da representação caberá sempre recurso ao Conselho Superior do Ministério Público.

(C) A representação para instauração do inquérito civil deverá ser apresentada por escrito, não devendo o Promotor de Justiça aceitá-la se for de outra forma.

(D) A representação poderá ser indeferida sem necessidade de motivação, quando apócrifa.

(E) Quando a representação formalmente em ordem, e sem peças de informação, for manifestamente improcedente, deverá ser autuada e arquivada, remetendo-se os autos de ofício ao Conselho Superior do Ministério Público para homologação do arquivamento.

A: incorreta, pois a Resolução 23/2007 do CNMP, no art. 2°, § 3°, dispôs que o conhecimento por manifestação anônima, justificada, não implicará ausência de providências, desde que obedecidos os mesmos requisitos para as representações em geral. O Manual de Atuação Funcional dos Promotores de Justiça do Estado de São Paulo prevê, em seu art. 344, § 3°, que e a representação incompleta que aponte fato concreto passível de atuação do Ministério Público, deverá ser analisada e, se recebida, deve ser instaurado o procedimento adequado. Por sua vez, dispõe o § 4° do mesmo Manual que: Adota-se o mesmo procedimento do parágrafo anterior caso a notícia encaminhada à Promotoria de Justiça, denunciando fato concreto passível de investigação, tenha sido de feita forma anônima. No mesmo sentido o parágrafo único do art. 12 do Ato Normativo 484/2006, que disciplina o inquérito civil e demais investigações do Ministério Público de São Paulo: O membro do Ministério Público poderá instaurar inquérito civil, ainda que não identificado o representante, tratando-se de fato determinado; **B:** correta, pois o cabimento de recurso está previsto artigo 107, § 1°, da Lei Complementar Estadual 734/1993 e no art. 5°, § 1°, da Resolução 23/2007 do CNMP; **C:** incorreta, pois o art. 2°, II, da Resolução 23/2007 do CNPM dispõe que o inquérito civil poderá ser instaurado em face de requerimento ou representação formulada por qualquer pessoa ou comunicação de outro órgão do Ministério Público, ou qualquer autoridade, desde que forneça, *por qualquer meio legalmente permitido*, informações sobre o fato e seu provável autor, bem como a qualificação mínima que permita sua identificação e localização; **D:** incorreta, pois toda decisão, ainda que administrativa, deve ser fundamentada. Além disso, todas as manifestações do membro do MP devem ser fundamentadas; **E:** incorreta, pois do indeferimento da representação, deve o órgão do MP dar ciência ao autor da representação para eventual recurso ao Conselho Superior do Ministério Público, no prazo de 10 (dez) dias. Se houver recurso, poderá o membro do MP reconsiderar a decisão recorrida. E se não houver recurso, os autos serão arquivados na própria origem, conforme o art. 5°, § 4°, da Resolução 23/2007 do CNMP.

Gabarito "B".

(Ministério Público/SP – 2012 – VUNESP) Com relação ao inquérito civil, é correto afirmar:

(A) Se o órgão do Ministério Público, esgotadas todas as diligências, se convencer da inexistência de fundamento para a propositura da ação civil, promoverá o arquivamento dos autos do inquérito civil ou das peças informativas, sem necessidade de fundamentação.

(B) Os autos do inquérito civil ou das peças de informação arquivadas serão remetidos, sob pena de se incorrer em falta grave, no prazo de 30 (trinta) dias, ao Conselho Superior do Ministério Público.

(C) A instauração do inquérito civil prescinde de uma portaria inicial que fixe o seu objeto e justifique a necessidade de sua instauração.

(D) A promoção de arquivamento será submetida a exame e deliberação do Conselho Superior do Ministério Público, conforme dispuser o seu Regimento.

(E) Deixando o Conselho Superior de homologar a promoção de arquivamento, determinará ao mesmo órgão do Ministério Público o ajuizamento da ação.

A: incorreta, pois há necessidade de fundamentação. Aliás, como já se afirmou, todas as manifestações do MP devem ser fundamentadas, razão pela qual o artigo 10 da Resolução 23/2007 CNMP dispõe que a promoção do arquivamento deve ser fundamentada; **B:** incorreta. O artigo 9º, § 1º, da LACP determina que os autos do inquérito civil ou das peças de informação arquivadas serão remetidos, sob pena de se incorrer em falta grave, no *prazo de 3 (três) dias*, ao Conselho Superior do Ministério Público; **C:** incorreta. A instauração de Inquérito civil pressupõe justa causa, isto é, a apuração de fato certo e determinado especificado na imprescindível portaria a ser lançada pelo órgão com atribuições e que deve conter os requisitos do artigo 4º da Resolução 23/2007 do CNMP; **D:** correta, é o que dispõe o artigo 9º, § 3º da LACP. O CSMP é o órgão de controle no caso dos Ministérios Públicos estaduais. No caso do MP Federal, por exemplo, o controle é feito pelas Câmaras de Coordenação e Revisão; **E:** incorreta. O artigo 9º, § 4º, da LACP determina que, "deixando o Conselho Superior de homologar a promoção de arquivamento, designará, desde logo, *outro órgão do Ministério Público* para o ajuizamento da ação. Isso deve em função da autonomia e independência do membro do Ministério Público.
Gabarito "D".

(Ministério Público/SP – 2012 – VUNESP) NÃO corresponde à definição e natureza jurídica do inquérito civil:

(A) procedimento administrativo.

(B) de natureza inquisitorial.

(C) de caráter obrigatório.

(D) de caráter unilateral.

(E) privativo do Ministério Público.

A: correta, pois conforme a Resolução 23/2007, alterada pelas Resoluções 35/2009 e 59/2010 do CNMP o inquérito civil é investigação administrativa a cargo do Ministério Público, destinada a colher elementos de convicção para eventual propositura de ação civil pública. Trata-se de procedimento administrativo e não de processo administrativo; **B:** correta. De acordo com Marcos Destefenni, *Manual de Processo Civil Individual e coletivo*, São Paulo: Saraiva, p. 536, "trata-se de um procedimento investigatório, inquisitório, no sentido de que durante a sua tramitação não é obrigatória a observância do contraditório". Se fosse processo, haveria incidência obrigatória do contraditório; **C:** incorreta, pois, como reconhece o artigo 1º da Resolução 23/2007 do CNMP, o inquérito civil tem natureza facultativa, isto é, não é imprescindível para o ajuizamento de ação civil pública; **D:** correta. Conforme o artigo 1º, da Resolução 23/2007 CNMP, o inquérito civil tem natureza unilateral e nele não se aplica a bilateralidade inerente ao contraditório; **E:** correta. Segundo Marcos Destefenni, *Manual de Processo Civil Individual e coletivo*. São Paulo: Saraiva, p. 536, "a instauração do inquérito civil, por força de norma constitucional (CF 129, III) é função institucional do Ministério Público". Não há previsão legal que confira o poder de instaurar o inquérito civil a outro órgão ou instituição. Interessante observar: a) para a propositura de ação civil pública, a legitimidade é

concorrente e disjuntiva; b) a possibilidade de celebrar o Compromisso de Ajustamento de Conduta é conferida aos órgãos públicos legitimados à propositura da ação (não às associações, p. ex.); c) a instauração de IC é privativa do MP.
Gabarito "C".

4. AÇÃO POPULAR

(Procurador do Município/São José dos Campos-SP – 2012 – VUNESP) Cidadão ingressou com ação popular no domicílio em que é residente e eleitor. Ocorre que os fatos a serem apurados na ação aconteceram em outro município. Diante desse fato, assinale a alternativa correta.

(A) O autor não é parte legítima para a causa, uma vez que somente poderia indagar sobre fatos onde possui o domicílio eleitoral.

(B) O autor não é parte legítima para a causa, pois somente poderá contestar os fatos ocorridos no local em que é domiciliado.

(C) O autor não é parte legítima para a causa, porque deveria ser domiciliado e eleitor na municipalidade onde ocorreram os fatos.

(D) O autor é parte legítima para propor a demanda, porque qualquer pessoa tem legitimidade para propor essa ação.

(E) O autor é parte legítima para propor a demanda, porque basta ser eleitor para ter legitimidade para propor essa ação.

A legislação não restringe a legitimidade ao domicílio, por isso não pode o intérprete fazê-lo. L. 4.717/65, art. 1º.
Gabarito "E".

5. MANDADO DE SEGURANÇA E *HABEAS DATA*

(Ministério Público/SP – 2012 – VUNESP) Quanto ao mandado de segurança, é correto afirmar:

(A) Quando a matéria de direito for controvertida não cabe mandado de segurança, pois não há direito líquido e certo.

(B) Quando o direito ameaçado ou violado couber a várias pessoas, será caso de mandado de segurança coletivo.

(C) No mandado de segurança coletivo, a sentença fará coisa julgada *erga omnes*.

(D) Não se aplica ao mandado de segurança coletivo o prazo decadencial de 120 dias.

(E) É cabível mandado de segurança coletivo para proteção de direitos individuais homogêneos.

A: incorreta (Súmula n. 625 do STF); **B:** incorreta, porque, nesse caso, poderá haver litisconsórcio entre os vários titulares, mas ainda assim o mandado de segurança será individual, porque os direitos tutelados terão natureza individual, e não coletiva; **C:** incorreta, porque "no mandado de segurança coletivo, a sentença fará coisa julgada limitadamente aos membros do grupo ou categoria substituída pelo impetrante" (art. 22 da Lei 12.016/2009); **D:** incorreta, porque o prazo também é aplicável ao mandado de segurança coletivo (art. 23 da Lei 12.016/2009); **E:** correta (art. 21, parágrafo único, II, Lei 12.016/2009).
Gabarito "E".

(Procurador do Município/Sorocaba-SP – 2012 – VUNESP) Impetrado mandado de segurança, na petição inicial foi apontada como autoridade coatora o administrador de determinada empresa pública municipal, sob o argumento de abuso de autoridade em relação a ato de gestão por ele praticado.

Nesse caso:

(A) o juiz poderá conceder liminar em mandado de segurança, independentemente de requerimento da parte.

(B) independentemente da concessão ou não de liminar em mandado de segurança, a autoridade apontada como coatora será intimada para prestar informações e citada, pessoalmente, para responder ao mandado.

(C) a inicial do mandado de segurança deverá ser desde logo indeferida, por decisão motivada, por não se enquadrar a hipótese apresentada no caso de cabimento de mandado de segurança.

(D) o mandado de segurança deverá ter seu regular processamento para que o juiz possa decidir pela concessão ou não da segurança.

(E) não é cabível concessão de liminar em mandado de segurança contra o Poder Público.

Tratando-se de ato de gestão comercial de administrador de empresa pública, não cabe MS (L. 12.016/09, art. 1º, § 2º).
Gabarito "C".

(Procurador do Município/Sorocaba-SP – 2012 – VUNESP) Interposto recurso contra sentença que concedeu *habeas data*, o Presidente do Tribunal competente determinou a suspensão da ordem.

Assinale a alternativa correta em relação à situação apontada.

(A) Não é admissível qualquer recurso dessa decisão, uma vez que o recurso deverá ser julgado na primeira sessão após a conclusão ao relator.

(B) Cabe Agravo, o qual será interposto no próprio Tribunal que o remeterá ao STJ para julgamento.

(C) Cabe Agravo de Instrumento, o qual deverá ser interposto no Tribunal de Origem, mas o julgamento deverá ocorrer no STJ.

(D) Cabe Agravo de Instrumento, o qual deverá ser interposto diretamente no STJ, a quem compete o julgamento do recurso.

(E) O recurso deverá ser levado a julgamento na primeira sessão após a conclusão do relator, uma vez que seu julgamento tem prioridade em relação aos demais recursos, salvo em relação ao Mandado de Segurança e ao *Habeas Corpus*. Em relação à decisão do Presidente do TJ, cabe agravo ao próprio Tribunal.

Arts. 16 e 19 da Lei 9.514/97.
Gabarito "E".

(Ministério Público/SP – 2011 – VUNESP) É correto afirmar que, na ação civil constitucional de mandado de segurança,

(A) pode ser impetrado coletivamente, por entidade de classe ou associação legalmente constituída e em funcionamento há menos de 1 (um) ano, em defesa dos interesses de seus membros ou associados.

(B) a controvérsia sobre matéria de direito não impede a sua concessão.

(C) a ação mandamental coletiva induz litispendência para as impetrações individuais.

(D) a controvérsia sobre matéria de fato não impede a sua concessão.

(E) no mandado de segurança coletivo, a medida liminar pode ser concedida *inaudita altera pars*.

A: incorreta, porque a lei fala em "funcionamento há pelo menos um ano", e não há menos de um ano (art. 21 da Lei 12.016/2009); **B:** correta (Súmula 625 do STF); **C:** incorreta (art. 22, § 1º, da Lei 12.016/2009); **D:** incorreta, porque no mandado de segurança, por ser exigida a demonstração do direito líquido e certo do impetrante, não se admite a produção de provas acerca dos fatos alegados; **E:** incorreta (art. 22, § 2º, da Lei 12.016/2009).
Gabarito "B".

6. TEMAS COMBINADOS

(Defensor Público/RO - 2017 - VUNESP) Sobre as regras que tutelam a Proteção Judicial dos Interesses Difusos, Coletivos e Individuais Indisponíveis ou Homogêneos, previstas no Estatuto do Idoso (Lei nº 10.741/03), assinale a alternativa correta.

(A) Os valores das multas aplicadas em caso de ações que tenham por objeto obrigação de fazer e não fazer, "por exemplo", reverterão ao Fundo do Idoso, onde houver, ou na falta deste, ao Fundo Municipal de Assistência Social, ficando vinculados ao atendimento ao idoso.

(B) Transitada em julgado a sentença que impuser condenação ao Poder Público, o juiz determinará a remessa de peças à autoridade competente, para apuração apenas da responsabilidade penal do agente a que se atribua a ação ou omissão.

(C) Admitirse-á litisconsórcio necessário entre os Ministérios Públicos da União e dos Estados na defesa dos interesses e direitos protegidos pelo Estatuto do Idoso.

(D) Nas ações propostas pelo Ministério Público para proteção dos interesses coletivos lato sensu que envolvam idosos, não haverá adiantamento de custas, emolumentos, honorários periciais e quaisquer outras despesas, sendo, porém, que em caso de improcedência, o Ministério Público deverá arcar com a sucumbência.

(E) A Defensoria Pública do Estado de Rondônia possui legitimidade ativa para propor as ações cíveis fundadas em interesses difusos, coletivos, individuais indisponíveis ou homogêneos, concorrendo com o Ministério Público, Estados, Municípios, União e a Ordem dos Advogados do Brasil.

A: correta, nos exatos termos do art. 84 do Estatuto do Idoso. **B:** incorreta. Transitada em julgado a sentença que impuser condenação ao Poder Público, o juiz determinará a remessa de peças à autoridade competente, para apuração da responsabilidade civil e administrativa do agente a que se atribua a ação ou omissão (art. 86 do Estatuto do Idoso); **C:** incorreta. Admite-se litisconsórcio facultativo (art. 81, § 1º, do Estatuto do Idoso); **D:** incorreta. Não se imporá sucumbência ao Ministério Público (art. 88, parágrafo único, do Estatuto do Idoso); **E:** incorreta. A Defensoria Pública não está no rol dos legitimados do art. 81 do Estatuto do Idoso. A legitimação da Defensoria Pública para as ações coletivas que envolvam os direitos dos idosos está fundamentada no art. 5º da Lei de Ação Civil Pública. RD
Gabarito "A".

(Defensor Público/RO - 2017 - VUNESP) São diretrizes gerais da política urbana, como previsto no Estatuto da Cidade:

(A) tratamento prioritário às obras e edificações públicas e privadas que tenham o potencial de geração de empregos à população.

25. PROCESSO COLETIVO   591

(B) garantia do direito a um planeta sustentável, entendido como o direito de todos à terra urbana e rural, à moradia, ao saneamento ambiental, à infraestrutura, ao transporte e aos serviços públicos para as presentes e futuras gerações.

(C) prioridade de condições para os agentes públicos na promoção de empreendimentos e atividades relativos ao processo de urbanização, atendido o interesse social.

(D) oferta de equipamentos urbanos e comunitários, transporte e serviços públicos adequados aos interesses e necessidades da população e às características locais.

(E) adequação dos instrumentos de política partidária, econômica, tributária e financeira e dos gastos públicos aos objetivos do desenvolvimento urbano, de modo a privilegiar os investimentos geradores de bem-estar geral e a fruição dos bens pelos segmentos sociais menos favorecidos economicamente.

A: incorreta. Em relação às edificações, o art. 2º do Estatuto da Cidade traz como diretriz de política urbana: XVII – "estímulo à utilização, nos parcelamentos do solo e nas edificações urbanas, de sistemas operacionais, padrões construtivos e aportes tecnológicos que objetivem a redução de impactos ambientais e a economia de recursos naturais". XVIII – "tratamento prioritário às obras e edificações de infraestrutura de energia, telecomunicações, abastecimento de água e saneamento". XIX – "garantia de condições condignas de acessibilidade, utilização e conforto nas dependências internas das edificações urbanas, inclusive nas destinadas à moradia e ao serviço dos trabalhadores domésticos, observados requisitos mínimos de dimensionamento, ventilação, iluminação, ergonomia, privacidade e qualidade dos materiais empregados"; **B:** incorreta. Na forma do inciso I do art. 2º do Estatuto da Cidade, é diretriz geral "garantia do direito a cidades sustentáveis, entendido como o direito à terra urbana, à moradia, ao saneamento ambiental, à infraestrutura urbana, ao transporte e aos serviços públicos, ao trabalho e ao lazer, para as presentes e futuras gerações"; **C:** incorreta. É diretriz de política urbana "justa distribuição dos benefícios e ônus decorrentes do processo de urbanização" (art.

2º, inciso IX, do Estatuto da cidade); **D:** correta. Nos termos do art. 2º, V, do Estatuto da Cidade; **E:** incorreta. É diretriz de política urbana "adequação dos instrumentos de política econômica, tributária e financeira e dos gastos públicos aos objetivos do desenvolvimento urbano, de modo a privilegiar os investimentos geradores de bem-estar geral e a fruição dos bens pelos diferentes segmentos sociais" (art. 2º, X, do Estatuto da cidade). **RD**

Gabarito "D".

(Defensor Público/RO - 2017 - VUNESP) De acordo com os entendimentos sumulados no STJ e STF, assinale a alternativa correta.

(A) O mandado de segurança individual pode ser utilizado como sucedâneo de ação popular.

(B) Se a pretensão veiculada interessar apenas a uma parte da respectiva categoria, a entidade de classe não terá legitimidade para impetrar mandado de segurança.

(C) O Ministério Público tem legitimidade para promover ação civil pública cujo fundamento seja a ilegalidade de reajuste de mensalidades escolares.

(D) A impetração de mandado de segurança coletivo por entidade de classe em favor dos associados somente pode ser feita com expressa autorização destes.

(E) O Ministério Público tem legitimidade exclusiva para propor ação civil pública em defesa do patrimônio público.

A: incorreta. Súmula 101 do STF: "O mandado de segurança não substitui a ação popular"; **B:** incorreta. Súmula 630 do STF: "A entidade de classe tem legitimação para o mandado de segurança ainda quando a pretensão veiculada interesse apenas a uma parte da respectiva categoria"; **C:** correta. Nos exatos termos da súmula 643 do Supremo Tribunal Federal. **D:** incorreta. Súmula 629 do STF: "A impetração de mandado de segurança coletivo por entidade de classe em favor dos associados independe da autorização destes"; **E:** incorreta. Súmula 329 do STJ: "O Ministério Público tem legitimidade para propor ação civil pública em defesa do patrimônio público". **RD**

Gabarito "C".

ANOTAÇÕES